案例公司法

第2版

葛伟军——编著

法律出版社 | LAW PRESS

编著者简介

葛伟军，浙江宁海人，上海财经大学法学院教授、博士生导师。

社会兼职包括中国国际经济贸易仲裁委员会仲裁员、中国法学会商法学研究会常务理事、上海司法智库学会商事研究分会副会长、上海市法学会慈善法治研究会副会长、上海市法学会文化产业法治研究小组副组长兼秘书长等。

毕业于北京大学法律学系（学士）、英国剑桥大学法学院（硕士）和日本九州大学大学院法学府（博士），曾在美国西北大学法学院访学（福布赖特学者）。研究领域为民商法、公司法、信托法等。

出版专著《比较视野下的公司法》（2019年）、《价值与激励：上市公司股权激励法律与实践》（2018年）、《公司捐赠的法理基础与规则解构》（2015年）、《英国公司法要义》（2014年）、《公司资本制度和债权人保护的相关法律问题》（2007年）和《英国公司法：原理与判例》（2007年）等，译著《衡平法、信托与商业》（2020年）、《衡平法与信托的原理（上下册）》（2018年）、《英国2006年公司法（第3版）》（2017年）和《历史的经典与现代的典范：英国信托成文法编译》（2017年）等，以及编著《案例合同法》（2018年）和《民法一本通》（2017年）等，并在《中外法学》《清华法学》《法学》等刊物发表论文多篇。

编著者简介

葛伟军，浙江宁海人，上海财经大学法学院教授、博士生导师。

社会兼职包括中国国际经济贸易仲裁委员会仲裁员、中国法学会商法学研究会常务理事、上海司法智库学会商事研究分会副会长、上海市法学会慈善法治研究会副会长、上海市法学会文化产业法治研究小组副组长兼秘书长等。

毕业于北京大学法律学系（学士）、英国剑桥大学法学院（硕士）和日本九州大学大学院法学府（博士），曾在美国西北大学法学院访学（福布赖特学者）。研究领域为民商法、公司法、信托法等。

出版专著《比较视野下的公司法》（2019年）、《价值与激励：上市公司股权激励法律与实践》（2018年）、《公司捐赠的法理基础与规则解构》（2015年）、《英国公司法要义》（2014年）、《公司资本制度和债权人保护的相关法律问题》（2007年）和《英国公司法：原理与判例》（2007年）等，译著《衡平法、信托与商业》（2020年）、《衡平法与信托的原理（上下册）》（2018年）、《英国2006年公司法（第3版）》（2017年）和《历史的经典与现代的典范：英国信托成文法编译》（2017年）等，以及编著《案例合同法》（2018年）和《民法一本通》（2017年）等，并在《中外法学》《清华法学》《法学》等刊物发表论文多篇。

编写说明

从地位上看，公司法属于商法的基本法。从内容上看，公司法主要为商事组织法，个别条款带有商事交易法的色彩。从法条上看，公司法的实践性极强，每隔一段时间都要结合实务的发展，对法条予以修改。综观各国公司法，基本上涵盖了公司设立及股权融资、公司经营中的财产分配及返还限制、公司参与者之间的利益冲突和平衡、公司解散清算以及公司并购重组等。

我国公司法自 1993 年颁布至今，经历了数次修正和修订。尽管如此，商事实践不断产生一些新生、前沿的问题，突破了法律的现有规定，甚至对部分条款的理念、架构和规则提出了挑战。举例而言，世界银行营商环境报告所拟案例中的公司（private limited company），我们翻译过来，称为"有限责任公司"，实为谬误。这意味着我国公司法关于公司类型的基本划分，已无法与国际接轨。在新一轮公司法改革大幕拉开之际，公司类型改革始终排在议程前列。此外，用股权 / 股份的二分法来区分有限责任公司 / 股份有限公司，既不合理，又易生误会。公司法缺乏对一些基本术语的准确定义，导致了不必要纷争的出现。

公司法的学习，离不开两个工具，一个是案例分析，另一个是比较研究。对于前者，实务中存在大量的公司法案例，为研究提供了丰富的素材。对案例加以归类梳理、提炼要旨，有助于我们较为全面地把握法院的基本观点和最新看法。对于后者，公司是舶来品，当我们的公司纠纷面临疑难复杂问题的时候，与其花费精力自创制度，不如先看看其他法域的做法，借鉴其成熟经验。

本书的特点之一，是对现有的公司法重要、经典的案例进行整理。通过这些工作，我们知道了哪些法条是常用条款，哪些则很少使用。例如，《公司法》第 5 条关于公司社会责任的条款，法院基本上不会直接依据该条作出裁判，这是个宣示性条款。再如，股份有限公司组织机构的许多条款，与有限责任公司有相似之处，但是很少在判决中援引。又如，《公司法》第 71 条关于股权转让的条款，可能是判决中出现频率最高的法条之一，因为该条涉及交易法的内容，而股权 / 股份的可转让性，是公司的本质特征。

相较于初版，本书的一个明显变化是，对一些主要条款项下的类案作了进一步的细化。例如，《公司法》第 16 条（公司担保），分为管理性强制性规范、公司对外担保构成表见代理、公司对外担保构成法定代表人越权代表或越权代理、债权人的形式审查义务、担保合同无效的民事责任承担等；第 28 条（出资义务），分为股东出资义务、认缴制及股东出资义务的加速到期等；第 32 条（股东名册），分为实际出资人 / 名义股东（股东资格确认 / 股权确认、实际出资人 / 名义股东的权利义务、实际出资人要求显名、冒名登记 / 注册）以及股权代持（股权代持法律关系的认定、股权代持协议的效力、实际出资人与名义股东债权人之间的关系）等；第 74 条（异议股东股权收购请求权），分为异议股东股权回购请求权纠纷、对赌协议纠纷等；第 147 条（董监高的义务和禁止行为），分为忠实义务的判定、勤勉义务的标准、商业判断规则的适用等；第 183 条（清算组的成立与组成），分为清算组的成立与组成、清算义务人及其责任、清算程序中的执行及其他问题等。

本书的思路在于，收集和整理与我国《公司法》每个法条相关的法律法规和裁判案例，以注释的方式逐一解释法条。本书较为完整地收集和梳理了与公司法相关的指导案例、公报案例和典型案例。读者在阅读本书时，不仅可以体系性地了解与掌握公司法及其相关规定与司法解释，还可以清晰地了解到相关的裁判案例。

本书不仅适合从事实务工作的法官、律师以及公司法务人员在工作中作为工具书与检索书，还适合学生在学习公司法时作为参考书，以及正在复习、准备参加司法考试的学生作为辅导用书。在编写时，本书充分考虑法条的新增与废止的现实情况，以及案例对于理解法条的重要性等问题，以突出时效性和实用性。

读者在阅读时应当注意，正文部分以及用以注释法条的材料，采如下体例：

1. 正文为《公司法》的法条。

2. 框内部分为注释每个条款的文件。用以注释的文件，最早始于 20 世纪 80 年代末 90 年代初，最晚截至 2020 年 1 月底，主要包括法律、行政法规及国务院规范性文件、司法解释及最高人民法院、最高人民检察院工作文件（以下简称两高工作文件）、部门规章及部门规范性文件、指导案例、公报案例、典型案例等。年代较早或者使用频率较低的文件，并未收录。

3. 每个脚注中注释文件的编排顺序如下：

（1）总体顺序按照四类编排：相关法律条文、相关司法解释及两高工作文件、相关文件规定、相关案例。

（2）在每一类相同性质的文件中，按照发布的时间顺序，从新到老排列。

（3）用以注释的文件，按照注释内容，根据需要或摘录一部分，或省略一部分，或全文使用。

（4）用以注释的案例，均包括简单概括、案例名称和出处、案例要旨等。

4. 附录为用以注释的所有文件的名称汇编，按照其发布的时间顺序，或者案例的主题归类排列。

对于本书的编写工作，首先，要感谢法律出版社法研工作室刘文科主任的重视。其次，要感谢上海财经大学法学院2018级硕士研究生许自飞以及2019级硕士研究生杨绎、崔海青等同学对最新法条和案例的收集和整理工作。最后，还要感谢同事和家人对我工作的支持。

本书可能存在未被发现的错误或纰漏，敬请读者谅解，所有问题由我承担。我们将在今后的再版中改正或更新。

葛伟军

2020年1月

目　录

中华人民共和国公司法

第一章　总　则……………………………………………………………… 3
第一条　【立法宗旨】……………………………………………………… 3
第二条　【调整对象】……………………………………………………… 3
第三条　【公司界定及股东责任】………………………………………… 4
第四条　【股东权利】……………………………………………………… 11
第五条　【公司义务及权益保护】………………………………………… 12
第六条　【公司登记】……………………………………………………… 17
第七条　【营业执照】……………………………………………………… 31
第八条　【公司名称】……………………………………………………… 35
第九条　【公司形式变更】………………………………………………… 67
第十条　【公司住所】……………………………………………………… 67
第十一条　【公司章程】…………………………………………………… 68
第十二条　【经营范围】…………………………………………………… 76
第十三条　【法定代表人】………………………………………………… 83
第十四条　【分公司与子公司】…………………………………………… 93
第十五条　【转投资】……………………………………………………… 99
第十六条　【公司担保】…………………………………………………… 99
第十七条　【职工权益保护与职业教育】………………………………… 128
第十八条　【工会】………………………………………………………… 130
第十九条　【党组织】……………………………………………………… 132
第二十条　【股东禁止行为】……………………………………………… 133
第二十一条　【禁止关联交易】…………………………………………… 149
第二十二条　【公司决议的无效或被撤销】……………………………… 167
第二章　有限责任公司的设立和组织机构………………………………… 189
第一节　设　立……………………………………………………………… 189
第二十三条　【有限责任公司的设立条件】……………………………… 189

第二十四条 【股东人数】…… 189
第二十五条 【公司章程内容】…… 189
第二十六条 【注册资本】…… 190
第二十七条 【出资方式】…… 191
第二十八条 【出资义务】…… 201
第二十九条 【设立登记】…… 230
第三十条 【出资不足的补充】…… 231
第三十一条 【出资证明书】…… 231
第三十二条 【股东名册】…… 232
第三十三条 【股东查阅、复制权】…… 274
第三十四条 【分红权与优先认购权】…… 292
第三十五条 【不得抽逃出资】…… 303
第二节 组织机构 …… 311
第三十六条 【股东会的组成及地位】…… 311
第三十七条 【股东会职权】…… 312
第三十八条 【首次股东会会议】…… 314
第三十九条 【定期会议和临时会议】…… 314
第四十条 【股东会会议的召集与主持】…… 314
第四十一条 【股东会会议的通知与记录】…… 316
第四十二条 【股东的表决权】…… 317
第四十三条 【股东会的议事方式和表决程序】…… 317
第四十四条 【董事会的组成】…… 319
第四十五条 【董事任期】…… 319
第四十六条 【董事会职权】…… 320
第四十七条 【董事会会议的召集与主持】…… 321
第四十八条 【董事会的议事方式和表决程序】…… 322
第四十九条 【经理的设立与职权】…… 323
第五十条 【执行董事】…… 323
第五十一条 【监事会的设立与组成】…… 324
第五十二条 【监事的任期】…… 324
第五十三条 【监事会或监事的职权(一)】…… 324
第五十四条 【监事会或监事的职权(二)】…… 325
第五十五条 【监事会的会议制度】…… 326
第五十六条 【监事职责所需费用的承担】…… 326

第三节 一人有限责任公司的特别规定 …… 327
第五十七条 【一人公司的概念】 …… 327
第五十八条 【一人公司的注册资本】 …… 327
第五十九条 【一人公司的登记注意事项】 …… 327
第六十条 【一人公司的章程】 …… 328
第六十一条 【一人公司的股东决议】 …… 328
第六十二条 【一人公司的财会报告】 …… 328
第六十三条 【一人公司的债务承担】 …… 328
第四节 国有独资公司的特别规定 …… 333
第六十四条 【国有独资公司的概念】 …… 333
第六十五条 【国有独资公司的章程】 …… 337
第六十六条 【国有独资公司股东权的行使】 …… 337
第六十七条 【国有独资公司的董事会】 …… 340
第六十八条 【国有独资公司的经理】 …… 347
第六十九条 【国有独资公司高层人员的兼职禁止】 …… 348
第七十条 【国有独资公司的监事会】 …… 348
第三章 有限责任公司的股权转让 …… 351
第七十一条 【股权转让】 …… 351
第七十二条 【强制执行的股权转让】 …… 423
第七十三条 【股权转让的变更登记】 …… 425
第七十四条 【异议股东股权收购请求权】 …… 426
第七十五条 【股东资格的继承】 …… 437
第四章 股份有限公司的设立和组织机构 …… 439
第一节 设 立 …… 439
第七十六条 【股份有限公司的设立条件】 …… 439
第七十七条 【设立方式】 …… 439
第七十八条 【发起人的限制】 …… 439
第七十九条 【发起人筹办公司的义务】 …… 439
第八十条 【注册资本】 …… 439
第八十一条 【公司章程】 …… 440
第八十二条 【发起人的出资方式】 …… 461
第八十三条 【发起设立的程序】 …… 461
第八十四条 【募集设立的发起人认购股份】 …… 461
第八十五条 【募集股份的公告和认股书】 …… 461

第八十六条 【招股说明书】…… 461
第八十七条 【股票承销】…… 462
第八十八条 【代收股款】…… 463
第八十九条 【验资及创立大会的召开】…… 463
第九十条 【创立大会的职权】…… 463
第九十一条 【不得任意抽回股本】…… 463
第九十二条 【申请设立登记】…… 464
第九十三条 【出资不足的补充】…… 465
第九十四条 【发起人的责任】…… 465
第九十五条 【公司性质的变更】…… 467
第九十六条 【重要资料的置备】…… 467
第九十七条 【股东的查阅、建议和质询权】…… 467
第二节 股东大会 …… 467
第九十八条 【股东大会的组成与地位】…… 467
第九十九条 【股东大会的职权】…… 468
第一百条 【年度股东大会和临时股东大会】…… 468
第一百零一条 【股东大会会议的召集与主持】…… 469
第一百零二条 【股东大会会议的通知】…… 471
第一百零三条 【股东表决权】…… 472
第一百零四条 【重要事项的股东大会决议权】…… 476
第一百零五条 【董事、监事选举的累积投票制】…… 476
第一百零六条 【出席股东大会的代理】…… 476
第一百零七条 【股东大会会议记录】…… 476
第三节 董事会、经理 …… 476
第一百零八条 【董事会组成、任期及职权】…… 476
第一百零九条 【董事长的产生及职权】…… 476
第一百一十条 【董事会会议的召集】…… 476
第一百一十一条 【董事会会议的议事规则】…… 477
第一百一十二条 【董事会会议的出席及责任承担】…… 477
第一百一十三条 【经理的设立与职权】…… 477
第一百一十四条 【董事兼任经理】…… 477
第一百一十五条 【公司向高管人员借款禁止】…… 477
第一百一十六条 【高管人员的报酬披露】…… 477

第四节 监事会 …………………………………………………… 477
第一百一十七条 【监事会的组成及任期】 ………………… 477
第一百一十八条 【监事会的职权及费用】 ………………… 478
第一百一十九条 【监事会的会议制度】 …………………… 478
第五节 上市公司组织机构的特别规定 ……………………… 478
第一百二十条 【上市公司的定义】 ………………………… 478
第一百二十一条 【上市公司特别事项的股东大会决议权】 ……… 485
第一百二十二条 【独立董事】 ……………………………… 485
第一百二十三条 【董事会秘书】 …………………………… 498
第一百二十四条 【会议决议的关联关系董事不得表决】 ………… 499
第五章 股份有限公司的股份发行和转让 …………………… 500
第一节 股份发行 …………………………………………… 500
第一百二十五条 【股份及其形式】 ………………………… 500
第一百二十六条 【股份发行的原则】 ……………………… 500
第一百二十七条 【股票发行价格】 ………………………… 501
第一百二十八条 【股票的形式及载明的事项】 …………… 501
第一百二十九条 【股票的种类】 …………………………… 501
第一百三十条 【股东信息的记载】 ………………………… 501
第一百三十一条 【其他种类的股份】 ……………………… 501
第一百三十二条 【向股东交付股票】 ……………………… 510
第一百三十三条 【发行新股的决议】 ……………………… 510
第一百三十四条 【发行新股的程序】 ……………………… 510
第一百三十五条 【发行新股的作价方案】 ………………… 511
第一百三十六条 【发行新股的变更登记】 ………………… 511
第二节 股份转让 …………………………………………… 511
第一百三十七条 【股份转让的概念】 ……………………… 511
第一百三十八条 【股份转让的场所】 ……………………… 512
第一百三十九条 【记名股票的转让】 ……………………… 515
第一百四十条 【无记名股票的转让】 ……………………… 515
第一百四十一条 【特定持有人的股份转让】 ……………… 515
第一百四十二条 【本公司股份的收购及质押】 …………… 518
第一百四十三条 【记名股票丢失的补救】 ………………… 519
第一百四十四条 【上市公司的股票交易】 ………………… 520
第一百四十五条 【上市公司的信息公开】 ………………… 523

第六章　公司董事、监事、高级管理人员的资格和义务 …………………… 525
第一百四十六条 【高管人员的资格禁止】 ………………………………… 525
第一百四十七条 【董事、监事、高管人员的义务和禁止行为】 ………… 525
第一百四十八条 【董事、高管人员的禁止行为】 ………………………… 531
第一百四十九条 【董事、监事、高管人员的损害赔偿责任】 …………… 540
第一百五十条 【董事、监事、高管人员对股东会、监事会的义务】 …… 544
第一百五十一条 【股东代表诉讼】 ………………………………………… 544
第一百五十二条 【股东直接诉讼】 ………………………………………… 556
第七章　公司债券 …………………………………………………………… 558
第一百五十三条 【公司债券的概念和发行条件】 ………………………… 558
第一百五十四条 【公司债券募集办法】 …………………………………… 566
第一百五十五条 【公司债券票面的记载事项】 …………………………… 567
第一百五十六条 【公司债券的分类】 ……………………………………… 567
第一百五十七条 【公司债券存根簿】 ……………………………………… 567
第一百五十八条 【记名公司债券的登记结算】 …………………………… 568
第一百五十九条 【公司债券转让】 ………………………………………… 568
第一百六十条 【公司债券的转让方式】 …………………………………… 568
第一百六十一条 【可转换公司债券的发行】 ……………………………… 568
第一百六十二条 【可转换公司债券的转换】 ……………………………… 570
第八章　公司财务、会计 …………………………………………………… 571
第一百六十三条 【公司财务与会计制度】 ………………………………… 571
第一百六十四条 【财务会计报告】 ………………………………………… 588
第一百六十五条 【财务会计报告的公示】 ………………………………… 593
第一百六十六条 【法定公积金与任意公积金】 …………………………… 593
第一百六十七条 【股份有限公司资本公积金】 …………………………… 596
第一百六十八条 【公积金的用途】 ………………………………………… 596
第一百六十九条 【招聘、解聘会计师事务所】 …………………………… 596
第一百七十条 【真实提供会计资料】 ……………………………………… 599
第一百七十一条 【会计账簿】 ……………………………………………… 599
第九章　公司合并、分立、增资、减资 ……………………………………… 600
第一百七十二条 【公司的合并】 …………………………………………… 600
第一百七十三条 【公司合并的程序】 ……………………………………… 614
第一百七十四条 【公司合并债权债务的承继】 …………………………… 615
第一百七十五条 【公司的分立】 …………………………………………… 617

第一百七十六条 【公司分立前的债务承担】…… 620
第一百七十七条 【公司减资】…… 621
第一百七十八条 【公司增资】…… 625
第一百七十九条 【公司变更的登记】…… 630
第十章 公司解散和清算…… 633
第一百八十条 【公司解散原因】…… 633
第一百八十一条 【修改公司章程】…… 636
第一百八十二条 【司法解散】…… 637
第一百八十三条 【清算组的成立与组成】…… 664
第一百八十四条 【清算组的职权】…… 685
第一百八十五条 【债权人申报债权】…… 692
第一百八十六条 【清算程序】…… 695
第一百八十七条 【破产程序】…… 697
第一百八十八条 【公司注销】…… 699
第一百八十九条 【清算组成员的义务与责任】…… 704
第一百九十条 【公司破产】…… 706
第十一章 外国公司的分支机构…… 743
第一百九十一条 【外国公司的概念】…… 743
第一百九十二条 【外国公司分支机构的设立程序】…… 747
第一百九十三条 【外国公司分支机构的设立条件】…… 747
第一百九十四条 【外国公司分支机构的名称章程】…… 747
第一百九十五条 【外国公司分支机构的法律地位】…… 748
第一百九十六条 【外国公司分支机构的活动原则】…… 748
第一百九十七条 【外国公司分支机构的撤销与清算】…… 748
第十二章 法律责任…… 748
第一百九十八条 【虚报注册资本的法律责任】…… 748
第一百九十九条 【虚假出资的法律责任】…… 752
第二百条 【抽逃出资的法律责任】…… 754
第二百零一条 【另立会计账簿的法律责任】…… 754
第二百零二条 【提供虚假财会报告的法律责任】…… 754
第二百零三条 【违法提取法定公积金的法律责任】…… 756
第二百零四条 【公司合并、分立、减资、清算中违法行为的法律责任】…… 756
第二百零五条 【公司在清算期间违法经营活动的法律责任】…… 757
第二百零六条 【清算组违法活动的法律责任】…… 757

第二百零七条 【资产评估、验资或者验证机构违法的法律责任】……… 757
第二百零八条 【公司登记机关违法的法律责任】…………………… 768
第二百零九条 【公司登记机关的上级部门违法的法律责任】………… 769
第二百一十条 【假冒公司名义的法律责任】…………………………… 769
第二百一十一条 【逾期开业、停业、不依法办理变更登记的法律责任】… 769
第二百一十二条 【外国公司擅自设立分支机构的法律责任】………… 770
第二百一十三条 【吊销营业执照】…………………………………… 770
第二百一十四条 【民事赔偿优先】…………………………………… 770
第二百一十五条 【刑事责任】………………………………………… 770
第十三章 附 则……………………………………………………………… 773
第二百一十六条 【本法相关用语的含义】…………………………… 773
第二百一十七条 【外资公司的法律适用】…………………………… 774
第二百一十八条 【施行日期】………………………………………… 785
附录一 《公司法》案例整合 ………………………………………… 786
附录二 部分法律及规范性文件……………………………………… 912
附录三 法律法规及其他规范性文件目录…………………………… 985

中华人民共和国公司法

（1993 年 12 月 29 日第八届全国人民代表大会常务委员会第五次会议通过　根据 1999 年 12 月 25 日第九届全国人民代表大会常务委员会第十三次会议《关于修改〈中华人民共和国公司法〉的决定》第一次修正　根据 2004 年 8 月 28 日第十届全国人民代表大会常务委员会第十一次会议《关于修改〈中华人民共和国公司法〉的决定》第二次修正　2005 年 10 月 27 日第十届全国人民代表大会常务委员会第十八次会议修订　根据 2013 年 12 月 28 日第十二届全国人民代表大会常务委员会第六次会议《关于修改〈中华人民共和国海洋环境保护法〉等七部法律的决定》第三次修正　根据 2018 年 10 月 26 日第十三届全国人民代表大会常务委员会第六次会议《关于修改〈中华人民共和国公司法〉的决定》第四次修正）

目　录

第一章　总则
第二章　有限责任公司的设立和组织机构
　第一节　设立
　第二节　组织机构
　第三节　一人有限责任公司的特别规定
　第四节　国有独资公司的特别规定
第三章　有限责任公司的股权转让
第四章　股份有限公司的设立和组织机构
　第一节　设立
　第二节　股东大会
　第三节　董事会、经理
　第四节　监事会
　第五节　上市公司组织机构的特别规定
第五章　股份有限公司的股份发行和转让
　第一节　股份发行
　第二节　股份转让

第六章　公司董事、监事、高级管理人员的资格和义务
第七章　公司债券
第八章　公司财务、会计
第九章　公司合并、分立、增资、减资
第十章　公司解散和清算
第十一章　外国公司的分支机构
第十二章　法律责任
第十三章　附则

第一章 总 则

第一条 【立法宗旨】 为了规范公司的组织和行为，保护公司、股东和债权人的合法权益，维护社会经济秩序，促进社会主义市场经济的发展，制定本法。

第二条 【调整对象】 本法所称公司是指依照本法在中国境内设立的有限责任公司和股份有限公司。

一、相关法律条文

《中华人民共和国中小企业促进法（2017修订）》（自2018年1月1日起施行）对中小企业的认定，规定如下：

第二条 本法所称中小企业，是指在中华人民共和国境内依法设立的，人员规模、经营规模相对较小的企业，包括中型企业、小型企业和微型企业。

中型企业、小型企业和微型企业划分标准由国务院负责中小企业促进工作综合管理的部门会同国务院有关部门，根据企业从业人员、营业收入、资产总额等指标，结合行业特点制定，报国务院批准。

二、相关文件规定

科技部、财政部、国家税务总局**《关于修订印发〈高新技术企业认定管理办法〉的通知》（自2016年1月1日起施行）**，对于高新技术企业的认定，规定如下：

第二条 本办法所称的高新技术企业是指：在《国家重点支持的高新技术领域》内，持续进行研究开发与技术成果转化，形成企业核心自主知识产权，并以此为基础开展经营活动，在中国境内（不包括港、澳、台地区）注册的居民企业。

……

第十一条 认定为高新技术企业须同时满足以下条件：

（一）企业申请认定时须注册成立一年以上；

（二）企业通过自主研发、受让、受赠、并购等方式，获得对其主要产品（服务）在技术上发挥核心支持作用的知识产权的所有权；

（三）对企业主要产品（服务）发挥核心支持作用的技术属于《国家重点支持的高新技术领域》规定的范围；

（四）企业从事研发和相关技术创新活动的科技人员占企业当年职工总数的比例不低于10%；

（五）企业近三个会计年度（实际经营期不满三年的按实际经营时间计算，下同）的研究开发费用总额占同期销售收入总额的比例符合如下要求：

1. 最近一年销售收入小于5,000万元（含）的企业，比例不低于5%；
2. 最近一年销售收入在5,000万元至2亿元（含）的企业，比例不低于4%；
3. 最近一年销售收入在2亿元以上的企业，比例不低于3%。

其中，企业在中国境内发生的研究开发费用总额占全部研究开发费用总额的比例不低于60%；

（六）近一年高新技术产品（服务）收入占企业同期总收入的比例不低于60%；

（七）企业创新能力评价应达到相应要求；

（八）企业申请认定前一年内未发生重大安全、重大质量事故或严重环境违法行为。

第三条 【公司界定及股东责任】 公司是企业法人，有独立的法人财产，享有法人财产权。公司以其全部财产对公司的债务承担责任。

有限责任公司的股东以其认缴的出资额为限对公司承担责任；股份有限公司的股东以其认购的股份为限对公司承担责任。

一、相关法律条文

《中华人民共和国民法总则》（自2017年10月1日起施行）对营利法人的认定，规定如下：

第七十六条 以取得利润并分配给股东等出资人为目的成立的法人，为营利法人。

营利法人包括有限责任公司、股份有限公司和其他企业法人等。

二、相关司法解释及两高工作文件

《最高人民法院执行工作办公室关于攀枝花市国债服务部与重庆市涪陵财政国债服务部证券回购纠纷执行请示案的复函》（[2003]执他字第7号），答复如下：

根据《公司法》第四条第二款规定："公司享有由股东投资形成的全部法人财产权，依法享有民事权利，承担民事责任。"（编者注：现为该法第三条第一款，并已修改为："公司是企业法人，有独立的法人财产，享有法人财产权。公司以其全部财产对公司的债务承担责任。"）因此，具有独立法人资格的重庆市涪陵国有资产经营公司（以下简称经营公司）对其持有的"长丰通信"国家股股票享有全部的财产权。被执行人重庆涪陵区财政局虽然投资开办了经营公司，并占有其100%的股权，但其无权直接支配经营公司的资产，其权力只能通过处分其股权或者收取投资权益来实现。因此，执行法院只能执行涪陵区财政局在经营公司的股权或投资权益，而不能直接执行经营公司所有的股票。

《最高人民法院关于金光股份有限公司的主管部门是否应承担清偿责任问题的复函》（法（经）函[1991]146号），答复如下：

金光股份有限公司是由深圳市装饰工程工业总公司申请，经深圳市人民政府批准成立的。市政府批文规定：公司为股份有限公司，注册资金为60万元人民币，发行股票6千股，其中国家股占40%，由装饰工程工业总公司出资；集体、国外和港澳股份占30%；私人股份30%，由装饰工程工业总公司职工购买。1987年2月24日经深圳市工商局批准，核发了营业执照。经调查核实，金光股份有限公司实有资产58.56万元，其中深圳市装饰工程工业总公司以固定资产办公楼房139.87平方米折抵股金25.1786万元人民币投入，超过了市政府规定的认购比例。综上所述，金光股份有限公司具有企业法人资格，深圳市装饰工程工业总公司已按规定认购了相应的股份，不应再对金光股份公司的债务承担清偿责任。

三、相关文件规定

《关于划分企业登记注册类型的规定调整的通知》（自2011年9月30日起施行）对划分企业登记注册类型，规定如下：

第一条 本规定以在工商行政管理机关登记注册的各类企业为划分对象。其他经济组织参照本规定执行。

第二条 本规定以工商行政管理部门对企业登记注册的类型为依据，将企业登记注册类型分为以下几种：

内资企业

国有企业

集体企业

股份合作企业

联营企业
有限责任公司
股份有限公司
私营企业
其他企业
港、澳、台商投资企业
合资经营企业(港或澳、台资)
合作经营企业(港或澳、台资)
港、澳、台商独资经营企业
港、澳、台商投资股份有限公司
其他港、澳、台商投资企业
外商投资企业
中外合资经营企业
中外合作经营企业
外资企业
外商投资股份有限公司
其他外商投资企业

第三条 国有企业是指企业全部资产归国家所有,并按《中华人民共和国企业法人登记管理条例》规定登记注册的非公司制的经济组织。不包括有限责任公司中的国有独资公司。

第四条 集体企业是指企业资产归集体所有,并按《中华人民共和国企业法人登记管理条例》规定登记注册的经济组织。

第五条 股份合作企业是指以合作制为基础,由企业职工共同出资入股,吸收一定比例的社会资产投资组建,实行自主经营,自负盈亏,共同劳动,民主管理,按劳分配与按股分红相结合的一种集体经济组织。

第六条 联营企业是指两个及两个以上相同或不同所有制性质的企业法人或事业单位法人,按自愿、平等、互利的原则,共同投资组成的经济组织。

第七条 有限责任公司是指根据《中华人民共和国公司登记管理条例》规定登记注册,由两个以上,五十个以下的股东共同出资,每个股东以其所认缴的出资额对公司承担有限责任,公司以其全部资产对其债务承担责任的经济组织。

有限责任公司包括国有独资公司以及其他有限责任公司。

国有独资公司是指国家授权的投资机构或者国家授权的部门单独投资设立的有限责任公司。

其他有限责任公司是指国有独资公司以外的其他有限责任公司。

第八条 股份有限公司是指根据《中华人民共和国公司登记管理条例》规定登记注册,其全部注册资本由等额股份构成并通过发行股票筹集资本,股东以其认购的股份对公司承担有限责任,公司以其全部资产对其债务承担责任的经济组织。

第九条 私营企业是指由自然人投资设立或由自然人控股,以雇佣劳动为基础的营利性经济组织。包括按照《公司法》、《合伙企业法》、《私营企业暂行条例》规定登记注册的私营有限责任公司、私营股份有限公司、私营合伙企业和私营独资企业。

私营独资企业是指按《私营企业暂行条例》的规定,由一名自然人投资经营,以雇佣劳动为基础,投资者对企业债务承担无限责任的企业。

私营合伙企业是指按《合伙企业法》或《私营企业暂行条例》的规定,由两个以上自然人按照协议共同投资、共同经营、共负盈亏,以雇佣劳动为基础,对债务承担无限责任的企业。

私营有限责任公司是指按《公司法》、《私营企业暂行条例》的规定,由两个以上自然人投资或由单个自然人控股的有限责任公司。

私营股份有限公司是指按《公司法》的规定，由五个以上自然人投资，或由单个自然人控股的股份有限公司。

第十条 其他企业是指上述第三条至第九条之外的其他内资经济组织。

第十一条 合资经营企业（港或澳、台资）是指港澳台地区投资者与内地企业依照《中华人民共和国中外合资经营企业法》及有关法律的规定，按合同规定的比例投资设立、分享利润和分担风险的企业。

第十二条 合作经营企业（港或澳、台资）是指港澳台地区投资者与内地企业依照《中华人民共和国中外合作经营企业法》及有关法律的规定，依照合作合同的约定进行投资或提供条件设立、分配利润和分担风险的企业。

第十三条 港、澳、台商独资经营企业是指依照《中华人民共和国外资企业法》及有关法律的规定，在内地由港澳台地区投资者全额投资设立的企业。

第十四条 港、澳、台商投资股份有限公司是指根据国家有关规定，经外经贸部依法批准设立，其中港、澳、台商的股本占公司注册资本的比例达25%以上的股份有限公司。凡其中港、澳、台商的股本占公司注册资本的比例小于25%的，属于内资企业中的股份有限公司。

第十五条 其他港、澳、台商投资企业是指在中国境内参照《外国企业或个人在中国境内设立合伙企业管理办法》和《外商投资合伙企业登记管理规定》，依法设立的港、澳、台商投资合伙企业等。

第十六条 中外合资经营企业是指外国企业或外国人与中国内地企业依照《中华人民共和国中外合资经营企业法》及有关法律的规定，按合同规定的比例投资设立、分享利润和分担风险的企业。

第十七条 中外合作经营企业是指外国企业或外国人与中国内地企业依照《中华人民共和国中外合作经营企业法》及有关法律的规定，依照合作合同的约定进行投资或提供条件设立、分配利润和分担风险的企业。

第十八条 外资企业是指依照《中华人民共和国外资企业法》及有关法律的规定，在中国内地由外国投资者全额投资设立的企业。

第十九条 外商投资股份有限公司是指根据国家有关规定，经外经贸部依法批准设立，其中外资的股本占公司注册资本的比例达25%以上的股份有限公司。凡其中外资股本占公司注册资本的比例小于25%的，属于内资企业中的股份有限公司。

第二十条 其他外商投资企业是指在中国境内依照《外国企业或个人在中国境内设立合伙企业管理办法》和《外商投资合伙企业登记管理规定》，依法设立的外商投资合伙企业等。

第二十一条 本规定由国家统计局会同国家工商行政管理局负责解释。

第二十二条 本规定自发布之日起施行，国家统计局和国家工商行政管理局1992年制定的《关于经济类型划分的暂行规定》同时废止。

四、相关案例

【第三人明知债权债务关系存在，违法损害债权人合法权益的，应承担补充赔偿责任】

吉林市中小企业信用担保集团有限公司诉中国长城资产管理股份有限公司吉林省分公司等公司债权人利益责任纠纷案［最高人民法院（2017）最高法民终181号民事判决书（《最高人民法院公报》2019年第3期（总第269期））］，侵权责任法保护民事主体合法的人身权益和财产权益。依法成立并生效的债权属于债权人合法的财产权益，受法律保护，任何人不得随意侵犯。债权发生在特定的当事人之间，缺乏公示性。一般情况下，债权人应通过合同救济主张权利。认定合同当事人以外的第三人承担侵权赔偿责任，应从严把握。当债权人权利救济途径已经穷尽，债权债务关系之外的第三人，如知道或者应当知道债权债务关系存在，且违反以保护该债权为目的的法律、法规及其他规范性法律文件或违背公序良俗，造成债权人合法权益受到损害，行为人承担相应的补充赔偿责任。

【股权转让方与其他股东之间的在先约定，非经股权受让方明确意思表示，不得约束股权受让方】

甘洛县建筑建材开发公司诉重庆中环建设有限公司等合同纠纷案［四川省高级人民法院(2015)川民终字第401号民事判决书］，股东之间基于合同产生的权利义务关系与股东与公司之间基于股权产生的权利义务关系属于两个不同的法律关系。股权转让后，股东基于股权与公司之间的全部权利义务均一体转移给受让人，但股东之间基于合同产生的权利义务并不当然随着股权转让转移给受让人。本案中，成都华特公司对甘洛建材公司的承诺及义务系基于《联合开发协议》所产生，并不属股权派生义务，其基于承诺所产生的义务并不随股权转让而当然转让转移给股权受让人。在重庆中环公司并无承接成都华特公司上述承诺义务意思表示的情形下，《联合开发协议》的约定对重庆中环公司并不具有约束力，遂改判驳回甘洛公司诉讼请求。

【执行程序中公司股东的法律责任】

温积喜与王先有、桐柏县广兴隆水泥有限公司执行异议案［河南省南阳市中级人民法院(2012)南中执复字第20号民事裁定书］，有限责任公司的债权人只能以公司资产为限向公司主张权利。即使在公司歇业未及时清算时，履行了真实足额出资义务的股东原则上对公司债务也不承担偿付责任。

【当公司与他人之间因债权债务纠纷发生诉讼时，可以准许公司股东以第三人的身份参加诉讼】

宁夏瀛海建材集团有限公司与宁夏瀛海银川建材有限公司、第三人中国石油宁夏化工厂债权纠纷案［最高人民法院(2010)民二终字第19号民事判决书(《最高人民法院公报》2011年第7期(总第177期))］，对于股东主张其与公司之间存在债权债务关系且公司予以认可，但公司其他股东对此持有异议的案件，人民法院应对各方证据进行综合分析。证据不足以证明该债权债务关系存在的，人民法院对该债权债务关系不予认定。

【经村委会同意，集体经济组织成员以借款形式筹集资金，使原停办企业恢复生产经营的，该企业的性质没有发生变化】

胡文楷、韦济龙、韦美元、胡文仲与韦美清、中国人民解放军重庆市南川区人民武装部等经营合同纠纷案［重庆市高级人民法院(2007)渝高法民再字第34号民事判决书］，对企业经济性质的确认，应当依照我国民法关于谁出资谁受益的基本原则来掌握。根据本案已经查明的事实，韦家湾劳武煤矿是由胡文楷、韦美珍、韦美元、韦美松、韦美楷、韦济龙、胡文仲等7人分别出资900元至3500元不等合计13,610元，在原高桥村委会停办的高桥煤矿的基础上，经高桥村委会同意并利用原有煤矿闲置的近10万元的设施设备开办起来的。至1995年5月韦家湾劳武煤矿正式成立前，胡文楷等人在未取得国家有关职能部门许可的情况下从事非法采矿逾一年。1995年4月21日，胡文楷等7人的出资已由尚未取得合法经营资格的煤矿连本代息全部还清。因此，对胡文楷等7人的出资行为应认定为系共同为重新恢复停办煤矿的生产经营向该煤矿出借资金的行为。

1995年5月，韦家湾劳武煤矿正式成立，办理了经济性质为集体企业的采矿许可证、税务登记证和企业法人营业执照等相关证照。经审查核准注册的韦家湾劳武煤矿的工商档案，该企业成立时注册资金15万元，其中固定资产10万元（机器、设备），流动资金5万元（银行存款）。档案中未反映出胡文楷等人的出资状况，审理中胡文楷等人亦不能向法院提交由煤矿出具的或者在该企业财务账目中明确记载的个人出资方式及资金形态。根据《乡村集体所有制企业条例》第18条关于“企业财产属于举办该企业的乡或者村范围内部的全体农民集体所有，由乡或者村的农民大会（农民代表会议）或者代表全体农民的集体经济组织行使企业财产的所有权”以及该条例第6条第3款关于“乡村集体所有制企业可以在不改变集体所有制性质的前提下，吸收投资入股”的规定，韦家湾劳武煤矿注册时原始资金本就是原高桥村停办的高桥煤矿的闲置资产，该资产的权属应由高桥村全体村民所有。即使将胡文楷等人的借资视为出资且仍在该矿的财务账上，仍不能改变该企业的经济性质，而只能依照其是否与村委会签订过入股协议的约定内容区别对待，但该煤矿的财务档案记载胡文楷等人的借资本息，均已全部偿还。虽然本案已查明的事实能够证明由胡文楷等人利用原高桥煤矿的闲置资产并借资恢复采矿经营以来，高桥村以及为成立韦家湾煤矿而挂靠的南川区人武部均未向该矿重新注入资金，但这并不能证明该煤矿的经济性质系非集体所有企业，因为依照国家工商行政管理局《关于核定企业经济性质有关问题的答复》中关于"经审查原登记为全民或集体性质的企业，主办单位实际未出资，企业的法定代表人和主要经营者也未投入，而主要靠贷款、借款和政策扶持等开展经营的，原核定的企业经济性质不变。这类企业歇业或被吊销执照，其资产和债权债务应按有关全民所有制企业或集体所有制企业的法律、法规和政策处理"的精神，本案所争议的韦家湾劳武煤矿的经济性质仍应属于集体所有制企业，即使韦家湾劳武煤矿核准登记时其注册资金已高于原高桥煤矿的闲置资产，也是因该企业在恢复生产经营的过程中产生的经济效益而形成的企业积累。故对原韦家湾劳武煤矿的经济类型应确认为集体所有制企业。

【股东出资后，对公司的具体财产不享有所有权】

深圳市华新股份有限公司诉新加坡欧力士船务有限公司等船舶权益案[广东省高级人民法院(2005)粤高法立民终字第530号民事裁定书]，根据"兴业"轮登记机关巴拿马公共注册处出具的证明，"兴业"轮的唯一所有人是巴拿马兴鹏，这是判断船舶所有权归属的直接的、有效的证据。深圳华新以其对船舶具有305万美元的实际投资从而享有事实上的船舶所有权的主张不能成立。根据"光船租赁协议"和"转光船租赁协议"的约定，该305万美元是作为"兴业"轮第一期的租金，由深圳兴鹏支付给深圳华新，再由深圳华新支付给巴拿马兴鹏。深圳华新主张该305万美元是其对船舶的出资，进而主张其对船舶享有所有权，证据不足，不予认定。诚然，深圳华新是深圳兴鹏的控股股东，巴拿马兴鹏是深圳兴鹏在巴拿马注册的公司。但是，根据公司法的相关规定，公司股东完成出资后，其出资就与股东的财产独立开来，而由公司享有由股东投资形成的全部法人财产权。公司股东作为出资者按投入公司的资本额享有资产受益、重大决策和选择管理者等股东权利。股东对公司享有的资产受益权是股东权利的一种，但并不意味着股东对公司的具体财产享有法律上的所有权，二者不能混淆。深圳华新对深圳兴鹏享有股东权益并不代表深圳华新对深圳兴鹏的财产享有所有者权益。

【投资者向企业法人投资成立内设部门，该内设部门的财产属于法人财产】

李显志诉长春建工集团界定产权、返还财产纠纷案[最高人民法院(2004)民二终字第190号民事判决书(《最高人民法院公报》2005年第10期(总第108期))]，法人内设部门因不具备法人资格，没有独立的法人财产，其设立不以是否有财产投入为前提。法人内设部门成立后采取何种性质的经营方式以及他人是否对其投入资产等均不能改变其法人内设部门的法律属性。出资者对法人出资后，仅能对其所持股份主张相应的股份权益，其出资为法人财产不可分割的部分。

【股东出资后，无权占有公司的公章及财务账册】

宜兴市贝峰新型建材有限公司诉胡钟霆返还公司财产案[江苏省无锡市中级人民法院(2004)锡民二终字第255号民事判决书]，胡钟霆与蒋小华均系贝峰公司的股东，当其完成向贝峰公司的投资后，该投资财产的所有权即属贝峰公司所有，公司享有由股东投资所形成的全部法人财产权，依法自主经营、自负盈亏，除法律或公司章程特别规定外，股东不得干预公司的正常经营活动，包括公司对其公章及财务账册的管理权。贝峰公司未设立董事会，蒋小华为执行董事，依法成为贝峰公司的法定代表人，除法律或公司章程有特别规定，蒋小华即应代表公司行使对公章及财务账册的管理权。现胡钟霆称其与蒋小华约定由其掌管公司公章及财务账册，但未提供相应的证据，故对该辩称不予采纳。蒋小华以贝峰公司名义起诉，要求胡钟霆归还公司公章及财务账册符合法律规定，应予支持。

【合伙型联营变更为有限公司后，原联营各方关于联营体对外债务负连带责任的约定，在变更后有限公司股东之间并不必然具有约束力】

广州市花都区田美村发展公司诉广州机电厂联营合同案［广州市中级人民法院二(2004)穗中法民二终字第1139号民事判决书］，不具备法人资格的合伙型联营经工商登记变更为有限责任公司的，原合伙型联营各方的关系变成有限责任公司股东之间的关系。原合伙型联营各方关于联营体对外债务负连带责任的约定，在合伙型联营体变成的有限公司股东之间并不必然具有约束力。

本案中，上诉人与被上诉人于1988年12月8日签订《协议书》后设立的联营体田美分厂不具备法人资格，故上诉人与被上诉人之间的联营为合伙型联营。其后双方所签《横向联合补充协议》关于对田美分厂不能偿还的银行贷款各承责50%的约定，符合《民法通则》第五十二条关于合伙型联营各方承担民事责任的规定，因此，该约定系针对不具备企业法人资格的田美分厂在其存续期间向当地银行所借款项的清偿责任分担。1990年12月28日，田美分厂经工商行政管理部门核准成立为企业法人，注册资金也发生变更，经济性质仍为集体联营，故此时及在田美分厂更名为电器制造公司时，上诉人与被上诉人之间的联营已由合伙型联营变更为法人型联营。1997年2月26日，电器制造公司再经核准成立为有限责任公司即新华电机公司，此时上诉人与被上诉人之间是有限责任公司股东之间的关系。双方之间的联营变更为法人型联营时，未就法人型联营体对外债务所负民事责任作特别约定，而根据《民法通则》关于法人制度和法人型联营的规定，法人型联营体以其所有的资产对其债务独立承担民事责任，联营各方以其出资额为限对联营体承担责任。上诉人与被上诉人之间的法律关系变更为有限责任公司股东之间的关系时，双方签订的公司章程约定双方以各自的出资额为限对公司债务承担责任。《公司法》亦规定有限责任公司的股东以其出资额为限公司承担责任，公司以其全部资产对公司的债务承担责任。因此，上述《横向联合补充协议》对已成为企业法人的田美分厂、电器制造公司及新华电机公司并没有约束力。被上诉人诉请的借款债务是因新华电机公司向新华信用社借款而发生的，故被上诉人要求上诉人按照上述《横向联合补充协议》的约定对该借款债务的50%承担民事责任，没有事实和法律依据，本院不予支持。此外，根据广州市花都区人民法院关于该借款债务所作出的生效民事判决，被上诉人对该借款债务承担民事责任是因其对该借款债务提供了连带保证担保，而并非根据上述《横向联合补充协议》的约定。综上所述，上诉人称其对新华电机公司的借款债务不承担民事责任的上诉理由成立，其上诉请求本院予以支持。上诉人的其他上诉理由不成立，被上诉人称上诉人应对其已经承担连带责任的债务的50%承担民事责任的答辩不成立，本院均不予采纳。

【股东承担有限责任】

中国烟草总公司海南省公司、中国土产畜产进出口总公司与中国建设银行洋浦分行、洋浦金岛粮油实业有限公司、远东（泰国）集团实业有限公司、海南省粮油集团公司借款担保合同纠纷上诉案［海南省洋浦经济开发区中级人民法院(2001)浦中经终字第7号民事判决书］，金岛公司是依法成立的有限责任公司，公司注册成立时，公司股东依法应足额缴纳自己认缴的出资额。公司成立后，依照《公司法》第三条的规定，股东以其出资额为限对公司承担责任，公司以其全部资产对公司的债务承担责任。海南省粮油集团公司系金岛公司注册时的原始股东，其占有金岛公司2%的股份，应注资60万美元。该公司未能提交充分的证据证明其注册资金已实际到位，故而原审判决在金岛公司、远东公司的财产不足以清偿债务的情况下，海南省粮油集团公司应在其注册资金60万美元的范围内承担清偿责任是正确的。

黄建国、何云妹、上海物资贸易中心股份有限公司与上海建国度假村有限公司股权转让协议赔偿纠纷上诉案［上海市高级人民法院(2001)沪高经终字第11号民事判决书］，根据《公司法》第三条第二款的规定：有限责任公司，股东以其出资额为限对公司承担责任，公司以其全部资产对公司的债务承担责任。故本案的经营亏损属建国度假村的正常经营亏损，应由建国度假村来承担。作为建国度假村的股东一方不能请求另一方承担公司的亏损。

【公司是否实行承包经营，完全应由该公司的权力机构自主决定】

荣成市友谊化妆品有限公司与王爱芹企业承包合同纠纷上诉案［山东省威海市中级人民法院（2000）威经终字第104号民事判决书］，有限责任公司是具有民事权利能力和民事行为能力的企业法人。依法独立享有民事权利，承担民事义务，依法自主经营，自负盈亏，有权依法独立决定自己的经营政策、方针和方向。在公司法等相关法律法规并未禁止有限责任公司承包经营的情况下，友谊公司是否实行承包经营，完全应由该公司的权力机构自主决定。没有根据表明友谊公司实行承包经营违背公司法的立法宗旨。原审法院认定上诉人承包经营友谊公司，违背了公司法的立法宗旨，没有法律依据；依照公司法的规定，公司的经理、董事，与公司订立合同或进行交易，应由公司章程规定，或经股东会同意，以限制公司经理与董事利用自己的特殊身份，从事损害公司利益的活动。上诉人作为公司的董事与被上诉人签订承包合同之前，被上诉人曾召开董事会，数次召开股东会研究此事，尔后与上诉人签订了承包合同。被上诉人的董事长在合同上签字，并加盖公司印章。合同已开始实际履行。被上诉人提交给法院的董事会、股东会记录，虽然没有董事、股东的签名，但鉴于自1998年11月之后，该公司的董事会、股东会记录均无董事、股东的签名。且董事、股东是否在会议记录上签字，被上诉人的法定代表人及其工作人员，作为会议召集、组织者及记录人，负有主要义务。因此，不能仅仅因为股东未在会议记录上签名，就当然地认为股东不同意上诉人承包友谊公司。上诉人张股东会未通过决议同意上诉人承包经营，无足够证据证实，故应视为股东会已同意。原审法院以上诉人承包经营友谊公司未严格依照法定程序经股东会表决通过为由，认定合同无效，没有事实依据。

【公司被吊销营业执照不意味着该公司终止，当其认为合法权益受到侵害时，有权以公司名义提起诉讼】

烟台龙晴建设开发公司与山东省烟台市土地管理局行政纠纷案［最高人民法院（2000）行终字第3号行政裁定书］，公司经依法核准登记，领取企业法人营业执照，即取得企业法人资格；公司在被登记机关注销登记后才终止。本案原审原告长城公司于1998年12月28日被开发区工商局吊销营业执照，该公司因此而丧失了从事经营活动的行为能力，但并不意味着该公司终止，在公司依法进行清算和被注销登记之前，公司法人主体资格依然存在；当其认为合法权益受到侵害时，有权以公司的名义提起诉讼。原审原告长城公司虽然被工商管理机关吊销营业执照，但尚未被公司登记机关注销登记，其不服市土地局对其作出的烟土监字（1999）第1号《土地违法案件行政处罚决定书》，向人民法院提起行政诉讼，具备原告主体资格。

【公司及其工会和职工持股会，针对法定代表人未经股东会及董事会研究决定以该公司的名义与他人签订收购协议的行为，可以对该法定代表人提起赔偿诉讼，而不能直接主张公司对外签订的协议无效】

瓦房店轴承集团有限责任公司等与瓦房店轴承集团特钢有限责任公司等收购破产企业纠纷案［最高人民法院（1999）民终字第6号民事裁定书］，特钢公司是依《公司法》规定成立的有限责任公司，依法享有民事权利，独立承担民事责任。该公司对签订《收购协议书》的效力有异议，应当以本公司的名义提起诉讼。集团公司、特钢公司工会及集团职工持股会针对李群昌未经股东会、董事会研究决定以该公司的名义与机电总公司签订《收购协议书》的行为，认为侵害了股东及公司的合法权益，给公司造成损害的，可以依照《公司法》的有关规定，对李群昌提起赔偿诉讼，而不能直接主张特钢公司对外签订的协议无效。

【公司性质判断标准】

申银万国证券股份有限公司与武汉长江证券俱乐部有限公司等企业确权、返还股金纠纷案［最高人民法院（1998）经终字第285号民事判决书］，判断一个公司的性质不应仅凭一份验资说明，而要综观其全部文件和实质要件，尤其是发起人协议、公司章程、主管部门批文、工商部门登记、营业执照及实际注入资金等，不能仅用一份验资说明的内容来否定其他文件，进而改变公司性质。

【国有企业改制过程中，股权受让方不应对公司的债务承担民事责任】

中国长城资产管理公司哈尔滨办事处与哈尔滨电表仪器有限责任公司等借款合同纠纷上诉案[最高人民法院民事判决书]，在哈表有限公司改制后，福顺投资受让了哈表有限公司的股份，该交易属于股权转让，并不影响哈表有限公司的对外偿债能力，福顺投资与哈表有限系股东与公司的关系，依照《公司法》第三条“公司是企业法人，有独立的法人财产，享有法人财产权。公司以其全部财产对公司的债务承担责任”的规定，福顺投资作为股东不应就哈表有限公司的债务承担民事责任。

第四条 【股东权利】 公司股东依法享有资产收益、参与重大决策和选择管理者等权利。

相关案例

【股东基于其身份和地位而享有从公司获取经济利益和参与公司经营管理的权利】

福建省平潭县福鑫围垦开发有限公司、刘常爱与福建省平潭县福鑫围垦开发有限公司、刘常爱等申请再审案[最高人民法院(2015)民申字第1035号民事裁定书]，具体如下：(一)案涉2012年3月2日《福鑫围垦开发有限公司股东协议》是“股东代表”刘常爱、林光忠代表“股民”就幸福洋二期垦区赔偿安置和补偿款的发放等事宜所达成，意思表示真实，内容不违反法律、行政法规的强制性规定，应为有效。(二)一、二审法院支持刘常爱请求获取的补偿款比例无误。案涉2012年3月2日《福鑫围垦开发有限公司股东协议》名为股东协议，协议第一条亦写明是“公司”增资人民币1600万元，但协议开宗和落款已明确该协议是股东代表刘常爱、林光忠就幸福洋二期垦区安置赔偿事宜所达成，“公司”增资比例“按原股人民币8000万元计算分摊”，“现股东投资基数为人民币9600万元”，即该增资基础回归各海域使用权人最初对合作开发案涉海域项目总投资约8000万元的约定，而非按照福鑫公司的注册资本800万元作为基数计算。该协议载明“现实际投资占股比例为：股东代表：林光忠：占股比70.37%，刘常爱：占股比29.63%”，该比例在该协议中的性质实为在赔偿安置过程中应向各股东代表发放补偿款的比例。而有限公司的股东基于其对公司的投资比例而享有的股权的内容主要包括股利分配请求权、公司清算剩余财产分配请求权、公司新增资本或发行新股的优先权、表决权、知情权和相应的诉讼权，是股东基于其股东身份和地位而享有的从公司获取经济利益和参与公司经营管理的权利。故一审法院关于案涉2012年3月2日《福鑫围垦开发有限公司股东协议》约定的刘常爱的“股比”性质，与福鑫公司工商登记的股东的持股比例，系基于不同的法律关系所产生的不同的概念的认定正确，本院予以确认。

【对股东权利的限制，属于公司自治的范围】

万森公司诉林万平与公司有关纠纷案[福建省厦门市中级人民法院(2013)厦民终字第2480号民事判决书]，万森公司是否有权确认林万平不享有股东权利。万森公司确认林万平不应享有股东权利，或对其股东权利进行限制，属于公司自治的范围，应通过公司章程或股东决议对其进行限制，而非向法院提起诉讼。

【公司内部治理纠纷不属人民法院民事审判的受案范围】

成都中欧经济发展建设有限公司诉成都泰达中欧建设有限公司公司证照返还案[成都市中级人民法院(2012)成民终字第3608号民事裁定书]，成都中欧公司以泰达中欧公司违反《关于公司印鉴管理的请示》，要求判令泰达中欧公司将公司印鉴按照《关于公司印鉴管理的请示》的规定交由股东共管。而泰达中欧公司《关于公司印鉴管理的请示》的遵守与否是公司在履行其内部管理规定的行为，属于公司内部治理的事项，对违反公司内部规定的行为，只能通过公司内部解决。故成都中欧公司的起诉不属人民法院受案范围，应当驳回成都中欧公司的起诉。

【如果公司权利受到侵害，不能因股东起诉是为其自身的利益而非公司的利益而否定该股东所享有的诉权】

吕永群诉刘明宏等其他股东权纠纷案［江苏省南京市中级人民法院（2005）宁民五初字第4号民事判决书］，关于原告吕永群诉讼主体资格问题，本案中，吕永群以刘明宏、五亭缸套厂恶意串通共同实施侵权行为，损害合营企业振兴公司的利益进而损害其作为振兴公司股东的权益为由，诉请损害赔偿，故本案应属侵权之诉。就程序上而言，作为权利人可以对其认为的侵权人提起诉讼，吕永群系振兴公司的股东，作为出资者依法按投入公司的资本额享有所有者的资产受益等权利，如振兴公司的权利被侵害，其股东的权利必然相应受损，故吕永群起诉维护其自身的股东权并无不当，不能因其起诉是为其自身的利益而非振兴公司的利益而否定其所享有的诉权，被告刘明宏提出吕永群不具备本案原告主体资格的抗辩理由不能成立，本院不予采纳。

关于原告吕永群主张损失10万美元能否成立问题。本案中，由于吕永群起诉所维护的系自己的股东权利，即使本案中被告构成侵权行为，对于吕永群而言，其受损的系作为出资者依法按投入公司的资本额享有所有者的资产受益等权利，而非出资款本身，其向振兴公司投入出资款10万美元，系其依合营合同及公司章程约定履行出资义务，该款作为振兴公司的注册资本依法属振兴公司所有。吕永群以其出资了10万美元即主张其损失为10万美元缺乏依据。当事人对自己的主张，应当提供证据予以证明，而吕永群在案件审理过程中显然未能提供其实际损失的相关证据，故其该诉讼请求因缺乏充分有效的证据不能成立，本院不予支持。

【分红权即为股利分配请求权，作为股东自益权的一种，是股东行使资产收益权的重要形式】

容记企业公司与广西容大兽药制品有限公司、广西农大新技术总公司、容记企业有限公司股东股利分配请求权纠纷案［广西壮族自治区南宁市中级人民法院民事判决书］，根据我国《公司法》第四条第一款（编者注：现为该法第四条）的规定，公司股东作为出资者按投入公司的资本额享有所有者的资产受益的权利。容记公司诉请的分红权，实际上就是股利分配请求权，股利分配请求权作为股东自益权的一种，是股东行使资产受益权的重要形式。股东只要具备股东资格就享有股东的权利，自然有权向公司请求分配公司利润，当股东认为此项权利受到侵害时当然可以提起诉讼。作为起诉人，只要能证明在股利确定时具备股东资格就可以作为原告起诉，而股东资格的确认，取决于公司章程和股东名册的记载，取决于工商行政管理部门的注册登记的确认。容记公司合法的股东权益应当得到法律保护。至于容记公司内部的合伙人是否发生了变更，不影响合营合同的效力，不影响容记公司在容大公司的股东资格。因此，容记公司作为原告是本案的适格主体。现在的容记公司的存续是否具有合法性、正当性，是容记公司的内部问题，属于另一法律关系。容大公司以现在的容记公司的存续不具有合法性、正当性为由否认本案原告的主体资格理由不能成立。

第五条 【公司义务及权益保护】 公司从事经营活动，必须遵守法律、行政法规，遵守社会公德、商业道德，诚实守信，接受政府和社会公众的监督，承担社会责任。

公司的合法权益受法律保护，不受侵犯。

一、相关法律条文

《中华人民共和国中小企业促进法（2017修订）》（自2018年1月1日起施行）对中小企业的权益保护，规定如下：

第五十条 国家保护中小企业及其出资人的财产权和其他合法权益。任何单位和个人不得侵犯中小企业财产及其合法收益。

第五十一条 县级以上人民政府负责中小企业促进工作综合管理的部门应当建立专门渠道，听取中小企业对政府相关管理工作的意见和建议，并及时向有关部门反馈，督促改进。

县级以上地方各级人民政府有关部门和有关行业组织应当公布联系方式，受理中小企业的投诉、举报，并在规定的时间内予以调查、处理。

第五十二条 地方各级人民政府应当依法实施行政许可，依法开展管理工作，不得实施没有法律、法规依据的检查，不得强制或者变相强制中小企业参加考核、评比、表彰、培训等活动。

第五十三条 国家机关、事业单位和大型企业不得违约拖欠中小企业的货物、工程、服务款项。

中小企业有权要求拖欠方支付拖欠款并要求对拖欠造成的损失进行赔偿。

第五十四条 任何单位不得违反法律、法规向中小企业收取费用，不得实施没有法律、法规依据的罚款，不得向中小企业摊派财物。中小企业对违反上述规定的行为有权拒绝和举报、控告。

第五十五条 国家建立和实施涉企行政事业性收费目录清单制度，收费目录清单及其实施情况向社会公开，接受社会监督。

任何单位不得对中小企业执行目录清单之外的行政事业性收费，不得对中小企业擅自提高收费标准、扩大收费范围；严禁以各种方式强制中小企业赞助捐赠、订购报刊、加入社团、接受指定服务；严禁行业组织依靠代行政府职能或者利用行政资源擅自设立收费项目、提高收费标准。

第五十六条 县级以上地方各级人民政府有关部门对中小企业实施监督检查应当依法进行，建立随机抽查机制。同一部门对中小企业实施的多项监督检查能够合并进行的，应当合并进行；不同部门对中小企业实施的多项监督检查能够合并完成的，由本级人民政府组织有关部门实施合并或者联合检查。

《中华人民共和国民法总则》（自 2017 年 10 月 1 日起施行）对营利法人的义务，规定如下：

第八十六条 营利法人从事经营活动，应当遵守商业道德，维护交易安全，接受政府和社会的监督，承担社会责任。

二、相关文件规定

《严重违法失信企业名单管理暂行办法》（自 2016 年 4 月 1 日起施行）对失信企业的管理，规定如下：

第一条 为加强对严重违法失信企业的管理，促进企业守法经营和诚信自律，扩大社会监督，依据《企业信息公示暂行条例》等法律法规，制定本办法。

第二条 本办法所称严重违法失信企业，是指违反工商行政管理法律、行政法规且情节严重的企业。

第三条 本办法所称严重违法失信企业名单管理，是指对列入严重违法失信企业名单的企业实施信用约束、部门联合惩戒，并通过企业信用信息公示系统向社会公示。

第四条 国家工商行政管理总局负责指导、组织全国的严重违法失信企业名单管理工作。

县级以上工商行政管理部门负责本辖区的严重违法失信企业名单管理工作。

本办法所称工商行政管理部门，包括履行工商行政管理职能的市场监督管理部门。

第五条 企业有下列情形之一的，由县级以上工商行政管理部门列入严重违法失信企业名单管理：

（一）被列入经营异常名录届满 3 年仍未履行相关义务的；

（二）提交虚假材料或者采取其他欺诈手段隐瞒重要事实，取得公司变更或者注销登记，被撤销登记的；

（三）组织策划传销的，或者因为传销行为提供便利条件两年内受到三次以上行政处罚的；

（四）因直销违法行为两年内受到三次以上行政处罚的；

（五）因不正当竞争行为两年内受到三次以上行政处罚的；

（六）因提供的商品或者服务不符合保障人身、财产安全要求，造成人身伤害等严重侵害消费者权益的违法行为，两年内受到三次以上行政处罚的；

（七）因发布虚假广告两年内受到三次以上行政处罚的，或者发布关系消费者生命健康的商品或者服务的虚假广告，造成人身伤害的或者其他严重社会不良影响的；

（八）因商标侵权行为五年内受到两次以上行政处罚的；

（九）被决定停止受理商标代理业务的；

（十）国家工商行政管理总局规定的其他违反工商行政管理法律、行政法规且情节严重的。

企业违反工商行政管理法律、行政法规，有前款第（三）项至第（八）项规定行为之一，两年内累计受到三次以上行政处罚的，列入严重违法失信企业名单管理。

第六条 国家工商行政管理总局或者省、自治区、直辖市工商行政管理部门负责有本办法第五条第一款第（一）项规定情形的企业的严重违法失信企业名单的列入、移出工作。

县级以上工商行政管理部门负责其登记的有本办法第五条第一款第（二）项至第（十）项和第二款规定情形的企业的严重违法失信企业名单的列入、移出工作。

第七条 工商行政管理部门将企业列入严重违法失信企业名单的，应当作出列入决定。列入决定应当包括企业名称、统一社会信用代码/注册号、列入日期、列入事由、权利救济的期限和途径、作出决定机关。

第八条 企业有本办法第五条第一款第（一）项规定情形的，工商行政管理部门应当在企业被列入经营异常名录满3年前60日内，通过企业信用信息公示系统以公告方式提示其履行相关义务；满3年仍未履行相关义务的，自届满之日起10个工作日内将其列入严重违法失信企业名单。

企业有本办法第五条第一款第（二）项至第（十）项和第二款规定情形的，工商行政管理部门应当自相关信息在企业信用信息公示系统公示之日起10个工作日内将其列入严重违法失信企业名单。

第九条 企业自被列入严重违法失信企业名单之日起满5年未再发生第五条规定情形的，由有管辖权的工商行政管理部门移出严重违法失信企业名单。

工商行政管理部门依照前款规定将企业移出严重违法失信企业名单的，应当作出移出决定，并通过企业信用信息公示系统向社会公示。移出决定应当包括企业名称、统一社会信用代码/注册号、移出日期、移出事由、作出决定机关。

第十条 依照本办法第五条第一款第（一）项规定被列入严重违法失信企业名单的，工商行政管理部门应当自企业申请之日起5个工作日内作出移出决定。

依照本办法第五条第一款第（二）项至第（十）项和第二款规定被列入严重违法失信企业名单的，工商行政管理部门应当自列入严重违法失信企业名单届满之日起5个工作日内作出移出决定。

第十一条 企业对被列入严重违法失信企业名单有异议的，可以自公示之日起30日内向作出决定的工商行政管理部门提出书面申请并提交相关证明材料，工商行政管理部门应当在5个工作日内决定是否受理。予以受理的，应当在20个工作日内核实，并将核实结果书面告知申请人；不予受理的，将不予受理的理由书面告知申请人。

工商行政管理部门通过核实发现将企业列入严重违法失信企业名单存在错误的，应当自查实之日起5个工作日内予以更正。

第十二条 列入严重违法失信企业名单所依据的行政处罚决定被撤销的，工商行政管理部门应当自行政处罚决定被撤销之日起30个工作日内将企业移出严重违法失信企业名单。

第十三条 各级工商行政管理部门对被列入严重违法失信企业名单的企业实施下列管理：

（一）列为重点监督管理对象；

（二）依照本办法第五条第一款第（一）项规定被列入严重违法失信企业名单的企业的法定代表人、负责人，3年内不得担任其他企业的法定代表人、负责人；

（三）不予通过“守合同重信用”企业公示活动申报资格审核；

（四）不予授予相关荣誉称号。

第十四条 工商行政管理部门应当将列入严重违法失信企业名单的信息记录在该企业的公示信息中，并通过企业信用信息公示系统统一公示。

工商行政管理部门应当将严重违法失信企业名单信息与其他政府部门互联共享，实施联合惩戒。

第十五条 依照本办法第五条第一款第（一）项规定被列入严重违法失信企业名单的企业的法定代表人、负责人，已经担任其他企业的法定代表人、负责人的，有关企业应当依法办理法定代表人、负责人变更登记。通过登记的住所（经营场所）无法取得联系的，有关企业应当依法办理住所（经营场所）变更登记。有关企业未办理法定代表人、负责人变更登记或者住所（经营场所）变更登记的，工商行政管理部门应当依法予以查处。

第十六条 对企业被列入、移出严重违法失信企业名单的决定，可以依法申请行政复议或者提起行政诉讼。

第十七条 工商行政管理部门未依照本办法的有关规定履行职责的，由上一级工商行政管理部门责令改正；情节严重的，对负有责任的主管人员和其他直接责任人员依照有关规定予以处理。

第十八条 严重违法失信企业名单管理相关文书样式由国家工商行政管理总局统一制定。

第十九条 网络交易违法失信行为的管理办法，由国家工商行政管理总局另行制定。

第二十条 本办法由国家工商行政管理总局负责解释。

第二十一条 本办法自2016年4月1日起施行。

《国务院国有资产监督管理委员会关于印发〈关于中央企业履行社会责任的指导意见〉的通知》（国资发研究〔2008〕1号）第三部分，关于中央企业履行社会责任的内容主要包括以下八个方面：

（八）坚持依法经营诚实守信。模范遵守法律法规和社会公德、商业道德以及行业规则，及时足额纳税，维护投资者和债权人权益，保护知识产权，忠实履行合同，恪守商业信用，反对不正当竞争，杜绝商业活动中的腐败行为。

（九）不断提高持续盈利能力。完善公司治理，科学民主决策。优化发展战略，突出做强主业，缩短管理链条，合理配置资源。强化企业管理，提高管控能力，降低经营成本，加强风险防范，提高投入产出水平，增强市场竞争能力。

（十）切实提高产品质量和服务水平。保证产品和服务的安全性，改善产品性能，完善服务体系，努力为社会提供优质安全健康的产品和服务，最大限度地满足消费者的需求。保护消费者权益，妥善处理消费者提出的投诉和建议，努力为消费者创造更大的价值，取得广大消费者的信赖与认同。

（十一）加强资源节约和环境保护。认真落实节能减排责任，带头完成节能减排任务。发展节能产业，开发节能产品，发展循环经济，提高资源综合利用效率。增加环保投入，改进工艺流程，降低污染物排放，实施清洁生产，坚持走低投入、低消耗、低排放和高效率的发展道路。

（十二）推进自主创新和技术进步。建立和完善技术创新机制，加大研究开发投入，提高自主创新能力。加快高新技术开发和传统产业改造，着力突破产业和行业关键技术，增加技术创新储备。强化知识产权意识，实施知识产权战略，实现技术创新与知识产权的良性互动，形成一批拥有自主知识产权的核心技术和知名品牌，发挥对产业升级、结构优化的带动作用。

（十三）保障生产安全。严格落实安全生产责任制，加大安全生产投入，严防重、特大安全事故发生。建立健全应急管理体系，不断提高应急管理水平和应对突发事件能力。为职工提供安全、健康、卫生的工作条件和生活环境，保障职工职业健康，预防和减少职业病和其他疾病对职工的危害。

（十四）维护职工合法权益。依法与职工签订并履行劳动合同，坚持按劳分配、同工同酬，建立工资正常增长机制，按时足额缴纳社会保险。尊重职工人格，公平对待职工，杜绝性别、民族、宗教、年龄等各种歧视。加强职业教育培训，创造平等发展机会。加强职代会制度建设，深化厂务公开，推进民主管理。关心职工生活，切实为职工排忧解难。

（十五）参与社会公益事业。积极参与社区建设，鼓励职工志愿服务社会。热心参与慈善、捐助等社会公益事业，关心支持教育、文化、卫生等公共福利事业。在发生重大自然灾害和突发事件的情况下，积极提供财力、物力和人力等方面的支持和援助。

三、相关案例

【商事交易中诚实信用原则对公司权益的保护】

北京万方源房地产开发有限公司与中国长城资产管理公司沈阳办事处债权置换股份协议纠纷案［最高人民法院（2015）民二终字第366号民事判决书（2016年10月31日《最高人民法院第二巡回法庭发布关于公正审理跨省重大民商事和行政案件典型案例》案例九）］，具体如下：

（一）基本案情

2007年11月1日，中国长城资产管理公司沈阳办事处（以下简称长城资产沈阳办事处）与北京万方源房地产开发有限公司（以下简称万方源公司）签订《债权置换股份协议书》，约定长城资产沈阳办事处将其持有的5000余万元的债权，置换万方源公司持有的某公司的700万股法人股股权。协议签订后，长城资产沈阳办事处将上述债权转让给万方源公司，但万方源公司没有履行股权转让义务。2013年双方签订《意向协议》，约定万方源公司向长城资产沈阳办事处支付5250万元股权折现款，不再履行股权转让义务，但双方应当签订正式《股权折现协议》。《意向协议》签订后，万方源公司没有按照协议约定交纳保证金及折现款。在长城资产沈阳办事处提起本案诉讼后，万方源公司认为双方应当履行《意向协议》，拒绝支付股权的现值，仅同意支付5250万元。

（二）裁判结果

辽宁省高级人民法院一审认为，虽然双方签订了《意向协议》，但万方源公司没有据此交纳保证金，双方也未签订正式的《股权折现协议》。万方源公司应当按照《债权置换股份协议书》约定，向长城资产沈阳办事处支付其股权现值。判决万方源公司赔偿长城资产沈阳办事处18,844万元；支付违约金2,941,935元。万方源公司不服，上诉至最高人民法院。最高人民法院第二巡回法庭二审判决驳回上诉，维持原判。

（三）典型意义

本案当事人跨越辽宁与北京两省市，是一起诉讼标的额较大且跨行政区划的商事案件，双方当事人住所地分别在北京和沈阳，争议发生在辽宁。本庭在审判过程中，充分尊重当事人意思自治，注重维护商事交易秩序，倡导诚实信用原则，公正作出了裁判。本案中，万方源公司在签订《意向协议》后，没有与长城资产沈阳办事处签订正式的《股权折现协议》，也没有交纳保证金，属于违约方。在案涉股权价格大幅度升值（截至二审判决作出时已高达3亿多元）的情况下，万方源公司又主动要求履行《意向协议》，显然有悖诚实信用原则。因此，我们既坚持违约方不能因其违约行为而获益，又注意充分当事人的意思表示，将股权升值后的大部分利益判归守约方长城资产沈阳办事处所有。本案的处理结果，依法保护了守约方长城资产沈阳办事处的合法权益，充分体现了诚实信用原则在司法审判中的准确适用，对于促进当事人在民事活动中平等协商、诚实守信、遵守规则，具有重要的指导意义。

【公司社会责任条款之裁判性适用】

李秀针与青岛杰盛置业有限公司、薛晓明公司解散纠纷案［山东省高级人民法院（2015）

鲁民再字第5号民事判决书],《公司法》第五条明确规定,公司从事经营活动,应诚实守信,接受政府和社会公众的监督,承担社会责任。因此在判断公司应否解散时,不仅要考虑股东的利益还要充分考虑到公司解散对社会公众利益的影响。股东权利的行使应当受到公司及股东应承担的社会义务的约束。本案中,被告公司经营的是房地产项目,涉及众多购房者的利益。其目前经营的适园雅居项目又因历史原因存在特殊性。该项目起初系违法建筑,已向社会公众出售了568套住宅,仅留110套住宅未出售,出于妥善解决历史遗留问题、维护社会稳定的角度考虑,青岛市政府保留了该项目。政府部门在土地招拍挂公告中明确说明了项目出售的情况,明确了项目竞得人应妥善处理原购房户问题、以免引起新的社会问题。被告公司在清楚了解涉案项目的历史状况后仍参与竞拍,即应承担起向568户原购房者交付建成房屋并完善相关手续的社会义务。目前被告公司经营的房地产项目主体均已建成,预售许可证也已办理完毕,现正对外销售,处于投资收益回收阶段。若此时公司解散,公司清算组势必无法履行公司应承担的后续施工及办理房产证等义务,进而影响项目的正常进展,阻却众多购房户的合法利益的实现,造成新的大规模上访,影响社会稳定。在股东的个人利益与社会公众利益发生冲突时,再审法院认为应优先保护社会公众的利益,因此驳回了原告要求解散公司的再审请求,维持原生效裁判。

【网店名誉权的民事主体资格】

舒某诉海南天涯在线网络科技有限公司侵害名誉权纠纷案[上海市黄浦区人民法院(2010)黄民一(民)初字第3802号民事判决书(《人民司法·案例》2012年第12期)],所谓民事主体,是指根据法律规定,能够参与民事法律关系,享有民事权利和承担民事义务的当事人。作为民事主体,不但须适合于享有民事权利的社会存在,而且须经国家法律的认可。由于我国法律尚未赋予网店民事主体地位,故网店依法不享有名誉权。网店店主作为自然人有权主张其个人的名誉权,但无权主张其网店的名誉权。

第六条 【公司登记】 设立公司,应当依法向公司登记机关申请设立登记。符合本法规定的设立条件的,由公司登记机关分别登记为有限责任公司或者股份有限公司;不符合本法规定的设立条件的,不得登记为有限责任公司或者股份有限公司。

法律、行政法规规定设立公司必须报经批准的,应当在公司登记前依法办理批准手续。

公众可以向公司登记机关申请查询公司登记事项,公司登记机关应当提供查询服务。

一、相关法律条文

《中华人民共和国民法总则》(自2017年10月1日起施行)对营利法人的登记成立,规定如下:

第七十七条 营利法人经依法登记成立。

二、相关文件规定

《中华人民共和国公司登记管理条例(2016修订)》(自1994年7月1日起施行)对公司登记管理,规定如下:

第一章 总 则

第一条 为了确认公司的企业法人资格,规范公司登记行为,依据《中华人民共和国公司法》(以下简称《公司法》),制定本条例。

第二条 有限责任公司和股份有限公司（以下统称公司）设立、变更、终止，应当依照本条例办理公司登记。

申请办理公司登记，申请人应当对申请文件、材料的真实性负责。

第三条 公司经公司登记机关依法登记，领取《企业法人营业执照》，方取得企业法人资格。

自本条例施行之日起设立公司，未经公司登记机关登记的，不得以公司名义从事经营活动。

第四条 工商行政管理机关是公司登记机关。

下级公司登记机关在上级公司登记机关的领导下开展公司登记工作。

公司登记机关依法履行职责，不受非法干预。

第五条 国家工商行政管理总局主管全国的公司登记工作。

第二章 登记管辖

第六条 国家工商行政管理总局负责下列公司的登记：

（一）国务院国有资产监督管理机构履行出资人职责的公司以及该公司投资设立并持有50%以上股份的公司；

（二）外商投资的公司；

（三）依照法律、行政法规或者国务院决定的规定，应当由国家工商行政管理总局登记的公司；

（四）国家工商行政管理总局规定应当由其登记的其他公司。

第七条 省、自治区、直辖市工商行政管理局负责本辖区内下列公司的登记：

（一）省、自治区、直辖市人民政府国有资产监督管理机构履行出资人职责的公司以及该公司投资设立并持有50%以上股份的公司；

（二）省、自治区、直辖市工商行政管理局规定由其登记的自然人投资设立的公司；

（三）依照法律、行政法规或者国务院决定的规定，应当由省、自治区、直辖市工商行政管理局登记的公司；

（四）国家工商行政管理总局授权登记的其他公司。

第八条 设区的市（地区）工商行政管理局、县工商行政管理局，以及直辖市的工商行政管理分局、设区的市工商行政管理局的区分局，负责本辖区内下列公司的登记：

（一）本条例第六条和第七条所列公司以外的其他公司；

（二）国家工商行政管理总局和省、自治区、直辖市工商行政管理局授权登记的公司。

前款规定的具体登记管辖由省、自治区、直辖市工商行政管理局规定。但是，其中的股份有限公司由设区的市（地区）工商行政管理局负责登记。

第三章 登记事项

第九条 公司的登记事项包括：

（一）名称；

（二）住所；

（三）法定代表人姓名；

（四）注册资本；

（五）公司类型；

（六）经营范围；

（七）营业期限；

（八）有限责任公司股东或者股份有限公司发起人的姓名或者名称。

第十条 公司的登记事项应当符合法律、行政法规的规定。不符合法律、行政法规规定的，公司登记机关不予登记。

第十一条 公司名称应当符合国家有关规定。公司只能使用一个名称。经公司登记机关核准登记的公司名称受法律保护。

第十二条 公司的住所是公司主要办事机构所在地。经公司登记机关登记的公司的住所只能有一个。公司的住所应当在其公司登记机关辖区内。

第十三条 公司的注册资本应当以人民币表示，法律、行政法规另有规定的除外。

第十四条 股东的出资方式应当符合《公司法》第二十七条的规定，但股东不得以劳务、信用、自然人姓名、商誉、特许经营权或者设定担保的财产等作价出资。

第十五条 公司的经营范围由公司章程规定，并依法登记。

公司的经营范围用语应当参照国民经济行业分类标准。

第十六条 公司类型包括有限责任公司和股份有限公司。

一人有限责任公司应当在公司登记中注明自然人独资或者法人独资，并在公司营业执照中载明。

……

第八章 登记程序

第五十条 申请公司、分公司登记，申请人可以到公司登记机关提交申请，也可以通过信函、电报、电传、传真、电子数据交换和电子邮件等方式提出申请。

通过电报、电传、传真、电子数据交换和电子邮件等方式提出申请的，应当提供申请人的联系方式以及通讯地址。

第五十一条 公司登记机关应当根据下列情况分别作出是否受理的决定：

（一）申请文件、材料齐全，符合法定形式的，或者申请人按照公司登记机关的要求提交全部补正申请文件、材料的，应当决定予以受理。

（二）申请文件、材料齐全，符合法定形式，但公司登记机关认为申请文件、材料需要核实的，应当决定予以受理，同时书面告知申请人需要核实的事项、理由以及时间。

（三）申请文件、材料存在可以当场更正的错误的，应当允许申请人当场予以更正，由申请人在更正处签名或者盖章，注明更正日期；经确认申请文件、材料齐全，符合法定形式的，应当决定予以受理。

（四）申请文件、材料不齐全或者不符合法定形式的，应当当场或者在5日内一次告知申请人需要补正的全部内容；当场告知时，应当将申请文件、材料退回申请人；属于5日内告知的，应当收取申请文件、材料并出具收到申请文件、材料的凭据，逾期不告知的，自收到申请文件、材料之日起即为受理。

（五）不属于公司登记范畴或者不属于本机关登记管辖范围的事项，应当即时决定不予受理，并告知申请人向有关行政机关申请。

公司登记机关对通过信函、电报、电传、传真、电子数据交换和电子邮件等方式提出申请的，应当自收到申请文件、材料之日起5日内作出是否受理的决定。

第五十二条 除依照本条例第五十三条第一款第（一）项作出准予登记决定的外，公司登记机关决定予以受理的，应当出具《受理通知书》；决定不予受理的，应当出具《不予受理通知书》，说明不予受理的理由，并告知申请人享有依法申请行政复议或者提起行政诉讼的权利。

第五十三条 公司登记机关对决定予以受理的登记申请，应当分别情况在规定的期限内作出是否准予登记的决定：

（一）对申请人到公司登记机关提出的申请予以受理的，应当当场作出准予登记的决定。

（二）对申请人通过信函方式提交的申请予以受理的，应当自受理之日起15日内作出准予登记的决定。

（三）通过电报、电传、传真、电子数据交换和电子邮件等方式提交申请的，申请人应当自收到《受理通知书》之日起15日内，提交与电报、电传、传真、电子数据交换和电子邮件等内容一致并符合法定形式的申请文件、材料原件；申请人到公司登记机关提交申请文件、材料原件的，应当当场作出准予登记的决定；申请人通过信函方式提交申请文件、材料原件的，应当自受理之日起15日内作出准予登记的决定。

（四）公司登记机关自发出《受理通知书》之日起60日内，未收到申请文件、材料原件，或者申请文件、材料原件与公司登记机关所受理的申请文件、材料不一致的，应当作出不予登记的决定。

公司登记机关需要对申请文件、材料核实的，应当自受理之日起15日内作出是否准予登记的决定。

第五十四条 公司登记机关作出准予公司名称预先核准决定的，应当出具《企业名称预先核准通知书》；作出准予公司设立登记决定的，应当出具《准予设立登记通知书》，告知申请人自决定之日起10日内，领取营业执照；作出准予公司变更登记决定的，应当出具《准予变更登记通知书》，告知申请人自决定之日起10日内，换发营业执照；作出准予公司注销登记决定的，应当出具《准予注销登记通知书》，收缴营业执照。

公司登记机关作出不予名称预先核准、不予登记决定的，应当出具《企业名称驳回通知书》、《登记驳回通知书》，说明不予核准、登记的理由，并告知申请人享有依法申请行政复议或者提起行政诉讼的权利。

第五十五条 公司登记机关应当将公司登记、备案信息通过企业信用信息公示系统向社会公示。

第五十六条 吊销《企业法人营业执照》和《营业执照》的公告由公司登记机关发布。

第九章 年度报告公示、证照和档案管理

第五十七条 公司应当于每年1月1日至6月30日，通过企业信用信息公示系统向公司登记机关报送上一年度年度报告，并向社会公示。

年度报告公示的内容以及监督检查办法由国务院制定。

第五十八条 《企业法人营业执照》、《营业执照》分为正本和副本，正本和副本具有同等法律效力。

国家推行电子营业执照。电子营业执照与纸质营业执照具有同等法律效力。

《企业法人营业执照》正本或者《营业执照》正本应当置于公司住所或者分公司营业场所的醒目位置。

公司可以根据业务需要向公司登记机关申请核发营业执照若干副本。

第五十九条 任何单位和个人不得伪造、涂改、出租、出借、转让营业执照。

营业执照遗失或者毁坏的，公司应当在公司登记机关指定的报刊上声明作废，申请补领。

公司登记机关依法作出变更登记、注销登记、撤销变更登记决定，公司拒不缴回或者无法缴回营业执照的，由公司登记机关公告营业执照作废。

第六十条 公司登记机关对需要认定的营业执照，可以临时扣留，扣留期限不得超过10天。

第六十一条 借阅、抄录、携带、复制公司登记档案资料的，应当按照规定的权限和程序办理。

任何单位和个人不得修改、涂抹、标注、损毁公司登记档案资料。

第六十二条 营业执照正本、副本样式，电子营业执照标准以及公司登记的有关重要文书格式或者表式，由国家工商行政管理总局统一制定。

……

第十一章 附 则

第八十一条 外商投资的公司的登记适用本条例。有关外商投资企业的法律对其登记另有规定的，适用其规定。

第八十二条 法律、行政法规或者国务院决定规定设立公司必须报经批准，或者公司经营范围中属于法律、行政法规或者国务院决定规定在登记前须经批准的项目的，由国家工商行政管理总局依照法律、行政法规或者国务院决定规定编制企业登记前置行政许可目录并公布。

第八十三条 本条例自1994年7月1日起施行。

《企业信息公示暂行条例》（自2014年10月1日起施行）对企业的信息公示，规定如下：

第一条 为了保障公平竞争，促进企业诚信自律，规范企业信息公示，强化企业信用约束，维护交易安全，提高政府监管效能，扩大社会监督，制定本条例。

第二条 本条例所称企业信息，是指在工商行政管理部门登记的企业从事生产经营活动过程中形成的信息，以及政府部门在履行职责过程中产生的能够反映企业状况的信息。

第三条 企业信息公示应当真实、及时。公示的企业信息涉及国家秘密、国家安全或者社会公共利益的，应当报请主管的保密行政管理部门或者国家安全机关批准。县级以上地方人民政府有关部门公示的企业信息涉及企业商业秘密或者个人隐私的，应当报请上级主管部门批准。

第四条 省、自治区、直辖市人民政府领导本行政区域的企业信息公示工作，按照国家社会信用信息平台建设的总体要求，推动本行政区域企业信用信息公示系统的建设。

第五条 国务院工商行政管理部门推进、监督企业信息公示工作，组织企业信用信息公示系统的建设。国务院其他有关部门依照本条例规定做好企业信息公示相关工作。

县级以上地方人民政府有关部门依照本条例规定做好企业信息公示工作。

第六条 工商行政管理部门应当通过企业信用信息公示系统，公示其在履行职责过程中产生的下列企业信息：

（一）注册登记、备案信息；

（二）动产抵押登记信息；

（三）股权出质登记信息；

（四）行政处罚信息；

（五）其他依法应当公示的信息。

前款规定的企业信息应当自产生之日起20个工作日内予以公示。

第七条 工商行政管理部门以外的其他政府部门（以下简称其他政府部门）应当公示其在履行职责过程中产生的下列企业信息：

（一）行政许可准予、变更、延续信息；

（二）行政处罚信息；

（三）其他依法应当公示的信息。

其他政府部门可以通过企业信用信息公示系统，也可以通过其他系统公示前款规定的企业信息。工商行政管理部门和其他政府部门应当按照国家社会信用信息平台建设的总体要求，实现企业信息的互联共享。

第八条 企业应当于每年1月1日至6月30日，通过企业信用信息公示系统向工商行政管理部门报送上一年度年度报告，并向社会公示。

当年设立登记的企业，自下一年起报送并公示年度报告。

第九条 企业年度报告内容包括：

（一）企业通信地址、邮政编码、联系电话、电子邮箱等信息；

（二）企业开业、歇业、清算等存续状态信息；

（三）企业投资设立企业、购买股权信息；

（四）企业为有限责任公司或者股份有限公司的，其股东或者发起人认缴和实缴的出资额、出资时间、出资方式等信息；

（五）有限责任公司股东股权转让等股权变更信息；

（六）企业网站以及从事网络经营的网店的名称、网址等信息；

（七）企业从业人数、资产总额、负债总额、对外提供保证担保、所有者权益合计、营业总收入、主营业务收入、利润总额、净利润、纳税总额信息。

前款第一项至第六项规定的信息应当向社会公示，第七项规定的信息由企业选择是否向社会公示。

经企业同意，公民、法人或者其他组织可以查询企业选择不公示的信息。

第十条 企业应当自下列信息形成之日起20个工作日内通过企业信用信息公示系统向

社会公示：

（一）有限责任公司股东或者股份有限公司发起人认缴和实缴的出资额、出资时间、出资方式等信息；

（二）有限责任公司股东股权转让等股权变更信息；

（三）行政许可取得、变更、延续信息；

（四）知识产权出质登记信息；

（五）受到行政处罚的信息；

（六）其他依法应当公示的信息。

工商行政管理部门发现企业未依照前款规定履行公示义务的，应当责令其限期履行。

第十一条 政府部门和企业分别对其公示信息的真实性、及时性负责。

第十二条 政府部门发现其公示的信息不准确的，应当及时更正。公民、法人或者其他组织有证据证明政府部门公示的信息不准确的，有权要求该政府部门予以更正。

企业发现其公示的信息不准确的，应当及时更正；但是，企业年度报告公示信息的更正应当在每年6月30日之前完成。更正前后的信息应当同时公示。

第十三条 公民、法人或者其他组织发现企业公示的信息虚假的，可以向工商行政管理部门举报，接到举报的工商行政管理部门应当自接到举报材料之日起20个工作日内进行核查，予以处理，并将处理情况书面告知举报人。

公民、法人或者其他组织对依照本条例规定公示的企业信息有疑问的，可以向政府部门申请查询，收到查询申请的政府部门应当自收到申请之日起20个工作日内书面答复申请人。

第十四条 国务院工商行政管理部门和省、自治区、直辖市人民政府工商行政管理部门应当按照公平规范的要求，根据企业注册号等随机摇号，确定抽查的企业，组织对企业公示信息的情况进行检查。

工商行政管理部门抽查企业公示的信息，可以采取书面检查、实地核查、网络监测等方式。工商行政管理部门抽查企业公示的信息，可以委托会计师事务所、税务师事务所、律师事务所等专业机构开展相关工作，并依法利用其他政府部门作出的检查、核查结果或者专业机构作出的专业结论。

抽查结果由工商行政管理部门通过企业信用信息公示系统向社会公布。

第十五条 工商行政管理部门对企业公示的信息依法开展抽查或者根据举报进行核查，企业应当配合，接受询问调查，如实反映情况，提供相关材料。

对不予配合情节严重的企业，工商行政管理部门应当通过企业信用信息公示系统公示。

第十六条 任何公民、法人或者其他组织不得非法修改公示的企业信息，不得非法获取企业信息。

第十七条 有下列情形之一的，由县级以上工商行政管理部门列入经营异常名录，通过企业信用信息公示系统向社会公示，提醒其履行公示义务；情节严重的，由有关主管部门依照有关法律、行政法规规定给予行政处罚；造成他人损失的，依法承担赔偿责任；构成犯罪的，依法追究刑事责任：

（一）企业未按照本条例规定的期限公示年度报告或者未按照工商行政管理部门责令的期限公示有关企业信息的；

（二）企业公示信息隐瞒真实情况、弄虚作假的。

被列入经营异常名录的企业依照本条例规定履行公示义务的，由县级以上工商行政管理部门移出经营异常名录；满3年未依照本条例规定履行公示义务的，由国务院工商行政管理部门或者省、自治区、直辖市人民政府工商行政管理部门列入严重违法企业名单，并通过企业信用信息公示系统向社会公示。被列入严重违法企业名单的企业的法定代表人、负责人，3年内不得担任其他企业的法定代表人、负责人。

企业自被列入严重违法企业名单之日起满5年未再发生第一款规定情形的，由国务院工商行政管理部门或者省、自治区、直辖市人民政府工商行政管理部门移出严重违法企业名单。

第十八条 县级以上地方人民政府及其有关部门应当建立健全信用约束机制，在政府采购、工程招投标、国有土地出让、授予荣誉称号等工作中，将企业信息作为重要考量因素，对被列入经营异常名录或者严重违法企业名单的企业依法予以限制或者禁入。

第十九条 政府部门未依照本条例规定履行职责的，由监察机关、上一级政府部门责令改正；情节严重的，对负有责任的主管人员和其他直接责任人员依法给予处分；构成犯罪的，依法追究刑事责任。

第二十条 非法修改公示的企业信息，或者非法获取企业信息的，依照有关法律、行政法规规定追究法律责任。

第二十一条 公民、法人或者其他组织认为政府部门在企业信息公示工作中的具体行政行为侵犯其合法权益的，可以依法申请行政复议或者提起行政诉讼。

第二十二条 企业依照本条例规定公示信息，不免除其依照其他有关法律、行政法规规定公示信息的义务。

第二十三条 法律、法规授权的具有管理公共事务职能的组织公示企业信息适用本条例关于政府部门公示企业信息的规定。

第二十四条 国务院工商行政管理部门负责制定企业信用信息公示系统的技术规范。

个体工商户、农民专业合作社信息公示的具体办法由国务院工商行政管理部门另行制定。

第二十五条 本条例自2014年10月1日起施行。

《企业登记程序规定》(自2004年7月1日起施行)对企业登记程序，规定如下：

第一章 总 则

第一条 为了规范企业登记行为，提高登记效率，根据《行政许可法》及有关法律、行政法规，制定本规定。

第二条 企业的设立登记、变更登记、注销登记及企业名称预先核准适用本规定。

第三条 企业登记机关依法对申请材料是否齐全、是否符合法定形式进行审查。根据法定条件和程序，需要对申请材料的实质内容进行核实的，依法进行核实。

第四条 企业登记机关应当设立企业登记场所，统一办理企业登记事宜。

有条件的企业登记机关应当建立企业登记网站，受理企业登记申请，方便申请人下载申请书格式文本、提交申请材料、查询企业登记办理情况和企业登记管理规定等。

第五条 企业登记机关工作人员在职责范围内，对企业登记申请进行审查，代表企业登记机关作出是否受理、登记的决定。

第二章 登记申请

第六条 申请企业登记，申请人或者其委托的代理人可以采取以下方式提交申请：

（一）直接到企业登记场所；

（二）邮寄、传真、电子数据交换、电子邮件等。

通过传真、电子数据交换、电子邮件等方式提交申请的，应当提供申请人或者其代理人的联络方式及通讯地址。对企业登记机关予以受理的申请，申请人应当自收到《受理通知书》之日起十五日内，提交与传真、电子数据交换、电子邮件内容一致并符合法定形式的申请材料原件。

第七条 申请人应当按照国家工商行政管理总局制定的申请书格式文本提交申请，并按照企业登记法律、行政法规和国家工商行政管理总局规章的规定提交有关材料。

涉及法律、行政法规和国务院发布的决定确定的企业登记前置许可项目的，申请人应当提交法定形式的许可证件或者批准文件。

第八条 申请人应当如实向企业登记机关提交有关材料和反映真实情况，并对其申请材料实质内容的真实性负责。

第三章 审查、受理和决定

第九条 登记机关收到登记申请后，应当对申请材料是否齐全、是否符合法定形式进行审查。

申请材料齐全是指国家工商行政管理总局依照企业登记法律、行政法规和规章公布的要求申请人提交的全部材料。

申请材料符合法定形式是指申请材料符合法定时限、记载事项符合法定要求、文书格式符合规范。

第十条 经对申请人提交的登记申请审查，企业登记机关应当根据下列情况分别作出是否受理的决定：

（一）申请材料齐全、符合法定形式的，应当决定予以受理。

（二）申请材料齐全并符合法定形式，但申请材料需要核实的，应当决定予以受理，同时书面告知申请人需要核实的事项，理由及时间。

（三）申请材料存在可以当场更正的错误的，应当允许有权更正人当场予以更正，由更正人在更正处签名或者盖章、注明更正日期；经确认申请材料齐全，符合法定形式的，应当决定予以受理。

（四）申请材料不齐全或者不符合法定形式的，应当当场或者在五日内一次告知申请人需要补正的全部内容。告知时，将申请材料退回申请人并决定不予受理。属于五日内告知的，应当收取材料并出具收到材料凭据。

（五）不属于企业登记范畴或者不属于本机关登记管辖范围的事项，应当即时决定不予受理，并告知申请人向有关行政机关申请。

通过邮寄、传真、电子数据交换、电子邮件等方式提交申请的，应当自收到申请之日起五日内作出是否受理的决定。

本规定所称有权更正人，是指申请人或者经申请人明确授权，可以对申请材料相关事项及文字内容加以更改的经办人员。

第十一条 企业登记机关认为需要对申请材料的实质内容进行核实的，应当派两名以上工作人员，对申请材料予以核实。经核实后，提交“申请材料核实情况报告书”，根据核实情况作出是否准予登记的决定。

第十二条 企业登记机关对决定受理的登记申请，应当分别情况在规定的期限内作出是否准予登记的决定：

（一）申请人或者其委托的代理人到企业登记场所提交申请予以受理的，应当当场作出准予登记的决定。

（二）通过邮寄的方式提交申请予以受理的，应当自受理之日起十五日内作出准予登记的决定。

（三）通过传真、电子数据交换、电子邮件等方式提交申请的，申请人或者其委托的代理人到企业登记场所提交申请材料原件的，应当当场作出准予登记的决定；通过邮寄方式提交申请材料原件的，应当自收到申请材料原件之日起十五日内作出准予登记的决定；申请人提交的申请材料原件与所受理的申请材料不一致的，应当作出不予登记的决定；将申请材料原件作为新申请的，应当根据第九条、第十条、第十一条、第十二条的规定办理。企业登记机关自发出《受理通知书》之日起六十日内，未收到申请材料原件的，应当作出不予登记的决定。

需要对申请材料核实的，应当自受理之日起十五日内作出是否准予登记的决定。

第十三条 依法应当先经下级企业登记机关审查后报上级登记机关决定的企业登记申请，下级企业登记机关应当自受理之日起十五日内提出审查意见。

第十四条 地方人民政府规定由企业登记机关统一受理，并转告相关部门实行互联审批的，审批程序及期限按照地方人民政府规定执行。

第十五条 除本规定第十二条第（一）项作出准予登记决定的外，企业登记机关决定予以受理的，应当出具《受理通知书》；决定不予受理的，应当出具《不予受理通知书》，并注明不予受理的理由。

第十六条 企业登记机关作出准予企业名称预先核准的，应当出具《企业名称预先核准通知书》;作出准予企业设立登记的,应当出具《准予设立登记通知书》,告知申请人自决定之日起十日内,领取营业执照;作出准予企业变更登记的,应当出具《准予变更登记通知书》,告知申请人自决定之日起十日内,换发营业执照;作出准予企业注销登记的,应当出具《准予注销登记通知书》,收缴营业执照。

企业登记机关作出不予登记决定的,应当出具《登记驳回通知书》,注明不予登记的理由,并告知申请人享有依法申请行政复议或者提起行政诉讼的权利。

第四章 撤销和吊销的注销登记

第十七条 有下列情形之一的,企业登记机关或者其上级机关根据利害关系人的请求或者依据职权,可以撤销登记:

(一)滥用职权、玩忽职守作出准予登记决定的;

(二)超越法定职权作出准予登记决定的;

(三)对不具备申请资格或者不符合法定条件的申请人作出准予登记决定的;

(四)依法可以撤销作出准予登记决定的其他情形。

被许可人以欺骗、贿赂等不正当手段取得登记的,应当予以撤销。

依照前两款规定撤销登记,可能对公共利益造成重大损害的,不予撤销,应当责令改正或者予以纠正。

第十八条 企业被依法撤销设立登记或者吊销营业执照的,应当停止经营活动,依法组织清算。自清算结束之日起三十日内,由清算组织依法申请注销登记。

第十九条 被依法撤销设立登记或者吊销营业执照的企业,其设立的非法人分支机构应当停止经营活动,依法办理注销登记;其投资设立的相关企业应当依法办理变更登记或者注销登记。

第五章 登记公示、公开

第二十条 企业登记机关应当在企业登记场所公示以下内容:

(一)登记事项;

(二)登记依据;

(三)登记条件;

(四)登记程序及期限;

(五)提交申请材料目录;

(六)登记收费标准及依据;

(七)申请书格式示范文本。

应申请人的要求,企业登记机关应当就前款公示内容,予以说明、解释。

第二十一条 企业登记机关应当建立企业登记簿,供社会查阅。

企业登记材料涉及国家秘密、商业秘密和个人隐私的,企业登记机关不得对外公开。

第六章 附 则

第二十二条 本规定所称企业包括各类企业及其分支机构。

第二十三条 企业集团、外国(地区)企业常驻代表机构、外国(地区)企业在中国境内从事生产经营活动的登记参照本规定。

第二十四条 本规定自2004年7月1日起施行。

三、相关司法解释及两高工作文件

《最高人民法院办公厅关于印发〈关于审理公司登记行政案件若干问题的座谈会纪要〉的通知》(法办〔2012〕62号),对审理公司登记行政案件中亟需解决的若干问题如何处理,形成会议纪要如下:

一、以虚假材料获取公司登记的问题

因申请人隐瞒有关情况或者提供虚假材料导致登记错误的,登记机关可以在诉讼中依法予以更正。登记机关依法予以更正且在登记时已尽到审慎审查义务,原告不申请撤诉的,人民法院应当驳回其诉讼请求。原告对错误登记无过错的，应当退还其预交的案件受理费。登记机关拒不更正的，人民法院可以根据具体情况判决撤销登记行为、确认登记行为违法或者判决登记机关履行更正职责。

公司法定代表人、股东等以申请材料不是其本人签字或者盖章为由，请求确认登记行为违法或者撤销登记行为的，人民法院原则上应按照本条第一款规定处理，但能够证明原告此前已明知该情况却未提出异议，并在此基础上从事过相关管理和经营活动的，人民法院对原告的诉讼请求一般不予支持。

因申请人隐瞒有关情况或者提供虚假材料导致登记错误引起行政赔偿诉讼，登记机关与申请人恶意串通的，与申请人承担连带责任；登记机关未尽审慎审查义务的，应当根据其过错程度及其在损害发生中所起作用承担相应的赔偿责任；登记机关已尽审慎审查义务的，不承担赔偿责任。

二、登记机关进一步核实申请材料的问题

登记机关无法确认申请材料中签字或者盖章的真伪，要求申请人进一步提供证据或者相关人员到场确认，申请人在规定期限内未补充证据或者相关人员未到场确认，导致无法核实相关材料真实性，登记机关根据有关规定作出不予登记决定，申请人请求判决登记机关履行登记职责的，人民法院不予支持。

三、公司登记涉及民事法律关系的问题

利害关系人以作为公司登记行为之基础的民事行为无效或者应当撤销为由，对登记行为提起行政诉讼的，人民法院经审查可以作出如下处理：对民事行为的真实性问题，可以根据有效证据在行政诉讼中予以认定；对涉及真实性以外的民事争议，可以告知通过民事诉讼等方式解决。

四、备案行为的受理问题

备案申请人或者备案事项涉及的董事、监事、经理、分公司和清算组等备案关系人，认为登记机关公开的备案信息与申请备案事项内容不一致，要求登记机关予以更正，登记机关拒绝更正或者不予答复，因此提起行政诉讼的，人民法院应予受理。

备案申请人以外的人对登记机关的备案事项与备案申请人之间存在争议，要求登记机关变更备案内容，登记机关不予变更，因此提起行政诉讼的，人民法院不予受理，可以告知通过民事诉讼等方式解决。

五、执行生效裁判和仲裁裁决的问题

对登记机关根据生效裁判、仲裁裁决或者人民法院协助执行通知书确定的内容作出的变更、撤销等登记行为，利害关系人不服提起行政诉讼的，人民法院不予受理，但登记行为与文书内容不一致的除外。

公司登记依据的生效裁判、仲裁裁决被依法撤销，利害关系人申请登记机关重新作出登记行为，登记机关拒绝办理，利害关系人不服提起行政诉讼的，人民法院应予受理。

多份生效裁判、仲裁裁决或者人民法院协助执行通知书涉及同一登记事项且内容相互冲突，登记机关拒绝办理登记，利害关系人提起行政诉讼的，人民法院经审理应当判决驳回原告的诉讼请求，同时建议有关法院或者仲裁机关依法妥善处理。

四、相关案例

【法院对注册地在境外、实际经营地在境内的公司应积极行使管辖权】

尚德电力控股有限公司诉尚德电力投资有限公司企业借贷纠纷管辖权异议案［上海市高级人民法院（2015）沪高民二（商）终字第 S7 号］，对于注册地在境外，但是实际经营和管理活动均在我国境内的离岸公司，我国法院应积极行使管辖权，而不应轻易适用“不方便法院原则”拒绝管辖。

【对工商登记的确认是否属民事诉讼受案范围】

王佳城诉厦门市思明区民政社会事务中心等股东资格确认纠纷案［福建省厦门市思明

区人民法院（2015）思民初字第13171号民事判决书］，《公司登记管理条例》第四条规定："工商行政管理机关是公司登记机关"，第九条规定："公司的登记事项包括：……（八）有限责任公司股东或者股份有限公司发起人的姓名或者名称"，第二十六条规定："公司变更登记事项，应当向原公司登记机关申请变更登记"。本案被告大德润公司前身为长风化工厂，1996年该厂进行公司改制时，大德润公司各发起人的股权已在工商部门作初始登记。此后，被告大德润公司部分发起人股东的股权经数手转让，均依法办理股权变更登记。根据现有工商部门出具的大德润公司投资人及出资信息显示，原告出资90万元，出资比例为90%，故原告持有大德润公司90%股权已经工商登记机关确认，无须法院再进行司法确认。原告主张确认其享有大德润公司90%股权，不属于法院审理范围，法院不予受理。

【合资相对方有权提出管辖权异议】

香港百孚公司诉苏州天华置业公司等涉合资公司股权及经营权归属争议管辖纠纷案［江苏省高级人民法院（2014）苏商外终字第0009号民事裁定书］，第一，合资双方在合资合同中约定提交仲裁的事项为"凡因执行本合同所发生的或与本合同有关的一切争议"，后合资双方因出资、股权比例及合资公司经营管理权归属发生争议的，该争议应当认定为与合资合同有关的争议，属于合资合同约定的仲裁事项，应当按照约定提交仲裁解决。第二，合资一方诉请确认其在合资公司的出资比例及经营管理权的，其虽将合资公司列为被告，将合资相对方列为第三人，但争议的实质系发生在合资双方之间，故合资相对方有权提出管辖权异议。

【公司变更登记与设立登记时提供的相关材料不一致时，登记机关应当不予变更登记】

南通市中北房地产开发有限公司诉南通工商行政管理局工商行政登记案［江苏省南通市中级人民法院（2012）通中行终字第0119号行政判决书］，工商设立登记是行政许可行为，工商变更登记是对工商设立登记内容的全部或部分改变，也应受行政许可法的调整和规范。工商登记机关应对变更登记申请材料的真实性、合法性进行审查，发现变更登记申请材料与设立登记时提供的相关材料及其他生效法律文书存在明显冲突的情形下，工商登记机关应当不予变更登记。

【当事人不能因公司无法履约使其债权受损为由对登记机关设立登记行为提起行政诉讼】

上海超慧实业有限公司不服镇江市工商行政管理局京口分局工商行政登记案［江苏省镇江市中级人民法院（2011）镇行终字第1号行政裁定书］，《最高人民法院关于执行〈中华人民共和国行政诉讼法〉若干问题的解释》第十二条规定，与具体行政行为有法律上利害关系的公民、法人或者其他组织对该行为不服的，可以依法提起行政诉讼。本案中，被上诉人镇江市工商行政管理局京口分局针对建材公司提交的申请材料对照相关规定，审查认为其提交的材料齐全，并符合法定形式，因此，对建材公司作出准予设立登记的决定，为其发放企业法人营业执照，确认建材公司具有企业法人的资格，准许建材公司在登记的经营范围内对不特定的人进行货物交易，其目的是规范企业的责任限度，而不是保证登记的企业能够完全履行合同。上诉人上海超慧实业有限公司与建材公司签订购销合同并支付货款后，建材公司未按合同履行义务，上诉人认为这是由于被上诉人审查不当所导致的，然而上诉人与建材公司发生的商业往来属于一般的债权债务关系，上诉人受到的利益侵害，并非由被上诉人的具体行政行为直接所导致。《公司登记管理条例》对上诉人的这一债权也未设定特别的保护。上诉人与被上诉人对建材公司作出准予设立登记的决定并为其发放企业法人营业执照的行为之间无行政法上的利害关系。依据上述解释，上诉人不具有本案行政诉讼的原告资格。

【非公司企业法人按《公司法》规定改制为公司，在申请改制变更登记时，签署改制变更登记申请书的法定代表人宜作宽泛理解】

姬光明诉山西省工商行政管理局工商行政登记案［陕西省高级人民法院（2010）晋行终字第107号行政判决书］，根据《国家工商总局关于印发〈内资企业登记表格和内资企业登记申请提交材料规范〉的通知》（工商企字〔2005〕第199号）的要求，非公司企业法人按《公司法》规定办理改制变更登记，改制变更登记申请书上应当由法定代表人签字，这里的"法定代表人"宜作宽泛理解，既可以是企业原法定代表人，也可以是公司拟任法定代表人。

【法院可通过民事诉讼程序对内资公司登记行政行为作出变更】

方先跃诉李桂宏等股权确认纠纷案[江苏省无锡市中级人民法院(2008)锡民二初字第049号民事判决书(《人民司法·案例》2010年第4期)]，方先跃于2001年6月6日汇给李桂宏的364,480元是否是方先跃的出资。法院认为：方先跃认可该364,480元中124,000元是其为谢方华垫付的出资款，在赛福公司成立时，谢方华取得股东资格是各方真实意思表示，谢方华的股东身份也经工商局登记确认，谢方华是否实际出资并不影响其取得股东资格，虽谢方华已将其股权转让，但并不能据此认定谢方华名下的股权应由方先跃享有。李桂宏认可该364,480元中的40,480元是方先跃的出资，被李桂宏登记在其名下，根据公司法关于公司设立的有关规定，公司登记机关对内资公司设立审查，仅是程序上的、形式上的审查，故人民法院可以通过民事诉讼的判决结果直接或间接地对公司登记的行政行为作出变更。同时，就该364,480元的争议属公司股东之间的内部争议，应根据股东的实际出资、股东之间的真实意思等实质特征认定，故该40,480元应认定为方先跃的股权。关于该364,480元中的其他款项，方先跃未提供充分证据证明其亦用于赛福公司的出资，故对其该部分请求不予支持。

【对他人以虚假材料骗取登记机关办理变更登记行为的处罚】

黄春荣不服宜春市袁州区工商行政管理局行政处罚案[江西省宜春市中级人民法院(2008)宜中行终字第10号行政判决书]，根据国家法律规定，工商行政管理部门是公司登记的主管机关，对公司的设立、变更登记进行审查是其法定职责，他人未经股东同意，以虚假材料骗取登记机关办理变更登记的，登记机关有权撤销变更登记并处以行政处罚。

【工商行政机关依相对人的申请对举报公司异地经营的违法事实进行调查时，以无法找到被举报公司因而无法按照现行法规对其予以行政制裁为由答复行政相对人的，构成行政不作为】

张龙生等诉北京市工商局朝阳分局不履行监管职责案[北京市第二中级人民法院(2008)二中行终字第96号行政判决书]，根据《公司法》和《公司登记管理条例》的有关规定，公司住所属于应当办理工商登记的事项之一；公司登记事项发生变更时，未依照法律规定办理有关变更登记的，公司登记机关负有相应的监管职责。现朝阳工商局上诉主张“虽然新看点公司未在原址经营，但是也没有充足证据表明其存在异地经营的事实，很难认定其异地经营的违法事实成立”的意见，与本案证据所证明的事实不符，且新看点公司原法定代表人在接受调查时亦承认新看点公司异址经营的事实，故该上诉意见不能成立。另外，朝阳工商分局仅以找不到新看点公司现经营场所为由未作进一步调查处理的主张，法律依据不足，本院不予采信。

【公司申请其法定代表人变更登记，登记机关以其章程中缺少公司董事长变更的办法，不能提供效力确定的董事长决议、股东会决议为由，不予受理的，该行政行为合法】

张巧良、朱家勇、马晶、刘龙驹不服苏州市工商行政管理局工商行政登记案[江苏省苏州市沧浪区人民法院(2007)沧行初字第13号行政判决书]，根据《行政复议法》第六条第(八)项、第十二条第二款之规定，被告苏州工商局作为工商沧浪分局的上一级主管部门，对于沧浪分局不予登记决定的复议申请有权受理并作出复议决定。根据《行政复议法》第二条之规定，机泵公司依据其2006年4月30日临时董事会决议及2006年5月8日临时股东会决议申请公司法定代表人变更登记，四原告作为两份决议的决议人，沧浪分局的不予登记决定对四原告的董事和股东权益有重大影响，四原告有资格就此申请行政复议。本案的焦点在于机泵公司申请其公司法定代表人变更登记是否符合受理条件，以及沧浪分局作出的不予登记决定是否正确。《公司登记管理条例》第二十七条第一款规定：“公司申请变更登记，应当向公司登记机关提交下列文件：(一)公司法定代表人签署的变更登记申请书；(二)依照《公司法》作出的变更决议或者决定；(三)国家工商行政管理总局规定要求提交的其他文件。”《公司法》第十三条规定：“公司法定代表人依照公司章程的规定，由董事长、执行董事或者经理担任，并依法登记。公司法定代表人变更，应当办理变更登记。”第四十五条第三款规定：“董事会设董事长一人，可以设副董事长。董事长、副董事长的产生办法由公司章程规定。”而机泵公司章程第25条规定：“董事长为公司法定代表人。”故对于机泵公司来说，其欲办理公司法定代表人变更登记，应向登记机关提交符合其章程的董事长变更决议或决定。但章程中缺少了公司董事长变更的办法，故机泵公司在向登记机关申请公司法定代表人变更登记时，应向登记机关递交其公司修改后的章程或章程修正案，或者提供效力确定的董事会决议、股东会决议，以便登记机关依法审核。现机泵公司以含有“罢免滕荣生原董事长职务，选举张巧良为公司董事长”决议内容的临时董事会决议和临时股东会决议为依据，向登记机关申请公司法定代表人变更登记，不符合相关法律法规的要求，属于申请材料不齐全。被告苏州工商局据此认为机泵公司的申请文件、材料不齐全，沧浪分局不应受理的观点是正确的。另外，根据《行政许可法》第三十二条第一款第（四）项、《公司登记管理条例》第五十二条第一款第（四）项、《企业登记程序规定》第十条第一款第（四）项之规定，沧浪分局对于机泵公司不齐全的申请材料未当场或在5日内一次告知机泵公司需要补正的全部内容，其受理行为欠妥当。但在沧浪分局已经受理并作出不予登记决定、出具了登记驳回通知书的情况下，被告作为复议机关亦无必要撤销沧浪分局的受理行为，受理行为属于一种行为，无撤销的内容，其对不当的受理行为在撤销沧浪分局最终的不予登记决定时明确指出即可。综上所述，原告诉请法院撤销被告关于撤销沧浪分局受理的决定的理由不能成立，其诉讼请求本院不予支持。

【公司的经营范围，属于行政许可的范畴】

北京月球村新能源科技有限公司不服北京市工商行政管理局朝阳分局登记驳回通知案［北京市第二中级人民法院（2007）二中行终字第233号行政判决书］，《公司法》第十二条规定，公司的经营范围由公司章程规定，并依法登记；公司可以修改公司章程，改变经营范围，但是应当办理变更登记；公司的经营范围中属于法律、行政法规规定须经批准的项目，应当依法经过批准。《公司登记管理条例》第十五条规定，公司的经营范围由公司章程规定，并依法登记；公司的经营范围用语应当参照国民经济行业分类标准。该条例第五十四条规定，公司登记机关对决定予以受理的登记申请，应当分别情况在规定的期限内作出是否准予登记的决定……公司登记机关需要对申请文件、材料核实的，应当自受理之日起15日内作出是否准予登记的决定。根据上述有关规定内容，月球村公司上诉主张变更公司经营范围的登记申请不属于行政许可事项的意见，法律依据不足，本院不予采信。一审法院认定《国民经济行业分类标准》是工商部门在核定经营范围时确定经营范围用语的参照依据，也是市场经济秩序相应监管部门确认相关事项的参照依据，并无不妥。月球村公司申请增加的经营事项为“销售特定地区的特色空气”，该申请内容指向的销售对象具有不确定性，且经营行为所属行业无法参照《国民经济行业分类与代码》予以确认。据此，朝阳工商分局作出驳回登记申请的通知，符合前述法规的规定，有利于维护现阶段我国市场经济发展水平下的市场经济秩序。朝阳工商分局在受理月球村公司变更经营范围的申请后，在合理期限内进行审核，并作出驳回的通知，其执法程序并无不当。

【公司登记主管部门对通过虚假材料骗取公司变更登记的相对人作出责令改正决定的，原变更登记并不必然无效】

秦飞诉南通市启东工商行政管理局工商登记案［江苏省启东市人民法院（2004）启行初字第0037号行政判决书］，《最高人民法院关于执行〈中华人民共和国行政诉讼法〉若干问题的解释》第四十一条、第四十二条规定，公民、法人或者其他组织不知道行政机关作出的具体行政行为内容的。其起诉期限从知道或者应当知道该具体行政行为内容之日起计算，但最长不得超过2年。本案第三人主张原告在2002年10月10日的“企业注册号变更登记表”中“股东出资情况”栏内自己填写了第三人为出资人，即推定原告知道或应当知道被告的股东变更登记行为，但被告在同月29日的“公司换号核定情况表”中明确公司股东仍为初始股东，因此不能由此推出原告在当时就知道被告的股东变更登记行为。庭审中，原告自认在2003年7月14日的股东特别会议上，第三人称其已经登记机关登记取得了公司的股东资格，因此可推定原告在2003年7月14日已知道被告的变更登记行为，至原告向法院起诉，未超过2年的起诉期限。所以，第三人主张原告的起诉已超过起诉期限，证据不足，法院不予支持。第三人称其股份是戴鹤萍生前赠与，无证据证实，法院不予支持。被告认为原告要求撤销2001年6月的变更登记属加重处罚，以及第三人认为属“一事二罚”，因为被告处罚的是公司提供虚假材料，骗取公司登记的行为，而原告的诉讼是针对被告的变更登记的行政行为是否合法，两者的对象不同，所以原告要求撤销变更登记行为不属于加重处罚或“一事二罚”。《公司登记管理条例》第三十一条第一款规定，有限责任公司变更股东的，应当自股东发生变动之日起30日内申请变更登记。1998年7月江海公司在股东发生变动后未依法申请办理股东变更登记，在2001年5月却提供虚假的申请材料，骗取股东变更登记，被告在调查核实的基础上已作出行政处罚，说明变更登记的主要证据不足，该变更登记依法应予撤销，但鉴于公司股东由设立时的4人至1998年7月变更为2人，其中1人又于2003年6月死亡的实际情况，在2003年7月14日的股东特别会议决议未被撤销或被确认无效的情况下，撤销被告的变更登记无实际意义，且原告对被告的行政处罚已提出行政复议，故原告的诉讼请求法院不予支持。

【有限责任公司的股东之间、股东与公司之间因有关事项发生争议后，如何通过正确的救济途径来要求行政机关履行法定职责，关键是行政机关要适格】

上海翌威科技有限公司要求上海市工商行政管理局普陀分局履行法定职责案［上海市第二中级人民法院（2003）沪二中行终字第220号行政判决书］，法定职责应是法律法规明文规定赋予该行政机关有权处理某类或某项事务的职权。本案所涉及的上海进步机电有限公司的工商登记机关是上海市工商行政管理局。《公司法》第二百零六条、第二百零八条、第二百零九条分别规定了提交虚假证明文件、虚假出资、抽逃出资三类违法行为的法律责任。《公司登记管理条例》第五十九条、第六十条、第六十一条规定，对提交虚假证明文件、虚假出资取得公司登记，以及在公司成立后抽逃出资的违法行为，均应由公司登记机关进行相应的查处。被上诉人上海市工商行政管理局普陀分局不是上海进步机电有限公司的工商登记机关，依法不具有对上述三类违法行为予以查处的行政职权。根据《公司法》第二百一十四条第一款和第二款的规定，利用职务侵占公司财产和挪用资金的，由公司给予处分，构成犯罪的，依法追究刑事责任。上诉人上海翌威科技有限公司要求被上诉人履行查处职务侵占和挪用资金行为的法定职责，没有法律依据。上诉人要求被上诉人查处其内部工作人员的违法行为的请求，不属于行政诉讼的受案范围。

葛晨诉南京市工商行政管理局不履行撤销股东、法定代表人登记职责案［江苏省南京市白下区人民法院（2002）白行初字第22号民事判决书］，公民、法人的合法权益应受法律保护，工商行政管理机关是公司的登记机关，公司登记机关依法履行职责，不受非法干预，公司经公司登记机关依法核准登记，领取“企业法人营业执照”，方取得企业法人资格。本案中的被告作为公司登记机关有责任认真、全面地审查当事人的申请材料，而本案中的第三人葛亮采取欺骗手段，向被告提供不真实资料，但被告在原告本人未到场及没有原告身份证原件的情况下，只进行了一般的书面审查，未进行认真严格的审查，而给博大公司发了企业法人营业执照，导致原告成为博大公司的法定代表人和股东，并成为民事案件的被告，因此给原告名誉和精神都造成了影响，对此被告负有一定的责任，但主要过错在本案的第三人，在诉讼期间，被告已经变更了具体行政行为，将博大公司的法定代表人变更为第三人葛亮。这种积极纠错的行为值得提倡，但未能得到原告的谅解。

孟铁军与天津市工商行政管理局不予颁发工商营业执照上诉案［天津市高级人民法院（2000）高行终字第1号行政判决书］，根据《公司登记管理条例》第七条第（一）项的规定，被上诉人是上诉人要求履行颁发工商营业执照的适格被告，具有审核登记的法定职权。被上诉人依据《公司法》第十九条第（五）项“有固定的生产经营场所和必要的生产经营条件”；第二十三条第三款“特定行业的有限责任公司注册资本最低限额需高于前款所定限额的，由法律、行政法规另行规定”；交通部、国家计划委员会令1998年第4号《汽车租赁业管理暂行规定》第六条规定，经营汽车租赁业必须具备：“（一）配备汽车不少于20辆，且汽车车辆价值不少于200万元……（三）有固定的经营和办公场所，停车场面积不少于正常保有租赁汽车投影面积的1.5倍”。认定上诉人提供的特定行业经营和办公场所及汽车租赁业的注册资本的最低限额不符合申请颁发汽车租赁服务业工商营业执照的法定条件，不予颁发营业执照是符合法律、规章规定的。上诉人诉称被上诉人未履行颁发营业执照的法定职责给上诉人造成损失要求赔偿的请求理由不具备《国家赔偿法》规定的行政赔偿法定条件，本院不予支持。

【撤销公司登记与罚款处罚可以并处】

广州市越秀区世通通讯设备公司不服广州市人民政府行政复议决定上诉案［广东省高级人民法院(1999)粤高法行终字第33号行政判决书］,《行政处罚法》第四十条规定："行政处罚决定书应当在宣告后当场交付当事人；当事人不在场的，行政机关应当在七日内依照民事诉讼法的有关规定，将行政处罚决定书送达当事人。"市工商局作出处罚决定书后，没有当场交付处罚决定书给保龄球馆公司，在没有证据证明不能当场将处罚决定书交付当事人的情况下，采用邮寄送达方式不妥，应承担相应责任。广东省职工体育运动技术学院人事保卫处出具证明，证实保龄球馆公司于1998年3月21日收到处罚决定，应予认定。因此，保龄球馆公司于同年4月2日申请复议，不应视为超过复议期限，市政府受理该复议申请是合法的。广州市公安局(97)穗公刑(技中文)字第019号鉴定书，及广州市刑事科学技术研究所就该鉴定书的有关问题答复保龄球馆公司的函均明确鉴定书的送检材料是世通公司提交。宿英、王德辉两人提供的证明亦未能证实市工商局派员送检的材料包括检验样本，因而，鉴定结论不具有排他性。市政府复议决定以样本和检材是利害关系人世通公司提供的，检材的真实性难以确定为由认为市工商局依据鉴定结论认定保龄球馆公司在变更登记时提供假冒股东签名的证据不足，本院应予支持。依照《公司法》第二百零六条的规定，撤销公司登记和罚款可以并处。市政府的复议决定认为罚款和撤销公司登记不能并处没有法律依据。由于市工商局的处罚决定第三项没有对当事人设定权利义务，不属具体行政行为。故复议决定认为市工商局作出的第三项决定是一种越权处罚的行政行为亦于法无据。《行政处罚法》第三十一条明确规定："行政机关在作出行政处罚决定之前，应当告知当事人作出行政处罚决定的事实、理由及依据，并告知当事人依法享有的权利。"市工商局在作出《处罚决定书》之前未告知保龄球馆公司作出行政处罚决定的事实、理由及依据，也未告知保龄球馆公司依法享有的权利。复议决定认为市工商局对保龄球馆公司作出的处罚决定属违反法定程序是正确的，应予支持。综上所述，市工商局作出的复议决定认定事实的证据不足，程序违法，依法应予撤销。

第七条 【营业执照】 依法设立的公司，由公司登记机关发给公司营业执照。公司营业执照签发日期为公司成立日期。

公司营业执照应当载明公司的名称、住所、注册资本、经营范围、法定代表人姓名等事项。

公司营业执照记载的事项发生变更的，公司应当依法办理变更登记，由公司登记机关换发营业执照。

一、相关法律条文

《中华人民共和国民法总则》(自2017年10月1日起施行)对营利法人的营业执照，规定如下：

第七十八条 依法设立的营利法人，由登记机关发给营利法人营业执照。营业执照签发日期为营利法人的成立日期。

二、相关司法解释及两高工作文件

《最高人民法院行政审判庭关于工商行政管理部门审查颁发个体工商户营业执照是否以环保评价许可为前置条件问题的答复》((2006)行他字第2号)，答复如下：

公民个人租赁住宅楼开办个体餐馆的，不属于环境影响评价法第十六条第三款关于"建设项目的环境影响评价分类名录”规定中的“建设项目”。

公民之间因个体餐馆排放的噪声空气污染产生争议的，可以依照环境噪声污染防治法和大气污染防治法的有关规定处理，经营管理者应采取有效措施，使其边界噪声、排放物达到国家规定的环境噪声、排放物的排放标准；对他人造成危害的，应承担相应的赔偿责任。

《最高人民检察院关于涉嫌犯罪单位被撤销、注销、吊销营业执照或者宣告破产的应如何进行追诉问题的批复》（高检发释字［2002］4号），批复如下：

涉嫌犯罪的单位被撤销、注销、吊销营业执照或者宣告破产的，应当根据刑法关于单位犯罪的相关规定，对实施犯罪行为的该单位直接负责的主管人员和其他直接责任人员追究刑事责任，对该单位不再追诉。

《最高人民法院关于饶天禄与西安市莲湖区环城西路生产、生活服务公司侵权赔偿再审一案的复函》（［2001］民监他字第3号），答复如下：

西安标准件经销站（以下简称经销站）的营业执照虽然登记为西安市莲湖区环城西路生产、生活服务公司（以下简称服务公司）开办的集体企业，但服务公司在开办经销站之初和营业中均未直接投资，该经销站是饶天禄以服务公司名义申请开办、利用赊销的15万元标准件经销运营并逐步发展起来的；经销站自负盈亏，自担经营风险，人员录用、辞退、工资及奖金发放均由饶天禄一人决定，服务公司并不干涉，也未派员参与经营管理；经销站每年仅向服务公司交纳一定数额的管理费。西安市工商行政管理局正式给西安市中级人民法院复函，认定经销站“属于饶天禄等人筹资开办起来，并挂靠在环城企业总公司名下的私营（合伙）企业”。故西安市标准件经销站的性质为私营企业。

《最高人民法院关于企业法人营业执照被吊销后，其民事诉讼地位如何确定的复函》（法经［2000］24号），答复如下：

吊销企业法人营业执照，是工商行政管理机关依据国家工商行政法规对违法的企业法人作出的一种行政处罚。企业法人被吊销营业执照后，应当依法进行清算，清算程序结束并办理工商注销登记后，该企业法人才归于消灭。因此，企业法人被吊销营业执照后至被注销登记前，该企业法人仍应视为存续，可以自己的名义进行诉讼活动。如果该企业法人组成人员下落不明，无法通知参加诉讼，债权人以被吊销营业执照企业的开办单位为被告起诉的，人民法院也应予以准许。该开办单位对被吊销营业执照的企业法人，如果不存在投资不足或者转移资产逃避债务情形的，仅应作为企业清算人参加诉讼，承担清算责任。

《最高人民法院经济审判庭关于人民法院不宜以一方当事人公司营业执照被吊销，已丧失民事诉讼主体资格为由，裁定驳回起诉问题的复函》（法经［2000］23号），答复如下：

吊销企业法人营业执照，是工商行政管理局对实施违法行为的企业法人给予的一种行政处罚。根据《中华人民共和国民法通则》第四十条、第四十六条和《中华人民共和国企业法人登记管理条例》第三十三条（编者注：现为该条例第三十二条）的规定，企业法人营业执照被吊销后，应当由其开办单位（包括股东）或者企业组织清算组依法进行清算，停止清算范围外的活动。清算期间，企业民事诉讼主体资格依然存在。本案中人民法院不应以甘肃新科工贸有限责任公司（以下简称新科公司）被吊销企业法人营业执照，丧失民事诉讼主体资格为由，裁定驳回起诉。本案债务人新科公司在诉讼中被吊销企业法人营业执照后，至今未组织清算组依法进行清算，因此，债权人兰州岷山制药厂以新科公司为被告，后又要求追加该公司全体股东为被告，应当准许，追加该公司的股东为共同被告参加诉讼，承担清算责任。

《最高人民法院行政审判庭对吉林省高院“关于个体诊所是否应向工商行政部门办理营业执照的请示”的答复》，关于个体诊所是否应向工商行政部门办理营业执照问题，法律、行政法规未作明确规定。人民法院在审理这类案件时，如地方性法规有明确规定，可参照地方性法规的具体规定办理。

《最高人民法院关于领取营业执照的证券公司营业部是否具有民事诉讼主体资格的复函》（法函〔1997〕98号），答复如下：

证券公司营业部是经中国人民银行或其授权的分支机构依据《中华人民共和国银行法》

的有关规定批准设立，专营证券交易等业务的机构。其领有《经营金融业务许可证》和《营业执照》，具有一定的运营资金和在核准的经营范围内开展证券交易等业务的行为能力。根据《最高人民法院关于适用〈中华人民共和国民事诉讼法〉若干问题的意见》第四十条第（五）项之规定，证券公司营业部可以作为民事诉讼当事人。

《最高人民法院关于聊城市柳园供销公司法人资格认定问题的复函》（法函〔1992〕36号），答复如下：

依照《中华人民共和国民法通则》第四十一条之规定，集体所有制企业具备法人条件，经主管机关核准登记，取得法人资格。根据《中华人民共和国企业法人登记管理条例》第四条之规定，企业法人登记主管机关是国家工商行政管理局和地方各级工商行政管理局。集体企业聊城市柳园供销公司符合法定条件并经工商行政管理机关核准依法领取有企业法人营业执照，其法人资格应予承认。至于申报单位出资不足问题，可责令其补足注册资金的差额部分，不宜仅据此而否定聊城市柳园供销公司的法人资格。

《最高人民法院关于南京摩托车总公司是否具备法人条件问题的复函》（法经函［1991］28号），同意第二种意见，即南京摩托车总公司具备法人条件。因为它符合《中华人民共和国民法通则》第三十六条、第三十七条之规定，并经工商行政管理机关核准依法领取有企业法人的营业执照。

三、相关文件规定

《无证无照经营查处办法》（自2017年10月1日起施行）对无证无照企业的经营，规定如下：

第一条 为了维护社会主义市场经济秩序，促进公平竞争，保护经营者和消费者的合法权益，制定本办法。

第二条 任何单位或者个人不得违反法律、法规、国务院决定的规定，从事无证无照经营。

第三条 下列经营活动，不属于无证无照经营：

（一）在县级以上地方人民政府指定的场所和时间，销售农副产品、日常生活用品，或者个人利用自己的技能从事依法无须取得许可的便民劳务活动；

（二）依照法律、行政法规、国务院决定的规定，从事无须取得许可或者办理注册登记的经营活动。

第四条 县级以上地方人民政府负责组织、协调本行政区域的无证无照经营查处工作，建立有关部门分工负责、协调配合的无证无照经营查处工作机制。

第五条 经营者未依法取得许可从事经营活动的，由法律、法规、国务院决定规定的部门予以查处；法律、法规、国务院决定没有规定或者规定不明确的，由省、自治区、直辖市人民政府确定的部门予以查处。

第六条 经营者未依法取得营业执照从事经营活动的，由履行工商行政管理职责的部门（以下称工商行政管理部门）予以查处。

第七条 经营者未依法取得许可且未依法取得营业执照从事经营活动的，依照本办法第五条的规定予以查处。

第八条 工商行政管理部门以及法律、法规、国务院决定规定的部门和省、自治区、直辖市人民政府确定的部门（以下统称查处部门）应当依法履行职责，密切协同配合，利用信息网络平台加强信息共享；发现不属于本部门查处职责的无证无照经营，应当及时通报有关部门。

第九条 任何单位或者个人有权向查处部门举报无证无照经营。

查处部门应当向社会公开受理举报的电话、信箱或者电子邮件地址，并安排人员受理举报，依法予以处理。对实名举报的，查处部门应当告知处理结果，并为举报人保密。

第十条 查处部门依法查处无证无照经营，应当坚持查处与引导相结合、处罚与教育相结合的原则，对具备办理证照的法定条件、经营者有继续经营意愿的，应当督促、引导其依法办理相应证照。

第十一条 县级以上人民政府工商行政管理部门对涉嫌无照经营进行查处，可以行使下列职权：

（一）责令停止相关经营活动；

（二）向与涉嫌无照经营有关的单位和个人调查了解有关情况；

（三）进入涉嫌从事无照经营的场所实施现场检查；

（四）查阅、复制与涉嫌无照经营有关的合同、票据、账簿以及其他有关资料。

对涉嫌从事无照经营的场所，可以予以查封；对涉嫌用于无照经营的工具、设备、原材料、产品（商品）等物品，可以予以查封、扣押。

对涉嫌无证经营进行查处，依照相关法律、法规的规定采取措施。

第十二条 从事无证经营的，由查处部门依照相关法律、法规的规定予以处罚。

第十三条 从事无照经营的，由工商行政管理部门依照相关法律、行政法规的规定予以处罚。法律、行政法规对无照经营的处罚没有明确规定的，由工商行政管理部门责令停止违法行为，没收违法所得，并处1万元以下的罚款。

第十四条 明知属于无照经营而为经营者提供经营场所，或者提供运输、保管、仓储等条件的，由工商行政管理部门责令停止违法行为，没收违法所得，可以处5000元以下的罚款。

第十五条 任何单位或者个人从事无证无照经营的，由查处部门记入信用记录，并依照相关法律、法规的规定予以公示。

第十六条 妨害查处部门查处无证无照经营，构成违反治安管理行为的，由公安机关依照《中华人民共和国治安管理处罚法》的规定予以处罚。

第十七条 查处部门及其工作人员滥用职权、玩忽职守、徇私舞弊的，对负有责任的领导人员和直接责任人员依法给予处分。

第十八条 违反本办法规定，构成犯罪的，依法追究刑事责任。

第十九条 本办法自2017年10月1日起施行。2003年1月6日国务院公布的《无照经营查处取缔办法》同时废止。

四、相关案例

【法律规范冲突下的超越职权之违法认定】

中国电信股份有限公司长乐分公司诉长乐市工商行政管理局工商行政处罚案［福建省福州市中级人民法院（2015）榕行终字第255号行政判决书］，对无照经营网吧逾期未终止或暂停接入服务，对互联网接入服务提供者具有监督管理处罚的职权属于电信管理机构，而非国家工商总局《关于互联网接入服务提供者为无照经营网吧提供互联网接入服务如何处罚问题的答复》中所规定的工商行政管理部门，工商行政管理部门不可以依据《无照经营查处取缔办法》第十五条的规定作出行政处罚。

【同一行政许可区域内设立生产基地不属无证经营】

常州市国振机械有限公司与常州市武进工商行政管理局行政查封纠纷上诉案［江苏省常州市中级人民法院（2014）常行终字第89号行政判决书（《人民司法·案例》2015年第4期）］，公司在同一行政许可区域内设立生产基地未办理营业执照的行为，不属无证经营，但应依照法律规定办理相关变更登记。

【应当取得而未依法取得许可证或者其他批准文件和营业执照，擅自从事经营活动的无照经营行为，由工商行政管理部门依法予以查处】

吴志刚不服常州市武进区工商行政管理局工商行政处罚案［江苏省常州市中级人民法院（2010）常行终字第119号行政判决书］，国务院《无照经营查处取缔办法》第四条第一款第（一）项规定，应当取得而未依法取得许可证或者其他批准文件和营业执照，擅自从事经营活动的无照经营行为，由工商行政管理部门依照本办法的规定予以查处。根据武进工商局对吴志刚、寨桥电镀公司法定代表人陈耀明分别所作的询问笔录、车间承包合同等证据可以认定，吴志刚与寨桥电镀公司之间形式上是承包合同关系，实质上是吴志刚自筹资金，自行安装设备及水、电器等设施，自行组织产、供、销业务，独立核算、自负盈亏，自招工人并支付工资。对于依照法律、法规规定，须经许可审批的涉及人体健康、公共安全、安全生产、环境保护、自然资源开发利用等的经营活动，国家设置了较为严格的准人门槛。据此，为规范电镀行业的生产经营、维护市场经济秩序、保护经营者和消费者的合法权益，武进工商局认定吴志刚存在违反上述规定的无照经营行为与《无照经营查处取缔办法》的立法本义不悖。

【对于无照经营的行为，工商行政管理部门不能提供相对人无照经营行为规模较大、社会危害严重的相关证据而作出罚款的，法院可以直接判决将罚款数额变更】

王家忠不服玉溪市工商行政管理局工商行政处罚案［云南省玉溪市中级人民法院(2009)玉中行终字第10号行政判决书］，本案中上诉人从事报废汽车五大总成及废旧钢铁活动的销售地在玉溪，依照法律规定，玉溪市工商行政管理局具有案件管辖权，是适格的执法主体。上诉人虽是普洱市恒源公司的业务员和第二经营部场地负责人，但其销售行为不是以公司名义进行，销售款也未进入公司账户，公司对上诉人的行为既不知情，也不认可。被上诉人认定上诉人无照从事报废汽车五大总成及废旧钢铁销售活动的基本事实清楚，证据确实充分。由于被上诉人不能提供上诉人无照经营行为规模较大、社会危害严重的证据，一审法院依法将罚款由5万元变更为2万元是恰当的。

【企业法人新建分厂，在未进行法人变更登记的情况下，即投入生产经营，不构成无照经营】

新疆兵团农三师棉麻公司诉新疆喀什地区工商行政管理局行政处罚案［新疆维吾尔自治区高级人民法院(2006)新行终字第3号行政判决书］，企业法人为扩大生产能力，在异地新建一个分厂，在尚未办理增设分支机构的法人变更登记的情况下即投人生产经营，属于违反法人变更登记规定的行为，不属于无照经营行为。工商行政管理机关认定其属无照经营行为，依据国务院《无照经营查处取缔办法》的规定，对该企业法人作出处罚，属定性不准、适用法律错误。对该处罚依法应予撤销。

【房地产中介服务机构无照经营的，应由县级以上工商行政管理部门作出处罚】

漳平市房地产交易管理所不服龙岩市工商行政管理局行政处罚案［福建省龙岩市中级人民法院(2006)岩行终字第17号行政判决书］，被上诉人龙岩市工商行政管理局对辖区内对未取得营业执照擅自从事房地产中介服务业务的行为具有法定管理职权。上诉人未依法向工商行政管理部门办理营业执照，不得对外从事房地产价格评估服务。上诉人办理的单宗标的100万元以下的房地产评估，名义上是均恒公司的评估，实际则是上诉人对外进行评估并收取评估费的经营活动行为。任何单位和个人不得违反法律、法规的规定，从事无照经营，被上诉人对上诉人的无照经营的违法行为依法作出行政处罚合法正确。

【工商部门对无照经营者作出的责令停业通知，不是行政处罚】

苏恒生诉泰州市兴化工商行政管理局责令停止无照经营案［江苏省兴化市人民法院(2003)兴行初字第18号行政判决书］，工商部门对无照经营者作出的责令停业通知，不同于对有经营资格而违法经营的人作出的责令停产停业处罚，在性质上，这种通知不是行政处罚，而是一种责令改正行为，相对人没有申请听证的权利。

第八条　【公司名称】　依照本法设立的有限责任公司，必须在公司名称中标明有限责任公司或者有限公司字样。

依照本法设立的股份有限公司，必须在公司名称中标明股份有限公司或者股份公司字样。

一、相关司法解释及两高工作文件

《最高人民法院关于审理注册商标、企业名称与在先权利冲突的民事纠纷案件若干问题的规定》（法释［2008］第3号），规定如下：

第一条 原告以他人注册商标使用的文字、图形等侵犯其著作权、外观设计专利权、企业名称权等在先权利为由提起诉讼，符合民事诉讼法第一百零八条（编者注：现为该法第一百一十九条）规定的，人民法院应当受理。

原告以他人使用在核定商品上的注册商标与其在先的注册商标相同或者近似为由提起诉讼的，人民法院应当根据民事诉讼法第一百一十一条（编者注：现为该法第一百二十四条）第（三）项的规定，告知原告向有关行政主管机关申请解决。但原告以他人超出核定商品的范围或者以改变显著特征、拆分、组合等方式使用的注册商标，与其注册商标相同或者近似为由提起诉讼的，人民法院应当受理。

第二条 原告以他人企业名称与其在先的企业名称相同或者近似，足以使相关公众对其商品的来源产生混淆，违反反不正当竞争法第五条第（三）项（编者注：现为该法第六条第（二）项）的规定为由提起诉讼，符合民事诉讼法第一百零八条（编者注：现为该法第一百一十九条）规定的，人民法院应当受理。

第三条 人民法院应当根据原告的诉讼请求和争议民事法律关系的性质，按照民事案件案由规定，确定注册商标或者企业名称与在先权利冲突的民事纠纷案件的案由，并适用相应的法律。

第四条 被诉企业名称侵犯注册商标专用权或者构成不正当竞争的，人民法院可以根据原告的诉讼请求和案件具体情况，确定被告承担停止使用、规范使用等民事责任。

二、相关文件规定

《国家工商总局关于印发〈企业名称禁限用规则〉〈企业名称相同相近比对规则〉的通知》（工商企注字〔2017〕133号）对企业名称的限制，规定如下：

企业名称禁限用规则

第一章 总 则

第一条 为规范企业名称审核行为，建立、完善企业名称比对系统，为申请人提供更加便利的企业名称登记、核准服务，根据《公司法》《企业法人登记管理条例》《公司登记管理条例》《企业名称登记管理规定》《企业名称登记管理实施办法》和工商总局有关规范性文件等制定本规则。

第二条 本规则适用于企业名称登记、核准有关业务。企业名称审核人员依据本规则对企业名称申请是否存在有关禁限用内容进行审查，按照有关规定作出核准或者驳回的决定。

第三条 企业登记机关可以依据本规则建立、完善企业名称比对系统，为申请人提供企业名称筛查服务。企业名称自主申报改革试点地区可以参照本规则，建立、完善比对、申报系统，为申请人提供自主申报、自负其责的登记服务。

第二章 禁止性规则

第四条 企业名称不得与同一企业登记机关已登记注册、核准的同行业企业名称相同。

以下情形适用于本条款规定：

（一）与同一登记机关已登记、或者已核准但尚未登记且仍在有效期内、或者已申请尚未核准的同行业企业名称相同；

（二）与办理注销登记未满1年的同行业企业名称相同；

（三）与同一登记机关企业变更名称未满1年的原同行业名称相同；

（四）与被撤销设立登记和被吊销营业执照尚未办理注销登记的同行业企业名称相同。

第五条 企业名称不得含有有损于国家、社会公共利益的内容和文字。

以下情形适用于本条款规定：

（一）有消极或不良政治影响的。如“支那”“黑太阳”“大地主”等。

（二）宣扬恐怖主义、分裂主义和极端主义的。如“九一一”“东突”“占中”等。

（三）带有殖民文化色彩，有损民族尊严和伤害人民感情的。如“大东亚”“大和”“福尔摩萨”等。

（四）带有种族、民族、性别等歧视倾向的。如“黑鬼”等。

（五）含有封建文化糟粕、违背社会良好风尚或不尊重民族风俗习惯的。如“鬼都”“妻妾成群”等。

（六）涉及毒品、淫秽、色情、暴力、赌博的。如“海洛因”“推牌九”等。

第六条 企业名称不得含有可能对公众造成欺骗或者误解的内容和文字。

以下情形适用于本条款规定：

（一）含有党和国家领导人、老一辈革命家、知名烈士和知名模范的姓名的。如“董存瑞”“雷锋”等。

（二）含有非法组织名称或者反动政治人物、公众熟知的反面人物的姓名的。如“法轮功”“汪精卫”“秦桧”等。

（三）含有宗教组织名称或带有显著宗教色彩的。如“基督教”“佛教”“伊斯兰教”等。

第七条 企业名称不得含有外国国家（地区）名称、国际组织名称。

第八条 企业名称不得含有政党名称、党政军机关名称、群团组织名称、社会组织名称及部队番号。

第九条 企业名称应当使用符合国家规范的汉字，不得使用外文、字母和阿拉伯数字。

第十条 企业名称不得含有其他法律、行政法规规定禁止的内容和文字。

第十一条 企业名称应当由行政区划、字号、行业、组织形式依次组成。企业名称中的行政区划是本企业所在地县级以上行政区划的名称或地名。市辖区的名称不能单独用作企业名称中的行政区划。

第十二条 企业名称中的字号应当由2个以上的符合国家规范的汉字组成，行政区划、行业、组织形式不得用作字号。

第十三条 企业应当根据其主营业务，依照国家行业分类标准划分的类别，在企业名称中标明所属行业或者经营特点。国家法律、法规以及国务院决定等对企业名称中的行业有特殊要求的，应当在企业名称中标明。不得在企业名称中标示国家法律、法规以及国务院决定等禁止经营的行业。

第十四条 企业应当根据其组织结构或者责任形式在名称中标明符合国家法律、法规以及国务院决定规定的组织形式，不得使用与其组织结构或者责任形式不一致的组织形式。

第三章 限制性规则

第十五条 企业名称不得与同一企业登记机关已登记注册、核准的同行业企业名称近似，但有投资关系的除外。

第十六条 企业法人名称中不得含有其他非营利法人的名称，但有投资关系或者经该法人授权，且使用该法人简称或者特定称谓的除外。该法人的简称或者特定称谓有其他含义或者指向不确定的，可以不经授权。

第十七条 企业名称中不得含有另一个企业名称，但有投资关系或者经该企业授权，且使用该企业的简称或者特定称谓的除外。该企业的简称或者特定称谓有其他含义或者指向不确定的，可以不经授权。

第十八条 企业名称不得明示或者暗示为非营利组织或者超出企业设立的目的，但有其他含义或者法律、法规以及国务院决定另有规定的除外。

第十九条 除国务院决定设立的企业外，企业名称不得冠以“中国”“中华”“全国”“国家”“国际”等字样；在企业名称中间使用“中国”“中华”“全国”“国家”“国际”等字样的，该字样应是行业的限定语；使用外国（地区）出资企业字号的外商独资企业、外方控股的外商投资企业，可以在名称中间使用"（中国）"字样。以上三类企业名称需经工商总局核准，但在企业名称中间使用"国际"字样的除外。

第二十条 企业名称应当冠以企业所在地省（包括自治区、直辖市）或者市（包括州、地、盟）或者县（包括市辖区、自治县、旗）行政区划名称，但符合以下条件之一、经工商总局核准的，企业名称可以不含企业所在地行政区划：

（一）国务院批准的；

（二）工商总局登记注册的；

（三）注册资本（或注册资金）不少于5000万元人民币的；

（四）工商总局另有规定的。

第二十一条 市辖区名称与市行政区划连用的企业名称，由市企业登记机关核准。省、市、县行政区划连用的企业名称，由最高级别行政区的企业登记机关核准。上级企业登记机关可以授权下级机关核准应当由本机关核准的企业名称。

第二十二条 企业名称的字号应当由字、词或其组合构成，不得使用语句、句群和段落，但具有显著识别性或有其他含义的短句除外。

第二十三条 企业名称的字号不得含有"国家级""最高级""最佳"等带有误导性内容和文字，但有其他含义或者作部分使用、且字号整体有其他含义的除外。

第二十四条 企业名称的字号不得以外国国家（地区）所属辖区、城市名称及其简称、特定称谓作字号，但有其他含义或者作部分使用、且字号整体具有其他含义的除外。

第二十五条 行政区划不得用作字号，但县以上行政区划的地名具有其他含义的除外。

第二十六条 企业名称不得以职业、职位、学位、职称、军衔、警衔等及其简称、特定称谓作字号，但有其他含义或者作部分使用、且字号整体有其他含义的除外。

第二十七条 企业不得使用工商总局曾经给予驰名商标保护的规范汉字作同行业企业名称的字号，但已经取得该驰名商标持有人授权的除外。

第二十八条 企业名称中的行业不得使用与主营业务不一致的用语表述，符合以下条件的可以不使用国民经济行业类别用语表述企业所从事的行业：

（一）企业经济活动性质分别属于国民经济行业5个以上大类；

（二）企业注册资本（或注册资金）1亿元以上或者是企业集团的母公司；

（三）与同一企业登记机关登记、核准的同类别企业名称中的字号不相同。

第二十九条 法律、法规、国务院决定以及工商总局规章、规范性文件对企业名称的行业表述有特别规定的从其规定。

第四章 附 则

第三十条 地方企业登记机关可以根据地方性法规、政府规定，细化禁限用内容。

第三十一条 农民专业合作社、个体工商户和非法人分支机构（营业单位）名称的登记、核准，参照本规则执行。

第三十二条 本规则根据相关法律、法规以及国务院决定等的调整适时调整并公布。

第三十三条 本规则由工商总局解释。

企业名称相同相近比对规则

第一条 为进一步推进企业名称登记管理改革，建立、完善企业名称比对系统，为申请人提供高效比对服务，依据《企业名称登记管理规定》《企业名称登记管理实施办法》《工商总局关于提高登记效率积极推进企业名称登记管理改革的意见》（工商企注字〔2017〕54号）等制定本规则。

第二条 本规则适用于企业登记机关利用信息化技术，建立、完善企业名称比对系统，为申请人申请企业名称提供比对服务。企业登记机关应当将比对结果以在线网页等方式呈现给申请人，供其参考、选择。

第三条 申请人提交的企业名称登记、核准申请有下列情形之一的，比对系统提示为企业名称相同：

（一）与同一企业登记机关已登记、核准的企业名称完全相同。

（二）与同一企业登记机关已登记、核准的企业名称行政区划、字号、行业和组织形式排列顺序不同但文字相同。如：北京红光酒业发展有限公司与红光（北京）酒业发展有限公司。

（三）与同一企业登记机关已登记、核准的企业名称字号、行业文字相同但行政区划或者组织形式不同。如：北京红光酒业有限公司与红光酒业有限公司；北京红光酒业有限公司与北京红光酒厂。

第四条 申请人提交的企业名称登记、核准申请有下列情形之一的，比对系统提示为企业名称相近：

（一）与同一企业登记机关已登记、核准的同行业企业名称字号相同，行业表述不同但含义相同。如：万青地产有限公司与万青房地产有限公司、万青置业有限公司。

（二）与同一企业登记机关已登记、核准的同行业企业名称字号的字音相同，行业表述相同或者行业表述不同但内容相同。如：北京牛栏山酒业有限公司与北京牛兰山酒业有限公司、北京牛蓝山白酒有限公司。

（三）字号包含同一企业登记机关已登记、核准同行业企业名称字号或者被其包含，行业表述相同或者行业表述不同但内容相同。如：北京阿里巴巴网络科技有限公司与北京阿里巴巴巴巴网络科技有限公司、北京阿里巴巴在线信息科技有限公司。

（四）字号与同一企业登记机关已登记、核准同行业企业名称字号部分字音相同，行业表述相同或者行业表述不同但内容相同。如：北京阿里巴巴科技有限公司与北京马云阿理巴巴科技有限公司、北京阿理巴巴金控技术有限公司。

（五）不含行业表述或者以实业、发展等不使用国民经济行业分类用语表述行业的，包含或者被包含同一企业登记机关已登记、核准的同类别企业名称的字号，或者其字号的字音相同，或者其包含、被包含的部分字音相同。如：北京牛兰山有限公司与北京金牛栏山有限公司；北京全聚德有限公司与北京荃巨得有限公司、北京宏荃聚德实业有限公司。

第五条 申请人通过比对系统查询申请企业名称时，拟申请的企业名称与同一企业登记机关已登记、核准的企业名称相同的，列出相同的企业名称，提示该申请不能通过；拟申请的企业名称与同一企业登记机关已登记、核准的企业名称相近的，列出相近的企业名称清单，提示该申请可以通过，但存在审核不予核准的可能，存在虽然核准，但在使用中可能面临侵权纠纷，甚至以不适宜的企业名称被强制变更的风险。

第六条 地方企业登记机关可以根据地方政府要求、改革需要和技术条件等，细化比对规则，不断提高比对智能化服务水平。

第七条 农民专业合作社、个体工商户名称和非法人分支机构（营业单位）的比对，参照本规则执行。

第八条 本规则由工商总局解释。

《企业名称登记管理规定（2012 修订）》（自 1991 年 9 月 1 日起施行）对企业名称登记，规定如下：

第一条 为了加强企业名称管理，保护企业的合法权益，维护社会经济秩序，制定本规定。

第二条 本规定适用于中国境内具备法人条件的企业及其他依法需要办理登记注册的企业。

第三条 企业名称在企业申请登记时，由企业名称的登记主管机关核定。企业名称经核准登记注册后方可使用，在规定的范围内享有专用权。

第四条 企业名称的登记主管机关（以下简称登记主管机关）是国家工商行政管理局和地方各级工商行政管理局。登记主管机关核准或者驳回企业名称登记申请，监督管理企业名称的使用，保护企业名称专用权。

登记主管机关依照《中华人民共和国企业法人登记管理条例》，对企业名称实行分级登记管理。外商投资企业名称由国家工商行政管理局核定。

第五条 登记主管机关有权纠正已登记注册的不适宜的企业名称，上级登记主管机关有权纠正下级登记主管机关已登记注册的不适宜的企业名称。

对已登记注册的不适宜的企业名称，任何单位和个人可以要求登记主管机关予以纠正。

第六条 企业只准使用一个名称，在登记主管机关辖区内不得与已登记注册的同行业企业名称相同或者近似。

确有特殊需要的，经省级以上登记主管机关核准，企业可以在规定的范围内使用一个从属名称。

第七条 企业名称应当由以下部分依次组成：字号（或者商号，下同）、行业或者经营特点、组织形式。

企业名称应当冠以企业所在地省（包括自治区、直辖市，下同）或者市（包括州，下同）或者县（包括市辖区，下同）行政区划名称。

经国家工商行政管理局核准，下列企业的企业名称可以不冠以企业所在地行政区划名称：

（一）本规定第十三条所列企业；

（二）历史悠久、字号驰名的企业；

（三）外商投资企业。

第八条 企业名称应当使用汉字，民族自治地方的企业名称可以同时使用本民族自治地方通用的民族文字。

企业使用外文名称的，其外文名称应当与中文名称相一致，并报登记主管机关登记注册。

第九条 企业名称不得含有下列内容和文字：

（一）有损于国家、社会公共利益的；

（二）可能对公众造成欺骗或者误解的；

（三）外国国家（地区）名称、国际组织名称；

（四）政党名称、党政军机关名称、群众组织名称、社会团体名称及部队番号；

（五）汉语拼音字母（外文名称中使用的除外）、数字；

（六）其他法律、行政法规规定禁止的。

第十条 企业可以选择字号。字号应当由两个以上的字组成。

企业有正当理由可以使用本地或者异地地名作字号，但不得使用县以上行政区划名称作字号。

私营企业可以使用投资人姓名作字号。

第十一条 企业应当根据其主营业务，依照国家行业分类标准划分的类别，在企业名称中标明所属行业或者经营特点。

第十二条 企业应当根据其组织结构或者责任形式，在企业名称中标明组织形式。所标明的组织形式必须明确易懂。

第十三条 下列企业，可以申请在企业名称中使用"中国"、"中华"或者冠以"国际"字词：

（一）全国性公司；

（二）国务院或其授权的机关批准的大型进出口企业；

（三）国务院或其授权的机关批准的大型企业集团；

（四）国家工商行政管理局规定的其他企业。

第十四条 企业设立分支机构的，企业及其分支机构的企业名称应当符合下列规定：

（一）在企业名称中使用"总"字的，必须下设三个以上分支机构；

（二）不能独立承担民事责任的分支机构，其企业名称应当冠以其所从属企业的名称，缀以"分公司"、"分厂"、"分店"等字词，并标明该分支机构的行业和所在地行政区划名称或者地名，但其行业与其所从属的企业一致的，可以从略；

（三）能够独立承担民事责任的分支机构，应当使用独立的企业名称，并可以使用其所从属企业的企业名称中的字号；

（四）能够独立承担民事责任的分支机构再设立分支机构的，所设立的分支机构不得在其企业名称中使用总机构的名称。

第十五条 联营企业的企业名称可以使用联营成员的字号，但不得使用联营成员的企业名称。联营企业应当在其企业名称中标明“联营”或者“联合”字词。

第十六条 企业有特殊原因的，可以在开业登记前预先单独申请企业名称登记注册。预先单独申请企业名称登记注册时，应当提交企业组建负责人签署的申请书、章程草案和主管部门或者审批机关的批准文件。

第十七条 外商投资企业应当在项目建议书和可行性研究报告批准后，合同、章程批准之前，预先单独申请企业名称登记注册。外商投资企业预先单独申请企业名称登记注册时，应当提交企业组建负责人签署的申请书、项目建议书、可行性研究报告的批准文件，以及投资者所在国（地区）主管当局出具的合法开业证明。

第十八条 登记主管机关应当在收到企业提交的预先单独申请企业名称登记注册的全部材料之日起，10日内作出核准或者驳回的决定。

登记主管机关核准预先单独申请登记注册的企业名称后，核发《企业名称登记证书》。

第十九条 预先单独申请登记注册的企业名称经核准后，保留期为1年。经批准有筹建期的，企业名称保留到筹建期终止。在保留期内不得用于从事生产经营活动。

保留期届满不办理企业开业登记的，其企业名称自动失效，企业应当在期限届满之日起10日内将《企业名称登记证书》交回登记主管机关。

第二十条 企业的印章、银行账户、牌匾、信笺所使用的名称应当与登记注册的企业名称相同。从事商业、公共饮食、服务等行业的企业名称牌匾可适当简化，但应当报登记主管机关备案。

第二十一条 申请登记注册的企业名称与下列情况的企业名称相同或者近似的，登记主管机关不予核准：

（一）企业被撤销未满3年的；

（二）企业营业执照被吊销未满3年的；

（三）企业因本条第（一）、（二）项所列情况以外的原因办理注销登记未满1年的。

第二十二条 企业名称经核准登记注册后，无特殊原因在1年内不得申请变更。

第二十三条 企业名称可以随企业或者企业的一部分一并转让。

企业名称只能转让给一户企业。企业名称的转让方与受让方应当签订书面合同或者协议，报原登记主管机关核准。

企业名称转让后，转让方不得继续使用已转让的企业名称。

第二十四条 两个以上企业向同一登记主管机关申请相同的符合规定的企业名称，登记主管机关依照申请在先原则核定。属于同一天申请的，应当由企业协商解决；协商不成的，由登记主管机关作出裁决。

两个以上企业向不同登记主管机关申请相同的企业名称，登记主管机关依照受理在先原则核定。属于同一天受理的，应当由企业协商解决；协商不成的，由各该登记主管机关报共同的上级登记主管机关作出裁决。

第二十五条 两个以上的企业因已登记注册的企业名称相同或者近似而发生争议时，登记主管机关依照注册在先原则处理。

中国企业的企业名称与外国（地区）企业的企业名称在中国境内发生争议并向登记主管机关申请裁决时，由国家工商行政管理局依据我国缔结或者参加的国际条约的规定的原则或者本规定处理。

第二十六条 违反本规定的下列行为，由登记主管机关区别情节，予以处罚：

（一）使用未经核准登记注册的企业名称从事生产经营活动的，责令停止经营活动，没收非法所得或者处以2000元以上、2万元以下罚款，情节严重的，可以并处；

（二）擅自改变企业名称的，予以警告或者处以1000元以上、1万元以下罚款，并限期办理变更登记；

（三）擅自转让或者出租自己的企业名称的，没收非法所得并处以1000元以上、1万元以下罚款；

（四）使用保留期内的企业名称从事生产经营活动或者保留期届满不按期将《企业名称登记证书》交回登记主管机关的，予以警告或者处以500元以上、5000元以下罚款；

（五）违反本规定第二十条规定的，予以警告并处以500元以上、5000元以下罚款。

第二十七条 擅自使用他人已经登记注册的企业名称或者有其他侵犯他人企业名称专用权行为的，被侵权人可以向侵权人所在地登记主管机关要求处理。登记主管机关有权责令侵权人停止侵权行为，赔偿被侵权人因该侵权行为所遭受的损失，没收非法所得并处以5000元以上、5万元以下罚款。

对侵犯他人企业名称专用权的，被侵权人也可以直接向人民法院起诉。

第二十八条 对登记主管机关根据本规定作出的具体行政行为不服的，当事人可以在收到通知之日起15日内向上一级登记主管机关申请复议。上级登记主管机关应当在收到复议申请之日起30日内作出复议决定。对复议决定不服的，可以依法向人民法院起诉。

逾期不申请复议，或者复议后拒不执行复议决定，又不起诉的，登记主管机关可以强制更改企业名称，扣缴企业营业执照。

第二十九条 外国（地区）企业可以在中国境内申请企业名称登记注册。

外国（地区）企业应当向国家工商行政管理局提出企业名称登记注册的申请，并提交外国（地区）企业法定代表人签署的申请书、外国（地区）企业章程和企业所在国（地区）主管当局出具的合法开业证明。登记主管机关应当在收到外国（地区）企业申请名称登记注册的全部材料之日起30日内作出初步审查，通过初审的，予以公告。外国（地区）企业名称的公告期为6个月，在此期间无异议或者异议不成立的，予以核准登记注册，企业名称保留期为5年。登记主管机关核准登记注册外国（地区）企业名称后，应当核发《企业名称登记证书》。外国（地区）企业名称登记注册后需要变更或者保留期届满要求续展的，应当重新申请登记注册。

第三十条 在登记主管机关登记注册的事业单位及事业单位开办的经营单位的名称和个体工商户的名称登记管理，参照本规定执行。

第三十一条 本规定施行前已经核准登记注册的企业名称，准予继续使用，但严重不符合本规定的，应予纠正。

第三十二条 《企业名称登记证书》由国家工商行政管理局统一印制。

第三十三条 本规定由国家工商行政管理局负责解释。

第三十四条 本规定自1991年9月1日起施行。1985年5月23日国务院批准，1985年6月15日国家工商行政管理局公布的《工商企业名称登记管理暂行规定》同时废止。

《企业名称登记管理实施办法（2004修订）》（自2004年7月1日起施行）对企业名称登记管理，规定如下：

第一章 总 则

第一条 为了加强和完善企业名称的登记管理，保护企业名称所有人的合法权益，维护公平竞争秩序，根据《企业名称登记管理规定》和有关法律、行政法规，制定本办法。

第二条 本办法适用于工商行政管理机关登记注册的企业法人和不具有法人资格的企业的名称。

第三条 企业应当依法选择自己的名称，并申请登记注册。企业自成立之日起享有名称权。

第四条 各级工商行政管理机关应当依法核准登记企业名称。

超越权限核准的企业名称应当予以纠正。

第五条 工商行政管理机关对企业名称实行分级登记管理。国家工商行政管理总局主管全国企业名称登记管理工作，并负责核准下列企业名称：

（一）冠以“中国”、“中华”、“全国”、“国家”、“国际”等字样的；

（二）在名称中间使用“中国”、“中华”、“全国”、“国家”等字样的；

（三）不含行政区划的。

地方工商行政管理局负责核准前款规定以外的下列企业名称：

（一）冠以同级行政区划的；

（二）符合本办法第十二条的含有同级行政区划的。

国家工商行政管理总局授予外商投资企业核准登记权的工商行政管理局按本办法核准外商投资企业名称。

第二章 企业名称

第六条 企业法人名称中不得含有其他法人的名称，国家工商行政管理总局另有规定的除外。

第七条 企业名称中不得含有另一个企业名称。

企业分支机构名称应当冠以其所从属企业的名称。

第八条 企业名称应当使用符合国家规范的汉字，不得使用汉语拼音字母、阿拉伯数字。

企业名称需译成外文使用的，由企业依据文字翻译原则自行翻译使用，不需报工商行政管理机关核准登记。

第九条 企业名称应当由行政区划、字号、行业、组织形式依次组成，法律、行政法规和本办法另有规定的除外。

第十条 除国务院决定设立的企业外，企业名称不得冠以“中国”、“中华”、“全国”、“国家”、“国际”等字样。

在企业名称中间使用“中国”、“中华”、“全国”、“国家”、“国际”等字样的，该字样应是行业的限定语。

使用外国（地区）出资企业字号的外商独资企业、外方控股的外商投资企业，可以在名称中间使用“（中国）”字样。

第十一条 企业名称中的行政区划是本企业所在地县级以上行政区划的名称或地名。

市辖区的名称不能单独用作企业名称中的行政区划。市辖区名称与市行政区划连用的企业名称，由市工商行政管理局核准。

省、市、县行政区划连用的企业名称，由最高级别行政区的工商行政管理局核准。

第十二条 具备下列条件的企业法人，可以将名称中的行政区划放在字号之后，组织形式之前：

（一）使用控股企业名称中的字号；

（二）该控股企业的名称不含行政区划。

第十三条 经国家工商行政管理总局核准，符合下列条件之一的企业法人，可以使用不含行政区划的企业名称：

（一）国务院批准的；

（二）国家工商行政管理总局登记注册的；

（三）注册资本（或注册资金）不少于5000万元人民币的；

（四）国家工商行政管理总局另有规定的。

第十四条 企业名称中的字号应当由2个以上的字组成。

行政区划不得用作字号，但县以上行政区划的地名具有其他含义的除外。

第十五条 企业名称可以使用自然人投资人的姓名作字号。

第十六条 企业名称中的行业表述应当是反映企业经济活动性质所属国民经济行业或者企业经营特点的用语。

企业名称中行业用语表述的内容应当与企业经营范围一致。

第十七条 企业经济活动性质分别属于国民经济行业不同大类的，应当选择主要经济活动性质所属国民经济行业类别用语表述企业名称中的行业。

第十八条 企业名称中不使用国民经济行业类别用语表述企业所从事行业的，应当符合以下条件：

（一）企业经济活动性质分别属于国民经济行业5个以上大类；

（二）企业注册资本（或注册资金）1亿元以上或者是企业集团的母公司；

（三）与同一工商行政管理机关核准或者登记注册的企业名称中字号不相同。

第十九条 企业为反映其经营特点，可以在名称中的字号之后使用国家（地区）名称或者县级以上行政区划的地名。

上述地名不视为企业名称中的行政区划。

第二十条 企业名称不应当明示或者暗示有超越其经营范围的业务。

第三章 企业名称的登记注册

第二十一条 企业营业执照上只准标明一个企业名称。

第二十二条 设立公司应当申请名称预先核准。

法律、行政法规规定设立企业必须报经审批或者企业经营范围中有法律、行政法规规定必须报经审批项目的，应当在报送审批前办理企业名称预先核准，并以工商行政管理机关核准的企业名称报送审批。

设立其他企业可以申请名称预先核准。

第二十三条 申请企业名称预先核准，应当由全体出资人、合伙人、合作者（以下统称投资人）指定的代表或者委托的代理人，向有名称核准管辖权的工商行政管理机关提交企业名称预先核准申请书。

企业名称预先核准申请书应当载明企业的名称（可以载明备选名称）、住所、注册资本、经营范围、投资人名称或者姓名、投资额和投资比例、授权委托意见（指定的代表或者委托的代理人姓名、权限和期限），并由全体投资人签名盖章。

企业名称预先核准申请书上应当粘贴指定的代表或者委托的代理人身份证复印件。

第二十四条 直接到工商行政管理机关办理企业名称预先核准的，工商行政管理机关应当场对申请预先核准的企业名称作出核准或者驳回的决定。予以核准的，发给《企业名称预先核准通知书》；予以驳回的，发给《企业名称驳回通知书》。

通过邮寄、传真、电子数据交换等方式申请企业名称预先核准的，按照《企业登记程序规定》执行。

第二十五条 申请企业设立登记，已办理企业名称预先核准的，应当提交《企业名称预先核准通知书》。

设立企业名称涉及法律、行政法规规定必须报经审批，未能提交审批文件的，登记机关不得以预先核准的企业名称登记注册。

企业名称预先核准与企业登记注册不在同一工商行政管理机关办理的，登记机关应当自企业登记注册之日起30日内，将有关登记情况送核准企业名称的工商行政管理机关备案。

第二十六条 企业变更名称，应当向其登记机关申请变更登记。

企业申请变更的名称，属登记机关管辖的，由登记机关直接办理变更登记。

企业申请变更的名称，不属登记机关管辖的，按本办法第二十七条规定办理。

企业名称变更登记核准之日起30日内，企业应当申请办理其分支机构名称的变更登记。

第二十七条 申请企业名称变更登记，企业登记和企业名称核准不在同一工商行政管理机关的，企业登记机关应当对企业拟变更的名称进行初审，并向有名称管辖权的工商行政管理机关报送企业名称变更核准意见书。

企业名称变更核准意见书上应当载明原企业名称、拟变更的企业名称（备选名称）、住所、注册资本、经营范围、投资人名称或者姓名、企业登记机关的审查意见，并加盖公章。有名称管辖权的工商行政管理机关收到企业名称变更核准意见书后，应在5日内作出核准或驳回的决定，核准的，发给《企业名称变更核准通知书》；驳回的，发给《企业名称驳回通知书》。

登记机关应当在核准企业名称变更登记之日起30日内，将有关登记情况送核准企业名称的工商行政管理机关备案。

第二十八条 公司名称预先核准和公司名称变更核准的有效期为6个月，有效期满，核准的名称自动失效。

第二十九条 企业被撤销有关业务经营权，而其名称又表明了该项业务时，企业应当在被撤销该项业务经营权之日起1个月内，向登记机关申请变更企业名称等登记事项。

第三十条 企业办理注销登记或者被吊销营业执照，如其名称是经其他工商行政管理机关核准的，登记机关应当将核准注销登记情况或者行政处罚决定书送核准该企业名称的工商行政管理机关备案。

第三十一条 企业名称有下列情形之一的，不予核准：

（一）与同一工商行政管理机关核准或者登记注册的同行业企业名称字号相同，有投资关系的除外；

（二）与同一工商行政管理机关核准或者登记注册符合本办法第十八条的企业名称字号相同，有投资关系的除外；

（三）与其他企业变更名称未满1年的原名称相同；

（四）与注销登记或者被吊销营业执照未满3年的企业名称相同；

（五）其他违反法律、行政法规的。

第三十二条 工商行政管理机关应当建立企业名称核准登记档案。

第三十三条 《企业名称预先核准通知书》、《企业名称变更核准通知书》、《企业名称驳回通知书》及企业名称核准登记表格式样由国家工商行政管理总局统一制定。

第三十四条 外国（地区）企业名称，依据我国参加的国际公约、协定、条约等有关规定予以保护。

第四章 企业名称的使用

第三十五条 预先核准的企业名称在有效期内，不得用于经营活动，不得转让。

企业变更名称，在其登记机关核准变更登记前，不得使用《企业名称变更核准通知书》上核准变更的企业名称从事经营活动，也不得转让。

第三十六条 企业应当在住所处标明企业名称。

第三十七条 企业的印章、银行账户、信笺所使用的企业名称，应当与其营业执照上的企业名称相同。

第三十八条 法律文书使用企业名称，应当与该企业营业执照上的企业名称相同。

第三十九条 企业使用名称，应当遵循诚实信用的原则。

第五章 监督管理与争议处理

第四十条 各级工商行政管理机关对在本机关管辖地域内从事活动的企业使用企业名称的行为，依法进行监督管理。

第四十一条 已经登记注册的企业名称，在使用中对公众造成欺骗或者误解的，或者损害他人合法权益的，应当认定为不适宜的企业名称予以纠正。

第四十二条 企业因名称与他人发生争议，可以向工商行政管理机关申请处理，也可以向人民法院起诉。

第四十三条 企业请求工商行政管理机关处理名称争议时，应当向核准他人名称的工商行政管理机关提交以下材料：

（一）申请书；

（二）申请人的资格证明；

（三）举证材料；

（四）其他有关材料。

申请书应当由申请人签署并载明申请人和被申请人的情况、名称争议事实及理由、请求事项等内容。

委托代理的，还应当提交委托书和被委托人资格证明。

第四十四条 工商行政管理机关受理企业名称争议后，应当按以下程序在6个月内作出处理：

（一）查证申请人和被申请人企业名称登记注册的情况；

（二）调查核实申请人提交的材料和有关争议的情况；

（三）将有关名称争议情况书面告知被申请人，要求被申请人在1个月内对争议问题提交书面意见；

（四）依据保护工业产权的原则和企业名称登记管理的有关规定作出处理。

第六章 附 则

第四十五条 以下需在工商行政管理机关办理登记的名称，参照《企业名称登记管理规定》和本办法办理：

（一）企业集团的名称，其构成为：行政区划＋字号＋行业＋“集团”字样；

（二）其他按规定需在工商行政管理机关办理登记的组织的名称。

第四十六条 企业名称预先核准申请书和企业名称变更核准意见书由国家工商行政管理总局统一制发标准格式文本，各地工商行政管理机关按照标准格式文本印制。

第四十七条 本办法自2004年7月1日起施行。

国家工商行政管理局《关于贯彻〈企业名称登记管理规定〉有关问题的通知》（工商企字［1991］第309号）、《关于执行〈企业名称登记管理规定〉有关问题的补充通知》《工商企字［1992］第283号》、《关于外商投资企业名称登记管理有关问题的通知》（工商企字［1993］第152号）同时废止。

国家工商行政管理总局其他文件中有关企业名称的规定，与《企业名称登记管理规定》和本办法抵触的，同时失效。

《国家工商行政管理总局关于禁止在企业名称中使用“八一”等涉及军队和武警部队字样的通知》（工商企字［2008］238号），对于进一步开展对含有“八一”等字样的企业名称的清理和规范工作，就有关问题通知如下：

一、禁止使用涉及军队和武警部队的特定字样。根据《企业名称登记管理规定》和《通知》等国家有关规定，禁止在企业名称中使用下列字样：

（一）军事机关名称，包括中央军委、各总部、海军、空军、二炮、各军区、武警部队及其他军队单位的全称和简称，以及“解放军”、“军队”、“部队”、“陆军”等名称。

（二）部队番号或者代号，包括军队和武警部队实有番号、代号的全称或者简称，以及虚假的部队番号、代号。

（三）“国防”、“八一”、“军用”、“军供”、“军需”、“军服”、“军品”等字样。

二、各地要按照谁登记谁负责的原则立即开展清理工作。清理对象包括内资企业、外资企业以及农民专业合作社、个体工商户在内的所有市场主体及其分支机构。对清理出的含有“八一”等字样的企业名称，要分别不同情况作如下处理：

（一）对企业住所地名中含有“八一”等字样、企业名称完整使用该地名的，如八一湖综合商店、八一路百货公司等，不会对公众造成误解的，可以允许保留，但要进一步加强监管，督促企业规范使用。

（二）对企业住所地名含有“八一”等字样，但企业名称未完整使用地名而仅使用“八一”等字样的，应要求加上有关地名用字或者停止使用“八一”等字样，限期办理变更登记。

（三）除上述情况之外，对其他使用“八一”等字样的企业名称，一律要求企业限期办理名称变更登记。

对清理后列入限期办理变更登记的企业，要在企业登记及企业信用分类监管系统中予以锁定或标注，在企业申请办理名称变更登记之前，停止办理企业其他登记申请，并加强巡查和日常监管，在企业年度检验时督促申请办理变更登记。

三、对禁止使用的涉及军队和武警部队的字样范围，要及时纳入企业名称登记软件的禁用语提示系统，从机制上保证禁止要求的长期执行。

四、在做好企业名称清理规范工作的同时，要按照《通知》精神，进一步加强对企业招牌、广告和商标使用等有关情况的监督检查，对发现的问题坚决予以纠正。

五、各地要加强领导，确保清理规范扎实到位。对清理出的企业要逐户下发整改通知，说明整改的要求、依据、理由和限制措施，敦促企业及时申请办理变更登记。对工商机关内部要严明纪律，对违反规定的，要严格追究行政责任。

《国家工商行政管理总局关于合伙企业名称登记有关问题的答复》(工商个字〔2008〕18号)规定：合伙企业名称中的组织形式可以直接使用"合伙企业"字样。

《国家工商行政管理总局关于对企业名称许可使用有关问题的答复》(工商企字［2002］33号)对企业名称许可使用的问题，答复如下：

一、关于企业名称许可使用问题，鉴于《中华人民共和国民法通则》将企业名称权列在人身权范畴，我局认为，企业不得许可他人使用自己的企业名称，更不得许可他人使用第三方的企业名称或未经核准登记的企业名称。

二、企业许可他人使用自己的企业名称从事经营活动的行为属于"出租自己的企业名称"。登记机关应依照《企业名称登记管理规定》第二十六条第（三）项规定对许可人予以处罚。

企业许可他人使用未经核准登记的企业名称从事经营活动的行为属于《企业名称登记管理规定》第二十六条第（一）项规定禁止的行为，登记机关应依照上述规定对许可人和被许可人一并予以处罚。

三、《企业名称登记管理规定》第二十六条第（三）项规定"擅自转让或者出租自己的企业名称的，没收非法所得，并处以一千元以上、一万元以下罚款"中所指的企业名称应是登记机关核发的营业执照上的企业名称。

四、企业和个体工商户应当按照登记机关核发的营业执照上的企业名称使用，未按自己营业执照上的名称使用的，登记机关应分别按照《企业名称登记管理规定》以及相应登记法规关于擅自改变登记事项有关规定予以处罚。

五、使用"中国移动通信 ×× 营业厅"名称，应按照企业名称登记管理有关规定，经登记机关核准登记后方可使用，未经核准登记注册不得使用。

《国家工商行政管理总局关于企业名称使用有关问题的答复》(工商企字〔2002〕3号)对企业字号与党和国家领导人、老一辈革命家以及名人姓氏相同的问题，答复如下：

一、企业在自己名称中使用与党和国家领导人、老一辈革命家以及名人相同姓氏作为字号的，如果该姓氏为该企业自然人投资人姓氏，并且企业在广告、宣传和经营活动中，未因使用其名称，让公众误认为该企业与某个党和国家领导人、老一辈革命家以及名人有关或有损其形象或利益的，登记机关不应禁止企业使用其名称。如果该姓氏不是该企业自然人投资人姓氏，应不准其使用。

二、企业使用与党和国家领导人、老一辈革命家以及名人相同姓氏作为企业名称的字号，在广告、宣传和经营活动中使公众产生联想，认为该企业与上述有关人物有某种关联，造成公众误解的，登记机关应依照《企业名称登记管理规定》第五条、第九条第（一）项、第（二）项规定，以及《企业名称登记管理实施办法》第四十一条规定予以纠正。

《国家工商行政管理总局关于纠正使用"万利达"等不适宜的企业名称的通知》(工商企字［2001］第257号)，对不适宜的企业名称纠正，答复如下：

1999年第四季度国家工商行政管理总局陆续收到国内知名品牌影碟机生产企业的报告，投诉广东花都市的一些企业，使用他们企业名称中的字号（如新科、万利达、金正等）同时也是注册商标，作为自己企业名称的字号注册，以此在经营活动中采取不正当竞争手段，公开生产销售假冒知名品牌影碟机，严重扰乱了市场秩序，损害了消费者和知名品牌企业的合法权益。为此，我局于2000年1月派调查组前往花都市，在你局配合下，指导广州市工商行政管理局妥善处理了被媒体广为报道的“花都机”事件，纠正了花都市万利达电子厂、花都市新科电子厂等一批不适宜的企业名称，制止了“花都机”的不正当竞争行为。

近来，“花都机”现象又在你省一些地区发生。万利达集团有限公司和江苏新科电子集团有限公司先后向我局投诉“顺德市勒流镇万利达电子有限公司”、“东莞市万江万利达电子厂”、“东莞市虎门新湾新科电器厂”、“南海市罗村街边万利达电子厂”、“广东南海新科电子厂”、“鹤山市沙坪万利达数码电子厂”、“深圳市创新万利达电子有限公司”、“广州市花都万利达电器有限公司”等企业。这些企业在生产经营活动中的不正当竞争行为，与“花都机”同出一辙。

请你局立即责成有关工商行政管理局，按解决“花都机”的原则，纠正这些企业不适宜的企业名称，制止仿冒现象，禁止不正当竞争行为。并要以此为鉴，举一反三，加大工作力度，避免这类现象在其他地区再次发生。

请将处理结果报国家工商行政管理总局企业注册局。

《国家工商行政管理总局关于企业名称核准权限有关问题的答复》（工商企字［2001］第186号）对企业名称核准权限有关问题，答复如下：

一、根据《企业集团登记管理暂行规定》第十四条的规定，企业集团中的子公司名称可以冠以企业集团名称或简称。如果企业集团名称冠以“中国”字样，则该子公司的名称亦属于冠以“中国”字样的企业名称。根据《企业名称登记管理实施办法》第五条规定，“中国移动通信集团西藏自治区移动通信公司”名称应由国家工商行政管理总局核准。

二、《企业名称登记管理实施办法》第七条第二款所指企业分支机构名称，是指企业设立的不具有法人资格的分支机构名称。企业分支机构名称由其登记机关核准。即使其所从属企业的名称冠以“中国”字样，亦应由其登记机关核准。因此，“中国××××公司西藏分公司”名称应由你局核准。

依据《公司法》登记的公司，设立分支机构按《公司登记管理条例》第七条规定的程序办理；依据其他法律登记的企业，设立分支机构按《企业法人登记管理条例》第十七条规定的程序办理。

《国务院办公厅关于公司名称冠以“中国”等字样问题的通知》（国办发（1995）36号）对公司名称冠以“中国”等字样的问题，规定如下：

除国务院决定设立的公司外，其他新设立的公司（包括其他各类经济实体）一律不得在名称中冠以“中国”、“中华”、“全国”、“国家”、“国际”等字样。

《国家工商行政管理局商标局关于注册商标使用企业名称的复函》（1987年3月11日）对注册商标使用企业名称的问题，答复如下：

使用注册商标的其企业名称必须与该商标注册人名义相符。经工商行政管理局核准的企业有两个名称的，亦应在使用注册商标时，使用与注册人名义相符的企业名称。为需改换另一名称，须依照《商标法》第十五条（该条已废止）规定，在办理变更注册人名义手续后，方可使用。

三、相关案例

【诚实信用原则在涉老字号侵权案中的适用】

西双版纳同庆号茶业股份有限公司与云南易武同庆号茶业有限公司等擅自使用他人企业名称、姓名纠纷上诉案［云南省高级人民法院（2016）云民终534号民事判决书（《人民司法·案例》2017年第8期）］，改革开放后，一些长期中断经营的老字号被非传承人注册成商标或企业名称，商标权人继而通过侵权诉讼，要求其他市场主体（也系非传承人）禁用与老字号有关的标识。在商标侵权案件中，应具体查明商标与老字号有关标识的差别，查明商标的实际使用情况。如果通过变形使用、添加使用的方式，攀附、嫁接传统老字号历史的，应认定为不诚信的商标使用行为，即使经营多年，也不能使商标获得较强的显著性，商标权人不能单凭注册行为而独揽与自己无历史渊源的老字号。

【注册商标专用权与企业名称权权利冲突引发的行政诉讼】

"中粮"企业名称争议处理决定行政纠纷案[（2016）津0101行初0265号行政判决书（天津法院2016年知识产权十二大典型案件之十二）]，具体如下：

案情摘要 中粮集团依法享有"中粮"文字商标，中粮公司认为利害关系人天津市中粮尚品商贸有限公司、天津市滨海新区中粮健康生活馆、天津市滨海新区中粮健康之家超市、天津市滨海新区中粮中宏保健食品店及天津市滨海新区中粮尚品食品超市将"中粮"文字作为字号登记为企业名称的行为，具有攀附中粮集团良好信誉和注册商标商誉、"搭便车"以及误导相关公众的主观故意，侵害了中粮集团合法权益，故向滨海新区市场监管局提出了企业名称争议申请。滨海新区市场监管局认为相关利害关系人企业名称登记符合相关的法律规定，中粮集团与利害关系人的相关争议应另行提起民事诉讼，驳回了中粮集团的上述申请。中粮集团不服，向天津市市场监管委提起了行政复议，天津市市场监管委经审查，维持了原行政行为。中粮集团在法定期间内提起了行政诉讼。诉讼过程中，法院向行政机关、各利害关系人充分阐释了注册商标专用权与企业名称权的保护范围和权利边界，并释明对于"中粮"商标，利害关系人在申请企业名称权时具有合理避让，避免混淆的义务。宣判前，涉案行政机关积极引导利害关系人采取注销登记或变更企业名称等方式，不再在企业名称中使用"中粮"文字，中粮集团随后向法院申请撤回起诉，法院裁定准许。

典型意义 本案是因注册商标专用权与企业名称权权利冲突引发行政诉讼的案例。行政案件的审理过程充分践行了"司法主导"的司法政策要求。人民法院具有审查行政行为合法性的法定职责，既要对行政行为程序正当性进行审查，又要对实体标准合法性进行审查。在积极引导行政行为规范化的同时，人民法院还要致力于实质性解决纠纷，确保知识产权权利人的权利得到充分维护。本案中，人民法院受理行政诉讼后，在查清案件事实的基础上，向行政机关与利害关系人释法析理，最终使利害关系人主动变更或者撤销企业名称登记，有效维护了商标权利人的合法权益，促进了民行交叉案件的最终解决，既为知识产权权利人提供了有效保护，也为深入推进知识产权民事、行政和刑事案件审判"三合一"工作，提供了实践经验。

【与他人企业名称、注册商标双重近似时的侵权认定规则】

北京首都国际机场宾馆与北京空港豪雅商务酒店有限公司首都机场国际酒店侵害商标权纠纷上诉案[北京知识产权法院（2015）京知民终字第544号民事判决书（《人民司法·案例》2016年第26期）]，在被告的企业名称及其突出使用的商标标识与原告的企业名称、注册商标构成双重近似时，应在确定原告主张的权利与被控侵权行为对应性的基础上，依据相应的实体法分别进行侵权认定。由于反不正当竞争法是对商标法提供补充保护的法律，在能够适用商标法对相关行为进行调整时，无须再适用反不正当竞争法进行调整。在原告针对被告的同一行为分别援引其注册商标和企业名称提出侵害商标权及构成不正当竞争两项诉讼主张的情况下，首先应审查该行为是否构成侵害商标权。在不构成侵害商标权的情况下，再行审查该行为是否构成不正当竞争。

【对不具区分功能的企业字号不应作为企业名称保护】

重庆市磁器口陈麻花食品有限公司与重庆市沙坪坝区互旺食品有限公司侵害商标权纠纷上诉案[重庆市第一中级人民法院（2015）渝一中法民终字第01977号民事判决书（《人民司法·案例》2016年第8期）]，在反不正当竞争法中，企业字号若要获得相当于企业名称的保护，必须具备区分不同经营者的功能，而企业字号只有在生产经营活动中通过实际使用，使相关公众建立起其与特定经营者之间的稳定联系，才能产生区分不同经营者的功能。

【企业名称的"国际"字样，无法体现市场主体的识别功能】

陕西中大国际有限公司与西安中大国际旅行社有限公司侵害企业名称权纠纷案[陕西

省西安市中级人民法院(2015)西中民四初字第00272号民事判决书(西安中院发布2015年知识产权十大典型案例之五)]，本案裁判的意义在于企业对其企业名称在一定的区划和行业领域内享有专用权；企业名称使用“国际”字样是突出其经营特点的限定语，无法体现市场主体的识别功能，不属于我国反不正当竞争法意义上的企业字号；攀附他人在一定区域内具有市场知名度的企业字号，造成相关公众混淆和误认，属于不正当竞争行为；被诉企业名称构成不正当竞争的，人民法院可以根据原告的诉讼请求和案件具体情况，确定被告承担停止使用、规范使用等民事责任。

【企业名称简称的保护】

南京同仁堂药业有限责任公司诉苏州众想药店有限公司擅自使用他人企业名称纠纷案[江苏省苏州市吴江区人民法院(2015)吴江知民初字第126号民事判决书]，“南京同仁堂”是“南京同仁堂药业有限责任公司”为公众所认可的企业名称简称。企业名称简称是否能够特指该企业，取决于该简称是否为相关公众认可，并在相关公众中建立起与该企业的稳定联系。本案中，南京同仁堂药业有限责任公司的前身源于“北京同仁堂南京分号”，经过历史沿革，于1998年由南京同仁堂制药厂改制组建，于2006年被商务部认定为中华老字号，其产品多次获得各种荣誉称号。南京同仁堂药业有限责任公司在其产品外包装上使用“南京同仁堂”简称，相关媒体在宣传报道中也以“南京同仁堂”指代南京同仁堂药业有限责任公司，经过多年在经营活动中的使用和宣传，“南京同仁堂”这一称呼已与南京同仁堂药业有限责任公司之间建立起稳定的关联关系，享有较高市场知名度。因此，可以认定“南京同仁堂”已为相关公众识别为“南京同仁堂药业有限责任公司”。被告否认“南京同仁堂”指代南京同仁堂药业有限责任公司，并提供南京同仁堂制药厂及南京同仁堂绿金家园保健品有限公司工商登记信息为证。法院认为，南京同仁堂制药厂已于1998年改制组建为本案原告，而南京同仁堂绿金家园保健品有限公司成立于2012年，这两家企业虽然在企业名称中也包含“南京同仁堂”五个汉字，但未有证据证明这两家企业在商业活动中使用过“南京同仁堂”简称代替其企业名称，也未有证据证明相关公众已将“南京同仁堂”与上述两家企业建立起关联关系，被告的辩解缺乏事实依据，不应予以采信。

经过企业长期对外使用、为相关公众所认可、具有一定市场知名度、已实际具备商号作用的企业名称简称，应认定为企业名称。他人在后擅自使用该知名企业简称，足以使特定区域内的相关公众对在后使用者和在先企业之间发生市场主体上的混淆，进而将在后使用者提供的商品或服务误以为在先企业提供的商品或服务，造成市场混淆。本案中，在“南京同仁堂”作为南京同仁堂药业有限责任公司的企业名称简称已经为相关公众认可的情况下，被告苏州众想药店有限公司作为药品零售商，理应知道上述事实，但其未经原告许可，擅自在其经营的店铺门口及店内显著位置悬挂“南京同仁堂”字样牌匾，足以使相关公众对其商品来源产生误认，侵害了原告的合法权益，构成不正当竞争。关于被告提出的其使用的是“南京同仁堂绿金家园”牌匾的意见，因被告悬挂的牌匾上，“南京同仁堂”五个汉字显著清晰，字体与原告在产品外包装上使用的字体近似，牌匾右下角似有标注文字或图形，但内容无法分辨。即使牌匾右下角标注的是汉字“绿金家园”，但与“南京同仁堂”汉字相比较，“绿金家园”字体明显偏小，难以辨别。被告突出使用“南京同仁堂”汉字，足以使相关公众在施以一般注意力的情况下产生混淆误认，故其辩解意见，不应予以采信。关于被告辩称的经营范围问题，首先，被告不仅在店内显著位置悬挂“南京同仁堂”字样牌匾，在药店门口也悬挂有相同牌匾；其次，被告未提供证据证明其店内相关柜台经营的仅为营养保健品，即使所述属实，因原告的经营范围中包括营养保健品的开发，被告的上述行为同样会导致相关公众对商品来源的误认。故对被告的相关辩解意见，不予采信。

【双方企业名称部分要素上的相同并不必然构成两企业间产品或服务的混淆】

深圳市胜捷消防器材工程有限公司诉广东胜捷消防设备有限公司侵犯企业名称权纠纷上诉案[广州知识产权法院民事判决书(广州知识产权法院2015年度十大知识产权典型案例之四)]，上诉人使用“胜捷”字号并非擅自使用，具有历史的因素，且1996年以来，各方均以“胜捷”字号经营，共存于消防行业，并各自取得了一定的市场知名度。只要双方当事人在各自的经营活动中规范使用各自的企业名称，不会导致消费者的误认。

虽然深圳胜捷公司与冯毅签订了签署解除协议，但变更企业名称及经营范围是经上诉人盖章同意的。因此，冯毅在成立番禺市胜捷消防器材厂时使用“胜捷”字号，是有历史渊源的，也是经过深圳胜捷公司同意的，并非擅自使用。上诉人在2005年12月将其经营范围变更为经营消防器材及消防工程的设计、安装和维护，而被上诉人广东胜捷设备公司则经营范围一直是有消防器材的生产。另外，双方签订过四份销售合同。因此，在冯毅注册成立番禺市胜捷消防器材厂之后，上诉人与番禺市胜捷消防器材厂以及该厂后来变更名称后的广东胜捷设备公司系各自独自发展，并存在一定经济往来。双方各自均通过自身努力取得了一定的市场影响力。从现有证据来看，上诉人与被上诉人在消防市场共存了近二十年，上诉人在本案中没有举证证实存在实际混淆的证据，这足以表明双方企业名称部分要素上的相同并不必然构成两企业间产品或服务的混淆。只要双方当事人在各自的经营活动中规范使用各自的企业名称，不会导致消费者的误认。上诉人使用的“胜捷”字号与上诉人企业本身并没有形成长期的、稳定的、唯一的联系。上诉人与被上诉人各自使用“胜捷”的字号，在我国已经长期形成共存和使用的市场格局，不会因为被上诉人使用“胜捷”的字号而导致上诉人的市场份额被不公正地挤占。这种经市场竞争所形成的市场格局，应予以法律的认可和肯定。故判决驳回上诉，维持原判。

【在同一登记主管机关辖区内设立的公司，与在先注册的公司经营范围一致，且企业名称近似，容易造成相关公众的混淆，应停止使用其企业名称】

秦皇岛兰德热能设备有限公司与秦皇岛兰德机械设备有限公司侵害企业名称权纠纷案［河北省高级人民法院（2015）冀民三终字第29号民事判决书（河北法院2015年度知识产权司法保护典型案例之六）］，根据《反不正当竞争法》第五条的规定：“经营者不得采取下列不正当竞争手段从事市场交易；”其中第（三）项规定：“擅自使用他人的企业名称或者姓名，引人误以为是他人的商品。”《最高人民法院关于审理不正当竞争民事案件应用法律若干问题的解释》第六条规定：“企业登记主管机关依法登记注册的企业名称，以及在中国境内进行商业使用的外国（地区）企业名称，应当认定为反不正当竞争法第五条第（三）项规定的‘企业名称’。具有一定的市场知名度、为相关公众所知悉的企业名称中的字号，可以认定为反不正当竞争法第五条第（三）项规定的‘企业名称’”。兰德机械公司提供了若干证据足以证明其企业名称和“兰德”字号在其登记的辖区内、所涉行业范围内具有一定市场知名度、为相关公众所知悉。故该“兰德”字号可以认定为《反不正当竞争法》第五条第（三）项规定的“企业名称”。兰德热能公司使用成立在先的兰德机械公司字号的行为构成《反不正当竞争法》第五条第（三）项规定的不正当竞争行为。另外，根据《企业名称登记管理规定》（1991年）第六条第一款规定：“企业只准使用一个名称，在登记主管机关辖区内不得与已登记注册的同行业企业名称相同或者近似。”本案中兰德机械公司与兰德热能公司都在秦皇岛经济技术开发区内注册，两公司经营范围一致，而且董强林作为兰德机械公司的股东在兰德机械公司停业后不久即注册了兰德热能公司。因此，兰德热能公司在同一登记主管机关辖区内与同行业的在先注册的兰德机械公司的企业名称构成近似，容易造成相关公众的混淆，应停止使用其企业名称、赔礼道歉并赔偿损失8万元。

【经营者擅自将他人的企业名称或简称作为互联网竞价排名关键词，使公众产生混淆误认，利用他人的知名度和商誉，达到宣传推广自己的目的的，属于不正当竞争行为】

天津中国青年旅行社诉天津国青国际旅行社擅自使用他人企业名称纠纷案［（2014年6月26日《最高人民法院关于发布第七批指导性案例的通知》指导案例29号）（《最高人民法院公报》2014年第12期（总第218期））］，具体如下：

关键词 民事 不正当竞争 擅用他人企业名称

裁判要点

1. 对于企业长期、广泛对外使用，具有一定市场知名度、为相关公众所知悉，已实际具有商号作用的企业名称简称，可以视为企业名称予以保护。

2. 擅自将他人已实际具有商号作用的企业名称简称作为商业活动中互联网竞价排名关键词，使相关公众产生混淆误认的，属于不正当竞争行为。

相关法条 《民法通则》第一百二十条；《反不正当竞争法》第五条

基本案情

原告天津中国青年旅行社（以下简称天津青旅）诉称：被告天津国青国际旅行社有限公司在其版权所有的网站页面、网站源代码以及搜索引擎中，非法使用原告企业名称全称及简称“天津青旅”，违反了《反不正当竞争法》的规定，请求判令被告立即停止不正当竞争行为、公开赔礼道歉、赔偿经济损失 10 万元，并承担诉讼费用。

被告天津国青国际旅行社有限公司（以下简称天津国青旅）辩称：“天津青旅”没有登记注册，并不由原告享有，原告主张的损失没有事实和法律依据，请求驳回原告诉讼请求。

法院经审理查明：天津中国青年旅行社于 1986 年 11 月 1 日成立，是从事国内及出入境旅游业务的国有企业，直属于共青团天津市委员会。共青团天津市委员会出具证明称，“天津青旅”是天津中国青年旅行社的企业简称。2007 年，《今晚报》等媒体在报道天津中国青年旅行社承办的活动中已开始以“天津青旅”简称指代天津中国青年旅行社。天津青旅在报价单、旅游合同、与同行业经营者合作文件、发票等资料以及经营场所各门店招牌上等日常经营活动中，使用“天津青旅”作为企业的简称。天津国青国际旅行社有限公司于 2010 年 7 月 6 日成立，是从事国内旅游及入境旅游接待等业务的有限责任公司。

2010 年年底，天津青旅发现通过 Google 搜索引擎分别搜索“天津中国青年旅行社”或“天津青旅”，在搜索结果的第一名并标注赞助商链接的位置，分别显示“天津中国青年旅行社网上营业厅 www.lechuyou.com 天津国青网上在线营业厅，是您理想选择，出行提供优质、贴心、舒心的服务”或“天津青旅网上营业厅 www.lechuyou.com 天津国青网上在线营业厅，是您理想选择，出行提供优质、贴心、舒心的服务”，点击链接后进入网页是标称天津国青国际旅行社乐出游网的网站，网页顶端出现“天津国青国际旅行社—青年旅行社青旅 / 天津国旅”等字样，网页内容为天津国青旅游业务信息及报价，标称网站版权所有：乐出游网—天津国青，并标明了天津国青的联系电话和经营地址。同时，天津青旅通过百度搜索引擎搜索“天津青旅”，在搜索结果的第一名并标注推广链接的位置，显示“欢迎光临天津青旅重合同守信誉单位，汇集国内出境经典旅游线路，100% 出团，天津青旅 400—611—5253 022.ctsgz.cn”，点击链接后进入网页仍然是上述标称天津国青乐出游网的网站。

裁判结果

天津市第二中级人民法院于 2011 年 10 月 24 日作出（2011）二中民三知初字第 135 号民事判决：一、被告天津国青国际旅行社有限公司立即停止侵害行为；二、被告于本判决生效之日起 30 日内，在其公司网站上发布致歉声明持续 15 天；三、被告赔偿原告天津中国青年旅行社经济损失 30,000 元；四、驳回原告其他诉讼请求。宣判后，天津国青旅提出上诉。天津市高级人民法院于 2012 年 3 月 20 日作出（2012）津高民三终字第 3 号民事判决：一、维持天津市第二中级人民法院上述民事判决第二、三、四项；二、变更判决第一项“被告天津国青国际旅行社有限公司立即停止侵害行为”为“被告天津国青国际旅行社有限公司立即停止使用‘天津中国青年旅行社’‘天津青旅’字样及作为天津国青国际旅行社有限公司网站的搜索链接关键词”；三、驳回被告其他上诉请求。

裁判理由

法院生效裁判认为：根据《最高人民法院关于审理不正当竞争民事案件应用法律若干问题的解释》第六条第一款的规定：“企业登记主管机关依法登记注册的企业名称，以及在中国境内进行商业使用的外国（地区）企业名称，应当认定为反不正当竞争法第五条第（三）项规定的‘企业名称’。具有一定的市场知名度、为相关公众所知悉的企业名称中的字号，可以认定为反不正当竞争法第五条第（三）项规定的‘企业名称’。”因此，对于企业长期、广泛对外使用，具有一定市场知名度、为相关公众所知悉，已实际具有商号作用的企业名称简称，也应当视为企业名称予以保护。“天津中国青年旅行社”是原告1986年成立以来一直使用的企业名称，原告享有企业名称专用权。“天津青旅”作为其企业名称简称，于2007年就已被其在经营活动中广泛使用，相关宣传报道和客户也以“天津青旅”指代天津中国青年旅行社，经过多年在经营活动中使用和宣传，已享有一定市场知名度，为相关公众所知悉，已与天津中国青年旅行社之间建立起稳定的关联关系，具有可以识别经营主体的商业标识意义。所以，可以将“天津青旅”视为企业名称与“天津中国青年旅行社”共同加以保护。

《反不正当竞争法》第五条第（三）项规定，经营者不得采用擅自使用他人的企业名称，引人误认为是他人的商品等不正当手段从事市场交易，损害竞争对手。因此，经营者擅自将他人的企业名称或简称作为互联网竞价排名关键词，使公众产生混淆误认，利用他人的知名度和商誉，达到宣传推广自己的目的的，属于不正当竞争行为，应当予以禁止。天津国青旅作为从事旅游服务的经营者，未经天津青旅许可，通过在相关搜索引擎中设置与天津青旅企业名称有关的关键词并在网站源代码中使用等手段，使相关公众在搜索“天津中国青年旅行社”和“天津青旅”关键词时，直接显示天津国青旅的网站链接，从而进入天津国青旅的网站联系旅游业务，达到利用网络用户的初始混淆争夺潜在客户的效果，主观上具有使相关公众在网络搜索、查询中产生误认的故意，客观上擅自使用“天津中国青年旅行社”及“天津青旅”，利用了天津青旅的企业信誉，损害了天津青旅的合法权益，其行为属于不正当竞争行为，依法应予制止。天津国青旅作为与天津青旅同业的竞争者，在明知天津青旅企业名称及简称享有较高知名度的情况下，仍擅自使用，有借他人之名为自己谋取不当利益的意图，主观恶意明显。依照《民法通则》第一百二十条的规定，天津国青旅应当承担停止侵害、消除影响、赔偿损失的法律责任。至于天津国青旅在网站网页顶端显示的“青年旅行社青旅”字样，并非原告企业名称的保护范围，不构成对原告的不正当竞争行为。

【附加区别性标识的适用】

上海汇丽多彩装潢总汇与上海汇丽集团有限公司诉擅自使用他人企业名称纠纷上诉案［上海市第一中级人民法院（2014）沪一中民五（知）终字第213号民事判决书］，本案中，被上诉人进行了三次公证购买地板。其中，2013年11月两次公证购买的地板外包装与已生效的598号案件虽有差异，但依旧在包装盒长边左侧用较大字体标注“上海汇丽多彩装潢总汇总经销”字样，右侧则用小字体标注“三林汇德”或“三林汇德地板”及“上海汇丽多彩装潢总汇服务热线：021-50651218”或“上海汇丽多彩总汇装潢公司服务热线：4006987588”；生产商的名称在包装盒短边上依然以极小的字体不合常理地标注在众多信息中；地板背面印有“上海汇丽多彩装潢总汇总经销”字样。上述标注方式突出了作为销售商的上诉人企业名称，不合常理地淡化了地板产品的商标以及生产者的名称，易使消费者将该地板与被上诉人的“汇丽”地板造成混淆或者误认为两者之间具有特定的关系，故上诉人与原审被告生产、销售前述包装产品的行为构成不正当竞争。此外，2014年6月公证购买的地板外包装显示，包装盒长边右侧标注有“亚尊”商标、“亚尊地板系列”以及“上海汇丽多彩装潢总汇出品服务热线：021-50651218”的字样；生产商的信息以较小字体混杂在短边左侧众多信息中，且短边右侧亦有较大字体标注“上海汇丽多彩装潢总汇出品服务热线：021-50651218”；地板背面依旧印有“上海汇丽多彩装潢总汇总经销”字样。本院注意到，在该次公证中，上诉人对其地板产品的外包装在598号案件判决生效后确实进行了修改，如对商标的使用字体有所突出等，但上诉人依旧在地板外包装上用较大字体标注了其作为销售商的企业名称，生产商的信息依旧以小字体混杂在众多信息之中，尤其是在地板的背面，上诉人仍旧不合常理地仅标注其作为销售商的企业名称，而未标注产品商标或生产商名称。特别需要指出的是，上诉人在外包装上使用企业名称时，去除了“总经销”字样，变更为具有“生产、制造”之意的“出品”二字，具有模糊其企业身份，误导相关公众，混淆涉案地板与被上诉人“汇丽”地板的来源，攀附“汇丽”商标知名度的嫌疑。因此，尽管表面上，上诉人在598号案件判决生效后，对法院认定的不正当竞争行为有所纠正，然其使用企业名称的方式依旧具有引起混淆、误认的不正当性。上诉人关于其已经纠正了企业名称的标注方式，不存在不正当竞争行为的主张，与事实不符，本院不予支持。关于原审判令上诉人在木地板及外包装上标注上诉人企业名称时，以同等大小的字体在括号内标注“非汇丽集团企业”字样是否有法律依据的问题，本院认为，本案涉及的不正当竞争行为系上诉人企业字号“汇丽多彩总汇”与被上诉人注册商标“汇丽”之间的权利冲突。根据《最高人民法院关于审理注册商标、企业名称与在先权利冲突的民事纠纷案件若干问题的规定》第四条的规定，被诉企业名称侵犯注册商标专用权或者构成不正当竞争的，人民法院可以根据原告的诉讼请求和案件具体情况，确定被告承担停止使用、规范使用等民事责任。该司法解释中规定可以责令停止使用、规范使用，还以“等”字规定允许采用其他民事责任方式。而所谓“案件具体情况”，关键是要求责任方式与违法行为及其对他人合法权益的损害程度相适应，以足以消除违法行为状态为必要。本院注意到，如前所述，上诉人汇丽多彩在598号案件生效后，虽然对其在木地板产品及包装上使用企业名称的方式有所改变，然仍易使相关公众对上诉人销售的木地板与被上诉人的“汇丽”地板造成混淆或误认，且上诉人变更的使用方式依旧具有攀附被上诉人“汇丽”地板知名度之嫌，故原审法院在被上诉人提出添加区别标识的方式规范使用上诉人企业名称的诉讼请求的基础上，要求上诉人在企业名称上添加区别标识并无不当。同时，本院还注意到，对于在企业名称上添加区别标识的具体方式，现有法律法规中虽然未有明确规定，但判令添加区别标识的目的在于实现区分，避免混淆误认。因此，本案考虑地板产品及其外包装上企业名称标注的方式难以穷尽，存在多种变化的可能性，无法从根本上杜绝两者的混淆误认，且客观上存在598号案件判决生效后，上诉人使用企业名称的方式虽有改变，但依旧不规范，并有混淆、误认及攀附之嫌，构成不正当竞争的事实，故原审法院以保障市场经济健康发展，鼓励和保护公平竞争，制止不正当竞争行为，保护经营者和消费者的合法权益为目的，作出上诉人在木地板及外包装上标注其企业名称时，以同样大小的字体在括号内标注“非汇丽集团企业”字样的区别性标识的判决，并无不当，本院予以维持。

【商标与字号权利冲突纠纷的解决】

江苏省高级人民法院判决威德福（中国）诉盐城威德福侵害企业名称权纠纷案［江苏省高级人民法院（2013）苏知民终字第0033号民事判决书］，商标与字号属于知识产权中不同的领域，被许可使用商标的企业并不当然可以使用与商标相同的在先使用且具有较高知名度的他人字号。在相同或者类似的商业经营中使用他人的知名字号导致市场混淆的，构成不正当竞争。

【将知名企业外文商标的中文称呼注册为企业名称，构成不正当竞争】

利莱森玛公司、利莱森玛电机科技（福州）有限公司诉利莱森玛（福建）电机有限公司侵害商标权、擅自使用他人企业名称纠纷案［福建省高级人民法院（2012）闽民终字第436号民事判决书（最高人民法院公布2012年中国法院知识产权司法保护10大创新性案件之八）］，利莱森玛公司是机电行业知名企业，Leroy Somer无论是作为公司名称还是作为产品品牌在与电机有关的行业内具有较高的知名度和美誉度。根据现有证据，可以认定外文的LEROY SOMER与中文“利莱森玛”已经形成固定的对应关系，并为国内相关行业内公众所熟知。“LEROY-SOMER”作为商标其中文称呼即为“利莱森玛”，二者构成近似。被告的上述行为侵害了利莱森玛公司的注册商标专用权。基于“利莱森玛”的上述对应关系及知名度，被告将其注册为企业名称侵害了两原告的企业名称权，构成不正当竞争。二审法院判决被告立即停止商标侵权及不正当竞争行为、变更企业名称及赔偿两原告经济损失100万元。

【在民间艺术尚未确定代表性传承人的情况下，当事人使用“传人”称谓介绍并宣传自己的，是否构成虚假宣传】

天津市泥人张世家绘塑老作坊、张宇与陈毅谦、宁夏雅观收藏文化研究所、北京天盈九州网络技术有限公司擅自使用他人企业名称及虚假宣传纠纷上诉案［天津市高级人民法院（2012）津高民三终字第0016号民事判决书（最高人民法院公布2012年中国法院知识产权司法保护50件典型案例之三十六）］，具体如下：

一、关于被上诉人使用"泥人张"的方式及性质认定

根据本案查明的事实，被上诉人陈毅谦、雅观研究所、天盈九州公司并未将"泥人张"作为商标、商品名称及企业名称或服务标记等商业标识单独进行使用，而是在有关陈毅谦及其作品的文章、访谈和宣传中，在介绍陈毅谦身份时，将陈毅谦的姓名与"泥人张第六代传人"这一称谓同时使用。由于历史因素，"泥人张"一词本身具有多种含义和用途，其在不同语境下亦承载着不同的民事权益。就本案而言，"泥人张第六代传人"这一称谓中的"泥人张"，应从特定彩塑技艺或艺术流派的角度理解，而非理解为上诉人所主张的专有名称或专有权。

从被上诉人的具体使用情形看，雅观研究所出版的《陈毅谦彩塑》中收录的相关文章、2011 年第 2 期《收藏界》杂志当期的经典人物介绍，以及天盈九州公司开办的凤凰网刊发陈毅谦专访的文稿，使用"泥人张第六代传人"称谓均是对陈毅谦身份的描述，试图表明陈毅谦在"泥人张"彩塑领域的艺术成就。作为工艺美术从业者的陈毅谦，同时也可以是文化市场的主体，而且《收藏界》杂志本身具有向相关公众宣传、推介有收藏价值商品的功能，结合上诉人在一、二审期间提交的刊载有陈毅谦作品的预定宣传单，可以认定被上诉人对"泥人张第六代传人"的使用，具有商业性使用的因素，故原审判决认定该使用并非《反不正当竞争法》所规定的商业性使用，有失妥当。

二、关于被上诉人使用"泥人张第六代传人"是否构成擅自使用泥人张世家企业名称的不正当竞争行为

《反不正当竞争法》第五条第（三）项规定，禁止经营者擅自使用他人企业名称，引人误认为是他人的商品，以损害竞争对手。《最高人民法院关于审理不正当竞争纠纷民事案件应用法律若干问题的解释》第六条规定，企业登记主管机关依法登记注册的企业名称，以及在中国境内进行商业使用的外国（地区）企业名称，应当认定为《反不正当竞争法》第五条第（三）项规定的"企业名称"。具有一定市场知名度、为相关公众所知悉的企业名称中的字号，可以认定为《反不正当竞争法》第五条第（三）项规定的"企业名称"。

本案中，上诉人泥人张世家认为其对"泥人张"享有专有权，并据此主张被上诉人使用"泥人张"的行为侵犯了其企业名称权，构成不正当竞争。本院认为，首先，泥人张世家的企业名称是"天津市泥人张世家绘塑老作坊"，泥人张世家在二审中当庭认可其在经营场所悬挂的招牌是"泥人张世家"。根据天津市高级人民法院（1996）高知终字第 2 号民事判决，张明山后代从事彩塑创作的人员和天津泥人张彩塑工作室经有关部门核准均有权将"泥人张"名称作为企业或机构名称的部分内容使用，双方未经协商一致，不得将"泥人张"名称转让或许可他人使用。从目前天津市范围内泥人张世家、天津市泥人张塑古斋和天津泥人张彩塑工作室同时并存的现状可以看出，名称中含有"泥人张"的企业或机构，在实际使用时已各自从字号上区分彼此，基于这种区分使用的现状，应认定泥人张世家的字号为"泥人张世家"而非"泥人张"，故泥人张世家无权单独就"泥人张"作为其字号主张权利。其次，混淆是制止仿冒类不正当竞争行为的重要法律基础。本案中，被上诉人只是在介绍陈毅谦身份时使用了"泥人张第六代传人"的称谓，并未将"泥人张""泥人张世家"作为商标、商品名称或企业名称中的字号等商业标识单独或突出使用，显然不具有"搭他人商业成果便车"的主观恶意，亦不足以造成相关公众的混淆、误认。故被上诉人的使用行为未侵害泥人张世家的企业名称权，不构成对泥人张世家的不正当竞争。上诉人的该项主张，本院不予支持。

【擅自使用他人企业简称构成不正当竞争】

大连第一互感器有限责任公司与大连大一互感器有限公司擅自使用他人企业名称纠纷上诉案[辽宁省大连市中级人民法院（2012）大民四终字第 14 号民事判决书（《人民司法·案例》2015 年第 20 期）]，企业名称的简称为特定地域或行业内的相关公众所认可，具有相应的市场知名度，已经产生识别经营主体的商业标识意义，可以认定该简称为企业名称。他人在后擅自使用该企业简称，足以使特定地域或行业内的相关公众对二者之间发生市场主体上的混淆、误认的，构成《反不正当竞争法》第五条第（三）项规定的不正当竞争行为。

【企业的特定简称视为企业名称，受到《反不正当竞争法》的保护】

原告上海某科学仪器有限公司诉被告上海某某科学仪器有限公司、成都某仪器成套有限公司擅自使用他人企业名称纠纷案［上海市第一中级人民法院2011年12月23日民事判决书］，被上诉人某科学仪器公司是否使用简称“上海精科”“精科”，该简称是否应当受到法律保护。两上诉人认为在案证据不能证明某科学仪器公司在2001年8月之前使用简称“上海精科”“精科”，即便使用，该些简称亦不具有市场知名度，一审法院将“上海某科学仪器公司”“某科学仪器公司”“上海精科”不加区分地均认定为某科学仪器公司企业名称的简称错误，而且一审据以认定的《精科报》、39家经销商“证明”以及相关仪器仪表协会的情况说明均不具有证明力。二审法院认为，根据《最高人民法院关于民事诉讼证据的若干规定》第六十四条、第六十六条的规定，审判人员对证据进行审核判断应当全面、客观，并运用逻辑推理和日常生活经验，从各证据与案件事实的关联程度、各证据之间的联系等方面综合审查判断。本案中，首先，某科学仪器公司自1996年创办《精科报》，在其创刊号的贺词中即已将公司简称为“某科学仪器公司”，而在1997年起刊登的宣传广告中，也以“精科的产品”“精科的承诺”等用语宣传某科学仪器公司简称，而报刊1998年1月、2001年1月的新年贺词分别以“向全国广大客户朋友们恭贺新年”“与您共携手跨入新世纪——向全国客户、新老朋友恭祝新年”为题，文中亦使用简称“某科学仪器公司”。可见，某科学仪器公司所创办的《精科报》不仅面向企业内部，而且面向全国广大客户，更甚的是其自1996年创办时起一直宣传使用公司简称“精科”。其次，某科学仪器公司之企业名称上海某科学仪器有限公司没有字号，而此类没有字号的企业名称实是一些具有一定经营历史的国有企业比较多见的起用名称方式，在这种情况下，对于企业的称谓通常会为方便起见而使用简称。因此，某科学仪器公司历来使用“精科”“上海精科”之简称具有客观历史原因。最后，某科学仪器公司提供的39家经销商证明、中国仪器仪表行业协会、上海仪器仪表行业协会的证明等各项证据之间能够相互佐证，证明“上海精科”“精科”是某科学仪器公司的简称，结合《精科报》《新华每日电讯》等证据以及某科学仪器公司自身的发展历史和规模、知名度、使用“精科”简称的客观合理性等综合审查判断，能够证明2001年8月之前，某科学仪器公司的简称“上海精科”“精科”已具有一定的市场知名度，在该简称和某科学仪器公司之间建立了稳定的指向关系，该简称应当作为企业名称受到我国《反不正当竞争法》的保护。因此，两上诉人关于“精科”“上海精科”不是某科学仪器公司简称、没有知名度、不受法律保护以及在案相关证据缺乏证明力的上诉理由不能成立，不予采信。

关于被上诉人某科学仪器公司的具体简称问题，虽然在案证据表明被上诉人使用“某科学仪器公司”“上海精科”“精科”等多种形式，但是其中具有识别意义、产生商号作用的核心要素是“精科”，故一审判决对被上诉人简称的认定并无不当，上诉人关于一审判决对于被上诉人简称未加区分地认定错误之上诉理由，不能成立。

【当事人可以以其企业字号受到侵犯而提起不正当竞争之诉】

苏州小羚羊电动车有限公司诉天津捷安达车业有限公司、高启萍侵犯企业名称权纠纷上诉案［江苏省高级人民法院（2010）苏知民终字第0161号民事判决书（最高人民法院公布2010年中国法院知识产权司法保护50件典型案例之四十三）］，捷安达公司的行为构成对小羚羊公司企业名称权的侵犯。理由如下：

一、“小羚羊”字号可以认定为反不正当竞争法第五条第（三）项规定的企业名称。

小羚羊公司自成立时起就投入大量广告费用使用“小羚羊”字号通过电视、报刊杂志等多种媒体形式在全国进行广泛宣传；多年来，小羚羊公司及其生产的电动自行车获得多项荣誉称号；小羚羊电动自行车产品产量、质量、销售量、市场占有率均居同行业前列。尽管金马公司在1995年就在摩托车上注册了“羚羊 LINGYANG”文字商标，但金马公司从未生产过标注“羚羊 LINGYANG”商标的摩托车，亦无证据证明其对该商标进行过任何广告宣传，故小羚羊公司不存在“搭金马公司便车”的问题。一审法院据此认定，“小羚羊”字号属于具有一定市场知名度、为相关公众所知悉的企业字号，进而认定为《反不正当竞争法》第五条第

（三）项规定的企业名称，证据确实充分，本院予以支持。捷安达公司关于一审法院认定“小羚羊”为小羚羊公司的企业知名字号错误的上诉主张，没有依据，本院不予支持。

二、捷安达公司的行为侵犯了小羚羊公司的企业名称权，构成不正当竞争。

2010 年 5 月，捷安达公司获准注册的“小羚羊”文字商标核定使用商品仅限于自行车；自行车、三轮车等方向指示器；自行车、三轮车或摩托车鞍座，并不包括电动自行车。因此，捷安达公司无权据此在电动自行车上使用“小羚羊”文字商标。即使如捷安达公司所主张，其已向国家商标局提出在电动自行车上核准使用“小羚羊”图文商标的申请，也不足以证明其有权在在电动自行车上使用“小羚羊”商标。鉴于“小羚羊”字号的行业知名度，一审法院认定捷安达公司在电动自行车上使用“小羚羊”文字标识，具有攀附小羚羊公司“小羚羊”字号的恶意，并无不当。由于该标识的主要部分仍为“小羚羊”，捷安达公司将该标识用于电动自行车上，足以使相关公众误认为该商品来源于小羚羊公司。一审法院据此认定捷安达公司将该标识用于电动自行车上属擅自使用小羚羊公司的企业名称，构成对小羚羊公司企业名称权的侵犯，符合法律规定，应予维持。捷安达公司关于其未侵犯小羚羊公司的企业名称权，不构成不正当竞争的上诉理由，没有依据，本院不予支持。

【字号相同行业交叉时企业名称的侵权认定】

湖北中正型钢贸易有限公司与湖北中正钢结构工程有限公司侵犯企业名称权纠纷上诉案［湖北省高级人民法院（2010）鄂民立上字第 61 号民事裁定书（《人民司法·案例》2012 年第 4 期）］，字号相同是构成企业名称侵权的要件之一。但在判定侵权成立时，须综合考虑争议字号在相关行业领域和地域范围内的知名度，并注意讼争双方所处行业的近似程度和产生市场混淆的可能性。在讼争字号知名度不高且当事双方从事的主要行业不同时，不宜认定构成侵犯企业名称权。

【字号知名度的认定及非知名字号的法律保护】

上海鲜迪调味品有限公司与上海家家乐工贸有限公司侵害企业名称（商号）权纠纷上诉案［上海市第二中级人民法院（2010）沪二中民五（知）终字第 6 号民事判决书（《人民司法·案例》2011 年第 24 期）］，企业字号须体现出较强的识别性，能起到区分商品来源的作用，这是字号获得保护的重要前提。对于具有知名度的字号，可以依法视为企业名称加以保护。对知名字号的证明责任应由主张权利受侵害的原告承担。知名度的认定可以参照驰名商标尤其是知名商品的认定标准加以把握，结合该字号的使用时间，企业规模，盈利状况，进行广告宣传的持续时间、程度和范围，企业名称或字号受到仿冒的情况等因素进行综合考量。对于非知名字号，可依据法律的原则性条款获得保护，具体应考虑在后使用者的主观状态、造成混淆的可能性和后果等。

【外文企业名称中文译名中字号的法律保护】

上海五合国际建筑设计咨询有限公司等与 WOODHEAD IN—TERNATIONAL PTY. LTD.（五合国际建筑设计集团）侵害企业名称（商号）权纠纷上诉案［上海市第二中级人民法院（2010）沪二中民五（知）终字第 5 号民事调解书（《人民司法·案例》2011 年第 12 期）］，外文企业名称中文译名中的字号如果具有对应性、唯一性及固定性，在我国境内经过商业使用，具有一定的知名度，为相关公众所知悉，可以视为企业名称受到保护。这符合反不正当竞争法的立法宗旨，符合权利人以及消费者的利益保护诉求。在使用人的使用行为具有主观恶意，并且可能导致消费者混淆的情况下，人民法院应当认定擅自使用外文企业名称中文译名中字号的行为构成不正当竞争。

【行为人在明知权利人名称知名度的情况下，将其作为商业标识使用，又不能提供充分证据证明其使用的合法合理依据，构成不正当竞争】

申请再审人张锠、张宏岳、北京泥人张艺术开发有限责任公司与被申请人张铁成、北京泥人张博古陶艺厂、北京泥人张艺术品有限公司不正当竞争纠纷案［最高人民法院（2010）民提字第 113 号民事判决书］，被申请人又主张，北京泥人张博古陶艺厂于 1982 年 11 月就注册成立，且于 2010 年 7 月在第 21 类商品上取得“泥人张”注册商标，而申请再审人对“泥人张”始终没有合法有效的商标权，无权限制被申请人将“泥人张”用于企业名称、服务商标和第21类商品商标。本院对此主张亦不认同。

从法律规定和法理来说，企业名称（商号）权在性质上亦属于知识产权。北京泥人张博古陶艺厂登记时实施的《工商企业登记管理条例》（1982年8月9日国务院发布）第三条规定：“工商企业登记主管机关，在中央是国家工商行政管理局，在地方是省、自治区、直辖市和市、县工商行政管理局。工商企业除全国性公司外，一律在所在市、县工商行政管理局办理登记。”第六条规定：“工商企业只准登记和使用一个名称。在同一市、县境内，不得使用已登记的同行业工商企业的名称。”上述规定以及后来我国企业名称登记管理方面的法律规定和实践操作，均实行企业名称由工商行政管理机关分级管理的做法，在同一行政辖区内，同行业企业不得重名。也就是说，一个企业名称只要在同一行政辖区内与同行业其他企业不重名一般就可以获得登记，工商行政管理机关办理登记并进行审查时，一般不会考虑该企业名称的登记和使用是否会侵犯他人的合法权益。因此，一个企业名称的登记取得并不意味着该企业名称的取得和使用就是当然合法的，权利人并不因此而享有对该企业名称的绝对权利。

本案中，北京泥人张博古陶艺厂于1982年11月26日成立。虽然申请再审人在此之前没有将“泥人张”申请为注册商标或者登记为企业名称，但根据本案中1884年出版的《津门杂记》、1931年出版的《天津志略》、1956年出版的《泥人张的生平及其艺术》、1981年第9期《北京艺术》、1982年11月出版的《中国美术史》等证据，同时结合天津市高级人民法院（1996）高知终字第2号民事判决的认定，“泥人张”这一名称早在清朝时期就存在并产生了较高的知名度，远早于且由申请再审人家族世代传承和持续使用至北京泥人张博古陶艺厂的成立前后；“泥人张”作为对申请再审人家族中泥塑艺人及其技艺、作品等的特定称谓，历史悠久且目前仍具有很高的知名度，其知名范围并不限于天津，甚至不限于中国境内，在国际上也享有知名度。北京泥人张博古陶艺厂和泥人张艺术品公司在没有合法合理依据的情况下将“泥人张”作为企业字号予以登记，具有明显的攀附故意。

【企业名称的主要部分系知名高校的校名的，高校有权要求企业在其名称中停止使用该校名】

浙江大学科慧软件有限公司与浙江大学侵犯名称权纠纷上诉案［浙江省杭州市中级人民法院（2010）浙杭知终字第111号民事判决书］，无论是浙江大学，还是浙江大学科慧公司，都对自己的名称依法享有名称权。本案的争议在于，两者的名称权是否发生冲突，以及在发生冲突时应如何解决。首先，对于是否发生权利冲突，本院认为，“浙江大学科慧软件有限公司”的企业名称是由以下几部分构成：“浙江大学科慧”是字号，“软件”表示企业所处的行业，“有限公司”表明企业的组织形式。其中，“浙江大学科慧”的字号是构成企业名称的核心要素，是区分不同市场主体的主要标识。要判断是否发生权利冲突，即要判断“浙江大学科慧”的字号中包含“浙江大学”的名称字样，是否会造成相关公众对市场主体及其商品或者服务的来源产生混淆。本院认为，浙江大学作为一所具有悠久历史的知名高校，经过长期的建设、发展和积累，其名称已经具有相当强的显著性和非常高的公众识别度。同时，为了促进科技成果的转化和产业化，浙江大学也可以发挥其科技和人才优势创办下属科技企业，参与市场竞争。因此，相关公众在看到“浙江大学科慧”的字号时，并不会把“浙江大学科慧”看作一个不可分割的整体，而是会特别注意到“浙江大学”的字样并产生合乎常理的联想，即该公司与浙江大学之间存在一定的关联关系，从而对市场主体及其商品或服务的来源产生混淆和误认。

其次，在发生权利冲突时，要遵循保护在先权利的原则和知名度原则解决权利冲突。在本案中，浙江大学在设立时间上要远远早于浙江大学科慧公司，其所享有的名称权毫无疑问构成在先权利。同时，如前所述，浙江大学在国内具有相当高的知名度，一方面，法人名称的知名度越高，相关公众对于相近似的法人名称产生混淆、误认的可能性就越大；另一方面，当法人名称发生冲突时，法律也会保护知名度更高的法人名称。这不仅有利于制止他人攀附或利用其知名度谋取更多的商业机会和获得不当的商业利益，而且也可以避免其法人名称的显著性和公众识别度受到淡化，以保护其在消费者心目中独特的商业价值和良好的社会评价。因此，无论按照保护在先权利的原则，还是按照知名度原则，浙江大学的法人名称都应当受到保护，其有权要求浙江大学科慧公司在其企业名称中停止使用"浙江大学"字样。

最后，在本案中需要特别指出的是，由于浙江大学科慧公司的特殊历史背景，是否会导致浙江大学无权要求浙江大学科慧公司变更企业名称。本院认为，浙江大学向工商行政管理部门请示要求成立浙江大学快威电子系统有限责任公司（浙江大学科慧公司的前身）的行为，表明浙江大学同意在该公司的名称中使用"浙江大学"的字样。因此，在浙江大学没有作出明确的意思表示要求浙江大学科慧公司变更企业名称之前，浙江大学科慧公司对包含"浙江大学"字样的企业名称的使用都是善意的。但是，当浙江大学通过包括本案诉讼在内的各种途径，明确要求浙江大学科慧公司在其企业名称中停止使用"浙江大学"字样时，浙江大学科慧公司在合理期限内未停止使用的行为在主观上存在攀附浙江大学声誉，"搭他人便车"的过错，在客观上会造成市场混淆，违反了诚实信用、公平竞争的市场交易原则，损害了浙江大学的合法权益，构成了不正当竞争的行为。至于浙江大学科慧公司抗辩称浙江大学在股权转让时就企业名称未作任何意思表示的行为，应视为浙江大学永久且不可撤销地认可浙江大学科慧公司企业名称的合法性。本院认为，就股权转让合同的主体而言，浙江大学的下属公司而非浙江大学是股权转让合同的当事人；就股权转让合同的内容而言，浙江大学的下属公司所转让的是投入到浙江大学科慧公司的出资及基于其出资所产生的财产权益，并获得相应的对价，而浙江大学的下属公司从来没有将浙江大学的名称权作为出资投入到浙江大学科慧公司。因此浙江大学在其下属企业转让股权时就企业名称未作任何意思表示的行为，不能视为浙江大学对其权利的放弃或转让。故本院对浙江大学科慧公司的抗辩意见不予采纳。综上所述，本院认为，根据我国《民法通则》关于名称权的相关规定及《反不正当竞争法》第二条的规定，浙江大学有权要求浙江大学科慧公司在企业名称中停止使用"浙江大学"名称，浙江大学科慧公司的相关上诉理由缺乏事实和法律依据，本院均不予采纳。

【经营者擅自使用他人已经登记且具有一定知名度的企业名称，开展同业经营，构成不正当竞争】

人才网（集团）有限公司诉创汇信息科技有限公司擅自使用他人企业名称案［上海市第一中级人民法院（2010）沪一中民五（知）终字第 226 号民事判决书］，在案证据证实被上诉人在上海地区人力资源服务行业具有一定知名度，"人才网"或"上海人才网"具备了企业名称的识别作用，具有特定含义即特定指向被上诉人，该名称受到我国《反不正当竞争法》的保护。上诉人使用"上海人才网"名称与被上诉人开展同业竞争，其不具备经营人力资源服务的资质，具有违法性；其将"上海人才网"作为网站名称、标志使用，不属于正当使用。现两个网站名称完全相同、业务内容亦基本相同，导致网络用户混淆和误认。因此，上诉人构成不正当竞争。

【未经权利人许可，经营者擅自使用他人的企业名称进行产品宣传，足以造成消费者误认的，应当承担法律责任】

大连瑞特建材有限公司、大连中德珍珠岩厂诉刘嘉旺不正当竞争纠纷案［辽宁省大连市中级人民法院（2009）大民四初字第 237 号（《最高人民法院公报》2010 年第 6 期（总第 164 期））］，《民法通则》第九十九条第二款规定："法人、个体工商户、个人合伙享有名称权。企业法人、个体工商户、个人合伙有权使用、依法转让自己的名称"。对于企业名称的全称，企业在规定的范围内享有绝对的专用权。经工商机关核准注册的企业名称，在全国范围内他人不得擅自使用。企业名称是区别不同市场主体的标志，在企业经营过程中，企业名称与其商业信誉、产品或服务质量紧密相连，可以产生较强的广告效应和公众影响力。

我国《反不正当竞争法》第五条规定："经营者不得采用下列不正当手段从事市场交易，损害竞争对手：……（三）擅自使用他人的企业名称或者姓名，引人误认为是他人的商品；……”本案中，原告中德珍珠岩厂、瑞特公司自成立以来，先后获得多项荣誉称号，并在2008年通过质量管理体系认证，在大连地区同类型企业中具有一定的知名度。被告刘嘉旺经营的旅顺旺发珍珠岩厂与二原告均系大连地区生产珍珠岩、保温材料的企业，在生产经营上存在竞争关系。被告刘嘉旺在“旅顺旺发珍珠岩厂”网页“公司简介”中，采用与中德珍珠岩厂网页几乎完全相同的宣传用语，并称瑞特公司系其下属公司，足以使他人对两企业的人格及产品产生误认及混淆或认为两企业及其产品具有某种渊源关系，这种行为，违背诚实信用原则和公认的商业道德，违反了我国《反不正当竞争法》的规定。这种利用其他企业名称及产品声誉形成的优势地位采取搭便车的方式开展竞争的行为构成了对他人企业名称专用权的侵犯及不正当竞争，应予制止。刘嘉旺关于系委托他人做网页，对此不知情的辩解不能成立，其由于不正当竞争行为给瑞特公司造成的损失，应予赔偿。但瑞特公司主张赔偿其经济损失50万元，证据不足。瑞特公司销售收入的减少，虽与刘嘉旺的行为有关，但市场经济条件下，企业销售收入、利润的增减，不仅与国际、国内经济形势有关，亦受供求关系及企业自身营销策略、模式的影响，系多种原因造成的结果。因此，结合本案实际，综合考虑刘嘉旺在“旅顺旺发珍珠岩厂”网页进行宣传的性质、范围、持续时间、点击数量及对原告造成的影响，酌定赔偿数额为2万元。

【他人擅自使用具有一定市场知名度、为相关公众所熟知并已实际具有商号作用的企业名称的简称的，构成不正当竞争】

山东起重机厂有限公司与山东山起重工有限公司侵犯企业名称权纠纷案[最高人民法院(2008)民申字第758号民事裁定书(《最高人民法院公报》2010年第3期(总第161期))]，企业名称的简称源于语言交流的方便。企业简称的形成与两个过程有关：一是企业自身使用简称代替其正式名称；二是社会公众对于企业简称的认同，即认可企业简称与其正式名称所指代对象为同一企业。由于简称省略了正式名称中某些具有限定作用的要素，可能会不适当地扩大正式名称所指代的对象范围。因此，企业简称能否特指该企业，取决于该企业简称是否为相关社会公众所认可，并在相关社会公众中建立起与该企业的稳定的关联关系。对于具有一定的市场知名度、为相关社会公众所熟知并已经实际具有商号作用的企业或者企业名称的简称，可以视为企业名称。如果经过使用和社会公众认同，企业的特定简称已经在特定地域内为相关社会公众所认可，具有相应的市场知名度，与该企业建立了稳定的关联关系，具有识别经营主体的商业标识意义，他人在后擅自使用该知名企业简称，足以使特定地域内的相关社会公众对在后使用者和在先企业之间发生市场主体的混淆、误认，在后使用者就会不恰当地利用在先企业的商誉，侵害在先企业的合法权益。具有此种情形的，应当将在先企业的特定简称视为企业名称，并根据《反不正当竞争法》第五条第(三)项的规定加以保护。

【境外注册登记名称与知名企业字号相同或相近的企业授权其境内控制企业适用该字号行为的判定】

上海罗芙仙妮化妆品有限公司诉上海市工商行政管理局金山分局工商行政处罚决定案[上海市第一中级人民法院2008年12月19日民事判决书(《最高人民法院公报》2009年第11期(总第157期))]，通过在境外注册登记名称与知名企业字号相同或相近的企业，然后再授权其所控制的境内企业使用该字号的行为，表面上具有经过授权而使用该字号的合法性，但实质上是为了规避我国法律关于企业注册审查的规定，进而达到使用知名企业名称的不正当目的。应当认定为是擅自使用知名企业名称中的字号的行为，该行为导致了消费者对产品的无人和混淆，是故意作引人误解的表示的行为，损害了消费者的权益和原知名企业的利益。因此，该行为是不正当竞争行为。

【企业名称冲突的司法救济】

上海梅兰日兰电器(集团)有限公司与施耐德电气(中国)投资有限公司等企业名称权纠纷上诉案[上海市高级人民法院(2008)沪高民三(知)终字第82号民事判决书(《人民司法·案例》2009年第22期)]，第一，本案涉及的是将企业名称或字号在相同的商品上使用，不存在不认定驰名商标就不能获得停止侵权保护的问题。因此，根据本案的具体情况，无须对原告的三商标是否构成驰名商标进行认定，对于原告该项主张不予支持。第二，关于被告对原告企业名称的登记、使用行为，法院认为，天梅公司在先取得包含“梅兰日兰”字号在内的企业名称权，通过十余年的长期经营和投入大量资金进行宣传，其“梅兰日兰”字号已具有较高知名度，为相关公众所知悉。被告作为在后登记企业名称的企业，明知上述事实，对“梅兰日兰”字号亦不享有任何合法民事权益，理应尊重天梅公司对“梅兰日兰”字号享有的在先权利，但被告仍将与之相同的字号包含在企业名称中进行登记、使用，其目的显然在于利用天梅公司的商业信誉从事经营活动，使他人对被告和天梅公司的市场主体及其商品的来源产生混淆，其行为违背了民事活动应当遵循公平、诚实信用的原则以及公认的商业道德，损害了原告的合法权利，破坏了公平竞争秩序，构成对天梅公司的不正当竞争。法院据此判决被告变更企业名称上海梅兰日兰电器（集团）有限公司，变更后的企业名称中不得包含“梅兰日兰”文字。

【行为人未经许可，擅自使用与具有一定知名度的企业相近似的企业字号，误导相关消费者的，构成不正当竞争】

金湖世纪华联超市连锁有限公司与华联超市股份有限公司擅自使用他人企业名称及其他不正当竞争纠纷上诉案［上海市高级人民法院（2008）沪高民三（知）终字第111号民事判决书］，经营者在市场交易中，应当遵循自愿、平等、公平、诚实信用的原则，遵守公认的商业道德。上诉人金湖世纪华联公司未经许可，擅自使用与被上诉人华联超市相近似的企业字号，引人误认为其就是华联超市，或与华联超市有关联，违反了公平竞争和诚实信用原则，侵犯了被上诉人的企业名称权，对被上诉人构成不正当竞争。针对上诉人的上诉理由，本院分析如下：

（一）上诉人称，被上诉人华联超市对“华联”字号不享有独占性权利。本院认为：华联超市在诉讼中并未对“华联”二字主张独占性的权利，其系以其企业字号为权利基础，针对特定主体，即金湖世纪华联公司的特定行为，指控该公司构成不正当竞争，法院审理也仅围绕华联超市的诉请展开。因此华联超市对“华联”是否享有独占性权利，并非法院审理的范围，上诉人的上诉理由不成立。

（二）上诉人称：“华联”二字没有显著性，其企业字号与被上诉人华联超市的企业字号并不近似；其对企业名称的使用并未造成相关公众的混淆或误认，被上诉人据以证明消费者发生混淆的证据材料不具有客观公正性。本院认为：根据原审查明的事实，被上诉人华联超市经过十几年的发展已具有一定的经营规模，在超市行业拥有一定的市场占有率，“华联”字号具有一定的知名度，并具有较高的显著性。在被告的企业字号“世纪华联”中，“华联”二字起主要识别作用，“世纪”二字的加入并不能抹杀“世纪华联”和“华联”的近似。这种字号的近似，结合上诉人采取的经营模式，以及上诉人在其超市内销售被上诉人定牌产品的事实，已足以造成超市消费者的混淆并发生误认的结果，被上诉人据以证明消费者发生混淆的公证书和新闻报道则使本院进一步确信混淆的可能性。上诉人称相关证据材料不具有客观公正性，理由不足，且无法推翻对混淆的认定。

（三）上诉人称：其企业名称取得合法、使用规范；即使认定侵权，要求其在经营活动中添加区别性标志便于消费者作出区分已经足够，判定其停止使用“华联”二字超出了其应承担的民事责任的限度。本院认为：从形式上看，金湖世纪华联公司的企业名称系通过行政审批合法取得，但该公司对企业名称的登记及使用具有明显的主观恶意，对此，原审法院已作了详尽的分析，本院不再赘述。金湖世纪华联公司将“华联”作为企业字号的一部分注册，系以合法形式掩盖其非法目的，不仅损害了被上诉人的合法权益，而且损害了消费者的合法权益，扰乱了社会经济秩序，构成不正当竞争。原审法院据此依法判决金湖世纪华联公司停止使用“华联”二字并无不妥，上诉人的上诉理由不能成立，本院不予采信。

【企业名称或其字号在相关公众中已经具有一定的知名度，未经许可擅自使用其字号，构成不正当竞争】

四川苏富比拍卖有限公司与（英国）苏富比拍卖行（SOTHEBY' S）擅自使用他人企业名

称和虚假宣传纠纷上诉案[北京市高级人民法院(2008)高民终字第324号民事判决书]，我国《反不正当竞争法》第五条第(三)项规定，经营者不得采用擅自使用他人的企业名称或者姓名、引人误认为是他人商品的不正当手段从事市场交易，损害竞争对手。《最高人民法院关于审理不正当竞争民事案件应用法律若干问题的解释》第六条第一款规定，企业登记主管机关依法登记注册的企业名称，以及在中国境内进行商业使用的外国(地区)企业名称，应当认定为《反不正当竞争法》第五条第(三)项规定的“企业名称”。具有一定的市场知名度、为相关公众所知悉的企业名称中的字号，可以认定为《反不正当竞争法》第五条第(三)项规定的“企业名称”。

本案中，苏富比拍卖行自1995年向商标局申请注册商标时就使用“苏富比”作为其企业名称的字号，由其授权使用其注册商标和企业字号的苏富比香港有限公司在1984年开始就将“苏富比”作为企业字号使用，因此苏富比香港有限公司及其上海代表处使用“苏富比”字号的行为应被认定为是苏富比拍卖行对“苏富比”字号的使用行为。

苏富比拍卖行因为我国拍卖法和文物保护法等法律的限制未在我国大陆实际从事商业性拍卖活动，但是通过义卖、慈善性拍卖、预展、广告宣传等活动已经能够使相关公众知晓其为拍卖服务的经营者，而且在我国大陆举行的上述活动也是其从事商业性拍卖活动的一部分，能够吸引相关公众参与其主持的拍卖活动，因此应当认定苏富比拍卖行在我国大陆的活动具有广义上的经营性质，而且苏富比拍卖行的上述活动也并未违反我国拍卖法和文物保护法的禁止性规定。四川苏富比公司也是在我国大陆从事拍卖经营活动的主体，因此苏富比拍卖行与四川苏富比公司构成同业竞争关系，四川苏富比公司关于苏富比拍卖行与其不具有同业竞争关系的上诉理由缺乏事实和法律依据，本院不予支持。

苏富比拍卖行在我国大陆涉及拍卖或拍卖信息的相关报道中多被简称为“苏富比”，其自1995年向商标局申请注册商标时就使用“苏富比”作为其企业名称的字号；同时，苏富比拍卖行自1988年以来在中国大陆举行的艺术品义卖、慈善性拍卖、预展、广告宣传等活动已经使中国大陆相关公众了解其在拍卖市场中的地位；由其授权使用其注册商标和企业字号的苏富比香港有限公司在1984年开始就将“苏富比”作为企业字号和商标使用；苏富比香港有限公司上海代表处1994年成立后为宣传香港苏富比有限公司的拍卖活动，一直在我国大陆通过举办预展、向相关公众散发拍品目录等活动进行宣传，在宣传过程中均使用了“苏富比”或“蘇富比”文字；2006年和2007年域名争议解决中心和香港高等法院分别作出裁定和判决保护苏富比拍卖行的企业字号和商标，域名争议解决中心的裁定更进一步指出，“苏富比”在中国有一定的知名度。综合以上事实，足以认定苏富比拍卖行的企业名称或其字号“苏富比”在我国拍卖服务的相关公众中已经具有一定的知名度。

《中国拍卖》上所谓“包括四川苏富比公司等四家全资公司以及中国苏富比出版集团有限公司、香港苏富比国际拍卖有限公司、香港苏富比金融投资有限公司等四家控股公司”的“中国苏富比拍卖集团”与香港苏富比国际拍卖有限公司分支机构的“中国苏富比拍卖集团”因投资关系、机构层级的不同而应当被认定为是不同主体。四川苏富比公司虽主张其与“中国苏富比拍卖集团”并非同一主体，但并未提供“中国苏富比拍卖集团”作为独立民事主体存在的证据；而且所谓“中国苏富比拍卖集团”下的全资公司和控股公司等均由李绍宁任法定代表人，也均由李绍宁主要出资，其中在我国大陆实际从事拍卖经营的只有四川苏富比公司，因此以“中国苏富比拍卖集团公司”或“中国苏富比拍卖集团公司四川苏富比公司”名义在我国大陆从事的与拍卖有关的行为后果均应由四川苏富比公司承担。四川苏富比公司关于“中国苏富比拍卖集团公司”与其系不同主体，不应当对“中国苏富比拍卖集团公司”的行为承担责任的上诉主张，缺乏事实和法律依据，本院不予支持。

苏富比拍卖行与四川苏富比公司虽然经营不同的拍品，但均属拍卖经营者，两者在经营范围、方式和服务对象方面有一致性。四川苏富比公司擅自在其宣传材料、网站、相关报纸专版、广告中大量使用“四川苏富比拍卖有限公司”“中国苏富比拍卖集团”“苏富比公司”等名称，其中使用的字号“苏富比”与苏富比拍卖行的字号完全相同，足以认定四川苏富比公司未经苏富比拍卖行许可擅自使用其字号，构成不正当竞争；加之四川苏富比公司在宣传中称其“苏富比是一个有着280多年悠久历史的世界品牌”，足以让相关公众误认为其与苏富比拍卖行之间存在关联关系，因此也构成虚假宣传。四川苏富比公司的字号即使经登记注册合法取得，也不能以此否定其行为构成不正当竞争，因此四川苏富比公司关于其字号系合法取得，与苏富比拍卖行在经营地域、范围、方式、服务对象存在显著区别因而不构成不正当竞争的上诉理由缺乏事实和法律依据，本院不予支持。

【公司名称侵犯他人商标权】

河北三河福成养牛集团总公司诉哈尔滨福成饮食有限公司昆明分公司侵犯注册商标专用权及不正当竞争纠纷案[云南省高级人民法院2007年4月5日民事判决书(《最高人民法院公报》2008年第6期(总第140期))]，具体如下：

一、根据《最高人民法院关于审理商标民事纠纷案件适用法律若干问题的解释》第一条第(一)项的规定，将与他人注册商标相同或相近似的文字作为企业的字号在相同或者类似商品上突出使用，容易使相关公众产生误认的属于给他人注册商标专用权造成损害的行为。根据国家商标局《关于保护服务商标若干问题的意见》第七条第二款的规定，他人正常使用服务行业惯用标志，以及正常方式使用商号(字号)、姓名、地名、服务场所名称，表示服务特点，对服务事项进行说明等不构成侵犯服务商标专用权行为，但具有明显不正当竞争意图的除外。根据上述规定，企业将与他人注册商标相同或相近似的文字作为字号在相同或者类似商品上使用时应遵循诚实信用原则。行为人以攀附他人知名商标，混淆相关公众对于相关商品的认知为目的，随意简化自己的商号在商品上使用的，属于侵犯他人注册商标专用权的行为。

二、《反不正当竞争法》第五条规定(现在该法第六条。——编者注)：“经营者不得采用下列不正当手段从事市场交易，损害竞争对手：(一)假冒他人的注册商标；(二)擅自使用知名商品特有的名称、包装、装潢，或者使用与知名商品近似的名称、包装、装潢，造成和他人的知名商品相混淆，使购买者误认为是该知名商品；……”根据上述规定，擅自使用他人知名商品特有的名称、包装、装潢，或者使用与他人知名商品近似的名称、包装、装潢，造成和他人的知名商品相混淆，使消费者误认为是该知名商品的行为属不正当竞争行为。

【侵犯企业字号权的司法认定】

江西省兴国县超达薇薇新娘文化娱乐有限公司诉吴天蓓侵犯字号权纠纷案[江西省兴国县人民法院(2007)兴民一初字第342号民事判决书(《人民司法·案例》2008年第18期)]，企业的字号不等同于企业的名称，未注册成商标的企业字号，其所有人也不具有字号中单个词语的专有使用权。将他人字号中的几个字使用于同行业的商业宣传而不使用于企业名称，并不构成侵犯他人字号权。

【对专有名称商业使用时的事实性描述的侵权认定】

中国人民解放军警卫第一师仪仗大队与深圳市信禾工艺品有限公司名称权、肖像权、名誉权侵权纠纷上诉案[北京市第一中级人民法院(2006)一中民终字第3240号民事判决书(《人民司法·案例》2007年第4期)]，三军仪仗队系原告的专有名称，被告对原告三军仪仗队名称的使用属于商业使用，但该使用是对事实进行描述，而不是对原告专有名称进行干涉、假冒、盗用，也未使用该名称直接为其产品进行文字宣传，故被告未侵犯原告三军仪仗队的名称权。

【个体工商户将企业名称登记为字号的行为合法】

深圳市舞鹤实业有限公司诉朱国标等侵犯商标权案[广东省东莞市中级人民法院(2005)东中法民四知初字第15号民事判决书]，本院认为朱国标将“舞鹤”作为字号进行企业名称登记不构成对舞鹤公司商标权的侵犯。《民法通则》第二十六条规定：“公民在法律允许的范围内，依法经核准登记，从事工商业经营的，为个体工商户。个体工商户可以起字号。”根据《企业名称登记管理规定》第六条、第三十条之规定，个体工商户的名称(字号)在登记主管机关辖区内不得与已登记注册的同行业名称(字号)相同或者近似。即在不同登记主管机关辖区或不同行业个体工商户均可采用与其他企业或个体工商户相同的字号。朱国标将“舞鹤”作为个体工商户之字号，于2001年10月18日获得东莞市工商行政管理局核准，此时舞鹤公司已将“舞鹤”作为字号用于自己的企业名称，但由于舞鹤公司与朱国标之个体工商户处于不同地区，登记主管机关辖区各不相同，因此朱国标将“舞鹤”作为个体工商户字号登记是合法正当的。舞鹤公司的“舞鹤MAI—ZURU”商标获得注册的日期为2002年5月12日，迟于朱国标经营的“东莞市莞城舞鹤饮食店”之名称登记，因此朱国标将“舞鹤”作为字号进行企业名称登记不构成对舞鹤公司商标权的侵犯。

【工商局对公司作出的告知变更企业名称的通知，对公司的权利义务并未产生实际影响】

泸州正大饲料有限公司不服四川省工商局、泸州市工商局责令变更企业名称案［四川省泸州市中级人民法院（2003）泸民终字第32号民事裁定书］，被上诉人省工商局于2002年8月1日对被上诉人市工商局作出的川工商函［2002］189号通知，是要求被上诉人市工商局履行工商行政管理职责。上诉人如果认为该通知影响其合法权益，可以向省工商局所在地的人民法院提起诉讼。被上诉人市工商局根据省工商局的通知，于2003年2月25日对上诉人作出川工商泸办［2003］37号告知变更企业名称的通知，该行为对上诉人的权利义务并未产生实际影响。上诉人的起诉不符合法定条件。一审判决错误，依法应予纠正，上诉人的上诉理由不能成立，本院不予支持。

【综合类别企业的企业名称专用权应在其经营范围的行业领域内得到保护】

上海爱建股份有限公司不服上海市工商行政管理局核准企业名称行为案［上海市徐汇区人民法院（2000）徐行初字第67号行政判决书］，被告上海市工商行政管理局作为企业名称登记的主管机关，依法有权核准或者驳回企业名称登记申请，监督管理企业名称的使用，保护企业名称专用权。依照《企业名称登记管理规定》第六条规定，企业只准使用一个名称，在登记主管机关辖区内不得与已登记注册的同行业企业名称相同或者近似。原告上海爱建股份有限公司与第三人上海爱建房地产有限公司的企业名称均在被告辖区内核准登记，原告申请登记在前，第三人申请登记在后。原告属综合类别的股份有限公司，在企业名称中不能体现行业特征，其经营范围则是经过被告核准确定的，住宅建造和销售、咨询业务属其经营范围之列，并经上海市建设委员会审核确认具备开发资格，准予从事房地产开发经营，获得房地产开发企业资质证书。为此，综合类别企业的企业名称专用权应在其经营范围的行业领域内得到保护。第三人上海爱建房地产有限公司与原告企业在所从事的房地产开发经营的范围中应属同行业。两者字号均为爱建，组织形式虽有差别，但在房地产业的领域中容易使公众造成误解，由此构成近似。被告核准登记第三人企业名称为上海爱建房地产有限公司的具体行政行为属适用法律、法规错误，应予撤销。原告不服被告作出的核准登记的具体行政行为而提起诉讼，属人民法院行政诉讼受案范围。被告系对第三人作出具体行政行为，未告知利害关系人诉权和起诉期限，原告作为利害关系人，以实际知道具体行政行为内容之日起两年内，依法有权提起行政诉讼。

【村名属于公共资源，公司虽先将村名作为其企业名称中的字号登记注册，但对该村名并不享有专有权，不能排斥同处该村的其他企业使用村名】

申请再审人福建省白沙消防工贸有限公司与被申请人南安市白沙消防设备有限公司侵犯企业名称（商号）权及不正当竞争纠纷案［最高人民法院民事裁定书］，本案双方当事人的争议焦点为南安白沙公司注册包含有“白沙”字号的企业名称、注册并使用“白沙”文字商标是否侵犯福建白沙公司的企业名称权、构成不正当竞争。

关于南安白沙公司注册包含有“白沙”字号的企业名称是否侵犯福建白沙公司的企业名称权、构成不正当竞争的问题。首先，南安白沙公司将“白沙”作为其企业名称中的字号登记注册具有特殊的地理因素。南安白沙公司与福建白沙公司同处福建省南安市美林镇白沙村，“白沙”系两公司住所地村名，属于公共资源。福建白沙公司虽先将“白沙”村名作为其企业名称中的字号登记注册，但对该村名并不享有专有权，不能排斥同处该村的其他企业使用“白沙”二字。事实上，白沙村已有不少企业将“白沙”登记注册为企业名称中的字号。而且，至本案一审起诉时止，福建白沙公司使用“白沙”字号18年，南安白沙公司使用“白沙”字号也12年，二者已共存了十余年。因此，南安白沙公司将“白沙”作为其字号属于对该公司住所地村名的正当使用。其次，福建白沙公司主张其企业名称因该公司拥有“远红”驰名商标而具有较高的知名度、南安白沙公司注册“白沙”字号具有“傍名牌”“搭便车”的恶意。要判断南安白沙公司申请注册其企业名称中字号的主观意图，主要以其申请注册时的主观状况为准，不能以福建白沙公司此后具有知名度而推定南安白沙公司此前注册“白沙”字号时具有攀附其声誉和市场价值的主观恶意。从本案查明的事实来看，南安白沙公司于1994年申请成立，1995年核准注册；福建白沙公司的“远红”商标于2002年被认定为泉州市知名商标，2003年被认定为福建省著名商标，2006年被认定为驰名商标。即使这些证据能够证明福建白沙公司的“远红”商标后来具有知名度，但尚不足以证明其在南安白沙公司核准注册时已具有知名度，故不能证明南安白沙公司申请注册其字号具有主观恶意，不足以认定其违反诚实信用原则。最后，福建白沙公司与南安白沙公司除均将其公司住所地村名“白沙”作为企业名称中的字号外，两公司企业名称中的行政区划不同，虽同属消防行业，但是前者为消防工贸，后者是消防设备，存在一定区别，消防领域的相关公众能够区分，不会导致混淆误认。因此，二审法院认定南安白沙公司使用“白沙”作为其企业名称中的字号未侵犯福建白沙公司的企业名称权、不构成不正当竞争并无不当。福建白沙公司主张南安白沙公司侵犯其企业名称权、构成不正当竞争的再审理由不成立，本院不予采信。二审法院在其判决中适当地指出为规范市场，南安白沙公司与福建白沙公司均应规范使用经核准登记的企业名称亦无不当。

关于南安白沙公司申请注册“白沙”商标是否侵犯福建白沙公司的企业名称权、构成不正当竞争的问题。如前所述，南安白沙公司将“白沙”登记注册为企业名称中的字号属于对其住所地村名的正当使用，该公司将其村名且字号“白沙”注册为商标的行为本身即具有正当性，因此，二审法院认定南安白沙公司申请注册“白沙”商标不构成侵犯福建白沙公司的企业名称权及不正当竞争并无不当。

【“恒源彩羊”与“恒源祥”“彩羊”竞争遭败诉】

杨某、恒派彩羊（上海）服饰有限公司等与恒源祥（集团）有限公司等擅自使用他人企业名称、虚假宣传纠纷上诉案［上海知识产权法院民事判决书（上海知识产权法院司法保障营商环境建设典型案例之六）］，“恒源祥”作为老字号、老品牌在市场上具有相当高的知名度，“彩羊”品牌宣传和推广均依托“恒源祥”品牌展开，既迅速提升了“彩羊”品牌的知晓度和“彩羊”字号的知名度，又加深了受众对“恒源祥”和“彩羊”之间存在紧密关联的认识。将两者组合在一起即使缺少一个“祥”字所形成的“恒源彩羊”仍易使相关公众对该商标的市场主体及其商品的来源产生混淆，或者认为与恒源祥公司或彩羊公司存在某种关联，“恒源彩羊”注册商标的持有人或使用者“傍名牌”的主观故意明显。杨某将“恒源彩羊”作为恒派彩羊公司更名前的企业名称字号使用，同时将“恒源彩羊”商标授权恒派彩羊公司使用，巴布黎公司经恒派彩羊公司许可在生产、销售的羊毛衫上使用了“恒源彩羊”商标，以上各行为直接结合造成了侵犯恒源祥公司、彩羊公司企业名称权的同一损害后果，故杨某、恒派彩羊公司、巴布黎公司应承担共同侵权责任。刘某销售标有“恒源彩羊”商标的被控侵权羊毛衫，也构成对恒源祥公司、彩羊公司企业名称权的侵害。辉营公司作为特卖会的主办方，统一开具购货凭证，事实上已参与了商品销售，其行为亦构成侵权。此外，恒派彩羊公司在网站上的宣传以及刘某所经营店铺售货员的相关陈述均构成对商品来源作引人误解的虚假宣传。

【在被告的原产地证书中，未经原告许可使用了原告的企业名称，具有明显的使让人将被告产品误认为是原告产品的主观故意，侵犯了原告的企业名称权】

原告烟台鹏华生化制品有限公司与被告上海某生物科技有限公司、烟台某生化制品有限公司仿冒企业名称不正当竞争纠纷案［山东省高级人民法院民事判决书（青岛市中级人民法院公布知识产权十大典型案例之二）］，原告与两被告在硫酸软骨素产品的经营上存在同业竞争关系。原产地证书是出口商应进口商要求提供、用以证明货物原产地或制造地的一种证明文件，具有识别商品来源的作用，属于《最高人民法院关于审理不正当竞争民事案件应用法律若干问题的解释》规定的商品交易文书。在中国国际贸易促进委员会上海市分会向被告上海某公司出具的原产地证书中，被告上海某公司未经原告许可使用了原告的企业名称，具有明显的使他人将被告产品误认为是原告产品的主观故意，侵犯了原告的企业名称权，构成不正当竞争，最终判令被告上海某公司停止侵权、赔偿原告经济损失12万元，驳回原告其他诉讼请求。二审中，山东高院维持了一审判决。

【擅自使用他人的企业名称或者姓名，引人误认为是他人的商品的经营行为的，构成不正当竞争行为】

原告SZ心灵花园心理咨询有限公司诉被告SH心灵花园心理咨询中心侵犯企业名称（商号）权纠纷案［上海市第一中级人民法院民事判决书］，本案系一起企业名称权利冲突案件，判断此类案件是否构成不正当竞争，需从保护在先权利、诚实信用原则和避免混淆原则等多方面衡量认定。本案的争议焦点在于：(1)上诉人的“心灵花园”字号是否应当在上海市行政区域内得到法律保护；(2)被上诉人将“心灵花园”作为其民办非企业单位名称的字号是否具有主观恶意；(3)被上诉人使用“心灵花园”字号是否足以引起市场混淆。

关于争议焦点一，根据《反不正当竞争法》第五条第（三）项的规定，擅自使用他人的企业名称或者姓名，引人误认为是他人的商品的经营行为构成不正当竞争行为。《最高人民法院关于审理不正当竞争民事案件应用法律若干问题的解释》第六条进一步规定，具有一定的市场知名度、为相关公众所知悉的企业名称中的字号，可以认定为《反不正当竞争法》第五条第（三）项规定的“企业名称”。可见，企业名称中的字号受到与企业名称同等法律保护是以该企业名称及字号具有一定的市场知名度、为相关公众所知悉为事实条件。本案上诉人主张其在江苏省苏州市登记的“心灵花园”字号享有在先企业名称权，首先应当证明该企业名称及字号在上海市区域内具有一定的市场知名度、为相关公众所知悉。现上诉人提供的蓝心网的同业排名并不足以证明“心灵花园”字号在上海市区域内具有知名度，上诉人又未能提供其他证据证明该字号的知名度，因此，法院认为上诉人的“心灵花园”字号并不具备受法律保护的条件。上诉人关于其在先企业名称权的法律保护应当及于对“心灵花园”字号的保护之上诉理由，法院不予采信。法院亦注意到上诉人在上海设立分公司，并与被上诉人同路经营，法院认为，上诉人作为在苏州市登记成立的独立法人，以在上海设立非独立法人的分公司为由将其企业名称权保护范围扩展至其登记辖区之外的上海市，缺乏法律依据。

关于争议焦点二，在案证据能够证明被上诉人的法定代表人季龙妹曾经在案外人心潮公司兼职担任心理咨询师且知道心潮公司设立“心灵花园”网站，但不能证明季某在心潮公司兼职期间上诉人与心潮公司即已存在合作、投资关系，也不能证明季某在申请登记被上诉人名称时知道上述事实，故上诉人主张季某明知上诉人与心潮公司合作之事实而恶意登记使用“心灵花园”为其单位名称的字号，显然缺乏相应的依据。在案证据亦不能证明被上诉人使用“心灵花园”字号存在攀附上诉人企业商誉的“搭便车”故意。因此，上诉人关于被上诉人具有主观恶意的上诉理由，法院不予采信。

关于争议焦点三，上诉人企业名称为“SZ心灵花园心理咨询有限公司”，被上诉人单位名称为“SH心灵花园心理咨询中心”。两者的字号、行业相同，但行政区划和组织形式存在明显不同，因此，上诉人、被上诉人就相同字号的使用虽然存在造成市场混淆的可能，但是两者在经营过程中规范使用各自的名称、附加区别标志可以避免造成客观混淆的可能。法院还注意到上诉人上海分公司和被上诉人在经营过程中均存在突出使用“心灵花园”“心理咨询”的事实，因此，上诉人主张其与被上诉人存在客观上混淆的原因并不仅仅在于双方字号的相同，更在于双方均未规范使用企业名称或者单位名称。因此，上诉人以被上诉人使用“心灵花园”字号易造成市场混淆为由主张被上诉人构成不正当竞争的上诉理由，法院亦不予采信。

第九条 【公司形式变更】 有限责任公司变更为股份有限公司,应当符合本法规定的股份有限公司的条件。股份有限公司变更为有限责任公司,应当符合本法规定的有限责任公司的条件。

有限责任公司变更为股份有限公司的,或者股份有限公司变更为有限责任公司的,公司变更前的债权、债务由变更后的公司承继。

一、相关司法解释及两高工作文件

《最高人民法院关于审理与企业改制相关的民事纠纷案件若干问题的规定》(法释〔2003〕1号)对公司种类变更及其债务承担问题,规定如下:

第四条 国有企业依公司法整体改造为国有独资有限责任公司的,原企业的债务,由改造后的有限责任公司承担。

第五条 企业通过增资扩股或者转让部分产权,实现他人对企业的参股,将企业整体改造为有限责任公司或者股份有限公司的,原企业债务由改造后的新设公司承担。

第六条 企业以其部分财产和相应债务与他人组建新公司,对所转移的债务债权人认可的,由新组建的公司承担民事责任;对所转移的债务未通知债权人或者虽通知债权人,而债权人不予认可的,由原企业承担民事责任。原企业无力偿还债务,债权人就此向新设公司主张债权的,新设公司在所接收的财产范围内与原企业承担连带民事责任。

二、相关文件规定

《公司注册资本登记管理规定》(自2014年3月1日起施行)对公司形式变更时的资本限制和增资,规定如下:

第十三条 有限责任公司变更为股份有限公司时,折合的实收股本总额不得高于公司净资产额。有限责任公司变更为股份有限公司,为增加资本公开发行股份时,应当依法办理。

第十条 【公司住所】 公司以其主要办事机构所在地为住所。

一、相关法律条文

《中华人民共和国民法总则》(自2017年10月1日起施行)对法人住所地的认定和登记,规定如下:

第六十三条 法人以其主要办事机构所在地为住所。依法需要办理法人登记的,应当将主要办事机构所在地登记为住所。

第六十四条 法人存续期间登记事项发生变化的,应当依法向登记机关申请变更登记。

《中华人民共和国民事诉讼法(2017修正)》(自1991年4月9日起施行)对公司诉讼的管辖,规定如下:

第二十六条 因公司设立、确认股东资格、分配利润、解散等纠纷提起的诉讼,由公司住所地人民法院管辖。

二、相关司法解释及两高工作文件

《最高人民法院经济审判庭关于企业设置的办事机构对外所签订的购销合同是否一律认定为无效合同问题的电话答复》(1988年11月8日),答复如下:

三明市对外贸易公司福州办事处(以下简称办事处)是三明市对外贸易公司的办事机构,没有申报营业执照,对外无权从事经营活动。办事处擅自以自己的名义与宁德地区生产资料贸易公司签订的购销合同,应认定无效。虽然三明市对外贸易公司对办事处在履行合同中有时以公司的名义进行信、电往来的行为,未提出异议,但因该合同是办事处对外签订的，因此，不应视为三明市对外贸易公司事后追认了办事处的代理权。参照《民法通则》第四十三条规定，三明市对外贸易公司对办事处的经营活动，应当承担民事责任。

三、相关文件规定

《国家工商行政管理局关于公众聚集的经营场所办理工商登记是否需要公安消防前置审批问题的答复》(工商企字〔2000〕第123号) 对关于公众聚集的经营场所办理工商登记是否需要公安消防前置审批的问题，答复如下：

《中华人民共和国消防法》第十二条(编者注：现为该法第十五条)规定的“公众聚集的场所在使用或开业前，应当向公安消防机构申报，经消防安全检查合格后，方可使用或者开业”指的是该场所的经营单位在启用该场所时，应先向公安消防机构申报并经消防安全检查合格，而非设立该场所经营单位的前置审批。但依据1999年3月26日国务院发布的《娱乐场所管理条例》(国务院令第261号)的规定，设立娱乐场所(指向公众开放的、自娱自乐的营业性歌舞厅、游艺等场所)经营单位应当经其所在地县级以上人民政府文化行政主管部门、公安机关和卫生行政部门审核合格后，方可向工商行政管理部门申请注册登记。因此，对公众聚集的经营场所经营单位向工商行政管理部门申请登记注册时，对娱乐场所经营单位应要求其提交县级以上人民政府公安机关的批准文件。

第十一条 【公司章程】 设立公司必须依法制定公司章程。公司章程对公司、股东、董事、监事、高级管理人员具有约束力。

一、相关法律条文

《中华人民共和国民法总则》(自2017年10月1日起施行) 对营利法人的章程法定性，规定如下：

第七十九条 设立营利法人应当依法制定法人章程。

二、相关案例

(一)公司章程的制定

【三分之二以上表决权的股东在章程上签字的行为是对行使表决权的确认】

朱昭明与无锡市联众出租汽车有限公司公司章程撤销纠纷上诉案［江苏省无锡市中级人民法院(2011)锡商终字第0463号民事判决书］，撤销公司章程必须具有章程制定违反法定程序；章程内容存在违法；股东意思表示瑕疵；章程欠缺必要记载事项等事由。但从本案情况看，一、联众公司2003年章程修订的程序及其内容符合相关法律规定。联众公司历次修订的章程对修改公司章程的表决、程序，均作出与公司法规定相一致的约定。2003年章程虽未有朱昭明签字，但已生效的(2009)锡民二终字第0481号民事判决中认定吴惠明等8名股东签署该章程，现其余9名股东未提出异议，该章程至少已由20名股东中的17名签字，事实上该章程已获联众公司代表三分之二以上表决权的股东通过。即使朱昭明认为其未参与2003年9月5日公司章程形成的任何活动，依据《公司法》第三十八条第二款的规定，股东会行使修改公司章程等职权范围内所列事项，股东以书面形式一致表示同意的，可以不召开股东会会议，直接作出决定，并由全体股东在决定文件上签名、盖章。故联众公司代表三分之二以上表决权的股东在章程上签字的行为，是对行使表决权的确认，具有法律效力。二、朱昭明受让王惠康0.2%股权及签署2006年章程的行为，是对2003年章程相关条款的追认。1. 2003年章程的主要内容转让王惠康的股权、变更公司经营地址和经营范围。朱昭明签订股权转让协议，受让王惠康的股权，并持有至今，其行为事实上已认可2003年章程确定的股东名册、人数、投资额和持股比例等的约定。2. 2006年章程除修订董事会及监事会组成人员等内容外，股东出资及权利义务，股东会、董事会及监事会职责等内容、结构、条款等无实质变化，基本一致。朱昭明签署该章程，产生对与2003年章程相同内容条款的追认效力。

【公司章程如果规定向股东配售股份应当遵守法律、行政法规和规章，从其规定】

福州华辰房地产有限公司诉福建海峡银行股份有限公司新增资本认购资格案［福建省福州市中级人民法院（2011）榕民初字第287号民事判决书］，根据《公司法》第十一条关于“公司章程对公司、股东、董事、监事、高级管理人员具有约束力”的规定，被告福建海峡银行股份有限公司以及作为被告股东的原告福州华辰房地产有限公司，均应当遵守公司章程的规定。被告公司章程第二十二条规定：“本行根据经营和发展需要，依照法律、行政法规、规章的规定，经股东大会分别作出决议，并报经国家有关主管机关批准，可以采用下列方式增加资本……（二）向现有股东配售股份”，根据该公司章程规定，被告向股东配售股份，应当遵守法律、行政法规和规章的规定。《中国银行业监督管理委员会中资商业银行行政许可事项实施办法》（银监会2006年第7号令）第十二条规定：“境内非金融机构作为股份制商业银行法人机构发起人，应当符合以下条件：……（三）具有良好的社会信誉、诚信记录和纳税记录，能按期足额偿还金融机构的贷款本金和利息”；第六十五条规定：“中资商业银行变更注册资本，其股东资格应当符合本办法第九条、第十条、第十一条、第十二条、第十三条规定的条件……”；故《中国银行业监督管理委员会中资商业银行行政许可事项实施办法》已经明确规定，中资商业银行变更注册资本，其股东应当具备如下条件：具有良好的社会信誉、诚信记录和纳税记录，能按期足额偿还金融机构的贷款本金和利息。该规定属于部门规章规定，依照公司章程，被告向股东配售股份以及原告申请参与公司配股均应当遵守该规定。

【法定代表人违反章程规定作出的承诺无效】

上海江夏血液技术有限公司诉周庆文劳动合同纠纷案［上海市浦东新区人民法院（2011）浦民一（民）初字第29226号民事判决书］，依法制定的章程作为公司的自治性规范，是公司治理的重要依据，对公司、股东、董事、监事及高级管理人员具有约束力，相关当事人均应当按照公司章程的规定享有权利，履行义务。原告2004年经修订的公司章程第十六条规定：董事会的职权包括决定聘任总经理、副总经理、总会计师等高级管理人员等，以及其他一切需由董事会决定的重大事宜。第五十四条规定，总经理、总会计师等高级管理人员的工资待遇，亦由董事会决定。第十七条则规定，第十六条所涉的重大事宜均需董事会全体成员一致同意，董事长方可履行职责。上述条款符合法律规定，应为有效，其相互间的适用关系如下：（1）依体系解释，第五十四条应为董事会职权在《职工》章中的细化规定，属于第十六条第（七）项所指的“其他需由董事会决定的重大事宜”。（2）依目的解释，“高级管理人员的任命”与“高级管理人员的工资待遇”具有同等的重要性，亦应属于由董事会决定的重大事宜。（3）基于上述两点可予确定，依照公司章程，被告作为高级管理人员，其工资待遇应当由董事会全体通过，方为有效。被告自2004年5月起即开始担任原告董事，对公司章程的规定应当熟悉知晓，亦应遵守。但据其自己陈述，2005年8月22日承诺函签订时，仅有被告本人、苏平和陈信燕三人在场协商，由陈信燕代表公司在函上加盖公章。上述经过即使属实，也显然与公司章程相悖。陈信燕虽为原告当时的法定代表人，但其在未获董事会一致决定的情况下，也并无权力代表公司作出上述决定。如果认为如此制定的承诺函也能具有法律效力，则无疑将架空公司章程的规制作用，违反公司法关于“有限责任公司董事会的议事方式和表决程序，除本法有规定的外，由公司章程确定”的规定，更有甚者，还可能导致部分董事或高管借由对公司的实际控制力，为谋取私利而损害公司利益的情形发生。故此，本院确认，系争的承诺函因违反公司章程而无效。

【公司章程的处罚性规定在不违法的前提下应属有效】

南京安盛财务顾问有限公司诉祝鹃股东会决议罚款纠纷案［江苏省南京市鼓楼区人民法院2010年7月6日民事判决书（《最高人民法院公报》2012年第10期（总第192期））］，公司章程关于股东会对股东处以罚款的规定，系公司全体股东所预设的对违反公司章程股东的一种制裁措施，符合公司的整体利益，体现了有限公司的人合性特征，不违反公司法的禁止性规定，应合法有效。但公司章程在赋予股东会对股东处以罚款职权时，应明确规定罚款的标准、幅度，股东会在没有明确标准、幅度的情况下处罚股东，属法定依据不足，相应决议无效。

【公司章程是公司组织及活动的基本准则】

上海大成资产评估有限公司诉楼建华等其他与公司有关的纠纷案［上海市第二中级人民法院 2010 年 2 月 26 日民事判决书（《最高人民法院公报》2012 年第 5 期（总第 187 期））］，裁决如下：一、公司章程是公司组织及活动的基本准则。在作为特殊企业的资产评估公司章程规定股东退休时必须退股，退股时以退股月份上月为结算月份，退还其在公司享有的净资产份额时，股东与公司应该按章履行。二、职业风险基金系会计师事务所、资产评估机构等按规定提取的用于职业风险赔偿的准备金。财政部财企［2009］26 号《资产评估机构职业风险基金管理办法》规定：资产评估机构持续经营期间，应保证结余的职业风险基金不低于近 5 年评估业务收入总和的 5%，在此前提下，经股东会或合伙人决议，可将已计提 5 年以上结存的职业风险基金转作当年可供分配利润进行分配。所以，在资产评估公司已有相应股东会决议的情况下，股东退股时要求分配已计提 5 年以上结存的职业风险基金可予支持。

【行政机关未尽到法定的审查义务而准予变更登记的行政行为，应予撤销】

朱小铜不服北京市工商行政管理局昌平分局工商变更登记案［北京市第一中级人民法院（2008）一中行终字第 21 号民事判决书］，公司章程是确立股东权利义务关系的基本法律文件，也是工商行政管理部门进行行政许可时必须审查的文件。我国《公司法》第十一条规定，设立公司必须依照本法制定公司章程。公司章程对公司、股东、董事、监事、高级管理人员具有约束力。第四十四条同时规定，股东会的议事方式和表决程序，除本法另有规定的以外，由公司章程规定。公司申请变更登记时，须向行政机关提交符合法律规定的申请材料。其提交的股东会决议及公司章程修正案的表决方式违反了公司的章程的规定的，应属无效。行政机关在未尽到法定的审查义务的情形下，予以核准变更登记的，违反了法定程序，该行政行为应予撤销。

【制定公司章程应符合公司法的有关规定】

重庆大众糖果糕点有限责任公司与郑祥英等确认公司章程、股东会决议、董事会议案无效纠纷上诉案［重庆市第一中级人民法院（2005）渝一中民终字第 1084 号民事判决书］，因童庆明等 9 名 1997 年大众公司章程载明的股东非法抽回出资，大众公司在制定 2001 年 3 月的章程时，未通知童庆明等 9 人及另一登记股东赵良霞参加相应股东大会的行为违反《公司法》第四十四条第一款规定，通过该章程的股东会的到会股东 12 人，仅持有大众公司 53.05% 的股份，其代表的表决权未超过三分之二，且该章程中缺少股东的出资方式和出资额的记载，不符合《公司法》第二十二条第一款第（六）项的规定，原审法院据此认定大众公司 2001 年 3 月章程及大众公司 2001 年 12 月 18 日针对该章程第十三条所作的章程修改无效，并无不当。

（二）公司章程的效力

【初始章程对股权转让的限制是有效的】

宋文军诉西安市大华餐饮有限公司股东资格确认纠纷案［2018 年 6 月 20 日《最高人民法院关于发布第 18 批指导性案例的通知》（指导案例 96 号）］，具体如下：

关键词 民事 股东资格确认 初始章程 股权转让限制 回购

裁判要点 国有企业改制为有限责任公司，其初始章程对股权转让进行限制，明确约定公司回购条款，只要不违反公司法等法律强制性规定，可认定为有效。有限责任公司按照初始章程约定，支付合理对价回购股东股权，且通过转让给其他股东等方式进行合理处置的，人民法院应予支持。

基本案情

西安市大华餐饮有限责任公司（以下简称大华公司）成立于 1990 年 4 月 5 日。2004 年

5月，大华公司由国有企业改制为有限责任公司，宋文军系大华公司员工，出资2万元成为大华公司的自然人股东。大华公司章程第三章“注册资本和股份”第十四条规定：“公司股权不向公司以外的任何团体和个人出售、转让。公司改制一年后，经董事会批准后可在公司内部赠予、转让和继承。持股人死亡或退休经董事会批准后方可继承、转让或由企业收购，持股人若辞职、调离或被辞退、解除劳动合同的，人走股留，所持股份由企业收购……”第十三章“股东认为需要规定的其他事项”下第六十六条规定：“本章程由全体股东共同认可，自公司设立之日起生效”。该公司章程经大华公司全体股东签名通过。2006年6月3日，宋文军向公司提出解除劳动合同，并申请退出其所持有的公司的2万元股份。2006年8月28日，经大华公司法定代表人赵来锁同意，宋文军领到退出股金款2万元整。2007年1月8日，大华公司召开2006年度股东大会，大会应到股东107人，实到股东104人，代表股权占公司股份总数的93%，会议审议通过了宋文军、王培青、杭春国三位股东退股的申请并决议“其股金暂由公司收购保管，不得参与红利分配”。后宋文军以大华公司的回购行为违反法律规定，未履行法定程序且公司法规定股东不得抽逃出资等，请求依法确认其具有大华公司的股东资格。

裁判结果

西安市碑林区人民法院于2014年6月10日作出(2014)碑民初字第01339号民事判决，判令：驳回原告宋文军要求确认其具有被告西安市大华餐饮有限责任公司股东资格之诉讼请求。一审宣判后，宋文军提出上诉。西安市中级人民法院于2014年10月10日作出了(2014)西中民四终字第00277号民事判决书，驳回上诉，维持原判。终审宣判后，宋文军仍不服，向陕西省高级人民法院申请再审。陕西省高级人民法院于2015年3月25日作出(2014)陕民二申字第00215号民事裁定，驳回宋文军的再审申请。

裁判理由

法院生效裁判认为：通过听取再审申请人宋文军的再审申请理由及被申请人大华公司的答辩意见，本案的焦点问题如下：1. 大华公司的公司章程中关于“人走股留”的规定，是否违反了《公司法》的禁止性规定，该章程是否有效；2. 大华公司回购宋文军股权是否违反《公司法》的相关规定，大华公司是否构成抽逃出资。

针对第一个焦点问题，首先，大华公司章程第十四条规定，“公司股权不向公司以外的任何团体和个人出售、转让。公司改制一年后，经董事会批准后可以公司内部赠与、转让和继承。持股人死亡或退休经董事会批准后方可继承、转让或由企业收购，持股人若辞职、调离或被辞退、解除劳动合同的，人走股留，所持股份由企业收购”。依照《公司法》第二十五条第二款“股东应当在公司章程上签名、盖章”的规定，有限公司章程系公司设立时全体股东一致同意并对公司及全体股东产生约束力的规则性文件，宋文军在公司章程上签名的行为，应视为其对前述规定的认可和同意，该章程对大华公司及宋文军均产生约束力。其次，基于有限责任公司封闭性和人合性的特点，由公司章程对公司股东转让股权作出某些限制性规定，系公司自治的体现。在本案中，大华公司进行企业改制时，宋文军之所以成为大华公司的股东，其原因在于宋文军与大华公司具有劳动合同关系，如果宋文军与大华公司没有建立劳动关系，宋文军则没有成为大华公司股东的可能性。同理，大华公司章程将是否与公司具有劳动合同关系作为取得股东身份的依据继而作出“人走股留”的规定，符合有限责任公司封闭性和人合性的特点，亦系公司自治原则的体现，不违反公司法的禁止性规定。最后，大华公司章程第十四条关于股权转让的规定，属于对股东转让股权的限制性规定而非禁止性规定，宋文军依法转让股权的权利没有被公司章程所禁止，大华公司章程不存在侵害宋文军股权转让权利的情形。综上所述，本案一审、二审法院均认定大华公司章程不违反《公司法》的禁止性规定，应为有效的结论正确，宋文军的这一再审申请理由不能成立。

针对第二个焦点问题，《公司法》第七十四条所规定的异议股东回购请求权具有法定的行使条件，即只有在“公司连续五年不向股东分配利润，而公司该五年连续盈利，并且符合本法规定的分配利润条件的；公司合并、分立、转让主要财产的；公司章程规定的营业期限届满或者章程规定的其他解散事由出现，股东会会议通过决议修改章程使公司存续的”三种情形下，异议股东有权要求公司回购其股权，对应的是公司是否应当履行回购异议股东股权的法定义务。而本案属于大华公司是否有权基于公司章程的约定及与宋文军的合意而回购宋文军股权，对应的是大华公司是否具有回购宋文军股权的权利，二者性质不同，《公司法》第七十四条不能适用于本案。在本案中，宋文军于2006年6月3日向大华公司提出解除劳动合同申请并于同日手书《退股申请》，提出“本人要求全额退股，年终盈利与亏损与我无关”，该《退股申请》应视为其真实意思表示。大华公司于2006年8月28日退还其全额股金款2万元，并于2007年1月8日召开股东大会审议通过了宋文军等三位股东的退股申请，大华公司基于宋文军的退股申请，依照公司章程的规定回购宋文军的股权，程序并无不当。另外，《公司法》所规定的抽逃出资专指公司股东抽逃其对于公司出资的行为，公司不能构成抽逃出资的主体，宋文军的这一再审申请理由不能成立。综上所述，裁定驳回再审申请人宋文军的再审申请。

【剥夺股东知情权的章程条款修改无效】

上海斯必克钢球有限公司诉陈平峰与公司有关的纠纷案［上海市第一中级人民法院(2018)沪01民终1316号民事判决书］，股东知情权是法律规定的股东享有的一项重要、独立的权利，不依附于其他股东权利而单独存在，也是股东实现其他股东权的基础性权利，不得通过公司章程进行限制和剥夺。为保障股东作为投资者全面真实地享有知情权，我国《公司法》第三十三条第二款规定股东可以要求查阅公司会计账簿，而会计凭证是登记会计账簿的原始依据，最能真实反映公司的财务和经营状况。又鉴于公司的会计账簿、会计凭证等财务资料具有很强的专业性和复杂性，股东在行使该知情权时，允许其委托专业人士查阅会计凭证为我国《公司法司法解释（四）》第十条第二款规定的应有之义，即其适用不应以“股东依据人民法院生效判决查阅”为前提条件。

公司章程的自治具有相对性，即不得违反法律、行政法规的强制性规定。上诉人斯必克公司通过的新章程第四十二条第二款违反我国公司法法律、司法解释的规定，而章程的实质是通过股东会决议形成的文件，因此本案中被上诉人通过诉讼的方式确认章程相应条款无效，并无不当。

【公司章程规定公司强制收购与公司不存在劳动关系的股东的股权是否具有法律效力】

章文萍诉天长市中天实业有限责任公司股东资格确认案［安徽省滁州市中级人民法院(2016)皖11民终2596号民事判决书］，公司章程的内容不得违反法律、行政法规的规定，损害股东合法权益。股权作为股东的基本权利，股东依法享有资产收益和自主处分权，任何人不得非法剥夺。本案中，中天公司修改的公司章程第七条第二款规定股东同公司终止或者解除劳动合同关系之时，自动丧失公司股东资格，必须同步转让其所持有的公司股份。该款规定与《公司法》的规定相抵触，不符合公司回购股权的法定情形，也违反《合同法》规定的自愿原则，不具有法律效力。中天公司单方将章文萍持有的1.495%股权回购，并不产生章文萍所持股权转让和消灭的法律效力，章文萍依然属于中天公司的股东，享有中天公司1.495%股权，依法享有分配红利的权利。

【公司员工与章程的关系】

陶发龙与有利华建材（惠州）有限公司劳动争议纠纷上诉案［广东省惠州市中级人民法院(2016)粤13民终2311号、2315号民事判决书］，首先，被上诉人提交的有上诉人于2011年9月6日签名的公司《章程》中明确记载“第一条纪律守则，本公司职工在公司范围内初次违反公司规章制度按公司守则扣款，但如进行任何形式的赌博、饮酒、偷窃、打架及上班时间睡觉、无故旷工、两次不服从上级工作安排、威吓上司及公司保安、吃饭时间不听从公司保安安排者、偷吃浪费饭菜者、严重违反厂规者，没有工资补偿，严重者送官究治”。上诉人已在该《章程》中签名即表明上诉人确已知悉被上诉人处公司的该规章制度。其次，上诉人虽称公司2012年制定的《员工手册》制定程序不合法，没有其签名，但被上诉人是依据有上诉人签名确认的《章程》，对其作出辞退处罚决定的，而非依据2012年制定的《员工手册》。上诉人的行为属于严重违反劳动纪律和用人单位规章制度的行为，被上诉人依据该事实解除双方劳动合同。

魏强华与冯德源等确认合同无效纠纷上诉案[上海市第一中级人民法院(2014)沪一中民四(商)终字第957号民事判决书]，服务中心章程并未规定非本中心股东或职工不得担任法定代表人，亦未规定不得向股东或职工以外的人转让股份。诚然，服务中心在系争股权转让当时的章程有股东优先受让权及法定代表人股权转让限制的约定，但我国现行法律、行政法规均未规定股份合作制企业的章程约定是认定股权转让合同效力的效力性强制性的规定。系争股权转让已在2010年7月19日经由持75%股份的15名股东作出股东会决议，同意进行转让。该些股东无论是持股数还是股东人数，均达到四分之三的比例，表明服务中心全体股东中占绝大多数的股东一致确认了该次股权转让的有效性。企业及职工均应遵守章程的约定，利害关系人亦有权要求企业及职工依照章程的约定行使自己的权利。

【确认公司章程无效案件适格被告之判定】

北京市八大处农工商总公司与北京治政工贸发展有限公司确认公司章程无效纠纷上诉案[北京市第一中级人民法院(2013)一中民终字第2695号民事裁定书(《人民司法·案例》2013年第12期)]，公司章程是公司成立的制度基础，起着规范公司与有关各方权利义务关系的作用，系公司的宪法。作为公司章程无效后果的承受主体，公司理应作为被告参与诉讼。

【公司的章程是经公司出资人即全体股东集体研讨形成的决议，是对全体出资人的权利和义务保障和约束的制度体现，该章程对公司的全体股东或出资人具有普遍约束力】

四川省安泰建设有限责任公司诉王天雄等侵害企业出资人权利纠纷案[四川省盐亭县人民法院(2013)盐民初字第1042号民事判决书(四川高院首次发布商事审判典型案例之五)]，公司的章程是经公司出资人即全体股东集体研讨形成的决议，是对全体出资人的权利和义务保障和约束的制度体现，该章程对公司的全体股东或出资人具有普遍约束力。董事、监事、高级管理人员在经营管理公司时，应当为了公司的利益而以合理的方式勤勉尽职地履行职责。公司法定代表人违反公司章程，未经公司董事会集体讨论决定，擅自将承建的工程转包给没有建筑资质的个人承包，并以公司法定代表人的身份为个人提供担保，事后也未向公司董事会讨论追认其行为，致使工程资金被个人控制和使用，导致公司对外承担债务，违反了公司高管的忠诚、勤勉义务，应当承担赔偿责任。

【章程内容涉及侵犯股东利益而未取得其同意，也未经过股东会表决通过，该章程无效】

高武、罗宁与李健东、重庆益中科技开发有限责任公司股东出资纠纷案[重庆市九龙坡区人民法院(2012)九法民初字第05070号民事判决书]，2007年3月18日益中公司章程内容涉及侵犯股东李朝可的股东利益而未取得其同意，也未经过股东会表决通过，故该章程应无效。因2007年3月18日公司章程认定无效，对原告高武、罗宁投入的款项45万元应予返还。被告益中公司、李健东举示的证据证明原告高武及罗宁投入款项用于了益中公司购买设备及经营开支，返还主体应为益中公司。

【股东会决议或公司章程对股东设立的非法定义务的效力】

四川省成都普迅达印务有限公司与陈盛红与公司有关的纠纷上诉案[四川省成都市中级人民法院(2010)成民终字第2921号民事判决书(《人民司法·案例》2011年第24期)]，公司法规定了董事、监事、高级管理人员对公司负有的忠实义务和勤勉义务，设定了这三类人同业禁止的义务，对作为公司出资人的股东并未设定同业禁止义务。因此，除非股东共同达成合意，公司部分股东是不能借助表面符合公司法程序、形式的股东会，通过决议和修改章程，设定其他股东对公司法定义务之外的其他义务，尤其是同业禁止义务的设定，实际上损害甚至剥夺了该股东投资同类业务的合法的财产权、经营权和收益权。因而，对于多数股东的这种行为虽然具有合法的“外壳”，但仍然是无效的。

【公司章程关于“股东之间转让股权引发的公司章程修改仍须经股东会决议和全体股东签名”的规定，因违反《公司法》而不具备法律效力】

徐力生不服宿迁市工商行政管理局开发区分局工商变更登记案［江苏省宿迁市中级人民法院（2010）宿中行终字第0023号民事判决书］，公司章程是股东共同一致的意思表示，载明了公司组织和活动的基本准则，是公司的宪章。公司章程具有法定性、真实性、自治性和公开性的基本特征，一般认为，除非公司章程违背公司法律制度的立法宗旨及强制性规范，否则，公司章程约定条款具有优先适用的价值地位。根据《公司法》第七十四条的规定，股东之间转让股权后，公司应当注销原股东的出资证明书，向新股东签发出资证明书，并相应修改公司章程和股东名册中有关股东及其出资额的记载，对公司章程的该项修改不需再由股东会表决。据此，股东之间转让股权引发的公司章程修改，无须经过股东会表决。所以，公司章程关于“股东之间转让股权引发的公司章程修改仍须经股东会决议和全体股东签名”的规定，因违反《公司法》而不具备法律效力。

【章程的条款无效不属于民事行为无效或合同无效的法定情形之一】

吕贤卿与浙江新昌同兴食品实业有限公司确认章程条款无效纠纷上诉案［浙江省绍兴市中级人民法院（2009）浙绍商终字第36号民事判决书］，上诉人在原审中的诉讼请求和上诉请求均为要求确认1998年5月章程第十三条无效，理由为该章程未经股东会讨论及违反法律规定，《民法通则》第五十八条规定了民事行为无效的法定原因，《合同法》第五十二条规定了合同无效的法定情形，章程的条款无效不属于民事行为无效或合同无效的法定情形之一，故其认为章程条款未经股东会讨论而该章程无效的上诉理由不能成立；《公司法》只规定公司成立后股东不得抽回出资，但并不禁止公司通过法定程序减少注册资本，同时公司法也规定了股权回购制度，且1998年5月章程第十三条并不属于公司法规定的股东抽回出资，故该第十三条的内容本身不违反法律法规禁止性规定，因此，上诉人提出的上诉理由不能成立，其诉讼请求不能予以支持。

【没有在工商局备案该章程不产生法律效力】

李兴坤与北京金兴会计师事务所有限责任公司公司章程撤销纠纷上诉案［北京市第二中级人民法院（2009）二中民终字第00313号民事判决书］，2008年10月7日金兴公司当庭向法院提供的日期为2006年10月21日的公司章程，因与行政法规的强制性要求不符，金兴公司遂予以修改后，将新的公司章程进行备案。至此，原章程不产生法律效力。李兴坤要求撤销该公司章程的要求，于法无据，法院不予支持。

【股东请求法院审查公司章程的效力】

宋聚国与山东龙兴化工机械集团有限公司股东资格确认纠纷上诉案［山东省烟台市中级人民法院（2008）烟商二终字第15号民事判决书（《人民司法·案例》2010年第6期）］，章程在公司运作中具有十分重要的意义。公司法修订后，公司自治理念通过对公司章程的规定得到了很大的体现，诸如公司章程条款中的任意性记载事项、公司法规范上的补充性规范授权公司章程另作规定等。但公司自治与国家干预应当保持适度的张力，对于滥用公司自治的章程条款股东有权提起司法审查。审查公司章程条款的效力，应当保持谨慎干预的司法态度，坚持制定和修改公司章程过程中股东平等原则，执行公司章程的利益兼顾原则等基本裁判标准，维持公司章程的有效性和公司运行的稳定性。

【章程条款有效的前提是新章程经过合法的修订程序，章程效力确认之诉不受时效限制】

广州化学试剂厂与陆文华等确认企业章程效力纠纷上诉案［广东省广州市中级人民法院（2008）穗中法民二终字第571号民事判决书］，本案争议的是上诉人广州化学试剂厂订立的两份章程的效力问题。上诉人于1998年12月28日经股东大会制定并通过的《广州化学试剂厂（股份合作）章程》是经过合法程序订立的，并在工商行政管理部门登记备案，合法有效。

上诉人主张其于2000年4月21日召开了股东大会，于本次股东大会修改、通过的新章程合法有效。对此，本院认为，根据上诉人1998年《广州化学试剂厂（股份合作）章程》的规定，股东大会应制作会议记录，会议决议事项应形成会议纪要，由出席会议的董事签名。上诉人未能提交其就修改章程制作了符合上述要求的会议纪要。因此，上诉人主张的2000年修订章程的事实在内部通过程序中存在瑕疵，上诉人2000年的新章程不发生法律效力。工商登记事项的变更须向公司登记机关申请变更，章程条款有效的前提是新章程经过合法的修订程序，而上诉人2000年修订章程后未申请变更登记，程序存在瑕疵。因此，2000年修改后的新章程中规定的"一股一票"的条款虽未违反法律强制性规定亦不具有法律效力。

此外，本院认为，被上诉人请求确认章程的效力，是请求法院确定其与上诉人之间是否存在章程规定的民事法律关系，没有给付的义务，也没有给付的内容，属于确认之诉，不适用诉讼时效制度。

【违反法律强制性规定的特别决议表决程序的条款当属无效】

宗芳等诉李国军公司之间章程条款效力纠纷案[北京市第二中级人民法院(2008)二中民终字第19385号民事判决书]，公司章程系股东以设立公司为目的而签订的合同，因此制定章程应当符合民事法律行为的基本条件，应当是章程制定者真实意思的表示，章程的内容及制定程序应当符合相关法律的强制性规定。本案中星二十一公司的章程第十三条对星二十一公司股东会表决程序规定为，"股东会会议作出修改公司章程、增加或者减少注册资本的决议。以及公司合并、分立、解散或者变更公司开式的决议，股东会会议对公司其它变更事项所做出的协议，必须经代表三分之一以上表决权的通过。"显然，该条款属于股东对于公司表决权的一项完整的意思表示，即除《公司法》规定的特别事项表决外，对于一般事项的表决该公司股东也同意按照特别事项表决一样处理，采用相同的表决方式，该条款系股东一项完整的意思表示，不可分割，由于该条中对于特别决议表决程序的规定违反了法律强制性规定，故该条款均属无效。

【与公司法强制性规范冲突的公司章程条款无效】

童丽芳等13人诉上海康达化工有限公司确认决议无效纠纷上诉案[上海市第一中级人民法院(2007)沪一中民三(商)终字第172号民事判决书(《人民司法·案例》2008年第8期)]，公司章程属于自治性规则，股东可根据意思自治原则制定、修改公司章程，但不得违反公司法的强制性规范，否则不具有法律效力。本案中，法院认为，公司章程是调整一个公司所有股东之间、股东与公司之间法律关系的必备性文件，它是股东意思自治的体现，但章程的自治性是相对的，以不违反法律、行政法规的强制性规范为前提。

一、公司章程第二十四条第(二)项、第(三)项内容的效力。

《公司法》第七十六条(编者注：现为该法第七十五条)规定："自然人股东死亡后，其合法继承人可以继承股东资格；但是，公司章程另有规定的除外。"法院认为，基于公司所具有的人合性，法律允许公司章程对已故股东的继承人成为公司股东设置一定的限制条件。然而一旦章程规定继承人可以继承死亡股东的股东资格，则该继受取得资格的股东就应当依法享有法律所赋予的股东权利，而不应当对其股东权利加以随意限制。

《公司法》第四十三条(编者注：现为该法第四十二条)规定："股东会会议由股东按照出资比例行使表决权；但是，公司章程另有规定的除外。"股东会会议是股东表达自己意志的场所，股东在股东会上有表决权，这是股东基于投资人特定的地位对公司的有关事项发表意见的基本权利。法律赋予公司章程自治权，即公司章程可以规定另外的行使表决权的方式，但并不能因此剥夺股东行使表决权的权利。现修改后的公司章程第二十四条第(二)项、第(三)项显然剥夺了继承股东的上述权利，违反法律的规定，应当确认无效。

二、公司章程第二十五条第(四)项内容的效力。

《公司法》第三十五条(编者注：现为该法第三十四条)规定："股东按照实缴的出资比例分取红利；公司新增资本时，股东有权优先按照实缴的出资比例认缴出资。但是，全体股东约定不按照出资比例分取红利或者不按照出资比例优先认缴出资的除外。"据此，法院认为，在有的情况下，考虑到有限责任公司的人合因素，可以不按照出资比例优先认缴出资，但必须经过全体股东的约定。修改后的公司章程第二十五条第(四)项的内容违反了上述法律的规定，应确认无效。

三、公司章程第二十九条内容的效力。

《公司法》第四十四条（编者注：现为该法第四十三条）规定："股东会的议事方式和表决程序，除本法有规定的外，由公司章程规定。股东会会议作出修改公司章程、增加或者减少注册资本的决议，以及公司合并、分立、解散或者变更公司形式的决议，必须经代表三分之二以上表决权的股东通过。"修改后的公司章程第二十九条内容违反了公司法对于公司上述事项法定表决方式的规定，亦属无效。

四、公司章程第四十一条内容的效力。

本案被告注册资金达500多万元，且股东人数较多，被告应当设立监事会。现被告不设监事会，仅设监事一名，显然与《公司法》第五十二条（编者注：现为该法第五十一条）的规定不符。

根据法律规定，监事会应当包括股东代表和适当比例的公司职工代表，股东代表由股东会选举产生，职工代表由公司职工通过职工代表大会、职工大会或者其他形式民主选举产生。现被告通过公司章程直接规定监事由公司的工会主席担任，与公司法规定不符。且并非所有职工都是工会会员，而作为职工代表的监事是由全体职工选举产生，工会主席和职工代表监事的选举受不同法律调整，两者的主体和范围亦不相一致。讼争条款实际上剥夺了一部分职工（未加入工会的职工）依法享有的选举监事的权利。故原告主张讼争章程第四十一条无效的主张成立。

由于被告对2006年7月29日《上海康达化工有限公司关于修改公司章程的决议》的表决程序和方式没有异议，故除上述四条内容因违反法律规定而无效外，章程其余条款均依法有效。原告主张上述决议和章程全部无效无事实和法律依据，法院不予支持。

【有限责任公司章程关于股东因解除劳动关系而退出股权且丧失股东资格的规定是合法有效的】

刘某贤诉山东齐鲁石化工程有限公司盈余分配纠纷案［山东省淄博市中级人民法院民事判决书］，关于山东齐鲁石化工程有限公司是否应向刘某贤分配红利以及股东待遇的问题，山东齐鲁石化工程有限公司于2007年修改后的公司章程第16条规定："股东因退休、死亡、失去民事能力、辞退、辞职、除名、开除等各种原因解除劳动合同的，其股份必须退出。其持有股份或内部转让或由公司股权办公室代为受让。"因山东齐鲁石化工程有限公司是由全体职工以原齐鲁石油化工工程公司改制分流时获取的补偿补助金作为出资而设立，职工既是企业工作的劳动者，又是企业的股东，具有双重身份，职工作为企业股东的身份与职工本人在企业劳动紧密联系，该章程关于职工退股的规定符合公司的实际情况。2005年《公司法》第七十二条对于有限责任公司股东的股权转让作出规定，但同时规定公司章程对股权转让另有规定的，从其规定。山东齐鲁石化工程有限公司的公司章程不违反《公司法》的强制性规定和立法精神，且经全体股东签字同意，该章程合法有效，对全体股东具有约束力。刘某贤主张按照2005年《公司法》第三十五条的规定，股东应按照实缴的出资比例分取红利，但该条同时规定了除外条款，即全体股东约定不按照出资比例分取红利的除外。因此，关于股东应按照实缴的出资比例分取红利并不是强制性规定，可以依照公司章程的约定予以限制，且刘某贤的股东身份已经被否定，其要求被上诉人按出资比例分取红利无事实和法律依据。刘某贤主张的王某武、周某等人不是本案当事人，对于他们与山东齐鲁石化工程有限公司的关系不属于本案审理范围。综上所述，上诉人刘某贤主张被上诉人山东齐鲁石化工程有限公司应向其支付股利和股东待遇的上诉理由不能成立，本院不予支持。

第十二条 【经营范围】 公司的经营范围由公司章程规定，并依法登记。公司可以修改公司章程，改变经营范围，但是应当办理变更登记。

公司的经营范围中属于法律、行政法规规定须经批准的项目，应当依法经过批准。

一、相关司法解释及两高工作文件

《最高人民法院关于适用〈中华人民共和国合同法〉若干问题的解释（一）》（法释［1999］19号）（自1999年12月29日起施行）对于超越经营范围订立的合同的效力，规定如下：

第十条 当事人超越经营范围订立合同，人民法院不因此认定合同无效。但违反国家限制经营、特许经营以及法律、行政法规禁止经营规定的除外。

《最高人民法院经济审判庭关于如何认定企业是否超越经营范围问题的复函》（法经［1990］101号），答复如下：

企业的经营范围，必须是以工商行政管理机关核准登记的经营范围为准。企业超越经营范围所从事的经营活动，其行为应当认定无效。按国家有关规定无须经工商行政管理机关核准登记的部门、行业或经济组织，则应经其主管机关批准，并在批准的范围内从事生产经营活动。本院《关于在审理经济合同纠纷案件中具体适用经济合同法的若干问题的解答》中"应当在……主管机关批准的经营范围内从事正当的经营活动"，指的就是这种情况。并不是指按规定必须经工商行政管理机关核准登记的工商企业可以其主管机关批准的经营范围确定其是否超越经营范围。

二、相关文件规定

《企业经营范围登记管理规定》（自2015年10月1日起施行）对企业经营范围的登记管理，规定如下：

第一条 为了规范企业经营范围登记管理，规范企业经营行为，保障企业合法权益，依据有关企业登记管理法律、行政法规制定本规定。

第二条 本规定适用于在中华人民共和国境内登记的企业。

第三条 经营范围是企业从事经营活动的业务范围，应当依法经企业登记机关登记。

申请人应当参照《国民经济行业分类》选择一种或多种小类、中类或者大类自主提出经营范围登记申请。对《国民经济行业分类》中没有规范的新兴行业或者具体经营项目，可以参照政策文件、行业习惯或者专业文献等提出申请。

企业的经营范围应当与章程或者合伙协议规定相一致。经营范围发生变化的，企业应对章程或者合伙协议进行修订，并向企业登记机关申请变更登记。

第四条 企业申请登记的经营范围中属于法律、行政法规或者国务院决定规定在登记前须经批准的经营项目（以下称前置许可经营项目）的，应当在申请登记前报经有关部门批准后，凭审批机关的批准文件、证件向企业登记机关申请登记。

企业申请登记的经营范围中属于法律、行政法规或者国务院决定等规定在登记后须经批准的经营项目（以下称后置许可经营项目）的，依法经企业登记机关核准登记后，应当报经有关部门批准方可开展后置许可经营项目的经营活动。

第五条 企业登记机关依照审批机关的批准文件、证件登记前置许可经营项目。批准文件、证件对前置许可经营项目没有表述的，依照有关法律、行政法规或者国务院决定的规定和《国民经济行业分类》登记。

前置许可经营项目以外的经营项目，企业登记机关根据企业的章程、合伙协议或者申请，参照《国民经济行业分类》及有关政策文件、行业习惯或者专业文献登记。

企业登记机关应当在经营范围后标注"（依法须经批准的项目，经相关部门批准后方可开展经营活动）"。

第六条 企业经营范围中包含许可经营项目的，企业应当自取得审批机关的批准文件、证件之日起20个工作日内，将批准文件、证件的名称、审批机关、批准内容、有效期限等事项通过企业信用信息公示系统向社会公示。其中，企业设立时申请的经营范围中包含前置许可经营项目的，企业应当自成立之日起20个工作日内向社会公示。

审批机关的批准文件、证件发生变更的，企业应当自批准变更之日起20个工作日内，将有关变更事项通过企业信用信息公示系统向社会公示。

第七条 企业的经营范围应当包含或者体现企业名称中的行业或者经营特征。跨行业经营的企业，其经营范围中的第一项经营项目所属的行业为该企业的行业。

第八条 企业变更经营范围应当自企业作出变更决议或者决定之日起30日内向企业登记机关申请变更登记。其中，合伙企业、个人独资企业变更经营范围应当自作出变更决定之日起15日内向企业登记机关申请变更登记。

企业变更经营范围涉及前置许可经营项目，或者其批准文件、证件发生变更的，应当自审批机关批准之日起30日内凭批准文件、证件向企业登记机关申请变更登记。

企业变更经营范围涉及后置许可经营项目，其批准文件、证件记载的经营项目用语与原登记表述不一致或者发生变更的，可以凭批准文件、证件向企业登记机关申请变更登记。

第九条 因分立或者合并而新设立的企业申请从事前置许可经营项目的，应当凭审批机关的批准文件、证件向企业登记机关申请登记；因分立或者合并而存续的企业申请从事前置许可经营项目的，变更登记前已经审批机关批准的，不需重新办理审批手续。

第十条 企业改变类型的，改变类型前已经审批机关批准的前置许可经营项目，企业不需重新办理审批手续。法律、行政法规或者国务院决定另有规定的除外。

第十一条 企业变更出资人的，原已经审批机关批准的前置许可经营项目，变更出资人后不需重新办理审批手续。法律、行政法规或者国务院决定另有规定的除外。

企业的出资人由境内投资者变为境外投资者，或者企业的出资人由境外投资者变为境内投资者的，企业登记机关应当依照审批机关的批准文件、证件重新登记经营范围。

第十二条 不能独立承担民事责任的分支机构（以下简称分支机构），其经营范围不得超出所隶属企业的经营范围。法律、行政法规或者国务院决定另有规定的除外。

审批机关单独批准分支机构经营前置许可经营项目的，企业应当凭分支机构的前置许可经营项目的批准文件、证件申请增加相应经营范围，并在申请增加的经营范围后标注"（分支机构经营）"字样。

分支机构经营所隶属企业经营范围中前置许可经营项目的，应当报经审批机关批准。法律、行政法规或者国务院决定另有规定的除外。

第十三条 企业申请的经营范围中有下列情形的，企业登记机关不予登记：

（一）属于前置许可经营项目，不能提交审批机关的批准文件、证件的；

（二）法律、行政法规或者国务院决定规定特定行业的企业只能从事经过批准的项目而企业申请其他项目的；

（三）法律、行政法规或者国务院决定等规定禁止企业经营的。

第十四条 企业有下列情形的，应当停止有关项目的经营并及时向企业登记机关申请办理经营范围变更登记或者注销登记：

（一）经营范围中属于前置许可经营项目以外的经营项目，因法律、行政法规或者国务院决定规定调整为前置许可经营项目后，企业未按有关规定申请办理审批手续并获得批准的；

（二）经营范围中的前置许可经营项目，法律、行政法规或者国务院决定规定重新办理审批，企业未按有关规定申请办理审批手续并获得批准的；

（三）经营范围中的前置许可经营项目，审批机关批准的经营期限届满，企业未重新申请办理审批手续并获得批准的；

（四）经营范围中的前置许可经营项目被吊销、撤销许可证或者其他批准文件的。

第十五条 企业未经批准、登记从事经营活动的，依照有关法律、法规的规定予以查处。

第十六条 本规定由国家工商行政管理总局负责解释。

第十七条 本规定自2015年10月1日起施行。2004年6月14日国家工商行政管理总局令第12号公布的《企业经营范围登记管理规定》同时废止。

三、相关案例

【市场经营主体可以通过诉讼，要求市场管理部门办理变更登记经营范围】

丹阳市珥陵镇鸿润超市诉丹阳市市场监督管理局不予变更经营范围登记案［江苏省丹

阳市人民法院2015年7月1日民事判决书(《最高人民法院公报》2018年第6期(总第260期))],为从源头上纠正违法和不当的行政行为,我国行政诉讼法规定,人民法院在审理行政案件中,对行政行为所依据的规章以下规范性文件的合法性具有附带审查的职权。市场经营主体申请变更登记经营范围,市场监管部门依据地方政府文件规定不予办理,人民法院经审查认为该规范性文件相关内容违反上位法规定,存在限制市场公平竞争等违法情形的,该规范性文件不作为认定被诉行政行为合法的依据。市场经营主体起诉要求市场管理部门办理变更登记的,人民法院应予支持。

【承运人未取得经营资质从事水路运输的法律后果】

辽宁省营口锦达物流有限公司与河北省唐山市茂威船务有限公司水路货物运输合同纠纷上诉案[天津市高级人民法院(2015)津高民四终字第6号民事判决书(《人民司法·案例》2015年第24期)],从事国内水路运输的企业和个人,应当达到并保持相应的经营资质条件,并在核定的经营范围内从事水路运输经营活动。对没有取得水路运输经营资质的承运人签订的国内水路货物运输合同,人民法院应当根据《合同法》第五十二条第(五)项的规定认定无效。司法实践中,国内水路货物运输合同被认定为无效后,承运人若已实际完成运输行为,且在和托运人另行达成付款协议的情况下,法院应当认定付款协议的效力。

【超出经营范围的"创新"典当行为的效力认定】

上诉人庆阳市鼎惠典当有限责任公司为与被上诉人王丽娜、贺涌翃民间借贷纠纷案[甘肃省庆阳地区中级人民法院(2014)庆中民终字第692号民事判决书],案涉典当行的企业法人营业执照载明的经营范围为动产质押典当业务;财产权利质押典当业务;房地产(外省、自治区、直辖市的房地产或者未取得商品房预售许可证的在建工程除外)抵押典当业务;限额内绝当物品的变卖;鉴定评估及咨询服务;商务部依法批准的其他典当业务。其为谋取经济利益与自然人签订的由他人提供保证的借款合同应属信用贷款,系超越其经营范围订立的合同,违反了国家特许经营及禁止经营的相关规定,应属无效合同。主合同无效后,从合同即相关的担保合同也无效。

庆阳市遍地红典当有限公司与单显春、李治稼民间借贷纠纷案[甘肃省庆阳地区中级人民法院(2014)庆中民初字第33号民事判决书],信用贷款是指借款人向具有发放贷款资格的商业银行以及其他具有存贷款业务的金融机构提供相应的担保,由商业银行或者其他具有存贷款业务的金融机构依相应程序审查后向借款人发放贷款的行为。典当公司超越经营范围订立的合同,违反了国家特许经营及禁止经营的相关规定,应属无效合同。其作为典当企业,明知不能从事发放信用贷款的金融业务,为谋取高息,违法向自然人放款,造成的利息损失应由其自行承担。

【银行负责人以职务行为签订借款合同,法律后果由银行承担】

中信银行长沙晚报大厦支行与李某某借款合同纠纷案[最高人民法院(2013)民提字第21号民事判决书],我国《商业银行法》只规定了银行的经营范围,并没有禁止商业银行作为企业法人在进行经营业务的同时进行其他民事法律行为。银行负责人有权以银行的名义对外签订借款合同。该合同如果没有其他效力瑕疵,则应认定为有效,其法律后果由银行承担。

关于负责人的职务行为。商业银行支行的负责人以支行名义从事的民事法律行为,构成职务行为的,应当由该商业银行支行承受相应的法律后果。认定负责人的行为是否构成职务行为,应当参照法定代表人代表行为的标准。具体的构成要件包括:(1)具有负责人的身份;(2)以该支行的名义;(3)在权限范围内。

关于商业银行的经营范围。《商业银行法》第三条规定的14项业务内容,是商业银行的所能够经营的业务范围,虽然《商业银行法》第二十二条第二款规定商业银行分支机构只能在总行授权的范围内依法开展业务,但《商业银行法》的规定只是限制了商业银行的业务范围,并没有禁止商业银行作为企业法人在进行经营业务的同时进行其他民事法律行为。而且,根据《最高人民法院关于适用〈中华人民共和国合同法〉若干问题的解释(一)》第十条的规定,超越经营范围的合同,应当认定为有效,除非违反国家限制经营、特许经营以及法律、行政法规禁止经营的规定。因此,虽然蒋某某以中信银行长沙阳光支行名义对外订立借款合同的行为，超出了《商业银行法》中规定的商业银行经营业务范围的规定，但该借款合同并无其他无效事由，应当认定为有效。

【典当行的金融“创新”行为若超越特许经营范围，该行为无效】

艾明路诉上海联合典当行有限公司典当合同纠纷案［上海市第一中级人民法院（2011）沪一中民六（商）终字第115号民事判决书］，典当行是经营典当业务的特许行业组织，经营业务的种类及模式仅限于国家批准许可的范围。典当行的金融“创新”行为若超越特许经营范围，法院可在查明事实后认定该行为无效。无效典当法律关系导致的损失，法院可以根据过错原则，判令当事人各自承担相应责任。本案中，交付当物的过程为原告向典当行交付银行本票，典当行将该本票解入典当行的证券资金账户内，用于购买股票。实质为出借资金供原告用于股票交易，系变相的融资融券行为，应属无效。

【民间票据贴现行为因违反法律行政法规强制性规定而无效】

福州优加机械有限公司诉被告泉州匹克鞋业有限公司、厦门红井兴纺织有限公司等票据追索权纠纷案［福建省厦门市中级人民法院（2013）厦民终字第286号民事判决书］，未经中国人民银行批准即擅自从事票据贴现的行为，因违反现行《票据法》和《非法金融机构和非法金融业务活动取缔办法》的效力性强制规范而无效，行为人以票据无因性主张出票人、承兑人和背书人承担票据义务的不应获支持。本案中，原告明知其经营范围不含金融业务，仍通过向第三人支付票面金额95%～97%比例的现金而获得讼争票据，属于非金融机构实施的票据贴现行为。违反了法律和行政法规的强制性规定，行为应属无效，其不应享有讼争票据的票据权利。

【投资咨询机构超越经营范围的合同应属无效】

程巍与融汇智达投资管理（北京）有限公司委托理财合同纠纷案［北京市朝阳区人民法院（2011）朝民初字第33590号民事判决书］，投资咨询机构及其从业人员从事证券服务业务不得代理委托人从事证券投资、与委托人约定分享证券投资收益或者分担证券投资损失。被告公司工商登记的经营范围为投资管理、投资咨询等，但其与原告签订的合同，除约定向原告提供投资方案和跟踪咨询服务外，还承诺合同亏损不超过10%、按盈利固定比例收取费用，且实际完全代原告操作期货账户。该行为违反了上述法律规定，双方合同应属无效。

【个体工商户的经营范围不包括诉讼代理业务】

仇天和不服工商行政对其个体户诉讼代理业务不予登记案［江苏省扬州市中级人民法院（2011）扬行终字第0001号行政判决书］，根据我国相关法律的规定，依法取得律师执业证书的律师是接受委托或指定，为当事人提供法律服务的执业人员，并以此为职业，收取相关服务费用。经当事人所在单位、社区、有关的社会团体推荐的公民，可以被委托为诉讼代理人代理民事案件，但并没有有关个体工商户可以从事诉讼代理活动或被委托为诉讼代理人的规定。对公民代理收费的问题，实践中，对代理合同中约定的高额代理费不予支持，但根据代理行为的完成情况和代理人实际支出的差旅费等实际发生的相关费用予以支持。虽然，个体工商户可以从事经营，也可以提供服务，但诉讼代理业务是服务项目而不是经营项目，所以个体工商户不得经营诉讼代理业务，也不能作为个体工商户的经营范围予以登记。

【如何认定行为人属于从事机票销售代理业务】

黄金假日诉携程机票预订不正当竞争案［最高人民法院（2007）民三终字第2号民事判决书］，根据原民航37号令这一行政法规的规定，从事民用航空运输销售代理业包括从事民航客运机票销售代理业的企业，即民用航空运输销售代理人（以下简称销售代理人），应当取得《航空销售代理业务经营批准证书》。经咨询国家民航行政主管部门，判断行为人是否属于实际从事机票销售代理业务，应当以机票上的出票人为准，而不能将提供与机票销售相关的预订、送票和收款等业务的经营者也视为民航37号令规定的销售代理人。据此，本案当事人所争议的“预订”是否是“销售”的一个环节、“机票预订”及“送票”是否也是“机票销售”、携程计算机公司和携程商务公司是否因可能直接收取旅客机票款而构成“销售机票”等问题，对于判断被上诉人携程计算机公司和携程商务公司是否违反民航37号令的有关规定均无实质意义。而上诉人在本案中并无证据证明消费者通过“携程旅行网”预订的机票是来源于具有合法资质的销售代理人以外的人，更无以携程计算机公司或者携程商务公司为机票出票人的证据，相反其在诉讼中也一直主张是康辉服务公司和北京携程公司在为携程计算机公司和携程商务公司提供机票出票及送票服务，而且被上诉人的证据也可以证明其向消费者提供的机票来源于有合法资质的销售代理人。因此，本案依据现有证据，并不能够直接认定被上诉人携程计算机公司和携程商务公司存在非法经营民航客运销售代理业务的行为。

【超越经营范围的合同并不当然无效】

忠县电信局诉中国联合通信有限公司重庆忠县分公司电信合同违约案［重庆市忠县人民法院（2003）忠民初字第1135号民事判决书］，依照《最高人民法院关于适用〈中华人民共和国合同法〉若干问题的解释（一）》第十条“当事人超越经营范围订立合同，人民法院不因此认定合同无效。但违反国家限制经营、特许经营以及法律、行政法规禁止经营规定的除外”的规定，原告经营小灵通业务没有违反国家限制经营、特许经营以及法律、行政法规禁止经营的规定，且经营范围属于行政审查职能，并不当然影响原告在市场交易中缔结合同的效力。原、被告及移动公司均系平等主体的通信运营企业，三方以“规范通信市场联系会”的方式自愿达成合意，其负责人在形成的书面协议上签名并加盖企业公章，符合我国法律对民事合同成立的形式要件，对三方当事人应具有法律拘束力。

海南宏达经济发展总公司诉海南大山农业有限公司联营合同纠纷案［海南省三亚市中级人民法院（2002）三亚经终字第7号民事判决书］，被上诉人大山公司虽然没有室内外装修的经营范围，但不能因此认定其与上诉人所签订的合作承包合同书无效，只有超越经营范围的合同行为违反了国家指定的要专门部门专营、专卖的规定或者合同标的物属于限制流通物的，才能认定合同无效。《最高人民法院关于适用〈中华人民共和国合同法〉若干问题的解释》第十条规定：“当事人超越经营范围订立合同，人民法院不因此认定合同无效。但违反国家限制经营，特许经营以及法律、行政法规禁止经营规定的除外。”由此可见，被上诉人大山公司虽然超越经营范围与宏达公司合作承包涂饰工程但并不影响双方所签合同效力。

光顿公司与张某竞业限制纠纷上诉案（上海一中院竞业限制纠纷典型案例之二），超越经营范围经营并不必然导致合同无效。光顿公司工商注册的经营范围不包括传感器，不能得出其实际不经营传感器的结论。如果光顿公司实际经营传感器，其与张某约定竞业限制范围包括传感器应当有效。一、二审中光顿公司提供的证据可以证明光顿公司的实际经营范围包括传感器，张某到光顿公司后所从事的工作内容亦与传感器相关。光顿公司与张某在《竞业禁止协议书》中约定竞业限制范围包括传感器，合法有效。张某在职期间即是与光顿公司经营同类传感器业务的与胜公司的股东、法定代表人，其从光顿公司离职后，直至2016年9月14日，亦未退出与胜公司，已违反了双方约定的竞业限制义务，理应承担相应的违约责任。

【证券委托理财协议中，不能仅仅以受托人超越经营范围而认定协议无效】

上海海欣资产管理有限公司诉上海海欣企业发展有限公司等委托理财合同纠纷案［上海市第二中级人民法院（2002）沪二中民三（商）初字第6号民事判决书］，证券委托理财是目前较为普遍的一种投资交易行为，对该行为的法律关系性质和效力应当严格依照现有法律法规的规定予以认定。目前，中国证监会和中国人民银行对证券公司或其他非银行金融机构从事受托投资管理业务已作出相应规定，但现行法律法规未将证券受托投资理财纳入特许专营范畴，也未对非金融机构从事该业务的经营资质作出明确规定。因此，根据合同法司法解释的有关规定，只要不违反法律、行政法规禁止经营的规定，海欣企业公司作为受托人签订的该类合同不能以其超越经营范围而认定无效。另外，就委托人而言，海欣资产公司虽为上市公司的关联公司，但并无证据证明其委托理财资金来自上市公司，况且上市公司投资二级市场股票不违反中国证监会现行规定，因此海欣资产公司的委托理财行为也当属合法有效。据此，本院认为本案系争的委托理财协议是各方当事人的真实意思表示，也不违反法律法规的禁止性规定，应视为有效合同，各方当事人可据此享有权利和承担义务。

【特种行业承包合同的效力认定及责任承担】

张晓明诉上海南市综合贸易公司其他合同纠纷案［上海市第二中级人民法院（2001）沪

二中经初字第75号民事判决书］，根据1996年4月3日中国人民银行颁布的典当行管理暂行办法的规定，当时的典当行属特殊的金融企业，禁止个体设立典当行。据此，原告和被告于1995年、1997年分别签订的两份风险承包典当行的协议书，均违反了上述规定，两份承包协议书应确认为无效。然而，原告在承包经营期内的盈亏与承包合同是否有效之间并无直接的因果关系。原告与被告签订的风险承包协议，实际系承包费与经营机会的交换，即被告的签约目的在于固定收益、避免典当行经营风险，原告的签约目的则在于通过支付承包费获得典当行的经营权。由于经营机会所带来的后果具有不确定性，在通常情况下，经营机会的价值主要取决于当事人的自身判断和评估。根据双方签订的承包协议书可以推定，被告在签约时认定的经营机会价值，应与原告约定交付的承包费金额基本相当（承包费由网点租金及入股企业按投入资本金的17%获利组成）。根据处理无效合同所遵循的恢复原状原则，被告应将承包费返还给原告，但由于原告在事实上无法将已经行使的承包经营机会返还给被告，故原告对于被告的承包经营机会丧失也负有折价补偿的责任。从金钱角度加以量化后，上述两者金额基本相当，故对原告要求被告返还承包费的诉讼请求，法院不予支持。另经审计核实，原典当行（改制前）所有者权益为2,507,448元，根据原告和被告1997年9月签订的承包合同（第二份承包合同）的约定，上述资产应转入改制后的典当行，但由原告继续负责经营，盈亏应并入第二次承包年限内一并清算。据此，原典当行价值2,507,448元资产仍应属典当行所有，原告仅是负责继续经营。原告提出上述资产归其所有的主张，缺乏必要的事实依据与法律依据，法院不予支持。原告经营期间向典当行投入资金250万元，但上述投入的款项尚不足以弥补其在承包经营典当行期间造成的亏损，故对原告要求被告返还800万元的诉讼请求，法院不予支持。

【证券营业部的经营范围受到严格限制，没有授权不得从事经营范围外的活动】

交通银行桂林分行与湖北省国际信托投资公司欠款纠纷案［最高人民法院（2001）民二终字第107民事判决书］，证券营业部是以自己的名义而非“桂林交行”的名义签订转债协议（包括补充协议，下同）的，国投公司对此是明知的。证券营业部作为桂林交行的内部职能机构，其经营范围为代理发行有价证券，自理和代理证券买卖等。由此可见，证券营业部的经营范围是受到严格限制的，且这种限制是公开明示的。证券营业部如果超越经营范围对外从事其他民事活动，需要得到桂林交行的特别授权，本案证券营业部显然没有得到这一授权。证券营业部负责人李立事先未经桂林交行的批准或授权，擅自以证券营业部名义签订转债协议，是明显的越权行为。桂林交行事后又没有追认，故本案转债协议应属无效。桂林交行工作人员越权签订转债协议，桂林交行对合同无效有一定的过错，应承担相应的民事责任。国投公司明知证券营业部是桂林交行内部职能部门，在签订巨额转债协议时理应了解但却未予了解证券营业部的授权情况，对合同无效亦有过错，应承担相应的民事责任。

【商品房再行转让时，不需要具备预售的主体资格，不存在超越经营范围的问题】

赖恰蓬与汕头经济特区启华厂房开发有限公司购房合同纠纷案［最高人民法院（2000）民抗字第3号民事判决书］，再审判决混淆了预售商品房的主体资格与转让商品房的主体资格这两个概念的含义。启华公司不是房地产发展商，而是预售商品房的购买方。启华公司将所购买的商品房再行转让时，只要符合商品房转让的条件即可，并不需要具备商品房预售的主体资格。因此不存在超越经营范围的问题。

【超越经营范围向社会公众代理转让非上市股份有限公司的股权，可能构成犯罪】

陈宗纬、王文泽、郑淳中非法经营案［浙江省高级人民法院刑事裁定书］，被告人陈宗纬、王文泽、郑淳中超越工商核准登记的公司经营范围，未经法定机关批准，向社会公众代理转让非上市股份有限公司的股权，在因超范围经营被行政处罚后，以增加“代办产权交易申请手续”的经营项目为由继续超范围经营，在有关行政执法部门指出其无权经营后仍不停止该经营活动，其行为属未经批准非法经营证券业务，扰乱国家证券市场，且犯罪情节特别严重，均已构成非法经营罪。三被告人为非法经营证券业务而设立公司，且公司成立后以非法经营证券业务为主要活动，故不能以单位犯罪论处，应当认定为自然人犯罪。

第十三条 【法定代表人】 公司法定代表人依照公司章程的规定，由董事长、执行董事或者经理担任，并依法登记。公司法定代表人变更，应当办理变更登记。

一、相关法律条文

《中华人民共和国民法总则》（自 2017 年 10 月 1 日起施行）对于法定代表人，规定如下：

第六十一条 依照法律或者法人章程的规定，代表法人从事民事活动的负责人，为法人的法定代表人。

法定代表人以法人名义从事的民事活动，其法律后果由法人承受。

法人章程或者法人权力机构对法定代表人代表权的限制，不得对抗善意相对人。

第六十二条 法定代表人因执行职务造成他人损害的，由法人承担民事责任。

法人承担民事责任后，依照法律或者法人章程的规定，可以向有过错的法定代表人追偿。

二、相关司法解释及两高工作文件

《最高人民法院关于适用〈中华人民共和国民事诉讼法〉的解释》（法释［2015］5 号）（自 2015 年 2 月 4 日起施行）对法定代表人的确定，规定如下：

第五十条 法人的法定代表人以依法登记的为准，但法律另有规定的除外。依法不需要办理登记的法人，以其正职负责人为法定代表人；没有正职负责人的，以其主持工作的副职负责人为法定代表人。

法定代表人已经变更，但未完成登记，变更后的法定代表人要求代表法人参加诉讼的，人民法院可以准许。

其他组织，以其主要负责人为代表人。

《最高人民法院行政审判庭关于对在案件审理期间法定代表人被更换，新的法定代表人提出撤诉申请，法院是否准予撤诉问题的电话答复》（〔1998〕法行字第 14 号），答复如下：

在企业法定代表人被行政机关变更或撤换的情况下，原企业法定代表人有权提起行政诉讼。新的法定代表人提出撤诉申请，缺乏法律依据。

三、相关文件规定

《国家工商行政管理总局关于进一步做好企业法人法定代表人任职限制规定执行工作的通知》（工商企字〔2010〕82 号），全国工商行政管理系统企业信用分类监管信息联网运行以来，各级工商行政管理部门依托联网信息，认真执行《公司法》等法律法规和规章有关企业法人法定代表人任职限制的规定，促进了市场交易安全，提升了企业依法诚信经营意识，提高了工商行政管理部门执法权威。但是，一些地方工商行政管理部门仍然存在着对有关法律规定理解不准确、执行不严格、信息记录归集不完整、信息更新不及时等情况，影响了任职限制规定的有效实施。为全面准确执行《公司法》等法律规定，保障当事人合法权益，现通知如下：

一、准确理解、严格执行任职限制的规定

《公司法》、《公司登记管理条例》、《企业法人法定代表人登记管理规定》等有关企业法人法定代表人任职限制的规定，对于从源头上规范市场秩序，维护交易安全，促进市场主体有序退出，保障经济社会健康稳定发展，具有重要意义。各级工商行政管理部门要进一步组织深入学习相关规定，做到准确理解，严格执行，切实保障当事人合法权益，维护企业准入和退出秩序。

依照《公司法》等有关规定，企业法人法定代表人出现不得担任法定代表人情形时，在法定限制期内，应限制其在已任职的企业法人中继续担任法定代表人，并限制其任其他企业法人的法定代表人。要严格依法将身份限制范围控制在法定代表人，不得扩大至股东。

对任职限制期届满的，应通过设置自动解除程序，及时解除对法定代表人的任职限制，不得延长限制时间。实施任职限制所依据的吊销营业执照处罚决定或关闭决定被撤销的，由作出该吊销营业执照处罚决定或配合执行关闭决定的工商行政管理部门及时撤销任职限制措施。

二、加强任职限制信息的归集和管理

要加强对企业法人法定代表人任职限制信息的规范管理，确保任职限制信息数据记录及时、准确、完整。

企业法人因违法被吊销营业执照或被责令关闭的，作出吊销营业执照处罚决定或配合执行关闭决定的工商行政管理部门，应按照总局数据汇总要求，即时将企业法人及法定代表人的相关信息录入业务管理系统。

各省级工商行政管理局应每日将相关信息备份到总局数据中心省级局前置机备份库，确保全系统相关信息每日更新，及时形成全国范围的企业法人法定代表人任职限制信息。各省级工商行政管理局应每日下载相关信息，并更新至本地数据库，为严格执法提供准确、及时的数据保障。

三、完善任职限制信息来源，为全面执行规定夯实基础

各级工商行政管理部门要与有关政府部门、法院等方面积极沟通，逐步建立、完善有关信息互通共享机制，采集《公司法》等法律法规任职限制规定中涉及服刑期满、个人负较大债务到期未清偿等情形的信息，为全面执行《公司法》等有关法律法规规定创造条件。

四、深化任职限制管理促进企业依法诚信经营

企业法人法定代表人是代表企业法人行使职权的负责人，加强对企业法人法定代表人的管理是企业信用分类监管的重要组成部分。要探索通过健全工商行政管理部门的企业信用分类监管系统、政府信息互通机制，不断丰富完善企业经济户口中的企业信用信息、法定代表人信用信息。根据政府管理需要，将工商行政管理部门掌握的法定代表人相关信息通报有关部门，在更大范围的政府管理中发挥作用，延伸管理效果。探索建立企业法人法定代表人信用信息库，综合运用行政执法、行政指导等手段，进行法定代表人分类指导和管理，更好地促进企业依法诚信经营。

总局将对各地执行法律规定和信息归集管理情况进行督查。

《国家工商行政管理总局关于企业法定代表人是否负有个人责任问题的答复》（工商企字［2002］第123号）对企业法定代表人是否负有个人责任的问题，答复如下：

企业年度检验是工商行政管理机关依法按年度对企业进行检查，确认企业继续经营资格的法定制度，企业应依法接受年度检验，逾期不接受年度检验是一种违法行为。企业逾期不接受年度检验，被工商行政管理机关依法吊销营业执照，该企业的法定代表人作为代表企业行使职权的负责人，未履行法定的职责，应负有个人责任，但年检期间法定代表人无法正常履行职权的除外。

根据《企业法定代表人登记管理规定》第四条的规定，因违法被吊销营业执照的企业的法定代表人，并对该企业违法行为负有个人责任，自该企业被吊销营业执照之日起未逾三年的，不得担任法定代表人。该类人员仍然在其他企业中担任法定代表人的，相关企业应按规定办理法定代表人变更登记。相关企业不按规定办理变更登记的，工商行政管理机关一经发现或经举报核实，应责令相关企业限期办理法定代表人变更登记，对逾期不办理变更登记的，工商行政管理机关应依照《企业法定代表人登记管理规定》第十二条的规定予以处理。

《企业法人法定代表人登记管理规定（1999修订）》（自1999年6月23日起施行）对企业法人法定代表人登记管理，规定如下：

第一条 为了规范企业法人法定代表人的登记管理，制定本规定。

第二条 企业法人登记（包括公司登记，下同）中法定代表人的登记管理，适用本规定。

第三条 企业法人的法定代表人(以下简称法定代表人)经企业登记机关核准登记,取得法定代表人资格。

第四条 有下列情形之一的,不得担任法定代表人,企业登记机关不予核准登记:

(一)无民事行为能力或者限制民事行为能力的;

(二)正在被执行刑罚或者正在被执行刑事强制措施的;

(三)正在被公安机关或者国家安全机关通缉的;

(四)因犯有贿赂罪、侵犯财产罪或者破坏社会主义市场经济秩序罪,被判处刑罚,执行期满未逾五年的;因犯有其他罪,被判处刑罚,执行期满未逾三年的;或者因犯罪被判处剥夺政治权利,执行期满未逾五年的;

(五)担任因经营不善破产清算的企业的法定代表人或者董事、经理,并对该企业的破产负有个人责任,自该企业破产清算完结之日起未逾三年的;

(六)担任因违法被吊销营业执照的企业的法定代表人,并对该企业违法行为负有个人责任,自该企业被吊销营业执照之日起未逾三年的;

(七)个人负债额较大,到期未清偿的;

(八)有法律和国务院规定不得担任法定代表人的其他情形的。

第五条 企业法定代表人的产生、免职程序,应当符合法律、行政法规和企业法人组织章程的规定。

第六条 企业法人申请办理法定代表人变更登记,应当向原企业登记机关提交下列文件:

(一)对企业原法定代表人的免职文件;

(二)对企业新任法定代表人的任职文件;

(三)由原法定代表人或者拟任法定代表人签署的变更登记申请书。

第七条 有限责任公司或者股份有限公司更换法定代表人需要由股东会、股东大会或者董事会召开会议作出决议,而原法定代表人不能或者不履行职责,致使股东会、股东大会或者董事会不能依照法定程序召开的,可以由半数以上的董事推选一名董事或者由出资最多或者持有最大股份表决权的股东或其委派的代表召集和主持会议,依法作出决议。

第八条 法定代表人任职期间出现本规定第四条所列情形之一的,该企业法人应当申请办理法定代表人变更登记。

第九条 法定代表人应当在法律、行政法规和企业法人组织章程规定的职权范围内行使职权。

第十条 法定代表人的签字应当向企业登记机关备案。

第十一条 违反本规定,隐瞒真实情况,采用欺骗手段取得法定代表人资格的,由企业登记机关责令改正,处1万元以上10万元以下的罚款;情节严重的,撤销企业登记,吊销企业法人营业执照。

第十二条 违反本规定,应当申请办理法定代表人变更登记而未办理的,由企业登记机关责令限期办理;逾期未办理的,处1万元以上10万元以下的罚款;情节严重的,撤销企业登记,吊销企业法人营业执照。

第十三条 任何单位和个人发现法定代表人有本规定第四条所列情形之一的,有权向企业登记机关检举。

第十四条 本规定自发布之日起施行。

《司法部公证司关于可否办理同为一个法定代表人的两个企业之间担保公证的复函》([95]司公函051号)对可否办理同为一个法定代表人的两个企业之间担保公证的问题,答复如下:

一、企业法人的法定代表人原则上不得兼任另一企业法定代表人,特殊需要兼任的,只能在有隶属关系或联营、投资入股的企业兼任。两个独立企业法人法定代表人变更,不影响企业行为。因此，一个人符合法定条件兼任两个企业的法定代表人，两个企业可以互为担保。

二、请示中提到的担保行为，是一个企业法人（海州民贸公司）以自己的财产（该公司的房屋）为另一个企业法人（西宁天香肉类股份有限公司）提供的担保，不能因为它们有一个共同的法定代表人，而视为一个企业法人（西宁天香肉类股份有限公司）以本企业的财产提供的担保行为。因此，办理上述公证，公证处以出具担保合同公证书为宜。

三、为降低担保风险，具体担保形式可将海州民贸公司的房屋设定为抵押物。公证处应重点审查该公司的担保能力，即该公司对设定为抵押物的房屋及产权是否有瑕疵并依法有处分权。

四、相关案例

【银行法定代表人以银行名义并加盖其私刻银行印章从事的民事行为应当由银行担责】

郭某亮诉交通银行股份有限公司镇江扬中支行、扬中绿洲环境科技实业有限公司金融借款合同纠纷再审案［最高人民法院（2018）最高法民再302号民事判决书］，《民法总则》第六十一条规定："依照法律或者法人章程的规定，代表法人从事民事活动的负责人，为法人的法定代表人。法定代表人以法人名义从事的民事活动，其法律后果由法人承受。法人章程或者法人权力机构对法定代表人代表权的限制，不得对抗善意相对人。"银行法定代表人以银行名义对外签订借款合同或担保合同时，即使其加盖的银行印章为其私刻，但没有证据证明对方当事人存在故意或者重大过失时，银行应当对法定代表人的行为承担法律后果。银行以法定代表人无权从事该行为进行抗辩，应当举证证明对方当事人明知法定代表人无权代表或者存在其他重大过失。

【公司对其法定代表人对外担保行为之责任】

林文章与林聪明等民间借贷纠纷上诉案［福建省漳州市中级人民法院（2017）闽06民终1485号民事判决书（《人民司法·案例》2017年第35期）］，法定代表人以法人名义从事的民事活动，其法律后果由法人承受。公司对其法人代表对外担保行为所产生的法律后果应承担民事责任。不动产未办理抵押登记导致抵押权依法未设立的，合同双方当事人应依照法律规定或者合同约定承担民事责任。

【委托合同关系与民事代表关系的区分】

肖先仲诉重庆和坊商贸有限公司委托合同纠纷案［重庆市第一中级人民法院（2017）渝01民终7164号民事判决书（《人民司法·案例》2019年第14期）］，民事代表关系不同于委托合同关系，认定民事代表关系应当严格按照法律规定。委托合同关系的成立须经双方当事人达成合意，具有临时性，且委托权限系双方约定，委托人可以对外披露受托人的存在，亦可以不披露受托人的存在；而民事代表关系具有法定性、长期性和身份属性，且第三人知道被代表人的存在，代表权具有泛指性，除法律规定或约定不得代表外，均可以行使。

【未经公司有效决议是否有权申请变更法定代表人】

何桂英与深圳市华盛佳威工艺礼品有限公司请求变更公司登记纠纷上诉案［广东省深圳市中级人民法院（2015）深中法商终字第2644号民事判决书］，本案争议的焦点在于何桂英将所持有的股权转让后，要求公司办理法定代表人变更手续，人民法院是否应该受理。公司法定代表人与公司之间是委任关系，如果何桂英在将所持有的股权转让后不愿担任华盛佳威公司的法定代表人，有权请求解除与华盛佳威公司之间的委任关系。但是，公司法定代表人的变更系公司的自治行为，应由华盛佳威公司股东会决定并行使该权利，何桂英直接请求变更华盛佳威公司法定代表人，不属于人民法院受理民事诉讼的范围，何桂英的起诉不符合法律规定，应予驳回。

【公司内部的法定代表人任免争议应以股东会决议判定】

大拇指环保科技集团（福建）有限公司与中华环保科技集团有限公司股东出资纠纷案［最高人民法院（2014）民四终字第20号民事裁定书（《最高人民法院公报》2014年第8期

（总第214期））（2015年7月7日《最高人民法院为“一带一路”建设提供司法服务和保障的典型案例》案例1）]，具体如下：

一、基本案情

大拇指公司是新加坡环保公司在中国设立的外商独资企业，2008年6月30日，大拇指公司经批准注册资本增至人民币3.8亿元。大拇指公司于2012年4月27日以新加坡环保公司未足额缴纳出资为由提起诉讼，请求判令新加坡环保公司履行股东出资义务，缴付增资款4500万元。

福建省高级人民法院一审认为，新加坡环保公司未履行股东足额缴纳出资的法定义务，侵害了大拇指公司的法人财产权，大拇指公司有权要求新加坡环保公司履行出资义务，补足出资。据此，判令新加坡环保公司向大拇指公司缴纳出资款4500万元。新加坡环保公司向最高人民法院提出上诉。

二、裁判结果

2014年6月11日，最高人民法院公开开庭审理该案并作出当庭宣判。最高人民法院二审审理认为，按照《涉外民事关系法律适用法》第十四条第一款的规定，我国外商投资企业与其外国投资者之间的出资义务等事项，应当适用我国法律；外国投资者的司法管理人和清盘人的民事权利能力及民事行为能力等事项，应当适用该外国投资者登记地的法律。根据新加坡公司法的规定，在司法管理期间，公司董事基于公司法及公司章程而获得的权力及职责均由司法管理人行使及履行。因此新加坡环保公司司法管理人作出的变更大拇指公司董事及法定代表人的任免决议有效。由于大拇指公司董事会未执行唯一股东环保公司的决议，造成了工商登记的法定代表人与股东任命的法定代表人不一致的情形，进而引发了争议。根据《公司法》的规定，工商登记的法定代表人对外具有公示效力，如涉及公司以外的第三人因公司代表权而产生的外部争议，应以工商登记为准；而对于公司与股东之间因法定代表人任免产生的内部争议，则应以有效的股东会任免决议为准，并在公司内部产生法定代表人变更的法律效果。本案起诉不能代表大拇指公司的真实意思，裁定撤销原判，驳回大拇指公司的起诉。

三、典型意义

该案对于平等保护中外投资者合法权益、保障股东选择管理者的权利、优化外商投资法治环境具有重要意义，被评为最高人民法院建院65周年重大案例之一。该案明确了外国公司的司法管理人及清盘人在中国境内民事权利能力和行为能力的认定规则，清晰界定了公司代表权争议的区分规则，增强了外商投资中国的信心。同时，该案是最高人民法院首次邀请外国驻华使节和境外媒体旁听庭审并当庭作出宣判的案件，彰显了我国公正高效的司法形象。

【通过受让取得公司的全部股权，并作为公司新的法定代表人依法进行工商登记的，有权代表公司对外签订协议】

刘聿等与金守红等确认合同无效纠纷上诉案［最高人民法院（2013）民二终字第8号民事判决书］，认定9.20协议的效力，最核心的问题是金守红是否有权代表津通公司对外签订协议。津通公司作为独立法人，是与其全体股东和管理人员相互分离的实体，独立享有权利和承担义务。刘聿、宗勇依据其与金守红、天津市银翔经济发展中心签订的《股权转让框架合同》，将其持有的津通公司股权转让给金守红，使公司股东、表意机构、公司资产发生了相应的变更，但这并不影响津通公司作为独立法人存在。9.20协议是交通集团、津通公司与小客车厂就案涉51号宗地地上建筑物及其他附着物的拆迁等事宜签署的协议。2002年4月10日，刘聿代表津通公司与天津市规划和国土资源管理局签订《天津市国有土地使用权出让合同》，约定由津通公司受让案涉51号宗地土地使用权，并完成拆迁工作和承担所需费用。刘聿、宗勇与金守红签订的《股权转让框架合同》第2.2.10条约定，拆迁款的支付条件为刘聿、宗勇以“以津通公司的名义”与该地块上的所有被拆迁人达成拆迁合同。由此可见，承担拆迁工作、签订拆迁合同的主体为津通公司。在9.20协议签署之前，金守红已经取得津通公司全部股权，是津通公司的法定代表人，并依法进行了工商登记。因此，金守红有权代表津通公司对外签署 9.20 协议。

【处理公司意志代表权争议应注意区分公司内外部纠纷】

北京贝瑞德生物科技有限公司诉吕伸公司证照返还纠纷案［北京市第二中级人民法院（2013）二中民终字第 17025 号民事判决书］，根据《公司法》第三十七条、第三十八条、第四十三条、第四十四条的规定，股东会是有限责任公司的权力机构，股东会会议由股东按照出资比例行使表决权，股东依法通过召开股东会会议的形式对公司进行管理，有效的股东会决议对公司全体股东和高级管理人员均具有约束力。除公司合并、分立、解散或者变更公司形式的决议须经三分之二以上表决权的股东通过外，其他事项的决议须经代表二分之一以上表决权的股东通过。吕伸作为贝瑞德公司股东及时任执行董事、经理，应当遵守并执行股东会决议的内容。对于吕伸上诉称王士博召开的股东会因召集人不具备资格不能被认为是合法股东会，吕伸召集的股东会作出的股东会决议是有效的，本院认为，吕伸于 2013 年 4 月 20 日召集的股东会由于表决权达不到出资比例未形成有效的股东会决议，王士博于 2013 年 4 月 21 日作出的股东会已形成决议，虽然该股东会在召集程序上存在违反法律规定及公司章程之处，但吕伸并未在决议作出之日起 60 日内申请撤销该临时股东会决议，因此该决议应为有效。

根据 2013 年 4 月 21 日的股东会决议，王士博已成为贝瑞德公司新任法定代表人及执行董事，其所作出的执行董事决定书亦对公司全体人员具有约束力，根据该执行董事决定书的内容，吕伸被解除经理职务，并被要求立即与新任贝瑞德公司经理的王士博进行交接。对于吕伸上诉称贝瑞德公司的公章、财务专用章、营业执照正本和副本、税务登记证书及副本、组织机构代码证书正本及副本、空白支票一本、公司财务单据一袋均不由其掌握，因此无能力返还上述证照的上诉理由，本院认为，由于吕伸认可自 2013 年 2月 27 日起至今上述证照及材料一直由贝瑞德公司的经营层、行政部门掌管，吕伸亦未向王士博办理交接手续，在诉讼中吕伸也提交了盖有贝瑞德公司公章的相关材料，因此，以上事实及依据说明吕伸对证照仍有实际控制，其仍然负有向贝瑞德公司交还上述公章证照的义务，在此种情况下，贝瑞德公司诉请公司原法定代表人吕伸返还公司经营所需公章、证照等文件，有事实及法律依据。一审法院据此判决吕伸向贝瑞德公司移交上述证照，并无不当，本院予以维持。

另外，吕伸上诉还称王士博以公司名义起诉不具备诉讼主体资格。对此，本院认为，公司外部纠纷应遵从商事外观主义，以工商登记作为认定原则，由于本案系公司证照返还纠纷，系公司内部纠纷，由于原法定代表人吕伸不认可股东会决议效力且未配合办理移交手续等原因，未能及时办理工商变更，以致工商登记与股东会选任的不同法定代表人同时存在，对于法定代表人的选任及判断谁能代表公司意志，应属于公司内部纠纷，应尊重公司章程规定，以公司内部有效决议文件来确定公司意志和公司意志代表。因此，王士博以公司名义提起诉讼，其行为应可以代表公司意志。

【在特殊情形下，法定代表人应与公司对外承担连带责任】

阿鲁克集团公司、阿鲁克幕墙门窗系统（上海）有限公司与浙江阿鲁克幕墙门窗有限公司、夏某不正当竞争纠纷案［浙江省嘉兴市中级人民法院（2015）浙嘉知初字第 269 号民事判决书（2016 年度浙江法院十大知识产权案件之七）］，实践中，存在一些专门以侵害他人知识产权为业的公司，公司控制人在生意兴隆时坐享其成，被追究侵权责任时却借助有限责任制度逃之夭夭，使得权利人难以有效维护自身合法利益。公司法确立股东有限责任制度和公司独立法人地位的立法本意在于保护和鼓励投资，但这些制度不应成为侵权人逃脱法律责任的工具。一般情况下，法定代表人的职务行为即为公司行为，法定代表人并不因公司的侵权行为对外与公司承担连带责任。但在下列特殊情形下，法定代表人应与公司对外承担连带责任：一是基于公司法的规定，法定代表人作为公司股东滥用公司法人独立地位和股东有限责任，逃避债务，严重损害公司债权人利益的，应当对公司债务承担连带责任；二是基于民法通则和侵权责任法关于共同侵权造成他人损害的规定，应当承担连带责任。在后一种情形中，法定代表人应当存在非职务行为，该行为与其作为法定代表人的职务行为构成共同侵权的，法定代表人就应当与公司承担连带责任。

【用人单位法定代表人或股东变更不影响用工责任的承担】

李某与某新型材料公司工伤保险待遇纠纷案[江苏省高院公布2013年劳动争议十大典型案例之十]，在劳动用工关系中，用人单位以名称、法定代表人、负责人等事项变更为由，拒绝向劳动者承担用人单位义务的，不予支持。本案中，李某系某新型材料公司的员工，该公司未为李某办理工伤保险。2012年3月8日4时50分左右，李某在切割机西边挂钩区清理垃圾时，被从行车上脱落的铁模框砸伤，后经救治无效死亡。2012年6月24日，人社部门作出工伤认定决定书，认定李某受到的事故伤害为工伤。李某的丈夫刘某诉至法院，请求判令该新型材料立公司赔付李某的工伤保险待遇。在案件审理期间，公司辩称李某于2012年3月8日因工受伤，而公司现所有人是在2012年6月1日从原法定代表人处接手的，故对之前发生的事情并无责任。法院认为，用人单位变更名称、法定代表人、主要负责人等事项，不影响工伤保险责任承担，遂判决支持刘某的诉讼请求。

【法定代表人发生变更，但未办理工商变更登记的，该法定代表人以公司名义对外签订的合同有效】

北京公达房地产有限责任公司诉北京市祥和三峡房地产开发公司房地产开发合同纠纷案[最高人民法院(2009)民提字第76号民事判决书(《最高人民法院公报》2010年第11期(总第169期))]，公司的法定代表人依法代表公司对外进行民事活动。法定代表人发生变更的，应当在工商管理部门办理变更登记。公司的法定代表人在对外签订合同时已经被上级单位决定停止职务，但未办理变更登记，公司以此主张合同无效的，人民法院不予支持。

【民商事诉讼中涉及刑事犯罪的法律后果及处理】

北京然自中医药科技发展中心与广东黄河实业集团有限公司股权转让合同纠纷上诉案[最高人民法院(2008)民二终字第62号民事判决书(《最高人民法院公报》2009年第1期(总第147期))(《人民司法·案例》2009年第8期)]，担任法人之法定代表人的自然人，以该法人的名义，采取欺诈手段与他人订立民事合同，从中获取的财产被该法人占有，由此产生的法律后果，是该自然人涉嫌合同诈骗犯罪，同时该法人与他人之间因合同被撤销而形成债权债务关系。人民法院应当依照《最高人民法院关于在审理经济纠纷案件中涉及经济犯罪嫌疑若干问题的规定》第十条的规定，将自然人涉嫌犯罪部分移交公安机关处理，同时继续审理民事纠纷部分。

【公司在法定代表人发生变更的情况下，未到工商局办理相关变更登记的，其法定代表人可依法要求公司履行变更登记义务】

何同玺诉移动怡通信息科技(北京)有限公司要求办理法定代表人变更登记案[北京市第一中级人民法院2006年7月28日民事判决书]，根据《公司登记管理条例》的相关规定，公司变更法定代表人的，应当自变更决议或者决定作出之日起30日内申请变更登记。本案中，信息科技公司的章程规定董事长由OSI公司委派。伊藤要作为OSI公司的董事长，以OSI公司的名义向何同玺发出通知书，通知其从OSI公司及信息科技公司董事职务离任，符合信息科技公司章程的规定。信息科技公司在法定代表人发生变更的情况下，应当依法履行到工商局办理相关变更登记的义务。

【除相对人知道或者应当知道的外，法定代表人超越权限订立的合同有效】

高明学诉即时科研集团有限公司(Thiz Technology Group Limited)居间合同纠纷案[北京市第一中级人民法院(2004)一中民初字第1236号民事判决书]，公司代表人是指代表公司对外从事民事活动的自然人或自然人的集合。公司执行董事虽不是公司的法定代表人，但其为公司的执行董事，其有权代表公司作出一定职务行为，且公司向第三人出具了授权委托书。法人或者其他组织的法定代表人、负责人超越权限订立的合同，除相对人知道或者应当知道其超越权限的以外，该代表行为有效。执行董事并未超过权限作出承诺，第三人是善意第三人，因此执行董事向第三人作出的承诺应代表公司的职务行为，该行为的法律后果应由公司承担，公司无权以执行董事的个人行为不能代表公司行为而不给付报酬。

【执业股东代表企业对外签订合同的效力】

广州市花都珠江商贸发展公司诉花都市振达公司买卖合同案［广州市中级人民法院(2004)穗中法民二终字第00030号民事判决书］，本案中因徐惠娟是被上诉人两股东之一，占有50%的股份，参与被上诉人的日常经营，是执业股东，徐惠娟又与被上诉人的另一股东即被上诉人的法定代表人骆振程是夫妻关系，故徐惠娟是被上诉人负责人之一，其对外代表被上诉人作出的行为，除非相对人知晓其超越了权限，均应由被上诉人承担相应的法律后果，是否加盖公章进行确认，并不影响该负责人的行为效力。上诉人与被上诉人在协议中约定的"以上协议双方签章作实"，只是在协议生效之后的形式重复，并非该协议生效的必要条件。原审法院认定"签章"是协议生效所附条件，不符合事实情况，本院予以更正。

【法定代表人虽已免职但尚未办理变更登记，如不违反公司利益，仍可对外行使相应职权】

香港新建业有限公司等诉上海新建业有限公司等欠款担保纠纷案［最高人民法院(2001)民四终字第13号民事判决书(《最高人民法院公报》2004年第1期(总第87期))］，涉外经济合同的当事人以书面形式另行约定或确认法律适用条款的，依法应确认有效；企业法定代表人虽已免职但尚未在政府企业登记机关办理变更登记前，如不违反企业利益，仍可对外行使相应职权。本案中，《保证合同》是沈柱邦代表上海新建业公司于1997年2月25日与相关当事人签订的，而沈柱邦本人确实于1997年1月18日被上海新建业公司董事会决议免去上海新建业公司董事长职务，同年6月27日，经工商核准登记，上海新建业公司的法定代表人由沈柱邦变更为尹军。经国务院批准的由国家工商行政管理局于1998年4月7日发布的《企业法人法定代表人登记管理规定》第三条规定："企业法人的法定代表人经企业登记机关核准登记，取得法定代表人资格。"因此，在企业登记机关未对上海新建业公司的法定代表人作出变更登记前，沈柱邦仍然是上海新建业公司的法定代表人，其有权代表上海新建业公司对外签订相关文件。

【违反章程产生的董事会，不能选举和罢免该企业的法定代表人】

北京市东城区东亚骨病研究所与北京市工商行政管理局延庆分局等变更企业法定代表人登记案［北京市第一中级人民法院(2001)一中行终字第83号行政判决书］，企业法定代表人的产生、任免程序；应符合法律、行政法规和企业章程的规定。股份合作制企业的法定代表人由依法组成的董事会选举和罢免。北京市人民政府于1999年10月20日颁布并实施的《北京市城镇企业实行股份合作制办法》第二十六条、第二十八条规定：企业实行股东大会和职工(代表)大会合一的制度，股东和职工(代表)大会是企业的权力机构，有权选举和更换董事，但进行表决时，应采用一股一票。因此，董事应由股东选举和更换。制药厂的《章程》并未违反有关法规规章的规定；且在该企业登记注册时已经延庆工商局审查备案，应是合法有效的。《章程》明确规定，股东会选举董事会。制药厂第二届职工代表大会选举董事，显然违反该企业《章程》的规定，延庆工商局依据该职工代表大会决议等文件材料，核准变更法定代表人并换发营业执照，证据不足。一审法院判决撤销该营业执照；认定事实清楚，程序合法，适用法律正确；本院应于维持。

【集体企业的主管部门，有权招聘或解聘该企业的法定代表人】

徐明诉南宁市工商局变更法定代表人案［广西壮族自治区高级人民法院1999年12月30日行政判决书］，建安公司是新城区人民政府在市街道局修建队被撤销后投资创办的集体企业，该公司成立至今，历届正、副经理法人代表均由新城区人民政府招聘任免，上诉人徐明亦由新城区政府招聘任为公司的副经理兼法定代表人，聘期为一年，届满离聘。徐明与新城区政府的关系是聘用与被聘用的关系，新城区政府作为建安公司的主管部门，有权招聘或解聘该公司的法定代表人。

【原法定代表人未按决议办理证件、资料的移交手续，侵犯了公司的合法权利】

上海唐衡电子有限公司诉唐森铼证件、资料纠纷案[上海市金山区人民法院(1999)金民初字第1948号民事判决书]，1994年，唐光铼、唐森铼及唐令华共同出资开办唐衡公司，注册资金50万元，主营电子仪表器件等。1997年董事会同意唐令华退股，并吸纳新股东唐荻铼、李朝京加入，投资总额不变。唐光铼、唐荻铼、李朝京及被告唐森铼四股东的投资比例分别为30%、30%、10%和30%，同时选举被告唐森铼为原告的法定代表人及财务负责人，公司行政章、财务章、制造计量器具许可证等一切象征公司法人、财务负责人权力的证件和资料均由唐森铼负责保管。1998年9月21日，唐衡公司董事会决议改选法定代表人，免去唐森铼的法定代表人职务，今年4月9日唐衡公司召开临时股东大会，选举李朝京为新一任法定代表人，并形成书面股东会决议。同年4月13日，被告在致李朝京的信函中称，赞同由李朝京担任下一届执行董事，也同意在4月16日前办理移交手续。然被告至今未办理有关移交手续，遂涉讼。诉讼过程中，根据原告的先予执行申请，本院依法先予执行讼争的证件、资料。本院认为，1998年9月21日唐衡公司董事会决议及1999年4月9日唐衡公司股东会决议合法有效，被告唐森铼未按决议办理有关移交手续，侵犯了原告的合法权利。

【工商行政部门未依法进行实质性审查，即核准同意变更，是不合法的行政行为，判决撤销变更登记，由该工商行政部门重新作出具体行政行为】

浙江中航高新房地产开发有限公司不服萧山市工商局变更法定代表人登记案[浙江省杭州市中级人民法院1993年12月23日行政判决书]，国家工商行政管理局《企业法人的法定代表人审批条件和登记管理暂行规定》第三条规定："企业(包括公司、中心、集团等)的法定代表人的产生程序，应符合法律、法规和企业法人组织章程的规定……"。对中航公司在申请变更登记时所提交的文件、证件，萧山市工商行政管理局应依照国家工商行政管理局《企业法人登记管理条例施行细则》及相关规章，进行真实性、合法性、有效性审查。国家体改委《有限责任公司规范意见》第五十二条规定："股东已缴纳的出资可以转让。股东转让出资，公司设立股东会的，由股东会讨论通过；公司不设股东会的，由董事会讨论通过。股东会不同意转让或全体股东未一致同意转让的，应当由其他股东购买该出资；股东会或全体股东同意转让的，其他股东在同等条件下对转让出资有优先购买权。"第五十四条规定："股东转让出资、公司增加或减少注册资本均须修订公司章程，向原登记机关办理变更登记并予公告。中航公司的章程第三十三条、第三十五条也作了类似规定。中航公司开业登记时，股东是总公司、筹建办、征地办三家单位，而汪云明以中航公司的名义提交的申请文件、证件已表明筹建办、征地办已变为经文公司、中国非金属矿进出口公司。股东的变动意味着股东出资的必然转让。中航公司既未修订公司章程，又没有书面材料证实经过了董事会或全体股东讨论通过，亦未向原登记机关办理变更登记并公告。国家体改委《有限责任公司规范意见》第三十一条规定："董事会行使职权，不得违反法律、法规、本规范和公司章程的规定"。中航公司章程明确规定："公司的总经理为法定代表人"。而该公司申请变更的新法定代表人是公司的董事长，与章程不符。被上诉人萧山市工商行政管理局未依法进行实质性审查，即核准同意变更，是不合法的行政行为。一审法院判决维持其变更登记亦属不当。二审法院判决工商行政管理局对上诉人法定代表人的变更登记，由其重新作出具体行政行为。

【被执行人法定代表人拖欠73名公司职工14万余元工资后逃匿，被依法追究拒不支付劳动报酬罪，庭审期间自觉履行了法定义务】

陈联会拒不支付劳动报酬案[最高人民法院公布五起打击拒不执行涉民生案件典型案例之一]，具体如下：

案情摘要

2008年12月5日，陈联会、雷必容出资设立重庆同发针织有限公司，从事针织品加工销售业务，公司住所地为重庆市开县。截至2011年6月，重庆同发针织有限公司累计拖欠袁祖桃等73名职工工资共计144,474元。公司法定代表人陈联会逃避支付工人工资。同年七八月，重庆同发针织有限公司职工为此多次群体上访。8月10日，开县人力资源和社会保障局对陈联会下达了限期支付拖欠职工工资告知书，陈联会未予理会。2011年9月，袁祖桃等65人依法向开县人民法院提起诉讼。同年11月，开县人民法院依法判决，由重庆同发针织有限公司支付袁祖桃等65人工资合计124,311元。

由于重庆同发针织有限公司未在规定时间内履行义务，袁祖桃等65人依法申请强制执行。开县人民法院受理执行后，查封了重庆同发针织有限公司遗留在租用场地内的机器设备。经依法评估后，开县人民法院于2012年委托公开拍卖。由于机器设备陈旧，无人竞买，两次降价后流拍。开县人民法院对以上设备进行公告变卖，亦无人购买，申请执行人也不同意以该设备抵偿债务。期间，陈联会始终不予露面。

2014年1月26日，开县人民法院经研究后认为，重庆同发针织有限公司拒不支付劳动报酬，涉及人数众多，数额较大，其行为涉嫌犯罪，于是决定移送公安机关追究其刑事责任。同年5月22日，陈联会在昆明机场被公安机关刑事拘留。刑事拘留期间，陈联会通过家人向袁祖桃等65人支付了所欠的全部工资124,311元。

2014年11月27日，开县人民检察院向法院提起公诉，要求追究陈联会拒不支付劳动报酬罪。在案件审理过程中，陈联会将没有到法院起诉的另外8名职工的19,313元劳动报酬也支付完毕。考虑到陈联会有认罪悔罪的实际行动，开县人民法院于2015年1月9日以拒不支付劳动报酬罪从轻判处陈联会有期徒刑三年，缓刑三年，并处罚金人民币10,000元。

典型意义

在该系列案执行过程中，执行法院高度重视追索劳动报酬等与群众生计休戚相关的案件执行，对拒不履行生效法律文书的被执行人，严格按照最高人民法院、最高人民检察院、公安部《关于开展集中打击拒不执行法院判决、裁定等犯罪行为专项行动有关工作的通知》的要求，加强与公安、检察机关的沟通联系，依法进行了打击，提高执行威慑力，效果良好。该案顺利执结再次表明，人民法院判决一经生效就具有法律强制力，当事人都必须自觉执行，不能心存侥幸，抗拒、逃避执行有可能被依法追究刑事责任。

【用人单位法定代表人或股东变更不影响用工责任的承担】

李某与某新型材料公司工伤保险待遇纠纷案［江苏省高院公布2013年劳动争议十大典型案例之十］，具体如下：

裁决要旨 在劳动用工关系中，用人单位以名称、法定代表人、负责人等事项变更为由，拒绝向劳动者承担用人单位义务的，不予支持。

案情概要 李某系某新型材料公司的员工，该公司未为李某办理工伤保险。2012年3月8日4时50分左右，李某在切割机西边挂钩区清理垃圾时，被从行车上脱落的铁模框砸伤，后经救治无效死亡。2012年6月24日，人社部门作出工伤认定决定书，认定李某受到的事故伤害为工伤。李某的丈夫刘某诉至法院，请求判令该新型材料立公司赔付李某的工伤保险待遇。在案件审理期间，公司辩称李某于2012年3月8日因工受伤，而公司现所有人是在2012年6月1日从原法定代表人处接手的，故对之前发生的事情并无责任。法院认为，用人单位变更名称、法定代表人、主要负责人等事项，不影响工伤保险责任承担，遂判决支持刘某的诉讼请求。

法官点评 企业的法定代表人或者股东发生变更，只是其内部的组织结构发生了变化，并不影响企业对外民事责任的承担。因此，我国《劳动合同法》第三十三条规定："用人单位变更名称、法定代表人、主要负责人或者投资人等事项，不影响劳动合同的履行。"企业现在的法定代表人或者股东如果以争议的事件发生在其接手之前为由，主张不对劳动者承担用工责任，是不会得到法院的支持。通过本案例，我们也想提醒各位投资人，股权收购是一项复杂的法律工程，收购过程中除应当对公司的财产、股权进行谨慎的评估外，还需注意劳动用工风险方面的调查，否则，盲目的收购可能会导致自己承担意想不到的责任。

第十四条 【分公司与子公司】 公司可以设立分公司。设立分公司，应当向公司登记机关申请登记，领取营业执照。分公司不具有法人资格，其民事责任由公司承担。

公司可以设立子公司，子公司具有法人资格，依法独立承担民事责任。

一、相关法律条文

《中华人民共和国民法总则》(自2017年10月1日起施行)对法人的分支结构，规定如下：

第七十四条 法人可以依法设立分支机构。法律、行政法规规定分支机构应当登记的，依照其规定。

分支机构以自己的名义从事民事活动，产生的民事责任由法人承担；也可以先以该分支机构管理的财产承担，不足以承担的，由法人承担。

二、相关文件规定

《中华人民共和国公司登记管理条例(2016修订)》(自1994年7月1日起施行)第七章，对于分公司的登记，规定如下：

第四十五条 分公司是指公司在其住所以外设立的从事经营活动的机构。分公司不具有企业法人资格。

第四十六条 分公司的登记事项包括：名称、营业场所、负责人、经营范围。

分公司的名称应当符合国家有关规定。

分公司的经营范围不得超出公司的经营范围。

第四十七条 公司设立分公司的，应当自决定作出之日起30日内向分公司所在地的公司登记机关申请登记；法律、行政法规或者国务院决定规定必须报经有关部门批准的，应当自批准之日起30日内向公司登记机关申请登记。

设立分公司，应当向公司登记机关提交下列文件：

(一)公司法定代表人签署的设立分公司的登记申请书；

(二)公司章程以及加盖公司印章的《企业法人营业执照》复印件；

(三)营业场所使用证明；

(四)分公司负责人任职文件和身份证明；

(五)国家工商行政管理总局规定要求提交的其他文件。

法律、行政法规或者国务院决定规定设立分公司必须报经批准，或者分公司经营范围中属于法律、行政法规或者国务院决定规定在登记前须经批准的项目的，还应当提交有关批准文件。

分公司的公司登记机关准予登记的，发给《营业执照》。公司应当自分公司登记之日起30日内，持分公司的《营业执照》到公司登记机关办理备案。

第四十八条 分公司变更登记事项的，应当向公司登记机关申请变更登记。

申请变更登记，应当提交公司法定代表人签署的变更登记申请书。变更名称、经营范围的，应当提交加盖公司印章的《企业法人营业执照》复印件，分公司经营范围中属于法律、行政法规或者国务院决定规定在登记前须经批准的项目的，还应当提交有关批准文件。变更营业场所的，应当提交新的营业场所使用证明。变更负责人的，应当提交公司的任免文件以及其身份证明。

公司登记机关准予变更登记的，换发《营业执照》。

第四十九条 分公司被公司撤销、依法责令关闭、吊销营业执照的，公司应当自决定作出之日起30日内向该分公司的公司登记机关申请注销登记。申请注销登记应当提交公司法定代表人签署的注销登记申请书和分公司的《营业执照》。公司登记机关准予注销登记后，应当收缴分公司的《营业执照》。

《国家工商行政管理局关于印发〈企业集团登记管理暂行规定〉的通知》(工商企字[1998]第59号)对企业集团的登记管理，规定如下：

第一条 为了加强对企业集团的登记管理，规范企业集团的组织和行为，根据国家有关规定，制定本规定。

第二条 在中国境内组建企业集团，应当依照本规定办理登记。未经登记不得以企业集团名义从事活动。

国家工商行政管理局和地方各级工商行政管理局是企业集团的登记主管机关。

第三条 企业集团是指以资本为主要联结纽带的母子公司为主体，以集团章程为共同行为规范的母公司、子公司、参股公司及其他成员企业或机构共同组成的具有一定规模的企业法人联合体。企业集团不具有企业法人资格。

第四条 企业集团由母公司、子公司、参股公司以及其他成员单位组建而成。事业单位法人、社会团体法人也可以成为企业集团成员。

母公司应当是依法登记注册，取得企业法人资格的控股企业。

子公司应当是母公司对其拥有全部股权或者控股权的企业法人；企业集团的其他成员应当是母公司对其参股或者与母子公司形成生产经营、协作联系的其他企业法人、事业单位法人或者社会团体法人。

第五条 企业集团应当具备下列条件：

（一）企业集团的母公司注册资本在5000万元人民币以上，并至少拥有5家子公司；

（二）母公司和其子公司的注册资本总和在1亿元人民币以上；

（三）集团成员单位均具有法人资格。

国家试点企业集团还应符合国务院确定的试点企业集团条件。

第六条 企业集团章程应当载明下列事项：

（一）企业集团名称；

（二）母公司的名称、住所；

（三）企业集团的宗旨；

（四）企业集团成员之间的生产经营联合、协作方式；

（五）企业集团管理机构的组织和职权；

（六）企业集团管理机构负责人的产生程序、任期和职权；

（七）参加、退出企业集团的条件和程序；

（八）企业集团的终止；

（九）章程修改程序；

（十）其他需要载明的事项；

（十一）制定日期。

企业集团章程应当由全体成员签署或者认可。

第七条 企业集团的登记应当由企业集团的母公司提出申请，原则上应当与母公司的设立或者变更登记一并进行。

第八条 国家试点企业集团，由国家工商行政管理局或者其授权的地方工商行政管理局登记；其他企业集团由其母公司的登记发照的工商行政管理局登记。

第九条 企业集团的登记事项包括：企业集团名称；母公司名称、住所；成员企业。

第十条 申请企业集团登记，应当向登记主管机关提交下列文件：

（一）母公司法定代表人签署的登记申请书；

（二）企业集团章程；

（三）企业集团成员的法人资格证明；

（四）母公司对集团成员企业的持股证明或者出资证明；

（五）其他有关文件。

第十一条 组建企业集团，依照国家法律、行政法规需由有关政府部门审批的，应当提交有关部门的批准文件。

国家试点企业集团，应当提交国务院的批准文件和其他有关文件。

第十二条 企业集团的母公司经国务院或者省级人民政府批准，可以成为国家或者省级人民政府授权的投资机构或国有独资公司。

国家试点企业集团的母公司，经国务院批准，可以成为国家授权投资的机构或者国有独资公司。经国务院批准或者国务院授权部门批准，国家试点企业集团的母公司向其他有限公司或者股份有限公司的投资额可以超过母公司净资产的百分之五十。

第十三条 企业集团经登记主管机关核准登记，发给《企业集团登记证》，该企业集团即告成立。

《企业集团登记证》由国家工商行政管理局统一制定。

第十四条 企业集团名称的登记管理，参照有关企业名称登记管理的规定执行。企业集团的名称可以有简称。

母公司可以在企业名称中使用"集团"或者"(集团)"字样；子公司可以在自己的名称中冠以企业集团名称或者简称；参股公司经企业集团管理机构同意，可以在自己的名称中冠以企业集团名称或者简称。

经核准的企业集团名称可以在宣传和广告中使用，但不得以企业集团名义订立经济合同，从事经营活动。

第十五条 企业集团变更登记事项，应当在变更之日起三十日内向登记主管机关申请变更登记。

第十六条 企业集团的母公司因分立、合并或者改变股权关系形成新的母公司时，应当办理相关登记，并可保留原企业集团，企业集团应当办理变更登记。

企业集团的母公司依法被撤销或者被吊销营业执照的，不适用前款规定。

第十七条 企业集团修改章程，应当向登记主管机关申请备案。

第十八条 申请企业集团变更登记，应当提交下列文件：

(一)母公司法定代表人签署的变更登记申请书；

(二)其他有关文件。

第十九条 企业集团因下列情形而终止，企业集团应当在终止事由发生之日起30日内向原登记机关申请注销登记：

(一)企业集团章程规定的终止事由出现；

(二)已不符合本规定第五条规定的条件；

(三)母公司依法被注销(属第十六条第一款情况除外)或者被吊销营业执照。

第二十条 申请企业集团注销登记，应当提交下列文件：

(一)母公司法定代表人签署的注销登记申请书；

(二)其他有关文件。

第二十一条 未经登记主管机关核准，擅自使用企业集团名称或者不按规定使用企业集团名称的，登记主管机关参照《企业名称登记管理规定》予以处罚。

以企业集团名义订立经济合同，从事经营活动的，依照《企业法人登记管理条例施行细则》第六十六条第一款第(一)项的规定予以处罚。

第二十二条 办理企业集团登记时提交虚假材料或者采取其他欺诈手段，取得企业集团登记的，由登记主管机关责令改正，参照《公司登记管理条例》第五十九条或者《企业法人登记管理条例施行细则》第六十六条第一款第(二)项的规定处以罚款，情节严重的，撤销企业集团登记。

第二十三条 应当办理变更登记而不办理的，由登记主管机关责令改正，参照《公司登记管理条例》第六十三条或者《企业法人登记管理条例施行细则》第六十六条第一款第(三)项的规定处以罚款；情节严重的，撤销企业集团登记。

第二十四条 应当办理注销登记而不办理的，由登记主管机关撤销企业集团登记。

第二十五条 伪造、涂改、出租、出借、转让、出售《企业集团登记证》的，由登记主管机关参照《公司登记管理条例》第六十九条或者《企业法人登记管理条例施行细则》第六十六条第一款第（六）项规定处以罚款；情节严重的，撤销企业集团登记。

第二十六条 未依法登记为企业集团而冒用企业集团名义的，由登记主管机关责令改正或者予以取缔。

第二十七条 本规定印发之前已经登记的企业集团，应当在本规定印发之日起三年内依照《公司法》和本规定进行规范，并办理重新登记。

第二十八条 以外商投资企业为母公司组建企业集团，适用本规定。

第二十九条 国有企业为主体设立企业集团，集团核心企业注册资本金在1亿元人民币以上的，可以是非公司企业法人。对其依照《公司法》进行规范的期限，根据国家有关法规、政策执行。

第三十条 本规定自印发之日起施行。

地方制定的企业集团登记管理规定，与本规定不一致的，应以本规定为准。

第三十一条 本规定由工商行政管理局负责解释。

《国家工商行政管理局关于实施〈企业集团登记管理暂行规定〉有关问题的通知》（企指字［1998］5号），为了贯彻落实《企业集团登记管理暂行规定》（以下简称《规定》），保证企业集团登记工作的顺利进行，现就有关问题通知如下：

一、企业集团名称应当按照以下形式构成：行政区划名称、字号、行业、集团。其中行政区划名称为企业集团母公司所在地县以上行政区划名称，对字号、行业的要求按照企业名称登记管理的有关规定执行。

企业集团名称有简称的，应当在集团章程中载明，并报经登记主管机关核准登记后，在《企业集团登记证》上标明。

经国家工商行政管理局核准，企业集团名称可以不冠以行政区划名称。

二、《规定》第三条所述“母公司”和第二十九条所述“国有企业”，均可称为“集团核心企业”。

三、各级工商行政管理机关核准企业集团名称的权限同企业名称的核准权限。

不冠以行政区划名称和使用“中国”、“中华”字样的企业集团名称及其简称，应当报国家工商行政管理局核准。上报程序同企业名称上报核准程序。

四、企业集团的子公司、参股名称如需冠以企业集团名称或者简称，应当符合企业名称登记管理的有关规定，并办理企业名称变更登记。

五、企业集团申请设立登记，集团核心企业名称和企业集团名称应当报国家工商行政管理局核准时，集团核心企业属于新设立的，由申请人直接向国家工商行政管理局提出申请，并提交以下文件：

1. 企业名称预先核准应当提交的文件；

2. 企业集团登记应当提交的文件。

集团核心企业属于已经登记注册的，应当由登记主管机关按照规定程序上报国家工商行政管理局，并提交以下文件：

1. 登记主管机关的审查意见；

2. 集团核心企业名称变更应当提交的文件；

3. 企业集团登记应当提交的文件。

六、企业集团变更名称，应当由集团核心企业向登记主管机关提出申请。变更后的集团名称需报国家工商行政管理局核准的，应当由登记主管机关按照规定的程序上报，并提交以下文件：

1. 登记主管机关的审查意见；

2. 集团核心企业的申请书；

3. 依据企业集团章程作出的关于变更集团名称的决定；

4. 加盖发证机关印章的《企业集团登记证》复印件；

5. 企业集团章程；

6. 其他有关论文件。

七、《企业集团登记证》只发给企业集团核心企业。《企业集团登记证》只发一个正本，没有副本。

《企业集团登记证》由登记主管机关核发，并加盖该登记主管机关公章。

八、《企业集团登记证》的编号由6位数字组成。在同一工商行政管理机关，企业集团统一按顺序编号，编号顺序由各地工商行政管理局自行确定。

九、《规定》印发之前已经登记的企业集团，应在三年内依照《公司法》和《规定》进行规范，并办理重新登记。具体安排由各省、自治区、直辖市工商行政管理局确定。三年期届满未按照《规定》进行规范，并办理重新登记，由登记主管机关撤销原企业集团登记，原企业集团不得再以企业集团的名义从事活动。

《规定》印发前登记注册的企业名称中有"集团"字样但未办理企业集团登记的，应于1998年底以前按照《规定》予以规范，不符合《规定》的，应当变更企业名称，其企业名称中不得再使用"集团"字样。

十、国家工商行政管理局原有关企业集团的登记管理规定与《规定》不一致，均以《规定》为准。

十一、《企业集团登记证》由国家工商行政管理局统一印制。

三、相关案例

【分公司与公司之间的内部约定，不足以对抗第三人】

李建国与孟凡生、长春圣祥建筑工程有限公司等案外人执行异议之诉案［最高人民法院（2016）最高法民再149号民事判决书（《最高人民法院公报》2017年第2期（总第244期））］，分公司的财产即为公司财产，分公司的民事责任由公司承担，这是《公司法》确立的基本规则。以分公司名义依法注册登记的，即应受到该规则调整。至于分公司与公司之间有关权利义务及责任划分的内部约定，因不足以对抗其依法注册登记的公示效力，进而不足以对抗第三人。

【分支机构虽不独立承担民事责任，但仍需承担一定的因侵权产生的损害后果】

三九企业集团兰考葡萄酒业有限公司蛋白食品分公司与江西江中食疗科技有限公司侵害外观设计专利权纠纷申请案［最高人民法院（2016）最高法民申2540号民事裁定书］，三九酒业蛋白分公司主张其不具有法人资格，应由三九酒业公司承担本案民事责任。《公司法》第十四条第一款"设立分公司，应当向公司登记机关申请登记，领取营业执照。分公司不具有法人资格，其民事责任由公司承担"的规定，并非分公司无需承担任何因侵权所产生的损害后果。在涉及分公司法律纠纷时，若原告以分公司和总公司为共同被告起诉，分公司与总公司可依原告申请同时作为诉讼当事人应诉。因分公司亦拥有一定数量的相对独立的财产，在承担民事责任时可先执行分公司经营管理之自有财产，当其财产不足以清偿债务的，则执行总公司的其他财产。三九酒业蛋白分公司系三九酒业公司设立登记的分公司，其虽不具有法人资格，但仍应以自有财产承担民事责任，不足部分由三九酒业公司承担。

【分公司负责人将其个人债务转移给公司的，该行为并不构成双方代理而致无效】

宣进军诉浙江省东阳市中南建筑装饰有限公司民间借贷纠纷案［浙江省绍兴市中级人民法院（2011）浙绍商终字第543号民事判决书］，本案双方当事人争议的主要焦点是蔡炳章以中南诸暨分公司名义签订借款协议的性质与效力问题。根据被上诉人的陈述，该借款原是蔡炳章以个人名义所借，经结算后以中南诸暨分公司名义签订借款协议，并由蔡炳章提供担保，原判据此将其认定为债务转移，并无不当。上诉人认为借款协议是蔡炳章在受到非法拘禁被胁迫的情况下签字盖章的，但并未提供充分证据予以证明，因此，上诉人的该主张不能成立。蔡炳章系中南诸暨分公司的负责人，属于《合同法》第五十条规定的其他组织的负责人，其以中南诸暨分公司名义所作民事行为属于代表行为，而非代理行为，故蔡炳章以中南诸暨分公司名义承接其个人债务，并不构成双方代理而致无效。至于蔡炳章是否支付对价以及蔡炳章与上诉人之间是否系挂靠关系，不影响本案的处理，上诉人可与蔡炳章另行结算。

【法人分支机构可以作为诉讼当事人】

陕西益康乐工贸有限公司与宁夏新华百货夏进乳业集团股份有限公司陕西分公司买卖合同纠纷管辖权异议纠纷上诉案［最高人民法院（2007）民立他字第11号民事裁定书（《人民司法·案例》2008年第4期）］，依照我国民事诉讼法及其解释的规定，法人依法设立并领取营业执照的分支机构不仅可以作为民事诉讼的当事人，而且以其自己名义对外签订合同，该合同内容特别是独立于合同效力之外的双方协议管辖条款对其亦具有约束力。人民法院在认定协议管辖条款有效的情形下，可以依据分支机构的住所地确定案件管辖权，而无须按照法人的住所地确定案件管辖权。

【证券公司营业部具有民事诉讼主体资格，不一定说明营业部就应承担责任】

中国电子科技集团公司第二十四研究所诉华龙证券有限责任公司等委托合同纠纷案［重庆市第一中级人民法院（2005）渝一中民初字第130号民事判决书］，虽然根据《最高人民法院关于领取营业执照的证券公司营业部是否具有民事诉讼主体资格的复函》规定，被告营业部在本案中具有民事诉讼主体资格，但这并不一定说明被告营业部就应承担责任，还应按实际情况具体分析，在本案中原告二十四所购买国债的1000万元款项及华龙证券偿还的20万元款项虽然均是通过营业部接收和支付的，但因《委托购买国债协议》及《补充协议》是原告二十四所与被告华龙证券签订的，而非与被告营业部签订的，营业部只是华龙证券下属无独立法人资格的分支机构，营业部接收和支付款项的行为均是接受华龙证券的授权，故按照法律规定，所形成的一切法律后果应由其授权人华龙证券承担，营业部不应承担责任。

【分支机构是否注销，不影响公司对该分支机构民事义务的承担】

泛华工程有限公司西南公司与中国人寿保险（集团）公司商品房预售合同纠纷案［最高人民法院（2005）民一终字第85号民事判决书（《最高人民法院公报》2008年第2期（总第136期））］，《公司法》第十三条（编者注：现为该法第十四条）规定，公司可以设立分公司，分公司不具有企业法人资格，其民事责任由公司承担。因此，公司分支机构于公司法人变更过程中是否已实际经工商部门注销完毕，不影响公司基于独立法人资格行使其分支机构所享有的民事权利、承担其分支机构所负有的民事义务。

【股东和公司之间，彼此独立】

新疆宝亨房地产开发有限公司与中国人民解放军新疆军区联勤部等委托贷款纠纷案［最高人民法院（2001）民二终字第43号民事判决书］，宝亨开发有限公司系由新疆宝亨物产有限公司出资200万元和新疆六合金属材料有限公司出资100万元共同投资设立，新疆宝亨物产有限公司系由新疆宝亨物产公司出资200万元和宝亨开发公司出资200万元共同投资设立，新疆六合金属材料有限公司系由宝亨开发公司出资200万元和新疆宝亨钢材配售中心出资100万元共同投资设立，新疆宝亨物产有限公司和新疆六合金属材料有限公司均不是宝亨开发公司的全资子公司，宝亨开发公司与宝亨开发有限公司之间并无直接的投资关系。宝亨开发有限公司、新疆宝亨物产有限公司、新疆六合金属材料有限公司、宝亨开发公司均是按照公司法规定和公司设立程序设立的独立法人，宝亨开发公司与新疆宝亨物产有限公司和新疆六合金属材料有限公司之间是股东与公司的关系，新疆宝亨物产有限公司和新疆六合金属材料有限公司与宝亨开发有限公司之间也是股东与公司的关系，该四个公司相互之间并没有无偿或者无法律依据转移财产，宝亨开发有限公司与宝亨开发公司之间也没有形成事实上的改制关系，原审法院认定宝亨开发有限公司系由宝亨开发公司改制而来，没有事实和法律依据，应予纠正。宝亨开发有限公司关于其不是由宝亨开发公司改制而来的上诉理由成立，本院予以支持。对宝亨开发公司出资设立的新公司，只能在案件执行程序中，在宝亨开发公司的财产不足以清偿债务的情况下，执行其在新公司的股权或者出资权益，原审法院将新公司直接列为案件被告，并判决新公司承担偿还欠款的责任，违反了公司法的规定和法人制度原理，应予纠正。宝亨开发有限公司开发经营马市小区系受新疆宝亨物产公司的委托，且新疆宝亨物产公司要支付相应的开发费用给宝亨开发有限公司，双方之间并没有形成无偿的财产权益的转移，原审法院认定宝亨开发有限公司接收了宝亨开发公司的财产，并判决其以接收宝亨开发公司的财产部分承担偿付欠款的责任，没有事实和法律依据，应予纠正。宝亨开发有限公司关于其未接收宝亨开发公司财产，其不应承担偿付欠款责任的上述理由成立，本院予以支持。

【分支机构撤销后，应由其所在的企业承担民事责任】

中国农业银行云南省分行营业部诉深圳国际信托公司等证券回购纠纷案［最高人民法院(2000)经终字第87号民事判决书(《最高人民法院公报》2004年第5期(总第91期))］，根据《民法通则》第六十五条，行为人可以签订书面授权委托书委托他人在委托权限和期限内为一定事务。事务所发生的法律效果、责任承担归委托人。因此企业分支机构的工作人员，持分支机构代表人签署并加盖公章的授权文件，经申请和公示，取得证券交易中心席位，并以申请证券交易中心席位时备案的业务专用章及个人名章，所为的确认证券交易行为，可以确证为企业分支机构的行为。《公司法》和《公司登记管理条例》规定，总公司在其住所地之外向当地工商部门申请设立，属于设立公司的分支机构，在公司授权范围内独立开展业务活动，分支机构不具有企业法人资格，不独立承担民事责任。因此，在该分支机构撤销后，应由其所在的企业承担民事责任。

第十五条 【转投资】 公司可以向其他企业投资；但是，除法律另有规定外，不得成为对所投资企业的债务承担连带责任的出资人。

相关司法解释及两高工作文件

《最高人民法院民事审判第二庭关于对云南高院〈关于股份转让合同的履行期限跨越新旧公司法如何适用法律的请示〉的答复》([2007]民二他字第3号)，答复如下：

修订前的《中华人民共和国公司法》(以下简称《公司法》)第十二条规定了公司对外投资“所累计投资额不得超过本公司净资产的50%”(编者注：该规定现已废除)，但对公司超过该限额的对外投资行为是否有效的问题，该法并没有作出明确规定。2006年1月1日实施的修订后的《公司法》从维护公司权益及其独立人格的角度出发。取消了上述限制。因此，依据本院《关于适用〈中华人民共和国公司法若干问题的规定(一)〉》第二条的规定，本案不应以修订前的《公司法》第十二条规定否定《股权转让协议》的效力。

第十六条 【公司担保】 公司向其他企业投资或者为他人提供担保，依照公司章程的规定，由董事会或者股东会、股东大会决议；公司章程对投资或者担保的总额及单项投资或者担保的数额有限额规定的，不得超过规定的限额。

公司为公司股东或者实际控制人提供担保的，必须经股东会或者股东大会决议。

前款规定的股东或者受前款规定的实际控制人支配的股东，不得参加前款规定事项的表决。该项表决由出席会议的其他股东所持表决权的过半数通过。

一、相关法律条文

《中华人民共和国民法总则》(自2017年10月1日起施行)对于表见代理等，规定如下：

第一百七十二条 行为人没有代理权、超越代理权或者代理权终止后，仍然实施代理行为，相对人有理由相信行为人有代理权的，代理行为有效。

二、相关司法解释及两高工作文件

《最高人民法院关于印发〈全国法院民商事审判工作会议纪要〉的通知》(法〔2019〕254号)，关于公司为他人提供担保，通知如下：

关于公司为他人提供担保的合同效力问题，审判实践中裁判尺度不统一，严重影响了司法公信力，有必要予以规范。对此，应当把握以下几点：

17.【违反《公司法》第16条构成越权代表】为防止法定代表人随意代表公司为他人提供担保给公司造成损失，损害中小股东利益，《公司法》第16条对法定代表人的代表权进行了限制。根据该条规定，担保行为不是法定代表人所能单独决定的事项，而必须以公司股东(大)会、董事会等公司机关的决议作为授权的基础和来源。法定代表人未经授权擅自为他人提供担保的，构成越权代表，人民法院应当根据《合同法》第50条关于法定代表人越权代表的规定，区分订立合同时债权人是否善意分别认定合同效力：债权人善意的，合同有效；反之，合同无效。

18.【善意的认定】前条所称的善意，是指债权人不知道或者不应当知道法定代表人超越权限订立担保合同。《公司法》第16条对关联担保和非关联担保的决议机关作出了区别规定，相应地，在善意的判断标准上也应当有所区别。一种情形是，为公司股东或者实际控制人提供关联担保，《公司法》第16条明确规定必须由股东(大)会决议，未经股东(大)会决议，构成越权代表。在此情况下，债权人主张担保合同有效，应当提供证据证明其在订立合同时对股东(大)会决议进行了审查，决议的表决程序符合《公司法》第16条的规定，即在排除被担保股东表决权的情况下，该项表决由出席会议的其他股东所持表决权的过半数通过，签字人员也符合公司章程的规定。另一种情形是，公司为公司股东或者实际控制人以外的人提供非关联担保，根据《公司法》第16条的规定，此时由公司章程规定是由董事会决议还是股东(大)会决议。无论章程是否对决议机关作出规定，也无论章程规定决议机关为董事会还是股东(大)会，根据《民法总则》第61条第3款关于"法人章程或者法人权力机构对法定代表人代表权的限制，不得对抗善意相对人"的规定，只要债权人能够证明其在订立担保合同时对董事会决议或者股东(大)会决议进行了审查，同意决议的人数及签字人员符合公司章程的规定，就应当认定其构成善意，但公司能够证明债权人明知公司章程对决议机关有明确规定的除外。

债权人对公司机关决议内容的审查一般限于形式审查，只要求尽到必要的注意义务即可，标准不宜太过严苛。公司以机关决议系法定代表人伪造或者变造、决议程序违法、签章(名)不实、担保金额超过法定限额等事由抗辩债权人非善意的，人民法院一般不予支持。但是，公司有证据证明债权人明知决议系伪造或者变造的除外。

19.【无须机关决议的例外情况】存在下列情形的，即便债权人知道或者应当知道没有公司机关决议，也应当认定担保合同符合公司的真实意思表示，合同有效：

(1)公司是以为他人提供担保为主营业务的担保公司，或者是开展保函业务的银行或者非银行金融机构；

(2)公司为其直接或者间接控制的公司开展经营活动向债权人提供担保；

(3)公司与主债务人之间存在相互担保等商业合作关系；

(4)担保合同系由单独或者共同持有公司三分之二以上有表决权的股东签字同意。

20.【越权担保的民事责任】依据前述3条规定，担保合同有效，债权人请求公司承担担保责任的，人民法院依法予以支持；担保合同无效，债权人请求公司承担担保责任的，人民法院不予支持，但可以按照担保法及有关司法解释关于担保无效的规定处理。公司举证证明债权人明知法定代表人超越权限或者机关决议系伪造或者变造，债权人请求公司承担合同无效后的民事责任的，人民法院不予支持。

21.【权利救济】法定代表人的越权担保行为给公司造成损失，公司请求法定代表人承担赔偿责任的，人民法院依法予以支持。公司没有提起诉讼，股东依据《公司法》第151条的规定请求法定代表人承担赔偿责任的，人民法院依法予以支持。

22.【上市公司为他人提供担保】债权人根据上市公司公开披露的关于担保事项已经董事会或者股东大会决议通过的信息订立的担保合同，人民法院应当认定有效。

23.【债务加入准用担保规则】法定代表人以公司名义与债务人约定加入债务并通知债权人或者向债权人表示愿意加入债务，该约定的效力问题，参照本纪要关于公司为他人提供担保的有关规则处理。

《最高人民法院关于印发〈全国法院民商事审判工作会议纪要〉的通知》(法〔2019〕254号)，关于合同效力，通知如下：

人民法院在审理合同纠纷案件过程中，要依职权审查合同是否存在无效的情形，注意无效与可撤销、未生效、效力待定等合同效力形态之间的区别，准确认定合同效力，并根据效力的不同情形，结合当事人的诉讼请求，确定相应的民事责任。

30.【强制性规定的识别】合同法施行后，针对一些人民法院动辄以违反法律、行政法规的强制性规定为由认定合同无效，不当扩大无效合同范围的情形，合同法司法解释（二）第14条将《合同法》第52条第5项规定的“强制性规定”明确限于“效力性强制性规定”。此后，《最高人民法院关于当前形势下审理民商事合同纠纷案件若干问题的指导意见》进一步提出了“管理性强制性规定”的概念，指出违反管理性强制性规定的，人民法院应当根据具体情形认定合同效力。随着这一概念的提出，审判实践中又出现了另一种倾向，有的人民法院认为凡是行政管理性质的强制性规定都属于“管理性强制性规定”，不影响合同效力。这种望文生义的认定方法，应予纠正。

人民法院在审理合同纠纷案件时，要依据《民法总则》第153条第1款和合同法司法解释（二）第14条的规定慎重判断“强制性规定”的性质，特别是要在考量强制性规定所保护的法益类型、违法行为的法律后果以及交易安全保护等因素的基础上认定其性质，并在裁判文书中充分说明理由。下列强制性规定，应当认定为“效力性强制性规定”：强制性规定涉及金融安全、市场秩序、国家宏观政策等公序良俗的；交易标的禁止买卖的，如禁止人体器官、毒品、枪支等买卖；违反特许经营规定的，如场外配资合同；交易方式严重违法的，如违反招投标等竞争性缔约方式订立的合同；交易场所违法的，如在批准的交易场所之外进行期货交易。关于经营范围、交易时间、交易数量等行政管理性质的强制性规定，一般应当认定为“管理性强制性规定”。

31.【违反规章的合同效力】违反规章一般情况下不影响合同效力，但该规章的内容涉及金融安全、市场秩序、国家宏观政策等公序良俗的，应当认定合同无效。人民法院在认定规章是否涉及公序良俗时，要在考察规范对象基础上，兼顾监管强度、交易安全保护以及社会影响等方面进行慎重考量，并在裁判文书中进行充分说理。

32.【合同不成立、无效或者被撤销的法律后果】《合同法》第58条就合同无效或者被撤销时的财产返还责任和损害赔偿责任作了规定，但未规定合同不成立的法律后果。考虑到合同不成立时也可能发生财产返还和损害赔偿责任问题，故应当参照适用该条的规定。

在确定合同不成立、无效或者被撤销后财产返还或者折价补偿范围时，要根据诚实信用原则的要求，在当事人之间合理分配，不能使不诚信的当事人因合同不成立、无效或者被撤销而获益。合同不成立、无效或者被撤销情况下，当事人所承担的缔约过失责任不应超过合同履行利益。比如，依据《最高人民法院关于审理建设工程施工合同纠纷案件适用法律问题的解释》第2条规定，建设工程施工合同无效，在建设工程经竣工验收合格情况下，可以参照合同约定支付工程款，但除非增加了合同约定之外新的工程项目，一般不应超出合同约定支付工程款。

33.【财产返还与折价补偿】合同不成立、无效或者被撤销后，在确定财产返还时，要充分考虑财产增值或者贬值的因素。双务合同不成立、无效或者被撤销后，双方因该合同取得财产的，应当相互返还。应予返还的股权、房屋等财产相对于合同约定价款出现增值或者贬值的，人民法院要综合考虑市场因素、受让人的经营或者添附等行为与财产增值或者贬值之间的关联性，在当事人之间合理分配或者分担，避免一方因合同不成立、无效或者被撤销而获益。在标的物已经灭失、转售他人或者其他无法返还的情况下，当事人主张返还原物的，人民法院不予支持，但其主张折价补偿的，人民法院依法予以支持。折价时，应当以当事人交易时约定的价款为基础，同时考虑当事人在标的物灭失或者转售时的获益情况综合确定补偿标准。标的物灭失时当事人获得的保险金或者其他赔偿金，转售时取得的对价，均属于当事人因标的物而获得的利益。对获益高于或者低于价款的部分，也应当在当事人之间合理分配或者分担。

34.【价款返还】双务合同不成立、无效或者被撤销时，标的物返还与价款返还互为对待给付，双方应当同时返还。关于应否支付利息问题，只要一方对标的物有使用情形的，一般应当支付使用费，该费用可与占有价款一方应当支付的资金占用费相互抵销，故在一方返还原物前，另一方仅须支付本金，而无须支付利息。

35.【损害赔偿】合同不成立、无效或者被撤销时，仅返还财产或者折价补偿不足以弥补损失，一方还可以向有过错的另一方请求损害赔偿。在确定损害赔偿范围时，既要根据当事人的过错程度合理确定责任，又要考虑在确定财产返还范围时已经考虑过的财产增值或者贬值因素，避免双重获利或者双重受损的现象发生。

36.【合同无效时的释明问题】在双务合同中，原告起诉请求确认合同有效并请求继续履行合同，被告主张合同无效的，或者原告起诉请求确认合同无效并返还财产，而被告主张合同有效的，都要防止机械适用“不告不理”原则，仅就当事人的诉讼请求进行审理，而应向原告释明变更或者增加诉讼请求，或者向被告释明提出同时履行抗辩，尽可能一次性解决纠纷。例如，基于合同有给付行为的原告请求确认合同无效，但并未提出返还原物或者折价补偿、赔偿损失等请求的，人民法院应当向其释明，告知其一并提出相应诉讼请求；原告请求确认合同无效并要求被告返还原物或者赔偿损失，被告基于合同也有给付行为的，人民法院同样应当向被告释明，告知其也可以提出返还请求；人民法院经审理认定合同无效的，除了要在判决书“本院认为”部分对同时返还作出认定外，还应当在判项中作出明确表述，避免因判令单方返还而出现不公平的结果。

第一审人民法院未予释明，第二审人民法院认为应当对合同不成立、无效或者被撤销的法律后果作出判决的，可以直接释明并改判。当然，如果返还财产或者赔偿损失的范围确实难以确定或者双方争议较大的，也可以告知当事人通过另行起诉等方式解决，并在裁判文书中予以明确。

当事人按照释明变更诉讼请求或者提出抗辩的，人民法院应当将其归纳为案件争议焦点，组织当事人充分举证、质证、辩论。

37.【未经批准合同的效力】法律、行政法规规定某类合同应当办理批准手续生效的，如商业银行法、证券法、保险法等法律规定购买商业银行、证券公司、保险公司5%以上股权须经相关主管部门批准，依据《合同法》第44条第2款的规定，批准是合同的法定生效条件，未经批准的合同因欠缺法律规定的特别生效条件而未生效。实践中的一个突出问题是，把未生效合同认定为无效合同，或者虽认定为未生效，却按无效合同处理。无效合同从本质上来说是欠缺合同的有效要件，或者具有合同无效的法定事由，自始不发生法律效力。而未生效合同已具备合同的有效要件，对双方具有一定的拘束力，任何一方不得擅自撤回、解除、变更，但因欠缺法律、行政法规规定或当事人约定的特别生效条件，在该生效条件成就前，不能产生请求对方履行合同主要权利义务的法律效力。

38.【报批义务及相关违约条款独立生效】须经行政机关批准生效的合同，对报批义务及未履行报批义务的违约责任等相关内容作出专门约定的，该约定独立生效。一方因另一方不履行报批义务，请求解除合同并请求其承担合同约定的相应违约责任的，人民法院依法予以支持。

39.【报批义务的释明】须经行政机关批准生效的合同，一方请求另一方履行合同主要权利义务的，人民法院应当向其释明，将诉讼请求变更为请求履行报批义务。一方变更诉讼请求的，人民法院依法予以支持；经释明后当事人拒绝变更的，应当驳回其诉讼请求，但不影响其另行提起诉讼。

40.【判决履行报批义务后的处理】人民法院判决一方履行报批义务后，该当事人拒绝履行，经人民法院强制执行仍未履行，对方请求其承担合同违约责任的，人民法院依法予以支持。一方依据判决履行报批义务，行政机关予以批准，合同发生完全的法律效力，其请求对方履行合同的，人民法院依法予以支持；行政机关没有批准，合同不具有法律上的可履行性，一方请求解除合同的，人民法院依法予以支持。

41.【盖章行为的法律效力】司法实践中，有些公司有意刻制两套甚至多套公章，有的法定代表人或者代理人甚至私刻公章，订立合同时恶意加盖非备案的公章或者假公章，发生纠纷后法人以加盖的是假公章为由否定合同效力的情形并不鲜见。人民法院在审理案件时，应当主要审查签约人于盖章之时有无代表权或者代理权，从而根据代表或者代理的相关规则来确定合同的效力。

法定代表人或者其授权之人在合同上加盖法人公章的行为，表明其是以法人名义签订合同，除《公司法》第16条等法律对其职权有特别规定的情形外，应当由法人承担相应的法律后果。法人以法定代表人事后已无代表权、加盖的是假章、所盖之章与备案公章不一致等为由否定合同效力的，人民法院不予支持。

代理人以被代理人名义签订合同，要取得合法授权。代理人取得合法授权后，以被代理人名义签订的合同，应当由被代理人承担责任。被代理人以代理人事后已无代理权、加盖的是假章、所盖之章与备案公章不一致等为由否定合同效力的，人民法院不予支持。

42.【撤销权的行使】撤销权应当由当事人行使。当事人未请求撤销的，人民法院不应当依职权撤销合同。一方请求另一方履行合同，另一方以合同具有可撤销事由提出抗辩的，人民法院应当在审查合同是否具有可撤销事由以及是否超过法定期间等事实的基础上，对合同是否可撤销作出判断，不能仅以当事人未提起诉讼或者反诉为由不予审查或者不予支持。一方主张合同无效，依据的却是可撤销事由，此时人民法院应当全面审查合同是否具有无效事由以及当事人主张的可撤销事由。当事人关于合同无效的事由成立的，人民法院应当认定合同无效。当事人主张合同无效的理由不成立，而可撤销的事由成立的，因合同无效和可撤销的后果相同，人民法院也可以结合当事人的诉讼请求，直接判决撤销合同。

《最高人民法院关于审理金融资产管理公司利用外资处置不良债权案件涉及对外担保合同效力问题的通知》（法发〔2010〕25号），规定如下：

一、2005年1月1日之后金融资产管理公司利用外资处置不良债权，向外国投资者出售或转让不良资产，外国投资者受让债权之后向人民法院提起诉讼，要求债务人及担保人直接向其承担责任的案件，由于债权人变更为外国投资者，使得不良资产中含有的原国内性质的担保具有了对外担保的性质，该类担保有其自身的特性，国家有关主管部门对该类担保的审查采取较为宽松的政策。如果当事人提供证据证明依照《国家外汇管理局关于金融资产管理公司利用外资处置不良资产有关外汇管理问题的通知》（汇发［2004］119号）第六条规定，金融资产管理公司通知了原债权债务合同的担保人，外国投资者或其代理人在办理不良资产转让备案登记时提交的材料中注明了担保的具体情况，并经国家外汇管理局分局、管理部审核后办理不良资产备案登记的，人民法院不应以转让未经担保人同意或者未经国家有关主管部门批准或者登记为由认定担保合同无效。

二、外国投资者或其代理人办理不良资产转让备案登记时，向国家外汇管理局分局、管理部提交的材料中应逐笔列明担保的情况，未列明的，视为担保未予登记。当事人在一审法庭辩论终结前向国家外汇管理局分局、管理部补交了注明担保具体情况的不良资产备案资料的，人民法院不应以未经国家有关主管部门批准或者登记为由认定担保合同无效。

三、对于因2005年1月1日之前金融资产管理公司利用外资处置不良债权而产生的纠纷案件，如果当事人能够提供证据证明依照当时的规定办理了相关批准、登记手续的，人民法院不应以未经国家有关主管部门批准或者登记为由认定担保合同无效。

《最高人民法院关于适用〈中华人民共和国担保法〉若干问题的解释》（法释［2000］44号）（自2000年12月13日起施行）对法定代表人、负责人越权担保的效力，规定如下：

第七条 主合同有效而担保合同无效，债权人无过错的，担保人与债务人对主合同债权人的经济损失，承担连带赔偿责任；债权人、担保人有过错的，担保人承担民事责任的部分，不应超过债务人不能清偿部分的二分之一。

……

第十一条 法人或者其他组织的法定代表人、负责人超越权限订立的担保合同，除相对人知道或者应当知道其超越权限的以外，该代表行为有效。

三、相关文件规定

《中国证券监督管理委员会、国务院国有资产监督管理委员会关于规范上市公司与关联方资金往来及上市公司对外担保若干问题的通知》（2003年8月28日证监发［2003］56号公布，根据2017年12月7日《中国证监会关于修改、废止〈证券公司次级债管理规定〉等十三部规范性文件的决定》修改），为进一步规范上市公司与控股股东及其他关联方的资金往来，有效控制上市公司对外担保风险，保护投资者合法权益，根据《中华人民共和国公司法》、《中华人民共和国证券法》、《中华人民共和国企业国有资产监督管理暂行条例》等法律法规，现就有关问题通知如下：

一、进一步规范上市公司与控股股东及其他关联方的资金往来

上市公司与控股股东及其他关联方的资金往来，应当遵守以下规定：

（一）控股股东及其他关联方与上市公司发生的经营性资金往来中，应当严格限制占用上市公司资金。控股股东及其他关联方不得要求上市公司为其垫支工资、福利、保险、广告等期间费用，也不得互相代为承担成本和其他支出；

（二）上市公司不得以下列方式将资金直接或间接地提供给控股股东及其他关联方使用：

1. 有偿或无偿地拆借公司的资金给控股股东及其他关联方使用；
2. 通过银行或非银行金融机构向关联方提供委托贷款；
3. 委托控股股东及其他关联方进行投资活动；
4. 为控股股东及其他关联方开具没有真实交易背景的商业承兑汇票；
5. 代控股股东及其他关联方偿还债务；
6. 中国证监会认定的其他方式。

（三）注册会计师在为上市公司年度财务会计报告进行审计工作中，应当根据上述规定事项，对上市公司存在控股股东及其他关联方占用资金的情况出具专项说明，公司应当就专项说明作出公告。

二、严格控制上市公司的对外担保风险

上市公司全体董事应当审慎对待和严格控制对外担保产生的债务风险，并对违规或失当的对外担保产生的损失依法承担连带责任。控股股东及其他关联方不得强制上市公司为他人提供担保。

上市公司对外担保应当遵守以下规定：

（一）上市公司不得为控股股东及本公司持股百分之五十以下的其他关联方、任何非法人单位或个人提供担保。

（二）上市公司对外担保总额不得超过最近一个会计年度合并会计报表净资产的百分之五十。

（三）上市公司《章程》应当对对外担保的审批程序、被担保对象的资信标准做出规定。

对外担保应当取得董事会全体成员三分之二以上签署同意，或者经股东大会批准；不得直接或间接为资产负债率超过百分之七十的被担保对象提供债务担保。

（四）上市公司对外担保必须要求对方提供反担保，且反担保的提供方应当具有实际承担能力。

（五）上市公司必须严格按照《上市规则》、《公司章程》的有关规定，认真履行对外担保情况的信息披露义务，必须按规定向注册会计师如实提供公司全部对外担保事项。

（六）上市公司独立董事应在年度报告中，对上市公司累计和当期对外担保情况、执行上述规定情况进行专项说明，并发表独立意见。

三、加大清理已发生的违规占用资金和担保事项的力度

（一）上市公司应自本《通知》发布之日起一个月内，按照本《通知》规定，对上市公司与控股股东及其他关联方已经发生的资金往来、资金占用以及对外担保情况进行自查。

自查报告应在规定期限内上报公司所在地中国证监会派出机构备案，经各地派出机构审核或检查后，应在最近一期年度报告中作为重大事项予以披露。

（二）国有资产监督管理机构应当指导和协调国有控股上市公司解决违规资金占用、关联担保问题，要求有关控股股东尊重、维护上市公司经营自主权和合法权益，促进上市公司依法经营管理，完善法人治理结构，增强上市公司的市场竞争力。

（三）上市公司董事会应当针对历史形成的资金占用、对外担保问题，制定切实可行的解决措施，保证违反本《通知》规定的资金占用量、对外担保形成的或有债务，在每个会计年度至少下降百分之三十。

（四）上市公司被关联方占用的资金，原则上应当以现金清偿。在符合现行法律法规的条件下，可以探索金融创新的方式进行清偿，但需按法定程序报有关部门批准。

（五）严格控制关联方以非现金资产清偿占用的上市公司资金。关联方拟用非现金资产清偿占用的上市公司资金，应当遵守以下规定：

1. 用于抵偿的资产必须属于上市公司同一业务体系，并有利于增强上市公司独立性和核心竞争力，减少关联交易，不得是尚未投入使用的资产或没有客观明确账面净值的资产。

2. 上市公司应当聘请有证券期货相关业务资格的中介机构对符合以资抵债条件的资产进行评估，以资产评估值或经审计的账面净值作为以资抵债的定价基础，但最终定价不得损害上市公司利益，并充分考虑所占用资金的现值予以折扣。

审计报告和评估报告应当向社会公告。

3. 独立董事应当就上市公司关联方以资抵债方案发表独立意见，或者聘请有证券期货相关业务资格的中介机构出具独立财务顾问报告。

4. 上市公司关联方以资抵债方案须经股东大会审议批准，关联方股东应当回避投票。

四、依法追究违规占用资金和对外担保行为的责任

（一）中国证监会与国务院国有资产监督管理委员会（以下简称“国资委”）等部门加强监管合作，共同建立规范国有控股股东行为的监管协作机制，加大对违规占用资金和对外担保行为的查处力度，依法追究相关当事人的法律责任。

（二）上市公司及其董事、监事、经理等高级管理人员违反本《通知》规定，中国证监会将责令整改，依法予以处罚，并自发现上市公司存在违反本《通知》规定行为起 12 个月内不受理其再融资申请。

（三）上市公司控股股东违反本《通知》规定或不及时清偿违规占用上市公司资金的，中国证监会不受理其公开发行证券的申请或其他审批事项，并将其资信不良记录向国资委、中国银行业监督管理委员会和有关地方政府通报。

国有控股股东违反本《通知》规定的，国有资产监督管理机构对直接负责的主管人员和直接责任人依法给予纪律处分，直至撤销职务；给上市公司或其他股东利益造成损失的，应当承担相应的赔偿责任。非国有控股股东直接负责的主管人员和直接责任人违反本《通知》规定的，给上市公司造成损失或严重损害其他股东利益的，应负赔偿责任，并由相关部门依

法处罚。构成犯罪的，依法追究刑事责任。

五、其他

本《通知》所称“关联方”按财政部《企业会计准则——关联方关系及其交易的披露》规定执行。纳入上市公司合并会计报表范围的子公司对外担保、与关联方之间进行的资金往来适用本《通知》规定。

六、本通知自发布之日起施行。

《中国证券监督管理委员会公告》[2009]16号——《上市公司证券发行管理办法》第三十九条“违规对外提供担保且尚未解除”的理解和适用——证券期货法律适用意见第5号，《上市公司证券发行管理办法》（证监会令第30号，以下简称《管理办法》）第三十九条第（三）项规定，上市公司申请非公开发行股票，不得存在“上市公司及其附属公司违规对外提供担保且尚未解除”的情形。在非公开发行股票的行政许可审核实践中，部分上市公司及其附属公司通常采取一些纠正或补救措施，以解除违规担保或消除违规担保对公司的不利影响。由于实践中违规担保的情形多种多样，公司采取的纠正和补救措施各不相同，经过重大资产重组的上市公司历史遗留的违规担保情况则更加复杂，由此造成对于《管理办法》第三十九条“违规对外提供担保且尚未解除”规定的不同理解和认识。经研究，我会认为：

一、非公开发行股票的上市公司应当具有规范的公司治理结构和相应的内控制度，并应严格控制对外担保风险，避免给上市公司、附属公司及其股东产生重大不利影响和造成经济损失。

二、《管理办法》所规定的“上市公司及其附属公司”是指上市公司及其合并报表的控股子公司。

三、《管理办法》所规定的“违规对外提供担保”（以下简称违规担保），是指上市公司及其附属公司违反相关法律、行政法规、规章、中国证监会发布的规范性文件、公司章程的规定（以下简称相关法律规定）对外提供担保。以下情形属于《管理办法》所规定的违规担保：

（一）未按照相关法律规定履行董事会或股东大会表决程序；

（二）董事会或股东大会作出对外担保事项决议时，关联董事或股东未按照相关法律规定回避表决；

（三）董事会或股东大会批准的公司对外担保总额或单项担保的数额超过中国证监会或者公司章程规定的限额；

（四）董事会或股东大会批准对外担保事项后，未按照中国证监会规定的内容在指定媒体及时披露信息；

（五）独立董事未按规定在年度报告中对对外担保事项进行专项说明，并发表独立意见；

（六）其他违反相关法律规定的对外担保行为。

四、《管理办法》所规定的“尚未解除”，是指上市公司递交非公开发行股票申请文件时，上市公司及其附属公司违规担保尚未解除或其风险隐患尚未消除，上市公司及其股东的利益安全存在重大不确定性，而不局限于《合同法》中“合同解除”的概念。担保责任解除主要指上市公司及其附属公司违规担保状态的停止、担保责任的消灭，或者上市公司及其附属公司已经采取有效措施消除了违规担保对上市公司及股东带来的重大风险隐患等。

递交非公开发行股票申请文件前，保荐机构和发行人律师经核查存在下列情形之一的，可以出具意见认定违规担保已经解除或其对上市公司的风险隐患已经消除：

（一）上市公司及其附属公司已经采取相应纠正措施，自律组织、行政监管部门或司法机关已依法追究违规单位及相关人员的法律责任（包括立案调查或立案侦查），相关信息已及时披露；

（二）上市公司及其附属公司已按企业会计准则的要求对因违规担保而承担的付款义务确认预计负债或者已经承担担保责任，自律组织、行政监管部门或司法机关已依法追究违规单位及相关人员的法律责任（包括立案调查或立案侦查），相关信息已及时披露；

（三）担保合同未成立、未生效或已经被宣告无效、解除或撤销，上市公司及其附属公司不再继续承担担保责任以及其他相关赔偿责任；

（四）由于债务人已经全额偿还债务，或债权人未依法要求上市公司及其附属公司承担责任等原因，导致担保责任已经解除；

（五）因其他事由导致担保事项不再继续对上市公司及其社会公众股东利益产生重大不利影响。

前款第（二）项赋予上市公司及其附属公司一定选择权，但不鼓励其通过提前承担担保责任而直接给上市公司及其股东带来经济损失。上市公司及其附属公司选择确认预计负债方式可以给予投资者明确预期，同时，应努力通过法定途径避免或减少损失。

五、实施重大资产重组的上市公司，对于重组前遗留的违规担保，除适用前条规定外，保荐机构和发行人律师经核查存在下列情形之一的，可出具意见认定违规担保对上市公司的风险隐患已经消除：

（一）实施重大资产重组前，重组方已经知晓违规担保的事实，虽然递交非公开发行股票申请文件前违规担保尚未解除，但上市公司及其附属公司已按企业会计准则的要求对因违规担保而承担的付款义务确认预计负债，且自律组织、行政监管部门或司法机关已依法追究违规单位及相关人员的法律责任（包括立案调查或立案侦查），相关信息已及时披露；

（二）相关当事方已签署有效的法律文件，约定控股股东、实际控制人或重组方全部承担上市公司及其附属公司因违规担保可能产生的债务本息，且控股股东、实际控制人或重组方切实具备履约能力。

六、相关会计师事务所可以就上述第四条第二款第（二）项、第五条第（一）项关于上市公司及其附属公司对违规担保而承担的付款义务是否确认预计负债出具专项审核意见。

七、保荐机构和相关证券服务机构就上市公司及其附属公司违规担保是否已经解除出具的专业意见是监管部门作出判断的重要依据。保荐机构、相关证券服务机构及其人员应当确保专业意见的结论明确，依据适当、充分，分析清晰、合理。违反相关规定的，除依法采取相应的监管措施外，监管部门还将对相关机构和人员此后出具的专业意见给予重点关注。保荐机构、相关证券服务机构及其人员存在违法违规行为的，将依法追究其法律责任。

《中国证券监督管理委员会、中国银行业监督管理委员会关于规范上市公司对外担保行为的通知》（证监发［2005］120号），为规范上市公司对外担保行为和银行业金融机构审批由上市公司提供担保的贷款行为，有效防范上市公司对外担保风险和金融机构信贷风险，根据《中华人民共和国公司法》、《中华人民共和国证券法》、《中华人民共和国银行业监督管理法》和《中华人民共和国担保法》等法律、法规的规定，现就上市公司对外担保有关问题通知如下：

一、规范上市公司对外担保行为，严格控制上市公司对外担保风险

（一）上市公司对外担保必须经董事会或股东大会审议。

（二）上市公司的《公司章程》应当明确股东大会、董事会审批对外担保的权限及违反审批权限、审议程序的责任追究制度。

（三）应由股东大会审批的对外担保，必须经董事会审议通过后，方可提交股东大会审批。须经股东大会审批的对外担保，包括但不限于下列情形：

1. 上市公司及其控股子公司的对外担保总额，超过最近一期经审计净资产50%以后提供的任何担保；

2. 为资产负债率超过70%的担保对象提供的担保；

3. 单笔担保额超过最近一期经审计净资产10%的担保；

4. 对股东、实际控制人及其关联方提供的担保。

股东大会在审议为股东、实际控制人及其关联方提供的担保议案时，该股东或受该实际

控制人支配的股东，不得参与该项表决，该项表决由出席股东大会的其他股东所持表决权的半数以上通过。

（四）应由董事会审批的对外担保，必须经出席董事会的三分之二以上董事审议同意并做出决议。

（五）上市公司董事会或股东大会审议批准的对外担保，必须在中国证监会指定信息披露报刊上及时披露，披露的内容包括董事会或股东大会决议、截止信息披露日上市公司及其控股子公司对外担保总额、上市公司对控股子公司提供担保的总额。

（六）上市公司在办理贷款担保业务时，应向银行业金融机构提交《公司章程》、有关该担保事项董事会决议或股东大会决议原件、刊登该担保事项信息的指定报刊等材料。

（七）上市公司控股子公司的对外担保，比照上述规定执行。上市公司控股子公司应在其董事会或股东大会做出决议后及时通知上市公司履行有关信息披露义务。

二、规范银行业金融机构贷款担保审批行为，有效防范银行业金融机构发放由上市公司提供担保的贷款风险

（一）各银行业金融机构应当严格依据《中华人民共和国担保法》、《中华人民共和国公司法》、《最高人民法院关于适用〈中华人民共和国担保法〉若干问题的解释》等法律法规，加强对由上市公司提供担保的贷款申请的审查，切实防范相关信贷风险，并应及时将贷款、担保信息登录征信管理系统。

（二）各银行业金融机构必须依据本《通知》、上市公司《公司章程》及其他有关规定，认真审核以下事项：

1. 由上市公司提供担保的贷款申请的材料齐备性及合法合规性；

2. 上市公司对外担保履行董事会或股东大会审批程序的情况；

3. 上市公司对外担保履行信息披露义务的情况；

4. 上市公司的担保能力；

5. 贷款人的资信、偿还能力等其他事项。

（三）各银行业金融机构应根据《商业银行授信工作尽职指引》等规定完善内部控制制度，控制贷款风险。

（四）对由上市公司控股子公司提供担保的贷款申请，比照上述规定执行。

三、加强监管协作，加大对涉及上市公司违规对外担保行为的责任追究力度

（一）中国证监会及其派出机构与中国银监会及其派出机构加强监管协作，实施信息共享，共同建立监管协作机制，共同加大对上市公司隐瞒担保信息、违规担保和银行业金融机构违规发放贷款等行为的查处力度，依法追究相关当事人的法律责任。

（二）上市公司及其董事、监事、经理等高级管理人员违反本《通知》规定的，中国证监会责令其整改，并依法予以处罚；涉嫌犯罪的，移送司法机关予以处理。

（三）银行业金融机构违反法律、法规的，中国银监会依法对相关机构及当事人予以处罚；涉嫌犯罪的，移送司法机关等措施追究法律责任。

四、其他

（一）各上市公司应当按照上述规定，修订和完善《公司章程》；各银行业金融机构应将上市公司对外担保纳入统一授信管理，严格按照有关规定进行审批和管理。

（二）本《通知》所称“银行业金融机构”，按《中华人民共和国银行业监督管理法》规定执行。所称“对外担保”，是指上市公司为他人提供的担保，包括上市公司对控股子公司的担保。所称“上市公司及其控股子公司的对外担保总额”，是指包括上市公司对控股子公司担保在内的上市公司对外担保总额与上市公司控股子公司对外担保总额之和。

（三）金融类上市公司不适用本《通知》规定。

（四）《关于上市公司为他人提供担保有关问题的通知》（证监公司字[2000]61号）、《关于规范上市公司与关联方资金往来及上市公司对外担保若干问题的通知》（证监发[2003]56号）中与本《通知》规定不一致的，按本《通知》执行。

五、本《通知》自2006年1月1日起施行。

《中国证券监督管理委员会关于集中解决上市公司资金被占用和违规担保问题的通知》（证监公司字[2005]37号），根据我会2005年上市公司监管工作重点，今年要从国有控股上市公司入手，重点解决上市公司资金占用和违规担保问题。各证监局要把这项工作作为评价考核上市公司监管工作成效的重要指标，真抓实干，打好集中解决上市公司资金被占用和违规担保问题攻坚战，在年内基本解决本辖区历史形成的非经营性占用资金问题。现就有关工作通知如下：

一、集中解决上市公司资金被占用和违规担保问题，切实维护社会公众股股东合法权益

维护上市公司财产完整和安全，切实维护社会公众股股东合法权益，是集中解决大股东（或控股股东、实际控制人，下同）占用上市公司资金和上市公司违规担保问题的出发点和落脚点。集中解决大股东占用上市公司资金和清理上市公司违规担保的具体方案要以是否有利于维护社会公众股股东合法权益、是否有利于增强市场信心这一标准来衡量。集中解决占用资金问题和上市公司违规担保问题，要按照《国务院关于推进资本市场改革开放和稳定发展的若干意见》（国发[2004]3号，以下简称《若干意见》）的总体要求，全方位、多角度规范上市公司运作；集中解决占用资金问题和上市公司违规担保问题，是一项多管齐下、综合治理的系统工程，需要包括社会公众股股东、上市公司、控股股东、地方政府等有关方面的共同努力，合力推进资本市场的改革开放和稳定发展。各证监局要按照辖区监管责任制的要求，协调、支持、配合中央和地方国有资产监管机构，采取有效措施，综合运用现金清偿、以股抵债、以资抵债等方式，从国有控股上市公司入手，在年内基本解决大股东历史形成的非经营性占用资金问题，坚决制止新发生占用行为；协调、支持、配合银行业监管部门采取有效措施清理上市公司违规担保问题。

二、采取多种措施，集中解决大股东占用上市公司资金问题

（一）实行新老划断，运用多种手段解决历史遗留问题。对于历史遗留问题，按照《若干意见》的总体要求，督促上市公司董事会在各地方政府的支持下，采取包括寻求司法途径在内的切实有效措施，要求大股东在年内基本清偿历史形成的非经营性占用资金。大股东可以通过抵扣红利、转让、拍卖股份和资产等途径实现现金清偿；大股东确实不具备现金清偿能力的，可以采用以纠正过错为前提的“以股抵债”方式；只有资产质量符合要求的，才能实施“以资抵债”。鼓励大股东一次性清偿历史形成的全部占用资金。

（二）严格惩戒措施，切实落实清偿方案，有效制止新发生占用行为。对于大股东在限期内未能及时清偿或者新发生非经营性占用的，各证监局应当按照《若干意见》的要求，配合各地方政府和有关主管部门，严格按照《关于规范上市公司与关联方资金往来以及上市公司对外担保若干问题的通知》（证监发[2003]56号，以下简称“56号文”）的规定，对国有控股股东直接负责人和直接责任人给予纪律处分，直至撤销职务；对于非国有控股上市公司大股东及其法定代表人，要将其信用不良记录通报各地人民银行、银监局、各商业银行以限制其信贷行为；上市公司未能制止资金被侵占或者没有及时追讨被占用资金的，责令上市公司限期整改，提出认定对此负有责任的董事、高管人员为不适当人选的建议；提出停止受理有关控股股东或者实际控制人证券期货相关业务行政许可申请、上市公司再融资等许可申请的建议。中国证监会将在上市公司2005年年报公布后，在媒体上公开披露非经营性占用上市公司资金余额1亿元以上的控股股东和其法定代表人名单，以及上述被追究责任人员名单，以加大社会监督力度。

（三）严格控制“以股抵债”或者“以资抵债”实施条件，加大监管力度，防止以次充好、以股赖账等损害公司及社会公众股股东权益的行为。“以股抵债”措施仅适用于纠正56号文发布之前形成的非经营性占用资金，上市公司具有持续盈利能力且大股东确实没有现金清偿能力的情形。“以股抵债”不同于一般意义的上市公司股权转让行为，应当以纠正侵占过错为前提，合理支付占用成本，推行市场化定价机制，要切实维护社会公众股股东的合法权益，要有利于增强市场信心。大股东用“以资抵债”方式解决历史形成非经营性占用资金

的，用以抵债的资产质量不得低于56号文提出的要求，不存在原公开承诺用现金清偿而改用“以资抵债”的问题。

（四）重点解决大股东非经营性占用上市公司资金的问题。非经营性占用资金是指上市公司为大股东及其附属企业垫付的工资、福利、保险、广告等费用和其他支出；代大股东及其附属企业偿还债务而支付的资金；有偿或无偿直接或间接拆借给大股东及其附属企业的资金；为大股东及其附属企业承担担保责任而形成的债权；其他在没有商品和劳务对价情况下提供给大股东及其附属企业使用的资金。

各证监局、证券交易所必须加强对上市公司关联交易的监管，督促上市公司完善并严格执行关联交易规则，提高关联交易透明度，使得大股东经营性占用资金额有明显降低，严防大股东、上市公司将非经营性占用转换为经营性占用（比如一面清偿非经营性占用资金，一面拖欠关联交易款项），支持上市公司通过并购重组减少关联交易，实现资产独立、业务完整，消除经营性占用资金的根源。

三、规范上市公司对外担保行为，化解上市公司担保风险

各证监局要加强对上市公司滥用上市公司信用，无节制地对外提供担保和漠视有关规定恶意担保问题的监管，督促上市公司认真执行56号文和《关于上市公司为他人提供担保有关问题的通知》（证监公司字［2000］61号）的规定，严格控制担保风险，禁止发生新的违规担保行为。要求上市公司为他人提供担保应当严格内部程序，须经董事会非利害关系成员三分之二以上签署同意，或者提请股东大会审议批准，及时披露相关会议决议内容；要求上市公司在公司章程中明确董事会审议单次担保、为单一对象担保及累计担保总额的最高限额和职责，以及董事对违规担保、擅自担保或者失当担保给公司造成损失应当承担的连带责任。

上市公司及其董事、高级管理人员在担保期内应当持续审查被担保对象的财务状况，监督其及时清偿债务以解除担保责任。对于违反有关规定提供担保的上市公司，证监局应责令其整改，并将公司整改情况报告中国证监会上市公司监管部。情节严重或者拒不整改的，证监局要将相关情况通报当地银监局敦请其重点关注，并向中国证监会提出自向上市公司发出整改通知之日起12个月内不受理其再融资申请、认定同意公司违反有关规定提供担保的董事和高级管理人员为不适当人选的建议。

国家政策允许的航空、电力等特殊行业的上市公司为非纳入上市公司合并报表范围内子公司提供担保应提请股东大会审议后方可实施。

四、集中解决上市公司资金被占用和违规担保问题的工作部署和要求

（一）证监局接此通知后，应当立即部署落实相关工作，按照“谁监管谁负责”的原则，逐家摸清占用情况和大股东的清偿能力，逐家督促上市公司及其大股东根据实际情况制订出切实可行的清欠方案。各证监局要加强与地方国有资产监管机构的监管合作，采取有效措施一户一户地督促地方国有控股上市公司在年内完成清理资金占用工作。同时，各证监局要在各地方政府的支持下，督促非国有控股上市公司切实落实其清欠方案。各证监局在上市公司年报披露后要填写“上市公司非经营性占用资金清偿统计表”（见附件），于6月24日前上报上市公司监管部。

（二）各证监局应当指定专项联系人督促上市公司落实清欠方案，并于每季度结束后10日内按照“上市公司非经营性占用资金清偿统计表”的格式向上市公司监管部汇总上报清偿进度。

（三）各证监局要督促上市公司规范“以股抵债”、“以资抵债”清欠工作程序。拟采用“以股抵债”方案的，必须在取得证监会和国资委（如属于国有股的）同意后方可召开董事会会议；相关方案提交股东大会审议前，应当取得国资委批准（如属于国有股的）。在相关信息披露前，上市公司、大股东及其他当事人应当履行诚信义务，做好信息保密工作，确保所有投资者平等获得信息。证监会将按照具备条件、方案成熟为先行试点原则继续推进“以股抵债”工作。

上市公司董事会审议符合条件的"以资抵债"方案，应当在做出决议后两个工作日内予以公告。为防范大股东以不良资产抵债和高估资产价值，公司所在地证监局应严格审查大股东用以抵债资产的质量和评估情况，对"以资抵债"方案出具初审意见报中国证监会核准。中国证监会对公司"以资抵债"方案未提出异议的，公司可以发布召开股东大会的通知。中国证监会认为以资抵债方案不符合56号文规定，或者有明显损害公司和中小股东利益的情形，可以制止该方案实施。

（四）各证监局要在年报披露结束后对辖区内上市公司的对外担保情况进行全面检查，摸清上市公司对外担保特别是循环担保风险状况的底数，查清违规担保情况。调查情况表应在6月24日前报上市公司监管部。在此基础上督促上市公司完整、准确、及时地披露其对外担保状况；促使上市公司完善公司章程，建立信用风险内控制度，严格担保的内部批准程序；要求上市公司坚持用发展的办法解决前进中的问题，采取有效措施逐步解除历史形成的违规担保，不得为已到期的违规担保再行续保。

各证监局要按照《若干意见》的精神，敦请银监局加大对商业银行审批上市公司对外担保行为的监管力度，与其在对上市公司担保问题的监管方面建立起信息共享、沟通便捷、职责明确的协调配合机制，防范、化解上市公司违规担保可能引发的信用风险。

（五）证券交易所应当根据56号文和本通知精神，加强集中解决占用问题的信息披露监管工作，非经证监会和国资委（如属于国有股的）同意的"以股抵债"方案不得披露，并结合2004年年度报告审核工作，对占用资金和清偿进度披露情况进行统计分析，分析报告于6月24日前上报上市公司监管部。

（六）上市公司监管部在《上市公司简报》中通报各证监局督促上市公司落实清理资金占用及规范担保行为工作的进展情况，并据此进行年度考核评价。上市公司监管部将根据集中解决上市公司资金被占用和违规担保问题的工作情况，适时召开现场工作会议进行经验交流。

四、相关案例

1.《公司法》第十六条第二款为管理性强制性规范

【内部决议的程序瑕疵及董事签名真实与否，不影响公司对外作出担保行为的法律效力】

上诉人马鞍山小南山矿业有限公司与被上诉人交通银行股份有限公司武汉青山支行、原审被告武汉伟思科工贸有限公司、刘革等金融借款合同纠纷案［最高人民法院（2017）最高法民终310号民事判决书（最高人民法院第四巡回法庭当庭宣判十大案例（2017年度）之五）］，具体如下：

案情简介

小南山公司一审称，依公司章程，对外担保事项应经董事会决议，故《最高额抵押合同》未经董事会表决无效；在同意提供最高额保证的董事会决议上签字的董事之一当时已被免职，故该决议无效，《最高额保证合同》亦无效。一审判决认为，小南山公司内部决议的程序瑕疵及董事签名真实与否，不影响公司对外作出担保行为的法律效力，小南山公司关于合同无效的理由不成立，故对交行青山支行关于对小南山公司采矿权行使抵押权、小南山公司应承担保证责任的诉讼请求予以支持。小南山公司上诉，认为《最高额抵押合同》《最高额保证合同》无效，其上诉理由与一审理由相同。

二审判决：驳回上诉，维持原判。

实务总结

围绕当事人的上诉请求和理由，庭前认真阅卷，吃透案情，明确审理思路、庭审重点，是当庭宣判的基础。本案争议的核心问题是案涉《最高额抵押合同》《最高额保证合同》是否有效。

根据上诉状，承办人对案件争议焦点做了初步判断，根据庭前会议当事人答辩情况，明确了本案的争议焦点，但只有上诉人关于《最高额抵押合同》《最高额保证合同》无效的理由是否成立，即两个合同的效力问题是当事人争议的核心。这两个争议焦点均涉及《公司法》第十六条的适用，主要是公司对外担保效力的判断这个公认的疑难复杂问题。通过庭前阅卷，承办人发现，小南山公司的章程载明，小南山公司系一人公司，小南山公司章程对公司对外担保程序无规定，并未规定公司对外担保需经过董事会决议。一审并未认定该事实，对此，二审庭审需重点审查。庭审中查明相关事实后，认为交行青山支行已经尽到了对小南山公司提供担保的审查义务，小南山公司关于合同无效的理由不成立，当庭作出了判决。

【担保行为未损害担保人利益的，不应以缺乏担保人董事会或者股东会、股东大会决议，认定担保行为无效】

中国工商银行股份有限公司鹰潭分行诉中新房南方集团有限公司原审被告鹰潭市太平洋奥特莱斯商贸有限公司、鹰潭市华森房地产开发有限公司、胡某辉、洪某、傅某、原审第三人中山证券有限责任公司委托贷款合同纠纷上诉案［最高人民法院第三巡回法庭（2017）最高法民终369号民事判决书］，关于中新房南方公司出具的案涉《担保函》的效力应如何认定。中新房南方公司上诉主张，其对奥特莱斯公司出具的两份《一般委托贷款借款合同》的担保函仅盖有中新房南方公司公章，未附有中新房南方公司董事会相关决议，从形式及效力均违反法律规定，应为无效。本院认为，《公司法》第十六条第一款规定，“公司向其他企业投资或者为他人提供担保，依照公司章程的规定，由董事会或者股东会、股东大会决议”，该法律规定的立法目的是保护公司、股东和债权人的利益，防止法定代表人等公司工作人员超越权限擅自为他人提供担保，该法规定的决议前置程序旨在确保公司为他人提供担保系公司的真实意思表示。本案中，中新房华夏实业有限公司、奥特莱斯公司、胡文辉均系鹰潭华森公司股东，根据奥特莱斯公司、中新房华夏实业有限公司、鹰潭华森公司签订的《代持股合作补充协议书》，中新房华夏实业有限公司与奥特莱斯公司和胡文辉合作的主要条件，是为鹰潭华森公司的项目开发提供融资支持，帮助奥特莱斯公司偿还工商银行的5.2亿元贷款。中新房南方公司作为中新房华夏实业有限公司的控股股东，以自身名义为奥特莱斯公司提供担保，符合中新房华夏实业有限公司履行《代持股合作补充协议书》项下的义务，其担保行为亦不损害中新房南方公司的自身利益，应认定为中新房南方公司的真实意思表示。因此，中新房南方公司虽未提供其公司董事会决议，但根据本案相关证据可以认定案涉《担保函》的出具系其真实意思表示，中新房南方公司关于案涉《担保函》无效的上诉理由，明显违反诚信原则，本院不予支持。

【《公司法》第十六条为管理性强制性规定，未经股东会决议的公司为股东或者实际控制人提供的担保有效】

中国农业银行股份有限公司无锡锡山支行诉海安远东新材料有限公司等金融借款合同案［江苏省无锡市中级人民法院（2016）苏02民终字第3037号民事判决书］，远东公司的公司章程中并未对法定代表人有权签署合同类型作明确规定，故不能认为陈光签订《最高额保证合同》的行为超越权限。退一步说，即便认为陈光超越权限签订所涉保证合同，锡山支行也无法从现有资料中认识到其存在超越权限的情形，属于善意相对方，陈光的行为构成表见代理。《公司法》第十六条关于“公司为公司股东或者实际控制人提供担保的，必须经股东会或者股东大会决议”的规定属于管理性强制性规定，而非合同法及相关司法解释所规定的效力性强制性规定，违反该法条的，不能产生担保无效的法律后果。故本案中，远东公司虽在未经股东会决议通过的情况下为其股东嘉联公司提供担保，但不能因此而认定《最高额保证合同》无效，《最高额保证合同》成立并合法有效。

【原股东为公司对外债务提供担保，不受《公司法》第十六条的调整】

黑龙江宇辉新型建筑材料有限公司、嘉盈投资担保集团有限公司、辽宁宇辉新型建筑材料有限公司、陈则全、孙小玲案［辽宁省沈阳市中级人民法院（2016）辽01民终6153号民事判决书］，本案黑龙江宇辉公司作为辽宁宇辉公司的原股东为辽宁宇辉公司对外借款提供担保，不属于公司为股东担保情形，不受《公司法》第十六条第二款“公司为公司股东或者实际控制人提供担保的，必须经股东会或者股东大会决议。”的规定所调整。《公司法》第十六条所规定包括公司对外和对内提供担保两种情形，本案黑龙江宇辉公司为辽宁宇辉公司借款提供担保属于股东对公司对外债务提供担保，嘉盈担保公司是否要求黑龙江宇辉公司提供股东会决议和黑龙江宇辉公司是否提供股东会决议，并不影响对外担保合同的效力。

【未经董事会或股东会同意，不影响公司对外担保的效力】

广东银达融资担保投资集团有限公司与朱启来、朱月云等追偿权纠纷案［广东省广州市中级人民法院（2016）粤01民终5093号民事判决书］，涉案《最高额担保/反担保合同》在签订时未经天地公司的股东会或董事会决议是否影响合同的效力。根据查明的事实，首先，根据《最高额担保/反担保合同》的约定，担保人天地公司为朱启来的债权人银达公司作出反担保。由于签订合同的主体是公司，其行为应受公司法的调整。根据我国《公司法》第一百四十八条的相关规定，董事、高级管理人员不得违反公司章程的规定，未经股东会、股东大会或者董事会同意，将公司资金借贷给他人或者以公司财产为他人提供担保。此条文的实质是公司内部的管理性规范，目的在于防止公司董事及其他高级管理人员利用职务行为损害公司、小股东及债权人的利益。因上述合同并无违反法律或者行政法规的效力性强制性的规定，因此不能据此约束交易的相对人，自然也不宜据此认定合同无效。其次，根据公司管理的经验法则，公司何时何某以何种形式召开股东会是公司内部管理事务，其已超出了交易相对人的判断和控制范围，如以未召开股东会作为合同无效的依据，会给公司动辄以未召开股东会等理由主张合同无效的不诚信行为提供机会，不利于市场秩序的维护和完善。最后，天地公司主张银达公司怠于对债务人提供的质押股权、抵押物行使权利，应当视为银达公司对债务人质押、抵押担保的放弃，依法无权再就该质押股权、抵押物所担保范围内的债权要求天地公司等担保人承担担保责任，但由于担保物并无办理登记，股权质权和抵押权并未设立；同时，担保物系朱月云和广交商贸公司所提供，并非债务人朱启来提供，故银达公司有选择权，因此天地公司的该上诉主张不成立。因此，本院认为，涉案《最高额担保/反担保合同》在签订时未经天地公司的股东会或董事会决议不影响合同的效力。现银达公司已代偿涉案借款本金及利息，提交了平安银行进账单，与华某公司出具的《代偿证明》互相印证，银达公司行使追偿权有事实和法律依据，在此前提下，原审法院判令天地公司应对涉案债务承担连带清偿责任正确，依法应予维持。

浙江省台州电力资源开发有限公司与应伟强等民间借贷纠纷上诉案［浙江省台州市中级人民法院（2011）浙台商终字第36号民事判决书］，被上诉人朱慧霞由上诉人电力资源公司提供保证担保，向被上诉人应伟强借款300万元，且至今未能归还的事实清楚。争议焦点之一是担保是否合法有效。上诉人电力资源公司自愿为200万元借款提供保证担保的意思表示明确。现在上诉人主张担保无效的理由是其对外提供担保没有征得董事会或股东会同意。《公司法》第十六条规定的“公司向其他企业投资或者为他人提供担保，依照公司章程的规定，由董事会或者股东会、股东大会决议”属管理性条款，而非禁止性条款。公司章程仅约束公司内部，不能对外对抗债权人。因此，上诉人的这一上诉理由不能成立，担保应认定为合法有效。

【《公司法》第十六条并非效力性强制性规定，未经股东会决议的公司对外担保有效】

成都市誉容融资担保有限公司诉任双蓉等追偿权纠纷案［四川省成都市锦江区人民法院（2015）锦江民初字第2602号民事判决书］，关于皓思酒店与誉容担保公司签订的《保证反担保合同》的效力问题。《公司法》第十六条第一款并未明确规定公司违反该规定对外提供担保所签订的担保合同无效。根据《合同法》第五十二条及《最高人民法院关于适用〈中华人民共和国合同法〉若干问题的解释（二）》第十四条之规定，违反法律、行政法规的效力性强制性规定的合同无效，但上述公司法条款并非效力性强制性规定，因此皓思酒店与誉容担保公司签订的《保证反担保合同》不能简单地被认定为无效。在法律、行政法规并未明确公司违反《公司法》第十六条的规定对外提供担保的行为无效的情况下，为了维护交易的安全和稳定，根据公司内部决议程序不得约束第三人的一般原理，宜认定皓思酒店与誉容担保公司签订的《保证反担保合同》有效。

【《公司法》第十六条是内部控制程序，不能以此约束交易相对人】

叶舒娇等诉台州恩都酒店有限公司等股权转让纠纷案［浙江省台州市中级人民法院(2015)浙台商终字第744号民事判决书］，二审双方争议的是被上诉人恩都酒店、德嘉公司为讼争债务提供保证担保的效力问题。被上诉人德嘉公司在还款承诺书中加盖真实的印章，被上诉人德嘉公司系一人有限公司，无股东会可言，其盖章担保系真实意思表示，故应认定被上诉人德嘉公司为讼争债务担保合法有效。被上诉人恩都酒店在还款承诺书中作为保证人加盖印章，虽未经股东会或股东大会决议，违反我国《公司法》第十六条第二款公司为公司股东或实际控制人提供担保的，必须经股东会或者股东大会决议的规定，但公司法并没有明确规定未经股东会或股东大会决议，公司为股东或实际控制人提供担保的行为将导致合同无效，故《公司法》第十六条第二款规定不是效力性强制性规定，而是管理性强制性规定。《合同法》第五十二条规定“有下列情形之一的，合同无效。……(五)违反法律、行政法规的强制性规定”，而最高人民法院《关于适用〈中华人民共和国合同法〉若干问题的解释(二)》第十四条对这条规定的强制性，作出如下解释规定，《合同法》第五十二条第(五)项规定的强制性规定，是指效力性强制性规定。因此，被上诉人恩都酒店未经股东会或股东大会决议，为公司股东或实际控制人提供担保的，不存在《合同法》第五十二条规定的合同无效情形之一。被上诉人恩都酒店和德嘉公司以《公司法》第十六条第二款规定为由主张其为讼争债务担保无效，缺乏法律依据，本院不予支持。《公司法》第一条开宗明义规定“为了规范公司的组织和行为，保护公司、股东和债权人的合法权益，维护社会经济秩序，促进社会主义市场经济的发展，制定本法。”和第十六条第二款规定公司为公司股东或实际控制人提供担保的，必须经股东会或者股东大会决议的规定，已明确公司法立法本意在于限制公司主体行为，防止公司的实际控制人或者高级管理人员损害公司、小股东或者其他债权人的利益，其实质是内部控制程序，不能以此约束交易相对人。

【未经过股东大会决议的同意，上市公司的对外担保应属无效】

青海贤成矿业股份有限公司等诉张励等民间借贷纠纷案［广东省广州市中级人民法院(2014)穗中法金民终字第1714号民事判决书］，本案二审争议的主要焦点在于贤成矿业公司应否为黄贤优于2011年1月21日向张励、唐庆祝、张海南、周爱玲、金海英、卢晓梅借款1000万元承担担保责任。对此争议焦点，根据查明的事实，首先，基于黄贤优是贤成矿业公司的实际控制人，因此，贤成矿业公司作为上市公司，其股权结构具有特殊性，导致股东的利益与实际经营人的利益相分离，经营者的利益不能代表全体股东的利益。据此，其对外作出重大决定理应严格依照相关的法律法规的规定执行。根据《公司法》第十六条第二款，以及《国务院批转证监会关于提高上市公司质量意见的通知》《证监会、银监会关于规范上市公司对外担保行为的通知》等规定，明确规定了上市公司为实际控制人提供担保的前提条件。本案中，贤成矿业公司确认涉案担保行为并未经过股东会决议，张励、唐庆祝、张海南、周爱玲、金海英、卢晓梅对此亦未能提交相应证据证实。本院据此认定贤成矿业公司为涉案借款提供担保的行为，确未经过股东大会的同意，从而违反了前述法律法规的规定。故贤成矿业公司为黄贤优提供的担保应属于无效，贤成矿业公司对此存在一定的过错。其次，张励、唐庆祝、张海南、周爱玲、金海英、卢晓梅出借大额款项，理应严格审查担保人提供担保的合法性，应当要求贤成矿业公司在提供担保的同时提交相应的《股东会决议》，且贤成矿业公司作为上市公司，其年度报告及相关经营性文件均为公开性文件，张励、唐庆祝、张海南、周爱玲、金海英、卢晓梅完全可查阅了解。因此，贤成矿业公司向张励、唐庆祝、张海南、周爱玲、金海英、卢晓梅就涉案借款出具的《担保函》归于无效，张励、唐庆祝、张海南、周爱玲、金海英、卢晓梅亦具有审核不严的过错。审查本案中贤成矿业公司、张励、唐庆祝、张海南、周爱玲、金海英、卢晓梅的过错责任，贤成矿业公司应对黄贤优不能清偿的债务承担1/2的赔偿责任较为合理。鉴于青海省西宁市中级人民法院于2013年6月18日裁定受理贤成矿业公司破产重整，故其承担责任的时间应截至2013年6月18日。因主债务人黄贤优未对原审法院认定其尚欠张励、唐庆祝、张海南、周爱玲、金海英、卢晓梅借款本金930万元及利息提出上诉，故本院予以维持。

【《公司法》第十六条第二款是关于公司内部控制管理的规定，不应以此作为评价合同效力的依据】

招商银行股份有限公司大连东港支行与大连振邦氟涂料股份有限公司、大连振邦集团有限公司借款合同纠纷案［最高人民法院（2012）民提字第156号民事判决书（《最高人民法院公报》2015年第2期（总第220期））］，《公司法》第十六条第二款规定，公司为公司股东或者实际控制人提供担保的，必须经股东会或者股东大会决议。该条款是关于公司内部控制管理的规定，不应以此作为评价合同效力的依据。担保人抗辩认为其法定代表人订立抵押合同的行为超越代表权，债权人以其对相关股东会决议履行了形式审查义务，主张担保人的法定代表人构成表见代表的，人民法院应予支持。

【章程对担保没有规定时，公司对外担保无须再经董事会或股东会的决议】

金引国诉丰隆置业（湖州）有限公司、励伟臻民间借贷纠纷案［浙江省高级人民法院（2011）浙商外终字第63号民事判决书］，对于本案的500万元借款，时任丰隆公司董事兼总经理的钱伟民在励伟臻向金引国出具的借条上签字并注明：为解决施工方励伟臻资金周转困难，保障工程进度，同意由励伟臻自行出面借款，由丰隆公司担保。后又加盖了丰隆公司的财务专用章。丰隆公司在二审庭审中经比对样本，决定撤回对该财务专用章真实性的司法鉴定申请，故应认定该财务章真实性。丰隆公司的财务部门在借条上加盖印章的行为，表明公司对钱伟民在借条上签字的行为是知情并且许可的。钱伟民的行为应当被认定为履行公司事务的职务行为，即应认定丰隆公司已对励伟臻向金引国的借款作出了担保承诺。丰隆公司上诉主张应依据《最高人民法院关于适用〈中华人民共和国担保法〉若干问题的解释》第四条的规定，认定钱伟民对外担保的行为无效。由于原《公司法》第六十条的规定已经在公司法修订的过程中作出了修改，故适用前述担保法司法解释第四条的前提条件也发生了改变，故本案应当适用新《公司法》第十六条第一款的规定："公司向其他企业投资或者为他人提供担保，依照公司章程的规定，由董事会或者股东会、股东大会决议……"而丰隆公司的章程中并未对担保事项作出规定，更未规定担保限额问题。因此，丰隆公司的对外担保行为无须再经董事会或股东会、股东大会的决议，其对外担保行为合法有效，丰隆公司应当对其作出的有效担保行为承担担保责任，故原判确定丰隆公司对励伟臻的债务承担连带清偿责任并无不当。

【违反《公司法》第十六条第二款，不能简单认定合同无效】

中建材集团进出口公司诉北京大地恒通经贸有限公司、北京天元盛唐投资有限公司、天宝盛世科技发展（北京）有限公司、江苏银大科技有限公司、四川宜宾俄欧工程发展有限公司进出口代理合同纠纷案［北京市高级人民法院2009年9月22日民事判决书（《最高人民法院公报》2011年第2期（总第172期））］，《公司法》第十六条第一款规定："公司向其他企业投资或者为他人提供担保，依照公司章程的规定，由董事会或者股东会、股东大会决议；公司章程对投资或者担保的总额及单项投资或者担保的数额有限额规定的，不得超过规定的限额。"该条第二款规定："公司为公司股东或者实际控制人提供担保的，必须经股东会或者股东大会决议。"但公司违反前述条款的规定，与他人订立担保合同的，不能简单认定合同无效。第一，该条款并未明确规定公司违反上述规定对外提供担保导致担保合同无效；第二，公司内部决议程序，不得约束第三人；第三，该条款并非效力性强制性的规定；第四，依据该条款认定担保合同无效，不利于维护合同的稳定和交易的安全。

2. 公司对外担保构成表见代理

【私刻公司印章而无股东会决议或执行董事授权，对外担保不构成表见代理】

江西宏安房地产开发有限责任公司诉南昌县兆丰小额贷款股份有限公司等借款合同纠纷再审案［最高人民法院（2017）最高法民再209号民事判决书］，关于张康生是否具有以宏安公司名义为他人提供担保的代理权外观的问题。《公司法》第十六条规定：公司为他人提供担保，依照公司章程的规定，由董事会或者股东会、股东大会决议；公司章程对担保的数额有限额规定的，不得超过规定的限额。公司为公司股东或者实际控制人提供担保的，必须经股东会或者股东大会决议。前款规定的股东或者受前款规定的实际控制人支配的股东，不得参加前款规定事项的表决。该项表决由出席会议的其他股东所持表决权的过半数通过。由此可见，在公司为他人提供担保这一可能影响股东利益的场合，立法规定了公司机关决议前置程序以限制法定代表人的代表权限。在公司内部，为他人提供担保的事项并非法定代表人所能单独决定，其决定权限交由公司章程自治：或由公司股东决定，或是委诸商业判断原则由董事会集体讨论决定；在为公司股东或实际控制人提供担保的场合，则必须交由公司其他股东决定。这种以决议前置的方式限制法定代表人担保权限的立法安排，其规范意旨在于确保该担保行为符合公司的意思，不损害公司、股东的利益。据此，能够证明张康生享有以宏安公司名义为他人提供担保的代理权外观的证据，只能限于宏安公司的股东会决议或者执行董事的授权，或者是能够证明案涉担保行为确系宏安公司真实意思的其他相关证据。而在本案中，无论是张康生与宏安公司之间的挂靠关系，还是张康生因此而持有相关印章、文件的事实，均不足以表彰其代理权限的存在。首先，张康生挂靠宏安公司开发城北汽车站地产项目的事实，使张康生享有以宏安公司名义对外开展与该房地产开发有关的通常经营业务的代理权外观，但该代理权外观并不能延展至为他人提供担保这一特别事项方面。本院注意到，弋阳县弋江镇杭南长高速铁路客运专线协调领导小组于2014年7月9日所出具的证明，是在一审法院审理本案期间发生，并非兆丰公司在签订保证合同时获知的事实。若以该节事后获知的事实来反推兆丰公司在签约时对张康生代理权限的判断，并不能令人信服。其次，兆丰公司称张康生签约时向其提供了宏安公司的章程、贷款卡、股东出资信息、组织机构代码证等相关材料，并持有宏安公司印章，张康生持有上述资料的确能够证明张康生与宏安公司存在某种关联。但考虑到本案中兆丰公司作为专业的放贷机构，其在接受赣通公司、赣宏公司、宏盛公司所提供的担保时，均要求张康生提供了相关的公司决议，说明其已经知道《公司法》第十六条存在公司为他人提供担保的限制性规定。故兆丰公司在获得了宏安公司的章程、股东出资信息、组织机构代码证等证据材料后，已经实际知道张康生既非宏安公司的股东，也非宏安公司的法定代表人，仅凭借张康生持有印章、贷款卡及自称为宏安公司法定代表人的姐夫的口头说明，并不足以证明张康生享有相应的代理权外观。

【使用公司废弃印章为借款提供担保，构成表见代理】

扬州中润生态工程有限公司诉周步芳等公司民间借贷纠纷案［江苏省扬州市中级人民法院(2017)苏10民终1742号民事判决书］，使用公司废弃印章在担保函上盖章的行为，足以使第三人基于合理信赖，相信其有代理权，因而构成表见代理。公司内部管理不善(没有取得股东会决议)，并不涉及至债权人，不能成为免出担保责任的理由。

【不构成表见代理的情形】

广州凯得小额贷款有限公司诉惠州市南线客运站有限公司等民间借贷纠纷案［广东省广州市中级人民法院(2017)粤01民终1544号民事判决书］，表见代理不仅要求无权代理行为在客观上形成具有代理权的表象，而且要求相对人在主观上善意且无过失地相信行为人有代理权。凯得公司对英托公司涉南线客运站的贷款达3700万元，逾千万元贷款的担保，凯得公司既未要求担保人南线客运站的法定代表人到场签约，又未要求南线客运站提交签约人的授权委托书原件，甚至对由该公司制作的格式合同《最高额保证合同》中明确约定南线客运站的授权委托书应当办理公证之条款都置之不理，轻信行为人邓耀海，行为人邓耀海不是南线客运站的法定代表人，其亦未在南线客运站的办公场所签订合同，其仅为南线客运站的一名董事，既未按董事履行职责的法定方式履行职责，亦未按《最高额保证合同》的要求提交相关授权，凯得公司对南线客运站的贷款担保及邓耀海的行为缺乏应有的注意，明显存在过失，故本案不构成表见代理。

3. 公司对外担保构成法定代表人越权代表或越权代理

【法定代表人以公司名义签署担保合同，公司以公章非登记章拒认担保】

吴坤威诉黄志炎、柳州市鼎盛房地产开发有限公司借款合同案［广西壮族自治区柳州市中级人民法院（2015）柳市民二终字第418号民事判决书］，被告黄志炎得到原告吴坤威的借款后，却未能按约还款付息，其行为属违约行为，也违反了诚实信用这一基本原则，应承担向原告吴坤威偿还借款500万元、支付利息及赔偿律师代理费的民事责任。关于被告鼎盛公司是否应承担担保责任的问题。法院作如下分析：1. 并不能将未经批准、备案刊刻的公章一律认定为假，或者一律追究刑事责任。故法院对被告鼎盛公司辩称本案应由公安机关侦查的主张不予支持。2.《民法通则》第四十三条规定："企业法人对它的法定代表人和其他工作人员的经营活动，承担民事责任。"被告黄志炎的民事行为能代表公司，此乃法律规定。以公司名义对外担保，当然属于公司的民事行为。即使法定代表人的授权未经公司权力机关批准或未获得有效授权，公司可以事后追究该法定代表人的责任，但不能因此否定该法定代表人代表公司作出的意思表示，否则将轻易摧毁商事活动中对方的信赖利益和信赖基础。3.《公司法》第十六条的规定并非合同无效事由。被告鼎盛公司的担保是否经过股东会、董事会批准等内部决议程序，不得约束善意债权人。若认定担保合同无效，则不利于维护合同的稳定和交易的安全。况且，被告鼎盛公司并未证明原告吴坤威存在恶意。其次，公司法上述条款并非效力性强制性规定。因此，被告鼎盛公司担保有效，应当承担保证责任。被告鼎盛公司承担保证责任后，有权向被告黄志炎追偿。

【谁来证明超越权限】

杭州萧山临浦镇资产经营公司诉浙江加兰节能科技股份有限公司等企业借贷案［浙江省杭州市中级人民法院（2015）浙杭商终字第1084号民事判决书］，中婕公司不服一审判决，提起上诉。浙江省杭州市中级人民法院经审理认为：《承诺书》上所盖中婕公司的公章虽并非其于2012年7月19日新启用的印章，但杨庭贵在盖章处进行了签名，而其系公司登记载明的该公司法定代表人，且中婕公司诉讼中主张当时杨庭贵系其实际控制人，杨庭贵在承诺书上签名应认定不仅作为自然人保证人提供担保，同时也代表公司作为保证人提供担保。因中婕公司并无证据证明资产公司知道或者应当知道杨庭贵代表中婕公司为案涉借款提供连带责任保证担保超越了权限，故原审法院认定杨庭贵的代表行为对中婕公司有约束力并无不当。2006年1月1日起施行的《公司法》第十六条第二款之规定并非效力性强制性规定，不能作为认定公司对外提供担保行为无效的法律依据。据此判决驳回上诉，维持原判。

【《公司法》第十六条是对公司代表人或代理人对外提供担保的法定限制；违反该条而签订的担保合同，应当认定为未获得公司权力机构对外担保的授权，该担保合同为效力待定合同；除非公司予以追认，否则该合同对公司不生效】

交通银行股份有限公司泰州分行与江苏省云腾燃料有限公司、陈国平等金融借款合同纠纷案［江苏省泰州市中级人民法院（2015）泰中商初字第0092号民事判决书］，关于鸿宝公司应否承担担保责任的问题。本院认为，我国公司法规定，公司向其他企业投资或者为他人提供担保，依照公司章程的规定，由董事会或者股东会、股东大会决议。该规定是对公司代表人或者代理人对外提供担保的法定限制，对公司法定代表人违反这一法定限制对外签订担保合同，应当认定为未获得公司权力机构对外担保的授权，担保合同属于效力待定合同，除公司予以追认外，该担保合同对公司不生效。但如果相对人能够举证证明其已经对公司章程、决议等与担保相关的资料进行了形式审查，有理由相信行为人有代表权的，公司应承担相应的担保责任。同时，依照《合同法》第五十条的规定，法人或者其他组织的法定代表人、负责人超越权限订立的合同，除相对人知道其超越权限以外，该代表行为有效。本案中，鉴定意见书已经载明签订合同时，万永明处于痴呆状态，为无民事行为能力之人，其对外表现出来的精神状态和生理特征必然与常人有异，在这种情形下，合同相对人交行泰州分行本应尽到更多的审慎审查义务，但原告并无证据证明其审查了鸿宝公司提供了与担保相关的资料，仅提供一张签订合同时的照片很难认定原告在与万永明签订合同时为善意。综上所述，万永明作为无民事行为能力人，在没有得到公司授权和追认的情况下，且原告不能证明其已经履行了审慎审查的义务时，双方所签订的合同对鸿宝公司不生效，原告要求其承担担保责任的诉讼请求没有法律依据，本院不予支持。

【公司对外担保系其真实意思表示的认定】

许尔兵诉金烁置业公司、汪陆军等公司为其股东提供担保效力认定纠纷案［江苏省高级人民法院（2014）苏商终字第00472号民事判决书］，金烁置业公司上诉提出案涉借款合同及借条中的签章担保非其真实意思表示的主要理由，一是其单位印章由专人保管，借款合同及借条上公司印章系时任法定代表人汪陆军违反公司公章使用规定私自加盖，公司并不知情；二是借款合同及借条中金烁置业公司签字的字迹形成于公司印章印迹之后，并非同一时间形成，存在不真实的可能。对此，二审法院认为：1. 案涉借款合同及借条形成时，汪陆军既是债务人，同时亦是金烁置业公司的法定代表人，其对于案涉债权债务关系的形成以及金烁置业公司的担保事实均知悉，其作为金烁置业公司的法定代表人在担保意思表示明确的借款合同和借条上加盖公司印章，应认定为金烁置业公司的行为，金烁置业公司上诉称其对于担保事实不知情，与事实不符。2. 公章由谁保管、如何使用是公司内部的管理规定，不影响公司对外意思表示真实性的判断。原审中，金烁置业公司对于印章的真实性以及本案发生时公司印章由法定代表人汪陆军保管并未提出异议，金烁置业公司上诉称公司公章由专人保管、汪陆军违反公司内部规定对外提供担保、担保行为无效，但未提交证据证明。《合同法》第五十条规定，法人或者其他组织的法定代表人、负责人超越权限订立的合同，除相对人知道或者应当知道其超越权限的以外，该代表行为有效。《最高人民法院关于适用〈中华人民共和国担保法〉若干问题的解释》第十一条规定："法人或者其他组织的法定代表人、负责人超越权限订立的担保合同，除相对人知道或者应当知道其超越权限的以外，该代表行为有效"。可见，对于公司法定代表人越权对外提供担保的情形，公司对外仍应对善意第三人承担民事责任。公司内部的印章管理规定不具有对世效力，不构成第三人应当知道的证据，即使如金烁置业公司上诉所述，金烁置业公司还应举证证明许尔兵存在恶意，否则，亦不能仅凭公司内部用章规定而认定第三人知道或者应当知道公司法定代表人超越权限，进而断定第三人恶意。故即使如金烁置业公司所称公司法定代表人违反公司内部规定对外提供担保，也应认定为有效，其担保责任不能因此免除。3. 单位签字与印章加盖不可能同时形成必存在一前一后，本案金烁置业公司对于印章及签字的真实性均未提出异议，即使金烁置业公司仅加盖印章并未签字，亦可以认定金烁置业公司对合同内容的确认，金烁置业公司关于公司签字形成于印章之后即对担保的真实性产生质疑，无事实和法律依据。

【法定代表人越权对外提供担保如认定为有效，需以相对人善意为要件】

原告香港唯一投资有限公司为与被告昌井有限公司、李建中、李建林、绍兴建业纺织服装有限公司股权转让纠纷案［浙江省绍兴市中级人民法院（2014）浙绍商外初字第30号民事判决书］，本院依据现有证据认定建业公司提供涉案担保，并未通过董事会或股东会决议，李建中作为建业公司的法定代表人，其让建业公司为自己和李建林的债务作担保，系越权行为。《公司法》第十六条虽并未规定公司越权对外提供担保的效力，但《合同法》第五十条规定："法人或者其他组织的法定代表人、负责人超越权限订立的合同，除相对人知道或者应当知道其超越权限的以外，该代表行为有效。"可见，对于公司法定代表人越权对外提供担保的情形，如认定其为有效担保，需以相对人善意为要件。本案相对人为原告唯一公司，对于涉及较大数额款项的股权转让行为，其相信李建中、李建林具有代理权的前述表象事实如能稍加注意，略加查证，即可明辨识别，但唯一公司怠于查实，主观上无疑非善意且无过失，应认定为其知道或应当知道李建中、李建林为无权代理。在此情形下，其也知道或应当知道被告昌井公司不会同意建业公司为李建中、李建林无权代理行为所导致的返还转让款的法律后果承担担保责任，即唯一公司知道或应当知道建业公司作担保为李建中的越权行为。此外，涉案《股权转让协议书》及解除合同均约定适用中华人民共和国法律，此系唯一公司的真实意思表示，《公司法》第十六条第一款作为法律规范性文件，具有公开宣示的效力，其对公司对外担保能力的特殊限制，唯一公司应当知晓。因此其有义务根据该条的规定审查建业公司的章程，并根据章程的规定审查相应的董事会或股东会决议，本案并无证据证明唯一公司要求建业公司提供相关决议，其知道或应当知道李建中为越权行为故其非善意相对人，建业公司的担保行为应认定为无效行为。前述唯一公司知道或应当知道建业公司担保没有经过公司决议，其存在过错；建业公司未经合法决议程序而为他人提供担保，其在内部经营管理上亦存在过错，故依照《最高人民法院关于适用〈中华人民共和国担保法〉若干问题的解释》第七条"主合同有效而担保合同无效，债权人无过错的，担保人与债务人对主合同债权人的经济损失，承担连带赔偿责任；债权人、担保人有过错的，担保人承担民事责任的部分，不应超过债务人不能清偿部分的二分之一"之规定，建业公司承担返还股权转让款的责任，不应超过李建中、李建林不能清偿部分的二分之一。涉案股权转让款未返还部分为500万元，且现有证据无法证明债务人李建中、李建林是否仍有清偿能力，故本院酌情认定建业公司在250万元的范围内对被告李建中、李建林的债务负连带清偿责任。

4. 债权人的形式审查义务

【公司对外担保合同中相对人负有形式审查义务】

周保民诉宿迁市宿城区民盛农村小额贷款有限公司等民间借贷及保证合同纠纷案[江苏省宿迁市中级人民法院（2016）苏13民终35143541号民事判决书]，《公司法》第十六条第二款、第三款，旨在防止公司股东或者实际控制人利用职务之便损害公司利益，谋取私利。在公司为股东个人借款提供担保的合同中，交易相对方应当对公司提供担保是否按照法律规定经过了公司内部决策，即是否经过股东会决议、股东会决议成立的条件是否符合公司法和公司章程的规定，尽到必要且合理的审查注意义务，以审查确定提供担保是否为公司真实意思表示，包括要求公司提供公司章程、说明股东及持股情况，要求公司出具股东会决议并对股东会决议的效力进行形式上的审查。

【相对人对股东会决议没有实质审查义务】

湖北银行股份有限公司武汉临空港开发区支行诉武汉九鼎盛科技有限公司等金融借款合同纠纷案[湖北省武汉市中级人民法院（2015）鄂武汉中民商初字第00688号民事判决书]，荆州饭店所称担保合同因有违公司章程和《公司法》关于公司对外担保的相关规定而无效的抗辩无事实与法律基础。1. 从荆州饭店公司章程看。章程涉及公司对外担保事项的条款为章程第六十四条，董事、经理不得以公司资产为公司或他人债务提供担保。该约定明确了公司董事、经理对公司和股东的受信义务的具体内容，若公司董事、经理有所违背，将对给公司造成的损失承担责任；但并没有禁止公司依法对外提供担保。2. 从《公司法》规定看。我国《公司法》第十六条就公司对外提供担保进行内部决议而应满足的程序提出了明确要求，若有违反，股东可自决议作出之日起六十日内请求人民法院撤销；但该条款本身并未分配给担保权人在缔约时对担保人公司内部决议效力进行实质审查的义务。湖北银行开发区支行作为专业金融机构，在签订借款、抵押合同时收集荆州饭店的公司章程、同意提供担保的股东会决议，是考虑到我国公司法就公司对外担保的相关要求谨慎而为的表现。湖北银行开发区支行在交易中已经对股东会决议进行了形式审查，并基于对交易对手的基本信赖而签署合同，该合同不因合同决策的基础、股东会决议或有瑕疵而无效。

吴文俊与泰州市天利投资发展有限公司等借款合同纠纷再审申请案[最高人民法院（2014）民申字第1876号民事裁定书（《人民司法·案例》2017年第35期）]，《公司法》第十六条属于管理性规定，不能仅据此认定公司对外担保合同无效。其明文的公示宣告效力，产生相对人的形式审查义务。未履行形式审查义务的，不属于善意相对人，法律不予保护。

【合同公章与预留印鉴是否一致，超越了善意第三人应合理注意的范围】

杨后再诉上海龙潭实业股份有限公司、赖雄伟、海南军海建设有限公司、上海龙越经济发展有限公司、苏州裕达维他食品科技有限公司民间借贷纠纷案［浙江省宁波市中级人民法院（2011）浙甬商终字第880号民事判决书］，在杨后再与代表龙潭公司的陈荣良签订涉案借款协议时，已经要求陈荣良提供了龙潭公司的营业执照，而在工商登记材料中陈荣良仍然登记为龙潭公司的法定代表人，故杨后再有理由相信陈荣良在借款协议上的签章行为系代表龙潭公司的法人行为，其已经尽到了善意第三人的合理审慎注意义务。至于借款协议上龙潭公司的公章与公安机关留存的印鉴是否一致的问题，已经超越了善意第三人应合理注意的范围。陈荣良作为龙潭公司法定代表人，代表龙潭公司在借款协议上签章后，龙潭公司应按照协议的约定承担相应的保证责任。

【加盖公章，或者加盖公章并有签字，即已尽到注意义务】

浙江华宝斋文化传播有限公司与张明等民间借贷纠纷上诉案［浙江省杭州市中级人民法院（2010）浙杭商终字第795号民事判决书］，我国《公司法》第十六条将公司对外进行担保作了概括性的规定，表明公司具有担保的能力，可以成为保证的主体。只是在对外进行担保时，公司内部应当遵循一定的程序规则。本案上诉人华宝斋公司作为有限公司，其在操继宏向张明出具的借条中，明确以担保单位的身份加盖公章，该行为是完全的企业法人行为。虽然操继宏系华宝斋公司的股东，公司为其进行担保须经股东会决议。但华宝斋公司在借条上加盖公章前是否召开股东会并作出决议，并不会对外进行宣示或披露，而债权人亦未有正常渠道可以查阅，因此只要公司在协议上以保证人的身份加盖了公章，就应认定债权人已经尽到了注意义务。综上所述，本案华宝斋公司与张明之间的保证法律关系成立并应确认有效，华宝斋公司应当据此承担保证责任。

【公司已加盖公章且法定代表人已签字，合同符合成立与生效要件；债权人不可能参与公司内部决策过程，也不具备审查决议实质真伪的能力，所以应当认定债权人对决议形式真实性已作审查】

上海农村商业银行股份有限公司吴淞支行诉上海创宏建筑材料有限公司等公司对外担保案［上海市第二中级人民法院（2008）沪二中民三（商）终字第182号民事判决书］，当事人主要争议的问题在于上诉人是否应对宝艺公司的还款承担连带保证责任。从已有证据看，上诉人与农商行吴淞支行签订的保证合同上加盖了上诉人的公章，并且法定代表人也在合同上签字，故该保证合同符合一般性合同的成立与生效要件。至于上诉人对外担保是否违反法律规定或者公司章程一节，根据《公司法》第十六条第一款的规定，“公司向其他企业投资或者为他人提供担保，按照公司章程的规定，由董事会或者股东会、股东大会决议”。而从上诉人公司章程记载的内容看，上诉人公司章程对于公司对外担保作出的限定是，“董事、经理不得以公司资产为公司的股东或者其他个人债务提供担保”，从上述条款的内容可以看出，上诉人公司章程中仅仅对公司董事、经理以公司财产对外担保予以禁止，而对经公司股东会决议同意的公司对外担保等情形未作出禁止性规制，因此，仅凭上述公司章程条款不能排除上诉人为其他企业提供担保的可能性。现从农商行吴淞支行提供的上诉人股东会决议内容看，决议中不仅记载了上诉人股东会明确同意为宝艺公司借款提供担保的意思表示，而且公司股东也在决议上盖章和签字。虽然，上诉人对农商行吴淞支行提交的上诉人股东会决议上的股东签字或者盖章的真实性还有异议，但是基于农商行吴淞支行不可能参与上诉人的内部整个决策过程，也不具备审查决议实质真伪的能力，因此，应当认定农商行吴淞支行对决议形式真实性已作审查。在农商行吴淞支行既对保证合同中上诉人的公章及法定代表人签字真实性进行了实质审查，又对上诉人股东会决议进行了形式审查的情况下，股东签字或盖章实质上是否真实已不具有对抗农商行吴淞支行作为担保债权人的效力，据此，本院认定农商行吴淞支行与上诉人签订的保证合同有效，上诉人应当对宝艺公司的借款承担连带保证责任。

【对于董事会决议，债权人仅负有形式审查的义务，即只要审查董事会决议的形式要件是否符合法律规定，债权人即尽到了合理的注意义务】

中国光大银行深圳分行与创智信息科技股份有限公司、深圳智信投资有限公司、湖南创智集团有限公司借款保证合同纠纷上诉案［最高人民法院民事判决书］，本案二审期间，光大银行向法庭提交了创智股份董事会同意担保的决议。创智股份对该份董事会决议提交的反驳证据，证明的主要内容是作出声明的董事个人没有签署过该份董事会决议。根据创智股份与光大银行签订的《保证合同》第六条约定："保证人应确保债权人收到以下文件：……4. 保证人的董事会或有权决定本保证事宜的其他保证人内部机构同意保证人按照本合同提供保证担保的文件"，创智股份应当提交给光大银行同意担保的董事会决议，现光大银行提交出一份创智股份同意担保的董事会决议，且该董事会决议上加盖了创智股份的公章，在没有相反证据证明这份决议是光大银行自行伪造的情况下，可以认定该决议是为签订担保合同的目的，以创智股份的名义提交给光大银行的。对于该份董事会决议，光大银行仅负有形式审查的义务，即只要审查董事会决议的形式要件是否符合法律规定，银行即尽到了合理的注意义务。董事会决议记载的是出席会议的董事依职权作出的特定意思表示，其形式要件只需出席会议的董事签名即可。该份董事会决议上有丁亮等7位董事签名，符合董事会决议形式要件的要求，并加盖了创智股份的印章。决议上的签名是否为董事亲笔所签，则属于实质审查的范畴，光大银行对此并无法定义务。创智股份公开披露本案担保未经董事会决议及深圳证券交易所出具谴责报告的时间都在担保合同签订之后，不能证明光大银行在签订担保合同时明知该董事会决议存在瑕疵。在创智股份没有证据证明光大银行存在恶意的情况下，应当认定光大银行对该份董事会决议已履行了合理审查的义务。

5. 担保合同无效的民事责任承担

【担保合同无效，公司不承担责任】

蒋炜与金坛市钢材物流城有限公司、王华等民间借贷纠纷案[江苏省高级人民法院(2015)苏民终字第00606号民事判决书]，本案二审的争议焦点是：钢材公司是否应为王华、刘珍娣的还款义务承担责任，如应承担，如何承担责任。

本院认为，王华在2850万元的借条担保人处加盖钢材公司印章并以法定代表人身份签名，虽然工商登记材料显示王华系钢材公司法定代表人，但王华的上述代表行为应属越权担保，且蒋炜应当知道王华已超越代表权限，故该代表行为对钢材公司不生效力，其法律后果应由行为人王华自行承担。理由是：

首先，钢材公司章程对公司担保事项没有规定，但章程中载明章程未尽事宜，依据公司法及相关法律法规执行。根据《公司法》第十六条第二款关于"公司为公司股东或者实际控制人提供担保的，必须经股东会或者股东大会决议"及第三款"前款规定的股东或者受前款规定的实际控制人支配的股东，不得参加前款规定事项的表决。该项表决由出席会议的其他股东所持表决权的过半数通过"的规定，钢材公司为股东王华提供担保必须经公司股东会决议，且王华本人没有表决权。根据已查明的事实，王华代表钢材公司为其本人向蒋炜借款提供担保，公司没有形成股东会决议，故王华虽为钢材公司法定代表人，但其代表公司为本人借款提供担保的行为已超越代表权限，该代表行为应属越权担保。

其次，《最高人民法院关于适用〈中华人民共和国担保法〉若干问题的解释》第十一条规定："法人或者其他组织的法定代表人、负责人超越权限订立的担保合同，除相对人知道或者应当知道其超越权限的以外，该代表行为有效。"根据上述规定，王华越权担保行为对钢材公司是否有效，取决于担保权人蒋炜是否知道或者应当知道王华已超越了代表权限。从蒋炜在一、二审庭审中的陈述来看，王华向其出具2850万元借条时，蒋炜知道王华系钢材公司的股东，其只是基于王华系钢材公司法定代表人的身份及加盖钢材公司单位印章的事实而信赖其有代表权，但王华系代表公司为其本人借款提供担保，如其本人不能偿还2850万元借款，其行为后果将直接导致公司利益转移给其本人，故王华的代表行为具有明显的超越代表权的外观，而公司为其股东提供担保这种无对价的特殊关联交易，行为，《公司法》第十六条第二款已作出限制性规定，即必须经股东会或者股东大会决议。该规定不仅调整公司内部管理事务，亦规范公司外部交往事务。因为法律既已将公司为股东担保的行为予以明文规定即具有公开宣示效力，蒋炜理应知晓并遵守该规定，不得以不知法律有规定或宣称对法律有不同理解而免于适用该法律。因此，钢材公司为股东王华借款提供担保是否经股东会决议，理应成为蒋炜“应当知道”的内容。

最后，虽然涉案借条中载明借款用于钢材公司经营性流动资金周转，但蒋炜与王华均明知涉案借条所载明的款项在此之前已交付，实际系结欠款，蒋炜提交的王华此前借款时出具的小借条上并未载明借款用于钢材公司经营，现亦无证据证明该借款为钢材公司所用。蒋炜向王华出借款项2850万元，在借款已实际交付王华后，王华出具涉案借条表示该借款由钢材公司提供担保，在王华不能提供钢材公司股东会决议或同意证明的情况下，蒋炜理应知道王华代表钢材公司为其本人借款提供担保的行为，不是为钢材公司正常经营活动所从事的职务行为，而是违反《公司法》强制性规定损害公司利益的行为。故蒋炜仅以王华系钢材公司法定代表人及加盖钢材公司单位印章即信赖钢材公司的担保行为，未尽审慎注意义务，不构成对王华越权代表行为的善意，不属于受法律所保护的善意相对人。钢材公司对王华代表公司为其本人向蒋炜的借款提供担保的行为并不知情，王华加盖的钢材公司印章也非备案印章而是王华私刻印章，钢材公司对王华私刻钢材公司单位印章的行为亦不具有管理上的失职，故蒋炜关于钢材公司应按照借条中有关钢材公司担保的约定承担连带责任的诉讼请求，于法无据，本院不予支持。

王如强与菏泽市海港房地产开发有限公司、刘振国等民间借贷纠纷案［山东省高级人民法院（2015）鲁民一终字第399号民事判决书］，本案争议焦点是：一、刘振国以怡海公司的名义签订的借款担保合同是否构成表见代理？二、海港公司是否应对主合同债权人经济损失承担连带赔偿责任？

一、刘振国以怡海公司的名义签订的借款担保合同是否构成表见代理？

《合同法》第四十九条规定，“行为人没有代理权、超越代理权或者代理权终止后以被代理人的名义订立合同，相对人有理由相信行为人有代理权的，该代理行为有效。”表见代理制度不仅要求代理人的无权代理行为在客观上形成具有代理权的表象，而且要求相对人在主观上善意且无过失地相信行为人有代理权。合同相对人主张构成表见代理的，应当承担举证责任，不仅应当举证证明代理行为存在有权代理的客观表象形式要素，而且应当证明其善意且无过失地相信行为人具有代理权。本案中，第一个问题，关于刘振国的行为是否存在有代理权的客观表象。王如强主张签订案涉合同前后刘振国以怡海公司名义办理业务，怡海公司也认可刘振国在左岸豪庭拆迁过程中，有时会帮助公司到有关政府部门协调交接，处理一些问题。而这些业务与为借款提供担保并没有直接关系，是两种不同性质的工作，也即帮助怡海公司办理这些业务并不能当然认为有权代表怡海公司签订借款担保合同。但是，王如强提供了加盖怡海公司印章的借款担保合同、延期还款协议等证据，尽管该印章是刘振国在怡海公司不知情的情况下私自留存并私自加盖的，但毕竟该印章是真实的，刘振国的上述行为具有代表怡海公司的外观表象。第二个问题，关于王如强是否善意且无过失。第一，尽管刘振国在左岸豪庭拆迁过程中，曾配合怡海公司处理相关事宜，但签订合同时王如强明知刘振国不是怡海公司法定代表人，且借款合同明确约定“若需代理需出具授权委托书及代理人身份证”，属于需要出具授权委托书的情形。在刘振国始终未能出具怡海公司授权委托书的情况下，王如强也未要求刘振国提供，主观上应存有过失。第二，借款合同明确约定担保时需出具怡海公司“股东同意担保的股东会决议”，刘振国始终未能出具，王如强也没有要求刘振国提供，主观上存有过失。第三，王如强提交所谓怡海公司法定代表人李治华身份证复印件，但是签订合同当时李治华已不是怡海公司法定代表人，亦不是股东。王如强在刘振国按照合同约定向其提供怡海公司上述材料时未审查、核实，未尽到合理注意义务。第四，案涉借款合同约定怡海公司以房产提供担保，但是约定的房产并未建造，更没有按照《物权法》的规定办理抵押登记。在签订合同时王如强除听信刘振国陈述外，并未向怡海公司或者相关部门核实所谓担保物的相关情况，也没有提供要求怡海公司办理抵押登记的证据，主观上存有过失。第五，王如强为刘振国增加借款数额第二次签订借款合同并同意延期还款，但在第二次签订借款合同时仍未审查刘振国加盖怡海公司印章的行为是否有权代理。第六，王如强与刘振国虽都称刘振国系怡海公司的实际控制人，但怡海公司不予认可，王如强不能提供证据证实签订合同当时其有理由相信刘振国是怡海公司的实际控制人、其加盖怡海公司印章的行为系有权代理。第七，从合同签订与付款时间的先后顺序来看，2013 年 11 月 30 日王如强签订第一份借款担保合同，而王如强在 2013 年 11 月 27 日、28 日，即签订合同之前就已分两次汇款 260 万元至刘振国账户，此时担保合同尚未签订，更未生效，也即刘振国是否有代理权都已无法改变已经借款的事实，王如强对此存在明显过失。综上所述，王如强在借款担保合同的签订与履行中存有明显疏忽、过失，其对刘振国签订担保合同的行为是否有代理权没有尽到审慎注意义务，刘振国签订担保合同的行为不能对怡海公司构成表见代理。

二、海港公司是否应对主合同债权人经济损失承担连带赔偿责任？

王如强上诉称应适用《最高人民法院关于适用〈中华人民共和国担保法〉若干问题的解释》第七条“主合同有效而担保合同无效，债权人无过错的，担保人与债务人对主合同债权人的经济损失，承担连带赔偿责任；债权人、担保人有过错的，担保人承担民事责任部分，不应超过债务人不能清偿部分的二分之一”的规定由海港公司承担担保人赔偿责任。但该条规定的担保人责任是在担保合同成立且无效的情况下担保人应承担的赔偿责任。本案中，刘振国签订担保合同的行为不构成表见代理，对怡海公司不产生有权代理的法律效果，怡海公司不是该借款合同的担保人，不应适用该条承担赔偿责任。刘振国未经怡海公司同意，擅自在担保合同上加盖怡海公司的印章，事后也未得到怡海公司追认，属无权代理。本案应适用《合同法》第四十八条规定“行为人没有代理权、超越代理权或者代理权终止后以被代理人名义订立的合同，未经被代理人追认，对被代理人不发生效力，由行为人承担责任。”原审依照该条及《合同法》第四十九条之规定驳回王如强要求怡海公司（企业名称变更后为海港公司）就案涉借款承担连带赔偿责任诉讼请求并无不当。

太湖县新屹汽车城有限责任公司诉赵炜等民间借贷纠纷案［浙江省湖州市中级人民法院（2015）浙湖商终字第 283 号民事判决书］，本案的主要争议焦点是新屹公司为本案借款提供担保是否存在过错及其是否需承担保证责任。张雪林在对账单上注明了“担保单位：太湖县新屹汽车城有限责任公司”，但是并未在担保人处加盖公司公章，作为债权人，赵炜在明知张雪林系公司法定代表人的情况下理应要求张雪林加盖单位公章。现对账单上担保人处既未盖章，同时《公司法》第十六条第二款规定，“公司为公司股东或者实际控制人提供担保的，必须经股东会或者股东大会决议”，赵炜也未能提供该担保经新屹公司股东会决议的相关证据，其主观上存在过错。根据《最高人民法院关于适用〈中华人民共和国担保法〉若干问题的解释》第四条的规定，本案的担保应认定无效。关于新屹公司是否存在过错的问题，新屹公司的经营范围系汽车销售、汽车市场经营管理等业务，张雪林以公司资产为其与赵炜之间的债务提供担保超出了新屹公司的经营范围，也超出了张雪林作为公司法定代表人的职责范围。张雪林在对账单上以新屹公司作为借款担保人的行为已经超出了新屹公司可以预见和控制的范围，现新屹公司对其为赵炜与张雪林之间的借款提供担保不予认可，考虑到新屹公司的名字系张雪林在对账单上私自添加，该行为未经公司股东会决议，事后也未得到公司的追认，对账单上更没有加盖公司的公章。因此，新屹公司在本案中并不存在过错，其无须对借款承担保证责任。

宁波绣丰彩印实业有限公司与浙江杭州湾汽配机电市场经营服务有限公司等合同纠纷再审案［最高人民法院（2012）民提字第 208 号民事判决书］，关于孙跃生以机电公司名义签订协议的效力。《公司法》第一百四十八条规定：“董事、监事、高级管理人员应当遵守法律、行政法规和公司章程，对公司负有忠实义务和勤勉义务。董事、监事、高级管理人员不得侵占公司的财产。”法定代表人不得利用职权，以公司财产为其个人偿还债务，是公司法规定的忠实义务的基本要求，无论公司章程是否作出特别规定。本案孙跃生私刻公章，以机电公司财产偿还其个人及个人控制的一得公司的债务，属于违反法定忠实义务的无权代表行为。

关于孙跃生无权代表行为的对外效力。我国《合同法》第五十条规定：“法人或者其他组织的法定代表人、负责人超越权限订立的合同，除相对人知道或者应当知道其超越权限的以外，该代表行为有效。”相对人是否知道或者应当知道法定代表人越权，应当结合法律规定、交易的性质和金额以及具体交易情境予以综合判定。假定孙跃生作为法定代表人以机电公司名义转让房产，绣丰公司向机电公司支付相应转让款，此属于公司正常的经营活动，即使机电公司内部章程对孙跃生代表权有限制性规定，也不具有对抗外部相对人的效力。然而本案所涉的协议条款使机电公司只承担巨额债务而不能获得任何对价，不属于公司正常的经营活动，且孙跃生同时代表公司和个人签约，行为后果是将公司利益转移给个人，具有明显的超越代表权的外观。《公司法》第十六条第二款规定："公司为公司股东或者实际控制人提供担保的，必须经股东会或者股东大会决议。”该条款说明公司法对关联担保这种无对价的特殊交易，对代表权做了限制性规定，必须经股东会同意。为股东及法定代表人清偿债务的性质较关联担保更为严重，公司直接对外承担债务而不能取得经营利益，如未经股东会同意，将构成侵占公司财产的行为。绣丰公司知晓机电公司由几名股东组成，并专门聘请律师草拟协议，在孙跃生不能提供股东会同意证明的情形下，绣丰公司根据协议内容理应知道孙跃生的行为不是为机电公司经营活动所从事的职务行为，而是违反公司法强制性规定的侵占公司财产行为。绣丰公司以协议和委托书加盖了机电公司公章为由主张善意信赖孙跃生代表权的理由不能成立。综合考虑本案的交易过程和事实，绣丰公司应当知道孙跃生的签约超越代表权限，绣丰公司不属于《合同法》第五十条保护的善意相对人，浙江省高级人民法院认定孙跃生代表行为无效、房地产转让协议不能约束机电公司并无不当。机电公司对本案协议的签订并不知情，对孙跃生私刻公章的行为也不具有管理上的失职，绣丰公司要求机电公司依据房地产转让协议承担责任的诉请于法无据，本院不予支持。

【担保合同无效，公司承担不超过债务人不能清偿部分二分之一的赔偿责任】

谭超诉宜昌鑫昌大市场有限责任公司等借款合同纠纷案［湖北省宜昌市中级人民法院(2014)鄂宜昌中民二初字第00033号民事判决书］，本院认为，对于《借款合同》及《不可撤销担保书》的真实性，虽鑫昌大市场对《不可撤销担保书》上鑫昌大市场的印章持有异议，但其明确表示不申请鉴定，本院确认该两份证据真实可信，应予采信。鑫昌大市场援引《公司法》和《最高人民法院关于适用〈中华人民共和国担保法〉若干问题的解释》的相关条款抗辩该项担保无效。对此本院认为，依据《公司法》第十六条第二款“公司为公司股东或者实际控制人提供担保的，必须经股东会或股东大会决议”之规定，王兴枢作为鑫昌大市场的法定代表人，其以鑫昌大市场的名义为其个人债务提供担保必须经过股东会决议，谭超在与王兴枢签订由鑫昌大市场为王兴枢个人的借款提供担保之时，有义务审查鑫昌大市场的担保行为是否经过了公司股东会决议，但谭超忽略了该审查义务，存在过错。另依据《最高人民法院关于适用〈中华人民共和国担保法〉若干问题的解释》第十一条“法人或者其他组织的法定代表人、负责人超越权限订立的担保合同，除相对人知道或者应当知道其超越权限的以外，该代表行为有效”之规定，谭超应当知道王兴枢超越权限以鑫昌大市场为王兴枢个人债务提供担保，王兴枢的代表行为应为无效，故应认定鑫昌大市场的担保行为无效。同时依据《最高人民法院关于适用〈中华人民共和国担保法〉若干问题的解释》第七条“主合同有效而担保合同无效，债权人无过错的，担保人与债务人对主合同债权人的经济损失，承担连带赔偿责任；债权人、担保人有过错的，担保人承担民事责任的部分，不应超过债务人不能清偿部分的二分之一”的规定，谭超与鑫昌大市场对担保合同无效均存在过错，鑫昌大市场应当对王兴枢不能清偿部分的债务承担二分之一的赔偿责任。同理，兴恒公司、金翔公司在《借款合同》或《不可撤销担保书》盖章之时谭超亦未审查其担保行为是否经过了公司股东会决议，谭超与兴恒公司、金翔公司对担保合同无效均存在过错，兴恒公司、金翔公司应当对王兴枢不能清偿部分的债务承担二分之一的赔偿责任。而王兴枢既非兴盈公司股东又非实际控制人，不应适用上述规定。兴盈公司为谭超提供担保的行为应认定为有效，兴盈公司对王兴枢的债务应承担连带清偿责任。至于华灯公司，因该公司股东仅王兴枢一人，其一人之行为即能视为“经股东会或股东大会决议”，因此，华灯公司为谭超提供担保的行为应认定为有效，华灯公司对王兴枢的债务应承担连带清偿责任。

深圳市国野股份有限公司与黄飞林、深圳市中联环投资有限公司股权转让纠纷案[广东省高级人民法院(2013)粤高法民二终字第34号民事判决书],担保的效力问题。《合同法》第五十条规定:“法人或者其他组织的法定代表人、负责人超越权限订立的合同,除相对人知道或者应当知道其超越权限的以外,该代表行为有效。”《公司法》第十六条第二款、第三款规定:“公司为公司股东或者实际控制人提供担保的,必须经股东会或者股东大会决议。前款规定的股东或者受前款规定的实际控制人支配的股东,不得参加前款规定事项的表决。该项表决由出席会议的其他股东所持表决权的过半数通过。”2010年6月7日,中联环公司向国野公司出具担保书,为黄飞林所负本案债务提供连带责任保证。国野公司明知黄飞林是中联环公司的实际控制人,应依法要求中联环公司就该担保事项征求中联环公司另一股东宝豪公司的同意。中联环公司未经股东宝豪公司同意,为黄飞林提供担保,系中联环公司相关负责人员超越权限订立的合同,国野公司对此是明知的,故在该保证合同关系中,国野公司不是善意相对人,该担保应认定为无效。

中联环公司应否担责问题。中联环公司未经股东宝豪公司同意为黄飞林提供担保,系中联环公司相关负责人员超越权限订立的合同,中联环公司具有过错,根据《担保法》第五条及《最高人民法院关于适用〈中华人民共和国担保法〉若干问题的解释》第七条规定,在本案主合同有效而担保合同无效且债权人、保证人均有过错的情形下,中联环公司承担的赔偿责任,不应超过黄飞林不能清偿部分的1/2。故宝豪公司提出的中联环公司没有过错及不应对黄飞林所负债务不能清偿部分承担1/2的赔偿责任,缺乏事实和法律依据,本院不予支持。

中国信达资产管理股份有限公司深圳市分公司诉深圳市赛臣软件科技有限公司、江西省翠林山庄有限公司等借款合同纠纷案[广东省高级人民法院(2012)粤高法民二终字第19号民事判决书],公司未按照《公司法》第十六条的规定经董事会或股东会决议通过而对外提供担保的,人民法院应当认定担保行为无效。在主合同有效而担保合同无效的情况下,应依据《最高人民法院关于适用〈中华人民共和国担保法〉若干问题的解释》第七条的规定,结合债权人、担保人的过错责任大小,在主债务人不能清偿债务部分的1/2幅度范围内认定担保人承担赔偿责任。

温州信托公司清算组诉幸福实业公司等债权债务转让合同纠纷案[最高人民法院(2002)民二终字第67号民事判决书(《最高人民法院公报》2004年第2期(总第88期))],股份公司以公司资产为本公司的股东提供担保的,担保合同无效。债权人、担保人有过错的,担保人承担民事责任的部分,不应超过债务人不能清偿部分的二分之一。依照《公司法》第六十条(编者注:现为该法第一百四十八条)关于“董事、经理不得以公司资产为本公司的股东或者其他个人债务提供担保”以及本院《关于适用〈中华人民共和国担保法〉若干问题的解释》第四条关于“董事、经理违反《中华人民共和国公司法》第六十条的规定,以公司资产为本公司的股东或者其他个人债务提供担保的,担保合同无效。除债权人知道或者应当知道的外,债务人、担保人应当对债权人的损失承担连带赔偿责任”的规定,集团公司作为当时实业公司的第一大股东,实业公司为其提供的担保应认定为无效。因转让协议中明确规定集团公司到期不能清偿温州国投该笔债务的,由其持有的实业公司的法人股股票折抵债务,故债权人温州国投对实业公司为其股东集团公司提供担保应是明知的,鉴于温州国投和实业公司违反法律禁止性规定签订保证合同,对该担保无效均具有过错,故依照本院《关于适用〈中华人民共和国担保法〉若干问题的解释》第七条关于“主合同有效而担保合同无效,债权人无过错的,担保人与债务人对主合同债权人的经济损失,承担连带赔偿责任;债权人、担保人有过错的,担保人承担民事责任的部分,不应超过债务人不能清偿部分的二分之一”的规定,对担保无效所造成的损失,即债务人集团公司不能清偿债务部分,实业公司应在50%范围内承担赔偿责任,其余损失温州国投应自行承担。

【担保合同无效,公司承担连带赔偿责任】

林爱武与朱斌、贵州省心缘置业有限公司民间借贷纠纷案[贵州省毕节市七星关区人民法院(2016)黔0502民初2321号民事判决书］，根据《公司法》第十六条第二款的规定："公司为公司股东或者实际控制人提供担保的，必须经股东会或者股东大会决议。"该法律明确了公司为实际控制人担保的强制性条件。根据《合同法》第五十二条："有下列情形之一的，合同无效：(五)违反法律、行政法规的强制性规定。"的规定，本案借款主体朱斌是心缘公司的实际控制人，且没有证据体现心缘公司的担保行为经公司股东决议，故《借款合同》中关于被告心缘公司担保的内容因违反前述法律强制性规定而无效。根据《最高人民法院关于适用〈中华人民共和国担保法〉若干问题的解释》第七条："主合同有效而担保合同无效，债权人无过错的，担保人与债务人对主合同债权人的经济损失，承担连带赔偿责任；债权人、担保人有过错的，担保人承担民事责任的部分，不应超过债务人不能清偿部分的二分之一"的规定，对被告心缘公司为本案借款提供担保未经股东大会决议这一事实，原告并无过错，因此原告要求被告心缘公司承担本案借款的连带返还责任的诉讼请求符合法律规定，本院予以支持。

6. 其他法律问题

【挂靠经营者无权以挂靠单位名义为他人担保】

江西宏安房地产开发有限责任公司与南昌县兆丰小额贷款股份有限公司等借款合同纠纷再审案［最高人民法院(2017)最高法民再209号民事判决书］，由于挂靠经营者并非挂靠单位的法定代表人或授权代表，为他人提供担保的行为也超出了挂靠经营的范围，因此该行为的性质属于无权代理，在事后未取得挂靠单位追认的情况下，其提供担保的效果是否归属于挂靠单位取决于是否构成表见代理。认定无权代理人的行为构成表见代理，意味着本人必须承受其意思以外的他人决定的约束，有违当事人自主决定的民法基本原则，故法律将第三人信赖利益的保护限定在其善意无过失的场合。关于善意无过失的认定需要从行为人是否具有表征代理权存在的外观、本人对该权利外观的存在是否具有可归责性及其程度、第三人信赖合理性的程度三个方面进行比较权衡。需要注意的是，第一，判断第三人是否有理由相信行为人有代理权的时点应当是行为发生时，第三人不能以事后收集的材料证明当时有理由相信代理权的存在；第二，代理权外观应当是与行为人所实施的代理行为有关的权利外观，行为人对于其他事项有代理权限，不能当然推定行为人对所实施的行为有代理权限；第三，在个人以公司名义为他人提供担保的情形下，由于公司法规定有权机关的决议是公司提供担保的前置程序，因此该决议的有无及形式合法性应当作为判断第三人是否善意的因素。

【通过公司为股权转让提供担保，股东以公司资产清偿其债务，构成实质上的返还投资】

玉门市勤峰铁业有限公司、汪高峰、应跃吾与李海平、王克刚、董建股权转让纠纷案［最高人民法院(2012)民二终字第39号民事判决书］，关于《还款协议》的效力。汪高峰、应跃吾认为《还款协议》关于利息和违约金的约定过高而无效，因该约定并非合同主要条款，不足以导致合同全部无效，且原审判决并未判令汪高峰、应跃吾依据《还款协议》约定的标准承担违约金和利息，已经作出适当调整，故本院对该上诉主张不予支持。《还款协议》约定，汪高峰、应跃吾依据《股权转让协议》应向李海平等三人支付的1700万元和100万元共计1800万元转化为其债务，勤峰公司承诺对该笔债务提供担保。该约定不符合《公司法》第三十六条关于股东缴纳出资后不得抽回的规定。李海平等三人与汪高峰、应跃吾等人原均为勤峰公司股东，其间发生股权转让由公司提供担保，即意味着在受让方不能支付股权转让款的情形下，公司应向转让股东支付转让款，从而导致股东以股权转让的方式从公司抽回出资的后果。公司资产为公司所有债权人债权的一般担保，公司法规定股东必须向公司缴纳其认缴的注册资本金数额，公司必须在公司登记机关将公司注册资本金及股东认缴情况公示，在未经公司注册资本金变动及公示程序的情形下，股东不得以任何形式用公司资产清偿其债务构成实质上的返还其投资。因此，《还款协议》中关于勤峰公司承担担保责任的部分内容，因不符合公司法的有关规定，应认定无效，勤峰公司不应承担担保责任。原审法院关于勤峰公司担保有效，并据此判令勤峰公司向李海平等三人承担担保责任属于适用法律错误，本院予以纠正。除关于利息及违约金的约定和勤峰公司承担担保责任的约定外，《还款协议》的其他约定合法有效。

【外商独资企业未经登记对外担保的效力】

香港上海汇丰银行有限公司上海分行与景轩大酒店(深圳)有限公司、万轩置业有限公司金融借款合同纠纷案[最高人民法院(2010)民四终字第12号民事判决书(《最高人民法院公报》2014年第6期(总第212期))],根据国家外汇管理局颁布的《境内机构对外担保管理办法实施细则》第八条第二款规定,外商独资企业可以自行提供对外担保,无须得到外汇局逐笔批准。同时,依据《境内机构对外担保管理办法》第十四条及《最高人民法院关于适用〈中华人民共和国担保法〉若干问题的解释》第六条的规定,担保人提供对外担保后,应当到所在地的外汇局办理担保登记手续。未经国家有关主管部门批准或者登记对外担保的,对外担保合同无效。由此可知,外商独资企业对外提供担保,虽然不需要逐笔审批,但仍然需要进行登记,未经国家有关主管部门登记的,该担保合同应认定为无效。

【一人公司为股东担保的效力】

常州柯尼马电动车有限公司与卜邦干担保责任纠纷上诉案[江苏省常州市中级人民法院(2009)常民二终字第0451号民事判决书(《人民司法·案例》2010年第4期)],在章程没有禁止性规定的前提下,应当允许一人公司为其股东提供担保。至于是否损害公司债权人利益,则属于民法中撤销权的范畴,不属于公司法的调整范围。如果股东借公司担保损害资本维持原则,甚至抽逃出资,则可以援引公司法关于股东抽逃出资或者股东滥用公司法人地位等法律规定,追究股东的法律责任,但并不能据此否定一人公司为股东担保的法律效力。

【公司对外担保法律效力的司法认定】

上海创宏建筑材料有限公司与上海农村商业银行股份有限公司吴淞支行保证合同纠纷上诉案[上海市第二中级人民法院(2008)沪二中民三(商)终字第182号民事判决书(《人民司法·案例》2009年第14期)],《公司法》第十六条第一款并非强制性条款,当章程就公司为股东和实际控制人以外的人提供担保予以"沉默"时,法院首先要根据不同案情判断涉讼担保的决定权系自然授予董事会还是复归于股东会,进而认定担保行为的效力。公司担保行为本质上属于经营行为,当不具有负外部风险性时担保决定权自然授予董事会;当担保行为产生负外部性风险时,则该担保决定权应复归于股东会。即使担保决定权属于股东会,债权人对担保人提供的同意担保的股东会决议只负形式审查之责。

【金融机构为保证人提供虚假资金证明的责任承担】

深圳市商业银行宝安支行与湖南长炼兴长集团有限责任公司、深圳民鑫实业有限公司、广东金汇源投资担保有限责任公司、西北亚奥信息技术股份有限公司、吴忠仪表集团有限公司、深圳国安会计师事务所有限公司返还资金保证合同纠纷案[最高人民法院(2007)民二终字第26号民事判决书(《最高人民法院公报》2007年第9期(总第131期))],金融机构为债务人出具虚假资金证明,是否应当对债权人的损失承担出具虚假资金证明的赔偿责任,应当审查债权人的损失是否基于对金融机构出具的虚假资金证明的合理信赖或者使用所造成,即债权人的损失与金融机构出具虚假资金证明的行为之间是否存在因果关系。如果债权人的损失与金融机构出具虚假资金证明的行为之间并不存在因果关系,则金融机构不应对债权人的损失承担出具虚假资金证明的赔偿责任。

【公司高管以公司资产为本公司股东提供担保的效力认定】

中国进出口银行与光彩事业投资集团有限公司、四通集团公司借款担保合同纠纷案[最高人民法院(2006)民二终字第49号民事判决书(《最高人民法院公报》2006年第7期(总第117期))],《公司法》修订前第六十条第三款是法律对关联担保的限制性规定,该条明确指出公司董事、高管人员未经公司批准,不得以公司资产为本公司股东及其他个人债务提供担保。其体现了限制大股东、控股股东操纵公司与自己进行关联交易,损害中小股东的利益,以维护资本确定原则和保护中小股东权益的立法目的。但该规定有例外,即对于有限责任公司,如存在符合公司章程,经过公司股东会、董事会批准,以公司名义为小股东进行担保的情形,可以认定有效。但要明确的是,当公司债权人与公司股东利益发生冲突时,应优先保护公司债权人的利益。

第十七条 【职工权益保护与职业教育】 公司必须保护职工的合法权益，依法与职工签订劳动合同，参加社会保险，加强劳动保护，实现安全生产。

公司应当采用多种形式，加强公司职工的职业教育和岗位培训，提高职工素质。

一、相关法律条文

《中华人民共和国安全生产法（2014 修正）》（自 2002 年 11 月 1 日起施行）对经营单位的安全生产，规定如下：

第四条 生产经营单位必须遵守本法和其他有关安全生产的法律、法规，加强安全生产管理，建立、健全安全生产责任制和安全生产规章制度，改善安全生产条件，推进安全生产标准化建设，提高安全生产水平，确保安全生产。

第五条 生产经营单位的主要负责人对本单位的安全生产工作全面负责。

第六条 生产经营单位的从业人员有依法获得安全生产保障的权利，并应当依法履行安全生产方面的义务。

第七条 工会依法对安全生产工作进行监督。

生产经营单位的工会依法组织职工参加本单位安全生产工作的民主管理和民主监督，维护职工在安全生产方面的合法权益。生产经营单位制定或者修改有关安全生产的规章制度，应当听取工会的意见。

《中华人民共和国劳动合同法（2012 修正）》（自 2008 年 1 月 1 日起施行）对职工与公司的劳动合同，规定如下：

第十条 建立劳动关系，应当订立书面劳动合同。

已建立劳动关系，未同时订立书面劳动合同的，应当自用工之日起一个月内订立书面劳动合同。

用人单位与劳动者在用工前订立劳动合同的，劳动关系自用工之日起建立。

第十一条 用人单位未在用工的同时订立书面劳动合同，与劳动者约定的劳动报酬不明确的，新招用的劳动者的劳动报酬按照集体合同规定的标准执行；没有集体合同或者集体合同未规定的，实行同工同酬。

《中华人民共和国社会保险法》（自 2011 年 7 月 1 日起施行）对职工保险的维护，规定如下：

第二条 国家建立基本养老保险、基本医疗保险、工伤保险、失业保险、生育保险等社会保险制度，保障公民在年老、疾病、工伤、失业、生育等情况下依法从国家和社会获得物质帮助的权利。

……

第四条 中华人民共和国境内的用人单位和个人依法缴纳社会保险费，有权查询缴费记录、个人权益记录，要求社会保险经办机构提供社会保险咨询等相关服务。

个人依法享受社会保险待遇，有权监督本单位为其缴费情况。

……

第九条 工会依法维护职工的合法权益，有权参与社会保险重大事项的研究，参加社会保险监督委员会，对与职工社会保险权益有关的事项进行监督。

《中华人民共和国职业教育法》（自 1996 年 9 月 1 日起施行）对企业职工的教育，规定如下：

第二十条 企业应当根据本单位的实际，有计划地对本单位的职工和准备录用的人员实施职业教育。

企业可以单独举办或者联合举办职业学校、职业培训机构，也可以委托学校、职业培训机构对本单位的职工和准备录用的人员实施职业教育。

从事技术工种的职工，上岗前必须经过培训；从事特种作业的职工必须经过培训，并取得特种作业资格。

……

第二十八条 企业应当承担对本单位的职工和准备录用的人员进行职业教育的费用，具体办法由国务院有关部门会同国务院财政部门或者由省、自治区、直辖市人民政府依法规定。

第二十九条 企业未按本法第二十条的规定实施职业教育的，县级以上地方人民政府应当责令改正；拒不改正的，可以收取企业应当承担的职业教育经费，用于本地区的职业教育。

二、相关文件规定

《关于试行社会保险基金预算的意见》(国发[2010]2号)，对于社会保险基金预算编制的范围，规定如下：

社会保险基金预算按险种分别编制，包括企业职工基本养老保险基金、失业保险基金、城镇职工基本医疗保险基金、工伤保险基金、生育保险基金等内容。根据国家法律法规建立的其他社会保险基金，条件成熟时，也应尽快纳入社会保险基金预算管理。

企业职工基本养老保险基金预算包括基金收入预算和基金支出预算。基金收入主要包括基本养老保险费收入、利息收入、财政补贴收入、转移收入、上级补助收入、下级上解收入、其他收入等；基金支出主要包括基本养老金支出、医疗补助金支出、丧葬抚恤补助支出、转移支出、补助下级支出、上解上级支出、其他支出等。

失业保险基金预算包括基金收入预算和基金支出预算。基金收入主要包括失业保险费收入、利息收入、财政补贴收入、转移收入、上级补助收入、下级上解收入、其他收入等；基金支出主要包括失业保险金支出、医疗补助金支出、丧葬抚恤补助支出、职业培训和职业介绍补贴支出、转移支出、补助下级支出、上解上级支出、其他支出等。

城镇职工基本医疗保险基金预算包括基金收入预算和基金支出预算。基金收入主要包括基本医疗保险费收入、利息收入、财政补贴收入、转移收入、上级补助收入、下级上解收入、其他收入等；基金支出主要包括基本医疗保险待遇支出、转移支出、补助下级支出、上解上级支出、其他支出等。

工伤保险基金预算包括基金收入预算和基金支出预算。基金收入主要包括工伤保险费收入、利息收入、财政补贴收入、转移收入、上级补助收入、下级上解收入、其他收入等；基金支出主要包括工伤保险待遇支出、劳动能力鉴定费支出、转移支出、补助下级支出、上解上级支出、其他支出等。

生育保险基金预算包括基金收入预算和基金支出预算。基金收入主要包括生育保险费收入、利息收入、财政补贴收入、转移收入、上级补助收入、下级上解收入、其他收入等；基金支出主要包括生育保险待遇支出、医疗费支出、转移支出、补助下级支出、上解上级支出、其他支出等。

《中华人民共和国劳动合同法实施条例》(自2008年9月18日起施行)对用人单位的确定和劳动者不签订劳动合同的情形，规定如下：

第三条 依法成立的会计师事务所、律师事务所等合伙组织和基金会，属于劳动合同法规定的用人单位。

第四条 劳动合同法规定的用人单位设立的分支机构，依法取得营业执照或者登记证书的，可以作为用人单位与劳动者订立劳动合同；未依法取得营业执照或者登记证书的，受用人单位委托可以与劳动者订立劳动合同。

第五条 自用工之日起一个月内，经用人单位书面通知后，劳动者不与用人单位订立书面劳动合同的，用人单位应当书面通知劳动者终止劳动关系，无需向劳动者支付经济补偿，但是应当依法向劳动者支付其实际工作时间的劳动报酬。

《社会保险费征缴暂行条例》(自1999年1月22日起施行)对社会保险征缴范围，规定如下：

第三条 基本养老保险费的征缴范围：国有企业、城镇集体企业、外商投资企业、城镇私营企业和其他城镇企业及其职工，实行企业化管理的事业单位及其职工。

基本医疗保险费的征缴范围：国有企业、城镇集体企业、外商投资企业、城镇私营企业和其他城镇企业及其职工，国家机关及其工作人员，事业单位及其职工，民办非企业单位及其职工，社会团体及其专职人员。

失业保险费的征缴范围：国有企业、城镇集体企业、外商投资企业、城镇私营企业和其他城镇企业及其职工，事业单位及其职工。

省、自治区、直辖市人民政府根据当地实际情况，可以规定将城镇个体工商户纳入基本养老保险、基本医疗保险的范围，并可以规定将社会团体及其专职人员、民办非企业单位及其职工以及有雇工的城镇个体工商户及其雇工纳入失业保险的范围。

社会保险费的费基、费率依照有关法律、行政法规和国务院的规定执行。

第十八条 【工会】 公司职工依照《中华人民共和国工会法》组织工会，开展工会活动，维护职工合法权益。公司应当为本公司工会提供必要的活动条件。公司工会代表职工就职工的劳动报酬、工作时间、福利、保险和劳动安全卫生等事项依法与公司签订集体合同。

公司依照宪法和有关法律的规定，通过职工代表大会或者其他形式，实行民主管理。

公司研究决定改制以及经营方面的重大问题、制定重要的规章制度时，应当听取公司工会的意见，并通过职工代表大会或者其他形式听取职工的意见和建议。

一、相关法律条文

《中华人民共和国工会法（2009修正）》（自2009年8月27日起施行）第一章总则，规定如下：

第一章 总 则

第一条 为保障工会在国家政治、经济和社会生活中的地位，确定工会的权利与义务，发挥工会在社会主义现代化建设事业中的作用，根据宪法，制定本法。

第二条 工会是职工自愿结合的工人阶级的群众组织。

中华全国总工会及其各工会组织代表职工的利益，依法维护职工的合法权益。

第三条 在中国境内的企业、事业单位、机关中以工资收入为主要生活来源的体力劳动者和脑力劳动者，不分民族、种族、性别、职业、宗教信仰、教育程度，都有依法参加和组织工会的权利。任何组织和个人不得阻挠和限制。

第四条 工会必须遵守和维护宪法，以宪法为根本的活动准则，以经济建设为中心，坚持社会主义道路、坚持人民民主专政、坚持中国共产党的领导、坚持马克思列宁主义毛泽东思想邓小平理论，坚持改革开放，依照工会章程独立自主地开展工作。

工会会员全国代表大会制定或者修改《中国工会章程》，章程不得与宪法和法律相抵触。

国家保护工会的合法权益不受侵犯。

第五条 工会组织和教育职工依照宪法和法律的规定行使民主权利，发挥国家主人翁的作用，通过各种途径和形式，参与管理国家事务、管理经济和文化事业、管理社会事务；协助人民政府开展工作，维护工人阶级领导的、以工农联盟为基础的人民民主专政的社会主义国家政权。

第六条 维护职工合法权益是工会的基本职责。工会在维护全国人民总体利益的同时，代表和维护职工的合法权益。

工会通过平等协商和集体合同制度，协调劳动关系，维护企业职工劳动权益。

工会依照法律规定通过职工代表大会或者其他形式，组织职工参与本单位的民主决策、民主管理和民主监督。

工会必须密切联系职工，听取和反映职工的意见和要求，关心职工的生活，帮助职工解决困难，全心全意为职工服务。

第七条 工会动员和组织职工积极参加经济建设，努力完成生产任务和工作任务。教育职工不断提高思想道德、技术业务和科学文化素质，建设有理想、有道德、有文化、有纪律的职工队伍。

第八条 中华全国总工会根据独立、平等、互相尊重、互不干涉内部事务的原则，加强同各国工会组织的友好合作关系。

二、相关司法解释及两高工作文件

《最高人民法院关于在民事审判工作中适用〈中华人民共和国工会法〉若干问题的解释》（法释〔2003〕11号），规定如下：

第一条 人民法院审理涉及工会组织的有关案件时，应当认定依照工会法建立的工会组织的社团法人资格。具有法人资格的工会组织依法独立享有民事权利，承担民事义务。建立工会的企业、事业单位、机关与所建工会以及工会投资兴办的企业，根据法律和司法解释的规定，应当分别承担各自的民事责任。

第二条 根据工会法第十八条规定，人民法院审理劳动争议案件，涉及确定基层工会专职主席、副主席或者委员延长的劳动合同期限的，应当自上述人员工会职务任职期限届满之日起计算，延长的期限等于其工会职务任职的期间。

工会法第十八条规定的“个人严重过失”，是指具有《中华人民共和国劳动法》第二十五条第（二）项、第（三）项或者第（四）项规定的情形。

第三条 基层工会或者上级工会依照工会法第四十三条规定向人民法院申请支付令的，由被申请人所在地的基层人民法院管辖。

第四条 人民法院根据工会法第四十三条的规定受理工会提出的拨缴工会经费的支付令申请后，应当先行征询被申请人的意见。被申请人仅对应拨缴经费数额有异议的，人民法院应当就无异议部分的工会经费数额发出支付令。

人民法院在审理涉及工会经费的案件中，需要按照工会法第四十二条第一款第（二）项规定的“全部职工”、“工资总额”确定拨缴数额的，“全部职工”、“工资总额”的计算，应当按照国家有关部门规定的标准执行。

第五条 根据工会法第四十三条和民事诉讼法的有关规定，上级工会向人民法院申请支付令或者提起诉讼，要求企业、事业单位拨缴工会经费的，人民法院应当受理。基层工会要求参加诉讼的，人民法院可以准许其作为共同申请人或者共同原告参加诉讼。

第六条 根据工会法第五十二条规定，人民法院审理涉及职工和工会工作人员因参加工会活动或者履行工会法规定的职责而被解除劳动合同的劳动争议案件，可以根据当事人的请求裁判用人单位恢复其工作，并补发被解除劳动合同期间应得的报酬；或者根据当事人的请求裁判用人单位给予本人年收入二倍的赔偿，并参照《违反和解除劳动合同的经济补偿办法》第八条规定给予解除劳动合同时的经济补偿金。

第七条 对于企业、事业单位无正当理由拖延或者拒不拨缴工会经费的，工会组织向人民法院请求保护其权利的诉讼时效期间，适用《民法通则》第一百三十五条的规定。

第八条 工会组织就工会经费的拨缴向人民法院申请支付令的，应当按照《最高人民法院关于适用〈中华人民共和国民事诉讼法〉若干问题的意见》第一百三十二条的规定交纳申请费；督促程序终结后，工会组织另行起诉的，按照《人民法院诉讼收费办法》规定的财产案件收费标准交纳诉讼费用。

《最高人民法院关于审理与企业改制相关的民事纠纷案件若干问题的规定》（法释〔2003〕1号），对于因企业改制而发生的民事纠纷案件的受理，规定如下：

第一条 人民法院受理以下平等民事主体间在企业产权制度改造中发生的民事纠纷案件：

（一）企业公司制改造中发生的民事纠纷；

（二）企业股份合作制改造中发生的民事纠纷；

（三）企业分立中发生的民事纠纷；

（四）企业债权转股权纠纷；
（五）企业出售合同纠纷；
（六）企业兼并合同纠纷；
（七）与企业改制相关的其他民事纠纷。

第二条　当事人起诉符合本规定第一条所列情形，并符合民事诉讼法第一百零八条（编者注：现为该法第一百一十九条）规定的起诉条件的，人民法院应当予以受理。

第三条　政府主管部门在对企业国有资产进行行政性调整、划转过程中发生的纠纷，当事人向人民法院提起民事诉讼的，人民法院不予受理。

三、相关案例

【职代会代表或工会不能代表公司起诉】

裴公平等21名原侯马发电厂劳动服务总公司职代会代表与山西省电力公司侯马发电厂侵权纠纷案［最高人民法院（2001）民二监字第266号驳回再审申请通知书］，具体如下：

裴公平等21名原侯马发电厂劳动服务总公司职代会代表：

你们为与山西省电力公司侯马发电厂（以下简称发电厂）侵权纠纷一案，不服本院（1998）经终字第409号民事裁定，以你们是经合法选举产生的，有权代表企业提出诉讼；不予起诉的决定系胁迫作出，且该决定和工会声明未经庭审质证；发电厂侵权明确，应承担赔偿责任为由向本院申请再审。

本院经审查认为：你们21名代表的诉请是：发电厂侵犯劳服公司的企业经营自主权及财产权。但你们21名代表的起诉并未经劳服公司授权同意，因此，不能代表劳服公司；起诉状虽盖有劳服公司工会印章，但工会是公司的内设机构，亦不能直接代表公司起诉。况且，劳服公司工会也声明你们不能代表劳服公司起诉。因此，你们作为该案的诉讼主体是不适格的。本院终审裁定驳回你们的起诉并无不当。为此，根据《民事诉讼法》第一百七十九条第二款的规定，驳回你们的再审申请。

【工会应当对其下属职工持股会所负的民事义务承担清偿责任】

王建威诉上海古北（集团）有限公司职工持股会、上海古北（集团）有限公司工会委员会退还股金纠纷上诉案［上海市第一中级人民法院（2000）沪一中经终字第791号民事判决书］，上诉人古北持股会系工会下属并以工会社团法人名义承担民事责任的组织，故上海市国有资产管理办公室和上海市总工会的若干意见和管理办法对其具有约束力，虽然上述意见和管理办法颁布于古北持股会成立之后，但既已颁布，古北持股会就应按照其规定进行民事活动，本案所涉退还股权的行为发生在上述意见和管理办法颁布之后，故原审法院以此作为判决依据并无不当；按照《职工持股会管理办法》第三十条的有关规定，会员退会时，在无人受让的情况下，持股会应按照不低于公司上年度每股净资产值受让，原审法院据此认定的收购比例亦无不当；原审判决并未规定古北持股会应提取古北持股会资金总额的5%作为周转金，仅是以此确定王建威退还给古北持股会多分的红利金额，故亦无不当；上诉人古北持股会作为上诉人古北工会的下属单位，并未在工商管理部门登记注册，其性质又是工会下属并以工会社团法人名义承担民事责任的组织，故上诉人古北工会应对古北持股会所负担的民事义务承担清偿责任。

第十九条　【党组织】　在公司中，根据中国共产党章程的规定，设立中国共产党的组织，开展党的活动。公司应当为党组织的活动提供必要条件。

一、相关司法解释及两高工作文件

《最高人民法院关于强制执行中不应将企业党组织的党费作为企业财产予以冻结或划拨的通知》（法［2005］209号），规定如下：

企业党组织的党费是企业每个党员按月工资比例向党组织交纳的用于党组织活动的经

费。党费由党委组织部门代党委统一管理,单立账户,专款专用,不属于企业的责任财产。因此,在企业作为被执行人时,人民法院不得冻结或划拨该企业党组织的党费,不得用党费偿还该企业的债务。执行中,如果申请执行人提供证据证明企业的资金存入党费账户,并申请人民法院对该项资金予以执行的,人民法院可以对该项资金先行冻结;被执行人提供充分证据证明该项资金属于党费的,人民法院应当解除冻结。

各级人民法院发现执行案件过程中有违反上述规定情形的,应当及时依法纠正。

二、相关文件规定

《中共中央组织部、财政部关于企业党组织活动经费问题的通知》,对于企业党组织活动经费问题,通知如下:

一、企业党组织活动经费(包括召开党内会议,进行党内宣传教育活动和组织活动,培训党员和申请入党的积极分子,开展表彰优秀党员和先进党支部活动等费用),应按照中央组织部关于党费用途的规定,先由留用的党费中开支,不足部分从企业管理费中解决。

二、党组织活动经费中从企业管理费列支的部分,每年初由企业党委(总支、支部)根据工作需要和节约的原则编制年度预算,列入企业财务计划。在计划范围内,日常开支由党委书记审批,财务部门报销。

三、遇有特殊情况需追加经费时,应经党委会议讨论,向财务部门提出,由厂长决定。

四、企业党委要定期向党员大会或党员代表大会报告党组织活动经费开支情况,接受监督。由企业管理费列支的部分还要接受财务部门的监督。

五、党费的收缴、使用和管理,要严格按有关规定执行,上级党组织要加强检查和监督。

第二十条 【股东禁止行为】 公司股东应当遵守法律、行政法规和公司章程,依法行使股东权利,不得滥用股东权利损害公司或者其他股东的利益;不得滥用公司法人独立地位和股东有限责任损害公司债权人的利益。

公司股东滥用股东权利给公司或者其他股东造成损失的,应当依法承担赔偿责任。

公司股东滥用公司法人独立地位和股东有限责任,逃避债务,严重损害公司债权人利益的,应当对公司债务承担连带责任。

一、相关法律条文

《中华人民共和国民法总则》(自2017年10月1日起施行)对营利法人的出资人的禁止行为,规定如下:

第八十三条 营利法人的出资人不得滥用出资人权利损害法人或者其他出资人的利益。滥用出资人权利给法人或者其他出资人造成损失的,应当依法承担民事责任。

营利法人的出资人不得滥用法人独立地位和出资人有限责任损害法人的债权人利益。滥用法人独立地位和出资人有限责任,逃避债务,严重损害法人的债权人利益的,应当对法人债务承担连带责任。

二、相关司法解释及两高工作文件

《最高人民法院关于印发〈全国法院民商事审判工作会议纪要〉的通知》(法〔2019〕254号),关于公司人格否认,通知如下:

公司人格独立和股东有限责任是公司法的基本原则。否认公司独立人格,由滥用公司法人独立地位和股东有限责任的股东对公司债务承担连带责任,是股东有限责任的例外情形,旨在矫正有限责任制度在特定法律事实发生时对债权人保护的失衡现象。在审判实践中,要准确把握《公司法》第20条第3款规定的精神。一是只有在股东实施了滥用公司法人独立地位及股东有限责任的行为，且该行为严重损害了公司债权人利益的情况下，才能适用。损害债权人利益，主要是指股东滥用权利使公司财产不足以清偿公司债权人的债权。二是只有实施了滥用法人独立地位和股东有限责任行为的股东才对公司债务承担连带清偿责任，而其他股东不应承担此责任。三是公司人格否认不是全面、彻底、永久地否定公司的法人资格，而只是在具体案件中依据特定的法律事实、法律关系，突破股东对公司债务不承担责任的一般规则，例外地判令其承担连带责任。人民法院在个案中否认公司人格的判决的既判力仅仅约束该诉讼的各方当事人，不当然适用于涉及该公司的其他诉讼，不影响公司独立法人资格的存续。如果其他债权人提起公司人格否认诉讼，已生效判决认定的事实可以作为证据使用。四是《公司法》第20条第3款规定的滥用行为，实践中常见的情形有人格混同、过度支配与控制、资本显著不足等。在审理案件时，需要根据查明的案件事实进行综合判断，既审慎适用，又当用则用。实践中存在标准把握不严而滥用这一例外制度的现象，同时也存在因法律规定较为原则、抽象，适用难度大，而不善于适用、不敢于适用的现象，均应当引起高度重视。

10.【人格混同】认定公司人格与股东人格是否存在混同，最根本的判断标准是公司是否具有独立意思和独立财产，最主要的表现是公司的财产与股东的财产是否混同且无法区分。在认定是否构成人格混同时，应当综合考虑以下因素：

（1）股东无偿使用公司资金或者财产，不作财务记载的；

（2）股东用公司的资金偿还股东的债务，或者将公司的资金供关联公司无偿使用，不作财务记载的；

（3）公司账簿与股东账簿不分，致使公司财产与股东财产无法区分的；

（4）股东自身收益与公司盈利不加区分，致使双方利益不清的；

（5）公司的财产记载于股东名下，由股东占有、使用的；

（6）人格混同的其他情形。

在出现人格混同的情况下，往往同时出现以下混同：公司业务和股东业务混同；公司员工与股东员工混同，特别是财务人员混同；公司住所与股东住所混同。人民法院在审理案件时，关键要审查是否构成人格混同，而不要求同时具备其他方面的混同，其他方面的混同往往只是人格混同的补强。

11.【过度支配与控制】公司控制股东对公司过度支配与控制，操纵公司的决策过程，使公司完全丧失独立性，沦为控制股东的工具或躯壳，严重损害公司债权人利益，应当否认公司人格，由滥用控制权的股东对公司债务承担连带责任。实践中常见的情形包括：

（1）母子公司之间或者子公司之间进行利益输送的；

（2）母子公司或者子公司之间进行交易，收益归一方，损失却由另一方承担的；

（3）先从原公司抽走资金，然后再成立经营目的相同或者类似的公司，逃避原公司债务的；

（4）先解散公司，再以原公司场所、设备、人员及相同或者相似的经营目的另设公司，逃避原公司债务的；

（5）过度支配与控制的其他情形。

控制股东或实际控制人控制多个子公司或者关联公司，滥用控制权使多个子公司或者关联公司财产边界不清、财务混同，利益相互输送，丧失人格独立性，沦为控制股东逃避债务、非法经营，甚至违法犯罪工具的，可以综合案件事实，否认子公司或者关联公司法人人格，判令承担连带责任。

12.【资本显著不足】资本显著不足指的是，公司设立后在经营过程中，股东实际投入公司的资本数额与公司经营所隐含的风险相比明显不匹配。股东利用较少资本从事力所不及的经营，表明其没有从事公司经营的诚意，实质是恶意利用公司独立人格和股东有限责任把投资风险转嫁给债权人。由于资本显著不足的判断标准有很大的模糊性，特别是要与公司采取"以小博大"的正常经营方式相区分，因此在适用时要十分谨慎，应当与其他因素结合起来综合判断。

13.【诉讼地位】人民法院在审理公司人格否认纠纷案件时，应当根据不同情形确定当事人的诉讼地位：

(1)债权人对债务人公司享有的债权已经由生效裁判确认，其另行提起公司人格否认诉讼，请求股东对公司债务承担连带责任的，列股东为被告，公司为第三人；

(2)债权人对债务人公司享有的债权提起诉讼的同时，一并提起公司人格否认诉讼，请求股东对公司债务承担连带责任的，列公司和股东为共同被告；

(3)债权人对债务人公司享有的债权尚未经生效裁判确认，直接提起公司人格否认诉讼，请求公司股东对公司债务承担连带责任的，人民法院应当向债权人释明，告知其追加公司为共同被告。债权人拒绝追加的，人民法院应当裁定驳回起诉。

《最高人民法院关于企业开办的其他企业被撤销或者歇业后民事责任承担问题的批复》(法复(1994)4号)，答复如下：

一、企业开办的其他企业被撤销、歇业或者依照《中华人民共和国企业法人登记管理条例》第二十二条规定视同歇业后，其民事责任承担问题应根据下列不同情况分别处理：

1. 企业开办的其他企业领取了企业法人营业执照并在实际上具备企业法人条件的，根据《中华人民共和国民法通则》第四十八条的规定，应当以其经营管理或者所有的财产独立承担民事责任。

2. 企业开办的其他企业已经领取了企业法人营业执照，其实际投入的自有资金虽与注册资金不符，但达到了《中华人民共和国企业法人登记管理条例实施细则》第十五条(现为该细则第十四条)第(七)项或者其他有关法规规定的数额，并且具备了企业法人其他条件的，应当认定其具备法人资格，以其财产独立承担民事责任。但如果该企业被撤销或者歇业后，其财产不足以清偿债务的，开办企业应当在该企业实际投入的自有资金与注册资金差额范围内承担民事责任。

3. 企业开办的其他企业虽然领取了企业法人营业执照，但实际没有投入自有资金，或者投入的自有资金达不到《中华人民共和国企业法人登记管理条例实施细则》第十五条(编者注：现为该细则第十四条)第(七)项或其他有关法规规定的数额，或者不具备企业法人其他条件的，应当认定其不具备法人资格，其民事责任由开办该企业的企业法人承担。

二、人民法院在审理案件中，对虽然领取了企业法人营业执照，但实际上并不具备企业法人资格的企业，应当依据已查明的事实，提请核准登记该企业法人的工商行政管理部门吊销其企业法人营业执照。工商行政管理部门不予吊销的，人民法院对该企业的法人资格可不予认定。

三、从本批复公布之日起，本院法(研)复[1987]33号《关于行政单位或企业开办的企业倒闭后债务由谁承担》的批复第二条中关于如果企业开办的分支机构是公司，不论是否具备独立法人资格，可以根据国发[1985]102号通知处理的规定和法(经)发[1991]10号通知第六条的规定，即行废止。

《最高人民法院经济审判庭关于企业开办的公司被撤销后企业是否应对公司的债务承担连带责任问题的电话答复》(1988年4月12日)关于企业开办的公司被撤销后企业的责任承担问题，答复如下：

一、我院法(研)复〔1987〕33号批复第二条规定："如果企业开办的分支机构是公司，不论是否具备独立法人资格，可以根据国发〔1985〕102号通知处理。"辽宁省丹东永康开发公司(以下简称"开发公司")系丹东市人民日用化学厂(以下简称"日化厂"，现名"华芳化妆品公司")1982年1月1日和丹东永昌制药厂(后改名为"永昌化工厂"，以下简称"化工厂")合并后，于1984年10月以日化厂的名义申请开办的。该公司开办仅一年，就被当地工商行政管理局以其不具备公司条件，违法经营为由予以撤销。根据国务院国发〔1985〕102号文件第三条第一款的规定，呈报单位要对公司认真进行核实，因审核不当而造成严重后果的，要承担经济、法律责任。开发公司现已资不抵债，日化厂和化工厂对其债务应当共同承担连带责任。对于永康开发公司的债权人来讲，日化厂不能以1985年1月29日已与永昌化工厂分离，并将永康开发公司划归永昌化工厂管理为由，拒绝承担开发公司的债务清偿责任。鉴于开发公司与浙江省萧山县供销贸易中心购销钢材合同纠纷案，在执行中，开发公司被撤销，因此，应根据《民事诉讼法（试行）》第一百二十二条第一款第（六）项（编者注：现为《民事诉讼法》第一百五十四条第一款第（十一）项）规定，裁定确认日化厂和化工厂共同承担民事责任，执行原调解协议。

二、浙江省萧山县供销贸易中心诉开发公司购销钢材合同纠纷案，并非双方当事人均有钢材经营权，故在调解书中确认双方所签订的合同有效，显属不妥。根据《民事诉讼法（试行）》第一百二十二条第一款第（五）项（编者注：现为《民事诉讼法》第一百五十四条第一款第（七）项）规定，应裁定予以纠正。

三、相关案例

（一）滥用股东权利损害公司或其他股东的利益

【大股东主导表决通过增资决议可能构成滥用股东权利】

董力诉上海致达建设发展有限公司等滥用股东权侵权赔偿纠纷案［上海市第二中级人民法院（2008）沪二中民三（商）字第238号民事调解书］，《公司法》第二十条第二款对股东权滥用内部赔偿救济作了规定。由于规定得较为原则，关于这一救济方式的具体适用，在具体的审判中应严格认定滥用股东权的形式，对其他股东权益的损害等，在综合平衡公司内外关系前提下，确定滥用股东权的赔偿责任。本案一审法院认为，股东会的决议一般是根据"资本多数决"或者"人数多数决"的原则作出的，是少数股权服从多数股权的法律制度，故股东会的决议程序、内容应当合法公正。如果股东会的决议程序、内容存在瑕疵，其效力就会受到影响。大股东在实施公司增资的股东会决议时，应该公平维护小股东的权益。损害小股东利益的，应当承担相应的民事责任。

【双方当事人解除联营协议后，联营企业变更为一方独资公司，另一方当事人以对方处置财产侵犯其股东权益为由提起诉讼，不予支持】

中国（深圳）物资工贸集团有限公司与大庆石油管理局侵犯股东权益纠纷案［最高人民法院（2006）民二终字第144号民事判决书］，上诉人深圳中物公司与被上诉人大庆石油管理局于1993年3月1日签订的合资组建大庆中物公司的《协议书》为双方真实意思表示，内容合法有效。上述协议书签订后，深圳中物公司未按约定投入资金和实物，也未派员参与经营管理。双方当事人于1996年7月19日签订《关于更改大庆中物合资公司为独资公司的决定》，深圳中物公司在该协议中确认合资公司的"管理人员未落实、注册资金未落实，同意放弃股权，公司应归大庆石油管理局单方所有，即公司人员由甲方自行负责，公司资金投入、盈亏、债权、债务，应由大庆石油管理局自行负责。"深圳中物公司同意退出大庆中物公司，并对大庆石油管理局自行管理经营并承担债权债务予以确认。该协议签订后虽未履行股东变更程序，但不影响协议本身的效力。深圳中物公司向法院提交的证据不能推翻上述协议的内容。因此，深圳中物公司主张上述协议形式欠缺、内容违法的理由不能成立，本院不予支持。深圳中物公司提出的庆宏公司的注册资金与大庆中物公司注册资金的关系，双方当事人在变更大庆中物公司为独资公司的决定中明确了大庆中物公司在深圳成立的庆宏公司变成大庆石油管理局与深圳中物公司合资的有限责任公司，因此，庆宏公司与大庆中物公司是两个各自独立的企业，深圳中物公司在庆宏公司中是否有投资与本案无关。深圳中物公司提出在大庆中物公司的投资实际投在庆宏公司中，应享有大庆中物公司经营期间取得的50%收益的请求没有事实依据，本院不予支持。双方当事人解除联营协议后，大庆中物公司由联营企业变更为大庆石油管理局的独资公司，大庆中物公司变更后运营所得资产与深圳中物公司无关，大庆石油管理局有权对大庆中物公司的财产进行清理和处分。

（二）滥用公司法人独立地位和股东有限责任损害债权人的利益

1. 一般规定

【控股股东低价转让股权对公司债务责任的判定】

亿达信煤焦化能源有限公司与四平现代钢铁有限公司等买卖合同纠纷上诉案［最高人民法院（2017）最高法民终87号民事判决书（《人民司法·案例》2017年第26期）］，控股股东以极低价格转让公司股权，公司债权人依据《公司法》第二十条第三款规定请求控股股东对公司债务承担连带清偿责任的，人民法院应从公司人格与股东人格是否混同、股权转让行为是否造成公司责任财产的不当减少从而降低公司对外偿债能力、损害债权人利益等方面进行分析判断。在无人格混同情况下，基于股东财产与公司财产的分离，股东转让股权是股东对自有权利的处分，对公司财产和其对外偿债能力并不产生直接影响，股东不因极低价格转让公司股权而对公司债务承担连带清偿责任。

【股东将公司作为侵权工具的，应作为侵权主体承担连带责任】

西门子股份公司与新昌县西门子生活电器有限公司、绍兴市邦代电器有限公司、吴某某侵害商标权及不正当竞争纠纷案[浙江省高级人民法院(2016)浙民终699号民事判决书(2016年度浙江法院十大知识产权案件之六)]，为回应社会上关于"知识产权损害赔偿低"的评价，浙江法院总结审判实践经验，基于法经济学的考量，提出了依据"司法层次分析法"认定法定赔偿数额的思路，本案即是"司法层次分析法"的首次司法实践。由于知识产权侵权本质上是对权利市场价值的损害，权利的市场价值又取决于权利主体和权利客体，而侵权主体及侵权行为则是造成损害的直接致害因素，因此，可以在设定权利信息(包括权利主体、权利客体)和侵权信息(包括侵权主体、侵权行为)两大类考量因素的基础上，对权利信息和侵权信息的层级进行综合评判、相互修正，最终通过规范行使自由裁量权，合理确定法定赔偿数额，以增强法定赔偿数额认定的正当性、规范性和可预期性。对于公司股东将公司作为侵权工具，试图利用公司法人人格独立制度规避承担侵权责任的情形，可以依据公司法关于公司股东滥用公司法人独立地位的规定，判令该股东作为侵权主体承担连带责任。

【实际控制人利用公司逃避债务由新设立公司对原公司债务承担连带责任】

宁波银行股份有限公司江北支行诉宁波东平齿轮制造有限公司、宁波金刚机器人有限公司等金融借款合同纠纷案[浙江省宁波市中级人民法院(2016)浙02民终322号民事判决书]，股东或实际控制人滥用公司独立人格，在公司因经营不善导致严重亏损或对外负担巨额债务时，股东或实际控制人为了逃避合同之债，恶意设立新公司，将具有经营价值的财产转移到新设立公司，但对原公司既不主动清算，也不申请注销，从而损害债权人利益的行为，应由新设立公司对原公司债务承担连带责任。

【公司股东不应与全资子公司承担连带责任】

邻水县中信建筑工程有限公司诉纳雍博鳌房地产开发有限公司、四川博鳌地产集团有限公司股东损害公司债权人利益责任案[四川省邻水县人民法院(2016)川1623民初字第2157号民事判决书]，公司股东应当遵守法律、行政法规和公司章程规定，依法行使股东权利、不得滥用公司法人独立地位和股东有限责任损害公司债权人利益。首先，本案原告以纳雍博鳌公司系博鳌集团公司的全资子公司，纳雍博鳌公司与股东博鳌集团公司之间人员、经营、财务管理混同，纳雍博鳌公司法人资格与股东博鳌集团公司之间界限模糊，在法律上已丧失法人人格独立为基础，根据《公司法》第二十条第三款"公司股东滥用公司法人独立地位和股东有限责任，逃避债务，严重损害公司债权人利益的，应当对公司债务承担连带责任"的规定，主张博鳌集团公司应对纳雍博鳌公司下欠的工程款债务承担连带清偿责任。二被告提供的公司档案、《公司变更登记资料》、公司章程、《四川华鋆山会计事务所报告书》《四川全信会计事务所报告书》，能够证明纳雍博鳌公司虽系博鳌集团公司的全资子公司，但两者均是经工商部门登记注册合法成立，具有独立的经营场所，在财务上独立核算，债务上各自承担，各自具有独立法人地位。其次，被告提供的中联会验(2007)342号、中联会变验(2008)03号《验资报告书》，能够证明博鳌集团公司(原四川博鳌房地产开发有限公司)已经缴足注册资本，履行了股东出资义务，不存在出资不实、虚假出资或抽逃出资等情形。再次，《四川华鋆山会计事务所报告书》中第七项、第八项、第十六项虽反映纳雍博鳌公司、博鳌集团公司之间有资金往来，但该报告书也说明了原因是"未见借款合同""会计账务处理错误"或"部分附件不全"，属于纳雍博鳌公司内部工作制度不完善，提交审计资料不全。被告提供了纳雍博鳌公司、博鳌集团公司之间的借款协议，博鳌集团公司与纳雍博鳌公司系母公司与子公司关系，两者之间有资金往来属于正常的商业行为，不能据此认定二者之间存在财务混同。最后，原告诉称案涉工程项目开发资金来源于博骜集团公司拨款，工程项目销售回款后的资金基本被抽回了博骜集团公司，但原告并未举示诸如公司股东存在滥用公司人格的外部表象、公司营运过程中存在明显瑕疵等盖然性证据予以佐证。

【以侵权为目的成立公司的，股东应被认定为共同侵权人】

樱花卫厨（中国）股份有限公司等与苏州樱花科技发展有限公司中山分公司等侵害商标权及不正当竞争纠纷上诉案［江苏省高级人民法院（2015）苏知民终字第00179号民事判决书（江苏法院2016年度十大典型案例之七）］，苏州樱花公司等的行为构成商标侵权及不正当竞争。屠荣灵作为苏州樱花电器有限公司的法定代表人，曾经有过侵犯樱花卫厨公司知识产权的历史，在法院判决苏州樱花电器有限公司构成侵权的情况下，屠荣灵又相继成立了苏州樱花公司及其中山分公司、中山樱花卫厨公司，其主观恶意明显。余良成作为中山樱花集成厨卫公司法定代表人亦明知樱花卫厨公司的“樱花”系列注册商标及与其自身注册商标的区别。苏州樱花公司及其中山分公司、中山樱花集成厨卫公司、中山樱花卫厨公司成立至今系以侵权经营为主业，屠荣灵与余良成应对此承担相应责任。综合上述分析，足以认定屠荣灵与余良成在明知樱花卫厨公司“樱花”系列注册商标及商誉的情况下，通过控制上述公司实施侵权行为，其个人对全案侵权行为起到了重要作用，故与上述公司构成共同侵权，应对上述公司所实施的涉案侵权行为所产生的损害结果承担连带责任。

【公司法人人格否定的审慎适用】

侯卫国诉郝夫印、刘艳玲等股东损害公司债权人利益责任纠纷案［山东省菏泽地区（市）中级人民法院（2013）菏商初字第29号民事判决书］，公司人格否认的效力仅限于提起否认公司人格的债权人所依存的特定法律关系中，仅是对特定具体法律关系中已经丧失独立人格特定的公司状态的一种确认，而不是对公司独立人格全面、永久的否认。公司人格在个案中否认，并不影响公司在其他法律关系中的独立人格。同时，其所追究的责任主体，也限于在事实上滥用公司法人人格，实际参加公司经营管理的股东，而不是涉及公司所有股东。

【控制股东恶意向关联公司输送利益逃避债务，损害其债权人合法权益的，可以适用公司人格否认】

山东中创钢构有限公司诉黑龙江恒信投资担保有限公司、山东宝力通信科技有限公司承揽合同纠纷案［山东省东营市中级人民法院（2011）东商终字第34号民事调解书］，《工程施工合同》是原告中创钢构公司与被告恒信投资担保公司的真实意思表示，双方应严格履行。现原告已依约完成并交付了轻钢屋面工程，被告恒信投资担保公司即应依约支付工程款，根据被告恒信投资担保公司提交的哈尔滨商业银行业务委托书和东营市商业银行电汇凭证，被告恒信投资担保公司已支付原告工程款157.32万元，尚欠26.68万元未予支付。被告恒信投资担保公司虽称已支付原告工程款165.6万元，但未提、交代缴税金证明，本院不予采信。因被告恒信投资担保公司未依约支付工程款，已构成违约，故原告要求被告恒信投资担保公司依约支付2.32万元违约金并无不当。原告要求被告恒信投资担保公司支付工程款和违约金的权利是基于《工程施工合同》所享有的债权，也是一种财产权，属原告的合法权益，任何人不得非法侵犯。被告宝力通信科技公司属被告恒信投资担保公司的独资公司，两者具有关联性。两被告的法定代表人为同一人，并均曾向原告支付工程款，造成财务不清，这种财产上的混同及两被告的关联关系又造成原告对两被告人格产生混同，且涉诉工程完工后一直由被告宝力通信科技公司无偿占有、使用，虑及恒信投资公司的实际情况，两被告的行为客观上的确导致原告债权难以实现，侵犯了原告的合法权益，由此产生的法律后果，两被告应承担连带责任。对原告要求两被告支付工程款及违约金共29万元的诉讼请求，本院予以支持。

【公司注销后股东未履行清算义务的责任承担】

邳州市天合板材批发中心与上海浦西建筑工程有限公司清算责任纠纷上诉案［上海市第二中级人民法院（2009）沪二中民三（商）终字第400号民事判决书（《人民司法·案例》2010年第12期）］，在有限责任公司未经清算而被注销的情况下，全体股东作为清算义务人因不履行清算义务而需要对原公司债务承担责任，个别股东不能以无过错为抗辩理由要求免除对外责任。全体股东对原公司债权人承担责任的性质是公司法人人格被否认后的清偿责任，其承担程度及方式上应为无限、连带清偿责任。

【不能仅依据出资不足而否定公司法人人格】

丁建行与德清县莫干山天然泉矿物饮料有限公司等无效民间借贷纠纷上诉案［浙江省湖州市中级人民法院（2009）浙湖商终字第133号民事判决书］，本案丁建行以饮料公司设立时出资人虚假出资或出资不到位，应当由公司股东对公司债务承担连带清偿责任为由，提起了公司法人人格否认之诉。我国原《公司法》自1994年7月1日起开始施行，当时并无对公司法人人格否认的规定。丁建行现在所主张的公司法人人格否认之诉的依据是现行《公司法》，该法自2006年1月1日起施行。故饮料公司成立时，现行《公司法》尚未颁布，依据当时最高人民法院1992年3月17日法函［1992］36号的精神“企业法人登记主管机关是国家工商行政管理局和地方各级工商行政管理局。企业符合法定条件并经工商行政管理机关核准依法领取有企业法人营业执照，其法人资格应予承认。至于企业出资不足问题，可责令其补足注册资金的差额部分，不宜仅据此否定企业法人资格”，可见，当时我国法律法规还未就公司法人人格否认制度作出规定。依据法律无明文规定不可溯及既往的原则，故丁建行的该项诉权不能成立。

【公司股东不能请求否认公司法人人格】

刘丽丽与田媛媛股权转让纠纷上诉案［江苏省南京市中级人民法院（2009）宁民二终字第39号民事判决书］，我国的公司法人人格否认制度主要适用于公司股东滥用公司法人独立地位和股东有限责任，逃避债务，严重损害公司债权人利益的情形，债权人可以直接向股东追偿。因而，主张否认公司法人人格的应当是公司的债权人。云凯公司是经南京市工商行政管理局下关分局依法核准成立的企业法人，其虚报注册资本的行为，该局已责令其改正并处以罚款，公司股东应根据各自认缴的出资额补足出资，以使公司资本充实。在工商行政管理部门没有撤销其公司登记从而使其设立无效的情况下，云凯公司并未丧失法人资格。刘丽丽主张三股东并未实际出资，云凯公司不具备法人资格，其自身及转让人田媛媛均不具备股东身份，因而双方签订的股权转让协议无效的上诉理由，因没有法律依据，对此不予支持。

【公司注销中清算赔偿责任的司法审查】

庄细莲与钱建辉公司清算责任纠纷上诉案［福建省泉州市中级人民法院（2008）泉民终字第748号民事判决书（《人民司法·案例》2010年第2期）］，吉祥公司已被工商局核准注销，已不具备诉讼主体资格。一审将吉祥公司列为被告系错误的。由于吉祥公司在未经法定清算程序下申请注销，已构成侵权行为。本案不属于揭开公司面纱的情形。原吉祥公司尚欠货款应当由股东庄细莲、庄荣平承担直接偿还责任。

【股东改变公司管理模式的行为，不构成对债权人利益的侵害】

内蒙古电力（集团）有限责任公司与中国银行股份有限公司乌兰浩特分行借款担保合同纠纷上诉案［最高人民法院（2008）民二终字第68号民事判决书］，电力集团变更对兴安电力公司管理模式的行为是否侵害了债权人的利益并据此承担侵权责任，是二审中双方当事人争议的第一个焦点问题。对此，本院认为，首先，从2004年4月12日电力集团作出的《关于对兴安电力有限责任公司变更管理模式及有关事宜的通知》（内电战规［2004］2号）的内容来看，其宗旨是为贯彻内蒙古自治区政府关于加快发展自治区电网的指示精神，根据兴安电网建设和经营管理的实际情况，将其对兴安电力公司的管理模式变更为类同电力集团对蒙西电网各供电局的分公司管理模式。其次，从该通知的性质来看，电力集团行使的是其作为集团公司对下属公司的管理权力，系公司内部行政意义上的管理行为，该管理行为改变的是电力集团内部的公司管理秩序。最后，从该通知的实施后果来看，兴安电力公司作为独立企业法人的民事主体地位、责任财产、责任能力等均未因此而发生改变。一方面，判断某一民事主体的法律性质，原则上应当以工商登记为准。在该通知下发后，兴安电力公司更名为兴安电业局，但其未在工商行政管理机关办理相应的变更登记手续，由此，其民事主体地位并未从电力集团投资的具有独立法人企业资格的子公司改变为不具有独立法人资格的分公司。另一方面，电力集团作为股东，是否应当向兴安电力公司的债权人承担侵权责任，取决于其是否存在滥用股东地位实施了侵害债权人利益的行为。本案中，电力集团改变对兴安电力公司管理模式的行为，并未减损兴安电力公司的法人责任财产及持续经营能力。诉讼中，中行乌兰浩特分行亦未能够举证证明兴安电力公司的责任财产或偿还债务能力因电力集团的上述管理行为而减损。兴安电力公司在该通知下发后未依法办理企业法人的年检手续，违反了相关行政法律、法规的规定，但其正常的生产经营活动并未因此而终止，故该行政违法行为并不能构成其股东电力集团应当向债权人承担侵权责任的法律事实。因此，在兴安电力公司的法人地位、责任财产及责任能力均未发生变化的情况下，仅依据该通知的下发及兴安电力公司未依法年检的事实，尚不能得出电力集团应当据此承担侵权责任的结论。故原审法院关于电力集团的这一行为侵害了债权人的利益并应承担连带清偿责任的认定，并无法律依据，应予纠正。上诉人电力集团的该点上诉理由成立，本院予以支持。

【法人人格否认理论的实际应用】

海南省日发实业发展总公司与海南圣泰嘉园实业有限公司借款合同纠纷再审案［最高人民法院（2007）民二抗字第6号民事判决书（《人民司法·案例》2008年第16期）］，公司作为法人，具有独立的人格，这是公司法人制度最基本的特征。然而，在公司制度的具体运作中，公司与其他公司之间在管理、财务甚至人员等方面出现实质上的混同，违背独立法人应贯彻的资本确定原则、资本维持原则、资本不变原则，以达到转移公司财产、规避公司债务的非法目的，导致了本质上丧失独立承担民事责任的资格。本案中，两家被告公司具有相同的主管部门；两家公司的法定代表人同属一人，并具有相同的法人管理机构。从企业登记性质讲，两家公司均属全民所有制企业，其中一家公司的投资方为另一家公司。事实上，作为借款人的公司将全部借款用于另一家公司名下的建设项目，也就是说，本案借款的实际使用人与受益人是该另一家公司。因此，应当两家公司法人人格混同。该另一家公司就借款人公司的借款，应当承担连带清偿责任。

【被控股公司设立存在瑕疵时，可以适用法人人格否定制度从而要求控股公司承担连带责任】

美国矿产金属有限公司与厦门联合发展（集团）有限公司债务纠纷案［最高人民法院（2004）民四终字第4号民事判决书（《最高人民法院公报》2005年第12期（总第110期））］，经国家主管部门核准登记的具有法人资格的企业，依法应当独立承担民事责任。确定该企业的开办单位是否应当对该企业的债务承担民事责任，应严格审查开办单位对该企业的出资情况以及开办单位有无抽逃该企业注册资本、有无恶意转移该企业财产等情形。开办单位在上述方面无过错的，不应对该企业的债务承担连带赔偿责任。

关于本院法复［1994］4号《关于企业开办的其他企业被撤销或者歇业后民事责任承担问题的批复》的问题，该批复第一条第（二）项规定“企业开办的其他企业已经领取了企业法人营业执照，其实际投入的自有资金虽与注册资金不符，但达到了《企业法人登记管理条例实施细则》第十五条第（七）项或者其他有关法规规定的数额，并且具备了企业法人其他条件的，应当认定其具备法人资格，以其财产独立承担民事责任。但如果该企业被撤销或者歇业后，其财产不足以清偿债务的，开办企业应当在该企业实际投入的自有资金与注册资金差额范围内承担民事责任”；第一条第（三）项规定“企业开办的其他企业虽然领取了企业法人营业执照，但实际没有投入自有资金，或者投入的自有资金达不到《企业法人登记管理条例施行细则》第十五条第（七）项或其他有关法规规定的数额，或者不具备企业法人的其他条件的，应当认定其不具备法人资格，其民事责任由开办该企业的企业法人承担”。究其实质，只有在开办该企业的企业法人注资不足或没有注资时，开办该企业的企业法人才在注资不足的范围内承担民事责任或承担全部民事责任。而本案并不符合上述规定的情形。

【企业开办的其他企业投入资金不实，开办企业应在差额内承担责任】

南方航空旅游公司诉玉龙旅行社等代销合同纠纷案［海南省海口市中级人民法院1998

年11月20日民事判决书(《最高人民法院公报》2000年第2期(总第64期))],企业开办的其他企业在领取了企业法人营业执照后,虽其实际投入的自有资金虽与注册资金不符合,但达到了我国《企业法人登记管理条例实施细则》第十五条(编者注:现为该细则第十四条)第(七)项或者其他有关法规规定的数额,并且具备了企业法人其他条件的,应当认定其具备法人资格,以其财产独立承担民事责任。如果该企业被撤销或者歇业后,其财产不足以清偿债务的,开办企业应当在该企业实际投入的自有资金与注册资金差额范围内承担民事责任。金融机构、会计师事务所为企业出具不实的验资报告、虚假的资金证明、为企业出具验资证明,但企业资不抵债的,给利害关系人造成损失,损害了当事人的合法权益的。该验资单位应当对企业债务在验资报告不实部分或者虚假资金证明金额以内,承担民事赔偿责任。

2. 人格混同

【认定公司滥用法人人格和有限责任的法律责任,应综合多种因素作出判断】

邵萍与云南通海昆通工贸有限公司、通海兴通达工贸有限公司民间借贷纠纷案[最高人民法院(2015)民一终字第260号民事判决书(《最高人民法院公报》2017年第3期(总第245期))],依据《公司法》第二十条第三款的规定,认定公司滥用法人人格和有限责任的法律责任,应综合多种因素作出判断。在实践中,公司设立的背景,公司的股东、控制人以及主要财务人员的情况,该公司的主要经营业务以及公司与其他公司之间的交易目的,公司的纳税情况以及具体债权人与公司签订合同时的背景情况和履行情况等因素,均应纳入考察范围。

【业务混同的表现】

济宁正大通用钢管有限公司等诉唐山市丰南区增洲钢管有限公司等买卖合同纠纷案[河北省唐山市中级人民法院(2015)唐民四终字第529号民事判决书],上诉人济宁正大公司、济宁亿通公司与原审被告北京正大公司的法定代表人、股东为同一家族成员,被上诉人丰南增洲公司与北京正大公司、济宁正大公司发生业务期间,张华廷同时担任北京正大公司、济宁亿通公司的法定代表人,且为济宁正大公司股东。2009年6月之后济宁正大公司注册地址与济宁亿通公司为同一地址,济宁正大公司与济宁亿通公司工商手续经办人均相同,且济宁亿通公司高级管理人员为济宁正大公司委派。故上诉人济宁正大公司、济宁亿通公司主张三家公司的经营场所、工作人员均各自独立,部分股东与其他公司股东存在亲属关系,在一定时间段存在股东交叉持股的情况均系股东间正常的股权转让变更行为的上诉理据不足,本院不予支持。2010年5月8日,北京正大公司与济宁亿通公司签订协议,约定北京正大公司向银行申请办理银行承兑汇票,济宁亿通公司自愿作为收款人配合北京正大公司出票。2014年2月25日,上诉人济宁正大公司向济宁迪赛经贸有限公司借款,由上诉人济宁亿通公司持济宁迪赛公司的银行承兑汇票向银行申请质押贷款。上述行为系企业间借款,济宁迪赛公司将银行贷款转贷给济宁正大公司,违反金融法律法规。而济宁亿通公司却以自己的名义向银行质押贷款,协助济宁正大公司完成上述行为。综上可见,三家公司所从事的经营行为不单独进行,而是以其家族整体利益为准,统一指挥、支配、组织,相互之间无独立性,故三家公司业务混同。

【人格混同与法人独立地位之否认】

中山市迪高彩印有限公司诉中山市美译光电科技有限公司、中山市美怿光电科技有限公司买卖合同案[广东省中山市第二人民法院(2015)中二法民二初字第453号民事判决书],参照《企业所得税法实施条例》和《税收征收管理法实施细则》关于关联企业的规定,以及《特别纳税调整实施办法(试行)》第五十一条关于"一方的购买或销售活动主要由另一方控制"属于企业关联关系的规定。依涉案的IQC进料检验报告记载内容来看,卿前辉和岑琪作为美怿公司的股东,自2014年7月2日公司成立之后,仍然对美译公司向迪高公司购买彩盒的行为进行质量检验审批。同时,依美怿公司参保人员登记情况来看,美译公司股东廖燕玲于2014年10月至2015年7月在美怿公司进行参保。据此,本院认定美译公司与美怿公司在经营和购销等方面存在直接或间接的控制关系,二者属于关联公司。此外,通过本院前文查明的事实,二公司不仅在公司组织机构和人员上存在严重的交叉、重叠,如公司股东在对方公司任职或参保，还在同一经营地点从事相同的业务活动，如经营地点均为中山市小榄镇德来南路横五街 × 号四楼，经营范围均为研发、生产、销售灯具及其配件、镇流器、变压器、电器开关、电器等。鉴于此，二公司作为关联公司不仅在人员方面存在混同，还在业务方面存在混同。虽然二公司在工商登记部门登记为彼此独立的企业法人，但实际上相互之间界限模糊、人格混同，严重侵害了本案原告迪高公司的合法利益。美怿公司的上述行为违背了法人制度设立的宗旨，违背了诚实信用原则，其行为本质和危害结果与《公司法》第二十条第三款规定的情形相当，故参照此条款的规定，美怿公司对美译公司的涉案债务负有连带清偿责任。

【法人是否构成人格混同的判断】

来宾市昌平食品包装有限公司诉广西丰浩糖业巴马制糖有限公司等买卖合同案［广西壮族自治区巴马瑶族自治县人民法院（2015）巴民初字第 219 号民事判决书］，被告丰浩集团公司、丰浩实业公司是否应当对被告丰浩巴马制糖公司的债务承担连带赔偿责任的问题。《公司法》第三条第一款规定："公司是企业法人，有独立的法人财产，享有法人财产权。公司以其全部财产对公司的债务承担责任。"首先，三被告均是企业法人，均有独立的法人财产，享有法人财产权。其次，在公司人员方面，被告丰浩巴马制糖公司具有自己单独的法定代表人、财务负责人、出纳会计，其他管理人员亦不存在交叉任职的情形。在公司业务方面，尽管三被告在实际经营中均涉及糖类及其附属产品相关业务，但是被告丰浩巴马制糖公司经营范围侧重于糖类及其附属产品的生产、销售，而被告丰浩集团公司、丰浩实业公司在糖类其附属产品方面的经营范围侧重于投资管理、仓储批发，此外还涉及其他多个行业的投资管理、仓储、批发、交易、代理、居间、行纪等，并不构成业务混同。在公司财务方面，被告丰浩巴马制糖公司有自己独立的结算账户，并以加盖本公司的公章作为对外支付的依据。因此，被告丰浩巴马制糖公司与被告丰浩集团公司、丰浩实业公司之间的人员、业务、财产并不存在混同，其属于具有独立人格的企业法人，应当独产承担民事责任。

【关联公司人格混同需对外承担连带责任】

徐工集团工程机械股份有限公司诉成都川交工贸有限责任公司等买卖合同纠纷案［2013 年 1 月 31 日《最高人民法院关于发布第四批指导性案例的通知》指导案例 15 号］，具体如下：

关键词 民事 关联公司 人格混同 连带责任

裁判要点 1. 关联公司的人员、业务、财务等方面交叉或混同，导致各自财产无法区分，丧失独立人格的，构成人格混同。2. 关联公司人格混同，严重损害债权人利益的，关联公司相互之间对外部债务承担连带责任。

相关法条 《民法通则》第四条；《公司法》第三条第一款、第二十条第三款

基本案情

原告徐工集团工程机械股份有限公司（以下简称徐工机械公司）诉称：成都川交工贸有限责任公司（以下简称川交工贸公司）拖欠其货款未付，而成都川交工程机械有限责任公司（以下简称川交机械公司）、四川瑞路建设工程有限公司（以下简称瑞路公司）与川交工贸公司人格混同，三家公司实际控制人王永礼以及川交工贸公司股东等人的个人资产与公司资产混同，均应承担连带清偿责任。请求判令：川交工贸公司支付所欠货款 10,916,405.71 元及利息；川交机械公司、瑞路公司及王永礼等个人对上述债务承担连带清偿责任。

被告川交工贸公司、川交机械公司、瑞路公司辩称：三家公司虽有关联，但并不混同，川交机械公司、瑞路公司不应对川交工贸公司的债务承担清偿责任。

王永礼等人辩称：王永礼等人的个人财产与川交工贸公司的财产并不混同，不应为川交工贸公司的债务承担清偿责任。

法院经审理查明：川交机械公司成立于 1999 年，股东为四川省公路桥梁工程总公司二公司、王永礼、倪刚、杨洪刚等。2001 年，股东变更为王永礼、李智、倪刚。2008 年，股东再次变更为王永礼、倪刚。瑞路公司成立于 2004 年，股东为王永礼、李智、倪刚。2007 年，股

东变更为王永礼、倪刚。川交工贸公司成立于2005年，股东为吴帆、张家蓉、凌欣、过胜利、汤维明、武竞、郭印，何万庆2007年入股。2008年，股东变更为张家蓉（占90%股份）、吴帆（占10%股份），其中张家蓉系王永礼之妻。在公司人员方面，三家公司经理均为王永礼，财务负责人均为凌欣，出纳会计均为卢鑫，工商手续经办人均为张梦；三家公司的管理人员存在交叉任职的情形，如过胜利兼任川交工贸公司副总经理和川交机械公司销售部经理的职务，且免去过胜利川交工贸公司副总经理职务的决定系由川交机械公司作出；吴帆既是川交工贸公司的法定代表人，又是川交机械公司的综合部行政经理。在公司业务方面，三家公司在工商行政管理部门登记的经营范围均涉及工程机械且部分重合，其中川交工贸公司的经营范围被川交机械公司的经营范围完全覆盖；川交机械公司系徐工机械公司在四川地区（攀枝花除外）的唯一经销商，但三家公司均从事相关业务，且相互之间存在共用统一格式的《销售部业务手册》、《二级经销协议》、结算账户的情形；三家公司在对外宣传中区分不明，2008年12月4日重庆市公证处出具的《公证书》记载：通过因特网查询，川交工贸公司、瑞路公司在相关网站上共同招聘员工，所留电话号码、传真号码等联系方式相同；川交工贸公司、瑞路公司的招聘信息，包括大量关于川交机械公司的发展历程、主营业务、企业精神的宣传内容；部分川交工贸公司的招聘信息中，公司简介全部为对瑞路公司的介绍。在公司财务方面，三家公司共用结算账户，凌欣、卢鑫、汤维明、过胜利的银行卡中曾发生高达亿元的往来，资金的来源包括三家公司的款项，对外支付的依据仅为王永礼的签字；在川交工贸公司向其客户开具的收据中，有的加盖其财务专用章，有的则加盖瑞路公司财务专用章；在与徐工机械公司均签订合同、均有业务往来的情况下，三家公司于2005年8月共同向徐工机械公司出具《说明》，称因川交机械公司业务扩张而注册了另两家公司，要求所有债权债务、销售量均计算在川交工贸公司名下，并表示今后尽量以川交工贸公司名义进行业务往来；2006年12月，川交工贸公司、瑞路公司共同向徐工机械公司出具《申请》，以统一核算为由要求将2006年度的业绩、账务均计算至川交工贸公司名下。

另查明，2009年5月26日，卢鑫在徐州市公安局经侦支队对其进行询问时陈述：川交工贸公司目前已经垮了，但未注销。又查明徐工机械公司未得到清偿的货款实为10,511,710.71元。

裁判结果

江苏省徐州市中级人民法院于2011年4月10日作出（2009）徐民二初字第0065号民事判决：一、川交工贸公司于判决生效后10日内向徐工机械公司支付货款10,511,710.71元及逾期付款利息；二、川交机械公司、瑞路公司对川交工贸公司的上述债务承担连带清偿责任；三、驳回徐工机械公司对王永礼、吴帆、张家蓉、凌欣、过胜利、汤维明、郭印、何万庆、卢鑫的诉讼请求。宣判后，川交机械公司、瑞路公司提起上诉，认为一审判决认定三家公司人格混同，属认定事实不清；认定川交机械公司、瑞路公司对川交工贸公司的债务承担连带责任，缺乏法律依据。徐工机械公司答辩请求维持一审判决。江苏省高级人民法院于2011年10月19日作出（2011）苏商终字第0107号民事判决：驳回上诉，维持原判。

裁判理由

法院生效裁判认为：针对上诉范围，二审争议焦点为川交机械公司、瑞路公司与川交工贸公司是否人格混同，应否对川交工贸公司的债务承担连带清偿责任。

川交工贸公司与川交机械公司、瑞路公司人格混同。一是三家公司人员混同。三家公司的经理、财务负责人、出纳会计、工商手续经办人均相同，其他管理人员亦存在交叉任职的情形，川交工贸公司的人事任免存在由川交机械公司决定的情形。二是三家公司业务混同。三家公司实际经营中均涉及工程机械相关业务，经销过程中存在共用销售手册、经销协议的情形；对外进行宣传时信息混同。三是三家公司财务混同。三家公司使用共同账户，以王永礼的签字作为具体用款依据，对其中的资金及支配无法证明已作区分；三家公司与徐工机械公司之间的债权债务、业绩、账务及返利均计算在川交工贸公司名下。因此，三家公司之间表征人格的因素（人员、业务、财务等）高度混同，导致各自财产无法区分，已丧失独立人格，构成人格混同。

川交机械公司、瑞路公司应当对川交工贸公司的债务承担连带清偿责任。公司人格独立是其作为法人独立承担责任的前提。《公司法》第三条第一款规定："公司是企业法人，有独立的法人财产，享有法人财产权。公司以其全部财产对公司的债务承担责任。"公司的独立财产是公司独立承担责任的物质保证，公司的独立人格也突出地表现在财产的独立上。当关联公司的财产无法区分，丧失独立人格时，就丧失了独立承担责任的基础。《公司法》第二十条第三款规定："公司股东滥用公司法人独立地位和股东有限责任，逃避债务，严重损害公司债权人利益的，应当对公司债务承担连带责任。"本案中，三家公司虽在工商登记部门登记为彼此独立的企业法人，但实际上相互之间界线模糊、人格混同，其中川交工贸公司承担所有关联公司的债务却无力清偿，又使其他关联公司逃避巨额债务，严重损害了债权人的利益。上述行为违背了法人制度设立的宗旨，违背了诚实信用原则，其行为本质和危害结果与《公司法》第二十条第三款规定的情形相当，故参照《公司法》第二十条第三款的规定，川交机械公司、瑞路公司对川交工贸公司的债务应当承担连带清偿责任。

【两公司董事长为同一人并不导致两公司的人格合一】

海南海钢集团有限公司与中国冶金矿业总公司损害股东利益责任纠纷上诉案［最高人民法院(2013)民二终字第43号民事判决书］，在度假村公司股东会进行上述表决过程中，中冶公司作为该公司的股东投了赞成票，系正当行使其依法享有表决权的行为，该表决行为并不构成对其他股东权利及利益的侵害。基于全体股东的表决结果，渡假村公司董事会制定了《三亚度假村有限公司股东会决议》，其载明："根据公司法规定：度假村公司股东会通过渡假村公司与海韵公司合作开发方案。"此后，双方签订了合作开发协议，并将之付诸实施。这些行为及经营活动均是以"度假村公司董事会、董事长"名义而实施，其对内为董事会行使职权，对外则代表了"度假村公司"的法人行为，没有证据证明是中冶公司作为股东而实施的越权行为。尽管大股东中冶公司的法定代表人邹健同时担任度假村公司董事会的董事长，但此"双重职务身份"并不为我国公司法及相关法律法规所禁止，且该董事长系由度假村公司股东会依公司章程规定选举产生，符合我国《公司法》第四十五条第三款的规定。在此情形下，度假村公司及其股东中冶公司均为人格独立的公司法人，不应仅以两公司的董事长为同一自然人，便认定两公司的人格合一，进而将度假村公司董事会的行为认定为中冶公司的行为，这势必造成公司法人内部决策机制及与其法人单位股东在人格关系上的混乱。此外，两公司人格独立还表现为其财产状况的独立和明晰，在没有证据证明公司与其股东之间存在利益输送的情况下，此类"董事长同一"并不自然导致"法人人格否认原理"中的"人格混同"之情形，不能据此得出中冶公司的表决行为损害了度假村公司及其股东海钢集团利益的结论。

【证券公司出资设立多家公司，并与证券公司在管理和资产上严重混同，后证券公司资产明显不足以清偿到期债务的，无法对各公司分别清算，证券公司应当与其出资的多家公司一并破产，合并清算】

闽发证券有限责任公司与北京辰达科技投资有限公司、上海元盛投资管理有限公司、上海全盛投资发展有限公司、深圳市天纪和源实业发展有限公司合并破产清算案［福建省福州市中级人民法院2012年12月13日民事裁定书(《最高人民法院公报》2013年第11期(总第205期))］，关联公司资产混同、管理混同、经营混同以致无法个别清算的，可将数个关联公司作为一个企业整体合并清算。人民法院对清算工作的职责定位为监督和指导，监督是全面的监督，指导是宏观的指导，不介入具体清算事务以保持中立裁判地位。从破产衍生诉讼中破产企业方实际缺位、管理人与诉讼对方不对称掌握证据和事实的实际情况出发，不简单适用当事人主义审判方式，而是适时适度强化职权主义审判方式的应用。

【股东滥用法人独立地位逃避债务，应对公司债务承担连带责任】

原告中国农业银行股份有限公司三峡夷陵支行诉被告宜昌市万佳百货公司等借款合同纠纷案［最高人民法院(2012)民申字第531号民事裁定书］，公司人格混同且损害债权人的合法权益，是引起公司人格否认的重要情形之一。本案中三家公司的法定代表人与高管相同、工商登记地址一致、资产相互流转，存在资产混同、人员混同的情形，具有明显恶意规避债务的特征。严重损害公司债权人利益的，应当对公司债务承担连带责任。

【公司与关联公司在人格特征上混同时，应认定其丧失了作为法人的独立性】

冯义俊以公司人格混同为由诉淮安盛港公司、淮安淮港公司委托合同纠纷案［江苏省淮安市中级人民法院（2012）淮中商终字第0038号判决书］，公司之间人格混同是指公司之间表征人格的特征或因素混同的一种状态。当公司与关联公司在公司财产、组织机构、经营业务等人格特征上混同时，其即自我破坏了法人地位独立和股东有限责任两大基础，公司则丧失了作为法人的独立性。而公司人格的独立性是其作为法人独立承担责任和股东以其股份承担有限责任的前提，故公司之间构成人格混同，应否认其独立的法人人格，构成人格混同的公司相互之间亦应为其债务承担连带责任。

【法人混同经营的司法认定与责任承担】

广东省东莞市西伦电器实业有限公司等与浙江昌盛玻璃有限公司债务纠纷上诉案［浙江省湖州市中级人民法院（2011）浙湖商终字第377号民事判决书（《人民司法·案例》2013年第2期）］，明知企业法人被吊销营业执照，实际经营人员不披露该信息，仍以该法人名义经营，导致不知情交易相对人利益损失的，应承担个人责任。法定代表人操纵公司混同经营，滥用法人独立人格与股东有限责任，损害交易相对人利益，应承担个人责任。股东通过对公司的控制而实施不正当影响，使公司丧失独立意志，成为股东牟利之工具，由此导致公司法人独立地位无从体现的，则公司应与操控其之股东视同一体，共同承担相应的责任。

【分别受理、集中清偿模式下的实质合并】

无锡市奥特钢管有限公司、无锡市沪通焊管有限公司合并破产清算案［江苏省无锡市中级人民法院（2010）锡破字第3、4-1号民事裁定书］，人格混同的多个关联企业破产，应适用实质合并原则，去除关联企业之间的债权债务，以合并后的资产清偿合并后的债务；实质合并原则的适用，可以采用分别受理、集中清偿模式。

【关联公司的同一法定代表人滥用控制权，无视各公司独立人格，构成人格混同】

中国信达资产管理公司成都办事处与四川泰来装饰工程有限公司、四川泰来房屋开发有限公司、四川泰来娱乐有限责任公司借款担保合同纠纷案［最高人民法院（2008）民二终字第55号民事判决书（《最高人民法院公报》2008年第10期（总第144期））］，存在股权关系交叉、均为同一法人出资设立、由同一自然人担任各个公司法定代表人的关联公司，如果该法定代表人利用其对于上述多个公司的控制权，无视各公司的独立人格，随意处置、混淆各个公司的财产及债权债务关系，造成各个公司的人员、财产等无法区分的，该多个公司法人表面上虽然彼此独立，但实质上构成人格混同。因此损害债权人合法权益的，该多个公司法人应承担连带清偿责任。

【混同在不良债权转让中的法律适用】

重庆风行汽车运输有限公司与重庆市万盛融盛商业公司债权纠纷再审案［重庆市第一中级人民法院（2008）渝五中民再终字第53号民事判决书（《人民司法·案例》2009年第12期）］，融盛公司虽以万盛支行所属工会委员会名义开办，但其无独立财产、组织机构和经营场所，且与万盛支行之间在人员、资产、财物等方面存在混同，应认定融盛公司系万盛支行直接投资开办的不具有法人资格的公司。万盛支行与融盛公司签订借款合同，将款借给融盛公司，实际是万盛支行将借款借给了其自办的公司，属合同法规定的债权债务归于一人，双方所签合同的权利义务终止的情形。万盛支行将其自办公司的债权作为不良债权转让给长城公司的行为，不属于财政部、中国人民银行、中国农业银行、中国长城资产管理公司规定的剥离不良贷款的范围，因此双方的债权转让行为应当确认无效。现风行公司起诉要求主张的债权系长城公司授让取得，其要求万盛支行偿还理由不能成立。

【借款人身份混同，构成共同债务人，应当承担连带清偿责任】

中国东方资产管理公司大连办事处诉辽宁华曦集团公司等借款担保纠纷上诉案［最高人民法院（2003）民二终字第93号判决书（《最高人民法院公报》2003年第6期）］，根据华曦集团与畜产公司之间存在一定关联关系的基本事实，以及华曦集团向省中行发出的《关于美元贷款展期的申请》，在95001号借款合同形成的借款关系中，华曦集团与畜产公司之间存在借款人身份混同的事实，两者之间构成了共同债务人关系，华曦集团应当与畜产公司共同承担偿还该笔贷款的法律责任。

3. 执行程序与揭开面纱

【执行程序中可直接适用揭开公司面纱制度】

恒生公司与橡缆公司借款合同纠纷执行案［山东省阳谷县人民法院（2015）阳恢执字第393号民事裁定书（《人民司法·案例》2016年第5期）］，股东在法定期限内怠于履行清算责任而造成企业财产损毁、灭失、贬值等实际损失，致使债权人的债权受到实际损失的，可被直接追加为被执行人。橡缆公司于2010年12月向山东省阳谷县人民法院起诉，在法院的主持下，双方达成调解协议，由恒生公司分三次偿还橡缆公司电缆款220万元。2012年4月5日，橡缆公司向阳谷县法院申请对恒生公司予以强制执行。因恒生公司暂无可供执行的财产，阳谷县法院于2012年10月2日终结本次执行程序。恒生公司因未按规定年检，于2005年5月30日被山东省新密市工商局吊销营业执照。新密市工商局责令其股东在15日内组成清算组进行清算，但恒生公司的股东郑某、李某、张某至今未对公司进行清算。2012年8月20日，李某因涉嫌非法吸收公众存款被羁押于河南省郑州市第三看守所。2015年10月16日，阳谷县法院法官在郑州市第三看守所对李某进行讯问，其称恒生公司在吊销营业执照时人都走了，不清楚当时公司财产情况，目前公司已无财产。2015年5月29日，本案恢复执行，法院裁定追加第三人郑某、李某、张某为本案被执行人。

【被执行人与其关联公司损害申请执行人合法债权的，执行法院可以追加该关联公司为被执行人】

江苏海德投资集团有限公司因关联公司关联交易被追加为被执行人提出执行异议被驳回案［江苏省高级人民法院（2013）苏执异字第0002号民事裁定书］，被执行人与其关联公司财产混同或进行不正当关联交易，对申请执行人的合法债权构成损害，应认定为恶意转让财产规避执行行为，执行法院应当依法追加该关联公司为被执行人。

【揭开公司面纱规则在民事执行程序中的适用】

宁夏回族自治区海原县兴达建筑有限责任公司与宁夏回族自治区海原县中鑫硅镁合金有限责任公司股东损害公司债权人利益责任纠纷执行案［宁夏回族自治区高级人民法院（2010）宁执复字第6号民事裁定书（《人民司法·案例》2011年第12期）］，当被执行人为逃避法院强制执行而设立新公司，并将原公司财产转移至新公司，利用公司法人独立人格制度规避法律义务时，法院可以应债权人的申请，裁定公司股东或其他相关公司作为被执行人。

【作为被执行人的公司仅有两名股东且为夫妻关系，申请执行人不能以该公司滥用法人独立地位为由要求追加股东为被执行人】

刘敬平与北京中视京诚科技开发有限公司假冒专利及侵犯实用新型专利权纠纷执行异议案，刘敬平与北京中视京诚科技开发有限公司（以下简称中视京诚公司）假冒专利及侵犯实用新型专利权纠纷一案，终审判决中视京诚公司赔偿刘敬平经济损失26万元，赔偿刘敬平因本案支付的合理支出16,726元。此案进入执行程序后，申请执行人刘敬平申请追加被执行人中视京诚公司的股东陈家豪、梁秀芬为被执行人，理由为：1. 有证据表明陈家豪、梁秀芬签收过一笔32万元的资金，该笔资金应入公司账而实际未入账，系二人滥用公司法人地位损害公司债权人的利益。根据《公司法》第20条第3款的规定，公司股东滥用公司法人独立地位和股东有限责任，逃避债务，严重损害公司债权人利益的，应当对公司债务承担连带责任。2. 中视京诚公司仅有陈家豪、梁秀芬两个股东，且二人是夫妻关系，故中视京诚公司实际上应为一人有限责任公司。根据《公司法》第六十三条的规定，一人有限责任公司的股东不能证明公司财产独立于股东自己财产的，应当对公司债务承担连带责任。

执行法院经审查，裁定驳回了刘敬平的追加请求。刘敬平不服，申请复议。复议法院经审查认为，在执行程序中追加被执行人应当严格遵循事由法定原则，申请复议人刘敬平以两个股东为夫妻关系、公司财产与股东财产混同、公司股东滥用公司法人独立地位为由，认为两股东应对公司债务承担连带责任，申请追加陈家豪、梁秀芬为被执行人，上述事由均不属于在执行程序中追加被执行人的法定情形，对其复议申请不予支持，维持原裁定。

【公司股东兼法定代表人利用其特殊地位，以公司名义从事经济活动，使个人与公司经营行为构成混同，造成公司负债时，又以独立法人地位规避债务的，行为人应对公司的民事责任承担连带责任】

北京金石永顺建材商贸中心诉北京中海腾达贸易有限公司等买卖合同案［北京市门头沟区人民法院(2006)门民初字第180号民事判决书］，根据公司法原理，公司作为企业法人具有必要的财产是承担民事责任的基础，公司财产与股东财产应当严格区分；公司以其全部财产对公司的债务承担责任，有限责任公司的股东以其认缴的出资额为限对公司承担责任，即公司法人具有独立地位并具有独立人格；公司股东应当遵守法律、行政法规和公司章程，依法行使股东权利，不得滥用公司法人独立地位和股东有限责任损害公司债权人的利益；公司股东滥用公司法人独立地位和股东有限责任，逃避债务，严重损害公司债权人利益的，应当对公司债务承担连带责任。

根据本案查明的事实，合作双方及郭小强实际履行了向京首建公司搅拌站运送砂石料的义务，依照约定中海公司享有收取相应货款的权利，该项权利为合作双方共同收益。由于中海公司与京首建公司并不存在合同关系，使《协议书》履行过程中，中海公司的行为与股东郭小强的行为无法区分，表现在：第一，郭小强作为中海公司法定代表人兼股东，虚构中海公司与京首建公司供货合同关系，与原告方签订协议并实际履行，中海公司经营行为与股东经营行为构成混同；第二，郭小强收取原告方投资款31.5万元并以个人名义出具收条，但其只将其中的23万元转交中海公司，郭小强的行为使股东财产与公司财产构成混同；第三，郭小强已通过创森公司向京首建公司结算了“中海公司”货款却予以否认，现没有证据证明郭小强将已结算货款转给中海公司，其行为使中海公司资产与股东资产亦构成混同。

综上所述，郭小强的上述行为使中海公司独立地位完全丧失，使公司经营与股东经营、公司财产与股东财产无法区分；郭小强利用其特定身份通过对中海公司的实际控制获取利益，又以中海公司的独立法人地位规避债务，其行为已构成对中海公司独立人格和股东有限责任的滥用，严重损害了原告方的合法利益。郭小强应当对中海公司在本案中的民事责任承担连带责任。

【股东将注册资金用于偿还个人债务，构成人格混同】

中国东方航空股份有限公司厦门营业部诉厦门市人山航空票务代理有限公司等机票销售代理协议欠款案［福建省厦门市中级人民法院(2001)厦经终字第228号二审判决书］，被告许义民在本案中的行为构成滥用股东控制权，应适用公司法人人格否认理论责令其承担法律责任。首先，被告许义民作为人山票务公司的控股股东代表(后也变更为直接股东)，利用资本多数决定的原则，已实际控制了人山票务公司，并滥用对公司的控制权，直接支配公司财产用于清偿个人债务，其行为违反了公司法人制度中公司财产与股东财产相分离的基本原则。当公司控股股东违反上述原则时，公司已失去了独立的意思和人格。若再允许股东以公司人格独立、股东承担有限责任为借口而逃避法定或约定义务，显然会侵害债权人或社会公众利益，不符合追求公平、公正、诚实信用的法理念，也不符合公司法人制度设置的初衷。因此，在特殊场合、个别案件中否认公司的法人人格，直接追究股东的民事责任已为法理和各国司法实践所认同。其次，本案具备适用公司法人人格否认理论的三个构成要件：(1)公司法人人格滥用者应为对公司有实质控股权的股东。在本案中，许义民对人山票务公司的过度控制十分明显，符合公司法人人格否认的主体要件要求。(2)许义民在客观上存在滥用对人山票务公司的控制权以回避义务的行为。许义民将公司财产混同于个人财产，把公司注册资本金的绝大部分用于清偿个人债务，致使公司处于空壳经营运行状态，并最终导致公司无资力履行债务，而陷于停止状态。本案具备公司法人人格否认的行为要件。(3)被告许义民的行为致使人山票务公司资本严重不足，给原告也给其他交易相对人造成极大的风险，最终妨碍了原告合法债权的实现，已给他人或社会造成损害，具备公司法人人格否认的结果要件。再次，公司法人人格否认仅限于个案，而非全盘否认，其法律后果是滥用公司控制权的股东应为公司债务承担连带赔偿责任。因此，许义民应对人山票务公司的债务承担连带赔偿责任，但以不超出其法定出资额为限。

4. 反向揭开面纱 / 自我揭开面纱

【反向刺破公司面纱：公司法人格否认规则的扩张适用】

沈阳惠天热电股份有限公司与沈阳市第二市政建设工程有限公司建筑工程施工合同纠纷上诉案［辽宁省沈阳市中级人民法院（2010）沈民二终字第264号民事判决书（《人民司法·案例》2010年第14期）］，公司独立人格与股东有限责任是现代公司制度的两大基石，但若存在股东滥用法人格，导致股东与公司人格混同，损害债权人利益的，在特定个案中，法院可能会刺破公司面纱，否定公司独立人格的存在，使股东对公司的债务承担责任；与此扩张适用的情形则称之为反向刺破公司面纱，即在特定条件下，法律将公司与股东视为一体，令公司为股东的债务承担责任。

【自我揭开公司面纱不得违反诚实信用原则和公平原则】

股东日本月亮人会社因公司欠付买卖合同货款诉南通日出公司给付货款公司要求否定法人人格由全体股东作共同被告案［江苏省南通市中级人民法院2001年11月14日民事判决书］，原告因被告生产经营需要而向被告转让设备，并在设备进口过程中，依法办理了海关报关手续，双方由此形成的国际货物买卖关系符合法律规定，应确认有效。由于原告在向被告转让设备时，双方未在转让清单上约定货款的给付期限，因此，原告有权随时要求被告履行给付义务。又由于被告因其中方董事涉嫌犯罪而导致公司停业，严重影响了原告债权的实现，原告选择司法救济途径请求被告付款并无不当，被告应向原告支付所欠的货款740万日元。对被告提出的要求法院确认其不具备法人资格，并请求追加三位出资人为共同被告参加诉讼的主张，由于被告的三个出资人中，包括原告在内的两位外方投资人已依法出资到位，被告请求法院宣告被告不具备法人资格，并由被告的三方股东承担责任的目的是逃避债务，转移风险，其自我否认法人人格的主张违反了诚实信用原则和公平原则，因此法院不予支持。

【反向揭开面纱是个错误的概念：企业投资入股后，对于出资企业的债务，不能要求新设公司与出资企业承担连带责任】

中国工商银行股份有限公司抚顺分行与抚顺铝业有限公司、抚顺铝厂、抚顺新抚钢有限责任公司借款合同纠纷上诉案［最高人民法院民事判决书］，在适用法人格否认制度时，应当查清是否被投资公司不具有法人资格、或者被否定法人资格，确实须由母公司承担法人责任的问题。在实践中，常常出现反向推论，被投资的公司具有法人资格，却想将母公司的法人资格予以否认，以便判定子公司对母公司的债务共同承担偿还责任。这种理解和认识是错误的，既没有法律依据，也与事实不相吻合，故而不值得提倡此种观点。对于这种情况，可以判定母公司依法承担民事责任，当其无能力履行时，在执行环节，可以将其持有子公司的股权予以评估变卖、拍卖，用于偿还母公司的债务。

本案中，抚顺铝厂出资5亿元设立铝业公司，铝业公司是否因此对出资人抚顺铝厂的债务承担连带责任。《最高人民法院关于审理与企业改制相关的民事纠纷案件若干问题的规定》（以下简称《企业改制规定》）第七条规定："企业以其优质财产与他人组建新公司，而将债务留在原企业，债权人以新设公司和原企业作为共同被告提起诉讼主张债权的，新设公司应当在所接收的财产范围内与原企业共同承担连带责任。"这一条规定的新设公司与原企业承担连带责任的法律基础是当事人恶意逃债。只有存在充分证据证明当事人是借企业公司制改造逃废债务时，才适用该项条款。但《企业改制规定》第七条并不限制企业正常投资。全民所有制企业有权对外投资。企业投资入股后，原企业的资产价值并不减少，资本金也不发生变化，只是企业部分财产改变了原有的形态，以企业在新设公司中的股权形式表现出来。企业在新设公司中的股权，作为企业的责任财产，与企业的其他财产一样，均可以用于对外偿债。因此，企业投资入股后，如出资人发生偿债问题时，诉讼中不能依据《企业改制规定》第七条的规定，将新设公司与出资企业列为共同被告承担连带责任。本案中，抚顺铝厂投资5亿元，经过法定评估机构评估，法定验资机构验资，经抚顺国资委批准，经工商登记，设立铝业公司。铝业公司性质为法人独资，抚顺铝厂享有铝业公司100%的股权。在这一过程中，抚顺铝厂的责任财产并未减少，只是资产形态发生了变化。抚顺铝厂设立铝业公司的行为是一投资行为，抚顺铝厂对作为投资的资产的权益并没有改变其作为原企业对外债务的担保的性质，不会因此种行为而实质降低其偿债能力。抚顺铝厂作为独立的企业法人应以其全部法人财产对其自身债务承担责任，其全部法人财产既包括留在执顺铝厂的财产，也包括抚顺铝厂的债权和对外投资所形成的财产权益。这一投资行为不适用《企业改制规定》第七条的规定，铝业公司不会因为抚顺铝厂的投资行为而对抚顺铝厂的债务承担连带责任。

第二十一条 【禁止关联交易】 公司的控股股东、实际控制人、董事、监事、高级管理人员不得利用其关联关系损害公司利益。

违反前款规定，给公司造成损失的，应当承担赔偿责任。

一、相关法律条文

《中华人民共和国民法总则》(自2017年10月1日起施行)对营利法人的关联交易，规定如下：

第八十四条 营利法人的控股出资人、实际控制人、董事、监事、高级管理人员不得利用其关联关系损害法人的利益。利用关联关系给法人造成损失的，应当承担赔偿责任。

二、相关司法解释及两高工作文件

《最高人民法院关于适用〈中华人民共和国公司法〉若干问题的规定(五)》(法释[2019]7号)对关联交易，规定如下：

第一条 关联交易损害公司利益，原告公司依据公司法第二十一条规定请求控股股东、实际控制人、董事、监事、高级管理人员赔偿所造成的损失，被告仅以该交易已经履行了信息披露、经股东会或者股东大会同意等法律、行政法规或者公司章程规定的程序为由抗辩的，人民法院不予支持。

公司没有提起诉讼的，符合公司法第一百五十一条第一款规定条件的股东，可以依据公司法第一百五十一条第二款、第三款规定向人民法院提起诉讼。

第二条 关联交易合同存在无效或者可撤销情形，公司没有起诉合同相对方的，符合公司法第一百五十一条第一款规定条件的股东，可以依据公司法第一百五十一条第二款、第三款规定向人民法院提起诉讼。

三、相关文件规定

《中国银保监会关于印发保险公司关联交易管理办法的通知》(银保监发〔2019〕35号)对保险公司关联交易的管理，规定如下：

第一章 总 则

第一条 为规范保险公司关联交易行为，防范关联交易风险，维护保险公司独立性和保险消费者利益，根据《中华人民共和国公司法》《中华人民共和国保险法》等有关规定，制定本办法。

第二条 保险公司开展关联交易应当遵守法律法规、国家会计制度和保险监管规定，并采取有效措施，防止关联方利用其特殊地位，通过关联交易侵害保险公司或保险消费者利益。

第三条 银保监会依法对保险公司关联交易实施监管。

第二章 关联方与关联交易

第四条 保险公司的关联方是指与保险公司存在受一方控制或重大影响关系的自然人、法人或其他组织。

第五条 具有以下情形之一的，为保险公司的关联法人或其他组织：

（一）保险公司的控股股东、实际控制人；

（二）本条第（一）项规定以外的，持有或控制保险公司5%以上股权的法人或其他组织，及其控股股东、实际控制人；

（三）本条第（一）（二）项的董事、监事或高级管理人员控制的法人或其他组织；

（四）本条第（一）（二）项所列关联方控制或施加重大影响的法人或其他组织；

（五）保险公司控制或施加重大影响的法人或其他组织；

（六）本办法第六条（一）至（四）项所列关联方控制或施加重大影响的法人或其他组织。

第六条 具有以下情形之一的自然人，为保险公司的关联自然人：

（一）保险公司的自然人控股股东、实际控制人；

（二）本条第（一）项规定以外的，持有或控制保险公司5%以上股权的自然人；

（三）保险公司的董事、监事或高级管理人员；

（四）本条第（一）至（三）项所列关联方的近亲属；

（五）本办法第五条第（一）（二）项所列关联方及其控制的法人或其他组织的董事、监事或高级管理人员；

（六）保险公司控制的法人或其他组织的董事、监事或高级管理人员。

第七条 保险公司可以根据实质重于形式的原则，认定以下可能导致利益倾斜的自然人、法人或其他组织为关联方：

（一）保险公司内部工作人员及其控制的法人或其他组织；

（二）保险公司及其控股股东、实际控制人的一致行动人；

（三）本办法第五条第（一）（二）项的董事、监事或高级管理人员施加重大影响的法人或其他组织；

（四）本办法第六条第（一）至（三）项所列关联方的其他关系密切的家庭成员；

（五）持有保险公司控股子公司10%以上股份的自然人、法人或其他组织；

（六）信托计划等金融产品或其他协议安排的实际权益持有人或其他最终受益人；

（七）与保险公司在借贷、担保等方面存在依赖关系的企业；

（八）连续三年及以上与保险公司在资金、经营、购销等方面存在协议关系的。

第八条 银保监会可以根据实质重于形式的原则，认定可能导致保险公司利益倾斜的任何自然人、法人或其他组织为关联方，包括但不限于本办法第七条规定的有关情形。

第九条 在过去十二个月内或者根据相关协议安排在未来十二个月内，存在本办法第五条、第六条规定情形之一的，视同保险公司关联方。

第十条 保险公司的关联交易，是指保险公司与关联方之间发生的转移资源或者义务的事项，包括以下类型：

（一）投资入股类：包括关联方投资入股该保险公司（含增资、减资及收购合并等），关联方投资该保险公司发行的优先股、债券或其他证券；

（二）资金运用类：包括在关联方办理银行存款，投资关联方的股权、不动产及其他资产；投资关联方发行的金融产品，或投资基础资产包含关联方资产的金融产品；与关联方共同投资（含新设、增资、减资、收购合并等）；

（三）利益转移类：包括给予或接受财务资助，赠与、出售或租赁资产，权利转让，担保，债权债务转移，签订许可协议，放弃优先受让权、同比例增资权或其他权利等；

（四）保险业务类：包括保险业务和保险代理业务、再保险的分出及分入、委托或受托管理资产和业务等；

（五）提供货物或服务类：包括审计、精算、法律、资产评估、资金托管、广告、日常采购、职场装修等；

（六）银保监会根据实质重于形式原则认定的其他可能引致保险公司资源或者义务转移的事项。

保险公司控股子公司与保险公司的关联方发生的上述事项，按照保险公司的关联交易进行管理，但控股子公司为上市公司或已受行业监管的金融机构的除外。

第十一条 保险公司的关联交易分为重大关联交易和一般关联交易。

重大关联交易是指保险公司或其控股子公司与一个关联方之间单笔或年度累计交易金额达到3000万元以上，且占保险公司上一年度末经审计的净资产的1%以上的交易。

一个年度内保险公司或其控股子公司与一个关联方的累计交易金额达到前款标准后，其后发生的关联交易，如再次累计达到前款标准，则应当重新认定为重大关联交易。

同一个保险公司与多个关联方在同一笔交易中的金额，应合并计算进行认定。

一般关联交易是指除重大关联交易以外的其他关联交易。

第三章 关联交易金额的计算与比例

第十二条 关联交易金额以保险公司或其控股子公司的交易对价或转移的利益计算，具体计算方式如下：

（一）投资入股保险公司的，以投资金额计算交易金额；减少保险公司注册资本的，以减资金额计算交易金额；投资于保险公司优先股、债券或其他证券的，以投资金额计算交易金额；

（二）资金运用类以保险资金投资金额计算交易金额；投资于关联方发行的金融产品且基础资产不涉及其他关联方的，以发行费或投资管理费计算交易金额；买入资产的，以交易价格计算交易金额；

（三）利益转移类中给予或接受财务资助的，以资助金额计算交易金额；出售或租赁资产、权利转让、签订许可协议的，以交易价格计算交易金额；提供或接受担保的，以担保金额计算交易金额；保险公司放弃相关权利的，以权利涉及的金额计算交易金额；赠与以赠与标的的市场价值计算交易金额；

（四）保险业务类中保险业务以保费计算交易金额；保险代理业务以代理费计算交易金额；委托金融机构管理资产或受托机构投资者管理资产的，以委托或受托管理费计算交易金额；

（五）提供货物或服务类以发生金额计算交易金额。

第十三条 保险公司对关联交易金额的计算标准，应按照银保监会有关规定，适用实质重于形式的原则穿透计算。

第十四条 保险公司资金运用关联交易应符合以下比例要求：

（一）保险公司对全部关联方的投资余额，合计不得超过保险公司上一年度末总资产的30%与上一年度末净资产二者中金额较低者；

（二）保险公司投资未上市权益类资产、不动产类资产、其他金融资产和境外投资的账面余额中，对关联方的投资金额不得超过上述各类资产投资限额的50%；

（三）保险公司对单一关联方的全部投资余额，合计不得超过保险公司上一年度末总资产的15%；

（四）保险公司投资金融产品，若底层基础资产涉及控股股东或控股股东的关联方，保险公司购买该金融产品的份额不得超过该产品发行总额的60%。

保险公司与其控股子公司的投资金额应当合并计算并符合上述比例要求。

第十五条 持有保险公司5%以上股权的股东质押股权数量超过其持有该保险公司股权总量50%的，银保监会可以限制其与保险公司开展关联交易。

第十六条 保险公司与关联方及其企业集团的其他成员之间发生的资金运用类关联交易，应当合并计算金额并适用本办法第十四条的规定。上述主体不属保险公司关联方的除外。

保险公司与其控股子公司，以及控股子公司之间发生的关联交易，不适用本办法第十四条的规定。

第十七条 保险公司应当动态监测关联交易的各项金额及比例，建立预警和管控机制，及时调整经营行为以符合本办法的有关规定。

第十八条 银保监会可以根据保险公司治理状况、偿付能力状况以及所受行政监管措施和行政处罚的情况，对保险公司适用第十四条规定的监管比例进行适当调整。

第四章 关联交易的内部控制

第十九条 保险公司关联交易管理应遵循以下原则：

（一）主动管理、职责明确；

（二）穿透管理、跟踪资金；

（三）总量控制、结构清晰。

第二十条 保险公司应当制定关联交易管理制度。

关联交易管理制度包括关联方的识别、报告、核验和信息管理，关联交易的发起、定价、审查、报告、披露、审计和责任追究等内容。

第二十一条 保险公司董事会应当设立关联交易控制委员会，负责关联方识别维护，关联交易管理、审查、批准和风险控制。关联交易控制委员会由三名以上董事组成，由独立董事担任负责人。关联交易控制委员会应重点关注关联交易的合规性、公允性和必要性。

第二十二条 关联交易控制委员会应当设立跨部门的关联交易管理办公室，成员应当包括合规、人事、财务部门负责人等，并指定一名高级管理人员担任负责人，负责关联交易的日常管理等具体事务。

第二十三条 保险公司应当建立关联方信息档案，至少每半年更新一次，并于每年6月末、12月末向银保监会报送。

第二十四条 关联交易控制委员会及其办公室对关联方信息档案的更新、维护负有主动管理责任，应当通过公开渠道查询等方式对有关信息进行必要的核实验证，并对可疑信息和有关媒体报道给予关注。

第二十五条 保险公司董事、监事和高级管理人员应当自任职之日起15个工作日内，按本办法有关规定，向保险公司报告其关联方情况。

自然人、法人或其他组织应当在持有或控制保险公司5%以上股权之日起15个工作日内，按本办法有关规定，向保险公司报告其关联方情况。

保险公司报送董事、监事及高级管理人员任职资格、股东变更等申请时，应承诺按照规定报告其主要关联方的情况。相关报告人应如实报告，不得瞒报、漏报、错报。

第二十六条 关联交易应当订立书面交易协议。协议的签订应当遵循平等、自愿、等价、有偿的原则，协议内容应当明确、具体、可执行。

第二十七条 关联交易应当条件公允，明确交易对价的确定原则及定价方法。必要时关联交易控制委员会可以聘请财务顾问等独立第三方出具报告，作为判断的依据。

第二十八条 保险公司应当完善关联交易的内部控制机制，优化关联交易管理流程，合规、业务、财务等关键环节的审查意见以及关联交易控制委员会等会议决议、记录应当清晰可查。

第二十九条 保险公司应当按照银保监会的有关规定，主动监测保险资金的流向，及时掌握基础资产状况，穿透识别审查关联交易，建立有效的关联交易风险控制机制。

第三十条 一般关联交易按照公司内部管理制度和授权程序审查，报关联交易控制委员会备案或批准。

对于金额小、结构简单的一般关联交易，关联交易控制委员会可以定期集中审议并出具意见。

第三十一条 重大关联交易经由关联交易控制委员会审查后，由董事会或股东（大）会批准。关联交易控制委员会应当就重大关联交易的合规性、公允性和必要性以及是否损害保险公司和保险消费者利益发表书面意见。

第三十二条 保险公司董事会在审议关联交易时，关联董事不得行使表决权，也不得代理其他董事行使表决权。该董事会会议由过半数的非关联董事出席即可举行，董事会会议所作决议须经参会的非关联董事2/3以上通过。出席董事会会议的非关联董事人数不足三人的，保险公司应当将交易提交股东（大）会审议。

保险公司股东（大）会审议关联交易时，关联股东不得参与表决，银保监会另有规定的除外。

如保险公司未设立股东（大）会，或者表决权比例因回避而低于章程规定或法定比例的，仍由董事会审议且不适用本条第一款关于回避的规定，但关联方应出具不存在不当利益输送的声明。

第三十三条 保险公司与其关联方之间长期持续发生的下列关联交易，可以签订统一交易协议，协议期限一般不超过三年：

（一）保险业务类；

（二）提供货物、服务或财务资助。

统一交易协议的签订、续签、实质性变更应按照重大关联交易进行内部审查、报告和信息披露。统一交易协议下发生的关联交易无需逐笔进行审查、报告和披露，但应当在季度报告中说明执行情况。统一交易协议应当明确或预估关联交易金额。

第三十四条 独立董事应当谨慎对重大关联交易的公允性及合规性发表意见。两名以上独立董事认为有必要的，可以聘请中介机构等独立第三方提供意见，费用由保险公司承担。

第三十五条 保险公司应当每年至少组织一次关联交易专项审计，并将审计结果报董事会和监事会。

第三十六条 对于未按照规定报告关联方、违规开展关联交易等情形，关联交易控制委员会、独立董事或者监事会可以提出问责建议，经董事会审议通过后执行。

第三十七条 保险公司董事会、关联交易控制委员会、独立董事或者监事会在关联交易日常监督或专项审计中可以提出纠正建议，可以对存在失职行为的董事及高级管理人员提出罢免建议。

第五章 关联交易的报告和披露

第三十八条 保险公司应当按照本办法的有关规定，真实、准确、完整、及时地报告、披露关联交易信息，不得存在任何虚假记载、误导性陈述或重大遗漏。

关联交易控制委员会应当统筹管理关联交易信息披露工作，提高关联交易的透明度。

第三十九条 以下关联交易应当在签订交易协议后15个工作日内逐笔向银保监会报告：

（一）重大关联交易；

（二）统一交易协议的签订、续签或实质性变更；

（三）银保监会要求报告的其他交易。

第四十条 按照本办法第三十九条规定须逐笔报告的关联交易，报告内容至少包括：

（一）关联交易概述及交易标的情况；

（二）交易对手情况。包括关联自然人基本情况，关联法人名称、企业类型、经营范围、注册资本，与保险公司存在的关联关系；

（三）关联交易的具体情况，包括穿透的交易架构图、交易目的、交易条件或对价、定价政策、对财务状况及经营成果的影响等。交易价格与市场价格之间差异较大的，应当说明原因。投资信托计划、债权或不动产投资计划、资产管理计划、股权投资基金、资产支持计划等金融产品的，应当说明投资标的以及基础资产情况。

向关联方购买或出售资产、股权或其他权益的，应说明前次的交易价格。

与关联方共同投资的，应当说明被投企业名称、业务模式、盈利预测、主要资产情况及保险公司与关联方间关于投资收益分配和损失分担的方案等。

(四)关联交易涉及保险公司控股股东及其关联方的,控股股东及其关联方应当提供上年度经审计的财务报表、上季度末征信评级等材料;

(五)本年度与该关联方发生的关联交易累计金额;

(六)交易协议以及交易基础资产涉及的相关法律文件,交易涉及的有关审批文件,中介服务机构出具的专业报告;

(七)股东(大)会、董事会决议,关联交易控制委员会的意见或决议;

(八)独立董事的书面意见;

(九)银保监会要求提交的其他文件。

第四十一条 保险公司应当按本办法的有关规定统计关联交易金额及比例,并于每季度结束后30日内报送关联交易的有关情况。

第四十二条 保险公司应当在公司年报中按照行业监管标准披露当年关联交易的总体情况。

第四十三条 保险公司董事会应当就关联交易整体情况形成年度专项报告,随年度公司治理报告一同报送银保监会。

第四十四条 本办法第三十九条规定须逐笔报告的关联交易,保险公司应当在签订交易协议后15个工作日内在公司网站、符合监管要求的公开网站逐笔披露以下内容:

(一)交易对手情况。包括关联自然人基本情况,关联法人名称、企业类型、经营范围、注册资本,与保险公司存在的关联关系;

(二)关联交易类型及交易标的情况;

(三)交易协议的主要内容,包括交易价格,交易结算方式,协议生效条件、生效时间、履行期限等;

(四)关联交易的定价政策。交易价格与市场公允价格之间差异较大的,应当说明原因;

(五)交易决策及审议情况,包括决策的机构、时间、结论,审议的方式和过程;

(六)银保监会要求披露的其他事项。

第四十五条 本法第三十九条规定以外的关联交易应当按交易类型每季度进行一次分类合并披露。保险公司应当在每季度结束后30日内在公司网站、符合监管要求的公开网站披露。

第四十六条 保险公司进行的下列关联交易,可以免予按照关联交易的方式进行审议和披露,但在统计关联交易金额与比例时应当合并计算:

(一)与关联自然人单笔交易额在50万元以下或与关联法人单笔交易额在500万元以下的关联交易;

(二)一方以现金认购另一方公开发行的股票、公司债券或企业债券、可转换债券或其他衍生品种;

(三)按照关联交易有关协议约定产生的后续赎回、赔付、还本付息、分配股息和红利、再保险摊回赔付、调整再保险手续费等交易;

(四)在关联方办理活期存款业务;

(五)银保监会规定的其他情形。

第四十七条 保险公司进行的下列关联交易,可以免予按照关联交易的方式进行审议和披露,但应当在交易协议签订后的15个工作日内报告银保监会并说明原因,在统计关联交易金额与比例时应当合并计算:

(一)同一自然人同时担任保险公司和其他法人的独立董事且不存在其他构成关联方情形的,该法人与保险公司进行的交易;

(二)交易的定价为国家规定的;

(三)银保监会规定的其他情形。

第四十八条 保险公司关联交易信息涉及国家秘密、商业秘密或者银保监会认可的其他情形,按照本办法披露或者履行相关义务可能导致其违反国家有关保密的法律法规或严重损害公司利益的，保险公司可以向银保监会申请豁免按照本办法披露或履行相关义务。

第六章 关联交易的监督管理

第四十九条 保险公司应当维护公司经营的独立性，提高市场竞争力，减少关联交易的数量和规模。

保险公司关联交易不得偏离市场独立第三方的价格或者收费标准，不得制定明显不利于保险公司的交易条件，不得通过关联交易进行利益输送。

第五十条 关联交易应当结构清晰，避免多层嵌套等复杂安排。不得通过隐瞒关联关系等不当手段，规避关联交易的内部审查、外部监管以及报告、披露义务。

第五十一条 保险公司股东、董事、监事、高级管理人员及其他关联方，应当如实披露关联关系的有关信息，不得隐瞒或提供虚假陈述，并对提供信息的真实、准确、完整性承担责任。

第五十二条 保险公司董事会对关联交易管理承担最终责任。关联交易控制委员会、相关业务部门负责人与合规负责人对关联交易的合规性承担直接责任。

第五十三条 银保监会审查关联交易时，可视情况采取以下审查措施：

（一）要求保险公司及其关联方补充说明或提供法律意见、财务顾问意见等有关材料；

（二）对关联交易的有关问题提出公开质询；

（三）要求对特定的交易进行内部审计并出具审计报告；

（四）指定第三方对交易资产进行重新评估、开展外部审计或出具盈利预测报告等专业报告；

（五）银保监会依法采取的其他审查措施。

第五十四条 保险公司违反本办法规定的，银保监会予以责令改正，并视情况采取以下监管措施：

（一）责令修改交易条件；

（二）责令停止、撤销或终止关联交易；

（三）责令禁止与特定关联方开展交易；

（四）限制资金运用形式和比例；

（五）银保监会依法采取的其他监管措施。

第五十五条 保险公司违反本办法规定的，银保监会可依法予以罚款、限制业务范围、责令停止接受新业务或者吊销业务许可证等行政处罚，对相关责任人员可依法予以警告、罚款、撤销任职资格、禁止进入保险业等行政处罚。涉嫌犯罪的，依法移送司法机关追究刑事责任。

第五十六条 保险公司董事、监事、高级管理人员或其他有关从业人员违反本办法规定的，银保监会可以对相关责任人员采取以下监管措施：

（一）责令改正；

（二）记入履职记录并进行行业通报；

（三）责令保险公司予以问责；

（四）认定为不适当人选；

（五）银保监会依法采取的其他监管措施。

第五十七条 保险公司股东、实际控制人利用关联交易严重损害保险公司利益的，银保监会可以依法采取责令改正、限制股东权利、责令转让股权等监管措施。

保险公司的其他关联方违反本办法规定的，银保监会可以采取公开谴责、限制投资保险业等监管措施。

第五十八条 关联方违反本办法规定给保险公司造成损失的，保险公司可以要求其承担赔偿责任，必要时银保监会可以督促保险公司采取司法措施要求赔偿。

第五十九条 会计师事务所、专业评估机构、律师事务所、税务师事务所等服务机构违反诚信及勤勉尽责原则，出具文件存在虚假记载、误导性陈述或重大遗漏，银保监会可以进行行业通报，一定时期内不予认可其出具的意见或报告，并移交有关监管部门依法给予行政处罚。

第七章 附 则

第六十条 本办法中下列用语的含义：

控制，包括直接控制与间接控制，是指(一)控制：有权决定一个企业的财务和经营政策，并能据以从该企业的经营活动中获取利益；或(二)共同控制：按照合同约定对某项经济活动所共有的控制，仅在与该项经济活动相关的重要财务和经营决策需要分享控制权的投资方一致同意时存在。

重大影响，是指对法人或组织的财务和经营政策有参与决策的权力，但并不能够控制或者与其他方共同控制这些政策的制定。以下情形视为具有重大影响：(一)持有非保险公司法人20%以上股权；(二)持有保险公司5%以上股权；(三)派驻或担任董事、监事或高级管理人员；(四)对重大事项具有一票否决权或存在其他协议安排；(五)银保监会认定的其他情形。

受一方控制或重大影响，包括(一)受其中一方的控制或重大影响；(二)双方同受第三方的控制或重大影响。

持有，包括直接持有与间接持有。

保险公司的控股股东，是指(一)持股比例达到50%以上的股东；或(二)持股比例虽不足50%，但依享有的表决权已足以对股东(大)会的决议产生控制性影响的股东。

控股子公司，是指对该子公司的持股比例达到50%以上；或者持股比例虽不足50%，但通过表决权、协议等安排能够对其施加控制性影响。保险公司的控股子公司包括直接、间接或共同控制的子公司或其他组织。

全资子公司，是指对该子公司的持股比例直接或间接达到100%。

实际控制人，是指通过投资关系、协议或者其他安排，能够实际支配公司行为的自然人或其他最终控制人。

一致行动人，是指通过协议、合作或其他途径，在行使表决权或参与其他经济活动时采取相同意思表示的自然人、法人或其他组织。

最终受益人，是指实际享有保险公司股权收益、金融产品收益的人。

关联董事、关联股东，是指交易的一方，或者在审议关联交易时可能影响该交易公允性的董事、股东。

内部工作人员包括保险公司分支机构的高级管理人员、保险公司关键业务或关键岗位人员、保险公司子公司的关键岗位人员等。

任职，是指取得任职资格或者虽未取得任职资格，但实际履行相应职责的情形。

近亲属，是指配偶、父母、子女及同胞兄弟姐妹。

其他关系密切的家庭成员，是指除近亲属外的包括配偶的父母、子女的配偶、同胞兄弟姐妹的配偶、非同胞兄弟姐妹及其配偶、配偶的兄弟姐妹以及其他可能产生利益转移的家庭成员。

共同投资一般限于权益性投资，或者以投资于私募股权基金等金融产品的形式实质上进行权益性投资的行为。

书面交易协议的书面形式包括合同书、信件和数据电文(包括电报、电传、传真、电子数据交换和电子邮件)等法律认可的有形地表现所载内容的形式。

年度为会计年度。

以上、以下、日内、届满均含本数。

元，均指人民币元。

第六十一条 国家控股的企业之间不仅因为同受国家控股而具有关联关系。

第六十二条 本办法适用于在中国境内依法设立的保险集团(控股)公司、保险公司、保险资产管理公司。相互保险组织参照适用，自保公司的自保业务不适用。

第六十三条 本办法由银保监会负责解释。

第六十四条 本办法自发布之日起施行。《保险公司关联交易管理暂行办法》(保监发〔2007〕24号)、《关于执行〈保险公司关联交易管理暂行办法〉有关问题的通知》(保监发

〔2008〕88号)、《中国保监会关于进一步规范保险公司关联交易有关问题的通知》(保监发〔2015〕36号)、《中国保监会关于进一步加强保险公司关联交易信息披露工作有关问题的通知》(保监发〔2016〕52号)、《关于进一步加强保险公司关联交易管理有关事项的通知》(保监发〔2017〕52号)同时废止。

《国务院国有资产监督管理委员会、中国证券监督管理委员会关于印发〈关于推动国有股东与所控股上市公司解决同业竞争规范关联交易的指导意见〉的通知》(2013年8月20日),为进一步规范上市公司国有控股股东和实际控制人(以下简称国有股东)行为,促进国有控股上市公司持续发展,保护各类投资者合法权益,根据国有资产监管、证券监管等法律法规,提出以下指导意见:

一、国有股东与所控股上市公司要结合发展规划,明确战略定位。在此基础上,对各自业务进行梳理,合理划分业务范围与边界,解决同业竞争,规范关联交易。

二、国有股东与所控股上市公司要按照"一企一策、成熟一家、推进一家"的原则,结合企业实际以及所处行业特点与发展状况等,研究提出解决同业竞争的总体思路。要综合运用资产重组、股权置换、业务调整等多种方式,逐步将存在同业竞争的业务纳入同一平台,促进提高产业集中度和专业化水平。

三、国有股东与所控股上市公司应严格按照相关法律法规,建立健全内控体系,规范关联交易。对于正常经营范围内且无法避免的关联交易,双方要本着公开、公平、公正的原则确定交易价格,依法订立相关协议或合同,保证关联交易的公允性。上市公司应当严格按照规定履行关联交易审议程序和信息披露义务,审议时与该交易有关联关系的董事或股东应当回避表决,并不得代理他人行使表决权。

四、国有股东与所控股上市公司在依法合规、充分协商的基础上,可针对解决同业竞争、规范关联交易的解决措施和期限,向市场作出公开承诺。国有股东与所控股上市公司要切实履行承诺,并定期对市场公布承诺事项的进展情况。对于因政策调整、市场变化等客观原因确实不能履行或需要作出调整的,应当提前向市场公开做好解释说明,充分披露承诺需调整或未履行的原因,并提出相应处置措施。

五、国有股东在推动解决同业竞争、规范关联交易等事项中,要依法与上市公司平等协商。有条件的国有股东在与所控股上市公司充分协商的基础上,可利用自身品牌、资源、财务等优势,按照市场原则,代为培育符合上市公司业务发展需要、但暂不适合上市公司实施的业务或资产。上市公司与国有股东约定业务培育事宜,应经上市公司股东大会授权。国有股东在转让培育成熟的业务时,上市公司在同等条件下有优先购买的权利。上市公司对上述事项作出授权决定或者放弃优先购买权的,应经股东大会无关联关系的股东审议通过。

六、国有股东要依法行使股东权利,履行股东义务,配合所控股上市公司严格按照法律、法规和证券监管的规定,及时、公平地披露相关信息。相关信息公开披露前,应当按照规定做好内幕信息知情人的登记管理工作,严格防控内幕交易。

七、国有资产监管机构和证券监管机构,应以服务实体经济为根本出发点,充分尊重企业发展规律和证券市场规律,不断改进工作方式,完善监管手段,形成政策合力,推动国有经济和证券市场健康发展。

《商业银行与内部人和股东关联交易管理办法》(自2004年5月1日起施行)对商业银行的关联交易,规定如下:

第一章 总 则

第一条 为加强审慎监管,规范商业银行关联交易行为,控制关联交易风险,促进商业银行安全、稳健运行,根据《中华人民共和国银行业监督管理法》、《中华人民共和国商业银行法》等法律法规,制定本办法。

第二条 本办法所称商业银行是指在中华人民共和国境内依法设立的商业银行,包括中资商业银行、外资独资银行、中外合资银行。

第三条 商业银行的关联交易应当符合诚实信用及公允原则。

第四条 商业银行的关联交易应当遵守法律、行政法规、国家统一的会计制度和有关的银行业监督管理规定。

商业银行的关联交易应当按照商业原则，以不优于对非关联方同类交易的条件进行。

第五条 中国银行业监督管理委员会依法对商业银行的关联交易实施监督管理。

第二章 关联方

第六条 商业银行的关联方包括关联自然人、法人或其他组织。

第七条 商业银行的关联自然人包括：

（一）商业银行的内部人；

（二）商业银行的主要自然人股东；

（三）商业银行的内部人和主要自然人股东的近亲属；

（四）商业银行的关联法人或其他组织的控股自然人股东、董事、关键管理人员，本项所指关联法人或其他组织不包括商业银行的内部人与主要自然人股东及其近亲属直接、间接、共同控制或可施加重大影响的法人或其他组织；

（五）对商业银行有重大影响的其他自然人。

本办法所称商业银行的内部人包括商业银行的董事、总行和分行的高级管理人员、有权决定或者参与商业银行授信和资产转移的其他人员。

本办法所称主要自然人股东是指持有或控制商业银行5%以上股份或表决权的自然人股东。自然人股东的近亲属持有或控制的股份或表决权应当与该自然人股东持有或控制的股份或表决权合并计算。

本办法所称近亲属包括父母、配偶、兄弟姐妹及其配偶、成年子女及其配偶、配偶的父母、配偶的兄弟姐妹及其配偶、父母的兄弟姐妹及其配偶、父母的兄弟姐妹的成年子女及其配偶。

第八条 商业银行的关联法人或其他组织包括：

（一）商业银行的主要非自然人股东；

（二）与商业银行同受某一企业直接、间接控制的法人或其他组织；

（三）商业银行的内部人与主要自然人股东及其近亲属直接、间接、共同控制或可施加重大影响的法人或其他组织；

（四）其他可直接、间接、共同控制商业银行或可对商业银行施加重大影响的法人或其他组织。

本办法所称主要非自然人股东是指能够直接、间接、共同持有或控制商业银行5%以上股份或表决权的非自然人股东。

本办法所指法人或其他组织不包括商业银行。

本条第一款所指企业不包括国有资产管理公司。

第九条 本办法所称控制是指有权决定商业银行、法人或其他组织的人事、财务和经营决策，并可据以从其经营活动中获取利益。

本办法所称共同控制是指按合同约定或一致行动时，对某项经济活动所共有的控制。

本办法所称重大影响是指不能决定商业银行、法人或其他组织的人事、财务和经营决策，但能通过在其董事会或经营决策机构中派出人员等方式参与决策。

第十条 与商业银行关联方签署协议、做出安排，生效后符合前述关联方条件的自然人、法人或其他组织视为商业银行的关联方。

第十一条 自然人、法人或其他组织因对商业银行有影响，与商业银行发生的本办法第十八条所列交易行为未遵守商业原则，有失公允，并可据以从交易中获取利益，给商业银行造成损失的，商业银行应当按照实质重于形式的原则将其视为关联方。

第十二条 商业银行的董事、总行的高级管理人员，应当自任职之日起十个工作日内，自然人应当自其成为商业银行主要自然人股东之日起十个工作日内，向商业银行的关联交易控制委员会报告其近亲属及本办法第八条第三项所列的关联法人或其他组织；报告事项如发生变动，应当在变动后的十个工作日内报告。

商业银行分行高级管理人员、有权决定或者参与商业银行授信和资产转移的人员，应当根据商业银行的关联交易管理制度报告其近亲属及本办法第八条第三项所列的关联法人或其他组织。

第十三条 法人或其他组织应当自其成为商业银行的主要非自然人股东之日起十个工作日内，向商业银行的关联交易控制委员会报告其下列关联方情况：

（一）控股自然人股东、董事、关键管理人员；

（二）控股非自然人股东；

（三）受其直接、间接、共同控制的法人或其他组织及其董事、关键管理人员。

本条第一款报告事项如发生变动，应当在变动后的十个工作日内向商业银行的关联交易控制委员会报告。

第十四条 本办法第十二条、第十三条规定的有报告义务的自然人、法人或其他组织应当在报告的同时以书面形式向商业银行保证其报告的内容真实、准确、完整，并承诺如因其报告虚假或者重大遗漏给商业银行造成损失的，负责予以相应的赔偿。

第十五条 商业银行的关联交易控制委员会负责确认商业银行的关联方，并向董事会和监事会报告；未设立董事会的，向经营决策机构和监事会报告。

商业银行的关联交易控制委员会应当及时向商业银行相关工作人员公布其所确认的关联方。

第十六条 商业银行的工作人员在日常业务中，发现符合关联方的条件而未被确认为关联方的自然人、法人或其他组织，应当及时向商业银行的关联交易控制委员会报告。

第十七条 中国银行业监督管理委员会有权依法认定商业银行的关联自然人、法人或其他组织。

第三章 关联交易

第十八条 商业银行关联交易是指商业银行与关联方之间发生的转移资源或义务的下列事项：

（一）授信；

（二）资产转移；

（三）提供服务；

（四）中国银行业监督管理委员会规定的其他关联交易。

第十九条 授信是指商业银行向客户直接提供资金支持，或者对客户在有关经济活动中可能产生的赔偿、支付责任做出保证，包括贷款、贷款承诺、承兑、贴现、证券回购、贸易融资、保理、信用证、保函、透支、拆借、担保等表内外业务。

第二十条 资产转移是指商业银行的自用动产与不动产的买卖、信贷资产的买卖以及抵债资产的接收和处置等。

第二十一条 提供服务是指向商业银行提供信用评估、资产评估、审计、法律等服务。

第二十二条 商业银行关联交易分为一般关联交易、重大关联交易。

一般关联交易是指商业银行与一个关联方之间单笔交易金额占商业银行资本净额1%以下，且该笔交易发生后商业银行与该关联方的交易余额占商业银行资本净额5%以下的交易。

重大关联交易是指商业银行与一个关联方之间单笔交易金额占商业银行资本净额1%以上，或商业银行与一个关联方发生交易后商业银行与该关联方的交易余额占商业银行资本净额5%以上的交易。

计算关联自然人与商业银行的交易余额时，其近亲属与该商业银行的交易应当合并计算；计算关联法人或其他组织与商业银行的交易余额时，与其构成集团客户的法人或其他组织与该商业银行的交易应当合并计算。

第四章 关联交易的管理

第二十三条 商业银行应当制定关联交易管理制度，包括董事会或者经营决策机构对关联交易的监督管理，关联交易控制委员会的职责和人员组成，关联方的信息收集与管理，关联方的报告与承诺、识别与确认制度，关联交易的种类和定价政策、审批程序和标准，回避制度，内部审计监督，信息披露，处罚办法等内容。

商业银行关联交易管理制度应当报送中国银行业监督管理委员会备案。

第二十四条 商业银行董事会应当设立关联交易控制委员会，负责关联交易的管理，及时审查和批准关联交易，控制关联交易风险。关联交易控制委员会成员不得少于三人，并由独立董事担任负责人。

未设立董事会的商业银行，应当由经营决策机构设立关联交易控制委员会。

商业银行关联交易控制委员会的日常事务由商业银行董事会办公室负责；未设立董事会的，应当指定专门机构负责。

第二十五条 一般关联交易按照商业银行内部授权程序审批，并报关联交易控制委员会备案或批准。一般关联交易可以按照重大关联交易的程序审批。

重大关联交易应当由商业银行的关联交易控制委员会审查后，提交董事会批准；未设立董事会的，应当由商业银行的关联交易控制委员会审查后，提交经营决策机构批准。

重大关联交易应当在批准之日起十个工作日内报告监事会，同时报告中国银行业监督管理委员会。

与商业银行董事、总行高级管理人员有关联关系的关联交易应当在批准之日起十个工作日内报告监事会。

第二十六条 商业银行董事会、未设立董事会的商业银行经营决策机构及关联交易控制委员会对关联交易进行表决或决策时，与该关联交易有关联关系的人员应当回避。

第二十七条 商业银行的独立董事应当对重大关联交易的公允性以及内部审批程序履行情况发表书面意见。

第二十八条 商业银行向关联方提供授信后，应当加强跟踪管理，监测和控制风险。

第二十九条 商业银行不得向关联方发放无担保贷款。

商业银行不得接受本行的股权作为质押提供授信。

商业银行不得为关联方的融资行为提供担保，但关联方以银行存单、国债提供足额反担保的除外。

第三十条 商业银行向关联方提供授信发生损失的，在二年内不得再向该关联方提供授信，但为减少该授信的损失，经商业银行董事会、未设立董事会的商业银行经营决策机构批准的除外。

第三十一条 商业银行的一笔关联交易被否决后，在六个月内不得就同一内容的关联交易进行审议。

第三十二条 商业银行对一个关联方的授信余额不得超过商业银行资本净额的10%。商业银行对一个关联法人或其他组织所在集团客户的授信余额总数不得超过商业银行资本净额的15%。

商业银行对全部关联方的授信余额不得超过商业银行资本净额的50%。

计算授信余额时，可以扣除授信时关联方提供的保证金存款以及质押的银行存单和国债金额。

第三十三条 中国银行业监督管理委员会可以根据商业银行的关联交易的风险状况，缩减商业银行对一个或全部关联方授信余额占其资本净额的比例。

第三十四条 商业银行不得聘用关联方控制的会计师事务所为其审计。

第三十五条 商业银行内部审计部门应当每年至少对商业银行的关联交易进行一次专项审计，并将审计结果报商业银行董事会和监事会；未设立董事会的，报商业银行经营决策机构和监事会。

第三十六条 商业银行董事会应当每年向股东会就关联交易管理制度的执行情况以及关联交易情况做出专项报告。关联交易情况应当包括：关联方、交易类型、交易金额及标的、交易价格及定价方式、交易收益与损失、关联方在交易中所占权益的性质及比重等；未设立董事会的，应当由商业银行经营决策机构向监事会做出专项报告。

第三十七条 商业银行应当按季向中国银行业监督管理委员会报送关联交易情况报告。

第三十八条 按照《商业银行信息披露暂行办法》规定披露信息的商业银行，应当在会计报表附注中披露关联方和关联交易的下列事项：

（一）关联方与商业银行关系的性质；

（二）关联自然人身份的基本情况；

（三）关联法人或其他组织的名称、经济性质或类型、主营业务、法定代表人、注册地、注册资本及其变化；

（四）关联方所持商业银行股份或权益及其变化；

（五）本办法第十条签署协议的主要内容；

（六）关联交易的类型；

（七）关联交易的金额及相应比例；

（八）关联交易未结算项目的金额及相应比例；

（九）关联交易的定价政策；

（十）中国银行业监督管理委员会认为需要披露的其他事项。

重大关联交易应当逐笔披露，一般关联交易可以合并披露。

未与商业银行发生关联交易的关联自然人以及未与商业银行发生关联交易的本办法第八条第三项所列的关联法人或其他组织，商业银行可以不予披露。

按照《商业银行信息披露暂行办法》规定免于或者暂不披露信息的商业银行，应当在每个会计年度终了后的一个月内，在当地主要报纸上向社会公众披露本条规定事项。

第五章 法律责任

第三十九条 商业银行的股东通过向商业银行施加影响，迫使商业银行从事下列行为的，中国银行业监督管理委员会可以区别不同情况限制该股东的权利；对情节严重的控股股东，可以责令其转让股权：

（一）未按本办法第四条规定进行关联交易，给商业银行造成损失的；

（二）未按本办法第二十五条规定审批关联交易的；

（三）向关联方发放无担保贷款的；

（四）违反本办法规定为关联方融资行为提供担保的；

（五）接受本行的股权作为质押提供授信的；

（六）聘用关联方控制的会计师事务所为其审计的；

（七）对关联方授信余额超过本办法规定比例的；

（八）未按照本办法第三十八条规定披露信息的。

第四十条 商业银行董事、高级管理人员有下列情形之一，中国银行业监督管理委员会可以责令其限期改正；逾期不改正或者情节严重的，中国银行业监督管理委员会可以责令商业银行调整董事、高级管理人员：

（一）未按本办法第十二条规定报告的；

（二）未按本办法第十四条规定承诺的；

（三）做出虚假或有重大遗漏的报告的；

（四）未按本办法第二十六条规定回避的；

（五）独立董事未按本办法第二十七条规定发表书面意见的。

第四十一条 商业银行未按照规定向中国银行业监督管理委员会报告重大关联交易或报送关联交易情况报告的，由中国银行业监督管理委员会责令改正，逾期不改正的，处十万元以上三十万元以下罚款。

第四十二条 商业银行有下列情形之一的，由中国银行业监督管理委员会责令改正，并处二十万元以上五十万元以下罚款：

（一）未按本办法第四条规定进行关联交易，给商业银行造成损失的；

（二）未按本办法第二十五条规定审批关联交易的；

（三）向关联方发放无担保贷款的；

（四）违反本办法规定为关联方融资行为提供担保的；

（五）接受本行的股权作为质押提供授信的；

（六）聘用关联方控制的会计师事务所为其审计的；

（七）对关联方授信余额超过本办法规定比例的；

（八）未按照本办法第三十八条规定披露信息的；

（九）未按要求执行本办法第三十九条和第四十条规定的监督管理措施的。

第四十三条 商业银行有本办法第四十二条所列情形之一的，中国银行业监督管理委员会可以责令商业银行对直接负责的董事、高级管理人员和其他直接责任人员给予纪律处分；情节严重的，中国银行业监督管理委员会可以取消商业银行直接负责的董事、高级管理人员一至十年的任职资格或禁止其一定期限从事银行业工作，可以禁止其他直接责任人员一定期限从事银行业工作；未构成犯罪的，中国银行业监督管理委员会可以对商业银行直接负责的董事、高级管理人员和其他直接责任人员处五万元以上五十万元以下罚款；构成犯罪的，依法追究刑事责任。

第六章 附 则

第四十四条 本办法中的“资本净额”是指上季末资本净额。

本办法中的“以上”不含本数，“以下”含本数。

第四十五条 外国银行分行、农村合作银行、城市信用合作社比照本办法执行。

第四十六条 本办法由中国银行业监督管理委员会负责解释。

第四十七条 本办法自2004年5月1日起施行。本办法施行前颁布的有关规章及其他规范性文件的规定如与本办法规定不一致的，按照本办法执行。

四、相关案例

【损害公司利益的关联交易无效】

无锡中欧教育咨询有限公司诉无锡鱼果文化传媒有限公司、郭云损害公司利益责任案［江苏省无锡市中级人民法院(2016)苏02民终1863号民事判决书］，《广告设计合同》是否有效，关键在于识别该关联交易是否为法律禁止的不当关联交易。首先，从交易主体上看，签订《广告设计合同》时，鱼果公司的印章由郭云保管，郭云又系鱼果公司的绝对控股股东，双方之间的交易行为属于关联交易，且郭云对中欧公司具有控制力和重大影响力。其次，从交易程序上看，郭云作为中欧公司的执行董事，虽然在中欧公司成立之前，各股东曾提及由郭云进行中欧公司广告设计的内容，但并未确定广告设计的具体项目、价格等内容，因此郭云仍然负有及时向各股东披露合同内容，并经过协商同意的程序，而郭云签订《广告设计合同》时，其他股东均不知情，两笔设计费的支付亦未经过其他股东的确认，由郭云径直办理划款手续。且在郭云掌握和控制中欧公司印章期间，仅凭盖有中欧公司印章的设计方案确认书不足以证明鱼果公司已实际向中欧公司交付了设计成果。因此从整个交易流程看，可以认定郭云在作出重大决定前既未召开股东会进行协商，也未征求其他股东的意见，本案所涉合同违背了公司真实意思表示，该合同亦未对中欧公司产生利益，郭云经手将中欧公司款项划至鱼果公司的行为直接损害了中欧公司的利益。

【关联关系中的亲属关系与认定】

上海欧宝生物科技有限公司诉辽宁特莱维置业发展有限公司企业借贷纠纷案［最高人民法院(2015)民二终字第324号民事判决书(2016年9月19日《最高人民法院关于发布第14批指导性案例的通知》指导案例68号)］，裁决如下：

一、欧宝公司与特莱维公司是否存在关联关系的问题。

《公司法》第二百一十七条规定（编者注：现为该法第二百一十六条），关联关系，是指公司控股股东、实际控制人、董事、监事、高级管理人员与其直接或间接控制的企业之间的关系，以及可能导致公司利益转移的其他关系。可见，公司法所称的关联公司，既包括公司股东的相互交叉，也包括公司共同由第三人直接或者间接控制，或者股东之间、公司的实际控制人之间存在直系血亲、姻亲、共同投资等可能导致利益转移的其他关系。

本案中，曲叶丽为欧宝公司的控股股东，王作新是特莱维公司的原法定代表人，也是案涉合同签订时特莱维公司的控股股东翰皇公司的控股股东和法定代表人，王作新与曲叶丽系夫妻关系，说明欧宝公司与特莱维公司由夫妻二人控制。欧宝公司称两人已经离婚，却未提供民政部门的离婚登记或者人民法院的生效法律文书。虽然辽宁高院受理本案诉讼后，特莱维公司的法定代表人由王作新变更为姜雯琪，但王作新仍是特莱维公司的实际控制人。同时，欧宝公司股东兼法定代表人宗惠光、王奇等人，与特莱维公司的实际控制人王作新、法定代表人姜雯琪、目前的控股股东 ××× 共同投资设立了上海特莱维，说明欧宝公司的股东与特莱维公司的控股股东、实际控制人存在其他的共同利益关系。另外，沈阳特莱维是欧宝公司控股的公司，沙琪公司的股东是王作新的父亲和母亲。可见，欧宝公司与特莱维公司之间、前述两公司与沙琪公司、上海特莱维、沈阳特莱维之间均存在关联关系。

欧宝公司与特莱维公司及其他关联公司之间还存在人员混同的问题。首先，高管人员之间存在混同。姜雯琪既是欧宝公司的股东和董事，又是特莱维公司的法定代表人，同时还参与翰皇公司的清算。宗惠光既是欧宝公司的法定代表人，又是翰皇公司的工作人员，虽然欧宝公司称宗惠光自 2008 年 5 月即从翰皇公司辞职，但从上海市第一中级人民法院（2008）沪一中民三（商）终字第 426 号民事判决载明的事实看，该案 2008 年 8 月至 12 月审理期间，宗惠光仍以翰皇公司工作人员的身份参与诉讼。王奇既是欧宝公司的监事，又是上海特莱维的董事，还以该公司工作人员的身份代理相关行政诉讼。××× 既是特莱维公司的监事，又是上海特莱维的董事。王作新是特莱维公司原法定代表人、实际控制人，还曾先后代表欧宝公司、翰皇公司与案外第三人签订连锁加盟（特许）合同。其次，普通员工也存在混同。霍静是欧宝公司的工作人员，在本案中作为欧宝公司原一审诉讼的代理人，2007 年 2 月 23 日代表特莱维公司与世安公司签订建设施工合同，又同时兼任上海特莱维的董事。崔秀芳是特莱维公司的会计，2010 年 1 月 7 日代特莱维公司开立银行账户，2010 年 8 月 20 日本案诉讼之后又代欧宝公司开立银行账户。欧宝公司当庭自述魏亚丽系特莱维公司的工作人员，2010 年 5 月魏亚丽经特莱维公司授权办理银行账户开户，2011 年 9 月诉讼之后又经欧宝公司授权办理该公司在中国建设银行沈阳马路湾支行的开户，且该银行账户的联系人为魏亚丽。刘静君是欧宝公司的工作人员，在本案原一审和执行程序中作为欧宝公司的代理人，2009 年 3 月 17 日又代特莱维公司办理企业登记等相关事项。刘洋以特莱维公司员工名义代理本案诉讼，又受王作新的指派代理上海特莱维的相关诉讼。

上述事实充分说明，欧宝公司、特莱维公司以及其他关联公司的人员之间并未严格区分，上述人员实际上服从王作新一人的指挥，根据不同的工作任务，随时转换为不同关联公司的工作人员。欧宝公司在上诉状中称，在 2007 年借款之初就派相关人员进驻特莱维公司，监督该公司对投资款的使用并协助工作，但早在欧宝公司所称的向特莱维公司转入首笔借款之前 5 个月，霍静即参与该公司的合同签订业务。而且从这些所谓的“派驻人员”在特莱维公司所起的作用看，上述人员参与了该公司的合同签订、财务管理到诉讼代理的全面工作，而不仅是监督工作，欧宝公司的辩解，不足为信。辽宁高院关于欧宝公司和特莱维公司系由王作新、曲叶丽夫妇控制之关联公司的认定，依据充分。

【关联关系的认定】

嘉吉国际公司与福建金石制油有限公司等买卖合同纠纷案［最高人民法院（2012）民四终字第 1 号民事判决书（《最高人民法院公报》2014 年第 3 期（总第 209 期））］，福建金石公司与中纺福建公司及汇丰源公司是否具有关联关系。《公司法》第二百一十七条规定（编者注：现为该法第二百一十六条）：“关联关系，是指公司控股股东、实际控制人、董事、监事、高级管理人员与其直接或者间接控制的企业之间的关系，以及可能导致公司利益转移的其他关系。”在案证据显示，王晓琪、王晓莉与王政良是父女关系，王晓琪、柳锋是夫妻关系。福建金石公司自成立起至本案所涉《国有土地使用权及资产买卖合同》签订和履行期间，法定代表人均为王晓莉或王政良，股东亦是由王晓琪、王晓莉、王政良父女及大连金石制油有限公司等组成，大连金石制油有限公司的实际控制人亦为王政良父女。田源公司成立时法定代表人为王政良，股东为福建金石公司和宜丰香港有限公司（法定代表人为柳峰），2004 年 8 月 29 日股东变更后，董事会成员由王政良、张景和、柳锋三人组成，法定代表人为柳锋。由此可见，在《国有土地使用权及资产买卖合同》签订和履行期间，福建金石公司和田源公司的控股股东均为王晓琪（柳峰）、王晓莉与王政良父女，福建金石公司与中纺福建公司属于“实际控制人直接或者间接控制的企业之间的关系”，应认定是关联关系。

汇丰源公司成立后只买了案涉土地使用权，没有自己的办公场所，没有实际经营。汇丰源公司的董事为王政良，监事为张景和。王政良和张景和既是汇丰源公司的董事、监事，同时也是田源公司的法定代表人或董事会成员。汇丰源公司成立的目的只是为了购买田源公司名下的案涉土地和资产，且其本身与田源公司实际上是“一套人马、两块牌子”，两公司之间的买卖合同有可能导致田源公司利益的转移，符合上述法律规定的关联关系的情形。

【股东利用关联关系签订含免租期租赁合同不一定损害公司利益】

高炜与刘跃龙损害股东利益责任纠纷上诉案［四川省成都市中级人民法院（2013）成民终字第 4283 号民事判决书（《人民司法·案例》2014 年第 20 期）］，公司股东利用关联关系与股东自行成立的公司订立含有免租期的租赁合同，合同订立过程中关联股东充分履行信息披露义务，且免租期限符合行业惯例，则含免租期条款租赁合同不能被认定损害公司利益。

本案中，关于刘跃龙是否利用关联关系代表贝海商贸公司与贝海餐饮公司进行了关联交易的问题。《公司法》（2005 年修订版）第二百一十七条第（四）项规定：“关联关系，是指公司控股股东、实际控制人、董事、监事、高级管理人员与其直接或者间接控制的企业之间的关系，以及可能导致公司利益转移的其他关系。但是，国家控股的企业之间不仅仅因为同受国家控股而具有关联关系。”刘跃龙系贝海商贸公司经理，贝海餐饮公司系刘跃龙与其妻王德蓉共同投资成立的公司，该公司的登记股东仅刘跃龙、王德蓉夫妻二人，故刘跃龙代表贝海商贸公司与自己关系密切的贝海餐饮公司签订租赁合同的行为，属关联交易行为。

关于贝海商贸公司与贝海餐饮公司是否有租赁合同关系及租赁合同的效力问题。贝海商贸公司的股东系成都宏明公司、上海宏明公司和刘跃龙，刘跃龙系贝海商贸公司聘任经理。在贝海商贸公司购买案涉房屋后，刘跃龙就房屋的经营问题分别向贝海商贸公司董事会提出关于贝海商贸公司商铺的承包经营方案、经济效益分析报告，在成都宏明公司不再投入资金装修、也不承担承包经营风险的前提下，刘跃龙夫妇遂出资成立了贝海餐饮公司。刘跃龙向贝海商贸公司、成都宏明公司披露了贝海餐饮公司的成立、性质及投资情况，贝海商贸公司、成都宏明公司均未提出异议，故由贝海商贸公司与贝海餐饮公司（筹）签订租赁合同符合贝海商贸公司各股东的意愿，贝海商贸公司与贝海餐饮公司有租赁合同关系。虽然刘跃龙代表贝海商贸公司与贝海餐饮公司（筹）签订的租赁合同落款处的手写字迹不是 2009 年 7 月 8 日形成，但涉案房屋属于毛坯房，贝海餐饮公司（筹）从接手后即以其名义对涉案房屋进行装修、改造，至贝海餐饮公司正式成立后开张营业，到贝海商贸公司换届后的 2010 年 9 月 10 日前，这期间作为贝海商贸公司唯一资产的案涉房屋的状况，贝海商贸公司及其股东如不知晓案涉房屋的租赁事实不符合常理。综上所述，刘跃龙代表贝海商贸公司与贝海餐饮公司签订的租赁合同，系双方当事人的真实意思表示，合法有效，双方当事人均应按合同约定行使权利、履行义务。

关于贝海商贸公司与贝海餐饮公司签订的租赁合同是否损害贝海商贸公司利益的问题。高炜主张贝海商贸公司与贝海餐饮公司签订的租赁合同约定的租金和免租期损害了贝海商贸公司利益。租金问题：成都宏明公司《关于与上海宏明公司、刘跃龙投资组建成都宏海商贸发展有限公司（暂定名）的报告》中载明宏海公司（暂定名）即贝海商贸公司所购置房产预计出租的年租金收入为 110 万～175 万元，高炜于 2010 年 9 月 10 日向刘跃龙发的房屋租赁合同中载明的案涉房屋的租金亦为 110 万元，说明刘跃龙代表贝海商贸公司与贝海餐饮公司（筹）

签订的租赁合同约定的租金标准不仅明显高于成都市政府对此类房屋(四类三级)的租赁指导价格,更符合《关于与上海宏明公司、刘跃龙投资组建成都宏海商贸发展有限公司(暂定名)的报告》的原则及"不再追加投资、减少经营成本、合理规避税费"的经营原则,贝海餐饮公司已按合同的约定足额向贝海商贸公司支付了租金,故租赁合同对租金的约定未损害贝海商贸公司的利益。免租期问题:免租期是餐饮行业中的惯例,免租期的长短受待租房屋的状况、房屋所在的地段等因素影响。因本案案涉房屋系毛坯房,经贝海餐饮公司与贝海商贸公司协商,由贝海餐饮公司投入资金对涉案房屋进行装修、改造并承担租赁期间的房屋维修、维护费用,贝海餐饮公司享有一定期限的免租期。这一约定系贝海商贸公司与贝海餐饮公司的合意,也符合餐饮行业的惯例。故租赁合同对免租期的约定未损害贝海商贸公司的利益。

【关联交易非正当性及监事诉讼主体资格的司法认定】

上海安连信息技术有限公司诉上海安聚投资管理有限公司与公司有关的纠纷案[上海市长宁区人民法院(2010)长民二(商)初字第1742号民事判决书(《人民司法·案例》2013年第22期)],关于关联交易非正当性的认定,公司法仅以"不得损害公司利益"予以规制,审判中应主要从交易程序、交易对价、交易结果的角度来认定关联交易的非正当性。此外,就股东代表诉讼的前置程序而言,在监事应股东请求提起诉讼时应以公司名义而非以自己名义提起诉讼,更为合理。

本案中,关于原告公司监事是否有权代表公司起诉的争议焦点,法院认为监事代表公司提起诉讼具有有效性,理由在于:一方面,根据公司法规定,监事享有对董事及高级管理人员提起诉讼的职权,并有权在董事、高级管理人员损害公司利益时,应特定股东的请求,提起诉讼。故监事代表公司诉讼即具有法律依据。另一方面,鉴于本案原告的法定代表人魏文生同时为本案被告之一,考虑到双方代理之禁止的法律规定,允许监事代表公司提起诉讼也更有利于追究公司高管及控股股东的侵权行为。

关于系争域名及商标的转让行为是否构成损害公司利益关联交易的争议问题,法院认为转让合同应为无效。理由在于:安聚公司作为安连公司的控股股东,且通过委派至安连公司担任董事长的魏文生能够直接控制安连公司,未按公司章程规定经董事会决议,由被告魏文生以法定代表人身份,代表安连公司进行交易,受让安连公司域名及商标,并约定交易价格为零元,致使安连公司丧失无形资产所有权及收益权。因此,该转让行为系损害安连公司利益的关联交易行为,应当认定无效。

【不得利用关联关系损害公司利益】

上诉人郑振欣、漳州紫金建材有限公司与被上诉人龙岩恒发电业有限公司、原审被告刘晓萍公司高级管理人员损害公司利益赔偿纠纷案[最高人民法院(2012)民二终字第66-1号民事判决书],郑振欣系龙岩紫金集团董事局主席,该集团包括福建紫金集团、漳州紫金公司等成员单位,在2006年4月26日至10月8日,郑振欣还曾经担任漳州紫金公司董事职务。郑振欣在恒发电业公司担任公司总经理并受法定代表人委托代行法定代表人职权,同时又在龙岩紫金集团中担任董事局主席,漳州紫金公司为该集团成员单位,且郑振欣曾经在漳州紫金公司担任过董事,根据《公司法》第二百一十六条第(四)项关于"关联公司,是指公司控股股东、实际控制人、董事、监事、高级管理人员与其直接或者间接控制的企业之间的关系"的规定,应当认定郑振欣与漳州紫金公司之间构成关联关系。该法第二十一条还规定:"公司的控股股东、实际控制人、董事、监事、高级管理人员不得利用其关联关系损害公司利益"。郑振欣利用其在恒发电业公司有权代理法定代表人签字及担任总经理职务的便利,利用公司名义与其关联公司漳州紫金公司签订涉案《12·19股权转让协议》,在未交付股权转让款的情形下安排将恒发电业公司的股权过户给漳州紫金公司,系双方联手侵占恒发电业公司利益。郑振欣及漳州紫金公司主张该股权原为其投资形成,无须再支付对价,故该《12·19股权转让协议》仅为办理股权过户手续需要的文件材料,恒发电业公司与漳州紫金公司之间并不存在真实的股权转让法律关系。郑振欣越权代表恒发电业公司与漳州紫金公司签订表面具备合同全部要素的协议,但实际上该协议系郑振欣以恒发电业公司名义与漳州紫金公司串通所作的虚假意思表示，其目的为获得相关行政管理机关关于股权过户审批和变更登记。因该协议载明设立的法律关系为双方当事人的虚假意思表示，不符合《民法通则》第五十五条第二项关于民事法律行为应当具备意思表示真实的条件，原审法院判决认定该《12·19股权转让协议》无效正确，应予以维持。对依据该协议过户的股权，漳州紫金公司应予以返还。

【关联交易效力的司法认定】

上海知信实业有限公司与上海碧信广告有限公司关联交易纠纷上诉案［上海市第一中级人民法院（2008）沪一中民四（商）终字第1228号民事裁定书（《人民司法·案例》2010年第2期）］，一、从工商部门公示的信息来看，原告与被告系相互独立的企业法人，原告尚不能构成对被告股权控制或资本投资关系。然而，被告一经成立，原告即委派其法定代表人林浩世任总经理职务，全面负责被告的经营及管理，且掌管被告各项印章，同时林浩世可随意将资金划入其个人账户及向关联方作出转移公司利润的承诺，因此，原告与被告之间客观上已形成控制与被控制关系，两者构成公司法上的关联关系，由此产生的交易当属关联交易。二、林浩世代理被告向原告作出承诺，然后林浩世又代表原告予以接受，承诺书所形成的交易是在林浩世一手安排下完成的，这无疑使林浩世的行为构成双方代理。另外，原告利用与被告的关联关系，通过承诺书规定被告支付10%的营业款，已不是简单的利润给付，更是一种企业资产的转移，明显超出正常的商业规则，直接损害了被告公司、股东及债权人的利益，故双方关联交易所产生的系争承诺书应属无效。

【关联公司之间签订的损害一方合法权益的交易合同，因违反禁止性规定而无效】

王惠菊以关联交易诉无锡锡海花园酒店有限公司、无锡紫勋酒店管理有限公司损害公司权益案［江苏省无锡市中级人民法院（2007）锡民二终字第304号民事判决书］，刘天星、邹寅秋既是锡海酒店的股东、执行董事和监事，又是紫勋公司的股东、执行董事和监事，基于对锡海酒店和紫勋公司的出资和人事连锁，刘天星和邹寅秋可以对两个法人的商业政策发生影响。所以刘天星和邹寅秋是锡海酒店和紫勋公司的关联自然人，而紫勋公司与锡海酒店存在股东、执行董事的同一性，可以被认定为是锡海酒店的关联法人。且参照我国财政部《企业会计准则第36号——关联方披露》第四条规定：该企业主要投资者个人、关键管理人员或与其关系密切的家庭成员控制、共同控制或施加重大影响的其他企业，构成企业的关联方。所以本案中锡海酒店和紫勋公司签订的《咨询管理合同》，应当认为是关联交易。根据《公司法》规定，公司的控股股东、董事、监事等不得利用其关联关系损害公司利益，而该关联关系既指公司控股股东、董事、监事等与其直接或者间接控制的企业之间的关系，又指可能导致公司利益转移的其他关系。且董事等未经股东会同意，不得利用职务便利为自己或他人谋取属于公司的商业机会，自营或者为他人经营与所任职公司同类的业务，或者与本公司订立合同、进行交易。现刘天星同为锡海酒店和紫勋公司的法定代表人和执行董事，故锡海酒店和紫勋公司所签订的《咨询管理合同》，实为自我交易，损害了锡海酒店的合法权益。因上诉人未能举证证明该交易已经过锡海酒店股东会同意，故锡海酒店的股东王惠菊有权主张锡海酒店和紫勋公司签订的咨询管理合同无效。

【控股股东以低值高估的房产向公司抵债，其行为构成对公司及其他非控股股东权利的侵害】

小股东无锡市南长区房地产经营公司等诉恒通公司利用控股优势地位以低值高估的房产向公司抵债属关联交易要求确认其侵权并赔偿公司损失案［江苏省高级人民法院2000年11月20日民事裁定书］，恒通公司与新江南公司于1998年8月20日签订的债权债务处理协议书，除其中约定恒通公司以房产作价抵偿给新江南公司属控股方恒通公司对新江南公司实施控股行为且损害被控股公司及非控股股东利益，违背公平、诚实信用原则而应认定无效外，其余条款不违反法律及行政法规的禁止性规定，应为有效。恒通公司虽将部分房产用于抵债并过户给新江南公司，但抵偿房产价值仅为1119.74万元，已给新江南公司造成损失，损失额应为2851.26万元。恒通公司明知自己居于控股地位，但为牟取本公司利益而对被控股公司实施以低值高估的房产进行抵债，其行为已构成对新江南公司及其他非控股股东权利的侵害。

第二十二条 【公司决议的无效或被撤销】 公司股东会或者股东大会、董事会的决议内容违反法律、行政法规的无效。

股东会或者股东大会、董事会的会议召集程序、表决方式违反法律、行政法规或者公司章程，或者决议内容违反公司章程的，股东可以自决议作出之日起六十日内，请求人民法院撤销。

股东依照前款规定提起诉讼的，人民法院可以应公司的请求，要求股东提供相应担保。

公司根据股东会或者股东大会、董事会决议已办理变更登记的，人民法院宣告该决议无效或者撤销该决议后，公司应当向公司登记机关申请撤销变更登记。

一、相关法律条文

《中华人民共和国民法总则》（自2017年10月1日起施行）对营利法人的决议撤销，规定如下：

第八十五条 营利法人的权力机构、执行机构作出决议的会议召集程序、表决方式违反法律、行政法规、法人章程，或者决议内容违反法人章程的，营利法人的出资人可以请求人民法院撤销该决议，但是营利法人依据该决议与善意相对人形成的民事法律关系不受影响。

二、相关司法解释及两高工作文件

《最高人民法院关于适用〈中华人民共和国公司法〉若干问题的规定（四）》（法释〔2017〕16号）对公司决议效力，规定如下：

第一条 公司股东、董事、监事等请求确认股东会或者股东大会、董事会决议无效或者不成立的，人民法院应当依法予以受理。

第二条 依据公司法第二十二条第二款请求撤销股东会或者股东大会、董事会决议的原告，应当在起诉时具有公司股东资格。

第三条 原告请求确认股东会或者股东大会、董事会决议不成立、无效或者撤销决议的案件，应当列公司为被告。对决议涉及的其他利害关系人，可以依法列为第三人。

一审法庭辩论终结前，其他有原告资格的人以相同的诉讼请求申请参加前款规定诉讼的，可以列为共同原告。

第四条 股东请求撤销股东会或者股东大会、董事会决议，符合公司法第二十二条第二款规定的，人民法院应当予以支持，但会议召集程序或者表决方式仅有轻微瑕疵，且对决议未产生实质影响的，人民法院不予支持。

第五条 股东会或者股东大会、董事会决议存在下列情形之一，当事人主张决议不成立的，人民法院应当予以支持：

（一）公司未召开会议的，但依据公司法第三十七条第二款或者公司章程规定可以不召开股东会或者股东大会而直接作出决定，并由全体股东在决定文件上签名、盖章的除外；

（二）会议未对决议事项进行表决的；

（三）出席会议的人数或者股东所持表决权不符合公司法或者公司章程规定的；

（四）会议的表决结果未达到公司法或者公司章程规定的通过比例的；

（五）导致决议不成立的其他情形。

第六条 股东会或者股东大会、董事会决议被人民法院判决确认无效或者撤销的，公司依据该决议与善意相对人形成的民事法律关系不受影响。

《最高人民法院关于适用〈中华人民共和国公司法〉若干问题的规定（一）（2014修正）》（法释〔2006〕3号）对于公司决议撤销的诉讼时效，规定如下：

第三条 原告以公司法第二十二条第二款、第七十四条第二款规定事由，向人民法院提起诉讼时，超过公司法规定期限的，人民法院不予受理。

三、相关案例

1. 公司决议无效

【股东会设定股东义务的效力审查】

江西省全南县青松小额贷款股份有限公司与温志京公司决议效力确认纠纷上诉案［江西省赣州地区（市）中级人民法院（2018）赣07民终935号民事判决书（《人民司法·案例》2019年第11期）］，公司股东对公司债务承担担保责任，应以股东真实合法的担保意思表示为基础。公司股东会为股东设立合法有效的担保义务，应以公司章程规定或是与当事股东的有效约定为前提。在没有法定、公司章程规定和有效约定的情况下，公司股东会或者股东大会为公司股东设定对公司债务的担保义务，所作决议无效。

【确认公司决议无效的原告资格与董事会决议的规范内涵】

许明宏诉泉州南明置业有限公司、林树哲与公司有关的纠纷案［最高人民法院（2017）最高法民终18号民事裁定书（《最高人民法院公报》2019年第7期（总第273期））］，具体如下：一、人民法院应当根据《公司法》《公司法司法解释（四）》以及《民事诉讼法》的规定审查提起确认公司决议无效之诉的当事人是否为适格原告。对于在起诉时已经不具有公司股东资格和董事、监事职务的当事人提起的确认公司决议无效之诉，人民法院应当依据《民事诉讼法》第一百一十九条的规定审查其是否符合与案件有直接利害关系等起诉条件。二、公司法意义上的董事会决议，是董事会根据法律或者公司章程规定的权限和表决程序，就审议事项经表决形成的反映董事会商业判断和独立意志的决议文件。中外合资经营企业的董事会对于合营一方根据法律规定委派和撤换董事之事项所作的记录性文件，不构成公司法意义上的董事会决议，亦不能成为确认公司决议无效之诉的对象。

【公司股东可提起确认股东会决议有效之诉】

张珩与上海东银投资有限公司等公司决议效力确认纠纷上诉案［上海市第一中级人民法院（2016）沪01民终5482号民事判决书］，在《公司法》未否定确认决议有效之可诉性的情况下，应允许当事人适用一般法寻求救济，对于符合民事诉讼一般特征、具有独立诉的利益的确认决议有效之诉，法院应当依法受理。本案争议的核心在于原告是否可就系争股东会决议的有效性提起诉讼。当前法律虽未涉及股东可以提起确认决议有效之诉，但基于本案的实际情况，原告可以提起诉讼。其原因在于，系争股东会决议的利益相关方对决议效力状态存在分歧，而决议效力影响公司股权结构及股东利益。若该决议的效力迟迟未经司法确认，不仅被告的股东之间纠纷不断，被告存续期间可能涉及的公司减资或股权转让等相关事务处理亦受影响。

沈乃三等与美表新公司公司决议效力确认纠纷上诉案［上海市第一中级人民法院（2012）沪一中民四（商）终字第2059号民事判决书（《人民司法·案例》2014年第22期）］，公司股东能否提起确认决议有效之诉的关键在于个案中法院能否认定原告对此具有诉的利益，对此应当按照民事诉讼法的一般规则加以判断。公司已向股东履行通知义务，股东未参加会议，形成的股东会（股东大会）决议应当被认定有效。

【股东会决议通过的弥补亏损方案要求公司股东借款给公司以偿还公司债务，该决议内容因违反法律而无效】

吴玉婷诉上海歆珏文化传播有限公司公司决议撤销纠纷案［上海市青浦区人民法院（2016）沪0118民初4406号民事判决书］，原告和顾园莉作为公司股东，合意将出资时间确定为2024年11月19日，应当明知公司缺乏股东出资时的运营成本问题，现两股东并无解决方案，使公司经营困难，甚至有陷入公司僵局之虞。被告为此召开股东会，形成决议通过弥补亏损方案，但此方面的决议内容需符合法律的规定。被告决议通过的弥补亏损方案并非以企业利润弥补亏损，而是要求公司股东借款给公司以偿还公司债务，其实质是在股东与公司之间形成新的借款关系，此法律行为属于双方民事法律行为，借款关系须以借款人和出借人双方的意思表示一致而成立。系争股东会决议中的弥补亏损方案在股东出资义务之外设定了股东的借款义务，在出借人未表示同意的情况下，以借款人单方的意思表示设立了借款关系，侵犯了出借人的财产权利，也有违股东有限责任原则，该决议内容因违反法律而无效。

【股东签名不全的股东会决议不当然无效】

赵小菊与孙小芬等公司决议效力确认纠纷上诉案［广东省广州市中级人民法院(2015)穗中法民二终字第138号民事判决书］，本案为公司决议纠纷。本案二审的争议焦点为涉案《广州新创博文具有限公司股东会决议》是否成立。

首先，按照《公司法》第四十一条、第四十二条的规定，公司召开股东会议后，应形成股东会议决议及会议记录。其中，会议记录是对股东会所议事项的决定的一种记录，可以理解为一种文书和载体，是一种形式；而股东会决议，是股东会对所议事项通过的一项决定，是一种实质性的内容。会议记录是对股东讨论过程的记录，可能包括不同的观点；股东会决议则是对股东会讨论议题最后结果的记录。本案中，《广州新创博文具有限公司股东会决议》明确记载了股东会决议的内容，应属于股东会决议。原审法院适用《公司法》第四十一条关于会议记录的规定，认为《广州新创博文具有限公司股东会决议》应由出席股东签名才成立，明显不当。

其次，《公司法》第四十三条规定，股东会的议事方式和表决程序，除本法有规定的外，由公司章程规定。股东会会议作出修改公司章程、增加或者减少注册资本的决议，以及公司合并、分立、解散或者变更公司形式的决议，必须经代表三分之二以上表决权的股东通过。涉案股东会决议的事项并非有关公司资本或合并等重大事项的决议，而是关于人事调整及财务审计的事项。根据《广州新创博文具有限公司章程》的规定，涉案决议事项应由股东按照出资比例行使表决权。根据原审查明事实可知，孙小芬占新创博公司70%的股份，且孙小芬已经在涉案股东会决议上签名同意该决议结果。按照资本多数决的表决原则，《广州新创博文具有限公司股东会决议》已经成立。股东会决议作为一种特殊的民事法律行为，应按照《公司法》关于成立的规定予以调整。原审法院根据《民法通则》第五十五条的规定，认定涉案决议并非股东的真实意思表示，没有成立，显属不当。

可见，从性质上看，公司决议为公司的意思表示，股东会的行为都被拟制为公司的行为。当然，公司的意思表示不能机械地理解为全体股东的一致意思表示，更非完全一致的共同行为。为照顾多数表决者的意思表示，并兼顾公司决策的效率，股东会决议不能遵循一致决议的原则。根据原审查明事实，赵小菊已于2014年9月17日出席了股东会，并对有关议决事项作出表态，在股东会内容及程序均符合《公司法》规定的情形下，本院依法确认《广州新创博文具有限公司股东会决议》成立。原审法院认定《广州新创博文具有限公司股东会决议》不成立，明显不当，本院依法予以纠正。

【公司决议无效的认定】

李至强等与厦门永福贵公司等公司决议效力确认纠纷上诉案［福建省厦门市中级人民法院(2015)厦民终字第1536号民事判决书］，讼争的2012年10月17日《厦门永福贵投资有限公司股东会会议决议》决议事项为永福贵公司对外购买其他公司股权，该决议事项内容并无违反法律、行政法规的规定。另外，公司股东会做出决议属于公司行为，而非股东个人行为。《公司法》第二十一条规定的适用主体为公司的控股股东、实际控制人、董事、监事、高级管理人员，其适用情形为相关行为主体违反相关法律规定而应向公司承担赔偿责任的情形，《公司法》第一百四十八条规定的适用主体为公司的董事、高级管理人员，其适用情形为相关行为主体违反其相关义务而应对公司承担责任的情形，上述法律规定均未涉及公司股东会做出决议的效力问题。李至强、张湘琳主张被上诉人的行为违反《公司法》第二十一条、第一百四十八条规定，故讼争公司股东会决议无效的上诉理由不能成立，法院不予支持。李至强、张湘琳主张其未获得召开股东会议通知、股东会由两名股东组成存在虚假，该主张事由属我国《公司法》规定的股东申请撤销股东会决议情形，与本案中李至强、张湘琳主张公司股东会决议无效的法律关系无关。根据《最高人民法院关于民事诉讼证据的若干规定》第三十五条的规定，诉讼过程中当事人主张的法律关系的性质或者民事行为的效力与人民法院根据案件事实作出的认定不一致的，人民法院应当告知当事人可以变更诉讼请求。经原审法院释明后，李至强、张湘琳仍坚持不变更诉讼请求，故原审法院对李至强、张湘琳该主张事由不予采纳程序上并无不当。李至强、张湘琳主张讼争股东会决议无效的上诉理由均不能成立，其上诉请求本院不予支持。

【股东除名决议的效力】

辜将与北京宜科英泰工程咨询有限公司确认股东会决议效力纠纷上诉案［北京市第三中级人民法院（2015）三中民（商）终字第10163号民事判决书］，股东除名决议有效应当满足的条件是：股东完全未出资和抽逃全部出资，经公司在合理期限内催告仍未缴纳或者返还出资，通过召开股东会议，由除未出资股东以外，代表二分之一以上表决权的股东表决通过，形成股东会决议。

【同一公司两份章程如何确定股东表决权】

朱树美等六股东诉南宁市红木棉运输有限责任公司、第三人南宁市东宇运输有限公司等公司决议撤销纠纷案［广西壮族自治区南宁市中级人民法院（2014）南市民二终字第339号民事判决书］，第一，有限责任公司股东就表决权的行使先后制定两个意思冲突的章程，而工商备案的章程签订时间在后，股东未就备案章程仅为工商备案、对内不代表股东真实意思表示共同达成合意，应以备案章程确定股东表决权。第二，股东可以根据自己的意愿放弃行使表决权。未经股东同意，股东依法享有的表决权不能以股东在某一次股东会中放弃行使即推定该股东在公司每一次股东会中均放弃行使。

【未通知全体股东的股东会之决议效力】

浙江省嘉兴市聚力源典当有限责任公司与何建华股东会决议效力纠纷再审案［浙江省高级人民法院（2013）浙民再字第18号民事调解书（《人民司法·案例》2014年第8期）］，第一，与股东会决议内容有直接利害关系的股东有权起诉请求确认决议无效，但在有限责任公司内部法律关系中，对股东身份的识别应当坚持实质要件优于形式要件，公司登记机关的登记内容并非判断股东身份的绝对依据。第二，有限责任公司股东实际参加股东会并作出真实意思表示，是决议有效的必要条件。公司未依法通知全部股东参加股东会而作出决议，剥夺个别股东就公司重大事项表达意见、参与决策等权利，并不单纯属于股东会召集程序违法的范畴。

【有瑕疵的股东会决议也可以有效】

林照森与广州市锦桂房地产开发有限公司公司决议效力确认纠纷上诉案［广东省广州市中级人民法院（2013）穗中法民二终字第1400号民事判决书（《人民司法·案例》2015年第12期）］，股东会会议由股东按照出资比例行使表决权，但是，公司章程另有规定的除外。股东会决议没有侵犯股东的实体权益，也没有违反法律、行政法规、公司章程的规定，该决议即使有瑕疵，仍为有效决议。法院不宜径直判令此类股东会决议无效，否则有悖合同意思自治原则。

本案为公司决议效力确认纠纷。林照森提起本案诉讼，要求确认效力的《股东会决议》的其中一项事项为：同意林照森将占锦桂公司注册资本28%共人民币560万元的出资转让给汤始公司。该《股东会决议》上“林照森”的签名已经有资质的鉴定机构鉴定并非为林照森本人签名。由于决议的内容主要是涉及林照森所持有的锦桂公司的股权转让给其他股东的事宜，即涉及林照森个人的实体权益，因此，未经其本人同意，该涉及林照森所持有的股权转让的决议本应对林照森本人不发生法律效力。但根据2006年6月10日林照森和曾志坚向汤始公司共同出具确认书以及2006年6月13日汤始公司与林照森签订的股东转让出资合同书，林照森确认其名义上持有锦桂公司28%的股权，并同意将其持有的锦桂公司的股份办理转回给汤始公司的工商变更登记手续。该确认书以及股东转让出资合同书与《股东会决议》的内容一致，林照森已明确表示其同意将其所持有的锦桂公司28%的注册资本转给汤始公司，故该股东会决议并没有侵害林照森的实体权益。况且，根据锦桂公司的章程，股东会由股东按照出资比例行使表决权，因此，本案《股东会决议》是否生效应当由股东按照出资比例行使表决权后，按照表决的结果决定决议事项。一审法院以林照森没有在该《股东会决议》上签名，该《股东会决议》不是林照森的真实意思表示为由确认该《股东会决议》无效的理据不充分，林照森认为本案《股东会决议》无效的理由不能成立，二审法院予以驳回。

【代股东签名的股东会决议并非当然无效】

张建军诉中西多元教育咨询中心公司决议效力确认纠纷案［北京市第二中级人民法院(2013)二中民终字第04357号民事判决书］，本案中，涉案决议上"张建军"的签名并非其本人所签，本案的争议焦点是张建军是否知道并同意相关的决议事项。在涉案决议作出时，张建军在多元中心的出资比例为60%，系多元中心的经理、执行董事和法定代表人。第一，张建军在涉案决议作出前一直参与筹办新园幼儿园，该决议的主要内容是变更新园幼儿园开办主体多元中心的股权结构和治理结构。多元中心的股权结构和治理结构变更后，张建军仍在持续关注新园幼儿园的经营情况，但在本案诉讼前并未对前述变更行为提出异议。第二，涉案决议作出时，在无相反证据证明的情况下，可以认定张建军系多元中心公章的控制人或支配人。决议内容涉及诸多工商登记变更事项，而相应的多个工商登记变更材料中盖有多元中心公章。第三，涉案决议的内容包括免去张建军的执行董事职务、解聘其经理职务，其法定代表人身份亦随之被免除。张建军在决议作出后，多年未要求履行对多元中心的经营管理、办理年检等职责，在本案诉讼前亦未对其职务变化提出异议。综上所述，涉案决议中"张建军"的签名虽非其本人所签，但法院足以认定张建军知道并同意决议事项，决议内容系其真实意思表示，张建军提出的关于确认涉案决议无效的上诉请求不能成立，法院不予支持。

【瑕疵股东会决议并非当然无效】

北京二中院判决谷成满诉康弘公司公司决议效力确认纠纷案［北京市第二中级人民法院(2013)二中民终字第05629号民事判决书］，《公司法》第二十二条对瑕疵股东会决议区分了无效和可撤销两种情形，伪造股东签字情形并非都能导致公司决议无效，只有当被伪造的决议内容违反了法律、行政法规的情形下才可以被认定为无效。

原告谷成满为被告北京康弘娱乐有限责任公司(以下简称康弘公司)股东之一。2009年8月20日，康弘公司形成第三届第一次股东会决议并将该决议提交工商登记机关备案。该决议第1页记载的内容为：1. 全体股东一致同意将公司注册资本变更为320万元；2. 全体股东一致同意杨春妹接受王仕荣转让的本公司股份1.429万元；同意杨春妹接受张国武转让的本公司股份1.429万元；3. 全体股东一致同意选举杨春妹、万振华、任艳华为新董事；4. 全体股东一致同意公司营业期限变更为50年；5. 全体股东一致同意修改后的公司章程；6. 本决议经全体股东签字(盖章)后生效。该决议第2页无正文，由公司股东在空白页上签名。谷成满于2012年提起诉讼称，谷成满并未出席形成此次股东会决议的股东会会议，在会议记录上股东签名处"谷成满"的签名不是其本人所签，故请求法院确认康弘公司第三届第一次股东会决议无效。经鉴定机构鉴定，在该股东会会议记录上股东签名处"谷成满"的签名并非谷成满本人所签。

北京市怀柔区人民法院审理认为，因康弘公司无证据证明谷成满同意该会议记录所记载事项或授权他人代为签字，故该股东会决议实为冒用谷成满名义所形成，据此判决确认康弘公司第三届第一次股东会决议无效。判决后，康弘公司不服提起上诉。北京市第二中级人民法院经审理认为，虽在该次股东会会议记录上谷成满签名非其本人所签，但经法院审查，该股东会决议内容并未违反法律、行政法规的规定，故谷成满的诉讼主张没有法律依据。判决撤销一审法院判决，改判驳回谷成满的诉讼请求。

【未进行表决或表决人数未达到法定多数形成的决议无效】

吴国璋诉厦门市同安区捷强市政工程有限公司决议效力确认纠纷案［福建省厦门市中级人民法院(2013)厦民终字第668号民事判决书］，对于有限责任公司，根据《公司法》第四十四条之规定，股东会的议事方式和表决程序，除本法有规定的外，由公司章程规定。股东会会议作出修改公司章程、增加或者减少注册资本的决议，以及公司合并、分立、解散或者变更公司形式的决议，必须经代表三分之二以上表决权的股东通过。捷强公司的公司章程亦规定对于增资及变更公司章程的情况须经三分之二以上表决权的股东通过。而讼争三份股东会决议，两份是关于增加公司注册资本、一份是关于变更公司章程，根据上述规定应当经代表捷强公司三分之二以上表决权的股东通过。吴国璋作为捷强公司的股东在其股权未被变更之前享有42.4%的股权，其表决权已超过捷强公司股权的三分之一。而三份股东会决议上的吴国璋的签字均不是吴国璋本人所签，也就是说，三份股东会决议并未经三分之二以上表决权的股东通过。公司股东会决议行为不是股东单方法律行为，而是依据多数决原则形成的多数个体股东独立意思的偶然结合。会议议案只有达到或超过规定的表决权比例，才能形成会议决议。上述三份股东会决议因未能达到《公司法》第四十四条及捷强公司章程规定的表决权比例，均不能成立，不产生股东会决议应有的法律效力。吴国璋据以确认决议无效的主要事实是三份股东会决议并非其真实意思表示，其未行使表决权，该主张实际已包含了要求确认决议不具备法律效力的意思，因此，其诉讼请求可予支持。

【章程规定修改公司章程须经全体股东通过，多数股东通过应属表决方式违反章程规定】

上海米蓝贸易有限公司等与孙某等公司决议撤销纠纷上诉案［上海市第二中级人民法院（2012）沪二中民四（商）终字第896号民事判决书］，米蓝公司章程规定了公司的经营期限为十年、股东有权修改公司章程、股东会的议事方式和表决程序依《公司法》的有关规定进行等内容，表明米蓝公司章程遵循公司法的规定进行议事。但米蓝公司章程专设第七章规定了公司章程的修改程序，其中第（三）项明确规定新章程须在股东会上经全体股东通过。该规定并无违反公司法之处，应是有效的约定。现各方当事人对该条款的理解产生争议。段甲、陈某某、段乙称，经全体股东通过的含义应为具有表决权的三分之二以上股东到会，到会股东进行表决，在到会股东一致同意的情况下或最终同意的股东占全部股东三分之二的情况下，决议即为有效。孙某、张某则称，经全体股东通过即指经每个股东的同意并通过。对此，本院认为，作为公司章程，其规定内容应指向明确、无歧义。如上述规定确如段甲等所称的全体通过有如此的前置条件，一则公司章程要将上述条件加以明确，二则不必专设公司章程的修改程序一章，按公司法规定运作即可。故全体股东通过的含义应如孙某、张某之释义，即米蓝公司股东会修改公司章程须经全体股东通过。现该决议只经占米蓝公司76%股份的股东通过应属表决方式违反了公司章程的规定。

【公司决议免除法定义务内容的效力认定】

傅东明、朱毅军诉无锡新中润国际集团有限公司公司决议效力确认纠纷案［江苏省无锡市崇安区人民法院（2012）崇商初字第0182号民事判决书］，办理股权变更登记是公司的法定义务，公司通过股东会决议免除该义务或者为其履行该义务设置前提条件，应当认定决议内容违反法律、行政法规而无效。

《公司法》第二十二条规定："公司股东会或者股东大会、董事会的决议内容违反法律、行政法规的无效。"《公司法》第七十四条（编者注：现为该法第七十三条）、《公司登记管理条例》第三十五条、《公司法司法解释（三）》第二十四条均规定办理股权变更登记是公司的法定义务，故新中润公司不能通过股东会决议免除其应尽的法定义务或者为其应尽的法定义务设置前提条件。新中润公司股东创立大会通过的公司章程中规定，股东对公司负有到期债务的，在其转让或受让股权时，应当先行向公司清偿其债务，否则，公司不予办理登记、过户手续。该规定也与上述法律、行政法规、司法解释的规定相悖，且本案所涉决议内容范围要宽于股东创立大会通过的公司章程规定的情形。傅东明、朱毅军主张5号决议中关于暂停办理股权转让手续的决议内容违反上述法律、行政法规、司法解释的规定，该院予以支持。

《公司法》第七十二条（编者注：现为该法第七十一条）规定："有限责任公司的股东之间可以相互转让其全部或者部分股权。公司章程对股权转让另有规定的，从其规定。"《公司法》第七十三条（编者注：现为该法第七十二条）的规定也未排除第七十二条（编者注：现为该法第七十一条）中“公司章程对股权转让另有规定的，从其规定”的适用，故5号决议中对股东持股比例的限制并未违反《公司法》第七十二条、第七十三条（编者注：现为该法第七十一条、第七十三条）的规定。傅东明、朱毅军以5号决议中关于持股份额不得超过15.0%（包含15.0%）的内容违反《公司法》第七十二条、第七十三条（编者注：现为该法第七十一条、第七十二条）的规定为由，要求确认上述决议内容无效的主张，该院不予支持。

【股东会部分决议并非股东的真实意思表示，该部分决议无效，决议中其他部分仍有效】

黄玉钦、何文博诉江苏众联纺织发展有限公司股东会决议效力确认案［江苏省盐城市中级人民法院（2012）盐商终字第0467号民事判决书］，关于该股东会决议是否成立、存在问题。股东会决议是否成立、存在，是一事实判断问题。从审理查明的事实来看，众联公司依照公司法规定的程序召开了董事会，对决议事项各股东亦予以了表决，其后也作出了股东会决议。无论该股东会决议内容是否依据一定的表决方式进行表决、是否达到多数表决标准，该股东会决议事实上已经存在。对客观上存在的股东会决议，人民法院应该就股东会决议的效力作出认定，或者认定该决议无效，或者认定该决议可撤销。真实的意思表示是民事法律行为有效的前提条件，本次股东会部分决议并非股东黄玉钦、何文博的真实意思表示，故该股东会决议不属于可撤销，而应从有效或无效予以审查。

关于股东会决议的效力。本案股东会决议内容共有七项：(1)决议第6项、第7项，得到全体股东的一致同意，内容亦不违反法律法规的规定，不应认定无效。(2)决议第1项中有关免去董义忠董事职务的决定，因董义忠属于世和公司指派担任董事，是否继续由其代表世和公司担任众联公司董事，决定权应在世和公司。现世和公司决定免去董义忠众联公司的董事职务，符合公司章程及双方合作协议的约定，也应有效。关于更换黄玉钦、何文博董事的决议，在双方合作协议中明确约定，董事会由股东组成。在章程第19条规定公司董事会由四名董事组成。其中，由股东会代表公司股权过半数股东同意选举产生，董事任期三年，在任期内，股东会不得无故解除其职务。从上述规定和约定可以看出，首先，公司章程并未明确否定合作协议的约定，只是对董事产生作了进一步明确。其次，从合作协议及公司章程的文义可以看出，合作协议只约定股东组成董事会，也即合作协议约定了三名董事产生的名额及途径，而公司章程规定了董事会由四名董事组成。从双方合作的目的及章程规定的本意来看，超过股权过半数同意选举产生的董事应是指其中一名非股东董事。如此也符合双方合作时约定的股东为当然的董事及章程中规定的四名董事的权力制衡。故该次股东会决议中有关免去被上诉人董事职务及重新任命其他人为公司董事的条款应为无效。(3)关于股东会决议中关于责令黄玉钦、何文博立即向公司归还非法抢走的约16万米成品坯布，并赔偿由此而造成的损失及责令黄玉钦立即停止侵害、排除妨碍，不得再行阻拦公司正常发运产品，并赔偿此前因此而给公司造成的损失等事项，因其他股东是否侵占公司财物、是否损害公司利益，并非由股东多数表决所能决定的事项。且上诉人仅依据51%有表决权股东同意作出被上诉人侵权的决议，不符合公司章程中规定的2/3多数同意的规定，应属无效。

【临时股东会决议内容不违反法律、行政法规，也对其他股东尽到合理通知义务，决议有效】

艾斯皮·伯纳塑料集团有限公司诉思博维森塑料（广州）有限公司请求变更公司登记案［广东省广州市中级人民法院（2012）穗中法民四终字第39号民事判决书］，思博维森公司仅有两名股东——艾斯皮·伯纳公司和苏裕康。艾斯皮·伯纳公司作为持有80%股权的股东依法有权提议召开临时股东会会议，其于2010年12月22日按照苏裕康在思博维森公司章程上载明的地址以及苏裕康委托的法律文件送达接受人王卫文的地址发送了召开临时股东会会议通知，并于2011年1月10日召开临时股东会会议，由于另一股东苏裕康未按期到会，艾斯皮·伯纳公司作为唯一股东作出临时股东会会议决议。可见，艾斯皮·伯纳公司已经履行了合理的通知义务。根据《公司法》第二十二条的规定，股东会决议作出之后如其内容未违反法律、行政法规的规定即发生法律效力，即使存在召集程序、表决方式违反法律、行政法规或者公司章程等情形导致股东会决议可能被撤销，在被依法撤销之前，该股东会决议依然具有法律效力。就本案而言,一方面,艾斯皮·伯纳公司已经通过合理的方式通知了另一股东苏裕康,现无证据显示其当时明知苏裕康有其他联系地址而不予送达,且涉案临时股东会会议召开地址就在思博维森公司,艾斯皮·伯纳公司一审提交的电子邮件也显示苏裕康已知悉有关会议通知的内容,而一审中思博维森公司亦无抗辩该电子邮件的接收邮箱不是苏裕康的电子邮箱;另一方面,该临时股东会会议决议的内容并未违反法律、行政法规,故其作出即发生法律效力。而且,由现有证据可知苏裕康与艾斯皮·伯纳公司均到庭参加了本院(2011)穗中法民破字第2号案的庭审,那时苏裕康即已知晓涉案临时股东会会议决议的内容,然而,迄今为止未有证据证明苏裕康已在法定期限内提出撤销涉案临时股东会会议决议的诉讼,由此,该决议应属有效。临时股东会会议是股东会会议的一种,临时股东会决议亦属于股东会决议,而股东会是公司的权力机构,故对于临时股东会决议公司亦应执行。

【在未实际召开股东会的情况下,部分股东通过伪造其他股东签名、盖章形成的股东会决议无效】

文静诉北京郭氏富侨洗浴有限公司等股东会决议效力案[北京市第二中级人民法院(2011)二中民终字第12114号民事判决书],股东会是有限责任公司的最高权力机构和意思机关,体现全体股东的共同意志。股东会决议属于意思表示,股东会决议应基于股东的真实意思表示而作出。肖雯与富侨公司虽主张富侨公司2009年7月6日的股东会决议内容与2009年3月24日的股东会决议内容一致,且决议内容不侵害文静的实体权利,但本案诉争股东会决议经各方当事人确认,其上各股东的签名或印章均属不真实,该次股东会并未召开,故2009年7月6日的股东会决议不是经肖雯、文静与家富公司三方股东签字或盖章作出的意思表示,该股东会决议应属无效。文静的上诉理由成立。一审法院认定涉案股东会决议未侵害文静的实体权利,也未违反法律和公司章程的规定,文静签名不真实属于会议召集程序和表决方式上的瑕疵有误,应予纠正。

【假冒股东签名,并在形式上通过股东会的《股权转让协议》是否有效】

曾文泉、曾建华诉厦门市信诺立电子有限公司、李淑英、曾庆荣等股权转让纠纷案[福建省厦门市中级人民法院(2008)厦民终字第3726号民事判决书],本案是由假冒公司股东签名非法转让公司股权而引起的纠纷。法院认定假冒公司股东与自己签订《股权转让协议》及相应的"股东会议纪要"均为无效,这有利于保证经济主体之间以合同契约为基础的正常信用关系,避免守信股东怠于履行义务,并产生恶性循环。

【有限责任公司的股东会超越《公司法》规定的权限作出的决议,股东可以要求确认无效】

赵中原等诉上虞市兴粮房地产开发有限公司要求确认公司决议条款无效案[浙江省上虞市人民法院2006年10月16日民事判决书],2004年8月18日修订的《公司法》第38条规定有限责任公司股东会行使决定公司经营方针和投资计划等12项法定职权。2005年10月27日修订后的新《公司法》则规定了有限责任公司股东会可以行使公司经营方针和投资计划等法定职权外,还可以行使公司章程规定的其他职权。因此,如股东大会超越上述《公司法》规定的法定职权和公司章程规定的职权进行决议即为无效。被告上虞市兴粮房地产开发有限公司的公司章程中并未授予公司股东大会除法定职权以外的其他职权。因此,被告上虞市兴粮房地产开发有限责任公司股东会对公司净资产(包括所有股权)拍卖所得的分配进行决议超越股东会的职权,系越权决议。三原告也未签字确认该公司净资产转让方案,故"拍卖所得除支付处理资产期间费用和退还股本金外,全体股东均额作为安置费处理"的约定不对三原告产生约束力。

【股东关于解除董事长职务的决议,可以认定有效】

南京金陵轧钢联合公司等诉王锡根董事会、股东会决议履行案[江苏省南京市中级人民法院(2003)宁民二终字第17号民事判决书],我国《公司法》对董事长职务的解除并无规定,可以参照股东会"选举和更换董事"的规定。当董事长从事损害股东利益的行为,股东自行召集股东会并通过解除董事长职务的决议,可以认定有效。

【侵犯股东合法权益的股东大会决议无效】

四川普瑞药业有限责任公司与四川普瑞高新技术产业公司侵权纠纷案[最高人民法院(2000)经终字第121号民事判决书],1998年7月21日普瑞药业第四届股东大会,是在没有普瑞高新参加的情况下召开的,大会所作出的同意普瑞高新将所持80%的股份及收回的9.5%的赠股转让给思达公司的决议,违反了公司法的规定,侵害了普瑞高新的合法权益,因而应认定该决议无效。《公司法》第一百一十一条规定,股东大会、董事会的决议违反法律、行政法规,侵犯股东合法权益的,股东有权向人民法院提起要求停止该违法行为和侵害行为的诉讼。1998年10月26日,普瑞药业关于投资组建普瑞生物集团的董事会和临时股东(扩大)大会的决议,也是在排除了普瑞高新等股东权益而由思达公司取代情况下形成的,故普瑞药业投资850万元发起组建普瑞生物集团的股东大会和董事会的决议也无效。

【公司董事会作出的增补董事的决议是否有效】

[张鸿诉上海申华实业股份有限公司违法增补董事侵权案民事判决书],二审法院经审理后认为,申华公司第三届第二、三次董事会作出增补董事及常务副董事长决议的行为是违法的。因为我国《公司法》明确了股份有限公司股东大会、董事会的性质与职权:股东大会是公司的权力机构,选举和更换董事的职权由股东大会行使;董事会对股东大会负责,执行股东大会的决议,为公司的执行和经营决策机构。申华公司上述增补董事的行为均发生在我国《公司法》颁布实施之后,因此是违法的。申华公司章程第十八条的规定不具有法律效力。申华公司章程第十八条关于"股东大会闭会期间,董事人选有必要变动时,由董事会决定,但所增补的董事人数不得超过董事总数的三分之一"的规定不仅违反了《公司法》,而且与我国《公司法》颁布前的有关股份有限公司的政策、法规也是相悖的,因此,该公司章程规定没有法律效力。申华公司第三届董事会作出增补董事的决议,超越了股份有限公司董事会的权限,违反法律,侵害了股东的权益。

2. 公司决议撤销

【决议撤销之诉中程序轻微瑕疵的认定】

北京中洺发置业发展有限公司等与郭碧新公司决议撤销纠纷案[北京市第一中级人民法院(2019)京01民终5422号民事判决书],公司决议作为公司的意思表示,其本质是通过会议的形式根据多数决的规则作出,因此,只有公司决议的程序公正和内容合法才能发生法律效力。本案中,案涉董事会定于2018年6月5日16时30分在北京召开,中洺发公司于2018年6月4日中午12时1分向中洺发公司股东工作群中发出案涉董事会召开通知,并于当日向郭碧新留存的广东省的通信地址邮寄了书面通知,未给郭碧新留出合理且必要的准备时间,客观上排除了郭碧新作为公司董事参加公司董事会并行使相应权利,实际上案涉董事会于当日提前召开,对此中洺发公司并未作出合理解释,亦可佐证中洺发公司在发出案涉董事会召开通知之时即对于郭碧新不能出席董事会具有一定的预见性,综上所述,案涉董事会召开程序上的瑕疵属于对股东程序权利的重大损害,依法应予撤销。

广州市盛泓投资有限公司、广东国叶投资有限公司公司决议撤销纠纷案[广东省广州市中级人民法院(2019)粤01民终3759号民事判决书],召集股东会依法应按董事会、监事会(或监事)、股东这一法定顺序确定召集主体,而股东行使召集权必须具备的前置条件即为董事会和监事会(或监事)均不履行召集股东会的法定职责。

新光明公司董事会亦向盛泓公司发出了2018年5月19日召开股东会临时会议的通知,盛泓公司收到并回复表示不参加,故新光明公司董事会不存在不能履行或者不履行召集股东会会议职责的情形。而盛泓公司于2018年5月20日召开股东会临时会议并作出决议,一审法院依据《公司法》的有关规定,认为盛泓公司于2018年5月20日召开的股东会临时会议的召集和主持从根本上违反了法律规定及公司章程规定,并不是存在轻微的瑕疵,对国叶公司要求撤销2018年5月20日股东会决议的诉讼请求予以支持,于法有据。

浙××夏物业管理有限公司、郭力前公司决议撤销纠纷案[浙江省高级人民法院(2019)浙民再50号民事裁定书],本案华夏物业股东会的召集程序不存在瑕疵。《公司法》

规定有限责任公司“召开股东会会议，应当于会议召开十五日前通知全体股东，但是，公司章程另有规定或者全体股东另有约定除外”。华夏物业的章程亦有同样的十五天规定。鉴于华夏物业股东郭力前没有向华夏物业提供其改变后的送达地址及联系电话，华夏物业在以往事务中均无法联系到股东郭力前，而现有证据证实华夏物业于2017年4月26日通过EMS向公司章程载明的郭力前户籍地邮寄《召集股东会议通知》及电话联系等事实，故郭力前主张华夏物业股东会召集程序存在瑕疵，没有证据证实。

根据华夏物业章程规定，该2017年5月12日定期股东会决议各事项只需要有二分之一以上股份表决权同意即可通过，事实上前述股东会决议各事项亦经东方公司与李庆生合计持有55%股份同意通过，故即使郭力前参加股东会，也不能阻止股东会决议的通过。综上所述，该股东会的会议召集程序不存在瑕疵，撤销涉案股东会决议的事由不能成立。

南京正华通捷电子系统工程有限公司与南京笔墨建筑科技有限公司公司决议撤销纠纷案［江苏省南京市中级人民法院(2018)苏01民终10492号民事判决书］，在股东会会议的召集程序违反法律、法规或者公司章程的情况下，股东可以请求撤销决议，但在会议召集程序仅存在轻微瑕疵，且该程序瑕疵对决议未产生实质性影响，即该程序瑕疵不会导致各个股东无法公平地参与多数意思的形成以及获取对此所需的信息，亦不改变公司决议的原定结果的情形下，可以继续维持决议的效力。

本院认为，依据笔墨公司章程规定，股东会会议应由执行董事陈界鹏召集并主持，在执行董事不能履行或者不履行召集股东会会议职责的，才由监事召集和主持，而李正荣、邵鑫华在陈界鹏未召集股东会时，径行召集并召开股东会，不符合笔墨公司章程的规定，程序上存在瑕疵。但因案涉股东会的议题系变更执行董事及法定代表人，正华公司在一审庭审中亦明确表示其不同意该议题，故正华公司法定代表人陈界鹏不可能主动召集该股东会，邵鑫华作为笔墨公司监事，在执行董事未召集股东会时即径行召集虽有不当，但属于轻微瑕疵。

真功夫餐饮管理有限公司、潘宇海公司决议撤销纠纷案［广东省广州市中级人民法院(2017)粤01民终9139号民事判决书］，关于涉案董事会的召集程序是否仅为轻微瑕疵的问题。《最高人民法院关于适用〈中华人民共和国公司法〉若干问题的规定（四）》第四条规定：“股东请求撤销股东会或者股东大会、董事会决议，符合公司法第二十二条第二款规定的，人民法院应当予以支持，但会议召集程序或者表决方式仅有轻微瑕疵，且对决议未产生实质影响的，人民法院不予支持。”首先，涉案董事会的提案内容中有多项与蔡达标本人的切身利益密切相关，故该董事会会议通知是否适当送达给蔡达标是保证其合法行使董事权利、保障其基本权利的重要程序。其次，涉案董事会提案的内容涉及多项公司章程修改的内容，根据当时的真功夫公司章程（2007年制定）第4.6条的规定，章程的修正应有全体五名董事（本人或派代理人出席）在按规定程序召开的董事会会议上一致投赞成票方可通过。由此可见，蔡达标未能得到合法的通知而未能出席涉案董事会会议行使表决权，必然对该决议的通过与否产生实质的影响。据此，真功夫公司认为即使涉案董事会会议召集程序存在瑕疵亦属轻微瑕疵，不应撤销涉案董事会决议的上诉理由，依据不足，本院不予采纳。

徐惠英与南通大刘渔业有限公司等公司决议撤销纠纷上诉案［江苏省南通市中级人民法院(2017)苏06民终3928号民事判决书］，案涉股东会决议是否应当予以撤销，取决于该程序瑕疵是否属于轻微瑕疵。对此，本院认为，上述司法解释中的轻微瑕疵应以该程序瑕疵是否会导致各股东无法公平地参与多数意思的形成以及获取对此所需的信息为判定标准，比如，公司章程要求股东会应提前15日通知全体股东，但召集人可能仅提前14日通知全体股东；又或公司章程规定召集通知应当以书面形式发出，而实际情况是以电话或网络通讯的形式发出；又或股东会的会议时间比预定计划延误了数小时。上述情况虽然属于程序瑕疵，但未妨碍股东公平参与多数意思的形成和获知对其作出意思表示所需的必要信息，应属轻微瑕疵。本案中，根据大刘公司章程规定，股东会会议分为定期会议和临时会议，并应当于会议召开15日以前通知全体股东。大刘公司提供的证据不足以证明其履行了通知义务，该程序瑕疵影响了徐惠英公平参与多数意思的形成和获知对其作出意思表示所需的必要信息，显然不属于轻微瑕疵，根据《公司法》及其相关司法解释的规定，该股东会决议应当予以撤销。

呼和浩特市骏泽建材有限责任公司与内蒙古扎鲁特旗鲁安矿业有限公司公司决议撤销纠纷案[内蒙古自治区通辽市中级人民法院(2017)内05民终1714号民事判决书]，以上法律及司法解释的规定，构建了我国公司决议撤销及可撤销决议的裁量驳回制度，该项制度既重视维护小股东的程序权利，防止其被架空，又充分考虑到撤销公司决议的成本及公司决议被否定可能给公司正常经营带来的挑战，构成了我国完整的公司决议撤销制度。既是规范公司治理的制度基础，也是公司决议撤销纠纷的裁判依据。

本院认为，在被上诉人鲁安矿业就临时召开涉案股东会的事宜通知骏泽建材，骏泽建材回函，对关于上诉人请求撤销涉案股东会决议中将公司15%股权转让北京中核大地矿业勘查开发有限公司事项不持异议，并明确表示不参加股东会也不行使优先购买权的情况下，一审法院认定鲁安矿业就涉案股东会的召集程序和表决方式符合公司法的规定并无不当，应予支持。同时，鲁安矿业按照股东会决议修改公司章程、办理工商登记的行为均没有超出涉案股东会决议的内容，涉案股东会决议的签署地点是否一致的问题亦不能对决议的效力产生实质性影响。

【董事会会议通知与实际表决事项不符的，决议应否被撤销】

周建珍诉江苏建协工程咨询有限公司公司决议撤销案[江苏省无锡市中级人民法院(2016)苏02民终2856号民事判决书]，从召集程序看，建协公司于2015年7月20日发出《会议通知》定于2015年8月6日召开股东会(董事会)议，符合建协公司《章程》规定的至少提前10日以书面形式通知的程序。虽然在该通知书是以括号的形式备注了股东会或董事会会议，但不足以造成被通知人的误解，且陈亚平、蒋小娟以及周建珍均是建协公司股东董事会决议的表决，实行1人1票，普通会议决议以多数通过的决议有效，特别会议以三分之二以上的董事同意方可通过。案涉董事会决议由陈亚平、蒋小娟表决通过，符合建协公司《章程》规定三分之二以上的董事通过的规定。从表决内容看，该次董事会会议的内容为聘任黄国庆为公司总经理，属建协公司《章程》规定的董事会职权范畴。虽然《会议通知》中载明的会议内容并未明确有解聘事项，但在会议通知内容包含聘任公司高级管理人员的情况下，周建珍到会并表达了对聘任及解聘的意见，其权利并未受到实质影响。故2015年8月6日建协公司董事会会议并未违反法律的强制规定，应认定有效，周建珍要求撤销该决议的依据不足。

【原请求确认公司决议无效，后变更为撤销，是否超过60日除斥期间】

隋小丽诉北京凯必盛自动门技术有限公司公司决议撤销案[北京市第一中级人民法院(2016)京01民终343号民事判决书]，隋小丽最初起诉主张确认涉案董事会决议无效，后在诉讼过程中经一审法院释明将诉讼请求变更为撤销涉案董事会决议，凯必盛公司对此提出异议，其认为不能混淆公司决议无效纠纷和公司决议撤销纠纷，隋小丽变更诉讼请求时已经超过直接起诉撤销公司决议诉讼的除斥期间，一审判决违反除斥期间性质、违反民事诉讼法基本原则。隋小丽起诉主张涉案董事会决议无效，以及之后变更诉讼请求为撤销涉案董事会决议，其目的均是否定涉案董事会决议的效力，其提起本案诉讼时系涉案董事会决议作出60日之内，并未超过关于起诉撤销董事会决议的除斥期间的规定，应当认定隋小丽及时行使了诉讼权利，一审法院准许隋小丽将确认董事会决议无效的诉讼请求变更为撤销董事会决议并进而作出判决并无不当，故对凯必盛公司该项主张不予支持。在凯必盛公司未能举证证明隋小丽在涉案董事会召开前10日即知晓召开会议事宜，一审法院认定涉案董事会的召集程序违反公司章程的规定进而判决撤销涉案董事会决议并无不当。凯必盛公司的上诉理由均不能成立，对其上诉请求不予支持。一审判决认定事实清楚，适用法律正确，处理结果并无不当，应予维持。

【实际出资人有权提起公司决议撤销之诉】

孙士高与江苏景天置业有限公司等公司决议撤销纠纷上诉案[江苏省宿迁市中级人民法院(2015)宿中商终字第00368号民事裁定书]，本案争议焦点之一是原告是否具有诉讼主体资格，根据《最高人民法院关于适用〈中华人民共和国公司法〉若干问题的规定（三）》第二十四条的规定："有限责任公司的实际出资人与名义出资人订立合同，约定由实际出资人出资并享有投资权益，以名义出资人为名义股东，实际出资人与名义股东对该合同效力发生争议的，如无合同法第五十二条规定的情形，人民法院应当认定该合同有效"。而在本案中，原告通过名义股东王素勤向被告出资250万元，并向原告出具股份证明，约定原告享有投资权益，2014年12月26日原告向景天公司披露其实际出资人身份时，景天公司对该实际投资人的身份并未否定，且被告景天公司法定代表人许文兵、股东颜勇在该股份证明中书写"属实"并加盖景天公司印章的行为，应视为对原告实际投资人身份及该股份证明效力的确认，故原告有权依据该股份证明对景天公司享有投资权益，当原告认为景天公司的股东会决议将损害其实际投资人利益时，虽然其尚未记载于股东名册或在公司登记机关登记，但在其已向景天公司披露其实际投资人的身份后，依法应享有请求权，所以本案中原告诉讼主体适格。

对于本案第二个争议焦点即原告行使撤销权是否超过《公司法》规定的时效期间，根据《公司法》的规定，股东会或者股东大会、董事会的会议召集程序、表决方式违反法律、行政法规或者公司章程，或者决议内容违反公司章程的，股东可以自决议作出之日起60日内，请求人民法院撤销。而在本案中，原告向被告披露其实际出资人的身份是在2014年12月26日，在此之前被告对原告的身份并不知情，虽然无法直接将股东会决议事项告知原告，但原告通过股东王素勤向景天公司实际出资，其参与公司的管理及重大事项的决议，是通过名义股东王素勤完成的，即王素勤在股东会决议中作出的意思表示，应视为原告的授权行为，对原告具有拘束力。因此，原告请求撤销股东会决议的期限，亦应当自决议作出之日起60日内完成，但本案起诉时，股东会决议已经作出两年时间，已经超过公司法规定的时效期间。

同时，通常在公司的实际经营过程中，实际出资人往往并不参与公司的经营及重大事项的决策，而是通过名义股东行使其权利，在本案中，原告系通过股东王素勤进行实际出资的，名义股东应当向实际出资人披露公司在经营过程中的重大事项，王素勤在股东会决议上签字确认，表明其赞同并接受股东会决议内容，该决议对原告亦产生拘束力。故对原告以对股东会决议不知情，且侵害了其合法权益的主张，法院不予采信。

另外，对于股东会决议向股东支付高额利息，是在景天公司进行房地产开发过程中，需要支付土地出让金等运行开支，是公司的经营过程中由于资金运转困难的情况下作出的合理的商业决策，属于公司自治范围内的事务。虽然融资利息超过了法律规定的保护范围，但基于公司股东这一特定身份，公司又以利息方式进行投资收益分配，因此，该利息的含义并非民间借贷的利息，亦包含了投资收益分配的内容，属于公司自治范围内正常的、合理的商业判断，并不违反法律定。综上所述，原告要求撤销景天公司股权决议中关于借、还款利息约定内容的理由不能成立。

【公司决议撤销纠纷的审查范围】

崔龙诉江苏盛大世贸商城发展有限公司股东会决议撤销案［江苏省睢宁县人民法院（2015）睢商初字第622号民事判决书］，本次股东会召集程序未违反法律、行政法规或者公司章程。此次股东会决议的第二项内容经代表三分之二以上表决权的股东陈红伟表决通过，第一项内容如何表决通过，公司章程未规定，但根据举重以明轻的解释原则，拥有三分之二以上表决权的股东陈红伟对公司重大事项的决定有权表决通过，对公司非重大事项的决定更有权表决通过，故在表决方式上未违反法律、行政法规或者公司章程。盛大世贸公司章程对股东会职权作了具体规定，此次股东会执行董事陈红伟提请审议事项（1.股东未履行出资义务、抽逃出资的催缴或者返还；2.讨论公司对内、对外融资）属于股东会职权范围，有权对上述事项依法作出决议。但股东会决议第一项内容中的"如其不能及时补足认缴出资，取销（消）其股东资格"违反了相关法律规定，依法认定无效。故股东会决议第一项内容本身未违反盛大世贸公司章程，至于股东会决议第一项内容所依据的事实是否客观全面，理由是否成立，不属于司法审查的范围，如若所依据的事实失实，理由不成立，权利人可通过其他合法救济途径解决。

【如股东并未收到会议召开通知或不知道决议内容，撤销公司决议不受除斥期间的限制】

风雅投资有限公司与三亚扑朔房地产投资开发有限公司等公司决议撤销纠纷上诉案[海南省高级人民法院(2015)琼民二终字第18号民事判决书]，除法律或公司章程规定的情形外，股东会或董事会应召开会议通过表决作出决议。扑朔公司不能提交证据证明其已实际召开涉诉的前五次股东会或董事会，该五次股东会或董事会决议并不具有不召开会议即可直接作出决议的情形。故扑朔公司未经召开股东会、董事会即作出上述股东会或董事会决议，不符合法律或公司章程的规定。故风雅公司有权依法请求撤销该五份股东会或董事会决议。《公司法》第二十二条针对的是实际召开股东会或董事会而作出的决议。故未实际召开的该五次会议，扑朔公司也从未将决议内容通知风雅公司或马某，故风雅公司起诉请求撤销该五次会议决议，应不受《公司法》第二十二条规定的60日的限制。

【股东会决议撤销事由之认定】

华城地产集团有限公司诉宁波开元华城置业有限公司等公司决议撤销案[浙江省宁波市中级人民法院(2014)浙甬商终字第1130号民事判决书]，本案各方当事人的争议焦点是华城集团公司主张的撤销涉讼股东会决议的事由是否成立。华城集团公司上诉提出，涉讼股东会决议瑕疵是否对股东权利造成实质影响并不属于法院应审查事项。对此，本院认为，基于对公司股东特别是中小股东或者弱势股东的权益保护，《公司法》第二十二条第二款规定，股东会的会议召集程序、表决方式违反法律、行政法规或者公司章程，或者决议内容违反公司章程的，股东可以自决议作出之日起60日内，请求人民法院撤销。该规定仅赋予公司股东对存在瑕疵的股东会决议可以通过诉讼请求撤销的诉权，而不应被理解为只要股东会决议瑕疵存在，该决议就必须被撤销。而从股东会决议的性质看，股东会决议一经有效作出，即被拟制为公司的意思，对全体股东和公司具有拘束力，影响公司的经营，产生一系列法律关系。如随意撤销，不仅造成相关损失，也不利于法律秩序的稳定。因此，当股东会决议存在瑕疵时，应兼顾公平与效率原则，衡平相关主体之间的利益，确定股东会决议是否有必要予以撤销。如所存在的瑕疵显著轻微，对所作决议无影响或对利害关系人并无实质损害的，则该股东会决议应无撤销之必要。因此，华城集团公司提出的该上诉理由不能成立，本院不予采纳。

本案华城集团公司主张的撤销涉讼股东会决议的事由之一是开元华城公司未于会议召开15日前通知华城集团公司。对此，本院认为，《公司法》第四十二条及开元华城公司的章程均规定，召开股东会会议，应当于会议召开15日前通知全体股东。上述会议通知期间的确定，是认定开元华城公司在会议通知时间上是否存在瑕疵的前提。从平衡股东与公司的利益角度考虑，本院认为，上述法条和章程规定的15日期间，应以开元华城公司发出通知时间为基准，在计算上，从公司发出通知之次日起算至开会前一日，算足上述15日期间。按此方式，开元华城公司确未于会议召开15日前通知华城集团公司(与规定期间相差1日)，故华城集团公司所主张的此项程序瑕疵成立。但是，该程序瑕疵情形轻微，且华城集团公司已派员参加股东会，并无证据证明其对通知时间提出过异议。在此情形下，原审判决关于该股东会决议瑕疵未对华城集团公司股东权利产生实质影响，该瑕疵尚不能构成涉讼股东会决议撤销的事由的认定并无不妥。

华城集团公司主张的撤销涉讼股东会决议的事由之二是开元华城公司未提供具体议案内容。对此，本院认为，《公司法》第一百零三条对于股份有限公司召开股东大会仅规定应当将审议事项通知各股东，而对有限责任公司召开股东会的通知并未强调要列明审议事项。据此列明审议事项并非有限责任公司召开股东会通知的法定要求。同时，在开元华城公司的章程中也未规定此项要求。故从通知的适当性考虑，开元华城公司在涉讼通知中记载了股东会待审议议题，且事后股东会会议作出的决议也未超出该通知所载明的议题范围，该情形亦不违反法律、行政法规或者公司章程，应当认为开元华城公司尽到了必要的通知义务。故华城集团公司以开元华城公司在涉讼通知中未提供具体议案内容为由主张通知存在瑕疵的理由不能成立。本院对原审判决关于华城集团公司此项主张不能构成涉讼股东会决议撤销事由的认定予以确认。

华城集团公司主张的撤销涉讼股东会决议的事由之三是会议未在通知的时间召开且华城集团公司代表被强行架出会场。对此，本院认为，华城集团公司知晓开元华城公司安排在同一天、同一地点先后召开董事会会议和股东会会议的情况，而董事会会议拖延导致股东会会议召开时间迟延一个半小时，非开元华城公司故意导致，依常理并无不当之处。而华城集团公司所称的其委派的参加股东会会议的代表在召开董事会时，被要求退出会场之情形，属于董事长在主持董事会时履行职责所为，亦不为过。以上情形不足以成为股东拒绝参加股东会会议的正当理由，华城集团公司实际未参加股东会可视为其自行放弃权利。原审判决认定华城集团公司上述主张不能构成涉讼股东会决议撤销的事由并无不当。

华城集团公司主张的撤销涉讼股东会决议的事由之四是该股东会决议的目的非法且内容违反公司章程。但华城集团公司所主张的事由不能证明所作出的涉讼股东会决议目的非法，亦无证据证明涉讼股东会决议内容违反公司章程的规定。原审判决认定该主张不能构成涉讼股东会决议撤销的事由正确。

综上所述，华城集团公司的上诉理由缺乏事实和法律依据，对其上诉请求本院不予支持。原审法院认定基本事实清楚、适用法律正确。

【股东会决议和董事会决议的表决方式均违反公司章程，股东可请求法院予以撤销】

上海联合汽车大道开发建设有限公司等与上海联合汽车（集团）有限公司决议撤销纠纷上诉案［上海市第二中级人民法院（2013）沪二中民四（商）终字第 733 号民事判决书］，关于联合集团主张的涉案股东会决议、董事会决议违反了联合大道公司 2009 年在工商部门备案的章程第三十九条规定的理由，首先，联合大道公司、中国五冶主张，上述在工商部门备案的联合大道公司 2009 年公司章程第三十九条中有关“第十八条、第二十二条须全体股东补充约定后方可实施”的内容为联合集团私自添加后所形成，与中国五冶及联合大道公司所对应持有章程内容存在不一致，并为此提供了由该两公司所对应持有的联合大道公司 2009 年公司章程加以证明。其次，联合大道公司、中国五冶在原审中提供了在 2009 年 10 月 23 日由工商部门出具的准予联合大道公司住所地变更登记通知书及相关申请材料一套，用于证明在 2009 年 10 月 23 日联合大道公司只是办理了公司住所地工商变更的登记手续，并不涉及其他事项；联合集团在其他股东完全不知情的情况下，借联合大道公司于 2009 年 10 月办理公司注册地址工商变更登记之机，擅自对系争章程第三十九条作出了有利于己方利益的篡改。故对于联合集团主张的该节诉请理由，本院不予采信。

【伪造股东签名对股东会决议效力的影响】

李刚毅诉北京慈铭生物医药技术有限公司公司决议效力确认纠纷案［北京市第二中级人民法院（2012）二中民终字 17626 号民事判决书］，伪造个别股东签名而形成的股东会决议，如经过超过表决比例的股东同意，其效力应根据决议内容分别判断：如果决议事项属于股东会职权范围，且被伪造签名的股东是否参加该次会议均不影响表决结果，则伪造签名的行为属于会议召集程序或者表决方式存在瑕疵，该决议事项属于可撤销范畴；如果股东会的决议事项属于处分股东私权利，必须经被伪造签名的股东同意方为有效，则该决议事项因并非股东本人真实意思表示而无效。

【公司认为股东撤销权诉讼导致公司财产受损并要求股东赔偿的，必须证明滥用以及因果关系】

江苏中淮建设集团有限公司诉陈顺林行使股东撤销权致其公司财产损失要求赔偿被驳回案［江苏省淮安市中级人民法院（2012）淮中民终字第 1445 号民事判决书］，股东认为股东会在召集程序、表决方式方面违反法律、行政法规或者公司章程，或者决议内容违反公司章程的，可以依照《公司法》第二十二条的规定，自决议作出之日起六十日内，请求人民法院撤销。公司认为股东撤销权诉讼导致公司财产受损并要求股东赔偿的，必须证明股东行使撤销权达到滥用的程度，且其公司财产损失与股东行使撤销权之间具有因果关系，否则人民法院对其主张不予支持。

【公司决议撤销之诉的审查范围】

李建军诉上海佳动力环保科技有限公司公司决议撤销纠纷案[上海市第二中级人民法院(2010)沪二中民四(商)终字第436号民事判决书(2012年9月18日《最高人民法院关于发布第三批指导性案例的通知》指导案例10号)(《最高人民法院公报》2013年第2期)],具体如下:

关键词 民事 公司决议撤销 司法审查范围

裁判要点 人民法院在审理公司决议撤销纠纷案件中应当审查:会议召集程序、表决方式是否违反法律、行政法规或者公司章程,以及决议内容是否违反公司章程。在未违反上述规定的前提下,解聘总经理职务的决议所依据的事实是否属实,理由是否成立,不属于司法审查范围。

相关法条 《公司法》第二十二条第二款

基本案情

原告李建军诉称:被告上海佳动力环保科技有限公司(以下简称佳动力公司)免除其总经理职务的决议所依据的事实和理由不成立,且董事会的召集程序、表决方式及决议内容均违反了公司法的规定,请求法院依法撤销该董事会决议。

被告佳动力公司辩称:董事会的召集程序、表决方式及决议内容均符合法律和章程的规定,故董事会决议有效。

法院经审理查明:原告李建军系被告佳动力公司的股东,并担任总经理。佳动力公司股权结构为:葛永乐持股40%,李建军持股46%,王泰胜持股14%。三位股东共同组成董事会,由葛永乐担任董事长,另两人为董事。公司章程规定:董事会行使包括聘任或者解聘公司经理等职权;董事会须由三分之二以上的董事出席方才有效;董事会对所议事项作出的决定应由占全体股东三分之二以上的董事表决通过方才有效。2009年7月18日,佳动力公司董事长葛永乐召集并主持董事会,三位董事均出席,会议形成了"鉴于总经理李建军不经董事会同意私自动用公司资金在二级市场炒股,造成巨大损失,现免去其总经理职务,即日生效"等内容的决议。该决议由葛永乐、王泰胜及监事签名,李建军未在该决议上签名。

裁判结果

上海市黄浦区人民法院于2010年2月5日作出(2009)黄民二(商)初字第4569号民事判决:撤销被告佳动力公司于2009年7月18日形成的董事会决议。宣判后,佳动力公司提出上诉。上海市第二中级人民法院于2010年6月4日作出(2010)沪二中民四(商)终字第436号民事判决:一、撤销上海市黄浦区人民法院(2009)黄民二(商)初字第4569号民事判决;二、驳回李建军的诉讼请求。

裁判理由

法院生效裁判认为:根据《公司法》第二十二条第二款的规定,董事会决议可撤销的事由包括:一、召集程序违反法律、行政法规或公司章程;二、表决方式违反法律、行政法规或公司章程;三、决议内容违反公司章程。从召集程序看,佳动力公司于2009年7月18日召开的董事会由董事长葛永乐召集,三位董事均出席董事会,该次董事会的召集程序未违反法律、行政法规或公司章程的规定。从表决方式看,根据佳动力公司章程规定,对所议事项作出的决定应由占全体股东三分之二以上的董事表决通过方才有效,上述董事会决议由三位股东(兼董事)中的两名表决通过,故在表决方式上未违反法律、行政法规或公司章程的规定。从决议内容看,佳动力公司章程规定董事会有权解聘公司经理,董事会决议内容中"总经理李建军不经董事会同意私自动用公司资金在二级市场炒股,造成巨大损失"的陈述,仅是董事会解聘李建军总经理职务的原因,而解聘李建军总经理职务的决议内容本身并不违反公司章程。

董事会决议解聘李建军总经理职务的原因如果不存在,并不导致董事会决议撤销。首先,公司法尊重公司自治,公司内部法律关系原则上由公司自治机制调整,司法机关原则上不介入公司内部事务；其次，佳动力公司的章程中未对董事会解聘公司经理的职权作出限制，并未规定董事会解聘公司经理必须要有一定原因，该章程内容未违反公司法的强制性规定，应认定有效，因此佳动力公司董事会可以行使公司章程赋予的权力作出解聘公司经理的决定。故法院应当尊重公司自治，无须审查佳动力公司董事会解聘公司经理的原因是否存在，即无须审查决议所依据的事实是否属实，理由是否成立。综上所述，原告李建军请求撤销董事会决议的诉讼请求不成立，依法予以驳回。

【对于公司通过召开临时股东会所作出的决议，股东可以以其未收到召开通知且未参加为由，请求法院予以撤销】

上海中源科扬节能技术有限公司诉上海中兴科扬节能环保有限公司公司决议撤销案［上海市徐汇区人民法院（2010）徐民二（商）初字第2132号民事判决书］，本案的争议焦点为落款时间为2010年6月15日的股东会决议是否具有效力。

根据法院查明的事实及各方当事人的确认，原告系被告的股东之一，而我国法律及被告公司章程均规定，召开股东会会议，应提前15日通知全体股东，但根据各方当事人的确认及证据显示，定于2010年6月15日召开的临时股东会暨董事会的通知的落款时间为2010年6月11日，且并未通知作为股东的原告。虽然相关当事人主张，杨龙及其妻子安丽芳出席了会议，而杨龙系原告当时法定代表人的儿子，安丽芳系原告现任法定代表人，且在以往的会议中杨龙均是代表原告公司出席，但由于杨龙及原告均对此身份予以否认，且相关当事人也确认杨龙及安丽芳出席股东会时未出具任何原告的授权委托书，所以法院确认原告未能获通知并参加该次临时股东会的事实。

根据我国《公司法》的规定，股东会或者股东大会、董事会的会议召集程序、表决方式违反法律、行政法规或者公司章程，或者决议内容违反公司章程的，股东可以请求人民法院撤销，但需自决议作出之日起60日内。因此确认本案系争的股东会决议作出的时间亦是本案的关键所在。虽然该份股东会决议的落款时间为2010年6月15日，但根据当时参加会议的杨龙陈述，当日未作出任何股东会决议，虽然该主张为其余参加会议的股东代表所否认，但他们也承认，因原件丢失，故其不能向法院提交当日签署的股东会决议原件，而向法院提交的原件系事后各方补签的，并表示无法确认最终签署的时间，现结合各方确认的股东会决议传真件上显示的时间，故法院认可原告主张的该股东会决议签署的最后时间为2010年7月13日。现原告于2010年9月7日起诉至法院，符合法律的规定，故原告要求撤销该股东会决议的诉讼请求法院予以支持。

【伪造公司决议的效力认定】

崔学侠与淮安市禾力机械制造有限公司等确认公司决议无效纠纷上诉案［江苏省淮安市中级人民法院（原江苏省淮阴市中级人民法院）（2009）淮中民一终字第15号民事判决书（《人民司法·案例》2010年第6期）］，公司股东伪造公司决议并经登记的，其他股东明知伪造决议的事实，却长期不提异议，应视为默示追认，不能请求确认决议无效。

【有瑕疵的公司决议撤销之诉不能调解】

江西瑞丰木业有限公司与叶笃胜等承包合同纠纷上诉案［江西省宜春市中级人民法院（2009）宜中民二终字第54号民事调解书（《人民司法·案例》2009年第20期）］，股东会召集程序、董事会表决方式违反公司法及公司章程的规定，属于可撤销的公司决议；公司决议撤销之诉不能进行调解，但法院可对公司与承包人之间的盈亏分配进行调处；全体股东亦可在法院的主持下以新的公司决议取代有瑕疵的公司决议。

【董事会聘任的公司高级管理人员不具有股东身份，无权申请法院撤销董事会决议】

柳州汇银物流管理有限公司诉公司高级管理人员张萍损害公司利益案［广西壮族自治区柳州市中级人民法院（2009）柳市民二终字第200号民事判决书］，根据《公司法》的规定，董事会的议事方式和表决程序，由公司章程规定，故本案应当以汇银公司的章程为依据来确认汇银公司的董事会召开和议事、表决程序。而从汇银公司2008年7月28日的董事会会议召集程序来看，汇银公司董事长张志玲已经于2008年7月24日在《柳州日报》上公告了汇银公司的董事会会议召开时间和地点，亦在7月23日通过特快专递将会议通知送达郭富周董事。从以上送达会议通知的方式来看，汇银公司董事长张志玲召开董事会会议已经尽到了通知的义务，召开程序是符合公司章程规定的。从董事会会议的表决程序来看，汇银公司的章程并未规定董事会决议应当经全体董事全票通过方为有效，故按照汇银公司章程的规定，董事一人一票，在汇银公司的董事为三人的情况下，有二人同意免去张萍的总经理职务，并要求其交出汇银公司公章，该董事会决议已经生效，张萍应当按照董事会的决议交出公章。另外，被上诉人张萍认为董事会决议违反程序。但根据《公司法》的规定，董事会会议的召集程序、表决方式违反法律、行政法规或者公司章程，或者决议内容违反公司章程的，股东可以自决议作出之日起60日内，请求人民法院撤销。汇银公司的股东在董事会决议作出后至今未向法院申请撤销该董事会决议，而张萍并不是汇银公司的股东，其无权申请法院撤销董事会决议。

【公司监事自行召集临时股东会会议并担任主持人的，违反强制性规定，形成的决议应予以撤销】

刘英诉科普诺（北京）科技发展有限公司撤销股东会决议案[北京市第一中级人民法院（2009）一中民终字第929号民事判决书]，本案应从以下几方面分析股东会决议的效力：（1）关于临时股东会会议没有提前15日通知。《公司法》规定：召开股东会会议，应于会议召开15日前通知全体股东。喻敏于会议召开前两天通知刘英，在通知时间上存在瑕疵。但是，刘英接到通知后，和喻敏协商变更了会议时间，并且双方均参加了会议，会议通知时间上存在的瑕疵已得到救济。（2）关于喻敏召集并主持临时股东会会议。按照《公司法》的规定，监事可以向执行董事提议召开临时股东会会议，如果执行董事予以拒绝、不能履行或不履行召集和主持会议的职责，监事才可以自行召集和主持。喻敏自行召集临时股东会会议并担任主持人，违反了现行法律关于股东会会议召集和主持程序的强制性规定，该次临时股东会会议所做的决议，为可撤销决议。（3）关于临时股东会会议召开过程中临时增加议题。临时股东会会议临时增加了人事任免议题。《公司法》并没有关于有限公司召开股东会会议不得临时增加议题的禁止性规定，可见，临时增加议题并不违反《公司法》的规定。（4）关于执行董事任期尚未届满，股东会解除其职务。刘英认为，其执行董事任期尚未届满，股东会解除了其职务，违反了《公司法》和公司章程的规定，决议因此应当予以撤销。科普诺公司的公司章程第十四条规定：执行董事在任期届满前，股东会不得无故解除其职务。该条规定意味着，执行董事在任期届满前，股东会如果认为有解除其职务的理由与必要，可以解除其职务。本案中，喻敏认为刘英不能对公司财务状况等作出合理解释，以此为理由提议解除刘英的执行董事和经理职务，并没有违反《公司法》和公司章程的规定。（5）关于喻敏同时担任公司监事和执行董事。刘英认为，临时股东会决议选举喻敏为科普诺公司的执行董事，使喻敏同时具有执行董事和监事两个身份，违背了《公司法》的规定。首先，《公司法》规定：董事、高级管理人员不得兼任监事。因此，科普诺公司的执行董事和监事不能由同一人兼任。其次，临时股东会会议并没有选举喻敏为新的执行董事。临时股东会会议记录记载的股东会决议为“从即日起免去刘英执行董事及经理职务，暂由喻敏管理公司一切业务”。该决议内容和《公司法》关于董事不得兼任监事的规定并不冲突。

综上所述，科普诺公司临时股东会会议的召集人和主持人违反了《公司法》的强制性规定，形成的决议应予撤销。

【公司决议效力确认纠纷的形式及原告资格】

金仁子诉漳州三成农产品加工有限公司等公司决议效力确认纠纷案[（2009）漳民初字第93号民事裁定书（《人民司法·案例》2010年第16期）]，确认公司决议有效应与确认决议无效一起作为公司决议确认之诉的形式，同时与决议撤销之诉及决议不存在之诉共同构成公司决议效力诉讼的内容。公司决议效力提出确认要求的只应限于公司内部的股东。

【法院对公司股东大会决议效力进行审查的因素】

朱平与中国石化中原油气高新股份有限公司股东权益纠纷上诉案[河南省郑州市中级

人民法院(2008)郑民一终字第22号民事判决书],人民法院应从内容和程序两个方面对公司股东大会决议效力进行审查:公司股东大会决议内容违反法律法规的无效;公司股东大会召集程序、表决方式违反法律、行政法规或公司章程的,股东可以请求人民法院撤销。

被告在退出上市后,不再受证券监督管理法律法规对于上市公司关于关联公司限制行使表决权的约束。关于表决方式,《公司法》对表决权的限制,仅限于第十六条规定的向其他企业投资、涉及提供担保等事项的表决,有关联的股东不能行使表决权,由出席会议的其他股东所持表决权的过半数通过。因本案所审理的临时股东大会决议表决的事项为公司合并,所以股东的表决权不受《公司法》第十六条规定的限制。被告的《公司章程》对股东表决权行使亦未作限制性规定。《公司法》第一百零五条规定,股东大会做出修改公司章程、增加或者减少注册资本的决议,以及公司合并、分立、解散或者变更公司形式的决议,必须经出席会议的股东所持表决权的三分之二以上通过。在股东大会审议议案的程序上,法律规定的并不是全体股东行使表决权,表决权的行使限定为出席股东大会的股东。股东是否出席股东大会,是股东的权利,某一股东放弃行使权利并不影响其他股东的权利行使。在只有中国石油化工股份有限公司一个股东出席股东大会的情况下,法律没有禁止其行使表决权,其表决权已超过《公司法》规定的三分之二以上。因此,被告召开临时股东大会的表决程序合法。

【股东未在法定期间内向法院申请撤销股东会决议而后又提起诉讼的,法院不予受理】

徐永华等诉东方建设集团有限公司股东权案[浙江省高级人民法院(2007)浙民二终字第287号民事判决书],根据徐永华、陈炬在一审提供的2005年8月2日东方公司章程第十四条规定"股东会决议由股东按照出资比例行使表决权"。第十七条规定"股东会决议应对所议事项作出决议,决议应由代表二分之一以上表决权的股东表决通过,但股东会对公司增加或者减少注册资本、分立、合并、解散或变更公司形式、修改公司章程所作出的决议,应由代表三分之二以上表决权的股东表决通过。股东会应当对所议事项的决定作出会议记录,出席会议的股东应当在会议记录上签名。"因此,一审法院对于东方公司股东会决议作出部分有效、部分无效的认定,不仅符合《公司法》的规定,也符合公司章程的规定。徐永华、陈炬在一审中诉请55万元、50万元增加注册资本金由其认购,与其主张股东会决议全部无效亦相矛盾。徐永华、陈炬作为东方公司的股东,依法享有股东的相应权利,并按照法律规定的期限内行使。徐永华、陈炬认为东方公司控股股东任意形成股东会决议,丧失其股东意志,完全可以依照《公司法》第二十二条的规定,向法院主张撤销股东会决议,行使股东享有的撤销权,来体现其股东的意志。但徐永华、陈炬未在法律规定的期限内行使,丧失了股东享有的撤销权,由此产生的后果应由其自负。

【虚构的股东会议决议撤销之诉的诉讼时效】

张艳娟诉江苏万华工贸发展有限公司、万华、吴亮亮、毛建伟股东权纠纷案[江苏省南京市玄武区人民法院2007年4月2日(《最高人民法院公报》2007年第9期(总第131期))],裁决如下:

一、有限责任公司召开股东会议并作出会议决议,应当依据法律及公司章程的相关规定进行。未经依法召开股东会议并作出会议决议,而是由实际控制公司的股东虚构公司股东会议及其会议决议的,即使该股东实际享有公司绝大多数的股份及相应的表决权,其个人决策亦不能代替股东会决议的效力。在此情况下,其他股东申请确认虚构的股东会议及其决议无效的,人民法院应当支持。

二、修订后的《公司法》第二十二条关于"股东会或者股东大会、董事会的会议召集程序、表决方式违反法律、行政法规或者公司章程,或者决议内容违反公司章程的,股东可以自决议作出之日起六十日内,请求人民法院撤销"的规定,是针对实际召开的公司股东会议及其作出的会议决议作出的规定,即在此情况下股东必须在股东会议决议作出之日起六十日内请求人民法院撤销,逾期则不予支持。而对于上述虚构的股东会议及其决议,只要其他股东在知道或者应当知道自己的股东权利被侵犯后,在法律规定的诉讼时效内提起诉讼,人民法院即应依法受理,不受修订后《公司法》第二十二条关于股东申请撤销股东会决议的六十日期限的规定限制。

【股东会召集程序瑕疵并不必然导致决议被撤销】

陈献新与上海国电实业有限公司与公司有关的纠纷上诉案[上海市第二中级人民法院(2007)沪二中民三(商)终字第443号民事判决书(《人民司法·案例》2008年第12期)],原告陈献新之妻叶娥瑛于12月4日签收通知,从签收次日至股东会召开日仅14日,通知时限确与公司法的规定有所不符。但从公司法关于通知时限的本义分析,其目的是保障股东有足够的时间对股东会需审议事项进行相应准备,确保股东有效行使权利。本案中,对系争股东会审议的相关事项,公司其他股东于2005年12月开始即不断提出,在原告拒绝召集股东会的情况下,通过监事召集临时股东会议的方式进行审议。因此,陈献新对审议的事项应属明知,通知时限短少1日并不影响其对审议事项进行准备,也不影响其股东权利的实际行使。从公司治理的效率原则以及股东行使权利应遵循诚信原则出发,公司法规定的通知时限,不能成为股东拒绝参加股东会议的当然理由。如陈献新认为该通知时限过短,影响其对审议事项的准备,应当向公司明示异议,并提出合理的理由。陈献新以收到通知距股东会召开之日不满15日为由,要求撤销股东会决议,不符合诚信原则。系争股东会的召集程序、表决方式及决议内容等并不违反公司章程及公司法的实质规定,原告主张撤销股东会决议的诉求缺乏依据,故判决驳回原告陈献新要求撤销第三人支金芳、王永伟、胡少华以被告上海国电实业有限公司名义于2006年12月19日形成的国电股东会(2006)第1号、第2号、第3号股东会决议的诉讼请求。

【董事会决议在召集程序、表决方式等方面存在瑕疵,不能体现公司的团体意志,应予撤销】

淄博市临淄区公有资产经营公司诉山东齐鲁乙烯化工股份有限公司等股东请求撤销董事会决议案[山东省淄博市中级人民法院(2007)淄民四终字第33号民事判决书],齐鲁乙烯董事会共有七名董事:马福祥、蒋晋辉、蒋华明、盛学军、罗敏、王建、杨滨川。马福祥任董事长。2006年6月5日,蒋华明、盛学军、罗敏召开临时董事会的提议并没有提交给董事长马福祥,6月12日的临时董事会会议通知也没有通知到马福祥及董事王建参加,使董事长马福祥和董事王建不能行使表决权,显然违背了《公司法》及《山东齐鲁乙烯化工股份有限公司章程》的规定。而且根据公司章程的规定,董事会会议通知应当包括事由和议题。但此次会议通知中只注明会议议题是:规范公司管理,改善公司现状。对于董事会决议中拟作出的成立公司清产核资工作组及更换董事长等对公司有重大影响的事项均未涉及。杨滨川董事回函以此次会议无董事长签名、无明确议题,以及蒋华明、盛学军、罗敏三人无权召开董事会为由拒绝参加,对于杨滨川董事对这次会议的质问会议主持人盛学军没有作出任何解释。而且杨滨川是2006年6月12日在淄博收到会议通知,2006年6月14日会议就在重庆召开,完全没有给杨滨川准备的时间,再加上会议通知中丝毫没有涉及会议内容,这实际上是不正当地剥夺了杨滨川董事对这次会议的表决权。根据公司章程规定,公司总经理、财务总监、监事应列席董事会会议。此次董事会决议作出的内容对公司的发展生存都有着重大影响,却没有通知其总经理、监事参加显然与公司利益不符。而且此次临时董事会会议只有盛学军、罗敏出席,蒋晋辉、蒋华明授权委托盛学军代为行使表决权,但蒋华明的授权委托书中未注明具体的授权范围,没有对董事会决议事项真实充分表达自己的意见,因此盛学军代其行使的表决权存在重大瑕疵。综上所述,本院认为,2006年6月14日齐鲁乙烯董事盛学军、罗敏作出的董事会决议在会议召集程序、表决方式等方面存在瑕疵,与《公司法》及《山东齐鲁乙烯化工股份有限公司章程》的规定及精神相违背,与公司利益不符,其所作出的决议不能体现公司的团体意志,属于对董事个人表决权的滥用,应予撤销。

【当事人不能以董事会决议违反《上市公司章程指引》为由,请求法院确认无效或撤销决议】

鲁建明诉上海轻工机械股份有限公司要求撤销董事会决议案[上海市第二中级人民法院2006年12月26日民事判决书],根据国家现行法律规定,判断公司董事会决议是否有效，应以法律、行政法规及公司章程为依据，而上诉人所称的《上市公司章程指引》不属法律或行政法规的范畴。被上诉人第四届第十三次董事会决议中，未提及董事候选人施某曾在上海尔迪集团有限公司任职的工作经历，以及施某与被上诉人法定代表人之间的身份关系，并未违反现行法律、行政法规及被上诉人公司章程的规定，故该决议应为有效。且在被上诉人2003年、2005年年度报告中，对施某的上述工作经历均已列明，两份年度报告已在上海证券交易所备案，并在《上海证券报》及上海证券交易网站上登载，不存在隐瞒的故意。原审法院就当事人提供的证据，与上海证券交易所网站上备案材料加以核实认定，无违法或不当之处。上诉人援引的通知规定上市公司应当在通知发出后第一次股东大会上，对其公司章程作出相应修改。而系争董事会决议作出时，被上诉人尚未召开股东大会，未及修改公司章程，故该决议适用被上诉人2005年公司章程并无不当。

【公司根据违反章程的股东会决议已办理变更登记的，股东可以要求撤销】

高忠林诉兴化市大营自来水公司等要求撤销股东会议议案［江苏省泰州市中级人民法院2006年12月11日民事判决书］，一审法院经审理认为，大营自来水公司未按兴化市人民法院（2005）兴民二初字第100号民事判决书主文第一项履行召集股东会义务时，郑剑作为该案的原告向兴化市人民法院申请执行，兴化市人民法院执行局于2005年11月9日通知大营自来水公司，要求该公司在接到通知之日起5日内按公司章程规定召集股东会，并将合法有效的股东会决议呈报本院，否则，将由申请人召集股东会。徐某遂以大营自来水公司法定代表人的身份，于2005年11月14日向各股东发出召开股东会的通知，决定2006年1月10日上午9时在公司办公室召开全体股东会议。而郑剑在2005年11月5日向股东发出召开股东会的通知，会议召开的时间为2005年11月21日。郑剑主持了2005年11月21日的股东会。在高忠林未参会，徐某未签名的情况下，股东会决议选举郑剑为公司执行董事。郑剑主持召开这次股东会，其尚无证据证明已得到兴化市人民法院同意。该案在申请执行过程中，大营自来水公司的执行董事仍为徐某，兴化市人民法院的执行通知书是要求大营自来水公司召集和主持股东会。只有在徐某不按兴化市人民法院通知书要求履行召集股东会职责的情况下，郑剑作为公司代表1/10以上表决权的股东，才可以自行召集和主持。此外，郑剑在2005年11月21日的股东会上表明其受让的王某的3.3万元股份的表决权，在本次会议上暂不主张，郑剑此时的股权份额为60%。根据大营自来水公司2000年11月9日的公司章程第42条的规定，该股东会决议未经代表2/3以上表决权的股东通过，也未有股东高忠林和徐某的签名、盖章，其表决程序也违反了公司章程的规定。

【冒用相关股东的名义签署股东会决议，相关股东可申请撤销该决议】

周海军诉北京世纪星碟文化传播有限公司确认股东会决议效力案［北京市第二中级人民法院（2005）二中民终字第3262号民事判决书］，股东资格的认定应以工商登记备案的股东名册为依据，对于名义股东资格的认定除工商登记备案为依据外，还可由股东之间明确约定。股东会议决议涉及名义股东的股权转让事宜的也应征得名义股东同意，否则股东会决议内容因违反法律和公司章程无效。

2003年11月2日形成的世纪星碟公司《股东会决议》，内容为：以电话方式通知全体股东到会参加会议；全体股东一致同意周海军将其所持股份转让给孙毅刚，并一致通过新的公司章程。决议上"全体股东签字"处签有周海军的姓名。但周海军本人根本没有参加该股东会，也未在《股东会决议》上签字，其否认委托他人参会并代为签字。而星碟公司并未举证证明周海军曾授权他人代参加股东会并代为在《股东会决议》上签字或周海军曾同意该决议中的内容。因此被世纪星碟公司用作办理工商变更登记手续的该《股东会决议》实为冒用周海军名义所形成，内容上不真实，有违相关法律规定，应属无效。本院对周海军的诉讼请求予以支持。世纪星碟公司设立之时，周海军是否实际出资、是否具备股东资格，均不足以改变上述有关转股内容的《股东会决议》的无效性。本院对世纪星碟公司的答辩不予支持。依据《公司法》第四十四条、第二百零六条之规定，判决：2003年11月2日形成的北京世纪星碟文化传播有限公司《股东会决议》无效。

【在法人股东未提出异议的前提下，法人董事会召集程序有瑕疵，董事会决议是否有效】

某装饰公司等诉某房地产公司等确认董事会决议效力案[北京市第二中级人民法院(2005)二中民终字第1127号民事判决书]，柳芳苑公司共有9名董事，2004年5月27日董事会决议有7名董事参加并签字确认，符合公司原章程规定的生效要件。魏某某上诉称董事会召开程序上有瑕疵，但7名参加会议的董事对此未提出异议并在决议上签字确认，该决议已经具备了董事会决议形成的实质要件，合法有效。另外，虽然公司原章程规定总经理由柏克利公司担任，而吴某某不是柏克利公司的人员，但柏克利公司在《通知函》中同意吴某某担任总经理，武志强作为柏克利公司委派的董事，也在5月27日董事会决议上签字同意吴某某担任柳芳苑公司总经理，因此5月27日董事会决议中关于“由吴某某兼任公司总经理职务”的决定是合法有效的。

柏克利公司有权委派和撤换其在柳芳苑公司董事长、董事、总经理；2003年8月23日，柏克利公司向柳芳苑公司全体股东和董事会成员发出《通知函》，未违反公司章程规定，合法有效；董事会根据柏克利公司《通知函》的要求召开董事会会议，所形成的关于免去魏某某董事及董事长职务的决议内容并没有违反公司章程的规定，是合法有效的。

【超越董事会职权范围的董事会决议，是无效的】

四川艺精技术开发总公司诉四川鼎天微电有限公司股权确认案[四川省高级人民法院(2000)川经终字第203号民事判决书]，1997年2月28日，鼎艺公司第三届董事会决议，虽决定将艺精公司在鼎艺公司的320万元出资撤出转投入到微电公司，但鼎艺公司的股东大会或多数股东并未授权鼎艺公司董事会做出该决议，该董事会决议超越了董事会的职权范围，且该决议的内容违反了《公司法》关于股东在登记后，不得抽回出资及董事会应对股东会负责的有关规定，应属无效。微电公司虽曾以各种形式认可艺精公司以其在鼎艺公司的320万元出资，置换为165万元投入微电公司，占其总股本的3.3%，但鼎艺公司并未将艺精公司的320万元出资实际撤出转投入到微电公司，艺精公司亦未实际在微电公司以货币或其他形式出资。艺精公司提出鼎艺公司第三届董事会决议合法有效，鼎艺公司将其出资转投入微电公司是控股与被控股母子公司之间进行的股权结构与股东结构的调整、重组，其应占微电公司3.3%的股份并享受股东权益的上诉理由，因事实、法律依据不充足，不能成立，本院不予支持。

【董事会决议效力的司法审查】

渝发公司诉红光公司董事会决议撤销纠纷案[四川高院首次发布商事审判典型案例之六]，渝发公司和渝长公司为红光公司股东，渝发公司持股44%，渝长公司持股56%。红光公司董事会成员五名，渝长公司派三名董事，渝发公司派两名董事。红光公司第一届董事会选举由渝发公司提名的王正全为公司总经理。后红光公司召开董事会，提出罢免王正全总经理职务的议题，代表渝发公司方的两名董事随即表示反对，并离席拒绝对该项议题进行表决。剩下的三名代表渝长公司方的董事对该项议题表决，形成董事会决议“免除王正全总经理职务”，并送达渝发公司，渝发公司向法院起诉，以免除王正全经理职务理由不成立及董事会召集程序、表决方式违法为由，请求法院撤销该决议。法院认为案涉董事会决议召集程序、表决方式合法，内容未违反法律、行政法规规定，免除王正全经理职务理由系公司自治范畴，判决驳回渝发公司诉讼请求。

3. 公司决议不成立

【股东会决议上签字和盖章不真实，且未经追认，故该决议不成立】

刘驰、黑龙江省美达消防设施安装有限公司、刘梦薇、黑龙江省美达实业有限责任公司、刘玫玫公司决议不成立纠纷案[黑龙江省哈尔滨市中级人民法院(2017)黑01民终4245号民事判决书]，美达消防公司系有限责任公司，故其股东会的召开应符合《公司法》及公司《章程》相应的规定。本案中，美达消防公司于2015年9月7日形成的两份“股东会决议”中，苏某某的签字及美达实业公司的公章经司法鉴定确认不真实，苏某某及美达实业公司在事后亦未对该两份决议进行追认，据此，可以说明美达消防公司于2015年9月7日召开的

“股东会”以及作出的免去刘跃法定代表人职务、选举刘玫玫为法定代表人及转让美达实业公司、苏某某股权等事项的股东会决议的事实不存在，故上述股东会决议不成立，对苏某某、美达实业公司及刘跃不产生法律效力。

【导致决议不成立的“其他情形”】

［上海一中院、上海浦东法院联合发布自贸区司法保障十大典型案例之三：华某诉S公司公司决议纠纷案］，《公司法》中规定的“减少注册资本”应当仅仅指公司注册资本的减少，而并非涵盖减资后股权在各股东之间的分配。股权是股东享受公司权益、承担义务的基础，定向减资会直接突破公司设立时的股权分配情况，如只需经三分之二以上表决权的股东通过即可做出不同比减资决议，实际上是以多数决形式改变公司设立时经发起人一致决所形成的股权架构。同时，经查明S公司已出现严重亏损状况。在定向减资后，华某持股比例的增加，在实质上增加了华某作为股东对外所承担的风险，在一定程度上损害了华某的股东利益。涉案股东会决议第一、三、四项符合《公司法司法解释（四）》第五条第（五）项“导致决议不成立的其他情形”的规定。S公司处于持续亏损状况，如果允许S公司向A公司返还500万元投资款，将导致公司的资产大规模减少，损害了公司的财产和信用基础，也损害了公司其他股东和公司债权人的利益。因此，华某主张涉案股东会决议的第二项无效具有事实和法律依据。故判决撤销一审判决，确认涉案股东会决议的第一、三、四项不成立，第二项无效。

【控股股东不召开股东会即签署的股东会决议不成立】

［王某与甲公司等公司解散纠纷案（江苏法院公司审判十大案例之六）］，表决权达到决议通过要求的控股股东不召开股东会即签署股东会决议的行为，属于滥用资本多数决原则的行为，司法应予规制。相应的股东会决议不符合法定的形成程序要求，应当认定为不成立。

案情简介

甲公司设立于2008年，注册资本100万元，发起人为两位自然人，其中朱某持股65%、王某持股35%。公司章程规定，股东会会议应对所议事项作出决议，决议由代表二分之一以上表决权的股东表决通过即生效；但股东会对公司重大事项所作出的决定，必须由代表三分之二以上表决权的股东表决通过才能生效。经营中，两股东产生矛盾，甲公司从2009年开始未再召开过股东会。2010年，王某起诉要求解散公司。诉讼中，关于公司解散的条件之一即股东会机制有无失灵的问题，各方产生争议。王某认为，公司多年无法召开股东会，股东会机制长期失灵，属于公司经营管理发生严重困难的情形。而甲公司、朱某则认为，根据章程规定，除增资、解散等重大事项外，一般事项的决议仅需代表二分之一以上表决权的股东表决通过即可生效；公司仅有两位股东，朱某持股65%，所代表的表决权已超过二分之一，故即使某不参加股东会，不作出任何表决，也不会影响公司的正常管理运作，另一股东仍可以召开股东会或临时股东会作出有效股东会决议。鉴于两股东的持股比例以及章程规定的议事规则，两股东之间不会形成有效对抗，股东矛盾并未引发公司决策机制失灵。

法院生效判决认为，根据《公司法》第三十七条第二款的规定，只有在股东对股东会所议事项以书面形式一致表示同意的情形下，才可以不召开股东会会议，直接作出决定，并由全体股东在决定文件上签名、盖章。进言之，只要股东之间对股东会所议事项存在争议，就必须依法召开股东会。不召开股东会会议即就应由股东会所议事项作出决定，违反法律规定。朱某虽是甲公司的大股东，但其不通过股东会这一平台依法行使股东权，其意志无法仍无法上升为公司的意志，其直接签署的股东会决议不成立，对其他股东没有约束力。在此基础上，结合其他事实，法院判决解散甲公司。

案例意义

资本多数决原则使控股股东天然地对公司具有更大的影响力，一旦持股比例达到决议通过要求，这种影响便具有决定性。这也使控股股东常常基于自身的优势而对小股东的权利不重视甚至漠视。股东会会议中绝对地否定、忽视小股东的观点，甚至不再召开股东会即签署股东会决议的情形，也并不罕见。

通过本案例需要澄清的是，对于表决权达到决议通过要求的控股股东不召开股东会即签署的股东会决议,应当认定为不成立。(1)股东会决议的形成有法定程序要求。根据《公司法》第三十七条第二款的规定,只有在股东对股东会所议事项以书面形式一致表示同意的情形下,才可以不召开股东会,直接作出决定,并由全体股东在决议文件上签名、盖章。换言之,只要股东之间对股东会所议事项存在争议,就必须依法召开股东会;不召开股东会就对应由股东会所议事项作出决定,明显违反法律规定。(2)资本多数决原则的适用并非没有边界。控股股东不召开股东会即签署股东会决议的做法,超越了资本多数决原则的合法适用范围,属于滥用资本多数决的行为。司法如果不予规制,则将架空公司法对公司内部治理的制度设计。(3)应正确理解股东会设置的内在价值。股东会是股东行使股东权的平台,股东通过行使表决权对待议事项作出自己的意思决定,众股东分散之意思决定通过表决权规则汇集形成集体意志,转化为公司意思。不通过股东会这一平台,包括控股股东在内的任何一个股东的意志均无法上升为公司意志。而且,股东会不仅是单纯的表决平台,亦是聚合集体智慧的沟通平台,通过股东会上的辩论、沟通,完全可能出现小股东说服大股东改变其原有计划的情形。

第二章　有限责任公司的设立和组织机构

第一节　设　立

第二十三条 【有限责任公司的设立条件】 设立有限责任公司,应当具备下列条件:

(一)股东符合法定人数;

(二)有符合公司章程规定的全体股东认缴的出资额;

(三)股东共同制定公司章程;

(四)有公司名称,建立符合有限责任公司要求的组织机构;

(五)有公司住所。

第二十四条 【股东人数】 有限责任公司由五十个以下股东出资设立。

第二十五条 【公司章程内容】 有限责任公司章程应当载明下列事项:

(一)公司名称和住所;

(二)公司经营范围;

(三)公司注册资本;

(四)股东的姓名或者名称;

(五)股东的出资方式、出资额和出资时间;

(六)公司的机构及其产生办法、职权、议事规则;

(七)公司法定代表人;

(八)股东会会议认为需要规定的其他事项。

股东应当在公司章程上签名、盖章。

一、相关文件规定

《公司注册资本登记管理规定》（自2014年3月1日起施行），对于注册资本登载于公司章程等内容，规定如下：

第九条 公司的注册资本由公司章程规定，登记机关按照公司章程规定予以登记。

以募集方式设立的股份有限公司的注册资本应当经验资机构验资。

公司注册资本发生变化，应当修改公司章程并向公司登记机关依法申请办理变更登记。

……

第十四条 股东出资额或者发起人认购股份、出资时间及方式由公司章程规定。发生变化的，应当修改公司章程并向公司登记机关依法申请办理公司章程或者公司章程修正案备案。

二、相关案例

【公司章程上的股东签名盖章应当是其本人的真实意思表示】

肖燕诉昆明市工商行政管理局对昆明游乐机械厂改制为昆明培荣工贸有限公司案［云南省昆明市官渡区人民法院（2000）官行初字第14号行政判决书］，依据公司法的规定，公司章程等文件应当由全体股东或发起人盖章、签名。原告认为除了会议纪要上的签名是自己所签的外，其他文件均不是自己的签名，是肖某等人伪造的。关于载有“……凡申请时需要签名的一切文书、申请表、报表、各种报告及对外合同等，均由已推为执行董事的肖某全权代理签字。……”的《委托书》，其内容违反了法律规定，即将依法必须由股东本人签名的文件委托给他人签署；其形式上应当由委托人本人签名以反映其真实意思表示，但《委托书》上仅盖有为肖某所控制的原告的私人印鉴，且原告本人否认有该委托行为。因而该份《委托书》无效。

第二十六条 【注册资本】 有限责任公司的注册资本为在公司登记机关登记的全体股东认缴的出资额。

法律、行政法规以及国务院决定对有限责任公司注册资本实缴、注册资本最低限额另有规定的，从其规定。

相关文件规定

《国务院关于印发注册资本登记制度改革方案的通知》（国发〔2014〕7号）对注册资本登记制度改革，规定如下：

一、改革工商登记制度，推进工商注册制度便利化，是党中央、国务院作出的重大决策。改革注册资本登记制度，是深入贯彻党的十八大和十八届二中、三中全会精神，在新形势下全面深化改革的重大举措，对加快政府职能转变、创新政府监管方式、建立公平开放透明的市场规则、保障创业创新，具有重要意义。

二、改革注册资本登记制度涉及面广、政策性强，各级人民政府要加强组织领导，统筹协调解决改革中的具体问题。各地区、各部门要密切配合，加快制定完善配套措施。工商行政管理机关要优化流程、完善制度，确保改革前后管理工作平稳过渡。要强化企业自我管理、行业协会自律和社会组织监督的作用，提高市场监管水平，切实让这项改革举措“落地生根”，进一步释放改革红利，激发创业活力，催生发展新动力。

三、根据全国人民代表大会常务委员会关于修改公司法的决定和《方案》，相应修改有关行政法规和国务院决定。具体由国务院另行公布。

《方案》实施中的重大问题，工商总局要及时向国务院请示报告。

合营企业的注册资本一般应当以人民币表示，也可以用合营各方约定的外币表示。

《公司注册资本登记管理规定》(自2014年3月1日起施行),对于注册资本的含义等内容,规定如下:

第二条 有限责任公司的注册资本为在公司登记机关依法登记的全体股东认缴的出资额。

股份有限公司采取发起设立方式设立的,注册资本为在公司登记机关依法登记的全体发起人认购的股本总额。

股份有限公司采取募集设立方式设立的,注册资本为在公司登记机关依法登记的实收股本总额。

法律、行政法规以及国务院决定规定公司注册资本实行实缴的,注册资本为股东或者发起人实缴的出资额或者实收股本总额。

第三条 公司登记机关依据法律、行政法规和国家有关规定登记公司的注册资本,对符合规定的,予以登记;对不符合规定的,不予登记。

第四条 公司注册资本数额、股东或者发起人的出资时间及出资方式应当符合法律、行政法规的有关规定。

第二十七条 【出资方式】 股东可以用货币出资,也可以用实物、知识产权、土地使用权等可以用货币估价并可以依法转让的非货币财产作价出资;但是,法律、行政法规规定不得作为出资的财产除外。

对作为出资的非货币财产应当评估作价,核实财产,不得高估或者低估作价。法律、行政法规对评估作价有规定的,从其规定。

一、相关司法解释及两高工作文件

《最高人民法院关于适用〈中华人民共和国公司法〉若干问题的规定(三)(2014修正)》(法释〔2011〕3号),对于股东的出资,规定如下:

第七条 出资人以不享有处分权的财产出资,当事人之间对于出资行为效力产生争议的,人民法院可以参照物权法第一百零六条的规定予以认定。

以贪污、受贿、侵占、挪用等违法犯罪所得的货币出资后取得股权的,对违法犯罪行为予以追究、处罚时,应当采取拍卖或者变卖的方式处置其股权。

第八条 出资人以划拨土地使用权出资,或者以设定权利负担的土地使用权出资,公司、其他股东或者公司债权人主张认定出资人未履行出资义务的,人民法院应当责令当事人在指定的合理期间内办理土地变更手续或者解除权利负担;逾期未办理或者未解除的,人民法院应当认定出资人未依法全面履行出资义务。

第九条 出资人以非货币财产出资,未依法评估作价,公司、其他股东或者公司债权人请求认定出资人未履行出资义务的,人民法院应当委托具有合法资格的评估机构对该财产评估作价。评估确定的价额显著低于公司章程所定价额的,人民法院应当认定出资人未依法全面履行出资义务。

第十条 出资人以房屋、土地使用权或者需要办理权属登记的知识产权等财产出资,已经交付公司使用但未办理权属变更手续,公司、其他股东或者公司债权人主张认定出资人未履行出资义务的,人民法院应当责令当事人在指定的合理期间内办理权属变更手续;在前述期间内办理了权属变更手续的,人民法院应当认定其已经履行了出资义务;出资人主张自其实际交付财产给公司使用时享有相应股东权利的,人民法院应予支持。

出资人以前款规定的财产出资,已经办理权属变更手续但未交付给公司使用,公司或者其他股东主张其向公司交付、并在实际交付之前不享有相应股东权利的,人民法院应予支持。

第十一条 出资人以其他公司股权出资，符合下列条件的，人民法院应当认定出资人已履行出资义务：

（一）出资的股权由出资人合法持有并依法可以转让；

（二）出资的股权无权利瑕疵或者权利负担；

（三）出资人已履行关于股权转让的法定手续；

（四）出资的股权已依法进行了价值评估。

股权出资不符合前款第（一）、（二）、（三）项的规定，公司、其他股东或者公司债权人请求认定出资人未履行出资义务的，人民法院应当责令该出资人在指定的合理期间内采取补正措施，以符合上述条件；逾期未补正的，人民法院应当认定其未依法全面履行出资义务。

股权出资不符合本条第一款第（四）项的规定，公司、其他股东或者公司债权人请求认定出资人未履行出资义务的，人民法院应当按照本规定第九条的规定处理。

《最高人民法院关于审理中央级财政资金转为部分中央企业国家资本金有关纠纷案件的通知》（法［2012］295号）（简称"通知"）对中央级财政资金转为部分中央企业国家资本金的纠纷问题，规定如下：

一、有关中央企业就《通知》所涉中央级财政资金转为国家资本金引发的确认公司或企业出资人权益、返还资金等纠纷提起民事诉讼的，人民法院应予受理。《通知》发布前人民法院已经受理的相关案件，人民法院可以继续审理。

有关中央企业请求返还资金案件的案由为资金返还纠纷。

二、《通知》发布前，当事人之间就确认公司或企业出资人权益、资金返还等达成的协议，不违反国家相关政策规定的，其效力应予认可。

三、除人民法院已经受理的案件外，有关中央企业返还资金请求权的诉讼时效期间自《通知》第五条规定的期限届满之日起算。

当事人主张确认公司或企业出资人权益请求权不适用诉讼时效的规定。

四、有关中央企业请求用资企业返还资金，并请求按照银行同时期同档次贷款基准利率自《通知》第五条规定的期限届满之日起计付利息的，人民法院应予支持。

五、本通知发布前尚未审结的一、二审案件适用本通知；本通知发布前已经审结的案件，当事人申请再审或按审判监督程序提起再审的案件，不适用本通知。但依照最高人民法院《关于因政府调整划转企业国有资产引起的纠纷是否受理问题的批复》（法复［1996］4号）的规定或者以相关政策不明确为由，作出不予受理或者驳回起诉裁定的案件除外。

《最高人民法院关于审理与企业改制相关的民事纠纷案件若干问题的规定》（法释［2003］1号）（自2003年2月1日起施行），对于自愿性债权转股权，规定如下：

第十四条 债权人与债务人自愿达成债权转股权协议，且不违反法律和行政法规强制性规定的，人民法院在审理相关的民事纠纷案件中，应当确认债权转股权协议有效。

政策性债权转股权，按照国务院有关部门的规定处理。

第十五条 债务人以隐瞒企业资产或者虚列企业资产为手段，骗取债权人与其签订债权转股权协议，债权人在法定期间内行使撤销权的，人民法院应当予以支持。

债权转股权协议被撤销后，债权人有权要求债务人清偿债务。

第十六条 部分债权人进行债权转股权的行为，不影响其他债权人向债务人主张债权。

二、相关文件规定

《公司注册资本登记管理规定》（自2014年3月1日起施行），对于出资方式等内容，规定如下：

第五条 股东或者发起人可以用货币出资，也可以用实物、知识产权、土地使用权等可以用货币估价并可以依法转让的非货币财产作价出资。

股东或者发起人不得以劳务、信用、自然人姓名、商誉、特许经营权或者设定担保的财产等作价出资。

第六条 股东或者发起人可以以其持有的在中国境内设立的公司(以下称股权所在公司)股权出资。

以股权出资的,该股权应当权属清楚、权能完整、依法可以转让。

具有下列情形的股权不得用作出资:

(一)已被设立质权;

(二)股权所在公司章程约定不得转让;

(三)法律、行政法规或者国务院决定规定,股权所在公司股东转让股权应当报经批准而未经批准;

(四)法律、行政法规或者国务院决定规定不得转让的其他情形。

第七条 债权人可以将其依法享有的对在中国境内设立的公司的债权,转为公司股权。

转为公司股权的债权应当符合下列情形之一:

(一)债权人已经履行债权所对应的合同义务,且不违反法律、行政法规、国务院决定或者公司章程的禁止性规定;

(二)经人民法院生效裁判或者仲裁机构裁决确认;

(三)公司破产重整或者和解期间,列入经人民法院批准的重整计划或者裁定认可的和解协议。

用以转为公司股权的债权有两个以上债权人的,债权人对债权应当已经作出分割。

债权转为公司股权的,公司应当增加注册资本。

第八条 股东或者发起人应当以自己的名义出资。

《商务部关于涉及外商投资企业股权出资的暂行规定》(自 2012 年 10 月 22 日起施行)对外商投资企业股权出资的事项,规定如下:

第一条 为规范涉及外商投资企业的股权出资行为,提高投资便利化水平,促进外国投资者来华投资,根据中华人民共和国外商投资法律、《公司法》以及相关行政法规的规定,制定本规定。

第二条 境内外投资者(以下统称股权出资人)以其持有的中国境内企业(以下统称股权企业)的股权作为出资,设立及变更外商投资企业(以下统称被投资企业)的行为适用本规定,包括:

(一)以新设公司形式设立外商投资企业;

(二)增资使非外商投资企业变更为外商投资企业;

(三)增资使外商投资企业股权发生变更。

以上所称企业是指在中国境内依法设立的有限责任公司或股份有限公司。

第三条 本规定所称审批机关为中华人民共和国商务部或地方商务主管部门。

投资者以股权出资设立及变更外商投资企业,除按照有关外商投资审批管理规定由商务部批准的之外,其余由被投资企业所在省、自治区、直辖市和计划单列市的商务主管部门(以下简称省级审批机关)负责批准。

第四条 用作出资的股权应当权属清晰、权能完整,依法可以转让;股权企业为外商投资企业的,该企业应依法批准设立,符合外商投资产业政策。

属于以下情形的,股权不得用于出资:

(一)股权企业的注册资本未缴足;

(二)股权已被设立质权;

(三)股权已被依法冻结;

(四)股权企业章程(合同)约定不得转让的股权;

(五)未按规定参加或未通过上一年度外商投资企业联合年检的外商投资企业的股权;

(六)房地产企业、外商投资性公司、外商投资创业(股权)投资企业的股权;

(七)法律、行政法规或者国务院决定规定股权转让应当报经批准而未经批准;

(八)法律、行政法规或者国务院决定规定不得转让的其他情形。

第五条 股权出资后，被投资企业和股权企业及其直接或间接持股企业应符合《指导外商投资方向规定》、《外商投资产业指导目录》以及其他外商投资相关规定；不符合有关规定的，应在申报股权出资之前剥离相关资产、业务或转让股权。境内外投资者不得以股权出资方式规避外商投资管理。

第六条 用作出资的股权应当经依法设立的境内评估机构评估。

第七条 股权出资人与被投资企业的股东或其他投资者可在股权评估的基础上协商确定股权作价金额、股权出资金额。

股权作价金额是指以上各方在股权评估基础上共同认定的用于出资股权的交易作价，股权出资金额是指股权作价金额中计入被投资企业注册资本的部分，股权出资金额不得高于股权评估值。

对于以股权作价认购被投资企业增资的，股权作价金额计入并购交易额。

第八条 被投资企业全体股东的股权出资金额和以其他非货币财产作价出资金额之和不得高于其注册资本的70%。

第九条 被投资企业为有限责任公司的，其投资总额应根据《国家工商行政管理局关于中外合资经营企业注册资本与投资总额比例的暂行规定》，按照股权出资后被投资企业的注册资本进行确定。

第十条 投资者以股权出资，应由投资者或被投资企业向审批机关提出申请，提交以下文件：

（一）股权出资申请及股权出资协议；

（二）股权出资人合法持有用作出资股权的证明；

（三）股权企业《企业法人营业执照》（复印件）；

（四）股权企业为外商投资企业的，应提交《外商投资企业批准证书》及复印件，通过外商投资企业联合年检的相关证明；

（五）评估机构的股权评估报告；

（六）律师事务所及其委派的律师就本规定第四条、第五条内容出具的法律意见书；

（七）依照外商投资法律、行政法规和规章应当报送的其他关于外商投资企业设立或变更的文件；

（八）法律、行政法规或者国务院决定规定股权企业股东转让股权须报经批准的，需提交相关批准文件；

（九）审批机关要求提交的其他文件。

第十一条 被投资企业的审批机关依法决定批准或不予批准。予以批准的，由审批机关颁发或换发《外商投资企业批准证书》（在备注栏加注“股权出资未缴付”）。

股权企业为外商投资企业，且与被投资企业分由不同审批机关批准的，被投资企业的审批机关应征求股权企业所在地省级审批机关意见，股权企业所在地省级审批机关应在收到征求意见函后20个工作日内回复意见；逾期不答复的，视为同意。

第十二条 股权出资经被投资企业的审批机关批准后，股权企业为非外商投资企业的，股权企业应凭被投资企业加注的《外商投资企业批准证书》，按照《关于外商投资企业境内投资的暂行规定》及其他有关规定办理备案或审批手续，申请将用作出资的股权的持有人变更为被投资企业。

第十三条 股权出资经被投资企业的审批机关批准后，股权企业为外商投资企业的，按以下情形办理：

股权出资后，若股权企业股东中仍有外国投资者（含外商投资性公司、外商投资创业（股权）投资企业或以投资为主要业务的外商投资合伙企业），该股权企业应凭被投资企业加注的《外商投资企业批准证书》，按照《外商投资企业投资者股权变更的若干规定》向具有相应权限的审批机关申请将用作出资的股权的持有人变更为被投资企业。

股权出资后，若股权企业股东中无外国投资者（含外商投资性公司、外商投资创业（股权)投资企业或以投资为主要业务的外商投资合伙企业),该股权企业应凭被投资企业加注的《外商投资企业批准证书》,按照《外商投资企业投资者股权变更的若干规定》和《关于外商投资企业境内投资的暂行规定》办理有关审批或备案手续,向审批机关缴销或变更其《外商投资企业批准证书》。

第十四条 股权企业在完成上述变更后,应按照国家有关规定向所在地工商、税务、海关、外汇管理等有关部门办理变更登记。

用作出资的股权已在证券登记结算机构登记的,股权企业应当按照有关规定向证券交易所和证券登记结算机构办理股份转让和过户登记手续。

第十五条 股权企业完成上述变更后,被投资企业应凭以下文件向审批机关申请换发《外商投资企业批准证书》(在备注栏加注“股权出资已缴付”字样)。

(一)股权企业股权变更的说明;

(二)股权企业股权变更后的《企业法人营业执照》及复印件;

(三)经依法设立的验资机构出具的股权出资验资证明;

(四)股权企业在股权变更后仍为外商投资企业的,还应提交变更后的《外商投资企业批准证书》及复印件;

(五)股权企业为非外商投资企业但其经营范围涉及《外商投资产业指导目录》限制类领域的,还应提交省级审批机关关于外商投资企业境内再投资的批复文件。

第十六条 涉及境内上市公司的股权出资应符合国家证券监管、证券交易、证券登记结算等有关规定。

外国投资者以股权企业的股权作为对价参与境内上市公司定向发行或协议转让股份,应同时适用《外国投资者对上市公司战略投资管理办法》。商务部按照有关规定出具原则批复函,股权企业可按照本规定第十二条、第十三条的规定,凭原则批复函办理股权企业的备案、审批等变更手续,以及办理定向发行或协议转让手续。在交易完成后,上市公司到商务部领取《外商投资企业批准证书》,并凭该批准证书到工商行政管理部门办理变更登记。

第十七条 股权出资被投资企业的审批机关应将批准文件分别抄送被投资企业所在地工商、税务、海关、外汇等部门;股权出资人为境内投资者的,应抄送股权出资人所在地的税务主管部门。

第十八条 在办理被投资企业外债登记和进口免税额度时,应以被投资企业扣除股权出资部分的注册资本所确定的投资总额进行核定。

第十九条 股权出资应当符合国家有关税收管理的规定。

第二十条 股权出资涉及企业国有产权和上市公司国有股权管理事项的,应当遵守国有资产管理的相关规定。

第二十一条 验资机构在出具验资证明时,应向被投资企业所在地外汇管理部门进行验资询证。

第二十二条 股权出资涉及《国务院办公厅关于建立外国投资者并购境内企业安全审查制度的通知》规定的有关情形的,应由外国投资者按照相关规定提出并购安全审查申请。

股权出资属于外国投资者并购境内企业情形的,除适用本规定外,还应遵守《关于外国投资者并购境内企业的规定》。

第二十三条 涉及外商投资性公司的股权出资应符合外商投资举办投资性公司的相关规定。

第二十四条 境内投资者以外商投资企业的股权向内资企业出资的,应符合本规定第四条关于股权出资条件的规定。

第二十五条 外国投资者以境内企业的股权作为对价换取其他投资者持有的境内企业股权,应参照本规定关于股权出资条件、股权评估等有关规定,并遵守《外商投资企业投资者股权变更的若干规定》、《关于外国投资者并购境内企业的规定》等规定。

第二十六条 涉及台港澳侨投资企业的股权出资行为参照本规定管理。

第二十七条 本规定由商务部负责解释。

第二十八条 本规定自2012年10月22日起实施。

《财政部、国家工商行政管理总局关于加强以非货币财产出资的评估管理若干问题的通知》（财企[2009]46号），对于以非货币财产出资评估管理有关事项，通知如下：

一、有下列情形之一的，应当进行资产评估：

（一）投资人以非货币财产出资的；

（二）在验资或申请工商登记时，验资机构或投资人发现用作出资的非货币财产与评估基准日时的资产状态、使用方式、市场环境等方面发生显著变化，或者由于评估假设已发生重大变化，可能导致资产价值发生重大变化的；

（三）法律、行政法规规定的其他需要进行资产评估的事项。

二、以非货币财产出资评估，投资人应当委托依法设立的资产评估机构进行。

三、以非货币财产出资的投资人，应当对所提供的非货币财产的真实性、合法性承担责任。

四、资产评估机构从事以非货币财产出资评估业务时，应当严格遵循有关的资产评估准则和规范，并对评估结论的合理性承担法律责任。

资产评估机构在执行以非货币财产出资评估业务时，可以聘请相关专业的专家协助工作，但不能因此减轻或免除资产评估机构及注册资产评估师应当承担的法律责任。

五、资产评估机构应当遵循独立、客观、公正的原则，不得迎合委托方要求出具虚假的评估报告，不得以给予"回扣"、恶性压价等不正当竞争方式承揽以非货币财产出资评估业务。

六、投资人及其他任何单位和个人不得干预以非货币财产出资的评估业务和评估结果，相关专业的专家在协助资产评估机构执业时，应当只对评估对象的技术状况发表专业意见，不得对评估报告及评估结果是否合理发表意见。

七、财政、工商管理部门应当建立信息通报机制，对以非货币财产出资的投资人和从事以非货币财产出资评估业务的资产评估机构违反上述规定的，应当按国家有关规定进行处理。

八、中国资产评估协会应当加强行业自律和专业指导工作，建立相关专业的专家库，建立并完善相关的诚信信息档案和数据库，为以非货币财产出资评估创建必要的平台，以提高资产评估的执业质量、行业公信力和影响力。

《财政部、国土资源部关于印发〈以折股方式缴纳探矿权采矿权价款管理办法（试行）〉的通知》（财建[2006]695号），对于以折股方式缴纳探矿权采矿权价款，规定如下：

第一章 总 则

第一条 为维护资源性资产国家所有权益，加强和规范以折股方式缴纳探矿权、采矿权价款的管理，根据《国务院关于同意深化煤炭资源有偿使用制度改革试点实施方案的批复》（国函[2006]102号）和《财政部国土资源部关于深化探矿权采矿权有偿取得制度改革有关问题的通知》（财建[2006]694号）的有关规定，制定本办法。

第二条 本办法所称以折股方式缴纳探矿权、采矿权价款，是指探矿权、采矿权人以资金方式向国家缴纳探矿权、采矿权价款确有困难的，本着自愿原则，报经批准后部分或全部以股份方式缴纳。折股股份按应缴价款占探矿权、采矿权人净资产的比例计算。

第三条 本办法适用于划归中央地质勘查基金（以下简称中央地勘基金）持有的以折股方式缴纳探矿权、采矿权价款所形成股权的管理。

第二章 申请和审批

第四条 符合以折股方式缴纳探矿权、采矿权价款条件的，探矿权、采矿权人可以按照探矿权、采矿权审批登记管理权限提出申请。其中属于中央审批登记的，探矿权、采矿权人可通过主管部门或直接向财政部和国土资源部申请；属于地方审批登记的，探矿权、采矿权人可通过所在地省级财政部门和国土资源管理部门向财政部和国土资源部提出申请。

已经财政部和国土资源部批准探矿权、采矿权价款转增为国家资本金的，如选择以折股方式缴纳，可按原批准渠道提出申请。

第五条 以折股方式缴纳探矿权、采矿权价款的申请材料一式两份，主送财政部，抄送国土资源部。申请材料包括：

（一）申请以折股方式缴纳探矿权、采矿权价款的正式文件。

（二）探矿权、采矿权人所持有的有效期内的勘查许可证、采矿许可证复印件。

（三）探矿权、采矿权评估结果确认、核准或备案文件以及评估报告。

（四）符合规定条件的证明材料。

（五）探矿权、采矿权人的出资人同意探矿权、采矿权价款以折股形式缴纳并划归中央地勘基金持有的证明材料，其中国有独资企业的证明材料由履行出资人职责的国有资产监督管理机构出具；有限责任公司和股份有限公司的证明材料由董事会、股东会或股东大会出具。

（六）探矿权、采矿权价款以折股形式缴纳后探矿权、采矿权人股权结构及比例变化方案。

（七）经有资格的会计师事务所审计的上年度财务会计报表。

（八）探矿权、采矿权人的营业执照、产权登记证及公司章程等复印件。

（九）财政部、国土资源部要求的其他有关材料。

第六条 对符合以折股方式缴纳探矿权、采矿权价款条件且材料齐备的，由财政部会同国土资源部依据各自职责予以审核并联合批复。

第三章 股权的确权及管理

第七条 探矿权、采矿权人自接到财政部会同国土资源部联合批复同意以折股方式缴纳探矿权、采矿权价款的文件后，应当按照《公司法》等有关法律法规的规定主动与中央地勘基金管理机构联系，及时办理公司章程修改、产权变更登记及账务处理等相关事项。

第八条 中央地勘基金管理机构应当按照国家有关规定向以折股方式缴纳探矿权、采矿权价款的企业选派人员进入董事会或股东会，并依法履行职责。对由董事会、股东会决策的重大事项，在意见表决前中央地勘基金管理机构须向财政部、国土资源部请示后决策。

第九条 中央地勘基金管理机构根据财政部和国土资源部的指令，负责办理所持有的股权转让及收益分配等具体工作。

第十条 中央地勘基金所持有的股权收益（包括分红、变现收入等），全部用于补充中央地勘基金。

第四章 附 则

第十一条 本办法由财政部会同国土资源部负责解释。

第十二条 本办法自发布之日起实施。

三、相关案例

【将技术“应用于”公司的表述，是合作方式的约定，不是对出资义务的约定】

山东碳为石墨烯科技有限公司与北京碳世纪科技有限公司股东出资纠纷案［北京市第二中级人民法院（2018）京02民终7803号民事判决书］，本案的焦点是碳世纪公司是否负有技术出资的义务。按照法律规定，股东可以用货币出资，也可以用实物、知识产权、土地使用权等可以用货币估价并可以依法转让的非货币财产作价出资。股东出资应当符合法律规定和公司章程的约定。虽然王为刚与碳世纪公司为设立碳为公司而签订的《合作协议书》中“出资方式”项下约定“碳世纪公司将其专有的技术应用于新公司”，但“应用于”字面意思并不是法律上的技术出资同时双方《合作协议书》第四条双方职责约定中对碳世纪公司责任的约定也没有技术出资的意思表示，结合双方后续实际经营运行情况，本院认为，此项约定应该理解为双方在商定进行合作时对双方资源的一种协调分配，是一种合作方式的约定，并不是对碳世纪公司出资义务的约定。

【划拨土地使用权出资纠纷的处理】

海南三亚国家级珊瑚礁自然保护区管理处与周春梅等股东出资纠纷再审案［最高人民

法院(2016)最高法民再87号民事判决书]，划拨土地使用权由土地行政部门通过行政划拨行为创设，一般均为无偿取得，法律规定划拨的土地使用权只能用于划拨用途，不能擅自进入市场流通。但在司法实践中，如出资人已将划拨土地使用权出资设立公司，工商行政管理部门已经办理了公司登记，公司和履约股东要求以划拨土地使用权出资人履行出资义务时，人民法院在诉讼过程中应根据《公司法司法解释(三)》第八条的规定，责令当事人在指定的合理期间内办理土地变更手续。已经实际补正的，人民法院可以认定当事人以划拨土地使用权出资的效力；逾期未办理的，应当认定出资人未依法全面履行出资义务。

【外商将在大陆赚取的利润直接追加投资不能自然形成股东出资】

黄经邦与海南鼎立农业开发有限公司等股东资格确认纠纷上诉案[海南省高级人民法院(2015)琼民三终字第4号判决(《人民司法·案例》2015年第18期)]，股东的持股比例不能单纯按照资金投入来确定。《公司法》第二十七条规定："股东可以用货币出资，也可以用实物、知识产权、土地使用权等可以用货币估价并可以依法转让的非货币财产作价出资"，说明股东出资形式有很多种，不仅限于货币出资这种。就本案而言，除了双方货币投入外，还有经营管理所耗时间、精力等无形的投入，这也可能就是虽然黄经邦与廖健雄曾经协商黄经邦加入鼎立公司相关事宜，鼎立公司也一度认可黄经邦的股东身份，但二人始终未能就黄经邦的持股比例达成一致的主要原因。因此，本案中不能单纯以黄经邦向鼎立公司的投入资金对比鼎立公司全部注册资本来确定黄经邦的持股比例。同时，由于双方当事人未能就持股比例这一合同关键条款达成合意，属于《合同法》第十二条规定的合同必备条款的缺失。而且，公司的往来款有很多种，虽然黄经邦向鼎立公司有投入，但不是所有的投入和往来款均构成公司法上的出资。所以，本案未将黄经邦投入的20,436,577元认定为出资，而是允许当事人另案解决。

【对专有技术出资的认定】

上海新友水性聚氨醋有限公司诉段某某等股东出资纠纷案[上海市第一中级人民法院(2015)沪一中民四(商)终字第1759号民事判决书]，双方争议的专有技术D-O01出资是使用权出资还是所有权出资。首先，从作价出资协议书来看，各方约定两被告向原告"转让专有技术"，使用的动词为"转让"并非"授权"，其标的指向是"专有技术"而非"专有技术使用权：其次，合资合同签订于2001年，根据当时的《公司法》第三条和第四条规定公司享有由股东投资形成的全部法人财产权，依法享有民事权利，承担民事责任。公司以其全部资产对公司的债务承担责任。如果两被告仅以D-O01专有技术使用权出资，则原告在对外承担责任时相应的财产权是无法转让的，难以保障原告的权利以及原告债权人的权利。最后，对于两被告提出，依照《关于以高新技术成果出资人股若干问题的规定》第六条规定和《合资合同》第十七条的约定，两被告系以D-O01专有技术使用权出资的意见，法院认为因"专有技术"具有"无形性""非独占性"的特点，上述规定和约定仅是对原告所有的D-O01专有技术所有权进行了一定的限缩，不能据此认为两被告是以专有技术使用权出资，否则会将两被告对原告的出资变为许可使用，不符合法律规定，也不符合中外双方的本意。另外在两被告与案外人塑料公司的仲裁争议中，仲裁庭也认为两被告依赖其技术获取收益只能来源于合资公司(原告)的投资回报。也就是说，仲裁庭也认为两被告将D-O01专有技术投人原告公司后，除依法收取投资回报外，已经没有其他获取收益的途径。因此。两被告应当是以D-O01专有技术的所有权作为出资投人原告公司。对于两被告提供的询证会决议法院认为，该决议系股东内部协议，可能会损害公司债权人的利益，不符合有关法律规定案外人塑料公司此后也明确予以否认，故法院对该决议不予认可。

【商品经销权不能作为股东向公司的出资】

重庆必扬企业(集团)有限公司诉李亚琼股东出资纠纷案[重庆市渝中区人民法院(2015)中区法民初字第06740号民事判决书]，股东以非货币财产出资时，该非货币财产应当具有可转移性以及可评估作价。本案的商品经销权不是法定的财产性权利，不具有可转移性，对其评估作价缺乏法律依据，故该经销权不能认定为出资。

【股东已就未出资部分对公司债务对外承担补充赔偿责任的，视为出资履行到位，另案债权人不能再提出相同请求，要求该股东承担出资不到位的赔偿责任】

丹阳市华昌钻石工具制造公司诉丹阳市对外贸易公司等买卖合同纠纷案［江苏省镇江市中级人民法院（2011）镇商终字第0073号民事判决书］，附条件的合同，因一方当事人的违法行为致使条件无法成就的，应认定条件因不可归责于权利人的原因而无法成就，所附条件不能约束权利人权利的实现；股东已就未出资部分对公司债务对外承担补充赔偿责任的，视为出资履行到位，不应再承担未出资或出资不到位责任。

【教育资源不能成为股东出资方式】

深圳市启迪信息技术有限公司与郑州国华投资有限公司股东资格确认纠纷上诉案［河南省高级人民法院（2009）豫法民二终字第20号民事判决书（《人民司法·案例》2010年第16期）］，股东资格的取得以有效出资为提前，但在股东出资制度上，我国公司法实行出资方式法定主义，非货币财产作为出资必须具备可以用货币估价、可以依法转让、法律和行政法规不禁止、履行评估程序等条件。教育资源因不符合非货币财产出资条件而不能成为公司投资者有效的出资方式。

本案中，2006年9月18日，刘继军与张军签订合作建设北京师范大学珠海分校工程技术学院协议书（以下简称合作建设协议），协议约定，双方合作成立珠海科美教育咨询有限公司（以下简称科美咨询公司），并以公司名义与北京师范大学珠海分校（以下简称珠海分校）签署合作协议，合作建设和运作该学院。刘继军以教育资本（包括教育理论与理念、教育资源整合与引入、教育经营与管理团队、教育项目的策划与实施）出资，占科美咨询公司70%的股份，张军以7000万元的资金投入学院的建设和运作，占科美咨询公司30%的股份。2006年9月30日，国华公司将500万元保证金打入科美咨询公司账户，2006年10月24日，500万元保证金从科美咨询公司账户打入启迪公司账户。

2006年10月26日，国华公司与启迪公司、豫信公司签订关于组建科美投资公司投资协议（以下简称投资协议），约定三方的出资额及占科美投资公司的股份。其中国华公司以现金出资人民币300万元，占公司注册资本30%；豫信公司以现金出资人民币150万元，占公司注册资本15%；启迪公司以现金出资人民币550万元，占公司注册资本55%。并约定三方应及时将缴纳的出资打入新设立公司筹委会账户。同日通过了科美投资公司章程，约定公司注册资本1000万元人民币。启迪公司认缴出资额550万元，占出资比例55%；国华公司认缴出资额300万元，占出资比例30%；豫信公司认缴出资额150万元，占出资比例15%。各股东应当于公司注册登记前足额缴纳各自所认缴的出资额。公司注册资金1000万元和投资6000万元全部由国华公司负责筹集投入。

2006年10月25日，应豫信公司和启迪公司要求，国华公司汇入豫信公司150万元，汇入启迪公司50万元。豫信公司将上述150万元汇入科美咨询公司账户（该账户同时为科美投资公司筹委会账户）作为其认缴出资。启迪公司将国华公司转来的50万元和10月24日从科美咨询公司账户转入的500万元保证金汇入科美咨询公司账户作为其认缴出资。国华公司将300万元汇入科美咨询公司账户作为其认缴出资。2006年10月31日经珠海市工商局核准，科美咨询公司变更为科美投资公司，股东由娄宏涛、刘继军、赵升云变更为国华公司、启迪公司和豫信公司。

在科美投资公司与珠海分校合作办学的过程中，国华公司认为启迪公司未履行出资义务，却控制公司损害国华公司利益，致使国华公司投资权益难以保证；同时在是否与北京师范大学珠海分校继续合作上双方发生争议，公司陷入僵局。国华公司遂于2007年7月18日提起诉讼，要求：1.依法判决科美投资公司的全部股权归国华公司所有。2.如果国华公司的第一项请求不能得到支持，请依法判决解散科美投资公司，并进行清算。启迪公司、豫信公司辩称，启迪公司所掌握的教育资源是原告与启迪公司合作的重要原因，启迪公司所享有科美投资公司55%的股权是合法的，原告请求解散公司缺乏依据，应驳回原告诉讼请求。

法院认为，在投资协议中，由合作建设协议约定的教育资源出资转换为现金。上述协议签订过程实质上是刘继军将其掌握的教育资源转换为启迪公司的资源作为出资,国华公司负责实质上的现金出资。双方实质上是通过签订协议的方式规避我国法律的禁止性规定,合作建设协议应属无效协议,在此协议基础上,投资协议也违反了法律规定,国华公司代启迪公司出资的行为因违反法律规定而无效。

【知识产权出资的若干问题】

海信科龙电器股份有限公司与武汉市万欣机械有限公司承揽合同纠纷上诉案[湖北省武汉市中级人民法院(2009)武民商终字第1355号民事调解书(《人民司法·案例》2010年第8期)],用以出资的知识产权,必须依法可以转让,评估作价后在专利行政部门办理知识产权转让审批手续。未办理转让手续,应认定为出资不实,股东在出资不实的范围内对公司债务承担连带清偿责任。

【土地使用权的价值在投资年限内已凝结为公司财产】

鞍山市人民政府与大连大锻锻造有限公司加工承揽合同欠款纠纷上诉案[辽宁省高级人民法院(2006)辽民二终字第314号民事判决书],作为股东的市政府在公司设立时投入的土地使用权作价1710万元所对应的具体年限确定为10年,市政府虽然收回了土地使用权,但该土地使用权在投入的10年期限内的价值已经为公司所享有和使用,且该部分价值也已经凝结为公司财产,市政府事实上无法抽回。收回土地使用权,并不是抽逃注册资金,是10年使用期满后正常的收回行为,并不违法,也无须履行公示程序。

【政策性债权转出资的问题,属于行政主管机关行使行政职权的内容】

耀县水泥厂与中国建材集团公司、陕西省建材总公司债权转出资纠纷案[最高人民法院(2005)民二终字第203号民事裁定书(《最高人民法院公报》2006年第10期(总第120期))],中央级"拨改贷""特种拨改贷"及"基本建设经营性基金"转为国家对企业的出资,系分别根据原国家计委和财政部相关实施办法,通过用款单位申请、原国家计委和财政部批复的方式进行的,并未体现代行国家资本金出资人职能的单位和被出资单位的意志,不同于普通债权人和债务人之间发生的债权转出资,其性质属于政策性债权转出资。故上述债务能否转为国家出资、由谁代行国家资本金出资人职能、转为对谁的出资等问题,均属于国家有关行政主管机关行使行政职权的内容,不属于人民法院受理民事诉讼的范围。当事人之间因上述问题发生纠纷,应当通过有关行政主管机关协调解决;对有关行政主管机关协调解决的具体行政行为存在异议的,可以根据行政法的有关规定寻求救济。

【"拨改贷"批准之日,债权人或其出资代表人获得股东资格】

中国高新投资集团公司诉南通市苏中纺织有限公司债权转股权案[江苏省南通市中级人民法院(2003)通中民二初字第139号民事判决书],债转股协议是双方当事人形成合意并依约定将债权人对债务人的债权转为股权的一类合同。债权人将债权转为股权后,未依法在工商部门办理变更登记手续,不影响债转股有法律效力。政策性债转股应当依照国务院有关部门的规定办理。根据《办法》第三条规定:"中央级'拨改贷'资金转为国家资本金后,即作为中央对企业的投资。"国家有关部委已在1999年3月30日批准案涉拨改贷资金转为国家资本金,并授权高新公司为出资代表人,自债转股批准之日起,高新公司即取得了苏中公司的股东资格。

【股东以房产作价出资但未办理产权过户,应认定为虚假出资】

贾某要求解除执行查封案外人异议案,具体如下:

一、关于案外人贾某以房产作价出资但未办理产权过户行为性质的认定

出资是股东依照《公司法》、公司章程以及公司设立协议向公司交付财产的行为,是取得股东资格的对价,也是股东的最主要义务,股东必须完全履行出资义务。《公司法》第二十八条明确规定:"股东应当按期足额缴纳公司章程中规定的各自所认缴的出资额。股东以货币出资的,应当将货币出资足额存入有限责任公司在银行开设的账户;以非货币财产出资的,应当依法办理其财产权的转移手续。"据此,以实物出资的股东,应当及时将实物的产权过户到公司名下。但在实践中,有些股东特别是以实物出资的股东并未严格按照相关要求

履行出资义务，如股东既未办理实物的产权转移手续，又未将实物交付公司使用；或者虽然将实物交付公司，但未办理产权转移手续等。贾某作为硕丰公司的股东，以其名下的房产作价20万元投资入股，并经验资机构验证，符合《公司法》第二十七条关于股东出资方式的规定。但之后贾某一直未办理房产的产权转移手续，故相对于公司而言，公司在法律意义上并没有收到贾某的出资资产，房产仍然在贾某名下，显然其行为违反了《公司法》第二十八条的规定，应认定为虚假出资。

二、关于案外人贾某根据“现金置换协议”用现金置换出房产行为性质的认定

申请执行人佳田公司主张，案外人贾某与季某某的“现金置换协议”侵害了公司财产，因为股东贾某“变相”私自处分属于硕丰公司的资产。而案外人贾某称其正是根据“现金置换协议”履行了股东的出资义务，根本不存在侵害公司资产的事实。公司注册资本是公司对外经营并承担责任的基础，为维护债权人和社会公众的利益，公司资本应当充实。《公司法》第二十八条规定：“股东不按照前款规定缴纳出资的，除应当向公司足额缴纳外，还应当向已按期足额缴纳出资的股东承担违约责任。”最高人民法院《关于人民法院执行工作若干问题的规定（试行）》第八十条也规定，开办单位对开办投入的注册资金不实或抽逃出资的，要在出资不实或抽逃资金的范围内承担责任。但追究上述法律责任的前提是股东虚假出资或抽逃出资的情形仍在持续。也就是说，在股东补足其出资后，即视其已完成出资义务，不应再承担股东出资责任。本案中，案外人贾某于2007年5月16日用现金20万元置换出之前作价20万元实物出资的沈阳市沈河区小南街××号房产，硕丰公司也收到该笔投资款，且已经过股东决议以及会计师事务所验资。故应当认定案外人贾某按认缴的出资额用现金置换出作为投资的房产，已经补足了之前房产未过户的虚假出资责任。

第二十八条 【出资义务】 股东应当按期足额缴纳公司章程中规定的各自所认缴的出资额。股东以货币出资的，应当将货币出资足额存入有限责任公司在银行开设的账户；以非货币财产出资的，应当依法办理其财产权的转移手续。

股东不按照前款规定缴纳出资的，除应当向公司足额缴纳外，还应当向已按期足额缴纳出资的股东承担违约责任。

一、相关司法解释及两高工作文件

《最高人民法院关于印发〈全国法院民商事审判工作会议纪要〉的通知》（法〔2019〕254号），关于股东出资加速到期及表决权，通知如下：

6.【股东出资应否加速到期】在注册资本认缴制下，股东依法享有期限利益。债权人以公司不能清偿到期债务为由，请求未届出资期限的股东在未出资范围内对公司不能清偿的债务承担补充赔偿责任的，人民法院不予支持。但是，下列情形除外：

（1）公司作为被执行人的案件，人民法院穷尽执行措施无财产可供执行，已具备破产原因，但不申请破产的；

（2）在公司债务产生后，公司股东（大）会决议或以其他方式延长股东出资期限的。

7.【表决权能否受限】股东认缴的出资未届履行期限，对未缴纳部分的出资是否享有以及如何行使表决权等问题，应当根据公司章程来确定。公司章程没有规定的，应当按照认缴出资的比例确定。如果股东（大）会作出不按认缴出资比例而按实际出资比例或者其他标准确定表决权的决议，股东请求确认决议无效的，人民法院应当审查该决议是否符合修改公司章程所要求的表决程序，即必须经代表三分之二以上表决权的股东通过。符合的，人民法院不予支持；反之，则依法予以支持。

《最高人民法院关于当前商事审判工作中的若干具体问题》（2015年12月24日），关于加速到期等问题，通知如下：

第二，要适应《公司法》新变化积极完善相应裁判规则。《公司法》修改后，如果公司选择过于微小的数额作为注册资本，比如将注册资本设定为1元钱，那么在公司未来不能清偿债务而破产时，要考虑股东能否凭其对公司享有的债权而与其他普通债权人一起参与公司财产分配的问题。对此，我们倾向于认为，股东以过于微小的资本从事经营，很有可能会将股权投资转化为债权投资，相应地也将有限责任的风险完全外部化。

因目前法律上尚未确立专门应对措施，所以法院在司法实践中必须及时确立合理的规则。这方面，国外司法实践中通常将股东债权的受偿顺序安排在其他普通债权人受偿之后，以保障优先清偿其他债权人债权。这一做法值得借鉴。

第三，要遵循《公司法》新精神处理好新类型案件。新《公司法》施行后，会出现一批新类型案件。比如，《公司法司法解释（三）》第十八条对虚假出资时补缴出资民事责任作出了规定。但目前尚无法律、司法解释对股东因出资期限未届满而未缴纳出资就转让股权时由谁承担出资责任进行明确规定。因为此时的未缴纳出资为合法而不是非法，所以不能当然适用上述司法解释的规定。目前还要特别注意债权人请求股东提前履行出资义务以偿债的问题。对此，有不同的认识：

一种意见认为，债务人公司无法清偿到期债务，而股东又有出资款未到期，此时通过出资义务加速到期的方式即可以解决债务清偿问题，所以应当许可此时出资义务加速到期，债权人可以直接向股东主张清偿债务。

另一种意见认为，如果公司不能清偿单个债权人到期债权，那么其往往也资不抵债，或者明显缺乏清偿能力，或者有丧失清偿能力可能。此时按照《企业破产法》第二条，公司已经符合破产条件，所以更应当保障全体债权人的利益。单个的债权追及诉讼不尽符合《企业破产法》第三十一、三十二条的精神。债权人应当申请债务人破产，进入破产程序后再按照《企业破产法》第三十五条使股东出资义务加速到期，最终在真正意义上保护全体债权人利益。以上两种意见中，我们倾向于按照后一种意见处理。

所以，在类似诉讼中，法院应当注意向当事人释明，如债务人公司不能通过融资或其股东自行提前缴纳出资以清偿债务，债权人有权启动破产程序。

《最高人民法院关于适用〈中华人民共和国公司法〉若干问题的规定（三）（2014修正）》（法释〔2011〕3号），对于股东的足额缴纳出资义务，规定如下：

第十三条 股东未履行或者未全面履行出资义务，公司或者其他股东请求其向公司依法全面履行出资义务的，人民法院应予支持。

公司债权人请求未履行或者未全面履行出资义务的股东在未出资本息范围内对公司债务不能清偿的部分承担补充赔偿责任的，人民法院应予支持；未履行或者未全面履行出资义务的股东已经承担上述责任，其他债权人提出相同请求的，人民法院不予支持。

股东在公司设立时未履行或者未全面履行出资义务，依照本条第一款或者第二款提起诉讼的原告，请求公司的发起人与被告股东承担连带责任的，人民法院应予支持；公司的发起人承担责任后，可以向被告股东追偿。

股东在公司增资时未履行或者未全面履行出资义务，依照本条第一款或者第二款提起诉讼的原告，请求未尽《公司法》第一百四十七条第一款规定的义务而使出资未缴足的董事、高级管理人员承担相应责任的，人民法院应予支持；董事、高级管理人员承担责任后，可以向被告股东追偿。

……

第十六条 股东未履行或者未全面履行出资义务或者抽逃出资，公司根据公司章程或者股东会决议对其利润分配请求权、新股优先认购权、剩余财产分配请求权等股东权利作出相应的合理限制，该股东请求认定该限制无效的，人民法院不予支持。

第十七条 有限责任公司的股东未履行出资义务或者抽逃全部出资，经公司催告缴纳或者返还，其在合理期间内仍未缴纳或者返还出资，公司以股东会决议解除该股东的股东资格，该股东请求确认该解除行为无效的，人民法院不予支持。

在前款规定的情形下，人民法院在判决时应当释明，公司应当及时办理法定减资程序或者由其他股东或者第三人缴纳相应的出资。在办理法定减资程序或者其他股东或者第三人缴纳相应的出资之前，公司债权人依照本规定第十三条或者第十四条请求相关当事人承担相应责任的，人民法院应予支持。

第十八条 有限责任公司的股东未履行或者未全面履行出资义务即转让股权，受让人对此知道或者应当知道，公司请求该股东履行出资义务、受让人对此承担连带责任的，人民法院应予支持；公司债权人依照本规定第十三条第二款向该股东提起诉讼，同时请求前述受让人对此承担连带责任的，人民法院应予支持。

受让人根据前款规定承担责任后，向该未履行或者未全面履行出资义务的股东追偿的，人民法院应予支持。但是，当事人另有约定的除外。

第十九条 公司股东未履行或者未全面履行出资义务或者抽逃出资，公司或者其他股东请求其向公司全面履行出资义务或者返还出资，被告股东以诉讼时效为由进行抗辩的，人民法院不予支持。

公司债权人的债权未过诉讼时效期间，其依照本规定第十三条第二款、第十四条第二款的规定请求未履行或者未全面履行出资义务或者抽逃出资的股东承担赔偿责任，被告股东以出资义务或者返还出资义务超过诉讼时效期间为由进行抗辩的，人民法院不予支持。

第二十条 当事人之间对是否已履行出资义务发生争议，原告提供对股东履行出资义务产生合理怀疑证据的，被告股东应当就其已履行出资义务承担举证责任。

《最高人民法院关于企业主管单位变更后，新主管单位应否在原主管部门出资不实的范围内对被主管企业的债务承担民事责任的复函》（[2008]民二他字第2号）对新主管单位应否在原主管部门出资不实的范围内对被主管企业的债务承担民事责任的问题，答复如下：

开发公司应当在发展建设公司原主办单位注册资金不实的范围内对发展建设公司的2400万元及其利息的债务承担补充民事责任。但应指出的是，本案开发公司与保税区管委会签订协议约定，发展建设公司变更主管部门后，其变更前后的一切债权债务均由开发公司承担，其中的“债权债务”，应当理解为原主办单位保税区管委会对发展建设公司所负的责任，而非发展建设公司自身的债权债务。该约定并不构成债务的加入，也不构成对发展建设公司债权债务的承继。该约定仅表明，开发公司在成为发展建设公司的主办单位后，原主办单位对发展建设公司的责任、义务将无条件的转给开发公司，其中包括原主办单位注资不足的责任。

《最高人民法院关于合营企业起诉股东承担不履行出资义务的违约责任是否得当及合资经营合同仲裁条款是否约束合营企业的请示的复函》（[2004]民四他字第41号）对合营企业起诉股东承担不履行出资义务的违约责任是否得当问题，答复如下：

青岛华翔精密技术有限公司（以下简称华翔公司）由青岛保税区华强国际贸易有限公司（以下简称华强公司）、日本国有限会社北条理化学研究所及日本国竹内铁工株式会社三方共同出资设立。合营企业成立后，华强公司将其在合营企业占有的35%股权全部转让给了青岛华强达工贸有限公司（以下简称华强达公司）。由于华强达公司未履行出资义务，合营企业华翔公司直接向华强达公司提起了诉讼，要求其按照合资经营合同的约定履行出资义务或者赔偿损失。我们认为：在合营企业成立之后，合资一方未按合资经营合同履行出资义务的行为，既损害了合资他方的权益，也损害了合资经营企业的权益。在合资他方未依约对违约方提请仲裁或者诉讼的情况下，合营企业有权以自己的名义提起诉讼，要求未履行出资义务的一方股东承担民事责任。因合营企业不是合资经营合同的签约主体，未参与订立仲裁条款，因此，合资经营合同中的仲裁条款不能约束合营企业。对于本案纠纷，合营企业华翔公司未依照合资经营合同的约定提请中国国际经济贸易仲裁委员会仲裁，而是直接向合营企业所在地的青岛市中级人民法院提起诉讼并不违反相关法律规定。同样，由于华强达公司是受让华强公司在合营企业中的股份之后作为股东进入合营企业的，各方当事人在进行股权转让时未明确约定是否受合资经营合同中仲裁条款的约束，因此，合资经营合同中的仲裁条款对受让方华强达公司没有法律约束力。华强达公司以合资经营合同含有有效的仲裁条款，本案应提交仲裁的主张没有法律依据，其管辖权异议依法不能成立，应予驳回。

《最高人民法院关于对帮助他人设立注册资金虚假的公司应当如何承担民事责任的请示的答复》（〔2001〕民二他字第4号）对帮助他人设立注册资金虚假的公司的责任承担问题，答复如下：

一、上海鞍福物资贸易有限公司（以下简称鞍福公司）成立时，借用上海砖桥贸易城有限公司（以下简称砖桥贸易城）的资金登记注册，虽然该资金在鞍福公司成立后即被抽回，但鞍福公司并未被撤销，其民事主体资格仍然存在，可以作为诉讼当事人。如果确认鞍福公司应当承担责任，可以判决并未实际出资的设立人承担连带清偿责任。

二、砖桥贸易城的不当行为，虽然没有直接给当事人造成损害后果，但由于其行为，使得鞍福公司得以成立，并从事与之实际履行能力不相适应的交易活动，给他人造成不应有的损害后果。因此，砖桥贸易城是有过错的。砖桥贸易城应在鞍福公司注册资金不实的范围内承担补充赔偿责任。

《最高人民法院经济审判庭关于河南省伊川县电业局不服郴州地区中级人民法院〔1992〕经上字第72号民事判决提出申诉有关问题的复函》（法经〔1993〕39号），答复如下：

1. 根据《民法通则》第四十八条和国务院国发〔1990〕68号文件的规定，具有法人资格的企业应以国家授予其经营管理或其自有的财产承担债务清偿责任。企业是否以其经营管理或者所有的财产承担有限责任，应以其存续期间是否具有法人资格为依据，而不能以企业终止后法人资格消灭为由要求由其上级开办单位为它承担债务清偿责任。开办单位是否承担债务清偿责任，应以国发〔1990〕68号文件规定的条件判定。而本案判决书没有明确是否存在这种条件。

2. 即使存在上级主管部门承担债务清偿责任的条件，也应先以终止的企业法人所有的财产承担责任，不足清偿的部分，由上级主管部门在一定范围内承担清偿责任。本案判决没有明确铁合金厂现有财产状况。

3. 伊川县电业局提出铁合金厂一直以法人资格对外进行业务活动，并提供了1992年8月、9月与其他单位签订的几份合同和铁路货运单据复印件。如此情况属实，则郴州中院1992年10月18日判决认定铁合金厂停产歇业缺乏事实根据。

4. 如果铁合金厂确曾歇业后又恢复营业，在工商行政管理机关未注销其法人营业执照的情况下，应视为该企业继续存在或在原有资产基础上的恢复，其原有债务仍应由其承担或首先承担责任。

《最高人民法院经济审判庭关于对国营新疆五五农工商联合企业公司驻兰州办事处执行问题的函》（法经〔1993〕38号），函复如下：

国营新疆五五农工商联合企业公司驻兰州办事处（简称"驻兰办"）向我院申诉称：兰州五五机电设备供应站（简称"供应站"）是其下属单位，其注册资金15万元是由该办事处提供担保的。现该供应站已撤销，资不抵债，对外负债105万余元，债权人共十四个单位，已有六起纠纷经法院判决，其中兰州市城关区法院判决并裁定的三件，均确定由驻兰办承担责任。现兰州市城关区法院欲单独执行该院判决的债权人为兰州市电信局工贸中心的案件。驻兰办提出，它只应在其为供应站提供担保的15万元注册资金范围内承担有限责任，法院执行案件应一并考虑所有债权人的利益，要求制止兰州市城关区法院单独执行一案的做法。

本庭经审查认为，若供应站领有企业法人营业执照，或者是实行独立核算，自负盈亏的独立企业，驻兰办对供应站债务责任的承担问题，应适用国务院国发〔1990〕68号文件第四条第二款的规定，即由驻兰办在其担保的注册资金15万元的范围内承担责任。68号文件所说的在担保的注册范围内承担连带责任，是指对被撤销企业的全部债务在注册资金范围内承担连带责任，不是对每一笔债务都必须单独在注册资金范围内承担连带责任。在开办单位用以承担责任的财产仍不足以清偿所有债权的情况下，也应按照68号文件第六条规定顺序和原则清偿，具体程序适用最高人民法院1991年3月16日法（经）发（1991）10号通知第四条的规定。被撤销单位所在地法院在执行本院判决的案件时，应按照上述规定统一清偿债务，保护所有债权人的合法权益。

《最高人民法院经济审判庭关于中国地质宝石矿物公司新疆经营部注册资金不实责任承担问题的复函》（法经〔1992〕176号）对注册资金不实责任承担的问题，答复如下：

现中国地质宝石矿物公司（以下称“宝石公司”）提出其在为申请开办宝石公司新疆经营部（以下称“新疆经营部”）而给新疆自治区工商局的〔1988〕028号函和给新疆自治区政府的〔1988〕029号函中均申明新疆经营部注册资金为20万元，而新疆经营部最终取得注册资金为120万元的营业执照，是由于新疆经营部筹建负责人崔志远个人私自将宝石公司1988年5月10日出具的资金信用证明和经宝石公司盖章的商业企业开业申请登记表中所填的资金数额由20万元篡改为120万元的结果。1988年6月9日，远大金融服务社虽证明新疆经营部帐面金额为80万元，但这80万元不是新疆经营部的自有资金，而且新疆经营部在筹建期间的开户银行不是远大金融服务社，而是工商银行天山区办事处，宝石公司1988年6月6日向新疆经营部投入的20万元资金即是汇入该办事处的。自治区工商局对此未能查实，即予办理了注册登记。1990年9月19日公司清理整顿审批表上所称的新疆经营部注册资金为120万元、现有实际资金是160万元，是新疆经营部自行填报的，并未经宝石公司核实盖章。

我们认为，如果宝石公司反映的上述情况属实，则说明该公司在开办新疆经营部时只承诺负担投入20万元注册资金的责任，新疆经营部负责人崔志远将注册资金擅自篡改为120万元的增加部分，宝石公司不应承担。因宝石公司实际已向新疆经营部汇入20万元注册资金，因此即不存在承担经营部注册资金不实的责任问题了。

《最高人民法院经济审判庭关于行政单位开办的公司已无资产偿付应由谁承担民事责任问题的电话答复》（1991年1月4日）对行政单位开办的公司已无资产偿付应由谁承担民事责任的问题，答复如下：

吉林省白城地区石油开发总公司是1988年4月4日由白城地区工商行政管理局登记注册的全民预算外企业。企业的主管部门和批准机关均为白城地区行政公署。企业登记的资金总额为380万元。根据《民法通则》和国发［1990］68号《国务院关于在清理整顿公司中被撤并公司债权债务清理问题的通知》规定，如果白城地区石油开发总公司无力偿还债务，而其注册资金的来源是贷款，或者根本没有资金以及实有资金与注册资金不符的，应由其主管机关和开办单位白城地区行政公署在其注册资金范围内承担清偿责任。

《最高人民法院经济审判庭关于青海人民剧院开办的分支企业停办后是否对分支企业的债务承担责任问题的复函》（法经［1991］9号）对于分支企业停办后是否对分支企业的债务承担责任的问题，答复如下：

艺青商行是由青海人民剧院向工商行政管理部门申请开办的。经青海省审计局审计认为：艺青商行以欺骗手段取得工商银行验资和工商局核准的营业执照的合法手续，实际上是一个既无资金和固定工作人员，又无经营场地的企业。现在艺青商行已经倒闭，因此应将青海人民剧院列为被告，由艺青商行的财产清偿债务，不足清偿的，由青海人民剧院在注册资金不实的范围内，对艺青商行的债务承担责任。

《最高人民法院经济审判庭关于济南市历城区人武部是否应为其开办的木制品厂承担责任问题的电话答复》（1990年10月10日）党政机关及其所属编制序列的事业单位开办的企业的法人资格问题，答复如下：

按照国务院国发〔1990〕68号文件的规定，党政机关及其所属编制序列的事业单位开办的企业实际不具备法人资格，如未实行独立核算、自主经营，开办单位又未从中收取钱财，开办单位可在注册资金不实的范围内承担责任。

二、相关案例

1. 股东出资义务

【无注资验资工商登记的股东出资认定】

胡纪红与上海申态建设工程有限公司等执行异议纠纷案［上海市宝山区人民法院(2018)沪0113民初11236号判决书(《人民司法·案例》2019年第5期)］，2014年修改的公司法关于股东出资行为不再以验资作为必经程序。股东在公司成立后的后续资本认缴期内，虽未办理注资验资手续，但有证据足以证明股东对公司经营的实际资金投入已超过认缴资本额且未抽回资本，可以认定股东完成了对公司认缴出资的义务。

【国家资本金不当然构成股权出资】

中国节能减排有限公司与浙江正泰中自企业管理有限公司股东资格确认纠纷案[浙江省杭州市中级人民法院（2018）浙01民终10146号民事判决书（《人民司法·案例》2019年第17期）]，当事人对股东资格发生争议时，人民法院应当结合投资协议、公司章程、出资证明书、股东名册、工商登记等因素，充分考虑当事人是否具有成为公司股东的真实意思表示，对其有无股东资格作出综合认定。股东资格的确认不仅涉及纠纷当事人，而且还会对公司以及其他股东甚至公司债权人等诸多主体产生影响。因此，国家资本金不应当然被认定为股权出资，相关出资人代表是否具有股东资格应当综合审查认定。

本案中，一、协议书并未明确正泰中自公司必须将节能减排公司投入的资金作为股权出资以确保节能减排公司享有股东权益，而是约定对投资权益的具体实现方式由双方后续协商并签订相关法律文件。协议书订立后，双方也进行过多次协商，但均未能达成一致并签订正式法律文件。因此，节能减排公司要求确认股东资格缺乏事实依据。二、节能减排公司欲成为正泰中自公司股东，其法律途径限于收购正泰中自公司其他股东股权或参与正泰中自公司的增资行为。但根据《公司法》的规定，增资需要股东会形成有效决议方能施行，而正泰公司股东会是否能形成相关决议属于公司内部治理和股东权利行使的范畴，不属于法院可以强制裁决的范围。因此，节能减排公司要求确认股东资格亦缺乏法律上的可执行性。

【有限公司股东的出资义务不因股权转让而免除】

谢晖与西安庆南贸易有限公司股东出资纠纷再审申请案[陕西省高级人民法院（2017）陕民申591号民事裁定书（《人民司法·案例》2017年第32期）]，有限责任公司股东负有向公司足额缴纳出资的法定义务。未全面履行出资义务即转让其股权的股东，应向公司承担补齐出资的民事责任，该责任不因其股权转让行为而免除。在受让股东明知所受让的股权存在应当向公司承担的出资责任时，公司具有请求出让股东、受让股东承担连带出资责任的选择权。受让股东在受让股权时确实不知所受让的股权存在权利瑕疵，但未主张撤销、解除股权转让合同的，受让股东构成了对受让股权权利瑕疵的明知，应当向公司承担出资责任。

【规范国有企业依法履行出资义务】

沈阳重型冶矿机械制造公司四厂与沈阳北重冶矿电站设备研制有限公司等股东出资纠纷案[（2016年4月8日《最高人民法院发布十起依法平等保护非公有制经济典型案例》案例七）]，具体如下：

（一）基本案情

2010年10月18日，国有企业沈阳重型冶矿机械制造公司四厂（以下简称沈重四厂）与民营企业沈阳北重冶矿电站设备研制有限公司（以下简称北重公司）签订了《合资合作协议书》，约定：沈重四厂将五座厂房、办公楼评估作价，以固定资产方式入股到北重公司，所占投资比例为45%；另有五个自然人以货币出资350万元，占北重公司股份的55%；各方按照投资比例进行利益分红；沈重四厂的五处出资房产，经评估入股后归属北重公司，待具备一定条件时，办理产权变更手续。因沈重四厂一直未将出资房产过户至北重公司名下，北重公司诉至法院，要求沈重四厂履行出资义务。

（二）裁判结果

辽宁省沈阳市皇姑区人民法院一审认为：本案争议焦点在于沈重四厂是否已履行出资义务？《公司法》第二十八条第一款规定："股东应当按期足额缴纳公司章程中规定的各自所认缴的出资额。股东以货币出资的，应当将货币出资足额存入有限责任公司在银行开设的账户；以非货币财产出资的，应当依法办理其财产权的转移手续。"本案中，沈重四厂虽然将出资厂房交付北重公司使用，但未办理房产变更手续，沈重四厂未履行完出资义务，构成违约，应向北重公司履行出资义务。判决：沈重四厂于判决生效后十日内向北重公司履行股东出资义务，并协助办理房产的更名过户手续。沈重四厂上诉后，沈阳市中级人民法院判决驳回上诉、维持原判。

（三）典型意义

本案是规范国有企业依法履行出资义务的典型案例。沈重四厂与其他五个自然人股东共同出资设立北重公司，但没有按照出资协议履行出资义务，北重公司与其他股东通过诉讼寻求救济。人民法院受理该案后，认真审查沈重四厂出资义务的履行情况，根据《公司法》以及相关司法解释关于实物出资的规定，驳回沈重四厂关于已经履行出资义务的主张，依法支持北重公司与其他五个自然人股东要求沈重四厂履行出资义务的请求，体现了对不同所有制股东平等保护的法律原则，有效地维护了非公有制股东的合法权益。

国有资本、集体资本、非国有资本等交叉持股、相互融合的混合所有制经济，是我国基本经济制度的重要实现形式。发展混合所有制经济，必须平等保护国有资本与非国有资本。从公司出资来看，无论是公有制股东还是非公有制股东，都应依法履行出资义务，任何一方未履行出资义务的，另一方均可以依法要求其承担补足出资的违约责任。本案的审理，体现了不同所有制主体出资义务平等的理念，有效保护了混合所有制企业各类股东的合法权益。

【抽逃出资股权转让的司法规制】

江苏省南通润通置业有限公司与仲翔等追收抽逃出资纠纷上诉案［江苏省南通市中级人民法院（2016）苏06民终42668号二审裁定书（《人民司法·案例》2018年第35期）］，对最高人民法院《关于适用〈中华人民共和国公司法〉若干问题的规定（三）》（以下简称《公司法解释三》）第十八条规定从字面含义上进行理解，股东转让瑕疵出资股权包括股东转让未履行出资股权和未全面履行出资股权两种，不包括转让抽逃出资股权。由于公司法规定的抽逃出资与其他瑕疵出资所导致法律后果及民事责任基本相同，则二者股权转让所产生的民事责任亦不应存在差异。因此，应当在遵循立法原意的基础上，对《公司法解释三》第十八条进行合理扩大解释，将股东转让抽逃出资股权认定为瑕疵出资股权的范畴，以该条确定的裁判规则认定股权转让双方的民事责任。

【民办学校出资人和出资份额的确认】

沈懿与冯昌虎出资人身份确认纠纷上诉案［安徽省高级人民法院（2016）皖民终829号民事判决书（《人民司法·案例》2017年第23期）］，赋予民办学校营利性办学目的，是顺应民办学校的营利性活动要求，完善民办教育促进法自身体系、与其他法律法规协调一致的必然求，也最终能够促进非营利性办学的发展。

【有限责任公司股东除名法定以外事由的认定】

张胜才与北京世纪天鼎商品交易市场有限公司公司决议纠纷案［北京市第二中级人民法院（2016）京02民终3357号民事判决书］，有限责任公司股东认可董事会决议同意继续追加投资后未追加的，且该股东签字确认未追加投资的后果为放弃股东权利的，股东会认为股东之间丧失了继续合作的基础，作出了解除股东资格决议后，股东要求确认股东会决议无效的，人民法院不予支持。

【未依法履行出资义务的股东对公司债权人承担何种责任】

联光投资有限公司诉中国煤炭开发有限责任公司股东出资案［北京市高级人民法院（2016）京民终字第139号民事判决书］，朗润公司于2000年7月设立，当时的法律及司法解释均没有有限责任公司未缴纳出资的设立股东补缴出资时应当支付利息，以及要对其他未出资股东的补充赔偿责任承担连带责任的规定。根据《民法通则》第八十七条的规定，连带债务应当依法律规定或当事人约定而发生。朗润公司设立时的公司法并未有未缴纳出资的设立股东补缴出资时要支付利息，以及对其他未缴纳出资股东的补充赔偿责任承担连带责任的规定，朗润公司章程中亦未有相应规定。因此，联光公司的上诉主张，已经超出了中煤开发公司在设立朗润公司时对其所应承担的股东责任的合理预期。

【抽逃出资后能否以其他股东未出资为由拒绝履行出资义务】

北京盛世华凯物流有限公司诉李文广股东出资案［北京市第二中级人民法院（2016）京

02民终10189号民事判决书],《公司法》第三十五条规定:“公司成立后,股东不得抽逃出资。”《最高人民法院关于适用〈中华人民共和国公司法〉若干问题的规定(三)》第十四条第一款规定:“股东抽逃出资,公司或者其他股东请求其向公司返还出资本息、协助抽逃出资的其他股东、董事、高级管理人员或者实际控制人对此承担连带责任的,人民法院应予支持。”根据已经查明的事实,李文广作为华凯公司的原始股东,在公司设立及增资过程中,李文广与另一股东王文生缴纳300万元出资后,于2013年3月16日将该出资抽逃,违反了《中华人民共和国公司法》及其司法解释的相关规定。一审法院判决李文广按照其现在持有的华凯公司股权份额返还出资90万元,并无不当。李文广上诉提出的华凯公司股东均未出资、华凯公司其他两位股东李海、马庆未补足出资的主张均不影响华凯公司向李文广主张返还出资的权利。李文广的上诉请求不能成立,应予驳回。

【股东身份的认定】

杨玲、徐玉芳、王凯诉朱涛股东出资案[广东省惠州市中级人民法院(2016)粤13民终字第2291、2292、2293号民事判决书],被上诉人杨玲、王凯于2015年3月15日、被上诉人徐玉芳于2015年4月1日分别向乐家家公司支付入股金10,000元的事实,有乐家家公司法定代表人高某某署名并加盖“惠州市乐家家社区服务有限公司财务专用章”的收据为凭,事实清楚,应予以确认。虽三被上诉人向乐家家公司交付了入股金各10,000元,但无证据证明三被上诉人为乐家家公司股东,故对于三被上诉人的股东身份,不予认定。

经查,上诉人与三被上诉人及案外人黄某某于2015年8月2日签订了《协议》,《协议》的内容系各方当事人的真实意思表示,其内容没有违反法律、行政法规的强制性规定,是合法有效的合同,对各方当事人具有法律拘束力。从《协议》约定“议定于15天内由负责人朱涛承担退还入股金各人民币10,000元”的内容看,上诉人愿意由其个人承担退还三被上诉人各10,000元人股金的意思表达清晰,没有存在歧义。上诉人应履行上述《协议》约定的义务,向三被上诉人每人退还10,000元入股金。上诉人提出其没有收取被上诉人入股金、退还入股金的责任不应由其承担的主张,理由不能成立,不予采纳。

【出资不实股东不应进行同等顺位受偿】

沙港公司诉开天公司执行分配方案异议案[2015年4月1日《最高人民法院发布的四起典型案例(2015)》案例一],具体如下:

(一)基本案情

2010年6月11日,上海市松江区人民法院作出(2010)松民二(商)初字第275号民事判决,革城公司应当向沙港公司支付货款以及相应利息损失。275号案判决生效后进入执行程序,因未查实革城公司可供执行的财产线索,终结执行。革城公司被注销后,沙港公司申请恢复执行,松江法院裁定恢复执行,并追加革城公司股东开天公司及7名自然人股东为被执行人,并在各自出资不实范围内向沙港公司承担责任,扣划到开天公司和4个自然人股东款项共计696,505.68元(包括开天公司出资不足的45万元)。2012年7月18日,该院分别立案受理由开天公司提起的两个诉讼:(2012)松民二(商)初字第1436号案和(2012)松民三(民)初字第2084号案,开天公司要求革城公司8个股东在各自出资不实范围内对革城公司欠付开天公司借款以及相应利息、房屋租金以及相应逾期付款违约金承担连带清偿责任。该两案判决生效后均进入执行程序。

2013年2月27日,沙港公司收到松江法院执行局送达的《被执行人革城公司追加股东执行款分配方案表》。分配方案表将上述三案合并,确定执行款696,505.68元在先行发还三案诉讼费用后,余款再按31.825%同比例分配,今后继续执行到款项再行分配处理。沙港公司后向松江法院提交《执行分配方案异议书》,认为开天公司不能就其因出资不到位而被扣划的款项参与分配,且对分配方案未将逾期付款双倍利息纳入执行标的不予认可,开天公司对沙港公司上述执行分配方案异议提出反对意见,要求按原定方案分配。松江法院将此函告沙港公司,2013年4月27日,松江法院依法受理原告沙港公司提起的本案诉讼。

另查明,上述三案裁判文书认定了革城公司股东各自应缴注册资本金数额和实缴数额的情况。

（二）裁判结果

法院一审认为，本案是一起执行分配方案异议之诉。原、被告双方在本案中围绕相关执行分配方案存在两个争议焦点，一是针对开天公司出资不实而被法院扣划的45万元，开天公司能否以对公司也享有债权为由与沙港公司共同分配该部分执行款；二是执行标的是否应包括加倍支付迟延履行期间的债务利息。关于第一个争议焦点，《公司法》明确规定有限责任公司的股东以其认缴的出资额为限对公司承担责任。开天公司因出资不实而被扣划的45万元应首先补足茸城公司责任资产向作为公司外部的债权人原告沙港公司进行清偿。开天公司以其对茸城公司也享有债权要求参与其自身被扣划款项的分配，对公司外部债权人是不公平的，也与公司股东以其出资对公司承担责任的法律原则相悖。696,505.68元执行款中的45万元应先由原告受偿，余款再按比例进行分配的意见予以采纳。关于第二个争议焦点，相关275号案、1436号案、2084号案民事判决书均判令如债务人未按指定期间履行金钱债务的，须加倍支付迟延履行期间的债务利息。故对原告沙港公司关于执行标的应包括加倍支付迟延履行债务期间的利息的主张，予以采纳。原、被告双方均对各自主张的迟延履行期间双倍利息明确了计算方式，原告沙港公司对系争执行分配方案所提主张基本成立，法院依法予以调整。一审判决后，当事人均未提出上诉，一审判决生效。

（三）典型意义

本案当事人对执行分配方案的主要争议在于，出资不实股东因向公司外部债权人承担出资不实的股东责任并被扣划款项后，能否以其对于公司的债权与外部债权人就上述款项进行分配。对此，我国法律尚未明确规定，而美国历史上深石案所确立的衡平居次原则对本案的处理具有一定的借鉴意义。在该类案件的审判实践中，若允许出资不实的问题股东就其对公司的债权与外部债权人处于同等受偿顺位，既会导致对公司外部债权人不公平的结果，也与《公司法》对于出资不实股东课以的法律责任相悖。故本案最终否定了出资不实股东进行同等顺位受偿的主张，社会效果较好，对同类案件的处理也有较好的借鉴意义。

【认缴资本制下股东出资义务应以实际约定为准】

丁某、南京同仁堂公司诉沈某、钱某股东出资纠纷案［江苏省南京市秦淮区人民法院（2015）秦商初字第2140号民事判决书］，公司法将注册资本实缴制修订为认缴制后，对认缴期限没有明确规定，由股东根据公司章程约定。如股东内部协议与备案章程发生冲突，各股东之间对出资义务产生争议时，应认定以股东内部协议为准。法院认为，有限责任公司的注册资本为在公司登记机关登记的全体股东认缴的出资额。股东未履行或者未全面履行出资义务，公司或者其他股东有权请求其向公司依法全面履行出资义务。在不违反法律、行政法规等关于股东出资的强制性规定的前提下，具体出资时间属公司自治行为。

【对未出资股东除名决议的表决权排除规则适用】

宋余祥与上海万禹国际贸易有限公司股东出资纠纷上诉案［上海市第二中级人民法院（2014）沪二中民四（商）终字第1261号民事判决书（《人民司法·案例》2015年第12期）］，股东未按章程约定履行出资义务或抽逃全部出资，经催告后在合理期限内仍未缴纳或返还出资的，公司可以以股东会决议解除该股东的股东资格。对于该股东除名决议，该未出资股东不具有表决权，即便该股东系控股股东。公司法修正后降低了股东投资门槛，但不代表减轻股东不履行出资义务的责任，只是股东的出资义务更多源于股东之间的意定，而非法定。当股东不履行约定的出资义务达到根本违约程度时，其他股东可以追究该未出资股东比较严苛的法律责任，直至解除其股东资格。

【以房产出资，未及时办理过户手续但最终被政府作为公司资产收购的，不构成虚假出资】

甘肃太一工贸有限公司与甘肃居立门业有限责任公司及庆阳市太一热力有限公司股东出资纠纷案［甘肃省庆阳地区中级人民法院（2013）庆中民初字第8号民事判决书］，虚假出资是指股东认购出资而未实际出资，取得公司股权的情形。具体形式包括：以无实际现金流通的虚假银行进账单、对账单骗取验资报告；以虚假的实物出资手续骗取验资报告；以实物、知识产权、土地使用权出资，但未办理产权转移手续等。《公司法》第二十八条规定，股东应当按期足额缴纳公司章程中规定的各自所认缴的出资额。股东以货币出资的，应当将货币出资足额存入有限责任公司在银行开设的账户；以非货币财产出资的，应当依法办理其财产权的转移手续。庆阳嘉庆会计事务所嘉验字第（2006）15号验资报告显示，截至2006年6月9日，热力公司的实物出资部分未办妥房屋所有权过户手续，但股东及公司承诺在公司成立后6个月内办妥相关过户手续。2006年6月12日热力公司登记成立，李昕军的实物出资部分应至2006年12月12日之前办妥产权过户手续，虽然李昕军实物出资部分一直未办理过户手，但在2009年10月，热力公司被西峰区人民政府收购时，李昕军的实物出资被作为热力公司资产一并予以收购，且居立门业对此予以认可，应当认定李昕军完成全部出资义务。股东出资是指公司股东在公司设立或增加资本时，按照法律、公司章程的规定以及认股协议的约定，向公司交付财产或履行其他给付义务以取得股权的行为。工贸公司既非热力公司的发起股东，亦非热力公司增加注册资本的认购股东，其股东资格是通过转让方式继受取得，李昕军虽为工贸公司法定代表人，即便李昕军存在虚假出资行为，也不能以出让股东李昕军存在虚假出资认定受让股东工贸公司存在虚假出资。

【股东在股权转让后抽回全部出资，违反法律规定，侵犯公司财产权】

上海钰钢钢铁有限公司诉张顺法、叶宇轩等股东出资案［上海市第二中级人民法院（2012）沪二中民四（商）终字第25号民事判决书］，三名被告作为钰钢公司股东，对公司第一期注册资本金负有出资义务。现江、叶以公司小金库内的废钢收入作为其个人的出资，未实际履行出资义务，明显违反法律规定，故两被告应当向原告缴纳出资。张虽曾履行第一期的出资义务，叶也履行了部分出资义务，但在股权转让后抽回了全部出资，故其行为违反了公司法的规定，侵害了公司的财产权。

【足额出资义务不因股权转让而消灭】

溧水县房产经营公司因未依法缴纳股东出资被追加为被执行人执行异议案［江苏省高级人民法院（2011）宁执异字第31号民事裁定书］，依法足额缴纳出资是公司股东的义务，该足额出资义务不因股权转让而消灭。在股权受让人未能补足出资的情况下，申请执行人可以依照《最高人民法院关于人民法院执行工作若干问题的规定（试行）》第八十条的规定，申请追加该原始股东为被执行人，人民法院也可以依职权裁定追加该股东为被执行人，在出资不实或抽逃注册资金的范围内对申请执行人承担责任。

【股东瑕疵出资责任承担要件的认定】

苏燕芬诉李明星股东出资纠纷案［福建省厦门市中级人民法院（2011）厦民再终字第40号民事判决书］，瑕疵出资股东向公司债权人承担股东瑕疵出资责任的前提，必须是公司全部财产不足以清偿债务。在无证据表明公司财产不足以清偿债务、其他债权人先行主张的情况下，瑕疵出资股东不得单独地向个别公司债权人承担股东瑕疵出资责任。

【出资不到位的股东行使股东权利，应当受到相应限制】

睢宁县希望公交有限责任公司诉胡会林股东会决议效力确认纠纷案［江苏省徐州市中级人民法院（2010）徐民终字第1505号民事裁定书］，根据《公司法》的规定，有限责任公司股东出资不到位并不影响其股东资格的取得，但其股东权利的行使应当加以限制。这种限制应根据具体的股东权利的性质确定，即与出资义务相对应的权利只能按出资比例来行使。

【以商标权出资的，应将商标权转移至公司名下】

张哲生与洛阳牡丹宴酒业有限公司股东出资（商标权）纠纷上诉案［河南省高级人民法院（2009）豫法民三终字第34号民事判决书］，关于张哲生是否应将其所有的“牡丹宴”商标权转移至牡丹宴酒业公司的名下问题。依照《合同法》的规定，当事人应当按照约定全面履行自己的义务。依照《公司法》的规定，股东以非货币财产出资的，应当依法办理其财产权的转移手续。根据徐磊与张哲生签订的《组建公司协议》约定和法律的规定，张哲生将“牡丹宴”商标作价100万元作为牡丹宴酒业公司的原始股东入股，且牡丹宴酒业公司已经有关行政管理机关批准注册成立，合同已部分履行，张哲生应当按合同约定依照《公司法》和有关法律规定承担责任和义务，将“牡丹宴”商标权转移至牡丹宴酒业公司名下，享受该公司原始股东的权利的同时并履行原始股东应该出资义务。合同签订后，徐磊与张哲生虽然已向国家商标局提出申请将“牡丹宴”商标权转移至牡丹宴酒业公司名下，但因张哲生所有“牡丹宴”商标与“牡丹仙”商标为同一所有权人，是否相近似，应根据国家商标局具体要求办理“牡丹宴”商标权的转移手续，亦全面履行合同约定的出资义务。张哲生上诉以在签订《组建公司协议》时不知商标近似的相关规定进行抗辩的理由不能成立，作为商标权人知道或应当知道对商标近似处分的相关规定。即使在签订《组建公司协议》时不知道处分商标近似的相关规定，但在国家商标局签发《转让申请改正通知书》期限内，应依照《合同法》第一百零七条的规定采取补救措施，应协商转让“牡丹宴”商标权的改正意见，履行合同约定的出资义务，将“牡丹宴”商标转移至牡丹宴酒业公司名下。故张哲生上诉理由不能成立，原审判决张哲生履行合同约定的义务并无不当，本院予以维持。

【股东不得以超过诉讼时效为由拒绝履行出资义务】

常静与北京隆华时代文化发展有限公司股东出资纠纷上诉案［北京市第二中级人民法院(2009)二中民终字第18235号民事判决书］，按照《公司法》第二十九条(编者注：现为该法第二十八条)之规定，股东应当按期足额缴纳公司章程中规定的各自所认缴的出资额。常静认缴的出资额是153万元，但其没有如实履行股东出资义务，现隆华公司要求常静补足153万元股东出资款的诉讼请求，于法有据，本院予以支持。常静关于其并未抽逃公司出资；隆华公司注册虚假，不具备企业法人资格，不能作为诉讼主体；常静不应补足出资额的上诉意见，缺乏事实和法律依据，本院不予采信。常静上诉提出隆华公司起诉时已超过诉讼时效的主张，因股东履行出资义务是股东的法定义务，按照《最高人民法院关于审理民事案件适用诉讼时效制度若干问题的规定》第一条第(三)项之规定，当事人对基于投资关系产生的缴付出资请求权提出诉讼时效抗辩的，人民法院不予支持，故常静的该项上诉主张，本院亦不予支持。

【明知受让股权存在瑕疵而仍接受转让的受让人，推定其愿意承受相应的民事责任】

贵州益佰制药股份有限公司诉北京双鹤药业股份有限公司、湖北恒康双鹤医药股份有限公司、湖北省医药有限公司买卖合同货款纠纷抗诉案［最高人民法院(2008)民抗字第59号民事判决书］，股权的本质是股东和公司之间的法律关系，既包括股东对公司享有的权利，也包括股东对公司的出资义务，因此，股权的转让导致股东权利义务的概括转移，受让人所受让的并不是股东的出资，而是股东的资格权利。同时，股东的出资义务与其获得股权属于不同的法律关系，民事主体获得股权的前提是其取得相应的股东资格，而取得股东资格主要依据在于公司章程、股东名册和工商登记的确认，并以履行出资义务为必要条件。鉴于股东的瑕疵出资民事责任是公司股东的特有民事责任，由于出资瑕疵的股东将其股权转让给其他民事主体后，便产生了该瑕疵股权出资责任的承担主体问题，因此，在处理上要遵循股权转让双方当事人的真实意思表示和过错责任相当的基本原则。就股权转让的受让人而言，核实转让股权是否存在瑕疵出资是受让人应尽的基本义务，如果其明知或应当知道受让的股权存在瑕疵而仍接受转让的，应当推定其知道该股权转让的法律后果，即受让人明知其可能会因受让瑕疵股权而承担相应的民事责任，但其愿意承受，这并不超出其可预见的范围。

【股东之间签订配送干股协议的效力认定】

何晓与芦新正股东出资纠纷上诉案［河南省高级人民法院(2008)豫法民二终字第8号判决书(《人民司法·案例》2008年第24期)］，股权变更未进行登记，仅不具有对抗公司之外第三人的效力，并不影响公司内部股东之间所签配送干股协议的效力。公司或股东与其他股东签订的配送干股的协议的效力，应受到尊重和维护。同时还应注意到，干股作为未实际出资而取得的股份，往往与特定的条件联系在一起，如果条件未成就，配送干股的约定也就不发生效力。

【股东出资不足但公司仍然具备法人资格时，股东对公司债务的承担】

中国长城资产管理公司乌鲁木齐办事处与新疆华电工贸有限责任公司、新疆华电红雁池发电有限责任公司、新疆华电苇湖梁发电有限责任公司等借款合同纠纷案［最高人民法院(2008)民二终字第79号民事判决书(《最高人民法院公报》2009年第2期(总第148期))］，股东不实出资的，公司现有资产不足以偿还债权人债务的，公司股东应在不实出资数额的范围内向债权人承担补充赔偿责任。所以，在公司股东出资不到位但公司仍然具备法人资格的情况下，公司股东只在出资不到位的范围内对公司债务承担补充赔偿责任，如果公司股东补足了出资，则不应当对公司债务承担民事责任。

【瑕疵股权转让中的民事责任承担】

安达新世纪·巨鹰投资发展有限公司与北京首都国际投资管理有限责任公司、协和健康医药产业发展有限公司股东权确权赔偿纠纷案[最高人民法院(2007)民二终字第93号民事判决书]，关于安达巨鹰公司是否应当承担对协和健康公司的出资义务及其股东权利是否应当受到限制、是否应当对首都国际公司承担违约责任问题。

根据公司法原理，瑕疵出资股东被记载于公司章程、股东名册或者经过工商注册登记后，如果没有经过合法的除权程序，应当认定该瑕疵出资股东具有公司股东资格，享有股东权利，因此，瑕疵出资股东也有权利处分其享有的股权。在出资瑕疵的股东将其股权转让给其他民事主体后，既产生了该瑕疵股权出资责任的承担主体问题。对于上述问题，我国现行公司法以及相关司法解释并未作出明确规定，在处理上要遵循股权转让双方当事人的真实意思表示以及过错责任相当等基本原则。就股权转让的受让人而言，如果其明知或应当知道受让的股权存在瑕疵而仍接受转让的，应推定该受让人明知其可能会因受让瑕疵股权而承担相应的民事责任，但其愿意承受。故受让人应当承担补足注册资本的义务。如前分析所述，协和健康公司的发起人股东海泰集团公司、新纪元公司出资不实，协和医药公司、东盛药业公司受让上述发起人股东的股权后，亦未按照约定履行出资义务。在安达巨鹰公司与协和医药公司签订的股权转让协议中，约定股权转让款直接给付协和健康公司，在其与东盛药业公司签订的股权转让协议中，约定安达巨鹰公司不必支付股权转让款，而是要履行相应的出资义务。上述事实表明，安达巨鹰公司对其受让的股权存在出资不实、股东资格有瑕疵应当是明知的。根据协议约定以及协和健康公司章程中的规定，安达巨鹰公司向协和健康公司履行出资义务，是股权转让双方当事人的真实意思表示，亦不违反法律、法规的强制性规定，其应对协和健康公司承担出资不实的法律责任，即应向协和健康公司履行出资义务。安达巨鹰公司主张发起人股东出资义务已经完成，只存在对协和健康公司的债务，其对协和健康公司股权的受让是承债式收购，上述主张没有事实依据，不予采信。关于安达巨鹰公司的股东权利是否应当受到限制，本院认为，根据公司法的规定，股东出资不到位并不影响其股东资格的取得，但其享有股东权利的前提是承担股东义务，违反出资义务，也就不应享有股东的相应权利，这亦是民法中权利与义务统一、利益与风险一致原则的具体体现。本案中，由于安达巨鹰公司并没有履行出资义务，其股东权利的行使应当受到一定的限制，这种限制应根据具体的股东权利的性质确定，即与出资义务相对应的股东权利只能按出资比例来行使。故原审法院判决安达巨鹰公司如不能补足出资，则其不享有对协和健康公司16,500万股的表决权、利润分配请求权及新股认购权并无不当。关于安达巨鹰公司是否应当对首都国际公司承担违约责任，根据《公司法》的规定，股东不按照公司章程规定缴纳所认缴的出资，应当向已足额缴纳出资的股东承担违约责任；协和健康公司章程中也明确约定，任何一方出资人若未按章程的规定足额认缴出资，均应向已足额出资的出资人承担违约责任。安达巨鹰公司对其持有的16,500万股股权没有缴纳任何出资，其应当对已足额出资的首都国际公司承担违约责任。故原审判决安达巨鹰公司自其登记为协和健康公司的股东之日起，向首都国际公司承担违约责任并无不当，应予维持。

【行政单位开办的公司，在注册资金不到位的情况下，该行政单位对公司的债务应当承担的责任】

江苏天泽资产管理有限公司诉无锡市锡山区东港镇人民政府等借款合同案[江苏省高级人民法院(2007)苏民二终字第0127号二审判决书]，关于东港镇政府对经发公司的债务应否在经发公司注册资金1亿元不到位的范围内对经发公司的债务承担清偿责任。经发公司因根本没有注册资金而不具备企业法人资格，作为开办人的东湖塘镇政府对经发公司的债务应当在多大范围内承担责任，即应当在经发公司注册资金1亿元不到位的范围内承担有限责任、还是应当对经发公司的全部债务承担无限责任，成为本案最大争议焦点。1994年3月

30日最高人民法院《关于企业开办的其他企业被撤销或者歇业后民事责任承担问题的批复》第一条第三款规定，企业开办的其他企业虽然领取了企业法人营业执照，但实际没有投入自有资金，达不到《企业法人登记管理条例施行细则》第十五条第（七）项规定的数额的，应当认定其不具备法人资格，其民事责任由开办该企业的企业法人承担。1997年8月2日最高人民法院《关于城市街道办事处是否应当独立承担民事责任的批复》中规定，街道办事处开办的企业不具备法人资格的，应先由企业承担相应的民事责任，不足部分由街道办事处在企业注册资金范围内承担。对比上述两个规定，可知对于国家机关开办企业与企业开办企业这两种情形所确定的开办人责任是不同的。同样作为企业的开办人，当所开办的企业均不具备企业法人资格时，国家机关对所开办的企业的债务应当在其注册资金不到位的范围内承担有限责任，企业则应当对所开办的企业的全部债务承担无限责任。本案中，东湖塘镇政府投资开办经发公司，属于国家机关开办企业，东湖塘镇政府应当对经发公司的债务在其注册资金1亿元不到位的范围内承担有限责任。东湖塘镇政府的责任范围就是东港镇政府的责任范围，即东港镇政府应当对经发公司的债务在其注册资金1亿元不到位的范围内承担清偿责任。当然，如果东港镇政府和东湖塘镇政府已经对经发公司的部分债务承担了偿还责任，该偿还的数额在执行程序中应当在东港镇政府承担债务1亿元总额中予以扣除。

【不能仅以未履行出资义务而否定股东身份】

陕西锐达房地产开发有限公司、王志峰与胡耀辉、朱强、王荧、西安达成物业管理有限责任公司股权确认纠纷案［陕西省高级人民法院（2007）陕民二终字第68号民事判决书］，首先，关于王志峰的达成公司股东身份问题。2004年2月18日达成公司召开股东会，股东会决议确认王志峰持有达成公司35%的股份，并修正了公司章程，变更了股东名录。2004年3月1日达成公司召开了第三次股东会，决议同意吸纳新股东王志峰，并将公司法定代表人由胡耀辉变更为王志峰。2004年3月起，王志峰亦实际参与达成公司的日常经营，直至2005年5月。综合上述事实，王志峰股东身份依法应予确认。其次，关于锐达公司所主张其为胡耀辉、王荧所持达成公司剩余65%股权的实际股东的问题。锐达公司在诉讼中不能证明其实际向达成公司投资，其与胡耀辉、王荧间存在隐名协议或隐名关系，达成公司其他股东已认可其实际股东身份等事实问题。故锐达公司的上述主张缺乏事实及法律依据，应不予支持。最后，关于锐达公司所主张达成公司设立时，其股东并未履行出资义务的问题。从其法律后果来看，如果公司有效设立，股东瑕疵出资主要导致瑕疵出资股东对公司承担相应的出资补足责任，对其他股东承担出资违约责任，或者对公司债权人承担补充偿还责任，并不因此而否定其股东身份。

【以公司名义产生的债务，先用公司的资产清偿，不足的部分股东负有清偿的连带责任】

青岛啤酒股份有限公司诉青岛宏隆商贸有限公司、李龙、崔红购销合同抗诉案［山东省高级人民法院（2006）鲁民再终字第21号民事判决书（《最高人民检察院公报》2008年第5号（总第106号））］，《公司法》第二十八条规定，股东应当足额缴纳公司章程中规定的各自所认缴的出资额。股东以货币出资的，应当将货币出资足额存入准备设立的有限责任公司在银行开设的临时帐户；以实物、工业产权、非专利技术或者土地使用权出资的，应当依法办理其财产权的转移手续。股东不按规定缴纳所认缴的出资，应当向已足额缴纳出资的股东承担违约责任。在公司设立时，股东没有将出资打入公司账户，而是自己的账户，用变造的进账单通过了验资审查和公司注册登记，股东的行为违反了《公司法》第二十八条的规定，公司不具有法人资格。因此，以公司名义产生的债务，先用公司的资产清偿，不足的部分股东负有清偿的连带责任。

【瑕疵出资的股东在瑕疵出资范围内对公司债务承担补充责任】

通联资本控股有限公司与中国银行泰州高港支行、钇利沣光电科技（泰州）公司、上海钇利沣公司借款合同纠纷案［江苏省高级人民法院（2006）苏民二终字第0201号民事判决书］，公司债权人以利害关系人的身份向违反出资义务的股东行使追偿权利的，首先应当由公司对其债务承担直接责任，瑕疵出资的股东在公司财产不足以偿还公司债务时，在瑕疵出资的范围内对公司债务承担补充责任。瑕疵出资的股东将股权转让的，其补足出资的法定义务不因合同转让而转移。受让股东对瑕疵出资的行为明知或应知，仍然与出让人签订股权转让合同，应当与出让股东连带承担补充赔偿责任。

【瑕疵出资股份转让合同的效力认定及责任承担】

江苏省苏州兰顿苹果服饰有限公司与江苏省苏州百怡商贸有限公司买卖合同纠纷上诉案[江苏省苏州市中级人民法院（2006）苏中民二终字第0526号判决书（《人民司法·案例》2008年第18期）]，我国公司法规定股东瑕疵出资时，并不会导致公司股东资格的丧失，因此，瑕疵出资股东只要具备公司股东资格，就可以将其股份转让给其他股东或者股东以外的人。瑕疵出资股东转让股权后，只有在公司财产不足以清偿债权时才对公司债权人在出资不实的范围内承担补充清偿责任。

【股东以其土地使用权出资，但未办理产权转移手续，行政机关可以以虚假出资为由对其进行处罚】

何佰灿不服新昌县工商行政管理局行政处罚案[浙江省新昌县人民法院（2006）新行初字第2号行政判决书]，我国民法上对物权变动采用公示公信原则，就土地使用权而言，以登记为公示的方法，根据公信原则，即使登记所表现的物权状态与真实的物权状态不相符合，也不影响物权变动的效力。本案中，原告未将26.30亩土地使用权的权属变更登记至新昌县佛城制冷有限公司，新昌县佛城制冷有限公司虽然可以使用该26.30亩土地，但不是具有法律意义上的使用权，其物权仍然为原所有人所有，当第三人或其他债权人在与新昌县佛城制冷有限公司发生纠纷时，不能将该26.30亩土地使用权作为新昌县佛城制冷公司的财产实现债权，也违背了公司法立法时设立注册资本的目的，可能影响债权人和其他股东的利益。原告没有能够提供有效证据证明土地使用权过户不能，系新昌县拔茅组团控制性规划及新昌江有关规划调整的客观原因所致。即使确系规划原因导致过户不能，在明知出资的土地使用权不能按期过户的情况下，原告可以并且应该采取用其他等值财产出资替代26.30亩土地使用权作为注册资本，或者降低注册资本等救济方法，但从2004年2月新昌县佛城制冷公司成立至2005年9月案发，原告并没有采取救济措施，导致作为原告出资的400万元注册资本没有到位。被告在对原告进行处罚时，适用了《公司法》第二十五条第一款、《公司登记管理条例》第六十条，这两个法条规定了虚假出资的构成要件，以及相应的处罚方式。根据这两个法条的规定，可以认定原告何佰灿的行为已经构成虚假出资，并加以处罚。《公司注册资本登记管理条例》是部门规章，虽然被告在作出行政处罚时没有援引其中的第九条，但该法条的不引用不足以影响被告对原告行为的认定和处罚。被告新昌县工商行政管理局认定原告虚假出资的案件事实清楚，证据充分。

【不能以国有企业划拨土地使用权作为出资的情况下，出资股东对公司只承担法定的价格补充责任】

南京富力精细化工有限公司诉南京四力化工有限公司出资纠纷案[江苏省高级人民法院（2005）苏民二终字第034号民事判决书]，公司起诉瑕疵出资的股东要求其承担出资不到位的责任，股东对公司只承担法定的价格补充责任，公司可得利益的主张不予支持。以国有划拨土地使用权作为出资必须要经过国家主管部门的明确批准作为国家出资投入，并且要授权相关单位持有股权，否则该土地不可以作为企业财产对外承担责任。

【没有缴纳出资的，不享有股权】

刚毅（集团）公司转让并无实际出资的股权请求受让人新疆宏景有限责任公司、香港耀冠集团有限公司支付股权转让金被驳回案[新疆维吾尔自治区高级人民法院（2005）新民三终字第24号民事判决书]，境外投资者没有在法定的期间按照法定的比例缴清出资的，该外资企业应当到工商管理部门办理注销登记手续。境外投资者对其设立的外资企业没有投入注册资金和项目开发资金的，不享有真实、合法的公司股份权益，其转让该公司股权的行为违反法律强制性规定，应认定无效。

关于股权的取得，根据《公司法》的规定，公司股权是公司股东作为出资者按投入公司的资本额所享有的资产受益、重大决策和选择管理等的权利；公司享有股东投资形成的全部法人财产权，依法享有民事权利，承担民事责任。由此可见，股东的股权是以股东投入的资本以及由此而形成的全部法人财产为基础的，没有资本的投入即无从形成股权。就本案而言，由于刚毅公司未向福长公司注入资金，福长公司实际上是一个空壳公司，没有形成法人财产，因此，刚毅公司在福长公司中的股权是不存在的，即不享有福长公司的股权。基于以上事实，刚毅公司与宏景公司及刚毅公司与耀冠公司的股权转让行为违反法律、法规的强制性规定，应确认无效。

【公司股东认为其他股东出资不足的，应承担出资不足的举证责任】

君信创业公司诉绿谷伟业公司等出资合同纠纷案[最高人民法院(2004)民二终字第260号民事判决书(《最高人民法院公报》2005年第6期(总第104期))]，公司股东认为其他股东出资不足而向法院提起诉讼的，其所承担何种举证责任应符合《最高人民法院关于民事诉讼证据的若干规定》。根据该规定第二条，当事人对自己提出的诉讼请求所依据的事实或者反驳对方诉讼请求所依据的事实有责任提供证据加以证明。没有证据或者证据不足以证明当事人的事实主张的，由负有举证责任的当事人承担不利后果。因此，公司股东认为其他股东出资不足的，应该举证证明出资不足的事实，如果不能证明，则要承担不利后果。依据《审计法》及其实施条例关于“没有国有企业股东、国有股不占控股地位或者主导地位的公司不在法定审计范围之内”的规定，本案中的审计报告不具有法律规定的法律效力。又因为该审计报告既非国家机关依职权作出的，也非公司股东等相关利益人或法院委托审计机关作出的，故该审计报告应被认定为一般的书证。

【有限责任公司因股东出资不足被吊销营业执照，该股东被政府接管后，在其基础上成立了新法人的，新法人应对原有限责任公司的债务承担清偿责任】

郭忠连诉青岛市卫生局、青岛市东部医院借款合同纠纷案[山东省青岛市中级人民法院2003年3月10日民事判决书(《最高人民法院公报》2003年第5期(总第85期))]，被上诉人郭忠连借给美园酒店160万元一事属实，美园酒店应当承担还款责任。本案上诉的争议焦点为核疗养院是否美园酒店的股东？上诉人应否为核疗养院承担投资不到位的还款责任？

美园酒店虽然是根据核劳服与美国第一饮料食品公司所签中外合作合同设立的，但核劳服在合同中约定的出资，却是核疗养院所有的房地产。合同履行时，是核疗养院出面将其所有的房地产进行了投资。美园酒店创建过程中所需的手续，也是核疗养院以自己的名义出具的。核疗养院在其向青岛市规划局等部门出具的有关函件中，自称美园酒店是其与美国第一饮料食品公司投资设立。鉴于以上事实和核劳服与核疗养院之间存在的从属关系，可以确定，美园酒店的实际中方投资者是核疗养院。核疗养院作为美园酒店真正的中方股东，投资不到位，在美园酒店被吊销营业执照后，又未及时对该酒店的债权债务进行清算，其行为损害了美园酒店合法债权人的利益，理应承担民事责任。现核疗养院已不存在，上诉人东部医院是在原核疗养院基础上设立的。原核疗养院的所有资产(包括应当作为美园酒店投资的房地产)以及在编人员，均已由东部医院接收。因此，东部医院对原核疗养院的债务应当承担偿还责任。

【债权出资】

叶建民等诉胡德族股权纠纷案[广东省惠州市中级人民法院(2002)惠中法经终字第91号民事判决书]，原惠州市玻璃纤维厂欠职工集资款本息，经东江会计师事务所审计作出的《资产评估报告》中已确定，该报告由惠城区区国有资产管理办公室确认，有1998年8月11日惠城国资确认(98)第6号文件《关于惠州市玻璃纤维厂资产评估结果的通知》为据。上诉人认为改制前企业欠职工集资款本息国资办没有确认，与事实不符。惠州市玻璃纤维厂改制时惠城区人民政府体制改革办公室根据当时实际情况，同意职工集资款本息转为股金，当时全体股东中亦无人提出异议。按各股东认购股金数额确定出资、企业改制完成并经工商部门核准登记为有限公司后，在上诉人叶建民任董事长期间的2001年10日23日公司虽曾要求惠城区工业局对股东出资重新验证，而惠城区工业局在公司董事会、监事会全体成员署名的同年12月18日书面《关于原惠州市玻璃纤维厂改制时将原职工集资款本息转为新公司股金的情况说明》上，已明确写明当时局已同意该厂将厂原职工集资款本息转为股金。因此，应认定被上诉人胡德族已按认购股金数额出资，将债权转为股权合法有效。

【股东以虚假发票作为增资证据的，应认定为虚假出资】

陈汉滨诉鸿双辉公司、蔡禧福、洪顺利、永大会计公司因虚假出资、虚假验资应支付买卖合同货款案［福建省厦门市中级人民法院2002年12月25日民事判决书］，首先，会计师事务所进行实物出资的验资时，既要审核财产的所有权凭证，明确其合法来源及财产权归属，还要进行现场清点，确认实物出资已经到位。本案中，三张发票的客户均为鸿双辉公司而非出资的股东，永大会计公司未作进一步审核便直接认定财产所有权人为股东；而且，永大会计公司据以证明其已进行实物清点的"物资存放证明"上的股东签字，股东洪顺利也否认是其本人所签。在出资人对实物清点的真实性存有异议的情况下，永大会计公司如何明确增资实物的财产权归属？据此，可以认定永大会计公司在审验增资过程中未尽到注意义务，主观上负有过错。其次，厦门染整厂对讼争债权有无内部记载不能否认《还款协议书》的真实性；厦门染整厂以报纸公告形式通知债权转让事宜也不为法律所禁止，而且，原告的起诉也是一种明确的通知方式。原告依法受让债权后，当然享有对债务的追索权。结合鸿双辉公司的税务登记材料等相关证据，原审合理判断讼争业务发生在增资之后及虚假验资与妨碍债权实现之间有因果关系是正确的。

【持股会会员并不当然就是公司的股东，即使有出资行为，也不能认定其股东资格】

喻勇敏与绍兴越盛集团有限公司股东权纠纷上诉案［浙江省高级人民法院（2002）浙经一终字第14号民事判决书］，本案中喻勇敏是否具备越盛公司的股东身份，是决定其能否向越盛公司主张股东权利的前提。越盛公司系依法设立的有限责任公司，应受《公司法》的规范。根据公司法的原理，有限责任公司的股东一般由三方面主体构成：一是在公司章程上签名盖章且实际履行了出资义务的发起人；二是在公司存续期间依法继受取得股权的人；三是公司增资时的新股东。上述主体均应记载在公司的股东名册上。本案中，喻勇敏曾系越盛公司的职工，其依照持股会章程交纳购股金后，成为持股会会员。但持股会会员并不当然就是公司的股东。根据越盛公司的公司章程及工商登记材料，该公司的股东明确为谢百军和持股会。喻勇敏对越盛公司虽然存在实际的出资行为，但其并不符合法律规定的公司发起人的股东主体，且本案也无喻勇敏继受取得越盛公司的股权或越盛公司增资事实的发生，故喻勇敏不能认定为越盛公司的股东。由于喻勇敏不具备越盛公司的股东身份，其依法不能直接向越盛公司主张股东权利。

【用无真实交易关系的虚假发票验资的，应认定为虚假出资】

高雷诉思晨公司股东盈余分配权案［江苏省南京市中级人民法院2002年10月22日民事判决书］，我国《公司法》对于债权作为公司出资予以了否定。而高雷开具了四份无真实交易关系的发票用于验资，应认定为虚假出资，故高雷并未按公司章程约定向公司缴纳出资。在此情况下，高雷向思晨公司索取赢利，有违《合同法》公平、诚信履行之原则，故对其诉讼请求不于以支持。

【出资人应在其出资不实的范围内对公司的债务承担清偿责任】

常熟泛亚建筑陶瓷工业有限公司上海分公司诉上海申涛建材有限公司购销合同案［上海市第二中级人民法院（2001）沪二中经终字第713号民事判决书］，有限责任公司的股东必须履行出资义务，当股东未履行出资义务时，成立的公司因缺乏必要的资金导致公司缺乏必要的合同履行能力及偿债能力，即出资人未尽出资义务与公司缺乏必要的合同履行能力及偿债能力之间存在一定的因果关系，因此，出资人应在其出资不实的范围内对公司的债务承担清偿责任。本案中，朱崇艳与杨家玮之间关于由杨家玮替代朱崇艳的股东和法定代表人身份的约定系双方的真实意思表示，可予以认定，但朱崇艳出资未到位，朱崇艳作为股权转让方的出资责任是否免除、何时免除应根据杨家玮作为股权受让方是否补足、何时补足注册资本的事实予以确定。现作为股权转让的双方，朱崇艳未出资且杨家玮亦未补足注册资本，因此，朱崇艳仍应承担出资责任。股权转让双方对公司缺乏必要的合同履行能力及偿债能力均有责任，双方应对公司债务承担连带清偿责任。

【出资人以股权出资的，应履行关于股权转让的法定手续并办理变更登记】

浙江诸暨盾安三尚机械有限公司诉杭州金松空调有限公司、杭州金松集团有限公司、杭州市手工业合作社联合社承揽合同纠纷案[浙江省绍兴市中级人民法院(2000)绍中法经初字第133号民事判决书]，被告空调公司系有限责任公司，股东为被告金松集团和被告手工业联社，其中被告金松集团以货币资金2700万元和拥有的杭州东宝电器集团公司的净资产1113万元出资，被告手工业联社以拥有杭州东宝电器集团公司的净资产680万元出资。杭州会计师事务所出具的验资报告虽认可被告空调公司已收到两股东的上述出资，但要求杭州东宝电器集团公司的房屋所有权证、土地使用权证等有关证照及对外投资待被告空调公司成立后按规定办理过户手续，并待空调公司正式运转后注销杭州东宝电器集团公司。但至今杭州东宝电器集团公司尚未注销，仍具备独立的企业法人资格，也未办理被告金松集团、手工业联社投资资产的过户手续。《民法通则》第七十二条虽规定财产所有权从财产交付时起转移，但这是关于动产物权变动的基本原则。物权的变动是权利主体对物权的取得、变更和丧失，其实质为主体之间对权利客体的支配和归属关系在法律上的表现，因为物权变动须是法律上的表现，因此物权变动的一个重要原则就是公示原则，即物权的各种变动必须以一种可以公开向社会显示并能取信于公众的外部表现方式予以展示，方能生效的法律原则。本案中涉及的是房产、土地使用权的变动，属于不动产物权的转移，根据公示、公信原则，不动产物权以登记作为其变动的公示方法，不经登记不仅不能对抗第三人，而且在当事人之间也不发生物权变动的法律效力，登记为不动产物权变更的生效要件，当事人之间不能以意思自治原则而任意约定来变更其效力。《房地产管理法》第六十条第三款规定，房地产转让或变更时，应当向房产管理部门申请房产变更登记，再凭变更后的房屋所有权证向土地管理部门申请土地使用权变更登记。《公司法》第二十五条也规定，以实物、土地使用权等出资的，应当依法办理其财产权的转移手续。对外投资的股权从性质上讲也属于物权，其变动也应当经过一定的法律程序才产生效力，根据《公司法》第三十六条的规定，股权的变动应由公司将受让人的姓名及出资等记载于股东名册。现被告金松集团、手工业联社虽已将其投资的资产移交给被告空调公司使用，但没有根据物权的变动原则办理法定的变更登记手续，空调公司对金松集团、手工业联社投资的资产在法律意义上没有合法取得，该房产、土地使用权、股权仍然属原登记主体所有，并未发生任何变动，实质上被告空调公司对上述资产不享有所有权。因此，应当认定被告金松集团有1113万元注册资金没有投入到被告空调公司，被告手工业联社有680万元注册资金没有投入到被告空调公司。虽然两股东注册资金没有投足，但已达到公司最低注册资金标准，故两股东应当在注册资金未到位的范围内对其开办的公司的债务承担清偿责任。据此，被告金松集团应在未到位注册资金1113万元范围内对被告空调公司的债务承担清偿责任，被告手工业联社应在未到位注册资金680万元范围内对被告空调公司的债务承担清偿责任。

【公司设立不同于公司成立，设立阶段中的出资人只是公司的设立人，股份身份的确立不是始于公司设立，而是始于公司成立，仅凭划款凭证不能证明出资行为】

深圳市城市建设开发(集团)公司与国家旅游局侵权纠纷上诉案[北京市高级人民法院(2001)高经终字第270号二审民事判决书]，城建集团与中旅信公司之间不存在股权关系，城建集团应是中旅信公司设立过程中的设立人。公司的设立与公司的成立是两个不同的概念，它们是同一连续行为的两个不同阶段。公司的设立是为公司的成立而进行的准备活动，包括订立公司章程、组建公司机构、履行出资义务、申请注册登记手续等程序。在公司设立阶段中，出资人只是公司的设立人，随着公司设立程序的进展，设立人在不同的环节上所处的法律地位、承担的义务及责任形态各异。国家旅游局在发起组建中旅信公司时，向城建集团发出邀请，城建集团缴纳了出资，参与了筹建活动，应视为是设立人。公司的成立则是公司的设立行为被法律认可后的法律后果或法律事实，股东身份的确立并不是始于公司设立，而是始于公司成立。中旅信公司成立后，应按照《公司法》第三十条的规定向股东签发证明书，但中旅信公司并没有向城建集团签发出资证明书。而股东身份的取得，是以公司成立后向设立人签发证明其出资及相关权利证书为标志的。因此城建集团与中旅信公司之间不存在股权关系。故城建集团上诉提出其受到侵害的民事权利是股权，其要求保护基于股东投资而形成的权益的请求，本院不予支持。

【股东协商一致将实物投资作为抵押物，不存在不履行出资义务的问题】

中闽国贸发展有限公司诉东闽电机有限责任公司不履行对合资公司出资义务案［福建省福州市中级人民法院（2000）榕经初字第038号民事判决书］，中闽国贸公司与东闽电机公司签订的合资合同书、公司章程，主体资格合法，意思表示真实，符合国家法律、行政法规的规定，应确认为有效。作为被投资公司中闽发电机公司两股东之一的东闽电机公司未依约履行出资义务，已构成违约，理应对中闽发电机公司承担未出资的违约责任，即依公司章程的规定将出资物转移过户至中闽发电机公司名下，并支付逾期违约金。该违约金本应按日万分之四，从东闽电机公司违约不履行出资义务之日，即中闽发电机公司成立之日起六个月后起算，但由于中闽国贸公司仅诉请东闽电机公司支付固定数额的违约金30万元，故在本案中，对中闽发电机公司本可受到保护的超出其诉求部分的违约金不予认定和支持。中闽国贸公司或中闽发电机公司可另行提起诉讼，要求东闽电机公司支付本案中未请求的违约金部分。由于中闽发电机公司就东闽电机公司未按约出资提起诉讼须经东闽电机公司同意，故在这种情况下，作为一方股东的中闽国贸公司有权代中闽发电机公司对公司的另一股东东闽电机公司提起诉讼，要求东闽电机公司承担出资责任。该诉讼的胜诉结果应归于中闽发电机公司，且该诉讼对中闽发电机公司亦具既判力，中闽发电机公司不能再以同样的诉求和理由再次提起诉讼。东闽电机公司关于其本应作为出资的土地使用权和厂房，先作为政府工程的施工场地被占用，后经由股东双方协商一致，作为被投资公司向银行贷款的抵押物，因此，其不存在不履行出资义务的问题，以及中闽国贸公司未按约按时足额履行货币出资义务，故无权要求其履行出资义务的答辩，均于法于公司章程无据，不予支持。

【以土地使用权出资，应办理权属变更手续】

少数股股东上海市自来水公司等诉多数股股东辉煌公司投资不到位和挪用成立的上海海上国际赛艇俱乐部有限公司资金侵权案［上海市第一中级人民法院1999年11月4日民事判决书］，系争《上海海上国际赛艇俱乐部有限公司合同》属当事人三方真实意思表示，形式和内容均符合法律规定。两原告作为被告赛艇俱乐部的股东，按约履行了出资义务，被告辉煌公司承诺以土地使用权作价投资，符合《公司法》第二十四条第一款（编者注：现为该法第二十七条第一款）“股东可以用货币出资，也可以用实物、工业产权、非专利技术、土地使用权作价出资”之规定。但该土地使用权至今未变更登记归被告赛艇俱乐部，应认定被告辉煌公司人民币200万元投资不到位，违反了公司合同、章程及《公司法》第二十五条（编者注：现为该法第二十八条）“股东应当足额缴纳公司章程中规定的各自所认缴的出资额”之规定，依法应予缴足。被告辉煌公司作为合同、章程约定之最大股东，在实际控制被告赛艇俱乐部经营管理期间，擅自占用被告赛艇俱乐部的资金，直接侵害了被告赛艇俱乐部的财产权，对此被告辉煌公司并不否认，对该侵权一节事实予以认定，被告辉煌公司应返还非法占用之资金并按其书面承诺予以补偿，补偿额以三方确认之数22.4万元为准。

【公司注册资金来源不合法，其后的转款行为不能认定为抽逃或挪用】

石德毅与中国欧美进出口公司、湖北益丰贸易公司、上海君合贸易公司代理进口合同纠纷案，石德毅是否应就君合公司的债务向欧美公司承担赔偿责任的问题。从欧美公司提交的证据可以看出，本案用于注册君合公司的3000万元款项系刑事诈骗的赃款，且在验资后即汇往石德毅之妻的股票账户，后该款项被公安机关追收。因此，君合公司的注册资金缺失。公司的注册资金的所有权属于公司，是公司对外承担责任的基础。股东不应将注册资金抽逃或挪作他用。股东如果抽逃或挪用公司资金，必须将抽逃或挪用的资金返还给公司。另外，石德毅和黄丰作为君合公司的股东，本应以自己所有的合法资产投入君合公司，而二人出资所用款项系另案所确定的赃款，并被追缴。因此，作为股东的出资人应将注册资金补足。根据《公司法》第二十八条的规定，股东之间对此应承担连带责任。因此，石德毅应在公司注册资金3000万元的范围内向君合公司的债权人承担赔偿责任。

【有限责任公司的股东未按合同约定按时缴纳所认缴的出资，应承担违约责任】

海南州海汇投资公司诉青海湖旅游公司出资纠纷案，合同是平等主体的自然人、法人、其他组织之间设立、变更、终止民事权利义务关系的协议，要求合同主体受合同的约束，合同主体均应严格遵守。如果不履行义务或者履行义务不符合约定的条件，要承担违约责任。违约责任制度，是保证当事人履行合同义务的重要措施。本案中双方于2003年4月25日签订《合资经营企业合同书》，根据最高人民法院《关于适用〈中华人民共和国公司法〉若干问题的规定(一)》的规定，本案应适用1993年《公司法》。有限责任公司的注册资本是公司成立时注册登记的资本总额，公司的资本由股东的出资组成，股东的出资，是公司设立并从事生产经营活动的物质基础，股东出资形成公司的全部法人财产。所以确保股东出资到位，是维护公司正常经营与发展的必要条件。因此，出资义务是股东最基本、最重要的义务之一。被告集团公司未按合同约定按时缴纳所认缴的出资，也未按时召开股东大会，已违反合同的约定，应承担出资违约责任，其行使的股东权利，按实际出资比例行使相应的权利。故原告请求判令集团公司承担未按合同约定的期限及数额投入股本金的责任、并履行合同对控股的约定条款的诉讼请求成立，本院予以支持。关于原告提出的请求判令二被告承担因侵权对原告造成的损失1,086,980元的诉求，经本院查明原告的损失为1,045,976.99元，应由被告发展公司承担赔偿责任。

【股东向公司借款，无实际资金交付，以该借款作为注册资金投入公司，为虚假出资】

中艺进出口实业公司与北京周氏贸易有限公司代理协议纠纷执行案，1997年5月29日和同年6月3日，中艺公司分别将15万元和160万元货款以转账支票形式打入周氏公司，支票所列收款人均为周氏公司；1997年6月10日，周氏公司三方股东签署“投资协议”，同意周某某将中艺公司给付的货款15万元和160万元用于对公司的增资。中艺公司提交的证据表明，该175万元是中艺公司给付周氏公司的货款，属周氏公司财产；被执行人和周某某仅提交三方股东协议不足以推翻中艺公司的证据，不能证明该款项属周某某个人所有。因此，执行法院认定该175万元为周氏公司财产，周某某将公司财产用作个人出资，依法应当在虚假增资的范围内承担责任，执行法院遂裁定追加周某某为被执行人，令其在175万元的范围内承担周氏公司的债务。

【股权转让时，原股东的补足出资义务不因股东身份丧失而免除】

甲公司与赵某股东出资纠纷案[江苏法院公司审判十大案例之二]，股东的出资义务是法定义务，股权转让时如存在出资不实情形，原股东的补足出资义务不因股东身份尚失而免除；且因该义务的履行涉及公司债权人利益的保护，包括受让股东、公司在内的任何人，均无权免除该项法定义务。根据《最高人民法院关于适用〈中华人民共和国公司法〉若干问题的规定(三)》第十八条的规定，受让股东知晓并承诺由其补足出资的，相关的法律后果是出让股东与受让股东对于补足出资义务应向公司承担连带责任；公司可以选择向两者中任何一个主张权利，亦可要求两者承担连带责任。

2. 认缴制及股东出资义务的加速到期

【抽逃出资的认定】

乌苏福升工程建筑有限公司与杨宇股东出资纠纷案[新疆维吾尔自治区乌鲁木齐市中级人民法院(2018)新01民初296号民事判决书]，本案的争议焦点为：杨宇将1500万元投资款转出的行为是否构成抽逃出资，福升公司请求杨宇返还抽逃出资1500万元有无事实及法律依据。针对该争议焦点，法院认为，2013年我国对《公司法》作了较大修正，修正内容主要包括：彻底废除了最低法定注册资本限额要求；公司注册资本实缴制改为认缴制，不再限制股东或者发起人首次缴纳数额以及分期缴纳期限，股东作出缴纳出资的意思表示即构成出资；限缩了验资程序的适用范围；对公司登记制度作了修改。故在注册资本采认缴制的情形下，股东作出缴纳出资的意思表示即可，出资缴纳的时间由公司章程规定。

本案中，第一，福升公司章程中明确规定股东出资时间为2024年7月10日，出资缴纳时间至今尚未届至，福升公司在庭审中也未能举证证实该公司通过修改公司章程已将股东的出资缴纳时间予以变更提前。依照现行《公司法》规定及相关法理，即便福升公司在设立时，股东杨宇及徐华强均将其认缴的出资额实缴至福升公司的验资账户并办理了验资手续，但杨宇、徐华强将出资款缴入验资账户并办理验资手续的行为并不能产生致使福升公司章程规定的股东出资认缴期限提前到期的法律后果。依据2013年修正后的公司法的相关规定，福升公司股东认缴出资期限仍应以公司章程规定为准，福升公司主张杨宇存在抽逃出资行为，请求其补足出资缺乏事实及法律依据。第二，损害公司权益是认定抽逃出资行为的必要条件。实践中，对其认定主要是对公司资产减少的认定和对资产减少是否有合理的理由的认定。本案已查明，福升公司原股东杨宇、徐华强认缴的出资款3000万元在办理完验资手续后随即转出，而杨宇在转让其持有的福升公司50%股权时，虽与两名受让人签订了股权转让合同并约定了转让价款，但杨宇并未实际收取股权转让款，新的股东王杨军、王超在受让杨宇股权进入福升公司时并未支付任何对价。依现有证据，尚不能证明杨宇转让福升公司股权的行为损害了福升公司的权益。第三，审判实践中，股东出资责任并不能随意认定加速到期，只有在公司不能清偿对外债务时，即发生了股东期限利益危及债权人利益的情形时，债权人有权请求股东提前在未出资范围内对公司债务承担补充赔偿责任。而本案中亦不存在上述情形，故而不适用股东出资期限加速到期的相关规定。综上所述，福升公司主张杨宇将1500万元投资款转出的行为构成抽逃出资，请求其补足认缴出资1500万元并承担相应利息缺乏事实及法律依据，本院不予采信。

【股东瑕疵减资的责任承担】

曹某与实友公司等公司减资纠纷上诉案［北京市第三中级人民法院（2017）京03民终13422号民事判决书（《人民司法·案例》2018年第20期）］，在目标公司非因投资人原因未能成立时，投资人为了成立目标公司而先向准关联公司投入的款项，应视为投资人对该准关联公司的债权。该准关联公司股东对到期应认缴出资瑕疵减资的，应承担出资不实的赔偿责任。

根据案件事实，曹某与实友公司的债权债务在实友公司减资前已经形成，曹某应为实友公司能有效联系的已知债权人。实友公司作出减少注册资本的决议并称同日在报纸上刊登减资公告，但并未提供证据证明就减资事宜通知曹某，其行为违反公司法关于减少注册资本应通知债权人之法定程序，亦使曹某丧失了在实友公司减资前要求其清偿债务或提供担保的权利。石某、何某为实友公司设立时的股东，各认缴200万元出资，设立时各实缴40万元，各剩余160万元出资未按期缴纳。实友公司进行减资的工商变更登记无法排除石某、何某所应承担的未全面履行出资义务之责任，曹某有权请求其二人在未出资范围内对实友公司债务不能清偿的部分承担补充赔偿责任。二审法院据此改判实友公司返还曹某投资款100万元并给付利息，石某、何某在减少出资的160万元范围内对实友公司返还投资款及给付利息承担补充赔偿责任。

【非破产情形下有限公司股东出资义务不应加速到期】

庞辽玉、杜昕洋民间借贷纠纷案［河南省南阳市中级人民法院（2019）豫13民终1263号民事判决书］，本案的争议焦点为：被上诉人是否应当对涉案借款承担连带清偿责任。结合本案具体案情，对于该争议焦点作进一步解释，即为出资期限未到期的股东是否需要在未出资范围内对公司不能清偿债务承担补充责任，也即所谓“股东认缴出资能否加速到期”。本院认为，在现有法律框架下，本案并不符合股东认缴出资加速到期的情形，庞辽玉的上诉理由不能成立。主要原因有以下几个方面：

第一，现有证据不足以证实新合公司股东存在虚假出资的情况。根据一审法院认定事实，新合公司的工商登记上显示：（现）法定代表人杜昕洋，注册资本：10,000万元，实缴资本30万元。新合公司2017年度企业信息公示报告也显示股东杜礼实缴出资5万元，杜昕洋实缴出资25万元，实缴资本30万元。现有证据不足以证实新合公司存在未进行过任何货币出资，以及新合公司股东滥用法人独立地位而抽逃出资的情形。

第二，本案并不符合《最高人民法院关于适用〈中华人民共和国公司法〉若干问题的规定（三）》（以下简称《公司法解释（三）》）第十三条、第十八条的规定情形。《公司法解释（三）》第十三条第二款规定：“公司债权人请求未履行或者未全面履行出资义务的股东在未出资范围内对公司债务不能清偿的部分承担补充赔偿责任的，人民法院应予支持；未履行或者未全面履行出资义务的股东已经承担上述责任，其他债权人提出相同请求的，人民法院不予支持。”《公司法解释（三）》第十八条规定：“有限责任公司的股东未履行或者未全面履行出资义务即转让股权，受让人对此知道或者应当知道，公司请求该股东履行出资义务、受让人对此承担连带责任的，人民法院应予支持；公司债权人依照本规定第十三条第二款向该股东提起诉讼，同时请求前述受让人对此承担连带责任的，人民法院应予支持。受让人根据前款规定承担责任后，向该未履行或者未全面履行出资义务的股东追偿的，人民法院应予支持。但是，当事人另有约定的除外。”可见，要求股东对公司债务不能清偿部分承担补充赔偿责任的前提，在于该股东“未履行或未全面履行出资义务”。对于“股东出资义务”的理解，则应当以现行公司法相关规定为依据。《公司法》第二十八条第一款规定：“股东应当按期足额缴纳公司章程中规定的各自所认缴的出资额”，该条款应视为对于股东出资义务的解释规定。在现行公司法实行资本认缴制的前提下，该条规定中明确股东的出资义务为“按期”足额缴纳公司章程中规定的各自认缴的出资额，本案中公司章程载明的股东各自认缴的出资期限为2034年12月前，故至本案诉讼之日，尚未到公司章程载明的股东认缴出资期限，本案被上诉人在未到认缴期限时未足额缴纳出资的行为不能视为“未履行或未全面履行出资义务”，不符合《公司法解释（三）》规定的股东对公司债务不能清偿部分承担补充赔偿责任的相关情形。

第三，庞辽玉主张本案股东认缴出资加速到期缺乏请求权基础。《最高人民法院关于适用〈中华人民共和国公司法〉若干问题的规定（二）》第二十二条规定：“公司解散时，股东尚未缴纳的出资均应作为清算财产。股东尚未缴纳的出资，包括到期应缴未缴的出资，以及依照公司法第二十六条和第八十一条的规定分期缴纳尚未届满缴纳期限的出资。”《企业破产法》第三十五条规定：“人民法院受理破产申请后，债务人的出资人尚未完全履行出资义务的，管理人应当要求该出资人缴纳所认缴的出资，而不受出资期限的限制。”在现行法律框架下，仅有出现上述公司进入破产、清算的情形下，才可以主张股东认缴出资加速到期。本案中，新合公司股东认缴出资的期限尚未届满，新合公司并未处于破产、清算阶段，因此，庞辽玉主张应当加速股东认缴出资到期缺乏相应的请求权基础，依法不应予以支持。

第四，最高人民法院会议纪要亦在一定程度上对于“股东认缴出资加速到期”持否定态度。2017年12月2日，最高人民法院民二庭第七次法官会议纪要就“认缴出资能否加速到期”进行了讨论，该纪要认为：“公司不能清偿到期债务时，单个或部分债权人起诉请求股东以其认缴但未届出资期限的出资承担清偿责任的，人民法院一般不应支持。只有在公司已经进入破产或清算程序时，要求股东认缴出资加速到期才有法律依据。”该会议纪要符合本案的情形，故本院在审理过程中予以参考。

中国电信股份有限公司泰州分公司与薛扬、泰州国通网络科技有限公司承揽合同纠纷案［江苏省泰州市中级人民法院（2018）苏12民终2791号民事判决书］，在现行公司法及司法解释规定下，股东出资责任加速到期应仅限于公司进入破产程序或者解散清算程序的情形。《公司法解释（三）》第十三条是关于股东未履行或者未全面履行出资义务时的责任的规定，从该条第二款关于“公司债权人请求未履行或者未全面履行出资义务的股东在未出资本息范围内对公司债务不能清偿的部分承担补充赔偿责任”的内容看，只有出资期限已届满，股东应履行而未履行或者未全面履行出资义务时，才有“未出资本息”可言。因而，股东出资期限已届满是公司债权人依据该条规定得以向未履行或者未全面履行出资义务的股东有所主张的前提条件之一。因此，除非法律及司法解释规定的特定情形，尚不能对相关法律及司法解释的规定作扩张解释。

本案中，国通公司注册资本1000万元，根据2014年4月15日公司章程修正案，薛建国应出资、已出资45万元，薛扬应出资955万元，已出资55万元，未出资900万元于2034年12月31日前缴纳。2018年1月4日，薛扬将其在国通公司的全部股权转让给飞羚公司。其间股权转让协议载明：股权转让后，未交付的900万元由飞羚公司2034年12月31日前缴足。后国通公司进行了股东变更登记和公司章程修正案备案登记。变更后，飞羚公司成为国通公司股东，其900万元认缴出资期限为2034年12月31日前。由此，在国通公司未进入破产程序或者解散清算程序状态下，电信泰州分公司要求薛扬在未出资本息范围内对国通公司债务承担补充赔偿责任没有事实和法律依据。

梁良与顾金华股东损害公司债权人利益责任纠纷案［江苏省南通市中级人民法院(2018)苏06民终2588号民事判决书］，梁良在本案中主张“加速到期”的理由不能成立。《公司法解释（三）》第十三条第二款规定，公司债权人请求未履行或者未全面履行出资义务的股东在未出资本息范围内对公司债务不能清偿的部分承担补充赔偿责任的，人民法院应予支持。该规定针对的系“未履行或未全面履行出资义务的股东”，而“未到期出资”因出资期限尚未届至，此类认缴股东不属该规定中应承担责任的主体。梁良依此条规定请求顾金华承担民事责任，显然未将两者予以区分，其实质就是要求顾金华提前履行出资义务。公司违反法定程序减资，并非认缴出资的股东加速履行未到期出资义务的法定事由，顾金华作为三和顺公司的股东出资期限尚未届至，其在本案中不应承担民事责任，梁良在本案中主张“加速到期”不能成立。

其一，梁良在本案中主张“加速到期”与法人人格独立原则相悖。公司一经成立即具有独立的法律人格，系独立的民事法律主体，公司法人行为与股东个人行为彼此完全独立。故公司股东一般不对公司行为和债务承担个人责任，此亦股东出资设立公司法人之意义所在。现行《公司法》规定的资本认缴制并非指股东对公司全部资本均可以认缴方式出资、无须实缴任何出资，而是指股东应当在公司成立时缴纳公司开展生产经营所需之必要资本，该资本的数额应能维持公司基本经营。否则，公司会因财产无法满足独立要求而被认为不具有独立法人资格。公司虽经注册登记，若股东未实缴任何出资，因其不满足法人人格的实质要求，公司股东应当对公司债务承担连带责任。但当公司股东在公司设立之时，已实缴部分出资，该出资足以维持公司基本生产经营，只是部分资本系认缴，且该认缴资本行为本身不存在无效或者可撤销事由，应当认为股东对认缴的部分出资具有期限利益。若只要公司债权不能获得清偿，即直接认定股东出资义务“加速到期”，实质上否定了公司独立人格，有违公司制度创设的初衷。

其二，梁良在本案中主张“加速到期”与商事外观主义原则相悖。根据该原则，股东对公司的出资义务源于股东间出资协议或章程约定，并通过章程备案登记的方式向社会公示，是向包括债权人在内的不特定第三人宣告了自己的出资期限。如前所述，在注册资本认缴制度之下，股东对出资享有期限利益，债权人也是在此预期下与公司进行交易。根据公示公信原则，债权人自然亦应当受到注册资本缴纳期限利益的拘束，应当认为其自愿承担交易对手注册资本缴纳期限未届至、公司资本信用敞口的风险。债权人仅以自己对公司债权没有获得清偿为由，要求股东提前履行出资义务有违诚实信用。认缴制是《公司法》的明文规定，而“加速到期”无疑是对认缴制的突破，这种突破实质上是加重了股东个人的责任，对个人责任的此种科处，如法律无明确规定系对法律条款的不当扩大解释。股东出资义务的期限利益作为法律规定的一种合法利益，如无法律明确规定，即以个案处理为由予以剥夺，亦有违民法保护权利的基本理念，不具有正当性。

其三，梁良在本案中主张“加速到期”与现行法律及司法解释相悖。根据《公司法》第二十八条的规定，股东应当按期足额缴纳公司章程中规定的各自所认缴的出资额。该规定明确股东应“按期”缴纳而非“随时”缴纳，体现了公司法对章程所规定出资期限的尊重。对何种情况下不再“按期”而是“加速到期”，须通过法律或司法解释予以特别规定。《最高人民法院关于适用〈中华人民共和国公司法〉若干问题的规定（二）》第二十二条规定：公司解散时，股东尚未缴纳的出资均应作为清算财产；股东尚未缴纳的出资，包括到期应缴未缴的出资，以及依照公司法第二十六条和第八十条的规定分期缴纳尚未届满缴纳期限的出资；公司财产不足以清偿债务时，债权人主张未缴出资股东，以及公司设立时的其他股东或者发起人在未缴出资范围内对公司债务承担连带清偿责任的，人民法院应依法予以支持。故股东未缴出资作为清算财产以及股东在未缴出资范围内对公司债务承担连带清偿责任的前提是公司处于解散状态。此外，《企业破产法》第三十五条规定，人民法院受理破产案件后，债务人的出资人尚未完全履行出资义务的，管理人应当要求该出资人缴纳所认缴的出资，而不受出资期限的限制。该规定系破产案件中的特殊规定。结合上述规定可知，股东“按期”出资是原则，“提前”出资是在特定条件下的例外。

其四，梁良在本案中主张“加速到期”与债权平等原则相悖。与物权特别是与所有权相比，债权具有相容性和平等性，即同一标的物上可以成立数个内容相同的债权，并且其相互间是平等的，在效力上不存在排他性和优先性。从个案来看，当公司资产不足以清偿全部债务时，加速股东出资义务到期可以迅速了结公司与债权人之间的纠纷、实现债权人的利益。但股东已认缴而未出资的金额都有一定限额，如在个案中判令股东提前缴纳出资，可能导致偏颇性清偿，损害了其他债权人的利益，破坏债权平等的法理基础。如前所述，法律对“加速到期”的适用条件限定为公司处于解散或破产状态，之所以如此限定，系因公司不能清偿到期债务，或明显缺乏清偿能力，或有丧失清偿能力之可能时，公司才会陷入解散或破产状态，此时使股东出资义务加速到期，体现了平等保护全体债权人利益的法律精神。

综上所述，梁良以诉讼方式通过突破认缴制要求顾金华的出资责任“加速到期”理由尚不充分，法律依据不足，本院碍难支持。但顾金华并非无须承担任何责任，对于债权人梁良而言，其在认缴的出资期限届至时，应全面履行出资义务；或在三和顺公司符合法定条件进行解散清算时，其尚未到期的出资作为清算财产；或在三和顺公司不能清偿到期债务，梁良申请该公司破产，人民法院受理破产申请后，其应缴纳认缴的全部出资而不受出资期限的限制。

杭州汉洋友创投资合伙企业、梁亦赠股东损害公司债权人利益责任纠纷案［浙江省杭州市中级人民法院（2018）浙01民终2682号民事判决书］，我国公司法进行注册资本认缴制改革后，实行认缴制的公司股东依法享有相应的出资期限利益，除非法律有特别规定，股东在认缴期限届满前尚未实际缴纳出资，不应认定为公司法及其司法解释规定的未履行或未全面履行出资义务的情形。本案中，快点公司章程明确规定股东认缴出资期限至2034年4月27日届满，快点公司股东目前尚未实际缴纳出资并不违反公司章程和法律的规定。我国公司法及相关法解释也未规定公司在不能清偿个别债务的情况下股东的出资义务应当提前到期，故汉洋公司主张快点公司股东违反出资义务缺乏事实和法律依据，本院不予采纳。

于琦等诉姜彩霞民间借贷纠纷案［山东省烟台市中级人民法院（2017）鲁06民终1382号民事判决书］，《最高人民法院关于适用〈中华人民共和国公司法〉若干问题的规定（三）》第十八条规定：“有限责任公司的股东未履行或者未全面履行出资义务即转让股权，受让人对此知道或者应当知道，公司请求该股东履行出资义务、受让人对此承担连带责任的，人民法院应予支持；公司债权人依照本规定第十三条第二款向该股东提起诉讼，同时请求前述受让人对此承担连带责任的，人民法院应予支持。受让人根据前款规定承担责任后，向该未履行或者未全面履行出资义务的股东追偿的，人民法院应予支持。但是，当事人另有约定的除外”，对虚假出资时补缴出资民事责任作出了规定。关于债权人请求股东提前履行出资义务以偿债的问题，本院认为，如果公司不能清偿单个债权人到期债权，那么其往往也资不抵债，或者明显缺乏清偿能力，或者有丧失清偿能力可能。此时按照《企业破产法》第二条的规定，公司已经符合破产条件，所以更应当保障全体债权人的利益。单个的债权追及诉讼不尽符合《企业破产法》第三十一条、第三十二条的精神。债权人应当申请债务人破产，进入破产程序后再按照《企业破产法》第三十五条使股东出资义务加速到期，最终在真正意义上保护全体债权人的利益。就本案而言，债权人请求股东提前履行出资义务的法律依据不足，不宜直接判令于琦作为明悦公司的股东，在其出资额度内对明悦公司的债务承担补充赔偿责任。如明琦公司不能通过融资或其股东自行提前缴纳出资以清偿债务，债权人有权启动破产程序。

马海洋等诉中山苏旺木业有限公司等买卖合同纠纷案［广东省中山市中级人民法院（2016）粤20民终5128号民事判决书］，本案争议的焦点是马海洋、高洪莲是否应对百多森公司的债务承担补充赔偿责任？根据双方当事人确认的企业信息资料，百多森公司的股东马海洋、高洪莲均采用的是认缴制，认缴出资日期为2019年1月31日，缴纳期限尚未到期，且目前公司尚在经营。本案中，股东马海洋、高洪莲是否承担补充赔偿责任，实际上是在探讨公司注册资本认缴制下股东出资责任加速到期的问题。对此，本院认为，首先，认缴制是公司法的明文规定，而加速到期无疑是对认缴制的突破，这种突破实质上是加重了股东个人的责任，这种对个人责任的科处，在法无明确规定的情况下，不宜对相关条款做扩大解释；其次，苏旺公司并未提供证据证明百多森公司“不能清偿债务”，且对该事实的认定应通过执行来解决，而不宜在诉讼过程中判定；最后，苏旺公司作为债权人，并不是只有通过诉讼来直接判定加速到期才能对债权人利益予以救济，如可以通过认定行为无效来规制股东转移公司财产行为、可以通过适用破产法来实现股东出资义务加速到期等，债权人可以通过这些法律明确规定的方式来维权。因此，在法无明文规定的情况下，以诉讼方式通过突破认缴制来判定股东责任加速到期，进而让出资不实的股东承担补充责任，这一诉请理由尚不充分，法律依据不足，本院不予支持。

江苏泰州高新区法院判决吴红兵诉冠星公司等委托合同纠纷案［江苏省泰州市中级人民法院（2016）苏 12 民终 2111 号民事判决书］，公司股东认缴出资（增资）未届期，而债权人要求其在认缴出资范围内承担连带或补充赔偿责任的，因与法定的股东认缴期限利益相冲突，在非破产情形之下，缺乏法定请求权基础，不应获得法院的支持。

吴红兵有权依据双方约定的比例结算条款（冠星公司回笼货款的比例）要求冠星公司支付报酬。关于吉彭才、吉兴财的责任问题，依企业破产法规定，仅在法院受理破产申请后，出资人不受出资期限的限制即时缴纳认缴出资，非此情形下，股东依据章程规定的期限缴纳出资是其法定权利；《最高人民法院关于适用〈中华人民共和国公司法〉若干问题的规定（三）》第十三条第二款规定的股东承担补充赔偿责任的前提之一是未履行或者未全面履行出资义务，而判断股东是否履行出资义务是依据其认缴承诺而言的。本案中，吉彭才增资认缴的期限为 2023 年 5 月 30 日前。章程所约定的出资期限尚未届满，不能认定其未履行或者未全面履行出资义务，进而要求吉彭才及受让人吉兴财承担连带责任，缺乏法律依据。综上所述，法院仅判决冠星公司给付吴红兵报酬，驳回其他诉讼请求。

【非破产情形下允许加速到期之理由】

安徽省红业医药有限公司与河北浩大医药有限公司等买卖合同纠纷上诉案［安徽省合肥市中级人民法院（2017）皖 01 民终 6212 号民事判决书］，问题在于本案中该三人承诺上述增资款于 2044 年 3 月 12 日前缴清，该承诺能否成为对抗履行上述赔偿义务的理由。本院认为，本案中闫振峰、闫振权、耿彦秋三人对于浩大公司拖欠红业公司货款的补充赔偿责任应不受该承诺影响而仍得以成立，理由如下：第一，在认缴制下，公司股东的出资义务只是暂缓履行，而不是永久免除，在公司经营发生重大变化时，债权人应有权要求股东缴纳出资，用于清偿公司债务。因为在注册资本认缴制下，公司股东作出的在一定期限内缴纳（或增加）出资的承诺规定在公司章程中，备案在工商登记资料中，对外具有公示效力，该承诺对股东具有约束力，对债权人也会产生一定的预期，但当上述承诺和预期的条件发生重大变化，如本案中之情形，已出现浩大公司经营困难，无法履行多项生效裁判时，如再坚持股东直到认缴期限届满才负有出资义务，则只会产生资本认缴制成为债务人逃避债务借口的恶劣后果。第二，判令闫振峰、闫振权、耿彦秋对浩大公司的欠款承担补充赔偿责任，符合平衡保护公司债权人和公司股东利益的立法目的。公司法中的有限责任制度原则上要求股东以出资额为限对公司债务承担有限责任，这有利于保护股东利益。如果在公司负债累累的情况下，仍然固守认缴制下的股东一直要等到承诺期限届满才负有缴纳出资义务的理念，则实际上在鼓励股东滥用公司独立人格。在公司负有巨额债务的情况下，公司股东采取认缴制的期限利益就失去了存在的基础，此时认定其出资义务提前到期，更有利于保护债权人利益。第三，责任财产制度也要求资本认缴制下的公司股东在公司出现重大债务时缴纳出资，以对外承担责任。公司应以其全部财产对外承担债务，全部财产不仅应理解为包括公司现有的实际财产，也当然包括认缴制下股东承诺在将来的出资（也可将其理解为公司对股东的债权）。

陈昌旭等与钟璐股权转让纠纷上诉案［四川省绵阳市中级人民法院（2017）川 07 民终 949 号民事判决书］，本案中，目标公司股东于 2015 年 10 月 19 日召开股东会并形成决议，决议事项为“（1）股东双方按照股份持有比例于 2015 年 10 月 31 日前向公司注入资金（陈昌旭出资304.755万元，钟璐出资249.345万元)，用于支付工程款项、日常开支及后期设备设施采购安装等费用。”对这一决议，小股东钟璐虽然持了异议，但其异议是不符合情理的。因为在公司章程中载明有钟璐的出资时间为2013年7月4日至2022年7月4日，在目标公司工程项目急需资金支付工程款项、日常开支及后期设备设施采购安装等费用时，负后续出资义务的钟璐(包括陈昌旭)本应主动依照《公司法》第二十八条“股东应当按期足额缴纳公司章程中规定的各自所认缴的出资额。股东以货币出资的，应当将货币出资足额存入有限责任公司在银行开设的账户；以非货币财产出资的，应当依法办理其财产权的转移手续。股东不按照前款规定缴纳出资的，除应当向公司足额缴纳外，还应当向已按期足额缴纳出资的股东承担违约责任”的规定履行后续出资义务，以促成目标公司工程项目尽快完工验收并取得危险化学品经营许可证。钟璐的代理人提出后续出资的最后期限是2022年7月4日，所以钟璐可以等到2022年7月4日才出资，这是对公司法的误解和对本案目标公司章程的误解。退一万步说，就算是2022年7月4日才最后到出资期，就本案的情况而言，也应该加速到期，早出资，早完工，早验收，早投产，不是更能保护各方投资人的利益吗?

成都市中油石油钻采物资有限公司与邛崃市龙茶庄园旅游开发有限公司等房屋租赁合同纠纷上诉案[四川省成都市中级人民法院(2017)川01民终1754号民事判决书]，本案的焦点问题喻鹏、喻鲲、陈宏、郑启明、沈素琼是否应在认缴出资额范围内为龙茶庄园公司的债务承担补充赔偿责任，对此本院认为：

第一，人民法院应对股东认缴出资期限利益和债权人权益均衡保护。《公司法》第二十六条规定：“有限责任公司的注册资本为在公司登记机关登记的全体股东认缴的出资额。”该法第三条第二款规定：“有限责任公司的股东以其认缴的出资额为限对公司承担责任；股份有限公司的股东以其认购的股份为限对公司承担责任。上述法律规定确立了有限责任公司的认缴资本制，股东以其认缴的出资额对公司承担有限责任。但《公司法》第二十条第一款、第三款规定，公司股东不得滥用公司法人独立地位和股东有限责任损害公司债权人的利益，如滥用公司法人独立地位和股东有限责任，逃避债务，严重损害公司债权人利益的，应当对公司债务承担连带责任。因此，龙茶庄园公司作为有限责任公司，该公司及其股东基于认缴资本制所享有的权利是相对的，在适用公司法过程中应在充分发挥认缴资本制积极作用的同时，注意对公司债权人权益的保护。

……

第三，在公司不具备维持正常经营的情况下应加速股东的出资义务。众所周知，公司的财产来源于股东的出资和经营中的积累，公司以其财产为限对外承担责任，股东的出资是公司对外承担责任的重要来源。虽然法律赋予了公司股东可以对缴纳出资的时间及比例自行作出约定，但该约定应与公司开展的正常经营活动相适应，否则可能成为股东逃避债务的工具，该做法不利于保护公司债权人的合法权益，也不符合认缴资本制的立法目的。本案中，龙茶庄园公司股东认缴资本3000万元，同时约定股东在2034年6月10日前缴纳，在龙茶庄园已经租赁案涉房屋用于办公的情况下，公司的股东应当提前履行与该经营活动相适应的出资义务，否则出租人的债权根本无法实现。《最高人民法院关于适用〈中华人民共和国公司法〉若干问题的规定(三)》第十三条规定：“公司债权人请求未履行或者未全面履行出资义务的股东在未出资本息范围内对公司债务不能清偿的部分承担补充赔偿责任的，人民法院应予支持”。根据该规定，因喻鹏、喻鲲、陈宏、郑启明、沈素琼未履行出资义务，即使股东之间约定的出资期限尚未届满，但为均衡保护股东认缴出资期限利益和债权人合法权益，上述股东仍应在未出资范围内对公司债务承担补充赔偿责任。

刘峰等与谭四等提供劳务者受害责任纠纷上诉案[安徽省阜阳市中级人民法院(2018)皖12民终471号民事判决书]，第二十二条第二款规定：公司财产不足以清偿债务时，债权人主张未缴出资股东，以及公司设立时的其他股东或者发起人在未缴出资范围内对公司债务承担连带清偿责任的，人民法院应依法予以支持。阜阳利丰公司自2016年3月2日成立至今，刘峰、杜诗海作为公司股东，未向公司实际出资，公司实收资本为0元，谭四受伤后花费医疗费数额巨大，阜阳利丰公司仅支付了22,500元而未再继续支付，阜阳利丰公司的住所地系刘峰家中，刘峰、杜诗海未提供证据证明公司有不动产、有关债权等财产，即就公司现状来看无财产可用于清偿上述债务。公司章程是公司的自治规范，其目的旨在约束公司、股东及其高级管理人员，使其按章程约定行使权利、履行义务，而不能成为公司逃避债务的依据。如按阜阳利丰公司章程，刘峰、杜诗海至2036年才履行出资义务，则谭四的损失无法得到及时赔偿，侵犯了其合法权益，亦有违公司设立本意。故一审认定阜阳利丰公司的财产不足以赔偿谭四的损失，判令刘峰、杜诗海分别在50万元未缴出资范围内对公司债务承担连带清偿责任并无不当。

南京贝荣投资有限公司等诉江苏东恒律师事务所等合同纠纷案［江苏省南京市中级人民法院（2016）苏01民终7556号民事判决书］，关于补充清偿责任的范围。股东对公司负有缴纳出资义务是法定义务。新修订的《公司法》实行注册资本认缴制度，股东可以自主约定出资额、出资方式、出资期限，但股东的出资义务只是暂缓缴纳，而非永久免除。根据《公司法司法解释（二）》的相关规定，公司解散时，股东尚未缴纳的出资均应作为清算财产；股东尚未缴纳的出资，包括到期应缴未缴的出资，以及分期缴纳尚未届满缴纳期限的出资；公司财产不足以清偿债务时，债权人主张未缴出资股东，以及公司设立时的其他股东或者发起人在未缴出资范围内对公司债务承担连带清偿责任的，人民法院应依法予以支持。上述规定在公司破产清算状态下股东出资责任可以加速到期。本案所涉法律问题是：在股东出资期限尚未届满、公司不能清偿到期债务但也未进入破产清算程序的场合下，股东出资责任可否加速到期。对此，新修订的公司法并未给予明确回答，理论也存在否定说、肯定说和折中说的争论。本院认为，综合本案具体案情，应判令贝荣公司各股东的出资责任加速到期。

理由为：首先，公司以其全部财产对公司的债务承担责任，而公司的全部财产由全体股东的出资构成，包括已经缴纳的部分出资和认缴后尚未到期的出资。当公司的全部财产不足以清偿到期债务时，债权人要求股东尚未缴足出资的股东承担补缴责任以清偿公司债务，并不违背股东以其认缴的出资额为限对公司承担责任的规定。本案中，东恒律所的诉请是要求各股东在未出资本息范围内承担补充清偿责任，即适用前提是公司财产无力清偿到期债务。此时，如果仍完全固守认缴制下股东一直到认缴期限届满时才可履行出资义务，则不仅逼迫债权人提起破产算程序，使得本可以破解经营困境、能够渡过难关的公司彻底陷入生存危机，损害股东的长期收益，消耗有限的司法资源，而且也可能产生一种不适当的效果：让恶意负债的股东悠然自得地待在这一“保护伞”下，看着债权人急切而又无可奈何的样子暗自窃喜。相比之下，法院在审理中根据具体案件直接判令股东承担补充清偿责任，更能保护债权人的合法权益，维护市场正常经济秩序。其次，认缴期限是股东对社会公众包括债权人所作出的出资承诺，此承诺对股东是一种约束，对相对人如债权人则是一种预期。当公司无力清偿到期债务，且股东又违背承诺不履行到期出资义务时，相对人对股东原认缴期限的承诺的信任就会丧失，对原认缴期限的预期就被颠覆。此时，如让股东继续享受延期缴纳出资的期限利益而不承担相应的风险和责任，则资本认缴制将有可能沦为个别股东逃避法律责任的借口。本案中，各股东均未缴纳首期认缴的到期出资，已经违背了认缴的出资承诺，债权人对各股东认缴期限的预期已失去了存续基础。最后，资本认缴制下法律赋予股东认缴期限的权利，旨在激活公司的市场活力和竞争力，发挥市场在资源配置里的基础性作用，资本认缴制不应成为个别股东转移公司财产、规避债务、损害债权人债权的法宝。

钟永强诉谢剑彪等装饰装修合同纠纷案［广东省珠海市中级人民法院（2016）粤04民终2599号民事判决书］，钟永强提出上述上诉请求的法律依据为《最高人民法院关于适用〈中华人民共和国公司法〉若干问题的规定（三）》第十三条第二款“公司债权人请求未履行或者未全面履行出资义务的股东在未出资本息范围内对公司债务不能清偿的部分承担补偿赔偿责任的，人民法院应予支持……”以及第三款“股东在公司设立时未履行或者未全面履行出资义务，依照本条第一款或者第二款提起诉讼的原告，请求公司的发起人与被告股东承担连带责任的，人民法院应予支持……”的规定。根据本案已查明的事实，谢剑彪、张燕、李桂英作为泰丽宫公司的前股东或现股东，根据股东会决议的约定，因尚未至股东出资期限，均未履行出资义务，因此本案争议的焦点问题的解决根源又在于对上述法律规定“出资义务”的理解适用，即仅指已经到期出资义务抑或既包括到期出资义务也包括未到期的出资义务。

对此本院认为，上述法律规定未明确“未履行或者未全面履行出资义务”中的“出资义务”不包括未到期的出资义务，该“出资义务”解释为既包括到期出资义务又包括未到期出资义务，更符合保护各方利益的公平原则，具体理由包括几方面：首先，从利益衡量的角度看，股东与债权人之间相比较，债权人的利益更值得保护，这也符合公司法的立法精神。其次，未出资股东承担补充赔偿责任是在公司不能清偿债务时才承担的责任，是公司承担责任之后的第二位责任，其已经获得公司独立人格的“隔离”保护。更为关键的是，根据《企业破产法》的规定，债务人不能清偿到期债务，债权人可以向法院提出对公司进行重整或者破产清算的申请。相对于重整或者破产清算，让未出资股东承担补充赔偿责任，可以避免公司遭受破产清算，从而使企业维持经营，这不仅有利于公司利益，也有利于股东整体利益。再次，上述法律规定涉及的是股东与第三人的关系，是基于法律的特别规定而产生，股东与股东之间，股东与公司之间属于公司内部关系，是基于章程等产生的合同关系，股东与债权人之间属于外部关系，合同关系只具有相对性，当事人之间的内部约定通常不能产生约束第三人的效力，股东对债权人的责任承担并不以其违反合同义务为基础。分期缴纳出资义务的股东其依然享有有限责任公司的股东待遇，并未因出资义务加速到期而实质增加其出资义务。最后，《公司法》采用认缴制，允许股东分期缴纳出资，其默示条件应当是公司尚未陷入支付不能的紧急状态，因此当公司陷入支付不能的境地时，有必要加速股东分期缴纳出资义务的到期。综上分析，李桂英、张燕属于上述法律规定中所指的未履行出资义务的股东。

【合伙企业出资人的出资义务是否可以加速到期】

上海一中院、上海浦东法院联合发布自贸区司法保障十大典型案例之四：黄某诉H投资、Y旅社等合伙协议纠纷案，具体如下：

基本案情

H投资系有限合伙企业，总认缴出资额为200万元。陈某系普通合伙人。吕某系有限合伙人，认缴出资100万元，出资时间为2025年2月2日之前。

2015年3月20日，H投资与黄某签订《合伙协议》，约定由黄某作为有限合伙人，H投资作为普通合伙人及实际控制人，依法设立合伙企业，并通过该合伙企业间接持有Y旅社股权。同日，黄某、H投资、Y旅社共同签订《补充协议》，约定黄某通过合伙企业间接持有Y旅社股权。三方同意，在《补充协议》签订后三十日内，黄某、H投资通过合伙企业向Y旅社增资。此后，黄某依约向H投资支付了43.7万元的出资。

此后，因H投资未依约设立合伙企业已构成违约，故黄某起诉至法院，请求解除《合伙协议》及《补充协议》，要求H投资、Y旅社返还出资款43.7万元且支付利息损失，陈某对H投资债务承担无限连带责任，吕某以100万元出资额为限对H投资债务承担清偿责任。H投资、吕某等均不同意黄某的诉讼请求。其中吕某辩称，作为H投资的有限合伙人，其出资缴付期限尚未届满，H投资亦未出现解散或破产的事由，故吕某对H投资的债务不应承担连带责任。

裁判结果

一审法院认为，H投资未依约设立合伙企业，导致黄某无法根据约定通过成立合伙企业间接持有Y旅社股份，无法实现黄某的合同目的，已构成违约。故黄某主张解除《合伙协议》及《补充协议》于法有据，H投资应返还投资款并偿付利息损失。要求Y旅社共同返还投资款并支付利息损失的主张，无事实和法律依据。根据《合伙企业法》的规定，陈某系普通合伙人，应对H投资债务承担无限连带责任。而吕某系H投资的有限合伙人，其出资期限尚未届至，H投资也未破产或清算，故黄某要求吕某以其认缴的出资额100万元为限对H投资的债务承担责任缺乏法律依据。一审法院据此作出相应的判决。黄某不服，提起上诉。

上海一中院认为，关于黄某要求吕某在其认缴出资范围内对H投资的债务承担连带责任的问题，尽管法律并未将有限合伙人认缴出资到位作为其承担责任的前提，但是有限合伙人对于其出资的期限利益并不因为合伙企业对外负债而消灭。现因吕某认缴出资的最后期限为2025年2月2日，且H投资尚未进行清算程序，故黄某在现阶段要求吕某的出资加速到期，缺乏依据。故判决驳回上诉，维持原判。

典型意义

公司、合伙企业等商事主体的投资人就其出资约定期限且尚未到期的，商事主体的债权人能否要求该类出资人在未缴出资范围内对商事主体的债务承担连带清偿责任，亦即债权人能否主张此类股东的出资义务加速到期，此类问题近年来日益频繁地出现在商事纠纷中。对此，我国《企业破产法》及《公司法司法解释（二）》，分别针对企业破产和解散清算的情形规定了股东出资义务加速到期。但对仍在正常经营中的商事主体能否主张股东出资加速到期的问题，相关法律规范均未有规定。本案为合伙企业出资人的出资义务是否可以加速到期提供了明确的裁判规则，明确其出资义务能否加速到期涉及商事主体的资本充实和偿债能力，亦影响到债权人利益保护和商事交易安全，不应轻易剥夺出资人的出资期限利益。本案进一步明晰了此类自贸区商事纠纷的裁判规则，对同类案件的处理具有一定的参考价值，有利于维护自贸区商事交易的秩序与安全。

3. 执行程序与股东出资义务

【执行程序中认缴出资加速到期的处理】

厦门瑞杰兴浩投资有限责任公司与刘寿清等申请追加被执行人案［福建省厦门市中级人民法院（2019）闽02执异56号民事裁定书（《人民司法·案例》2019年第20期）］，执行程序中，对作为有限责任公司的被执行人经强制执行后仍未能执行到财产，申请执行人往往会申请追加未出资到位的股东为被执行人。而认缴资本制下出资未到期的股东是否可认定为未出资到位股东，学理上众说纷纭，法律上亦未明确规定，司法实践中执行部门与审判部门的观点更是大相径庭。执行部门根据最高人民法院《关于关于民事执行中变更、追加当事人若干问题的规定》追加该股东为被执行人，但在执行异议之诉中却被审判部门撤销。基于股东的补充责任，在执行程序中，可以让认缴出资加速到期，追加出资未到期的股东为被执人。

【未届认缴期股东对经执行不能的公司拖欠的劳动债务承担补充清偿责任】

刘丽与上海骀荡家具有限公司仲裁其他执行案［上海市宝山区人民法院（2019）沪0113执异123号执行裁定书］，对于普通民商事债务，公司股东依法享有期限利益，在出资期限届满前对公司不能清偿的债务无须承担补充赔偿责任。但对于劳动债务，未届认缴期的股东需承担补充清偿责任。

劳动债权相对于公司的普通民事债权具有优先受偿性；相对于出资人可延后出资的利益而言，涉及劳动者劳动债权的民生权益应优先得到保护；劳动者在求职时无义务对公司股东的认缴、实缴出资情况进行事先调查，如在这方面要求劳动者应作风险预判系对劳动者的过分苛求。劳动者主张已经生效法律文书确认的劳动债权、且因公司无财产可供执行而被裁定终结本次执行的，未届出资认缴期的股东理应在出资义务范围内先行偿付该劳动债权。对于原告刘丽的申请，应予支持。

【执行程序不适用股东出资义务加速到期】

中国金谷国际信托有限责任公司与浙江优选中小企业投资管理有限公司营业信托纠纷执行案［北京市高级人民法院（2016）京执复106号、（2016）京执复107号民事裁定书（《人民司法·案例》2017年第29期）］，执行程序中，人民法院不能支持债权人的股东出资义务加速到期请求权。公司股东会形成推迟出资缴德期限的决议，影响资本充实的，可认定推迟出资缴纳期限的股东构成出资不实。变更、追加股东为被执行人承担出资不实责任的范围限于未出资到位的金额，不包括未出资到位金额的利息。

【能否追加未届认缴出资期限即转让股权的股东为被执行人】

河南焦作山阳法院判决郭某诉某轮胎公司等执行异议之诉案［河南省焦作市山阳区人民法院（2018）豫0811民初963号民事判决书］，公司股东在认缴出资期限未届至即转让股权，应视为其以行为明确表示不再履行未届的出资义务，属于未依法履行出资义务即转让股权的情形，依申请执行人申请，应追加其为被执行人。

【不能追加出资期限尚未到来的股东为被执行人并要求其承担连带责任】

俞嘉、金晖等与香港承美瑞电子商务有限公司案外人执行异议之诉案[浙江省杭州市中级人民法院(2018)浙01民初3055号民事判决书]，本案争议焦点为在姿妍美公司没有清偿案涉债务且实缴出资为零的情况下，原告作为其股东是否应在尚未届满缴纳期限的出资范围内对本案的债务依法承担责任。俞嘉、金晖、廖炎宏作为姿妍美公司的股东，在姿妍美公司登记成立后，到目前为止对姿妍美公司的实缴出资为零。(2018)浙01执243号之一执行裁定书已经查明被执行人姿妍美公司名下无可供执行的财产，还欠债务976,549.98元及相应利息，已穷尽执行措施。在此种情形下，可以认定姿妍美公司财产不足以清偿生效法律文书确定的债务，但本案不适用《最高人民法院关于民事执行中变更、追加当事人若干问题的规定》第十七条的规定，理由如下：第一，《公司法》第二十六条确定了有限责任公司注册资本认缴制，加速到期出资无疑是对认缴制的突破，加重了股东个人的责任，也侵犯了股东的期限利益；第二，股东姓名、出资时间、出资方式、认缴出资额及出资比例等情况均记载在姿妍美公司的章程及股东(发起人)出资情况表中并予以公示，债权人承美瑞公司在与姿妍美公司交易时应当知晓或者能够知晓以上公示的事实，并对交易中产生的风险予以预见；第三，股东认缴出资的期限未届满，如果允许个别债权人通过追加股东为被执行人获得个别清偿、优先清偿，将会造成对其他债权人的不公平，无法平等保护所有债权人的利益；第四，从目前的立法分析，《企业破产法》第三十五条规定在破产程序中股东认缴的出资不受出资期限的限制，《最高人民法院关于适用〈中华人民共和国公司法〉若干问题的规定(二)》第二十二条规定公司解散时，股东到期应缴未缴的出资和分期缴纳尚未届满缴纳期限的出资均应作为清算财产。也就是说，债权人可以通过法律明确规定的破产程序或者清算程序来实现股东出资义务加速到期予以权益救济。因此在法律没有明确规定的前提下，以诉讼方式通过突破认缴制来主张股东作为被执行人承担连带责任，法律依据不足。

本案中，俞嘉、金晖、廖炎宏作为姿妍美公司的股东，对姿妍美公司的出资时间为2046年12月31日之前，在出资期限尚未届满的情况下，不应追加俞嘉、金晖、廖炎宏为本案被执行人并承担连带责任。

佛山市华信能液化石油气有限公司、葛继军案外人执行异议之诉案[广东省佛山市中级人民法院(2018)粤06民终5398号民事判决书]，本院认为，本案为案外人执行异议之诉，争议焦点为被上诉人葛继军、梁少娥是否应在其实缴出资期限届满前在未出资的范围内对寇铂公司不能偿还的债务承担清偿责任。

第一，关于公司章程规定的股东出资期限未届满前，可否要求股东提前缴纳出资。《公司法》明确规定股东资本认缴制度。在股东资本认缴制度下，股东虽有出资的义务，但股东的出资方式、出资额和出资时间可以由公司的章程自主决定。《公司法》第二十八条规定："股东应当按期足额缴纳公司章程规定的各自认缴的出资额。"表明股东依法分期缴纳出资是受法律保护的。在缴纳期限届满前，若无法律强制规定出资加速到期，股东可拒绝提前履行出资义务。由上，寇铂公司的公司章程规定股东出资期限为2035年12月31日，被上诉人出资期限尚未届满，故被上诉人葛继军、梁少娥可拒绝提前履行出资义务。至于寇铂公司不能清偿的到期债务，债权人可根据《企业破产法》等相关规定启动破产程序，保障其财产权益。

第二，《变更追加当事人规定》第十七条规定的申请执行人请求变更、追加"未缴纳或未足额缴纳"出资的股东、出资人、发起人为被执行人，在"尚未缴纳出资的范围内"依法承担责任的，人民法院应予支持。但该规定前提是股东、出资人等出资期限已届满的情况下，股东、出资人等应缴纳出资而未缴纳出资或未足额缴纳出资。本案中，寇铂公司的公司章程规定股东出资期限为2035年12月31日，被上诉人出资期限尚未届满，不存在上述未缴纳或未足额缴纳出资的情形，故本案不适用上述规定。

综上所述，寇铂公司章程所规定的葛继军、梁少娥出资期限尚未届满，故华信能公司无权请求葛继军、梁少娥对寇铂公司到期不能偿还的债务在未出资范围内承担清偿责任。

第二十九条 【设立登记】 股东认足公司章程规定的出资后，由全体股东指定的代表或者共同委托的代理人向公司登记机关报送公司登记申请书、公司章程等文件，申请设立登记。

一、相关文件规定

《中华人民共和国公司登记管理条例（2016 修订）》（自 1994 年 7 月 1 日起施行）第四章，对于设立登记，规定如下：

第十七条 设立公司应当申请名称预先核准。

法律、行政法规或者国务院决定规定设立公司必须报经批准，或者公司经营范围中属于法律、行政法规或者国务院决定规定在登记前须经批准的项目的，应当在报送批准前办理公司名称预先核准，并以公司登记机关核准的公司名称报送批准。

第十八条 设立有限责任公司，应当由全体股东指定的代表或者共同委托的代理人向公司登记机关申请名称预先核准；设立股份有限公司，应当由全体发起人指定的代表或者共同委托的代理人向公司登记机关申请名称预先核准。

申请名称预先核准，应当提交下列文件：

（一）有限责任公司的全体股东或者股份有限公司的全体发起人签署的公司名称预先核准申请书；

（二）全体股东或者发起人指定代表或者共同委托代理人的证明；

（三）国家工商行政管理总局规定要求提交的其他文件。

第十九条 预先核准的公司名称保留期为 6 个月。预先核准的公司名称在保留期内，不得用于从事经营活动，不得转让。

第二十条 设立有限责任公司，应当由全体股东指定的代表或者共同委托的代理人向公司登记机关申请设立登记。设立国有独资公司，应当由国务院或者地方人民政府授权的本级人民政府国有资产监督管理机构作为申请人，申请设立登记。法律、行政法规或者国务院决定规定设立有限责任公司必须报经批准的，应当自批准之日起 90 日内向公司登记机关申请设立登记；逾期申请设立登记的，申请人应当报批准机关确认原批准文件的效力或者另行报批。

申请设立有限责任公司，应当向公司登记机关提交下列文件：

（一）公司法定代表人签署的设立登记申请书；

（二）全体股东指定代表或者共同委托代理人的证明；

（三）公司章程；

（四）股东的主体资格证明或者自然人身份证明；

（五）载明公司董事、监事、经理的姓名、住所的文件以及有关委派、选举或者聘用的证明；

（六）公司法定代表人任职文件和身份证明；

（七）企业名称预先核准通知书；

（八）公司住所证明；

（九）国家工商行政管理总局规定要求提交的其他文件。

法律、行政法规或者国务院决定规定设立有限责任公司必须报经批准的，还应当提交有关批准文件。

第二十一条 设立股份有限公司，应当由董事会向公司登记机关申请设立登记。以募集方式设立股份有限公司的，应当于创立大会结束后 30 日内向公司登记机关申请设立登记。

申请设立股份有限公司，应当向公司登记机关提交下列文件：

（一）公司法定代表人签署的设立登记申请书；

（二）董事会指定代表或者共同委托代理人的证明；

（三）公司章程；

（四）发起人的主体资格证明或者自然人身份证明；

（五）载明公司董事、监事、经理姓名、住所的文件以及有关委派、选举或者聘用的证明；

（六）公司法定代表人任职文件和身份证明；

（七）企业名称预先核准通知书；

（八）公司住所证明；

（九）国家工商行政管理总局规定要求提交的其他文件。

以募集方式设立股份有限公司的，还应当提交创立大会的会议记录以及依法设立的验资机构出具的验资证明；以募集方式设立股份有限公司公开发行股票的，还应当提交国务院证券监督管理机构的核准文件。

法律、行政法规或者国务院决定规定设立股份有限公司必须报经批准的，还应当提交有关批准文件。

第二十二条 公司申请登记的经营范围中属于法律、行政法规或者国务院决定规定在登记前须经批准的项目的，应当在申请登记前报经国家有关部门批准，并向公司登记机关提交有关批准文件。

第二十三条 公司章程有违反法律、行政法规的内容的，公司登记机关有权要求公司作相应修改。

第二十四条 公司住所证明是指能够证明公司对其住所享有使用权的文件。

第二十五条 依法设立的公司，由公司登记机关发给《企业法人营业执照》。公司营业执照签发日期为公司成立日期。公司凭公司登记机关核发的《企业法人营业执照》刻制印章，开立银行账户，申请纳税登记。

二、相关案例

【设立登记与公司商铺租赁业主侵权的行政复议判定】

黄陆军等人不服金华市工商行政管理局工商登记行政复议案［浙江省金华市中级人民法院2010年5月21日行政判决书］，工商行政管理机关对公司进行设立登记及变更登记，与公司签订摊铺租赁合同的业主以合同相对方存在民事侵权行为为由对该行政行为申请复议的，业主与公司进行的相应工商登记一般没有法律上的利害关系，因此，行政复议机关可以不予受理。

第三十条 【出资不足的补充】 有限责任公司成立后，发现作为设立公司出资的非货币财产的实际价额显著低于公司章程所定价额的，应当由交付该出资的股东补足其差额；公司设立时的其他股东承担连带责任。

第三十一条 【出资证明书】 有限责任公司成立后，应当向股东签发出资证明书。

出资证明书应当载明下列事项：

（一）公司名称；

（二）公司成立日期；

（三）公司注册资本；

（四）股东的姓名或者名称、缴纳的出资额和出资日期；

（五）出资证明书的编号和核发日期。

出资证明书由公司盖章。

第三十二条 【股东名册】 有限责任公司应当置备股东名册,记载下列事项:

(一)股东的姓名或者名称及住所;

(二)股东的出资额;

(三)出资证明书编号。

记载于股东名册的股东,可以依股东名册主张行使股东权利。

公司应当将股东的姓名或者名称向公司登记机关登记;登记事项发生变更的,应当办理变更登记。未经登记或者变更登记的,不得对抗第三人。

一、相关司法解释及两高工作文件

《最高人民法院关于印发〈全国法院民商事审判工作会议纪要〉的通知》(法〔2019〕254号),关于实际出资人显名,通知如下:

28.【实际出资人显名的条件】实际出资人能够提供证据证明有限责任公司过半数的其他股东知道其实际出资的事实,且对其实际行使股东权利未曾提出异议的,对实际出资人提出的登记为公司股东的请求,人民法院依法予以支持。公司以实际出资人的请求不符合公司法司法解释(三)第24条的规定为由抗辩的,人民法院不予支持。

《最高人民法院关于适用〈中华人民共和国公司法〉若干问题的规定(三)(2014修正)》(法释〔2011〕3号)对于实际出资人与名义股东之间的纠纷处理,规定如下:

第二十一条 当事人向人民法院起诉请求确认其股东资格的,应当以公司为被告,与案件争议股权有利害关系的人作为第三人参加诉讼。

第二十二条 当事人之间对股权归属发生争议,一方请求人民法院确认其享有股权的,应当证明以下事实之一:

(一)已经依法向公司出资或者认缴出资,且不违反法律法规强制性规定;

(二)已经受让或者以其他形式继受公司股权,且不违反法律法规强制性规定。

第二十三条 当事人依法履行出资义务或者依法继受取得股权后,公司未根据公司法第三十一条、第三十二条的规定签发出资证明书、记载于股东名册并办理公司登记机关登记,当事人请求公司履行上述义务的,人民法院应予支持。

第二十四条 有限责任公司的实际出资人与名义出资人订立合同,约定由实际出资人出资并享有投资权益,以名义出资人为名义股东,实际出资人与名义股东对该合同效力发生争议的,如无合同法第五十二条规定的情形,人民法院应当认定该合同有效。

前款规定的实际出资人与名义股东因投资权益的归属发生争议,实际出资人以其实际履行了出资义务为由向名义股东主张权利的,人民法院应予支持。名义股东以公司股东名册记载、公司登记机关登记为由否认实际出资人权利的,人民法院不予支持。

实际出资人未经公司其他股东半数以上同意,请求公司变更股东、签发出资证明书、记载于股东名册、记载于公司章程并办理公司登记机关登记的,人民法院不予支持。

第二十五条 名义股东将登记于其名下的股权转让、质押或者以其他方式处分,实际出资人以其对于股权享有实际权利为由,请求认定处分股权行为无效的,人民法院可以参照物权法第一百零六条的规定处理。

名义股东处分股权造成实际出资人损失,实际出资人请求名义股东承担赔偿责任的,人民法院应予支持。

第二十六条 公司债权人以登记于公司登记机关的股东未履行出资义务为由,请求其对公司债务不能清偿的部分在未出资本息范围内承担补充赔偿责任,股东以其仅为名义股东而非实际出资人为由进行抗辩的,人民法院不予支持。

名义股东根据前款规定承担赔偿责任后,向实际出资人追偿的,人民法院应予支持。

第二十七条 股权转让后尚未向公司登记机关办理变更登记,原股东将仍登记于其名下的股权转让、质押或者以其他方式处分，受让股东以其对于股权享有实际权利为由，请求认定处分股权行为无效的，人民法院可以参照物权法第一百零六条的规定处理。

原股东处分股权造成受让股东损失，受让股东请求原股东承担赔偿责任、对于未及时办理变更登记有过错的董事、高级管理人员或者实际控制人承担相应责任的，人民法院应予支持；受让股东对于未及时办理变更登记也有过错的，可以适当减轻上述董事、高级管理人员或者实际控制人的责任。

第二十八条 冒用他人名义出资并将该他人作为股东在公司登记机关登记的，冒名登记行为人应当承担相应责任；公司、其他股东或者公司债权人以未履行出资义务为由，请求被冒名登记为股东的承担补足出资责任或者对公司债务不能清偿部分的赔偿责任的，人民法院不予支持。

《最高人民法院关于中国电子进出口公司江苏公司与江苏省信息产业厅等股权纠纷一案请示的答复》([2001]民二他字第19号)，从本案卷宗材料反映的基本案情看，苏发公司的合资协议、工商登记、公司章程等文件均记载江苏省电子局（江苏省信息产业厅的前身）为苏发公司的股东。江苏省电子局实际参与了苏发公司的设立，并以自己的名义委派工作人员担任苏发公司的高级管理人员参与公司运营。如果江苏省电子局与中国电子进出口公司江苏公司之间没有明确约定一方形式投资、另一方实际投资，似可认定江苏省电子局为苏发公司30%股份的权利人。

股权关系不仅涉及纠纷当事人，而且还对公司以及其他股东甚至公司债权人等诸多主体产生影响，因股权归属产生的纠纷应及早解决。因此，在法律没有特别规定的情况下，当股权受到他人侵害时，请求法律保护的诉讼时效应适用《民法通则》第一百三十五条的规定。

二、相关案例

(一)实际出资人/名义股东

1. 股东资格确认/股权确认

【有限公司股东资格认定】

宜宾惠康医院服务有限责任公司与张某华股东资格确认纠纷上诉案[四川省宜宾市中级人民法院(2018)川民终2014号民事判决书(《人民司法·案例》2019年第20期)]，股东与公司发生股东资格确认纠纷，应首先判定股东与公司之间存在何种法律关系，再结合公司章程、股东出资证明、股东名册、工商登记等综合判定股东身份；股东投入公司的财产归公司所有，该财产兑换为相应的股权，股东仅能对其股权进行处分；股东决意退出公司，必须遵守公司法的规定，即进行股权转让，要求公司回购或公司减资、提起解散公司等，股东直接请求解除入股协议及退还入股金的请求不能得到支持。

【股东资格应依法律关系不同区别确认】

詹某江等诉某爆竹公司股东资格确认纠纷案[贵州省安顺地区（市）中级人民法院(2018)黔04民初37号民事判决书(《人民司法·案例》2019年第11期)]，公司股东资格认定，应适用不同认定标准。属于公司内部法律关系不涉及第三人时，应重点审查当事人之间是否达成设立公司的合意，出资人是否是以取得并享有股东权利为目的进行的股权性出资，从而探究行为人的真实意思表示，以保护实际出资人的利益；属于公司外部法律关系牵涉第三人利益时，则应坚持商法的公示主义与外观主义原则，按公司对外公示的内容进行认定，从而维护商事交易安全和经济秩序稳定。

【对股东知情权纠纷中否定股东资格的司法审查】

李双河与北京西化达商贸有限公司股东知情权纠纷上诉案[北京市第一中级人民法院(2017)京01民终9358号民事判决书(《人民司法·案例》2018第17期)]，在股东知情权纠纷中，法院对当事人股东资格的审查应以形式审查为一般标准，只有在对方提出的相反证据足以导致当事人股东身份动摇的情况下，法院才应进一步实体审查当事人股东身份之真伪。在尚无充分证据否定股东资格的情况下，应当确认工商登记、股东名册的证明效力。同时，股东知情权纠纷与股东资格确认纠纷、股东出资纠纷等均非同一法律关系，就股东资格是否存在，或股东对公司是否存在出资瑕疵的情形，均可通过其他纠纷解决方式予以救济，该类争议并不必然影响法院依据现有证据对股东知情权纠纷进行审理。

【未在公司设立登记材料上签字能否确认非公司股东】

符培忠诉海口市金惠典当行股东资格确认案［海南省海口市龙华区人民法院（2016）琼0106民初字第2617号民事判决书］，根据《公司法》的相关规定，有限责任公司股东资格确认，应当以工商行政管理部门对公司股东的登记为主要形式特征，即工商登记在股东资格认定时具有相对优先的效力。被告的工商登记信息系海口市工商局经审核后作出的，具有公示公信效力。原告主张其不是被告公司的股东，但根据本案现有的证据即被告办理工商登记的相关资料和工行国贸支行出具的《工作证明》，无法得出其被人盗用身份信息及冒用签名的结论。退一步而言，即使在被告设立登记的相关材料上签字的不是原告本人，但这也并不意味着非本人签字即非股东，关键在于原告有无成为公司股东的事实或者同意他人利用自己身份设立公司的事实，且否认原告的股东资格，涉及公司债权人、投资人等利害关系人的债权保护问题。据此，原告所提供的证据没有形成完整的证据链来证明其主张的事实，不足以否定工商登记的效力，原告请求确认其不是被告的股东依据不足，不予支持。

【不能仅凭工商登记非本人签字否认股东资格】

黄家辉、王君瑞诉北京引领世纪科技有限公司股东资格确认案［北京市第三中级人民法院（2016）京03民终4154号民事判决书］，世纪公司是经工商机关登记注册，依法成立的有限责任公司。根据工商登记所载，袁宗寅、胡德成、黄家辉为创始股东，后经变更为袁宗寅、黄家辉、王君瑞，该工商登记对外具有公示效力，且考虑到黄家辉称其系与袁宗寅、胡德成一起经营世纪公司的黄家甦的妹妹，而王君瑞称其为世纪公司的员工，其母亲认识黄家甦，二人均与黄家甦有一定关系，同时考虑到，在实践中股份代持关系的普遍存在，为维护市场交易秩序的稳定，故不能仅以工商备案材料非黄家辉、王君瑞的亲笔签字，确认黄家辉、王君瑞不是世纪公司的股东，对于黄家辉、王君瑞要求确认其不是世纪公司股东的诉讼请求，法院不予支持。

【实际出资却未享有股东权利股东资格认定】

谢志辉诉张建华、华粤公司股东出资纠纷案［广东省梅州市中级人民法院（2016）粤14民终83号民事判决书］，在公司对内纠纷中，认定实际出资人是否具有股东资格，应综合审查其是否有成为公司股东的真实意思表示、是否出资、是否获得公司其他股东过半数的同意、是否实际享有股东权利等实质要件。出资人虽已实际出资但没有实际享有股东权利的，应认定其未取得股东资格。

【外商将在大陆赚取的利润直接追加投资不能自然形成股东出资】

黄经邦与海南鼎立农业开发有限公司等股东资格确认纠纷上诉案［海南省高级人民法院（2015）琼民三终字第4号民事判决书（《人民司法·案例》2015年第18期）］，公司企业的股权变更可以适用事实股东权利说，即只要事实上行使着股东权利，即使未进行工商变更登记，也可以拥有股权，甚至可以请求公司为其进行工商变更登记。但是，出于国家安全和公共利益的考虑，外资企业分立、合并或者其他重要事项变更，应当报审查批准机关批准。

【被注销的有限责任公司的原股东能否承继该公司在其他公司的股东资格】

吴俊柏诉石河子协和医院有限责任公司股东资格确认案［新疆生产建设兵团第（农）八师中级人民法院（2015）兵八民二终字第387号民事判决书］，本案的争议焦点为：吴俊柏要求确认其为上诉人的股东及其持有石河子协和医院股权比例为37.5%是否有事实及法律依据。亿豪公司由吴俊柏与卓志兴出资成立，从事医疗服务行业的投资和管理，卓志兴任法定代表人兼总经理，吴俊柏任公司监事。截至2009年12月，亿豪公司在全疆投资承办及合作的医院共计16家，其中包括上诉人，16家医院由亿豪公司统一管理，吴俊柏与卓志兴在16家医院中均占有股份且持股比例均等。亿豪公司被注销后，此管理模式一直沿用。卓志兴2009年11月19日在刑事专案组侦查询问笔录中陈述亿豪公司系其与吴俊柏投资成立，亿豪公司投资成立的16家医院由亿豪公司委派法定代表人和股东代表，吴俊柏、柯东红庭审中的陈述与卓志兴询问笔录中的陈述一致，故上诉人在工商管理部门的登记股东仅是名义股东，而亿豪公司作为实际投资人系上诉人的隐名股东，上诉人亦认可其由亿豪公司全额投资设立及其工商登记的股东是名义股东。2007 年，经亿豪公司股东吴俊柏和卓志兴决议，形成亿豪公司股东股份一览表，对亿豪公司全额投资上诉人的股份进行了分配，吴俊柏、卓志兴及上诉人的工商登记股份分配人在该股份一览表上签字确认。上诉人认可亿豪公司全额投资成立 16 家医院，而亿豪公司在注销前已对上诉人的股权重新进行了分配，故应遵循亿豪公司对上诉人股权分配的真实意思表示，自 2007 年亿豪公司股东签署亿豪公司股东股份一览表之后，上诉人的隐名股东已变更为该一览表记载的股东，即吴俊柏、卓志兴、黄金叶、柯东红、卓文富、陈国强。从该一览表的内容可见，其既能作为上诉人利润分配的依据，也能作为各隐名股东证明股东身份和持股比例的依据。该一览表中记载吴俊柏占上诉人 37.5%的股份，吴俊柏作为亿豪公司变更后的隐名股东有权要求确认其在上诉人的股东资格及其占上诉人的股权比例为 37.5%。原审判决引用《最高人民法院关于适用〈中华人民共和国公司法〉若干问题的规定（三）》第二十一条、第二十二条有误，对应的法条应为《最高人民法院关于适用〈中华人民共和国公司法〉若干问题的规定（三）》第二十二条、第二十三条，对此予以更正。

【股权收购前出资是否可以认定为实际出资人】

新疆乌鲁木齐中院判决廖铁华诉新地园公司股东资格确认纠纷案［新疆维吾尔自治区乌鲁木齐市中级人民法院（2015）乌中民二终字第 171 号民事判决书］，股权收购中实际出资人的认定实质性要件为有出资合意并实际出资。在无书面协议达成出资合意时，通过考量在股权转让前参与出资、已参与公司经营管理等因素，且无其他证据证明其出资性质系借款等其他性质时，应当认定其出资具有参与股权收购的出资合意，是实际出资人。

【实际出资人的股东资格认定】

彭红娜诉彭伟泉股东资格确认纠纷案［广东省广州市黄埔区人民法院（2015）穗黄法民二初字第 69 号民事判决书］，原告彭红娜与被告彭伟泉之间关于一斗福公司 70%股权的代持协议，是双方真实意思表示，且所有协议均经过一斗福公司召开股东会形成股东决议同意，其内容不违反法律规定并符合公司章程，合法有效，予以确认。根据验资报告可判定原告彭红娜是一斗福公司的实际出资人，被告确认在股权代持及股权变更过程中未有支付过股权对价，根据代持协议，登记在被告名下的一斗福公司 70%股权只是原告委托被告代为持有，被告对该股权并无所有权。签订于 2014 年 6 月 16 日的《股权代持协议书》约定原告委托被告代持股权的期间自协议生效开始，至被告根据原告指示将代持股权转让给原告或原告指定的第三人时终止，故原告现起诉要求确认登记在被告名下的一斗福公司 70%股权归原告所有的诉讼请求，有事实及法律依据，予以支持，被告应当协助原告到工商行政管理机关办理一斗福公司 70%股权的变更登记手续。

【股东资格的实质性标准】

刘爱科诉北京励志立信商贸有限公司公司盈余分配纠纷案［北京市海淀区人民法院（2015）海民（商）初字第 25985 号民事裁定书］，根据《公司法》的规定，公司股东依法享有资产收益、参与重大决策和选择管理者等权利。股东所享有之资产收益权利的典型表现形式系公司盈余分配请求权，而该项法定权利又系公司股东的固有权利。公司股东以外的民事主体并不具备行使上述权利的主体资格，故其与上述权利所对应之利益亦无公司法上之利害关系。

从刘爱科所提交的股东协议书与合作解除协议两份证据的内容来看，其本人与案外人于云宝之间确实存在依托商贸公司从事化妆品经营的合作事项。上述两份协议中也确实约定有刘爱科向商贸公司注资以及商贸公司融资的有关内容，但从商贸公司的工商登记情况来看，该公司自设立时起并未发生过注册资本的增加，也并无证据显示刘爱科曾受让于云宝所持商贸公司股权。对于刘爱科与商贸公司的关系而言，《公司法》所明确规定的新股东加入公司的情形并未发生。刘爱科于本案中也并未提供任何可能涉及商贸公司之股权代持或者隐名出资的证据。结合本案现有证据，刘爱科目前并非商贸公司的合法股东。

公司盈余分配请求权应系公司股东所享有的固有权利，非公司股东则无权向公司主张分配盈余。刘爱科本人与其所诉请的商贸公司盈余分配内容之间并无法律上的利害关系。刘爱科提起本案诉讼，应属诉讼主体不适格。

【当事人无法证明向公司实际缴纳出资的，不能主张该公司的股东资格】

胡占海与庆阳市腾祥房地产开发有限责任公司及张檄、宁培艳、张雪梅股东资格确认纠纷案［甘肃省庆阳地区中级人民法院2014年11月28日民事判决书］，关于原告在被告腾祥房地产公司的股东资格及45%股权的确认。《最高人民法院关于适用〈中华人民共和国公司法〉若干问题的规定（三）》第二十三条规定：“当事人之间对股权归属发生争议，一方请求人民法院确认其享有股权的，应当证明以下事实之一：（一）已经依法向公司出资或者认缴出资，且不违反法律法规强制性规定；（二）已经受让或者以其他形式继受公司股权，且不违反法律法规强制性规定。”原告胡占海请求法院确认其享有股权的主要证据为两份协议书和一份双方确认对账清单，张檄虽对此予以认可，但因胡占海无向公司出资的人股凭证等直接证据或其他间接证据证明其真实性而无法采信；18张支票存根因未载明付款人和收款人，无法确定该款项是否汇入被告腾祥房地产公司账户，且腾祥房地产公司2009年7月30日设立，胡占海提供的18张支票存根为2010年12月20日至2012年4月24日，并非腾祥房地产公司设立期间。胡占海是否向腾祥房地产公司出资因证据不足，不能认定，故胡占海要求确认其在被告腾祥房地产公司的股东资格及45%股权的诉讼请求，因证据不足，不予支持。

【论选择法律适用规范阶段的识别对象】

潘世强诉张华、南雄韶赣汽车城有限公司股东资格确认纠纷案［广东省高级人民法院（2014）粤高法民四终字第48号民事判决书］，《涉外民事关系法律适用法》第八条规定涉外民事关系的识别适用法院地法，但对识别的对象未作解释。从司法审判规律来看，法院在选择法律适用规范阶段，应将案件事实和法律适用规范均作为识别的对象。本案案由为确认股东资格纠纷，根据我国法律的相关规定，潘世强申请确认股东资格的实质为申请确认股东权利，参照《涉外民事关系法律适用法》第十四条第一款“法人及其分支机构的民事权利能力、民事行为能力、组织机构、股东权利义务等事项，适用登记地法律”的规定，本案应适用韶赣汽车城公司登记地法律，即中国内地法律进行审查。潘世强一审时提供了三份转账凭证、韶赣汽车城公司确认收到潘世强出资款的三张收据以及韶赣汽车城公司其他股东陈华和彭汉均的《证明》，用以证明曾先后向韶赣汽车城公司出资700万元的事实。张华上诉主张由其账户转到韶赣汽车城公司的360万元系自己对韶赣汽车城公司的出资，但韶赣汽车城公司、公司其余股东均未对此予以确认，且张华转出360万元是在同日收到潘世强转入360万元后再进行，张华对此事实并无异议，故潘世强实际出资韶赣汽车城公司数额为700万元。张华主张潘世强将其在韶赣汽车城公司的股权转让给他，并提交了转账给潘世强合计780万元的转款凭证，但潘世强予以否认。在张华无法提交书面股权转让协议、潘世强确认收到股权转让款的收据等可以证明双方存在股权转让的情况下，结合潘世强与张华之间还存在其他债权债务关系，以及韶赣汽车城公司其他股东对股权转让事实不知晓不认可等其他情况，对股权转让关系不予确认。潘世强的诉讼请求是确认其为韶赣汽车城公司的实际股东，持有公司70%的股权；解除潘世强与张华的代持股关系，将张华持有的70%的股权变更在潘世强或潘世强指定的第三人名下。根据《公司法》关于有限责任公司的相关规定，取得有限责任公司股东资格的前提是以货币、实物、知识产权等财产出资，因此，潘世强提出的确认股东资格的诉请，包含对其出资事实的确认。《最高人民法院关于审理外商投资企业纠纷案件若干问题的规定（一）》第十四条规定：“当事人之间约定一方实际投资，另一方作为外商投资企业名义股东，实际投资者请求确认其在外商投资企业中的股东身份或者请求变更外商投资企业股东的，人民法院不予支持。同时具备以下条件的除外：（一）实际投资者已经实际投资；（二）名义股东以外的其他股东认可实际投资者的身份；（三）人民法院或当事人在诉讼期间就将实际投资者变更为股东征得了外商投资企业审批机关的同意。”潘世强系香港特别行政区居民，潘世强出资700万元要成为韶赣汽车城公司的股东，根据《外商投资企业法》的相关规定应到审批机关办理审批手续。因韶赣汽车城公司诉讼期间一直未获得外商投资企业审批机关的同意，故对潘世强申请确认股东资格的请求不予支持，仅确认其实际出资事实。

【“实际出资人”的资格认定】

刘五瑞与黄玉平、第三人厦门贝克士纤维制品有限公司等股权转让纠纷案［福建省厦门市中级人民法院（2014）厦民终字第1367号民事判决书］，有限责任公司的实际出资人可以与名义出资人订立合同，约定由实际出资人出资并享有投资权益，以名义出资人为名义股东，由于“实际投资人”出资方式的特殊性，在其与“名义出资人”发生纠纷时，正确的判断“实际投资人”资格，才能厘清二者的法律关系。本案中，法院认为：（1）刘五瑞未提交证据证明双方存在股权转让合同之事实及合同基本内容；（2）刘五瑞提交原审法庭的2010年1月27日的《收条》亦载明款项性质为“投资款”，而非“股权转让款”；（3）刘五瑞主张的股权转让最初发生于贝克士公司成立之前，与常理不符。当事人对其主张之事实，应承担相应的举证责任。刘五瑞要求黄玉平返还所谓“股权转让款”，但未能提交证据证明双方存在股权转让之合意。经原审法院释明，刘五瑞不同意变更诉讼请求，原审法院依法驳回其诉讼请求并无不妥。此外，贝克士公司股东首次认缴出资比例情况并不足以佐证刘五瑞主张的股权转让事实之存在，亦不予采信。综上所述，上诉人刘五瑞的上诉请求缺乏事实和法律依据，不能成立。

【因夫妻财产分割取得股份能否确认股东资格】

姚锡珍与温州市瓯海潘桥加油站股东资格确认纠纷案［浙江省温州市瓯海区人民法院（2015）温瓯商初字第247号民事判决书］，在有限责任公司股东资格认定问题上，若涉及债权人与股东、债权人与公司之间外部法律关系，应遵循公示公信原则与外观主义要求，坚持形式要件高于实质要件，以保障交易安全与善意第三人利益为优先考量，将工商登记材料作为确认股东资格的依据；若涉及公司内部法律关系，则应遵循意思自治原则，坚持实质要件高于形式要件，将当事人的意思表示与履约行为作为确认股东资格的依据，此时工商登记材料仅具有一般证据效力。本案属于公司内部法律关系，因原告系被告加油站登记股东谢作福的前妻，且基于离婚分割共同财产而取得第三人谢作福在被告加油站的股权，这种取得基于继受取得，且没有违反法律法规强制性规定。根据被告加油站2009年11月4日出具的股东决议，可以明确加油站股东同意谢作福的股份（实际占加油站股份25%），由谢作福占0.25股、原告姚锡珍占0.25股、谢金献占0.50股。可见被告亦同意原告姚锡珍为加油站股东。而且事实上原告每年均有取得加油站的红利，虽然原告认为红利分少了，被告认为红利是以第三人谢作福名义分得后再给原告，不管是何种形式，原告享有加油站的分红是事实。虽然被告加油站在谢作福、姚锡珍离婚时，就明确在决议中确定，因该二人对加油站影响不好，今后只拥有股权，没有参与加油站的经营权，即限制原告及第三人参与加油站经营的权利，但这并不影响他们的股东资格。故原告要求确认拥有加油站股东资格，符合法律规定，本院依法予以支持。

【法院生效裁判可直接产生股权变动效力】

龙元建设集团股份有限公司与上海联华合纤股份有限公司与公司有关的纠纷上诉案［上海市第二中级人民法院（2012）沪二中民四（商）终字第1121号民事判决书（《人民司法·案例》2014年第14期）］，法院裁判股权变动属于非基于法律行为的股权变动，股权变动的原因不是当事人的意思表示，不需要交付或登记等公示行为，股权变动的发生是基于生效裁判，在能够导致股权变动的法院裁判文书生效时股权就发生变动。此外，当股权权属发生争议时，法院是对争议进行裁判的终局机关，法院裁判文书具有确定的、终局的法律效力，且具有国家强制力。因此，法院生效裁判中的股权变更内容应具有设权效力，可使权利人取得股东资格，即使裁判生效后未办理股权变更工商登记手续。

股东代表诉讼制度的立法本意是保护与公司财产存在直接利益关系的投资人权益。龙元公司的股东资格虽未在工商行政部门备案登记，但龙元公司通过法院裁定书已受让了海泉公司对联海公司11.5%的出资，显然与联海公司财产状况存有利益关系，故而应当获得股东代表诉讼制度的保护。另外，股东资格的确认并不以工商部门备案登记作为必要要件，工商部门备案登记仅起到对抗公司外部善意第三人之作用。因此，龙元公司符合股东代表诉讼的主体资格。此外，龙元公司曾于2011年9月20日致函联海公司董事陈曙华要求追讨联华合纤公司债务，而联海公司怠于行使自己的债权。龙元公司在提起股东代表诉讼之前已竭尽了公司内部的救济手段。

【无书面约定情况下认定实际出资人】

郭某某与童某某等股东资格确认纠纷上诉案［上海市第二中级人民法院（2012）沪二中民四（商）终字第898号民事判决书］，具体如下：首先，一方面，按照常理分析不会在未约定转让对价的情况下，将所持股权无偿出让给他人。故郭某某应当明知孙某某实际持股比例并非如工商登记的股权比例。另一方面，从证据的文字表述看，郭某某也确认了其所继承的孙某某在众全公司的股权中含有代其他股东持股的情形。其次，从股东出资角度来分析本案。童某某等人主张以孙某某为代表的四人通过优润公司划款方式出资9万元，戴某某出资9万元。由于该两笔款项的汇入是真实的，故就比例而言，与戴某某和孙某某各名义持股50%是对应的。童某某认为优润公司是其与孙某某等四人共同设立的，从该公司汇出的款项即为四人向众全公司的共同出资。本院予以确认。最后，从上述分析孙某某名下确有实际出资人和出资情况的认定，童某某主张其原实际持有众全公司12.5%股权的证据证明力要大于郭某某的反驳证据证明力。同时，郭某某对于刘某某将其实际持有众全公司12.5%股权无偿转让给童某某并未提供证据加以否定。至于刘某某2005年无偿转让其股权后，2007年仍旧领取分红的情况，虽有不尽合理之处，但该节事实与本案并无必然关联，童某某可以依据其与刘某某的约定另行结算，但不影响童某某依据刘某某的股权转让声明主张权利。故本院认为，可以确认童某某实际持有众全公司25%的股权。

【出资未登记情形下股东资格的认定】

陈锦洪诉张家口市东亚建材家具装饰有限公司股权确认纠纷案［河北省张家口市中级人民法院（2012）张商终字第281号民事判决书］，股东资格的工商登记是第三人确认公司股东的重要依据，但在公司内部关系的认定中，要探究当事人的真实意思表示，依据当事人的真实意思表示和实际出资来确认。

【姓名被记载在公司章程上而未签署章程未出资的自然人的股东资格认定】

尹国明诉驻马店市统领墙体新型材有限公司及第三人刘成桥、崔凯等公司决议撤销、股东资格确认纠纷案［河南省驻马店市中级人民法院2012年8月10日民事裁定书］，原告姓名在公司章程及股东名册上被记载为公司成立时的股东，但原告没有签署公司章程，也没有认缴公司出资额并实际出资，依据《公司法》及司法解释的相关规定，原告并不具备该公司的股东资格。

【股东资格确认纠纷中当事人诉讼地位的确定】

穆昕诉张鸿等股东资格确认纠纷案［广东省高级人民法院（2012）粤高法民二终字第5号民事裁定书］，公司股东资格确认纠纷中，当事人向人民法院起诉请求确认其股东资格的，并非以引发股东资格确认纠纷的原因行为来确定各方当事人诉讼地位，而应当以公司为被告，与诉争股权有利害关系的人作为第三人参加诉讼。

【公司股东资格否认之诉不宜贸然支持】

重庆江北法院判决李汶泽诉金盾公司股东资格确认纠纷案［重庆市江北区人民法院（2012）江法民初字第3987号民事判决书］，当事人请求确认其不具有公司股东资格和法定代表人资格，不符合公司法及司法解释的相关规定，存在虚假诉讼可能，不宜支持。

本案中，2008年3月，重庆金盾资产清算有限公司（以下简称金盾公司）经工商机关审核同意设立登记。其工商登记信息显示：法定代表人为曾凌，股东为曾凌和梅可军。同年6月，金盾公司的法定代表人变更为曾祥林，股东也相应变更为曾祥林和梅可军。2009年，曾祥林与"李汶泽"签订《股权转让协议》，将其持有的金盾公司70%的股权转让给李汶泽。同日，梅可军与史官民签订《股权转让协议》，将其持有的金盾公司30%的股权转让给史官民。此后，金盾公司由"李汶泽"担任法定代表人。2011年11月28日，金盾公司被工商行政管理机关吊销营业执照。2012年，李汶泽以金盾公司工商登记信息上所有"李汶泽"的签名均系伪造，自己从未出资购买过金盾公司股份，工商登记管理部门因金盾公司被吊销营业执照不给自己开办的其他公司办理年检手续，也不准许自己新设公司，导致其权利受到侵犯为由，将金盾公司作为被告，将史官民、曾祥林、梅可军、曾凌作为第三人诉至法院，请求判令其不具有金盾公司股东资格和法定代表人资格。因金盾公司已被吊销，四位第三人均下落不明，法院通过公告送达了起诉状副本和传票等诉讼材料。

法院经审理认为，金盾公司的工商登记信息系工商行政管理机关审核后作出的，具有公示公信效力。金盾公司的工商登记信息显示，李汶泽系金盾公司的股东和法定代表人。如李汶泽认为工商行政管理机关作出的登记信息有误，可以依法提起行政诉讼。2012 年 11 月 20 日，法院判决：驳回原告李汶泽的诉讼请求。

【仅向公司投入资金，未达成入股公司合意、未实际行使股东权利且所投资金未转化为公司资本的投资人，不应被确认为公司股东】

王文剑等诉上海知音琴行有限公司股东资格确认纠纷案［上海市长宁区人民法院（2012）长民二（商）初字第 4 号民事判决书］，《公司法司法解释（三）》第二十三条规定了认定股东资格取得的两个条件，即取得方式条件和出资条件，但对于如何界定向公司投入资金行为的性质，即何种情况下可认定为股东出资，该条款并未明确规定。实践中，公司股东之外的第三人向公司投资的表现形式多样，对于仅向公司投入资金，而未与原公司股东达成入股公司合意、未实际行使股东权利且所投资金未转化为公司资本的投资人，可否将其认定为公司股东仍是法律适用领域的难点之一。本案在就该难点问题进行分析，为出资性质的认定提供可资借鉴的思路，并认为此种情况下，该类投资人不应被确认为公司股东。

【不能仅以工商登记文件中非本人签名为由否认自身股东资格】

勾淑英与北京融金期汇投资顾问有限公司股东资格确认纠纷上诉案［北京市第二中级人民法院（2011）二中民终字第 02493 号民事判决书（《人民司法·案例》2012 年第 18 期）］，股东资格是投资人取得和行使股东权利并承担股东义务的基础。股东资格的认定需要对公司章程、工商登记信息、出资证明书、股东名册、实际出资情况等证据进行综合审查，判断其是否已经出资到位并且有成为股东意愿行使股东权利，而不能仅以工商登记文件中的签字虚假为由否认股东资格。

【如何审理外商投资企业隐名股东股权确认纠纷】

某股份有限公司诉柏某、李某、上海某服饰有限公司股权确认纠纷案［上海市高级人民法院（2011）沪高民二（商）终字第 14 号民事判决书］，根据《最高人民法院关于审理外商投资企业纠纷案件若干问题的规定（一）》（以下简称《规定》）第 14 条的规定，人民法院或者当事人在诉讼期间就实际投资者变更为股东征得了外商投资企业审批机关的同意，可以作出判决直接确认隐名股东权利。

一审法院经审理认为，本案的争议焦点在于：原、被告双方究竟谁是第三人某公司真正的股东，并且行使股东权利实际控制管理某公司。首先，两被告在某公司注册之时，并未投入资金，注册资金系某公司在其后的经营活动中陆续投入，故从实际出资的角度来看，某公司的实际出资人应为某公司，而不是两被告。其次，从柏某发送给某公司法定代表人阙某某的大量传真函件来看，时间跨度之长久，内容涉及之细致，传真发送之频繁，语气用词之谦恭，均超出商业活动中同行交流之正常范畴。由此可见，阙某某虽人在台湾，但对于第三人公司事无巨细悉数掌控，几乎涵盖公司经营涉及的各个层面，是第三人公司的实际管理控制人。再次，原告从第三人公司处分得了红利，这是股东享有并行使权利的重要表现形式。最后，一审法院于诉讼期间就某公司股东变更事项向上海市商务委员会发函征询，得到该委的答复是现第三人公司所从事的经营范围不存在禁止或限制台资准入事项。据此，依照《公司法》第四条、《最高人民法院关于审理外商投资企业纠纷案件若干问题的规定（一）》第十四条之规定，判决确认原告某公司享有第三人某公司 100% 股权。

柏某、李某认为一审存在认定事实和适用法律等错误，基于双方未约定一方为名义股东、另一方为实际投资者，本案并不适用《规定》第 14 条之规定，一审判决将上海市商务委员会的回复内容作为审批机关对变更股东的同意，显然是对司法解释规定的错误解读，故向本院提起上诉。

二审法院认定的事实与一审认定一致。二审法院经审理认为，虽然本案并无某公司与柏某、李某关于隐名出资的书面约定，柏某、李某也始终予以否认，但一审认定的证据还是能够形成较为完整的证据链，达到了民事诉讼高度盖然性的证明标准，据此可以认定某公司与柏某、李某之间存在一方实际投资、另一方作为名义股东的口头约定，并已实际投资。相关行业是否允许台资准入属行政机关的特有权力，而实际出资者与名义股东关于股权归属的民事争议仍属法院审理范畴。据此，二审法院驳回上诉，维持原判。

【村民集资入股者可以参与分红，但不是集体企业的股东】

王钧等与山西省朔州市平鲁区陶村乡人民政府等股权确认纠纷上诉案［最高人民法院(2011)民二终字第79号民事判决书］，关于应否确认王钧为歇马关煤矿、大恒煤业的股东。歇马关煤矿原为陶村乡政府开办的集体企业，1992年，陶村乡政府作为歇马关煤矿的所有权人，在"4·22批复"中明确要求："所有村民集资人股者可在规定的期限内参与分红（不计利息）和监督，但不是所有权的股份者。故下马关煤矿性质为下马关村集体所有。"可见，陶村乡政府的意思表示很明确：歇马关煤矿出让给歇马关村，村民可以集资人股，但不能成为所有权人。因此，无论王钧等村民投资歇马关煤矿的主观目的是什么，其只能依据"4·22批复"享有分红和监督的权利，而不能成为歇马关煤矿的所有权人或者股东。2001年，陶村乡政府对歇马关煤矿进行托管招标，亦非所有权转让，王钧对歇马关煤矿投资的60万元系托管费，而非所有权转让款。依据托管文件的规定，王钧等托管人取得的是独立完整的经营自主权，而不是歇马关煤矿的所有权，2002年王钧向陶村乡政府申请将其在歇马关煤矿的"股份"承包给他人，也证明王钧享有的仅是歇马关煤矿的经营权。故王钧不是歇马关煤矿的所有权人，更不是股东。大恒煤业系在歇马关煤矿与小岭煤矿整合的基础上成立的公司企业法人，但王钧对大恒煤业无出资，其对歇马关煤矿的60万元投资也未转为对大恒煤业的出资。因此，王钧并非大恒煤业的股东。

【股东资格确认纠纷中变造证据之效力认定】

仝业茂与江苏省仪征市飞亚辊件有限公司股东资格确认纠纷上诉案［江苏省扬州市中级人民法院(2011)扬商终字第0031号民事判决书(《人民司法·案例》2012年第14期)］，审理股东资格确认之诉，应当首先分析争议的法律关系是属于个人法调整还是团体法调整，再处理实质要件与形式要件之间的关系，并对证据效力作出合理抉择。本案中虽然工商登记和公司章程仍将原告记载为股东，但被告提供的领条、银行凭证等证据足以证明原告收回出资、其他股东将被收回的出资补足的事实，实质为被告的另四名股东平均受让了原告退出后放弃的股权份额，故原告因其股权份额已不存在而不再具有股东资格。

【股权转让中，受让人能否以其已支付股权转让款并实际经营管理股权为由，主张该股权的权属已发生转移，其已经获得股东资格】

郭苏焕与杨晓宇、杨晓岚、陈道宜、陈汉湘、深圳市恒运泰投资发展集团有限公司股权转让合同纠纷案［最高人民法院(2011)民二终字第62号民事判决书］，恒运泰公司关于其已按照双方约定支付了4120万元的股权转让款，大宇公司已按约定交由其经营管理，应当认定其已享有大宇公司全部股权的上诉主张，没有事实和法律依据。恒运泰公司与杨晓宇方签订的《协议书》第六条对股权过户明确约定为，恒运泰公司支付杨晓宇方股权转让价款1000万元时，杨晓宇方将大宇公司51%股权过户给恒运泰公司或其指定的第三方；在项目领取预售许可证时，杨晓宇方将大宇公司全部股权过户给恒运泰公司或其指定的第三方。因此，在大宇公司尚未领取预售许可证的情况下，恒运泰公司按照合同约定并未取得剩余的49%股权。原审法院仅以公司章程、股东名册或工商登记为据认定股权权属是否转移，虽有不妥，但因结论并无不当，因此，本院对其驳回恒运泰公司关于确认其享有大宇公司全部股权的诉讼请求的判项予以维持。恒运泰公司主张提前支付剩余股权转让款并要求提前办理剩余部分股权的变更登记，因双方合同约定的股权权属发生变动的条件尚不具备，因此，本院对其该诉请亦不支持。恒运泰公司应按照双方约定继续履行合同，待大宇公司领取预售许可证后，其可依法主张取得剩余部分股权。

【外商投资企业实际出资人的股东资格，经各方确认后可受支持】

株式会社津田商会诉王国正等股东资格确认案［上海市虹口区人民法院(2011)虹民二

（商）初字第5344号民事判决书]，因本案原告是在日本国设立的公司，故本案属涉外商事案件。涉外合同的当事人依法可以选择处理合同争议所适用的法律。鉴于原告请求的股东资格确认须在中华人民共和国领域内履行，且本案审理过程中，原、被告明确本案处理适用中华人民共和国法律，因此，本案处理应当适用中华人民共和国法律。王国正、王美兰确认须磨浦公司系原告全额出资设立并同意将股东变更为原告，且根据《外商投资企业产业指导目录》（2011年修订）的规定，须磨浦公司的经营范围不属于禁止外国投资者经营的产业，故原告要求确认其为须磨浦公司股东的诉讼请求应予支持。

【受让有限责任公司的股权后并不当然取得股东资格】

上海天迪科技投资发展有限公司与西部信托有限公司等股东资格确认纠纷上诉案[陕西省高级人民法院（2010）陕民二终字第09号民事判决书（《人民司法·案例》2010年第18期）]，有限责任公司股东转让股权后，受让人不能依据股权转让协议而当然地成为有限责任公司的股东，法律、行政法规规定有限责任公司股东资格需要经过批准的，受让人应自批准之日取得有限责任公司的股东资格。在主管机关批准之前，转让人仍为公司股东。

《公司法》第七十二条（编者注：现为该法第七十条）第四款规定："公司章程对股权转让另有规定的，从其规定。"本案中信托公司的公司章程第二十五条规定："公司转让股权、调整股权结构应当事先报请中国银行业监督管理委员会批准。"第二十六条也规定："公司股东应当符合中国银行业监督管理委员会规定的向信托投资公司投资入股的条件。"同时，信托公司作为非银行业的金融机构，其经营管理应遵守信托法的规定。《信托法》第四条规定："受托人采取信托机构形式从事信托活动，其组织和管理由国务院制定具体办法。"而银监会受托制定的《信托公司管理办法》第十二条明确规定："信托公司有下列情形之一的，应当经中国银行业监督管理委员会批准：……（七）变更股东或者调整股权结构；（八）修改公司章程；……"故按照信托法的规定，本案信托公司变更股东必须经银监会的批准。2008年10月10日银监会陕西监管局批准之日即应为天迪公司取得信托公司股东资格之日。虽然2008年2月29日，天迪公司通过股权转让的方式受让了天王公司所持有的信托公司3.07%的股权，并于同年3月3日付清了股权转让款，但是法律、行政法律规定其股东资格的取得应当经过主管机关批准，当事人不得以其意思自治而超越法律、行政法规的强制性规定。故按照信托法的规定，在未经主管机关批准之前，天迪公司不能依据股权转让合同而当然取得信托公司的股东资格。

【如何认定隐名外商投资人委托出资成立内资公司的股东资格】

香港宏丰运输有限公司诉珠海市宏洋基业运输有限公司、梁华坤、林文光等股权确认案[广东省珠海市中级人民法院（2010）珠中法民四终字第13号民事判决书]，对于外商投资人股东资格的认定应参照《最高人民法院关于审理外商投资企业纠纷案件若干问题的规定（一）》第14条的规定，在坚持有限公司的人合性和尊重主管部门对外商投资之审批核准权的基础上，结合隐名外商投资者的实际出资的事实予以认定。

珠海宏洋公司作为内资企业，自登记注册之日起，作为民事主体，依法独立享有民事权利，承担民事义务。香港宏丰公司作为港资企业，在未按照我国内地相关法律、法规的规定向相关部门履行外商投资企业审批手续的情形下，不可能成为内资企业即珠海宏洋公司的股东。另外珠海宏洋公司已被吊销营业执照，处于非正常经营状态，再履行外商投资企业审批手续已无可能。香港宏丰公司出资设立珠海宏洋公司的行为违反了我国法律、法规的强制性规定，该无效行为的法律后果直接决定了香港宏丰公司成为珠海宏洋公司股东的法律障碍。珠海宏洋公司依照我国公司法注册成立，是依法享有民事权利的民事主体，虽珠海宏洋公司存在外资出资的事实，但此事实不足以否认其作为独立的民事主体对外从事经营活动的事实。香港宏丰公司请求确认其是珠海宏洋公司的全资股东及其享有珠海宏洋公司100%的股权的主张，法院不予支持。另外，香港宏丰公司所提及的其他事实以及珠海宏洋公司是否进入清算程序均不影响法院对珠海宏洋公司的股东资格的认定。

【有限公司章程对股权转让的设限规定有效，在岗职工辞职申请批准后，即丧失股东资格】

廖天亮诉石河子建筑规划设计研究院股权确认案[新疆生产建设兵团第（农）八师中级

人民法院(2010)兵八民二终字第138号民事判决书]，本案争议的焦点为：2008年12月26日之后，上诉人在被上诉人处是否享有股东资格。通过庭审查明，被上诉人2006年1月的公司章程第九条中并未禁止股权转让，仅规定了股权受让的对象为“本院在岗职工”，该规定符合有限责任公司“人合性”的特征，未与法律的强制性、禁止性规定相悖，且上诉人在2008年12月25日的辞职报告中也明确要求其辞职后按被上诉人章程中对股权转让的设限规定执行。根据《公司法》第七十二条(编者注：现为该法第七十一条)第四款的规定：公司章程对股权转让另有规定的，从其规定。故应认定被上诉人2006年1月的公司章程第九条中的设限规定合法有效，对双方当事人均具有约束力。因此，被上诉人在2008年12月26日批准上诉人的辞职申请后，上诉人就丧失了在被上诉人处的股东资格。

【外商投资企业的隐名股东请求确认其在该企业中的股东身份时，需要具备哪些条件】

合泰商业有限公司等诉中山市好又多百货商业有限公司等股权确认案[广东省广州市荔湾区人民法院(2010)荔法民二涉初字第11号民事判决书]，根据《最高人民法院关于审理外商投资企业纠纷案件若干问题的规定(一)》第十四条的规定，当事人之间约定一方实际投资、另一方作为外商投资企业名义股东，实际投资者请求确认其在外商投资企业中的股东身份或者请求变更外商投资企业股东的，人民法院不予支持。同时具备以下条件的除外：(一)实际投资者已经实际投资；(二)名义股东以外的其他股东认可实际投资者的股东身份；(三)人民法院或当事人在诉讼期间就将实际投资者变更为股东征得了外商投资企业审批机关的同意。可知，外商投资企业的隐名股东，请求确认其在该企业中的股东身份的，只有同时具备上述规定中的三个条件时，才能获得法院的支持。

【内部股东资格确认的依据】

王岩英等六人诉温州市金昌利钢结构有限公司股权确认纠纷案[浙江省温州市龙湾区人民法院(2010)温龙商初字第241号民事判决书]，涉及公司内部股东资格的确认，应遵照意思主义原则，以当事人的意思表示和实际履约行为作为确认股东资格的依据，确认股东资格应坚持实质要件优于形式要件，登记材料仅具有一般证据的效力。既然陈宝书在被告公司没有实际投资，瑞丰公司在被告公司实际投资，可以认定陈宝书非被告公司的实际股东，不具有股东资格。

【股东资格一般采用出资兼公司确认的原则】

朱海峰等与李信宏等股权转让纠纷上诉案[北京市高级人民法院(2010)高民终字第539号民事判决书]，关于朱海峰、王非是否具有评估公司股东资格问题。公司股东是公司依照法定程序确认的投资者，其股东身份是相对于公司而言，一般采用出资兼公司确认的原则，即股东身份除了实际投入公司资金以外，还要建立在公司对投资者身份承认的基础上。而公司的承认，一般体现在股东名册、公司章程及登记文件中，故仅凭直接出资或间接缴纳出资的事实，尚不足以使出资者成为合格的公司股东。本案中，朱海峰、王非虽然向评估公司实际出资，但从未在评估公司章程及工商登记备案的股东名册中记载，亦无证据表明其以股东身份行使过股东权利，且评估公司其他股东亦不认可朱海峰、王非的股东身份。朱海峰、王非在本案二审期间提交的2007年3月23日《中国工商银行个人业务凭证》，旨在证明其享有评估公司分红权。本院认为，该凭证记载不能证明朱海峰、王非取得的资金性质。朱海峰、王非还认为评估公司成立了职工股管理委员会，职工股管理委员会文件记载其为职工股股东，并据此认为其属于股东名册上记载的股东。本院认为，在1999年12月5日评估公司设立时订立的《联合资信评估有限公司章程》中，并无职工股的记载，除福建省资信评级有限责任事务所等四个法人股东外，公司章程中只记载了李振宇、孙俄萱、庄建华、李仲援四名自然人股东。虽然福建省资信评级有限责任事务所等四个法人发起人在《成立联合资信评估有限公司协议》中有职工股占25%的约定，但评估公司设立后，公司章程已经变更了《成立联合资信评估有限公司协议》的内容，包括注册资本、股东构成等。朱海峰、王非提交的评估公司职工股管理委员会文件和《联合资信评估有限公司职工股管理办法》中，虽加盖有评估公司的公章，但没有各职工股股东的签字确认，亦未提交证据证明职工股管理委员会的设立程序、方式、性质、议事规则等，故本院对朱海峰、王非关于职工股管理委员会法律地位的表述不予认可。综上所述，对于朱海峰、王非要求确认其评估公司股东身份的请求，本院不予支持。

【商法公示主义、外观主义在股东身份确认案件中的应用】

方建华与杭州新亚达商贸有限公司与公司有关的纠纷再审案［浙江省高级人民法院(2009)浙民再字第73号民事判决书(《人民司法·案例》2011年第6期)］，公司章程在某种意义上属于股东之间的合同，当事人签署章程的行为可反映其具有成为股东的真实意思。客观上，当事人在公司章程、股东名册、工商登记材料上等被记载为股东，属于以法定形式公示股东身份的事实，使其在外观上具备了股东特征，善意第三人对此有充分理由予以信赖。在涉及善意第三人利益时，即便当事人主观上并不具有成为股东的真实意思，也应坚持公示主义和外观主义原则，依法确认其股东身份，以维护交易安全和经济秩序稳定。当事人是否实际出资等事实，并不具有公示性以及使第三人信赖的外观特征，不应作为判断股东身份的据。

【隐名股东的身份认定】

原告何奇攀与被告马允利、第三人付江、张立壮、翁锦洪、侣化鹏股权确认纠纷案［广西壮族自治区南宁市西秀区人民法院(2009)青民二初字第593号民事判决书］，确认隐名股东身份的基本要件，可从两个方面考虑：(1)其对公司是否实际出资；(2)公司其他的股东是否知晓其与公司的投资关系。既无法证明实际出资又未向其他股东披露的，不应认定具有隐名股东身份。

【挪用资金构成犯罪，该出资行为无效，该出资人不具有股东资格】

山东省昌邑市华星矿业有限责任公司诉姜光先股东资格确认和公司赢余分配权纠纷抗诉案［山东省高级人民法院(2009)鲁民再字第4号民事判决书(《最高人民检察院公报》2010年第3号(总第116号))］，《公司法》第二十七条规定，股东可以用货币出资，也可以用实物、知识产权、土地使用权等可以用货币估价并可以依法转让的非货币财产作价出资；但是，法律、行政法规规定不得作为出资的财产除外。该规定实际确定了非法财产不得作为出资的法律精神。因此，在企业改制中，挪用原企业资金作为改制后公司的出资的，因其挪用改制前企业的资金是犯罪行为，因此该出资行为应认定为无效，该出资人不具有股东资格，亦不能要求公司分配利润和红利。

【审理法人股确权案件的价值取向】

申银万国证券股份有限公司与上海银行股份有限公司福民支行法人股确权纠纷上诉案［上海市高级人民法院(2008)沪高民二(商)终字第106号民事判决书(《人民司法·案例》2010年第2期)］，以股权持有主体名实不符为由要求确认法人股权属的纠纷，是上市公司法人股纠纷的主要类型之一。法院审理法人股确权纠纷，需从维护市场诚信和交易安全出发，仔细探究当事人对股权权属的真实合意，注意遵循商事外观主义原则和诚实信用原则，保护第三人的信赖利益，从而依法准确确定法人股的权利归属。

【股权变更未进行登记只对外无效】

何晓与芦新正股东出资纠纷上诉案［河南省高级人民法院(2008)豫法民二终字第8号民事判决书(《人民司法·案例》2008年第24期)］，股权变更未进行登记，仅不具有对抗公司之外第三人的效力，并不影响公司内部股东之间所签配送干股协议的效力。公司或股东与其他股东签订的配送干股的协议的效力，应受到尊重和维护。同时还应注意到，干股作为未实际出资而取得的股份，往往与特定的条件联系在一起，如果条件未成就，配送干股的约定也就不发生效力。

【公司内部股东资格争议，应当根据当事人的约定及其行为探究真实意思】

丁仲诉陈庆良、深圳市金地电子有限公司股权确认案［广东省深圳市宝安区(2008)深宝法民二初字第4021号民事判决书］，根据《公司法》的规定，有限公司的章程应当载明股东的姓名和名称、股东的出资额和出资方式等事项。但就股东资格而言，工商登记并非设权程序，只具有对抗善意第三人的证权功能，是宣示性登记。在股东资格争议中，如果涉及与公司进行交易的善意第三人，为了维护交易安全和市场秩序，应当以外观的、具有公示效力的工商登记、公司章程、股东名册等作为认定依据。未经登记或变更登记，不得对抗第三人。

但公司内部的股东资格争议，应当根据当事人之间的约定、当事人的行为探究真实意思，而不是以是否在工商机构登记为依据的原则。

在本案中，原告是金地公司的股东，双方不持异议，本院予以确认。现双方争议的是陈庆良是挂名股东，还是实际股东的问题。对于陈庆良是挂名股东，还是实际股东，争议的主要是陈庆良投资的50万元，是公司的投资款，还是借给丁仲的借款问题。第一，从双方签订的《合作协议》内容第一条注明“甲方（陈庆良）向乙方（丁仲）提供投资金额人民币伍拾万元整”，这说明陈庆良是向丁仲投资；第二，从丁仲出具的收据来看，是丁仲收到陈庆良的50万元投资款，不是公司收到陈庆良的50万元投资款；第三，从权利义务来看，陈庆良只拿固定回报款，不参与公司的利润分配，不承担公司的义务，即是说不享受公司的权利和承担公司的义务；第四，从丁仲支付给陈庆良的款项来看，五次通过银行存款方式支付，二次收款收据注明是还借款，一次收款收据注明是还款，这说明丁仲支付给陈庆良的款项是按照协议内容的回报款，或者是借款；第五，支付给郭健等人的受让金问题。两份《股权转让协议书》签订后，丁仲按照约定，从2003年11月14日至2005年12月14日分期共支付了215万元（含陈庆良的投资款50万元）的股权转让款给郭健和刘庆辉。从郭健出具的证言材料来看，是丁仲支付给郭健的，不是公司支付给郭健的。从上述证据可以认定，陈庆良投资给丁仲的50万元，名义上是投资款，实质上是陈庆良借给丁仲的高额借款，所以，丁仲借得50万元后，是丁仲将该款投向公司，不是陈庆良将50万元投向公司，陈庆良对公司没有实际出资。丁仲为满足当时开办公司的法律关系，须要两个股东才能符合公司登记的法律规定，所以，就让陈庆良挂名一个股东，符合协议内容的约定。

综上所述，陈庆良未对公司进行出资，不享有公司的权利义务，符合挂名股东的法律特征，所以，原告主张陈庆良在金地公司名下的41%股权归其所有，事实清楚，证据充分，本院应予以支持。

【公司成立时，股东并未履行出资义务，不能以此否定其股东身份】

陕西锐达房地产开发有限公司、王志峰与胡耀辉、朱强、王荧、西安达成物业管理有限责任公司股权确认纠纷案［陕西省高级人民法院（2007）陕民二终字第68号民事判决书］，首先，关于王志峰的达成公司股东身份问题。2004年2月18日达成公司召开股东会，股东会决议确认王志峰持有达成公司35%的股份，并修正了公司章程，变更了股东名录。2004年3月1日达成公司召开了第三次股东会，决议同意吸纳新股东王志峰，并将公司法定代表人由胡耀辉变更为王志峰。2004年3月起，王志峰亦实际参与达成公司的日常经营，直至2005年5月。综合上述事实，王志峰股东身份依法应予确认。其次，关于锐达公司所主张其为胡耀辉、王荧所持达成公司剩余65%股权的实际股东的问题。锐达公司在诉讼中不能证明其实际向达成公司投资，其与胡耀辉、王荧间存在隐名协议或隐名关系，达成公司其他股东已认可其实际股东身份等事实问题。故锐达公司的上述主张缺乏事实及法律依据，应不予支持。最后，关于锐达公司所主张达成公司设立时，其股东并未履行出资义务的问题。从其法律后果来看，如果公司有效设立，股东瑕疵出资主要导致瑕疵出资股东对公司承担相应的出资补足责任，对其他股东承担出资违约责任，或者对公司债权人承担补充偿还责任，并不因此而否定其股东身份。

【职工通过持股会持有股权，公司在改制过程不能强制将职工的股份转为企业负债】

王万虎等诉宿迁市银龙棉麻有限公司要求确认股东身份案［江苏省宿迁市宿城区人民法院2007年1月15日民事判决书］，内部职工持股是我国国有和集体企业进行现代企业制度改革的重要举措，通过此项措施可将国有集体企业改制设立为股份有限公司、有限责任公司或股份合作制企业，职工股份既可由其本人以自然人身份直接持有，在全员持股的有限责任公司股东超过50人的情况下，也可设立职工持股会对职工股进行集中管理持有，职工所持股份可以在内部职工之间转让流动，但不得退股。本案中，被告棉麻公司就是在特定历史条件下实行全员持股方式设立的有限责任公司，其在改制后初始登记时虽然只登记了48人，但实际内部持股职工的人数超过了50人，其中三原告已按照改制要求各自出资5000元，并每人获得配股1000元，按照国家和省、市各级政府关于改制的文件和规定的精神，不能因为没有被载入工商机关登记资料中就否认持股职工的股东身份，因此三原告为被告公司的股份持有人。2003 年，根据市政府的相关文件要求，被告进行股权调整，其目的在于进一步深化国有、集体企业的改制，使其更符合现代企业制度，但被告在股权调整后强制将三原告的股份转为企业负债，实际上是强制三原告退股，此行为违反了法律和国家的关于企业职工持股的相关强制性规定。从本案的实际情况来看，三原告在股权调整过程中没有认购到他人的股权或者将自己的股权转让与他人，可以通过持股会或持股代表的方式加以解决，而不能强制其退股；另外，被告在 2003 年股权调整前的注册资本为 183 万元，在其将三原告的股份共计 18,000 元以 15,000 的价值强制转为公司负债后变更工商登记时公司注册资本仍为 183 万元，由此可以看出三原告的股份被实际登记的 23 名股东中的某(几)个股东取得或者代表持有，但并未与原告达成转让协议或者其他协议，侵犯了原告的利益。综上所述，被告强制将三原告的股份转为公司负债的行为是无效的，三原告仍为被告的股份持有人，被告应当根据相关文件的精神对三原告的股份进行妥善处理。

【虚拟股东资格的司法确认】

北京中复电讯设备有限责任公司与邰武淳等股东资格确认纠纷上诉案[北京市第二中级人民法院(2007)二中民终字 12080 号民事判决书(《人民司法·案例》2009 年第 8 期)]，虚拟股东是指以现实社会中根本不存在的人的名义在工商局出资登记为公司股东，它存在的主要目的是为了规避法律的禁止性规定，因此，对虚拟股东应加以禁止，不应确认其合法的股东资格；虚拟股东的股东资格被否认后，其名下的股权在现实中容易被悬置，该悬置股权应作为公司财产由真实股东按出资比例进行分配。

【借用他人姓名登记的股东资格认定】

卢标与黄萍等股东资格认定纠纷上诉案[(2007)盐民二终字第 0042 号民事判决书(《人民司法·案例》2007 年第 16 期)]，股东之间就股东资格发生争议时，一般应根据工商登记文件的记载确定有关当事人的股东资格，但根据公司章程的签署、实际出资、出资证明书的持有以及股东权利的实际行使等事实可以作出相反认定的除外。

【有限公司股东资格的确认，应当根据出资、章程、股东名册、工商登记等多种因素，并结合当事人真实意思，综合加以审查确定】

江苏省范群干燥设备厂诉汤凤珍等股东资格纠纷案[江苏省常州市中级人民法院 2007 年 3 月 16 日民事判决书]，有限责任公司股东资格的确认，应当根据出资数额、公司章程、股东名册、出资证明书、工商登记等多种因素结合当事人具体实施民事行为的真实意思综合审查确定。本案中，汤凤珍、徐亚红、查红琴、汤如兴、展美娣五人实际并未出资；汤凤珍、汤如兴、查红琴在该江苏省范群干燥设备厂章程修正案章程中的签名并非本人所签；徐亚红、展美娣、汤如兴、查红琴在书面答辩状中均认可江苏省范群干燥设备厂的诉讼请求；江苏省范群干燥设备厂未置备股东名册及向汤凤珍等五人发放出资证明书等。综合上述各种因素可以认定，江苏省范群干燥设备厂在决定增加汤凤珍五人为企业股东时有其特定的背景，与其真实意思不符，不能认定汤凤珍等五人具有江苏省范群干燥设备厂的股东资格。范国峰将股份无偿转让给汤凤珍违反了法律规定和公司章程规定，汤凤珍不能因此获得江苏省范群干燥设备厂的股东身份。

【隐名出资人股东资格的认定】

北京市丰台区南苑农工商联合公司与祁文杰等股东权纠纷上诉案[北京市第二中级人民法院(2006)二中民终字第 09118 号民事判决书]，对于隐名出资人股东资格的确认，理论界有两种学说：一为“实质说”，即以实际出资的隐名者为公司股东；二为“形式说”，即以显名股东为公司股东并否认隐名出资人的股东资格。一般来说，在处理公司外部关系时，出于保护善意第三人的目的，采取“形式说”，否认隐名出资人股东资格。但在处理公司内部关系时，对隐名出资人股东资格的认定则应采取“实质说”。

【工商登记文件记载的股东与股东名册记载的股东不一致时，应如何确认股东资格】

李杰诉李之会股权转让合同纠纷案[北京市第二中级人民法院 2006 年 12 月 20 日民事判决书]，股东资格是出资人取得和行使股东权利并承担股东义务的基础。根据《公司法》

的相关规定，有限责任公司股东资格的确认，涉及实际出资额、股权转让合同、公司章程、股东名册、出资证明书、工商登记等。公司工商注册登记的功能主要是政府对进入市场交易的市场主体资格进行审查，以减小市场交易整体风险。其内容因其公示性而对相对人具有确定的效力。工商登记最大的价值在于它的公示力，而此种公示力是对外的，在处理因公司的交易行为等公司外部行为而引发的有债权人等第三人介入的股东资格争议时，由于交易行为与工商登记的公示力相关，因此应以工商登记文件中对股东的记载来确认股东资格，但在处理公司内部的不涉及公司交易行为等公司外部行为的股东资格争议时，则应以股东名册的记载为第一标准，股东名册的记载在处理内部股东资格争议时具有法定的权利推定力。

【人民法院对于隐名股东起诉显名股东要求确认股权的，法院应如何处理】

魏某某与某投资有限公司股权确认纠纷再审案［陕西省西安市中级人民法院（2006）西民一初字第 25 号民事判决书］，有限公司兼具资合性与人合性特征，公司股东应当按协议履行出资义务，并向登记机关登记，这是公司法对股东资格实质要件与形式要件的规定。隐名股东虽有实际出资，但并未使用本人名义，不具备股东资格的实质要件，不能当然取得股东身份，对于隐名股东起诉显名股东要求确认股权的“正名”诉请，人民法院应追加公司、其他股东作为第三人参加诉讼，在其他股东一致接受隐名股东的情形下，应作出确权判决，对隐名股东的股权予以确认。

【通过转让股份的方式，可以丧失股东资格】

李佳诉绍兴县通驰汽车销售服务有限公司等要求确认股东资格案［浙江省绍兴市中级人民法院 2006 年 3 月 31 日民事判决书］，李佳通过出资取得通驰公司的原始股东资格之事实，有充分证据予以佐证，各方当事人亦未提出异议，应予确认。至于李佳出资是否来源于向他人借款并不影响其股东资格的认定。本案争议焦点是李佳有无通过转让股份的方式丧失通驰公司的股东资格。通驰公司、宋京卿、沈军主张李佳已将其所持股份转让给宋京卿，应提供相应证据证明，但其提供的关于 2004 年 8 月通驰公司股东变更登记的相关文件中，并未有李佳的签名确认，事后李佳也未追认，故这一通驰公司股东变更登记的事实对李佳不具有约束力，李佳并未因此丧失其通驰公司的股东资格。李佳虽在 2005 年 1 月 31 日的股东会决议中曾有对股份转让协议事实的认可，但因其中未约定转让价格致无法履行而不成立，故该股东会决议尚不能发生李佳与宋京卿之间股份转让协议成立的法律后果。综上，通驰公司、宋京卿、沈军的上诉理由均不能成立，不予支持。原判认定事实清楚，适用法律正确。

【内部约定与工商登记不一致时的股权份额认定】

王德与吕红等股权确认纠纷上诉案［上海市高级人民法院（2006）沪高民二（商）终字第 20 号民事判决书（《人民司法·案例》2007 年第 10 期）］，股东名册是有限责任公司股东主张股权的首要依据。当公司未置备股东名册，或者股东名册的记载与事实不符时，对公司内部的股权份额，应当综合分析发起人协议、出资证明书、公司章程、盈余分配、经营管理等各项事实后作出认定。夫妻中的一人登记为股东，但有证据表明其配偶在股东资格方面与显名人有混同的，其二人可被视为享有股东权益的共同关联一方。

【股东认缴资金的来源，不影响其在公司的股东资格或身份的认定，该资金来源与股东资格认定不属同一法律关系】

徐惠梅、刘纪展诉衢州三成照明电器有限公司、刘成功、刘成立股东权纠纷案［浙江省高级人民法院（2006）浙民二终字第 54 号民事判决书］，各方当事人对刘成洪生前系三成公司的股东亦无异议，只是三成公司、刘成功、刘成立等抗辩主张刘成洪生前为三成公司的名义股东。但由于刘成洪生前与刘成功之间并无关于刘成洪为名义股东、刘成功为隐名股东的书面约定，要认定刘成洪为名义股东依据不足。刘成功抗辩刘成洪为名义股东的主要理由是刘成洪在三成公司的出资来自其私营企业开化县三成电器厂或个人存款或三成公司的贷款，因此认为刘成洪的 80 万元出资均来自其个人。本院认为，股东认缴资金的来源并不影响股东在公司的股东资格或身份的认定，该资金来源与股东资格认定不属同一法律关系。即使刘成洪在三成公司没有出资或抽逃出资，其应承担的是补足出资等违约责任，法律上也难以因此否定其股东资格。刘成洪的合法继承人徐惠梅、刘纪展要求三成公司确认其股东身份和股份，三成公司应为本案适格被告。

【企业改制中职工集资“入股金”的性质认定】

吴坚、余尚勇等66人诉卢位才、武宁县鲁溪水泥有限公司侵害股东权纠纷案［江西省武宁县人民法院（2004）武民二初字第77号民事判决书］，1997年改制时职工集资入股金应属于企业内部集资性质，职工与企业之间形成了债权债务关系。后来，集资入股职工以帐外帐等违规方式，逐月领取现金及借出水泥，由于领款时未明确告之是退回集资款，且领出的现金中又包含了职工的工作奖金，故不能确认职工的集资款已退回；职工借出的20吨水泥，也已出具了借条，所谓提货联“抵股金”与事实不符，职工与企业之间是一种借贷法律关系。2002年职工代表大会原始记录也并没有集资款退回的决定，而被告卢位才身为武宁县水泥有限公司的法定代表人及后来承债式购买者武宁县鲁溪水泥有限公司的法定代表人，却擅自决定该集资款已退回，是对原告66名职工合法权益侵害。因此，被告辩称职工集资款已退回，证据不充分，理由亦不成立。

【履行了出资义务、实际参与经营且享受了分红，其股东身份应予以确认】

过振球诉尤菊林等股东确权案［江苏省无锡市中级人民法院（2003）锡民二终字第408号民事判决书］，本案争议焦点是过振球在修配厂股东身份能否确认。过振球于2001年4月17日、5月11日两次向修配厂投入现金合计216,000元，修配厂出具的收款收据注明为投资款，并将该款项作为实收资本入账。此后，过振球于2002年1月至2003年年初担任该厂常务副厂长，实际参与企业的经营，并于2001年分到红利。修配厂企业性质为股份合作制，原由十余名股东组成，在过振球向修配厂投资116,000元的同时，其原有股东林晓清等所持股份116,000元即于同日退股，股份转让虽未按公司章程规定办理相应手续，但以上事实可以认定过振球的上述投资款是人股，而非修配厂所称是借款。过振球履行了股东的出资义务，实际参与了企业的经营管理，也享受了股东的红利分配，其作为修配厂的股东身份应予确认。

【持股会会员并不当然是公司股东】

喻勇敏与绍兴越盛集团有限公司股东权纠纷上诉案［浙江省高级人民法院（2002）浙经一终字第14号民事判决书］，本案中喻勇敏是否具备越盛公司的股东身份，是决定其能否向越盛公司主张股东权利的前提。越盛公司系依法设立的有限责任公司，应受《公司法》的规范。根据公司法的原理，有限责任公司的股东一般由三方面主体构成：一是在公司章程上签名盖章且实际履行了出资义务的发起人；二是在公司存续期间依法继受取得股权的人；三是公司增资时的新股东。上述主体均应记载在公司的股东名册上。本案中，喻勇敏曾系越盛公司的职工，其依照持股会章程交纳购股金后，成为持股会会员。但持股会会员并不当然就是公司的股东。根据越盛公司的公司章程及工商登记材料，该公司的股东明确为谢百军和持股会。喻勇敏对越盛公司虽然存在实际的出资行为，但其并不符合法律规定的公司发起人的股东主体，且本案也无喻勇敏继受取得越盛公司的股权或越盛公司增资事实的发生，故喻勇敏不能认定为越盛公司的股东。由于喻勇敏不具备越盛公司的股东身份，其依法不能直接向越盛公司主张股东权利。

【企业改制中，员工的集资款因债权转为股权合法有效，该员工取得股东资格】

叶建民等诉胡德族股权纠纷案［广东省惠州市中级人民法院（2002）惠中法经终字第91号民事判决书］，原惠州市玻璃纤维厂欠职工集资款本息，经东江会计师事务所审计作出的《资产评估报告》中已确定，该报告由惠城区区国有资产管理办公室确认，有1998年8月11日惠城国资确认（98）第6号文件《关于惠州市玻璃纤维厂资产评估结果的通知》为据。上诉人认为改制前企业欠职工集资款本息国资办没有确认，与事实不符。惠州市玻璃纤维厂改制时惠城区人民政府体制改革办公室根据当时实际情况，同意职工集资款本息转为股金，当时全体股东中亦无人提出异议。按各股东认购股金数额确定出资、企业改制完成并经工商部门核准登记为有限公司后，在上诉人叶建民任董事长期间的2001年10日23日公司虽曾要求惠城区工业局对股东出资重新验证，而惠城区工业局在公司董事会、监事会全体成员署名的同年12月18日书面《关于原惠州市玻璃纤维厂改制时将原职工集资款本息转为新公司股金的情况说明》上，已明确写明当时局已同意该厂将厂原职工集资款本息转为股金。因此，应认定被上诉人胡德族已按认购股金数额出资，将债权转为股权合法有效。至于被上诉人担任董事是否有效依法应由股东通过股东会议予以确认，属企业内部事务。不属本案审理范围。

【股东身份的取得，不是始于公司设立，而是始于公司成立】

深圳市城市建设开发（集团）公司与国家旅游局侵权纠纷上诉案［北京市高级人民法院(2001)高经终字第270号民事判决书］，城建集团与中旅信公司之间不存在股权关系，城建集团应是中旅信公司设立过程中的设立人。公司的设立与公司的成立是两个不同的概念，它们是同一连续行为的两个不同阶段。公司的设立是为公司的成立而进行的准备活动，包括订立公司章程、组建公司机构、履行出资义务、申请注册登记手续等程序。在公司设立阶段中，出资人只是公司的设立人，随着公司设立程序的进展，设立人在不同的环节上所处的法律地位、承担的义务及责任形态各异。国家旅游局在发起组建中旅信公司时，向城建集团发出邀请，城建集团缴纳了出资，参与了筹建活动，应视为是设立人。公司的成立则是公司的设立行为被法律认可后的法律后果或法律事实，股东身份的确立并不是始于公司设立，而是始于公司成立。中旅信公司成立后，应按照《公司法》规定向股东签发证明书，但中旅信公司并没有向城建集团签发出资证明书。而股东身份的取得，是以公司成立后向设立人签发证明其出资及相关权利证书为标志的。因此城建集团与中旅信公司之间不存在股权关系。故城建集团上诉提出其受到侵害的民事权利是股权，其要求保护基于股东投资而形成的权益的请求，本院不予支持。

【股东的合法地位不得剥夺】

杨柳松诉骆龙坤等确认投资、股东案［广西壮族自治区柳州市鱼峰区人民法院(2000)鱼经初字第82号民事判决书］，原告杨柳松与秦良玉、三被告共同订立大树公司章程，出于五人的真实意思表示，符合有关法律规定，是有效的协议，该章程一经共同制定，即对各出资人产生法律效力，五人均应按此章程履行各自义务。五人以该章程到工商登记机关办理有限责任公司执照，50万元的注册资金经柳州会计师事务所进行验资，做出证明，五人已按章程中约定的各自份额存入验资账户，资金亦到位，为此，工商登记机关依法办理大树公司的企业法人营业执照，确认杨、骆等五人是大树公司的股东。骆龙坤等三被告依法成为大树公司的合法股东，任何单位、个人均不得随意剥夺其股东地位。三被告的出资款是否由原告代垫不影响三被告的股东地位，故原告要确认三被告不是大树公司的股东，与法不合，本院不予支持。

【虽然向公司缴纳过出资，且签署了公司章程，但是没有依法办理股权转让手续和工商变更登记手续，故原告不具有股东资格】

戴海斌等五人诉上海广平信息系统工程有限公司股东权益案［上海市卢湾区人民法院(1999)卢经初字第555号民事判决书］，被告公司在原告五人进入该公司前就由原股东出资，并按《公司法》注册登记成立，原告五人进入被告公司后，虽曾向被告公司缴纳过出资，又作为股东签署了公司章程，参加了股东大会，但由于有限责任公司的成立、变更是要式行为，虽然在本案中被告有一定过错，但原告五人参加所签署的公司章程中，未规定新股东的股权是受让公司原自然人股东的股权，原告五人也从未与被告公司原自然人股东就股权转让达成过一致意思表示，并依照《公司法》规定办理股权转让手续和工商变更登记手续，由于股份的转让权是原公司自然人股东的个人权利，原自然人股东未同意将股份权转让于原告五人，原告五人向被告公司的出资，就不能成为被告公司的股本金，因被告公司股东登记名册中无原告五人，故原告五人不具有被告公司股东资格，不享有股东的权利。

【有限责任公司股东资格的反向判断规则】

许某与德金公司，第三人华某、许某标股东资格确认纠纷案，有限责任公司股东资格的认定，需要结合是否在对外具有公示性质的工商登记、公司章程和股东名册的记载中被列为公司股东；涉案股东是否履行了股东出资义务，是否实际行使了股东权利等因素进行综合判定，各个因素还应结合具体个案有所侧重。本案中，结合《德金公司章程》记载“许某”为德金公司股东以及德金公司工商登记档案材料列明“许某”为公司股东等事实，可以初步认定许某的股东身份。

对于如工商登记档案材料的签字并非许某本人所签是否能否定其股东资格，本案中，即便德金公司工商登记档案材料中的“许某”签名均非其本人所签，许某也未提出证据证明“代签者”未经其同意“冒用或盗用”其身份。此外，许某作为具备完全行为能力的公民，结合其关于许某标为德金公司的实际股东并参与公司实际经营管理的陈述及其与许某标系父女关系这一事实，许某在德金公司设立至与第三人华某产生纠纷近五年间对其父许某标冒用其身份设立并经营德金公司完全不知情亦不符合常理；相反，其同意许某标利用自己身份设立并经营公司的可能性更大。因此，即便德金公司工商登记档案材料的签字非许某本人所签，现有证据也不能达到否定其股东资格的程度。

结合上述分析，德金公司的公司章程载明许某为公司股东。德金公司的工商登记档案材料亦显示许某为德金公司的股东，在没有证据证明许某签名确被他人“冒用”或“盗用”的前提下，许某在工商登记档案材料中的签名即便非其本人所签，也不能否定工商登记的公示公信效力。如许某认为工商行政管理机关作出的登记信息有误，可以依法提起行政诉讼。据此，法院对许某德金公司股东资格予以确认。

【有限责任公司隐名出资关系中的实际出资人不经法定程序无法获得股东资格】

张某与甲公司股东资格确认纠纷案［江苏法院公司审判十大案例之三］，隐名出资关系中的实际出资人并不当然地具备股东身份，其能否成为股东，关键在于能否取得半数以上的其他股东同意，缺乏该条件则无法获得股东资格。

【隐名股东资格确认的实质条件】

新华人寿保险股份有限公司与西部信用担保有限公司、北京紫金世纪置业有限公司股东权纠纷案［北京市第一中级人民法院民事判决书］，保险公司与西部公司签订的《委托协议》，系双方当事人的真实意思表示，且内容不违反国家法律、法规的禁止性规定，应确认有效。关于保险公司向紫金世纪公司进行投资是否即具有紫金世纪公司股东资格的问题，法院认为，首先，保险公司与西部公司基于双方签订的《委托协议》，由保险公司向西部公司支付人民币3亿元，西部公司将该款项代保险公司向紫金世纪公司支付的事实表明，保险公司以隐性的方式向紫金世纪公司进行投资，为紫金世纪公司的实际投资人，且保险公司、西部公司、新产业公司、北京饭店以及紫金世纪公司签订的《股东协议》中对于“五方知悉并明确截至本协议签署之日紫金世纪公司的实际股权结构为：保险公司实际所有紫金世纪公司60%的股权，北京饭店所有40%的股权”的约定，亦表明紫金世纪公司的其他股东对于保险公司向紫金世纪公司隐性投资行为的知悉和确认。其次，保险公司、西部公司、新产业公司、北京饭店以及紫金世纪公司签订的《股东协议》中对于保险公司享有的股东权利及应履行的股东义务的相关约定以及保险公司在紫金世纪公司的经营过程中向紫金世纪公司派出管理人员担任该公司的总经理、监事、财务总监等职务的事实，表明保险公司在紫金世纪公司的经营过程中以实际股东的身份参与了该公司的经营管理。综上所述，因保险公司对紫金世纪公司进行了实际投资，并以实际股东的身份参与了该公司的经营管理，且紫金世纪公司的其他股东对上述情况知悉且同意，足以证明保险公司已具备了成为紫金世纪公司股东的实质条件，故保险公司有权依据其与西部公司签订的《委托协议》和紫金世纪公司认可的行为，要求变更股权登记，以股东身份行使股权。因此，保险公司的诉讼请求依法有据，法院予以支持。

【未被登记为股东且未能参与公司经营及行使股东权利的实际出资人是否属隐名股东】

李维与南宁市雨石阁饮食有限责任公司、李雨秋公司设立纠纷案，虽然李维与李雨秋、陆颖、李晔、张祖琴未签订书面合同，但五人已达成口头协议而约定共同出资设立有限责任公司，并实施了公司设立行为。根据《公司法》关于有限责任公司和股份有限公司的设立的相关规定，公司设立是合同法律行为，是由两个以上一致的意思表示而组成的法律行为，该法律行为既不是互为给付的契约法律行为，也不是导致单一责任的单方法律行为。所以，李维与李雨秋、李晔、陆颖、张祖琴五人之间在公司设立过程中对内形成共同设立的合同关系，而非合伙关系，对外则因该共同法律行为而对设立行为发生的债务向第三人负连带赔偿责任。在本案涉及的公司设立中，除出资已由李维、李晔、陆颖等人依约给付及租用经营场地外，其余订立公司章程、组建公司机构、申请注册登记等事项均由李雨秋独自负责办理。但李雨秋在办理上述公司设立的事项中，既没有与李维、李晔、陆颖、张祖琴订立公司章程，也没有组建五人拟设立的公司机构，更没有申请办理五人拟设立的公司的注册登记，而是向李维、李晔、陆颖隐瞒实情，另与张宁珍、黄金敌共同出资设立了雨石阁公司，致使李维、李晔、陆颖与其及张祖琴五人所订立的公司设立合同指向的目的不能实现，原拟设立的公司亦未能成立。因此，李雨秋因其另行设立公司的行为而在履行其与李维、李晔、陆颖等人之间的公司设立合同中构成根本性违约，应就此承担相应的民事责任。而对于雨石阁公司来说，并不能仅仅因为该公司收取了李维、李晔、陆颖的出资而将李维、李晔、陆颖认定为雨石阁公司的股东，因为李维、李晔、陆颖没有签署雨石阁公司的章程，雨石阁公司的注册资本也已由李雨秋、张宁珍、黄金敌出资到位，李维、李晔、陆颖亦未被工商行政部门、股东名册所登记和记载。且本案并无李维、李晔、陆颖与李雨秋约定成为隐名股东的事实，李维、李晔、陆颖的出资也未注册登记为雨石阁公司的注册资本，故李维、李晔、陆颖不是雨石阁公司的隐名股东。综上所述，因雨石阁公司不是李维与李雨秋等四人拟设立的公司，而李维又不是雨石阁公司的股东或隐名股东，其不对雨石阁公司享有任何权利和承担任何义务，其投资款 20 万元全因李雨秋在公司设立活动中的根本性违约行为而被雨石阁公司占有，故雨石阁公司占有李维的 20 万元投资款无合法根据。虽该不当得利系因李雨秋的违约而造成的，但该不当得利确为雨石阁公司实际占有，故雨石阁公司应返还 20 万元并从占有该款时起赔偿孳息损失给李维，李雨秋对此应承担民事赔偿责任。

2. 实际出资人和名义股东的权利义务

【“隐名股东”能否行使股东权利】

广州晋宝贸易有限公司与罗定市顺强投资发展有限公司等股东资格确认纠纷上诉案［广东省云浮市中级人民法院（2015）云中法民二终字第 393 号民事判决书］，只有属于公司的股东并持有股权，才存在转让股权的基础。一审认定本案中尚未能确立曾立言作为顺强公司的股东资格，事实清楚。即使第三人曾立言持有顺强公司 36% 的股权，但曾立言与晋宝公司签订《股权转让协议》后，才告知顺强公司以及黎海辉、欧建伟关于股权转让的情况，而未能在股权转让前告知其他股东并经过其他股东过半数的同意，违反了《公司法》第七十一条的规定，该转让协议对顺强公司不具有约束力。曾立言认为顺强公司的三个股东在庭审中均表示不购买，而黎海辉与欧建伟的股份合计达 80%，属超过过半数股东同意，视为股权转让协议合法有效的主张，是其对《公司法》第七十一条的错误理解，法院不予采纳。

【隐名股东伪造显名股东签章订立的股权转让合同经追认可有效】

东方贸易株式会社与韩锦途等股权转让合同纠纷上诉案［江苏省高级人民法院（2015）苏商外终字第 00026 号民事判决书（《人民司法 · 案例》2016 年第 20 期）］，未经显名股东同意，隐名股东伪造显名股东签章订立股权转让合同将公司股权转让给自己的，该合同并不当然无效。显名股东知情后并未对合同内容提出异议，并以行为实际履行该合同的，应当视其追认了隐名股东的无权代理行为，股权转让合同已对其发生法律效力。

【隐名股东不能提起公司解散之诉】

沈某芬等诉深圳某五金塑胶有限公司公司解散纠纷案［广东省深圳市前海深港现代服务业合作区人民法院（2015）深前法涉外民初字第 73 号民事裁定书（《人民司法 · 案例》2016 年第 5 期）］，依照公司法及司法解释的规定，有权提起公司解散诉讼的主体是公司股东；根据我国法理通说，这些规定中的股东的内涵是指登记在股东名册上的股东。隐名股东没有登记在公司股东名册上，故不能提起公司解散之诉。

【公司特定股东以他人行为侵犯公司其余股东利益的，其能否作为原告提起诉讼】

胡晓琳与杨长志、洛阳市泰益德房地产开发有限公司股权确认纠纷案［最高人民法院（2012）民二终字第 7 号民事判决书］，根据《民事诉讼法》关于起诉条件的规定，当事人提起民事诉讼的，应当符合下列条件：（一）原告是与本案有直接利害关系的公民、法人和其他组织；（二）有明确的被告；（三）有具体的诉讼请求和事实、理由；（四）属于人民法院受理民事诉讼的范围和受诉人民法院管辖。其中，“原告是与本案有直接利害关系的公民、法人和其他组织"是对原告适格性的要求，即法院的裁判结果会其利益有直接的影响。根据以上要求，公司特定股东以他人行为侵犯公司其余股东利益而提起诉讼的，由于法院裁判结果涉及的是他人利益，与其没有直接利害关系，故其无权代表其他股东作为原告提起诉讼。

【实际出资人与名义股东之间的股权转让符合公司法规定的，名义股东应当依照约定为实际出资人办理股权变更登记手续】

张建中诉杨照春股权确认纠纷案［上海市静安区人民法院2010年1月18日民事判决书(《最高人民法院公报》2011年第5期(总第175期))］，有限责任公司的实际出资人与名义出资人订立合同，约定由实际出资人出资并享有投资权益，以名义出资人为名义股东，该合同如无《合同法》第五十二条规定的情形，应当认定为有效。实际出资人有权依约主张确认投资权益归属。如实际出资人要求变更股东登记名册，须符合《公司法》第七十二条(编者注：现为该法第七十一条)的有关规定。

人民法院在审理实际出资人与名义出资人之间的股权转让纠纷中，以在所涉公司办公场所张贴通知并向其他股东邮寄通知的方式，要求其他股东提供书面回复意见，公司其他股东过半数表示同意股权转让的，应当认定该股权转让符合《公司法》第七十二条(编者注：现为该法第七十一条)的规定，名义出资人应依约为实际出资人办理相应的股权变更登记手续。

【股份代持合法有效，受托人应当按照委托人指示，及时办理股份变更手续】

北京国府餐饮有限公司等与道纪忠华公共管理咨询(北京)有限公司股权确认纠纷上诉案［北京市第二中级人民法院(2009)二中民终字第02130号民事判决书］，李文英作为国府公司的股东，有权处分自己的股权份额。李文英与道纪忠华公司签订《股权转让与法人变更协议》，系双方当事人的真实意思表示，据此，道纪忠华公司受让李文英股权，其股东权利依法受到保护。公民、法人可委托他人办理实施民事法律行为，接受他人委托的受托人应当按照委托人的指示处理委托事务。徐碧晗与道纪忠华公司签署指定委托书，接受道纪忠华公司委托，以自己名义代道纪忠华公司持有国府公司股份，该委托合法有效。道纪忠华公司要求徐碧晗将代持股份变更到道纪忠华公司名下，徐碧晗应当按照委托人指示，及时办理相关手续。

【委托投资人成为直接股东后，有权要求企业及时办理变更登记手续】

忻佩芬诉上海华侨商务总汇有限公司股东权案［上海市高级人民法院(2007)沪高民四(商)终字第46号民事判决书］，本案系涉港合资公司股东权纠纷，原审法院适用中华人民共和国内地法律处理涉案争议并无不当。忻佩芬请求确认其对华侨商务公司享有股权，系公司股东身份之主张，鉴于华侨商务公司已经对忻佩芬实际出资的事实予以确认，公司历年分红也是直接分配给忻佩芬本人。因此，在双方当事人之间，华侨商务公司对忻佩芬是该公司股东的身份并无争议，故而，对于忻佩芬的该项主张，不构成法律规定的诉讼请求，法院无须审理。至于忻佩芬提出的要求华侨商务公司限期办理变更登记手续的主张，由于我国法律规定外商投资企业的股权转让、股东变更实行审批制，且先办理变更审批申请再办理变更登记。因此，忻佩芬所提的办理变更手续应包括变更审批以及登记手续。但无论是变更审批还是变更登记手续，从保护实际投资人的合法权益出发，均应由华侨商务公司及时向有关主管机关提出申请。尤其是本案中，负责变更审批及变更登记的相关主管机关均参加了关于华侨商务公司股东变更的专题会议，并同意将忻佩芬等委托投资人变更为直接投资人的情况下，华侨商务公司更应尽快办理变更申请。华侨商务公司提出在公司内部形成董事会决议中存在一定困难，也表示公司并未故意拖延办理，但在协调会召开至今长达三年的时间里，仍未能按照各方商定的方式向主管机关提出变更股东申请，对公司的正常运作和实际出资人的合法利益保护均会造成较大影响。因此，忻佩芬的相关诉讼请求合法有据，应该予以支持。

【投资人认缴出资后，未将其予以登记的，可要求返还出资款】

余波诉海瀛公司在其签署了公司章程认缴了出资情况下未将其登记于工商登记的股东名册要求返还出资款案［北京市第二中级人民法院2001年12月5日民事判决书］，有限责任公司的公司章程是记载公司组织规范和行动准则的重要的书面文件，公司章程中必须分别记载全体股东的名称。股东为自然人的，应当记载该自然人的本名。本案中，海瀛公司在工商行政管理局登记的公司章程中，并未有余波之名，故余波不是海瀛公司的股东。余波的出资均是在海瀛公司依法成立后所为，故其出资不属于我国公司法中“股东在公司登记后，不得抽回出资”的范围。1998 年 5 月，海瀛公司委托赵志海为公司董事长有悖公司法之规定，不能认定赵志海之行为即为海瀛公司行为。赵志海应对其收取余波出资款及返还出资款承担责任。关于余波分 4 次从海瀛公司分款一节，虽然名为分红，但因为余波不是该公司的股东，分得红利于法无据，实际上应当认定为海瀛公司和赵志海向余波退还的出资款。余波的出资行为，是在海瀛公司和赵志海故意隐瞒海瀛公司章程变化的真实情况下，诱使其做出连续出资的错误表示，海瀛公司和赵志海的行为应当认定为共同欺诈行为。海瀛公司与赵志海对余波要求返还出资款应当互负连带责任。余波要求返还出资款的请求应当予以支持，但其要求给付利息缺乏法律依据，对其该项请求不予支持。

【投资人交付了认股款，但是未将该款项进行验资，该投资人有权要求退还认股款】

湖南省华储公司等诉海南五指山股份有限公司等返还购股款纠纷一案［海南省高级人民法院（2000）琼经终字第 50 号民事判决书］，（一）筹委会在五指山公司筹建期间即以五指山公司的名义对外签订募股协议虽然不妥，但其在《筹建许可证》范围内以五指山公司名义从事于筹建相关的活动并不违法，且与华储公司签定的认股协议系双方的真实意思表示，该协议内容也未违反有关法律法规的规定，因此该协议为有效协议应受法律保护。（二）认股协议签订后，华储公司依约履行了义务，缴付了 100 万元的认股金。但是筹委会却未按照约定将华储公司的 100 万元作为认股金提供给会计事务所进行验资，并最终确立原告的股东地位，筹委会的行为已构成违约。由于五指山公司早已登记成立，原告订约时的目的已无法实现，因此原告要求退还认股款的诉请有理，应解除原告与筹委会签订的认股协议，筹委会应当退还原告 100 万元认股金并赔偿利息损失。（三）筹委会是为设立公司而组成的临时机构，五指山公司依法登记设立后，筹委会已不存在，公司设立过程中发生的债务应当由成立后的公司继承，因此，五指山公司负有返还华储公司 100 万元并支付利息的责任。

【未履行变更登记义务导致投资人不能作为公司的合法股东身份得到公示，该投资人可以要求解除投资入股协议】

项谢银诉北京护苗快餐有限责任公司投资入股合同案［北京市海淀区人民法院（2000）海经初字第 666 号民事判决书］，项谢银与陈怀勤、王辉、戴日康、吴胜伟签订投资入股协议书，系护苗公司成立后为增加公司注册资本而订立的增资入股协议，该协议书未违反国家法律规定，应属有效。增资协议书签订后，项谢银应在工商行政管理部门，办理股东登记及缴纳出资款的登记，协议书中虽未明确约定由谁负责在工商行政管理部门办理股东变更登记，但作为公司股东的王辉、戴日康具有代表护苗公司到工商行政管理部门办理股东变更登记的法定义务，现其未履行变更登记义务，致使项谢银不能作为护苗公司的合法股东身份得到公示，系严重违约行为，故项谢银要求解除投资入股协议的诉讼请求，于法有据，本院予以支持。投资入股协议解除后，护苗公司的其他股东应按照入股协议将项谢银入股交纳的增资款予以退还；护苗公司实际收取了项谢银的投资款，且收到此款没有合法依据，属不当得利，其向项谢银出具书面退股承诺同意退还项谢银交纳的投资款，且已实际退还投资款 3 万元，故应由护苗公司直接将投资款退还项谢银。现项谢银以护苗公司出具的书面承诺，自愿承担护苗公司 2.2 万元的债务，要求护苗公司退还 14.8 万元投资款，对此本院不持异议。项谢银要求护苗公司赔偿利息损失的诉讼请求，因护苗公司收取项谢银的投资款，无法律依据，且护苗公司在承诺还款期限内亦未按期履行还款义务，故护苗公司应赔偿占用项谢银投资款的利息损失，故该诉讼请求本院予以支持。护苗公司辩称项谢银是股东，股东在企业亏损期间不允许退股，因项谢银不是护苗公司合法的股东，故本院对此均不予采信。

3. 实际出资人要求显名

【公司以股权激励名义引进的特定投资人的权利界限】

福州法院 2018 年度商事审判十大案例之十：彭万铁诉 S 公司、X 公司、J 公司股东资格确认纠纷案［福建省福州市中级人民法院（2018）闽 01 民终 5284 号民事判决书］，公司为引进技术人才，以股权激励名义向个人收取投资款并出具投资凭证，应认定该特定投资人已向公司实际出资。特定投资人未实际履职，亦未与公司股东签订股权代持协议，其仅有权就其出资金额部分向公司主张权利，无权要求显名登记为公司股东并享有股东权利。

【实际出资人显名登记的性质】

黄某与重庆翰廷投资有限公司合同纠纷案［重庆市高级人民法院(2016)渝民终546号民事判决书(《人民司法·案例》2019年第17期)］，将实际出资人变更为登记股东的显名登记，对公司而言，符合股权转让中股权变更登记的表征。而在实际出资人与名义股东的关系中，因股东权利实为实际出资人享有，实际出资人显名并非是名义股东向实际出资人出让股权，而是结束双方的代持合同关系。名义股东已履行代持协议约定的合同义务，实际出资人请求解除代持合同并由名义股东向其返还股权款的，人民法院不予支持。

【公司不正当地阻却隐名股东显名应承担赔偿责任】

江苏春晖国际贸易有限公司与新沂市凤凰时装厂等股权转让合同纠纷上诉案［江苏省高级人民法院(2014)苏商终字第419号判决书(《人民司法·案例》2015年第16期)］，在隐名股东的身份已为公司所知悉的情况下，公司不正当地阻却隐名股东身份显名化，并协助显名股东处分登记在其名下的股权，给隐名股东造成损失的，应承担损害赔偿责任。

【实际出资人要求显名，必须经其他股东半数以上同意】

甘肃庆阳锦华实业有限责任公司与喻明君等股东资格确认纠纷上诉案［甘肃省庆阳市中级人民法院(2013)庆中民终字第73号民事判决书］，本案争议焦点为：喻明君是否锦华公司的股东。在锦华公司设立时，喻明君与该公司发起人之一的杨建峰约定，将30万元捆绑在杨建峰名下向锦华公司出资，由其享有该30万元的投资权益。依照该约定，喻明君在公司初始设立时通过杨建峰向锦华公司出资30万元，应属原始出资，即为实际出资人。根据《最高人民法院关于适用〈中华人民共和国公司法〉若干问题的规定(三)》第二十五条第三款："实际出资人未经公司其他股东半数以上同意，请求公司变更股东、签发出资证明书、记载于股东名册、记载于公司章程并办理公司登记机关登记的，人民法院不予支持"的规定，实际出资人喻明君要求显名，成为法律意义上的股东，须经其他股东半数以上同意。锦华公司共有六名股东，其中杨建峰、刘淑华、齐凤琴三名股东同意喻明君显名成为公司股东，符合法律规定的半数以上，故应确认喻明君为锦华公司的股东。成为股东后，喻明君即享有法律和公司章程规定的股东权利，无须人民法院就其股东权利再作判处，故锦华公司认为原判漏判喻明君请求法院确认其享有参与锦华公司清算权利的上诉理由不能成立。

赵某诉ZL科技公司、第三人赵金某、第三人杨某股东资格确认纠纷案(上海二中院股权代持纠纷典型案例之一)，当事人约定以一方名义出资(显名投资)、另一方实际出资(隐名投资)的，该约定对公司以及公司其他股东并不产生效力，隐名投资人如主张"显名"，需经公司其他股东过半数同意。

当事人约定以一方名义出资(显名投资)、另一方实际出资(隐名投资)的，该约定对公司并不产生效力。实际出资人不得向公司主张行使股东权利，只能首先提起确权诉讼。《最高人民法院关于适用〈中华人民共和国公司法〉若干问题的规定(三)》第二十五条第三款规定，隐名股东主张变更股东、要求公司签发出资证明书、记载于股东名册、记载于公司章程及要求办理工商登记的，应当经过公司其他股东过半数的同意。在隐名股东无法提供公司其他过半数股东同意的相关证据下，即使该隐名股东是涉案股权的实际出资人，对于其要求公司办理股东工商变更登记的诉讼请求，法院难以支持。

黄某、罗某诉S纸塑公司股东资格确认纠纷案［上海二中院股权代持纠纷典型案例之四］，显名股东如不愿再继续代持，欲退出公司或者让隐名股东显名，应当经过公司其他股东过半数同意。如果其他股东事先不知有股权代持情形，事后又不愿意实际投资人显名的，则该代持人要求变更股东的诉讼请求难以得到支持。

罗某与黄某之间构成隐名投资法律关系，但该约定系双方内部约定，仅在罗某与黄某之间产生法律约束力，对于S纸塑公司并无法律效力。在未经S纸塑公司其他股东过半数同意的情况下，黄某、罗某请求确认罗某为S纸塑公司股东的诉请不应得到支持。此外，双方《委托书》约定了黄某返还投资款的前提条件，即公司出现转让、注销或者其他影响公司正常经营的情形，现双方均未能举证证明S纸塑公司存在上述约定的情形。据此，法院对于黄某、罗某的诉讼请求不予支持。

【隐名投资人转为显名股东须具备法定条件】

陆琴妹诉浙江省湖州市石化石油有限公司股东资格确认纠纷案[浙江省湖州市吴兴区人民法院（2011）湖吴商初字第509号民事裁定书（《人民司法·案例》2012年第16期）]，股东在出让部分股份时，与受让人约定不办理工商登记，该受让人处于隐名投资人的地位，俗称隐名股东。该约定基于当事人的真实意思表示，如果不违反法律、法规的强制性规定，根据契约自由原则，应当遵守。而一旦受让人要求进行工商登记，成为显名股东，须经其他股东半数以上的同意。

【职工出资入股成立有限责任公司后，能否以其实际出资为由要求登记为实名股东】

黄和生诉上海通承实业有限公司等股东资格确认案[上海市第二中级人民法院2011年8月17日民事判决书]，通承公司作为一家有限责任公司，其经营管理必须符合相关法律、法规的规定。《公司法》规定，公司股东必须符合法定人数。根据本案查明的事实，通承公司实为一家由三家发电公司的在职职工约900余人作为实际出资人而设立的公司，如实际出资人全部作为公司的股东进行工商登记，超出了法律规定的有限责任公司人数最高限额为50人的规定。而通承公司的实际出资人是否可以进行工商登记，须从法律规定和通承公司章程及内部规定加以考虑。《最高人民法院关于适用〈中华人民共和国公司法〉若干问题的规定（三）》第二十五条规定，实际出资人未经公司其他股东半数以上同意，请求公司变更股东、签发出资证明书、记载于股东名册、记载于公司章程并办理公司登记机关登记的，人民法院不予支持。现通承公司登记股东不同意黄和生作为登记股东，黄和生也未提供相应的证据证明通承公司成立时通承公司及股东承诺将其作为工商登记股东进行记载，因此，黄和生之诉请难以支持。

4. 冒名登记/注册

【被冒名登记为公司股东的人所享权利之认定】

李植国与厦门顺鑫盛机械有限公司等股东资格确认纠纷上诉案[福建省厦门市中级人民法院（2011）厦民终字第2928号民事判决书（《人民司法·案例》2012年第18期）]，被冒名登记为有限责任公司股东，后该股权又被冒名签字转让的人，其至始不享有公司的股权，但享有排除冒名行为所致妨害的权利。被冒名人在与公司有关诉讼中提起的多项诉讼请求，可从案由类型、诉讼效率、当事人讼累等因素综合考虑分案抑或并案审理。

【被冒名登记的"股东"有权要求撤销公司注册登记】

周雪兴等诉南昌市工商局公司注册登记不当案[江西省南昌市西湖区人民法院2002年5月23日民事判决书]，被告作为公司登记的行政主管机关，未就公司登记申请的真实性进行必要的审查，使两原告被冒名注册登记为江西奥特汽车销售有限公司的"股东"，造成两原告的合法权益受到侵害。两原告在诉讼期限内要求撤销被告对江西奥特汽车销售有限公司注册登记的诉讼请求，依法支持。

【未经同意的冒名登记，构成对被冒名者的侵权行为】

黄有土诉其女儿黄兰未经同意将其姓名登记在公司登记的股东栏目中一直延用侵犯姓名权赔偿案[福建省厦门市思明区人民法院2000年4月10日民事判决书]，姓名是公民专用的文字符号，是公民人格特征的重要标志，是区别于其他公民的社会标识，公民的姓名权禁止他人干涉、盗用、假冒。原告虽然有同意作为金兰公司股东的意思表示，但并不意味着被告即可代替原告在工商登记手续中签署姓名。被告冒签原告姓名和以原告名义对外从事商事活动这两种行为，产生的是各自独立的、不同的两个法律关系。《民法通则》第六十六条第一款有关"视为同意"的规定，目的在于保护"交易安全"，其适用范围并不及于交易行为之外的侵犯姓名权行为。因此，被告虽然使用原告姓名长达数年时间，且原告未提出异议，但不能据此视为原告已同意被告使用其姓名。被告未经原告同意或授权，冒用原告姓名作为公司股东，该行为已侵犯了原告的姓名权，但由于被告冒签原告姓名的行为仅为了满足设立公司股东法定人数的需要，与被告实际经营的有限责任公司之间并无利害关系，因此，被告的上述侵权行为并未产生物质利益的损害后果，仅造成了原告精神上的损害，现原告要求被告停止侵权行为、赔礼道歉、并赔偿精神损失是合法的，予以支持。关于原告要求被告登报赔礼道歉的诉讼请求，因被告的侵权行为仅体现在工商注册登记的资料中，并未在公开场合给原告造成负面影响，因此被告应以书面形式向原告赔礼道歉为宜。关于原告要求吊销被告的公司营业执照的诉讼请求，由于该诉讼请求不属于人民法院管辖范围，不予支持。关于支付名誉及精神损害赔偿费1万元的诉讼请求。首先，根据已查明的事实，被告的侵权行为并未构成对原告名誉的侵犯。其次，参照最高人民法院的有关精神损害赔偿的司法解释及被告实施侵权行为的具体情节，原告所提的精神损害赔偿费数额过高，应予以酌减。

5. 其他法律问题

【挂名股东公司犯罪的性质】

孟凡太等非法经营案[江苏省淮安市淮阴区（县）人民法院（2012）淮刑初字第0699号刑事判决书（《人民司法·案例》2013年第18期）]，被告人以家庭共同成员为股东注册成立有限责任公司，公司财产与个人财产和家庭财产混同，不能有效区分，其以公司名义从事的犯罪应认定为个人犯罪，不宜认定为单位犯罪。

【股权质押时，股东名册瑕疵有可能导致银行无法行使质权】

甲银行诉A县国资委等金融借款合同纠纷案[上海市高级人民法院（2012）沪高民五（商）终字第13号民事判决书（2012年度上海法院金融审判系列白皮书和金融审判十大案例之一）]，银行在股权质押贷款业务操作中应对股权以及出质登记予以严格审核，对于相关材料的真实性、合法性，给予充分的注意和警觉。如果借款人提交给银行的股东名册，从形式和记载内容上均不符合法律所确立的股东名册的特质，该股东名册不具有合法效力，记载于其上的股权质押相关内容不具有权利质权登记的法律效力，最终将导致银行无法行使质权。

【具有给付内容的确认判决符合执行案件受理条件】

云浮市广信粤西房地产有限公司等与广州新时代房地产开发有限公司股东出资纠纷执行异议案[广东省高级人民法院（2011）粤高法执复字第82号民事判决书（《人民司法·案例》2012年第24期）]，生效判决确认公司股东之间的出资比例发生增减变更，这一确认必须以一方给付并登记为前提和基础。故这一确认判决具有给付内容，符合人民法院受理执行案件的条件。

法院经审查认为，（1）根据本案终审判决确认，新时代公司在嘉信公司占有的股权由10%增至25.34%，粤西公司则由90%减至74.66%，新时代公司与粤西公司之间的股权增减变更，必须以一方给付并登记为前提和基础。故本案执行依据虽是确认判决，但并非纯粹的确认判决，而是具有给付内容的确认判决，新时代公司申请执行的法律文书符合最高人民法院《关于人民法院执行工作若干问题的规定（试行）》第十八条第一款第（四）项人民法院受理执行案件的条件。（2）如以本案执行依据为确认判决为由不予执行，而要求新时代公司另行提起股权变更登记诉讼，则不仅徒增双方诉讼负担，并且浪费司法资源。此外，在确认公司股权比例的诉讼中，原告诉讼的目的不仅仅明确股权比例，还必然包括这一股权比例在股权登记主管机关得到登记，否则无法从常理上解释原告诉讼的目的。（3）公司股权变更登记包括当事人合意变更登记、司法强制变更登记两种形式。在司法强制变更登记中，执行法院依照《民事诉讼法》第二百一十六条第一款、最高人民法院《关于人民法院执行工作若干问题的规定（试行）》第二十四条的规定，应当向被执行人发出执行通知书，通知被执行人自动履行；依照《民事诉讼法》第二百二十七条的规定，执行法院应向协助执行义务的有关单位发出协助执行通知书。（4）民事再审审查期间是否中止执行，与本案的复议事项，即是否应当撤销执行通知书及协助执行通知书无直接因果关系。

【股东变更事项应向公司登记机关提交相关材料】

呼和浩特市圣坤矿业有限责任公司与朱向阳、内蒙古乾坤金银精炼股份有限公司、北京德润逸生珠宝首饰有限公司、刘海英、刘思岩股权转让纠纷案［最高人民法院（2011）民二终字第122号民事判决书］，朱向阳与圣坤公司签订的《合同书》约定，朱向阳在支付4000万元价款后即可以开始办理股权过户手续，但对如何办理未作详细约定。依据我国现行《公司法》及公司登记管理的相关法律、法规规定，公司发生股东变更事项的，应当向公司登记机关提交申请书及股权转让合同、变更股东的相关情况等文件材料。显然，办理股权变更登记需要以公司名义申请公司登记机关办理，同时也需要受让股东提交其相关材料予以配合。朱向阳未向圣坤公司提交过办理股权过户的相关材料，也未要求过圣坤公司为其办理股权过户，将至今未办理股权过户的原因全部归之于圣坤公司不妥。在朱向阳与圣坤公司签订《合同书》后，圣坤公司的登记股东发生变动，但现登记股东刘思岩在本案一审及二审中均明确表示其是转让股东退出公司后安排的代持，其只是名义持股，随时可以无条件将其名下的股份转还给朱向阳。朱向阳签订受让股权合同时并非是与圣坤公司的登记股东直接签订，而是与圣坤公司签订的，圣坤公司及现登记股东已经明确表示可以为朱向阳办理股权过户手续，因此，圣坤公司登记股东的变化对朱向阳实现受让股权的合同目的未发生实质影响，其以此为由请求解除合同难以获得支持。根据本案现已查明的事实，朱向阳可以根据合同的约定和《公司法》及公司登记管理的相关法律、法规规定，要求圣坤公司办理股权过户手续，但同时朱向阳也应向圣坤公司提交相关的材料予以配合。

【股权转让未经工商登记，不能对抗善意第三人】

北京恒亿盛世葡萄酒有限公司与李伟革等股权转让纠纷案［北京市高级人民法院（2009）高民终字第516号民事判决书］，有限责任公司股权转让后，没有进行工商登记，股权转让合同有效，但此情形不能对抗善意第三人，当善意第三人信赖工商登记而与原股东订立股权转让协议，在支付合理对价后，就能取得股权。

虽然工商登记是否变更既不影响股权转让合同的生效，也不影响股权的取得，但是股东权转让各方不能凭转让合同或者公司股东名册及工商登记对抗善意第三人。优先保护善意第三人的利益，体现着商法的公示主义和外观主义。这里优先保护的是善意第三人的利益，如果第三人与股权出让人之间恶意串通，损害了股权受让人的利益，根据《合同法》第五十二条中关于“恶意串通，损害国家、集体或者第三人利益的合同无效”的规定，则股权出让人与第三人签订的股权转让合同即使办理了工商变更登记，亦应按照无效合同处理。

【“拨改贷”资金转为国家资本金获批后，债权债务关系转变为投资关系，原债权人成为公司股东】

中国高新投资集团公司诉南通市苏中纺织有限公司债权转股权案［江苏省南通市中级人民法院（2003）通中民二初字第139号民事判决书］，债转股协议是双方当事人形成合意并依约定将债权人对债务人的债权转为股权的一类合同。债权人将债权转为股权后，未依法在工商部门办理变更登记手续，不影响债转股有法律效力。政策性债转股应当依照国务院有关部门的规定办理。根据《办法》第3条的规定：“中央级‘拨改贷’资金转为国家资本金后，即作为中央对企业的投资。”国家有关部委已在1999年3月30日批准案涉拨改贷资金转为国家资本金，并授权高新公司为出资代表人，自债转股批准之日起，高新公司即取得了苏中公司的股东资格。根据《公司法》的规定，公司股东作为出资者按投入公司的资本额享有所有者的资产受益、重大决策和选择管理者等权利；公司增加注册资本必须经代表三分之二以上表决权的股东通过。在高新公司持有106万元对黄某等人持98万元的股份比例下，苏中公司在2003年5~6月撇开高新公司进行增资扩股是违法的，应认定无效。根据《办法》规定精神，苏中公司在债转股获批准后，应到同级政府清产核资办公室和国有资产管理部门办理核增国家资本金和国有资产产权登记手续，并据此到工商部门办理注册资本金的变更手续，苏中公司怠于履行办理有关手续的义务不当。

【隐名投资协议的效力，仅限于协议当事人之间，不能对抗第三人】

上海百乐门经营服务总公司诉上海市宝城商业房产公司等股权确认纠纷案［上海市第二中级人民法院（2000）沪二中经终字第350号民事判决书］，静安商楼系宝城公司与外服公司共同投资设立的联营企业，虽然百乐门公司对其曾有投资，但该投资系以宝城公司名义投入，百乐门公司系通过宝城公司间接享有静安商楼的股权。由于静安商楼的公司章程及工商登记的股东名册均无百乐门公司投资记载，故百乐门公司的投资行为属隐名投资。百乐门公司的权利义务是通过与宝城公司的隐名投资协议来实现的，而该协议的效力仅限于百乐门公司与宝城公司之间，百乐门公司不能以此协议对抗第三人，故百乐门公司要求变隐名股东为显名股东缺乏法律依据。

【当事人之间签订的公司股份协议既未公开，又与工商登记的股权材料不一致的，该协议的当事人能否以此对抗善意第三人】

原告张甲与被告九州金科公司、第三人周某等股权确认纠纷案，九州金科公司进行增资，并吸收兆牌公司、赵某作为新股东，兆牌公司和赵某在成为九州金科公司股东之前．相对于九州金科公司及其原股东即是第三人，兆牌公司和赵某根据九州金科公司的登记材料，知晓的股东是张乙、马某，并不知道张甲是公司股东，所以张甲主张的其在兆牌公司、赵某依法成为股东之前就是九州金科公司的股东，不得对抗兆牌公司和赵某。张乙也未举证证明其在兆牌公司、赵某成为股东之前已披露张甲系九州金科公司的股东。故对张甲的诉讼请求，不予支持，判决驳回张甲的诉讼请求。

【股东变更登记不具有行政许可法规定的行政许可行为的法律属性】

北京市工商行政管理局朝阳分局与北京世纪星碟文化传播有限公司行政登记纠纷上诉案行政判决书］，依照《行政许可法》的规定，行政许可是指行政机关根据公民、法人或者其他组织的申请，经依法审查，准予其从事特定活动的行为。据此，行政许可法定义的行政许可是赋予行政相对人某种权利和资格，准予当事人从事某种活动的行政行为。依照《公司法》的规定，公司应当将股东的姓名或者名称及其出资额向公司登记机关登记；登记事项发生变更的，应当办理变更登记。未经登记或者变更登记的，不得对抗第三人。据此，公司股东转让股权的民事法律行为，经股东会决议表决通过即发生民事法律效力。而登记机关的核准登记并非该民事法律行为的生效要件，不经登记机关办理变更登记只是不产生对抗第三人的效力。登记机关的登记行为不具有赋权性，仅具有对社会公示的法律效力。因此，股东变更登记不具有行政许可法规定的行政许可行为的法律属性。朝阳区工商局将股东变更登记定性为行政许可事项并依据行政许可法作出《撤销登记决定书》属适用法律错误。

（二）股权代持纠纷

1. 股权代持法律关系的认定

【增资款对应的股权归属实际出资人】

郭忠河、张长天股东资格确认纠纷再审审查与审判监督案［最高人民法院（2019）最高法民申1764号民事裁定书］，关于郭忠河名下的中天海公司96.67%股权应否归属于张长天所有问题。《公司法解释（三）》第二十四条第二款规定，实际出资人与名义股东因投资权益的归属发生争议，实际出资人以其实际履行了出资义务为由向名义股东主张权利的，人民法院应予支持。根据前述分析，2010年以郭忠河名义汇入中天海公司的增资款2850万元、500万元实为张长天为履行出资义务所支付的款项，因此上述增资款所对应的股权应属于张长天所有。2014年11月，在未经张长天同意的情况下，郭忠河利用其股东地位，对中天海公司进行了第三次增资1000万元。根据承诺，郭忠河仅是中天海公司名义上的股东，不享有股东的一切权利，其对该1000万元增资存在的法律风险理应明知。二审法院根据本案实际情况，考虑到有限责任公司人合因素及对实际出资人的权益保护，结合诚实信用原则，认定中天海公司第三次增资款1000万元所对应的股权应归属于张长天所有，并无不妥。即便该1000万元由郭忠河自有资金出资，亦不影响该增资款对应股权的归属认定。中天海公司3.33%持股股东卓晓玲在本案一审时表示，其系代张长天持有中天海公司股权，如法院确认郭忠河持有的中天海公司股权归属于张长天，其并无异议。据此，二审判决确认郭忠河名下的中天海公司96.67%股权归属于张长天所有，具有事实和法律依据。郭忠河关于张长天系未实际履行出资义务的隐名股东，无权向其主张权利，二审判决确认郭忠河名下的中天海公司96.67%

股权归张长天所有错误的理由，不能成立。

【授权某人向公司主张股东资格确认并不等同于授权其实际持有股权】

曹刚修、衡阳市承龙置业有限公司股东资格确认纠纷再审审查与审判监督民事裁定书[最高人民法院（2019）最高法民申623号民事裁定书]，首先，《公司法解释（三）》第二十二条规定："当事人之间对股权归属发生争议，一方请求人民法院确认其享有股权的，应当证明以下事实之一：（一）已经依法向公司出资或者认缴出资，且不违反法律法规强制性规定；（二）已经受让或者以其他形式继受公司股权，且不违反法律法规强制性规定。"本案中，所涉《协议书》第五条约定："如承龙公司现其他股东放弃优先购买承龙公司股份的权利，甲方应及时协助乙方将该51%股权转让至乙方的持股代表曹刚修的名下，并办理股权变更工商登记。"对于该条约定的理解，永兴公司在本案再审审查询问中表示，其真实意思是仅授权曹刚修向承龙公司主张股东资格确认，并未授权由曹刚修实际持有，或者向曹刚修转让永兴公司出资取得并实际持有的承龙公司51%的股权。由此且结合相应查明事实可知，曹刚修既非实际出资人，也不是名义股东。曹刚修主张其为名义股东与查明事实不符，亦未提供有效证据支持。在曹刚修并未向承龙公司出资，亦未受让或者以其他形式继受承龙公司股权的情况下，其将接受永兴公司委托，代永兴公司向承龙公司主张股东资格确认的代理人身份等同于实际持股人、名义股东，并以此提起股东资格确认的诉讼，理据不足。原裁定认定曹刚修不具备原告诉讼主体资格，本案应当驳回曹刚修的起诉并无不当。

【名义股东对公司投入资金不影响其履行代持义务】

张长天与厦门中天海物流有限公司股东资格确认纠纷案[福建省高级人民法院（2018）闽民终932号民事判决书（《人民司法·案例》2019年第17期）]，实际股东根据名义股东出具的代持承诺书，要求确认名义股东名下股权归属自己所有的，属根据合同约定要求对方履行合同义务，该合同义务不受名义股东在经营公司期间是否对公司投入资金的影响。

【代持情况下的股权归属】

陆某与白帽汇公司股东资格确认纠纷案[北京市第三中级人民法院（2018）京03民终5246号民事判决书（《人民司法·案例》2019年第17期）]，人民法院判决确定股权归属，直接产生股东对公司的请求权，可据此要求在股东名册、公司章程、工商登记等证明权利归属文件上予以公示。实际出资人隐名出资的，可向名义股东主张投资权益，而其确认股权的请求则应当以显名化的标准进行审查。该标准亦因股权代持是否具备原始被知悉条件而有所不同。

【股权归属关系不同于委托投资关系】

银信润泰资产管理有限公司、信泰人寿保险股份有限公司股东资格确认纠纷案[浙江省高级人民法院（2018）浙民终88号民事判决书]，股权归属关系与委托投资关系是两个层面的法律关系，前者因合法的投资行为形成，后者则因当事人之间的合同行为形成。即使实际出资人与名义出资人在委托投资协议中对股权归属等内容作出约定，根据私法自治及合同相对性原则，其协议效力仅可及于契约当事人，对于作为第三人的公司不具有当然的拘束力。故当事人之间存在的委托投资协议无法对抗公司，不能成为确认公司股东地位的依据。本案中，金石公司并未以银信润泰公司名义向信泰保险公司投资，也未将案涉股权登记于银信润泰公司名下，而是以其公司自己的名义向信泰保险公司投资并将案涉股权登记在其公司名下。基于该合法投资行为，信泰保险公司将金石公司记载为股东有相应的事实和法律依据。银信润泰公司认为信泰保险公司应当受《股份代持协议》的拘束，并以此向信泰保险公司主张确认其公司的股东资格，理由不能成立。银信润泰公司可另行向金石公司主张权利。

此外，《保险公司股权管理办法》（2014年4月15日修订）第八条规定，任何单位或者个人不得委托他人或者接受他人委托持有保险公司的股权，中国保监会另有规定的除外。本院认为，中国保险监督管理委员会作为履行监督管理职责的专门机构，其上述关于保险公司股权不得隐名代持的规定，有其授权立法的依据，且关系到金融市场的基本秩序，属于强制性的规范。案涉《股份代持协议》亦因不符合上述规范，不能成为股东变更的依据。

博智资本基金公司（primus pacific partners ltd）诉鸿元控股集团有限公司等合同纠纷案

[最高人民法院(2015)民申字第136号民事裁定书],关于案涉股权归属的问题。我国现行的金融法规对于境外公司向境内保险机构投资做了明确的限制性规定。依据二审查明的事实,依据2004年6月15日起施行的《保险公司管理规定》第四十五条和2010年6月10日起施行的《保险公司股权管理办法》第二条的规定,中国保险监督管理委员会(以下简称保监会)根据监管的需要对于外资股东的持股比例作了限制性的规定,即对于境内非上市保险公司,全部境外股东的投资比例不能超过保险公司股份总额的25%,否则即应适用外资保险公司管理的规定。作为实际投资人的外商投资企业请求确认股东资格应以合法的投资行为为前提。本案中,博智公司委托鸿元公司的前身上海亚创控股有限公司(以下简称亚创公司)投资新华人寿保险股份有限公司(以下简称新华人寿),正是由于外资股东投资境内保险公司受到上述投资比例的限制。虽然鸿元公司是受博智公司的委托投资新华人寿,但鸿元公司并未以博智公司的名义投资,也未将案涉股权登记在博智公司的名下,而是以自己的名义投资并将案涉股权登记在鸿元公司的名下,且该投资行为不仅已经获得保监会的批准,鸿元公司还以其名义参与了新华人寿的管理,履行了股东的义务并行使了股东的权利,因此二审判决认定案涉股权归鸿元公司享有,符合法律规定。

同时,股权归属关系与委托投资关系是两个层面的法律关系。前者因合法的投资行为而形成,后者则因当事人之间的合同行为形成,保监会的上述规章仅仅是对外资股东持股比例所做的限制,而非对当事人之间的委托合同关系进行限制。因此,实际出资人不能以存在合法的委托投资关系为由主张股东地位,受托人也不能以存在持股比例限制为由否定委托投资协议的效力。本案中,博智公司与鸿元公司签订的《委托投资及托管协议》《协议书》,不仅包括双方当事人关于委托投资的约定,还包括当事人之间关于股权归属以及股权托管的约定。根据双方当事人的约定,鸿元公司的前身亚创公司系代博智公司持有股权而非自己享有股权。虽然上述协议均系双方当事人真实意思表示,但由于股权归属关系应根据合法的投资行为依法律确定,不能由当事人自由约定。因此,尽管当事人约定双方之间的关系是股权代持关系,也不能据此认定双方之间的关系属股权代持关系,而应认定双方之间系委托投资合同关系。因此,博智公司关于其与鸿元公司系股权代持关系、二审判决在程序上存在明显的超范围审理、二审判决对本案基本法律关系的认定缺乏法律依据的申请再审事由不能成立。

【显名条件是否具备】

北京金源新盛置业有限公司、北京杰宝房地产开发有限责任公司股权转让纠纷再审审查与审判监督民事裁定书[最高人民法院(2018)最高法民申4156号民事裁定书],关于金源新盛公司过户其代为三兴公司持有的30%股权过户条件是否成就的问题。案涉《股权转让协议》于2011年3月8日签订后,杰宝公司即召开临时股东会并作出决议:吸收金源新盛公司为新股东,三兴公司退出杰宝公司股东会。2011年5月18日,杰宝公司向工商登记机关申请办理了股东变更登记。至此,三兴公司已不再是杰宝公司股东。但由于杰宝公司所附债务及清偿情况,金源新盛公司、三兴公司又于2012年11月26日签订《补充协议》,约定三兴公司对杰宝公司享有的30%股权由金源新盛公司代持。至于金源新盛公司过户其代为三兴公司持有的30%股权过户条件是否成就的问题,双方当事人仍各执一词,现就该问题又提出再审申请。对此,本院认为,金源新盛公司过户其代为三兴公司持有的30%股权过户条件成就。理由如下:第一,案涉金源新盛公司与三兴公司之间系股权代持法律关系且有效。根据案涉《补充协议》中关于"3.2代持本协议2.1(2)约定的股权。三兴公司同意由金源新盛公司代持本协议2.1(2)约定的股权,经双方同意并承诺:鉴于目前不具备转股条件,三兴公司享有杰宝公司的股权暂不办理工商变更登记,股权交予金源新盛公司代持,待具备转股条件后予以办理;在杰宝公司实际经营过程中,三兴公司根据公司法规定对杰宝公司享有知情权、监督权、重大事件参与权,金源新盛公司全权负责杰宝公司日常经营管理权,三兴公司不参与杰宝公司日常经营管理,但涉及200万元资金以上的费用使用应告知三兴公司。待华融资产管理公司及信达资产管理公司债务清偿完毕的当日,金源新盛公司应将代持股权返还三兴公司,三兴公司派驻财务人员对杰宝公司财务进行监管,并在杰宝公司银行账户的财务票据使用的印章中加入李楠的签章，以达到双方共同监管杰宝公司财务”以及“2.1 原股权转让协议及补充协议中约定的价款变更为现金及股权两部分组成：(1)现金部分为金源新盛公司向三兴公司支付的 15,850 万元。(2)股权部分为由三兴公司拥有杰宝公司 30% 的股权。双方确认，在任何情况下，三兴公司在杰宝公司持有的股权比例保持不变”的约定，应当认定案涉金源新盛公司与三兴公司之间系股权代持法律关系，该代持法律关系的约定亦为有效。原判决认定案涉金源新盛公司与三兴公司之间系股权回购以及股权转让法律关系不当，本院对此予以纠正。第二，原判决认定三兴公司经公司其他股东半数以上，即盛华乐天公司和王旭东同意三兴公司办理股东工商登记变更手续并无不当。杰宝公司的股东为金源新盛公司、盛华乐天公司和王旭东。实际出资人三兴公司需得到盛华乐天公司或王旭东同意，才能办理股东工商登记变更手续。鉴于王旭东是金源新盛公司和盛华乐天公司的控股股东，也是杰宝公司的控股股东，原判决关于“在 2013 年 7 月 30 日杰宝公司召开的股东会上，盛华乐天公司和王旭东对于三兴公司作为杰宝公司的股东不仅没有异议，而且还认可其以股东身份行使权利，进一步表明其至少不反对三兴公司成为杰宝公司的股东”的认定，亦不违背案涉当事人的本意。故根据《最高人民法院关于适用〈中华人民共和国公司法〉若干问题的规定(三)》第二十四条第三款关于“实际出资人未经公司其他股东半数以上同意，请求公司变更股东、签发出资证明书、记载于股东名册、记载于公司章程并办理公司登记机关登记的，人民法院不予支持”的规定，原判决认定三兴公司经公司其他股东半数以上同意，即盛华乐天公司和王旭东同意三兴公司办理股东工商登记变更手续，本院不持异议。但原判决适用《公司法》第七十一条审理本案不当，本院对此予以纠正。第三，在案涉股权已经质押给案外人的情况下，在取得质权人同意或当出质人清偿债务保证质权消灭后，就可以依法进行股权转让登记。故对原判决关于“隐名股东三兴公司能够办理股权变更登记”的认定，本院亦不持异议。

【股权代持关系的认定】

陈志明等诉陈伟伟公司债权人撤销权纠纷案[最高人民法院(2016)最高法民终 310 号民事判决书]，《公司法》第三十二条规定，公司应将股东的姓名或名称向公司登记机关登记；登记事项发生变更的，应办理变更登记。未经登记或变更登记的，不得对抗第三人。根据该条规定，为维护交易安全，保护善意第三人的信赖利益，除非有相应证据足以推翻登记机关所登记内容，对于公司股东身份的确认，原则上应以登记公示的内容为准。同时，根据《最高人民法院关于适用〈中华人民共和国公司法〉若干问题的规定(三)》第二十四条的规定，认定股权代持关系的前提是实际出资人和名义出资人订立有效合同，明确约定了股权代持关系，即由实际出资人出资并享有投资权益，以名义出资人为名义股东。本案中，陈志明与郑美蓉之间并无相关合同明确股权代持关系，即使股权转让款以及增资款实际是由陈志明代郑美蓉支付，也并不能据此得出该 25% 股权归陈志明所有而由郑美蓉代持的结论。并且，据 2012 年 10 月 20 日郑美蓉在载明其 2500 万元实缴出资额的江苏省工商行政管理局《公司准予变更登记通知书》上手写注明的内容，郑美蓉明确认可该 25% 股权为其所有，一审中郑美蓉对该证据也并未否认。故陈志明、李雅婷认为陈志明是该 25% 股权的实际所有人，郑美蓉的转让行为实为名义股东将 25% 股权交还给实际出资人的主张，缺乏事实和法律依据，本院不予支持。

王云诉青海珠峰虫草药业有限公司等股东资格确认纠纷案[最高人民法院(2015)民申字第 692 号民事裁定书]，首先，关于申请人王云与被申请人王辉之间是否有存在合法有效的代持股合意问题。从王云在本案一审、二审中举证情况看，王云未能提供其与王辉及海科公司之间存在书面代持股合意的证据，王辉与海科公司亦否认存在代持股合意；王云与王辉的父母、姐姐虽然出庭证明珠峰公司是由王云筹资建立，家庭会议商定王云出资、王辉代王云持股 45%，2008 年王云将自己持有的珠峰公司股份全部转让给王辉，实际是由王辉代持股的意思，这也经家庭会议商定，但上述家庭成员证人证言并未明确对于珠峰公司 2012 年 4 月增资至 5000 万元过程中，由王云实际出资王辉代其持有相应股份的行为经过了家庭会议讨论决定，家庭会议也没有形成任何书面记载，王辉亦否认曾参加过家庭会议。而且，家庭成员对于海科公司成为珠峰公司股东并持有股份的事宜亦均不知情；王云提交的珠峰公司相关人员的证人证言，主要内容为珠峰公司由王云筹建，由王云实际控制并行使公司的经营管理权，这些证人证言不足以证明王云与王辉之间存在代持股的合意，以及珠峰公司2012年4月增资之时王云实际认缴注册资本；王云签署珠峰公司文件的行为，亦不足以证明王云与王辉之间存在代持股的合意。

其次，关于申请人王云是否已向珠峰公司实际出资问题。王云主张其向珠峰公司实际出资不少于12,494万元，一审判决只认定其中2500万元为王云对珠峰公司增资至5000万元时的出资。而一审判决认定为王云对珠峰公司出资的两笔共计2500万元，第一笔1500万元王健转账给王辉的时间为2011年12月21日，第二笔1000万元美信公司转入珠峰公司的时间为2011年12月23日，而珠峰公司决定增加注册资本为5000万元的时间为2012年4月5日，且该两笔款项经数个账户流转后被王辉用于增资，更没有证据证明王云明确表示该两笔转款系用于认缴珠峰公司此次增加的注册资本。

因此基于上述事实，原审判决所作出的"由于在珠峰公司2012年4月增资至5000万元过程中，并无证据证明王云与王辉及海科公司之间达成了合法有效的代持股合意，王云委托王健和美信公司转款系用于此次增资的意图亦不明确，因此即便增资资金来源于王云，亦不能就此认定王云对记载于王辉及海科公司名下珠峰公司股权享有股东权益，故王云要求确认王辉及海科公司在珠峰公司的相应股权由其享有的诉讼请求，因证据不足，本院不予支持"的认定，并不存在王云申请再审所称认定案件基本事实缺乏证据证明，适用法律错误的问题。

刘婧与王昊股东资格确认纠纷上诉案[最高人民法院(2015)民二终字第96号民事判决书]，根据本案现有证据查明的案件事实，王昊为江苏圣奥公司登记股东，以股东身份完成出资、增资、分红及股权转让行为等。王昊取得的股东身份登记，具有公示效力。刘婧在诉讼中主张其与王昊之间存在代持股关系，证据不充分。代持股关系应当基于委托关系形成，委托关系为双方法律行为，需双方当事人有建立委托关系的共同意思表示，签订委托合同或者代持股协议，对未签订合同但双方当事人有事实行为的，也可以依法认定存在委托代持股关系，并以此法律关系确定双方当事人的民事权利和义务。单方法律行为不能建立委托代持股份关系。本案中刘婧未提交其与王昊之间关于建立委托关系或者代持股关系的协议，其提交的其他证据也不能证明其与王昊之间对委托关系或者代持股关系形成了共同意思表示或者其间实际形成了事实上的代持股份关系。因刘婧在本案中未能提供直接证据证明其主张，提交的间接证据未能形成完整的证据链，不具有排他性，举证不具有优势，其在本案中的诉讼主张，本院不予支持。王昊与刘婧之间的资金往来实际存在，其资金关系可以另行解决。

【对股权代持行为的审查认定】

周某与某节能材料股份有限公司侵权纠纷案[最高人民法院(2015)民申字第2889号民事裁定书(《人民司法·案例》2019年第17期)]，在各方签订有效股权代持协议的情况下，受托为他人代持股票者名下的相应股权依约属于被代持者，代持者不能以股份有限公司的工商登记等材料对抗股份有限公司和被代持者。故代持者要求股份有限公司返还其代持股份所对应的股票款的，人民法院不予支持。

【股权代持协议可以解除】

张孝贤与周伟丽委托合同纠纷申请案[最高人民法院(2014)民申字第236号民事裁定书]，周伟丽在2010年4月8日与张孝贤签订《股权代持投资协议》，委托张孝贤以张孝贤名义投资亚洲传媒公司、代为持有股份并行使股东权利，该协议是双方当事人的真实意思表示，不违反法律的禁止性规定，合法有效，双方均应按约履行义务。二审判决以张孝贤并未全部履行《股权代持投资协议》所约定的义务而构成根本违约，致使周伟丽投资入股的目的无法实现为由，对周伟丽请求解除《股权代持投资协议》、要求张孝贤返还500万元投资款并赔偿相应损失的主张予以支持，并无不当。主要理由是：一、张孝贤在未与亚洲传媒公司及其股东签订投资协议，未待亚洲传媒公司对张孝贤的投资事宜修订公司章程、形成股东会决议，也未征得周伟丽书面同意的情况下，将周伟丽的投资款500万元转入亚洲传媒公司，未能审慎履行受托人在投资转款前应尽的注意义务。二、在将周伟丽的投资款转入亚洲传媒公司之后，张孝贤未督促亚洲传媒公司及其股东办理张孝贤为亚洲传媒公司股东的相关工商登记手续，也未通过参加亚洲传媒公司的股东会和董事会，了解亚洲传媒公司的生产经营情况和财务情况，并及时将有关情况向委托人周伟丽报告。因此，张孝贤未积极履行名义持股人在投资转款后的受托义务。三、在周伟丽明确要求撤回投资之后，张孝贤未与亚洲传媒公司及其股东协商返还投资事宜，即张孝贤未积极履行受托人应尽的善后义务。四、在周伟丽投资事宜亚洲传媒公司没有形成股东会决议、修订公司章程、履行验资手续、股东名册上记名和工商登记的情况下，仅凭亚洲传媒公司出具的《股东入资凭证》，不足以证明周伟丽已成为亚洲传媒公司股东和张孝贤履行了投资义务。

【股权代持要区分对内关系和对外关系】

成都广诚贸易有限公司与福州飞越集团有限公司股权确认纠纷再审案［最高人民法院民事裁定书（2013）民申字第 758 号］，本案争议的焦点是飞越集团代持的棱光公司 9745120 股社会法人股股权能否确权给广诚公司的问题。经审查，棱光公司系上市公司，飞越集团所持社会法人股 9745120 股占棱光公司总股本的 6.43%，依照《证券法》第六十三条、第六十七条的规定，飞越集团未将其代持股的重大事项向有关部门报告并及时向社会披露，亦未办理股权变更登记，不发生物权设立和变动的法律效果。投资人依上市公司已登记事项作出的意思表示和行为受法律保护。广诚公司虽为案涉股权的实际出资人，其与飞越集团签订协议约定该股权为广诚公司所有，但该股权登记在飞越集团名下，且经中国证券登记结算有限责任公司予以确认，飞越集团、棱光公司亦向社会予以公告，对外具有公示效应。因此，对内关系上，广诚公司与飞越集团之间应根据双方的协议约定，广诚公司为该股权的权利人；对外关系上，即对广诚公司与飞越集团以外的其他人，应当按照公示的内容，认定该股权由记名股东飞越集团享有。2008 年 7 月 9 日福州市中级人民法院受理闽发证券有限责任公司申请飞越集团破产还债一案，2009 年 10 月 28 日该院裁定宣告飞越集团破产。闽发证券有限责任公司根据登记及公告的公示公信力，有理由相信飞越集团持有棱光公司的股份，有权利就该股权实现其债权。如果支持广诚公司确认股权的诉讼请求，必然损害飞越集团其他债权人的利益。因此，一、二审判决虽认可广诚公司与飞越集团之间存在代持股权事实，但对广诚公司的诉讼请求不予支持，是正确的，亦不存在遗漏审理的问题。至于广诚公司作为实际出资人如何实现其债权的问题，一审判决已经明确告知其应通过破产程序申报债权解决。

2. 股权代持协议的效力

【上市公司发行人的股权代持协议因违反公序良俗而无效；股权代持产生的投资收益应根据公平原则，考虑对投资收益的贡献程度以及对投资风险的承受程度等进行合理分配】

杉浦立身与龚茵股权转让纠纷案［上海金融法院（2018）沪 74 民初 585 号民事判决书］，本案原告为日本籍人士，系争《股份认购与托管协议》系涉外民事合同，根据《涉外民事关系法律适用法》第四十一条的规定："当事人可以协议选择合同适用的法律。当事人没有选择的，适用履行义务最能体现该合同特征的一方当事人经常居所地法律或者其他与该合同有最密切联系的法律。"因系争合同的签订、履行均在我国境内，且在本院审理过程中双方当事人均确认本案适用中华人民共和国法律，故本院确认本案适用中华人民共和国法律。本案的争议焦点为：一、杉浦立身与龚茵之间是否存在委托购买股份关系？杉浦立身主张的投资款差额 2,956,800 元有否事实和法律依据？二、系争《股份认购与托管协议》是否有效？三、系争股份以及相应投资收益应由谁获得？四、杉浦立身主张的律师费、保全担保服务费应否获得支持？

一、杉浦立身与龚茵之间是否存在委托购买股份关系

本院认为杉浦立身与龚茵之间不存在委托购买股份关系，杉浦立身主张龚茵返还投资款差额 2,956,800 元缺乏事实和法律依据。首先，系争《股份认购与托管协议》明确载明协议签订的背景是龚茵为 A 公司之合法股东，拥有 88 万股 A 公司股份，杉浦立身欲全部认购，认购总金额为 3,836,800 元，并在认购后委托龚茵管理。上述表述显然不同于委托购买股份的意思表示，杉浦立身亦未有证据证明其曾授意龚茵向案外人购买系争股份。其次，

在系争《股份认购与托管协议》签订的同日，杉浦立身与世和公司签订了《委托办理股权过户协议书》，委托世和公司代理受让A公司股份88万股，受让价格为每股4.36元，总价为3,836,800元。该协议书中所约定的标的股份名称、数量和价格均与系争《股份认购与托管协议》一致。可见杉浦立身已明确委托世和公司办理系争股份的购买事宜，与其主张和龚茵之间亦存在委托购买系争股份关系相矛盾。上述《委托办理股权过户协议书》第一条约定，在世和公司完成受让股份后，由杉浦立身将受让款直接支付给出让方或出让方代理人，结合《委托办理股权过户协议书》和《股份认购与托管协议》同时签订，世和公司向杉浦立身出具的收款证明和收据上均有龚茵签字等事实来看，本院认为《委托办理股权过户协议书》应是配合《股份认购与托管协议》而签订，杉浦立身委托世和公司从龚茵处受让A公司股份，杉浦立身与龚茵之间不存在委托购买股份的关系。尽管龚茵在签订《股份认购与托管协议》时尚未实际获得A公司股份所有权，其收到杉浦立身的股份转让款在先，向张金富支付股份转让款在后，但此两点并不足以认定其与杉浦立身之间存在委托购买股份法律关系。况且，龚茵在签订《股份认购与托管协议》之前已与张金富签订了《股权转让协议》，具有了将来获得系争股份的合理预期，之后亦实际从张金富处受让了系争股份。

二、系争《股份认购与托管协议》的效力

系争《股份认购与托管协议》虽然从形式上看包括股份认购和股份托管两部分内容，但两者紧密相关、不可分割，双方约定杉浦立身向龚茵认购股份，又同时约定认购的股份不实际过户，仍登记在龚茵名下，龚茵以自己名义代杉浦立身持有并行使股东权利，故上述交易安排实质构成了系争股份隐名代持，杉浦立身是实际出资人，龚茵是名义持有人。结合A公司首次公开发行股票并上市时，龚茵以股东身份作出系争股份未有代持的承诺，杉浦立身在发行上市前后未向公司或监管部门披露代持情况，发行上市后系争股份登记在龚茵名下等情形，本院认为系争股份隐名代持涉及公司发行上市过程中的股份权属，其效力如何应当根据现行民事法律关于民事法律行为效力的规定，以及证券市场、上市公司相关法律规定综合判断。《民法总则》第八条规定："民事主体从事民事活动，不得违反法律，不得违反公序良俗。"第一百四十三条规定："具备下列条件的民事法律行为有效：(一)行为人具有相应的民事行为能力；(二)意思表示真实；(三)不违反法律、行政法规的强制性规定，不违背公序良俗。"第一百五十三条第二款进一步规定："违背公序良俗的民事法律行为无效。"《民法通则》第七条规定："民事活动应当尊重社会公德，不得损害社会公共利益，破坏国家经济计划，扰乱社会经济秩序。"第五十五条规定："民事法律行为应当具备下列条件：(一)行为人具有相应的民事行为能力；(二)意思表示真实；(三)不违反法律或者社会公共利益。"第五十八条规定："下列民事行为无效……(五)违反法律或者社会公共利益的……"《合同法》第五十二条第四项规定："有下列情形之一的，合同无效……(四)损害社会公共利益……"需要注意的是，《民法总则》系我国第一次在民事立法中采用"公序良俗"这一概念，并用以取代之前《民法通则》和《合同法》等一直采用的"社会公共利益"的概念。民事法律行为因违背公序良俗而无效，体现了法律对民事领域意思自治的限制，但由于公序良俗的概念本身具有较大弹性，故在具体案件裁判中应当审慎适用，避免其被滥用而过度克减民事主体的意思自治。公序良俗包括公共秩序和善良风俗，其中公共秩序是指政治、经济、文化等领域的基本秩序和根本理念，是与国家和社会整体利益相关的基础性原则、价值和秩序。本院认为，不同领域存在不同的公共秩序，首先应当根据该领域的法律和行政法规具体判断所涉公共秩序的内容。在该领域的法律和行政法规没有明确规定的情况下，判断某一下位规则是否构成公共秩序时，应当从实体正义和程序正当两个方面考察。其中，实体正义是指该规则应当体现该领域法律和行政法规所规定的国家和社会整体利益；程序正当是指该规则的制定主体应当具有法定权威，且规则的制定与发布应当符合法定程序，具体可以从法律授权、制定程序、公众知晓度和认同度等方面综合考量。

第一，就实体层面而言，《证券法》是我国证券市场的基本法，其第一条规定的立法目的是规范证券发行和交易行为，保护投资者的合法权益，维护社会经济秩序和社会公共利益，促进社会主义市场经济的发展。因此，证券市场的公共秩序应是体现《证券法》立法宗旨，属于证券市场基本交易规范，关涉证券市场根本性、整体性利益和广大投资者合法权益，一旦违反将损害证券市场基本交易安全的基础性秩序。一方面，股票发行上市是证券市场的基本环节，经此环节，公司的股权结构发生重大变化，股东范围扩至公开市场上潜在的广大投资者，证券市场严格的监管标准也对公司治理能力提出更高要求，因此发行人的股权结构清晰就显得十分重要。如果发行人的股权不清晰，不仅会影响公司治理的持续稳定，影响公司落实信息披露、内幕交易和关联交易审查、高管人员任职回避等证券市场基本监管要求，还容易引发权属纠纷，例如本案。为此，中国证券监督管理委员会（以下简称证监会）于2006年5月17日颁布的《首次公开发行股票并上市管理办法》第十三条规定："发行人的股权清晰，控股股东和受控股股东、实际控制人支配的股东持有的发行人股份不存在重大权属纠纷。"另一方面，上市公司披露的信息是影响股票价格的基本因素，要求上市公司在股票发行上市的过程中保证信息的真实、准确、完整，是维护证券市场有效运行的基本准则，也是广大投资者合法利益的基本保障。发行人的股权结构是影响公司经营状况的重要因素，属于发行人应当披露的重要信息。对此，《证券法》第六十三条规定："发行人、上市公司依法披露的信息，必须真实、准确、完整，不得有虚假记载、误导性陈述或者重大遗漏。"第六十八条第三款规定："上市公司董事、监事、高级管理人员应当保证上市公司所披露的信息真实、准确、完整。"综合上述两方面的分析可以看出，发行人必须股权清晰，股份不存在重大权属纠纷，且上市需遵守如实披露的义务，披露的信息必须真实、准确、完整。申言之，即发行人应当如实披露股份权属情况，禁止发行人的股份存在隐名代持情形。本院认为，上述规则属于证券市场基本交易规范，关系到以信息披露为基础的证券市场整体法治秩序和广大投资者合法权益，在实体层面符合证券市场公共秩序的构成要件。

第二，就程序层面而言，《证券法》第十二条规定："设立股份有限公司公开发行股票，应当符合《公司法》规定的条件和经国务院批准的国务院证券监督管理机构规定的其他条件"，《证券法》本身并未对股份公司公开发行股票的具体条件做出规定，而是明确授权证监会对此加以规范。证券市场具有创新发展快、专业性强等特点，欲实现《证券法》规范目的，离不开专业监管机构的依法监管。因此，《证券法》第七条也规定："国务院证券监督管理机构依法对全国证券市场实行集中统一监督管理。"证监会作为由《证券法》规定，经国务院批准，对证券行业进行监督管理的专门机构，在制定股票发行上市规则方面具有专业性和权威性。本院认为，《证券法》授权证监会对股票发行上市的条件作出具体规定，实质是将立法所确立之原则内容交由证监会予以具体明确，以此形成能够及时回应证券市场规范需求的《证券法》规则体系。证监会在制定《首次公开发行股票并上市管理办法》的过程中向社会发布了征求意见稿，公开征求意见，制定后也向社会公众予以公布，符合规则制定的正当程序要求，而且上述办法中关于发行人股权清晰不得有重大权属纠纷的规定契合《证券法》的基本原则，不与其他法律、行政法规相冲突，已经成为证券监管的基本规范和业内共识。发行人信息披露义务由《证券法》明文规定，经严格的立法程序制订。因此，发行人应当如实披露股份权属情况，禁止发行人的股份存在隐名代持情形，从程序层面亦符合证券市场公共秩序的构成要件。

结合上述两点分析，本院认为，发行人应当如实披露股份权属情况，禁止发行人的股份存在隐名代持情形，属于证券市场中应当遵守，不得违反的公共秩序。本案中，A公司上市前，龚茵代杉浦立身持有股份，以自身名义参与公司上市发行，隐瞒了实际投资人的真实身份，杉浦立身和龚茵双方的行为构成了发行人股份隐名代持，违反了证券市场的公共秩序，损害了证券市场的公共利益，故依据《民法总则》第八条、第一百四十三条、第一百五十三条第二款和《合同法》第五十二条第四项的规定，应认定为无效。

至于杉浦立身的外国人身份以及A公司的涉密资质是否影响系争《股份认购与托管协议》的效力。本院认为，首先，系争《股份认购与托管协议》实质为股份代持，该行为并不必然导致实际出资人与名义持有人两者之外的其他法律关系的变更，因此不属于需要经外商投资审批机关批准才能生效的合同。其次，根据2004年及之后多次修订的《外商投资产业指导目录》,A公司所处的软件产品开发、生产行业均不属于限制或禁止外商投资的产业领域。最后,本院注意到,保密局先后制定了《涉密信息系统集成资质管理办法》和其补充规定,其中关于资质单位境外投资的规定从无境外投资转变为无境外直接投资但允许一定比例的外方间接投资,且仅在资质申请条件中对股权结构作出要求,规定本身并未对资质单位的股权结构作出禁止性规定,另外针对涉密资质剥离后上市母公司的股权结构,亦不禁止外方投资。故本院认为,保密局关于涉密资质单位股权结构的相关规定主要出于行政管理需要,对可否存在外方投资亦未持完全否定态度。因此杉浦立身的外国人身份以及A公司的涉密资质并不影响系争《股份认购与托管协议》的效力认定。

三、系争股份及相关投资收益归属

系争《股份认购与托管协议》因涉及发行人股份隐名代持而无效,根据《合同法》第五十八条的规定,"合同无效或者被撤销后,因该合同取得的财产,应当予以返还;不能返还或者没有必要返还的,应当折价补偿。有过错的一方应当赔偿对方因此所受到的损失,双方都有过错的,应当各自承担相应的责任。"无效合同财产利益的处理旨在恢复原状和平衡利益,亦即优先恢复到合同订立前的财产状态,不能恢复原状的则应当按照公平原则在当事人之间进行合理分配。按照上述原则,本案中,首先,系争A公司股份应归龚茵所有,龚茵作为A公司股东围绕公司上市及其运营所实施的一系列行为有效;其次,本案中不存在投资亏损使得股份价值相当的投资款贬损而应适用过错赔偿的情形,故杉浦立身向龚茵支付的投资款3,836,800元应予返还;最后,系争A公司股份的收益,包括因分红以及上市而发生的大幅增值,并非合同订立前的原有利益,而是合同履行之后新增的利益,显然不属于恢复原状之适用情形,如何分配应由双方当事人协商确定,协商不成的应当适用公平原则合理分配。本院注意到,系争《股权认购与托管协议》第六条第八款约定:"甲方(指龚茵)承诺:因甲方的原因或无法对抗第三人的原因或本协议无效的原因致使乙方(指杉浦立身)无法拥有上述认购的股份时,甲方应当按照该股份当时的市值退还乙方认购款。"现双方当事人一致同意放弃适用上述约定,愿意就系争股份投资收益在双方当事人之间进行分配。本院认为此属当事人对自身权利的合法处分,于法不悖,予以确认。鉴于双方无法就具体分配方案达成一致,本院将依照公平原则酌情处理。

系争股份收益应当包括分红以及因A公司股价上涨而发生的增值。关于A公司2018年6月8日后的分红和增股所对应的收益,杉浦立身和龚茵均表示将另案诉讼,本院认为系当事人自行选择权利救济方式,于法不悖,应予准许,本案中对该部分收益不作处理。本案中处理的系争股份收益具体包括:1. 系争123.2万股A公司股票因股价上涨而发生的增值收益,即上述股票市值扣除变现成本后的现金价值减去投资成本3,836,800元;2.A公司2017年度的分红,按照每10股派发现金红利4元(含税)乘以股数88万股为352,000元(含税)。

股份投资是以获得股份收益为目的并伴随投资风险的行为,在适用公平原则时应当着重考虑以下两方面的因素:一是对投资收益的贡献程度,即考虑谁实际承担了投资期间的机会成本和资金成本,按照"谁投资、谁收益"原则,将收益主要分配给承担了投资成本的一方;二是对投资风险的交易安排,即考虑谁将实际承担投资亏损的不利后果,按照"收益与风险相一致"原则,将收益主要分配给承担了投资风险的一方。

本案中,首先,从双方之间支付资金,订立协议和股份过户的时间顺序来看,本院有理由相信龚茵从案外人张金富处购买系争股份的目的在于向杉浦立身转让,以赚取差价,龚茵并无出资以最终获得股份所有权的投资意图。反之,杉浦立身的投资意图则显著体现于系争《股份认购与托管协议》中,即通过支付投资款以换取系争股份的长期回报。龚茵向案外人张金富转账1,408,000元之前,已先从杉浦立身处收到款项3,836,800元,从中获得差价2,728,800元的利益至今。因此,投资系争股份的资金最初来自于杉浦立身,亦是杉浦立身实际承担了长期以来股份投资的机会成本与资金成本。其次,虽然系争《股份认购与托管协议》无效,但无效之原因系违反公序良俗而非意思表示瑕疵,因此该协议中关于收益与风险承担的内容仍体现了双方的真实意思。根据约定,龚茵须根据杉浦立身的指示处分系争股份,并向其及时全部交付收益。庭审过程中，双方亦确认龚茵在代持期间未收取报酬。可见在双方的交易安排中，龚茵仅为名义持有人，实际作出投资决策和承担投资后果的系杉浦立身，若发生A公司上市失败或经营亏损情形，最终可能遭受投资损失的亦是杉浦立身。根据上述两方面的考虑，本院认为应由杉浦立身获得系争股份投资收益的大部分。同时，本院注意到龚茵在整个投资过程中起到了提供投资信息、交付往期分红，配合公司上市等作用，为投资增值做出了一定贡献，可以适当分得投资收益的小部分。综合上述情况，杉浦立身应当获得投资收益的70%，龚茵应当获得投资收益的30%。案件审理中，龚茵表示无力筹措资金，申请将系争A公司股份进行拍卖、变卖，就所得款项减除成本后在双方当事人之间进行分配。杉浦立身对此予以同意。本院认为，此为双方当事人就系争股份处置方式并由此确定可分配之股份收益范围达成一致，属于依法处分自身权利的行为，不违反法律法规的禁止性规定，可予支持。

【上市公司股权代持协议应认定为无效】

杨某国诉林某坤、常州亚玛顿股份有限公司股权转让纠纷再审案[最高人民法院(2017)最高法民申2454号民事裁定书]，关于诉争协议之法律效力。诉争协议即为上市公司股权代持协议，对于其效力的认定则应当根据上市公司监管相关法律法规以及《合同法》等规定综合予以判定。首先，中国证券监督管理委员会于2006年5月17日颁布的《首次公开发行股票并上市管理办法》第十三条规定："发行人的股权清晰，控股股东和受控股股东、实际控制人支配的股东持有的发行人股份不存在重大权属纠纷。"《证券法》第十二条规定："设立股份有限公司公开发行股票，应当符合《公司法》规定的条件和经国务院批准的国务院证券监督管理机构规定的其他条件"。第六十三条规定："发行人、上市公司依法披露的信息，必须真实、准确、完整，不得有虚假记载、误导性陈述或者重大遗漏。"中国证券监督管理委员会于2007年1月30日颁布的《上市公司信息披露管理办法》第三条规定："发行人、上市公司的董事、监事、高级管理人员应当忠实、勤勉地履行职责，保证披露信息的真实、准确、完整、及时、公平"。根据上述规定等可以看出，公司上市发行人必须股权清晰，且股份不存在重大权属纠纷，并公司上市需遵守如实披露的义务，披露的信息必须真实、准确、完整，这是证券行业监管的基本要求，也是证券行业的基本共识。由此可见，上市公司发行人必须真实，并不允许发行过程中隐匿真实股东，否则公司股票不得上市发行，通俗而言，即上市公司股权不得隐名代持。本案之中，在亚玛顿公司上市前，林金坤代杨金国持有股份，以林金坤名义参与公司上市发行，实际隐瞒了真实股东或投资人身份，违反了发行人如实披露义务，为上述规定明令禁止。其次，中国证券监督管理委员会根据《证券法》授权对证券行业进行监督管理，是为保护广大非特定投资者的合法权益。要求拟上市公司股权必须清晰，约束上市公司不得隐名代持股权，系对上市公司监管的基本要求，否则如上市公司真实股东都不清晰的话，其他对于上市公司系列信息披露要求、关联交易审查、高管人员任职回避等监管举措必然落空，必然损害到广大非特定投资者的合法权益，从而损害到资本市场基本交易秩序与基本交易安全，损害到金融安全与社会稳定，从而损害到社会公共利益。据此，根据《合同法》第五十二条的规定，"有下列情形之一的，合同无效：(一)一方以欺诈、胁迫的手段订立合同，损害国家利益；(二)恶意串通，损害国家、集体或者第三人利益；(三)以合法形式掩盖非法目的；(四)损害社会公共利益；(五)违反法律、行政法规的强制性规定"。本案杨金国与林金坤签订的《委托投资协议书》与《协议书》，违反公司上市系列监管规定，而这些规定有些属于法律明确应于遵循之规定，有些虽属于部门规章性质，但因经法律授权且与法律并不冲突，并属于证券行业监管基本要求与业内共识，并对广大非特定投资人利益构成重要保障，对社会公共利益亦为必要保障所在，故依据《合同法》第五十二条第四项等规定，本案上述诉争协议应认定为无效。

【违反《保险公司股权管理办法》第八条代持保险公司股权的协议无效】

福州天策实业有限公司诉福建伟杰投资有限公司、君康人寿保险股份有限公司营业信托纠纷上诉案[最高人民法院(2017)最高法民终529号民事裁定书]，本案的《信托持股协议》内容，明显违反中国保险监督管理委员会制定的《保险公司股权管理办法》第八条关于"任何单位或者个人不得委托他人或者接受他人委托持有保险公司的股权”的规定，对该《信托持股协议》的效力审查，应从《保险公司股权管理办法》禁止代持保险公司股权规定的规范目的、内容实质，以及实践中允许代持保险公司股权可能出现的危害后果进行综合分析认定。

首先，从《保险公司股权管理办法》禁止代持保险公司股权的制定依据和目的来看，尽管《保险公司股权管理办法》在法律规范的效力位阶上属于部门规章，并非法律、行政法规，但中国保险监督管理委员会是依据《保险法》第一百三十四条关于“国务院保险监督管理机构依照法律、行政法规制定并发布有关保险业监督管理的规章”的明确授权，为保持保险公司经营稳定，保护投资人和被保险人的合法权益，加强保险公司股权监管而制定。据此可以看出，该管理办法关于禁止代持保险公司股权的规定与《保险法》的立法目的一致，都是为了加强对保险业的监督管理，维护社会经济秩序和社会公共利益，促进保险事业的健康发展。其次，从《保险公司股权管理办法》禁止代持保险公司股权规定的内容来看，该规定系中国保险监督管理委员会在本部门的职责权限范围内，根据加强保险业监督管理的实际需要具体制定，该内容不与更高层级的相关法律、行政法规的规定相抵触，也未与具有同层级效力的其他规范相冲突，同时其制定和发布亦未违反法定程序，因此《保险公司股权管理办法》关于禁止代持保险公司股权的规定具有实质上的正当性与合法性。最后，从代持保险公司股权的危害后果来看，允许隐名持有保险公司股权，将使真正的保险公司投资人游离于国家有关职能部门的监管之外，如此势必加大保险公司的经营风险，妨害保险行业的健康有序发展。加之由于保险行业涉及众多不特定被保险人的切身利益，保险公司这种潜在的经营风险在一定情况下还将危及金融秩序和社会稳定，进而直接损害社会公共利益。

综上可见，违反中国保险监督管理委员会《保险公司股权管理办法》有关禁止代持保险公司股权规定的行为，在一定程度上具有与直接违反《保险法》等法律、行政法规一样的法律后果，同时还将出现破坏国家金融管理秩序、损害包括众多保险法律关系主体在内的社会公共利益的危害后果。《合同法》第五十二条规定，“有下列情形之一的，合同无效：(一)一方以欺诈、胁迫的手段订立合同，损害国家利益；(二)恶意串通，损害国家、集体或者第三人利益；(三)以合法形式掩盖非法目的；(四)损害社会公共利益；(五)违反法律、行政法规的强制性规定。”故依照《合同法》第五十二条第四项等规定，本案《信托持股协议》应认定为无效。

【保险公司股权代持的效力与履行应当区别对待】

上海保培投资有限公司等诉雨润控股集团有限公司股权纠纷案［江苏省高级人民法院(2017)苏民终66号民事判决书］，本案争议焦点为：一、保培公司与雨润公司于2015年9月18日签订的股权代持协议性质及效力如何认定。二、保培公司根据2015年9月18日协议要求确认雨润公司持有的利安保险公司141176500股股权归其所有、雨润公司配合办理工商变更登记手续的请求应否支持。本院结合事实与法律作如下分析认定：

一、关于双方之间关系性质及案涉协议的效力问题

本院认为，保培公司与雨润公司存在股权代持关系，2015年9月18日协议合法有效。理由：本案双方对相互之间的关系问题存在争议，保培公司主张双方之间系股权代持关系，雨润公司在诉讼中否认与保培公司存在单纯的股权代持关系，认为双方之间签订的协议系关于雨润公司重组的“一揽子”协议的一部分，保培公司在重组中实际是作为居间人帮助融资。由于雨润公司提供不出其所称的一揽子重组协议证明其观点，而双方对2015年9月18日所签订协议的真实性均不持异议，故该协议及其履行情况是认定双方关系的事实依据。该协议既名为股权代持协议，且内容中也约定了保培公司自愿委托雨润公司作为自己对利安保险公司原始股141176500股出资的名义持有人，并代为行使相关股东权利，故该协议是双方真实意思的反映，且双方对保培公司代雨润公司支付的141,176,500元增资款并无异议，保监会也已对利安保险公司相应的增资行为予以认可，故保培公司主张双方之间系股权代持法律关系的事实依据充分，应予认定。

对于双方争议的2015年9月18日协议的效力问题，雨润公司认为该协议无效的理由主要是协议约定违反了保监会的《股权管理办法》、且损害社会公共利益，以及违反利安保险公

司《章程》。对此，本院认为，《合同法》第五十二条规定，有下列情形之一的，合同无效：(一)一方以欺诈、胁迫的手段订立合同，损害国家利益；(二)恶意串通，损害国家、集体或者第三人利益；(三)以合法形式掩盖非法目的；(四)损害社会公共利益；(五)违反法律、行政法规的强制性规定。《最高人民法院关于适用〈中华人民共和国合同法〉若干问题的解释（一）》第四条规定：合同法实施以后，人民法院确认合同无效，应当以全国人大及其常委会制定的法律和国务院制定的行政法规为依据，不得以地方性法规、行政规章为依据。关于股权代持问题，目前仅《股权管理办法》第八条明确规定"任何单位或者个人不得委托他人或者接受他人委托持有保险公司的股权"，该办法系为保持保险公司经营稳定，保护投资人和被保险人的合法权益，加强保险公司股权监管，根据保险法、公司法等法律所制定，若有违反相关规定的，保监会根据有关规定可予处罚，由于该规定尚不属于立法法所规定的授权立法范畴，故雨润公司以此主张 2015 年 9 月 18 日协议违反国家强制性法律规定而无效不符合合同法及其司法解释的规定。至于协议约定是否有损社会公共利益的问题，由于保险法及股权管理办法对保险公司持股比例在 5% 以上的股东有较严格的要求，本案所争议股权尚达不到此比例，故雨润公司以社会公共利益否认协议效力也缺乏依据。利安保险公司章程第二十五条规定"股东向股东以外的人转让股份，须经过全体股东过半数同意；不同意转让的股东应购买该转让的股份，如果不购买该转让的股份，视为同意转让。经股东同意转让的股份，在同等条件下本公司其他股东具有优先购买权。"利安保险公司虽为股份公司，但从设立至今一直为 11 名记名股东，股票既不公开发行也没有公众股东，属于发起设立的股份有限公司，具有显著的人合性的特征。公司章程的规定既优先满足了公司人合性的要求，亦未损害出让股东的财产利益，系全体股东共同意志的体现，不违反法律、行政法规的强制性规定，该章程合法有效。虽然雨润公司在未征求其他股东意见的情况下，与保培公司签订委托代持股协议，保培公司现根据该股权代持协议要求将该股权转移至自己名下，雨润公司与保培公司的行为有违利安保险公司章程的规定，但该违反章程的行为可能影响的是协议能否履行，并不影响该协议的效力。故雨润公司认为 2015 年 9 月 18 日协议无效缺乏法律依据。原审法院以《股权管理办法》系授权立法，案涉协议违法且有违公共利益而无效的观点法律依据并不充分，本院予以纠正。

二、保培公司尚不具备成为利安保险公司股东的条件

《合同法》第一百一十条规定："当事人一方不履行非金钱债务或者履行非金钱债务不符合约定的，对方可以要求履行，但有下列情形之一的除外：(一)法律上或者事实上不能履行；(二)债务的标的不适于强制履行或者履行费用过高；(三)债权人在合理期限内未要求履行。"如前所述，虽然《股权管理办法》系管理性部门规章，雨润公司据此主张协议无效缺乏依据，但雨润公司与保培公司签订的委托代持股协议明显违反了该管理性规定，保培公司以违反该管理性规定的股权代持协议要求办理转让手续并不为监管部门认可，存在法律上的不能履行。并且，即便监管部门认可该股权代持协议的内容，但由于雨润公司与保培公司签订的股权代持协议中关于股权转让的相关内容也违反了公司章程的规定，尚未满足章程所规定的得到其他股东过半数同意，以及其他股东可行使优先购买权的条件。故在保培公司的诉请尚未得到其他股东过半数同意、并放弃在同等条件下行使优先购买权的情况下，该请求也存在事实上不能履行。另外，雨润公司的案涉股权目前已被多家法院轮候查封，本院如支持保培公司的诉请也有规避执行的嫌疑。综上所述，保培公司关于确认雨润公司持有的 141176500 股股权归其所有以及办理股权变更登记的诉讼请求，本院不予支持。

【农村合作银行发行的法人股可以代持】

广西全州农村合作银行与蒋正军等确认合同效力纠纷上诉案［广西壮族自治区桂林市中级人民法院（2017）桂 03 民终 2898 号民事判决书］，根据本案已查明的事实，被上诉人溶江公司持有上诉人全州农合行法人股 600 万股，其中被上诉人蒋正军实际出资认购 200 万元股份。2011 年 11 月 2 日，被上诉人溶江公司、被上诉人蒋正军向全州农合行出具《股份确认声明书》，记载：2011 年 11 月 2 日以溶江公司之名向贵行认购投资股 600 万股，其中：溶江公司占 400 万股，蒋正军占 200 万股。2017 年 4 月 19 日，被上诉人蒋正军又与被上诉人溶

江公司签订《股权代持协议》，约定溶江公司作为蒋正军对全州农合行股权200万股的名义持有人。该《股权代持协议》，主体合格，内容未违反强制性法律规定，双方的意思表示真实一致，依照《合同法》第六条、第八条和《最高人民法院关于适用〈中华人民共和国公司法〉若干问题的规定（三）》第二十四条第一款之规定，应认定为有效合同。被上诉人蒋正军作为溶江公司认购全州农合行600万股法人股中200万股的实际出资人，依法享有该200万股的投资权益，但并不当然享有全州农合行的股东权益。

【股权代持协议的效力认定】

成都兴川文投投资管理公司诉达州联信技术检测有限公司等股东资格确认纠纷案［四川省达州市达川区人民法院（2016）川1703民初2659号民事判决书］，显名股东处分其持有的股权，虽未办理变更登记，实际出资人仍不可直接对抗善意第三人。股权转让并非要式行为，显名股东与善意第三人达成股权转让协议，则股权转让行为就发生法律效力。

结合庭审及原、被告所提交的证据，本院认为兴川公司与杨庆嘉之间存在股权代持关系。兴川公司虽未明确与杨庆嘉签订《股权代持协议》，但通过《关于授权杨庆嘉同志执行代持达州联信技术检测有限公司股权的决议》和《授权书》可以看出，杨庆嘉以个人名义收购联信公司股权系神鸟公司股东会决议要求的，而兴川公司系神鸟公司控股股东，且股权收购过程中产生的一切费用由兴川公司承担。因此，依照《最高人民法院关于适用〈中华人民共和国公司法〉若干问题的规定（三）》（以下简称《公司法司法解释（三）》）第二十五条第一款之规定："有限责任公司的实际出资人与名义出资人订立合同，约定由实际出资人出资并享有投资权益，以名义出资人为名义股东，实际出资人与名义股东对该合同效力发生争议的，如无《合同法》第五十二条规定的情形，人民法院应当认定该合同有效。"兴川公司与杨庆嘉之间的股权代持协议合法有效，双方存在股权代持关系。

3. 实际出资人与名义股东债权人之间的关系

【代持股协议不能对抗破产债权人】

王文华诉宜兴申利化工有限公司股东资格确认纠纷案［江苏省无锡市中级人民法院（2017）苏02民终3235号民事判决书（《人民司法·案例》2019年第5期）］，实际出资人借用他人名义向公司出资，该他人为公司的名义股东。实际出资人与名义股东之间的代持股合同关系如无法律规定为无效的情形，应认定为有效。在名义股东破产后，实际出资人以其为代持股权的实际权利人为由提起诉讼，要求确认股权归其所有的，人民法院应优先保护名义股东的破产债权人作为善意第三人依据公示内容对讼争股份的信赖利益，不应支持实际出资人的诉讼请求。

【实际出资人不能排除法院的强制执行】

青海百通高纯材料开发有限公司、交通银行股份有限公司青海省分行二审民事判决书：最高人民法院（2017）最高法民终100号民事判决书］，本案的争议焦点是：百通材料公司关于其系案涉股权实际出资人的事实，能否排除人民法院的强制执行。本院认为，百通材料公司就案涉股权不享有足以排除强制执行的民事权益，不能排除人民法院的强制执行，具体理由如下：

第一，根据公示公信原则，对股权的强制执行，涉及内部关系的，基于当事人的意思自治来解决。涉及外部关系的，根据工商登记来处理。《公司法》第三十二条第三款规定："公司应当将股东的姓名或者名称及其出资额向公司登记机关登记；登记事项发生变更的，应当办理变更登记。未经登记或者变更登记的，不得对抗第三人。"据此，本院认为，工商登记是对公司股权情况的公示，与登记股东进行交易的善意第三人及登记股东的债权人有权信赖工商机关登记的股权情况，该信赖利益应当得到法律的保护。换言之，根据《公司法》该条款的规定，经过公示体现出来的权利外观，导致第三人对该权利外观产生信赖，即使真实状况与第三人的信赖不符，只要第三人的信赖合理，第三人的信赖利益就应当受到法律的优先保护。这里所说的优先保护，就本案而言，是指在案涉股份的实际出资人与公示出来的登记股东不符的情况下，法律优先保护信赖公示的与登记股东进行交易的善意第三人及登记股东的债权人的权利，而将实际投资人的权利保护置于这些人之后。据此，由于股权的实际出资人在对外关系上不具有登记股东的法律地位，所以其不能以其与登记股东之间的内部约定，来对抗与登记股东进行交易的善意第三人及登记股东的债权人。因此，当登记股东因其未能清偿到期债务而成为被执行人时，该股份的实际出资人不得以此对抗登记股东的债权人对该股权申请强制执行。也就是说，登记股东的债权人依据工商登记中记载的股权归属，有权申请对该股权强制执行。本案中，百通材料公司虽然是案涉股权的实际出资人，但是鑫通公司却是案涉股权的登记股东，交通银行青海省分行是鑫通公司的债权人，基于上述法律规定，百通材料公司就案涉股权不享有对抗交通银行青海省分行申请强制执行的权利。

第二，百通材料公司在上诉时提到，案涉股权资产已经处分，不应当也不可能再成为执行标的。本院认为，无论该主张是否属实，但是该问题与本案所要解决的百通材料公司能否排除人民法院的强制执行的问题，不是一回事。本案所要解决的是能否排除强制执行的问题，而百通材料公司上诉时提到的该问题是能否实际执行到位的问题。本案所要解决的问题是百通材料公司上诉时提到的该问题的前提。故该上诉理由不能成立。

第三，百通材料公司在上诉时提到的“一审判决未能准确区分执行异议审查和执行异议之诉的区别，以异议审查方式处理异议之诉涉及的实体问题，显为不当”这一理由也不成立。本院认为，和审判程序不同，执行程序的主要目的是迅速实现债权人经过生效法律文书确定的债权，效率是其基本价值取向。执行异议和复议程序的目的是解决执行过程中衍生的程序和实体争议，实际是执行程序的子程序，其价值取向毫无疑问仍是效率。效率主要体现在三个方面：一是救济有限。为了防止异议人滥用异议权阻止执行，《执行异议复议规定》第6条对异议人提出异议的情形作了明确规定。二是书面审查。执行行为是公法行为，其合法与否根据卷宗记载即可判明。对案外人异议，由于定位为异议之诉前的程序审查，根据当事人提交的证据材料和执行卷宗一般亦可满足形式审查的要求。所以，为了避免拖延，书面审查是审查执行异议和复议案件的主要方式。只有案情复杂、争议较大的案件，才开庭听证。三是形式审查。由于只有15日的审查期间，且有异议之诉最终裁判，所以原则上根据这些标的的权利外观表象来判断权属，只有无法根据权利外观判断或者法律和司法解释有特殊规定时，才进行实质审查。虽然如此，但并不能据此就得出这样的结论：执行异议和复议的审查方法是形式审查，执行异议之诉的审查方法是实质审查。形式审查就是要保护形式上的权利人，就本案而言就是要保护登记股东的债权人，实质审查就是要保护实际权利人，就本案而言就是要保护实际出资人的权利。这是上诉人的误解，这种观点也没有法律依据。实际上，形式审查也好，实质审查也罢，法律的精神应该是一致的，二者本应该统一。二者的区别只是在于，因为执行异议和复议程序强调的是效率，审查的期间只有15日，所以多用形式审查，但并不排除其也可以进行实质审查。执行异议之诉所要解决的是依法应该优先保护谁，进行实质审查的目的只是在于将争议事实查得更清楚、更明白，而不是说因为进行了实质审查，所以就要优先保护实际权利人，就本案而言就要优先保护实际出资人。究竟应该保护登记股东的债权人，还是争议股权的实际出资人，那要看法律如何规定。《公司法》第三十二条第三款对此规定的已经很明确，于此不赘。

第四，实际出资人百通材料公司让登记股东鑫通公司代持股权，其一定获得某种利益。根据风险与利益相一致的原则，百通材料公司在获得利益的同时，也应当承担相应的风险，该风险就包括登记股东代持的股权被登记股东的债权人申请强制执行，本案就属于这种情况。当然，该风险还包括登记股东转让代持的股权或者将该股权出质。

第五，从司法的引导规范功能来看，案涉股权登记在被执行人鑫通公司名下，依法判决实际出资人百通材料公司不能对抗被执行人鑫通公司的债权人对该股权申请强制执行，还有利于净化社会关系，防止实际出资人违法让他人代持股份或者规避法律。

滨州市众成融资担保有限公司、邹平县正鑫小额贷款有限公司再审审查与审判监督民事裁定书[最高人民法院(2017)最高法民申110号民事裁定书]，关于众成公司若为实际出资人能否排除执行。1.依据商事法律的公示原则，商事活动中公示的对外效力具有一定强制性。《公司法》第三十三条第三款规定，公司股东名称等事项未经登记或者变更登记的，不得对抗第三人。据此，在公司对外关系上，名义股东具有股东的法律地位，隐名股东不能以其与名义股东之间的内部约定对抗外部债权人对名义股东的正当权利。2. 隐名股东与名义股东的内部代持法律关系本质为债权关系，属请求权范畴，在执行程序中并不优先于其他请求权。3. 进入强制执行程序后，被执行人芳绿公司名下财产均是对外承担债务的责任财产，正鑫公司作为申请执行人，基于公示登记对查询到的芳绿公司名下财产进行查封冻结并变价偿债等效果产生信赖利益，应参照《公司法司法解释（三）》第二十五条之规定，适用善意第三人制度对申请执行人予以保护。4. 众成公司选择隐名并通过代持关系获得某些在显名情况下无法获得的利益，也应当承担因为此种代持关系所带来的风险。据此，二审判决认定众成公司即便是涉案股权实际投资人亦不能排除执行，该结论并无不当。

王仁岐与刘爱苹等案外人执行异议之诉再审案［最高人民法院（2016）最高法民申 3132 号民事裁定书］，关于《公司法》第三十二条第三款规定的理解与适用问题，该条款规定："公司应当将股东的姓名或者名称向公司登记机关登记；登记事项发生变更的，应当办理变更登记。未经登记或者变更登记的，不得对抗第三人。"工商登记是对股权情况的公示，与公司交易的善意第三人及登记股东之债权人有权信赖工商机关登记的股权情况并据此作出判断。本案中，王仁岐与詹志才之间的《委托持股协议》已经一、二审法院认定真实有效，但其股权代持协议仅具有内部效力，对于外部第三人而言，股权登记具有公信力，隐名股东对外不具有公示股东的法律地位，不得以内部股权代持协议有效为由对抗外部债权人对显名股东的正当权利。本院认为，《公司法》第三十二条第三款所称的第三人，并不限缩于与显名股东存在股权交易关系的债权人。根据商事外观主义原则，有关公示体现出来的权利外观，导致第三人对该权利外观产生信赖，即使真实状况与第三人的信赖不符，只要第三人的信赖合理，第三人的民事法律行为效力即应受到法律的优先保护。基于上述原则，名义股东的非基于股权处分的债权人亦应属于法律保护的"第三人"范畴。因此，本案中詹志才因其未能清偿到期债务而成为被执行人时，刘爱苹作为债权人依据工商登记中记载的股权归属，有权向人民法院申请对该股权强制执行。

中信银行股份有限公司济南分行、海航集团有限公司执行异议之诉再审民事判决书［最高人民法院（2016）最高法民再 360 号民事判决书］，本案的争议焦点是：海航集团系涉案股份实际出资人的事实，能否排除人民法院的强制执行。

从本案查明事实看，海航集团与中商财富双方签订《委托投资入股代理协议》及《委托投资入股代理协议之补充协议》，约定海航集团自愿委托中商财富作为海航集团对营口沿海银行的出资入股代理人并代为行使相关股东权利，委托资金总额 9360 万元，其中 7200 万元用于出资入股营口沿海银行，委托期间，海航集团应向中商财富支付共计 200 万元的代为持股费用。上述协议之履行，表明海航集团与中商财富之间形成了委托代持关系。但是，海航集团就涉案股份并不享有足以排除强制执行的民事权益，不能排除人民法院的强制执行。主要理由如下：

第一，从实际出资人与名义股东的内部代持法律关系的性质分析。代持法律关系其本质属于一种债权债务关系，受合同法相对性原则的约束，隐名股东就该债权仅得以向名义股东主张，对合同当事人以外的第三人不产生效力。从《公司法》第三十二条规定看，公司应当将股东的姓名或者名称及出资额向公司登记机关登记，登记事项发生变更的，应当变更登记，未经登记或者变更登记的，不得对抗第三人。公司股东的登记事项主要体现在公司章程、股东名册和工商登记这三种材料中，本案营口沿海银行的公司章程、股东名册、工商登记资料中，涉案股份均登记于中商财富名下，中商财富可以据此主张行使股东权利，在公司对外关系上，名义股东具有股东的法律地位，隐名股东不能以其与名义股东之间的约定为由对抗外部债权人对名义股东的正当权利。《公司法司法解释（三）》第二十四条规定对此进一步细化："有限责任公司的实际出资人与名义出资人订立合同，约定由实际出资人出资并享有投资权益，以名义出资人为名义股东，实际出资人与名义股东对该合同效力发生争议的，如无《合同法》第五十二条规定的情形，人民法院应当认定该合同有效。前款规定的实际出资人与名义股东因投资权益的归属发生争议，实际出资人以其实际履行了出资义务为由向名义股东主张权利的，人民法院应予支持。名义股东以公司股东名册记载、公司登记机关登记为由否认实际出资人权利的，人民法院不予支持。实际出资人未经公司其他股东半数以上同意，请求公司变更股东、签发出资证明书、记载于股东名册、记载于公司章程并办理公司登记机关登记的，人民法院不予支持。”上述法律和司法解释规定虽是针对有限责任公司，但本案中营口沿海银行为非上市的股份公司，参照上述法律规定处理相关法律关系就性质上而言亦无不妥。从上述法律依据看，在代持情况下，即名义股东与实际股东分离时，通过合同法规制解决。即使海航集团为涉案股份的实际出资人，也并不当然地取得营口沿海银行的股东地位。代持情形下，隐名股东的财产利益是通过合同由名义股东向实际股东转移，需经过合同请求而取得，若隐名股东请求成为公司股东，则需经过半数股东同意，其并非当然取得股东地位。综合上述分析可知，海航集团即使对涉案股份真实出资，其对因此形成的财产权益，本质还是一种对中商财富享有的债权。如中商财富违反其与海航集团之间签订的委托协议，海航集团得依据双方签订的相关协议向中商财富主张违约责任，并不当然享有对涉案股份的所有权、享受股东地位。

第二，从信赖利益保护的角度分析。根据商事法律的外观主义原则，交易行为的效果以交易当事人行为的外观为准。即使外在的显示与内在的事实不一致，商事主体仍须受此外观显示的拘束，外观的显示优越于内在的事实。法定事项一经登记，即产生公信力，登记事项被推定为真实、准确、有效，善意第三人基于对登记的信赖而实施的行为，受到法律的保护，即使登记事项不真实、与第三人的信赖不符，善意第三人也可以依照登记簿的记载主张权利。只要第三人的信赖合理，第三人的信赖利益就应当受到法律的优先保护。另外，执行案件中的债权人与被执行人发生交易行为时，本身也有信赖利益保护的问题。发生交易时，申请执行人对被执行人的总体财产能力进行衡量后与之进行交易，被执行人未履行生效法律文书确定的义务进入强制执行程序后，被执行人名下的所有财产均是对外承担债务的一般责任财产与总体担保手段，因此不能认为强制执行程序中的申请执行人就不存在信赖利益保护的问题。特别是，法律规定明确否定超标的查封，申请执行人为了实现对某项特定财产的查封，必须放弃对其他财产的查封，如果对该查封利益不予保护，对申请执行人有失公允。因此，不能苛求被执行人的债权人与名义股东必须是就登记在名义股东名下的特定代持股权从事民事法律行为时才能适用善意第三人制度。在涉案股份的实际出资人与公示的名义股东不符的情况下，法律不仅应优先保护信赖公示的与名义股东进行交易的善意第三人，也应优先保护名义股东的债权人的权利。就本案而言，中信济南分行对涉案股份申请强制执行具有信赖利益并应优先保护。

第三，从债权人和隐名股东的权责和利益分配上衡量。首先，债权人对名义股东的财产判断只能通过外部信息，股权信息查询获得，但代持关系却较难知悉，属于债权人无法预见的风险，不能苛求债权人尽此查询义务，风险分担上应向保护债权人倾斜，制度以此运行则产生的社会成本更小。其次，实际出资人的权利享有相应的法律救济机制。即使名义股东代持的股权被法院强制执行，隐名股东依然可以依据其与名义股东之间的股权代持协议的约定以及信托、委托制度的基本原则，请求名义股东赔偿自己遭受的损失。再次，对涉案股份的执行并未超过实际出资人的心理预期。实际出资人在显名为股东之前，其心理预期或期待的利益仅仅是得到合同法上的权益，而非得到公司法上的保护。本案中，海航集团在相关代持协议中与中商财富就代持股份可能被采取强制执行措施的情形已做了特别约定即是明证。最后，从风险和利益一致性的角度考虑，实际出资人选择隐名，固有其商业利益考虑，既然通过代持关系，获得了这种利益，或其他在显名情况下不能或者无法获得的利益，则其也必须承担因为此种代持关系所带来的固有风险，承担因此可能出现的不利益。因此，由海航集团承担因选择代持关系出现的风险和不利益，更为公平合理。

第四，从司法政策价值导向上衡量。现实生活中因为多种原因产生股份代持的现象，但从维护交易安全、降低交易成本的角度看，如果侧重于承认和保护隐名股东的权利从而阻却执行，客观上则会鼓励通过代持股份方式规避债务，逃避监管，徒增社会管理成本。本案中，在海航集团与中商财富签订协议之时，银监会办公厅已下发了《关于加强中小商业银行主要股东资格审核的通知》(银监办发〔2010〕115 号)，其中第二条第二项规定：“主要股东包括战略投资者持股比例一般不超过20%。对于部分高风险城市商业银行，可以适当放宽比例。”而营口沿海银行的股东中，海航酒店控股集团有限公司作为海航集团的下属成员企业，投资比例已占20%，通过中商财富代持股份的方式，海航集团对营口沿海银行的持股比例达到了24.8%，海航集团寻求中商财富代持营口沿海银行股份，主观上不排除为了规避上述通知中对于股东资格审核的监管要求。此外，2018年1月5日银监会公布的《商业银行股权管理暂行办法》（2018年第1号）明确对商业银行的股权代持行为予以了否定。该办法第十二条规定：“商业银行股东不得委托他人或接受他人委托持有商业银行股权。”该规定虽系部门规章，但是从禁止代持商业银行股权规定的规范目的、内容实质，以及实践中允许代持商业银行股权可能出现的危害后果进行综合分析认定，可以看出对商业银行股权代持的监管体现出逐渐严格和否定的趋势。为了维护交易安全，也为倒逼隐名股东在选择名义股东时更加谨慎，依法判决实际出资人海航集团不能对抗人民法院对涉案股权强制执行，有利于规范商业银行股权法律关系，防止实际出资人违法让他人代持股份或者规避法律。

【执行异议之诉中外观主义应如何适用】

中国银行股份有限公司西安南郊支行与上海华冠投资有限公司执行人执行异议案［最高人民法院（2015）民申字第2381号民事裁定书］，关于公司股权实际权利人能否对抗该股权名义持有人的债权人对该股权申请司法强制执行问题。

在本案所涉及的执行案件中，中行南郊支行是申请执行人，成城公司是被执行人，华冠公司是提出执行异议的案外人，执行标的是成城公司名下登记的渭南市城市信用社股份有限公司（现更名为长安银行股份有限公司，以下简称长安银行）1000万股份。根据陕西高级人民法院（2009）陕民二终字第00053号生效民事判决，成城公司为该股权的名义持有人，华冠公司才是该股权的实际权利人。

中行南郊支行在原审及申请再审时均主张，案涉执标的长安银行×××万股份登记在成城公司名下，中行南郊支行已经信赖该登记并申请将涉案股权采取执行措施，根据商事外观主义原则，上述股权应执行过户给中行南郊支行。商事外观主义作为商法的基本原则之一，其实际上是一项在特定场合下权衡实际权利人与外部第三人之间利益冲突所应遵循的法律选择适用准则，通常不能直接作为案件处理依据。外观主义原则的目的在于降低成本，维护交易安全，但其适用也可能会损害实际权利人的利益。根据《最高人民法院关于适用〈中华人民共和国公司法〉若干问题的规定（三）》第二十六条的规定，股权善意取得制度的适用主体仅限于与名义股东存在股权交易的第三人。据此，商事外观主义原则的适用范围不包括非交易第三人。

案涉执行案件申请执行人中行南郊支行并非针对成城公司名下的股权从事交易，仅仅因为债务纠纷而寻查成城公司的财产还债，并无信赖利益保护的需要。若适用商事外观主义原则，将实质权利属于华冠公司的股权用以清偿成城公司的债务，将严重侵犯华冠公司的合法权利。依照《中华人民共和国民法通则》第七十五条第二款之规定，中行南郊支行无权通过申请法院强制执行的方式取得案涉执行标的长安银行×××万股份。因此，二审判决适用法律正确，中行南郊支行基于商事外观主义原则要求强制执行取得案涉长安银行×××万股份的再审申请主张，依法不能成立。

【隐名股东是否为实际出资人，不影响显名股东的债权人要求对股权进行强制执行】

哈尔滨国家粮食交易中心与哈尔滨银行股份有限公司科技支行等执行异议纠纷上诉案［最高人民法院（2013）民二终字第111号民事判决书］，《公司法》第三十三条（编者注：现为该法第三十二条）第三款规定：“公司应当将股东的姓名或者名称及其出资额向公司登记机关登记；登记事项发生变更的，应当办理变更登记。未经登记或者变更登记的，不得对抗第三人。”依据该条规定，依法进行登记的股东具有对外公示效力，隐名股东在公司对外关系上不具有公示股东的法律地位，其不能以其与显名股东之间的约定为由对抗外部债权人对显名股东主张的正当权利。因此，当显名股东因其未能清偿到期债务而成为被执行人时，其债权人依据工商登记中记载的股权归属，有权向人民法院申请对该股权强制执行。

第三十三条 【股东查阅、复制权】 股东有权查阅、复制公司章程、股东会会议记录、董事会会议决议、监事会会议决议和财务会计报告。

股东可以要求查阅公司会计账簿。股东要求查阅公司会计账簿的，应当向公司提出书面请求，说明目的。公司有合理根据认为股东查阅会计账簿有不正当目的，可能损害公司合法利益的，可以拒绝提供查阅，并应当自股东提出书面请求之日起十五日内书面答复股东并说明理由。公司拒绝提供查阅的，股东可以请求人民法院要求公司提供查阅。

一、相关司法解释及两高工作文件

《最高人民法院关于适用〈中华人民共和国公司法〉若干问题的规定（四）》（法释〔2017〕16号）对股东知情权，规定如下：

第七条 股东依据公司法第三十三条、第九十七条或者公司章程的规定，起诉请求查阅或者复制公司特定文件材料的，人民法院应当依法予以受理。

公司有证据证明前款规定的原告在起诉时不具有公司股东资格的，人民法院应当驳回起诉，但原告有初步证据证明在持股期间其合法权益受到损害，请求依法查阅或者复制其持股期间的公司特定文件材料的除外。

第八条 有限责任公司有证据证明股东存在下列情形之一的，人民法院应当认定股东有公司法第三十三条第二款规定的“不正当目的”：

（一）股东自营或者为他人经营与公司主营业务有实质性竞争关系业务的，但公司章程另有规定或者全体股东另有约定的除外；

（二）股东为了向他人通报有关信息查阅公司会计账簿，可能损害公司合法利益的；

（三）股东在向公司提出查阅请求之日前的三年内，曾通过查阅公司会计账簿，向他人通报有关信息损害公司合法利益的；

（四）股东有不正当目的的其他情形。

第九条 公司章程、股东之间的协议等实质性剥夺股东依据公司法第三十三条、第九十七条规定查阅或者复制公司文件材料的权利，公司以此为由拒绝股东查阅或者复制的，人民法院不予支持。

第十条 人民法院审理股东请求查阅或者复制公司特定文件材料的案件，对原告诉讼请求予以支持的，应当在判决中明确查阅或者复制公司特定文件材料的时间、地点和特定文件材料的名录。

股东依据人民法院生效判决查阅公司文件材料的，在该股东在场的情况下，可以由会计师、律师等依法或者依据执业行为规范负有保密义务的中介机构执业人员辅助进行。

第十一条 股东行使知情权后泄露公司商业秘密导致公司合法利益受到损害，公司请求该股东赔偿相关损失的，人民法院应当予以支持。

根据本规定第十条辅助股东查阅公司文件材料的会计师、律师等泄露公司商业秘密导致公司合法利益受到损害，公司请求其赔偿相关损失的，人民法院应当予以支持。

第十二条 公司董事、高级管理人员等未依法履行职责，导致公司未依法制作或者保存公司法第三十三条、第九十七条规定的公司文件材料，给股东造成损失，股东依法请求负有相应责任的公司董事、高级管理人员承担民事赔偿责任的，人民法院应当予以支持。

二、相关案例

1. 行使的主体

【未履行出资义务的股东仍享有知情权】

夏海军诉佳宏公司股东知情权纠纷案［江苏省宿迁市中级人民法院（2017）苏13民终

671 号民事判决书],股东知情权系股东的固有权利,且具有共益权性质。股东尽管未履行出资义务,但在股东资格未被公司依法解除的情况下,该股东仍对公司享有知情权。

【营利性民办学校举办者的知情权,可以类推适用公司法相关规定】

上海佳华企业发展有限公司诉上海佳华教育进修学院股东知情权纠纷案[上海市第一中级人民法院(2016)沪 01 民终 4642 号民事判决书(《最高人民法院公报》2019 年第 2 期)],民办学校的举办者可以自主选择设立非营利性或者营利性民办学校。营利性民办学校举办者主张行使知情权的,人民法院可以类推适用公司法相关规定。

在本案中,上诉人佳华公司作为被上诉人佳华学院的举办者,要求查阅、复制佳华学院自 2010 年 4 月成立至今的章程(含章程修正案)、董事会会议决议、监事会会议决议和财务会计报告(包括但不限于资产负债表、损益表、财务状况变动表、财务状况说明表、利润分配表、纳税申报表),有相应法律依据,予以支持。至于佳华公司要求查阅自 2010 年 4 月成立至今的会计账簿(含总账、各自明细账、往来账、现金日记账、银行日记账、固定资产卡片明细表、原始凭证、银行对账单交易明细等)的诉讼请求,因佳华公司向佳华学院提出书面请求并说明了理由,其要求查阅会计账簿的诉讼请求,有相应法律依据,予以支持。

【委托注册会计师行使股东知情权的可行性】

白涛勇诉北京恒屹维通科技发展有限公司股东知情权案[北京市第一中级人民法院(2016)京 01 民终 2856 号民事判决书],白涛勇现仍为恒屹公司的股东,依法享有股东知情权。根据已查明事实,白涛勇于 2015 年 7 月 3 日及 2015 年 8 月 4 日分三次向恒屹公司及其法定代表人赵磊邮寄了书面申请,满足了提出书面请求的程序性要求。白涛勇作为恒屹公司的股东,为了解公司经营状况和财务状况,依法有权要求查阅会计账簿。白涛勇虽然提出过请求公司收购股份纠纷的诉讼,但此系其主张权利的途径之一,不能以此证明其对恒屹公司具有不正当目的。恒屹公司所主张的白涛勇与赵磊之间的矛盾,亦非不正当目的的体现。会计账簿系依据原始凭证和记账凭证形成,故反映公司财务与经营状况的会计凭证应属知情权查阅范围。同时,鉴于财务会计知识的专业性以及股东知识领域的局限性,为保障股东知情权的实现,应允许股东委托注册会计师代为行使会计账簿查阅权。

【股东可以委托专业会计师事务所代为行使查阅权】

郭红梅诉富居网络科技(上海)有限公司股东知情权纠纷案[上海市第二中级人民法院(2016)沪 02 民终 3392 号民事判决书],股东行使公司知情权时,可以委托专业会计师事务所代为行使查阅公司相关决议和财务资料的权利。知情权是公司法赋予股东基于其股东身份而享有的专属性权利,该权利只能由股东享有,股东不得在股权转让前将该项权利单独让与非股东。股东作为知情权的享有主体,可以委托代理人代为行使该权利。

【会计账簿被查封,是否影响股东知情权】

杨霞诉北京富伦德酒店管理有限公司股东知情权案[北京市第一中级人民法院(2016)京 01 民终 4151 号民事判决书],本案中,杨霞基于其股东身份,有权依据上述规定行使股东知情权,查阅、复制富伦德公司的股东会会议记录、董事会会议决议、财务会计报告。杨霞已经依据我国公司法的规定提出了书面请求,鉴于富伦德公司否认签收邮件及拒绝签收邮件的行为,杨霞有权提起诉讼要求公司提供查阅。会计账簿是否仍在海淀食药管理局扣押,在法律上并不影响杨霞享有股东知情权。

【股份合作集体所有制企业股东知情权可以参照适用《公司法》】

王海峰诉北京四环建华标牌厂股东知情权案[北京市通州区人民法院(2016)京 0112 民初 37170 号民事判决书],公司股东履行了向公司出资的义务,且有限责任公司股东须以其认缴的出资额为限对公司承担责任,股份有限公司以其认购的股份为限对公司承担责任,公司股东履行出资义务并对公司承担责任,根据权利义务相一致的原则,股东享有知悉公司经营状况、了解公司财务状况的权利。这是公司法规定股东知情权的立法目的之所在。同样,股份合作集体所有制企业的出资人同样履行了出资义务,并以其出资对企业承担责任，故股份合作集体所有制企业股东同样应当享有了解公司经营状况和财务状况的权利。股份合作集体所有制企业的股东知情权属于出资人应有的权利，与公司法规定的股东权利具有同质性，故股份合作集体所有制企业的股东行使股东知情权应参照公司法的相关规定。标牌厂章程第十三条规定股东有权查阅股东和职工（代表）大会会议记录，了解企业经营状况和财务状况。这是标牌厂章程对于股东行使知情权的规定。故原告王海峰可以依据章程的规定行使股东知情权，且在行使知情权时可以参照《公司法》的相关规定。

【股东可委托专业人员行使知情权】

滁州凯凯建筑节能有限公司与邱志平股东知情权纠纷上诉案［安徽省滁州市中级人民法院（2015）滁民二终字第00042号民事判决书］，股东知情权是股东享有对公司经营管理等重要情况或信息真实了解和掌握的权利，是股东依法行使资产收益、参与重大决策和选择管理者等权利的基础性权利。账簿查阅权是股东知情权的重要内容。股东对公司经营状况、财产状况的知悉，主要是通过查阅公司真实、完整的财务资料了解公司财务状况。会计凭证是编制会计账簿的依据，应当作为会计账簿的附件入账备查。邱志平要求查阅会计凭证，目的正当，应予准许。股东知情权是一个权利体系，由财务会计报告查阅权、账簿查阅权和检查人选任请求权三项权利所组成。财务会计报告、会计账簿、会计凭证具有高度的专业性，股东委托注册会计师帮助查阅，有助于股东知情权的充分行使；且现有法律、法规及凯凯建筑公司的章程并未对股东委托专业会计人员行使知情权明确禁止。凯凯建筑公司的上诉理由缺乏事实和法律依据，不予支持。

汪加兴诉常州市武进暖通设备有限公司股东委托财会人员协助行使知情权纠纷案［江苏省常州市中级人民法院（2012）常商终字第216号民事判决书］，公司的财务会计报告、会计账簿及票据根册薄等具有较强的专业性和系统性，股东本人可能很难鉴别其真实可靠、完整合法，这是委托专业人员协助行使知情权的现实基础。公司法规定知情权是对股东权利的保护而非限制或剥夺，因此，股东委托财会专业人员协助行使知情权符合立法目的。

王某与甲公司股东知情权纠纷案（江苏法院公司审判十大案例之五），股东依据人民法院生效判决查阅或复制公司文件材料，但本人客观上无法或不便行使知情权的，可以委托具有专业知识的会计师、律师等第三人辅助其行使知情权。本案中，公司法及甲公司章程并未对股东行使知情权均作限制性规定。财务会计报告、会计账簿等公司文件又专业性较强，结合王某的专业知识水平以及身体状况，其请求具有专业知识的第三人协助查阅具有合理性。允许其委托专业人员辅助查阅或复制相关资料，既保障了股东合法权益，又未损害公司利益，应予准许。

【隐名股东“股东”知情权的司法判断】

杨洪耀等诉福建省永定县西茅岐煤矿有限公司、第三人巫运平等股东知情权纠纷案［福建省龙岩市中级人民法院（2015）岩民终字第12650号民事判决书］，判断隐名股东行使“股东”知情权应定位于公司多元主体之间利益冲突的平衡，着眼于公司及其股东的认可、行使权利的正当性并以不动摇公司人合性及损害公司以外第三人为审查边界，审慎作出认定。

本案中，杨洪耀等6人为实际出资人，是享有相应投资权益却未被记载于公司文件的投资者。本案纠纷系股东行使知情权所引发，对6名上诉人股东资格的认定，属于处理公司内部出资人权益认定纠纷。鉴于西茅岐煤矿公司工商登记的4名股东均与5200万元投资款的全体实际出资人之间具有委托持股关系，因此，对6名上诉人为行使股东知情权而作出的股东资格的认定，并不涉及公司以外的第三人的利益，亦未破坏有限责任公司的人合性特征。故杨洪耀等6名隐名出资人以股东身份行使知情权，其主张应得到支持。杨洪耀等人与公司其他投资人联名以邮寄方式向西茅岐煤矿公司提出书面查阅申请，邮寄的地址以及法定代表人曹国洪的电话均无误，应视为杨洪耀等6人已经恰当履行了书面申请的义务。与此同时，西茅岐煤矿公司也不能提交充分证据证明6人要求查阅会计账簿有不正当目的，可能导致公司合法权益受损。西茅岐煤矿公司的行为侵害了股东行使知情权，其应当按照原告提出的申请提供公司会计账簿等供其查阅。

【能否越过职工持股会直接行使权利】

邱祖锦等与南京栖塘水泥有限公司股东知情权纠纷上诉案［江苏省南京市中级人民法院（2015）宁商终字第1415号民事判决书］，栖塘水泥公司设立时，公司登记股东为栖塘经济实业总公司、南京栖塘梅冠水泥制造有限责任公司职工持股会，2002年3月变更登记股东为葛昌林、张闻龙、孙照银、陈清、章明生、谢敬、孙猛及南京栖塘梅冠水泥制造有限责任公司职工持股会。邱祖锦等115人作为原南京栖塘梅冠水泥厂的职工，虽然向改制企业认购股份并缴纳股金，但并未取得股东资格，应当认定其为栖塘水泥公司的实际出资人。栖塘水泥公司职工持股会并未向栖塘水泥公司实际出资，其依法设立并代表出资职工持有公司股份，应当认定为栖塘水泥公司的名义股东。《公司法》第三十三条规定，股东可以要求查阅公司会计账簿。公司拒绝提供查阅的，股东可以请求人民法院要求公司提供查阅。查阅公司会计账簿是法律赋予公司股东的请求权，非公司股东不能直接向公司主张。邱祖锦等115名实际出资人如果认为自身的合法权益受到侵害，应当根据《招股说明》《职工持股会章程》的约定，通过名义股东栖塘水泥公司职工持股会向栖塘水泥公司进行主张，而无权越过名义股东直接向公司主张。栖塘水泥公司提供的证据也表明，栖塘水泥公司职工持股会经批准成立并实际运行至今，邱祖锦等115名实际出资人通过其行使相关权利并无法律和事实上的障碍。

【后续股东有权查阅其成为公司股东之前的资料】

徐风与浙江省宁波南苑鞋城有限公司股东知情权纠纷上诉案［浙江省宁波市中级人民法院（2012）浙甬商终字第1026号民事判决书（《人民司法·案例》2014年第14期）］，股东知情权制度的法律价值在于实现股东对于公司经营管理的监督，保护股东利益，实现股东权利与公司利益的平衡，完善公司治理结构。因此，作为公司后续股东，其有权查阅成为公司股东之前的公司章程、股东会决议、董事会决议等资料。本案中，虽然原告于2002年3月13日才成为被告的股东，但因公司股东查阅、复制其成为公司股东前的相关文件的行为并未被法律所禁止，且有利于公司股东更全面了解公司的经营情况，以便其在参与公司经营、管理过程中作出更准确的判断，故原告有权查阅、复制其成为被告公司股东前的公司相关文件。

【股东可委托他人代为行使查阅权】

北京某科技有限公司与王某股东查阅权纠纷执行案［（2012）一中执复字第783号民事执行案（《人民司法·案例》2013年第10期）］，股东查阅权依附其股东身份，不能作为一项独立的权利被让渡，但该权利的行使需要具备相应的条件。如果股东自身不具备相应的财会知识，又不允许其委托代理人查阅，股东知情权则难以落到实处。从代理制度的设立目的和保护当事人合法权益的目的出发，应当允许股东委托符合民事诉讼法规定的代理人行使查阅权。

【股东知情权的司法保护】

攀枝花四季花城房地产开发有限责任公司与徐璐璐股东知情权纠纷上诉案［四川省攀枝花市中级人民法院（2008）攀民终字第30号民事判决书（《人民司法·案例》2009年第4期）］，根据《公司法》第三十三条第二款的规定，有限责任公司股东有权要求查阅公司会计账簿。公司拒绝提供查阅，股东诉请人民法院要求行使查阅权的，人民法院应予支持，并可判决查阅账簿的具体方式。本案证据足以证明徐璐璐是四季花城公司股东、监事。即使能证明徐璐璐被免去公司股东会监事，也不能否认徐璐璐系该公司股东的身份。股东知情权是股东行使其他股东权利的基础，只要具有股东资格，就享有知情权。

【享有股东知情权的前提是具有股东资格】

汉唐集成股份有限公司与北京台群科技有限公司清算委员会股东知情权纠纷上诉案［北京市高级人民法院（2007）高民终字第247号民事裁定书］，股东的知情权是公司股东维护自身权益、维护公司权益的一项重要权利。本案当事人虽然提起的是股东知情权之诉，但首先必须明确的是当事人是否具有股东资格，只有确认了这一重要的前提，只有真正成为公司的股东，才可能真正享有股东的诸项权利。由于外商投资企业合并属于重大事项的变更，应当报审查批准机关批准，并向工商行政管理机关办理变更登记手续。因此，外商投资企业股东资格的取得，首先取决于审批机关的审批。本案中，从严格适用法律和维护法律安定性的角度考虑，认定当事人不具有股东的资格，不享有股东的知情权。

【原股东要求行使任股东期间知情权的认定与处理】

江苏天衡会计师事务所有限公司与藏丽股东知情权纠纷再审案［江苏省高级人民法院(2007)苏民再终字第0017号民事判决书(《人民司法·案例》2009年第10期)］，公司法规定，股东有权查阅、复制公司章程、股东会会议记录、董事会会议决议、监事会会议决议和财务会计报告；股东可以要求查阅公司会计账簿。按照该规定，行使股东知情权的主体应当是公司现任股东；失去公司股东身份后，要求行使其担任股东期间的知情权的，没有法律依据。

【办理了股东变更登基后，股东即丧失了股东身份，不再享有知情权】

聂世龙诉扬州市东风汽车车身厂股东知情权案［江苏省扬州市邗江区(县)人民法院2007年3月20日民事判决书］，股东权利不能与股东身份相分离。股东转让其全部股份，办理了股东变更登记，退出了公司，即丧失了股东身份，不再享有股东权，股东知情权也随之丧失。原告将其在被告的出资｛股份)全部转让给居某，原告对被告享有的股东权也随之全部转让给居某，原告无权以股东身份要求查阅其作为股东期间的被告会计账簿。

【瑕疵出资的股东是否享有知情权】

林阿勇与江苏省徐州瑞丰食品工业有限公司知情权纠纷上诉案［江苏省徐州市中级人民法院(2006)徐民二终字第10号民事判决书(《人民司法·案例》2008年第2期)］，股东名称记载于公司股东名册或工商登记中，不论是否为其本人签名，经本人追认后，即具有公司股东资格。瑕疵出资不构成对股东享有知情权的抗辩。本案中，林阿勇在公司章程、股东名册等工商登记材料上都登记为股东，原审法院确认林阿勇具有瑞丰公司股东资格是正确的。作为公司股东，理应享有股东对公司的知情权。公司成立的实施人和实际经营人陈勉对林阿勇出资的事实和其股东身份予以认可。股东知情权是股东行使其他股东权利的基础，只要具有股东资格，就应享有知情权。判决股东不能行使公司知情权必将影响股东在公司中其他权利的行使，不利于解决公司纠纷和保护股东权利，也不符合我国公司制度发展的价值取向。

【股东是否出资与其能否行使知情权之间没有必然联系】

宋连仇诉南通海宏纺织有限公司股东知情权案［江苏省南通市中级人民法院(2006)通中民二终字第0170号民事判决书］，我国《公司法》对未出资股东能否行使知情权没有作出禁止性规定。海宏公司章程中约定股东有权查阅股东会议记录和公司财务会计报告，该约定符合《公司法》的规定。公司章程对公司、股东、董事、监事、高级管理人员均有约束力。宋连仇在组建海宏公司的股东协议书、海宏公司章程、第一届股东会议纪要、董事任职证明、董事会第一次会议纪要等文件上签字，充分证明宋连仇具有海宏公司股东身份。股东可以主张行使股东权利，宋连仇是否出资与其能否行使股东知情权之间没有必然联系。所以宋连仇要求行使股东知情权符合海宏公司章程，亦不违反法律规定，应予支持。但我国《公司法》及海宏公司章程对股东是否有权要求对公司经营和财务状况进行审计未作规定，所以宋连仇要求对海宏公司经营和财务状况进行审计的请求没有章程依据，也超出了法律规定的股东知情权范围，不予支持。

【股东脱离公司后，尽管股权转让手续尚未办理完结，但是不应再享有知情权】

黄旭诉北京博驰自动化机械有限公司知情权案［北京市第二中级人民法院2006年10月30日民事判决书］，有限责任公司的股东享有的权利可以分为自益权和共益权，股东知情权作为股东共益权的一项重要内容，是为股东对公司经营状况进行全面、客观的了解，有效实现股东利益，全面保护股东权而设立的。黄旭以非专利技术与冯某共同出资设立博驰公司，黄旭作为博驰公司的股东，依照法律和公司章程享有股东相应的权利。但2006年1月20日，黄旭与博驰公司在劳动争议仲裁期间达成和解协议，该和解协议在解决黄旭与博驰公司间劳动关系的同时，还一并处理了黄旭从博驰公司撤资、黄旭在博驰公司的股权转让及相关手续的办理等内容，在该协议签字生效后，黄旭已经脱离博驰公司，尽管黄旭的股权转让手续在工商登记机关尚未办理完结，但就黄旭与博驰公司及冯某之间而言，黄旭已经不再是博驰公司的股东，黄旭亦不应再享有知情权。因黄旭在签订和解协议时，全面地解决了其与博驰公司之间的关系，本院推定其应当知道博驰公司相应的经营状况，且其已经不是博驰公司的股东，在此情况下，其要求行使知情权，查阅博驰公司会计账簿，亦没有实际意义。故对黄旭的诉讼请求，法院不予支持。

【股东丧失股东资格后，无权要求行使知情权】

陕西电缆厂诉陕西瑞达电线有限责任公司等股东知情权案[陕西省西安市中级人民法院2006年3月22日民事裁定书]，电缆厂当庭承认2003年8月其已将在瑞达公司的全部股权转让，已不是瑞达公司股东，故其已丧失瑞达公司的股东资格，现其又以股东名义起诉至法院要求保护知情权，显属不当。因电缆厂诉讼时不具有股东身份，故其以股东名义提起知情权诉讼，主体不适格。

【丧失股东资格的人对其丧失股东资格前公司的经营状况与经营信息仍然享有知情权】

无锡梁溪冷轧薄板有限公司诉无锡太平洋镀锌薄板有限公司等股东知情权纠纷案[江苏省无锡市中级人民法院(2006)锡民再终字第0028号民事判决书]，股东知情权是股东享有对公司经营管理等重要情况或信息真实了解和掌握的权利。梁溪公司在2003年10月31日起诉时，系长江公司、太平洋公司的股东。在一审审理期间，本溪中院于2003年12月9日作出(2005)执字第194号民事裁定书]，强制执行了梁溪公司在长江公司、太平洋公司的全部股份。但由于梁溪公司起诉主张的是至起诉日止的知情权，故对梁溪公司的诉请主张应予支持。根据《公司法》的规定，股东有权查阅公司章程、股东大会会议记录和财务会计报告。本案中，梁溪公司与长江公司、太平洋公司虽就投资欠款发生争议，并向法院提起诉讼，但并不因此能说明梁溪公司欲行使知情权具有恶意的或有不当的目的。因此对在法律规定和当事人起诉范围内的知情权应予保护。

【个人不能代表职工持股会提起诉讼】

汉斯啤酒公司职工持股会诉汉斯啤酒公司知情权案[广西壮族自治区柳州市柳北区人民法院2006年6月15日民事裁定书]，广西汉斯啤酒饮料有限责任公司职工持股会是根据《公司法》《工会法》依法成立的组织，并经柳州市总工会批准，报柳州市工商行政管理局备案。李某等人不能代表广西汉斯啤酒饮料有限责任公司职工持股会。李某等人是被告的股东，根据《公司法》第三十三条的规定，对公司的经营、管理享有知情权，李某等人可以依法要求行使知情权。在公司机构运行不正常，职工持股会不能代表股东意志的情况下，李某等人应以个人名义向人民法院提起诉讼。李某以广西汉斯啤酒饮料有限责任公司职工持股会的名义诉讼，于法不符，应予以驳回。

【股东会不能作出决议，禁止股东在特定时间外行使知情权】

余洪钢诉广西贺州市俊翊水电开发有限责任公司股东知情权案[广西壮族自治区贺州市(地区)中级人民法院2006年12月20日民事判决书]，股东的知情权是长期的、随时的，不仅仅限于股东会这种特定的场合。而2005年12月5日作出的决议第2条"本公司同意今后每年财务检查、审核时间统一在每年的股东会上进行，其余时间不得随意查询，以便减少对公司正常业务工作的干扰"的规定，不利于保障股东能够及时、准确地获取公司的经营管理信息，限制了股东的知情权，不符合《公司法》第三十三条的规定，该条依法自形成时起就不具有法律效力。

【股东请求公司向其公开财务报告的请求应予支持】

蔺季淳等诉盐城市纺织原料物资有限公司股东会召集权和股东知情权案[江苏省盐城

市城区人民法院（2002）城民二初字第30号民事判决书］，被告自成立至今，仅在庭审中向16名股东提交2001年度的财务报表，而未按法律和公司章程规定向各股东递交1998年至2000年的财务会计报表，作为公司的股东享有按投入公司的资本额的所有者的资产受益、重大决策和选择管理者等权利，而现在股东连其最基本的公司财务状况均不知情，那么股东如何行使其他权利？故原告请求被告向原告公开财务报告的请求，以及原告要求被告允许监事会行使职权，检查公司成立以来的财务情况的请求，也是符合公司法的立法目的的，应予支持。

【公司内部文件对查阅资料的时间和范围的严格限制，损害了股东的知情权】

星裕投资有限公司（Star Rich Investments Limited）诉脱普日用化学品（中国）有限公司股东知情权、公司盈余分配请求权纠纷案［江苏省高级人民法院（2002）苏民三初字第004号民事判决书］，星裕公司自2001年8月20日起以合法受让方式取得无锡脱普公司股东身份，依法享有查阅无锡脱普公司历届董事会会议记录、董事会决议以及财务账簿和会计凭证的权利。无锡脱普公司《调阅办法》对股东查阅资料的时间范围和资料范围进行了严格的限制，不利于股东客观全面地了解公司财务状况和经营情况，故其要求星裕公司按照《调阅办法》的规定查阅财务资料，损害了星裕公司作为无锡脱普公司股东的知情权。

【查账权书面申请可由法定代表人替代公司接收】

北京华美奇纺织品有限责任公司与乔某某股东知情权纠纷上诉案，公司的财务会计账簿是记载和反映公司财务与经营管理状况的资料，通过查阅公司的财务会计账簿可以知晓公司财务状况和经营状况，该查阅权是股东知情权的重要组成部分。股东为了确定公司的财务状况和经营行为，维护其股东的利益，有权利依照法律和公司章程规定向其公司行使知情权。根据法律的规定及查明的事实，原告乔某某作为被告华美奇公司的股东，要求查阅公司会计账簿符合法律规定，有充足的依据。

原告提交的特快专递上收件人单位一栏明确写明为“北京华美奇纺织品有限责任公司”，收件人一栏明确写明为“石玉会董事长”，而根据华美奇公司企业法人营业执照记载，公司的法定代表人为石玉会，故可以认定特快专递的送达对象为被告华美奇公司的法定代表人。根据我国公司法相关理论，公司的法定代表人根据法律和公司章程的规定，对外享有代表公司进行经营活动的权利，对内享有对公司事务进行管理的权利，并且负有对其行为向公司负责的义务。法定代表人有义务代替公司接收相关文书，换言之，向公司法定代表人送达相关文书即视为向公司送达相关文书，故原告乔某某向石玉会寄交的查账申请书应当视为向被告华美奇公司寄交，尽管被告华美奇公司拒收该申请，但并不能以此否认原告乔某某已经履行了向公司提交书面申请的行为，所以被告的辩解本院不予采信。但是，为了维护公司的正常经营和运转，避免公司财力的浪费，应当在公司方便的地点，并给公司留出适当的准备时间，以便其对乔某某行使查阅权作出合理安排。

【公司不能以公司财务尚未理清为由拒绝股东查阅公司财务状况】

李萍诉金坛市苏安建材有限公司要求确认股东资格案［江苏省金坛市人民法院民事判决书］，原告与苏安公司股东陈某、杨某签订的股东转让协议系原告和全体公司股东人真实意思表示，不违反法律规定和公司章程的约定，合法有效。原告李萍按照协议约定受让取得公司股权，具有股东资格。苏安公司应依法及时办理股东变更登记。根据我国公司法和苏安公司章程的规定，股东有权查阅股东会议记录和公司财务会计报告，原告作为公司股东有权了解公司的经营状况和财务状况。被告以公司财务尚未理清为由，拒绝原告要求查阅公司财务状况的理由不能成立，原告的诉讼请求符合法律规定，予以支持。

【原股东丧失股东身份后无权行使其任股东期间的知情权】

上海宜昶实业发展有限公司诉上海宝山亚东小额贷款股份有限公司股东知情权纠纷案，股东作为公司的投资管理者，有权了解公司的运行状况，具备股东资格是行使股东知情权的前提。根据《公司法》的规定，股东有权查阅、复制公司章程、股东会会议记录、董事会会议决议、监事会会议决议和财务会计报告，股东可以要求查阅公司会计账簿，股东要求查阅公司会计账簿的，应当向公司提出书面请求，说明目的。在另案涉及宜昶公司股东资格认定的第1167号案件生效判决中，二审认定亚东公司的10%股本金系由冠煌公司支付，宜昶公司未能表述其作为股东之一与其他股东设立亚东公司的过程，也未能提供其参加亚东公司的股东大会以及参与亚东公司经营管理的相关依据，除宜昶公司以外的八位股东中有六位确认冠煌公司系亚东公司的实际股东，已占其他股东的半数以上，符合《公司法》相关司法解释中关于隐名股东显名的条件。因此，二审认定宜昶公司名下亚东公司10%股权的实际持有人为冠煌公司。因公司股东的权利不能与其股东身份相分离，第1167号案件生效判决已导致宜昶公司丧失股东身份，其请求对公司行使知情权的权利也随之丧失，故对宜昶公司要求亚东公司提供财务会计报告、公司章程、股东会会议记录、董事会会议决议、监事会会议决议等以供宜昶公司查阅、复制，以及要求提供会计账簿及其会计凭据（含原始凭证）以供宜昶公司查阅等诉请均应不予支持。

【职工持股会怠于行使股东权利时，会员有权起诉要求职工持股会行使股东知情权】

郑某桥与普陀华兴商业有限公司工会委员会股东知情权纠纷上诉案，根据职工持股会的产生背景、性质和会员身份以及对二者之间基本权利义务关系的考察，为维护双方利益以发挥制度功效，可将双方法律关系纳入合同法律关系的范畴；鉴于会员类似于隐名股东的身份和职工持股会应履行勤勉尽责的义务，会员知情权实体范围应是充分全面的，其判断标准应是持股会运行过程发生的对会员权益有影响的全部信息；为保证会员知情权得到实质性保护，不应对其行使程序设置相应的障碍，在职工持股会怠于行使其股东权利的情况下，应允许会员以个人名义提起诉讼请求职工持股会行使股东知情权。

【新股东有权查阅其加入公司之前的相关文件】

金某与某有限公司股东知情权纠纷上诉案，1. 有限公司股东查阅权是一种固有权，未经股东同意，公司章程与股东会决议不可对此予以限制或剥夺，即便股东曾主张同意不行使查阅权，亦不阻却股东再行主张行使查阅权的权利。2. 只有有限公司股东存在或曾在一定期限内出现过为公司竞业者提供相应信息以损害公司利益、股东同时是与公司存在交叉业务的公司股东等情形时，公司方可以股东存在不当目的为由拒绝股东行使查阅权，且股东行使查阅权具有不正当目的的举证责任应由公司承担。3. 有限公司的新入股东对取得公司股东资格前的相关文件享有查阅权，公司无法证明新入股东具有不正当目的的，不得拒绝新入股东行使查阅权。4. 有限公司股东查阅权对象包含会计凭证等会计材料更具合理性，但根据现有法律规定，会计凭证等会计材料不应成为股东查阅权的对象。

2. 行使的对象：可查阅的内容

【股东知情权与公司商业秘密的平衡保护】

倪瑞英诉福建省福清市东门百货有限公司股东知情权纠纷案［福建省福州市中级人民法院（2018）闽01民终7296号民事判决书（福州法院2018年度商事审判十大案例之七）］，股东知情权是股东享有了解和掌握公司经营管理等重要信息的权利，是股东依法行使资产收益、参与重大决策和选择管理者等权利的重要基础。《公司法》第三十三条对有限责任公司股东的查阅范围采取了列举式的规定方式，但未对董事会会议记录、会计凭证等涉及公司商业秘密的档案材料作出规定。股东申请查阅董事会会议记录、会计凭证时，法院应当以严格审查股东查阅目的为前提，结合股东查阅理由以及双方提供的证据，判断股东是否有权申请查阅上述材料。

【有限责任公司股东知情权的行使边界及限制】

深圳市美赛达科技股份有限公司与北京车联天下科技有限公司股东知情权纠纷上诉案，北京市第三中级人民法院（2016）京03民终3220号民事判决书］，有限责任公司股东知情权的行使应符合法定条件，法官在司法实践中应以利益衡量原则把握自由裁量尺度，合理认定股东行使知情权的目的，保障公司与股东的利益平衡。

本案中，关于应否允许美赛达公司查阅车联公司会计账簿和会计凭证。第一，美赛达公司在出资设立车联公司之前与杨泓泽等案外人签订了四方《合作协议书》，该协议明确约定在合作期间，非经其他方书面同意，否则各方、各方的近亲属（配偶、子女、父母）以及各方的关联公司均不得与任何第三人或者独立以任何形式从事与车联公司业务相竞合的业务，故各股东对同业竞争负有严格的禁止义务。第二，美赛达公司在出资设立车联公司之后，又出资设立前海公司，占股比例均为35%。根据四方《合作协议书》的约定，车联公司的经营范围为美赛达公司研发、生产和采购车载设备、互联网产品等，此范围与前海公司的经营范围高度重合，有理由相信两公司在业务上存在竞争关系，美赛达公司设立前海公司存在占领车联公司开发、销售市场，损害车联公司合法利益的可能。第三，会计账簿包括记账凭证和原始凭证，其中会涉及车联公司以往产品的销售渠道、客户群、销售价格等商业秘密，通过查阅车联公司的会计账簿可了解车联公司的商业秘密。前海公司一旦获悉商业秘密，将在与车联公司的竞争中处于优势地位并可能损害车联公司的利益。第四，美赛达公司可以通过查阅会计报告等资料或者通过中间人审计的方式了解车联公司经营情况，实现其股东知情权。车联公司为保障股东的知情权，已分10次向包括美赛达公司法定代表人庄亮在内的公司全体股东发送2013年12月至2014年12月、2014年度及2015年1月～2月的财务会计报告，每份财务会计报告均包含资产负债表、损益表和现金流量表。此外，还向美赛达公司提供了车联公司《审计报告》及《关于车联公司杨泓泽同志离任经济责任审计报告》，上述材料能在宏观上反映车联公司的总体经营情况，又不会过于详细地反映交易细节，既为车联公司股东了解公司的财务经营状况提供了有效途径，同时又不会造成车联公司经济利益及商业秘密受到严重损害。第五，股东知情权应在利益平衡的基础上行使。经过利益衡量，禁止美赛达公司查阅车联公司会计账簿可能对美赛达公司合法利益造成的损害小于允许美赛达公司查阅车联公司会计账簿可能对车联公司合法利益造成的损害。

【股东知情权的范围】

郭锦周诉厦门泰吉运动器材有限公司股东知情权纠纷案［福建省厦门市海沧区人民法院（2015）海民初字第927号民事判决书］，原告作为泰吉公司的股东，依法享有知情权，现原告已依法向泰吉公司及其法定代表人提出书面请求，并说明了目的，其理由正当合法，泰吉公司应予提供相关公司章程、股东会会议记录、董事会会议决议、监事会会议决议供原告查阅、复制。公司的会计账簿等财务资料具有很强的专业性，原告作为股东未必具有专业的会计知识，如果不允许其委托专业人员进行查阅，知情权将无法行使。因此，泰吉公司应予提供公司会计账簿供原告及其委托的具有执业资格的注册会计师进行查阅。至于原始凭证问题，《公司法》第三十三条第二款规定的股东知情权的查阅对象非常明确，即仅为“会计账簿”。《会计法》第十四条第一款和第十五条第一款分别规定：“会计凭证包括原始凭证和记账凭证。”“会计账簿登记，必须以经过审核的会计凭证为依据，并符合有关法律、行政法规和国家统一的会计制度的规定。”因此，原告要求查阅原始凭证的诉求，没有法律依据，不予支持。此外，原告的查阅和复制不得影响公司正常的经营且对公司会计账簿所涉相关商业秘密还应承担相应的保密义务。

【股东有权委托专业人员查阅公司会计凭证】

江苏南通中院判决崔世荣诉恒诚公司股东知情权纠纷案［江苏省南通市中级人民法院（2014）通中商终字第0105号民事判决书］，有限责任公司股东享有知情权，在不损害公司权益的前提下，股东有权查阅公司会计凭证（记账凭证及原始凭证），并有权委托专业人员代为查阅。

会计凭证是公司股东了解公司经营过程的原始依据，是公司股东知情权的重要保障，《公司法》第三十三条实际上是对股东知情权的确立和保障，其目的不在于限制股东知情权的范围，允许股东在必要时查阅会计凭证，符合保护有限责任公司股东特别是中小股东知情权的立法目的。

《公司法》第三十三条明确规定股东的查阅权，但并未禁止股东委托专业人士进行查阅。

同时，根据《民法通则》第六十三条规定，委托代理人实施民事法律行为是公民的应有权利，除非依照法律规定或按双方当事人的约定不得委托的事项，本案中，崔世荣委托注册会计师、律师查阅会计账簿等公司资料的行为显然不符合前述除外情形。南通中院判决恒诚公司将该公司成立以来至今的会计账簿、会计凭证（记账凭证和原始凭证）置备于该公司，供崔世荣及其委托的注册会计师、律师查阅。

【公司章程超越《公司法》股东知情权范围的约定具有法律效力】

CROWN CANOPY HOLDINGS SRL诉上海和丰中林林业股份有限公司股东知情权纠纷案[上海市第二中级人民法院（2013）沪二中民四（商）终字第51264号民事判决书]，公司章程关于股东知情权的规定，如股东可以查阅《公司法》规定之外的公司自身资料、子公司资料，以及对公司及子公司进行审计等，原则上是有效的。但公司章程设定的具体知情权项目是否允许，应结合公司法立法目的及该公司个体情况进行综合考量和评判，审查原则是既要保证股东了解公司经营状况，又将知情权对公司正常经营的影响控制在合理范围内。

【股东查阅权的范围及其代理人行使方式】

重庆会山置业发展有限公司与汪建国股东查阅权纠纷上诉案[重庆市第一中级人民法院（2012）渝一中法民终字第05206号民事判决书（《人民司法·案例》2014年第2期）]，股东查阅权的裁判应以充分保障股东权利以激励股东投资、维持公司运转、平衡股东之间利益为法律价值目标，应将会计凭证纳入股东查阅范围，并在司法实践中严格把握股东查阅权的行使要件及举证责任，特别是正当目的的界定标准。同时，应从检查人制度的原理出发对股东查阅权的代理人行使方式予以司法宽容。

【股东查阅原始凭证和销售发票属于知情权范畴】

马谓健等诉玉林市红岭工业有限责任公司股东知情权案[广西壮族自治区玉林市中级人民法院（2011）玉中民二终字第85号民事判决书]，本案争议的焦点是查阅公司会计账簿的原始凭证是否属于股东知情权的范围及是否损害公司和其他股东利益的问题。马谓健等九人作为红岭公司股东，没有参与公司经营管理，也无法接触到公司会计账簿，在发现公司产生大额亏损及经营状况不明的情况下，为准确了解公司经营管理信息、达到对公司高管的监督作用，最急需的查阅对象即会计账簿的原始凭证。同时，根据《会计法》第十四条之规定，会计凭证包括原始凭证和记账凭证。又根据该法第十五条之规定，会计账簿登记必须以经过审核的会计凭证为依据。如果只允许股东查阅会计账簿而不能查阅原始凭证，股东无法将会计账簿与最真实的原始凭证相比对，则很难获得充分、真实、全面的公司各项信息，查阅公司会计账簿的初衷也难以实现，因此，股东查阅公司会计账簿的范围应包括记账凭证和原始凭证。而允许股东查阅会计原始凭证，亦符合设立账簿查阅权的立法目的。

金亚萍等诉诸暨市富林印务有限公司股东知情权案[浙江省诸暨市人民法院2006年10月28日民事判决书]，现代公司制度中，股东权是公司权利体系的核心内容，而股东知情权是股东各项权利中的基础性权利，股东权利能否正常行使，基本前提就是股东是否了解公司的经营情况和相关信息。《公司法》第三十三条规定，公司股东有权查阅、复制公司章程、股东会会议记录、董事会会议决议、监事会会议决议和财务会计报告，股东可以要求查阅公司会计账簿。公司会计账簿包括总账、明细账、日账和其他辅助性账簿，系连接财务会计报告和会计凭证的中间环节。公司法赋予股东查阅公司财务会计报告、会计账簿权利的同时，没有限制股东查阅原始凭证和销售发票的权利，股东只有查阅会计账簿、原始凭证和销售发票，通过相互印证，才能了解公司的真实经营情况和相关信息，才能依法享有资产收益、参与重大决策和选择管理者等权利。

【没有会计账簿不实的证据，股东查阅公司原始凭证的主张超出知情权范围】

李金喜诉成都春北实业有限公司股东知情权案[四川省成都市中级人民法院（2006）成民终字第2232号民事判决书]，李金喜作为春北实业公司的股东，具有知情权，有权了解公司有关事务的实际情况，但股东知情权的行使范围，应严格按照《公司法》第三十三条的规定予以限定。因此，原审法院依据该条规定准许李金喜查阅、复制公司成立以来的董事会会议决议、监事行使职权的记录、公司章程、财务会计报告以及查阅春北实业公司的会计账簿并无不当。

根据《会计法》第十五条第一款规定，会计账簿登记，必须以经过审核的会计凭证为依据，并符合有关法律、行政法规和国家统一的会计制度的规定。会计账簿包括总账、明细账、日记账和其他辅助性账簿。该法条并未将原始凭证包含在会计账簿内。且该法第三条还规定，各单位必须依法设置会计账簿，并保证会计账簿真实、完整。李金喜并没有证据证明春北实业公司的会计账簿不实，其提出会计账簿内容可能是编造、虚假的，要求查阅公司原始凭证的上诉主张超出《公司法》第三十三条规定的股东行使知情权的范围，可能损害公司合法权益，影响公司的正常经营，故其上诉主张不予支持。

【股东不能要求对公司的所有经营资料进行查阅】

珠光（香港）有限公司诉珠海经济特区珠光新城房产开发有限公司等股东权纠纷案［广东省高级人民法院（2004）珠中法民四初字第199号民事判决书］，关于两被告是否有义务提供股东会、董事会会议记录和公司财务会计报告等所有经营资讯。从本案的事实来看，珠海经济特区珠光新城房产开发有限公司系在中国依法成立的有限责任公司取得中国法人地位，原告系珠海经济特区珠光新城房产开发有限公司的股东，依据《公司法》的规定，作为有限责任公司的股东对公司享有一定范围的查阅权，即对公司的股东会会议记录、公司财务会计报告、公司章程等资料享有查阅权。因此原告主张对公司所有的经营资料进行查阅没有法律依据。

【股东知情权的行使受到妨碍】

詹德威诉南京南连光华液化气有限公司股东知情权案［江苏省高级人民法院（2003）苏民三终字第029号民事判决书］，本案诉争的股东知情权属于股东为自身或股东的共同利益对公司经营中的相关信息享有知晓和掌握的权利，相对而言公司有为股东提供相关信息的义务。故知情权牵涉股东与公司之间的法律关系，并不涉及股东之间的法律关系。因此，詹德威以公司作为被告提起知情权之诉并无不当。

詹德威知情权的行使受到妨碍。理由为：（1）南连光华公司一审所提供的原副总经理、总账及出纳会计联合所作的书面证词因三位证人系其内部职员，与南连光华公司之间有利害关系；且该书面证词以及南连光华公司门口某复印店业主高春萍的书面证明均为间接证据，在无直接证据印证的情况下，该两份证据的形式及内容的真实性尚不能确定。而且，无论该两份证据真实与否，该两份证人证言及南连光华公司一审所提供的其他两份证据（詹德威反映情况的报告）的内容也未能证实南连光华公司已依股东詹德威的要求将有关账册全部交其查阅完毕，不能证明詹德威已完整行使了知情权。相反，从内容上看，詹德威向有关机构提交的两份报告中均反映有其查阅账簿的知情权受到妨碍的情况。（2）股东的知情权系一完整的、持续性权利。股东行使该权利，可在公司的营业时间内出于正当目的和理由随时查阅公司的财务会计报告、有关账簿等。原审法院在诉讼中曾要求南连光华公司将有关账册交股东詹德威查阅，但南连光华公司拒不提供。南连光华公司的上述行为也妨碍了詹德威知情权的行使。（3）詹德威出于了解公司的损益、资金的使用、有无违规经营等情况的目的而要求查阅公司有关账册，该目的是善意的、正当的，其要求查阅公司有关账册也是合理的。综上所述，可以认定，詹德威在查阅公司账册的过程中受到妨碍，未能完整行使其知情权。

【纠纷发生后的司法鉴定不能剥夺股东依法行使知情权】

大柴旦西海化工有限责任公司等诉青海昆仑矿业有限责任公司股东知情权、盈余分配权案［青海省高级人民法院（2005）青民二终字第19号民事判决书］，关于上诉人提出被上诉人已通过司法鉴定知情了公司财务状况一节。本院认为，被上诉人作为上诉人公司的股东，依《公司法》规定有权查阅公司历年财务报告，这是法律赋予公司股东的一项重要权利。

从查明的事实看，没有证据能够证明上诉人召开股东大会或以其他形式将公司财务报告提交供股东查阅。司法鉴定是双方产生纠纷后采取的一种专家认证，但并不能因此剥夺股东按照《公司法》规定的形式行使知情权。

【股东不能要求查阅并不存在的会议记录】

许宝忠与德清县凯悦电子有限公司知情权纠纷案[浙江省德清县人民法院(2002)德民初字第352号民事判决书]，股东也即有限责任公司的出资人。原告许宝忠出资后与其他股东共同成立凯悦公司。作为股东之一，其应该享有知道了解公司的经营状况的重要信息的权利，依《公司法》的规定，股东有权查阅公司章程、股东会会议记录和相关财务报告。股东的知情权包括：财务报告查阅权、账簿查阅权等。被告凯悦公司在成立后，未按公司章程规定，向原告许宝忠抄送每一年会计年度终了时的财务会计报告，侵害了原告许宝忠作为股东对公司经营状况的知情权。为此，原告许宝忠要求被告凯悦公司履行公司章程确定的义务，予以支持。但对原告的请求中要求查阅所有股东会会议记录一项，由于庭审中已查实公司自成立来未召开过股东大会，也无股东会会议记录。查阅并不存在的会议记录，于法无据。因此，对该项请求，不予支持。

【股东知情权的行使因对象不同而范围不同】

张某等与甲公司股东知情权纠纷案[江苏法院公司审判十大案例之四]，与章程、股东会会议记录、财务会计报告等公司文件材料不同，对于会计账簿，股东仅能查阅，无权复制，但查阅的范围应当还包括与会计账簿记载内容有关的记账凭证、原始凭证等公司文件资料。

股东查阅、复制公司财务会计报告的知情权，并无限制性条件或前置程序，王某等5人作为甲公司股东，有权查阅、复制公司财务会计报告。王某等5人要求查阅会计账簿时已明确表明目的是为了解公司实际经营管理情况、会计核算情况、公司利润分配情况等，结合甲公司已较长时间未召开股东会、王某等人尚有部分红利未领取等事实，应视为该5人已完成目的正当性的一般性说明义务。在此情形下，甲公司如拒绝查阅，应当证明王某等人行使知情权有不正当目的，其举证不能，故无权拒绝查阅。王某等5人要求查阅的原始凭证虽未列于《公司法》第三十三条中，但是根据会计准则，会计凭证是编制会计账簿的依据，应当作为会计账簿的附件入账备查，公司的具体经营活动、真实的财务状况只有通过查阅原始凭证才能知晓，且股东查阅会计账簿时一并查阅原始凭证不会过分加重公司义务。但是，王某等5人还要求复制会计账簿、原始会计凭证的主张，缺乏法律依据，不应支持。遂判决：甲公司提供财务会计报告供王某等5人查阅和复制，提供会计账簿及相关原始凭证供王某等5人查阅，查阅地点为甲公司住所地，查阅时间不超过10个工作日。

【合同不在知情权范围之内，但是会计账簿及原始凭证，可以查阅】

龚某某诉上海千思装潢建材超市有限公司股东知情权纠纷案，原告系经工商行政管理部门核准登记的被告股东，依法享有查阅、复制公司相关资料的权利。原告第一项诉请涉及的各类会计报表属公司财务会计报告的组成部分，依据《公司法》的规定，原告有权查阅、复制。原告的第二项诉请即要求查阅被告对外签订的全部装潢合同，超越了《公司法》界定的有限责任公司股东可以查阅的公司文件的范围，故不予支持。至于公司会计账簿及原始凭证，虽然《公司法》未明确原始凭证属股东可查阅的内容，但由于原始凭证既是会计账簿形成的基础，又是验证会计账簿对公司财务状况的记录是否完整准确的依据，且原告怀疑会计账簿存有造假记录确属事出有因，目前亦无证据表明原告查阅会计账簿及原始凭证具有不正当的目的，可能影响被告的正常经营，因此，被告应当提供会计账簿及原始凭证供原告查阅。

【股东能否查阅公司记账凭证、原始凭证和交易合同】

安徽六安中院判决张某诉苏润置业公司股东知情权纠纷案[安徽省六安市中级人民法院民事判决书]，股东行使知情权不应仅限于查阅会计账簿，应赋予股东查阅记账凭证、原始凭证的权利，而交易合同并不必然作为会计凭证依据入会计账簿，故对于作为原始凭证入账备查的相关交易合同，应赋予股东查阅权，而对未作为原始凭证入账备查的相关交易合同，可能涉及公司商业秘密，不宜支持股东查阅。

3. 行使的方式：不正当目的抗辩

【股东行使知情权的范围及限制】

黄某诉上海弘光储运有限公司股东知情权纠纷案［上海市第一中级人民法院（2018）沪01民终8044号民事判决书（《人民司法·案例》2019年第5期）］，股东行使知情权要求查阅公司会计账簿、会计凭证，应当受具有正当目的的限制。在请求查阅公司股东会会议记录等文件时，股东亦应当考虑是否会对公司权益造成损害，遵循诚实信用原则在合理范围内行使，以实现平等保障股东利益及公司权益的目的。

本案中，黄某作为弘光公司的股东，依法查阅公司会计账簿需要有正当目的。根据本案已查明的事实，黄某参股的上海光洁物流有限公司、上海兴臻物流有限公司等与弘光公司在经营范围上存在实质性的同业竞争。依照最高人民法院《关于适用〈中华人民共和国公司法〉若干问题的规定（四）》，此种情形应属于黄某请求查阅存在不正当目的。

【以不正当目的拒绝股东知情权行使应严格限制】

赵玉红诉西安市五星商贸有限公司股东知情权纠纷案［陕西省高级人民法院（2017）陕民申286号民事裁定书］，依照《公司法》的规定，有限责任公司股东查阅公司会计账簿的前置程序满足书面形式、目的正当的形式外观要件即可。公司拒绝股东查阅公司会计账簿的，则应举证证明股东查阅的实质目的具有不正当性，该不正当目的的内涵应当严格限制在利用通过行使股东知情权而获得的公司信息对公司权益造成损害等范围之内，包括可能泄露公司商业秘密、可能与公司存在恶意竞争等，而不宜作扩大理解。股东同时具备有公司行政职务身份的，公司不得以其职务行为与行使股东知情权相重合而拒绝。股东知情权查阅的范围应当及于与会计账簿记载内容有关的会计凭证。

【股东查阅会计账簿正当目的的认定与举证责任分配】

杨洪利等诉重庆万水源水产品销售有限公司股东知情权纠纷案［重庆市江北区人民法院（2016）渝0105民初15477号民事判决书（《人民司法·案例》2017年第32期）］，最高人民法院《关于适用〈中华人民共和国公司法〉若干问题的规定（四）》列举了股东查阅会计账簿具有不正当目的的几种典型情形，但并未明确正当目的的认定规则及举证责任分配。股东查阅会计账簿的正当目的需从善意且无害于公司、与实现股东利益密切相关且必要两方面综合认定。股东承担正当查阅目的的举证证明责任，但其说明正当查阅目的即可达到证明标准。公司否认股东查阅目的具有正当性，应提供相应证据进行否认，否认证据证明查阅会计账簿可能损害公司利益即可产生否认的法律效果。

关于查阅目的是否具有正当性的问题。法院认为，万水源公司有合理根据认为杨洪利等7位股东查阅会计账簿的目的不具有正当性，可能损害公司利益。杨洪利等7位股东虽然系万水源公司的股东，但王中文、李盛英系海与泉公司的股东，曹明麟、李兴、代成林系老渔翁公司的股东，海与泉公司、老渔翁公司系乐邦公司的股东，海与泉公司、老渔翁公司、乐邦公司与万水源公司的主要经营业务相同，王中文、李盛英、曹明麟、李兴、代成林作为万水源公司的股东，自营与万水源公司存在竞争性关系的公司，且曹明麟、王中文担任法定代表人、执行董事、经理职务，其有权对内制定相应经营决策方针，对外代表公司进行民事活动。万水源公司的会计账簿（包括原始凭证）中，必然会涉及客户资料信息、产品价格信息、产品销售渠道信息等商业秘密。杨洪利等7位股东查阅会计账簿了解上述情况后，必然会掌握万水源公司的商业秘密，存在为其自营公司提供该商业秘密并供其使用获取利益，从而损害万水源公司利益的可能。杨洪利、王志云虽不是与万水源公司存在竞争性关系公司的股东或高级管理人员，但其与王中文、李盛英、曹明麟、李兴、代成林共同申请查阅万水源公司的会计账簿并共同诉讼，应视为利益共同体，故对其查阅请求法院不予支持。因此，万水源公司拒绝杨洪利等7位股东查阅会计账簿的主张，理由正当，法院予以支持。杨洪利等7位股东要求查阅万水源公司会计账簿的目的并非行使股东知情权，法院对其该项诉讼请求不予支持。

【查阅公司会计账簿的不正当目的的认定】

北京鼎泰亨通有限公司与张希娟股东知情权纠纷上诉案［北京市第三中级人民法院（2015）三中民（商）终字第13365号民事判决书］，张希娟系鼎泰亨通公司股东，应当享有鼎泰亨通公司的股东权利。根据《公司法》第三十三条的规定，公司有合理依据认为股东查阅会计账簿存有不正当目的，可能损害公司的合法利益的，可以拒绝提供查阅，并应当自股东提出书面请求之日起十五日内书面答复股东并说明理由。鼎泰亨通公司拒绝张希娟查阅公司会计账簿的请求，应举证证明张希娟查阅会计账簿存在不正当目的，并可能损害鼎泰亨通公司的合法利益。法院认为，股东通过查阅公司会计账簿虽可能会获悉公司的交易信息及客户信息，但在市场经济活动中，企业应当以其提供的商品、服务的质量和价格等方面的优势来参与市场竞争，市场也是基于此方面来选择、认可企业。企业间通过正常的市场竞争获得交易机会不属于不正当行为，不能仅以股东所持股的公司之间经营范围有交叉或重合认定股东查阅公司会计账簿有不正当目的，可能损害公司合法利益，公司也不能以此拒绝股东查阅公司会计账簿的要求，否则将严重限制股东查阅公司会计账簿的权利，损害股东的利益，背离市场经济的规律。本案中，鼎泰亨通公司与张希娟控股的恒昌商贸公司经营范围重合部分属于行业大类的重合，鼎泰亨通公司未举证证明张希娟有其他通过查阅公司会计账簿欲达到的不正当目的或存在损害公司合法利益的行为。故鼎泰亨通公司现提交的证据，未达到证明张希娟查阅会计账簿有损害鼎泰亨通公司合法利益的不正当目的具有高度盖然性的证明标准，对鼎泰亨通公司拒绝张希娟查阅公司会计账簿的答辩意见，法院不予采信。需要指出的是，如果张希娟利用查阅会计账簿的便利，在未来实施了损害鼎泰亨通公司合法利益的行为，则需对鼎泰亨通公司承担相应的损害赔偿责任。

【经营相同业务的后续股东查阅会计账簿的范围应受目的正当性限制】

万宜公司诉宏大公司股东知情权纠纷案［《人民司法·案例》2015年第2期］，原告作为宏大公司的股东，享有知情权，有权了解公司有关事务的实际情况，但股东知情权的行使范围，应严格按照公司法的规定予以限定。原告自2006年6月15日才成为宏大公司的股东，故其无权查阅2006年6月15日前宏大公司的会计账簿。关于原告要求查阅2006年6月15日至2008年9月30日全部会计账簿的诉讼请求，法律明确规定，股东要求查阅公司会计账簿，应当向公司提出书面请求，说明目的，可能损害公司合法利益的，公司可以拒绝提供查阅。本案中，原告向被告提出查阅会计账簿的申请，但被告在原告起诉前未进行答复。原告所述要求查阅会计账簿的目的仅是了解宏大公司经营状况和财务状况，故其要求查阅公司会计账簿的主张属于股东行使知情权的范围，对其该项诉讼主张法院予以支持。被告称原告诉请目的不正当，原告和被告具有相同种类的业务，原告查阅会计账本有可能损害被告及股东的正当利益，但被告未提供有效证据证明其所持有的何种会计账簿的内容涉及同业竞争，也未提供证据证明其所持有的何种会计账簿的内容涉及商业秘密，故对其该项辩称法院不应采信。

【股东行使会计账簿查阅权的范围限于正当目的】

刘越与苏州华瑞腾航空设备有限公司股东知情权纠纷上诉案［江苏省苏州市中级人民法院（2013）苏中商外终字第0007号民事判决书（《人民司法·案例》2014年第24期）］，有限责任公司股东知情权的范围包括公司章程、股东会会议记录、董事会及监事会会议决议、财务会计报告以及会计账簿，前部分内容属于绝对知情权之列，其行使不应受到限制，但会计账簿的查阅受到正当目的之限制。当股东成为公司的同业竞争者、竞业公司的股东或高级管理人员时，可认为股东行使知情权具有不正当目的，公司可拒绝其行使账簿查阅权。当股东行使账簿查阅权的目的兼具正当性和不正当性时，股东只要证明了其具体查阅目的之正当性后，即应允许其行使查阅权，但其查阅范围应限制在其所证明的正当目的之内，并以不损害公司利益为限。

【公司股东的亲属经营与该公司同类项目，该股东要求查阅会计账簿的，该公司可以拒绝】

张同禄诉北京禄颖兰釉艺工艺品有限公司股东知情权案［北京市第一中级人民法院（2012）一中民终字第2247号民事判决书（《人民司法·案例》2014年第24期）］，《公司法》第三十三条第二款规定："股东可以要求查阅公司会计账簿。股东要求查阅公司会计账簿的，应当向公司提出书面请求，说明目的。公司有合理根据认为股东查阅会计账簿有不正当目的，可能损害公司合法利益的，可以拒绝提供查阅，并应当自股东提出书面请求之日起十五日内书面答复股东并说明理由。公司拒绝提供查阅的，股东可以请求人民法院要求公司提供查阅。"依据上述法律规定可知，针对公司之会计账簿的股东知情权并非不受限制。《公司法》第三十三条第二款所采用的文字表述是"可以要求查阅会计账簿"；而第三十三条第一款所采用的文字表述是"有权查阅、复制财务会计报告"，上述两款所采用的文字表述的差别，充分表达了法律限制股东查阅公司会计账簿的立法导向。此外，《公司法》第三十三条第二款所规定的"公司有合理根据认为股东查阅会计账簿有不正当目的，可能损害公司合法利益的，可以拒绝提供查阅"的内容，同样表达了限制股东查阅公司会计账簿、将"有合理依据即可拒绝查阅"的权利赋予公司的法意内涵。在衡量"股东可以要求查阅"与"公司有合理根据可以拒绝查阅"之权利冲突时，核心标准并不在于争议双方的强势与弱势、对于公司经营的控制与控制不能，甚至不在于股东是否了解公司的具体经营细节，而在于股东一旦行使上述权利是否会（或者是否有可能）损害公司的利益。在此过程中，保护公司的经营活动以及与此有关的商业信息和商业秘密，相对于保护股东的知情权更为重要。一旦公司向法院提交证据的证明作用占据优势地位，法院即应当支持公司的拒绝查阅之决定。

就本案而言，张同禄的妻子、儿子、女儿、儿媳另行出资设立了与工艺品公司的经营项目非常近似的禄展公司。上述人员作为张同禄的家庭成员与近亲属，无疑与张同禄具有共同的财产利益。进而，禄展公司的经营利益，基于其股东与张同禄的亲属关系，与张同禄之间形成了利益链条。同时，禄展公司与工艺品公司之间基于经营项目的近似性，形成了在同一市场之中的竞争关系。禄展公司一旦获悉工艺品公司的市场信息、客户信息、价格信息等具有商业秘密性质的信息，将在与工艺品公司的竞争中处于有利地位并相应损害工艺品公司的利益。而工艺品公司上述具有商业秘密性质的信息资料，在该公司的会计账簿中均有记载。基于上述情形该院判定，一旦允许张同禄查阅工艺品公司的会计账簿，将有可能（并非绝对）造成工艺品公司的竞争对手知晓工艺品公司的商业秘密，进而损害工艺品公司的利益。法院在审理活动中，对于上述因股东查阅公司之会计账簿而损害公司利益的可能性，应当予以防止。

【股东要求查阅其加入公司之前的公司会计账簿，只要符合正当目的，应予允许】

王彦峰诉常州市三利精机有限公司要求查阅具备股东身份之前的公司财会资料股东知情权纠纷案［江苏省常州市钟楼区人民法院（2012）钟商初字第555号民事判决书］，股东查阅权是股东知情权的重要内容之一，公司对股东具有不正当目的负有举证责任。股东具备股东身份后，其查阅范围不限于其加入公司成为股东之后的公司财务会计资料。对于其成为股东之前的公司财会资料，在坚持股东权利保护原则的前提下，只要符合正当目的，也应当允许查阅。

【股东知情权的行使界限】

北京大学附属中学、北京北大依林公司诉北京北大附中教育投资有限公司股东知情权纠纷案［北京市第一中级人民法院（2012）一中民终字第5887号民事判决书］，公司法既赋予了股东查阅公司会计账簿等权利，同时也要求股东应当基于正当理由行使该项权利，从而确保股东权利和公司利益实现平衡。在股东查阅会计账簿存在不正当目的的、可能损害公司合法利益时，公司可以拒绝股东查阅。从举证责任的角度看，公司应就股东要求查阅会计账簿具有不正当目的负有举证责任。

【公司要求股东查账必须委托会计师事务所，实质上限制了股东知情权】

邹元春诉四川金本广告传媒有限公司股东知情权案［四川省成都市中级人民法院(2012)成民终字第21号民事判决书］，对金本公司称因邹元春未说明查账理由，故无法判断其查账目的正当与否的上诉理由，根据我国《公司法》的规定，查阅公司会计账簿属于股东的权利，且在邹元春向金本公司发出的《关于要求查阅复制公司财务账簿的函》中，已经说明了自己要求了解公司相关财务账簿和公司账款的收支情况的目的，而金本公司无证据证明邹元春查账存在不正当目的，故该上诉理由不能成立。

我国《公司法》第三十三条规定，"股东有权查阅、复制公司……财务会计报告。股东可以要求查阅公司会计账簿"。而金本公司的《关于公司财务查账管理细则决议》中"任何股东个人对公司财务进行查账，必须委托正规会计师事务所进行查账"的规定，实质上限制了公司股东行使查阅、复制财务会计报告和查阅会计账簿的权利，而且该份决议上并没有邹元春本人的签名，故该份决议对邹元春没有法律拘束力，故上诉理由不能成立。

【如何认定股东查阅权的正确行使】

石秀丽、聂菊荣诉珠海市建安建筑装饰工程有限公司股东知情权纠纷案［广东省珠海市中级人民法院(2011)珠中法民二终字第66号民事判决书］，《公司法》第三十三条明确列举了股东查阅的具体文件种类，但在司法实践中，人民法院宜从正当目的、举证责任、主体确定和前置程序等方面作出审查，以认定股东查阅权的正确行使。本案中，关于2009年度及2010年1～6月财务支出及债权债务明细表问题。股东要求查阅公司会计账簿的应该提出书面请求，并说明正当目的，此系股东行使知情权的前提条件，由于上诉人石秀丽、聂菊荣并未提交证据证明其曾向建安装饰公司提交说明正当目的的书面请求，查阅公司账簿的前提条件尚不具备，原审法院判令驳回该诉讼请求，并无不当。

【股东知情权前置程序存在的瑕疵不能通过诉讼程序救济】

徐尚忠诉北京永盛联机电产品有限公司股东知情权纠纷案［北京市西城区人民法院(2010)西民初字第02954号民事判决书(《人民司法·案例》2011年第6期)］，公司法对股东会计账簿查阅权设置了前置程序，如果股东没有履行前置程序就向法院提请诉讼，提起诉讼不能视为向股东提起请求，在诉讼中说明了查阅目的也不能视为履行了前置程序中的说明目的，即前置程序存在的瑕疵不能通过诉讼程序救济。

【股东查阅公司会计账簿的正当目的及实现方式】

上海联华新新超市有限责任公司与上海新吴淞商贸总公司股东知情权纠纷上诉案［上海市第二中级人民法院(2010)沪二中民四(商)终字第321号民事判决书(《人民司法·案例》2011年第6期)］，根据《公司法》规定，股东查阅公司会计账簿需要有正当目的。对正当目的的审查，可以从具体、合法、关联、安全四个方面来把握。为了使股东知情权的行使规范有序，在确定查阅账簿的时间范围时，应当有明确的针对性；在确定能否查阅会计凭证时，应当考虑必要性和合理性。同时，为了有效解决股东行使权利与公司经营管理秩序之间的矛盾，还要对知情权的实现方式作出适当可行的安排。

【公司怀疑股东查阅会计账簿的目的是为公司涉及的其他案件的对方当事人收集证据，不属于不正当目的】

李淑君、吴湘、孙杰、王国兴诉江苏佳德置业发展有限公司股东知情权纠纷案［江苏省宿迁市中级人民法院2010年1月6日民事判决书(《最高人民法院公报》2011年第8期(总第178期))］，股东知情权是指股东享有了解和掌握公司经营管理等重要信息的权利，是股东依法行使资产收益、参与重大决策和选择管理者等权利的重要基础。账簿查阅权是股东知情权的重要内容。股东要求查阅公司会计账簿，但公司怀疑股东查阅会计账簿的目的是为公司涉及的其他案件的对方当事人收集证据，并以此为由拒绝提供查阅的，不属于上述规定中股东具有不正当目的、可能损害公司合法利益的情形。

本案中，被上诉人佳德公司认为四上诉人查阅会计账簿的目的是收集并向广厦公司提供工程款纠纷仲裁一案中对佳德公司不利的证据，损害佳德公司及其他股东的合法利益，其主要证据是四上诉人提交的申请书、诉状及授权委托书中均有张育林代李淑君签名，而张育林的身份系广厦公司派驻佳德公司工程的项目经理，且直接参与了广厦公司与佳德公司的仲裁一案。佳德公司所举证据不足以证明四上诉人查阅公司会计账簿具有不正当的目的，且可能损害佳德公司合法利益。理由如下：1. 因李淑君的股份系受让自张育林，故其临时委托张育林代为签名也在情理之中。其后李淑君本人在诉状及授权委托书上亲自签名，表明提起知情权诉讼系其真实意思表示。张育林之前受李淑君委托在诉状及授权委托书中代为签名，其法律效力及法律后果应由李淑君承担，张育林本身不是本案主张行使知情权的主体，并非如佳德公司所主张的系代替李淑君行使知情权。最终能够实际行使知情权的也只能是佳德公司股东李淑君，而非张育林。2. 四上诉人合计持有佳德公司 54%的股权，其与佳德公司的利益从根本上是一致的。佳德公司如在与广厦公司仲裁一案中失利，客观上将对四上诉人的股东收益权造成不利影响，且提起本案诉讼的系上诉人李淑君、吴湘、孙杰、王国兴四名股东，而非李淑君一名股东，佳德公司仅以张育林代李淑君签名，而认为四上诉人提起本案诉讼的目的在于为其利益冲突方广厦公司收集仲裁一案的不利证据，显然依据不足。3. 佳德公司主张四上诉人在查阅公司会计账簿后可能会为广厦公司收集到直接导致佳德公司在仲裁一案中多支付工程款的相关证据，但未明确证据的具体指向。法院认为，《公司法》第三十四条（编者注：现为该法第三十三条）规定的公司拒绝查阅权所保护的是公司的合法利益，而不是一切利益。基于诚实信用原则，案件当事人理应对法庭或仲裁庭如实陈述，并按法庭或仲裁庭要求提供自己掌握的真实证据，以拒不出示不利于己的证据为手段而获得不当利益为法律所禁止。如佳德公司持有在仲裁一案中应当提供而未提供相关证据，则不能认定股东查阅公司账簿可能损害其合法利益。综上所述，股东知情权是股东固有的、法定的基础性权利，无合理根据证明股东具有不正当目的，则不应限制其行使。佳德公司拒绝四上诉人对公司会计账簿行使查阅权的理由和依据不足，不予采信。

【如何认定股东查阅公司会计账簿目的的正当性】

张章生诉宁波中缝公司股东知情权纠纷案[浙江省宁波市中级人民法院（2009）浙甬商终字第 1254 号民事判决书]，查阅公司会计账簿是股东实现股东知情权的有效途径，但该权利的行使不得侵犯公司及其他股东的权益，并受一定限制。公司有合理根据认为其查阅会计账簿有不正当目的，可能损害公司合法利益的，有权拒绝。

本案中，原告张章生作为宁波中缝公司的股东，要求查阅公司会计账簿系其作为股东所享受的权利，但该权利的行使不得侵犯公司及其他股东的权益。原告妻子系浙江中缝重工缝纫机有限公司法定代表人，原告也在一定程度上参与了该公司的经营管理，而该公司与被告均生产经印业缝纫机，二公司明显存在同业竞争，而会计账簿必然反映销售客户群、销售价格等商业秘密；另外，原告与被告间存在股东出资纠纷，该纠纷法院正在审理中，会计账簿也必然反映股东出资的到位流转情况，原告查阅公司会计账簿可能会对该纠纷造成影响；原告主张通过查阅会计账簿了解公司财务状况，股东了解公司财务状况也可以通过复制查阅会计财务报告达到该目的，并非须查阅会计账簿。综上所述，原告要求查阅公司会计账簿，公司有合理根据认为其查阅会计账簿有不正当目的，可能损害公司合法利益，有权拒绝。故原告要求查阅公司会计账簿的请求，不予支持。

王全福诉天津人立骨科器械有限公司确认股东资格及知情权纠纷案[天津市河东区人民法院（2008）东经初字第 416 号民事判决书]，我国《公司法》规定，股东要求查阅会计账簿的，应当向公司提出书面请求，说明目的。公司有合理根据认为股东查阅会计账簿有不正当目的，可以拒绝提供查询。判断股东行使知情权的“正当性”，应当根据股东查询请求的原因、目的和范围，结合案件实际情况综合确定。对于“正当性”的举证责任分配，应首先由股东提出其查询请求具备正当性的初步证据；公司有异议的，再提出充分的证据证明股东不具有正当目的。

【股东是否违反竞业禁止，不能剥夺其作为公司股东的知情权】

梁好臣诉北京全圣时代数字技术有限公司股东知情权案［北京市第一中级人民法院(2007)一中民终13461号民事判决书］，梁好臣是全圣公司的股东，依法享有对公司的知情权。梁好臣虽然交出了全圣公司的管理权，但不意味着其即因此丧失股东资格。因此，无论梁好臣是否在公司任职，均依法享有对公司的知情权。梁好臣是否违反《公司法》有关竞业禁止的规定，只引起其是否应当依照法律规定承担相应责任的结果，并不能剥夺其作为公司股东的知情权，双方因此问题所产生的争议，不属本案处理范围。

【股东会计账簿查阅权如何行使】

宁丁诉北京远大会计师事务所有限公司股东知情权案［北京市海淀区人民法院(2006)海民初字第7426号民事判决书］，公司会计账簿涉及公司商业机密和重要信息，因此查阅公司会计账簿是股东知情权中对公司影响最大的权利行使方式，可能对公司利益及全体股东利益造成损害，因此股东要求的权利救济必须与其行使公司会计账簿查阅权的重要影响相适应。如果股东的正当目的可以通过查阅公司章程，财务记录及股东会、董事会、监事会会议记录等公司文件得以实现，或者股东对上述材料并未提出异议而直接要求查阅公司会计账簿，则其请求不应当得到支持。

【如何判定股东行使知情权具有不正当目的】

广州保税区智友工贸有限公司与潘明股东知情权纠纷上诉案［广东省广州市中级人民法院(2006)穗中法民二终字第1860号民事判决书］，会计账簿查阅权纠纷中，股东要求查阅公司会计账簿是否具有可能存在损害公司利益的不正当目的，应当由公司承担举证责任。股东查阅公司会计账簿的行为与其不正当目的的实现间应当具有因果关系。因此，公司即使证明了股东某一行为将导致公司遭受损害，但该行为非借助查阅公司会计账簿而加以实施，则公司不能拒绝。股东在该次查阅申请前曾经通过借助查阅公司会计账簿的方式而损害公司利益的事实，不能作为股东该次要求查阅具有不正当目的的证据。

【行使股东知情权查阅会计账簿的主客观要件】

姚建国诉北京市朝阳京华纺织服装有限公司侵犯有限责任公司股东的会计账簿查阅权纠纷案［北京市第二中级人民法院(2006)朝民初字第20161号民事判决书］，有限责任公司的股东行使知情权请求查阅会计账簿的，应具备"书面说明目的"之客观要件及"正当目的"之主观要件。但就主观要件而言，除非公司能举证证明其有不正当目的，应予准许。不过，"不正当目的"的证明只需要达到合理怀疑的程度，即符合"合情推理"的规则即可。

【股东知情权行使之"不正当目的"的审查与认定】

吕策控制系统（上海）有限公司与复利得利吕策国际有限责任公司股东知情权纠纷上诉案，在吕铁公司与吕策上海公司之间存在同业竞争关系和竞争事实，吕策上海公司有理由怀疑吕策德国公司查阅会计账簿存在不正当目的的情况下，吕策德国公司应当对其查阅的目的作出合理解释。而吕策德国公司已经查阅了公司审计报告、财务报表等信息，既未对其真实性提出异议，也未合理说明实现股东利益与查阅会计账簿之间的必要性。此外，股东行使权利也应尽可能选择对公司和其他股东影响最小的方式，其查阅的目的也应当与该权利的救济程度相适应。在吕策上海公司明确表示愿意通过第三方独立审计的方式确保股东权利实现时，吕策德国公司完全可以通过其他合适的途径了解公司真实的经营状况。因此，从本案呈现的具体情况来看，吕策上海公司以吕策德国公司存在不正当目的、可能损害公司合法利益为由拒绝其查阅会计账簿，具有事实和法律依据。公司章程中有关股东查阅权的约定不能阻却法律赋予公司的对股东不正当目的的抗辩。故对于上诉人吕策上海公司的上诉请求，依法予以支持。

第三十四条 【分红权与优先认购权】 股东按照实缴的出资比例分取红利；公司新增资本时，股东有权优先按照实缴的出资比例认缴出资。但是，全体股东约定不按照出资比例分取红利或者不按照出资比例优先认缴出资的除外。

一、相关司法解释及两高工作文件

《最高人民法院关于适用〈中华人民共和国公司法〉若干问题的规定（五）》（法释［2019］7号）对公司利润分配的时限要求，规定如下：

第四条 分配利润的股东会或者股东大会决议作出后，公司应当在决议载明的时间内完成利润分配。决议没有载明时间的，以公司章程规定的为准。决议、章程中均未规定时间或者时间超过一年的，公司应当自决议作出之日起一年内完成利润分配。

决议中载明的利润分配完成时间超过公司章程规定时间的，股东可以依据公司法第二十二条第二款规定请求人民法院撤销决议中关于该时间的规定。

《最高人民法院关于适用〈中华人民共和国公司法〉若干问题的规定（四）》（法释〔2017〕16号）对利润分配权，规定如下：

第十三条 股东请求公司分配利润案件，应当列公司为被告。

一审法庭辩论终结前，其他股东基于同一分配方案请求分配利润并申请参加诉讼的，应当列为共同原告。

第十四条 股东提交载明具体分配方案的股东会或者股东大会的有效决议，请求公司分配利润，公司拒绝分配利润且其关于无法执行决议的抗辩理由不成立的，人民法院应当判决公司按照决议载明的具体分配方案向股东分配利润。

第十五条 股东未提交载明具体分配方案的股东会或者股东大会决议，请求公司分配利润的，人民法院应当驳回其诉讼请求，但违反法律规定滥用股东权利导致公司不分配利润，给其他股东造成损失的除外。

二、相关案例

1. 分红权／利润或股利分配请求权

【股东会形成利润分配决议后股东才有权要求分配利润】

王桂英诉菏泽招商国际投资开发有限公司、申玉华公司盈余分配案［山东省菏泽市经济开发区人民法院（2016）鲁1791民初1225号民事判决书］，原告王桂英与被告申玉华达成一致意见，原告王桂英将招商投资公司的部分股权转让给被告申玉华，并向华润菏泽公司投资，签署了《合作协议书》，约定了双方的权利和义务，这份协议书涉及原告王桂英与被告申玉华的内容，并不违反法律规定，应当认定为有效。王桂英借款给被告招商投资公司，用于该公司投资，该借款没有约定还款期限，被告招商投资公司有盈余，原告王桂英随时可以要求被告招商投资公司偿还借款336万元，故原告要求被告招商投资公司支付借款本金336万元的请求有事实根据，符合法律规定，应当予以支持。原告要求被告申玉华个人赔偿这部分利息损失缺乏事实根据和法律依据，不予支持。关于被告招商投资公司是否应当分红关键要看该公司是否召开股东会形成利润分配决议。因为公司是否分红属于公司自主经营的范畴，司法不能强行干预。尽管被告招商投资公司有巨额利润，但是本案被告招商投资公司既未召开股东会商议分红事项，更未通过利润分配方案。《合作协议书》关于分红的约定不能代替股东会决议，因股东会决议是根据公司经营的具体状况而适时作出的，而《合作协议书》关于分红的约定只是对分红的原则性约定。原告王桂英要求分红缺乏事实根据和法律依据，要求被告申玉华赔偿分红的利息损失更是缺乏基础事实，不予支持。

【股东之间的协议能否认定公司存在盈余】

乔宗华诉廖书华等公司盈余分配案［江苏省建湖县人民法院（2016）苏0925民初3657号民事判决书］，《公司法》规定，公司股东依法享有资产收益、参与重大决策和选择管理者等权利。公司分配当年税后利润时，应当提取利润的百分之十列入公司法定公积金。公司弥补亏损和提取公积金后所余税后利润，有限责任公司依照实缴的出资比例分取红利。原告诉称，《协议书》中载明32.5万元系原告作为股东应当获得分配的公司盈余。因《协议书》中明确载明公司实际资本730万元及银行负债600万元，据此计算股权实际价值，并明确约定130万元作为原四股东股金，支付给股东个人享有，每位股东股权价值为32.5万元。该32.5万元的产生并未计算公司其他债务、成本及支出，未经过审计，且有股东证实公司存在亏损情形。故《协议书》不能反映出公司盈利情况，更不能够直接反映出公司当时的利润，原告根据该协议主张公司盈利，并存在盈余，不符合法律规定。

【公司盈余分配的前提条件】

北京自由空间酒店管理有限公司公司与华荣青盈余分配纠纷上诉案[北京市第一中级人民法院(2015)一中民(商)终字第437号民事判决书]，有限责任公司的股东享有按照实缴出资比例分取红利的权利。第一，从公司领取分红的权利人为股东，华荣青从未向管理公司明确表示将其2012年后的分红支付给饶远武，此时管理公司仍应承担向华荣青本人分红的义务。第二，公司应就弥补亏损和提取公积金后的所余税后利润进行分配，但根据管理公司的陈述，管理公司并未提取法定公积金即进行了分红，且除华荣青之外的其他三名股东已然按此金额实际取得了分红，上述实际分红情况结合管理公司股东间存在矛盾及内部治理缺失的事实，如在本案中对华荣青应当取得的分红单独予以扣减，将可能出现管理公司的股东间义务分担失衡及个别股东单独给付的结果，故法院同意一审所提出的就管理公司未按法律规定提取的法定公积金和弥补亏损部分"通过其他途径予以整体性纠正或补足"的意见。第三，提取法定公积金系公司的法定义务，管理公司内部财务会计制度混乱，违反法律规定，管理公司应尽快按照法律规定补足法定公积金，弥补亏损，交清税款，依法进行企业运行。

【不按出资分取红利应经全体股东同意】

李黎诉成都金河景园环境制作有限责任公司公司盈余分配纠纷案[四川省成都市锦江区人民法院(2015)锦江民初字第501号民事判决书]，股东向公司主张公司盈余分配，应当满足公司有利润可供分配、当事人享有分配权、股东会同意分配利润的要件。金河公司2008年度净利润为305,222.98元、2009年度净利润为253,217.08元，有工商登记机关备案记载和鉴证报告印证。李黎主张曾卫东承包期间实际利润达到1200万元，但未提交确实证据，法院不予采纳。李黎不是金河公司出资人。由于公司为没有实际出资的他人配置"股权"影响公司所有股东利益，李黎所称股权并未取得全体股东实际同意，不受法律保护。公司分配股利应遵守股东会的经营决策。公司盈余分配决定权从属于股东会。金河公司股东会未就利润分配作出相应决议，未满足分配公司利润的程序要件。李黎要求金河公司支付股利及利息，法院不予支持。

【公司股东均没有实际出资时按认缴的出资额比例享有公司权益】

中国教育服务中心有限公司与名流投资集团有限公司股东出资纠纷上诉案[江苏省南京市秦淮区人民法院(2015)秦商初字第2140号民事判决书]，本案是因股东是否缴纳出资引起的股东权益纠纷，因此确定股东是否出资，是处理本案的基础。服务中心不能证明其已经足额缴纳了认缴的出资额1300万元，名流公司提交的证据也不能证明其他股东履行了出资义务，故应认定名流公司在设立时存在瑕疵，应由名流公司通过公司内部治理机制予以完善。按约定如期向公司足额出资，是公司股东的一项法定义务，既是公司法人人格独立的基本条件，也是公司存续发展的基础。在公司股东均没有实际出资且股东没有特别约定的情况下，公司股东应当按照认缴的出资额比例享有公司权益，履行对公司的义务。根据名流公司出具的证据材料显示，该公司在设立时各股东没有出资的情况下，经过多年的经营发展，已经具有了一定的资产规模。应认定这是名流公司股东共同管理、经营的结果，因此，根据同股同权原则，名流公司的全体股东应当享有名流公司的资产权益。名流公司在其全部股东都没有出资的情况下，单独起诉其中的一个股东服务中心，意图排除服务中心对名流公司的所有者资产受益权，由其他股东取代服务中心股东地位的主张，显然有失公平，也与股权平等的法律要求相悖。

【公司盈余分配的司法救济】

顾云秀诉无锡峰华氟塑防腐科技有限公司公司盈余分配纠纷案[江苏省无锡市惠山区人民法院(2014)惠商初字第00730号民事判决书]，公司盈余分配权是股东基于其公司股东身份依法享有的请求公司按照章程规定向其分配股利的权利。顾云秀系峰华公司经工商登记及章程确定的股东，持股比例为10%，依法享有公司盈余分配权。峰华公司抗辩顾云秀并非公司实际股东但未提供证据证明，故对该抗辩，法院不予采信。峰华公司于2007年7月10日、2010年7月15日、2010年10月20日作出的股东会决议，载明公司应向股东分配利润为350,000元、360,000元、207,944.69元，按照顾云秀的持股比例，顾云秀应分得利润为35,000元、36,000元、20,794.469元，共计91,794.469元。峰华公司于2008年8月20日作出的股东会决议虽载明将对2007年红利进行分配，但未明确利润的分配方案，故未对利润分配方案形成股东会决议。关于股东会未对股利分配方案形成股东会决议时，股东是否有权直接请求法院进行利润分配的问题，《公司法》及峰华公司章程均规定股东会有权审议批准公司的利润分配方案和弥补亏损方案，故决定公司是否实施利润分配的权利在于股东会，《公司法》也未明确规定在股东会作出利润分配决议之前，法院能够直接作出利润分配的判决，故在股东会未对股利分配形成股东会决议时，股东不能直接请求法院进行股利分配，故对顾云秀所主张的未经股东会作出决议的利润分配部分，法院不予支持，故顾云秀应分得的股利为91,794.469元，并应由峰华公司承担自起诉之日起按照银行同期贷款利率计算的逾期付款利息损失。

【公司可限制延迟出资股东的资产收益权】

戴志元与上海捷仁建设有限公司股东出资纠纷上诉案[上海市第二中级人民法院(2013)沪二中民四(商)终字第1009号民事判决书(《人民司法·案例》2015年第2期)]，判断公司对延迟出资股东资产收益权限制的合理性应遵循比例原则，即既要考虑延迟出资的效果出资比例，又要考虑补缴出资期间的公司利润产生情况。在股东于公司预备解散清算阶段补足全部出资的情形，公司按照股东补足前的实缴出资比例对股东剩余财产分配请求权进行限制具有合理性，股东会作出的公司剩余财产分配决议合法有效。

【对被执行人在其入股公司的未分配利润可强制执行】

中国农业银行股份有限公司扬州润扬支行与扬州隆耀光电科技发展有限公司等金融借款合同纠纷执行案[江苏省扬州市中级人民法院(2013)杨执异字第6号裁定书(《人民司法·案例》2013年第16期)]，公司股东依法享有资产收益权，在该股东成为被执行人后，如其入股公司经审计有未分配利润，且该股东利用其大股东优势地位长期不召开股东会对该利润予以分配，为保护债权人利益，法院应对该股东依其投资比例享有的利润予以强制执行。公司以未分配利润属于公司所有、司法干预公司自治为由提起执行异议不能成立，应予驳回。

【股权转让合同解除后，受让方主张要求返还公司在合同履行期间资产增值的收益，不予支持】

根据深圳市朗钜实业集团有限公司与甘肃天昱置业有限公司股东出资及公司盈余分配纠纷案[最高人民法院(2012)民二终字第28号民事判决书]，二、关于朗钜公司主张返还其管理天昱公司期间该公司资产增值中应属于朗钜公司51%的权益相对应的9180万元款项的诉讼请求是否应予支持的问题。

当事人在履行本案《股权转让合同书》《股东出资转让协议》的过程中，因受让方未能依约支付股权转让款，遂产生争议并诉至兰州市中级人民法院。该院作出(2008)兰法民二初字第00128号民事判决，解除了当事人之间的股权转让合同关系，且该判决已发生法律效力。之后，天昱公司的股权已恢复至为原股东持有的状态。原审法院一审作出的(2010)甘民二初字第09号民事判决，判令陈晓晨、牛芸、罗爱玲返还朗钜公司股权转让款34,332,026.86元及其利息4,406,464.12元，并驳回朗钜公司请求三被告支付违约金4,114,027.74元的诉讼请求。朗钜公司不服该案一审判决，向本院提出上诉，本院已以(2010)民二终字第122号民事判决驳回其上诉，维持原判。至此，朗钜公司与陈晓晨、牛芸、罗爱玲之间因返还股权转让款而形成的纠纷已解决完毕。

本案中，当事人之间通过签订《股权转让合同书》《股东出资转让协议》，确立了股权转让法律关系，转让的标的为天昱公司的股权而非该公司的资产。在股权转让合同履行期间，天昱公司名下的资产仍属其法人财产，即使其土地等资产的价值因市场变化而产生了增值，如未依法定经营程序对其进行处置，未表现为公司经营利润的增加，则该"增值"对股东的收益分配便不具有实际意义。二审期间，朗钜公司未能提出相关的证据，证明在其经营天昱公司期间存在着"公司实施过利润分配，但其未获得相应收益"的事实；或者存在"公司虽未进行分配，但确有相应的利润收入且符合规定的分配条件，应当进行分配"的情形。因此，本案中，上诉人朗钜公司主张天昱公司应返还其管理公司期间"该公司资产增值中其持有的51%的股权对应的9180万元款项"的诉讼请求没有法律和事实依据，本院不予支持。

【股东转让股权后不能要求分配转让之前的利润】

沈海球诉重庆同力混凝土有限公司利润分配纠纷案[重庆市第四中级人民法院(2012)渝四中法民初字第39号(《人民司法·案例》2013年第8期)]，股利分配请求权是股东基于其股东资格和地位而固有的一项权利，是与股东身份密切相连的，股东一旦丧失了股东身份，就会丧失股利分配请求权。因此，股东在转让股权后，无论是对转让前的公司盈利还是转让后的公司盈利，均无权要求分配。

【公司盈余分配，属于股东会的职权范围】

华铁军与勉县小松矿业有限公司公司盈余分配纠纷案[陕西省高级人民法院(2012)陕民二终字第00053号民事裁定书]，《公司法》第三十八条(编者注：现为该法第三十七条)第一款第(六)项规定："股东会行使下列职权：……(六)审议批准公司的利润分配方案和弥补亏损方案……"依该规定，公司盈余是否分配，如何分配属于公司股东会的职权范围。股利分配请求权虽是有限责任公司股东享有的权益之一，但该请求权的行使应当具备一定的条件。小松矿业对公司盈余是否分配，如何分配并未作出股东会决议，公司章程也未对公司盈余分配作出具体、明确的规定，上诉人行使请求权缺乏必要条件，应当驳回起诉。

【公司设立不成功，发起人在公司设立阶段从事生产经营行为所得的利润，有权按照出资比例分配】

王军诉李成军、尤明军等12人公司设立纠纷案[陕西省高级人民法院(2012)陕民再字第00010号民事判决书]，公司设立不能，对发起人在公司设立阶段从事生产经营的行为，虽可由工商部门进行处罚，但对于经营所得利润的处理，人民法院应比照发起人出资比例承担该阶段的债务的情形进行分配。

关于王军对其参与经营73天的利润及资产是否有权请求分配的问题。依据2007年8月25~26日董事会记录、股东会记录的约定，王军与李成军等12人商定成立秦安公司，王军以现金出资，李成军等12人以其在秦安磁选厂的合伙财产出资。并对秦安公司机构设置、人员配备、原秦安磁选厂债务的处理以及秦安公司的工商登记办理事宜等作了约定，选举王军为秦安公司的法定代表人，确定了秦安公司的董事会成员、监事、经理，以及出纳和会计人员。上述约定作出后，到2007年11月23日秦安磁选厂停产前，王军以秦安公司董事长的身份负责秦安磁选厂的生产经营，重大事项由秦安公司董事会或者股东会开会决定。秦安公司设立过程中秦安磁选厂并未解散，但无论从其机构设置及人员组成情况，还是从运营资金来源以及经营行为等情况看，秦安磁选厂实际是以设立中的秦安公司从事生产经营。《最高人民法院关于适用〈中华人民共和国公司法〉若干问题的规定(三)》第四条规定了公司设立不能时，发起人按出资比例承担该设立阶段产生的债务的情形，但并未规定设立中公司在公司设立阶段从事经营活动产生的盈利如何分配。根据权利义务相一致的法理以及民法的公平原则，对公司设立阶段的债权分配，应比照适用债务承担的规定，发起人有权按照出资比例分配公司设立阶段从事经营行为所产生的盈利。故王军有按照出资比例参与分配其参与经营的 73 天中产生的利润及资产。

【公司章程约定了股东股份与出资额不同的比例，股东不能请求确认按照出资额享有股权比例】

深圳市启迪信息技术有限公司与郑州国华投资有限公司、开封市豫信企业管理咨询有限公司、珠海科美教育投资有限公司股权确认纠纷案[最高人民法院（2011）民提字第 6 号民事判决书（《最高人民法院公报》2012 年第 1 期（总第 183 期））]，在公司注册资本符合法定要求的情况下，各股东的实际出资数额和持有股权比例应属于公司股东意思自治的范畴。股东持有股权的比例一般与其实际出资比例一致，但有限责任公司的全体股东内部也可以约定不按实际出资比例持有股权，这样的约定并不影响公司资本对公司债权担保等对外基本功能实现。如该约定是各方当事人的真实意思表示，且未损害他人的利益，不违反法律和行政法规的规定，应属有效，股东按照约定持有的股权应当受到法律的保护。

【司法不应干涉公司的股利分配自治权】

白金章等与福建省兴泰建筑工程有限公司股利分配纠纷上诉案[福建省泉州市中级人民法院（2011）泉民终字第 1987 号民事裁定书（《人民司法·案例》2012 年第 12 期）]，公司股利的分配属于公司自治的范畴，股利分配不仅取决于公司是否有可资分配的利润，更为关键的是股利分配方案是否得到股东会的批准通过。否则，股东不能直接起诉要求司法干预，强制公司分配股利。

【公司无可供分配利润而通过决议以借款形式分配利润的，决议无效】

郑国凤诉淮安第一钢结构有限公司公司盈余分配纠纷案[江苏省淮安市中级人民法院（2011）淮中商终字第 2 号判决书]，（1）关于本案是欠款纠纷还是公司盈余分配纠纷的问题。上诉人以 2003 年 2 月 21 日被上诉人出具给其的欠款收据向被上诉人主张权利，而收据上载明是 2002 年分红款 166,700 元，该收据的产生依据是股东会决议，其中的分红款是依据上诉人出资比例按 100 万元利润分配所形成。故原审将本案案由定为公司盈余分配纠纷并无不当。（2）关于股东会决议是否有约束力的问题。法院认为，虽然被上诉人的两次股东会关于利润分配的决议，是股东意思自治的表现，但是股东利润的分配，必须基于具有可供分配利润的基础，同时必须是按照《公司法》第一百六十七条（编者注：现为该法第一百六十六条）的规定以及公司章程的相关规定，扣除税款，提取法定公积金、提取任意公积金（按公司章程规定由股东会决议）等之后产生的。本案中被上诉人没有对 2002 年度财务状况进行审计，而在案件审理过程中向法院申请进行了司法审计，司法审计报告意见表明第一钢结构公司 2002 年度可供分配利润无法认定。所以，在没有按照《公司法》第一百六十七条（编者注：现为该法第一百六十六条）规定扣除税款，提取法定公积金等，且在没有可供利润分配的情形下，公司对股东按股东会决议分配利润无事实和法律依据。

【经股东会决议，可将已计提 5 年以上结存的职业风险基金转作当年可供分配的利润进行分配】

上海大成资产评估有限公司诉楼建华等其他与公司有关的纠纷案[上海市第二中级人民法院 2010 年 2 月 26 日民事判决书（《最高人民法院公报》2012 年第 5 期（总第 187 期））]，职业风险基金系会计师事务所、资产评估机构等按规定提取的用于职业风险赔偿的准备金。依据财政部财企[2009]26 号《资产评估机构职业风险基金管理办法》第五条、第六条的规定，资产评估机构持续经营期间，应当保证结余的职业风险基金不低于近 5 年评估业务收入总和的 5%。在此前提下，经股东会或合伙人决议，可将已计提 5 年以上（不含 5 年）结存的职业风险基金转作当年可供分配的利润进行分配，同时应当完善相关内部管理制度。由此可知，资产评估公司股东会决议约定的可分配职业风险基金的条件达到时，股东退股时要求分配已计提 5 年以上结存的职业风险基金的，符合上述之规定，故法院对股东的请求应予支持。

【股权转让不影响转让前的利润分配决议】

戴海林诉四川威远三益商业广场开发有限公司、成都市双流县双远商贸部等债权纠纷案[四川省成都市中级人民法院(2010)成民再终字第32号民事判决书],虽然股利分配请求权是现股东基于其股东资格和地位的一种专属性自益权利,但若股东会已通过利润分配方案,股东的股利分配请求权就转变为股利给付请求权。该请求权是原股东个人对公司的债权,不随股东的身份转移而转移。如果公司在股东转让股权前已确定分配方案只是尚未给付,该分配方案确定的公司利润应属原股东而非现股东所有。

【公司做出利润分配方案后以不予分配等非法手段侵犯股东权利的,股东可以诉请强制分配】

王子峥诉厦门市市政工程设计院有限公司公司盈余分配案[福建省厦门市思明区人民法院(2009)思民初字第15号民事判决书],王子峥以其个人名义持有市政公司0.85%的股份及由其实际出资、公司工会代持有0.3%股份的事实清楚,双方当事人对此均无异议,本院予以认定。根据公司法的规定,王子峥作为市政公司股东,其依法享有资产收益权,有权按照实缴的出资比例分取红利。但在本案中,王子峥依据市政公司在工商部门备案的年度财务报表主张其利润分配金额,证据不足,本院不予采信;且只能按0.85%的股份计算利润进行分配,其余0.3%的股份,因系由公司工会持有的预留发展股,只能按原股金9000元计算。鉴于在审理中市政公司已自认其自2004年1月16日至2007年12月31日应分配给王子峥的利润(红利增资扩股除外)为338,656.93元及2008年中期王子峥0.85%股权可分配额38,250元(含税)的事实,本院予以采信。综上,市政公司应分配给王子峥的利润应为376,906.93元,并应退还股金合计85,500元(76,500元+9000元);王子峥要求市政公司依照公司现有净资产回购其股份、支付股份回购款253,623.8元等诉讼请求,证据不足,本院不予支持。至于市政公司要求王子峥支付因其未完成累计产值所应承担的款项共计941,884元,并从其盈余分配利润中直接抵扣的主张,因双方对利润分配等事宜已产生纠纷,且至2008年8月30日,王子峥在市政公司的股东身份已正式终止,故市政公司在2008年12月28日召开的第三次股东会会议上形成的关于王子峥不履行股东会决议的处理意见等,对王子峥没有拘束力。因此,除确认王子峥股东资格于2008年8月30日终止外,市政公司的其他反诉请求,证据不足,本院也不予支持。《公司法》第四条规定,公司股东依法享有资产收益、参与重大决策和选择管理者等权利。具体而言,公司股东有权按照其出资比例分取红利。但是,股东的红利请求权包含了两个层次:第一,红利请求权是有条件的,《公司法》第三十八条(编者注:现为该法第三十七条)规定,有限责任公司的股东会审议批准公司的利润分配方案。因此,股东取得红利的前提是股东会作出了利润分配方案;第二,在股东会作出利润分配方案的前提下,股东的红利请求权是一种实然权利,一旦其不能依照利润分配方案分取红利,则有权向法院起诉。因此,有限责任公司股东是否有权向法院起诉强制要求公司支付红利,取决于公司股东会是否作出了利润分配方案。只有在有限公司股东会作出了利润分配方案后,有限责任公司股东才有权向法院起诉,强制要求公司支付红利。

【实际出资人可以根据合同约定获得股份分红】

华夏银行股份有限公司与润华集团股份有限公司、联大集团有限公司股权确认纠纷案[最高人民法院(2006)民二终字第6号民事判决书],本案华夏银行股份公司、联大集团、汽车销售公司三方于1997年8月15日签订的《协议书》《补充协议》《协议》,以及汽车销售公司与华夏银行就出售汽贸大厦而签订的房屋转让合同,反映了在华夏银行股份公司成立时,联大集团、汽车销售公司共同出资3亿元,其中汽车销售公司出资2亿元的基本事实。三方在协议中关于"分派股息、红利"以及待"条件允许""汽车销售公司正式成为华夏银行股份公司股东"的约定,系当事人真实的意思表示,且不违反当时相关的法律、行政法规的禁止性规定,应认定有效。

在三方签订的《协议》中,华夏银行股份公司承诺在历次分红派息时直接向联大集团、汽车销售公司支付股息、红利。联大集团、汽车销售公司同意并确认。汽车销售公司变更为润华集团后,华夏银行股份公司依约向润华集团支付了1998年、1999年和2000年的红利。但在分派2003年下半年和2004年红利时,华夏银行股份公司将全部股息支付给了联大集团，并用于扣收了联大集团在该行的贷款，而未向润华集团支付。本院认为，华夏银行股份公司的上述行为违反了其在三方《协议》中的承诺，未经润华集团同意而擅自变更《协议》约定其应承担的义务，属于违约行为。华夏银行股份公司关于其"根据联大集团的指示将其2003年、2004年的红利直接向联大集团支付或清偿债务，应视为其对三方协议中相关约定的变更，该变更无须征得润华集团的同意"的上诉理由，没有法律根据，本院不予采纳。润华集团获取该部分红利的依据是其真实的出资行为及三方当事人的协议约定，而不是以其是否为华夏银行股份公司的在册股东为条件。华夏银行股份公司关于"润华集团与华夏银行股份公司之间未形成股权投资关系，无权从华夏银行股份公司获得投资收益"的上诉理由与本案的基本事实不符。原审判决按照润华集团的实际出资比例计算并认定2003年下半年和2004年全年的红利25,178,203.83元，并判决其直接给付润华集团正确，应予以维持。

【未提交载明分配方案的决议，不得直接诉请公司分配利润】

河南思维自动化设备有限公司与胡克公司盈余分配纠纷案［最高人民法院（2006）民二终字第110号民事判决书］，有限责任公司利润分配方案应由公司董事会制订并由公司股东会审议批准。。据此，在公司董事会、股东会未就公司利润分配方案进行决议之前，公司股东直接向人民法院起诉请求判令公司向股东分配利润缺乏法律依据。因此，本案中在思维公司董事会、股东会未就公司利润分配作出决议之前，胡克以股东身份直接向人民法院起诉请求分配公司利润，其诉讼请求本院不予支持。由于公司是否分配利润以及分配多少利润属公司董事会、股东会决策权范畴，原审判决认定思维公司有巨额利润而长期拒不向股东分配损害了占股比例较小的股东的利益，并据此径行判决公司向股东分配利润，不符合公司利润分配的法律规定，

【在盈余分配权纠纷中，法院如何把握对商业干预的程度】

周慧君与嘉兴市大都市置业有限公司等盈余分配权纠纷上诉案［浙江省高级人民法院（2005）浙民二终字第288号民事判决书］，审理盈余分配权纠纷既要遵循"谨慎干预商业决定原则"，又要注重司法干预的实效。盈余分配权纠纷诉讼主体以请求分配的股东为原告，公司为被告。通常情况下，无须将其他股东、公司负责人列为第三人参加诉讼。因证据的证明力无法判断导致争议事实难以认定的，法院应尽可能采取措施查明事实，尽量避免根据举证责任分配的规则作出裁判。

【公司未产生分配方案的决议，法院不得径行判决公司分配利润】

大柴旦西海化工有限责任公司等诉青海昆仑矿业有限责任公司股东知情权、盈余分配权案［青海省高级人民法院（2005）青民二终字第19号］，关于上诉人提出原审对公司500万元盈余分配判决不当一节。本院认为，股利分配虽然是股东的本质性权利，但股利的分配首先应有盈余。盈余分配权的行使是提供证据能够证明或经法定程序获取证据以确定公司有可供分配的利润。青海五联司法会计鉴定事务所出具的司法会计鉴定书称，"由于昆仑矿业有限责任公司在经营期间（2000年3月17日至2004年12月31日）无经营盐田生产销售会计记录，无费用摊派记录，资产、负债、收入费用记录不完整，昆仑矿业有限责任公司子公司昆仑盐湖开发有限公司未经鉴定不能确认，应收款项损失或预计损失未予考虑，瀚海企业（集团）有限责任公司的盐田租赁关系价格是否公允等不完整、不确定因素。会计核算不规范以及鉴定范围受限的影响，我们无法对昆仑矿业有限责任公司1999年至2004年10月31日的财务状况和经营成果发表鉴定意见。"该司法鉴定没有反映青海昆仑矿业有限责任公司有实际可供分配的利润。再者，公司即使有可供分配的利润也应根据《公司法》的规定对利润分配方案经股东大会讨论通过，使股东可享有的利润处于确定状态后，股东才能行使请求权。公司在从事商事活动中具有充分的自由和自治，股利的分配也是公司自治的范围，股东会作为公司的最高权力机构，在对股利分配方案未作出决议时法院直接判决对盈余进行分配有悖公司自治、维持公司资本充实、保护债权人利益等原则。原审法院以公司未按照《公司法》运行，分析未产生利润的原因，且以公司向有关部门上报的报表数据来说明上诉人的经营状况，进而判定分配盈余已超出本案审理范围。直接判决分配利润实属不当，应予纠正。

【公司不得利用应分配利润弥补亏损】

南辉实业公司诉尼康电子有限公司盈余分配权案[安徽省合肥市中级人民法院(2004)民四终字第02号民事判决书],依据安徽会计师事务所出具的(91)皖安会外字第2-15号查账报告书,原审法院认定尼康公司关于1990年利润分配的董事会决议存在并无不妥。一审中两位证人均未到庭,其书面证言不能作为证据使用。尼康公司的股东南辉公司和芜湖市无线电三厂在扩资协议中已明确在引进项目投产见效后,南辉公司同意将新增全额利润用于芜湖市无线电三厂归还银行贷款,南辉公司暂不提取应得的利润,但尼康公司未提供协议所附引进项目投产见效的条件已成就的相关证据,南辉公司亦未明示放弃其应分得的利润。此外,尼康公司已将股东芜湖市无线电三厂在1990年至1993年四年期间应分得的股利与尼康公司应收该厂的账款予以冲抵,即股东芜湖市无线电三厂已实际从尼康公司分得1990年至1993年的股利。虽然尼康公司自1997年以来实际处于亏损状态,但尼康公司于1994年以前将1990年至1993年的利润仅分配给其中一个股东芜湖市无线电三厂,而拒绝向另一股东南辉公司支付,直接导致的结果是由南辉公司独家用其应分得的利润来弥补后期亏损,显属不公平。尼康公司上述不支付行为,侵害了南辉公司的股东利益,南辉公司据此向尼康公司主张权利,符合法律规定。尼康公司认为盈余分配权属公司内部股东之间的权益,不应向人民法院起诉的上诉请求,依法不能成立。南辉公司与尼康公司因股利分配及返还财产产生纠纷,其中返还财产纠纷一案业经安徽省高级人民法院于2002年11月25日作出终审判决,其中告知南辉公司关于股利分配纠纷应另案起诉,南辉公司于2003年2月9日诉至原审法院,未超过诉讼时效。

【未提交载明分配方案的决议,即起诉要求公司分配利润,人民法院不予受理】

金福平诉济源裕恒工贸有限公司请求分配公司盈余因未依据股东会决议被驳回起诉案[河南省济源市中级人民法院[2004]济中民一终字第359号],公司盈余分配问题属于公司自治的范畴,人民法院无权决定公司的盈余分配。股东未经股东会决议而要求分配公司盈余的起诉,不属于人民法院受理范围,对此类起诉应当不予受理,已经受理的,应当驳回起诉。

【违反法律、超越章程权限作出的奖金分配方案无效】

陈文华等157名股东诉徐爱国等8名董事侵犯股东权益案[浙江省武义县人民法院(2001)武民二初字第90号民事判决书],8被告所组成的董事会所作的1998年度、1999年度奖金分配方案违反了《公司法》的相关规定,超越了章程赋予的职权,故应认定无效。董事会作为公司的执行机构,其行为应符合《公司法》及公司章程的规定,但被告所组成的董事会所作的1998年度、1999年度奖金兑现方案却违反了《公司法》及公司章程的相关规定。首先,两年奖金兑现方案超越了章程规定的董事会应享有的职权。根据1994年制定的武义机床制造有限公司章程第九条规定,"……企业将企业股(36470股)的30000股按在职职工人数,工龄长短,所在岗位及贡献大小量化到人。量化部分作为职工的记名分红股,股权归企业终极所有",第三十四条规定,"未量化部分企业股的红利,由董事会决定,划出一定比例,用于经营者及有贡献人员的奖励"。章程中的这些条款属章程中的任意记载事项,该事项因与法律、法规并不抵触,也不违反社会公序良俗,一经记载即产生法律效力,对全体股东产生法律拘束力,股东及公司应当遵守。据此,可认定章程给予了董事会对未量化部分(6470股)红利,划出一定比例,作为对有关人员的奖励的权力。但董事会有关奖金分配的权力不能超出章程的授权,即只能对6470股的红利中划出一定比例,且只能对经营者及有特殊贡献的人进行奖励。但该公司1998年的净利润(税后利润)为361,159.10元,该年度总股本为4,856,000元,计97120股,而用于奖金发放的数额为349,985.18元,大大超过了未量化部分应得的红利。1999年度公司利润为444,811.20元(未扣除应交所得税),总股本为523,600元,计104720股,而发放奖金数额为449,538.50元。显然,该奖金分配方案也大大超越了董事会享有的职权。同时,在奖金的发放对象上,两年均不仅限于经营者及有特殊贡献的人员,而是扩大到全体职工。其次,把奖金列入成本的做法违反章程规定的只能将未量化部分红利用于奖励的规定,该做法也侵犯了其他股东的合法权益,1998年度、1999年度,公司均将发放的奖金列入成本，这样，势必造成成本增加，相应地，股东的获利相对减少，造成公司其他股东的权益受到侵害。最后，1998 年度、1999 年度奖金分配方案也违反了《公司法》的相关规定。根据《公司法》规定，在公司弥补亏损和提取法定的公积金、公益金之前，向股东分配利润的，必须将违反规定分配的利润退还公司，而该公司两年的利润分配均未提取两项基金（其中 1998 年先提取又转为分红）。显然，不符合《公司法》的规定。

【以债权为出资而享有股权利益，必须要以债权的实际存在为条件】

高雷诉思晨公司股东盈余分配权案[江苏省南京市中级人民法院判决书]，股东权利的享有必须建立在履行相应的出资义务并按法定程序完成股权登记手续之后。以债权为出资而享有股权利益，必须要以债权的实际存在为条件。本案中，原告高雷并无证据证明与思晨公司之间的债权债务关系及债转股关系的成立，同时其未能按公司章程完成足额认缴出资义务。高雷要求享有的股东权益，是在未以履行义务的情况下，支持其请求将导致公司与股东之间权利义务的不对等，原告要求分取公司红利的请求有违我国《公司法》对股东权利义务对等原则的规定，也有悖于民法公平、诚信等一般性原则。

【以村集体财产出资，并为村民配发股权证，村民不是公司股东，不能直接起诉请求分配利润】

刘某某与北京紫金恒投资有限公司公司盈余分配纠纷上诉案，根据《村民委员会组织法》第 5 条之规定，村委会是村集体财产的管理者。西总屯村委会向紫金恒公司出资系以村集体财产出资，不是分别代表每个村民进行投资。西总屯村委会为每位村民在紫金恒公司中配置了一定数额的基本股股金，但该股金没有被分配给每位村民单独所有，仍属于集体财产。刘某某没有实际向紫金恒公司出资，根据《公司法》的规定，刘某某不能取得紫金恒公司的股东资格。紫金恒公司向刘某某发放股权证，系西总屯村委会为保证每个村民都能从村委会的投资行为中受益，依据该村的改革实施办法为每位村民核定了基本股股金数额，要求紫金恒公司为每位村民配发了股权证。该股权证的性质不应等同于公司法意义上的股权证，该股权证仅在该村内部有效，不能作为确认刘某某股东资格的依据。西总屯村委会是紫金恒公司的股东，包括刘某某在内的该村村民是西总屯村委会投资的受益人，并不是紫金恒公司的股东。因此，刘某某与紫金恒公司不存在法律意义上的股东权利义务关系，其起诉紫金恒公司要求分配股金盈余分配款，主体有误。

【公司内部赠股是公司对内部员工的一种激励机制，本质上是股东之间对分红的特别约定】

张甲与李小乙增股继承纠纷上诉案民事判决书，根据某有限公司章程及对该赠股的情况说明，该 100,000 元企业内部赠股是企业对内部员工的一种激励机制，不在注册资本之内，只是公司给予为公司作出贡献的特定人的一种福利。且该赠股并非李乙生前或者张甲、李小乙支付对价取得。因该案上诉人张甲诉请分割的股权系某有限公司的内部赠股，李乙及其家人并未实际出资，所以该赠股 100,000 元并未构成某有限公司的注册资本，且从公司章程约定“该赠股可参加分红，但不享有其他权利”来看，该赠股只享有分红权，并非完整的股权，不属于公司法所规定的一般意义上的股权。本质上，该赠股只是股东之间对分红的特别约定。既然某有限公司确实作出过赠股 100,000 元给李乙的决议，李乙也确实享受了该 100,000 元赠股所带来的收益，故因该赠股在李乙死亡后所生收益属于可以继承的财产，各继承人可按继承比例继承。一审判决对此未做处理不妥，应予以纠正。

2. 优先认购权

【股东间对新增资本优先认缴权的约定，应当尊重意思自治，适用合同法的相关规定】

许长安、杨凤兰等诉曹桐勇公司增资纠纷案[最高人民法院(2015)民二终字第 313 号民事判决书]，本案中，从《债务确认书》及两份《股东会决议》的签署日期及所载内容看，全体股东就股东间的债权债务关系和公司增资如何认缴等事宜作出了整体交易安排，故在确认各股东的权利义务时，需将上述文件作为一个整体加以分析认定。同时，2013 年 1 月 29 日滨海公司《股东会决议》载明的内容，并非全部属于股东会职权范围。股东会有权对公司增加注册资本作出决议，但对股东是否认缴公司新增资本、认缴多少不能作出决议。根据《公司法》第三十五条（编者注：现为该法第三十四条）关于“公司新增资本时，股东有权优先按照实缴的出资比例认缴出资”的规定，认缴新增资本是股东的法定权利。滨海公司全体股东在2013年1月29日《股东会决议》签章同意的关于新增注册资本2000万元由曹桐勇以现金方式缴付的内容，本质上属于股东间对新增资本优先认缴权的约定，属于股东之间的协议，而非股东会作为公司的权力机构行使职权作出的决议，应当适用合同法的相关规定。曹桐勇关于本案属于请求撤销股东会决议、应当适用公司法及相关司法解释的主张不能成立。

关于许长安等撤销相关协议内容的主张能否成立的问题，从上述三份文件所载明的内容，及许长安等在曹桐勇2013年增资前持有滨海公司90%的绝对控股股权的客观情况看，曹桐勇偿还许长安债务实则与许长安等同意曹桐勇单独增资之间存在一种等价交换关系。曹桐勇单独增资后，拒绝履行归还欠款等在《债务确认书》中作出的承诺，在诉讼中完全否认其与许长安之间存在债务，并主张承诺债务存在、订立同意偿还许长安债务的协议是因为受到许长安的胁迫，却未就其受到胁迫的主张提供相应的证据予以证明，与其在《债务确认书》中作出的明确意思表示相悖，有违诚信原则，其行为已构成欺诈。四原告以受到曹桐勇欺诈作出错误意思表示为由，主张撤销放弃认缴增资优先权的协议内容，应予支持。

【优先认缴权应有合理期限限定】

绵阳市红日实业有限公司、蒋洋诉绵阳高新区科创实业有限公司股东会决议效力及公司增资纠纷案［最高人民法院（2010）民提字第48号民事判决书（《最高人民法院公报》2011年第3期（总第173期））］，裁判如下：一、在民商事法律关系中，公司作为行为主体实施法律行为的过程可以划分为两个层次，一是公司内部的意思形成阶段，通常表现为股东会或董事会决议；二是公司对外作出意思表示的阶段，通常表现为公司对外签订的合同。出于保护善意第三人和维护交易安全的考虑，在公司内部意思形成过程存在瑕疵的情况下，只要对外的表示行为不存在无效的情形，公司就应受其表示行为的制约。

二、根据《公司法》第三十五条（编者注：现为该法第三十四条）的规定，公司新增资本时，股东有权优先按照实缴的出资比例认缴出资。从权利性质上来看，股东对于新增资本的优先认缴权应属形成权。现行法律并未明确规定该项权利的行使期限，但从维护交易安全和稳定经济秩序的角度出发，结合商事行为的规则和特点，人民法院在处理相关案件时应限定该项权利行使的合理期间，对于超出合理期间行使优先认缴权的主张不予支持。

【股东对公司新增出资份额不享有优先认购权】

贵州捷安投资有限公司与贵阳黔峰生物制品有限责任公司等新增资本认购纠纷申请再审案［贵州省高级人民法院（2010）民申字第1275号民事裁定书（《人民司法·案例》2011年第12期）］，本案争议焦点在于黔峰公司增资扩股所涉股东会决议的效力以及捷安公司是否对其他股东承诺放弃认缴的新增出资份额享有优先认购权。正如本院二审判决所认定，黔峰公司各股东对增资扩股是没有争议的，但捷安公司不同意引进战略投资者，尽管如此，股东会以多数意见形成引进战略投资者的决议，决议内容符合黔峰公司章程的有关规定，与我国公司法有关内容并不冲突。因此该股东会增资扩股决议是有效的，各股东应按照股东会决议内容执行。捷安公司认为原审判决对黔峰公司增资所涉股东会决议效力的确认违反了公司法相关规定没有法律依据，不予支持。增资扩股不同于股权转让，两者最明显的区别在于公司注册资本是否发生变化上。此外，增资扩股与股权转让资金的受让方是截然不同的。增资扩股中的资金受让方为标的公司，而非该公司的股东，资金的性质属于标的公司的资本金；而股权转让中的资金由被转让股权公司的股东受领，资金的性质属于股权转让的对价。捷安公司将增资扩股行为混同于股权转让却认为原审判决适用法律错误，本院不予支持。优先购买权作为一种排斥第三人竞争效力的权利，对其相对人权利影响重大，必须基于法律明确规定才能享有。其发生要件及行使范围须以法律的明确规定为根据。《公司法》第三十五条（编者注：现为该法第三十四条）明确规定了全体股东无约定的情况下，有限责任公司新增资本时股东优先认缴出资的权利以及该权利的行使范围以“实缴的出资比例”为限，超出该法定的范围，则无所谓权利的存在。当然，有限责任公司的股东会完全可以有权决定将此类事情及可能引起争议的决断方式交由公司章程规定，从而依据公司章程规定方式作出决议，当然也可以包括股东对其他股东放弃的认缴出资有无优先认购权问题。但本案中黔峰公司股东会对优先权问题没有形成决议，故应当依据公司法规范来认定。本案捷安公司已根据《公司法》第三十五条（编者注：现为该法第三十四条）之规定按照其实缴的出资比例行使了优先认购权，其对黔峰公司享有的支配权和财产权仍然继续维持在原有状态，不存在受到侵害的事实或危险。在公司法无明确规定有限责任公司新增资本时，部分股东欲将其认缴出资份额让与外来投资者其他股东有优先认购权的情况下，捷安公司不能依据与增资扩股不同的股权转让制度行使《公司法》第七十二条（编者注：现为该法第七十一条）所规定的股权转让过程中的优先购买权。

【股东会决议决定增加注册资本，未经股东同意即由他人认缴出资的条款应认定为无效】

徐永华等诉东方建设集团有限公司股东权案[浙江省高级人民法院（2007）浙民二终字第287号民事判决书]，被告在2006年7月17日所作的股东会决议包含了两方面内容：一是确定公司增加注册资本2888万元，二是新增的出资全部由股东郦国敏、祝桂华认缴。关于股东会作出的增加注册资本的决议，根据《公司法》第一百零四条之规定，股东大会作出增加注册资本的决议必须经出席会议的股东所持表决权的2/3以上通过。虽然两原告并未出席股东会议，但公司其他出席会议股东所持的表决权已超过2/3以上，故被告股东会所作的关于增加注册资本2888万元的决议符合法律规定，应属有效。关于股东会作出的新增出资全部由郦国敏、祝桂华认缴的决议，根据《公司法》第三十五条之规定，除全体股东另有约定外，公司新增资本时，股东有权优先按照实缴的出资比例认缴出资，故被告的股东会决议在未经两原告同意的情况下，确认将本应由两原告优先认缴的出资由郦国敏、祝桂华认缴，违反了《公司法》的规定，故股东会决议中侵犯了两原告优先认缴新增资本权利的部分应属无效。但除郦国敏、祝桂华及两原告外的其他三股东（倪泽森、石章伟、戚岳雷）在股东会决议中已承诺放弃优先认缴新增资本的权利，并同意由郦国敏及祝桂华来认缴，应视为对其权利的处分，故股东会决议中该部分内容未违反法律规定，应属有效。综上所述，被告于2006年7月17日召开的股东会，除了将本应由两原告优先认缴的新增资本决议由郦国敏、祝桂华认缴应属无效外，其他决议内容并未违反法律规定，应认定有效。

【有限责任公司增资时，对于其他股东不能按照持股比例认缴的部分，原股东享有优先认缴权】

聂梅英诉天津信息港电子商务有限公司等公司决议侵害股东权案[天津市高级人民法院（2006）津高民二终字第0076号民事判决书]，有限公司的人合性是有限公司与股份有限公司之间最根本的区别。法律规定有限公司增资时，原股东对增资有优先认缴的权利，也是基于有限公司的人合属性。有限责任公司股东之间是否合作，同谁合作，以及共同出资组建公司是以股东之间相互信任为基础的。基于股东之间的相互信任，公司得以成立。也基于股东之间的相互信任，公司的经营能够正常开展。因此，法律规定了在公司新增资本时，各股东有优先于其他人认缴增资份额的权利。对于其他股东不能按持股比例认缴的部分，股东是否可以较股东之外的人优先认缴的问题，《公司法》的规定并不明确。但是，对此可以从《公司法》对有限公司股权转让的有关规定去分析和判断。《公司法》规定，股东之间可以转让股权，但向股东之外的他人转让股权应当经其他股东过半数同意，经股东同意转让的出资，在同等条件下，其他股东对该出资有优先购买权。法律这样规定的目的，就是要维护有限公司的人合属性，使公司股份维持在原股东之间，不轻易向外扩散。公司股份是一个整体，由各股东按比例分享。他人想取得公司的股份，只能来自公司原有股东的让与。如果允许股东以外的他人向公司增资，无疑是公司的原股东向增资人转让股权。在公司增资的情形下，如果由股东之外的人向公司增资，公司原有股东的股份比例必定下降，也就是这部分下降的比例由公司的原有股东让与了新股东。在此情形下，如果公司的原有股东愿意自己出资购买这部分股份,其应比他人有优先购买的权利。只有公司原股东均不能认缴增资,才可以由股东之外的人向公司增资。因此,认定公司原股东对其他股东不能认缴的增资享有优先于他人认缴的权利,是符合公司法的立法本意和基本精神的。当原有股东能够满足公司的增资需要时,就不能由股东之外的人认缴这部分增资。否则,就违反了我国公司法关于股东对转让的股权有优先购买权的规定。

从本案的实际情况看,上诉人聂梅英明确表示其对公司的增资有权优先认缴,且不同意新股东加入公司,在其有能力认缴公司需要增资的注册资本的情况下,应当允许其向公司进行增资。

【股东会决议涉及的增资优先认购权以及增值资本分配权,因属私法范畴,权利人有放弃的自由】

厦门金龙联合汽车工业有限公司诉金龙联合汽车工业(苏州)有限公司等股东会议表决权纠纷案[江苏省高级人民法院(2002)苏民二终字第239号民事判决书],本案可以认定的事实是十名自然人股东代表了千余名苏州金龙公司与厦门金龙公司入股的职工,我国公司法及相关行政法规虽然未规定上述投资或持股形式,但根据合同法、公司法及行政法规的规定,得不出法律禁止上述投资方式的结论,各职工与自然人股东之间仍有权依据合同法的规定在双方之间建立合同关系,但这属于另一法律关系,并非本案审理范围。关于在增资前厦门金龙公司应得的资本增值权益部分,一方面,该权利属于当事人可以自行处分的权利;另一方面,新增股东并非无偿取得,亦以溢价方式进行投资,溢价部分也为厦门金龙公司与其他股东共同拥有。

第三十五条 【不得抽逃出资】 公司成立后,股东不得抽逃出资。

一、相关司法解释及两高工作文件

《最高人民法院关于印发〈全国法院民商事审判工作会议纪要〉的通知》(法〔2019〕254号),关于"对赌协议"的效力及履行,通知如下:

实践中俗称的"对赌协议",又称估值调整协议,是指投资方与融资方在达成股权性融资协议时,为解决交易双方对目标公司未来发展的不确定性、信息不对称以及代理成本而设计的包含了股权回购、金钱补偿等对未来目标公司的估值进行调整的协议。从订立"对赌协议"的主体来看,有投资方与目标公司的股东或者实际控制人"对赌"、投资方与目标公司"对赌"、投资方与目标公司的股东、目标公司"对赌"等形式。人民法院在审理"对赌协议"纠纷案件时,不仅应当适用合同法的相关规定,还应当适用公司法的相关规定;既要坚持鼓励投资方对实体企业特别是科技创新企业投资原则,从而在一定程度上缓解企业融资难问题,又要贯彻资本维持原则和保护债权人合法权益原则,依法平衡投资方、公司债权人、公司之间的利益。对于投资方与目标公司的股东或者实际控制人订立的"对赌协议",如无其他无效事由,认定有效并支持实际履行,实践中并无争议。但投资方与目标公司订立的"对赌协议"是否有效以及能否实际履行,存在争议。对此,应当把握如下处理规则:

5.【与目标公司"对赌"】投资方与目标公司订立的"对赌协议"在不存在法定无效事由的情况下,目标公司仅以存在股权回购或者金钱补偿约定为由,主张"对赌协议"无效的,人民法院不予支持,但投资方主张实际履行的,人民法院应当审查是否符合公司法关于"股东不得抽逃出资"及股份回购的强制性规定,判决是否支持其诉讼请求。

投资方请求目标公司回购股权的,人民法院应当依据《公司法》第35条关于"股东不得抽逃出资"或者第142条关于股份回购的强制性规定进行审查。经审查,目标公司未完成减资程序的,人民法院应当驳回其诉讼请求。

投资方请求目标公司承担金钱补偿义务的,人民法院应当依据《公司法》第35条关于"股东不得抽逃出资"和第166条关于利润分配的强制性规定进行审查。经审查,目标公司没有利润或者虽有利润但不足以补偿投资方的，人民法院应当驳回或者部分支持其诉讼请求。今后目标公司有利润时，投资方还可以依据该事实另行提起诉讼。

二、相关案例

【抽逃出资行为的认定】

戴明高、武汉度邦新材料有限公司执行异议之诉案［湖北省武汉市中级人民法院（2018）鄂01民终542号民事判决书］，本案争议焦点是戴明高是否实施了抽逃出资行为。根据《公司法》第三条“公司是企业法人，有独立的法人财产，享有法人财产权。公司以其全部财产对公司的债务承担责任。有限责任公司的股东以其认缴的出资额为限对公司承担责任；股份有限公司的股东以其认购的股份为限对公司承担责任”的规定，博四通公司设立后，股东戴明高、唐又喜、中星公司投入的注册资本形成博四通公司资产，博四通公司有权以该资产进行投资、经营活动，无论博四通公司与博世桥公司（戴明高、胡双珍夫妻实际控股）、人人公司（唐又喜实际控股）、中星公司（赵中友实际控股）三公司是否存在重大关联，博四通公司与博世桥公司和人人公司签订投资合作协议，都不违反法律、行政法规的强制性规定。根据《合同法》第三百九十六条“委托合同是委托人和受托人约定，由受托人处理委托人事务的合同”的规定，博世桥公司、人人公司委托戴明高、唐又喜收取博四通公司的投资款，也不违反法律强制性规定，但戴明高、唐又喜收款后应将所得款项分别转给博世桥公司、人人公司，或按照该两公司指示支付给其他人员。因现有证据不足以证明戴明高、唐又喜履行了上述任何一种义务，故一审法院认定戴明高抽逃其对博四通公司的出资，符合《公司法司法解释（三）》第十二条第四项“公司成立后，公司、股东或者公司债权人以相关股东的行为符合下列情形之一且损害公司权益为由，请求认定该股东抽逃出资的，人民法院应予支持：……（四）其他未经法定程序将出资抽回的行为”的规定。戴明高上诉认为，其提交的证据可以证明其将博四通公司转入款项用于了博世桥公司对外投资，其对博四通公司不构成抽逃出资。虽然戴明高提交的证据确实可以证明其收到博四通公司款项后有向胡双珍等人汇款的行为，也可以证明胡双珍、湖北山河置业有限公司等人向博四通公司汇入了款项，但是，现有证据无法证明这些汇款的原因，以及这些汇款行为与博四通公司对博世桥公司投资行为之间的关系，不能认定戴明高汇出款项是代表博世桥公司对外进行投资，也不能认定博四通公司收到这些款项是收回对博世桥公司投资的款项，故戴明高该项上诉理由不成立。戴明高提交博四通公司年度审计报告，以及博四通公司工商登记资料，拟证明博四通公司收回了当时对博世桥公司投资的款项。就此，本院认为，公司注册资本是在公司登记机关登记的全体股东认缴的出资额，公司资产数额是公司现存资产的数额，两者之间并无必然关联性，公司登记的注册资本数额与股东实际抽逃出资与否之间也无必然关联性。戴明高以审计报告所载明博四通公司审计时的资产状况来证明其未抽逃出资，以工商登记注册资本没有减少证明股东没有抽逃出资，均没有法律依据。另经查，戴明高提交的审计报告中确有提及博四通公司与博世桥公司、人人公司之间长期投资欠款情况和其他应收款情况，但审计报告载明这些长期投资或应收款是审计当年发生的业务往来，债权产生时间、原因、金额均与诉争投资合作协议无法对应，不能据此认定这些债权是戴明高等人依投资合作协议进行投资所产生，故戴明高依审计报告提出的上诉主张也不成立。

【投资人抽逃出资产生的法律后果】

毛海兰与河南天工建设集团有限公司执行异议案［河南省南阳市中级人民法院（2012）南中执复字第07号民事裁定书］，有限责任公司成立后，公司股东的出资便转化为公司的财产，公司股东也就丧失了对出资的所有权。因此，公司的股东在公司成立后不得抽回其出资；公司股东在公司成立后抽逃出资行为，实质上是一种侵犯公司财产的行为。公司分立时，应当按照法定的程序对其财产进行分割和对债权债务进行协商处理并公告。否则，公司应当承担不利的法律后果。

【公司可通过股东会议解除长期抽逃出资股东的股东资格】

爱立许德昌机械（江阴）有限公司诉江阴市德昌铸冶环保机械有限公司股东除名案［江苏省无锡市中级人民法院（2012）锡商终字第0440号民事裁定书］，被告德昌公司作为原告爱立许公司的股东抽逃出资，长达六年之久不予补足，后虽经催告仍不纠正。该事实已经发生法律效力的中国国际经济贸易仲裁委员会（2011）中国贸仲沪裁字第146号裁决书所确认。爱立许公司在召开股东会及董事会前再次向德昌公司催告要求其返还出资，但德昌公司仍未返还出资，爱立许公司通过股东会及董事会决议的形式解除德昌公司的爱立许公司股东资格，符合有关法律规定，同时，爱立许公司的另一股东德国爱立许公司在股东会及董事会决议上均承诺承担德昌公司在合营合同中的权利和义务，补足德昌公司抽逃的出资也符合国务院《中外合资经营企业合营各方出资的若干规定》第七条的有关规定，故本院对爱立许公司的诉讼请求依法予以支持。

【通过虚构债权债务关系将出资转出的，应认定为抽逃出资】

某公司股东抽逃注册资金行政处罚案［辽宁省2012年行政执法指导案例之二］，《公司法》第三十六条规定公司成立后，股东不得抽逃出资，这是我国公司法规定注册资本采用法定资本制原则的具体体现之一。对此案的实际调查取证并对当事人的公司财务账目进行审查中，办案人员发现该公司增资后的注册资本金有预付购车款80万元的去向，并附购车合同一份。通过对汽车销售方的财务账目进行调查取证后，汽车销售方实际并没有收到此笔购车款，只不过当事人为了说明80万元资金的用途，与汽车销售方共同虚拟了一份购车合同，用此关联交易关系说明80万元资金的去向，已达到当事人抽逃出资的目的。

2011年1月27日，最高人民法院公布的《关于适用〈中华人民共和国公司法〉若干问题的规定（三）》（法释［2011］3号），就公司设立、出资、股权确认等纠纷案件适用法律问题作出了相关司法解释。办案人员查阅了该司法解释，其中该司法解释第十二条，公司成立后，相关股东的行为符合下列情形之一的，应当认定该股东抽逃出资：（1）将出资款项转入公司账户验资后又转出；（2）通过虚构债权债务关系将其出资转出；（3）制作虚假财务会计报表虚增利润进行分配；（4）利用关联交易将出资转出；（5）其他未经法定程序将出资抽回的行为。而当事人的利用虚构购车合同以建立关联交易关系，完全符合了该司法解释。

根据2010年5月7日最高人民检察院、公安部关于印发《最高人民检察院、公安部关于公安机关管辖的刑事案件立案追诉标准的规定（二）》的通知第四条"公司发起人、股东违反公司法的规定未交付货币、实物或者未转移财产权，虚假出资，或者在公司成立后又抽逃其出资，涉嫌下列情形之一的，应予立案追诉：（二）有限责任公司股东抽逃出资数额在三十万元以上并占其实缴出资数额百分之六十以上的，股份有限公司……"的规定，当事人共投资590万元，另一名股东投资10万元，合计600万元注册成立公司，当事人所抽逃的80万元占其实缴出资百分之六十以下，并不够移送的标准，完全可以按照《公司法》第二百零一条："公司的发起人、股东在公司成立后，抽逃其出资的，由公司登记机关责令改正，处以抽逃出资金额5%以上15%以下的罚款。"的规定予以处罚。

参照《××市工商局行政处罚自由裁量权指导标准》序号（1）关于违反《公司法》第二百零一条抽逃出资的规定，有限责任公司股东抽逃出资额占出资数额的20%以下，处以抽逃出资数额5%至7%的罚款。对当事人处以罚款人民币40,000元至56,000元。鉴于当事人成立公司后未开展任何经营活动，未造成任何危害后果，并且已办理了税务登记注销手续，抽逃出资数额未达到其实缴出资数额的60%，罚款金额确定为40,000元。

【股东抽逃出资的民事法律后果】

胡元中与汤敏股权纠纷上诉案［河南省高级人民法院（2011）豫法民二终字第199号二审判决书（《人民司法·案例》2013年第2期）］，公司成立后，股东不得抽逃出资，这是公司法规定的基本原则之一。股东出资是公司赖以存在和运营的基础，因此，抽逃出资行为，被公司法严格禁止并严厉惩处。股东出资后，随即将出资转走而用于非公司经营，是抽逃出资的典型情形。其民事法律后果，一是出资人对公司继续履行出资义务，并承担相应责任；二是如不履行该项出资义务，则不享有基于该项出资而享有的资产收益、参与重大决策和选择管理者等权利。

【“股转债”决议因违反资本维持原则而属无效】

王伟俊诉上海金力达机械科技有限公司其他与公司有关的纠纷案[上海市普陀区人民法院（2011）普民二（商）初字第1185号民事判决书]，《公司法》第七十五条（编者注；现为该法第七十四条）规定了对股东会相关决议投反对票的股东可以请求公司按照合理价格收购其股权的三种情形：一是“公司连续五年不向股东分配利润，而公司该五年连续盈利，并且符合本法规定的分配利润条件的”；二是“公司合并、分立、转让主要财产的”；三是“公司章程规定的营业期限届满或者章程规定的其他解散事由出现，股东会会议通过决议修改章程使公司存续的”，对于有限责任公司其他情形的股权回购则未作出规定。本案公司董事会作出的“股转债”决议非属上列明文规定的三种情形的回购股权。案例认为，系争“合意”股权回购亦不符合《公司法》关于有限责任公司股权回购的立法精神及法律规定，违反公司资本维持原则，损及公司及债权人利益，应属无效。

【股东抽逃出资，不因股权已被转让而免责】

源润控股集团股份有限公司与上海浦东发展银行股份有限公司天津分行、天津港保税区国臣国际贸易有限公司、天津国信集团有限公司、天津市通泰实业发展有限公司、天津国臣投资集团有限公司、孙建国借款合同纠纷案[最高人民法院（2011）民提字第86号民事判决书]，2000年4月13日，源润公司将对通泰公司增资的人民币50,000万元存入通泰公司验资账户内，验资后的次日，通泰公司将660万元、1400万元、140万元共计2200万元，分别划入案外人杨连杰、国臣贸易公司、孙建国的账户内；同日，杨连杰、国臣贸易公司、孙建国将上述款项转入国信公司的账户。2000年4月17日，国信公司又将2200万元划回源润公司账户内；同日，通泰公司将人民币2800万元转回源润公司账户内。至此，源润公司5000万元增资全部收回。源润公司、通泰公司及国信公司，对上述资金划转未能做出合理的解释，故一审法院认定源润公司的行为构成抽逃出资，并无不妥。源润公司的抽逃出资行为降低了通泰公司承担民事行为责任的能力，违反了资本法定原则，影响了交易相对人对其偿债能力的正确判断和交易安全。虽然源润公司持有通泰公司的股权多次无偿转让，但在其足额补缴所抽逃出资之前，对债权人权益的侵害处于持续状态，不应以时间长短或股权是否转让作为其不承担相应民事责任的依据，故源润公司应当在其抽逃的5000万元注册资金范围内对通泰公司的债务承担补充赔偿责任。关于源润公司作为新证据向二审法院提交2002年9月23日孙建国写给源润公司原法定代表人函件，二审法院认为，该证据没有源润公司原法定代表人的确认，且购房时间、相应购房款数额均无法证实，且该函件距本案转款行为相差约两年半，因此与本案认定源润公司是否抽逃注册资金的事实，不具有关联性。

【抽逃出资股东的表决权应受限制】

重庆鑫荣建筑工程有限公司等与重庆中川建设有限公司股东表决权纠纷上诉案[重庆市第五中级人民法院（2011）渝五中法民终字第1989号民事判决书（《人民司法·案例》2012年第10期）]，公司法对抽逃出资的股东是否仍具有股东资格、股东权利应否受限制未作规定，最高人民法院对此也未作出相关的司法解释，由此造成在实务中，对于抽逃出资股东以表决权受到限制或者剥夺为由而对股东会决议效力进行争执案件处理的困难。股东抽逃出资后仍具有股东资格，但应当限制其部分股东权利的行使。

【名为减资，实为抽逃出资】

安徽新集煤电（集团）有限公司与如东县农村信用合作联社、上海恒德置地有限公司借款合同纠纷案[最高人民法院（2010）民提字第79号民事判决书]，关于煤电公司从恒德公司退出的性质及责任承担问题。根据本案一审、二审及再审查明的事实可以得知，1997年10月6日，煤电公司与恒德公司签订《还款及股权转让协议》，根据该协议，恒德公司以其开发的恒德花园一、二期房折价4562.18万元并加现金70.82万元一并抵给煤电公司，煤电公司退出恒德公司。从上述事实看，恒德公司将房产加现金抵偿给煤电公司，煤电公司退出，其结果是恒德公司最终减少注册资本，因此，煤电公司股权转让并不是真正意义上的转让，其实质是恒德公司减少注册资本。根据公司法的相关规定，减资行为并不属于抽逃资金，但是，本案因公司资产的减少缩小了公司承担责任的能力，直接影响到公司债权人的利益，所以，法律对公司减少资本规定了比增加资本更加严格的法律程序。《公司法》第一百八十六条规定："公司需要减少注册资本时，必须编制资产负债表及财产清单。公司应当自作出减少注册资本决议之日起十日内通知债权人，并于三十日内在报纸上至少公告三次。债权人自接到通知书之日起三十日内，未接到通知书的自第一次公告之日起九十日内，有权要求公司清偿债务或者提供相应的担保。公司减少资本后的注册资本不得低于法定的最低限额。"《公司法》第一百八十八条第二款规定："公司增加或者减少注册资本，应当依法向公司登记机关办理变更登记"。本案股权转让协议虽然成立，但签订时并未生效，需要恒德公司履行上述法定程序，并经工商变更登记后才生效。本案中，恒德公司在退股或减资时均没有明确的财产清单；未进行减资公告，就进行实际减资。1997 年 10 月 6 日，煤电公司在既没有董事会的决议也没有公告的情况下，就进行以房抵股、以房抵债的减资行为。(2001)沪一中刑终字第 525 号刑事判决(第 8 页)认定："煤电公司撤股的行为从 1997 年 10 月双方签订撤股协议并开始实际履行时就已经发生了……不能认为恒德公司的注册资本变更登记完成后煤电公司才开始撤资"，而董事会的减资决议在 1998 年 7 月 8 日才作出，恒德公司于 1998 年 6 月 10 日、15 日、17 日才进行减资公告，即在实质性减资的一年后才作出董事会决议并进行公告。其次，恒德公司在办理减资登记时，没有向工商机关提交以公司房产抵偿煤电公司剩余的 2000 多万元债务的事实，没有说明与如东信用社之间存在 2000 余万元担保债务的事实，违反了如实提交变更资料的法定义务。故煤电公司从恒德公司退出，违反了减资的法定程序，应认定为名为减资，实为抽逃出资性质，煤电公司应在其 2500 万元出资范围内为恒德公司的担保债务承担连带责任。

【重复承担抽逃出资责任对抗执行的识别】

江阴舒卡纤维有限公司与张家港保税区天妃国际贸易有限公司买卖合同纠纷执行案[江苏省无锡市中级人民法院(2008)锡执异复字第 22 号民事裁定书(《人民司法·案例》2011 年第 22 期)]，执行实践中，人民法院裁定追加开办单位为被执行人，在抽逃出资范围内对申请执行人承担责任。开办单位收到追加裁定后，既无异议，也不履行裁定义务，却在追加裁定送达后的 10 天异议期内对其他法院在此期间受理的被执行人与其他债权人的纠纷之诉中，与被执行人的其他债权人签订调解协议，主动承担抽逃出资责任，并积极履行完毕。若此，开办单位不能以在后诉讼产生的自愿承担抽逃出资责任，对抗在先追加裁定的执行。

【股东通过换股方式取得转让款，不属于抽逃出资】

中国信达资产管理公司深圳办事处与大鹏创业投资有限责任公司、湖南湘能电力股份有限公司等借款合同纠纷上诉案[最高人民法院(2009)民二终字第 55 号民事判决书]，关于湘能公司等十名大鹏控股公司的股东是否存在抽逃出资行为及责任承担问题。综观本案，大鹏证券公司为完成重组公司的目的，由大鹏证券公司股东和公司员工共同发起设立了大鹏控股公司，大鹏控股公司通过换股方式(具体方式为大鹏证券公司的股东在参与认购大鹏控股公司的股份时，同意将其在大鹏证券公司相应数额的股份以当时的净资产值转让给大鹏控股公司)成为大鹏证券公司的参股公司。为避开法律限制，虽然重组是以换股方式进行，不需要大鹏证券公司老股东额外出资，但仍需参与认购大鹏控股公司股份的股东在验资时垫付资金，待重组完成后资金全部退还给股东。本案中，湘能公司等十名大鹏证券公司的老股东已以货币出资的方式完成了对大鹏控股公司的出资义务。大鹏控股公司成立后，已与湘能公司等十名公司股东分别签订了《股权转让协议书》，并依约支付了购买湘能公司等十名公司股东持有的大鹏证券公司股权的转让款。上述事实表明，本案所涉股权转让实质上是大鹏证券公司的股东以其在该公司的股权价值作为其对大鹏控股公司的出资。湘能公司等十名大鹏控股公司的股东与大鹏控股公司签订股权转让协议的目的并非为了抽回对大鹏控股公司的出资，亦非以无价值或低价值的大鹏证券公司股权换回对大鹏控股公司的出资。光大红荔路支行在审核大鹏控股公司的贷款申请时也了解上述情况，其对大鹏控股公司从其股东名下受让大鹏证券公司股权的真实性没有异议，其在《关于为大鹏控股公司授信的八大项调查报告》中确认，大鹏控股公司持有的大鹏证券公司20%的股份变现性强，投资收益丰厚，加上该公司正筹划上市，对授信具较强保证能力，对信贷资金的安全回收有确切的保障。上述分析表明，湘能公司等十名大鹏控股公司的股东并无抽逃出资的故意，且光大红荔路支行与大鹏控股公司签订涉案借款合同之时，大鹏控股公司受让的上述股权价值并未贬损。综上，大鹏控股公司与湘能公司等十名公司股东分别签订的股权转让协议系各方当事人真实意思表示，内容未违反法律法规的禁止性规定，应认定为合法有效。湘能公司等十名大鹏控股公司的股东并不存在抽逃出资行为，其对大鹏控股公司涉案债务不应承担民事责任。

【公司注册登记的主管机关可依法对抽逃出资行为进行处罚】

福建省力源电力（集团）有限公司不服漳平市工商行政管理局工商行政处罚案［福建省龙岩市中级人民法院（2009）龙行终字第18号行政判决书］，被告漳平工商局系公司注册登记的主管机关，有权对辖区内违反公司注册登记规定的违法行为进行查处，具备行政处罚主体资格。原告提出其公司是在厦门市工商行政管理局登记的，漳平工商局无权处罚的理由不充分，不予采纳。被告在对原告作出处罚决定的过程中，履行了立案、调查、告知陈述、申辩权、听证等法定程序，原告对此无异议，故被告作出被诉具体行政行为的程序不违反法律规定。根据《公司法》第三十六条（编者注：现为该法第三十五条）的规定："公司成立后，股东不得抽逃出资。"原告在漳平力源公司成立后不久就将注册资本900万元以电汇方式转到原告的账户中，且没有因此办理公司变更登记，也没有与该笔资金相关的协议、债权凭证等。至案发之日止，仍有人民币411.5万元未返还给漳平力源公司，未返还款项并非用于漳平力源公司的生产经营活动。原告这一行为严重影响了漳平力源公司的经营能力和偿债能力，损害债权人的合法权益，扰乱了社会经济秩序，已违反《公司法》第三十六条的规定，属抽逃出资行为，应当受到法律处罚。根据《公司法》第二百零一条的规定，公司的发起人、股东在公司成立后，抽逃出资的，由公司登记机关责令改正，处以所抽逃出资金额5%以上15%以下的罚款。本案原告抽逃出资计人民币411.5万元，被告依照该法第二百零一条的规定，对原告作出行政处罚认定事实清楚，证据充分，适用法律正确。

【股东与公司间的基础交易关系有凭证证明的，不应认定为抽逃出资】

厦门海斯达医院投资管理有限公司诉陈红莲股东出资案［福建省厦门市中级人民法院（2009）厦民终字第1694号民事判决书］，是否存在抽逃出资的行为应从基础交易关系、实施主体、会计处理方式等方面着手，结合举证责任的分配原则进行甄别。

本案中，海斯达公司以陈红莲经手的三笔款项未支付对价为由，主张陈红莲抽逃出资。根据二审的庭审调查，在讼争三笔款项发生期间，海斯达公司的财务审批权和公章由公司的董事长也就是法定代表人张静控制。海斯达公司并未举证陈红莲未经张静同意擅自支出上述款项。而且陈红莲出具的收到海斯达公司还款的54.95万元并未在海斯达公司挂账；其确认收到海斯达公司120.05万元往来款，有相应的盖有海斯达公司印章的合同，印章是先盖章后签字并不足以否定该合同的真实性；而海斯达软件公司收取海斯达公司100万元，系海斯达软件公司与海斯达公司的关系。陈红莲作为公司高级管理人员与公司订立合同及交易的行为及相应后果，系其他法律关系，不属于本案审查范围。上述收条及转账凭证均作为财务凭证做入海斯达公司的财务账册中，表明海斯达公司已认可上述款项往来的基础关系，结合陈红莲提交的2006年度年检报告分析，在2007年4月28日海斯达公司进行2006年度年检时，其主张的三笔款项支出已经发生，但经年检并未体现其注册资本存在被抽逃的情况。海斯达公司所举的证据并不能证明陈红莲存在抽逃出资的行为，海斯达公司应当自行承担举证不能的后果。

【债权人在债务人破产清算期间从其抽逃出资股东处获偿的效力】

江苏省方强农场服装厂与美嘉利服饰有限公司破产撤销权纠纷案［江苏省南通市港

闸区人民法院(2008)港民破字第0001号裁定书(《人民司法·案例》2012年第6期)],公司经营发生严重亏损向人民法院申请破产清算,如公司股东存在虚假出资或抽逃出资行为,利用公司独立法人地位损害债权人利益的,人民法院在审理过程中应追回股东出资,防止借企业破产之名达逃脱债务之实。人民法院受理企业破产案件后,个别债权人从抽逃出资的股东处获得清偿行为的应认定无效,该部分财产应纳入企业破产财产范围进行重新分配。

【公司经合法有效决议收购股东所持股权,不是抽逃出资】

叶宇文诉沛县舜天房地产开发有限公司股权转让案[江苏省高级人民法院(2008)苏民二终字第0048号民事判决书],确认本案股东会决议和股权收购协议的效力不违反公司资本维持原则。资本维持原则是指在公司设立后,必须实际保持与注册资本相当的资本或财产,实行这一原则的目的是维持公司资本,保护公司债权人利益和维护交易安全。这一原则在法律上的具体体现就是《公司法》第三十五条规定的"公司成立后,股东不得抽逃出资"。这一规定与修订前的"股东在公司登记后,不得抽回出资"是有所区别的。法院认为,现行《公司法》并非绝对禁止有限责任公司设立后股东以合法方式收回资本,而是禁止以逃避债务为目的、造成债权人利益受损的方式抽逃资本。《公司法》第三十五条规定的"抽逃出资",应当是指以逃避债务为目的的非法行为,其结果是导致公司法定资本的绝对减少和对公司债权人利益的损害。因此,判断本案所涉股权收购协议是否有效,不应仅依据出资是否被抽回,而是应当根据缔约时是否以损害债权人利益为目的,客观上是否给债权人利益造成损害的事实进行确认。

【以收回公司债权为名收回出资,属于抽逃出资】

上诉人长春市商业银行北国支行与被上诉人新产业投资股份有限公司、吉林省商务厅以及原审被告吉林新产业投资有限责任公司借款合同纠纷案[最高人民法院(2007)民二终字第215号判决书],由于外贸公司在工商行政管理部门注册登记的档案材料缺失,该公司投资设立的基本情况已无法考察。但是,根据外贸公司营业执照载明的注册资金为4400万元,可以认定吉林省外贸厅已经足额出资,对此,各方当事人均没有提出异议。在吉林省外贸厅与新产业公司签订的《收购协议书》以及吉林省外贸厅《关于对新产业投资集团股份公司零价收购省外贸投资总公司的批复》中,均载有新产业公司同意吉林省外贸厅在外贸公司设立时投入的债权尚有4159万元没有收回,由吉林省外贸厅收回的内容。本案诉讼中,吉林省商务厅不否认其前身吉林省外贸厅已经实际从外贸公司收回4159万元债权的事实,但其辩称该4159万元债权与4400万元注册资金无关,却始终不能提交上述4400万元出资的具体形式的证据以及证明外贸公司返还吉林省外贸厅的4159万元债权与吉林省外贸厅4400万元出资之间关系的证据。据此,应视为吉林省商务厅不能证明除4400万元注册资金之外,吉林省外贸厅对外贸公司还有其他形式的资金投入,故本院认定上述4159万元债权系外贸公司资产的组成部分,吉林省外贸厅收回该部分债权,属于吉林省外贸厅抽逃外贸公司资产的行为,该行为损害了外贸公司以及外贸公司债权人的合法权益。因外贸公司系独立的民事主体,其对外所负债务首先应以其自有财产清偿,如果外贸公司的财产不足以清偿债务,则吉林省外贸厅应就其抽逃资产的行为对外贸公司的债务承担相应赔偿责任。

【不得随意确认他人为公司的股东后,以公司为受让人,让他人或股东抽回出资】

蔡节约诉福建省南安市银象日化有限公司出资案[福建省泉州市中级人民法院(2003)泉经终字第359号民事判决书],根据《公司法》第二十六条和第二十七条的规定,有限责任公司的股东全部缴纳出资后,必须经法定的验资机构验资并出具证明,之后,由全体股东指定的代表或者共同委托的代理人向公司登记机关申请设立登记,提交公司登记申请书、公司章程和验资证明等文件。本案被上诉人蔡节约在1998年1月1日与黄振昌、曾钻石、李斯元、陈鸿签订的《宏裕蚊香厂股东合约协议书》中虽有约定出资1万元和以技术入股而占宏裕蚊香厂20%的股份,但在宏裕蚊香厂设立时提交给工商部门的验资报告及变更为银象公司之后提交给工商部门的验资报告中，均无蔡节约为宏裕蚊香厂出资人或银象公司股东的记载。故蔡节约不得直接以股东身份向银象公司主张股东权利，更不得以银象公司为受让人要求退回其所主张的出资。银象公司也无权未经全体股东确认和法定的验资机构验资并办理工商变更登记，就确认蔡节约为公司的股东和所占有的出资比例，更不得违反《公司法》第三十四条“股东在公司登记后，不得抽回出资”的禁止性规定，在随意确认他人为公司的股东后，以公司为受让人，让他人或股东抽回出资。本案上诉人银象公司与被上诉人蔡节约2000年12月17日签订的退股协议，双方在未经全体股东确认和法定验资机构验资并办理工商变更登记的情况下，私自在协议中确定蔡节约在银象公司中占有20%的股份，并以银象公司为受让人，受让蔡节约所主张的20%股份。该协议违反了《公司法》的上述规定，依法应确认为无效。蔡节约基于该协议而要求银象公司支付其9万元退股款的诉讼请求，依法不予保护。至于蔡节约在银象公司中是否有出资及所占出资比例，应与其他股东协商或另行向其他股东提起确权之诉，在确定所占出资比例后，还应依法办理工商变更登记方合法有效；而对其出资的处分也只能根据《公司法》第三十五条的规定依法转让，而不能抽回或以公司为受让人变相抽回出资。

【公司控股股东抽逃出资的，其他股东可以直接向法院提起诉讼】

顺德市国信实业有限公司诉顺德市贸促信息有限公司损害公司权益案［广东省佛山市中级人民法院(2003)佛中法民二终字第0169号民事判决书］，国信公司、信息公司与凤城公司出资成立京顺拍卖行，均为该公司股东，根据《公司法》的规定，公司股东作为出资者享有相应的资产受益等财产权利；股东在公司登记后，不得抽回出资。信息公司分别于2000年1月18日、3月21日两次从京顺拍卖行抽回投资款85万元与其在京顺拍卖行的出资数额相同，且2000年1月18日收据也表明是退回出资款，信息公司亦无证据证实在京顺拍卖行抽回85万元属借款，故信息公司的行为应属抽逃资金行为，已违反上述法律的规定，信息公司应依《公司法》规定将资金返还京顺拍卖行。由于信息公司掌握了京顺拍卖行的管理权，致使京顺拍卖行怠于行使诉权，直接损害了国信公司作为股东享有的合法权益。根据《公司法》第一百一十一条、第二百零九条的规定，国信公司享有对信息公司的诉权，因此，国信公司是适格的原告，信息公司主张在京顺拍卖行抽回85万元属借款和国信公司不具备诉讼资格的上诉理由不成立。

【股东以领取工资和差旅费为名提取注册资金，系抽逃出资】

厦门厦华显示系统有限公司与烟台市东辰科技有限公司等买卖合同案［厦门市湖里区人民法院(2003)湖民二初字第838号判决书］，王可俊、马淑青在东辰公司批准设立后的次日，即以领取工资和差旅费为名将注册资金20万元以现金形式提走，系抽逃注册资金的行为，违反了有关法律的规定，应当承担抽逃注册资金的法律责任。原告请求判令两被告对抽逃30万元注册资金的行为承担连带责任，因其中有10万元部分证据不足，不予支持，其余请求成立，应予支持。综上所述，被告王可俊、马淑青作为股东应当负责清理东辰公司的债权债务，以东辰公司的财产偿还所欠原告的货款30万元，并在抽逃20万元注册资金的范围内，以其个人财产承担连带清偿责任。

【债转股协议中若债权已转化为股权，仍然清偿债务违反了不得抽回股本的强制性规定，应为无效】

信达公司诉银河公司对已按债转股转化的原有债务仍应按债务予以清偿案［河南省高级人民法院2001年4月26日民事判决书］，信达公司在庭审中称银河公司重新对700万元借款及利息在催收逾期贷款通知上签章，并在债权转让通知上签章，表明银河公司是对700万元贷款及利息的确认。因为信达公司所享有的债权原属于南阳路建行，此债权已转作郑州市建行在银河公司的股本金，且信达公司未能提出银河公司在郑州市建行除本案争议合同项下借款以外还有其他借款的证据，故银河公司在催收通知上签章和在债权转让通知上签章的行为属股份有限公司同其出资人之间的行为，违背了公司法中关于发起人不能抽回出资的规定，为无效民事行为。信达公司据此提起诉讼，缺乏相应的事实和法律根据，其对银河公司所提全部诉讼请求本院不予支持。担保权相对于主债权而言属于从属权利，主债权已转作股本金，担保权因主债权的丧失而丧失，故信达公司要求郑州市丝织厂承担连带责任的主张，本院亦不予支持。

【第三人代垫出资并协助抽逃出资的仍应承担赔偿责任】

乙担保公司与甲建筑公司等追偿权纠纷案［江苏法院公司审判十大案例之一］，股东抽回出资属于侵犯公司财产权的行为，第三人与股东事先约定代垫出资并协助股东完成上述行为的，构成共同侵权，依据《侵权责任法》第八条应当承担连带责任。《公司法司法解释（三）》原第十五条的删除不影响第三人的上述民事责任。

【以允许出资人抽逃出资为内容的调解书是无效的】

东营市河口区义和镇劳务工程公司与东营市河口区义和镇人民政府拖欠工程款纠纷再审案［最高人民法院民事裁定书］，《公司法》第三十六条（编者注：现为该法第三十五条）规定，公司成立后，股东不得抽逃出资。本条的规定属于强制性规定，因此公司的出资人应当按照法律规定或约定的方式对公司履行出资义务并且不得抽逃资本。如果调节书的内容允许公司的出资人直接或变相地抽逃公司资本，则违反了《公司法》第三十六条强制性规定的。因此，以允许公司出资人抽逃出资为内容的调解书是无效的。

第二节　组织机构

第三十六条　【股东会的组成及地位】　有限责任公司股东会由全体股东组成。股东会是公司的权力机构，依照本法行使职权。

一、相关法律条文

《中华人民共和国民法总则》（自2017年10月1日起施行）对营利法人的权利机构的设立和职权，规定如下：

第八十条　营利法人应当设权力机构。

权力机构行使修改法人章程，选举或者更换执行机构、监督机构成员，以及法人章程规定的其他职权。

二、相关案例

【股东对股东会形成决议提起诉讼，无法定情形不予支持】

钱碧芳、华宁公司与祝长春、华宇公司、祝明安及汪贤琛股东权纠纷案［最高人民法院2006年4月13日民事判决书（《最高人民法院公报》2006年第7期（总第117期））］，在诉讼调解程序中，经人民法院主持，由有限责任公司全体股东召开股东会会议，就股权转让、公司债权债务及资产的处置等问题形成的《股东会决议》，对各股东均有约束力。故该有限责任公司的股东又就《股东会决议》涉及的问题提起新的诉讼时，如不属于依法应予支持的情形，则应当判令当事人各自遵守和执行股东会决议。

【未召开形式上的股东大会，但全体股东同意的，可认定行为之有效性】

冯继明等诉南通市观音山供销社有限公司要求确认股东权案［江苏省南通市中级人民法院（2005）通中民二终字第021号民事判决书］，公司增资扩股的通知为要约邀请，认股人缴纳股金认购股份的行为为要约，公司接受认股股金为承诺，增资扩股合同成立。公司对其法定代表人的经营活动承担民事责任，即使公司法定代表人超越权限的民事法律行为，除相对人知道或应当知道其超越权限外，该代表行为有效。

本案中，2003年6月22日，观音山供销公司向全体职工发出《会议通知》，要求全体职工参加同年7月2日的扩股动员会，应当确认为观音山供销公司的真实意思表示。因该公司的原10名股东都是公司的职工，且大多数在公司担任领导职务，部分人员还参加了增资扩股的操作，故对《会议通知》所及内容的真实性亦应予以确认。四上诉人在参加公司召集的扩股动员会后，每人向公司交纳了8万元，说明四上诉人要求成为公司新股东的意愿明确，并已实际出资到位。观音山供销公司收取了该款，在收据上载明是入股，并已动用了该款项。说明观音山供销公司对四上诉人等30名职工成为公司新股东是认可的。此后，公司即应对股东名册及时变更，但公司至今未变更，系公司怠于履行自己的义务。原审置《会议通知》发布的形式、过程及内容不顾，片面要求四上诉人提供增资扩股是经过2/3以上表决权股东通过的证据，系对举证责任分配不当，原审以四上诉人没有实际行使公司章程所规定的股东权利，否定四上诉人为公司新股东，片面保护了不诚信一方的利益，显属不当。在本案的适用法律上，应当把公司法所注重的形式和其他实体法结合起来，综合进行评判。观音山供销公司以未通过10月10日的股东会表决为由，否认公司的增资扩股行为，明显违背了民事活动中所应遵循的诚信原则，以此否定四上诉人具有新股东资格的理由不能成立。

【股东大会对外不具有独立的民事主体资格】

云南华一投资集团有限公司诉云南云生实业股份有限公司股东权益纠纷案［云南省高级人民法院（2000）云高经终字第357号民事裁定书］，股东大会是为股东行使股东权力而设置的，它是公司内设的一个权力机构，对外不具有独立的民事主体资格。股东在行使权力时，必须通过股东大会将其意思上升为公司的意思才能对外作出决议，因此，决议的效果也应归属于公司。股东大会的行为属于公司行为。本案中，云生公司的股东在股东大会上作出决议，取消华一公司的股东资格。这一决议得到了云生公司的认可，并由云生公司以公司名义到登记机关办理变更手续，因此，取消华一投资公司股东资格的决议不仅是股东行为，而是已经上升为公司行为。

第三十七条 【股东会职权】 股东会行使下列职权：

（一）决定公司的经营方针和投资计划；

（二）选举和更换非由职工代表担任的董事、监事，决定有关董事、监事的报酬事项；

（三）审议批准董事会的报告；

（四）审议批准监事会或者监事的报告；

（五）审议批准公司的年度财务预算方案、决算方案；

（六）审议批准公司的利润分配方案和弥补亏损方案；

（七）对公司增加或者减少注册资本作出决议；

（八）对发行公司债券作出决议；

（九）对公司合并、分立、解散、清算或者变更公司形式作出决议；

（十）修改公司章程；

（十一）公司章程规定的其他职权。

对前款所列事项股东以书面形式一致表示同意的，可以不召开股东会会议，直接作出决定，并由全体股东在决定文件上签名、盖章。

相关案例

【有限公司的执行董事在任期届满之前，其职务可由股东会合法解除】

金国权诉上海乙烽金属制品有限公司股东会或者股东大会、董事会决议效力纠纷案［上海市浦东新区人民法院（2009）浦民二（商）初字第7985号民事判决书］，对于第二项争议焦点，即第三人提出“根据被告章程规定，股东会不得在其任期届满前无故解除其执行董事兼法定代表人的职务”的意见，本院认为，首先，该意见虽有被告章程作为依据，但该章程内容（章程第16条）显然是照抄了2004年8月28日修正的《公司法》（以下简称原《公司法》）第四十七条的规定，但现行《公司法》第四十六条第一款（编者注：现为该法第四十五条第一款）恰恰删除原《公司法》该条规定中“董事在任期届满前，股东会不得无故解除其职务”的内容，此立法变化已充分表明了现行《公司法》将任期届满前解除董事（执行董事亦属董事范畴）职务的权利完全赋予了股东（大）会（被告章程第8条也规定股东会有权更换执行董事），据此在任董事在现行《公司法》于2006年1月1日实施后已不再拥有保证其任期届满的既得权利，其任期可以通过股东的适当表决而被取消，故第三人以其“无故”作为对抗被告股东会解除其职务的决议效力的抗辩理由，与法有悖，本院不予采纳。其次，第三人在履行职务中究竟是“无故”还是“有故”，本院已查明第三人自2007年1月8日被选举为被告执行董事兼法定代表人起至今从未召集主持过被告的定期和临时的股东会会议，“其妻亡故后其对被告的业务关心比过去确实少了，不是经常上班”，故第三人履职情况难谓“勤勉”，处理亡妻后事虽是人之常情，也确实需要花费大量精力，但第三人身居被告执行董事兼法定代表人之要职，依法须勤勉忠实地履行职务，当家庭利益和公司利益两者发生冲突且难以两全时第三人自当作出妥善安排（如在征得股东会同意后将其职权暂时委托他人代为行使等），但本案中第三人为家庭利益而偏废公司利益的做法，已证明其对因其不能履行职务而导致公司利益受损的结果采取了放任的消极态度，此举不仅“有故”而且过错相当严重，据此即使按照被告章程上述规定，股东会也有权以其“有故”为由作出解除其执行董事兼法定代表人职务的决议。

【选举和更换董事，是股东会的职权】

殷林诉江苏省淮安工商行政管理局工商行政登记再审案［江苏省高级人民法院（2005）苏行再终字第零零四号行政裁定书］，公司章程是公司的自治规则，公司章程系由公司股东制定，并对股东具有约束力，股东依章程规定享有权利和承担义务。淮信房地产公司1999年8月24日的股东会决议，确定由殷林指派的董事担任董事长，此决议与公司《章程》所确定的选举董事长办法相悖。要达到此决议的目的，应先修改章程中关于董事长产生办法，而公司未能依程序提交章程修正案或修改后的公司章程，报请登记机关备案，所以该决议虽随同其他材料报给登记机关，仍然不能以此对抗《章程》关于董事长产生办法的规定，上诉人认为只要股东会作出决议，并报登记机关，在实质要件上完全具有修改章程的法律效力，依据不足。选举和更换董事是股东会的职权，而股东会应当对所议事项的决定作成会议记录，出席会议的股东应当在会议记录上签字，上诉人对2000年3月13日的股东会决议，未能提供符合法律规定的股东会记录，且董事的变动未向原公司登记机关备案，所以认为该决议合法有效的观点，本院不予认可。经淮信房地产公司申请，并提交了合乎法律和公司章程规定的材料，被上诉人履行其法定义务，作出由殷林变更为郭军为法定代表人登记的具体行政行为并无不当。

【公司增资相关决策决定权在股东会】

上海德力西实业发展有限公司与胡志兴、乐清市上德断路器有限公司出资纠纷案［浙江省温州市中级人民法院（2001）温经初字第292号民事判决书］，本案原告上海德力西公司要求确认其拥有上德公司532.6万元的有效股本，一部分属于直接投入上德公司，另一部分是从其他出资人处转让而来。故解决本案的关键一是判定上德公司在设立后有无有效的增资扩股行为，二是判定上海德力西公司与其他出资人之间的股权转让是否有效。依照我国公司法律规定，有限责任公司设立后，经公司登记机关（工商行政管理部门）核准的登记事项，是依法取得法人资格的必要条件，直接涉及有限责任公司对外独立承担民事责任的能力，因此对变更有限责任公司登记事项，法律规定了严格的程序，并规定未经核准变更登记，公司不得擅自改变登记事项。本案涉及增资扩股和股权转让，均涉及上德公司登记事项中有关注册资金、股东名称及其出资比例的调整和公司章程的修改等。公司增资扩股，依照法定程序，应由公司董事会（或执行董事）制定增加注册资本的方案，然后由公司股东会作出增加注册资本的决议，依法修改公司章程中注册资本金额及其与之相关的股东名称变更、出资比例的调整等，并由新老股东在修改后的章程上签章。而且关于增资和修改章程必须经代表三分之二以上表决权的股东通过。之后才由股东认缴新增资本的出资，依法办理变更登记。本案原告上海德力西公司投入上德公司资金279万元，但未取得上德公司股东会决议通过，也未作为新股东修改上德公司章程并在章程上签字，作为新增股东没有取得上德公司股东同意或出资邀请，故无法证明其投入上德公司的资金是股本性质，还是投资款或其他性质的经济往来款，所以上海德力西公司要求确认其投入上德公司的资金为有效股本，依据不足，本院不予采信。至于包燕平等人与上海德力西公司签订的股权转让协议，因包燕平等人的出资尚未依法办理变更登记而转为公司有效股本，其出资的金额和比例不能得到法律保护，故其与上海德力西公司签订的股权转让协议书依法不能成立。且如确认包燕平等人的出资为上德公司有效股本，其向公司股东以外的人转让出资，未经上德公司全体股东过半数同意，依法应确认无效。

【利润分配方案批准权在股东会】

上海市粮食储运公司诉上海南方啤酒原料有限公司公司盈余分配权案［上海市第一中级人民法院（2000）沪一中经终字第610号民事判决书］，我国公司法规定股东按照出资比例分取红利，被上诉人作为公司股东已经足额缴纳公司章程中规定的出资额，依法有权按照出资比例分取红利；我国公司法另规定有限责任公司股东会由全体股东组成，股东会是公司的权力机构，有权审议批准公司的利润分配方案，被上诉人依法与其他股东共同审议批准的1996年度分配方案，上诉人应予执行。我国民法通则规定债是按照合同的约定或者依照法律的规定，在当事人之间产生的特定的权利义务关系，公司分配方案一旦成立，即在上诉人与被上诉人之间产生债权债务关系。被上诉人作为股东并未对股东会议形成的1996年度分配方案提出异议，仅作为债权人提起诉讼，要求上诉人履行给付义务，故本案应适用我国民法通则的有关规定。

第三十八条 【首次股东会会议】 首次股东会会议由出资最多的股东召集和主持，依照本法规定行使职权。

第三十九条 【定期会议和临时会议】 股东会会议分为定期会议和临时会议。

定期会议应当依照公司章程的规定按时召开。代表十分之一以上表决权的股东，三分之一以上的董事，监事会或者不设监事会的公司的监事提议召开临时会议的，应当召开临时会议。

第四十条 【股东会会议的召集与主持】 有限责任公司设立董事会的，股东会会议由董事会召集，董事长主持；董事长不能履行职务或者不履行职务的，由副董事长主持；副董事长不能履行职务或者不履行职务的，由半数以上董事共同推举一名董事主持。

有限责任公司不设董事会的，股东会会议由执行董事召集和主持。

董事会或者执行董事不能履行或者不履行召集股东会会议职责的，由监事会或者不设监事会的公司的监事召集和主持；监事会或者监事不召集和主持的，代表十分之一以上表决权的股东可以自行召集和主持。

一、相关司法解释及两高工作文件

《最高人民法院关于印发〈全国法院民商事审判工作会议纪要〉的通知》(法〔2019〕254号),关于股东请求判令召开股东(大)会会议,通知如下:

29.【请求召开股东(大)会不可诉】公司召开股东(大)会本质上属于公司内部治理范围。股东请求判令公司召开股东(大)会的,人民法院应当告知其按照《公司法》第40条或者第101条规定的程序自行召开。股东坚持起诉的,人民法院应当裁定不予受理;已经受理的,裁定驳回起诉。

二、相关案例

【工商机关对股东会召集、主持程序的审查义务】

山东泰山华艺纸业有限公司与焦进等工商行政登记纠纷上诉案[山东省泰安市中级人民法院(2013)泰行终字第24号民事裁定书],工商机关依法对公司申请变更登记的材料是否符合法定形式负有审查义务。未说明系如何召集、由谁主持,又非全体股东共同签字的股东会决议,不符合法定形式。如果公司持该股东会决议申请变更登记,工商机关应当以申请材料不符合法定形式为由决定不予受理。

【股东召集和主持股东会会议的效力认定】

叶思源诉厦门华龙兴业房地产开发有限公司公司盈余分配权纠纷案[福建省厦门市中级人民法院(2007)厦民终字第2330号民事判决书],叶思源于2006年12月22日召集并主持召开的股东会会议的召开程序及会议内容均与法不悖,所作出的《〈关于厦门华龙兴业房地产开发有限公司2004年度的利润分配方案和弥补亏损方案〉的股东会决议》有效。首先,《公司法》规定"审议批准公司的利润分配方案和弥补亏损方案"系股东会的职权之一,而且《公司法》还规定"有限责任公司不设董事会的,股东会会议由执行董事召集和主持。董事会或者执行董事不能履行或者不履行召集股东会会议职责的,由监事会或者不设监事会的公司的监事召集和主持;监事会或者监事不召集和主持的,代表十分之一以上表决权的股东可以自行召集和主持。"本案的上诉人华龙公司未设董事会,是由原审第三人陈雅辉担任公司执行董事,因此,原审第三人陈雅辉应当在其任职期间承担召集和主持股东会会议义务。在审理过程中,上诉人华龙公司并未举证证明在2006年12月22日之前,已由担任公司执行董事的陈雅辉依法召集并主持召开了华龙公司"2004年度的利润分配方案和弥补亏损方案"的股东会会议,也没有证明华龙公司的监事在执行董事不能履行或不履行召集股东会会议职责时,履行了召集和主持义务,故叶思源作为华龙公司代表1/10表决权的股东,其有权自行召集和主持股东会。其次,叶思源已按公司章程的规定提前15天将会议时间、地点和会议内容通过邮递方式通知了华龙公司的全体股东,2006年12月22日,股东会会议的召开程序符合法律规定。最后,华龙公司2006年12月22日股东会会议的内容是审议和批准华龙公司2004年度的利润分配方案和弥补亏损方案,而对公司利润进行分配及亏损予以弥补是股东会的职权,股东会临时会议审批公司盈余分配方案所形成的《股东会决议》,内容符合法律规定。另外,《股东会决议》作出后,华龙公司的股东均未以对《股东会决议》效力有异议为由而提出诉讼。故《股东会决议》应当确认有效。

【对股东亲属在股东会通知送达回执上签字的效力认定】

韦作湖诉河池利达石油运输有限公司及覃美林等23人撤销临时股东会决议案[广西壮族自治区河池市(地区)中级人民法院(2007)河市民二终字第16号民事判决书],河池利达公司于2006年召开第二次临时股东会是否通知了韦作湖,亦即会议召集程序是否违反法律法规或者公司章程的规定。《公司法》第四十二条(编者注:现为该法第四十一条)第一款规定:"召集股东会会议,应当于会议召开15日前通知全体股东;但是,公司章程另有规定或者全体股东另有约定的除外。"该法条对召开会议的通知期限作了明确规定,但对通知的方式未作具体规定。河池利达公司章程第二十八条规定:"召开股东会议,应当于会议召开十五日以前以电话、传真或信函的方式通知全体股东。”本案中，上诉人主张王海山、覃美林、陆远华在送达会议通知的同时韦作湖亲自签字领取了2005年安全风险抵押金，而且从手机的通话详单记载来看，均可证实已将会议通知告知了韦作湖。对此，本院认为，上述证据只能证明有签收安全风险抵押金和相互通话的事实，而通话的内容不详，并不能证明已将召开会议事项通知了韦作湖，故上诉人的这一主张本院不予以采信。但韦作湖的妻子代签收了会议的通知书，而韦作湖却未能提供证据证明其妻未将会议通知告知，应视为送达。鉴于与本案合并审理的另案的决议内容违反公司章程的规定，本案从程序上的处理已无实质意义，故应维持一审判决。

【董事会滥用会议议程安排权时，应当赋予股东股东会会议议程安排权】

梅亚兵诉泰兴市液压元件厂股东会召集权纠纷案［江苏省泰州市中级人民法院(2005)泰民二终字第216号民事判决书］，在董事会滥用会议议程安排权进而妨碍股东实现正当目的的情况下，应当赋予股东股东会会议议程安排权，这是其股东会召集权的必然延伸。本案股东会之召开是基于上诉人梅亚兵之申请，而非董事会主动召开。由于液压元件厂企业章程规定董事每届任期为三年，而该厂自2000年4月至今一直未能召开股东会，就董事、监事进行选举和更换，因此，上诉人梅亚兵作为该厂的股东要求召开股东会进行董事、监事的换届选举符合法律规定，被上诉人液压元件厂应当及时召开股东会，进行董事、监事的换届选举。本案中双方当事人对于召开股东会，进行董事、监事的换届选举均无异议，双方存在争议的是股东会是否应以董事、监事的换届选举为会议唯一议程。就股东会会议议程安排的性质而言，它应该属于企业的内部管理事务，法院不应加以干涉。但如果企业滥用对股东会会议议程的安排权，导致股东无法实现其行使股东会召集权的正当目的，在此情形下，股东要求将股东会会议议程特定化的请求应当得到支持。在与此相关的液压元件厂另一股东庞玉伦股东会召集权纠纷一案中，液压元件厂在董事、监事的换届选举议程之前安排了其他议程，如审议庞玉伦的股东资格及其经济问题等，因股东之间对这些议题产生严重分歧，导致股东会无法继续召开，也就使董事、监事的换届选举议程无法进行。鉴于此，上诉人梅亚兵提出了将董事、监事的换届选举议程作为股东会惟一会议议程的要求。当然，如果液压元件厂从节约资源、减轻企业负担的角度出发，一并安排其他会议议程也无不可，但应将董事、监事的换届选举作为股东会的首要议程，安排在股东会会议议程的第一顺序，并确保这一议程不受其他会议议程的干扰。

第四十一条 【股东会会议的通知与记录】 召开股东会会议，应当于会议召开十五日前通知全体股东；但是，公司章程另有规定或者全体股东另有约定的除外。

股东会应当对所议事项的决定作成会议记录，出席会议的股东应当在会议记录上签名。

相关案例

【参加股东会的通知应为实质意义通知】

刘庆兰等与新沂市恒大机械有限公司与公司有关的纠纷上诉案［江苏省徐州市中级人民法院(2007)徐民二终字第504号民事判决书(《人民司法·案例》2008年第24期)］，根据公司法的立法精神，公司通知股东参加股东大会的通知，应为实质意义通知，而不能为仅走形式的程序性通知。公司因未经有效通知而召开股东大会所做出的决议，未能参会的股东有权请求人民法院予以撤销。

【股东会会议召开前15天通知，应理解为通知到达】

俞小琦等诉上海长信会计师事务所有限公司等要求确认股东会决议效力案［上海市第

一中级人民法院 2006 年 12 月 22 日民事判决书],关于本案系争临时股东会会议通知是否违反法定程序的问题。通知时间的要求是为在形式上使股东有充分的时间安排参加会议,在实质上为股东提供充分的机会研究在会议上表决的事项及其合法性,以便决定支持或反对该事项,故应使股东在出席股东会之前有相当的准备时间。我国 2005 年修订前的《公司法》第四十四条仅规定公司应于会议召开 15 日以前通知全体股东,但未明确会议通知是“通知发出”还是“通知到达”,公司章程对此亦未作约定。从公司法的立法目的来看,规定通知期限旨在保护股东充分行使股东权利。如果通知发出即可,而不考虑股东住址远近、交通、邮政以及股东因故可能需要委托他人等因素,则既难以保证股东能够及时收到会议通知而进行充分准备,又为利用此方式损害受通知股东之利益的行为提供了合法的规避理由,显然不利于公司内部治理结构的规范化,公司法的立法目的显然难以实现。因此,对公司法所规定的会议召开前 15 日通知,应理解为通知到达。现上诉人未能使所有的股东均在会议召开 15 日前收到临时股东会会议通知,构成程序违约。

第四十二条 【股东的表决权】 股东会会议由股东按照出资比例行使表决权;但是,公司章程另有规定的除外。

相关案例

【公司章程可自行约定股东会决议的表决方式】

云南昙华商业有限公司、唐坚诉宋高荣股东会议表决权案[云南省昆明市中级人民法院(2001)昆法经初字第 0197 号民事判决书],云南昙华商业有限公司于 2001 年 3 月 19 日召开的股东会决议是合法、有效的。首先,从股东会召开的程序看,该公司章程第二十三条规定:“股东会由执行董事召集。”唐坚作为公司执行董事,有权召集股东会。在送达开会通知的程序上,宋高荣虽然不承认收到通知,但云南省公证处已经对送达过程进行过公证,应当确认唐坚已经将开会通知送达宋高荣。因吴坚被刑事拘押,唐坚虽然未能将开会通知直接送达吴坚,但已经委托公证处将该通知送达昆明市公安局经济侦查大队,请其转交。吴坚自然不可能参加会议,也没有委托他人参加会议,但股东会又不能因为吴坚被拘押而不召开。其次,从实体表决看,该公司章程第九条规定,唐坚认缴出资额 153 万元,占公司注册资本的 51%。第三十一条规定,公司设立执行董事,为公司股东会的常设机构,对股东会负责,唐坚为执行董事。第二十五条规定,股东在股东会上按其出资比例行使表决权。2001 年 3 月 19 日的股东会,宋高荣虽然中途退场,但唐坚持有公司 51%的股份,其表决结果符合公司章程第二十六条关于股东会的普通决议由代表公司 1/2 以上表决权的股东通过的规定。从以上两方面可以看出,2001 年 3 月 19 日的股东会决议是合法、有效的。但是,必须说明,该决议第二条、第三条关于排除公司责任的决议,第四条关于还债方案的决议,仅仅在云南昙华商业有限公司股东之间有效。

第四十三条 【股东会的议事方式和表决程序】 股东会的议事方式和表决程序,除本法有规定的外,由公司章程规定。

股东会会议作出修改公司章程、增加或者减少注册资本的决议,以及公司合并、分立、解散或者变更公司形式的决议,必须经代表三分之二以上表决权的股东通过。

相关案例

【"股随岗变"类纠纷及资本多数决原则的适用】

中科专利商标代理有限责任公司诉齐晓寰股东资格确认案［北京市第一中级人民法院(2016)京01民终2094号民事判决书］，法院经审理认为：

一、关于07持股办法的性质。该办法的名称为中科公司股东持股"管理"办法，规定了股东的资格和评选条件、评选程序、退股、公司回购股权的情形及价格等内容，具有管理的性质，适用对象为中科公司的全体股东，故该办法应定性为通过中科公司股东会决议形成的适用于公司全体股东的规则。虽然在形成程序上存在瑕疵，但不属于决议无效的法定事由。同时，在该办法中签名股东的持股比例已超过2/3，符合章程规定，在决议作出后近十年并无股东诉请撤销该办法，相反在中科公司后续的股东会中依据该07持股办法作出了相关决议，表明公司股东会已对该办法一再地进行了确认，从而对前述的程序瑕疵进行了合理的补救。

二、关于07持股办法对齐晓寰是否具有约束力。

第一，在内容上，07持股办法中有关"股随岗变"的规定与公司2004年章程相一致，亦未违反《公司法》的强制性规定，属于公司意思自治范围，在获得超过代表三分之二以上表决权的股东通过后，应具有约束力。

第二，中科公司采用资本多数决的方式通过07持股办法不构成权利的滥用。首先，从07持股办法的具体内容来看，其适用于公司的全体股东，关于离职股东股权处置等内容亦非针对某一股东所"量身打造"；其次，在07持股办法第一条中从专业资质、在公司的任职年限以及业绩情况等方面对股东资格作出了规定，反映出中科公司作为专司从事知识产权代理业务的有限责任公司，具有较强的人合性特点；最后，根据《专利代理管理办法》并结合国家知识产权局的复函，可以看出实践中行政主管部门对于专利代理公司的股东资格具有特殊的要求和限制，若允许离职人员继续保留股东资格，将可能导致中科公司出现"违规经营"的状况，由此亦可反映出07持股办法中关于离职股东股权处置的规定具有现实的合理性。

第三，齐晓寰入职时中科公司的有效章程（2004年章程）已经明确规定当持股员工离开公司时，不再享有持股资格，在此情况下，齐晓寰仍选择成为公司股东，表明齐晓寰对于该规定予以认可。同时，从中科公司的发展沿革来看，关于员工离职后股权的处理，无论在齐晓寰入职前、在职期间，还是离职之后，中科公司均采取一以贯之的处理方式，并出台相应的规则，齐晓寰对此应为明知并对离职后股权的处理具有充分的预见性，且具有认可该规定的真实意思，因此亦应受到该规定的约束与规制。

在齐晓寰离职之后，中科公司依据07持股办法作出股东会决议，确认齐晓寰自离职之日起不再享有股东资格，相关决议亦应对齐晓寰具有约束力。因(2014)海民初字第784号民事判决书已确认齐晓寰可以行使股东知情权，但该案生效时间为2014年6月25日，故应确认齐晓寰自2014年6月26日起不再享有中科公司股东资格。另需明确的是，虽然齐晓寰不再享有中科公司股东资格，但并未丧失该股权对应的相关财产性权益，其有权另行要求取得公平的股权转让对价。

【是否可以判决修改公司章程】

淮北市腾屹商贸有限责任公司、淮北国安电力有限公司诉安徽三利新能源科技有限公司与公司有关的纠纷案［安徽省淮北市烈山区人民法院(2015)烈民二初字第00231号民事判决书］，国安三利公司章程条款由全体股东参加制定，每一股东都要受到公司章程的约束。但是，由于国安三利公司章程第十六条"股东会对第十三条中的各款做出决议，必须经全体股东一致通过并做出决议，否则做出的决议无效"内容的规定，在公司运作过程中，遇到了根据公司章程内容无法实现公司管理的异常情况，不利于公司正常经营活动的开展，章程中的这种阻碍公司正常运作和管理的条款应该加以修改和完善。根据国安三利公司章程的规定，公司章程的修改，必须由全体股东通过，被告作为股东之一不愿意变更公司章程内容，导致两原告的合法权益无法实现、公司的重要权利无法行使。国安三利公司章程第十六条虽然在形式上并不违反《公司法》的规定，但客观上造成少数股东的意见左右股东会甚至决定了股东会的意见，以致公司无法正常运行的局面，故依法应予变更。法院作出判决，国安三利公司章程第十六条“股东会对第十三条中的各款做出决议，必须经全体股东一致通过并做出决议，否则做出的决议无效”改为“国安三利公司股东会会议作出修改公司章程、增加或者减少注册资本的决议，以及公司合并、分立、解散或者变更公司形式的决议，必须经代表三分之二以上表决权的股东通过”。

第四十四条 【董事会的组成】 有限责任公司设董事会，其成员为三人至十三人；但是，本法第五十条另有规定的除外。

两个以上的国有企业或者两个以上的其他国有投资主体投资设立的有限责任公司，其董事会成员中应当有公司职工代表；其他有限责任公司董事会成员中可以有公司职工代表。董事会中的职工代表由公司职工通过职工代表大会、职工大会或者其他形式民主选举产生。

董事会设董事长一人，可以设副董事长。董事长、副董事长的产生办法由公司章程规定。

相关案例

【依据法律与公司章程产生的董事长，在因客观情况无法使用新公章时，仍代表公司行使诉讼权利】

上海奇乐照相总店诉苏燕萍损害公司权益纠纷案［上海市浦东新区人民法院（2007）浦民二（商）初字第3066号民事判决书］，根据《公司法》的规定，董事长、副董事长的产生办法由公司章程规定，公司根据公司章程以及《公司法》的规定选举产生的董事长，自合法的公司决议通过时发生效力，是公司真实的意思表示。董事长因客观原因无法在起诉书中使用新公章，且所使用的旧公章与原股东会决议上加盖公章一致，不影响其代表公司行使诉讼权利。

【董事长的设立与变更】

董兵诉北京全向科技有限公司履行董事会决议案［北京市第一中级人民法院（2004）一中民终字第10677号民事判决书］，有限责任公司的董事会是公司的最高执行机关，董事长作为公司的法定代表人，由董事选举产生，统领董事会。根据《公司法》的规定，有限责任公司设董事会。董事会设董事长一人，可以设副董事长一至二人。董事长、副董事长的产生办法由公司章程规定。董事会会议根据公司章程的约定作出的更换董事长的决议有效，公司董事长发生变更后，根据《公司登记管理条例》第二十七条的规定，公司应当申请办理变更登记。

第四十五条 【董事任期】 董事任期由公司章程规定，但每届任期不得超过三年。董事任期届满，连选可以连任。

董事任期届满未及时改选，或者董事在任期内辞职导致董事会成员低于法定人数的，在改选出的董事就任前，原董事仍应当依照法律、行政法规和公司章程的规定，履行董事职务。

一、相关司法解释及两高工作文件

《最高人民法院关于适用〈中华人民共和国公司法〉若干问题的规定（五）》（法释［2019］7号）对董事职务的解除，规定如下：

第三条 董事任期届满前被股东会或者股东大会有效决议解除职务，其主张解除不发生法律效力的，人民法院不予支持。

董事职务被解除后，因补偿与公司发生纠纷提起诉讼的，人民法院应当依据法律、行政法规、公司章程的规定或者合同的约定，综合考虑解除的原因、剩余任期、董事薪酬等因素，确定是否补偿以及补偿的合理数额。

二、相关案例

【起诉时已经不具有董事资格的人因没有直接利害关系，不能提起确认公司决议无效之诉】

许明宏诉泉州南明置业有限公司、林树哲与公司有关的纠纷案［最高人民法院（2017）最高法民终18号民事裁定书］，作为合营方，香港南明公司可以委派许明宏为泉州南明公司的董事，也可以单方解除许明宏的董事职务。故自香港南明公司2000年8月9日包含解除许明宏董事职务内容的《委派书》到达泉州南明公司时起，许明宏即不再具有泉州南明公司董事职务。根据《公司法》的规定，董事会作为公司经营决策机构，可以根据法律或者公司章程规定的权限和表决程序，就其审议事项经表决后形成董事会决议，但该决议应当反映董事会的商业判断和独立意志。《公司法司法解释（四）》第一条规定可以由公司股东、董事、监事等请求确认无效的决议，并不包括本案所涉不体现董事会意志的记录性文件。故案涉上述文件中涉及许明宏不再担任泉州南明公司董事职务的部分，虽然有董事会决议之名，但其并不能构成公司法意义上的董事会决议。综上，案涉董事会决议并非许明宏丧失泉州南明公司董事职务的原因，无论该董事会决议上"许明良"签名是否系伪造，均不影响香港南明公司解除其董事职务的效力。许明宏关于其是案涉董事会决议无效之诉适格原告的上诉理由不能成立。

【董事会任期届满后不改选董事和董事长，构成对股东权利的侵犯】

广元市天然气公司与四川省广元燃气有限责任公司等侵犯控股股东权利纠纷案［四川省广元市中级人民法院（2000）广经终字第1号民事判决书］，天然气公司与宸宇公司经协商成立燃气有限公司，并订立关于合作建设、经营广元天然气项目协议书、制定燃气有限公司章程，明确天然气公司对燃气有限公司享有的55%的股份，其控股股东的权利地位成立。韩大涛作为董事长不主持召开股东会和董事会，燃气有限公司不向投资股东（天然气公司）提供经营情况和公司财务会计报告，在董事会任期届满后不召开董事会改选董事、董事长，侵犯了控股股东天然气公司的股东权利。作为天然气公司原推荐的董事韩大涛、董聚照作为国家公务员不得在企业兼职。天然气公司依照《公司法》及章程规定，有权提议更换自己方推荐的董事和要求召开股东会、董事会，更换董事及董事长，维护自己的合法权益。

第四十六条 【董事会职权】 董事会对股东会负责，行使下列职权：

（一）召集股东会会议，并向股东会报告工作；

（二）执行股东会的决议；

（三）决定公司的经营计划和投资方案；

（四）制订公司的年度财务预算方案、决算方案；

（五）制订公司的利润分配方案和弥补亏损方案；

（六）制订公司增加或者减少注册资本以及发行公司债券的方案；

（七）制订公司合并、分立、解散或者变更公司形式的方案；

（八）决定公司内部管理机构的设置；

（九）决定聘任或者解聘公司经理及其报酬事项，并根据经理的提名决定聘任或者解聘公司副经理、财务负责人及其报酬事项；

（十）制定公司的基本管理制度；

（十一）公司章程规定的其他职权。

一、相关法律条文

《中华人民共和国民法总则》(自 2017 年 10 月 1 日起施行)对营利法人的执行机构，规定如下：

第八十一条 营利法人应当设执行机构。

执行机构行使召集权力机构会议，决定法人的经营计划和投资方案，决定法人内部管理机构的设置，以及法人章程规定的其他职权。

执行机构为董事会或者执行董事的，董事长、执行董事或者经理按照法人章程的规定担任法定代表人；未设董事会或者执行董事的，法人章程规定的主要负责人为其执行机构和法定代表人。

二、相关案例

【董事会有权对公司的日常管理制度作出决议】

杨国清诉马百祥等要求确认董事会决议无效案［北京市第二中级人民法院(2007)二中民终字第 2687 号民事判决书］，2002 年 12 月，燕京公司成立，原告任董事长，被告马百祥任副董事长兼总经理，被告李元良、被告王三胜、被告王凤菊均为燕京公司董事。2006 年 7 月 28 日，原告召集四被告召开董事会，所议事项为讨论归还同利多吉公司 20 万元欠款事宜。会上，被告李元良提出第二个决议事项，原告对此表示反对，四被告就上述两个决议事项作出董事会决议。第二项决议内容为：“为了确保公司生产经营正常进行，维护公司正常工作秩序，本届董事会在未换届前仍应坚持分工负责的工作原则，全体董事必须各负其责，工资审批、支票领取、报销仍按原办法实施，营业执照和资质证书正本等按规定悬挂在财务科墙上，营业执照和资质证书副本和公章按公司惯例使用和按原办法由马百祥负责保管。”四被告均在该董事会决议上签字。2006 年 7 月 31 日，原告在该董事会决议上签字时写入了自己的反对意见。

法院认为，股东会是公司的权力机构，有权对公司的一切重大事项作出决议，董事会是公司的执行机构，有权对公司的日常管理制度作出决议。燕京公司董事会决议第二项内容，未违反法律、行政法规的强制性规定，且燕京公司的大多数股东认可董事会的该项决议内容，因此认为该决议内容合法有效。

第四十七条 【董事会会议的召集与主持】 董事会会议由董事长召集和主持；董事长不能履行职务或者不履行职务的，由副董事长召集和主持；副董事长不能履行职务或者不履行职务的，由半数以上董事共同推举一名董事召集和主持。

相关案例

【临时董事会的召集程序、决议方式应符合公司章程规定】

北京金冠汽车服务有限公司与东联科技有限公司董事会决议撤销纠纷上诉案［北京市高级人民法院（2009）高民终字第1147号民事判决书］，关于召集程序问题，因金冠公司章程第二十条规定三分之一以上的董事可以提议召开董事会临时会议，故金冠公司董事罗增新、王迷拴、鞠大昌提议于2008年6月12日召开临时董事会已达到金冠公司章程规定的提议召开临时董事会的约定比例，该临时董事会的召开符合金冠公司章程规定的提议程序。东联公司虽称该董事会的召开不符合金冠公司章程关于董事会应提前30天通知董事的规定，但规定临时董事会的目的是为了解决和应对临时性、突发性的事项，故金冠公司章程规定的提前30天通知董事召开董事会会议的规定应指董事会定期会议，而不适用临时董事会，金冠公司章程及相关法律并未对召开临时董事会的通知时限作出规定，故金冠公司于2008年6月12日召开临时董事会未违反公司章程及相关法律关于召开临时董事会通知时限的规定。综上，本案所涉临时董事会的召开并未违反金冠公司关于临时董事会召集程序的规定。关于决议方式问题，因金冠公司章程规定出席董事会会议的法定人数为全体董事的2/3，且应包含各方至少1名董事，不够2/3人数或缺少一方时，其通过的决议无效，而出席本案所涉董事会会议的董事为罗增新、王迷拴、鞠大昌，金冠公司股东东联公司委派董事均未参加临时董事会，故金冠公司2008年6月12日召开的临时董事会的出席人数未达到公司章程规定的比例，且缺少一方股东委派董事参加，该董事会据此通过的董事会决议违反了金冠公司章程关于董事会决议方式的规定。

【以电话或口头通知，或者没有提前通知，使得董事缺乏足够时间去充分表达其真实意志，损害董事的合法权益】

张廷泼等五人诉郑星辉侵犯股东权案［福建省厦门市集美区人民法院（2001）厦集民初字第566号民事判决书］，董事会系公司依照《公司法》的规定设立的由全体董事参加的法定常设业务执行机关，应依照公司法及公司章程规定的方式和程序议决公司日常重要事项，充分代表和体现全体董事的意志。原告主张以公司习惯方式，即以电话或口头通知相关董事，也不需要时间上的提前量，只要大多数董事同意就可以召开临时董事会的主张违背了《公司法》关于“召开董事会，应当于会议召开10日以前通知全体董事”的强制性规定，足以使董事缺乏足够时间去充分表达其真实意志，损害董事的合法权益。另外，参加董事会人员王世峰、刘逸静、肖孙祺不具备合法的董事资格。会议未对会议所议事项作成记录，由出席会议的董事在会议记录上签名，致使董事之间发生争议时无法查明会议的真实情况，无法判断会议内容的真实性。因此，2001年6月25日召开的董事会会议程序违法，不能充分代表公司全体董事的真实意思表示，该董事会作出的罢免郑星辉主任会计师、董事长及法定代表人职务，并选举张廷泼为主任会计师、董事长及法定代表人的决议无效。

第四十八条 【董事会的议事方式和表决程序】 董事会的议事方式和表决程序，除本法有规定的外，由公司章程规定。

董事会应当对所议事项的决定作成会议记录，出席会议的董事应当在会议记录上签名。

董事会决议的表决，实行一人一票。

相关案例

【决议事项的紧急性或决议结果合理性的理由不能作为衡量董事会决议通过方式合法性的依据】

北京金冠汽车服务有限公司与东联科技有限公司董事会决议撤销纠纷上诉案[北京市高级人民法院(2009)高民终字第1147号民事判决书],中外合资经营企业的章程内容是股东的真实意思表示,且不违反中华人民共和国相关法律、法规的强制性规定,并得到审批机关的批准的,应确认有效。公司章程只规定了年度董事会会议的召集程序,而未规定临时董事会会议召集程序的,并不能以年度董事会会议的召集程序类推适用临时董事会,所以违反年度董事会召集程序并不一定导致临时董事会决议具有效力瑕疵,结合公司章程第十五条、第十七条、第二十五条之规定,金冠公司董事会决议的表决通过方式采用的并非通常意义上的资本多数决方式,而是董事人数的2/3多数且应包含各方至少1名董事。此举意味着对于金冠公司重大事项的表决方式,金冠公司的三方股东派驻的董事必须做到每方股东派驻的董事至少有1名董事参加并同意才具备通过的可能,此为金冠公司的股东在金冠公司设立时的自愿约定并已通过中华人民共和国商务部的批准而生效。因此,此为衡量本案争议的董事会决议通过方式是否合法的唯一依据,上诉人关于决议事项的紧急性或决议结果合理性的上诉理由,均不能作为衡量董事会决议通过方式合法性的依据。由于本案争议的董事会决议缺乏股东一方东联公司董事的参与及事后同意,根据公司章程第二十五条的规定,该董事会决议在法律上属于可撤销的范畴。毋庸置疑,金冠公司章程的此种规定,导致只要有一方股东不同意公司的经营决策时,公司的决议决策机制易陷于僵局,但是此为金冠公司各方股东的自愿约定,本院无权干预。

第四十九条 【经理的设立与职权】 有限责任公司可以设经理,由董事会决定聘任或者解聘。经理对董事会负责,行使下列职权:

(一)主持公司的生产经营管理工作,组织实施董事会决议;

(二)组织实施公司年度经营计划和投资方案;

(三)拟订公司内部管理机构设置方案;

(四)拟订公司的基本管理制度;

(五)制定公司的具体规章;

(六)提请聘任或者解聘公司副经理、财务负责人;

(七)决定聘任或者解聘除应由董事会决定聘任或者解聘以外的负责管理人员;

(八)董事会授予的其他职权。

公司章程对经理职权另有规定的,从其规定。

经理列席董事会会议。

第五十条 【执行董事】 股东人数较少或者规模较小的有限责任公司,可以设一名执行董事,不设董事会。执行董事可以兼任公司经理。

执行董事的职权由公司章程规定。

相关案例

【执行董事无权处分公司股东名下的股份】

任帅与马成、藏梅股权转让侵权纠纷案[最高人民法院(2011)民提字第225号民事判决书]，股东人数较少或者规模较小的有限责任公司，可以设一名执行董事，不设董事会。执行董事可以兼任公司经理。执行董事的职权由公司章程规定。本案中，根据公司章程的约定，执行董事是公司的决策者，在公司授权范围内有权处置公司经营管理事务。但是，公司的股份属于股东的个人财产，即使是执行董事，也无权处分公司股东名下的股份。被告以召开会议形成的《董事会纪要》，未经股东同意转让股东的股份，构成对股东权利的侵犯。股东可以根据《公司法》第一百五十二条的规定对侵害其权利的执行董事提起诉讼。董事会决议无效，执行董事立即停止侵权行为，依法保护当事人的合法权益，同时应恢复原股东地位。

第五十一条 【监事会的设立与组成】 有限责任公司设监事会，其成员不得少于三人。股东人数较少或者规模较小的有限责任公司，可以设一至二名监事，不设监事会。

监事会应当包括股东代表和适当比例的公司职工代表，其中职工代表的比例不得低于三分之一，具体比例由公司章程规定。监事会中的职工代表由公司职工通过职工代表大会、职工大会或者其他形式民主选举产生。

监事会设主席一人，由全体监事过半数选举产生。监事会主席召集和主持监事会会议；监事会主席不能履行职务或者不履行职务的，由半数以上监事共同推举一名监事召集和主持监事会会议。

董事、高级管理人员不得兼任监事。

相关案例

【职工代表监事的产生方式，应符合法律规定的程序和比例】

上海保翔冷藏有限公司诉上海长翔冷藏物流有限公司公司决议效力确认纠纷案[《最高人民法院公报》2019年第11期(总第277期)]，有限责任公司监事会中的职工代表监事应当具有该公司职工的身份，职工代表监事的产生方式应符合《公司法》第五十一条规定的职工民主选举产生的程序，并符合该条规定的代表比例。公司股东会作出任命职工代表监事的决议，如果该被任命监事并非本公司职工，或该被任命监事的产生程序、代表比例违反《公司法》第五十一条规定的，该部分决议内容应属无效。

第五十二条 【监事的任期】 监事的任期每届为三年。监事任期届满，连选可以连任。

监事任期届满未及时改选，或者监事在任期内辞职导致监事会成员低于法定人数的，在改选出的监事就任前，原监事仍应当依照法律、行政法规和公司章程的规定，履行监事职务。

第五十三条 【监事会或监事的职权（一）】 监事会、不设监事会的公司的监事行使下列职权：

（一）检查公司财务；

（二）对董事、高级管理人员执行公司职务的行为进行监督，对违反法律、行政法规、公司章程或者股东会决议的董事、高级管理人员提出罢免的建议；

（三）当董事、高级管理人员的行为损害公司的利益时，要求董事、高级管理人员予以纠正；

（四）提议召开临时股东会会议，在董事会不履行本法规定的召集和主持股东会会议职责时召集和主持股东会会议；

（五）向股东会会议提出提案；

（六）依照本法第一百五十一条的规定，对董事、高级管理人员提起诉讼；

（七）公司章程规定的其他职权。

一、相关法律条文

《中华人民共和国民法总则》（自2017年10月1日起施行）对营利法人的监事会及职权，规定如下：

第八十二条 营利法人设监事会或者监事等监督机构的，监督机构依法行使检查法人财务，监督执行机构成员、高级管理人员执行法人职务的行为，以及法人章程规定的其他职权。

二、相关案例

【监事检查公司的财务和经营情况，可能损害公司利益】

胡光书与北京中产连管理技术有限公司监事请求权纠纷上诉案［北京市第二中级人民法院（2009）二中民终字第12717号民事判决书］，中产连公司系依法设立的有限责任公司，其公司股东、董事、监事、高级管理人员的权利与义务，应依据《公司法》和中产连公司章程的有关规定进行确定；虽《公司法》和中产连公司的章程中均规定监事有检查公司财务的职权，但由于中产连公司章程中还规定公司的股东、董事、监事及高级管理人员不得从事任何与本公司的业务相竞争或可能竞争的业务；本案中胡光书既是中产连公司的监事，亦是中产连公司的股东，在其担任中产连公司股东和监事期间从事经营与中产连公司经营范围相类似的尚和德信公司，后尚和德信公司虽被注销，但与尚和德信公司相关联的信和尚德公司仍然从事经营与中产连公司经营范围相类似的业务，为此一审法院认定胡光书检查中产连公司的财务和经营情况可能损害中产连公司合法利益并无不妥。

【监事代表诉讼】

上海唐城实业有限公司诉周某、徐某、周黎某损害公司利益责任纠纷案［上海市黄浦区人民法院（2014）黄浦民二（商）初字第1166号民事判决书］，监事在符合条件的股东书面请求其向法院提起诉讼之后，或者监事认为公司董事等经营者确实存在侵犯公司利益行为的，应在收到股东书面诉讼请求之后三十日之内，或发现董事等经营者确实存在侵犯公司利益的行为三十日内，以公司名义提起诉讼，监事为公司诉讼代表人，诉讼结果应由公司承担。监事代表诉讼后，其他股东和公司机关不得就同一理由再次向人民法院提起诉讼。

第五十四条 【监事会或监事的职权（二）】 监事可以列席董事会会议，并对董事会决议事项提出质询或者建议。

监事会、不设监事会的公司的监事发现公司经营情况异常，可以进行调查；必要时，可以聘请会计师事务所等协助其工作，费用由公司承担。

相关案例

【监事任期届满，但在公司股东大会选举出新的监事之前，发现公司经营异常的，仍然有权行使对公司的调查权】

金广福诉扬州同创塑胶制品有限公司要求在监事任期届满新监事未产生前继续履行监事检查权纠纷案［江苏省扬州市中级人民法院（2013）扬商终字第0009号民事判决书］，根据《公司法》的规定，监事会、不设监事会的公司监事发现公司经营情况异常可以进行调查。依据公司章程监事虽然任期届满，但在公司股东大会选举出新的监事之前，如发现公司经营异常，为保护公司正常运转和股东合法权益，其仍然有权行使对公司的监事检查权。

本案中，上诉人金广福有权查阅被上诉人同创公司财务会计报告、会计账簿及原始凭证，但是在双方股东知情权纠纷中已提供查阅的资料没有必要再次提供查阅。同创公司首次股东会决议和工商登记资料明确载明了金广福为公司监事，因此金广福具有同创公司的监事身份，依据《公司法》第五十四条（编者注：现为该法第五十三条）第（一）项的规定，其享有监事检查权。上诉人金广福作为被上诉人同创公司监事，根据同创公司提供给工商部门的经营情况，发现公司在销售收入增长的情况下出现亏损，有理由认为公司出现经营情况异常，其根据《公司法》第五十五条（编者注：现为该法第五十四条）第二款的规定要求进行调查以落实其监事检查权有法律依据。但是，在金广福与同创公司的股东知情权纠纷一案中，金广福已经于2012年3月21日、22日，在法院主持下并聘请专业会计师按照（2010）江商初字第0394号民事判决书确定的内容对同创公司会计账册、原始凭证、财务会计报告进行了查阅，并同意作执结处理，其行使股东知情权目的已经达到。从公司法立法目的来看，之所以完善决策、执行、监督互相分离的公司内部治理结构，就是为了通过各种权利的制约与平衡，实现公司运营的高效、规范，从而保护包括公司自身在内的相关主体的合法权益，并且根据《公司法》第一百四十八条（编者注：现为该法第一百四十七条）第一款的规定，监事所负勤勉义务要求其职权的行使应当谨慎并符合维护公司利益的原则。因此，上诉人金广福同时作为被上诉人同创公司的股东和监事，在行使股东知情权后，短时间内要求行使监事检查权，虽在法律上可予保障，但是，基于平衡保护公司各方主体合法权益的考虑，为减少公司不必要的运营成本、维护公司正常的经营秩序，对上诉人金广福在股东知情权纠纷一案中已查阅的会计账册、原始凭证、财务会计报告，被上诉人同创公司无需再次提供查阅。

第五十五条 【监事会的会议制度】 监事会每年度至少召开一次会议，监事可以提议召开临时监事会会议。

监事会的议事方式和表决程序，除本法有规定的外，由公司章程规定。

监事会决议应当经半数以上监事通过。

监事会应当对所议事项的决定作成会议记录，出席会议的监事应当在会议记录上签名。

第五十六条 【监事职责所需费用的承担】 监事会、不设监事会的公司的监事行使职权所必需的费用，由公司承担。

相关案例

【监事报酬应属于公司法调整范畴而非劳动争议事项】

陈小海诉上海葡萄城电子科技发展有限公司追索劳动报酬纠纷案[上海市浦东新区人民法院(2013)浦民二(商)初字第3412号民事判决书(《人民司法·案例》2016年第2期)],公司监事与公司之间并非劳动合同关系,监事报酬不属于劳动法处理范围,应属于公司内部治理范畴,受公司法调整。对于监事报酬的标准、发放条件等应遵循公司内部自治原则,但在公司内部治理失效或损害监事合法利益的情况下,审判权可以适度、审慎地介入,依法处理,维护监事的合法权利。

第三节 一人有限责任公司的特别规定

第五十七条 【一人公司的概念】 一人有限责任公司的设立和组织机构,适用本节规定;本节没有规定的,适用本章第一节、第二节的规定。

本法所称一人有限责任公司,是指只有一个自然人股东或者一个法人股东的有限责任公司。

第五十八条 【一人公司的注册资本】 一个自然人只能投资设立一个一人有限责任公司。该一人有限责任公司不能投资设立新的一人有限责任公司。

一、相关文件规定

《国家工商行政管理总局关于规范自然人投资一人有限责任公司登记管理工作的通知》(工商个字〔2010〕39号)对自然人设立一人有限责任公司的问题,规定如下:

一个自然人只能保留一个一人公司。对重复设立的一人公司,应当限期变更登记为普通有限责任公司等合法组织形式或办理注销登记,逾期不办的依法处理。在变更和注销登记过程中,要采取切实有效的措施,保护债权人的合法权益。对跨省、自治区、直辖市重复设立一人公司的,由重复设立地的工商行政管理机关依法处理。为保障规范工作的顺利开展,各省级工商行政管理机关之间要建立联络机制,落实联系人。

《财政部、国家税务总局关于企业改制重组若干契税政策的通知》(财税[2003]184号)第七条规定,"企业改制重组过程中,同一投资主体内部所属企业之间土地、房屋权属的无偿划转,不征收契税"。自然人与其个人独资企业、一人有限责任公司之间土地、房屋权属的无偿划转属于同一投资主体内部土地、房屋权属的无偿划转,可比照上述规定不征收契税。

第五十九条 【一人公司的登记注意事项】 一人有限责任公司应当在公司登记中注明自然人独资或者法人独资,并在公司营业执照中载明。

相关文件规定

《关于规范自然人投资一人有限责任公司登记管理工作的通知》(工商个字〔2010〕39号)对规范自然人投资一人有限责任公司登记管理,内容如下:

一、摸清情况,查找原因

各级工商行政管理机关要高度重视、切实做好规范一人公司登记管理的基础工作。要制定工作方案,认真进行部署。要依托全国一人公司数据库,参考总局提供的全国重复设立一人公司名单,对本辖区登记的一人公司(含分支机构)设立人的资格进行认真核查,摸清本辖区内重复设立一人公司的实际情况,分析产生的原因,研究改进一人公司登记管理工作和依法开展规范的方式方法。各省、自治区、直辖市工商行政管理局负责组织开展本辖区内的规范工作。

二、实事求是,分类处理

市场主体守法经营、健康存续关系到经济安全、群众就业和社会稳定,各地工商行政管理机关要本着实事求是、分类处理的原则,在今年9月30日以前依法、妥善规范本辖区内自然人重复设立的一人公司。

一个自然人只能保留一个一人公司。对重复设立的一人公司,应当限期变更登记为普通有限责任公司等合法组织形式或办理注销登记,逾期不办的依法处理。在变更和注销登记过程中,要采取切实有效的措施,保护债权人的合法权益。

对跨省、自治区、直辖市重复设立一人公司的,由重复设立地的工商行政管理机关依法处理。为保障规范工作的顺利开展,各省级工商行政管理机关之间要建立联络机制,落实联系人。

三、建章立制,落实责任

运用高科技的手段,实现高效能的监管,是工商行政管理机关提高服务科学发展能力水平的迫切需要。各级工商行政管理机关要进一步加强自然人投资一人公司登记管理工作,建立健全责任制和责任追究制。要依托全国一人公司数据库,完善一人公司登记操作系统,实现提示警示功能,辅助登记人员进行审查,健全长效工作机制。要采取多种形式加强登记人员的相关业务培训,提升其业务水平。受理一人公司登记申请时,登记人员应当对申请人给予指导,提示《公司法》关于一人公司的禁止性规定。审核自然人一人有限公司登记申请时,登记人员应当使用全国一人公司数据库对申请人投资资格进行查询,避免出现同一自然人重复设立一人公司的情形。

全国一人公司数据库建设在总局数据中心的数据交换栏目下,其访问使用按照总局2009年7月在大连信息化工作培训中提供的4种方式和要求执行,各单位可根据自身情况进行选择,请各省级数据中心按照《关于进一步加强工商行政管理信息化工作的意见》(工商办字〔2009〕174号)的要求更新数据,以保障全国一人公司数据库数据的及时、准确和完整。

各省、自治区、直辖市工商行政管理局可以根据本通知的原则精神,结合本地实际,制定本辖区规范一人公司登记管理工作的实施办法或具体意见。请各省、自治区、直辖市工商行政管理局于2010年10月底前向国家工商总局上报开展规范一人公司登记管理工作的有关情况。在开展工作中遇到的问题,也请及时反映。

第六十条 【一人公司的章程】 一人有限责任公司章程由股东制定。

第六十一条 【一人公司的股东决议】 一人有限责任公司不设股东会。股东作出本法第三十七条第一款所列决定时,应当采用书面形式,并由股东签名后置备于公司。

第六十二条 【一人公司的财会报告】 一人有限责任公司应当在每一会计年度终了时编制财务会计报告,并经会计师事务所审计。

第六十三条 【一人公司的债务承担】 一人有限责任公司的股东不能证明公司财产独立于股东自己的财产的,应当对公司债务承担连带责任。

相关案例

【一人有限责任公司名义股东对公司债务承担连带责任的认定】

章敏诉张春海股东损害公司债权人利益责任纠纷案[北京市怀柔区人民法院(2016)京0116民初1533号民事判决书],2012年3月20日,史国顺与孙吉术签订合同,约定孙吉术自愿收购汇丰绿谷公司,转让价款为575,000元。孙吉术在原调解案件中作为委托代理人参与该案诉讼。同时结合庭审中张春海的陈述意见,张春海为汇丰绿谷公司的名义股东具有一定可能性。如果张春海是汇丰绿谷公司的实际股东,则在其不能提供有效证据证明其个人财产与公司财产相独立时,对公司债务承担连带责任自不待言。另依据商事外观主义,公司登记信息具有公示公信力,一人股东以其为名义股东进行的抗辩不能对抗第三人。从维护商事交易安全角度考虑,本院充分肯定公司登记信息的形式推定力,不论被告张春海是名义股东还是实际股东,其在不能举证证明一人有限责任公司财产独立于其个人财产时,仍应当对公司债权人承担连带责任。

【个人公司财产混同时职务侵占罪的认定】

陶海弟等职务侵占案[浙江省义乌市人民法院(2015)金义刑初字第1281号民事判决书(《人民司法·案例》2018年第14期)],在一人公司中,个人财产与公司财产容易发生混同。行为人将部分公司财产用于个人,主观上难以认定具有非法占有的故意,客观上并未侵犯到公司股东的权益,而针对公司外部债权人的权益,则可以通过适用公司法中的公司法人人格否认制度来予以救济,故对此类案件通常无需以犯罪论处。作为例外,当公司经营状况恶化时,行为人将公司财产转为个人财产的,则体现了非法占有意图,可以职务侵占罪来认定。

【利用长期租赁规避执行的行为无效】

交通银行股份有限公司扬州分行与吴玉福借款合同纠纷执行案[江苏省扬州市中级人民法院(2015)扬执异字第00003号民事裁定书(《人民司法·案例》2015年第20期)],被执行人以明显不符合交易习惯的方式与和自己有利害关系的关联公司(本案为一人公司)签订长期租赁合同,试图利用买卖不破租赁原则,在涉案抵押的房产上虚设长期租赁关系,为人民法院处置其财产设置障碍,损害申请执行人债权及时实现的正当权益,应当认定其行为系规避执行的行为,依法予以去除。

【一人公司股权变更后的债务承担】

江苏洛维化工有限公司诉宿迁市虹源涂料有限公司、朱良述、赵燕舞买卖合同案[江苏省扬州市中级人民法院(2015)扬商终字第00163号民事判决书],《公司法》第六十三条规定,一人有限责任公司的股东不能证明公司财产独立于股东自己的财产的,应当对公司债务承担连带责任。一人公司股权转让前发生的债务,原股东不能举证证明出让前公司财产独立于其个人财产的,债权人有权要求原股东承担连带清偿责任。被告赵燕舞、朱良述作为被告虹源公司的现股东与原股东,均未举证证明其个人财产与被告虹源公司的财产相互独立,故原告要求被告赵燕舞、朱良述对被告虹源公司的债务承担连带责任,本院予以支持。

【一人公司的股东不能证明公司财产独立于股东自己的财产的,应当对公司债务承担连带责任】

郎咸平与上海馨源文化传播有限公司等买卖合同纠纷上诉案[上海市第二中级人民法院(2015)沪二中民一(民)终字第1347号判决书],根据《中华人民共和国公司法》第六十三条的规定,一人有限责任公司的股东不能证明公司财产独立于股东自己的财产的,应当对公司债务承担连带责任。上诉人郎咸平认为,馨源公司系一人有限责任公司,缪洁晶作为馨源公司的唯一股东,在未证明其财产独立于公司财产的情况下,应当与馨源公司承担连带还款责任。缪洁晶认为,其财产独立于公司财产,不应对公司债务承担个人责任。本院认为,馨源公司作为依法成立的法人,享有民事主体资格,具有民事责任能力,应当独立承担责任。但同时,馨源公司仅有缪洁晶一个股东,属于一人有限责任公司,缪洁晶作为馨源公司的唯一股东,对于其个人财产与公司财产相互独立,应当承担举证责任。缪洁晶在本案一审、二审期间均未提供任何证据证明其个人财产独立于公司财产,应当由缪洁晶承担举证不能的责任。郎咸平要求缪洁晶与馨源公司承担连带还款责任的上诉请求于法有据,本院应予支持。

【一人公司人格否认的举证分配及财产混同的判断依据】

应高峰诉嘉美德(上海)商贸有限公司、陈惠美其他合同纠纷案[上海市第一中级人民法院(2014)二审判决书(《最高人民法院公报》2016年第10期)],在一人公司法人人格否认之诉中,应区分作为原告的债权人起诉所基于的事由。若债权人以一人公司的股东与公司存在财产混同为由起诉要求股东对公司债务承担连带责任,应实行举证责任倒置,由被告股东对其个人财产与公司财产之间不存在混同承担举证责任。而其他情形下需遵循关于有限责任公司法人人格否认举证责任分配的一般原则,即折中的举证责任分配原则。一人公司的财产与股东个人财产是否混同,应当审查公司是否建立了独立规范的财务制度、财务支付是否明晰、是否具有独立的经营场所等进行综合考量。本案中,陈惠美提供了上诉人嘉美德公司的相关审计报告,可以反映嘉美德公司有独立完整的财务制度,相关财务报表亦符合会计准则及国家外汇管理的规定,且未见有公司财产与股东个人财产混同的迹象,可以基本反映嘉美德公司财产与陈惠美个人财产相分离的事实。应高峰认为上述证据不足以证明嘉美德公司财产与陈惠美个人财产没有混同,并提出如下异议:审计报告未反映本案诉讼情况;嘉美德公司一审中提供的银行收支报告反映,应高峰投资后仅一周,嘉美德公司就向均岱公司转移了96万余元,包括发放均岱公司员工工资等。法院认为,我国《公司法》第六十四条规定,意在限制一人有限责任公司股东采用将公司财产与个人财产混同等手段,逃避债务,损害公司债权人的利益,因此股东对公司债务承担连带清偿责任的前提是该股东的个人财产与公司财产出现了混同。然而从本案目前的证据材料可以看出,嘉美德公司收到应高峰的投资款后,虽有部分用于支付均岱公司的员工工资及货款等费用,但是,根据双方投资合同的约定,应高峰投资后,均岱公司的业务将全部转入嘉美德公司,因此均岱公司的业务支出与应高峰的投资项目直接有关;这些费用的支出均用于均岱公司的业务支出,并无款项转入陈惠美个人账户的记录,而审计报告中是否记载本案诉讼的情况也与财产混同问题无涉。因此,应高峰提出的异议并不能反映嘉美德公司财产与陈惠美个人财产有混同的迹象,不足以否定上诉人的举证。陈惠美的上诉理由成立,一审判令陈惠美对嘉美德公司的债务承担连带清偿责任不当,应依法予以纠正。

【一人公司并不必然导致公司人格否认滥用】

东兴市京华实业有限公司与梅县光明垃圾发电有限公司等买卖合同纠纷上诉案[广东省高级人民法院(2008)粤高法民二终字第158号二审判决书],根据被告光明发电公司工商登记资料显示,其具有独立的法人资格,有独立的法人财产,享有法人财产权,其与梅州市建行签订权利质押合同,将全部电费收费权质押给梅州市建行,作为被告梅雁股份公司向梅州市建行借款本息的质押担保,属其处分自己的财产权利,并未违反国家法律、法规的规定。本院根据原告东兴实业公司的委托代理人的申请,向梅州市建行等金融机构调查取证,从调查情况看,未发现被告光明发电公司的电费被梅州市建行扣划,但不论电费是否被扣划,均不影响本案的定性和处理。况且,原告东兴实业公司与被告光明发电公司签订购煤协议前,被告光明发电公司已将电费收费权质押给梅州市建行,并签订了权利质押合同;原告东兴实业公司与被告光明发电公司签订购煤协议后,被告光明发电公司与梅州市建行签订的权利质押合同,属借新还旧而续签的合同。因此,被告光明发电公司并无损害原告东兴实业公司利益的故意。

【个人独资企业的人格否认】

厦门永昌荣食品有限公司与厦门市电力投资发展总公司等买卖合同纠纷上诉案[福建省高级人民法院(2004)闽民终字第615号民事判决书],个人独资企业能否赋予其法人资格,承担有限责任,各国立法例出于其各自的目的而不尽相同。从鼓励投资的角度,应采赋予其法人资格的立法例;从限制股东滥用权利以逃避法定或约定义务考量,则不应赋予其法人资格,投资者对债务承担无限责任。两种立法例各有侧重和优劣。我国立法基于国情及政策上的考虑，允许外国投资者和我国港、澳、台地区的个人投资者在我国设立具有法人资格的独资企业（一人公司），独资企业依法享有独立人格，股东承担有限责任。我国的这种立法例对鼓励吸收外资，促进经济发展无疑有其积极的一面，但同时也存在一人公司极易产生的公司资产与股东财产不分，股东滥用权利损害公司债权人和社会公共利益的行为。

本案中，被上诉人喜洋洋公司即系谢得财个人投资设立的独资企业，谢得财是该公司的唯一股东和法定代表人。作为公司的唯一股东，谢得财对公司拥有绝对的控制权，谢得财对此本应依照诚实信用和禁止权利滥用原则，严格遵守财产分离原则，善尽维护法人制度和公司利益的职责，但从本案查明的事实表明，谢得财却无视喜洋洋公司的独立人格和意思自治，滥用其控制权，未遵循公司财产与股东财产彻底分离的原则，挪用公司财产归个人使用，以至喜洋洋公司与其个人之间人格及财产均发生混同。上诉人永昌荣公司与喜洋洋公司一样，亦为谢得财个人投资设立的独资企业，查明的事实表明，谢得财同样存在将永昌荣公司的财产用于清偿个人债务的情形，永昌荣公司的人格及财产亦与其个人混同。同时，上诉人永昌荣公司，其自设立至今，本身从未开展业务活动，其与喜洋洋公司之间，在投资者、经营地址、电话号码及管理从业人员上均完全相同，实为“一套人马，两块牌子”，两公司人格及财产与财务亦持续混同。

综上，上诉人永昌荣公司与被上诉人喜洋洋公司均系由被上诉人谢得财个人投资设立的独资企业，谢得财作为两公司的唯一股东在公司经营运作过程中，未严格遵循股东与公司之间财产分离、关联公司之间财产独立原则，以至谢得财与两公司之间、两公司相互之间人格及财产均发生混同。喜洋洋公司现对电力公司负有到期债务无法偿还，作为善意相对人的电力公司亦已举证证实因存在混同的情形，以致喜洋洋公司徒具空壳，无法偿还其到期债务，损害了其合法权益，谢得财作为两公司的控制股东，利用人格及财产混同来逃避其债务，违背了法人制度设置的宗旨，也不符合诚信原则及公平正义之理念，作为相对人电力公司也无法区分其三者之间人格及财产，因此谢得财及其独资设立的喜洋洋公司和永昌荣公司应共同对喜洋洋公司的债务承担连带清偿责任。

【一人公司的法定代表人代表公司对外借款，其作为股东无法证明公司财产独立于自己的财产应承担连带责任】

庆阳市鑫鑫果业储运有限公司诉琚永华等民间借贷纠纷案［甘肃省庆阳地区中级人民法院（2014）庆中民终字第181号民事判决书］，关于借款人是刘志秀还是果业公司。果业公司属于一人有限责任公司。《公司法》第六十四条（编者注：现为该法第六十三条）规定，一人有限责任公司的股东不能证明公司财产独立于股东自己的财产的，应当对公司债务承担连带责任。本案双方当事人一致认为刘志秀以果业公司需要资金为由，琚永华向刘志秀出借了第一笔借款104,000元，且该借据上加盖了果业公司的印章，刘志秀作为公司的法定代表人，其在第一笔104,000元借据上署名的行为应属于职务行为，故该借款及利息应由果业公司清偿，刘志秀未能证明公司财产独立于股东自己的财产，应依法承担连带清偿责任。

【一人有限公司的股东不能证明公司财产独立于个人财产的，应当对公司债务承担连带责任】

王太山等诉刘延安等股权转让纠纷案［最高人民法院（2013）民二终字第120号民事判决书］，关于“新晋煤公司”应否承担连带责任的问题。“新晋煤公司”系由王玉堂出资设立的一人有限责任公司。根据《公司法》第六十四条（编者注：现为该法第六十三条）的规定：“一人有限责任公司的股东不能证明公司财产独立于股东自己的财产的，应当对公司债务承担连带责任。”本案中，刘延安所交付的股权转让款由“新晋煤公司”出具收据，王玉堂也不能提交证据证明“新晋煤公司”的财产独立于王玉堂自己的财产，因此在本案法律关系中适用一人公司法人人格否认的有关规定。对一人公司适用法人人格否认，可以发生两种结果：一是导致一人公司股东的无限责任，即由股东承担公司的责任；二是在否认公司拥有独立人格的情况下，将本应作为相互独立的公司及其背后的股东视为同一主体，由公司为其单独股东负担责任，以保护债权人的合法利益。因此，该院认定“新晋煤公司”应当连带承担王玉堂向刘延安返还股权转让款7150万元及垫付费用85.5万元的责任。

【一人公司股权转让不免除原股东对公司债务的责任】

广东东莞中院判决龙华公司诉杰美讯公司等买卖合同纠纷案[广东省东莞市中级人民法院(2013)东中法民四终字第79号民事判决书],一人公司股权转让前发生的债务,原股东不能举证证明出让前公司财产独立于其个人财产的,债权人有权要求原股东承担连带清偿责任。

【财产、人格、人员以及具体业务等方面的高度混同,是一人公司人格否定的依据】

北京运河旅行社有限公司诉北京京城水系旅游开发有限公司等其他合同案[北京市海淀区人民法院(2012)海民初字第22048号民事判决书],京城公司是否应对旭游龙公司的债务承担连带责任。运河公司请求判令京城公司与旭游龙公司承担连带责任的依据为二者存在财产混同,具体理由为:二者共用同一航线及码头、人员存在交叉使用、旭游龙公司支出凭单上有京城公司法定代表人签字、旭游龙公司用自有资产为京城公司提供担保、旭游龙公司不能提供证据证明其财产独立于京城公司。其法律依据为《公司法》第二十条、第六十四条(编者注:现为该法第六十三条)的规定。对此本院认为:首先,京城公司已将名下两条航线承租给运河公司和旭游龙公司,无法认定京城公司与旭游龙公司使用同一航线和码头。旭游龙公司以自身名下财产为京城公司提供担保属企业之间相互进行担保,亦不能证明二者存在财产混同。其次,案中各方向本院申请调取了社保、税务等资料,用以证明翟振洋、芦璐、王志敏等人的身份,运河公司认为翟振洋等人社保费用由京城公司和旭游龙公司先后进行交纳,但京城公司抗辩称当时刚刚完成收购,并因旭游龙公司账户被封而代其交纳社保费用,因社保费用的交纳并不能充分证明员工与单位的所属关系,且京城公司申请法院调取了相关税务资料,不能因此认定京城公司和旭游龙公司人员存在混用。旭游龙公司支出凭单上有京城公司法定代表人签字也并非普遍现象,运河公司基于上述内容主张二者存在人员混同本院不予支持。最后,根据北京市交通委员会运输管理局出具的情况说明,旭游龙公司与京城公司具有各自独立的财产,结合庭审中法庭对当事人资产的询问内容以及在案其他证据,本院对旭游龙公司、京城公司主张的财产相互独立的陈述予以支持。结合以上三点,运河公司主张京城公司对旭游龙公司债务承担连带责任,不具备事实和法律上的依据,本院不予支持。

【自然人独资公司转让其独资子公司全部股权的效力判定】

赵双瑞与世纪华中(北京)科技有限公司股权转让纠纷上诉案[天津市高级人民法院(2011)津高民二终字第49号民事判决书(《人民司法·案例》2012年第12期)],自然人独资公司转让其独资子公司股权时,应经股东书面同意,但转股协议是否有效应依据商事外观主义进行判断,不得以协议未经股东签章同意为由否认转股协议效力。协议上即使已加盖法人公章,但如有证据证明协议内容并非双方当事人真实意思表示的,仍应判定合同未成立。

【一人公司中的法人格否认之适用】

东兴市京华实业有限公司与梅县光明垃圾发电有限公司等买卖合同纠纷上诉案[广东省高级人民法院(2008)粤高法民二终字第158号民事判决书(《人民司法·案例》2010年第4期)],当公司股东滥用公司法人独立地位和股东有限责任逃避债务、严重损害公司债权人利益时,应运用法人格否认法理追究公司股东的责任,以事后纠正的方式维护社会的公平、正义。同时,亦应防止适用法人格否认法理滥用情形的出现,以避免损害甚至摧毁公司法人制度和一人公司制度。

【挪用公款给一人公司使用的司法认定】

杨荣昌等贪污、徇私舞弊低价出售国有资产、挪用公款案[上海市第二中级人民法院(2008)沪二中刑终字第207号刑事判决书(《人民司法·案例》2009年第2期)],指控被告人杨荣昌犯挪用公款罪罪名不成立。虽然上海昌茂绿化工程有限公司实际系盖华荣一人经营,但该公司系经工商登记注册成立,成立后进行了正常的经营活动,依法纳税,且杨荣昌挪用的30万元均用于该公司经营活动,故该公司应当认定为单位而非个人。公诉机关指控的30万元国银公司的公款既非被告人杨荣昌以个人名义出借给上海昌茂绿化工程有限公司,杨荣昌也未从中谋取个人利益，被告人杨荣昌的行为不构成挪用公款罪。

【一人公司与个人独立企业的不同】

上海外海进出口有限公司诉绍兴市金海时新针织服饰厂、王海龙买卖合同案[浙江省绍兴市中级人民法院(2007)绍中民二终字第421号民事判决书]，因第一被告系个人独资企业，而非一人公司，故本案应由个人独资企业法调整。首先，个人独资企业投资人对企业债务承担何种责任的问题。根据《中华人民共和国个人独资企业法》第二条关于“本法所称个人独资企业，是指依照本法在中国境内设立，由一个自然人投资，财产为投资人个人所有，投资人以其个人财产对企业债务承担无限责任的经营实体”的规定，投资人对个人独资企业的对外债务承担连带清偿责任。其次，投资人变更后，原投资人对其经营期间形成的企业债务是否承担责任的问题。个人独资企业变更投资人，其实质是独资企业的转让，就是业主将其企业整体出让给第三者的行为，其中也包括对债权债务的转让。根据民法债务转让的法理，债务转让须经债权人同意，现被告王海龙并无证据证明其转让债务经过债权人同意，故其转让个人独资企业并不导致债务的转让，原投资人对其经营期间形成的债务仍应承担清偿责任，不因独资企业的转让、解散或者消灭而转移。

【不能以股东为夫妻、公司为一人公司为由，要求追加夫妻股东为被执行人】

刘敬平与北京中视京诚科技开发有限公司假冒专利及侵犯实用新型专利权纠纷执行异议案，在执行程序中追加被执行人应当严格遵循事由法定原则，申请复议人刘敬平以两个股东为夫妻关系、公司财产与股东财产混同、公司股东滥用公司法人独立地位为由，认为两股东应对公司债务承担连带责任，申请追加陈家豪、梁秀芬为被执行人，上述事由均不属于在执行程序中追加被执行人的法定情形。

第四节 国有独资公司的特别规定

第六十四条 【国有独资公司的概念】 国有独资公司的设立和组织机构，适用本节规定；本节没有规定的，适用本章第一节、第二节的规定。

本法所称国有独资公司，是指国家单独出资、由国务院或者地方人民政府授权本级人民政府国有资产监督管理机构履行出资人职责的有限责任公司。

一、相关法律条文

《中华人民共和国企业国有资产法》(自2009年5月1日起施行)对企业国有资产以及国家出资企业的含义、履行出资人职责的机构、国家出资企业、国家出资企业管理者的选择与考核、法律责任等内容，规定如下：

第一章 总 则

第一条 为了维护国家基本经济制度，巩固和发展国有经济，加强对国有资产的保护，发挥国有经济在国民经济中的主导作用，促进社会主义市场经济发展，制定本法。

第二条 本法所称企业国有资产(以下称国有资产)，是指国家对企业各种形式的出资所形成的权益。

第三条 国有资产属于国家所有即全民所有。国务院代表国家行使国有资产所有权。

第四条 国务院和地方人民政府依照法律、行政法规的规定，分别代表国家对国家出资企业履行出资人职责，享有出资人权益。

国务院确定的关系国民经济命脉和国家安全的大型国家出资企业，重要基础设施和重要自然资源等领域的国家出资企业，由国务院代表国家履行出资人职责。其他的国家出资企业，由地方人民政府代表国家履行出资人职责。

第五条 本法所称国家出资企业，是指国家出资的国有独资企业、国有独资公司，以及国有资本控股公司、国有资本参股公司。

第六条 国务院和地方人民政府应当按照政企分开、社会公共管理职能与国有资产出资人职能分开、不干预企业依法自主经营的原则，依法履行出资人职责。

第七条 国家采取措施，推动国有资本向关系国民经济命脉和国家安全的重要行业和关键领域集中，优化国有经济布局和结构，推进国有企业的改革和发展，提高国有经济的整体素质，增强国有经济的控制力、影响力。

第八条 国家建立健全与社会主义市场经济发展要求相适应的国有资产管理与监督体制，建立健全国有资产保值增值考核和责任追究制度，落实国有资产保值增值责任。

第九条 国家建立健全国有资产基础管理制度。具体办法按照国务院的规定制定。

第十条 国有资产受法律保护，任何单位和个人不得侵害。

第二章 履行出资人职责的机构

第十一条 国务院国有资产监督管理机构和地方人民政府按照国务院的规定设立的国有资产监督管理机构，根据本级人民政府的授权，代表本级人民政府对国家出资企业履行出资人职责。

国务院和地方人民政府根据需要，可以授权其他部门、机构代表本级人民政府对国家出资企业履行出资人职责。

代表本级人民政府履行出资人职责的机构、部门，以下统称履行出资人职责的机构。

第十二条 履行出资人职责的机构代表本级人民政府对国家出资企业依法享有资产收益、参与重大决策和选择管理者等出资人权利。

履行出资人职责的机构依照法律、行政法规的规定，制定或者参与制定国家出资企业的章程。

履行出资人职责的机构对法律、行政法规和本级人民政府规定须经本级人民政府批准的履行出资人职责的重大事项，应当报请本级人民政府批准。

第十三条 履行出资人职责的机构委派的股东代表参加国有资本控股公司、国有资本参股公司召开的股东会会议、股东大会会议，应当按照委派机构的指示提出提案、发表意见、行使表决权，并将其履行职责的情况和结果及时报告委派机构。

第十四条 履行出资人职责的机构应当依照法律、行政法规以及企业章程履行出资人职责，保障出资人权益，防止国有资产损失。

履行出资人职责的机构应当维护企业作为市场主体依法享有的权利，除依法履行出资人职责外，不得干预企业经营活动。

第十五条 履行出资人职责的机构对本级人民政府负责，向本级人民政府报告履行出资人职责的情况，接受本级人民政府的监督和考核，对国有资产的保值增值负责。

履行出资人职责的机构应当按照国家有关规定，定期向本级人民政府报告有关国有资产总量、结构、变动、收益等汇总分析的情况。

第三章 国家出资企业

第十六条 国家出资企业对其动产、不动产和其他财产依照法律、行政法规以及企业章程享有占有、使用、收益和处分的权利。

国家出资企业依法享有的经营自主权和其他合法权益受法律保护。

第十七条 国家出资企业从事经营活动，应当遵守法律、行政法规，加强经营管理，提高经济效益，接受人民政府及其有关部门、机构依法实施的管理和监督，接受社会公众的监督，承担社会责任，对出资人负责。

国家出资企业应当依法建立和完善法人治理结构，建立健全内部监督管理和风险控制制度。

第十八条 国家出资企业应当依照法律、行政法规和国务院财政部门的规定，建立健全财务、会计制度，设置会计账簿，进行会计核算，依照法律、行政法规以及企业章程的规定向出资人提供真实、完整的财务、会计信息。

国家出资企业应当依照法律、行政法规以及企业章程的规定，向出资人分配利润。

第十九条 国有独资公司、国有资本控股公司和国有资本参股公司依照《中华人民共和国公司法》的规定设立监事会。国有独资企业由履行出资人职责的机构按照国务院的规定委派监事组成监事会。

国家出资企业的监事会依照法律、行政法规以及企业章程的规定，对董事、高级管理人员执行职务的行为进行监督，对企业财务进行监督检查。

第二十条 国家出资企业依照法律规定，通过职工代表大会或者其他形式，实行民主管理。

第二十一条 国家出资企业对其所出资企业依法享有资产收益、参与重大决策和选择管理者等出资人权利。

国家出资企业对其所出资企业，应当依照法律、行政法规的规定，通过制定或者参与制定所出资企业的章程，建立权责明确、有效制衡的企业内部监督管理和风险控制制度，维护其出资人权益。

第四章 国家出资企业管理者的选择与考核

第二十二条 履行出资人职责的机构依照法律、行政法规以及企业章程的规定，任免或者建议任免国家出资企业的下列人员：

（一）任免国有独资企业的经理、副经理、财务负责人和其他高级管理人员；

（二）任免国有独资公司的董事长、副董事长、董事、监事会主席和监事；

（三）向国有资本控股公司、国有资本参股公司的股东会、股东大会提出董事、监事人选。

国家出资企业中应当由职工代表出任的董事、监事，依照有关法律、行政法规的规定由职工民主选举产生。

第二十三条 履行出资人职责的机构任命或者建议任命的董事、监事、高级管理人员，应当具备下列条件：

（一）有良好的品行；

（二）有符合职位要求的专业知识和工作能力；

（三）有能够正常履行职责的身体条件；

（四）法律、行政法规规定的其他条件。

董事、监事、高级管理人员在任职期间出现不符合前款规定情形或者出现《中华人民共和国公司法》规定的不得担任公司董事、监事、高级管理人员情形的，履行出资人职责的机构应当依法予以免职或者提出免职建议。

第二十四条 履行出资人职责的机构对拟任命或者建议任命的董事、监事、高级管理人员的人选，应当按照规定的条件和程序进行考察。考察合格的，按照规定的权限和程序任命或者建议任命。

第二十五条 未经履行出资人职责的机构同意，国有独资企业、国有独资公司的董事、高级管理人员不得在其他企业兼职。未经股东会、股东大会同意，国有资本控股公司、国有资本参股公司的董事、高级管理人员不得在经营同类业务的其他企业兼职。

未经履行出资人职责的机构同意，国有独资公司的董事长不得兼任经理。未经股东会、股东大会同意，国有资本控股公司的董事长不得兼任经理。

董事、高级管理人员不得兼任监事。

第二十六条 国家出资企业的董事、监事、高级管理人员，应当遵守法律、行政法规以及企业章程，对企业负有忠实义务和勤勉义务，不得利用职权收受贿赂或者取得其他非法收入和不当利益，不得侵占、挪用企业资产，不得超越职权或者违反程序决定企业重大事项，不得有其他侵害国有资产出资人权益的行为。

第二十七条 国家建立国家出资企业管理者经营业绩考核制度。履行出资人职责的机构应当对其任命的企业管理者进行年度和任期考核，并依据考核结果决定对企业管理者的奖惩。

履行出资人职责的机构应当按照国家有关规定，确定其任命的国家出资企业管理者的薪酬标准。

第二十八条 国有独资企业、国有独资公司和国有资本控股公司的主要负责人,应当接受依法进行的任期经济责任审计。

第二十九条 本法第二十二条第一款第一项、第二项规定的企业管理者,国务院和地方人民政府规定由本级人民政府任免的,依照其规定。履行出资人职责的机构依照本章规定对上述企业管理者进行考核、奖惩并确定其薪酬标准。

……

第八章 法律责任

第六十八条 履行出资人职责的机构有下列行为之一的,对其直接负责的主管人员和其他直接责任人员依法给予处分:

(一)不按照法定的任职条件,任命或者建议任命国家出资企业管理者的;

(二)侵占、截留、挪用国家出资企业的资金或者应当上缴的国有资本收入的;

(三)违反法定的权限、程序,决定国家出资企业重大事项,造成国有资产损失的;

(四)有其他不依法履行出资人职责的行为,造成国有资产损失的。

第六十九条 履行出资人职责的机构的工作人员玩忽职守、滥用职权、徇私舞弊,尚不构成犯罪的,依法给予处分。

第七十条 履行出资人职责的机构委派的股东代表未按照委派机构的指示履行职责,造成国有资产损失的,依法承担赔偿责任;属于国家工作人员的,并依法给予处分。

……

第七十二条 在涉及关联方交易、国有资产转让等交易活动中,当事人恶意串通,损害国有资产权益的,该交易行为无效。

……

第七十四条 接受委托对国家出资企业进行资产评估、财务审计的资产评估机构、会计师事务所违反法律、行政法规的规定和执业准则,出具虚假的资产评估报告或者审计报告的,依照有关法律、行政法规的规定追究法律责任。

第七十五条 违反本法规定,构成犯罪的,依法追究刑事责任。

二、相关文件规定

《国务院国有资产监督管理委员会、财政部、国家发展和改革委员会关于国有企业功能界定与分类的指导意见》(国资发研究〔2015〕170号)第一部分,对于划分类别,规定如下:

立足国有资本的战略定位和发展目标,结合不同国有企业在经济社会发展中的作用、现状和需要,根据主营业务和核心业务范围,将国有企业界定为商业类和公益类。

商业类国有企业以增强国有经济活力、放大国有资本功能、实现国有资产保值增值为主要目标,按照市场化要求实行商业化运作,依法独立自主开展生产经营活动,实现优胜劣汰、有序进退。其中,主业处于关系国家安全、国民经济命脉的重要行业和关键领域、主要承担重大专项任务的商业类国有企业,要以保障国家安全和国民经济运行为目标,重点发展前瞻性战略性产业,实现经济效益、社会效益与安全效益的有机统一。

公益类国有企业以保障民生、服务社会、提供公共产品和服务为主要目标,必要的产品或服务价格可以由政府调控;要积极引入市场机制,不断提高公共服务效率和能力。

商业类国有企业和公益类国有企业作为独立的市场主体,经营机制必须适应市场经济要求;作为社会主义市场经济条件下的国有企业,必须自觉服务国家战略,主动履行社会责任。

三、相关案例

【以明显不当的低价转让或受让未经过资产评估的国有资产的行为效力判定】

东风汽车贸易公司、内蒙古汽车修造厂与内蒙古环成汽车技术有限公司、内蒙古物资集团有限责任公司、赫连佳新、梁秋玲及第三人内蒙古东风汽车销售技术服务联合公司侵权纠纷案[最高人民法院(2008)民申字第461号民事裁定书(《最高人民法院公报》2009年第2期(总第148期))],根据《国有资产评估管理办法》第三条规定,国有资产占有单位进行资产转让的,应当进行资产评估。该规定属于强行性规定,而非任意性规定。国有资产占有单位进行资产转让时未依照上述规定进行资产评估的,转让合同无效;作为受让人,在其知道或者应当知道其受让的标的属于国有资产,在没有履行《国有资产评估管理办法》规定的报批和评估手续的情况下,以明显不当的低价受让该国有资产的,不能认定为善意受让人。所以,作为国有资产的转让人或受让人,以明显不当的低价转让或受让未经过资产评估的国有资产,该行为损害了国家利益,应当依法认定为无效。

第六十五条 【国有独资公司的章程】 国有独资公司章程由国有资产监督管理机构制定,或者由董事会制订报国有资产监督管理机构批准。

第六十六条 【国有独资公司股东权的行使】 国有独资公司不设股东会,由国有资产监督管理机构行使股东会职权。国有资产监督管理机构可以授权公司董事会行使股东会的部分职权,决定公司的重大事项,但公司的合并、分立、解散、增加或者减少注册资本和发行公司债券,必须由国有资产监督管理机构决定;其中,重要的国有独资公司合并、分立、解散、申请破产的,应当由国有资产监督管理机构审核后,报本级人民政府批准。

前款所称重要的国有独资公司,按照国务院的规定确定。

一、相关法律条文

《中华人民共和国企业国有资产法》(自2009年5月1日起施行)对关系国有资产出资人权益的重大事项,规定如下:

第五章 关系国有资产出资人权益的重大事项

第一节 一般规定

第三十条 国家出资企业合并、分立、改制、上市,增加或者减少注册资本,发行债券,进行重大投资,为他人提供大额担保,转让重大财产,进行大额捐赠,分配利润,以及解散、申请破产等重大事项,应当遵守法律、行政法规以及企业章程的规定,不得损害出资人和债权人的权益。

第三十一条 国有独资企业、国有独资公司合并、分立,增加或者减少注册资本,发行债券,分配利润,以及解散、申请破产,由履行出资人职责的机构决定。

第三十二条 国有独资企业、国有独资公司有本法第三十条所列事项的,除依照本法第三十一条和有关法律、行政法规以及企业章程的规定,由履行出资人职责的机构决定的以外,国有独资企业由企业负责人集体讨论决定,国有独资公司由董事会决定。

第三十三条 国有资本控股公司、国有资本参股公司有本法第三十条所列事项的,依照法律、行政法规以及公司章程的规定,由公司股东会、股东大会或者董事会决定。由股东会、股东大会决定的,履行出资人职责的机构委派的股东代表应当依照本法第十三条的规定行使权利。

第三十四条 重要的国有独资企业、国有独资公司、国有资本控股公司的合并、分立、解散、申请破产以及法律、行政法规和本级人民政府规定应当由履行出资人职责的机构报经本级人民政府批准的重大事项,履行出资人职责的机构在作出决定或者向其委派参加国有资本控股公司股东会会议、股东大会会议的股东代表作出指示前,应当报请本级人民政府批准。

本法所称的重要的国有独资企业、国有独资公司和国有资本控股公司,按照国务院的规定确定。

第三十五条 国家出资企业发行债券、投资等事项，有关法律、行政法规规定应当报经人民政府或者人民政府有关部门、机构批准、核准或者备案的，依照其规定。

第三十六条 国家出资企业投资应当符合国家产业政策，并按照国家规定进行可行性研究；与他人交易应当公平、有偿，取得合理对价。

第三十七条 国家出资企业的合并、分立、改制、解散、申请破产等重大事项，应当听取企业工会的意见，并通过职工代表大会或者其他形式听取职工的意见和建议。

第三十八条 国有独资企业、国有独资公司、国有资本控股公司对其所出资企业的重大事项参照本章规定履行出资人职责。具体办法由国务院规定。

第二节 企业改制

第三十九条 本法所称企业改制是指：

(一)国有独资企业改为国有独资公司；

(二)国有独资企业、国有独资公司改为国有资本控股公司或者非国有资本控股公司；

(三)国有资本控股公司改为非国有资本控股公司。

第四十条 企业改制应当依照法定程序，由履行出资人职责的机构决定或者由公司股东会、股东大会决定。

重要的国有独资企业、国有独资公司、国有资本控股公司的改制，履行出资人职责的机构在作出决定或者向其委派参加国有资本控股公司股东会会议、股东大会会议的股东代表作出指示前，应当将改制方案报请本级人民政府批准。

第四十一条 企业改制应当制定改制方案，载明改制后的企业组织形式、企业资产和债权债务处理方案、股权变动方案、改制的操作程序、资产评估和财务审计等中介机构的选聘等事项。

企业改制涉及重新安置企业职工的，还应当制定职工安置方案，并经职工代表大会或者职工大会审议通过。

第四十二条 企业改制应当按照规定进行清产核资、财务审计、资产评估，准确界定和核实资产，客观、公正地确定资产的价值。

企业改制涉及以企业的实物、知识产权、土地使用权等非货币财产折算为国有资本出资或者股份的，应当按照规定对折价财产进行评估，以评估确认价格作为确定国有资本出资额或者股份数额的依据。不得将财产低价折股或者有其他损害出资人权益的行为。

第三节 与关联方的交易

第四十三条 国家出资企业的关联方不得利用与国家出资企业之间的交易，谋取不当利益，损害国家出资企业利益。

本法所称关联方，是指本企业的董事、监事、高级管理人员及其近亲属，以及这些人员所有或者实际控制的企业。

第四十四条 国有独资企业、国有独资公司、国有资本控股公司不得无偿向关联方提供资金、商品、服务或者其他资产，不得以不公平的价格与关联方进行交易。

第四十五条 未经履行出资人职责的机构同意，国有独资企业、国有独资公司不得有下列行为：

(一)与关联方订立财产转让、借款的协议；

(二)为关联方提供担保；

(三)与关联方共同出资设立企业，或者向董事、监事、高级管理人员或者其近亲属所有或者实际控制的企业投资。

第四十六条 国有资本控股公司、国有资本参股公司与关联方的交易，依照《中华人民共和国公司法》和有关行政法规以及公司章程的规定，由公司股东会、股东大会或者董事会决定。由公司股东会、股东大会决定的，履行出资人职责的机构委派的股东代表，应当依照本法第十三条的规定行使权利。

公司董事会对公司与关联方的交易作出决议时，该交易涉及的董事不得行使表决权，也不得代理其他董事行使表决权。

第四节 资产评估

第四十七条 国有独资企业、国有独资公司和国有资本控股公司合并、分立、改制，转让重大财产，以非货币财产对外投资，清算或者有法律、行政法规以及企业章程规定应当进行资产评估的其他情形的，应当按照规定对有关资产进行评估。

第四十八条 国有独资企业、国有独资公司和国有资本控股公司应当委托依法设立的符合条件的资产评估机构进行资产评估；涉及应当报经履行出资人职责的机构决定的事项的，应当将委托资产评估机构的情况向履行出资人职责的机构报告。

第四十九条 国有独资企业、国有独资公司、国有资本控股公司及其董事、监事、高级管理人员应当向资产评估机构如实提供有关情况和资料，不得与资产评估机构串通评估作价。

第五十条 资产评估机构及其工作人员受托评估有关资产，应当遵守法律、行政法规以及评估执业准则，独立、客观、公正地对受托评估的资产进行评估。资产评估机构应当对其出具的评估报告负责。

第五节 国有资产转让

第五十一条 本法所称国有资产转让，是指依法将国家对企业的出资所形成的权益转移给其他单位或者个人的行为；按照国家规定无偿划转国有资产的除外。

第五十二条 国有资产转让应当有利于国有经济布局和结构的战略性调整，防止国有资产损失，不得损害交易各方的合法权益。

第五十三条 国有资产转让由履行出资人职责的机构决定。履行出资人职责的机构决定转让全部国有资产的，或者转让部分国有资产致使国家对该企业不再具有控股地位的，应当报请本级人民政府批准。

第五十四条 国有资产转让应当遵循等价有偿和公开、公平、公正的原则。

除按照国家规定可以直接协议转让的以外，国有资产转让应当在依法设立的产权交易场所公开进行。转让方应当如实披露有关信息，征集受让方；征集产生的受让方为两个以上的，转让应当采用公开竞价的交易方式。

转让上市交易的股份依照《中华人民共和国证券法》的规定进行。

第五十五条 国有资产转让应当以依法评估的、经履行出资人职责的机构认可或者由履行出资人职责的机构报经本级人民政府核准的价格为依据，合理确定最低转让价格。

第五十六条 法律、行政法规或者国务院国有资产监督管理机构规定可以向本企业的董事、监事、高级管理人员或者其近亲属，或者这些人员所有或者实际控制的企业转让的国有资产，在转让时，上述人员或者企业参与受让的，应当与其他受让参与者平等竞买；转让方应当按照国家有关规定，如实披露有关信息；相关的董事、监事和高级管理人员不得参与转让方案的制定和组织实施的各项工作。

第五十七条 国有资产向境外投资者转让的，应当遵守国家有关规定，不得危害国家安全和社会公共利益。

二、相关文件规定

《国务院办公厅关于进一步完善国有企业法人治理结构的指导意见》(国办发[2017]36号)对国有独资公司的股东，规定如下：

(一)理顺出资人职责，转变监管方式。

1. 股东会是公司的权力机构。股东会主要依据法律法规和公司章程，通过委派或更换董事、监事(不含职工代表)，审核批准董事会、监事会年度工作报告，批准公司财务预决算、利润分配方案等方式，对董事会、监事会以及董事、监事的履职情况进行评价和监督。出资人机构根据本级人民政府授权对国家出资企业依法享有股东权利。

2. 国有独资公司不设股东会，由出资人机构依法行使股东会职权。以管资本为主改革国有资本授权经营体制,对直接出资的国有独资公司,出资人机构重点管好国有资本布局、规范资本运作、强化资本约束、提高资本回报、维护资本安全。对国有全资公司、国有控股企业,出资人机构主要依据股权份额通过参加股东会议、审核需由股东决定的事项、与其他股东协商作出决议等方式履行职责,除法律法规或公司章程另有规定外,不得干预企业自主经营活动。

3. 出资人机构依据法律法规和公司章程规定行使股东权利、履行股东义务,有关监管内容应依法纳入公司章程。按照以管资本为主的要求,出资人机构要转变工作职能、改进工作方式,加强公司章程管理,清理有关规章、规范性文件,研究提出出资人机构审批事项清单,建立对董事会重大决策的合规性审查机制,制定监事会建设、责任追究等具体措施,适时制定国有资本优先股和国家特殊管理股管理办法。

第六十七条 【国有独资公司的董事会】 国有独资公司设董事会,依照本法第四十六条、第六十六条的规定行使职权。董事每届任期不得超过三年。董事会成员中应当有公司职工代表。

董事会成员由国有资产监督管理机构委派;但是,董事会成员中的职工代表由公司职工代表大会选举产生。

董事会设董事长一人,可以设副董事长。董事长、副董事长由国有资产监督管理机构从董事会成员中指定。

一、相关法律条文

《中华人民共和国企业国有资产法》(自2009年5月1日起施行)对国家出资企业的董事、监事、高级管理人员的赔偿责任等,规定如下:

第七十一条 国家出资企业的董事、监事、高级管理人员有下列行为之一,造成国有资产损失的,依法承担赔偿责任;属于国家工作人员的,并依法给予处分:

(一)利用职权收受贿赂或者取得其他非法收入和不当利益的;

(二)侵占、挪用企业资产的;

(三)在企业改制、财产转让等过程中,违反法律、行政法规和公平交易规则,将企业财产低价转让、低价折股的;

(四)违反本法规定与本企业进行交易的;

(五)不如实向资产评估机构、会计师事务所提供有关情况和资料,或者与资产评估机构、会计师事务所串通出具虚假资产评估报告、审计报告的;

(六)违反法律、行政法规和企业章程规定的决策程序,决定企业重大事项的;

(七)有其他违反法律、行政法规和企业章程执行职务行为的。

国家出资企业的董事、监事、高级管理人员因前款所列行为取得的收入,依法予以追缴或者归国家出资企业所有。

履行出资人职责的机构任命或者建议任命的董事、监事、高级管理人员有本条第一款所列行为之一,造成国有资产重大损失的,由履行出资人职责的机构依法予以免职或者提出免职建议。

……

第七十三条 国有独资企业、国有独资公司、国有资本控股公司的董事、监事、高级管理人员违反本法规定,造成国有资产重大损失,被免职的,自免职之日起五年内不得担任国有独资企业、国有独资公司、国有资本控股公司的董事、监事、高级管理人员;造成国有资产特别重大损失,或者因贪污、贿赂、侵占财产、挪用财产或者破坏社会主义市场经济秩序被判处刑罚的,终身不得担任国有独资企业、国有独资公司、国有资本控股公司的董事、监事、高级管理人员。

二、相关文件规定

《国务院办公厅关于进一步完善国有企业法人治理结构的指导意见》(国办发[2017]36号)对国有独资公司的董事会，规定如下：

(二)加强董事会建设，落实董事会职权。

1. 董事会是公司的决策机构，要对股东会负责，执行股东会决定，依照法定程序和公司章程授权决定公司重大事项，接受股东会、监事会监督，认真履行决策把关、内部管理、防范风险、深化改革等职责。国有独资公司要依法落实和维护董事会行使重大决策、选人用人、薪酬分配等权利，增强董事会的独立性和权威性，落实董事会年度工作报告制度；董事会应与党组织充分沟通，有序开展国有独资公司董事会选聘经理层试点，加强对经理层的管理和监督。

2. 优化董事会组成结构。国有独资、全资公司的董事长、总经理原则上分设，应均为内部执行董事，定期向董事会报告工作。国有独资公司的董事长作为企业法定代表人，对企业改革发展负首要责任，要及时向董事会和国有股东报告重大经营问题和经营风险。国有独资公司的董事对出资人机构负责，接受出资人机构指导，其中外部董事人选由出资人机构商有关部门提名，并按照法定程序任命。国有全资公司、国有控股企业的董事由相关股东依据股权份额推荐派出，由股东会选举或更换，国有股东派出的董事要积极维护国有资本权益；国有全资公司的外部董事人选由控股股东商其他股东推荐，由股东会选举或更换；国有控股企业应有一定比例的外部董事，由股东会选举或更换。

3. 规范董事会议事规则。董事会要严格实行集体审议、独立表决、个人负责的决策制度，平等充分发表意见，一人一票表决，建立规范透明的重大事项信息公开和对外披露制度，保障董事会会议记录和提案资料的完整性，建立董事会决议跟踪落实以及后评估制度，做好与其他治理主体的联系沟通。董事会应当设立提名委员会、薪酬与考核委员会、审计委员会等专门委员会，为董事会决策提供咨询，其中薪酬与考核委员会、审计委员会应由外部董事组成。改进董事会和董事评价办法，完善年度和任期考核制度，逐步形成符合企业特点的考核评价体系及激励机制。

4. 加强董事队伍建设。开展董事任前和任期培训，做好董事派出和任期管理工作。建立完善外部董事选聘和管理制度，严格资格认定和考试考察程序，拓宽外部董事来源渠道，扩大专职外部董事队伍，选聘一批现职国有企业负责人转任专职外部董事，定期报告外部董事履职情况。国有独资公司要健全外部董事召集人制度，召集人由外部董事定期推选产生。外部董事要与出资人机构加强沟通。

《国务院国有资产监督管理委员会关于印发〈国有独资公司董事会试点企业职工董事管理办法(试行)〉的通知》(国资发群工[2006]21号)对国有独资公司董事会试点企业职工董事管理，规定如下：

第一章 总 则

第一条 为推进中央企业完善公司法人治理结构，充分发挥职工董事在董事会中的作用，根据《中华人民共和国公司法》(以下简称《公司法》)和《国务院国有资产监督管理委员会关于国有独资公司董事会建设的指导意见(试行)》，制定本办法。

第二条 本办法适用于中央企业建立董事会试点的国有独资公司(以下简称公司)。

第三条 本办法所称职工董事，是指公司职工民主选举产生，并经国务院国有资产监督管理委员会(以下简称国资委)同意，作为职工代表出任的公司董事。

第四条 公司董事会成员中，至少有1名职工董事。

第二章 任职条件

第五条 担任职工董事应当具备下列条件：

(一)经公司职工民主选举产生；

(二)具有良好的品行和较好的群众基础；

(三)具备相关的法律知识，遵守法律、行政法规和公司章程，保守公司秘密；

(四)熟悉本公司经营管理情况,具有相关知识和工作经验,有较强的参与经营决策和协调沟通能力;

(五)《公司法》等法律法规规定的其他条件。

第六条 下列人员不得担任公司职工董事:

(一)公司党委(党组)书记和未兼任工会主席的党委副书记、纪委书记(纪检组组长);

(二)公司总经理、副总经理、总会计师。

第三章 职工董事的提名、选举、聘任

第七条 职工董事候选人由公司工会提名和职工自荐方式产生。

职工董事候选人可以是公司工会主要负责人,也可以是公司其他职工代表。

第八条 候选人确定后由公司职工代表大会、职工大会或其他形式以无记名投票的方式差额选举产生职工董事。

公司未建立职工代表大会的,职工董事可以由公司全体职工直接选举产生,也可以由公司总部全体职工和部分子(分)公司的职工代表选举产生。

第九条 职工董事选举前,公司党委(党组)应征得国资委同意;选举后,选举结果由公司党委(党组)报国资委备案后,由公司聘任。

第四章 职工董事的权利、义务、责任

第十条 职工董事代表职工参加董事会行使职权,享有与公司其他董事同等权利,承担相应义务。

第十一条 职工董事应当定期参加国资委及其委托机构组织的有关业务培训,不断提高工作能力和知识水平。

第十二条 董事会研究决定公司重大问题,职工董事发表意见时要充分考虑出资人、公司和职工的利益关系。

第十三条 董事会研究决定涉及职工切身利益的问题时,职工董事应当事先听取公司工会和职工的意见,全面准确反映职工意见,维护职工的合法权益。

第十四条 董事会研究决定生产经营的重大问题、制定重要的规章制度时,职工董事应当听取公司工会和职工的意见和建议,并在董事会上予以反映。

第十五条 职工董事应当参加职工代表团(组)长和专门小组(或者专门委员会)负责人联席会议,定期到职工中开展调研,听取职工的意见和建议。职工董事应当定期向职工代表大会或者职工大会报告履行职工董事职责的情况,接受监督、质询和考核。

第十六条 公司应当为职工董事履行董事职责提供必要的条件。职工董事履行职务时的出差、办公等有关待遇参照其他董事执行。

职工董事不额外领取董事薪酬或津贴,但因履行董事职责而减少正常收入的,公司应当给予相应补偿。具体补偿办法由公司职工代表大会或职工大会提出,经公司董事会批准后执行。

第十七条 职工董事应当对董事会的决议承担相应的责任。董事会的决议违反法律、行政法规或者公司章程,致使公司遭受严重损失的,参与决议的职工董事应当按照有关法律法规和公司章程的规定,承担赔偿责任。但经证明在表决时曾表明异议并载于会议记录的,可以免除责任。

第五章 职工董事的任期、补选、罢免

第十八条 职工董事的任期每届不超过三年,任期届满,可连选连任。

第十九条 职工董事的劳动合同在董事任期内到期的,自动延长至董事任期结束。

职工董事任职期间,公司不得因其履行董事职务的原因降职减薪、解除劳动合同。

第二十条 职工董事因故出缺,按本办法第七条、第八条规定补选。

职工董事在任期内调离本公司的,其职工董事资格自行终止,缺额另行补选。

第二十一条 职工代表大会有权罢免职工董事,公司未建立职工代表大会的,罢免职工董事的权力由职工大会行使。职工董事有下列行为之一的,应当罢免:

（一）职工代表大会或职工大会年度考核评价结果较差的；

（二）对公司的重大违法违纪问题隐匿不报或者参与公司编造虚假报告的；

（三）泄露公司商业秘密，给公司造成重大损失的；

（四）以权谋私，收受贿赂，或者为自己及他人从事与公司利益有冲突的行为损害公司利益的；

（五）不向职工代表大会或职工大会报告工作或者连续两次未能亲自出席也不委托他人出席董事会的；

（六）其他违反法律、行政法规应予罢免的行为。

第二十二条 罢免职工董事，须由十分之一以上全体职工或者三分之一以上职工代表大会代表联名提出罢免案，罢免案应当写明罢免理由。

第二十三条 公司召开职工代表大会或职工大会，讨论罢免职工董事事项时，职工董事有权在主席团会议和大会全体会议上提出申辩理由或者书面提出申辩意见，由主席团印发职工代表或全体职工。

第二十四条 罢免案经职工代表大会或职工大会审议后，由主席团提请职工代表大会或职工大会表决。罢免职工董事采用无记名投票的表决方式。

第二十五条 罢免职工董事，须经职工代表大会过半数的职工代表通过。

公司未建立职工代表大会的，须经全体职工过半数同意。

第二十六条 职工代表大会罢免决议经公司党委（党组）审核，报国资委备案后，由公司履行解聘手续。

第六章 附 则

第二十七条 各试点企业可以依据本办法制订实施细则。

第二十八条 本办法自发布之日起施行。

《国务院国有资产监督管理委员会关于国有独资公司董事会建设的指导意见（试行）》（国资发改革〔2004〕229号），为指导大型中央企业开展国有独资公司（以下简称公司）建立和完善董事会试点工作，加强董事会建设，依据《中华人民共和国公司法》（以下简称《公司法》）、《企业国有资产监督管理暂行条例》（以下简称《条例》）等法律法规，提出以下指导意见：

一、董事会的职责

（一）董事会依照《公司法》第四十六条的规定行使以下职权：

1. 选聘或者解聘公司总经理（中央管理主要领导人员的企业，按照有关规定执行，下同），并根据总经理的提名，聘任或者解聘公司副总经理、财务负责人；负责对总经理的考核，决定其报酬事项，并根据总经理建议决定副总经理、财务负责人的报酬；

2. 决定公司的经营计划、投资方案（含投资设立企业、收购股权和实物资产投资方案），以及公司对外担保；

3. 制订公司的年度财务预算方案、决算方案；

4. 制订公司的利润分配方案和弥补亏损方案；

5. 制订公司增加或者减少注册资本的方案以及发行公司债券的方案；

6. 拟订公司合并、分立、变更公司形式、解散的方案；

7. 决定公司内部管理机构的设置，决定公司分支机构的设立或者撤销；

8. 制定公司的基本管理制度。

（二）根据公司具体情况，董事会可以行使以下职权：

1. 审核公司的发展战略和中长期发展规划，并对其实施进行监督；

2. 决定公司的年度经营目标；

3. 决定公司的风险管理体制，包括风险评估、财务控制、内部审计、法律风险控制，并对实施进行监控；

4. 制订公司主营业务资产的股份制改造方案（包括各类股权多元化方案和转让国有产

权方案)、与其他企业重组方案;

5. 除依照《条例》规定须由国务院国有资产监督管理委员会(以下简称国资委)批准外,决定公司内部业务重组和改革事项;

6. 除依照《条例》规定须由国资委批准的重要子企业的重大事项外,依照法定程序决定或参与决定公司所投资的全资、控股、参股企业的有关事项;

7. 制订公司章程草案和公司章程的修改方案。

(三)国资委依照《公司法》第六十六条和《条例》第二十八条规定,授予董事会行使出资人的部分职权(另行制定)。

(四)董事会应对以下有关决策制度作出全面、明确、具体的规定,并将其纳入公司章程:

1. 应由董事会决定的重大事项的范围和数量界限(指可量化的标准,下同),其中重大投融资应有具体金额或占公司净资产比重的规定。公司累计投资额占公司净资产比重应符合法律法规的规定;

2. 公司发展战略、中长期发展规划、重大投融资项目等决策的程序、方法,并确定投资收益的内部控制指标;

3. 对决策所需信息的管理。其中提供信息的部门及有关人员对来自于公司内部且可客观描述的信息的真实性、准确性应承担责任;对来自于公司外部且不可控的信息的可靠性应进行评估;

4. 董事会表决前必须对决策的风险进行讨论,出席董事会会议的董事应作出自己的判断;

5. 董事会对董事长、董事的授权事项应有具体的范围、数量和时间界限。

(五)董事会履行以下义务:

1. 执行国资委的决定,对国资委负责,最大限度地追求所有者的投资回报,完成国家交给的任务;

2. 向国资委提交年度经营业绩考核指标和资产经营责任制目标完成情况的报告;

3. 向国资委提供董事会的重大投融资决策信息;

4. 向国资委提供真实、准确、全面的财务和运营信息;

5. 向国资委提供董事和经理人员的实际薪酬以及经理人员的提名、聘任或解聘的程序和方法等信息;

6. 维护公司职工、债权人和用户的合法权益;

7. 确保国家有关法律法规和国资委规章在公司的贯彻执行。

二、董事及外部董事制度

(六)董事通过出席董事会会议、参加董事会的有关活动行使权利。

(七)董事履行以下义务:

1. 讲求诚信,严格遵守法律、法规和公司章程的规定,依法承担保守商业秘密和竞业禁止义务;

2. 忠实履行职责,最大限度维护所有者的利益,追求国有资产的保值增值;

3. 勤勉工作,投入足够的时间和精力行使职权;

4. 关注董事会的事务,了解和掌握足够的信息,深入细致地研究和分析,独立、谨慎地表决;

5. 努力提高履行职务所需的技能。

(八)董事对行使职权的结果负责,对失职、失察、重大决策失误等过失承担责任,违反《公司法》、《条例》等法律、法规规定的,追究其法律责任。

董事会决议违反法律、法规或公司章程规定,致使公司遭受损失,投赞成票和弃权票的董事个人承担直接责任(包括赔偿责任),对经证明在表决时曾表明异议并载于会议记录的投反对票的董事,可免除个人责任。

(九)外部董事指由非本公司员工的外部人员担任的董事。外部董事不在公司担任除董事和董事会专门委员会有关职务外的其他职务，不负责执行层的事务。

外部董事与其担任董事的公司不应存在任何可能影响其公正履行外部董事职务的关系。本人及其直系亲属近两年内未曾在公司和公司的全资、控股子企业任职，未曾从事与公司有关的商业活动，不持有公司所投资企业的股权，不在与公司同行业的企业或与公司有业务关系的单位兼职等。

（十）专门在若干户中央企业担任外部董事职务的为专职外部董事。除外部董事职务外，在中央企业或其他单位还担任其他职务的为兼职外部董事，该单位应出具同意其兼任外部董事职务并在工作时间上予以支持的有效文件。外部董事本人应保证有足够的时间和精力履行该职务。

（十一）国资委选聘外部董事，可以特别邀请国内外知名专家、学者、企业家；可以从中央企业有关人员中挑选；可以面向社会公开选聘。逐步建立外部董事人才库制度，向全社会、国内外公开信息，自愿申请入库，经审核符合条件的予以入库，国资委从人才库中选聘外部董事。

（十二）除特别邀请的外部董事外，外部董事任职前需参加国资委或国资委委托有关单位举办的任职培训。

（十三）外部董事应是公司主营业务投资、企业经营管理、财务会计、金融、法律、人力资源管理等某一方面的专家或具有实践经验的人士。

（十四）除专职外部董事外，外部董事任期结束后不再续聘的为自动解聘，国资委不承担为其另行安排职务的义务。

（十五）确定外部董事的薪酬应充分考虑其担任的职务和承担的责任。外部董事薪酬由国资委确定，由所任职公司支付。外部董事在履行职务时的出差、办公等有关待遇比照本公司非外部董事待遇执行。除此以外，外部董事不得在公司获得任何形式的其他收入或福利。

三、董事会的组成和专门委员会

（十六）董事会成员原则上不少于9人，其中至少有1名由公司职工民主选举产生的职工代表。试点初期外部董事不少于2人。根据外部董事人力资源开发情况，在平稳过渡的前提下，逐步提高外部董事在董事会成员中的比例。

（十七）董事会设董事长1人，可视需要设副董事长1人。董事长、副董事长由国资委指定。

（十八）董事长行使以下职权：

1. 召集和主持董事会会议；

2. 检查董事会决议的实施情况；

3. 组织制订董事会运作的各项制度，协调董事会的运作；

4. 签署董事会重要文件和法律法规规定的其他文件；

5. 在重大决策、参加对外活动等方面对外代表公司；

6.《公司法》等法律法规赋予的其他职权；

7. 董事会授予的其他职权，但应由董事会集体决策的重大事项不得授权董事长决定。

（十九）董事会每届任期为3年。董事任期届满，经国资委聘任可以连任。外部董事在一家公司连任董事不得超过两届。

（二十）建立董事会的同时，要加强党的建设。公司党委（党组）主要负责人应当进入董事会；非外部董事中的党员可依照《中国共产党党章》有关规定进入党委（党组）；党委（党组）书记和董事长可由一人担任。

（二十一）董事会应下设战略委员会、提名委员会、薪酬与考核委员会，也可设立法律风险监控委员会等董事会认为需要的其他专门委员会。专门委员会要充分发挥董事长和外部董事的作用。

（二十二）战略委员会的主要职责是研究公司发展战略、中长期发展规划、投融资、重组、转让公司所持股权、企业改革等重大决策，并向董事会提交建议草案。该委员会由董事长担任召集人,若干董事为成员。

(二十三)提名委员会的主要职责是研究经理人员的选择标准、程序和方法以及总经理继任计划(包括人选)并向董事会提出建议;对总经理提出的副总经理、财务负责人等人选进行考察,并向董事会提出考察意见。该委员会由不兼任总经理的董事长担任召集人,由该董事长和外部董事组成。董事长兼任总经理的,由外部董事担任召集人。

(二十四)薪酬与考核委员会的主要职责是拟订经理人员的薪酬方案以及对总经理的考核与奖惩建议并提交董事会;拟订非外部董事的薪酬方案以及对其考核与奖惩、续聘或解聘的建议,并提交国资委。该委员会由外部董事担任召集人,外部董事为成员。非外部董事担任董事长但不兼任总经理的,可作为该委员会的成员,并可担任召集人。

(二十五)各专门委员会履行职权时应尽量使其成员达成一致意见;确实难以达成一致意见时,应向董事会提交各项不同意见并作说明。各专门委员会经董事会授权可聘请中介机构为其提供专业意见,费用由公司承担。

(二十六)公司各业务部门有义务为董事会及其下设的各专门委员会提供工作服务。经董事会同意,公司业务部门负责人可参加专门委员会的有关工作。

(二十七)拟提交董事会表决的公司发展战略、中长期发展规划、投融资、重组、转让公司所持股权等重大决策草案,聘请咨询机构咨询的,外部董事应当阅研咨询报告、听取有关咨询人员关于决策的风险评估,并就该风险在董事会发表意见。

(二十八)设立董事会办公室作为董事会常设工作机构,负责筹备董事会会议,办理董事会日常事务,与董事、外部董事沟通信息,为董事工作提供服务等事项。

(二十九)董事会秘书负责董事会办公室的工作,并列席董事会,负责作董事会会议记录。

(三十)董事会秘书应当具备企业管理、法律等方面专业知识和经验。董事会秘书由董事长提名,董事会决定聘任或解聘。

四、董事会会议

(三十一)董事会会议分为定期董事会会议和临时董事会会议。公司章程应对定期董事会会议的内容、次数、召开的时间作出具体的规定。有以下情况之一时,董事长应在7个工作日内签发召开临时董事会会议的通知:

1. 三分之一以上董事提议时;
2. 监事会提议时;
3. 董事长认为有必要时;
4. 国资委认为有必要时。

(三十二)公司章程应对董事必须亲自出席的董事会会议的性质、内容等作出规定。董事会会议原则上应以现场会形式举行,只有在时间紧急和讨论一般性议题时才可采用可视电话会或制成书面材料分别审议方式开会及对议案作出决议。

(三十三)定期董事会会议应在会议召开10日以前通知全体董事、监事及其他列席人员。临时董事会会议可以在章程中另定通知时限。会议通知的内容至少应包括时间、地点、期限、议程、事由、议题及有关资料、通知发出的日期等。对董事会会议审议的重大决策事项,必须事先向董事提供充分的资料,公司章程应对资料的充分性和提前的时限作出规定,以确保董事有足够的时间阅研材料。

(三十四)当四分之一以上董事或2名以上(含2名)外部董事认为资料不充分或论证不明确时,可联名提出缓开董事会会议或缓议董事会议所议议题,董事会应予采纳。

(三十五)董事会会议应由二分之一以上的董事出席方可举行。公司章程应对必须由全体董事三分之二以上表决同意方可通过的决议作出具体规定;其余决议可由全体董事过半数表决同意即为有效。

(三十六)董事会会议表决,各董事会成员均为一票。各董事应按自己的判断独立投票。

(三十七)董事会会议应对所议事项做成详细的会议记录。该记录至少应包括会议召开的日期、地点、主持人姓名、出席董事姓名、会议议程、董事发言要点、决议的表决方式和结果（赞成、反对或弃权的票数及投票人姓名）。出席会议的董事和列席会议的董事会秘书应在会议记录上签名。会议记录应妥善保存于公司。

五、董事会与总经理的关系

（三十八）总经理负责执行董事会决议，依照《公司法》和公司章程的规定行使职权，向董事会报告工作，对董事会负责，接受董事会的聘任或解聘、评价、考核、奖惩。

（三十九）董事会根据总经理的提名或建议，聘任或解聘、考核和奖惩副总经理、财务负责人。

（四十）按谨慎与效率相结合的决策原则，在确保有效监控的前提下，董事会可将其职权范围内的有关具体事项有条件地授权总经理处理。

（四十一）不兼任总经理的董事长不承担执行性事务。在公司执行性事务中实行总经理负责的领导体制。

六、国资委对董事会和董事的职权

（四十二）国资委依照《公司法》、《条例》等法律法规行使以下职权：

1. 批准公司章程和章程修改方案；

2. 批准董事会提交的增加或减少注册资本和发行公司债券方案以及公司合并、分立、变更公司形式、解散和清算方案；

3. 审核董事会提交的公司财务预算、决策和利润分配方案；

4. 批准董事会提交的公司经营方针、重大投资计划以及重要子企业的有关重大事项；

5. 批准董事会提交的公司重组、股份制改造方案；

6. 向董事会下达年度经营业绩考核指标和资产经营责任制目标，并进行考核、评价；

7. 选聘或解聘董事，决定董事的薪酬与奖惩；

8. 对董事会重大投融资决策的实施效果进行跟踪监督，要求董事会对决策失误作出专项报告；

9. 法律法规规定的其他职权。

七、中央企业可参考本意见管理其所投资的国有独资公司、国有独资企业。

第六十八条 【国有独资公司的经理】 国有独资公司设经理，由董事会聘任或者解聘。经理依照本法第四十九条规定行使职权。

经国有资产监督管理机构同意，董事会成员可以兼任经理。

相关文件规定

《国务院办公厅关于进一步完善国有企业法人治理结构的指导意见》（国办发［2017］36号）对国有独资公司的总经理，规定如下：

（三）维护经营自主权，激发经理层活力。

1. 经理层是公司的执行机构，依法由董事会聘任或解聘，接受董事会管理和监事会监督。总经理对董事会负责，依法行使管理生产经营、组织实施董事会决议等职权，向董事会报告工作，董事会闭会期间向董事长报告工作。

2. 建立规范的经理层授权管理制度，对经理层成员实行与选任方式相匹配、与企业功能性质相适应、与经营业绩相挂钩的差异化薪酬分配制度，国有独资公司经理层逐步实行任期制和契约化管理。根据企业产权结构、市场化程度等不同情况，有序推进职业经理人制度建设，逐步扩大职业经理人队伍，有序实行市场化薪酬，探索完善中长期激励机制，研究出台相关指导意见。国有独资公司要积极探索推行职业经理人制度，实行内部培养和外部引进相结合，畅通企业经理层成员与职业经理人的身份转换通道。开展出资人机构委派国有独资公司总会计师试点。

第六十九条 【国有独资公司高层人员的兼职禁止】 国有独资公司的董事长、副董事长、董事、高级管理人员,未经国有资产监督管理机构同意,不得在其他有限责任公司、股份有限公司或者其他经济组织兼职。

一、相关法律条文

《中华人民共和国企业国有资产法》(自2009年5月1日起施行)对国有独资公司高层人员的兼职禁止,规定如下:

第二十五条 未经履行出资人职责的机构同意,国有独资企业、国有独资公司的董事、高级管理人员不得在其他企业兼职。未经股东会、股东大会同意,国有资本控股公司、国有资本参股公司的董事、高级管理人员不得在经营同类业务的其他企业兼职。

未经履行出资人职责的机构同意,国有独资公司的董事长不得兼任经理。未经股东会、股东大会同意,国有资本控股公司的董事长不得兼任经理。

董事、高级管理人员不得兼任监事。

二、相关案例

【国有独资公司的董高任职限制】

饶希安诉涂筱萍等侵权纠纷案[海南省海口市中级人民法院(2000)海中法民初字第80号民事裁定书],原告以六合股份公司名义向本院提起的侵权之诉,经查,其诉状既未加盖六合股份公司的法人印章又未得到该公司授权,因此,饶希安不能代表六合股份公司提起诉讼。又经查明,六合股份公司法定代表人并非原告饶希安而是被告涂筱萍。根据中华人民共和国国家工商行政管理局《企业法人法定代表人登记管理规定》第三条"企业法人的法定代表人经企业登记机关核准登记,取得法定代表人的资格"的规定,饶希安虽曾被推选为六合股份公司董事长,但未依法向企业登记机关进行登记,尚未合法取得六合股份公司法定代表人的资格。另外,根据《公司法》第七十条(编者注:现为该法第六十九条)"国有独资公司的董事长、副董事长、董事、经理,未经国家授权投资的机构或者国家授权的部门同意,不得兼任其他有限责任公司、股份有限公司或者其他经营组织的负责人"的规定,原告现仍担任经济性质为国有资产的海南赣兴面粉厂的法定代表人,没有证据证明,其出任六合股份公司董事,并担任董事长的职务得到国家授权投资机构的授权与同意,违反了公司法的上述规定。因此,原告以六合股份公司名义向人民法院提起诉讼,不符合法律规定,应予驳回。

第七十条 【国有独资公司的监事会】 国有独资公司监事会成员不得少于五人,其中职工代表的比例不得低于三分之一,具体比例由公司章程规定。

监事会成员由国有资产监督管理机构委派;但是,监事会成员中的职工代表由公司职工代表大会选举产生。监事会主席由国有资产监督管理机构从监事会成员中指定。

监事会行使本法第五十三条第(一)项至第(三)项规定的职权和国务院规定的其他职权。

相关文件规定

《国务院办公厅关于进一步完善国有企业法人治理结构的指导意见》(国办发[2017]36号)对国有独资公司的监事会,规定如下:

(四)发挥监督作用,完善问责机制。

1. 监事会是公司的监督机构,依照有关法律法规和公司章程设立,对董事会、经理层成员的职务行为进行监督。要提高专职监事比例，增强监事会的独立性和权威性。对国有资产监管机构所出资企业依法实行外派监事会制度。外派监事会由政府派出，负责检查企业财务，监督企业重大决策和关键环节以及董事会、经理层履职情况，不参与、不干预企业经营管理活动。

2. 健全以职工代表大会为基本形式的企业民主管理制度，支持和保证职工代表大会依法行使职权，加强职工民主管理与监督，维护职工合法权益。国有独资、全资公司的董事会、监事会中须有职工董事和职工监事。建立国有企业重大事项信息公开和对外披露制度。

3. 强化责任意识，明确权责边界，建立与治理主体履职相适应的责任追究制度。董事、监事、经理层成员应当遵守法律法规和公司章程，对公司负有忠实义务和勤勉义务；要将其信用记录纳入全国信用信息共享平台，违约失信的按规定在“信用中国”网站公开。董事应当出席董事会会议，对董事会决议承担责任；董事会决议违反法律法规或公司章程、股东会决议，致使公司遭受严重损失的，应依法追究有关董事责任。经理层成员违反法律法规或公司章程，致使公司遭受损失的，应依法追究有关经理层成员责任。执行董事和经理层成员未及时向董事会或国有股东报告重大经营问题和经营风险的，应依法追究相关人员责任。企业党组织成员履职过程中有重大失误和失职、渎职行为的，应按照党组织有关规定严格追究责任。按照“三个区分开来”的要求，建立必要的改革容错纠错机制，激励企业领导人员干事创业。

《国有企业监事会暂行条例》（自2000年3月15日起施行）对国有企业监事会，规定如下：

第一条 为了健全国有企业监督机制，加强对国有企业的监督，制定本条例。

第二条 国有重点大型企业监事会（以下简称监事会）由国务院派出，对国务院负责，代表国家对国有重点大型企业（以下简称企业）的国有资产保值增值状况实施监督。

国务院派出监事会的企业名单，由国有企业监事会管理机构（以下简称监事会管理机构）提出建议，报国务院决定。

第三条 监事会以财务监督为核心，根据有关法律、行政法规和财政部的有关规定，对企业的财务活动及企业负责人的经营管理行为进行监督，确保国有资产及其权益不受侵犯。

监事会与企业是监督与被监督的关系，监事会不参与、不干预企业的经营决策和经营管理活动。

第四条 监事会管理机构负责监事会的日常管理工作，协调监事会与国务院有关部门和有关地方的联系，承办国务院交办的事项。

第五条 监事会履行下列职责：

（一）检查企业贯彻执行有关法律、行政法规和规章制度的情况；

（二）检查企业财务，查阅企业的财务会议资料及与企业经营管理活动有关的其他资料，验证企业财务会计报告的真实性、合法性；

（三）检查企业的经营效益、利润分配、国有资产保值增值、资产运营等情况；

（四）检查企业负责人的经营行为，并对其经营管理业绩进行评价，提出奖惩、任免建议。

第六条 监事会一般每年对企业定期检查1至2次，并可以根据实际需要不定期地对企业进行专项检查。

第七条 监事会开展监督检查，可以采取下列方式：

（一）听取企业负责人有关财务、资产状况和经营管理情况的汇报，在企业召开与监督检查事项有关的会议；

（二）查阅企业的财务会计报告、会计凭证、会计账簿等财务会计资料以及与经营管理活动有关的其他资料；

（三）核查企业的财务、资产状况，向职工了解情况、听取意见，必要时要求企业负责人作出说明；

（四）向财政、工商、税务、审计、海关等有关部门和银行调查了解企业的财务状况和经营管理情况。

监事会主席根据监督检查的需要,可以列席或者委派监事会其他成员列席企业有关会议。

第八条 国务院有关部门和地方人民政府有关部门应当支持、配合监事会的工作,向监事会提供有关情况和资料。

第九条 监事会每次对企业进行检查结束后,应当及时作出检查报告。

检查报告的内容包括:企业财务以及经营管理情况评价;企业负责人的经营管理业绩评价以及奖惩、任免建议;企业存在问题的处理建议;国务院要求报告或者监事会认为需要报告的其他事项。

监事会不得向企业透露前款所列检查报告内容。

第十条 检查报告经监事会成员讨论,由监事会主席签署,经监事会管理机构报国务院;检查报告经国务院批复后,抄送国家经济贸易委员会、财政部等有关部门。

监事对检查报告有原则性不同意见的,应当在检查报告中说明。

第十一条 监事会在监督检查中发现企业经营行为有可能危及国有资产安全、造成国有资产流失或者侵害国有资产所有者权益以及监事会认为应当立即报告的其他紧急情况,应当及时向监事会管理机构提出专项报告,也可以直接向国务院报告。

监事会管理机构应当加强同国家经济贸易委员会、财政部等有关部门的联系,相互通报有关情况。

第十二条 企业应当定期、如实向监事会报送财务会计报告,并及时报告重大经营管理活动情况,不得拒绝、隐匿、伪报。

第十三条 监事会根据对企业实施监督检查的需要,必要时,经监事会管理机构同意,可以聘请注册会计师事务所对企业进行审计。

监事会根据对企业进行监督检查的情况,可以建议国务院责成国家审计机关依法对企业进行审计。

第十四条 监事会由主席一人、监事若干人组成。监事会成员不少于3人。

监事分为专职监事和兼职监事:从有关部门和单位选任的监事,为专职;监事会中国务院有关部门、单位派出代表和企业职工代表担任的监事,为兼职。

监事会可以聘请必要的工作人员。

第十五条 监事会主席人选按照规定程序确定,由国务院任命。监事会主席由副部级国家工作人员担任,为专职,年龄一般在60周岁以下。

专职监事由监事会管理机构任命。专职监事由司(局)、处级国家工作人员担任,年龄一般在55周岁以下。

监事会中的企业职工代表由企业职工代表大会民主选举产生,报监事会管理机构批准。企业负责人不得担任监事会中的企业职工代表。

第十六条 监事会成员每届任期3年,其中监事会主席和专职监事、派出监事不得在同一企业连任。

监事会主席和专职监事、派出监事可以担任1至3家企业监事会的相应职务。

第十七条 监事会主席应当具有较高的政策水平,坚持原则,廉洁自持,熟悉经济工作。

监事会主席履行下列职责:

(一)召集、主持监事会会议;

(二)负责监事会的日常工作;

(三)审定、签署监事会的报告和其他重要文件;

(四)应当由监事会主席履行的其他职责。

第十八条 监事应当具备下列条件:

(一)熟悉并能够贯彻执行国家有关法律、行政法规和规章制度;

(二)具有财务、会计、审计或者宏观经济等方面的专业知识,比较熟悉企业经营管理工作；

（三）坚持原则，廉洁自持，忠于职守；

（四）具有较强的综合分析、判断和文字撰写能力，并具备独立工作能力。

第十九条 监事会主席和专职监事、派出监事实行回避原则，不得在其曾经管辖的行业、曾经工作过的企业或者其近亲属担任高级管理职务的企业的监事会中任职。

第二十条 监事会开展监督检查工作所需费用由国家财政拨付，由监事会管理机构统一列支。

第二十一条 监事会成员不得接受企业的任何馈赠，不得参加由企业安排、组织或者支付费用的宴请、娱乐、旅游、出访等活动，不得在企业中为自己、亲友或者其他人谋取私利。

监事会主席和专职监事、派出监事不得接受企业的任何报酬、福利待遇，不得在企业报销任何费用。

第二十二条 监事会成员必须对检查报告内容保密，并不得泄露企业的商业秘密。

第二十三条 监事会成员在监督检查中成绩突出，为维护国家利益做出重要贡献的，给予奖励。

第二十四条 监事会成员有下列行为之一的，依法给予行政处分或者纪律处分，直至撤销监事职务；构成犯罪的，依法追究刑事责任：

（一）对企业的重大违法违纪问题隐匿不报或者严重失职的；

（二）与企业串通编造虚假检查报告的；

（三）有违反本条例第二十一条、第二十三条所列行为的。

第二十五条 企业有下列行为之一的，对直接负责的主管人员和其他直接责任人员，依法给予纪律处分，直至撤销职务；构成犯罪的，依法追究刑事责任：

（一）拒绝、阻碍监事会依法履行职责的；

（二）拒绝、无故拖延向监事会提供财务状况和经营管理情况等有关资料的；

（三）隐匿、篡改、伪报重要情况和有关资料的；

（四）有阻碍监事会监督检查的其他行为的。

第二十六条 企业发现监事会成员有违反本条例第二十一条、第二十二条所列行为时，有权向监事会管理机构报告，也可以直接向国务院报告。

第二十七条 对国务院不派出监事会的国有企业，由省、自治区、直辖市人民政府参照本条例的规定，决定派出监事会。

第二十八条 国务院向国有重点金融机构派出的监事会，依照《国有重点金融机构监事会暂行条例》执行。

第二十九条 本条例自发布之日起施行。1994 年 7 月 24 日国务院发布的《国有企业财产监督管理条例》同时废止。

第三章 有限责任公司的股权转让

第七十一条 【股权转让】 有限责任公司的股东之间可以相互转让其全部或者部分股权。

股东向股东以外的人转让股权，应当经其他股东过半数同意。股东应就其股权转让事项书面通知其他股东征求同意，其他股东自接到书面通知之日起满三十日未答复的，视为同意转让。其他股东半数以上不同意转让的，不同意的股东应当购买该转让的股权；不购买的，视为同意转让。

经股东同意转让的股权，在同等条件下，其他股东有优先购买权。两个以上股东主张行使优先购买权的，协商确定各自的购买比例；协商不成的，按照转让时各自的出资比例行使优先购买权。

公司章程对股权转让另有规定的，从其规定。

一、相关司法解释及两高工作文件

《最高人民法院关于印发〈全国法院民商事审判工作会议纪要〉的通知》（法〔2019〕254号），关于股权转让，通知如下：

8.【有限责任公司的股权变动】当事人之间转让有限责任公司股权，受让人以其姓名或者名称已记载于股东名册为由主张其已经取得股权的，人民法院依法予以支持，但法律、行政法规规定应当办理批准手续生效的股权转让除外。未向公司登记机关办理股权变更登记的，不得对抗善意相对人。

9.【侵犯优先购买权的股权转让合同的效力】审判实践中，部分人民法院对公司法司法解释（四）第21条规定的理解存在偏差，往往以保护其他股东的优先购买权为由认定股权转让合同无效。准确理解该条规定，既要注意保护其他股东的优先购买权，也要注意保护股东以外的股权受让人的合法权益，正确认定有限责任公司的股东与股东以外的股权受让人订立的股权转让合同的效力。一方面，其他股东依法享有优先购买权，在其主张按照股权转让合同约定的同等条件购买股权的情况下，应当支持其诉讼请求，除非出现该条第1款规定的情形。另一方面，为保护股东以外的股权受让人的合法权益，股权转让合同如无其他影响合同效力的事由，应当认定有效。其他股东行使优先购买权的，虽然股东以外的股权受让人关于继续履行股权转让合同的请求不能得到支持，但不影响其依约请求转让股东承担相应的违约责任。

《最高人民法院关于适用〈中华人民共和国公司法〉若干问题的规定（四）》（法释〔2017〕16号）对优先购买权，规定如下：

第十六条　有限责任公司的自然人股东因继承发生变化时，其他股东主张依据公司法第七十一条第三款规定行使优先购买权的，人民法院不予支持，但公司章程另有规定或者全体股东另有约定的除外。

第十七条　有限责任公司的股东向股东以外的人转让股权，应就其股权转让事项以书面或者其他能够确认收悉的合理方式通知其他股东征求同意。其他股东半数以上不同意转让，不同意的股东不购买的，人民法院应当认定视为同意转让。

经股东同意转让的股权，其他股东主张转让股东应当向其以书面或者其他能够确认收悉的合理方式通知转让股权的同等条件的，人民法院应当予以支持。

经股东同意转让的股权，在同等条件下，转让股东以外的其他股东主张优先购买的，人民法院应当予以支持，但转让股东依据本规定第二十条放弃转让的除外。

第十八条　人民法院在判断是否符合公司法第七十一条第三款及本规定所称的“同等条件”时，应当考虑转让股权的数量、价格、支付方式及期限等因素。

第十九条　有限责任公司的股东主张优先购买转让股权的，应当在收到通知后，在公司章程规定的行使期间内提出购买请求。公司章程没有规定行使期间或者规定不明确的，以通知确定的期间为准，通知确定的期间短于三十日或者未明确行使期间的，行使期间为三十日。

第二十条　有限责任公司的转让股东，在其他股东主张优先购买后又不同意转让股权的，对其他股东优先购买的主张，人民法院不予支持，但公司章程另有规定或者全体股东另有约定的除外。其他股东主张转让股东赔偿其损失合理的，人民法院应当予以支持。

第二十一条 有限责任公司的股东向股东以外的人转让股权，未就其股权转让事项征求其他股东意见，或者以欺诈、恶意串通等手段，损害其他股东优先购买权，其他股东主张按照同等条件购买该转让股权的，人民法院应当予以支持，但其他股东自知道或者应当知道行使优先购买权的同等条件之日起三十日内没有主张，或者自股权变更登记之日起超过一年的除外。

前款规定的其他股东仅提出确认股权转让合同及股权变动效力等请求，未同时主张按照同等条件购买转让股权的，人民法院不予支持，但其他股东非因自身原因导致无法行使优先购买权，请求损害赔偿的除外。

股东以外的股权受让人，因股东行使优先购买权而不能实现合同目的的，可以依法请求转让股东承担相应民事责任。

第二十二条 通过拍卖向股东以外的人转让有限责任公司股权的，适用公司法第七十一条第二款、第三款或者第七十二条规定的"书面通知""通知""同等条件"时，根据相关法律、司法解释确定。

在依法设立的产权交易场所转让有限责任公司国有股权的，适用公司法第七十一条第二款、第三款或者第七十二条规定的"书面通知""通知""同等条件"时，可以参照产权交易场所的交易规则。

《最高人民法院关于适用〈中华人民共和国婚姻法〉若干问题的解释(二)》(法释[2017]6号)对夫妻离婚时出资额的分割，规定如下：

第十六条 人民法院审理离婚案件，涉及分割夫妻共同财产中以一方名义在有限责任公司的出资额，另一方不是该公司股东的，按以下情形分别处理：

(一)夫妻双方协商一致将出资额部分或者全部转让给该股东的配偶，过半数股东同意、其他股东明确表示放弃优先购买权的，该股东的配偶可以成为该公司股东；

(二)夫妻双方就出资额转让份额和转让价格等事项协商一致后，过半数股东不同意转让，但愿意以同等价格购买该出资额的，人民法院可以对转让出资所得财产进行分割。过半数股东不同意转让，也不愿意以同等价格购买该出资额的，视为其同意转让，该股东的配偶可以成为该公司股东。

用于证明前款规定的过半数股东同意的证据，可以是股东会决议，也可以是当事人通过其他合法途径取得的股东的书面声明材料。

《最高人民法院关于厦门鑫杰兴工贸有限公司、佘文彬与厦门丰瑞特工贸发展有限公司确认股权转让协议仲裁条款效力的请示的复函》([2009]民四他字第4号)对相关涉外股权转让协议仲裁条款的效力，答复如下：

本案为涉台案件，应参照涉外案件法律适用原则确定准据法。本案申请人厦门鑫杰兴工贸有限公司、佘文彬和被申请人厦门丰瑞特工贸发展有限公司在《漳州爱康五金机械有限公司股权转让协议》第五条中约定："本协议签订后，若有争议或违约各方应通过友好协商解决，如协商不能解决者由当地外经贸部门进行调解，经调解无效后由中国对外经济贸易仲裁机构进行仲裁或当地法院诉讼解决。"本案双方当事人在协议中未约定认定仲裁条款效力的准据法，但在仲裁条款中明确约定发生纠纷经调解无效后由中国对外经济贸易仲裁机构仲裁或当地法院诉讼解决，因此大陆应是本案双方当事人约定的仲裁地或法院所在地，依据《最高人民法院关于适用〈中华人民共和国仲裁法〉若干问题的解释》第十六条的规定，应当根据大陆的法律规定认定本案仲裁条款的效力。由于本案仲裁条款约定的仲裁机构和纠纷解决方式不明确，且在纠纷发生后双方当事人未对仲裁条款达成新的补充协议，故依据《中华人民共和国仲裁法》第十八条和《最高人民法院关于适用〈中华人民共和国仲裁法〉若干问题的解释》第七条之规定，上述仲裁条款应当认定为无效。

《最高人民法院关于广州市迪泰通讯有限公司、海南经济特区产权交易中心、海南证华非上市公司股权登记服务有限公司、翟希亚与因特模式信息技术(深圳)有限公司、INTERMOSTCORPORATION股权转让合同纠纷管辖权异议案中仲裁条款效力问题

的请示的答复》([2008]民四他字第37号)对相关涉外股权转让纠纷的仲裁程序，答复如下：

一、本案系广州市迪泰通讯有限公司、海南经济特区产权交易中心、海南证华非上市公司股权登记服务有限公司、瞿希亚与因特模式信息技术（深圳）有限公司、INTERMOST CORPORATI ON因履行《海南谐合金融创新产品开发有限公司股权转让协议》产生的涉外商事合同纠纷，当事人在该合同书中订有仲裁协议。因INTERMOST CORPORATI ON是在英属维尔京群岛注册成立的公司，故该仲裁协议属于涉外仲裁协议。依据《最高人民法院关于适用〈中华人民共和国仲裁法〉若干问题的解释》第十六条的规定，对涉外仲裁协议效力的审查，适用当事人约定的法律；当事人没有约定适用的法律但约定了仲裁地的，适用仲裁地法律；没有约定适用的法律也没有约定仲裁地或者仲裁地约定不明的，适用法院地法律。

本案当事人在《海南谐合金融创新产品开发有限公司股权转让协议》的仲裁条款中没有约定适用的法律，也没有约定仲裁地，故对合同中涉外仲裁条款效力的审查，应适用法院地法律即我国法律。

二、本案当事人在2004年12月11日签订的《海南谐合金融创新产品开发有限公司股权转让协议》第7.4条中约定："如合作出现分歧，五方协商不能解决，则通过中国国际商事仲裁院深圳分院仲裁裁决"。因该仲裁条款约定的仲裁机构不存在，当事人也未就仲裁机构达成补充协议，故根据《中华人民共和国仲裁法》第十八条的规定，应认定上述仲裁条款无效。没有证据证明当事人的该约定系对"中国国际经济贸易仲裁委员会华南分会"或者"中国国际商会仲裁院华南分院"的笔误。

仲裁协议对仲裁机构的约定不明确，应属无效条款，人民法院对本案有管辖权，海南省人民检察院的抗诉意见应予支持的处理意见。

三、本案系涉外股权转让纠纷案件审理过程中出现的管辖权异议。根据我院《关于涉外民商事案件诉讼管辖若干问题的规定》，如海口市龙华区人民法院对本案不具有管辖权，则本案应严格按照我院规定移送有管辖权的法院进行审理。

《最高人民法院关于上诉人练志伟与被上诉人陈如明及原审被告林惠贞、郑秀英及原审第三人福州市常青实业有限公司股权转让一案的请示的复函》([2006]民四他字第22号)对相关股权转让合同的定性，答复如下：

本案合同应定性为股权转让合同。对于合同的性质应从合同的名称、内容去审查认定，同时还应考察签约双方的真实意思表示进行分析认定。首先，本案合同的名称明确表明是"企业股份转让"。第二，本案合同签约主体甲方是"福州市常青实业有限公司（以下简称常青公司）股东代表：练长清"，乙方为"陈如明"。练长清以常青公司股东代表的身份签订该合同，符合股权转让合同的主体特征，而如果是企业财产转让合同，则不应由股东而应由企业作为转让的主体。第三，从合同的内容看，合同前言部分表明甲乙就"……股份（权）转让给乙方的有关事宜经友好协商达成如下条款"；合同第一条在表述企业的位置、面积时亦明确表明是"甲方转让股权企业"的位置、面积；合同第二条表明"甲方转让以上工厂股份（权）……"；合同第三条第三项明确表述乙方应支付甲方"股权（份）转让金"，第三条第四项约定甲方负责合同签订后三个月内中止属本合同范围内的租约，迁出所有人员，至此该工厂"股权全部属乙方所有"；合同第三条第五项约定"甲方负责承担企业股权转让前的所有债权债务"。根据以上合同内容，可以充分认定该合同系股权转让合同，当事人的真实意思表示是转让股权而非转让企业财产。另，合同第三条第三项约定乙方支付款项后，甲、乙双方即办理企业法定地址及法人代表变更，办妥手续后，甲方把营业执照、公司公章及相关证件移交给乙方；合同第三条第五项约定"甲方负责承担企业股权转让前的所有债权债务"。当事人的上述约定进一步表明该合同系股权转让合同而非财产转让合同，因为如果是企业财产转让合同，则无需变更企业法定代表人，常青公司原股东也无必要把营业执照、公司公章及相关证件移交给受让人陈如明，更无须就转让前企业的债权债务承担问题作出约定。第四，常青公司2000年10月12日出具一份承诺书，该承诺书载明："鉴于福州市常青实业有限公司股东代表练长清与陈如明于2000年7月6日签订《企业股份转让合同》并已开始履行。在该股份未办妥工商变更登记之前，我公司承诺陈如明先生有权对该股份转让合同所约定的范围进行投资建设并使用。"该承诺书的内容进一步证明本案所涉合同性质为股权转让合同。且本案的原审被告林惠贞即常青公司的另一股东亦始终认为是股权转让。

综上，根据本案合同的名称、签约主体、合同的内容以及其他证据材料，可以充分认定本案合同为股权转让合同。

《最高人民法院关于西安嘉侨电力有限公司与百营物业（中国）有限公司、百营物业（武汉）有限公司、施展望股权转让纠纷执行一案的请示的复函》（[2006]民四他字第13号）对有关涉外股权转让裁决的程序判定，答复如下：

本案当事人之一百营物业（中国）有限公司的注册地在英属处女岛，因此，本案在主体方面存在涉外因素，案涉裁决属于我国仲裁机构作出的涉外仲裁裁决，应当依据有关涉外仲裁司法审查的法律规定进行处理。

从本案程序方面来看，西安仲裁委员会的仲裁裁决作出后，百营物业（中国）有限公司等三被申请人向西安市中级人民法院申请撤销仲裁裁决。2005年4月14日，西安市中级人民法院以[2005]西民四仲字第35号裁定驳回了上述当事人的申请。根据我院法发[2005]26号《最高人民法院关于印发〈第二次全国涉外商事海事审判工作会议纪要〉的通知》内容的精神，当事人向人民法院申请撤销仲裁裁决被驳回后，又在执行程序中提出不予执行抗辩的，人民法院不予支持。武汉市中级人民法院以西安市中级人民法院上述裁定为根据，以[2005]武执字第00043—1号裁定驳回相关被执行人不予执行仲裁裁决的申请是有法律依据的。

从仲裁裁决本身来看，百营物业（武汉）有限公司、施展望虽然与西安嘉侨电力有限公司没有签订书面仲裁协议，但其在被通知参加仲裁后，即选定了仲裁员，提出了答辩意见，积极参加仲裁，该行为表明其认可了仲裁庭的管辖权，仲裁庭有权对本案作出裁决。

本案应当维持武汉市中级人民法院[2005]武执字第00043—1号裁定的相关内容，有关仲裁裁决应当予以执行。

《最高人民法院关于德宝（远东）有限公司与天锋国际有限公司出资纠纷上诉一案合作协议效力问题的请示的复函》（[2004]民四他字第26号）对合作企业境外股转让协议的法律适用、性质及效力判定，答复如下：

香港德宝（远东）有限公司与香港天锋国际有限公司于1995年8月5日在香港订立《合作经营湖北德宝实业有限公司协议书》，将前者在合作企业湖北德宝实业有限公司中54%的股份划分为100股，转让其中49%的股份给后者。该协议处理的是香港德宝（远东）有限公司在中国内地设立的合作企业的股权，涉及该协议的履行行为主要发生在湖北，因此，可以认定协议履行地在中国内地。根据《中华人民共和国民事诉讼法》第二百四十三条（编者注：现为该法第二百六十五条）之规定，武汉市中级人民法院作为合同履行地法院对本案享有管辖权。此外，武汉市中级人民法院已在2000年5月19日的《人民法院报》上公告送达了驳回管辖异议的裁定书，香港德宝（远东）有限公司未就该裁定提起上诉，反而进行了应诉答辩，应视为其已接受了中国内地法院的管辖，无权再提出管辖权异议。本案双方当事人没有在合同中约定解决其争议应适用的法律，依照《中华人民共和国民法通则》第一百四十五条的规定，应适用最密切联系原则确定准据法。本案双方当事人虽均为香港公司，协议书也在香港订立，甚至在境外作了部分履行，但协议的目的是为了转让设在内地的合作企业的股权，实现香港天锋国际有限公司在合作企业的经营及利益分配，因此，可以认定内地与该协议书具有更密切的联系，应适用中国内地的法律进行认定和处理。

关于合作协议书所反映法律关系的性质，湖北德宝实业有限公司的原始资本构成中不含香港天锋国际有限公司的投资，两当事人的签约行为发生在合作企业合同订立之后且约定转让香港德宝（远东）有限公司的股权，故依法应认定合作协议书属股权转让法律关系，认定隐名投资法律关系没有事实和法律依据。该合作协议书未履行法定的报批手续，依法应认定无效。

《最高人民法院关于胡克诉王卫平、李立、李欣股东权纠纷一案的答复》（[2003]民二他字第4号）对股权转让时未明确对价的处理，答复如下：

从案卷反映的事实看，1993年12月30日，思达设备公司变更公司章程，以书面形式确认新老股东之间就股份转让以及转让的具体份额达成的一致意见，即在公司注册资金100万元不变的情况下，原始股东思达科技公司和胡克将部分股份转让给李欣、魏若其、李立、杨为民、王卫平五位新股东。1994年4月18日思达设备公司股东会决议，同意吸收李立、李欣、王卫平、魏若其、杨为民为新的股东，原始股东各方的出资部分转让给该五位股东。此后，河南省工商行政管理局对思达设备公司进行年检时在年检报告"投资者投资情况"一栏将公司新老股东及其所占股份予以记载，该项记载具备将公司股东向社会公示的意义。从思达公司新老股东就股份转让达成合意、到公司股东会认可新股东的身份，直至工商行政管理部门通过年检报告将公司股东予以公示，思达设备公司股东完成了李立等人获得股东身份的必要程序。且李立等人自1993年12月30日受让股份，以股东身份行使权利（参与股东大会、参与公司运营决策等）已近10年，此时再否认其股东资格缺乏事实依据。股份转让时各当事人未就股份转让的对价问题做出明示约定，原始股东若就支付对价提出请求，可另案提起诉讼。

二、相关文件规定

《中华人民共和国中外合作经营企业法实施细则（2017修订）》（自1995年9月4日起施行）对合作企业的股权转让，规定如下：

第二十三条 合作各方之间相互转让或者合作一方向合作他方以外的他人转让属于其在合作企业合同中全部或者部分权利的，须经合作他方书面同意，并报审查批准机关批准。

审查批准机关应当自收到有关转让文件之日起30天内决定批准或者不批准。

三、相关案例

1. 股权转让合同的订立/性质

【涉外股权转让合同的性质界定】

山东华立投资有限公司与新加坡LAURITZ KNUDSEN ELECTRIC CO.PTE.LTD.股权转让合同纠纷上诉案[（2017年5月15日《最高人民法院发布的第二批涉"一带一路"建设典型案例》案例7）]，具体如下：

基本案情

埃尔凯公司原为外商独资企业，于2010年9月14日变更为中外合资经营企业，新加坡LAURITZ KNUDSEN ELECTRIC CO.PTE.LTD.（以下简称LKE公司）是合资方之一。2010年10月，LKE公司与华立公司签订《增资扩股协议》，约定华立公司对埃尔凯公司投资人民币2000万元，华立公司和LKE公司增资扩股，并约定如果LKE公司违反协议任何条款并使协议目的无法实现，华立公司有权终止协议并收回增资扩股投资款项。2010年12月6日，双方又签订一份《股权转让协议》，约定：鉴于埃尔凯公司将申请改制成立股份有限公司即目标公司，改制后华立公司占有目标公司股份800万股。在2013年10月10日后，华立公司有权向LKE公司提出以原始出资额为限转让目标公司股权份额，LKE公司承诺无条件以自身名义或指定第三方收购华立公司提出的拟转让股份。2011年1月27日，埃尔凯公司的各方股东签订《增资扩股协议》，华立公司溢价认购埃尔凯公司增资，并占10%股权。华立公司有权在出现合同约定情形时通知LKE公司后终止本协议，并收回此次增资扩股的投资。该协议经主管部门批准后各方办理股权变更登记，华立公司持有埃尔凯公司10.001%股权，LKE公司拥有76.499%股权。华立公司以LKE公司拒不依约履行增资义务，又不及时履行回购股份担保责任为由，向广东省珠海市中级人民法院提起诉讼，请求判令 LKE 公司收购华立公司所持有的埃尔凯公司股权并支付款项人民币 2000 万元及利息。

裁判结果

广东省珠海市中级人民法院一审认为，华立公司请求 LKE 公司收购华立公司持有的埃尔凯公司的股权缺乏事实和法律依据。据此判决驳回华立公司的全部诉讼请求。华立公司不服一审判决，以双方协议性质实为股权投资估值调整协议，故其有权在融股公司不能按期上市时请求回购股权为由提出上诉。

广东省高级人民法院二审认为，《股权转让协议》的内容是附事实条件的股权转让，即只有在埃尔凯公司改制成为股份有限公司后，华立公司才能将其所持有的埃尔凯公司的股权转让给 LKE 公司。该协议对将来发生事实的约定未违反中国法律、行政法规的强制性规定，依法应认定有效。股权投资估值调整协议是投资公司在向目标公司投资时为合理控制风险而拟定的估值调整条款。订约双方一般会约定在一个固定期限内要达成的经营目标，在该期限内如果企业不能完成经营目标，则一方应当向另一方进行支付或者补偿。但《股权转让协议》并没有将埃尔凯公司改制成为股份有限公司作为双方预先设定的经营目标，且协议中也没有约定作为股东的 LKE 公司在目标公司埃尔凯公司无法完成股份制改造情况下应承担股权回购的责任。双方在履行协议过程中，既没有出现违约行为导致协议终止的情形，华立公司也已于 2011 年 6 月 9 日取得埃尔凯公司的股权，故华立公司依据《股权转让协议》和《增资扩股协议》请求收回增资扩股投资款的理由缺乏事实和法律依据。据此，广东省高级人民法院判决驳回上诉，维持原判。

典型意义

本案是一宗中国国内公司通过股权转让形式对中外合资企业进行投资的案件，其典型意义在于如何判断当事人在合同中约定的股权回购条款的性质，是否属于新型的投融资方式即股权投资估值调整协议，以及该种约定能否得到支持。该判决一方面肯定了股东之间为适应现代市场经济高度融资需求有权自治约定股权投资估值调整的内容；另一方面坚持股权投资估值调整的合意必须清晰地约定于合同中的原则。针对本案《股权转让协议》没有设定经营目标也没有约定埃尔凯公司无法完成股份制改造时由 LKE 公司承担股权回购责任的情况，认定双方真实意思表示是先将埃尔凯公司改制成为股份有限公司，故股权转让协议性质为附未来事实条件的股权转让。在埃尔凯公司改制成为股份有限公司这一条件未成就前，华立公司无权请求 LKE 公司回购股权。该案判决运用文义解释方法，确定当事人的投资意思表示，并有效避免公司资本被随意抽回，维持了中外投资者合资关系的稳定性，依法保护了投资者权益，对于“一带一路”新型投资方式的有序开展起到强有力的保障作用。

【股权转让人意思表示的认定】

左明诉北京鑫丰汇川投资顾问有限公司、宁强泛珠泉实业发展有限公司股权转让纠纷案［北京市第三中级人民法院（2017）京 03 民终 14093 号民事判决书（《人民司法·案例》2019 年第 14 期）］，认定股权转让合同中转让人是否具有股权转让的意思表示，首先应当从其行为意思、表示意思及效果意思方面进行考量，在转让人不具备转让股权意思表示的主观要素时，仅因办理股权变更登记时出示了转让人身份证原件，不能推定转让人具有股权转让的真实意思表示。我国有限责任公司的股权变动采登记对抗主义，股权转让合同无效对股权变动的影响应区分对内效力与对外效力，在第三人善意取得被转让的股权后，被冒名转让股东可向冒名行为人主张损害赔偿。

【矿山企业股权转让与矿业权转让的区别】

李经春、陈培良等诉浙江钱塘控股集团有限公司、安徽钱塘矿业有限公司股权转让纠纷案［浙江省高级人民法院（2017）浙民终 70 号民事判决书（《人民司法·案例》2017 年第 32 期）］，矿业权与股权是两种不同的民事权利，矿业权转让合同与矿山企业股权转让合同的本质区别在于是否涉及矿业权主体的变更。若矿山企业股权转让不导致矿业权主体的变更，则不属于矿业权转让，转让合同无须经批准生效。当事人以矿业权转让纠纷为由主张合同无效，不应予以支持。

【股权转让合同变更为增资入股合同的判定】

孙宝荣与杨焕香、廊坊愉景房地产开发有限公司公司增资纠纷案[最高人民法院2016年12月19日民事判决书（《最高人民法院公报》2017年第8期（总第250期））]，收条作为当事人之间收付款的书证、直接证据，对证明当事人之间收付款的事实具有一定的证明效力，但如果收条记载的内容与当事人之间实际收付款的时间、金额存在不一致的情形，仅凭收条不足以充分证明实际收付款情况，人民法院还应结合汇款单、票据等资金结算凭证，对收条中记载的资金是否实际收付加以综合判断认定。

股权转让属于股权的继受取得，增资入股则是股权的原始取得。当事人之间协议将取得股权的方式由股权转让变更为增资入股后，原股权转让合同即被其后签订的增资入股合同所更替而终止。根据定金合同的从属特征，作为原股权转让合同从合同的定金合同亦相应消灭，定金罚则不应再适用。

朱延凯诉韩先进股权让与、担保合同纠纷案[江苏省淮安市淮阴区人民法院（2013）淮商初字第0295号民事判决书（《人民司法·案例》2014年第16期）]，债务人与债权人以股权转让方式为债权实现担保的，属于市场经济发展中的特殊担保类型，其能够弥补典型担保和其他非典型担保方式之缺陷，为股权质押方式之有益补充。债权人与债务人签订的明为股权转让实为股权让与担保的合同，系双方当事人真实意思表示，未违反法律及行政法规的强制性规定，此种担保方式为合法有效。债务人未按约定归还债务的，不能以股权转让无效为由要求返还股权。但借款协议中的流质条款系无效条款，债务人依法清偿债务后，有权要求债权人归还股权。

【阴阳股权转让协议究竟以何为准】

叶金和诉黄鑫股权转让案[江苏省盐城市中级人民法院（2016）苏09民终3412号民事判决书]，从恒创公司的演变过程来看，其名为外资独资企业，实际系由四名自然人投资并运作，但自然人之间的股权转让在工商登记中并无任何记载，于是便产生了显名股东与隐名股东的情形，叶金和通过受让方式成了显名股东，而潘祥军、徐往扣、张友宏（后为仲银存）几位实际投资人则成了隐名股东。

恒创公司登记的注册资本与实际投资资本存在不一致的情况下，在处理实际投资人之间的债权、债务关系时，只能以投资人之间的投资协议作出判定。2014年3月7日，股东会决议既是为了解决隐名股东转变为显名股东的问题，更是为了与工商登记的注册资本相吻合，双方均不持有原件，完全是为了工商登记备案所用，通过这份股权转让协议，使隐名股东的身份转变为显名股东。故此协议并非实际投资人债权债务关系的真实记载，原告更不可以将此作为债权凭证。

【仅转让公司股权而不导致矿业权主体的变更，不属于矿业权转让】

大宗集团有限公司、宗锡晋与淮北圣火矿业有限公司、淮北圣火房地产开发有限责任公司、涡阳圣火房地产开发有限公司股权转让纠纷案[最高人民法院（2015）民二终字第236号民事判决书（《最高人民法院公报》2016年第6期（总第236期））]，矿业权与股权是两种不同的民事权利，如果仅转让公司股权而不导致矿业权主体的变更，则不属于矿业权转让，转让合同无须地质矿产主管部门审批，在不违反法律、行政法规强制性规定的情况下，应认定合同合法有效。迟延履行生效合同约定义务的当事人以迟延履行期间国家政策变化为由主张情势变更的，不予支持。

【商事合同中约定的不得起诉条款无效】

王飞诉皮军英等股权转让协议纠纷案[江苏省泗洪县人民法院（2015）洪民初字第00753号民事判决书（《人民司法·案例》2017年第11期）]，当事人在商事合同中约定的不得起诉条款，超出了私法自治的范围，不受合同法调整。不得起诉涉及诉权的放弃，排斥国家对纠纷提供司法救济，应不具有诉讼法上的效力。原告和被告之间的股权转让行为合法有效。其特别约定的债权不能转让条款有效，因为该约定符合合同法关于债权转让例外情形的规定，应属合法有效。但特别约定中，原告不得起诉被告的条款不具有诉讼法上的效力，属于无效条款。因为，诉权是国家赋予公民申请司法救济的基本权利，应当受到法律保护。当事人虽有处分权，可选择诉或不诉，但不能通过事先约定的方式排除国家的司法救济方式。

【从法律关系被告不能对主法律关系当事人提出反诉】

尊贵控股有限公司诉张秀华等股权转让案[陕西省高级人民法院（2015）民二终字第291号民事裁定书]，依照《最高人民法院关于适用〈中华人民共和国民事诉讼法〉的解释》第二百三十三条第一款"反诉的当事人应当限于本诉的当事人的范围"的规定，张秀华、张哲二人提出反诉请求的范围应当限于本案的原告尊贵公司，其所提出的反诉请求第二项"赵桂秋对前述违约责任承担连带给付责任"，实际上将本案的第三人作为反诉被告并要求其承担民事责任，该反诉请求不符合前款规定。尊贵公司提起的诉讼中包含两个不同的法律关系，对张肃、张秀华的诉讼基于股权转让合同的法律关系，对张哲的诉讼基于保证法律关系，前者系本案的主法律关系，后者系本案的从法律关系。张哲以其系中金公司实际股东为由，向尊贵公司提出其应承担违约责任的反诉请求，与本案尊贵公司诉张秀华、张肃、张哲的诉讼标的及诉讼请求所依据的事实、理由不存在关联，张哲作为本案保证合同的当事人，以实际股东的名义对尊贵公司提出反诉并要求第三人赵桂秋承担连带民事责任，不符合我国民事诉讼法关于反诉的规定，应另行起诉。

【违反章程对股权转让所作限制无效】

中山市庆华电子制造有限公司等与丁毅股权转让纠纷上诉案[广东省中山市中级人民法院（2015）中中法民四终字第22号民事判决书]，丁毅并未在涉案股东会决议、股权转让协议上签字，也没有收到召开股东会的通知，而且该股权转让协议违背了公司章程对股权转让的限制，是否构成相关股东会决议、股权转让协议无效的理由？

法院认为，庆华公司在召开2007年4月10日股东会前并未告知丁毅，也没有将股东会的决议告知丁毅，在未有效通知丁毅到场的情况下，其余股东于2007年4月10日作出决议将丁毅持有的股权全部转让，因此该股东会不仅形式不符合公司法的规定及公司章程的规定，更严重损害了丁毅的合法权益，故不能认定就该次会议形成了真实有效的股东会决议，庆华公司据以决定办理公司变更登记、股权转让等事项的所谓股东会决议也当然不能产生法律效力。因不能认定丁毅持有的相关股权已转让，而2013年1月23日股东会决议是以2007年4月10日的股东会决议为前提，在前一股东会决议无效而丁毅也未获通知参与2013年1月23日股东会的情况下，庆华公司2013年1月23日作出的股东会决议也不能被认定为符合法定要求的真实有效的决议，相关决议也应归于无效。

本案中，不能认定2007年4月10日股权转让协议中涉及丁毅的部分是其真实意思表示，也没有证件反映被告支付了合理对价，因此2007年4月10日涉及丁毅的股权转让协议依法不能成立。对于2013年1月23日的股权转让协议，虽然丁钦元在庆华公司享有的股权比例为43%，受让人丁力、丁海欧本是庆华公司的股东，该股权转让协议没有违反《公司法》中"有限责任公司的股东之间可以相互转让其全部或者部分股权"的规定。但有限公司毕竟是人合公司，公司法允许公司章程对股东转让股权设定特定条款，《公司法》（2005年修订）第七十二条第四款即规定"公司章程对股权转让另有规定的，从其规定"。各方均认可2007年4月10日前庆华公司的公司章程对股东之间的股权转让行为作出了限制，即在股东之间发生的股权转让，各股东对所出让的股权享有平等的认购权，现丁钦元、丁力、丁海欧在明知公司章程对股东之间转让股权有限制性规定的情况下，未给予丁毅适当通知且向丁毅隐瞒了这一股权转让行为，使丁毅丧失了认购该股权的机会，侵害了其合法权益，根据上述规定，2013年1月23日的股权协议也应认定为无效。

【协议的签订是否具有权利转让的意思表示】

殷某与刘甲人股权转让纠纷上诉案[云南省丽江市中级人民法院（2015）丽中民二终字第107号民事判决书]，刘甲与殷某二人所签《股份转让协议》，系双方当事人真实意思表示，该协议只是针对刘甲所持有的部分股份进行转让，不违反行政法规的禁止性规定而应当认定有效。该案原一审、二审判决后，该案所涉案矿井已由殷某移交给刘甲，刘甲将矿井转让第三人倪某，倪某接收矿井后又与本案第三人尹某、罗某合作，由倪某三人投资经营，该案倪某三人善意取得矿井股份，故其行为应当认定有效，刘甲与殷某间的《股份转让协议》已无法继续履行，应予解除，解除后，双方依法律规定相互返还财产或进行补偿，原判决实体处理虽正确，但对合同效力认定错误，适用法律不当而依法应予改正。

【矿山企业的股权转让，不宜当然地认定为变相的矿业权转让，径行判令无效】

薛梦懿等四人与西藏国能矿业发展有限公司、西藏龙辉矿业有限公司股权转让合同纠纷案［最高人民法院（2014）民二终字第205号民事判决书（2016年7月12日《最高人民法院发布十起审理矿业权民事纠纷案件典型案例》案例七）］，股权转让，是指公司股东依法将自己的股东权益有偿转让给他人，使他人取得股权的民事法律行为。采矿权转让，是指已取得采矿权的矿山企业，因企业合并、分立，与他人合资、合作经营，或者因企业资产出售以及其他变更企业资产产权的情形而需要变更采矿权主体，经审批管理机关依法批准将采矿权转让他人开采的行为。当事人之间签订合作协议，但是对于是矿业权转让还是企业股权转让有争议的，但未涉及探矿权人更名及探矿权转让的相关审批手续的，应认定为股权转让协议。

【公司整体转让协议的性质，应认定为股权转让合同】

陈益良、徐卸文诉应天平等股权转让纠纷案［安徽省高级人民法院（2014）皖民二终字第00414号民事判决书］，具体如下：1. 当事人之间签订公司整体转让协议，约定转让公司全部资产，由新股东全权接管公司，原股东退出公司，但公司的名称、法人主体资格及资产所有人并不发生变更，只是公司的股东发生变化，该协议的性质应认定为股权转让合同。2. 生产类公司的股权转让中，公司不具备安全生产许可等证照，仅影响到公司能否合法经营及股东购买公司股权的合同目的能否实现，不影响股权转让合同的效力。

【股权转让系为融资提供让与担保的，转让方的股东权益不因此丧失】

周某与陶某、甲公司等股权转让纠纷案［最高人民法院（2014）民二终字第259号民事判决书］，双方在协议中约定的转让标的是一方在项目公司中的股权和相关权益，股权已于该协议签订的同日分别转让给他人并办理了工商登记手续，但该转让是为融资提供让与担保的，双方的股东权益并不因此而当然丧失。双方对项目公司仍然享有股权，并通过这一投资关系实现对项目公司下属公司的实际控制。

【未提供证据证明双方存在股权转让合同的事实和内容，法院不能据此认定股权转让关系存在】

刘五瑞与黄玉平、第三人厦门贝克士纤维制品有限公司等股权转让纠纷案［福建省厦门市中级人民法院（2014）厦民终字第1367号民事判决书］，当事人对自己提出的主张有责任提供证据，否则应承担举证不能的责任。当事人起诉向对方主张股权转让款，应提供证据证明双方之间存在股权转让的事实。当事人未提供证据证明双方存在股权转让合同的事实和内容，法院不能据此认定双方当事人之间的股权转让关系，故其诉求不能被支持。

【股权转让意思表示的解释】

游颖娟诉叶勇生等股权转让纠纷案［福建省厦门市思明区人民法院（2014）思民初字第10787号民事判决书］，虽然该份《股份转让协议》上“叶勇生”的签名并非被告本人签字，但应从该协议的履行情况来查明是否是被告的真实意思表示。该协议约定被告叶勇生以290,000元的价格将持有的汉丰公司58%的股权转让给原告游颖娟，支付方式为协议生效后10天内以现金方式支付，该协议并未载明股权转让款系通过股权置换方式支付，且原告未能提交其他证据佐证原、被告或陈荣泉与被告签订过相关的协议。原告称股权转让金290,000元系陈荣泉用其持有的高捷公司13%的股权进行置换，并补偿被告80,000元差额，但陈荣泉与被告及叶世端签订的《股份转让协议》同样未载明股权转让款系通过股权置换方式支付，且双方在汉丰公司股权变更登记之前即办理了工商变更登记，而原告主张的80,000元差额，因陈荣泉向被告出具的《欠条》仅载明欠款并未明确系股权转让款的差额，且在被告诉诸厦门市湖里区人民法院时陈荣泉亦未说明该款项的性质，故厦门市湖里区人民法院出具的

(2005)湖民初字第648号民事调解书亦确认该款为陈荣泉尚欠被告的借款。假设存在原告所称的股权置换行为,陈荣泉将高捷公司13%的股权转让给被告,股权转让款仅65,000元,加上差额80,000元,亦不足290,000元。从该协议的履行情况来看无法认定股权转让行为系被告的真实意思表示。本案原告通过伪造被告的签字取得股权,该协议属原告单方虚构,不具备合同成立所需的要件,故法院认定该份《股份转让协议》不成立。

【并非所有在磋商过程中达成的意向性协议都构成预约】

郑森如诉徐德渊等股权转让预约合同纠纷案[江苏省无锡市中级人民法院(2013)锡商终字第0166号民事判决书],2011年5月31日股东会决议中有关股权转让的内容确实含有股东之间转让股权的意思表示,是各方在磋商过程中达成的意向性协议。但并非所有磋商过程中达成的意向性协议均构成预约,能否构成预约应从意向性协议的内容是否具有预约合同的特征来考察。2011年5月31日股东会会议对股权转让的有关事项进行了商议,但徐德渊、赵耀清、王清浩在股权转让协议已制作完毕的情况下,拒绝当场签署股权转让协议,仅在明确"股权转让具体事宜以转让协议为正,四位股东签字后生效"的前提下,在股东会会议记录上签字,说明该次股东会会议对股权转让有关事项的商议内容,仅能作为股权转让的初步方案,股权转让合同关系仍需在四位股东进一步考虑、协商之后,通过签订股权转让协议的方式予以确立。股东会议记录中关于"股权转让具体事宜以转让协议为正"的表述,也表明四位股东并未表示受股东会决议内容的约束。2011年6月16日,五福公司股东再次召开股东会议,杜稼祺在会议中提出:2011年5月31日商量的股权转让价格可以再协商,也表明2011年5月31日股东会决议的内容不具有确定性、约束性。综上,由于2011年5月31日股东会决议中关于股权转让的内容不具有预约所要求的约束性、确定性等要件,故不构成预约。

【股权转让不同于采矿权等资产转让】

青海汇吉实业集团有限责任公司、周卫军与杜红亚、李占云、高冠生、徐良庆、袁建明、周健股权转让纠纷案[最高人民法院(2012)民二终字第86号民事判决书],汇吉公司与冷湖钾肥公司于2009年3月16日、5月15日签订《公司收购协议书》《补充协议》,约定冷湖钾肥公司的全体股东杜红亚三人将股权过户给由汇吉公司安排接收股权的人,并约定了收购对价、办理股权过户及公司资产移交等相关内容,该两份合同不违反国家法律法规规定,不损害他人合法权益,应认定合法有效。汇吉公司、周卫军上诉主张按照《矿产资源法》《探矿权采矿权转让管理办法》等规定,《公司收购协议书》及《补充协议》应为未生效。因本案法律关系涉及变动的是股权,并非采矿权等资产,上述法律对企业股权变动并没有限制性规定,汇吉公司、周卫军上诉主张适用上述法律的观点不成立,本院不予支持。

【股权转让法律关系的认定】

燕子堂等与陈秀光等股权转让合同纠纷上诉案[最高人民法院(2012)民二终字第64号民事判决书],通过2008年1月20日、6月4日、6月9日《股权转让协议》《补充协议(一)》《补充协议(二)》的签订和实际履行,本案当事人之间实际建立了股权转让法律关系。

2008年1月20日《股权转让协议》主要载明,天祝县大滩煤矿将大滩煤矿区域产权、开采权及矿山机械设备等资产、全部股权一次性转让给陈秀光等人,转让价款为6800万元。同年6月4日、9日,又签订了《补充协议(一)》《补充协议(二)》,主要载明了燕子堂等人承继《股权转让合同》中约定的天祝县大滩煤矿的权利义务及合同的履行方式和违约责任等。根据上述三份协议的约定,天祝县大滩煤矿及燕子堂等人转让的内容包括天祝县大滩煤矿区域产权、开采权等资产及华隆公司的全部股权。在上述协议的实际履行中,燕子堂等人将天祝县大滩煤矿变更为华隆公司,将《采矿许可证》《煤炭生产许可证》办理在华隆公司名下,并将其持有的华隆公司部分股权过户到陈光秀等人及其安排的他人名下,同时向陈秀光等人移交了华隆公司的资产及采矿许可证副本、公司财务、印章等,据此应认定燕子堂等人与陈秀光等人在履行上述协议过程中,仅实际转让了华隆公司的股权。在《股权转让合同》中,有关于转让大滩煤矿区域"产权""开采权"等表述,但在上述协议的履行过程中,天祝县大滩煤矿的《采矿许可证》实际登记在华隆公司名下，陈秀光等人并未实际取得大滩煤矿的采矿权。根据《物权法》的规定，物权变动经依法登记发生法律效力，未经登记，不发生效力。因涉案《采矿许可证》仍登记在华隆公司名下，该采矿权应属于华隆公司所有，故根据《股权转让合同》的约定和实际履行情况，应认定陈秀光等人并未受让华隆公司的采矿权，燕子堂等人上诉认为本案合同涉及转让采矿权的主张与事实不符，本院不予采信。陈秀光等人答辩关于本案当事人并未转让采矿权的观点成立，本院予以支持。原审判决认定本案当事人在上述协议中涉及资产转让的内容实际为新旧股东对公司资产以及相关证照、资料的确定和移交，本案应为股权转让合同纠纷，符合当事人之间发生民事法律关系的实际情况，本院予以维持。

【合作开放房地产合同抑或股权转让合同的判定】

黄填元等与漳州市毅达卓越房地产有限公司股权转让合同纠纷上诉案［最高人民法院(2012)民二终字第47号民事判决书］，关于《协议书》的法律性质及效力问题。本案是基于双方当事人签订的《协议书》产生的纠纷，明确合同的法律性质是正确适用法律的前提。本案中，《协议书》明确约定了双方合作开发房地产项目，约定了房地产项目股权转让的比例以及转让金额，还约定了双方利润和风险的分担原则，等等。上述内容反映出双方当事人真实的缔约意图仅是合作开发房地产项目，而并不涉及转让公司股权。该协议符合最高人民法院《关于审理涉及国有土地使用权合同纠纷案件适用法律问题的解释》对于合作开发房地产合同的规定。所以，本案《协议书》应当属于合作开发房地产合同。原审法院以毅达公司《企业法人营业执照》载明的经营范围仅是该房地产项目，以及毅达公司出具的《收款收据》的“款项内容”均为“交来漳州毅达卓越房地产公司股权转让金”为由，认定该协议约定的25%的项目股权的转让实质是公司25%的股权的转让，缺乏事实和法律依据，应予纠正。《协议书》是双方当事人的真实意思表示，其内容不违反法律法规的禁止性规定，应当认定为有效。

【公司股权转让，不会发生公司矿业权转让的效力，矿业权的主体仍然为公司】

申峻山、曹志杰与林锡聪、周泽辉、林柏清、周成金、张寿薪、李国光、项学元、王建新、卢福星、项洪元、陈朱华股权转让纠纷案［最高人民法院(2011)民二终字第106号民事判决书］，关于股权转让合同的效力问题。首先，经开庭审理，本案当事人各方矛盾焦点围绕是否通过股权转让协议从而转让矿业权，也即是否存在规避法律和行政法规关于采矿权转让必须经过主管部门批准的目的展开。因此，本案能否以当事人以合法形式掩盖非法目的订立合同为由确认合同无效成为关键。根据《矿产资源法》第六条的规定，已取得采矿权的矿山企业，因企业合并、分离、与他人合资、合作经营，或者因企业资产出售以及有其他变更企业资产产权的情形而需要变更采矿权主体的，经依法批准可以将采矿权转让他人采矿。禁止将探矿权、采矿权倒卖牟利。《探矿权采矿权转让管理办法》第六条亦明确规定，转让采矿权的矿山企业应当在投入采矿生产满一年后方可进行转让。因此，国家法律和行政法规对矿山企业探矿权及采矿权的转让有严格的条件限制，即应当取得采矿权并生产满一年以上，经过主管部门的批准，转让的主体是享有该矿业权的矿山企业，因企业合并、分离等形式变更企业资产产权的情形而需要变更采矿权主体的等。但根据本院及一审法院查明的事实，虽然2010年6月18日，金鹰公司召开股东会并形成股东会决议，决定全体股东将其全部股权一次性对外转让，股权转让协议签订后金鹰公司的“矿业权审批备案”事宜及“资源费”由受让股权方承担，同时，2010年8月1日金鹰公司全体股东出具《授权委托书》，授权股东周泽辉、周成金全权负责办理金鹰公司股权转让事宜，授权期限为2010年6月30日至12月31日，但案涉采矿权系2010年9月9日，金鹰公司通过与青海省国土资源厅签订《采矿权出让合同》，从而取得青海省格尔木市那陵郭勒河东铁矿为期12年的矿业权。因此本案矿业权的主体是金鹰公司而非全体股东，只有金鹰公司才有权在符合法律规定的条件下，依法转让矿业权。2010年12月29日，周泽辉、周成全代理金鹰公司全体股东与申峻山、曹志杰签订《股权及资产转让协议书》，虽然约定转让股东股权及其资产，其中明确列明“资产包括证号为：C6300002010092110074690青海省格尔木市那陵郭勒河东铁矿矿业权”，但即便全体股东转让所有股权也不能得出转让公司享有的矿业权的结论。因此本案《股权及资产转让协议书》所涉资产，仍属股东股权范畴，并不涉及金鹰公司的矿业权的转让。即本案股权及资产转让协议的履行不当然发生金鹰公司矿业权转让的效力。本案矿业权主体未发生变动，仍为金鹰公司。林锡聪等十一人上诉主张案涉《股权及资产转让协议书》构成以合法形式掩盖非法目的，但未提供充分证据佐证，故仅此不能否认《股权及资产转让协议书》的有效性。在案事实表明，金鹰公司全体股东货币出资额为1012万元，《股权及资产转让协议书》约定的转让价款2355万元即为金鹰公司所有股东转让的股权价值。案涉《股权及资产转让协议书》性质上仍属于对金鹰公司股权的转让。其并不违背法律、行政法规定的强制性规定。

【公司资产和经营权的移交方及公司的实际控制人，符合原告主体资格】

徐峥嵘等六人与五矿邯邢矿业有限公司、王银陵股权转让纠纷案[最高人民法院(2011)民二终字第37号民事判决书]，本案徐峥嵘等六人是案涉《股权整体转让协议书》的一方当事人，是该协议转让双方共同认可的诺普矿业公司资产和经营权的移交方，也是该协议转让双方共同认可的诺普矿业公司实际控制人，故徐峥嵘等六人在该协议中有合法权益，且股权整体转让总价款的高低直接影响徐峥嵘等六人合法权益的实现，因此徐峥嵘等六人的起诉符合《民事诉讼法》第一百零八条规定的条件。

【在确定公司资产整体转让是否包括股权转让时，应根据协议的内容、履行以及转让对价的合理性等内容对协议性质进行综合判定】

余保生因整体转让公司资产诉张家港市志翔贸易有限公司、朱平股权转让纠纷案[江苏省苏州市中级人民法院(2011)苏中商终字第0607号民事判决书]，买卖双方签订协议对公司资产进行整体转让，但未明确是否包括股东股权转让时，应当根据转让协议的具体内容、转让协议的履行情况及转让对价的合理性等内容对协议性质进行综合判定。

余保生要求确认对志翔贸易公司出资额为30万元占注册资本60%的诉讼请求，取决于2006年7月24日的转让合同是志翔贸易公司转让相关财产的合同还是包括志翔贸易公司股权在内的公司整体转让的合同。转让合同第一条明确了合同的标的物是志翔贸易公司、相关手续设备及设计图中涉及建造的房屋，对价是80万元；转让合同第四条约定的债权债务分担方式是以志翔贸易公司的转让为界限。因此，从合同条款的内容以及条款的整体来看，该转让合同的标的物应当包括志翔贸易公司的股权。虽然在形式上转让合同的订约主体是志翔贸易公司与志明研究所，但是余保生、朱平同时也在该转让合同上签名，因此也可认定是余保生与朱平就股权转让的意思表示。转让合同签订后，志翔贸易公司的执行董事和法定代表人变更为朱平，志翔贸易公司的公章和营业执照由余保生交付给了朱平，也证明了转让合同应当包括余保生持有的志翔贸易公司股权。双方当事人就志翔贸易公司股权转让达成的协议系双方真实意思表示，合法有效，因此余保生对志翔贸易公司60%的出资已通过2006年7月24日的转让合同转让给朱平，余保生已不具备志翔贸易公司股东资格，其要求确认志翔贸易公司60%股权的理由不能成立。

【股权转让意向书的性质不是股权转让协议】

海南嘉博投资开发有限公司与张小侠、海口南川实业有限公司、海南南国有限公司股权转让合同纠纷案[最高人民法院(2011)民二终字第10号民事判决书]，嘉博公司与张小侠、南川公司签订的《股权转让意向书》是双方当事人的真实意思表示，内容不违反法律、法规的强制性规定，为有效合同。《股权转让意向书》就订立《股权转让协议》的时间、步骤及违反意向书的违约责任等均作出了明确约定，应当认定为三方当事人为订立《股权转让协议》而签订的预约合同。该意向书亦就股权转让标的、价款及价款支付方式等股权转让协议的条款作了约定，但由于该意向书第三条第四款明确约定若张小侠与南川公司在嘉博公司尽职调查结束后不愿意签订《股权转让协议》，张小侠与南川公司将双倍返还定金，亦即赋予了张小侠与南川公司以双倍返还定金为代价不签订《股权转让协议》的合同权利，且第四条还就三方当事人不能签订正式《股权转让协议》情况下公证提存款的处理作出了约定，因此应当认定该意向书关于股权转让协议条款的约定仅为意向性安排，在未签订正式《股权转让协议》

的情况下，三方当事人均可以放弃股权转让交易，不能据此认定该意向书性质为股权转让协议。对嘉博公司关于该意向书已经完全具备了股权转让协议的要素，应为具有合法效力的股权转让协议本约的主张，本院不予支持。

【产权转让公告中的受让条件，一经发布不得擅自变更】

周益民诉上海联合产权交易所、华融国际信托有限责任公司股权转让纠纷案[上海市第二中级人民法院 2010 年 10 月 21 日民事判决书(《最高人民法院公报》2011 年第 6 期(总第 176 期))]，要约邀请是指希望他人向自己发出要约的意思表示。要约邀请是当事人订立合同的预备行为，只是引诱他人发出要约，不能因相对人的承诺而成立合同。产权交易所发布的股权转让信息公告，是向不特定主体发出的以吸引或邀请相对方发出要约为目的的意思表示，应认定为要约邀请。要约邀请除了法定的不得撤销的情形外，只要未给善意相对人造成信赖利益的损失，要约邀请人可以变更或撤回要约邀请。通过产权交易所向不特定主体公开发布的特殊要约邀请，其信息的变更或撤销，应受相关产权交易市场的交易管理办法和操作细则的限制，即产权转让公告中的受让条件，一经发布不得擅自变更，但在无举牌申请人举牌的情况下，可以按照产权出让人的意愿，根据产权交易所的有关规则进行信息变更。

【有限责任公司股东退股行为的法律性质及效力】

周荣庆与重庆红岩墨水有限责任公司退股纠纷上诉案[重庆市第一中级人民法院(2010)渝一中法民终字第 3206 号民事判决书(《人民司法·案例》2011 年第 6 期)]，有限责任公司股东退股后，公司又将其退回股份转让给公司其他股东的行为，名为退股，实为有限责任公司内部股东之间的股权转让，并不违反法律、行政法规的禁止性规定，应属有效，退股股东不再具备有限责任公司股东资格。

本案中，周荣庆的退股行为有效。首先，红岩公司的注册资本从成立至今，无论从工商登记还是其内部自行保留的股东名册看，均未减少。故周荣庆于 2000 年从红岩公司退股的行为并未导致红岩公司注册资本的减少。其次，红岩公司自行保留的股东名册显示，周荣庆退股后，红岩公司已于 2002 年将其退回及其他股东减持的股份转配给了其余股东。故周荣庆的退股行为实际为红岩公司先代其余股东向周荣庆支付转让款的有限公司内部股权转让。此种股权转让方式并不违反公司法的强制性规定，应属有效。

【股权转让与公司资产转让的区别】

李秀兰诉童国清、厦门鑫辉橡胶制品有限公司股权转让纠纷案[福建省厦门市同安区人民法院(2010)同民初字第 3103 号民事判决书]，股权转让与公司资产转让是两个不同的法律概念，其主要区别如下：(1)转让的客体不同，股权转让所转让的是股权，资产转让所让渡的是公司资产。就资产而言，是指公司拥有或控制的能以货币计量的经济资源，包括股东对公司的出资和公司运营过程中获得的财产。而股权则是一种股东基于股东资格而享有的权利，并不单纯等同于公司资产转让，不仅包括有形资产还包括无形资产，股权一旦转让，其属于股东的权利与义务概由受让人继受。(2)交易的主体不同。股权的享有者是股东，而非公司，股权转让的主体必然是股东，而公司资产属于公司所有，资产转让的主体必然是公司。本案中，双方签订的协议书明确约定了时原告和被告之间的股权转让而非公司资产的转让，作为公司的股东只能转让公司的股权而无权转让公司的资产，否则就构成对公司权益的侵犯。

【公司章程对股权转让的特别约定的法律效力认定】

徐力生不服宿迁市工商行政管理局开发区分局工商变更登记案[江苏省宿迁市中级人民法院(2010)宿中行终字第 0023 号行政判决书]，公司章程在不违背公司法律制度的立法宗旨及强制性规范的前提下具有优先适用的价值地位。案件中公司章程关于“修改公司章程的决议必须经代表三分之二以上表决权的股东通过，并由全体股东签名、盖章”的约定，若作为对公司股权转让的特别约定，有悖于《公司法》第七十三条(编者注：现为《公司法》第七十二条)的规定，同时与其章程中允许股东之间自由转让股权，无须征得其他股东同意的规定相悖，不具有法律效力。

【股权转让中股东身份的司法认定】

鹤壁市淇河家具有限公司与张进喜股权转让纠纷上诉案[河南省鹤壁市中级人民法院(2009)鹤民一终字第107号民事判决书(《人民司法·案例》2009年第22期)],股东是指依照公司法和公司章程的规定构成公司出资关系,为公司法所承认、以股东命名的公司法上民事主体。其中,构成公司出资性是确定股东最为基础的要素,也是股东主体身份司法认定的核心因素。

【股权转让价格的确定及股权转让协议的成立】

北京恒拓远博高科技发展有限公司与薛辉股权转让纠纷上诉案[北京市第一中级人民法院(2007)一中民终字第7430号民事判决书(《人民司法·案例》2008年第20期)],股权转让价格的确定是股权转让的重要内容之一,而股权的价值与有形财产不同,其价值由多种因素构成。在当事人提举的证据无法证明双方就股权转让价格达成一致时,人民法院不应依据股东出资额、审计报告、公司净资产额以及《合同法》第六十一条、第六十二条的规定确定股权转让价格。同时,未约定股权转让价格的股权转让合同因欠缺必备条款而不具有可履行性,应认定该类合同未成立。

【股权收购合同和资产收购合同的区别】

梁国春等诉北京阳光禾田商贸有限公司股权转让合同纠纷案[北京市门头沟区人民法院2006年4月14日民事判决书],本案争议的焦点为被告禾田公司在未取得地铁商贸中心同意的情况下,与原告签订协议书,该协议是否已发生法律效力。对此,首先要认定协议书的性质是股权收购合同还是资产收购合同,如果是前者,协议的效力不受地铁商贸中心同意与否的限制,但如果是后者则可能产生一定影响。

对于一般的股权转让合同和资产转让合同而言,二者的区别是显而易见的,但是如果购买的是公司的全部股权或者全部资产,实践中则往往不易区分。如本案的双方当事人,对转让的标的到底是股权还是国贸地铁站商城的经营权、是应当与禾田公司签订协议还是与禾田公司股东签订协议等问题上存在模糊的认识。而解决本案的关键在于根据协议书的权利义务内容对其性质作出认定,之后的难题便可迎刃而解。

股权收购是指收购方通过一定方式购买目标公司的股权,当其获取的股权达到一定比例后,取得该公司控制权的一种市场交易行为。(郑厚斌:《收购与合并——企业产权交易及其市场组织》,商务印书馆1998年版,第110页)与一般的股权转让不同,股权收购具有取得公司控制权的内涵。在股权收购中,多以目标公司资产(包括负债)价值确定股权转让价格,收购完成后,收购方成为目标公司的股东。一般来讲,即使收购方获取了目标公司全部的股份,该公司的主体资格也并没有改变,仍然继续存在。当然,收购方也可以控股股东身份将目标公司最终兼并,使目标公司主体资格归于消灭,但这仅仅是收购方利用所获得的控制权的结果,而不是股权收购的直接法律后果。收购完成后,收购方对被收购目标公司的原有债务不负连带责任,但其作为公司股东,会以其所持股份为限对该公司债务承担责任。

资产收购是指收购方以现金或其他有价证券为对价,收购卖方公司全部有形或无形资产而接管卖方公司营业的行为。(沈晖:《企业改制法律形式的选择》,载《公司法律报告》(第1卷),第33页)除特别约定外,收购方一般不承担卖方公司的债务,这也是资产收购与公司合并的重大区别,后者需概括承受被合并一方的所有债权债务。根据法人财产权理论,公司法人的财产独立于出资者的财产,因此,如收购公司的资产,对价应当支付给卖方公司所有,卖方公司的全部资产转让后也并不必然导致法人人格的消灭,因为公司的资产只是从实物形态转变为货币形态,至于公司的债权、债务和股权状况不会发生变化,但是因公司的资产全部转让,也往往因此而停止经营、进行清算并最终丧失主体资格。收购方在收购完成后的经营过程中只能以自己的名义进行经营而不得使用卖方公司的名义。

本案协议书的性质之所以属于股权收购的原因如下:原告梁国春、国硅公司向被告杨振科、王玉红、闫志刚、黄明达支付股权转让款后,禾田公司的股权结构会发生变化,但禾田公司的资产不发生变化，即国贸地铁站商城B1层经营场所的经营权仍然属于禾田公司所有，只是在不同的股东控制下进行经营。在国硅公司与禾田公司签订的协议书中，虽然使用“转让禾田公司股权及国贸地铁站商城趴层经营场地”的用语，但从事实上看，梁国春系向杨振科支付10%股权转让款，杨振科、王玉红、闫志刚、黄明达同意进行剩余股权转让，梁国春和国硅公司在接管国贸地铁站商城的经营管理后也是以禾田公司的名义进行经营管理，故国贸地铁站商城经营控制权的变化系股权收购而引起。鉴于股权收购不会对公司的资产归属产生影响，国贸地铁站商城的经营权仍然归禾田公司所享有，所以该转让事宜根本无须由地铁商贸中心同意，被告以此主张合同尚未生效的抗辩意见不能成立。

【股权转让协议的效力适用合同法】

梁景甜与潘培辉等股权转让协议纠纷上诉案［广东省广州市中级人民法院（2009）穗中法民二终字第1133号民事判决书］，股东之间签订的《股东股权转让协议》并未违反法律法规的强制性规定，也无其他无效和可撤销事由，因此涉案的《股东股权转让协议》合法有效。

【股权转让合同的标的物是股权，当事人在股权转让合同中处分公司实物、知识产权及债权债务归属的约定因违反公司法的强制性规范而无效】

罗绍远与富华公司股权确认纠纷上诉案［广东省高级人民法院（2005）粤高法民三终字第251号民事判决书（《人民司法·案例》2007年第14期）］，原审关于本案专利权属职务发明的判决正确，双方当事人已无争议，应予维持。根据公司法的有关规定，公司享有的法人财产权包括资金、实物和无形资产等，股东按照享有公司股权的份额大小行使资产受益、重大决策等股东权益。罗绍远与陈德炽等人签订的股权转让合同和股东转让出资合同书等协议已实际履行，并经工商机关变更登记，罗绍远已不再具有富华公司股东身份。同时，即使罗绍远仍然是公司股东，在公司正常存续期间也无权请求分割公司财产。其次，在本案股权转让合同中，双方均无权也不应作出任何约定对富华公司的资产进行处分。公司股权的转让是一种概括转让，是股东出让处分自己股权的行为，不应涉及对公司债权债务以及所有资金、实物和无形资产的处分，故不论股权转让时双方是否约定转让涉案专利权，罗绍远主张对公司无形资产享有50%的所有权均没有事实和法律依据。法院遂判决驳回上诉，维持原判。

【公司资产转让与公司整体转让的区别】

杨万军诉墨园居委会作为公司股东之一却以公司名义转让公司无效案［湖南省张家界市中级人民法院二审民事裁定书］，我国《公司法》第七十一条规定了有限公司股东的股份转让权，本案中，上诉人作为公司股东，主张其以公司名义签订的协议仅涉及公司一部分资产的转让，而不是整个公司的转让。但公司自己签订合同将自己转让的行为不符合法律规定，这种未经过法定程序、违反法律规定将企业整体转让给个人，并只简单地变更法定代表人的行为，严重违反了我国《公司法》及有关工商管理法律法规的规定，应认定为无效。

【公司章程无特殊约定情况下，股权转让遵循股东自愿原则】

张朴诉亨得利公司等要求购买岗位风险股纠纷案［四川省成都市锦江区人民法院民事判决书］，有限责任公司股东可以根据《公司法》的规定，相互转让其全部或者部分股权。公司章程对股权转让另有规定的，从其规定。在公司章程没有对公司股东转让股份作特别规定时，公司股东转让其股份应建立在股东自愿的基础上。

【股权转让与股权继承分属两个不同的法律关系】

郑某诉刘乙股权转让纠纷案，由于郑某的诉讼请求为确认刘乙受让的原由刘甲持有的股权的行为无效及按照继承的份额进行股权分割。因此，本案涉及股权转让与继承法律关系，依据《最高人民法院关于民事案件案由规定》第二百四十九条之规定，本案案由应确定为“股权转让纠纷”。原审将案由确定为“婚姻家庭纠纷”有误。股权作为一种可带来财产收益的权利，除具有财产属性外，还具有依附于股东人身的诸如选举、表决、经营等决定公司事务的权利内容。股权作为一项特殊的综合性的权利，如无特别约定，对于自然人股东而言，股权的各项具体权能应由股东本人独立行使，不受他人干涉。因此，本案中，衡量刘甲未经郑某同意转让股权的行为的法律效力应以公司法及合同法为依据。诉争股权转让行为符合我国公司法及合同法的相关规定。郑某要求按继承份额对股权进行分割的请求，涉及公司及其他股东权益，故其诉讼请求亦无法支持。再审法院撤销了原审判决，驳回郑某的全部诉讼请求。

【外商投资企业的公司章程规定股权转让必须经董事会通过，该规定无效】

张某某诉大川馨涂料贸易(上海)有限公司等股权转让纠纷案，虽然大川馨公司的章程规定股权转让必须经董事会通过，但是由于该规定与公司法的规定相悖，所以对本案各方当事人没有约束力。关于有限责任公司的股权转让，在《公司法》第三章中已经有明确的规定。《公司法》第七十二条(编者注：现为该法第七十一条)的规定，并没有要求股权转让必须经董事会决议的程序。并且，股权转让需经董事会决议的程序客观上限制了《公司法》赋予有限责任公司股东依法转让股权的法定权利，因此该规定不但与《公司法》相悖，而且完全不具有合理性，亦不属于当事人可以自由约定的内容范畴。

【合同义务不能成为附条件合同中的条件】

再审申请人乔连生与被申请人蚌埠日报社股权转让合同纠纷案[安徽省高级人民法院民事判决书]，附条件合同中的条件，与合同义务是不同的。条件的实质是当事人对民事法律行为所添加的限制，由于这个限制，使法律效果的发生、变更、消灭系于将来不确定的事实，法律行为经附条件后就处在一种不确定状态。合同义务是依法成立并生效的合同的内容，合同义务确定且明确，当事人未全面、适当履行义务应承担违约责任。当事人依约履行合同义务的结果具有不确定性，不同于条件成就与否的不确定性，不应将合同义务认定为限制合同生效的条件。

【一方当事人提出对方当事人不承认双方之间存在股权转让的协议，诉请法院予以确认，但另一方当事人并未以积极行为否定双方之间的股权转让协议无效，法院应如何判定】

杨小理等与李洪亮股权转让纠纷上诉案[浙江省高级人民法院民事裁定书]，民事诉讼所解决的是当事人发生的民事权益争议，权益争议是诉讼发生的前提条件，只有存在权益争议，才能形成诉的利益，进而具有诉权。本案中，双方当事人已经形成合法有效的股权转让协议，只是原告认为对方当事人在法院对相关财产进行查封的情况下没有向法院予以说明，由此提出双方之间的股权转让协议存在纠纷，诉请法院予以确认。法院认为，被告并未对双方之间存在的法律关系以积极行为予以否定，也就是说，双方当事人对于一个稳定的法律关系现状并无争议时，也就不可能产生确认之诉，因此应驳回原告的诉讼请求。

【股权转让协议、股权置换协议之辨】

许尚龙等与何健等股权转让纠纷上诉案[最高人民法院民事判决书]，当事人签订有《股权置换协议》《委托处置股份协议》及《借款协议》数份合同，在履行过程中对合同性质产生分歧时，应结合双方当事人签署协议时的时间、协议内容、交付方式、履行情况等综合分析，探析当事人签署协议的真实意思表示。

【矿业权人股权转让与矿业权转让性质不同】

山西京海公司等诉莱芜钢铁集团莱芜矿业有限公司股权转让纠纷案[最高人民法院民事判决书(最高人民法院发布10起人民法院服务保障新时代生态文明建设典型案例之六)]，具体如下：

基本案情

2010年10月30日，山西京海公司等三企业与莱芜矿业公司签订《转让合同》，约定山西京海公司等在尽可能短的时间内完成矿业权整合，并注册成立新公司，作为完成整合后的唯一矿业权人；莱芜矿业公司受让持有矿业权的新公司全部资产。合同签订后，山西京海公司等将矿山和实物资产全部交予莱芜矿业公司。此后，山西京海公司等将矿业权整合方案上报审批。2014年9月1日，新矿业权人丰镇京海公司取得全部整合范围的矿业权。2012年5月29日，莱芜矿业公司提出终止《转让合同》。2012年6月5日，山西京海公司等回函声明不存在违约情况，拒绝接管财产。此后，双方多次函件往来。2012年8月15日，莱芜矿业公司发出通知，要求山西京海公司等派员接管所有资产，返还预付款等。2014年9月11

日，山西京海公司函告莱芜矿业公司，要求莱芜矿业公司派员办理丰镇京海公司的全部股权转让手续。山西京海公司等向法院提起诉讼，请求莱芜矿业公司继续履行合同、支付剩余价款，配合将丰镇京海公司的全部股权变更登记至莱芜矿业公司，并赔偿拒绝履行合同的利息损失。莱芜矿业公司提出反诉，请求确认《转让合同》已解除，山西京海公司等连带返还预付款。

裁判结果

内蒙古自治区高级人民法院一审认为，本案性质为股权转让纠纷。山西京海公司等最终完成资源整合，不存在违约行为，莱芜矿业公司提出解除合同的行为不发生效力，合同应继续履行。遂判决莱芜矿业公司继续履行《转让合同》，支付剩余合同价款，配合将丰镇京海公司的全部股权变更登记至莱芜矿业公司。最高人民法院二审认为，矿业权登记在矿山法人企业名下，成为法人财产。虽然矿山法人股权转让可能造成公司资产架构、实际控制人等方面的变动，对矿业权的行使产生影响，但基于公司法人人格独立原则，公司股权转让与公司持有的矿业权转让性质不同，两者在交易主体、交易标的、审批程序、适用法律等方面均存在差别。山西京海公司等将矿业权和实物资产交付莱芜矿业公司，将完成整合后的矿业权划转到丰镇京海公司名下，其与莱芜矿业公司基于合同约定发生的是丰镇京海公司股权转让的法律关系，依法不需行政审批。合同解除权的行使应以符合约定或者法定解除条件为前提，即提出解除合同的一方当事人应以拥有约定解除权或者法定解除权为前提。莱芜矿业公司不具备约定或者法定合同解除权，其关于山西京海公司等未在法定期限三个月内提起异议之诉，解除合同通知当然发生效力的主张不能成立。山西京海公司曾催告莱芜矿业公司协助办理股权变更手续，莱芜矿业公司不予配合，致使股权变更约定未能履行，不利后果应由莱芜矿业公司承担。最高人民法院二审维持原判。

典型意义

本案系矿产资源整合过程中矿山法人企业股权转让引发的纠纷，如何准确认定合同性质是审理此类案件的重点和难点。本案中，转让人已将案涉矿业权登记在约定的目标公司名下，其与受让人之间基于合同约定发生的是新矿业权人股权转让的法律关系。矿业权人股权转让与矿业权转让性质不同，在不变更矿业权主体、不发生采矿权和探矿权权属变更的情况下，不宜将股权转让行为视同变相的矿业权转让行为。同时，本案判决明确合同解除权的行使应符合合同约定的解除条件或者法定的解除条件，对于依法确定解除合同通知效力，防止合同解除权的滥用、保护诚信履约方亦具有积极意义。

2. 股权转让合同的效力

【股权转让后受让方以无经营许可证为由主张转让方欺诈的应负举证责任】

重庆三中院裁定杨某、吴某诉黄某、先某股权转让纠纷案[重庆市第三中级人民法院(2018)渝03民终86号民事判决书]，公司股权转让在尚未取得经营许可证的许可经营范围时并不具有经营权，该“经营权”不属于转让内容。办理经营许可证的义务取决于合同双方的约定，转让方移交申报资料或说明申报情况不构成办理经营许可的承诺，受让方以经营许可证申办条件欠缺构成欺诈主张合同无效的应负举证责任。

【股东配偶提起确认股权转让效力之诉的诉讼主体资格认定】

杨巧莉诉刘建忠、福建省万锦投资有限公司、福建红星美凯龙置业有限公司确认合同效力纠纷案[福建省高级人民法院(2018)闽民终1383号民事裁定书(福州法院2018年度商事审判十大案例之九)]，自然人股东持有的股权应由股东本人行使，不受他人干涉。股东之配偶并非公司登记股东，其基于夫妻共同财产制而对所涉股权仅享有财产性收益的权利，并无直接支配的权利。股权转让无论是否存在无效事由，均与原股东配偶不具有直接的利害关系，其不具有提起确认股权转让效力之诉的诉讼主体资格。

【股权转让中的欺诈行为认定】

李荣玉诉张广信股权转让纠纷案[北京市第二中级人民法院(2017)京02民终10153号民事判决书]，李荣玉与张广信系河北京陶房地产开发有限公司(以下简称京陶公司)的股东。2014年，二人签订股权转让协议书，约定将法定代表人由张广信变更为李荣玉，同时，张广信将全部股权以896万元转让给李荣玉。协议签订后，京陶公司办理了法定代表人变更登记，李荣玉支付了400万元转让款，但双方未办理股权变更登记。李荣玉发现张广信在担任京陶公司法定代表人期间于2014年5月27日以京陶公司名义向其子张凯所欠李兵的500万元借款提供担保，该担保未经召开股东会决议，直接由张广信出具协议并加盖了京陶公司公章。2016年9月，李荣玉收到李兵要求京陶公司承担保证责任的起诉状。李荣玉以张广信在股权转让中存在欺诈为由要求撤销股权转让协议并返还股权转让款。

法院经审理认为，《合同法》第五十四条第二款规定："一方以欺诈、胁迫的手段或者乘人之危，使对方在违背真实意思的情况下订立的合同，受损害方有权请求人民法院或者仲裁机构变更或者撤销。"张广信在股权转让前系京陶公司法定代表人，其在未召开股东会的情形下以京陶公司名义擅自为第三人提供担保，违反了京陶公司章程的规定，不能认定李荣玉知晓担保事实。而且，张广信也未提交证据证明通过其他途径或方式将担保事实告知李荣玉。张广信在转让股权时未将担保事实告知李荣玉，系隐瞒真实情况。京陶公司对外提供500万元担保的事实对李荣玉决定是否签订股权转让协议以及确定价款金额具有重要影响，张广信未履行披露义务构成欺诈。李荣玉要求撤销股权转让协议并返还股权转让款，有事实和法律依据，法院予以支持。

【公司为股权唯一受让方支付股权转让款提供保证应确认无效】

福建惠安法院判决王某青等诉庄某思等股权转让纠纷案［福建省惠安县人民法院（2017）闽0521民初9673号民事判决书］，公司为股权转让交易的唯一受让方支付股权转让款提供担保，承担担保责任的后果实质是公司向股权出让方退还出资。公司的上述保证行为会实际造成公司资本的不当减少，将损害公司其他债权人合法权益，应当依职权确认为无效。

【在股权转让行为中，不应因涉及取得目标公司的土地使用权而即认定为无效】

周盈岐、营口恒岐房地产开发有限公司与付学玲、沙沫迪、王凤琴、营口经济技术开发区明虹房地产开发有限公司股权转让纠纷案［最高人民法院第二巡回法庭（2016）最高法民终222号民事判决书（2016年10月31日《最高人民法院第二巡回法庭发布关于公正审理跨省重大民商事和行政案件典型案例》案例八）］，具体如下：

基本案情

2010年4月7日，营口恒岐房地产开发有限公司（以下简称恒岐公司）与沙建武签订了《公司股权转让合同书》，约定恒岐公司、周盈岐将全部股权转让给沙建武，并将涉案土地使用权转让给沙建武，股权转让款分期支付。在合同履行中，沙建武依约支付第一笔款后，周盈岐并未如约将土地相关资料的原件交给沙建武。2010年7月8日，恒岐公司取得了涉案土地的土地使用权证书，但未将该证书交给沙建武。后，周盈岐因此次股权转让被认定构成非法倒卖土地使用权罪并追究刑事责任。

2014年1月16日，恒岐公司与营口经济技术开发区明虹房地产开发有限公司（以下简称明虹公司）在另案诉讼达成调解，将涉案土地抵顶给明虹公司，明虹公司同意对恒岐公司所欠下的债务承担连带保证责任。该调解书已经执行完毕。另查明：沙建武因病去世，付学玲、王凤琴、沙沫迪为沙建武法定继承人。

付学玲、沙沫迪、王凤琴提起诉讼请求：1. 解除《公司股权转让合同书》，并由周盈岐及恒岐公司返还股权转让款本金8200万元及利息，支付违约金，明虹公司承担本案的连带责任。周盈岐、恒岐公司提起反诉，请求确认《公司股权转让合同书》无效；付学玲、沙沫迪、王凤琴共同给付各类经济损失，明虹公司承担连带责任。

裁判结果

辽宁省高级人民法院一审判决：解除《公司股权转让合同书》；周盈岐、恒岐公司返还付学玲、沙沫迪、王凤琴股权转让款及利息；明虹公司对上述债务承担连带给付责任。周盈岐、恒岐公司不服，向最高人民法院提起上诉。

最高人民法院第二巡回法庭在审理中，依据《中华人民共和国民事诉讼法》及其司法解释的相关规定，就二审审理之范围先行厘清。对于《公司股权转让合同书》的效力问题，认为无论是否构成刑事犯罪，该合同效力不必然归于无效。沙建武欲通过控制恒岐公司的方式开发使用涉案土地，此行为属于商事交易中投资者对目标公司的投资行为，是基于股权转让而就相应的权利义务以及履行的方法进行的约定，既不改变目标公司本身亦未变动涉案土地使用权之主体，故在无效力性强制性规范予以禁止的前提下，该有关条款合法有效。基于此，周盈岐、恒岐公司在取得了涉案土地使用权后却在另案调解中将涉案土地过户给明虹公司，依法应当承担违约责任。其上诉请求不应予以支持，本院判决驳回上诉，维持原判。

典型意义

本案当事人跨越辽宁与北京两省市，集人民法院正确适用民事诉讼程序规则、树立刑民交叉案件处理正确理念、确认商事投资行为合法性等民事审判热点问题于一体，具有较强的指导意义。在程序上，本案是新民事诉讼法司法解释施行后，囊括多项新增条款于一案的典型案例。对于民事案件二审中，一审遗漏当事人诉讼请求而当事人并未就此提出上诉、上诉人在二审阶段请求撤回部分起诉、二审中反诉原告增加独立的诉讼请求、未上诉的当事人以抗辩形式提出独立的诉讼请求等诸多情形，本案进行了范本式的回应。在实体上，本案一方面对刑民交叉案件的区分处理标准进行了强调；另一方面进一步明确在股权转让行为中，不应因涉及取得目标公司的土地使用权而即认定为无效。

【承担报批义务方不履行报批义务的，应当承担缔约过失责任】

深圳市标榜投资发展有限公司与鞍山市财政局股权转让纠纷案［最高人民法院（2016）最高法民终802号民事判决书（《最高人民法院公报》2017年第12期（总第254期））］，本案的《股份转让合同书》虽已经成立，但因未经有权机关批准，应认定其效力为未生效。标榜公司主张涉案合同已经鞍山市人民政府批准，其所依据的是鞍山市国有银行股权转让说明书，但该说明书仅是鞍山市人民政府对涉案股权挂牌出让的批准，并非对涉案《股份转让合同书》的批准。裁决要点如下。第一，合同约定生效要件为报批允准，承担报批义务方不履行报批义务的，应当承担缔约过失责任。第二，缔约过失人获得利益以善意相对人丧失交易机会为代价，善意相对人要求缔约过失人赔偿的，人民法院应予支持。第三，除直接损失外，缔约过失人对善意相对人的交易机会损失等间接损失，应予赔偿。间接损失数额应考虑缔约过失人过错程度及获得利益情况、善意相对人成本支出及预期利益等，综合衡量确定。

【外商投资企业股权转让预约合同无须经审批即生效】

内蒙古嘉泰投资集团有限公司与中国宝安集团股份有限公司等股权转让纠纷再审案［最高人民法院（2015）民提字第21号民事判决书（《人民司法·案例》2016年第17期）］，外商投资企业股权转让预约合同的标的为将来订立特定股权转让合同的行为，如果没有直接变更股权的内容，无须经过外商投资企业审批机关的批准才能生效。

【伪造签章订立的股权转让合同经追认可有效】

东方贸易株式会社与韩锦途等股权转让合同纠纷上诉案［江苏省高级人民法院（2015）苏商外终字第00026号民事判决书（《人民司法·案例》2016年第20期）］，未经显名股东同意，隐名股东伪造显名股东签章订立股权转让合同将公司股权转让给自己的，该合同并不当然无效。显名股东知情后并未对合同内容提出异议，并以行为实际履行该合同的，应当视其追认了隐名股东的无权代理行为，股权转让合同已对其发生法律效力。

【阴阳股权转让合同的效力】

海口恒天晟公司与葛洲坝房地产公司股权转让纠纷上诉案［海南省高级人民法院（2015）琼民二终字第8号民事判决书］，海口恒天晟公司与葛洲坝房地产公司共同发起设立海南葛洲坝公司，葛洲坝房地产公司出资2550万元，持股51%，海口恒天晟公司出资2450万元，持股49%。

2014年4月15日，海口恒天晟公司依据其与葛洲坝房地产公司签订的《股权转让协议书》，向一审法院起诉，主张其已将持有的海南葛洲坝公司49%股权以4900万元转让给葛洲坝房地产公司，请求法院判令葛洲坝房地产公司支付拖欠海口恒天晟公司股权转让款 2450 万元。该协议书一共 4 页，且加盖有海口恒天晨公司、葛洲坝房地产公司公章为骑缝章。

葛洲坝房地产公司抗辩称股权转让的价款为 2450 万元，且其已将股权价款 2450 万元支付完毕。葛洲坝公司抗辩的主要证据是以海口恒天晟公司为转让方、以葛洲坝房地产公司及佳鸿物业公司为受让方的《股权转让协议》。该协议约定：海口恒天晟公司同意将持有的海南葛洲坝公司 46.96%的股权即 2400 万元，转让给葛洲坝房地产公司，同意将所持有的海南葛洲坝公司 2.04%的股权即 50 万元，转让给佳鸿物业公司。该《股权转让协议》共 2 页，没有加盖骑缝章，葛洲坝房地产公司不能提交原件，工商局备有一份原件。

葛洲坝房地产公司抗辩称转让款为 4900 万元《股权转让协议书》没有实施且已变更，双方就股权转让内容变更为转让款为 2450 万元的三方《股权转让协议》。另外，葛洲坝房地产公司已支付 2450 万元给海口恒天晟公司，并由葛洲坝房地产公司于 2011 年 8 月 3 日完成海南葛洲坝公司股东股权变更登记手续。

本案争议焦点为，两份股权转让协议哪一份为有效协议？葛洲坝房地产公司是否拖欠海口恒天晟公司股权转让款 2450 万元？法院经审理认为：从协议意思表示的真实性、协议的内容、协议的实际履行情况、股东变更登记手续的办理情况、公司管理的规范性、举证责任的分配等因素综合分析，转让款为 4900 万元的协议的证明力明显大于转让款为 2450 万元的协议，对转让款为 4900 万元的协议的证明力予以确认。因此，转让款为 4900 万元的协议是双方的真实意思表示，且并未违反法律、行政法规的禁止性规定，该协议为合法有效协议。

【股权转让协议签订后转让方又参与公司经营管理行为的认定】

朱志扬诉赵玉峰、曹胜令股权转让纠纷案[山东省济宁市中级人民法院（2015）济商终字第 274 号民事判决书]，股权转让协议签订后，转让方参与决议公司经营范围变更事项的股东会的行为，属于让渡股权前的行使股东权行为，不能认定为转让方否认股权转让的事实行为，从而否认转让协议的效力。该行为应认定为不履行转让协议行为。股权转让协议的生效只是确定了当事人转让股权的权利和义务，股权的实际交付有赖于合同双方的实际履行。未履行协议一方构成违约，并不影响协议的成立和生效。

【婚姻关系存续期间股权转让的效力】

艾某等与刘某股权转让纠纷上诉案[最高人民法院（2014）民二终字第 48 号民事判决书（《人民司法·案例》2017 年第 35 期）]，婚姻关系存续期间所得股权或者以夫妻共同财产出资所形成的股权，并不必然为夫妻共有股权。股权的归属自有依照公司特殊运行要求而设计的规则予以判断，基于成员权与成员资格分离之禁止的考虑，股权属于股东名册所载之股东的权利。股东对外转让所持有股权的行为为有权处分，无须其配偶的同意。

【股权转让合同所附竞业禁止条款的效力】

刘凡清与杨明等竞业限制纠纷上诉案[上海市第二中级人民法院（2014）沪二中民四（商）终字第 567 号民事判决书（《人民司法·案例》2015 年第 22 期）]，公司法对董事、高级管理人员规定了竞业禁止义务，劳动合同法针对特定劳动者，在解除或终止劳动合同后的一定期间，亦施加了竞业禁止义务。未担任公司董事、高管，亦未同公司建立劳动关系的股东，一般并不负有竞业禁止义务。股权转让合同约定有股权出让方竞业禁止条款的，应当肯定其效力，但竞业禁止期间应受劳动合同法之竞业禁止期间最长不得超过 2 年的限制。

【合同是否构成显失公平，应以“订立合同时”为判断时点】

上海星聚投资管理有限公司诉南京钢铁联合有限公司股权转让纠纷案[江苏省高级人民法院（2014）苏商初字第 0016 号民事判决书]，《合同法》第五十四条规定，对于在订立时显失公平的合同，当事人一方有权请求变更或撤销。据此，合同是否构成显失公平，应以“订立合同时”为判断时点，结合合同约定的权利义务、缔约背景、缔约目的等因素综合认定。当事人一方以合同履行后双方收益存在巨大差额为由主张显失公平的，该主张不仅违背商事主体风险自担的市场交易规则，而且与双方订立合同的初衷相悖，违反诚实信用原则，人民法院不予支持。

【股东未出资所持有的股权可依法转让】

刘智英诉郝玉仲股权转让纠纷案［北京市第三中级人民法院（2014）三中民终字第10966号民事判决书］，有限责任公司的股东之间可以相互转让其全部或者部分股权。公司设立时股东未履行出资义务，其所持有的股权仍可依法转让，亦有权收取股权转让价款。本案中，原被告根据公司章程签订了《股权转让协议书》。该协议书系双方真实意思表示，且内容不违反法律及行政法规的强制性规定，应属合法有效。该协议书未明确约定股权转让的对价，但是从被告在一审、二审的陈述来看，其认可诉争股权转让存在对价，且同意对公司履行出资义务。其次，公司设立后，原告将其持有的公司股权转让给被告，故被告就此应先向原告支付股权转让款，而非支付股东出资款。

【股权转让系为融资提供让与担保的，转让方的股东权益不因此丧失】

周某与陶某、甲公司等股权转让纠纷案［最高人民法院（2014）民二终字第259号民事判决书］，双方在协议中约定的转让标的是一方在项目公司中的股权和相关权益，股权已于该协议签订的同日分别转让给他人并办理了工商登记手续，但该转让是为融资提供让与担保的，双方的股东权益并不因此而当然丧失。双方对项目公司仍然享有股权，并通过这一投资关系实现对项目公司下属公司的实际控制。

【公司章程"强制离职股东转让股权"的效力】

蒋小莉诉四川杰特机器有限公司股东资格确认纠纷案［四川省资阳市中级人民法院（2014）资民终字第335号民事判决书］，只要公司章程的制定、修改意思表示真实，条款内容不违反法律规定，对"强制离职股东转让股权"的条款应当认定有效，但收购股权的价格必须尊重当事人意思自治或公平合理，且公司收购股权后，必须按法律规定的相关程序进行公示。

【积极履行了办理相关法律手续义务的当事人，对于合同因不可预见原因而未生效的，不构成缔约过失责任】

陈发树与云南红塔集团有限公司股权转让纠纷上诉案［最高人民法院（2013）民二终字第42号民事判决书］，陈发树与红塔有限公司于2009年9月10日签订《股份转让协议》，约定红塔有限公司将其持有的占云南白药集团股份有限公司总股本的股份转让给陈发树，并约定红塔有限公司在转让协议生效并收到全部价款后，应当及时办理所有与本次目标股份转让有关的报批、信息披露等法律手续。陈发树按照约定支付总价款2,207,596,050.22元，云南白药集团股份有限公司则于2009年9月11日刊登《关于云南红塔集团有限公司拟整体协议转让所持云南白药股权进展情况的公告》、2009年9月14日刊登《云南红塔集团有限公司简式权益变动报告书》和《陈发树简式权益变动报告书》，对本次股份转让交易进行信息披露。2009年9月11日，红塔有限公司向其上级机构红塔集团公司上报了《云南红塔集团有限公司关于将所持云南白药集团股份有限公司的股份整体协议转让给自然人陈发树的请示》，并附上了相应的附件。2009年9月11日，红塔集团公司向其上级机构云南中烟有限公司（以下简称云南中烟公司）上报了《红塔集团关于将云南红塔集团有限公司所持云南白药集团股份有限公司的股份整体协议转让给自然人陈发树的请示》，并附上了相应的附件。2009年12月2日，云南中烟公司向其上级机构中国烟草总公司（以下简称中烟总公司）上报了《云南中烟工业公司关于云南红塔集团有限公司协议转让所持云南白药集团股份有限公司股份的请示》，并附上了相应的附件。2011年4月27日，陈发树向红塔有限公司发出《办理股份过户登记催促函》，红塔有限公司2011年5月10日回函称其积极向上级主管机构进行了相关报批工作，现并未收到任何书面批复意见，本次股份转让事宜存在批复同意或被否决的可能性，若有任何变化或进展，将及时予以通知。2012年1月17日，中烟总公司作出《中国烟草总公司关于不同意云南红塔集团有限公司转让所持云南白药集团股份有限公司股份事项的批复》后，云南中烟公司和红塔集团公司分别于2012年1月18日和2012年1月19日作出了不同意本次股份转让的相关批复。2012年1月19日，红塔有限公司致函陈发树称，因上级主管单位批复不同意本次股份转让，本次股份转让的过户条件不成就；请你于接到通知之日，尽快提供收款账户的信息，我公司将按约定退还你所支付的全部履约保证金；《股份转让协议》按约定解除。

上述事实说明，红塔有限公司已经按照《股份转让协议》的约定，积极履行了报批、信息披露等法律手续，只是由于其上级主管机构中烟总公司不同意本次股权转让导致《股份转让协议》未生效。二审判决据此未予认定红塔有限公司构成缔约过失责任，有事实依据。

【构成虚伪表示的股权转让，因缺乏真实意思表示而无效】

石艳春等与新疆盈科投资集团有限公司等股权转让纠纷上诉案[最高人民法院(2013)民二终字第40号民事判决书]，虽然根据《股权转让协议》的表面内容，盈科集团公司与刘步书等人双方签订该协议的真实意思表示是转让工贸公司全部股权。但根据《股权转让协议》所反映的实质交易内容，盈科集团公司受让工贸公司全部股权后，同意将工贸公司名下的土地及办公楼以外的其他财产如生产设备等均无偿赠与工贸公司原股东；同意工贸公司原股东仍以工贸公司名义进行轧钢、炼钢等原有生产经营活动并继续持有工贸公司原公章使用；盈科集团公司不接收工贸公司任何职工，由工贸公司原股东负责工贸公司职工的解聘和安置事宜；在工贸公司原股东按期完成厂房搬迁、拆除工作并移交全部土地后的3个月内，盈科集团公司将持有的工贸公司100%股权无偿返还给工贸公司原股东，等等。以上协议内容表明，股权受让方盈科集团公司签订股权转让协议的真实意思表示并非为获得工贸公司股权从而经营该公司，而是为控制和支配工贸公司所有的建设用地使用权和占有的土地，与之前盈科房地产公司与工贸公司签订的两份《房地产转让协议》的合同目的相同。本案诉讼中，刘步书等人也承认其在签订相关股权转让协议时亦明知盈科集团公司的真实意图不是购买股权，而是受让工贸公司的土地进行房地产开发。

据此，作为股权受让方的盈科集团公司在订立相关《股权转让协议》时，其真实意思表示并不是为实际经营工贸公司而持有公司股权；作为股权转让方的刘步书等人，其真实意思表示也并非将工贸公司股权和资产全部转让从而退出经营，且双方对该掩藏在股权转让形式下的真实意思表示在主观上均明知。由此可以认定，双方在签订本案所涉股权转让协议时所作意思表示构成虚伪表示。根据《民法通则》第五十五条的规定，本案所涉股权转让协议因缺乏真实意思表示而应认定为无效。因作为主合同的本案所涉股权转让协议无效，刘步书等人与盈科集团公司签订的《〈股权转让协议〉补充协议》《补充协议书(二)》亦属无效。

【股权转让的有效须股东的真实意思表示抑或授权代理人及表见代理人为之】

田文栋与李江海、曾祥辉、雷建辉、雷世明、李渝生、潘拥军、宋秀英股权转让纠纷案[最高人民法院(2013)民提字第85号民事判决书]，本案中，《出资转让协议》签订之时，畅达公司工商登记的股东为曾祥辉、雷建辉、宋秀英、潘拥军四人。李渝生、雷世明与田文栋签订《出资转让协议》，转让曾祥辉等四人名下的股权，没有取得登记股东的授权。但同时，田文栋受让曾祥辉等四人名下的股权亦未尽到合理注意义务，应当承担相应的后果。咸丰县工商局所作咸工商处字(2006)第146号行政处罚决定书虽责令畅达公司整改，但并没有否定曾祥辉等四人的股东身份，不能产生对抗工商登记的效力。故李渝生、雷世明转让畅达公司股份的行为属于无权处分。

关于潘拥军与田文栋于2013年8月8日签订的《权益转让书及授权协议书》的效力问题。本院认为，《最高人民法院关于适用〈中华人民共和国公司法〉若干问题的规定(三)》第十八条(编者注：现为该规定第十七条)第一款规定，有限责任公司的股东未履行出资义务或者抽逃全部出资，经公司催告缴纳或者返还，其在合理期间内仍未缴纳或者返还出资，公司以股东会决议解除该股东的股东资格，该股东请求确认该解除行为无效的，人民法院不予支持。本案中，宋秀英、潘拥军自2004年10月被列为畅达公司股东以来，完全未履行出资义务。2011年9月5日，畅达公司通知宋秀英、潘拥军务必于2011年9月20日前缴纳出资，逾期则视为放弃股东资格。宋秀英、潘拥军仍未按期缴纳出资。此种情形下，畅达公司已出资股东曾祥辉、雷建辉有权召集股东会解除宋秀英、潘拥军股东资格，宋、潘二人作为被决议解除股东资格的对象，对于该项表决应予回避。畅达公司于2011年9月21日股东会一致通过的公司章程列明曾祥辉与雷建辉为公司股东，且有曾、雷二人亲笔签名，应当认定畅达公司已出资股东就解除宋秀英、潘拥军股东资格达成一致意见，形成股东会决议。故潘拥军与田文栋签订《权益转让书及授权协议书》时，已丧失股东资格，无权对《出资转让协议》进行追认，也无权转让股权。《权益转让书及授权协议书》关于追认《出资转让协议》以及将潘拥军在畅达公司工商登记的全部出资权益转让给田文栋的约定，事实上不能履行。

因此，《出资转让协议》有关转让畅达公司股份的约定，未经股东同意和有效追认，应认定为无效。关于转让款结算相关问题，当事人可另行解决。

【未履行外商投资相关审批手续的中外合资相关协议中的回购条款无效】

国华实业有限公司与西安向阳航天工业总公司股权转让纠纷上诉案［江苏省高级人民法院（2013）苏商外终字第0034号民事判决书］，涉及中外合资企业股权转让的协议或条款，需经有权机关批准方可生效，未经审批的协议或条款无效。

【夫妻单方恶意转让股权不经追认则无效】

沈丽红与叶锋雷等离婚后财产纠纷上诉案［浙江省台州市中级人民法院（2013）浙台商终字第642号民事判决书（《人民司法·案例》2015年第2期）］，夫妻一方在离婚诉讼之前将自己名下的股权转让给第三人，该类股权转让行为的效力涉及《公司法》、《婚姻法》、《合同法》以及《民法通则》的交叉适用。夫或妻单方转让登记在其名下的股权，其行为虽然不违反公司法的相关规定，但违反《婚姻法》关于夫妻平等处理共有财产以及《民法通则》《合同法》的相关规定，基于受让人主观上并非善意的考量，对该类股权转让合同应认定无效。

【夫妻关系存续期间，一方单独将其名下股权进行转让的行为无效】

张书华诉武海天、武锡文股权转让纠纷案［北京市朝阳区人民法院（2013）朝民初字第03916号民事判决书］，本案的争议焦点是武海天与武锡文签订的出资转让协议书的效力问题。武海天与张书华原系夫妻关系，天德盛公司20%的股权系武海天与张书华婚姻关系存续期间取得的财产，属于夫妻共同共有，夫妻作为共同共有人，对共有财产享有平等的占有、使用、收益和处分的权利，任何一方不得擅自处分。根据《最高人民法院关于适用〈中华人民共和国婚姻法〉若干问题的解释（一）》第十七条第（二）项的规定："夫或妻非因日常生活需要对夫妻共同财产做重要处理决定，夫妻双方应当平等协商，取得一致意见。他人有理由相信其为夫妻双方共同意思表示的，另一方不得以不同意或不知道为由对抗善意第三人。"武海天将天德盛公司20%的股权转让给武锡文时，其与张书华的婚姻关系仍在存续，故武海天转让股权的行为属于对夫妻共同财产做重要处理，应当取得共同共有人的同意。武锡文系武海天的父亲，常年与武海天、张书华共同生活，又系天德盛公司的股东和法定代表人，故武锡文对于武海天所持有天德盛公司20%的股权系夫妻共同财产应当明知。现武锡文、武海天均未提供证据证明其已提前将股权转让一事征得共同共有人张书华的同意，且事后亦未获得张书华的追认，故武海天擅自转让股权属于《中华人民共和国合同法》第五十一条规定的无权处分行为，侵害了共同共有人张书华的合法权益，武锡文受让武海天名下天德盛公司20%股权的行为亦不构成善意取得。故张书华主张的武海天与武锡文签订的出资转让协议无效的诉讼请求于法有据，本院予以支持。武海天、武锡文主张股权转让不存在恶意串通，亦未损害任何人的利益的抗辩意见缺乏法律和事实依据，本院不予采信。

【股权转让合同关于转让方不需要提供任何形式的发票的约定无效，但是股权转让合同并不因此完全无效】

简阳三岔湖旅游快速通道投资有限公司、刘贵良与成都山鼎阳光房地产投资有限公司股权转让纠纷案［最高人民法院（2012）民二终字第22号民事判决书］，针对原审判决"不需提供任何形式的发票"属共同涉嫌逃避纳税，损害国家利益，确定该条无效的认定，三岔湖公司、刘贵良上诉称，该认定与事实不符且无法律依据，请求本院纠正；而山鼎公司则对此上诉称，该认定属事实不清，主张应据此认定《目标公司股权转让协议》无效。对此，本院认为，发票是社会经济活动中记录经营活动的一种原始凭证，同时也是国家进行税务征收的依据和凭证。依据《发票管理办法》第二十条"销售商品、提供服务以及从事其他经营活动的单位和个人，对外发生经营业务收取款项，收款方应当向付款方开具发票”的规定，双方关于“不需提供任何形式的发票”的约定，显然违反了国家强制性的规定，原审据此认定该约定无效，于法有据。而依据《中华人民共和国合同法》第五十六条“合同部分无效，不影响其他部分效力的，其他部分仍然有效”的规定，原审作出“该条无效并不影响双方之间股权转让行为的效力”的认定亦属正确合法。故三岔湖公司、刘贵良和山鼎公司关于合同性质和效力的上诉请求缺乏法律依据，均不能成立，本院予以驳回。

【依法请求撤销的转让协议，法院无权直接处分涉案股权】

王玉生、鹿崇评与胡东涛股权转让纠纷抗诉案［北京市高级人民法院（2012）高民抗提字第2788号民事判决书］，股东向股东以外的人转让股权，应当经其他股东过半数同意。股东应就其股权转让事项书面通知其他股东征求同意，其他股东在同等条件下，享有优先购买权。转让股东违反上述规定的，其余股东可以请求法院撤销转让协议。但是法院无权代替股东直接处分案件涉及的股权，股东是否再行转让股权及如何转让的问题，应由股东之间依法另行解决。本案中，法院直接将相关股权判归一方所有未能考虑其他股东的权益，不符合《公司法》的相关规定。

【工商登记并非股权转让协议成立生效的要件】

陈晓峰与王海波股权转让纠纷抗诉案［上海市高级人民法院（2012）沪高民二（商）再提字第6号民事判决书］，《公司法》第七十一条仅对股东向股东以外的人转让股权，未对股东之间的股权转让作出规定。因此股东内部之间进行的股权转让，无须其他股东同意。根据《公司法》第三十二条第三款的相关规定，股权转让未办理变更登记的，不得对抗第三人。因此，工商登记并非股权转让协议成立生效的要件。本案中，原告被告均为公司股东，股权转让系在公司股东内部进行，无须其他股东同意，二者之间的股权转让协议自签订起生效，协议签订后，双方均已通过电子邮件向全体股东表明了双方之间的股权变动，可以认定被告以就转让股权的义务履行完毕。原告不能以未完成工商登记为由要求撤销协议。

【高管违反公司章程，未经董事会决议即以公司名义与其关联公司签订的股权转让协议无效】

上诉人郑振欣、漳州紫金建材有限公司与被上诉人龙岩恒发电业有限公司、原审被告刘晓萍公司高级管理人员损害公司利益赔偿纠纷案［最高人民法院（2012）民二终字第66-1号民事判决书］，根据本案查明的事实，郑振欣系龙岩紫金集团董事局主席，该集团包括福建紫金集团、漳州紫金公司等成员单位，在2006年4月26日至10月8日，郑振欣还曾经担任漳州紫金公司董事职务。郑振欣在恒发电业公司担任公司总经理并受法定代表人委托代行法定代表人职权，同时又在龙岩紫金集团中担任董事局主席，漳州紫金公司为该集团成员单位，且郑振欣曾经在漳州紫金公司担任过董事，根据《公司法》第二百一十六条第四项关于“关联公司，是指公司控股股东、实际控制人、董事、监事、高级管理人员与其直接或者间接控制的企业之间的关系”的规定，应当认定郑振欣与漳州紫金公司之间构成关联关系。该法第二十一条还规定：“公司的控股股东、实际控制人、董事、监事、高级管理人员不得利用其关联关系损害公司利益”。郑振欣利用其在恒发电业公司有权代理法定代表人签字及担任总经理职务的便利，利用公司名义与其关联公司漳州紫金公司签订涉案《12·19股权转让协议》，在未交付股权转让款的情形下安排将恒发电业公司的股权过户给漳州紫金公司，系双方联手侵占恒发电业公司利益。郑振欣及漳州紫金公司主张该股权原为其投资形成，无须再支付对价，故该《12·19股权转让协议》仅为办理股权过户手续需要的文件材料，恒发电业公司与漳州紫金公司之间并不存在真实的股权转让法律关系。郑振欣越权代表恒发电业公司与漳州紫金公司签订表面具备合同全部要素的协议，但实际上该协议系郑振欣以恒发电业公司名义与漳州紫金公司串通所作的虚假意思表示，其目的为获得相关行政管理机关关于股权过户审批和变更登记。因该协议载明设立的法律关系为双方当事人的虚假意思表示，不符合《中华人民共和国民法通则》第五十五条第二项关于民事法律行为应当具备意思表示真实的条件，原审法院判决认定该《12·19股权转让协议》无效正确，应予以维持。对依据该协议过户的股权，漳州紫金公司应予以返还。

【诉讼时效制度在请求确认合同无效案件中的适用】

李月华诉张雪、北京金永鑫铸造有限公司股权转让纠纷案［北京市第一中级人民法院（2011）一中民终字第3423号民事判决书（《人民司法·案例》2012年第24期）］，合同无效制度是对合同自由的限制，是国家运用公权力对当事人民事行为所进行的主动干预，且无效的原因主要在于其违法性，时间的经过不能改变无效的法律性质，故请求确认合同无效的，不应适用诉讼时效期间的规定。但因合同无效而产生的返还或赔偿损失请求权，则属于请求权的范畴，应适用诉讼时效期间的规定，从当事人知道或应当知道权利被侵害时起算。

本案中，因股份转让协议中“李月华”的签名并非李月华本人所签，现有证据亦不能证明该协议体现了李月华的真实意思，因此该协议应属无效。但李月华在2001年11月27日成为金永鑫公司股东时，还具有金永鑫公司监事的身份，根据公司章程的规定，李月华有权了解公司经营状况和财务状况、有权提议召开股东会并列席会议。然而，在长达数年的期间内，李月华声称对公司股权的两次重大变化均不知情，有悖常理，故一审法院判决认定李月华至少应自2004年11月同张德印离婚后就应当知道股权转让事宜，并无不当。据此，李月华在本案中提出的要求恢复其在金永鑫公司20%股权份额的诉讼请求，因已超过诉讼时效期间，法院不予支持。

【自然人独资公司转让其独资子公司全部股权的效力判定】

赵双瑞与世纪华中（北京）科技有限公司股权转让纠纷上诉案［天津市高级人民法院（2011）津高民二终字第49号民事判决书（《人民司法·案例》2012年第12期）］，自然人独资公司转让其独资子公司股权时，应经股东书面同意，但转股协议是否有效应依据商事外观主义进行判断，不得以协议未经股东签章同意为由否认转股协议效力。协议上即使已加盖法人公章，但如有证据证明协议内容并非双方当事人真实意思表示的，仍应判定合同未成立。

【执行董事未经股东同意擅自转让该股东名下的股份的处理】

任帅与马成、藏梅股权转让侵权纠纷案［最高人民法院（2011）民提字第225号民事判决书］，在没有证据证明北方铸石公司成立了董事会的情况下形成的《董事会纪要》，不能代表北方铸石公司的决定，应为藏梅等个人行为。藏梅为北方铸石公司的执行董事，在公司授权范围内有权处置公司经营管理事务，但无权处分公司股东名下的股份，公司股份属于股东个人财产。藏梅以召开会议形成《董事会纪要》，未经马成同意转让马成股份，构成对马成股东权利的侵犯。

【即使约定转让的股权系合同外的第三人所有，也不能以无权处分为由认定该股权转让合同无效】

广东达宝物业管理有限公司与广东中岱企业集团有限公司、广东中岱电讯产业有限公司、广州市中珊实业有限公司股权转让合作纠纷案［最高人民法院（2010）民提字第153号民事判决书（《最高人民法院公报》2012年第5期（总第187期））］，裁决如下：

一、股权转让合同中，即使双方约定转让的股权系合同外的第三人所有，但只要双方的约定只是使一方负有向对方转让股权的义务，而没有实际导致股权所有人的权利发生变化，就不能以出让人对股权无处分权为由认定股权转让合同系无权处分合同进而无效。

二、当事人订立合同后，一方要解除合同应当向对方当事人提出。解除合同方未向对方提出而是在其他合同中与他人约定解除前述合同的，不发生合同解除的效果。

三、违约金是合同双方对合同义务不履行时违约方应付损害赔偿额的约定，所以违约金是针对特定的义务而存在。这种特定的义务有时是合同中的某一项义务，有时是合同约定的双方的任何一项义务，法院首先必须准确地认定违约金所针对的义务内容。在认定后，还要审查该义务是否实际发生，商事合同中双方常常对合同义务附加前提条件，在条件未成就时合同义务实际上并不存在，故也谈不上履行问题，此时，针对该义务约定的违约金条款就不能适用。

四、合同外的第三人向合同中的债权人承诺承担债务人义务的，如果没有充分的证据证明债权人同意债务转移给该第三人或者债务人退出合同关系，不宜轻易认定构成债务转移，一般应认定为债务加入。第三人向债权人表明债务加入的意思后，即使债权人未明确表示同意，但只要其未明确表示反对或未以行为表示反对，仍应当认定为债务加入成立，债权人可以依照债务加入关系向该第三人主张权利。

【改制企业职工退股应认定为股权转让】

雷飞平与重庆市璧山县百货有限责任公司股权转让纠纷上诉案[重庆市第一中级人民法院（原四川省重庆市中级人民法院）(2010)渝一中法民终字第2496号民事判决书（《人民司法·案例》2011年第2期）]，改制企业职工退股是股权转让的一种形式，不能被认为是公司抽逃出资的行为。在公司章程对于股权转让作出比《公司法》更为严格的条件规定时，应当肯定公司章程的效力。股权转让旨在促进有效流转，就股权转让的效力认定，应分为股权交付具有当事人间股权变动的效力、公司登记具有对抗公司本身的效力和具有一定的公示性以及工商登记仅仅具有公示公信效力三个层次。

【登记在夫妻一方名下的股权视为夫妻共同财产，未经协商一致即作处理，构成擅自处分，一般应确认无效，除非构成善意取得】

季洁诉俞明景等股权转让案[上海市第二中级人民法院(2010)沪二中民四（商）终字第1283号民事裁定书]，如果夫妻双方没有特别约定，则其婚姻关系存续期间所得的财产为其夫妻共同财产。虽然两被告辩称俞明景并非蓝庭装潢公司的实际股东，仅是名义股东，登记于俞明景名下的蓝庭装潢公司50%股权的实际出资人为蓝庭服务公司，但对该项事实应当由蓝庭服务公司等相关当事人向法院提起股权确认之诉并以相应的裁判结果加以证明，本院在本案中不宜对此直接进行认定。鉴于两被告目前尚无有效的证据推翻工商行政管理机关对蓝庭装潢公司出资人所作的登记内容，而该登记内容显示俞明景系以25万元货币向蓝庭装潢公司进行出资，该出资行为发生于俞明景与原告婚姻关系存续期间，其又未能举证证明曾与原告约定该项财产权利属其个人所有，故由此形成的该公司50%股权应被认定为其和原告的夫妻共同财产。我国婚姻法有关司法解释规定：“夫或妻非因日常生活需要对夫妻共同财产作重要处理决定，夫妻双方应当平等协商，取得一致意见。他人有理由相信其为夫妻双方共同意思表示的，另一方不得以不同意或不知道为由对抗善意第三人。”因此，虽然俞明景可以依照我国公司法及蓝庭装潢公司章程的规定转让其所持有的该公司股权，但因该种处分行为系非因日常生活需要而对其夫妻共同财产作出重要处理决定，故应和原告协商一致后方可进行。如果未能协商一致即作处理，则构成擅自处分，其行为一般应当被确认为无效，但是第三人善意、有偿取得该股权的情况除外。本案中，受让俞明景所持蓝庭装潢公司股权的第三人为俞远景，两人系兄弟关系，俞明景将其股权转让给俞远景的行为发生于原告提起离婚诉讼之后，俞远景应当知道俞明景与原告之间的婚姻关系尚处于存续期间但是已经出现危机的状况，但其不仅未能提供证据证明其已对该股权转让行为是否已经征得原告同意进行了审查，而且未能提供证据证明其已支付了转让合同所约定的对价，故其受让行为不能构成善意取得。由此，两被告之间关于蓝庭装潢公司50%股权的转让行为应当被确认为无效。原告所提诉讼请求合理，于法有据，本院应当予以支持。

【不知道股权受让人系股权信托合同受托人不构成重大误解】

杨晓桐诉中国对外经济贸易信托有限公司股权转让纠纷案[北京市西城区人民法院(2010)西民初字第86号民事判决书]，只有构成重大误解，才能产生撤销和变更合同的诉权。如果当事人对于包括对方当事人在内的合同要素产生错误认识，但并不因此产生对当事人重大不利的后果，那么这种错误理解亦不构成重大误解。就本案而言，杨晓桐订立股权转让协议与解除合同协议书的目的在于出让或者收回股权，而合同对方主体身份错误将成为影响合同成立的主要原因，杨晓桐对此负举证义务。现无证据表明如果受让股权方为圣淘沙公司，则与杨晓桐订立合同的意图相反或者没有达到订立合同的目的，并且已经造成较大损失，故杨晓桐主张其与信托公司订立股权转让协议及解除合同协议书时，信托公司未向杨晓桐披露圣淘沙公司，杨晓桐对上述合同的相对方存在重大误解不符合重大误解的法律构成要件，本院不予支持。

【国有产权的转让，应当遵循相关法律法规的规定】

巴菲特投资有限公司诉上海自来水投资建设有限公司股权转让纠纷案[上海市高级人民法院2009年5月18日民事判决书（《最高人民法院公报》2010年第4期（总第162期））]，国有产权的转让，应当遵循相关的法律法规的规定。根据《企业国有资产监督管理暂行条例》第十三条的规定，国务院国有资产监督管理机构可以制定企业国有资产监督管理的规章、制度。国务院国资委、财政部制定实施的《企业国有产权转让管理暂行办法》第四条规定，企业国有产权转让应当在依法设立的产权交易机构中公开进行，不受地区、行业、出资或者隶属关系的限制。擅自将国有产权委托他人通过拍卖方式转让的，未在依法设立的产权交易机构中公开进行的，违反了该办法的规定。根据《中华人民共和国合同法》第五十二条规定，违反法律、行政法规的强制性规定的合同无效。

【股权转让协议中欺诈和显失公平的认定】

温广仁等与张鸿股权转让协议纠纷上诉案[北京市第二中级人民法院（2009）二中民终字第19598号民事判决书（《人民司法·案例》2011年第14期）]，温广仁、汤艺与张鸿签订的股权转让协议，内容、形式符合法律规定，应属有效。温广仁、汤艺要求撤销该协议的理由之一是张鸿隐瞒以恒晟公司的股权抵付债务的事实，以欺诈的手段，使温广仁、汤艺在违背真实意思的情况下签订的，该理由并不成立。首先，温广仁、汤艺在签署股权转让协议时已经知道张鸿正在协商签订债务抵销协议的事宜，张鸿并未隐瞒以恒晟公司的股权抵付债务的事实；其次，股权转让协议签署时间在先，债务抵销协议签署时间在后，在签署股权转让协议时债务抵销协议内容如何确定、能否最终签署存有不确定性，即恒晟公司的股权能否抵付1240万元并不确定，张鸿并不明确知道恒晟公司的股权可以抵付1240万元的债务，故不存在隐瞒该事实。温广仁、汤艺要求撤销股权转让协议的另一理由是恒晟公司的股权可以抵付1240万元的债务，而温广仁、汤艺转让恒晟公司20%的股权只得到转让款10万元，协议显失公平，该理由本院也不予采信。首先，在2003年8月28日恒晟公司成立时，温广仁、汤艺合计投入的出资款是10万元，温广仁、汤艺2008年9月10日转让股权时确定转让款为10万元，并不显失公平；其次，对股权价值的认识因人而异，杨怀曾等人对恒晟公司股权价值的认识，并不是确定的客观标准，不能以此认定温广仁、汤艺以10万元价格转让恒晟公司20%的股权显失公平。温广仁、汤艺提出的张鸿尚未支付股权转让款并不是要求撤销股权转让协议的理由。温广仁、汤艺的诉讼请求，没有事实和法律根据，本院不予支持。

【场外取得的非上市股份公司的股权不受法律保护】

陈敏刚与上海卓越纳米新材料股份有限公司股权转让纠纷上诉案[上海市第一中级人民法院（2009）沪一中民三（商）终字第57号民事判决书（《人民司法·案例》2009年第18期）]，股份公司股东持有的股份可依法转让，向社会公众发行股票须经证券监管部门核准，还必须在国家允许的交易场所内进行。非经批准擅自发行股票，应当追究公司及其股东的法律责任。个人从场外取得的股票不具有法律效力，其股东权利不受法律保护。

【审查批准机关批准的证书被撤销后，股权转让协议并不当然有效】

苏州工业园区广程通信技术有限公司与中国北方工业公司股权转让合同纠纷案[最高人民法院（2009）民二终字第15号民事判决书]，根据我国《中外合作经营企业法》第十条的规定，中外合作者的一方转让其在合作企业合同中的全部或者部分权利、义务的，必须经他方同意，并报审查批准机关批准。经审查批准机关批准的证书被撤销后，转股协议书的效力并不当然有效。转让协议的双方若明知或应知其转让行为将造成国家的损失，仍以明显不合理的市场价格进行交易，谋取不当利益，获取巨额利益的，应认定为恶意串通，损害国家、集体或第三人的利益。而我国《合同法》第五十二条将恶意串通，损害国家、集体或第三人利益，签订的合同定性为无效合同，一旦合同被确认无效，将具有溯及力，使合同从订立之日起就不具有法律约束力，以后也不能转化为有效合同。对于合同无效的法律后果包括返还合同无效或者被撤销后，因该合同取得的财产；折价补偿不能返还或者没有必要返还的财产；导致合同无效的有过错的一方还应当赔偿对方因此所受到的损失；双方都有过错导致合同无效的，应当各自承担相应的责任。

【若对合同的生效要件当事人有约定或法律有规定，则应当从其约定或规定】

黄婉凤诉绍兴中兴商城发展有限公司等股权转让合同案［浙江省高级人民法院（2009）浙商外终字第 65 号民事判决书］，关于涉案两份协议书的效力及原判确认利大贸易公司的股东身份是否妥当。虽然本案当事人签订的股权转让合同各方意思表示一致，股权转让合同依法成立，但合同成立并不必然能够产生当事人预期的法律效果，若对合同的生效要件当事人有约定或法律有规定，则应当从其约定或规定。在本案中，由于中兴商城的投资者具有港资因素，其股东转让股权时，根据《中华人民共和国中外合资经营企业法实施条例》（编者注：该条例已废止）第二十条的规定，应当办理批准登记手续才能生效。但当事人并未依据上述规定办理相应的批准登记手续，本案股权转让合同的生效条件不成就，原审法院确认其未生效，并无不当。

【消极欺诈及其举证责任】

闻开华、夏贤达诉马海荣、廉建勇股权转让合同纠纷案［北京市第二中级人民法院（2009）二中民终字第 10856 号民事判决书］，消极欺诈是指合同一方根据法律或者诚实信用原则，具有对事实予以说明的义务，但是行为人却违反这种义务，故意不作说明，致使对方认为自己的行为建立在真实的基础上，作出判断并为意思表示。对于消极欺诈，人们无法直接、客观地证明其曾经存在并发生过，往往需要借助于某种积极的行为间接地证明消极行为的存在。所以，消极欺诈的主张者通常无须承担证明责任，而转由否认该消极欺诈存在的相对方对其已履行了相关的如实告知等义务进行举证。

【有两份协议的情况下，哪一份协议真实有效，应综合协议订立的目的、具体内容、相关辅助性证据、社会常理来考察】

吴忠健诉费祯东等股权转让案［江苏省南京市栖霞区人民法院（2009）栖民二初字第 350 号民事判决书］，本案争议的焦点有两个：一是被告方提交的 2008 年 2 月 24 日上午签订的股权转让协议与北惠公司在工商局备案的股权转让协议，哪一份才是各方当事人真实的意思表示；二是原告吴忠健是否已经收到被告费祯东交付的股权转让款 16.5 万元。本院认为，各方当事人在上述股权转让协议中的签名都是真实的。从协议的形成时间来看，被告提交的协议与原告提交的协议的签署时间都是 2008 年 2 月 24 日，虽然协议签署时间在同一天会有先后，但不能由此推断形成在后的协议必然代表着当事人的真实意思表示。哪一份协议是真实有效的，应综合协议订立的目的、具体内容、相关辅助性证据、社会常理来考察。

【股权转让的受让方尽到了合理谨慎注意义务，在无其他证据时应优先认定为善意受让人】

李国蓉诉成都达润置业有限公司等股权转让案［四川省成都市中级人民法院（2009）成民终字第 240 号民事判决书］，本案中李国蓉主张被恒达铜业工会转让的股权系根据成都铜材厂改制实施方案、成都铜材厂股份量化实施方案、成都铜材厂职工量化股管理办法等企业改制的相关规定取得的集体量化股，对此各方均无异议。根据前述改制文件的相关规定可以明确，成都铜材厂改制为恒达铜业公司的集体量化股归全体职工所有，并由职代会委托恒达铜业工会负责管理，职工个人享有集体量化股的分红权，可见，职代会应为集体量化股的行权主体，即恒达铜业工会是受职代会的委托管理股份、行使权利，而并非是受职工个人的委托，因此即使恒达铜业工会超越代理权限转让股权，也应由职代会追究恒达铜业工会的越权行为，而非职工个人。根据职代会的议事规程，职代会进行选举或作出决议，必须经全体职工代表过半数通过，即如果职代会全体职工代表过半数同意，则职代会形成的决议有效，恒达铜业工会按此决议行使权利的行为是合法的。本案中，虽无证据证明恒达铜业公司在股权转让前召开了职代会并形成有效决议，但恒达铜业工会以分别向职工征求意见的方式取得了过半数职工的同意，此种情况下其作出的股权转让行为未必系无权处分。

此外，即使恒达铜业工会转让股权的行为属无权代理，但从受让股权的第三人角度来看，安都公司从恒达铜业工会受让恒达铜业公司股权时，经过了恒达铜业公司股东会的同意，且审查了工商行政登记机关备案的恒达铜业工会提交的“同意出让股权股东名单”，并支付了合理对价。在安都集团成为恒达铜业公司即现在的达润公司工商登记记载的股东后，通威公司、交大公司再次继受时，通威公司、交大公司根据当时达润公司工商登记的股东情况确认了股权所有人，审查了达润公司股东会对股权转让的决议，亦支付了合理的股权转让价款。上诉人李国蓉主张安都集团在受让股权时明知上诉人是股东，但在没有确认恒达铜业工会是否得到上诉人的特别授权，以及上诉人本人是否亲自到场签名的情况下，便受让了上诉人的股权，以及通威公司和交大公司在本案诉讼期间先后受让上诉人的股权，不应该是善意受让人。本院认为，在处理公司对外关系中涉及第三人时，为维护市场秩序和安全，应遵循公示主义和外观主义的原则确定行为效力。由于工商登记具有公示性，第三人有理由相信登记材料的真实性，并按照登记机关公示材料确认股东身份，以及股东转让股权的意思表示等。本案中的第三人均按照工商登记材料审查了股东身份及股权转让的意思表示，已尽到了合理谨慎注意义务，故原审认定本案的第三人均应为善意受让人无误。在不能证明受让人为非善意时，上诉人以其为实际权利人主张股权转让行为无效的主张不能成立；在此种情形下，上诉人也仅能请求恒达铜业工会向其赔偿因股权被转让所造成的损失。

【股权转让与股权变更是两个不同的法律关系】

河南省申发饮食有限责任公司诉河南大学生创业投资有限公司股权转让纠纷案［河南省郑州市高新技术产业开发区人民法院(2008)开民初字第134号民事判决书］，因股权转让协议与股权变更系两个法律事实，股权转让协议是当事人之间约定一方向他方转让股权和他方向对方给付股权价款的有关权利义务关系的合同；股权变更则是股权转让协议履行后的法律后果，也就是股权由转让人转移到受让人。因此，股权变更是否进行过户登记，并不影响股权转让协议的效力。

上海物资贸易中心股份有限公司诉黄建国、何云妹等股权转让协议返还转让款案［上海市高级人民法院(2001)沪高经终字第10号民事判决书］，关于股权转让协议的效力问题。对于股权转让协议，法律并无必须登记才生效的规定，故协议应自成立时即生效。因此，当事人嗣后未办理股东变更登记，并不影响股权转让协议的效力。

深圳市齐德丰实业发展有限公司诉薛晓光、北京安可尔通讯技术有限公司股份转让合同纠纷案［北京市海淀区人民法院(2000)海经初字第3658号民事判决书］，齐德丰公司以薛晓光和安可尔公司逾期未办理股权变更登记为由提出解除转让协议的主张，对此本院不予支持，理由如下：第一，一般的有限责任公司股权转让协议一经股东会确认，不仅对股权转让双方具有法律约束力，而且对安可尔公司和其他股东均有约束力。第二，股权转让生效与变更股东登记是两个不同的概念，变更股东登记是股权转让协议履行的问题，其功能是使股权的变动产生公示的效力，而不是股权协议生效的构成要件；且转让方和公司办理股东变更登记一般只是协议的附随义务，而不是主要义务。按合同法的精神，一方违反附随义务，并不导致另一方合同目的的丧失，另一方对合同不具有法定解除权。第三，股权转让协议生效后，股东已开始按投入公司的资本额享有所有者的资产权益、重大决策和选择管理者等权利，也就是说，无论登记不登记，新股东的实际权利已开始行使，并不以变更登记为行使条件。安可尔公司修改公司章程后，齐德丰公司的代表刘迅参加了安可尔公司的两次股东会，这说明齐德丰公司已经开始行使股东权利。第四，安可尔公司逾期办理股权转让登记造成了齐德丰公司尚不能享有具有公示效力的股东资格；但此欠缺通过司法救济等手段还可以补办，补办后，安可尔公司的股东权利可以具有公示效力，并由此得到保护。诉讼期间，薛晓光与安可尔公司均表示尽快补办。故薛晓光与安可尔公司的违约程度并没有给齐德丰公司造成合同目的不能实现的严重后果，故作为受让方的齐德丰公司提出解除股权转让合同的主张无事实与法律依据，本院不予以支持。

【夫妻一方向第三人转让夫妻公司全部股权的效力认定】

蔡月红与李炳等股权转让纠纷申请再审案［最高人民法院(2008)民申字第677号民事

裁定书(《人民司法·案例》2011 年第 22 期)],本案争议焦点为讼争股权转让协议的效力。1. 麦赞新与蔡月红系夫妻,双方未对夫妻共同财产进行过分割。麦赞新在夫妻关系存续期间与麦植森共同投资设立长新公司,是以夫妻共同财产出资,登记在麦赞新名下的长新公司 90% 的股权,是夫妻关系存续期间取得的财产,应归夫妻双方共同共有。2004 年 6 月,麦植森将其持有的长新公司 10% 的股权转让到蔡月红名下,使长新公司成为麦赞新和蔡月红二人持股的夫妻公司,登记在各自名下的股权份额仅是为了办理工商登记之用,并非双方对共同财产的分割约定。蔡月红受让 10% 股权的款项来源于夫妻共同财产,股权的取得也在夫妻关系存续期间,故这 10% 的股权也应认定为麦赞新与蔡月红共同共有。麦赞新向李炳转让长新公司全部股权,是对夫妻共同财产的处分。《婚姻法》第十七条规定,夫妻对共同所有的财产,有平等的处理权。《最高人民法院关于适用〈中华人民共和国婚姻法〉若干问题的解释(一)》(以下简称《婚姻法司法解释(一)》)第十七条第(二)项对“平等的处理权”作出进一步解释:“夫或妻非因日常生活需要对夫妻共同财产做重要处理决定,夫妻双方应当平等协商,取得一致意见。他人有理由相信其为夫妻双方共同意思表示的,另一方不得以不同意或不知道为由对抗善意第三人。”这条规定明确了夫妻对外处理非日常生活需要的表见代理制度。麦赞新是长新公司法定代表人,长新公司是其与蔡月红夫妻二人共同共有的公司,麦赞新转让股权的目的是筹款为蔡月红弥补挪用公款造成的空缺以减轻刑事处罚,8 月 6 日协议书写明股权转让已经长新公司全体股东通过。这些客观事实足以使李炳有理由相信,转让长新公司全部股权系蔡月红与麦赞新夫妻双方共同的意思表示,李炳主观上是善意的。蔡月红不得以不知道或者不同意股权转让为由,对抗善意第三人李炳。2. 民法通则以及物权法均只规定了按份共有人的优先购买权。共同共有关系存续期间,共同共有人不享有财产分割请求权,不能在共有财产中确定自己的份额,不能转让自己的权利,因此共同共有人不存在优先购买权。麦赞新名下 90% 的股权是麦赞新与蔡月红的夫妻共同财产,蔡月红与麦赞新至今仍是夫妻,故蔡月红不享有对麦赞新名下 90% 股权的优先购买权,讼争股权转让协议不存在因侵害蔡月红的优先购买权而无效的情形。麦赞新转让自己名下 90% 的股权和转让蔡月红名下 10% 的股权,都应认定为有效转让行为。

【股权变动登记程序存在瑕疵的不影响股权转让合同的效力】

徐锋等与路小生等股权转让合同纠纷上诉案[浙江省湖州市中级人民法院(2008)湖民二终字第 251 号民事判决书(《人民司法·案例》2009 年第 20 期)],对于股权转让,应充分尊重转让双方当事人的契约自由,成全股权交易活动,一方当事人要求确认股权转让合同无效,应当严格把握合同无效的构成要件,对于不符合合同无效构成要件的股权转让合同,即使在股东变更登记的程序上存在瑕疵,也可以依据诚实信用原则确认股权转让合同及股权变动合法有效。

【导致一人公司的股权转让协议之法律效力及股权归宿】

曹晓琴与宜昌中交船业有限公司股权转让协议纠纷上诉案[湖北省宜昌市中级人民法院(2008)宜中民二终字第 173 号民事判决书(《人民司法·案例》2009 年第 14 期)],我国法律对于股权转让导致一人公司的行为并无明确的禁止性规定。在修订后《公司法》确立一人公司的法律地位之后,根据司法解释,应认定此前发生的形成一人公司的股权转让协议有效。

【职工持股会管理的职工股转让的效力认定】

徐宗华诉董绪开等确认股权转让合同无效案[江苏省徐州市中级人民法院(2008)徐民二终字第 0474 号民事判决书],首先,职工持股会制度设立的目的在于保护企业职工利益,公司职工持股会之设立宗旨是为职工股的管理及权利行使服务,职工持股会应是专门从事企业内部职工持股资金管理、认购公司股份、行使股东权利、履行股东义务、维护出资职工合法权益的组织。职工持股会作为“集合股东”(全体职工股的代表),在公司内部行使股东权利,参与公司的管理。在职工持股会内部,各成员之间较之于职工持股会之外的其他主体,有着共同的利益,这种共同利益包括超过 50% 的表决权即对公司事务的决策权等,除非经过规范的议事程序，这种涉及职工利益的表决权比例不应随意有所变动，非经规范程序所引起的出资比例变动行为不应得到支持。

其次，对于持股会管理的职工股转让问题，由于公司实行职工持股计划都具有维系企业与职工关系的目的，并且职工股股东相对于普通股股东，享受了诸多的优惠条件，因而，对职工股股权的转让应当给予一定的限制。但是职工股也是基于职工的投资而取得，完全禁止职工股的转让对职工股东是一种歧视，有违股份平等的原则。因此，对于职工股应是限制而不是禁止其转让。本案中，对于董绪开等五人转让的职工股股权，就陈启华与徐宗华比较，不是谁享有优先购买权的问题，而是谁有资格接受转让的问题。在该单位公司改制时，董绪开等五人及徐宗华都是原单位职工，通过工会委员会出资持股而成为持股会成员，其所持有的股权统一交由持股会在公司内部行使股东权利，参与公司的管理；虽然陈启华原来也是该单位职工，但陈启华系单独出资并经登记明确成为公司的独立股东，陈启华所持有的股权由自己在公司内部行使股东权利，参与公司的管理。此时，陈启华已经与持股会成员之间不属于同一利益主体。在该公司的股本结构中，注册资金为 182.6 万元，其中持股会会员出资 97.6 万元，占注册资金的 53。45%，陈启华出资 85 万元，占注册资金的 46.55%，陈启华不是持股会会员，相对于董绪开等持股会成员而言，陈启华与持股会的成员不具有共同的利益。因此，董绪开等持股会成员之间可以在持股会内部自由转让股权，除非经过规范的议事程序，陈启华没有资格接受董绪开等五人转让的由持股会管理的职工股股权，该单位工会主席为陈启华等人办理的股权转让手续无效。

最后，关于任美玲等人已将劳动合同关系转到他处、已不是公司职工问题，任美玲等人原为持股会成员，不能把职工持股与其劳动关系、劳动保险等涉及职工切身利益的事项挂钩，不应当允许以公司章程或职工持股会章程对持股职工的股权进行剥夺。劳动合同关系的消灭不是股权消灭的原因，要依法规制职工持股会的运行，平衡公司利益和持股职工的利益。职工股股权除了在持股会内部转让，许多地方法规还规定了可以由公司购回等转让办法。任美玲等人将股权转让给陈启华的行为无效，如仍想转让其股权，完全可以在持股会会员内部进行依法转让，或由公司购回，或者通过规范的程序向其他人转让。

综上，董绪开等五人将其股权转让给陈启华的行为无效，董绪开、陈启华的上诉理由无事实和法律依据，原审判决认定事实清楚，适用法律正确，应予维持。

【假冒股东签名，并在形式上通过股东会的股权转让协议，应认定为无效】

曾文泉、曾建华诉厦门市信诺立电子有限公司、李淑英、曾庆荣等股权转让纠纷案［福建省厦门市中级人民法院（2008）厦民终字第 3726 号民事判决书］，本案是由假冒公司股东签名非法转让公司股权而引起的纠纷。法院认定假冒公司股东与自己签订《股权转让协议》及相应的“股东会议纪要”均为无效，这有利于保证经济主体之间以合同契约为基础的正常信用关系，避免守信股东怠于履行义务，并产生恶性循环。

【涉外股权转让居间合同效力认定】

宁波嘉成拍卖有限公司诉李瑞堂等股权转让合同纠纷案［浙江省宁波市中级人民法院（2007）甬民四初字第 53 号民事判决书（《人民司法·案例》2009 年第 24 期）］，在涉外股权转让合同中，居间人或当事人为减少交易税费，常常签订交易金额不同的阴阳合同，虚假交易金额的阳合同已报审批机关批准，真实交易金额的阴合同未报审批机关审批，对该未经审批的阴合同是否有效，以此为基础的居间合同是否有效，现行法律法规未有明确规定。笔者认为，如股权转让行为已得到审批机关批准，当事人已经按照真实交易金额的股权转让合同履行完毕，可认定涉外股权转让合同已生效，以此为基础的居间合同也应认定有效。

【股权转让协议关于竞业禁止的约定，可为有效】

沈伟国诉贺璞股权转让合同案［常州市中级人民法院（2006）常民二终字第 375 号判决书］，贺璞与沈伟国签订股权转让协议中关于竞业禁止的约定是双方真实意思表示，且不违反法律法规的强制性规定，应属有效。贺璞于 2006 年 2 月与其妻共同出资成立了嘉亿新万，并任法定代表人。2006 年 4 月，嘉亿新万与股权转让协议约定的限制交易客户发生了业务往来，该行为虽由嘉亿新万作出，但在无相反证据证明的情况下，应认定贺璞利用其掌握的资源，通过嘉亿新万与股权转让协议约定的限制交易客户发生业务往来，贺璞的行为违反了股权转让协议约定的义务，构成了违约。

【附条件的合同，条件未实现，未能满足合同的生效条件，故合同不生效】

陕西伟易达贸易发展有限公司与陕西华安企业集团有限责任公司股权转让协议纠纷上诉案[最高人民法院(2006)民二终字第40号民事判决书]，华安公司与伟易达公司之间签订的《股份转让协议》，是双方当事人的真实意思表示，亦不违反法律、法规的禁止性规定，应认定合法有效。该协议履行过程中，华安公司与伟易达公司、世纪公司又签订了一份《股份转让补充协议书》，该份协议由于没有办理公证，未能满足协议的生效条件，虽然伟易达公司支付了华安公司部分股权转让款的利息，但并不能因此认定《股份转让补充协议书》已经生效。故华安公司与伟易达公司之间的股权转让，仍应按照《股份转让协议》的约定履行。伟易达公司关于《股份转让补充协议书》已经生效的上诉理由不能成立，本院不予采纳。根据《股份转让协议》的约定，伟易达公司应当给付华安公司股权转让款4500万元。伟易达公司未履行付款义务的行为，实属违约，且有违诚实信用原则。原审判决伟易达公司给付华安公司股权转让款及迟延付款的部分利息正确，应予维持。

【中外合资企业的一方未经过审批机构批准向第三方转让其部分股权，股权转让协议应认定为无效】

甘肃省信托投资有限责任公司与甘肃省飞天工贸总公司、飞天大酒店有限公司股权转让侵权纠纷案[最高人民法院(2006)民二终字第115号民事判决书]，1988年5月10日，飞天公司和香港杰山有限公司共同设立了飞天大酒店，并取得了中外合资经营企业法人营业执照，飞天大酒店正式成立。同年7月26日，飞天公司与投资公司签订的《投资入股协议》，其真实意思是让投资公司受让飞天公司在飞天大酒店中的部分出资额(股权)，并由投资公司派一名董事参与飞天大酒店的经营管理。该《投资入股协议》未经过审批机构批准。根据1983年9月20日国务院发布的《中华人民共和国中外合资企业法实施条例》第二十三条(经国务院于1986年1月15日、1987年12月21日和2001年7月22日三次修订后，该条已改为第二十条)关于“合营一方向第三者转让其全部或部分出资额，须经合营他方同意，并经审批机构批准”“违反上述规定的，其转让无效”的规定，应认定本案《投资入股协议》为无效协议。飞天公司和投资公司对此均应承担相应的过错责任。

【双方当事人将各自持有的确定由对方经营管理的公司股份在彼此间进行转让的，一方当事人不能以二公司间存在财产争议为由，主张股权转让协议无效】

贾洪波诉崔宝刚股权转让合同纠纷案[北京市海淀区人民法院2006年3月9日民事判决书]，合同是缔约当事人意思表示一致的体现，当事人订立合同，可以采用书面形式、口头形式或其他形式。根据双方书面往来函件及在庭审中的陈述可以确认，双方对将贾洪波在生物公司的股份与崔宝刚在医药公司的股份进行置换并无异议，主要争议在于崔宝刚认为医药公司尚占有生物公司570余万元，此问题双方不能达成协议，不能视为双方就股权转让达成一致。上述争议的产生，主要因素在于，双方所谓分家，并非法律意义上的概念，股东与公司的经营管理者亦不能混同，更不可将公司财产与股东股权与财产混同。贾洪波与崔宝刚将各自持有的确定由对方经营管理的公司股份，在彼此间进行转让，该股权转让的主体为股东，医药公司与生物公司间的财产争议与股权转让之间并无直接的法律关系，且依据双方确认的基准日，双方作为医药公司、生物公司的股东，在2003年12月31日前的股东权利仍应得到保护，故崔宝刚以双方财务未全部交接作为未达成股权转让协议的抗辩，本院不予采信。崔宝刚称股权转让未经公司董事会、股东会讨论，因贾洪波、崔宝刚均为医药公司、生物公司股东，股东之间转让出资，无须他人同意，故该理由亦不应作为制约股权转让合同成立与生效的条件。由此确认，崔宝刚同意将其持有的医药公司50%的股份转让给贾洪波，对价为贾洪波持有的生物公司30%的股份。该合同关系未违反国家法律、法规的禁止性规定，应确认为有效。

【外资企业股权转让，其他非登记股东有异议时应当提起行政诉讼】

杨永聪诉蒋利群等损害公司利益案[江苏省无锡市中级人民法院2006年12月18日一审民事裁定书]，外资企业一直受到我国的严格监管，股权转让协议应当由外资企业的登记股东对外签订，其他非登记股东对股权转让协议有异议的，则表明其对登记股东的身份存在争议，其应当向相关外资审批行政主管机关提出行政复议或行政诉讼，在此之前，对于直接请求法院确认已经有关部门批准的公司股权转让协议无效的，法院不应予以支持。

【有限公司的股东冒充其他股东名义转让其股权的，该股权转让合同无效】

简智刚诉张华岳等要求确认股权转让合同无效案[广东省佛山市高明区人民法院2006年5月23日民事判决书]，高明区人民法院根据上述事实和证据认为：本案的争议焦点在于《股东会决议》《股权转让合同》是否合法、有效，原告所持股份是否已依法转让给被告张家辉。关于《股权转让合同》的效力问题，根据本案查明的事实，落款时间为2004年10月22日的《股权转让合同》，合同的签约主体是原告简智刚与被告张家辉，作为股权转让方的原告简智刚并未在合同上签名，落款处的签名在形式上也与原告的合法姓名不一致，该合同事后也未取得原告的追认，因此该合同无效，该合同对简智刚不发生法律效力。关于《股东会决议》的效力问题，原告简智刚是星华公司的合法股东，其股东合法权益应受法律保护，《股东会决议》中同意原告简智刚转让股权部分的内容是其他股东虚构的，原告简智刚并无转让股权的意思表示，因此，该部分内容缺乏事实根据、违反了相关法律规定，此《股东会决议》无效。被告张家辉依据无效合同取得的股权份额1应予返还。二被告应当停止侵害原告享有的股东权益。

【是否允许股份有限公司以章程限制股份转让属于立法政策问题，除非立法明文许可，否则司法不宜肯定】

常州百货大楼股份有限公司诉常州市信和信息咨询有限公司等股权转让纠纷案[江苏省高级人民法院（2005）苏民二终字第198号民事判决书]，对于非上市股份有限公司能否在章程中对股份转让作出限制，目前立法无明确规定。百货公司以韩国、日本商法为例，主张本案应当借鉴域外立法精神，认定百货公司章程限制股份转让的规定有效。在法无明文规定的情形下，应否认可非上市股份有限公司章程对股份转让设限的效力，应综合分析各种相关因素，尽力找出现行立法的本意，并以此作为判断的标准。(1)虽然韩国商法、日本商法均允许非上市股份有限公司章程对股份转让设限，但借鉴他国法律制度时应着眼于制度的整体而非局部。考察韩国、日本作此规定的基础，在于商法其他条款中对受到限制的股东提供了足够的救济手段，包括请求公司另行指定股份受让人或由公司收购股份等。反观我国《公司法》，其并未向受限制股东提供救济措施。修订后于2006年1月1日起施行的《公司法》第五章第二节专门就股份有限公司的股份转让作了规定，根据其中第一百四十三条（编者注：现为该法第一百四十二条）的规定，除“减少公司注册资本”“与持有本公司股份的其他公司合并”“将股份奖励给本公司职工”“股东因对股东大会作出的公司合并、分立决议持异议，要求公司收购其股份”四种情形外，公司不得收购本公司股份，从而在立法上排除了公司章程限制股份转让情形下为拟转让股东提供救济的通道。鉴于我国立法不存在韩国、日本商法允许章程对股份转让设限规定的基础，故不应简单借鉴韩国、日本商法允许章程对股份转让设限的规定。(2)对于章程能否对股份转让设限，新《公司法》区别对待有限责任公司和非上市股份有限公司的立法意图明显。依新《公司法》第七十二条（编者注：现为该法第七十一条）第四款关于“公司章程对股权转让另有规定的，从其规定”的规定，有限责任公司章程可以自由约定对股份转让的限制。但新《公司法》未在股份有限公司立法中作出类似的原则性规定，该法在第一百三十八条（编者注：现为该法第一百三十七条）确立了股份有限公司“股东持有的股份可以依法转让”的原则后，仅在第一百四十二条（编者注：现为该法第一百四十一条）就发起人及董事、监事、高级管理人员所持本公司股份的转让作了法定限制，并例外规定“公司章程可以对公司董事、监事、高级管理人员转让其所持有的本公司股份作出其他限制性规定”。综合分析新《公司法》就有限责任公司和股份有限公司股份转让的不同规定，可以揭示出这样的立法精神：是否允许股份有限公司章程限制股份转让属于立法政策问题，如果法律允许章程设限，将会明确作出规定，否则不得以章程设限。(3)关于“股东持有的股份可以依法转让”的理解。对于股份有限公司而言，大多数股东无力与公司管理层进行协商并对其进行有效的监督和制约，中小股东易被边缘化和外部化，利益易遭侵害，法律实施中对此必须予以关注；且股份有限公司属于资合公司，股份流通性是其生命，股份转让的自由度不仅直接影响公司自身利益和公司内部中小股东的利益，更关涉公司外部第三人利益。因此，有关股份有限公司的股份转让，立法既已作出规定，不能通过公司章程予以变更。“股东持有的股份可以依法转让”，在现有的立法框架下应包含两层含义：一是股份转让必须依法进行；二是只要依法进行，股份就可以转让。(4)百货公司章程未向受限制股东提供必要的救济渠道。在立法未明确允许公司章程可就股份转让作出限制且未提供救济渠道的情况下，百货公司章程仅对股份转让作了限制，且无正当理由，更无相应的救济措施，这使得百货公司可以不需任何理由地拒绝股东的股份转让请求，构成对股份转让的变相禁止，不符合股份有限公司的资合性特征及相关立法精神。综上，是否允许股份有限公司以章程限制股份转让属于立法政策问题，除非立法有明文规定，否则司法不宜肯定。现行公司立法未明文许可股份有限公司可以章程限制股份转让，相反却规定“股份可以依法转让”，在此情形下，除非公司章程本身提供了相应的救济手段，否则认可其效力将使得拟转让股份的股东丧失救济渠道，与股份有限公司的特性及立法精神相违。故百货公司章程就股份转让所作的限制性规定应为无效。此外，虽然四被上诉人确已构成关联企业和一致行动人，但关联企业和一致行动人的认定不影响本案股权转让合同的效力。据此，百货公司关于撤销原判、支持其诉讼请求的上诉请求缺乏事实依据和法律依据，不予支持。

【原告将未实际注资的公司的股权转让的，该股权转让合同无效】

刚毅(集团)公司转让并无实际出资的股权请求受让人新疆宏景有限责任公司、香港耀冠集团有限公司支付股权转让金被驳回案[新疆维吾尔自治区高级人民法院(2005)新民三终字第24号民事判决书]，境外投资者没有在法定的期间按照法定的比例缴清出资的，该外资企业应当到工商管理部门办理注销登记手续。境外投资者对其设立的外资企业没有投入注册资金和项目开发资金的，不享有真实、合法的公司股份权益，其转让该公司股权的行为违反法律强制性规定，应认定无效。

【买卖合同的一方当事人以其所拥有的股份公司的股权抵债，双方签订股权抵债协议时该股份公司成立尚未满三年，但双方约定在该股份公司成立满三年后开始办理股权交割过户的正式手续的，该协议有效】

南通江山农药化工股份有限公司诉南通建设港口物资有限公司等股权转让合同案(股权抵债)[江苏省南通市中级人民法院(2005)通中民二初字第0090号民事判决书]，关于第一个争议焦点，江山公司与港口公司签订的买卖合同、股权抵债协议、股份托管协议均是双方真实意思的表示，内容不违反法律规定，应认定合法有效。股权抵债协议的性质，是名为抵债协议，实为股权转让协议。文峰公司成立于2001年12月26日，港口公司于2004年10月30日与江山公司签订该协议，约定从12月27日起依法办理股权过户的正式手续，即双方签订股权转让协议的时间在《公司法》规定的限制股权转让期内，但履行股权转让协议的时间是在限制股权转让期限届满之后。所以该约定并不违反《公司法》第一百四十七条的立法宗旨和禁止性规定，应当认定合法有效。文峰公司发起人协议书是各发起人之间的内部约定，对江山公司没有约束力。而且，发起人协议书第七条只规定了公司成立3年后发起人之间转让股份的价格计算依据以及文峰公司上市后对各发起人转让股份在时间上的限制，并未规定文峰公司成立3年后至上市前发起人不得对外转让股份。因此，对港口公司和文峰公司关于股份转让无效的主张，本院不予支持。现文峰公司成立已满3年，股权抵债协议约定的办理股权过户手续的期间也已经届满，港口公司应当按照约定办理股权过户手续，文峰公司应当予以协助。港口公司于2005年4月8日重新作出的不同意转让股权的股东会决议，显然是毁约行为，本院不予支持。

【中外合资经营企业的股权转让合同，应当报经审批机关审查批准，未经审批的，应认定合同未生效】

李玉生诉杨柳青股权转让纠纷案［安徽省合肥高新技术产业开发区人民法院（2004）合高新民三初字第011号民事判决书］，本案系中外合资经营企业的股权转让纠纷，应当适用中华人民共和国法律。中外合资经营企业的股权转让合同，应当报经审批机关审查批准，未经审批的，应认定合同未生效。原告认为股权转让合同是受胁迫所签订，但没有相关证据予以证实；而合同没有履行亦非合同无效的理由，且原告无其他充分证据证实该合同无效，因此，原告的主张不能成立。因合同无效与未生效是不同的法律概念，二者法律后果亦不相同，故原告请求法院判令该股权转让合同无效的主张，本院不予支持。

【董事会违背股东个人意志，擅自将股权转让给他人，构成侵权】

庞玉伦诉泰兴市液压元件厂股权转让纠纷案［江苏省泰州市中级人民法院（2003）泰民二终字第171号民事判决书］，本案中的液压元件厂为股份合作制企业。在企业章程和股东大会未授权的情况下，董事会违背股东意志，将股东要转让的股权擅自转让给他人，构成侵权。

【股份转让协议因无对价约定，无法履行而未成立】

魏凤娇与吴笑月等股份转让纠纷上诉案［最高人民法院（2002）民二终字第2号民事判决书］，本案所审理的《股份转让协议》，各方当事人均承认其属于有偿合同，所约定的转让标的为嘉濠集团的股份。但是在两份股份转让协议中，对魏凤娇所持嘉濠集团27.62%股份和吴纪元所持的0.38%股份转让给吴笑月，却均没有约定对价。根据《中华人民共和国合同法》第十二条的规定，有偿合同应当约定价款或报酬。该法第六十一条、第六十二条规定，当事人就价款没有约定或约定不明的，可以协议补充；不能达成补充协议的，按照合同有关条款或交易习惯确定；仍不能确定的，按照订立合同时履行地的市场价格履行。故价款或报酬是有偿合同的必备条款，缺少该内容，合同则无法履行。

公司股份不同于有形财产，其价值由多种因素构成，如固定资产和流动资金、知识产权或专有技术以及产品赢利能力和人员素质等。只有经过评估机构专门评估后，公司股份的价值才能体现或接近客观真实，在该基础上约定股份转让对价，才能体现当事人签订股份转让协议的真实意愿。吴笑月担任嘉濠商厦董事长和向嘉濠商厦出资，其实质是吴笑月获得嘉濠商厦的经营管理权和嘉濠商厦的资本得到补充，而非为魏凤娇转让其股份所获得的对价。如认定吴笑月担任嘉濠商厦董事长和向嘉濠商厦出资，是魏凤娇转让嘉濠集团股份的对价，则必须得到魏凤娇的认可并且经过特别约定，否则，吴笑月的行为作为股份出让的对价不能成立。然而吴笑月主张的这种对价，在股份转让协议中却未有约定，魏凤娇事实上也未予认可。本案二审期间，本合议庭主持双方为此进行调解，但终因存在分歧而未能达成新的协议。故本案股份转让协议因无对价约定，无法履行而未成立，缔约双方因协议不成立各自应承担相应责任。魏凤娇以《股份转让协议》未就主要条款达成合意、协议未成立为由，请求撤销原判，本院予以支持。

【对合营企业股权变更的审批行为不能提起民事诉讼】

香港绿谷投资公司诉加拿大绿谷（国际）投资公司等股权纠纷案［最高人民法院（2002）民四终字第14号民事裁定书］，中外合资经营企业股权变更取得审批机构批准后，股权变更发生效力，取得公信力。由此可知，对中外合资经营企业股权变更进行审批批准的行政行为属于实质性行政行为。股东对此股权变更有异议而向法院提起民事诉讼的，根据《民事诉讼法》第一百一十一条（编者注：现为该法第一百二十四条）的规定，依照行政诉讼法的规定，属于行政诉讼受案范围的，告知原告提起行政诉讼。综上，对中外合资经营企业股权变更结果有异议向人民法院提起民事诉讼的，法院应当告知原告通过行政复议程序或以股权变更审批机构为被告提起行政诉讼来进行法律救济。

卢堡中国有限公司等与卢堡中国投资有限公司等确权、确认股份转让合同效力纠纷案［最高人民法院（1999）经终字第355号民事判决书］，合营一方向第三者转让其全部或者部分股权的，须经合营他方同意，并报审批机构批准，向登记管理机构办理变更登记手续。在本案所涉合营公司设立过程中，合资外方的名称在各种文件中始终处于不确定状态，从而导致合营公司的批准证书出现了事实上并不存在的合资外方。然而，合同已经经过外经委批准，合营公司已经依法设立并领取了国家工商行政管理局颁发的企业法人营业执照。合营公司各方股东如果认为合资外方名称有误，可以请求相关审批机构进行变更。但合资外方应向合营公司认缴资金已经全部到位，已成为合营公司合法的股东，民事审判程序不能解决行政机关基于行政权而作出的具体行政行为。因此，原告提起确认之诉要求通过民事审判程序来确认其在合营公司中的股东地位以及确认《股份转让协议书》无效没有法律依据。

【不能以股权转让后导致一人公司为由，否定股权转让行为的效力】

李元友诉葛伏龙股权转让案[安徽省黄山市中级人民法院(2002)黄民二终字第36号民事判决书]，上诉人葛伏龙与李元友于2001年11月30日双方签订的退股协议，是双方当事人的真实意思表示，其实质是双方的股权转让，该协议并不违反公司法关于股东之间进行股份转让的法律规定和合同法关于合同无效的具体规定，对于该协议转让之后是否导致一人公司问题，应根据公司变化后情况到相关部门办理变更手续。故双方所签订的协议有效。

高国庆诉林霭融等股权转让纠纷案[上海市第二中级人民法院(2001)沪二中经终字第530号民事判决书]，根据《公司法》第七十一条第一款的规定，有限责任公司的股东之间可以相互转让其全部出资或者部分出资。该公司章程也作出了相同的规定。该股权转让行为是三方当事人的真实意思表示，既不违反公司章程和法律强制性规定，也不损害公司股东和债权人的利益，仅以股权转让后公司股东人数低于二人为由确认股权转让行为无效，缺乏法律依据。

【股权转让协议自成立时生效，未办理股东变更登记，不影响对股权转让各方的法律效力】

上海物资贸易中心股份有限公司诉黄建国、何云妹股权转让协议返还转让款纠纷案[上海市高级人民法院(2001)沪高经终字第10号民事判决书]，关于股权转让协议的效力问题。对于股权转让协议，法律并无必须登记才生效的规定，故协议应自成立时即生效。因此当事人嗣后未办理股东变更登记，并不影响股权转让协议的效力。从各方当事人股权转让协议的签定及协议的实际履行来看，各方签订并已实际履行了协议，即股权转让款的绝大部分已实际交付，董事会也已召开。董事会决议表明，本案争议各方已经以公司股东、董事的身份参加了公司的股东会暨董事会，并形成董事会决议。在其董事会通过的章程中明确公司的股东是物贸公司和黄建国、何云妹，并对各方的出资方式和出资额等作了规定，表明当事人已成为公司的股东，且已按照董事会的决议由物贸公司派员担任董事长及总经理，建国度假村也已由物贸公司实际经营，当事人各方均已在依协议行使股东的权利，故应视公司内部的股东登记已完成。根据《中华人民共和国公司登记管理条例》第三十一条的规定，因建国度假村的股权转让至今未向工商行政管理机关办理股东变更登记，故该股权转让行为原则上对公司以外不产生法律效力，但并不影响对股权转让各方的法律效力。原审法院以建国度假村的股权转让至今未向工商行政管理机关办理股东变更登记，违反《中华人民共和国公司登记管理条例》第三十一条的规定，认定该股权转让行为尚未生效，是将股权转让之后的登记行为视为股权转让协议的生效条件，不妥，应予纠正。

【国有股权的转让，必须经过评估，否则该股权转让协议应认定为无效】

淮阴市信托投资公司等诉殷林股权转让案[江苏省高级人民法院(2001)苏民二终字第175号民事判决书]，本案所涉协议的性质应认定为股权转让协议，从股东会决议、协议书内容来看，双方的真实意思表示是将信托投资公司持有的部分股权转让给殷林，殷林关于该协议性质应认定为股权确认协议的上诉理由不能成立；本案所涉股权转让协议应当认定为无效，信托投资公司属于国有企业，其拥有的淮信房地产公司股权属于国有资产，价值已超过百万元，属于《国有资产评估管理办法》规定的应当评估之列，该规定属于行政法规的强制性规定，未履行相关评估手续，该协议应认定为无效；殷林已交付了股权转让款，信托投资公司应当向殷林返还股权转让款。

【鉴于实际情况，股权转让资产未经资产评估不应影响股权转让的有效性】

重庆钢铁（集团）有限责任公司与深圳市比特利投资开发有限公司等股东权益纠纷案［最高人民法院（1999）经终字第262号民事判决书］，《公司法》第一百四十三条（编者注：现为该法第一百三十七条）和《深圳特区股份有限公司条例》第五十二条规定，公司股东持有的股份可以依法转让。金源公司章程虽规定公司股份可以在公司内部转让，但该公司董事会于1994年11月16日制定的《办法》又规定："……非本公司股东收购公司法人股须经董事会审议后，报证管办批准方可进行……"该办法实际上修改了原章程中对股权转让限制性规定，且不违背法律规定。1995年4月至12月，原审第三人中冶深圳公司等12家金源公司股东分别经本公司董事会（或上级主管单位）同意（或批准）将本公司持有的金源公司股份转让并向董事会提出申请。同时，各自分别与被上诉人比特利等5家非股东单位签订了股权转让协议。这些协议均经深圳市公证处公证，系双方当事人的真实意思表示。上述股权转让经金源公司董事会批准并向深圳市证管办申请办理审批手续后，获深圳市证管办批准。上述事实表明，虽《办法》因金源公司董事会在股东大会闭会期间制定未能经股东大会讨论通过，但已实际履行。股东大会是公司的最高权力机构，其作出的决议是全体股东的意志体现。1996年1月28日，金源公司第三届股东大会对比特利公司等5家新股东的资格及其股份份额均未提出异议，并将其选人董事会或监事会。大会还讨论通过了《办法》，并将其内容纳入修改后的公司章程中，应视为股东大会对上述股权转让的认可和对《办法》的追认。虽然本案股权转让资产未经国有资产管理部门评估，但每股1.58元的转让价格系深圳市文武会计师事务所在关于金源公司实收股本的验证报告和给金源公司关于1995年1月30日财务状况的函中确定的每股净资产值。该价格经金源公司董事会认可，也得到深圳市证管办的同意。转让、受让双方经协商一致，以不低于该价格转让股权，不违反法律禁止性规定。股权转让后，中冶深圳公司等12家出让股权的公司先后办理了股东变更登记手续，并表示其不存在国有资产流失问题，还有不同程度的收益。本案也无证据证明因股权转让而损害金源公司股东利益的事实。故每股1.58元转让价格应认定合法有效。鉴于本案实际情况，股权转让资产未经资产评估不应影响股权转让的有效性。重钢公司的上诉理由不能成立，本院不予支持。

【双方为其他目的签订股权转让协议，并未投入资金，股权转让无效】

上海锦艺实业有限公司诉上海银光贸易有限公司股权转让合同案［上海市第二中级人民法院（1999）沪二中经终字第1198号民事裁定书］，原告用向汇东公司借款代东南公司归还该公司所欠的债款，成为东联公司一方股东后，用东联公司名义向浦发银行贷款，并将该贷款归还汇东公司的借款，这种将本应属其承担的债务转让于东联公司，并由东联公司承担该债务清偿的做法，表明原告实际未向东联公司出资。原告经营东联公司期间的经营状况为亏损，原告退出东联公司又未承诺承担该公司遗留的债务，现原告以其归还股权出让方债款作为其出资依据要求被告给付股权转让金的请求无事实依据，本院不予支持。对被告取得东联公司一方股权而应支付的出资额，本院将建议有关部门，按有关规定作出处理。

【假冒他人名义签署的股权转让合同中的担保条款，对不知情的第三人无效，但不影响合同其他部分的效力】

辽宁省辽阳刘二堡经济特区证达实业股份有限公司诉广东省珠海经济特区发展公司进出口（集团）公司、珠海经济特区发展公司股份转让纠纷抗诉案［辽宁省辽阳市中级人民法院1998年4月2日民事判决书（《最高人民检察院公报》2000年第4号（总第57号））］，合同应体现当事人真实一致的意思表示。合同一方当事人私刻公章、假冒签名、盗用第三人的名义签署股份转让合同中的担保条款，第三人不知情的，该担保条款应为无效。合同部分无效，不影响其他部分效力的，其他部分仍然有效。因此，当事人逾期未履行合同义务构成违约的，应承担违约责任，但该第三人无须承担连带责任。

【以公司资产支付股权转让款的约定无效】

沈某与周某股权转让纠纷案[江苏法院公司审判十大案例之七],股权转让合同中约定用公司资产支付股权转让款,属于股东非法转移公司财产,侵犯公司利益的行为,违反了公司法的强制性规定,该约定无效。但并不影响股权转让合同其它部分的效力,其他部分有效的,股权受让方人应当负有按照约定价款向转让方支付股权转让款的义务。

【在企业改制过程中,股东是否有权提起对其他股东的侵权诉讼】

吴文华诉上海相丛投资(集团)有限公司股权转让纠纷案,根据我国公司法的相关规定,公司股东是出资成立公司,并按照出资额享有资产受益、重大决策和选择管理者等权利的法人或自然人。本案中,上诉人吴文华要求确认2002年4月10日的《股权转让协议》中涉及其本人的股权转让部分内容无效,原审认定上诉人该项请求的实质是要求确认上诉人在被上诉人必隆公司的股东身份,并无不当。因此,审查上诉人吴文华是否持有被上诉人必隆公司的股份,是否对该公司承担了出资义务并享有股东利益等,是本案的焦点所在。根据现有证据,被上诉人必隆公司在由集体企业转制为股份合作制企业的过程中,及以后的由股份合作制企业改制为有限公司的过程中,上诉人吴文华等人虽被登记为该公司的股东,在形式上具备了作为被上诉人必隆公司股东的条件,但在各方对上诉人吴文华的股东身份有争议的情况下,上诉人未能提供其已为设立公司履行了相关出资义务的证据,因此不具备成为上述公司股东的实质要件,不持有相关份额的股份,上诉人在被上诉人必隆公司的股东身份无法认定。原审依据上诉人吴文华在企业转制和改制的过程中,均未作出过要求成为被上诉人必隆公司股东的意思表示,也没有签署过任何公司设立的协议和公司章程、投资股东名册及企业转制、改制方案的文件,公司改制后,直至与该公司解除劳动关系时,相关的解决方案以及收条等证据都已证明,上诉人既没有实际缴付出资,未承担股东对公司的义务,也从没有享受和要求享受股东的权利,更不承担公司经营中的风险,因此认定上诉人吴文华不是被上诉人必隆公司的股东。原审上述认定,与事实相符,且于法不悖。上诉人吴文华以被上诉人必隆公司的员工身份办理了退工手续并解除了劳动合同,还得到了上述公司提供的120万元补偿款,应视为上诉人吴文华同意其"由始至终不是必隆公司的股东",其对自己仅因企业转制及改制需要而成为被上诉人必隆公司的名义股东,并无异议。由此,二审法院认为,上诉人吴文华自始至终不是被上诉人必隆公司的实际股东,不持有该公司的股份,也不享有相应的股东利益。综上上诉人吴文华要求确认系争股权转让协议部分无效,缺乏事实基础,其上诉理由不能成立,遂判决驳回上诉,维持原判。

【公司为股东之间的股权转让提供担保的行为,可能导致公司回购本公司股份,因此为无效】

南通轻工机械厂诉江苏黄河公司、江苏苏辰公司股东之间股权转让及公司为股东担保纠纷案,公司为股东之间的股权转让提供担保的行为可能导致公司回购本公司股份、造成公司资本不当减少的结果,不仅违反公司法有关回购本公司股份的禁止性规定,亦违背了公司资本维持原则,对公司债权人和交易安全造成损害,故该担保行为无效。

【有限责任公司股东之间关于股权赎回权的约定,应认定为有效】

河北某创业投资有限公司与王某某、陈某、胡某某、天津某投资合伙企业(有限合伙)股权转让纠纷案[天津法院服务保障京津冀协同发展典型案例之五],有限责任公司的股东之间可以相互转让其全部或者部分股权,各方当事人在补充协议中有关股权赎回权的约定,并不会减少目标公司的注册资本,不存在损害该公司以及公司债权人利益的情形,亦不违反公司法的强制性规定,应认定为合法有效。股权赎回权条款明确将公司2016、2017会计年度净利润未达到5000万元作为触发股份赎回的条件,而根据会计师事务所的审计结果,目标公司在约定会计年度的净利润未达到5000万元,故河北某创业投资有限公司赎回权的行使条件已经成就,并且其行使赎回权的期限亦符合补充协议约定。因此王某某、陈某、胡某某、天津某投资合伙企业(有限合伙)应当向河北某创业投资有限公司支付初始投资额及按6%的年利率计算的利息,用于赎回后者持有的天津市某海上工程技术股份有限公司675万股股权，并支付迟延履行上述义务产生的利息损失。

【以公司资产支付股权转让款的约定无效】

沈某与周某股权转让纠纷案［江苏法院公司审判十大案例之七］，股权转让合同中约定用公司资产支付股权转让款，属于股东非法转移公司财产，侵犯公司利益的行为，违反了公司法的强制性规定，该约定无效。但并不影响股权转让合同其它部分的效力，其他部分有效的，股权受让方人应当负有按照约定价款向转让方支付股权转让款的义务。

【电信业务经营企业的股权转让协议，其效力及是否存在非法目的的认定】

北京中润互联信息技术有限公司诉广东广像网络资讯有限公司等股权转让合同案，具体如下：

本案的第一个争议是：电信业务经营企业的股权转让协议是否必须依法获得批准。

经营电信业务必须取得电信管理机构颁发的电信业务经营许可证。为保证该行政许可的有效性，《电信条例》第 15 条规定，“电信业务经营者在经营过程中，变更经营主体、业务范围或者停止经营的，应当提前 90 日向原颁发许可证的机关提出申请，并办理相应手续……”此规定未指明“相应手续”的性质及其对相关合同效力的影响。进一步的解释是，信息产业部《电信业务经营许可证管理办法》第 26 条的规定，“取得电信业务经营许可证的公司……遇有合并或分立、有限责任公司股东变化、业务经营权转移等涉及经营主体需要变更的情形，或者业务覆盖范围需要变化的，应当自公司作出决定之日起 30 日内向原发证机关提出申请，经批准后方可实施。”由此可知，《电信条例》第 15 条的规定，应属管理性规范，而非效力性规范。电信业务经营企业的股权变更，应当事前向颁发许可证的行政主管机关办理相关批准手续，批准以前不应办理股权变更。也就是说，电信管理机构的批准，是电信业务经营企业办理股权转让变更登记的前提条件，而不是股权转让协议的合法性要件。作为市场主体经营业务之一的电信业务，其经营性限制并不必然对市场主体的股权变更起决定作用，但股权转让双方为保持公司经营电信业务的有效性，应当接受电信管理机关的行政管理。中润互联公司在实施股权变更登记前，应当按照协议的约定，“向信产部报备，报备通过后的 10 个工作日内完成向工商行政管理机关办理变更登记手续”，如中润互联公司的股权变更申请不能得到电信业务经营许可证原发证机关的批准，中润创投公司无法实现股权给付，只能由义务方承担违约责任。但本案的情况是，中润互联公司先行办理了股权变更登记，而没有办理相应手续，则应按照《电信业务经营许可证管理办法》第 34 条规定，接受《电信条例》第 70 条所规定的行政处罚。

本案的第二个争议是：股权转让协议是否存在规避中国法律对外商经营电信企业监管的非法目的。

中润互联公司主张本案股权转让协议无效的另一个原因是美国的广像电讯有限公司通过广东广像公司信托持有中润互联公司 60%的股权，目的是规避中国法律对外商经营电信企业的监管，甚至把该股权作为融资 350 万美元的担保，损害了公司的合法权益。这些事实主要是通过美国广像电讯有限公司对外公布的公司报告披露出来的。法院确认该报告中与本案其他证据可以相互印证的部分事实，但对于美国广像电讯有限公司通过广东广像公司两名自然人股东信托持有中润互联公司 60%股权的事实，以及用该股权作担保融资 350 万美元的事实，均因没有其他方面的佐证而未在本案中直接认定。应当指出的是，即使信托持股的事实存在，也不直接导致本案股权转让协议无效，理由有二：一是现有证据无法证明广东广像公司在与中润创投公司订立股权转让协议过程中使用了欺诈手段，也不能证明当事人双方对股权转让行为抱有非法目的；二是广东广像公司是在中国注册的有限责任公司，其股东如果受托持有外国公司的资金并投资于特定经营领域，意在规避中国法律，则该信托关系可能因违反《信托法》第十一条的规定而无效。

法院认定中润创投公司与广东广像公司于 2006 年 1 月 4 日签订的股权转让协议有效，中润互联公司基于协议无效要求广东广像公司赔偿损失，缺乏证据上的支持，亦无法律依据，依照《合同法》第八条判决驳回原告中润互联公司的全部诉讼请求。

3. 股权转让合同的履行

【瑕疵股权补正后可变更股权转让价格】

姚安骏与黄龙股权转让纠纷上诉案[江苏省苏州市中级人民法院(2018)苏05民终第6234号民事判决书(《人民司法·案例》2019年第20期)],法院判决股东返还出资款,是建立在其因抽逃出资对公司返还义务的事实认定上。股东在抽逃出资后又进行了股权转让,不影响公司主张其返还被抽逃的出资款的权利。受让股权的一方在股权转让时,明知股权瑕疵事实仍以一定价格受让该瑕疵股权,应当认定该股权转让价格对应的是瑕疵股权,而非无瑕疵股权。在出让股权的一方返还出资后,即瑕疵股权得到补正,出让方有权要求变更原股权转让价格。

【不确定履行期限的合理期限的确定,可以通常商业人士的合理预期为标准】

吴某媚、李某生与梁某业、宋某之等股权转让纠纷案[最高人民法院(2016)最高法民终51号民事判决书],双方关于"补偿款的最迟给付期限为楼盘开盘销售后2个月内"的约定,属于履行期限的约定,该期限非固定或确定的期限,解释该期限时,应以通常的商业人士的合理预期作为标准。

本案中,"5月5日补充协议"约定受让方一次性补偿转让方1.3亿元,并约定最迟给付期限为"乙方(受让方)开发《股权转让合同》所对应的土地资产所形成的楼盘开盘销售后两个月内"。首先,从该《补充协议》的序言描述看,"5月5日补充协议"的签订背景及原因在于,双方就《股权转让合同》股价对应的土地价格定价偏低这一事实达成合意,所以通过"5月5日补充协议"增加补偿款的形式予以增加,其性质是增加的股权转让款。作为股权转让对价的一部分,受让方自然负有应当履行的义务,所以,双方前述关于该补偿款支付时间的约定,不是条件,不存在条件不成就时无须履行的问题。其次,从性质上看,是否开发楼盘以及何时开发楼盘,系由案涉股权转让后金汛公司及其股东所决定,这种取决于一方主体意思表示或者行为的约定,并不属于条件。再次,"5月5日补充协议"第4条明确约定,受让方须以2.5%的年利率向转让方支付利息,直至一次性付清为止。该约定亦表明,受让方支付前述补偿金的义务自始确定,并不存在条件不成就不予支付的可能性。最后,既然受让方负有确定的给付义务,则当事人有关"最迟给付期限"的约定,性质上属于履行期限的约定,而非合同的生效条件或付款义务的履行条件。一审关于该条款性质的认定并无不当。

"最迟给付期限"为"楼盘开盘销售后两个月内",并无何时开始支付的约定。转让方认为,该约定与该协议第4条第(2)项有关剩余10%股权应在"房地产开发之前,履行补偿款的给付和完税之后"转让给受让方的约定并不一致,应视为履行期限约定不明,根据《合同法》第六十二条第(四)项之规定,其可随时要求履行。综合考虑案涉合同及其补充协议的签订过程以及合同的有关条款,所谓转让方应在受让方"开发《股权转让合同》所对应的土地资产所形成的楼盘开盘销售后两个月内"支付该笔款项的含义是,由于该笔股权转让款的数额较大,受让方在将金汛公司所有的土地使用权完成房地产开发并销售前难以支付,所以受让方以案涉股权转让合同对应的土地开发成楼盘并开盘销售取得一定利润后再支付该笔款项。这种解释,与当事人的签约过程、交易背景及真实意思最为接近,所以,转让方根据《合同法》第六十二条第(四)项的规定随时要求受让方支付该笔款项的主张理据不足,本院不予采纳。

但是,双方当事人关于补偿款给付最后期限的约定具有一定的特殊性,它不是固定的或确定的期限,而是以受让方开发楼盘并开始销售作为期限的起算点。如果将开发销售楼盘这一约定解释为完全由受让方自由决定,显然不符合双方当事人签订该补充协议时的合理预期。换言之,解释该期限,应以通常的商业人士的合理预期作为标准,受让方及其控制的金汛公司也负有在合理期限内积极完成楼盘开发销售的诚信义务。所以,在受让方至今未开发销售的背景下,应以该标准认定补偿金交付的合理期限。这是《合同法》第一百二十五条规定的合同解释规则的应有之义。本案中,合理期限的确定,取决于何时具备开发条件以及从开发到开盘销售通常需要多长时间这两大因素。受让方已经持有金汛公司90%的股权,受让方的相关人员也已经成为法定代表人,实现了对金汛公司的控制,可以认为自其受让90%

股权并完成工商变更之日即2010年5月14日起具备了开发条件。至于土地开发期限，转让方认为房地产开发的最长期限为4年，受让方在其提交的证据中亦认可从开发至销售完毕正常的期限是3年。即使采最长开发期限4年，该期限也已经届满。即便再考虑合同解除之诉使案涉股权的权属处于未定状态，从而将应予开发之日延至广西壮族自治区高级人民法院于2012年4月18日作出的（2012）桂民再字第6号民事判决生效之日，该期限也已经届满。在合理期限乃至最长开发期限均已经届满的情况下，受让方再不履行合同义务，显然不符合双方当事人订立合同时的合理预期，也违反诚实信用原则。因此，根据《合同法》第一百二十五条的规定，转让方有关受让方应向其支付该笔款项的上诉理由成立，一审判决以履行期限未至为由驳回转让方的该项诉讼请求，适用法律错误，应予纠正。

【能否依公司资产直接确定股权转让价格】

左阿华诉青岛天丰造纸有限公司、安郁滋股权转让案［山东省青岛市中级人民法院（2016）鲁02民终7510号民事判决书］，被上诉人天丰公司系由内部职工集体出资整体买断国有资本产权改制而来的股份合作制企业，该类企业不同于有限责任公司与股份有限公司，对于该类企业改制过程中出现的纠纷，应依据其章程确定当事人的权利义务。上诉人左阿华与被上诉人安郁滋签订的股权转让协议虽然未约定股权转让价格，但结合公司章程及同时期其他股东转让股权的情形来看，可以确定其他股东均以每股1元的价格完成股权转让。有关上诉人左阿华与被上诉人安郁滋之间的股权转让与其他股东转让股权时的形式一致、内容相同，一审法院按照其他股东转让的价格判令安郁滋支付股权转让款并无不当。

【股权重复转让应当向谁履行】

陈昌信与马罗喜股权转让纠纷上诉案［江苏省盐城市中级人民法院（2015）盐商终字第00438号民事判决书］，具体如下：1. 新雅尔达公司股东的确定。根据工商登记和公司章程、股东名册的记载，马罗喜、陈昌信、马正群为新雅尔达公司股东。至于马罗喜、陈昌信、马正群是否存在未履行出资义务或者抽逃出资，根据《最高人民法院关于适用〈中华人民共和国公司法〉若干问题的规定（三）》第十八条的规定，对未履行出资义务或者抽逃出资的股东转让股权未作禁止性限制，公司可以要求该股东、受让人承担责任。2. 原告马罗喜提交的《关于股权流转的决议》效力的认定。两份《关于股权流转的决议》内容相同，陈昌信确认其中一方的签字，本院无须再行审查。《关于股权流转的决议》主要内容为公司股东对股权的处理，即将公司全部股权集中为原告马罗喜一人，此内容并非公司股东会讨论决定事项。应认定《关于股权流转的决议》为陈昌信、马正群向马罗喜转让股权的有效协议。3. 第三人王同根与被告陈昌信签订的《股权转让协议》效力的认定。被告陈昌信与第三人王同根签订了《股权转让协议》，被告陈昌信将新雅尔达公司39%的股权转让给第三人王同根，并履行了通知其他股东的手续，被告陈昌信承认款项已交付。转让程序符合公司法、公司章程的规定。该协议内容合法有效。4. 两份有效的股权转让合同，受让方均要求履行合同，如何处理。因本案涉及两份股权转让合同，涉及主体包括股东内部和公司外第三人，由于主体的不同，在法律适用上，应当有所区别。具体而言，内部关系属于个人法上的法律关系，应当优先适用个人法。外部关系属于团体法上的法律关系，应当优先适用团体法。被告陈昌信与原告马罗喜两人均系公司股东，应当适用个人法进行调整，探究双方真实的意思表示。第三人王同根非公司股东，根据商法外观主义原则，应当按照公司公示的内容审理与陈昌信的股权转让纠纷。作为公司外部股权受让人，王同根在受让股权时应当充分审查出让股东公司登记资料、公司章程等资料。但本案的特殊性在于，第三人王同根（所购买营业房屋）与新雅尔达公司紧邻，其在大额资金受让股权时，其合理的做法应当是审查出让股东公司登记资料、公司章程等情况，其更应进一步与公司其他股东充分沟通，了解公司真实的经营、负债状况，确定股权转让对价，从而作出合理判断。第三人王同根仅去工商部门调取了公司资料，在未完全了解公司负债等影响股权对价的情况下，贸然与被告陈昌信签订股权转让合同，应当认定，第三人王同根并未完全尽到谨慎、注意义务。此时，第三人王同根以陈昌信为公司登记股东为由，对原告马罗喜的诉讼主张进行抗辩，不当。基于以上分析，两份股权转让协议应当适用相同的法律，对法律关系进行分析、认定、处理，才是公允的处理方法。依上述分析，被告陈昌信转让股权给原告马罗喜成立在先，马罗喜的诉讼请求应予以支持。

【股权转让款给付与否的认定】

许智勇与牛德明股权转让纠纷上诉案［新疆生产建设兵团第八师中级人民法院（2015）兵八民二终字第48号民事判决书］，本案实质系股权转让合同履行纠纷，双方的主体资格均适格，双方自愿达成股权转让协议，协议对转让份额及价格达成合意，双方应当依合同履行各自义务，享受权利。上诉人享有接受被上诉人支付的股权转让款的权利，履行协助办理变更登记的义务，承认被上诉人的股东地位；被上诉人在履行支付股权转让款的义务后，成为公司股东，享受股东权利，履行股东义务，登记机关对相关变更事项进行变更登记。在上诉人给被上诉人出具相关文件，被上诉人已在登记部门完成变更登记的情况下，上诉人主张被上诉人未履行给付股权转让款，上诉人应当提供证明其诉讼主张成立的证据，否则应当承担对其不利的后果。鉴于股权转让变更登记已经完成，上诉人未能提供证据证实被上诉人未履行给付转让款，故对上诉人的上诉请求不予支持。

【股权质押因出质人原因未有效设立出质人应承担赔偿责任】

长城（宁夏）资产经营有限公司与北京金桥国盛投资有限公司等借款合同、股权转让纠纷上诉案［最高人民法院（2015）民二终字第70号民事判决书］，如果因出质人之过错而未履行法定的质押登记，虽然质权尚未设立，但在质押合同有效的前提下，未履行合同义务的出质人仍应当在原质押物价值范围内承担相应的赔偿责任。

【非标的公司股东对就标的公司股权与外国主体签订的股权转让协议仍应依约履行】

安吉乐公司（Angelo Morano）与远海集团有限公司（Oceanus Group Inc.）股权转让纠纷上诉案［上海市第二中级人民法院（2015）沪二中民四（商）终字第449号民事判决书］，由于未在上海市卢湾区人民政府所出具批复指定的期限内办理工商变更登记，《协议》签订时，安吉乐公司股权状况处于悬而未决的状态，故被告作为转让方，应当积极寻求妥善的处理方式，依约促成合同生效，完成将安吉乐公司股权变更于原告名下的义务。《协议》签订后，原告多次催促被告尽快办理相关手续，但被告至今未采取措施。在被告向原告发送的邮件中，被告虽称其在办理相关手续，但并未就办理股权转让的审批手续采取实质措施或提出具有实质意义的可行性方案。在此情况下，被告向原告提出的配合其办理手续的要求无从谈起。被告作为股权出让方，对于因其不知晓审批手续如何办理致使股权未变更成功的相应后果，应由其自行承担。上述事实，符合《合同法》第九十四条第（三）项规定的情形，故对原告要求解除其与被告签订《协议》的诉请，以及要求被告返还股权转让款、支付相应利息的诉请，于法无悖，可予支持。原告在安吉乐公司的股权转让尚未办理审批手续的情况下，即经营安吉乐公司所设立的餐厅，且经营期间的收人由其实际获取，原告经营期间的支出，不构成损失，应由其自行承担。

【股权转让方迟延履行股权变更手续的，转让方已接受并占有的股权转让款的利息不应作为受让方因此而遭受的损失】

姜杰诉栾银川等迟延办理股权转让手续违约赔偿纠纷案［江苏省泰州市中级人民法院（2015）泰中商终字第001号民事判决书］，第一，股权转让方迟延履行股权变更手续，应当按照约定承担违约责任。双方对违约责任没有约定，受让方主张因转让方迟延办理股权转让手续致其不能及时获得股权给其造成损失的，受让方应当对该损失承担举证责任。第二，按约支付股权转让款属于股权受让方应当履行的合同义务，转让方收受并占有该转让款是其依法享有的合同权利，股权转让款并不存在被不当占用的情形。因此，股权受让方主张将股权实际变更前转让方占用其交付的股权转让款的利息作为转让方迟延履行给其造成的损失，该主张缺乏法律依据，人民法院不予支持。

【落实股随岗变原则可设强制退出机制】

江苏省南京市规划设计研究院有限责任公司与彭琛股权转让纠纷上诉案［江苏省南

京市中级人民法院(2013)宁商终字第1337号民事判决书(《人民司法·案例》2014年第22期)],公司依据股随岗变章程条款强制离职股东转让股权并退出公司时,离职股东拒绝转让股权,仍以股东身份要求享受股东分红权,即产生纠纷。司法处理此类纠纷的解决路径是:尊重公司内部自治,保护股东财产权益,创新股东退出机制,合理评定股权价格。在离职股东资格丧失问题上,法院不应简单遵循"价格合意—股权转让合同—股东资格丧失"的传统思路,而应根据公司章程关于离职股东资格丧失的规定来确定。至于离职股东何时办理股权转让手续,应与股东资格的丧失相区分。

【股权转让关系的双方均为与公司存在密切关系的关联方,如无相反证据,应推定双方对公司的财产状况均充分知晓】

林东、陆春莉诉江斌、凌力公司股权转让纠纷案[福建省福州市中级人民法院(2013)榕民终字第3163号民事判决书],《公司法》第三条规定:"公司是企业法人,有独立的法人财产,享有法人财产权。公司以其全部财产对公司的债务承担责任。"第三十六条(编者注:现为该法第三十五条)规定:"公司成立后,股东不得抽逃出资。"据此,股东的出资形成有限责任公司的全部法人财产,是公司对外承担债务责任的保证,非经法定程序,股东不得撤回在公司的出资进而减少公司财产。为防止因公司减资导致债权人利益受损,《公司法》第一百七十八条(编者注:现为该法第一百七十七条)还规定了减资必须公告以及债权人可以要求公司清偿债务或提供相应担保的制度。本案中,受让股东江斌系时任公司法定代表人的配偶,故股权转让关系的双方均为与公司存在密切关系的关联方,在无相反证据的情况下,应推定双方对于公司的财产状况均充分知晓。江斌将自身应承担的向原股东支付股权转让款的义务转移予凌力公司,却未给予凌力公司对等利益,该转嫁债务的行为必然导致凌力公司财产减损,从而降低凌力公司对外承担债务责任的保证能力。而且,因股权转让关系的双方均非公司外部人员,故本案亦不存在基于保护公司外部的善意债权人利益而需要公司先行对外承担责任再对内追责的情形。综上,凌力公司为内部人员之间进行的股权转让行为支付价款的行为侵犯了公司的财产权,亦侵犯了公司债权人基于公示登记而对公司资本状况的信赖利益,属于《最高人民法院关于适用〈中华人民共和国公司法〉若干问题的规定(三)》第十二条规定的"利用关联交易将出资转出"或"其他未经法定程序将出资抽回的行为",应当认定为股东抽逃出资行为,不具有法律效力。故对林东、陆春莉要求凌力公司承担连带支付股权转让款的诉讼请求,不应支持。

【股权转让款的内部分配】

赵志林、窦桂芬、樊丽丽、唐山市丰润区金洋商贸有限公司与广州市万正投资有限公司、广州市太行投资有限公司股权转让纠纷案[最高人民法院(2012)民二终字第38号民事判决书],关于赵志林支付的7500万元福马公司的股权转让款在万正公司和太行公司之间应当如何分配的问题。本院认为,由于双方当事人在股权转让协议中约定了万正公司和太行公司作为共同一方接收赵志林的付款,故在万正公司和太行公司之间,原则上应当按照各自的股权比例受领款项。但在本案中,从万正公司和太行公司提起一审诉讼的诉讼请求来看,被上诉人万正公司和太行公司之间对于股权转让后的价款支付,达成了万正公司先应得的股权转让款7700万元,从赵志林支付的第一期款项中先行受偿7500万元,余款200万元在赵志林后期支付的股权转让款中受偿;太行公司应得的股权转让款3300万元,在赵志林第二期支付的股权转让款3500万元中受偿的约定。这一约定,系债权人内部关于各自受偿比例的约定,且从本案的实际情况来看,并未损害债务人赵志林的利益。故上诉人关于赵志林尚欠万正公司福马公司股权转让款为2450万元、尚欠太行公司福马公司股权转让款为1050万元的诉讼理由,无事实和法律依据,本院不予支持。

【收购方自身未履行注意义务,怠于行使权利,致使未能及时参与企业收购,转让方并不存在过错】

北京康正恒信担保有限公司与河北天人化工股份有限公司、北京华夏建龙矿业科技有限公司、河北省矾山磷矿有限公司股权转让合同纠纷案[最高人民法院(2012)民二终字第

44号民事判决书]，本案《协议书》性质为收购股权的意向性框架协议，类似预约合同，该协议书只是约定了当事人选择权，包括收购、参股、放弃投资参股新公司，并没有直接约定转让股权的行为，但是其权利义务内容相对比较全面，不论当事人是否进一步签订本约合同，本案协议书效力是得到法律上的认可的，同时也为本案当事人所认可。正如上述，本案《协议书》没有约定拟收购人如何知晓砚山磷矿作为新公司注册成立时间的方式和义务，首先构成了砚山磷矿新公司的股权拟收购方自己审慎地跟进、关注、询问和了解的注意义务。对于砚山磷矿新公司的股权拟转让方来说，从法律义务和责任的角度，不构成拟转让方向对方通知的附随法律义务。如果此时股权拟转让方有什么义务的话，只是在股权拟收购方进行询问有关砚山磷矿新公司成立时间等信息时有如实告知的义务，不得拒绝的义务，而非主动的告知义务。

【分期缴纳出资股权转让中的几个问题】

上海帝仓企业管理有限公司等与刘寅股权转让纠纷上诉案[上海市第一中级人民法院(2011)沪一中民四(商)终字第363号民事裁定书(《人民司法·案例》2011年第16期)]，分期缴纳出资的股东在规定的期限内出资到位，即应视为履行完成了相应的出资义务，取得股东资格，同时享有股权转让的权利。承继其股权的受让人应当履行剩余的出资义务，配合公司和出让股东及时办理股权变更登记。如受让人拒不履行已生效判决所确定的支付股权转让款的义务，怠于履行公司登记事项的变更，用其持有的公司公章，以公司名义起诉，要求原出资人补缴出资，在此情况下，受让人利益与公司利益混同，不应当认定受让人具有代表公司作出意思表示的资格，而仍应按公司登记机关所记载的事项进行裁判。

【股权转让合同发生违约的情况下，如何判断违约金是否过高】

上海明太投资发展有限公司诉黄某等股权转让纠纷案[上海市第二中级人民法院(2011)沪二中民四(商)初字第6号民事判决书]，关于原告主张的违约金，是本案当事人最大的争议，本院详细阐断如下。原告认为系争《股权转让合同》第九条明确约定“本合同签订后，出现如下情形之一的，视为甲方违约，如收取乙方转让款的，除返还转让款外，承担相当于转让款30%的违约金，以赔偿乙方所受全部损失”，故依据1.5亿元的合同总价，被告黄某应支付4500万元违约金。被告黄某则认为原告并无实际损失，该违约金显属过高，且条款中“相当于转让款30%的违约金”应指“已收取的转让款的30%”。对此，本院认为，系争《股权转让合同》对于“相当于转让款30%的违约金”究竟是指“已收取的转让款的30%”还是“股权转让总价的30%”表述并不明确，以致双方产生争议。在双方对违约金的计算标准存在争议的情况下，确定违约金是否过高应考量以下几方面：合同已经履行的程度、违约时间、违约方是否存在恶意违约、约定的违约金是否远远超出违约行为给守约方造成的损失、守约方按约定得到的违约金数额是否远超过守约方履行合同所能得到的利益等。本案中，原告已支付的1000万元转让首付款占合同总价的6%，而被告黄某仅就已收购完成的其他股东的27.5%股权部分就需支付3000余万元的转让款，且已向原告移交了相关印章，可见被告黄某确实在努力履行合同而非恶意违约。其次，按系争《股权转让合同》的约定，62.5%股权变更申请一旦被工商行政管理机关受理，原告就需向被告黄某支付5250万元，而庭审中原告明确承认2010年6月8日当天其银行账户上并无5250万元资金存在，虽原告称其会当即要求上海复旦复华科技创业有限公司以贷记凭证付款，但依上海复旦复华科技股份有限公司的公告反映，其子公司与原告联合出资组建公司的投资时间为2010年8月，故原告称6月8日即可要求上海复旦复华科技创业有限公司付款的主张的真实性存疑。况也未见原告有按其5月21日出具的承诺在6月7日前支付过清场费。最后，原告以其与上海复旦复华科技创业有限公司、上海复华商业资产经营管理有限公司签订的《承包经营协议》为据，认为设立上海复华商业资产经营管理有限公司的目的即系租赁经营天虹亿海公司承租的天虹国际大酒店等场所，现因无法取得天虹亿海公司股权，也就无法通过经营管理天虹国际大酒店等获利，相反需向上海复旦复华科技创业有限公司支付上海复华商业资产经营管理有限公司的承包费，造成其巨额经济损失。但本院认为，首先该《承包经营协议》为复印件。其次根据上市公告反映，虽计划中上海复华商业资产经营管理有限公司的主要经营内容为出面获取虹口区水电路地区、杨浦区五角场地区建筑总经营面积212,000平方米的商业资产经营租赁权，但该公司实际设立于2010年9月，《承包经营协议》则签订于10月9日，依原告庭审时自认2010年6月24日天虹亿海公司向原告发函之时系争《股权转让合同》已终止履行，则本院实无法看出该《承包经营协议》与系争《股权转让合同》之间有何关联性。而原告在《承包经营协议》中承诺支付保底利润至少有部分因素应系基于使用所组建公司的资源（包括资金等），但该资金并未用于被告黄某或天虹亿海公司。再次，原告支付的1000万元所谓承包费，票据上载明的用途或为“咨询费”、或为“顾问费”、或为“捐赠”，均与承包费无关，且收款人也非约定的上海复旦复华科技创业有限公司。故原告以此为据主张因被告黄某违约造成其重大损失，本院不予采纳。基于前述分析，本院认为，被告黄某虽构成违约，但除1000万元资金被占用外，原告并未提供充分证据证明其存在其他损失，而通过受让股权获得对公司的预期利益更是与本身的经营能力、市场状况等多种不确定因素相关，故原告以股权转让总价款的30%主张违约金显属过高，本院酌情作出调整。

【股权转让之对价的认定】

上海明嘉泰程医疗器械有限公司诉戴建庆股权转让纠纷案［北京市海淀区人民法院（2011）海民初字第10329号民事判决书］，本案争议焦点在于该股权转让是否存在转让对价。作为出让方，上海明嘉公司称《出资转让协议书》中所记载的出资额的数额即为受让股份的价款，戴建庆则对此予以否认，主张本案所涉股权转让为零对价转让，并提交了相应证据加以证明。对此，本院认为，鉴于上海明嘉公司未能就债权转让价款提供任何直接或间接证据加以证明，而戴建庆则就其所述提交了较为充分的证据，其证据与其所述能够形成较为完整的证据链条，故戴建庆所述更为可信，本院对其所述予以认可。具体理由如下：

首先，股权转让款系股权转让合同的必要、实质性条款，而作为股权出让方的上海明嘉公司却未在协议中约定此问题，且双方并未就此问题达成过其他任何协议，仅以一份用于办理工商登记的格式化协议无法实现上海明嘉公司的证明目的，此种方式也明显不符合股权转让的通常操作方式。至于上海明嘉公司称北京明嘉公司成立时其出资即为30万元，则其将出资转让给戴建庆亦应为30万元的主张，本院认为该说法缺乏依据，公司资本处于变动状态，股权实际价值亦属于股权转让方和受让方的主观判断，出让方的实际出资额不可能当然代表其转让股权的对价。

其次，在双方就股权转让价款的主张存在根本性分歧的情况下，以股权转让时的公司的资产情况作为确定股权转让对价的参照标准具有代表性和客观性。从本案举证情况来看，戴建庆就此提交的证据能够初步证明北京明嘉公司在2008年3月股权转让之时确实处于亏损的状况。同时鉴于股权转让协议的签订与股权转让的工商变更登记于同一日完成，未将付款期限、数额与办理工商变更登记进行关联，也明显不符合有偿转让股权的通常方式。在此情况下，戴建庆主张受让股份为零对价更为合理。

【股权的概括转让原则的法律适用】

杨建议诉黄宝琦股权转让纠纷案［福建省厦门市中级人民法院（2011）厦民终字第2498号民事判决书］，根据股权的概括转让原则，除法律有规定或当事人另有约定，股权转让后，股东基于股东地位对公司所发生的全部权利义务关系均一体移转给受让人。本案中，原告和被告签订的《股权转让合同书》系双方当事人的真实意思表示，双方签字后生效，被告的股东权利和义务相应终止。股东根据章程的约定分期缴纳出资，被告在第一期出资后即向原告转让其股权，且股权转让协议未明确该股权后续的出资义务由谁承担的，应确定受让股东承担继续出资的义务。理由为：一是协议未作特别说明的，转让的股权应为签订股权转让协议时的股权，签订股权转让协议时该股权尚存有义务；二是根据股权的概括转让原则，股权的权利义务应一并转让；三是受让人即原告是公司内部股东，其对受让股权的第二期及以后出资尚未到位是明知的。因此判决原告继续履行后续的出资义务。

【有限公司股东资格的取得应当经过主管机关批准的，批准后才有股东资格】

上海天迪科技投资发展有限公司与西部信托有限公司等股东资格确认纠纷上诉案[陕西省高级人民法院：(2010)陕民二终字第09号民事判决书(《人民司法·案例》2010年第18期)]，股权转让，是公司股东依法将自己的股东权益有偿转让给他人，使他人取得股权的民事法律行为。法律、行政法规规定有限公司股东资格的取得应当经过主管机关批准的，股权转让后，受让人应当自主管机关批准之日起才能成为公司的股东。在未经主管机关批准之前，受让人不能依据股权转让合同而当然取得股东资格。在未经主管机关批准之前，股权转让人仍为公司股东。

【外商投资企业股权转让对价的变更不属于重大或实质性变更】

天津市顺通化工机械贸易有限公司与天津市津热供热集团有限公司股权转让合同纠纷上诉案[天津市高级人民法院(2010)津高民二终字第33号民事判决书(《人民司法·案例》2012年第4期)]，中外合资经营企业股权转让合同已获批准后，当事人协议变更股权转让对价的，不属于《最高人民法院关于审理外商投资企业纠纷案件若干问题的规定》中规定的"重大或实质性变更"，无须另行报批。

【对于股权转让后发生的债权，债权人没有依据要求原股东承担连带责任】

DAC中国特别机遇(巴巴多斯)有限公司诉龙海市城镇综合开发总公司等股东出资案[福建省高级人民法院(2010)闽民终字第290号民事判决书]，香港英明公司虽系港龙房地产公司设立时的股东，但在1995年7月已将其持有的股权转让给香港港龙国际发展有限公司，并经审批办理了变更登记。股权转让时，漳州市对外经济贸易委员会批复同意的港龙房地产公司股东缴纳出资的期限尚未届满，因香港英明公司不再是港龙房地产公司的股东，不可能履行对综合开发公司的出资监督义务。况且，股权转让后的2002年，港龙房地产公司董事会决议，同意综合开发公司延期缴付出资。本案债权发生于香港英明公司股权转让后的第五年，对于原告认为香港英明公司恶意转让股权、损害债权的主张，法院审理认为：香港英明公司虽系港龙房地产公司设立时的股东，但认定其损害债权人利益，依据不足，其要求香港英明公司承担连带责任的主张不予采纳。

【股权变更与股权变更登记是两个不同的法定程序】

北京宝利达投资管理有限责任公司与上海浦之威投资有限公司等股权转让纠纷案[北京市高级人民法院(2009)高民终字第1824号民事判决书]，首先，股权变更与股权变更登记是两个不同的概念。根据《公司法》及《公司登记管理条例》的有关规定，受让人通过有效的股权转让合同取得股权后，有权要求公司进行股东变更登记，公司须根据《公司法》及公司章程的规定进行审查，经审查股权的转让符合《公司法》及章程的规定，同意将受让人登记股东名册后，受让人才取得公司股权，成为公司认可的股东，这就是股权变更。但股东名册是公司的内部资料，不具有对世性，不能产生对抗第三人的法律效果，只有在公司将其确认的股东依照《公司登记管理条例》的规定到工商管理部门办理完成股东变更登记后，才取得对抗第三人的法律效果，这就是股权变更登记。因此，股权变更与股权变更登记是两个不同的法定程序。

【股权转让天价违约之诉的利益衡量】

罗云泉诉成坚等股权转让纠纷案[广东省梅州市中级人民法院(2007)梅中法民二初字第12号民事判决书(《人民司法·案例》2008年第18期)]，处理股权转让合同纠纷案件须依法进行利益衡量，既要衡量转让股东和受让股东的利益，亦要衡量股东利益、公司利益和公司债权人利益。

本案中双方当事人因发生矛盾而协议解除了合作关系，且双方股权转让协议书的主要义务已经履行，股东变更登记已办理，原告已经不再是公司的股东，且公司亦已发生变更。因此，本案股权转让合同不应解除，而应按照协议的履行情况确定是否存在违约行为和违约责任。被告仍有34万元股权转让款未付给原告是双方确认的事实，而原告与公司之间的关系和本案股东之间的关系属于不同的法律关系，且原告是否侵占公司财物属于刑事责任问题，而原告领取相关款项后如何开支、如何入账是原告作为公司的职员（总经理）与公司之间的内部财务问题，不是平等的民事法律关系，均不是本案的处理范畴。因此，被告以此作为扣留原告 34 万元股权转让款的抗辩理由不充分，法院不予采纳。

被告未依约付清股权转让款是违约行为，首先应当继续履行，付清未付的 34 万元股权转让款，然后承担相应的违约责任。考虑本案中双方股权转让协议书的主要义务已经履行，原告已经不再是公司股东的事实，本案不宜直接按照双方协议的约定判令原告重新拥有股权成为公司的股东，而应当按照转让时股权的价值确定违约责任，即以双方确定的公司股权总值 1300 万元计算，按照协议约定，被告应承担的违约责任为 1300 万元 ×66%×30%=257.4 万元。该违约责任的约定没有考虑受让方履行义务的程度，对于已支付大部分股权转让款的被告而言，违约金明显过高，应做调整。调整的原则是：违约责任基础不变，即仍按照双方的约定，将受让方的股权价值扣罚一定比例给转让方；按照受让方实际履行情况调整扣罚其股权价值的比例。据此，可以以未付的股权转让款占原告股权价值的比例作为被告未完全履行义务应承担的违约金的比例，即 34 万元 ÷208 万元 ×257.4 万元 =42 万元。

【存在两份股权转让协议的情况下，如何判断股权转让价格】

陕西精典投资有限公司、西安西北实业（集团）有限公司返还股权转让款债务纠纷案［最高人民法院（2006）民二终字第 121 号民事判决书］，关于山东长江公司与精典公司股权转让的价格问题。精典公司提出其与山东长江公司在转让股权过程中，实际履行的是每股 1.3 元的协议，对此山东长江公司从未提出异议，原审判决认定精典公司与山东长江公司股权转让价格每股为 4 元没有合同及事实依据。本院认为，根据本案查明的事实，山东长江公司将自己持有的西北新技术公司 1200 万股的股权转让给精典公司，为此双方签订了两份《股份转让协议》，一份协议约定的转让价格为每股 1.3 元，转让金额为 1560 万元；另一份协议约定的转让价格为每股 2.7 元，转让金额为 3240 万元。上述协议签订后，山东长江公司与西北新技术公司的其他股东签订了协议书，确认山东长江公司转让给精典公司的 1200 万股，每股转让价格为 4 元，共计 4800 万元。上述事实表明，山东长江公司在转让股权时确认的每股转让价格为 4 元，该价格不仅为精典公司以协议的方式接受，也得到了西北新技术公司其他股东的认可，应当认定该价格是山东长江公司和精典公司的真实意思表示，对双方当事人均具有法律拘束力。精典公司提出双方签订的每股 1.3 元的协议，取代了每股 2.7 元的协议，由于双方在协议中没有做出上述约定，亦没有其他证据证明双方签订的每股 2.7 元的协议为无效协议，故精典公司的该项主张不能成立。精典公司提出西北新技术公司在工商部门的变更股东登记备案协议以及招股章程，均为每股转让价格 1.3 元，为此亦应当认定双方之间股权股让价格为每股 1.3 元。如上所述，山东长江公司与精典公司之间确认的股权转让价格为每股 4 元，虽然双方签订了两份协议，将价格分别确定为 1.3 元和 2.7 元，且在工商部门的备案材料及招股章程中显示的价格为 1.3 元，但是，不能因此否定双方当事人在签订股权转让协议时所确认的真实交易价格。如果精典公司认为其受让山东长江公司的股权价格不公平，亦是其经营判断失误所致，并没有证据证明其接受股权转让价格是受胁迫或欺诈所致。原审判决认定山东长江公司与精典公司之间股权转让价格为每股 4 元并无不当，应予维持。

【已办理股权变更登记手续，不足以证明受让人已支付股权转让价款的事实】

吴泓诉高静股权转让合同纠纷案［贵州省贵阳市中级人民法院 2006 年 5 月 12 日民事判决书］，高静与吴泓在股东会议纪要中约定吴泓按股份原值将其持有的原贵州华融波尔山羊科技开发有限公司 10%（31.8 万元）的股权转让给高静，该约定真实合法，属有效民事行为。本案争议焦点为上诉人高静是否支付股权转让价款。对支付该股权转让价款的举证责任应由股权转让的受让人高静负担。诉讼中，上诉人高静不能提供其支付股权转让价款的事实证据，其上诉提出已办理了股权变更登记手续，其已成为公司新股东等理由，因股权变更登记手续仅说明吴泓履行了出让股权的约定义务，并使高静成为该公司新股东，但该行为并不足以证明高静已支付股权转让价款的事实，故高静上诉认为已支付股权转让价款的上诉理由不成立，本院不予采信。吴泓诉请判令高静支付股权转让价款，于法有据，应予以支持。

【股东将其股权转让给其他股东，双方之间形成合法的债权债务关系】

刘家斐诉叶开春股权转让合同纠纷案［江苏省高邮市人民法院2006年12月18日民事判决书］，有限责任公司应当依法进行登记，股东之间可以相互转让出资，股东在公司登记后不得抽回出资。股东依法将其股权转让给其他股东的，双方之间形成合法的债权债务关系。

【未足额缴纳股权转让的出资义务承担】

山川秀美生态环境工程有限公司诉陆仲平股权转让纠纷案［安徽省芜湖市中级人民法院2006年10月9日民事判决书］，股东在未足额缴纳所认购股份的情况下转让股权的，应当由出让股东和受让人共同继续承担出资义务。

【异议股东要求回购股权，法院不得直接判决其他股东承接该股东股权】

朱均勇等诉刘群忠等收回股权案［广东省梅州市中级人民法院(2005)梅中法民二终字第65号民事判决书］，《公司法》对有限责任公司股东股权转让具有法定要求，在章程无特殊规定情况下，遵循股东自愿原则，法院不能直接判令由其他股东承接要求回购股权股东的股权。

【其他股东在后高价收购股权并未造成对在先股东的侵权】

开县市场物业开发有限公司、李中勇、李义、唐绍宏诉陈元科股权转让侵权案［重庆市第二中级人民法院(2004)渝二中法民终字第356民事判决书］，公司股东大会通过有效决议并签订股权转让协议将股权转让给部分股东，但是根据《公司法》的规定，股东之间可以相互转让股权，因此其他股东在后高价收购股权，只要出于自愿和合意，该行为就合法，并未造成对在先股东的侵权。

【抛股借款协议中的股份受让人可被认定取得股东身份】

万岩标等诉北京城南诚商贸有限公司确认股东资格案［北京市第二中级人民法院(2004)二中民终字第06770号民事判决书］，抛股借款，即以借款形式让出借人获得一定股权，包括了借款协议和股权转让协议两项内容。即出借人将钱款出借后，借款人自愿将部分股权转让给出借人，出借人无须再支付股权转让款。当事人双方签订抛股借款协议，系在自愿平等基础上订立的，不违反法律、法规的强制性规定，因此该抛股借款协议是有效的。根据《公司法》第七十三条的规定，股权转让后，公司应向新股东签发出资证明书，并相应修改公司章程和股东名册中有关股东及其出资额的记载。虽然没有股东名册，但借款人向出借人出具了股权证明书，将出借人享有的股权明确记载在其中，因此出借人的股东身份应当得到认可，其可以主张股东权利。

【公司全体股东在股东大会上一致同意将全部股份转让给受让人，其实质为受让人收购公司】

樊荣华诉王喜云、张连元股权转让侵权案［北京市第二中级人民法院(2004)二中民终字第04002号民事判决书］，《股份合作制办法》第二十二条第一款规定："职工个人股只得在本企业职工之间转让。"第二十三条第一款规定："企业职工股东退休、调出、辞职或者被辞退、除名以及死亡的，其所持股份可以转让给其他职工，企业也可以按照章程规定，用法定公积金或者未分配利润收购，并依照股权比例分配给其他股东，股份转让和收购的价格由双方协商确定。"二七商场章程第十五条规定："职工个人股只得在本企业职工之间转让。但遇股东调出、辞退、辞职、除名、退休、亡故等情况，可由企业暂用公积金收购这些股份，然后再由企业向新加入企业的职工或其他老职工转让所收购的股份。"根据上述规定，二七商场作为股份合作制企业，当企业中部分股东转让股份时，应当将其股份转让给本企业其他职工或由本企业收购。但是本案不属于部分股东转让股份情况，而是二七商场全体股东在股东大会上一致同意将股份全部转让给张连元、张淑琴，其实质是张连元、张淑琴收购二七商场行为。《股份合作制办法》第二十二条第一款、第二十三条第一款以及二七商场章程第十五条规定不适用本案情况。由于樊荣华或其他股东在股东大会上未表示要求购买其他股东的股份，因此2003年5月18日二七商场股东大会形成的决议内容应为合法有效。根据股东大会决议内容，王喜云与张连元签订的股权转让协议应当受到法律保护。樊荣华在股东大会形成决议后反悔，提出由其购买其他股东的股份，从而要求确认王喜云与张连元之间的股权转让行为无效，由于其个人意思表示不能对抗股东会已形成的决议内容，因此对于樊荣华的诉讼请求，本院不予支持。

【合作企业及股权受让人怠于办理审批手续应承担责任】

谢民视诉张瑞昌、金刚公司股权纠纷案［上海市第二中级人民法院2002年3月31日民事判决书（《最高人民法院公报》2003年第1期（总第81期））］，按照《中华人民共和国合同法》第一百二十六条第二款规定关于“在中华人民共和国境内履行的中外合资经营企业合同、中外合作经营企业合同、中外合作勘探开发自然资源合同，适用中华人民共和国法律”的规定，中外合作企业股权转让纠纷适用中华人民共和国法律。在中外合作企业股权转让过程中，依照《中华人民共和国中外合作经营企业法》第十条的规定，中外合作者的一方转让其在合作企业合同中的全部或者部分权利、义务的，必须经他方同意，并报审查批准机关批准。中外合作企业以及受让人怠于办理审批手续，导致股权转让协议不能生效，中外合作企业以及受让人存在过错，不及时履行自己的义务，转让方可以向人民法院提起诉讼，要求中外合作企业以及受让人就股权转让事宜，在规定期限内，至审批机关办理相关股权变更手续，之后按照合同的约定，继续履行自己的义务。

【既可以用人民币也可以用美元来支付股权转让价款】

鲁信有限公司（SITICAMERICAINC.）诉凯伦实业有限公司（KUNLUNPROPERTIES, INC.）股权转让协议纠纷案［山东省高级人民法院（2002）鲁民四初字第1号民事判决书］，本案的争议焦点问题是，本案中的股权转让协议是一份协议的变更还是两份协议；以人民币为支付条款的股权转让协议是否经过双方协商一致变更为以美元支付；中外合资经营企业鲁南制药的外资股由外方鲁信公司转让给外方凯伦公司，以人民币支付购股款是否违法；原告鲁信公司关于股权转让行为无效的诉讼请求是否成立。

关于本案是一份协议的变更还是两份协议的问题。本案以美元为支付条款的协议与以人民币为支付条款的协议相比，除购股款支付条款不同外，其他条款完全相同，如果认定是两份协议，因两份协议的主体和标的股权相同，将涉及两份协议的重复履行问题，因此，应认定涉案协议为一份股权转让协议的变更，而不是两份协议。鲁信公司认为双方协商一致签订的股权转让协议未获得“商务部”批准，而“商务部”批准的股权转让协议不是双方合意的结果，合同不成立，即鲁信公司关于本案是两份协议的主张不能成立。

关于以人民币为支付条款的股权转让协议是否经过双方协商一致变更为以美元支付的问题。前已述及，宋乘鹏的证言足以证明支付条款的修改经过了鲁信公司和凯伦公司的同意，因支付条款修改后的协议已经“商务部”批准生效，故鲁信公司和凯伦公司的股权转让行为是有效的。

关于人民币支付购股款是否违法的问题。“外汇管理条例”第四条规定，境内机构、个人、驻华机构、来华人员的外汇收支或者经营活动，适用本条例。很显然，凯伦公司作为境外企业，不是“外汇管理条例”的规范主体，“外汇管理条例”不调整凯伦公司的外汇收支或经营活动，鲁信公司据此判定凯伦公司以人民币支付购股款的行为系套汇行为，没有法律依据，本院不予支持。而国家外汇管理局《关于外商以人民币再投资外汇管理有关问题的复函》解决的是外商从其已投资的外商投资企业中先行回收投资所得的人民币资金可以在境内再投资问题，而不是解决外商是否可以用人民币支付受让所得中外合资企业外资股的购股款问题，本案不适用该复函。因此，凯伦公司关于以人民币支付购股款符合复函规定的主张，不能成立。

根据《中华人民共和国合同法》第五十二条第（五）项的规定，违反法律、行政法规的强制性规定的，合同无效。而关于中外合资经营企业的外方持有的外资股转让给外方时，受让方不得以人民币支付购股款的问题，法律和行政法规没有禁止性规定，故认定人民币支付购股款违法，没有法律依据。即使以人民币支付购股款违法，在“商务部”提出将购股款改为美元的建议后，协议约定鲁信公司有义务配合修改合同，办理股权转让协议的审批手续；根据

《中华人民共和国合同法》第六十条第二款之规定，当事人应当遵循诚实信用原则，根据合同性质、目的和交易习惯履行协助义务，据此鲁信公司负有对协议部分条款进行修改，促使合同生效的法定协助义务，以便实现合同目的和维护交易安全，而支付条款的修改并不加重鲁信公司的义务。并且，双方实际已在山东省工商行政管理局办理了股东变更手续，股权交割行为已经完成。因此，凯伦公司关于人民币支付购股款不违法，鲁信公司有义务协助凯伦公司修改协议条款，促使协议生效，实现合同目的和维护交易安全的抗辩理由成立，本院予以支持。

以美元为支付条款的协议与以人民币为支付条款的协议相比，除购股款支付币种不同外，其他条款完全相同，以美元为支付条款的协议已获得"商务部"的批准而生效，双方对履行方式即购股款的支付是美元还是人民币有争议。根据《合同法》第六十二条第（五）项的规定，履行方式不明确的，按照有利于实现合同目的的方式履行。因此，鲁信公司和凯伦公司应继续履行以美元为支付条款的股权转让协议。

综上，鲁信公司和凯伦公司之间签订的股权转让协议是合法有效的，双方依据股权转让协议实施的股权转让行为也是合法有效的，双方应继续履行已批准生效的以美元为支付条款的股权转让协议。

【以合作期间存在亏损拒付股权转让金，不予支持】

赵国献诉王国达股权转让合同纠纷案［上海市第一中级人民法院（1999）沪一中经终字第1852号民事判决书］，上诉人与被上诉人自愿签订股权转让协议，并已实际为此办理了股权转让的有关法律手续，故上诉人应依约向被上诉人付清股权转让金。上诉人所述被上诉人尚应承担合作期间的亏损，并以此为由拒付股权转让金，缺乏法律依据，不能支持。

【股权转让完成的要件】

泰安市第一工艺美术工业总公司诉臧伯玮股权转让合同案［北京市海淀区人民法院（1999）海经初字第1251号民事判决书］，股权转让系股东向受让方转移股权并收取转让金的民事行为，现股权转让已经全体股东同意，且股东已收取了股权转让金，公司亦依法定程序向工商行政管理机关办理了变更登记手续，股权转让行为符合法律规定且已发生法律效力。

【一股二卖，已不具有股东身份的原转让人股东，无权再次转让公司股份】

陈某海诉深圳市鸿海江实业发展有限公司、陈某股权转让合同纠纷案［广东省深圳市罗湖区人民法院民事判决书］，陈某收取原告款项，并承诺将鸿海江公司开办的深圳市盐田商业市场25%股权转让给原告，但该转让行为未经鸿海江公司全体股东过半数同意，且陈某向原告承诺转让该商业市场股份之前，已将其在鸿海江公司拥有的全部股权转让了骆某，该股权转让经过鸿海江公司全体股东的同意，并补办了股权转让公证及股东变更登记，因此，陈某已经不具有鸿海江公司的股东身份，无权转让鸿海江公司的股份，无权处理9鸿海江公司的任何财产权益，而深圳市盐田商业市场是深圳市鸿海江实业发展有限公司投资开办的非法人实体，故陈某海与陈某之间的股权转让行为无效，对此，陈某应承担全部过错责任，陈某海要求陈某返还股权转让款的诉讼请求，予以支持。至于鸿海江公司的盖章行为，因是陈某乘任职鸿海江公司总经理期间的职务之便而加盖，且鸿海江公司并不知情，亦未收取原告的任何款项，另鉴于股权转让需全体股东过半数同意，鸿海江公司盖章并不能引起股权的转让及股东的变更。因此，陈某在协议书上加盖鸿海江公司公章没有任何意义，陈某海要求鸿海江公司与陈某共同承担返还股权转让款，理由不成立，不予支持，陈某海诉请的款项应由陈某负责返还。

【股权转让合同中，股权移转登记的股东属于名义股东并未实际持有公司股权，如何认定各方责任】

张永清等诉北京博泰森科贸集团股权转让合同纠纷案，股权转让合同纠纷中，受让股东向第三人转让股权。且股权移转登记后的股东属于名义股东，并未实际持有公司股权，属于案外人。若公司其他股东要求股权现在登记人恢复至原来未转让时的状态未果时，原股权转让合同的股权受让人应当承担无法恢复股东身份的赔偿责任。

【在一方转让股权后，另一方因此转让行为获益并承诺将无条件补偿，事后另一方并未实际补偿，并主张承诺为赠与，该行为不合法】

张春光与贾林股权转让纠纷上诉案，赠与是赠与人将自己的财产无偿给予受赠人、受赠人表示接受的一种行为，补偿则是一方在因另一方行为后享受一定收益，并给予受损一方赔偿，赠与更加强调道德性的给予，而补偿更多的是一种经济利益的交换，在承诺人享受对方因股权转让而得来的收益后，承诺人明确承诺将无条件补偿另一方，此行为是一种利益交换，在承诺是承诺人的真实意思时，根据诚实信用，对方有合理信赖依据，因此在一方转让股权后，另一方因此转让行为获益并承诺将无条件补偿，承诺人不可主张承诺为赠与，应该履行补偿合同。

【有限公司股东会同意将公司所有股权整体对外转让，使得全部股权集中于一人的行为是否有效】

印小民、鞠真诉上海文龙农贸市场经营管理有限公司等股权转让纠纷上诉案，根据《最高人民法院关于适用〈中华人民共和国合同法〉若干问题的解释（一）》第四条的规定，确认合同无效，须以违反法律和行政法规的禁止性规定为依据。《公司法》并未禁止股东对外进行股权转让；该法第二十条规定有限责任公司由2个以上50个以下股东共同出资设立，此项关于公司股东人数限制的规定虽然亦应适用于公司存续期间，但该法并未禁止公司股东通过股权转让使公司股权集中于一人；被上诉人受让久光公司全部股份后，亦可通过再次对外转让、改变企业性质或解散公司等方法处理其后续事务，并不当然导致久光公司成为只有一人股东的有限责任公司；故上诉人有关本案系争协议违反法律强制性规定，应属无效的主张，缺乏法律依据，本院不予采信。

【利息损失能否与违约金一并适用】

西藏唐蕃投资有限公司等与西藏林芝嘉龙建筑房地产开发有限公司股权转让合同纠纷上诉案［最高人民法院民事判决书］，违约金的性质既具有补偿性，又具有赔偿性，在守约方不能举证证明其除利息损失外还存在其他损失，违约金能够足以涵盖其利息损失的情况下，另行主张赔偿其利息损失的，应不予支持。

【在公司股权置换过程中，一方主张以公司净资产为基准确定股权价格，一方主张以实缴出资比例分取红利，应当从交易公平原则出发，以双方协议商定的计价方案为基础，予以合理的调整】

上海裕都投资（集团）有限公司等诉上海新长征（集团）有限公司、第三人上海兴力达商业广场有限公司股权转让合同变更价格条款案，在有限责任公司股权置换当中，以公司净资产以及股权评估值作为确定转让价格的依据是交易惯例；以实缴出资比例分取红利也是有限责任公司股东利润分配的法定原则。除此之外，股权交易双方还可结合具体情况，通过自行协商议定股权置换价格和利润分配方案。本案双方当事人即通过议价的方式来约定股价，且议价自愿平等，合法有效。鉴于双方当事人在系争股权转让协议及其补偿协议签订并履行后，就原告方对交易价款异议仍在协商，且不能达成一致，法院从交易公平原则出发，以双方协议商定的计价方案为基础，予以合理的调整。

4. 股权转让合同的解除

【对于期限较长的持续性合同，如果遇到履行障碍和风险，当事人不能为了转嫁、减少自身商业经营风险而单方解除合同】

上诉人金鹰国际商贸集团（中国）有限公司与被上诉人安徽古井集团有限公司、安徽瑞景商旅（集团）有限责任公司股权转让合同纠纷案［最高人民法院（2017）最高法民终315号民事裁定书（最高人民法院第四巡回法庭当庭宣判十大案例（2017年度）之六）］，具体如下：

案情简介

2010年6月至8月，金鹰国际商贸集团（中国）有限公司（以下简称金鹰公司）以2.67亿元的价格受让安徽古井集团有限公司（以下简称古井集团）、安徽瑞景商旅（集团）有限责任公司（以下简称瑞景公司）转让的目标公司安徽省瑞景商业有限责任公司的全部股权。双方签订《产权转让合同》及《补充协议》后，支付了转让价款，办理了股权变更登记。同时，金鹰公司另就目标公司经营的百花井门店、大东门门店与澳鑫公司签订了《房屋租赁协议》，协议约定租赁期限为15年。2015年8月5日，金鹰公司向古井集团、瑞景公司发出《解除合同通知函》。后金鹰公司以《房屋租赁协议》不能履行导致《产权转让合同》根本目的无法实现为由诉至法院，要求确认解除《产权转让合同》，返还转让价款2.67亿元。一审法院判决驳回金鹰公司的诉讼请求，金鹰公司提出上诉。

二审判决：驳回上诉，维持原判。

实务总结

本案系股权转让合同纠纷，主要涉及合同解除的法律适用问题。虽然争议标的额高达2.67亿元，但基本事实和法律关系比较清楚，合议庭通过阅卷、庭前会议、庭审，充分听取了双方当事人的意见后，在合议时达成了一致意见，符合当庭宣判的基本条件。本案在安徽大学公开开庭审理，旁听的师生比较多，双方当事人在当地具有一定的影响力，该纠纷也为许多人所知晓。针对上述情况，合议庭在庭审中除了围绕是否符合单方解除合同的法律规定及不能突破合同相对性的基本法理展开外，还指出上诉人金鹰公司解除合同的主要原因是出于规避其投资经营风险的考虑。对于期限较长的持续性合同，如果遇到履行障碍和风险，当事人应当本着诚实信用原则，努力维护市场交易的安全和稳定，不能为了转嫁、减少自身商业经营风险而单方解除合同。本案当庭宣判，收到了良好的法律效果和社会效果。本案双方当事人的诉讼代理人均具有很高的业务水平，在法庭上的表现可圈可点，与法官们共同呈现了一场精彩的庭审。

【非上市金融机构职工内部原始股转让的效力及损失计算问题】

徐水友诉叶徐峰股权转让纠纷案[浙江省绍兴市中级人民法院（2017）浙06民终449号民事判决书]，第一，根据《物权法》确立的物权变动的原因与结果相分离的原则，股份转让协议系股份变动的原因行为，协议不因客观上无法转让而无效。第二，在非因双方主观因素而合同被迫解除，且一方已经履行了合同义务，其有权要求违约方赔偿损失。损失范围的确定应当考虑双方当事人对于协议不能履行的可预见程度、标的股份价值的升降和期间的收益、股份转让款占用时间以及长时间未解除合同的原因等因素，按照过错相抵原则，综合确定损失数额。

【公司处于亏损，无法认定受让人通过公司利润分配偿付股权转让款，且合同目的亦未落空，所以解除股权转让协议不予支持】

沈阳朗勤置业有限公司诉李建斌等股权转让案[北京市第一中级人民法院（2016）京01民终823号民事判决书]，双方在5.17股东协议中对股权转让的具体事项包括对支付方式作出的明确约定，故5.17股东协议系双方对出资转让协议书的补充，就股权转让价款的支付一节，双方应当按照5.17股东协议的约定进行履行。现四季长和公司成立已逾五年，其运作的天津项目虽现经鉴定经营利润为负数，处于亏损状态，但根据司法会计鉴定意见书显示，天津项目已经完成部分施工，且各方均认可项目已经取得了预售许可证但尚未出售，即四季长和公司运作项目仍存在产生经营利润的可能，李建斌作为四季长和公司的股东，无论其是否参与经营管理，均有权取得四季长和公司的经营利润分配。故根据现有证据，现尚不足以认定李建斌无法通过四季长和公司运作项目之经营利润分配部分偿付股权转让款，亦不足以认定朗勤公司的合同目的已然落空，故朗勤公司要求解除出资转让协议书的诉请，不予支持。

【有限责任公司的股权分期支付出现违约时不适用合同法中关于分期付款买卖中未付到期价款达到全部欠款五分之一即可解除合同的规定】

汤长龙诉周士海股权转让纠纷案[最高人民法院（2015）民申字第2532号民事裁定书（2016年9月19日《最高人民法院关于发布的第14批指导性案例的通知》指导案例67号）]，具体如下：

关键词 民事 股权转让 分期付款 合同解除

裁判要点

有限责任公司的股权分期支付转让款中发生股权受让人延迟或者拒付等违约情形，股权转让人要求解除双方签订的股权转让合同的，不适用《中华人民共和国合同法》第一百六十七条关于分期付款买卖中出卖人在买受人未支付到期价款的金额达到合同全部价款的五分之一时即可解除合同的规定。

相关法条 《中华人民共和国合同法》第九十四条、第一百六十七条

基本案情

原告汤长龙与被告周士海于2013年4月3日签订《股权转让协议》及《股权转让资金分期付款协议》。双方约定：周士海将其持有的青岛变压器集团成都双星电器有限公司6.35%股权转让给汤长龙。股权合计710万元，分四期付清，即2013年4月3日付150万元；2013年8月2日付150万元；2013年12月2日付200万元；2014年4月2日付210万元。此协议双方签字生效，永不反悔。协议签订后，汤长龙于2013年4月3日依约向周士海支付第一期股权转让款150万元。因汤长龙逾期未支付约定的第二期股权转让款，周士海于同年10月11日，以公证方式向汤长龙送达了《关于解除协议的通知》，以汤长龙根本违约为由，提出解除双方签订的《股权转让资金分期付款协议》。次日，汤长龙即向周士海转账支付了第二期150万元股权转让款，并按照约定的时间和数额履行了后续第三、第四期股权转让款的支付义务。周士海以其已经解除合同为由，如数退回汤长龙支付的4笔股权转让款。汤长龙遂向人民法院提起诉讼，要求确认周士海发出的解除协议通知无效，并责令其继续履行合同。

另查明，2013年11月7日，青岛变压器集团成都双星电器有限公司的变更（备案）登记中，周士海所持有的6.35%股权已经变更登记至汤长龙名下。

裁判结果

四川省成都市中级人民法院于2014年4月15日作出（2013）成民初字第1815号民事判决：驳回原告汤长龙的诉讼请求。汤长龙不服，提起上诉。四川省高级人民法院于2014年12月19日作出（2014）川民终字第432号民事判决：一、撤销原审判决；二、确认周士海要求解除双方签订的《股权转让资金分期付款协议》行为无效；三、汤长龙于本判决生效后十日内向周士海支付股权转让款710万元。周士海不服四川省高级人民法院的判决，以二审法院适用法律错误为由，向最高人民法院申请再审。最高人民法院于2015年10月26日作出（2015）民申字第2532号民事裁定，驳回周士海的再审申请。

裁判理由

法院生效判决认为：本案争议的焦点问题是周士海是否享有《中华人民共和国合同法》（以下简称《合同法》）第一百六十七条规定的合同解除权。

一、《合同法》第一百六十七条第一款规定，“分期付款的买受人未支付到期价款的金额达到全部价款的五分之一的，出卖人可以要求买受人支付全部价款或解除合同”。第二款规定，“出卖人解除合同的，可以向买受人要求支付该标的物的使用费。”《最高人民法院关于审理买卖合同纠纷案件适用法律问题的解释》第三十八条规定，“合同法第一百六十七条第一款规定的‘分期付款’，系指买受人将应付的总价款在一定期间内至少分三次向出卖人支付。分期付款买卖合同的约定违反合同法第一百六十七条第一款的规定，损害买受人利益，买受人主张该约定无效的，人民法院应予支持”。依据上述法律和司法解释的规定，分期付款买卖的主要特征为：一是买受人向出卖人支付总价款分三次以上，出卖人交付标的物之后买受人分两次以上向出卖人支付价款；二是多发、常见在经营者和消费者之间，一般是买受人作为消费者为满足生活消费而发生的交易；三是出卖人向买受人授予了一定信用，而作为授信人的出卖人在价款回收上存在一定风险，为保障出卖人剩余价款的回收，出卖人在一定条件下可以行使解除合同的权利。

本案系有限责任公司股东将股权转让给公司股东之外的其他人。尽管案涉股权的转让形式也是分期付款，但由于本案买卖的标的物是股权，因此具有与以消费为目的的一般买卖不同的特点：一是汤长龙受让股权是为参与公司经营管理并获取经济利益，并非满足生活消

费；二是周士海作为有限责任公司的股权出让人，基于其所持股权一直存在于目标公司中的特点，其因分期回收股权转让款而承担的风险，与一般以消费为目的分期付款买卖中出卖人收回价款的风险并不同等；三是双方解除股权转让合同，也不存在向受让人要求支付标的物使用费的情况。综上特点，股权转让分期付款合同，与一般以消费为目的分期付款买卖合同有较大区别。对案涉《股权转让资金分期付款协议》不宜简单适用《合同法》第一百六十七条规定的合同解除权。

二、本案中，双方订立《股权转让资金分期付款协议》的合同目的能够实现。汤长龙和周士海订立《股权转让资金分期付款协议》的目的是转让周士海所持青岛变压器集团成都双星电器有限公司 6.35% 股权给汤长龙。根据汤长龙履行股权转让款的情况，除第 2 笔股权转让款 150 万元逾期支付两个月，其余 3 笔股权转让款均按约支付，周士海认为汤长龙逾期付款构成违约要求解除合同，退回了汤长龙所付 710 万元，不影响汤长龙按约支付剩余 3 笔股权转让款的事实的成立，且本案一审、二审审理过程中，汤长龙明确表示愿意履行付款义务。因此，周士海签订案涉《股权转让资金分期付款协议》的合同目的能够得以实现。另查明，2013 年 11 月 7 日，青岛变压器集团成都双星电器有限公司的变更（备案）登记中，周士海所持有的 6.35% 股权已经变更登记至汤长龙名下。

三、从诚实信用的角度，《合同法》第六十条规定，“当事人应当按照约定全面履行自己的义务。当事人应当遵循诚实信用原则，根据合同的性质、目的和交易习惯履行通知、协助、保密等义务”。鉴于双方在股权转让合同上明确约定“此协议一式两份，双方签字生效，永不反悔”，因此周士海即使依据《合同法》第一百六十七条的规定，也应当首先选择要求汤长龙支付全部价款，而不是解除合同。

四、从维护交易安全的角度，一项有限责任公司的股权交易，关涉诸多方面，如其他股东对受让人汤长龙的接受和信任（过半数同意股权转让），记载到股东名册和在工商部门登记股权，社会成本和影响已经倾注其中。本案中，汤长龙受让股权后已实际参与公司经营管理、股权也已过户登记到其名下，如果不是汤长龙有根本违约行为，动辄撤销合同可能对公司经营管理的稳定产生不利影响。

综上所述，本案中，汤长龙主张的周士海依据《合同法》第一百六十七条之规定要求解除合同依据不足的理由，于法有据，应当予以支持。

【股权转让协议的解除】

尹文民等与黄洁非等股权转让纠纷上诉案［安徽省高级人民法院（2015）皖民二终字第01074 号民事判决书］，涉案合同虽名为股权转让协议，但实为公司资产和经营权的整体转让，转让的标的物包括蒙城县绿源农副产品再生资源科技有限公司的全部资产和经营权，受让人签署股权转让合同的目的不但体现在其成为公司股东，而且还体现在取得公司资产所有权和合法经营公司的经营权。因转让标的物经营权中糠醛生产经营属于危险化学品经营项目，所以根据国家相关产业政策，必须先取得危险化学品经营许可证。本案中，双方签订股权转让协议时，涉案糠醛生产在建项目没有取得危险化学品经营许可证，之前已被蒙城县安全生产监督管理局两次下发文件通知停建，且因该项目不在蒙城县人民政府规划的化工园区或化工集中区内，选址不符合国家安全生产监督管理局《危险化学品经营许可证管理办法》规定的“应当符合当地县级以上（含县级）人民政府的规划和布局，新设立的企业应建在地方人民政府规划的专门用于危险化学品生产、储存的区域内”的规定，属于亳州市重点督办整治的非法建设项目。二审中，蒙城县安全生产监督管理局书面回复安徽省高级人民法院涉案糠醛生产项目因选址问题不可能颁发安全生产许可证。该影响公司生产经营的重大事项，属于转让标的物的重大瑕疵，当事人在签订转让协议时应当根据合同的性质、目的和交易习惯，履行明确的告知义务，而转让人尹文民、单为民、黄伟无证据证明其向受让人黄洁非、毕正文履行了告知义务，该违约行为直接导致受让人通过股权转让取得公司合法经营权的目的不能实现，黄洁非、毕正文诉请解除涉案合同符合《合同法》第九十四条第一款第（四）项规定的解除条件。

【受让人未支付股权转让款即将该股权再次转让给第三人，且办理了股权变更登记手续，转让人要求解除合同、恢复股权登记已经不具现实可能性】

张檄与宁培艳股权转让纠纷案［甘肃省庆阳地区中级人民法院（2014）庆中民初字第51号民事判决书］，股权转让是一种商事交易行为，应当遵循商法维护交易安全的原则。公司股权变更涉及众多利益，且变更登记对社会具有公示公信力。本案中原告与被告之间关于有限责任公司的股权转让已经该公司的股东会议通过，形成的股东决议上有该有限责任公司两名股东的签名和印章，应视为原告转让股权的行为征得了公司股东的同意。原告在被告未按期履行股权转让金给付义务的情形下，于股权转让协议签订的第三日便履行了股权变更义务，工商管理部门登记的公司股东变更已经产生了对外公示效力，且被告在成为公司股东后又将股权全部转让给了案外人，公司的股东再次变更登记，由此，若解除原告与被告之间签订的有限责任公司的股权转让协议，显然不利于公司的稳定和保护既成的交易关系。故原告要求解除其与被告签订的有限责任公司股权转让协议的诉讼请求不能成立。

【条件未成就，解除通知不产生解除合同的法律效果】

叶依光与吕磊股权转让纠纷上诉案［最高人民法院（2013）民二终字第74号民事判决书］，叶依光与吕磊于2011年2月19日签订的《股权转让合同》、《股权转让补充合同》以及相关的《福州鸿业房地产有限公司股权转让协议》，系双方当事人真实的意思表示，且不违反法律和行政法规的规定，应当认定为有效。2011年4月20日，鸿业公司100%股权已经过户完毕，鸿业公司原股东对此股权转让行为没有任何争议。本案二审争议焦点为，本案《股权转让合同》等系列合同是否符合解除条件，是否已经解除。

《股权转让合同》是对目标公司整体股权及债务转让的概括约定，其中对于股权转让款的约定总价不超过2.5亿元，至今吕磊已累计支付涉及转让款的法院诉讼债务、其他相关债务及具结房屋金额达2亿多元，且所付金额均通过银行转账的方式处理，不存在拒不偿还正常债务导致合同目的无法实现的情况，不构成根本性违约。2011年6月28日，叶依光向吕磊发出了关于解除《股权转让合同》等系列合同的通知，但根据吕磊2011年2月28日出具的《承诺书》，吕磊方在2011年3月15日前支付1亿元到法院账户，但前提是叶依光等股东要将股权过户给吕磊（不仅是叶依光持有的51%股权），而100%股权变更事宜于2011年4月20日才完成，《承诺书》生效的前提条件未成就。叶依光该解除通知不能产生解除合同的法律效果。故叶依光提出的请求确认本案《股权转让合同》等系列合同已经解除的上诉理由不能成立。结合本案股权转让已经过户完毕、案涉偿债项目也已经大部分得到履行的实际情况，为稳定交易秩序，促进鸿业公司剩余债务尽快得到清偿，从各方实际利益考虑，本案《股权转让合同》应当继续履行。至于叶依光与吕磊之间因履行合同而形成的其他纠纷，双方当事人可通过另案解决。

【附解除条件的股权转让协议解除后，当事人在异议期满后提出异议，应认定合同已被解除】

中静四海实业有限公司与合肥市高科技风险投资有限公司股权转让合同纠纷上诉案［最高人民法院（2012）民二终字第45号民事判决书］，关于本案《股份转让协议》是否已解除的问题。本案双方当事人在《股份转让协议》中约定："如有权部门明确本协议项下股份交割所需前置审批及或核准及或备案手续的全部或部分不能实现，甲方应在有权部门明确意见后3个工作日内向乙方返还该100万元定金之本金和利息。"该部分内容明确了如有权部门的审批、核准及备案手续全部或部分不能实现，高科风投公司即向中静四海公司返还定金及相应利息。定金和相应利息的退还表明合同各方当事人将不再履行合同，即合同权利义务关系终止。据此可认定有权部门的审批、核准及备案手续全部或部分不能实现为双方约定的合同解除条件。根据《商业银行法》第二十四条、《中国银行业监督管理委员会中资商业银行行政许可事项实施办法》第六十四条及《中国银行业监督管理委员会中资商业银行行政许可事项申请材料目录及格式要求》等规范的规定，因中静四海公司注册地不在安徽省，其人股徽商银行的股份变更申请，应由安徽省银监局受理，中国银监会审查并决定，股份变更申请应包括徽商银行的股东会或董事会同意变更股权的决议。根据上述规定可认定，如徽商银行股东会或董事会不同意相关股权变更事宜，徽商银行就不能形成同意股权变更的决议，也无法向安徽省银监局报送股权变更申请。本案中，徽商银行董事会两次决议均未通过中静四海公司受让相关股份的议案，徽商银行即不能向银监局报送相关股权变更申请。虽然双方当事人对“有权部门”是否包括徽商银行董事会存在异议，但即使徽商银行董事会不属于双方约定的“有权部门”，因徽商银行董事会未通过中静四海公司受让相关股份议案，安徽省银监局依规定也就不能受理股份转让申请，中国银监会更无法审查股份转让申请，也进而就无从明确审查意见。故应认定本案实际发生的上述情形已使《股份转让协议》规定的合同解除条件成就。从高科风投公司于2006年11月13日致中静四海公司的函件内容来看，高科风投公司不能继续履行协议、终止合同权利义务关系，即解除合同的意思明确。虽然高科风投公司在上述函件中表示退还定金和利息的依据是《股份转让协议》第八条第四款，该款有关“违约与免责”的约定，不是解除条件，但合同解除通知中的合同解除意思表示明确即可，并不要求解除原因必须正确，故应认定该函为高科风投公司发出的《股份转让协议》的解除通知。高科风投公司又于2007年9月22日致函中静四海公司，重申了解除《股份转让协议》的意思，并于2007年12月5日完成向中静四海公司的退还定金和利息行为。根据《合同法》第九十六条之规定，《股份转让协议》自2006年11月13日函件到达中静四海公司时解除。虽然高科风投公司在本案审理中未证明上述解除通知到达中静四海公司的时间，但中静四海公司承认收到了该函件。即使按本案一审查明的各方均没有争议的中静四海公司收到高科风投公司所退定金的时间“2007年12月5日”计算，至中静四海公司就本案争议向安徽省休宁县人民法院起诉的2009年2月5日，也远超过《最高人民法院关于适用〈中华人民共和国合同法〉若干问题的解释（二）》第二十四条规定受解除通知当事人提出异议的3个月的期限，故本案《股份转让协议》已解除，中静四海公司已丧失主张解除异议的诉讼权利，其关于高科风投公司继续履行《股份转让协议》的请求无合同和法律依据。本案双方当事人对《股份转让协议》是否生效产生较大争议，但对该协议已成立并无争议。因合同依法成立后即为当事人设定了促成合同生效及准备合同履行等义务，可适用《合同法》有关合同解除的规定。根据以上分析，无论《股份转让协议》是否生效，该协议都已解除。至于中静四海公司在本案二审中有关“高科风投公司在没有得到有权部门的明确的不能给予批准的情况下，应当继续向徽商银行董事会提出转让申请”的主张，本院认为，高科风投公司在本案《股份转让协议》签订后，向徽商银行董事会提交了出让股份的议案，并且从徽商银行董事会第二次不通过本案股份转让事宜至高科风投公司致函中静四海公司解除《股份转让协议》历时3个多月，故从高科风投公司已经提交决议和等待时间两方面可认定其已经依约合理履行了合同义务，其行为不违反协议的约定或法律的规定，不应承担违约责任。中静四海公司关于高科风投公司应支付违约金和赔偿损失的请求无事实和法律依据，本院不予支持。

【合作目的无法实现时，一方请求解除合作协议书并返还股权，其实质是请求对双方之间的合作关系进行清算】

山西金业煤焦化集团有限公司与沁和投资有限公司、沁和能源集团有限公司、吕中楼、裘晓红、山西金海能源有限公司、谢江股权转让纠纷案［最高人民法院（2011）民二终字第76号民事判决书］，由于沁和能源、沁和投资与金业公司、张新明之间整体合作框架下的一系列安排未能实现，双方的合作关系无以为继。沁和投资基于双方合作的总体安排取得了金海公司的股权，但金业公司一方在合作关系中未获得相应的利益，沁和投资亦不能证明其支付了合理的股权对价或者以其他权益进行了兑换，其结果为双方利益出现重大失衡，金业公司一方的合作目的无法实现。在此情形下金业公司一方请求解除《合作协议书》并要求沁和投资返还股权，符合公平原则，其实质是请求对双方之间的合作关系进行清算，原审法院支持金业公司解除合同的请求正确，应予维持。

【合同解除权不宜滥用】

山东海汇生物工程股份有限公司与谢宜豪股权转让合同纠纷上诉案[山东省青岛市中级人民法院（2010）青民二商终字第562号民事判决书（《人民司法·案例》2011年第12期）]，合同一方当事人因对方的迟延履行行为致使合同目的落空，依法享有法定解除权。有权通过诉讼解除合同，主张相对方承担恢复原状的责任，如不能恢复原状则应赔偿损失。但是合同解除权作为一种形成权，在不具约定或法定除斥期间时，当相对人有正当理由信赖解除权人不欲再行使解除权时，则根据禁止滥用权利原则，不得再行使解除权。

山东海汇股份公司、被告以及第三人各方先后签订的股权转让合同是当事人的真实意思表示，不违反法律、行政法规的强制规定，应对当事人发生法律拘束力。本案争议的焦点在于被告未履行支付股权转让金的义务，山东海汇股份公司是否有权解除合同，进而要求第三人返还其转让的青岛海汇公司17.4%的股权。被告未能按照山东双方约定的期间履行付款义务，山东海汇股份公司本应享有解除合同的权利，但是在本案中，山东海汇股份公司于2004年3月28日后即与第三人共同成为目标公司的股东，双方曾经多次共同召开股东会，商讨公司经营事宜，却从未与被告以及第三人交涉支付转让金事宜，事隔5年，令被告以及第三人产生了合理信赖，认为山东海汇股份公司已不行使该解除权。现山东海汇股份公司起诉主张解除合同，返还股权，有违诚实信用原则，予以驳回。

【仅以转让价格过低主张解除股权转让协议，法院不予支持】

江苏南大高科技风险投资有限公司与太平洋机电（集团）有限公司股权转让纠纷案[最高人民法院（2009）民提字第51号民事判决书]，关于股权转让协议是否合法有效以及可否解除问题。南大公司申诉主张，本案《股权转让协议》签订时，太平洋机电及其上级单位领导胁迫南大公司实际控制人签订本协议，价格显失公平。本案经一审、二审及再审调查，南大公司未能提交受胁迫导致不得已而签约的事实及证据，故其此点申诉理由不能成立。关于转让价格显失公平问题，本案股权转让协议第4.1条、第4.2条约定，“本协议项下的目标股权转让的对价将依据上海众华沪银会计师事务所出具的沪众会字2006第0227号《审计报告》所反映的账面净资产价格为基础协商确定。”该约定明确、具体。而且本案争议的股权，是2002年太平洋公司以0.14元/股的价格转让给南大公司，当时的股票二级市场价格已达到10.5元/股。2006年，南大公司同意以0.25元/股的价格向太平洋公司出让股权时，股票二级市场价格只有7.50元/股。鉴于中纺机法人股属于非流通股，所以双方转让股权的价格并不以二级市场价格为测算依据，而是买卖双方从多种因素考虑的结果。现在，随着非流通股可以在股权分置改革后流通，市场价格存在上升预期的情况下，南大公司仅以“转让价格过低”为由主张解除协议，因无诸如双方当事人地位不平等、交易能力不平等以及无交易经验等事实佐证，故对南大公司关于显示公平、协议应予解除的申诉理由不能成立，本院不予支持。

【股权转让合同解除权的行使】

北京宝利达投资管理有限责任公司与上海浦之威投资有限公司等股权转让纠纷案[北京市高级人民法院（2009）高民终字第1824号民事判决书]，如何认定浦之威公司行使合同解除权的期限问题。合同的一方当事人行使合同解除权会引起合同关系的重大变化，如果享有解除权的当事人长期不行使解除的权利，就会使合同关系处于不确定状态，影响当事人权利的享有和义务的履行。可见，合同解除权的行使，是法律赋予当事人保护自己合法权益的手段，故对一方当事人行使合同解除权的期限应加以限制。因此，《合同法》第九十五条第一款规定，法律规定或当事人约定解除权行使期限，期限届满当事人不行使的，该权利消灭。本案中，根据《股权转让合同》第二条和第六条的约定，虽然浦之威公司在四种条件下享有解除合同的权利，但因没有约定合同解除权行使的期限，故浦之威公司的合同解除权是否消灭，是本案一审、二审当事人争议的焦点问题。

第一，浦之威公司在向宝利达公司支付人民币50万元后，发现实际情况与约定的不符或不能实现《股权转让合同》目的的，浦之威公司有权行使解除权。但实际情况是，浦之威公司于2004年8月31日向宝利达公司支付股权转让款人民币50万元后，宝利达公司与浦之威公司就蓝霸公司财务、发票、财物以及密码表等进行了交接，且双方于2004年9月5日签订一份《生效确认书》，共同确认双方将有关证照、文件等交接完毕，并确认《股权转让合同》生效。

第二，浦之威公司在支付首期股权款人民币200万元后，当发现蓝霸公司实际的资产交接数额若与该合同约定不符的差异额超过10%时，宝利达公司应以其持有的股权按该合同转让价补偿浦之威公司，如果宝利达公司拒绝履行补偿责任，浦之威公司有权解除本合同。但实际情况是，浦之威公司于2004年9月17日向宝利达公司支付股权转让款人民币200万元后，又于2005年3月7日，在宝利达公司出具一份《股权转让之中所约库存资产确认函》上确认“蓝霸公司库存、退货相加总价为人民币7 090 218.80元”。

第三，《股权转让合同》第一条之1的规定没有实现，浦之威公司有权解除本合同。虽然《股权转让合同》第一条之1明确约定了对“现已存在的权利”的交接，但浦之威公司在接受了宝利达公司移交的蓝霸公司与美国GPC公司签署的授权文件后，对该授权文件约定的“非排他性”的内容并未提出异议，继而还签署了《生效确认书》。这说明，浦之威公司对股权转让时蓝霸公司享有的美国GPC公司的授权现状是认可的。

第四，因宝利达公司和荣丰公司的原因致使浦之威公司最终不能按《公司法》实现股东权或者实现《股权转让合同》利益的情况下，浦之威公司有权解除该合同。根据2007年9月26日上海市工商行政管理局嘉定分局准予浦之威公司持有蓝霸公司90%的股权，宝利达公司持有蓝霸公司10%的股权的工商变更登记文件，应当认定浦之威公司已经按照《股权转让合同》的约定，成为持有蓝霸公司90%股权的股东，实现了《股权转让合同》的利益。同时，结合本案如2005年4月25日蓝霸公司董事会会议就决议任命浦之威公司的法定代表人章宏伟为蓝霸公司董事长、2005年3月3日蓝霸公司与美国GPC公司又签订一份《美国通用配件公司代理经销协议》、2005年5月18日蓝霸公司在上海市工商行政管理局获准设立登记并领取营业执照、从2006年4月28日开始浦之威公司就已经是蓝霸公司的大股东等一系列证据，截止到本案一审法院受理案件的时间2008年6月30日，浦之威公司均未提出解除《股权转让合同》的请求。

综上，浦之威公司不仅未在合理期限内行使解除权，而且在合理期限内通过其继续履行《股权转让合同》的行为，表明其并无解除合同之意。故在宝利达公司履行了《股权转让合同》约定的转让股权义务，浦之威公司在合理期限内未能行使解除权的情况下，上诉人浦之威公司依据《合同法》第九十四条第（四）项和《合同法》第九十五条之规定，请求法院解除《股权转让合同》的主张，法院不予支持。

【采取股权托管方式以规避股权转让审批程序的，对在此期间股权价值贬损，双方负有同等过错】

上诉人邯郸丛台酒业股份有限公司与被上诉人中国广顺房地产开发唐山有限公司、原审第三人中晟华融投资有限公司股权转让合同纠纷案［最高人民法院（2008）民二终字第53号民事判决书］，根据《合同法》第九十七条的规定，本案股权转让协议解除后，中晟华融公司有权要求丛台公司返还股权转让款，丛台公司亦有权要求中晟华融公司赔偿股权托管期间股权价值贬损所造成的损失。由于双方均系在已经预见到股权转让可能因中国证监会不予审批而存在无法实际交付的风险的情况下，有意违规采取股权托管的方式以规避股权转让审批程序，故对在此期间股权价值贬损双方负有同等过错。因河北证券已进入破产清算程序，本案争议股权所对应的资产可推定为已不能清偿公司债务，故上述股权的价值可推定为全部损失。对该项损失，丛台公司与中晟华融公司各应承担50%的责任。该项责任与丛台公司应予返还中晟华融公司的股权转让款本金折抵后，则丛台公司仅需返还中晟华融公司1500万元。中晟华融公司股权转让款被丛台公司占用期间虽存在一定的利息损失，但中晟华融公司通过对河北证券的实际控制及为关联企业博泓公司质押融资而获取了利益，因此，对股权转让款的利息部分，本院不予支持。前述返还方案系按股权无实际价值确定，如河北证券破产清算程序终结后，本案争议股权仍有残余价值，则应由丛台公司和中晟华融公司对该股权残值各按50%分享。广顺公司的债权受让自中晟华融公司，故广顺公司向丛台公司主张权利应以中晟华融公司的权利为限。

【股权转让协议因已完全履行而不能被解除】

董明树与朱宪军、李文科股权转让合同纠纷上诉案[最高人民法院民事判决书]，《“中天仕翔”全盘整合协议书》与《股权转让协议书》是两个有密切联系却又相互独立的合同；董明树没有按期向公司总盘注资第二、第三期款项，是行使自助权，但其有义务向公司总盘注资直至6000万元；独立存在的《股权转让协议书》因已完全履行而不能被解除；《“中天仕翔”全盘整合协议书》中第1、3、5、8条构成了《“中天仕翔”全盘整合协议书》的主要内容，如被单独解除则将严重影响《“中天仕翔”全盘整合协议书》目的的实现，因而不应被解除。

5. 股权转让中的优先购买权

【混合所有制企业中的民营企业优先购买权保护】

中静实业（集团）有限公司与上海电力实业有限公司、中国水利电力物资有限公司、上海新能源环保工程有限公司、上海联合产权交易所股权转让纠纷案[2016年4月8日《最高人民法院发布十起依法平等保护非公有制经济典型案例》案例8]，具体如下：

（一）基本案情

民营企业中静实业（集团）有限公司（以下简称中静公司）、国有企业上海电力实业有限公司（以下简称电力公司）系上海新能源环保工程有限公司（以下简称新能源公司）的股东，分别持股38.2%、61.8%。2012年2月15日，新能源公司通过股东大会决议：同意电力公司转让其所持股份，转让价以评估价为依据；中静公司不放弃优先购买权。5月25日，新能源公司将股权公开转让材料报送某产权交易所。6月1日，产权交易所公告新能源公司61.8%股权转让的信息。7月2日，中静公司向产权交易所发函称，根据框架协议及补充协议，系争转让股权信息披露遗漏、权属存在争议，中静公司享有优先购买权，请求产权交易所暂停挂牌交易，重新披露信息。7月3日，中国水利电力物资有限公司（以下简称水利公司）与电力公司通过产权交易所签订产权交易合同。9月11日，新能源公司向水利公司出具出资证明书，并将其列入公司股东名册，但未能办理工商变更登记。中静公司诉至法院，认为电力公司擅自转让股份侵害了其优先购买权，请求判令中静公司对电力公司转让给水利公司的新能源公司61.8%股权享有优先购买权，并以转让价48,691,000元行使优先购买权。

（二）裁判结果

上海市黄浦区人民法院一审认为：股东优先购买权是公司法赋予股东的法定权利。《公司法》第七十一条规定：“有限责任公司的股东之间可以相互转让其全部或者部分股权。股东向股东以外的人转让股权，应当经其他股东过半数同意。股东应就其股权转让事项书面通知其他股东征求同意，其他股东自接到书面通知之日起满三十日未答复的，视为同意转让。其他股东半数以上不同意转让的，不同意的股东应当购买该转让的股权；不购买的，视为同意转让。经股东同意转让的股权，在同等条件下，其他股东有优先购买权。两个以上股东主张行使优先购买权的，协商确定各自的购买比例；协商不成的，按照转让时各自的出资比例行使优先购买权。公司章程对股权转让另有规定的，从其规定。”本案中，中静公司未明示放弃优先购买权，且在股权交易前向产权交易所提出了异议，产权交易所在对中静公司提出的异议未予答复，且未告知交易是否如期进行的情况下，直接将电力公司股权拍卖给水利公司，侵害了中静公司的优先购买权，电力公司与水利公司的股权转让合同不发生效力。判决：中静公司对电力公司转让给水利公司的61.8%新能源公司的股权享有优先购买权。电力公司、水利公司上诉后，上海市第二中级人民法院判决驳回上诉，维持原判。

（三）典型意义

本案是保护民营企业在有限责任公司股权转让时享有优先购买权的典型案例。电力公司作为国有企业，转让其股权时必须进场交易，但进场交易不能侵害其他股东的权利。产权交易所在中静公司提出异议却未告知是否如期交易的情况下，将电力公司的股权转让给水利公司，侵害了中静公司的优先购买权。人民法院审理本案时，平等对待不同所有制股东，依法保护非公有制企业中静公司的优先购买权。

混合所有制经济中，应当平等保护公有制经济主体与非公有制经济主体。由于混合所有制企业中，不同所有制经济主体的权利体现为对混合所有制企业的股权，故保护非公有制经济主体的权利就体现为对其股东权利的保障。有限责任公司中，股东对外转让股权时，其他股东的优先购买权是股权的重要内容之一，应依法予以保护。人民法院支持中静公司要求行使优先购买权的主张，体现了对混合所有制企业中非公有制股东的平等保护。

【股权转让未登记的法律后果】

冯东岳诉王翀股权转让案［湖北省宜昌市中级人民法院（2016）鄂05民终388号民事判决书］，《公司法》对股权的转让有强制性规定，股东向股东以外的人转让股权必须书面通知其他股东征求意见，经其他股东过半数同意，并在公司登记机关办理变更登记。被告王翀将其股份转让给原告冯东岳，一未书面征求另一股东杜某雅的同意，二未依法办理变更登记手续，因此被告王翀转让股权的行为无效。被告辩称原告日常参与公司经营活动，并负责财务工作，但该辩称不能对抗公司法对股权转让的强制性规定。由于被告未按规定书面征求其他股东意见及办理变更登记，因此被告对协议无效有过错。协议无效，应返还原物，并赔偿损失，因此王翀应返还冯东岳10万元，并赔偿相应利息损失。

【公司股东代非股东收购公司股权行为的效力认定】

陈玉真与韩荣等股权转让纠纷上诉案［云南省曲靖市中级人民法院（2016）云03民终字第366号民事判决书］，《公司法》为维护有限责任公司的"人合性"，赋予股东在股权收购上有优先受让的权利，而股东规避其他股东行使其优先购买权而以公司股东的名义代非股东收购公司股权的行为违反了《公司法》相关规定，具有实质违法性，应当认定无效。

【首次转让抬高价格，第二次完成剩余股权转让，转让人与受让人串通损害其他股东的优先购买权，两次股权转让协议均为无效】

吴嶔崎等诉吴汉民确认合同无效纠纷再审案［江苏省高级人民法院（2015）苏商再提字第00068号民事判决书］，吴汉民与吴嶔磊之间的涉案两份股权转让协议存在《合同法》第五十二条第（二）项规定的恶意串通损害第三人利益的情形，属于无效协议。吴汉民和吴嶔磊在7个月的时间内以极其悬殊的价格前后两次转让股权，严重损害吴嶔崎的利益。吴汉民和吴嶔磊第一次转让1%的股权价格为15万元，第二次转让59%的股权实际价格62万元（以此测算第二次股权转让价格约为每1%价格1.05万元），在公司资产没有发生显著变化的情形下，价格相差达14倍以上，其目的在于规避公司法关于其他股东优先购买权的规定，从而导致吴嶔崎无法实际享有在同等条件下的优先购买权，即首次转让抬高价格，排除法律赋予其他股东同等条件下的优先购买权，受让人取得股东资格后，第二次完成剩余股权转让。吴汉民在一审庭审中亦明确表示"第一次股权转让吴嶔磊不是公司股东，吴汉民必须考虑同等条件的优先权"，"（第一次）比后面的要价要高，目的是为了取得股东身份"。这表明吴汉民对其与吴嶔磊串通损害吴嶔崎利益的意图是认可的。如果认可上述行为的合法性，公司法关于股东优先购买权的立法目的将会落空。综上，民事活动应当遵循诚实信用的原则，民事主体依法行使权利，不得恶意规避法律，侵犯第三人利益。吴汉民与吴嶔磊之间的两份股权转让协议，目的在于规避公司法关于股东优先购买权制度的规定，剥夺吴嶔崎在同等条件下的优先购买权，当属无效。吴嶔崎要求确认该两份股权转让协议无效，于法有据，应予支持。

【违反《公司法》股东优先购买权的股权转让行为的效力认定】

林舜珊诉林键忠、林苑菁、宏憬公司与公司有关的纠纷案［广州市中级人民法院（2013）穗中法民二终字第488号民事判决书］，股东向公司股东以外的人转让股权，未依照《公司法》的规定通知并征求其他股东的意见，导致其他股东没有行使优先购买权，但股权转让行为并非无效。

2009年8月23日林键忠与林苑菁签订的《股东转让出资合同书》约定，林键忠将其所有的股权转让给林苑菁，林键忠、林苑菁对其真实性予以确认，股权转让是二人的真实意思表示，林舜珊并非合同当事人，且合同内容并未对林舜珊除优先购买权外的其他权利作出处分或给林舜珊限定义务，合同上林舜珊的签名是否真实并不影响林键忠、林苑菁对双方权利义务的约定。当然，根据《公司法》的有关规定，公司股东向股东以外的人转让股权的，应当经过其他股东过半数同意，且其他股东在同等条件下享有优先购买权。虽然经鉴定2009年8月23日宏憬公司章程、2009年8月24日宏憬公司的股东会决议以及《股东转让出资合同书》上林舜珊的签名不真实，也无证据证明林键忠、林苑菁曾将股权转让一事通知林舜珊或林舜珊自愿放弃优先购买权，但一审期间林舜珊经原审法院释明，逾期不提交保证金，且明确就本案不行使优先购买权。林舜珊虽不同意林键忠、林苑菁之间的股权转让，但林舜珊在本案的诉讼行为明确表明其放弃优先购买权，而该诉讼行为的法律后果即直接导致林键忠向林苑菁转让股权的行为可以成立，那么，林舜珊诉请确认2009年8月23日《股东转让出资合同书》无效的请求，原审法院不予支持，并无不当。

【有限责任公司股东应在“同等条件”成就的前提下行使股权优先购买权】

邢丽萍诉肖铭等股权转让纠纷案［四川省成都市高新技术产业开发区人民法院（2013）高新民初字第2213号民事判决书］，“同等条件”是原有股东行使优先购买权的前提，“同等条件”包括许多要素，其中股权转让价格是“同等条件”中最为重要的一项内容，而原告在主张优先购买权的同时，却并不认同二被告已协商一致的股权转让价格，原告在本案中行使优先购买权的前提条件并不成就，对于原告主张二被告之间《股权转让协议》及《股权转让协议之补充协议》侵犯其优先购买权的意见，本院不予以采信。

【公司章程规定股权转让需经“股东会过半数以上股权同意”，与公司法的规定不一致，应以公司法的规定为准】

东莞市恒锋实业有限公司与东莞市华源集团有限公司等委托收购股权合同赔偿纠纷上诉案［最高人民法院（2012）民二终字第13号民事判决书］，2004年修订的《公司法》第三十五条（编者注：现为该法第七十一条）规定：“股东向股东以外的人转让其出资时，必须经全体股东过半数同意；不同意转让的股东应当购买该转让的出资，如果不购买该转让的出资，视为同意转让。股东同意转让的出资，在同等条件下，其他股东对该出资有优先购买权。”恒锋公司拟受让股权的展览中心的《公司章程》第十三条规定：“股东向股东以外的人转让其出资时，必须经股东会过半数以上股权同意，且在同等的条件下，其他股东对该出资有优先购买权。”上述规定系基于维护有限责任公司的人合性的目的，对有限责任公司股东向股东以外的人转让股权，规定了同意权制度和优先购买权制度予以限制。上述规定为强行性规定，对于拟受让有限责任公司股权的股东之外的第三人而言，其取得该公司股权，必须受上述规定的约束。应予明确的是，《公司法》第三十五条（编者注：现为该法第七十一条）规定的认定有限责任公司同意转让的条件是“全体股东过半数同意”，而展览中心的《公司章程》第十三条规定的是“股东会过半数以上股权同意”，两者内容并不相同。由于《公司法》的该条规定是强行法的规定，不允许公司在其章程中放宽同意的条件，股权的过半数并不一定能够达到其他股东的过半数同意，因此，在公司章程中的规定宽于《公司法》的规定时，应以《公司法》的规定为准。本案中，恒锋公司拟取得的股权是展览中心的股权，展览中心系有限责任公司，依据上述规定，如恒锋公司受让股权，必须经展览中心全体股东过半数以上股东同意，如果其他股东不同意，则应行使优先购买权，在其他股东行使优先购买权的情形下，恒锋公司并不能取得案涉股权。

【如果转让股东未如实通报股权转让的真实条件，并故意隐瞒合同中约定的转让事项，采取内外有别的方式提高股权转让条件，增加其他股东的合同义务和责任，不仅违背了诚实信用原则，而且不符合优先购买权的规定】

楼国君与方樟荣、毛协财、王忠明、陈溪强、王芳满、张铨兴、徐玉梅、吴广灯股权转让与优先购买权纠纷案［最高人民法院（2011）民提字第113号民事判决书］，根据本案在一审、二审及再审程序中查明的事实，方樟荣等八名股东因转让股权，有两次签订合同的行为，第一次是在受理本案之前与伍志红等三人，第二次是在再审程序中与楼国君，又先后选择放弃合同，对其股权是否转让及转让条件作了多次反复的处理。方樟荣等八名股东虽然合法持有天山公司股权，但其不能滥用权利，损害相对人的合法民事权益。作为公司其他股东的楼国君为受让方樟荣等八名股东股权，继续经营公司，两次按照方樟荣等八名股东的合同行为准备价款，主张行使优先购买权，但方樟荣等八名股东均以各种理由予以拒绝。尤其是在本院再审期间，方樟荣等八名股东已经同意将股权转让给楼国君，并将公司与股东及公司以外的其他债务均一并进行了处理，但方樟荣等八名股东在签订协议后又反悔。在此情形下，本院如果支持了方樟荣等八名股东的再审主张，允许方樟荣等八名股东多次随意变更意思表示，不顾及对交易相对人合理利益的维护，对依法享有优先购买权的公司其他股东明显不公平，同时也纵容了不诚信的行为。

【受让方未确定时，股东行使优先购买权的前提尚未成就】

丁祥明等与瞿斐建优先购买权纠纷抗诉案[最高人民法院(2012)民抗字第31号民事判决书]，股东优先购买权是相比于股东以外的买受人而享有的优先权，因此，股东行使优先购买权的前提是，拟出让股东与股东以外的人已经就股权转让达成合意，该合意不仅包括对外转让的意思表示，还应包括价款数额、付款时间、付款方式等在内的完整对价。而在本案中，虽然在股东会前全体股东均被通知，将于下午与股东以外的受让人签约，但在股东会上，受让人并未到场，也没有披露他们的身份或者与他们签订的合同，因此，直至股东会结束签署决议时，对外转让的受让方仍未确定，股东行使优先购买权的前提也未成就。瞿斐建认为其在股东会决议上签署要求行使优先购买权的意见，即为实际行使优先购买权，与法律规定不符。此后，陈某某等五名股东自愿将股权转让给瞿斐建，属于在股东之间互相转让股权的行为，也不是瞿斐建行使优先购买权的结果。

【侵害其他股东知情权和优先购买权的股权转让协议，应为可撤销协议】

朱国兴诉王立英、刘博股权转让案[北京市第一中级人民法院(2012)一中民终字第10244号民事判决书]，股东向股东以外的人转让股权，需要就其股权转让事项书面通知其他股东征求同意。经股东同意转让的股权，在同等条件下，其他股东有优先购买权。本案中，被告提交的证据无法证明其签订的股东出资转让协议得到了原告的同意，且被告未按照公司法的规定向原告发出书面通知并征求原告的意见，侵害了原告作为股东享有的知情权和优先购买权。故该份股东出资转让协议应为可撤销协议，原告有权在法定期限内请求人民法院撤销该股东出资转让协议。

【侵害股东优先购买权的股权转让协议无效】

覃世松原持有田东县桂松酒精有限公司与林山股权转让协议纠纷上诉案[广西壮族自治区百色地区(市)中级人民法院(2012)百中民二终字第39号民事判决书(《人民司法·案例》2014年第24期)]，股东向股东以外的第三人转让股权，未将转让股权的条件通知公司其他股东，并给其他股东必要的时间行使优先购买权，侵害了股东的优先购买权，所签订的股权转让协议无效。

镇江汇江房地产开发有限公司诉仪征化纤房地产开发公司和袁海平股权转让案[江苏省高级人民法院(2002)苏民二字第212号民事判决书]，仪化公司2002年1月10日发给汇江公司的传真内容包含了股权转让合同的主要条款，构成了完整的要约，且并无撤销的情形；在汇江公司作出愿按第一种方案受让股权的承诺后，双方之间的合同关系已经成立。而仪化公司提出的付款期限，并不构成合同生效条件。汇江公司曾经存在违法经营记录和至今尚未盈利的事实，并不能导致其丧失受让股权的资格。工商行政管理机关所作的股权转让变更登记所起到的是公示作用，对最初签订的股权转让合同的效力不产生法律上的影响。故双方应当按约履行合同。仪化公司向香江公司股东以外的第三人转让出资，必须符合《公司法》第三十五条(编者注：现为《公司法》第七十一条)的规定。仪化公司在香江公司临时股东会上提出向袁海平转让其持有的出资时，即应公开双方之间的合同内容，以使全体股东了解转让条件。而仪化公司没有履行上述义务，致使汇江公司无法行使优先购买权，故其与袁海平之间的合同应为无效。

苏州市金三角家具商场诉苏州工业园区清源环保运营工程有限公司、张杏弟股权转让案［江苏省苏州市中级人民法院（2002）苏中民二终字第348号民事判决书］，首先，股权转让的主体是股东，只有股东才有权利转让自己的股份，在本案中，尽管金三角商场在签订股权转让协议前征求了大部分股东的意见，股东也同意转让，但向谁转让及转让方式，并不明确，而且签订股权转让协议也应当由职工股股东与清源公司签订，而不应以商场名义签订。其次，依照《公司法》的规定，涉及股权转让的重大事宜应当经过召开全体股东大会，并征询其他股东是否行使优先购买权，金三角商场未召开全体股东大会、未征询其他股东是否行使优先购买权的情况下与清源公司签订股权转让协议侵犯了公司其他股东的权益，违反了《公司法》的有关规定，该协议应属无效。再次，金三角商场在未召开全体股东大会、未征询其他股东是否行使优先购买权、未取得职工股股东明确授权的情况下，擅自以自己的名义与清源公司签订股权转让协议，对造成股权转让协议无效，应承担主要过错责任。

高玉冲诉陆明生、田正辉股权转让侵权案［江苏省南通市中级人民法院（2002）通中民一终字第1478号民事判决书］，本案的争议焦点是上诉人陆明生与田正辉间转让出资的行为是否符合法律规定，是否侵犯被上诉人高玉冲的优先购买权。根据《公司法》第三十五条（编者注：现为该法第七十一条）"股东间可以相互转让其全部出资或部分出资。股东向股东以外的人转让其出资时，必须经全体股东过半数同意；不同意转让的股东应当购买该转让的出资，如果不购买该转让的出资，视为同意转让。经股东同意转让的出资，在同等条件下，其他股东对该出资有优先购买权"的规定，上诉人田正辉虽是东方粮运有限公司的支部书记，但并非公司股东，故作为东方粮运有限公司股东的上诉人陆明生向股东以外的上诉人田正辉转让出资时，必须经东方粮运有限公司全体股东过半数同意。上诉人田正辉虽在董事会换届选举时当选为董事长，但由于其受让出资的方式违反了法律的强制性规定，侵犯了公司其他股东的权益，故两上诉人之间转让、受让出资的行为无效。至于东方粮运有限公司章程第十五条"股权转让须经董事会批准"的约定，并未排除转让出资须经公司股东大会决议通过的法定程序，故两上诉人的上诉主张无事实和法律依据。

【侵犯股东同意权及优先购买权的股权转让协议的效力】

李朗悦与吴景锋股权转让协议纠纷上诉案［重庆市第五中级人民法院（2010）渝五中法民终字第4034号民事判决书（《人民司法·案例》2011年第14期）］，吴景锋作为该部分股权的合法持有人，并无转让股权的意思表示，黄小华等大帝公司的其他股东，在没有吴景锋合法授权及事后追认的情况下，对吴景锋的股权进行处分的行为系无权处分行为，应属无效。而李朗悦和桂世斌与黄小华、唐利、合众公司、华翰域公司等原大帝公司其余4位股东在2009年10月18日股权转让协议中关于该部分股权转让的约定，以及同年10月22日转让双方分别签订的4份股权转让协议，均是双方真实意思表示。根据《公司法》第七十二条（编者注：现为该法第七十一条）第二款、第三款之规定，股东向股东以外的人转让股权，应当经其他股东过半数同意，并规定股东在同等条件下享有优先购买权。但该规定不是强制性规定，而是任意性规定。因此，吴景锋主张该部分股权转让行为因违反前述规定而无效的理由不能成立，其只能主张撤销黄小华等其余四股东的股权转让行为。

【股东在离婚协议中处理公司股权的约定，因侵犯其他股东优先购买权而无效】

韩锁玲与李爱珍、詹卫国股权转让纠纷案［北京市第二中级人民法院（2009）二中民终字第06645号民事判决书］，依法设立的有限责任公司，其股东与公司、股东之间的权利义务关系受相关法律以及公司章程的相关内容调整。公司法及松子公司章程均规定，股东向股东以外的人转让股权，应当经其他股东过半数同意。经股东同意转让的股权，在同等条件下，其他股东有优先购买权。松子公司股东詹卫国与韩锁玲在离婚协议书中约定："北京松子餐饮有限责任公司，女方分得股份10%"，从形式上看，确为夫妻双方离婚时对财产的分割，但分割的是松子公司的股权，即股东詹卫国在处分自己持有的股权。这种处分的结果，是韩锁玲将成为松子公司的股东。这种处分股权的行为与股东转让股权性质相同。在韩锁玲无证据证明李爱珍(詹卫国之母、持有松子公司80%股权)认可离婚协议书中的内容,且李爱珍明确表示放弃优先购买权的情况下,离婚协议书中处理松子公司10%股权的约定,既违反了《公司法》的有关规定,也违反了松子公司章程的内容。上述约定,侵犯了松子公司股东李爱珍的"优先购买权"。

【夫妻离婚协议分割财产受让股权的,其他股东可以在同等条件下行使优先购买权】

陈家明诉玉林市银厦房地产开发有限公司股东权案[广西壮族自治区玉林市中级人民法院(2006)玉中民二终字第23号民事判决书],夫妻双方就出资额转让份额和转让价格等事项协商一致后,过半数股东不同意转让,但愿意以同等价格购买该出资额的,人民法院可以对转让出资所得财产进行分割。过半数股东不同意转让,也不愿意以同等价格购买该出资额的,视为其同意转让,该股东的配偶可以成为该公司股东。夫妻协议转让股权,其他股东明确表示不同意购买且购买条件明显不符合"同等条件"的,根据法律规定,视为同意转让,一方取得另一方的股东资格。

【合作经营企业的优先购买权必须符合法定要件】

盘志雄与中国信达资产管理公司广州办事处股东优先购买权纠纷上诉案[广东省高级人民法院(2006)粤高法民四终字第167号民事判决书(《人民司法·案例》2008年第4期)],中外合作经营企业的优先购买权必须符合法定要件,它的前提和基础为限于同一公司的股东以及转让的股份应当是中外合作企业的投资权益。当中外合作经营企业的一方转让其本身所持有的其他公司的股份时,该合作经营企业的另一方则不享有优先购买权。

【全体股东将全部股权转让给他人,股东不能行使优先购买权】

凌书照等与上海汇浦置业有限公司股权转让合同纠纷上诉案[上海市高级人民法院(2006)沪高民二(商)终字第76号民事判决书],公司的全体股东将公司的全部股权转让给他人的,即各股东转让公司全部股权的意思表示是明确的,其股权转让行为的一致性,也排除了该些股东依据《公司法》或公司章程行使优先购买权的可能性,因此,公司的股东不能再依据《公司法》行使优先购买权。

【委托人将股权提交交易中心拍卖之前,应给予权利人空间决定是否行使股东优先购买权】

雷蕴奇诉厦门产权交易中心等拍卖股权行为无效案[福建省厦门市中级人民法院(2006)厦民终字第2151号民事判决书],确认的股东优先购买权,仅指股东向股东以外的人转让其股权时,其他老股东在购买价款和其他股权转让条件相同的前提下,可以优先于第三人受让股权。该条款纯为保护老股东既得利益免受陌生人加入公司而带来的不便或者不利强化公司的人合性而设。由于《公司法》并没有具体规定公司、转让股东、其他股东各方在股权转让过程中如何保证股东的优先购买权的行使,通过何种程序来行使。实践中,股东优先购买权的行使应当与股东转让权相兼顾,既可以表现为一锤定音的一次行为,也可能表现为历经多次角逐的动态过程,在这过程中既要体现其他股东与第三人的意思自治,又应当符合转让股东的利益最大化原则,只要符合征得"多数股东同意"及"同等条件下,其他股东有优先购买权"的条件就应当认定转让合法有效。本案中,公司股东会决议确认代表股权95.948%的股东同意转让人股东按国家相关法律法规及《公司法》有关规定转让其拥有的在公司的全部出资及股权,并且这些股东及其代理人均签字确认,原告也在该决议上签字确认。交易中心根据该股东会决议接受软投公司的委托拍卖。之后,交易中心通知有意向参加竞拍的股东办理意向登记,并发布竞价公告,披露此次股权转让的情况,依法履行了对公司其他股东的告知义务。原告已同意转让人股东将其拥有的股权通过交易中心挂牌交易,并通过在交易中心竞价的方式行使股东优先购买权,因此不能再以股东会决议无效为由主张交易中心接受委托拍卖的依据不合法。

【因公司其他股东行使优先购买权而终止履行所造成的损失,如何在转让方和受让方之间分配】

北京新奥特公司诉华融公司股权转让合同纠纷案[最高人民法院(2003)民二终字第

143号民事判决书（《最高人民法院公报》2005年第2期（总第100期））]，争议焦点为股权转让方与受让方的股权转让协议，因公司其他股东行使优先购买权而终止履行所造成的损失，如何在转让方和受让方之间分配。法院认为，因双方当事人的过错，导致股权转让协议终止履行，一方当事人因准备协议履行及实际履行中产生的损失，应由双方共同承担民事责任。股权转让方与受让方明知公司的其他股东可以行使优先购买权，仍然订立股权转让协议，后因公司其他股东行使优先购买权而终止履行，因此造成的损失，股权的转让方与受让方都存在过错，按照《中华人民共和国合同法》第五十八条的规定，双方均需在各自过错范围内承担责任，对于过错比例的裁量，由法院审理决定。

【未召开股东会即转让股权，员工持股会怠于行使诉权的情况下，职工有权提起诉讼】

贾永明等286人不服一审不予受理裁定上诉案[浙江省高级人民法院（2000）浙法告申民告上字第7号民事裁定书]，根据《公司法》的规定，股东会是公司的权力机构，股东向股东以外的人转让其出资，必须经全体股东过半数同意，公司合并、分立、变更公司形式、解散和清算等事项都要由股东会作出决议。海宁市丝绸公司在未召开股东会，更未形成股东会的决议的情况下将自己在海宁市海丝有限公司中的股份及员工持股会的股份转让给他人，违反了《公司法》的规定，侵害了员工持股会员工的利益，员工持股会应依法向法院提起诉讼，请求司法保护。在员工持股会怠于行使诉权的情况下，作为员工持股会成员的职工有权提起诉讼。原审裁定认为贾永明等286名职工不是海宁市海丝有限公司的股东，不符合原告主体资格而裁定不予受理不当，应予纠正。

【国有股权对外转让过程中其他股东优先购买权的行使与保护】

西安银行股份有限公司等与袁庆等司股权转让纠纷上诉案[陕西省高级人民法院民事判决书]，国有股权对外转让过程中，国有股权出让人及受其委托的拍卖人应当依照公司法第七十一条的规定，向其他股东履行不附加限制条件的进场交易的通知义务。其他股东参与竞拍，不负有交纳竞拍保证金的义务。其他股东在合理期间内以其优先购买权受到侵害为由，请求确认出让人与外部第三人签订的《股权转让合同》无效的，应当慎重确认合同效力；请求确认其在同等条件下对出让股权具有优先购买权的，人民法院应予支持。

【公司其他股东不同意股权对外转让，又不出资购买该股权，应视为同意转让】

深圳市平泰投资发展有限公司诉深圳经济特区发展（集团）公司、江苏省电子工业技术经济开发公司、苏州电子工业总公司股权转让纠纷案[广东省深圳市罗湖区人民法院民事判决书]，苏发公司股东会全体股东半数以上同意被告转让其持有苏发公司40%股权后，被告多次就其转让股权事宜函告两第三人，要求其明确答复是否行使优先购买权，但两第三人声明不放弃优先购买权，即不同意被告向股东以外的人转让其出资的同时，又不在被告要求的期限内购买被告的出资，而以未收到评估报告等为由拖延时间，即使在被告应其要求，向其送达评估报告后，在被告委托市产权交易所公开挂牌交易期间，也未提出受让申请。两第三人不同意被告向股东以外的人转让其出资，却又不出资购买被告所转让的股权，应视为同意转让。被转让企业依法进行了资产评估，该评估结果已被依法确认；被告向原告转让其出资，出让金额在1000万元以下，已经由深圳市投资管理公司审批，报市国资办备案；原告、被告约定转让价高于经国资办确认后的被转让标的净资产评估价。综上，原告、被告签订的股权转让协议合法有效，双方应按该协议的约定履行各自义务，两第三人作为苏发公司的另两个股东，应协助原告、被告办理有关股权变更手续。

【优先购买权相应的对象应系不具有股东身份的第三人，股权对内转让时其他股东不具有法定的同等购买权利】

李胜荣诉王洪、李光股权转让纠纷上诉案，本案中上诉人诉讼请求的基础系主张其股东优先购买权，该种权利系民事主体基于其股东身份所特有的优先购买股权的权利，故该权利相应的对象应系不具有股东身份的第三人，但本案两被上诉人间的股权转让行为系股东内部间的转让，在此情况下，即使上诉人享有对出让股权的请求权，此种权利亦应是平等的请求权，而非上诉人现主张的优先权，故上诉人现主张行使其优先购买权有所不当，其诉讼请求不应予以支持。另外，根据《公司法》第七十二条（编者注：现为该法第七十一条）之规定：有限责任公司的股东之间可以相互转让其全部或者部分股权。该条规定并未对股东内部间的股权转让行为设定相应限制条件，应视为赋予了股东在其内部间自由转让股权的权利，故其他股东在此情况下并不具有法定的同等购买权利。同时，原审第三人公司章程亦未规定股东内部间发生股权转让时，其他股东具有同等的购买权，故上诉人要求在同等条件下按出资比例受让股权的主张缺乏依据，不予采信。

6. 股权转让中的善意取得

【股权的善意取得】

黄卫荣诉厦门达然强进出口有限公司、黄茹菲、刘闹花股东资格确认案［福建省厦门市中级人民法院（2014）厦民终字第2882号民事裁定书］，在确认股东资格的案件中，判断股权归属，应当结合《物权法》第一百零六条之规定和《最高人民法院关于适用〈中华人民共和国公司法〉若干问题的规定（三）》中的相关规定，根据具体案情作出认定。

【股权转让中善意取得制度的适用】

四川京龙建设集团有限公司等与深圳市合众万家房地产投资顾问有限公司等股权确认纠纷上诉案［最高人民法院（2013）民二终字第29号民事判决书］，受让股东主张原股东处分股权的行为无效应当以支付股权转让价款并享有实际股东权利为前提。我国《公司法》虽并未就股权的善意取得制度作出明确的法律规定，但《物权法》第一百零六条规定了动产及不动产的善意取得制度，其立法意旨在于维护善意第三人对权利公示之信赖，以保障交易秩序的稳定及安全。股权既非动产也非不动产，故股权的善意取得并不能直接适用《物权法》第一百零六条之规定。股权在登记机关的登记具有公示公信的效力。受让公司基于公司股权登记的公示方式而产生对转让方合法持有股权之信赖，符合《物权法》第一百零六条所规定的维护善意第三人对权利公示之信赖，以保障交易秩序的稳定及安全之意旨。故本案可类推适用《物权法》第一百零六条有关善意取得之规定。

【股权转让未经工商登记能否对抗善意第三人】

北京恒亿盛世葡萄酒有限公司与李伟革等股权转让纠纷案［北京市高级人民法院（2009）高民终字第516号民事判决书］，李伟革、王英林分别与李景签订的《出资转让协议书》有效，而李伟革与卡斯特公司签订《出资转让协议书》部分无效，理由如下：《公司法》第三十三条（编者注：现为该法第三十二条）第三款规定："公司应当将股东姓名或者名称及其出资额向公司登记机关登记；登记事项发生变更的，应当办理变更登记。未经登记或者变更登记的，不得对抗第三人。"由此可见，虽然工商登记是否变更既不影响股权转让合同的生效，也不影响股权的取得，但是股东权转让各方不能凭转让合同或者公司股东名册及工商登记对抗善意第三人。优先保护善意第三人的利益，体现着商法的公示主义和外观主义。这里优先保护的是善意第三人的利益，如果第三人与股权出让人之间恶意串通，损害了股权受让人的利益，根据《合同法》第五十二条中关于"恶意串通，损害国家、集体或者第三人利益的合同无效"的规定，则股权出让人与第三人签订的股权转让合同即使办理了工商变更登记，亦应按照无效合同处理。本案中，李景受让股权并非恶意，从目前证据来看，并无证据证明其知道或者应当知道李伟革已将东海鑫业公司51%的股权转让给恒亿盛世公司，且李景亦实际支付了股权转让款并办理了工商变更登记，且李伟革对东海鑫业公司49%的股权享有处分权（本案中有另一争议问题是王英林股东资格问题，法院认定其是挂名股东，并不具有东海鑫业公司的股东资格。实际上东海鑫业公司除去恒亿盛世公司的51%股权后，余下49%皆为李伟革享有。），故李景取得东海鑫业公司36%的股权合法有效，对从保护善意第三人及有权处分的角度出发，李伟革、王英林分别与李景签订《出资转让协议书》应属有效。李伟革系东海鑫业公司的总经理，同时，其也是卡斯特公司的总裁及法定代表人，并拥有卡斯特公司80%的股权，卡斯特公司的两名股东李伟革及李捷均在明知东海鑫业公司51%的股权已经转让给恒亿盛世公司的情况下，卡斯特公司又受让李伟革在东海鑫业公司64%的股权，李伟革与卡斯特公司已经构成恶意串通，损害了恒亿盛世公司的利益，且该转让亦未支付股权转让款，卡斯特公司并非善意第三人，从这个角度出发，李伟革与卡斯特公司签订《出资转让协议书》应属无效，但考虑到李伟革对东海鑫业公司49%的股权享有处分权，在其将东海鑫业公司36%的股权转让给李景之后，其对东海鑫业公司13%的股权尚享有处分权，其将该部分转让给卡斯特公司的行为属有权处分，合法有效，但李伟革将另外东海鑫业公司51%股权转让给卡斯特公司的行为无效。

【夫妻一方在对方不知情的情况下签订了股权转让合同，是否可对抗善意第三人】

彭丽静与梁喜平、王保山、河北金海岸房地产开发有限公司股权转让侵权纠纷案［最高人民法院(2007)民二终字第219号民事判决书(《最高人民法院公报》2009年第5期(总第151期))］，争议焦点为：夫妻以未分割的共同共有财产出资设立有限责任公司，该公司是否具有法人资格；夫妻一方在对方不知情的情况下签订了股权转让合同，是否具有对抗善意第三人的效力。裁判如下：

一、夫妻双方共同出资设立公司的，应当以各自所有的财产作为注册资本，并各自承担相应的责任。因此，夫妻双方登记注册公司时应当提交财产分割证明。未进行财产分割的，应当认定为夫妻双方以共同共有财产出资设立公司，在夫妻关系存续期间，夫或妻名下的公司股份属于夫妻双方共同共有的财产，作为共同共有人，夫妻双方对该项财产享有平等的占有、使用、收益和处分的权利。

二、根据《最高人民法院关于适用〈中华人民共和国婚姻法〉若干问题的解释（一）》第十七条第二款的规定，夫或妻非因日常生活需要对夫妻共同财产做重要处理决定，夫妻双方应当平等协商，取得一致意见。他人有理由相信夫或妻一方做出的处理为夫妻双方共同意思表示的，另一方不得以不同意或不知道为由对抗善意第三人。因此，夫或妻一方转让共同共有的公司股权的行为，属于对夫妻共同财产做出重要处理，应当由夫妻双方协商一致并共同在股权转让协议、股东会决议和公司章程修正案上签名。

三、夫妻双方共同共有公司股权的，夫或妻一方与他人订立股权转让协议的效力问题，应当根据案件事实，结合另一方对股权转让是否明知、受让人是否为善意等因素进行综合分析。如果能够认定另一方明知股权转让，且受让人是基于善意，则股权转让协议对于另一方具有约束力。

【股权转让中的无权代理、无权处分与善意取得】

再审申请人钱广许与被申请人钱集龙、张江涛、宋彦军，一审第三人威海鑫通科龙电子有限公司股权转让合同纠纷案［最高人民法院民事裁定书］，2014年3月31日的《股权转让协议》，是钱集龙以张江涛的名义签订的，此时作为股权转让人的张江涛是该股权的登记名义人，由于钱集龙未能提供其在签订该协议时有张江涛的相应授权委托，故钱集龙的该行为构成无权代理。在签订该协议后，协议所涉鑫通公司股权已经登记至宋彦军名下，张江涛于事后（包括在本案诉讼中）对钱集龙代其签订上述协议，将案涉股权转让给宋彦军的行为明确予以认可。根据《合同法》第四十九条、第五十一条之规定，该行为的法律后果归属于张江涛。而由于2013年4月3日钱集龙以钱广许的名义与张江涛签订的《股权转让协议》因并非钱广许的真实意思表示而无效，故张江涛对于该协议所涉的鑫通公司97%的股权并无处分权，张江涛将该部分股份转让给宋彦军的行为构成无权处分。而对于2014年3月31日《股权转让协议》中有关鑫通公司97%股权转让的约定，根据《合同法》第一百七十四条的规定，可参照买卖合同的有关规定，对其效力加以认定。《买卖合同解释》第三条第一款规定，当事人一方以出卖人在缔约时对标的物没有所有权或者处分权为由主张合同无效的，人民法院不予、支持。因此，2014年3月31日《股权转让协议》中有关鑫通公司97%股权转让的约定并不因张江涛无处分权而无效。现钱广许亦无证据能够证明上述约定存在《合同法》第五十二条规定的情形，故原判决认定该协议有效，适用法律并无不当。

【股权代持中的显名股东擅自处分股权，对第三人应按照善意取得原理处理】

宋某诉王某、李某请求确认股权转让合同无效纠纷案［上海市第二中级人民法院民事判决书],隐名股东在依法显名之前,其股东身份和权益并不被外人所知。在此情况下,显名股东擅自以转让、设定质押或者以其他方式处分股权的,当受让第三人无从知晓显名股东与隐名股东之间的股权代持关系时,按照善意取得原理,善意第三人可以获得受让的股权(或行使质权)。

7. 股权让与担保

【股权让与担保中,股权变更登记到担保权人名下,担保权人形式上是作为担保物的股权的持有者,就该股权享有优先受偿的权利,原则上具有对抗第三人的物权效力】

黑龙江闽成投资集团有限公司与西林钢铁集团有限公司等民间借贷纠纷案[最高人民法院(2019)最高法民终133号民事判决书],实质争议焦点在于:以翠宏山公司64%股权设定的让与担保是否具有物权效力,让与担保权人是否可因此取得就该股权价值优先受偿的权利。最高人民法院《关于进一步加强金融审判工作的若干意见》第三条规定,依法认定新类型担保的法律效力,扩宽中小微企业的融资担保方式。除符合《合同法》第五十二条规定的合同无效情形外,应当依法认定新类型担保合同有效;符合物权法有关担保物权规定的,还应当依法认定其物权效力。对于前述股权让与担保是否具有物权效力,应以是否已按照物权公示原则进行公示,作为核心判断标准。本案诉争让与担保中,担保标的物为翠宏山公司64%股权。《中华人民共和国公司法》第三十二条第二款规定,公司应当将股东的姓名或者名称向公司登记机关登记;登记事项发生变更的,应当办理变更登记。未经登记或者变更登记的,不得对抗第三人。可见,公司登记机关变更登记为公司股权变更的公示方式。《物权法》第二百零八条第一款、第二百二十六条第一款及第二百二十九条规定,在股权质押中,质权人可就已办理出质登记的股权优先受偿。举轻以明重,在已将作为担保财产的股权变更登记到担保权人名下的股权让与担保中,担保权人形式上已经是作为担保标的物的股份的持有者,其就作为担保的股权享有优先受偿的权利,更应受到保护,原则上具有对抗第三人的物权效力。这也正是股权让与担保的核心价值所在。本案中,西钢公司与刘志平于2014年6月就签订《协议书》以翠宏山公司64%股权设定让与担保,债权人闽成公司代持股人刘志平和债务人西钢公司协调配合已依约办妥公司股东变更登记,形式上刘志平成为该股权的受让人。因此,刘志平依约享有的担保物权优于一般债权,具有对抗西钢公司其他一般债权人的物权效力。

【股权让与担保不属于无偿转让股权行为;担保人的债权人如果以此提起撤销权之诉,不符合撤销事由】

冯忠华、王合娟债权人撤销权纠纷案[广西壮族自治区高级人民法院(2019)桂民终154号民事判决书],当事人通过转让股权以担保债权的实现,属于以让渡股权设定担保的一种担保方式,符合让与担保的特征。虽然我国物权法和担保法有关规定中明确的担保物权只有抵押权、质权和留置权,但在法律理论和实践中确认对让与担保等非典型担保物权亦有认可。如前所述,本案王合娟与唐林娟、陈承华以转让股权的方式为王合娟欠付唐林娟、陈承华的借款提供担保,案涉股权转让合同实际是为借款提供担保,故有关《股权转让合同》以及《承诺书》应为让与担保性质。根据2017年最高人民法院《关于进一步加强金融审判工作的若干意见》第二条第3点规定的"依法认定新类型担保的法律效力,拓宽中小微企业的融资担保方式。丰富和拓展中小微企业的融资担保方式,除符合合同法第五十二条规定的合同无效情形外,应当依法认定新类型担保合同有效;符合物权法有关担保物权的规定的,还应当依法认定其物权效力,以增强中小微企业融资能力,有效缓解中小微企业融资难、融资贵问题",以及《最高人民法院关于审理民间借贷案件适用法律若干问题的规定》第二十四条对名为买卖实为担保的让与担保方式的认可的相关规定,本案当事人通过合同创设新型担保物权时,其约定的内容不存在《中华人民共和国合同法》第五十二条规定的合同无效的情形,案涉《股权转让合同》以及《承诺书》均应认定合法有效,所涉股权变更登记不属于无偿转让股权行为,冯忠华主张撤销上述《股权转让合同》以及《承诺书》的理由不能成立。

【以担保债权实现为目的的股权转让，其性质为股权让与担保。债务人未能清偿到期债权的，债权人不得径行取得股权、而应清算】

修水县巨通投资控股有限公司诉福建省稀有稀土（集团）有限公司等合同纠纷案[最高人民法院（2018）最高法民终 119 号民事判决书]，具体如下：1. 让与担保是大陆法系德、日等国经由判例、学说所形成的一种非典型的担保方式。我国经济活动和担保实务中亦多有运用。2015 年 9 月 1 日施行的《最高人民法院关于审理民间借贷案件适用法律若干问题的规定》第二十四条在司法解释层面上对让与担保制度的规范和调整。我国司法实践亦应对让与担保予以回应和肯认。2. 当事人之间虽签订股权转让协议，具有变更股权的外观，但依据协议约定的权利义务内容及实际履行情况，转让目的、交易结构、股东权利行使等方面，均具有不同于单纯的股权转让特点，而系以股权转让的方式实现担保债权的目的，符合让与担保基本架构的，其性质应认定为股权让与担保。3. 让与担保是否违反物权法定原则的问题，已在物权法定原则的立法本意以及习惯法层面上得以解释；债务人为担保其债务将担保物的权利转移给债权人，使债权人在不超过担保目的的范围内取得担保物的权利，是出于真正的效果意思而作出的意思表示，不构成虚伪意思表示；而回避流质契约条款可能发生的不当后果，亦可为让与担保实现时清算条款的约定或强制清算义务的设定所避免。债务人未能依约清偿债务的，债权人不得径行取得股权。

【通过股权转让和回购的方式保障债权人的收益，实质与民间借贷无异，只是通过股权回购的方式为借贷提供了股权担保】

天津置信投资发展有限公司、新疆保利天然投资有限公司合资、合作开发房地产合同纠纷再审案[最高人民法院（2018）最高法民再 161 号民事判决书]，《合作协议书》约定的第二种投资回报方式虽然表述为股权回购，但是实质上是股权让与担保，保利天然公司先将其在天然房地产的股权转让给置信公司，其目的是担保置信公司支付的 4000 万元股权转让款。置信公司的真实目的并不是购买保利天然公司在天然房地产的股权，而是通过这种方式保证自己投入的 4000 万元资金的安全，同时通过股权回购的方式保障其收益，实质与民间借贷无异，只是这种股权回购的方式为民间借贷提供了股权担保。该表述为："在乙方应支付的股权转让款 4000 万元现金全部到账之日起 18 个月期满时，甲方同意以 5800 万元整回购其在新疆天然房地产开发有限公司的 45% 股权。"

【条件满足时按股权价值处置该股权、处置所得清偿债务的约定，不构成流质条款】

陆玉梅与广州泛美房地产开发有限公司、广州市博睿祥贸易有限公司合同纠纷案[广东省广州市中级人民法院（2018）粤 01 民初 361 号民事判决书]，让与担保并非法定担保形式，流质条款则是指转移抵押物所有权的预先约定，即订立抵押（质押）合同时，抵押权人和抵押人在合同中不得约定在债务人履行期限届满抵押权人未受清偿时，抵押物所有权转移为债权人所有的条款。而涉案《协议书》约定："泛美公司确认在持有银建公司 51% 的股权期间，不得出让、抵押、和设定任何第三者权益，以保证在符合本协议约定的条件时，陆玉梅可以回购股权，但超过 5 年未达到回购条件时，泛美公司有权不按本协议约定的股权转让条件，根据股权价值处置该股权，处置所得归泛美公司所有。"该约定的内容与流质条款的内容不相符合，陆玉梅主张《协议书》中上述约定构成流质条款当属无效，缺乏理据，本院不予支持。

港丰集团有限公司（PLENTIFULHOLDINGSLIMITED）与深圳市国融投资控股有限公司等公司合同纠纷上诉案[广东省高级人民法院（2015）粤高法民四终字第 196 号民事判决书]，长城担保公司、国融公司与港丰集团公司是通过合同方式设定让与担保，并非创设一种单独的担保物权，形成的是在受契约自由和担保的经济目的双重规范下的债权担保关系。故在合同项下的当事人约定的相关权利义务内容只要不违反法律强制性规定和民法中的公序良俗原则，应尊重当事人的该项约定。港丰集团公司以协议约定违反物权法定原则因而无效的理由缺乏法律依据，本院不予支持。依据物权法法律规定，禁止在合同中约定在债务人不能清偿债务时，债权人当然确定地取得标的物所有权流质条款。本案的《股权及债权重组协议书》中对港丰集团公司、港丰房地产公司等不能清偿债务的后果作出约定，长城担保公司、国融公司不能当然取得港丰房地产公司的股权，而是在处置股权或资产清偿债务后将股权或资产返还给港丰集团公司。且双方在协议书中也约定在港丰集团公司丧失回购股权的情况下，对于相关的债权，由双方另行协议安排债权债务的处置方式，也就是说股权或资产的处置方式双方仍需协商，并非港丰集团公司上诉所称对于国融公司处置资产和股权无任何限制，国融公司已取得股权的行为就构成流质。故《股权及债权重组协议书》和《股权转让协议》内容不违反流质规定。至于港丰集团公司上诉所称国融公司意图在于取得港丰房地产公司股权所有权及国融公司已实际控制港丰房地产公司并享有股权的各项权利因而构成流质的理由，属于合同各方履行协议书所产生的问题，与合同效力并无关系。港丰集团公司上诉还提出根据《最高人民法院关于审理民间借贷案件适用法律若干问题的规定》第二十四条的规定也应认定《股权转让协议》无效，该条法律规定的主旨在于当涉及当事人以签订买卖合同作为民间借贷合同的担保案件时所涉及的两个法律关系的处理，本案双方还没有就债务的清偿即股权和资产的处置方式进一步达成协议，港丰房地产公司的股权变更登记至国融公司名下是依《股权及债权重组协议书》而取得，但并不必然表明国融公司当然已取得港丰房地产公司的股权，即国融公司现在取得股权就已经直接构成流质。港丰集团公司上诉认为《股权转让协议》及《股权及债权重组协议书》无效的理由均不成立，本院不予支持。

【担保人请求担保权人返还股权的条件是否成就，应查债务人是否已清偿了股权所担保的债务】

滕波与滕德荣股权转让纠纷再审案［最高人民法院（2017）最高法民再100号民事裁定书］，判断滕波请求滕德荣返还案涉阜新中地信公司51%股权的条件是否成就，应查清滕波是否已经清偿了案涉股权所担保的债务，而要查清滕波是否已经清偿了案涉股权所担保的债务，则应查清滕德荣借给滕波和阜新中地信公司的款项，滕德荣为滕波和阜新中地信公司担保的款项，滕波和阜新中地信公司已经偿还的款项等。具体应查清：1.滕波、滕德荣为现代城项目各自投入的资金数额、以个人或公司名义对外借款数额等基本事实。2.现代城项目的资金来源、对外负债、销售所得、收入去向等基本事实。3.滕波请求返还案涉股权，滕波和阜新中地信公司应偿还债务的具体数额。一审、二审法院没有审理查明上述基本事实，导致无法判定滕波请求返还案涉股权的条件是否成就。

【担保权人登记为目标公司的股东，具有股东的权利外观】

董家焜与福州盈兴房地产开发有限公司股东知情权纠纷上诉案［福建省福州市中级人民法院（2017）闽01民终2173号民事裁定书］，董家焜与盈兴公司及担保方刘德明、福州市晋安区第二建筑工程公司签订《协议书》一份，主要约定，盈兴公司投入"琴亭花园广场"的资金返还期限顺延；为保证董家焜资金安全，刘德明将公司股份的37%转让给董家焜，作为还款担保之一。后盈兴公司变更了公司股权登记手续，董家焜登记为盈兴公司的股东。董家焜起诉，要求享有股东知情权。

一审法院认为，董家焜并不是盈兴公司的实际出资人及股东，不享有股东权利和义务，也不享有股东知情权。二审法院认为，董家焜系盈兴公司工商登记的股东，具有作为盈兴公司股东的权利外观，董家焜的起诉符合《民事诉讼法》第一百一十九条的规定，一审法院经过对董家焜主张的股权进行实体审查，以董家焜实际上不享有工商登记所示的股权为由，驳回董家焜的诉请，系混淆了裁定与判决的适用范围，属适用法律错误，本院依法予以纠正。

【股权让与担保合同应认定有效】

张秀文诉陈林生股权让与担保纠纷案［江苏省高级人民法院（2016）苏民申1430号民事裁定书］，（一）二审判决认定双方签订的股权转让协议属于股权让与担保合同正确。虽然协议内容系股权转让，但陈林生主张双方签订协议的目的是张秀文为张毅向陈林生借款提供担保；张秀文丈夫李军民在公安机关对其询问时陈述："2011年5月的时候，我家属张秀文跟我讲张毅欠一个叫陈林生的250万元，张毅没有钱，就跟我商量把晨欣公司抵押给陈林生，当时我知道的时候我家属张秀文已经和陈林生签过股权转让协议了。但这个事情我开始是不知道的，就是在我家属张秀文转让了股权给陈林生之后才知道这件事情”，可见双方订立协议的目的是张秀文将所持晨欣公司股权变更登记至陈林生名下，为张毅所欠陈林生债务提供担保，因此，二审判决认定协议属于股权让与担保合同，并无不当。（二）二审判决认定双方签订的股权转让协议合法有效正确。流质抵押、流质质押条款违反《担保法》第四十条的规定只会导致该条款本身无效，并不影响案涉股权让与担保合同的效力。因双方签订案涉股权让与担保合同并不具有《合同法》第五十二条所列情形，故二审判决认定合同合法有效，并无不当。

朱延凯诉韩先进股权让与、担保合同纠纷案［江苏省淮安市淮阴区人民法院（2013）淮商初字第 0295 号民事判决书（《人民司法·案例》2014 年第 16 期）］，债务人与债权人以股权转让方式为债权实现担保的，属于市场经济发展中的特殊担保类型，其能够弥补典型担保和其他非典型担保方式之缺陷，为股权质押方式之有益补充。债权人与债务人签订的明为股权转让实为股权让与担保的合同，系双方当事人真实意思表示，未违反法律及行政法规的强制性规定，此种担保方式为合法有效。债务人未按约定归还债务的，不能以股权转让无效为由要求返还股权。但借款协议中的流质条款系无效条款，债务人依法清偿债务后，有权要求债权人归还股权。

【股权让与担保中，担保权人仅为名义股东而非实际股东，可以依据约定主张担保权利，但是没有取得股权】

王绍维与赵丙恒等股东资格确认纠纷再审申请案［最高人民法院（2015）民申字第 3620 号民事裁定书］，根据金建公司、博信智公司、殷子岚、王绍维签署的《三方协议》，以及 2012 年 12 月 1 日赵丙恒与殷子岚、王绍维签订的《协议书》的约定，金建公司股权办理至殷子岚、王绍维名下系作为债权的担保，而非真正的股权转让；殷子岚、王绍维虽在工商登记中记载为金建公司的股东，但仅为名义股东，而非实际股东。此种通过转让标的物的所有权来担保债权实现的方式属于非典型担保中的让与担保，殷子岚、王绍维可以依据约定主张担保权利，但其并未取得股权。原一审、二审判决将案涉担保方式认定为股权质押有误，本院予以纠正。但其确认殷子岚、王绍维并非金建公司股东，而赵丙恒、郑文超为金建公司股东，裁判结果并无不当。

【名为转让实为股权让与担保的行为】

顾宝良诉陈章瑜、单县弘润新能源科技有限公司股权转让案［江苏省无锡市中级人民法院（2015）锡商终字第 01094 号民事判决书］，顾宝良与陈章瑜一致认可双方原存在 250 万元的借贷关系，后陈章瑜并未归还上述借款。双方于 2012 年 2 月 18 日签订的《股权转让协议书》中约定的陈章瑜应支付的“股权转让款”250 万元即为上述陈章瑜向顾宝良的借款转化而来，结合“陈章瑜将其在弘润公司的股权转让给顾宝良后，顾宝良不参与弘润公司的任何经营管理，并且享受每年不低于 15%的保底分红”的内容，说明顾宝良为了保证自己的债权得以实现，要求债务人陈章瑜将股权转让给自己。该行为实质是通过让与股权所有权的方式担保债务的履行，而非一般的股权转让行为。双方约定以股权转让的方式作为债务的担保，系双方当事人的合意，未违反法律、行政法规关于合同效力性的强制性规定，该种担保方式应认定为合法有效。但担保仅是为了保证主债务的履行，在双方当事人存在原借款合同关系的情况下，陈章瑜应首先履行归还借款的义务，而非强制顾宝良接受弘润公司的股权。即使陈章瑜无法清偿到期借款，也不能直接以其持有的弘润公司的股权直接变更登记给顾宝良以用于抵偿结欠顾宝良的债务，系因此行为符合流质契约的性质，应认定无效。《股权转让协议书》无解除的必要性，但陈章瑜应向顾宝良偿还借款 250 万元。因双方于 2012 年 2 月 18 日签订的《股权转让协议书》约定顾宝良每年享受不低于 15%的保底分红，应认定本案所涉借款的利息标准不低于 15%，故顾宝良要求陈章瑜按年息 15%承担利息并无不当，应予以准许，但利息的起算时间应为双方签订《股权转让协议书》之日即 2012 年 2 月 18 日。因弘润公司并未明确就上述债务的履行为陈章瑜提供担保，故顾宝良要求弘润公司就 250 万元及相应利息承担连带责任的依据不足。

第七十二条 【强制执行的股权转让】 人民法院依照法律规定的强制执行程序转让股东的股权时，应当通知公司及全体股东，其他股东在同等条件下有优先购买权。其他股东自人民法院通知之日起满二十日不行使优先购买权的，视为放弃优先购买权。

一、相关司法解释及两高工作文件

《最高人民法院执行工作办公室关于中国重型汽车集团公司股权执行案的复函》(执协字[2001]第16号)对执行中法院冻结股权的数额超出所持份额的问题，答复如下：近日，联合证券有限责任公司(以下简称联合公司)向我院反映，有多家法院冻结了中国重型汽车集团公司(以下简称重汽公司)所持其公司的股权，冻结股权的数额已超出重汽公司所有的份额，影响了其正常的经营活动，请求本院协调处理。

经查，联合公司反映的情况属实。重汽公司只拥有联合公司8000万股股权，价值9220.8万元人民币，1998年12月至2000年7月，上海二中院、安徽高院、四川眉山中院、陕西西安中院、新疆高院、天津一中院、北京二中院7家法院在执行以重汽公司为债务人的生效判决过程中，却先后裁定冻结了联合公司的股权共12,334万股，超出被执行人拥有的股权份额。按照《最高人民法院关于人民法院执行工作若干问题的规定(试行)》第88条的规定，本案各债权人对执行标的物均无担保物权，应当按照执行法院采取执行措施的先后顺序受偿。在采取执行措施的时间顺序上，各家法院均无争议，依次为上海二中院、安徽高院、四川眉山中院、陕西西安中院、新疆高院、天津一中院、北京二中院。但天津一中院、北京二中院提出，上海二中院和四川眉山中院虽然在先向联合公司送达了冻结股权的相关法律文书，但没有在工商机关办理登记手续，应视其冻结措施无效，不能对抗在后既向联合公司送达了相关法律文书，又在工商机关办理了登记手续的法院所采取的冻结措施。

我们认为，根据《最高人民法院关于人民法院执行工作若干问题的规定(试行)》第53条的规定，人民法院冻结被执行人在有限责任公司、其他法人企业的投资权益或股权的，只要依法向相关有限责任公司、其他法人企业送达了冻结被执行人投资权益或股权的法律文书，即为合法有效。因此，本案中上海二中院、四川眉山中院实施的冻结重汽公司股权的措施是合法有效的。天津一中院、北京二中院关于既向联合公司送达冻结股权的法律文书，又到工商管理机关进行登记才发生冻结效力的主张，并无法律规定，故不能否定上海二中院、四川眉山中院冻结股权的效力。天津一中院、北京二中院冻结股权的措施，实际上是在重汽公司已无股权可供执行的情况下进行的，当属无效，应当解除。两院可依法执行被执行人的其他财产。

此外，厦门中院关于重汽公司不承担有关民事责任的判决已经发生法律效力，应当解除该院在审判过程中对重汽公司股权冻结的保全措施。接此函后，请天津、北京、福建省高级人民法院监督所辖相关法院立即解除对重汽公司的股权冻结措施，以保证本案执行工作的顺利进行。

《最高人民法院关于对中外合资企业股份执行问题的复函》([1998]执他字第1号)对中外合资企业股份执行问题，答复如下：根据我院《关于人民法院执行工作若干问题的规定(试行)》第五十五条规定，中外合资企业的外商股份可以作为执行标的，依法转让。将被执行人香港太嘉勋发有限公司在天津温泉大酒店有限公司中的30%股份执行转让给申请执行人中国包装进出口宁夏公司，并无不当，应依据有关规定办结相关手续，其中需要天津市对外经济贸易委员会协助执行的事宜，应主动联系，请其按协助执行通知书依法处理。

二、相关文件规定

《国家工商行政管理总局关于协助人民法院执行冻结股权有关问题的答复》(工商企字〔1999〕第143号)对协助人民法院执行冻结股权有关问题，答复如下：

人民法院依生效的法律文书要求工商行政管理机关协助冻结有关股权的，工商行政管理机关应依法协助执行。在协助执行期间，依法冻结的有关股权不得办理变更登记。但在协助执行过程中，协助执行所依据的法律文书被撤销，属于《民事诉讼法》第二百三十五条（编者注：现为该法第第二百五十七条）规定的据以执行的法律文书被撤销的，人民法院应当裁定终结执行的情形。由于该司法判决被撤销导致协助执行的法律依据丧失，工商行政管理机关协助执行的义务也随之消失。在这种情况下，工商行政管理机关根据申请人的申请依法办理的变更登记合法、有效。

三、相关案例

【仅向工商登记机关送达冻结裁定不构成对股权的有效冻结】

中国对外经济贸易信托有限公司与山西路鑫能源集团有限公司等申请执行异议案［北京市高级人民法院（2018）京执复134号民事裁定书（《人民司法·案例》2019年第14期）］，冻结被执行人持有的非上市股份有限公司股权或投资权益，应向被执行人及其股权、其他投资权益所在市场主体送达执行裁定，送达时始发生股权冻结的效力。在未送达被执行人及其股权、其他投资权益所在市场主体，仅将执行裁定送达工商登记机关时，并不构成对非上市股份有限公司股权的有效冻结。

【执行异议之诉中商业银行股权转让效力的认定】

湖北省宜昌永富物流有限公司与依宁执行异议之诉纠纷上诉案［湖北省高级人民法院（2016）鄂民终字278号民事判决书（《人民司法·案例》2017年第32期）］，银行作为股权转让的直接参与者，享有信息和资源优势，对法律、法规、规章及公司章程的掌握和遵守更应严格，如其漠视与懈怠法定程序的履行及审查，将极大增加金融风险和不法行为的逃避。对股权转让，银行负有严格遵守及审查法定程序的义务和责任。

【调解书确立的债务人实体权利受侵害可提起执行异议之诉】

许某诉吕某股权转让纠纷案［《人民司法·案例》2014年第24期］，具体如下：

［案情］许某与吕某因股权转让产生纠纷，许某于2010年起诉至法院。审理过程中双方达成调解协议，由吕某支付380万元给许某，并明确了支付的时间及数额，如有违约需支付30万元违约金。事后，吕某按约支付了300万元，对于余款80万元，双方另行约定了支付的时间，其中40万元按月息1.5分支付利息，但违约金条款仍然予以保留。2013年9月，许某向法院申请强制执行，申请标的额为本金20万元及违约金30万元。执行过程中，被执行人吕某向法院提出书面异议，要求驳回许某执行申请，其理由是：吕某在许某申请执行前已按双方事后的约定支付了全部的款项，并不存在本金20万元未付的事实。并且提出，许某出具的最后一张收条上，注明“全部结清”，表明双方之间的本息已全部结清，自然也不存在违约金。对此，申请人许某不予认可，认为“全部结清”仅指当期的债务，并非双方之间的全部债务。

［分歧］上述案例涉及执行过程中的一个关键问题，即债务人的实体权利如何保护。我国现行民事诉讼法经历了两次大的修改，在以往屡遭诟病的执行救济制度方面有了很大的改进，逐步引入了程序上的执行异议，确立了案外第三人执行异议。对于当事人，也规定了当事人、利害关系人认为执行行为违反法律规定的，可以向负责执行的人民法院提出书面异议。但对于债务人（被执行人）的保护仍显不足，债务人实体上的救济途径尚无明确规定，这导致在执行事务中，难以为债务人实体上提供有效的救济。而在执行过程中，债务人的权利遭受损害的情况是客观存在的。对于如何解决执行过程中涉及债务人实体权利的救济，目前有两种不同观点。

一种观点认为，法院执行已生效法律文书并无不当，只要法院的执行行为并不存在违反法律规定等情况，对于债务人提出的执行异议，法院不负有审查、处理的义务。且我国的执行救济机制不宜设立债务人异议之诉。因为异议之诉毕竟与普通的民事诉讼不同，异议之诉所涉及的纠纷通常具有双重性，即确认债务人或第三人的实体法律关系与排除强制执行。同时，还涉及如何与执行机构业务衔接的问题，这具有双重性的异议之诉由一个民事审判组织裁判并不妥当，且按照普通的民事审判程序，其审理周期较长，不符合执行救济迅速的要求，权利人的合法权利不能及时予以保护。实行异议之诉与我国现行的民事诉讼法规定不协调，会破坏民事诉讼法的整体性和其内在的统一性，进而可能引起诉讼程序的紊乱。

另一种观点认为，应当通过确立执行异议之诉来解决。以本案为例，由于审理阶段达成的调解协议很可能在实际履行过程中出现新的情况，或双方当事人作了新的约定，如果强制执行，却无视债务人的异议，债务人的实体权利可能遭受侵害。既然权利可能被侵害或存在侵害危险，就应当提供法律救济途径。尽管执行救济具有从属的性质，救济权是相对于主体的主权利而言的从权利或“助权利”。但是，如果被剥夺了救济权，那么债务人的主权利的维护和保障就无从谈起。而现行法律规定的执行程序框架内，执行监督和执行行为异议，都无法救济债务人的实体权利，因此，需通过确立执行异议之诉来解决。

【对案外人异议可进行有限的实体审查】

中国中旅（集团）公司与华证资产管理有限公司股权转让纠纷执行案［北京市第二中级人民法院（2014）二中执异字第00107号民事裁定书（《人民司法·案例》2014年第20期）］，执行救济程序制度设计的初衷，一方面要考虑为当事人提供充分的权利保障，另一方面也要考虑执行程序本身的效率。为了判断当事人的权利主张是否成立，案外人异议程序不可避免地要适用实体法的相关规定，只有采取一定程度上的实体审查方式，才能充分发挥这项制度的应有作用。

【执行程序中对瑕疵股权转让的处理】

江苏法尔胜新型管业有限公司与河南龙光建设工程有限公司买卖合同纠纷案［江苏省江阴市人民法院（2010）澄执字第1235号民事裁定书（《人民司法·案例》2011年第8期）］，被执行公司无财产清偿债务，但增资时股东有抽逃出资行为，并将该股权转让，此时应当区分瑕疵股权受让人受让股权时是否善意，并根据申请执行人的申请，裁定追加原股东或现股东为被执行人，在抽逃注册资金的范围内对申请执行人承担责任。

第七十三条 【股权转让的变更登记】 依照本法第七十一条、第七十二条转让股权后，公司应当注销原股东的出资证明书，向新股东签发出资证明书，并相应修改公司章程和股东名册中有关股东及其出资额的记载。对公司章程的该项修改不需再由股东会表决。

相关案例

【工商变更登记是否影响受让人对股权的取得】

邹风泉、李兵华诉长沙市工商行政管理局雨花分局、第三人湖南鑫湘林牧业发展有限公司、陈维熙等工商行政登记案［湖南省长沙市雨花区人民法院（2015）雨行初字第00032号民事判决书］，《公司登记管理条例》第六十五条规定：“提交虚假材料或者采取其他欺诈手段隐瞒重要事实，取得公司登记的，由公司登记机关责令改正，处以5万元以上50万元以下的罚款；情节严重的，撤销公司登记或者吊销营业执照。”《最高人民法院关于审理公司登记行政案件若干问题的座谈会纪要》第一款规定：“因申请人隐瞒有关情况或者提供虚假材料导致登记错误的，登记机关可以在诉讼中依法予以更正。登记机关依法予以更正且在登记时已尽到审慎审查义务，原告不申请撤诉的，人民法院应当驳回其诉讼请求。原告对错误登记无过错的，应当退还其预交的案件受理费。登记机关拒不更正的，人民法院可以根据具体情况判决撤销登记行为、确认登记行为违法或者判决登记机关履行更正职责。”该条第二款规定：“公司法定代表人、股东等以申请材料不是其本人签字或者盖章为由，请求确认登记行为违法或者撤销登记行为的，人民法院原则上应按照本条第一款规定处理，但能够证明原告此前已明知该情况却未提出异议，并在此基础上从事过相关管理和经营活动的，人民法院对原告的诉讼请求一般不予支持。”本案中，鑫湘公司申请变更登记提交的同意股东变更、股权转让、同意通过公司新章程、同意委托股东陈维熙办理公司变更登记事宜的股东会议决议的“邹风泉”“李兵华”签名，不是邹风泉、李兵华的签名笔迹，不能反映邹风泉、李兵华同意股东、股权变更登记的真实意思，且没有证据表明邹风泉、李兵华授权陈维熙办理股东、股权的变更登记，故变更登记结果错误。邹风泉、李兵华请求撤销雨花工商分局于2014年9月3日对鑫湘公司的变更登记，本院予以支持。

【工商行政机关股东变更登记审慎审查义务的确定】

赵国良与崇仁县工商行政管理局股权变更登记纠纷上诉案［江西省抚州市中级人民法院（2011）抚行终字第42号民事判决书（《人民司法·案例》2013年第6期）］，工商行政机关办理股权转让登记过程中，不仅要审查申报材料是否完备并符合法定形式，而且应以行政法一般原则中的合理行政原则为依据、以登记机关判断与识别能力为限度、在专业范围内对申报材料中的签字盖章等内容的真实性负审查责任。

【股权登记不影响已取得股权的认定】

广东深圳中院判决西子英诉汪公股权转让合同纠纷案［广东省深圳市中级人民法院（2012）深中法商终字第563号民事判决书］，有限责任公司股东取得出资证明书和股东名册后即成为股东，可依法据此行使股东权利。股权登记仅是宣示性登记，是否办理该登记并不影响已取得股权的认定；股东转让股权后，公司办理相应变更登记仅是附随义务，如未履行该义务，仅仅是不能对抗转让双方之外的第三人，并不影响转让协议已切实履行的认定。本案中，股权转让合同签订后，转让方已向受让方移交公司公章及重要业务合同，应视为受让方已实际控制公司、合同已切实履行；未办理工商变更登记的，受让方仍应向转让方支付相等于股权转让价款的损失赔偿金。

第七十四条 【异议股东股权收购请求权】 有下列情形之一的，对股东会该项决议投反对票的股东可以请求公司按照合理的价格收购其股权：

（一）公司连续五年不向股东分配利润，而公司该五年连续盈利，并且符合本法规定的分配利润条件的；

（二）公司合并、分立、转让主要财产的；

（三）公司章程规定的营业期限届满或者章程规定的其他解散事由出现，股东会会议通过决议修改章程使公司存续的。

自股东会会议决议通过之日起六十日内，股东与公司不能达成股权收购协议的，股东可以自股东会会议决议通过之日起九十日内向人民法院提起诉讼。

一、相关司法解释及两高工作文件

《最高人民法院关于适用〈中华人民共和国公司法〉若干问题的规定（一）（2014修正）》（法释〔2006〕3号）对异议股东股权收购请求权的诉讼时效，规定如下：

第三条 原告以公司法第二十二条第二款、第七十四条第二款规定事由，向人民法院提起诉讼时，超过公司法规定期限的，人民法院不予受理。

二、相关文件规定

《公司注册资本登记管理规定》（自2014年3月1日起施行）对异议股东收购请求权的登记程序，规定如下：

第十二条 有限责任公司依据《公司法》第七十四条的规定收购其股东的股权的，应当依法申请减少注册资本的变更登记。

三、相关案例

1. 异议股东股权回购请求权诉讼

【公司与股东签订《股权回购协议》的效力】

广州市双诚信息技术有限公司诉吕桂新股权转让协议纠纷案[广东省广州市越秀区人民法院(2015)穗越法民二初字第612号民事判决书],《公司法》第七十四条赋予异议股东在特定的情形出现时,可以要求对其所持股份的价值进行评估并由公司以公平合理的价格予以回购的权利,其制度价值主要在于保护中小股东的利益,使异议股东可以以获得合理、公平的股份补偿的方式脱离公司,而不再受到"资本多数决"形成的决议的约束。在通常情形下,针对有限责任公司和股东协商收购股东股份的,法律并未作出禁止性规定。虽《公司法》第一百四十二条规定了股份有限公司不得收购本公司股份,但该规定并不适用于有限责任公司。另外,在本案原告收购被告股份前后,公司注册资本未发生变化,并未以回购股金的方式抽逃资本,不违反资本维持原则。原告、被告之间自愿订立的《股权回购协议》,是双方真实意思表示,不违反法律强制性规定,亦未损害国家、集体及第三人利益,应当认定其具有法律效力。故原告要求确认原、被告签订的《股权回购协议》无效的诉讼请求,不予支持。

【非因自身过错未能参加股东会的股东,虽未投反对票,但对转让主要财产明确提出反对意见,可以请求公司回购其股权】

袁朝晖与长江置业(湖南)发展有限公司请求公司收购股份纠纷案[最高人民法院(2014)民申字第2154号民事裁定书(《最高人民法院公报》2016年第1期(总第231期))],依据《公司法》第七十四条之规定,对股东会决议转让公司主要财产投反对票的股东有权请求公司以合理价格回购其股权。非因自身过错未能参加股东会的股东,虽未对股东会决议投反对票,但对公司转让主要财产明确提出反对意见的,其请求公司以公平价格收购其股权,法院应予支持。

【公司从其股东手中收购股权后,又转由其他股东受让,按照意思自治原则,该股权收购有效】

苏社平与庆阳市威龙房地产开发有限责任公司等股权转让纠纷上诉案[甘肃省庆阳地区中级人民法院(2013)庆中民终字第311号民事判决书],威龙公司以500万元和250万元的价格分别收购其股东苏社平、贾添箭股权的行为虽不属于《公司法》第七十五条(编者注:现为该法第七十四条)规定的异议股东的股权回购情形,但也未违反法律、行政法规的效力性强制性规定,苏社平、贾添箭亦未提供充分证据证明威龙公司在收购其股权时存在采用欺诈、胁迫手段损害其合法利益的行为。威龙公司收购苏社平、贾添箭二人的股权后又转由公司股东王生伟、张正礼受让,转让人与受让人一致认可,且威龙公司的股东王义学、张胜利、齐建峰亦证实苏社平、贾添箭转让股权及威龙公司收购股权后受让其他股东的事宜系股东会议通过,公司股东分别在股东会议决议上签字认可,可见《股权收购合同书》约定的"本合同自双方签字盖章并经乙方公司股东会通过后生效"的条件已实现,结合股权转让金已经转款回执、收、领条证实实际履行,按照当事人意思自治的原则,应对苏社平、贾添箭与威龙公司签订的《股权收购合同书》的效力予以认定。

【对公司转让财产行为性质的判断】

薛峰诉京卫医药科技集团有限公司案[北京市第二中级人民法院(2012)二中民终字第2333号民事判决书],公司股东会决议转让主要财产的,对该项决议投反对票的股东可以在决议通过之日起60日内请求公司按照合理价格收购其股权,与公司不能达成股权收购协议的,可以在决议通过之日起90日内向法院提起诉讼。本案中,薛峰在投票反对股东会决议后60日内向京卫公司住所地邮寄了《股权回购请求函》,收件人为扈本山,京卫公司未予答复,薛峰在股东会决议通过后90日内向法院提起诉讼,符合法律规定。薛峰主张国康公司51%股权属于京卫公司主要财产,但并未提交充分证据加以证明,薛峰亦不能证明其股东权益在转让后将受到损害,且转让国康公司51%股权后,京卫公司的正常经营亦未发生根本性变化，故对其该项上诉主张，本院不予支持。

郭新华诉北京华商置业有限公司股权回购请求权案［北京市第一中级人民法院（2008）一中民初字第2959号民事判决书］，将公司转让主要财产列为异议股东提起股份回购之诉的事由，其立法本意在于防止不慎重的转让公司财产足以威胁公司的存在基础，对公司运营前景产生重大不利影响，并从根本上动摇股东对公司的投资预期。转让财产的行为是否属于公司常规经营活动，转让财产所占公司资产的比例等通常是考量公司转让其财产行为是否实质性影响了公司设立目的及公司存续，是否损害公司和股东利益的标准。被告公司作为房地产开发租售企业，厂房是公司出租盈利的资本，没有了厂房，公司就失去了经营的基础。因此，厂房属于该有限公司的主要财产，异议股东有权依据《公司法》的规定要求公司回购其股份。

【有限责任公司回购本公司股份应坚决禁止】

南通轻工机械厂诉江苏黄河公司、江苏苏辰公司股东之间股权转让及公司为股东担保纠纷案［《江苏省高级人民法院公报》2011年第6辑］，公司为股东之间的股权转让提供担保的行为可能导致公司回购本公司股份、造成公司资本不当减少的结果，不仅违反公司法有关回购本公司股份的禁止性规定，亦违背了公司资本维持原则，对公司债权人和交易安全造成损害，故该担保行为无效。

【公司回购股权条件成就的认定】

上海建维工贸有限公司诉上海尊蓝山餐饮有限公司股份收购请求权纠纷案［上海市第二中级人民法院（2010）沪二中民四（商）终字第1406号民事裁定书］，根据《公司法》的规定，在大股东和被告公司采取消极不合作方式，对请求回购的小股东权利救济带来困难的情况下，虽未实际召开股东会，但已经满足“连续五年不分配利润”和“连续五年盈利”的回购条件，人民法院可以认定股东要求被告公司收购其股权的条件已经成立。

唐秋泉诉苏州工业园区宝利时电力成套设备有限公司回购股权案［江苏省苏州市工业园区人民法院2006年7月12日民事判决书］，《公司法》规定公司连续5年不向股东分配利润，而公司该5年连续盈利，并且符合本法规定的分配利润条件的，对股东会该项决议投反对票的股东可以请求公司按合理的价格收购其股权。自股东会会议通过之日起60日内，股东与公司不能达成收购协议的，股东可以自股东会会议决议通过之日起90日内向人民法院提起诉讼。该规定体现了《公司法》对中小股东权益的保护。但为维持公司的正常运作，限制权利的滥用，异议股东请求回购股权的权利的行使应严格遵循《公司法》的规定，即在有股东会的召开和股东会作出了不分配利润的决议的情况下，异议股东才可据此在法定的期间内要求公司回购其股权。但本案中无此事实存在。

【有限责任公司股份回购中的几个法律问题】

叶述友与重庆市良晨商贸有限公司撤销股东会决议纠纷上诉案［重庆市第一中级人民法院（2007）渝一中法民终字第1454号民事判决书（《人民司法·案例》2010年第20期）］，有限责任公司股东以股东会决议违反公司章程为由，提起撤销股东会决议之诉，应以公司为被告。公司向股东支付资金回购本公司股份均会造成公司与股东身份混同，故除法律明文规定的情形外，有限责任公司回购本公司股份应坚决禁止。股东会决议对全体股东具有拘束力，在公司股份回购中，个体股东是否接受股东会决议形成的公司回购要约由其自主决定，不受有关股东会决议的拘束。

【公司职工退回职工股的效力认定】

陈燕影与江苏省南京正大经济开发有限公司股东知情权纠纷上诉案［江苏省南京市中级人民法院（2006）宁民二终字第699号民事判决书（《人民司法·案例》2007年第24期）］，持股职工因脱离公司而将所持公司股份退还给公司，这种由公司收购的行为因不具备公司法规定的法定退股条件，应视为无效。本案中，被告正大公司为有限责任公司，股东在向公司履行了出资义务后，不能以任何形式从公司取回投资款。正大公司与陈燕影之间办理的退股手续实质为公司退还陈燕影投资款，该行为违反了公司法的强制性规定，应为无效。故陈燕影虽然收取了退股款，但其仍是被告的股东。股东在投资款不到位的情况下，其股东权利的行使应当受到限制，因此陈燕影必须在退还正大公司退股款的情况下，方能行使知情权，查阅正大公司的相关文件。

2. 对赌协议纠纷

【股东和公司之间的对赌有效，但是要看合同是否具备事实上和法律上的履行可能】

江苏华工创业投资有限公司与扬州锻压机床股份有限公司、潘云虎等请求公司收购股份纠纷再审案［江苏省高级人民法院（2019）苏民再62号民事判决书］，具体如下：

第一，案涉对赌协议效力应认定有效。案涉对赌协议签订时扬锻集团公司系有限责任公司，且该公司全体股东均在对赌协议中签字并承诺确保对赌协议内容的履行。该协议约定扬锻集团公司及其原全体股东应在华工公司书面提出回购要求之日起30日内完成回购股权等有关事项，包括完成股东大会决议，签署股权转让合同以及其他相关法律文件，支付有关股权收购的全部款项，完成工商变更登记；扬锻集团公司的违约行为导致华工公司发生任何损失，扬锻集团公司及其全体股东承担连带责任。上述约定表明，扬锻集团公司及全部股东对股权回购应当履行的法律程序及法律后果是清楚的，即扬锻集团公司及全部股东在约定的股权回购条款激活后，该公司应当履行法定程序办理工商变更登记，该公司全体股东负有履行过程中的协助义务及履行结果上的保证责任。

我国《公司法》并不禁止有限责任公司回购本公司股份，有限责任公司回购本公司股份不当然违反我国《公司法》的强制性规定。有限责任公司在履行法定程序后回购本公司股份，亦不会损害公司股东及债权人利益，亦不会构成对公司资本维持原则的违反。在有限责任公司作为对赌协议约定的股份回购主体的情形下，投资者作为对赌协议相对方所负担的义务不仅限于投入资金成本，还包括激励完善公司治理结构以及以公司上市为目标的资本运作等。投资人在进入目标公司后，亦应依《公司法》的规定，对目标公司经营亏损等问题按照合同约定或者持股比例承担相应责任。案涉对赌协议中关于股份回购的条款内容，是当事人特别设立的保护投资人利益的条款，属于缔约过程中当事人对投资合作商业风险的安排，系各方当事人的真实意思表示。股份回购条款中关于股份回购价款约定为：华工公司投资额＋（华工公司投资额 ×8%× 投资到公司实际月份数 /12）—扬锻集团公司累计对华工公司进行的分红。该约定虽为相对固定收益，但约定的年回报率为8%，与同期企业融资成本相比并不明显过高，不存在脱离目标公司正常经营下所应负担的经营成本及所能获得的经营业绩的企业正常经营规律。华工公司、扬锻集团公司及扬锻集团公司全体股东关于华工公司上述投资收益的约定，不违反国家法律、行政法规的禁止性规定，不存在《合同法》第五十二条规定的合同无效的情形，亦不属于合同法所规定的格式合同或者格式条款，不存在显失公平的问题。扬锻公司及潘云虎等关于案涉对赌协议无效的辩解意见，本院不予采信。扬锻集团公司变更为扬锻公司后，案涉对赌协议的权利义务应由扬锻公司承继，在案涉对赌条款激活后，扬锻公司应按照协议约定履行股份回购义务，潘云虎等原扬锻集团公司股东应承担连带责任。

第二，案涉对赌协议具备履行可能性。2011年11月20日，扬锻集团公司股东一致表决通过新的公司章程，明确扬锻公司为股份有限公司。同年12月29日，扬锻集团公司经工商部门核准变更为扬锻公司。故案涉对赌协议约定的股份回购义务应由扬锻公司履行。扬锻公司作为股份有限公司，不同于原扬锻集团，故华工公司诉请扬锻公司履行股份回购义务，尚需具备法律上及事实上的履行可能。

关于股份有限公司股份回购，《公司法》第一百四十二条第一款规定，公司不得收购本公司股份。但是，有下列情形之一的除外：（一）减少公司注册资本；（二）与持有本公司股份的其他公司合并……第二款规定，公司因前款第（一）项至第（三）项的原因收购本公司股份的，应当经股东大会决议……第三款规定，公司依照前款规定收购本公司股份后，属于第（一）项情形的，应当自收购之日起十日内注销……根据上述规定可知，《公司法》原则上禁止股份有限公司回购本公司股份，但同时亦规定了例外情形，即符合上述例外情形的，《公司法》允许股份有限公司回购本公司股份。本案中，扬锻公司章程亦对回购本公司股份的例外情形作出了类似的规定，并经股东一致表决同意，该规定对扬锻公司及全体股东均有法律上的约束力。《公司法》第三十七条、第四十六条、第一百七十七条、第一百七十九条，已明确规定了股份有限公司可减少注册资本回购本公司股份的合法途径。如股份有限公司应由公司董事会制定减资方案；股东会作出减资决议；公司编制资产负债表及财产清单；通知债权人并公告，债权人有权要求公司清偿债务或提供担保；办理工商变更登记。扬锻公司履行法定程序，支付股份回购款项，并不违反公司法的强制性规定，亦不会损害公司股东及债权人的利益。关于华工公司缴纳的冲入扬锻公司资本公积金部分的本金2000万元及相关利息损失。《公司法》第三条第一款规定，公司是企业法人，有独立的法人财产，享有法人财产权。公司以其全部财产对公司的债务承担责任。第二款规定，有限责任公司的股东以其认缴的出资额为限对公司承担责任；股份有限公司的股东以其认购的股份为限对公司承担责任。公司的全部财产中包括股东以股份形式的投资、以及其他由公司合法控制的能带来经济利益的资源，例如借款等。公司对外承担债务的责任财产为其全部财产，也即上述资产均应作为对外承担债务的范围。对赌协议投资方在对赌协议中是目标公司的债权人，在对赌协议约定的股权回购情形出现时，当然有权要求公司及原股东承担相应的合同责任。在投资方投入资金后，成为目标公司的股东，但并不能因此否认其仍是公司债权人的地位。投资方基于公司股东的身份，应当遵守公司法的强制性规定，非依法定程序履行减资手续后退出，不能违法抽逃出资。而其基于公司债权人的身份，当然有权依据对赌协议的约定主张权利。《公司法》亦未禁止公司回购股东对资本公积享有的份额。案涉对赌协议无论是针对列入注册资本的注资部分还是列入资本公积金的注资部分的回购约定，均具备法律上的履行可能。

扬锻集团公司在投资方注资后，其资产得以增长，而且在事实上持续对股东分红，其债务承担能力相较于投资方注资之前得到明显提高。扬锻公司在持续正常经营，参考华工公司在扬锻公司所占股权比例及扬锻公司历年分红情况，案涉对赌协议约定的股份回购款项的支付不会导致扬锻公司资产的减损，亦不会损害扬锻公司对其他债务人的清偿能力，不会因该义务的履行构成对其他债权人债权实现的障碍。相反，华工公司在向扬锻集团公司注资后，同时具备该公司股东及该公司债权人的双重身份，如允许扬锻公司及原扬锻集团公司股东违反对赌协议的约定拒绝履行股份回购义务，则不仅损害华工公司作为债权人应享有的合法权益，亦会对华工公司股东及该公司债权人的利益造成侵害，有违商事活动的诚实信用原则及公平原则。案涉对赌协议约定的股份回购条款具备事实上的履行可能。

【对赌协议不是劳动合同】

厦门艾伯特宝贝家居设备有限公司、庄瑷玮劳动争议案［福建省厦门市中级人民法院（2018）闽02民终1747号民事判决书］，本案系劳动争议，争议的焦点为艾伯特公司是否与庄瑷玮签订书面劳动合同。艾伯特公司主张，《员工入职申请表》《对赌协议》《薪资文件》已经具备了劳动合同的主要内容，应视为双方已经签订了书面劳动合同。本院认为，从形式看，《员工入职申请表》体现的是新进员工申请入职的程序，有别于劳动者和用人单位经协商达成一致而订立的书面劳动合同。从内容看，《员工面试报到单》只是艾伯特公司对庄瑷玮入职的审批过程，并无双方经协商达成一致的内容体现，亦无“用人单位的住所”“社会保险”“合同期限”“劳动保护、劳动条件和职业危害防护”等法律规定劳动合同成立所必须具备的内容，故《员工入职申请表》不能视同劳动合同。而《对赌协议》只是双方对2017年工作指标及相应后果的约定，系双方对完成工作指标及相应后果所作的互相承诺而已。至于《薪资文件》，则只是艾伯特公司进行用工管理的内部文件，并非双方协商一致的结果。因此，《对赌协议》和《薪资文件》同样也不能视同劳动合同。综上，艾伯特公司主张《员工入职申请表》《对赌协议》《薪资文件》应视劳动合同，理由不能成立，本院不予采信。

【公司为股东之间对赌协议提供的担保无效，公司应承担过错赔偿责任】

通联资本管理有限公司与成都新方向科技发展有限公司等与公司有关的纠纷再审案［最高人民法院（2017）最高法民再258号民事判决书］，具体如下：

第一，关于久远公司应否对新方向公司的股权回购义务承担履约连带责任问题。

《增资扩股协议》中约定新方向公司在约定触发条件成就时按照约定价格回购通联公司持

有的久远公司股权，该约定实质上是投资人与目标公司原股东达成的特定条件成就时的股权转让合意，该合意系当事人真实意思表示，亦不存在违反公司法规定的情形，二审判决认定新方向公司与通联公司达成的"股权回购"条款有效，且触发回购条件成就，遂依协议约定判决新方向公司承担支付股权回购款本金及利息，适用法律正确，本院予以维持。新方向公司辩称《增资扩股协议》约定的股权回购条款无效、回购条件不成就，没有事实和法律依据，应不予支持。

至于《增资扩股协议》中约定久远公司对新方向公司的股权回购义务承担履约连带责任的条款效力问题。本院认为，首先，久远公司不是股权回购的义务主体，并不产生久远公司回购本公司股份的法律后果，即不存在新方向公司答辩中称《增资扩股协议》约定久远公司对新方向公司的股权回购义务承担履约连带责任的条款违反《公司法》第三十五条、第三十六条、第三十七条第一款第（七）项及第七十四条规定的情形。其次，《增资扩资股协议》第6.2.1条约定久远公司对新方向公司负有的股权回购义务承担履约连带责任，并未明确为连带担保责任。通联公司在一审也是诉请久远公司对新方向公司承担的股份回购价款及涉及的税款承担连带责任。但是，久远公司、新方向公司二审上诉中称"通联公司明知未经股东会批准，而约定由久远公司对新方向公司提供担保，有违我国《公司法》第十六条第二款的规定，其请求亦不应得到支持"。通联公司亦抗辩称"我国《公司法》第十六条第二款属于管理性强制性规定，即使久远公司所提供的该担保未经股东会议决议，也不影响担保的有效性"。二审法院在双方当事人将《增资扩资股协议》第6.2.1条约定的"连带责任"条款解释为"连带担保责任"基础上，并适用《公司法》第十六条第二款的规定裁判本案。本院认为，连带担保责任属于连带责任的情形之一，但连带担保责任有主从债务之分，担保责任系从债务。双方当事人将"连带责任"理解为"连带担保责任"，并未加重久远公司的责任负担，且从通联公司诉请久远公司的责任后果看，是对新方向公司承担的股权回购价款本息承担连带责任，仍然属于金钱债务范畴，也与久远公司实际承担的法律责任后果一致，本院予以确认。因此，二审判决依据公司法第十六条第二款关于公司对控股股东、实际控制人提供担保的相关规定来裁判久远公司对新方向公司的股权回购义务承担履约连带责任的条款效力，并无不当。再次，通联公司申请再审称《公司法》第十六条第二款的规定系管理性规范，久远公司承诺为新方向公司的股权回购义务承担履约连带责任，虽然未经久远公司股东会决议通过，亦不影响公司承诺担保条款的效力，并提交最高人民法院相关案例佐证。本院认为，《公司法》第十六条第二款明确规定"公司为公司股东或者实际控制人提供担保的，必须经股东会或者股东大会决议"，该条规定的目的是防止公司股东或实际控制人利用控股地位，损害公司、其他股东或公司债权人的利益。对于合同相对人在接受公司为其股东或实际控制人提供担保时，是否对担保事宜经过公司股东会决议负有审查义务及未尽该审查义务是否影响担保合同效力，公司法及其司法解释未作明确规定。二审法院认为，虽然久远公司在《增资扩股协议》中承诺对新方向公司进行股权回购义务承担连带责任，但并未向通联公司提供相关的股东会决议，亦未得到股东会决议追认，而通联公司未能尽到基本的形式审查义务，从而认定久远公司法定代表人向生建代表公司在《增资扩股协议》上签字、盖章行为，对通联公司不发生法律效力，适用法律并无不当。

第二，久远公司应否承担"连带责任条款"无效后的过错赔偿责任。

通联公司在签订《增资扩股协议》时，因《久远公司章程》中并无公司对外担保议事程序规定，通联公司有合理理由相信向生建有权代表公司对外签订有担保意思表示内容的《增资扩股协议》，但其未能尽到要求目标公司提交股东会决议的合理注意义务，导致担保条款无效，对协议中约定的担保条款无效自身存在过错。而久远公司在公司章程（2009年6月9日之前）中未规定公司对外担保及对公司股东、实际控制人提供担保议事规则，导致公司法定代表人使用公章的权限不明，法定代表人向生建，未经股东会决议授权，越权代表公司承认对新方向公司的股权回购义务承担履约连带责任，其对该担保条款无效也应承担相应的过错责任。《最高人民法院关于适用〈中华人民共和国担保法〉若干问题的解释》第七条规定："主合同有效而担保合同无效，担保人无过错的，担保人不承担民事责任；担保人有过错的，担保人承担民事责任的部分，不应超过债务人不能清偿部分的二分之一。”根据该条规定，通联公司、久远公司对《增资扩股协议》中约定的“连带责任”条款无效，双方均存在过错，久远公司对新方向公司承担的股权回购款及利息，就不能清偿部分承担二分之一的赔偿责任。

【股东间“对赌协议”的效力认定】

王美金诉陈晓龙股权转让纠纷案［福建省高级人民法院（2017）闽民申2492号民事裁定书］，发生于股东之间的“对赌协议”，因其补偿主体为目标公司股东，通常不会浸害公共利益和违反法律强制性规定，应认定为有效。

王美金与陈晓龙签订的《增资扩股附属协议》系双方当事人真实意思表示，不违反法律、行政法规的强制性规定，合法有效，对双方当事人具有法律约束力。双方约定的“股份回购”条款系王美金为保护自身利益专门设置的在一定条件下自行退出该投资法律关系、恢复股权原有状态，并取得一定经济补偿的条款，属于缔约过程中当事人对投资合作商业风险的安排，且不存在其他附加条件，在该协议中双方已就在将来的经营过程中可能遇到的合作后果作出了安排，系双方的理性选择和商业判断，法院应尊重双方的自治行为，尊重各方基于私法自治精神达成的契约或契约型安排。在未违反法律规定中的效力性规范、诚实信用原则和公序良俗原则，不损害社会公共利益的前提下，双方自愿达成的契约或契约性安排都属于有效且应当予以尊重，双方也应予以遵守。现金刚石公司未按照约定上市，协议约定的股权回购条件业已成就，故王美金请求陈晓龙承担购回股份的责任具有合同与法律的依据，应予以支持。

【对赌协议之债是否属于夫妻共同债务】

上海用久投资管理合伙企业（有限合伙）诉陆晓奇、何隽逸等公司增资纠纷案［上海市青浦区人民法院（2017）沪0118民初5584号民事判决书］，对赌协议之债系并非基于夫妻共同意思表示，未用于夫妻共同生活、共同生产经营，故不属于夫妻共同债务。

关于涉案债务是否属于夫妻共同债务问题。本案中，陆晓奇的回购义务产生于2016年6月30日，当时两被告仍系夫妻关系，且金额达2000万元，明显超出家庭日常生活所需。争议在于回购之债是否基于夫妻共同意思表示，或用于夫妻共同生活、共同生产经营。

第一，系争回购之债并非基于两被告共同意思表示。夫妻共同意思表示的情形包括夫妻双方共同签字或者夫妻一方事后追认等情形。本案中原告未提供证据证明存在前述情形，仅凭何隽逸知晓陆晓奇从事经营行为就推定何隽逸对陆晓奇的融资行为及回购责任存在共同意思表示，没有法律规定，不予认定。

第二，系争回购之债未用于夫妻共同生活、共同生产经营。用久中心基于《补充协议》要求陆晓奇承担回购责任，只要满足回购条件即可，而不论是何原因触发回购条件。对陆晓奇而言，该回购债务属于纯负担债务，其并没有因负担回购债务而直接获取款项或者其他利益，不存在用于夫妻共同生活、共同生产经营的前提。

第三，增资款项的用途并非本案审查范围。用久中心基于《增资协议》向荷杭公司增资并取得股东权益，依约取得增资款项的是荷杭公司，而不是陆晓奇。用久中心并非基于荷杭公司违约或违法使用增资款项追究陆晓奇的责任，故增资款项的用途并非本案审查范围，对于用久中心为查明增资款项用途而提出的调查申请、追加当事人申请不予准许。

【被投资公司为股东和投资人的对赌协议承担连带保证责任的约定有效】

强静延与曹务波等股权转让纠纷再审案［最高人民法院（2016）最高法民再128号民事判决书］，案涉《补充协议书》所约定担保条款合法有效，瀚霖公司应当依法承担担保责任，理由如下：

其一，强静延已对瀚霖公司提供担保经过股东会决议尽到审慎注意和形式审查义务。案涉《增资协议书》载明”瀚霖公司已通过股东会决议，原股东同意本次增资；各方已履行内部程序确保其具有签订本协议的全部权利；各方授权代表已获得本方正式授权”。《补充协议书》载明“甲方（瀚霖公司）通过股东会决议同意本次增资扩股事项”。因两份协议书约定内容包括增资数额、增资用途、回购条件、回购价格以及瀚霖公司提供担保等一揽子事项，两份协议书均由瀚霖公司盖章及其法定代表人签名。对于债权人强静延而言，增资扩股、股权回购、公司担保本身属于链条型的整体投资模式，基于《增资协议书》及《补充协议书》的上述表述，强静延有理由相信瀚霖公司已对包括提供担保在内的增资扩股一揽子事项通过股东会决议，曹务波已取得瀚霖公司授权代表公司对外签订担保条款，且瀚霖公司在本案审理中亦没有提交其他相反证据证明该公司未对担保事项通过股东会决议，故应当认定强静延对担保事项经过股东会决议已尽到审慎注意和形式审查义务，因而案涉《补充协议书》所约定担保条款对瀚霖公司已发生法律效力。

其二，强静延投资全部用于公司经营发展，瀚霖公司全体股东因而受益，故应当承担担保责任。《公司法》第十六条之立法目的，系防止公司大股东滥用控制地位，出于个人需要、为其个人债务而由公司提供担保，从而损害公司及公司中小股东权益。本案中，案涉担保条款虽系曹务波代表瀚霖公司与强静延签订，但是3000万元款项并未供曹务波个人投资或消费使用，亦并非完全出于曹务波个人需要，而是全部投入瀚霖公司资金账户，供瀚霖公司经营发展使用，有利于瀚霖公司提升持续盈利能力。这不仅符合公司新股东强静延的个人利益，也符合公司全体股东的利益，瀚霖公司本身是最终的受益者。即使确如瀚霖公司所述并未对担保事项进行股东会决议，但是该担保行为有利于瀚霖公司的自身经营发展需要，并未损害公司及公司中小股东权益，不违反《公司法》第十六条之立法目的。因此，认定瀚霖公司承担担保责任，符合一般公平原则。

综上，强静延已对瀚霖公司提供担保经过股东会决议尽到审慎注意和形式审查义务，瀚霖公司提供担保有利于自身经营发展需要，并不损害公司及公司中小股东权益，应当认定案涉担保条款合法有效，瀚霖公司应当对曹务波支付股权转让款及违约金承担连带清偿责任。

【公司对股东对赌回购义务提供担保的效力】

北京中厚财富投资中心（有限合伙）诉王政昌、北京立高防水工程有限公司股权转让案［北京市第三中级人民法院（2016）京03民初24号民事判决书］，《补充协议》关于立高防水公司对王政昌回购义务承担连带保证责任的约定无效，这主要基于以下几方面的考虑：

第一，《公司法》第十六条第二款规定："公司为公司股东或者实际控制人提供担保的，必须经股东会或者股东大会决议。"从2012年7月25日签订的《增资协议》《补充协议》的签约主体看，对于立高防水公司承担担保责任的情况，除王政昌之外，其他股东是不知情的；同时，各方当事人在诉讼中均未提供有效证据证明立高防水公司股东会或者股东大会对此担保内容作出过有效的决议或者除王政昌之外的其他股东对此担保内部是知情且认可的，因此，按照《公司法》的上述规定，立高防水公司为公司股东王政昌向公司增资人股方中厚投资中心提供担保的行为，缺乏有效的股东会或股东大会的决议，应为无效。

中厚投资中心主张，《公司法》第十六条规定是针对承担担保责任公司内部，目的是约束担保公司内部，该规定属于管理性规定而不是效力性规定，不能约束担保权人，因此，该担保是有效的。对此，本院认为，担保人立高防水公司担保的主债务是中厚投资中心人资立高防水公司成为担保人立高防水公司的股东而产生的债务，回购义务发生时，无论债务人王政昌还是债权人中厚投资中心均为立高防水公司股东，因此，《补充协议》签订时设定的立高防水公司保证责任，本质上是针对立高防水公司未来股东之间的股权转让提供的担保，担保权人中厚投资中心本身就是立高防水公司股东，并不是独立于立高防水公司之外的第三人，因此，《公司法》第十六条规定对本案具有约束力。

第二，本案性质，本质上是公司为股东内部股权转让提供担保的行为，实际上是以公司资产担保股权转让的实现，一旦需要公司承担担保责任，其后果实质导致公司向受让股权的一方股东退还出资。《公司法》第三十五条规定："公司成立后，股东不得抽逃出资。"如果立高防水公司为其股东在公司资产范围内承担连带清偿责任，虽然并非直接抽逃出资，但实际上造成了公司资本的不当减少，显然将以牺牲立高防水公司广大债权人的利益和社会交易安全为代价，违背了公司法资本维持与不变原则，应当给予否定评价。

第三，《补充协议》在约定了王政昌回购义务的同时，也约定了立高防水公司的回购义务，立高防水公司本身就是直接的回购义务人。从《补充协议》签订的目的看，无论哪种选择目的均是让立高防水公司、王政昌共同对回购义务承担责任。虽然本案中厚投资中心规避了选择立高防水公司承担回购义务的风险，选择由王政昌承担回购义务，由立高防水公司承担无限连带保证责任，现王政昌存在涉嫌刑事犯罪的情形，如其不能承担责任的情况下，实质变相发生了公司承担回购义务的后果。对此，我们也不应给予肯定性评价。

【股权增资对赌协议中损失条款的认定】

上海华铭智能终端设备股份有限公司、高勤诉北雁明翔有限公司等股权转让案［上海市浦东新区人民法院（2016）沪 0115 民初 44731 号民事判决书］，原告华铭公司、高勤与被告明翔公司、郭音、周凯签订的协议合法有效。因双方对支付股权回购款、办理股权变更登记手续的事项并无分歧，法院对原告华铭公司、高勤的该部分诉请予以支持。审理中，法院将原告华铭公司、高勤的诉请损失可分为两部分，即以回购义务产生为节点，一部分为投资过程中的增资款利息损失及预期分配利润损失，另一部分为投资结束及回购义务形成后，未支付回购款的资金占用利息损失。对于第一部分的损失，法院认为，因本案系风险投资，原告华铭公司、高勤的投资行为应当承担相应风险，而目标公司能否盈利，就是原告华铭公司、高勤的投资风险。因《增资入股协议》已经对上述风险作出了安排，即当目标公司未能实现上述经营收入时，原告华铭公司、高勤有权要求被告明翔公司、郭音、周凯以约定价格回购涉案股权，故不应再将该部分风险作为损失而要求被告明翔公司、郭音、周凯赔偿。对于第二部分损失，当时回购条款的适用条件已然成就，但被告明翔公司、郭音、周凯未按时支付回购款，因此产生了原告华铭公司、高勤资金占用损失，故应予赔偿。

【股权增资对赌协议中损失条款的认定】

上海华铭智能终端设备股份有限公司、高勤诉北雁明翔有限公司等股权转让案［上海市浦东新区人民法院（2016）沪 0115 民初 44731 号民事判决书］，2015 年 6 月 26 日，原告华铭公司、高勤与被告明翔公司、郭音、周凯及目标公司签订《增资入股协议》，约定原告华铭公司、高勤向目标公司分别增资 350 万元和 150 万元，并分别获得目标公司 7%和 3%的股权。为保证原告华铭公司、高勤增资目的得以实现，目标公司的原股东即被告明翔公司、郭音、周凯在协议中向原告华铭公司、高勤作出承诺，目标公司 2015 年度实现营业收入 1000 万元左右，税后净利润 250 万元左右；2016 年度实现营业收入 6000 万元左右，税后净利润 1500 万元左右；2017 年度实现营业收入 1 亿元左右，税后净利润 2500 万元左右，并约定如目标公司未实现上述营业收入之承诺，则被告明翔公司、郭音、周凯以增资价格作为回购价格，回购原告华铭公司、高勤增资取得的股权，且被告明翔公司、郭音、周凯应赔偿原告华铭公司、高勤全部损失。

法院将原告华铭公司、高勤的诉请损失可分为两部分，即以回购义务产生为节点，一部分为投资过程中的增资款利息损失及预期分配利润损失，另一部分为投资结束及回购义务形成后，未支付回购款的资金占用利息损失。对于第一部分的损失，法院认为，因本案系风险投资，原告华铭公司、高勤的投资行为应当承担相应风险，而目标公司能否盈利，就是原告华铭公司、高勤的投资风险。因《增资入股协议》已经对上述风险作出了安排，即当目标公司未能实现上述经营收入时，原告华铭公司、高勤有权要求被告明翔公司、郭音、周凯以约定价格回购涉案股权，故不应再将该部分风险作为损失而要求被告明翔公司、郭音、周凯赔偿。对于第二部分损失，当时回购条款的适用条件已然成就，但被告明翔公司、郭音、周凯未按时支付回购款，因此产生了原告华铭公司、高勤资金占用损失，故应予赔偿。

【投资人与被投公司股东约定的由被投公司股东承担回购义务的对赌条款应被认定为有效】

无锡江南大学国家大学科技园有限公司诉魏钢股权转让案［江苏省无锡市中级人民法院（2016）苏 02 民终 265 号民事判决书］，魏钢虽非《投资合同书》列明的当事人，但是《投资合同书》中明确约定有控股股东魏钢回购股权的条款，魏钢在《投资合同书》上的签字应理解为双重身份，即魏钢既代表中卡公司与江大公司签订《投资合同书》，又以其控股股东身份与江大公司达成了关于回购股权的约定。2014 年 8 月 30 日，中卡公司形成《股东会会议纪要》，载明“确保江大公司于10月底前以不低于300万元的价值完成退股”，魏钢和江大公司均在该会议纪要上签字。虽然该会议纪要并非严格的股权转让协议，但是从该会议纪要的内容来看，该会议纪要对于退股、退股的时间、价格均作出了约定，股权转让的合意十分明确。双方已经通过该会议纪要约定了于2014年10月底之前完成退股，无论当初《投资合同书》约定的股权回购条件是否成就，魏钢都应按照双方的约定承担回购股权的责任。

【公司回购股权、股东提供担保的效力认定】

蔡继续诉厦门欧迈家居有限公司等股权转让纠纷案［福建省厦门市同安区人民法院（2015）同民初字第859号民事判决书］，蔡继续与欧迈家居公司、陈加栋签订的投资合同书和担保协议均系各方当事人的真实意思表示，不违反法律、行政法规的强制性规定，应属合法有效，对各方当事人具有约束力。蔡继续按照投资合同书约定入资欧迈家居公司后，因欧迈家居公司未能按照《投资合同书》第4.9.2条规定即指定双方认可的审计机构就2013年的公司利润进行审计的约定履行，其行为构成了违约，应承担相应的违约责任。因此，蔡继续有权按照《投资合同书》第4.9条的规定，要求欧迈家居公司回购蔡继续所持有的公司全部或部分股份，欧迈家居公司也实际返还了蔡继续50万元的投资款。故，蔡继续要求欧迈家居公司返还股权回购款250万元的诉讼请求，符合合同约定，法院予以支持。关于律师费的承担问题。因原告、被告三方签订的担保协议约定：“欧迈家居公司若不能在约定期限内到账回购款将无条件赔偿因此给蔡继续带来的一切经济损失，包括但不限于所有本金及利息、违约金、赔偿金等，并赔偿甲方向乙方及上述相关担保人要求回购义务的所有费用（包括但不限于诉讼费用、律师费用、公证费用、执行费用等）。”蔡继续要求欧迈家居公司支付律师费30,000元，符合合同约定，法院予以支持。关于陈加栋的责任承担问题。根据原、被告三方签订的担保协议约定：“陈加栋为本《担保协议》第二条项下欧迈家居公司之义务提供连带担保，担保范围包括但不限于所有本金及利息、违约金、赔偿金等，及蔡继续实现《投资合同书》的第4.9条之规定之权利的所有费用（包括但不限于诉讼费用、律师费用、公证费用、执行费用等）。”陈加栋应对欧迈家居公司返还股权回购款及为实现债权所支付的律师费提供连带责任担保，应承担连带清偿责任。

【一方股东担保另一方股东之权益的合同有效】

孙兆国、唐守余合同纠纷再审审查与审判监督案［最高人民法院（2018）最高法民申4899号民事裁定书］，关于《股权担保书》的性质与效力认定问题。唐守余作为山东日科公司的股东，在增资扩股过程中与公司发生争议，为不影响公司上市，与时任山东日科公司董事、股东孙兆国签订《股权担保书》，约定在唐守余日后不能足额取得股东权益或者因山东日科公司或赵东日的原因致使唐守余的权益受损，或者孙兆国不能及时将上述股票办理流通手续，孙兆国承诺将其本人等额股票无偿转让给唐守余作为赔偿。从《股权担保书》签订的背景和约定内容来看，虽名为“担保书”，但实为孙兆国就唐守余的股东权益的实现与保障作出的承诺，性质上属于独立的合同，孙兆国主张该合同的性质为保证合同不符合客观事实。《股权担保书》是双方当事人真实意思的表示，不违反法律、行政法规的效力性强制性规定，依法应当认定有效。孙兆国主张《股权担保书》不成立，或者即使成立也应认定无效，均缺乏充分的事实和法律依据，本院不予支持。《股权担保书》对唐守余向山东日科公司投资入股的事实及股份份额进行了确认，并明确股款已用唐守余在山东日科公司的提成款结算付清，原审据此认定唐守余履行了出资义务于法有据。孙兆国主张唐守余未出资，但并未提供充分证据予以证明，对其该项主张，本院不予支持。山东日科公司上市后，唐守余并未依约取得股东权益，原审法院按照《股权担保书》的前述约定判令孙兆国承担相应责任，并无不当。案涉《股权担保书》系孙兆国承担责任的合同依据，应当适用合同法相关法律规范，一审法院适用公司法有关规定虽然有所不当，但并不影响案件实体处理结果，故孙兆国以原审适用法律错误为由申请再审，理由不能成立。

【对赌协议纠纷的法律规制及裁判规则】

苏州工业园区海富投资有限公司与甘肃世恒有色资源再利用有限公司等补偿款纠纷

再审案[最高人民法院(2012)民提字第11号民事判决书(《人民司法·案例》2014年第10期)]，在民间融资投资活动中，融资方和投资者设置估值调整机制(投资者与融资方根据企业将来的经营情况调整投资条件或给予投资者补偿)时要遵守公司法和合同法的规定。投资者与目标公司本身之间的补偿条款如果使投资者可以取得相对固定的收益，则该收益会脱离目标公司的经营业绩，直接或间接地损害公司利益和公司债权人利益，故应认定无效。但目标公司股东对投资者的补偿承诺不违反法律法规的禁止性规定，是有效的。在合同约定的补偿条件成立的情况下，根据合同当事人意思自治、诚实信用的原则，引资者(目标公司股东)应信守承诺，投资者应当得到约定的补偿。

【私募股权投资中股东承诺投资保底收益的效力】

浙江省宁波正业控股集团有限公司与上海嘉悦投资发展有限公司与公司有关的纠纷上诉案[上海市第一中级人民法院(2013)沪一中民四(商)终字第574号民事判决书(《人民司法·案例》2014年第10期)]，上市公司的股东及实际控制人在协议书中向原告承诺保底收益，原告基于此向法院要求两被告补偿其股权投资损失，因协议书是原告与两被告之间真实的意思表示，且协议书中约定的赔偿主体是上市公司的股东及实际控制人，而非上市公司本身，此种补偿并不损害上市公司、上市公司其他股东及其债权人的利益，应予支持。

《合同法司法解释(二)》第十四条将《合同法》第五十二条第(五)项规定的“强制性规定”限缩解释为“效力性强制性规定”。依反向解释，倘若某合同违反的强制性规定不是效力性强制性规定，则合同依然有效。倘若某法律或行政法规在确立某一强制性规范的同时，明确指出违反该规范的民事行为(含合同和章程等)无效或者不成立，则该强制性规范应被视为效力性规范，与之相抵触的民事行为一概无效。根据私法自治精神，法院既要尊重公司自身的自治行为，也要尊重股东的自治行为，还要尊重公司法律关系各方基于私法自治精神达成的契约或契约型安排。凡是不公然违反法律规定中的效力性规范、诚实信用原则和公序良俗原则，不损害社会公共利益的公司章程、自治规章、契约和契约性安排都属于有效。

【对赌不等于赌博】

深圳市英格利家具有限公司诉李学刚服务合同纠纷案[广东省高级人民法院(2014)粤高法民申字第1663号民事裁定书]，关于涉案《对赌协议》的效力问题。所谓对赌协议，一般是指投资方和融资方下达成协议时，双方对于未来不确定情况的一种约定。如果约定的条件出现，投资方可以行使一种权利；如果约定的条件不出现，融资方则行使一种权利。所以，从一般意义上讲，对赌协议实际上就是期权的一种形式。而对于赌博的问题，《刑法》第三百零三条规定：“以营利为目的，聚众赌博、开设赌场或者以赌博为业的，处三年以下有期徒刑……”从涉案《对赌协议》的内容看，虽然有“对赌、庄家、闲家”等含有赌博性质的字眼，但实际内容是约定在秋季展会期间李学刚为英格利公司提供服务，通过李学刚对英格利公司进行业绩提升指导工作，达到一定业务量后，双方对顾问服务报酬的约定，即李学刚的成绩做得越好，则报酬越高，反之，则越低，甚至赔本。因此，无论从协议的名称以及协议的内容实质来看，其均不属于刑法对赌博所规定的情形，而是一种民事法律行为，二审法院认定该《对赌协议》并非赌博行为，双方对此意思表示真实，没有违反法律规定，确认为有效正确，本院予以维持。

【对赌协议中股东承诺回购股份的法律规制】

蓝泽桥、宜都天峡特种渔业有限公司、湖北天峡鲟业有限公司为与苏州周原九鼎投资中心(有限合伙)投资合同纠纷上诉案[最高人民法院民事判决书]，关于案涉《投资协议书》和《补充协议》中回购条款的法律效力问题。首先，从诉争的两份协议书的内容看，立约各方为达到使宜都天峡公司增资、在中国境内资本市场公开发行股票并上市之目的，先签订了《投资协议书》，约定蓝泽桥、宜都天峡公司以资产及股权增资，九鼎投资中心则以资金注入方式对目标公司宜都天峡公司进行增资，协议包括业绩承诺与股权奖励等条款内容；同日，为保证投资方基本投资利益的实现，各方当事人又签订了《补充协议》，主要包括在一定条件下被投资方股东回购股份的承诺等内容。案涉两份协议系典型的商事合同，《补充协议》系对《投资协议书》的补充约定，二者系同一天达成，共同完整地构成了各方当事人的意思表示。《补充协议》中有关两种情形下被投资方股东应当回购股份的承诺清晰而明确，是当事人在《投资协议书》外特别设立的保护投资人利益的条款，属于缔约过程中当事人对投资合作商业风险的安排。该条款与《投资协议书》中的相关股权奖励条款相对应，系各方当事人的真实意思表示。其次，案涉协议关于在一定条件下被投资方股东回购股份的内容不违反国家法律、行政法规的禁止性规定，不存在《合同法》第五十二条所规定的有关合同无效的情形。诉争协议系各方当事人专为此次交易自愿达成的一致约定，并非单方预先拟定或者反复使用，不属于我国合同法所规定的格式合同或者格式条款，不存在显失公平的问题。蓝泽桥、湖北天峡公司提出回购股份的条款属于格式条款、有违公平原则的上诉理由缺乏事实与法律依据，不能成立。因此，原审判决认定案涉《补充协议书》与《补充协议》，包括在一定条件下被投资方股东回购股份的承诺等内容合法有效正确，本院予以维持。

第七十五条 【股东资格的继承】 自然人股东死亡后，其合法继承人可以继承股东资格；但是，公司章程另有规定的除外。

相关案例

【继承人何时取得有限责任公司股东资格】

田玉萍诉东莞市泰丰美耐皿制品有限公司股东知情权案［广东省东莞市第三人民法院(2016)粤1973民初8760号民事判决书］，《公司法》第七十五条规定：“自然人股东死亡后，其合法继承人可以继承股东资格；但是，公司章程另有规定的除外。”根据上述法律条文的规定，继承人继承股东资格，拥有的是完全股东权利，包括登记为公司的股东及享有法律及公司章程赋予的股东权利。法律仅仅规定了公司章程中可以对股东的继承作为限制性的规定，并没有规定因继承取得股东资格应以办理股东变更登记为前提，且股东登记的目的为公司股东情况外部的公示，而本案中涉及的是因继承导致的公司内部股东身份的变动。同时，根据《公司登记管理条例》第三十四条第二款关于“有限责任公司的自然人股东死亡后，其合法继承人继承股东资格的，公司应当依照前款规定申请变更登记”的内容，公司股东发生变更时，公司为进行变更登记的主要义务主体，故仅仅以公司未进行变更登记作为抗辩原告继承股东身份的理由，对继承人有失公平。死者张高峰生前是被告泰丰公司的登记股东，其享有泰丰公司50%的股份，原告作为张高峰的法定继承人，且在泰丰公司的公司章程并无限制性规定及其他继承人亦未对其继承人身份提出异议的情况下，原告从张高峰死亡的次日即2014年11月10日开始可以继承股东资格，并享有相应的股东权利。

【出资瑕疵股东死亡后，唯一继承人未成年股东资格能否继承】

许某诉石河子市时空房地产开发有限公司股东资格确认案［新疆生产建设兵团第(农)八师中级人民法院(2016)兵08民终744号民事判决书］，被继承人许玉军作为被告时空房产公司的股份比例占98%的股东，在死亡后，其合法的继承人有权按照法律规定继承其股东资格及相应的股份。由于时空房产公司对股东继承没有作出另行规定，原告许某虽然未成年，作为被继承人许玉军的唯一继承人，有权继承股东资格及相应股份。被告对此没有异议，予以确认。但被告提出许玉军生前出资不实，且有抽逃出资的行为，要求许某在继承股东资格的同时履行出资义务的意见，因与本案不是同一法律关系，且该责任的承担要以许某取得股东资格为前提。关于抽逃出资或出资瑕疵部分的纠纷，不属于本案处理的范围，对被告及第三人的意见本院不予采纳。

【外籍华人继承内资公司股权时，不改变该公司的内资性质】

金军、金杰妮诉上海维克德钢材有限公司、薛小钧股权确认纠纷上诉案［上海市第一中级人民法院(2009)沪一中民五(商)终字第7号民事判决书(《人民司法·案例》2010年第4期)］，根据《公司法》第七十六条(编者注：现为该法第七十五条)的规定，自然人股东死亡后，其合法继承人可以继承股东资格；但是，公司章程另有规定的除外。因此，在公司章程未对股权继承另作约定的情况下，上诉人金军、金杰妮合法继承了原股东金非持有的股权，即有权继承其股东资格，获得股东身份。根据《公司登记管理条例》第三十五条（编者注：现为该条例第三十四条）第一款、第二款的规定，有限责任公司的自然人股东死亡后，其合法继承人继承股东资格的，公司应当依照规定申请变更登记。至于金军、金杰妮以外籍华人身份登记为内资公司股东是否需要取得我国外商投资管理部门的审批，判断公司是内资公司还是外资公司，是根据出资来源地原则。已入外国籍的华人继承内资公司股权，不改变该公司出资来源地，该内资公司不应变更为外商投资企业。本案中，两上诉人作为德国籍华人继承维克德公司股权，未改变该公司注册资金来源地，公司的性质仍为内资公司。在公司性质仍为内资公司的情况下，公司股东的变更无需先行办理外商投资管理部门的行政审批手续。因此，被告维克德公司应当为两上诉人金军、金杰妮办理股东变更登记。

【股东继承人在章程无特殊约定情况下可以在股东死后继承其股东资格】

常州化工设备有限公司与丁琴梅股东资格继承纠纷上诉案［江苏省常州市中级人民法院（2007）常民二终字第1号民事判决书］，由于周祥玉是于2005年2月28日死亡，故本案的继承事实发生在《公司法》修订之前，但根据当时的法律法规和司法解释，对于股东资格的继承并无明确的规定，故按照有关司法解释的规定，可参照新《公司法》的有关规定，即第七十六条"自然人股东死亡后，其合法继承人可以继承股东资格；但是，公司章程另有规定的除外。"据此，新公司法是认可死亡股东的继承人可以继承股东资格的，除非公司章程另有限制。因继承事实发生时，设备公司合法有效的章程为2002年5月17日的章程，而该章程并未对设备公司股东死亡之后继受股份成为公司股东的自然人的资格作出限制性的特别规定，故丁琴梅依法要求继承周祥玉的股东资格并要求办理股东变更登记手续的诉讼请求符合法律规定。上诉人认为章程第二条规定"股东为常州市化工设备厂职工"，即是对继受股东资格的限制，但该规定仅是对出资认缴人身份作出的限制，并非是对股权转让所作的禁止性规定，而且上诉人的理解也与当时制定章程的相关意思表示，即章程第十一条规定"股东可以向股东以外的人转让出资"相矛盾。综上，原审法院认定设备公司章程对股东资格的继承未作禁止性规定，支持丁琴梅的诉请并无不当。

童晓岚诉无锡鼎峰投资有限公司等要求继承股东资格案［江苏省无锡市南长区人民法院民事判决书］，童国建死亡时继承开始，其法定第一顺序继承人为黄某、单某与童晓岚。童国建在鼎峰投资公司55%的出资额系其生前合法财产，应认定为童国建的遗产；童国建在鼎峰投资公司的股东资格亦可由其继承人继承。徐耀波、冯国强提出童晓岚继承人资格不能确定的抗辩，未能提供相应证据证明，不予支持。现黄某与单某以公证形式声明放弃其对童国建在鼎峰投资公司55%股权的继承权，故童晓岚可在鼎峰投资公司章程未就股东死亡后其继承人可继承其股东资格及出资额作出除外约定的情况下，依法继承童国建在鼎峰投资公司55%的出资额从而成为鼎峰投资公司的股东。

【公司的股权继承和收益分割】

张明娣等与郑松菊等继承纠纷上诉案［上海市高级人民法院（2006）沪高民一民终字第62号民事裁定书（《人民司法·案例》2007年第18期）］，第一，有限责任公司的自然人股东死亡后，如果公司章程没有限制性规定，法定继承人可以按照公司法和继承法的规定，继承股东的股份。考虑到股权价值的确定比较困难，同一顺序的继承人所继承的股权份额宜均等分割。第二，股权继承的范围，仅限于被继承人名下的公司股权。公司下属子公司的注册资本的增加和股权的增值，由母公司依法享有法人财产权，法定继承人无权在继承案件中对此直接予以分割。第三，被继承人在夫妻关系存续期间所得到和应当得到的公司分红，属于夫妻共同财产。因分红涉及其他股东的权益，应当另案处理。

【"在职在股，退职退股"约定有效，股东家属不能要求继承其股份】

郭二妹等诉东莞市德峰电气安装有限公司要求继承股东资格案［广东省东莞市中级人民法院民事判决书］，公司法是私法，公司存在的"在职在股，退职退股"惯例没有违反禁行或强制性原则，属于公司自治的范畴，如果该规定一直为该公司及退股股东实际遵循，也为其他在职股东所认同，其效力显然应当优于一般意义上公司法律法规相关的规定。股东明知该规定并受其约束，不存在继承或者身故后继续享受分红之情形，故其家属不能要求继承其股份。

第四章　股份有限公司的设立和组织机构

第一节　设　立

第七十六条　【股份有限公司的设立条件】 设立股份有限公司，应当具备下列条件：

（一）发起人符合法定人数；

（二）有符合公司章程规定的全体发起人认购的股本总额或者募集的实收股本总额；

（三）股份发行、筹办事项符合法律规定；

（四）发起人制订公司章程，采用募集方式设立的经创立大会通过；

（五）有公司名称，建立符合股份有限公司要求的组织机构；

（六）有公司住所。

第七十七条　【设立方式】 股份有限公司的设立，可以采取发起设立或者募集设立的方式。

发起设立，是指由发起人认购公司应发行的全部股份而设立公司。

募集设立，是指由发起人认购公司应发行股份的一部分，其余股份向社会公开募集或者向特定对象募集而设立公司。

第七十八条　【发起人的限制】 设立股份有限公司，应当有二人以上二百人以下为发起人，其中须有半数以上的发起人在中国境内有住所。

第七十九条　【发起人筹办公司的义务】 股份有限公司发起人承担公司筹办事务。

发起人应当签订发起人协议，明确各自在公司设立过程中的权利和义务。

第八十条　【注册资本】 股份有限公司采取发起设立方式设立的，注册资本为在公司登记机关登记的全体发起人认购的股本总额。在发起人认购的股份缴足前，不得向他人募集股份。

股份有限公司采取募集方式设立的，注册资本为在公司登记机关登记的实收股本总额。

法律、行政法规以及国务院决定对股份有限公司注册资本实缴、注册资本最低限额另有规定的，从其规定。

第八十一条 【公司章程】 股份有限公司章程应当载明下列事项：

（一）公司名称和住所；

（二）公司经营范围；

（三）公司设立方式；

（四）公司股份总数、每股金额和注册资本；

（五）发起人的姓名或者名称、认购的股份数、出资方式和出资时间；

（六）董事会的组成、职权和议事规则；

（七）公司法定代表人；

（八）监事会的组成、职权和议事规则；

（九）公司利润分配办法；

（十）公司的解散事由与清算办法；

（十一）公司的通知和公告办法；

（十二）股东大会会议认为需要规定的其他事项。

相关文件规定

《上市公司章程指引（2019 修订）》（中国证券监督管理委员会公告［2019］10 号），规定如下：

第一章 总 则

第一条 为维护公司、股东和债权人的合法权益，规范公司的组织和行为，根据《中华人民共和国公司法》（以下简称《公司法》）、《中华人民共和国证券法》（以下简称《证券法》）和其他有关规定，制订本章程。

第二条 公司系依照【法规名称】和其他有关规定成立的股份有限公司（以下简称公司）。

公司【设立方式】设立；在【公司登记机关所在地名】工商行政管理局注册登记，取得营业执照，营业执照号【营业执照号码】。

注释：依法律、行政法规规定，公司设立必须报经批准的，应当说明批准机关和批准文件名称。

第三条 公司于【批／核准日期】经【批／核准机关全称】批／核准，首次向社会公众发行人民币普通股【股份数额】股，于【上市日期】在【证券交易所全称】上市。公司于【批／核准日期】经【批／核准机关全称】批／核准，发行优先股【股份数额】股，于【上市日期】在【证券交易所全称】上市。公司向境外投资人发行的以外币认购并且在境内上市的境内上市外资股为【股份数额】，于【上市日期】在【证券交易所全称】上市。

注释：本指引所称优先股，是指依照《公司法》，在一般规定的普通种类股份之外，另行规定的其他种类股份，其股份持有人优先于普通股股东分配公司利润和剩余财产，但参与公司决策管理等权利受到限制。

没有发行（或拟发行）优先股或者境内上市外资股的公司，无需就本条有关优先股或者境内上市外资股的内容作出说明。以下同。

第四条 公司注册名称：【中文全称】【英文全称】。

第五条 公司住所：【公司住所地址全称，邮政编码】。

第六条 公司注册资本为人民币【注册资本数额】元。

注释：公司因增加或者减少注册资本而导致注册资本总额变更的，可以在股东大会通过同意增加或减少注册资本的决议后，再就因此而需要修改公司章程的事项通过一项决议，并说明授权董事会具体办理注册资本的变更登记手续。

第七条 公司营业期限为【年数】或者【公司为永久存续的股份有限公司】。

第八条 【董事长或经理】为公司的法定代表人。

第九条 公司全部资产分为等额股份，股东以其认购的股份为限对公司承担责任，公司以其全部资产对公司的债务承担责任。

第十条 本公司章程自生效之日起，即成为规范公司的组织与行为、公司与股东、股东与股东之间权利义务关系的具有法律约束力的文件，对公司、股东、董事、监事、高级管理人员具有法律约束力的文件。依据本章程，股东可以起诉股东，股东可以起诉公司董事、监事、经理和其他高级管理人员，股东可以起诉公司，公司可以起诉股东、董事、监事、经理和其他高级管理人员。

第十一条 本章程所称其他高级管理人员是指公司的副经理、董事会秘书、财务负责人。

注释：公司可以根据实际情况，在章程中确定属于公司高级管理人员的人员。

第二章 经营宗旨和范围

第十二条 公司的经营宗旨：【宗旨内容】。

第十三条 经依法登记，公司的经营范围：【经营范围内容】注释：公司的经营范围中属于法律、行政法规规定须经批准的项目，应当依法经过批准。

第三章 股 份

第一节 股份发行

第十四条 公司的股份采取股票的形式。

第十五条 公司股份的发行，实行公开、公平、公正的原则，同种类的每一股份应当具有同等权利。

存在特别表决权股份的上市公司，应当在公司章程中规定特别表决权股份的持有人资格、特别表决权股份拥有的表决权数量与普通股份拥有的表决权数量的比例安排、持有人所持特别表决权股份能够参与表决的股东大会事项范围、特别表决权股份锁定安排及转让限制、特别表决权股份与普通股份的转换情形等事项。公司章程有关上述事项的规定，应当符合交易所的有关规定。

同次发行的同种类股票，每股的发行条件和价格应当相同；任何单位或者个人所认购的股份，每股应当支付相同价额。

注释：发行优先股的公司，应当在章程中明确以下事项：(1)优先股股息率采用固定股息率或浮动股息率，并相应明确固定股息率水平或浮动股息率的计算方法；(2)公司在有可分配税后利润的情况下是否必须分配利润；(3)如果公司因本会计年度可分配利润不足而未向优先股股东足额派发股息，差额部分是否累积到下一会计年度；(4)优先股股东按照约定的股息率分配股息后，是否有权同普通股股东一起参加剩余利润分配，以及参与剩余利润分配的比例、条件等事项；(5)其他涉及优先股股东参与公司利润分配的事项；(6)除利润分配和剩余财产分配外，优先股是否在其他条款上具有不同的设置；(7)优先股表决权恢复时，每股优先股股份享有表决权的具体计算方法。

其中，公开发行优先股的，应当在公司章程中明确：(1)采取固定股息率；(2)在有可分配税后利润的情况下必须向优先股股东分配股息；(3)未向优先股股东足额派发股息的差额部分应当累积到下一会计年度；(4)优先股股东按照约定的股息率分配股息后，不再同普通股股东一起参加剩余利润分配。商业银行发行优先股补充资本的，可就第(2)项和第(3)项事项另作规定。

第十六条 公司发行的股票，以人民币标明面值。

第十七条 公司发行的股份，在【证券登记机构名称】集中存管。

第十八条 公司发起人为【各发起人姓名或者名称】、认购的股份数分别为【股份数量】、出资方式和出资时间为【具体方式和时间】。

注释：已成立1年或1年以上的公司，发起人已将所持股份转让的，无需填入发起人的持股数额。

第十九条 公司股份总数为【股份数额】，公司的股本结构为：普通股【数额】股，其他种类股【数额】股。

注释：公司发行优先股等其他种类股份的，应作出说明。

第二十条 公司或公司的子公司（包括公司的附属企业）不以赠与、垫资、担保、补偿或贷款等形式，对购买或者拟购买公司股份的人提供任何资助。

第二节 股份增减和回购

第二十一条 公司根据经营和发展的需要，依照法律、法规的规定，经股东大会分别作出决议，可以采用下列方式增加资本：

（一）公开发行股份；

（二）非公开发行股份；

（三）向现有股东派送红股；

（四）以公积金转增股本；

（五）法律、行政法规规定以及中国证监会批准的其他方式。

注释：发行优先股的公司，应当在章程中对发行优先股的以下事项作出规定：公司已发行的优先股不得超过公司普通股股份总数的百分之五十，且筹资金额不得超过发行前净资产的百分之五十，已回购、转换的优先股不纳入计算。

公司不得发行可转换为普通股的优先股。但商业银行可以根据商业银行资本监管规定，非公开发行触发事件发生时强制转换为普通股的优先股，并遵守有关规定。

发行可转换公司债的公司，还应当在章程中对可转换公司债的发行、转股程序和安排以及转股所导致的公司股本变更等事项作出具体规定。

第二十二条 公司可以减少注册资本。公司减少注册资本，应当按照《公司法》以及其他有关规定和本章程规定的程序办理。

第二十三条 公司不得收购本公司股份。但是，有下列情形之一的除外：

（一）减少公司注册资本；

（二）与持有本公司股份的其他公司合并；

（三）将股份用于员工持股计划或者股权激励；

（四）股东因对股东大会作出的公司合并、分立决议持异议，要求公司收购其股份；

（五）将股份用于转换上市公司发行的可转换为股票的公司债券；

（六）上市公司为维护公司价值及股东权益所必需。

除上述情形外，公司不得收购本公司股份。

注释：发行优先股的公司，还应当在公司章程中对回购优先股的选择权由发行人或股东行使、回购的条件、价格和比例等作出具体规定。发行人按章程规定要求回购优先股的，必须完全支付所欠股息，但商业银行发行优先股补充资本的除外。

第二十四条 公司收购本公司股份，可以通过公开的集中交易方式，或者法律法规和中国证监会认可的其他方式进行。

公司因本章程第二十三条第一款第（三）项、第（五）项、第（六）项规定的情形收购本公司股份的，应当通过公开的集中交易方式进行。

第二十五条 公司因本章程第二十三条第一款第（一）项、第（二）项规定的情形收购本公司股份的，应当经股东大会决议；公司因本章程第二十三条第一款第（三）项、第（五）项、第（六）项规定的情形收购本公司股份的，可以依照本章程的规定或者股东大会的授权，经三分之二以上董事出席的董事会会议决议。

公司依照本章程第二十三条第一款规定收购本公司股份后，属于第（一）项情形的，应当自收购之日起10日内注销；属于第（二）项、第（四）项情形的，应当在6个月内转让或者注销；属于第（三）项、第（五）项、第（六）项情形的，公司合计持有的本公司股份数不得超过本公司已发行股份总额的10%，并应当在3年内转让或者注销。

注释：公司按本条规定回购优先股后，应当相应减记发行在外的优先股股份总数。

第三节 股份转让

第二十六条 公司的股份可以依法转让。

第二十七条 公司不接受本公司的股票作为质押权的标的。

第二十八条 发起人持有的本公司股份，自公司成立之日起1年内不得转让。公司公开发行股份前已发行的股份，自公司股票在证券交易所上市交易之日起1年内不得转让。

公司董事、监事、高级管理人员应当向公司申报所持有的本公司的股份（含优先股股份）及其变动情况，在任职期间每年转让的股份不得超过其所持有本公司同一种类股份总数的25%；所持本公司股份自公司股票上市交易之日起1年内不得转让。上述人员离职后半年内，不得转让其所持有的本公司股份。

注释：若公司章程对公司董事、监事、高级管理人员转让其所持有的本公司股份（含优先股股份）作出其他限制性规定的，应当进行说明。

第二十九条 公司董事、监事、高级管理人员、持有本公司股份5%以上的股东，将其持有的本公司股票在买入后6个月内卖出，或者在卖出后6个月内又买入，由此所得收益归本公司所有，本公司董事会将收回其所得收益。但是，证券公司因包销购入售后剩余股票而持有5%以上股份的，卖出该股票不受6个月时间限制。

公司董事会不按照前款规定执行的，股东有权要求董事会在30日内执行。公司董事会未在上述期限内执行的，股东有权为了公司的利益以自己的名义直接向人民法院提起诉讼。

公司董事会不按照第一款的规定执行的，负有责任的董事依法承担连带责任。

第四章 股东和股东大会

第一节 股 东

第三十条 公司依据证券登记机构提供的凭证建立股东名册，股东名册是证明股东持有公司股份的充分证据。股东按其所持有股份的种类享有权利，承担义务；持有同一种类股份的股东，享有同等权利，承担同种义务。

注释：公司应当与证券登记机构签订股份保管协议，定期查询主要股东资料以及主要股东的持股变更（包括股权的出质）情况，及时掌握公司的股权结构。

第三十一条 公司召开股东大会、分配股利、清算及从事其他需要确认股东身份的行为时，由董事会或股东大会召集人确定股权登记日，股权登记日收市后登记在册的股东为享有相关权益的股东。

第三十二条 公司股东享有下列权利：

（一）依照其所持有的股份份额获得股利和其他形式的利益分配；

（二）依法请求、召集、主持、参加或者委派股东代理人参加股东大会，并行使相应的表决权；

（三）对公司的经营进行监督，提出建议或者质询；

（四）依照法律、行政法规及本章程的规定转让、赠与或质押其所持有的股份；

（五）查阅本章程、股东名册、公司债券存根、股东大会会议记录、董事会会议决议、监事会会议决议、财务会计报告；

（六）公司终止或者清算时，按其所持有的股份份额参加公司剩余财产的分配；

（七）对股东大会作出的公司合并、分立决议持异议的股东，要求公司收购其股份；

（八）法律、行政法规、部门规章或本章程规定的其他权利。

注释：发行优先股的公司，应当在章程中明确优先股股东不出席股东大会会议，所持股份没有表决权，但以下情况除外：（1）修改公司章程中与优先股相关的内容；（2）一次或累计减少公司注册资本超过10%；（3）公司合并、分立、解散或变更公司形式；（4）发行优先股；

(5)公司章程规定的其他情形。

发行优先股的公司，还应当在章程中明确规定：公司累计3个会计年度或者连续2个会计年度未按约定支付优先股股息的，优先股股东有权出席股东大会，每股优先股股份享有公司章程规定的表决权。对于股息可以累积到下一会计年度的优先股，表决权恢复直至公司全额支付所欠股息。对于股息不可累积的优先股，表决权恢复直至公司全额支付当年股息。公司章程可以规定优先股表决权恢复的其他情形。

第三十三条 股东提出查阅前条所述有关信息或者索取资料的，应当向公司提供证明其持有公司股份的种类以及持股数量的书面文件，公司经核实股东身份后按照股东的要求予以提供。

第三十四条 公司股东大会、董事会决议内容违反法律、行政法规的，股东有权请求人民法院认定无效。

股东大会、董事会的会议召集程序、表决方式违反法律、行政法规或者本章程，或者决议内容违反本章程的，股东有权自决议作出之日起60日内，请求人民法院撤销。

第三十五条 董事、高级管理人员执行公司职务时违反法律、行政法规或者本章程的规定，给公司造成损失的，连续180日以上单独或合并持有公司1%以上股份的股东有权书面请求监事会向人民法院提起诉讼；监事会执行公司职务时违反法律、行政法规或者本章程的规定，给公司造成损失的，股东可以书面请求董事会向人民法院提起诉讼。

监事会、董事会收到前款规定的股东书面请求后拒绝提起诉讼，或者自收到请求之日起30日内未提起诉讼，或者情况紧急、不立即提起诉讼将会使公司利益受到难以弥补的损害的，前款规定的股东有权为了公司的利益以自己的名义直接向人民法院提起诉讼。

他人侵犯公司合法权益，给公司造成损失的，本条第一款规定的股东可以依照前两款的规定向人民法院提起诉讼。

第三十六条 董事、高级管理人员违反法律、行政法规或者本章程的规定，损害股东利益的，股东可以向人民法院提起诉讼。

第三十七条 公司股东承担下列义务：

(一)遵守法律、行政法规和本章程；

(二)依其所认购的股份和入股方式缴纳股金；

(三)除法律、法规规定的情形外，不得退股；

(四)不得滥用股东权利损害公司或者其他股东的利益；不得滥用公司法人独立地位和股东有限责任损害公司债权人的利益；

公司股东滥用股东权利给公司或者其他股东造成损失的，应当依法承担赔偿责任。

公司股东滥用公司法人独立地位和股东有限责任，逃避债务，严重损害公司债权人利益的，应当对公司债务承担连带责任。

(五)法律、行政法规及本章程规定应当承担的其他义务。

第三十八条 持有公司5%以上有表决权股份的股东，将其持有的股份进行质押的，应当自该事实发生当日，向公司作出书面报告。

第三十九条 公司的控股股东、实际控制人不得利用其关联关系损害公司利益。违反规定的，给公司造成损失的，应当承担赔偿责任。

公司控股股东及实际控制人对公司和公司社会公众股股东负有诚信义务。控股股东应严格依法行使出资人的权利，控股股东不得利用利润分配、资产重组、对外投资、资金占用、借款担保等方式损害公司和社会公众股股东的合法权益，不得利用其控制地位损害公司和社会公众股股东的利益。

第二节 股东大会的一般规定

第四十条 股东大会是公司的权力机构，依法行使下列职权：

(一)决定公司的经营方针和投资计划；

(二)选举和更换非由职工代表担任的董事、监事，决定有关董事、监事的报酬事项；

(三)审议批准董事会的报告;
(四)审议批准监事会报告;
(五)审议批准公司的年度财务预算方案、决算方案;
(六)审议批准公司的利润分配方案和弥补亏损方案;
(七)对公司增加或者减少注册资本作出决议;
(八)对发行公司债券作出决议;
(九)对公司合并、分立、解散、清算或者变更公司形式作出决议;
(十)修改本章程;
(十一)对公司聘用、解聘会计师事务所作出决议;
(十二)审议批准第四十一条规定的担保事项;
(十三)审议公司在一年内购买、出售重大资产超过公司最近一期经审计总资产30%的事项;
(十四)审议批准变更募集资金用途事项;
(十五)审议股权激励计划;
(十六)审议法律、行政法规、部门规章或本章程规定应当由股东大会决定的其他事项。

注释:上述股东大会的职权不得通过授权的形式由董事会或其他机构和个人代为行使。

第四十一条 公司下列对外担保行为,须经股东大会审议通过。

(一)本公司及本公司控股子公司的对外担保总额,达到或超过最近一期经审计净资产的50%以后提供的任何担保;
(二)公司的对外担保总额,达到或超过最近一期经审计总资产的30%以后提供的任何担保;
(三)为资产负债率超过70%的担保对象提供的担保;
(四)单笔担保额超过最近一期经审计净资产10%的担保;
(五)对股东、实际控制人及其关联方提供的担保。

第四十二条 股东大会分为年度股东大会和临时股东大会。年度股东大会每年召开1次,应当于上一会计年度结束后的6个月内举行。

第四十三条 有下列情形之一的,公司在事实发生之日起2个月以内召开临时股东大会:

(一)董事人数不足《公司法》规定人数或者本章程所定人数的2/3时;
(二)公司未弥补的亏损达实收股本总额1/3时;
(三)单独或者合计持有公司10%以上股份的股东请求时;
(四)董事会认为必要时;
(五)监事会提议召开时;
(六)法律、行政法规、部门规章或本章程规定的其他情形。

注释:公司应当在章程中确定本条第(一)项的具体人数。计算本条第(三)项所称持股比例时,仅计算普通股和表决权恢复的优先股。

第四十四条 本公司召开股东大会的地点为:【具体地点】。股东大会将设置会场,以现场会议形式召开。公司还将提供网络投票的方式为股东参加股东大会提供便利。股东通过上述方式参加股东大会的,视为出席。

注释:公司章程可以规定召开股东大会的地点为公司住所地或其他明确地点。现场会议时间、地点的选择应当便于股东参加。发出股东大会通知后,无正当理由,股东大会现场会议召开地点不得变更。确需变更的,召集人应当在现场会议召开日前至少2个工作日公告并说明原因。

第四十五条 本公司召开股东大会时将聘请律师对以下问题出具法律意见并公告:

(一)会议的召集、召开程序是否符合法律、行政法规、本章程;
(二)出席会议人员的资格、召集人资格是否合法有效;

（三）会议的表决程序、表决结果是否合法有效；

（四）应本公司要求对其他有关问题出具的法律意见。

第三节 股东大会的召集

第四十六条 独立董事有权向董事会提议召开临时股东大会。对独立董事要求召开临时股东大会的提议，董事会应当根据法律、行政法规和本章程的规定，在收到提议后10日内提出同意或不同意召开临时股东大会的书面反馈意见。董事会同意召开临时股东大会的，将在作出董事会决议后的5日内发出召开股东大会的通知；董事会不同意召开临时股东大会的，将说明理由并公告。

第四十七条 监事会有权向董事会提议召开临时股东大会，并应当以书面形式向董事会提出。董事会应当根据法律、行政法规和本章程的规定，在收到提案后10日内提出同意或不同意召开临时股东大会的书面反馈意见。

董事会同意召开临时股东大会的，将在作出董事会决议后的5日内发出召开股东大会的通知，通知中对原提议的变更，应征得监事会的同意。

董事会不同意召开临时股东大会，或者在收到提案后10日内未作出反馈的，视为董事会不能履行或者不履行召集股东大会会议职责，监事会可以自行召集和主持。

第四十八条 单独或者合计持有公司10%以上股份的股东有权向董事会请求召开临时股东大会，并应当以书面形式向董事会提出。董事会应当根据法律、行政法规和本章程的规定，在收到请求后10日内提出同意或不同意召开临时股东大会的书面反馈意见。

董事会同意召开临时股东大会的，应当在作出董事会决议后的5日内发出召开股东大会的通知，通知中对原请求的变更，应当征得相关股东的同意。

董事会不同意召开临时股东大会，或者在收到请求后10日内未作出反馈的，单独或者合计持有公司10%以上股份的股东有权向监事会提议召开临时股东大会，并应当以书面形式向监事会提出请求。

监事会同意召开临时股东大会的，应在收到请求5日内发出召开股东大会的通知，通知中对原提案的变更，应当征得相关股东的同意。

监事会未在规定期限内发出股东大会通知的，视为监事会不召集和主持股东大会，连续90日以上单独或者合计持有公司10%以上股份的股东可以自行召集和主持。

注释：计算本条所称持股比例时，仅计算普通股和表决权恢复的优先股。

第四十九条 监事会或股东决定自行召集股东大会的，须书面通知董事会，同时向公司所在地中国证监会派出机构和证券交易所备案。

在股东大会决议公告前，召集股东持股比例不得低于10%。

召集股东应在发出股东大会通知及股东大会决议公告时，向公司所在地中国证监会派出机构和证券交易所提交有关证明材料。

注释：计算本条所称持股比例时，仅计算普通股和表决权恢复的优先股。

第五十条 对于监事会或股东自行召集的股东大会，董事会和董事会秘书将予配合。董事会应当提供股权登记日的股东名册。

第五十一条 监事会或股东自行召集的股东大会，会议所必需的费用由本公司承担。

第四节 股东大会的提案与通知

第五十二条 提案的内容应当属于股东大会职权范围，有明确议题和具体决议事项，并且符合法律、行政法规和本章程的有关规定。

第五十三条 公司召开股东大会，董事会、监事会以及单独或者合并持有公司3%以上股份的股东，有权向公司提出提案。

单独或者合计持有公司3%以上股份的股东，可以在股东大会召开10日前提出临时提案并书面提交召集人。召集人应当在收到提案后2日内发出股东大会补充通知，公告临时提案的内容。

除前款规定的情形外，召集人在发出股东大会通知公告后，不得修改股东大会通知中已列明的提案或增加新的提案。

股东大会通知中未列明或不符合本章程第五十二条规定的提案，股东大会不得进行表决并作出决议。

注释：计算本条所称持股比例时，仅计算普通股和表决权恢复的优先股。

第五十四条 召集人将在年度股东大会召开20日前以公告方式通知各股东，临时股东大会将于会议召开15日前以公告方式通知各股东。

注释：公司在计算起始期限时，不应当包括会议召开当日。公司可以根据实际情况，决定是否在章程中规定催告程序。

第五十五条 股东大会的通知包括以下内容：

（一）会议的时间、地点和会议期限；

（二）提交会议审议的事项和提案；

（三）以明显的文字说明：全体普通股股东（含表决权恢复的优先股股东）均有权出席股东大会，并可以书面委托代理人出席会议和参加表决，该股东代理人不必是公司的股东；

（四）有权出席股东大会股东的股权登记日；

（五）会务常设联系人姓名，电话号码。

注释：1. 股东大会通知和补充通知中应当充分、完整披露所有提案的全部具体内容。拟讨论的事项需要独立董事发表意见的，发布股东大会通知或补充通知时将同时披露独立董事的意见及理由。

2. 股东大会采用网络或其他方式的，应当在股东大会通知中明确载明网络或其他方式的表决时间及表决程序。股东大会网络或其他方式投票的开始时间，不得早于现场股东大会召开前一日下午3:00，并不得迟于现场股东大会召开当日上午9:30，其结束时间不得早于现场股东大会结束当日下午3:00。

3. 股权登记日与会议日期之间的间隔应当不多于7个工作日。股权登记日一旦确认，不得变更。

第五十六条 股东大会拟讨论董事、监事选举事项的，股东大会通知中将充分披露董事、监事候选人的详细资料，至少包括以下内容：

（一）教育背景、工作经历、兼职等个人情况；

（二）与本公司或本公司的控股股东及实际控制人是否存在关联关系；

（三）披露持有本公司股份数量；

（四）是否受过中国证监会及其他有关部门的处罚和证券交易所惩戒。

除采取累积投票制选举董事、监事外，每位董事、监事候选人应当以单项提案提出。

第五十七条 发出股东大会通知后，无正当理由，股东大会不应延期或取消，股东大会通知中列明的提案不应取消。一旦出现延期或取消的情形，召集人应当在原定召开日前至少2个工作日公告并说明原因。

第五节 股东大会的召开

第五十八条 本公司董事会和其他召集人将采取必要措施，保证股东大会的正常秩序。对于干扰股东大会、寻衅滋事和侵犯股东合法权益的行为，将采取措施加以制止并及时报告有关部门查处。

第五十九条 股权登记日登记在册的所有普通股股东（含表决权恢复的优先股股东）或其代理人，均有权出席股东大会。并依照有关法律、法规及本章程行使表决权。

股东可以亲自出席股东大会，也可以委托代理人代为出席和表决。

第六十条 个人股东亲自出席会议的，应出示本人身份证或其他能够表明其身份的有效证件或证明、股票账户卡；委托代理他人出席会议的，应出示本人有效身份证件、股东授权委托书。

法人股东应由法定代表人或者法定代表人委托的代理人出席会议。法定代表人出席会议的，应出示本人身份证、能证明其具有法定代表人资格的有效证明；委托代理人出席会议的，代理人应出示本人身份证、法人股东单位的法定代表人依法出具的书面授权委托书。

第六十一条 股东出具的委托他人出席股东大会的授权委托书应当载明下列内容：

（一）代理人的姓名；

（二）是否具有表决权；

（三）分别对列入股东大会议程的每一审议事项投赞成、反对或弃权票的指示；

（四）委托书签发日期和有效期限；

（五）委托人签名（或盖章）。委托人为法人股东的，应加盖法人单位印章。

第六十二条 委托书应当注明如果股东不作具体指示，股东代理人是否可以按自己的意思表决。

第六十三条 代理投票授权委托书由委托人授权他人签署的，授权签署的授权书或者其他授权文件应当经过公证。经公证的授权书或者其他授权文件，和投票代理委托书均需备置于公司住所或者召集会议的通知中指定的其他地方。

委托人为法人的，由其法定代表人或者董事会、其他决策机构决议授权的人作为代表出席公司的股东大会。

第六十四条 出席会议人员的会议登记册由公司负责制作。会议登记册载明参加会议人员姓名（或单位名称）、身份证号码、住所地址、持有或者代表有表决权的股份数额、被代理人姓名（或单位名称）等事项。

第六十五条 召集人和公司聘请的律师将依据证券登记结算机构提供的股东名册共同对股东资格的合法性进行验证，并登记股东姓名（或名称）及其所持有表决权的股份数。在会议主持人宣布现场出席会议的股东和代理人人数及所持有表决权的股份总数之前，会议登记应当终止。

第六十六条 股东大会召开时，本公司全体董事、监事和董事会秘书应当出席会议，经理和其他高级管理人员应当列席会议。

第六十七条 股东大会由董事长主持。董事长不能履行职务或不履行职务时，由副董事长（公司有两位或两位以上副董事长的，由半数以上董事共同推举的副董事长主持）主持，副董事长不能履行职务或者不履行职务时，由半数以上董事共同推举的一名董事主持。

监事会自行召集的股东大会，由监事会主席主持。监事会主席不能履行职务或不履行职务时，由监事会副主席主持，监事会副主席不能履行职务或者不履行职务时，由半数以上监事共同推举的一名监事主持。

股东自行召集的股东大会，由召集人推举代表主持。

召开股东大会时，会议主持人违反议事规则使股东大会无法继续进行的，经现场出席股东大会有表决权过半数的股东同意，股东大会可推举一人担任会议主持人，继续开会。

第六十八条 公司制定股东大会议事规则，详细规定股东大会的召开和表决程序，包括通知、登记、提案的审议、投票、计票、表决结果的宣布、会议决议的形成、会议记录及其签署、公告等内容，以及股东大会对董事会的授权原则，授权内容应明确具体。股东大会议事规则应作为章程的附件，由董事会拟定，股东大会批准。

第六十九条 在年度股东大会上，董事会、监事会应当就其过去一年的工作向股东大会作出报告。每名独立董事也应作出述职报告。

第七十条 董事、监事、高级管理人员在股东大会上就股东的质询和建议作出解释和说明。

第七十一条 会议主持人应当在表决前宣布现场出席会议的股东和代理人人数及所持有表决权的股份总数，现场出席会议的股东和代理人人数及所持有表决权的股份总数以会议登记为准。

第七十二条 股东大会应有会议记录，由董事会秘书负责。

会议记录记载以下内容：

（一）会议时间、地点、议程和召集人姓名或名称；

（二）会议主持人以及出席或列席会议的董事、监事、经理和其他高级管理人员姓名；

（三）出席会议的股东和代理人人数、所持有表决权的股份总数及占公司股份总数的比例；

（四）对每一提案的审议经过、发言要点和表决结果；

（五）股东的质询意见或建议以及相应的答复或说明；

（六）律师及计票人、监票人姓名；

（七）本章程规定应当载入会议记录的其他内容。

注释：既发行内资股又发行境内上市外资股的公司，会议记录的内容还应当包括：(1) 出席股东大会的内资股股东（包括股东代理人）和境内上市外资股股东（包括股东代理人）所持有表决权的股份数，各占公司总股份的比例；(2) 在记载表决结果时，还应当记载内资股股东和境内上市外资股股东对每一决议事项的表决情况。

未完成股权分置改革的公司，会议记录还应该包括：(1) 出席股东大会的流通股股东（包括股东代理人）和非流通股股东（包括股东代理人）所持有表决权的股份数，各占公司总股份的比例；

(2) 在记载表决结果时，还应当记载流通股股东和非流通股股东对每一决议事项的表决情况。

公司应当根据实际情况，在章程中规定股东大会会议记录需要记载的其他内容。

第七十三条 召集人应当保证会议记录内容真实、准确和完整。出席会议的董事、监事、董事会秘书、召集人或其代表、会议主持人应当在会议记录上签名。会议记录应当与现场出席股东的签名册及代理出席的委托书、网络及其他方式表决情况的有效资料一并保存，保存期限不少于 10 年。

注释：公司应当根据具体情况，在章程中规定股东大会会议记录的保管期限。

第七十四条 召集人应当保证股东大会连续举行，直至形成最终决议。因不可抗力等特殊原因导致股东大会中止或不能作出决议的，应采取必要措施尽快恢复召开股东大会或直接终止本次股东大会，并及时公告。同时，召集人应向公司所在地中国证监会派出机构及证券交易所报告。

第六节 股东大会的表决和决议

第七十五条 股东大会决议分为普通决议和特别决议。

股东大会作出普通决议，应当由出席股东大会的股东（包括股东代理人）所持表决权的 1/2 以上通过。

股东大会作出特别决议，应当由出席股东大会的股东（包括股东代理人）所持表决权的 2/3 以上通过。

第七十六条 下列事项由股东大会以普通决议通过：

（一）董事会和监事会的工作报告；

（二）董事会拟定的利润分配方案和弥补亏损方案；

（三）董事会和监事会成员的任免及其报酬和支付方法；

（四）公司年度预算方案、决算方案；

（五）公司年度报告；

（六）除法律、行政法规规定或者本章程规定应当以特别决议通过以外的其他事项。

第七十七条 下列事项由股东大会以特别决议通过：

（一）公司增加或者减少注册资本；

（二）公司的分立、合并、解散和清算；

（三）本章程的修改；

（四）公司在一年内购买、出售重大资产或者担保金额超过公司最近一期经审计总资产 30% 的；

（五）股权激励计划；

（六）法律、行政法规或本章程规定的，以及股东大会以普通决议认定会对公司产生重大影响的、需要以特别决议通过的其他事项。

注释：股东大会就以下事项作出特别决议，除须经出席会议的普通股股东（含表决权恢复的优先股股东，包括股东代理人）所持表决权的2/3以上通过之外，还须经出席会议的优先股股东（不含表决权恢复的优先股股东，包括股东代理人）所持表决权的2/3以上通过：（1）修改公司章程中与优先股相关的内容；（2）一次或累计减少公司注册资本超过10%；（3）公司合并、分立、解散或变更公司形式；（4）发行优先股；（5）公司章程规定的其他情形。

第七十八条 股东（包括股东代理人）以其所代表的有表决权的股份数额行使表决权，每一股份享有一票表决权。

股东大会审议影响中小投资者利益的重大事项时，对中小投资者表决应当单独计票。单独计票结果应当及时公开披露。

公司持有的本公司股份没有表决权，且该部分股份不计入出席股东大会有表决权的股份总数。

公司董事会、独立董事和符合相关规定条件的股东可以公开征集股东投票权。征集股东投票权应当向被征集人充分披露具体投票意向等信息。禁止以有偿或者变相有偿的方式征集股东投票权。公司不得对征集投票权提出最低持股比例限制。

注释：若公司有发行在外的其他股份，应当说明是否享有表决权。优先股表决权恢复的，应当根据章程规定的具体计算方法确定每股优先股股份享有的表决权。

第七十九条 股东大会审议有关关联交易事项时，关联股东不应当参与投票表决，其所代表的有表决权的股份数不计入有效表决总数；股东大会决议的公告应当充分披露非关联股东的表决情况。

注释：公司应当根据具体情况，在章程中制订有关联关系股东的回避和表决程序。

第八十条 公司应在保证股东大会合法、有效的前提下，通过各种方式和途径，优先提供网络形式的投票平台等现代信息技术手段，为股东参加股东大会提供便利。

注释：公司就发行优先股事项召开股东大会的，应当提供网络投票，并可以通过中国证监会认可的其他方式为股东参加股东大会提供便利。

第八十一条 除公司处于危机等特殊情况外，非经股东大会以特别决议批准，公司将不与董事、经理和其它高级管理人员以外的人订立将公司全部或者重要业务的管理交予该人负责的合同。

第八十二条 董事、监事候选人名单以提案的方式提请股东大会表决。

股东大会就选举董事、监事进行表决时，根据本章程的规定或者股东大会的决议，可以实行累积投票制。

前款所称累积投票制是指股东大会选举董事或者监事时，每一股份拥有与应选董事或者监事人数相同的表决权，股东拥有的表决权可以集中使用。董事会应当向股东公告候选董事、监事的简历和基本情况。

注释：公司应当在章程中规定董事、监事提名的方式和程序，以及累积投票制的相关事宜。

第八十三条 除累积投票制外，股东大会将对所有提案进行逐项表决，对同一事项有不同提案的，将按提案提出的时间顺序进行表决。除因不可抗力等特殊原因导致股东大会中止或不能作出决议外，股东大会将不会对提案进行搁置或不予表决。

第八十四条 股东大会审议提案时，不会对提案进行修改，否则，有关变更应当被视为一个新的提案，不能在本次股东大会上进行表决。

第八十五条 同一表决权只能选择现场、网络或其他表决方式中的一种。同一表决权出现重复表决的以第一次投票结果为准。

第八十六条 股东大会采取记名方式投票表决。

第八十七条 股东大会对提案进行表决前，应当推举两名股东代表参加计票和监票。

审议事项与股东有利害关系的，相关股东及代理人不得参加计票、监票。

股东大会对提案进行表决时，应当由律师、股东代表与监事代表共同负责计票、监票，并当场公布表决结果，决议的表决结果载入会议记录。

通过网络或其他方式投票的公司股东或其代理人，有权通过相应的投票系统查验自己的投票结果。

第八十八条 股东大会现场结束时间不得早于网络或其他方式，会议主持人应当宣布每一提案的表决情况和结果，并根据表决结果宣布提案是否通过。

在正式公布表决结果前，股东大会现场、网络及其他表决方式中所涉及的公司、计票人、监票人、主要股东、网络服务方等相关各方对表决情况均负有保密义务。

第八十九条 出席股东大会的股东，应当对提交表决的提案发表以下意见之一：同意、反对或弃权。证券登记结算机构作为内地与香港股票市场交易互联互通机制股票的名义持有人，按照实际持有人意思表示进行申报的除外。

未填、错填、字迹无法辨认的表决票、未投的表决票均视为投票人放弃表决权利，其所持股份数的表决结果应计为“弃权”。

第九十条 会议主持人如果对提交表决的决议结果有任何怀疑，可以对所投票数组织点票；如果会议主持人未进行点票，出席会议的股东或者股东代理人对会议主持人宣布结果有异议的，有权在宣布表决结果后立即要求点票，会议主持人应当立即组织点票。

第九十一条 股东大会决议应当及时公告，公告中应列明出席会议的股东和代理人人数、所持有表决权的股份总数及占公司有表决权股份总数的比例、表决方式、每项提案的表决结果和通过的各项决议的详细内容。

注释：发行境内上市外资股的公司，应当对内资股股东和外资股股东出席会议及表决情况分别统计并公告。

第九十二条 提案未获通过，或者本次股东大会变更前次股东大会决议的，应当在股东大会决议公告中作特别提示。

第九十三条 股东大会通过有关董事、监事选举提案的，新任董事、监事就任时间在【就任时间】。

注释：新任董事、监事就任时间确认方式应在公司章程中予以明确。

第九十四条 股东大会通过有关派现、送股或资本公积转增股本提案的，公司将在股东大会结束后2个月内实施具体方案。

第五章 董事会

第一节 董 事

第九十五条 公司董事为自然人，有下列情形之一的，不能担任公司的董事：

（一）无民事行为能力或者限制民事行为能力；

（二）因贪污、贿赂、侵占财产、挪用财产或者破坏社会主义市场经济秩序，被判处刑罚，执行期满未逾5年，或者因犯罪被剥夺政治权利，执行期满未逾5年；

（三）担任破产清算的公司、企业的董事或者厂长、经理，对该公司、企业的破产负有个人责任的，自该公司、企业破产清算完结之日起未逾3年；

（四）担任因违法被吊销营业执照、责令关闭的公司、企业的法定代表人，并负有个人责任的，自该公司、企业被吊销营业执照之日起未逾3年；

（五）个人所负数额较大的债务到期未清偿；

（六）被中国证监会处以证券市场禁入处罚，期限未满的；

（七）法律、行政法规或部门规章规定的其他内容。

违反本条规定选举、委派董事的，该选举、委派或者聘任无效。董事在任职期间出现本条情形的，公司解除其职务。

第九十六条 董事由股东大会选举或者更换，并可在任期届满前由股东大会解除其职务。董事任期【年数】，任期届满可连选连任。

董事任期从就任之日起计算，至本届董事会任期届满时为止。董事任期届满未及时改选，在改选出的董事就任前，原董事仍应当依照法律、行政法规、部门规章和本章程的规定，履行董事职务。

董事可以由经理或者其他高级管理人员兼任，但兼任经理或者其他高级管理人员职务的董事以及由职工代表担任的董事，总计不得超过公司董事总数的1/2。

注释：公司章程应规定规范、透明的董事选聘程序。董事会成员中可以有公司职工代表，公司章程应明确本公司董事会是否可以由职工代表担任董事，以及职工代表担任董事的名额。董事会中的职工代表由公司职工通过职工代表大会、职工大会或者其他形式民主选举产生后，直接进入董事会。

第九十七条 董事应当遵守法律、行政法规和本章程，对公司负有下列忠实义务：

（一）不得利用职权收受贿赂或者其他非法收入，不得侵占公司的财产；

（二）不得挪用公司资金；

（三）不得将公司资产或者资金以其个人名义或者其他个人名义开立账户存储；

（四）不得违反本章程的规定，未经股东大会或董事会同意，将公司资金借贷给他人或者以公司财产为他人提供担保；

（五）不得违反本章程的规定或未经股东大会同意，与本公司订立合同或者进行交易；

（六）未经股东大会同意，不得利用职务便利，为自己或他人谋取本应属于公司的商业机会，自营或者为他人经营与本公司同类的业务；

（七）不得接受与公司交易的佣金归为己有；

（八）不得擅自披露公司秘密；

（九）不得利用其关联关系损害公司利益；

（十）法律、行政法规、部门规章及本章程规定的其他忠实义务。

董事违反本条规定所得的收入，应当归公司所有；给公司造成损失的，应当承担赔偿责任。

注释：除以上各项义务要求外，公司可以根据具体情况，在章程中增加对本公司董事其他义务的要求。

第九十八条 董事应当遵守法律、行政法规和本章程，对公司负有下列勤勉义务：

（一）应谨慎、认真、勤勉地行使公司赋予的权利，以保证公司的商业行为符合国家法律、行政法规以及国家各项经济政策的要求，商业活动不超过营业执照规定的业务范围；

（二）应公平对待所有股东；

（三）及时了解公司业务经营管理状况；

（四）应当对公司定期报告签署书面确认意见。保证公司所披露的信息真实、准确、完整；

（五）应当如实向监事会提供有关情况和资料，不得妨碍监事会或者监事行使职权；

（六）法律、行政法规、部门规章及本章程规定的其他勤勉义务。

注释：公司可以根据具体情况，在章程中增加对本公司董事勤勉义务的要求。

第九十九条 董事连续两次未能亲自出席，也不委托其他董事出席董事会会议，视为不能履行职责，董事会应当建议股东大会予以撤换。

第一百条 董事可以在任期届满以前提出辞职。董事辞职应向董事会提交书面辞职报告。董事会将在2日内披露有关情况。

如因董事的辞职导致公司董事会低于法定最低人数时，在改选出的董事就任前，原董事仍应当依照法律、行政法规、部门规章和本章程规定，履行董事职务。

除前款所列情形外，董事辞职自辞职报告送达董事会时生效。

第一百零一条 董事辞职生效或者任期届满，应向董事会办妥所有移交手续，其对公司和股东承担的忠实义务，在任期结束后并不当然解除，在本章程规定的合理期限内仍然有效。

注释：公司章程应规定董事辞职生效或者任期届满后承担忠实义务的具体期限。

第一百零二条 未经本章程规定或者董事会的合法授权，任何董事不得以个人名义代表公司或者董事会行事。董事以其个人名义行事时，在第三方会合理地认为该董事在代表公司或者董事会行事的情况下，该董事应当事先声明其立场和身份。

第一百零三条 董事执行公司职务时违反法律、行政法规、部门规章或本章程的规定，给公司造成损失的，应当承担赔偿责任。

第一百零四条 独立董事应按照法律、行政法规及部门规章的有关规定执行。

第二节 董事会

第一百零五条 公司设董事会，对股东大会负责。

第一百零六条 董事会由【人数】名董事组成，设董事长1人，副董事长【人数】人。

注释：公司应当在章程中确定董事会人数。

第一百零七条 董事会行使下列职权：

(一)召集股东大会，并向股东大会报告工作；

(二)执行股东大会的决议；

(三)决定公司的经营计划和投资方案；

(四)制订公司的年度财务预算方案、决算方案；

(五)制订公司的利润分配方案和弥补亏损方案；

(六)制订公司增加或者减少注册资本、发行债券或其他证券及上市方案；

(七)拟订公司重大收购、收购本公司股票或者合并、分立、解散及变更公司形式的方案；

(八)在股东大会授权范围内，决定公司对外投资、收购出售资产、资产抵押、对外担保事项、委托理财、关联交易等事项；

(九)决定公司内部管理机构的设置；

(十)聘任或者解聘公司经理、董事会秘书；根据经理的提名，聘任或者解聘公司副经理、财务负责人等高级管理人员，并决定其报酬事项和奖惩事项；

(十一)制订公司的基本管理制度；

(十二)制订本章程的修改方案；

(十三)管理公司信息披露事项；

(十四)向股东大会提请聘请或更换为公司审计的会计师事务所；

(十五)听取公司经理的工作汇报并检查经理的工作；

(十六)法律、行政法规、部门规章或本章程授予的其他职权。

公司董事会设立审计委员会，并根据需要设立【战略】、【提名】、【薪酬与考核】等相关专门委员会。专门委员会对董事会负责，依照本章程和董事会授权履行职责，提案应当提交董事会审议决定。专门委员会成员全部由董事组成，其中审计委员会、【提名委员会】、【薪酬与考核委员会】中独立董事占多数并担任召集人，审计委员会的召集人为会计专业人士。董事会负责制定专门委员会工作规程，规范专门委员会的运作。

注释：公司股东大会可以授权公司董事会按照公司章程的约定向优先股股东支付股息。

超过股东大会授权范围的事项，应当提交股东大会审议。

第一百零八条 公司董事会应当就注册会计师对公司财务报告出具的非标准审计意见向股东大会作出说明。

第一百零九条 董事会制定董事会议事规则，以确保董事会落实股东大会决议，提高工作效率，保证科学决策。

注释：该规则规定董事会的召开和表决程序，董事会议事规则应列入公司章程或作为章程的附件，由董事会拟定，股东大会批准。

第一百一十条 董事会应当确定对外投资、收购出售资产、资产抵押、对外担保事项、委托理财、关联交易的权限，建立严格的审查和决策程序；重大投资项目应当组织有关专家、专业人员进行评审，并报股东大会批准。

注释：公司董事会应当根据相关的法律、法规及公司实际情况，在章程中确定符合公司具体要求的权限范围，以及涉及资金占公司资产的具体比例。

第一百一十一条 董事会设董事长1人，可以设副董事长。董事长和副董事长由董事会以全体董事的过半数选举产生。

第一百一十二条 董事长行使下列职权：

（一）主持股东大会和召集、主持董事会会议；

（二）督促、检查董事会决议的执行；

（三）董事会授予的其他职权。

注释：董事会应谨慎授予董事长职权，例行或长期授权须在章程中明确规定。

第一百一十三条 公司副董事长协助董事长工作，董事长不能履行职务或者不履行职务的，由副董事长履行职务（公司有两位或两位以上副董事长的，由半数以上董事共同推举的副董事长履行职务）；副董事长不能履行职务或者不履行职务的，由半数以上董事共同推举一名董事履行职务。

第一百一十四条 董事会每年至少召开两次会议，由董事长召集，于会议召开10日以前书面通知全体董事和监事。

第一百一十五条 代表1/10以上表决权的股东、1/3以上董事或者监事会，可以提议召开董事会临时会议。董事长应当自接到提议后10日内，召集和主持董事会会议。

第一百一十六条 董事会召开临时董事会会议的通知方式为：【具体通知方式】；通知时限为：【具体通知时限】。

第一百一十七条 董事会会议通知包括以下内容：

（一）会议日期和地点；

（二）会议期限；

（三）事由及议题；

（四）发出通知的日期。

第一百一十八条 董事会会议应有过半数的董事出席方可举行。董事会作出决议，必须经全体董事的过半数通过。

董事会决议的表决，实行一人一票。

第一百一十九条 董事与董事会会议决议事项所涉及的企业有关联关系的，不得对该项决议行使表决权，也不得代理其他董事行使表决权。该董事会会议由过半数的无关联关系董事出席即可举行，董事会会议所作决议须经无关联关系董事过半数通过。出席董事会的无关联董事人数不足3人的，应将该事项提交股东大会审议。

第一百二十条 董事会决议表决方式为：【具体表决方式】。

董事会临时会议在保障董事充分表达意见的前提下，可以用【其他方式】进行并作出决议，并由参会董事签字。

注释：此项为选择性条款，公司可自行决定是否在其章程中予以采纳。

第一百二十一条 董事会会议，应由董事本人出席；董事因故不能出席，可以书面委托其他董事代为出席，委托书中应载明代理人的姓名，代理事项、授权范围和有效期限，并由委托人签名或盖章。代为出席会议的董事应当在授权范围内行使董事的权利。董事未出席董事会会议，亦未委托代表出席的，视为放弃在该次会议上的投票权。

第一百二十二条 董事会应当对会议所议事项的决定做成会议记录，出席会议的董事应当在会议记录上签名。

董事会会议记录作为公司档案保存，保存期限不少于10年。

注释：公司应当根据具体情况，在章程中规定会议记录的保管期限。

第一百二十三条 董事会会议记录包括以下内容：

（一）会议召开的日期、地点和召集人姓名；

（二）出席董事的姓名以及受他人委托出席董事会的董事（代理人）姓名；

(三)会议议程;

(四)董事发言要点;

(五)每一决议事项的表决方式和结果(表决结果应载明赞成、反对或弃权的票数)。

第六章　经理级其他高级管理人员

第一百二十四条　公司设经理1名,由董事会聘任或解聘。

公司设副经理【人数】名,由董事会聘任或解聘。

公司经理、副经理、财务负责人、董事会秘书和【职务】为公司高级管理人员。

注释:公司可以根据具体情况,在章程中规定属于公司高级管理人员的其他人选。

第一百二十五条　本章程第九十五条关于不得担任董事的情形、同时适用于高级管理人员。

本章程第九十七条关于董事的忠实义务和第九十八条(四)~(六)关于勤勉义务的规定,同时适用于高级管理人员。

第一百二十六条　在公司控股股东单位担任除董事、监事以外其他行政职务的人员,不得担任公司的高级管理人员。

第一百二十七条　经理每届任期【年数】年,经理连聘可以连任。

第一百二十八条　经理对董事会负责,行使下列职权:

(一)主持公司的生产经营管理工作,组织实施董事会决议,并向董事会报告工作;

(二)组织实施公司年度经营计划和投资方案;

(三)拟订公司内部管理机构设置方案;

(四)拟订公司的基本管理制度;

(五)制定公司的具体规章;

(六)提请董事会聘任或者解聘公司副经理、财务负责人;

(七)决定聘任或者解聘除应由董事会决定聘任或者解聘以外的负责管理人员;

(八)本章程或董事会授予的其他职权。

经理列席董事会会议。

注释:公司应当根据自身情况,在章程中制订符合公司实际要求的经理的职权和具体实施办法。

第一百二十九条　经理应制订经理工作细则,报董事会批准后实施。

第一百三十条　经理工作细则包括下列内容:

(一)经理会议召开的条件、程序和参加的人员;

(二)经理及其他高级管理人员各自具体的职责及其分工;

(三)公司资金、资产运用,签订重大合同的权限,以及向董事会、监事会的报告制度;

(四)董事会认为必要的其他事项。

第一百三十一条　经理可以在任期届满以前提出辞职。有关经理辞职的具体程序和办法由经理与公司之间的劳务合同规定。

第一百三十二条　公司根据自身情况,在章程中应当规定副经理的任免程序、副经理与经理的关系,并可以规定副经理的职权。

第一百三十三条　公司设董事会秘书,负责公司股东大会和董事会会议的筹备、文件保管以及公司股东资料管理,办理信息披露事务等事宜。

董事会秘书应遵守法律、行政法规、部门规章及本章程的有关规定。

第一百三十四条　高级管理人员执行公司职务时违反法律、行政法规、部门规章或本章程的规定,给公司造成损失的,应当承担赔偿责任。

第七章　监事会

第一节　监　事

第一百三十五条　本章程第九十五条关于不得担任董事的情形,同时适用于监事。

董事、经理和其他高级管理人员不得兼任监事。

第一百三十六条 监事应当遵守法律、行政法规和本章程，对公司负有忠实义务和勤勉义务，不得利用职权收受贿赂或者其他非法收入，不得侵占公司的财产。

第一百三十七条 监事的任期每届为3年。监事任期届满，连选可以连任。

第一百三十八条 监事任期届满未及时改选，或者监事在任期内辞职导致监事会成员低于法定人数的，在改选出的监事就任前，原监事仍应当依照法律、行政法规和本章程的规定，履行监事职务。

第一百三十九条 监事应当保证公司披露的信息真实、准确、完整。

第一百四十条 监事可以列席董事会会议，并对董事会决议事项提出质询或者建议。

第一百四十一条 监事不得利用其关联关系损害公司利益，若给公司造成损失的，应当承担赔偿责任。

第一百四十二条 监事执行公司职务时违反法律、行政法规、部门规章或本章程的规定，给公司造成损失的，应当承担赔偿责任。

第二节 监事会

第一百四十三条 公司设监事会。监事会由【人数】名监事组成，监事会设主席1人，可以设副主席。监事会主席和副主席由全体监事过半数选举产生。监事会主席召集和主持监事会会议；监事会主席不能履行职务或者不履行职务的，由监事会副主席召集和主持监事会会议；监事会副主席不能履行职务或者不履行职务的，由半数以上监事共同推举一名监事召集和主持监事会会议。

监事会应当包括股东代表和适当比例的公司职工代表，其中职工代表的比例不低于1/3。监事会中的职工代表由公司职工通过职工代表大会、职工大会或者其他形式民主选举产生。

注释：监事会成员不得少于3人。公司章程应规定职工代表在监事会中的具体比例。

第一百四十四条 监事会行使下列职权：

（一）应当对董事会编制的公司定期报告进行审核并提出书面审核意见；

（二）检查公司财务；

（三）对董事、高级管理人员执行公司职务的行为进行监督，对违反法律、行政法规、本章程或者股东大会决议的董事、高级管理人员提出罢免的建议；

（四）当董事、高级管理人员的行为损害公司的利益时，要求董事、高级管理人员予以纠正；

（五）提议召开临时股东大会，在董事会不履行《公司法》规定的召集和主持股东大会职责时召集和主持股东大会；

（六）向股东大会提出提案；

（七）依照《公司法》第一百五十一条的规定，对董事、高级管理人员提起诉讼；

（八）发现公司经营情况异常，可以进行调查；必要时，可以聘请会计师事务所、律师事务所等专业机构协助其工作，费用由公司承担。

注释：公司章程可以规定监事的其他职权。

第一百四十五条 监事会每6个月至少召开一次会议。监事可以提议召开临时监事会会议。

监事会决议应当经半数以上监事通过。

第一百四十六条 监事会制定监事会议事规则，明确监事会的议事方式和表决程序，以确保监事会的工作效率和科学决策。

注释：监事会议事规则规定监事会的召开和表决程序。监事会议事规则应列入公司章程或作为章程的附件，由监事会拟定，股东大会批准。

第一百四十七条 监事会应当将所议事项的决定做成会议记录，出席会议的监事应当在会议记录上签名。

监事有权要求在记录上对其在会议上的发言作出某种说明性记载。监事会会议记录作为公司档案至少保存10年。

注释：公司应当根据具体情况，在章程中规定会议记录的保管期限。

第一百四十八条 监事会会议通知包括以下内容：

（一）举行会议的日期、地点和会议期限；

（二）事由及议题；

（三）发出通知的日期。

第八章 财务会计制度、利润分配和审计

第一节 财务会计制度

第一百四十九条 公司依照法律、行政法规和国家有关部门的规定，制定公司的财务会计制度。

第一百五十条 公司在每一会计年度结束之日起4个月内向中国证监会和证券交易所报送年度财务会计报告，在每一会计年度前6个月结束之日起2个月内向中国证监会派出机构和证券交易所报送半年度财务会计报告，在每一会计年度前3个月和前9个月结束之日起的1个月内向中国证监会派出机构和证券交易所报送季度财务会计报告。

上述财务会计报告按照有关法律、行政法规及部门规章的规定进行编制。

第一百五十一条 公司除法定的会计账簿外，将不另立会计账簿。公司的资产，不以任何个人名义开立账户存储。

第一百五十二条 公司分配当年税后利润时，应当提取利润的10%列入公司法定公积金。公司法定公积金累计额为公司注册资本的50%以上的，可以不再提取。

公司的法定公积金不足以弥补以前年度亏损的，在依照前款规定提取法定公积金之前，应当先用当年利润弥补亏损。

公司从税后利润中提取法定公积金后，经股东大会决议，还可以从税后利润中提取任意公积金。

公司弥补亏损和提取公积金后所余税后利润，按照股东持有的股份比例分配，但本章程规定不按持股比例分配的除外。

股东大会违反前款规定，在公司弥补亏损和提取法定公积金之前向股东分配利润的，股东必须将违反规定分配的利润退还公司。

公司持有的本公司股份不参与分配利润。

公司应当在公司章程中明确现金分红相对于股票股利在利润分配方式中的优先顺序，并载明以下内容：

（一）公司董事会、股东大会对利润分配尤其是现金分红事项的决策程序和机制，对既定利润分配政策尤其是现金分红政策作出调整的具体条件、决策程序和机制，以及为充分听取独立董事和中小股东意见所采取的措施。

（二）公司的利润分配政策尤其是现金分红政策的具体内容，利润分配的形式，利润分配尤其是现金分红的期间间隔，现金分红的具体条件，发放股票股利的条件，各期现金分红最低金额或比例（如有）等。

注释：公司应当以现金的形式向优先股股东支付股息，在完全支付约定的股息之前，不得向普通股股东分配利润。

第一百五十三条 公司的公积金用于弥补公司的亏损、扩大公司生产经营或者转为增加公司资本。但是，资本公积金将不用于弥补公司的亏损。

法定公积金转为资本时，所留存的该项公积金将不少于转增前公司注册资本的25%。

第一百五十四条 公司股东大会对利润分配方案作出决议后，公司董事会须在股东大会召开后2个月内完成股利（或股份）的派发事项。

第一百五十五条 公司利润分配政策为【具体政策】。

注释：发行境内上市外资股的公司应当按照《境内上市外资股规定实施细则》中的有关规定补充本节的内容。

第二节 内部审计

第一百五十六条 公司实行内部审计制度，配备专职审计人员，对公司财务收支和经济活动进行内部审计监督。

第一百五十七条 公司内部审计制度和审计人员的职责，应当经董事会批准后实施。审计负责人向董事会负责并报告工作。

第三节 会计师事务所的聘任

第一百五十八条 公司聘用取得“从事证券相关业务资格”的会计师事务所进行会计报表审计、净资产验证及其他相关的咨询服务等业务，聘期1年，可以续聘。

第一百五十九条 公司聘用会计师事务所必须由股东大会决定，董事会不得在股东大会决定前委任会计师事务所。

第一百六十条 公司保证向聘用的会计师事务所提供真实、完整的会计凭证、会计账簿、财务会计报告及其他会计资料，不得拒绝、隐匿、谎报。

第一百六十一条 会计师事务所的审计费用由股东大会决定。

第一百六十二条 公司解聘或者不再续聘会计师事务所时，提前【天数】天事先通知会计师事务所，公司股东大会就解聘会计师事务所进行表决时，允许会计师事务所陈述意见。

会计师事务所提出辞聘的，应当向股东大会说明公司有无不当情形。

第九章 通知和公告

第一节 通 知

第一百六十三条 公司的通知以下列形式发出：

（一）以专人送出；

（二）以邮件方式送出；

（三）以公告方式进行；

（四）本章程规定的其他形式。

第一百六十四条 公司发出的通知，以公告方式进行的，一经公告，视为所有相关人员收到通知。

第一百六十五条 公司召开股东大会的会议通知，以【具体通知方式】进行。

第一百六十六条 公司召开董事会的会议通知，以【具体通知方式】进行。

第一百六十七条 公司召开监事会的会议通知，以【具体通知方式】进行。

注释：公司应当根据实际情况，在章程中确定公司各种会议的具体通知方式。

第一百六十八条 公司通知以专人送出的，由被送达人在送达回执上签名（或盖章），被送达人签收日期为送达日期；公司通知以邮件送出的，自交付邮局之日起第【天数】个工作日为送达日期；公司通知以公告方式送出的，第一次公告刊登日为送达日期。

第一百六十九条 因意外遗漏未向某有权得到通知的人送出会议通知或者该等人没有收到会议通知，会议及会议作出的决议并不因此无效。

第二节 公 告

第一百七十条 公司指定【媒体名称】为刊登公司公告和其他需要披露信息的媒体。

注释：公司应当在中国证监会指定的媒体范围内，在章程中确定一份或者多份报纸和一个网站作为公司披露信息的媒体。

第十章 合并、分立、增资、减资、解散和清算

第一节 合并、分立、增资和减资

第一百七十一条 公司合并可以采取吸收合并或者新设合并。

一个公司吸收其他公司为吸收合并，被吸收的公司解散。两个以上公司合并设立一个新的公司为新设合并，合并各方解散。

第一百七十二条 公司合并，应当由合并各方签订合并协议，并编制资产负债表及财产清单。公司应当自作出合并决议之日起10日内通知债权人，并于30日内在【报纸名称】上公告。

债权人自接到通知书之日起30日内，未接到通知书的自公告之日起45日内，可以要求公司清偿债务或者提供相应的担保。

第一百七十三条 公司合并时，合并各方的债权、债务，由合并后存续的公司或者新设的公司承继。

第一百七十四条 公司分立，其财产作相应的分割。

公司分立，应当编制资产负债表及财产清单。公司应当自作出分立决议之日起10日内通知债权人，并于30日内在【报纸名称】上公告。

第一百七十五条 公司分立前的债务由分立后的公司承担连带责任。但是，公司在分立前与债权人就债务清偿达成的书面协议另有约定的除外。

第一百七十六条 公司需要减少注册资本时，必须编制资产负债表及财产清单。

公司应当自作出减少注册资本决议之日起10日内通知债权人，并于30日内在【报纸名称】上公告。债权人自接到通知书之日起30日内，未接到通知书的自公告之日起45日内，有权要求公司清偿债务或者提供相应的担保。

公司减资后的注册资本将不低于法定的最低限额。

第一百七十七条 公司合并或者分立，登记事项发生变更的，应当依法向公司登记机关办理变更登记；公司解散的，应当依法办理公司注销登记；设立新公司的，应当依法办理公司设立登记。

公司增加或者减少注册资本，应当依法向公司登记机关办理变更登记。

第二节 解散和清算

第一百七十八条 公司因下列原因解散：

（一）本章程规定的营业期限届满或者本章程规定的其他解散事由出现；

（二）股东大会决议解散；

（三）因公司合并或者分立需要解散；

（四）依法被吊销营业执照、责令关闭或者被撤销；

（五）公司经营管理发生严重困难，继续存续会使股东利益受到重大损失，通过其他途径不能解决的，持有公司全部股东表决权10%以上的股东，可以请求人民法院解散公司。

第一百七十九条 公司有本章程第一百七十八条第（一）项情形的，可以通过修改本章程而存续。

依照前款规定修改本章程，须经出席股东大会会议的股东所持表决权的2/3以上通过。

第一百八十条 公司因本章程第一百七十八条第（一）项、第（二）项、第（四）项、第（五）项规定而解散的，应当在解散事由出现之日起15日内成立清算组，开始清算。清算组由董事或者股东大会确定的人员组成。逾期不成立清算组进行清算的，债权人可以申请人民法院指定有关人员组成清算组进行清算。

第一百八十一条 清算组在清算期间行使下列职权：

（一）清理公司财产，分别编制资产负债表和财产清单；

（二）通知、公告债权人；

（三）处理与清算有关的公司未了结的业务；

（四）清缴所欠税款以及清算过程中产生的税款；

（五）清理债权、债务；

（六）处理公司清偿债务后的剩余财产；

（七）代表公司参与民事诉讼活动。

第一百八十二条 清算组应当自成立之日起10日内通知债权人，并于60日内在【报纸名称】上公告。债权人应当自接到通知书之日起30日内，未接到通知书的自公告之日起45日内，向清算组申报其债权。

债权人申报债权，应当说明债权的有关事项，并提供证明材料。清算组应当对债权进行登记。

在申报债权期间，清算组不得对债权人进行清偿。

第一百八十三条 清算组在清理公司财产、编制资产负债表和财产清单后，应当制定清算方案，并报股东大会或者人民法院确认。

公司财产在分别支付清算费用、职工的工资、社会保险费用和法定补偿金，缴纳所欠税款，清偿公司债务后的剩余财产，公司按照股东持有的股份比例分配。

清算期间，公司存续，但不能开展与清算无关的经营活动。

公司财产在未按前款规定清偿前，将不会分配给股东。

注释：已发行优先股的公司因解散、破产等原因进行清算时，公司财产在按照公司法和破产法有关规定进行清偿后的剩余财产，应当优先向优先股股东支付未派发的股息和公司章程约定的清算金额，不足以全额支付的，按照优先股股东持股比例分配。

第一百八十四条 清算组在清理公司财产、编制资产负债表和财产清单后，发现公司财产不足清偿债务的，应当依法向人民法院申请宣告破产。

公司经人民法院裁定宣告破产后，清算组应当将清算事务移交给人民法院。

第一百八十五条 公司清算结束后，清算组应当制作清算报告，报股东大会或者人民法院确认，并报送公司登记机关，申请注销公司登记，公告公司终止。

第一百八十六条 清算组成员应当忠于职守，依法履行清算义务。

清算组成员不得利用职权收受贿赂或者其他非法收入，不得侵占公司财产。

清算组成员因故意或者重大过失给公司或者债权人造成损失的，应当承担赔偿责任。

第一百八十七条 公司被依法宣告破产的，依照有关企业破产的法律实施破产清算。

第十一章 修改章程

第一百八十八条 有下列情形之一的，公司应当修改章程：

（一）《公司法》或有关法律、行政法规修改后，章程规定的事项与修改后的法律、行政法规的规定相抵触；

（二）公司的情况发生变化，与章程记载的事项不一致；

（三）股东大会决定修改章程。

第一百八十九条 股东大会决议通过的章程修改事项应经主管机关审批的，须报主管机关批准；涉及公司登记事项的，依法办理变更登记。

第一百九十条 董事会依照股东大会修改章程的决议和有关主管机关的审批意见修改本章程。

第一百九十一条 章程修改事项属于法律、法规要求披露的信息，按规定予以公告。

第十二章 附 则

第一百九十二条 释义

（一）控股股东，是指其持有的普通股（含表决权恢复的优先股）占公司股本总额50%以上的股东；持有股份的比例虽然不足50%，但依其持有的股份所享有的表决权已足以对股东大会的决议产生重大影响的股东。

（二）实际控制人，是指虽不是公司的股东，但通过投资关系、协议或者其他安排，能够实际支配公司行为的人。

（三）关联关系，是指公司控股股东、实际控制人、董事、监事、高级管理人员与其直接或者间接控制的企业之间的关系，以及可能导致公司利益转移的其他关系。但是，国家控股的企业之间不仅因为同受国家控股而具有关联关系。

第一百九十三条 董事会可依照章程的规定，制订章程细则。章程细则不得与章程的规定相抵触。

第一百九十四条 本章程以中文书写，其他任何语种或不同版本的章程与本章程有歧义时，以在【公司登记机关全称】最近一次核准登记后的中文版章程为准。

第一百九十五条 本章程所称“以上”、“以内”、“以下”，都含本数；“以外”、“低于”、“多于”不含本数。

第一百九十六条 本章程由公司董事会负责解释。

> **第一百九十七条** 本章程附件包括股东大会议事规则、董事会议事规则和监事会议事规则。
>
> **第一百九十八条** 国家对优先股另有规定的,从其规定。
>
> **第一百九十九条** 本章程自公布之日起施行。《上市公司章程指引(2014 年修订)》(证监会公告〔2014〕47 号)同时废止。

第八十二条 【发起人的出资方式】 发起人的出资方式,适用本法第二十七条的规定。

第八十三条 【发起设立的程序】 以发起设立方式设立股份有限公司的,发起人应当书面认足公司章程规定其认购的股份,并按照公司章程规定缴纳出资。以非货币财产出资的,应当依法办理其财产权的转移手续。

发起人不依照前款规定缴纳出资的,应当按照发起人协议承担违约责任。

发起人认足公司章程规定的出资后,应当选举董事会和监事会,由董事会向公司登记机关报送公司章程以及法律、行政法规规定的其他文件,申请设立登记。

第八十四条 【募集设立的发起人认购股份】 以募集设立方式设立股份有限公司的,发起人认购的股份不得少于公司股份总数的百分之三十五;但是,法律、行政法规另有规定的,从其规定。

第八十五条 【募集股份的公告和认股书】 发起人向社会公开募集股份,必须公告招股说明书,并制作认股书。认股书应当载明本法第八十六条所列事项,由认股人填写认购股数、金额、住所,并签名、盖章。认股人按照所认购股数缴纳股款。

> **相关司法解释及两高工作文件**
>
> **《最高人民法院关于适用〈中华人民共和国公司法〉若干问题的规定(三)(2014 修正)》(法释〔2011〕3 号)**对因认股人未缴纳股款后的另行募股,规定如下:
>
> **第六条** 股份有限公司的认股人未按期缴纳所认股份的股款,经公司发起人催缴后在合理期间内仍未缴纳,公司发起人对该股份另行募集的,人民法院应当认定该募集行为有效。认股人延期缴纳股款给公司造成损失,公司请求该认股人承担赔偿责任的,人民法院应予支持。

第八十六条 【招股说明书】 招股说明书应当附有发起人制订的公司章程,并载明下列事项:

(一)发起人认购的股份数;

(二)每股的票面金额和发行价格;

(三)无记名股票的发行总数;

(四)募集资金的用途;

(五)认股人的权利、义务;

(六)本次募股的起止期限及逾期未募足时认股人可以撤回所认股份的说明。

关于招股说明书,可参见2006年12月8日中国证券监督管理委员会《公开发行证券的公司信息披露编报规则第3号——保险公司招股说明书内容与格式特别规定(2006修订)》、2015年12月30日中国证券监督管理委员会《公开发行证券的公司信息披露内容与格式准则第28号——创业板公司招股说明书(2015修订)》、2015年12月30日中国证券监督管理委员会《公开发行证券的公司信息披露内容与格式准则第1号——招股说明书(2015修订)》、2019年3月1日中国证券监督管理委员会《公开发行证券的公司信息披露内容与格式准则第41号——科创板公司招股说明书》。

第八十七条 【股票承销】 发起人向社会公开募集股份,应当由依法设立的证券公司承销,签订承销协议。

相关法律条文

《中华人民共和国证券法(2019修订)》(自2020年3月1日起施行)对证券的承销等,规定如下:

第二十六条 发行人向不特定对象发行的证券,法律、行政法规规定应当由证券公司承销的,发行人应当同证券公司签订承销协议。证券承销业务采取代销或者包销方式。

证券代销是指证券公司代发行人发售证券,在承销期结束时,将未售出的证券全部退还给发行人的承销方式。

证券包销是指证券公司将发行人的证券按照协议全部购入或者在承销期结束时将售后剩余证券全部自行购入的承销方式。

第二十七条 公开发行证券的发行人有权依法自主选择承销的证券公司。

第二十八条 证券公司承销证券,应当同发行人签订代销或者包销协议,载明下列事项:

(一)当事人的名称、住所及法定代表人姓名;

(二)代销、包销证券的种类、数量、金额及发行价格;

(三)代销、包销的期限及起止日期;

(四)代销、包销的付款方式及日期;

(五)代销、包销的费用和结算办法;

(六)违约责任;

(七)国务院证券监督管理机构规定的其他事项。

第二十九条 证券公司承销证券,应当对公开发行募集文件的真实性、准确性、完整性进行核查。发现有虚假记载、误导性陈述或者重大遗漏的,不得进行销售活动;已经销售的,必须立即停止销售活动,并采取纠正措施。

证券公司承销证券,不得有下列行为:

(一)进行虚假的或者误导投资者的广告宣传或者其他宣传推介活动;

(二)以不正当竞争手段招揽承销业务;

(三)其他违反证券承销业务规定的行为。

证券公司有前款所列行为,给其他证券承销机构或者投资者造成损失的,应当依法承担赔偿责任。

第三十条 向不特定对象发行证券聘请承销团承销的,承销团应当由主承销和参与承销的证券公司组成。

第三十一条 证券的代销、包销期限最长不得超过九十日。

证券公司在代销、包销期内,对所代销、包销的证券应当保证先行出售给认购人,证券公

> 司不得为本公司预留所代销的证券和预先购入并留存所包销的证券。
>
> **第三十二条** 股票发行采取溢价发行的，其发行价格由发行人与承销的证券公司协商确定。
>
> **第三十三条** 股票发行采用代销方式，代销期限届满，向投资者出售的股票数量未达到拟公开发行股票数量百分之七十的，为发行失败。发行人应当按照发行价并加算银行同期存款利息返还股票认购人。
>
> **第三十四条** 公开发行股票，代销、包销期限届满，发行人应当在规定的期限内将股票发行情况报国务院证券监督管理机构备案。

第八十八条 【代收股款】 发起人向社会公开募集股份，应当同银行签订代收股款协议。

代收股款的银行应当按照协议代收和保存股款，向缴纳股款的认股人出具收款单据，并负有向有关部门出具收款证明的义务。

第八十九条 【验资及创立大会的召开】 发行股份的股款缴足后，必须经依法设立的验资机构验资并出具证明。发起人应当自股款缴足之日起三十日内主持召开公司创立大会。创立大会由发起人、认股人组成。

发行的股份超过招股说明书规定的截止期限尚未募足的，或者发行股份的股款缴足后，发起人在三十日内未召开创立大会的，认股人可以按照所缴股款并加算银行同期存款利息，要求发起人返还。

第九十条 【创立大会的职权】 发起人应当在创立大会召开十五日前将会议日期通知各认股人或者予以公告。创立大会应有代表股份总数过半数的发起人、认股人出席，方可举行。

创立大会行使下列职权：

（一）审议发起人关于公司筹办情况的报告；

（二）通过公司章程；

（三）选举董事会成员；

（四）选举监事会成员；

（五）对公司的设立费用进行审核；

（六）对发起人用于抵作股款的财产的作价进行审核；

（七）发生不可抗力或者经营条件发生重大变化直接影响公司设立的，可以作出不设立公司的决议。

创立大会对前款所列事项作出决议，必须经出席会议的认股人所持表决权过半数通过。

第九十一条 【不得任意抽回股本】 发起人、认股人缴纳股款或者交付抵作股款的出资后，除未按期募足股份、发起人未按期召开创立大会或者创立大会决议不设立公司的情形外，不得抽回其股本。

相关司法解释及两高工作文件

《最高人民法院民二庭关于“股东以土地使用权的部分年限对应价值作价出资，期满后收回土地是否构成抽逃出资”的答复》（（2009）民二他字第5号），答复如下：

根据我国公司法及相关法律法规的规定，股份有限公司设立时发起人可以用土地使用权出资。土地使用权不同于土地所有权，其具有一定的存续期间即年限，发起人将土地使用权出资实际是将土地使用权的某部分年限作价用于出资，发起人可以将土地使用权的全部年限作价用于出资，作为公司的资本。发起人将土地使用权的部分年限作价作为出资投入公司，在其他发起人同意且公司章程没有相反的规定时，并不违反法律法规的禁止性规定，此时发起人投入公司的资本数额应当是土地使用权该部分年限作价的价值。

在该部分年限届至后，土地使用权在该部分年限内的价值已经为公司所享有和使用，且该部分价值也已经凝结为公司财产，发起人事实上无法抽回。由于土地使用权的剩余年限并未作价并用于出资，所以发起人收回土地使用权是取回自己财产的行为，这种行为与发起人出资后再将原先出资的资本抽回的行为具有明显的区别，不应认定为抽逃出资。发起人取回剩余年限的土地使用权后，公司的资本没有发生变动，所以无须履行公示程序。

本案中，应当查明作为股东的鞍山市人民政府在公司即鞍山一工设立时投入的570620平方米土地使用权作价1710万元所对应的具体年限。如果该作价1710万元的土地使用权对应的出资年限就是10年，在10年期满后，鞍山市人民政府将剩余年限的土地使用权收回，不构成抽逃出资，也无需履行公示程序；反之，则鞍山市人民政府存在抽逃出资的行为，其应当承担对公司债务的赔偿责任，但以抽逃出资的价值为限。

《最高人民法院执行工作办公室关于股份有限公司转让其正在被执行的独资开办的企业能否追加该股份有限公司为被执行人问题的复函》（（2002）执他字第2号），答复如下：

一、中国四川国际合作股份有限公司（以下简称四川公司）转让北海中川国际房地产开发公司（以下简称北海公司）的股权，收取受让人支付的对价款不属抽逃北海公司的注册资金，即不能以抽逃资金为由追加四川公司为广西城乡房地产开发北海公司申请执行北海公司一案的被执行人。

二、四川公司转让北海公司股权的行为，是依据《公司法》的规定合法转让的行为。因该转让既不改变北海公司的独立法人地位；也未造成北海公司资产的减少；且四川公司转让北海公司而获益的1000万元，是四川公司通过转让股权获得的对价款，该对价款也不是四川公司在北海公司获得的投资权益或投资收益；至于四川公司与北海公司的并表财务报告等，并不表明四川公司对北海公司的债权债务有继受关系或者属法人格滥用行为。因此，北海市中级人民法院追加四川公司为被执行人没有事实依据和法律依据。

第九十二条 【申请设立登记】 董事会应于创立大会结束后三十日内，向公司登记机关报送下列文件，申请设立登记：

（一）公司登记申请书；

（二）创立大会的会议记录；

（三）公司章程；

（四）验资证明；

（五）法定代表人、董事、监事的任职文件及其身份证明；

（六）发起人的法人资格证明或者自然人身份证明；

（七）公司住所证明。

以募集方式设立股份有限公司公开发行股票的，还应当向公司登记机关报送国务院证券监督管理机构的核准文件。

第九十三条 【出资不足的补充】 股份有限公司成立后，发起人未按照公司章程的规定缴足出资的，应当补缴；其他发起人承担连带责任。

股份有限公司成立后，发现作为设立公司出资的非货币财产的实际价额显著低于公司章程所定价额的，应当由交付该出资的发起人补足其差额；其他发起人承担连带责任。

第九十四条 【发起人的责任】 股份有限公司的发起人应当承担下列责任：

（一）公司不能成立时，对设立行为所产生的债务和费用负连带责任；

（二）公司不能成立时，对认股人已缴纳的股款，负返还股款并加算银行同期存款利息的连带责任；

（三）在公司设立过程中，由于发起人的过失致使公司利益受到损害的，应当对公司承担赔偿责任。

一、相关司法解释及两高工作文件

《最高人民法院关于适用〈中华人民共和国公司法〉若干问题的规定（三）（2014 修正）》（法释〔2011〕3 号）对公司的发起人及其签订的合同，规定如下：

第一条 为设立公司而签署公司章程、向公司认购出资或者股份并履行公司设立职责的人，应当认定为公司的发起人，包括有限责任公司设立时的股东。

第二条 发起人为设立公司以自己名义对外签订合同，合同相对人请求该发起人承担合同责任的，人民法院应予支持。

公司成立后对前款规定的合同予以确认，或者已经实际享有合同权利或者履行合同义务，合同相对人请求公司承担合同责任的，人民法院应予支持。

第三条 发起人以设立中公司名义对外签订合同，公司成立后合同相对人请求公司承担合同责任的，人民法院应予支持。

公司成立后有证据证明发起人利用设立中公司的名义为自己的利益与相对人签订合同，公司以此为由主张不承担合同责任的，人民法院应予支持，但相对人为善意的除外。

第四条 公司因故未成立，债权人请求全体或者部分发起人对设立公司行为所产生的费用和债务承担连带清偿责任的，人民法院应予支持。

部分发起人依照前款规定承担责任后，请求其他发起人分担的，人民法院应当判令其他发起人按照约定的责任承担比例分担责任；没有约定责任承担比例的，按照约定的出资比例分担责任；没有约定出资比例的，按照均等份额分担责任。

因部分发起人的过错导致公司未成立，其他发起人主张其承担设立行为所产生的费用和债务的，人民法院应当根据过错情况，确定过错一方的责任范围。

第五条 发起人因履行公司设立职责造成他人损害，公司成立后受害人请求公司承担侵权赔偿责任的，人民法院应予支持；公司未成立，受害人请求全体发起人承担连带赔偿责任的，人民法院应予支持。

公司或者无过错的发起人承担赔偿责任后，可以向有过错的发起人追偿。

二、相关案例

【关于股份有限公司发起人责任的规定，扩张适用于有限责任公司】

联光投资有限公司（United Glory Investment Limited）诉中国煤炭开发有限责任公司股东出资纠纷案［最高人民法院（2017）最高法民申 1841 号民事裁定书］，《公司法司法解释

（三）》于2010年12月6日经最高人民法院审判委员会第1504次会议通过，其第十三条的制定依据是鉴于《公司法》（2005年修订）第九十四条规定了“股份有限公司成立后，发起人未按照公司章程的规定缴足出资的，应当补缴；其他发起人承担连带责任”，但没有完整规定有限责任公司发起人未履行或未全面履行出资义务时，其他发起人的连带责任，因此将该法关于股份有限公司的相关规定扩张适用于有限责任公司。

【代垫注册资本的他人无权排除法院对公司财产的强制执行】

乔某某等与陆某等合同纠纷再审案［江苏省高级人民法院（2017）苏民再156号民事判决书（《人民司法·案例》2018年第11期）］，公司发起人以设立中的公司名义为自己的债务提供执行担保，公司设立成功后，未对此提出异议，仍应承担担保责任。他人为公司发起人代垫注册资本，无法按照与公司发起人的约定将垫资款取回时，对公司财产并不享有足以排除强制执行的民事权益。

【如何确定公司在设立阶段所签订合同的民事责任主体】

顾恺诉安庆市天盛装饰工程有限公司申请撤销仲裁裁决案［安徽省安庆市中级人民法院（2016）皖08民特20号民事裁定书］，公司发起人在公司的设立阶段以公司名义与相对人签订施工合同，如果该行为属于设立公司的非必要行为，且发起人存在利用公司法人独立地位和股东有限责任逃避债务的主观故意，则由发起人作为该合同的民事责任主体，承担相应的法律责任。

【发起人为适格被告的认定】

北京毛世恒源厨房设备有限公司诉戴龙飞加工合同纠纷案［北京市第三中级人民法院（2015）三中民（商）终字第14436号民事裁定书］，发起人是设立中公司的代表机关和执行机关，对外代表设立中公司进行民事活动。在本案中，戴龙飞系作为十七城公司的发起人，为设立十七城公司以自己名义与毛世恒源公司签订合同，毛世恒源公司系合同相对人。本院认为，在发起人为设立公司以自己名义对外签订合同时，合同相对人有权请求发起人承担合同责任；如成立后的公司以明示方式确认前述合同，或者通过已经实际享有合同权利或履行合同义务的方式默认其愿意接受公司成为合同主体时，则合同相对人亦有权请求公司承担合同责任。在本案中，虽然十七城公司确认戴龙飞系代表该公司与毛世恒源公司签订合同，但是毛世恒源公司作为合同相对人，在签订合同时，其并不知悉戴龙飞系代表设立中的十七城公司的利益。本院认为，毛世恒源公司有权要求戴龙飞承担合同责任。

【公司筹建费用及其损失之认定与分摊】

大连工美企业有限责任公司与弘仁（大连）集团有限公司发起人责任纠纷上诉案［最高人民法院（2015）民二终字第90号民事判决书］，就发起人为组建公司费用或损失承担责任而言，结合本案，首先应予判断的是损失是否实际发生的问题。按弘仁公司主张以及原审判决认定，本案426.03万元系由三笔费用构成：一为装修办公房屋以及设计五味精项目等所发生的装修款及设计费257.7804万元及利息；二为办理工商登记对刘贤忠拥有的调元五味精制品发明专利及工美公司所属的房地产进行资产评估所发生的评估费132.25万元及利息；三为成立新公司委托公正会计所所发生的验资报告费36万元及利息。经最高人民法院审理进一步查明，该三笔费用中，弘仁公司始终自认仅付了9万元，其余至今均属弘仁公司尚未支付的对外债务。很显然，除9万元外，其余费用均未实际支付，因此所谓实际损失也就无从发生。弘仁公司将其尚未支付的对外债务作为实际损失请求工美公司向其赔偿，不仅缺乏事实基础，也缺乏法律依据。原审将弘仁公司尚未支付的对外欠款认定为实际发生的损失，显然不当。

【债权人享有向发起人或公司主张权利的选择权】

焦作盛弘建筑设备租赁中心与李坚建筑设备租赁合同纠纷上诉案［河南省焦作市中级人民法院（2014）焦民一终字第124号民事判决书（《人民司法·案例》2014年第22期）］，发起人为设立公司以自己名义对外签订合同时，债权人可以向该发起人主张权利。成立后的公司对发起人行为予以追认的，债权人亦可以要求成立后的公司承担责任，但债权人享有向发起人或是公司主张权利的选择权。

【发起人在公司设立前以个人名义签订合同时的责任承担】

徐福国、德宇浩实业集团有限公司与庆阳骊山科元商贸公司买卖合同纠纷上诉案[甘肃省庆阳地区中级人民法院(2014)庆中民终字第394号民事判决书],对于上诉人提出公司法定代表人徐福国不应承担给付车款责任的请求,因本案中德宇浩公司成立前,徐福国以自己名义与骊山公司签订了《工业品买卖合同》,并支付了定金及部分车款,徐福国作为买卖合同的一方当事人,原审判决由其与公司共同承担支付购车款责任并无不当。

【单位设立不成功后的劳动责任承担主体】

涂远贞与魏晶莹劳动合同纠纷上诉案[北京市第一中级人民法院(2012)一中民终字第2749号民事判决书(《人民司法·案例》2012年第20期)],设立中的单位属于用工主体,应当认定双方之间存在劳动关系。用人单位一旦设立不成功,则不具备成立劳动关系的要件,劳动者与发起人之间构成雇佣关系,并按此关系享受权利、履行义务。

【作为被执行人的发起人,在公司成立之前向公司专用账户存入一笔资金,法院可以将该资金作为欠款扣划给申请执行人】

建湖隆昌纺织有限公司对法院扣划被执行人张启宏在该公司设立中投资的异议案[江苏省盐城市中级人民法院(2006)盐执监字第27号民事裁定书],复议申请人建湖隆昌纺织有限公司作为企业法人,其成立日期为公司营业执照签发日期,故该公司应从其营业执照上的签发日期2005年11月3日起成立,在此之前应依法认定该公司尚未成立,因而也不具备主体资格。江苏省建湖县人民法院实施的扣划投资人张启宏资金的行为,发生在2005年10月25日,是在公司尚未成立、尚未具备法人资格时。因此,该笔资金所有权未发生转移,该所有权一直延续到公司成立之日,并于该日依法发生转移。国家工商总局的规定:股东资金一旦投入不得随意动用,是公司对其股东的内部约束。相对于设立中的公司而言,股东资金一旦投入,投资人就失去了对该笔资金的控制,不得随意动用。股东如在公司依法成立后抽出资金,要负抽逃注册资金的责任;如在公司未能成立时抽出资金,则要负违约责任。但这种约束对外不发生效力。在对外关系上,由于设立中的公司不具备主体资格,因而无法以其独立的法律人格对抗他人。本案张启宏投入注册资金成立公司,在公司未成立之前,由于法院的公权力行为,造成客观上的公司注册资金不能到位的责任,应由投资人张启宏负担。江苏省建湖县人民法院依法认定该笔资金为股东张启宏个人所有并实施扣划是正确的。因此,复议申请人建湖隆昌纺织有限公司的复议理由不能成立。

第九十五条 【公司性质的变更】 有限责任公司变更为股份有限公司时,折合的实收股本总额不得高于公司净资产额。有限责任公司变更为股份有限公司,为增加资本公开发行股份时,应当依法办理。

第九十六条 【重要资料的置备】 股份有限公司应当将公司章程、股东名册、公司债券存根、股东大会会议记录、董事会会议记录、监事会会议记录、财务会计报告置备于本公司。

第九十七条 【股东的查阅、建议和质询权】 股东有权查阅公司章程、股东名册、公司债券存根、股东大会会议记录、董事会会议决议、监事会会议决议、财务会计报告,对公司的经营提出建议或者质询。

第二节 股东大会

第九十八条 【股东大会的组成与地位】 股份有限公司股东大会由全体股

东组成。股东大会是公司的权力机构，依照本法行使职权。

相关文件规定

《上市公司股东大会规则（2016年修订）》（自2016年9月30日起施行）第一章（总则），规定如下：

第一条 为规范上市公司行为，保证股东大会依法行使职权，根据《中华人民共和国公司法》（以下简称《公司法》）、《中华人民共和国证券法》（以下简称《证券法》）的规定，制定本规则。

第二条 上市公司应当严格按照法律、行政法规、本规则及公司章程的相关规定召开股东大会，保证股东能够依法行使权利。

公司董事会应当切实履行职责，认真、按时组织股东大会。

公司全体董事应当勤勉尽责，确保股东大会正常召开和依法行使职权。

……

第五条 公司召开股东大会，应当聘请律师对以下问题出具法律意见并公告：

（一）会议的召集、召开程序是否符合法律、行政法规、本规则和公司章程的规定；

（二）出席会议人员的资格、召集人资格是否合法有效；

（三）会议的表决程序、表决结果是否合法有效；

（四）应公司要求对其他有关问题出具的法律意见。

第九十九条 【股东大会的职权】 本法第三十七条第一款关于有限责任公司股东会职权的规定，适用于股份有限公司股东大会。

相关文件规定

《上市公司股东大会规则（2016年修订）》（自2016年9月30日起施行）对股东大会职权，规定如下：

第三条 股东大会应当在《公司法》和公司章程规定的范围内行使职权。

第一百条 【年度股东大会和临时股东大会】 股东大会应当每年召开一次年会。有下列情形之一的，应当在两个月内召开临时股东大会：

（一）董事人数不足本法规定人数或者公司章程所定人数的三分之二时；

（二）公司未弥补的亏损达实收股本总额三分之一时；

（三）单独或者合计持有公司百分之十以上股份的股东请求时；

（四）董事会认为必要时；

（五）监事会提议召开时；

（六）公司章程规定的其他情形。

一、相关文件规定

《上市公司股东大会规则（2016年修订）》（自2016年9月30日起施行）对年度股东大会和临时股东大会，规定如下：

第四条 股东大会分为年度股东大会和临时股东大会。年度股东大会每年召开一次，应当于上一会计年度结束后的6个月内举行。临时股东大会不定期召开，出现《公司法》第一百零一条（编者注：现为该法第一百条）规定的应当召开临时股东大会的情形时，临时股东大会应当在2个月内召开。

公司在上述期限内不能召开股东大会的，应当报告公司所在地中国证监会派出机构和公司股票挂牌交易的证券交易所（以下简称“证券交易所”），说明原因并公告。

二、相关案例

【单独或合计持股10%以上的股东，有权要求召开临时股东大会】

上海奇乐照相总店诉苏燕萍损害公司权益纠纷案［上海市浦东新区人民法院（2007）浦民二（商）初字第3066号民事判决书］，在2007年1月12日召开股东大会时，37人已经不享有原告的股东身份，原告尚有16名合法股东，结合他们在工商部门备案的投资情况看，该16人向原告投资共计25万元，占总注册资本的33.33%（即使扣除华建国的3万元退股金，该16人向原告投资共计22万元，占总注册资本的29.33%）。2007年1月12日召开股东大会时除余德良之外的签名人员的持股比例占上述16名合法股东的持股比例的90%以上。故该决议已经过原告持有2/3以上股份的股东通过。关于该次股东大会的召开，也符合原告章程第25条和《暂行办法》第29条第2款中关于持有10%以上股份的股东请求时，应当召开临时股东大会的相关规定。且原告已经在召开的7天以前将股东大会的有关事项通知了包括被告在内的股东。至于被告认为原告章程规定董事会有5名董事组成，现上述决议仅选出了3名董事，故决议内容违反章程的规定，应为无效。对此，本院认为，《暂行办法》规定规模较大的企业，可以设立董事会，成员人数为3~19人；规模较小的企业，可以不设董事会。现原告在改制设立时的股东有53名，并在章程中约定了董事会由5名成员组成。现由于原告股东人数的实际减少，至此次召开股东大会时的股东人数仅为16人，故股东大会选举了3名成员组成董事会，虽与章程有所不一致，但并未违反法律规定，也符合原告的客观实际情况。由此，可以认定上述股东会决议的通知程序、决议程序及决议内容均未违反法律规定，应当认定合法有效。

第一百零一条 【股东大会会议的召集与主持】 股东大会会议由董事会召集，董事长主持；董事长不能履行职务或者不履行职务的，由副董事长主持；副董事长不能履行职务或者不履行职务的，由半数以上董事共同推举一名董事主持。

董事会不能履行或者不履行召集股东大会会议职责的，监事会应当及时召集和主持；监事会不召集和主持的，连续九十日以上单独或者合计持有公司百分之十以上股份的股东可以自行召集和主持。

一、相关文件规定

《上市公司股东大会规则（2016年修订）》（自2016年9月30日起施行）第二章（股东大会的召集），规定如下：

第六条 董事会应当在本规则第四条规定的期限内按时召集股东大会。

第七条 独立董事有权向董事会提议召开临时股东大会。对独立董事要求召开临时股东大会的提议，董事会应当根据法律、行政法规和公司章程的规定，在收到提议后10日内提出同意或不同意召开临时股东大会的书面反馈意见。

董事会同意召开临时股东大会的，应当在作出董事会决议后的5日内发出召开股东大会的通知；董事会不同意召开临时股东大会的，应当说明理由并公告。

第八条 监事会有权向董事会提议召开临时股东大会，并应当以书面形式向董事会提出。董事会应当根据法律、行政法规和公司章程的规定，在收到提议后10日内提出同意或不同意召开临时股东大会的书面反馈意见。

董事会同意召开临时股东大会的，应当在作出董事会决议后的5日内发出召开股东大会的通知，通知中对原提议的变更，应当征得监事会的同意。

董事会不同意召开临时股东大会，或者在收到提议后10日内未作出书面反馈的，视为董事会不能履行或者不履行召集股东大会会议职责，监事会可以自行召集和主持。

第九条 单独或者合计持有公司10%以上股份的普通股股东（含表决权恢复的优先股股东）有权向董事会请求召开临时股东大会，并应当以书面形式向董事会提出。董事会应当根据法律、行政法规和公司章程的规定，在收到请求后10日内提出同意或不同意召开临时股东大会的书面反馈意见。

董事会同意召开临时股东大会的，应当在作出董事会决议后的5日内发出召开股东大会的通知，通知中对原请求的变更，应当征得相关股东的同意。

董事会不同意召开临时股东大会，或者在收到请求后10日内未作出反馈的，单独或者合计持有公司10%以上股份的普通股股东（含表决权恢复的优先股股东）有权向监事会提议召开临时股东大会，并应当以书面形式向监事会提出请求。

监事会同意召开临时股东大会的，应在收到请求5日内发出召开股东大会的通知，通知中对原请求的变更，应当征得相关股东的同意。

监事会未在规定期限内发出股东大会通知的，视为监事会不召集和主持股东大会，连续90日以上单独或者合计持有公司10%以上股份的普通股股东（含表决权恢复的优先股股东）可以自行召集和主持。

第十条 监事会或股东决定自行召集股东大会的，应当书面通知董事会，同时向公司所在地中国证监会派出机构和证券交易所备案。

在股东大会决议公告前，召集普通股股东（含表决权恢复的优先股股东）持股比例不得低于10%。

监事会和召集股东应在发出股东大会通知及发布股东大会决议公告时，向公司所在地中国证监会派出机构和证券交易所提交有关证明材料。

第十一条 对于监事会或股东自行召集的股东大会，董事会和董事会秘书应予配合。董事会应当提供股权登记日的股东名册。董事会未提供股东名册的，召集人可以持召集股东大会通知的相关公告，向证券登记结算机构申请获取。召集人所获取的股东名册不得用于除召开股东大会以外的其他用途。

第十二条 监事会或股东自行召集的股东大会，会议所必需的费用由公司承担。

二、相关案例

【股东大会的召集和通知程序】

邓崇云不服陕西省人民政府行政复议决定案［陕西省高级人民法院（2004）陕行终字第47号行政判决书］，我国《公司法》第一百零一条规定，股东大会会议由董事会召集，董事长主持；董事长不能履行职务或者不履行职务的，由副董事长主持；副董事长不能履行职务或者不履行职务的，由半数以上董事共同推举一名董事主持。股东会会议的召集程序应严谨，不仅应当遵守法律、行政法规中的程序规则，而且应当遵守公司章程中的程序规则。程序瑕疵主要体现在召集程序与表决程序两个方面。就召集程序的瑕疵而言，有些公司的管理层或者控制股东在召开股东会或者董事会会议之前不遵守公司法或者公司章程确定的召集期限和通知程序等基本要求。根据新《公司法》第二十二条第一款之规定，凡是内容违反法律、行政法规的公司股东会或董事会决议均属无效。清华德人公司所称其于2002年4月提议召开临时股东大会一节，因未提供相应证据证明已向董事会及其他股东送达，故不予认定。清华德人公司落款时间为2002年11月12日的提案，不能准确反映董事会及各方股东的准确收到日期。董事长白志礼承认董事会于2002年12月14日收到该提案，董事会和董事长应在两个月内召集和主持临时股东大会，即应在2003年2月14日前召集主持临时股东会。董事长白志礼于2002年12月20日发表声明，决定召集公司董事会，以研究召集临时股东大会具体事宜的意思表示。在此情况下，清华德人公司自行召集部分股东于2003年1月19日召开临时股东大会不符合上述法律法规规定，违反法定程序。

【股东大会的召集和主持】

马强等诉阜康市商贸有限责任公司等未按公司章程按时召开股东会议请求判令召集案［新疆维吾尔自治区昌吉回族自治州中级人民法院2003年5月12日民事判决书］，根据《公司法》第一百零一条的规定，股东大会会议由董事会召集，董事长主持。本案中，被上诉人长达二年多时间不召开股东大会，不仅违反我国《公司法》的规定，也违背该公司章程的规定，被上诉人应当改变这种不作为的态度。因此，上诉人请求被上诉人立即召开股东大会，以书面形式通知各股东并告知开会的时间、地点，符合法律的规定，应予以支持。

第一百零二条 【股东大会会议的通知】 召开股东大会会议，应当将会议召开的时间、地点和审议的事项于会议召开二十日前通知各股东；临时股东大会应当于会议召开十五日前通知各股东；发行无记名股票的，应当于会议召开三十日前公告会议召开的时间、地点和审议事项。

单独或者合计持有公司百分之三以上股份的股东，可以在股东大会召开十日前提出临时提案并书面提交董事会；董事会应当在收到提案后二日内通知其他股东，并将该临时提案提交股东大会审议。临时提案的内容应当属于股东大会职权范围，并有明确议题和具体决议事项。

股东大会不得对前两款通知中未列明的事项作出决议。

无记名股票持有人出席股东大会会议的，应当于会议召开五日前至股东大会闭会时将股票交存于公司。

相关文件规定

《国务院关于调整适用在境外上市公司召开股东大会通知期限等事项规定的批复》（国函〔2019〕97号），批复如下：

同意在中国境内注册并在境外上市的股份有限公司召开股东大会的通知期限、股东提案权和召开程序的要求统一适用《中华人民共和国公司法》相关规定，不再适用《国务院关于股份有限公司境外募集股份及上市的特别规定》第二十条至第二十二条的规定。

《上市公司股东大会规则（2016年修订）》（自2016年9月30日起施行）第三章（股东大会的提案与通知），规定如下：

第十三条 提案的内容应当属于股东大会职权范围，有明确议题和具体决议事项，并且符合法律、行政法规和公司章程的有关规定。

第十四条 单独或者合计持有公司3%以上股份的普通股股东（含表决权恢复的优先股股东），可以在股东大会召开10日前提出临时提案并书面提交召集人。召集人应当在收到提案后2日内发出股东大会补充通知，公告临时提案的内容。

除前款规定外，召集人在发出股东大会通知后，不得修改股东大会通知中已列明的提案或增加新的提案。

股东大会通知中未列明或不符合本规则第十三条规定的提案，股东大会不得进行表决并作出决议。

第十五条 召集人应当在年度股东大会召开20日前以公告方式通知各普通股股东（含表决权恢复的优先股股东），临时股东大会应当于会议召开15日前以公告方式通知各普通股股东（含表决权恢复的优先股股东）。

第十六条 股东大会通知和补充通知中应当充分、完整披露所有提案的具体内容，以及为使股东对拟讨论的事项作出合理判断所需的全部资料或解释。拟讨论的事项需要独立董事发表意见的，发出股东大会通知或补充通知时应当同时披露独立董事的意见及理由。

第十七条 股东大会拟讨论董事、监事选举事项的，股东大会通知中应当充分披露董事、监事候选人的详细资料，至少包括以下内容：

（一）教育背景、工作经历、兼职等个人情况；

（二）与公司或其控股股东及实际控制人是否存在关联关系；

（三）披露持有上市公司股份数量；

（四）是否受过中国证监会及其他有关部门的处罚和证券交易所惩戒。

除采取累积投票制选举董事、监事外，每位董事、监事候选人应当以单项提案提出。

第十八条 股东大会通知中应当列明会议时间、地点，并确定股权登记日。股权登记日与会议日期之间的间隔应当不多于7个工作日。股权登记日一旦确认，不得变更。

第十九条 发出股东大会通知后，无正当理由，股东大会不得延期或取消，股东大会通知中列明的提案不得取消。一旦出现延期或取消的情形，召集人应当在原定召开日前至少2个工作日公告并说明原因。

第一百零三条 【股东表决权】 股东出席股东大会会议，所持每一股份有一表决权。但是，公司持有的本公司股份没有表决权。

股东大会作出决议，必须经出席会议的股东所持表决权过半数通过。但是，股东大会作出修改公司章程、增加或者减少注册资本的决议，以及公司合并、分立、解散或者变更公司形式的决议，必须经出席会议的股东所持表决权的三分之二以上通过。

相关文件规定

《上市公司股东大会规则（2016年修订）》（自2016年9月30日起施行）对股东大会的召开以及监管措施等，规定如下：

第四章 股东大会的召开

第二十条 公司应当在公司住所地或公司章程规定的地点召开股东大会。

股东大会应当设置会场，以现场会议形式召开，并应当按照法律、行政法规、中国证监会或公司章程的规定，采用安全、经济、便捷的网络和其他方式为股东参加股东大会提供便利。股东通过上述方式参加股东大会的，视为出席。

股东可以亲自出席股东大会并行使表决权，也可以委托他人代为出席和在授权范围内行使表决权。

第二十一条 公司股东大会采用网络或其他方式的，应当在股东大会通知中明确载明网络或其他方式的表决时间以及表决程序。

股东大会网络或其他方式投票的开始时间，不得早于现场股东大会召开前一日下午3:00，并不得迟于现场股东大会召开当日上午9:30，其结束时间不得早于现场股东大会结束当日下午3:00。

第二十二条 董事会和其他召集人应当采取必要措施，保证股东大会的正常秩序。对于干扰股东大会、寻衅滋事和侵犯股东合法权益的行为，应当采取措施加以制止并及时报告有关部门查处。

第二十三条 股权登记日登记在册的所有普通股股东（含表决权恢复的优先股股东）或其代理人，均有权出席股东大会，公司和召集人不得以任何理由拒绝。

优先股股东不出席股东大会会议，所持股份没有表决权，但出现以下情况之一的，公司召开股东大会会议应当通知优先股股东，并遵循《公司法》及公司章程通知普通股股东的规定程序。优先股股东出席股东大会会议时，有权与普通股股东分类表决，其所持每一优先股有一表决权，但公司持有的本公司优先股没有表决权：

（一）修改公司章程中与优先股相关的内容；

（二）一次或累计减少公司注册资本超过百分之十；

（三）公司合并、分立、解散或变更公司形式；

（四）发行优先股；

（五）公司章程规定的其他情形。

上述事项的决议，除须经出席会议的普通股股东（含表决权恢复的优先股股东）所持表决权的三分之二以上通过之外，还须经出席会议的优先股股东（不含表决权恢复的优先股股东）所持表决权的三分之二以上通过。

第二十四条 股东应当持股票账户卡、身份证或其他能够表明其身份的有效证件或证明出席股东大会。代理人还应当提交股东授权委托书和个人有效身份证件。

第二十五条 召集人和律师应当依据证券登记结算机构提供的股东名册共同对股东资格的合法性进行验证，并登记股东姓名或名称及其所持有表决权的股份数。在会议主持人宣布现场出席会议的股东和代理人人数及所持有表决权的股份总数之前，会议登记应当终止。

第二十六条 公司召开股东大会，全体董事、监事和董事会秘书应当出席会议，经理和其他高级管理人员应当列席会议。

第二十七条 股东大会由董事长主持。董事长不能履行职务或不履行职务时，由副董事长主持；副董事长不能履行职务或者不履行职务时，由半数以上董事共同推举的一名董事主持。

监事会自行召集的股东大会，由监事会主席主持。监事会主席不能履行职务或不履行职务时，由监事会副主席主持；监事会副主席不能履行职务或者不履行职务时，由半数以上监事共同推举的一名监事主持。

股东自行召集的股东大会，由召集人推举代表主持。

公司应当制定股东大会议事规则。召开股东大会时，会议主持人违反议事规则使股东大会无法继续进行的，经现场出席股东大会有表决权过半数的股东同意，股东大会可推举一人担任会议主持人，继续开会。

第二十八条 在年度股东大会上，董事会、监事会应当就其过去一年的工作向股东大会作出报告，每名独立董事也应作出述职报告。

第二十九条 董事、监事、高级管理人员在股东大会上应就股东的质询作出解释和说明。

第三十条 会议主持人应当在表决前宣布现场出席会议的股东和代理人人数及所持有表决权的股份总数，现场出席会议的股东和代理人人数及所持有表决权的股份总数以会议登记为准。

第三十一条 股东与股东大会拟审议事项有关联关系时，应当回避表决，其所持有表决权的股份不计入出席股东大会有表决权的股份总数。

股东大会审议影响中小投资者利益的重大事项时，对中小投资者的表决应当单独计票。单独计票结果应当及时公开披露。

公司持有自己的股份没有表决权，且该部分股份不计入出席股东大会有表决权的股份总数。

公司董事会、独立董事和符合相关规定条件的股东可以公开征集股东投票权。征集股东投票权应当向被征集人充分披露具体投票意向等信息。禁止以有偿或者变相有偿的方式征集股东投票权。公司不得对征集投票权提出最低持股比例限制。

第三十二条 股东大会就选举董事、监事进行表决时，根据公司章程的规定或者股东大会的决议，可以实行累积投票制。

前款所称累积投票制是指股东大会选举董事或者监事时，每一普通股（含表决权恢复的优先股）股份拥有与应选董事或者监事人数相同的表决权，股东拥有的表决权可以集中使用。

第三十三条 除累积投票制外，股东大会对所有提案应当逐项表决。对同一事项有不同提案的，应当按提案提出的时间顺序进行表决。除因不可抗力等特殊原因导致股东大会中止或不能作出决议外，股东大会不得对提案进行搁置或不予表决。

股东大会就发行优先股进行审议，应当就下列事项逐项进行表决：

（一）本次发行优先股的种类和数量；

（二）发行方式、发行对象及向原股东配售的安排；

（三）票面金额、发行价格或定价区间及其确定原则；

（四）优先股股东参与分配利润的方式，包括：股息率及其确定原则、股息发放的条件、股息支付方式、股息是否累积、是否可以参与剩余利润分配等；

（五）回购条款，包括回购的条件、期间、价格及其确定原则、回购选择权的行使主体等（如有）；

（六）募集资金用途；

（七）公司与相应发行对象签订的附条件生效的股份认购合同；

（八）决议的有效期；

（九）公司章程关于优先股股东和普通股股东利润分配政策相关条款的修订方案；

（十）对董事会办理本次发行具体事宜的授权；

（十一）其他事项。

第三十四条 股东大会审议提案时，不得对提案进行修改，否则，有关变更应当被视为一个新的提案，不得在本次股东大会上进行表决。

第三十五条 同一表决权只能选择现场、网络或其他表决方式中的一种。同一表决权出现重复表决的以第一次投票结果为准。

第三十六条 出席股东大会的股东，应当对提交表决的提案发表以下意见之一：同意、反对或弃权。证券登记结算机构作为内地与香港股票市场交易互联互通机制股票的名义持有人，按照实际持有人意思表示进行申报的除外。

未填、错填、字迹无法辨认的表决票或未投的表决票均视为投票人放弃表决权利，其所持股份数的表决结果应计为“弃权”。

第三十七条 股东大会对提案进行表决前，应当推举两名股东代表参加计票和监票。审议事项与股东有关联关系的，相关股东及代理人不得参加计票、监票。

股东大会对提案进行表决时，应当由律师、股东代表与监事代表共同负责计票、监票。

通过网络或其他方式投票的公司股东或其代理人，有权通过相应的投票系统查验自己的投票结果。

第三十八条 股东大会会议现场结束时间不得早于网络或其他方式，会议主持人应当在会议现场宣布每一提案的表决情况和结果，并根据表决结果宣布提案是否通过。

在正式公布表决结果前，股东大会现场、网络及其他表决方式中所涉及的公司、计票人、监票人、主要股东、网络服务方等相关各方对表决情况均负有保密义务。

第三十九条 股东大会决议应当及时公告，公告中应列明出席会议的股东和代理人人数、所持有表决权的股份总数及占公司有表决权股份总数的比例、表决方式、每项提案的表决结果和通过的各项决议的详细内容。

发行优先股的公司就本规则第二十三条第二款所列情形进行表决的，应当对普通股股东（含表决权恢复的优先股股东）和优先股股东（不含表决权恢复的优先股股东）出席会议及表决的情况分别统计并公告。

发行境内上市外资股的公司，应当对内资股股东和外资股股东出席会议及表决情况分别统计并公告。

第四十条 提案未获通过，或者本次股东大会变更前次股东大会决议的，应当在股东大会决议公告中作特别提示。

第四十一条 股东大会会议记录由董事会秘书负责，会议记录应记载以下内容：

（一）会议时间、地点、议程和召集人姓名或名称；

（二）会议主持人以及出席或列席会议的董事、监事、董事会秘书、经理和其他高级管理人员姓名；

（三）出席会议的股东和代理人人数、所持有表决权的股份总数及占公司股份总数的比例；

（四）对每一提案的审议经过、发言要点和表决结果；

（五）股东的质询意见或建议以及相应的答复或说明；

（六）律师及计票人、监票人姓名；

（七）公司章程规定应当载入会议记录的其他内容。

出席会议的董事、董事会秘书、召集人或其代表、会议主持人应当在会议记录上签名，并保证会议记录内容真实、准确和完整。会议记录应当与现场出席股东的签名册及代理出席的委托书、网络及其他方式表决情况的有效资料一并保存，保存期限不少于10年。

第四十二条 召集人应当保证股东大会连续举行，直至形成最终决议。因不可抗力等特殊原因导致股东大会中止或不能作出决议的，应采取必要措施尽快恢复召开股东大会或直接终止本次股东大会，并及时公告。同时，召集人应向公司所在地中国证监会派出机构及证券交易所报告。

第四十三条 股东大会通过有关董事、监事选举提案的，新任董事、监事按公司章程的规定就任。

第四十四条 股东大会通过有关派现、送股或资本公积转增股本提案的，公司应当在股东大会结束后2个月内实施具体方案。

第四十五条 公司以减少注册资本为目的回购普通股公开发行优先股，以及以非公开发行优先股为支付手段向公司特定股东回购普通股的，股东大会就回购普通股作出决议，应当经出席会议的普通股股东（含表决权恢复的优先股股东）所持表决权的三分之二以上通过。

公司应当在股东大会作出回购普通股决议后的次日公告该决议。

第四十六条 公司股东大会决议内容违反法律、行政法规的无效。

公司控股股东、实际控制人不得限制或者阻挠中小投资者依法行使投票权，不得损害公司和中小投资者的合法权益。

股东大会的会议召集程序、表决方式违反法律、行政法规或者公司章程，或者决议内容违反公司章程的，股东可以自决议作出之日起60日内，请求人民法院撤销。

第五章 监管措施

第四十七条 在本规则规定期限内，上市公司无正当理由不召开股东大会的，证券交易所有权对该公司挂牌交易的股票及衍生品种予以停牌，并要求董事会作出解释并公告。

第四十八条 股东大会的召集、召开和相关信息披露不符合法律、行政法规、本规则和公司章程要求的，中国证监会及其派出机构有权责令公司或相关责任人限期改正，并由证券交易所予以公开谴责。

第四十九条 董事、监事或董事会秘书违反法律、行政法规、本规则和公司章程的规定，不切实履行职责的，中国证监会及其派出机构有权责令其改正，并由证券交易所予以公开谴责；对于情节严重或不予改正的，中国证监会可对相关人员实施证券市场禁入。

第六章 附 则

第五十条 对发行外资股的公司的股东大会，相关法律、行政法规或文件另有规定的，从其规定。

第五十一条 本规则所称公告或通知，是指在中国证监会指定报刊上刊登有关信息披露内容。公告或通知篇幅较长的，公司可以选择在中国证监会指定报刊上对有关内容作摘要性披露，但全文应当同时在中国证监会指定的网站上公布。

本规则所称的股东大会补充通知应当在刊登会议通知的同一指定报刊上公告。

第五十二条 本规则所称“以上”、“内”，含本数；“过”、“低于”、“多于”，不含本数。

第五十三条 本规则由中国证监会负责解释。

第五十四条 本规则自公布之日起施行。《上市公司股东大会规则（2014 年修订）》（证监会公告〔2014〕46 号）同时废止。

第一百零四条 【重要事项的股东大会决议权】 本法和公司章程规定公司转让、受让重大资产或者对外提供担保等事项必须经股东大会作出决议的，董事会应当及时召集股东大会会议，由股东大会就上述事项进行表决。

第一百零五条 【董事、监事选举的累积投票制】 股东大会选举董事、监事，可以依照公司章程的规定或者股东大会的决议，实行累积投票制。

本法所称累积投票制，是指股东大会选举董事或者监事时，每一股份拥有与应选董事或者监事人数相同的表决权，股东拥有的表决权可以集中使用。

第一百零六条 【出席股东大会的代理】 股东可以委托代理人出席股东大会会议，代理人应当向公司提交股东授权委托书，并在授权范围内行使表决权。

第一百零七条 【股东大会会议记录】 股东大会应当对所议事项的决定作成会议记录，主持人、出席会议的董事应当在会议记录上签名。会议记录应当与出席股东的签名册及代理出席的委托书一并保存。

第三节 董事会、经理

第一百零八条 【董事会组成、任期及职权】 股份有限公司设董事会，其成员为五人至十九人。

董事会成员中可以有公司职工代表。董事会中的职工代表由公司职工通过职工代表大会、职工大会或者其他形式民主选举产生。

本法第四十五条关于有限责任公司董事任期的规定，适用于股份有限公司董事。

本法第四十六条关于有限责任公司董事会职权的规定，适用于股份有限公司董事会。

第一百零九条 【董事长的产生及职权】 董事会设董事长一人，可以设副董事长。董事长和副董事长由董事会以全体董事的过半数选举产生。

董事长召集和主持董事会会议，检查董事会决议的实施情况。副董事长协助董事长工作，董事长不能履行职务或者不履行职务的，由副董事长履行职务；副董事长不能履行职务或者不履行职务的，由半数以上董事共同推举一名董事履行职务。

第一百一十条 【董事会会议的召集】 董事会每年度至少召开两次会议，每次会议应当于会议召开十日前通知全体董事和监事。

代表十分之一以上表决权的股东、三分之一以上董事或者监事会，可以提议召开董事会临时会议。董事长应当自接到提议后十日内，召集和主持董事会会议。

董事会召开临时会议，可以另定召集董事会的通知方式和通知时限。

第一百一十一条 【董事会会议的议事规则】 董事会会议应有过半数的董事出席方可举行。董事会作出决议，必须经全体董事的过半数通过。

董事会决议的表决，实行一人一票。

第一百一十二条 【董事会会议的出席及责任承担】 董事会会议，应由董事本人出席；董事因故不能出席，可以书面委托其他董事代为出席，委托书中应载明授权范围。

董事会应当对会议所议事项的决定作成会议记录，出席会议的董事应当在会议记录上签名。

董事应当对董事会的决议承担责任。董事会的决议违反法律、行政法规或者公司章程、股东大会决议，致使公司遭受严重损失的，参与决议的董事对公司负赔偿责任。但经证明在表决时曾表明异议并记载于会议记录的，该董事可以免除责任。

第一百一十三条 【经理的设立与职权】 股份有限公司设经理，由董事会决定聘任或者解聘。

本法第四十九条关于有限责任公司经理职权的规定，适用于股份有限公司经理。

第一百一十四条 【董事兼任经理】 公司董事会可以决定由董事会成员兼任经理。

第一百一十五条 【公司向高管人员借款禁止】 公司不得直接或者通过子公司向董事、监事、高级管理人员提供借款。

第一百一十六条 【高管人员的报酬披露】 公司应当定期向股东披露董事、监事、高级管理人员从公司获得报酬的情况。

> 关于中央企业董事和高管的薪酬管理，可参见：2009年4月1日国务院国有资产监督管理委员会《关于印发〈董事会试点中央企业高级管理人员薪酬管理指导意见〉的通知》；2008年9月16日国务院国有资产监督管理委员会《关于整体上市中央企业董事及高管人员薪酬管理的意见》等。

第四节 监事会

第一百一十七条 【监事会的组成及任期】 股份有限公司设监事会，其成员不得少于三人。

监事会应当包括股东代表和适当比例的公司职工代表，其中职工代表的比例不得低于三分之一,具体比例由公司章程规定。监事会中的职工代表由公司职工通过职工代表大会、职工大会或者其他形式民主选举产生。

监事会设主席一人,可以设副主席。监事会主席和副主席由全体监事过半数选举产生。监事会主席召集和主持监事会会议;监事会主席不能履行职务或者不履行职务的,由监事会副主席召集和主持监事会会议;监事会副主席不能履行职务或者不履行职务的,由半数以上监事共同推举一名监事召集和主持监事会会议。

董事、高级管理人员不得兼任监事。

本法第五十二条关于有限责任公司监事任期的规定,适用于股份有限公司监事。

第一百一十八条 【监事会的职权及费用】 本法第五十三条、第五十四条关于有限责任公司监事会职权的规定,适用于股份有限公司监事会。

监事会行使职权所必需的费用,由公司承担。

第一百一十九条 【监事会的会议制度】 监事会每六个月至少召开一次会议。监事可以提议召开临时监事会会议。

监事会的议事方式和表决程序,除本法有规定的外,由公司章程规定。

监事会决议应当经半数以上监事通过。

监事会应当对所议事项的决定作成会议记录,出席会议的监事应当在会议记录上签名。

第五节 上市公司组织机构的特别规定

第一百二十条 【上市公司的定义】 本法所称上市公司,是指其股票在证券交易所上市交易的股份有限公司。

相关文件规定

《上市公司治理准则(2018修订)》(中国证券监督管理委员会公告〔2018〕29号),为进一步规范上市公司运作,提升上市公司治理水平,保护投资者合法权益,促进我国资本市场稳定健康发展,修订准则如下:

第一章 总 则

第一条 为规范上市公司运作,提升上市公司治理水平,保护投资者合法权益,促进我国资本市场稳定健康发展,根据《中华人民共和国公司法》(以下简称《公司法》)、《中华人民共和国证券法》及相关法律、行政法规等确定的基本原则,借鉴境内外公司治理实践经验,制定本准则。

第二条 本准则适用于依照《公司法》设立且股票在中国境内证券交易所上市交易的股份有限公司。

上市公司应当贯彻本准则所阐述的精神,改善公司治理。上市公司章程及与治理相关的文件,应当符合本准则的要求。鼓励上市公司根据自身特点,探索和丰富公司治理实践,提升公司治理水平。

第三条 上市公司应当贯彻落实创新、协调、绿色、开放、共享的发展理念,弘扬优秀企业家精神,积极履行社会责任,形成良好公司治理实践。

上市公司治理应当健全、有效、透明，强化内部和外部的监督制衡，保障股东的合法权利并确保其得到公平对待，尊重利益相关者的基本权益，切实提升企业整体价值。

第四条 上市公司股东、实际控制人、董事、监事、高级管理人员，应当依照法律、行政法规、部门规章、规范性文件（以下统称法律法规）和自律规则行使权利、履行义务，维护上市公司利益。董事、监事、高级管理人员应当持续学习，不断提高履职能力，忠实、勤勉、谨慎履职。

第五条 在上市公司中，根据《公司法》的规定，设立中国共产党的组织，开展党的活动。上市公司应当为党组织的活动提供必要条件。

国有控股上市公司根据《公司法》和有关规定，结合企业股权结构、经营管理等实际，把党建工作有关要求写入公司章程。

第六条 中国证监会及其派出机构依法对上市公司治理活动及相关主体的行为进行监督管理，对公司治理存在重大问题的，督促其采取有效措施予以改善。

证券交易所、中国上市公司协会以及其他证券基金期货行业自律组织，依照本准则规定，制定相关自律规则，对上市公司加强自律管理。

中国证监会及其派出机构和有关自律组织，可以对上市公司治理状况进行评估，促进其不断改善公司治理。

第二章 股东与股东大会

第一节 股东权利

第七条 股东依照法律法规和公司章程享有权利并承担义务。

上市公司章程、股东大会决议或者董事会决议等应当依法合规，不得剥夺或者限制股东的法定权利。

第八条 在上市公司治理中，应当依法保障股东权利，注重保护中小股东合法权益。

第九条 上市公司应当建立与股东畅通有效的沟通渠道，保障股东对公司重大事项的知情、参与决策和监督等权利。

第十条 上市公司应当积极回报股东，在公司章程中明确利润分配办法尤其是现金分红政策。上市公司应当披露现金分红政策制定及执行情况，具备条件而不进行现金分红的，应当充分披露原因。

第十一条 股东有权依照法律、行政法规的规定，通过民事诉讼或者其他法律手段维护其合法权利。

第二节 股东大会的规范

第十二条 上市公司应当在公司章程中规定股东大会的召集、召开和表决等程序。

上市公司应当制定股东大会议事规则，并列入公司章程或者作为章程附件。

第十三条 股东大会提案的内容应当符合法律法规和公司章程的有关规定，属于股东大会职权范围，有明确议题和具体决议事项。

第十四条 上市公司应当在公司章程中规定股东大会对董事会的授权原则，授权内容应当明确具体。股东大会不得将法定由股东大会行使的职权授予董事会行使。

第十五条 股东大会会议应当设置会场，以现场会议与网络投票相结合的方式召开。现场会议时间、地点的选择应当便于股东参加。上市公司应当保证股东大会会议合法、有效，为股东参加会议提供便利。股东大会应当给予每个提案合理的讨论时间。

股东可以本人投票或者依法委托他人投票，两者具有同等法律效力。

第十六条 上市公司董事会、独立董事和符合有关条件的股东可以向公司股东征集其在股东大会上的投票权。上市公司及股东大会召集人不得对股东征集投票权设定最低持股比例限制。

投票权征集应当采取无偿的方式进行，并向被征集人充分披露具体投票意向等信息。不得以有偿或者变相有偿的方式征集股东投票权。

第十七条 董事、监事的选举，应当充分反映中小股东意见。股东大会在董事、监事选举中应当积极推行累积投票制。单一股东及其一致行动人拥有权益的股份比例在30%及以上的上市公司，应当采用累积投票制。采用累积投票制的上市公司应当在公司章程中规定实施细则。

第三章 董事与董事会

第一节 董事的选任

第十八条 上市公司应当在公司章程中规定规范、透明的董事提名、选任程序，保障董事选任公开、公平、公正。

第十九条 上市公司应当在股东大会召开前披露董事候选人的详细资料，便于股东对候选人有足够的了解。

董事候选人应当在股东大会通知公告前作出书面承诺，同意接受提名，承诺公开披露的候选人资料真实、准确、完整，并保证当选后切实履行董事职责。

第二十条 上市公司应当和董事签订合同，明确公司和董事之间的权利义务、董事的任期、董事违反法律法规和公司章程的责任以及公司因故提前解除合同的补偿等内容。

第二节 董事的义务

第二十一条 董事应当遵守法律法规及公司章程有关规定，忠实、勤勉、谨慎履职，并履行其作出的承诺。

第二十二条 董事应当保证有足够的时间和精力履行其应尽的职责。

董事应当出席董事会会议，对所议事项发表明确意见。董事本人确实不能出席的，可以书面委托其他董事按其意愿代为投票，委托人应当独立承担法律责任。独立董事不得委托非独立董事代为投票。

第二十三条 董事应当对董事会的决议承担责任。董事会的决议违反法律法规或者公司章程、股东大会决议，致使上市公司遭受严重损失的，参与决议的董事对公司负赔偿责任。但经证明在表决时曾表明异议并记载于会议记录的，该董事可以免除责任。

第二十四条 经股东大会批准，上市公司可以为董事购买责任保险。责任保险范围由合同约定，但董事因违反法律法规和公司章程规定而导致的责任除外。

第三节 董事会的构成和职责

第二十五条 董事会的人数及人员构成应当符合法律法规的要求，专业结构合理。董事会成员应当具备履行职责所必需的知识、技能和素质。鼓励董事会成员的多元化。

第二十六条 董事会对股东大会负责，执行股东大会的决议。

董事会应当依法履行职责，确保上市公司遵守法律法规和公司章程的规定，公平对待所有股东，并关注其他利益相关者的合法权益。

第二十七条 上市公司应当保障董事会依照法律法规和公司章程的规定行使职权，为董事正常履行职责提供必要的条件。

第二十八条 上市公司设董事会秘书，负责公司股东大会和董事会会议的筹备及文件保管、公司股东资料的管理、办理信息披露事务、投资者关系工作等事宜。

董事会秘书作为上市公司高级管理人员，为履行职责有权参加相关会议，查阅有关文件，了解公司的财务和经营等情况。董事会及其他高级管理人员应当支持董事会秘书的工作。任何机构及个人不得干预董事会秘书的正常履职行为。

第四节 董事会议事规则

第二十九条 上市公司应当制定董事会议事规则，报股东大会批准，并列入公司章程或者作为章程附件。

第三十条 董事会应当定期召开会议，并根据需要及时召开临时会议。董事会会议议题应当事先拟定。

第三十一条 董事会会议应当严格依照规定的程序进行。董事会应当按规定的时间事先通知所有董事，并提供足够的资料。两名及以上独立董事认为资料不完整或者论证不充分的，可以联名书面向董事会提出延期召开会议或者延期审议该事项，董事会应当予以采纳，上市公司应当及时披露相关情况。

第三十二条 董事会会议记录应当真实、准确、完整。出席会议的董事、董事会秘书和记录人应当在会议记录上签名。董事会会议记录应当妥善保存。

第三十三条 董事会授权董事长在董事会闭会期间行使董事会部分职权的，上市公司应当在公司章程中明确规定授权的原则和具体内容。上市公司重大事项应当由董事会集体决策，不得将法定由董事会行使的职权授予董事长、总经理等行使。

第五节 独立董事

第三十四条 上市公司应当依照有关规定建立独立董事制度。独立董事不得在上市公司兼任除董事会专门委员会委员外的其他职务。

第三十五条 独立董事的任职条件、选举更换程序等，应当符合有关规定。独立董事不得与其所受聘上市公司及其主要股东存在可能妨碍其进行独立客观判断的关系。

第三十六条 独立董事享有董事的一般职权，同时依照法律法规和公司章程针对相关事项享有特别职权。

独立董事应当独立履行职责，不受上市公司主要股东、实际控制人以及其他与上市公司存在利害关系的组织或者个人影响。上市公司应当保障独立董事依法履职。

第三十七条 独立董事应当依法履行董事义务，充分了解公司经营运作情况和董事会议题内容，维护上市公司和全体股东的利益，尤其关注中小股东的合法权益保护。独立董事应当按年度向股东大会报告工作。

上市公司股东间或者董事间发生冲突、对公司经营管理造成重大影响的，独立董事应当主动履行职责，维护上市公司整体利益。

第六节 董事会专门委员会

第三十八条 上市公司董事会应当设立审计委员会，并可以根据需要设立战略、提名、薪酬与考核等相关专门委员会。专门委员会对董事会负责，依照公司章程和董事会授权履行职责，专门委员会的提案应当提交董事会审议决定。

专门委员会成员全部由董事组成，其中审计委员会、提名委员会、薪酬与考核委员会中独立董事应当占多数并担任召集人，审计委员会的召集人应当为会计专业人士。

第三十九条 审计委员会的主要职责包括：

（一）监督及评估外部审计工作，提议聘请或者更换外部审计机构；

（二）监督及评估内部审计工作，负责内部审计与外部审计的协调；

（三）审核公司的财务信息及其披露；

（四）监督及评估公司的内部控制；

（五）负责法律法规、公司章程和董事会授权的其他事项。

第四十条 战略委员会的主要职责是对公司长期发展战略和重大投资决策进行研究并提出建议。

第四十一条 提名委员会的主要职责包括：

（一）研究董事、高级管理人员的选择标准和程序并提出建议；

（二）遴选合格的董事人选和高级管理人员人选；

（三）对董事人选和高级管理人员人选进行审核并提出建议。

第四十二条 薪酬与考核委员会的主要职责包括：

（一）研究董事与高级管理人员考核的标准，进行考核并提出建议；

（二）研究和审查董事、高级管理人员的薪酬政策与方案。

第四十三条 专门委员会可以聘请中介机构提供专业意见。专门委员会履行职责的有关费用由上市公司承担。

第四章 监事与监事会

第四十四条 监事选任程序、监事会议事规则制定、监事会会议参照本准则对董事、董事会的有关规定执行。职工监事依照法律法规选举产生。

第四十五条 监事会的人员和结构应当确保监事会能够独立有效地履行职责。监事应当具有相应的专业知识或者工作经验,具备有效履职能力。上市公司董事、高级管理人员不得兼任监事。

上市公司可以依照公司章程的规定设立外部监事。

第四十六条 监事有权了解公司经营情况。上市公司应当采取措施保障监事的知情权,为监事正常履行职责提供必要的协助,任何人不得干预、阻挠。监事履行职责所需的有关费用由公司承担。

第四十七条 监事会依法检查公司财务,监督董事、高级管理人员履职的合法合规性,行使公司章程规定的其他职权,维护上市公司及股东的合法权益。监事会可以独立聘请中介机构提供专业意见。

第四十八条 监事会可以要求董事、高级管理人员、内部及外部审计人员等列席监事会会议, 回答所关注的问题。

第四十九条 监事会的监督记录以及进行财务检查的结果应当作为对董事、高级管理人员绩效评价的重要依据。

第五十条 监事会发现董事、高级管理人员违反法律法规或者公司章程的,应当履行监督职责,并向董事会通报或者向股东大会报告,也可以直接向中国证监会及其派出机构、证券交易所或者其他部门报告。

第五章 高级管理人员与公司激励约束机制

第一节 高级管理人员

第五十一条 高级管理人员的聘任,应当严格依照有关法律法规和公司章程的规定进行。上市公司控股股东、实际控制人及其关联方不得干预高级管理人员的正常选聘程序,不得越过股东大会、董事会直接任免高级管理人员。

鼓励上市公司采取公开、透明的方式,选聘高级管理人员。

第五十二条 上市公司应当和高级管理人员签订聘任合同,明确双方的权利义务关系。

高级管理人员的聘任和解聘应当履行法定程序,并及时披露。

第五十三条 上市公司应当在公司章程或者公司其他制度中明确高级管理人员的职责。高级管理人员应当遵守法律法规和公司章程,忠实、勤勉、谨慎地履行职责。

第五十四条 高级管理人员违反法律法规和公司章程规定,致使上市公司遭受损失的,公司董事会应当采取措施追究其法律责任。

第二节 绩效与履职评价

第五十五条 上市公司应当建立公正透明的董事、监事和高级管理人员绩效与履职评价标准和程序。

第五十六条 董事和高级管理人员的绩效评价由董事会或者其下设的薪酬与考核委员会负责组织,上市公司可以委托第三方开展绩效评价。

独立董事、监事的履职评价采取自我评价、相互评价等方式进行。

第五十七条 董事会、监事会应当向股东大会报告董事、监事履行职责的情况、绩效评价结果及其薪酬情况,并由上市公司予以披露。

第三节 薪酬与激励

第五十八条 上市公司应当建立薪酬与公司绩效、个人业绩相联系的机制,以吸引人才,保持高级管理人员和核心员工的稳定。

第五十九条 上市公司对高级管理人员的绩效评价应当作为确定高级管理人员薪酬以及其他激励的重要依据。

第六十条 董事、监事报酬事项由股东大会决定。在董事会或者薪酬与考核委员会对董事个人进行评价或者讨论其报酬时,该董事应当回避。

高级管理人员的薪酬分配方案应当经董事会批准,向股东大会说明,并予以充分披露。

第六十一条 上市公司章程或者相关合同中涉及提前解除董事、监事和高级管理人员任职的补偿内容应当符合公平原则，不得损害上市公司合法权益，不得进行利益输送。

第六十二条 上市公司可以依照相关法律法规和公司章程，实施股权激励和员工持股等激励机制。

上市公司的激励机制，应当有利于增强公司创新发展能力，促进上市公司可持续发展，不得损害上市公司及股东的合法权益。

第六章 控股股东及其关联方与上市公司

第一节 控股股东及其关联方行为规范

第六十三条 控股股东、实际控制人对上市公司及其他股东负有诚信义务。控股股东对其所控股的上市公司应当依法行使股东权利，履行股东义务。控股股东、实际控制人不得利用其控制权损害上市公司及其他股东的合法权益，不得利用对上市公司的控制地位谋取非法利益。

第六十四条 控股股东提名上市公司董事、监事候选人的，应当遵循法律法规和公司章程规定的条件和程序。控股股东不得对股东大会人事选举结果和董事会人事聘任决议设置批准程序。

第六十五条 上市公司的重大决策应当由股东大会和董事会依法作出。控股股东、实际控制人及其关联方不得违反法律法规和公司章程干预上市公司的正常决策程序，损害上市公司及其他股东的合法权益。

第六十六条 控股股东、实际控制人及上市公司有关各方作出的承诺应当明确、具体、可执行，不得承诺根据当时情况判断明显不可能实现的事项。承诺方应当在承诺中作出履行承诺声明、明确违反承诺的责任，并切实履行承诺。

第六十七条 上市公司控制权发生变更的，有关各方应当采取有效措施保持上市公司在过渡期间内稳定经营。出现重大问题的，上市公司应当向中国证监会及其派出机构、证券交易所报告。

第二节 上市公司的独立性

第六十八条 控股股东、实际控制人与上市公司应当实行人员、资产、财务分开，机构、业务独立，各自独立核算、独立承担责任和风险。

第六十九条 上市公司人员应当独立于控股股东。上市公司的高级管理人员在控股股东不得担任除董事、监事以外的其他行政职务。控股股东高级管理人员兼任上市公司董事、监事的，应当保证有足够的时间和精力承担上市公司的工作。

第七十条 控股股东投入上市公司的资产应当独立完整、权属清晰。

控股股东、实际控制人及其关联方不得占用、支配上市公司资产。

第七十一条 上市公司应当依照法律法规和公司章程建立健全财务、会计管理制度，坚持独立核算。

控股股东、实际控制人及其关联方应当尊重上市公司财务的独立性，不得干预上市公司的财务、会计活动。

第七十二条 上市公司的董事会、监事会及其他内部机构应当独立运作。控股股东、实际控制人及其内部机构与上市公司及其内部机构之间没有上下级关系。

控股股东、实际控制人及其关联方不得违反法律法规、公司章程和规定程序干涉上市公司的具体运作，不得影响其经营管理的独立性。

第七十三条 上市公司业务应当独立于控股股东、实际控制人。

控股股东、实际控制人及其控制的其他单位不应从事与上市公司相同或者相近的业务。控股股东、实际控制人应当采取有效措施避免同业竞争。

第三节 关联交易

第七十四条 上市公司关联交易应当依照有关规定严格履行决策程序和信息披露义务。

第七十五条 上市公司应当与关联方就关联交易签订书面协议。协议的签订应当遵循平等、自愿、等价、有偿的原则，协议内容应当明确、具体、可执行。

第七十六条 上市公司应当采取有效措施防止关联方以垄断采购或者销售渠道等方式干预公司的经营，损害公司利益。关联交易应当具有商业实质，价格应当公允，原则上不偏离市场独立第三方的价格或者收费标准等交易条件。

第七十七条 上市公司及其关联方不得利用关联交易输送利益或者调节利润，不得以任何方式隐瞒关联关系。

第七章 机构投资者及其他相关机构

第七十八条 鼓励社会保障基金、企业年金、保险资金、公募基金的管理机构和国家金融监督管理机构依法监管的其他投资主体等机构投资者，通过依法行使表决权、质询权、建议权等相关股东权利，合理参与公司治理。

第七十九条 机构投资者依照法律法规和公司章程，通过参与重大事项决策，推荐董事、监事人选，监督董事、监事履职情况等途径，在上市公司治理中发挥积极作用。

第八十条 鼓励机构投资者公开其参与上市公司治理的目标与原则、表决权行使的策略、股东权利行使的情况及效果。

第八十一条 证券公司、律师事务所、会计师事务所等中介机构在为上市公司提供保荐承销、财务顾问、法律、审计等专业服务时，应当积极关注上市公司治理状况，促进形成良好公司治理实践。

上市公司应当审慎选择为其提供服务的中介机构，注重了解中介机构诚实守信、勤勉尽责状况。

第八十二条 中小投资者保护机构应当在上市公司治理中发挥积极作用，通过持股行权等方式多渠道保护中小投资者合法权益。

第八章 利益相关者、环境保护与社会责任

第八十三条 上市公司应当尊重银行及其他债权人、员工、客户、供应商、社区等利益相关者的合法权利，与利益相关者进行有效的交流与合作，共同推动公司持续健康发展。

第八十四条 上市公司应当为维护利益相关者的权益提供必要的条件，当其合法权益受到侵害时，利益相关者应当有机会和途径依法获得救济。

第八十五条 上市公司应当加强员工权益保护，支持职工代表大会、工会组织依法行使职权。董事会、监事会和管理层应当建立与员工多元化的沟通交流渠道，听取员工对公司经营、财务状况以及涉及员工利益的重大事项的意见。

第八十六条 上市公司应当积极践行绿色发展理念，将生态环保要求融入发展战略和公司治理过程，主动参与生态文明建设，在污染防治、资源节约、生态保护等方面发挥示范引领作用。

第八十七条 上市公司在保持公司持续发展、提升经营业绩、保障股东利益的同时，应当在社区福利、救灾助困、公益事业等方面，积极履行社会责任。

鼓励上市公司结对帮扶贫困县或者贫困村，主动对接、积极支持贫困地区发展产业、培养人才、促进就业。

第九章 信息披露与透明度

第八十八条 上市公司应当建立并执行信息披露事务管理制度。上市公司及其他信息披露义务人应当严格依照法律法规、自律规则和公司章程的规定，真实、准确、完整、及时、公平地披露信息，不得有虚假记载、误导性陈述、重大遗漏或者其他不正当披露。信息披露事项涉及国家秘密、商业机密的，依照相关规定办理。

第八十九条 董事、监事、高级管理人员应当保证上市公司披露信息的真实、准确、完整、及时、公平。

上市公司应当制定规范董事、监事、高级管理人员对外发布信息的行为规范，明确未经董事会许可不得对外发布的情形。

第九十条 持股达到规定比例的股东、实际控制人以及收购人、交易对方等信息披露义务人应当依照相关规定进行信息披露，并配合上市公司的信息披露工作，及时告知上市公司

控制权变更、权益变动、与其他单位和个人的关联关系及其变化等重大事项，答复上市公司的问询，保证所提供的信息真实、准确、完整。

第九十一条 鼓励上市公司除依照强制性规定披露信息外，自愿披露可能对股东和其他利益相关者决策产生影响的信息。

自愿性信息披露应当遵守公平原则，保持信息披露的持续性和一致性，不得进行选择性披露，不得利用自愿性信息披露从事市场操纵、内幕交易或者其他违法违规行为，不得违反公序良俗、损害社会公共利益。自愿披露具有一定预测性质信息的，应当明确预测的依据，并提示可能出现的不确定性和风险。

第九十二条 信息披露义务人披露的信息，应当简明清晰、便于理解。上市公司应当保证使用者能够通过经济、便捷的方式获得信息。

第九十三条 董事长对上市公司信息披露事务管理承担首要责任。

董事会秘书负责组织和协调公司信息披露事务，办理上市公司信息对外公布等相关事宜。

第九十四条 上市公司应当建立内部控制及风险管理制度，并设立专职部门或者指定内设部门负责对公司的重要营运行为、下属公司管控、财务信息披露和法律法规遵守执行情况进行检查和监督。

上市公司依照有关规定定期披露内部控制制度建设及实施情况，以及会计师事务所对上市公司内部控制有效性的审计意见。

第九十五条 上市公司应当依照法律法规和有关部门的要求，披露环境信息以及履行扶贫等社会责任相关情况。

第九十六条 上市公司应当依照有关规定披露公司治理相关信息，定期分析公司治理状况，制定改进公司治理的计划和措施并认真落实。

第十章 附 则

第九十七条 中国证监会及其他部门依法对相关上市公司治理安排有特别规定的，应当遵守其规定。试点红筹企业在境内发行股票或者存托凭证并上市的，除适用境外注册地法律法规的事项外，公司治理参照本准则执行。

第九十八条 本准则自公布之日起施行。2002 年 1 月 7 日发布的《上市公司治理准则》（证监发[2002]1 号）同时废止。

第一百二十一条 【上市公司特别事项的股东大会决议权】 上市公司在一年内购买、出售重大资产或者担保金额超过公司资产总额百分之三十的，应当由股东大会作出决议，并经出席会议的股东所持表决权的三分之二以上通过。

第一百二十二条 【独立董事】 上市公司设独立董事，具体办法由国务院规定。

相关文件规定

《上市公司独立董事履职指引》（中国上市公司协会 2014 年 9 月 12 日），对于独立董事履职，规定如下：

第一章 总 则

第一条 目的和依据

为指导和促进上市公司独立董事规范、尽责履职，充分发挥独立董事在上市公司治理中的作用，根据《中华人民共和国公司法》（以下简称《公司法》）、《中华人民共和国证券法》（以下简称《证券法》）、中国证券监督管理委员会（以下简称中国证监会）《关于在上市公司中建立独立董事制度的指导意见》以及上海证券交易所、深圳证券交易所上市公司上市规则、规范运作指引等相关法律、行政法规、部门规章、规范性文件、自律规则等,制定本指引。

第二条 适用范围

本指引为上市公司独立董事的工作履职指导,适用于中华人民共和国境内(不含港、澳、台地区)上市的中国上市公司协会会员的独立董事,非中国上市公司协会会员的独立董事可参照执行。

第二章 独立董事的义务

第三条 公司董事一般义务

上市公司独立董事负有《公司法》、《证券法》、《上市公司治理准则》及其他法律、行政法规、部门规章与公司章程要求董事的一般义务。对上市公司及全体股东负有诚信、勤勉的义务。

第四条 保持独立性的义务

独立董事应当保持身份和履职的独立性。在履职过程中,不应受上市公司控股股东、实际控制人及其他与公司存在利害关系的单位或个人的影响;当发生对身份独立性构成影响的情形时,独立董事应当及时通知公司并进行消除,无法符合独立性条件的,应当提出辞职。

第五条 任职时间和数量限制

独立董事每届任期与该上市公司其他董事任期相同,任期届满,连选可以连任,但是连任时间不得超过六年。

独立董事应当确保有足够的时间和精力有效履行职责,原则上最多在五家上市公司兼任独立董事。

第六条 日常工作联系和最低工作时限

独立董事应当与上市公司管理层特别是董事会秘书进行及时充分沟通,确保工作顺利开展。

独立董事每年为所任职上市公司有效工作的时间原则上不少于十五个工作日,包括出席股东大会、董事会及各专门委员会会议,对公司生产经营状况、管理和内部控制等制度的建设及执行情况、董事会决议执行情况等进行调查,与公司管理层进行工作讨论,对公司重大投资、生产、建设项目进行实地调研等。每年到上市公司的现场工作时间原则上不应少于十个工作日。

第七条 参加培训

拟任独立董事在首次受聘上市公司独立董事前,原则上至少参加一次证券监管部门认可的相关机构组织的任职培训。在首次受聘后的两年内,建议至少每年参加一次后续培训。此后,应当至少每两年参加一次后续培训。

培训后,独立董事应当能够充分了解公司治理的基本原则,上市公司运作的法律框架,独立董事的职责与责任,上市公司信息披露和关联交易监管等具体规则,具备内控与风险防范意识和基本的财务报表阅读和理解能力。

第八条 出席董事会及股东大会会议

独立董事应当亲自出席董事会会议。确实因故无法亲自出席会议的,应当事先审阅会议材料,形成明确的意见,书面委托本上市公司的其他独立董事代为出席。

委托书应当载明:

(一)委托人和受托人的姓名;

(二)对受托人的授权范围;

(三)委托人对每项议案表决意向的指示;

(四)委托人的签字、日期。

独立董事不应出具空白委托书,也不宜对受托人进行全权委托。授权应当一事一授。

受托出席董事会会议的独立董事应当向会议主持人提交书面委托书,在会议签到簿上说明受托出席的情况。一名独立董事不得在一次董事会会议上接受超过两名独立董事的委托。

委托其他独立董事对上市公司定期报告代为签署书面确认意见的，应当在委托书中进行专门授权。

独立董事应亲自出席上市公司股东大会，与公司股东进行现场沟通。

第九条 关注上市公司相关信息

独立董事应重点关注上市公司的关联交易、对外担保、募集资金使用、社会公众股股东保护、并购重组、重大投融资活动、财务管理、高管薪酬、利润分配和信息披露等事项，必要时应根据有关规定主动提议召开董事会、提交股东大会审议或者聘请会计事务所审计相关事项。

独立董事应当核查上市公司公告的董事会决议内容，并主动关注有关上市公司的报道及信息，在发现有可能对公司的发展、证券的交易价格产生较大影响的报道或传闻时，需及时向公司进行书面质询，并在必要时督促公司做出书面说明或公开澄清。上市公司未能应独立董事的要求及时进行说明或者澄清的，独立董事可自行采取调查措施，并可向中国证监会派出机构或公司证券上市地的证券交易所报告。

第十条 对上市公司及相关主体进行监督和调查

独立董事发现上市公司或相关主体存在下列情形时，应主动进行调查，了解情况：

（一）重大事项未按规定提交董事会或股东大会审议；

（二）公司未及时或适当地履行信息披露义务；

（三）公司发布的信息中可能存在虚假记载、误导性陈述或重大遗漏；

（四）公司生产经营可能违反法律、法规或者公司章程；

（五）其他涉嫌违法违规或损害社会公众股东权益的情形。

确认上述情形确实存在的，独立董事应立即督促上市公司或相关主体进行改正，并向中国证监会派出机构和公司证券上市地的证券交易所报告。

第十一条 制作工作笔录

独立董事应当通过《独立董事工作笔录》对其履行职责的情况进行书面记载。

独立董事对上市公司生产经营状况、管理和内部控制等制度的建设及执行情况、董事会决议执行情况等进行调查，与公司管理层进行讨论、参加公司董事会发表意见的情况及对公司重大投资、生产、建设项目进行实地调研等，应制作工作笔录。

独立董事履职的工作底稿及上市公司向独立董事提供的资料，独立董事应当妥善保存。

第十二条 提交年度述职报告

上市公司年度股东大会召开时，独立董事需提交年度述职报告，对自身履行职责的情况进行说明，并重点关注上市公司的内部控制、规范运作以及中小投资者权益保护等公司治理事项。

独立董事的述职报告应当包含以下内容：

（一）上一年度出席董事会会议及股东大会会议的情况，包括未亲自出席会议的原因及次数；

（二）在董事会会议上发表意见和参与表决的情况，包括投出弃权或者反对票的情况及原因；

（三）对公司生产经营、制度建设、董事会决议执行情况等进行调查，与公司管理层进行讨论，对公司重大投资、生产、建设项目进行实地调研的情况；

（四）在保护社会公众股东合法权益方面所做的工作；

（五）参加培训的情况；

（六）按照相关法规、规章、规范性文件和公司章程履行独立董事职务所做的其他工作；

（七）对其是否仍然符合独立性的规定，其候选人声明与承诺事项是否发生变化等情形的自查结论。

独立董事的述职报告应以工作笔录作为依据，对履行职责的时间、地点、工作内容、后续跟进等进行具体描述，由本人签字确认后交公司连同年度股东大会资料共同存档保管。

第十三条 辞职后的义务

独立董事任期内辞职导致独立董事成员低于法定规定人数的,在改选出新的独立董事就任前,原独立董事应当依法继续履行独立董事职务。

第三章 独立董事的职权

第十四条 上市公司董事的一般职权

上市公司独立董事享有《公司法》、《证券法》及其他法律、行政法规、部门规章、规则与公司章程赋予董事的一般职权。

第十五条 独立董事的特别职权

独立董事履职的特别职权主要包括:

(一)重大关联交易事项的事先认可权;

(二)聘用或解聘会计师事务所的提议权,及对公司聘用或解聘会计师事务所的事先认可权;

(三)召开临时股东大会的提议权;

(四)召开董事会会议的提议权;

(五)在股东大会召开前公开向股东征集投票权;

(六)必要时,独立聘请外部审计机构及咨询机构等对公司的具体事项进行审计和咨询;

(七)法律、行政法规、部门规章、规范性文件、公司章程以及本章其他条文赋予的其他职权。

独立董事行使上述第(一)至(五)项职权应取得全体独立董事的半数以上同意,行使上述第(六)项职权应取得全体独立董事同意。

第十六条 就上市公司相关事项发表独立意见

需独立董事向上市公司董事会或股东大会发表独立意见的事项包括:

(一)对外担保;

(二)重大关联交易;

(三)董事的提名、任免;

(四)聘任或者解聘高级管理人员;

(五)公司董事、高级管理人员的薪酬和股权激励计划;

(六)变更募集资金用途;

(七)制定资本公积金转增股本预案;

(八)制定利润分配政策、利润分配方案及现金分红方案;

(九)因会计准则变更以外的原因作出会计政策、会计估计变更或重大会计差错更正;

(十)上市公司的财务会计报告被注册会计师出具非标准无保留审计意见;

(十一)会计师事务所的聘用及解聘;

(十二)上市公司管理层收购;

(十三)上市公司重大资产重组;

(十四)上市公司以集中竞价交易方式回购股份;

(十五)上市公司内部控制评价报告;

(十六)上市公司承诺相关方的承诺变更方案;

(十七)上市公司优先股发行对公司各类股东权益的影响;

(十八)法律、行政法规、部门规章、规范性文件及公司章程规定的或中国证监会认定的其他事项;

(十九)独立董事认为可能损害上市公司及其中小股东权益的其他事项。

第十七条 参与董事会专门委员会工作

如果上市公司董事会下设审计、提名、薪酬与考核等专门委员会,独立董事有权参与各专门委员会工作,担任召集人并在委员会成员中占有二分之一以上的比例。

第十八条 上市公司相关信息的知情权

独立董事享有与上市公司其他董事同等的知情权。凡须经董事会审议的事项，上市公司必须按法定的时间通知独立董事并同时提供真实、准确、完整的资料，独立董事认为资料不充分的，可以要求补充。

第十九条 要求上市公司及相关人员为履职提供支持和协助

独立董事有权要求上市公司其他董事、监事、高级管理人员积极配合、保证其依法行使职权，有权要求上市公司董事会秘书负责与独立董事沟通、联络、传递资料，直接为独立董事履行职责提供支持和协助。

支持和协助的事项包括：

（一）定期通报并及时报送公司运营情况，介绍与公司相关的市场和产业发展状况，提供其他相关材料和信息，保证独立董事与其他董事同等的知情权，必要时可组织独立董事实地考察；

（二）为独立董事提供本公司发布公开信息的信息披露报刊或提供相应的电子资料；

（三）配合独立董事进行与履职相关的调查；

（四）独立董事认为有必要召开仅由独立董事参加的会议时，为其提供会议场所等便利；

（五）积极配合独立董事调阅相关材料，并通过安排实地考察、组织证券服务机构汇报等方式，为独立董事履职提供必要的支持和便利；

（六）要求公司相关负责人员配合对独立董事工作笔录中涉及到的与独立董事履职有关的重大事项签字确认；

（七）独立董事履职过程中需上市公司提供的其他与履职相关的便利和配合。

独立董事行使法律法规所赋予的职权遭遇阻碍时，可向公司董事会说明情况，要求管理层或董事会秘书予以配合，并将遭遇阻碍的事实、具体情形和解决状况记录进行工作笔录。

第二十条 要求上市公司支付津贴、承担履职费用

独立董事有权从公司领取适当津贴，但法规、政策另有规定时除外。除以上津贴外，独立董事不应从其所任职的上市公司及其附属企业、控股股东或有利害关系的机构和人员取得包括股权激励在内的任何额外的、未予披露的其他利益。

独立董事履职过程中支出的合理费用由所任职的上市公司承担。独立董事有权向上市公司借支履职相关的合理费用。

独立董事享有要求上市公司为其履行独立董事职责购买责任保险的权利。

第二十一条 要求上市公司对未被采纳的议案进行披露

涉及本指引第十五条第1–6项的相关提议，由半数以上独立董事提出但未被上市公司采纳的，独立董事有权要求上市公司将有关情况进行披露并说明不予采纳的理由。

独立董事可要求上市公司将上述提议的具体情况报中国证监会派出机构或公司证券上市地的证券交易所备案，公司不进行备案的，独立董事可记入工作笔录，并可将相关情况向中国证监会派出机构或公司证券上市地的证券交易所报告。

第二十二条 不被无故提前免除职务的权利

除独立董事出现《公司法》、中国证监会《关于在上市公司中建立独立董事制度的指导意见》以及上海、深圳证券交易所的上市公司上市规则、规范运作指引等相关法律、法规、规章和规则中规定的不得担任公司董事或独立董事的情形外，独立董事任期届满前，上市公司不得无故免除独立董事职务。提前免职的，被免职的独立董事认为公司的免职理由不当的，可以作出公开声明。

第二十三条 进行报告、公开发表声明的权利

当上市公司存在以下严重妨碍独立董事履行职责行使职权的情形时，独立董事可向中国证监会、中国证监会派出机构和公司证券上市地的证券交易所报告。

（一）被公司免职，本人认为免职理由不当的；

（二）由于公司存在妨碍独立董事依法行使职权的情形，致使独立董事辞职的；

（三）董事会会议材料不充分，两名以上独立董事书面要求延期召开董事会会议或延期审议相关事项的提议未被采纳的；

（四）对公司涉嫌违法违规行为向董事会报告后，董事会未采取有效措施的；

（五）严重妨碍独立董事行使职权的其他情形。

第四章 独立董事职权的行使

第二十四条 董事会专门委员会工作的开展

董事会专门委员会是独立董事行使职权的重要形式。

担任董事会专门委员会主任委员的独立董事，应当按照职责权限组织开展专门委员会工作，按照规定及时召开专门委员会会议形成委员会意见，或者根据董事会授权对专门事项提出审议意见。

担任董事会专门委员会委员的独立董事，应当持续深入跟踪专门委员会职责范围内上市公司经营管理的相关事项，参加专门委员会会议，并按照议事规则及时提出相关意见，提请专门委员会予以关注。

第二十五条 对外担保事项的审议

独立董事审查对外担保事项，应当了解被担保对象的基本情况，如经营和财务状况、资信情况、纳税情况等，对被担保方偿还债务的能力以及反担保方的实际承担能力作出审慎判断。必要时，独立董事可要求上市公司提供作出判断所需的相关信息。

独立董事应特别关注董事会会议相关审议内容及程序是否符合相关监管机构所发布的规范性文件中的要求。

独立董事应就公司对外担保事项发表独立意见，并特别注意，应在年度报告中，对上市公司累计和当期对外担保情况、执行上述规定情况进行专项说明，并发表独立意见。必要时可聘请会计师事务所或其他证券中介服务机构对公司累计和当期对外担保情况进行核查。上市公司违规对外担保事项得到纠正时，独立董事应出具专项意见。独立董事在审议上市公司对外担保事项过程中，如发现异常情况，应及时提请公司董事会采取相应措施，必要时可向中国证监会派出机构或公司证券上市地的证券交易所报告。

第二十六条 关联交易事项的审议

独立董事应当定期查阅上市公司与关联方之间的交易和资金往来情况，了解公司是否存在被控股股东及其关联方占用、转移资金、资产及其他资源的现象。如发现异常情况，应及时提请公司董事会采取相应措施，必要时向中国证监会派出机构或公司证券上市地的证券交易所报告。

独立董事应关注公司在重大关联交易事项提交董事会讨论前，是否事先取得了独立董事的认可。

对于具体关联交易事项，独立董事应当对关联交易的必要性、真实意图、对上市公司的影响作出审慎判断，特别关注交易的定价政策及定价依据、评估值的公允性、交易标的的成交价格与账面值或评估值之间的关系等。

董事会审议关联交易事项时，独立董事需要特别关注其是否符合相关监管机构所发布的规定及证券交易所上市规则中的相关要求，以及公司是否存在通过关联交易非关联化的方式掩盖关联交易实质的行为。

独立董事应在上述工作基础上对上市公司重大关联交易发表独立意见。对上市公司关联方以资抵债方案，应发表独立意见或者聘请有证券期货相关业务资格的中介机构出具独立财务顾问报告。上市公司存在向控股股东或者其关联人提供资金的事项情形，相关事项情形已消除的，独立董事需出具专项意见。

第二十七条 募集资金项目和使用事项的审议

独立董事应当关注上市公司募集资金的使用情况，督促公司建立募集资金管理和使用制度，以控制投资风险、保障资金安全。

独立董事应当关注募集资金实际使用情况与上市公司信息披露情况是否存在差异。经半数以上独立董事同意后，可以聘请会计师事务所对募集资金存放与使用情况出具鉴证报告。

对于上市公司需要改变募集资金用途、将闲置资金用于投资、暂时用于补充流动资金、以募集资金置换预先投入募投项目的自筹资金的，独立董事发表独立意见之前，应当要求相关人员就新投资项目的可行性、项目收益及风险预测等进行分析论证。

独立董事应在上述工作基础上对上市公司变更募集资金用途发表独立意见。

第二十八条 利润分配事项的审议

独立董事应当参与制定上市公司的利润分配政策，关注上市公司利润分配及现金分红方案是否有利于上市公司的长期发展，并重点关注是否符合中小投资者的利益。

独立董事可以征集中小股东的意见，提出分红提案，并直接提交董事会审议。

上市公司本年度内盈利但董事会未提出现金利润分配预案的，独立董事需要督促公司在年度报告中披露原因及未用于分红的资金留存公司的用途。

独立董事应当就上市公司制定利润分配政策、利润分配方案及现金分红方案发表独立意见。特别是对于不进行现金分红、现金分红水平较低以及大比例现金分红等情况，应出具明确意见。

第二十九条 会计师事务所聘用或解聘的审议

上市公司聘用或解聘会计师事务所时，独立董事应关注所聘用会计师事务所是否已经取得“从事证券相关业务许可证”，解聘原会计师事务所的理由是否正当，相关议案事前是否已经半数以上独立董事认可，是否由董事会审计委员会提出意见，是否在提交董事会讨论通过后提交股东大会进行决定，并将上述事项进行记录。

第三十条 管理层收购事项的审议

上市公司董事、监事、高级管理人员、员工或者其所控制或委托的法人、其他组织、自然人，拟对本公司进行收购时，独立董事应当聘请独立财务顾问就收购出具并公告专业意见，并审查该项收购内容与程序是否符合中国证监会及其他监管机构所发布的相关规定。

第三十一条 年度报告的审议

独立董事可督促上市公司建立独立董事年度报告工作制度，包括汇报和沟通制度。

在公司年度报告的编制和披露过程中，独立董事应会同公司审计委员会，切实履行职责，依法做到勤勉尽责。具体包括：

（一）独立董事需要及时听取上市公司管理层和财务总监关于公司本年度生产经营、规范运作及财务方面的情况和投、融资活动等重大事项进展情况的汇报，并尽量亲自参与有关重大项目的实地考察。

听取汇报时，独立董事需注意，上市公司管理层的汇报是否包括但不限于以下内容，并记入工作笔录：

1. 本年度生产经营情况，特别是经营状况或环境发生的变化；
2. 公司财务状况；
3. 募集资金的使用；
4. 重大投资情况；
5. 融资情况；
6. 关联交易情况；
7. 对外担保情况；
8. 其他有关规范运作的情况。

（二）在年审会计师事务所进场审计前，独立董事应当会同公司审计委员会参加与年审注册会计师的见面会，和会计师就审计工作小组的人员构成、审计计划、风险判断、风险及舞弊的测试和评价方法、本年度审计重点进行沟通，尤其特别关注公司的业绩预告及其更正情况。独立董事应关注公司是否及时安排前述见面会并提供相关支持，并将上述情况计入工作笔录。

(三)在年审注册会计师出具初步审计意见后和审议年度报告的董事会会议召开前,独立董事应当再次参加与年审注册会计师见面会,与注册会计师沟通初审意见。独立董事应关注公司是否及时安排前述见面会并提供相关支持,并记入工作笔录。

(四)对于审议年度报告的董事会会议,独立董事需要关注董事会会议召开的程序、相关事项的提议程序、决策权限、表决程序、回避事宜、议案材料的提交时间和完备性,如发现与召开董事会会议相关规定不符或判断依据不足的情形,应提出补充、整改和延期召开会议的意见。

上述沟通过程、意见及要求均应形成书面记录并由相关当事人签字认可。

第三十二条 其他事项的审议

(一)对于上市公司董事会的授权事项,独立董事需要对授权的范围、合法性、合理性和风险进行审慎判断,充分关注是否超出公司章程、股东大会议事规则和董事会议事规则等规定的授权范围,授权事项是否存在重大风险;

(二)独立董事应当就公司董事的提名、任免发表独立意见。在审议公司董事的提名、任免时,独立董事应关注相关人员的提名、任免程序是否可能对公司经营、发展和公司治理造成重大影响,程序是否完备;

(三)独立董事应当就公司聘任或解聘高级管理人员发表独立意见。在审议聘任或解聘高级管理人员时,独立董事应关注相关人员的提名、任免程序是否可能对公司经营、发展和公司治理造成重大影响,程序是否完备;

(四)独立董事应当就上市公司董事、高级管理人员的薪酬和股权激励计划发表独立意见。在审议公司董事、高级管理人员的薪酬和股权激励计划时,独立董事应关注公司董事、高级管理人员的薪酬和股权激励计划是否有利于公司的长期发展,是否存在可能损害中小投资者利益的情形。独立董事应当就股权激励计划向所有股东征集委托投票权;

(五)独立董事应当就公司制定资本公积金转增股本预案发表独立意见。在审议公司制定资本公积金转增股本预案时,独立董事应关注相关预案是否有利于公司的长期发展,是否可能损害中小投资者的利益;

(六)独立董事应当就公司因会计准则变更以外的原因作出会计政策、会计估算变更或重大会计差错更正发表独立意见。对于会计政策变更、会计估计变更、重大会计差错更正等事项,独立董事需要关注上市公司是否存在利用上述事项调节各期利润误导投资者的情形;

(七)独立董事应当就上市公司重大资产重组事项发表独立意见。对于重大资产重组及相关资产评估事项,独立董事需要在充分了解相关信息的基础上,关注资产评估机构的独立性、评估假设前提的合理性、评估定价的公允性和重组方案的合理合规性;构成关联交易的,独立董事可以另行聘请独立财务顾问就本次交易对上市公司非关联股东的影响发表意见;

(八)独立董事应当就上市公司以集中竞价交易方式回购股份事项发表独立意见。对于上市公司回购事项,独立董事应审查其回购方案是否符合相关法律、法规、规章及规则的规定;结合回购股份的目的、股价表现、公司价值分析等因素,分析回购的必要性;结合回购股份所需资金及其来源等因素,分析回购股份方案的可行性;

(九)独立董事应当对上市公司内部控制评价报告发表独立意见。对于上市公司内部控制评价报告,独立董事应关注报告内容是否完备,相关情况是否属实;

(十)独立董事应当对上市公司承诺相关方的承诺变更方案发表独立意见。上市公司承诺相关方(上市公司及其实际控制人、股东、关联方、收购人)在首次公开发行股票、再融资、股改、并购重组以及公司治理专项活动等过程中作出的解决同业竞争、资产注入、股权激励、解决产权瑕疵等各项承诺事项,除因相关法律法规、政策变化、自然灾害等自身无法控制的客观原因外,承诺确已无法履行或者履行承诺不利于维护上市公司权益时,对于承诺相关方提出的变更方案独立董事应发表意见。发表意见时,独立董事应关注相关变更方案是否合法合规、是否有利于保护上市公司或其他投资者的利益；

（十一）发行优先股的上市公司的独立董事应当就上市公司优先股发行对公司各类股东权益的影响发表专项意见。对优先股发行发表意见时，独立董事应关注相关发行程序和信息披露是否合规，发行优先股募集资金是否有明确用途，是否与公司业务范围、经营规模相匹配，优先股发行价格和票面股息率是否公允、合理，是否可能损害股东或其他利益相关方的合法利益。

第三十三条 独立董事发表独立意见的内容

独立董事对上市公司的相关事项出具的独立意见应当至少包括下列内容：

（一）相关事项的基本情况；

（二）发表意见的依据，包括所履行的程序、核查的文件、现场检查的内容等；

（三）相关事项的合法合规性；

（四）对上市公司和中小投资者权益的影响、可能存在的风险以及公司采取的措施是否有效；

（五）发表的结论性意见，如果对相关事项提出保留意见、反对意见或无法发表意见的，相关独立董事应当明确说明理由。

独立董事应当对出具的独立意见签字确认，并将上述意见及时报告董事会。

第五章 参加董事会会议的履职要求

第三十四条 会议通知的审查

独立董事在接到董事会会议通知后，应对会议通知的程序、形式及内容的合法性进行审查，发现不符合规定的，可向董事会秘书提出质询，督促其予以解释或进行纠正。

第三十五条 会议资料的了解

独立董事应当于会前充分知悉会议审议事项，了解与之相关的会计和法律等知识。

独立董事有权要求上市公司按照公司章程的规定提前通知相关事项，并同时提供完整的定稿资料。独立董事认为公司应当提供履职所需的其他材料的，有权敦促公司进行补充。独立董事有权要求公司董事会秘书及其他负责人员就相关事宜提供协助。

独立董事可以向公司管理层、董事会各专门委员会、董事会办事机构、与审议事项相关的中介服务机构等机构和人员了解决策所需要的信息，也可以在会前向会议主持人建议邀请相关机构代表或相关人员到会说明有关情况。

第三十六条 会前的询问和调查

独立董事认为董事会会议提案内容不明确、不具体或者有关材料不充分的，可直接或通过董事会秘书要求提案人补充资料或作出进一步说明。

独立董事在对董事会会议审议事项作出判断前，可对上市公司相关事项进行了解或调查，并要求公司给予积极配合。

第三十七条 聘请中介服务机构

独立董事可聘请会计师事务所或其他中介服务机构对上市公司的相关情况进行核查。如发现异常情况，应及时提请公司董事会采取相应措施，必要时可向中国证监会派出机构或公司证券上市地的证券交易所报告。

第三十八条 延期开会和审议

两名或两名以上独立董事认为会议审议事项资料不充分或论证不明确时，可联名书面向董事会提议延期召开董事会会议或延期审议相关事项。

对于审议年度报告的董事会会议，如果延期开会或延期审议可能导致年度报告不能如期披露，独立董事应要求上市公司立即向公司证券上市地的证券交易所报告。

第三十九条 出席会议

独立董事应当亲自出席公司董事会会议。

独立董事因故无法亲自出席会议的，应当事先审阅会议材料，形成明确的意见，书面委托本上市公司的其他独立董事代为出席。相关要求见本指引第十八条相关内容。

独立董事未亲自参加董事会会议而又未委托其他独立董事代为出席的，在会后仍应及时审查会议决议及记录。独立董事对会议决议内容或程序的合法性有疑问的，应当向相关人员提出质询；发现董事会会议决议违法的，应当立即要求上市公司纠正；公司拒不纠正的，应及时将具体情况报告中国证监会派出机构或公司证券上市地的证券交易所。

第四十条　对会议程序的监督

董事会举行会议的过程中，独立董事应当关注会议程序是否合法，防止会议程序出现瑕疵。独立董事应特别关注董事会会议的下列程序性规则是否得到严格遵守：

(一)按照规定需要经独立董事事先认可或由董事会专门委员会事前审查的提案，未经独立董事书面认可或由专门委员会向董事会会议提交书面审核意见，不应在董事会会议上审议；

(二)会议具体议程一经确定，不应随意增减议题或变更议题顺序，也不应任意合并或分拆议题；

(三)除征得全体与会董事的一致同意外，董事会会议不应对会议通知中未列明的提案作出决议。

第四十一条　对会议形式的监督

独立董事应当关注董事会会议形式是否符合下列相关要求：

(一)董事会会议原则上应以现场召开的方式进行；

(二)对需要以董事会决议的方式审议通过，但董事之间交流讨论的必要性不大的议案，可以进行通讯表决。法律、法规、规范性文件及公司章程另有规定或应由三分之二以上董事通过的重大议案，不宜采用通讯表决方式召开会议；

(三)通讯表决事项原则上应在表决前五日内送达全体董事，并应提供会议议题的相关背景资料和有助于董事作出决策的相关信息和数据。以通讯表决方式召开董事会会议的，公司应当在保障董事充分表达意见的基础上，采取逐项表决的方式，不应要求董事对多个事项进行一次表决。

第四十二条　发表与会意见

独立董事应当认真阅读会议相关材料，在充分了解情况的基础上独立、客观、审慎地发表意见，并确保所发表的意见或其要点在董事会记录中得以记载。

独立董事应当就会议审议事项发表以下几类意见之一：同意；弃权并说明理由；反对意见并说明理由；无法发表意见及其障碍。

第四十三条　暂缓表决

两名以上独立董事认为会议议题不明确、不具体，或者因会议材料不充分等事由导致其无法对决议事项作出判断时，可以提议会议对该事项暂缓表决。

提议暂缓表决的独立董事应当对提案再次提交审议所应满足的条件提出明确要求。

第四十四条　会议记录

独立董事应当督促公司制作董事会会议记录。董事会会议议程完成后，独立董事应当代表其本人和委托其代为出席会议的董事对会议记录和决议记录进行签字确认。独立董事对会议记录或决议记录有不同意见的，可以在签字时作出书面说明。

第四十五条　资料保管

独立董事就会议审议及相关事项进行的询问、调查、讨论等均应形成书面文件，与上市公司之间的各种来往信函、传真、电子邮件等资料应予保存，与公司工作人员之间的工作通话可以在事后做成要点记录。

董事会会议如果采取电话或者视频会议方式召开，独立董事应要求录音、录像，会后应检查并保存其电子副本。

前述资料连同公司向独立董事提供的纸面及电子资料，独立董事应当及时整理并妥善保存，必要时可要求公司提供相应协助。

第四十六条　会后的信息披露

在董事会会议或相关股东大会后，独立董事应督促上市公司及其他信息披露义务人及时履行法律、法规、规章及其他规范性文件所规定的披露义务。

独立董事可要求公司在公开披露信息后两日内，将载明公开信息的报纸名称及信息刊载位置或网上披露的信息文本及其网络地址告知独立董事。

独立董事应当核查公司公开披露的信息，若发现信息披露内容与董事会会议决议不符或与事实不符、方式不规范或存有其他疑义，应当及时通知、质询并督促公司进行澄清或更正。公司未能及时提供合作的，独立董事可向中国证监会派出机构或公司证券上市地的证券交易所报告。

第六章 附 则

第四十七条 针对特定上市公司和特定人员的特别规定

国家相关监管机构对商业银行、证券公司、期货公司、保险公司等金融机构上市公司的独立董事另有规定的，从其规定。

国家国有资产管理部门对国有控股上市公司的独立董事另有规定的，从其规定。

深圳证券交易所对中小板、创业板上市公司独立董事有特别规定的，从其规定。

国家相关部门对其管理的人员成为独立董事有特别规定的，从其规定。

第四十八条 指引解释及实施时间

本指引由中国上市公司协会负责解释。

本指引中“及时”、“重大”等名词，参照中国证监会及证券交易所相关规定。

本指引自发布之日起实施。

本指引相关条款与新颁布的相关法律、行政法规、部门规章、规范性文件，以及证券交易所相关规则不一致时，以新颁布的相关法律、行政法规、部门规章、规范性文件以及证券交易所相关规则的相关条款为准。

《中国证券监督管理委员会关于发布〈关于在上市公司建立独立董事制度的指导意见〉的通知》(证监发〔2001〕102号)，为进一步完善上市公司治理结构，促进上市公司规范运作，现就上市公司建立独立的外部董事(以下简称独立董事)制度提出以下指导意见：

一、上市公司应当建立独立董事制度

(一)上市公司独立董事是指不在公司担任除董事外的其他职务，并与其所受聘的上市公司及其主要股东不存在可能妨碍其进行独立客观判断的关系的董事。

(二)独立董事对上市公司及全体股东负有诚信与勤勉义务。独立董事应当按照相关法律法规、本指导意见和公司章程的要求，认真履行职责，维护公司整体利益，尤其要关注中小股东的合法权益不受损害。独立董事应当独立履行职责，不受上市公司主要股东、实际控制人、或者其他与上市公司存在利害关系的单位或个人的影响。独立董事原则上最多在5家上市公司兼任独立董事，并确保有足够的时间和精力有效地履行独立董事的职责。

(三)各境内上市公司应当按照本指导意见的要求修改公司章程，聘任适当人员担任独立董事，其中至少包括一名会计专业人士(会计专业人士是指具有高级职称或注册会计师资格的人士)。在二○○二年六月三十日前，董事会成员中应当至少包括2名独立董事；在二○○三年六月三十日前，上市公司董事会成员中应当至少包括三分之一独立董事。

(四)独立董事出现不符合独立性条件或其他不适宜履行独立董事职责的情形，由此造成上市公司独立董事达不到本《指导意见》要求的人数时，上市公司应按规定补足独立董事人数。

(五)独立董事及拟担任独立董事的人士应当按照中国证监会的要求，参加中国证监会及其授权机构所组织的培训。

二、独立董事应当具备与其行使职权相适应的任职条件

担任独立董事应当符合下列基本条件：

(一)根据法律、行政法规及其他有关规定，具备担任上市公司董事的资格；

(二)具有本《指导意见》所要求的独立性;
(三)具备上市公司运作的基本知识,熟悉相关法律、行政法规、规章及规则;
(四)具有五年以上法律、经济或者其他履行独立董事职责所必需的工作经验;
(五)公司章程规定的其他条件。
三、独立董事必须具有独立性
下列人员不得担任独立董事:
(一)在上市公司或者其附属企业任职的人员及其直系亲属、主要社会关系(直系亲属是指配偶、父母、子女等;主要社会关系是指兄弟姐妹、岳父母、儿媳女婿、兄弟姐妹的配偶、配偶的兄弟姐妹等);
(二)直接或间接持有上市公司已发行股份1%以上或者是上市公司前十名股东中的自然人股东及其直系亲属;
(三)在直接或间接持有上市公司已发行股份5%以上的股东单位或者在上市公司前五名股东单位任职的人员及其直系亲属;
(四)最近一年内曾经具有前三项所列举情形的人员;
(五)为上市公司或者其附属企业提供财务、法律、咨询等服务的人员;
(六)公司章程规定的其他人员;
(七)中国证监会认定的其他人员。
四、独立董事的提名、选举和更换应当依法、规范地进行
(一)上市公司董事会、监事会、单独或者合并持有上市公司已发行股份1%以上的股东可以提出独立董事候选人,并经股东大会选举决定。
(二)独立董事的提名人在提名前应当征得被提名人的同意。提名人应当充分了解被提名人职业、学历、职称、详细的工作经历、全部兼职等情况,并对其担任独立董事的资格和独立性发表意见,被提名人应当就其本人与上市公司之间不存在任何影响其独立客观判断的关系发表公开声明。
在选举独立董事的股东大会召开前,上市公司董事会应当按照规定公布上述内容。
(三)在选举独立董事的股东大会召开前,上市公司应将所有被提名人的有关材料同时报送中国证监会、公司所在地中国证监会派出机构和公司股票挂牌交易的证券交易所。上市公司董事会对被提名人的有关情况有异议的,应同时报送董事会的书面意见。中国证监会在15个工作日内对独立董事的任职资格和独立性进行审核。对中国证监会持有异议的被提名人,可作为公司董事候选人,但不作为独立董事候选人。在召开股东大会选举独立董事时,上市公司董事会应对独立董事候选人是否被中国证监会提出异议的情况进行说明。对于本《指导意见》发布前已担任上市公司独立董事的人士,上市公司应将前述材料在本《指导意见》发布实施起一个月内报送中国证监会、公司所在地中国证监会派出机构和公司股票挂牌交易的证券交易所。
(四)独立董事每届任期与该上市公司其他董事任期相同,任期届满,连选可以连任,但是连任时间不得超过六年。
(五)独立董事连续3次未亲自出席董事会会议的,由董事会提请股东大会予以撤换。除出现上述情况及《公司法》中规定的不得担任董事的情形外,独立董事任期届满前不得无故被免职。提前免职的,上市公司应将其作为特别披露事项予以披露,被免职的独立董事认为公司的免职理由不当的,可以作出公开的声明。
(六)独立董事在任期届满前可以提出辞职。独立董事辞职应向董事会提交书面辞职报告,对任何与其辞职有关或其认为有必要引起公司股东和债权人注意的情况进行说明。如因独立董事辞职导致公司董事会中独立董事所占的比例低于本《指导意见》规定的最低要求时,该独立董事的辞职报告应当在下任独立董事填补其缺额后生效。
五、上市公司应当充分发挥独立董事的作用
(一)为了充分发挥独立董事的作用,独立董事除应当具有公司法和其他相关法律、法规

赋予董事的职权外，上市公司还应当赋予独立董事以下特别职权：

1. 重大关联交易（指上市公司拟与关联人达成的总额高于300万元或高于上市公司最近经审计净资产值的5%的关联交易）应由独立董事认可后，提交董事会讨论；独立董事作出判断前，可以聘请中介机构出具独立财务顾问报告，作为其判断的依据。

2. 向董事会提议聘用或解聘会计师事务所；

3. 向董事会提请召开临时股东大会；

4. 提议召开董事会；

5. 独立聘请外部审计机构和咨询机构；

6. 可以在股东大会召开前公开向股东征集投票权。

（二）独立董事行使上述职权应当取得全体独立董事的二分之一以上同意。

（三）如上述提议未被采纳或上述职权不能正常行使，上市公司应将有关情况予以披露。

（四）如果上市公司董事会下设薪酬、审计、提名等委员会的，独立董事应当在委员会成员中占有二分之一以上的比例。

六、独立董事应当对上市公司重大事项发表独立意见

（一）独立董事除履行上述职责外，还应当对以下事项向董事会或股东大会发表独立意见：

1. 提名、任免董事；

2. 聘任或解聘高级管理人员；

3. 公司董事、高级管理人员的薪酬；

4. 上市公司的股东、实际控制人及其关联企业对上市公司现有或新发生的总额高于300万元或高于上市公司最近经审计净资产值的5%的借款或其他资金往来，以及公司是否采取有效措施回收欠款；

5. 独立董事认为可能损害中小股东权益的事项；

6. 公司章程规定的其他事项。

（二）独立董事应当就上述事项发表以下几类意见之一：同意；保留意见及其理由；反对意见及其理由；无法发表意见及其障碍。

（三）如有关事项属于需要披露的事项，上市公司应当将独立董事的意见予以公告，独立董事出现意见分歧无法达成一致时，董事会应将各独立董事的意见分别披露。

七、为了保证独立董事有效行使职权，上市公司应当为独立董事提供必要的条件

（一）上市公司应当保证独立董事享有与其他董事同等的知情权。凡须经董事会决策的事项，上市公司必须按法定的时间提前通知独立董事并同时提供足够的资料，独立董事认为资料不充分的，可以要求补充。当2名或2名以上独立董事认为资料不充分或论证不明确时，可联名书面向董事会提出延期召开董事会会议或延期审议该事项，董事会应予以采纳。

上市公司向独立董事提供的资料，上市公司及独立董事本人应当至少保存5年。

（二）上市公司应提供独立董事履行职责所必需的工作条件。上市公司董事会秘书应积极为独立董事履行职责提供协助，如介绍情况、提供材料等。独立董事发表的独立意见、提案及书面说明应当公告的，董事会秘书应及时到证券交易所办理公告事宜。

（三）独立董事行使职权时，上市公司有关人员应当积极配合，不得拒绝、阻碍或隐瞒，不得干预其独立行使职权。

（四）独立董事聘请中介机构的费用及其他行使职权时所需的费用由上市公司承担。

（五）上市公司应当给予独立董事适当的津贴。津贴的标准应当由董事会制订预案，股东大会审议通过，并在公司年报中进行披露。

除上述津贴外，独立董事不应从该上市公司及其主要股东或有利害关系的机构和人员取得额外的、未予披露的其他利益。

（六）上市公司可以建立必要的独立董事责任保险制度，以降低独立董事正常履行职责可能引致的风险。

第一百二十三条 【董事会秘书】 上市公司设董事会秘书,负责公司股东大会和董事会会议的筹备、文件保管以及公司股东资料的管理,办理信息披露事务等事宜。

相关文件规定

《中国证券监督管理委员会境外上市公司董事会秘书工作指引》(证监发行字[1999]39号),为了促进境外上市公司(以下简称"公司")规范运作,充分发挥董事会秘书的作用,加强对董事会秘书工作的指导,根据《国务院关于股份有限公司境外募集股份及上市的特别规定》、《到境外上市公司章程必备条款》等有关境外发行上市法规和规则,并参照境内外有关董事会秘书管理办法,现就公司董事会秘书工作提出如下要求:

第一章 董事会秘书的地位、主要任务及任职资格

第一条 董事会秘书是公司高级管理人员,承担法律、法规及公司章程对公司高级管理人员所要求的义务,享有相应的工作职权,并获取相应的报酬。

第二条 董事会秘书的主要任务是协助董事处理董事会的日常工作,持续向董事提供、提醒并确保其了解境内外监管机构有关公司运作的法规、政策及要求,协助董事及经理在行使职权时切实履行境内外法律、法规、公司章程及其他有关规定;负责董事会、股东大会文件的有关组织和准备工作,作好会议记录,保证会议决策符合法定程序,并掌握董事会决议执行情况;负责组织协调信息披露,协调与投资者关系,增强公司透明度;参与组织资本市场融资;处理与中介机构、监管部门、媒体的关系,搞好公共关系。

第三条 公司董事会秘书应具备境外上市的专业知识和有关法律法规知识,原则上应懂外语,熟悉公司经营情况和行业知识,掌握履行其职责所应具备的相关知识,具备良好的个人品质和职业道德,具有较强的公关能力和协调能力。

第四条 董事会秘书必须符合境外监管机构及有关上市规则的要求。应具有大学专科以上学历,具有3年以上从事金融或财务审计、工商管理或法律等方面的工作经历,参加过中国证监会及其他机构组织的董事会秘书任职资格培训并考核合格。

具有《到境外上市公司章程必备条款》第112条规定情形之一的自然人不得担任董事会秘书。

第五条 公司董事会聘任董事会秘书前应报中国证监会备案,应予公开披露。备案的主要资料包括:(1)董事会秘书的履历、学历证明(复印件)、相关工作经历;(2)有关培训及任职资格证书;(3)董事会出具的董事会秘书聘任文件;(4)监管部门要求的其他资料。

第六条 公司董事会秘书原则上应由专职人员担任。如果公司董事或其他高级管理人员兼任,必须保证能有足够的精力和时间承担董事会秘书的职责。公司总经理(不含副职)、财务负责人不得兼任董事会秘书。

第二章 董事会秘书的职权范围

第七条 组织筹备董事会会议和股东大会,准备会议文件,安排有关会务,负责会议记录,保障记录的准确性,保管会议文件和记录,主动掌握有关决议的执行情况。对实施中的重要问题,应向董事会报告并提出建议。

第八条 为强化公司董事会的战略决策和导向功能,董事会秘书应确保公司董事会决策的重大事项严格按规定的程序进行。根据董事会要求,参加组织董事会决策事项的咨询、分析,提出相应的意见和建议。受委托承办董事会及其有关委员会的日常工作。

第九条 董事会秘书作为公司与证券监管部门的联络人,负责组织准备和及时递交监管部门所要求的文件,负责接受监管部门下达的有关任务并组织完成。

第十条 负责协调和组织公司信息披露事宜,建立健全有关信息披露的制度,参加公司所有涉及信息披露的有关会议,及时知晓公司重大经营决策及有关信息资料。

第十一条 负责公司股价敏感资料的保密工作,并制定行之有效的保密制度和措施。

对于各种原因引致公司股价敏感资料外泄，要采取必要的补救措施，及时加以解释和澄清，并通告境外上市地监管机构及中国证监会。

第十二条 负责协调组织市场推介，协调来访接待，处理投资者关系，保持与投资者、中介机构及新闻媒体的联系，负责协调解答社会公众的提问，确保投资人及时得到公司披露的资料。组织筹备公司境内外推介宣传活动，对市场推介和重要来访等活动形成总结报告，并组织向中国证监会报告有关事宜。

第十三条 负责管理和保存公司股东名册资料、董事名册、大股东的持股数量和董事股份的记录资料，以及公司发行在外的债券权益人名单。可以保管公司印章，并建立健全公司印章的管理办法。

第十四条 协助董事及经理在行使职权时切实履行境内外法律、法规、公司章程及其他有关规定。在知悉公司作出或可能作出违反有关规定的决议时，有义务及时提醒，并有权如实向中国证监会及其他监管机构反映情况。

第十五条 协调向公司监事会及其他审核机构履行监督职能提供必须的信息资料，协助做好对有关公司财务主管、公司董事和经理履行诚信责任的调查。

履行董事会授予的其他职权以及境外上市地要求具有的其他职权。

第三章 董事会秘书的法律责任

第十六条 董事会秘书对公司负有诚信和勤勉的义务，应当遵守公司章程，忠实履行职责，维护公司利益，不得利用在公司的地位和职权为自己谋私利。董事会秘书在需要把部分职责交与他人行使时，必须经董事会同意，并确保所委托的职责得到依法执行，一旦发生违法行为，董事会秘书应承担相应的责任。中国证监会对董事会秘书的工作，可给予或建议给予必要的鼓励或处分。

第十七条 董事会秘书在任职期间出现下列情形之一时，董事会应终止对其聘任：(1)未能履行有关职责和义务，对公司造成重大损失；(2)在执行职务时违反法律、法规、公司章程及其他有关规定，造成严重后果或恶劣影响；(3)泄露公司机密，造成严重后果或恶劣影响；(4)监管机构认为其不具备继续出任董事会秘书的条件；(5)董事会认定的其他情形。中国证监会对董事会秘书的工作可给予或建议给予必要的鼓励或处分。

第十八条 被解聘的董事会秘书离任前应接受公司监事会的离任审查，并在公司监事会的监督下，将有关档案材料、尚未了结的事务、遗留问题，完整移交给继任的董事会秘书。董事会秘书在离任时应签订必要的保密协议，履行持续保密义务。

第四章 其 他

第十九条 公司董事、经理及公司内部有关部门要支持董事会秘书依法履行职责，在机构设置、工作人员配备以及经费等方面予以必要的保证。公司各有关部门要积极配合董事会秘书工作机构的工作。

第二十条 公司不得无故解聘董事会秘书，董事会秘书的变动必须事先报中国证监会备案并通知境外上市地有关监管机构。公司董事会终止聘任前任董事会秘书的同时，须按规定的程序和手续重新聘任董事会秘书。

第二十一条 本指引由中国证监会负责解释或补充修订。

第一百二十四条 【会议决议的关联关系董事不得表决】 上市公司董事与董事会会议决议事项所涉及的企业有关联关系的，不得对该项决议行使表决权，也不得代理其他董事行使表决权。该董事会会议由过半数的无关联关系董事出席即可举行，董事会会议所作决议须经无关联关系董事过半数通过。出席董事会的无关联关系董事人数不足三人的，应将该事项提交上市公司股东大会审议。

第五章 股份有限公司的股份发行和转让

第一节 股份发行

第一百二十五条 【股份及其形式】 股份有限公司的资本划分为股份，每一股的金额相等。

公司的股份采取股票的形式。股票是公司签发的证明股东所持股份的凭证。

第一百二十六条 【股份发行的原则】 股份的发行，实行公平、公正的原则，同种类的每一股份应当具有同等权利。

同次发行的同种类股票，每股的发行条件和价格应当相同；任何单位或者个人所认购的股份，每股应当支付相同价额。

相关法律条文

《中华人民共和国证券法（2019修订）》（自2020年3月1日起施行）对证券发行、交易活动的原则以及公开发行等，规定如下：

第三条 证券的发行、交易活动，必须遵循公开、公平、公正的原则。

第四条 证券发行、交易活动的当事人具有平等的法律地位，应当遵守自愿、有偿、诚实信用的原则。

第五条 证券的发行、交易活动，必须遵守法律、行政法规；禁止欺诈、内幕交易和操纵证券市场的行为。

……

第九条 公开发行证券，必须符合法律、行政法规规定的条件，并依法报经国务院证券监督管理机构或者国务院授权的部门注册。未经依法注册，任何单位和个人不得公开发行证券。证券发行注册制的具体范围、实施步骤，由国务院规定。

有下列情形之一的，为公开发行：

（一）向不特定对象发行证券；

（二）向特定对象发行证券累计超过二百人，但依法实施员工持股计划的员工人数不计算在内；

（三）法律、行政法规规定的其他发行行为。

非公开发行证券，不得采用广告、公开劝诱和变相公开方式。

第十条 发行人申请公开发行股票、可转换为股票的公司债券，依法采取承销方式的，或者公开发行法律、行政法规规定实行保荐制度的其他证券的，应当聘请证券公司担任保荐人。

保荐人应当遵守业务规则和行业规范，诚实守信，勤勉尽责，对发行人的申请文件和信息披露资料进行审慎核查，督导发行人规范运作。

保荐人的管理办法由国务院证券监督管理机构规定。

第十一条 设立股份有限公司公开发行股票，应当符合《中华人民共和国公司法》规定的条件和经国务院批准的国务院证券监督管理机构规定的其他条件，向国务院证券监督管理机构报送募股申请和下列文件：

（一）公司章程；

（二）发起人协议；

(三)发起人姓名或者名称,发起人认购的股份数、出资种类及验资证明;
(四)招股说明书;
(五)代收股款银行的名称及地址;
(六)承销机构名称及有关的协议。
依照本法规定聘请保荐人的,还应当报送保荐人出具的发行保荐书。
法律、行政法规规定设立公司必须报经批准的,还应当提交相应的批准文件。

第一百二十七条　【股票发行价格】　股票发行价格可以按票面金额,也可以超过票面金额,但不得低于票面金额。

第一百二十八条　【股票的形式及载明的事项】　股票采用纸面形式或者国务院证券监督管理机构规定的其他形式。

股票应当载明下列主要事项:

(一)公司名称;

(二)公司成立日期;

(三)股票种类、票面金额及代表的股份数;

(四)股票的编号。

股票由法定代表人签名,公司盖章。

发起人的股票,应当标明发起人股票字样。

第一百二十九条　【股票的种类】　公司发行的股票,可以为记名股票,也可以为无记名股票。

公司向发起人、法人发行的股票,应当为记名股票,并应当记载该发起人、法人的名称或者姓名,不得另立户名或者以代表人姓名记名。

第一百三十条　【股东信息的记载】　公司发行记名股票的,应当置备股东名册,记载下列事项:

(一)股东的姓名或者名称及住所;

(二)各股东所持股份数;

(三)各股东所持股票的编号;

(四)各股东取得股份的日期。

发行无记名股票的,公司应当记载其股票数量、编号及发行日期。

第一百三十一条　【其他种类的股份】　国务院可以对公司发行本法规定以外的其他种类的股份,另行作出规定。

相关文件规定

《优先股试点管理办法》(自2014年3月21日起施行)对优先股试点的相关事项,规定如下:

第一章　总　则

第一条　为规范优先股发行和交易行为,保护投资者合法权益,根据《公司法》、《证券法》、《国务院关于开展优先股试点的指导意见》及相关法律法规，制定本办法。

第二条 本办法所称优先股是指依照《公司法》，在一般规定的普通种类股份之外，另行规定的其他种类股份，其股份持有人优先于普通股股东分配公司利润和剩余财产，但参与公司决策管理等权利受到限制。

第三条 上市公司可以发行优先股，非上市公众公司可以非公开发行优先股。

第四条 优先股试点应当符合《公司法》、《证券法》、《国务院关于开展优先股试点的指导意见》和本办法的相关规定，并遵循公开、公平、公正的原则，禁止欺诈、内幕交易和操纵市场的行为。

第五条 证券公司及其他证券服务机构参与优先股试点，应当遵守法律法规及中国证券监督管理委员会（以下简称中国证监会）相关规定，遵循行业公认的业务标准和行为规范，诚实守信、勤勉尽责。

第六条 试点期间不允许发行在股息分配和剩余财产分配上具有不同优先顺序的优先股，但允许发行在其他条款上具有不同设置的优先股。

同一公司既发行强制分红优先股，又发行不含强制分红条款优先股的，不属于发行在股息分配上具有不同优先顺序的优先股。

第七条 相同条款的优先股应当具有同等权利。同次发行的相同条款优先股，每股发行的条件、价格和票面股息率应当相同；任何单位或者个人认购的股份，每股应当支付相同价额。

第二章 优先股股东权利的行使

第八条 发行优先股的公司除按《国务院关于开展优先股试点的指导意见》制定章程有关条款外，还应当按本办法在章程中明确优先股股东的有关权利和义务。

第九条 优先股股东按照约定的股息率分配股息后，有权同普通股股东一起参加剩余利润分配的，公司章程应明确优先股股东参与剩余利润分配的比例、条件等事项。

第十条 出现以下情况之一的，公司召开股东大会会议应通知优先股股东，并遵循《公司法》及公司章程通知普通股股东的规定程序。优先股股东有权出席股东大会会议，就以下事项与普通股股东分类表决，其所持每一优先股有一表决权，但公司持有的本公司优先股没有表决权：

（一）修改公司章程中与优先股相关的内容；

（二）一次或累计减少公司注册资本超过百分之十；

（三）公司合并、分立、解散或变更公司形式；

（四）发行优先股；

（五）公司章程规定的其他情形。

上述事项的决议，除须经出席会议的普通股股东（含表决权恢复的优先股股东）所持表决权的三分之二以上通过之外，还须经出席会议的优先股股东（不含表决权恢复的优先股股东）所持表决权的三分之二以上通过。

第十一条 公司股东大会可授权公司董事会按公司章程的约定向优先股支付股息。公司累计三个会计年度或连续两个会计年度未按约定支付优先股股息的，股东大会批准当年不按约定分配利润的方案次日起，优先股股东有权出席股东大会与普通股股东共同表决，每股优先股股份享有公司章程规定的一定比例表决权。

对于股息可累积到下一会计年度的优先股，表决权恢复直至公司全额支付所欠股息。对于股息不可累积的优先股，表决权恢复直至公司全额支付当年股息。公司章程可规定优先股表决权恢复的其他情形。

第十二条 优先股股东有权查阅公司章程、股东名册、公司债券存根、股东大会会议记录、董事会会议决议、监事会会议决议、财务会计报告。

第十三条 发行人回购优先股包括发行人要求赎回优先股和投资者要求回售优先股两种情况，并应在公司章程和招股文件中规定其具体条件。发行人要求赎回优先股的，必须完全支付所欠股息，但商业银行发行优先股补充资本的除外。优先股回购后相应减记发行在外的优先股股份总数。

第十四条 公司董事、监事、高级管理人员应当向公司申报所持有的本公司优先股及其变动情况，在任职期间每年转让的股份不得超过其所持本公司优先股股份总数的百分之二十五。公司章程可以对公司董事、监事、高级管理人员转让其所持有的本公司优先股股份作出其他限制性规定。

第十五条 除《国务院关于开展优先股试点的指导意见》规定的事项外，计算股东人数和持股比例时应分别计算普通股和优先股。

第十六条 公司章程中规定优先股采用固定股息率的，可以在优先股存续期内采取相同的固定股息率，或明确每年的固定股息率，各年度的股息率可以不同；公司章程中规定优先股采用浮动股息率的，应当明确优先股存续期内票面股息率的计算方法。

第三章 上市公司发行优先股

第一节 一般规定

第十七条 上市公司应当与控股股东或实际控制人的人员、资产、财务分开，机构、业务独立。

第十八条 上市公司内部控制制度健全，能够有效保证公司运行效率、合法合规和财务报告的可靠性，内部控制的有效性应当不存在重大缺陷。

第十九条 上市公司发行优先股，最近三个会计年度实现的年均可分配利润应当不少于优先股一年的股息。

第二十条 上市公司最近三年现金分红情况应当符合公司章程及中国证监会的有关监管规定。

第二十一条 上市公司报告期不存在重大会计违规事项。公开发行优先股，最近三年财务报表被注册会计师出具的审计报告应当为标准审计报告或带强调事项段的无保留意见的审计报告；非公开发行优先股，最近一年财务报表被注册会计师出具的审计报告为非标准审计报告的，所涉及事项对公司无重大不利影响或者在发行前重大不利影响已经消除。

第二十二条 上市公司发行优先股募集资金应有明确用途，与公司业务范围、经营规模相匹配，募集资金用途符合国家产业政策和有关环境保护、土地管理等法律和行政法规的规定。

除金融类企业外，本次募集资金使用项目不得为持有交易性金融资产和可供出售的金融资产、借予他人等财务性投资，不得直接或间接投资于以买卖有价证券为主要业务的公司。

第二十三条 上市公司已发行的优先股不得超过公司普通股股份总数的百分之五十，且筹资金额不得超过发行前净资产的百分之五十，已回购、转换的优先股不纳入计算。

第二十四条 上市公司同一次发行的优先股，条款应当相同。每次优先股发行完毕前，不得再次发行优先股。

第二十五条 上市公司存在下列情形之一的，不得发行优先股：

（一）本次发行申请文件有虚假记载、误导性陈述或重大遗漏；

（二）最近十二个月内受到过中国证监会的行政处罚；

（三）因涉嫌犯罪正被司法机关立案侦查或涉嫌违法违规正被中国证监会立案调查；

（四）上市公司的权益被控股股东或实际控制人严重损害且尚未消除；

（五）上市公司及其附属公司违规对外提供担保且尚未解除；

（六）存在可能严重影响公司持续经营的担保、诉讼、仲裁、市场重大质疑或其他重大事项；

（七）其董事和高级管理人员不符合法律、行政法规和规章规定的任职资格；

（八）严重损害投资者合法权益和社会公共利益的其他情形。

第二节 公开发行的特别规定

第二十六条 上市公司公开发行优先股，应当符合以下情形之一：

（一）其普通股为上证50指数成份股；

（二）以公开发行优先股作为支付手段收购或吸收合并其他上市公司；

（三）以减少注册资本为目的回购普通股的，可以公开发行优先股作为支付手段，或者在回购方案实施完毕后，可公开发行不超过回购减资总额的优先股。

中国证监会核准公开发行优先股后不再符合本条第（一）项情形的，上市公司仍可实施本次发行。

第二十七条 上市公司最近三个会计年度应当连续盈利。扣除非经常性损益后的净利润与扣除前的净利润相比，以孰低者作为计算依据。

第二十八条 上市公司公开发行优先股应当在公司章程中规定以下事项：

（一）采取固定股息率；

（二）在有可分配税后利润的情况下必须向优先股股东分配股息；

（三）未向优先股股东足额派发股息的差额部分应当累积到下一会计年度；

（四）优先股股东按照约定的股息率分配股息后，不再同普通股股东一起参加剩余利润分配。

商业银行发行优先股补充资本的，可就第（二）项和第（三）项事项另行约定。

第二十九条 上市公司公开发行优先股的，可以向原股东优先配售。

第三十条 除本办法第二十五条的规定外，上市公司最近三十六个月内因违反工商、税收、土地、环保、海关法律、行政法规或规章，受到行政处罚且情节严重的，不得公开发行优先股。

第三十一条 上市公司公开发行优先股，公司及其控股股东或实际控制人最近十二个月内应当不存在违反向投资者作出的公开承诺的行为。

第三节 其他规定

第三十二条 优先股每股票面金额为一百元。

优先股发行价格和票面股息率应当公允、合理，不得损害股东或其他利益相关方的合法利益，发行价格不得低于优先股票面金额。

公开发行优先股的价格或票面股息率以市场询价或证监会认可的其他公开方式确定。非公开发行优先股的票面股息率不得高于最近两个会计年度的年均加权平均净资产收益率。

第三十三条 上市公司不得发行可转换为普通股的优先股。但商业银行可根据商业银行资本监管规定，非公开发行触发事件发生时强制转换为普通股的优先股，并遵守有关规定。

第三十四条 上市公司非公开发行优先股仅向本办法规定的合格投资者发行，每次发行对象不得超过二百人，且相同条款优先股的发行对象累计不得超过二百人。

发行对象为境外战略投资者的，还应当符合国务院相关部门的规定。

第四节 发行程序

第三十五条 上市公司申请发行优先股，董事会应当按照中国证监会有关信息披露规定，公开披露本次优先股发行预案，并依法就以下事项作出决议，提请股东大会批准。

（一）本次优先股的发行方案；

（二）非公开发行优先股且发行对象确定的，上市公司与相应发行对象签订的附条件生效的优先股认购合同。认购合同应当载明发行对象拟认购优先股的数量、认购价格或定价原则、票面股息率或其确定原则，以及其他必要条款。认购合同应当约定发行对象不得以竞价方式参与认购，且本次发行一经上市公司董事会、股东大会批准并经中国证监会核准，该合同即应生效；

（三）非公开发行优先股且发行对象尚未确定的，决议应包括发行对象的范围和资格、定价原则、发行数量或数量区间。

上市公司的控股股东、实际控制人或其控制的关联人参与认购本次非公开发行优先股的，按照前款第(二)项执行。

第三十六条 上市公司独立董事应当就上市公司本次发行对公司各类股东权益的影响发表专项意见，并与董事会决议一同披露。

第三十七条 上市公司股东大会就发行优先股进行审议，应当就下列事项逐项进行表决：

(一)本次发行优先股的种类和数量；

(二)发行方式、发行对象及向原股东配售的安排；

(三)票面金额、发行价格或其确定原则；

(四)优先股股东参与分配利润的方式，包括：票面股息率或其确定原则、股息发放的条件、股息支付方式、股息是否累积、是否可以参与剩余利润分配等；

(五)回购条款，包括回购的条件、期间、价格及其确定原则、回购选择权的行使主体等(如有)；

(六)募集资金用途；

(七)公司与发行对象签订的附条件生效的优先股认购合同(如有)；

(八)决议的有效期；

(九)公司章程关于优先股股东和普通股股东利润分配、剩余财产分配、优先股表决权恢复等相关政策条款的修订方案；

(十)对董事会办理本次发行具体事宜的授权；

(十一)其他事项。

上述决议，须经出席会议的普通股股东(含表决权恢复的优先股股东)所持表决权的三分之二以上通过。已发行优先股的，还须经出席会议的优先股股东(不含表决权恢复的优先股股东)所持表决权的三分之二以上通过。上市公司向公司特定股东及其关联人发行优先股的，股东大会就发行方案进行表决时，关联股东应当回避。

第三十八条 上市公司就发行优先股事项召开股东大会，应当提供网络投票，还可以通过中国证监会认可的其他方式为股东参加股东大会提供便利。

第三十九条 上市公司申请发行优先股应当由保荐人保荐并向中国证监会申报，其申请、审核、核准、发行等相关程序参照《上市公司证券发行管理办法》和《证券发行与承销管理办法》的规定。发审委会议按照《中国证券监督管理委员会发行审核委员会办法》规定的特别程序，审核发行申请。

第四十条 上市公司发行优先股，可以申请一次核准，分次发行，不同次发行的优先股除票面股息率外，其他条款应当相同。自中国证监会核准发行之日起，公司应在六个月内实施首次发行，剩余数量应当在二十四个月内发行完毕。超过核准文件时限的，须申请中国证监会重新核准。首次发行数量应当不少于总发行数量的百分之五十，剩余各次发行的数量由公司自行确定，每次发行完毕后五个工作日内报中国证监会备案。

第四章 非上市公众公司非公开发行优先股

第四十一条 非上市公众公司非公开发行优先股应符合下列条件：

(一)合法规范经营；

(二)公司治理机制健全；

(三)依法履行信息披露义务。

第四十二条 非上市公众公司非公开发行优先股应当遵守本办法第二十三条、第二十四条、第二十五条、第三十二条、第三十三条的规定。

第四十三条 非上市公众公司非公开发行优先股仅向本办法规定的合格投资者发行，每次发行对象不得超过二百人，且相同条款优先股的发行对象累计不得超过二百人。

第四十四条 非上市公众公司拟发行优先股的，董事会应依法就具体方案、本次发行对公司各类股东权益的影响、发行优先股的目的、募集资金的用途及其他必须明确的事项作出决议，并提请股东大会批准。

董事会决议确定具体发行对象的，董事会决议应当确定具体的发行对象名称及其认购价格或定价原则、认购数量或数量区间等；同时应在召开董事会前与相应发行对象签订附条件生效的股份认购合同。董事会决议未确定具体发行对象的，董事会决议应当明确发行对象的范围和资格、定价原则等。

第四十五条 非上市公众公司股东大会就发行优先股进行审议，表决事项参照本办法第三十七条执行。发行优先股决议，须经出席会议的普通股股东（含表决权恢复的优先股股东）所持表决权的三分之二以上通过。已发行优先股的，还须经出席会议的优先股股东（不含表决权恢复的优先股股东）所持表决权的三分之二以上通过。非上市公众公司向公司特定股东及其关联人发行优先股的，股东大会就发行方案进行表决时，关联股东应当回避，公司普通股股东（不含表决权恢复的优先股股东）人数少于二百人的除外。

第四十六条 非上市公众公司发行优先股的申请、审核（豁免）、发行等相关程序应按照《非上市公众公司监督管理办法》等相关规定办理。

第五章 交易转让及登记结算

第四十七条 优先股发行后可以申请上市交易或转让，不设限售期。

公开发行的优先股可以在证券交易所上市交易。上市公司非公开发行的优先股可以在证券交易所转让，非上市公众公司非公开发行的优先股可以在全国中小企业股份转让系统转让，转让范围仅限合格投资者。交易或转让的具体办法由证券交易所或全国中小企业股份转让系统另行制定。

第四十八条 优先股交易或转让环节的投资者适当性标准应当与发行环节保持一致；非公开发行的相同条款优先股经交易或转让后，投资者不得超过二百人。

第四十九条 中国证券登记结算公司为优先股提供登记、存管、清算、交收等服务。

第六章 信息披露

第五十条 公司应当按照中国证监会有关信息披露规则编制募集优先股说明书或其他信息披露文件，依法履行信息披露义务。上市公司相关信息披露程序和要求参照《上市公司证券发行管理办法》和《上市公司非公开发行股票实施细则》及有关监管指引的规定。非上市公众公司非公开发行优先股的信息披露程序和要求参照《非上市公众公司监督管理办法》及有关监管指引的规定。

第五十一条 发行优先股的公司披露定期报告时，应当以专门章节披露已发行优先股情况、持有公司优先股股份最多的前十名股东的名单和持股数额、优先股股东的利润分配情况、优先股的回购情况、优先股股东表决权恢复及行使情况、优先股会计处理情况及其他与优先股有关的情况，具体内容与格式由中国证监会规定。

第五十二条 发行优先股的上市公司，发生表决权恢复、回购普通股等事项，以及其他可能对其普通股或优先股交易或转让价格产生较大影响事项的，上市公司应当按照《证券法》第六十七条以及中国证监会的相关规定，履行临时报告、公告等信息披露义务。

第五十三条 发行优先股的非上市公众公司按照《非上市公众公司监督管理办法》及有关监管指引的规定履行日常信息披露义务。

第七章 回购与并购重组

第五十四条 上市公司可以非公开发行优先股作为支付手段，向公司特定股东回购普通股。上市公司回购普通股的价格应当公允、合理，不得损害股东或其他利益相关方的合法利益。

第五十五条 上市公司以减少注册资本为目的回购普通股公开发行优先股的，以及以非公开发行优先股为支付手段向公司特定股东回购普通股的，除应当符合优先股发行条件和程序，还应符合以下规定：

（一）上市公司回购普通股应当由董事会依法作出决议并提交股东大会批准；

（二）上市公司股东大会就回购普通股作出的决议，应当包括下列事项：回购普通股的价格区间，回购普通股的数量和比例，回购普通股的期限，决议的有效期，对董事会办理本次回购股份事宜的具体授权，其他相关事项。以发行优先股作为支付手段的，应当包括拟用于支付的优先股总金额以及支付比例；回购方案实施完毕之日起一年内公开发行优先股的，应当包括回购的资金总额以及资金来源；

（三）上市公司股东大会就回购普通股作出决议，必须经出席会议的普通股股东（含表决权恢复的优先股股东）所持表决权的三分之二以上通过；

（四）上市公司应当在股东大会作出回购普通股决议后的次日公告该决议；

（五）依法通知债权人；

本办法未做规定的应当符合中国证监会有关上市公司回购的其他规定。

第五十六条 上市公司收购要约适用于被收购公司的所有股东，但可以针对优先股股东和普通股股东提出不同的收购条件。

第五十七条 上市公司可以按照《上市公司重大资产重组管理办法》规定的条件发行优先股购买资产，同时应当遵守本办法第三十三条，以及第三十五条至第三十八条的规定，依法披露有关信息、履行相应程序。

第五十八条 上市公司发行优先股作为支付手段购买资产的，可以同时募集配套资金。

第五十九条 非上市公众公司发行优先股的方案涉及重大资产重组的，应当符合中国证监会有关重大资产重组的规定。

第八章 监管措施和法律责任

第六十条 公司及其控股股东或实际控制人，公司董事、监事、高级管理人员以及其他直接责任人员，相关市场中介机构及责任人员，以及优先股试点的其他市场参与者违反本办法规定的，依照《公司法》、《证券法》和中国证监会的有关规定处理；涉嫌犯罪的，依法移送司法机关，追究其刑事责任。

第六十一条 上市公司、非上市公众公司违反本办法规定，存在未按规定制定有关章程条款、不按照约定召集股东大会恢复优先股股东表决权等损害优先股股东和中小股东权益等行为的，中国证监会应当责令改正，对上市公司、非上市公众公司和其直接负责的主管人员和其他直接责任人员，可以采取相应的行政监管措施以及警告、三万元以下罚款等行政处罚。

第六十二条 上市公司违反本办法第二十二条第二款规定的，中国证监会可以责令改正，并在三十六个月内不受理该公司的公开发行证券申请。

第六十三条 上市公司、非上市公众公司向本办法规定的合格投资者以外的投资者非公开发行优先股，中国证监会应当责令改正，并可以自确认之日起在三十六个月内不受理该公司的发行优先股申请。

第六十四条 承销机构在承销非公开发行的优先股时，将优先股配售给不符合本办法合格投资者规定的对象的，中国证监会可以责令改正，并在三十六个月内不接受其参与证券承销。

第九章 附 则

第六十五条 本办法所称合格投资者包括：

（一）经有关金融监管部门批准设立的金融机构，包括商业银行、证券公司、基金管理公司、信托公司和保险公司等；

（二）上述金融机构面向投资者发行的理财产品，包括但不限于银行理财产品、信托产品、投连险产品、基金产品、证券公司资产管理产品等；

（三）实收资本或实收股本总额不低于人民币五百万元的企业法人；

（四）实缴出资总额不低于人民币五百万元的合伙企业；

（五）合格境外机构投资者（QFII）、人民币合格境外机构投资者（RQFII）、符合国务院相关部门规定的境外战略投资者；

（六）除发行人董事、高级管理人员及其配偶以外的，名下各类证券账户、资金账户、资产管理账户的资产总额不低于人民币五百万元的个人投资者；

（七）经中国证监会认可的其他合格投资者。

第六十六条 非上市公众公司首次公开发行普通股并同时非公开发行优先股的，其优先股的发行与信息披露应符合本办法中关于上市公司非公开发行优先股的有关规定。

第六十七条 注册在境内的境外上市公司在境外发行优先股，应当符合境外募集股份及上市的有关规定。

注册在境内的境外上市公司在境内发行优先股，参照执行本办法关于非上市公众公司发行优先股的规定，以及《非上市公众公司监督管理办法》等相关规定，其优先股可以在全国中小企业股份转让系统进行转让。

第六十八条 本办法下列用语含义如下：

（一）强制分红：公司在有可分配税后利润的情况下必须向优先股股东分配股息；

（二）可分配税后利润：发行人股东依法享有的未分配利润；

（三）加权平均净资产收益率：按照《公开发行证券的公司信息披露编报规则第9号——净资产收益率和每股收益的计算及披露》计算的加权平均净资产收益率；

（四）上证50指数：中证指数有限公司发布的上证50指数。

第六十九条 本办法中计算合格投资者人数时，同一资产管理机构以其管理的两只以上产品认购或受让优先股的，视为一人。

第七十条 本办法自公布之日起施行。

《国务院关于开展优先股试点的指导意见》（国发〔2013〕46号），为贯彻落实党的十八大、十八届三中全会精神，深化金融体制改革，支持实体经济发展，依照公司法、证券法相关规定，国务院决定开展优先股试点。开展优先股试点，有利于进一步深化企业股份制改革，为发行人提供灵活的直接融资工具，优化企业财务结构，推动企业兼并重组；有利于丰富证券品种，为投资者提供多元化的投资渠道，提高直接融资比重，促进资本市场稳定发展。为稳妥有序开展优先股试点，现提出如下指导意见。

一、优先股股东的权利与义务

（一）优先股的含义。优先股是指依照公司法，在一般规定的普通种类股份之外，另行规定的其他种类股份，其股份持有人优先于普通股股东分配公司利润和剩余财产，但参与公司决策管理等权利受到限制。

除本指导意见另有规定以外，优先股股东的权利、义务以及优先股股份的管理应当符合公司法的规定。试点期间不允许发行在股息分配和剩余财产分配上具有不同优先顺序的优先股，但允许发行在其他条款上具有不同设置的优先股。

（二）优先分配利润。优先股股东按照约定的票面股息率，优先于普通股股东分配公司利润。公司应当以现金的形式向优先股股东支付股息，在完全支付约定的股息之前，不得向普通股股东分配利润。

公司应当在公司章程中明确以下事项：（1）优先股股息率是采用固定股息率还是浮动股息率，并相应明确固定股息率水平或浮动股息率计算方法。（2）公司在有可分配税后利润的情况下是否必须分配利润。（3）如果公司因本会计年度可分配利润不足而未向优先股股东足额派发股息，差额部分是否累积到下一会计年度。（4）优先股股东按照约定的股息率分配股息后，是否有权同普通股股东一起参加剩余利润分配。（5）优先股利润分配涉及的其他事项。

（三）优先分配剩余财产。公司因解散、破产等原因进行清算时，公司财产在按照公司法和破产法有关规定进行清偿后的剩余财产，应当优先向优先股股东支付未派发的股息和公司章程约定的清算金额，不足以支付的按照优先股股东持股比例分配。

（四）优先股转换和回购。公司可以在公司章程中规定优先股转换为普通股、发行人回购优先股的条件、价格和比例。转换选择权或回购选择权可规定由发行人或优先股股东行使。发行人要求回购优先股的，必须完全支付所欠股息，但商业银行发行优先股补充资本的除外。优先股回购后相应减记发行在外的优先股股份总数。

（五）表决权限制。除以下情况外，优先股股东不出席股东大会会议，所持股份没有表决权：(1)修改公司章程中与优先股相关的内容；(2)一次或累计减少公司注册资本超过百分之十；(3)公司合并、分立、解散或变更公司形式；(4)发行优先股；(5)公司章程规定的其他情形。上述事项的决议，除须经出席会议的普通股股东（含表决权恢复的优先股股东）所持表决权的三分之二以上通过之外，还须经出席会议的优先股股东（不含表决权恢复的优先股股东）所持表决权的三分之二以上通过。

（六）表决权恢复。公司累计3个会计年度或连续2个会计年度未按约定支付优先股股息的，优先股股东有权出席股东大会，每股优先股股份享有公司章程规定的表决权。对于股息可累积到下一会计年度的优先股，表决权恢复直至公司全额支付所欠股息。对于股息不可累积的优先股，表决权恢复直至公司全额支付当年股息。公司章程可规定优先股表决权恢复的其他情形。

（七）与股份种类相关的计算。以下事项计算持股比例时，仅计算普通股和表决权恢复的优先股：(1)根据公司法第一百零一条（编者注：现为该法第一百条），请求召开临时股东大会；(2)根据公司法第一百零二条（编者注：现为该法第一百零一条），召集和主持股东大会；(3)根据公司法第一百零三条（编者注：现为该法第一百零二条），提交股东大会临时提案；(4)根据公司法第二百一十七条（编者注：现为该法第二百一十六条），认定控股股东。

二、优先股发行与交易

（八）发行人范围。公开发行优先股的发行人限于证监会规定的上市公司，非公开发行优先股的发行人限于上市公司（含注册地在境内的境外上市公司）和非上市公众公司。

（九）发行条件。公司已发行的优先股不得超过公司普通股股份总数的百分之五十，且筹资金额不得超过发行前净资产的百分之五十，已回购、转换的优先股不纳入计算。公司公开发行优先股以及上市公司非公开发行优先股的其他条件适用证券法的规定。非上市公众公司非公开发行优先股的条件由证监会另行规定。

（十）公开发行。公司公开发行优先股的，应当在公司章程中规定以下事项：(1)采取固定股息率；(2)在有可分配税后利润的情况下必须向优先股股东分配股息；(3)未向优先股股东足额派发股息的差额部分应当累积到下一会计年度；(4)优先股股东按照约定的股息率分配股息后，不再同普通股股东一起参加剩余利润分配。商业银行发行优先股补充资本的，可就第(2)项和第(3)项事项另行规定。

（十一）交易转让及登记存管。优先股应当在证券交易所、全国中小企业股份转让系统或者在国务院批准的其他证券交易场所交易或转让。优先股应当在中国证券登记结算公司集中登记存管。优先股交易或转让环节的投资者适当性标准应当与发行环节一致。

（十二）信息披露。公司应当在发行文件中详尽说明优先股股东的权利义务，充分揭示风险。同时，应按规定真实、准确、完整、及时、公平地披露或者提供信息，不得有虚假记载、误导性陈述或重大遗漏。

（十三）公司收购。优先股可以作为并购重组支付手段。上市公司收购要约适用于被收购公司的所有股东，但可以针对优先股股东和普通股股东提出不同的收购条件。根据证券法第八十六条计算收购人持有上市公司已发行股份比例，以及根据证券法第八十八条和第九十六条计算触发要约收购义务时，表决权未恢复的优先股不计入持股数额和股本总额。

（十四）与持股数额相关的计算。以下事项计算持股数额时，仅计算普通股和表决权恢复的优先股：(1)根据证券法第五十四条和第六十六条，认定持有公司股份最多的前十名股东的名单和持股数额；(2)根据证券法第四十七条、第六十七条和第七十四条，认定持有公司百分之五以上股份的股东。

三、组织管理和配套政策

（十五）加强组织管理。证监会应加强与有关部门的协调配合，积极稳妥地组织开展优先股试点工作。证监会应当根据公司法、证券法和本指导意见，制定并发布优先股试点的具体规定，指导证券自律组织完善相关业务规则。

证监会应当加强市场监管，督促公司认真履行信息披露义务，督促中介机构诚实守信、勤勉尽责，依法查处违法违规行为，切实保护投资者合法权益。

（十六）完善配套政策。优先股相关会计处理和财务报告，应当遵循财政部发布的企业会计准则及其他相关会计标准。企业投资优先股获得的股息、红利等投资收益，符合税法规定条件的，可以作为企业所得税免税收入。全国社会保障基金、企业年金投资优先股的比例不受现行证券品种投资比例的限制，具体政策由国务院主管部门制定。外资行业准入管理中外资持股比例优先股与普通股合并计算。试点中需要配套制定的其他政策事项，由证监会根据试点进展情况提出，商有关部门办理，重大事项报告国务院。

第一百三十二条 【向股东交付股票】 股份有限公司成立后，即向股东正式交付股票。公司成立前不得向股东交付股票。

第一百三十三条 【发行新股的决议】 公司发行新股，股东大会应当对下列事项作出决议：

（一）新股种类及数额；

（二）新股发行价格；

（三）新股发行的起止日期；

（四）向原有股东发行新股的种类及数额。

相关法律条文

《中华人民共和国证券法（2019 修订）》（自 2020 年 3 月 1 日起施行）对首次公开发行新股的条件，规定如下：

第十二条 公司首次公开发行新股，应当符合下列条件：

（一）具备健全且运行良好的组织机构；

（二）具有持续经营能力；

（三）最近三年财务会计报告被出具无保留意见审计报告；

（四）发行人及其控股股东、实际控制人最近三年不存在贪污、贿赂、侵占财产、挪用财产或者破坏社会主义市场经济秩序的刑事犯罪；

（五）经国务院批准的国务院证券监督管理机构规定的其他条件。

上市公司发行新股，应当符合经国务院批准的国务院证券监督管理机构规定的条件，具体管理办法由国务院证券监督管理机构规定。

公开发行存托凭证的，应当符合首次公开发行新股的条件以及国务院证券监督管理机构规定的其他条件。

第一百三十四条 【发行新股的程序】 公司经国务院证券监督管理机构核准公开发行新股时，必须公告新股招股说明书和财务会计报告，并制作认股书。

本法第八十七条、第八十八条的规定适用于公司公开发行新股。

相关法律条文

《**中华人民共和国证券法(2019修订)**》(**自2020年3月1日起施行**)对公开发行新股须报送的文件,规定如下:

第十三条 公司公开发行新股,应当报送募股申请和下列文件:

(一)公司营业执照;

(二)公司章程;

(三)股东大会决议;

(四)招股说明书或者其他公开发行募集文件;

(五)财务会计报告;

(六)代收股款银行的名称及地址。

依照本法规定聘请保荐人的,还应当报送保荐人出具的发行保荐书。依照本法规定实行承销的,还应当报送承销机构名称及有关的协议。

第一百三十五条 【发行新股的作价方案】 公司发行新股,可以根据公司经营情况和财务状况,确定其作价方案。

第一百三十六条 【发行新股的变更登记】 公司发行新股募足股款后,必须向公司登记机关办理变更登记,并公告。

第二节 股份转让

第一百三十七条 【股份转让的概念】 股东持有的股份可以依法转让。

一、相关案例

【股权转让协议与股权挂靠或代持行为的判定】

申银万国证券股份有限公司诉上海国宏置业有限公司财产权属纠纷案[上海市高级人民法院2009年8月7日民事判决书(《最高人民法院公报》2010年第3期(总第161期))],裁决如下:

一、股权的挂靠或代持行为,也就是通常意义上的法人股隐名持有。法人股隐名持有存在实际出资人和挂名持有人,双方应签订相应的协议以确定双方的关系,从而否定挂名股东的股东权利。对于一方原本就是法人股的所有人,对方则是通过有偿转让的方式取得法人股的所有权,双方所签订的是法人股转让协议,协议中确定了转让对价以及所有权的转移问题的,不属于股权的代持或挂靠,可以认定双方是通过出售方式转移法人股的所有权,即使受让方没有支付过任何对价,出让方也已丧失了对系争法人股的所有权,而只能根据转让协议主张相应的债权。

二、根据我国《公司法》和《证券法》的相关规定,公司股权转让应办理变更登记手续,以取得对外的公示效力,否则不得对抗第三人。同时,根据《证券法》公开、公平、公正的交易原则以及上市公司信息公开的有关规定,对上市公司信息披露的要求,关系到社会公众对上市公司的信赖以及证券市场的交易安全和秩序。因此,作为上市公司,其股东持有股权和变动的情况必须以具有公示效力的登记为据。

【非上市公司未经批准向不特定公众转让股权的性质判定】

上海市浦东新区人民检察院诉上海安基生物科技股份有限公司、郑戈擅自发行股票案[上海市浦东新区人民法院2009年9月24日刑事判决书(《最高人民法院公报》2010年第9期(总第167期))],擅自发行股票,公司、企业债券罪,是指未经国家有关主管部门批准,擅自发行股票，公司、企业债券，数额巨大，后果严重或者有其他严重情节的行为。非上市股份有限公司在未经证券监管部门批准的情况下，向不特定社会公众转让公司股东的股权，其行为属于未经批准擅自发行股票的行为，数额巨大、后果严重或者有其他严重情节的，侵犯了国家对发行股票的管理秩序，应当以擅自发行股票罪定罪处罚。

【放弃股票认购权，不是股票转让行为】

孙吉金诉刘精兵股票确权案［湖南省岳阳市中级人民法院（1998）岳中民再终字第65号民事判决书］，岳阳兴长公司分配发行聚丙烯股票时，刘精兵不愿购买分配认购的3股股票，这是放弃股票认购权，不是股票转让行为。孙吉金投资购买了刘精兵不愿购买的股票，股权应归其所有，股东错为刘精兵，应当变更为孙吉金。在股票上市前办理股东资金账户卡时，由于操作不规范，既没有审验证明股东所持股份的凭证—股票，又未对股东姓名与身份证号码不符的情况进行查核，刘精兵将让给孙吉金购买的510股股票（含第一次股利）登记在自己的资金账户上，并且在股票上市后出卖，这是侵害孙吉金股票所有权的行为，应当承担返还财产的民事责任。

第一百三十八条 【股份转让的场所】 股东转让其股份，应当在依法设立的证券交易场所进行或者按照国务院规定的其他方式进行。

一、相关法律条文

《中华人民共和国证券法（2019修订）》（自2020年3月1日起施行）第七章，对于证券交易场所，规定如下：

第七章 证券交易场所

第九十六条 证券交易所、国务院批准的其他全国性证券交易场所为证券集中交易提供场所和设施，组织和监督证券交易，实行自律管理，依法登记，取得法人资格。

证券交易所、国务院批准的其他全国性证券交易场所的设立、变更和解散由国务院决定。

国务院批准的其他全国性证券交易场所的组织机构、管理办法等，由国务院规定。

第九十七条 证券交易所、国务院批准的其他全国性证券交易场所可以根据证券品种、行业特点、公司规模等因素设立不同的市场层次。

第九十八条 按照国务院规定设立的区域性股权市场为非公开发行证券的发行、转让提供场所和设施，具体管理办法由国务院规定。

第九十九条 证券交易所履行自律管理职能，应当遵守社会公共利益优先原则，维护市场的公平、有序、透明。

设立证券交易所必须制定章程。证券交易所章程的制定和修改，必须经国务院证券监督管理机构批准。

第一百条 证券交易所必须在其名称中标明证券交易所字样。其他任何单位或者个人不得使用证券交易所或者近似的名称。

第一百零一条 证券交易所可以自行支配的各项费用收入，应当首先用于保证其证券交易场所和设施的正常运行并逐步改善。

实行会员制的证券交易所的财产积累归会员所有，其权益由会员共同享有，在其存续期间，不得将其财产积累分配给会员。

第一百零二条 实行会员制的证券交易所设理事会、监事会。

证券交易所设总经理一人，由国务院证券监督管理机构任免。

第一百零三条 有《中华人民共和国公司法》第一百四十六条规定的情形或者下列情形之一的，不得担任证券交易所的负责人：

（一）因违法行为或者违纪行为被解除职务的证券交易场所、证券登记结算机构的负责人或者证券公司的董事、监事、高级管理人员，自被解除职务之日起未逾五年；

（二）因违法行为或者违纪行为被吊销执业证书或者被取消资格的律师、注册会计师或者其他证券服务机构的专业人员，自被吊销执业证书或者被取消资格之日起未逾五年。

第一百零四条 因违法行为或者违纪行为被开除的证券交易场所、证券公司、证券登记结算机构、证券服务机构的从业人员和被开除的国家机关工作人员，不得招聘为证券交易所的从业人员。

第一百零五条 进入实行会员制的证券交易所参与集中交易的，必须是证券交易所的会员。证券交易所不得允许非会员直接参与股票的集中交易。

第一百零六条 投资者应当与证券公司签订证券交易委托协议，并在证券公司实名开立账户，以书面、电话、自助终端、网络等方式，委托该证券公司代其买卖证券。

第一百零七条 证券公司为投资者开立账户，应当按照规定对投资者提供的身份信息进行核对。

证券公司不得将投资者的账户提供给他人使用。

投资者应当使用实名开立的账户进行交易。

第一百零八条 证券公司根据投资者的委托，按照证券交易规则提出交易申报，参与证券交易所场内的集中交易，并根据成交结果承担相应的清算交收责任。证券登记结算机构根据成交结果，按照清算交收规则，与证券公司进行证券和资金的清算交收，并为证券公司客户办理证券的登记过户手续。

第一百零九条 证券交易所应当为组织公平的集中交易提供保障，实时公布证券交易即时行情，并按交易日制作证券市场行情表，予以公布。

证券交易即时行情的权益由证券交易所依法享有。未经证券交易所许可，任何单位和个人不得发布证券交易即时行情。

第一百一十条 上市公司可以向证券交易所申请其上市交易股票的停牌或者复牌，但不得滥用停牌或者复牌损害投资者的合法权益。

证券交易所可以按照业务规则的规定，决定上市交易股票的停牌或者复牌。

第一百一十一条 因不可抗力、意外事件、重大技术故障、重大人为差错等突发性事件而影响证券交易正常进行时，为维护证券交易正常秩序和市场公平，证券交易所可以按照业务规则采取技术性停牌、临时停市等处置措施，并应当及时向国务院证券监督管理机构报告。

因前款规定的突发性事件导致证券交易结果出现重大异常，按交易结果进行交收将对证券交易正常秩序和市场公平造成重大影响的，证券交易所按照业务规则可以采取取消交易、通知证券登记结算机构暂缓交收等措施，并应当及时向国务院证券监督管理机构报告并公告。

证券交易所对其依照本条规定采取措施造成的损失，不承担民事赔偿责任，但存在重大过错的除外。

第一百一十二条 证券交易所对证券交易实行实时监控，并按照国务院证券监督管理机构的要求，对异常的交易情况提出报告。

证券交易所根据需要，可以按照业务规则对出现重大异常交易情况的证券账户的投资者限制交易，并及时报告国务院证券监督管理机构。

第一百一十三条 证券交易所应当加强对证券交易的风险监测，出现重大异常波动的，证券交易所可以按照业务规则采取限制交易、强制停牌等处置措施，并向国务院证券监督管理机构报告；严重影响证券市场稳定的，证券交易所可以按照业务规则采取临时停市等处置措施并公告。

证券交易所对其依照本条规定采取措施造成的损失，不承担民事赔偿责任，但存在重大过错的除外。

第一百一十四条 证券交易所应当从其收取的交易费用和会员费、席位费中提取一定比例的金额设立风险基金。风险基金由证券交易所理事会管理。

风险基金提取的具体比例和使用办法，由国务院证券监督管理机构会同国务院财政部门规定。

证券交易所应当将收存的风险基金存入开户银行专门账户，不得擅自使用。

第一百一十五条 证券交易所依照法律、行政法规和国务院证券监督管理机构的规定，制定上市规则、交易规则、会员管理规则和其他有关业务规则，并报国务院证券监督管理机构批准。

在证券交易所从事证券交易，应当遵守证券交易所依法制定的业务规则。违反业务规则的，由证券交易所给予纪律处分或者采取其他自律管理措施。

第一百一十六条 证券交易所的负责人和其他从业人员执行与证券交易有关的职务时，与其本人或者其亲属有利害关系的，应当回避。

第一百一十七条 按照依法制定的交易规则进行的交易，不得改变其交易结果，但本法第一百一十一条第二款规定的除外。对交易中违规交易者应负的民事责任不得免除；在违规交易中所获利益，依照有关规定处理。

二、相关文件规定

《国务院关于全国中小企业股份转让系统有关问题的决定》（国发〔2013〕49号），为更好地发挥金融对经济结构调整和转型升级的支持作用，进一步拓展民间投资渠道，充分发挥全国中小企业股份转让系统（以下简称全国股份转让系统）的功能，缓解中小微企业融资难，按照党的十八大、十八届三中全会关于多层次资本市场发展的精神和国务院第13次常务会议的有关要求，现就全国股份转让系统有关问题作出如下决定。

一、充分发挥全国股份转让系统服务中小微企业发展的功能

全国股份转让系统是经国务院批准，依据证券法设立的全国性证券交易场所，主要为创新型、创业型、成长型中小微企业发展服务。境内符合条件的股份公司均可通过主办券商申请在全国股份转让系统挂牌，公开转让股份，进行股权融资、债权融资、资产重组等。申请挂牌的公司应当业务明确、产权清晰、依法规范经营、公司治理健全，可以尚未盈利，但须履行信息披露义务，所披露的信息应当真实、准确、完整。

二、建立不同层次市场间的有机联系

在全国股份转让系统挂牌的公司，达到股票上市条件的，可以直接向证券交易所申请上市交易。在符合《国务院关于清理整顿各类交易场所切实防范金融风险的决定》（国发〔2011〕38号）要求的区域性股权转让市场进行股权非公开转让的公司，符合挂牌条件的，可以申请在全国股份转让系统挂牌公开转让股份。

三、简化行政许可程序

挂牌公司依法纳入非上市公众公司监管，股东人数可以超过200人。股东人数未超过200人的股份公司申请在全国股份转让系统挂牌，证监会豁免核准。挂牌公司向特定对象发行证券，且发行后证券持有人累计不超过200人的，证监会豁免核准。依法需要核准的行政许可事项，证监会应当建立简便、快捷、高效的行政许可方式，简化审核流程，提高审核效率，无需再提交证监会发行审核委员会审核。

四、建立和完善投资者适当性管理制度

建立与投资者风险识别和承受能力相适应的投资者适当性管理制度。中小微企业具有业绩波动大、风险较高的特点，应当严格自然人投资者的准入条件。积极培育和发展机构投资者队伍，鼓励证券公司、保险公司、证券投资基金、私募股权投资基金、风险投资基金、合格境外机构投资者、企业年金等机构投资者参与市场，逐步将全国股份转让系统建成以机构投资者为主体的证券交易场所。

五、加强事中、事后监管，保障投资者合法权益

证监会应当比照证券法关于市场主体法律责任的相关规定，严格执法，对虚假披露、内

幕交易、操纵市场等违法违规行为采取监管措施,实施行政处罚。全国股份转让系统要制定并完善业务规则体系,建立市场监控系统,完善风险管理制度和设施,保障技术系统和信息安全,切实履行自律监管职责。

六、加强协调配合,为挂牌公司健康发展创造良好环境

国务院有关部门应当加强统筹协调,为中小微企业利用全国股份转让系统发展创造良好的制度环境。市场建设中涉及税收政策的,原则上比照上市公司投资者的税收政策处理;涉及外资政策的,原则上比照交易所市场及上市公司相关规定办理;涉及国有股权监管事项的,应当同时遵守国有资产管理的相关规定。各省(区、市)人民政府要加强组织领导和协调,建立健全挂牌公司风险处置机制,切实维护社会稳定。

第一百三十九条 【记名股票的转让】 记名股票,由股东以背书方式或者法律、行政法规规定的其他方式转让;转让后由公司将受让人的姓名或者名称及住所记载于股东名册。

股东大会召开前二十日内或者公司决定分配股利的基准日前五日内,不得进行前款规定的股东名册的变更登记。但是,法律对上市公司股东名册变更登记另有规定的,从其规定。

第一百四十条 【无记名股票的转让】 无记名股票的转让,由股东将该股票交付给受让人后即发生转让的效力。

第一百四十一条 【特定持有人的股份转让】 发起人持有的本公司股份,自公司成立之日起一年内不得转让。公司公开发行股份前已发行的股份,自公司股票在证券交易所上市交易之日起一年内不得转让。

公司董事、监事、高级管理人员应当向公司申报所持有的本公司的股份及其变动情况,在任职期间每年转让的股份不得超过其所持有本公司股份总数的百分之二十五;所持本公司股份自公司股票上市交易之日起一年内不得转让。上述人员离职后半年内,不得转让其所持有的本公司股份。公司章程可以对公司董事、监事、高级管理人员转让其所持有的本公司股份作出其他限制性规定。

一、相关司法解释及两高工作文件

《最高人民法院执行工作办公室关于上市公司发起人股份质押合同及红利抵债协议效力问题请示案的复函》([2002]执他字第22号),答复如下:

一、关于本案发起人股份质押合同效力的问题。《公司法》第一百四十七条(编者注:现为该法第一百四十一条)规定对发起人股份转让的期间限制,应当理解为是对股权实际转让的时间的限制,而不是对达成股权转让协议的时间的限制。本案质押的股份不得转让期截止到2002年3月3日,而质押权行使期至2005年9月25日才可开始,在质押权人有权行使质押权时,该质押的股份已经没有转让期间的限制,因此不应以该股份在设定质押时依法尚不得转让为由确认质押合同无效。

二、关于本案中三方当事人达成的以股份所产生的红利抵债的协议(简称三方抵债协议),我们认为:首先,该协议性质上属于三方当事人之间的连环债务的协议抵消关系。在协议抵消的情况下,抵消的条件、标的物、范围,均由当事人自主约定。《合同法》第一百条关于双方当事人协议抵消的规定,并不排除本案中三方当事人协议抵消的做法。其次,该协议

属于预定抵消合同。根据这种合同，当事人之间将来发生可以抵消的债务时，无须另行作出抵消的意思表示，而当然发生抵消债务的效果。这种协议并不违反法律的强制性规定，应予以认可。本案中吴江工艺织造厂（以下简称织造厂）在中国服装股份有限公司（以下简称服装公司）中的预期红利收益处于不确定状态，符合这种预定抵消合同的特点。

三、关于股份质押协议与三方抵债协议的关系问题，因本案股份质押权的行使附有期限，故质押的效力只能及于质押权行使期到来（即 2005 年 9 月 25 日）之后该股份产生的红利，质押权人中国银行吴江支行（以下简称吴江支行）不能对此前的红利行使质押权。因此，对于织造厂于 2001 年 6 月 9 日从服装公司分得的该期红利，吴江支行不能以股份质押合同有效而对抗服装公司依据三方抵债协议所为的抵消。

《最高人民法院执行办公室关于执行股份有限公司发起人股份问题的复函》（执他字［2000］第 1 号），答复如下：

《公司法》第一百四十七条（编者注：现为该法第一百四十一条）中关于发起人股份在 3 年（现修改为 1 年）内不得转让的规定，是对公司创办者自主转让其股权的限制，其目的是为防止发起人借设立公司投机牟利，损害其他股东的利益。人民法院强制执行不存在这一问题。被执行人持有发起人股份的有关公司和部门应当协助人民法院办理转让股份的变更登记手续。为保护债权人的利益，该股份转让的时间应从人民法院向有关单位送达转让股份的裁定书和协助执行通知书之日起算。该股份受让人应当继受发起人的地位，承担发起人的责任。

二、相关文件规定

《中国证券监督管理委员会关于发布〈上市公司董事、监事和高级管理人员所持本公司股份及其变动管理规则〉的通知》（证监公司字［2007］56 号）对上市公司董事、监事和高级管理人员所持本公司股份及其变动的管理，规定如下：

第一条 为加强对上市公司董事、监事和高级管理人员所持本公司股份及其变动的管理，维护证券市场秩序，根据《公司法》、《证券法》等法律、行政法规和规章的规定，制定本规则。

第二条 上海证券交易所、深圳证券交易所（以下统称“证券交易所”）的上市公司及其董事、监事和高级管理人员，应当遵守本规则。

第三条 上市公司董事、监事和高级管理人员所持本公司股份，是指登记在其名下的所有本公司股份。

上市公司董事、监事和高级管理人员从事融资融券交易的，还包括记载在其信用账户内的本公司股份。

第四条 上市公司董事、监事和高级管理人员所持本公司股份在下列情形下不得转让：

（一）本公司股票上市交易之日起 1 年内；

（二）董事、监事和高级管理人员离职后半年内；

（三）董事、监事和高级管理人员承诺一定期限内不转让并在该期限内的；

（四）法律、法规、中国证监会和证券交易所规定的其他情形。

第五条 上市公司董事、监事和高级管理人员在任职期间，每年通过集中竞价、大宗交易、协议转让等方式转让的股份不得超过其所持本公司股份总数的 25%，因司法强制执行、继承、遗赠、依法分割财产等导致股份变动的除外。

上市公司董事、监事和高级管理人员所持股份不超过 1000 股的，可一次全部转让，不受前款转让比例的限制。

第六条 上市公司董事、监事和高级管理人员以上年末其所持有本公司发行的股份为基数，计算其中可转让股份的数量。

上市公司董事、监事和高级管理人员在上述可转让股份数量范围内转让其所持有本公司股份的，还应遵守本规则第四条的规定。

第七条 因上市公司公开或非公开发行股份、实施股权激励计划，或因董事、监事和高级管理人员在二级市场购买、可转债转股、行权、协议受让等各种年内新增股份，新增无限售条件股份当年可转让25%，新增有限售条件的股份计入次年可转让股份的计算基数。

因上市公司进行权益分派导致董事、监事和高级管理人所持本公司股份增加的，可同比例增加当年可转让数量。

第八条 上市公司董事、监事和高级管理人员当年可转让但未转让的本公司股份，应当计入当年末其所持有本公司股份的总数，该总数作为次年可转让股份的计算基数。

第九条 上市公司章程可对董事、监事和高级管理人员转让其所持本公司股份规定比本规则更长的禁止转让期间、更低的可转让股份比例或者附加其它限制转让条件。

第十条 上市公司董事、监事和高级管理人员应在下列时点或期间内委托上市公司通过证券交易所网站申报其个人信息（包括但不限于姓名、职务、身份证号、证券账户、离任职时间等）：

（一）新上市公司的董事、监事和高级管理人员在公司申请股票初始登记时；

（二）新任董事、监事在股东大会（或职工代表大会）通过其任职事项、新任高级管理人员在董事会通过其任职事项后2个交易日内；

（三）现任董事、监事和高级管理人员在其已申报的个人信息发生变化后的2个交易日内；

（四）现任董事、监事和高级管理人员在离任后2个交易日内；

（五）证券交易所要求的其他时间。

第十一条 上市公司董事、监事和高级管理人员所持本公司股份发生变动的，应当自该事实发生之日起2个交易日内，向上市公司报告并由上市公司在证券交易所网站进行公告。公告内容包括：

（一）上年末所持本公司股份数量；

（二）上年末至本次变动前每次股份变动的日期、数量、价格；

（三）本次变动前持股数量；

（四）本次股份变动的日期、数量、价格；

（五）变动后的持股数量；

（六）证券交易所要求披露的其他事项。

第十二条 上市公司董事、监事、高级管理人员应当遵守《证券法》第四十七条规定，违反该规定将其所持本公司股票在买入后6个月内卖出，或者在卖出后6个月内又买入的，由此所得收益归该上市公司所有，公司董事会应当收回其所得收益并及时披露相关情况。

上述"买入后6个月内卖出"是指最后一笔买入时点起算6个月内卖出的；"卖出后6个月内又买入"是指最后一笔卖出时点起算6个月内又买入的。

第十三条 上市公司董事、监事和高级管理人员在下列期间不得买卖本公司股票：

（一）上市公司定期报告公告前30日内；

（二）上市公司业绩预告、业绩快报公告前10日内；

（三）自可能对本公司股票交易价格产生重大影响的重大事项发生之日或在决策过程中，至依法披露后2个交易日内；

（四）证券交易所规定的其他期间。

第十四条 上市公司董事、监事和高级管理人员应当保证本人申报数据的及时、真实、准确、完整。

第十五条 上市公司应当制定专项制度，加强对董事、监事和高级管理人员持有本公司股份及买卖本公司股票行为的申报、披露与监督。

上市公司董事会秘书负责管理公司董事、监事和高级管理人员的身份及所持本公司股份的数据和信息，统一为董事、监事和高级管理人员办理个人信息的网上申报，并定期检查董事、监事和高级管理人员买卖本公司股票的披露情况。

第十六条 上市公司董事、监事和高级管理人员买卖本公司股票违反本规则，中国证监会依照《证券法》的有关规定予以处罚。

第十七条 持有上市公司股份5%以上的股东买卖股票的，参照本规则第十二条规定执行。

第十八条 本规则自公布之日起施行。

三、相关案例

【发起人可以在股份禁售期内签订协议，将股权委托给未来的受让方行使】

张桂平诉王华股份转让合同案［江苏省高级人民法院2005年12月6日民事判决书（《最高人民法院公报》2007年第5期（总第127期））］，第一，《公司法》原第一百四十七条第一款关于“发起人持有的本公司股份，自公司成立之日起三年内不得转让”（编者注：现为该法第一百四十一条第一款，禁售期改为一年）的规定，旨在防范发起人利用公司设立谋取不当利益，并通过转让股份逃避发起人可能承担的法律责任。第二，股份有限公司的发起人在公司成立后三年内，与他人签订股权转让协议，约定待公司成立三年后为受让方办理股权过户手续，并在协议中约定将股权委托受让方行使的，该股权转让合同不违反《公司法》原第一百四十七条第一款（编者注：现为该法第一百四十一条第一款）的规定。协议双方在公司法所规定的发起人股份禁售期内，将股权委托给未来的股权受让方行使，也并不违反法律的强制性规定，且在双方正式办理股权登记过户前，上述行为并不能免除转让股份的发起人的法律责任，也不能免除其股东责任。因此，上述股权转让合同应认定为合法有效。

第一百四十二条 【本公司股份的收购及质押】 公司不得收购本公司股份。但是，有下列情形之一的除外：

（一）减少公司注册资本；

（二）与持有本公司股份的其他公司合并；

（三）将股份用于员工持股计划或者股权激励；

（四）股东因对股东大会作出的公司合并、分立决议持异议，要求公司收购其股份；

（五）将股份用于转换上市公司发行的可转换为股票的公司债券；

（六）上市公司为维护公司价值及股东权益所必需。

公司因前款第（一）项、第（二）项规定的情形收购本公司股份的，应当经股东大会决议；公司因前款第（三）项、第（五）项、第（六）项规定的情形收购本公司股份的，可以依照公司章程的规定或者股东大会的授权，经三分之二以上董事出席的董事会会议决议。

公司依照本条第一款规定收购本公司股份后，属于第（一）项情形的，应当自收购之日起十日内注销；属于第（二）项、第（四）项情形的，应当在六个月内转让或者注销；属于第（三）项、第（五）项、第（六）项情形的，公司合计持有的本公司股份数不得超过本公司已发行股份总额的百分之十，并应当在三年内转让或者注销。

上市公司收购本公司股份的，应当依照《中华人民共和国证券法》的规定履行信息披露义务。上市公司因本条第一款第(三)项、第(五)项、第(六)项规定的情形收购本公司股份的,应当通过公开的集中交易方式进行。

公司不得接受本公司的股票作为质押权的标的。

相关案例

【回购公司股份决议无法通过时的处理】

强制收购广东恒通集团股份有限公司持有的股份以抵顶其债务执行案[江苏省无锡市中级人民法院2001年4月28日民事裁定书(《最高人民法院公报》2001年第6期(总第74期))],《中华人民共和国公司法》第一百四十九条(编者注:现为该法第一百四十二条)规定:公司不得收购本公司的股票,但为减少公司资本而注销股份或者与持有本公司股票的其他公司合并时除外。公司控股股东拖欠公司债务,没有财产可供偿债,公司为实现债权,可以收回控股股东的股份以抵消其债务,收购股票后,应该注销股份,减少注册资本。回购公司股份、减少注册资本需要经过公司股东会的同意,如果因控股股东反对的原因而使决议无法通过时,人民法院可以依职权强制执行回购交易。

第一百四十三条 【记名股票丢失的补救】 记名股票被盗、遗失或者灭失,股东可以依照《中华人民共和国民事诉讼法》规定的公示催告程序,请求人民法院宣告该股票失效。人民法院宣告该股票失效后,股东可以向公司申请补发股票。

相关法律条文

《中华人民共和国民事诉讼法(2017修正)》(自1991年4月9日起施行)对公示催告程序,规定如下:

第二百一十八条 按照规定可以背书转让的票据持有人,因票据被盗、遗失或者灭失,可以向票据支付地的基层人民法院申请公示催告。依照法律规定可以申请公示催告的其他事项,适用本章规定。

申请人应当向人民法院递交申请书,写明票面金额、发票人、持票人、背书人等票据主要内容和申请的理由、事实。

第二百一十九条 人民法院决定受理申请,应当同时通知支付人停止支付,并在三日内发出公告,催促利害关系人申报权利。公示催告的期间,由人民法院根据情况决定,但不得少于六十日。

第二百二十条 支付人收到人民法院停止支付的通知,应当停止支付,至公示催告程序终结。

公示催告期间,转让票据权利的行为无效。

第二百二十一条 利害关系人应当在公示催告期间向人民法院申报。

人民法院收到利害关系人的申报后,应当裁定终结公示催告程序,并通知申请人和支付人。

申请人或者申报人可以向人民法院起诉。

第二百二十二条 没有人申报的,人民法院应当根据申请人的申请,作出判决,宣告票据无效。判决应当公告,并通知支付人。自判决公告之日起,申请人有权向支付人请求支付。

第二百二十三条 利害关系人因正当理由不能在判决前向人民法院申报的,自知道或者应当知道判决公告之日起一年内,可以向作出判决的人民法院起诉。

第一百四十四条 【上市公司的股票交易】 上市公司的股票，依照有关法律、行政法规及证券交易所交易规则上市交易。

相关法律条文

《中华人民共和国证券法（2019修订）》（自2020年3月1日起施行）第三章，对于证券交易，规定如下：

第三章 证券交易

第一节 一般规定

第三十五条 证券交易当事人依法买卖的证券，必须是依法发行并交付的证券。

非依法发行的证券，不得买卖。

第三十六条 依法发行的证券，《中华人民共和国公司法》和其他法律对其转让期限有限制性规定的，在限定的期限内不得转让。

上市公司持有百分之五以上股份的股东、实际控制人、董事、监事、高级管理人员，以及其他持有发行人首次公开发行前发行的股份或者上市公司向特定对象发行的股份的股东，转让其持有的本公司股份的，不得违反法律、行政法规和国务院证券监督管理机构关于持有期限、卖出时间、卖出数量、卖出方式、信息披露等规定，并应当遵守证券交易所的业务规则。

第三十七条 公开发行的证券，应当在依法设立的证券交易所上市交易或者在国务院批准的其他全国性证券交易场所交易。

非公开发行的证券，可以在证券交易所、国务院批准的其他全国性证券交易场所、按照国务院规定设立的区域性股权市场转让。

第三十八条 证券在证券交易所上市交易，应当采用公开的集中交易方式或者国务院证券监督管理机构批准的其他方式。

第三十九条 证券交易当事人买卖的证券可以采用纸面形式或者国务院证券监督管理机构规定的其他形式。

第四十条 证券交易场所、证券公司和证券登记结算机构的从业人员，证券监督管理机构的工作人员以及法律、行政法规规定禁止参与股票交易的其他人员，在任期或者法定限期内，不得直接或者以化名、借他人名义持有、买卖股票或者其他具有股权性质的证券，也不得收受他人赠送的股票或者其他具有股权性质的证券。

任何人在成为前款所列人员时，其原已持有的股票或者其他具有股权性质的证券，必须依法转让。

实施股权激励计划或者员工持股计划的证券公司的从业人员，可以按照国务院证券监督管理机构的规定持有、卖出本公司股票或者其他具有股权性质的证券。

第四十一条 证券交易场所、证券公司、证券登记结算机构、证券服务机构及其工作人员应当依法为投资者的信息保密，不得非法买卖、提供或者公开投资者的信息。

证券交易场所、证券公司、证券登记结算机构、证券服务机构及其工作人员不得泄露所知悉的商业秘密。

第四十二条 为证券发行出具审计报告或者法律意见书等文件的证券服务机构和人员，在该证券承销期内和期满后六个月内，不得买卖该证券。

除前款规定外，为发行人及其控股股东、实际控制人，或者收购人、重大资产交易方出具审计报告或者法律意见书等文件的证券服务机构和人员，自接受委托之日起至上述文件公开后五日内，不得买卖该证券。实际开展上述有关工作之日早于接受委托之日的，自实际开展上述有关工作之日起至上述文件公开后五日内，不得买卖该证券。

第四十三条 证券交易的收费必须合理，并公开收费项目、收费标准和管理办法。

第四十四条 上市公司、股票在国务院批准的其他全国性证券交易场所交易的公司持有百分之五以上股份的股东、董事、监事、高级管理人员，将其持有的该公司的股票或者其他具有股权性质的证券在买入后六个月内卖出，或者在卖出后六个月内又买入，由此所得收益归该公司所有，公司董事会应当收回其所得收益。但是，证券公司因购入包销售后剩余股票而持有百分之五以上股份，以及有国务院证券监督管理机构规定的其他情形的除外。

前款所称董事、监事、高级管理人员、自然人股东持有的股票或者其他具有股权性质的证券，包括其配偶、父母、子女持有的及利用他人账户持有的股票或者其他具有股权性质的证券。

公司董事会不按照第一款规定执行的，股东有权要求董事会在三十日内执行。公司董事会未在上述期限内执行的，股东有权为了公司的利益以自己的名义直接向人民法院提起诉讼。

公司董事会不按照第一款的规定执行的，负有责任的董事依法承担连带责任。

第四十五条 通过计算机程序自动生成或者下达交易指令进行程序化交易的，应当符合国务院证券监督管理机构的规定，并向证券交易所报告，不得影响证券交易所系统安全或者正常交易秩序。

第二节 证券上市

第四十六条 申请证券上市交易，应当向证券交易所提出申请，由证券交易所依法审核同意，并由双方签订上市协议。

证券交易所根据国务院授权的部门的决定安排政府债券上市交易。

第四十七条 申请证券上市交易，应当符合证券交易所上市规则规定的上市条件。

证券交易所上市规则规定的上市条件，应当对发行人的经营年限、财务状况、最低公开发行比例和公司治理、诚信记录等提出要求。

第四十八条 上市交易的证券，有证券交易所规定的终止上市情形的，由证券交易所按照业务规则终止其上市交易。

证券交易所决定终止证券上市交易的，应当及时公告，并报国务院证券监督管理机构备案。

第四十九条 对证券交易所作出的不予上市交易、终止上市交易决定不服的，可以向证券交易所设立的复核机构申请复核。

第三节 禁止的交易行为

第五十条 禁止证券交易内幕信息的知情人和非法获取内幕信息的人利用内幕信息从事证券交易活动。

第五十一条 证券交易内幕信息的知情人包括：

（一）发行人及其董事、监事、高级管理人员；

（二）持有公司百分之五以上股份的股东及其董事、监事、高级管理人员，公司的实际控制人及其董事、监事、高级管理人员；

（三）发行人控股或者实际控制的公司及其董事、监事、高级管理人员；

（四）由于所任公司职务或者因与公司业务往来可以获取公司有关内幕信息的人员；

（五）上市公司收购人或者重大资产交易方及其控股股东、实际控制人、董事、监事和高级管理人员；

（六）因职务、工作可以获取内幕信息的证券交易场所、证券公司、证券登记结算机构、证券服务机构的有关人员；

（七）因职责、工作可以获取内幕信息的证券监督管理机构工作人员；

（八）因法定职责对证券的发行、交易或者对上市公司及其收购、重大资产交易进行管理可以获取内幕信息的有关主管部门、监管机构的工作人员；

（九）国务院证券监督管理机构规定的可以获取内幕信息的其他人员。

第五十二条 证券交易活动中，涉及发行人的经营、财务或者对该发行人证券的市场价格有重大影响的尚未公开的信息，为内幕信息。

本法第八十条第二款、第八十一条第二款所列重大事件属于内幕信息。

第五十三条 证券交易内幕信息的知情人和非法获取内幕信息的人，在内幕信息公开前，不得买卖该公司的证券，或者泄露该信息，或者建议他人买卖该证券。

持有或者通过协议、其他安排与他人共同持有公司百分之五以上股份的自然人、法人、非法人组织收购上市公司的股份，本法另有规定的，适用其规定。

内幕交易行为给投资者造成损失的，应当依法承担赔偿责任。

第五十四条 禁止证券交易场所、证券公司、证券登记结算机构、证券服务机构和其他金融机构的从业人员、有关监管部门或者行业协会的工作人员，利用因职务便利获取的内幕信息以外的其他未公开的信息，违反规定，从事与该信息相关的证券交易活动，或者明示、暗示他人从事相关交易活动。

利用未公开信息进行交易给投资者造成损失的，应当依法承担赔偿责任。

第五十五条 禁止任何人以下列手段操纵证券市场，影响或者意图影响证券交易价格或者证券交易量：

（一）单独或者通过合谋，集中资金优势、持股优势或者利用信息优势联合或者连续买卖；

（二）与他人串通，以事先约定的时间、价格和方式相互进行证券交易；

（三）在自己实际控制的账户之间进行证券交易；

（四）不以成交为目的，频繁或者大量申报并撤销申报；

（五）利用虚假或者不确定的重大信息，诱导投资者进行证券交易；

（六）对证券、发行人公开作出评价、预测或者投资建议，并进行反向证券交易；

（七）利用在其他相关市场的活动操纵证券市场；

（八）操纵证券市场的其他手段。

操纵证券市场行为给投资者造成损失的，应当依法承担赔偿责任。

第五十六条 禁止任何单位和个人编造、传播虚假信息或者误导性信息，扰乱证券市场。

禁止证券交易场所、证券公司、证券登记结算机构、证券服务机构及其从业人员，证券业协会、证券监督管理机构及其工作人员，在证券交易活动中作出虚假陈述或者信息误导。

各种传播媒介传播证券市场信息必须真实、客观，禁止误导。传播媒介及其从事证券市场信息报道的工作人员不得从事与其工作职责发生利益冲突的证券买卖。

编造、传播虚假信息或者误导性信息，扰乱证券市场，给投资者造成损失的，应当依法承担赔偿责任。

第五十七条 禁止证券公司及其从业人员从事下列损害客户利益的行为：

（一）违背客户的委托为其买卖证券；

（二）不在规定时间内向客户提供交易的确认文件；

（三）未经客户的委托，擅自为客户买卖证券，或者假借客户的名义买卖证券；

（四）为牟取佣金收入，诱使客户进行不必要的证券买卖；

（五）其他违背客户真实意思表示，损害客户利益的行为。

违反前款规定给客户造成损失的，应当依法承担赔偿责任。

第五十八条 任何单位和个人不得违反规定，出借自己的证券账户或者借用他人的证券账户从事证券交易。

第五十九条 依法拓宽资金入市渠道，禁止资金违规流入股市。

禁止投资者违规利用财政资金、银行信贷资金买卖证券。

第六十条 国有独资企业、国有独资公司、国有资本控股公司买卖上市交易的股票，必须遵守国家有关规定。

第六十一条 证券交易场所、证券公司、证券登记结算机构、证券服务机构及其从业人员对证券交易中发现的禁止的交易行为，应当及时向证券监督管理机构报告。

第一百四十五条 【上市公司的信息公开】 上市公司必须依照法律、行政法规的规定，公开其财务状况、经营情况及重大诉讼，在每会计年度内半年公布一次财务会计报告。

相关法律条文

《中华人民共和国证券法（2019 修订）》（自 2020 年 3 月 1 日起施行）第五章，对于信息披露，规定如下：

第五章 信息披露

第七十八条 发行人及法律、行政法规和国务院证券监督管理机构规定的其他信息披露义务人，应当及时依法履行信息披露义务。

信息披露义务人披露的信息，应当真实、准确、完整，简明清晰，通俗易懂，不得有虚假记载、误导性陈述或者重大遗漏。

证券同时在境内境外公开发行、交易的，其信息披露义务人在境外披露的信息，应当在境内同时披露。

第七十九条 上市公司、公司债券上市交易的公司、股票在国务院批准的其他全国性证券交易场所交易的公司，应当按照国务院证券监督管理机构和证券交易场所规定的内容和格式编制定期报告，并按照以下规定报送和公告：

（一）在每一会计年度结束之日起四个月内，报送并公告年度报告，其中的年度财务会计报告应当经符合本法规定的会计师事务所审计；

（二）在每一会计年度的上半年结束之日起二个月内，报送并公告中期报告。

第八十条 发生可能对上市公司、股票在国务院批准的其他全国性证券交易场所交易的公司的股票交易价格产生较大影响的重大事件，投资者尚未得知时，公司应当立即将有关该重大事件的情况向国务院证券监督管理机构和证券交易场所报送临时报告，并予公告，说明事件的起因、目前的状态和可能产生的法律后果。

前款所称重大事件包括：

（一）公司的经营方针和经营范围的重大变化；

（二）公司的重大投资行为，公司在一年内购买、出售重大资产超过公司资产总额百分之三十，或者公司营业用主要资产的抵押、质押、出售或者报废一次超过该资产的百分之三十；

（三）公司订立重要合同、提供重大担保或者从事关联交易，可能对公司的资产、负债、权益和经营成果产生重要影响；

（四）公司发生重大债务和未能清偿到期重大债务的违约情况；

（五）公司发生重大亏损或者重大损失；

（六）公司生产经营的外部条件发生的重大变化；

（七）公司的董事、三分之一以上监事或者经理发生变动，董事长或者经理无法履行职责；

（八）持有公司百分之五以上股份的股东或者实际控制人持有股份或者控制公司的情况发生较大变化，公司的实际控制人及其控制的其他企业从事与公司相同或者相似业务的情况发生较大变化；

（九）公司分配股利、增资的计划，公司股权结构的重要变化，公司减资、合并、分立、解散及申请破产的决定，或者依法进入破产程序、被责令关闭；

（十）涉及公司的重大诉讼、仲裁，股东大会、董事会决议被依法撤销或者宣告无效；

（十一）公司涉嫌犯罪被依法立案调查，公司的控股股东、实际控制人、董事、监事、高级管理人员涉嫌犯罪被依法采取强制措施；

（十二）国务院证券监督管理机构规定的其他事项。

公司的控股股东或者实际控制人对重大事件的发生、进展产生较大影响的，应当及时将其知悉的有关情况书面告知公司，并配合公司履行信息披露义务。

第八十一条 发生可能对上市交易公司债券的交易价格产生较大影响的重大事件，投资者尚未得知时，公司应当立即将有关该重大事件的情况向国务院证券监督管理机构和证券交易场所报送临时报告，并予公告，说明事件的起因、目前的状态和可能产生的法律后果。

前款所称重大事件包括：

（一）公司股权结构或者生产经营状况发生重大变化；

（二）公司债券信用评级发生变化；

（三）公司重大资产抵押、质押、出售、转让、报废；

（四）公司发生未能清偿到期债务的情况；

（五）公司新增借款或者对外提供担保超过上年末净资产的百分之二十；

（六）公司放弃债权或者财产超过上年末净资产的百分之十；

（七）公司发生超过上年末净资产百分之十的重大损失；

（八）公司分配股利，作出减资、合并、分立、解散及申请破产的决定，或者依法进入破产程序、被责令关闭；

（九）涉及公司的重大诉讼、仲裁；

（十）公司涉嫌犯罪被依法立案调查，公司的控股股东、实际控制人、董事、监事、高级管理人员涉嫌犯罪被依法采取强制措施；

（十一）国务院证券监督管理机构规定的其他事项。

第八十二条 发行人的董事、高级管理人员应当对证券发行文件和定期报告签署书面确认意见。

发行人的监事会应当对董事会编制的证券发行文件和定期报告进行审核并提出书面审核意见。监事应当签署书面确认意见。

发行人的董事、监事和高级管理人员应当保证发行人及时、公平地披露信息，所披露的信息真实、准确、完整。

董事、监事和高级管理人员无法保证证券发行文件和定期报告内容的真实性、准确性、完整性或者有异议的，应当在书面确认意见中发表意见并陈述理由，发行人应当披露。发行人不予披露的，董事、监事和高级管理人员可以直接申请披露。

第八十三条 信息披露义务人披露的信息应当同时向所有投资者披露，不得提前向任何单位和个人泄露。但是，法律、行政法规另有规定的除外。

任何单位和个人不得非法要求信息披露义务人提供依法需要披露但尚未披露的信息。任何单位和个人提前获知的前述信息，在依法披露前应当保密。

第八十四条 除依法需要披露的信息之外，信息披露义务人可以自愿披露与投资者作出价值判断和投资决策有关的信息，但不得与依法披露的信息相冲突，不得误导投资者。

发行人及其控股股东、实际控制人、董事、监事、高级管理人员等作出公开承诺的，应当披露。不履行承诺给投资者造成损失的，应当依法承担赔偿责任。

第八十五条 信息披露义务人未按照规定披露信息，或者公告的证券发行文件、定期报告、临时报告及其他信息披露资料存在虚假记载、误导性陈述或者重大遗漏，致使投资者在证券交易中遭受损失的，信息披露义务人应当承担赔偿责任；发行人的控股股东、实际控制人、董事、监事、高级管理人员和其他直接责任人员以及保荐人、承销的证券公司及其直接责任人员，应当与发行人承担连带赔偿责任，但是能够证明自己没有过错的除外。

第八十六条 依法披露的信息，应当在证券交易场所的网站和符合国务院证券监督管理机构规定条件的媒体发布，同时将其置备于公司住所、证券交易场所，供社会公众查阅。

> **第八十七条** 国务院证券监督管理机构对信息披露义务人的信息披露行为进行监督管理。
>
> 证券交易场所应当对其组织交易的证券的信息披露义务人的信息披露行为进行监督，督促其依法及时、准确地披露信息。

第六章 公司董事、监事、高级管理人员的资格和义务

第一百四十六条 【高管人员的资格禁止】 有下列情形之一的，不得担任公司的董事、监事、高级管理人员：

（一）无民事行为能力或者限制民事行为能力；

（二）因贪污、贿赂、侵占财产、挪用财产或者破坏社会主义市场经济秩序，被判处刑罚，执行期满未逾五年，或者因犯罪被剥夺政治权利，执行期满未逾五年；

（三）担任破产清算的公司、企业的董事或者厂长、经理，对该公司、企业的破产负有个人责任的，自该公司、企业破产清算完结之日起未逾三年；

（四）担任因违法被吊销营业执照、责令关闭的公司、企业的法定代表人，并负有个人责任的，自该公司、企业被吊销营业执照之日起未逾三年；

（五）个人所负数额较大的债务到期未清偿。

公司违反前款规定选举、委派董事、监事或者聘任高级管理人员的，该选举、委派或者聘任无效。

董事、监事、高级管理人员在任职期间出现本条第一款所列情形的，公司应当解除其职务。

> 关于金融机构董事、监事和高级管理人员的任职资格，可参见2007年7月4日中国证券监督管理委员会《期货公司董事、监事和高级管理人员任职资格管理办法》；2010年9月27日中国银行业监督管理委员会《融资性担保公司董事、监事、高级管理人员任职资格管理暂行办法》；2012年10月19日中国证券监督管理委员会《证券公司董事、监事和高级管理人员任职资格监管办法（2012修订）》；2013年11月18日中国银行业监督管理委员会《银行业金融机构董事（理事）和高级管理人员任职资格管理办法》；2014年1月23日中国保险监督管理委员会《保险公司董事、监事和高级管理人员任职资格管理规定（2014修改）》。

第一百四十七条 【董事、监事、高管人员的义务和禁止行为】 董事、监事、高级管理人员应当遵守法律、行政法规和公司章程，对公司负有忠实义务和勤勉义务。

董事、监事、高级管理人员不得利用职权收受贿赂或者其他非法收入，不得侵占公司的财产。

一、相关文件规定

《中国银行业监督管理委员会关于印发〈股份制商业银行董事会尽职指引（试行）〉的通知》（自2005年9月5日起施行），对于董事义务，该指引规定如下：

第五十条 董事对商业银行及全体股东负有诚信与勤勉义务。董事应当按照相关法律、法规、规章及商业银行章程的要求，认真履行职责，维护商业银行和全体股东的利益。

第五十一条 董事应当具备履行职责所必需的知识、经验和素质，具有良好的职业道德，并通过银行业监督管理机构的任职资格审查。

第五十二条 董事不可以在可能发生利益冲突的金融机构兼任董事。

《中国保险监督管理委员会关于印发〈保险公司董事会运作指引〉的通知》（自2008年10月1日起施行），对于董事义务，该指引规定如下：

第二十八条 董事对保险公司负有忠实义务。

董事应当严格遵循《公司法》第二十一条、第一百四十八条（编者注：现为该法第一百四十七条）、第一百四十九条（编者注：现为该法第一百四十八条）及其他相关条文对董事忠实义务的规定，不得利用其在公司的职权谋取不正当利益。

第二十九条 董事对保险公司负有勤勉义务。

董事应当保证有足够的时间和精力谨慎、勤勉地履行职责。

董事应当持续关注公司经营管理状况，按时参加董事会会议。

第三十条 董事连续2次未亲自出席，也不委托其他董事出席董事会会议的，视为不能履行职责，董事会、监事会或者股东应当提请股东大会予以撤换。

董事一年内2次未亲自出席董事会会议的，公司应当向其发出书面提示。

独立董事在一届任期之内2次被提示的，不得连任。独立董事在第二届任期内存在前述情形的，不得受聘担任其他保险公司独立董事。

第三十一条 董事应当积极参加公司和监管机构等组织的培训，持续具备履行职责所需的专业知识和能力。

二、相关案例

1. 忠实义务的判定及其他

【高级管理人员在任职期间投资成立了与所任职公司同类业务的公司的行为，违反了对公司的忠实义务和勤勉义务】

图尔克（天津）传感器有限公司诉马利祥等损害公司利益责任纠纷案［天津市高级人民法院（2014）津高民二终字第0043号民事判决书］，马利祥在2010年10月19日至2011年1月4日担任图尔克公司高级管理人员期间，投资成立了与图尔克公司经营范围部分相同的德明福公司，并担任该公司的法定代表人。马利祥的行为违反了《公司法》第一百四十八条、第一百四十九条关于公司的董事、监事、高级管理人员对公司忠实义务和勤勉义务的规定，应依法承担相应的法律责任。但在两审审理过程中，图尔克公司均没能提供证据证明在其诉讼主张的期间内，马利祥在德明福公司存在工资收入。虽然其提供的德明福公司的财务报表显示德明福公司2010年度未分配利润为67.72元，但该收入是否为德明福公司开展同业竞争业务所得，图尔克公司亦不能提供证据予以证明，故图尔克公司对上述主张应承担举证不能的法律后果。因图尔克公司以公司高级管理人员损害公司利益为由提起本案之诉，故图尔克公司依据《公司法》第一百五十条的规定以及德明福公司与马利祥构成共同侵权为由，要求德明福公司承担连带赔偿责任，于法无据，不应予以支持。

【公司高管任职期间负有保管公司证照的法定义务】

中青投资咨询（无锡）有限公司诉成之德等公司证照返还纠纷案［江苏省高级人民法院（2013）苏商外终字第0035号民事判决书］，公司证照、印鉴章和财务账册是公司法定代表人和其他高级管理人员行使职务的重要凭证，应归中青无锡公司所有。成之德、胡锡昌在任职期间，行使中青无锡公司的经营管理权，掌管公司证照、印鉴章和财务账册。根据《公司法》第一百四十八条（编者注：现为该法第一百四十七条）的规定，成之德作为中青无锡公司的执行董事、法定代表人，胡锡昌作为总经理，对公司负有忠实义务和勤勉义务。本院认为成之德、胡锡昌负有保管公司证照、印鉴章和财务账册的义务。成之德、胡锡昌对其履行保管义务的情况应承担举证责任，即负有说明公司证照、印鉴章和财务账册去向的义务。在成之德、胡锡昌未能举证证明的情况下，应视为其实际占有公司证照、印鉴章和财务账册。成之德、胡锡昌主张其并未参与公司的实际经营管理，由其他人员直接保管证照、印鉴章和财务账册。对此，本院认为，即使由他人保管，也是受成之德、胡锡昌的指示，辅助其保管公司证照、印鉴章和财务账册，因此仍应视为成之德、胡锡昌实际占有。成之德、胡锡昌被免去中青无锡公司的职务后，无权继续占有公司证照、印鉴章和财务账册。依据《物权法》第三十四条的规定，成之德、胡锡昌应当返还公司证照、印鉴章和财物账册给所有权人中青无锡公司。

【企业行政经理诉请未签订劳动合同双倍工资补偿的应否支持】

丁涛诉浙江明星包装印刷有限公司劳动合同纠纷案［浙江省余姚市人民法院（2011）甬余民初字第 2927 号民事判决书］，审理企业行政管理人员特别是高管人员的劳动争议案件，要注意审查他们的职务因素，因为行政高管人员一方面是劳动者，另一方面也是管理者代表企业实施管理行为，在并无特别约定的情况下，其管理辐射范围自当包括其本人。如若争议事由是因其失职或滥用职权造成的，相应法律后果应由其本人承担，否则会导致企业为高管人员的过错行为埋单而高管人员反而据此获利的不良现象，与劳动合同法的立法目的相悖。

【公司法定代表人以公司名义向他人借款并以公司资产偿还的，未给该公司及股东造成损害】

孙永瑞诉范四新、靳群牛、青海省华侨装饰设计有限公司损害股东权益纠纷抗诉案［青海省高级人民法院（2010）青民再字第 49 号民事判决书］，本案系公司股东之间权益纠纷，孙永瑞作为公司法定代表人因履行职务行为产生的法律后果对公司和股东具有拘束力。在华侨公司与碧波潭公司发生的借款合同纠纷诉讼中，孙永瑞作为碧波潭公司的法定代表人，与华侨公司达成调解协议，将 50 万元以借款名义予以归还，并承担利息和诉讼费，该调解协议已经城北区人民法院作出的民事调解书确认，碧波潭公司股东范四新、靳群牛主张 50 万元是质量保证金非借款证据不足。孙永瑞代表碧波潭公司归还借款及利息的行为并未给该公司及股东造成损害。

【公司高管人员履职行为损害公司权益的认定标准】

科科地光公司清算组与刘胜与公司有关的纠纷上诉案［湖北省高级人民法院（2007）鄂民一终字第 68 号民事调解书（《人民司法·案例》2008 年第 20 期）］，考察公司高管人员的履职行为是否损害了公司权益，是否应承担相应民事责任，应依据我国《公司法》第一百四十八条、第一百四十九条的规定（编者注：现为该法第一百四十七条、第一百四十八条）的忠实义务和勤勉义务来认定，判断的依据则是法律、行政法规、公司章程规定或公司其他特别约定。

【董事应当履行股东会决议，向公司返还证照和印鉴等物品】

南京实华建设工程监理有限公司诉晏毓诚董事损害公司利益案［南京市中级人民法院（2002）宁经终字第 100 号民事判决书］，争议焦点为：起诉晏毓诚并要求其归还保管的实华公司证照、印鉴、财务账册等是否系实华公司的真实意思表示？

营业执照是确认公司独立以自己名义享有权利、承担义务的主体资格的法律凭证，公章是公司对外进行活动的能够代表公司进行意思表示的法律凭证。上述凭证对公司而言意义重大，属于公司专有的重要财产，其他任何人包括公司的股东、董事、经理均不得侵占，任何人的非法占有、持有都是对公司权益的侵犯。

实华公司作为有限责任公司有权决定其证照、印鉴的保管人，而公司的意思表示是通过公司的组织机构表达和实现的。一般情况下，是由公章及公司法定代表人签字来代表公司进行意思表示，但在本案特殊情况下，由于实华公司股东之间存在矛盾，并涉及法定代表人的变更及实华公司两枚印章的效力问题，公司股东会的决议亦可代表公司直接进行公司的意思表示，因为股东会是公司的最高权力机构，其所作决议对全体股东均具有约束力。

实华公司第二次股东会议纪要及第四次股东会议纪要均反映出该公司代表三分之二以上表决权的股东通过了免除晏毓诚法定代表人职务及要求晏毓诚交出所占公司财物的决议，表明实华公司已撤销了晏毓诚对公司证照、公章等的保管权，晏毓诚作为实华公司董事应当履行公司股东会决议，返还实华公司营业执照副本、资质证书副本、税务登记证副本、印鉴等物品。

可见起诉晏毓诚系实华公司的真实意思表示，而非王良玺作为公司法定代表人个人之意思表示，故不管王良玺是否有资格担任实华公司法定代表人及实华公司法定代表人变更登记是否符合法律规定，均不影响实华公司的诉权。

2. 勤勉义务的标准

【勤勉义务是否包括识别网络诈骗，需综合多方面情况进行考虑】

北京东方网信科技股份有限公司诉何咏泽损害公司利益责任案[北京市第一中级人民法院(2016)京01民终5551号民事判决书]，首先，案涉东方公司的200万元款项系被第三人诈骗这一事实，目前尚无定论，现在尚不足以确定案涉200万元系因诈骗而丢失，故东方公司主张何咏泽损害公司利益的事实基础并未成立。其次，如果本案确系案外第三人伪造唐晖的微信实施的诈骗，那焦点问题在于，高级管理人员勤勉义务是否包括识别网络诈骗，该问题需综合本案多方面的情况进行考虑。第一，应考虑何咏泽依据唐晖的微信指示付款是否符合东方公司的财务制度。东方公司认可唐晖确曾通过微信方式进行过付款指示，如果确系唐晖本人真实的微信向何咏泽发出付款指示，何咏泽据此付款符合东方公司的财务制度。何咏泽主张唐晖本人系用款申请人、部门负责人和审批人三者身份合一，故唐晖一人的微信指示即可。考虑到唐晖法定代表人的身份及其之前微信发出付款指示的事实，对何咏泽的主张予以采信。第二，应考虑是否何咏泽一人的受骗导致案涉款项的损失。综观整个款项丢失过程，东方公司法定代表人的姓名、何咏泽的微信号、职务等几项重要信息均被犯罪分子所掌握，应认定犯罪分子诈骗的对象系东方公司。现有证据亦不能认定是何咏泽导致了上述信息的泄露，故东方公司案涉款项丢失责任不应归于何咏泽一人。第三，应考虑高级管理人员勤勉义务是否包括了要求何咏泽分辨唐晖的微信真假，识别网络诈骗。根据《公司法》第一百四十七条和东方公司章程规定，高级管理人员对公司负有勤勉义务，但对财务总监勤勉义务的具体内容章程并无详细列明。董事、高级管理人员的勤勉义务应指向执行公司职务等专业性行为层面，而不应包括识别网络诈骗。仅应考虑其在履行职务行为层面是否有过错及重大过失，而不应将受骗完全认定为何咏泽的责任。综合本案的事实及证据，东方公司主张何咏泽违反勤勉义务，并据此要求何咏泽赔偿利息损失的诉讼请求，缺乏事实及法律依据，本院不予支持。

【公司高级管理人员放任超标排放，致使公司受到行政处罚，公司可以要求其赔偿】

北京卓越华盛供热投资管理有限公司诉张彦涛损害公司利益赔偿案[北京市第一中级人民法院(2011)一中民终字第14843号民事判决书]，依据《公司法》第一百四十八条、第一百五十条（编者注：现为该法第一百四十七条、第一百四十九条）的规定，公司高级管理人员应当遵守法律、行政法规和公司章程，对公司负有忠实义务和勤勉义务，诚信地履行对公司的职责，尽到普通人在类似的情况和地位下谨慎的合理注意义务，为实现公司最大利益努力工作，不得积极侵占或消极损害公司财产利益；高级管理人员执行公司职务时违反法律、行政法规和公司章程，给公司造成损失的，应当承担赔偿责任。同时，损失不是由于高级管理人员的故意或过失造成，而是商业风险或其他外界因素所致，则不能认为高级管理人员违反勤勉义务。张彦涛担任华盛公司总经理，既负有上述法定义务，亦应当遵守《总经理岗位职责》中关于履行职责的特别规定。在环保部门对于华盛公司经营管理的宏翔鸿中心锅炉房进行查处事件中，张彦涛存在怠于行使华盛公司赋予的总经理职权的情节，明知锅炉房存在设备老化、脱硫设备及材料不齐、排放长期超标的事实和违法情形，但未在职权范围内采取有效措施进行处理，而是采取了放任锅炉房长期超标排放的态度。该行为与其被赋予的负责生产经营的职责以及所享受的高额薪酬及其他待遇是不相符的，属于消极不作为，即张彦涛作为公司高级管理人员未完全忠实勤勉地履行职责。该行为与其后公司因违法经营被环保部门责令立即停止违法行为并处10万元罚款存在相当因果关系，故此，应当承担相应赔偿责任。具体赔偿数额，由该院根据华盛公司的职责内容，锅炉排放超标形成的具体原因及华盛公司自身因减少脱硫设备材料投入间接获利情况等因素酌情确定。

【损失是由商业风险或外界因素所致的，不能认为高管违反勤勉义务】

北京妙鼎矿泉水有限公司诉王东春损害公司利益案［北京市门头沟区人民法院(2009)门民初字第4号民事判决书］，根据《公司法》第一百四十八条、第一百五十条（编者注：现为该法第一百四十七条、第一百四十九条）的规定，公司高级管理人员应当遵守法律、行政法规和公司章程，对公司负有忠实义务和勤勉义务，诚信地履行对公司的职责，尽到普通人在类似的情况和地位下谨慎的合理注意义务，为实现公司最大利益努力工作，不得侵占公司的财产；高级管理人员执行公司职务时违反法律、行政法规和公司章程，给公司造成损失的，应当承担赔偿责任。同时，损失不是由于高级管理人员的故意或过失造成，而是由商业风险或其他外界因素所致的，则不能认为高级管理人员违反勤勉义务。王东春担任妙鼎公司总经理，负有以上法定义务，同时亦应当遵守经营目标考核协议关于履行职责的特别约定。对于双方当事人争议的焦点，评述如下：

根据经营目标考核协议的约定，王东春对企业经营的产品质量事故负责。虽然王东春具有经营自主权，但其只领取劳动报酬，营业活动的损益都归于公司，故其只对疏于管理造成的产品质量事故给公司造成的损失承担赔偿责任。根据本院查明的事实，在王东春任职前，自动灌装机不能正常生产，其间出现过水碱过多、有异物的情况。王东春任职后已发现设备故障、电力不足等问题，对设备进行过维修，向董事会进行了汇报，并请相关单位制定了设备改造方案，尽到了一定的管理责任。在决定产品质量的诸多因素中，生产条件较管理更为重要，而生产条件的根本改善应由公司负责。在设备、电力等生产条件未得到明显改善的情况下，不能把产品出现质量问题的原因归结于王东春没有对设备进行日常维护。由于产品质量问题系生产设备故障等客观原因所导致，对妙鼎公司要求王东春承担罚款和客户赔款的诉讼请求，本院不予支持。

【公司监事兼任高管的法律后果及其勤勉义务】

上海川流机电专用设备有限公司与李鑫华与公司有关的纠纷上诉案［上海市第一中级人民法院(2009)沪一中民三(商)终字第969号民事判决书(《人民司法·案例》2011年第2期)］，公司高级管理人员与监事互相兼任的认定应当综合形式与实质两个要件，具有高度人合性的小公司在决策过程中时常发生形式要件瑕疵的情形，司法应从公司法保护公司利益，促进经济发展的立法原则出发，考察股东真实合意，有条件地认可瑕疵决议的效力，避免因决议无效导致公司陷入经营僵局。对公司高管勤勉义务的认定应当以客观标准为一般标准，同时兼顾个案正义，结合具体案情在一般判断标准允许的范围内做出更为妥当和准确的判定。

本案中，李鑫华身为川流公司的监事，后又代行总经理之职，两类职责出现交叉，后果是其作为监事的任职无效，应当认为李鑫华是川流公司的高级管理人员。李鑫华未对公司的经营尽到合理审慎的注意，仅以口头方式订立协议，亦未能提供能够证明合同履行情况的文件资料，致使川流公司的应收款债权无法得到有效救济。李鑫华的行为明显违反了勤勉义务，应当对川流公司因此遭受的损害承担赔偿责任。遂判决李鑫华赔偿川流公司人民币110万元。

【对董事违反勤勉义务的举证】

慈溪富盛化纤有限公司等诉施盛平损害股东利益责任纠纷案［浙江省慈溪市人民法院(2007)慈民二初字第519号民事判决书(《人民司法·案例》2009年第14期)］，董事对公司负有勤勉义务，原告对被告违反勤勉义务承担证明责任，可从以下几方面举证：1. 经营判断另有所图，并非为了公司的利益；2. 在经营判断的过程中，没有合理地进行信息收集和调查分析；3. 站在一个通常谨慎的董事的立场上，经营判断的内容在当时的情况下存在明显的不合理。

【违反勤勉义务的认定】

陈勇与北京联众保险代理有限公司技术委托开发合同纠纷上诉案，被告陈勇受权负责保险代理公司与凯索公司终止合作开发信息系统事项，并对已发生的费用进行结算并通过审计，但陈勇在不能确定信息系统开发工作已经完成，且不能确定实际开发成本的情况下，就与凯索公司签订《结算协议》，确认凯索公司已经完成约定的开发工作，同意按项目完成的价款结算，违反了高级管理人员对公司的勤勉义务。根据《评估报告书》的评估及《委托开发合同》的约定，保险代理公司应向凯索公司支付的合理价款为164.48万元，陈勇按500万元与凯索公司签订《结算协议》，损害了公司的合法利益，应承担赔偿责任。陈勇关于其所代表的股东共持有80%的股权，系公司的实际控制人的辩称，因未提供充足证据而不予支持。

3. 商业判断规则的适用

【考量董事的责任，应当参照商业判断规则】

宫波等与孙超等公司利益责任纠纷上诉案［安徽省合肥市中级人民法院（2017）皖01民终7360号民事判决书］，关于焦点二，赵世慧、李保林、孙超认为宫波擅自在江淮晨报上刊登天盛公司证照、印章遗失作废声明，是严重违反对天盛公司的忠实义务和勤勉义务、严重违反公司法的行为。本院认为，基于公司经营业务的复杂性和商业决策自身的特点，考量公司执行董事的责任，应当参照商业判断规则。根据执行董事这一公司治理机构的运作特点，如果作出商业判断的执行董事与作出判断的内容没有利害关系，其有正当理由相信其在当时情形下掌握的有关商业判断信息充分、妥当、可靠，其商业判断符合公司的最佳利益的，就应当认定为忠实、勤勉地履行了义务。本案中，天盛公司原印章及证照保管人不将印章及证照交给执行董事，却将其交给赵世慧、李保林、孙超，有违公司管理制度，说明执行董事宫波已对天盛公司的印章及相关证照失去控制。且根据宫波的举证，在天盛公司印章、证照挂失前，有人在宫波不知情的情况下，持天盛公司印章对外签订合同。宫波作为天盛公司的执行董事，有对天盛公司印章、证照的管理控制权，其在对公司的证照、印章失去控制、而公司印章却对外仍在使用的情况下，及时在报纸上刊登天盛公司证照、印章遗失作废声明，将公司原先的证照、印鉴章作废，补办新的证照、印章，不失为及时减少公司商业经营风险、避免损失的有效措施，亦是宫波履行执行董事职责的体现。该行为未违反法律、法规、公司章程和公司的规章制度的规定，亦未违反董事对公司的勤勉、忠实义务。赵世慧、李保林、孙超也未提供证据证明该行为损害了公司利益。

【董事会在其权限范围内，有权对公司对外投资进行考量及决策】

李尧奔与北京京西文化旅游股份有限公司公司决议效力确认纠纷上诉案［北京市第三中级人民法院（2017）京03民终7216号民事判决书］，公司的经营是市场行为，具有一定的风险性，法律法规亦无关于对外投资要在投资金额上完全对等的规定，投资价值及风险的判断属于公司的自主经营范畴。北京文化公司是股份有限公司，其公司章程第一百四十四条关于董事会行使的职权中第（十七）项为："在股东大会授权范围内，决定公司对外投资、收购出售资产、资产抵押、对外担保事项、委托理财、关联交易等事项"，公司章程第一百四十七条规定："董事会决策的对外投资、收购出售资产、资产抵押、对外担保、委托理财、关联交易的权限应当由股东大会确定。经公司2013年4月17日召开的股东大会审议批准，授权公司董事会年度总额为5亿元的决策权。"李尧奔亦认可本案的对外投资事项属于董事会的职权范围。董事会在其权限范围内，有权对公司对外投资进行考量及决策，而判断对外投资项目的投资价值亦属于其职权范围。股东如认为董事会各董事违反商业判断规则，违反对公司忠实义务，在符合主体条件规定的情形下，可依据《公司法》第一百五十一条、第一百五十二条对董事提起诉讼，与本案不属于同一法律关系。

【董事合理的商业决策，须得到法院的尊重】

湖北恩施铁连物资贸易有限公司诉张杰等损害公司利益责任纠纷案［湖北省恩施土家

族苗族自治州中级人民法院(2015)鄂恩施中民终字第00457号民事判决书],《公司法》第一百四十七条第一款规定了董事、监事、高级管理人员对公司负有勤勉义务,但尚未对上述人员的违反勤勉义务的行为做具体规定。立法设定勤勉义务的宗旨在于督促公司实际经营管理者尽职地为公司利益工作,因此,对于一般的经营管理失误与法律上的经营过失之间需划以界限,即公司董事在做出一项商事经营判断和决策时,基于董事们合理的商业决策须得到法院尊重的基本理念,本院重点审查铁连贸易公司执行董事张杰的行为是否出于善意,为了公司的根本利益而非个人利益,且尽到了一般普通人应具有的审慎注意义务,基于此,即使张杰所作出的在陕西安康采购煤炭后销售给腾龙公司的交易决策是错误的,亦可免于承担法律上的责任。

【董事基于公司经营状况作出商业决策的权利,受到法律的保护,无须承担责任】

衡阳市南东有色金属有限公司与湖南安化渣滓溪矿业有限公司、溆浦县华能矿业有限公司侵害股东利益责任纠纷案[湖南省高级人民法院(2014)湘高法民二终字第73号民事判决书],公司董事作为由股东选举产生的公司管理者,对公司事务具有独立的决定权,有权依照其对公司经营状况的判断独立做出相应的经营决策选择,只要该经营决策没有故意损害其他人的合法权益,即使该经营决策事后被证明对公司造成了损害,董事的该种基于公司经营状况作出商业决策的权利也应受到法律的保护,而无须承担责任,这也即所谓的公司管理者的商业判断规则。本案所争议的事实,即华能公司在2009年是否应恢复生产属于公司内部经营事项,应由公司内部经营者基于对公司经营状况的整体判断做出其认为正确的商业判断,而非应由法院作出决定的事项,除非南东公司能证明该经营决策系华能公司董事为了故意损害其利益,以使作出决定的董事获得不当利益的行为,否则不论该行为事后证明对公司是否有利,其他股东均不得以此为由要求公司董事承担责任。

【属于商业判断的各类情形】

江苏中恒纺织有限责任公司等诉三星贸易(上海)有限公司买卖合同纠纷案[上海市第一中级人民法院(2017)沪01民终13081号民事判决书],商事判断,主要强调销售价格、第一份合同违约倾向下可否签订第二份合同等问题,属于商事主体在经营过程中的商事判断,不能以此直接否定合同当事人之间的法官关系。

徐晓龙与新疆亚投联合社会经济咨询有限公司公司盈余分配纠纷案[新疆维吾尔自治区乌鲁木齐市天山区人民法院(2017)新0102民初8693号民事判决书],强调的是什么是公司的正常商事判断。本案中,《股东会决议纪要》表明,该决议不属于具体决议,不产生分红权具体化的效果,法院要尊重公司的正常商业判断,不得直接确定利润分配方案。

原告戴伍来与被告南京朗科化工有限公司公司盈余分配纠纷案[江苏省南京市鼓楼区人民法院(2015)鼓商初字第2252号民事判决书],公司盈余是否应该分配,是否应该留下发展基金,分配的比例如何等都属于公司商业上的判断范畴,应该遵循商事判断规则。有限责任公司是否分配利润、如何分配利润,应由董事会制定具体的利润分配方案,并经股东会审议通过。有限公司利润分配的决定权属于股东会,系公司自治范围,法院不应干预。

第一百四十八条 【董事、高管人员的禁止行为】 董事、高级管理人员不得有下列行为:

(一)挪用公司资金;

(二)将公司资金以其个人名义或者以其他个人名义开立账户存储;

(三)违反公司章程的规定,未经股东会、股东大会或者董事会同意,将公司资金借贷给他人或者以公司财产为他人提供担保;

(四)违反公司章程的规定或者未经股东会、股东大会同意,与本公司订立合同或者进行交易；

（五）未经股东会或者股东大会同意，利用职务便利为自己或者他人谋取属于公司的商业机会，自营或者为他人经营与所任职公司同类的业务；

（六）接受他人与公司交易的佣金归为己有；

（七）擅自披露公司秘密；

（八）违反对公司忠实义务的其他行为。

董事、高级管理人员违反前款规定所得的收入应当归公司所有。

一、相关法律条文

《中华人民共和国刑法（2017修正）》（自1997年10月1日起施行）对董事、高管人员的禁止行为，规定如下：

第一百六十九条之一【背信损害上市公司利益罪】上市公司的董事、监事、高级管理人员违背对公司的忠实义务，利用职务便利，操纵上市公司从事下列行为之一，致使上市公司利益遭受重大损失的，处三年以下有期徒刑或者拘役，并处或者单处罚金；致使上市公司利益遭受特别重大损失的，处三年以上七年以下有期徒刑，并处罚金：

（一）无偿向其他单位或者个人提供资金、商品、服务或者其他资产的；

（二）以明显不公平的条件，提供或者接受资金、商品、服务或者其他资产的；

（三）向明显不具有清偿能力的单位或者个人提供资金、商品、服务或者其他资产的；

（四）为明显不具有清偿能力的单位或者个人提供担保，或者无正当理由为其他单位或者个人提供担保的；

（五）无正当理由放弃债权、承担债务的；

（六）采用其他方式损害上市公司利益的。

上市公司的控股股东或者实际控制人，指使上市公司董事、监事、高级管理人员实施前款行为的，依照前款的规定处罚。

犯前款罪的上市公司的控股股东或者实际控制人是单位的，对单位判处罚金，并对其直接负责的主管人员和其他直接责任人员，依照第一款的规定处罚。

二、相关案例

1. 竞业禁止义务

【董事、高管无权协议免除自身的竞业禁止义务】

梁某与蔡某等竞业限制纠纷再审案［上海市高级人民法院（2016）沪02民再26号民事判决书（《人民司法·案例》2017年第11期）］，董事、高管对公司负有的竞业禁止义务来源于法律的强制性规定，公司原则上无权放弃对董事、高管的竞业禁止要求，董事、高管互相之间亦无权通过私下协议免除该义务，否则即是对公司利益和外部债权人利益均造成损害，该协议应当无效。当各方均违反竞业禁止义务时，应当将各方因此所得的收入均归入公司后再行处理，而不能简单加以抵销。

【董事高管违反忠实义务的"收入"认定】

鑫波食品（上海）有限公司诉宋海某损害公司利益责任纠纷案［上海市第二中级人民法院（2015）沪二中民四（商）终字第793号民事判决书］，1. 公司董事、高级管理人员在任职期间，另行设立其他公司与其任职公司经营同类业务，属于《公司法》第一百四十八条第一款第（五）项规定的董事、高管的竞业禁止行为，违反了董事、高管对公司的忠实义务。董事、高管因此获得的收入应当根据《公司法》第一百四十八条第二款的规定归还其任职的公司。2. 虽然董事、高管另设公司从事同业经营的收入属于该另设公司所有，但可以根据董事、高管在该另设公司的持股比例并结合其他证据，酌定董事、高管在其另设公司同业经营中所获得的个人收益，并判令董事、高管将该收益归还其所任职的公司。

【公司法上股东、高级管理人员的竞业禁止之认定及处理】

泉州鲤城飞捷无线电有限公司与苏明杰等损害公司利益责任纠纷上诉案［福建省泉州市中级人民法院（2015）泉民终字第 1817 号民事判决书］，上诉人飞捷公司称三被上诉人系飞捷公司的高级管理人员，但是从上诉人一审、二审提供的证据均无法证明三被上诉人在上述证据上的签名身份属于高级管理人员的特殊身份，上诉人亦无法提供相关聘用书、任命书或劳动合同来证实三被上诉人系上诉人的高级管理人员，故上诉人应对此承担举证不能的法律后果。上诉人飞捷公司上诉称其为三被上诉人缴纳医疗保险至 2011 年 3 月，故双方终止劳动关系的时间并非 2010 年 7 月。但上诉人未能提供相关上班签到记录或是工资发放情况证明 2010 年 7 月后三被上诉人还在飞捷公司上班的情况，且三被上诉人提供相关工资发放情况及养老保险交费明细证明白化文自 2010 年 1 月、苏明杰及曾明沙自 2010 年 7 月就未在飞捷公司就职。故上诉人上诉称原审法院认定双方终止劳动时间有误，不予支持。上诉人无法举证证明其与三被上诉人签订劳动合同约定竞业禁止条款及竞业限制期限，也未能提供充分有效的证据证明三被上诉人给其造成的损失金额为 523,814.48 元，故上诉人要求三被上诉人赔偿其因违反竞业禁止义务造成的损失 523,814.48 元及非法所得 5.78 万元，缺乏事实与法律依据，不予支持。

【股份合作制企业的董事在离任后从事同类经营活动，原企业对该行为无内部规定，也无证据证明该董事利用原职务侵占其利益，要求该董事承担赔偿责任，不予支持】

李世江与荣成市铸钢厂权益纠纷申请案［最高人民法院（2013）民提字第 129 号民事判决书］，本院认为，本案争议涉及的铸钢厂系股份合作制企业，目前我国未颁行实施股份合作制企业法律法规。股份合作制企业兼具有公司制企业或者合伙制企业组织的部分特征，但其既不是公司企业，也不是合伙企业，因此，有关股份合作制企业纠纷的处理，应首先尊重企业内部的规定、决定或者约定等，在企业内部没有约定的情况下，可以参照公司法或者合伙企业法的相关规定处理。铸钢厂起诉时称李世江是在 2002 年年底离开铸钢厂后投资设立的四维铸钢厂，根据本案查明的事实，李世江在投资设立四维铸钢厂后未在铸钢厂行使董事职权，未领取过工资报酬，应认定李世江在成立四维铸钢厂时已经不再参与铸钢厂的管理事务，不存在同时担任董事职务和开办其他企业的行为。在该案的审理中铸钢厂始终未能提交其企业有关于董事离任后应不得经营与本企业同类业务等涉及竞业禁止义务内容的相关规定、决议或者约定等，其主张李世江离开企业设立其他同类企业违反董事忠实义务等没有合同依据。《公司法》第一百四十九条（编者注：现为该法第一百四十八条）对在任董事忠实义务有明确规定，对董事离任后是否应当承担相关义务等没有明确规定，因铸钢厂诉讼主张李世江是在离开铸钢厂后发生的设立其他公司行为，公司法中没有类似的规定可以参照适用。《合伙企业法》第三十二条规定，合伙人不得自营或者同他人合作经营本合伙企业相竞争的业务，因铸钢厂是以李世江为董事和副厂长身份起诉的，并非以李世江的股东身份起诉，且在山东省文登市人民法院（2011）文商初字第 472 号民事案件中，铸钢厂主张李世江离开该企业后即丧失股东身份，该院一审判决和山东省威海市中级人民法院（2011）威商终字第 310 号终审民事判决支持了铸钢厂的主张，自李世江离开铸钢厂之日起对其股东身份予以除名，故对李世江离厂后的行为也不宜参照适用合伙企业法。原二审、再审法院参照适用公司法和合伙企业法，属于适用法律错误，应予以纠正。因铸钢厂未能提交关于李世江利用其在铸钢厂的职务身份侵占其利益，四维铸钢厂的经营收入与李世江在铸钢厂的职务有直接关系等方面的证据，其主张四维铸钢厂的经营收入应归其所有，不符合承担侵权民事责任的法律规定。综上分析，铸钢厂请求李世江承担赔偿责任的依据不足，其诉讼请求应当予以驳回。

【竞业禁止义务的认定及其责任承担】

北京法博洋国际科技发展有限公司诉陈锡联损害公司利益责任纠纷案［北京市第一中级人民法院（2013）一中民初字第 13957 号民事判决书］，具体如下：

第一，陈锡联是否负有竞业禁止义务？陈锡联根据《中外合资经营企业法实施条例》和法博洋公司章程的规定，认为竞业禁止的范围仅限于公司总经理或副总经理。其否认自己在法博洋公司担任总经理一职，进而认为自己不负有竞业禁止义务，并提供了“中外合资经营合同”“中外合资企业意向书”等证据加以证明。对此，本院认为，在(2009)一中民初字第5147号民事判决书中，认定了法博洋公司与爱迪士上海公司的经营均涉及中央式管道的洗尘、清洁，属于同类业务，并认定根据工商档案记载，陈锡联在法博洋公司担任董事长兼总经理的同时，在爱迪士上海公司也担任董事兼总经理。该判决已经发生法律效力。退一步讲，即便陈锡联在法博洋公司未担任总经理一职，但在最高人民法院出具的(2012)民监字第357号驳回申诉通知书中亦载明：“本院经复查认为，法博洋公司章程第三十三条记载：‘总裁、总经理、副总经理不得兼任其他经济组织的总裁、总经理或副总经理，不得参与其他经济组织对本合营公司的商业竞争行为’，故不论你在担任该公司董事长职务时是否兼任该公司总经理职务，你都应遵守上述规定。而你在担任该公司董事长期间又担任经营同类业务的爱迪士上海公司的董事兼总经理，违反了法博洋公司章程中有关任职的禁止性规定”。同时，根据《公司法》第二百一十七条的规定，外商投资的有限责任公司和股份有限公司适用本法。我国公司法中对董事、高级管理人员竞业禁止的规定，源于公司董事、高级管理人员对公司负有的忠实义务和勤勉义务。在关于三资企业董事的竞业禁止问题上适用公司法的规定，亦符合新法优于旧法适用的法律适用原则和董事、高级管理人员竞业禁止义务的立法目的。因此，本院认定陈锡联对法博洋公司负有竞业禁止义务。

第二，如何确定陈锡联应承担的法律责任？如前所述，法博洋公司与爱迪士上海公司的经营均涉及中央式管道的洗尘、清洁，属于同类业务，陈锡联到爱迪士上海公司担任董事、总经理的行为，违反了其竞业禁止义务，故法博洋公司据此主张行使归入权，于法有据，本院对此予以支持。

在陈锡联从事竞业禁止活动的时间范围上，法博洋公司的主要法律依据为《公司法》第一百四十九条第一款第（五）项的规定，即董事、高级管理人员未经股东会或者股东大会同意，利用职务便利为自己或者他人谋取属于公司的商业机会，自营或者为他人经营与所任职公司同类的业务。对此，本院认为，上述规定强调的是董事、高级管理人员利用职务便利从事竞业禁止行为，而本案查明的事实显示，法博洋公司投产开业期为2007年7月1日，2009年1月6日陈锡联以书面形式依法向法博洋公司提出了查阅、复制财务资料的申请，法博洋公司于2009年1月10日以回函的形式拒绝了陈锡联的申请；2009年3月11日，本院立案受理了陈锡联诉法博洋公司股东知情权纠纷一案。显然，最迟至2009年1月10日，法博洋公司已出现公司公章的持章人与公司法定代表人董事长陈锡联意志不一致的情形，法博洋公司工商登记的法定代表人、董事长已在公司内部纠纷中不能代表公司意志。由于法博洋公司在2007年7月以前并未投产开业，故陈锡联竞业禁止的时间起点为2007年7月；由于2009年1月以后法博洋公司出现法定代表人与公司意志不一致的情况且公司从未召开董事会，陈锡联本人没有实际经营该企业，无从“利用职务便利”从事竞业禁止行为，故陈锡联竞业禁止的时间讫点为2009年1月。因此，陈锡联从事竞业禁止活动的时间起讫点应为2007年7月至2009年1月。

在陈锡联因从事竞业禁止活动所获取的收人范围上，本院认为，根据(2009)一中民初字第5147号民事判决书，已认定法博洋公司与爱迪士上海公司的经营均涉及中央式管道的洗尘、清洁，属于同类业务。而爱迪士上海公司的经营范围包括设计、生产和销售住宅和商用建筑内机械式中央通风系统、中央式管道洗尘系统、真空泵及配件、风机配件以及暖通空调系统的风口、消声器及上述同类产品的批发、进出口业务及相关配套业务。因此，陈锡联任职爱迪士上海公司所获取收入只有涉及中央式管道的洗尘、清洁部分的收入方属于法博洋公司可请求纳人公司归入权范畴的数额。对此收人的具体数额，法博洋公司、陈锡联均未举证证明，根据北京市高级人民法院调取的证据显示，在2007年7月1日至2009年1月，陈锡联在爱迪士上海公司申报的工资额为1,799,877.22元。鉴于法博洋公司2007年开业以来直至2008年均处于亏损状态且2009年未年检的事实状态，两公司规模不一样，重合的范围仅有一种，故本院酌定法博洋公司涉及中央式管道的洗尘、清洁部分的业务收人为人民币20万元。综上，针对法博洋公司的第一项诉讼请求，合理部分，本院予以支持；超出部分，本院不予支持。

【慎用规章制度规定竞业限制条款】

江阴市新昶虹继电有限公司与方春红竞业限制纠纷上诉案[江苏省无锡市中级人民法院（2012）锡民终字第0723号民事判决书（《人民司法·案例》2013年第14期）]，用人单位与劳动者之间竞业限制的约定必须具体、明确，用人单位依据规章制度中关于竞业限制的规定来追究劳动者竞业限制违约责任的，人民法院不予支持。本案的争议焦点是方春红是否应当承担竞业限制义务？对负有保密义务的劳动者，用人单位可以在劳动合同或者保密协议中与劳动者约定竞业限制条款，也就是说竞业限制是基于用人单位与劳动者的约定产生，没有约定则劳动者无须承担竞业限制义务。本案中，新昶虹公司与方春红签订的劳动合同对竞业限制没有约定，只是在作为合同附件的规章制度及劳动生产纪律中规定了竞业限制内容，但制定规章制度及劳动生产纪律主要是用人单位单方面的行为，虽然在制定过程中有很多程序上的限制，但用人单位仍然享有比较大的自主权；竞业限制的对象、范围、地点等事项因劳动者的个体差异而不同，不应通过一般的方式诸如并非针对个别事务处理的规章制度等来事先规定，而应该由用人单位与劳动者个别协商，所以新昶虹公司通过劳动合同附件——规章制度及劳动生产纪律的方式来规定竞业限制，对方春红并无约束力。

【公司高级管理人员离职后竞业禁止的认定】

上海水生环境工程有限公司诉谢平损害公司利益赔偿案[上海市第二中级人民法院（2011）沪二中民四（商）终字第1341号民事调解书]，公司高级管理人员离任以后，不能完全免除其对公司的竞业禁止义务，对于其离职后经营的同类业务确系其在公司任职期间接洽、联系，或者确实利用了其在公司任职期间的职务或者影响的，可以认定其违反了竞业禁止义务，该高级管理人员应当对此承担相应的赔偿责任。

本案中，谢平在担任水生公司总经理期间，作为公司的高级管理人员，对公司负有忠实义务和竞业禁止义务，不得自营或者为他人经营与所任职公司同类的业务。谢平不顾法律和公司章程的规定，在水生公司设立后仅4个多月便设立了与水生公司经营同类业务的水大公司并担任法定代表人，这一行为本身与其所负有的上述义务并不相适应。故无论水大公司在谢平任职期间是否从事经营活动，事实上该公司与水生公司确实形成了一定的竞争关系，产生了谢平的自身利益与公司利益相冲突的情况。但是公司的设立与注销，属于行政管理的范畴，非为民事诉讼管辖，故水生公司诉请注销水大公司，法院难以支持。谢平在任职期间注册成立与水生公司经营同类业务的水大公司在先；谢平离职后，又立刻开始在水大公司经营同类业务，在半年多的时间内经营工程项目多达13个（19个项目除外）；现水生公司亦已举证证明水大公司现在经营的部分项目，确系谢平在水生公司担任总经理期间接洽、联系，水生公司为这些项目曾支出一定的费用，据此可以认定谢平不当使用了其在水生公司任职期间产生的影响，损害了水生公司的利益，应该承担一定的赔偿责任。

【公司实际控制人在经营管理公司期间经营与公司同类业务并与公司进行交易，损害公司利益的，构成侵权】

西宁喜丰农业科技服务有限责任公司诉张镇华等损害公司利益案[青海省西宁市中级人民法院（2009）宁民二初字第81号民事判决书]，根据工商登记档案的记载，胡良、胡象岩、陈红霞、胡晓东和王茜系喜丰公司的合法股东，张镇华、胡玉林为喜丰公司实际经营管理人，喜丰公司因张镇华、胡玉林在实际经营管理公司期间损害公司利益而要求其二人返还公司财产、文件资料的诉讼请求成立，应予支持。张镇华、胡玉林在实际经营管理公司期间经营与公司同类业务，违背了忠实义务，损害了公司利益，但喜丰公司未能提供证据证明相关损害后果。其所主张的200万元的损失，即张潇所有的两套房产，因其未能提供证据证明该两套房产系张镇华、胡玉林用喜丰公司的经营利润所购买，故其该项诉讼请求不能成立，本院不予支持。

【公司董事的竞业禁止义务】

福建亚通公司等诉刘道敏等与公司有关的纠纷案［辽宁省沈阳市中级人民法院（2006）沈中民四权初字第1号民事判决书（《人民司法·案例》2007年第10期）］，竞业禁止义务作为忠实义务的重要派生义务，在制约董事滥用职权、谋取私利方面发挥着重要作用。只有正确理解竞业禁止义务的内涵及产生的法律后果，才能保障公司利益和董事经济自由权二者之间的平衡。

【公司高级管理人员经公司盖章认可自行设立与会司经营范围基本相同的其他公司，并利用职务便利使公司与该其他公司签订买卖合同，该合同应认定无效】

无锡微研有限公司诉徐乃洪等买卖合同纠纷案［江苏省无锡市滨湖区人民法院（2006）锡滨民二初字第0810号民事判决书］，我国《公司法》规定了公司高级管理人员对公司的忠实、勤勉义务和竞业禁止义务，本案原告微研公司的章程也规定了公司高级管理人员的竞业禁止义务。本案被告作为原告公司的高级管理人员违反公司章程规定，未经公司股东会或股东大会同意，自行设立与所任职公司经营范围基本相同的其他公司，并利用职务便利使公司与其自行设立的公司订立买卖合同，根据我国《公司法》第一百四十八条、第一百四十九条（编者注：现为该法第一百四十七条、第一百四十八条）和《合同法》第五十二条规定，应当认定该买卖合同无效。原告公司对被告设立其他公司的认可不能等同于公司股东会或者股东大会的意见。

【经理在任职期间，与他人共同出资设立与任职公司营业相同的公司，且又对新设立公司具有经营管理权的，违反了竞业禁止义务】

北京某房地产开发有限公司诉苏某某损害公司利益案［北京市第一中级人民法院（2005）一中民终字第12260号民事判决书］，《公司法》第六十一条（编者注：现为该法第一百四十八条）第一款规定："董事、经理不得自营或者为他人经营与其所任职公司同类的营业或者从事损害本公司利益的活动。从事上述营业或者活动的，所得收入应当归公司所有。"本案中，苏某某在担任某房地产公司常务副总经理职务期间，与他人共同出资设立了某置业公司，并在该公司担任监事职务，而某置业公司与某房地产公司的经营范围属于同类的营业。根据某置业公司章程规定，苏某某作为某置业公司的股东，其享有对某置业公司经营决策等重大事项的表决权；其作为某置业公司的监事，享有检查公司财务和对董事、经理执行公司职务进行监督的权利。苏某某辩称其虽然在某置业公司有投资，但并未参加实际的经营管理。对此，本院认为，因苏某某未提供证据证明其该项辩称理由，且其依据某置业公司章程的规定享有该公司的经营管理权，故其存在自营或者为他人经营与其所任职的某房地产公司同类营业的行为。根据上述法律规定，苏某某的行为违反了董事、经理的竞业禁止义务，其在某置业公司的所得收入应当归某房地产公司所有。某房地产公司的上诉理由成立，本院予以采信。但某房地产公司未提供证据证明苏某某在某置业公司取得了收入，其主张苏某某赔偿其经济损失亦无事实和法律依据，故对其上诉请求本院不予支持。

【如何理解离职以后竞业禁止的限制】

上海申茂电磁线厂诉王龙宝、上海胜茂线材有限公司等损害公司利益案［上海市第一中级人民法院（2003）沪一中民三（商）终字第399号民事裁定书］，原告的原副董事长兼经营厂长，在任职期间和离任之后与他人共同设立三家公司，其均为法定代表人，原告据此认为原副董事长兼经营厂长经营与其同类业务，损害了公司的利益，违反了竞业禁止的规定，要求停止侵权行为。本案探讨的主要是对竞业禁止的"同类营业"的理解、离职以后的竞业禁止的限制。

《公司法》第六十一条（编者注：现为该法第一百四十八条）第一款规定：董事、经理不得自营或者为他人经营与其所任职公司同类的营业或者从事损害本公司利益的活动。从事上述营业或者活动的，所得收入应当归公司所有。违反竞业禁止，首先必须有经营的行为，本案被告胜茂公司、被告上海贯龙公司虽于被告王龙宝任原告董事期间设立，但设立后是否经营以及是否获有收入，举证责任在原告，现原告所提供的证据不足以证实被告胜茂公司、被告上海贯龙公司经营了同类产品，及该经营产生了损害其利益的后果，故原告要求被告胜茂公司、被告上海贯龙公司停止生产销售原告企业的同类产品的请求，法院不予支持，对有关赔偿金的请求因无法律依据，法院亦不予支持。根据《公司法》，竞业禁止的时间是固定的，为董事、监事或经理在任职期间，对离任义务未作规定，被告太仓贯龙公司设立经营时，被告王龙宝已辞去经营厂长的职务，并离开原告处，事实上已不履行副董事长的有关职权，故被告太仓贯龙公司的设立不是于被告王龙宝任职期间。因此，被告太仓贯龙公司的设立、运营不构成对原告的竞业禁止侵权，故原告要求被告太仓贯龙公司停止生产销售原告企业的同类产品的请求，不予支持，由于被告太仓贯龙公司不存在竞业禁止侵权行为，故原告对赔偿款的请求，法院亦不予支持。原告要求被告王龙宝停止其竞业禁止侵权行为，并赔偿 30 万元，法院不予支持。

【自然人先后成立了经营范围相同的有限公司，应当依据在先成立的法人章程规定的其作为高管竞业禁止的内容而承担赔偿责任】

秦皇岛爱迪电力技术有限责任公司诉高俊华等损害公司权益案［河北省秦皇岛经济技术开发区人民法院（2003）秦开经初字第 588 号民事判决书］，本案中双方当事人的争议焦点是三自然人被告是否具有同原告爱迪公司的竞业禁止义务以及被告龙迪公司是否应承担连带责任。以三自然人被告为股东而投资设立的被告龙迪公司与原告爱迪公司的经营范围基本相同已得到确认，三自然人被告是否构成侵权的关键是其是否具有竞业禁止义务。司法实践中的竞业禁止义务通常包括法定竞业禁止义务和约定竞业禁止义务两种情形，《公司法》第六十一条（编者注：现为该法第一百四十八条）规定的法定竞业禁止义务是指董事、经理在任职内所应遵守的竞业禁止义务，按通常理解不包含离职后的竞业禁止义务，尽管双方当事人对于三自然人被告于 2003 年年初成立被告龙迪公司以后是否仍具有原告爱迪公司的董事身份各执一词，但因三自然人被告高俊华与焦国君、金德良分别于 2002 年 7 月、2003 年年初（被告龙迪公司成立之前）离开原告爱迪公司后一直未回爱迪公司履行董事、经理职责的事实双方没有争议，故无法依据《公司法》第六十一条（编者注：现为该法第一百四十八条）认定三自然人被告具有当然的法定竞业禁止义务。由包括三自然人被告在内的原告爱迪公司股东签署的公司章程第八条和第九条规定的关于股东（无论是任职内还是离职后）终生不得经营同业的内容尽管因违反相关法律规定而应确认为无效，但根据本案的实际情况，考虑到双方缔约的初衷和过程，三自然人被告在离开爱迪公司后的一段合理时间内应受竞业禁止义务的限制，因此三自然人被告于 2003 年 2 月出资设立被告龙迪公司进行与爱迪公司同业经营的行为应属受禁止的行为，应对其侵权行为承担民事责任。

【法定代表人的行为已经董事会讨论决定，属于公司集体行为，不是个人行为，不能要求其承担赔偿责任】

叶建民诉惠州市新世纪建化有限公司财产损害赔偿纠纷案［广东省惠州市中级人民法院（2002）惠中法民一终字第 322 号民事判决书］，根据《公司法》的规定，董事、监事、经理应当遵守公司的章程，忠实履行职务，维护公司利益，不得利用在公司的地位和职权为自己谋取私利；执行公司职务时违反法律、行政法规或者公司章程的规定，给公司造成损害的，应当承担赔偿责任。上诉人在担任公司董事长期间，其所在公司与深圳日泰公司和山东临沂亚特有限公司购买的机械设备虽为假冒伪劣产品或缺少税务发票，但上诉人为法定代表人的公司在为该多次行为之前分别均已经董事会讨论决定，并且经多人操作共同实施，属于公司集体的行为，而不是上诉人的个人行为；上诉人的行为又无违反法律或公司章程的情形，况且被上诉人并无证据证实上诉人在该行为中有为自己谋取私利的事实；因此，被上诉人主张应由上诉人承担损失赔偿责任没有依据。

【公司的董事投资兴办其他公司，经营与任职公司相同的业务，违反了竞业禁止的规定】

上海凯普登工业气体设备有限公司诉许才林侵权赔偿纠纷案［上海市浦东新区人民法院（1999）浦经初字第 4879 号民事判决书］，根据法律规定，公司董事、监事、经理应当遵守公司章程，忠实履行职务，维护公司利益，不得利用在公司的地位和职权为自己牟取私利；董事、经理不得自营或者为他人经营与其所任公司同类的营业或者从事损害本公司利益的活动。被告在担任原告执行董事兼法定代表人期间，又与妻子和儿子三人投资兴办另一公司并担任法定代表人，经营与任职公司基本相同的业务，违反了法律规定的忠诚义务和竞业禁止义务，依法应承担相应的法律责任。被告投资设立上海凯普登气体设备有限公司，该公司侵犯了原告的企业名称权，被告个人也违反了竞业禁止的规定，虽然原告向上海市第二中级人民法院以侵犯企业名称权为由起诉上海凯普特气体设备有限公司，请求赔偿的损失，与原告向本院以违反竞业禁止规定起诉被告许才林请求赔偿的损失计算依据相似，但由于两个案件的诉讼主体、案件事实、案由不同，且侵犯企业名称权诉讼的处理是以被告企业名称受到侵害而产生的损失作为赔偿的依据，而本案是以许才林违反竞业禁止义务的所得收入作为处理的依据，故侵犯企业名称权诉讼和本诉构成两个独立的诉讼。根据法律规定，公司董事、经理违反竞业禁止规定，所得收入应当归公司所有。

【监事离开原公司后开设与原公司经营范围相同的新公司，没有违反竞业禁止义务】

上海晶人玻璃机械有限公司诉姚某某公司高级管理人员损害公司利益赔偿纠纷案，公司董事、监事、高级管理人员对公司负有忠实和勤勉义务，董事、高级管理人员不得未经股东会或者股东大会同意，利用职务便利为自己或者他人谋取属于公司的商业机会，自营或者为他人经营与所任职公司同类的业务。原告向被告主张收入归入权及损害赔偿请求权，应当举证证明被告符合公司法规定的董事、高级管理人员的主体身份，并且违反了对公司所负的诚信义务即忠实、勤勉义务，其中高级管理人员是指经理、副经理、财务负责人等。由于被告在晶人公司担任监事，根据公司法相关规定，公司的董事、高级管理人员不得兼任监事，故尽管原告曾授权被告以副总经理的身份进行商业活动，但不能认定被告系原告的副总经理，因此，被告不具备公司高管人员的身份，况且被告设立艾吉提姆公司时已不在原告处任职，故对原告无竞业禁止的义务。至于被告作为监事对原告所负的忠实、勤勉义务，是针对被告是否尽到监督职责而言的，公司法并未对监事篡夺公司商业机会行为及竞业行为作禁止性规定。公司法对监事会制度的规定，目的是为强化对公司经营权的监督，公司董事和高级管理人员属于经营权执行者，规定董事、企业高管不得兼任监事，目的也在于强调监督权与经营权的分离。原告只有对被告怠于行使或不当行使监督职责进行问责，而不能对被告是否实施竞业禁止行为主张归入权和损害赔偿请求权。此外，原告提供的证据对被告在艾吉提姆公司的收入、原告的经济损失等尚不能予以充分证明。

2. 禁止自我交易等其他忠实义务

【公司高级管理人员违反忠实义务损害公司利益的认定】

客贝利（厦门）休闲用品有限公司诉夏涛等损害公司利益责任纠纷案［福建省厦门市中级人民法院（2014）厦民终字第2136号民事判决书］，1. 在公司章程未作规定的情况下，总经理助理不属于高级管理人员。2. 公司的高级管理人员不在原公司履行职务后，另设公司经营与原公司同类业务的行为是否应予禁止以及是否对原公司造成了损害，应以高级管理人员是否谋取了原公司的商业机会以及是否对原公司负有忠实义务为前提。3. 判断公司高级管理人员是否存在违反对公司忠实义务的行为，应以该高级管理人员是否实际利用了在公司任高级管理人员职务的便利为前提。4. 如果公司的高级管理人员实际未在公司履行高级管理人员职务并已在为其他公司进行服务，且公司对此予以认可的，根据公平原则，公司应不得再要求该高级管理人员对公司负忠实义务。

【公司总经理违背忠实义务侵犯公司的商业机会的，应当赔偿损失】

中冶全泰（北京）工程科技有限公司诉丛爱民等公司高级管理人员损害公司利益赔偿案［北京市第一中级人民法院（2010）一中民终字第10249号民事判决书］，丛爱民是否违反了忠实义务，侵犯了全泰公司商业机会。本案中，涉案项目的谈判与签约活动均发生于丛爱民担任全泰公司总经理职务期间，并且丛爱民动用了全泰公司的物力、人力资源参与了涉案项目的缔约过程，同时，涉案项目又与全泰公司的经营活动密切相关，由此取得的商业机会理应属于全泰公司的商业机会。丛爱民作为全泰公司的总经理，挪用了公司资金成立了与全泰公司具有同类营业的京泰公司，并在未经全泰公司股东会同意，亦未举证证明全泰公司曾明确表示放弃该商业机会，或全泰公司因其他原因无法利用该商业机会的情况下，操纵其作为控股股东的京泰公司与ATIBIR公司签署涉案项目，违反了我国《公司法》的前述规定，构成了对全泰公司商业机会的侵犯，应对其违反忠实义务的侵权行为向全泰公司承担赔偿责任。

全泰公司的损失赔偿以及赔偿责任的认定问题。丛爱民作为全泰公司的高级管理人员，违背了其对公司的忠实义务，侵犯了全泰公司的商业机会，使得全泰公司投入大量资源取得的商业机会成为京泰公司的盈利业务，理应就此赔偿全泰公司的预期收益损失。关于涉案项目的利润率问题，根据法院查明的案件事实，在京泰公司与ATIBIR公司签署涉案合同之前，全泰公司已经实现了与包括唐山贝氏体钢铁公司、唐山安泰钢铁有限公司、唐山国丰钢铁有限公司、天津达亿钢铁有限公司、秦皇岛百工轧钢有限公司、泰山钢铁有限公司、唐山天柱钢铁有限公司等多方的合作。丛爱民作为全泰公司总经理，理应负责主持公司的生产经营管理、组织实施公司经营计划及投资方案等各项工作，在此情况下，丛爱民参考全泰公司的上述业绩的经验，在2008年3月20日宣武公安分局刑侦支队对其讯问笔录中自述涉案项目的预计利润为15%，应当具备真实性与合理性。并且，从京泰公司提供的佣金协议中对涉案合同利润率的描述情况，也可以印证丛爱民自述利润率的合理性。因此，一审法院根据丛爱民自述的利润率，结合涉案项目的合同价款以及判决作出之日的美元汇率，酌定全泰公司的预期利益损失，并以此作为确定赔偿金额的标准，并无不当，本院对此予以支持。

【谋取属于公司的商业机会的认定】

浙江省宁波市科技园区新华信息技术有限公司诉徐利建等与公司有关的纠纷案［浙江省宁波市鄞州区人民法院（2007）甬鄞民二初字第2号民事判决书（《人民司法·案例》2008年第8期）］，公司放弃商业机会或者第三人不愿和该公司合作的，公司高级管理人员获得商业机会不属于谋取公司的商业机会。对公司高级管理人员非恶意的、对公司具有非损害性的竞业行为，公司无归入权和请求赔偿权。

徐利建是否谋取了本属原告公司的商业机会？1993年12月29日通过的《公司法》第五十九条只规定公司高管的忠实义务，未规定“谋取公司的商业机会”这一概念，但由于公司高管的忠实义务实际上包括了公司高管不得谋取公司的商业机会等具体内容，故仍可适用1993年12月29日通过的《公司法》有关公司高管忠实义务的规定来处理本案，但在具体适用时可参照2005年10月27日修订通过的《公司法》第一百四十八条、第一百四十九条第一款第（五）项的规定（编者注：现为该法第一百四十七条、第一百四十八条）。本案中，由于原告与交投公司未直接签订过合同，作为与万达公司合作方的原告，在万达公司与交投公司的合同终止后，在理论上虽具有获得与交投公司再行签订合同的商业机会，但是，法院认为原告已不存在商业机会。理由是：（1）根据金惠亮的陈述，由于原告和万达公司的合同在履行中，万达公司已无力开发完成该项目，故交投公司与万达公司的合同终止，此后在商谈中，原告法定代表人孙云福表示其也无力开发，要求退出该项目，而徐利建同意开发该项目，故是原告放弃了商业机会；（2）被告交投公司表示因为原告曾与万达公司合作参与过宁波交通信息网络系统开发这一项目，但因原告不能按期顺利完成，致使原告与万达公司的合同解除。而交投公司也不满意原告原来的工作，至此，原告在该项目上已失去了交投公司对其的信任，原告在该项目上已不存在商业机会；（3）从2004年10月交投公司与万达公司终止合同，万达公司又与原告终止合同，至原告提供的录音材料中关于原告法定代表人孙云福与徐利建间进行通话的2005年8月，在这将近一年的时间里，无证据证明原告在向交投公司争取该项目的商业机会，争取与交投公司签订合同，交投公司也未向原告表示要与原告合作，而该项目又是有履行期限的项目，不可能无期限地拖延，这也说明原告在该项目上已没有商业机会。

即使原告并未放弃商业机会，而在交投公司不愿与原告公司合作的情况下，作为公司高管的徐利建在获得商业机会后是否还需要履行一定的程序如实向原告进行披露，对此，法律并未明确规定。在这个问题上，被告认为，根据金惠亮的说法，原告已放弃商业机会且已知道该商业机会由徐利建组建的新华利邦公司获得，故徐利建没必要再向原告进行披露。原告认为原告并未放弃商业机会，原告还有获得商业机会的可能，徐利建获得商业机会后，应向原告进行披露，否则损害了原告的权益。法院认为，参照2005年10月27日通过的《公司法》第一百四十九条第一款第（五）项规定（编者注：现为该法第一百四十八条），认定高管是否谋取商业机会，只要证明交投公司已不愿与原告合作（原告也无相反证据证明交投公司的表示是不真实的），原告已经失去商业机会，从而认定被告徐利建自然获得了商业机会，并非是向原告夺取所谓的本属原告的商业机会，被告徐利建的行为并未损害原告的权益，不构成侵权。如果交投公司不愿与原告合作，原告又不能拥有商业机会，在此情况下仍不容许徐利建去获得和利用商业机会的话，则是对公司高管忠实义务的极端理解，会造成社会资源的浪费。当然徐利建作为原告公司的高管，在取得该商业机会后，未向原告披露，而是向原告隐瞒实情，有违公司高管的忠实义务，这种做法是不妥当的，但并未对原告造成损失，故徐利建不应承担经济赔偿责任。

【两家公司转让商标时，第三人同时是两家公司的股东和法定代表人，此时转让商标的行为，不是转让人公司的真实意思表示，损害了该公司的正当利益】

北京世都百货有限责任公司诉北京世都同盟商业管理有限公司商标转让合同纠纷案［北京市第一中级人民法院（2000）一中知初字第14号民事判决书］，注册商标专用权是一种民事权利，其转让是作为平等民事主体的注册商标专用权人与受转让人之间的民事法律行为，受民事法律的调整。商标行政管理部门的核准既是行政机关对注册商标的管理行为，也是对这种转让行为的确认，但是商标行政管理部门的这种行政行为并不能改变注册商标专用权的民事权利的性质，也不能改变转让注册商标专用权的行为的民事法律行为性质。平等的民事主体之间在为民事法律行为时，必须符合法律的规定，应当公平地考虑对方当事人的正当利益，并不得损害国家、集体和他人利益。本案中，第三人胡镇江在世都同盟公司与世都百货公司达成无偿转让“世都”注册商标专用权的口头协议时，既是世都同盟公司的最大的股东、法定代表人又是世都百货公司的股东、执行董事、法定代表人，该转让行为是其在未通知世都百货公司其他股东的情况下决定并由其委托前述二公司的工作人员具体实施。胡镇江作为世都百货公司的股东、执行董事、法定代表人，根据该公司的有关章程，并没有在未通知其他股东的情况下，转让该公司注册商标专用权的权力，因此，胡镇江的行为不能代表世都百货公司，其以世都百货公司的名义所为的转让“世都”注册商标专用权的行为，不是该公司的真实的意思表示。由于胡镇江是世都同盟公司的最大股东、法定代表人，该公司对胡镇江不能代表世都百货公司转让“世都”注册商标专用权的情况应认为是明知的，而该公司在明知的情况下仍接受该无偿转让，该公司的行为损害了世都百货公司的正当利益。世都同盟公司与世都百货公司作为在工商行政管理部门注册的法人，其所达成的转让“世都”注册商标专用权的口头协议，虽然在形式上合乎法律的规定，但该转让行为并不是世都百货公司的真实的意思表示，该转让行为损害了世都百货公司的正当利益，应为无效民事行为，世都同盟公司与世都百货公司之间的口头转让“世都”注册商标专用权的协议为无效协议。世都同盟公司应承担将“世都”注册商专用权标返还给世都百货公司的民事责任。

第一百四十九条 【董事、监事、高管人员的损害赔偿责任】 董事、监事、高级管理人员执行公司职务时违反法律、行政法规或者公司章程的规定，给公司造成损失的，应当承担赔偿责任。

相关案例

【损害公司利益赔偿范围的认定】

李建军诉夏敏损害公司利益赔偿案[北京市第二中级人民法院(2016)京02民终2813号民事判决书],损害公司利益责任纠纷,是指公司股东滥用股东权利或者董事、监事、高级管理人员违反法定义务,损害公司利益而引发的纠纷。龙城飞公司与维卡公司之间的买卖合同利润应属于龙城飞公司的经营所得,依据龙城飞公司订立的《北京龙城飞工贸有限公司关于成立销售部及销售政策》,所产生的型材销售利润由公司与销售部按四六分配的规定。故李建军关于夏敏违反忠诚义务和勤勉义务,其私自购进维卡公司型材的销售利润应当全部归公司所有的上诉意见,没有事实依据,对此不予支持。根据案外人维卡公司向北京市公安局大兴分局经侦大队提交的情况说明,2008年3月至11月,龙城飞公司向维卡公司购买共计1,107,041.85元的货物。一审法院结合《维卡公司塑料门窗型材价格表》中载明的维卡公司给龙城飞公司相关型材的出厂价格及《北京龙城飞工贸有限公司关于成立销售部及销售政策》中的相关规定,计算出涉案型材所产生的归属于龙城飞公司的利润金额。夏敏在其担任龙城飞公司总经理职务期间,未为龙城飞公司建立真实合法的财务会计账目,且未提交证据证明龙城飞公司关于涉案型材的真实销售情况,故应当对龙城飞公司的损失承担相应的责任。夏敏关于其未损害公司利益及一审法院计算归属于公司利润金额有误的上诉意见,因无事实依据,对此不予支持。

【公司法定代表人违反公司章程的管理行为应认定为违反了公司高管的忠诚、勤勉义务】

四川省安泰建设有限责任公司诉王天雄等侵害企业出资人权利纠纷案[四川省盐亭县人民法院(2013)盐民初字第1042号民事判决书(四川高院首次发布商事审判典型案例之五)],四川安泰公司是各个出资人出资组建成立并依法登记的由自然人投资或控股的有限责任公司。被告王天雄经公司股东会、董事会民主选举担任公司董事长,作为公司的法定代表人依照公司章程所赋予的职权对内行使公司行政事务管理、重大事务的组织商讨的谋划和决策,对外按照公司章程所规定的议事程序和职责依法按章程所规定的民事权利和义务履行应尽职责。公司的章程是经公司出资人即全体股东集体研讨形成的决议,是对全体出资人的权利和义务保障和约束的制度体现,该章程对公司的全体股东或出资人具有普遍约束力。被告王天雄作为公司的法定代表人,公司章程制定的组织和决策者之一,其权利和义务的行使应以维护公司合法利益、有利公司发展为前提,不得有损害公司或出股人的合法利益为限。被告王天雄在担任公司法定代表人期间,未经公司董事会集体讨论决定,擅自违法将公司承建的北川富尔诺生态农业有限公司发包的培训、研究、加工及销售中心工程转发给无建筑资质的自然人刘永刚个人承建,并擅自违反公司章程的规定以公司法定代表人的身份为刘永刚个人提供担保,事后也未向公司出资人或董事会讨论追认其行为,导致刘永刚在承建上述工程期间,对外发生租赁、买卖、借贷等民事行为。被告王天雄作为公司的法定代表人在发生上述转包事宜后,也未切实履行对该工程质量、账务的掌控和监管,致使工程资金被刘永刚个人控制和使用而引发诉讼。四川安泰公司因违法转包,其时任公司董事长王天雄以公司法定代表人的身份为刘永刚个人提供担保,原告四川安泰公司依法在诉讼中对刘永刚在承担工程期间,对外产生的租赁、借贷等民事行为的法律后果承担民事赔偿责任。刘永刚作为上述工程的实际施工人,其个人财产也被人民法院查封、拍卖,现下落不明。原告四川安泰公司因被告王天雄的个人行为对因刘永刚在承建工程期间产生的对外借贷、买卖等民事行为应承担民事责任代为偿付后也无法实现追偿。被告王天雄的个人行为严重损害了原告四川安泰公司及公司出资人的合法利益,应由被告王天雄对其行为后果承担赔偿责任。原告四川安泰公司请求被告王天雄赔偿在担任法定代表人期间违法转包、担保造成的损失的诉讼请求符合法律规定,本院予以支持。

【公司高级管理人员违反勤勉义务的司法认定】

重庆东亚防水建材有限公司与杨桂泽劳动合同纠纷上诉案［重庆市第一中级人民法院(2012)渝一中法民终字第4533号民事判决书(《人民司法·案例》2013年第6期)］，公司以高管违反勤勉义务为由将高管诉至法院，要求其承担赔偿责任。因公司法未明确高管勤勉义务的具体内容，法院只能通过高管职责范围及应负的合理监督义务来确定高管勤勉义务的具体内容，从而认定高管是否应当承担相应的赔偿责任。

【公司不按规定披露的，该公司及其直接责任人员可构成违规不披露重要信息罪】

于在青隐瞒上市公司为他人提供担保的重要信息构成违规不披露重要信息罪案［江苏省扬州市邗江区人民法院(2012)扬邗刑初字第0005号刑事判决书］，依法负有信息披露义务的公司、企业对依法应当披露的重要信息不按规定披露，严重损害股东或者其他人利益的，构成违规不披露重要信息罪，对公司直接负责的主管人员和其他直接责任人员判处三年以下徒刑或者拘役，并处或者单处罚金。

【高管操控下公司间债务转移协议效力的认定标准】

智途公司与帝红能公司债务转移纠纷上诉案［上海市第一中级人民法院(2011)沪一中民四(商)终字第1949号民事调解书(《人民司法·案例》2012年第14期)］，在对公司高管操控下共同经营公司之间债务转移协议的效力认定时，主张债权人应该承担原始债务客观存在以及债务发生转移的举证责任；债务转移协议已经由公司签章确认，可以认定属于该公司意志对外的有效行使，公司的内部规范不能作为对抗已经行使的外部意志的依据；对于高管确实存在恶意转移公司债务侵犯公司利益的行为，公司或股东可以依据公司法的具体规定，向公司高管提起侵犯公司利益之诉。

【勤勉义务规则的司法适用】

北京怡和百生科贸有限公司诉刘秋曼损害公司利益责任纠纷案［北京市东城区人民法院(2011)东民初字第00883号民事判决书(《人民司法·案例》2012年第2期)］，本案中，刘秋曼作为北京怡和公司的法定代表人、执行董事，只有在执行职务时违反对公司的忠实和勤勉义务，违反法律、行政法规或者公司章程的规定，给公司造成损失的，才承担赔偿责任。而依据双方提交的公司章程、借款单、报销单、财务欠款单等证据及当庭陈述，刘秋曼从北京怡和公司借款，并以招待费、差旅费、会议费等支出冲抵借款及签单同意报销了为神华神东煤炭集团有限责任公司试制监理服装的相关费用等行为属于职务行为，相关证据未能证明刘秋曼违反了对公司的忠实义务和勤勉义务，也未能证明刘秋曼有违反法律、行政法规或者公司章程的行为，故对此项借款及损失刘秋曼不应承担偿还及赔偿责任。对于江苏百生公司在捐赠抗震救灾棉衣业务中的损失费用，是由于政府部门相关文件的变化，并非刘秋曼在执行职务时违反相关义务而给公司造成的损失，且北京怡和公司并未支出此笔费用，故刘秋曼亦不应承担赔偿责任。

【违反忠实义务，可构成背信损害上市公司利益罪】

王忠信背信损害上市公司利益案［陕西省高级人民法院(2010)陕刑二终字第20号刑事裁定书］，上诉人王忠信身为上市公司杨凌秦丰农业科技股份有限公司董事长，违背对公司的忠实义务，利用职务上的便利，操纵上市公司无偿向其他单位和个人提供资金且没有追回，致使上市公司利益遭受特别重大损失，其行为已构成背信损害上市公司利益罪，应依法予以惩处。

【公司总经理消极不作为的侵权】

薛雯与北京国际艺苑有限公司损害公司利益纠纷上诉案［北京市第二中级人民法院(2008)二中民终字第03331号民事判决书(《人民司法·案例》2010年第2期)］，公司的高级管理人员应当遵守法律、行政法规和公司章程，对公司负有忠实义务和勤勉义务。总经理应按公司章程的规定，组织领导公司的日常经营管理工作，直接对董事会负责，执行董事会的各项决定。其不及时向第三方交付董事会决议从而导致公司利益受损，是消极不作为的侵权，公司高级管理人员执行职务时违反法律、行政法规或者公司章程的规定，给公司造成损失的应当承担赔偿责任。

【有限公司因经营决策失误而导致亏损，随后公司以高级管理人员存在不负责任行为损害了公司利益为由要求其承担损失赔偿责任的，不予支持】

云南鑫和泰药业有限公司诉周志飞公司经理损害公司利益案[云南省昆明市盘龙区人民法院(2007)盘法民三初字第541号民事判决书]，原告作为依法登记领取营业执照的有限责任公司，应依法对它的法定代表人和其他工作人员的经营活动，承担民事责任，并向为其工作的人员支付工资。本案中原告虽未书面任命被告为公司总经理，但原告认可被告为公司总经理，而被告也以公司总经理的名义在公司领取工资和薪金，处理公司事务，被告已事实上成为了原告公司的总经理。大黄藤合作种植项目在原告公司经营范围内，原告法定代表人胡智丰同意该项目的实施，从原告公司与合作者伊莉签订的合同看，所有合同均盖有胡智丰的印鉴，原告法定代表人对签订合作合同是明知且认可的，公司营销人员的薪金表由原告财务总监制表，监事审核、董事核发，并非被告周志飞私自决定。被告实施的经营行为，经法定代表人同意，并在董事、监事的监督下进行，所有经营收入都已交付公司，无证据证明被告周志飞在经营过程中有违法行为。公司营销人员系公司职员，在完成约定的工作任务后，公司应向其支付薪金，而不是由总经理承担支付义务。原告经营方针失误导致的亏损，应由公司自行承担。公司职员离开公司，并不代表公司可以不向其支付应付的薪金，原告以被告作为公司经理擅离职守致使公司工作人员纷纷离开为由，要求被告承担原告应付的职工薪金的诉讼请求，无事实和法律依据，本院不予支持。

【公司董事以发奖金的名义将公司违法所得私分，公司监事明确表示不予起诉的，其他股东可以提起股东代表诉讼】

李孝忠等诉金荣中等公司董事、监事、高管人员损害公司利益赔偿纠纷返还公司财物案[重庆市南川区(市)人民法院2006年9月18日民事判决书]，公司股东在公司监事不起诉的情况下以自己的名义起诉符合《公司法》第一百五十二条(编者注：现为该法第一百五十一条)股东代表诉讼的条件。依照《公司法》第一百五十条(编者注：现为该法第一百四十九条)的规定，董事、监事、高管人员在执行公司职务时违反法律、行政法规或者公司章程的规定，给公司造成损失的，应当承担赔偿责任。只是公司因犯偷税罪被法院判处罚金的经济损失的赔偿责任应由直接行为人和直接决策者金荣中个人承担。同时被告张定忠、程康和王庭贵以发奖金和补助的名义分得的违法所得依照《公司法》的规定应退还给公司。

【公司聘用的高级管理人员或财务人员在被解聘以后，如何举证证明其在履行职务期间是否实际控制了公司的印章、证照及财务资料等，且被解聘后还实际占有了上述公司财物没有交还】

南京埃玛克化学有限公司诉李笃祥等侵害公司权益案[南京市江宁区人民法院(2005)江宁民二初字第511号民事判决书]，上诉人李笃祥系埃玛克公司聘用的总经理，负责公司生产经营管理工作；上诉人鹿杰系埃玛克公司聘用的财务部长，负责公司财务，依据《合同法》《会计法》《会计档案管理办法》等相关法律法规以及埃玛克公司章程对经理、财务负责人的职权以及财务制度的有关规定，结合实践中公司内部机构运作的惯例，可以认定李笃祥、鹿杰在任职期间，依据职务身份，为履行职务需要，实际控制、保管了埃玛克公司的公章、合同章、财务专用章、质检章、法定代表人印章、营业执照、土地使用权证、税务登记证以及财务资料，对此，被上诉人无须另行举证证明其将上述财产交给两上诉人保管。现两上诉人的职务已被解除，并已经实际离开公司，应当办理交接手续，将其控制、保管的上述公司财产交还。李笃祥、鹿杰以其并未实际控制、保管上述公司财产为由进行抗辩，与公司章程、有关法律规定及实践中公司运行的惯例相悖，其应当提供相应的证据证明上述公司财产实际并不由其控制、保管而是由他人控制、保管，而其未能履行举证义务，应承担不利的法律后果，其抗辩理由不能成立，本院不予采纳。被上诉人埃玛克公司提供了和解协议、上诉人提交给法院的盖有公司公章的证明等证据，证明两上诉人实际控制、占有了上述公司财产，两上诉人以股东之间存在利害关系进行抗辩，本院认为，李笃祥作为黄静的代理人，双方之间亦存在利害关系，而且，股东之间的利害关系并不影响和解协议中各方当事人意思表示的真实性，被上诉人提供的两份证据能够互相印证，足以证明截至2004年12月两上诉人仍实际控制、占有上述公司财产，而两上诉人离开公司时并未办理交接手续，应认定其并未向被上诉人交还上述财产，因此，两上诉人应当向被上诉人返还上述财产。

【投资公司的董事不能对其投资成立的公司的高级管理人员提起诉讼】

詹德懿等诉陈蔡春咏等董事损害公司利益、公司知情权、公司盈余分配权案［广东省汕头市中级人民法院(2004)汕中法民四初字第66号民事判决书］，根据《公司法》的规定，董事、经理应当遵守公司章程，忠实履行职务，维持公司利益，不得利用在公司的地位和职权为自己谋取私利，陈蔡春咏作为嘉隆公司的董事长兼总经理是嘉隆公司的高级经营管理人员，与嘉隆公司存在委任关系，应对嘉隆公司负有上述忠实义务。如果陈蔡春咏的行为违反了嘉隆公司章程规定的义务，有权利对其提起诉讼的是受到侵害的嘉隆公司及投资成立嘉隆公司的隆国公司而非嘉隆公司的其他董事个人，《公司法》及嘉隆公司的章程并未赋予董事个人代位公司提起对公司高级管理人员的诉讼。詹德懿、方文雄作为嘉隆公司的离任董事或者隆国公司的股东起诉陈蔡春咏，要求判令陈蔡春咏履行嘉隆公司章程规定的应尽义务，停止损害嘉隆公司利益均缺乏法律依据。况且，在本案中詹德懿、方文雄也未提供证据证明陈蔡春咏存在不履行嘉隆公司章程规定的义务及损害嘉隆公司利益的行为。因此，詹德懿、方文雄要求判令陈蔡春咏履行公司章程规定的应尽义务，停止损害公司利益也缺乏事实依据。

【对总经理任职期间多提奖金的不当行为的认定】

秦皇岛新谊工程有限公司诉章伟云损害公司利益案［河北省高级人民法院(2002)民二终字第130号民事判决书］，对于被告在担任原告公司总经理期间多提奖金的不当行为是否构成越权并侵犯公司利益的问题，需要明确的是被告是否存在越权行为。针对该不当行为，被告辩称有公司董事会的许可，但不能提供证据证明自己的所作所为是经过董事会授权。经法院认定，被告越权处置公司财产的行为，严重损害了公司的利益，被告应对其过分的支付行为，给原告公司造成的损害承担赔偿责任。

【总经理没有撤销公司商标注册申请的职权】

淮安市好人缘酒业有限公司诉郑兆国董事、监事、经理损害公司利益案［江苏省淮安市中级人民法院(2002)淮经终字第35号民事判决书］，董事、监事、高级管理人员应当遵守法律、行政法规和公司章程，对公司负有忠实义务和勤勉义务。总经理作为公司高层管理人员，并没有撤销公司商标注册申请的职权，且行为并未得到公司法定代表人的授权，也没有经过董事会、股东会的同意，侵害了公司的权益。违反了忠实义务，应当对由此造成的公司损失承担赔偿责任。

第一百五十条 【董事、监事、高管人员对股东会、监事会的义务】 股东会或者股东大会要求董事、监事、高级管理人员列席会议的，董事、监事、高级管理人员应当列席并接受股东的质询。

董事、高级管理人员应当如实向监事会或者不设监事会的有限责任公司的监事提供有关情况和资料，不得妨碍监事会或者监事行使职权。

第一百五十一条 【股东代表诉讼】 董事、高级管理人员有本法第一百四十九条规定的情形的，有限责任公司的股东、股份有限公司连续一百八十日以上单独或者合计持有公司百分之一以上股份的股东，可以书面请求监事会或者不设监事会的有限责任公司的监事向人民法院提起诉讼；监事有本法第一百四十九条规定的情形的，前述股东可以书面请求董事会或者不设董事会的有限责任公司的执行董事向人民法院提起诉讼。

监事会、不设监事会的有限责任公司的监事，或者董事会、执行董事收到前款规定的股东书面请求后拒绝提起诉讼，或者自收到请求之日起三十日内未提起诉讼，或者情况紧急、不立即提起诉讼将会使公司利益受到难以弥补的损害的，前款规定的股东有权为了公司的利益以自己的名义直接向人民法院提起诉讼。

他人侵犯公司合法权益，给公司造成损失的，本条第一款规定的股东可以依照前两款的规定向人民法院提起诉讼。

一、相关司法解释及两高工作文件

《最高人民法院关于印发〈全国法院民商事审判工作会议纪要〉的通知》（法〔2019〕254号），关于股东代表诉讼，通知如下：

24.【何时成为股东不影响起诉】股东提起股东代表诉讼，被告以行为发生时原告尚未成为公司股东为由抗辩该股东不是适格原告的，人民法院不予支持。

25.【正确适用前置程序】根据《公司法》第151条的规定，股东提起代表诉讼的前置程序之一是，股东必须先书面请求公司有关机关向人民法院提起诉讼。一般情况下，股东没有履行该前置程序的，应当驳回起诉。但是，该项前置程序针对的是公司治理的一般情况，即在股东向公司有关机关提出书面申请之时，存在公司有关机关提起诉讼的可能性。如果查明的相关事实表明，根本不存在该种可能性的，人民法院不应当以原告未履行前置程序为由驳回起诉。

26.【股东代表诉讼的反诉】股东依据《公司法》第151条第3款的规定提起股东代表诉讼后，被告以原告股东恶意起诉侵犯其合法权益为由提起反诉的，人民法院应予受理。被告以公司在案涉纠纷中应当承担侵权或者违约等责任为由对公司提出的反诉，因不符合反诉的要件，人民法院应当裁定不予受理；已经受理的，裁定驳回起诉。

27.【股东代表诉讼的调解】公司是股东代表诉讼的最终受益人，为避免因原告股东与被告通过调解损害公司利益，人民法院应当审查调解协议是否为公司的意思。只有在调解协议经公司股东（大）会、董事会决议通过后，人民法院才能出具调解书予以确认。至于具体决议机关，取决于公司章程的规定。公司章程没有规定的，人民法院应当认定公司股东（大）会为决议机关。

《最高人民法院关于适用〈中华人民共和国公司法〉若干问题的规定（四）》（法释〔2017〕16号）对股东代表诉讼，规定如下：

第二十三条 监事会或者不设监事会的有限责任公司的监事依据公司法第一百五十一条第一款规定对董事、高级管理人员提起诉讼的，应当列公司为原告，依法由监事会主席或者不设监事会的有限责任公司的监事代表公司进行诉讼。

董事会或者不设董事会的有限责任公司的执行董事依据公司法第一百五十一条第一款规定对监事提起诉讼的，或者依据公司法第一百五十一条第三款规定对他人提起诉讼的，应当列公司为原告，依法由董事长或者执行董事代表公司进行诉讼。

第二十四条 符合公司法第一百五十一条第一款规定条件的股东，依据公司法第一百五十一条第二款、第三款规定，直接对董事、监事、高级管理人员或者他人提起诉讼的，应当列公司为第三人参加诉讼。

一审法庭辩论终结前，符合公司法第一百五十一条第一款规定条件的其他股东，以相同的诉讼请求申请参加诉讼的，应当列为共同原告。

第二十五条 股东依据公司法第一百五十一条第二款、第三款规定直接提起诉讼的案件，胜诉利益归属于公司。股东请求被告直接向其承担民事责任的，人民法院不予支持。

第二十六条 股东依据公司法第一百五十一条第二款、第三款规定直接提起诉讼的案件，其诉讼请求部分或者全部得到人民法院支持的，公司应当承担股东因参加诉讼支付的合理费用。

《最高人民法院关于适用〈中华人民共和国公司法〉若干问题的规定（二）（2014 修正）》（法释〔2008〕6 号）对清算时的股东代表诉讼，规定如下：

第二十三条 清算组成员从事清算事务时，违反法律、行政法规或者公司章程给公司或者债权人造成损失，公司或者债权人主张其承担赔偿责任的，人民法院应依法予以支持。

有限责任公司的股东、股份有限公司连续一百八十日以上单独或者合计持有公司百分之一以上股份的股东，依据公司法第一百五十一条第三款的规定，以清算组成员有前款所述行为为由向人民法院提起诉讼的，人民法院应予受理。

公司已经清算完毕注销，上述股东参照公司法第一百五十一条第三款的规定，直接以清算组成员为被告、其他股东为第三人向人民法院提起诉讼的，人民法院应予受理。

《最高人民法院关于适用〈中华人民共和国公司法〉若干问题的规定（一）（2014 修正）》（法释〔2006〕3 号）对股东代表诉讼的资格，规定如下：

第四条 公司法第一百五十一条规定的 180 日以上连续持股期间，应为股东向人民法院提起诉讼时，已期满的持股时间；规定的合计持有公司百分之一以上股份，是指两个以上股东持股份额的合计。

二、相关案例

【股东提起股东代表诉讼应满足诉讼前置程序】

海南盛鼎实业有限公司诉徐州市国盛投资控股有限公司、赵某等损害公司利益责任纠纷上诉案［最高人民法院（2017）最高法民终 417 号民事裁定书］，股东代表诉讼，是指当公司由于某种原因没有就其所遭受的侵害提起诉讼时，公司股东可以代表公司提起诉讼以使公司获得赔偿。但是为了限制股东滥用这种诉权，公司法也规定了一系列限制措施。《公司法》第一百五十一条规定，董事、高级管理人员有本法第一百四十九条规定的情形的，有限责任公司的股东、股份有限公司连续一百八十日以上单独或者合计持有公司百分之一以上股份的股东，可以书面请求监事会或者不设监事会的有限责任公司的监事向人民法院提起诉讼；监事有本法第一百四十九条规定的情形的，前述股东可以书面请求董事会或者不设董事会的有限责任公司的执行董事向人民法院提起诉讼。由此，股东提起股东代表诉讼必须经过诉讼前置程序。只有在监事会、监事或者董事会、执行董事收到股东书面请求后拒绝提起诉讼，或者自收到请求之日起三十日内未提起诉讼，或者情况紧急、不立即提起诉讼将会使公司利益受到难以弥补的损害的情况下，股东才有权为了公司的利益直接向人民法院提起诉讼。

【股东代表诉讼和股权质押合同】

张建芳诉杨振武、云南物流产业集团投资控股有限公司损害股东利益案［云南省昆明市中级人民法院（2016）云 01 民终 2034 号民事判决书］，本案系上诉人雷兰生物公司股东张建芳认为被上诉人杨振武作为雷兰生物公司总经理，未经法定程序将张建芳所持有的股权质押给被上诉人物流投资公司，侵犯雷兰生物公司合法权益而提起的诉讼。且在本案诉讼之前张建芳已书面征询时任雷兰生物公司监事的吕永明是否代公司提起本案诉讼，吕永明已明确表示放弃起诉。根据《公司法》的相关规定，上诉人张建芳提起本案诉讼符合《公司法》对股东代表诉讼及其前置程序的规定，依法属于人民法院民事诉讼受案范围及受诉人民法院管辖。根据前述规定以及各方当事人所提举的证据材料，雷兰生物公司法定代表人杨振武确实在执行公司职务的过程中与物流投资公司签订了《股权质押合同》，但其行为是否给公司造成损失的事实，上诉人张建芳并无充分有效的证据证实其主张赔偿雷兰生物公司 15 万元损失是因两被上诉人的过错而直接导致的公司经济损失，其主张赔偿 15 万元的计算依据是签订股权质押合同之日（2014 年 11 月 20 日）起至提起本案诉讼之日止的同期银行贷款利息来计算，而本案中并无产生贷款利息的基础法律关系存在，故也无从产生银行贷款利息，上诉人张建芳主张由杨振武及物流投资公司共同赔偿雷兰生物公司损失15万元人民币的主张，因无事实根据及法律依据，不予支持。

【股东代表诉讼的起诉条件】

韦柱正等与欧丽华等损害公司利益责任纠纷上诉案［广东省广州市中级人民法院（2016）粤01民终2265号民事判决书］，韦柱正、黄丽珊作为德门公司股东，在满足《公司法》关于股东代位权诉讼的相关条件时，有权以个人名义提起损害公司利益之诉。具体到本案，欧丽华个人账户存留德门公司利润款项3,238,997.04元未予返还，已对德门公司财产权益造成损害；德门公司明确表示不以公司主体身份提起诉讼，且德门公司未设有监事会或执行监事职务。因此，韦柱正、黄丽珊有权以股东身份提起本案诉讼。

【前置程序所针对的是公司治理形态的一般情况，如果不存在这种可能性，法律不应当要求股东徒为毫无意义之行为】

陈二与何栢强、罗顺兴等损害公司利益责任纠纷申请再审案［最高人民法院（2015）民提字第230号民事裁定书］，《公司法》第一百五十一条在赋予股东为了公司的利益以自己的名义直接向人民法院提起诉讼即股东代表诉讼之权利的同时，规定提起股东代表诉讼须以股东经书面请求监事会或监事、董事会或执行董事提起诉讼而监事、执行董事等拒绝或者怠于提起诉讼为条件，亦即“竭尽公司内部救济”的前置程序。设定该前置程序的主要目的和意义，在于促使公司内部治理结构充分发挥作用，以维护公司的独立人格、尊重公司的自主意志以及防止股东滥用诉权、节约诉讼成本。根据该条款的文字内容和生活常理，应当认为《公司法》规定的该项“前置程序”所针对的是公司治理形态的一般情况，即在股东向公司的有关机构或人员提出书面申请之时，后者是否会依股东的请求而提起诉讼尚处于不定状态，抑或存在监事会、监事或者董事会、执行董事依股东申请而提起诉讼的可能性；换言之，法律不应要求当事人徒为毫无意义之行为，对于股东申请无益即客观事实足以表明不存在前述可能性的情况，不应理解为《公司法》第一百五十一条所规制的情况。

本案中，原审已经查明嘉莉诗公司仅有陈二和何栢强、罗顺兴三名股东，公司不设董事会和监事会，何栢强、罗顺兴分别担任该公司的执行董事和监事，而陈二代表公司提起诉讼所指向的被告恰是何栢强、罗顺兴等人，且在陈二提出起诉前，双方已就诉争的事实产生争议。由此表明，即使陈二就相关事实请求分别作为公司执行董事和监事的何栢强、罗顺兴提起诉讼，何栢强、罗顺兴必然拒绝。故本案中不存在公司的执行董事或监事接受股东申请对股东所主张的被告提起诉讼的可能性，亦可谓公司内部的救济途径已经穷尽，据此应当认为陈二提起本案诉讼并不违反《公司法》第一百五十一条的规定。因而，无论广州奥林匹克大厦将被拍卖的情况是否属于《公司法》第一百五十一条规定的“情况紧急、不立即提起诉讼将会使公司利益受到难以弥补的损害”的情形，如果陈二的起诉符合《民事诉讼法》规定的起诉条件，则人民法院应当予以受理并进行审理。

【第三人针对仲裁裁决存在法定情形时的救济途径】

董永康等与张丽娟损害公司利益责任纠纷上诉案［江苏省高级人民法院（2015）苏商终字第00511号民事判决书］，张丽娟有权依照《公司法》第一百五十一条股东代表诉讼的规定提起本案诉讼。（2013）宿仲裁字第101号仲裁裁决书已经生效，戴迪平依据该裁决书向法院申请强制执行，法院作出准予强制执行的裁定，并对蔷薇公司资产进行委托评估，属于“情况紧急、不立即提起诉讼将会使公司利益受到难以弥补的损害”的情形，张丽娟作为蔷薇公司的股东，认为戴迪平与公司董事董永康恶意串通损害蔷薇公司的利益，违反了《公司法》第一百四十九条的规定，其有权为了公司的利益以自己的名义直接向人民法院提起诉讼。根据《公司法》第一百五十一条第三款的规定，他人侵犯公司合法权益，给公司造成损失的，第一款规定的股东可以依照前两款的规定向人民法院提起诉讼。

案涉《结算单》上载明的蔷薇公司欠戴迪平的四笔债务均不真实，蔷薇公司实际不欠戴迪平借款，而董永康以蔷薇公司法定代表人的身份向戴迪平出具该《结算单》，虚列债务，构成对蔷薇公司利益的损害。但由于戴迪平依据（2013）宿仲裁字第101号仲裁裁决书提起的强制执行案件处于资产评估状态，尚未执行完毕，对蔷薇公司的损害后果尚未实际发生，因此董永康、戴迪平无须承担赔偿责任。

【股东派生诉讼中的责任承担形式不应限于损害赔偿】

健康解决方案（国际）有限公司与程胜求返还原物纠纷上诉案［上海市第二中级人民法院（2014）沪二中民四（商）终字第S543号民事判决书（《人民司法·案例》2015年第4期）］，股东派生诉讼解决的主要是股东的诉权问题，相对方对公司应承担的民事责任不应限于损害赔偿，而应当根据公司实际遭受的具体损失的性质来确定责任种类。在确认股东享有代位请求权后，还应注意把握股东派生诉讼中公司合法权益受损的实体要求和股东用尽救济途径的前置程序要求。

【股东代表诉讼属于公司诉讼，由公司住所地法院管辖】

孙景运与洪华损害公司利益责任纠纷管辖权异议案［北京市第二中级人民法院（2014）二中民终字第5499号民事裁定书］，孙某主张洪某作为飞虹公司股东及高级管理人员违反法定义务，损害公司利益，因飞虹公司不追究责任，孙某作为飞虹公司的股东以自己的名义，向人民法院提起诉讼，请求追回被洪某转移至易通公司的3G无线上网卡并由易通公司返还非法所得，据此，本案系因损害公司利益责任纠纷提起的股东代表诉讼，属于公司诉讼，应依据《民事诉讼法》第二十六条有关“因公司设立、确认股东资格、分配利润、解散等纠纷提起的诉讼，由公司住所地人民法院管辖”的规定确定管辖。

【公司法和侵权责任法的适用关系，以及股东派生诉讼的要件】

华城地产集团有限公司与杭州开元房地产集团有限公司、开元旅业集团有限公司等损害公司利益责任纠纷案［浙江法院2013年涉企案件审判十大典型案例之三］，本案系因股东之间矛盾而引发的公司治理纠纷，诉讼标的争议金额3.3亿元。审理过程中，法院依据特别法优于普通法的法理，厘清了《公司法》和《侵权责任法》的适用关系，并根据《公司法》第一百五十一条关于股东代表诉讼前置程序的规定，对原告是否具备起诉要件的问题进行审查。结合实体审理的情况，裁定驳回原告起诉。经最高人民法院二审，维持了一审裁定。

经多次庭前证据交换、调查及两次庭审，浙江高院于2013年5月16日作出裁定，认为：一、华城公司的诉讼涉及三个法律关系：一是股东滥用股东权利损害公司利益责任；二是公司的控股股东、实际控制人、董事、监事、高级管理人员利用关联交易损害公司利益责任；三是董事、高级管理人员损害公司利益责任。华城公司实际上是以各被告存在连带责任来作为合并审理的理由，主张连带责任的请求权基础则是共同侵权并提出适用《侵权责任法》第八条。但上述三种法律关系主体、构成要件、诉讼标的均不相同，显然不属于必要共同诉讼。而如果要构成非必要共同诉讼，应当具有诉的合并理由。根据《侵权责任法》第五条的规定，其他法律对侵权责任另有特别规定的，依照其规定。因此，本案应适用《公司法》。《公司法》对上述几种责任类型有明确规定，当事人不能援引《侵权责任法》或《民法通则》来实现特别法向一般法逃避的诉讼目的，华城公司要求上述三种责任的侵权人承担连带责任没有事实和法律依据。所以，本案既不是必要共同诉讼，也不构成普通共同诉讼。经浙江高院释明后，华城公司提出如果法院认定为三个诉，仅保留对被告开元房地产滥用股东权利损害公司利益的诉请。据此，从保障当事人诉权的角度说，该案应从程序上驳回对开元旅业、孔某某、陈某某、王某某的起诉。二、华城公司依据《公司法》规定提起股东派生诉讼，应符合股东代表诉讼相应前置程序的要求，即只有在监事会收到书面请求后拒绝提起诉讼，或者三十日内未提起诉讼等，股东才能提起派生诉讼。该前置程序的规定主要考虑到在公司纠纷中司法的有限介入原则。但在本案中，案涉的两次临时监事会均未通知开元房地产派驻的监事朱某某参加，两次监事会召集程序有瑕疵。参加表决的两位监事，一位系华城公司派驻人员，一位系与华城公司关联企业的员工，两人在表决中均投反对票，且未将监事会决议通知第三人宁波置业公司及监事朱某某，因此，不排除两人为配合华城公司尽早提起诉讼，这与公司法设置前置程序为穷尽内部救济的立法目的相违背。而且，两份监事会决议载明的召开会议地点非实际开会地点。结合监事会通知程序上的瑕疵和监事会决议存在的疑问，有理由认为相关诉讼前置程序并未完成，华城公司应继续按照《公司法》第一百五十一条的规定履行派生诉讼的前置程序后，方能对董事、高级管理人员提起诉讼。三、关于华城公司对开元房产、开元旅业因损害公司利益而提出的诉请。《公司法》第一百五十一条规定了公司派生诉讼系针对公司董事、高级管理人员损害公司利益的情形，但没有明确规定控股股东滥用股东权损害公司利益能否提起公司派生诉讼。如前所述，为贯彻公司自治和司法有限介入公司纠纷原则，华城公司如要提起公司派生诉讼，也应当按照《公司法》第一百五十一条之规定，贯彻穷尽公司内部救济原则。故华城公司对开元房地产和开元旅业的起诉，不符合起诉要件。综上，法院依法驳回了原告华城公司的起诉。

【符合条件的公司股东可以依法提起股东代表诉讼】

香港帕拉沃工业有限公司（BRAVEWARD INDUSTRIAL COMPANY LIMITED）与北京昆泰房地产开发集团有限公司股东代表诉讼纠纷上诉案［最高人民法院（2013）民四终字第46号民事裁定书］，关于帕拉沃公司是否依法享有诉权的问题。根据《民事诉讼法》第一百一十九条的规定，原告是与本案有直接利害关系的公民、法人和其他组织。本案中，帕拉沃公司系富裕达公司的股东。帕拉沃公司认为富裕达公司的另一股东昆泰集团对合作公司富裕达公司实施了未足额投资及挪用公司资金等侵权行为，从而侵害了合作公司的权益，源于此，帕拉沃公司提起本案股东代表诉讼。根据《公司法》第一百五十二条的规定，他人侵犯公司合法权益，给公司造成损失的，有限责任公司的股东可以请求公司权力机关向人民法院提起诉讼，而公司权力机关拒绝或者怠于通过诉讼手段追究有关侵权人责任时，具有法定资格的股东有权以自己的名义代表公司对侵权人提起诉讼，追究其法律责任。这个法律规定的“他人”应该包括公司股东和公司之外的任意第三人，即凡是对公司实施了不当行为而致公司利益受损的人都可能成为股东代表诉讼的被告。因此，昆泰集团为本案的适格被告。

股东代表诉讼的诉权源于公司的权利，股东提起代表诉讼是代表公司主张公司的实体权益，帕拉沃公司于2007年9月26日致函特别清算委员会请求清算委员会以合作公司的名义向人民法院提起民事诉讼，要求昆泰集团向合作公司赔偿损失。特别清算委员会于2007年10月15日回复帕拉沃公司称：因该清算委员会就帕拉沃公司的请求无法形成一致意见，因此不能按其要求提起民事诉讼，并建议帕拉沃公司按照《公司法》的规定自行处理相关事宜。因此，本案已经满足提起股东代表诉讼的前置条件。本案中，在清算委员会明示不对昆泰集团提起诉讼后，帕拉沃公司有权对昆泰集团提起股东代表诉讼。

【股东代表诉讼的法律后果由公司承担，利益归于公司】

胡敬华诉郭虹均等损害公司利益责任纠纷案［福建省厦门市中级人民法院（2013）厦民终字第785号民事判决书］，胡敬华主张因郭虹均的行为损害了均华公司的利益，其依据《公司法》第一百五十二条（编者注：现为该法第一百五十一条）第二款的规定请求郭虹均将所得利益归还给均华公司，故本案案由应为损害公司利益责任纠纷，原审将本案案由认定为损害股东利益责任纠纷不当。蓝盾公司与均华公司于2007年4月15日签订《代理合同》，郭虹均作为均华公司的法定代表人据此开展《代理合同》项下的业务应认定为履行职务行为，合同的收益应归均华公司。郭虹均未将合同收益归还均华公司，违反了《公司法》的相关规定，原审据此判决郭虹均将履行合同产生的收益698,260元返还给均华公司正确。胡敬华系经工商登记的股东，其有权依法提起本案诉讼。

【股东代表诉讼中对获取商业机会正当性的判断】

林承恩与李江山等损害公司利益纠纷案［最高人民法院（2012）民四终字第15号民事判决书（《最高人民法院公报》2014年第11期（总第217期））］，本案系香港股东代表香港公司向另一香港股东及他人提起的损害公司利益之诉。原告提起诉讼的基点是认为另一香港股东利用实际控制香港公司及该公司在内地设立的全资子公司等机会，伙同他人采取非正当手段，剥夺了本属于香港公司的商业机会，从而损害了香港公司及其作为股东的合法权益。但原告所称的商业机会并非当然地专属于香港公司，实际上能够满足投资要求及法定程序的任何公司均可获取该商业机会。原告在内地子公司经营效益欠佳时明确要求撤回其全部投资，其与另一香港股东也达成了撤资协议。鉴于另一香港股东及他人未采取任何欺骗、隐瞒或者其他非正当手段，且商业机会的最终获取系另一股东及他人共同投资及努力的结果，终审判决最终驳回了原告的诉讼请求。

【有限责任公司股东代表诉讼的相关法律问题】

陈世华等与韦跃公司纠纷再审案[重庆市高级人民法院（2012）渝高法民提字第00091号民事判决书（《人民司法·案例》2013年第8期）]，有限责任公司是建立在成员相互信任基础上的社团性法人，具有人合性和资合性的双重特点。有限责任公司在作出很多重要决定时不是通过严密的会议制度和规范的表决程序，更多的是通过公司长期经营过程中形成的习惯决策方式。确定有限责任公司的投资决策主体时，在依据公司章程的同时也要考虑长期形成的公司治理模式、长期形成的经营决策方式。

【股东不能同案提起股东派生诉讼和股东直接诉讼】

重庆利豪实业发展有限公司与郭军等侵害股东权益纠纷上诉案[重庆市第五中级人民法院（2011）渝五中法民终字第3948号民事裁定书（《人民司法·案例》2012年第10期）]，提起股东派生诉讼和股东直接诉讼应分别满足受理条件。同一案件中，公司股东既提起股东派生诉讼，又提起股东直接诉讼，将两个不同之诉混淆，主张的利益可能存在冲突，法院亦不宜合并审理，故应当裁定驳回起诉。

【股东代表诉讼制度在执行程序中的适用】

郑红星等与邱贵森损害股东利益责任纠纷执行案[广东省高级人民法院（2012）粤高法执复字第8号民事裁定书（《人民司法·案例》2012年第8期）]，关于股东代表诉讼制度，公司法仅规定在公司利益受到损害且公司怠于提起诉讼时，股东可以自己名义提起诉讼。对股东是否可以申请执行，公司法未明确规定。按照股东代表诉讼之立法目的，执行程序亦应遵循其制度原理，在股东代表诉讼在获得胜诉后作为原告之股东可以申请启动强制执行，享有作为申请执行人之法定权利，实际接收胜诉权益除外。

【股东在行政审判中可依法提起股东代表诉讼】

郭某海、郭某龙诉儋州市人民政府土地行政登记案[海南省第二中级人民法院（2012）海南二中行终字第13号民事裁定书]，《公司法》第一百五十二条（编者注：现为该法第一百五十一条）规定的是股东代表诉讼，是指当公司的合法权益受到不法侵害而公司却拒绝或者怠于通过诉讼手段追究有关侵权人的责任时，具有法定资格的股东为了公司利益而依据法定程序，以自己的名义代表公司对侵权人提起诉讼，追究其法律责任，所获赔偿归于公司的一种法律制度。股东提起代表诉讼的目的是维护公司的合法权益，如果对代表诉讼的对象和范围加以限制，无疑就是对公司自身诉讼权利的间接限制。只要是公司利益受到了损害而公司却拒绝或者怠于起诉，符合法定条件的股东都有权提起代表诉讼。

【监事会可以以自己名义，依法对董事和高管提起诉讼】

北京艺进娱辉科技投资股份有限公司监事会诉王莘等损害公司利益责任案[北京市第一中级人民法院（2012）一中民终字第1751号民事裁定书]，公司董事和高级管理人员在执行职务时，可能会给公司造成损失，进而侵犯公司的权益。此时，公司有权追究其董事和高级管理人员的责任，但因公司董事和高级管理人员在公司中的特殊地位（他们本身可能恰好就是公司的代表机关），就会形成“自己诉自己”的情形。为了防止公司董事和高级管理人员怠于代表公司行使诉权，《公司法》第五十四条（编者注：现为该法第五十三条）第（六）项明确规定监事会有权“依照本法第一百五十二条（编者注：现为该法第一百五十一条）的规定，对董事、高级管理人员提起诉讼”[《公司法》第一百五十二条（编者注：现为该法第一百五十一条）规定，股东可以书面请求监事会对董事和高级管理人员提起诉讼]。该规定表明，依法对公司董事和高级管理人员提起诉讼是公司监事会的一项法定职权，即作为公司监督机关的监事会，可以根据股东的请求而代表公司提起诉讼。这里的“代表公司”并非专指“以公司名义”。换言之，公司监事会可以以自己的名义提起诉讼，这样既可以保护公司的利益，也可以保护股东自身的利益。需要明确的是，既然公司监事会代表公司提起诉讼，那么因诉讼而产生的后果或利益应由公司承受。

【股东派生诉讼中的案由并不局限于损害赔偿纠纷】

周洪梅等与林万平等损害股东利益责任纠纷上诉案[福建省厦门市中级人民法院(2010)厦民终字第452号民事裁定书(《人民司法·案例》2011年第18期)]，股东派生诉讼中，股东实际上是代位公司提起诉讼、主张权利的，其诉权缘于公司的诉权。因此，凡公司在直接诉讼中可以提起的诉求、可以行使的诉权，代位诉讼的股东一般皆得行使。基于此，股东派生诉讼的案由也应根据原告所主张的具体案件事实及提出的诉讼请求灵活确定，并不局限于损害赔偿纠纷。

【公司监事同时又是股东，当其提起派生诉讼时，亦应适用前置程序】

蔡创华与陈景良股东派生诉讼纠纷上诉案[广东省广州市中级人民法院(2010)穗中法民二终字第2152号民事裁定书]，本案是上诉人依据《公司法》第一百五十一条之规定，以原审第三人公司股东身份向侵害公司合法权益的被上诉人及怠于主张权利的恒威公司提起的股东派生诉讼，故本案案由应定为股东权益纠纷。由于上诉人同时具备原审第三人股东和监事的双重身份，其本可以根据《公司法》第五十三条的规定，选择以恒威公司监事的身份提起本案诉讼；但上诉人在本案一审的起诉状、开庭笔录及庭后提交的代理词中，均强调其是以原审第三人股东的身份提起本案诉讼，而根据《公司法》的相关规定，公司股东提起股东权益诉讼必须以履行书面请求的前置程序为前提条件。本案中虽存在上诉人同时具备原审第三人公司股东和监事的身份混同，但不应因此而免除其依法履行书面请求程序的义务；且上诉人在一审时亦未能提供证据证明本案存在《公司法》第一百五十一条第二款中有关"情况紧急、不立即提起诉讼将会使公司利益受到难以弥补的损害的"情形，故原审法院根据以上事实及相关法律的规定，以上诉人作为原审第三人的股东，在向法院起诉前未履行法律规定的书面请求程序为由，驳回上诉人的起诉合法有据，上诉人关于原审法院认定事实错误的主张缺乏充分的事实和法律依据，本院不予支持。

【股东代表诉讼的提起应先履行前置程序或提供紧急情况的依据】

汇丰控股有限公司与朱栋山(CHEE T SUN)股东代表诉讼纠纷上诉案[江苏省高级人民法院(2010)苏商外终字第0046号民事裁定书]，根据《公司法》第一百五十一条的规定，公司董事、高级管理人员侵害公司权益的，有限责任公司的股东应当首先书面请求监事会或执行监事向人民法院提起诉讼。此处的董事、高级管理人员等系指被控侵权行为发生时的在职董事、高级管理人员等。本案系因汇丰公司认为朱栋山担任董事长期间存在侵害公司利益的行为而发生。故汇丰公司的起诉属于上述条款规定的情形，应当适用监事前置程序，汇丰公司应当首先提请亚成公司执行监事提起诉讼。其直接向法院起诉违反《公司法》的规定，应予驳回。

【公司股东纠纷中的仲裁条款效力仅限于公司股东之间，而公司的股东与高级管理人员、董事、监事之间则不受该仲裁条款约束】

北京华联集团投资控股有限公司诉福慧网络科技(上海)有限公司等损害公司利益赔偿管辖权异议案[北京市第二中级人民法院(2009)二中民初字第04906号民事裁定书]，本案华联集团根据我国《公司法》提起股东代表诉讼，主张福慧公司、福慧北京分公司、吴昕达、甘添信损害合资公司利益并对损失承担赔偿责任，实质上属于侵权之诉，在法律关系主体、客体和内容上均不同于合资公司股东之间的违约之诉，亦不应受合资公司与福慧北京分公司之间仲裁条款的约束。且依据合资公司《合资合同书》、合资公司《章程》中仲裁条款的内容，该仲裁条款仅对合资公司的投资者即股东有约束力，不能约束甘添信和吴昕达。关于福慧公司及福慧北京分公司提出的股东代表诉讼应履行《公司法》规定的前置程序的问题，并不属于管辖权异议阶段的审理范围，本院不予支持。因此，根据我国《公司法》第一百五十一条的规定，华联集团可以将福慧公司、福慧北京分公司、吴昕达、甘添信列为本案被告。我国《民事诉讼法》第二十九条规定："因侵权行为提起的诉讼，由侵权行为地或者被告住所地人民法院管辖。"《民事诉讼法》第二十二条第三款规定："同一诉讼的几个被告住所地、经常居住地在两个以上人民法院辖区的，各该人民法院都有管辖权。”因福慧北京分公司在本院辖区，故本院对本案有管辖权。综上，福慧公司、福慧北京分公司、吴昕达、甘添信提出的管辖权异议理由均不成立，本院予以驳回。

【股东代表诉讼调解协议的效力确认】

浙江和信电力开发有限公司、金华市大兴物资有限公司与通和置业投资有限公司、广厦控股创业投资有限公司、上海富沃企业发展有限公司、第三人通和投资控股有限公司损害公司权益纠纷案［最高人民法院（2008）民二终字第123号民事调解书（《最高人民法院公报》2009年第6期（总第152期））］，有限责任公司的股东依照《公司法》第一百五十一条的规定，向公司的董事、监事、高管人员或者他人提起股东代表诉讼后，经人民法院主持，诉讼各方达成调解协议的，该调解协议不仅要经过诉讼各方一致同意，还必须经过提起股东代表诉讼的股东所在的公司和该公司未参与诉讼的其他股东同意后，人民法院才能最终确认该调解协议的法律效力。

【公司股东分别在何种情况下可以提起直接诉讼或派生诉讼】

邵斐月诉宁波市镇海利天投资咨询有限公司、何中寸股权转让纠纷案［浙江省宁波市中级人民法院（2008）甬民三终字第648号民事判决书］，股东提起股东直接诉讼的，股东需与案件有直接利害关系。对于公司与第三人签订的合同，公司股东不当然地具有直接利害关系，不应允许股东行使直接诉权任意提起确认合同无效之诉。股东提起股东代表诉讼的，股东应向法院提供其竭尽公司内部救济或有紧急情形的相关证据。驳回起诉是对程序意义上的诉权作出的评价，解决的是起诉该不该受理问题。原告起诉不符合受理条件的，即使案件已经进行了开庭审理，仍应裁定驳回起诉。

【股东直接诉讼与股东代表诉讼的差异】

超力国际贸易控股公司（Supreme Trade Holdings Limited）与丘济平等与公司有关的纠纷上诉案［广东省高级人民法院（2007）粤高法民四终字第319号民事判决书（《人民司法·案例》2008年第20期）］，当公司董事、高级管理人员违反法律、行政法规或者章程的规定，损害了股东的直接利益时，股东可以依照公司法的规定提起直接诉讼，追究董事、高级管理人员的责任；如董事、高级管理人员的行为只是损害了公司的利益，则只能在履行一定的前置程序或符合紧急情况的条件下，提起股东代表诉讼。本案原告在主张董事、高级管理人员的行为损害了公司利益的情况下提起股东直接诉讼，必然导致败诉的结果。

【股东即使有证据证明其他股东侵犯了公司的合法权益，也无权要求该侵权股东直接向其承担赔偿责任】

山西省贸易行业管理办公室与山西同至人物贸集团有限公司企业股份合作合同纠纷案［最高人民法院（2007）民二终字第133号民事判决书］，公司作为独立的民事主体，一经依法成立即具有独立的人格、独立的组织机构、独立的财产，并独立承担民事责任，有限责任公司的股东以其认缴的出资额为限对公司承担责任。公司意志的形成与表达、经营行为的开展等都由其组织机构完成，公司股东并不直接负责公司的经营管理，股东通过公司权力机关即股东会、股东大会行使其参与公司重大决策和选举管理者等权利。公司董事、监事、高级管理人员，对公司负有忠实义务和勤勉义务，其在执行公司职务时违反法律、行政法规或者公司章程规定，给公司造成损失的，应当承担赔偿责任。公司经营不善，原则上并不产生股东对公司的赔偿责任，更不存在股东对股东的赔偿责任。因此，行管办以同至人公司作为华友有限公司控股股东期间，闲置友谊大厦，造成1200万元经营性损失为由，要求作为股东的同至人公司向其承担经营性损失，没有法律依据，本院不予支持。行管办如有证据证明同至人公司和公司的董事、监事、高级管理人员等侵犯了公司合法权益，给公司造成损失的，可根据《公司法》第一百五十二条（编者注：现为该法第一百五十一条）的规定，代表公司提起诉讼，要求上述侵害主体向华友有限公司承担赔偿责任，但行管办无权要求上述侵害主体直接向其承担赔偿责任。

【高管人员违反义务侵害公司利益时，股东的救济途径】

吴林祥、陈华南诉翟晓明专利权纠纷案［江苏省高级人民法院2006年10月17日民事判决书(《最高人民法院公报》2008年第1期(总第135期))(《人民司法·案例》2009年第18期)],吴林祥、陈华南系本案适格原告,有权提起本案诉讼。公司高级管理人员或控股股东等以不当行为侵害公司利益,公司在上述人员不当行为控制之下不能或怠于以自己的名义主张权利,公司股东代表公司利益对不当行为人提起诉讼的,人民法院应予受理。原告吴林祥、原告陈华南及被告翟晓明均为一匙通公司的股东,而且被告翟晓明身为该公司的执行董事,实际掌控该公司,一匙通公司在被告的控制之下不能以自己的名义主张权利。在此情形之下,两原告向人民法院起诉被告所申请的专利技术方案应属公司所有,并将一匙通公司作为第三人,其实质是代表公司利益对被告提起诉讼,符合法律规定。

【股东代表诉讼的提起,应先履行前置程序】

汉唐集成股份有限公司诉陈石虎等损害公司利益案[北京市第二中级人民法院2006年12月18日民事裁定书],本案原告汉唐公司以北京台群的三名董事陈石虎、林仓敏及甘雯绮损害公司利益为由,以北京台群股东的身份提起本案诉讼,要求三名被告对北京台群的经济损失承担连带赔偿责任,该诉讼属于股东代表诉讼。根据《公司法》第一百五十二条(编者注:现为该法第一百五十一条)的规定,董事执行公司职务时违反法律、行政法规或者公司章程的规定,给公司造成损失的,有限责任公司的股东可以书面请求监事会或不设监事会的有限责任公司的监事向人民法院提起诉讼;监事会、不设监事会的有限责任公司的监事在收到前述规定的股东书面请求后拒绝提起诉讼,或者自收到请求之日起30日内未提起诉讼,有限责任公司的股东有权为了公司利益以自己的名义直接向人民法院提起诉讼。即股东代表诉讼的提起应先履行前置程序。本案中,汉唐公司并未履行上述前置程序,故其起诉不当,依法应予驳回。

【股东直接诉讼与代表诉讼之区分】

中国科学院软件研究所与湖南湘投控股集团有限公司、中科软件集团有限公司损害公司利益纠纷案[最高人民法院(2006)民二终字第227号民事裁定书],在本案被告主体资格方面,湘投控股提起的本案诉讼涉及公司法所规定的股东直接诉讼和股东间接诉讼问题。就股东直接诉讼而言,虽然《公司法》第二十一条、第二十二条和第一百五十二条等明确规定了股东的直接诉讼,但股东在根据该法第二十一条关于“公司的控股股东、实际控制人、董事、监事、高级管理人员不得利用关联交易损害公司利益。违反前者规定,给公司造成损失的,应当承担赔偿责任”或该法第一百五十三条关于“董事、高级管理人员违反法律、行政法规或者公司章程的规定,损害股东利益的,股东可以向人民法院提起诉讼”之规定提起直接诉讼时,应以公司的控股股东、实际控制人、董事、监事、高级管理人员等个人为被告,不能以公司为被告。在根据该法第二十二条等规定提起直接诉讼时,公司方属适格被告。否则,将会出现混淆直接诉讼中公司的高级管理人员与公司关系的结果。因此,软件所关于湘投控股起诉中科集团将导致中科集团与中科集团的高级管理人员混同的主张和理由,颇有道理。就股东间接诉讼而言,一审法院根据《公司法》第一百五十一条第二款关于“情况紧急、不立即提起诉讼将会使公司利益受到难以弥补的损害的,股东有权为了公司利益以自己的名义直接向人民法院提起诉讼”之规定,做出湘投控股有权依法起诉的认定,涉及公司在股东代表诉讼中的诉讼地位问题。本院认为,由于股东间接诉讼具有代表性和代位性,事实上原告股东行使的是公司的诉权,因此公司并无参加诉讼之必要。但鉴于民事诉讼的意思自治之品质,可以由公司自主选择是否参加间接诉讼。在公司自主选择参加诉讼的情形下,其在间接诉讼中的地位问题较为复杂,在目前司法实践中尚存争议,司法实务通常认为公司在股东代表诉讼中不宜作为被告,本院认为,人民法院可以根据案件的实际情况来具体界定公司的诉讼地位。就本案而言,若湘投控股提起的是股东直接诉讼,则应以中软集团的控股股东、实际控制人、董事、监事、高级管理人员等个人为被告;若提起的是股东间接诉讼,因中软集团并未选择参加诉讼,而是被湘投控股当作被告来提起诉讼的,因此,无论本案是股东直接诉讼还是股东间接诉讼,中软集团均不属于适格的被告,软件所才是适格的被告。故上诉人软件所关于中软集团不是本案适格被告的主张有理,本院予以支持。

【股东代表诉讼中，公司应当作为第三人的身份参加诉讼】

大连天河百盛购物中心有限公司与大连天河大厦有限公司财产损害赔偿纠纷案[最高人民法院（2005）民二终字第149号民事裁定书]，如果由于天河百盛的高管人员不作为，导致天河百盛的利益受到损害，按照现代公司法关于股东代表诉讼的理论，天河百盛的股东天河大厦可以向人民法院提起代表诉讼，但是在股东代表诉讼中，被告人应当是天河百盛的高管人员、狮贸控股公司以及损害天河百盛利益的狮贸控股的关联公司，天河百盛应当以第三人的身份参加诉讼，但不应成为本案的被告。天河大厦以合资公司天河百盛作为被告提起诉讼，属被告选择上存在错误，应当在实体审理中由天河大厦予以变更和调整；如该公司坚持诉讼天河百盛，则其诉求应当予以驳回。

【法定代表人私自拿走公司证照和财务单据，股东有权代表公司起诉，要求其返还】

张宝荣诉于刚等股东代表诉讼案[北京市朝阳区人民法院（2004）朝民初字第15966号民事判决书]，于刚从荣马公司取走的荣马公司公章、合同专用章等印章和营业执照等证照，以及支票、支出凭单等财务单据，均属荣马公司所有，而非执行董事或公司股东个人所有。现于刚将上述物品取走并置放于其家中的行为，显属不当，并致使荣马公司的经营活动无法正常开展，故于刚的行为已构成对荣马公司的侵权。张宝荣作为荣马公司股东，在荣马公司利益遭受于刚不当行为损害，且穷尽了请求救济的渠道而未果的情况下，为防止荣马公司利益遭受进一步的损害，代表荣马公司提起诉讼，符合公司法法理，本院对其请求予以支持。

【控股股东侵害公司利益，其他股东可以以自己名义提起诉讼】

沈关通等169名股东诉绍兴县物资总公司资产清算小组等股东不履行对公司义务案[浙江省绍兴市中级人民法院（2003）绍中民二初字第253号民事判决书]，浙江金桥股份有限公司依法成立后，享有由股东投资形成的全部法人财产权。《公司法》第十四条（编者注：现为该法第五条）规定："公司的合法权益受法律保护，不受侵犯。"因此，对公司的侵权行为，公司享有独立主张的权利。在现代公司制度运作过程中，控股股东的不当行为所侵害的直接对象虽然是公司，但公司在不当行为人的控制下很难以自己的名义主张权利，由于公司利益受到损害的直接承受者是公司股东，根据《公司法》第四条（编者注：现为该法第三条和第四条）关于"公司股东作为出资者按投入公司的资本额享有所有者的资产受益、重大决策和选择管理者等权利"的规定，本案169名公司股东代表公司利益提起的诉讼符合《民事诉讼法》第一百零八条"原告是与本案有直接利害关系的公民、法人和其他组织"的规定，被告绍兴县物资总公司资产清算小组、绍兴县人民政府认为原告无权代表公司提起诉讼的答辩意见，不予采纳。本案169名原告代表浙江金桥股份有限公司提起诉讼所要解决的争议全部涉及浙江金桥股份有限公司的实体权益，为保护公司的利益，将浙江金桥股份有限公司列为本案第三人并不与《民事诉讼法》第五十六条的规定相悖。

【公司控股股东抽逃出资的，其他股东可以直接向法院提起诉讼】

顺德市国信实业有限公司诉顺德市贸促信息有限公司损害公司权益案[广东省佛山市中级人民法院（2003）佛中法民二终字第0169号民事判决书]，国信公司、信息公司与凤城公司出资成立京顺拍卖行，均为该公司股东，根据《公司法》的规定，公司股东作为出资者享有相应的资产受益等财产权利；股东在公司登记后，不得抽回出资。信息公司分别于2000年1月18日、3月21日两次从京顺拍卖行抽回投资款85万元与其在京顺拍卖行的出资数额相同，且2000年1月18日收据也表明是退回出资款，信息公司亦无证据证实在京顺拍卖行抽回85万元属借款，故信息公司的行为应属抽逃资金行为，已违反上述法律的规定，信息公司应依《公司法》规定将资金返还京顺拍卖行。由于信息公司掌握了京顺拍卖行的管理权，致使京顺拍卖行怠于行使诉权，直接损害了国信公司作为股东享有的合法权益。根据《公司法》第一百一十一条、第二百零九条（编者注：现为该法第一百五十二条、第二百条）的规定，国信公司享有对信息公司的诉权，因此，国信公司是适格的原告，信息公司主张在京顺拍卖行抽回85万元属借款和国信公司不具备诉讼资格的上诉理由不成立。

【有权提起股东代表诉讼的原告，只能是公司的股东，不包括公司股东的股东或其他人】

陈荣达等诉吴大朝侵犯公司经营管理权案［福建省厦门市中级人民法院（2002）厦经终字第445号民事裁定书］，厦门卓越系依法成立的有限责任公司，具备独立的法人主体资格，因而具备相应的民事权利能力和民事行为能力，自然具备民事诉讼中的主体资格，有相应的权利能力和行为能力就其所受侵害向侵权人提起民事诉讼。其民事权利是否受到侵害，应由其自身行使诉权。在因为其公司自身的董事、总经理等人员侵害公司权益，或在公司受到他人侵害而公司管理人员怠于保护公司权益，公司无法提起诉讼等特殊情况下，依据公司法的有关理论和精神，公司股东也可以为公司利益提起股东代位诉讼，要求公司管理人员停止对公司权益的侵害。股东提起代位诉讼应具备相应的主体资格。依据股东代位诉讼的理论，公司每个股东都享有提起代位诉讼的权利，但不等于任何情况下均有资格作为原告行使该项权利。股东代位诉讼中，原告应具备以下三个条件：（1）股东必须在侵权行为发生时即具有股东身份；（2）股东在提起和进行代位诉讼时必须始终具备股东身份；（3）其诉求必须能够公正、充分地代表其他股东和公司的利益。可见，提起股东代位诉讼的主体要件是十分明确的，即提起诉讼的原告必须是公司股东，并且系为公司之利益而公正地提起。本案中，上诉人陈荣达未经厦门卓越授权委托，且系以个人自身名义而非以厦门卓越作为原告提起诉讼，显非由厦门卓越自身提起诉讼。而就上诉人所提诉讼请求的内容来看，系以其个人身份提起诉讼，为公司之利益、要求被上诉人停止对公司侵害行为、返还财产等，具有代位诉讼的特征。然而，由于厦门卓越的股东为厦门中信公司和香港卓越置业有限公司，上诉人个人本身并非公司的股东或直接投资人，因而也不具备提起股东代位诉讼的主体资格。综上，上诉人不具备要求被上诉人停止对厦门卓越侵害行为的诉权。上诉人原审中请求返还的财产包括公章、汽车、财务账册等均属于公司资产，提起返还请求的主体亦应当是公司本身或由公司股东提起代位诉讼。但是，如前所述，上诉人本身也不具备提起股东代位诉讼的主体资格，因此其这一请求也应当予以驳回。

【股东拖欠公司款项，而公司怠于行使诉权的，其他股东可以依法行使代位诉权】

大连盛道集团有限公司诉珠海市华丰集团食品工业（集团）有限公司股东代表诉讼案［广东省珠海市香洲区人民法院（2000）珠香经初字第1506号民事判决书］，《公司法》第四条（编者注：现为该法第三条和第四条）规定：公司股东作为出资者按投入公司的资本额享有所有者的资产受益、重大决策和选择管理者等权利。公司享有由股东投资形成的全部法人财产权，依法享有民事权利，承担民事责任。由于原告与第一被告是合资企业第二被告的合法股东，而第一被告尚欠第二被告的款项，由于第二被告怠于行使诉权而直接损害了作为股东之一的原告的合法权益。原告根据我国《公司法》有关保护股东合法权益的基本原则，依法行使代位诉权以保护其合法权益，符合《公司法》的规定，本院予以支持。第一被告对尚欠第二被告的款项无异议，第一被告应将该欠款支付给第二被告，并应支付该款的相应利息。

【小股东维护公司权益有权诉大股东】

上海市自来水公司等诉上海辉煌实业总公司等侵权案［上海市第一中级人民法院（1999）沪一中经初字第492号民事判决书］，公司应就大股东侵权行为独立主张其合法权利，但由于大股东实际控制了公司的经营权和财产权，使得公司的意志和行为能力无力实施，属对公司独立法人人格的滥用。公司作为事实上的权利主体，无法正常行使诉权，间接地侵害了小股东权益，小股东为维护自身权益提起诉讼，是基于公司的原始诉权，亦符合公司的合法权益，故应予认可。

【股东为维护公司利益而提起的诉讼，其诉讼目的与本人不具有直接的利害关系，属于股东代表诉讼】

谭甲与黎乙、胡丙、黎丁、张戊、叶已及庚家居城有限公司侵权纠纷上诉案［最高人民法院民事裁定书］，谭甲的诉讼请求是请求将转让的土地使用权及相关资产返还给辛公司。公司与股东是两个独立的人格。谭甲虽为公司的投资人，但公司的财产是独立于股东的财产的。本案所转让的土地使用权及相关资产均在辛公司名下，辛公司是土地使用权人和其他财产的所有人，谭甲仅对其投资享有一定比例的股权，其诉讼请求和其自身民事权益之间仅具有间接关系，不具有直接的利害关系。因公司的合法利益遭受他人侵害，特别是公司控股股东、董事及其他高级管理人员的侵害，而公司怠于行使诉权时，符合法定条件的股东以自己的名义为公司的利益对侵权人提起诉讼、追究其法律责任的诉讼为股东代表诉讼。谭甲的诉讼目的是维护公司的利益继而维护其在公司的投资利益，其诉讼目的与本人不具有直接的利害关系，属于股东代表诉讼，而非股东直接诉讼。

【股东提起股东代表诉讼而发生的合理费用，有权要求公司予以补偿】

陆某某等诉上海新誉化工有限公司损害公司利益责任案，由于《公司法》没有对股东代表诉讼的费用承担作出明确规定，故股东提起股东代表诉讼而支付的费用，是否有权要求公司予以补偿，是本案的争议焦点。首先，关于是否有权要求公司补偿的问题。就股东代表诉讼的诉讼目的而言，虽然股东代表诉讼是由股东提起，但其提起诉讼之目的是为了保护被告公司利益不受损害，进而保护其本身以及其他众股东的利益。虽然在股东代表诉讼中，原告胜诉可以从侵权行为人对公司的赔付中获得间接利益，但如果这要以巨额的诉讼成本作代价的话，对于提起代表诉讼的股东而言，仍然是缺乏激励的；此外，由原告股东个人承担诉讼费用，但胜诉结果却由全体股东共享，这显然也是不公平的。故法院认为提起代表诉讼的股东在案件胜诉之后，理应对公司享有合理费用的补偿请求权。其次，关于费用是否合理的问题。按照上海市发展和改革委员会、上海市司法局颁布的《上海市律师服务收费管理实施办法》的规定，涉及财产关系的民事、行政诉讼和国家赔偿案件按标的额比例收费，其中 100 万元以上至 1000 万元的政府指导价收费标准为 3%~5%。结合上述股东代表诉讼案件中的标的额，原告实际支付的一审律师费用略低于 3% 的收费标准，故法院认为原告主张的律师费用是合理的。

【实际控制人的行为导致公司不履行股东会决议时，权利受损股东有权提起代表诉讼】

陈某等与华宇亚公司等确认并履行股东会决议纠纷上诉案，股东会决议属于公司股东自治内容，股东会决议属于公司股东自治内容，在效力确定以后，公司应当按照股东会决议内容履行其义务；在公司实际控制人的行为致使公司不履行股东会决议时，权利受损股东可以提起股东代表诉讼，以实现自己的权利，故上诉人此项请求应予驳回。

第一百五十二条 【股东直接诉讼】 董事、高级管理人员违反法律、行政法规或者公司章程的规定，损害股东利益的，股东可以向人民法院提起诉讼。

相关案例

【董事明知或应知协议并非公司真实意思表示，却在协议及董事会决议上签字，损害了股东利益，应当承担责任】

吉丰投资有限公司、浙江神鹰集团有限公司、诸暨丽悦度假村有限公司等损害股东利益责任纠纷案［浙江省绍兴市中级人民法院（2018）浙 06 民终 554 号民事判决书］，股份转让协议和关于终止的协议上均盖有神鹰公司、吉丰公司的印章，并有神鹰公司代表“朱百超”、吉丰公司代表“赖伟强”的签字。鉴于该两份协议上吉丰公司的印章明显与吉丰公司诉讼手续上的印章不同，其上“赖伟强”的签字亦明显不同于框架协议及 2016 年 3 月 21 日会谈纪要中“赖伟强”的签字，结合一审法院对此事项的释明以及双方后续对此事项的沟通，上诉人吉丰公司关于股份转让协议和关于终止的协议上吉丰公司的印章和“赖伟强”的签字系伪造的主张，能够成立。故将 25% 的股权予以转让并非吉丰公司的真实意思表示。吉丰公司虽未能提交证据证明该等伪造的实施者，但基于神鹰公司系该股权转让的直接受益者，在神鹰公司未能提交相反证据的情况下，神鹰公司应对违反吉丰公司真实意愿的股权转让行为承担侵权责任。

被上诉人朱百超作为神鹰公司的法定代表人和投资人，其对于股份转让协议及关于终止的协议并非吉丰公司真实意思表示之情形，属于明知或应当知道而未知道，其不仅在股份转让协议及关于终止的协议上签字，也在 2014 年 5 月 7 日董事会决议上签字，属于《公司法》第一百五十二条规定的“董事、高级管理人员违反法律、行政法规或者公司章程的规定，损害股东利益的”行为，理应对吉丰公司的损失承担一定的责任。综合考虑上述情节，酌情确定被上诉人朱百超对吉丰公司的损失承担20%的责任。

【侵害股东利益的认定】

陈晓炜诉苏艺损害股东利益责任案［福建省厦门市中级人民法院（2015）厦民终字第3267 号民事判决书］，原告明确本案的法律关系为“损害股东利益责任纠纷”，并基于《公司法》第一百四十七条、第一百五十二条的规定向被告提出主张，故苏艺作为晶华公司的独立董事成为本案被告并无不当，法院予以准许。第三人均和评估公司已通知了晶华公司领取评估报告，但被告怠于履行职责导致晶华公司未领取报告书。根据《关于资产评估并办理股权转让的股东会决议》的内容，晶华公司应先聘请第三人均和评估公司进行评估，然后根据评估报告委托普和会计所进行审计，原告再根据审计结果确定股权转让价格将股权转让给第三人郑华娜，故被告未代表晶华公司领取评估报告的行为导致原告未能顺利转让股权，已侵犯了原告的合法权益。同时，被告作为晶华公司的董事，应当遵守法律、行政法规和公司章程的规定，对公司负有忠实义务和勤勉义务，但其未积极履行《关于资产评估并办理股权转让的股东会决议》的内容，导致股权转让协议约定的股权转让条件即资产评估及负债审计程序无法正常进行，以致原告至今无法转让股权，该行为损害了原告的股东权益，被告应继续履行《关于资产评估并办理股权转让的股东会决议》，该评估报告可作为审计依据继续履行。

【股东直接诉讼只有股东利益直接受到侵害的情况下才可以提起】

TAT Co., ltd（韩国 TAT 公司）与陆致成损害公司利益责任纠纷上诉案［北京市高级人民法院（2010）高民终字第 534 号民事判决书］，二审法院经审理认为，TAT 公司所主张的陆致成侵犯公司利益的事实和行为指向的均是清芯光电公司的利益，而非股东 TAT 公司的利益。在清芯光电公司利益受损的情况下，应由清芯光电公司提起诉讼，清芯光电公司未形成决议而股东代为提起诉讼的，应为股东代表诉讼。一审法院依据《公司法》第一百五十二条（编者注：现为该法第一百五十一条）的规定，认为 TAT 公司提起股东代表诉讼的条件尚未成就，无权请求陆致成赔偿股东的损失是正确的。TAT 公司认为其依据《公司法》第一百五十三条（编者注：现为该法第一百五十二条）的规定可以直接向董事、高级管理人员提起诉讼的主张，因其基于的侵权事实均是陆致成作为清芯光电公司的董事、高级管理人员时的职务行为，并未直接侵害股东 TAT 公司的利益，不符合股东直接诉讼的规定，故一审法院驳回 TAT 公司的诉讼请求是正确的，二审法院予以确认。TAT 公司以清芯光电公司未设立监事会，陆致成非法控制清芯光电公司而否定履行股东代表诉讼的前置程序，进而提起股东直接诉讼的理由不成立，二审法院不予支持。TAT 公司二审中提出清芯光电公司第一届董事会第七次会议决议已被撤销的证据，并不影响其应履行股东代表诉讼的前置程序。

【股东直接诉讼中的法律问题】

陕西省西安市建筑工程总公司房地产开发公司与周钱浩与公司有关的纠纷上诉案［陕西省西安市中级人民法院（2006）西民四终字第 288 号民事裁定书（《人民司法·案例》2007 年第 24 期）］，有限责任公司的股东以公司法定代表人为被告，提起的要求确认公司与第三人签订的合同无效之诉讼，不属于股东代表诉讼，应认定为股东直接诉讼。如果从原告的诉讼请求中无法判断原、被告之间存在讼争利益，就需要进一步从当事人诉讼外或诉讼前的讼争过程、交涉过程中具体考量原告有无诉的利益，而不能简单地以某一法律问题与原告有利害关系即认为其有诉的利益。对于有限责任公司与第三人签订的合同，公司股东不当然地具有直接利害关系，不应允许股东任意提起确认合同无效之诉。

第七章 公司债券

第一百五十三条 【公司债券的概念和发行条件】 本法所称公司债券，是指公司依照法定程序发行、约定在一定期限还本付息的有价证券。

公司发行公司债券应当符合《中华人民共和国证券法》规定的发行条件。

一、相关法律条文

《中华人民共和国证券法（2019 修订）》（自 2020 年 3 月 1 日起施行）对公司债券的发行条件等，规定如下：

第十五条 公开发行公司债券，应当符合下列条件：

（一）具备健全且运行良好的组织机构；

（二）最近三年平均可分配利润足以支付公司债券一年的利息；

（三）国务院规定的其他条件。

公开发行公司债券筹集的资金，必须按照公司债券募集办法所列资金用途使用；改变资金用途，必须经债券持有人会议作出决议。公开发行公司债券筹集的资金，不得用于弥补亏损和非生产性支出。

上市公司发行可转换为股票的公司债券，除应当符合第一款规定的条件外，还应当遵守本法第十二条第二款的规定。但是，按照公司债券募集办法，上市公司通过收购本公司股份的方式进行公司债券转换的除外。

第十六条 申请公开发行公司债券，应当向国务院授权的部门或者国务院证券监督管理机构报送下列文件：

（一）公司营业执照；

（二）公司章程；

（三）公司债券募集办法；

（四）国务院授权的部门或者国务院证券监督管理机构规定的其他文件。

依照本法规定聘请保荐人的，还应当报送保荐人出具的发行保荐书。

第十七条 有下列情形之一的，不得再次公开发行公司债券：

（一）对已公开发行的公司债券或者其他债务有违约或者延迟支付本息的事实，仍处于继续状态；

（二）违反本法规定，改变公开发行公司债券所募资金的用途。

第十八条 发行人依法申请公开发行证券所报送的申请文件的格式、报送方式，由依法负责注册的机构或者部门规定。

第十九条 发行人报送的证券发行申请文件，应当充分披露投资者作出价值判断和投资决策所必需的信息，内容应当真实、准确、完整。

为证券发行出具有关文件的证券服务机构和人员，必须严格履行法定职责，保证所出具文件的真实性、准确性和完整性。

二、相关司法解释及两高工作文件

《最高人民法院关于中国农业银行汝州市支行与中国建设银行汝州市支行债券兑付纠纷案的复函》（（1998）民他字第 29 号），对债券利息的支付问题，回复如下：

根据汝州市第三水泥厂与汝州市农业银行签订的《企业债券代销合同》和债券票面的记载，汝州市农业银行应负有债券兑付义务，即汝州市建设银行所持的 400 万元债券应由汝州市农业银行负责兑付。但是，400 万元债券的利息，根据汝州市建设银行与债券发行人汝州市第三水泥厂关于债券利息支付的约定，不应由汝州市农业银行支付。

《最高人民法院关于武汉证券公司与大连连通公司债券兑付纠纷一案如何确定管辖权问题的复函》（法函［1995］167号），对债券兑付的管辖问题，回复如下：

企业债券是一种有价证券，企业债券当事人的权利、义务表现在债券上，并依票面载明的事项行使和履行。企业债券兑付纠纷案件应由债券兑付地或者被告住所地人民法院管辖。本案双方当事人对兑付地点没有明确约定。因此，应由被告大连连通证券公司住所地人民法院管辖。

《最高人民法院经济审判庭关于代理发行企业债券的金融机构应否承担企业债券发行人债务责任问题的复函》（法经［1994］103号），对债券兑付本息问题，回复如下：

企业债券是企业依照法定程序发行，约定在一定期限内还本付息的有价证券。企业债券的发行人对企业债券的持有人负有按债券约定的期限偿付本息的义务。金融机构接受企业债券发行人的委托代理发行企业债券，根据《中华人民共和国民法通则》第六十三条第二款的规定，应当由企业债券的发行人对金融机构的民事法律行为承担民事责任。因此，当企业债券的发行人未按约定期限偿付企业债券的本息时，债券持有人应当向企业债券的发行人和（或）担保人主张民事权利。如果债券推销人金融机构代企业债券发行人垫款向企业债券持有人兑付本息时，该推销人金融机构则成为债券持有人，亦应向企业债券的发行人和（或）担保人主张民事权利。以上意见，供参酌。

三、相关文件规定

《公司债券发行与交易管理办法》（自2015年1月15日起施行），对于公司债券发行和交易管理，规定如下：

第一章 总 则

第一条 为了规范公司债券的发行、交易或转让行为，保护投资者的合法权益和社会公共利益，根据《证券法》、《公司法》和其他相关法律法规，制定本办法。

第二条 在中华人民共和国境内，公开发行公司债券并在证券交易所、全国中小企业股份转让系统交易或转让，非公开发行公司债券并按照本办法规定承销或自行销售、或在证券交易所、全国中小企业股份转让系统、机构间私募产品报价与服务系统、证券公司柜台转让的，适用本办法。

法律法规和中国证券监督管理委员会（以下简称中国证监会）另有规定的，从其规定。

本办法所称公司债券，是指公司依照法定程序发行、约定在一定期限还本付息的有价证券。

第三条 公司债券可以公开发行，也可以非公开发行。

第四条 发行人及其他信息披露义务人应当及时、公平地履行披露义务，所披露或者报送的信息必须真实、准确、完整，不得有虚假记载、误导性陈述或者重大遗漏。

第五条 发行人及其控股股东、实际控制人应当诚实守信，发行人的董事、监事、高级管理人员应当勤勉尽责，维护债券持有人享有的法定权利和债券募集说明书约定的权利。

第六条 债券募集说明书及其他信息披露文件所引用的审计报告、资产评估报告、评级报告，应当由具有从事证券服务业务资格的机构出具。

债券募集说明书所引用的法律意见书，应当由律师事务所出具，并由两名执业律师和所在律师事务所负责人签署。

第七条 为公司债券发行提供服务的承销机构、资信评级机构、受托管理人、会计师事务所、资产评估机构、律师事务所等专业机构和人员应当勤勉尽责，严格遵守执业规范和监管规则，按规定和约定履行义务。

第八条 发行人、承销机构及其相关工作人员在发行定价和配售过程中，不得有违反公平竞争、进行利益输送、直接或间接谋取不正当利益以及其他破坏市场秩序的行为。

第九条 中国证监会对公司债券发行的核准或者中国证券业协会按照本办法对公司债券发行的备案，不表明其对发行人的经营风险、偿债风险、诉讼风险以及公司债券的投资风险或收益等作出判断或者保证。公司债券的投资风险，由投资者自行承担。

第十条 中国证监会依法对公司债券的公开发行、非公开发行及其交易或转让活动进行监督管理。

证券自律组织可依照相关规定对公司债券的上市交易或转让、非公开发行及转让、承销、尽职调查、信用评级、受托管理及增信等进行自律管理。

证券自律组织应当制定相关业务规则，明确公司债券承销、备案、上市交易或转让、信息披露、投资者适当性管理、持有人会议及受托管理等具体规定，报中国证监会批准。

第二章 发行和交易转让

第一节 一般规定

第十一条 发行公司债券，发行人应当依照《公司法》或者公司章程相关规定对以下事项作出决议：

（一）发行债券的数量；

（二）发行方式；

（三）债券期限；

（四）募集资金的用途；

（五）决议的有效期；

（六）其他按照法律法规及公司章程规定需要明确的事项。

发行公司债券，如果对增信机制、偿债保障措施作出安排的，也应当在决议事项中载明。

第十二条 上市公司、股票公开转让的非上市公众公司发行的公司债券，可以附认股权、可转换成相关股票等条款。上市公司、股票公开转让的非上市公众公司股东可以发行附可交换成上市公司或非上市公众公司股票条款的公司债券。商业银行等金融机构可以按照有关规定发行附减记条款的公司债券。

上市公司发行附认股权、可转换成股票条款的公司债券，应当符合《上市公司证券发行管理办法》、《创业板上市公司证券发行管理暂行办法》的相关规定。

股票公开转让的非上市公众公司发行附认股权、可转换成股票条款的公司债券，由中国证监会另行规定。

第十三条 发行人全体董事、监事、高级管理人员应当在债券募集说明书上签字，承诺不存在虚假记载、误导性陈述或者重大遗漏，并承担相应的法律责任，但是能够证明自己没有过错的除外。

第十四条 本办法所称合格投资者，应当具备相应的风险识别和承担能力，知悉并自行承担公司债券的投资风险，并符合下列资质条件：

（一）经有关金融监管部门批准设立的金融机构，包括证券公司、基金管理公司及其子公司、期货公司、商业银行、保险公司和信托公司等，以及经中国证券投资基金业协会（以下简称基金业协会）登记的私募基金管理人；

（二）上述金融机构面向投资者发行的理财产品，包括但不限于证券公司资产管理产品、基金及基金子公司产品、期货公司资产管理产品、银行理财产品、保险产品、信托产品以及经基金业协会备案的私募基金；

（三）净资产不低于人民币一千万元的企事业单位法人、合伙企业；

（四）合格境外机构投资者（QFII）、人民币合格境外机构投资者（RQFII）；

（五）社会保障基金、企业年金等养老基金，慈善基金等社会公益基金；

（六）名下金融资产不低于人民币三百万元的个人投资者；

（七）经中国证监会认可的其他合格投资者。

前款所称金融资产包括银行存款、股票、债券、基金份额、资产管理计划、银行理财产品、信托计划、保险产品、期货权益等；理财产品、合伙企业拟将主要资产投向单一债券，需要穿透核查最终投资者是否为合格投资者并合并计算投资者人数，具体标准由基金业协会规定。

证券自律组织可以在本办法规定的基础上，设定更为严格的合格投资者资质条件。

第十五条 公开发行公司债券，募集资金应当用于核准的用途；非公开发行公司债券，募集资金应当用于约定的用途。除金融类企业外，募集资金不得转借他人。

发行人应当指定专项账户，用于公司债券募集资金的接收、存储、划转与本息偿付。

第二节 公开发行及交易

第十六条 公开发行公司债券，应当符合《证券法》、《公司法》的相关规定，经中国证监会核准。

第十七条 存在下列情形之一的，不得公开发行公司债券：

（一）最近三十六个月内公司财务会计文件存在虚假记载，或公司存在其他重大违法行为；

（二）本次发行申请文件存在虚假记载、误导性陈述或者重大遗漏；

（三）对已发行的公司债券或者其他债务有违约或者迟延支付本息的事实，仍处于继续状态；

（四）严重损害投资者合法权益和社会公共利益的其他情形。

第十八条 资信状况符合以下标准的公司债券可以向公众投资者公开发行，也可以自主选择仅面向合格投资者公开发行：

（一）发行人最近三年无债务违约或者迟延支付本息的事实；

（二）发行人最近三个会计年度实现的年均可分配利润不少于债券一年利息的1.5倍；

（三）债券信用评级达到AAA级；

（四）中国证监会根据投资者保护的需要规定的其他条件。

未达到前款规定标准的公司债券公开发行应当面向合格投资者；仅面向合格投资者公开发行的，中国证监会简化核准程序。

第十九条 公开发行公司债券，应当委托具有从事证券服务业务资格的资信评级机构进行信用评级。

第二十条 发行人应当按照中国证监会信息披露内容与格式的有关规定编制和报送公开发行公司债券的申请文件。

第二十一条 中国证监会受理申请文件后，依法审核公开发行公司债券的申请，自受理发行申请文件之日起三个月内，作出是否核准的决定，并出具相关文件。

发行申请核准后，公司债券发行结束前，发行人发生重大事项，导致可能不再符合发行条件的，应当暂缓或者暂停发行，并及时报告中国证监会。影响发行条件的，应当重新履行核准程序。

承销机构应当勤勉履行核查义务，发现发行人存在前款规定情形的，应当立即停止承销，并督促发行人及时履行报告义务。

第二十二条 公开发行公司债券，可以申请一次核准，分期发行。自中国证监会核准发行之日起，发行人应当在十二个月内完成首期发行，剩余数量应当在二十四个月内发行完毕。

公开发行公司债券的募集说明书自最后签署之日起六个月内有效。采用分期发行方式的，发行人应当在后续发行中及时披露更新后的债券募集说明书，并在每期发行完成后五个工作日内报中国证监会备案。

第二十三条 公开发行的公司债券，应当在依法设立的证券交易所上市交易，或在全国中小企业股份转让系统或者国务院批准的其他证券交易场所转让。

第二十四条 证券交易所、全国中小企业股份转让系统应当对公开发行公司债券的上市交易或转让实施分类管理，实行差异化的交易机制，建立相应的投资者适当性管理制度，健全风险控制机制。

证券交易所、全国中小企业股份转让系统应当根据债券资信状况的变化及时调整交易机制和投资者适当性安排。

第二十五条 公开发行公司债券申请上市交易或转让的，应当在发行前根据证券交易所、全国中小企业股份转让系统的相关规则，明确交易机制和交易环节投资者适当性安排。发行环节和交易环节的投资者适当性要求应当保持一致。

第三节 非公开发行及转让

第二十六条 非公开发行的公司债券应当向合格投资者发行，不得采用广告、公开劝诱和变相公开方式，每次发行对象不得超过二百人。

第二十七条 发行人、承销机构应当按照中国证监会、证券自律组织规定的投资者适当性制度，了解和评估投资者对非公开发行公司债券的风险识别和承担能力，确认参与非公开发行公司债券认购的投资者为合格投资者，并充分揭示风险。

第二十八条 非公开发行公司债券是否进行信用评级由发行人确定，并在债券募集说明书中披露。

第二十九条 非公开发行公司债券，承销机构或依照本办法第三十三条规定自行销售的发行人应当在每次发行完成后五个工作日内向中国证券业协会备案。

中国证券业协会在材料齐备时应当及时予以备案。备案不代表中国证券业协会实行合规性审查，不构成市场准入，也不豁免相关主体的违规责任。

第三十条 非公开发行公司债券，可以申请在证券交易所、全国中小企业股份转让系统、机构间私募产品报价与服务系统、证券公司柜台转让。

第三十一条 非公开发行的公司债券仅限于合格投资者范围内转让。转让后，持有同次发行债券的合格投资者合计不得超过二百人。

第三十二条 发行人的董事、监事、高级管理人员及持股比例超过百分之五的股东，可以参与本公司非公开发行公司债券的认购与转让，不受本办法第十四条关于合格投资者资质条件的限制。

第四节 发行与承销管理

第三十三条 发行公司债券应当由具有证券承销业务资格的证券公司承销。

取得证券承销业务资格的证券公司、中国证券金融股份有限公司及中国证监会认可的其他机构非公开发行公司债券可以自行销售。

第三十四条 承销机构承销公司债券，应当依据本办法以及中国证监会、中国证券业协会有关尽职调查、风险控制和内部控制等相关规定，制定严格的风险管理制度和内部控制制度，加强定价和配售过程管理。

第三十五条 承销机构承销公司债券，应当依照《证券法》相关规定采用包销或者代销方式。

第三十六条 发行人和主承销商应当签订承销协议，在承销协议中界定双方的权利义务关系，约定明确的承销基数。采用包销方式的，应当明确包销责任。

公开发行公司债券，依照法律、行政法规的规定应由承销团承销的，组成承销团的承销机构应当签订承销团协议，由主承销商负责组织承销工作。公司债券发行由两家以上承销机构联合主承销的，所有担任主承销商的承销机构应当共同承担主承销责任，履行相关义务。承销团由三家以上承销机构组成的，可以设副主承销商，协助主承销商组织承销活动。

承销团成员应当按照承销团协议及承销协议的约定进行承销活动，不得进行虚假承销。

第三十七条 公司债券公开发行的价格或利率以询价或公开招标等市场化方式确定。

发行人和主承销商应当协商确定公开发行的定价与配售方案并予公告，明确价格或利率确定原则、发行定价流程和配售规则等内容。

第三十八条 发行人和承销机构不得操纵发行定价、暗箱操作；不得以代持、信托等方式谋取不正当利益或向其他相关利益主体输送利益；不得直接或通过其利益相关方向参与认购的投资者提供财务资助；不得有其他违反公平竞争、破坏市场秩序等行为。

第三十九条 公开发行公司债券的，发行人和主承销商应当聘请律师事务所对发行过程、配售行为、参与认购的投资者资质条件、资金划拨等事项进行见证，并出具专项法律意见书。公开发行的公司债券上市后十个工作日内，主承销商应当将专项法律意见随同承销总结报告等文件一并报中国证监会。

第四十条 发行人和承销机构在推介过程中不得夸大宣传，或以虚假广告等不正当手段诱导、误导投资者，不得披露除债券募集说明书等信息以外的发行人其他信息。

承销机构应当保留推介、定价、配售等承销过程中的相关资料，并按相关法律法规规定存档备查，包括推介宣传材料、路演现场录音等，如实、全面反映询价、定价和配售过程。相关推介、定价、配售等的备查资料应当按中国证券业协会的规定制作并妥善保管。

第四十一条 中国证券业协会应当制定非公开发行公司债券承销业务的风险控制管理规定，根据市场风险状况对承销业务范围进行限制并动态调整。

第三章 信息披露

第四十二条 发行人及其他信息披露义务人应当按照中国证监会及证券自律组织的相关规定履行信息披露义务。

第四十三条 公开发行公司债券的发行人应当按照规定及时披露债券募集说明书，并在债券存续期内披露中期报告和经具有从事证券服务业务资格的会计师事务所审计的年度报告。

非公开发行公司债券的发行人信息披露的时点、内容，应当按照募集说明书的约定履行，相关信息披露文件应当由受托管理人向中国证券业协会备案。

第四十四条 公司债券募集资金的用途应当在债券募集说明书中披露。

发行人应当在定期报告中披露公开发行公司债券募集资金的使用情况。

非公开发行公司债券的，应当在债券募集说明书中约定募集资金使用情况的披露事宜。

第四十五条 公开发行公司债券的发行人应当及时披露债券存续期内发生可能影响其偿债能力或债券价格的重大事项。重大事项包括：

(一)发行人经营方针、经营范围或生产经营外部条件等发生重大变化；

(二)债券信用评级发生变化；

(三)发行人主要资产被查封、扣押、冻结；

(四)发行人发生未能清偿到期债务的违约情况；

(五)发行人当年累计新增借款或对外提供担保超过上年末净资产的百分之二十；

(六)发行人放弃债权或财产，超过上年末净资产的百分之十；

(七)发行人发生超过上年末净资产百分之十的重大损失；

(八)发行人作出减资、合并、分立、解散及申请破产的决定；

(九)发行人涉及重大诉讼、仲裁事项或受到重大行政处罚；

(十)保证人、担保物或者其他偿债保障措施发生重大变化；

(十一)发行人情况发生重大变化导致可能不符合公司债券上市条件；

(十二)发行人涉嫌犯罪被司法机关立案调查，发行人董事、监事、高级管理人员涉嫌犯罪被司法机关采取强制措施；

(十三)其他对投资者作出投资决策有重大影响的事项。

第四十六条 资信评级机构为公开发行公司债券进行信用评级，应当符合以下规定：

(一)按照规定或约定将评级信息告知发行人，并及时向市场公布首次评级报告、定期和不定期跟踪评级报告；

(二)在债券有效存续期间，应当每年至少向市场公布一次定期跟踪评级报告；

(三)应充分关注可能影响评级对象信用等级的所有重大因素，及时向市场公布信用等级调整及其他与评级相关的信息变动情况，并向证券交易所或其他证券交易场所报告。

第四十七条 公开发行公司债券的发行人及其他信息披露义务人应当将披露的信息刊登在其债券交易场所的互联网网站，同时将披露的信息或信息摘要刊登在至少一种中国证监会指定的报刊，供公众查阅。

第四章 债券持有人权益保护

第四十八条 发行公司债券的，发行人应当为债券持有人聘请债券受托管理人，并订立债券受托管理协议；在债券存续期限内，由债券受托管理人按照规定或协议的约定维护债券持有人的利益。

发行人应当在债券募集说明书中约定，投资者认购或持有本期公司债券视作同意债券受托管理协议、债券持有人会议规则及债券募集说明书中其他有关发行人、债券持有人权利义务的相关约定。

第四十九条 债券受托管理人由本次发行的承销机构或其他经中国证监会认可的机构担任。债券受托管理人应当为中国证券业协会会员。为本次发行提供担保的机构不得担任本次债券发行的受托管理人。

债券受托管理人应当勤勉尽责，公正履行受托管理职责，不得损害债券持有人利益。

对于债券受托管理人在履行受托管理职责时可能存在的利益冲突情形及相关风险防范、解决机制，发行人应当在债券募集说明书及债券存续期间的信息披露文件中予以充分披露，并同时在债券受托管理协议中载明。

第五十条 公开发行公司债券的受托管理人应当履行下列职责：

（一）持续关注发行人和保证人的资信状况、担保物状况、增信措施及偿债保障措施的实施情况，出现可能影响债券持有人重大权益的事项时，召集债券持有人会议；

（二）在债券存续期内监督发行人募集资金的使用情况；

（三）对发行人的偿债能力和增信措施的有效性进行全面调查和持续关注，并至少每年向市场公告一次受托管理事务报告；

（四）在债券存续期内持续督导发行人履行信息披露义务；

（五）预计发行人不能偿还债务时，要求发行人追加担保，并可以依法申请法定机关采取财产保全措施；

（六）在债券存续期内勤勉处理债券持有人与发行人之间的谈判或者诉讼事务；

（七）发行人为债券设定担保的，债券受托管理协议可以约定担保财产为信托财产，债券受托管理人应在债券发行前或债券募集说明书约定的时间内取得担保的权利证明或其他有关文件，并在担保期间妥善保管；

（八）发行人不能偿还债务时，可以接受全部或部分债券持有人的委托，以自己名义代表债券持有人提起民事诉讼、参与重组或者破产的法律程序。

第五十一条 受托管理人因涉嫌债券承销活动中违法违规正在接受中国证监会调查或出现中国证监会认定的其他不再适合担任受托管理人情形的，在依据本办法第五十五条第（三）项变更受托管理人之前，中国证监会可以临时指定中证中小投资者服务中心有限责任公司承担受托管理职责，直至债券持有人会议选任出新的受托管理人为止。

第五十二条 非公开发行公司债券的，债券受托管理人应当按照债券受托管理协议的约定履行职责。

第五十三条 受托管理人为履行受托管理职责，有权代表债券持有人查询债券持有人名册及相关登记信息、专项账户中募集资金的存储与划转情况。证券登记结算机构应当予以配合。

第五十四条 发行公司债券，应当在债券募集说明书中约定债券持有人会议规则。债券持有人会议规则应当公平、合理。

债券持有人会议规则应当明确债券持有人通过债券持有人会议行使权利的范围，债券持有人会议的召集、通知、决策机制和其他重要事项。

债券持有人会议按照本办法的规定及会议规则的程序要求所形成的决议对全体债券持有人有约束力。

第五十五条 存在下列情形的，债券受托管理人应当召集债券持有人会议：

(一)拟变更债券募集说明书的约定;
(二)拟修改债券持有人会议规则;
(三)拟变更债券受托管理人或受托管理协议的主要内容;
(四)发行人不能按期支付本息;
(五)发行人减资、合并、分立、解散或者申请破产;
(六)保证人、担保物或者其他偿债保障措施发生重大变化;
(七)发行人、单独或合计持有本期债券总额百分之十以上的债券持有人书面提议召开;
(八)发行人管理层不能正常履行职责,导致发行人债务清偿能力面临严重不确定性,需要依法采取行动的;
(九)发行人提出债务重组方案的;
(十)发生其他对债券持有人权益有重大影响的事项。

在债券受托管理人应当召集而未召集债券持有人会议时,单独或合计持有本期债券总额百分之十以上的债券持有人有权自行召集债券持有人会议。

第五十六条 发行人可采取内外部增信机制、偿债保障措施,提高偿债能力,控制公司债券风险。

内外部增信机制、偿债保障措施包括但不限于下列方式:
(一)第三方担保;
(二)商业保险;
(三)资产抵押、质押担保;
(四)限制发行人债务及对外担保规模;
(五)限制发行人对外投资规模;
(六)限制发行人向第三方出售或抵押主要资产;
(七)设置债券回售条款。

公司债券增信机构可以成为中国证券业协会会员。

第五十七条 发行人应当在债券募集说明书中约定构成债券违约的情形、违约责任及其承担方式以及公司债券发生违约后的诉讼、仲裁或其他争议解决机制。

第五章 监督管理和法律责任

第五十八条 对违反法律法规及本办法规定的机构和人员,中国证监会可采取责令改正、监管谈话、出具警示函、责令公开说明、责令参加培训、责令定期报告、认定为不适当人选、暂不受理与行政许可有关的文件等相关监管措施;依法应予行政处罚的,依照《证券法》、《行政处罚法》等法律法规和中国证监会的有关规定进行处罚;涉嫌犯罪的,依法移送司法机关,追究其刑事责任。

第五十九条 发行人、承销机构向不符合规定条件的投资者发行公司债券的,中国证监会可以对发行人、承销机构及其直接负责的主管人员和其他直接责任人员采取本办法第五十八条规定的相关监管措施;情节严重的,处以警告、罚款。

第六十条 非公开发行公司债券,发行人违反本办法第十五条规定的,中国证监会可以对发行人及其直接负责的主管人员和其他直接责任人员采取本办法第五十八条规定的相关监管措施;情节严重的,处以警告、罚款。

第六十一条 承销机构承销未经核准擅自公开发行的公司债券的,中国证监会可以采取十二至三十六个月暂不受理其证券承销业务有关文件等监管措施;对其直接负责的主管人员和其他直接责任人员,可以采取本办法第五十八条规定的相关监管措施。

第六十二条 除中国证监会另有规定外,承销或自行销售非公开发行公司债券未按规定进行备案的,中国证监会可以对承销机构及其直接负责的主管人员和其他直接责任人员采取本办法第五十八条规定的相关监管措施;情节严重的,处以警告、罚款。

第六十三条 承销机构在承销公司债券过程中,有下列行为之一的,中国证监会可以对承销机构及其直接负责的主管人员和其他直接责任人员采取本办法第五十八条规定的相关监管措施；情节严重的，可以对承销机构采取三至十二个月暂不受理其证券承销业务有关文件的监管措施：

（一）以不正当竞争手段招揽承销业务；

（二）从事本办法第三十八条规定禁止的行为；

（三）从事本办法第四十条规定禁止的行为；

（四）未按本办法及相关规定要求披露有关文件；

（五）未按照事先披露的原则和方式配售公司债券，或其他未依照披露文件实施的行为；

（六）未按照本办法及相关规定要求保留推介、定价、配售等承销过程中相关资料；

（七）其他违反承销业务规定的行为。

第六十四条 发行人有下列行为之一的，中国证监会可以对发行人及其直接负责的主管人员和其他直接责任人员采取本办法第五十八条规定的相关监管措施：

（一）从事本办法第三十八条规定禁止的行为；

（二）从事本办法第四十条规定禁止的行为；

（三）其他违反承销业务规定的行为。

第六十五条 非公开发行公司债券，发行人及其他信息披露义务人未按规定披露信息，或者所披露的信息存在虚假记载、误导性陈述或者重大遗漏的，依照《证券法》和中国证监会有关规定处理，对发行人、其他信息披露义务人及其直接负责的主管人员和其他直接责任人员可以采取本办法第五十八条规定的相关监管措施；情节严重的，处以警告、罚款。

第六十六条 发行人、债券受托管理人等违反本办法规定，损害债券持有人权益的，中国证监会可以对发行人、受托管理人及其直接负责的主管人员和其他直接责任人员采取本办法第五十八条规定的相关监管措施；情节严重的，处以警告、罚款。

第六十七条 发行人的控股股东滥用公司法人独立地位和股东有限责任，损害债券持有人利益的，应当依法对公司债务承担连带责任。

第六章 附 则

第六十八条 公开发行公司债券，应当由中国证券登记结算有限责任公司统一登记。

公开发行公司债券的结算业务及非公开发行公司债券的登记结算业务，应当由中国证券登记结算有限责任公司或中国证监会认可的其他机构办理。

其他机构办理公司债券登记结算业务的，应当将登记、结算数据报送中国证券登记结算有限责任公司。

第六十九条 本办法规定的发行人不包括地方政府融资平台公司。

第七十条 证券公司和其他金融机构次级债券的发行、交易或转让，适用本办法。境外注册公司在中国证监会监管的债券交易场所的债券发行、交易或转让，参照适用本办法。

第七十一条 本办法所称证券自律组织包括证券交易所、全国中小企业股份转让系统、中国证券业协会以及中国证监会认定的其他自律组织。

第七十二条 在区域性股权交易市场非公开发行与转让公司债券的管理办法，由中国证监会另行规定。

第七十三条 本办法自公布之日起施行。《证券公司债券管理暂行办法》（证监会令第15号）、《关于修订〈证券公司债券管理暂行办法〉的决定》（证监会令第25号）、《关于发布〈证券公司债券管理暂行办法〉五个配套文件的通知》（证监发行字〔2003〕106号）、《公司债券发行试点办法》（证监会令第49号）、《关于实施〈公司债券发行试点办法〉有关事项的通知》（证监发〔2007〕112号）、《关于创业板上市公司非公开发行债券有关事项的公告》（证监会公告〔2011〕29号）同时废止。

第一百五十四条 【公司债券募集办法】 发行公司债券的申请经国务院授权的部门核准后，应当公告公司债券募集办法。

公司债券募集办法中应当载明下列主要事项：

（一）公司名称；

（二）债券募集资金的用途；

（三）债券总额和债券的票面金额；

（四）债券利率的确定方式；

（五）还本付息的期限和方式；

（六）债券担保情况；

（七）债券的发行价格、发行的起止日期；

（八）公司净资产额；

（九）已发行的尚未到期的公司债券总额；

（十）公司债券的承销机构。

相关司法解释及两高工作文件

《最高人民法院关于〈国土资源部办公厅关于征求为公司债券持有人办理国有土地使用权抵押登记意见函〉的答复》（〔2010〕民二他字第16号），对于为公司债券持有人办理国有土地使用权抵押登记问题，回复如下：

基于公司债券持有人具有分散性、群体性、不易保护自身权利的特点，《公司债券发行试点办法》（编者注：现为《公司债券发行与交易管理办法》）（以下简称《办法》）规定了公司债券受托管理人制度，以保护全体公司债券持有人的权益。基于此，《办法》第二十五条（编者注：现为该办法第五十条和第五十二条）对公司债券受托管理人的法定职责进行了规定，同时允许当事人约定权利义务范围。

根据《物权法》的规定，函中所述案例的抵押权人为全体公司债券持有人。抵押权的设定有利于保护全体公司债券持有人的利益。在公司债券持有人因其不确定性、群体性而无法申请办理抵押权登记的情形下，认定公司债券受托管理人可以代理办理抵押权登记手续，符合设立公司债券受托管理人制度的目的，也不违反《办法》第二十五条的规定。在法律没有禁止性规定以及当事人之间没有禁止代为办理抵押登记约定的情形下，应认定公司债券受托管理人可代理全体公司债券持有人申请办理土地抵押登记。

第一百五十五条 【公司债券票面的记载事项】 公司以实物券方式发行公司债券的，必须在债券上载明公司名称、债券票面金额、利率、偿还期限等事项，并由法定代表人签名，公司盖章。

第一百五十六条 【公司债券的分类】 公司债券，可以为记名债券，也可以为无记名债券。

第一百五十七条 【公司债券存根簿】 公司发行公司债券应当置备公司债券存根簿。

发行记名公司债券的，应当在公司债券存根簿上载明下列事项：

（一）债券持有人的姓名或者名称及住所；

（二）债券持有人取得债券的日期及债券的编号；

（三）债券总额，债券的票面金额、利率、还本付息的期限和方式；

（四）债券的发行日期。

发行无记名公司债券的，应当在公司债券存根簿上载明债券总额、利率、偿还期限和方式、发行日期及债券的编号。

第一百五十八条 【记名公司债券的登记结算】 记名公司债券的登记结算机构应当建立债券登记、存管、付息、兑付等相关制度。

第一百五十九条 【公司债券转让】 公司债券可以转让，转让价格由转让人与受让人约定。

公司债券在证券交易所上市交易的，按照证券交易所的交易规则转让。

相关文件规定

《中国人民银行关于公司债券转让过户业务规则事宜的批复》（银复〔2006〕21号），对中央国债登记结算有限责任公司答复如下：

你公司《关于核准〈公司债券转让过户业务规则〉的请示》（中债字〔2006〕95号）收悉。经审核，《公司债券转让过户业务规则》应修改为《非交易流通公司债券转让过户业务规则》，原则同意你公司发布《非交易流通公司债券转让过户业务规则》。

为防范公司债券转让过户业务风险和保护投资者合法权益，不符合中国人民银行公告〔2005〕第30号（以下简称公告）规定交易条件的公司债券应在初始机构投资者之间以现券方式转让过户。不符合公告规定交易条件的其他种类债券的转让过户，参照非交易流通公司债券转让过户业务有关规定执行。上述有关要求应在《非交易流通公司债券转让过户业务规则》中予以明确。

你公司应强化内部控制和管理，严格按照有关规定和要求办理公司债券的转让过户，加强对公司债券转让过户业务的日常监测，发现异常情况应及时向中国人民银行报告，并启动相应的应急处理机制，有效防范转让过户和结算风险。你公司应于每个季度结束后的十个工作日内向中国人民银行提交该季度公司债券转让过户业务情况的书面报告。

第一百六十条 【公司债券的转让方式】 记名公司债券，由债券持有人以背书方式或者法律、行政法规规定的其他方式转让；转让后由公司将受让人的姓名或者名称及住所记载于公司债券存根簿。

无记名公司债券的转让，由债券持有人将该债券交付给受让人后即发生转让的效力。

第一百六十一条 【可转换公司债券的发行】 上市公司经股东大会决议可以发行可转换为股票的公司债券，并在公司债券募集办法中规定具体的转换办法。上市公司发行可转换为股票的公司债券，应当报国务院证券监督管理机构核准。

发行可转换为股票的公司债券，应当在债券上标明可转换公司债券字样，并在公司债券存根簿上载明可转换公司债券的数额。

相关文件规定

《中国保险监督管理委员会关于上市保险公司发行次级可转换债券有关事项的通知》（保监发〔2012〕45号），为拓宽保险公司资本补充渠道，提高保险公司偿付能力管理水平，决定允许上市保险公司和上市保险集团公司（以下通称保险公司）发行次级可转换债券。现将有关事项通知如下：

一、保险公司次级可转换债券（以下简称次级可转债），是指保险公司依照法定程序发行的、期限在5年以上（含5年）、破产清偿时本金和利息的清偿顺序列于保单责任和其他普通负债之后、且在一定期限内依据约定的条件可以转换成公司股份的债券。

二、保险公司次级可转债在转换为股份前，可以计入公司的附属资本。保险公司次级可转债计入附属资本的比例和标准由中国保监会另行规定。

三、保险公司申请发行次级可转债，除应当符合证券监管部门规定的条件外，还应当符合下列条件：

（一）破产清偿时，次级可转债本金和利息的清偿顺序列于保单责任和其他普通负债之后；

（二）保险公司发行次级可转债，不得以公司的资产为抵押或质押；

（三）保险公司次级可转债的条款设计应当有利于促进债券持有人将可转债转换为股票；

（四）除证券监管部门规定的情形之外，发行人不得另外赋予次级可转债债券持有人主动回售的权利。

四、保险公司申请发行次级可转债，应当向中国保监会提交书面申请，并报送下列文件：

（一）股东大会有关本次次级可转债发行的决议，包括募集规模、期限、转股条件、募集次级可转债决议的有效期、募集资金用途等内容；

（二）本次次级可转债发行方案；

（三）可行性研究报告；

（四）已募集但尚未偿付的次级债、次级可转债等附属资本工具的发行总额、余额及募集资金运用情况；

（五）中国保监会规定提供的其他材料。

五、保险公司申请发行次级可转债，应当取得中国保监会的监管意见。

申请出具监管意见时，保险公司应当提交本通知第四条第（一）、（二）、（三）项规定的材料，并报送偿付能力与公司治理状况说明、经营业绩与财务状况说明等其他材料。

六、发行人应当在可行性研究报告中提供如下信息：

（一）公司未来三年的资本规划；

（二）转股的可行性分析及促进转股的具体方案；

（三）本次次级可转债募集资金用途，包括集团公司向子公司注资的金额和比例。

七、保险公司应当在募集说明书中明确约定发行人依法进入破产偿债程序后，次级可转债本金和利息的清偿顺序列于保单责任和其他普通负债之后。

八、保险公司应当在中国保监会批准次级可转债发行之日起6个月内向证券监管部门提交发行申请。发行人未能在规定期限内提交申请的，原批准文件自动失效。

九、发行人应当在次级可转债发行结束后十个工作日内向中国保监会报告发行情况。

十、在次级可转债到期前，发行人提前赎回次级可转债、债权人回售次级可转债，应当在赎回或回售结束后十个工作日内向中国保监会报告。

十一、发行人应当对次级可转债募集资金实施专户管理，并严格按照股东大会决议、可行性研究报告及募集说明书中募集资金的用途使用募集资金。

十二、次级可转债到期时，发行人支付全部本息后，应当在十个工作日内向中国保监会报告。

十三、发行人应当在季度偿付能力报告和年度偿付能力报告中详细说明次级可转债赎回、回售和转股的情况，及其对公司偿付能力的影响。

十四、发行人因为次级可转债转换为公司股份而影响注册资本的，应当依照有关规定向中国保监会申请变更注册资本和修改公司章程。

第一百六十二条 【可转换公司债券的转换】 发行可转换为股票的公司债券的，公司应当按照其转换办法向债券持有人换发股票，但债券持有人对转换股票或者不转换股票有选择权。

相关文件规定

《财政部关于国有金融企业发行可转换公司债券有关事宜的通知》（财金［2013］116号），为规范国有金融企业发行可转换公司债券行为，促进证券市场健康发展，根据《中华人民共和国公司法》和《中华人民共和国证券法》等法律规定，现就有关事项通知如下：

一、国有金融企业发行可转换公司债券，发行主体应当为境内外上市公司，同时符合以下原则：

（一）审慎性原则。国有金融企业发行可转换公司债券，要综合考虑经济形势、产业发展前景、外部融资环境、长期发展战略等因素，分析论证各种融资方式后统筹进行决策。

（二）控制力原则。国有金融企业发行可转换公司债券，要切实维护国有出资人权益，保持国有控制力。可转换公司债券行权后，原则上国有控股地位应当保持不变。

（三）合理布局原则。国有金融企业发行可转换公司债券，要坚持以金融为主业的发展方向，募集资金投向应当符合宏观经济政策和国家产业政策，满足公司业务布局调整和优化的需要。

（四）保护投资者权益原则。国有金融企业发行可转换公司债券，应当严格遵守有关法律法规，有利于提高上市公司的核心竞争力和可持续发展能力，保障投资者的合法权益。

二、国有金融企业发行可转换公司债券，应当满足上市公司证券发行管理相关规定的要求。发行认股权和债券分离交易的可转换公司债券的，还应当同时满足以下要求：

（一）公司最近一期末经审计的净资产不低于人民币50亿元。

（二）最近3个会计年度实现的可分配利润均不低于公司发行债券1年的利息。

（三）本次发行后，累计公司债券余额不得超过最近一期末净资产额的20%，预计所附认股权全部行权后募集资金总额，不得超过本次拟发行可转换公司债券的金额。

三、国有金融企业发行可转换公司债券，应当根据国家有关产业政策规定、资本市场状况以及公司发展需要，进行充分的可行性研究，严格履行内部决策程序。

四、国有金融企业发行可转换公司债券，应当按照市场化原则，综合考虑银行贷款利率、同类债券利率以及上市公司未来发展前景等因素，合理确定债券利率和转股价格。

五、可转换公司债券转股价格应不低于债券募集说明书公告日前1个交易日、前20个交易日、前30个交易日该公司股票均价中的最高者。

六、可转换公司债券发行后，因配股、增发、送股、派息、分立及其他原因引起公司股份变动的，国有金融企业应当同时调整转股价格。

七、国有金融企业发行可转换公司债券，应当设定有条件赎回条款。在转股期内，公司股票在任何连续30个交易日中超过15个交易日（含）的收盘价格高于（含）当期转股价格的130%（含）时，国有金融企业控股股东有权通过公司治理程序，要求以约定价格赎回全部或部分未转股债券。

八、完成公司制改革的中央直接管理国有金融企业及其子公司发行可转换公司债券，按照公司治理程序进行决策，并报财政部备案；未完成公司制改革的中央直接管理国有金融企业，其子公司发行可转换公司债券，报财政部审核。

九、地方管理的国有金融企业及其子公司发行可转换公司债券，参照中央直接管理国有金融企业的做法，报省级财政部门备案或者审核。

十、国有金融企业发行可转换公司债券，须履行审核手续的，相关申请材料应在上市公司股东大会的20个工作日前报送财政部门；履行备案手续的，应在可转换公司债券发行前、上市公司股东大会召开后20个工作日内，将备案材料报送至财政部门。

十一、国有金融企业发行可转换公司债券，应当向财政部门报送以下材料：

（一）发行可转换公司债券的请示或报告，以及公司董事会关于发行可转换公司债券的决议。履行备案手续的，还需提供股东大会关于发行可转换公司债券的决议。

（二）可转换公司债券发行方案，以及国有金融企业关于上市公司发行可转换公司债券对控股股东地位、上市公司股价和资本市场影响的分析及应对预案。

（三）国有金融企业和上市公司控股股东基本情况、营业执照、公司章程、国有资产产权登记文件、认购股份情况及上一年度经会计师事务所审计的财务会计报告。

（四）公司基本情况、最近一期年度财务会计报告和中期财务会计报告，以及上市公司前次募集资金使用情况的报告及本次募集资金使用方向是否符合国家相关政策规定。

（五）上市公司发行可转换公司债券投资项目可行性报告，以及上市公司发行可转换公司债券的风险评估论证情况、还本付息的具体方案以及发生债务风险的应对预案。

（六）律师事务所出具的法律意见书，以及财政部门要求提供的其他材料。

十二、国有金融企业发行可转换公司债券，须履行审核手续的，财政部门应在20个工作日内作出答复。在召开股东大会时，国有控股股东应当按照财政部门出具的意见对方案进行表决。股东大会召开前尚未取得财政部门意见的，国有控股股东应当按照规定，提议延期召开股东大会。

十三、国有金融企业不得发行可交换公司债券。本通知所称可交换公司债券是指公司发行的在一定期限内依据约定的条件可以交换成该公司所持特定公司股份的债券。

十四、可转换公司债券行权后，国有金融企业应当按照国家有关规定及时办理国有产权变更登记手续。年度终了后3个月内，省级财政部门和中央直接管理金融企业应将上一年度国有金融企业发行可转换公司债券情况统计汇总后报财政部。

十五、本通知适用的国有金融企业，是指依法设立的国有独资及国有控股金融企业（含实业类子公司），包括政策性银行、国有商业银行、股份制商业银行、城市商业银行、农村商业银行、农村合作银行、农村信用合作社、城市信用合作社、新型农村金融机构、信托公司、金融资产管理公司、金融租赁公司、财务公司、保险类公司、证券类公司、期货公司、基金管理公司，以及金融控股公司、融资性担保公司等。其他金融类企业参照执行。

第八章　公司财务、会计

第一百六十三条　【公司财务与会计制度】 公司应当依照法律、行政法规和国务院财政部门的规定建立本公司的财务、会计制度。

一、相关法律条文

《中华人民共和国会计法（2017修正）》（自2000年7月1日起施行）第二章，对于会计核算，规定如下：

第九条　各单位必须根据实际发生的经济业务事项进行会计核算，填制会计凭证，登记会计帐簿，编制财务会计报告。

任何单位不得以虚假的经济业务事项或者资料进行会计核算。

第十条 下列经济业务事项，应当办理会计手续，进行会计核算：

（一）款项和有价证券的收付；

（二）财物的收发、增减和使用；

（三）债权债务的发生和结算；

（四）资本、基金的增减；

（五）收入、支出、费用、成本的计算；

（六）财务成果的计算和处理；

（七）需要办理会计手续、进行会计核算的其他事项。

第十一条 会计年度自公历1月1日起至12月31日止。

第十二条 会计核算以人民币为记帐本位币。

业务收支以人民币以外的货币为主的单位，可以选定其中一种货币作为记帐本位币，但是编报的财务会计报告应当折算为人民币。

第十三条 会计凭证、会计帐簿、财务会计报告和其他会计资料，必须符合国家统一的会计制度的规定。

使用电子计算机进行会计核算的，其软件及其生成的会计凭证、会计帐簿、财务会计报告和其他会计资料，也必须符合国家统一的会计制度的规定。

任何单位和个人不得伪造、变造会计凭证、会计帐簿及其他会计资料，不得提供虚假的财务会计报告。

第十四条 会计凭证包括原始凭证和记帐凭证。

办理本法第十条所列的经济业务事项，必须填制或者取得原始凭证并及时送交会计机构。

会计机构、会计人员必须按照国家统一的会计制度的规定对原始凭证进行审核，对不真实、不合法的原始凭证有权不予接受，并向单位负责人报告；对记载不准确、不完整的原始凭证予以退回，并要求按照国家统一的会计制度的规定更正、补充。

原始凭证记载的各项内容均不得涂改；原始凭证有错误的，应当由出具单位重开或者更正，更正处应当加盖出具单位印章。原始凭证金额有错误的，应当由出具单位重开，不得在原始凭证上更正。

记帐凭证应当根据经过审核的原始凭证及有关资料编制。

第十五条 会计帐簿登记，必须以经过审核的会计凭证为依据，并符合有关法律、行政法规和国家统一的会计制度的规定。会计帐簿包括总帐、明细帐、日记帐和其他辅助性帐簿。

会计帐簿应当按照连续编号的页码顺序登记。会计帐簿记录发生错误或者隔页、缺号、跳行的，应当按照国家统一的会计制度规定的方法更正，并由会计人员和会计机构负责人（会计主管人员）在更正处盖章。

使用电子计算机进行会计核算的，其会计帐簿的登记、更正，应当符合国家统一的会计制度的规定。

第十六条 各单位发生的各项经济业务事项应当在依法设置的会计帐簿上统一登记、核算，不得违反本法和国家统一的会计制度的规定私设会计帐簿登记、核算。

第十七条 各单位应当定期将会计帐簿记录与实物、款项及有关资料相互核对，保证会计帐簿记录与实物及款项的实有数额相符、会计帐簿记录与会计凭证的有关内容相符、会计帐簿之间相对应的记录相符、会计帐簿记录与会计报表的有关内容相符。

第十八条 各单位采用的会计处理方法，前后各期应当一致，不得随意变更；确有必要变更的，应当按照国家统一的会计制度的规定变更，并将变更的原因、情况及影响在财务会计报告中说明。

第十九条 单位提供的担保、未决诉讼等或有事项，应当按照国家统一的会计制度的规定，在财务会计报告中予以说明。

第二十条 财务会计报告应当根据经过审核的会计帐簿记录和有关资料编制，并符合本法和国家统一的会计制度关于财务会计报告的编制要求、提供对象和提供期限的规定；其他法律、行政法规另有规定的，从其规定。

财务会计报告由会计报表、会计报表附注和财务情况说明书组成。向不同的会计资料使用者提供的财务会计报告，其编制依据应当一致。有关法律、行政法规规定会计报表、会计报表附注和财务情况说明书须经注册会计师审计的，注册会计师及其所在的会计师事务所出具的审计报告应当随同财务会计报告一并提供。

第二十一条 财务会计报告应当由单位负责人和主管会计工作的负责人、会计机构负责人（会计主管人员）签名并盖章；设置总会计师的单位，还须由总会计师签名并盖章。

单位负责人应当保证财务会计报告真实、完整。

第二十二条 会计记录的文字应当使用中文。在民族自治地方，会计记录可以同时使用当地通用的一种民族文字。在中华人民共和国境内的外商投资企业、外国企业和其他外国组织的会计记录可以同时使用一种外国文字。

第二十三条 各单位对会计凭证、会计帐簿、财务会计报告和其他会计资料应当建立档案，妥善保管。会计档案的保管期限和销毁办法，由国务院财政部门会同有关部门制定。

二、相关文件规定

《企业会计准则——基本准则（2014修订）》（自2007年1月1日起施行），规定如下：

第一章 总 则

第一条 为了规范企业会计确认、计量和报告行为，保证会计信息质量，根据《中华人民共和国会计法》和其他有关法律、行政法规，制定本准则。

第二条 本准则适用于在中华人民共和国境内设立的企业（包括公司，下同）。

第三条 企业会计准则包括基本准则和具体准则，具体准则的制定应当遵循本准则。

第四条 企业应当编制财务会计报告（又称财务报告，下同）。财务会计报告的目标是向财务会计报告使用者提供与企业财务状况、经营成果和现金流量等有关的会计信息，反映企业管理层受托责任履行情况，有助于财务会计报告使用者作出经济决策。

财务会计报告使用者包括投资者、债权人、政府及其有关部门和社会公众等。

第五条 企业应当对其本身发生的交易或者事项进行会计确认、计量和报告。

第六条 企业会计确认、计量和报告应当以持续经营为前提。

第七条 企业应当划分会计期间，分期结算账目和编制财务会计报告。

会计期间分为年度和中期。中期是指短于一个完整的会计年度的报告期间。

第八条 企业会计应当以货币计量。

第九条 企业应当以权责发生制为基础进行会计确认、计量和报告。

第十条 企业应当按照交易或者事项的经济特征确定会计要素。会计要素包括资产、负债、所有者权益、收入、费用和利润。

第十一条 企业应当采用借贷记账法记账。

第二章 会计信息质量要求

第十二条 企业应当以实际发生的交易或者事项为依据进行会计确认、计量和报告，如实反映符合确认和计量要求的各项会计要素及其他相关信息，保证会计信息真实可靠、内容完整。

第十三条 企业提供的会计信息应当与财务会计报告使用者的经济决策需要相关，有助于财务会计报告使用者对企业过去、现在或者未来的情况作出评价或者预测。

第十四条 企业提供的会计信息应当清晰明了，便于财务会计报告使用者理解和使用。

第十五条 企业提供的会计信息应当具有可比性。

同一企业不同时期发生的相同或者相似的交易或者事项，应当采用一致的会计政策，不得随意变更。确需变更的，应当在附注中说明。

不同企业发生的相同或者相似的交易或者事项，应当采用规定的会计政策，确保会计信息口径一致、相互可比。

第十六条 企业应当按照交易或者事项的经济实质进行会计确认、计量和报告，不应仅以交易或者事项的法律形式为依据。

第十七条 企业提供的会计信息应当反映与企业财务状况、经营成果和现金流量等有关的所有重要交易或者事项。

第十八条 企业对交易或者事项进行会计确认、计量和报告应当保持应有的谨慎，不应高估资产或者收益、低估负债或者费用。

第十九条 企业对于已经发生的交易或者事项，应当及时进行会计确认、计量和报告，不得提前或者延后。

第三章 资 产

第二十条 资产是指企业过去的交易或者事项形成的、由企业拥有或者控制的、预期会给企业带来经济利益的资源。

前款所指的企业过去的交易或者事项包括购买、生产、建造行为或其他交易或者事项。预期在未来发生的交易或者事项不形成资产。

由企业拥有或者控制，是指企业享有某项资源的所有权，或者虽然不享有某项资源的所有权，但该资源能被企业所控制。

预期会给企业带来经济利益，是指直接或者间接导致现金和现金等价物流入企业的潜力。

第二十一条 符合本准则第二十条规定的资产定义的资源，在同时满足以下条件时，确认为资产：

（一）与该资源有关的经济利益很可能流入企业；

（二）该资源的成本或者价值能够可靠地计量。

第二十二条 符合资产定义和资产确认条件的项目，应当列入资产负债表；符合资产定义、但不符合资产确认条件的项目，不应当列入资产负债表。

第四章 负 债

第二十三条 负债是指企业过去的交易或者事项形成的、预期会导致经济利益流出企业的现时义务。

现时义务是指企业在现行条件下已承担的义务。未来发生的交易或者事项形成的义务，不属于现时义务，不应当确认为负债。

第二十四条 符合本准则第二十三条规定的负债定义的义务，在同时满足以下条件时，确认为负债：

（一）与该义务有关的经济利益很可能流出企业；

（二）未来流出的经济利益的金额能够可靠地计量。

第二十五条 符合负债定义和负债确认条件的项目，应当列入资产负债表；符合负债定义、但不符合负债确认条件的项目，不应当列入资产负债表。

第五章 所有者权益

第二十六条 所有者权益是指企业资产扣除负债后由所有者享有的剩余权益。

公司的所有者权益又称为股东权益。

第二十七条 所有者权益的来源包括所有者投入的资本、直接计入所有者权益的利得和损失、留存收益等。

直接计入所有者权益的利得和损失，是指不应计入当期损益、会导致所有者权益发生增减变动的、与所有者投入资本或者向所有者分配利润无关的利得或者损失。

利得是指由企业非日常活动所形成的、会导致所有者权益增加的、与所有者投入资本无关的经济利益的流入。

损失是指由企业非日常活动所发生的、会导致所有者权益减少的、与向所有者分配利润无关的经济利益的流出。

第二十八条 所有者权益金额取决于资产和负债的计量。

第二十九条 所有者权益项目应当列入资产负债表。

第六章 收 入

第三十条 收入是指企业在日常活动中形成的、会导致所有者权益增加的、与所有者投入资本无关的经济利益的总流入。

第三十一条 收入只有在经济利益很可能流入从而导致企业资产增加或者负债减少、且经济利益的流入额能够可靠计量时才能予以确认。

第三十二条 符合收入定义和收入确认条件的项目,应当列入利润表。

第七章 费 用

第三十三条 费用是指企业在日常活动中发生的、会导致所有者权益减少的、与向所有者分配利润无关的经济利益的总流出。

第三十四条 费用只有在经济利益很可能流出从而导致企业资产减少或者负债增加、且经济利益的流出额能够可靠计量时才能予以确认。

第三十五条 企业为生产产品、提供劳务等发生的可归属于产品成本、劳务成本等的费用,应当在确认产品销售收入、劳务收入等时,将已销售产品、已提供劳务的成本等计入当期损益。

企业发生的支出不产生经济利益的,或者即使能够产生经济利益但不符合或者不再符合资产确认条件的,应当在发生时确认为费用,计入当期损益。

企业发生的交易或者事项导致其承担了一项负债而又不确认为一项资产的,应当在发生时确认为费用,计入当期损益。

第三十六条 符合费用定义和费用确认条件的项目,应当列入利润表。

第八章 利 润

第三十七条 利润是指企业在一定会计期间的经营成果。利润包括收入减去费用后的净额、直接计入当期利润的利得和损失等。

第三十八条 直接计入当期利润的利得和损失,是指应当计入当期损益、会导致所有者权益发生增减变动的、与所有者投入资本或者向所有者分配利润无关的利得或者损失。

第三十九条 利润金额取决于收入和费用、直接计入当期利润的利得和损失金额的计量。

第四十条 利润项目应当列入利润表。

第九章 会计计量

第四十一条 企业在将符合确认条件的会计要素登记入账并列报于会计报表及其附注(又称财务报表,下同)时,应当按照规定的会计计量属性进行计量,确定其金额。

第四十二条 会计计量属性主要包括:

(一)历史成本。在历史成本计量下,资产按照购置时支付的现金或者现金等价物的金额,或者按照购置资产时所付出的对价的公允价值计量。负债按照因承担现时义务而实际收到的款项或者资产的金额,或者承担现时义务的合同金额,或者按照日常活动中为偿还负债预期需要支付的现金或者现金等价物的金额计量。

(二)重置成本。在重置成本计量下,资产按照现在购买相同或者相似资产所需支付的现金或者现金等价物的金额计量。负债按照现在偿付该项债务所需支付的现金或者现金等价物的金额计量。

(三)可变现净值。在可变现净值计量下,资产按照其正常对外销售所能收到现金或者现金等价物的金额扣减该资产至完工时估计将要发生的成本、估计的销售费用以及相关税费后的金额计量。

(四)现值。在现值计量下,资产按照预计从其持续使用和最终处置中所产生的未来净现金流入量的折现金额计量。负债按照预计期限内需要偿还的未来净现金流出量的折现金额计量。

（五）公允价值。在公允价值计量下，资产和负债按照市场参与者在计量日发生的有序交易中，出售资产所能收到或者转移负债所需支付的价格计量。

第四十三条 企业在对会计要素进行计量时，一般应当采用历史成本，采用重置成本、可变现净值、现值、公允价值计量的，应当保证所确定的会计要素金额能够取得并可靠计量。

第十章 财务会计报告

第四十四条 财务会计报告是指企业对外提供的反映企业某一特定日期的财务状况和某一会计期间的经营成果、现金流量等会计信息的文件。

财务会计报告包括会计报表及其附注和其他应当在财务会计报告中披露的相关信息和资料。会计报表至少应当包括资产负债表、利润表、现金流量表等报表。

小企业编制的会计报表可以不包括现金流量表。

第四十五条 资产负债表是指反映企业在某一特定日期的财务状况的会计报表。

第四十六条 利润表是指反映企业在一定会计期间的经营成果的会计报表。

第四十七条 现金流量表是指反映企业在一定会计期间的现金和现金等价物流入和流出的会计报表。

第四十八条 附注是指对在会计报表中列示项目所作的进一步说明，以及对未能在这些报表中列示项目的说明等。

第十一章 附 则

第四十九条 本准则由财政部负责解释。

第五十条 本准则自2007年1月1日起施行。

《企业财务通则（2006修订）》（自2007年1月1日起施行），规定如下：

第一章 总 则

第一条 为了加强企业财务管理，规范企业财务行为，保护企业及其相关方的合法权益，推进现代企业制度建设，根据有关法律、行政法规的规定，制定本通则。

第二条 在中华人民共和国境内依法设立的具备法人资格的国有及国有控股企业适用本通则。金融企业除外。

其他企业参照执行。

第三条 国有及国有控股企业（以下简称企业）应当确定内部财务管理体制，建立健全财务管理制度，控制财务风险。

企业财务管理应当按照制定的财务战略，合理筹集资金，有效营运资产，控制成本费用，规范收益分配及重组清算财务行为，加强财务监督和财务信息管理。

第四条 财政部负责制定企业财务规章制度。

各级财政部门（以下通称主管财政机关）应当加强对企业财务的指导、管理、监督，其主要职责包括：

（一）监督执行企业财务规章制度，按照财务关系指导企业建立健全内部财务制度。

（二）制定促进企业改革发展的财政财务政策，建立健全支持企业发展的财政资金管理制度。

（三）建立健全企业年度财务会计报告审计制度，检查企业财务会计报告质量。

（四）实施企业财务评价，监测企业财务运行状况。

（五）研究、拟订企业国有资本收益分配和国有资本经营预算的制度。

（六）参与审核属于本级人民政府及其有关部门、机构出资的企业重要改革、改制方案。

（七）根据企业财务管理的需要提供必要的帮助、服务。

第五条 各级人民政府及其部门、机构，企业法人、其他组织或者自然人等企业投资者（以下通称投资者），企业经理、厂长或者实际负责经营管理的其他领导成员（以下通称经营者），依照法律、法规、本通则和企业章程的规定，履行企业内部财务管理职责。

第六条 企业应当依法纳税。企业财务处理与税收法律、行政法规规定不一致的，纳税时应当依法进行调整。

第七条 各级人民政府及其部门、机构出资的企业,其财务关系隶属同级财政机关。

第二章 企业财务管理体制

第八条 企业实行资本权属清晰、财务关系明确、符合法人治理结构要求的财务管理体制。

企业应当按照国家有关规定建立有效的内部财务管理级次。企业集团公司自行决定集团内部财务管理体制。

第九条 企业应当建立财务决策制度,明确决策规则、程序、权限和责任等。法律、行政法规规定应当通过职工(代表)大会审议或者听取职工、相关组织意见的财务事项,依照其规定执行。

企业应当建立财务决策回避制度。对投资者、经营者个人与企业利益有冲突的财务决策事项,相关投资者、经营者应当回避。

第十条 企业应当建立财务风险管理制度,明确经营者、投资者及其他相关人员的管理权限和责任,按照风险与收益均衡、不相容职务分离等原则,控制财务风险。

第十一条 企业应当建立财务预算管理制度,以现金流为核心,按照实现企业价值最大化等财务目标的要求,对资金筹集、资产营运、成本控制、收益分配、重组清算等财务活动,实施全面预算管理。

第十二条 投资者的财务管理职责主要包括:

(一)审议批准企业内部财务管理制度、企业财务战略、财务规划和财务预算。

(二)决定企业的筹资、投资、担保、捐赠、重组、经营者报酬、利润分配等重大财务事项。

(三)决定企业聘请或者解聘会计师事务所、资产评估机构等中介机构事项。

(四)对经营者实施财务监督和财务考核。

(五)按照规定向全资或者控股企业委派或者推荐财务总监。

投资者应当通过股东(大)会、董事会或者其他形式的内部机构履行财务管理职责,可以通过企业章程、内部制度、合同约定等方式将部分财务管理职责授予经营者。

第十三条 经营者的财务管理职责主要包括:

(一)拟订企业内部财务管理制度、财务战略、财务规划,编制财务预算。

(二)组织实施企业筹资、投资、担保、捐赠、重组和利润分配等财务方案,诚信履行企业偿债义务。

(三)执行国家有关职工劳动报酬和劳动保护的规定,依法缴纳社会保险费、住房公积金等,保障职工合法权益。

(四)组织财务预测和财务分析,实施财务控制。

(五)编制并提供企业财务会计报告,如实反映财务信息和有关情况。

(六)配合有关机构依法进行审计、评估、财务监督等工作。

第三章 资金筹集

第十四条 企业可以接受投资者以货币资金、实物、无形资产、股权、特定债权等形式的出资。其中,特定债权是指企业依法发行的可转换债券、符合有关规定转作股权的债权等。

企业接受投资者非货币资产出资时,法律、行政法规对出资形式、程序和评估作价等有规定的,依照其规定执行。

企业接受投资者商标权、著作权、专利权及其他专有技术等无形资产出资的,应当符合法律、行政法规规定的比例。

第十五条 企业依法以吸收直接投资、发行股份等方式筹集权益资金的,应当拟订筹资方案,确定筹资规模,履行内部决策程序和必要的报批手续,控制筹资成本。

企业筹集的实收资本,应当依法委托法定验资机构验资并出具验资报告。

第十六条 企业应当执行国家有关资本管理制度,在获准工商登记后30日内,依据验资报告等向投资者出具出资证明书,确定投资者的合法权益。

企业筹集的实收资本，在持续经营期间可以由投资者依照法律、行政法规以及企业章程的规定转让或者减少，投资者不得抽逃或者变相抽回出资。

除《公司法》等有关法律、行政法规另有规定外，企业不得回购本企业发行的股份。企业依法回购股份，应当符合有关条件和财务处理办法，并经投资者决议。

第十七条 对投资者实际缴付的出资超出注册资本的差额（包括股票溢价），企业应当作为资本公积管理。

经投资者审议决定后，资本公积用于转增资本。国家另有规定的，从其规定。

第十八条 企业从税后利润中提取的盈余公积包括法定公积金和任意公积金，可以用于弥补企业亏损或者转增资本。法定公积金转增资本后留存企业的部分，以不少于转增前注册资本的25%为限。

第十九条 企业增加实收资本或者以资本公积、盈余公积转增实收资本，由投资者履行财务决策程序后，办理相关财务事项和工商变更登记。

第二十条 企业取得的各类财政资金，区分以下情况处理：

（一）属于国家直接投资、资本注入的，按照国家有关规定增加国家资本或者国有资本公积。

（二）属于投资补助的，增加资本公积或者实收资本。国家拨款时对权属有规定的，按规定执行；没有规定的，由全体投资者共同享有。

（三）属于贷款贴息、专项经费补助的，作为企业收益处理。

（四）属于政府转贷、偿还性资助的，作为企业负债管理。

（五）属于弥补亏损、救助损失或者其他用途的，作为企业收益处理。

第二十一条 企业依法以借款、发行债券、融资租赁等方式筹集债务资金的，应当明确筹资目的，根据资金成本、债务风险和合理的资金需求，进行必要的资本结构决策，并签订书面合同。

企业筹集资金用于固定资产投资项目的，应当遵守国家产业政策、行业规划、自有资本比例及其他规定。

企业筹集资金，应当按规定核算和使用，并诚信履行合同，依法接受监督。

第四章 资产营运

第二十二条 企业应当根据风险与收益均衡等原则和经营需要，确定合理的资产结构，并实施资产结构动态管理。

第二十三条 企业应当建立内部资金调度控制制度，明确资金调度的条件、权限和程序，统一筹集、使用和管理资金。企业支付、调度资金，应当按照内部财务管理制度的规定，依据有效合同、合法凭证，办理相关手续。

企业向境外支付、调度资金应当符合国家有关外汇管理的规定。

企业集团可以实行内部资金集中统一管理，但应当符合国家有关金融管理等法律、行政法规规定，并不得损害成员企业的利益。

第二十四条 企业应当建立合同的财务审核制度，明确业务流程和审批权限，实行财务监控。

企业应当加强应收款项的管理，评估客户信用风险，跟踪客户履约情况，落实收账责任，减少坏账损失。

第二十五条 企业应当建立健全存货管理制度，规范存货采购审批、执行程序，根据合同的约定以及内部审批制度支付货款。

企业选择供货商以及实施大宗采购，可以采取招标等方式进行。

第二十六条 企业应当建立固定资产购建、使用、处置制度。

企业自行选择、确定固定资产折旧办法，可以征询中介机构、有关专家的意见，并由投资者审议批准。固定资产折旧办法一经选用，不得随意变更。确需变更的，应当说明理由，经投资者审议批准。

企业购建重要的固定资产、进行重大技术改造，应当经过可行性研究，按照内部审批制度履行财务决策程序，落实决策和执行责任。

企业在建工程项目交付使用后，应当在一个年度内办理竣工决算。

第二十七条 企业对外投资应当遵守法律、行政法规和国家有关政策的规定，符合企业发展战略的要求，进行可行性研究，按照内部审批制度履行批准程序，落实决策和执行的责任。

企业对外投资应当签订书面合同，明确企业投资权益，实施财务监管。依据合同支付投资款项，应当按照企业内部审批制度执行。

企业向境外投资的，还应当经投资者审议批准，并遵守国家境外投资项目核准和外汇管理等相关规定。

第二十八条 企业通过自创、购买、接受投资等方式取得的无形资产，应当依法明确权属，落实有关经营、管理的财务责任。

无形资产出现转让、租赁、质押、授权经营、连锁经营、对外投资等情形时，企业应当签订书面合同，明确双方的权利义务，合理确定交易价格。

第二十九条 企业对外担保应当符合法律、行政法规及有关规定，根据被担保单位的资信及偿债能力，按照内部审批制度采取相应的风险控制措施，并设立备查账簿登记，实行跟踪监督。

企业对外捐赠应当符合法律、行政法规及有关财务规定，制定实施方案，明确捐赠的范围和条件，落实执行责任，严格办理捐赠资产的交接手续。

第三十条 企业从事期货、期权、证券、外汇交易等业务或者委托其他机构理财，不得影响主营业务的正常开展，并应当签订书面合同，建立交易报告制度，定期对账，控制风险。

第三十一条 企业从事代理业务，应当严格履行合同，实行代理业务与自营业务分账管理，不得挪用客户资金、互相转嫁经营风险。

第三十二条 企业应当建立各项资产损失或者减值准备管理制度。各项资产损失或者减值准备的计提标准，一经选用，不得随意变更。企业在制订计提标准时可以征询中介机构、有关专家的意见。

对计提损失或者减值准备后的资产，企业应当落实监管责任。能够收回或者继续使用以及没有证据证明实际损失的资产，不得核销。

第三十三条 企业发生的资产损失，应当及时予以核实、查清责任，追偿损失，按照规定程序处理。

企业重组中清查出的资产损失，经批准后依次冲减未分配利润、盈余公积、资本公积和实收资本。

第三十四条 企业以出售、抵押、置换、报废等方式处理资产时，应当按照国家有关规定和企业内部财务管理制度规定的权限和程序进行。其中，处理主要固定资产涉及企业经营业务调整或者资产重组的，应当根据投资者审议通过的业务调整或者资产重组方案实施。

第三十五条 企业发生关联交易的，应当遵守国家有关规定，按照独立企业之间的交易计价结算。投资者或者经营者不得利用关联交易非法转移企业经济利益或者操纵关联企业的利润。

第五章 成本控制

第三十六条 企业应当建立成本控制系统，强化成本预算约束，推行质量成本控制办法，实行成本定额管理、全员管理和全过程控制。

第三十七条 企业实行费用归口、分级管理和预算控制，应当建立必要的费用开支范围、标准和报销审批制度。

第三十八条 企业技术研发和科技成果转化项目所需经费，可以通过建立研发准备金筹措，据实列入相关资产成本或者当期费用。

符合国家规定条件的企业集团，可以集中使用研发费用，用于企业主导产品和核心技术的自主研发。

第三十九条 企业依法实施安全生产、清洁生产、污染治理、地质灾害防治、生态恢复和环境保护等所需经费，按照国家有关标准列入相关资产成本或者当期费用。

第四十条 企业发生销售折扣、折让以及支付必要的佣金、回扣、手续费、劳务费、提成、返利、进场费、业务奖励等支出的，应当签订相关合同，履行内部审批手续。

企业开展进出口业务收取或者支付的佣金、保险费、运费，按照合同规定的价格条件处理。

企业向个人以及非经营单位支付费用的，应当严格履行内部审批及支付的手续。

第四十一条 企业可以根据法律、法规和国家有关规定，对经营者和核心技术人员实行与其他职工不同的薪酬办法，属于本级人民政府及其部门、机构出资的企业，应当将薪酬办法报主管财政机关备案。

第四十二条 企业应当按照劳动合同及国家有关规定支付职工报酬，并为从事高危作业的职工缴纳团体人身意外伤害保险费，所需费用直接作为成本（费用）列支。

经营者可以在工资计划中安排一定数额，对企业技术研发、降低能源消耗、治理“三废”、促进安全生产、开拓市场等作出突出贡献的职工给予奖励。

第四十三条 企业应当依法为职工支付基本医疗、基本养老、失业、工伤等社会保险费，所需费用直接作为成本（费用）列支。

已参加基本医疗、基本养老保险的企业，具有持续盈利能力和支付能力的，可以为职工建立补充医疗保险和补充养老保险，所需费用按照省级以上人民政府规定的比例从成本（费用）中提取。超出规定比例的部分，由职工个人负担。

第四十四条 企业为职工缴纳住房公积金以及职工住房货币化分配的财务处理，按照国家有关规定执行。

职工教育经费按照国家规定的比例提取，专项用于企业职工后续职业教育和职业培训。

工会经费按照国家规定比例提取并拨缴工会。

第四十五条 企业应当依法缴纳行政事业性收费、政府性基金以及使用或者占用国有资源的费用等。

企业对没有法律法规依据或者超过法律法规规定范围和标准的各种摊派、收费、集资，有权拒绝。

第四十六条 企业不得承担属于个人的下列支出：

（一）娱乐、健身、旅游、招待、购物、馈赠等支出。

（二）购买商业保险、证券、股权、收藏品等支出。

（三）个人行为导致的罚款、赔偿等支出。

（四）购买住房、支付物业管理费等支出。

（五）应由个人承担的其他支出。

第六章 收益分配

第四十七条 投资者、经营者及其他职工履行本企业职务或者以企业名义开展业务所得的收入，包括销售收入以及对方给予的销售折扣、折让、佣金、回扣、手续费、劳务费、提成、返利、进场费、业务奖励等收入，全部属于企业。

企业应当建立销售价格管理制度，明确产品或者劳务的定价和销售价格调整的权限、程序与方法，根据预期收益、资金周转、市场竞争、法律规范约束等要求，采取相应的价格策略，防范销售风险。

第四十八条 企业出售股权投资，应当按照规定的程序和方式进行。股权投资出售底价，参照资产评估结果确定，并按照合同约定收取所得价款。在履行交割时，对尚未收款部分的股权投资，应当按照合同的约定结算，取得受让方提供的有效担保。

上市公司国有股减持所得收益，按照国务院的规定处理。

第四十九条 企业发生的年度经营亏损，依照税法的规定弥补。税法规定年限内的税前利润不足弥补的，用以后年度的税后利润弥补，或者经投资者审议后用盈余公积弥补。

第五十条 企业年度净利润，除法律、行政法规另有规定外，按照以下顺序分配：

（一）弥补以前年度亏损。

（二）提取10%法定公积金。法定公积金累计额达到注册资本50%以后，可以不再提取。

（三）提取任意公积金。任意公积金提取比例由投资者决议。

（四）向投资者分配利润。企业以前年度未分配的利润，并入本年度利润，在充分考虑现金流量状况后，向投资者分配。属于各级人民政府及其部门、机构出资的企业，应当将应付国有利润上缴财政。

国有企业可以将任意公积金与法定公积金合并提取。股份有限公司依法回购后暂未转让或者注销的股份，不得参与利润分配；以回购股份对经营者及其他职工实施股权激励的，在拟订利润分配方案时，应当预留回购股份所需利润。

第五十一条 企业弥补以前年度亏损和提取盈余公积后，当年没有可供分配的利润时，不得向投资者分配利润，但法律、行政法规另有规定的除外。

第五十二条 企业经营者和其他职工以管理、技术等要素参与企业收益分配的，应当按照国家有关规定在企业章程或者有关合同中对分配办法作出规定，并区别以下情况处理：

（一）取得企业股权的，与其他投资者一同进行企业利润分配。

（二）没有取得企业股权的，在相关业务实现的利润限额和分配标准内，从当期费用中列支。

第七章 重组清算

第五十三条 企业通过改制、产权转让、合并、分立、托管等方式实施重组，对涉及资本权益的事项，应当由投资者或者授权机构进行可行性研究，履行内部财务决策程序，并组织开展以下工作：

（一）清查财产，核实债务，委托会计师事务所审计。

（二）制订职工安置方案，听取重组企业的职工、职工代表大会的意见或者提交职工代表大会审议。

（三）与债权人协商，制订债务处置或者承继方案。

（四）委托评估机构进行资产评估，并以评估价值作为净资产作价或者折股的参考依据。

（五）拟订股权设置方案和资本重组实施方案，经过审议后履行报批手续。

第五十四条 企业采取分立方式进行重组，应当明晰分立后的企业产权关系。

企业划分各项资产、债务以及经营业务，应当按照业务相关性或者资产相关性原则制订分割方案。对不能分割的整体资产，在评估机构评估价值的基础上，经分立各方协商，由拥有整体资产的一方给予他方适当经济补偿。

第五十五条 企业可以采取新设或者吸收方式进行合并重组。企业合并前的各项资产、债务以及经营业务，由合并后的企业承继，并应当明确合并后企业的产权关系以及各投资者的出资比例。

企业合并的资产税收处理应当符合国家有关税法的规定，合并后净资产超出注册资本的部分，作为资本公积；少于注册资本的部分，应当变更注册资本或者由投资者补足出资。

对资不抵债的企业以承担债务方式合并的，合并方应当制定企业重整措施，按照合并方案履行偿还债务责任，整合财务资源。

第五十六条 企业实行托管经营，应当由投资者决定，并签订托管协议，明确托管经营的资产负债状况、托管经营目标、托管资产处置权限以及收益分配办法等，并落实财务监管措施。

受托企业应当根据托管协议制订相关方案，重组托管企业的资产与债务。未经托管企业投资者同意，不得改组、改制托管企业，不得转让托管企业及转移托管资产、经营业务，不得以托管企业名义或者以托管资产对外担保。

第五十七条 企业进行重组时，对已占用的国有划拨土地应当按照有关规定进行评估，履行相关手续，并区别以下情况处理：

（一）继续采取划拨方式的，可以不纳入企业资产管理，但企业应当明确划拨土地使用权权益，并按规定用途使用，设立备查账簿登记。国家另有规定的除外。

（二）采取作价入股方式的，将应缴纳的土地出让金转作国家资本，形成的国有股权由企业重组前的国有资本持有单位或者主管财政机关确认的单位持有。

（三）采取出让方式的，由企业购买土地使用权，支付出让费用。

（四）采取租赁方式的，由企业租赁使用，租金水平参照银行同期贷款利率确定，并在租赁合同中约定。

企业进行重组时，对已占用的水域、探矿权、采矿权、特许经营权等国有资源，依法可以转让的，比照前款处理。

第五十八条 企业重组过程中，对拖欠职工的工资和医疗、伤残补助、抚恤费用以及欠缴的基本社会保险费、住房公积金，应当以企业现有资产优先清偿。

第五十九条 企业被责令关闭、依法破产、经营期限届满而终止经营的，或者经投资者决议解散的，应当按照法律、法规和企业章程的规定实施清算。清算财产变卖底价，参照资产评估结果确定。国家另有规定的，从其规定。

企业清算结束，应当编制清算报告，委托会计师事务所审计，报投资者或者人民法院确认后，向相关部门、债权人以及其他的利益相关人通告。其中，属于各级人民政府及其部门、机构出资的企业，其清算报告应当报送主管财政机关。

第六十条 企业解除职工劳动关系，按照国家有关规定支付的经济补偿金或者安置费，除正常经营期间发生的列入当期费用以外，应当区别以下情况处理：

（一）企业重组中发生的，依次从未分配利润、盈余公积、资本公积、实收资本中支付。

（二）企业清算时发生的，以企业扣除清算费用后的清算财产优先清偿。

第八章 信息管理

第六十一条 企业可以结合经营特点，优化业务流程，建立财务和业务一体化的信息处理系统，逐步实现财务、业务相关信息一次性处理和实时共享。

第六十二条 企业应当逐步创造条件，实行统筹企业资源计划，全面整合和规范财务、业务流程，对企业物流、资金流、信息流进行一体化管理和集成运作。

第六十三条 企业应当建立财务预警机制，自行确定财务危机警戒标准，重点监测经营性净现金流量与到期债务、企业资产与负债的适配性，及时沟通企业有关财务危机预警的信息，提出解决财务危机的措施和方案。

第六十四条 企业应当按照有关法律、行政法规和国家统一的会计制度的规定，按时编制财务会计报告，经营者或者投资者不得拖延、阻挠。

第六十五条 企业应当按照规定向主管财政机关报送月份、季度、年度财务会计报告等材料，不得在报送的财务会计报告等材料上作虚假记载或者隐瞒重要事实。主管财政机关应当根据企业的需要提供必要的培训和技术支持。

企业对外提供的年度财务会计报告，应当依法经过会计师事务所审计。国家另有规定的，从其规定。

第六十六条 企业应当在年度内定期向职工公开以下信息：

（一）职工劳动报酬、养老、医疗、工伤、住房、培训、休假等信息。

（二）经营者报酬实施方案。

（三）年度财务会计报告审计情况。

（四）企业重组涉及的资产评估及处置情况。

（五）其他依法应当公开的信息。

第六十七条 主管财政机关应当建立健全企业财务评价体系，主要评估企业内部财务控制的有效性，评价企业的偿债能力、盈利能力、资产营运能力、发展能力和社会贡献。评估和评价的结果可以通过适当方式向社会发布。

第六十八条 主管财政机关及其工作人员应当恰当使用所掌握的企业财务信息，并依法履行保密义务，不得利用企业的财务信息谋取私利或者损害企业利益。

第九章 财务监督

第六十九条 企业应当依法接受主管财政机关的财务监督和国家审计机关的财务审计。

第七十条 经营者在经营过程中违反本通则有关规定的，投资者可以依法追究经营者的责任。

第七十一条 企业应当建立、健全内部财务监督制度。

企业设立监事会或者监事人员的，监事会或者监事人员依照法律、行政法规、本通则和企业章程的规定，履行企业内部财务监督职责。

经营者应当实施内部财务控制，配合投资者或者企业监事会以及中介机构的检查、审计工作。

第七十二条 企业和企业负有直接责任的主管人员和其他人员有以下行为之一的，县级以上主管财政机关可以责令限期改正、予以警告，有违法所得的，没收违法所得，并可以处以不超过违法所得3倍、但最高不超过3万元的罚款；没有违法所得的，可以处以1万元以下的罚款。

（一）违反本通则第三十九条、四十条、四十二条第一款、四十三条、四十六条规定列支成本费用的。

（二）违反本通则第四十七条第一款规定截留、隐瞒、侵占企业收入的。

（三）违反本通则第五十条、五十一条、五十二条规定进行利润分配的。但依照《公司法》设立的企业不按本通则第五十条第一款第二项规定提取法定公积金的，依照《公司法》的规定予以处罚。

（四）违反本通则第五十七条规定处理国有资源的。

（五）不按本通则第五十八条规定清偿职工债务的。

第七十三条 企业和企业负有直接责任的主管人员和其他人员有以下行为之一的，县级以上主管财政机关可以责令限期改正、予以警告。

（一）未按本通则规定建立健全各项内部财务管理制度的。

（二）内部财务管理制度明显与法律、行政法规和通用的企业财务规章制度相抵触，且不按主管财政机关要求修正的。

第七十四条 企业和企业负有直接责任的主管人员和其他人员不按本通则第六十四条、第六十五条规定编制、报送财务会计报告等材料的，县级以上主管财政机关可以依照《公司法》、《企业财务会计报告条例》的规定予以处罚。

第七十五条 企业在财务活动中违反财政、税收等法律、行政法规的，依照《财政违法行为处罚处分条例》（国务院令第427号）及有关税收法律、行政法规的规定予以处理、处罚。

第七十六条 主管财政机关以及政府其他部门、机构有关工作人员，在企业财务管理中滥用职权、玩忽职守、徇私舞弊或者泄露国家机密、企业商业秘密的，依法进行处理。

第十章 附 则

第七十七条 实行企业化管理的事业单位比照适用本通则。

第七十八条 本通则自2007年1月1日起施行。

《财政部关于印发〈企业资产损失财务处理暂行办法〉的通知》（自2003年10月5日起施行），规定如下：

第一条 为了建立、健全企业内部控制制度，规范企业资产损失财务管理行为，加强企业财务管理，根据《企业财务通则》的规定，制定本办法。

第二条 资产损失是指企业实际发生的各项资产的灭失，包括坏账损失、存货损失、固定资产及在建工程损失、担保损失、股权投资或者债权投资损失以及经营证券、期货、外汇交易损失等。

第三条 坏账损失是指企业确定不能收回的各种应收款项，企业坏账损失根据《财政部关于建立健全企业应收款项管理制度的通知》（财企[2002]513号）的规定确认。

第四条 存货、固定资产及在建工程等实物资产盘盈、盘亏净损失，依据完整、有效的清查盘点明细资料和企业内部有关责任部门审定结果确认。

存货、固定资产及在建工程等实物资产毁损、报废、霉烂变质、超过保持期且无转让价值，经过专业的质量检测或者技术鉴定的，扣除残值、保险赔偿和责任人员赔偿后的余额，根据质量检测结果、保险理赔资料等确认为资产损失。车辆、船舶、锅炉、电梯等资产毁损、报废，国家另有规定的，从其规定。

第五条 企业发生的股权投资损失，分别以下情况确认：

（一）对不具有控制权的股权投资，投资期限届满或者投资期限已超过10年，且被投资单位因3连贯年经营亏损导致资不抵债的，企业根据被投资单位经注册会计师审计的资产负债表、损益表确认投资损失；被投资单位破产、注销工商登记或者县级以上人民政府决定关闭等，企业根据取得的相关法律文件、资料确认投资损失。

（二）对具有控制权的股权投资，被投资企业由于经营亏损的，企业就当按照权益法核算投资损失；被投资企业由于违法经营或其他原因导致终止的，企业依据被投资企业注销工商登记或者被依法关闭、宣告破产等法律文件及其清算报告确认投资损失；如果转让股权投资，企业依据第一次的股权转让协议、被投资企业董事会决议确认投资损益。

第六条 企业发生的债权投资损失，属于债券投资的，按照本办法第九条的规定确认；属于债券以外的其他债权投资的，区别以下情形确认：

（一）被投资方已经终止的，根据被投资方清算报告确认。

（二）被投资方尚未终止的，可以根据与有关当事方千分之一的债权转让或者清偿协议确认，但投资期限未满的，有关协议就当进行公证；如果涉诉，就当根据有关法律文件、资料确认。

第七条 由于自然灾害或者其他意外事故等不可抗力因素造成的资产损失，扣除残值、保险赔款或者其他责任赔偿后的余额，企业就当根据自然灾害或者意外事故的证据、保险理赔资料，确认为资产损失。

由于刑事犯罪造成的资产损失，企业就当根据司法机关结案材料，扣除残值、保险赔款或者其他责任赔偿后，将余额确认为资产损失。

第八条 企业对外担保承担连带责任导致资产损失，应当依法行使索权，落实内部追债责任。对追回的债权，按照本办法第三条的规定确认坏账损失。

第九条 企业经营期货、证券、外汇交易发生的损失，根据企业内部业务授权资料，依据有关交易结算机构提供的合法的交易资金结算单据逐笔确认。超出内部业务授权范围的交易损失，企业就当追究业务人员的经济责任。

第十条 企业发生资产损失，就当按照以下内部程序处理：

（一）企业内部有关责任部门经过取证，提出报告，阐明资产损失的原因和事实；

（二）企业内部审计（监察）部门经过追查责任，提出结案意见；

（三）涉及诉讼的资产损失，企业就当委托律师出具法律意见书；

（四）企业财务管理部门经过审核后，对确认的资产损失提出财务处理意见，按照企业内部管理制度提交董事会或者经理（厂长）办公会审定。

第十一条 企业对属于违法，违纪行为造成的资产损失，就当按照有关法律、法规以及党纪、政纪和企业内部管理规章的规定，对负有直接责任的主管人员和其他直接责任人员予以处理；涉嫌犯罪的，应当移交司法机关追究其法律责任。

第十二条 企业在生产经营期间发生的资产损失，应当及时清查核实，作为本期损益处理，按照会计制度规定的方法进行核算。

企业处理的资产损失，注册会计师在审计企业财务报告时予以重点关注，并在财务会计报告中予以披露。

第十三条 企业由于以下情形而清查全部资产的,清查的资产损失可以核销所有者权益:

(一)企业合并或者分立;

(二)实施公司制改建;

(三)非公司制企业整体出售;

(四)根据有关规定清产核资;

(五)依法清理整顿或者变更管理关系;

(六)其他依法改变企业组织形式行为。

第十四条 国有企业涉及本办法第十三条规定可以核销所有者权益的资损失,应当根据企业董事会或者经理(厂长)办公会审定的意见,上报企业国有资本持有单位按《企业国有资产监督管理条例》有关规定处理。

国有资产监督管理机构对由其履行出资人职责的国有企业审批核销国有权益,应当抄送企业的主管财政机关,其中审批处理的资产损失涉及企业损益的,应当事先征求管财政机关的意见。

第十五条 依法宣告破产的企业,进入破产程序以后,不得自行核销资产损失,在人民法院受理破案前6个月至破产宣告之日的期间内,破产企业以下行为无效,由此造成损失的资产应当由清算机构依法追回:

(一)隐匿、私分或者无偿转让资产;

(二)非正常压价出售资产;

(三)对原来没有资产担保的债务提供资产担保;

(四)提前清偿未到期债务;

(五)放弃自己的债权。

第十六条 各省、自治区、直辖市、计划单列财政厅(局)可以根据本办法,结合本地区具体情况制定实施细则。

第十七条 本办法自2003年10月5日起执行。

《对外贸易经济合作部(已变更)关于印发〈关于加强母公司对子公司财务管理的规定〉的通知》([1995]外经贸计财发第311号),规定如下:

一、总则

第一条 为了适应社会主义市场经济发展和建立现代企业制度的需要,促进母公司加强对子公司的财务管理,规范外经贸企业的财务行为,根据《企业财务通则》和有关的行业企业财务制度,结合外经贸企业的实际情况,制定本规定。

第二条 本规定适用于外经贸部所属的中央外经贸专业总公司及其在境内的各级公司,同时也适用于各省、自治区、直辖市及计划单列市外经贸主管部门所属的地方外经贸专业公司及其在境内的各级公司;上述各类公司在境内投资控股的合资、合营企业及其在境内的公司,也按本规定执行。

第三条 母公司及其子公司的财务管理原则是:建立健全内部财务管理制度,做好财务管理基础工作,如实反映财务状况,依法计算和缴纳国家税收,维护投资者的权益。

第四条 母公司及其子公司的财务管理职责是:严格贯彻执行国家的各项财经法规和财会制度,认真做好各项财务收支的预测、核算、控制、分析和考核工作,有效地利用企业的各项资产,努力提高经济效益和管理水平。

第五条 本规定所称的母公司,是指经工商行政管理部门登记注册,依法自主经营、自负盈亏,照章纳税,具有企业法人资格,享有民事权利,承担民事责任,并且拥有一个或若干个子公司的企业。

第六条 本规定所称的子公司,是指由母公司投资设立的,具有企业法人资格,依法独立承担民事责任的企业。

二、明确财务关系

第七条 母公司所设立的子公司是母公司的所属公司，其所有者是母公司，母公司依照有关规定享有其所有权。

第八条 母公司按国家财务制度规定，依法决定子公司的收益分配和劳动工资的分配。母公司有权决定子公司的重要财务事项，并根据子公司的具体情况，制定切实可行的财务管理办法。

第九条 母公司对子公司的财务管理实行监督和控制，即母公司对子公司的财务活动进行有计划、有组织、有目的的管理、监督和控制，对子公司的财务指标进行核定和考核。

第十条 母公司按国家财务制度规定，向子公司收取（七分摊）必要的管理费。

第十一条 母公司有权任命子公司财会负责人员，并为子公司配备合理必要的财会人员。

第十二条 子公司依照有关规定享有企业自主经营的权利，按照国家财务制度规定和上级公司制定的财务管理办法，做好财务管理和会计核算工作，如实反映企业的财务状况，依法向国家缴纳税收，维护投资者的权益。

第十三条 子公司在财务管理上接受母公司的领导、管理和监督，并按财会制度规定及时、准确地向母公司报送会计报表和有关会计资料。

三、加强资产管理

第十四条 母公司依照有关规定享有对子公司财产的所有权，并行使其所有者权利。母公司是子公司财产管理的直接责任人，负有对子公司资产管理的责任。子公司享有财产的支配权和经营自主权，并依法自主经营，自负盈亏。

第十五条 母公司要加强对子公司的国有资产管理，要根据国家有关规定，结合本企业及子公司的具体情况，制定切实有效的国有资产管理办法，切实保证国有资产的完整与安全，促进子公司提高经济效益，保证国有资产保值增值。

第十六条 母公司要加强对子公司国有资产保值增值情况的检查、监督并加以考核，严防国有资产流失。国有资产保值增值的考核，要作为评价子公司领导人经营业绩的一项主要内容。

第十七条 母公司要加强对子公司固定资产的管理与监督。母公司要根据国家有关规定，结合本企业及子公司的具体情况，规定子公司购置、处理固定资产的数额权限，实行固定资产购置和处理的审批或报上级公司备案的制度。严禁用公款以私人名义购置固定资产，企业所购置的固定资产都必须纳入帐内管理和核算，确保固定资产完整与安全。

第十八条 母公司要切实加强对子公司的流动资产的管理，督促子公司合理、有效地使用各项流动资产，做到节约使用，提高资金综合使用效果，杜绝资产闲置和浪费。

第十九条 母公司要大力加强对子公司各项收入的管理与监督。子公司的所有收入，包括业务收入、联合经营收入、佣金、回扣以及各种手续费收入等，都必须全部、及时地纳入帐内核算，不得将收入转出私设小金库。有违反规定的，要追究企业领导人和当事人的责任。

第二十条 母公司要加强对子公司的存货管理，帮助子公司建立健全存货管理制度。严格商品物资出入库制度和盘点制度，做到商品物资入库有验收，出库有手续，定期有检查盘存。严防因管理不善而造成存货损失和浪费。

第二十一条 母公司要加强对子公司现金的管理和监督，严格执行国务院颁发的《现金管理暂行条例》，在规定的范围内使用现金，要严禁以任何名义和借口将公款私存，严禁企业出租或出借银行帐户。母公司要经常对子公司的现金使用情况进行定期或不定期的检查。

第二十二条 母公司要加强对子公司各种往来帐款的管理，尤其要加强对子公司应收帐款的管理和监督，要督促子公司及时清理和收回各项应收帐款，加速资金周转，对确实无法收回的各项呆帐、坏帐的报损，要严格按照规定，实行层层报批制度，不得越级批准。

母公司要加强对子公司的出口收汇管理，严格按国家的规定，加强外汇管理，严禁以各种名义套汇、逃汇或在境外结汇，要建立一套严密的结汇稽核和监督制度。

第二十三条 母公司要大力加强对子公司的出口退税管理和监督，建立健全出口退税的内部管理制度。严格按规定的出口退税政策和程序办理出口退税，要加强对出口货物进货、报关及其他重要出口环节的管理、审核，严防上当受骗，严禁骗退税行为。有骗取出口退税的，要追究企业领导人和当事人的责任。

四、加强对外投资的管理

第二十四条 母公司要切实加强对外投资的管理，建立健全对外投资的立项、审批、控制、检查和监督制度，规范投资行为。

第二十五条 母公司要统一控制子公司的对外投资方向和投资规模，以利于与母公司的整体发展规划相一致。为保证投资项目的经济效益，子公司对外投资时，必须提出可行性报告进行立项，并报母公司审批。母公司要严格规定子公司的投资权限，并实行投资项目的审批或备案制度。

第二十六条 母公司要加强对已立项投资项目的管理。对投入资金或占控股地位的投资项目，母公司必须派一些懂业务、懂管理、懂财会的人员参与项目管理，并建立健全投资项目的跟踪管理制度，严防只投资不管理的现象发生。

第二十七条 母公司要加强对投资项目的事后管理，所有的投资项目的收益或损失都必须纳入当期的投资损益，即对盈利的项目，要及时地收回投资权益；对亏损的项目，要进行整顿；对那些产品不对路，长期亏损、扭亏无望的项目，按国家法律规定和企业章程规定予以解散、破产。对确定为解散或破产的投资项目，要按国家规定进行清算，清算期间发生的财产处理收益、亏损，要全部计入清算损益，纳入帐内核算，不得以任何名义将清算损益转作他用，清算亏损应按财务制度规定作财产损失处理。

第二十八条 母公司要规定所有对外投资项目都要纳入帐内核算，不得以任何名义和形式搞帐外投资。严禁以对外投资的名义搞集体“小金库”。违反规定的，要追究领导人和当事人的法律责任。

五、规范分配行为

第二十九条 母公司要按国家的有关规定加强对子公司的各种分配的管理，严格规范子公司的分配行为。

第三十条 母公司要督促子公司依照《中华人民共和国企业所得税暂行条例》和有关税法，准确计算应税所得额和应纳各种税款，并及时纳税。

第三十一条 母公司要加强对子公司工资、奖金分配的管理，根据工效挂钩的原则，制定出科学合理的工效挂钩办法，对子公司的工资、奖金的分配实行总量控制，规范子公司工资、奖金的分配行为。子公司要严格按照母公司所规定的工效挂钩具体办法，计提工资总额，在核定计提的工资总额范围内自主分配。母公司要建立健全对下级公司工资、资金分配的考核、检查制度。

第三十二条 母公司是子公司的投资者。按照“谁投资、谁拥有所有权”的原则，母公司拥有子公司的财产所有权，并享有对子公司税后利润分配的决定权。

母公司按照国家有关规定有权决定子公司有关分配事项：

1. 子公司任意公积金和公益金的提取；
2. 子公司盈余公积金补亏；
3. 子公司法定公积金转增资本；
4. 子公司上交母公司利润。

六、加强对财会工作的检查和监督

第三十三条 母公司要大力加强对子公司财会工作的检查和监督，要按照国家有关规定，结合子公司的具体情况，帮助子公司建立健全各项财务规章制度，用规章制度来规范子公司的财务行为。同时，母公司要帮助子公司建立一套科学的、合理的财务指标考核体系，并对子公司的经营成果进行有效的考核，以促进企业管理水平的提高。

第三十四条 母公司要帮助、督促子公司的财务部门，制定出切实可行的会计人员工作守则、岗位责任制和内部稽核制度，明确财会人员的职责，加强企业的内部管理。同时，母公司要加强对子公司财会人员的培训工作，不断提高财会人员的业务素质。

第三十五条 母公司要大力加强对子公司的财会基础工作的管理。严格要求财会人员按财务制度和会计制度的规定，规范地进行记帐、算帐和报帐，以保证会计数据的真实、准确、及时和完整。母公司要经常组织财会人员对子公司的财会基础工作进行定期或不定期的检查、评比，对财会基础工作好的子公司要予以表扬、奖励，并加以推广；对财会基础工作差的，要对其进行整顿、限期改正；对因财会基础工作差或弄虚作假造成损失的，要追究财会负责人和当事人的责任，并予通报。

第三十六条 为提高企业的管理水平，母公司要帮助子公司开发、推广会计电算化。按外经贸部规定，外经贸部直属企业在 1997 年以前、地方外经贸企业在 2000 年以前，全部实行会计电算化。母公司要按规定对子公司的会计电算化推广和运用作出安排。

第三十七条 为确保企业的资金安全，母公司要加强对子公司银行开户和财务印章的管理。子公司在银行开户必须报经母公司审核批准。所开银行帐户必须由财会部门统一管理，其他业务部门一律不得以任何名义开设银行帐户。

第三十八条 母公司要对子公司建立健全各项经济指标的考核和检查制度，作到事前有计划、事中有控制、事后有考核，要组织力量，经常深入子公司，对其财务工作和各项经济指标和财务管理基础工作进行考核、检查，以提高子公司的财务管理水平。

第三十九条 母公司要建立健全内部审计机构。充实和配备必要的审计人员，根据本企业和子公司的具体情况，制定每年审计计划，尤其要加强对子公司的财务收支、财会管理、缴纳税款、出口退税等进行全面审计，把问题解决在内部审计之中。

七、附则

第四十条 各级外经贸企业要认真做好本规定的落实工作，将财务管理水平提高到一个新的水平。

第四十一条 外经贸部所属各外经贸专业总公司和各省、自治区、直辖市及计划单列市外经贸主管部门要根据本规定，结合本企业和本地区的实际情况，制定具体实施办法，并报外经贸部备案。

第四十二条 本规定从一九九五年一月一日起实行。

第一百六十四条 【财务会计报告】 公司应当在每一会计年度终了时编制财务会计报告，并依法经会计师事务所审计。

财务会计报告应当依照法律、行政法规和国务院财政部门的规定制作。

相关文件规定

《企业财务会计报告条例》（自 2001 年 1 月 1 日起施行），关于企业财务会计报告，规定如下：

第一章 总 则

第一条 为了规范企业财务会计报告，保证财务会计报告的真实、完整，根据《中华人民共和国会计法》，制定本条例。

第二条 企业（包括公司，下同）编制和对外提供财务会计报告，应当遵守本条例。

本条例所称财务会计报告，是指企业对外提供的反映企业某一特定日期财务状况和某一会计期间经营成果、现金流量的文件。

第三条 企业不得编制和对外提供虚假的或者隐瞒重要事实的财务会计报告。

企业负责人对本企业财务会计报告的真实性、完整性负责。

第四条 任何组织或者个人不得授意、指使、强令企业编制和对外提供虚假的或者隐瞒重要事实的财务会计报告。

第五条 注册会计师、会计师事务所审计企业财务会计报告,应当依照有关法律、行政法规以及注册会计师执业规则的规定进行,并对所出具的审计报告负责。

第二章 财务会计报告的构成

第六条 财务会计报告分为年度、半年度、季度和月度财务会计报告。

第七条 年度、半年度财务会计报告应当包括:

(一)会计报表;

(二)会计报表附注;

(三)财务情况说明书。

会计报表应当包括资产负债表、利润表、现金流量表及相关附表。

第八条 季度、月度财务会计报告通常仅指会计报表,会计报表至少应当包括资产负债表和利润表。国家统一的会计制度规定季度、月度财务会计报告需要编制会计报表附注的,从其规定。

第九条 资产负债表是反映企业在某一特定日期财务状况的报表。资产负债表应当按照资产、负债和所有者权益(或者股东权益,下同)分类分项列示。其中,资产、负债和所有者权益的定义及列示应当遵循下列规定:

(一)资产,是指过去的交易、事项形成并由企业拥有或者控制的资源,该资源预期会给企业带来经济利益。在资产负债表上,资产应当按照其流动性分类分项列示,包括流动资产、长期投资、固定资产、无形资产及其他资产。银行、保险公司和非银行金融机构的各项资产有特殊性的,按照其性质分类分项列示。

(二)负债,是指过去的交易、事项形成的现时义务,履行该义务预期会导致经济利益流出企业。在资产负债表上,负债应当按照其流动性分类分项列示,包括流动负债、长期负债等。银行、保险公司和非银行金融机构的各项负债有特殊性的,按照其性质分类分项列示。

(三)所有者权益,是指所有者在企业资产中享有的经济利益,其金额为资产减去负债后的余额。在资产负债表上,所有者权益应当按照实收资本(或者股本)、资本公积、盈余公积、未分配利润等项目分项列示。

第十条 利润表是反映企业在一定会计期间经营成果的报表。利润表应当按照各项收入、费用以及构成利润的各个项目分类分项列示。其中,收入、费用和利润的定义及列示应当遵循下列规定:

(一)收入,是指企业在销售商品、提供劳务及让渡资产使用权等日常活动中所形成的经济利益的总流入。收入不包括为第三方或者客户代收的款项。在利润表上,收入应当按照其重要性分项列示。

(二)费用,是指企业为销售商品、提供劳务等日常活动所发生的经济利益的流出。在利润表上,费用应当按照其性质分项列示。

(三)利润,是指企业在一定会计期间的经营成果。在利润表上,利润应当按照营业利润、利润总额和净利润等利润的构成分类分项列示。

第十一条 现金流量表是反映企业一定会计期间现金和现金等价物(以下简称现金)流入和流出的报表。现金流量表应当按照经营活动、投资活动和筹资活动的现金流量分类分项列示。其中,经营活动、投资活动和筹资活动的定义及列示应当遵循下列规定:

(一)经营活动,是指企业投资活动和筹资活动以外的所有交易和事项。在现金流量表上,经营活动的现金流量应当按照其经营活动的现金流入和流出的性质分项列示;银行、保险公司和非银行金融机构的经营活动按照其经营活动特点分项列示。

(二)投资活动,是指企业长期资产的购建和不包括在现金等价物范围内的投资及其处置活动。在现金流量表上，投资活动的现金流量应当按照其投资活动的现金流入和流出的性质分项列示。

（三）筹资活动，是指导致企业资本及债务规模和构成发生变化的活动。在现金流量表上，筹资活动的现金流量应当按照其筹资活动的现金流入和流出的性质分项列示。

第十二条 相关附表是反映企业财务状况、经营成果和现金流量的补充报表，主要包括利润分配表以及国家统一的会计制度规定的其他附表。

利润分配表是反映企业一定会计期间对实现净利润以及以前年度未分配利润的分配或者亏损弥补的报表。利润分配表应当按照利润分配各个项目分类分项列示。

第十三条 年度、半年度会计报表至少应当反映两个年度或者相关两个期间的比较数据。

第十四条 会计报表附注是为便于会计报表使用者理解会计报表的内容而对会计报表的编制基础、编制依据、编制原则和方法及主要项目等所作的解释。会计报表附注至少应当包括下列内容：

（一）不符合基本会计假设的说明；

（二）重要会计政策和会计估计及其变更情况、变更原因及其对财务状况和经营成果的影响；

（三）或有事项和资产负债表日后事项的说明；

（四）关联方关系及其交易的说明；

（五）重要资产转让及其出售情况；

（六）企业合并、分立；

（七）重大投资、融资活动；

（八）会计报表中重要项目的明细资料；

（九）有助于理解和分析会计报表需要说明的其他事项。

第十五条 财务情况说明书至少应当对下列情况作出说明：

（一）企业生产经营的基本情况；

（二）利润实现和分配情况；

（三）资金增减和周转情况；

（四）对企业财务状况、经营成果和现金流量有重大影响的其他事项。

第三章 财务会计报告的编制

第十六条 企业应当于年度终了编报年度财务会计报告。国家统一的会计制度规定企业应当编报半年度、季度和月度财务会计报告的，从其规定。

第十七条 企业编制财务会计报告，应当根据真实的交易、事项以及完整、准确的账簿记录等资料，并按照国家统一的会计制度规定的编制基础、编制依据、编制原则和方法。

企业不得违反本条例和国家统一的会计制度规定，随意改变财务会计报告的编制基础、编制依据、编制原则和方法。

任何组织或者个人不得授意、指使、强令企业违反本条例和国家统一的会计制度规定，改变财务会计报告的编制基础、编制依据、编制原则和方法。

第十八条 企业应当依照本条例和国家统一的会计制度规定，对会计报表中各项会计要素进行合理的确认和计量，不得随意改变会计要素的确认和计量标准。

第十九条 企业应当依照有关法律、行政法规和本条例规定的结账日进行结账，不得提前或者延迟。年度结账日为公历年度每年的 12 月 31 日；半年度、季度、月度结账日分别为公历年度每半年、每季、每月的最后一天。

第二十条 企业在编制年度财务会计报告前，应当按照下列规定，全面清查资产、核实债务：

（一）结算款项，包括应收款项、应付款项、应交税金等是否存在，与债务、债权单位的相应债务、债权金额是否一致；

（二）原材料、在产品、自制半成品、库存商品等各项存货的实存数量与账面数量是否一致，是否有报废损失和积压物资等；

（三）各项投资是否存在，投资收益是否按照国家统一的会计制度规定进行确认和计量；

（四）房屋建筑物、机器设备、运输工具等各项固定资产的实存数量与账面数量是否一致；

（五）在建工程的实际发生额与账面记录是否一致；

（六）需要清查、核实的其他内容。

企业通过前款规定的清查、核实，查明财产物资的实存数量与账面数量是否一致、各项结算款项的拖欠情况及其原因、材料物资的实际储备情况、各项投资是否达到预期目的、固定资产的使用情况及其完好程度等。企业清查、核实后，应当将清查、核实的结果及其处理办法向企业的董事会或者相应机构报告，并根据国家统一的会计制度的规定进行相应的会计处理。

企业应当在年度中间根据具体情况，对各项财产物资和结算款项进行重点抽查、轮流清查或者定期清查。

第二十一条 企业在编制财务会计报告前，除应当全面清查资产、核实债务外，还应当完成下列工作：

（一）核对各会计账簿记录与会计凭证的内容、金额等是否一致，记账方向是否相符；

（二）依照本条例规定的结账日进行结账，结出有关会计账簿的余额和发生额，并核对各会计账簿之间的余额；

（三）检查相关的会计核算是否按照国家统一的会计制度的规定进行；

（四）对于国家统一的会计制度没有规定统一核算方法的交易、事项，检查其是否按照会计核算的一般原则进行确认和计量以及相关账务处理是否合理；

（五）检查是否存在因会计差错、会计政策变更等原因需要调整前期或者本期相关项目。

在前款规定工作中发现问题的，应当按照国家统一的会计制度的规定进行处理。

第二十二条 企业编制年度和半年度财务会计报告时，对经查实后的资产、负债有变动的，应当按照资产、负债的确认和计量标准进行确认和计量，并按照国家统一的会计制度的规定进行相应的会计处理。

第二十三条 企业应当按照国家统一的会计制度规定的会计报表格式和内容，根据登记完整、核对无误的会计账簿记录和其他有关资料编制会计报表，做到内容完整、数字真实、计算准确，不得漏报或者任意取舍。

第二十四条 会计报表之间、会计报表各项目之间，凡有对应关系的数字，应当相互一致；会计报表中本期与上期的有关数字应当相互衔接。

第二十五条 会计报表附注和财务情况说明书应当按照本条例和国家统一的会计制度的规定，对会计报表中需要说明的事项作出真实、完整、清楚的说明。

第二十六条 企业发生合并、分立情形的，应当按照国家统一的会计制度的规定编制相应的财务会计报告。

第二十七条 企业终止营业的，应当在终止营业时按照编制年度财务会计报告的要求全面清查资产、核实债务、进行结账，并编制财务会计报告；在清算期间，应当按照国家统一的会计制度的规定编制清算期间的财务会计报告。

第二十八条 按照国家统一的会计制度的规定，需要编制合并会计报表的企业集团，母公司除编制其个别会计报表外，还应当编制企业集团的合并会计报表。

企业集团合并会计报表，是指反映企业集团整体财务状况、经营成果和现金流量的会计报表。

第四章 财务会计报告的对外提供

第二十九条 对外提供的财务会计报告反映的会计信息应当真实、完整。

第三十条 企业应当依照法律、行政法规和国家统一的会计制度有关财务会计报告提供期限的规定，及时对外提供财务会计报告。

第三十一条 企业对外提供的财务会计报告应当依次编定页数，加具封面，装订成册，加盖公章。封面上应当注明：企业名称、企业统一代码、组织形式、地址、报表所属年度或者月份、报出日期，并由企业负责人和主管会计工作的负责人、会计机构负责人（会计主管人员）签名并盖章；设置总会计师的企业，还应当由总会计师签名并盖章。

第三十二条 企业应当依照企业章程的规定，向投资者提供财务会计报告。

国务院派出监事会的国有重点大型企业、国有重点金融机构和省、自治区、直辖市人民政府派出监事会的国有企业，应当依法定期向监事会提供财务会计报告。

第三十三条 有关部门或者机构依照法律、行政法规或者国务院的规定，要求企业提供部分或者全部财务会计报告及其有关数据的，应当向企业出示依据，并不得要求企业改变财务会计报告有关数据的会计口径。

第三十四条 非依照法律、行政法规或者国务院的规定，任何组织或者个人不得要求企业提供部分或者全部财务会计报告及其有关数据。

违反本条例规定，要求企业提供部分或者全部财务会计报告及其有关数据的，企业有权拒绝。

第三十五条 国有企业、国有控股的或者占主导地位的企业，应当至少每年一次向本企业的职工代表大会公布财务会计报告，并重点说明下列事项：

（一）反映与职工利益密切相关的信息，包括：管理费用的构成情况，企业管理人员工资、福利和职工工资、福利费用的发放、使用和结余情况，公益金的提取及使用情况，利润分配的情况以及其他与职工利益相关的信息；

（二）内部审计发现的问题及纠正情况；

（三）注册会计师审计的情况；

（四）国家审计机关发现的问题及纠正情况；

（五）重大的投资、融资和资产处置决策及其原因的说明；

（六）需要说明的其他重要事项。

第三十六条 企业依照本条例规定向有关各方提供的财务会计报告，其编制基础、编制依据、编制原则和方法应当一致，不得提供编制基础、编制依据、编制原则和方法不同的财务会计报告。

第三十七条 财务会计报告须经注册会计师审计的，企业应当将注册会计师及其会计师事务所出具的审计报告随同财务会计报告一并对外提供。

第三十八条 接受企业财务会计报告的组织或者个人，在企业财务会计报告未正式对外披露前，应当对其内容保密。

第五章 法律责任

第三十九条 违反本条例规定，有下列行为之一的，由县级以上人民政府财政部门责令限期改正，对企业可以处3000元以上5万元以下的罚款；对直接负责的主管人员和其他直接责任人员，可以处2000元以上2万元以下的罚款；属于国家工作人员的，并依法给予行政处分或者纪律处分：

（一）随意改变会计要素的确认和计量标准的；

（二）随意改变财务会计报告的编制基础、编制依据、编制原则和方法的；

（三）提前或者延迟结账日结账的；

（四）在编制年度财务会计报告前，未按照本条例规定全面清查资产、核实债务的；

（五）拒绝财政部门和其他有关部门对财务会计报告依法进行的监督检查，或者不如实提供有关情况的。

会计人员有前款所列行为之一，情节严重的，由县级以上人民政府财政部门吊销会计从业资格证书。

第四十条 企业编制、对外提供虚假的或者隐瞒重要事实的财务会计报告，构成犯罪的，依法追究刑事责任。

有前款行为，尚不构成犯罪的，由县级以上人民政府财政部门予以通报，对企业可以处5000元以上10万元以下的罚款；对直接负责的主管人员和其他直接责任人员，可以处3000元以上5万元以下的罚款；属于国家工作人员的，并依法给予撤职直至开除的行政处分或者纪律处分；对其中的会计人员，情节严重的，并由县级以上人民政府财政部门吊销会计从业资格证书。

第四十一条 授意、指使、强令会计机构、会计人员及其他人员编制、对外提供虚假的或者隐瞒重要事实的财务会计报告，或者隐匿、故意销毁依法应当保存的财务会计报告，构成犯罪的，依法追究刑事责任；尚不构成犯罪的，可以处5000元以上5万元以下的罚款；属于国家工作人员的，并依法给予降级、撤职、开除的行政处分或者纪律处分。

第四十二条 违反本条例的规定，要求企业向其提供部分或者全部财务会计报告及其有关数据的，由县级以上人民政府责令改正。

第四十三条 违反本条例规定，同时违反其他法律、行政法规规定的，由有关部门在各自的职权范围内依法给予处罚。

第六章 附 则

第四十四条 国务院财政部门可以根据本条例的规定，制定财务会计报告的具体编报办法。

第四十五条 不对外筹集资金、经营规模较小的企业编制和对外提供财务会计报告的办法，由国务院财政部门根据本条例的原则另行规定。

第四十六条 本条例自2001年1月1日起施行。

第一百六十五条 【财务会计报告的公示】 有限责任公司应当依照公司章程规定的期限将财务会计报告送交各股东。

股份有限公司的财务会计报告应当在召开股东大会年会的二十日前置备于本公司，供股东查阅；公开发行股票的股份有限公司必须公告其财务会计报告。

第一百六十六条 【法定公积金与任意公积金】 公司分配当年税后利润时，应当提取利润的百分之十列入公司法定公积金。公司法定公积金累计额为公司注册资本的百分之五十以上的，可以不再提取。

公司的法定公积金不足以弥补以前年度亏损的，在依照前款规定提取法定公积金之前，应当先用当年利润弥补亏损。

公司从税后利润中提取法定公积金后，经股东会或者股东大会决议，还可以从税后利润中提取任意公积金。

公司弥补亏损和提取公积金后所余税后利润，有限责任公司依照本法第三十四条的规定分配；股份有限公司按照股东持有的股份比例分配，但股份有限公司章程规定不按持股比例分配的除外。

股东会、股东大会或者董事会违反前款规定，在公司弥补亏损和提取法定公积金之前向股东分配利润的，股东必须将违反规定分配的利润退还公司。

公司持有的本公司股份不得分配利润。

相关案例

【资本公积金属于公司资产，无正当理由转出后，应认定属于抽逃出资，理应予以返还】

银基烯碳新材料集团股份有限公司与连云港市丽港稀土实业有限公司、李某沛、李某、狄某廷公司增资纠纷上诉案[最高人民法院（2018）最高法民终393号民事判决书]，银基公司是一家上市公司，丽港公司是一家普通民营企业。双方签订《增资合同》，丽港公司据此可以引入银基公司的资金扩大生产、促进公司业务的发展，银基公司则期望从丽港公司的业务发展中获得可观的利润分配。双方虽签订《增资合同》就相关权利义务进行了明确，但实际履行过程中银基公司处于种种原因考虑，并未将其应支付的1.5亿元资本公积金交由丽港公司实际控制利用，而是通过《资金往来框架协议》的方式将转给丽港公司的1.5亿元款项又回转至银基公司控制之下。该行为应认定为抽逃出资的行为。不论从公司法还是合同法角度分析，涉案被转出的1.5亿元资本公积金均应返还丽港公司。

【股东之间的协议不能认定公司存在盈余】

乔宗华诉廖书华等公司盈余分配案[江苏省建湖县人民法院（2016）苏0925民初3657号民事判决书]，《公司法》规定，公司股东依法享有资产收益、参与重大决策和选择管理者等权利。公司分配当年税后利润时，应当提取利润的百分之十列入公司法定公积金。公司弥补亏损和提取公积金后所余税后利润，有限责任公司依照实缴的出资比例分取红利。原告诉称，《协议书》中载明32.5万元系原告作为股东应当获得分配的公司盈余。因《协议书》中明确载明公司实际资本730万元及银行负债600万元，据此计算股权实际价值，并明确约定130万元作为原四股东股金，支付给股东个人享有，每位股东股权价值为32.5万元。该32.5万元的产生并未计算公司其他债务、成本及支出，未经过审计，且有股东证实公司存在亏损情形。故《协议书》不能反映出公司盈利情况，更不能够直接反映出公司当时的利润，原告根据该协议主张公司盈利，并存在盈余，不符合法律规定。

【变相分配公司资产的股东会决议无效】

谢安等与安徽兴达化工有限责任公司损害股东利益责任纠纷上诉案[安徽省合肥市中级人民法院（2014）合民二终字第00036号民事判决书（《人民司法·案例》2015年第22期）]，对股东会决议效力的审查，一方面是程序的合法性审查，另一方面是决议内容的合法性审查。公司股东会决议以补偿金名义对股东发放巨额款项，在公司并无实际补偿事由，且无法明确款项来源的情形下，此类补偿金不符合公司法的分红程序，也超出福利的一般数额标准，属于变相分配公司资产，有可能影响债权人的利益，对该股东会决议应依法认定为无效。

【未提取法定公积金即分配利润，构成损害公司利益】

董万东诉蔡建锋等损害公司利益纠纷案[北京市门头沟区人民法院（2014）门民初字第433号民事判决书]，公司的公积金是公司为了巩固自身财产基础，提高公司信用和预防意外亏损，依照法律规定和公司章程的规定，在公司资本以外积存的资金。公积金的用途主要在于弥补亏损、扩大生产经营或转为增加公司资本。即使公司不存在亏损的情形，但未提取法定公积金，亦将损害公司的信用和抵御风险的能力，从长期来看，构成对公司利益的损害。被告蔡建锋、王剑、刘进刚在分配股东利益前，未提取法定公积金留存公司，违反了法律的强制性规定，亦损害了银网天成公司的利益。原告董万东关于要求三被告将退还违法分配的利润，作为公司法定公积金予以留存的诉讼请求，有事实和法律依据，应予以支持。

【股东实际出资大于其应缴注册资本的部分，应认定为资本溢价，属于企业资本公积金的范畴】

江门市江建建筑有限公司与江门市金华物业投资管理有限公司等执行异议之诉申请案[最高人民法院（2013）民提字第226号民事判决书]，资本公积金属于公司的后备资金，股东可以按出资比例向公司主张所有者权益，但股东出资后不能抽回，也不得转变为公司的债务计算利息，变相抽逃。2003年5月14日，金华投资公司董事会决议用本案的房产抵顶林金培多投入的出资本息，实质是将林金培本属于资本公积金的出资转变为公司对林金培的借款，并采用以物抵债的形式予以返还，导致林金培变相抽逃出资，违反了公司资本充实原则，与公司法和国务院上述通知的规定相抵触，故董事会决议对林金培借款债权的确认及以物抵债决定均应认定为无效。

【公司税后利润分配方案之与股东会决议效力的影响】

唐山世博大厦有限公司诉北京科技园置业股份有限公司等公司决议效力确认纠纷案［北京市第一中级人民法院（2011）一中民终字第14680号民事判决书］，1.《公司法》赋予股东资产收益的权利，但并不对股东对资产收益的实际使用行为进行调整。公司股东取得税后利润使用的问题，是股东对自有财产的处分，并不属于判断利润分配决议法律效力的参考要素，不影响公司利润分配决议的效力。2.人民法院对于股东会决议的司法审查属于内容合法性的审查，而不包括合理性的审查；《公司法》对公司税后利润的分配设置了程序性规范及实体性要求，违反《公司法》第一百六十七条（编者注：现为该法第一百六十六条）第一款先提取法定公积金后分配利润的程序性规范并非必然导致无效。

【公司无可供分配利润而通过决议把分配给股东的利润份额以借据的形式载明，盈余分配关系并非当然地转化为债权债务关系】

郑国凤诉淮安第一钢结构有限公司公司盈余分配纠纷案［江苏省淮安市中级人民法院（原江苏省淮阴市中级人民法院）（2011）淮中商终字第2号民事判决书］，基于公司资本维持原则，股东分配的资金来源不能是公司的资本，而只能是公司的利润。公司可否进行股利分配，除了审查是否有利润外，还应审查是否有可供分配的利润。判断是否具备可分配利润，仅具有股东会决议分配年度利润的形式要件不足以认定，还必须有符合公司法规定的依法经过审查验证的财务报表和利润分配计划的实质要件。在仅有形式要件而没有实质要件，从而导致股东与公司发生利润分配纠纷时，法院对有无利润的判断上可从公司在工商部门的年检报告、合法的会计年度终了时的财务会计报告、年度利润司法审计报告等证据审查中作出判断。公司无可供分配利润而通过决议把分配给股东的利润份额以借据的形式载明，其因违反资本维持原则的强行规范而非当然地转化为合法的债权债务关系。

【股东未经股东会决议而要求分配公司盈余的起诉，不属于人民法院受理范围】

金福平诉济源裕恒工贸有限公司请求分配公司盈余因未依据股东会决议被驳回起诉案［河南省济源市中级人民法院（2004）济中民一终字第359号民事裁定书］，根据《公司法》第三十八条、第一百七十七条的规定，公司在分配当年税后利润时，应当依法提取法定公积金、法定公益金；经股东会决议，可以提取任意公积金；在弥补公司亏损和提取法定公积金、法定公益金之前，公司无权向股东分配利润。公司利润分配方案是公司股东会审议批准的事项，是否提取任意公积金，公司利润如何分配、何时分配，均应由公司股东会审议批准。股东请求分配公司盈余，应当依据股东会决议进行。金福平不依据股东会决议请求分配利润，而是请求法院直接清算公司收益并分配利润，该起诉没有法律依据，不属于法院受理民事诉讼的范围，应予驳回。原审裁定驳回起诉正确，本院予以维持。因本案不属法院受案范围，原审裁定不应对有关案件事实作出认定。原审裁定认定金福平已从济源裕恒公司取走出资、对股东变更情况已进行工商变更登记以及其他相关事实，并以金福平已经不是济源裕恒公司的股东为由驳回金福平的起诉，均属不当，本院予以纠正。

【因合营公司仅对其中一个股东分配利润，拒绝向另一股东分配，公司存在侵权，故股东能够行使股利分配请求权】

南辉实业公司诉尼康电子有限公司盈余分配权案［安徽省合肥市中级人民法院（2004）民四终字第02号民事判决书］，虽然尼康公司自1997年以来实际处于亏损状态，但尼康公司于1994年以前将1990年至1993年的利润仅分配给其中一个股东芜湖市无线电三厂，而拒绝向另一股东南辉公司支付，直接导致的结果是由南辉公司独家用其应分得的利润来弥补后期亏损，显属不公平。尼康公司上述不支付行为，侵害了南辉公司的股东利益，南辉公司据此向尼康公司主张权利，符合法律规定。

【公司经股东会决议将剩余利润用于发展再生产，与法律不相违背】

郭朝绪与上海赛洋纺织科技有限公司等股东利润分配纠纷上诉案［上海市第二中级人民法院（2000）沪二中经终字第280号民事判决书］，吴一鸣与郭朝绪在赛洋公司成立时，共同向外借款通过验资。验资完毕并以公司名义归还验资款后，于1998年度，吴一鸣与郭朝绪共同经营赛洋公司过程中已补足注册资本金，故应按工商机关登记材料认定吴一鸣与郭朝绪均为股东。被上诉人仅以上诉人在公司成立之后并未实际出资，否认郭朝绪股东身份，于法无据，本院不予采信。根据《公司法》的规定，公司从税后利润中提取法定公积金后，经股东会决议，可以提取任意公积金。因此公司是否提取任意公积金及提取数额应由股东会自主决定，属股东会职权范围。现赛洋公司在税后利润中扣除法定公积金、公益金后，经股东会决议将剩余利润用于发展再生产，暂不分配与现行法律不相违背。

第一百六十七条 【股份有限公司资本公积金】 股份有限公司以超过股票票面金额的发行价格发行股份所得的溢价款以及国务院财政部门规定列入资本公积金的其他收入，应当列为公司资本公积金。

相关案例

【公司因接受赠与而增加的资本公积金，属于公司所有，是公司的资产】

兰州神骏物流有限公司与兰州民百（集团）股份有限公司侵权纠纷案［最高人民法院（2009）民二终字第75号民事判决书（《最高人民法院公报》2010年第2期（总第160期））］，争议焦点为公司股东向公司无偿注入股权，经过股东大会决议通过的股权分置改革方案，将该资本公积金全部定向转增给全体流通股股东的，非流通股股东可否以其在公司的持股比例而主张该资本公积金的相应比例的权属。裁判如下：一、股份公司股东大会作出决议后，在被确认无效前，该决议的效力不因股东是否认可而受到影响。股东大会决议的内容是否已实际履行，并不影响该决议的效力。二、公司因接受赠与而增加的资本公积金属于公司所有，是公司的资产，股东不能主张该资本公积金中与自己持股比例相对应的部分归属于自己，上市公司股权分置改革中，公司股东大会作出决议将资本公积金向流通股股东转增股份时，公司的流通股股东可以按持股比例获得相应的新增股份，而非流通股股东不能以其持股比例向公司请求支付相应的新增股份。即使该股东大会决议无效，也只是产生流通股股东不能取得新增股份的法律效果，而非流通股东仍然不能取得该新增的股份。三、上市公司股权分置改革中，公司以资本公积金向流通股股东转增资本，不会导致公司资产减损。非流通股股东以资产减损为由主张自己应获得减损数中相应份额的补偿，不应支持。

第一百六十八条 【公积金的用途】 公司的公积金用于弥补公司的亏损、扩大公司生产经营或者转为增加公司资本。但是，资本公积金不得用于弥补公司的亏损。

法定公积金转为资本时，所留存的该项公积金不得少于转增前公司注册资本的百分之二十五。

第一百六十九条 【招聘、解聘会计师事务所】 公司聘用、解聘承办公司审计业务的在会计师事务所，依照公司章程的规定，由股东会、股东大会或者董事会决定。

公司股东会、股东大会或者董事会就解聘会计师事务所进行表决时，应当允许会计师事务所陈述意见。

相关文件规定

《会计师事务所审批和监督暂行办法》(自2005年3月1日起施行),对于会计事务所的设立,规定如下:

第二章 会计事务所的设立

第六条 注册会计师可以申请设立合伙会计师事务所或者有限责任会计师事务所。

第七条 设立合伙会计师事务所,应当具备下列条件:

(一)有2名以上的合伙人;

(二)有书面合伙协议;

(三)有会计师事务所的名称;

(四)有固定的办公场所。

第八条 设立有限责任会计师事务所,应当具备下列条件:

(一)有5名以上的股东;

(二)有一定数量的专职从业人员;

(三)有不少于人民币30万元的注册资本;

(四)有股东共同制定的章程;

(五)有会计师事务所的名称;

(六)有固定的办公场所。

第九条 会计师事务所的合伙人或者股东,应当具备下列条件:

(一)持有中华人民共和国注册会计师证书(以下简称"注册会计师证书");

(二)在会计师事务所专职执业;

(三)成为合伙人或者股东前3年内没有因为执业行为受到行政处罚;

(四)有取得注册会计师证书后最近连续5年在会计师事务所从事下列审计业务的经历,其中在境内会计师事务所的经历不少于3年:

1. 审查企业会计报表,出具审计报告;

2. 验证企业资本,出具验资报告;

3. 办理企业合并、分立、清算事宜中的审计业务,出具有关的报告;

4. 法律、行政法规规定的其他审计业务。

(五)成为合伙人或者股东前1年内没有因采取隐瞒或提供虚假材料、欺骗、贿赂等不正当手段申请设立会计师事务所而被省级财政部门作出不予受理、不予批准或者撤销会计师事务所的决定。

第十条 会计师事务所应当设立主任会计师。

合伙会计师事务所的主任会计师由执行会计师事务所事务的合伙人担任。

有限责任会计师事务所的主任会计师由法定代表人担任,法定代表人由股东担任。

第十一条 注册会计师在成为会计师事务所的合伙人或者股东之前,应当在省、自治区、直辖市注册会计师协会(以下简称"省级注册会计师协会")办理完从原会计师事务所转出的手续。若为原会计师事务所合伙人或者股东,还应当按照有关法律、行政法规,以及合伙协议或者章程办理完退伙或者股权转让手续。

第十二条 会计师事务所的名称应当符合国家有关规定。未经同意,会计师事务所不得使用包含其他会计师事务所字号的名称。

第十三条 设立会计师事务所,应当由全体合伙人或者全体股东提出申请,由拟设立的会计师事务所所在地的省级财政部门批准。

第十四条 申请设立会计师事务所,应当向省级财政部门提交下列材料:

(一)设立会计师事务所申请表(附表1);

(二)会计师事务所合伙人或者股东情况汇总表(附表2);

(三)注册会计师情况汇总表(附表3);

（四）工商行政管理部门出具的企业名称预先核准通知书复印件；

（五）全体合伙人或者全体股东现所在的省级注册会计师协会为其出具的从事本办法第九条第（四）项规定的审计业务情况的证明、已转出原会计师事务所证明，若合伙人或者股东为原会计师事务所合伙人或者股东的，还应提交退伙或者股权转让证明；

（六）会计师事务所注册会计师的注册会计师证书复印件；

（七）书面合伙协议或者股东共同制定的章程；

（八）办公场所的产权或者使用权的有效证明复印件。

设立有限责任会计师事务所，还应当提交验资证明。

因合并或者分立新设会计师事务所的，还应当提交合并协议或者分立协议。

申请人应当对申请材料内容的真实性负责。

第十五条 省级财政部门批准设立会计师事务所，应当按照下列程序办理：

（一）对申请人提交的申请材料进行审查，并核对有关复印件与原件是否相符。对申请材料不齐全或者不符合法定形式的，应当当场或者在5日内一次告知申请人需要补正的全部内容。对申请材料齐全、符合法定形式，或者申请人按照要求提交全部补正申请材料的应当受理。受理申请或者不予受理申请，应当向申请人出具加盖本行政机关专用印章和注明日期的书面凭证。

（二）对申请材料的内容进行审查，并将申请材料中有关会计师事务所名称以及合伙人或者股东执业资格及执业时间等情况予以公示。

（三）自受理申请之日起30日内作出批准或者不予批准设立会计师事务所的决定。

（四）作出批准设立会计师事务所决定的，应当自作出批准决定之日起10日内向申请人下达批准文件、颁发会计师事务所执业证书，并予以公告。批准文件中应当载明下列事项：

1. 会计师事务所的名称和组织形式；
2. 会计师事务所合伙人或者股东的姓名；
3. 会计师事务所主任会计师的姓名；
4. 有限责任会计师事务所的注册资本；
5. 会计师事务所的办公场所；
6. 会计师事务所的业务范围。

省级财政部门下达的批准文件应当抄送所在地的省级注册会计师协会。

省级财政部门作出不予批准设立会计师事务所决定的，应当自作出不予批准决定之日起10日内书面通知申请人。书面通知中应当说明不予批准的理由，并告知申请人享有依法申请行政复议或者提起行政诉讼的权利。

第十六条 省级财政部门作出批准设立会计师事务所决定的，应当自作出批准决定之日起30日内将批准文件连同下列材料报送财政部、中国注册会计师协会：

（一）批准设立会计师事务所有关情况表（附表4）；

（二）会计师事务所合伙人或者股东情况汇总表（附表2）。

财政部发现批准不当的，应当自收到备案材料之日起30日内书面通知省级财政部门重新审查。

第十七条 经省级财政部门批准设立的会计师事务所，应当依法办理工商登记手续。

第十八条 会计师事务所的合伙人或者股东应当自会计师事务所办理完工商登记手续之日起60日内办理完转入该会计师事务所的手续。

注册会计师在未办理完转入手续以前，不得在新设立的会计师事务所执业。

第十九条 因合并或者分立新设会计师事务所，按照本办法设立会计师事务所有关规定办理。

第一百七十条 【真实提供会计资料】 公司应当向聘用的会计师事务所提供真实、完整的会计凭证、会计账簿、财务会计报告及其他会计资料，不得拒绝、隐匿、谎报。

相关案例

【不得故意销毁会计凭证、会计账簿】

兰永宁故意销毁会计凭证、会计账簿，贪污、受贿案［广州铁路运输中级法院（2013）广铁中法刑终字第19号刑事裁定书］，账外资金的会计资料与其他应当依法保存的会计资料一样，记载一个单位一定时期的部分经营活动情况，都应当保存。销毁这些会计资料，就是销毁项目部这部分经营活动情况的真实、完整的书面记载，从而规避有关部门对此依法进行的监督检查。故意销毁账外资金的凭证、单据的，构成故意销毁会计凭证、会计账簿罪。

张芹故意销毁会计账簿案［重庆市第三中级人民法院（2004）渝三中法刑初字第48号刑事判决书］，被告人张芹故意销毁会计账簿，情节严重，其行为已构成故意销毁会计账簿罪。其辩护人提出"销毁的不是会计账簿"的辩护意见，经查，张芹所记录的账页，是经营业务的账外账，反映了天鑫公司的经营活动，是国家进行监管的依据，属依法应予保存的会计账簿。故该辩护意见不能成立。提出"张芹没有犯罪故意"等辩护意见，经查，张芹作为财务人员，应当明知会计账簿应予保存，但她在公司主管人员被调查、无人指使的情况下擅自故意销毁这些账簿，并不是过失使账簿灭失，是负直接责任的人员；其销毁会计账簿造成国家无法监管的后果，涉案金额已达情节严重的标准，应予定罪处罚。提出"公诉机关指控罪名不当"的意见，经查，根据《最高人民法院、最高人民检察院关于执行〈中华人民共和国刑法〉确定罪名的补充规定》，本罪的罪名应为"故意销毁会计账簿罪"，公诉机关起诉的"销毁会计资料罪"的罪名错误，应予纠正。

刘炳信隐匿会计凭证、会计账簿、财务会计报告案［上海市虹口区人民法院（2003）虹刑初字第585号刑事判决书］，隐匿会计凭证、会计账簿、财务会计报告罪是一个新罪名，实践中在对证据的把握、罪与非罪的认定上存在一定的难点，本案对此难点作了分析。被告人刘炳信故意隐匿依法应当保存的会计凭证、会计账簿，情节严重，其行为构成隐匿会计凭证、会计账簿罪。因没有证据证明被告人刘炳信有隐匿财务会计报告的行为，故只认定刘构成隐匿会计凭证、会计账簿罪，而没有认定其构成隐匿会计凭证、会计账簿、财务会计报告罪。关于被告人刘炳信提出的其没有故意隐匿信迪公司的财务账册及刘的辩护人提出的认定被告人刘炳信构成隐匿会计凭证、会计账簿罪、财务会计报告罪证据不足的辩解和辩护意见，法院认为，本罪作为一个堵漏性的罪名，立法机关在刑法修正案中加以规定，本身就是为了防止某些单位和个人在违法经营后将有关财务资料隐匿或销毁，导致国家机关无法对其查处。故公诉机关证明被告人刘炳信构成此罪以信迪公司有财务账册并由被告人刘炳信加以保管和控制，公安机关要求刘交出，刘没有交出为已足。被告人刘炳信及其辩护人提出刘因保管不善丢失了此账册，应由被告人刘炳信及其辩护人提供证据加以证明。信迪公司的财务人员徐玲娣、何霞清、周瑾的证言均证实信迪公司有财务账册，上海市工商行政管理局检查总队及长宁分局天山工商所出具的证明证实，天山工商所已经将其从信迪公司刘炳信处暂扣的财务账册发还给了刘炳信本人，对此，被告人刘炳信本人亦予以承认。被告人刘炳信及其辩护人不能提供证据证明信迪公司的财务账册系因保管不善而丢失，则其辩解和辩护意见不能成立。

第一百七十一条 【会计账簿】 公司除法定的会计账簿外，不得另立会计账簿。

对公司资产，不得以任何个人名义开立账户存储。

第九章 公司合并、分立、增资、减资

第一百七十二条 【公司的合并】 公司合并可以采取吸收合并或者新设合并。

一个公司吸收其他公司为吸收合并，被吸收的公司解散。两个以上公司合并设立一个新的公司为新设合并，合并各方解散。

一、相关司法解释及两高工作文件

《最高人民法院关于人民法院为企业兼并重组提供司法保障的指导意见》(法发〔2014〕7号)，具体如下：

企业兼并重组是调整优化产业结构，淘汰落后产能，化解过剩产能，提高经济发展质量和效益的重要手段，也是转变经济发展方式，提升我国综合经济实力的有效途径。当前，我国经济处于增长速度换档期、结构调整阵痛期，同时也是推进企业兼并重组的重要机遇期。党的十八大和十八届三中全会部署了全面深化改革的各项任务，国务院《关于进一步优化企业兼并重组市场环境的意见》(国发〔2014〕14号，以下简称《意见》)明确了推动企业兼并重组的主要目标、基本原则和相关措施。企业兼并重组是今后一个时期推进企业改革的重要任务。各级人民法院要充分认识司法审判工作在企业兼并重组中的重要职能作用，依法有序推进企业兼并重组工作的顺利进行。

一、坚持围绕中心服务大局，以法治方式保障企业兼并重组工作依法有序推进

1. 要自觉将司法审判工作置于党和国家全局工作中，积极回应企业兼并重组工作的司法需求。企业兼并重组工作是党中央、国务院在新时期深化经济体制改革、转变经济发展方式、调整优化产业结构的重要举措。随着中央和地方各级政府部门关于企业兼并重组任务的逐步落实，一些纠纷将不可避免地通过诉讼程序进入人民法院。各级人民法院要充分认识到企业兼并重组涉及的矛盾复杂、主体广泛和利益重大，要强化大局意识和责任意识，紧密结合党的十八大、十八届三中全会精神和《意见》要求，依法充分发挥人民法院的职能作用，切实保障企业兼并重组工作的稳步推进。

2. 要正确处理贯彻党的方针政策与严格执法的关系，实现企业兼并重组法律效果和社会效果的有机统一。党的十八大和十八届三中全会作出的重大战略部署是我国在新的历史起点上全面深化改革的科学指南和行动纲领。党的方针政策和国家法律都是人民根本意志的反映，二者在本质上是一致的。不断完善和发展中国特色社会主义制度，推进国家治理体系和治理能力现代化，对人民法院正确贯彻党的方针政策与严格执法提出了更高的要求。人民法院要从强化国家战略的高度深刻认识为转变经济发展方式、调整优化产业结构提供司法保障的重大意义，通过严格执行法律，公正高效地审理案件，实现兼并重组案件审理法律效果和社会效果的有机统一。

3. 要高度重视企业兼并重组工作，依法保障企业兼并重组政策的顺利实施。企业兼并重组不仅关涉企业自身，还广泛涉及依法平等保护非公经济、防止国有资产流失、维护金融安全、职工再就业和生活保障以及社会稳定等一系列问题。人民法院要提前研判、分类评估、适时介入，依法保障企业兼并重组工作有序进行。要加强与政府部门沟通，根据需要推动建立企业兼并重组工作协调机制，实现信息共享、程序通畅。在案件审理执行中发现的重大性、苗头性问题，要及时向有关职能部门反馈或者提出司法建议。

4. 要依法及时受理审理兼并重组相关案件，通过司法审判化解企业兼并重组中的各类纠纷。人民法院要依法及时受理审理企业兼并重组过程中出现的合同效力认定、股权转让、投资权益确认、民间融资、金融债权保障、职工权益维护、企业清算、企业重整、经济犯罪等

案件，无法定理由不得拒绝受理，不得拖延审理。

5. 要按照利益衡平原则，依法妥善处理各种利益冲突。企业兼并重组广泛涉及参与兼并重组的各方企业、出资人、债权人、企业职工等不同主体的切身利益，在此期间的利益博弈与权利冲突无法回避。人民法院要注意透过个案的法律关系，分析利益冲突实质，识别其背后的利益主体和利益诉求，依法确定利益保护的优先位序。法律法规没有明文规定的情形下，在个体利益冲突中应当优先寻找共同利益，尽可能实现各方的最大利益；在个体利益与集体利益、社会公共利益，地方利益与全局利益等不同主体利益的并存与冲突中，要在保护集体利益、社会公共利益和全局利益的同时兼顾个体利益、地方利益。坚决克服地方保护主义、行业及部门保护主义对司法审判工作的不当干扰。

二、强化商事审判理念，充分发挥市场在资源配置中的决定性作用

6. 依法认定兼并重组行为的效力，促进资本合法有序流转。要严格依照合同法第五十二条关于合同效力的规定，正确认定各类兼并重组合同的效力。结合当事人间交易方式和市场交易习惯，准确认定兼并重组中预约、意向协议、框架协议等的效力及强制执行力。要坚持促进交易进行，维护交易安全的商事审判理念，审慎认定企业估值调整协议、股份转换协议等新类型合同的效力，避免简单以法律没有规定为由认定合同无效。要尊重市场主体的意思自治，维护契约精神，恰当认定兼并重组交易行为与政府行政审批的关系。要处理好公司外部行为与公司内部意思自治之间的关系。要严格依照公司法第二十二条的规定，从会议召集程序、表决方式、决议内容等是否违反法律、行政法规或公司章程方面，对兼并重组中涉及的企业合并、分立、新股发行、重大资产变化等决议的法律效力进行审查。对交叉持股表决方式、公司简易合并等目前尚无明确法律规定的问题，应结合个案事实和行为结果，审慎确定行为效力。

7. 树立平等保护意识，鼓励、支持和引导非公经济积极参与企业兼并重组。非公经济是社会主义市场经济的重要组成部分，要依法保障非公经济平等使用生产要素，公开公平参与市场竞争。要统一适用法律规则，优化非公经济投资的司法环境，促进公平、竞争、自由的市场环境形成。要积极配合市场准入负面清单管理方式的实施，推动非公经济进入法律法规未禁入的行业和领域。保护各种所有制企业在投融资、税收、土地使用和对外贸易等方面享受同等待遇，提升非公经济参与国有企业混合所有制兼并重组的动力。要充分尊重企业的经营自主权，反对各种形式的强制交易，最大限度地激发非公经济的活力和创造力。

8. 正确适用公司资本法律规则，消除对出资行为的不当限制。要准确把握修改后的公司法中公司资本制度的立法精神，正确认识公司资本的作用与功能，支持企业正常合理的资金运用行为。要按照新修改的公司法有关放宽资本结构的精神审慎处理股东出资问题。职工持股会、企业工会等组织代为持有投资权益是目前部分企业资本结构中的特殊形态，企业兼并重组中涉及投资权益变动的，人民法院要依法协调好名义股东与实际出资人间的利益关系。除法律法规有明确规定外，要注重方便企业设立和发展，在企业资本数额设定、投资义务履行期限等方面要充分尊重投资者的约定和选择，保障投资者顺利搭建重组平台。

9. 促进融资方式的多元化，有效解决企业兼并重组的资金瓶颈。对于符合条件的企业发行优先股、定向发行可转换债券作为兼并重组支付方式，要依法确认其效力。审慎处理发行定向权证等衍生品作为支付方式问题。积极支持上市公司兼并重组中股份定价机制改革，依法保障非上市公司兼并重组中的股份协商定价。要依法督促企业尤其是上市公司规范履行信息披露义务，增强市场主体投资信心，切实保障中小投资者合法权益。同时，要积极配合金融监管部门依法履职。

三、加强国有资产保护，依法保障企业资产的稳定与安全

10. 依法正确审理国有企业兼并重组案件，实现国有资产的保值增值。要正确认识国有企业深化改革与企业兼并重组之间的关系，切实保障有条件的国有企业改组为国有资本投资公司，不断增强国有经济的控制力和影响力。在现行法律框架范围内支持有利于企业壮大规

模、增强实力的企业发展模式。要注意防范企业借管理者收购、合并报表等形式侵占、私分国有资产。严格遵循评估、拍卖法律规范，通过明晰和落实法律责任促进中介服务机构专业化、规范化发展，提升关键领域、薄弱环节的服务能力，防范和避免企业兼并重组过程中的国有资产流失。

11. 依法规制关联交易，严厉禁止不当利益输送。严格防范以关联交易的方式侵吞国有资产。要依照公司法等法律法规的规定依法妥当处理企业兼并重组中的关联交易行为。公司股东、董事、高级管理人员与公司之间从事的交易，符合法律法规规定的关联交易程序规则且不损害公司利益的，应当认定行为有效。对公司大股东、实际控制人或者公司董事等公司内部人员在兼并重组中利用特殊地位将不良资产注入公司，或者与公司进行不公平交易从而损害公司利益的行为，应当严格追究其法律责任。

12. 严厉打击企业兼并重组中的违法犯罪行为。各级人民法院要充分发挥刑事审判职能，坚持依法从严惩处的方针，严厉打击国有企业兼并重组中的贪污贿赂、挪用公款、滥用职权、非法经营等犯罪行为，依法严厉惩处非国有企业兼并重组中的职务侵占、挪用企业资金等犯罪行为，维护企业资产安全，同时，要努力挽回相关主体的经济损失。

四、维护金融安全，有效防控各类纠纷可能引发的区域性、系统性金融风险

13. 依法保障金融债权，有效防范通过不当兼并重组手段逃废债务。对涉及兼并重组的企业合并、分立案件，要明确合并分立前后不同企业的责任关系、责任承担方式及诉讼时效，避免因兼并重组导致金融债权落空。要依法快审快执涉兼并重组企业的金融借款案件，降低商业银行等金融机构的并购贷款风险，实现兼并重组中并购贷款融资方式可持续进行。要引导当事人充分运用民事诉讼法中的担保物权实现程序，减轻债权人的诉讼维权成本，促进担保物权快捷和便利地实现。

14. 加强民间金融案件审理，有效化解金融风险。要妥善审理兼并重组引发的民间融资纠纷，依法保护合法的借贷利息，坚决遏制以兼并重组为名的民间高利贷和投机化倾向，有效降低企业融资成本。依法支持和规范金融机构在企业兼并重组领域的金融创新行为，依法审慎认定金融创新产品的法律效力。在审判执行工作中要注意发现和防范因诉讼纠纷引发的区域性、系统性风险，切实避免金融风险在金融领域和实体经济领域的相互传导。严厉打击和制裁非法吸收或变相吸收公众存款、集资诈骗等金融违法犯罪行为，为企业兼并重组创造良好的融资环境。

五、完善市场退出机制，促进企业资源的优化整合

15. 依法审理企业清算、破产案件，畅通企业退出渠道。要充分发挥企业清算程序和破产程序在淘汰落后企业或产能方面的法律功能，依法受理企业清算、破产案件，督促市场主体有序退出。人民法院判决解散企业后应当告知有关人员依法及时组织企业清算。企业解散后债权人或股东向人民法院提出强制清算申请的，人民法院应当审查并依法受理。公司清算中发现符合破产清算条件的，应当及时转入破产清算。当事人依法主张有关人员承担相应清算责任的，人民法院应予支持。

16. 有效发挥破产重整程序的特殊功能，促进企业资源的流转利用。要积极支持符合产业政策调整目标、具有重整希望和可能的企业进行破产重整。通过合法高效的破产重整程序，帮助企业压缩和合并过剩产能，优化资金、技术、人才等生产要素配置。要注重结合企业自身特点，及时指定重整案件管理人，保障企业业务流程再造和技术升级改造。在企业重整计划的制定和批准上，要着眼建立健全防范和化解过剩产能长效机制，防止借破产重整逃避债务、不当耗费社会资源，避免重整程序空转。

17. 遵循企业清算破产案件审判规律，完善审判工作机制。审理企业清算和破产案件，既是认定事实和适用法律的过程，也是多方积极协调、整体推进的系统工程。有条件的人民法院可以成立企业清算破产案件审判庭或者合议庭，专门审理兼并重组中的企业清算破产案件。要高度重视企业清算破产案件法官的培养和使用，结合实际努力探索科学合理的企业清算破产案件绩效考评机制，充分调动审判人员依法审理企业清算破产案件的积极性。

18. 认真总结破产案件审判经验，逐步完善企业破产配套制度。上市公司破产重整中涉及行政许可的，应当按照行政许可法和最高人民法院《关于审理上市公司破产重整案件工作座谈会纪要》的精神，做好司法程序与行政许可程序的衔接。要协调好企业破产法律程序与普通执行程序就债务人企业财产采取的保全执行措施间的关系，维护债务人企业财产的稳定和完整。要积极协调解决破产程序中企业税款债权问题，要在与税务机关积极沟通的基础上结合实际依法减免相应税款。要适应经济全球化趋势，加快完善企业跨境清算、重整司法制度。

六、充分保障职工合法权益，全力维护社会和谐稳定

19. 依法保护劳动者合法权益，切实保障民生。实现改革发展成果更多更公平惠及全体人民是我们各项事业的出发点和落脚点。企业职工虽然不是企业兼并重组协议的缔约方，但其是利益攸关方。人民法院在审判执行中要及时发现和注意倾听兼并重组企业职工的利益诉求，依法保障企业职工的合法权益，引导相关企业积极承担社会责任，有效防范兼并重组行为侵害企业职工的合法权益。

20. 建立大要案通报制度，制定必要的风险处置预案。对于众多债权人向同一债务企业集中提起的系列诉讼案件、企业破产清算案件、群体性案件等可能存在影响社会和谐稳定因素的案件，人民法院要及时启动大要案工作机制，特别重大的案件要及时向地方党委和上级人民法院报告。上级人民法院要及时指导下级人民法院开展工作，对各方矛盾突出、社会关注度高的案件要作出必要的预判和预案，增强司法处置的前瞻性和针对性。

21. 加强司法新闻宣传，创造良好的社会舆论环境。要高度重视舆论引导和网络宣传工作，针对企业兼并重组审判工作中涉及到的敏感热点问题逐一排查，周密部署。要进一步推进司法公开，有力推动司法审判工作与外界舆论环境的良性互动，着力打造有利于企业兼并重组司法工作顺利开展的社会舆论环境。

当前，我国经济体制改革正向纵深发展。各级人民法院要进一步深入学习习近平总书记一系列重要讲话精神，牢牢坚持司法为民公正司法，坚持迎难而上，勇于担当，为优化企业兼并重组司法环境，保障经济社会持续健康发展，推进法治中国、美丽中国建设作出新的更大贡献。

二、相关文件规定

《国务院关于进一步优化企业兼并重组市场环境的意见》(国发[2014]14号)，兼并重组是企业加强资源整合、实现快速发展、提高竞争力的有效措施，是化解产能严重过剩矛盾、调整优化产业结构、提高发展质量效益的重要途径。近年来，我国企业兼并重组步伐加快，但仍面临审批多、融资难、负担重、服务体系不健全、体制机制不完善、跨地区跨所有制兼并重组困难等问题。为深入贯彻党的十八大和十八届二中、三中全会精神，认真落实党中央和国务院的决策部署，营造良好的市场环境，充分发挥企业在兼并重组中的主体作用，现提出以下意见：

一、主要目标和基本原则

(一)主要目标。

1. 体制机制进一步完善。企业兼并重组相关行政审批事项逐步减少，审批效率不断提高，有利于企业兼并重组的市场体系进一步完善，市场壁垒逐步消除。

2. 政策环境更加优化。有利于企业兼并重组的金融、财税、土地、职工安置等政策进一步完善，企业兼并重组融资难、负担重等问题逐步得到解决，兼并重组服务体系不断健全。

3. 企业兼并重组取得新成效。兼并重组活动日趋活跃，一批企业通过兼并重组焕发活力，有的成长为具有国际竞争力的大企业大集团，产业竞争力进一步增强，资源配置效率显著提高，过剩产能得到化解，产业结构持续优化。

(二)基本原则。

1. 尊重企业主体地位。有效调动企业积极性，由企业自主决策、自愿参与兼并重组，坚

持市场化运作，避免违背企业意愿的“拉郎配”。

2. 发挥市场机制作用。发挥市场在资源配置中的决定性作用，加快建立公平开放透明的市场规则，消除企业兼并重组的体制机制障碍，完善统一开放、竞争有序的市场体系。

3. 改善政府的管理和服务。取消限制企业兼并重组和增加企业兼并重组负担的不合理规定，解决企业兼并重组面临的突出问题，引导和激励各种所有制企业自主、自愿参与兼并重组。

二、加快推进审批制度改革

（三）取消下放部分审批事项。系统梳理企业兼并重组涉及的审批事项，缩小审批范围，对市场机制能有效调节的事项，取消相关审批。取消上市公司收购报告书事前审核，强化事后问责。取消上市公司重大资产购买、出售、置换行为审批（构成借壳上市的除外）。对上市公司要约收购义务豁免的部分情形，取消审批。地方国有股东所持上市公司股份的转让，下放地方政府审批。

（四）简化审批程序。优化企业兼并重组相关审批流程，推行并联式审批，避免互为前置条件。实行上市公司并购重组分类审核，对符合条件的企业兼并重组实行快速审核或豁免审核。简化海外并购的外汇管理，改革外汇登记要求，进一步促进投资便利化。优化国内企业境外收购的事前信息报告确认程序，加快办理相关核准手续。提高经营者集中反垄断审查效率。企业兼并重组涉及的生产许可、工商登记、资产权属证明等变更手续，从简限时办理。

三、改善金融服务

（五）优化信贷融资服务。引导商业银行在风险可控的前提下积极稳妥开展并购贷款业务。推动商业银行对兼并重组企业实行综合授信，改善对企业兼并重组的信贷服务。

（六）发挥资本市场作用。符合条件的企业可以通过发行股票、企业债券、非金融企业债务融资工具、可转换债券等方式融资。允许符合条件的企业发行优先股、定向发行可转换债券作为兼并重组支付方式，研究推进定向权证等作为支付方式。鼓励证券公司开展兼并重组融资业务，各类财务投资主体可以通过设立股权投资基金、创业投资基金、产业投资基金、并购基金等形式参与兼并重组。对上市公司发行股份实施兼并事项，不设发行数量下限，兼并非关联企业不再强制要求作出业绩承诺。非上市公众公司兼并重组，不实施全面要约收购制度。改革上市公司兼并重组的股份定价机制，增加定价弹性。非上市公众公司兼并重组，允许实行股份协商定价。

四、落实和完善财税政策

（七）完善企业所得税、土地增值税政策。修订完善兼并重组企业所得税特殊性税务处理的政策，降低收购股权（资产）占被收购企业全部股权（资产）的比例限制，扩大特殊性税务处理政策的适用范围。抓紧研究完善非货币性资产投资交易的企业所得税、企业改制重组涉及的土地增值税等相关政策。

（八）落实增值税、营业税等政策。企业通过合并、分立、出售、置换等方式，转让全部或者部分实物资产以及与其相关联的债权、债务和劳动力的，不属于增值税和营业税征收范围，不应视同销售而征收增值税和营业税。税务部门要加强跟踪管理，企业兼并重组工作牵头部门要积极协助财税部门做好相关税收政策的落实。

（九）加大财政资金投入。中央财政适当增加工业转型升级资金规模，引导实施兼并重组的企业转型升级。利用现有中央财政关闭小企业资金渠道，调整使用范围，帮助实施兼并重组的企业安置职工、转型转产。加大对企业兼并重组公共服务的投入力度。各地要安排资金，按照行政职责，解决本地区企业兼并重组工作中的突出问题。

（十）进一步发挥国有资本经营预算资金的作用。根据企业兼并重组的方向、重点和目标，合理安排国有资本经营预算资金引导国有企业实施兼并重组、做优做强，研究完善相关管理制度，提高资金使用效率。

五、完善土地管理和职工安置政策

（十一）完善土地使用政策。政府土地储备机构有偿收回企业因兼并重组而退出的土地，按规定支付给企业的土地补偿费可以用于企业安置职工、偿还债务等支出。企业兼并重组中涉及因实施城市规划需要搬迁的工业项目，在符合城乡规划及国家产业政策的条件下，市县国土资源管理部门经审核并报同级人民政府批准，可收回原国有土地使用权，并以协议出让或租赁方式为原土地使用权人重新安排工业用地。企业兼并重组涉及土地转让、改变用途的，国土资源、住房城乡建设部门要依法依规加快办理相关用地和规划手续。

（十二）进一步做好职工安置工作。落实完善兼并重组职工安置政策。实施兼并重组的企业要按照国家有关法律法规及政策规定，做好职工安置工作，妥善处理职工劳动关系。地方各级人民政府要进一步落实促进职工再就业政策，做好职工社会保险关系转移接续，保障职工合法权益。对采取有效措施稳定职工队伍的企业给予稳定岗位补贴，所需资金从失业保险基金中列支。

六、加强产业政策引导

（十三）发挥产业政策作用。提高节能、环保、质量、安全等标准，规范行业准入，形成倒逼机制，引导企业兼并重组。支持企业通过兼并重组压缩过剩产能、淘汰落后产能、促进转型转产。产能严重过剩行业项目建设，须制定产能置换方案，实施等量或减量置换。

（十四）鼓励优强企业兼并重组。推动优势企业强强联合、实施战略性重组，带动中小企业“专精特新”发展，形成优强企业主导、大中小企业协调发展的产业格局。

（十五）引导企业开展跨国并购。落实完善企业跨国并购的相关政策，鼓励具备实力的企业开展跨国并购，在全球范围内优化资源配置。规范企业海外并购秩序，加强竞争合作，推动互利共赢。积极指导企业制定境外并购风险应对预案，防范债务风险。鼓励外资参与我国企业兼并重组。

（十六）加强企业兼并重组后的整合。鼓励企业通过兼并重组优化资金、技术、人才等生产要素配置，实施业务流程再造和技术升级改造，加强管理创新，实现优势互补、做优做强。

七、进一步加强服务和管理

（十七）推进服务体系建设。进一步完善企业兼并重组公共信息服务平台，拓宽信息交流渠道。培育一批业务能力强、服务质量高的中介服务机构，提高关键领域、薄弱环节的服务能力，促进中介服务机构专业化、规范化发展。发挥行业协会在企业兼并重组中的重要作用。

（十八）建立统计监测制度。加强企业兼并重组的统计信息工作，构建企业兼并重组统计指标体系，建立和完善统计调查、监测分析和发布制度。整合行业协会、中介组织等信息资源，畅通统计信息渠道，为企业提供及时有效的信息服务。

（十九）规范企业兼并重组行为。严格依照有关法律法规和政策，保护职工、债权人和投资者的合法权益。完善国有产权转让有关规定，规范国有资产处置，防止国有资产流失。采取切实措施防止企业通过兼并重组逃废银行债务，依法维护金融债权，保障金融机构合法权益。在资本市场上，主板、中小板企业兼并重组构成借壳上市的，要符合首次公开发行条件。加强上市公司和非上市公众公司信息披露，强化事中、事后监管，严厉查处内幕交易等违法违规行为。加强外国投资者并购境内企业安全审查，维护国家安全。

八、健全企业兼并重组的体制机制

（二十）完善市场体系建设。深化要素配置市场化改革，进一步完善多层次资本市场体系。加快建立现代企业产权制度，促进产权顺畅流转。加强反垄断和反不正当竞争执法，规范市场竞争秩序，加强市场监管，促进公平竞争和优胜劣汰。行政机关和法律法规授权的具有管理公共事务职责的组织，应严格遵守反垄断法，不得滥用行政权力排除和限制竞争。

（二十一）消除跨地区兼并重组障碍。清理市场分割、地区封锁等限制，加强专项监督检查，落实责任追究制度。加大一般性转移支付力度，平衡地区间利益关系。落实跨地区机构企业所得税分配政策，协调解决企业兼并重组跨地区利益分享问题，解决跨地区被兼并企业的统计归属问题。

（二十二）放宽民营资本市场准入。向民营资本开放非明确禁止进入的行业和领域。推动企业股份制改造，发展混合所有制经济，支持国有企业母公司通过出让股份、增资扩股、合资合作引入民营资本。加快垄断行业改革，向民营资本开放垄断行业的竞争性业务领域。优势企业不得利用垄断力量限制民营企业参与市场竞争。

（二十三）深化国有企业改革。深入推进国有企业产权多元化改革，完善公司治理结构。改革国有企业负责人任免、评价、激励和约束机制，完善国有企业兼并重组考核评价体系。加大国有企业内部资源整合力度，推动国有资本更多投向关系国家安全、国民经济命脉的重要行业和关键领域。

九、切实抓好组织实施

（二十四）进一步加大统筹协调力度。充分发挥企业兼并重组工作部际协调小组的作用，解决跨地区跨所有制企业兼并重组和跨国并购中的重大问题，做好重大部署的落实，组织开展政策执行情况评估和监督检查。各有关部门要按照职责分工抓紧制定出台配套政策措施，加强协调配合，完善工作机制，扎实推进各项工作。

（二十五）切实加强组织领导。各地区要按照本意见要求，结合当地实际抓紧制定优化企业兼并重组市场环境的具体方案，建立健全协调机制和服务体系，积极协调解决本地区企业兼并重组中遇到的问题，确保各项政策措施落到实处，有关重大事项及时报告企业兼并重组工作部际协调小组。

《国务院办公厅关于建立外国投资者并购境内企业安全审查制度的通知》（国办发〔2011〕6号），对于并购安全审查范围，规定如下：

（一）并购安全审查的范围为：外国投资者并购境内军工及军工配套企业，重点、敏感军事设施周边企业，以及关系国防安全的其他单位；外国投资者并购境内关系国家安全的重要农产品、重要能源和资源、重要基础设施、重要运输服务、关键技术、重大装备制造等企业，且实际控制权可能被外国投资者取得。

（二）外国投资者并购境内企业，是指下列情形：

1. 外国投资者购买境内非外商投资企业的股权或认购境内非外商投资企业增资，使该境内企业变更设立为外商投资企业。

2. 外国投资者购买境内外商投资企业中方股东的股权，或认购境内外商投资企业增资。

3. 外国投资者设立外商投资企业，并通过该外商投资企业协议购买境内企业资产并且运营该资产，或通过该外商投资企业购买境内企业股权。

4. 外国投资者直接购买境内企业资产，并以该资产投资设立外商投资企业运营该资产。

（三）外国投资者取得实际控制权，是指外国投资者通过并购成为境内企业的控股股东或实际控制人。包括下列情形：

1. 外国投资者及其控股母公司、控股子公司在并购后持有的股份总额在50%以上。

2. 数个外国投资者在并购后持有的股份总额合计在50%以上。

3. 外国投资者在并购后所持有的股份总额不足50%，但依其持有的股份所享有的表决权已足以对股东会或股东大会、董事会的决议产生重大影响。

4. 其他导致境内企业的经营决策、财务、人事、技术等实际控制权转移给外国投资者的情形。

《国务院关于促进企业兼并重组的意见》（国发〔2010〕27号），为深入贯彻落实科学发展观，切实加快经济发展方式转变和结构调整，提高发展质量和效益，现就加快调整优化产业结构、促进企业兼并重组提出以下意见：

一、充分认识企业兼并重组的重要意义

近年来，各行业、各领域企业通过合并和股权、资产收购等多种形式积极进行整合，兼并重组步伐加快，产业组织结构不断优化，取得了明显成效。但一些行业重复建设严重、产业集中度低、自主创新能力不强、市场竞争力较弱的问题仍很突出。在资源环境约束日益严重、国际间产业竞争更加激烈、贸易保护主义明显抬头的新形势下，必须切实推进企业兼并重组，深化企业改革，促进产业结构优化升级，加快转变发展方式，提高发展质量和效益，增强抵御国际市场风险能力，实现可持续发展。各地区、各有关部门要把促进企业兼并重组作为贯彻落实科学发展观，保持经济平稳较快发展的重要任务，进一步统一思想，正确处理局部与整体、当前与长远的关系，切实抓好促进企业兼并重组各项工作部署的贯彻落实。

二、主要目标和基本原则

（一）主要目标。

通过促进企业兼并重组，深化体制机制改革，完善以公有制为主体、多种所有制经济共同发展的基本经济制度。加快国有经济布局和结构的战略性调整，健全国有资本有进有退的合理流动机制，鼓励和支持民营企业参与竞争性领域国有企业改革、改制和改组，促进非公有制经济和中小企业发展。兼并重组企业要转换经营机制，完善公司治理结构，建立现代企业制度，加强和改善内部管理，加强技术改造，推进技术进步和自主创新，淘汰落后产能，压缩过剩产能，促进节能减排，提高市场竞争力。

进一步贯彻落实重点产业调整和振兴规划，做强做大优势企业。以汽车、钢铁、水泥、机械制造、电解铝、稀土等行业为重点，推动优势企业实施强强联合、跨地区兼并重组、境外并购和投资合作，提高产业集中度，促进规模化、集约化经营，加快发展具有自主知识产权和知名品牌的骨干企业，培养一批具有国际竞争力的大型企业集团，推动产业结构优化升级。

（二）基本原则。

1. 发挥企业的主体作用。充分尊重企业意愿，充分调动企业积极性，通过完善相关行业规划和政策措施，引导和激励企业自愿、自主参与兼并重组。

2. 坚持市场化运作。遵循市场经济规则，充分发挥市场机制的基础性作用，规范行政行为，由企业通过平等协商、依法合规开展兼并重组，防止“拉郎配”。

3. 促进市场有效竞争。统筹协调，分类指导，促进提高产业集中度，促进大中小企业协调发展，促进各种所有制企业公平竞争和优胜劣汰，形成结构合理、竞争有效、规范有序的市场格局。

4. 维护企业与社会和谐稳定。严格执行相关法律法规和规章制度，妥善解决企业兼并重组中资产债务处置、职工安置等问题，依法维护债权人、债务人以及企业职工等利益主体的合法权益，促进企业、社会的和谐稳定。

三、消除企业兼并重组的制度障碍

（一）清理限制跨地区兼并重组的规定。为优化产业布局、进一步破除市场分割和地区封锁，要认真清理废止各种不利于企业兼并重组和妨碍公平竞争的规定，尤其要坚决取消各地区自行出台的限制外地企业对本地企业实施兼并重组的规定。

（二）理顺地区间利益分配关系。在不违背国家有关政策规定的前提下，地区间可根据企业资产规模和盈利能力，签订企业兼并重组后的财税利益分成协议，妥善解决企业兼并重组后工业增加值等统计数据的归属问题，实现企业兼并重组成果共享。

（三）放宽民营资本的市场准入。切实向民营资本开放法律法规未禁入的行业和领域，并放宽在股权比例等方面的限制。加快垄断行业改革，鼓励民营资本通过兼并重组等方式进入垄断行业的竞争性业务领域，支持民营资本进入基础设施、公共事业、金融服务和社会事业相关领域。

四、加强对企业兼并重组的引导和政策扶持

（一）落实税收优惠政策。研究完善支持企业兼并重组的财税政策。对企业兼并重组涉及的资产评估增值、债务重组收益、土地房屋权属转移等给予税收优惠，具体按照财政部、税务总局《关于企业兼并重组业务企业所得税处理若干问题的通知》（财税〔2009〕59号）、《关于企业改制重组若干契税政策的通知》（财税〔2008〕175号）等规定执行。

（二）加强财政资金投入。在中央国有资本经营预算中设立专项资金，通过技改贴息、职工安置补助等方式，支持中央企业兼并重组。鼓励地方人民政府通过财政贴息、信贷奖励补助等方式，激励商业银行加大对企业兼并重组的信贷支持力度。有条件的地方可设立企业兼并重组专项资金，支持本地区企业兼并重组，财政资金投入要优先支持重点产业调整和振兴规划确定的企业兼并重组。

（三）加大金融支持力度。商业银行要积极稳妥开展并购贷款业务，扩大贷款规模，合理确定贷款期限。鼓励商业银行对兼并重组后的企业实行综合授信。鼓励证券公司、资产管理公司、股权投资基金以及产业投资基金等参与企业兼并重组，并向企业提供直接投资、委托贷款、过桥贷款等融资支持。积极探索设立专门的并购基金等兼并重组融资新模式，完善股权投资退出机制，吸引社会资金参与企业兼并重组。通过并购贷款、境内外银团贷款、贷款贴息等方式支持企业跨国并购。

（四）支持企业自主创新和技术进步。支持有条件的企业建立企业技术中心，提高研发水平和自主创新能力，加快科技成果向现实生产力转化。大力支持兼并重组企业技术改造和产品结构调整，优先安排技术改造资金，对符合国家产业政策的技术改造项目优先立项。鼓励和引导企业通过兼并重组淘汰落后产能，切实防止以兼并重组为名盲目扩张产能和低水平重复建设。

（五）充分发挥资本市场推动企业重组的作用。进一步推进资本市场企业并购重组的市场化改革，健全市场化定价机制，完善相关规章及配套政策，支持企业利用资本市场开展兼并重组，促进行业整合和产业升级。支持符合条件的企业通过发行股票、债券、可转换债等方式为兼并重组融资。鼓励上市公司以股权、现金及其他金融创新方式作为兼并重组的支付手段，拓宽兼并重组融资渠道，提高资本市场兼并重组效率。

（六）完善相关土地管理政策。兼并重组涉及的划拨土地符合划拨用地条件的，经所在地县级以上人民政府批准可继续以划拨方式使用；不符合划拨用地条件的，依法实行有偿使用，划拨土地使用权价格可依法作为土地使用权人的权益。重点产业调整和振兴规划确定的企业兼并重组项目涉及的原生产经营性划拨土地，经省级以上人民政府国土资源部门批准，可以国家作价出资（入股）方式处置。

（七）妥善解决债权债务和职工安置问题。兼并重组要严格依照有关法律规定和政策妥善分类处置债权债务关系，落实清偿责任，确保债权人、债务人的合法利益。研究债务重组政策措施，支持资产管理公司、创业投资企业、股权投资基金、产业投资基金等机构参与被兼并企业的债务处置。切实落实相关政策规定，积极稳妥解决职工劳动关系、社会保险关系接续、拖欠职工工资等问题。制定完善相关政策措施，继续支持国有企业实施主辅分离、辅业改制和分流安置富余人员。认真落实积极的就业政策，促进下岗失业人员再就业，所需资金从就业专项资金中列支。

（八）深化企业体制改革和管理创新。鼓励兼并重组企业进行公司制、股份制改革，建立健全规范的法人治理结构，转换企业经营机制，创新管理理念、管理机制和管理手段，加强和改善生产经营管理，促进自主创新，提高企业市场竞争力。

五、改进对兼并重组的管理和服务

（一）做好信息咨询服务。加快引进和培养熟悉企业并购业务特别是跨国并购业务的专门人才，建立促进境内外并购活动的公共服务平台，拓宽企业兼并重组信息交流渠道，加强市场信息、战略咨询、法律顾问、财务顾问、资产评估、产权交易、融资中介、独立审计和企业管理等咨询服务，推动企业兼并重组中介服务加快专业化、规范化发展。

（二）加强风险监控。督促企业严格执行兼并重组的有关法律法规和政策，规范操作程序，加强信息披露，防范道德风险，确保兼并重组操作规范、公开、透明。深入研究企业兼并重组中可能出现的各种矛盾和问题，加强风险评估，妥善制定相应的应对预案和措施，切实维护企业、社会和谐稳定。有效防范和打击内幕交易和市场操纵行为，防止恶意收购，防止以企业兼并重组之名甩包袱、偷逃税款、逃废债务，防止国有资产流失。充分发挥境内银行、证券公司等金融机构在跨国并购中的咨询服务作用，指导和帮助企业制定境外并购风险防范和应对方案，保护企业利益。

（三）维护公平竞争和国家安全。完善相关管理办法，加强和完善对重大的企业兼并重组交易的管理，对达到经营者集中法定申报标准的企业兼并重组，依法进行经营者集中审查。进一步完善外资并购管理规定，建立健全外资并购国内企业国家安全审查制度，鼓励和规范外资以参股、并购方式参与国内企业改组改造和兼并重组，维护国家安全。

六、加强对企业兼并重组工作的领导

建立健全组织协调机制，加强对企业兼并重组工作的领导。由工业和信息化部牵头，发展改革委、财政部、人力资源社会保障部、国土资源部、商务部、人民银行、国资委、税务总局、工商总局、银监会、证监会等部门参加，成立企业兼并重组工作协调小组，统筹协调企业兼并重组工作，研究解决推进企业兼并重组工作中的重大问题，细化有关政策和配套措施，落实重点产业调整和振兴规划的相关要求，协调有关地区和企业做好组织实施。各地区要努力营造企业跨地区、跨行业、跨所有制兼并重组的良好环境，指导督促企业切实做好兼并重组有关工作。

《国家体改委、国家计委、财政部、国家国有资产管理局关于企业兼并的暂行办法》（[89]体改经38号），企业兼并是社会主义商品经济发展的客观要求，是竞争机制发挥作用的必然结果，也是深化企业改革的重要内容。为了积极稳妥地推进企业兼并工作，特制定本办法。

一、本办法所称企业兼并，是指一个企业购买其他企业的产权，使其他企业失去法人资格或改变法人实体的一种行为。不通过购买方式实行的企业之间的合并，不属本办法规范。

二、企业兼并的原则

（一）企业兼并要以经济发展战略和产业政策为指导，使资产存量向需要发展的重点产业、新兴产业和生产短线产品的企业流动，实现生产要素的优化组合。

（二）企业兼并应遵循自愿、互利和有偿的原则，在竞争过程中进行，实现优胜劣汰。不能用行政命令强制或阻挠优势企业兼并劣势企业。

（三）企业兼并要注重实效，其衡量标准是优化产业结构、产品结构和企业组织结构，提高企业的整体素质和社会经济效益。

（四）企业兼并除国家有特殊规定者外，不受地区、所有制、行业和隶属关系的限制。

（五）企业兼并既要促进规模经济效益，又要防止形成垄断，以有利于企业之间的竞争。

（六）商业企业的兼并，不仅要考虑经济效益，还要考虑方便人民生活。一些经营蔬菜、小百货和从事其他生活服务的小型商业、服务业门店，在兼并时应统筹考虑经营范围和经营方向。

三、被兼并方和兼并方企业的确定

全民所有制企业被兼并，由各级国有资产管理部门负责审核批准。尚未建立国有资产管理部门的地方，由财政部门会同企业主管部门报同级政府作出决定。为使兼并工作顺利进行，应征求被兼并方企业职工的意见，并做好职工的思想工作。集体所有制企业被兼并，由职工代表大会讨论通过，报政府主管部门备案。

当前被兼并的对象，重点应是以下几类企业：

（一）自己提出被兼并的企业；

（二）资不抵债和接近破产的企业；

（三）长期经营性亏损或微利的企业；

（四）产品滞销、转产没条件，也没有发展前途的企业。

凡属被兼并的对象，国家不再给予减税让利、补贴或优惠贷款等特殊照顾，以促使企业走兼并道路。属于新兴产业的微利或亏损企业，应优先在本行业内实行兼并，以利于新兴产业的发展。已经实行承包或租赁的企业，在确定其被兼并时，应先按照承包或租赁条例规定，办理中止合同手续。

四、企业兼并的形式

企业兼并主要有以下几种形式：

（一）承担债务式，即在资产与债务等价的情况下，兼并方以承担被兼并方债务为条件接收其资产。

（二）购买式，即兼并方出资购买被兼并方企业的资产。

（三）吸收股份式，即被兼并企业的所有者将被兼并企业的净资产作为股金投入兼并方，成为兼并方企业的一个股东。

（四）控股式，即一个企业通过购买其它企业的股权，达到控股，实现兼并。

五、企业兼并的程序

企业兼并一般按如下程序进行：

（一）通过产权交易市场或直接洽谈，初步确定兼并和被兼并方企业；

（二）对被兼并方企业现有资产进行评估，清理债权、债务，确定资产或产权转让底价；

（三）以底价为基础，通过招标、投标确定成交价，自找对象的可以协商议价。被兼并的全民所有制企业成交价，要经产权归属的所有者代表确认；

（四）兼并双方的所有者签署协议。全民所有制企业所有者代表为负责审核批准兼并的机关；

（五）办理产权转让的清算及法律手续。

六、被兼并方企业资产的评估作价

被兼并方企业的资产包括有形资产和无形资产，一定要进行评估作价，并对全部债务予以核实。如果兼并方企业在兼并过程中转换成股份制企业，也要进行资产评估。

资产评估组织一定要具有公正性和权威性，有条件的可利用现有会计事务所等中介机构；没有条件的可由有关部门组成临时评估组织。

资产评估作价可以采取以下3种办法：

（一）重置成本法，即按资产全新情况下的现价或重置成本减去已使用年限的折旧，来确定被评估资产的价值；

（二）市场法，即按照市场上近期发生的类似资产的交易价来确定被评估资产的价值。

（三）收入法，即按预期利润率计算的现值来确定被评估资产的价值。

这3种办法可以互相检验，亦可单独使用。

七、企业兼并的资金来源和兼并后的产权归属

企业兼并也是一种投资方式，凡是国家规定可以用于投资的资金，都可用来兼并企业，当前主要有以下4项：

（一）企业留用利润；

（二）企业节余的折旧基金；

（三）计划内用于投资的银行贷款；

（四）企业经过有关部门批准发行债券、股票等筹集到的资金。

企业兼并后的产权归属，原则上谁出资归谁所有。

八、被兼并方企业产权转让的收入归属

被兼并方企业产权转让的收入，归该企业的产权所有者：如被兼并方企业是全民所有制，其净收入除国家另有规定外，由国有资产管理部门组织解缴国库；未建立国有资产管理部门的地方，由财政部门组织入库，列入专门账户，纳入预算管理。如被兼并方企业属集体所有制，其净收入按产权归属比例分别归不同所有者。企业产权归属不清的，其净收入视同国有资产管理。

九、对被兼并方企业职工的安置

在目前社会保险制度还不健全的条件下，被兼并方企业的职工，包括固定工、合同工和离、退休职工，原则上由兼并方企业接收，在确定资产转让价格时要考虑这一因素。同时，要积极创造条件，推进社会保险制度的配套改革，逐步过渡到由社会吸收、消化。被兼并方企业职工的所有制身份可以暂时不变。

十、兼并后企业的财政税收管理

企业兼并后，如果被兼并企业丧失法人地位，按兼并方企业的财政税收管理办法执行；如果被兼并方企业仍保留法人地位，在所有制性质没有变化的情况下，按被兼并方企业原

来的财政税收管理办法执行；如果被兼并方企业的所有制性质发生变化，按所有制性质变更后适用的财政税收管理办法执行；如果兼并双方通过参股、控股形成股份制企业，其财政税收的管理办法另行制定。有关全民所有制企业兼并后的财务处理办法，由财政部另行制定。

三、相关案例

【被兼并的主体未被注销，不影响兼并协议的效力】

中国信达资产管理公司太原办事处与华懋中发企业投资发展有限公司、中国中小企业投资有限公司、太原鑫龙人造革厂企业兼并合同纠纷案［最高人民法院（2006）民二终字第108号民事判决书］，三方协议约定，华中公司拟利用人造革厂的厂房等公共设施，新建食醋工业企业，而人造革厂处于停产状态，华中公司兼并人造革厂，承担人造革厂的全部债权债务，安置职工，并相应取得人造革厂的全部资产所有权；太原市中行为人造革厂最大债权人，华中公司承继债务后太原市中行对债务执行停息挂帐处理，此外再提供给华中公司5年的低息贷款3500万元等。该三方协议中约定的兼并关系、债务承继关系、贷款法律关系，符合国家政策和法律规定，并且履行了兼并国有企业相应的评估和批准手续，太原市中行也依据国家政策对华中公司承继的债务作了相应的停息挂帐安排，三方协议约定的内容符合法律法规和国家政策的规定，应认定合法有效。在履行该三方协议的过程中，三方当事人对原来约定的内容有所变更，人造革厂并未将全部财产交付给华中公司并最终注销其法人资格，并且其还向实施兼并计划成立的醋业公司投资1000万元，与华中公司等共同成为醋业公司的股东。上述事实表明，华中公司与人造革厂在履行三方协议过程中变更了原来约定的兼并关系，由一方兼并另一方变更为对新建立醋业公司的共同投资关系。

【因双方过错致使合同目的不能实现的，可以解除合同】

中国远大集团有限责任公司与天津市一轻集团（控股）有限公司、天津远大感光材料公司、中国东方资产管理公司天津办事处、中国工商银行天津市分行广厦支行公司合并纠纷案［最高人民法院（2005）民二终字第38号民事判决书］，远大集团公司（原告）与感光材料公司（被告）签订《兼并协议》，兼并的原则为由远大集团公司全部承接感光材料公司资产（含有形及无形资产）、债权债务和全部在职职工（含离退休职工），并给予妥善安置，维护企业和社会的稳定；兼并的方式为远大集团公司以全额承担与感光材料公司资产等值或超值的债务为条件，全部承接其资产。该协议还明确载明了感光材料公司资产负债状况，规定了资产审核与移交方式、时间，土地使用权移交方式，人员的移交与安置，负债的处置及感光材料公司改制及整合的方案。该协议签订后，又与一轻控股公司（被告）签订了《移交协议书》，办理了移交手续，感光材料公司亦办理了企业法人变更登记和企业国有资产变动产权登记。上述事实表明，《兼并协议》已经实际履行。但是，由于感光材料公司的主要债权人投行天津分行并未就兼并事宜与远大集团公司达成一致意见，并且向天津市人民政府明确表示，不同意远大集团公司与感光材料公司之间的《兼并协议》，即不承认《兼并协议》约定的内容，致使《兼并协议》中有关投行天津分行贷款本息的处置等约定未能得到实际履行。此后，远大集团公司在对感光材料公司进行企业制度改革时，就企业管理、组织人事调整等方面与感光材料公司产生矛盾，发生冲突，远大集团公司也因此失去对感光材料公司的实际控制。根据本案查明的事实，作为兼并方远大集团公司与被兼并方感光材料公司均强烈要求解除《兼并协议》，实际上双方继续履行《兼并协议》已不可能。如果继续维持双方之间的兼并关系，必将使企业陷入运行上的僵局，特别是感光材料公司不能正常经营，企业将丧失所应享受的地方政策，职工的生活没有保障，维持此种状况既有违兼并双方当事人的意愿，亦与司法审判所应追求的法律效果与社会效果相悖。故应尊重远大集团公司与感光材料公司双方意愿，解除其兼并关系。

【侵害国家利益的兼并协议是无效的】

新疆维吾尔自治区民政厅诉乌鲁木齐市阳光投资集团有限公司兼并合同案［新疆维吾

尔自治区高级人民法院(2002)新民二终字第21号民事判决书],《国有企业改革中划拨土地使用权暂行规定》中规定：非国有企业兼并国有企业的，应当采取出让或租赁方式处置；地价评估结果和土地使用权处置方案应当报有批准权的人民政府土地管理部门确认和审批；企业实行兼并的，土地评估结果不予确认土地使用权处置方案不予批准。《关于企业兼并的暂行办法》规定：被兼并方企业的资产包括有形资产和无形资产，一定要进行评估作价，并对全部债务予以核实。根据以上规定，安置农场在兼并前要对所有的资产进行评估，而阳光公司仅对安置农场的地上附着物进行了评估，对土地使用权是以出让还是租赁方式取得并未约定，亦未进行有效评估并作出处置方案，也就谈不上批准。因此，兼并协议只是对安置农场管理的部分国有资产进行了评估、约定，是不完整的。《国有资产产权登记试行办法实施细则》规定：被兼并企业办理产权注销登记要提交资产处置请求及国有资产管理部门的批复。因此，阳光公司在只提交了部分资产的确认文件的情况下即注销了安置农场法人资格是错误的。兼并协议虽是阳光公司和安置农场双方的真实意思表示，亦经部分相关部门确认，但该协议侵害了国家的利益，即兼并方无偿占用了属于国家所有的土地，应当确认该兼并协议无效。

【合营企业收购协议的主体及效力判定】

大安实业有限责任公司诉海天水产公司、海康达生物技术开发公司、宝通建业有限公司企业收购合同纠纷案[北京市高级人民法院2001年民事判决书(《最高人民法院公报》2002年第2期(总第76期))]，中外合资经营企业收购中，被收购公司在签订收购协议前有原股东的授权，事后所签订的收购协议也得到原股东的承认，被收购公司作为签订合同的主体是合格的。合同约定的股权转让内容，不违背国家的强制性规定，不损害他人的利益，转让股权的行为依据法律规定得到审批机关授权的部门批准的，该协议依法成立。但如股权转让行为未报政府有关部门审批，则不能发生法律效力。

【合并事实的认定】

贵州醇酒厂与兴义市民族商品厂合并纠纷案[最高人民法院(2001)民二终字第171号民事判决书]，民商厂(原告)于1991年经全厂职工代表大会讨论一致同意将本厂兼并给醇酒厂(被告)，醇酒厂以接收民商厂全部债务的方式与民商厂合并。合并后，醇酒厂向民商厂注入资金864万余元，并将主要酒包装制品交给其生产，民商厂利用这些资金及生产酒包装制品产生的利润偿付了合并前的债务，醇酒厂与民商厂系以注入资金承担债务的方式进行吸收合并，该合并符合民法通则的自愿平等原则，得到了当地人民政府的批准，没有违反法律禁止性规定，应为合法有效。合并后，兴义市工商局不仅在民商厂《企业法人年检报告书》年度检验审核意见中对两厂合并事项进行了明确记载，而且对民商厂的经济性质、经营范围、法定代表人等项均作了相应的变更，同时收回了民商厂的法人证书及法人营业执照，将其变更为一般企业。在民商厂1994年度至1999年度的《企业年检报告书》中，虽有民商厂企业性质为集体企业、负责人为郭嘉谷的不同记载，但不足以否定企业变更登记的全部事项，更不足以否定企业合并的事实及法律效力。原审判决以两厂合并变更登记事项不完备为由，认定两厂合并的民事行为无效不当，应予纠正。醇酒厂与民商厂合并后，共同建厂生产醇酒厂自用酒包装制品并由民商厂负责经营管理，醇酒厂基于合并的事实累计投入资金8,645,754.27元，这些资金投入均明确以“划人职工退职费”“拨入流动资金”“拨入工程款”等名义进行，属合并后企业内部的资金拨付行为，而非两个独立法人单位之间的资金往来。民商厂接受款项时对上述情况是明知的，但未提出异议，而在合并事实发生七年之后主张合并没有实际发生，请求分割财产，缺乏事实和法律依据，本院不予支持。醇酒厂关于两厂合并事实存在，请求驳回民商厂诉讼请求的上诉主张，本院予以支持。

【并购人以承担债务的方式兼并第三人，并为此与第三人的债权人签订了《还款协议》，承诺第三人原欠债权人的债务由并购人承担，该承诺为真实意思表示，并购人应依其承诺向债权人偿付此项债务】

海国投工业开发股份有限公司诉联大集团有限公司债务纠纷案[海南省海口市中级人

民法院(2001)海中法经初字第15号民事判决书],裁决如下:

1. 原、被告之间签订的《还款协议》为有效合同。被告以承担第三人债务的形式兼并了第三人,并为此与原告签订了本案的《还款协议》,承诺第三人原欠原告的地价款570万元由其偿付。原、被告双方签订的该《还款协议》,双方意思表示真实,协议内容合法,因此,该协议当属有效合同,应受法律保护。被告抗辩《还款协议》无效的理由不成立,理由如下:首先,由于被告与第三人之间的兼并关系属另一法律关系,非本案应当审理的范畴,故被告抗辩因其与第三人签订的《兼并协议》显失公平,当属无效或可撤销的合同,因而其与原告签订的《还款协议》亦属无效的理由不成立。其次,原告转让本案所涉土地使用权给第三人时,虽不持有该土地的土地使用证,但根据当时国家及海口市关于国有土地使用权转让的有关法律、法规(当时的相关法规有:1990年5月19日由国务院发布的《城镇国有土地使用权出让和转让暂行条例》以及由海口市人民政府于1988年2月12日发布的《海口市土地使用权有偿出让和转让的规定》),土地使用权转让合同并不以转让人持有转让土地的使用证为其生效的前提要件。而依据原告与海口市土地管理局签订的《国有土地使用权出让合同书》,以及原告已取得的该转让土地的用地批文和用地红线图,原告应有权转让该地的使用权。因此,被告以原告无权转让本案所涉土地使用权为由抗辩《还款协议》无效的理由也不成立。

2. 本案的债务应由被告承担,而非第三人承担。被告以承担债务的方式兼并第三人,并为此与原告签订了《还款协议》,承诺第三人原欠原告的债务由其承担。被告该承诺为其真实意思表示,且已得到原告的认可,故第三人对原告所负的债务已合法转移给了被告,被告应依其承诺向原告偿付此项债务。被告依据山东省高级人民法院的有关意见提出的抗辩理由不适用于本案,其抗辩理由不成立。

【兼并协议解除后,应返还被兼并企业】

儋州市国有资产管理局诉海南省洋浦农贸开发总公司企业兼并合同纠纷案[海南省海南中级人民法院(2000)海南经初字第21号民事判决书],原、被告双方所签订的《兼并合同书》是双方在平等、自愿和公平的原则基础上依法签订的,该合同应确认有效。在合同履行过程中,原告依约将糖业有限责任公司交给了被告兼并经营,已全面履行了自己的合同义务。而被告在履行合同义务的过程中,未完全按合同约定的期限和数额及时支付甘蔗款和税款,已构成严重违约。依照《合同法》第一百零七条的规定,被告履行合同义务不符合双方的合同约定,应承担其违约责任。而该兼并合同第九条规定,被告须及时支付甘蔗款、税款和政府规定的有关费用,做到依法经营,如被告不能兑付甘蔗款、上缴税款等,原告有权采取封存糖产品及冻结银行帐户措施加以解决,直至依法终止合同。根据我国《合同法》的有关规定,当事人可以约定一方解除合同的条件,解除合同的条件成就时,解除权人可以解除合同。而合同的解除,是合同终止的一种情形。现被告未按合同约定的期限和数额全面履行合同规定义务的行为,符合原、被告双方约定的终止合同的条件,因此,原告请求判令终止双方订立的《兼并合同书》,理由充分,且符合法律规定,予以支持。该合同终止后,被告应将糖业有限公司返还给原告。

济南市市中区人民政府经七路街道办事处与山东比昂实业有限公司解除兼并协议纠纷案[山东省济南市市中区人民法院(1999)市经初字第2063号民事判决书],原、被告签订的兼并家具厂的协议,是经该厂职工大会同意,在对该厂的资产经有资格的评估机构评估的基础上,由原告报经区经委批准,双方平等协商一致而达成的协议,其内容不违犯国家法律、法规及有关政策的规定。应为有效合同。该合同为双务合同,根据该合同约定原告享有维护职工合法权益、收取转让金的权利,并承担根据协议规定将家具厂交付给被告的义务。被告享有依约接收家具厂的权利,并负有保障职工合法权益、按期支付转让金的义务。协议签订后,原告按合同履行了将家具厂交付给被告的义务,但维护职工合法权益和收取转让金的权利没有得到实现。而被告只按协议享受了接受家具厂的权利,却没有履行保障职工利益并按期支付转让金的义务,已构成严重的违约。现被告自身经营状况恶化、兼并的家具厂也陷于困境，由此，可以看出兼并协议的履行已违背了签订协议时的初衷，兼并协议的继续履行已成为不必要。被告拖欠原告的转让金已无能力交付。故原告以被告严重违约且无能力继续履行兼并协议为由，要求解除兼并协议归还原企业的主张事实清楚，证据充分，应予支持。

【守约方有权要求违约方继续履行兼并协议】

韶关市医药管理局诉南海市黄岐企业集团公司企业兼并合同纠纷案［广东省韶关市北江区人民法院（2000）韶北法经初字第157号民事判决书］，原、被告双方达成的企业兼并协议书及其补充协议依法成立，具有法律效力。原告依约将兼并企业的财产移交给被告，并办理了兼并企业的生产经营性资产的土地使用权的更名手续后，被告本应按约定期限清付兼并费及行业管理费给原告，却至今没有付清，至此，被告已经违约，理应承担违约的法律责任。原告为此起诉要求被告继续履行兼并协议，清付所拖欠的兼并费和行为管理费，并按中国人民银行规定的同期贷款利率计付占用该款期间的利息，同时要求由被告承担本案的诉讼费用，理由充分、证据确凿，依法予以支持。

【形式瑕疵不足以否定兼并协议的效力】

莫方德等与德阳劳动防护用品实业公司企业兼并合同纠纷案［最高人民法院（1999）经终字第234号民事判决书］，尽管本案兼并协议形式上存在以下三个瑕疵，一是被兼并者使用的是已被注销的联合公司的公章，二是被兼并后泰山公司未办理注销手续，三是兼并者使用的是未经公安机关批准和备案的印章。但是，包括莫方德和原泰山公司职工、就业局、劳保公司事实上均认为联合公司即泰山公司。联合公司和泰山公司主体同一的认定，使得虽以联合公司名义订立兼并协议，但效力及于泰山公司；事后虽未注销泰山公司，但其民事主体已不复存在，未办理注销登记手续，属于未执行工商行政管理法规的问题，不存在影响兼并协议的效力。虽然劳保公司签订合同时使用的印章未在公安机关备案，但因该枚印章一直使用至今，同时也不能证明当时签章的行为不是劳保公司的真实意思表示。故仅以上述兼并协议形式上的瑕疵为由，尚不足于否定兼并协议的效力。

【承担债务式兼并的含义】

上海液压气动总公司诉上海华联超市公司企业兼并纠纷案［上海市第一中级人民法院（1997）沪一中经终字第1021号民事判决书］，被告公司与原告公司签订的有偿兼并协议，明确约定由被告公司负责原告公司下属企业的债权债务处理。本案系属企业兼并，基本符合兼并方以承担被兼并方债务为条件接收其资产的要求，应视为承担债务式兼并。

第一百七十三条 【公司合并的程序】 公司合并，应当由合并各方签订合并协议，并编制资产负债表及财产清单。公司应当自作出合并决议之日起十日内通知债权人，并于三十日内在报纸上公告。债权人自接到通知书之日起三十日内，未接到通知书的自公告之日起四十五日内，可以要求公司清偿债务或者提供相应的担保。

相关司法解释及两高工作文件

《最高人民法院关于审理与企业改制相关的民事纠纷案件若干问题的规定》（自2003年2月1日起施行），对于企业合并，规定如下：

第三十条 企业兼并协议自当事人签字盖章之日起生效。需经政府主管部门批准的，兼并协议自批准之日起生效；未经批准的，企业兼并协议不生效。但当事人在一审法庭辩论终结前补办报批手续的，人民法院应当确认该兼并协议有效。

……

第三十二条 企业进行吸收合并时，参照公司法的有关规定，公告通知了债权人。企业吸收合并后，债权人就被兼并企业原资产管理人（出资人）隐瞒或者遗漏的企业债务起诉兼并方的，如债权人在公告期内申报过该笔债权，兼并方在承担民事责任后，可再行向被兼并企业原资产管理人（出资人）追偿。如债权人在公告期内未申报过该笔债权，则兼并方不承担民事责任。人民法院可告知债权人另行起诉被兼并企业原资产管理人（出资人）。

第一百七十四条 【公司合并债权债务的承继】 公司合并时，合并各方的债权、债务，应当由合并后存续的公司或者新设的公司承继。

一、相关法律条文

《中华人民共和国民法总则》（自 2017 年 10 月 1 日起施行），对于法人的合并，规定如下：

第六十七条第一款 法人合并的，其权利和义务由合并后的法人享有和承担。

二、相关司法解释及两高工作文件

《最高人民法院关于审理与企业改制相关的民事纠纷案件若干问题的规定》（法释〔2003〕1 号），对于企业合并后的债权债务承担，规定如下：

第三十一条 企业吸收合并后，被兼并企业的债务应当由兼并方承担。

……

第三十三条 企业新设合并后，被兼并企业的债务由新设合并后的企业法人承担。

……

第三十五条 以收购方式实现对企业控股的，被控股企业的债务，仍由其自行承担。但因控股企业抽逃资金、逃避债务，致被控股企业无力偿还债务的，被控股企业的债务则由控股企业承担。

三、相关文件规定

《财政部关于资不抵债公司合并报表问题请示的复函》（财会函字［1999］10 号），对资不抵债公司合并报表问题，规定如下：

按照现行会计制度规定，在长期股权投资采用权益法时，如果被投资单位发生亏损，投资企业应按持股比例计算应承担的份额，并冲减长期股权投资的账面价值。投资企业确认的亏损分担额，一般以长期股权投资减记至零为限。其未确认的被投资单位的亏损分担额，在编制合并会计报表时，可以在合并会计报表的“未分配利润”项目上增设“未确认的投资损失”项目；同时，在利润表的“少数股东损益”项目下增设“加：未确认的投资损失”项目。这两个项目反映母公司未确认子公司的投资亏损额。

四、相关案例

【企业改制后，债权人对债务人变更的认可】

中国农业银行哈尔滨市太平支行与哈尔滨松花江奶牛有限责任公司、哈尔滨工大集团股份有限公司、哈尔滨中隆会计师事务所有限公司借款合同纠纷案［最高人民法院（2007）民二终字第 178 号民事判决书（《最高人民法院公报》2008 年第 9 期（总第 143 期））］，裁决如下：一、债务人在债权人发出的债务逾期催收通知书上签字或者盖章的行为，虽然并不必然表示债务人愿意履行债务，但可以表示其认可该债务的存在，属于当事人对民事债务关系的自认，人民法院可据此认定当事人之间存在债务关系。二、国有企业改制后，原有债务应当由改制后的企业承担。债权人向改制后的企业发出债务逾期催收通知书的，应当视为债权人对债务人变更的认可。三、上诉权是法律赋予当事人的一项诉讼权利，当事人可以行使，也可以放弃。根据《民事诉讼法》第一百五十一条（编者注：现为该法第一百八十六条）的规定，第二审人民法院审理上诉案件，应当针对当事人上诉请求的有关事实和适用法律问题进行审查。当事人未在法定期间内提起上诉，而在二审中对一审判决提出异议的，第二审人民法院不予审查。

【原企业债务的承担问题应尊重当事人的约定，债务人通知债权人并同债权人达成协议确定债务主体的应依当事人的约定，否则债权人有权向组建的新公司主张权利】

中国科技证券有限责任公司与张家港市农村商业银行股份有限公司、中国科技国际信托投资有限责任公司特种金融债券兑付纠纷上诉案[最高人民法院(2004)民二终字第198号民事判决书]，本案的争议焦点在于，中科证券公司是否应当对中科信公司的本案债务承担连带清偿责任。

最高人民法院《关于审理与企业改制相关的民事纠纷案件若干问题的规定》第六条规定："企业以其部分财产和相应债务与他人组建新公司，对所转移的债务债权人认可的，由新组建的公司承担民事责任；对所转移的债务未通知债权人或者虽通知债权人，而债权人不予认可的，由原企业承担民事责任。原企业无力偿还债务，债权人就此向新设公司主张债权的，新设公司在所接受的财产范围内与原企业承担连带民事责任。"设立中科证券公司是在国家有关部门的决策和指导下进行的，鉴于中科信公司信托类资产处置的难度，国家有关部门要求在信证分离的原则下，将该公司的证券类资产与负债剥离，成立中科证券公司，经营中科信公司的证券业务。中科信公司不得再从事证券业务，中科信公司清理信托类的资产与负债。清理完毕后关闭。中科信公司将全部证券类业务和超过其总资产50%以上的622,126.91万元资产及550,160.01万元债务转入中科证券公司并在其中占68.14%的股份，并由其他股东参股成立中科证券公司，符合上述《司法解释》第六条规定的企业以其部分财产和相应债务与他人组建新公司的特征。根据该条规定，对原企业债务的承担问题应尊重当事人的约定，债务人通知债权人并同债权人达成协议确定债务主体的应依当事人的约定。而本案中，中科信公司未通知张家港农村商行，亦未与其就债务在中科信公司与中科证券公司间的划分达成协议，故张家港农村商行有权依该条规定向中科证券公司主张债权。该《司法解释》第一条规定，人民法院受理平等民事主体间的企业产权制度改造中发生的民事纠纷案件。这一规定并未限制该《司法解释》仅适用于国有独资企业的改制。故上诉人中科证券公司提出的中科信公司设立中科证券公司的行为属于投资入股，中科信公司应当以其拥有的全部资产，包括因投资而拥有的中科证券公司的股份所有权对本案债务承担责任，中科证券公司对其投资人的债务没有法定清偿义务，及本院《关于审理与企业改制相关的民事纠纷案件若干问题的规定》是对国有独资企业改制的相关规定，而中科信公司不是国有独资企业，原审判决把对国有独资企业改制的《司法解释》适用于两个独立的有限责任公司之间的投资，属于适用法律错误的上诉理由不能成立，本院不予支持。

本院注意到，在中科证券公司组建初期，包括中科信公司在内的中科证券公司各股东注意了对本案债权人的保护，在组建协议中一致同意承担张家港农村商行的债务。但当中国证监会要求中科信公司的不良债权不能进入中科证券公司时，中科信公司为保持其投入中科证券公司作为注册资金的净资产数额和持股比例不变，将本案债务剥离。中科证券公司的其他股东则以签署《确认书》的方式同意了中科信的这一行为。中科信公司及中科证券公司均不能证明上述行为是在证券监管部门及其他行政部门的要求下作出的。且参照中国人民银行《特种金融债券托管回购办法》规定，特种金融债券是专门用于清偿证券回购债务的有价证券。以上规定表明该债券资产显系证券类资产。根据《证券法》以及主管部门有关中科证券公司成立的文件，证券类资产应进入中科证券公司，不能继续留在中科信公司，故包括中科信公司在内的中科证券公司各股东将本案债务剥离出中科证券公司的行为，违背了向债权人的承诺，不符合民事活动中的诚实信用原则，也与中科证券公司的成立宗旨相悖，对债权人债权的实现造成了损害。

【承担保证责任的企业以整体资产划拨方式成为接收企业的附属企业，接收企业在未取得债权人同意的情况下，以经营性资产为出资设立新公司的，应当在接收资产范围内对保证债务承担连带清偿责任】

信达公司合肥办事处诉中国医药集团总公司等借款担保合同纠纷案[最高人民法院

(2004)民二终字第54号民事判决书(《最高人民法院公报》2004年第12期(总第98期))],企业因全部资产被整体划拨而变更产权关系后,无偿接受企业的公司将所接受企业的全部经营性净资产及相应的债务作为自己的出资组建其所属的新公司的,应在接受原企业资产的范围内对其原有债务承担连带责任。

本案企业在改制过程中,企业以整体资产划拨方式成为接收企业的附属企业,对于该企业在改制前因保证合同而承担有保证责任的,由于并未发生保证合同无效的情形,该企业作为附属企业也未丧失法人资格,所以债权人仍可以要求该企业在债务人不履行债务的情况下承担保证责任。对于接收企业以保证人的经营性资产为出资设立新公司的,由于接收企业是在既未对保证人原有债务进行处理,又未通知债权人取得债权人同意的情况下,对保证人的资产进行了实质处置,对保证人对外承担民事责任的能力造成实际影响,根据企业债务随企业资产变动的企业法人财产原则,接收企业应当在其接收保证人资产的范围内,对保证人所负的保证债务承担连带清偿责任。

【未转移债务的债权人,有权要求改制企业和接收改制企业财产的新公司承担偿还责任】

工商银行山东分行诉信诚公司等借款合同纠纷案[最高人民法院(2003)民二终字第106号民事判决书(《最高人民法院公报》2004年第11期(总第97期))],根据《民法通则》第四十八条的规定,企业采取以部分财产和等额债务相抵的方式与他人组建新公司,且对所出让财产不持有相应股份的,未转移债务的债权人有权要求新公司在其所接收原企业财产范围内对原企业债务承担连带责任。

最高人民法院改制司法解释第六条关于"企业以其部分财产和相应债务与他人组建新公司,对所转移的债务,债权人认可的,由新组建的公司承担民事责任"等规定,是仅针对转移债务的债权人而言,不包括未转移债务的债权人。即改制企业将债务转移给新成立的公司,转移债务的行为经相关债权人同意的,发生债务有效转移的法律后果,由新成立的公司承担转移的债务。改制企业转移债务,未经转移债务债权人同意,不发生债务转移的法律后果,债务仍由改制企业承担。改制企业如将部分财产转移给新设公司的,按照法人财产原则,由新设公司在所接收财产范围内与改制企业承担连带民事责任。未转移债务的债权人仍有权按照合同相对性原则和法人财产原则,要求改制企业和接收改制企业财产的新公司承担相应的偿还责任。

【公司合并时债权债务的承继,是法律的要求,并非由当事人安排】

西藏赛亚经贸服务公司诉中国银行西藏自治区分行借款合同纠纷案[西藏自治区高级人民法院(2003)藏民二终字第03号民事裁定书],根据民法原理及《公司法》第一百八十四条(编者注:现为该法第一百七十四条)第四款之规定,"公司合并时,合并各方的债权、债务,应当由合并后存续的公司或者新设的公司承继",因此赛亚公司继承原新亚公司的债权,是法律的要求,并不由开办单位安排。即便区外贸厅作出此种安排,对外也不产生效力,当然也不能成为中国银行抗辩的理由。

【先合并、然后直接破产的公司终止方式违反公司合并制度立法目的】

乙公司与甲公司股东损害公司债权人利益责任纠纷案[江苏法院公司审判十大案例之八],在无证据证明参与合并的公司均符合破产条件且破产清偿率相同的情况下,先合并、然后直接破产的公司终止方式,违背公司合并制度立法目的,违法越过清算环节,损害原资产状况相对较好公司的债权人权益,构成侵权。作出该合并决定的股东系侵权人,应承担相应的赔偿责任。合并中未履行法定通知义务,造成债权人丧失要求清偿债务或者提供相应担保的机会,构成侵权。相应的侵权主体应根据未履行法定通知义务的原因具体分析判断。

第一百七十五条 【公司的分立】 公司分立,其财产作相应的分割。

公司分立,应当编制资产负债表及财产清单。公司应当自作出分立决议之日起十日内通知债权人,并于三十日内在报纸上公告。

一、相关司法解释及两高工作文件

《最高人民法院关于当事人对行政机关作出的全民所有制工业企业分立的决定不服提起诉讼人民法院应作为何种行政案件受理的复函》(法函〔1994〕34号)，对于当事人对行政机关作出的全民所有制工业企业分立的决定不服提起诉讼，答复如下：

根据《中华人民共和国全民所有制工业企业法》第二条第二款、《全民所有制工业企业转换经营机制条例》第六条和《中华人民共和国行政诉讼法》第十一条第一款第（三）项（编者注：现为该法第十二条第一款第（七）项）的规定，当事人对行政机关强行作出的关于全民所有制工业企业分立的决定不服，依法向人民法院提起行政诉讼的，人民法院应作为“侵犯法律规定的经营自主权的”行政案件受理。

二、相关案例

【公司分立时财产评估时点的确定】

河南中光学集团有限公司与南阳市卧龙光学有限公司公司分立纠纷上诉案［河南省南阳市中级人民法院（2014）南民二终字第01157号民事判决书］，争议之门面房系企业分立时，归卧龙公司所有的财产，双方对房屋所有权不持异议，也均认可在某一时间由中光学集团对此房屋和其他归卧龙公司所有的财产按评估价予辨收购。双方对评估时点产生争议，原审以交易拟发生时即起诉请求交易时为评估时间点符合正常的交易习惯，应予肯定。上诉人对被上诉人享有的厂房、设备等财产以同一时间点进行评估不持异议，仅对门面房的评估时间点提出异议，其对同一事物，采用双重标准，理由显然不能成立。争议之门面房虽然已经被拆除，但并非被征收，其依附的土地仍由上诉人使用、收益，上诉人一直也未予补偿，以此，上诉人要求以房屋拆除时为评估时间点的理由不能成立。

【没有按照法律规定的事项履行相应的程序，不具备公司分立的实质要件和形式要件】

洛阳明鉴资产评估事务所有限公司诉洛阳明鉴会计师事务所有限公司公司分立纠纷案［河南省高级人民法院（2013）豫法立二民申字第02282号民事裁定书］，明鉴会计师事务所成立于2000年1月27日，其经营范围除财务审计、司法会计鉴定等八项外，还兼营有资产评估和资产评估司法鉴定两项业务。2005年5月11日国家财政部颁布22号令，公布了新的《资产评估机构审批管理办法》（以下简称《审批办法》），同时废止了原财评字（1999）118号文件，该办法第九条规定：依法设立的资产评估机构名称中应当包括“资产评估”字样。财政部（财企（2005）90号）《财政部关于贯彻实施〈资产评估机构审批管理办法〉认真做好资产评估机构管理工作的通知》第十六条规定：“《审批办法》实施前取得资产评估资格的会计师事务所、咨询公司等，经协商同意以分立方式设立的资产评估机构，可以继承原资产评估资格，并按规定到省级财政部门办理机构设立和资产评估资格变更手续。新设机构的资格取得时间和评估收入业绩可以连续计算，并应当妥善处理原机构提取的评估业务风险基金，明确相关责任”。2008年4月14日，河南省财政厅下发《河南省财政厅关于做好资产评估机构过渡期末有关工作的通知》（豫财办企（2008）35号），该通知第一条规定：“《审批办法》实施前取得资产评估资格的会计师事务所、咨询公司，采取分立方式设立资产评估机构的，应当按照《审批办法》和《财政部关于贯彻实施〈资产评估机构审批管理办法〉认真做好资产评估机构管理工作的通知》（财企（2005）90号）关于设立资产评估机构的规定，办理资产评估机构分立手续，并向省财政厅提交分立协议。分立协议应当明确以下事项：原资产评估资格和继承方案、原资产评估机构责任、业绩的继承方案、原资产评估机构评估业务档案保管方案、原资产评估机构评估业务风险基金的处理方案”。2008年6月10日，王修武、沈丽君二人向河南省财政厅提出“关于设立洛阳明鉴资产评估事务所有限公司的申请报告”，并附有明鉴会计师事务所股东决议和决议补充说明。2008年7月16日，河南省财政厅向明鉴评估事务所颁发了《资产评估资格证书》，同年7月23日，洛阳市工商局西工分局向明鉴评估事务所颁发了《企业法人营业执照》。明鉴评估事务所注册资本30万元，出资人均为自然人,其中王修武出资20万元,沈丽君出资10万元。根据《公司法》第一百七十六条(编者注:现为该法第一百七十五条)的规定,公司分立应当编制资产负债表及财产清单并履行作出分立决议、通知债权人、分立公告等程序。依据本案查明的事实,明鉴会计师事务所没有按照法律规定的事项履行相应的程序,不具备公司分立的实质要件和形式要件,二审法院认定双方是资产评估资格的分离,判决驳回明鉴评估事务所的诉讼请求并无不当。

【公司以保留独立法人身份为前提,将全部生产经营要素投入新公司,属于公司分立的行为】

成都龙泉瑞丰包装有限责任公司诉成都敖天雪食品有限公司、成都新敖天雪食品有限公司买卖合同纠纷案[四川省成都市武侯区人民法院(2012)武侯民初字第4808号民事判决书],敖天雪公司作为生产销售食品为主的公司,必须具备必要的生产经营要素,即厂房厂址、生产设备、人员、卫生许可、商标等,但被告敖天雪公司在新敖天雪公司成立后,将上述基本生产经营要素全部作为入股转由新敖天雪公司继续使用。但是,敖天雪公司并未因此办理解散注销的手续,至今仍具有独立法人资格。故本院认为,敖天雪公司将其全部资产与自身剥离,以丧失自身生产经营的能力,但保留独立法人身份为前提,将全部生产经营要素作为入股投入到新设的新敖天雪公司当中,属于公司分立的行为。

《合同法》第九十条规定:"当事人订立合同后合并的,由合并后的法人或者其他组织行使合同权利,履行合同义务。当事人订立合同后分立的,除债权人和债务人另有约定的以外,由分立的法人或者其他组织对合同的权利和义务享有连带债权,承担连带债务"。《公司法》第一百七十七条规定(编者注:现为该法第一百七十六条):"公司分立前的债务由分立后的公司承担连带责任。但是,公司在分立前与债权人就债务清偿达成的书面协议另有约定的除外。"本案中,新敖天雪公司属敖天雪公司剥离全部生产要素作为人股而设立,应当与敖天雪公司连带承担分立前的债务。

【承租人对通过公司分立转移的房产不享有优先购买权】

宁波博仑渔港大酒店有限公司诉宁波经济技术开发区北仑电力实业有限责任公司等租赁合同纠纷案[浙江省宁波市北仑区人民法院(2009)甬仑民初字第1892号民事判决书(《人民司法·案例》2010年第8期)],根据《合同法》,承租人主张优先购买权的前提应为出租人出卖租赁房屋行为的发生。2009年9月1日实施的最高人民法院《关于审理城镇房屋租赁合同纠纷案件具体应用法律若干问题的解释》又对房屋承租人的优先购买权作出了新的规定,即当承租人的优先购买权受到侵害,承租人只能请求出租人承担赔偿责任,而不能请求确认出租人与第三人签订的房屋买卖合同无效。本案中,原北电实业公司派生分立为两个公司,即北电实业公司(存续公司)和明仑公司(新设公司)的过程,符合相关法律法规的分立条件和程序,并最终完成了相应的工商登记,因此,本院对明仑公司系从北电实业公司派生分立的事实予以认定。根据公司分立的验资报告和2009年9月30日的《北电实业公司资产、负债及所有者权益分割清单》,涉案房产确系通过公司分立由原北电实业公司划分给新设的明仑公司,并于新设公司成立后办理了相应的过户登记。故本院认定本案的涉案房产是通过公司分立资产划分由北电实业公司移转至明仑公司,而非通过买卖关系移转至明仑公司。至于原告提供的房地产转让合同,因该合同中约定的转让方式为转移,转移与买卖为包含和被包含关系,并非等同关系,转移行为中既包括买卖,也包括互换、赠与、法人或其他组织分立、合并过程中的房屋权属转移,因此并不能推定签订了该合同即为买卖关系成立。因此,原告主张的优先购买权基础并不成立。

【公司分立和转投资的区别与认定】

江苏省南京市县郊化工公司与朝阳减水剂厂与公司有关的纠纷上诉案[江苏省南京市中级人民法院(2007)宁民二终字第152号民事判决书],本案的关键问题是朝阳减水剂厂与县郊化工公司之间是分立关系还是投资关系。从朝阳减水剂厂的成立过程看,该厂是由县郊化工公司调拨人员、资金,在其原来的分支机构化工厂的基础之上成立的具有独立法人资格的独资企业。虽然县郊化工公司以及其主管部门南京化学工业总公司在成立朝阳减水剂厂的各种公文、批复中使用了分立字样,但在朝阳减水剂厂的设立过程中,工商登记资料及验资报告均载明组建单位和投资人是县郊化工公司，注册资金为60万元。认定企业变动的法律性质，应以工商登记资料为准，故县郊化工公司成立朝阳减水剂厂的行为属于企业投资行为。关于玄武湖信用社的债权问题，县郊化工公司投资设立朝阳减水剂厂的行为，并不导致法人财产的减少，只是资产的形态发生变化，即由实物形态转变成股权形态。县郊化工公司与朝阳减水剂厂是两个具有独立资格的法人，当县郊化工公司不能清偿债务时，玄武湖信用社作为债权人可以通过执行县郊化工公司在朝阳减水剂厂的股权的方式实现债权，而不能要求朝阳减水剂厂承担清偿责任。

【公司派生分立中违约之诉的当事人资格】

黄建平等与刘韬等与公司有关的纠纷上诉案[广东省珠海市中级人民法院（2006）珠中法民二终字第121号民事裁定书（《人民司法·案例》2007年第24期）]，在公司分立中，签订与公司分立有关的合同的双方当事人为公司原股东和分立后的新股东，如股东在履行公司分立合同时存在违约行为，股东之间因此产生纠纷而诉诸法院，在公司成功分立后，根据对设立中公司行为性质之分析，遵循股东资本所有权和法人财产权相分离之原则，应确定分立后的公司为适格的诉讼当事人，而不能机械地根据合同相对性原则将作为合同一方当事人的股东认定为案件的当事人。因此，在这种情况下，股东以个人名义提起违约之诉属主体不适格，应依法驳回其起诉。

【公司分立协议有效，但是有关债权债务处理及财产分割等条款，因违反法律关于公司解散应当成立清算组清算的规定，应认定无效】

阳泉煤业（集团）有限责任公司等诉山东省招远市水泥厂等企业分立合同案[海南省高级人民法院（2002）琼民二终字第40号民事判决书]，根据我国《民法通则》和企业法律规定及原理，公司属于企业的一种组织形式，公司与企业，是既有联系又有区别的两个概念。本案当事人因对双吉水泥厂分立协议的履行发生纠纷，根据最高人民法院《关于印发〈民事案件案由规定（试行）〉的通知》的有关规定和本案当事人的具体争议，本案案由应为企业分立合同纠纷。阳泉公司、亨威公司、徐州公司同招远水泥厂、招远建筑公司签订的企业分立协议、关于东方双吉水泥厂分立的备忘录中第一、二、三、六、七、八条，东方双吉水泥厂分立有关债权债务处理及财产分割备忘录中第一、二、三、五、六条，系当事人真实意思表示，内容不违反法律规定，阳泉公司代理亨威公司、徐州公司，招远水泥厂代理招远建筑公司的行为合法，应确认为有效。关于东方双吉水泥厂分立的备忘录中第四、五、九、十条、补充协议、东方双吉水泥厂分立有关债权债务处理及财产分割备忘录中第四条，因违反了法律规定的企业法人解散应当组成清算组清算的规定，故认定无效。招远水泥厂、招远建筑公司未依约组成清算组和履行有关清算义务，属违约行为。

第一百七十六条 【公司分立前的债务承担】 公司分立前的债务由分立后的公司承担连带责任。但是，公司在分立前与债权人就债务清偿达成的书面协议另有约定的除外。

一、相关法律条文

《中华人民共和国民法总则》（自2017年10月1日起施行），对法人的分立，规定如下：

第六十七条第二款 法人分立的，其权利和义务由分立后的法人享有连带债权，承担连带债务，但是债权人和债务人另有约定的除外。

二、相关司法解释及两高工作文件

《最高人民法院关于审理与企业改制相关的民事纠纷案件若干问题的规定》（自2003年2月1日起施行），对企业分立的债务承担，规定如下：

第十二条 债权人向分立后的企业主张债权，企业分立时对原企业的债务承担有约定，并经债权人认可的，按照当事人的约定处理；企业分立时对原企业债务承担没有约定或者约定不明，或者虽然有约定但债权人不予认可的，分立后的企业应当承担连带责任。

第十三条 分立的企业在承担连带责任后，各分立的企业间对原企业债务承担有约定的，按照约定处理；没有约定或者约定不明的，根据企业分立时的资产比例分担。

三、相关案例

【公司分立前的债务，应当由分立后的公司承担】

中国汽车贸易总公司诉海南黄金海岸集团有限公司等房屋确权纠纷案［海南省海口市中级人民法院（2001）海中法民初字第23号民事判决书］，关于被告公司分立的效力及两被告在本案中的责任承担。我国《公司法》第一百八十五条（编者注：现为该法第一百七十五条）第一款和第二款规定："公司分立，其财产作相应的分割。公司分立时，应当编制资产负债表及财产清单。公司应当自作出分立决议之日起十日内通知债权人，并于三十日内在报纸上至少公告三次。债权人自接到通知书之日起三十日内，未接到通知书的自第一次公告之日起九十日内，有权要求公司清偿债务或者提供相应的担保。不清偿债务或者不提供相应的担保的，公司不得分立"。被告原海南综合集团公司申请分立后，依法履行了公司分立的有关义务，并得到海口市工商管理部门的认可，现海口市工商行政管理局已批准本案被告公司分立的申请，并分别给其分立后的两公司颁发了《企业法人营业执照》，被告的公司分立应为有效。根据我国《公司法》第一百八十五条（编者注：现为该法第一百七十六条）"公司分立前的债务按所达成的协议由分立后的公司承担"的规定，被告分立前的债务应由分立后的海南综合公司承担，应驳回原告对海南集团公司的诉讼请求。

第一百七十七条 【公司减资】 公司需要减少注册资本时，必须编制资产负债表及财产清单。

公司应当自作出减少注册资本决议之日起十日内通知债权人，并于三十日内在报纸上公告。债权人自接到通知书之日起三十日内，未接到通知书的自公告之日起四十五日内，有权要求公司清偿债务或者提供相应的担保。

一、相关文件规定

《公司注册资本登记管理规定》（自2014年3月1日起施行）对于公司减资，规定如下：

第十一条 公司减少注册资本，应当符合《公司法》规定的程序。

法律、行政法规以及国务院决定规定公司注册资本有最低限额的，减少后的注册资本应当不少于最低限额。

二、相关案例

【未通知债权人的减资实质上构成了瑕疵减资，得以抽逃出资类推股东瑕疵减资的法律责任】

怀文斌、曾三雄等民间借贷纠纷案［湖北省武汉市中级人民法院（2018）鄂01民终134号民事判决书（《人民司法·案例》2018年第26期）］，公司未通知债权人进行减资的，与股东抽逃出资，及其对债权人利益受损，在本质上并无不同。尽管《公司法》规定公司减资时的通知义务在于公司，未具体规定公司不履行减资法定程序导致债权人利益受损时股东的责任，但公司是否减资取决于股东的意志，股东亦应当尽到合理注意义务。公司减资行为存在瑕疵，致使减资前公司债权人的预期债权在减资之后清偿不能的，公司股东的责任可比照抽逃出资相关原则、规定加以认定，其应在公司减资数额范围内对公司债务不能清偿部分承担补充赔偿责任。

【有限责任公司定向减资股东会决议的效力审查】

华宏伟与上海圣甲虫电子商务有限公司公司决议纠纷上诉案［上海市第一中级人民法

院（2018）沪01民终11780号民事判决书］，对于非同比减资，会直接突破公司设立时的股权分配情况，除非全体股东或者公司章程另有约定，应当由全体股东一致同意。公司向股东返还减资部分股权对应的原始投资款，实际是未经清算程序通过定向减资的方式变相向个别股东分配公司剩余资产，不仅有损公司其他股东的利益和公司的财产权，还严重损害公司债权人的利益，应属无效。

“减少注册资本”应当仅仅指公司注册资本的减少，而并非涵盖减资后股权在各股东之间的分配。股权是股东享受公司权益、承担义务的基础，由于减资存在同比减资和不同比减资两种情况，不同比减资会直接突破公司设立时的股权分配情况，如只需经三分之二以上表决权的股东通过即可做出不同比减资决议，实际上是以多数决形式改变公司设立时经发起人一致决所形成的股权架构，故对于不同比减资，在全体股东或者公司章程另有约定除外，应当由全体股东一致同意。本案中，圣甲虫公司的股东中仅有××公司进行减资，不同比的减资导致华宏伟的股权比例从24.47%上升到25.32%，该股权比例的变化并未经华宏伟的同意，违反了股权架构系各方合意结果的基本原则。涉案股东会决议的第一、三、四项均涉及到减资后股权比例的重新分配以及变更登记，在未经华宏伟同意的情形下，视为各股东对股权比例的架构未达成一致意见，该股东会决议第一、三、四项符合《最高人民法院关于适用〈中华人民共和国公司法〉若干问题的规定（四）》第五条第（五）项规定的“导致决议不成立的其他情形”。

股东将投资款注入公司之后，其出资已经转化成为公司的资产，必须通过股权方式来行使权利而不能直接请求将投资款予以返还。随着股东投入到公司的资金用于公司经营行为，股东持有的公司股权对应的价值将会发生变化，因此在股东减资时不能直接主张减资部分股权对应的原始投资款归自己所有。如果允许公司向股东返还减资部分股权对应的原始投资款，实际是未经清算程序通过定向减资的方式变相向个别股东分配公司剩余资产，不仅有损公司其他股东的利益和公司的财产权，还严重损害公司债权人的利益，应属无效。

【不同比减资应以全体股东一致决为原则】

江阴联通实业有限公司与陈玉和公司决议效力确认纠纷上诉案［江苏省无锡市中级人民法院（2017）苏02民终1313号民事判决书（《人民司法·案例》2018年第35期）］，资本多数决原则在公司经营决策过程中应受到一定限制，不同比减资将改变公司设立时经发起人一致决所形成的股权架构，导致部分股东的持股比例上升，增加该股东所承担的风险，损害其股东利益，故除非全体股东另有约定，不同比减资应适用全体一致决原则。

【股东瑕疵减资的责任承担】

曹某与实友公司等公司减资纠纷上诉案［北京市第三中级人民法院（2017）京03民终13422号民事判决书（《人民司法·案例》2018年第20期）］，在目标公司非因投资人原因未能成立时，投资人为了成立目标公司而先向准关联公司投入的款项，应视为投资人对该准关联公司的债权。该准关联公司股东对到期应认缴出资瑕疵减资的，应承担出资不实的赔偿责任。

【符合破产条件时的违规减资对减资前债权人无效】

浙江省慈溪市工业品批发市场经营服务有限公司诉浙江省宁波越溪置业股份有限公司公司决议效力确认纠纷案［浙江省慈溪市人民法院（2017）浙0282民初8159号民事判决书（《人民司法·案例》2018年第14期）］，以减资形式逃避债务属于《企业破产法》第三十三条第（一）项规定的情形。债权人在减资范围内就公司不能清偿部分向违规减资股东主张补充赔偿责任的，属最高人民法院《关于适用〈中华人民共和国企业破产法〉若干问题的规定（二）》第二十一条第一款规定的就债务人财产提起的个别清偿诉讼。符合破产条件时的违规减资相对减资前债权人无效，应当由管理人追收减资财产并归入债务人财产，依法分配给减资前债权人。

【公司未依法定程序减资股东应对公司债权人承担补充赔偿责任】

盛通公司诉河北联合公司等承揽合同纠纷案［北京市第二中级人民法院（2016）京02民终9424号民事判决书］，公司作出减资决议后，应当按照法定程序通知已知债权人并在报纸上公告减资事宜，以确保公司债权人要求公司清偿债务或提供相应担保；未履行上述法定义务的，公司债权人有权要求股东在减资范围内对公司债务承担补充赔偿责任。

盛通公司为河北联合公司印刷刊物，双方成立承揽合同关系。依据盛通公司提供的证据，法院对688万元印刷费及相应逾期付款利息予以支持，河北联合公司应予支付。根据《公司法》第一百七十七条第二款之规定，公司减少注册资本的法定程序依次为股东会作出减资决议、通知已知债权人、登报公告。河北联合公司于股东会减资决议前在报纸上公告减资事宜，但在减资决议后未通知已知债权人盛通公司，亦未登报公告，该减资程序不符合法律规定，类推适用《最高人民法院关于适用〈中华人民共和国公司法〉若干问题的规定（三）》第十四条第二款“公司债权人请求抽逃出资的股东在抽逃出资本息范围内对公司债务不能清偿的部分承担补充赔偿责任的，人民法院应予支持”之规定，联合股份公司、历峰应在各自减少注册资本范围内承担补充赔偿责任。

【公司减资时应通知债权人，未依法通知的，公司股东应对债权人承担补充赔偿责任】

上海德力西集团有限公司诉江苏博恩世通高科有限公司、冯军、上海博恩世通光电股份有限公司买卖合同纠纷案［上海市第二中级人民法院（2016）沪02民终10330号民事判决书（《最高人民法院公报》2017年第11期（总第253期））］，一、公司减资时对已知或应知的债权人应履行通知义务，不能在未先行通知的情况下直接以登报公告形式代替通知义务。二、公司减资时未依法履行通知已知或应知的债权人的义务，公司股东不能证明其在减资过程中对怠于通知的行为无过错的，当公司减资后不能偿付减资前的债务时，公司股东应就该债务对债权人承担补充赔偿责任。

本案中，上诉人德力西公司与被上诉人江苏博恩公司签订的买卖合同合法有效，双方当事人均应按约履行各自的合同义务。德力西公司依约履行供货义务后，江苏博恩公司未将剩余货款给付德力西公司，构成违约，故对于德力西公司要求江苏博恩公司支付货款777,000元的请求，应予支持。

对于上诉人德力西公司要求被上诉人冯军、上海博恩公司对江苏博恩公司的上述债务在19,000万元的范围内承担补充赔偿责任的请求，亦应予以支持。理由如下：公司减资本质上属于公司内部行为，理应由公司股东根据公司的经营状况通过内部决议自主决定，以促进资本的有效利用，但应根据《公司法》第一百七十七条第（二）项规定，直接通知和公告通知债权人，以避免因公司减资产生损及债权人债权的结果。根据德力西公司与被上诉人江苏博恩公司在合同中约定的交货、验收、付款条款以及实际履行情况看，江苏博恩公司与德力西公司的债权债务在江苏博恩公司减资之前已经形成。德力西公司在订立的合同中已经留下联系地址及电话信息，且就现有证据不存在江苏博恩公司无法联系德力西公司的情形，故应推定德力西公司系江苏博恩公司能够有效联系的已知债权人。虽然江苏博恩公司在《江苏经济报》上发布了减资公告，但并未就减资事项直接通知德力西公司，故该通知方式不符合减资的法定程序，也使得德力西公司丧失了在江苏博恩公司减资前要求其清偿债务或提供担保的权利。

根据现行《公司法》之规定，股东负有按照公司章程切实履行全面出资的义务，同时负有维持公司注册资本充实的责任。尽管公司法规定公司减资时的通知义务人是公司，但公司是否减资系股东会决议的结果，是否减资以及如何进行减资完全取决于股东的意志，股东对公司减资的法定程序及后果亦属明知，同时，公司办理减资手续需股东配合，对于公司通知义务的履行，股东亦应当尽到合理注意义务。被上诉人江苏博恩公司的股东就公司减资事项先后在2012年8月10日和9月27日形成股东会决议，此时上诉人德力西公司的债权早已形成，作为江苏博恩公司的股东，被上诉人上海博恩公司和冯军应当明知。但是在此情况下，上海博恩公司和冯军仍然通过股东会决议同意冯军的减资请求，并且未直接通知德力西公司，既损害江苏博恩公司的清偿能力，又侵害了德力西公司的债权，应当对江苏博恩公司的债务承担相应的法律责任。公司未对已知债权人进行减资通知时，该情形与股东违法抽逃出资的实质以及对债权人利益受损的影响，在本质上并无不同。因此，尽管我国法律未具体规定公司不履行减资法定程序导致债权人利益受损时股东的责任，但可比照公司法相关原则和规定来加以认定。由于江苏博恩公司减资行为上存在瑕疵，致使减资前形成的公司债权在减资之后清偿不能的，上海博恩公司和冯军作为江苏博恩公司股东应在公司减资数额范围内对江苏博恩公司债务不能清偿部分承担补充赔偿责任。

【认缴出资期限届满前，公司作出减资决议而未依法通知债权人的，股东在减资范围内对公司债务承担补充赔偿责任】

江苏万丰光伏有限公司诉上海广力投资管理有限公司、丁烜焜等买卖合同纠纷案[江苏省高级人民法院(2015)苏商终字第00140号民事判决书(《最高人民法院公报》2018年第12期(总第266期))]，注册资本作为公司资产的重要组成部分，既是公司从事生产经营活动的经济基础，亦是公司对外承担民事责任的担保。注册资本的不当减少将直接影响公司对外偿债能力，危及债权人的利益。公司在股东认缴的出资期限届满前，作出减资决议而未依法通知债权人，免除了股东认缴但尚未履行的出资义务，损害了债权人利益。债权人起诉请求股东对公司债务在减资范围内承担补充赔偿责任的，人民法院应予支持。

本案中，关于上诉人丁烜焜、丁一是否应在减资范围内承担补充赔偿责任的问题。《公司法》第三条规定，公司是企业法人，有独立的法人财产，享有法人财产权。公司以其全部财产对公司的债务承担责任。有限责任公司的股东以其认缴的出资额为限对公司承担责任；股份有限公司的股东以其认购的股份为限对公司承担责任。第一百七十七条规定，公司需要减少注册资本时，必须编制资产负债表及财产清单。公司应当自作出减少注册资本决议之日起10日内通知债权人，并于30日内在报纸上公告。债权人自接到通知书之日起30日内，未接到通知书的自公告之日起45日内，有权要求公司清偿债务或者提供相应的担保。据此，我国公司法在明确公司股东的有限责任制的同时，也明确应依法保护公司债权人的合法权益。公司注册资本既是公司股东承担有限责任的基础，也是公司的交易相对方判断公司的财产责任能力的重要依据，公司股东负有诚信出资以保障公司债权人交易安全的责任，公司减资时对其债权人负有根据债权人的要求进行清偿或提供担保的义务。本案中，在上诉人广力投资公司与被上诉人万丰光伏公司发生硅料买卖关系时，广力投资公司的注册资本为2500万元，后广力投资公司注册资本减资为500万元，减少的2000万元是丁烜焜、丁一认缴的出资额，如果广力投资公司在减资时依法通知其债权人万丰光伏公司，则万丰光伏公司依法有权要求广力投资公司清偿债务或提供相应的担保，万丰光伏公司作为债权人的上述权利并不因广力投资公司前期出资已缴付到位、实际系针对出资期限未届期的出资额进行减资而受到限制。但广力投资公司、丁烜焜、丁一在明知广力投资公司对万丰光伏公司负有债务的情形下，在减资时既未依法通知万丰光伏公司，亦未向万丰光伏公司清偿债务，不仅违反了上述《公司法》第一百七十七条的规定，也违反了上述《公司法》第三条"有限责任公司的股东以其认缴的出资额为限对公司承担责任"的规定，损害了万丰光伏公司的合法权益。而基于广力投资公司的法人资格仍然存续的事实，原审判决广力投资公司向万丰光伏公司还款，并判决广力投资公司股东丁烜焜、丁一对广力投资公司债务在其减资范围内承担补充赔偿责任，既符合上述公司法人财产责任制度及减资程序的法律规定，又与《最高人民法院关于适用〈中华人民共和国公司法〉若干问题的规定(三)》第十三条第二款关于"公司债权人请求未履行或未全面履行出资义务的股东在未出资本息范围内对公司债务不能清偿的部分承担补充赔偿责任的，人民法院应予支持"的规定一致，合法有据。

基于上诉人广力投资公司违约延期付款给被上诉人万丰光伏公司造成损失的客观事实，以及股东负有诚信出资担保责任以保障公司债权人的交易安全的基本法律原则，在广力投资公司减资未依法通知债权人万丰光伏公司的情形下，判令上诉人丁烜焜、丁一在减资范围内对广力投资公司不能还款部分承担补充赔偿责任，既未超出丁烜焜、丁一认缴的出资额，也与其在减资过程中向工商管理部门出具的关于"在法律规定的范围内提供相应的担保"的说明不悖，未超过其合理预期，合法正确。

【公司股东无权直接起诉公司要求进行减资并分配减资款】

许宏茂诉苏州炭黑厂有限公司公司减资纠纷案[江苏省苏州市平江区人民法院(2011)

平商初字第0066号民事判决书],公司减资通常分为实质性减资和形式性减资,以实现提高剩余资本效用或缩小注册资本与净资产差距的不同目的。公司是否减资以及进行何种性质的减资应由公司股东会决议决定。作为与减资具有直接利益关联的股东,如认为公司减资程序不合法,可提出确认之诉;如认为公司减资决议不合理,可提出撤销之诉;如认为公司减资损害其合法利益,还可提起赔偿之诉。但无权直接起诉公司要求进行减资并分配减资款。

【有限责任公司减资违反通知义务与股东责任承担】

冀书春与五矿钢铁有限责任公司公司减资纠纷上诉案[北京市第一中级人民法院(2011)一中民终字第6388号民事判决(《人民司法·案例》2011年第16期)],有限责任公司未按照《公司法》第一百七十八条(编者注:现为该法第一百七十七条)之规定通知债权人即减少注册资本的,公司债权人可以请求股东在收回出资的范围内对减资前的公司债务承担补充赔偿责任。

【有限责任公司违法减资时股东对公司债权人的民事责任】

刘春辉诉白华榕等公司减资纠纷案[北京市第一中级人民法院(2011)一中民终字第10849号民事判决书],公司未按照《公司法》第一百七十八条(编者注:现为该法第一百七十七条)之规定通知债权人,或者未按照债权人的要求清偿债务或提供相应的担保即减少注册资本的,公司债权人可以要求股东在各自收回出资的范围内对减资前的公司债务连带承担补充赔偿责任。

第一百七十八条 【公司增资】 有限责任公司增加注册资本时,股东认缴新增资本的出资,依照本法设立有限责任公司缴纳出资的有关规定执行。

股份有限公司为增加注册资本发行新股时,股东认购新股,依照本法设立股份有限公司缴纳股款的有关规定执行。

一、相关司法解释及两高工作文件

《最高人民法院执行工作办公室关于股东因公司设立后的增资瑕疵应否对公司债权人承担责任问题的复函》([2003]执他字第33号),关于股东因公司设立后的增资瑕疵应否对公司债权人承担责任问题,回复如下:

公司增加注册资金是扩张经营规模、增强责任能力的行为,原股东约定按照原出资比例承担增资责任,与公司设立时的初始出资是没有区别的。公司股东若有增资瑕疵,应承担与公司设立时的出资瑕疵相同的责任。但是,公司设立后增资与公司设立时出资的不同之处在于,股东履行交付资产的时间不同。正因为这种时间上的差异,导致交易人(公司债权人)对于公司责任能力的预期是不同的。股东按照其承诺履行出资或增资的义务是相对于社会的一种法定的资本充实义务,股东出资或增资的责任应与公司债权人基于公司的注册资金对其责任能力产生的判断相对应。本案中,南通开发区富马物资公司(以下简称富马公司)与深圳龙岗电影城实业有限公司(以下简称龙岗电影城)的交易发生在龙岗电影城变更注册资金之前,富马公司对于龙岗电影城责任能力的判断应以其当时的注册资金500万元为依据,而龙岗电影城能否偿还富马公司的债务与此后龙岗电影城股东深圳长城(惠华)实业企业集团(以下简称惠华集团)增加注册资金是否到位并无直接的因果关系。惠华集团的增资瑕疵行为仅对龙岗电影城增资注册之后的交易人(公司债权人)承担相应的责任,富马公司在龙岗电影城增资前与之交易所产生的债权,不能要求此后增资行为瑕疵的惠华集团承担责任。

二、相关文件规定

《公司注册资本登记管理规定》(自2014年3月1日起施行)对公司增资,规定如下:

第十条 公司增加注册资本的,有限责任公司股东认缴新增资本的出资和股份有限公司的股东认购新股，应当分别依照《公司法》设立有限责任公司和股份有限公司缴纳出资和缴纳股款的有关规定执行。股份有限公司以公开发行新股方式或者上市公司以非公开发行新股方式增加注册资本的，还应当提交国务院证券监督管理机构的核准文件。

三、相关案例

【因股东投资意思表示不明确致使公司增资不成立的后果处理】

唐颖与上海澳仪国际贸易有限公司公司增资纠纷上诉案［上海市第一中级人民法院(2018)沪01民终2769号民事判决书］，公司增资作为公司重要事项，属于要式法律行为，不仅需要合意基础，还需要符合法律以及公司章程规定的股东会决议、工商登记变更等形式和手续。在各方股东未形成有效决议的情况下，涉案增资行为因不具备法律规定的要件而不成立，自然也不发生法律效力。

本案的争议焦点在于唐颖的17万元款项投入是否构成对澳仪公司的有效增资。

第一，根据另案生效判决，王韧投入澳仪公司的51万元被认定为借款，且王韧表示股东间未就增资达成协议，如果其他股东自行增资，将会稀释其股权比例，损害其合法权益。在无其他证据证明的情况下，不能认为三名股东间曾达成如下协议，即允许两名股东的出资是股权性质的增资，而另一名股东的出资只具有债权性质。因此，两名股东单独增资澳仪公司的方式，不应被认为具有合理性和可行性。

第二，公司增资作为公司重要事项，属于要式法律行为，不仅需要合意基础，还需要符合法律以及公司章程规定的股东会决议、工商登记变更等形式和手续。从本案来看，既不存在股东之间书面的增资协议，也没有形成增资的股东会决议，当然也就不可能发生工商登记变更事项。

第三，澳仪公司的资产负债表显示，资本公积一栏的数额经常变动，该17万元并非始终列入资本公积。茅文燕虽然表示与其他两名股东达成过口头增资协议，但其作为大股东和公司法定代表人，却未将自己投入的102万元始终列入资本公积一栏。这说明，茅文燕本人也并未积极促成增资目的的实现。

第四，根据现有的公司章程，澳仪公司将难以形成涉案相关的增资决议，在增资事项上可能会长期形成僵局，不利于澳仪公司的正常运作。基于公司治理的正当考量，也应当选择有利于促成公司有效治理，并且有利于维护股东，特别是非控股股东利益的方案，而不是相反。

基于上述因素，唐颖投入澳仪公司17万元款项的增资目的客观上无法实现，涉案增资行为因不具备法律规定的要件而不成立，自然也不发生法律效力。

【公司纠纷中目标公司基于第三人利益合同享有独立请求权】

青岛艺华绣品有限公司与利敦新港（青岛）家纺有限公司等增资纠纷上诉案［山东省高级人民法院(2014)鲁民四终字第60号民事裁定书］，公司股东之间达成的股东向目标公司增资的协议，属于典型的第三人利益合同。第三人利益合同中，当事人双方约定债务人向第三人履行义务，第三人享有独立的请求权。第三人利益合同的产生，使合同不仅在当事人之间产生了拘束力，而且对第三人也发生了效力。

关于青岛艺华绣品有限公司通过与利敦伯公司、威斯理公司签订增资协议书以土地使用权向利敦新港（青岛）家纺有限公司增资行为的效力问题，青岛艺华绣品有限公司主张无效的理由集中在作价过低、没有支付对价以及没有履行原告内部决策程序等。法院认为，青岛艺华绣品有限公司以土地使用权增资扩股，是其自主决定，作价高或低不是认定增资行为有效或无效的审查因素。至于目标公司或其他股东是否需要向青岛艺华绣品有限公司支付对价、如何支付对价、是否实际支付对价，对于认定增资行为的效力没有影响。青岛艺华绣品有限公司内部决策程序的欠缺或瑕疵无当然对抗外部第三人的效力。因此，青岛艺华绣品有限公司主张其以土地使用权向利敦新港（青岛）家纺有限公司增资行为无效，没有法律依据。

【增资股东资格的效力认定】

上海科技创业投资股份有限公司与上海东凌投资顾问有限公司股东资格确认纠纷案[上海市黄浦区人民法院(2017)沪0101民初7636号民事判决书],公司某一股东有权起诉要求确认公司其他股东对公司的股东身份无效。未经对作为国有企业的标的公司净资产进行审计评估,投资人便通过增资方式获得新股权,直接导致原股东的股份被稀释,侵害了国家利益及社会公共利益,该增资行为当属无效。国有企业的法定代表人利用职务上的便利,未经法定程序,将公司所持股权以原始出资额的价格转让给他人,直接导致国有资产流失,从而使国家利益、社会公共利益受损,该股权转让行为无效。

1. 本案原告所提起确认之诉并非请求确认其与目标公司即"中企人力"间是否存在股东资格,而是要求确认公司其他股东被告对"中企人力"的股东身份无效。在公司内部某一股东对其他股东的资格异议之诉,我国现行《公司法》及司法解释对此并无授权性的规定。但是,原告诉讼请求据以主张的部份事实基础在于,被告增资入股"中企人力"时,未对公司的净资产进行评估,仅按注册资本比例确定持股比例。被告此举意味着其增资价格可能低于每股净资产,所导致的后果是摊薄了包括原告在内的其他小股东的权益,故被告的某某行为与包括原告在内的其他股东存在直接的利害关系,原告由此提起本次诉讼符合我国《民事诉讼法》当事人起诉的条件。更重要的是,原告本次诉讼机制系主张,被告增资及受让股权的行为因违反法律禁止性的规定而无效。无效合同违反了法律和社会公共利益,由此决定了国家要对无效合同予以主动干预。这种干预主要表现在,纠纷诉至法院后,法院不待当事人请求确认合同无效,便可以主动审查合同或行为是否具有无效的因素,如果发现合同属于无效范畴,便应主动确认合同无效,即确认合同无效系法院的职权。据此理解,若拒绝原告的起诉,法院则缺乏审查系争合同效力的空间,无疑削弱了法院司法职权。根据以上分析,原告有权提起本次诉讼。

2. 原告的诉权争议被解决之后,随之所面临的问题是,被告的股东身份是否无效。根据被告入股"中企人力"的轨迹来看,被告对"中企人力"的股东身份源于对该公司的增资及受让"国企商务"的股权。

首先,关于被告对"中企人力"的增资。公司增资活动具有较强的商业性,一般情况下,司法对有限责任公司增资扩股行为并无实质性审查的必要。但是,本案中被告的增资方案未按经审计评估的净资产进行增资,而是增资70万元便按照注册资本进行增资。事实上,在"中企人力"经营状况良好,存在大量资本盈余的情况下,依据净资产计算的单位股权价格高于依据注册资本计算的单位股权价格。增资股份认购价格公平与否的判断标准在于,除非仅在公司内部全体股东按出资比例参与认购,否则不得以低于公司净资产的价格认购新增股份。"中企人力"及其部份股东"国际合作""国企商务"均系国家出资企业,被告未经对"中企人力"净资产进行审计评估便获得41.18%股权,直接导致"国际合作"及"国企商务"原有的股份被稀释,显然侵害了国家利益及社会公共利益,其增资行为当属无效。

其次,关于被告受让"国企商务"对"中企人力"的股权。"国企商务"系国家出资企业,其对外投资所形成的股权属于企业国有资产。对于企业国有资产的转让程序及方式,国家均有相应的强制性规定。本案中,邵向阳利用时任"国企商务"法定代表人的便利,未经上述法定程序,将该公司所持"中企人力"的股权以原始出资额的价格转让给其实际控制的被告,直接导致国有资产流失,从而使国家利益、社会公共利益受损。因此,前两者的股权转让行为无效。

【虚拟增资降低公司股东持股比例的增资行为无效,股东持股比例不变】

黄伟忠诉陈强庆等股东资格确认案[上海市第二中级人民法院2013年4月11日民事判决书(《最高人民法院公报》2015年第5期(总第223期))],原有股东没有对其股权作出处分,除非公司进行了合法的增资,否则公司的原有股东的持股比例不应当降低。未经公司有效的股东会决议通过,他人虚假向公司增资以"稀释"公司原有股东股份,该行为损害原有股东的合法权益，即使该出资行为已被工商行政机关备案登记，仍应认定为无效，公司原有股东股权比例应保持不变。

【以合法形式掩盖非法目的的增资协议，应认定无效】

余盛与贵州泰邦生物制品有限责任公司等股权确认、盈余分配纠纷上诉案［最高人民法院(2013)民二终字第19号民事判决书］，本案是因有限责任公司外部增资引发的纠纷，增资方请求确认其股东身份和基于股东身份请求公司盈余分配，本案是确认和给付并存之诉，确认之诉是给付之诉的前提，给付之诉是确认之诉的法律后果。

我国《公司法》第一百七十九条（编者注：现为该法第一百七十八条）规定，有限责任公司增加注册资本时，股东认缴新增资本的出资，依照本法设立有限责任公司缴纳出资的有关规定执行。第三十八条（编者注：现为该法第三十七条）规定，股东会行使的第七项职权是对公司增加或者减少注册资本作出决议。第四十七条（编者注：现为该法第四十六条）规定，董事会对股东会负责，行使的第六项职权是制订公司增加或者减少注册资本以及发行公司债券的方案。第四十四条（编者注：现为该法第四十三条）第二款规定，股东会会议作出修改公司章程、增加或者减少注册资本的决议，以及公司合并、分立、解散或者变更公司形式的决议，必须经代表三分之二以上表决权的股东通过。根据上述法律规定，增资属于公司重大事项，必须经过三分之二以上资本多数决或者全部同意方可实行，由股东会作出决议或全部股权同意后，由董事会制订实施方案。因增资和出资发生纠纷如何适用法律，最高人民法院出台的《关于适用〈中华人民共和国公司法〉若干问题的规定（三）》作了相关解释。第二十二条规定，当事人向人民法院起诉请求确认其股东资格的，应当以公司为被告，与案件争议股权有利害关系的人作为第三人参加诉讼。所以，合法有效的股东会决议是增资的前提，增资应当由公司具体实施，由公司与增资人签订协议。如果增资协议严格依照股东会决议签订，且增资协议内容客观真实、没有违反法律规定、没有损害他人利益的，增资协议应为有效。

本案黔峰公司为确保改制上市，就引入战略投资者议案召开股东会，以91%股权赞成引入战略投资者形成股东会决议。该股东会决议是各股东自愿约束股权和充分表达意志基础上投票形成的，决议内容没有违反法律规定或损害他人利益，故合法有效。黔峰公司增资股东会决议有两个具体目的，一是为了改制上市，二是引入战略投资者。所以，黔峰公司对外签订增资协议时，应当引入战略投资者并实现改制上市的目的，但本案增资协议并未按照股东会决议引入战略投资者。

对于战略投资者的概念，资本市场上一般理解为，符合法律规定要求，按照发行人发行配售条件签订认购协议，且与发行人业务紧密长期持有发行人股票的法人。具体而言，战略投资者在资金、技术、管理、市场、人才等方面具有优势，能够对发行人起到促进产业升级、增强创新和竞争力、拓展市场占有率等作用。故而战略投资者一般为法人，自然人除了资金以外，其他优势很难企及。本案余盛等人，作为德邦证券高管的近亲属，除了资金一项以外，其他方面均不符合战略投资者的条件。黔峰公司股东会决议，是为了引入战略投资者而增资，增资对象应当是对公司改制上市起到促进和帮助作用，对公司发行上市后仍起到积极促进作用，而非仅是投入资本金的投资者。原黔峰公司法定代表人高翔，在对外签订增资协议时，没有按照股东会决议设定的条件要求，而将余盛作为战略投资者与之签订了增资协议，超越了黔峰公司股东会决议范畴。

有限公司改制上市，根据中国证监会相关规定，要经历改制和上市辅导、发行申报与审核、股票发行与挂牌等程序。在改制环节，证券公司等中介机构要为标的公司提供财务顾问服务，进行资产评估、出资和股权规范等。在发行上市环节，证券公司作为保荐机构还要做尽职调查与辅导、申报申请文件，中国证监会审核通过后，证券公司要进行路演询价和定价、股票发行上市等工作。中国证券业协会在《证券从业人员执业行为准则》规定，证券公司在对客户提供服务时，证券公司的从业人员必须尽职勤勉，不得从事下列禁止性行为：一是不得损害所在机构或者他人的合法权益；二是不得从事与其履行职责有利益冲突的业务；三是不得从事或协同他人从事欺诈、内幕交易等非法活动；四是《证券法》第四十三条规定的“证券交易所、证券公司和证券登记结算机构的从业人员、证券监督管理机构的工作人员以及法律、行政法规禁止参与股票交易的其他人员，在任期或者法定期限内，不得直接或者以化名、借他人名义持有、买卖股票，也不得收受他人赠送的股票。”德邦证券为黔峰公司改制上市提供财务顾问服务，余盛作为时任德邦证券总经理余云辉的弟弟，被德邦证券作为战略投资者推荐给黔峰公司，与黔峰公司签订的增资协议，在合同合法表面下掩盖了利益输送、损害他人利益等非法目的。德邦证券为黔峰公司提供服务，是要使得黔峰公司符合发行上市的条件，从而公开发行股票和上市交易。如果黔峰公司发行上市，余云辉及余盛的行为将违反内幕交易和从业人员买卖股票的禁止性的规定，构成内幕交易和从业人员买卖股票的违法行为。之所以没有最终构成该两类违法行为，是因为德邦证券和余盛意志以外的因素所导致，即黔峰公司控制股东控制权变化而放弃了公开发行和上市的计划，并非德邦证券和余盛自行终止或消除了即将发生的违法行为。因此，余盛与黔峰公司签订的本案增资协议，是属于以合法形式掩盖非法目的的无效合同，故余盛确认新增资本股东身份的诉讼请求不应获得支持，本院对其已完成出资业已取得股东资格的上诉主张不予支持。本院对泰邦公司和贵阳大林公司关于德邦证券高管人员隐瞒事实，为近亲属进行利益输送，谋求不正当利益，违反了诚实信用原则，损害了黔峰公司及其股东的权益的答辩主张予以支持。基于余盛不享有新增股东资格，故其也不应享有黔峰公司盈余分配的权利。因本案系余盛诉请确认股东身份和盈余分配，且二审中与泰邦公司无法达成调解，故其向黔峰公司已付资金可以通过其他途径解决。

【民间融资投资活动的估值调整机制要遵守公司法和合同法的规定】

厦门金泰九鼎股权投资合伙企业（有限合伙）与被告骆鸿、江西旭阳雷迪高科技股份有限公司公司增资纠纷案［福建法院2015年度十大典型案件发布之六］，2010年，原告厦门金泰九鼎股权投资合伙企业（有限合伙）（以下简称金泰九鼎）与被告骆鸿、江西旭阳雷迪高科技股份有限公司（以下简称旭阳雷迪公司）签订“对赌”协议，约定金泰九鼎与其他投资人以增资扩股方式投资于旭阳雷迪公司，若旭阳雷迪公司未能实现年度利润，旭阳雷迪公司应对投资人进行补偿，股东骆鸿承担担保责任。因旭阳雷迪公司未能依约实现年度利润并上市，金泰九鼎诉求法院判决：骆鸿与旭阳雷迪公司连带给付现金补偿款2920多万元。骆鸿、旭阳雷迪公司抗辩认为，“对赌”协议无效，股东承担的是保证责任，公司无法实现利润系因“双反”引起，构成情势变更，请求驳回旭阳雷迪公司的诉讼请求。

法院在审理过程中对以下焦点问题进行了分析论证：一是关于“对赌”条款的效力问题。判决提出“对赌”条款效力认定应遵循商事法律规范，评价融资公司承诺补偿行为的效力应当遵守公司法有关公司资本维持原则的规定。该原则强调公司至少须维持相当于资本额的财产，以具体财产充实抽象资本。公司债权人可以在与公司交易中得到最低限度的担保，从而实现对其利益的保护。向股东返还资本则意味着从债权人有权获得支付的资本中攫取财富。如果融资公司可以直接作为补偿主体，必将不当减少公司资产，损害公司及债权人的利益。股东与公司“对赌”的约定，使股东的投资可以取得相对固定收益，该收益脱离公司的经营业绩，损害公司利益和公司债权人利益，违反《公司法》第二十条之规定，该部分条款无效。二是关于股东责任形式问题。判决从股东承诺补偿责任与保证责任的区别等方面，从保证合同法律关系的特征出发分析了股东对赌并非担保责任，而是控股股东与投资人就未来一段时间内目标公司的经营业绩进行约定，如目标企业未实现约定的业绩，则需按一定标准与方式对投资人进行补偿的条款。股东对投资人的补偿承诺并不损害公司及公司债权人的利益，不违反法律法规的禁止性规定，依法有效。股东应承担直接补偿责任。三是关于情势变更的适用问题。判决从正常的商业风险的识别及情势变更的适用，论证了“双反”属于正常商业风险不构成情势变更的问题。

【增资协议已实际履行，投资人不能以公司及原股东的承诺否认增资的效力】

宁夏广播电视网络有限公司与宁夏鸿雪隆房地产开发有限公司、徐红学、王静、何勇合同纠纷案[最高人民法院(2011)民二终字第54号民事判决书],公司成立后,为筹集资金、扩大经营规模,可依照法定的条件和程序增加公司的注册资本数额,我国《公司法》对公司增资具体要求作出明确规定。公司资本一经增加,非依法定程序不可随意变更。因公司以资本为信用,对外具有公示效力的公司资本股东不得抽回。本案中鸿雪隆公司增资行为经股东大会全体股东决议通过,并相应变更公司章程及工商登记,网络公司以1850万元出资占有鸿雪隆公司增资后51.4%的股权,符合公司增资的法定条件和程序,《增资协议书》已实际履行。增资行为一旦成立,网络公司即享有对鸿雪隆公司出资对应的股权,可依法行使股东权利,但不得抽回出资。网络公司向鸿雪隆公司自主投资,其应对市场风险、公司发展有充分了解和独立判断,公司及原股东的承诺不能成为其规避投资风险、抽回出资的理由,更不能以此否认增资的效力。因此,《增资协议书》关于鸿雪隆公司增资1850万元,由网络公司以现金方式投入的约定符合公司增资的法定要求,并已实际履行完毕,网络公司主张确认协议无效并返还增资款1850万元及相应利息的诉讼请求于法无据,本院不予支持。

【虚假出资的新增股东对公司旧债应否承担责任】

中国信达资产管理公司广州办事处与西宁国新投资控股有限公司借款合同纠纷上诉案[广东省高级人民法院(2006)粤高法民二终字第169号民事判决书(《人民司法·案例》2007年第18期)],有限责任公司的新增股东虚假增资的行为,违背了诚信原则,且已经损害了债权人的合法权益,该新增股东应对公司所欠旧债在虚假增资的范围内承担补充清偿责任。

第一百七十九条 【公司变更的登记】 公司合并或者分立,登记事项发生变更的,应当依法向公司登记机关办理变更登记;公司解散的,应当依法办理公司注销登记;设立新公司的,应当依法办理公司设立登记。

公司增加或者减少注册资本,应当依法向公司登记机关办理变更登记。

一、相关司法解释及两高工作文件

《最高人民法院关于审理与企业改制相关的民事纠纷案件若干问题的规定》(法释〔2003〕1号)对被兼并企业未办理工商注销登记时的责任主体,规定如下:

第三十四条 企业吸收合并或新设合并后,被兼并企业应当办理而未办理工商注销登记,债权人起诉被兼并企业的,人民法院应当根据企业兼并后的具体情况,告知债权人追加责任主体,并判令责任主体承担民事责任。

二、相关文件规定

《中华人民共和国公司登记管理条例(2016修订)》(自1994年7月1日起施行),对于变更登记和注销登记,规定如下:

第五章 变更登记

第二十六条 公司变更登记事项,应当向原公司登记机关申请变更登记。

未经变更登记,公司不得擅自改变登记事项。

第二十七条 公司申请变更登记,应当向公司登记机关提交下列文件:

(一)公司法定代表人签署的变更登记申请书;

(二)依照《公司法》作出的变更决议或者决定;

(三)国家工商行政管理总局规定要求提交的其他文件。

公司变更登记事项涉及修改公司章程的,应当提交由公司法定代表人签署的修改后的公司章程或者公司章程修正案。

变更登记事项依照法律、行政法规或者国务院决定规定在登记前须经批准的，还应当向公司登记机关提交有关批准文件。

第二十八条 公司变更名称的，应当自变更决议或者决定作出之日起30日内申请变更登记。

第二十九条 公司变更住所的，应当在迁入新住所前申请变更登记，并提交新住所使用证明。

公司变更住所跨公司登记机关辖区的，应当在迁入新住所前向迁入地公司登记机关申请变更登记；迁入地公司登记机关受理的，由原公司登记机关将公司登记档案移送迁入地公司登记机关。

第三十条 公司变更法定代表人的，应当自变更决议或者决定作出之日起30日内申请变更登记。

第三十一条 公司增加注册资本的，应当自变更决议或者决定作出之日起30日内申请变更登记。

公司减少注册资本的，应当自公告之日起45日后申请变更登记，并应当提交公司在报纸上登载公司减少注册资本公告的有关证明和公司债务清偿或者债务担保情况的说明。

第三十二条 公司变更经营范围的，应当自变更决议或者决定作出之日起30日内申请变更登记；变更经营范围涉及法律、行政法规或者国务院决定规定在登记前须经批准的项目的，应当自国家有关部门批准之日起30日内申请变更登记。

公司的经营范围中属于法律、行政法规或者国务院决定规定须经批准的项目被吊销、撤销许可证或者其他批准文件，或者许可证、其他批准文件有效期届满的，应当自吊销、撤销许可证、其他批准文件或者许可证、其他批准文件有效期届满之日起30日内申请变更登记或者依照本条例第六章的规定办理注销登记。

第三十三条 公司变更类型的，应当按照拟变更的公司类型的设立条件，在规定的期限内向公司登记机关申请变更登记，并提交有关文件。

第三十四条 有限责任公司变更股东的，应当自变更之日起30日内申请变更登记，并应当提交新股东的主体资格证明或者自然人身份证明。

有限责任公司的自然人股东死亡后，其合法继承人继承股东资格的，公司应当依照前款规定申请变更登记。

有限责任公司的股东或者股份有限公司的发起人改变姓名或者名称的，应当自改变姓名或者名称之日起30日内申请变更登记。

第三十五条 公司登记事项变更涉及分公司登记事项变更的，应当自公司变更登记之日起30日内申请分公司变更登记。

第三十六条 公司章程修改未涉及登记事项的，公司应当将修改后的公司章程或者公司章程修正案送原公司登记机关备案。

第三十七条 公司董事、监事、经理发生变动的，应当向原公司登记机关备案。

第三十八条 因合并、分立而存续的公司，其登记事项发生变化的，应当申请变更登记；因合并、分立而解散的公司，应当申请注销登记；因合并、分立而新设立的公司，应当申请设立登记。

公司合并、分立的，应当自公告之日起45日后申请登记，提交合并协议和合并、分立决议或者决定以及公司在报纸上登载公司合并、分立公告的有关证明和债务清偿或者债务担保情况的说明。法律、行政法规或者国务院决定规定公司合并、分立必须报经批准的，还应当提交有关批准文件。

第三十九条 变更登记事项涉及《企业法人营业执照》载明事项的，公司登记机关应当换发营业执照。

第四十条 公司依照《公司法》第二十二条规定向公司登记机关申请撤销变更登记的，应当提交下列文件：

（一）公司法定代表人签署的申请书；

（二）人民法院的裁判文书。

第六章 注销登记

第四十一条 公司解散，依法应当清算的，清算组应当自成立之日起10日内将清算组成员、清算组负责人名单向公司登记机关备案。

第四十二条 有下列情形之一的，公司清算组应当自公司清算结束之日起30日内向原公司登记机关申请注销登记：

（一）公司被依法宣告破产；

（二）公司章程规定的营业期限届满或者公司章程规定的其他解散事由出现，但公司通过修改公司章程而存续的除外；

（三）股东会、股东大会决议解散或者一人有限责任公司的股东、外商投资的公司董事会决议解散；

（四）依法被吊销营业执照、责令关闭或者被撤销；

（五）人民法院依法予以解散；

（六）法律、行政法规规定的其他解散情形。

第四十三条 公司申请注销登记，应当提交下列文件：

（一）公司清算组负责人签署的注销登记申请书；

（二）人民法院的破产裁定、解散裁判文书，公司依照《公司法》作出的决议或者决定，行政机关责令关闭或者公司被撤销的文件；

（三）股东会、股东大会、一人有限责任公司的股东、外商投资的公司董事会或者人民法院、公司批准机关备案、确认的清算报告；

（四）《企业法人营业执照》；

（五）法律、行政法规规定应当提交的其他文件。

国有独资公司申请注销登记，还应当提交国有资产监督管理机构的决定，其中，国务院确定的重要的国有独资公司，还应当提交本级人民政府的批准文件。

有分公司的公司申请注销登记，还应当提交分公司的注销登记证明。

第四十四条 经公司登记机关注销登记，公司终止。

《国家工商行政管理总局关于做好公司合并分立登记支持企业兼并重组的意见》（工商企字〔2011〕226号）对进一步提供良好的公司合并分立登记服务，规定如下：

（一）支持公司采取多种方式合并分立重组。公司合并可以采取两种形式：一种是吸收合并，指一个公司吸收其他公司后存续，被吸收公司解散；另一种是新设合并，指两个或者两个以上公司归并为一个新公司，原有各公司解散。

公司分立可以采取两种形式：一种是存续分立，指一个公司分出一个或者一个以上新公司，原公司存续；另一种是解散分立，指一个公司分为两个或者两个以上新公司，原公司解散。

（二）支持各类企业合并分立重组。支持依法设立的内资公司按照本意见办理合并、分立登记。外商投资的公司分立，存续或者新设的公司属于内资公司的，可以参照有关法律、行政法规、规章和本意见办理登记。

（三）支持公司自行选择重组公司类型。合并、分立后存续或者新设的公司，只要符合《公司法》规定的条件，可以选择有限责任公司或者股份有限公司类型。

（四）支持公司同时办理重组登记。因公司合并、分立申请办理公司登记，自公告刊登之日起45日后，申请人可以同时申请办理公司注销、设立或者变更登记。其中，不属于同一登记机关管辖的，相关登记机关应当加强登记衔接。需要层级衔接的，上级登记机关要主动协调；需要区域衔接的，先收到有关咨询、申请的登记机关要主动协调。

（五）支持公司自主约定注册资本数额。因合并而存续或者新设的公司，其注册资本、实收资本数额由合并协议约定，但不得高于合并前各公司的注册资本之和、实收资本之和。合并各方之间存在投资关系的，计算合并前各公司的注册资本之和、实收资本之和时，应当扣除投资所对应的注册资本、实收资本数额。

因分立而存续或者新设的公司，其注册资本、实收资本数额由分立决议或者决定约定，但分立后公司注册资本之和、实收资本之和不得高于分立前公司的注册资本、实收资本。

（六）支持公司自主约定股东出资份额。因合并、分立而存续或者新设的公司，其股东（发起人）的出资比例、认缴或者实缴的出资额，由合并协议、分立决议或者决定约定。法律、行政法规或者国务院决定规定公司合并、分立涉及出资比例、认缴或者实缴的出资额必须报经批准的，应当经过批准。

合并、分立前注册资本未足额缴纳的公司，合并、分立后存续或者新设公司的注册资本应当根据合并协议、分立决议或者决定的约定，按照合并、分立前规定的出资期限缴足。

（七）支持分公司办理隶属关系变更。因合并而解散或者分立的公司有分公司的，应当在合并协议、分立决议或者决定中载明其分公司的处置方案。处置方案中载明分公司注销的，应当在公司合并、分立前办理分公司注销登记；处置方案中载明分公司归属于存续或者新设的公司的，可以按照分公司名称变更程序办理分公司隶属关系的变更登记。

（八）支持有限责任公司股权承继。因合并而解散或者分立的公司持有其他有限责任公司股权的，应当在合并协议、分立决议或者决定中载明其持有股权的处置方案。处置方案中载明通过股权转让或者减资方式退出的，应当在公司合并、分立前办理股权所在有限责任公司的股东转让股权或者注册资本、实收资本变更登记；处置方案中载明股权归属于存续或者新设的公司的，可以在公司合并、分立后办理股权所在有限责任公司的股东变更登记。

（九）支持公司一次性申请多项变更登记。公司合并分立时增加股东、增加注册资本等其他登记事项变更的，只要符合《公司法》、《公司登记管理条例》等法律法规和公司章程的规定，可以一并提交相关登记申请，并按照总局内资企业登记材料规范的要求提交申请材料。

第十章　公司解散和清算

第一百八十条　【公司解散原因】 公司因下列原因解散：

（一）公司章程规定的营业期限届满或者公司章程规定的其他解散事由出现；

（二）股东会或者股东大会决议解散；

（三）因公司合并或者分立需要解散；

（四）依法被吊销营业执照、责令关闭或者被撤销；

（五）人民法院依照本法第一百八十二条的规定予以解散。

一、相关法律条文

《中华人民共和国民法总则》（自 2017 年 10 月 1 日起施行）对法人解散，规定如下：

第六十九条　有下列情形之一的，法人解散：

（一）法人章程规定的存续期间届满或者法人章程规定的其他解散事由出现；

（二）法人的权力机构决议解散；

（三）因法人合并或者分立需要解散；

（四）法人依法被吊销营业执照、登记证书，被责令关闭或者被撤销；

（五）法律规定的其他情形。

二、相关司法解释及两高工作文件

《最高人民法院关于适用〈中华人民共和国公司法〉若干问题的规定（二）（2014修正）》（法释［2008］6号），对于公司解散时股东对债权人的责任以及解散清算案件的法院管辖，规定如下：

第二十二条 公司解散时，股东尚未缴纳的出资均应作为清算财产。股东尚未缴纳的出资，包括到期应缴未缴的出资，以及依照公司法第二十六条和第八十条的规定分期缴纳尚未届满缴纳期限的出资。

公司财产不足以清偿债务时，债权人主张未缴出资股东，以及公司设立时的其他股东或者发起人在未缴出资范围内对公司债务承担连带清偿责任的，人民法院应依法予以支持。

……

第二十四条 解散公司诉讼案件和公司清算案件由公司住所地人民法院管辖。公司住所地是指公司主要办事机构所在地。公司办事机构所在地不明确的，由其注册地人民法院管辖。

基层人民法院管辖县、县级市或者区的公司登记机关核准登记公司的解散诉讼案件和公司清算案件；中级人民法院管辖地区、地级市以上的公司登记机关核准登记公司的解散诉讼案件和公司清算案件。

《最高人民法院关于天津市和平区经济贸易委员会与天津狗不理包子速冻食品有限公司、香港浩平发展有限公司申请解散公司纠纷一案仲裁条款效力问题的请示的复函》（［2007］民四他字第37号），对于仲裁条款的管辖权异议，答复如下：

本案中，浩平发展有限公司以其与天津市狗不理包子饮食集团公司之间签订的《合资经营天津狗不理包子速冻食品有限公司合同》中存在仲裁条款为由提出管辖权异议，但本案原告天津市和平区经济贸易委员会并非该合资经营合同的当事人，不受合同中的仲裁条款约束。浩平发展有限公司以合资经营合同中约定了仲裁条款为由提出管辖权抗辩不应予以支持。另外，关于本案所涉合资经营合同中的仲裁条款效力问题，我院［2006］民四他字第14号复函已有明确答复，合同当事方根据此仲裁条款提出的管辖异议应当不予支持。

《最高人民法院执行工作办公室关于恢复执行北京正合坊企划有限公司诉北京万通股份有限公司、北京星辰投资咨询公司房产中介合同的报告》（〔2002〕执监字第81-1号），对于公司解散后的法人资格，报告如下：

一、本案诉讼程序中，北京正合坊企划有限公司具备民事主体资格，我院［1997］民终字第135号民事判决并无不当，应予执行。在执行程序中，虽然北京正合坊企划有限公司被工商部门撤销设立登记，但不影响其在此前所进行的正常交易活动，更不能以此否定二审判决的效力。故对北京万通实业股份有限公司和北京星辰投资咨询公司申诉的北京正合坊企划有限公司自始不具备法人资格的理由不予支持。

二、北京正合坊企划有限公司被撤销设立登记，即丧失了作为市场主体进行经营活动的权利，也失去了对本案的判决申请执行的主体资格。但是，公司法人人格并不因被工商行政管理机关吊销营业执照当然终止，其法人资格必须经清算后才可终止。因此，根据《公司法》第一百九十一条（编者注：现为该法第一百八十三条）的规定，本案应当对北京正合坊企划有限公司进行清算，由原股东组成的清算组作为其法人机关代表行使权利。

《最高人民法院关于企业法人营业执照被吊销后，其民事诉讼地位如何确定的复函》（法经［2000］24号函），对于企业法人营业执照被吊销后，其民事诉讼地位的问题，复函如下：

吊销企业法人营业执照，是工商行政管理机关依据国家工商行政法规对违法的企业法人作出的一种行政处罚。企业法人被吊销营业执照后，应当依法进行清算，清算程序结束并办理工商注销登记后，该企业法人才归于消灭。因此，企业法人被吊销营业执照后至被注销登记前，该企业法人仍应视为存续，可以自己的名义进行诉讼活动。如果该企业法人组成人员下落不明，无法通知参加诉讼，债权人以被吊销营业执照企业的开办单位为被告起诉的，人民法院也应予以准许。该开办单位对被吊销营业执照的企业法人，如果不存在投资不足或者转移资产逃避债务情形的，仅应作为企业清算人参加诉讼，承担清算责任。

三、相关文件规定

《国家工商行政管理局企业注册局关于企业被吊销营业执照前主体资格是否存续等有关问题的答复》（企指字［1999］3号），最近，一些地方工商行政管理局就《企业年度检验办法》第十九条“企业未参加年检不得继续从事经营活动”与国家工商行政管理局《关于企业登记管理若干问题的执行意见》（工商企字［1999］第173号，以下简称《执行意见》）第九条“在吊销营业执照前，企业的法人资格或经营资格仍然存续”是否相矛盾的问题请示我局，现就该问题进一步明确如下：

《执行意见》第九条“在吊销营业执照前，企业的法人资格或经营资格仍然存续”是指企业法人在被吊销营业执照之前，其法人资格仍然存续；不具备法人条件领取《营业执照》的企业，在被吊销营业执照前，其作为经营单位的主体资格仍然存续。但未参加年检或不予通过年检的企业法人或经营单位均不得从事经营活动，并应由工商行政管理机关依照有关法律、法规处理。

四、相关案例

【公司被吊销营业执照属于行政机关强制解散，公司无权再提起司法解散之诉】

大庆中马嘉友生物科技有限公司与大庆市大同医药有限责任公司公司解散纠纷上诉案［黑龙江省高院（2014）黑涉港商终字第5号民事裁定书］，大同医药公司申请解散中马嘉友公司系依据《公司法》第一百八十二条“公司经营管理发生严重困难，继续存续会使股东利益受到重大损失，通过其他途径不能解决的，持有公司全部股东表决权百分之十以上的股东，可以请求人民法院解散公司”之规定，而在大同医药公司提起本案诉讼前，中马嘉友公司已被吊销营业执照。依照《公司法》第一百八十条、第一百八十三条的规定，中马嘉友公司被吊销营业执照属于公司解散的法定事由，中马嘉友公司应当在被吊销营业执照之日起十五日内成立清算组开始清算。如未能自行成立清算组进行清算，债权人和公司股东可以依照《最高人民法院关于适用〈中华人民共和国公司法〉若干问题的规定（二）》第七条之规定，申请人民法院指定清算组进行清算。因中马嘉友公司已被吊销营业执照，属于被行政机关强制解散的情形，其依照法律规定已不得再开展经营活动，自亦丧失了依据《公司法》第一百八十二条之规定，由人民法院审查该公司经营管理是否陷入僵局及是否应予解散之基础。在此情形下，大同医药公司已不享有依照《公司法》第一百八十二条规定诉请解散中马嘉友公司的权利。

【公司解散诉讼的受理条件】

王祥桦诉鹤山市亚富奇摩科技有限公司解散公司纠纷案［江门市中级人民法院（2008）江中法立民终字第197号民事裁定书］，我国《公司法》第一百八十三条（编者注：现为该法第一百八十二条）对解散公司之诉的条件限定为“通过其他途径不能解决”，只有在穷尽其他途径依然不能解决问题的情况下，股东才可以请求人民法院解散公司。公司股东大会已通过决议解散公司，属公司自愿解散的行为，无须再采用司法解散方式解散公司。

【章程规定的解散事由出现时，公司即可解散】

陈德勇诉南京轻研机电发展有限公司解散公司案［南京市白下区人民法院（2006）白民二初字第328号民事判决书］，公司章程对公司、股东、董事、监事、高级管理人员具有约束力，故陈德勇与轻研机电公司均应遵守公司章程的规定。根据《公司法》第一百八十条的规定，公司因下列原因解散：（1）公司章程规定的营业期限届满或者公司章程规定的其他解散事由出现……（5）人民法院依照《公司法》第一百八十二条的规定予以解散；根据轻研机电公司章程第二十八条第二款规定，股东任何一方要求解散公司的，公司可以解散，故轻研机电公司章程规定公司解散事由已出现，陈德勇据此要求解散公司，符合法律规定。对被告轻研机电公司辩称公司必须符合《公司法》第一百八十二条规定条件方可解散的意见，本院认为，该条款系公司僵局时的解散即公司经营管理发生严重困难，继续存续会使股东利益受到重大损失的，通过其他途径不能解决的，持有公司全部股东表决权百分之十以上的股东，可以请求人民法院解散公司，属于《公司法》第一百八十条第（五）项所列公司解散事由，而《公司法》第一百八十条规定了五项公司解散事由，只要具备其中一项事由，公司即可解散，并非五项事由须全部具备，公司方可解散，故不管轻研机电公司经营管理是否发生严重困难，陈德勇均可依据公司章程的规定要求解散公司。综上，陈德勇根据公司章程的约定要求解散公司，符合法律规定，本院予以支持。

【集体企业性质的公司解散后而未进行清算的情况下，债务如何承担】

黄金南诉无为县姚沟建筑安装工程有限公司、无为县姚沟镇人民政府公司解散责任承担纠纷案［安徽省巢湖市中级人民法院（2008）巢民三终字第152号民事判决书］，在公司解散、被吊销营业执照、歇业而未进行清算的情况下，依据现有的法律规定及司法解释，清算主体的责任只能是清理责任和赔偿责任，并无直接的清偿责任的规定。本案参照适用《最高人民法院关于审理与企业改制相关的民事纠纷案件若干问题的规定》，依据《民法通则》的过错责任原则，直接判令集体企业的开办单位和实际控制人承担清偿责任，这与我国《公司法司法解释（二）》第十八条规定的精神也是一致的。

【仲裁机构裁决解散公司没有法律依据，属于无权仲裁】

中海石油化学股份有限公司与山西华鹿阳坡泉煤矿有限公司等公司解散纠纷再审申请案［最高人民法院（2016）最高法民再202号裁定书］，在公司陷入僵局、公司自治已无法实现的情况下，符合条件的股东可以请求人民法院解散公司。现行法律并未赋予仲裁机构解散公司的裁决权。因仲裁机构裁决解散公司没有法律依据，即便阳坡泉煤矿的公司章程规定了公司解散事宜，且约定因执行本章程所发生的或与本章程有关的任何争议均可提请中国国际经济贸易仲裁委员会进行仲裁，其有关公司解散的仲裁协议亦不能发生相应的法律效力。华鹿热电公司有关本案应提交仲裁解决，人民法院不应受理的主张不能成立。

深圳市思创德科技发展有限公司等申请撤销仲裁裁决案［广东省惠州市中级人民法院（2001）惠中法经初字第39号民事裁定书］，对仲裁庭是否超越仲裁范围，对不属于仲裁事项范围内的终止合资公司章程、解散公司的问题，虽然华阳公司有终止合资公司章程的请求，及合资合同约定因执行本合同或与本合同有关的一切争议由合同签订地仲裁机构仲裁的规定，但合资公司章程清楚写明是根据《公司法》的有关法律规定制订，不是依据合资合同有关规定制订的，该章程是合资公司的法律文件，因此，该章程应不属于本合资合同有关的一切争议。根据《公司法》的规定，公司解散包括自愿解散和强制解散两种情形，自愿解散由公司自己的意志决定，是公司章程规定或股东会议决议，强制解散是公司违反法律、行政法规规定，由政府有关主管机关依法责令其关闭。直接向仲裁庭提出解散公司的请求，并作出裁决，无法律依据。况且，各方对解散公司及清算方案未达成一致意见。据此，仲裁庭裁决终止公司章程的履行和解散公司，显然是违反《仲裁法》第五十八条第一款第二项的规定，因此对该部分的裁决应予撤销。

第一百八十一条 【修改公司章程】 公司有本法第一百八十条第（一）项情形的，可以通过修改公司章程而存续。

依照前款规定修改公司章程，有限责任公司须经持有三分之二以上表决权的股东通过，股份有限公司须经出席股东大会会议的股东所持表决权的三分之二以上通过。

第一百八十二条 【司法解散】 公司经营管理发生严重困难，继续存续会使股东利益受到重大损失，通过其他途径不能解决的，持有公司全部股东表决权百分之十以上的股东，可以请求人民法院解散公司。

一、相关司法解释及两高工作文件

《最高人民法院关于适用〈中华人民共和国公司法〉若干问题的规定（五）》（法释［2019］7号）对有限责任公司僵局的股东重大分歧解决机制，规定如下：

第五条 人民法院审理涉及有限责任公司股东重大分歧案件时，应当注重调解。当事人协商一致以下列方式解决分歧，且不违反法律、行政法规的强制性规定的，人民法院应予支持：

（一）公司回购部分股东股份；

（二）其他股东受让部分股东股份；

（三）他人受让部分股东股份；

（四）公司减资；

（五）公司分立；

（六）其他能够解决分歧，恢复公司正常经营，避免公司解散的方式。

《最高人民法院关于适用〈中华人民共和国公司法〉若干问题的规定（二）（2014修正）》（法释［2008］6号）对司法解散诉讼，规定如下：

第一条 单独或者合计持有公司全部股东表决权百分之十以上的股东，以下列事由之一提起解散公司诉讼，并符合公司法第一百八十二条规定的，人民法院应予受理：

（一）公司持续两年以上无法召开股东会或者股东大会，公司经营管理发生严重困难的；

（二）股东表决时无法达到法定或者公司章程规定的比例，持续两年以上不能做出有效的股东会或者股东大会决议，公司经营管理发生严重困难的；

（三）公司董事长期冲突，且无法通过股东会或者股东大会解决，公司经营管理发生严重困难的；

（四）经营管理发生其他严重困难，公司继续存续会使股东利益受到重大损失的情形。

股东以知情权、利润分配请求权等权益受到损害，或者公司亏损、财产不足以偿还全部债务，以及公司被吊销企业法人营业执照未进行清算等为由，提起解散公司诉讼的，人民法院不予受理。

第二条 股东提起解散公司诉讼，同时又申请人民法院对公司进行清算的，人民法院对其提出的清算申请不予受理。人民法院可以告知原告，在人民法院判决解散公司后，依据公司法第一百八十三条和本规定第七条的规定，自行组织清算或者另行申请人民法院对公司进行清算。

第三条 股东提起解散公司诉讼时，向人民法院申请财产保全或者证据保全的，在股东提供担保且不影响公司正常经营的情形下，人民法院可予以保全。

第四条 股东提起解散公司诉讼应当以公司为被告。

原告以其他股东为被告一并提起诉讼的，人民法院应当告知原告将其他股东变更为第三人；原告坚持不予变更的，人民法院应当驳回原告对其他股东的起诉。

原告提起解散公司诉讼应当告知其他股东，或者由人民法院通知其参加诉讼。其他股东或者有关利害关系人申请以共同原告或者第三人身份参加诉讼的，人民法院应予准许。

第五条 人民法院审理解散公司诉讼案件，应当注重调解。当事人协商同意由公司或者股东收购股份，或者以减资等方式使公司存续，且不违反法律、行政法规强制性规定的，人民法院应予支持。当事人不能协商一致使公司存续的，人民法院应当及时判决。

经人民法院调解公司收购原告股份的，公司应当自调解书生效之日起六个月内将股份转让或者注销。股份转让或者注销之前，原告不得以公司收购其股份为由对抗公司债权人。

第六条 人民法院关于解散公司诉讼作出的判决，对公司全体股东具有法律约束力。

人民法院判决驳回解散公司诉讼请求后，提起该诉讼的股东或者其他股东又以同一事实和理由提起解散公司诉讼的，人民法院不予受理。

二、相关案例

【公司解散的目的是维护小股东的合法权益】

吉林荟冠投资有限公司及第三人东证融成资本管理有限公司与长春东北亚物流有限公司、第三人董占琴公司解散纠纷案［最高人民法院（2017）最高法民申2148号民事裁定书（《最高人民法院公报》2018年第7期（总第261期））］，公司解散的目的是维护小股东的合法权益，其实质在于公司存续对于小股东已经失去了意义，表现为小股东无法参与公司决策、管理、分享利润，甚至不能自由转让股份和退出公司。在穷尽各种救济手段的情况下，解散公司是唯一的选择。公司理应按照公司法良性运转，解散公司也是规范公司治理结构的有力举措。

【股东均无继续经营管理公司的意愿与行为时，可以认定为“经营管理发生其他严重困难”】

天津大洋物流有限公司等诉怡海（天津）投资有限公司公司解散纠纷案［天津市第二中级人民法院（2017）津02民终5716号民事判决书（《天津市高级人民法院公报》2018年第1辑（总第18辑））］，《公司法》第一百八十二条以及《最高人民法院关于适用〈中华人民共和国公司法〉若干问题的规定（二）》［以下简称《公司法司法解释（二）》］第一条是判断公司是否符合司法解散情形的主要法律依据，核心在于公司经营管理存在严重困难。虽然通常情况下公司经营管理困难多由股东、董事的正面积极冲突导致，但各股东或董事对公司漠不关心亦可导致经营管理困难。在公司各股东均无继续经营管理公司的意愿与行为的情况下，公司设立的目的落空，应当认定符合《公司法司法解释（二）》第一条第二款第四项“经营管理发生其他严重困难”的情形，人民法院可以依法判决公司解散。

【公司解散诉讼中“经营管理困难”的司法认定】

王保平诉天津澳利矿产有限公司公司解散纠纷案［天津市第二中级人民法院（2016）津02民终2669号民事判决书（《天津市高级人民法院公报》2017年第1辑（总第16辑））］，在公司解散诉讼中，公司经营管理出现严重困难应指公司组织机构的运行出现严重障碍，而非指公司出现亏损、资金短缺等经营性困难，司法裁判中应侧重审查公司是否出现人合性障碍。

首先，关于澳利公司的经营管理是否发生严重困难的问题，依照《公司法司法解释（二）》第一条的规定，判断公司的经营管理是否出现严重困难，应当从公司组织机构的运行状态进行综合分析，其侧重点在于判断公司管理方面是否存在严重的内部障碍，如股东会机制失灵、无法就公司的经营管理进行决策等，不应片面理解为公司资金缺乏、严重亏损等经营性困难。本案中，王保平并未就澳利公司组织机构的运行存在严重内部障碍提供充分的证据。根据法院调查核实的情况看，澳利公司虽然连续两年以上未能召开股东会，但是2015年7月至10月，王保平以及澳利公司各自均有主动召集股东会的意思表示，也均存在主动召集股东会的行为，最终没有成功召开股东会并非双方主观不愿意召开，而是受其他各种因素的影响而未能召开。鉴于王保平以及澳利公司均有主动召集股东会的意愿，在各方协商一致的基础上，仍然存在召开股东会解决公司内部问题的机会，其与上诉人王保平间仍然具有召开股东会并形成有效决议的可能性。因此，认定澳利公司经营管理发生严重困难的事实依据不足。

其次，关于王保平所诉称的澳利公司的经营管理发生其他严重困难，如5年多时间没有向王保平进行分红、通过关联交易转移巨额利润，其继续存续将会使王保平的股东利益受到重大损失的问题，法院认为，王保平并未提供充分的证据证实其该项上诉主张。同时，公司是否进行分红以及是否存在关联交易转移巨额利润的情形，均涉及公司股东利润分配等权益是否受到损害的问题。依据《公司法司法解释(二)》第一条第二款的规定,公司经营中存在的损害股东利润分配权益等情形并不是提起公司解散诉讼的法定事由。况且,公司是否分红以及是否进行关联交易均属于公司实体经营方面的问题,并不属于《公司法司法解释(二)》第一条第一款所规定的公司经营管理出现严重困难的情形,不应适用《公司法司法解释(二)》第一条第一款第(四)项,即经营管理发生其他严重困难,公司继续存续会使股东利益受到重大损失的情形的规定。因此,法院对上诉人王保平所诉请的被上诉人澳利公司经营管理发生其他严重困难,继续存续会使股东利益受到重大损失的上诉请求不予支持。

综上,王保平诉请的澳利公司的经营管理已经发生严重困难,以及澳利公司的经营管理发生其他严重困难,继续存续是否会使股东利益受到重大损失,应当依法解散的上诉请求没有法律和事实依据,法院依法驳回其上诉请求,作出了不予解散澳利公司的认定。

【公司解散纠纷中股东利益的保护】

沈启祥诉海门市苏兴化工贸易有限公司公司解散案[江苏省南通市中级人民法院(2016)苏06民终2613号民事判决书],具体如下。一、苏兴公司经营管理已发生严重困难。其自2011年10月召开最后一次股东会会议后,再未召开过定期股东会议,四股东亦均未按照章程规定提议召开临时股东会会议,苏兴公司已连续五年未能召开股东会会议,亦无法形成有效表决,其权力决策机制已失灵,无法运行长达五年时间,属于法律规定的经营管理严重困难的公司僵局情形。二、苏兴公司的僵局无法通过其他途径解决。公司不应轻易解散,以维持社会稳定及财富的最大化。但经一审、二审法院多轮调解,因各股东之间矛盾过大,各方均未能重新召集并召开股东会议解决目前存在的公司僵局情形,四股东亦始终不能就转让股权、公司回购或减资等维系苏兴公司存续的解决方案达成合意。三、苏兴公司继续存续会使股东利益受到重大损失。苏兴公司现由顾津铭、黄岳良控制并实际经营,经营所得亦由顾津铭、黄岳良二人所享。虽然苏兴公司账面资产已资不抵债,但苏兴公司能够继续经营的事实也从侧面反映了苏兴公司的资产(含无形资产)仍然能够给股东带来利益。现仅顾津铭、黄岳良能利用该资产进行经营并收益,而沈启祥和叶锋不能取得其股权相应的收益,其股东利益已经受到侵犯,苏兴公司的存续也会进一步扩大沈启祥及叶锋的损失。

【股东认可冲突不可调和是否属于经营管理发生其他严重困难情形】

郭仕启诉北京优尼凯尔科技有限公司公司解散案[北京市朝阳区人民法院(2016)京0105民初字第59084号民事判决书],公司经营管理发生严重困难,继续存续会使股东利益受到重大损失,通过其他途径不能解决的,持有公司全部股东表决权百分之十以上的股东,可以请求人民法院解散公司。郭仕启持有优尼凯尔公司51%的股份,有权起诉请求解散公司。对于优尼凯尔公司的经营管理是否发生严重困难的判断,应当从公司的股东会、董事会或执行董事及监事会或监事的运行现状进行综合分析。优尼凯尔公司的股东包括自然人股东郭仕启和法人股东绿泽宇和公司,持股份额分别为51%和49%。上述股东在诉讼中均表示股东之间存有重大矛盾冲突,无法就公司继续经营形成有效股东决议。又鉴于优尼凯尔公司成立后即交由郭仕启为法定代表人的优尼管理公司经营,现优尼管理公司不再继续经营优尼凯尔公司,郭仕启与绿泽宇和公司亦无意愿继续经营优尼凯尔公司,且亦同意解散公司。郭仕启与绿泽宇和公司已不能有效形成包括解散优尼凯尔公司在内的股东会决议,故依据双方的意愿判令解散公司,符合双方股东的利益,对郭仕启要求解散优尼凯尔公司的诉讼请求,予以支持。在判决解散公司后,当事人可依法自行组织清算或者另行申请法院对公司进行清算。

【公司经营管理发生严重困难的司法判断】

江苏省苏州弘健生物技术有限公司与浙江省台州弘正投资有限公司等公司解散纠纷上诉案[江苏省高级人民法院(2015)苏商终字第00161号民事判决书(《人民司法·案例》2017年第32期)],判断解散公司的情形是否发生,应当结合公司经营管理是否发生严重困难、若继续存续股东利益是否会受到重大损失以及是否有其他途径可以解决等进行综合分析。公司的股东会、董事会等公司治理机构虽然正常运行,但因股东之间的严重矛盾导致公司自成立起一直处于亏损状态，且公司核心技术资产在股东冲突中被强制拍卖，预定研发计划无法实施，公司经营陷入无法缓解的困境，导致股东设立公司基本目的落空的，可以认定为公司经营管理发生严重困难。

本案争议焦点是：弘健技术公司是否符合公司法规定的解散条件。根据一审法院对弘健技术公司财产的保全情况以及调取的该公司财务报表，可以证实弘健技术公司自成立以来一直没有盈利，后实际已停业。弘健技术公司的核心资产在公司股东之间的诉讼中被拍卖，导致公司的经营目的已经无法实现，明显存在经营困难的情况。弘健技术公司的存续不仅无法使得各股东设立公司的期待利益得到满足，反而将使股东利益持续受到损失。弘健技术公司成立后，弘正公司、玮琪公司与生健公司就其向弘健技术公司的补充投资问题及其债权、股权等方面产生矛盾并持续进行了多次协商，但始终未能达成一致意见。弘健技术公司虽然表示了意图通过股东调解促成弘健技术公司存续的意愿，但弘正公司与玮琪公司均认为由于弘健技术公司的核心资产被拍卖导致合作基础丧失，明确表示不愿意再通过调解的方式促成纠纷的解决。弘健技术公司的股东已穷尽了其他救济途径，仍无法最终解决纠纷，符合通过司法程序解散公司的条件。综上所述，弘健技术公司的股东之间已经丧失了共同经营管理公司的信任基础，亦丧失了公司核心资产的经济基础，股东各方之间的矛盾已无法通过其他方式解决，弘健技术公司如继续存续，将进一步损害股东的利益。在此情况下，弘正公司、玮琪公司作为合计持股 33.33% 的股东提出解散弘健技术公司，有事实与法律依据，一审判决解散弘健技术公司符合法律规定。二审法院判决：驳回上诉，维持原判。

【隐名股东不能提起公司解散之诉】

沈某芬等诉深圳某五金塑胶有限公司公司解散纠纷案［广东省深圳市前海合作区人民法院（2015）深前法涉外民初字第 73 号民事裁定书（《人民司法·案例》2016 年第 5 期）］，依照《公司法》及其司法解释的规定，有权提起公司解散诉讼的主体是公司股东；根据我国法理通说，这些规定中的股东的内涵是指登记在股东名册上的股东。隐名股东没有登记在公司股东名册上，故不能提起公司解散之诉。

【股东请求解散公司之诉中的条件审查】

列海权与广东省清远市利源环保科技有限公司股权转让纠纷上诉案［广东省高级人民法院（2015）粤高法民二终字第 1040 号民事判决书（《人民司法·案例》2016 年第 23 期）］，公司僵局时，股东可以请求法院解散公司。对于符合《公司法》及相关法律法规规定条件的，人民法院可以依法判决公司解散。司法解散公司需具备请求解散公司的股东持有公司全部股东表决权达到百分之十以上、公司经营管理发生严重困难、公司继续存续会使股东利益受到重大损失、通过其他途径不能解决四个条件。

本案争议的焦点是利源公司是否符合法定的解散条件。《公司法》第一百八十二条规定："公司经营管理发生严重困难，继续存续会使股东利益受到重大损失，通过其他途径不能解决的，持有公司全部股东表决权百分之十以上的股东，可以请求人民法院解散公司。"根据这一规定，司法判决解散公司需具备四个条件：一是请求解散公司的股东必须持有公司全部股东表决权达到百分之十以上；二是公司经营管理发生严重困难；三是公司继续存续会使股东利益受到重大损失；四是通过其他途径不能解决。列海权持有利源公司 50% 股份，按照该公司章程的规定，列海权持有全部股东表决权的 50%，有权提起解散公司之诉。公司权力机制运行失灵，公司陷于僵局是公司经营管理发生严重困难的重要体现。利源公司章程规定，股东会议分为定期会议和临时会议，定期会议每年召开一次。2009 年 12 月列海权受让韩财元的股份后，利源公司迄今既未召开定期股东会，亦未召开临时股东会，表明利源公司的股东会机制运行失灵。人合性是有限公司设立和存续的基础，利源公司权力机制运行失灵，显示该公司的人合性已发生重大危机。此外，列海权与利源公司、韩财元另有民间借贷纠纷，不能私下协商解决，因而诉至法院，进一步表明列海权与韩财元之间缺乏相互信任，利源公司股东之间的人合性基础已经丧失。鉴于列海权与韩财元之间存在重大分歧，且股东会机制运行失灵，如果利源公司继续存续，会使公司利益受损，进而使股东利益受损，违背股东设立和维持公司的初衷。事实上，自列海权成为利源公司股东后，该公司只进行了断续且少量的生产，且从2014年年初起，该公司已无职工，处于停产状态。显然，若利源公司继续存续，股东利益会受到重大损失。列海权与韩财元在一审和二审期间均未能达成和解，本院多次进行调解，双方亦未能就通过股权转让等途径维系公司的存续达成合意。利源公司已具备解散条件，原审认定事实基本清楚，但对法律的理解与适用存在偏差，导致处理结果错误，依法应予纠正。列海权的上诉理由成立，应予支持。

【中外合资经营公司解散的条件】

马塞尔·若尼·欧斯特维与宁波北仑宇创机械工业有限公司公司解散纠纷上诉案［浙江省宁波市中级人民法院（2015）甬仑商外终字第45号民事判决书（《人民司法·案例》2016年第5期）］，公司维持原则是公司解散的基本原则，公司解散必须符合法定条件。而中外合资公司经营决策是否发生严重困难的关键在于董事会能否正常召开，而非决议内容有效与否或实施与否。

与本案相关的问题并非董事会决议内容实施与否及决议是否有效问题，而是确定董事会能否正常召开的问题。宇创公司三位董事于2014年8月11日通过网络在线形式召开了董事会，并形成一致决议，会议记录亦通过电子邮件经马塞尔确认，不违背公司章程关于召开董事会的程序要求，表明董事会机制并未失灵。马塞尔亦未提供充足证据证明中方董事存在侵吞公司财产的行为，故继续经营应不会使马塞尔的合法权益受到重大损失。宇创公司中方董事与外方董事及其所派代表之间虽产生了矛盾，但尚不足以表明董事之间存在长期冲突且无法通过董事会解决、公司经营管理发生严重困难。

【运用法律原则裁判公司僵局】

豪迈尔（北京）能源科技开发有限公司与中石油昆仑天然气利用有限公司等股东资格确认纠纷上诉案［山东省菏泽地区（市）中级人民法院（2015）菏商终字第277号民事判决书（《人民司法·案例》2015年第22期）］，小股东根本无法通过股东会表决方式解除大股东的股东资格，实际上就会陷入了僵局，公司法及其司法解释未对该僵局问题作出条文规定。因此，在没有法律规则的情况下，可以适用法律原则作为裁判依据，以弥补法律空缺。但适用法律原则处理具体案件时，应严格遵循法理学的适用规则，以避免法官盲目动用自由裁量权。

【合伙企业解散的司法认定】

渠文姗诉支点事务所等合伙企业解散纠纷案［江苏省徐州市中级人民法院（2015）徐商终字第0807号民事判决书］，合伙企业协议约定"以长期经营为目的"，且正在正常经营期间的，不能因合伙人内部之间出现矛盾而视为"合伙目的不能实现"；合伙企业仍在经营，合伙人之一认为出现矛盾导致人合性丧失的，应首先选择退伙，而无须合伙企业解散。

【公司司法解散条件的认定】

上海高企电器有限公司与扬州中电制氢设备有限公司公司解散纠纷上诉案［江苏省扬州市中级人民法院（2015）扬商终字第00365号民事判决书］，中电公司并不符合法定的公司解散条件。虽然高企公司作为持有中电公司29%股份的股东，有权提出解散公司的请求，但是高企公司没有能够提供充分的证据证明中电公司经营管理发生严重困难，继续存续会使股东利益受到重大损失。其一，是否分红及是否召开股东会本身并不属于判断公司是否应解散的法定条件。其二，中电公司股东之间产生过诉讼，但是中电公司章程规定股东会决议应由代表三分之二以上表决权的股东表决通过，现中电公司共有三个股东，高企公司仅持股29%，其余两股东吕国爱、宋维生则分别持股40%、31%，仍能够形成有效的股东会决议。现高企公司并无证据证明吕国爱、宋维生之间存在矛盾以致无法对中电公司经营管理形成决议，故高企公司是否参加并不能决定中电公司能否形成股东会决议，且实际上2013年11月20日中电公司已经召开过股东会并形成了决议，因此，高企公司并不能因股东矛盾主张中电公司经营管理发生严重困难。其三，虽然中电公司2013年11月20日的股东会决议内容包括出售厂房，但一方面出售厂房并不意味着必然损害高企公司的利益，另一方面该决议中同时也包括选举新的董事会成员及出售厂房为了偿还债务以确保公司继续生产经营的表述。现中电公司提供了2015年的增值税发票并主张厂房并未全部售出，故在高企公司未能提供相反证据的情况下，不能否定中电公司仍在正常生产经营。

邓坤耀与中山市显利机械制造有限公司公司解散纠纷上诉案［广东省中山市人民法院(2015)中中法民二终字第694号民事判决书］，《公司法》第一百八十二条规定，持有公司全部股东表决权百分之十以上的股东具有提起解散公司诉讼的主体资格。本案中，邓坤耀占有显利公司49%股权，其单独股东表决权已经超过了全部股东表决权的百分之十，其有权提起本案诉讼。显利公司是邓坤耀和梁东明共同出资设立的，二人既是公司股东，又是公司经营管理者。邓坤耀宣称其受到来自梁东明方人员的人身威胁，导致其不敢再回公司。梁东明则向公安机关举报邓坤耀涉嫌犯罪。双方的矛盾冲突已到了不可调和的状态。两股东间的利益冲突和矛盾，导致显利公司的一切决策和管理机制陷入瘫痪，最终导致显利公司停产，且呈持续状态。两股东的对抗已致显利公司的人合性基础被打破，二人继续共同经营显利公司已不可能。因此，显利公司的经营管理已发生严重困难，邓坤耀投资显利公司的目的无法实现，继续存续会使邓坤耀的利益受到重大损失，邓坤耀请求解散显利公司，于法有据，予以支持。

赵峰诉北京卡迪斯医疗科技有限公司公司解散纠纷案［北京市西城区人民法院(2015)西民(商)初字655号民事判决书］，根据卡迪斯公司的公司章程，公司并未设立董事会，仅设立了执行董事代为行使相关职责。卡迪斯公司根据公司章程约定，召开过临时股东会，对于公司的财务状况、经营期限等问题也形成了相应决议，且上述股东会召开前已向赵峰进行了通知，赵峰对此或否决上述股东会会议提议或拒绝参加股东会，卡迪斯公司就此已经履行了对赵峰的通知义务，且在朱明武持股比例为75%的情况下，根据公司章程的约定，其单独即可对公司的重大经营管理事项作出决议。故在上述股东会决议效力未被确认无效的情况下，赵峰与卡迪斯公司、朱明武之间的矛盾并不会影响公司形成有效决议，亦不影响公司的经营管理活动的进行。虽然赵峰与东方中原公司在卡迪斯公司设立前签订过《合作经营企业合同》，并且在合同中约定了新公司的经营期限，但在卡迪斯公司依法设立后，公司章程中对于经营期限的约定内容系对之前《合作经营企业合同》关于经营期限内容的变更，应以公司章程中对于经营期限约定为准。根据公司章程的约定以及公司营业执照上的记载，卡迪斯公司的经营期限至2015年9月29日届满，与此同时，卡迪斯公司于2015年6月16日作出修改公司章程，延长公司经营期限至2020年9月29日。在上述股东会决议未被认定无效的情况下，卡迪斯公司的经营期限已经得到了有效延长，赵峰所主张的经营期限届满的法定解散事由并未发生。另外，从卡迪斯公司仍对外签订合同采购所需物料，对外参展并且为员工缴纳社保的现状来看，卡迪斯公司仍处于正常经营活动状态，并未产生公司经营管理发生严重困难的状况。赵峰在案件的审理过程中，通过函件的方式希望通过卡迪斯公司回购其股权以解决其与卡迪斯公司、其他股东之间的矛盾。据此，解散公司亦非赵峰与卡迪斯公司解决矛盾的唯一途径。卡迪斯公司并不符合公司解散的条件，故对赵峰要求解散卡迪斯公司的主张不予支持。

陈锡联与北京法博洋国际科技发展有限公司等公司解散纠纷上诉案［北京市高级人民法院(2014)高民终字第1129号民事判决书］，持有公司全部股东表决权10%以上的股东起诉要求解散公司，经审查公司近5年符合公司章程的有效决议，若符合《公司法》第一百八十二条规定情形，人民法院应判决解散公司。

首先，法博洋公司经营管理是否发生严重困难。陈锡联上诉称，一审法院判决所谓法博洋公司已经按照公司章程召开了董事会并作出决议，法博洋公司不存在董事会僵局的认定不成立。对此二审法院认为，一审法院判决认定法博洋公司不存在董事会僵局的依据是：张彤彤、刘宏颖按照企业章程的规定，发出敦促通知，虽然敦促通知并未严格按照双挂号信的方式发出，但是可以认定陈锡联已经收到了敦促通知，可以认定法博洋公司已经按照章程的规定召开了董事会，并作出了决议，并不能认定法博洋公司董事会僵局而无法作出决议。那么，一审法院判决中所述的2012年2月20日法博洋公司召开的董事会是否符合公司章程的约定呢？

法博洋公司章程第二十四条规定：如果一方或数方所委派的董事不出席董事会会议也不委托他人代表出席会议，致使董事会5天内不能就法律、法规和本章程所列之公司重大问题或事项作出决议，则其他方（通知人）可以向不出席董事会会议的董事及委派他们的一方或数方（被通知人），按照该方法定地址（住所）再次发出书面通知，敦促其在规定日期内出席董事会会议。公司章程第二十五条规定：前条所述之敦促通知应至少在确定召开会议日期的60日前，以双挂号函方式发出，并应当注明在本通知发出的至少45日内被通知人应书面答复是否出席董事会会议。如果被通知人在通知规定期限内仍未答复是否出席董事会会议，则应视为被通知人弃权，在通知人收到双挂号函回执后，通知人所委派的董事可召开董事会特别会议，即使出席该董事会特别会议的董事达不到举行董事会会议的法定人数，经出席董事会特别会议的全体董事一致通过，仍可就公司重大问题或事项作出有效决议。

上述公司章程的规定表明，召开董事会特别会议有两个前提条件：其一，被通知人在规定期限内未答复是否出席会议；其二，会议通知人收到寄发敦促通知的双挂号函回执。必须同时符合两项前提要件，通知人才可召开特别会议，并在出席特别会议的董事未达到法定人数时作出有效决议。需要强调的是，从文义上看，公司章程明确规定，只要被通知人在规定期限内答复（不论答复出席或答复不出席），就不能召开特别会议。只有被通知人在规定期限内不答复，才能视为弃权而召开特别会议。

对于2012年2月20日上午召开的董事会特别会议，张彤彤于2011年12月19日向陈锡联、晏学宁寄出了再次召开董事会会议的信件。2012年1月19日，陈锡联向张彤彤发函通知2012年2月9日召开2012年度董事会的会议，并在通知后附《关于公司副董事长张彤彤先生召开董事会通知的回复》。该回复载明：依据法博洋公司章程第二十一条规定，董事会会议应由董事长召集并主持会议。张彤彤作为副董事长不具备召开并主持董事会会议的资格，因此，陈锡联有理由拒绝参加2012年2月20日由张彤彤主持召开的董事会会议。按照法博洋公司章程的相关规定，只要陈锡联书面回复是否出席会议，董事会特别会议就不能召开。因此，2012年2月20日由张彤彤主持召开的董事会特别会议及作出的决议并不符合公司章程规定。一审法院据此认定法博洋公司董事会未形成僵局错误，本院予以纠正。

本案中的法博洋公司是陈锡联与张彤彤、刘宏颖共同设立的中外合资经营企业，公司章程第十九条规定，董事会是公司的最高权力机构，决定合营公司的一切重大事宜。公司章程并未规定设立股东会，召开董事会会议即是合营企业作出经营决策的方式。修改公司章程、增加或减少注册资本、股权质押、公司合并、分立、解散、清算或变更公司形式、抵押公司资产须经董事会全体董事一致通过。公司章程第二十二条规定，董事会年会和临时会议应当有全体董事人数的2/3以上董事出席方能举行，必须包括中外两方董事。每名董事享有一票表决权，但决定公司经营方针和投资计划、审议批准公司财务预决算方案、审议批准公司利润分配方案和弥补亏损方案、审议批准总裁的工作报告、聘任或解聘公司总裁、总经理、副总经理、经理、财务负责人及其报酬和待遇等事项须经中外两方董事通过决定。

从法博洋公司章程规定的议事规程可以看出，对于公司重大经营事项的决定，必须由公司三位董事一致通过或是经中外两方董事通过，中外任何一方单方召开的董事会会议都不可能满足公司章程规定的要求。唯一可以例外的，未达到董事会会议法定人数，亦能作出有效决议的就是公司章程第二十四条、第二十五条规定的董事会特别会议。就法博洋公司目前的状况看，从2009年至今，在长达5年的时间里，公司中外股东多次尝试召开董事会来打破公司面临的管理僵局，但均因对方不出席相关会议而未能形成符合章程规定的有效决议。因此可以认定，法博洋公司目前已处于《最高人民法院关于适用〈中华人民共和国公司法〉若干问题的规定（二）》［以下简称《公司法司法解释（二）》］第一条第一款第（三）项规定的经营管理严重困难的公司僵局情形，并且不存在相应解决机制。

其次，法博洋公司继续存续是否会使股东利益受到重大损失。从法博洋公司目前的经营情况看，在公司僵局形成后，公司经营即陷入非常态模式。在中方单方经营管理期间，法博洋公司主营业务停滞，持续亏损，公司经营能力和偿债责任能力显著减弱。同时，法博洋公司中外股东矛盾冲突严重，股东间已经丧失了信任，合作基础早已破裂。由于双方间的冲突，公司资产也因业务无法正常开展，公司及股东间的长期诉讼而受到严重损耗。陈锡联作为持股80%的大股东，不能基于其投资享有适当的公司经营管理权及投资收益权，其股东权益受到重大损失。现法博洋公司的持续性僵局已经穷尽其他途径仍未能化解，如继续维系法博洋公司，股东权益只会在僵持中逐渐耗竭。相较而言，解散法博洋公司能为双方股东提供退出机制，避免股东利益受到不可挽回的重大损失。

综上所述，陈锡联持有法博洋公司80%股权，具有提出解散公司之诉的法定资格。在法博洋公司经营管理发生严重困难，公司的存续将造成陈锡联利益继续遭受重大损失，并无法通过其他途径解决公司僵局的情况下，陈锡联要求解散法博洋公司，符合《公司法》第一百八十二条之规定，应予准许。

励佩燕诉宁波市华盈投资有限公司、第三人沈宏辉、李宇凡公司解散纠纷案[宁波市中级人民法院(2012)浙甬商终字第155号民事判决书]，在股东请求解散公司诉讼中，判断“公司经营管理是否发生严重困难”，应从公司组织机构的运行状态进行综合分析，侧重点在于公司管理方面存有严重内部障碍，股东会等内部运行机制失灵等。公司处于亏损状况并非是判断公司经营管理发生严重困难的必要条件。

向阳清等诉五峰源升水电发展有限公司公司解散纠纷案[宜昌市中级人民法院(2011)宜中民二终字第00114号民事判决书]，公司解散是公司退出市场进行清算的原因和前置程序，是最终导致公司人格消灭的法律事实。因而，其解散必须符合法定条件和事由，衡量公司是否符合解散的条件主要有：一是公司是否出现了解释中所列举的四种情形之一，并导致公司经营管理发生了严重困难；二是公司继续存续是否会使大多数股东利益受到重大损失；三是通过其他途径能否解决公司存在的困境；四是提起公司解散的原告必须是单独或合计持有公司全部股东表决权百分之十以上的公司股东。

幸功飞与西安晖泰电子科技有限公司及许继英公司解散纠纷案[陕西省高级人民法院(2011)陕民二终字第00020号民事判决书]，第一，晖泰公司章程以及工商登记资料载明，幸功飞系晖泰公司股东，并持有晖泰公司45%的出资额，故其所持公司的股权比例符合《公司法》规定的提起公司解散之诉的股东持股比例。晖泰公司认为幸功飞不具有股东资格，缺乏证据支持。第二，晖泰公司已持续五年未召开股东会，无法形成有关公司经营决策的有效决议，导致公司经营管理发生严重困难；晖泰公司因股东许继英和经理边剑波在未经幸功飞书面授权的情况下召开股东会，提交虚假验资报告等取得公司变更登记，被工商行政管理机关作出行政处罚，表明股东之间已丧失了相互信任，公司僵局已经形成，继续存续会使股东利益受到重大损失。综上，幸功飞提起公司解散之诉，符合法律规定的条件，晖泰公司应予解散。

许承斌等诉广西香江资产经营管理有限公司解散公司案[广西壮族自治区高级人民法院(2009)桂民二终字第84号民事判决书]，如果股东之间的利益冲突和矛盾深刻导致公司有效运行失灵，股东会因对打的拒绝参加而无法有效召集，即使勉强召集会议，也因任何一方的提议都不被对方接受或者认可而无法形成有效决议，导致公司无法正常进行经营活动，使公司的事务处于一种瘫痪的状态，继续存续将会给公司的股东造成重大的损失，持有一定股权比例的股东即可提起公司解散诉讼。根据本案查明的事实，许承斌、庞廷进提起诉讼请求解散香江公司符合《公司法》的上述规定。

(1)许承斌、庞廷进分别持有香江公司28%和22%的股权，合计持有香江公司全部股东表决权的50%，符合公司解散诉讼的原告主体资格。

(2)香江公司的经营管理发生了严重困难，继续存续会使股东利益受到重大损失。表现在：第一，香江公司的股东一方为郑媛媛，另一方为许承斌、庞廷进，双方各自持有50%的公司股东表决权，但自2007年以来，双方在公司的经营管理及决策等方面产生矛盾，导致股东会和董事会不能正常召开，任何一方提议召开股东会或董事会，都不能顺利召开。2008年9月8日和22日，虽然召开了两次股东会和董事会，但因双方意见分歧太大，亦未能形成任何决议。股东对于公司经营管理中遇到的问题，不是从有利于公司经营管理和公司长远发展的角度出发，而是为了各自利益，互不信任、互不配合，不积极通过召开公司股东会和董事会进行协商解决问题，导致公司经营管理陷入瘫痪状态。第二，2007年11月12日，郑媛媛在通知许承斌、庞廷进未果的情况下，一人召开股东会并作出股东会决议，免去庞廷进的公司董事职务，免去林东的公司监事职务，选举郑少克为公司董事，选举韦春红为公司监事；同日郑媛媛、郑少克召开董事会并作出董事会决议，免去许承斌公司董事长和法定代表人职务，任命郑媛媛为公司董事长和法定代表人，任命郑少克为尽经理。在郑媛媛全权委托郑少克处理郑媛媛在香江公司经营中的所有事项以后，作为公司股东的许承斌、庞廷进二人实际上已无法再参与公司的经营管理，香江公司的经营管理一直处于郑媛媛、郑少克控制状态中，股东之间的矛盾进一步加深。而且，郑少克作为香江公司的唯一债权人，又是香江公司的实际控制人，在其起诉香江公司的借款合同纠纷案中，以香江公司名义承诺对逾期借款按逾期贷款利率的四倍支付利息，判决生效后，又申请执行香江公司的唯一资产，即香江公司持有的广西壮族自治区糖酒副食品总公司和广西壮族自治区食品公司的债权包。这些事实又进一步加深了股东与公司之间的利益冲突。第三，郑媛媛先后按照许承斌、庞廷进留下的地址通过邮政快递的形式寄出29封信件，而许承斌、庞廷进只接收了其中2封，对其他信件予以拒收，也拒听电话，不到公司参加公司经营管理，说明公司股东之间的信任与合作基础已经丧失。第四，许承斌的母亲林东作为香江公司原公司监事，从公司处取走大量活动经费，香江公司以林东构成侵占公司财产为由向公安机关报案，要求追究林东的刑事责任，导致双方股东的矛盾进一步升级。上述事实均说明香江公司的股东之间已经失去了最起码的信任，股东之间相互合作的基础已经完全破裂，体现有限责任公司人合性的基本要素已不存在。香江公司的经营管理处于事实上的瘫痪状态，体现公司自治的公司治理机构处于失灵状态，该状态的继续存续会对公司、股东造成实质性的损害，使股东利益受到重大损失。

3. 通过其他途径不能解决香江公司的经营管理困难。香江公司的股东因矛盾冲突，已无法通过协商、转让股权等内部救济手段解决公司经营管理困难。在本案诉讼过程中，法院多次组织双方当事人进行调解，希望双方当事人能通过股权转让等途径打破公司僵局，实现纠纷股东的分离，以保持公司作为商事主体的存续性，但因双方当事人的意见分歧较大，未能达成任何协议。

综上分析，依据《最高人民法院关于适用〈中华人民共和国公司法〉若干问题的规定(二)》第一条第一款第(四)项的规定，香江公司因股东之间的矛盾冲突已无法形成有效决议，许承斌、庞廷进请求解散公司，符合《公司法》规定的公司解散条件，依法应予支持。

重庆正浩实业(集团)有限公司与重庆国能投资有限公司、重庆正浩机电工业有限公司股东知情权及公司解散纠纷案[最高人民法院(2007)民二终字第31号民事判决书]，正浩机电公司自1999年成立以来，未按公司法和公司章程的规定召开定期股东会，五年之内召开的两次股东会并未对公司的重大经营事项作出具体报告，也未反映公司的经营状况，国能公司因不能获知公司经营的实际情况，在股东会表决时投了反对票或者弃权票。正浩实业主张国能公司放弃知情权和多次召开股东会、正浩机电通过股东会、董事会汇报公司经营状况。

根据2002年12月12日正浩机电召开的第一次临时董事会刘佳丽所作的《总经理工作报告》，其时"正浩机电处于停产状态、使企业亏损继续加大"，而并非正浩实业主张是因2005年基于国能公司申请而由重庆市高级人民法院作出的对正浩机电财产保全才导致的公司经营困难。同时，正浩实业因不能清偿浦发银行的债权，正浩机电的抵押资产将被执行，正浩机电为正浩实业承担巨额债务已成必然。

原审判决所针对的本案当事人主要争议是公司解散之诉，双方诉辩所涉及的正浩实业是否转嫁安置费给正浩机电、是否控制正浩机电将土地高价低卖、是否用正浩机电土地抵押贷款的问题，咨询报告的证明效力问题，国能投资根据审计结论在一审中增加诉讼请求，请求正浩实业赔偿正浩机电损失的问题，申请公司解散并清算的问题，因其属于股东直接诉讼与股东代表诉讼和公司解散之诉与公司清算之诉等不同类型的诉讼，上述诉讼，当事人的诉讼地位、讼争权源、权利义务和责任归属均不一致，因此不能合并审理，当事人所提出的事实、主张，本案未予审理的，可以在公司解散后在公司清算中一并解决。原审判决对上述相关事实的认定，凡与判令公司解散之理由无关者，因不属于本案审理范围，本院不予审查。

综上所述，正浩机电成立五年之内仅召开两次股东会，且股东会、董事会长期不能达成决议，导致公司经营管理困难并陷入僵局，继续经营将损害公司和股东利益，通过其他途径也无法解决。本案经原审法院和二审法院多次努力，国能公司与正浩实业之间至今仍不能达成调解，因此，根据《公司法》第一百八十三条之规定（编者注：现为该法第一百八十二条），正浩机电符合公司解散的条件。一审法院认定正浩机电符合公司解散条件并判决公司解散，事实清楚，证据充分，适用法律正确。

杭州大地农药有限公司与陈佩庄等解散公司纠纷上诉案［杭州市中级人民法院（2007）杭民二终字第 198 号民事判决书］，一、本案诉讼主体正确。大地公司作为独立法人，具有独立的法律人格，其既具有诉讼权利能力，又具有诉讼行为能力，可以承担相应的法律后果。并且，陈佩庄、王强、夏建生、孙建华、姜利吉、姜黎勇作为大地公司的股东，其提起公司解散之诉的事实基础是公司已被关停，无法正常经营，是否实际存在经营管理困难的争议应存在于股东与公司之间，公司是解散公司诉讼争议的相对方，应当作为解散公司之诉的被告。

二、原审认定事实清楚、判决依据充分。根据杭州市余杭区人民政府办公室 2005 年 9 月 1 日的 383 号抄告单，及余杭区人民政府余政办（2006）30 号文件等，明确大地公司应于 2005 年 12 月 31 日前关停、职工分流安置。大地公司于 2006 年 4 月 20 日给余杭区委办、区府办的“关于大地公司关停后职工解除劳动合同有关问题的实施意见”中明确：大地公司已于 2005 年 12 月 31 日前关停，公司于 2006 年 3 月 30 日向每位职工书面发出《关于提前解除劳动合同的通知》，并于 2006 年 4 月底前全部办理解除劳动合同、领取一次性经济补偿金的手续。2006 年 4 月至 5 月，大地公司与全体公司员工办理了提前解除劳动合同的手续。大地公司工会、中共大地公司委员会均被撤销。上述事实，能证明大地公司实际已停止正常的经营管理活动。大地公司在一审、二审中提供的证据并不能证明公司尚在正常经营。另根据大地公司 2006 年 4 月、7 月的会计报表（损益表）反映，公司存在亏损加剧的情形。在原审审理期间，大地公司股东召开了股东会议，会议虽就陈佩庄、王强、夏建生、孙建华、姜利吉、姜黎勇的股份转让达成了一致，但因转让双方就付款条件不能协商一致，而转让未成。表明从公司股东就股东之间转让股份而化解股东纠纷所采取的救济途径也已穷尽。就公司解散及搬迁问题，陈佩庄、王强、夏建生、孙建华、姜利吉、姜黎勇作为大地公司股东与公司大股东之间产生纠纷，且无法调和。

综上，可以认定大地公司经营管理已发生严重困难，公司陷于僵局。陈佩庄、王强、夏建生、孙建华、姜利吉、姜黎勇持有大地公司的股份已符合我国《公司法》第一百八十三条规定（编者注：现为该法第一百八十二条）的 10%以上持股数的规定，有权依照该条规定，诉请解散公司。

王维国诉董小蕙股东内部不履行对公司义务、侵权赔偿、解散案［江西省萍乡市芦溪县（区）人民法院（2007）芦民二初字第 5 号民事判决书］，关于被告董小蕙反诉请求解散公司，根据《公司法》第一百八十三条的规定（编者注：现为该法第一百八十二条），“公司经营管理发生严重困难，继续存续会使股东利益受到重大损失，通过其他途径不能解决的，持有公司全部股东表决权百分之十以上的股东，可以请求人民法院解散公司。”王维国作为公司股东也同意解散，公司全体股东均同意解散，故本院予以准许。关于被告董小蕙反诉请求拍卖公司的问题，本院认为，根据《公司法》第一百八十四条的规定（编者注：现为该法第一百八十三条），“有限责任公司的清算组由股东组成，股份有限公司的清算组由董事或者股东大会确定的人员组成。逾期不成立清算组进行清算的，债权人可以申请人民法院指定有关人员组成清算组进行清算。”故公司解散后，由双方组织清算组织进行清算或另案向法院申请清算，本案不审理清算。

厦门市美奂工贸有限公司诉欲望都市（厦门）餐饮有限公司等解散公司案［厦门市中级人民法院（2006）厦民终字第2288号民事判决书］，美奂公司要求解散公司有事实和法律依据，应予支持，理由如下：首先，林植与周伟签订的备忘录，确认2005年1月12日之前，欲望公司营业亏损。2005年1月13日至5月15日，欲望公司在李听承包经营期间仍处于亏损状态。2005年11月，欲望公司经营活动报停，公司经营场所由厦门南国春酒店管理有限公司作为酒店经营场所使用。上述事实足以表明，欲望公司经营已发生严重困难。其次，欲望公司未成立董事会，其决策机构为股东会，但欲望公司登记注册后，未按公司章程约定每半年定期召开一次股东会，即便是涉及公司经营管理的重要事项，如厦门南国春酒店管理有限公司承包经营欲望公司，林植作为公司执行董事也未召开股东会或征得美奂公司同意，也就是说，林植与美奂公司作为持股相等的股东关系紧张，导致股东会不能按照法定程序作出决策，公司事务管理发生困难，两股东已失去合作的基础。最后，2005年8月15日，林植否决美奂公司将股权转让给樊劲的协议后，也未能收购美奂公司股权，故通过转让股权解决公司僵局也无法实现。综上分析，在公司无法按法定程序作出经营决策，公司经营发生严重困难的情况下，欲望公司的存续将造成美奂公司的利益继续遭受损失，因此，美奂公司作为持有欲望公司50%股权的股东，在通过其他途径无法解决公司僵局的情况下，要求法院解散公司并进行清算，符合法律规定，法院予以支持。

【联营企业的司法解散问题可类推适用《公司法》相关规定】

天津市禽蛋服务公司等诉天津市何庄子肉类禽蛋水产批发交易市场企业解散纠纷案［天津市第二中级人民法院（2015）二中民三终字第30号民事裁定书］，本案禽蛋公司基于其与灰堆管委会联营成立的何庄子市场发生经营僵局而产生的纠纷，意图通过解散联营企业以维护自身权益。禽蛋公司据此向人民法院提起诉讼，符合我国《民事诉讼法》第一百一十九条规定的起诉条件。虽然目前并无关于联营企业法人解散的明确法律规定，但应通过对本案纠纷的实体审理确定纠纷的法律性质，并依法进行裁判。

【经营管理“重大困难”的认定】

钱琴娣与常熟市二十一世纪经贸有限公司公司解散纠纷上诉案［江苏省苏州市中级人民法院（2015）苏中商终字第00866号民事判决书］，钱琴娣并未能证明二十一世纪公司存在《最高人民法院关于适用〈中华人民共和国公司法〉若干问题的规定（二）》第一条第一款第（一）项规定的“公司持续两年以上无法召开股东会或者股东大会，公司经营管理发生严重困难的”情形，本案中2014年1月26日钱琴娣、朱春梅就二人向二十一世纪公司借款事宜签订的《协议》虽然未以股东会决议的方式而形成，但该《协议》可以体现二十一世纪公司的股东在两年内曾就公司重大事项达成过一致意见并形成书面协议，二十一世纪公司尚未发生公司僵局。而钱琴娣二审提交的相关案件的法律文书仅能证明其与二十一世纪公司之间就追索资金以及基于劳动合同关系追索工资而产生的纠纷，且有案件系以调解方式结案，并不能证明二十一世纪公司的股东之间存在不可调和的矛盾，导致公司无法经营。

另外，从二十一世纪公司的工商备案材料来看，其未出现吊销营业执照或停业整顿的情形，二十一世纪公司处于正常经营状态，其决策和管理机制并未处于瘫痪状态，并无证据显示二十一世纪公司的存续会使股东钱琴娣的利益受到重大损失。且“通过其他途径不能解决”是股东请求解散公司的必要前置性条件，只有在穷尽其他可能的救济手段仍不能化解公司僵局时，法律上才赋予股东通过司法程序强制解散公司的权利。本案中，钱琴娣的股东利益仍可以通过其他途径予以救济，其并未能举证证明已经穷尽了其他救济手段。故钱琴娣主张解散二十一世纪公司并不满足法律规定的条件，原审法院据此驳回其诉讼请求，于法有据。钱琴娣的上诉理由不能成立，原审法院认定事实清楚，适用法律正确，实体处理亦无不当。

【另案判决和执行结果可能导致原告丧失提起公司解散之诉的条件，并不必然导致本案诉讼中止】

翁绳法诉武夷山市红梅竹木制品有限公司及第三人梁琪、施红梅公司解散纠纷案［福建省武夷山市人民法院（2014）武民初字第517号民事判决书］，针对本案，首先，被告红梅竹木公司经2011年6月30日法院强制执行后，其股权结构已变更登记为翁绳法占41%的股份，翁绳法拥有公司全部股东表决权的10%以上，具备提起解散公司之诉的条件；其次，被告红梅竹木公司只有执行董事一人，不存在董事僵局问题，但原告翁绳法所举的证据能够证明，自2011年以来原告翁绳法与被告红梅竹木公司，以及第三人梁琪、施红梅之间，诉讼纠纷不断，股东之间互不信任，且长期冲突不能有效解决，合作基础荡然无存，应认定公司存在股东僵局；再次，被告红梅竹木公司自2011年6月30日以来，已持续两年以上没有召开股东会，说明该公司的股东之间长期不能达成一致意见，股东会机制长期失灵，内部管理有严重障碍，已陷人僵局状态，可以认定为公司经营管理发生严重困难；又次，经现场勘察，被告红梅竹木公司现有3栋厂房，1栋空置、2栋他用，说明红梅竹木公司已没有实际生产经营，公司继续存续必将有损股东利益；最后，该案经过法院的调解，双方当事人不能够就收购股权达成一致意见，且差距巨大，已没有办法通过当事人协商的方式使公司存续。

被告方提出，因被告起诉原告的借款案件已经生效并进人执行程序，南平市中级人民法院于2014年9月25日查封、冻结了原告翁绳法在被告红梅竹木公司41%的股权。另第三人起诉原告的投资款案件，也已经南平市中级人民法院一审，现正在福建省高级人民法院二审中，该两案的判决和执行结果可能导致原告丧失股东资格或表决权达不到10%以上，从而使原告不具备提起本案公司解散之诉的条件，且通过南平市中级人民法院的执行，可以司法竞拍的方式收购原告持有的股份而使公司存续，因此本案在程序上应当中止审理。本院认为，南平市中级人民法院查封、冻结原告翁绳法在被告红梅竹木公司41%的股权，并不属于“本案必须以另一案的审理结果为依据，而另一案尚未审结的”的情形，且第三人梁琪、施红梅起诉原告翁绳法的（2013）南民初字第10号案件，虽现正在福建省高级人民法院二审，但该案的审理结果与本案是否解散公司没有直接联系。因此，被告红梅竹木公司及第三人的该项请求并不符合《民事诉讼法》第一百五十条的规定，本案不应当中止诉讼。

【项目公司因特许经营协议纠纷经营管理严重困难应予解散】

北京紫光投资管理有限公司与大同市达子沟煤矿矿井水回用工程项目部、大同市浦达水业有限公司解散纠纷案［陕西省高级人民法院（2014）晋商终字第15号民事判决书］，项目公司因特许经营协议纠纷连续两年以上未实际经营、未召开股东会的，将无端占有股东资金，给股东带来更大损失，根据《公司法》的规定，应予解散。

本案争议的焦点在于浦达水业公司是否存在“经营严重困难”的情形。根据达子沟项目部提交的浦达水业工商年检报告、经营状况表等证据，可以认定浦达公司连续两年以上无实际经营、未召开股东会、法定代表人失去联系的事实。此外，紫光公司主张的特许经营合同的签订双方为紫光公司和马脊梁矿，而非浦达水业，故该合同履行情况并非浦达水业经营停顿的理由。因此，浦达水业的继续存在只能无端占用股东资金，并因此给股东造成更多损害，应予解散。

【股东权益受损能否主张公司解散】

广州集草缘化妆品有限公司与林海新公司解散纠纷上诉案［广东省广州市中级人民法院（2014）穗中法民二终字第2045号民事判决书］，公司解散的法定条件主要包含两方面，一是公司股东会和董事会等机构运行出现长期持续性的严重困难，致使公司经营管理事务停滞；二是公司的经营管理发生其他严重困难，继续存续将使股东权益受到重大损失。本案中，根据当事人提交的两份面膜定价申请中，均有两位股东的签字，充分表明集草缘公司两股东完全可通过特定方式实现股东意志的交流，并达成对公司事务的管理。另外，根据集草缘公司提交的2013年采购订货单、支付证明单以及员工联名信件等证据材料，均充分反映集草缘公司的经营事务并未因股东之间的矛盾而陷于停滞，集草缘公司经营已具备一定的市场规模，解散公司，不仅不利于公司自身经营的持续性发展，也必然影响公司员工以及交易相对方的利益。林海新以自身股东权益受损以及公司经营亏损为由主张解散公司，依照公司法司法解释的规定，这些均不构成法定的解散公司事由。集草缘公司并未达成法定的解散条件，原审判决处理不当，法院据实予以纠正。

【司法解散纠纷与合同纠纷的区别】

窑街煤电集团甘肃金能工贸有限责任公司与庆阳市陇原农机制造有限责任公司公司解散纠纷上诉案［肃省庆阳地区中级人民法院（2014）庆中民终字第673号民事判决书］，关于本案的定性。本案中，金能公司与陇原公司签订股份合作经营协议，约定金能公司收购陇原公司55%股份控股经营，陇原公司以资产评估价持股45%成为股东，总投资1267万元对陇原公司实行股份制合作经营，成立新的股份公司即陇渤公司。陇渤公司成立后，陇原公司并未注销。后公司无法继续经营，经股东会议决议解散公司，对陇渤公司进行了清算，投资人签订了终止协议，对清算的事实双方当事人没有异议。后因履行终止协议发生纠纷，金能公司以陇原公司为被告提起诉讼，陇原公司提起反诉。根据《最高人民法院关于适用〈中华人民共和国公司法〉若干问题的规定（二）》第四条规定："股东提起解散公司诉讼应当以公司为被告。"本案双方争议的法律关系及诉讼主体不符合公司解散纠纷的相关规定，综合本案实际情况，应以合同纠纷定性。

【以优势股东行为损害小股东利益为由诉请解散公司，应认为不符合"通过其他途径不能解决"】

杨静诉北京华油力普科技有限公司、周苏湘公司解散纠纷案［北京市第三中级人民法院（2013）三中民终字第01705号民事判决书］，杨静和周苏湘均系华油力普公司登记的股东，目前没有确定其股权归其他人所有，杨静具备提起解散公司诉讼的原告主体资格。解散公司应该符合《公司法》和公司章程的相关规定。第一，杨静认为周苏湘作为华油力普公司的优势股东不经股东会决议处分公司资产的行为损害华油力普公司利益和小股东利益，该纠纷可以通过股东权益诉讼等方式解决。其关于华油力普公司股东之间的纠纷无法通过解散公司之外的其他方式解决的主张，缺乏依据，本院不予采纳。第二，工商登记材料显示，华油力普公司于2013年5月7日形成了股东会决议，华油力普公司及周苏湘均对该决议真实性予以认可，杨静虽称该股东会决议中的杨静签名并非其本人所签，但未提供证据予以证明，故其关于华油力普公司长期无法召开股东会的上诉理由，证据不足，本院不予支持。第三，杨静在庭审中称目前华油力普公司的原有项目仍在继续经营，且其未提供其他证据证明华油力普公司存在经营管理发生严重困难的情况，故其关于华油力普公司经营管理发生严重困难而要求解散公司的上诉主张，本院亦不予采纳。

【股东请求解散公司的诉讼管辖】

美国大陆管理有限公司诉陕西济生制药有限公司公司解散纠纷管辖异议案［陕西省宝鸡市中级人民法院（2013）宝市中法民三初字第00001号民事裁定书］，依照《仲裁法》的相关规定，仲裁事项应为"平等主体的公民、法人和其他组织之间发生的合同纠纷和其他财产权益纠纷"。股东请求解散公司，是股东行使的一项法定权利，涉及公司主体资格的消灭，具有一定的身份性和公共性，不属于仲裁事项范围。同时，依据《公司法》第一百八十三条（编者注：现为该法第一百八十二条），《民事诉讼法》第二十六条，《最高人民法院关于适用〈中华人民共和国公司法〉若干问题的规定》第一条、第二十四条的规定，因公司解散提起的民事诉讼，由公司所在地人民法院管辖。因此，合营各方虽然在合同中约定，发生争议时由仲裁委员会仲裁，但该约定不能延及于股东所成立的公司，股东提出公司解散纠纷的，公司所在地人民法院有权管辖。

【两股东各占公司50%的出资，只要双方意见存有分歧、互不配合，就无法形成有效表决，应认定为公司僵局】

广利恒小额贷款股份有限公司解散纠纷案［浙江省高级人民法院民事判决书（浙江法院2013年涉企案件审判十大典型案例之六）］，小贷公司作为新生事物，既是类金融公司，又是现代企业，需要按照公司制度来规范运作。案涉金华市金东区广利恒小额贷款股份有限公司（以下简称广利恒公司）由于经营模式存在问题，引发了股东之间的矛盾，自 2011 年 9 月起，即停止正常经营活动。为了避免广利恒公司停业造成更大的经济损失，经金华市中级人民法院和浙江省高级人民法院两审终审，2013 年 3 月 27 日，广利恒公司成为全省首家解散的小额贷款公司。

综观本案，广利恒公司成立之初便签订《隐名投资协议》，此“阴阳持股”不合规的局面给公司日后的发展带来极大隐患；在经营模式上，采取“包收包贷”的经营模式，产生纠纷后，股东各自为政，公司的业务经营实际上处于“割据”状态；在管理层面上，因广利恒公司定下的由股东对名下的贷款额度进行负责，实施包收包贷，股东对有关贷款实施追加担保的经营模式，股东直接干预经营使得公司所谓管理层形同虚设，导致公司内部存有严重管理障碍——诸多违规之举，显然违背了国家试点小贷公司的真实用意，违反了法律对公司治理结构、经营规范的规定。

浙江省高级人民法院针对在审理该案中发现小额贷款公司治理结构及经营管理制度存在的问题，于 2013 年 7 月 23 日向省人民政府金融工作领导小组办公室提出司法建议，分析了小额贷款公司在公司治理结构和经营模式上存在的问题，提示了由此引发的风险，建议在审批、监管和服务等环节进一步加强规范管理并改进制度设计，得到了省人民政府金融工作领导小组办公室的肯定。

【公司经营管理是否发生严重困难，应从公司组织机构的运行状态进行综合分析】

林方清诉常熟市凯莱实业有限公司、戴小明公司解散纠纷案［2012 年 4 月 9 日《最高人民法院关于发布第二批指导性案例的通知》指导案例 8 号］，具体如下：

关键词 民事 公司解散 经营管理 严重困难 公司僵局

裁判要点 《公司法》第一百八十三条（编者注：现为该法第一百八十二条）将“公司经营管理发生严重困难”作为股东提起解散公司之诉的条件之一。判断“公司经营管理是否发生严重困难”，应从公司组织机构的运行状态进行综合分析。公司虽处于盈利状态，但其股东会机制长期失灵，内部管理有严重障碍，已陷入僵局状态，可以认定为公司经营管理发生严重困难。对于符合公司法及相关司法解释规定的其他条件的，人民法院可以依法判决公司解散。

相关法条 《公司法》第一百八十三条（编者注：现为该法第一百八十二条）

基本案情

原告林方清诉称：常熟市凯莱实业有限公司（以下简称凯莱公司）经营管理发生严重困难，陷入公司僵局且无法通过其他方法解决，其权益遭受重大损害，请求解散凯莱公司。

被告凯莱公司及戴小明辩称：凯莱公司及其下属分公司运营状态良好，不符合公司解散的条件，戴小明与林方清的矛盾有其他解决途径，不应通过司法程序强制解散公司。

法院经审理查明：凯莱公司成立于 2002 年 1 月，林方清与戴小明系该公司股东，各占 50% 的股份，戴小明任公司法定代表人及执行董事，林方清任公司总经理兼公司监事。凯莱公司章程明确规定：股东会的决议须经代表二分之一以上表决权的股东通过，但对公司增加或减少注册资本、合并、解散、变更公司形式、修改公司章程作出决议时，必须经代表三分之二以上表决权的股东通过。股东会会议由股东按照出资比例行使表决权。2006 年起，林方清与戴小明两人之间的矛盾逐渐显现。同年 5 月 9 日，林方清提议并通知召开股东会，由于戴小明认为林方清没有召集会议的权利，会议未能召开。同年 6 月 6 日、8 月 8 日、9 月 16 日、10 月 10 日、10 月 17 日，林方清委托律师向凯莱公司和戴小明发函称，因股东权益受到严重侵害，林方清作为享有公司股东会二分之一表决权的股东，已按公司章程规定的程序表决并通过了解散凯莱公司的决议，要求戴小明提供凯莱公司的财务账册等资料，并对凯莱公司进行清算。同年 6 月 17 日、9 月 7 日、10 月 13 日，戴小明回函称，林方清作出的股东会决议没有合法依据，戴小明不同意解散公司，并要求林方清交出公司财务资料。同年 11 月 15 日、25 日，林方清再次向凯莱公司和戴小明发函，要求凯莱公司和戴小明提供公司财务账册等供其查阅、分配公司收入、解散公司。

江苏常熟服装城管理委员会(简称服装城管委会)证明凯莱公司目前经营尚正常,且愿意组织林方清和戴小明进行调解。

另查明,凯莱公司章程载明监事行使下列权利:(1)检查公司财务;(2)对执行董事、经理执行公司职务时违反法律、法规或者公司章程的行为进行监督;(3)当董事和经理的行为损害公司的利益时,要求董事和经理予以纠正;(4)提议召开临时股东会。从2006年6月1日至今,凯莱公司未召开过股东会。服装城管委会调解委员会于2009年12月15日、16日两次组织双方进行调解,但均未成功。

裁判结果

江苏省苏州市中级人民法院于2009年12月8日以(2006)苏中民二初字第0277号民事判决,驳回林方清的诉讼请求。宣判后,林方清提起上诉。江苏省高级人民法院于2010年10月19日以(2010)苏商终字第0043号民事判决,撤销一审判决,依法改判解散凯莱公司。

裁判理由

法院生效裁判认为:首先,凯莱公司的经营管理已发生严重困难。根据《公司法》第一百八十三条(编者注:现为该法第一百八十二条)和最高人民法院《关于适用〈中华人民共和国公司法〉若干问题的规定(二)》(以下简称《公司法司法解释(二)》)第一条的规定,判断公司的经营管理是否出现严重困难,应当从公司的股东会、董事会或执行董事及监事会或监事的运行现状进行综合分析。"公司经营管理发生严重困难"的侧重点在于公司管理方面存有严重内部障碍,如股东会机制失灵、无法就公司的经营管理进行决策等,不应片面理解为公司资金缺乏、严重亏损等经营性困难。本案中,凯莱公司仅有戴小明与林方清两名股东,两人各占50%的股份,凯莱公司章程规定"股东会的决议须经代表二分之一以上表决权的股东通过",且各方当事人一致认可该"二分之一以上"不包括本数。因此,只要两名股东的意见存有分歧、互不配合,就无法形成有效表决,显然影响公司的运营。凯莱公司已持续4年未召开股东会,无法形成有效股东会决议,也就无法通过股东会决议的方式管理公司,股东会机制已经失灵。执行董事戴小明作为互有矛盾的两名股东之一,其管理公司的行为,已无法贯彻股东会的决议。林方清作为公司监事不能正常行使监事职权,无法发挥监督作用。由于凯莱公司的内部机制已无法正常运行、无法对公司的经营作出决策,即使尚未处于亏损状况,也不能改变该公司的经营管理已发生严重困难的事实。

其次,由于凯莱公司的内部运营机制早已失灵,林方清的股东权、监事权长期处于无法行使的状态,其投资凯莱公司的目的无法实现,利益受到重大损失,且凯莱公司的僵局通过其他途径长期无法解决。《公司法司法解释(二)》第五条明确规定了"当事人不能协商一致使公司存续的,人民法院应当及时判决"。本案中,林方清在提起公司解散诉讼之前,已通过其他途径试图化解与戴小明之间的矛盾,服装城管委会也曾组织双方当事人调解,但双方仍不能达成一致意见。两审法院也基于慎用司法手段强制解散公司的考虑,积极进行调解,但均未成功。

此外,林方清持有凯莱公司50%的股份,也符合公司法关于提起公司解散诉讼的股东须持有公司10%以上股份的条件。

综上所述,凯莱公司已符合《公司法》及《公司法司法解释(二)》所规定的股东提起解散公司之诉的条件。二审法院从充分保护股东合法权益,合理规范公司治理结构,促进市场经济健康有序发展的角度出发,依法作出了上述判决。

【公司虽处于盈利状态,但如股东会机制长期失灵,符合公司司法解散的法定条件,应予解散】

何金慧与勐海县宏福公司解散纠纷抗诉案[云南省高院(2012)云高民再终字第121号民事判决书],本案再审争议焦点为:宏福公司是否应当解散。根据《公司法》第一百八十三条(编者注:现为该法第一百八十二条)的规定及最高人民法院《关于适用〈中华人民共和国公司法〉若干问题的规定(二)》第一条第一款,对解散公司的条件作出了明确规定和解释,故判断公司的经营管理是否出现严重困难，应从公司组织机构的运行状态分析，侧重点在于公司管理方面是否存在严重的内部障碍，不仅指公司资金缺乏、严重亏损等经营性困难，而是包括经营困难和管理困难两种情况。公司虽处于盈利状态，但如股东会机制长期失灵，内部管理有严重障碍，已陷入僵局状态，即可认定为公司经营管理发生严重困难。对于符合公司法及相关司法解释规定的其他条件的，人民法院可以依法判决公司解散。再审法院又多次组织双方调解，提出了包括公司所有权与经营权分离，共同委托第三方管理人管理公司；股份转让，引入第三方股东；公司收购一方股份；公司分立等在内的多种化解方案，均不能达成一致，何金慧明确表示已经完全丧失对李树珍的信任，坚决要求解散公司，公司僵局形成且通过其他方式无法化解。

根据本案查明事实，宏福公司作为有限责任公司的"人合性"基础已经丧失，公司内部良性运转机制失灵，公司僵局通过其他方式无法化解，继续存续会使股东利益受到重大损失，符合公司司法解散的法定条件，应予解散。

【公司僵局如有其他途径维持公司存续，不应轻易判决解散】

仕丰科技有限公司与富钧新型复合材料（太仓）有限公司、第三人永利集团有限公司解散纠纷案[最高人民法院（2011）民四终字第29号民事判决书（《最高人民法院公报》2014年第2期（总第208期））]，裁判如下：一、《公司法》第一百八十三条（编者注：现为该法第一百八十二条）既是公司解散诉讼的立案受理条件，同时也是判决公司解散的实质审查条件，公司能否解散取决于公司是否存在僵局且符合《公司法》第一百八十三条（编者注：现为该法第一百八十二条）规定的实质条件，而不取决于公司僵局产生的原因和责任。即使一方股东对公司僵局的产生具有过错，其仍然有权提起公司解散之诉，过错方起诉不应等同于恶意诉讼。二、公司僵局并不必然导致公司解散，司法应审慎介入公司事务，凡有其他途径能够维持公司存续的，不应轻易解散公司。当公司陷入持续性僵局，穷尽其他途径仍无法化解，且公司不具备继续经营条件，继续存续将使股东利益受到重大损失的，法院可以依据《公司法》第一百八十三条（编者注：现为该法第一百八十二条）的规定判决解散公司。

【股东压迫情形下解散公司的司法认定】

马美华等诉无锡禾润泰服装有限公司公司解散案[无锡市中级人民法院（2011）锡商终字第626号民事判决书]，有限公司的股东有条件召开股东会（或形成决议）而连续两年未召开股东会的，虽然不能认定为公司已陷入股东会僵局或者表决权僵局，但是有限公司的控股股东利用其控制地位，侵占公司的资产和商业机会，并进行关联方利益输送，导致公司的人格和经营性特征发生根本性变化，并丧失经营条件的，属于"经营管理发生严重困难，公司继续存续会使股东利益受到重大损失"的情形，如无其他解决途径的，人民法院可根据股东的请求依法判决公司解散。

本案中，基于以下理由，可以认定禾润泰公司出现了法律规定的解散事由：(1)根据工商登记资料，华鑫服装厂的投资人是王瑞华妻子吴芳，经营场所是向禾润泰公司租赁的，住所地与禾润泰公司同一。而吴芳在向本院所作调查笔录中，明确现在禾润泰公司未拍卖厂房中工作的生产人员的工资是由华鑫服装厂支付的，故该部分生产人员实际是为华鑫服装厂工作。结合二审期间本院调取的税务查询资料中反映禾润泰公司近两年的纳税额均为零的事实，以及马美华、赵淑玲均称禾润泰公司实际已停止经营，本院认定禾润泰公司已处于非正常生产状态，解散禾润泰公司不影响社会的稳定。(2)鉴于禾润泰公司的经营项目是服装、床上用品的加工制造、布料销售、自营和代理各类商品及技术的进出口业务；王瑞华妻子吴芳投资的华鑫服装厂的经营项目是服装、床上用品的加工制造，且两单位经营场所同一，经营范围也部分相同，有可能导致禾润泰公司的商业机会的丧失，进而影响禾润泰公司的股东利益。(3)本案中禾润泰公司持续两年以上无法召开股东会或者股东大会，公司经营管理发生严重困难，股东之间互不信任，已丧失了公司的人合性。(4)本案二审期间，禾润泰公司三方股东仍无法就由其中一个股东收购股份或者将股权转让，或者以减资方式使公司继续存续达成一致意见，且三个股东中有两个股东要求解散公司。至于股东间的矛盾是因何原因引发等情况，对禾润泰公司应否解散不具有实际意义，也不是法定的公司解散条件。马美华和赵淑玲作为持有禾润泰公司全部股东表决权10%以上的股东，有权请求人民法院解散公司。

【公司股东在产生矛盾的情况下，不能直接以公司陷入僵局为由申请解散公司】

潘灼焕等诉广西横县童乐周进水牛乳业有限公司公司解散案［南宁市中级人民法院(2011)南市民二终字第330号民事判决书］，《公司法》第一百八十三条规定（编者注：现为该法第一百八十二条）：公司经营管理发生严重困难，继续存续会使股东利益受到重大损失，通过其他途径不能解决的，持有公司全部股东表决权百分之十以上的股东，可以请求人民法院解散公司。所谓"公司经营管理发生严重困难"，是指股东间或公司管理人员之间的利益冲突和矛盾，使得公司的运行机制完全失灵，股东大会、董事会，包括监事会等权力机构和管理机构无法对公司的任何事项作出决议，公司的一切事务处于瘫痪，公司的运行陷于僵局。本案中，虽然潘灼焕、郑丽俐与童乐公司之间产生了矛盾冲突，并在一定程度上影响了童乐周进公司的正常经营，但根据已经查明的事实，童乐周进公司目前不具备法定解散的条件。理由如下：第一，童乐周进公司在2009年9月后仍然能正常召开股东会，并在2010年4月12日和8月30日的股东会上形成了股东会决议。由于童乐公司在童乐周进公司中占67.09%的股份，持有67.09%的表决权，而公司章程第二十二条规定："股东会决议分为普通决议和特别决议，普通决议应经代表二分之一以上表决权的股东通过，特别决议应经代表三分之二以上表决权的股东通过"，故上述股东会决议从表决程序上看并未违反公司章程的规定。也就是说，童乐周进公司的股东会仍然可以通过资本多数表决的方式形成股东会决议，当然也没有出现股东会运行失效的局面。第二，根据《增资扩股协议书》及童乐周进公司章程的规定，童乐周进公司不设立董事会，只设一名执行董事，由童乐公司的法定代表人韦毅担任，因此，童乐周进公司也不会出现"董事僵局"的情况，股东会作出的决议通过执行董事可以得到具体落实。第三，对于潘灼焕、郑丽俐与童乐公司之间存在矛盾冲突的情况，可以通过股权回购、股权转让等公司内部自治方式实现纠纷股东的分离。第四，就法律效果而言，公司解散的破坏力极大，会导致法人人格归于消灭，并有可能引发一系列连锁反应，是解决公司纷争的最后手段，亦基于此，我国《公司法》对于股东纠纷提供了多种救济途径。潘灼焕、郑丽俐如果认为童乐公司出资不实，可以依照《公司法》第二十八条要求其承担违约责任；如果认为童乐公司利用控股股东的地位侵犯其小股东利益，现行《公司法》也已对小股东的保护途径作了相关规定，但这些都不是公司解散的法定事由，潘灼焕、郑丽俐可另案起诉处理。综上，潘灼焕、郑丽俐请求解散公司，理由不能成立，法院不予支持。

【即使没有召开股东会责任在原告，也不影响其提起解散的资格】

王丽荣诉秦皇岛中科钢结构紧固件检测有限公司公司解散案［秦皇岛市中级人民法院(2010)秦民四终字第311号民事判决书］，本案争议的焦点问题是中科公司是否符合法定解散条件。2006年2月27日中科公司成立，王灵山、王丽荣、许健为公司三名股东。自2007年3月始，许健与王灵山、王丽荣产生矛盾，股东间意见分歧较大，对立明显。中科公司成立至今未召开过股东会，自2009年9月起中科公司处于停业状态。许健与王丽荣、王灵山夫妇曾于2008年1月因股东权争议涉诉，山海关区人民法院在(2008)山民初字第189号民事判决中认定许健与王丽荣、王灵山夫妇成立公司时出资各为77,500元，并判决确认许健与王丽荣、王灵山夫妇在中科公司的持股比例与公司成立时的出资比例一致，即许健与王丽荣、王灵山夫妇各持股50%。按公司法的规定，股东基于对公司持有的股权享有资产收益、参与重大决策等权利，股东对公司的经营管理是通过股东会表决的方式进行的，而公司的决策与管理实行多数表决制，许健与王丽荣、王灵山夫妇持股比例相同，股东间矛盾导致股东会无法召集，公司不能按法定程序作出决策，中科公司的决策管理机制陷入瘫痪，公司的有效运行失灵，公司僵局确实存在，这种僵局状态对中科公司及各股东利益均构成严重损害。第三人许健述称：原告的诉请没有事实和法律依据。原告起诉主体错误，本案争议问题是公司是否解散，不应以公司为被告。山海关区人民法院(2008)山民初字第189号民事判决已发生法律效力，尚未履行，故不能判决公司解散。中科公司从开业至今没有召开股东会责任在原告。公司解散有法定条件，必须是经营管理发生严重困难，中科公司是有利润的。王丽荣、王灵山与中科公司均不同意调解，争议双方均有收购对方股份的明确意向，又均不愿退出公司，致股东权转让无法实现，争议各方无法通过股权转让等公司自治方式化解僵局，中科公司作为有限责任公司存在所必需的人合性基础业已丧失。因此，中科公司已具备法定解散条件。

【某一股东持股占绝对多数，一般无法达成股东会运行失效的情形而司法解散】

陈文胜诉福建省连江发利林果开发有限公司等公司解散案［福州市中级人民法院（2010）榕民终字第2056号民事判决书］，《公司法》第一百八十三条（编者注：现为该法第一百八十二条）有条件地赋予了股东申请解散公司的权利。审判实践中，对于公司是否应予解散，需综合案情，从公司经营管理是否发生严重困难，以致不能继续存续，且通过其他途径不能解决等方面予以严格审定。同时，在审理公司解散纠纷案件中，应当注重调解。

上诉人陈文胜为持有被上诉人发利公司全部股东表决权10%以上的股东，因而有权提起解散公司之诉，但其所提交的证据并不足以证明发利公司已出现导致公司解散的法定情形。

1. 因发利公司原法定代表人于2005年病故，股东仅剩陈文胜一人，公司运营长期由其掌控，在此期间实无召开股东会之必要。后第三人王秀梅经诉讼取得股东资格，并持有公司69.77%的表决权。根据公司章程的规定，股东会决议应由代表二分之一以上表决权的股东表决通过，对公司增加或减少注册资本、修改公司章程等特别事项所做出的决定，则应由代表三分之二以上表决权的股东表决通过。虽然两股东之间存在矛盾，但因王秀梅持有公司三分之二以上的表决权，完全可以通过资本多数决的方式形成股东会决议，而且事实上其已于2009年10月14日召集股东会议并形成决议，且按照法定程序办理了公司章程及法定代表人的工商变更登记，足以表明公司不存在无法形成有效决议而使股东会运行失效的情形，公司经营管理并未如陈文胜所称发生严重困难。

2. 陈文胜未提供充分证据证明因管理层决策问题导致公司经营出现严重恶化和负债状况，且发利公司所从事的是林业生产，需长期经营方能产生经济效益，若中途解散公司，不仅有损股东权益，也会损害林场发包方的权益。故陈文胜关于公司继续存续会使股东利益遭受重大损失的主张缺乏事实依据。

3. 并无证据表明陈文胜在起诉前已尝试其他救济手段，如通过请求其他股东以公平合理的价格收购自己的股份或请求召开股东会就公司解散问题进行表决等公司内部自治方式来解决问题，在穷尽其他可能的途径之前，对陈文胜要求解散公司的请求，本院不予支持。

综上，发利公司目前的状况不符合人民法院判决解散公司的法定情形，陈文胜的诉讼请求缺乏事实和法律依据，一审法院不予支持其诉讼请求是正确的。

【股东（大）会僵局构成公司解散要件的分析与认定】

裴益川等诉上海精彩文化传媒有限公司公司解散纠纷案［上海市黄浦区人民法院（2009）黄民二（商）初字第5217号（《人民司法·案例》2012年第2期）］，股东请求解散公司诉讼是维护自身权益的重要手段之一，但公司被判解散是一种严厉的法律救济措施。法院在审理此类纠纷时，应当严格审核公司解散的构成要件，其中股东利益是判决公司解散要件中的核心要素。

我国《公司法》规定，公司经营管理发生严重困难，继续存续会使股东利益受到重大损失，通过其他途径不能解决的，持有公司全部股东表决权百分之十以上的股东，可以请求人民法院解散公司。现工商行政管理部门的材料载明，两原告起诉时合计持有被告精彩公司全部股东表决权的60%，符合请求解散公司的诉讼主体资格。对原告诉称的精彩公司自成立四年多以来未召开股东会议且连年亏损的事实，被告未出庭抗辩。但庭审事实表明，被告公司迁移他处后，作为公司股东的两原告均不知情，原告提议召开股东会议亦无法召开；2005年度至2008年度年检报告则表明，被告公司已连年出现了重大亏损。上述事实证明，精彩公司股东会已陷入僵局，经营管理出现严重困难，且上述情形已使公司股东利益受到了重大损失，公司继续存续又不能打破僵局的，将使股东利益受到进一步的损失。另，该公司陷入僵局后，两原告发函提议召开的股东会议无法召开，公司迁移他处后，作为法定代表人的应杰也未告知原告；包括诉讼中，法院亦欲传唤第三人应杰到庭，寄希望于通过调解求得当事人以公司自治的方式来解决公司僵局，亦无结果。上述事实表明，通过其他途径已无解决被诉公司公司僵局的可能。

【司法解散中的原告拒绝协商出让股权，表明其未穷尽救济途径】

中国石油化工股份有限公司安徽石油分公司诉合肥桥庆石化有限公司公司解散纠纷案［安徽省合肥市中级人民法院（2009）合民二初字第10号民事判决书］，本案中，中石化安徽分公司以股东之间意见出现严重冲突无法形成决议、公司经营严重困难为由要求解散公司，但从双方提交的证据来看，中石化安徽分公司从2008年10月8日才成为桥庆公司的股东，根据公司章程规定的召开股东会会议的方式和时间来看，中石化安徽分公司至2008年12月22日起诉至院，仅仅二个月的期限，未达到公司章程规定的召开股东会会议的时间，中石化安徽分公司也未提交证据证明其提议召开过临时会议，不能证明其与方立贵之间意见发生严重冲突无法形成决议这一事实。至于公司经营是否发生严重困难，虽然桥庆公司经营的原加油站于2007年8月被拆迁，但桥庆公司已积极采取措施，申请重新选地准备继续经营加油站，且重新选择的地址已经相关部门批准作为经营用地，桥庆公司的加油站经营业务并非绝对处于终止状态；从桥庆公司2005年、2006年的亏损数额与全年销售收入来看，亏损状态不是十分严重，且企业经营过程中的亏损是正常现象，不能由此证明桥庆公司经营已陷入僵局。此外，中石化安徽分公司在起诉前也未证明自己尝试通过转让股权或通过其他途径解决，诉讼过程中经法院主持调解亦不愿意出让其持有的股权，表明中石化安徽分公司未穷尽救济途径。综上，本院认为，中石化安徽分公司主张解散桥庆公司，无事实和法律依据，其诉讼请求不能成立，本院不予支持。

【股东不得以财务管理不规范等非法定理由提出解散公司】

云南省烟草公司红河州公司诉云南红河神泉葡萄酒有限责任公司等公司解散案［云南省红河哈尼族彝族自治州中级人民法院（2009）红中民三终字第426号民事判决书］，云南省红河州中级人民法院经审理认为：本案系公司解散纠纷，上诉人、被上诉人及原审第三人对公司是否解散均各自阐明了自己的主张，为了查实红河神泉公司是否具备解散条件，本院询问了各方当事人并对相关证据进行了质证。根据《最高人民法院关于适用〈中华人民共和国公司法〉若干问题的规定（二）》第一条“单独或者合计持有公司全部股东表决权百分之十以上的股东，以下列事由之一提起解散公司诉讼，并符合公司法第一百八十三条规定的（编者注：现为该法第一百八十二条），人民法院应予受理：（一）公司持续两年以上无法召开股东会或者股东大会，公司经营管理发生严重困难的；（二）股东表决时无法达到法定或者公司章程规定的比例，持续两年以上不能作出有效的股东会或者股东大会决议，公司经营管理发生严重困难的；（三）公司董事长期冲突，且无法通过股东会或者股东大会解决，公司经营管理发生严重困难的；（四）经营管理发生其他严重困难，公司继续存续会使股东利益受到重大损失的情形”的规定和本院已查证的事实，红河神泉公司尚在进行生产、经营，股东会也能够召开并形成决议。而且，被上诉人红河州烟草公司也没有提供充足的证据证明红河神泉公司在生产和经营过程中存在上述四种公司解散的情形。故被上诉人红河州烟草公司以红河神泉公司财务管理不规范，原审第三人长期占用红河神泉公司的流动资金，对公司负有巨额债务，公司的第一大股东即原审第三人长运酒业公司，利用其控股权利，操纵公司与其长期进行违法关联交易，公司已经存在巨额亏损，若公司继续存续，将会使其他股东权益受到重大损失等为由，诉请解散上诉人红河神泉公司，不符合《公司法》第一百八十三条（编者注：现为该法第一百八十二条）及《最高人民法院关于适用〈中华人民共和国公司法〉若干问题的规定（二）》第一条规定的解散条件。因此，上诉人要求不解散公司的上诉请求成立，本院予以支持。原判认定基本事实清楚，审判程序合法，但判决解散红河神泉公司不当，系适用法律错误。本院应予撤销原判并改判。

【经营管理是否发生严重问题的判断方法】

姚承发诉西宁金田商贸有限公司解散公司案［青海省西宁市中级人民法院（2009）宁民二初字第80号民事判决书］，关于金田公司是否出现解散公司法定事由的问题。金田公司向法庭提交的该公司近年来的税收凭证、职工工资表以及补交的2004年至2008年的企业职工基本养老保险费等证据足以证明该公司现在管理得当，经营正常，有固定的收入，且大多数股东均表示不同意解散公司，不存在姚承发所述解散公司的情形。

【解散公司诉讼的法律适用】

广沢美穗与日本国土防灾技术株式会社公司解散纠纷上诉案［广东省高级人民法院（2008）粤高法民四终字第53号民事判决书（《人民司法·案例》2009年第22期）］，《公司法》第一百八十三条（编者注：现为该法第一百八十二条）是股东提起解散公司诉讼请求权行使条件的规定，是法院受理解散公司诉讼案件时立案审查的依据，也是法院裁判公司解散诉讼的实体法依据。

《公司法》第一百八十三条（编者注：现为该法第一百八十二条）及《最高人民法院关于适用〈中华人共和国公司法〉若干问题的规定（二）》［以下简称《公司法解释（二）》］第一条第一款关于人民法院应当受理公司解散诉讼的四项事由的规定，既是解散公司诉讼案件受理时形式审查的法律依据，也是判决解散公司时实体审查的法律依据。本案的争议焦点在于，极思意公司是否存在经营管理上的严重困难，是否具备法定的解散事由。本案查明的以下事实，足以证明极思意公司的经营管理发生严重困难：1.2006年9月27日的董事会决议撤换公司总经理后，广沢美穗对国土防灾及其他董事成员产生强烈抵触情绪，自2006年11月22日后，极思意公司未召开过董事会。2. 极思意公司的原有经营场所均已关闭，公司员工均已离职，公司业务持续处于停顿状态。3. 作为极思意公司仅有的两个股东，双方矛盾日益深化，在公司业务上已无法相互信任。4. 法院多次组织调解，双方当事人存在严重分歧，公司已无继续存续的可能。

【董事长期冲突导致的公司僵局判断】

上海中星集团振城不动产经营有限公司诉上海德城房地产有限公司解散公司案［上海市浦东新区人民法院（2008）浦民二（商）初字第2869号民事判决书］，《最高人民法院关于适用〈中华人民共和国公司法〉若干问题的规定（二）》第一条对《公司法》第一百八十三条（编者注：现为该法第一百八十二条）中"公司经营管理发生严重困难"进行了具体规定，其中包括公司持续两年以上无法召开股东会。公司股东表决时无法达到法定或者公司章程规定的比例、持续两年以上不能作出有效的股东会决议，公司经营管理发生严重困难。本案被告德城公司系一中港合资经营的房地产公司。由于合营企业只设董事会，不设股东会。董事会是合营企业的最高权力机关。召开董事会会议即是合营企业作出经营决策的方式。德城公司的董事会在2000年召开第十次董事会形成最后一次董事会决议。2007年召开第十一次董事会但未形成董事会决议。董事会已连续多年无法正常召开，也无法形成董事会决议。从2005年至今，股东之间互相诉讼，双方争议的问题均通过诉讼程序解决，已不可能通过召开董事会的方式自行解决经营管理问题。德城公司已经形成公司僵局。从经营状况看，德城公司自1993年成立至今仅有一个房地产开发项目，该项目开发的房屋已于2003年销售完毕。2003年后德城公司已不再年检、停止营业。鉴于德城公司的现状，法院认为，振城公司提出解散德城公司，符合《公司法》第一百八十三条的规定（编者注：现为该法第一百八十二条）。

【法定代表人空缺导致公司"空转"，损害股东利益，可判决解散公司】

长城宽带公司诉长城光环公司解散公司案［北京市第一中级人民法院（2007）一中民终字第2870号民事判决书］，长城宽带公司虽然作为长城光环公司的控股股东，但其意志在长城光环公司却得不到体现。主要是由于长城光环公司的法定代表人、董事长杨宇航的辞职，致使控股股东长城宽带公司的意志无法落实，这个本该由长城宽带公司派出人员担任的职位，由于未能召开股东会或董事会，而长期空缺。法定代表人是代表法人行使职权的负责人，其重要性在公司管理层中当然处于核心地位，该职位空缺，会直接影响公司的意思能力和意思表示的有效性。此外,长城宽带公司至少曾经两度尝试召开股东会或董事会来打破长城光环公司面临的管理僵局,但均未得到另一股东光环新网公司的有效回应。长城光环公司仅有两位股东,且表决事项须经 2/3 以上股东同意,任何股东单方召开的会议都不可能满足公司章程规定的这一要求。在目前的困境下,即股东会无法召开、法定代表人空缺、主营业务被剥离,而公司股东又无法就解决这些问题达成一致意见的情况下,长城光环公司已经成为一家"空转"的企业,公司剩余资产被自然消耗,股东利益必然遭受无法挽回的损失。此时,作为长城光环公司的控股股东的长城宽带公司只能采取极端的方式,即解散公司,取回出资。

【公司陷入僵局后,虽各方就转让股权达成合意,但对转让价格始终协商不成,可认为已穷尽救济途径,判决解散】

上海市教育科学研究院诉北京华电日生能源设备有限公司强制解散公司案[上海市第二中级人民法院(2007)沪二中民三(商)终字第 497 号民事判决书],(1)上诉人教科留学公司是否符合《公司法》规定的"公司经营管理发生严重困难,继续存续会使股东利益受到重大损失"的情形。第一,上诉人教科留学公司的两股东即上诉人华电公司与被上诉人教科院之间存在矛盾且董事之间自 2006 年 7 月起多次发生严重冲突,在长达两年期间,两方股东及其委派的董事虽然多次自行或在法院要求下召开了股东会及董事会,但在表决时仍然无法作出有效的股东会决议和董事会决议,实已形成公司僵局。第二,上诉人教科留学公司自 2006 年 7 月后即由上诉人华电公司实际控制,公司的经营管理架构和运营决策机制已严重违反《公司章程》约定,此种状况已显然不能称之为"正常"。第三,鉴于两上诉人拒绝法院的审计要求,致使法院无法获知上诉人教科留学公司的真实经营状况。根据上诉人教科留学公司确认的情况,公司在两股东产生矛盾后的短短数月间即产生高达 97 万余元的亏损。上述亏损金额对于注册资金仅为 75 万元的上诉人教科留学公司显属重大损失,并进而损及股东利益。(2)关于前述问题通过其他途径能否解决的问题。首先,本案一审期间,原审法院已责成各方当事人通过股东会、董事会等内部途径进行救济,但未达成一致;其次,个别董事之间积怨已久,矛盾难以得到根本化解;最后,留学中介行业属特种行业,被上诉人教科院系取得相关资格的机构,股权转让受一定限制,其也不同意转让股权。虽然上诉人华电公司在二审期间同意转让股权,并与案外人签订了相关股权转让合同,但被上诉人教科院明确对转让价格和转让对象表示异议。在各方当事人对转让价格协商不成的情况下,法院提议通过委托中介机构评估,以确定合理的股权转让价格,但遭上诉人华电公司拒绝。鉴于上诉人华电公司提出的股权转让方案难以从根本上解决上诉人教科留学公司存在的公司僵局问题,故本案在相关当事人不能协商一致使公司存续且通过其他途径难以解决的情况下,被上诉人教科院诉请解散上诉人教科留学公司已符合《公司法》规定的相应条件,原审判决上诉人教科留学公司解散并无不当,应予维持。

【经营管理发生严重困难与公司是否盈余无直接因果关系】

邢晓宁诉姚金泉等公司解散请求权案[南通市中级人民法院(2007)通中民二终字第 0184 号民事判决书],关于金悦公司是否已停业,一审适用法律是否正确的问题。在 2006 年 2 月 9 日的协议中,两股东明确约定近期注销公司,之后,已将金悦公司的国税证注销,企业无法以金悦公司的名义对外正常经营,金悦公司事实上已停止了营业活动。《公司法》第一百八十三条规定(编者注:现为该法第一百八十二条),公司经营管理发生严重困难,继续存续会使股东利益受到重大损失,通过其他途径不能解决的,持有公司全部表决权百分之十以上的股东可以申请人民法院解散公司。结合金悦公司的实际情况,原审法院适用《公司法》第一百八十三条的规定(编者注:现为该法第一百八十二条),判决解散该公司并无不当。

关于金悦公司债权债务有无清理,经营是否有盈余,对判决公司解散有无影响的问题。公司是否应当解散,主要把握公司是否存在经营管理发生严重困难,继续存续是否会使股东利益受到重大损失的状况,与公司是否盈余无直接因果关系。另外,公司确定解散,就应进行清算,并不是债权债务清理完毕后才能解散。

【公司被吊销营业执照后不能再提起公司解散之诉】

王会云等54人诉陕西千里税务师事务(所)有限责任公司公司解散及清算纠纷案[陕西省高级人民法院(2006)陕民二终字第41号民事裁定书],《公司法》第一百八十一条(编者注:现为该法第一百八十条)规定"公司因下列原因解散:(一)公司章程规定的营业期限届满或者公司章程规定的其他解散事由出现;(二)股东会或者股东大会决议解散;(三)因公司合并或者分立需要解散;(四)依法被吊销营业执照、责令关闭或者被撤销;(五)人民法院依照本法第一百八十三条(编者注:现为该法第一百八十二条)的规定予以解散。"第一百八十三条(编者注:现为该法第一百八十二条)规定"公司经营管理发生严重困难,继续存续会使股东利益受到重大损失,通过其他途径不能解决的,持有公司全部股东表决权百分之十以上的股东,可以请求人民法院解散公司。"第一百八十四条(编者注:现为该法第一百八十三条)规定"公司因本法第一百八十一条(编者注:现为该法第一百八十条)第(一)项、第(二)项、第(四)项、第(五)项规定而解散的,应当在解散事由出现之日起十五日内成立清算组,开始清算。……"从以上规定可以看出,公司解散分为合意解散、行政强制解散和法院判决解散三种类型。《公司法》第一百八十一条(编者注:现为该法第一百八十条)第(一)项至第(三)项规定的是合意解散的情形,第(四)项是行政强制解散的情形,第(五)项则是判决解散的情形。因此,当公司已经依法被行政强制解散,便无须再行提起公司解散之诉。《公司法》第一百八十三条(编者注:现为该法第一百八十二条)是对第一百八十一条(编者注:现为该法第一百八十条)第(五)项的诉权规定。除第一百八十三条(编者注:现为该法第一百八十二条)外,《公司法》对于其他两种情形的公司解散并未规定诉权。另外,隐名股东不符合《民事诉讼法》第一百零八条(编者注:现为该法第一百一十九条)规定的案件受理条件。因此,无权诉请解散公司。

【公司尚未达到经营管理发生严重困难程度,对股东的解散请求不予支持】

徐爱琴诉赵静巍、河南宏泰置业发展有限公司解散公司案[郑州市中级人民法院(2006)郑民三初字第1号民事判决书],宏泰公司的首次股东会决议和第五次股东会决议及公司章程,均是公司各股东真实意思表示,不违反有关法律规定,合法有效,应受法律保护。首次股东会决议约定了各股东的应出资额及出资比例,第五次股东会决议约定了变更股东及股东之间的股份转让,并约定了股份转让后各股东的出资额及出资比例。股份转让后,徐爱琴的出资额应为421万元,且科信会计师事务所的验资报告证明,上述出资已缴存宏泰公司账户。根据《公司法》的有关规定,宏泰公司成立后,应向其股东徐爱琴签发421万元出资证明书,置备股东名册,将徐爱琴记载于股东名册。宏泰公司成立后未向徐爱琴签发出资证明书,置备股东名册并记载于股东名册,侵害了徐爱琴的合法权利,徐爱琴请求宏泰公司向其签发421万元出资证明书,置备股东名册将其记载于股东名册,本院予以支持。宏泰公司辩称徐爱琴的出资未到位及已经以借款方式抽逃,证据不力,不予采纳。关于徐爱琴要求被告赵静巍立即归还财务账册及印章的诉讼请求,因在庭审中赵静巍陈述公司的印章及财务账册均由公司财务人员保管,而徐爱琴对其该项请求未提供相关证据,因此,对徐爱琴的该项请求,不予支持。关于徐爱琴要求人民法院解散宏泰公司的诉讼请求,虽然修订后的《公司法》规定了公司经营管理发生严重困难,继续存续会使股东利益受到重大损失,通过其他途径不能解决的,持有公司全部股东表决权百分之十以上的股东可以请求人民法院解散公司。但本案中,自宏泰公司成立以来,先后与中国人民解放军郑州军分区后勤部签订开发建设经济住宅小区项目,又与二七区嵩山南路开发建设指挥部签订征地协议,为开发该项目已支付了部分征地款,以及对外签订借款合同等运作情况看,宏泰公司尚处于较正常的运作经营状态,尚未达到经营管理发生严重困难之程度。故对徐爱琴要求参照修订后的《公司法》解散宏泰公司的请求,亦不予支持。

【公司不存在经营管理严重困难等情形不应判决解散,股东可通过公司法规定的其他退出机制进行解决争议】

蔡迎迎诉泉州明恒纺织有限公司、何文安解散公司纠纷案[泉州市中级人民法院(2006)

泉民初字第294号民事判决书],公司僵局是指因股东间或公司管理人员之间的利益冲突和矛盾导致公司的有效运行机制失灵,股东会或董事会因对方的拒绝参会而无法有效召集,任何一方的提议都不被对方接受和认可,即使能够举行会议也无法通过任何议案,公司的一切事务处于一种瘫痪状态。如果在公司僵局形成后,而股东间又不存在其他替代性退出机制,那么法院可以根据一方股东的请求依法或依职权判令公司解散。但作为一种最严厉有效的救济措施,这种解散制度仅仅属于打破公司僵局的一种救济手段,人民法院应该审慎用之。

【公司陷入僵局的解散之诉应如何适用】

孙建以公司陷入僵局起诉张前虎要求解散公司案[无锡市南长区人民法院(2006)南民二初字第89号民事判决书],股东之间因利益冲突已丧失了基本的信任关系,不能按公司章程的规定召开股东大会,公司的运行机制完全失灵,无法就任何事项作出决议,已实际停止经营。并且用尽其他救济仍无法解决的,应视为公司陷入僵局,此两要件缺一不可。

我国《公司法》第一百八十三条规定(编者注:现为该法第一百八十二条),公司经营管理发生严重困难,继续存续会使股东利益受到重大损失,通过其他途径不能解决的,持有公司全部股东表决权百分之十以上的股东,可以请求人民法院解散公司。在本案中,股东孙建和张前虎在星博公司经营管理中出现意见分歧,使星博公司目前的经营管理发生严重困难。公司的一切事务陷入瘫痪,已处于停业状态,公司的继续存续将使股东利益受到更大损失。股东张前虎和星博公司均不愿意收购孙建的股权,且经法院调解仍无法恢复信任关系。孙建作为星博公司股东持股比例达到45%。《公司法》第一百八十三条(编者注:现为该法第一百八十二条)的规定适用于本案双方当事人之间的情形。故应认定星博公司已陷入公司僵局,股东孙建请求法院解除公司,并进行清算的主张,符合我国公司法规定,应予支持。

【公司达到怎样的僵局情形,持有法律规定一定比例股权的股东可以请求人民法院解散公司】

简榕桂诉郑宁等解散公司案[佛山市禅城区人民法院(2006)佛禅法民二初字第330号民事判决书],本案第三人创沃泰公司成立于2004年11月,至2005年4月底,在不到5个月的时间里,即已发生较大数额的亏损。到2005年12月底,作为股东和公司高级管理人员的郑宁,即使是需要协商公司事宜,也不能正常见到公司的另一股东、法定代表人简榕桂,以至需要留下书面通知,并以将公司设备搬走或交他人处理作为压力,以图获得与简榕桂的见面,由此可见,公司股东之间确已发生了严重的矛盾与对立。事后,郑宁也并未能见到简榕桂,根本不可能达成一致意见来管理公司,股东矛盾无法自行调和,公司管理事务已处于瘫痪,公司的运行已陷于僵局,在此情况下,股东间已无法形成包括解散公司在内的任何决议;出现此事件后不长时间,即2006年1月前后,创沃泰公司即已停产,至人民法院组织现场勘验时,停产时间已近4个半月,工厂无人留守、设备闲置,公司已无赢利,而厂房租金等各项费用仍在不断发生,公司的财产在持续耗损和流失。而三股东均不愿收购其他股东的股份,也无其他主体愿意收购公司股份。因此,通过自力救济,改变股东持股比例或股权置换等其他途径来打破公司僵局已无可能。

有限责任公司是人合兼资合的公司,股东相互间具有良好的合作意愿和长久稳定的协作关系是其存续的必要条件。当股东间发生利益冲突、情绪对抗,并已丧失了最起码的信任时,其相互间已无合作的基础。公司僵局所导致的管理混乱和瘫痪,会使公司的财产持续耗损和流失,这不仅直接危害公司本身和股东利益、影响公司外部与公司存在利害关系的其他主体的利益,而且客观上将限制经济资源的合理流动,进而对市场发展和社会稳定形成冲击。为了保护股东合法权益、规范市场经济秩序,我国《公司法》作出了人民法院在必要时判决解散公司的规定。《公司法》第一百八十三条规定(编者注:现为该法第一百八十二条)的法定条件为"公司经营管理发生严重困难,继续存续会使股东利益受到重大损失,通过其他途径不能解决"并有持股比例达10%以上的股东提出解散请求。从本案的情况看,公司股东简榕桂持有公司股份50%,其请求解散公司,符合上述条款关于请求解散公司最低持股比例的法定要求;且创沃泰公司赖以存续的人合关系已完全破裂,资合要素方面也因公司停产和损失的持续产生而无存续基础，如令公司继续存在，会使三股东的利益甚至与公司关联的其他主体蒙受重大损失，在通过其他途径不能解决的现实情况下，本案第三人创沃泰公司应依法予以解散。公司解散后，依法应由三股东组成清算组，开展清算工作，处理公司的债权债务等善后事宜。

【公司不存在经营管理严重困难情形不宜判决解散】

北京福瑞星原科技有限公司诉徐州全顺江铃汽车销售服务有限公司等要求解散公司案［江苏省徐州市云龙区人民法院 2006 年 11 月 15 日民事判决书］，根据本案查明的事实，本案两位股东虽然存在矛盾和分歧，但是公司目前经营正常，不存在公司的经营管理出现严重困难的法定情形。公司在正常经营情况下，目前已经有了盈利，弥补了原来的亏损，因此本案亦不存在公司继续存续会使股东利益受到重大损失的法定情形。本案是否能通过其他途径解决，则取决于两位股东解决这一问题的方式、方法及态度，只要双方能够互谅互让，协商解决，或者通过其他方式解决，双方的分歧完全可以解决。当然本案的第四个法定情形原告是符合的，但是仅符合该法定情形则不能解散公司。同时，《公司法》立法本意是，鼓励开办公司，鼓励扩大就业，而且公司职工亦不同意解散公司。从社会效果来讲，从构建和谐社会的角度而言，本案涉及的公司亦不宜解散。因此，原告要求解散公司的诉讼请求，不符合法律规定的情形，该诉讼请求不能成立，不予支持。

【公司虽处于亏损状态，但经营管理未陷入僵局，不宜判决解散】

杨丽芝等诉曹承杰等解散公司案［上海市徐汇区人民法院 2006 年 4 月 30 日民事判决书］，虽然第三人目前的经营状况尚处于亏损状态，但企业经营状况的好坏并非是导致解散公司的唯一标准，关键是要判断公司的经营管理是否已经陷入僵局，通过其他途径已经不能解决。虽然被告在公司管理过程中确实存在不规范的做法，且在如对外承包等重大经营活动的决策前没有完全重视其他股东的权利，原、被告之间也或多或少存在一些矛盾，但总体上看第三人的日常经营并没有处于非正常运作状态，不存在因原告为行使知情权等股东权利而遭受被告无理拒绝的情况，第三人的经营管理没有陷入僵局且其他解散事由也没有出现，故七原告要求解散公司的条件并不具备；此外如七原告认为三被告存在不当行为，也完全可以通过行使法律赋予的股东权利如知情权、赔偿权等，以维护其合法利益。因原、被告之间尚不存在通过其他途径不能解决的问题，故对七原告请求解散公司的诉讼请求不予支持。但是法院也注意到，三被告作为董事会成员，并没有从以前集体企业的领导角色完全转变为有限责任公司的股东，如在召开股东大会时缺乏足够的告知义务，缺乏相应的讨论决策，而忽视了其他七原告的相关权利；此外在公司财务管理上，存在将公司资金存人个人银行账户、将公司车辆挂在个人名下的不规范行为，另外公司成本支出情况尚不透明等，被告的上述行为肯定会导致七原告的不信任，从而产生矛盾。所以三被告作为股东以及公司管理层，应当切实按照法律和公司章程的规定行使权利，重视和保障七原告的合法股东利益，按照其整改意见书纠正和改变以前不当之处。同样，七原告也完全可以通过提出合理意见、积极行使监事权利、在公司权益和股东利益受损时以股东的名义主张赔偿等形式来维护自己的合法利益。法院相信，如果被告今后能够依照公司章程和法律的规定，采取积极措施，规范自己的行为，切实尊重七原告的股东权利，原、被告同心同力，第三人的经营状况会早日实现扭亏为盈，公司的管理会日趋规范，七原告的股东利益也会得以保障。

【有限公司股东在达成公司分立协议后，可以提起诉讼要求强制解散公司】

魏建良诉龚胜贤等要求解散公司案［江苏省无锡市惠山区人民法院 2006 年 5 月 8 日民事判决书］，汇达公司系龚胜贤、魏建良共同出资设立的有限责任公司，业经工商行政管理机构依法注册登记，具有法人资格，应确认有效。现公司两股东在共同经营汇达公司期间，因利益冲突产生矛盾，致使汇达公司生存、发展面临严重困难，公司运行陷入僵局，双方均有一定责任。2006 年 1 月 17 日双方拟定的公司分立协议，是双方真实意思表示，故魏建良要求解散汇达公司的诉讼请求本院予以支持。由于双方失去了继续共同合作的基础，龚胜贤不同意解散汇达公司的辩称，不予采信。

【合资企业的一方股东请求解散公司的，该请求的对方是另一方股东而不是公司】

大连天河百盛购物中心有限公司与大连天河大厦有限公司财产损害赔偿纠纷案［最高人民法院（2005）民二终字第149号民事裁定书］，关于天河大厦请求解散合资公司的问题。公司人格的独立性应体现在公司确实依照股东的意愿从事经营活动，为股东谋取利益。若不能如此，则股东有权使公司归于消灭。尤其是在有限责任公司中，当中小股东利益受到大股东损害而无法在公司内部得到救济时，公司即异化为股东的对立面，股东应当在特定情形下享有对公司的强制解散请求权。但是，对中外合资企业的一方股东请求解散公司的，应依照《中外合资经营企业法实施条例》和最高人民法院《关于审理中外合资经营合同纠纷如何清算合资企业问题的批复》的有关规定进行处理。上述条例和批复都赋予合营一方在一定条件下解散公司的请求权，但是该项请求的对方只能是合资公司的另一方股东而不是公司。

【人民法院审理涉及有限责任公司股东重大分歧案件时，应当注重调解，避免公司解散】

霍某某、梁某与天津市某食品有限公司、第三人海航资产管理集团有限公司公司解散纠纷案［天津法院服务保障民营企业发展典型案例之五］，该案是人民法院能动司法，破解公司治理僵局，助力民营企业恢复生产经营活力、持续健康发展的典型案例。本案中，天津市某食品公司是我市的品牌企业，其创立的产品商标更是全国驰名商标，在饮料行业具有重大影响。自2011年，海航公司增资食品公司后，食品公司与海航公司矛盾突出，在最高人民法院、海南法院、天津法院等四级法院形成案件几十起，生效裁判文书近百件，食品公司生产陷入停滞。公司股东霍某某、梁某起诉请求解散公司。解散公司对于打破公司僵局、市场资源优化配置及保护股东利益，提供了有效的救济方式，但是这种司法强制解散的方式，将直接导致公司的法人人格消灭，以公司为中心的内、外部法律关系均将终止，其将对社会造成的消极影响极大。因此公司解散应为破解公司僵局的最后手段，应审慎适用。为挽救濒于解散的民营企业，避免公司解散可能带来的不利影响，一审、二审法院多次主持调解，与当事各方共同商讨解决纠纷的最佳方案，最终，促成各方达成调解协议，并一揽子解决了当事人在我市和海南省的全部案件。不仅减轻了当事人的诉累，维护了股东双方的合法权益、挽救了濒临灭亡的企业，更保障了与食品公司有供应关系的数百名果农的生计问题，为维护社会经济稳定和我市投资环境发挥了积极作用。

【公司经营发生严重问题，股东会等公司内部运行机制失灵，可审慎作出解散判决】

沈某诉K公司、唐某等公司解散纠纷案［上海一中院、上海浦东法院联合发布自贸区司法保障十大典型案例之一］，具体如下：

基本案情

K公司成立于2014年7月25日，沈某、张某、唐某均为K公司的股东，分别持有K公司30%、30%和40%的股权。法定代表人、董事长为唐某，沈某、张某为董事。2016年3月11日，K公司作出董事会决议，免除唐某董事长职务，任命沈某为董事长兼副总经理。同年3月13日，沈某、张某出具《授权书》委托第三方对K公司的电脑等财物及财务资料、公司各类账簿进行保全管理。3月14日，唐某报警称公司物品被盗。4月26日，唐某向法院提起公司决议撤销之诉，请求撤销K公司董事会于2016年3月11日作出的有关董事长任免的决议，后法院判决撤销该决议。

2018年，沈某起诉至法院请求解散K公司，其认为，K公司已无实际经营场所且已无法正常经营，也一直未能召开股东会，董事间分歧较大。且因其持股比例未达到章程的要求，无法通过股东会决议的方式解散公司。张某同意沈某的诉请。K公司、唐某则辩称，K公司目前虽无法正常经营，但尚存在盈利可能，K公司尚有被盗案件正处于刑事侦查中，且导致K公司目前困境的原因在于沈某意图成为董事长，故K公司、唐某均不同意解散K公司。

裁判结果

上海一中院认为，一、沈某持有K公司30%股权，符合股东提起公司解散诉讼时应满足的持股比例条件。二、K公司股东暨董事之间存在严重冲突，矛盾难以调和。其一，K公司于2014年成立后两年，股东暨董事之间已发生管理权的争夺。沈某及张某欲通过形成董事会决议的方式撤销唐某的董事长职务，唐某则通过诉讼撤销了上述董事会决议。其二，对于公司资产保管，股东之间亦存在重大分歧。沈某、张某将公司财产进行保管、封存，而唐某则报案称公司财产失窃。其三，各方当事人均认可，K公司已无实际经营场所且已无法正常经营。沈某、张某对于扭转K公司目前经营状况持消极态度，唐某、K公司亦未提出有效解决途径。K公司的人合性基础已经丧失。K公司内部管理的权力运行机制已发生障碍，已持续两年以上不能形成有效的股东会决议、董事会决议，其内部运行机制已经失效，影响了K公司的正常经营。

K公司已无法经营，且无实际经营场所。K公司股东之间互不信任，丧失公司人合性。股东会、董事会等内部运行机制失灵，无法就公司经营管理进行决策。K公司亦无法通过公司自身救济机制摆脱公司僵局。公司僵局的持续将会导致股东利益遭受更大的损失。因此，可以认定K公司的经营管理已经发生了严重困难，符合司法解散的条件。上海一中院判决解散K公司。

典型意义

自贸区成立以后，因其优越的政策吸引了大量公司在自贸区注册成立，对自贸区的繁荣发展起到了重要作用。但公司尤其是封闭公司具有人合性的特征，其能否成为带动市场经济不断发展前行的活跃主体，很大程度上取决于公司股东、管理层之间的协调配合。《公司法》第一百八十二条以及《公司法司法解释（二）》对公司司法解散设置了严格的条件，其立法本意即在于维护公司的稳定运营，避免滥用司法解散干预市场主体的稳定、自由发展。但是，在遇到公司经营发生严重问题，股东会等公司内部运行机制失灵，公司已经丧失人合性基础时，法律亦允许当事人运用司法解散的方式来解决公司困境。法院在审理此类案件时，应当通过严格的事实和法律衡量，在将法律规定的条件与事实情况进行逐一对比之后，审慎作出是否支持公司解散的判决。本案在正确适用司法解散解决公司运营纠纷，保障公司、股东以及债权人等各方主体的利益，有效化解公司僵局等方面起到了示范作用。妥善适用司法解散公司的相关规定，实现市场主体的良性更替，有利于构建充满活力的自贸区营商环境，也有助于促进自贸区经济的健康可持续发展，加快法治化营商环境的建设进程。

【股东间的重大矛盾无法调和，无法做出有效决议，致使公司停产，但停产前经营正常、效益良好的，股东一方有权诉请解散公司】

杨虎诉李玉德、天津腾德化工有限公司解散公司案［天津市高级人民法院民事判决书］，天津市高级人民法院经审理认为，各方当事人对于因上诉人与被上诉人矛盾日深而使腾德公司陷于公司僵局的事实均予认可，本案争议焦点在于上诉人杨虎诉请解散腾德公司的请求是否成立。综合分析本案可以看出，杨虎与李玉德的矛盾是在对腾德公司经营管理过程中逐渐形成的，双方的矛盾、分歧逐渐加深，且彼此不愿妥协，从而处于僵持状态。由于公司的决策和管理实行多数表决制度，而杨虎与李玉德是腾德公司仅有的两位股东，且两位股东持股比例相同，因此两位股东之间的矛盾和冲突，直接导致了腾德公司一切决策和管理机制的瘫痪，包括股东会无法有效召集，一方的提议不能得到对方接受和认可，公司不能按照法定程序做出任何决策，最终导致公司全面停产并延续至今。本案相关事实已经表明，杨虎与李玉德两位股东之间的利益冲突、权利争执以及情感的对抗由来已久，并发展到愈演愈烈的程度，双方之间已经丧失了最起码的信任，相互合作的基础已完全破裂。这种公司僵局状态无论对公司还是对股东利益都构成严重的损害。腾德公司长期停产已经使股东遭受重大损失，僵局状态的延续还将使股东遭受更大的损失。腾德公司及李玉德都认为应当通过杨虎转让股份退出公司来化解僵局，但是否转让股份以及如何转让股份是股东的权利，只能通过协商解决。本案在一审及二审期间，曾就此多次组织调解，但最终未能达成一致意见。我国《公司法》第一百八十三条规定（编者注：现为该法第一百八十二条）："公司经营管理发生严重困难，继续存续会使股东利益遭受重大损失，通过其他途径不能解决的，持有公司全部股份表决权百分之十以上的股东，可以请求人民法院解散公司。"其中"公司经营管理严重困难"，不能理解为资金缺乏、亏损严重等经营性困难，而应当理解为管理方面的严重内部障碍，主要是股东会机制失灵，无法就公司的经营管理进行决策；"股东利益受损"不是指个别股东利益受到损失，而是指由于公司瘫痪导致公司无法经营造成的出资者整体利益受损。可见，本案已经具备了《公司法》第一百八十三条规定（编者注：现为该法第一百八十二条）的公司解散条件。同时，考虑到腾德公司不存在需要安置、解决就业的职工，其现有资产也足以清偿公司所负债务，公司解散不会造成对股东之外其他民事主体的损害，故对上诉人杨虎解散腾德公司的诉讼请求予以支持。原审判决据"腾德公司停产之前处于正常经营，效益良好的状态"，认定杨虎的主张不符合公司解散条件并不予支持欠妥，应予纠正。

【双方未能调解解决争议并不排除通过其他途径解决纠纷的可能，不宜直接判决解散】

许玉方诉沈兴武等申请公司解散纠纷案，《公司法》第一百八十二条有条件地赋予了股东申请解散公司的权利。许玉方持有菲波公司20%的股价，依据公司章程和《公司法》的规定，有权申请公司解散。至于菲波公司是否应予解散，则需综合案情，从菲波公司经营管理是否发生严重困难以致不能继续存续，且通过其他途径不能解决等方面予以严格审定。菲波公司财务报表上的数据表明，该公司并没有达到难以为继，不能持续的状态。供货商的函件表明菲波公司的代理权受到了限制。如许玉方和马津有关该函件不真实的主张成立，则菲波公司货源上没有困难。反之方可在一定程度上说明菲波公司经营上存在一定困难。但从该函件的内容可以看出，这种困难只是暂时的，可以通过清偿债务、关联公司之间协调等方式得以解决。菲波公司的问题实际在于各股东就公司以往的管理、经营人的确定、现实际经营的股东所采取的措施是否适当等存有分歧。公司章程对股东权利、公司权力机构的构成、议事规则等均作出了相应的规定，因此股东解决上述争议首先应当依据章程的规定，通过内部救济方式解决。

通过其他途径不能解决公司经营管理的严重困难，是公司解散的一项先决条件。许玉方负有证明该条件已成就的举证责任。即应举证证明存在股东在起诉前曾以内部救济方式向董事会、股东大会提出纠正错误决议之要求遭到拒绝的事实，或者是转让股权受到阻碍等客观事实。诉讼中，许玉方表达了对菲波公司董事会、股东会决议以及沈兴武以菲波公司董事长名义发布的董事会紧急通知、公告从程序到内容的异议。从其曾向股东发出股东会上增加公司解散议题的通知一节可以看出，其完全可以书面提出异议。但许玉方并未举证证明曾书面通知董事会、股东会或菲波公司纠正不当决议，也未就此通过诉讼等方式解决。虽然马津认可许玉方曾就此与其沟通，马、许二人提出许玉方曾找沈兴武面谈，同时在公司张贴声明，但沈兴武对此均不予认可，也没有其他证据可以佐证许玉方、马津的陈述内容。仅凭二人的陈述不足以证明许玉方实施了上述行为。此外，许玉方提出其在董事会紧急通知之前曾口头告知沈兴武可出让股权，但沈兴武对此不予认可，许玉方也未提供其他旁证。因此现有证据不足以证明许玉方在提起公司解散之诉以前，已经穷尽了其他内部救济方式。

尽管在本案审理的特定期间内双方未能调解解决争议，但这并不排除继续通过其他途径解决纠纷的可能。权衡个别股东利益与其他股东和公司的利益，在公司章程及相关法律为股东提供的多种权利救济方式尚未穷尽的情况下，应遵循公司维持原则，尽可能维持公司人格的存在，以使公司和其他股东不因公司解散而受到利益损害。菲波公司尚不符合《公司法》规定的解散条件，许玉方的诉讼请求依据不足，法院不予支持。

【公司是否具备解散条件的认定】

B公司诉A公司、第三人C公司公司解散纠纷案，本案中，各方当事人争议的焦点问题是A公司是否具备解散的条件。按照修改后的《合资章程》的约定，C公司向A公司派驻两名董事，B公司派驻一名董事，从董事名额的分配看，董事会的表决并不存在任何可以使公司经营管理陷入僵局的障碍，之后未再形成董事会决议不是因表决无法达到法定或约定比例，而是一方股东认为合资公司已无继续存续必要，而拒绝开会讨论涉及公司经营管理等方面的相关事宜。从B公司列举的其与C公司存在的矛盾看，均是可以通过召开董事会协商解决的问题，现B公司在股东之间未就存在问题开会讨论的情况下，直接请求法院司法解散公司，与《公司法》关于公司司法解散谨慎起诉的立法目的不符。

此外，提起解散公司之诉，公司经营发生严重困难是一项必备条件，本案中，A公司2007年度、2008年度、2009年度的相关年检报告、审计报告反映出，公司近三年的经营既存在亏损，又存在盈利，仅以其某一年度曾经经营亏损，即认定其经营发生严重困难，以致严重到需要解散公司的程度，有失偏颇。

本案还涉及司法解散公司所需实质要件的判断问题。《公司法》第一百八十三条规定（编者注：现为该法第一百八十二条）："公司经营管理发生严重困难，继续存续会使股东利益受到重大损失，通过其他途径不能解决的……"股东在适用公力救济时，应当以穷尽公司内部救济措施为前提，现有证据显示，B公司并未穷尽公司的内部救济措施而直接到法院诉请司法解散公司，其要求解散公司的诉讼请求不予支持。针对B公司在庭审中称其起诉的事实基础是《合资章程》第59条第2款1节，该条款约定：合资公司发生严重亏损，累计亏损超过注册资本，合资任何一方有权依法终止合资，法院认为，《合资章程》同时约定有合资企业的终止解散和期满的清算工作应由出席董事会会议的董事一致通过方可做出决议，虽然A公司2007年度的亏损额超过了注册资本，但A公司并未召开董事会就适用《合资章程》第59条第2款解散公司事宜形成决议，且B公司在庭审中明确表示其与C公司继续合作的可能性已不存在，不同意召开董事会。鉴于此，B公司依据《合资章程》第59条第2款主张司法解散公司的条件尚不具备，对其该项诉讼请求法院不予支持。

第一百八十三条 【清算组的成立与组成】 公司因本法第一百八十条第（一）项、第（二）项、第（四）项、第（五）项规定而解散的，应当在解散事由出现之日起十五日内成立清算组，开始清算。有限责任公司的清算组由股东组成，股份有限公司的清算组由董事或者股东大会确定的人员组成。逾期不成立清算组进行清算的，债权人可以申请人民法院指定有关人员组成清算组进行清算。人民法院应当受理该申请，并及时组织清算组进行清算。

一、相关法律条文

《中华人民共和国民法总则》（自2017年10月1日起施行）对清算义务人，规定如下：

第七十条 法人解散的，除合并或者分立的情形外，清算义务人应当及时组成清算组进行清算。

法人的董事、理事等执行机构或者决策机构的成员为清算义务人。法律、行政法规另有规定的，依照其规定。

清算义务人未及时履行清算义务，造成损害的，应当承担民事责任；主管机关或者利害关系人可以申请人民法院指定有关人员组成清算组进行清算。

二、相关司法解释及两高工作文件

《最高人民法院关于印发〈全国法院民商事审判工作会议纪要〉的通知》（法〔2019〕254号），关于有限责任公司清算义务人的责任，通知如下：

关于有限责任公司股东清算责任的认定，一些案件的处理结果不适当地扩大了股东的清算责任。特别是实践中出现了一些职业债权人，从其他债权人处大批量超低价收购僵尸企业的"陈年旧账"后，对批量僵尸企业提起强制清算之诉，在获得人民法院对公司主要财产、账册、重要文件等灭失的认定后，根据公司法司法解释（二）第18条第2款的规定，请求有限责任公司的股东对公司债务承担连带清偿责任。有的人民法院没有准确把握上述规定的适用条件，判决没有"怠于履行义务"的小股东或者虽"怠于履行义务"但与公司主要财产、账册、重要文件等灭失没有因果关系的小股东对公司债务承担远远超过其出资数额的责任，导致出现利益明显失衡的现象。需要明确的是，上述司法解释关于有限责任公司股东清算责任的规定，其性质是因股东怠于履行清算义务致使公司无法清算所应当承担的侵权责任。在认定有限责任公司股东是否应当对债权人承担侵权赔偿责任时，应当注意以下问题：

14.【怠于履行清算义务的认定】公司法司法解释（二）第18条第2款规定的“怠于履行义务”，是指有限责任公司的股东在法定清算事由出现后，在能够履行清算义务的情况下，故意拖延、拒绝履行清算义务，或者因过失导致无法进行清算的消极行为。股东举证证明其已经为履行清算义务采取了积极措施，或者小股东举证证明其既不是公司董事会或者监事会成员，也没有选派人员担任该机关成员，且从未参与公司经营管理，以不构成“怠于履行义务”为由，主张其不应当对公司债务承担连带清偿责任的，人民法院依法予以支持。

15.【因果关系抗辩】有限责任公司的股东举证证明其“怠于履行义务”的消极不作为与“公司主要财产、账册、重要文件等灭失，无法进行清算”的结果之间没有因果关系，主张其不应对公司债务承担连带清偿责任的，人民法院依法予以支持。

16.【诉讼时效期间】公司债权人请求股东对公司债务承担连带清偿责任，股东以公司债权人对公司的债权已经超过诉讼时效期间为由抗辩，经查证属实的，人民法院依法予以支持。

公司债权人以公司法司法解释（二）第18条第2款为依据，请求有限责任公司的股东对公司债务承担连带清偿责任的，诉讼时效期间自公司债权人知道或者应当知道公司无法进行清算之日起计算。

《最高人民法院关于适用〈中华人民共和国公司法〉若干问题的规定（二）（2014修正）》（法释［2008］6号），对于清算组的组成以及清算义务人的责任，规定如下：

第七条 公司应当依照公司法第一百八十三条的规定，在解散事由出现之日起十五日内成立清算组，开始自行清算。

有下列情形之一，债权人申请人民法院指定清算组进行清算的，人民法院应予受理：

（一）公司解散逾期不成立清算组进行清算的；

（二）虽然成立清算组但故意拖延清算的；

（三）违法清算可能严重损害债权人或者股东利益的。

具有本条第二款所列情形，而债权人未提起清算申请，公司股东申请人民法院指定清算组对公司进行清算的，人民法院应予受理。

第八条 人民法院受理公司清算案件，应当及时指定有关人员组成清算组。

清算组成员可以从下列人员或者机构中产生：

（一）公司股东、董事、监事、高级管理人员；

（二）依法设立的律师事务所、会计师事务所、破产清算事务所等社会中介机构；

（三）依法设立的律师事务所、会计师事务所、破产清算事务所等社会中介机构中具备相关专业知识并取得执业资格的人员。

第九条 人民法院指定的清算组成员有下列情形之一的，人民法院可以根据债权人、股东的申请，或者依职权更换清算组成员：

（一）有违反法律或者行政法规的行为；

（二）丧失执业能力或者民事行为能力；

（三）有严重损害公司或者债权人利益的行为。

……

第十六条 人民法院组织清算的，清算组应当自成立之日起六个月内清算完毕。

因特殊情况无法在六个月内完成清算的，清算组应当向人民法院申请延长。

……

第十八条 有限责任公司的股东、股份有限公司的董事和控股股东未在法定期限内成立清算组开始清算，导致公司财产贬值、流失、毁损或者灭失，债权人主张其在造成损失范围内对公司债务承担赔偿责任的，人民法院应依法予以支持。

有限责任公司的股东、股份有限公司的董事和控股股东因怠于履行义务，导致公司主要财产、账册、重要文件等灭失，无法进行清算，债权人主张其对公司债务承担连带清偿责任的，人民法院应依法予以支持。

上述情形系实际控制人原因造成，债权人主张实际控制人对公司债务承担相应民事责任的，人民法院应依法予以支持。

第十九条 有限责任公司的股东、股份有限公司的董事和控股股东，以及公司的实际控制人在公司解散后，恶意处置公司财产给债权人造成损失，或者未经依法清算，以虚假的清算报告骗取公司登记机关办理法人注销登记，债权人主张其对公司债务承担相应赔偿责任的，人民法院应依法予以支持。

第二十条 公司解散应当在依法清算完毕后，申请办理注销登记。公司未经清算即办理注销登记，导致公司无法进行清算，债权人主张有限责任公司的股东、股份有限公司的董事和控股股东，以及公司的实际控制人对公司债务承担清偿责任的，人民法院应依法予以支持。

公司未经依法清算即办理注销登记，股东或者第三人在公司登记机关办理注销登记时承诺对公司债务承担责任，债权人主张其对公司债务承担相应民事责任的，人民法院应依法予以支持。

第二十一条 有限责任公司的股东、股份有限公司的董事和控股股东，以及公司的实际控制人为二人以上的，其中一人或者数人按照本规定第十八条和第二十条第一款的规定承担民事责任后，主张其他人员按照过错大小分担责任的，人民法院应依法予以支持。

三、相关案例

1. 清算组的成立与组成

【未参加清算组的股东的权益保护方式】

周仁清与上海新汇工程项目管理有限公司清算其他与公司有关的民事纠纷上诉案［上海市第二中级人民法院（2015）沪二中民四（商）终字第569号民事判决书（《人民司法·案例》2016年第20期）］，我国《公司法》的相关规定中，有限公司自行解散的，其清算组由股东组成，但这并不表明所有股东都可参加并成为清算组成员。股东参加清算组的权利属于股权中的共益权，应遵从资本多数决规则。有限公司可以通过股东会表决确定由部分股东参加的清算组成员，未参加清算组的股东可以通过审议和表决清算报告及财产分配方案、对清算过程行使知情权等权利行使方式来维护自身权益。

【公司股东作为清算义务人需要承担相应的赔偿责任时，该赔偿责任的范围，以依法清算下债权人应得金额为限】

陆旭晔诉曹静、曹数强公司股东未依法清算损害债权人利益纠纷案［江苏省泰州市中级人民法院（2015）泰中民终字第01282号民事判决书（《江苏省高级人民法院公报》2017年第5辑）］，有限责任公司股东未经依法清算，以虚假的清算报告骗取公司登记机关办理法人注销登记，损害债权人利益的，公司股东作为清算义务人需要承担相应的赔偿责任。该赔偿责任的范围，以依法清算下债权人应得金额为限。而依法清算下债权人应得金额，根据诚实信用原则和股东对公司情况知情的优势地位，应由作为清算义务人的股东承担举证责任。公司股东不能证明依法清算情形下公司真实的剩余财产数额的，应当承担不利法律后果。

【外商投资企业的股东能否申请强制清算】

北京华阳房地产发展有限责任公司申请北京宏京房地产有限公司强制清算案［北京市高级人民法院（2010）高法特清预终字第2616号民事判决书］，国家工商行政管理总局、商务部《关于外商投资企业解散注销登记管理有关问题的通知》的规定中，外商投资企业因章程规定的经营期限届满而解散，被司法裁定解散，依法被吊销营业执照、责令关闭或者被撤销而解散的，无须经过审批机关批准，可直接进入清算程序。除此种情形外出现其他解散事由的，必须经审批机关批准或者人民法院裁定解散。因此，本案中，外商投资企业股东以其他股东不履行合同义务致使合同目的不能实现为由单方提出解散该企业的情形，并不属于上述该规定中所列的可直接进入清算程序的事由。对于其他解散事由，行政审批解散或司法解散是申请企业强制清算前，必须要经过行政审批或者司法解散的程序。所以对于本案中股东提出的强制清算申请，人民法院不应予以支持。

【公司强制清算中的法律问题处理】

山东省即墨市城市建设开发有限公司诉青岛德馨温泉度假村有限公司公司清算纠纷案[山东省即墨市人民法院(2009)即商初字第2191号民事判决书(《人民司法·案例》2011年第18期)]，公司清算为终结公司的法律关系、消灭公司法人资格提供了合理的依据。除破产清算外，公司清算还包括非破产清算。非破产清算是指公司法人在资产足以清偿债务的情况下进行的清算，分为自愿清算和强制清算。本案法院裁定受理公司提出的强制清算申请。经综合各方股东的意见及时指定9名人员组成清算组，分别为：三方股东单位各派出一名副总经理作为工作人员，评估机构工作人员一名、审计部门工作人员一名及某律师事务所四名律师组成，并由该律师事务所主任担任清算组组长。为使工作能尽快进行，三方股东派出的成员同时作为各股东在本案的委托代理人，代表股东行使权利。清算组立即对公司的资产及账目等进行接管，并按程序进行清算公示、债权申报、资产清点、评估、账目审计、债务清收、资产变现及制定分配方案等工作。清算过程中出现的问题涉及股东出资瑕疵、股东与清算组成员之间的矛盾、股东异议的处理、财产变现款打入法院账户、如何通过分配方案等。

【公司作出合并解散决议的，不属于股东申请强制清算的法定情形】

李智勇等四股东请求兴海有限责任公司强制清算案[内蒙古自治区高级人民法院(2009)内民二终字第45号民事判决书]，公司作出合并解散决议的，不属于股东申请强制清算的法定情形，所以不能申请法院启动强制清算。

【证券公司被责令关闭、进行行政清理后，由指定的行政清算组相应取得证券公司对保证客户交易结算资金完整的权利和义务】

天同证券有限责任公司清算组与恒丰银行股份有限公司、恒丰银行股份有限公司济南分行、恒丰银行股份有限公司烟台青年路支行返还扣划结算资金纠纷案[最高人民法院(2007)民二终字第147号民事判决书(《最高人民法院公报》2008年第7期)]，具体如下：一、根据《证券法》第一百三十九条第一款以及《客户交易结算资金管理办法》第二十一条、第二十二条的规定，证券公司对于客户交易结算资金拥有管理权，同时负有保证客户交易结算资金完整的责任。任何针对客户交易结算资金的侵害行为，证券公司都有权并且有责任主张救济。当证券公司被责令关闭、进行行政清理后，由证券监督管理机构指定成立的行政清算组相应取得证券公司对保证客户交易结算资金完整的权利和义务。二、客户交易结算资金具有保证与证券交易对方足额交收的作用，故该资金负担有其他优先权利，必须保证该资金的完整性。当证券公司对其管理的客户交易结算资金专用账户所在的银行负有债务时，银行不能直接从该账户中扣划客户交易结算资金以实现自己的债权。

【股东应享有请求清算公司之权利】

宁波大学与同人华塑股份有限公司有公司有关的纠纷上诉案[浙江省高级人民法院(2007)浙民二终字第86号民事裁定书(《人民司法·案例》2007年第22期)]，在公司已经歇业、被吊销营业执照的情况下，公司的小股东要求对公司进行清算，符合公司法规定的公司在解散后应当进行清算的原则，大股东应当与小股东共同成立清算组对公司进行清算。

在公司被吊销营业执照后，股东是否有权请求人民法院指定清算组组织清算，现行法律并未直接作出规定。但原告宁波大学作为大宁公司的股东，在公司被吊销企业法人营业执照、无法继续开展经营活动的情况下要求对公司进行清算，符合公司法规定的公司在解散后应当进行清算的原则，更何况大宁公司的股东均同意对大宁公司进行清算。被告同人华塑公司在大宁公司已经歇业、被吊销企业法人营业执照且自身及大宁公司其他股东均同意清算的情况下，仍拒绝对公司进行清算的行为不妥，对原告由此提起诉讼而支出的诉讼费应由其承担。原告的诉讼请求成立，法院予以支持；被告同人华塑公司的抗辩理由不能成立，法院不予支持。最终，法院判决：限被告同人华塑公司于本判决生效后15日内与原告宁波大学、被告开发公司共同成立清算组对大宁公司进行清算；逾期未清算，由法院委托清算，有关清算费用先由公司列支，公司财产不足以支付清算费用的，由原告与两被告按股权比例承担。

【股东要求对公司进行清算的权利不受诉讼时效限制】

管作武诉张军等股东权案［北京市第一中级人民法院(2007)一中民终字第09787号民事判决书］，公司被吊销营业执照以后，仅对该公司的经营资格予以终止，但并不影响公司股东的身份地位。公司股东对被吊销营业执照公司进行清算，既是股东的权利又是股东的法定义务，其不应存在诉讼时效问题。

【股东等其他公司利害关系人也可以申请法院指定成立清算组】

刘丽萍诉潘小泽公司清算纠纷案［浙江省宁海县人民法院(2007)宁民二初字第121号民事判决书］，公司清算是公司解散前必经程序。在公司应当清算而清算义务人未根据《公司法》规定清算公司时，《公司法》第一百八十三条赋予债权人申请人民法院指定成立清算组清算公司的权利。对《公司法》规定的"债权人"应当作扩大理解，确定股东等其他公司利害关系人也可以申请人民法院指定成立清算组清算公司。

《公司法》第一百八十三条仅仅规定了"逾期不成立清算组进行清算的，债权人可以申请人民法院指定有关人员组成清算组进行清算；即在公司应当清算而清算义务人未根据《公司法》规定清算公司时，赋予债权人申请人民法院指定成立清算组清算公司的权利。这是因为公司解散后，其对外的一切财产关系都处于不确定之中，这种不确定的状况影响债权人债权的实现，严重损害债权人的利益，并且危及社会交易秩序的稳定。因此，《公司法》规定债权人在公司不依照法律规定开始清算时可以申请法院指定成立清算组清算公司。那么，其他利害关系人比如公司的股东、公司职工等，是否有权申请法院指定成立清算组清算公司呢？法律规定不甚明确。从公司利害关系人的角度看，涉及公司清算利害关系人不仅仅是公司债权人，如公司的股东、职工等，如果公司不清算，公司职工拿不到拖欠的劳动报酬，股东不清楚公司是否有盈余，所以，公司股东和职工与公司清算有直接的利害关系。同是利益受损人，如果只有债权人有权申请法院指定公司清算，有违法律平等保护的基本原则。故对《公司法》规定的"债权人"应当作扩大理解，确定股东等其他公司利害关系人也可以申请人民法院指定成立清算组清算公司。

【未经清算而以变更登记形式成立的新公司应承接原公司债权债务】

土畜产公司因原中外合作上海隆邦公司未经清算变更为内资公司，诉现有内资公司上海隆邦公司承担原公司债务，并由出具承诺函的现有内资公司的股东承担连带清偿责任案［福建省高级人民法院(2005)闽民终字第188号民事判决书］，根据我国法律的相关规定，解散是企业法人终止的原因之一，企业法人终止，应当向登记机关办理注销登记并公告。清算是指公司解散后，依照法定程序，对公司的财产和债权债务关系，进行清理、处分和分配，以了结其债权债务关系，从而消灭公司法人资格的法律行为。当公司出现解散事由时，其法人资格并不因此当然终止，而是应当成立清算组织，依法进行清算，清算完毕并办理注销登记手续后，其法人资格方终止。如果公司出现解散事由，未经清算就以办理工商变更登记的形式成立新公司，在这种情况下，新成立的公司并不能视为新设的公司，而应视为原公司主体的延续，故其应当依法承接原公司的债权债务。

【清算程序的启动需具有特定事由】

九江电信器材厂等与常州捷达通信设备有限公司买卖合同纠纷案［江西省九江市中级人民法院(2004)九中民二终字第02号民事判决书］，根据《公司法》第一百八十三条的规定，公司因本法第一百八十条第(一)项、第(二)项、第(四)项、第(五)项规定而解散的，应当在解散事由出现之日起十五日内成立清算组，开始清算。有限责任公司的清算组由股东组成，股份有限公司的清算组由董事或者股东大会确定的人员组成。本案中，上诉人具有完整民事权利能力和民事行为能力，且尚未有法人终止原因，故不应启动对上诉人的清算程序。

【清算时出资补足义务】

山东省陶瓷公司与华光陶瓷集团有限公司等追偿担保款纠纷上诉案［山东省高级人民法院(2003)鲁民四终字第14号民事判决书］，在逾期不成立清算组的情况下，人民法院有权根据债权人的申请指定清算组进行清算，当清算主体存在对所开办的企业投资不足的情况下，人民法院可以判令清算主体补足投资，进行清算。

【合伙企业清算人的指定】

合伙人吕信铁在合伙企业解散后因未进行清算申请对合伙企业指定清算人案[福建省泉州市丰泽区人民法院2002年11月12日民事裁定书]，泉州市丰泽区东霞织带加工厂由吕信铁、苏志标、尤德仁三人合伙创办，虽然工商行政管理部门登记为集体所有制企业，但实际为个人合伙。三合伙人不愿意继续经营，决定解散合伙企业，不违反有关法律规定，但合伙企业解散应当进行清算。三合伙人虽已就合伙企业财产的处理达成协议，并由法院委托有关部门对合伙企业经营期间的盈亏情况进行审计，但合伙人并未履行通知和公告债权人、编制清算报告等清算程序，清算人没有指定，清算组没有成立，合伙企业尚未进行清算。合伙企业解散，清算人应由全体合伙人担任，未能由全体合伙人担任清算人的，经全体合伙人过半数同意，可以自合伙解散后十五日内指定一名或者数名合伙人或者委托第三人担任清算人。十五日内未确定清算人的，合伙人或者其他利害关系人可以申请人民法院指定清算人。本案中，在合伙企业解散后，三合伙人无法就应否对企业进行清算、由谁担任清算人达成协议，作为合伙人之一的申请人向人民法院申请指定清算人并无不妥，对申请人的申请予以支持。被申请人苏志标的辩解意见，缺乏法律依据，不予采纳。

【吊销营业执照后的公司清算义务】

中国人民保险公司乌鲁木齐市分公司诉李会同、徐新等120名购房户等还本售房合同纠纷案[最高人民法院(2001)民一终字第329号民事判决书]，公司被工商行政管理机关吊销营业执照后，作为公司的出资人，依据《公司法》的规定，应当对公司的债权债务进行清算。在清算期间，公司的人格并未消灭，只是权利能力被限制于清算范围之内。

【股东双方的真实意图为解散公司，故公司股东应当成立清算组，一方股东要求另一方股东返还股本金的请求，不能支持】

临沂市对外贸易工艺品总公司与山东工艺品进出口(集团)股份有限公司抽回股份投资纠纷上诉案[山东省高级人民法院(1999)鲁经终字第719号民事判决书]，由于临沂有限公司董事会同意山东工艺公司撤回出资，山东工艺公司不再行使和履行在临沂有限公司经营期间的权利和义务。依据《公司法》第二十条的规定(编者注：现为该法第二十四条)，有限责任公司必须由两个以上五十个以下股东组成，在山东工艺公司撤回投资的情况下，临沂有限公司已不具备有限责任公司的法定条件，不能再以临沂有限公司的名义存续下去。根据临沂工艺公司原经理高化竹、原副经理肖建民等人的证言，结合"97董事会决议"的内容来看，临沂工艺公司和山东工艺公司双方的真实意思应认定为解散临沂有限公司。依照《公司法》的有关规定，公司决定解散的，公司股东应当成立清算组，对公司财产、债权债务情况进行清算，包括公司股东、董事从公司撤回的出资或财产均要在清算程序中返还公司。公司清算完毕后，然后到公司登记机关办理注销手续，上诉人(山东工艺公司)与被上诉人(临沂工艺公司)应当共同承担对临沂有限公司清算的民事责任。具体到本案来讲，在山东工艺公司和临沂工艺公司双方没有成立清算组的情况下，临沂工艺公司没有提出解散临沂有限公司进行清算的请求，却提出另一股东返还股本金的请求显然与法相悖，其诉讼请求依法不能支持。

【未依法解散的公司股东应当承继公司债务】

四川省眉山县黔眉能源公司与四川省洪雅城东电力有限公司等、第三人成都九龙电业股份有限公司购销合同贷款纠纷案[四川省眉山市中级人民法院(1999)眉中经初字第30号民事判决书]，未按照《公司法》的有关规定对城东公司所欠债务进行清算，作为城东公司的股东，应对其债务承担清偿责任。

【公司未经清算工商登记机关无权注销】

深圳市工商行政管理局等与泰国贤成两合公司等行政纠纷上诉案[最高人民法院(1997)行终字第18号行政判决书]，法律未明确授予工商行政管理机关未经清算和申请即可注销企业登记的权力，因此，其无权注销未清算公司的登记。

【非公司股东可以成为清算组成员】

赵焕明与北京第五波养生文化有限公司股东会决议纠纷上诉案，公司解散事由出现后，应成立清算组开始清算，根据《公司法》第一百八十四条（编者注：现为该法第一百八十三条）的规定，有限责任公司的清算组由股东组成。但清算组的组成人员并非“应当”或“必须”为公司股东，公司股东并非具备法律或清算专业知识的工作人员，为确保清算顺利进行，需要与清算有关的专业人员参加清算工作。有限责任公司清算组的组成人员由股东会决议产生，在保证有公司股东加入清算组的前提下，股东会决议聘请与清算有关的专业人员参加清算工作，并不违反我国法律、行政法规的强制性规定。因此，有限责任公司解散进入清算阶段后，非公司股东可以成为清算组成员。

【有限责任公司被解散后，其应当成立清算组对公司债权债务进行清算】

兰州百汇百货有限公司诉兰州市商业银行、兰州道丰新技术发展有限责任公司、海南爱德文股份有限公司借款合同纠纷抗诉案，百汇公司作为担保人，向债权人履行了担保还款责任后，有权向债务人道丰公司行使追偿权。因道丰公司已被工商行政管理机关吊销营业执照，有限责任公司被吊销营业执照后，其债权债务由主管机关或者清算组织负责清理。根据《公司法》有限责任公司的清算组由股东组成之规定，爱德文公司、兰州市商业银行作为道丰公司的股东，在公司吊销营业执照后应对公司进行清算。清算责任作为清算主体的法定责任，其性质是一种民事义务，股东作为清算主体不尽清算义务对债权人的赔偿责任，性质上属于侵权责任。公司被吊销营业执照后，股东对公司存续期间所欠债务是否承担清偿责任，取决于股东对公司是否进行清算。如果公司被吊销营业执照后，股东对公司债务没有进行清算，那么股东对公司债务应当承担清偿责任。

2. 清算义务人及其责任

【股东怠于履行清算义务应对债权人担责】

柯晓燕与衷汉春等清算责任纠纷案［福建省武夷山市人民法院（2018）闽0782民初987号民事判决书（《人民司法·案例》2019年第2期）］，当公司解散的事由出现，有限责任公司的股东即负有及时成立清算组开始清算的法定义务。如股东怠于履行清算义务，则其应对公司主要财产、账册、重要文件等的下落，以及公司是否存在资不抵债的情况承担举证责任。否则，债权人完全有理由认为只要公司进行清算，其债权就能得到全部清偿。故在此情形下，股东对公司所负债务应向债权人承担连带清偿责任。

【公司股东怠于履行清算义务时的责任认定】

张明高诉魏由禹、丁祥惠等清算责任纠纷案［福建省福州市中级人民法院（2018）闽01民终703号民事判决书（福州法院2018年度商事审判十大案例之六）］，公司股东怠于履行清算义务导致公司财产贬值、流失、毁损或者灭失，损害到公司债权人利益的，公司债权人有权向公司股东提起侵权损害赔偿之诉。在公司未经清算情况下，法院应适用《最高人民法院关于适用〈中华人民共和国公司法〉若干问题的规定（二）》第十八条第一款的规定，确定公司股东之责任。

【股东怠于履行清算义务所负之债不属于夫妻共同债务】

白洪渠与林欢等股东损害公司债权人利益责任纠纷再审案［浙江省瑞安市人民法院（2017）浙0381民再6号民事判决书（《人民司法·案例》2018第17期）］，有限责任公司股东怠于履行清算义务的民事责任，是基于公司股东身份所产生的一种侵权责任，在股东的配偶不具有该公司股东身份或实际控制人身份的情况下，股东的配偶不因婚姻关系的存在而产生共同侵权行为。该侵权之债系基于违反法律规定的特定义务所负之债，不符合夫妻共同债务的特征和性质。

【清算义务人拒不移交财产和印章等资料的，债权人可追究其相关责任】

南京华浦高科建材有限公司与江苏卓典建筑技术开发有限公司申请破产清算纠纷案［江苏省南京市中级人民法院（2016）苏01司惩1号民事裁定书（《人民司法·案例》2018年第26期）］，有限责任公司解散事由出现后，公司股东未履行清算义务，在公司进入破产清算程序后，拒不移交财产、印章、财务及账簿等资料的，人民法院可以对责任人处以罚款，并在终结裁定中告知债权人依法追究清算义务人的相关责任。

经卓典公司管理人调查，卓典公司无财产可清偿破产费用、无财产向债权人分配，管理人申请卓典公司破产并终结破产程序，符合法律规定。根据最高人民法院《公司法司法解释（二）》第十八条第二款的规定，有限责任公司的股东怠于履行义务，导致公司主要财产、账册、重要文件等灭失，无法进行清算，债权人主张其对公司债务承担连带清偿责任的，人民法院应依法予以支持。上述情形系实际控制人原因造成，债权人主张实际控制人对公司债务承担相应民事责任的，人民法院依法予以支持。卓典公司清算义务人拒不向管理人移交公司财产、账册、重要文件，导致公司无法进行清算，卓典公司债权人可依据上述规定，另行起诉要求卓典公司的股东、实际控制人等清算义务人对其债务承担相应责任。南京市中级人民法院于2017年3月20日裁定宣告卓典公司破产，并终结卓典公司破产程序。

【股东违法清算的责任】

北京广利商贸有限公司诉李沛显等清算责任案［北京市第一中级人民法院(2016)京01民终2659号民事判决书］，有限责任公司经股东会决议解散的，应由股东组成清算组进行清算。清算组应当进行清理公司财产，编制资产负债表和财产清单，将公司解散清算事宜书面通知全体已知债权人，并在报纸上进行公告等清算工作，在依法清算完毕后，公司才能申请办理注销登记。因清算义务人不履行或者不适当履行清算义务给公司、债权人造成损失的，应当承担民事责任。广利公司对多隆公司享有债权，已经民事调解书确认，多隆公司系已知债权人。多隆公司股东决定解散公司并对公司进行清算期间，也系与广利公司诉讼期间，双方于多隆公司就清算事宜进行公告之前即达成调解协议，多隆公司各股东清算义务人对公司欠付广利公司债务数额是明知的，但并未履行通知债权人义务，而是以公告方式进行通知，致使广利公司无法申报债权而未获清偿。多隆公司股东主观存在过错，其不当履行清算义务，应赔偿由此给债权人广利公司造成的损失。此外，多隆公司清算报告载明公司应付账款仅为吴玲、丁轶个人欠款，在多隆公司明知对广利公司负有债务，且未清偿完毕的情况下，未将尚欠广利公司的债务本息列人清算报告，并据此向公司登记机关出具了债权债务已清偿完毕的清算报告，系以虚假的清算报告骗取公司登记机关办理了注销登记，广利公司主张多隆公司各股东违法清算，并要求股东承担赔偿责任，有事实及法律依据，应予支持。

【股东损害公司债权人利益的责任认定】

阮正华诉阮文兵等股东损害公司债权人利益责任案［浙江省台州市椒江区人民法院(2016)浙1002民初4693号民事判决书］，被告阮文兵、葛学文作为银马公司的股东，在破产程序中经通知不提供真实完整的财务账册，致使破产管理人无法追查该公司的财产，原告作为该公司的债权人，有权要求该两被告承担连带清偿责任。根据《企业破产法》第四十六条第二款关于“附利息的债权自破产申请受理时起停止计息”的规定，法院已于2015年11月14日裁定受理银马公司破产清算申请，故原告阮正华对银马公司享有的债权自破产申请受理时起不计利息，被告阮文兵、葛学文作为连带债务人承担清偿责任的范围应以银马公司应承担的债务为限。故原告要求被告阮文兵、葛学文承担自2015年11月14日起至实际给付之日止的利息损失，不符合法律规定，不予支持。

根据(2013)台椒商初字第593号民事判决书，被告阮文兵、魏启雷之间签订的《股权转让协议书》合法有效，法院已对被告阮文兵协助被告魏启雷办理银马公司的股权变更登记手续作出了生效判决，而生效法律文书对外具有公示效力，被告魏启雷自2013年5月9日起已非银马公司的股东，故被告魏启雷已经丧失股东身份，并非银马公司的清算义务人，无须对公司的债务承担连带清偿责任。因此，原告要求被告魏启雷对银马公司的债务承担连带偿还责任，无事实及法律依据，不予支持。原告诉讼请求的合理部分，予以支持；不合理部分，予以驳回。

【公司无法清算时股东应否对公司债务承担责任的审查】

张某诉顾某等清算责任纠纷案［宁波市海曙区人民法院(2015)甬浙商终字第943号一

审民事判决书(《人民司法·案例》2016 年第 11 期)],有限责任公司的股东、股份有限公司的董事和控股股东应在公司被吊销营业执照后的法定期限内成立清算组进行清算,只有当股东、董事及控股股东怠于履行义务,导致公司主要财产、账册、重要文件等灭失无法清算时,其才应对公司债务承担连带清偿责任。

【股东未经依法清算对公司债权人承担的责任,不以侵权人即股东实际获利为要件】

北京顺东混凝土有限公司与北京市彩兴木器福利厂等股东损害公司债权人利益责任纠纷上诉案[北京市第三中级人民法院(2015)三中民终字第 3573 号民事判决书],第一,有限责任公司的股东怠于履行股东职责,放任公司不经合法清算而注销影响善意第三人合法权利的,不能以其未实际参与清算而免除清算责任。第二,公司注销应当依法进行清算,有限责任公司的股东就未经依法清算对公司债权人承担的责任系基于其违反法定义务而对债权人承担的责任,该责任构成不以侵权人即股东实际获利为要件。

【股东怠于履行清算义务的责任】

中科实业集团(控股)有限公司与上海文盛投资管理有限公司清算责任纠纷上诉案[北京市第一中级人民法院(2015)一中民(商)终字第 2997 号民事判决书],关于中科实业公司是否应就中科红叶公司的债务承担连带清偿责任的问题。根据《公司法司法解释(二)》第十八条第二款的规定,有限责任公司的股东因怠于履行义务,导致公司主要财产、账册、重要文件等灭失,无法进行清算,债权人主张其对公司债务承担连带清偿责任的,人民法院应依法予以支持。本案中,中科实业公司作为中科红叶公司的股东,系中科红叶公司的清算义务人,其持股比例虽然仅为 14%,并非中科红叶公司的控股股东,但我国现行法律法规以及相关司法解释中并无有限公司小股东无须承担清算义务的除外条款。相反,有限公司的全体股东在法律上应一体成为公司的清算义务人,因此无论中科实业公司所占的股权份额为多少,是否实际参与了公司的经营管理,在中科红叶公司被吊销营业执照后,其都有义务在法定期限内依法对公司进行清算。中科实业公司称其在 2008 年 12 月曾向密云法院申请对中科红叶公司进行强制清算,但其并未能够提供诸如法院接收材料的回执或者不予受理的相关材料,中科实业公司就其主张的该项事实未能提供充分的证据加以证明。中科实业公司作为清算义务人,未在法定期限内对中科红叶公司进行清算,属于怠于履行法定的清算义务。在举证责任方面,作为正常注册成立的公司,均应具备清算条件,而如前所述,中科实业公司确系存在怠于履行清算义务的情形,并且根据北京二中院的生效裁定,已经确认中科红叶公司无法进行清算,因此可以认定中科实业公司怠于履行清算义务的行为与中科红叶公司主要财产、账册、重要文件等灭失,无法进行清算之间存在因果关系,文盛公司就此无须进一步举证。中科实业公司如若认为其怠于履行清算义务与中科红叶公司无法清算之间不存在因果关系,应就此提供证据予以证明,反之则应承担连带清偿责任。

【怠于清算导致公司资产流失应否承担赔偿责任】

杨光民诉陆贻潮等股东损害公司债权人利益责任纠纷案[广西壮族自治区南宁市江南区人民法院(2015)江民二初字第 334 号民事判决书],妥善保管公司的主要财产、账册、重要文件等资料并及时履行清算义务是有限责任公司股东的法定义务。根据《公司法》第一百八十条、第一百八十三条及《最高人民法院关于适用〈中华人民共和国公司法〉若干问题的规定(二)》第十八条的规定,有限责任公司的股东在公司依法被吊销营业执照后应当在十五日内成立清算组,开始清算,股东未在法定期限内成立清算组开始清算,导致公司财产贬值、流失、毁损或者灭失,债权人有权主张其在造成损失范围内对公司债务承担赔偿责任的,人民法院应依法予以支持。贻潮公司于 2014 年 1 月 29 日被吊销营业执照,三被告作为公司股东应当在上述解散事宜出现之日起十五日内成立清算组,开始清算。但至今三被告未对贻潮公司进行清算,也未对公司的清算事宜采取积极行动,法院认定三被告怠于履行公司清算义务。三被告怠于履行公司清算义务的行为,导致贻潮公司资产流失,贻潮公司无可供执行的财产,原告的债权得不到清偿。三被告对此应承担相应的法律责任,即三被告应对原告对贻潮公司享有的债权承担赔偿责任。被告陆贻潮辩称,贻潮公司在被吊销营业执照前就已经亏损，因此才无法向原告履行债务。法院认为，由于贻潮公司的相关财务账册等重要资料均掌握在贻潮公司的股东即三被告手中，三被告应举证证明公司在被吊销营业执照前就已经存在亏损的事实，但被告陆贻潮提交的《实物出入账》的记载均无原始凭证佐证，且其仅有支出部分的记载，对收入部分基本无记载，而根据本案《场地租赁合同》及《应退租金、水电押金表》等证据，可以证实贻潮公司自 2008 年 10 月起每月均有租金收入，故仅凭《实物出入账》，无法证实贻潮公司存在亏损的事实。因此法院对被告陆贻潮的抗辩主张不予支持。三被告作为贻潮公司股东怠于履行清算义务，导致贻潮公司资产流失，并导致经生效判决所确认的原告对贻潮公司享有的债权未能得到清偿，三被告应对原告的损失进行赔偿。原告要求三被告赔偿 1,499,592.83 元及延迟给付期间的利息，于法有据，法院予以支持。

【债权人主张股东就怠于清算承担连带责任应适用诉讼时效】

上海银行浦东分行与上海鹤嘉实业有限公司等清算责任纠纷再审案[上海市第二中级人民法院(2014)沪二中民四(商)再提字第 1 号民事判决书(《人民司法·案例》2014 年第 18 期)]，债权人就股东怠于履行清算义务致无法清算请求股东承担连带清偿责任，该责任性质上属侵权责任，债权人享有的请求权为侵权损害赔偿请求权，应当适用诉讼时效。该诉讼时效的起算点应为债权人知道或者应当知道股东怠于履行清算义务且致无法清算之日。

【股东在未依法清算所得利益范围内向公司债权人承担赔偿责任】

北京聚鸿基投资有限公司诉陈红、陈忠全清算责任纠纷案[四川省高级人民法院 2014 年度十大典型案例之九]，陈红、陈忠权系港宏公司股东。港宏公司为他人向银行借款提供连带保证。相关借款合同和担保书均经公证具有强制执行力。后借款人、港宏公司均未按期还款，银行向法院申请强制执行，因借款人、港宏公司无财产可供执行，法院裁定中止执行。后聚鸿基公司经多次转让取得该债权。陈红、陈忠权在案涉债权进入强制执行程序之后，对港宏公司进行了清算，该清算并未通知当时已知的债权人，陈红、陈忠全按出资比例对公司剩余净资产 111 万余元进行了 分配，并注销了港宏公司。聚鸿基公司起诉请求陈红、陈忠全向其赔偿因未依法清算导致的债权损失人民币 900 余万元。

法院认为聚鸿基公司有权提起本案诉讼，陈红、陈忠权清算港宏公司时未书面通知案涉已知债权人，系未依法清算，导致港宏公司被注销，聚鸿基公司债权无法得到清偿。陈红、陈忠权在未依法清算所得利益 111 万余元的范围内向聚鸿基公司承担赔偿责任。

【用人单位恶意清算注销公司难逃工伤责任】

王某诉陈某某、何某某清算责任案[合肥市中级人民法院劳动者权益保护十大典型案件(2014)之一]，2004 年 11 月 12 日，陈某某、何某某共同出资成立合肥市某游艇设备有限公司(以下简称游艇公司)，王某在该公司从事机器设备维修与销售工作。2009 年 2 月 15 日，王某乘坐游艇公司所有的客车时发生交通事故，致王某受重伤，生活完全不能自理，经鉴定伤残程度为Ⅰ级。后王某因赔偿纠纷将游艇公司诉至法院，但该公司则一方面通过不断诉讼、行政复议等方式，意图逃避责任；另一方面陈某某、何某某在劳动仲裁期间自成清算组对公司进行清算，向工商和税务部门隐瞒实情办理注销登记，且没有告知王某和仲裁机关公司清算注销事宜，造成王某的工伤债权未能获得清偿。包河区人民法院依法判决：一、陈某某、何某某于判决生效之日起 10 日内向王某赔偿损失 1,512,503.45 元；二、驳回王某的其他诉讼请求。合肥市中级人民法院二审认为，依据相关法律规定，劳动者因工致残的，应享受工伤保险待遇。因原游艇公司已被注销，其民事主体资格已经消灭，王某起诉要求原游艇公司股东及清算组成员陈某某、何某某承担清算责任，符合法律规定，故二审判决驳回上诉，维持原判。

【自然债务因债务人承诺可转化为法定债务】

广东融通投资有限公司与何伯昌等清算责任纠纷上诉案[广州市中级人民法院(2013)穗中法民二终字第 395 号民事判决书(《人民司法·案例》2014 年第 20 期)]，债务人对已过诉讼时效的债务作出同意履行的意思表示，即产生债务重新确认的法律效果，自然之债转化为法定之债。附条件履行不影响债务性质的转化，债务人履行债务与否不再是道义问题。

兆恒公司在2012年6月4日的庭审中表示同意承担继续清偿原债务的责任，并要求给予两年清偿期限，因此兆恒公司实际上确认了本案债务，并同意继续清偿原债务。最高人民法院《关于审理民事案件适用诉讼时效制度若干问题的规定》第二十二条规定："诉讼时效期间届满，当事人一方向对方当事人作出同意履行义务的意思表示或者自愿履行义务后，又以诉讼时效期间届满为由进行抗辩的，人民法院不予支持。"对该条文可作以下理解：第一，诉讼时效期间届满，义务人负有的债务本应成为自然债务，不能得到法院的保护、不具有强制执行力，成为不完全债务。但如果义务人表示同意履行诉讼时效期间已过的债务，实质上是义务人放弃了诉讼时效抗辩权，对原债务进行了重新确认，使效力不完全的债务回复为效力完全的原债务；第二，只要义务人作出同意履行义务的意思表示并且该意思表示已经到达对方当事人的，就应当适用本条规定，并不以当事人之间形成合意为适用要件。

债权人虽然没有在法律规定的申请执行期限内申请执行生效判决，债权本已成为自然债权，但兆恒公司通过庭审陈述意见的方式将其同意履行债务的意思表示传达给原告，依据上述法律规定，原告有权要求兆恒公司继续履行原债务，兆恒公司应当依照生效判决承担清偿债务的责任。一审法院依据《民事诉讼法》(1991年实施)第二百一十九条的规定认为因申请执行人未在法定期限内申请执行，判决书确认的债务已由法定之债沦为自然之债，依法不受法律强制力保护，与现行法律规定不符，应予以纠正。

法律是为保护债权人的合法权益而设立并存在的，目的是维护债权人的合法权益，保证经济交易的良性环境，保护市场交易的安全，促进正常交易的发展，因此在符合法律规定的前提下，应当依法保护债权人的合法权益。作为债务人的兆恒公司在庭审中已确认债权并同意返还，后又以原债权人没有在法定期间内申请执行，债权成为自然之债，不受法律强制保护为由而作出不同意支付的陈述，有悖民法通则规定的诚实信用原则，对其理由应不予采纳。

综上，兆恒公司在本案中确认债务并向原告作出同意履行义务的意思表示，应当认定为对原债务进行了重新确认，虽然在其后的诉讼过程中予以翻悔，但依法不影响该意思表示的效力。在兆恒公司被吊销营业执照后，何伯昌、何伯顺作为兆恒公司的股东，怠于履行清算义务，依据《最高人民法院关于适用〈中华人民共和国公司法〉若干问题的规定（二）》第十八条第二款的规定，应当对兆恒公司的债务承担连带清偿责任。

【怠于清算股东清偿责任之诉中消极事实主张的查明】

上海芳业建材租赁有限公司诉上海宁石贸易有限公司等公司清算责任纠纷案[上海市闵行区人民法院(2013)松民二(商)初字第89号民事判决书(《人民司法·案例》2013年第20期)]，原告提出的消极事实主张并不绝对产生移转由被告抗辩并举证的效果。怠于清算股东清偿责任之诉中"被告公司股东未依法按期组织清算""被告公司主要财产、账册、重要文件等灭失""被告公司无法进行清算"三项事实主张不仅在语意上属于消极表述，且或因不具有积极事实主张的可转化性，因或在转化后举证仍客观不能，故系真正的消极事实主张，发生移转由被告抗辩并举证的效果。法官在怠于清算股东清偿责任之诉中可依职权调查以被告公司为被执行人的执行案件的执行结果情况，并可以此强化心证，更好地处理该类案件。

【公司被吊销营业执照后，唯一股东无法提交公司的全部账册和重要文件，应当向公司债权人清偿到期债务】

北京北鹰吉成科技有限公司诉王倩清算责任纠纷案[北京市第一中级人民法院(2013)一中民终字第6082号民事判决书]，大千公司2011年11月23日被北京市工商行政管理局海淀分局依法吊销企业法人营业执照，即自2011年11月23日起大千公司就已出现法定的解散事由，应当在被吊销之日起15日内成立由大千公司股东组成的清算组开始清算。但时至今日，王倩作为大千公司的唯一股东仍未开始对大千公司进行清算。大千公司自2005年4月29日注册成立至2011年11月23日被北京市工商行政管理局海淀分局吊销营业执照时止，共经营6年有余，但王倩仅向法院提交了大千公司2008年、2009年共计5张北京银行对账单，2008 年借条 1 张，称大千公司可以据此进行清算。对此，北京市第一中级人民法院认为，从大千公司的经营时间长短分析，王倩提交的上述材料显然并非大千公司的全部财务账册，依据《最高人民法院关于适用〈中华人民共和国公司法〉若干问题的规定（二）》第十八条第二款“有限责任公司的股东、股份有限公司的董事和控股股东因怠于履行义务，导致公司主要财产、账册、重要文件等灭失，无法进行清算，债权人主张其对公司债务承担连带清偿责任的，人民法院应依法予以支持”之规定，在王倩无法提交大千公司的全部账册、重要文件，另据生效判决认定的“因大千公司遗留财产不足以清偿而未能执行”等情况下，一审法院认定大千公司目前无法正常进行公司清算，王倩对此应承担相应的法律责任，并判决王倩向北鹰公司清偿到期债务，具有事实和法律依据，予以维持。

【有限公司股东未及时履行清算义务但并未导致无法清算的，不对公司债务承担连带责任】

福建东快传媒有限公司诉福州日报社等股东损害公司债权人利益纠纷案［福建省福州市中级人民法院（2013）榕民终字第 2600 号民事判决书］，依照《最高人民法院关于适用〈中华人民共和国公司法〉若干问题的规定（二）》第十八条的规定，股东对公司债务承担连带清偿责任的前提是“股东因怠于履行义务，导致公司主要财产、账册、重要文件等灭失，无法进行清算”。而本案中，虽然上诉人未及时按照《公司法》第一百八十三条的规定对神五公司履行清算义务，但福州市公证处出具的公证书表明神五公司的财务账册并未毁损灭失，即神五公司并不存在无法清算的情形，而且被上诉人福建东快传媒公司亦未提交任何证据证明上诉人的怠于清算行为致使神五公司的财产遭受了减损或灭失，因此本案不符合《最高人民法院关于适用〈中华人民共和国公司法〉若干问题的规定（二）》第十八条的适用情形，被上诉人以上诉人未及时履行清算义务为由要求其对神五公司的债务承担连带清偿责任，缺乏法律依据，不予支持。

【公司的董事和控股股东清算义务】

上海存亮贸易有限公司诉蒋志东、王卫明等买卖合同纠纷案［2012 年 9 月 18 日《最高人民法院关于发布第三批指导性案例的通知》指导案例 9 号］，具体如下：

关键词 民事 公司清算义务 连带清偿责任

裁判要点 有限责任公司的股东、股份有限公司的董事和控股股东，应当依法在公司被吊销营业执照后履行清算义务，不能以其不是实际控制人或者未实际参加公司经营管理为由，免除清算义务。

相关法条 《公司法》第二十条、第一百八十四条（编者注：现为该法第一百八十三条）

基本案情

原告上海存亮贸易有限公司（以下简称存亮公司）诉称：其向被告常州拓恒机械设备有限公司（以下简称拓恒公司）供应钢材，拓恒公司尚欠货款 1,395,228.6 元。被告房恒福、蒋志东和王卫明为拓恒公司的股东，拓恒公司未年检，被工商部门吊销营业执照，至今未组织清算。因其怠于履行清算义务，导致公司财产流失、灭失，存亮公司的债权得不到清偿。根据《公司法》及相关司法解释规定，房恒福、蒋志东和王卫明应对拓恒公司的债务承担连带责任。故请求判令拓恒公司偿还存亮公司货款 1,395,228.6 元及违约金，房恒福、蒋志东和王卫明对拓恒公司的债务承担连带清偿责任。

被告蒋志东、王卫明辩称：1. 两人从未参与过拓恒公司的经营管理；2. 拓恒公司实际由大股东房恒福控制，两人无法对其进行清算；3. 拓恒公司由于经营不善，在被吊销营业执照前已背负了大量债务，资不抵债，并非由于蒋志东、王卫明怠于履行清算义务而导致拓恒公司财产灭失；4. 蒋志东、王卫明也曾委托律师对拓恒公司进行清算，但由于拓恒公司财物多次被债权人哄抢，导致无法清算，因此蒋志东、王卫明不存在怠于履行清算义务的情况。故请求驳回存亮公司对蒋志东、王卫明的诉讼请求。

被告拓恒公司、房恒福未到庭参加诉讼，亦未作答辩。

法院经审理查明：2007 年 6 月 28 日，存亮公司与拓恒公司建立钢材买卖合同关系。

存亮公司履行了7,095,006.6元的供货义务，拓恒公司已付货款5,699,778元，尚欠货款1,395,228.6元。另，房恒福、蒋志东和王卫明为拓恒公司的股东，所占股份分别为40%、30%和30%。拓恒公司因未进行年检，2008年12月25日被工商部门吊销营业执照，至今股东未组织清算。现拓恒公司无办公经营地，账册及财产均下落不明。拓恒公司在其他案件中因无财产可供执行被中止执行。

裁判结果

上海市松江区人民法院于2009年12月8日作出(2009)松民二(商)初字第1052号民事判决：一、拓恒公司偿付存亮公司货款1,395,228.6元及相应的违约金；二、房恒福、蒋志东和王卫明对拓恒公司的上述债务承担连带清偿责任。宣判后，蒋志东、王卫明提出上诉。上海市第一中级人民法院于2010年9月1日作出(2010)沪一中民四(商)终字第1302号民事判决：驳回上诉，维持原判。

裁判理由

法院生效裁判认为：存亮公司按约供货后，拓恒公司未能按约付清货款，应当承担相应的付款责任及违约责任。房恒福、蒋志东和王卫明作为拓恒公司的股东，应在拓恒公司被吊销营业执照后及时组织清算。因房恒福、蒋志东和王卫明怠于履行清算义务，导致拓恒公司的主要财产、帐册等均已灭失，无法进行清算，房恒福、蒋志东和王卫明怠于履行清算义务的行为，违反了公司法及其司法解释的相关规定，应当对拓恒公司的债务承担连带清偿责任。拓恒公司作为有限责任公司，其全体股东在法律上应一体成为公司的清算义务人。《公司法》及其相关司法解释并未规定蒋志东、王卫明所辩称的例外条款，因此无论蒋志东、王卫明在拓恒公司中所占的股份为多少，是否实际参与了公司的经营管理，两人在拓恒公司被吊销营业执照后，都有义务在法定期限内依法对拓恒公司进行清算。关于蒋志东、王卫明辩称拓恒公司在被吊销营业执照前已背负大量债务，即使其怠于履行清算义务，也与拓恒公司财产灭失之间没有关联性。根据查明的事实，拓恒公司在其他案件中因无财产可供执行被中止执行的情况，只能证明人民法院在执行中未查找到拓恒公司的财产，不能证明拓恒公司的财产在被吊销营业执照前已全部灭失。拓恒公司的三名股东怠于履行清算义务与拓恒公司的财产、帐册灭失之间具有因果联系，蒋志东、王卫明的该项抗辩理由不成立。蒋志东、王卫明委托律师进行清算的委托代理合同及律师的证明，仅能证明蒋志东、王卫明欲对拓恒公司进行清算，但事实上对拓恒公司的清算并未进行。据此，不能认定蒋志东、王卫明依法履行了清算义务，故对蒋志东、王卫明的该项抗辩理由不予采纳。

【股东代为主张已注销公司遗漏债权的依据】

罗舜环等与广东明珠集团股份有限公司买卖合同纠纷上诉案[广东省梅州市中级人民法院(2012)梅中法民二终字第94号(《人民司法·案例》2013年第12期)]，公司虽已注销，但债务人对该公司注销前负有债务，已注销公司的股东以自己的名义向原公司债务人主张债权的，应认定该股东具备原告诉讼主体资格。参照《最高人民法院关于适用〈中华人民共和国公司法〉若干问题的规定(二)》第十九条“有限责任公司的股东未经依法清算以虚假的清算报告骗取公司登记机关办理法人注销登记，债权人主张其对公司债务承担相应赔偿责任的，人民法院应依法予以支持”的规定表明公司虽注销，但在符合上述情形时，债权人仍可向公司股东主张权利；而在公司股东为了注销公司登记而进行的清算活动中，遗漏了公司对债务人拥有债权的清算即注销了公司登记，依据公司股东权利义务对等原则，在法律对本案情形缺乏明确规定的情况下，对最相近似的法律(含司法解释)进行反向解释后，可得出公司股东对公司注销时遗漏清算的债权亦可主张权利。

【公司破产无法清算导致破产程序终结，债权人可另行起诉要求清算义务人对公司债务承担清偿责任】

陆建平诉成郁文等股东损害债权人利益责任案[北京市第一中级人民法院(2012)一中民终字第14962号民事判决书]，2010年陆建平向一审法院起诉要求成郁文承担壁晟俐公司所欠的债务，一审法院审理后以壁晟俐公司没有经过清算程序，陆建平不能直接要求该公司股东对公司债务承担连带责任为由，判决驳回了陆建平的诉讼请求，陆建平提出上诉后撤诉，二审法院裁定准许。之后经过朝阳法院宣告壁晟俐公司破产，朝阳法院认为壁晟俐公司财务账簿、重要交易文件下落不明，无法查明财产状况，已构成无法清算，裁定终结破产程序，同时，破产程序终结后，债权人可另行起诉要求有责任的股东、控股股东以及实际控制人等清算义务人对公司债务承担清偿责任。据此，陆建平起诉成郁文、吴江作为壁晟俐公司的股东承担壁晟俐公司的债务，不属于一事再审的情形。

股东履行清算义务应当是积极作为，而不能听之任之，并借此逃废债务。因此成郁文的上诉理由不能成立。根据已生效的裁判文书，壁晟俐公司目前由于财务账簿、重要文件下落不明，无法进行清算。在2008年5月19日《公司法司法解释（二）》施行之后仍然怠于履行清算义务，以致壁晟俐公司目前已经无法进行清算。因此，成郁文、吴江妥善保管公司的主要财产、账册、重要文件等资料并及时履行清算义务是有限责任公司股东的法定义务。而壁晟俐公司的股东成郁文、吴江未能尽到对公司账册、重要文件等的妥善保管义务，应当按照《公司法司法解释（二）》第十八条第二款的规定对壁晟俐公司的债务承担连带清偿责任。

【清算义务人怠于履行清算义务，有权要求其赔偿的投资人，应当先举证证明该财产为集体企业所有，否则其主张不能获得支持】

叶曙光诉北京市兰龙实业总公司清算财产案［北京市第一中级人民法院（2011）民上字第10801号民事判决书］，本案的争议焦点为《圣堡现有建筑面积及造价》中记载的建筑物造价27,401,757元能否作为叶曙光向兰龙总公司主张的损失金额的计算依据。对此本院认为，根据（2009）门民特字第2011号民事裁定，因曙光雕塑厂清算不能，叶曙光可向曙光雕塑厂的实际控制主体主张相关权利，即生效法律文书仅赋予叶曙光就其在曙光雕塑厂的投资及财产进行主张的权利。曙光雕塑厂、东叶公司与圣堡公司均系独立法人，企业法人均享有独立财产权。现叶曙光未能证明《圣堡现有建筑面积及造价》上的建筑物系曙光雕塑厂所有，且结合曙光雕塑厂以房屋及场地使用权向东叶公司和圣堡公司出资的事实，《圣堡现有建筑面积及造价》上的建筑物无法认定为曙光雕塑厂所有，故即使曙光雕塑厂正常清算，该建筑物也无法作为曙光雕塑厂清算后的剩余财产分配，该建筑物的造价金额不能作为叶曙光在曙光雕塑厂享有的红利分配的基础。综上，叶曙光向兰龙总公司主张的损失金额无事实及法律依据，一审判决在曙光雕塑厂已然清算不能的情况下，推定兰龙总公司的赔偿责任范围为叶曙光的投资51 000元及相应的利息损失，该处理结果并无不当。

【公司的债权人申请对有限公司进行强制清算，但公司股东拒不提供公司的账册等有关资料导致无法进行清算，公司债权人有权要求公司股东对公司债务承担连带责任】

游立新等诉浙江通正铜制品有限公司等民间借贷纠纷案［浙江省台州市中级人民法院（2011）浙台商终字第192号民事判决书］，被上诉人通正铜公司与恒泰公司间的的债权债务关系已经原审法院（2009）台玉商初字第1448号生效民事判决予以确认，故被上诉人通正铜公司与恒泰公司间的债权债务关系明确，恒泰公司作为债务人应当及时清偿债务。因恒泰公司已倒闭，被上诉人向原审法院申请对该公司进行强制清算。而由于在清算过程中，经原审法院通知恒泰公司的股东提供财务账册，各股东均未提供，导致原审法院对该公司无法进行清算。《最高人民法院关于适用〈中华人民共和国公司法〉若干问题的规定（二）》第十八条第二款规定“有限责任公司的股东、股份有限公司的董事和控股股东因怠于履行义务，导致公司主要财产、账册、重要文件等灭失，无法进行清算，债权人主张其对公司债务承担连带清偿责任的，人民法院应依法予以支持。”而本案上诉人等各恒泰公司股东拒不提供该公司的帐册等有关资料，显然符合规定的“怠于履行义务，导致公司主要财产、账册、重要文件等灭失，无法进行清算”情形，故原审法院据此判决上诉人承担连带责任并无不当。

【营业执照被吊销后股东怠于履行清算义务的责任承担】

王波与广东省深圳市建信房地产有限公司等清算责任纠纷上诉案［深圳市中级人民法院（2010）深中法民二终字第1498号民事判决书（《人民司法·案例》2011年第20期）］，清算制度设立的目的之一在于清理公司的债权债务，保护债权人的合法利益，公司营业执照被吊销后由于公司股东原因导致无法清算的，应对不履行清算义务的公司股东不再进行有限责任的保护，应由其对公司债务负连带清偿责任。在认定无法清算的问题上应倾向保护合法债权人，在公司人去楼空、股东下落不明的情况下，应认定无法清算，而不宜让债权人承担证明公司主要财产、账册、重要文件等灭失的具体举证责任。

【营业执照被吊销后股东未及时进行清算的责任承担】

浙江省义乌市黑白矿山机械有限公司诉胡荣法等清算责任纠纷案［金华市婺城区人民法院民事判决书（《人民司法·案例》2011 年第 20 期）］，公司清算义务人未及时履行清算义务，导致债权人债权难以实现，债权人主张其在造成损失范围内对公司债务承担赔偿责任的，法院应予以支持。若清算义务人不能提供相应证据证明因其怠于履行清算义务而给公司财产及债权人造成损失的实际范围，则法院可以最后一次工商年检报告登记的资产为据推定公司的“损失范围”，判令清算义务人在此范围内对公司债务承担连带清偿责任。

【公司注销后股东未履行清算义务的责任承担】

邳州市天合板材批发中心与上海浦西建筑工程有限公司清算责任纠纷上诉案［上海市第二中级人民法院（2009）沪二中民三（商）终字第 400 号民事判决书（《人民司法·案例》2010 年第 12 期）］，在有限责任公司未经清算而被注销的情况下，全体股东作为清算义务人因不履行清算义务而需要对原公司债务承担责任，个别股东不能以无过错为抗辩理由要求免除对外责任。全体股东对原公司债权人承担责任的性质是公司法人人格被否认后的清偿责任，其承担程度及方式上应为无限、连带清偿责任。

依据《公司法》规定，有限责任公司股东作为公司清算义务人，应当忠于职守，依法履行清算义务，如因故意或者重大过失给公司或者债权人造成损失的，应当承担赔偿责任。本案中，顾骏玮未经依法清算办理瑞腾公司注销手续，显属滥用权利和股东有限责任，其逃避债务的故意明显，现瑞腾公司的账册、财产下落不明，直接导致上诉人批发中心依法享有的债权无法获得清偿，债权人利益受到损害。顾骏玮应当对上述公司债务承担连带责任。同时，被上诉人浦西公司作为瑞腾公司的另一股东，与顾骏玮共同负有法定的公司清算义务。虽然公司未经清算被注销系作为公司法定代表人和财务负责人的顾骏玮所为，但是作为瑞腾公司大股东以及清算义务人，浦西公司对顾骏玮的违法行为确未尽到应有的注意义务，存在过失。依据公司法关于督促清算人切实履行清算义务，充分保护公司外部债权人利益的相关规定，对被上诉人浦西公司以顾骏玮擅自注销公司系其个人过错、浦西公司并不知晓为由而拒绝对外赔偿的意见不予采纳，被上诉人浦西公司应承担连带责任。

【虚假清算注销公司股东应对公司债务承担清偿责任】

武夷山市江山假日旅行社有限公司诉阎惠敏等旅游合同纠纷案［福建省武夷山市人民法院（2009）武民初字第 297 号民事判决书（《人民司法·案例》2010 年第 12 期）］，公司未经依法清算，编制内容不实的清算报告骗取公司登记机关办理法人注销登记，且公司股东承诺对公司债务承担责任，债权人主张公司股东对公司债务承担相应赔偿责任的，人民法院应依法予以支持。

原告假日旅行社与淄博仁达旅行社订立的旅游合同是双方真实意思表示，且不违反法律规定，系有效合同。原告依约完成了接待游客的义务，但被告却未依约履行支付团款的义务，至今尚欠原告旅游团款 12,310 元，因此淄博仁达旅行社应支付该款项。淄博仁达旅行社现已注销登记，但由于该公司在清算过程中，二被告作为公司的股东，未经清算并清偿公司欠原告的债务，且出具了内容不真实的清算报告，使公司登记机关为淄博仁达旅行社办理了法人注销登记。同时，二被告也承诺对公司债务承担责任。因此，原告主张二被告对公司所欠的 12,310 元旅游团款承担清偿责任，于法有据，予以支持。

【法人未经依法清算，股东以虚假的清算报告办理法人注销登记，应对公司债务承担赔偿责任】

周健等与 TAYKENGSOON（郑景顺）等民间借贷纠纷上诉案［浙江省高级人民法院（2009）浙商外终字第 14 号民事判决书］，周健、丁文上诉称其已依法对聚腾公司进行了清算，但其不能提供书面证据证明已将清算事宜通知债权人郑景顺、王令南，也不能提供证据证明公司清算期间在报纸上进行过公告。周健在庭审中称王令南的丈夫周全在聚腾公司任职，应当知晓公司清算事宜，由此推定王令南对聚腾公司清算事宜明知。但周全并非聚腾公司高管，对股东会决议解散的事项并不当然明知，何况即使周全知晓聚腾公司解散事宜也不能直接推定郑景顺、王令南明知。因此，周健、丁文上诉称其已依法对公司进行清算的上诉理由不能成立。聚腾公司未依法进行清算，并以虚假的清算报告办理法人注销登记的行为，损害了债权人的利益，依照《最高人民法院关于适用〈中华人民共和国公司法〉若干问题的规定（二）》第十九条的规定，周健、丁文作为公司股东应对公司的债务承担相应赔偿责任，故原判判令周健、丁文承担还款责任并无不当。

【股东在明知公司存在未结清债务的情况下，未通知债权人，直接办理公司清算并注销登记的，应对该债务承担清偿责任】

深圳市华运国际物流有限公司与黄艳等多式联运合同纠纷一案［广州海事法院（2009）广海法初字第143号民事判决书］，两被告抗辩称，由于原告迟延交付货物造成奥维丹公司产生损失，两被告因此没有通知原告申报债权的义务。由此可见，奥维丹公司清算时，两被告已明知奥维丹公司与原告存在债务没有结清。奥维丹公司业已注销，股东陈沅翘作为清算组成员在明知奥维丹公司与原告存在债务没有结清的情况下，未将公司清算事宜书面通知原告，导致奥维丹公司欠付原告的债权未获清偿。《最高人民法院关于适用〈中华人民共和国公司法〉若干问题的规定（二）》第十一条规定："公司清算时，清算组应当按照公司法第一百八十六条（编者注：现为该法第一百八十五条）的规定，将公司解散清算事宜书面通知全体已知债权人，并根据公司规模和营业地域范围在全国或者公司注册登记地省级有影响的报纸上进行公告。清算组未按照前款规定履行通知和公告义务，导致债权人未及时申报债权而未获清偿，债权人主张清算组成员对因此造成的损失承担赔偿责任的，人民法院应依法予以支持。"陈沅翘依法应对奥维丹公司欠付原告的债务承担赔偿责任。

进一步而言，两被告作为公司的股东，在明知奥维丹公司与原告存在债务没有结清的情况下，对清算报告中陈述的"公司的债权债务为零"等签字确认，并以股东会的形式审议通过了清算报告，存在虚假陈述，清算组因此分配了公司的剩余财产，之后公司被注销，使得原告的债权未获清偿。《公司法》第一百八十七条规定（编者注：现为该法第一百八十六条），公司财产在分别支付清算费用、职工的工资、社会保险费用和法定补偿金，缴纳所欠税款，清偿公司债务后的剩余财产，有限责任公司按照股东的出资比例分配。公司财产在未依照前款规定清偿前，不得分配给股东。《最高人民法院关于适用〈中华人民共和国公司法〉若干问题的规定（二）》第十九条规定："有限责任公司的股东、股份有限公司的董事和控股股东，以及公司的实际控制人在公司解散后，恶意处置公司财产给债权人造成损失，或者未经依法清算，以虚假的清算报告骗取公司登记机关办理法人注销登记，债权人主张其对公司债务承担相应赔偿责任的，人民法院应依法予以支持。"两被告以含有虚假陈述的清算报告、股东会决议注销了奥维丹公司，依法应对奥维丹公司欠付原告的债务承担连带赔偿责任。

【公司被吊销营业执照时，股东已部分丧失行为能力，对公司没有依法清算没有过错，不应承担清算责任】

麦克赛尔（上海）贸易有限公司诉余靖蓉等公司清算赔偿案［北京市第一中级人民法院（2009）一中民终字第7765号民事判决书］，本案争议的焦点为余靖蓉在遭遇车祸被宣告为限制民事行为能力人之后，是否仍应承担清算赔偿责任。根据海淀法院（2007）海民初字第9548号生效民事判决，万乐高中心尚欠麦克赛尔公司货款。《最高人民法院关于适用〈中华人民共和国公司法〉若干问题的规定（二）》（以下简称《公司法司法解释（二）》）第十八条规定：有限责任公司的股东、股份有限公司的董事和控股股东未在法定期限内成立清算组开始清算，导致公司财产贬值、流失、毁损或灭失，债权人主张其在造成损失范围内对公司债务承担赔偿责任的，人民法院应依法予以支持。有限责任公司的股东、股份有限公司的董事和控股股东因怠于履行义务，导致公司主要财产、账册、重要文件等灭失，无法进行清算，债权人主张其对公司债务承担连带清偿责任的，人民法院应依法予以支持。余靖蓉作为万乐高中心的大股东，在万乐高中心被吊销营业执照后，原本有义务组织清算组进行清算，但由于客观原因未能清算，余靖蓉主观并无过错，亦无“怠于”履行情况。余靖蓉因发生车祸造成脑力缺损，事后被生效判决宣告为限制民事行为能力人，并指定其父余孟尝作为监护人。2004年9月28日，万乐高中心被吊销营业执照时，余靖蓉已经丧失控制经营万乐高中心的能力，其没有按照公司法的相关规定对万乐高中心进行清算，并非出于过错“怠于”履行清算义务，而是由于脑力受损的影响，客观上已不具备清算能力、不能进行清算。余靖蓉在部分丧失行为能力的情况下，无法通过自身的行为委托他人进行管理或清算。另，生效法律文书指定余孟尝作为余靖蓉的监护人，只是为了帮助照顾余靖蓉的日常生活，余孟尝不能代表余靖蓉经营处理公司事务。因此，万乐高中心没有进行清算，余靖蓉没有过错，不应当承担清算责任。麦克赛尔公司应当通过其他途径获得赔偿。由于余靖蓉丧失经营管理公司的能力，万乐高中心的另一股东鑫达公司对公司经营应采取相应的措施，承担起管理公司的责任。麦克赛尔公司在向万乐高中心主张执行货款不能的情况下，应先申请强制清算，通过指定清算人对万乐高中心进行清算，若清算不能，再根据鑫达公司是否应履行清算义务确定其应否承担清算赔偿责任。现麦克赛尔公司认为余靖蓉应承担清算义务，直接请求余靖蓉和鑫达公司共同承担清算赔偿责任，与相关规定不符，本院不予支持。

【主管部门负有管理责任，应承担下属公司缺少账目导致无法审计的责任】

聂淑兰诉北京振兴新业劳务服务有限公司清算责任案［北京市东城区人民法院(2009)东民初字第2989号民事判决书］，被告北京振兴新业劳务服务有限公司作为北京特灯装潢厂的主管部门，其应当按照北京市东城区人民法院(2008)东民初字第2663号判决履行清算义务。庭审中，被告虽辩称，其已经委托北京普德会计师事务所有限责任公司进行清算审计，但由于缺少基础资料、总账试算不平衡、存在经济事项未入账情况、总账与明细账部分科目不符等原因，北京普德会计师事务所有限责任公司不能对北京特灯装潢厂的清算发表审计意见，无法接受被告的委托。但被告作为北京特灯装潢厂的主管部门，其对北京特灯装潢厂负有管理责任，故北京特灯装潢厂因缺少账目导致无法审计的责任应由被告承担。依据法律规定，被告从事民事活动应当承担社会责任。因被告怠于履行清算义务，原告的债权未获清偿，其行为侵害了原告的合法财产权利，被告应当在北京特灯装潢厂的清算财产中不能清偿的范围内对原告承担补充赔偿责任，该范围应为北京特灯装潢厂未能偿还原告的债务部分。故原告起诉要求被告赔偿原告的债权损失，理由正当，予以支持。

【公司注销中清算赔偿责任的司法审查】

庄细莲与钱建辉公司清算责任纠纷上诉案［福建省泉州市中级人民法院(2008)泉民终字第748号民事判决书(《人民司法·案例》2010年第2期)］，吉祥公司已被工商局核准注销，已不具备诉讼主体资格。一审将吉祥公司列为被告系错误的。由于吉祥公司在未经法定清算程序下申请注销，已构成侵权行为。本案不属于揭开公司面纱的情形。原吉祥公司尚欠货款应当由股东庄细莲、庄荣平承担直接偿还责任。

【有限责任公司股东怠于履行清算义务的法律后果与责任性质】

武汉澳华装饰设计工程有限公司诉武汉北新我的家居营销管理有限公司等借款保证合同纠纷案［湖北省武汉市江汉区人民法院(2008)汉民二初字第458号民事判决书(《人民司法·案例》2009年第4期)］，现实生活中，一些公司由于经营不善等原因往往不依法进行相应的清算程序，办理工商注销登记，而相关股东一般处于下落不明状态，法院常规做法是判决公司承担债务清偿责任，股东承担清算责任，但这种判决对于债权人而言，通常因公司没有可供执行的财产且下落不明而难以执行。针对这种现状，最高人民法院及时出台了《关于适用〈中华人民共和国公司法〉若干问题的规定(二)》，主要针对人民法院审理公司解散和清算案件适用法律问题进行规定。其中第十八条的规定涉及有限责任股东承担责任的问题，与以往人民法院的常见处理类似案件的做法有较大改变。

【清算义务人怠于履行清算义务时的法律责任】

厦门特贸有限公司诉苏山良公司清算纠纷案[福建省厦门市思明区人民法院(2008)思民初字第6153号民事判决书],当控股股东作为清算义务人怠于履行清算义务时,人民法院应根据公平和诚信原则,综合双方的举证能力、证明距离等因素,采取举证责任部分倒置的原则,推定控股股东怠于履行义务导致公司据以清算的财产、账册、重要文件等灭失,无法对公司的债权债务进行正常的清理,造成债权人的债权无法得以清偿,从而判令控股股东对公司拖欠的债务承担连带清偿责任。

原告对培尔耕公司享有合法的债权。现培尔耕公司已解散,则被告苏山良对培尔耕公司负有清算义务。但苏山良至今未实质性地开展清算工作,亦缺乏证据证明其已积极地组织进行清算工作,只是由于其他法定原因造成清算工作不能进行,故应当认定苏山良是怠于履行清算义务。现因培尔耕公司在2001年12月的审计报告中,仍记载资产总额为3,730,462.16元,则在被告未能提供证据证明培尔耕公司在解散当时已无财产的情形下,应视为解散当时培尔耕公司仍有相应的资产,而现在被告已无法提供培尔耕公司财产的下落以及公司账册、重要文件的下落,且培尔耕公司至今无法进行清算,则被告理应对培尔耕公司拖欠原告的债务承担清偿责任。

【公司被吊销营业执照后,股东不履行清算义务,而且私自处分公司财产,股东应在处分公司财产的范围内对公司债权人承担侵权的赔偿责任】

株洲市祥瑞置业发展有限公司诉谭升明等四被告股东侵权纠纷案[湖南省高级人民法院(2006)湘高法民一终字第141号民事判决书],谭升明、肖永卫、唐石良、朱江武四人出资设立了株洲开发区城建发展有限公司,依据《公司法》第一百九十一条之规定(编者注:现为该法第一百九十条),谭升明等四人作为该被吊销营业执照的公司的股东,应当于被吊销营业执照之日起十五日内组成清算组对公司进行清算,谭升明等四人在公司解散事由出现后的长时间内,不仅未依法对其组成清算组进行清算,而且处分了抵押贷款合同的标的物,并对该标的物所出让的价款及其去向,被上诉人未能举证证明。这种无权处分行为严重损害了公司债权人祥瑞公司的权益,谭升明等四人应当对该行为造成的损失承担责任。抵押物估价高达1,001,764. 52元,实际处理价款不明确,但当时该抵押权系为担保70万元的借款而设立的,虽然抵押物未到相关行政部门登记,但抵押合同于签订时已成立。可以认定:被抵押的机器设备属公司所有,但该机器设备在公司被吊销营业执照后已被上诉人处分,且被上诉人不能证明其合理理用途。故四被上诉人应向债权人承担70万元的侵权赔偿责任。四被上诉人承担了侵权责任后,祥瑞公司仍有权以株洲开发区城建发展有限公司和四被上诉人为被告,请求法院判令公司承担相应的还款责任并要求股东承担清算责任。

【公司股东在公司被吊销营业执照后未及时履行清算义务,导致公司债权人利益受到损害的,股东不能以有限责任作为抗辩拒绝对公司债权人承担赔偿责任】

中丝深圳进出口公司与深圳市雷地科技实业公司清算赔偿纠纷案[深圳市中级人民法院(2006)深中法民二终字第165号民事判决书],本案的主要争议焦点在于:其一,中丝公司能否以有限责任原则有效对抗雷地公司的诉讼主张,雷地公司向中丝公司主张权利的依据何在;其二,中丝公司应否承担怠于履行清算义务的侵权赔偿责任。

关于中丝公司能否以有限责任原则有效对抗雷地公司的诉讼主张,雷地公司向中丝公司主张权利的依据何在的问题。有限责任原则作为现代公司制度的核心和基石成为股东利益特殊保护的重要法律依据,但是,它并不是绝对和无条件的。相反,有限责任原则有其适用的特定条件和范围,超出一定界限,而导致权利和义务不对等时,则有必要考虑有限责任的除外适用。在这一点上,本院与原审法院的认识是一致的。股东享受有限责任保护的前提就是维持公司资本的充实和财产独立,履行股东应承担的义务,包括解散时对公司进行及时清算。从本质上讲,有限责任原则是“股东投资风险”、“股东参与公司运作程度”和“公司相对人权益保护”三者之间利益平衡与取舍的结果。公司法的目标并非单纯为了实现公司股东利益的最大化,而是为了实现公司法上各种利益关系主体之间的利益平衡。当股东违背了当初进入公司制度时自愿承担的遵守公司有限责任规则的默示承诺，并对他人权益造成损害时，就不应该再享有有限责任的保护，而应替之于例外适用的责任规则，对违反公司法律制度行为加以规制，以维护交易的安全与秩序。因此，中丝公司以有限责任原则为由主张雷地公司的起诉缺乏法律依据，理由不成立，本院不予采纳。本案雷地公司所主张的标的物，既是其对兴华安公司的债权，也是其因兴华安公司股东怠于履行清算义务所遭受的损失，根据《民法通则》第一百零六条之规定，雷地公司可向作为股东的中丝公司提起侵权诉讼，中丝公司关于雷地公司对兴华安公司的债权只能向兴华安公司主张的上诉理由不成立，本院亦不采信。

关于中丝公司应否承担怠于履行清算义务的侵权赔偿责任问题。清算是公司法人人格终止的前提条件，2005 年修订前的《公司法》虽未明确规定公司被吊销营业执照后的解散清算程序，但股东应在公司被吊销营业执照后的合理期限内对公司进行清算，在原审法院的通知下，雷地公司、新威安公司虽于 2005 年 10 月成立了兴华安公司清算组并予公告，但仍未在合理期限内按修订前《公司法》第一百九十三条至第一百九十七条之规定（编者注：现为该法第一百九十二条至第一百九十六条）完成清算工作。兴华安公司实际已无法进行清算。公司的清算是确保公司财产得以保全、公司债权人利益得以实现的先决条件。因股东怠于履行清算义务而导致公司主要财产、账册等灭失，无法进行清算，将导致债权人就公司清算之后的资产实现其债权的合法权益遭受损害，股东应对债权人的损失承担连带赔偿责任。由于股东相对于债权人更能掌握公司被吊销营业执照前的资产情况，与证据的距离更为接近，更具举证能力，因此，在债权人举证证明债权合法存在且股东怠于履行清算义务之事实的情况下，证明债权人的损失与其怠于履行清算义务而致无法清算没有因果关系的举证责任则应分配给股东，并由其承担举证不能的法律后果。原审判决对中丝公司、新威安公司侵权事实、赔偿责任的认定及举证责任的分配正确，本院予以维持，但原判所引用法律条文出现笔误，本院予以纠正，正确条文为修订前《公司法》第一百九十一条（编者注：现为该法第一百九十条）。

【公司决定解散后应进行清算而不进行清算，可以推定原公司财产已由股东接收，股东应在接收公司财产的范围内承担返还责任或赔偿责任】

凤凰公司诉郑郁青、陶修明设立的夫妻两人有限责任公司未清算即注销股东对公司债务应承担清偿责任案[江苏省徐州市中级人民法院 2000 年 7 月 5 日民事判决书]，三水公司决定解散后应进行清算而不进行清算，可以推定原公司财产已由股东接收，其行为损害了债权人的利益，故应由股东在接收原三水公司资产的范围内承担返还责任或赔偿责任。鉴于其不提供公司账册，无法判断其占有资产的形态和具体数额。但从举证责任分析，有证据证明持有证据的一方当事人无正当理由拒不提供，如果对方当事人主张该证据的内容不利于证据持有人，可以推定该主张成立。据此，可以推定郑郁青、陶修明接收的资产大于或等于债权，应就 40 万元本金及其利息损失承担赔偿责任。

【股东怠于履行清算义务担责公司债务】

原告苏州某商贸有限公司诉被告许某某、李某某股东损害公司债权人利益责任纠纷案[上海市崇明区人民法院优化营商环境典型案例之七]，被告许某某、李某某系上海某电子科技有限公司（以下简称乙公司）股东。乙公司结欠原告货款未付，上海市嘉定区人民法院于 2013 年 6 月 20 日判决乙公司支付苏州某商贸有限公司（以下简称甲公司）货款、逾期付款违约金等共计 410,653.62 元。判决生效后，乙公司未履行付款义务，甲公司申请强制执行，仅获执行款 32,100 元，乙公司仍欠 371,204.06 元未付。乙公司于 2013 年 5 月 23 日向公司登记机关提交了 2012 年度企业法人年检报告书，该报告书及资产负债表显示乙公司 2012 年年底的货币资金为 957,537.59 元、存货 41,237.61 元、年末未分配利润为 446,940.38 元、年末净资产总额为 946, 941 元。之后，乙公司未再向公司登记机关提供或公示 2013 年度及其后年度的年检报告书。乙公司的经营期限至 2016 年 4 月 24 日止，2016 年 10 月 17 日该公司被吊销营业执照。原告甲公司以乙公司被吊销营业执照后，两被告未依法组织清算，怠于履行清算义务，给原告造成巨大经济损失为由，要求两被告对乙公司的全部债务承担赔偿或连带清偿责任。

法院审理认为，乙公司被吊销营业执照后，两被告作为乙公司的股东未成立清算组对乙公司进行清算，系不履行法定清算义务之不作为。乙公司截至2012年年末其净资产为946,941元，明显大于原告未获清偿的债权金额。然原告的债权经法院强制执行，仅获执行款32,100元，法院在执行中未发现乙公司有其他可供执行的财产。两被告未履行法定清算义务之不作为，与乙公司上述财产的流失或者灭失存在因果关系。故判决两被告在914,841元(946,941元－32,100元)限额范围内赔偿原告基于(2013)嘉民二(商)初字第317号民事判决未获清偿的货款本金371,204.06元及迟延履行期间债务利息。

【账簿灭失情况下的债务人清偿责任】

南通志豪家纺有限公司、南通市通州区志惠服饰品有限公司破产清算案[江苏法院通报企业破产审判十大案例之七]，因债务人绝大部分账簿已灭失，依据《公司法司法解释(三)》第十八条第二款的规定，在破产程序终结时明确股东及实际控制人对破产企业的债务承担清偿责任，切实保障债权人合法权益。

【清算义务人为多人时，多个清算义务人之间应当承担连带责任】

金某某、徐某某与嵊州市某塑胶有限公司股东损害债权人利益纠纷案[绍兴市中级人民法院民事判决书(浙江法院2013年涉企案件审判十大典型案例之五)]，根据《公司法》和《公司登记管理条例》的规定，公司应当依法清算完毕后办理注销登记，法人终止。但实践中，一些商事主体在公司解散事由出现后，并不依法进行清算，而是以虚假的清算报告骗取工商行政管理机关办理注销登记，严重侵害了债权人利益。最高人民法院《公司法司法解释(二)》第十九条对此作出明确规定，清算义务人以虚假清算报告骗取注销登记的，应当对公司债务承担相应的赔偿责任。清算义务人为多人时，多个清算义务人之间应当承担连带责任。

【股东均不能以其他人员所负义务为由豁免自身的清算义务】

华夏银行股份有限公司北京公主坟支行诉刘甲、樊乙、刘丙股东损害公司债权人利益责任纠纷案，刘甲、樊乙、刘丙上诉称其只是光彩通达公司的股东，并非该公司破产清算的清算义务人。对此法院认为，清算义务人是指基于其与公司之间存在的特定法律关系而对公司负有依法组织清算，并在公司未及时清算给相关权利人造成损害时依法承担相应责任的民事主体。最高人民法院《关于正确审理企业破产案件为维护市场经济秩序提供司法保障若干问题的意见》已经明确了有限责任公司的股东、实际控制人作为清算义务人的身份问题，故《企业破产法》第十五条规定的应承担妥善保管财产等义务的"有关人员"并不适用于本案。

刘甲、樊乙、刘丙上诉又称其已经按照公司章程和法律规定完成了出资义务，其不负有保证公司会计账簿真实、完整的义务，且其并未实际参与光彩通达公司的经营管理，并不当然持有会计账簿等资料，亦非故意不移交相关的会计账簿，故对破产清算不负有任何责任。对此法院认为：第一，在公司据以进行清算的财产、账册、重要文件等灭失，无法按照法律规定的程序对公司的债权债务进行正常的清理的情况下，公司的财产和负债范围无法确定，造成"无法清算"的后果，并导致债权人的债权无法得以清偿。在本案中光彩通达公司无法清算的情况下，华夏银行的债权未能得到完整的清偿，债权人的利益受到损害。第二，《企业破产法》规定，企业的法定代表人、财务管理人员或其他经营管理人员负有妥善保管账簿的义务，但是无论是在公司的正常经营过程，还是公司进入破产清算程序之后，股东均不能以其他人员所负义务为由豁免自身的清算义务。依据《公司法》第四条的规定："公司股东依法享有资产收益、参与重大决策和选择管理者等权利。"光彩通达公司的管理人员妥善保管账簿为其应当履行的勤勉义务之一，该项保管义务亦为公司全体股东的一种专项授权，在管理人员未能履行勤勉义务对公司债权人造成损害的情况下，债权人可追责于公司，而在破产清算不能的情况下，股东则应承受由此产生的法律后果。故即使股东在公司正常经营过程中未能具体经手保管账簿，其亦负有在破产清算程序中保证公司会计账簿完整并向破产管理人移交账簿的义务。第三，刘甲、樊乙、刘丙在海淀区法院受理华夏银行对光彩通达公司的破产清算申请之后的数月之内，经破产管理人数次联系并明确告知其拒不提供相关资料的法律后果，该三位股东仍未能积极配合管理人工作且不能作出合理解释，存在怠于履行义务的情形，应属于《最高人民法院关于正确审理企业破产案件为维护市场经济秩序提供司法保障若干问题的意见》第十六条所规定“有责任”的公司股东。因此，公司启动破产清算程序后，因清算义务人怠于履行义务而导致公司无法清算的情况下，参照《公司法》第二十条第三款的规定，应当责令三位股东对公司债务承担连带清偿责任。故刘甲、樊乙、刘丙所称的上诉理由均不能成立，法院均不予支持。最终，二审法院判决驳回上诉，维持原判。

【清算义务人怠于履行义务致无法清算的连带责任承担】

吴某某等与上海文汇出版社读者服务部与破产有关纠纷上诉案，法院经审理后认为，根据本案两被告的庭审陈述及相应证据，鹰杰公司“2005年至2010年的财务账册和部分其他财务凭证”于2010年11月即已遗失，两被告虽举证认为相关遗失系文汇公司造成，但相关的民事判决书及庭审笔录并未确认这一事实，退一步讲，即便两被告所述遗失原因属实，与本案原告亦无关联。两被告辩称相关法院在执行过程中已依职权审查过鹰杰公司并认为鹰杰公司没有财产，故破产终结是正常程序。但法院认为，若无账册遗失在先的事实，在无相反证据的情况下，法院尚可推定鹰杰公司的财产于退出执行程序时即已被执行完毕。但查明的事实是相关法院作出退出执行程序的时间晚于两被告账册遗失时间，基于上述情况，两被告的辩称意见法院实难采信。基于两被告遗失账册在前、退出执行程序在后，在之后的破产程序中破产管理人“上海鹰杰图书有限公司提供的账册、财务凭证等资料不全，导致不能对其资产、负债及所有者权益状况发表审计意见，请求法院终结上海鹰杰图书有限公司破产清算程序”的陈述，法院认为，本案两名被告作为鹰杰公司的股东因遗失公司账册、重要文件，导致公司无法进行清算的事实成立。原告作为鹰杰公司债权人主张两被告对公司债务承担连带清偿责任合法有据，予以支持。

【清算义务人应对欺诈注销的行为承担侵权赔偿责任】

乙公司与曹某等股东损害公司债权人利益责任纠纷案[江苏法院公司审判十大案例之十]，有限责任公司的股东作为清算义务人应当依法履行清算义务。未经依法清算，以虚假的清算报告骗取公司登记机关办理法人注销登记的情形，属于欺诈注销，构成侵权，侵权人清算义务人应当对公司债权人承担赔偿责任。

3. 清算程序中的执行及其他问题

【以终止所有参与合并的公司为目的的公司合并，规避了公司终止应当依法清算的规定，构成对公司债权人的侵权，作出该合并决定的股东应当承担赔偿责任】

中国第十三冶金建设有限公司诉上海致达科技集团有限公司股东损害公司债权人利益责任纠纷案[江苏省高级人民法院(2016)苏民终187号民事判决书(《江苏省高级人民法院公报》2017年第5辑(总第53辑))]，在无证据证明参与合并的公司均符合破产条件且破产清偿率相同的情况下，以终止所有参与合并的公司为目的而实施的公司合并，即先将各公司合并，然后将合并后的公司直接破产的做法，违背了公司合并制度立法目的，规避了公司终止应当依法进行清算的规定，损害合并前原资产状况相对较好公司的债权人权益的，构成侵权。作出该合并决定的股东系侵权人，应承担相应的赔偿责任。

【公司未经依法清算即被注销的被执行人变更与追加】

李燕与天津市方臣商贸有限责任公司劳动人事争议执行案[天津市河西区人民法院(2015)西执字第623号民事裁定书(《人民司法·案例》2016年第17期)]，股东于公司未经依法清算而被注销时，在工商登记材料中明确承诺对公司债务承担责任的，依当事人申请，执行机构可据此适用听证程序，裁定将股东追加为被执行人。

【用非传统执行方式破解规避执行行为】

巩飞跃与北京闽龙轩商贸有限公司劳动合同纠纷执行案[北京市朝阳区人民法院(2013)朝执字第01747号(《人民司法·案例》2016年第5期)]，被执行人通过公司空壳化、资产转移、关联公司等方式规避执行，会对案件执行造成困扰。打破传统执行方式，运用非传统思维和非传统执行方式，可有效破解规避执行行为，执结案件。

案件进入强制执行程序后，执行法官通知闽龙轩公司法定代表人陈丽芹到庭谈话。陈丽芹未到庭，经查其人下落不明。执行法官到闽龙轩公司经营场所进行现场调查，发现闽龙轩公司无挂牌，只有案外人A公司现在在此经营，经营内容和闽龙轩公司无异。

执行法官采取传统执行方式对被执行人名下银行存款、股权、房产、车辆等财产状况进行了查询，未查询到闽龙轩公司名下有任何财产线索。反馈的工商登记查询信息显示，闽龙轩公司在法定代表人和股权变更一年后因未年检被吊销，案件除走公司清算、破产程序外无路径继续，执行工作陷入困境。

据申请执行人提供线索称：闽龙轩公司的法定代表人虽然是陈丽芹，但公司一直由前法定代表人江少妃和其堂弟江少华实际经营管理，本人由江少华招聘入职，工作于现A公司经营地点，现公司除了挂牌更改外无任何变化。现在A公司的实际经营管理人正是江少华，A公司现在店面销售的大量价值不菲的红酒，正是闽龙轩公司的红酒。拨打现公司电话，短信回复显示："欢迎致电闽龙轩公司"。申请执行人向江少华发短信要求偿付工资，江少华短信回复："该给你的工资都给你了，我不拖欠你工资"。

考虑到江少妃本人虽非公司法定代表人和股东，但证据材料显示本案系一起明显通过股权转让更改法定代表人另起炉灶的规避执行案件，被执行人利用公司有限责任、股权转让的自由以及工商行政机关的形式审查，另外成立公司以图金蝉脱壳，瞒天过海。如何识破表象抓住问题本质，突破法律障碍破解迷局，成为摆在法官面前的一道难题。

为尽快破解本案执行难题，执行法官在上述传统执行方式无果的情况下，查询得知闽龙轩公司前法定代表人江少妃有频繁出入境记录，决定立即对其采取限制出境的强制措施，向北京出入境边防检查总站送达边控函，限制闽龙轩公司前法定代表人江少妃出境。此措施立竿见影。2014年12月12日，江少妃、江少华主动到法院履行了上述案件，同时履行了与闽龙轩公司相关的其他三起执行案件；江少妃本人具结悔过，承认了其恶意转让公司股权、变更法定代表人规避法院执行的错误。

【企业清算注销过程中被执行主体的变更和追加】

蚌埠市建桥物资供应站与焦作煤业（集团）有限责任公司等电缆合同纠纷执行异议案［最高人民法院（2011）执监字第76号（《人民司法·案例》2012年第18期）］，作为被执行人的企业申请注销应依法进行清算，清算义务主体未适当履行清算义务给债权人造成损害的，应承担相应的民事责任。执行机构处理因相关主体未尽清算义务引起的变更、追加被执行人的案件，要严格遵守法律、司法解释有关被执行主体变更和追加的规定，不得滥用权力超过法定范围直接裁定其他主体对申请执行人承担清偿责任。对于超过执行权处理范围的实体法律问题，宜由当事人通过其他途径解决。

第一百八十四条 【清算组的职权】 清算组在清算期间行使下列职权：

（一）清理公司财产，分别编制资产负债表和财产清单；

（二）通知、公告债权人；

（三）处理与清算有关的公司未了结的业务；

（四）清缴所欠税款以及清算过程中产生的税款；

（五）清理债权、债务；

（六）处理公司清偿债务后的剩余财产；

（七）代表公司参与民事诉讼活动。

一、相关法律条文

《中华人民共和国民法总则》（自2017年10月1日起施行），对于清算组的职权，规定如下：

第七十一条 法人的清算程序和清算组职权，依照有关法律的规定；没有规定的，参照适用公司法的有关规定。

二、相关司法解释及两高工作文件

《最高人民法院关于适用〈中华人民共和国公司法〉若干问题的规定（二）（2014修正）》（法释［2008］6号），对于清算组负责人代表公司参加诉讼，规定如下：

第十条 公司依法清算结束并办理注销登记前，有关公司的民事诉讼，应当以公司的名义进行。

公司成立清算组的，由清算组负责人代表公司参加诉讼；尚未成立清算组的，由原法定代表人代表公司参加诉讼。

《最高人民法院印发〈关于审理公司强制清算案件工作座谈会纪要〉的通知》（法发〔2009〕52号），纪要如下：

一、关于审理公司强制清算案件应当遵循的原则

1. 会议认为，公司作为现代企业的主要类型，在参与市场竞争时，不仅要严格遵循市场准入规则，也要严格遵循市场退出规则。公司强制清算作为公司退出市场机制的重要途径之一，是公司法律制度的重要组成部分。人民法院在审理此类案件时，应坚持以下原则：

第一，坚持清算程序公正原则。公司强制清算的目的在于有序结束公司存续期间的各种商事关系，合理调整众多法律主体的利益，维护正常的经济秩序。人民法院审理公司强制清算案件，应当严格依照法定程序进行，坚持在程序正义的基础上实现清算结果的公正。

第二，坚持清算效率原则。提高社会经济的整体效率，是公司强制清算制度追求的目标之一，要严格而不失快捷地使已经出现解散事由的公司退出市场，将其可能给各方利益主体造成的损失降至最低。人民法院审理强制清算案件，要严格按照法律规定及时有效地完成清算，保障债权人、股东等利害关系人的利益及时得到实现，避免因长期拖延清算给相关利害关系人造成不必要的损失，保障社会资源的有效利用。

第三，坚持利益均衡保护原则。公司强制清算中应当以维护公司各方主体利益平衡为原则，实现公司退出环节中的公平公正。人民法院在审理公司强制清算案件时，既要充分保护债权人利益，又要兼顾职工利益、股东利益和社会利益，妥善处理各方利益冲突，实现法律效果和社会效果的有机统一。

二、关于强制清算案件的管辖

2. 对于公司强制清算案件的管辖应当分别从地域管辖和级别管辖两个角度确定。地域管辖法院应为公司住所地的人民法院，即公司主要办事机构所在地法院；公司主要办事机构所在地不明确、存在争议的，由公司注册登记地人民法院管辖。级别管辖应当按照公司登记机关的级别予以确定，即基层人民法院管辖县、县级市或者区的公司登记机关核准登记公司的公司强制清算案件；中级人民法院管辖地区、地级市以上的公司登记机关核准登记公司的公司强制清算案件。存在特殊原因的，也可参照适用《中华人民共和国企业破产法》第四条、《中华人民共和国民事诉讼法》第三十七条和第三十九条（编者注：现为该法第三十六条至第三十八条）的规定，确定公司强制清算案件的审理法院。

三、关于强制清算案件的案号管理

3. 人民法院立案庭收到申请人提交的对公司进行强制清算的申请后，应当及时以“（××××）××法×清（预）字第×号”立案。立案庭立案后，应当将申请人提交的申请等有关材料移交审理强制清算案件的审判庭审查，并由审判庭依法作出是否受理强制清算申请的裁定。

4. 审判庭裁定不予受理强制清算申请的，裁定生效后，公司强制清算案件应当以

"(××××)××法×清(预)字第×号"结案。审判庭裁定受理强制清算申请的，立案庭应当以"(××××)××法×清(算)字第×号"立案。

5. 审判庭裁定受理强制清算申请后，在审理强制清算案件中制作的民事裁定书、决定书等，应当在"(××××)××法×清(算)字第×号"后依次编号，如"(××××)××法×清(算)字第×—1号民事裁定书"、"(××××)××法×清(算)字第×—2号民事裁定书"等，或者"(××××)××法×清(算)字第×—1号决定书"、"(××××)××法×清(算)字第×—2号决定书"等。

四、关于强制清算案件的审判组织

6. 因公司强制清算案件在案件性质上类似于企业破产案件，因此强制清算案件应当由负责审理企业破产案件的审判庭审理。有条件的人民法院，可由专门的审判庭或者指定专门的合议庭审理公司强制清算案件和企业破产案件。公司强制清算案件应当组成合议庭进行审理。

五、关于强制清算的申请

7. 公司债权人或者股东向人民法院申请强制清算应当提交清算申请书。申请书应当载明申请人、被申请人的基本情况和申请的事实和理由。同时，申请人应当向人民法院提交被申请人已经发生解散事由以及申请人对被申请人享有债权或者股权的有关证据。公司解散后已经自行成立清算组进行清算，但债权人或者股东以其故意拖延清算，或者存在其他违法清算可能严重损害债权人或者股东利益为由，申请人民法院强制清算的，申请人还应当向人民法院提交公司故意拖延清算，或者存在其他违法清算行为可能严重损害其利益的相应证据材料。

8. 申请人提交的材料需要更正、补充的，人民法院应当责令申请人于七日内予以更正、补充。申请人由于客观原因无法按时更正、补充的，应当向人民法院予以书面说明并提出延期申请，由人民法院决定是否延长期限。

六、关于对强制清算申请的审查

9. 审理强制清算案件的审判庭审查决定是否受理强制清算申请时，一般应当召开听证会。对于事实清楚、法律关系明确、证据确实充分的案件，经书面通知被申请人，其对书面审查方式无异议的，也可决定不召开听证会，而采用书面方式进行审查。

10. 人民法院决定召开听证会的，应当于听证会召开五日前通知申请人、被申请人，并送达相关申请材料。公司股东、实际控制人等利害关系人申请参加听证的，人民法院应予准许。听证会中，人民法院应当组织有关利害关系人对申请人是否具备申请资格、被申请人是否已经发生解散事由、强制清算申请是否符合法律规定等内容进行听证。因补充证据等原因需要再次召开听证会的，应在补充期限届满后十日内进行。

11. 人民法院决定不召开听证会的，应当及时通知申请人和被申请人，并向被申请人送达有关申请材料，同时告知被申请人若对申请人的申请有异议，应当自收到人民法院通知之日起七日内向人民法院书面提出。

七、关于对强制清算申请的受理

12. 人民法院应当在听证会召开之日或者自异议期满之日起十日内，依法作出是否受理强制清算申请的裁定。

13. 被申请人就申请人对其是否享有债权或者股权，或者对被申请人是否发生解散事由提出异议的，人民法院对申请人提出的强制清算申请应不予受理。申请人可就有关争议单独提起诉讼或者仲裁予以确认后，另行向人民法院提起强制清算申请。但对上述异议事项已有生效法律文书予以确认，以及发生被吊销企业法人营业执照、责令关闭或者被撤销等解散事由有明确、充分证据的除外。

14. 申请人提供被申请人自行清算中故意拖延清算，或者存在其他违法清算可能严重损害债权人或者股东利益的相应证据材料后，被申请人未能举出相反证据的，人民法院对申请人提出的强制清算申请应予受理。债权人申请强制清算，被申请人的主要财产、账册、重要文件等灭失，或者被申请人人员下落不明，导致无法清算的，人民法院不得以此为由不予受理。

15. 人民法院受理强制清算申请后，经审查发现强制清算申请不符合法律规定的，可以裁定驳回强制清算申请。

16. 人民法院裁定不予受理或者驳回受理申请，申请人不服的，可以向上一级人民法院提起上诉。

八、关于强制清算申请的撤回

17. 人民法院裁定受理公司强制清算申请前，申请人请求撤回其申请的，人民法院应予准许。

18. 公司因公司章程规定的营业期限届满或者公司章程规定的其他解散事由出现，或者股东会、股东大会决议自愿解散的，人民法院受理强制清算申请后，清算组对股东进行剩余财产分配前，申请人以公司修改章程，或者股东会、股东大会决议公司继续存续为由，请求撤回强制清算申请的，人民法院应予准许。

19. 公司因依法被吊销营业执照、责令关闭或者被撤销，或者被人民法院判决强制解散的，人民法院受理强制清算申请后，清算组对股东进行剩余财产分配前，申请人向人民法院申请撤回强制清算申请的，人民法院应不予准许。但申请人有证据证明相关行政决定被撤销，或者人民法院作出解散公司判决后当事人又达成公司存续和解协议的除外。

九、关于强制清算案件的申请费

20. 参照《诉讼费用交纳办法》第十条、第十四条、第二十条和第四十二条关于企业破产案件申请费的有关规定，公司强制清算案件的申请费以强制清算财产总额为基数，按照财产案件受理费标准减半计算，人民法院受理强制清算申请后从被申请人财产中优先拨付。因财产不足以清偿全部债务，强制清算程序依法转入破产清算程序的，不再另行计收破产案件申请费；按照上述标准计收的强制清算案件申请费超过30万元的，超过部分不再收取，已经收取的，应予退还。

21. 人民法院裁定受理强制清算申请前，申请人请求撤回申请，人民法院准许的，强制清算案件的申请费不再从被申请人财产中予以拨付；人民法院受理强制清算申请后，申请人请求撤回申请，人民法院准许的，已经从被申请人财产中优先拨付的强制清算案件申请费不予退回。

十、关于强制清算清算组的指定

22. 人民法院受理强制清算案件后，应当及时指定清算组成员。公司股东、董事、监事、高级管理人员能够而且愿意参加清算的，人民法院可优先考虑指定上述人员组成清算组；上述人员不能、不愿进行清算，或者由其负责清算不利于清算依法进行的，人民法院可以指定《人民法院中介机构管理人名册》和《人民法院个人管理人名册》中的中介机构或者个人组成清算组；人民法院也可根据实际需要，指定公司股东、董事、监事、高级管理人员，与管理人名册中的中介机构或者个人共同组成清算组。人民法院指定管理人名册中的中介机构或者个人组成清算组，或者担任清算组成员的，应当参照适用最高人民法院《关于审理企业破产案件指定管理人的规定》。

23. 强制清算清算组成员的人数应当为单数。人民法院指定清算组成员的同时，应当根据清算组成员的推选，或者依职权，指定清算组负责人。清算组负责人代行清算中公司诉讼代表人职权。清算组成员未依法履行职责的，人民法院应当依据利害关系人的申请，或者依职权及时予以更换。

十一、关于强制清算清算组成员的报酬

24. 公司股东、实际控制人或者股份有限公司的董事担任清算组成员的，不计付报酬。上述人员以外的有限责任公司的董事、监事、高级管理人员，股份有限公司的监事、高级管理人员担任清算组成员的，可以按照其上一年度的平均工资标准计付报酬。

25. 中介机构或者个人担任清算组成员的，其报酬由中介机构或者个人与公司协商确定；协商不成的，由人民法院参照最高人民法院《关于审理企业破产案件确定管理人报酬的规定》确定。

十二、关于强制清算清算组的议事机制

26. 公司强制清算中的清算组因清算事务发生争议的，应当参照公司法第一百一十二条（编者注：现为该法第一百一十一条）的规定，经全体清算组成员过半数决议通过。与争议事项有直接利害关系的清算组成员可以发表意见，但不得参与投票；因利害关系人回避表决无法形成多数意见的，清算组可以请求人民法院作出决定。与争议事项有直接利害关系的清算组成员未回避表决形成决定的，债权人或者清算组其他成员可以参照公司法第二十二条的规定，自决定作出之日起六十日内，请求人民法院予以撤销。

十三、关于强制清算中的财产保全

27. 人民法院受理强制清算申请后，公司财产存在被隐匿、转移、毁损等可能影响依法清算情形的，人民法院可依清算组或者申请人的申请，对公司财产采取相应的保全措施。

十四、关于无法清算案件的审理

28. 对于被申请人主要财产、账册、重要文件等灭失，或者被申请人人员下落不明的强制清算案件，经向被申请人的股东、董事等直接责任人员释明或采取罚款等民事制裁措施后，仍然无法清算或者无法全面清算，对于尚有部分财产，且依据现有账册、重要文件等，可以进行部分清偿的，应当参照企业破产法的规定，对现有财产进行公平清偿后，以无法全面清算为由终结强制清算程序；对于没有任何财产、账册、重要文件，被申请人人员下落不明的，应当以无法清算为由终结强制清算程序。

29. 债权人申请强制清算，人民法院以无法清算或者无法全面清算为由裁定终结强制清算程序的，应当在终结裁定中载明，债权人可以另行依据公司法司法解释（二）第十八条的规定，要求被申请人的股东、董事、实际控制人等清算义务人对其债务承担偿还责任。股东申请强制清算，人民法院以无法清算或者无法全面清算为由作出终结强制清算程序的，应当在终结裁定中载明，股东可以向控股股东等实际控制公司的主体主张有关权利。

十五、关于强制清算案件衍生诉讼的审理

30. 人民法院受理强制清算申请前已经开始，人民法院受理强制清算申请时尚未审结的有关被强制清算公司的民事诉讼，由原受理法院继续审理，但应依法将原法定代表人变更为清算组负责人。

31. 人民法院受理强制清算申请后，就强制清算公司的权利义务产生争议的，应当向受理强制清算申请的人民法院提起诉讼，并由清算组负责人代表清算中公司参加诉讼活动。受理强制清算申请的人民法院对此类案件，可以适用民事诉讼法第三十七条和第三十九条（编者注：现为该法第三十六条至第三十八条）的规定确定审理法院。

上述案件在受理法院内部各审判庭之间按照业务分工进行审理。人民法院受理强制清算申请后，就强制清算公司的权利义务产生争议，当事人双方就产生争议约定有明确有效的仲裁条款的，应当按照约定通过仲裁方式解决。

十六、关于强制清算和破产清算的衔接

32. 公司强制清算中，清算组在清理公司财产、编制资产负债表和财产清单时，发现公司财产不足清偿债务的，除依据公司法司法解释（二）第十七条的规定，通过与债权人协商制作有关债务清偿方案并清偿债务的外，应依据公司法第一百八十八条（编者注：现为该法第一百八十七条）和企业破产法第七条第三款的规定向人民法院申请宣告破产。

33. 公司强制清算中，有关权利人依据企业破产法第二条和第七条的规定向人民法院另行提起破产申请的，人民法院应当依法进行审查。权利人的破产申请符合企业破产法规定的，人民法院应当依法裁定予以受理。人民法院裁定受理破产申请后，应当裁定终结强制清算程序。

34. 公司强制清算转入破产清算后，原强制清算中的清算组由《人民法院中介机构管理人名册》和《人民法院个人管理人名册》中的中介机构或者个人组成或者参加的，除该中介机构或者个人存在与本案有利害关系等不宜担任管理人或者管理人成员的情形外，人民法院可根据企业破产法及其司法解释的规定，指定该中介机构或者个人作为破产案件的管理人，或者吸收该中介机构作为新成立的清算组管理人的成员。

上述中介机构或者个人在公司强制清算和破产清算中取得的报酬总额，不应超过按照企业破产计付的管理人或者管理人成员的报酬。

35. 上述中介机构或者个人不宜担任破产清算中的管理人或者管理人的成员的，人民法院应当根据企业破产法和有关司法解释的规定，及时指定管理人。原强制清算中的清算组应当及时将清算事务及有关材料等移交给管理人。公司强制清算中已经完成的清算事项，如无违反企业破产法或者有关司法解释的情形的，在破产清算程序中应承认其效力。

十七、关于强制清算程序的终结

36. 公司依法清算结束，清算组制作清算报告并报人民法院确认后，人民法院应当裁定终结清算程序。公司登记机关依清算组的申请注销公司登记后，公司终止。

37. 公司因公司章程规定的营业期限届满或者公司章程规定的其他解散事由出现，或者股东会、股东大会决议自愿解散的，人民法院受理债权人提出的强制清算申请后，对股东进行剩余财产分配前，公司修改章程、或者股东会、股东大会决议公司继续存续，申请人在其个人债权及他人债权均得到全额清偿后，未撤回申请的，人民法院可以根据被申请人的请求裁定终结强制清算程序，强制清算程序终结后，公司可以继续存续。

十八、关于强制清算案件中的法律文书

38. 审理强制清算的审判庭审理该类案件时，对于受理、不受理强制清算申请、驳回申请人的申请、允许或者驳回申请人撤回申请、采取保全措施、确认清算方案、确认清算终结报告、终结强制清算程序的，应当制作民事裁定书。对于指定或者变更清算组成员、确定清算组成员报酬、延长清算期限、制裁妨碍清算行为的，应当制作决定书。

对于其他所涉有关法律文书的制作，可参照企业破产清算中人民法院的法律文书样式。

十九、关于强制清算程序中对破产清算程序的准用

39. 鉴于公司强制清算与破产清算在具体程序操作上的相似性，就公司法、公司法司法解释（二），以及本会议纪要未予涉及的情形，如清算中公司的有关人员未依法妥善保管其占有和管理的财产、印章和账簿、文书资料，清算组未及时接管清算中公司的财产、印章和账簿、文书，清算中公司拒不向人民法院提交或者提交不真实的财产状况说明、债务清册、债权清册、有关财务会计报告以及职工工资的支付情况和社会保险费用的缴纳情况，清算中公司拒不向清算组移交财产、印章和账簿、文书等资料，或者伪造、销毁有关财产证据材料而使财产状况不明，股东未缴足出资、抽逃出资，以及公司董事、监事、高级管理人员非法侵占公司财产等，可参照企业破产法及其司法解释的有关规定处理。

二十、关于审理公司强制清算案件中应当注意的问题

40. 鉴于此类案件属于新类型案件，且涉及的法律关系复杂、利益主体众多，人民法院在审理难度大、涉及面广、牵涉社会稳定的重大疑难清算案件时，要在严格依法的前提下，紧紧依靠党委领导和政府支持，充分发挥地方政府建立的各项机制，有效做好维护社会稳定的工作。同时，对于审判实践中发现的新情况、新问题，要及时逐级上报。上级人民法院要加强对此类案件的监督指导，注重深入调查研究，及时总结审判经验，确保依法妥善审理好此类案件。

《最高人民法院关于河南省高级人民法院请示中国深圳对外贸易（集团）公司与河南孟津县甲萘胺厂加工合同纠纷一案诉讼主体及责任承担问题的复函》（法函［1995］53号），答复如下：

一、泰亨公司在其上级单位变动中并未丧失法人资格，且进行了1993年度工商年检，只是根据其上级单位中国深圳对外贸易（集团）公司决定进行清理整顿而停止新的经营业务，除根据其上级单位决定将属下的同光商场按原值有偿划归集团所属的勤兴公司经营管理外，其他财产并未转移。因此，泰亨公司仍是独立的企业法人，具有独立的民事权利能力和行为能力，可作为本案当事人，并应依法承担相应的民事责任。

二、泰亨公司清理整顿小组是由泰亨公司的上级单位决定成立的，符合国家关于企业整顿的有关规定，其职权是在泰亨公司清理整顿期间具体负责处理有关泰亨公司的债权债务、资产及对外投资等遗留问题，该清整小组虽不完全符合《民法通则》有关清算组织的规定，但从其所担负的实际职权看，泰亨公司的债权债务等均由该小组具体负责处理。本案诉讼期间，泰亨公司的清理整顿工作并未结束。故此，对泰亨公司所欠甲萘胺厂3,431,025.56元债务，应由泰亨公司清理整顿小组以泰亨公司的财产承担偿还责任。为此，该小组应以被告身份参加本案诉讼。

《最高人民法院关于企业开办的公司被撤销后由谁作为诉讼主体问题的批复》(法经复[1987]42号)，批复如下：

华侨农场系全民所有制企业，富华公司为华侨农场开办的公司。经与国务院有关部门联系，国务院国发〔1985〕102号《关于进一步清理和整顿公司的通知》也适用于企业办的公司。因此，富华公司资不抵债，华侨农场应对富华公司的债务负连带责任。鉴于华侨农场在富华公司被撤销后即成立了财产清算小组负责清理该公司的财产，根据本院一九八四年九月十七日《关于在经济审判工作中贯彻执行〈民事诉讼法(试行)〉若干问题的意见》“企业关闭的，由其主管单位或清理人(单位)作诉讼当事人”之规定，对涉及富华公司的经济纠纷案件，人民法院应将华侨农场和富华公司财产清算小组列为共同被告。

乌鲁木齐市中级法院审结的河北省青龙县皮毛厂诉富华公司购销羊皮合同货款纠纷案，在执行过程中，富华公司被撤销，根据上述原则，审理该案的原合议庭，应依据《民事诉讼法(试行)》第一百二十二条(编者注：现为《民事诉讼法》第一百五十四条)第一款第(六)项规定，裁定确认华侨农场和富华公司财产清算小组承担民事责任，执行原调解协议。

三、相关案例

【公司清算中法定代表人行为的效力】

上海大庆能源有限公司与上海泰瑞物业有限公司申请破产清算纠纷再审案[上海市第一中级人民法院(2014)沪一中民四(商)申字第21号民事裁定书(《人民司法·案例》2015年第16期)]，清算中公司的能力受到限制，其目的被限定在清算事务范围内，公司成立的清算组取代法定代表人行使清算中公司诉讼代表人职权。法定代表人既不是清算组成员，也未取得清算组授权而对外实施的行为属于效力待定，需取得清算组追认才对清算中公司产生法律效力。

【进入实质清算期间的公司，不能再以自己名义参加诉讼活动】

甘肃陇渤煤机修造股份有限公司与庆阳市陇原农机制造有限责任公司排除妨害纠纷上诉案[甘肃省庆阳地区中级人民法院(2014)庆中民终字第672号民事裁定书]，公司确已进入实质清算期间，形成并部分履行了清算方案，其作为企业法人的权利能力受限，不能再从事与公司清算有关的事项，也不能再以自己名义参与民事诉讼活动。

【破产清算组可收回职工居住的非住宅公房】

重庆磷肥厂清算组与李永玲租赁合同纠纷上诉案[重庆市第五中级人民法院(2013)渝五中法民终字第02817号民事判决书(《人民司法·案例》2015年第20期)]，企业破产清算时，职工居住的公有住房应根据房改政策出售给职工。对于企业临时安排给职工居住的非住宅办公楼，其虽具有保障职工居住权的功能，但因不具备房改出售条件，职工无权按照房改政策购买，破产清算组可以收回房屋自行处置。

【公司注销前，在清算期间的民事诉讼主体资格依然存在】

宁波永德资产评估有限公司诉虞静民间借贷纠纷案[浙江省宁波市中级人民法院(2011)浙甬商终字第842号民事判决书]，根据《公司法》第一百八十四条，清算组在清算期间代表公司参与民事诉讼活动。因此，清算期间公司的法人资格仍然存在，由依法成立的清算组接管董事会的全部权力，取代原公司执行机关清算中公司的代表及执行机关的职能。本案中公司以其清算组的名义对内执行清算事务，对外代表公司了结债权债务。故公司在清算期间的民事诉讼主体资格依然存在。

【公司清算期间无需继续履行与普通员工之间与清算业务无关的劳动合同】

刘赟诉英特尔产品（上海）有限公司清算组劳动合同案［上海市浦东新区人民法院（2010）浦民一（民）初字第15408号民事判决书］，公司解散后，即进入清算程序，其法人资格虽然仍旧存续，但权利能力已受到限制，除为了实现清算目的而必须从事的清理公司财产、通知公告债权人、处理与清算有关的公司未了结业务、清理债权债务、处理剩余财产等业务之外，不得经营其他业务。继续履行与普通员工劳动合同并不在清算所需业务之列，因此公司在清算期间无须继续履行与普通员工之间的劳动合同。

【破产管理人合同解除权的法理分析】

桐柏县五交化公司破产清算组与吴刚等解除房屋租赁合同纠纷案［河南省桐柏县人民法院（2006）桐民商破字01-8号民事裁定书（《人民司法·案例》2010年第12期）］，破产企业对外签订的房屋租赁合同在宣告破产时尚未履行完毕，破产管理人有权决定解除。合同解除后，承租人的损失应向管理人申报债权。

第一百八十五条 【债权人申报债权】 清算组应当自成立之日起十日内通知债权人，并于六十日内在报纸上公告。债权人应当自接到通知书之日起三十日内，未接到通知书的自公告之日起四十五日内，向清算组申报其债权。

债权人申报债权，应当说明债权的有关事项，并提供证明材料。清算组应当对债权进行登记。

在申报债权期间，清算组不得对债权人进行清偿。

一、相关司法解释及两高工作文件

《最高人民法院关于适用〈中华人民共和国公司法〉若干问题的规定（二）（2014修正）》（法释〔2008〕6号），对于债权人申报债权以及补充申报，规定如下：

第十一条 公司清算时，清算组应当按照公司法第一百八十五条的规定，将公司解散清算事宜书面通知全体已知债权人，并根据公司规模和营业地域范围在全国或者公司注册登记地省级有影响的报纸上进行公告。

清算组未按照前款规定履行通知和公告义务，导致债权人未及时申报债权而未获清偿，债权人主张清算组成员对因此造成的损失承担赔偿责任的，人民法院应依法予以支持。

第十二条 公司清算时，债权人对清算组核定的债权有异议的，可以要求清算组重新核定。清算组不予重新核定，或者债权人对重新核定的债权仍有异议，债权人以公司为被告向人民法院提起诉讼请求确认的，人民法院应予受理。

第十三条 债权人在规定的期限内未申报债权，在公司清算程序终结前补充申报的，清算组应予登记。

公司清算程序终结，是指清算报告经股东会、股东大会或者人民法院确认完毕。

第十四条 债权人补充申报的债权，可以在公司尚未分配财产中依法清偿。公司尚未分配财产不能全额清偿，债权人主张股东以其在剩余财产分配中已经取得的财产予以清偿的，人民法院应予支持；但债权人因重大过错未在规定期限内申报债权的除外。

债权人或者清算组，以公司尚未分配财产和股东在剩余财产分配中已经取得的财产，不能全额清偿补充申报的债权为由，向人民法院提出破产清算申请的，人民法院不予受理。

二、相关案例

【非公司股东作为公司清算组成员未依法清算，是否应当对债权人承担赔偿责任】

无锡宏继伟业金属公司诉胡锡明等清算组成员未依法清算对债权人承担赔偿责任纠

纷案[江苏省常州市中级人民法院(2016)苏04民终87号民事判决书],在跃升机械公司决议解散的股东会决议中,明确载明王国安是清算组成员,王国安亦作为清算组成员在公司的清算报告中签字,且其作为跃升机械公司股东会决议中明确指定的注销事项经办人员,实际办理了跃升机械公司注销的事宜。王国安的清算组成员身份是由跃升机械公司通过召开股东会正式确定的,且其已作为清算组成员实际履职,王国安具备清算组成员的资格。

对于已知债权人,清算组应当按照公司法及司法解释的规定,分别以书面形式予以通知。公司明知存在已知债权人的情况下,如果仅是采取公告方式、而未将公司清算事宜直接告知债权人,即应当认定清算组成员存在过错,王国安应当对债权承担赔偿责任。

【清算主体未履行通知义务对债权人的赔偿责任】

江苏牡丹酒业股份有限公司诉刘鉴良等清算责任案[江苏省无锡市锡山区人民法院(2014)锡法商初字第0465号民事判决书],牡丹公司与培泽公司间存在合法有效的买卖合同关系,牡丹公司在向培泽公司供货后,培泽公司应及时结清全部货款,逾期不付,已构成违约。培泽公司在办理公司注销登记手续前尚结欠牡丹公司货款514,530元并应赔偿自付款期限届满的次日即2012年1月1日起算的逾期付款利息损失,事实清楚,予以确认。根据《公司法》的相关规定,公司清算时,清算组应当将公司解散清算事宜书面通知全体已知债权人,并根据公司规模和营业地域范围在全国或者公司注册登记地省级有影响的报纸上进行公告。在刘鉴良、邵德培、徐玲丽向工商部门提交的培泽公司清算报告上虽然载明清算组已于成立之日起十日内向债权人履行了通知义务且债权债务已全部清理完毕,但本案中并无证据证明培泽公司在注销登记前,该公司清算组向已知债权人牡丹公司履行了书面通知义务,亦无证据证明培泽公司在注销登记前已将其结欠牡丹公司的货款514,530元清偿完毕。因培泽公司清算组未向牡丹公司履行书面通知义务,导致牡丹公司未及时申报债权而未获清偿,牡丹公司现要求培泽公司三股东暨清算组成员即刘鉴良、邵德培、徐玲丽赔偿货款损失514,530元并赔偿逾期付款利息损失的诉讼请求,于法有据,依法予以支持。

【案件受理审查时如何正确认定"重复诉讼"】

无锡市洋利特钢管有限公司诉李世岐等清算责任纠纷案[河北省沧州市中级人民法院(2013)沧立民终字191号民事裁定书],因买卖合同纠纷已被法院判决承担责任的公司,在被强制执行过程中经清算程序并予以注销,因清算组成员未依法通知债权人申报债权,导致债权人未及时申报债权而未获清偿,债权人提起损害赔偿诉讼,与先前审理和执行的买卖合同纠纷,不属同一法律关系,并非重复诉讼,法院应当依法受理并作出实体处理。

【债务人公司明知对担保权人由保证债务,但在清算时未依法履行通知义务,公司股东在接收财产范围内对担保权人的损失承担连带赔偿责任】

沈聪明诉沈锡雷、陈成章、顾汉明清算责任纠纷案[浙江省宁波市中级人民法院(2012)浙甬商终字第973号民事判决书],沈聪明与晟信公司之间存在保证合同关系。判断合同效力的标准为合同是否违反了法律、行政法规的效力性强制性规定,《公司法》第十六条第二款关于公司为公司股东或实际控制人提供担保的规定,并非效力性强制性规定。因此,晟信公司在借款保证合同上盖章担保的行为,应认定为有效。连带责任保证的债务人未依约履行债务时,债权人可要求债务人履行债务,也可要求保证人承担保证责任,故本案债权人要求保证人晟信公司承担担保责任并没有违反一事不再理的原则。因晟信公司已经注销,沈聪明与晟信公司之间的担保关系已经转化为清算责任关系。本案中,晟信公司明知对沈聪明有保证债务,但在清算时未按法律规定履行通知和公告义务,也未将该债务在公司清算时列入负债情况,导致沈聪明该债权未获清偿,清算义务人即本案晟信公司三股东应承担赔偿责任。鉴于股东沈锡雷已在952号案中作为借款人确定了其应承担的全额债务,故本案中不宜再判令其承担赔偿责任。虽然三股东在清算报告承诺按原出资比例承担未清理债务,但该约定系其股东间内部约定,对外仍应当承担连带赔偿责任。因此陈成章与顾汉明应在清算时接收财产的范围内对沈聪明该债权损失承担连带赔偿责任。

【未依法履行通知和公告义务导致债权人未及时申报债权而未获清偿的，全体清算组成员而不仅仅是清算义务人，都应当承担赔偿责任】

云南理想装饰设计工程有限公司诉詹尚清、詹兵等清算责任案［昆明市中级人民法院(2011)昆民五终字第38号民事判决书］，纯美公司在股东会决议解散后，成立了清算组，其股东詹尚清、詹兵及其财会人员邱秋华三人为清算组成员，负责开展清算工作。在清算期间，清算组仅在2007年11月23日的《都市时报》上刊发了清算公告，但并未采用书面方式向债权人理想装饰公司发出申报债权的通知。虽然上诉人詹尚清和詹兵抗辩认为，申报债权期间，纯美公司与理想装饰公司之间的债权债务关系尚未经生效判决确定，理想装饰公司还不属于已知债权人，清算组没有通知的义务。但是，在2009年12月21日(2009)昆民二终字第597号民事判决书作出之后，直至2010年1月18日纯美公司申请工商注销期间，纯美公司与理想装饰公司的债权债务已经明确的情况下，纯美公司清算组仍然没有履行向理想装饰公司通知申报债权的义务，致使理想装饰公司丧失了在纯美公司清算终结、公司注销之前补充申报债权的权利。以至于理想装饰公司495,830.37元的债权未能在纯美公司清算期间获得清偿。纯美公司清算组在清算工作中，未按照《公司法》第一百八十六条(编者注：现为该法第一百八十五条)及《公司法司法解释(二)》第十一条的规定履行通知义务，给债权人理想装饰公司造成了495,830.37元的损失，侵犯了理想装饰公司合法的财产权，依法应当对其损失承担连带赔偿责任。

依照《公司法司法解释(二)》第十一条的规定，对于未依照法律规定履行通知和公告义务，导致债权人未及时申报债权而未获清偿的，全体清算组成员都应当承担赔偿责任，而不仅仅是清算义务人才承担此侵权赔偿责任。因此，纯美公司清算组由詹尚清、詹兵、邱秋华三人组成，虽然邱秋华不是纯美公司的股东，但邱秋华作为清算组成员仍然应当对理想装饰公司的损失承担连带赔偿责任。

【公司清算组成员在明知存在债权人的情况下未履行通知义务，导致债权人无法受偿的，应当承担赔偿责任】

覃建新诉蔡平国等清算组成员责任案［柳州市柳北区人民法院(2010)北民二初字第220号民事判决书］，公司清算时，清算组应当按照《公司法》第一百八十五条的规定，将公司解散清算事宜书面通知全体已知债权人，并根据公司规模和营业地域范围在全国或者公司注册登记地省级有影响的报纸上进行公告。清算组未按照前款规定履行通知和告知义务，导致债权人未及时申报债权而未获清偿，债权人主张清算组成员对因此造成的损失承担赔偿责任的，人民法院应依法予以支持。两被告在明知原告对公司享有债权的情况下，没有依法将公司解散清算事宜书面通知原告，导致原告未及时申报债权而未获清偿，两被告作为清算组成员应赔偿原告损失。并且，有限责任公司的股东在公司解散后，未经依法清算，以虚假的清算报告骗取公司登记机关办理法人注销登记，债权人主张其对公司债务承担相应赔偿责任的，人民法院应依法予以支持。现两被告作为清算组成员在明知存在合法债权人的情况下，向工商行政管理部门提交虚假清算报告申请公司注销，骗取公司登记机关办理法人注销登记，违反法律规定，应对公司债务承担相应的清偿、赔偿责任。

【清算主体未尽通知义务的赔偿责任】

尹光能诉吴宜莲等债务清偿纠纷案［重庆市大渡口区人民法院(2009)渡法民初字第1698号民事判决书(《人民司法·案例》2010年第20期)］，原告尹光能与越海公司签订的普通货车挂靠经营合同，为双方当事人真实意思表示，内容合法，系有效合同。渝B35632号货车发生交通事故后，越海公司依约定为尹光能办理保险理赔事宜，在其获得保险理赔款后，应依约定将保险理赔款交付原告尹光能，未能交付，系违约行为，应给付原告保险理赔款45,020.16元。越海公司已于2008年10月6日解散注销，清算组未书面通知原告申报债权，原告债权未获清偿。《公司法》第一百八十五条规定，清算组应当自成立之日起10日内通知债权人，并于60日内在报纸上公告。第一百九十条规定，清算组成员因故意或者重大过失给公司或者债权人造成损失的，应当承担赔偿责任。最高人民法院《关于适用〈中华人民共和国公司法〉若干问题的规定(二)》(以下简称《公司法司法解释(二)》)第十一条规定,清算组未按照规定履行通知和公告义务,导致债权人未及时申报债权而未获清偿,债权人主张清算组成员对因此造成的损失承担赔偿责任的,人民法院应依法予以支持。据此,《公司法》明确规定了清算组未通知债权人申报债权时,清算组成员应承担赔偿责任。公司清算制度的作用之一就是为了保护债权人的利益,使清算过程受到法定程序的制约,以避免在清算过程中公司为逃避债务或利益股东而作出有损于债权人的不公正行为。从保护债权人利益的角度出发,清算组成员不履行通知义务,导致债权人未及时申报债权而未获清偿,清算组成员的赔偿范围应为债权人未获清偿的全部债权。本案清算组未对已知债权人原告履行书面通知义务,导致原告未能申报债权,侵犯了债权人的法定权利,造成原告债权无法获得清偿,清算组成员应承担全部赔偿责任。原告要求被告吴宜莲、吴成均、吴孝经三人作为清算组成员给付保险理赔款45,020.16元的诉讼请求,应予支持。判决被告吴成均、吴孝经、吴宜莲连带清偿原告尹光能保险理赔款45,020.16元。

【公司清算组作出清算公告但未通知债权人造成债权人损失的,应当承担赔偿责任】

无锡清碧水处理有限公司诉征志明等买卖合同案[江苏省无锡市惠山区人民法院(2010)惠商初字第0419号民事判决书],对于债权人,清算组必须同时履行直接的通知义务和公告义务,以充分保障债权人的知情权。特别是针对已知债权人,清算组更无理由怠于行使直接通知义务,而以公告方式取代。清算组未能积极履行其清算义务,主观上存在过错,该怠于履行直接通知的行为与债权人未获清偿的债务损失存在因果关系,清算义务人应当对此承担赔偿责任。

【清算组未严格履行通知义务的情况下,债权人债权的实现方式】

北京市昌平牧工商总公司诉石玉慧、陈晶晶企业出售案[北京市海淀区人民法院(2004)海民初字第4468号民事判决书],《公司法》第一百八十五条规定,清算组应当自成立之日起十日内通知债权人,并于六十日内在报纸上公告。这里的通知和公告两种形式是针对不同类型债权人的,根据立法原意与解释,对于已知债权人可以通过书面通知的形式的情况下,不应当用公告的形式通知,除非是债权人下落不明。清算组成员对已知债权人只通过公告形式通知,未严格依法履行清算义务。且清算组成员注销登记中共同承诺处理公司未尽事宜,法律并不限制其对公司债务承诺承担。只要不损害债权,并且得到债权人的同意,该承诺就对该第三人和债权人有约束。因此在债权人未能得到清偿的情况下,可以让股东承担清偿责任。

第一百八十六条 【清算程序】 清算组在清理公司财产、编制资产负债表和财产清单后,应当制定清算方案,并报股东会、股东大会或者人民法院确认。

公司财产在分别支付清算费用、职工的工资、社会保险费用和法定补偿金,缴纳所欠税款,清偿公司债务后的剩余财产,有限责任公司按照股东的出资比例分配,股份有限公司按照股东持有的股份比例分配。

清算期间,公司存续,但不得开展与清算无关的经营活动。公司财产在未依照前款规定清偿前,不得分配给股东。

一、相关法律条文

《中华人民共和国民法总则》(自2017年10月1日起施行),对法人清算程序,规定如下:

第七十二条 清算期间法人存续,但是不得从事与清算无关的活动。

法人清算后的剩余财产,根据法人章程的规定或者法人权力机构的决议处理。法律另有规定的，依照其规定。

清算结束并完成法人注销登记时，法人终止；依法不需要办理法人登记的，清算结束时，法人终止。

二、相关案例

【清算组故意未按规定履行通知公告义务应当承担赔偿责任】

杭叉集团股份有限公司诉范喜英、徐忠故意隐瞒清算信息侵犯债权纠纷案［江苏省苏州市中级人民法院（2011）苏中商终字第0630号民事裁定书］，依照《公司法》第一百八十五条的规定，公司由股东会决议解散时，清算组应当将清算事宜书面告知全体已知债权人，并根据公司规模和营业地域范围在全国或者省级有影响的报纸上进行公告。因此，清算组有义务全面履行书面通知债权人的义务以及根据法律的要求在相关报纸上刊登公告的义务，书面通知和相关报纸刊登公报都不可或缺。而在上述情况下，清算组故意未按规定履行通知公告义务，导致债权人未及时申报债权而未获清偿的，清算组具有明显过错，应当承担赔偿责任。

北京市昌平牧工商总公司诉石玉慧、陈晶晶企业出售案［北京市海淀区人民法院（2004）海民初字第4468号民事判决书］，《公司法》第一百八十五条第一款规定，清算组应当自成立之日起十日内通知债权人，并于六十日内在报纸上公告。通知和公告两种形式是针对不同类型债权人的，根据立法原意与解释，对于已知债权人可以通过书面通知的形式的情况下，不应当用公告的形式通知，除非是债权人下落不明。清算组成员对已知债权人只通过公告形式通知，未严格依法履行清算义务。且清算组成员注销登记中共同承诺处理公司未尽事宜，法律并不限制其对公司债务承诺承担。只要不损害债权，并且得到债权人的同意，该承诺就对该第三人和债权人有约束。因此在债权人未能得到清偿的情况下，可以让股东承担清偿责任。

【企业进行破产清算时，职工集资款能否作为第一顺序清偿】

江山市纺织有限公司破产清算案［浙江省江山市人民法院（2010）衢江商清（算）字第1号民事判决书］，法院依法认可债权人会议表决通过的“分档累进递减”的分配方案，即债权额从小到大区分档次，清偿比例累进递减，债权额越小清偿比例越高。企业职工集资款按第一顺序清偿；棉农的棉花收购款全额清偿；普通债权在充分考虑公平的基础上，大额债权人享受平均清偿率；中小额债权人在满足平均清偿率后再提高清偿率。

【与清算无关的经营活动的责任承担】

王北与上海德赛堡建筑材料有限公司北京分公司股东侵犯债权人利益纠纷上诉案［北京市第二中级人民法院（2009）二中民终字第05506号民事判决书］，公司在清算期间仍与原告公司签订买卖合同，开展与清算无关的经营活动，违反相关的法律规定。现该公司已注销，其股东（两家被告公司）应共同承担民事责任，对外承担全部债务，对内按比例承担。

【清算组未依照法定清算顺序支付社会保险费的处理】

陈舜伟诉西安空间无线电技术研究所等未依照法定清算顺序支付社会保险费纠纷案［上海市静安区人民法院（2007）静民一（民）初字第4181号民事判决书］，清算组未支付职工的社会保险费用而直接将公司剩余财产分配给股东的，侵犯了劳动者的合法权益，因此人民法院对原告的诉求应当予以支持。

【由集体企业改制的有限责任公司，其剩余财产仍然按照出资比例分配】

王乃本等诉曲庆翠等公司剩余财产分配案［山东省淄博市博山区人民法院（2006）博民初字第977号民事判决书］，有限责任公司的公司财产在分别支付清算费用、职工的工资、社会保险费用和法定补偿金，缴纳所欠税款，清偿公司债务后，按照股东的出资比例分配。有限责任公司是否经历过改制不影响按照出资比例进行剩余财产分配的结果，主张按工龄或平均分配于法无据。

【清算期间,公司开展新的经营活动的效力认定】

上海晴云贸易发展有限责任公司清算组诉上海大中科技发展实业公司委托理财合同纠纷案[上海市第一中级人民法院(2004)沪一中民三(商)初字第381号民事判决书],委托理财指专业管理人接受资产所有者委托,代为经营和管理资产,以实现委托资产增值或其他特定目标的行为。委托理财业务属特许经营行业的业务范围,因此要求有相应的资质和经营范围。不具有从事委托理财业务资质和经营范围的公司与他人签订的委托理财合同,违反了国家金融法规的相关规定,因此,应认定为无效合同。此外,清算期间,公司不得开展新的经营活动。故上述合同系在公司清算期间签订的,且合同另一方为公司股东之一,对此知情,同样违反法律法规的相关规定,合同应认定为无效。

【清算时的财产继承和受赠】

西安市商业银行股份有限公司雁塔支行诉张莉等行政不作为案[广东省惠州市中级人民法院(2003)惠中法行终字第15号行政判决书],公司进行清算时,当事人以继承和受赠的方式合法分配到公司的资产,有关部门应将该房屋权属予以确定于当事人并办理变更登记手续。

【依无效的清算组决议取得的财产,应当返还】

袁洪兴等诉江苏常州天刚律师事务所等损害公司权益案[江苏省高级人民法院(2002)苏民二终字第232号民事判决书],在清算过程中,清算组应当严格按照公司章程和法律规定的程序进行清算。本案中,该决议虽然是以清算组的名义作出,但因违反法律规定的清算程序,并且按该清算公司章程的规定,对清算中的重要决议要有2/3以上股权的股东通过,因此该清算组作出的决议确认无效,依据该无效决议取得的公司财产,应当返还给原公司。

【清算后公司不得从事清算外经营义务】

海口港集团公司诉海南张一有限公司港口作业纠纷案[海口海事法院(2002)海商初字第181号民事判决书],公司自被吊销《企业法人营业执照》之日起,其经营资格终止,即丧失了开展新的经营活动的民事权利能力和民事行为能力,其只能组织清算组对公司进行清算,停止清算范围外的民事活动。

【股东只可分配公司清算后的剩余财产】

中国银行上海市分行诉上海莘晃电器设备有限公司清算委员会贷款合同案[上海市第二中级人民法院(1995)沪二中经初字第200号民事判决书],公司的财产在未按规定清偿前,不得分配给股东。股东客观上损害了债权人的利益,造成债权人的债权有可能得不到清偿的后果,应对此后果承担民事责任。

【有限公司股东在对公司进行清算时,未优先支付劳动者的社会保险费用,而将公司财产进行分配的,股东对劳动者应当承担连带责任】

陈某某诉西安空间无线电技术研究所等社会保险纠纷案,公司财产在分别支付清算费用、职工的工资、社会保险费用和法定补偿金,缴纳所欠税款,清偿公司债务后的剩余财产,有限责任公司按照股东的出资比例分配。可见劳动者的债权在清算过程中比其他普通债权具有法定优先权。在清算过程中清算主体未按法定程序先行缴纳社会保险费用,势必影响劳动者合法权益,更加影响社会保险金的社会统筹支配。现经工商备案的董事会决议及清算报告中已经明确了剩余资产情况及两股东资产分配情况。两被告作为投资股东,在清算后所获得的财产权益分配足以支付原告的社会保险费用,被告空间研究所以所分配财产已承担普通债权来抗辩要求免除公司财产清算前所应承担的法定义务,有违公司清算的基本原则。

第一百八十七条 【破产程序】 清算组在清理公司财产、编制资产负债表和财产清单后,发现公司财产不足清偿债务的,应当依法向人民法院申请宣告破产。

公司经人民法院裁定宣告破产后,清算组应当将清算事务移交给人民法院。

相关案例

【关联企业破产实体合并的司法实践】

上海美浩电器有限公司与上海特毅通用动力机械有限公司等申请破产清算纠纷案［上海市金山区人民法院（2008）金民二（商）破字第1号（2008）金民二（商）破字第2号（2008）金民二（商）破字第3号民事裁定书（《人民司法·案例》2010年第16期）］，具体如下：

案情 上海美浩电器有限公司（以下简称美浩公司）与上海特毅通用动力机械有限公司（以下简称动力公司）系香港億毅集团有限公司分别于1998年和2002年出资设立的台港澳法人独资性质的有限责任公司，注册经营地分别为上海市闵行区和上海市金山区；上海特毅企业有限公司（以下简称企业公司）系英属维尔京群岛金克莱斯勒有限公司于2004年出资设立的外国法人独资性质的有限责任公司，注册经营地为上海市闵行区。美浩公司、动力公司与企业公司（以下并称三家公司）实际经营地相同，均在上海市金山区。2008年，因拖欠债务，三家公司先后在上海市金山区人民法院被债权人提出宣告破产申请，登记案号分别为（2008）金民二（商）破字第1号、（2008）金民二（商）破字第2号、（2008）金民二（商）破字第3号。该三家公司虽均登记为外商独资企业，但三家公司事实上存在着紧密的联系：第一，实际控制人为同一自然人潘某某。第二，经营范围紧密关联，分别负责通用发动机的生产、销售和管理。第三，人员高度混同，仅设立了一个财务部门，财务总监也为同一人。企业职工在三家公司间调换频繁，难以区分员工究竟隶属于哪家公司。第四，财产高度混同，设备与货物混合存放于仓库内，固定资产台账与实物、卡片无法逐一核对，审计机构无法确定设备与货物的权属；而车辆与房屋等需要登记确权的财产则主要列于动力公司名下。第五，债务高度混同。三家公司相互借款、相互担保，公章交叉使用或同时使用，致使部分债权人难以准确界定债务人的身份。部分债权人取得的债权凭证上甚至载明"兹有上海特毅通用动力机械有限公司、上海特毅企业有限公司与上海美浩电器有限公司系同一实体控股的三家公司"，并同时加盖三家公司的公章予以确认。

裁判 考虑到三家公司的高度关联性，上海市金山区人民法院启动关联企业破产实体合并程序。具体包括四个步骤：第一，通过指定管辖获得完整的管辖权。动力公司的注册经营地在上海市金山区，企业公司和美浩公司的注册经营地均在上海市闵行区。考虑到三家公司的资产主要集中在从事生产活动的动力公司名下，为了提高破产清算效率，上海市金山区人民法院经向上海市第一中级人民法院请示并获得指定管辖权后，于2008年5月14日裁定受理债权人对三家公司提出的破产申请，并指定相同的破产管理人具体负责清算工作。第二，确认经债权人会议表决通过的实体合并清算方案。破产管理人依据三家公司资产和债务高度混同的实际情况，认为如分别清算，则不但不能实现公平清偿，还会造成清算成本增加，不利于保护债权人的合法权益。为此，破产管理人建议将三家公司的财产合并清算、统一清偿，并将清算方案分别提请三家公司的债权人会议表决。三家公司债权人会议的表决结果分别为：动力公司有表决权的债权人149户，同意清算方案的债权人110户，占无担保债权的比例为57.29%；企业公司有表决权的债权人122户，同意清算方案的债权人99户，占无担保债权的比例为62.81%；美浩公司有表决权的债权人32户，同意清算方案的债权人27户，占无担保债权的比例为53.90%。鉴于清算方案在三家公司均达人数过半、无担保债权金额过半的标准，法院对债权人提出的合并清算方案予以确认。第三，实质合并关联企业的债权债务。在内部债权债务中，三家公司之间总额为118,220,929.88元的债权债务直接涤除；在外部债权债务中，同户名债权人予以合并，登记债权人的数量因此从308户减少为235户。第四，终结破产清算程序。三家公司破产财产经统一清算，在优先拨付破产费用、依法清偿债务人拖欠的职工工资、解除劳动合同补偿金、社会保险费用以及尚欠税款后，剩余破产财产为32,339,636.44元，用于清偿总额为450,316,700.09元的三家公司的全部普通破产债权，清偿率为7.18%。2010年2月23日，在管理人就破产财产分配完毕后，上海市金山区人民法院裁定终结破产清算程序。

【破产申请受理前银行按约定抵扣还贷的效力判定】

浙江麦高鞋业有限公司与瑞安市新亚汽配有限公司申请破产清算纠纷上诉案[浙江省温州市中级人民法院(2015)浙温商终字第1588号民事判决书],在我国法律体系中,存款属物权,与贷款属债权不同,银行不得根据其与借款人有关在借款人不能按期还贷时可扣划其存款以偿还贷款本息之约定主张行使抵销权。破产申请受理前,银行依据与借款人达成的约定扣款还贷的行为应属个别清偿行为,银行主张该行为属行使抵销权的,不应予以支持。

【资不抵债不是破产清算的必要条件】

中信银行股份有限公司无锡分行诉安信达(无锡)金属制品有限公司申请破产清算纠纷案[江苏省无锡市中级人民法院(2009)锡破字第9号民事裁定书(《人民司法·案例》2011年第2期)],无锡市中级人民法院在受理破产清算申请的同时,指定了安信达公司的管理人。管理人对安信达公司的财产进行了接管与清理,对安信达公司的债务进行了审查。经审计、评估,安信达公司的资产评估值为105,251,104.92元,其中流动资产10,807,804.5元(货币资金8,002,013.81元、应收款2,404,454.97元、存货401,335.72元),固定资产94,443,300.42元(房屋28,128,996.72元、设备42,287,177元、土地使用权24,027,126.7元)。经审查,安信达公司的债务总额为62,038,997.15元,其中有财产担保的破产债权29,037,022.56元,职工债权486,796.37元,国家税款9,089,882.08元,普通破产债权23,425,296.14元。资产评估值大于债务总额。2009年11月2日,无锡市中级人民法院召集了安信达公司的第一次债权人会议,就债权核查,财产管理、变价、分配方案等形成了决议。据此,无锡市中级人民法院认为:安信达公司虽然资产评估值大于债务总额,但资产的主要构成是固定资产,其中土地、房屋和主体设备是维系安信达公司生存之根本,非经破产清算不能处分;而安信达公司的流动资产金额有限,不能满足清偿债务之需,符合不能清偿到期债务且明显缺乏清偿能力这一破产条件。依照《企业破产法》第二条第一款、第一百零七条第一款的规定,裁定宣告安信达公司破产。

第一百八十八条 【公司注销】 公司清算结束后,清算组应当制作清算报告,报股东会、股东大会或者人民法院确认,并报送公司登记机关,申请注销公司登记,公告公司终止。

一、相关法律条文

《中华人民共和国民法总则》(自2017年10月1日起施行),关于企业法人的终止,规定如下:

第六十八条 有下列原因之一并依法完成清算、注销登记的,法人终止:

(一)法人解散;

(二)法人被宣告破产;

(三)法律规定的其他原因。

法人终止,法律、行政法规规定须经有关机关批准的,依照其规定。

二、相关文件规定

《中华人民共和国公司登记管理条例(2016修订)》(自1994年7月1日起施行),对于注销登记,规定如下:

第四十一条 公司解散,依法应当清算的,清算组应当自成立之日起10日内将清算组成员、清算组负责人名单向公司登记机关备案。

第四十二条 有下列情形之一的,公司清算组应当自公司清算结束之日起30日内向原公司登记机关申请注销登记:

(一)公司被依法宣告破产;

(二)公司章程规定的营业期限届满或者公司章程规定的其他解散事由出现,但公司通过修改公司章程而存续的除外；

（三）股东会、股东大会决议解散或者一人有限责任公司的股东、外商投资的公司董事会决议解散；

（四）依法被吊销营业执照、责令关闭或者被撤销；

（五）人民法院依法予以解散；

（六）法律、行政法规规定的其他解散情形。

第四十三条 公司申请注销登记，应当提交下列文件：

（一）公司清算组负责人签署的注销登记申请书；

（二）人民法院的破产裁定、解散裁判文书，公司依照《公司法》作出的决议或者决定，行政机关责令关闭或者公司被撤销的文件；

（三）股东会、股东大会、一人有限责任公司的股东、外商投资的公司董事会或者人民法院、公司批准机关备案、确认的清算报告；

（四）《企业法人营业执照》；

（五）法律、行政法规规定应当提交的其他文件。

国有独资公司申请注销登记，还应当提交国有资产监督管理机构的决定，其中，国务院确定的重要的国有独资公司，还应当提交本级人民政府的批准文件。

有分公司的公司申请注销登记，还应当提交分公司的注销登记证明。

第四十四条 经公司登记机关注销登记，公司终止。

《国家工商总局关于全面推进企业简易注销登记改革的指导意见》（工商企注字〔2016〕253号），关于企业简易注销登记，规定如下：

自2017年3月1日起，在全国范围内全面实行企业简易注销登记改革。现就推进企业简易注销登记改革，实现市场主体退出便利化，提出如下意见：

一、持续深化商事制度改革，充分认识推进企业简易注销登记改革的重大意义

深化商事制度改革，是党中央、国务院作出的重大决策，是在新形势下全面深化改革的重大举措。2014年3月1日以来，注册资本登记制度改革在全国范围内全面实施。通过改革，还权于市场、还权于市场主体，大幅度降低了企业设立门槛，极大地激发了市场活力和社会投资热情，市场主体数量快速增长。市场准入高效便捷的同时，退出渠道仍然不畅。根据现行法律规定，注销企业程序复杂、耗时较长，一定程度上影响了市场机制效率。

2015年以来，一些地方开展了企业简易注销登记改革试点，让真正有退出需求、债务关系清晰的企业快捷便利退出市场，重新整合资源，享受到商事制度改革的红利。企业简易注销登记有助于提升市场退出效率，提高社会资源利用效率；有助于降低市场主体退出成本，对于进一步提高政府效能，优化营商环境，持续激发市场活力，释放改革红利具有重要意义。

各地要充分认识全面推进企业简易注销登记改革的重大意义，在坚持“便捷高效、公开透明、控制风险”的基本原则基础上，对未开业企业和无债权债务企业实行简易注销登记程序。要兼顾依法行政和改革创新，按照条件适当、程序简约的要求，创新登记方式，提高登记效率；公开办理企业简易注销登记的申请条件、登记程序、审查要求和审查期限，优化登记流程；强化企业的诚信义务和法律责任，加强社会监督，保障交易安全，维护公平竞争的市场秩序。

二、规范简易注销行为，为企业提供便捷高效的市场退出服务

（一）明确适用范围，尊重企业自主权。

贯彻加快转变政府职能和简政放权改革要求，充分尊重企业自主权和自治权，对领取营业执照后未开展经营活动（以下称未开业）、申请注销登记前未发生债权债务或已将债权债务清算完结（以下称无债权债务）的有限责任公司、非公司企业法人、个人独资企业、合伙企业，由其自主选择适用一般注销程序或简易注销程序。

企业有下列情形之一的，不适用简易注销程序：涉及国家规定实施准入特别管理措施的外商投资企业；被列入企业经营异常名录或严重违法失信企业名单的；存在股权（投资权益）

被冻结、出质或动产抵押等情形；有正在被立案调查或采取行政强制、司法协助、被予以行政处罚等情形的；企业所属的非法人分支机构未办理注销登记的；曾被终止简易注销程序的；法律、行政法规或者国务院决定规定在注销登记前需经批准的；不适用企业简易注销登记的其他情形。

人民法院裁定强制清算或裁定宣告破产的，有关企业清算组、企业管理人可持人民法院终结强制清算程序的裁定或终结破产程序的裁定，向被强制清算人或破产人的原登记机关申请办理简易注销登记。

（二）简化登记程序，提高登记效率。

企业申请简易注销登记应当先通过国家企业信用信息公示系统《简易注销公告》专栏主动向社会公告拟申请简易注销登记及全体投资人承诺等信息（强制清算终结和破产程序终结的企业除外），公告期为45日。登记机关应当同时通过国家企业信用信息公示系统将企业拟申请简易注销登记的相关信息推送至同级税务、人力资源和社会保障等部门，涉及外商投资企业的还要推送至同级商务主管部门。公告期内，有关利害关系人及相关政府部门可以通过国家企业信用信息公示系统《简易注销公告》专栏"异议留言"功能提出异议并简要陈述理由。公告期满后，企业方可向企业登记机关提出简易注销登记申请。

简化企业需要提交的申请材料。将全体投资人作出解散的决议（决定）、成立清算组、经其确认的清算报告等文书合并简化为全体投资人签署的包含全体投资人决定企业解散注销、组织并完成清算工作等内容的《全体投资人承诺书》（见附件）。企业在申请简易注销登记时只需要提交《申请书》《指定代表或者共同委托代理人授权委托书》《全体投资人承诺书》（强制清算终结的企业提交人民法院终结强制清算程序的裁定，破产程序终结的企业提交人民法院终结破产程序的裁定）、营业执照正、副本即可，不再提交清算报告、投资人决议、清税证明、清算组备案证明、刊登公告的报纸样张等材料（企业登记申请文书规范和企业登记提交材料规范（2015年版）已相应修订）。

登记机关在收到申请后，应当对申请材料进行形式审查，也可利用国家企业信用信息公示系统对申请简易注销登记企业进行检索检查，对于不适用简易注销登记限制条件的申请，书面（电子或其他方式）告知申请人不符合简易注销条件；对于公告期内被提出异议的企业，登记机关应当在3个工作日内依法作出不予简易注销登记的决定；对于公告期内未被提出异议的企业，登记机关应当在3个工作日内依法作出准予简易注销登记的决定。

（三）明晰各方责任，保护合法权利。

企业应当对其公告的拟申请简易注销登记和全体投资人承诺、向登记机关提交材料的真实性、合法性负责。《全体投资人承诺书》是实施监督管理的依据。企业在简易注销登记中隐瞒真实情况、弄虚作假的，登记机关可以依法做出撤销注销登记等处理，在恢复企业主体资格的同时将该企业列入严重违法失信企业名单，并通过国家企业信用信息公示系统公示，有关利害关系人可以通过民事诉讼主张其相应权利。

对恶意利用企业简易注销程序逃避债务或侵害他人合法权利的，有关利害关系人可以通过民事诉讼，向投资人主张其相应民事责任，投资人违反法律、法规规定，构成犯罪的，依法追究刑事责任。

三、加强组织保障，确保企业简易注销登记改革各项工作的有序开展

（一）加强组织领导。

各地要切实加强组织领导，周密安排部署，明确职责分工，注重加强与法院、检察、人力资源和社会保障、商务、税务等部门信息沟通，做好工作衔接，确保改革各项举措的有序开展、落地生根。

（二）完善制度措施。

已经开展企业简易注销登记改革试点的地方，要做好改革举措实施评估和跟踪调查工作，在本指导意见框架下及时调整完善相关制度措施和工作流程。尚未开展试点的地方，要认真按照指导意见要求制定企业简易注销登记内部工作制度和工作流程，编制企业简易注销

登记告知单、办事指南等材料。

（三）强化实施保障。

各地要依托现代信息技术，及时改造升级企业登记业务系统软件，增加企业简易注销登记和简易注销登记限制条件的自动提示功能，完善国家企业信用信息公示系统相应功能，做好与有关部门的信息共享工作，切实强化实行企业简易注销登记的网络运行环境、办公设备、经办人员以及经费等保障工作。

（四）开展业务培训。

各地要有组织、有计划、分步骤开展对相关人员的业务培训，帮助相关人员深入理解企业简易注销登记的意义，全面掌握有关改革具体规定、材料规范、内部工作流程，熟练操作登记软件，为改革的全面实施打好基础。

（五）注重宣传引导。

各地要充分利用广播、电视、报刊、网络等各种媒介做好企业简易注销登记改革的宣传解读，提高政策知晓度和社会参与度。引导公众全面了解自主选择企业简易注销登记带来的便利和对应的责任，及时解答和回应社会关注的热点问题，努力营造全社会理解改革、支持改革、参与改革的良好氛围。

请各地按照《企业简易注销登记改革信息化技术方案》（随后下发）做好国家企业信用信息公示系统和企业登记业务系统软件的改造升级，确保2017年3月1日起全面执行本指导意见。各地在实行企业简易注销登记改革中遇到的新情况、新问题，要注意收集汇总，及时上报总局企业注册局。

三、相关案例

【当事人在诉讼中被注销后的处理】

浙江省舟山市定海新开元灯饰经营部与浙江省舟山市定海天下名都娱乐有限公司买卖合同纠纷上诉案[浙江省舟山市中级人民法院（2017）浙09民终22号民事判决书（《人民司法·案例》2018年第35期）]，公司在诉讼期间注销的，公司股东应接替公司参加诉讼。如果公司清算报告载明的公司剩余财产足以清偿债务，可以直接判决股东清偿；如果公司清算报告载明的公司剩余财产不足以清偿债务，应允许债权人变更诉讼请求，追究股东不依法履行清算义务的侵权责任。

【公司注销后，由其原股东承受公司的权利义务】

雷春旺诉丰镇市丰宇铁合金有限责任公司转让合同纠纷案[内蒙古自治区丰镇市人民法院（2017）内0981民初649号民事判决书]，转让方未取得出让土地使用权证书与受让方订立合同转让土地使用权、因起诉前转让方已经取得出让土地使用权证书或者经有批准权的人民政府同意转让的，应当认定合同有效。有限责任公司注销后，由有限责任公司的原股东承受公司的权利义务。

【公司在诉讼过程中依法注销登记的，法院裁定终结诉讼】

广州森润贸易有限公司诉广州市正信实业有限公司等合作开发房地产合同纠纷案[广州市中级人民法院（2012）穗中法民五重字第1号民事裁定书]，在本案审理期间，原告森润公司以决议解散为由向工商行政管理部门提出公司注销登记申请，工商行政管理部门于2009年12月23日核准注销登记，原告森润公司终止。根据《民法通则》第三十六条第二款关于“法人的民事权利能力和民事行为能力，从法人成立时产生，到法人终止时消灭”的规定，原告森润公司作为法人主体的民事权利能力和民事行为能力到原告森润公司终止时消灭。因原告森润公司在向工商行政管理部门办理注销登记时，没有确定权利、义务承受人，因此本案诉讼已无法继续，根据《民事诉讼法》的规定，应依法终结诉讼。至于原告森润公司注销后，其清算过程的相关责任承担问题，债权人或相关权利人可以依据《公司法》第一百九十条（编者注：现为该法第一百八十九条）、《最高人民法院关于适用〈中华人民共和国公司法〉若干问题的规定（二）》第十八条、第十九条、第二十条、第二十三条等相关条款进行处理。

【公司受让经终审判决确认的债权后，其注销后，受让其债权的股东具有申请再审人的主体资格】

王磊与民生投资管理股份有限公司借款纠纷申诉案[最高人民法院(2011)民提字第127号民事裁定书]，公司是享有民事财产权的企业法人，以其全部财产对公司的债务承担责任。公司解散前应当对经营期间的债权债务依法进行清算。公司债务清偿完毕后注销前，股东会有权对其剩余债权进行处分。公司注销标志着公司法人人格消灭，不再具有民事权利能力和民事行为能力，此后原有的债权也随之消灭。

本案中，王磊主张，其受让鲁萌公司债权合法有效，故有权取代鲁萌公司在本案中的诉讼主体地位。民生公司则主张，鲁萌公司注销后其民事主体资格已经消灭，王磊取代鲁萌公司参与本案诉讼没有法律依据。最高人民法院认为，根据王磊提供的市南工商分局档案材料，在鲁萌公司债务清偿完毕并办理注销前，公司股东会决定将涉案债权转让给股东王磊，不违反法律规定，其受让债权的行为合法有效。虽然鲁萌公司注销后，其法人人格已经消灭，但公司的债权不因其主体的消灭而消灭。本来王磊作为鲁萌公司原股东可以一般债权人的身份主张其权利，但鉴于本案债权的性质属于法院生效判决确认后转让的债权，鲁萌公司受让东方资产公司涉案债权后，已不具有申请再审人主体资格。前手债权人不具有申请再审人主体资格的，后手债权人不可能恢复该主体资格。基于王磊合法受让鲁萌公司涉案债权的事实，王磊可以自己的名义委托代理人，故应将本案申诉人变更为王磊，认定其委托代理人的行为有效。

【公司性质变更引发的是变更登记而非注销登记】

高新平诉龙岩三德兴水泥企业有限公司等股份转让合同案[福建省高级人民法院(2006)闽民终字第187号民事判决书]，法人终止是指公司依据法律程序，使其法人资格消灭的一种行为。原因包括：①不能清偿到期债务，依法宣告破产；②公司章程规定的经营期限届满或章程规定的其他解散事由发生；③因公司的合并与分立需要解散；④股东会决议解散；⑤违反法律、法规被责令撤销。根据《民法通则》的相关规定，公司因某种原因终止时，需依法定程序进行清算。企业法人终止，应当向登记机关办理注销登记并公告。本案中，三德兴公司只是经营性质由中外合资企业变更为私营企业，并未进行清算，只是办理了变更登记而非办理注销登记，不符合法人终止的法定原因。

【企业法人资格存续与否，应当以工商行政管理机关是否注销其法人资格为标准】

重庆台华房地产开发有限公司与重庆晨光实业发展(集团)有限责任公司、重庆晨光百货有限责任公司、重庆晨光大酒店有限责任公司房屋搬迁纠纷案[最高人民法院(2005)民一终字第57号民事判决书(《最高人民法院公报》2006年第10期(总第120期))]，吊销企业法人营业执照是工商行政管理机关依据国家工商行政法规对违法企业法人作出的行政处罚。企业法人被吊销营业执照后应当依法进行清算，清算程序结束并办理工商注销登记后，该企业法人才归于消灭。判断企业法人资格存续与否，应当以工商行政管理机关是否注销其法人资格为标准，只要该企业尚未被注销，即使被吊销营业执照，仍具有法人资格，仍具有诉讼的权利能力和行为能力，有权以自己的名义进行诉讼活动。

【法人被吊销营业执照后的诉讼主体资格】

广西北生集团有限责任公司与北海市威豪房地产开发公司、广西壮族自治区畜产进出口北海公司土地使用权转让合同纠纷案[最高人民法院(2005)民一终字第104号民事判决书(《最高人民法院公报》2006年第9期(总第119期))]，《民法通则》第三十六条规定："……法人的民事权利能力和民事行为能力，从法人成立时产生，到法人终止时消灭。"《公司登记管理条例》第三十八条(编者注：现为该条例第四十四条)规定，"经公司登记机关核准注销登记，公司终止。"因此，法人被依法吊销营业执照后没有进行清算，也没有办理注销登记的，不属于法人终止，依法仍享有民事诉讼的权利能力和行为能力。此类法人与他人产生合同纠纷的，应当以自己的名义参加民事诉讼。其开办单位因不是合同当事人，不具备诉讼主体资格。

【法人人格终止的要件】

北京万通实业股份有限公司、北京星辰投资咨询公司与北京正合坊企划有限责任公司中介合同纠纷执行案[北京市高级人民法院民事执行案]，公司法人资格并不因被工商行政管理机关吊销营业执照当然终止。法人资格的终止必须满足依法清算并办理注销登记两个要件，即法人资格在公司依法清算完毕并办理注销登记时起终止。工商行政管理机关吊销公司营业执照只是取消了公司的营业资格，其法人资格必须清算后尚可终止。

【股东对公司注销后债权债务兜底性承诺的效力】

北京市昌平牧工商总公司诉石玉慧等买卖合同纠纷案，在公司注销登记中承诺公司未尽事宜由其负责处理，该承诺的用语虽然未直接称公司的债权债务由其继受，但从这一用语的意义和用意来说，应包括债权债务由其继受的意思，因此，其享有公司遗留债权的主张权利。

第一百八十九条 【清算组成员的义务与责任】 清算组成员应当忠于职守，依法履行清算义务。

清算组成员不得利用职权收受贿赂或者其他非法收入，不得侵占公司财产。

清算组成员因故意或者重大过失给公司或者债权人造成损失的，应当承担赔偿责任。

相关案例

【有限公司自行清算中的股东外清算组成员，应否承担赔偿责任】

姜庆元诉成瑛、刘杏凤、程敏清算组成员责任案[江苏省无锡市中级人民法院(2014)锡商终字第821号民事判决书]，姜庆元向新过记公司供货共计157,969.2元，证据确实，该债权为已知债权。新过记公司2011年12月的资产负债表显示其负债和所有权者权益为3,103,897.25元，未有证据证明此后公司存在亏损，公司具备相应的偿债能力。程敏虽非新过记公司股东，但其受新过记公司委任，与股东成瑛、刘杏凤共同组成了清算组，作为新过记公司在解散清算中的机关，共同负责清算工作，清算组成员在执行清算事务范围内享有权利并承担相应义务。因清算组在清算时未向姜庆元履行法定的通知义务，导致其未及时申报债权而未获清偿，清算组成员主观上具有过错，现新过记公司已被注销，故对姜庆元所遭受的损失，清算组成员应承担连带赔偿责任。

【清算组成立后未对公司财产进行清算，也未制作清算报告，直接申请注销公司，给股东造成损失的，应当承担赔偿责任】

汪巍诉黄建军等未出具清算报告注销公司登记清算组成员责任纠纷案[苏州市中级人民法院(2010)苏中商终字第0633号民事判决书]，根据《公司法》的规定，公司未经依法清算不得办理注销登记手续，清算成为公司退出市场的必经程序。《公司法》第一百八十四条明确规定了清算组在清算期间的职权，清算组成员应当依据法律赋予的职权实际履行清算义务。清算结束后，清算组应当制作清算报告，报股东会确认，让全体股东了解整个清算过程、公司债权债务处理情况、公司盈亏状态及利润分配情况。公司成立清算组后，未实际开展具体清算工作，出具清算报告，径直办理注销登记手续终止公司，给股东和债权人造成损失的，应当承担赔偿责任。

本案中，张家港市农用机电有限公司决定解散，并成立清算组，全体股东签订了《张家港市农用机电有限公司解散、清算方案》规定：公司清算并结束后，清算组应当及时制作清算报告，报股东会确认。清算组成员因故意或重大过失对公司或者债权人造成损失的，应当承担赔偿责任。清算组在未对公司财产进行清算，也未制作清算报告的情况下，申请公司注销。根据1999年《公司法》第一百九十八条规定(编者注:现为该法第一百八十九条),清算组成员因故意或者重大过失给公司或者债权人造成损失的,应当承担赔偿责任。对此,作为清算组成员的何新高、张伟锋、黄建军、史日胜、邵国洪由于没有履行自己的职责,给其他股东造成的损失,应承担赔偿责任。至于公司的财产究竟是怎么处置的、还有多少,应由清算组成员承担举证责任。原审法院根据汪巍出资50,000元在所有者权益770,308.1元中所占的份额来计算损失,是可行的。公司是2000年7月6日注销的,股东的权利这时应该得到实现,一审法院以此为时间段开始计算利息并无不当。根据立法精神,旧法没有明确规定的,可以参照新法规定处理。作为股东之一的汪巍以自己个人的名义向法院提起诉讼,符合新《公司法》第一百五十二条规定(编者注:现为该法第一百五十一条),具备诉讼主体资格。汪巍曾多次向法院和有关部门主张自己的权利,诉讼时效中断,本案汪巍提起诉讼,没有超过诉讼时效。

【股东的不作为导致债权人的权益受损,构成对债权人的侵权,其赔偿范围应以造成的损害范围为限,且举证责任适用倒置原则】

厦门特贸有限公司诉厦门中信房地产有限公司、泉州市土产畜产进出口公司股东不履行清算义务承担侵权赔偿责任案[福建省厦门市思明区人民法院(2004)思民初字第2457号民事判决书],公司自解散到最终终止,需要经历一个合法清算、依法注销的过程。在这一过程中,应当设立具有实施清算职能的责任人。公司解散后尚未注销前,公司法人依然存续。但这时的公司与原公司法人具有本质的区别,它应当是一个具有清算职能的限制行为能力的公司法人。此时,应当由清算组对公司的财产进行保管、清理、估价、处理和清偿。

原告以侵权赔偿纠纷为由提起诉讼,要求两被告承担赔偿责任,与其之前以委托代理出口合同纠纷为由提起诉讼要求两被告清理国信公司的资产以清偿债务,是不同的事实与法律关系,并不存在重复起诉的情形。两被告至今未履行对国信公司的清理责任,主观上存在不作为的过错,且违反了法律规定,具有违法性。由于两被告的不作为造成国信公司现有资产下落不明,使原告本应受偿的合法债权得不到受偿,从而给原告的合法权益造成损害。且原告的损害与两被告的不作为存在因果关系。因此两被告已对原告构成侵权,原告请求两被告承担赔偿责任应依法予以支持。至于赔偿范围,应以两被告的行为给原告造成的损害范围为限。且举证责任应适用倒置的原则,因为被告作为国信公司的股东,对公司的资产情况较债权人更为清楚,获取证据也更为方便,且只有股东组织了清算,债权人才能审查由于股东延误清算造成的实际损失,故两被告应就其延误清算未造成全部损害承担举证责任,现两被告对国信公司解散时的资产数量及现有国信公司的财产减损数量均无法举证,亦无法提供国信公司现有资产的下落,则两被告理应承担举证不能的责任,承担原告未能清偿部分的全部赔偿责任。

【公司出资人作为清算责任人,对公司财产的清算应持积极勤勉的态度,以维护公司债权人利益】

上海钟表进出口有限公司诉赵雄等清算责任赔偿案[上海市第二中级人民法院(2002)沪二中民三(商)终字第327号民事判决书],作为清算责任人,对公司财产的清算应持积极勤勉的态度,谨慎履行清算职责,以维护其债权人的利益。由于弗坦斯公司的清算人对公司的资产清算未尽勤勉谨慎的职责,以致其部分债权丧失诉讼时效,由此造成公司资产减少,降低公司的偿债能力,侵害了原告等债权人的利益,清算人负有责任。按照我国法律规定,公司出资人是公司的清算责任人,被告等均为公司出资人,应承担相应的赔偿责任。清算组内部的清算责任的约定,可在其对外承担责任后,再根据其内部约定分配责任。

【清算组成员是否尽到职责的认定】

袁洪兴等诉江苏常州天刚律师事务所等损害公司权益案[江苏省高级人民法院(2002)苏民二终字第232号民事判决书],第一,富通公司股东全决议公司解散,由全体股东组成清算组。因此,在清算过程中,清算组应当严格按照公司章程和法律规定的程序进行清算。富通公司股东于1999年5月29日通过的决议,虽然是以清算组的名义作出,但因违反法律规定的清算程序，该决议已被常州市钟楼区法院（2001）钟经字第513号民事判决确认无效，并已发生法律效力。因此，继电器总厂依据该无效决议取得的富通公司的财产，应当返还给富通公司。袁洪兴、顾亚国要求继电器总厂承担赔偿责任的诉讼请求成立，应予支持。第二，马土良、赵军、周善良三位工作人员是受清算组的委托，负责清算中的具体工作，与富通公司清算组之间形成的是委托关系。虽然三位工作人员参加了5月29日的会议，但在股东讨论以及决议的形成过程中，赵军、周善良两位律师已提出和告诫参加会议的股东按公司章程和法律规定的程序办理，并明确指出形成决议需有2/3以上表决权的股东通过，而当天到会股东所占比例达不到要求，是无法形成决议的。作为受托人已尽到了职责，履行了自己的义务，对富通公司因"5.29决议"所造成的财产损失没有过错。马土良虽是清算组工作人员之一，但本身为富通公司股东，其是以股东身份在"5.29决议"上签字的，马土良的行为不能代表清算组工作班子。因此，作为富通公司清算组的三位工作人员，对"5.29决议"是没有责任的，亦不构成共同侵权。由于参加5月29日会议的股东没有采纳两位律师的意见，最终仍形成"5.29决议"使富通公司的利益蔓到损害，对该决议所产生的民事责任，应当由同意决议成立及取得富通公司财产的股东负责。袁洪生、顾亚国以三位工作人员对"5.29决议"的形成未尽职责，构成共同侵权为由，要求马土良、天刚所、常联所承担民事责任的上诉请求，缺乏事实和法律依据，本院不予采纳。

【清算组成员的行为构成故意逃债行为，应对公司债务承担赔偿责任】

上海富田空调冷冻设备有限公司杭州分公司诉王小平等案［浙江省绍兴市中级人民法院（2000）绍中法经终字第618号民事判决书］，公司在经营中因经营不善，在申请该公司注销前，本应对该公司的债权、债务进行清算，但公司在成立清算小组后，清算组成员实际并未依法进行清算，也未将公司解散的情况通知债权人，且以出具虚假材料的方式向工商部门公司的注销登记，其行为系故意逃债行为，损害了相关债权人的合法权益，清算组成员应对公司的债务承担赔偿责任。

第一百九十条 【公司破产】 公司被依法宣告破产的，依照有关企业破产的法律实施破产清算。

一、相关法律条文

《中华人民共和国民法总则》（自2017年10月1日起施行），关于法人破产，规定如下：

第七十三条 法人被宣告破产的，依法进行破产清算并完成法人注销登记时，法人终止。

《中华人民共和国企业破产法》（自2007年6月1日起施行）对企业破产，规定如下：

第一章 总 则

第一条 为规范企业破产程序，公平清理债权债务，保护债权人和债务人的合法权益，维护社会主义市场经济秩序，制定本法。

第二条 企业法人不能清偿到期债务，并且资产不足以清偿全部债务或者明显缺乏清偿能力的，依照本法规定清理债务。

企业法人有前款规定情形，或者有明显丧失清偿能力可能的，可以依照本法规定进行重整。

第三条 破产案件由债务人住所地人民法院管辖。

第四条 破产案件审理程序，本法没有规定的，适用民事诉讼法的有关规定。

第五条 依照本法开始的破产程序，对债务人在中华人民共和国领域外的财产发生效力。

对外国法院作出的发生法律效力的破产案件的判决、裁定，涉及债务人在中华人民共和国领域内的财产，申请或者请求人民法院承认和执行的，人民法院依照中华人民共和国缔结或者参加的国际条约，或者按照互惠原则进行审查，认为不违反中华人民共和国法律的基本原则，不损害国家主权、安全和社会公共利益，不损害中华人民共和国领域内债权人的合法权益的，裁定承认和执行。

第六条 人民法院审理破产案件，应当依法保障企业职工的合法权益，依法追究破产企业经营管理人员的法律责任。

第二章 申请和受理

第一节 申 请

第七条 债务人有本法第二条规定的情形，可以向人民法院提出重整、和解或者破产清算申请。

债务人不能清偿到期债务，债权人可以向人民法院提出对债务人进行重整或者破产清算的申请。

企业法人已解散但未清算或者未清算完毕，资产不足以清偿债务的，依法负有清算责任的人应当向人民法院申请破产清算。

第八条 向人民法院提出破产申请，应当提交破产申请书和有关证据。

破产申请书应当载明下列事项：

（一）申请人、被申请人的基本情况；

（二）申请目的；

（三）申请的事实和理由；

（四）人民法院认为应当载明的其他事项。

债务人提出申请的，还应当向人民法院提交财产状况说明、债务清册、债权清册、有关财务会计报告、职工安置预案以及职工工资的支付和社会保险费用的缴纳情况。

第九条 人民法院受理破产申请前，申请人可以请求撤回申请。

第二节 受 理

第十条 债权人提出破产申请的，人民法院应当自收到申请之日起五日内通知债务人。债务人对申请有异议的，应当自收到人民法院的通知之日起七日内向人民法院提出。人民法院应当自异议期满之日起十日内裁定是否受理。

除前款规定的情形外，人民法院应当自收到破产申请之日起十五日内裁定是否受理。

有特殊情况需要延长前两款规定的裁定受理期限的，经上一级人民法院批准，可以延长十五日。

第十一条 人民法院受理破产申请的，应当自裁定作出之日起五日内送达申请人。

债权人提出申请的，人民法院应当自裁定作出之日起五日内送达债务人。债务人应当自裁定送达之日起十五日内，向人民法院提交财产状况说明、债务清册、债权清册、有关财务会计报告以及职工工资的支付和社会保险费用的缴纳情况。

第十二条 人民法院裁定不受理破产申请的，应当自裁定作出之日起五日内送达申请人并说明理由。申请人对裁定不服的，可以自裁定送达之日起十日内向上一级人民法院提起上诉。

人民法院受理破产申请后至破产宣告前，经审查发现债务人不符合本法第二条规定情形的，可以裁定驳回申请。申请人对裁定不服的，可以自裁定送达之日起十日内向上一级人民法院提起上诉。

第十三条 人民法院裁定受理破产申请的，应当同时指定管理人。

第十四条 人民法院应当自裁定受理破产申请之日起二十五日内通知已知债权人，并予以公告。

通知和公告应当载明下列事项：

（一）申请人、被申请人的名称或者姓名；

（二）人民法院受理破产申请的时间；

（三）申报债权的期限、地点和注意事项；

(四)管理人的名称或者姓名及其处理事务的地址;

(五)债务人的债务人或者财产持有人应当向管理人清偿债务或者交付财产的要求;

(六)第一次债权人会议召开的时间和地点;

(七)人民法院认为应当通知和公告的其他事项。

第十五条 自人民法院受理破产申请的裁定送达债务人之日起至破产程序终结之日,债务人的有关人员承担下列义务:

(一)妥善保管其占有和管理的财产、印章和账簿、文书等资料;

(二)根据人民法院、管理人的要求进行工作,并如实回答询问;

(三)列席债权人会议并如实回答债权人的询问;

(四)未经人民法院许可,不得离开住所地;

(五)不得新任其他企业的董事、监事、高级管理人员。

前款所称有关人员,是指企业的法定代表人;经人民法院决定,可以包括企业的财务管理人员和其他经营管理人员。

第十六条 人民法院受理破产申请后,债务人对个别债权人的债务清偿无效。

第十七条 人民法院受理破产申请后,债务人的债务人或者财产持有人应当向管理人清偿债务或者交付财产。

债务人的债务人或者财产持有人故意违反前款规定向债务人清偿债务或者交付财产,使债权人受到损失的,不免除其清偿债务或者交付财产的义务。

第十八条 人民法院受理破产申请后,管理人对破产申请受理前成立而债务人和对方当事人均未履行完毕的合同有权决定解除或者继续履行,并通知对方当事人。管理人自破产申请受理之日起二个月内未通知对方当事人,或者自收到对方当事人催告之日起三十日内未答复的,视为解除合同。

管理人决定继续履行合同的,对方当事人应当履行;但是,对方当事人有权要求管理人提供担保。管理人不提供担保的,视为解除合同。

第十九条 人民法院受理破产申请后,有关债务人财产的保全措施应当解除,执行程序应当中止。

第二十条 人民法院受理破产申请后,已经开始而尚未终结的有关债务人的民事诉讼或者仲裁应当中止;在管理人接管债务人的财产后,该诉讼或者仲裁继续进行。

第二十一条 人民法院受理破产申请后,有关债务人的民事诉讼,只能向受理破产申请的人民法院提起。

第三章 管理人

第二十二条 管理人由人民法院指定。

债权人会议认为管理人不能依法、公正执行职务或者有其他不能胜任职务情形的,可以申请人民法院予以更换。

指定管理人和确定管理人报酬的办法,由最高人民法院规定。

第二十三条 管理人依照本法规定执行职务,向人民法院报告工作,并接受债权人会议和债权人委员会的监督。

管理人应当列席债权人会议,向债权人会议报告职务执行情况,并回答询问。

第二十四条 管理人可以由有关部门、机构的人员组成的清算组或者依法设立的律师事务所、会计师事务所、破产清算事务所等社会中介机构担任。

人民法院根据债务人的实际情况,可以在征询有关社会中介机构的意见后,指定该机构具备相关专业知识并取得执业资格的人员担任管理人。

有下列情形之一的,不得担任管理人:

(一)因故意犯罪受过刑事处罚;

(二)曾被吊销相关专业执业证书;

(三)与本案有利害关系;

（四）人民法院认为不宜担任管理人的其他情形。

个人担任管理人的，应当参加执业责任保险。

第二十五条 管理人履行下列职责：

（一）接管债务人的财产、印章和账簿、文书等资料；

（二）调查债务人财产状况，制作财产状况报告；

（三）决定债务人的内部管理事务；

（四）决定债务人的日常开支和其他必要开支；

（五）在第一次债权人会议召开之前，决定继续或者停止债务人的营业；

（六）管理和处分债务人的财产；

（七）代表债务人参加诉讼、仲裁或者其他法律程序；

（八）提议召开债权人会议；

（九）人民法院认为管理人应当履行的其他职责。

本法对管理人的职责另有规定的，适用其规定。

第二十六条 在第一次债权人会议召开之前，管理人决定继续或者停止债务人的营业或者有本法第六十九条规定行为之一的，应当经人民法院许可。

第二十七条 管理人应当勤勉尽责，忠实执行职务。

第二十八条 管理人经人民法院许可，可以聘用必要的工作人员。

管理人的报酬由人民法院确定。债权人会议对管理人的报酬有异议的，有权向人民法院提出。

第二十九条 管理人没有正当理由不得辞去职务。管理人辞去职务应当经人民法院许可。

第四章 债务人财产

第三十条 破产申请受理时属于债务人的全部财产，以及破产申请受理后至破产程序终结前债务人取得的财产，为债务人财产。

第三十一条 人民法院受理破产申请前一年内，涉及债务人财产的下列行为，管理人有权请求人民法院予以撤销：

（一）无偿转让财产的；

（二）以明显不合理的价格进行交易的；

（三）对没有财产担保的债务提供财产担保的；

（四）对未到期的债务提前清偿的；

（五）放弃债权的。

第三十二条 人民法院受理破产申请前六个月内，债务人有本法第二条第一款规定的情形，仍对个别债权人进行清偿的，管理人有权请求人民法院予以撤销。但是，个别清偿使债务人财产受益的除外。

第三十三条 涉及债务人财产的下列行为无效：

（一）为逃避债务而隐匿、转移财产的；

（二）虚构债务或者承认不真实的债务的。

第三十四条 因本法第三十一条、第三十二条或者第三十三条规定的行为而取得的债务人的财产，管理人有权追回。

第三十五条 人民法院受理破产申请后，债务人的出资人尚未完全履行出资义务的，管理人应当要求该出资人缴纳所认缴的出资，而不受出资期限的限制。

第三十六条 债务人的董事、监事和高级管理人员利用职权从企业获取的非正常收入和侵占的企业财产，管理人应当追回。

第三十七条 人民法院受理破产申请后，管理人可以通过清偿债务或者提供为债权人接受的担保，取回质物、留置物。

前款规定的债务清偿或者替代担保，在质物或者留置物的价值低于被担保的债权额时，以该质物或者留置物当时的市场价值为限。

第三十八条 人民法院受理破产申请后，债务人占有的不属于债务人的财产，该财产的权利人可以通过管理人取回。但是，本法另有规定的除外。

第三十九条 人民法院受理破产申请时，出卖人已将买卖标的物向作为买受人的债务人发运，债务人尚未收到且未付清全部价款的，出卖人可以取回在运途中的标的物。但是，管理人可以支付全部价款，请求出卖人交付标的物。

第四十条 债权人在破产申请受理前对债务人负有债务的，可以向管理人主张抵销。但是，有下列情形之一的，不得抵销：

（一）债务人的债务人在破产申请受理后取得他人对债务人的债权的；

（二）债权人已知债务人有不能清偿到期债务或者破产申请的事实，对债务人负担债务的；但是，债权人因为法律规定或者有破产申请一年前所发生的原因而负担债务的除外；

（三）债务人的债务人已知债务人有不能清偿到期债务或者破产申请的事实，对债务人取得债权的；但是，债务人的债务人因为法律规定或者有破产申请一年前所发生的原因而取得债权的除外。

第五章 破产费用和共益债务

第四十一条 人民法院受理破产申请后发生的下列费用，为破产费用：

（一）破产案件的诉讼费用；

（二）管理、变价和分配债务人财产的费用；

（三）管理人执行职务的费用、报酬和聘用工作人员的费用。

第四十二条 人民法院受理破产申请后发生的下列债务，为共益债务：

（一）因管理人或者债务人请求对方当事人履行双方均未履行完毕的合同所产生的债务；

（二）债务人财产受无因管理所产生的债务；

（三）因债务人不当得利所产生的债务；

（四）为债务人继续营业而应支付的劳动报酬和社会保险费用以及由此产生的其他债务；

（五）管理人或者相关人员执行职务致人损害所产生的债务；

（六）债务人财产致人损害所产生的债务。

第四十三条 破产费用和共益债务由债务人财产随时清偿。

债务人财产不足以清偿所有破产费用和共益债务的，先行清偿破产费用。

债务人财产不足以清偿所有破产费用或者共益债务的，按照比例清偿。

债务人财产不足以清偿破产费用的，管理人应当提请人民法院终结破产程序。人民法院应当自收到请求之日起十五日内裁定终结破产程序，并予以公告。

第六章 债权申报

第四十四条 人民法院受理破产申请时对债务人享有债权的债权人，依照本法规定的程序行使权利。

第四十五条 人民法院受理破产申请后，应当确定债权人申报债权的期限。债权申报期限自人民法院发布受理破产申请公告之日起计算，最短不得少于三十日，最长不得超过三个月。

第四十六条 未到期的债权，在破产申请受理时视为到期。

附利息的债权自破产申请受理时起停止计息。

第四十七条 附条件、附期限的债权和诉讼、仲裁未决的债权，债权人可以申报。

第四十八条 债权人应当在人民法院确定的债权申报期限内向管理人申报债权。

债务人所欠职工的工资和医疗、伤残补助、抚恤费用，所欠的应当划入职工个人账户的基本养老保险、基本医疗保险费用，以及法律、行政法规规定应当支付给职工的补偿金，不必申报，由管理人调查后列出清单并予以公示。职工对清单记载有异议的，可以要求管理人更正；管理人不予更正的，职工可以向人民法院提起诉讼。

第四十九条 债权人申报债权时，应当书面说明债权的数额和有无财产担保，并提交有关证据。申报的债权是连带债权的，应当说明。

第五十条 连带债权人可以由其中一人代表全体连带债权人申报债权，也可以共同申报债权。

第五十一条 债务人的保证人或者其他连带债务人已经代替债务人清偿债务的，以其对债务人的求偿权申报债权。

债务人的保证人或者其他连带债务人尚未代替债务人清偿债务的，以其对债务人的将来求偿权申报债权。但是，债权人已经向管理人申报全部债权的除外。

第五十二条 连带债务人数人被裁定适用本法规定的程序的，其债权人有权就全部债权分别在各破产案件中申报债权。

第五十三条 管理人或者债务人依照本法规定解除合同的，对方当事人以因合同解除所产生的损害赔偿请求权申报债权。

第五十四条 债务人是委托合同的委托人，被裁定适用本法规定的程序，受托人不知该事实，继续处理委托事务的，受托人以由此产生的请求权申报债权。

第五十五条 债务人是票据的出票人，被裁定适用本法规定的程序，该票据的付款人继续付款或者承兑的，付款人以由此产生的请求权申报债权。

第五十六条 在人民法院确定的债权申报期限内，债权人未申报债权的，可以在破产财产最后分配前补充申报；但是，此前已进行的分配，不再对其补充分配。为审查和确认补充申报债权的费用，由补充申报人承担。

债权人未依照本法规定申报债权的，不得依照本法规定的程序行使权利。

第五十七条 管理人收到债权申报材料后，应当登记造册，对申报的债权进行审查，并编制债权表。

债权表和债权申报材料由管理人保存，供利害关系人查阅。

第五十八条 依照本法第五十七条规定编制的债权表，应当提交第一次债权人会议核查。

债务人、债权人对债权表记载的债权无异议的，由人民法院裁定确认。

债务人、债权人对债权表记载的债权有异议的，可以向受理破产申请的人民法院提起诉讼。

第七章 债权人会议

第一节 一般规定

第五十九条 依法申报债权的债权人为债权人会议的成员，有权参加债权人会议，享有表决权。

债权尚未确定的债权人，除人民法院能够为其行使表决权而临时确定债权额的外，不得行使表决权。

对债务人的特定财产享有担保权的债权人，未放弃优先受偿权利的，对于本法第六十一条第一款第七项、第十项规定的事项不享有表决权。

债权人可以委托代理人出席债权人会议，行使表决权。代理人出席债权人会议，应当向人民法院或者债权人会议主席提交债权人的授权委托书。

债权人会议应当有债务人的职工和工会的代表参加，对有关事项发表意见。

第六十条 债权人会议设主席一人，由人民法院从有表决权的债权人中指定。

债权人会议主席主持债权人会议。

第六十一条 债权人会议行使下列职权：

（一）核查债权；

（二）申请人民法院更换管理人，审查管理人的费用和报酬；

（三）监督管理人；

（四）选任和更换债权人委员会成员；

（五）决定继续或者停止债务人的营业；

（六）通过重整计划；

（七）通过和解协议；

（八）通过债务人财产的管理方案；

（九）通过破产财产的变价方案；

（十）通过破产财产的分配方案；

（十一）人民法院认为应当由债权人会议行使的其他职权。

债权人会议应当对所议事项的决议作成会议记录。

第六十二条 第一次债权人会议由人民法院召集，自债权申报期限届满之日起十五日内召开。

以后的债权人会议，在人民法院认为必要时，或者管理人、债权人委员会、占债权总额四分之一以上的债权人向债权人会议主席提议时召开。

第六十三条 召开债权人会议，管理人应当提前十五日通知已知的债权人。

第六十四条 债权人会议的决议，由出席会议的有表决权的债权人过半数通过，并且其所代表的债权额占无财产担保债权总额的二分之一以上。但是，本法另有规定的除外。

债权人认为债权人会议的决议违反法律规定，损害其利益的，可以自债权人会议作出决议之日起十五日内，请求人民法院裁定撤销该决议，责令债权人会议依法重新作出决议。

债权人会议的决议，对于全体债权人均有约束力。

第六十五条 本法第六十一条第一款第八项、第九项所列事项，经债权人会议表决未通过的，由人民法院裁定。

本法第六十一条第一款第十项所列事项，经债权人会议二次表决仍未通过的，由人民法院裁定。

对前两款规定的裁定，人民法院可以在债权人会议上宣布或者另行通知债权人。

第六十六条 债权人对人民法院依照本法第六十五条第一款作出的裁定不服的，债权额占无财产担保债权总额二分之一以上的债权人对人民法院依照本法第六十五条第二款作出的裁定不服的，可以自裁定宣布之日或者收到通知之日起十五日内向该人民法院申请复议。复议期间不停止裁定的执行。

第二节 债权人委员会

第六十七条 债权人会议可以决定设立债权人委员会。债权人委员会由债权人会议选任的债权人代表和一名债务人的职工代表或者工会代表组成。债权人委员会成员不得超过九人。

债权人委员会成员应当经人民法院书面决定认可。

第六十八条 债权人委员会行使下列职权：

（一）监督债务人财产的管理和处分；

（二）监督破产财产分配；

（三）提议召开债权人会议；

（四）债权人会议委托的其他职权。

债权人委员会执行职务时，有权要求管理人、债务人的有关人员对其职权范围内的事务作出说明或者提供有关文件。

管理人、债务人的有关人员违反本法规定拒绝接受监督的，债权人委员会有权就监督事项请求人民法院作出决定；人民法院应当在五日内作出决定。

第六十九条 管理人实施下列行为，应当及时报告债权人委员会：

（一）涉及土地、房屋等不动产权益的转让；

（二）探矿权、采矿权、知识产权等财产权的转让；

（三）全部库存或者营业的转让；

（四）借款；

（五）设定财产担保；

（六）债权和有价证券的转让；
（七）履行债务人和对方当事人均未履行完毕的合同；
（八）放弃权利；
（九）担保物的取回；
（十）对债权人利益有重大影响的其他财产处分行为。

未设立债权人委员会的，管理人实施前款规定的行为应当及时报告人民法院。

第八章 重 整

第一节 重整申请和重整期间

第七十条 债务人或者债权人可以依照本法规定，直接向人民法院申请对债务人进行重整。

债权人申请对债务人进行破产清算的，在人民法院受理破产申请后、宣告债务人破产前，债务人或者出资额占债务人注册资本十分之一以上的出资人，可以向人民法院申请重整。

第七十一条 人民法院经审查认为重整申请符合本法规定的，应当裁定债务人重整，并予以公告。

第七十二条 自人民法院裁定债务人重整之日起至重整程序终止，为重整期间。

第七十三条 在重整期间，经债务人申请，人民法院批准，债务人可以在管理人的监督下自行管理财产和营业事务。

有前款规定情形的，依照本法规定已接管债务人财产和营业事务的管理人应当向债务人移交财产和营业事务，本法规定的管理人的职权由债务人行使。

第七十四条 管理人负责管理财产和营业事务的，可以聘任债务人的经营管理人员负责营业事务。

第七十五条 在重整期间，对债务人的特定财产享有的担保权暂停行使。但是，担保物有损坏或者价值明显减少的可能，足以危害担保权人权利的，担保权人可以向人民法院请求恢复行使担保权。

在重整期间，债务人或者管理人为继续营业而借款的，可以为该借款设定担保。

第七十六条 债务人合法占有的他人财产，该财产的权利人在重整期间要求取回的，应当符合事先约定的条件。

第七十七条 在重整期间，债务人的出资人不得请求投资收益分配。

在重整期间，债务人的董事、监事、高级管理人员不得向第三人转让其持有的债务人的股权。但是，经人民法院同意的除外。

第七十八条 在重整期间，有下列情形之一的，经管理人或者利害关系人请求，人民法院应当裁定终止重整程序，并宣告债务人破产：

（一）债务人的经营状况和财产状况继续恶化，缺乏挽救的可能性；
（二）债务人有欺诈、恶意减少债务人财产或者其他显著不利于债权人的行为；
（三）由于债务人的行为致使管理人无法执行职务。

第二节 重整计划的制定和批准

第七十九条 债务人或者管理人应当自人民法院裁定债务人重整之日起六个月内，同时向人民法院和债权人会议提交重整计划草案。

前款规定的期限届满，经债务人或者管理人请求，有正当理由的，人民法院可以裁定延期三个月。

债务人或者管理人未按期提出重整计划草案的，人民法院应当裁定终止重整程序，并宣告债务人破产。

第八十条 债务人自行管理财产和营业事务的，由债务人制作重整计划草案。

管理人负责管理财产和营业事务的，由管理人制作重整计划草案。

第八十一条 重整计划草案应当包括下列内容：

（一）债务人的经营方案；

（二）债权分类；

（三）债权调整方案；

（四）债权受偿方案；

（五）重整计划的执行期限；

（六）重整计划执行的监督期限；

（七）有利于债务人重整的其他方案。

第八十二条 下列各类债权的债权人参加讨论重整计划草案的债权人会议，依照下列债权分类，分组对重整计划草案进行表决：

（一）对债务人的特定财产享有担保权的债权；

（二）债务人所欠职工的工资和医疗、伤残补助、抚恤费用，所欠的应当划入职工个人账户的基本养老保险、基本医疗保险费用，以及法律、行政法规规定应当支付给职工的补偿金；

（三）债务人所欠税款；

（四）普通债权。

人民法院在必要时可以决定在普通债权组中设小额债权组对重整计划草案进行表决。

第八十三条 重整计划不得规定减免债务人欠缴的本法第八十二条第一款第二项规定以外的社会保险费用；该项费用的债权人不参加重整计划草案的表决。

第八十四条 人民法院应当自收到重整计划草案之日起三十日内召开债权人会议，对重整计划草案进行表决。

出席会议的同一表决组的债权人过半数同意重整计划草案，并且其所代表的债权额占该组债权总额的三分之二以上的，即为该组通过重整计划草案。

债务人或者管理人应当向债权人会议就重整计划草案作出说明，并回答询问。

第八十五条 债务人的出资人代表可以列席讨论重整计划草案的债权人会议。

重整计划草案涉及出资人权益调整事项的，应当设出资人组，对该事项进行表决。

第八十六条 各表决组均通过重整计划草案时，重整计划即为通过。

自重整计划通过之日起十日内，债务人或者管理人应当向人民法院提出批准重整计划的申请。人民法院经审查认为符合本法规定的，应当自收到申请之日起三十日内裁定批准，终止重整程序，并予以公告。

第八十七条 部分表决组未通过重整计划草案的，债务人或者管理人可以同未通过重整计划草案的表决组协商。该表决组可以在协商后再表决一次。双方协商的结果不得损害其他表决组的利益。

未通过重整计划草案的表决组拒绝再次表决或者再次表决仍未通过重整计划草案，但重整计划草案符合下列条件的，债务人或者管理人可以申请人民法院批准重整计划草案：

（一）按照重整计划草案，本法第八十二条第一款第一项所列债权就该特定财产将获得全额清偿，其因延期清偿所受的损失将得到公平补偿，并且其担保权未受到实质性损害，或者该表决组已经通过重整计划草案；

（二）按照重整计划草案，本法第八十二条第一款第二项、第三项所列债权将获得全额清偿，或者相应表决组已经通过重整计划草案；

（三）按照重整计划草案，普通债权所获得的清偿比例，不低于其在重整计划草案被提请批准时依照破产清算程序所能获得的清偿比例，或者该表决组已经通过重整计划草案；

（四）重整计划草案对出资人权益的调整公平、公正，或者出资人组已经通过重整计划草案；

（五）重整计划草案公平对待同一表决组的成员，并且所规定的债权清偿顺序不违反本法第一百一十三条的规定；

（六）债务人的经营方案具有可行性。

人民法院经审查认为重整计划草案符合前款规定的，应当自收到申请之日起三十日内裁定批准，终止重整程序，并予以公告。

第八十八条 重整计划草案未获得通过且未依照本法第八十七条的规定获得批准，或者已通过的重整计划未获得批准的，人民法院应当裁定终止重整程序，并宣告债务人破产。

第三节 重整计划的执行

第八十九条 重整计划由债务人负责执行。

人民法院裁定批准重整计划后，已接管财产和营业事务的管理人应当向债务人移交财产和营业事务。

第九十条 自人民法院裁定批准重整计划之日起，在重整计划规定的监督期内，由管理人监督重整计划的执行。

在监督期内，债务人应当向管理人报告重整计划执行情况和债务人财务状况。

第九十一条 监督期届满时，管理人应当向人民法院提交监督报告。自监督报告提交之日起，管理人的监督职责终止。

管理人向人民法院提交的监督报告，重整计划的利害关系人有权查阅。

经管理人申请，人民法院可以裁定延长重整计划执行的监督期限。

第九十二条 经人民法院裁定批准的重整计划，对债务人和全体债权人均有约束力。

债权人未依照本法规定申报债权的，在重整计划执行期间不得行使权利；在重整计划执行完毕后，可以按照重整计划规定的同类债权的清偿条件行使权利。

债权人对债务人的保证人和其他连带债务人所享有的权利，不受重整计划的影响。

第九十三条 债务人不能执行或者不执行重整计划的，人民法院经管理人或者利害关系人请求，应当裁定终止重整计划的执行，并宣告债务人破产。

人民法院裁定终止重整计划执行的，债权人在重整计划中作出的债权调整的承诺失去效力。债权人因执行重整计划所受的清偿仍然有效，债权未受清偿的部分作为破产债权。

前款规定的债权人，只有在其他同顺位债权人同自己所受的清偿达到同一比例时，才能继续接受分配。

有本条第一款规定情形的，为重整计划的执行提供的担保继续有效。

第九十四条 按照重整计划减免的债务，自重整计划执行完毕时起，债务人不再承担清偿责任。

第九章 和 解

第九十五条 债务人可以依照本法规定，直接向人民法院申请和解；也可以在人民法院受理破产申请后、宣告债务人破产前，向人民法院申请和解。

债务人申请和解，应当提出和解协议草案。

第九十六条 人民法院经审查认为和解申请符合本法规定的，应当裁定和解，予以公告，并召集债权人会议讨论和解协议草案。

对债务人的特定财产享有担保权的权利人，自人民法院裁定和解之日起可以行使权利。

第九十七条 债权人会议通过和解协议的决议，由出席会议的有表决权的债权人过半数同意，并且其所代表的债权额占无财产担保债权总额的三分之二以上。

第九十八条 债权人会议通过和解协议的，由人民法院裁定认可，终止和解程序，并予以公告。管理人应当向债务人移交财产和营业事务，并向人民法院提交执行职务的报告。

第九十九条 和解协议草案经债权人会议表决未获得通过，或者已经债权人会议通过的和解协议未获得人民法院认可的，人民法院应当裁定终止和解程序，并宣告债务人破产。

第一百条 经人民法院裁定认可的和解协议，对债务人和全体和解债权人均有约束力。

和解债权人是指人民法院受理破产申请时对债务人享有无财产担保债权的人。

和解债权人未依照本法规定申报债权的，在和解协议执行期间不得行使权利；在和解协议执行完毕后，可以按照和解协议规定的清偿条件行使权利。

第一百零一条 和解债权人对债务人的保证人和其他连带债务人所享有的权利，不受和解协议的影响。

第一百零二条 债务人应当按照和解协议规定的条件清偿债务。

第一百零三条 因债务人的欺诈或者其他违法行为而成立的和解协议，人民法院应当裁定无效，并宣告债务人破产。

有前款规定情形的，和解债权人因执行和解协议所受的清偿，在其他债权人所受清偿同等比例的范围内，不予返还。

第一百零四条 债务人不能执行或者不执行和解协议的，人民法院经和解债权人请求，应当裁定终止和解协议的执行，并宣告债务人破产。

人民法院裁定终止和解协议执行的，和解债权人在和解协议中作出的债权调整的承诺失去效力。和解债权人因执行和解协议所受的清偿仍然有效，和解债权未受清偿的部分作为破产债权。

前款规定的债权人，只有在其他债权人同自己所受的清偿达到同一比例时，才能继续接受分配。

有本条第一款规定情形的，为和解协议的执行提供的担保继续有效。

第一百零五条 人民法院受理破产申请后，债务人与全体债权人就债权债务的处理自行达成协议的，可以请求人民法院裁定认可，并终结破产程序。

第一百零六条 按照和解协议减免的债务，自和解协议执行完毕时起，债务人不再承担清偿责任。

第十章 破产清算

第一节 破产宣告

第一百零七条 人民法院依照本法规定宣告债务人破产的，应当自裁定作出之日起五日内送达债务人和管理人，自裁定作出之日起十日内通知已知债权人，并予以公告。

债务人被宣告破产后，债务人称为破产人，债务人财产称为破产财产，人民法院受理破产申请时对债务人享有的债权称为破产债权。

第一百零八条 破产宣告前，有下列情形之一的，人民法院应当裁定终结破产程序，并予以公告：

（一）第三人为债务人提供足额担保或者为债务人清偿全部到期债务的；

（二）债务人已清偿全部到期债务的。

第一百零九条 对破产人的特定财产享有担保权的权利人，对该特定财产享有优先受偿的权利。

第一百一十条 享有本法第一百零九条规定权利的债权人行使优先受偿权利未能完全受偿的，其未受偿的债权作为普通债权；放弃优先受偿权利的，其债权作为普通债权。

第二节 变价和分配

第一百一十一条 管理人应当及时拟订破产财产变价方案，提交债权人会议讨论。

管理人应当按照债权人会议通过的或者人民法院依照本法第六十五条第一款规定裁定的破产财产变价方案，适时变价出售破产财产。

第一百一十二条 变价出售破产财产应当通过拍卖进行。但是，债权人会议另有决议的除外。

破产企业可以全部或者部分变价出售。企业变价出售时，可以将其中的无形资产和其他财产单独变价出售。

按照国家规定不能拍卖或者限制转让的财产，应当按照国家规定的方式处理。

第一百一十三条 破产财产在优先清偿破产费用和共益债务后，依照下列顺序清偿：

（一）破产人所欠职工的工资和医疗、伤残补助、抚恤费用，所欠的应当划入职工个人账户的基本养老保险、基本医疗保险费用，以及法律、行政法规规定应当支付给职工的补偿金；

（二）破产人欠缴的除前项规定以外的社会保险费用和破产人所欠税款；

（三）普通破产债权。

破产财产不足以清偿同一顺序的清偿要求的，按照比例分配。

破产企业的董事、监事和高级管理人员的工资按照该企业职工的平均工资计算。

第一百一十四条 破产财产的分配应当以货币分配方式进行。但是，债权人会议另有决议的除外。

第一百一十五条 管理人应当及时拟订破产财产分配方案，提交债权人会议讨论。

破产财产分配方案应当载明下列事项：

（一）参加破产财产分配的债权人名称或者姓名、住所；

（二）参加破产财产分配的债权额；

（三）可供分配的破产财产数额；

（四）破产财产分配的顺序、比例及数额；

（五）实施破产财产分配的方法。

债权人会议通过破产财产分配方案后，由管理人将该方案提请人民法院裁定认可。

第一百一十六条 破产财产分配方案经人民法院裁定认可后，由管理人执行。

管理人按照破产财产分配方案实施多次分配的，应当公告本次分配的财产额和债权额。管理人实施最后分配的，应当在公告中指明，并载明本法第一百一十七条第二款规定的事项。

第一百一十七条 对于附生效条件或者解除条件的债权，管理人应当将其分配额提存。

管理人依照前款规定提存的分配额，在最后分配公告日，生效条件未成就或者解除条件成就的，应当分配给其他债权人；在最后分配公告日，生效条件成就或者解除条件未成就的，应当交付给债权人。

第一百一十八条 债权人未受领的破产财产分配额，管理人应当提存。债权人自最后分配公告之日起满二个月仍不领取的，视为放弃受领分配的权利，管理人或者人民法院应当将提存的分配额分配给其他债权人。

第一百一十九条 破产财产分配时，对于诉讼或者仲裁未决的债权，管理人应当将其分配额提存。自破产程序终结之日起满二年仍不能受领分配的，人民法院应当将提存的分配额分配给其他债权人。

第三节 破产程序的终结

第一百二十条 破产人无财产可供分配的，管理人应当请求人民法院裁定终结破产程序。

管理人在最后分配完结后，应当及时向人民法院提交破产财产分配报告，并提请人民法院裁定终结破产程序。

人民法院应当自收到管理人终结破产程序的请求之日起十五日内作出是否终结破产程序的裁定。裁定终结的，应当予以公告。

第一百二十一条 管理人应当自破产程序终结之日起十日内，持人民法院终结破产程序的裁定，向破产人的原登记机关办理注销登记。

第一百二十二条 管理人于办理注销登记完毕的次日终止执行职务。但是，存在诉讼或者仲裁未决情况的除外。

第一百二十三条 自破产程序依照本法第四十三条第四款或者第一百二十条的规定终结之日起二年内，有下列情形之一的，债权人可以请求人民法院按照破产财产分配方案进行追加分配：

（一）发现有依照本法第三十一条、第三十二条、第三十三条、第三十六条规定应当追回的财产的；

（二）发现破产人有应当供分配的其他财产的。

有前款规定情形，但财产数量不足以支付分配费用的，不再进行追加分配，由人民法院将其上交国库。

第一百二十四条 破产人的保证人和其他连带债务人，在破产程序终结后，对债权人依照破产清算程序未受清偿的债权，依法继续承担清偿责任。

第十一章 法律责任

第一百二十五条 企业董事、监事或者高级管理人员违反忠实义务、勤勉义务，致使所在企业破产的，依法承担民事责任。

有前款规定情形的人员，自破产程序终结之日起三年内不得担任任何企业的董事、监事、高级管理人员。

第一百二十六条 有义务列席债权人会议的债务人的有关人员，经人民法院传唤，无正当理由拒不列席债权人会议的，人民法院可以拘传，并依法处以罚款。债务人的有关人员违反本法规定，拒不陈述、回答，或者作虚假陈述、回答的，人民法院可以依法处以罚款。

第一百二十七条 债务人违反本法规定，拒不向人民法院提交或者提交不真实的财产状况说明、债务清册、债权清册、有关财务会计报告以及职工工资的支付情况和社会保险费用的缴纳情况的，人民法院可以对直接责任人员依法处以罚款。

债务人违反本法规定，拒不向管理人移交财产、印章和账簿、文书等资料的，或者伪造、销毁有关财产证据材料而使财产状况不明的，人民法院可以对直接责任人员依法处以罚款。

第一百二十八条 债务人有本法第三十一条、第三十二条、第三十三条规定的行为，损害债权人利益的，债务人的法定代表人和其他直接责任人员依法承担赔偿责任。

第一百二十九条 债务人的有关人员违反本法规定，擅自离开住所地的，人民法院可以予以训诫、拘留，可以依法并处罚款。

第一百三十条 管理人未依照本法规定勤勉尽责，忠实执行职务的，人民法院可以依法处以罚款；给债权人、债务人或者第三人造成损失的，依法承担赔偿责任。

第一百三十一条 违反本法规定，构成犯罪的，依法追究刑事责任。

第十二章 附 则

第一百三十二条 本法施行后，破产人在本法公布之日前所欠职工的工资和医疗、伤残补助、抚恤费用，所欠的应当划入职工个人账户的基本养老保险、基本医疗保险费用，以及法律、行政法规规定应当支付给职工的补偿金，依照本法第一百一十三条的规定清偿后不足以清偿的部分，以本法第一百零九条规定的特定财产优先于对该特定财产享有担保权的权利人受偿。

第一百三十三条 在本法施行前国务院规定的期限和范围内的国有企业实施破产的特殊事宜，按照国务院有关规定办理。

第一百三十四条 商业银行、证券公司、保险公司等金融机构有本法第二条规定情形的，国务院金融监督管理机构可以向人民法院提出对该金融机构进行重整或者破产清算的申请。国务院金融监督管理机构依法对出现重大经营风险的金融机构采取接管、托管等措施的，可以向人民法院申请中止以该金融机构为被告或者被执行人的民事诉讼程序或者执行程序。

金融机构实施破产的，国务院可以依据本法和其他有关法律的规定制定实施办法。

第一百三十五条 其他法律规定企业法人以外的组织的清算，属于破产清算的，参照适用本法规定的程序。

第一百三十六条 本法自2007年6月1日起施行，《中华人民共和国企业破产法（试行）》同时废止。

二、相关司法解释及两高工作文件

《最高人民法院关于适用〈中华人民共和国企业破产法〉若干问题的规定（三）》（法释〔2019〕3号），对人民法院审理企业破产案件中有关债权人权利行使等相关法律适用问题，规定如下：

第一条 人民法院裁定受理破产申请的，此前债务人尚未支付的公司强制清算费用、未终结的执行程序中产生的评估费、公告费、保管费等执行费用，可以参照企业破产法关于破产费用的规定，由债务人财产随时清偿。

此前债务人尚未支付的案件受理费、执行申请费，可以作为破产债权清偿。

第二条 破产申请受理后，经债权人会议决议通过，或者第一次债权人会议召开前经人民法院许可，管理人或者自行管理的债务人可以为债务人继续营业而借款。提供借款的债权人主张参照企业破产法第四十二条第四项的规定优先于普通破产债权清偿的，人民法院应予支持，但其主张优先于此前已就债务人特定财产享有担保的债权清偿的，人民法院不予支持。

管理人或者自行管理的债务人可以为前述借款设定抵押担保，抵押物在破产申请受理前已为其他债权人设定抵押的，债权人主张按照物权法第一百九十九条规定的顺序清偿，人民法院应予支持。

第三条 破产申请受理后，债务人欠缴款项产生的滞纳金，包括债务人未履行生效法律文书应当加倍支付的迟延利息和劳动保险金的滞纳金，债权人作为破产债权申报的，人民法院不予确认。

第四条 保证人被裁定进入破产程序的，债权人有权申报其对保证人的保证债权。

主债务未到期的，保证债权在保证人破产申请受理时视为到期。一般保证的保证人主张行使先诉抗辩权的，人民法院不予支持，但债权人在一般保证人破产程序中的分配额应予提存，待一般保证人应承担的保证责任确定后再按照破产清偿比例予以分配。

保证人被确定应当承担保证责任的，保证人的管理人可以就保证人实际承担的清偿额向主债务人或其他债务人行使求偿权。

第五条 债务人、保证人均被裁定进入破产程序的，债权人有权向债务人、保证人分别申报债权。

债权人向债务人、保证人均申报全部债权的，从一方破产程序中获得清偿后，其对另一方的债权额不作调整，但债权人的受偿额不得超出其债权总额。保证人履行保证责任后不再享有求偿权。

第六条 管理人应当依照企业破产法第五十七条的规定对所申报的债权进行登记造册，详尽记载申报人的姓名、单位、代理人、申报债权额、担保情况、证据、联系方式等事项，形成债权申报登记册。

管理人应当依照企业破产法第五十七条的规定对债权的性质、数额、担保财产、是否超过诉讼时效期间、是否超过强制执行期间等情况进行审查、编制债权表并提交债权人会议核查。

债权表、债权申报登记册及债权申报材料在破产期间由管理人保管，债权人、债务人、债务人职工及其他利害关系人有权查阅。

第七条 已经生效法律文书确定的债权，管理人应当予以确认。

管理人认为债权人据以申报债权的生效法律文书确定的债权错误，或者有证据证明债权人与债务人恶意通过诉讼、仲裁或者公证机关赋予强制执行力公证文书的形式虚构债权债务的，应当依法通过审判监督程序向作出该判决、裁定、调解书的人民法院或者上一级人民法院申请撤销生效法律文书，或者向受理破产申请的人民法院申请撤销或者不予执行仲裁裁决、不予执行公证债权文书后，重新确定债权。

第八条 债务人、债权人对债权表记载的债权有异议的，应当说明理由和法律依据。经管理人解释或调整后，异议人仍然不服的，或者管理人不予解释或调整的，异议人应当在债权人会议核查结束后十五日内向人民法院提起债权确认的诉讼。当事人之间在破产申请受理前订立有仲裁条款或仲裁协议的，应当向选定的仲裁机构申请确认债权债务关系。

第九条 债务人对债权表记载的债权有异议向人民法院提起诉讼的，应将被异议债权人列为被告。债权人对债权表记载的他人债权有异议的，应将被异议债权人列为被告；债权人对债权表记载的本人债权有异议的，应将债务人列为被告。

对同一笔债权存在多个异议人，其他异议人申请参加诉讼的，应当列为共同原告。

第十条 单个债权人有权查阅债务人财产状况报告、债权人会议决议、债权人委员会决议、管理人监督报告等参与破产程序所必需的债务人财务和经营信息资料。管理人无正当理由不予提供的，债权人可以请求人民法院作出决定；人民法院应当在五日内作出决定。

上述信息资料涉及商业秘密的，债权人应当依法承担保密义务或者签署保密协议；涉及国家秘密的应当依照相关法律规定处理。

第十一条 债权人会议的决议除现场表决外，可以由管理人事先将相关决议事项告知债权人，采取通信、网络投票等非现场方式进行表决。采取非现场方式进行表决的，管理人应当在债权人会议召开后的三日内，以信函、电子邮件、公告等方式将表决结果告知参与表决的债权人。

根据企业破产法第八十二条规定，对重整计划草案进行分组表决时，权益因重整计划草案受到调整或者影响的债权人或者股东，有权参加表决；权益未受到调整或者影响的债权人或者股东，参照企业破产法第八十三条的规定，不参加重整计划草案的表决。

第十二条 债权人会议的决议具有以下情形之一，损害债权人利益，债权人申请撤销的，人民法院应予支持：

（一）债权人会议的召开违反法定程序；

（二）债权人会议的表决违反法定程序；

（三）债权人会议的决议内容违法；

（四）债权人会议的决议超出债权人会议的职权范围。

人民法院可以裁定撤销全部或者部分事项决议，责令债权人会议依法重新作出决议。

债权人申请撤销债权人会议决议的，应当提出书面申请。债权人会议采取通信、网络投票等非现场方式进行表决的，债权人申请撤销的期限自债权人收到通知之日起算。

第十三条 债权人会议可以依照企业破产法第六十八条第一款第四项的规定，委托债权人委员会行使企业破产法第六十一条第一款第二、三、五项规定的债权人会议职权。债权人会议不得作出概括性授权，委托其行使债权人会议所有职权。

第十四条 债权人委员会决定所议事项应获得全体成员过半数通过，并作成议事记录。债权人委员会成员对所议事项的决议有不同意见的，应当在记录中载明。

债权人委员会行使职权应当接受债权人会议的监督，以适当的方式向债权人会议及时汇报工作，并接受人民法院的指导。

第十五条 管理人处分企业破产法第六十九条规定的债务人重大财产的，应当事先制作财产管理或者变价方案并提交债权人会议进行表决，债权人会议表决未通过的，管理人不得处分。

管理人实施处分前，应当根据企业破产法第六十九条的规定，提前十日书面报告债权人委员会或者人民法院。债权人委员会可以依照企业破产法第六十八条第二款的规定，要求管理人对处分行为作出相应说明或者提供有关文件依据。

债权人委员会认为管理人实施的处分行为不符合债权人会议通过的财产管理或变价方案的，有权要求管理人纠正。管理人拒绝纠正的，债权人委员会可以请求人民法院作出决定。

人民法院认为管理人实施的处分行为不符合债权人会议通过的财产管理或变价方案的，应当责令管理人停止处分行为。管理人应当予以纠正，或者提交债权人会议重新表决通过后实施。

第十六条 本规定自2019年3月28日起实施。

实施前本院发布的有关企业破产的司法解释，与本规定相抵触的，自本规定实施之日起不再适用。

《最高人民法院关于适用〈中华人民共和国企业破产法〉若干问题的规定（二）》（法释〔2013〕22号），对人民法院审理企业破产案件中认定债务人财产相关的法律适用问题，规定如下：

第一条 除债务人所有的货币、实物外，债务人依法享有的可以用货币估价并可以依法转让的债权、股权、知识产权、用益物权等财产和财产权益，人民法院均应认定为债务人财产。

第二条 下列财产不应认定为债务人财产：

（一）债务人基于仓储、保管、承揽、代销、借用、寄存、租赁等合同或者其他法律关系占有、使用的他人财产；

（二）债务人在所有权保留买卖中尚未取得所有权的财产；

（三）所有权专属于国家且不得转让的财产；

（四）其他依照法律、行政法规不属于债务人的财产。

第三条 债务人已依法设定担保物权的特定财产，人民法院应当认定为债务人财产。

对债务人的特定财产在担保物权消灭或者实现担保物权后的剩余部分，在破产程序中可用以清偿破产费用、共益债务和其他破产债权。

第四条 债务人对按份享有所有权的共有财产的相关份额，或者共同享有所有权的共有财产的相应财产权利，以及依法分割共有财产所得部分，人民法院均应认定为债务人财产。

人民法院宣告债务人破产清算，属于共有财产分割的法定事由。人民法院裁定债务人重整或者和解的，共有财产的分割应当依据物权法第九十九条的规定进行；基于重整或者和解的需要必须分割共有财产，管理人请求分割的，人民法院应予准许。

因分割共有财产导致其他共有人损害产生的债务，其他共有人请求作为共益债务清偿的，人民法院应予支持。

第五条 破产申请受理后，有关债务人财产的执行程序未依照企业破产法第十九条的规定中止的，采取执行措施的相关单位应当依法予以纠正。依法执行回转的财产，人民法院应当认定为债务人财产。

第六条 破产申请受理后，对于可能因有关利益相关人的行为或者其他原因，影响破产程序依法进行的，受理破产申请的人民法院可以根据管理人的申请或者依职权，对债务人的全部或者部分财产采取保全措施。

第七条 对债务人财产已采取保全措施的相关单位，在知悉人民法院已裁定受理有关债务人的破产申请后，应当依照企业破产法第十九条的规定及时解除对债务人财产的保全措施。

第八条 人民法院受理破产申请后至破产宣告前裁定驳回破产申请，或者依据企业破产法第一百零八条的规定裁定终结破产程序的，应当及时通知原已采取保全措施并已依法解除保全措施的单位按照原保全顺位恢复相关保全措施。

在已依法解除保全的单位恢复保全措施或者表示不再恢复之前，受理破产申请的人民法院不得解除对债务人财产的保全措施。

第九条 管理人依据企业破产法第三十一条和第三十二条的规定提起诉讼，请求撤销涉及债务人财产的相关行为并由相对人返还债务人财产的，人民法院应予支持。

管理人因过错未依法行使撤销权导致债务人财产不当减损，债权人提起诉讼主张管理人对其损失承担相应赔偿责任的，人民法院应予支持。

第十条 债务人经过行政清理程序转入破产程序的，企业破产法第三十一条和第三十二条规定的可撤销行为的起算点，为行政监管机构作出撤销决定之日。

债务人经过强制清算程序转入破产程序的，企业破产法第三十一条和第三十二条规定的可撤销行为的起算点，为人民法院裁定受理强制清算申请之日。

第十一条 人民法院根据管理人的请求撤销涉及债务人财产的以明显不合理价格进行的交易的，买卖双方应当依法返还从对方获取的财产或者价款。

因撤销该交易，对于债务人应返还受让人已支付价款所产生的债务，受让人请求作为共益债务清偿的，人民法院应予支持。

第十二条 破产申请受理前一年内债务人提前清偿的未到期债务，在破产申请受理前已经到期，管理人请求撤销该清偿行为的，人民法院不予支持。但是，该清偿行为发生在破产申请受理前六个月内且债务人有企业破产法第二条第一款规定情形的除外。

第十三条 破产申请受理后，管理人未依据企业破产法第三十一条的规定请求撤销债务人无偿转让财产、以明显不合理价格交易、放弃债权行为的，债权人依据合同法第七十四条等规定提起诉讼，请求撤销债务人上述行为并将因此追回的财产归入债务人财产的，人民法院应予受理。

相对人以债权人行使撤销权的范围超出债权人的债权抗辩的，人民法院不予支持。

第十四条 债务人对以自有财产设定担保物权的债权进行的个别清偿，管理人依据企业破产法第三十二条的规定请求撤销的，人民法院不予支持。但是，债务清偿时担保财产的价值低于债权额的除外。

第十五条 债务人经诉讼、仲裁、执行程序对债权人进行的个别清偿，管理人依据企业破产法第三十二条的规定请求撤销的，人民法院不予支持。但是，债务人与债权人恶意串通损害其他债权人利益的除外。

第十六条 债务人对债权人进行的以下个别清偿，管理人依据企业破产法第三十二条的规定请求撤销的，人民法院不予支持：

（一）债务人为维系基本生产需要而支付水费、电费等的；

（二）债务人支付劳动报酬、人身损害赔偿金的；

（三）使债务人财产受益的其他个别清偿。

第十七条 管理人依据企业破产法第三十三条的规定提起诉讼，主张被隐匿、转移财产的实际占有人返还债务人财产，或者主张债务人虚构债务或者承认不真实债务的行为无效并返还债务人财产的，人民法院应予支持。

第十八条 管理人代表债务人依据企业破产法第一百二十八条的规定，以债务人的法定代表人和其他直接责任人员对所涉债务人财产的相关行为存在故意或者重大过失，造成债务人财产损失为由提起诉讼，主张上述责任人员承担相应赔偿责任的，人民法院应予支持。

第十九条 债务人对外享有债权的诉讼时效，自人民法院受理破产申请之日起中断。

债务人无正当理由未对其到期债权及时行使权利，导致其对外债权在破产申请受理前一年内超过诉讼时效期间的，人民法院受理破产申请之日起重新计算上述债权的诉讼时效期间。

第二十条 管理人代表债务人提起诉讼，主张出资人向债务人依法缴付未履行的出资或者返还抽逃的出资本息，出资人以认缴出资尚未届至公司章程规定的缴纳期限或者违反出资义务已经超过诉讼时效为由抗辩的，人民法院不予支持。

管理人依据公司法的相关规定代表债务人提起诉讼，主张公司的发起人和负有监督股东履行出资义务的董事、高级管理人员，或者协助抽逃出资的其他股东、董事、高级管理人员、实际控制人等，对股东违反出资义务或者抽逃出资承担相应责任，并将财产归入债务人财产的，人民法院应予支持。

第二十一条 破产申请受理前，债权人就债务人财产提起下列诉讼，破产申请受理时案件尚未审结的，人民法院应当中止审理：

（一）主张次债务人代替债务人直接向其偿还债务的；

（二）主张债务人的出资人、发起人和负有监督股东履行出资义务的董事、高级管理人员，或者协助抽逃出资的其他股东、董事、高级管理人员、实际控制人等直接向其承担出资不实或者抽逃出资责任的；

（三）以债务人的股东与债务人法人人格严重混同为由，主张债务人的股东直接向其偿还债务人对其所负债务的；

（四）其他就债务人财产提起的个别清偿诉讼。

债务人破产宣告后，人民法院应当依照企业破产法第四十四条的规定判决驳回债权人的诉讼请求。但是,债权人一审中变更其诉讼请求为追收的相关财产归入债务人财产的除外。

债务人破产宣告前,人民法院依据企业破产法第十二条或者第一百零八条的规定裁定驳回破产申请或者终结破产程序的,上述中止审理的案件应当依法恢复审理。

第二十二条 破产申请受理前,债权人就债务人财产向人民法院提起本规定第二十一条第一款所列诉讼,人民法院已经作出生效民事判决书或者调解书但尚未执行完毕的,破产申请受理后,相关执行行为应当依据企业破产法第十九条的规定中止,债权人应当依法向管理人申报相关债权。

第二十三条 破产申请受理后,债权人就债务人财产向人民法院提起本规定第二十一条第一款所列诉讼的,人民法院不予受理。

债权人通过债权人会议或者债权人委员会,要求管理人依法向次债务人、债务人的出资人等追收债务人财产,管理人无正当理由拒绝追收,债权人会议依据企业破产法第二十二条的规定,申请人民法院更换管理人的,人民法院应予支持。

管理人不予追收,个别债权人代表全体债权人提起相关诉讼,主张次债务人或者债务人的出资人等向债务人清偿或者返还债务人财产,或者依法申请合并破产的,人民法院应予受理。

第二十四条 债务人有企业破产法第二条第一款规定的情形时,债务人的董事、监事和高级管理人员利用职权获取的以下收入,人民法院应当认定为企业破产法第三十六条规定的非正常收入:

(一)绩效奖金;

(二)普遍拖欠职工工资情况下获取的工资性收入;

(三)其他非正常收入。

债务人的董事、监事和高级管理人员拒不向管理人返还上述债务人财产,管理人主张上述人员予以返还的,人民法院应予支持。

债务人的董事、监事和高级管理人员因返还第一款第(一)项、第(三)项非正常收入形成的债权,可以作为普通破产债权清偿。因返还第一款第(二)项非正常收入形成的债权,依据企业破产法第一百一十三条第三款的规定,按照该企业职工平均工资计算的部分作为拖欠职工工资清偿;高出该企业职工平均工资计算的部分,可以作为普通破产债权清偿。

第二十五条 管理人拟通过清偿债务或者提供担保取回质物、留置物,或者与质权人、留置权人协议以质物、留置物折价清偿债务等方式,进行对债权人利益有重大影响的财产处分行为的,应当及时报告债权人委员会。未设立债权人委员会的,管理人应当及时报告人民法院。

第二十六条 权利人依据企业破产法第三十八条的规定行使取回权,应当在破产财产变价方案或者和解协议、重整计划草案提交债权人会议表决前向管理人提出。权利人在上述期限后主张取回相关财产的,应当承担延迟行使取回权增加的相关费用。

第二十七条 权利人依据企业破产法第三十八条的规定向管理人主张取回相关财产,管理人不予认可,权利人以债务人为被告向人民法院提起诉讼请求行使取回权的,人民法院应予受理。

权利人依据人民法院或者仲裁机关的相关生效法律文书向管理人主张取回所涉争议财产,管理人以生效法律文书错误为由拒绝其行使取回权的,人民法院不予支持。

第二十八条 权利人行使取回权时未依法向管理人支付相关的加工费、保管费、托运费、委托费、代销费等费用,管理人拒绝其取回相关财产的,人民法院应予支持。

第二十九条 对债务人占有的权属不清的鲜活易腐等不易保管的财产或者不及时变现价值将严重贬损的财产,管理人及时变价并提存变价款后,有关权利人就该变价款行使取回权的,人民法院应予支持。

第三十条 债务人占有的他人财产被违法转让给第三人,依据物权法第一百零六条的规定第三人已善意取得财产所有权，原权利人无法取回该财产的，人民法院应当按照以下规定处理：

（一）转让行为发生在破产申请受理前的，原权利人因财产损失形成的债权，作为普通破产债权清偿；

（二）转让行为发生在破产申请受理后的，因管理人或者相关人员执行职务导致原权利人损害产生的债务，作为共益债务清偿。

第三十一条 债务人占有的他人财产被违法转让给第三人，第三人已向债务人支付了转让价款，但依据物权法第一百零六条的规定未取得财产所有权，原权利人依法追回转让财产的，对因第三人已支付对价而产生的债务，人民法院应当按照以下规定处理：

（一）转让行为发生在破产申请受理前的，作为普通破产债权清偿；

（二）转让行为发生在破产申请受理后的，作为共益债务清偿。

第三十二条 债务人占有的他人财产毁损、灭失，因此获得的保险金、赔偿金、代偿物尚未交付给债务人，或者代偿物虽已交付给债务人但能与债务人财产予以区分的，权利人主张取回就此获得的保险金、赔偿金、代偿物的，人民法院应予支持。

保险金、赔偿金已经交付给债务人，或者代偿物已经交付给债务人且不能与债务人财产予以区分的，人民法院应当按照以下规定处理：

（一）财产毁损、灭失发生在破产申请受理前的，权利人因财产损失形成的债权，作为普通破产债权清偿；

（二）财产毁损、灭失发生在破产申请受理后的，因管理人或者相关人员执行职务导致权利人损害产生的债务，作为共益债务清偿。

债务人占有的他人财产毁损、灭失，没有获得相应的保险金、赔偿金、代偿物，或者保险金、赔偿物、代偿物不足以弥补其损失的部分，人民法院应当按照本条第二款的规定处理。

第三十三条 管理人或者相关人员在执行职务过程中，因故意或者重大过失不当转让他人财产或者造成他人财产毁损、灭失，导致他人损害产生的债务作为共益债务，由债务人财产随时清偿不足弥补损失，权利人向管理人或者相关人员主张承担补充赔偿责任的，人民法院应予支持。

上述债务作为共益债务由债务人财产随时清偿后，债权人以管理人或者相关人员执行职务不当导致债务人财产减少给其造成损失为由提起诉讼，主张管理人或者相关人员承担相应赔偿责任的，人民法院应予支持。

第三十四条 买卖合同双方当事人在合同中约定标的物所有权保留，在标的物所有权未依法转移给买受人前，一方当事人破产的，该买卖合同属于双方均未履行完毕的合同，管理人有权依据企业破产法第十八条的规定决定解除或者继续履行合同。

第三十五条 出卖人破产，其管理人决定继续履行所有权保留买卖合同的，买受人应当按照原买卖合同的约定支付价款或者履行其他义务。

买受人未依约支付价款或者履行完毕其他义务，或者将标的物出卖、出质或者作出其他不当处分，给出卖人造成损害，出卖人管理人依法主张取回标的物的，人民法院应予支持。但是，买受人已经支付标的物总价款百分之七十五以上或者第三人善意取得标的物所有权或者其他物权的除外。

因本条第二款规定未能取回标的物，出卖人管理人依法主张买受人继续支付价款、履行完毕其他义务，以及承担相应赔偿责任的，人民法院应予支持。

第三十六条 出卖人破产，其管理人决定解除所有权保留买卖合同，并依据企业破产法第十七条的规定要求买受人向其交付买卖标的物的，人民法院应予支持。

买受人以其不存在未依约支付价款或者履行完毕其他义务，或者将标的物出卖、出质或者作出其他不当处分情形抗辩的，人民法院不予支持。

买受人依法履行合同义务并依据本条第一款将买卖标的物交付出卖人管理人后，买受人已支付价款损失形成的债权作为共益债务清偿。但是，买受人违反合同约定，出卖人管理人主张上述债权作为普通破产债权清偿的，人民法院应予支持。

第三十七条 买受人破产，其管理人决定继续履行所有权保留买卖合同的，原买卖合同中约定的买受人支付价款或者履行其他义务的期限在破产申请受理时视为到期，买受人管理人应当及时向出卖人支付价款或者履行其他义务。

买受人管理人无正当理由未及时支付价款或者履行完毕其他义务，或者将标的物出卖、出质或者作出其他不当处分，给出卖人造成损害，出卖人依据合同法第一百三十四条等规定主张取回标的物的，人民法院应予支持。但是，买受人已支付标的物总价款百分之七十五以上或者第三人善意取得标的物所有权或者其他物权的除外。

因本条第二款规定未能取回标的物，出卖人依法主张买受人继续支付价款、履行完毕其他义务，以及承担相应赔偿责任的，人民法院应予支持。对因买受人未支付价款或者未履行完毕其他义务，以及买受人管理人将标的物出卖、出质或者作出其他不当处分导致出卖人损害产生的债务，出卖人主张作为共益债务清偿的，人民法院应予支持。

第三十八条 买受人破产，其管理人决定解除所有权保留买卖合同，出卖人依据企业破产法第三十八条的规定主张取回买卖标的物的，人民法院应予支持。

出卖人取回买卖标的物，买受人管理人主张出卖人返还已支付价款的，人民法院应予支持。取回的标的物价值明显减少给出卖人造成损失的，出卖人可从买受人已支付价款中优先予以抵扣后，将剩余部分返还给买受人；对买受人已支付价款不足以弥补出卖人标的物价值减损损失形成的债权，出卖人主张作为共益债务清偿的，人民法院应予支持。

第三十九条 出卖人依据企业破产法第三十九条的规定，通过通知承运人或者实际占有人中止运输、返还货物、变更到达地，或者将货物交给其他收货人等方式，对在运途中标的物主张了取回权但未能实现，或者在货物未达管理人前已向管理人主张取回在运途中标的物，在买卖标的物到达管理人后，出卖人向管理人主张取回的，管理人应予准许。

出卖人对在运途中标的物未及时行使取回权，在买卖标的物到达管理人后向管理人行使在运途中标的物取回权的，管理人不应准许。

第四十条 债务人重整期间，权利人要求取回债务人合法占有的权利人的财产，不符合双方事先约定条件的，人民法院不予支持。但是，因管理人或者自行管理的债务人违反约定，可能导致取回物被转让、毁损、灭失或者价值明显减少的除外。

第四十一条 债权人依据企业破产法第四十条的规定行使抵销权，应当向管理人提出抵销主张。

管理人不得主动抵销债务人与债权人的互负债务，但抵销使债务人财产受益的除外。

第四十二条 管理人收到债权人提出的主张债务抵销的通知后，经审查无异议的，抵销自管理人收到通知之日起生效。

管理人对抵销主张有异议的，应当在约定的异议期限内或者自收到主张债务抵销的通知之日起三个月内向人民法院提起诉讼。无正当理由逾期提起的，人民法院不予支持。

人民法院判决驳回管理人提起的抵销无效诉讼请求的，该抵销自管理人收到主张债务抵销的通知之日起生效。

第四十三条 债权人主张抵销，管理人以下列理由提出异议的，人民法院不予支持：

（一）破产申请受理时，债务人对债权人负有的债务尚未到期；

（二）破产申请受理时，债权人对债务人负有的债务尚未到期；

（三）双方互负债务标的物种类、品质不同。

第四十四条 破产申请受理前六个月内，债务人有企业破产法第二条第一款规定的情形，债务人与个别债权人以抵销方式对个别债权人清偿，其抵销的债权债务属于企业破产法第四十条第（二）、（三）项规定的情形之一，管理人在破产申请受理之日起三个月内向人民法院提起诉讼，主张该抵销无效的，人民法院应予支持。

第四十五条 企业破产法第四十条所列不得抵销情形的债权人，主张以其对债务人特定财产享有优先受偿权的债权，与债务人对其不享有优先受偿权的债权抵销，债务人管理人以抵销存在企业破产法第四十条规定的情形提出异议的，人民法院不予支持。但是，用以抵销的债权大于债权人享有优先受偿权财产价值的除外。

第四十六条 债务人的股东主张以下列债务与债务人对其负有的债务抵销，债务人管理人提出异议的，人民法院应予支持：

（一）债务人股东因欠缴债务人的出资或者抽逃出资对债务人所负的债务；

（二）债务人股东滥用股东权利或者关联关系损害公司利益对债务人所负的债务。

第四十七条 人民法院受理破产申请后，当事人提起的有关债务人的民事诉讼案件，应当依据企业破产法第二十一条的规定，由受理破产申请的人民法院管辖。

受理破产申请的人民法院管辖的有关债务人的第一审民事案件，可以依据民事诉讼法第三十八条的规定，由上级人民法院提审，或者报请上级人民法院批准后交下级人民法院审理。

受理破产申请的人民法院，如对有关债务人的海事纠纷、专利纠纷、证券市场因虚假陈述引发的民事赔偿纠纷等案件不能行使管辖权的，可以依据民事诉讼法第三十七条的规定，由上级人民法院指定管辖。

第四十八条 本规定施行前本院发布的有关企业破产的司法解释，与本规定相抵触的，自本规定施行之日起不再适用。

《最高人民法院关于适用〈中华人民共和国企业破产法〉若干问题的规定（一）》（法释〔2011〕22号），对人民法院依法受理企业破产案件适用法律问题，作出如下规定：

第一条 债务人不能清偿到期债务并且具有下列情形之一的，人民法院应当认定其具备破产原因：

（一）资产不足以清偿全部债务；

（二）明显缺乏清偿能力。

相关当事人以对债务人的债务负有连带责任的人未丧失清偿能力为由，主张债务人不具备破产原因的，人民法院应不予支持。

第二条 下列情形同时存在的，人民法院应当认定债务人不能清偿到期债务：

（一）债权债务关系依法成立；

（二）债务履行期限已经届满；

（三）债务人未完全清偿债务。

第三条 债务人的资产负债表，或者审计报告、资产评估报告等显示其全部资产不足以偿付全部负债的，人民法院应当认定债务人资产不足以清偿全部债务，但有相反证据足以证明债务人资产能够偿付全部负债的除外。

第四条 债务人账面资产虽大于负债，但存在下列情形之一的，人民法院应当认定其明显缺乏清偿能力：

（一）因资金严重不足或者财产不能变现等原因，无法清偿债务；

（二）法定代表人下落不明且无其他人员负责管理财产，无法清偿债务；

（三）经人民法院强制执行，无法清偿债务；

（四）长期亏损且经营扭亏困难，无法清偿债务；

（五）导致债务人丧失清偿能力的其他情形。

第五条 企业法人已解散但未清算或者未在合理期限内清算完毕，债权人申请债务人破产清算的，除债务人在法定异议期限内举证证明其未出现破产原因外，人民法院应当受理。

第六条 债权人申请债务人破产的，应当提交债务人不能清偿到期债务的有关证据。债务人对债权人的申请未在法定期限内向人民法院提出异议，或者异议不成立的，人民法院应当依法裁定受理破产申请。

受理破产申请后，人民法院应当责令债务人依法提交其财产状况说明、债务清册、债权清册、财务会计报告等有关材料，债务人拒不提交的，人民法院可以对债务人的直接责任人员采取罚款等强制措施。

第七条 人民法院收到破产申请时，应当向申请人出具收到申请及所附证据的书面凭证。

人民法院收到破产申请后应当及时对申请人的主体资格、债务人的主体资格和破产原因，以及有关材料和证据等进行审查，并依据企业破产法第十条的规定作出是否受理的裁定。

人民法院认为申请人应当补充、补正相关材料的，应当自收到破产申请之日起五日内告知申请人。当事人补充、补正相关材料的期间不计入企业破产法第十条规定的期限。

第八条 破产案件的诉讼费用，应根据企业破产法第四十三条的规定，从债务人财产中拨付。相关当事人以申请人未预先交纳诉讼费用为由，对破产申请提出异议的，人民法院不予支持。

第九条 申请人向人民法院提出破产申请，人民法院未接收其申请，或者未按本规定第七条执行的，申请人可以向上一级人民法院提出破产申请。

上一级人民法院接到破产申请后，应当责令下级法院依法审查并及时作出是否受理的裁定；下级法院仍不作出是否受理裁定的，上一级人民法院可以径行作出裁定。

上一级人民法院裁定受理破产申请的，可以同时指令下级人民法院审理该案件。

《最高人民法院关于审理企业破产案件确定管理人报酬的规定》(法释〔2007〕9号)对人民法院确定管理人报酬工作，规定如下：

第一条 管理人履行企业破产法第二十五条规定的职责，有权获得相应报酬。

管理人报酬由审理企业破产案件的人民法院依据本规定确定。

第二条 人民法院应根据债务人最终清偿的财产价值总额，在以下比例限制范围内分段确定管理人报酬：

(一)不超过一百万元(含本数，下同)的，在12%以下确定；

(二)超过一百万元至五百万元的部分，在10%以下确定；

(三)超过五百万元至一千万元的部分，在8%以下确定；

(四)超过一千万元至五千万元的部分，在6%以下确定：

(五)超过五千万元至一亿元的部分，在3%以下确定；

(六)超过一亿元至五亿元的部分，在1%以下确定；

(七)超过五亿元的部分，在0.5%以下确定。

担保权人优先受偿的担保物价值，不计入前款规定的财产价值总额。

高级人民法院认为有必要的，可以参照上述比例在30%的浮动范围内制定符合当地实际情况的管理人报酬比例限制范围，并通过当地有影响的媒体公告，同时报最高人民法院备案。

第三条 人民法院可以根据破产案件的实际情况，确定管理人分期或者最后一次性收取报酬。

第四条 人民法院受理企业破产申请后，应当对债务人可供清偿的财产价值和管理人的工作量作出预测，初步确定管理人报酬方案。管理人报酬方案应当包括管理人报酬比例和收取时间。

第五条 人民法院采取公开竞争方式指定管理人的，可以根据社会中介机构提出的报价确定管理人报酬方案，但报酬比例不得超出本规定第二条规定的限制范围。

上述报酬方案一般不予调整，但债权人会议异议成立的除外。

第六条 人民法院应当自确定管理人报酬方案之日起三日内，书面通知管理人。

管理人应当在第一次债权人会议上报告管理人报酬方案内容。

第七条 管理人、债权人会议对管理人报酬方案有意见的，可以进行协商。双方就调整管理人报酬方案内容协商一致的，管理人应向人民法院书面提出具体的请求和理由，并附相应的债权人会议决议。

人民法院经审查认为上述请求和理由不违反法律和行政法规强制性规定，且不损害他人合法权益的，应当按照双方协商的结果调整管理人报酬方案。

第八条 人民法院确定管理人报酬方案后，可以根据破产案件和管理人履行职责的实际情况进行调整。

人民法院应当自调整管理人报酬方案之日起三日内，书面通知管理人。管理人应当自收到上述通知之日起三日内，向债权人委员会或者债权人会议主席报告管理人报酬方案调整内容。

第九条 人民法院确定或者调整管理人报酬方案时，应当考虑以下因素：

（一）破产案件的复杂性；

（二）管理人的勤勉程度；

（三）管理人为重整、和解工作做出的实际贡献；

（四）管理人承担的风险和责任；

（五）债务人住所地居民可支配收入及物价水平；

（六）其他影响管理人报酬的情况。

第十条 最终确定的管理人报酬及收取情况，应列入破产财产分配方案。在和解、重整程序中，管理人报酬方案内容应列入和解协议草案或重整计划草案。

第十一条 管理人收取报酬，应当向人民法院提出书面申请。申请书应当包括以下内容：

（一）可供支付报酬的债务人财产情况；

（二）申请收取报酬的时间和数额；

（三）管理人履行职责的情况。

人民法院应当自收到上述申请书之日起十日内，确定支付管理人的报酬数额。

第十二条 管理人报酬从债务人财产中优先支付。

债务人财产不足以支付管理人报酬和管理人执行职务费用的，管理人应当提请人民法院终结破产程序。但债权人、管理人、债务人的出资人或者其他利害关系人愿意垫付上述报酬和费用的，破产程序可以继续进行。

上述垫付款项作为破产费用从债务人财产中向垫付人随时清偿。

第十三条 管理人对担保物的维护、变现、交付等管理工作付出合理劳动的，有权向担保权人收取适当的报酬。管理人与担保权人就上述报酬数额不能协商一致的，人民法院应当参照本规定第二条规定的方法确定，但报酬比例不得超出该条规定限制范围的10%。

第十四条 律师事务所、会计师事务所通过聘请本专业的其他社会中介机构或者人员协助履行管理人职责的，所需费用从其报酬中支付。

破产清算事务所通过聘请其他社会中介机构或者人员协助履行管理人职责的，所需费用从其报酬中支付。

第十五条 清算组中有关政府部门派出的工作人员参与工作的不收取报酬。其他机构或人员的报酬根据其履行职责的情况确定。

第十六条 管理人发生更换的，人民法院应当分别确定更换前后的管理人报酬。其报酬比例总和不得超出本规定第二条规定的限制范围。

第十七条 债权人会议对管理人报酬有异议的，应当向人民法院书面提出具体的请求和理由。异议书应当附有相应的债权人会议决议。

第十八条 人民法院应当自收到债权人会议异议书之日起三日内通知管理人。管理人应当自收到通知之日起三日内作出书面说明。

人民法院认为有必要的，可以举行听证会，听取当事人意见。

人民法院应当自收到债权人会议异议书之日起十日内，就是否调整管理人报酬问题书面通知管理人、债权人委员会或者债权人会议主席。

《最高人民法院关于审理企业破产案件指定管理人的规定》（法释〔2007〕8号）对管理人

的指定，规定如下：

一、管理人名册的编制

第一条 人民法院审理企业破产案件应当指定管理人。除企业破产法和本规定另有规定外，管理人应当从管理人名册中指定。

第二条 高级人民法院应当根据本辖区律师事务所、会计师事务所、破产清算事务所等社会中介机构及专职从业人员数量和企业破产案件数量，确定由本院或者所辖中级人民法院编制管理人名册。

人民法院应当分别编制社会中介机构管理人名册和个人管理人名册。由直辖市以外的高级人民法院编制的管理人名册中，应当注明社会中介机构和个人所属中级人民法院辖区。

第三条 符合企业破产法规定条件的社会中介机构及其具备相关专业知识并取得执业资格的人员，均可申请编入管理人名册。已被编入机构管理人名册的社会中介机构中，具备相关专业知识并取得执业资格的人员，可以申请编入个人管理人名册。

第四条 社会中介机构及个人申请编入管理人名册的，应当向所在地区编制管理人名册的人民法院提出，由该人民法院予以审定。

人民法院不受理异地申请，但异地社会中介机构在本辖区内设立的分支机构提出申请的除外。

第五条 人民法院应当通过本辖区有影响的媒体就编制管理人名册的有关事项进行公告。公告应当包括以下内容：

（一）管理人申报条件；

（二）应当提交的材料；

（三）评定标准、程序；

（四）管理人的职责以及相应的法律责任；

（五）提交申报材料的截止时间；

（六）人民法院认为应当公告的其他事项。

第六条 律师事务所、会计师事务所申请编入管理人名册的，应当提供下列材料：

（一）执业证书、依法批准设立文件或者营业执照；

（二）章程；

（三）本单位专职从业人员名单及其执业资格证书复印件；

（四）业务和业绩材料；

（五）行业自律组织对所提供材料真实性以及有无被行政处罚或者纪律处分情况的证明；

（六）人民法院要求的其他材料。

第七条 破产清算事务所申请编入管理人名册的，应当提供以下材料：

（一）营业执照或者依法批准设立的文件；

（二）本单位专职从业人员的法律或者注册会计师资格证书，或者经营管理经历的证明材料；

（三）业务和业绩材料；

（四）能够独立承担民事责任的证明材料；

（五）行业自律组织对所提供材料真实性以及有无被行政处罚或者纪律处分情况的证明，或者申请人就上述情况所作的真实性声明；

（六）人民法院要求的其他材料。

第八条 个人申请编入管理人名册的，应当提供下列材料：

（一）律师或者注册会计师执业证书复印件以及执业年限证明；

（二）所在社会中介机构同意其担任管理人的函件；

（三）业务专长及相关业绩材料；

（四）执业责任保险证明；

（五）行业自律组织对所提供材料真实性以及有无被行政处罚或者纪律处分情况的证明；

（六）人民法院要求的其他材料。

第九条 社会中介机构及个人具有下列情形之一的，人民法院可以适用企业破产法第二十四条第三款第四项的规定：

（一）因执业、经营中故意或者重大过失行为，受到行政机关、监管机构或者行业自律组织行政处罚或者纪律处分之日起未逾三年；

（二）因涉嫌违法行为正被相关部门调查；

（三）因不适当履行职务或者拒绝接受人民法院指定等原因，被人民法院从管理人名册除名之日起未逾三年；

（四）缺乏担任管理人所应具备的专业能力；

（五）缺乏承担民事责任的能力；

（六）人民法院认为可能影响履行管理人职责的其他情形。

第十条 编制管理人名册的人民法院应当组成专门的评审委员会，决定编入管理人名册的社会中介机构和个人名单。评审委员会成员应不少于七人。

人民法院应当根据本辖区社会中介机构以及社会中介机构中个人的实际情况，结合其执业业绩、能力、专业水准、社会中介机构的规模、办理企业破产案件的经验等因素制定管理人评定标准，由评审委员会根据申报人的具体情况评定其综合分数。

人民法院根据评审委员会评审结果，确定管理人初审名册。

第十一条 人民法院应当将管理人初审名册通过本辖区有影响的媒体进行公示，公示期为十日。

对于针对编入初审名册的社会中介机构和个人提出的异议，人民法院应当进行审查。异议成立、申请人确不宜担任管理人的，人民法院应将该社会中介机构或者个人从管理人初审名册中删除。

第十二条 公示期满后，人民法院应审定管理人名册，并通过全国有影响的媒体公布，同时逐级报最高人民法院备案。

第十三条 人民法院可以根据本辖区的实际情况，分批确定编入管理人名册的社会中介机构及个人。

编制管理人名册的全部资料应当建立档案备查。

第十四条 人民法院可以根据企业破产案件受理情况、管理人履行职务以及管理人资格变化等因素，对管理人名册适时进行调整。新编入管理人名册的社会中介机构和个人应当按照本规定的程序办理。

人民法院发现社会中介机构或者个人有企业破产法第二十四条第三款规定情形的，应当将其从管理人名册中除名。

二、管理人的指定

第十五条 受理企业破产案件的人民法院指定管理人，一般应从本地管理人名册中指定。

对于商业银行、证券公司、保险公司等金融机构以及在全国范围内有重大影响、法律关系复杂、债务人财产分散的企业破产案件，人民法院可以从所在地区高级人民法院编制的管理人名册列明的其他地区管理人或者异地人民法院编制的管理人名册中指定管理人。

第十六条 受理企业破产案件的人民法院，一般应指定管理人名册中的社会中介机构担任管理人。

第十七条 对于事实清楚、债权债务关系简单、债务人财产相对集中的企业破产案件，人民法院可以指定管理人名册中的个人为管理人。

第十八条 企业破产案件有下列情形之一的，人民法院可以指定清算组为管理人：

（一）破产申请受理前，根据有关规定已经成立清算组，人民法院认为符合本规定第十九条的规定；

(二)审理企业破产法第一百三十三条规定的案件;
(三)有关法律规定企业破产时成立清算组;
(四)人民法院认为可以指定清算组为管理人的其他情形。

第十九条 清算组为管理人的,人民法院可以从政府有关部门、编入管理人名册的社会中介机构、金融资产管理公司中指定清算组成员,人民银行及金融监督管理机构可以按照有关法律和行政法规的规定派人参加清算组。

第二十条 人民法院一般应当按照管理人名册所列名单采取轮候、抽签、摇号等随机方式公开指定管理人。

第二十一条 对于商业银行、证券公司、保险公司等金融机构或者在全国范围有重大影响、法律关系复杂、债务人财产分散的企业破产案件,人民法院可以采取公告的方式,邀请编入各地人民法院管理人名册中的社会中介机构参与竞争,从参与竞争的社会中介机构中指定管理人。参与竞争的社会中介机构不得少于三家。

采取竞争方式指定管理人的,人民法院应当组成专门的评审委员会。

评审委员会应当结合案件的特点,综合考量社会中介机构的专业水准、经验、机构规模、初步报价等因素,从参与竞争的社会中介机构中择优指定管理人。被指定为管理人的社会中介机构应经评审委员会成员二分之一以上通过。

采取竞争方式指定管理人的,人民法院应当确定一至两名备选社会中介机构,作为需要更换管理人时的接替人选。

第二十二条 对于经过行政清理、清算的商业银行、证券公司、保险公司等金融机构的破产案件,人民法院除可以按照本规定第十八条第一项的规定指定管理人外,也可以在金融监督管理机构推荐的已编入管理人名册的社会中介机构中指定管理人。

第二十三条 社会中介机构、清算组成员有下列情形之一,可能影响其忠实履行管理人职责的,人民法院可以认定为企业破产法第二十四条第三款第三项规定的利害关系:
(一)与债务人、债权人有未了结的债权债务关系;
(二)在人民法院受理破产申请前三年内,曾为债务人提供相对固定的中介服务;
(三)现在是或者在人民法院受理破产申请前三年内曾经是债务人、债权人的控股股东或者实际控制人;
(四)现在担任或者在人民法院受理破产申请前三年内曾经担任债务人、债权人的财务顾问、法律顾问;
(五)人民法院认为可能影响其忠实履行管理人职责的其他情形。

第二十四条 清算组成员的派出人员、社会中介机构的派出人员、个人管理人有下列情形之一,可能影响其忠实履行管理人职责的,可以认定为企业破产法第二十四条第三款第三项规定的利害关系:
(一)具有本规定第二十三条规定情形;
(二)现在担任或者在人民法院受理破产申请前三年内曾经担任债务人、债权人的董事、监事、高级管理人员;
(三)与债权人或者债务人的控股股东、董事、监事、高级管理人员存在夫妻、直系血亲、三代以内旁系血亲或者近姻亲关系;
(四)人民法院认为可能影响其公正履行管理人职责的其他情形。

第二十五条 在进入指定管理人程序后,社会中介机构或者个人发现与本案有利害关系的,应主动申请回避并向人民法院书面说明情况。人民法院认为社会中介机构或者个人与本案有利害关系的,不应指定该社会中介机构或者个人为本案管理人。

第二十六条 社会中介机构或者个人有重大债务纠纷或者因涉嫌违法行为正被相关部门调查的,人民法院不应指定该社会中介机构或者个人为本案管理人。

第二十七条 人民法院指定管理人应当制作决定书,并向被指定为管理人的社会中介机构或者个人、破产申请人、债务人、债务人的企业登记机关送达。决定书应与受理破产申请的民事裁定书一并公告。

第二十八条 管理人无正当理由，不得拒绝人民法院的指定。

管理人一经指定，不得以任何形式将管理人应当履行的职责全部或者部分转给其他社会中介机构或者个人。

第二十九条 管理人凭指定管理人决定书按照国家有关规定刻制管理人印章，并交人民法院封样备案后启用。

管理人印章只能用于所涉破产事务。管理人根据企业破产法第一百二十二条规定终止执行职务后，应当将管理人印章交公安机关销毁，并将销毁的证明送交人民法院。

第三十条 受理企业破产案件的人民法院应当将指定管理人过程中形成的材料存入企业破产案件卷宗，债权人会议或者债权人委员会有权查阅。

三、管理人的更换

第三十一条 债权人会议根据企业破产法第二十二条第二款的规定申请更换管理人的，应由债权人会议作出决议并向人民法院提出书面申请。

人民法院在收到债权人会议的申请后，应当通知管理人在两日内作出书面说明。

第三十二条 人民法院认为申请理由不成立的，应当自收到管理人书面说明之日起十日内作出驳回申请的决定。

人民法院认为申请更换管理人的理由成立的，应当自收到管理人书面说明之日起十日内作出更换管理人的决定。

第三十三条 社会中介机构管理人有下列情形之一的，人民法院可以根据债权人会议的申请或者依职权迳行决定更换管理人：

（一）执业许可证或者营业执照被吊销或者注销；

（二）出现解散、破产事由或者丧失承担执业责任风险的能力；

（三）与本案有利害关系；

（四）履行职务时，因故意或者重大过失导致债权人利益受到损害；

（五）有本规定第二十六条规定的情形。

清算组成员参照适用前款规定。

第三十四条 个人管理人有下列情形之一的，人民法院可以根据债权人会议的申请或者依职权迳行决定更换管理人：

（一）执业资格被取消、吊销；

（二）与本案有利害关系；

（三）履行职务时，因故意或者重大过失导致债权人利益受到损害；

（四）失踪、死亡或者丧失民事行为能力；

（五）因健康原因无法履行职务；

（六）执业责任保险失效；

（七）有本规定第二十六条规定的情形。

清算组成员的派出人员、社会中介机构的派出人员参照适用前款规定。

第三十五条 管理人无正当理由申请辞去职务的，人民法院不予许可。正当理由的认定，可参照适用本规定第三十三条、第三十四条规定的情形。

第三十六条 人民法院对管理人申请辞去职务未予许可，管理人仍坚持辞去职务并不再履行管理人职责的，人民法院应当决定更换管理人。

第三十七条 人民法院决定更换管理人的，原管理人应当自收到决定书之次日起，在人民法院监督下向新任管理人移交全部资料、财产、营业事务及管理人印章，并及时向新任管理人书面说明工作进展情况。原管理人不能履行上述职责的，新任管理人可以直接接管相关事务。

在破产程序终结前，原管理人应当随时接受新任管理人、债权人会议、人民法院关于其履行管理人职责情况的询问。

第三十八条 人民法院决定更换管理人的，应将决定书送达原管理人、新任管理人、破产申请人、债务人以及债务人的企业登记机关，并予公告。

第三十九条 管理人申请辞去职务未获人民法院许可，但仍坚持辞职并不再履行管理人职责，或者人民法院决定更换管理人后，原管理人拒不向新任管理人移交相关事务，人民法院可以根据企业破产法第一百三十条的规定和具体情况，决定对管理人罚款。对社会中介机构为管理人的罚款5万元至20万元人民币，对个人为管理人的罚款1万元至5万元人民币。

管理人有前款规定行为或者无正当理由拒绝人民法院指定的，编制管理人名册的人民法院可以决定停止其担任管理人一年至三年，或者将其从管理人名册中除名。

第四十条 管理人不服罚款决定的，可以向上一级人民法院申请复议，上级人民法院应在收到复议申请后五日内作出决定，并将复议结果通知下级人民法院和当事人。

《最高人民法院关于审理企业破产案件若干问题的规定》（法释[2002]23号）对企业破产案件的审理，规定如下：

一、关于企业破产案件管辖

第一条 企业破产案件由债务人住所地人民法院管辖。债务人住所地指债务人的主要办事机构所在地。债务人无办事机构的，由其注册地人民法院管辖。

第二条 基层人民法院一般管辖县、县级市或者区的工商行政管理机关核准登记企业的破产案件；

中级人民法院一般管辖地区、地级市（含本级）以上的工商行政管理机关核准登记企业的破产案件；

纳入国家计划调整的企业破产案件，由中级人民法院管辖。

第三条 上级人民法院审理下级人民法院管辖的企业破产案件，或者将本院管辖的企业破产案件移交下级人民法院审理，以及下级人民法院需要将自己管辖的企业破产案件交由上级人民法院审理的，依照民事诉讼法第三十九条（编者注：现为该法第三十八条）的规定办理；省、自治区、直辖市范围内因特殊情况需对个别企业破产案件的地域管辖作调整的，须经共同上级人民法院批准。

二、关于破产申请与受理

第四条 申请（被申请）破产的债务人应当具备法人资格，不具备法人资格的企业、个体工商户、合伙组织、农村承包经营户不具备破产主体资格。

第五条 国有企业向人民法院申请破产时，应当提交其上级主管部门同意其破产的文件；其他企业应当提供其开办人或者股东会议决定企业破产的文件。

第六条 债务人申请破产，应当向人民法院提交下列材料：

（一）书面破产申请；

（二）企业主体资格证明；

（三）企业法定代表人与主要负责人名单；

（四）企业职工情况和安置预案；

（五）企业亏损情况的书面说明，并附审计报告；

（六）企业至破产申请日的资产状况明细表，包括有形资产、无形资产和企业投资情况等；

（七）企业在金融机构开设帐户的详细情况，包括开户审批材料、帐号、资金等；

（八）企业债权情况表，列明企业的债务人名称、住所、债务数额、发生时间和催讨偿还情况；

（九）企业债务情况表，列明企业的债权人名称、住所、债权数额、发生时间；

（十）企业涉及的担保情况；

（十一）企业已发生的诉讼情况；

（十二）人民法院认为应当提交的其他材料。

第七条 债权人申请债务人破产，应当向人民法院提交下列材料：

（一）债权发生的事实与证据；

（二）债权性质、数额、有无担保，并附证据；

（三）债务人不能清偿到期债务的证据。

第八条 债权人申请债务人破产，人民法院可以通知债务人核对以下情况：

（一）债权的真实性；

（二）债权在债务人不能偿还的到期债务中所占的比例；

（三）债务人是否存在不能清偿到期债务的情况。

第九条 债权人申请债务人破产，债务人对债权人的债权提出异议，人民法院认为异议成立的，应当告知债权人先行提起民事诉讼。破产申请不予受理。

第十条 人民法院收到破产申请后，应当在七日内决定是否立案；破产申请人提交的材料需要更正、补充的，人民法院可以责令申请人限期更正、补充。按期更正、补充材料的，人民法院自收到更正补充材料之日起七日内决定是否立案；未按期更正、补充的，视为撤回申请。

人民法院决定受理企业破产案件的，应当制作案件受理通知书，并送达申请人和债务人。通知书作出时间为破产案件受理时间。

第十一条 在人民法院决定受理企业破产案件前，破产申请人可以请求撤回破产申请。

人民法院准许申请人撤回破产申请的，在撤回破产申请之前已经支出的费用由破产申请人承担。

第十二条 人民法院经审查发现有下列情况的，破产申请不予受理：

（一）债务人有隐匿、转移财产等行为，为了逃避债务而申请破产的；

（二）债权人借破产申请毁损债务人商业信誉，意图损害公平竞争的。

第十三条 人民法院对破产申请不予受理的，应当作出裁定。

破产申请人对不予受理破产申请的裁定不服的，可以在裁定送达之日起十日内向上一级人民法院提起上诉。

第十四条 人民法院受理企业破产案件后，发现不符合法律规定的受理条件或者有本规定第十二条所列情形的，应当裁定驳回破产申请。

人民法院受理债务人的破产申请后，发现债务人巨额财产下落不明且不能合理解释财产去向的，应当裁定驳回破产申请。

破产申请人对驳回破产申请的裁定不服的，可以在裁定送达之日起十日内向上一级人民法院提起上诉。

第十五条 人民法院决定受理企业破产案件后，应当组成合议庭，并在十日内完成下列工作：

（一）将合议庭组成人员情况书面通知破产申请人和被申请人，并在法院公告栏张贴企业破产受理公告。公告内容应当写明：破产申请受理时间、债务人名称，申报债权的期限、地点和逾期未申报债权的法律后果、第一次债权人会议召开的日期、地点；

（二）在债务人企业发布公告，要求保护好企业财产，不得擅自处理企业的帐册、文书、资料、印章，不得隐匿、私分、转让、出售企业财产；

（三）通知债务人立即停止清偿债务，非经人民法院许可不得支付任何费用；

（四）通知债务人的开户银行停止债务人的结算活动，并不得扣划债务人款项抵扣债务。但经人民法院依法许可的除外。

第十六条 人民法院受理债权人提出的企业破产案件后，应当通知债务人在十五日内向人民法院提交有关会计报表、债权债务清册、企业资产清册以及人民法院认为应当提交的资料。

第十七条 人民法院受理企业破产案件后，除应当按照企业破产法第九条的规定通知已知的债权人外，还应当于三十日内在国家、地方有影响的报纸上刊登公告，公告内容同第十五条第(一)项的规定。

第十八条 人民法院受理企业破产案件后,除可以随即进行破产宣告成立清算组的外,在企业原管理组织不能正常履行管理职责的情况下,可以成立企业监管组。企业监管组成员从企业上级主管部门或者股东会议代表、企业原管理人员、主要债权人中产生,也可以聘请会计师、律师等中介机构参加。企业监管组主要负责处理以下事务:

(一)清点、保管企业财产;

(二)核查企业债权;

(三)为企业利益而进行的必要的经营活动;

(四)支付人民法院许可的必要支出;

(五)人民法院许可的其他工作。

企业监管组向人民法院负责,接受人民法院的指导、监督。

第十九条 人民法院受理企业破产案件后,以债务人为原告的其他民事纠纷案件尚在一审程序的,受诉人民法院应当将案件移送受理破产案件的人民法院;案件已进行到二审程序的,受诉人民法院应当继续审理。

第二十条 人民法院受理企业破产案件后,对债务人财产的其他民事执行程序应当中止。

以债务人为被告的其他债务纠纷案件,根据下列不同情况分别处理:

(一)已经审结但未执行完毕的,应当中止执行,由债权人凭生效的法律文书向受理破产案件的人民法院申报债权。

(二)尚未审结且无其他被告和无独立请求权的第三人的,应当中止诉讼,由债权人向受理破产案件的人民法院申报债权。在企业被宣告破产后,终结诉讼。

(三)尚未审结并有其他被告或者无独立请求权的第三人的,应当中止诉讼,由债权人向受理破产案件的人民法院申报债权。待破产程序终结后,恢复审理。

(四)债务人系从债务人的债务纠纷案件继续审理。

三、关于债权申报

第二十一条 债权人申报债权应当提交债权证明和合法有效的身份证明;代理申报人应当提交委托人的有效身份证明、授权委托书和债权证明。

申报的债权有财产担保的,应当提交证明财产担保的证据。

第二十二条 人民法院在登记申报的债权时,应当记明债权人名称、住所、开户银行、申报债权数额、申报债权的证据、财产担保情况、申报时间、联系方式以及其他必要的情况。

已经成立清算组的,由清算组进行上述债权登记工作。

第二十三条 连带债务人之一或者数人破产的,债权人可就全部债权向该债务人或者各债务人行使权利,申报债权。债权人未申报债权的,其他连带债务人可就将来可能承担的债务申报债权。

第二十四条 债权人虽未在法定期间申报债权,但有民事诉讼法第七十六条(编者注:现为该法第八十三条)规定情形的,在破产财产分配前可向清算组申报债权。清算组负责审查其申报的债权,并由人民法院审查确定。债权人会议对人民法院同意该债权人参加破产财产分配有异议的,可以向人民法院申请复议。

四、关于破产和解与破产企业整顿

第二十五条 人民法院受理企业破产案件后,在破产程序终结前,债务人可以向人民法院申请和解。人民法院在破产案件审理过程中,可以根据债权人、债务人具体情况向双方提出和解建议。

人民法院作出破产宣告裁定前,债权人会议与债务人达成和解协议并经人民法院裁定认可的,由人民法院发布公告,中止破产程序。

人民法院作出破产宣告裁定后,债权人会议与债务人达成和解协议并经人民法院裁定认可,由人民法院裁定中止执行破产宣告裁定,并公告中止破产程序。

第二十六条 债务人不按和解协议规定的内容清偿全部债务的，相关债权人可以申请人民法院强制执行。

第二十七条 债务人不履行或者不能履行和解协议的，经债权人申请，人民法院应当裁定恢复破产程序。和解协议系在破产宣告前达成的，人民法院应当在裁定恢复破产程序的同时裁定宣告债务人破产。

第二十八条 企业由债权人申请破产的，如被申请破产的企业系国有企业，依照企业破产法第四章的规定，其上级主管部门可以申请对该企业进行整顿。整顿申请应当在债务人被宣告破产前提出。

企业无上级主管部门的，企业股东会议可以通过决议并以股东会议名义申请对企业进行整顿。整顿工作由股东会议指定人员负责。

第二十九条 企业整顿期间，企业的上级主管部门或者负责实施整顿方案的人员应当定期向债权人会议和人民法院报告整顿情况、和解协议执行情况。

第三十条 企业整顿期间，对于债务人财产的执行仍适用企业破产法第十一条的规定。

五、关于破产宣告

第三十一条 企业破产法第三条第一款规定的“不能清偿到期债务”是指：

（一）债务的履行期限已届满；

（二）债务人明显缺乏清偿债务的能力。

债务人停止清偿到期债务并呈连续状态，如无相反证据，可推定为“不能清偿到期债务”。

第三十二条 人民法院受理债务人破产案件后，有下列情形之一的，应当裁定宣告债务人破产：

（一）债务人不能清偿债务且与债权人不能达成和解协议的；

（二）债务人不履行或者不能履行和解协议的；

（三）债务人在整顿期间有企业破产法第二十一条规定情形的；

（四）债务人在整顿期满后有企业破产法第二十二条第二款规定情形的。

宣告债务人破产应当公开进行。由债权人提出破产申请的，破产宣告时应当通知债务人到庭。

第三十三条 债务人自破产宣告之日起停止生产经营活动。为债权人利益确有必要继续生产经营的，须经人民法院许可。

第三十四条 人民法院宣告债务人破产后，应当通知债务人的开户银行，限定其银行账户只能由清算组使用。人民法院通知开户银行时应当附破产宣告裁定书。

第三十五条 人民法院裁定宣告债务人破产后应当发布公告，公告内容包括债务人亏损情况、资产负债状况、破产宣告时间、破产宣告理由和法律依据以及对债务人的财产、账册、文书、资料和印章的保护等内容。

第三十六条 破产宣告后，破产企业的财产在其他民事诉讼程序中被查封、扣押、冻结的，受理破产案件的人民法院应当立即通知采取查封、扣押、冻结措施的人民法院予以解除，并向受理破产案件的人民法院办理移交手续。

第三十七条 企业被宣告破产后，人民法院应当指定必要的留守人员。破产企业的法定代表人、财会、财产保管人员必须留守。

第三十八条 破产宣告后，债权人或者债务人对破产宣告有异议的，可以在人民法院宣告企业破产之日起十日内，向上一级人民法院申诉。上一级人民法院应当组成合议庭进行审理，并在三十日内作出裁定。

六、关于债权人会议

第三十九条 债权人会议由申报债权的债权人组成。

债权人会议主席由人民法院在有表决权的债权人中指定。必要时，人民法院可以指定多名债权人会议主席，成立债权人会议主席委员会。

少数债权人拒绝参加债权人会议，不影响会议的召开。但债权人会议不得作出剥夺其对破产财产受偿的机会或者不利于其受偿的决议。

第四十条 第一次债权人会议应当在人民法院受理破产案件公告三个月期满后召开。除债务人的财产不足以支付破产费用，破产程序提前终结外，不得以一般债权的清偿率为零为理由取消债权人会议。

第四十一条 第一次债权人会议由人民法院召集并主持。人民法院除完成本规定第十七条确定的工作外，还应当做好以下准备工作：

（一）拟订第一次债权人会议议程；

（二）向债务人的法定代表人或者负责人发出通知，要求其必须到会；

（三）向债务人的上级主管部门、开办人或者股东会议代表发出通知，要求其派员列席会议；

（四）通知破产清算组成员列席会议；

（五）通知审计、评估人员参加会议；

（六）需要提前准备的其他工作。

第四十二条 债权人会议一般包括以下内容：

（一）宣布债权人会议职权和其他有关事项；

（二）宣布债权人资格审查结果；

（三）指定并宣布债权人会议主席；

（四）安排债务人法定代表人或者负责人接受债权人询问；

（五）由清算组通报债务人的生产经营、财产、债务情况并作清算工作报告和提出财产处理方案及分配方案；

（六）讨论并审查债权的证明材料、债权的财产担保情况及数额、讨论通过和解协议、审阅清算组的清算报告、讨论通过破产财产的处理方案与分配方案等。讨论内容应当记明笔录。债权人对人民法院或者清算组登记的债权提出异议的，人民法院应当及时审查并作出裁定；

（七）根据讨论情况，依照企业破产法第十六条的规定进行表决。

以上第（五）至（七）项议程内的工作在本次债权人会议上无法完成的，交由下次债权人会议继续进行。

第四十三条 债权人认为债权人会议决议违反法律规定或者侵害其合法权益的，可以在债权人会议作出决议后七日内向人民法院提出，由人民法院依法裁定。

第四十四条 清算组财产分配方案经债权人会议两次讨论未获通过的，由人民法院依法裁定。

对前款裁定，占无财产担保债权总额半数以上债权的债权人有异议的，可以在人民法院作出裁定之日起十日内向上一级人民法院申诉。上一级人民法院应当组成合议庭进行审理，并在三十日内作出裁定。

第四十五条 债权人可以委托代理人出席债权人会议，并可以授权代理人行使表决权。代理人应当向人民法院或者债权人会议主席提交授权委托书。

第四十六条 第一次债权人会议后又召开债权人会议的，债权人会议主席应当在发出会议通知前三日报告人民法院，并由会议召集人在开会前十五日将会议时间、地点、内容、目的等事项通知债权人。

七、关于清算组

第四十七条 人民法院应当自裁定宣告企业破产之日起十五日内成立清算组。

第四十八条 清算组成员可以从破产企业上级主管部门、清算中介机构以及会计、律师中产生，也可以从政府财政、工商管理、计委、经委、审计、税务、物价、劳动、社会保险、土地管理、国有资产管理、人事等部门中指定。人民银行分（支）行可以按照有关规定派人参加清算组。

第四十九条 清算组经人民法院同意可以聘请破产清算机构、律师事务所、会计事务所等中介机构承担一定的破产清算工作。中介机构就清算工作向清算组负责。

第五十条 清算组的主要职责是：

（一）接管破产企业。向破产企业原法定代表人及留守人员接收原登记造册的资产明细表、有形资产清册，接管所有财产、账册、文书档案、印章、证照和有关资料。破产宣告前成立企业监管组的，由企业监管组和企业原法定代表人向清算组进行移交；

（二）清理破产企业财产，编制财产明细表和资产负债表，编制债权债务清册，组织破产财产的评估、拍卖、变现；

（三）回收破产企业的财产，向破产企业的债务人、财产持有人依法行使财产权利；

（四）管理、处分破产财产，决定是否履行合同和在清算范围内进行经营活动。确认别除权、抵销权、取回权；

（五）进行破产财产的委托评估、拍卖及其他变现工作；

（六）依法提出并执行破产财产处理和分配方案；

（七）提交清算报告；

（八）代表破产企业参加诉讼和仲裁活动；

（九）办理企业注销登记等破产终结事宜；

（十）完成人民法院依法指定的其他事项。

第五十一条 清算组对人民法院负责并且报告工作，接受人民法院的监督。人民法院应当及时指导清算组的工作，明确清算组的职权与责任，帮助清算组拟订工作计划，听取清算组汇报工作。

清算组有损害债权人利益的行为或者其他违法行为的，人民法院可以根据债权人的申请或者依职权予以纠正。

人民法院可以根据债权人的申请或者依职权更换不称职的清算组成员。

第五十二条 清算组应当列席债权人会议，接受债权人会议的询问。债权人有权查阅有关资料、询问有关事项；清算组的决定违背债权人利益的，债权人可以申请人民法院裁定撤销该决定。

第五十三条 清算组对破产财产应当及时登记、清理、审计、评估、变价。必要时，可以请求人民法院对破产企业财产进行保全。

第五十四条 清算组应当采取有效措施保护破产企业的财产。债务人的财产权利如不依法登记或者及时行使将丧失权利的，应当及时予以登记或者行使；对易损、易腐、跌价或者保管费用较高的财产应当及时变卖。

八、关于破产债权

第五十五条 下列债权属于破产债权：

（一）破产宣告前发生的无财产担保的债权；

（二）破产宣告前发生的虽有财产担保但是债权人放弃优先受偿的债权；

（三）破产宣告前发生的虽有财产担保但是债权数额超过担保物价值部分的债权；

（四）票据出票人被宣告破产，付款人或者承兑人不知其事实而向持票人付款或者承兑所产生的债权；

（五）清算组解除合同，对方当事人依法或者依照合同约定产生的对债务人可以用货币计算的债权；

（六）债务人的受托人在债务人破产后，为债务人的利益处理委托事务所发生的债权；

（七）债务人发行债券形成的债权；

（八）债务人的保证人代替债务人清偿债务后依法可以向债务人追偿的债权；

（九）债务人的保证人按照《中华人民共和国担保法》第三十二条的规定预先行使追偿权而申报的债权；

（十）债务人为保证人的，在破产宣告前已经被生效的法律文书确定承担的保证责任；

（十一）债务人在破产宣告前因侵权、违约给他人造成财产损失而产生的赔偿责任；

（十二）人民法院认可的其他债权。

以上第（五）项债权以实际损失为计算原则。违约金不作为破产债权，定金不再适用定金罚则。

第五十六条 因企业破产解除劳动合同，劳动者依法或者依据劳动合同对企业享有的补偿金请求权，参照企业破产法第三十七条第二款第（一）项规定的顺序清偿。

第五十七条 债务人所欠非正式职工（含短期劳动工）的劳动报酬，参照企业破产法第三十七条第二款第（一）项规定的顺序清偿。

第五十八条 债务人所欠企业职工集资款，参照企业破产法第三十七条第二款第（一）项规定的顺序清偿。但对违反法律规定的高额利息部分不予保护。

职工向企业的投资，不属于破产债权。

第五十九条 债务人退出联营应当对该联营企业的债务承担责任的，联营企业的债权人对该债务人享有的债权属于破产债权。

第六十条 与债务人互负债权债务的债权人可以向清算组请求行使抵销权，抵销权的行使应当具备以下条件：

（一）债权人的债权已经得到确认；

（二）主张抵销的债权债务均发生在破产宣告之前。

经确认的破产债权可以转让。受让人以受让的债权抵销其所欠债务人债务的，人民法院不予支持。

第六十一条 下列债权不属于破产债权：

（一）行政、司法机关对破产企业的罚款、罚金以及其他有关费用；

（二）人民法院受理破产案件后债务人未支付应付款项的滞纳金，包括债务人未执行生效法律文书应当加倍支付的迟延利息和劳动保险金的滞纳金；

（三）破产宣告后的债务利息；

（四）债权人参加破产程序所支出的费用；

（五）破产企业的股权、股票持有人在股权、股票上的权利；

（六）破产财产分配开始后向清算组申报的债权；

（七）超过诉讼时效的债权；

（八）债务人开办单位对债务人未收取的管理费、承包费。

上述不属于破产债权的权利，人民法院或者清算组也应当对当事人的申报进行登记。

第六十二条 政府无偿拨付给债务人的资金不属于破产债权。但财政、扶贫、科技管理等行政部门通过签订合同，按有偿使用、定期归还原则发放的款项，可以作为破产债权。

第六十三条 债权人对清算组确认或者否认的债权有异议的，可以向清算组提出。债权人对清算组的处理仍有异议的，可以向人民法院提出。人民法院应当在查明事实的基础上依法作出裁决。

九、关于破产财产

第六十四条 破产财产由下列财产构成：

（一）债务人在破产宣告时所有的或者经营管理的全部财产；

（二）债务人在破产宣告后至破产程序终结前取得的财产；

（三）应当由债务人行使的其他财产权利。

第六十五条 债务人与他人共有的物、债权、知识产权等财产或者财产权，应当在破产清算中予以分割，债务人分割所得属于破产财产；不能分割的，应当就其应得部分转让，转让所得属于破产财产。

第六十六条 债务人的开办人注册资金投入不足的，应当由该开办人予以补足，补足部分属于破产财产。

第六十七条 企业破产前受让他人财产并依法取得所有权或者土地使用权的，即便未支付或者未完全支付对价，该财产仍属于破产财产。

第六十八条 债务人的财产被采取民事诉讼执行措施的，在受理破产案件后尚未执行的或者未执行完毕的剩余部分，在该企业被宣告破产后列入破产财产。因错误执行应当执行回转的财产，在执行回转后列入破产财产。

第六十九条 债务人依照法律规定取得代位求偿权的，依该代位求偿权享有的债权属于破产财产。

第七十条 债务人在被宣告破产时未到期的债权视为已到期，属于破产财产，但应当减去未到期的利息。

第七十一条 下列财产不属于破产财产：

（一）债务人基于仓储、保管、加工承揽、委托交易、代销、借用、寄存、租赁等法律关系占有、使用的他人财产；

（二）抵押物、留置物、出质物，但权利人放弃优先受偿权的或者优先偿付被担保债权剩余的部分除外；

（三）担保物灭失后产生的保险金、补偿金、赔偿金等代位物；

（四）依照法律规定存在优先权的财产，但权利人放弃优先受偿权或者优先偿付特定债权剩余的部分除外；

（五）特定物买卖中，尚未转移占有但相对人已完全支付对价的特定物；

（六）尚未办理产权证或者产权过户手续但已向买方交付的财产；

（七）债务人在所有权保留买卖中尚未取得所有权的财产；

（八）所有权专属于国家且不得转让的财产；

（九）破产企业工会所有的财产。

第七十二条 本规定第七十一条第（一）项所列的财产，财产权利人有权取回。

前款财产在破产宣告前已经毁损灭失的，财产权利人仅能以直接损失额为限申报债权；在破产宣告后因清算组的责任毁损灭失的，财产权利人有权获得等值赔偿。

债务人转让上述财产获利的，财产权利人有权要求债务人等值赔偿。

十、关于破产财产的收回、处理和变现

第七十三条 清算组应当向破产企业的债务人和财产持有人发出书面通知，要求债务人和财产持有人于限定的时间向清算组清偿债务或者交付财产。

破产企业的债务人和财产持有人有异议的，应当在收到通知后的七日内提出，由人民法院作出裁定。

破产企业的债务人和财产持有人在收到通知后既不向清算组清偿债务或者交付财产，又没有正当理由不在规定的异议期内提出异议的，由清算组向人民法院提出申请，经人民法院裁定后强制执行；破产企业在境外的财产，由清算组予以收回。

第七十四条 债务人享有的债权，其诉讼时效自人民法院受理债务人的破产申请之日起，适用《中华人民共和国民法通则》第一百四十条关于诉讼时效中断的规定。债务人与债权人达成和解协议，中止破产程序的，诉讼时效自人民法院中止破产程序裁定之日起重新计算。

第七十五条 经人民法院同意，清算组可以聘用律师或者其他中介机构的人员追收债权。

第七十六条 债务人设立的分支机构和没有法人资格的全资机构的财产，应当一并纳入破产程序进行清理。

第七十七条 债务人在其开办的全资企业中的投资权益应当予以追收。

全资企业资不抵债的，清算组停止追收。

第七十八条 债务人对外投资形成的股权及其收益应当予以追收。对该股权可以出售或者转让，出售、转让所得列入破产财产进行分配。

股权价值为负值的,清算组停止追收。

第七十九条 债务人开办的全资企业,以及由其参股、控股的企业不能清偿到期债务,需要进行破产还债的,应当另行提出破产申请。

第八十条 清算组处理集体所有土地使用权时,应当遵守相关法律规定。未办理土地征用手续的集体所有土地使用权,应当在该集体范围内转让。

第八十一条 破产企业的职工住房,已经签订合同、交付房款,进行房改给个人的,不属于破产财产。未进行房改的,可由清算组向有关部门申请办理房改事项,向职工出售。按照国家规定不具备房改条件,或者职工在房改中不购买住房的,由清算组根据实际情况处理。

第八十二条 债务人的幼儿园、学校、医院等公益福利性设施,按国家有关规定处理,不作为破产财产分配。

第八十三条 处理破产财产前,可以确定有相应评估资质的评估机构对破产财产进行评估,债权人会议、清算组对破产财产的评估结论、评估费用有异议的,参照最高人民法院《关于民事诉讼证据的若干规定》第二十七条的规定处理。

第八十四条 债权人会议对破产财产的市场价格无异议的,经人民法院同意后,可以不进行评估。但是国有资产除外。

第八十五条 破产财产的变现应当以拍卖方式进行。由清算组负责委托有拍卖资格的拍卖机构进行拍卖。

依法不得拍卖或者拍卖所得不足以支付拍卖所需费用的,不进行拍卖。

前款不进行拍卖或者拍卖不成的破产财产,可以在破产分配时进行实物分配或者作价变卖。债权人对清算组在实物分配或者作价变卖中对破产财产的估价有异议的,可以请求人民法院进行审查。

第八十六条 破产财产中的成套设备,一般应当整体出售。

第八十七条 依法属于限制流通的破产财产,应当由国家指定的部门收购或者按照有关法律规定处理。

十一、关于破产费用

第八十八条 破产费用包括:

(一)破产财产的管理、变卖、分配所需要的费用;

(二)破产案件的受理费;

(三)债权人会议费用;

(四)催收债务所需费用;

(五)为债权人的共同利益而在破产程序中支付的其他费用。

第八十九条 人民法院受理企业破产案件可以按照《人民法院诉讼收费办法补充规定》预收案件受理费。

破产宣告前发生的经人民法院认可的必要支出,从债务人财产中拨付。债务人财产不足以支付的,如系债权人申请破产的,由债权人支付。

第九十条 清算期间职工生活费、医疗费可以从破产财产中优先拨付。

第九十一条 破产费用可随时支付,破产财产不足以支付破产费用的,人民法院根据清算组的申请裁定终结破产程序。

十二、关于破产财产的分配

第九十二条 破产财产分配方案经债权人会议通过后,由清算组负责执行。财产分配可以一次分配,也可以多次分配。

第九十三条 破产财产分配方案应当包括以下内容:

(一)可供破产分配的财产种类、总值,已经变现的财产和未变现的财产;

(二)债权清偿顺序、各顺序的种类与数额,包括破产企业所欠职工工资、劳动保险费用和破产企业所欠税款的数额和计算依据,纳入国家计划调整的企业破产,还应当说明职工安置费的数额和计算依据；

（三）破产债权总额和清偿比例；

（四）破产分配的方式、时间；

（五）对将来能够追回的财产拟进行追加分配的说明。

第九十四条 列入破产财产的债权，可以进行债权分配。债权分配以便于债权人实现债权为原则。

将人民法院已经确认的债权分配给债权人的，由清算组向债权人出具债权分配书，债权人可以凭债权分配书向债务人要求履行。债务人拒不履行的，债权人可以申请人民法院强制执行。

第九十五条 债权人未在指定期限内领取分配的财产的，对该财产可以进行提存或者变卖后提存价款，并由清算组向债权人发出催领通知书。债权人在收到催领通知书一个月后或者在清算组发出催领通知书两个月后，债权人仍未领取的，清算组应当对该部分财产进行追加分配。

十三、关于破产终结

第九十六条 破产财产分配完毕，由清算组向人民法院报告分配情况，并申请人民法院终结破产程序。

人民法院在收到清算组的报告和终结破产程序申请后，认为符合破产程序终结规定的，应当在七日内裁定终结破产程序。

第九十七条 破产程序终结后，由清算组向破产企业原登记机关办理企业注销登记。

破产程序终结后仍有可以追收的破产财产、追加分配等善后事宜需要处理的，经人民法院同意，可以保留清算组或者保留部分清算组成员。

第九十八条 破产程序终结后出现可供分配的财产的，应当追加分配。追加分配的财产，除企业破产法第四十条规定的由人民法院追回的财产外，还包括破产程序中因纠正错误支出收回的款项，因权利被承认追回的财产，债权人放弃的财产和破产程序终结后实现的财产权利等。

第九十九条 破产程序终结后，破产企业的帐册、文书等卷宗材料由清算组移交破产企业上级主管机关保存；无上级主管机关的，由破产企业的开办人或者股东保存。

十四、其他

第一百条 人民法院在审理企业破产案件中，发现破产企业的原法定代表人或者直接责任人员有企业破产法第三十五条所列行为的，应当向有关部门建议，对该法定代表人或者直接责任人员给予行政处分；涉嫌犯罪的，应当将有关材料移送相关国家机关处理。

第一百零一条 破产企业有企业破产法第三十五条所列行为，致使企业财产无法收回，造成实际损失的，清算组可以对破产企业的原法定代表人、直接责任人员提起民事诉讼，要求其承担民事赔偿责任。

第一百零二条 人民法院受理企业破产案件后，发现企业有巨额财产下落不明的，应当将有关涉嫌犯罪的情况和材料，移送相关国家机关处理。

第一百零三条 人民法院可以建议有关部门对破产企业的主要责任人员限制其再行开办企业，在法定期限内禁止其担任公司的董事、监事、经理。

第一百零四条 最高人民法院发现各级人民法院，或者上级人民法院发现下级人民法院在破产程序中作出的裁定确有错误的，应当通知其纠正；不予纠正的，可以裁定指令下级人民法院重新作出裁定。

第一百零五条 纳入国家计划调整的企业破产案件，除适用本规定外，还应当适用国家有关企业破产的相关规定。

第一百零六条 本规定自二〇〇二年九月一日起施行。在本规定发布前制定的有关审理企业破产案件的司法解释，与本规定相抵触的，不再适用。

第十一章 外国公司的分支机构

第一百九十一条 【外国公司的概念】 本法所称外国公司是指依照外国法律在中国境外设立的公司。

一、相关司法解释及两高工作文件

《最高人民法院研究室关于外国公司、企业、事业单位在我国领域内犯罪如何适用法律问题的答复》(法研(2003)153号),答复如下:

符合我国法人资格条件的外国公司、企业、事业单位,在我国领域内实施危害社会的行为,依照我国《刑法》构成犯罪的,应当依照我国《刑法》关于单位犯罪的规定追究刑事责任。个人为在我国领域内进行违法犯罪活动而设立的外国公司、企业、事业单位实施犯罪的,或者外国公司、企业、事业单位设立后在我国领域内以实施违法犯罪为主要活动的,不以单位犯罪论处。

《最高人民法院关于向外国公司送达司法文书能否向其驻华代表机构送达并适用留置送达问题的批复》(法释〔2002〕15号),批复如下:

《关于向国外送达民事或商事司法文书和司法外文书公约》(以下简称海牙送达公约)第一条规定:"在所有民事或商事案件中,如有须递送司法文书或司法外文书以便向国外送达的情形,均应适用本公约。"根据《中华人民共和国民事诉讼法》(以下简称民事诉讼法)第二百四十七条(编者注:现为该法第二百六十七条)的规定,人民法院对在中华人民共和国领域内没有住所的当事人送达诉讼文书,可以依照受送达人所在国与中华人民共和国缔结或者共同参加的国际条约中规定的方式送达;当受送达人在中华人民共和国领域内设有代表机构时,便不再属于海牙送达公约规定的"有须递送司法文书或司法外文书以便向国外送达的情形"。因此,人民法院可以根据民事诉讼法第二百四十七条(编者注:现为该法第二百六十七条)第(五)项的规定向受送达人在中华人民共和国领域内设立的代表机构送达诉讼文书,而不必根据海牙送达公约向国外送达。

根据民事诉讼法第二百三十七条(编者注:现为该法第二百五十九条)的规定,人民法院向外国公司的驻华代表机构送达诉讼文书时,可以适用留置送达的方式。

二、相关文件规定

《外国企业常驻代表机构登记管理条例(2018修正)》(国务院令第703号),规定如下:

第一章 总 则

第一条 为了规范外国企业常驻代表机构的设立及其业务活动,制定本条例。

第二条 本条例所称外国企业常驻代表机构(以下简称代表机构),是指外国企业依照本条例规定,在中国境内设立的从事与该外国企业业务有关的非营利性活动的办事机构。代表机构不具有法人资格。

第三条 代表机构应当遵守中国法律,不得损害中国国家安全和社会公共利益。

第四条 代表机构设立、变更、终止,应当依照本条例规定办理登记。

外国企业申请办理代表机构登记,应当对申请文件、材料的真实性负责。

第五条 省、自治区、直辖市人民政府市场监督管理部门是代表机构的登记和管理机关(以下简称登记机关)。

登记机关应当与其他有关部门建立信息共享机制,相互提供有关代表机构的信息。

第六条 代表机构应当于每年3月1日至6月30日向登记机关提交年度报告。年度报告的内容包括外国企业的合法存续情况、代表机构的业务活动开展情况及其经会计师事务所审计的费用收支情况等相关情况。

第七条 代表机构应当依法设置会计账簿，真实记载外国企业经费拨付和代表机构费用收支情况，并置于代表机构驻在场所。

代表机构不得使用其他企业、组织或者个人的账户。

第八条 外国企业委派的首席代表、代表以及代表机构的工作人员应当遵守法律、行政法规关于出入境、居留、就业、纳税、外汇登记等规定；违反规定的，由有关部门依照法律、行政法规的相关规定予以处理。

第二章 登记事项

第九条 代表机构的登记事项包括：代表机构名称、首席代表姓名、业务范围、驻在场所、驻在期限、外国企业名称及其住所。

第十条 代表机构名称应当由以下部分依次组成：外国企业国籍、外国企业中文名称、驻在城市名称以及“代表处”字样，并不得含有下列内容和文字：

（一）有损于中国国家安全或者社会公共利益的；

（二）国际组织名称；

（三）法律、行政法规或者国务院规定禁止的。

代表机构应当以登记机关登记的名称从事业务活动。

第十一条 外国企业应当委派一名首席代表。首席代表在外国企业书面授权范围内，可以代表外国企业签署代表机构登记申请文件。

外国企业可以根据业务需要，委派 1 至 3 名代表。

第十二条 有下列情形之一的，不得担任首席代表、代表：

（一）因损害中国国家安全或者社会公共利益，被判处刑罚的；

（二）因从事损害中国国家安全或者社会公共利益等违法活动，依法被撤销设立登记、吊销登记证或者被有关部门依法责令关闭的代表机构的首席代表、代表，自被撤销、吊销或者责令关闭之日起未逾 5 年的；

（三）国务院市场监督管理部门规定的其他情形。

第十三条 代表机构不得从事营利性活动。

中国缔结或者参加的国际条约、协定另有规定的，从其规定，但是中国声明保留的条款除外。

第十四条 代表机构可以从事与外国企业业务有关的下列活动：

（一）与外国企业产品或者服务有关的市场调查、展示、宣传活动；

（二）与外国企业产品销售、服务提供、境内采购、境内投资有关的联络活动。

法律、行政法规或者国务院规定代表机构从事前款规定的业务活动须经批准的，应当取得批准。

第十五条 代表机构的驻在场所由外国企业自行选择。

根据国家安全和社会公共利益需要，有关部门可以要求代表机构调整驻在场所，并及时通知登记机关。

第十六条 代表机构的驻在期限不得超过外国企业的存续期限。

第十七条 登记机关应当将代表机构登记事项记载于代表机构登记簿，供社会公众查阅、复制。

第十八条 代表机构应当将登记机关颁发的外国企业常驻代表机构登记证（以下简称登记证）置于代表机构驻在场所的显著位置。

第十九条 任何单位和个人不得伪造、涂改、出租、出借、转让登记证和首席代表、代表的代表证（以下简称代表证）。

登记证和代表证遗失或者毁坏的，代表机构应当在指定的媒体上声明作废，申请补领。

登记机关依法作出准予变更登记、准予注销登记、撤销变更登记、吊销登记证决定的，代表机构原登记证和原首席代表、代表的代表证自动失效。

第二十条 代表机构设立、变更，外国企业应当在登记机关指定的媒体上向社会公告。

代表机构注销或者被依法撤销设立登记、吊销登记证的，由登记机关进行公告。

第二十一条 登记机关对代表机构涉嫌违反本条例的行为进行查处，可以依法行使下列职权：

（一）向有关的单位和个人调查、了解情况；

（二）查阅、复制、查封、扣押与违法行为有关的合同、票据、账簿以及其他资料；

（三）查封、扣押专门用于从事违法行为的工具、设备、原材料、产品（商品）等财物；

（四）查询从事违法行为的代表机构的账户以及与存款有关的会计凭证、账簿、对账单等。

第三章 设立登记

第二十二条 设立代表机构应当向登记机关申请设立登记。

第二十三条 外国企业申请设立代表机构，应当向登记机关提交下列文件、材料：

（一）代表机构设立登记申请书；

（二）外国企业住所证明和存续2年以上的合法营业证明；

（三）外国企业章程或者组织协议；

（四）外国企业对首席代表、代表的任命文件；

（五）首席代表、代表的身份证明和简历；

（六）同外国企业有业务往来的金融机构出具的资金信用证明；

（七）代表机构驻在场所的合法使用证明。

法律、行政法规或者国务院规定设立代表机构须经批准的，外国企业应当自批准之日起90日内向登记机关申请设立登记，并提交有关批准文件。

中国缔结或者参加的国际条约、协定规定可以设立从事营利性活动的代表机构的，还应当依照法律、行政法规或者国务院规定提交相应文件。

第二十四条 登记机关应当自受理申请之日起15日内作出是否准予登记的决定，作出决定前可以根据需要征求有关部门的意见。作出准予登记决定的，应当自作出决定之日起5日内向申请人颁发登记证和代表证；作出不予登记决定的，应当自作出决定之日起5日内向申请人出具登记驳回通知书，说明不予登记的理由。

登记证签发日期为代表机构成立日期。

第二十五条 代表机构、首席代表和代表凭登记证、代表证申请办理居留、就业、纳税、外汇登记等有关手续。

第四章 变更登记

第二十六条 代表机构登记事项发生变更，外国企业应当向登记机关申请变更登记。

第二十七条 变更登记事项的，应当自登记事项发生变更之日起60日内申请变更登记。

变更登记事项依照法律、行政法规或者国务院规定在登记前须经批准的，应当自批准之日起30日内申请变更登记。

第二十八条 代表机构驻在期限届满后继续从事业务活动的，外国企业应当在驻在期限届满前60日内向登记机关申请变更登记。

第二十九条 申请代表机构变更登记，应当提交代表机构变更登记申请书以及国务院市场监督管理部门规定提交的相关文件。

变更登记事项依照法律、行政法规或者国务院规定在登记前须经批准的，还应当提交有关批准文件。

第三十条 登记机关应当自受理申请之日起10日内作出是否准予变更登记的决定。作出准予变更登记决定的，应当自作出决定之日起5日内换发登记证和代表证；作出不予变更登记决定的，应当自作出决定之日起5日内向申请人出具变更登记驳回通知书，说明不予变更登记的理由。

第三十一条 外国企业的有权签字人、企业责任形式、资本（资产）、经营范围以及代表发生变更的，外国企业应当自上述事项发生变更之日起 60 日内向登记机关备案。

第五章 注销登记

第三十二条 有下列情形之一的，外国企业应当在下列事项发生之日起 60 日内向登记机关申请注销登记：

（一）外国企业撤销代表机构；

（二）代表机构驻在期限届满不再继续从事业务活动；

（三）外国企业终止；

（四）代表机构依法被撤销批准或者责令关闭。

第三十三条 外国企业申请代表机构注销登记，应当向登记机关提交下列文件：

（一）代表机构注销登记申请书；

（二）代表机构税务登记注销证明；

（三）海关、外汇部门出具的相关事宜已清理完结或者该代表机构未办理相关手续的证明；

（四）国务院市场监督管理部门规定提交的其他文件。

法律、行政法规或者国务院规定代表机构终止活动须经批准的，还应当提交有关批准文件。

第三十四条 登记机关应当自受理申请之日起 10 日内作出是否准予注销登记的决定。作出准予注销决定的，应当自作出决定之日起 5 日内出具准予注销通知书，收缴登记证和代表证；作出不予注销登记决定的，应当自作出决定之日起 5 日内向申请人出具注销登记驳回通知书，说明不予注销登记的理由。

第六章 法律责任

第三十五条 未经登记，擅自设立代表机构或者从事代表机构业务活动的，由登记机关责令停止活动，处以 5 万元以上 20 万元以下的罚款。

代表机构违反本条例规定从事营利性活动的，由登记机关责令改正，没收违法所得，没收专门用于从事营利性活动的工具、设备、原材料、产品（商品）等财物，处以 5 万元以上 50 万元以下罚款；情节严重的，吊销登记证。

第三十六条 提交虚假材料或者采取其他欺诈手段隐瞒真实情况，取得代表机构登记或者备案的，由登记机关责令改正，对代表机构处以 2 万元以上 20 万元以下的罚款，对直接负责的主管人员和其他直接责任人员处以 1000 元以上 1 万元以下的罚款；情节严重的，由登记机关撤销登记或者吊销登记证，缴销代表证。

代表机构提交的年度报告隐瞒真实情况、弄虚作假的，由登记机关责令改正，对代表机构处以 2 万元以上 20 万元以下的罚款；情节严重的，吊销登记证。

伪造、涂改、出租、出借、转让登记证、代表证的，由登记机关对代表机构处以 1 万元以上 10 万元以下的罚款；对直接负责的主管人员和其他直接责任人员处以 1000 元以上 1 万元以下的罚款；情节严重的，吊销登记证，缴销代表证。

第三十七条 代表机构违反本条例第十四条规定从事业务活动以外活动的，由登记机关责令限期改正；逾期未改正的，处以 1 万元以上 10 万元以下的罚款；情节严重的，吊销登记证。

第三十八条 有下列情形之一的，由登记机关责令限期改正，处以 1 万元以上 3 万元以下的罚款；逾期未改正的，吊销登记证：

（一）未依照本条例规定提交年度报告的；

（二）未按照登记机关登记的名称从事业务活动的；

（三）未按照中国政府有关部门要求调整驻在场所的；

（四）未依照本条例规定公告其设立、变更情况的；

（五）未依照本条例规定办理有关变更登记、注销登记或者备案的。

第三十九条 代表机构从事危害中国国家安全或者社会公共利益等严重违法活动的，

由登记机关吊销登记证。

代表机构违反本条例规定被撤销设立登记、吊销登记证，或者被中国政府有关部门依法责令关闭的，自被撤销、吊销或者责令关闭之日起5年内，设立该代表机构的外国企业不得在中国境内设立代表机构。

第四十条 登记机关及其工作人员滥用职权、玩忽职守、徇私舞弊，未依照本条例规定办理登记、查处违法行为，或者支持、包庇、纵容违法行为的，依法给予处分。

第四十一条 违反本条例规定，构成违反治安管理行为的，依照《中华人民共和国治安管理处罚法》的规定予以处罚；构成犯罪的，依法追究刑事责任。

第七章 附 则

第四十二条 本条例所称外国企业，是指依照外国法律在中国境外设立的营利性组织。

第四十三条 代表机构登记的收费项目依照国务院财政部门、价格主管部门的有关规定执行，代表机构登记的收费标准依照国务院价格主管部门、财政部门的有关规定执行。

第四十四条 香港特别行政区、澳门特别行政区和台湾地区企业在中国境内设立代表机构的，参照本条例规定进行登记管理。

第四十五条 本条例自2011年3月1日起施行。1983年3月5日经国务院批准，1983年3月15日原国家工商行政管理局发布的《关于外国企业常驻代表机构登记管理办法》同时废止。

第一百九十二条 【外国公司分支机构的设立程序】 外国公司在中国境内设立分支机构，必须向中国主管机关提出申请，并提交其公司章程、所属国的公司登记证书等有关文件，经批准后，向公司登记机关依法办理登记，领取营业执照。

外国公司分支机构的审批办法由国务院另行规定。

相关案例

【外国公司分支机构境内经营的核准登记义务】

武汉友谊食品工程有限公司等单位与巴拿马尤索普公司供货安装合同纠纷案[最高人民法院(1998)经终字第281号民事裁定书]，外国企业经登记主管机关核准登记注册，领取《中华人民共和国营业执照》后，方可开展生产经营活动。

第一百九十三条 【外国公司分支机构的设立条件】 外国公司在中国境内设立分支机构，必须在中国境内指定负责该分支机构的代表人或者代理人，并向该分支机构拨付与其所从事的经营活动相适应的资金。

对外国公司分支机构的经营资金需要规定最低限额的，由国务院另行规定。

第一百九十四条 【外国公司分支机构的名称章程】 外国公司的分支机构应当在其名称中标明该外国公司的国籍及责任形式。

外国公司的分支机构应当在本机构中置备该外国公司章程。

相关文件规定

《国家工商行政管理总局关于规范外国公司分支机构名称的通知》，对外国公司分支机构的名称，规定如下：

对外国公司来华设立分支机构从事经营活动的企业名称进行规范，在其名称中应标明该外国公司的国籍及责任形式，后缀以所在地地名及分支机构类型。

第一百九十五条 【外国公司分支机构的法律地位】 外国公司在中国境内设立的分支机构不具有中国法人资格。

外国公司对其分支机构在中国境内进行经营活动承担民事责任。

相关案例

【外国公司分支机构不具有法人地位】

中国国际钢铁投资公司与日本国株式会社劝业银行等借款合同纠纷管辖权异议案[最高人民法院(2001)民四终字第12号民事裁定书]，外国银行在中国的分行地位是确定无疑的，尽管在国家工商管理总局领取了营业执照，也不具备法人地位。

第一百九十六条 【外国公司分支机构的活动原则】 经批准设立的外国公司分支机构，在中国境内从事业务活动，必须遵守中国的法律，不得损害中国的社会公共利益，其合法权益受中国法律保护。

第一百九十七条 【外国公司分支机构的撤销与清算】 外国公司撤销其在中国境内的分支机构时，必须依法清偿债务，依照本法有关公司清算程序的规定进行清算。未清偿债务之前，不得将其分支机构的财产移至中国境外。

第十二章 法律责任

第一百九十八条 【虚报注册资本的法律责任】 违反本法规定，虚报注册资本、提交虚假材料或者采取其他欺诈手段隐瞒重要事实取得公司登记的，由公司登记机关责令改正，对虚报注册资本的公司，处以虚报注册资本金额百分之五以上百分之十五以下的罚款；对提交虚假材料或者采取其他欺诈手段隐瞒重要事实的公司，处以五万元以上五十万元以下的罚款；情节严重的，撤销公司登记或者吊销营业执照。

一、相关法律条文

《中华人民共和国刑法(2017修正)》(自1997年10月1日起施行)对虚报注册资本罪，规定如下：

第一百五十八条【虚报注册资本罪】申请公司登记使用虚假证明文件或者采取其他欺诈手段虚报注册资本，欺骗公司登记主管部门，取得公司登记，虚报注册资本数额巨大、后果严重或者有其他严重情节的，处三年以下有期徒刑或者拘役，并处或者单处虚报注册资本金额百分之一以上百分之五以下罚金。

单位犯前款罪的，对单位判处罚金，并对其直接负责的主管人员和其他直接责任人员，处三年以下有期徒刑或者拘役。

二、相关文件规定

《中华人民共和国公司登记管理条例(2016修订)》(自1994年7月1日起施行)对虚报

注册资本、提交虚假材料等行为的法律责任，规定如下：

第六十四条 虚报注册资本，取得公司登记的，由公司登记机关责令改正，处以虚报注册资本金额5%以上15%以下的罚款；情节严重的，撤销公司登记或者吊销营业执照。

第六十五条 提交虚假材料或者采取其他欺诈手段隐瞒重要事实，取得公司登记的，由公司登记机关责令改正，处以5万元以上50万元以下的罚款；情节严重的，撤销公司登记或者吊销营业执照。

《公司注册资本登记管理规定》(自2014年3月1日起施行)对虚报注册资本的法律责任，规定如下：

第十五条 法律、行政法规以及国务院决定规定公司注册资本实缴的公司虚报注册资本，取得公司登记的，由公司登记机关依照《公司登记管理条例》的相关规定予以处理。

《最高人民检察院、公安部关于严格依法办理虚报注册资本和虚假出资抽逃出资刑事案件的通知》(公经[2014]247号)，对严格依法办理虚报注册资本和虚假出资、抽逃出资刑事案件的有关要求，通知如下：

一、充分认识公司法修改对案件办理工作的影响。新修改的公司法主要涉及三个方面：一是将注册资本实缴登记制改为认缴登记制，除对公司注册资本实缴有另行规定的以外，取消了公司法定出资期限的规定，采取公司股东(发起人)自主约定认缴出资额、出资方式、出资期限等并记载于公司章程的规定。二是放宽注册资本登记条件，除对公司注册资本最低限额有另行规定的以外，取消了公司最低注册资本限制、公司设立时股东(发起人)的首次出资比例以及货币出资比例限制。三是简化登记事项和登记文件，有限责任公司股东认缴出资额、公司实收资本不再作为登记事项，公司登记时不需要提交验资报告。全国人大常委会立法解释规定："刑法第一百五十八条、第一百五十九条的规定，只适用于依法实行注册资本实缴登记制的公司。"新修改的公司法和上述立法解释，必将对公安机关、检察机关办理虚报注册资本和虚假出资、抽逃出资刑事案件产生重大影响。各级公安机关、检察机关要充分认识新修改的公司法和全国人大常委会立法解释的重要意义，深刻领会其精神实质，力争在案件办理工作中准确适用，并及时了解掌握本地区虚报注册资本和虚假出资、抽逃出资案件新情况、新问题以及其他相关犯罪态势，进一步提高办理虚报注册资本和虚假出资、抽逃出资刑事案件的能力和水平。

二、严格把握罪与非罪的界限。根据新修改的公司法和全国人大常委会立法解释，自2014年3月1日起，除依法实行注册资本实缴登记制的公司(参见《国务院关于印发注册资本登记制度改革方案的通知》(国发〔2014〕7号))以外，对申请公司登记的单位和个人不得以虚报注册资本罪追究刑事责任；对公司股东、发起人不得以虚假出资、抽逃出资罪追究刑事责任。对依法实行注册资本实缴登记制的公司涉嫌虚报注册资本和虚假出资、抽逃出资犯罪的，各级公安机关、检察机关依照刑法和《立案追诉标准(二)》的相关规定追究刑事责任时，应当认真研究行为性质和危害后果，确保执法办案的法律效果和社会效果。

三、依法妥善处理跨时限案件。各级公安机关、检察机关对发生在2014年3月1日以前尚未处理或者正在处理的虚报注册资本和虚假出资、抽逃出资刑事案件，应当按照刑法第十二条规定的精神处理：除依法实行注册资本实缴登记制的公司以外，依照新修改的公司法不再符合犯罪构成要件的案件，公安机关已经立案侦查的，应当撤销案件；检察机关已经批准逮捕的，应当撤销批准逮捕决定，并监督公安机关撤销案件；检察机关审查起诉的，应当作出不起诉决定；检察机关已经起诉的，应当撤回起诉并作出不起诉决定；检察机关已经抗诉的，应当撤回抗诉。

四、进一步加强工作联系和沟通。各级公安机关、检察机关应当加强工作联系，对重大、疑难、复杂案件，主动征求意见，共同研究案件定性和法律适用等问题；应当加强与人民法院、工商行政管理等部门的工作联系，建立健全案件移送制度和有关工作协作制度，全面掌握公司注册资本制度改革后面临的经济犯罪态势；上级公安机关、检察机关应当加强对下级公安机关、检察机关的指导，确保虚报注册资本和虚假出资、抽逃出资案件得到依法妥善处理。

三、相关案例

【使用虚假证明文件以不实货币置换无形资产出资的事实存在，但行为情节显著轻微危害不大的，不认为是犯罪】

顾雏军虚报注册资本、违规披露、不披露重要信息、挪用资金案［最高人民法院2019年4月10日民事判决书（最高人民法院发布依法平等保护民营企业家人身财产安全十大典型案例之三）］，具体如下：

案情简介

2005年7月，柯林格尔系创始人顾雏军因涉嫌虚假出资、虚假财务报表、挪用资产和职务侵占等罪名被警方拘捕。2008年1月30日，广东佛山市中院对格林柯尔系掌门人顾雏军案作出一审判决，顾雏军因虚报注册资本罪、违规披露和不披露重要信息罪、挪用资金罪，决定执行有期徒刑10年，并处罚金人民币680万元。宣判后，顾雏军提出上诉。2009年3月25日，广东省高级人民法院作出刑事裁定：驳回上诉，维持原判。顾雏军刑满释放后，向最高人民法院提出申诉。2017年12月28日，最高人民法院公布人民法院依法再审三起重大涉产权案件，顾雏军案将由最高人民法院第一巡回法庭提审。2018年6月13日，最高人民法院第一巡回法庭公开开庭审理原审被告人顾雏军等虚报注册资本，违规披露、不披露重要信息，挪用资金再审一案。2019年4月10日，最高法终审判决：撤销顾雏军原判部分量刑，改判有期徒刑五年。

最高人民法院经再审认为，原审认定顾雏军、刘义忠、姜宝军、张细汉在申请顺德格林柯尔变更登记过程中，使用虚假证明文件以6.6亿元不实货币置换无形资产出资的事实存在，但该行为系当地政府支持顺德格林柯尔违规设立登记事项的延续，未造成严重后果，且相关法律在原审时已进行修改，使本案以不实货币置换的超出法定上限的无形资产所占比例由原来的55%降低至5%，故顾雏军等人的行为情节显著轻微危害不大，不认为是犯罪；原审认定科龙电器在2002年至2004年将虚增利润编入财会报告予以披露的事实存在，对其违法行为可依法予以行政处罚，但由于在案证据不足以证实科龙电器提供虚假财会报告的行为已造成刑法规定的“严重损害股东或者其他人利益”的后果，不应追究相关人员的刑事责任；原审认定顾雏军、姜宝军挪用扬州亚星客车6300万元给扬州格林柯尔的事实不清，证据不足，且适用法律错误，不应按犯罪处理，但原审认定顾雏军、张宏挪用科龙电器2.5亿元和江西科龙4000万元归个人使用，进行营利活动的事实清楚，证据确实、充分，顾雏军及其辩护人提出的科龙集团欠格林柯尔系公司巨额资金的意见，与事实不符，不能成立。顾雏军、张宏的行为均已构成挪用资金罪，且挪用数额巨大。鉴于挪用资金时间较短，且未给单位造成重大经济损失，依法可对顾雏军、张宏从宽处罚。

典型意义

顾雏军案再审改判，向全社会释放了产权司法保护的积极信号，把党中央关于加强产权司法保护的精神落到了实处，对于激发企业家创业创新动力，营造良好营商环境，促进经济社会持续健康发展，都具有十分重要的意义。本案中三个罪名的认定都体现了程序法治和证据裁判的基本要求，就是认定案件事实必须以证据为根据，认定事实的证据必须是合法收集的，必须是客观真实的。该案的再审促使社会各界更加关注产权的保护制度，关注良好的营商环境，关注企业的合法合规制度。同时为司法机关办理类似案件要坚持谦抑原则，要慎重启动程序，慎重采取强制措施在罪与非罪的把握边界上要更加严格，严格贯彻罪刑法定、疑罪从无、非法证据排除这些基本的原则，树立了典范。

【实行注册资本认缴登记制的公司及相关人员刑事责任的认定】

眉山市天姿娇服饰有限公司及张建清、袁红军、刘雪云虚报注册资本无罪案［四川省眉山市中级人民法院（2014）眉刑终字第17号刑事判决书］，第十二届全国人民代表大会常务委员会在2014年4月24日通过了《全国人民代表大会常务委员会关于〈中华人民共和国刑法〉第一百五十八条、第一百五十九条的解释》，明确了虚报注册资本罪的适用范围。根据该解释的规定，虚报注册资本罪只适用于依法实行注册资本实缴登记制的公司。而根据《公司法》第二十六条第二款之规定，本案的被告单位天姿娇公司属于注册资本认缴登记制的公司，因此不应再适用《刑法》第一百五十八条之规定，天姿娇公司不构成虚报注册资本罪；公司直接负责的主管人员被告人张建清、袁红军不构成虚报注册资本罪，之前认定的共同犯罪人原审被告人刘雪云也不构成虚报注册资本罪。

【抽逃出资、虚假出资与虚报注册资本的区别及认定】

胡建国票据诈骗、虚假出资、非法吸收公众存款案[浙江省绍兴市中级人民法院(2010)浙绍刑终字第24号刑事判决书(《人民司法·案例》2010年第16期)]，行为人为公司增资进行注册资本变更登记，在验资后登记变更前抽逃出资的行为，应当适用《刑法》第一百五十八条以虚报注册资本罪定罪处罚，而非虚假出资罪或者抽逃出资罪。

【将抵押借款列入公司账目，属于公司内部管理问题，不构成虚假出资罪】

陈孝荣虚假出资、抽逃出资、职务侵占案[海南省高级人民法院(2000)琼刑终字第31号刑事判决书]，陈孝荣以股份公司法人代表的身份，在1996年9月23日海星股份公司的第三次股东大会之前，用洋浦星成实业公司的名义虚开海星股份公司股权证190万股，用其中40万股向海南兴农房地产开发公司抵押借款人民币10万元，把抵押借款10万元列入海星股份公司的账目，用于海星股份公司的费用，属于公司内部管理的问题，不构成虚假出资罪。

【虚报注册资本罪的认定】

杨斌虚假出资、非法占用农用地、合同诈骗、单位行贿、对单位行贿、伪造金融票证案[辽宁省高级人民法院2003年9月7日刑事裁定书(《最高人民检察院公报》2004年第4号(总第81号))]，被告人杨斌作为欧亚实业公司、沈阳海牙大酒店有限公司等5个公司的董事长、法定代表人，在申请外商投资企业登记过程中，违反有关公司登记管理法规，使用虚假证明文件和采取其他欺诈手段，虚报注册资本，取得公司登记，且数额巨大，是上述5个公司虚报注册资本直接负责的主管人员，其行为已构成虚报注册资本罪。

周小平虚报注册资本、合同诈骗、挪用资金案[上海市高级人民法院(2003)沪高刑终字第114号刑事判决书]，被告人周小平在受股东委托负责申请金进集团公司和中进汽贸公司登记时，使用虚假证明文件，欺骗公司登记主管部门，取得公司登记，虚报注册资本合计人民币1.3亿元，其行为已构成虚报注册资本罪，且虚报注册资本数额巨大。

【虚报注册资本成立公司，公司成立后，账户上的往来资金已超过注册资本，仍构成虚报注册资本罪】

管桦虚报注册资本案[新疆维吾尔自治区高级人民法院1999年12月13日刑事裁定书(《最高人民法院公报》2000年第4期(总第66期))]，一审法院认为：公司是市场经济中基本主体之一，在市场经济活动中起着重要的作用。为了提高公司的公示性和安全性，我国建立了公司登记制度，注册资本就是公司登记事项的主要内容之一。作为公司经营资本的一部分，注册资本是公司承担风险、偿还债务的一项基本保证。如果虚报登记注册资本数额巨大，不仅违反公司登记制度，还会对资本和债务安全构成重大威胁，给社会带来巨大损失。因此，1995年2月28日全国人大常委会通过的《关于惩治违反公司法的犯罪的决定》第一条以及1997年修订的《中华人民共和国刑法》第一百五十八条，都将虚报注册资本数额巨大、后果严重的行为规定为犯罪。

被告人管桦使用虚假的资信证明虚报注册资本100万元，骗取公司登记，虚报的注册资本数额巨大。管桦在骗取了公司登记后，不仅不在核定的经营范围内开展经营活动，反而利用公司账户“倒账”，为其他公司注入虚假的资本提供便利，破坏国家对工商、金融活动进行的监控、管理，后果严重。管桦的行为已触犯《关于惩治违反公司法的犯罪的决定》第一条，构成虚报注册资本罪，依照《刑法》第十二条的规定，应当依照《刑法》第一百五十八条的规定惩处。

被告人管桦的辩护人以仁立公司设立后，其银行账户上的资金数额已经超过100万元，辩称管桦主观上没有犯罪故意，客观上也补足了注册资金，故其行为不构成犯罪。经查，仁立公司设立后，其账户上的资金数额虽然超出过100万元，但这些资金只是仁立公司用于“倒账”及提取现金的往来资金，不能证明是管桦后续投入的注册资本，更不能证明管桦在申请公司登记注册时就拥有这些资金，故其辩护意见不予采纳。据此，一审法院于1999年11月15日判决：被告人管桦犯虚报注册资本罪，判处罚金2万元。

一审宣判后，管桦不服，以一审时辩护人的辩护意见作为其上诉理由提出上诉。二审法院经审理认为：上诉人管桦使用虚假的资信证明和其他证明文件，虚报注册资本100万元骗取公司登记，虚报注册资本的数额巨大、后果严重，其行为已构成虚假注册资本罪，应当依法惩处。管桦的上诉理由不能成立，应当驳回。一审判决认定的事实清楚，证据确实、充分，定罪准确，量刑适当，审判程序合法，应当维持。据此，该院于1999年12月13日裁定：驳回上诉，维持原判。

第一百九十九条 【虚假出资的法律责任】 公司的发起人、股东虚假出资，未交付或者未按期交付作为出资的货币或者非货币财产的，由公司登记机关责令改正，处以虚假出资金额百分之五以上百分之十五以下的罚款。

一、相关法律条文

《中华人民共和国刑法（2017修正）》（自1997年10月1日起施行）对虚假出资、抽逃出资罪，规定如下：

第一百五十九条【虚假出资、抽逃出资罪】公司发起人、股东违反公司法的规定未交付货币、实物或者未转移财产权，虚假出资，或者在公司成立后又抽逃其出资，数额巨大、后果严重或者有其他严重情节的，处五年以下有期徒刑或者拘役，并处或者单处虚假出资金额或者抽逃出资金额百分之二以上百分之十以下罚金。

单位犯前款罪的，对单位判处罚金，并对其直接负责的主管人员和其他直接责任人员，处五年以下有期徒刑或者拘役。

二、相关文件规定

《中华人民共和国公司登记管理条例（2016修订）》（自1994年7月1日起施行）对未交付出资的处罚，规定如下：

第六十六条 公司的发起人、股东虚假出资，未交付或者未按期交付作为出资的货币或者非货币财产的，由公司登记机关责令改正，处以虚假出资金额5%以上15%以下的罚款。

《公司注册资本登记管理规定》（自2014年3月1日起施行）对未交付出资的处罚，规定如下：

第十六条 法律、行政法规以及国务院决定规定公司注册资本实缴的，其股东或者发起人虚假出资，未交付作为出资的货币或者非货币财产的，由公司登记机关依照《公司登记管理条例》的相关规定予以处理。

三、相关案例

【注册资本由其他公司垫付后被抽回之行为辨析】

上海协安建筑安装工程有限公司等虚假出资案［上海市第二中级人民法院（2012）沪二中刑终字第124号刑事裁定书（《人民司法·案例》2012年第8期）］，在行为人不经手资金的情形下由其他公司实施垫资行为并代办法定验资手续，且这种垫资款在公司还未成立前即被抽回，应认定为一种虚假出资行为。另外，由于这种虚假出资行为主要是针对其他公司发起人或股东进行的欺骗，而并非针对公司登记主管部门以进行整体虚报注册资本，因而不能认定为虚报注册资本行为。

【虚假出资罪的认定】

杜光东被控虚假出资、职务侵占、挪用资金宣告无罪案[广西壮族自治区高级人民法院(2007)桂刑再字第12号刑事判决书],虽然杜光东是深圳锐博公司的法定代表人,而且深圳锐博公司入股北海银湾公司的资产转移手续存在一定的瑕疵,但认定杜光东主观上有虚假出资主观故意的证据不足;客观上杜光东没有采取欺诈手段虚假出资,且指控虚假出资部分事实不清、证据不足,公诉机关指控杜光东犯虚假出资罪不成立,本院不予支持,杜光东不构成虚假出资罪。

【虚假出资的新增股东对公司旧债应否承担责任】

中国信达资产管理公司广州办事处与西宁国新投资控股有限公司借款合同纠纷上诉案[广东省高级人民法院(2006)粤高法民二终字第169号民事判决书(《人民司法·案例》2007年第18期)],有限责任公司的新增股东虚假增资的行为,违背了诚信原则,且已经损害了债权人的合法权益,该新增股东应对公司所欠旧债在虚假增资的范围内承担补充清偿责任。

本案中,国新公司不能证明自己以何种方式履行了对长为公司增加13,600万元注册资本的义务,故法院认定国新公司并未履行对长为公司的增资义务。国新公司享有对长为公司90.79%的股东权益,却不履行自己的增资义务,显属不当。

第一,股东的出资属于公司的责任财产,是公司在民事活动中承担责任的担保。国新公司虚假增资的行为违背了其在长为公司增资协议中的承诺,违反了诚信原则,导致长为公司承担民事责任能力下降。经多次催收,至本案诉讼时长为公司仍未能清偿拖欠广州信达办借款本息债务的事实表明,国新公司虚假增资的行为已经损害到广州信达办的合法权益。

第二,长为公司和该公司的其他股东明知国新公司虚假增资,却放任该行为,在增资协议签订后至本案诉讼的近4年时间内不要求国新公司履行增资义务。在此情况下,如果不支持广州信达办对国新公司的请求权,将无法督促已经享有长为公司90.79%股权的大股东国新公司如实履行增资义务,长为公司将更无力清偿本案的债务。

第三,国新公司在虚假增资的范围内对长为公司的债务承担民事责任没有增加其出资负担,只是以本应属于长为公司的权益代长为公司清偿债务。

国新公司应在虚假增资13,600万元的范围内对长为公司的债务承担相应的法律责任。最高人民法院《关于金融机构为企业出具不实或者虚假验资报告资金证明如何承担民事责任问题的通知》第一条规定:"出资人未出资或者未足额出资,但金融机构为企业提供不实、虚假的验资报告或者资金证明,相关当事人使用该报告或者证明,与该企业进行经济往来而受到损失的,应当由该企业承担民事责任。对于该企业财产不足以清偿债务的,由出资人在出资不实或者虚假出资金额范围内承担责任。"根据《公司法》(1999年12月25日修正)第一百八十七条第一款"有限责任公司资金注册资本时,股东认缴新增资本的出资,按照本法设立有限责任公司缴纳出资的有关规定执行"的规定,上述司法解释的规定同样适用于有限责任公司股东增资的行为。长为公司是依法成立的有限责任公司,故国新公司应对长为公司的债务在虚假增资的范围内承担补充清偿责任,而并非广州信达办主张的连带清偿责任。这是由于股东虚假增资而要求股东对公司债务承担责任的特殊情形,并非对股东以出资为限承担有限责任原则的否定。原审关于本案没有充分证据证明国新公司的增资行为已经损害广州信达办债权的实现的认定理由不成立,应予纠正。广州信达办请求撤销原审判决第四判项理由成立,予以支持。

【注册资金不实的责任承担】

新乡市农副产品综合开发公司诉新乡市新华综合服务公司等借款纠纷案[河南省高级人民法院(2002)豫法民二终字第132号民事判决书],粮油经营部在变更为粮油公司时,服务公司承诺投入30万元注册资金作为增资,但其在审计部门对粮油公司审验时提供的30万元的转账支票系其伪造。其于1991年11月27日向粮油公司转付的30万元款,其中11.88万元系粮油经营部转给服务公司,服务公司又转付给粮油公司;其中18.12万元系粮油经营部让其客户李华峰把货款汇入服务公司,服务公司又转付给粮油公司,该30万元均不是服务公司的资金。服务公司称该11.88万元是粮油经营部向其借款后归还的借款，但其提供的粘贴借条的记账凭证上记载的科目、金额等内容与其上粘贴的借条内容并无关系，记账凭证上标明所附单据的数目亦不相符。而且借条上记载的款项在粮油经营部和服务公司账上均未显示，故该证据不能证明服务公司与粮油经营部之间存在借款关系。服务公司称李华峰是其客户，18.12万元系李华峰向其所汇货款，但其并未提供出与李华峰存在业务关系的相应证据。而粮油经营部的账上则显示，其与李华峰存在业务来往关系。而原粮油经营部副经理顾安国证明该11.88万元和18.12万元均是粮油经营部的货款，为了使服务公司向粮油公司投入的注册资金合法化，特意安排将该两笔款转到服务公司账上的。因此该30万元不能认定是服务公司对粮油经营部的投资，开发公司的上诉理由成立，本院对此予以支持。原审判令作为投资单位的服务公司应在其对粮油公司注册资金不实的范围内承担赔偿责任正确，应予维持。开发公司上诉称新华区商贸局未对粮油公司及时清理，对粮油公司的财产流失应承担赔偿责任的理由，因新华区商贸局在原审判决生效后是否对粮油公司及时清理系原审判决后出现的问题，再审对该问题未审理，本院对此亦不予审理，可另行解决。综上所述，原审判决认定事实清楚，处理正确，再审改判证据不足，应予撤销。

第二百条 【抽逃出资的法律责任】 公司的发起人、股东在公司成立后，抽逃其出资的，由公司登记机关责令改正，处以所抽逃出资金额百分之五以上百分之十五以下的罚款。

一、相关文件规定

《中华人民共和国公司登记管理条例（2016修订）》（自1994年7月1日起施行）对抽逃出资的法律责任，规定如下：

第六十七条 公司的发起人、股东在公司成立后，抽逃出资的，由公司登记机关责令改正，处以所抽逃出资金额5%以上15%以下的罚款。

《公司注册资本登记管理规定》（自2014年3月1日起施行）对抽逃出资的法律责任，规定如下：

第十七条 法律、行政法规以及国务院决定规定公司注册资本实缴的，其股东或者发起人在公司成立后抽逃其出资的，由公司登记机关依照《公司登记管理条例》的相关规定予以处理。

二、相关案例

【抽逃出资的刑事责任】

浙江杭州某公司等抽逃出资案［公安部披露洗钱犯罪活动6种手法和8大典型案例之二］，2005年2月，浙江省杭州市公安局经侦支队接到当地人民银行移送的一起可疑交易线索。经查，涉案公司在各银行开设了多个银行账户，为有关公司垫付注册资本验资，验资结束后抽逃出资。涉及资金超过20亿元人民币。2005年，6家涉案企业的直接责任人贾某等14名犯罪嫌疑人被以涉嫌抽逃出资罪移送起诉，并分别被判处有期徒刑。

第二百零一条 【另立会计账簿的法律责任】 公司违反本法规定，在法定的会计账簿以外另立会计账簿的，由县级以上人民政府财政部门责令改正，处以五万元以上五十万元以下的罚款。

第二百零二条 【提供虚假财会报告的法律责任】 公司在依法向有关主管部门提供的财务会计报告等材料上作虚假记载或者隐瞒重要事实的，由有关主管部门对直接负责的主管人员和其他直接责任人员处以三万元以上三十万元以下的罚款。

一、相关法律条文

《中华人民共和国刑法(2017修正)》(自1997年10月1日起施行)对违规披露、不披露重要信息罪,规定如下:

第一百六十一条【违规披露、不披露重要信息罪】依法负有信息披露义务的公司、企业向股东和社会公众提供虚假的或者隐瞒重要事实的财务会计报告,或者对依法应当披露的其他重要信息不按照规定披露,严重损害股东或者其他人利益,或者有其他严重情节的,对其直接负责的主管人员和其他直接责任人员,处三年以下有期徒刑或者拘役,并处或者单处二万元以上二十万元以下罚金。

二、相关案例

【提供虚假财会报告罪】

董博、李有强、丁功民、阎金岱、刘加荣、徐林文提供虚假财会报告、出具证明文件重大失实案[宁夏回族自治区银川市中级人民法院2003年9月3日刑事判决书(《最高人民检察院公报》2004年第5号(总第81号))],被告人董博、李有强、丁功民、阎金岱作为银广夏公司和天津广夏公司直接负责的主管人员和其他直接责任人员,明知提供虚假财会报告会损害股东利益却故意为之,采取伪造银行进帐单、汇款单、海关报关单、销售合同、购货发票单及虚开增值税专用发票等手段,伪造天津广夏公司1999年和2000年度及2001年中期虚假收入和利润,为掩盖银广夏公司虚报虚假利润的事实,又采取拆借资金的手段,达到银广夏公司2001年中期利润分红,导致银广夏公司向股东和社会公众提供虚假的财会报告,向社会披露虚假利润,致使银广夏公司涉嫌违规,被中国证监会停牌,股票急速下跌,严重损害了股东的利益,致使股东遭受巨大的财产损失,其行为均已构成提供虚假财会报告罪,依法应予严惩。

隋元柏、高峰、方跃提供虚假财会报告案[山东省烟台市中级人民法院2002年12月10日刑事判决书(《最高人民检察院公报》2003年第6号(总第77号))],自1997年至2001年,被告人隋元柏、方跃指使该公司财务处工作人员,根据虚增主营业务收入后的虚假数据,制作各年度包括资产负债表、损益表、利润分配表、现金流量表等在内的虚假财务会计报告,并由被告人高峰指使本公司证券办,据此编制虚假的公司中报、年报,提供给股东和社会公众。2001年7月中国证监会对东方电子信息产业股份有限公司上述问题开展调查。同年9月7日,该公司向股东披露正接受证监会调查,2002年4月18日又发布因重大会计差错、调整,可能导致经营业绩下滑的风险提示公告。上述披露事项均因烟台东方电子信息股份有限公司提供虚假财会报告所引起,同时导致其上市股票价格连续下跌,市值大幅缩水,共计给股东造成经济损失25.7亿余元,严重损害股东等投资者的利益。三被告人的行为已构成提供虚假财会报告罪。

吴乌、陈少熙提供虚假财会报告案[福建省厦门市思明区人民法院2002年12月9日刑事判决书],本案被告人之所以提供虚假的财会报告,既有被告人本身对法律的认识不到位的问题,也有当时中国证券市场不够完善的问题,这些因素虽然不影响定罪,但在量刑时不能不予考虑。厦门海洋实业(集团)股份有限公司为了取得配股权,连续三年向股东和社会公众提供虚假的财务会计报告,造成被强制停牌的后果,严重损害了股东及其他人的合法权益,侵犯了公司财务管理的制度。身为公司董事长的被告人吴乌和副董事长的被告人陈少熙是公司提供虚假财务会计报告直接负责的主管人员,其行为均已构成提供虚假财会报告罪。厦门市思明区人民检察院指控二被告人犯提供虚假财会报告罪的事实清楚,证据确实、充分,指控罪名成立。

第二百零三条 【违法提取法定公积金的法律责任】 公司不依照本法规定提取法定公积金的，由县级以上人民政府财政部门责令如数补足应当提取的金额，可以对公司处以二十万元以下的罚款。

第二百零四条 【公司合并、分立、减资、清算中违法行为的法律责任】 公司在合并、分立、减少注册资本或者进行清算时，不依照本法规定通知或者公告债权人的，由公司登记机关责令改正，对公司处以一万元以上十万元以下的罚款。

公司在进行清算时，隐匿财产，对资产负债表或者财产清单作虚假记载或者在未清偿债务前分配公司财产的，由公司登记机关责令改正，对公司处以隐匿财产或者未清偿债务前分配公司财产金额百分之五以上百分之十以下的罚款；对直接负责的主管人员和其他直接责任人员处以一万元以上十万元以下的罚款。

一、相关法律条文

《中华人民共和国刑法（2017修正）》（自1997年10月1日起施行）对公司合并、分立、减资、清算中违法行为的法律责任，规定如下：

第一百六十二条【妨害清算罪】公司、企业进行清算时，隐匿财产，对资产负债表或者财产清单作虚伪记载或者在未清偿债务前分配公司、企业财产，严重损害债权人或者其他人利益的，对其直接负责的主管人员和其他直接责任人员，处五年以下有期徒刑或者拘役，并处或者单处二万元以上二十万元以下罚金。

第一百六十二条之一【隐匿、故意销毁会计凭证、会计账簿、财务会计报告罪】隐匿或者故意销毁依法应当保存的会计凭证、会计账簿、财务会计报告，情节严重的，处五年以下有期徒刑或者拘役，并处或者单处二万元以上二十万元以下罚金。

单位犯前款罪的，对单位判处罚金，并对其直接负责的主管人员和其他直接责任人员，依照前款的规定处罚。

第一百六十二条之二【虚假破产罪】公司、企业通过隐匿财产、承担虚构的债务或者以其他方法转移、处分财产，实施虚假破产，严重损害债权人或者其他人利益的，对其直接负责的主管人员和其他直接责任人员，处五年以下有期徒刑或者拘役，并处或者单处二万元以上二十万元以下罚金。

二、相关文件规定

《中华人民共和国公司登记管理条例（2016修订）》（自1994年7月1日起施行）对公司合并、分立、减资、清算中违法行为的法律责任，规定如下：

第七十条 公司在合并、分立、减少注册资本或者进行清算时，不按照规定通知或者公告债权人的，由公司登记机关责令改正，处以1万元以上10万元以下的罚款。公司在进行清算时，隐匿财产，对资产负债表或者财产清单作虚假记载或者在未清偿债务前分配公司财产的，由公司登记机关责令改正，对公司处以隐匿财产或者未清偿债务前分配公司财产金额5%以上10%以下的罚款；对直接负责的主管人员和其他直接责任人员处以1万元以上10万元以下的罚款。公司在清算期间开展与清算无关的经营活动的，由公司登记机关予以警告，没收违法所得。

三、相关案例

【先合并、然后直接破产的公司终止方式违反公司合并制度立法目的】

乙公司与甲公司股东损害公司债权人利益责任纠纷案［江苏法院公司审判十大案例之八］，在无证据证明参与合并的公司均符合破产条件且破产清偿率相同的情况下，先合并、然后直接破产的公司终止方式，违背公司合并制度立法目的，违法越过清算环节，损害原资产状况相对较好公司的债权人权益，构成侵权。作出该合并决定的股东系侵权人，应承担相应的赔偿责任。合并中未履行法定通知义务，造成债权人丧失要求清偿债务或者提供相应担保的机会，构成侵权。相应的侵权主体应根据未履行法定通知义务的原因具体分析判断。

第二百零五条 【公司在清算期间违法经营活动的法律责任】 公司在清算期间开展与清算无关的经营活动的，由公司登记机关予以警告，没收违法所得。

第二百零六条 【清算组违法活动的法律责任】 清算组不依照本法规定向公司登记机关报送清算报告，或者报送清算报告隐瞒重要事实或者有重大遗漏的，由公司登记机关责令改正。

清算组成员利用职权徇私舞弊、谋取非法收入或者侵占公司财产的，由公司登记机关责令退还公司财产，没收违法所得，并可以处以违法所得一倍以上五倍以下的罚款。

相关文件规定

《中华人民共和国公司登记管理条例（2016 修订）》（自 1994 年 7 月 1 日起施行）对清算组违法活动的法律责任，规定如下：

第七十一条 清算组不按照规定向公司登记机关报送清算报告，或者报送清算报告隐瞒重要事实或者有重大遗漏的，由公司登记机关责令改正。清算组成员利用职权徇私舞弊、谋取非法收入或者侵占公司财产的，由公司登记机关责令退还公司财产，没收违法所得，并可以处以违法所得 1 倍以上 5 倍以下的罚款。

第二百零七条 【资产评估、验资或者验证机构违法的法律责任】 承担资产评估、验资或者验证的机构提供虚假材料的，由公司登记机关没收违法所得，处以违法所得一倍以上五倍以下的罚款，并可以由有关主管部门依法责令该机构停业、吊销直接责任人员的资格证书，吊销营业执照。

承担资产评估、验资或者验证的机构因过失提供有重大遗漏的报告的，由公司登记机关责令改正，情节较重的，处以所得收入一倍以上五倍以下的罚款，并可以由有关主管部门依法责令该机构停业、吊销直接责任人员的资格证书，吊销营业执照。

承担资产评估、验资或者验证的机构因其出具的评估结果、验资或者验证证明不实，给公司债权人造成损失的，除能够证明自己没有过错的外，在其评估或者证明不实的金额范围内承担赔偿责任。

一、相关司法解释及两高工作文件

《最高人民法院关于审理涉及会计师事务所在审计业务活动中民事侵权赔偿案件的若干规定》（法释〔2007〕12 号），规定如下：

第一条 利害关系人以会计师事务所在从事注册会计师法第十四条规定的审计业务活动中出具不实报告并致其遭受损失为由，向人民法院提起民事侵权赔偿诉讼的，人民法院应当依法受理。

第二条 因合理信赖或者使用会计师事务所出具的不实报告，与被审计单位进行交易或者从事与被审计单位的股票、债券等有关的交易活动而遭受损失的自然人、法人或者其他组织，应认定为注册会计师法规定的利害关系人。

会计师事务所违反法律法规、中国注册会计师协会依法拟定并经国务院财政部门批准后施行的执业准则和规则以及诚信公允的原则，出具的具有虚假记载、误导性陈述或者重大遗漏的审计业务报告，应认定为不实报告。

第三条 利害关系人未对被审计单位提起诉讼而直接对会计师事务所提起诉讼的，人民法院应当告知其对会计师事务所和被审计单位一并提起诉讼；利害关系人拒不起诉被审计单位的，人民法院应当通知被审计单位作为共同被告参加诉讼。

利害关系人对会计师事务所的分支机构提起诉讼的，人民法院可以将该会计师事务所列为共同被告参加诉讼。

利害关系人提出被审计单位的出资人虚假出资或者出资不实、抽逃出资，且事后未补足的，人民法院可以将该出资人列为第三人参加诉讼。

第四条 会计师事务所因在审计业务活动中对外出具不实报告给利害关系人造成损失的，应当承担侵权赔偿责任，但其能够证明自己没有过错的除外。

会计师事务所在证明自己没有过错时，可以向人民法院提交与该案件相关的执业准则、规则以及审计工作底稿等。

第五条 注册会计师在审计业务活动中存在下列情形之一，出具不实报告并给利害关系人造成损失的，应当认定会计师事务所与被审计单位承担连带赔偿责任：

（一）与被审计单位恶意串通；

（二）明知被审计单位对重要事项的财务会计处理与国家有关规定相抵触，而不予指明；

（三）明知被审计单位的财务会计处理会直接损害利害关系人的利益，而予以隐瞒或者作不实报告；

（四）明知被审计单位的财务会计处理会导致利害关系人产生重大误解，而不予指明；

（五）明知被审计单位的会计报表的重要事项有不实的内容，而不予指明；

（六）被审计单位示意其作不实报告，而不予拒绝。

对被审计单位有前款第（二）至（五）项所列行为，注册会计师按照执业准则、规则应当知道的，人民法院应认定其明知。

第六条 会计师事务所在审计业务活动中因过失出具不实报告，并给利害关系人造成损失的，人民法院应当根据其过失大小确定其赔偿责任。

注册会计师在审计过程中未保持必要的职业谨慎，存在下列情形之一，并导致报告不实的，人民法院应当认定会计师事务所存在过失：

（一）违反注册会计师法第二十条第（二）、（三）项的规定；

（二）负责审计的注册会计师以低于行业一般成员应具备的专业水准执业；

（三）制定的审计计划存在明显疏漏；

（四）未依据执业准则、规则执行必要的审计程序；

（五）在发现可能存在错误和舞弊的迹象时，未能追加必要的审计程序予以证实或者排除；

（六）未能合理地运用执业准则和规则所要求的重要性原则；

（七）未根据审计的要求采用必要的调查方法获取充分的审计证据；

（八）明知对总体结论有重大影响的特定审计对象缺少判断能力，未能寻求专家意见而直接形成审计结论；

（九）错误判断和评价审计证据；

（十）其他违反执业准则、规则确定的工作程序的行为。

第七条 会计师事务所能够证明存在以下情形之一的，不承担民事赔偿责任：

（一）已经遵守执业准则、规则确定的工作程序并保持必要的职业谨慎，但仍未能发现被审计的会计资料错误；

（二）审计业务所必须依赖的金融机构等单位提供虚假或者不实的证明文件，会计师事务所在保持必要的职业谨慎下仍未能发现其虚假或者不实；

（三）已对被审计单位的舞弊迹象提出警告并在审计业务报告中予以指明；

（四）已经遵照验资程序进行审核并出具报告，但被验资单位在注册登记后抽逃资金；

（五）为登记时未出资或者未足额出资的出资人出具不实报告，但出资人在登记后已补足出资。

第八条 利害关系人明知会计师事务所出具的报告为不实报告而仍然使用的，人民法院应当酌情减轻会计师事务所的赔偿责任。

第九条 会计师事务所在报告中注明"本报告仅供年检使用"、"本报告仅供工商登记使用"等类似内容的，不能作为其免责的事由。

第十条 人民法院根据本规定第六条确定会计师事务所承担与其过失程度相应的赔偿责任时，应按照下列情形处理：

（一）应先由被审计单位赔偿利害关系人的损失。被审计单位的出资人虚假出资、不实出资或者抽逃出资，事后未补足，且依法强制执行被审计单位财产后仍不足以赔偿损失的，出资人应在虚假出资、不实出资或者抽逃出资数额范围内向利害关系人承担补充赔偿责任。

（二）对被审计单位、出资人的财产依法强制执行后仍不足以赔偿损失的，由会计师事务所在其不实审计金额范围内承担相应的赔偿责任。

（三）会计师事务所对一个或者多个利害关系人承担的赔偿责任应以不实审计金额为限。

第十一条 会计师事务所与其分支机构作为共同被告的，会计师事务所对其分支机构的责任部分承担连带赔偿责任。

第十二条 本规定所涉会计师事务所侵权赔偿纠纷未经审判，人民法院不得将会计师事务所追加为被执行人。

第十三条 本规定自公布之日起施行。本院过去发布的有关会计师事务所民事责任的相关规定，与本规定相抵触的，不再适用。

在本规定公布施行前已经终审，当事人申请再审或者按照审判监督程序决定再审的会计师事务所民事侵权赔偿案件，不适用本规定。

《最高人民法院关于金融机构为企业出具不实或者虚假验资报告资金证明如何承担民事责任问题的通知》（法［2002］21号），通知如下：

一、出资人未出资或者未足额出资，但金融机构为企业提供不实、虚假的验资报告或者资金证明，相关当事人使用该报告或者证明，与该企业进行经济往来而受到损失的，应当由该企业承担民事责任。对于该企业财产不足以清偿债务的，由出资人在出资不实或者虚假资金额范围内承担责任。

二、对前项所述情况，企业、出资人的财产依法强制执行后仍不能清偿债务的，由金融机构在验资不实部分或者虚假资金证明金额范围内，根据过错大小承担责任，此种民事责任不属于担保责任。

三、未经审理，不得将金融机构追加为被执行人。

四、企业登记时出资人未足额出资但后来补足的，或者债权人索赔所依据的合同无效的，免除验资金融机构的赔偿责任。

五、注册会计师事务所不实或虚假验资民事责任案件的审理和执行中出现类似问题的，参照本通知办理。

《最高人民法院关于会计师事务所为企业出具虚假验资证明应如何承担责任问题的批复》（法释〔1998〕13号），批复如下：

一、会计师事务所系国家批准的依法独立承担注册会计师业务的事业单位。会计师事务所为企业出具验资证明，属于依据委托合同实施的民事行为。依据《中华人民共和国民法通则》第一百零六条第二款规定，会计师事务所在1994年1月1日之前为企业出具虚假验资证明，给委托人、其他利害关系人造成损失的，应当承担相应的民事赔偿责任。二、会计师事务所与案件的合同当事人虽然没有直接的法律关系，但鉴于其出具虚假验资证明的行为，损害了当事人的合法权益，因此，在民事责任的承担上，应当先由债务人负责清偿，不足部分，再由会计师事务所在其证明金额的范围内承担赔偿责任。

《最高人民法院关于验资单位对多个案件债权人损失应如何承担责任的批复》（法释〔1997〕10号），批复如下：

金融机构、会计师事务所为公司出具不实的验资报告或者虚假的资金证明，公司资不抵债的，该验资单位应当对公司债务在验资报告不实部分或者虚假资金证明金额以内，承担民事赔偿责任。验资单位对一个或多个债权人在验资不实部分之内承担的责任累计已经达到其应当承担责任部分限额的，对于公司其他债权人则不再承担赔偿责任。对于多个债权人同时要求受偿的，验资单位应当在其出具的被验资单位不实的注册资金、证明金额内，就其应当承担责任的部分按比例分别承担赔偿责任。

《最高人民法院关于金融机构为行政机关批准开办的公司提供注册资金验资报告不实应当承担责任问题的批复》（法复〔1996〕3号），批复如下：

对于金融机构根据行政机关出具的注册资金证明，为该行政机关批准开办的公司出具不实的验资报告，公司因资不抵债无力偿还债务，给债权人造成损失的，金融机构除应退出收取的验资手续费外，还应当在该注册资金范围内承担与其过错相应的民事责任；金融机构按照验资程序进行审查核实，公司注册登记后又抽逃资金的，金融机构不承担退出验资手续费和赔偿损失的责任。

二、相关文件规定

《中华人民共和国公司登记管理条例（2016修订）》（自1994年7月1日起施行）对资产评估、验资或者验证机构违法的法律责任，规定如下：

第七十四条 承担资产评估、验资或者验证的机构提供虚假材料的，由公司登记机关没收违法所得，处以违法所得1倍以上5倍以下的罚款，并可以由有关主管部门依法责令该机构停业、吊销直接责任人员的资格证书，吊销营业执照。承担资产评估、验资或者验证的机构因过失提供有重大遗漏的报告的，由公司登记机关责令改正，情节较重的，处以所得收入1倍以上5倍以下的罚款，并可以由有关主管部门依法责令该机构停业、吊销直接责任人员的资格证书，吊销营业执照。

《公司注册资本登记管理规定》（自2014年3月1日起施行）对资产评估、验资或者验证机构的违法的法律责任，规定如下：

第十九条 验资机构、资产评估机构出具虚假证明文件的，公司登记机关应当依照《公司登记管理条例》的相关规定予以处理。

三、相关案例

【执行中对资产评估报告异议的审查】

向上（苏州）房地产开发有限公司与江苏华新建设工程有限公司执行异议纠纷案［江苏省苏州市中级人民法院（2017）苏05执异5号民事裁定书（《人民司法·案例》2019年第8期）］，资产评估报告本质上是基于法院职权作出并对当事人权利义务产生影响的执行行为，对资产评估报告的程序性事项及实体性事项的异议，应纳入执行异议程序由执行裁决部门进行审查。审查过程中，除可以召集当事人、利害关系人听证外，还可以由评估机构出庭发表意见，接受当事人、利害关系人的质询。执行裁决部门可以根据估价对象、估价目的、估价时点以及现场查勘的情况，对是否采用评估报告作为执行依据作出判断。

【行政诉讼中对资产评估报告的审查及处理】

辽宁省新民市人民政府与魏淑英等征地行政强制纠纷申请再审案［最高人民法院（2015）

行监字第1921号行政裁定书(《人民司法·案例》2016年第8期)],人民法院对作为证据的资产评估报告,应当依法严格审查。审查的依据是资产评估准则等法律规范规定,审查的内容包括评估机构和人员的资质、评估目的、评估程序、评估基准日的确定、评估对象的现状和法律权属调查、评估方法的确定、评估工作的具体流程和工作记录等。评估机构和人员提供虚假评估报告妨碍行政诉讼活动的,人民法院应当依照行政诉讼法规定依法予以处罚;对妨碍诉讼活动行为的处罚,不限于一审、二审阶段,也包括立案、再审审查、执行等阶段。

【债权人不能证明验资报告有虚假记载、误导性陈述或者重大遗漏的,要求会计师事务所承担责任的主张,不予支持】

中国农业银行哈尔滨市太平支行与哈尔滨松花江奶牛有限责任公司、哈尔滨工大集团股份有限公司、哈尔滨中隆会计师事务所有限公司借款合同纠纷案[最高人民法院(2007)民二终字第178号民事判决书],2003年,省政府对黑乳集团进行资产重组,省国投委托中瑞公司对奶牛场的资产进行评估,并以评估价格面向市场公开招标,工大集团通过竞标,以7900万元对价取得了黑乳集团的所有权。工大集团以评估后的奶牛场的净资产出资,中隆会计所依据过期12天的资产评估结论出具验资报告,虽存在瑕疵,但太平农行未举示验资报告具有虚假记载、误导性陈述或者重大遗漏的相关证据,根据最高人民法院《关于审理涉及会计师事务所在审计业务活动中民事侵权赔偿案件的若干规定》第二条第二款规定,不能仅凭此证明工大集团虚假出资、中隆会计所虚假验资,且太平农行非因信赖或使用该验资报告受到损失。因此,太平农行主张中隆会计所承担责任,该院不予支持。

【会计师事务所出具了不具有证明效力的验资证明,但法院另案认定受害人的损失与会计师事务所的行为没有因果关系的,会计师事务所无需向受害人承担侵权损害赔偿责任】

美国蓉美企业公司诉四川捷信会计师事务所有限责任公司确认验资报告不具有证明效力及损失赔偿案[四川省高级人民法院(2005)川民终字第319号民事判决书],关于四川捷信公司在本案中是否应当承担赔偿损失的民事责任。根据《注册会计师法》第四十二条"会计师事务所违反本法规定,给委托人、其他利害关系人造成损失的,应当依法承担赔偿责任"的规定,以及最高人民法院《关于会计师事务所为企业出具虚假验资证明应如何承担责任问题的批复》第二条其"鉴于其出具虚假验资证明的行为,损害了当事人的合法权益,因此,在民事责任的承担上,应先由债务人负责清偿,不足部分,再由会计师事务所在其证明金额的范围内承担赔偿责任"的规定。会计师事务所因出具不具有证明力的验资证明,而向委托人、其他利害关系人承担的赔偿责任,应属于侵权责任。其构成要件为会计师事务所主观上存在过错,出具验资报告的行为违反法律规定,委托人、利害关系人存在损失,会计师事务所违法出具验资报告的行为与委托人、其他利害关系人遭受损失之间存在因果关系,且债务人不能清偿的情况下,会计师事务所才承担赔偿责任。本案中,美国蓉美公司主张其120万元人民币资本金的损失,系由于成都冶炼厂出资不到位,成都蓉美公司在成立后无法继续经营,被依法清算、解散,且成都蓉美公司经清算后的剩余财产低于美国蓉美公司与成都冶炼厂已经投入的注册资本所直接引起的。至于成都蓉美公司不能继续经营的原因,(2000)贸仲裁字第0071号生效裁决书认定为美国蓉美公司与成都冶炼厂均未按照《合资合同》所约定的出资期限继续投人剩余出资额,致使成都蓉美公司的建设未能继续进行下去,即美国蓉美公司与成都冶炼厂在1995年11月28日,向成都蓉美公司投入《合资合同》所约定的第一笔注册资金后,均未依约投入剩余注册资金,致使成都蓉美公司资金不足,无力经营,形成亏损。同时,该生效裁决书还认为,美国蓉美公司与成都冶炼厂在履行《合资合同》的过程中均已违约,双方当事人均应承担相应的违约责任,美国蓉美公司不能以成都冶炼厂的违约来主张由成都冶炼厂承担赔偿的责任。故该裁决书裁决成都蓉美公司的亏损应由美国蓉美公司与成都冶炼厂按照实际出资比例承担。因美国蓉美公司未举出相应证据推翻上述生效裁决书认定的事实,也未举证证明成都冶炼厂没有向成都蓉美公司投入注册资金的事实,更未证明美国蓉美公司所主张的损失与《57号验资报告》不具有证明效力之间具有因果关系。故美国蓉美公司主张的损失与《57号验资报告》不具有证明效力之间没有因果关系。二审法院对美国蓉美公司关于四川捷信公司应当赔偿120万元人民币的上诉主张依法不予支持。

【银行出具的虚假资金证明如果与债权损害之间没有因果关系，那么债权人请求该银行承担民事赔偿责任没有法律依据】

冯君忠诉中国建设银行股份有限公司合浦支行等出具虚假资金证明赔偿纠纷案［广西壮族自治区北海市中级人民法院（2005）北民一初字第23号民事判决书］，被告建行合浦支行明知复合肥厂在其开设账户上没有500万元存款，仍为复合肥厂出具虚假的资金存款证明，是一种过错行为。但原告冯君忠要求建行合浦支行对其出具虚假资金存款证明行为承担民事赔偿责任并不符合最高人民法院《关于金融机构为企业出具不实或者虚假验资报告、资金证明如何承担民事责任问题的通知》的规定。最高人民法院《关于金融机构为企业出具不实或者虚假验资报告、资金证明如何承担民事责任问题的通知》第一、二条规定："出资人未出资或者未足额出资，但金融机构为企业提供不实、虚假的资金证明，相关当事人使用该证明，与该企业进行经济往来而受到损失的，应当由该企业承担民事责任，对于该企业财产不足以清偿债务的，由出资人在出资不实或虚假资金额范围内承担责任。对前项所述情况，企业、出资人的财产依法强制执行后仍不能清偿债务的，由金融机构在验资不实部分或虚假资金证明金额范围内，根据过错大小承担责任"，建行合浦支行虽然为复合肥厂出具虚假的资金存款证明，但冯君忠的代理人在法庭上自认2005年年初才知道建行合浦支行出具虚假资金存款证明以及冯君忠未能举证证实其使用了该虚假的资金存款证明与复合肥厂进行经济往来而受到损失，建行合浦支行出具虚假资金存款证明行为与冯君忠的债权损害之间不存在因果关系，故冯君忠以复合肥厂及其主管单位合浦县乡镇企业局均无财产可供执行为由，请求建行合浦支行及建行北海分行对其出具虚假资金存款证明行为承担民事赔偿责任无法律依据，本院不予支持。复合肥厂在其企业登记时未足额出资，但合浦县审计事务所于1997年3月13日为复合肥厂出具了验资证明书，载明复合肥厂有货币420万元、实物80万元。1998年5月14日，合浦县审计事务所又为复合肥厂出具了一份验资证明书，载明截至1997年12月31日止复合肥厂实有注册资金为500万元，投资方式为实物，资产总额为762.9万元，这表明复合肥厂后来补足了出资，最高人民法院《关于金融机构为企业出具不实或者虚假验资报告、资金证明如何承担民事责任问题的通知》第四条规定："企业登记时出资人未足额出资但后来补足的，免除验资金融机构的赔偿责任"，故被告关于即使其出资不实，也应免除其承担赔偿责任的抗辩理由成立，本院予以支持。

【资金来源问题不属验资机构审查范围，验资机构对之也无追究审查义务】

上海业启装潢工程有限公司诉上海台华酒家等虚假出资、验资赔偿案［上海市第二中级人民法院（2004）沪二中民三（商）终字第326号民事判决书］，验资单位作为职业的验资中介机构，其在执业过程中应当尽到职业的注意义务。沪中所在两次验资过程中均要求将资本金汇入沪中所验资专用银行账户，出资人的资本金均已实际到位。出资人注册资金是否系转借而来属资金来源问题，其与注册资金是否到位之间并无必然联系。资金来源问题不属验资机构审查范围，验资机构对之也无追究审查义务。沪中所经审验确认注册资金到位后也已将全部注册资本金汇入新设立的公司银行账户。至于出具验资报告时所附的《出资单位净资产额验证证明》是上海市工商行政管理部门要求的验资报告附件，其本身并不是审计报告，而且沪中所在《出资单位净资产额验证证明》上进行填写是以出资人提供的相关资产负债表的数据为前提的，已尽到了形式上关注的义务。验资机构既无责任也无可能对出资人的整个会计报表的真实性进行审查。投资人会计报表的真实性应由出具报表的投资人自身负责。沪中所的两次验资均按程序验证注册资金已实际到位，并不构成虚假验资。

我国公司注册资金实行实收资本制，验资的审验要求是须确认注册资本金实际到位。晨光所在勇拓公司验资过程中，并未要求将增加的注册资本金汇入晨光所的验资专用账户。在出资人仅以企业《付出凭单》、支票存根、《银行进账单》和勇拓公司《收入凭证》等会计凭证作为验资依据的情况下，晨光所并没有核实上述财务凭证的真实性，并未查验增资款是否实际汇入勇拓公司银行账户，即为勇拓公司出具了增资800万元人民币的验资报告。而事实上，原告提交的证据反映在该时期勇拓公司该银行账户未实际收到上述800万元人民币的支票款。故晨光所在未按验资规则对增资资金是否到位进行谨慎审验的情况下出具不实的验资报告，具有过错，应当承担出具虚假验资报告的民事责任。晨光所在申请注销登记时，审计局团委作为审计局的下属组织，向工商行政管理部门证明晨光所的债务已清理完结，但未提供清理后晨光所的财产隋况。审计局团委又在向工商行政管理部门提交的《企业法人注销登记申请书》上盖章确认其作为晨光所的担保单位或债权债务承担者，自愿对晨光所的债务承担责任，审计局团委的民事责任的承担应当依照最高人民法院法释［2001］8号《关于审理军队、武警部队、政法机关移交、撤销企业和与党政机关脱钩企业相关纠纷案件若干问题的规定》处理，在其接受晨光所财产的范围内对晨光所的债务承担民事责任。现审计局团委虽否认接受过晨光所的财产，却未能说明晨光所的财产清理结果。故被告审计局作为晨光所的开办单位和被告审计局团委的上级，应与审计局团委对晨光所的资产进行清理，并在清理晨光所财产范围内向原告承担补充赔偿责任。

【债权人有抵押物担保，并非完全信赖公司变更后的注册资本，因此虚假验资的会计师事务所在出具虚假证明金额的一定比例范围内，承担补充清偿责任】

中国南湾农行珠海市南湾支行诉珠海市扬富科技有限公司等借款合同案［广东省高级人民法院（2004）粤高法民二终字第102号］，会计师事务所在验资过程中，没有按照规定实施必要验资程序，其为扬富公司提供了虚假验资报告，致使扬富公司工商登记注册资本得以由50万元变更为1000万元，具有过错。依据《注册会计师法》第四十二条及《最高人民法院关于会计师事务所为企业出具虚假验资证明应如何承担责任问题的批复》的规定，会计师事务所应在扬富公司、杨秀清、杨富强不能清偿债务时，在证明金额范围内承担补充清偿责任。鉴于南湾农行向扬富公司发放贷款有抵押物担保，并非完全信赖扬富公司变更后的注册资本，故酌定会计师事务所在出具虚假证明金额950万元的80%即760万元范围内对本案债务承担补充清偿责任。

【会计公司虚假验资，主观上负有过错，且虚假验资与妨碍债权实现之间有因果关系，应当在虚假验资范围内承担补充赔偿责任】

陈汉滨诉鸿双辉公司、蔡禧福、洪顺利、永大会计公司因虚假出资、虚假验资应支付买卖合同货款案［福建省厦门市中级人民法院2002年12月25日民事判决书］，首先，会计师事务所进行实物出资的验资时，既要审核财产的所有权凭证，明确其合法来源及财产权归属，还要进行现场清点，确认实物出资已经到位。本案中，三张发票的客户均为鸿双辉公司而非出资的股东，永大会计公司未作进一步审核便直接认定财产所有权人为股东；而且，永大会计公司据以证明其已进行实物清点的"物资存放证明"上的股东签字，股东洪顺利也否认是其本人所签。在出资人对实物清点的真实性存有异议的情况下，永大会计公司如何明确增资实物的财产权归属？据此，可以认定永大会计公司在审验增资过程中未尽到注意义务，主观上负有过错；其次，厦门染整厂对讼争债权有无内部记载不能否认《还款协议书》的真实性；厦门染整厂以报纸公告形式通知债权转让事宜也不为法律所禁止，而且，原告的起诉也是一种明确的通知方式。原告依法受让债权后，当然享有对债务的追索权。结合鸿双辉公司的税务登记材料等相关证据，原审合理判断讼争业务发生在增资之后及虚假验资与妨碍债权实现之间有因果关系是正确的。

【当事人主张公司股东投资是否到位或抽逃出资案件中，常因各方当事人举证不足而使案件的事实难以辨明，此时法院应当正确适用证据规则，明确各方当事人的举证责任】

福建兴业银行上海分行虹口支行诉上海道盛实业发展有限公司等借款合同案［上海市高级人民法院（2002）沪高民二（商）终字第110号民事判决书］，上诉人兴业银行提供的证据足以使人怀疑中润公司对华衡公司投资不到位或抽逃注册资金。根据新的证据规则的相关规定，此时举证责任应转移到中润公司，由中润公司提供证明其对华衡公司的投资已经实际到位的证据以否定上诉人的证据或对上述矛盾之处作出合理的解释。中润公司既没有对上述矛盾之处作出合理的解释，其提供的华衡公司成立的验资报告仅有验资结果，没有相关的划账凭证予以佐证，尚不能否定上诉人兴业银行的证据，故可推定上诉人兴业银行的主张成立。被上诉人中润公司应在其出资不到位的250万元的范围内补足出资。审计局作为原验资单位浦东分所的资产承接单位，负有接受和保管原验资单位浦东分所的档案资料的义务，是在其所接收的资产范围内承担责任，其应承担浦东分所在华衡公司成立时合法验资的举证责任，审计局关于其没有接受浦东分所档案资料的陈述没有事实依据，不予采信。鉴于浦东分所是依法成立的独立法人，独立对外承担民事责任，该分所在一九九八年被撤销后，经清算小组清算已没有剩余资产。现没有证据证明审计局从浦东分所接收到了资产，故审计局不再承担赔偿责任。

【债权人放弃全部实体债权情况下，不能追索验资单位补充性质的民事责任】

中国农业银行宁波经济技术开发区支行与宁波经济技术开发区恒安贸易有限公司、宁波市财政局验资赔偿纠纷上诉案［浙江省宁波市中级人民法院（2001）甬经终字第70号民事判决书］，被上诉人恒安公司在放弃对债务人两个五洋公司和投资单位集仕港村165万余元实体债权追索的情况下，再去追索验资单位即被上诉人财政局与上诉人开发区农行补充性质的民事责任无法律法规依据。恒安公司放弃实体债权的意思表示明确，且经本院裁定予以确认，是合法有效的民事法律行为。放弃了债权，也就意味着双方之间不再存在债权债务关系，债权债务关系已归于消灭，且恒安公司放弃的是整个债权，并非是对某单位或某个人放弃债权。鉴于原两个五洋公司法定代表人吴柏杨与本案有利害关系，其所作陈述无其他证据能佐证，真实性难于确认，因此凭恒安公司提供的信汇凭证第4联复印件，要认定上诉人开发区农行出具过虚假资金证明依据尚不足。

【会计师事务所接受验资委托后进行验资时，虽然未采用虚假验资凭证，但是未审查公司的其他资金投入凭证，仅凭转资情况说明作出验资报告，构成虚假验资】

成都三泰屋业有限公司诉四川戴维设计装饰有限公司、四川宏信会计师事务所追偿债务损害赔偿纠纷案［四川省成都市武侯区人民法院（2001）武侯经初字第223号民事判决书］，戴维公司系外商独资企业，根据《外资企业法》的规定，其投资者阳光公司在领取了营业执照后，应当按章程规定的期限（营业执照颁发之日起6个月内）缴付出资，并委托注册会计师验证。戴维公司委托宏信公司为其注册资金进行验资时，提交的德维生化公司和康福特公司的转资情况说明虽加盖了当地税务机关的公章，但该签章也只能证明阳光公司于1992年有其所述的税后利润，并不能证明该资金已投入；提交的德维生化公司和康福特公司分别于1993年6月31日、9月30日的转账凭证，因戴维公司在该2张转账凭证载明的转入开户行中未开立有人民币存款账户，且6月不应有31日，故该2张转账凭证是虚假的。为此，根据戴维公司委托验资时提交的验资材料，不能证明戴维公司的注册资金30万美元已投入到位。宏信公司接受戴维公司的验资委托后进行验资时，虽未采用戴维公司提供的1993年6月31日、9月30日的虚假转账凭证，但其作为专业机构，在该2张虚假转账凭证未被采用的情况下，未审查戴维公司的其他资金投入凭证，仅凭康福特公司和德维生化公司的转资情况说明作出验资报告，而该2份转资情况说明又不能证明资金已投入，且宏信公司又未审查转资情况说明中“实物作价”的情况，因此该验资报告系虚假验资报告。宏信公司审查不严，有过错，应依法承担虚假验资的民事责任。由于宏信公司为戴维公司出具了虚假的验资报告，并交审批机关和工商机关备案，致使戴维公司在注册资金投入不实的情况下，仍继续持营业执照对外进行经营活动，其虚假验资基础上的注册资金，使三泰公司对戴维公司的经济实力产生了信任，从而实施了担保行为，故宏信公司的虚假验资行为与戴维公司对三泰公司造成的损失有因果关系，为此，在戴维公司不能清偿其债务时，宏信公司应在其虚假验资的范围内承担赔偿责任。由于宏信公司对戴维公司作出的虚假验资金额超出了戴维公司在本案中的债务金额，因此，在戴维公司不能清偿其债务时，宏信公司应承担赔偿责任。

【会计师事务所如果尽到审慎的验资义务，则无须承担验资不实的赔偿责任】

东营市禄达经济发展有限公司与滨州东慧有限责任会计师事物所、滨州地区重工业局、滨州机械设备进出口公司、中国工商银行滨州地区中心支行合作协议泡花碱购销合同纠纷上诉案［山东省高级人民法院（2000）鲁经终字第129号民事判决书］，根据有关会计师事务所验资方面的法律规定，会计师事务所接受验资时应严格审验，否则要承担验资不实的法律责任。关于企业成立时的注册资金，法律规定固定资产部分允许在公司成立后半年内过户，流动资金投资应有金融部门出具的资信证明。本案中，进出口公司50万元注册资金中固定资产20万元应该由开办单位重工业局在公司成立半年内办理过户手续，重工业局没有办理过户手续应当相应的民事责任，但并非会计师事务所未尽验资义务。会计师事务所在对流动资产30万元验资时，是因为滨州工行出具资信证明进出口公司拥有40万元投资存款的情况下出具的验资报告，会计师事务所已尽了审慎的验资义务，符合会计师事务所验资的规定。故原审法院判决会计师事务所承担验资不实的赔偿责任不当，应予纠正。

【验资报告被用于不正当目的时，出具验资报告的会计师事务所不具有侵权行为】

杨淑霞诉新疆公正会计师事务所侵权赔偿案［新疆维吾尔自治区高级人民法院（2000）新民再字第39号民事判决书］，公正事务所给中亚实业有限公司出具的验资报告不具有变更注册资金验资的性质，而是为该公司工商年检而作。事后又未被该公司工商年检采用，而是被采用不正当手段用之于中亚实业有限公司的变更注册资本上，违背了原委托公正事务所进行审计目的和诚实信用原则。故公正事务所不具有侵权行为。

【会计事务所在未有其他出资凭证的证据下，仅凭出资证明传真件作出经贸公司注册资金到位的验资报告，属虚假验资，应承担虚假验资的法律责任】

北京森特国际贸易公司诉郭庆、浙江足佳经贸总公司、浙江足佳集团公司、中国银行桐乡支行、桐乡会计师事务所代理进口合同纠纷上诉案［浙江省高级人民法院（2000）浙经终字第300号民事判决书］，森特公司与国盛公司签订的代理协议，意思表示真实，内容不违反法律规定，应确认有效。森特公司已按约履行义务，国盛公司提取进口货物后，未按约向森特公司支付货款、代理手续费，应依法承担支付货款及违约责任。经贸公司自愿为国盛公司的还款义务提供担保，并向森特公司出具还款承诺书及还款承诺计划书，故经贸公司应依约对国盛公司的债务承担连带责任。因国盛公司已被工商部门吊销营业执照，故国盛公司的债务应由其股东经贸公司、郭庆以原国盛公司的资产进行清偿。集团公司作为经贸公司增加注册资金800万元的出资义务人，其在法定验资程序中证明完成出资义务的仅有一份盖有“浙江足佳鞋业集团公司”公章的出资证明传真件，故集团公司的出资义务未予履行，属虚假出资，应依法承担该虚假出资的法律责任。会计事务所在未有其他出资凭证的证据下，仅凭出资证明传真件作出经贸公司注册资金到位的验资报告，属虚假验资，也应承担虚假验资的法律责任。出资证明上盖有桐乡中行公章及签署的“情况属实、特此证明”字样，经鉴定该公章与现桐乡中行公章印文一致，且“情况属实、特此证明”的字迹系当时在桐乡中行工作的徐红梅所写。该出资证明系桐乡市工商行政管理局留档的原始材料，根据《企业法人登记管理条例》第十五条及《企业法人登记管理条例实施细则》第五十五条、第四十一条的规定，该出资证明属工商部门审查真实性、合法性、有效性的范围。该份出资证明材质系热敏纸，为传真机专用，虽存在拼接和伪造的可能，但公安部的鉴定不能证明出资证明系伪造或不真实，而桐乡中行又不能提供足以推翻上述经工商部门审查后留档的出资证明真实性的相应证据，故对该份出资证明的真实性予以认定。桐乡中行应承担其虚假出资的过错责任。

【股东出资义务与中介结构的验资、评估行为没有直接因果关系】

江苏省水利建设工程总公司诉江苏省审计事务所出具验资证明后其表示不作发起人应确认验资无效审计赔偿案［江苏省南京市中级人民法院1999年11月13日民事判决书］，上诉人与其他四家公司为组建中科公司，已按照公司设立的法定程序共同制定了公司章程，并以股东名义在公司章程上签名、盖章，且表明其具体出资方式及出资数额等，故上诉人作为中科公司的投资主体，应视为其真实意思表示。上诉人出函要求具备验资资质能力的被上诉人对其资产验资评估，被上诉人按约出具验资证明和资产评估报告，双方委托验资关系成立且已实际履行。上诉人仅以当时未在资产明细表上加盖公章为由，否认委托验资关系及评估行为的成立，缺乏法律依据。上诉人作为中科公司发起人和股东之一，未按章程规定足额缴纳其认缴的出资额，被判承担相应的法律责任，系其未履行义务应承担的法律后果，与被上诉人的验资、评估行为无直接因果关系。

【金融机构、会计师事务所为企业出具不实的验资报告、虚假的资金证明，该验资单位应当对企业债务在验资报告不实部分或者虚假资金证明金额以内，承担民事赔偿责任】

南方航空旅游公司诉玉龙旅行社等代销合同纠纷案[海南省海口市中级人民法院1998年11月20日民事判决书(《最高人民法院公报》2000年第2期(总第64期))]，最高人民法院法复[1994]4号《关于企业开办的其他企业被撤销或者歇业后民事责任承担问题的批复》第一条第二项规定："企业开办的其他企业已经领取了企业法人营业执照，其实际投入的自有资金虽与注册资金不符合，但达到了《中华人民共和国企业法人登记管理条例实施细则》第十五条第(七)项或者其他有关法规规定的数额，并且具备了企业法人其他条件的，应当认定其具备法人资格，以其财产独立承担民事责任。但如果该企业被撤销或者歇业后，其财产不足以清偿债务的，开办企业应当在该企业实际投入的自有资金与注册资金差额范围内承担民事责任。"原审被告玉龙社的注册资金是50万元，原审被告玉龙工贸向玉龙社投入开办费10万元，虽未达到玉龙社的注册资金数额，但已达到国家有关经营第三类旅行社应有3万元以上注册资本的规定，且玉龙社也实际领取了企业法人营业执照，故玉龙社具备法人资格，应当独立承担民事责任。现玉龙社已被撤销，其财产不足以清偿债务，开办单位玉龙工贸应当在实际投入资金与注册资金差额40万元的范围内承担民事责任。原审认定玉龙社不具备法人资格，其民事责任全由玉龙工贸承担不妥。

最高人民法院法释[1997]10号《关于验资单位对多个案件债权人损失应如何承担责任的批复》规定："金融机构、会计师事务所为公司出具不实的验资报告或者虚假的资金证明，公司资不抵债的，该验资单位应当对公司债务在验资报告不实部门或者虚假资金证明金额以内，承担民事赔偿责任。"上诉人海府建行作为金融机构，在原审被告玉龙社进行工商登记注册时出具虚假的存款证明，应当在虚假证明数额的范围内，为玉龙社不能清偿的到期债务承担赔偿责任。海府建行的存款证明是给工商行政管理部门出具的，说明海府建行是要以此向工商行政管理部门证明玉龙社的资金实力。虽然该存款证明没有直接在工商局使用，但事实上已经为玉龙社起到证实资金的作用。该证明上的数额被玉龙社擅自涂改成50万元，虽然玉龙社的这一造假行为不能由海府建行负责，但也不能掩盖海府建行出具虚假资金证明的违法性，海府建行还应在虚假资金数额内承担连带赔偿责任。玉龙社1994年有了48万余元的净资产，并不说明该社从成立时起就具有合法的法人资格。海府建行上诉称并非自己出具虚假证明书使玉龙社得以成立并从事经营活动，二者之间没有因果关系，不应当连带为玉龙社承担责任的理由，不能成立，应予驳回。

最高人民法院法释[1998]13号《关于会计师事务所为企业出具虚假验资证明应如何承担责任问题的批复》规定："会计师事务所系国家批准的依法独立承担注册会计师业务的事业单位。会计师事务所为企业出具验资证明，属于依据委托合同实施的民事行为。依据《中华人民共和国民法通则》第一百零六条第二款规定，会计师事务所在1994年1月1日之前为企业出具虚假验资证明，给委托人、其他利害关系人造成损失的，应当承担相应的民事赔偿责任。""会计师事务所与案件的合同当事人虽然没有直接的法律关系，但鉴于其出具虚假验资证明的行为，损害了当事人的合法权益，因此，在民事责任的承担上，应当先由债务人负责清偿，不足部分，再由会计师事务所在其证明金额的范围内承担赔偿责任。"1993年5月12日，原审被告会计所不经核实，就以当事人提交的材料为根据给原审被告玉龙社出具验资证明，现已查明该验资证明上的数额是虚假的，会计所应当在虚假证明数额的范围内对玉龙社所欠被上诉人旅游公司的到期债务连带承担赔偿责任。会计所出具的50万元验资证明，其中10万元有上诉人海府建行的存款证明为依据，责任应当由海府建行承担，其余40万元验资不实的责任，由会计所承担。

【会计师事务所明知投入资金不实，却仅凭公司报表即轻率出具虚假验资报告，应依法承担赔偿责任】

常熟市建筑工程公司诉上海恒宏置业发展有限公司等非法借贷纠纷案[上海市第二中

级人民法院(1997)沪二中经终字第1326号民事判决书],原告与被告"恒宏公司"非法借贷关系明确,此借贷行为已违反了我国有关的金融法规,扰乱了我国金融市场,系无效民事行为,故被告"恒宏公司"应归还向原告所借本金。被告"业余学校"将应收款作为流动资金投入,显然该部分资金未投入到位,"业余学校"作了虚假投资行为,对此,被告"业余学校"应依法对被告"恒宏公司"之借款承担连带清偿之责。被告"新申所"明知"业余学校"投入资金不实,却仅凭"恒宏公司"有关报表即轻率出具虚假验资报告,致使原告误以为"恒宏公司"具有经济实力,从而造成了经济损失。因此,被告"新申所"应依法承担赔偿责任。判决被告"恒宏公司"应于本判决生效后10日内归还原告借款37万元。被告"业余学校"对上述之债务承担连带清偿之责。被告"新申所"对上述两被告不足清偿部分债务承担赔偿责任。

【银行为公司出具虚假资信证明的,应在虚假证明的资金范围内承担赔偿责任】

中国新兴建设开发总公司与中国农业银行股份有限公司上海川沙支行等建筑工程承包合同中途停建纠纷再审案[最高人民法院民事判决书],本案再审的焦点为:(1)川沙农行对开办龙升公司是否存在验资不实的问题;(2)川沙农行应否对本案债务在600万元范围内承担赔偿责任。现分述如下:

(1)关于川沙农行对开办龙升公司是否存在验资不实的问题。本案事实表明,龙升公司开办时的注册资金为1000万元,其中600万元应由原龙升实业公司投入,400万元应由工贸公司投入。川沙农行于1992年7月10日出具的验资报告载明:申请验资单位为龙升公司,上级主管单位为龙升实业公司,验资结果注册资金总额为600万元。翌日,龙升实业公司950127175账户进账资金600万元,付款人为河北省廊坊中油公司管道局,由此可以认定川沙农行在出具600万元验资报告时,龙升公司和龙升实业公司并无600万元的开办资金。此后龙升实业公司虽有600万元的资金人账,但没有证据证明该600万元已作为开办龙升公司的注册资金。虽然龙升实业公司后于1993年3月1日将其950127175账户印鉴变更为龙升公司的印鉴,但该行为并不能证明龙升实业公司已向龙升公司补足出资。因此,川沙农行为龙升公司出具的验资报告应认定为不实。江苏省高级人民法院(2004)苏民再终字第009号民事判决以及无锡市中级人民法院对本案作出的二审判决和再审判决,均认定川沙农行验资不实,上述认定并无不当,应予确认。川沙农行关于开办龙升公司的出资是到位的,不存在虚假出资的主张,缺乏事实依据,本院不予支持。

(2)关于川沙农行是否应对本案债务在600万元范围内承担赔偿责任的问题。川沙农行主张,最高人民法院法(2002)21号通知对本案具有溯及力,因施工合同无效,其不应承担民事赔偿责任。新兴公司则主张,该通知没有溯及力,川沙农行出具虚假的验资报告,应承担民事赔偿责任。本院认为,本案不应适用该通知。首先,该通知是司法政策,不是司法解释,司法政策的效力层次低于司法解释;其次,本案在无锡市中级人民法院二审期间,该通知尚未公布。根据法不溯及既往的原则,该通知不具有溯及力,只能适用于其施行后的民事案件;最后,本案一审时本院已发布相关司法解释。1998年1月13日生效的本院法释(1997)10号《关于验资单位对多个案件债权人损失应如何承担责任的批复》规定:"金融机构、会计师事务所为公司出具不实的验资报告或者虚假的验资证明,公司资不抵债的,该验资单位应当对公司债务在验资报告不实部分或者虚假资金证明金额以内,承担民事赔偿责任。"法院审理本案应适用当时生效的司法解释。如果后来的通知与前面的司法解释不一致,法院可以据此改判过去的案件,那将会使大批案件进入再审,显然不利于维护判决的既判力和稳定性,不利于树立司法权威。鉴上,川沙农行关于最高人民法院法(2002)21号通知对本案具有溯及力,因施工合同无效,其不应承担民事赔偿责任的主张,依据不足,本院不予支持。根据上述批复的规定,川沙农行验资不实,应对本案债务在600万元范围内承担赔偿责任。

【资产评估机构对他人未经其同意、擅自使用评估结果所造成的损失不应承担民事赔偿责任】

白银大峡电力有限责任公司与许永锋、甘肃琪生会计师事务所有限责任公司及甘肃金太阳淀粉有限责任公司出资协议和资产评估纠纷案［最高人民法院民判决书］，大峡公司、金太阳公司提出许永峰出资不实的主要理由，是认为琪生会计公司的评估虚假，而认为该评估虚假的依据则是信瑞会计公司的“咨询报告”。参照国家有关资产评估管理制度的规定，资产评估机构由省级人民政府的财政部门（国有资产管理部门）实施管理，并对其违规行为实施处罚。而本案大峡公司、金太阳公司以信瑞会计公司的评估咨询报告去否定琪生会计公司所作出的资产评估结论，没有法律依据。由此而推定许永峰出资不实亦属证据不足。事实上大峡公司与许永峰的出资，并未单凭琪生会计公司的评估，而主要是依据具有法定资格的验资机构——白银振兴会计师事务所的验资并出具的验资证明。故大峡公司、金太阳公司诉许永峰出资不实、琪生会计公司评估虚假的证据不足，由此所主张由许永峰补缴投资差额、赔偿损失并由琪生会计公司承担连带支付及赔偿责任等请求均不能成立，该院不予支持。

【帮助他人设立注册资金虚假的公司的民事责任】

上海砖桥贸易城有限公司与上海凤舞汽车经营公司买卖合同纠纷上诉案，一、上海鞍福物资贸易有限公司（以下简称鞍福公司）成立时，借用上海砖桥贸易城有限公司（以下简称砖桥贸易城）的资金登记注册，虽然该资金在鞍福公司成立后即被抽回，但鞍福公司并未被撤销，其民事主体资格仍然存在，可以作为诉讼当事人。如果确认鞍福公司应当承担责任，可以判决并未实际出资的设立人承担连带清偿责任。二、砖桥贸易城的不当行为，虽然没有直接给当事人造成损害后果，但由于其行为，使得鞍福公司得以成立，并从事与之实际履行能力不相适应的交易活动，给他人造成不应有的损害后果。因此，砖桥贸易城是有过错的。砖桥贸易城应在鞍福公司注册资金不实的范围内承担补充赔偿责任。

【债权已经实现时出具虚假验资报告的单位不再进行赔偿】

高翔皮件厂与华龙会计师事务所侵权赔偿纠纷案［北京市朝阳区人民法院民事判决书］，经济管理中心作为煤炭经销部的开办单位，本应投入注册资金十万元，但其未能投入，致使煤炭经销部实际上没有注册资金，虽然其领取了企业法人营业执照，但应认定其并不具备企业法人资格，按照最高人民法院《关于企业开办的企业被撤销或歇业后民事责任承担问题的批复》的规定，煤炭经销部的民事责任应由经济管理中心承担。在工商行政管理机关吊销了煤炭经销部的企业法人营业执照后，经济管理中心作为开办单位亦未对煤炭经销部的债权债务进行清算，故损害了债权人的合法权益，经济管理中心应对高翔皮件厂的二十万元损失负全额赔偿责任。在煤炭经销部组建时，经济管理中心未投入注册资金，华龙会计师事务所仍出具了证明其投资十万元的验资撮告，因此该验资报告虚假。华龙会计师事务所为企业出具验资证明，属于依委托合同实施的民事行为，华龙会计师事务所与委托人之外的其他利害关系人虽无直接的法律关系，但鉴于其出具虚假验资证明的行为，损害了当事人的合法权益，因此其应承担相应的民事责任。在民事责任的承担上，应先由债务人负责清偿，不足部分再由华龙会计师事务所在其验资额范围内承担。经济管理中心系煤炭经销部的开办单位和清算主体，如前所述，应首先对煤炭经销部的二十万元债务负全额清偿责任，其不能清偿部分才由华龙会计师事务所在验资额范围内承担。但债权人高翔皮件厂只请求经济管理中心承担十万元的债务，对另外十万元未提出清偿要求。因此应视为其放弃了追偿，故高翔皮件厂对经济管理中心的债权已得到实现，故不能请求华龙会计师事务所再行赔偿。据此，判决驳回高翔皮件厂的诉讼请求。

第二百零八条 【公司登记机关违法的法律责任】 公司登记机关对不符合本法规定条件的登记申请予以登记，或者对符合本法规定条件的登记申请不予登记的，对直接负责的主管人员和其他直接责任人员，依法给予行政处分。

相关文件规定

《中华人民共和国公司登记管理条例(2016修订)》(自1994年7月1日起施行)对公司登记机关违法的法律责任,规定如下:

第七十六条 公司登记机关对不符合规定条件的公司登记申请予以登记,或者对符合规定条件的登记申请不予登记的,对直接负责的主管人员和其他直接责任人员,依法给予行政处分。

第二百零九条 【公司登记机关的上级部门违法的法律责任】 公司登记机关的上级部门强令公司登记机关对不符合本法规定条件的登记申请予以登记,或者对符合本法规定条件的登记申请不予登记的,或者对违法登记进行包庇的,对直接负责的主管人员和其他直接责任人员依法给予行政处分。

相关文件规定

《中华人民共和国公司登记管理条例(2016修订)》(自1994年7月1日起施行)对公司登记机关的上级部门违法的法律责任,规定如下:

第七十七条 公司登记机关的上级部门强令公司登记机关对不符合规定条件的登记申请予以登记,或者对符合规定条件的登记申请不予登记的,或者对违法登记进行包庇的,对直接负责的主管人员和其他直接责任人员依法给予行政处分。

第二百一十条 【假冒公司名义的法律责任】 未依法登记为有限责任公司或者股份有限公司,而冒用有限责任公司或者股份有限公司名义的,或者未依法登记为有限责任公司或者股份有限公司的分公司,而冒用有限责任公司或者股份有限公司的分公司名义的,由公司登记机关责令改正或者予以取缔,可以并处十万元以下的罚款。

相关文件规定

《中华人民共和国公司登记管理条例(2016修订)》(自1994年7月1日起施行)对假冒公司名义的法律责任,规定如下:

第七十五条 未依法登记为有限责任公司或者股份有限公司,而冒用有限责任公司或者股份有限公司名义的,或者未依法登记为有限责任公司或者股份有限公司的分公司,而冒用有限责任公司或者股份有限公司的分公司名义的,由公司登记机关责令改正或者予以取缔,可以并处10万元以下的罚款。

第二百一十一条 【逾期开业、停业、不依法办理变更登记的法律责任】 公司成立后无正当理由超过六个月未开业的,或者开业后自行停业连续六个月以上的,可以由公司登记机关吊销营业执照。

公司登记事项发生变更时,未依照本法规定办理有关变更登记的,由公司登记机关责令限期登记;逾期不登记的,处以一万元以上十万元以下的罚款。

相关文件规定

《中华人民共和国公司登记管理条例（2016修订）》（自1994年7月1日起施行）对吊销营业执照等内容，规定如下：

第六十八条 公司成立后无正当理由超过6个月未开业的，或者开业后自行停业连续6个月以上的，可以由公司登记机关吊销营业执照。

第六十九条 公司登记事项发生变更时，未依照本条例规定办理有关变更登记的，由公司登记机关责令限期登记；逾期不登记的，处以1万元以上10万元以下的罚款。其中，变更经营范围涉及法律、行政法规或者国务院决定规定须经批准的项目而未取得批准，擅自从事相关经营活动，情节严重的，吊销营业执照。

公司未依照本条例规定办理有关备案的，由公司登记机关责令限期办理；逾期未办理的，处以3万元以下的罚款。

……

第七十二条 伪造、涂改、出租、出借、转让营业执照的，由公司登记机关处以1万元以上10万元以下的罚款；情节严重的，吊销营业执照。

第七十三条 未将营业执照置于住所或者营业场所醒目位置的，由公司登记机关责令改正；拒不改正的，处以1000元以上5000元以下的罚款。

第二百一十二条 【外国公司擅自设立分支机构的法律责任】 外国公司违反本法规定，擅自在中国境内设立分支机构的，由公司登记机关责令改正或者关闭，可以并处五万元以上二十万元以下的罚款。

相关文件规定

《中华人民共和国公司登记管理条例（2016修订）》（自1994年7月1日起施行）对外国公司擅自设立分支机构的法律责任，规定如下：

第七十八条 外国公司违反《公司法》规定，擅自在中国境内设立分支机构的，由公司登记机关责令改正或者关闭，可以并处5万元以上20万元以下的罚款。

第二百一十三条 【吊销营业执照】 利用公司名义从事危害国家安全、社会公共利益的严重违法行为的，吊销营业执照。

相关文件规定

《中华人民共和国公司登记管理条例（2016修订）》（自1994年7月1日起施行）对吊销营业执照，规定如下：

第七十九条 利用公司名义从事危害国家安全、社会公共利益的严重违法行为的，吊销营业执照。

第二百一十四条 【民事赔偿优先】 公司违反本法规定，应当承担民事赔偿责任和缴纳罚款、罚金的，其财产不足以支付时，先承担民事赔偿责任。

第二百一十五条 【刑事责任】 违反本法规定，构成犯罪的，依法追究刑事责任。

一、相关法律条文

《中华人民共和国民法总则》(自2017年10月1日起施行)对民事责任优先，规定如下：

第一百八十七条 民事主体因同一行为应当承担民事责任、行政责任和刑事责任的，承担行政责任或者刑事责任不影响承担民事责任；民事主体的财产不足以支付的，优先用于承担民事责任。

《中华人民共和国刑法(2017修正)》(自1997年10月1日起施行)对妨害对公司、企业的管理秩序罪，规定如下：

……

第一百六十条【欺诈发行股票、债券罪】在招股说明书、认股书、公司、企业债券募集办法中隐瞒重要事实或者编造重大虚假内容，发行股票或者公司、企业债券，数额巨大、后果严重或者有其他严重情节的，处五年以下有期徒刑或者拘役，并处或者单处非法募集资金金额百分之一以上百分之五以下罚金。

单位犯前款罪的，对单位判处罚金，并对其直接负责的主管人员和其他直接责任人员，处五年以下有期徒刑或者拘役。

……

第一百六十三条【非国家工作人员受贿罪】公司、企业或者其他单位的工作人员利用职务上的便利，索取他人财物或者非法收受他人财物，为他人谋取利益，数额较大的，处五年以下有期徒刑或者拘役；数额巨大的，处五年以上有期徒刑，可以并处没收财产。

公司、企业或者其他单位的工作人员在经济往来中，利用职务上的便利，违反国家规定，收受各种名义的回扣、手续费，归个人所有的，依照前款的规定处罚。

国有公司、企业或者其他国有单位中从事公务的人员和国有公司、企业或者其他国有单位委派到非国有公司、企业以及其他单位从事公务的人员有前两款行为的，依照本法第三百八十五条、第三百八十六条的规定定罪处罚。

第一百六十四条【对非国家工作人员行贿罪】为谋取不正当利益，给予公司、企业或者其他单位的工作人员以财物，数额较大的，处三年以下有期徒刑或者拘役，并处罚金；数额巨大的，处三年以上十年以下有期徒刑，并处罚金。

【对外国公职人员、国际公共组织官员行贿罪】为谋取不正当商业利益，给予外国公职人员或者国际公共组织官员以财物的，依照前款的规定处罚。

单位犯前两款罪的，对单位判处罚金，并对其直接负责的主管人员和其他直接责任人员，依照第一款的规定处罚。

行贿人在被追诉前主动交待行贿行为的，可以减轻处罚或者免除处罚。

第一百六十五条【非法经营同类营业罪】国有公司、企业的董事、经理利用职务便利，自己经营或者为他人经营与其所任职公司、企业同类的营业，获取非法利益，数额巨大的，处三年以下有期徒刑或者拘役，并处或者单处罚金；数额特别巨大的，处三年以上七年以下有期徒刑，并处罚金。

第一百六十六条【为亲友非法牟利罪】国有公司、企业、事业单位的工作人员，利用职务便利，有下列情形之一，使国家利益遭受重大损失的，处三年以下有期徒刑或者拘役，并处或者单处罚金；致使国家利益遭受特别重大损失的，处三年以上七年以下有期徒刑，并处罚金：

(一)将本单位的盈利业务交由自己的亲友进行经营的；

(二)以明显高于市场的价格向自己的亲友经营管理的单位采购商品或者以明显低于市场的价格向自己的亲友经营管理的单位销售商品的；

(三)向自己的亲友经营管理的单位采购不合格商品的。

第一百六十七条【签订、履行合同失职被骗罪】国有公司、企业、事业单位直接负责的主管人员，在签订、履行合同过程中，因严重不负责任被诈骗，致使国家利益遭受重大损失的，处三年以下有期徒刑或者拘役；致使国家利益遭受特别重大损失的，处三年以上七年以下有期徒刑。

第一百六十八条【国有公司、企业、事业单位人员失职罪】【国有公司、企业、事业单位人员滥用职权罪】国有公司、企业的工作人员，由于严重不负责任或者滥用职权，造成国有公司、企业破产或者严重损失，致使国家利益遭受重大损失的，处三年以下有期徒刑或者拘役；致使国家利益遭受特别重大损失的，处三年以上七年以下有期徒刑。

国有事业单位的工作人员有前款行为，致使国家利益遭受重大损失的，依照前款的规定处罚。

国有公司、企业、事业单位的工作人员，徇私舞弊，犯前两款罪的，依照第一款的规定从重处罚。

第一百六十九条【徇私舞弊低价折股、出售国有资产罪】国有公司、企业或者其上级主管部门直接负责的主管人员，徇私舞弊，将国有资产低价折股或者低价出售，致使国家利益遭受重大损失的，处三年以下有期徒刑或者拘役；致使国家利益遭受特别重大损失的，处三年以上七年以下有期徒刑。

……

二、相关文件规定

《中华人民共和国公司登记管理条例（2016修订）》（自1994年7月1日起施行）对刑事责任，规定如下：

第八十一条 违反本条例规定，构成犯罪的，依法追究刑事责任。

《最高人民检察院、公安部关于严格依法办理虚报注册资本和虚假出资抽逃出资刑事案件的通知》（公经〔2014〕247号），对严格依法办理虚报注册资本和虚假出资、抽逃出资刑事案件的有关要求，通知如下：

一、充分认识公司法修改对案件办理工作的影响。新修改的公司法主要涉及三个方面：一是将注册资本实缴登记制改为认缴登记制，除对公司注册资本实缴有另行规定的以外，取消了公司法定出资期限的规定，采取公司股东（发起人）自主约定认缴出资额、出资方式、出资期限等并记载于公司章程的规定。二是放宽注册资本登记条件，除对公司注册资本最低限额有另行规定的以外，取消了公司最低注册资本限制、公司设立时股东（发起人）的首次出资比例以及货币出资比例限制。三是简化登记事项和登记文件，有限责任公司股东认缴出资额、公司实收资本不再作为登记事项，公司登记时不需要提交验资报告。全国人大常委会立法解释规定："刑法第一百五十八条、第一百五十九条的规定，只适用于依法实行注册资本实缴登记制的公司。"新修改的公司法和上述立法解释，必将对公安机关、检察机关办理虚报注册资本和虚假出资、抽逃出资刑事案件产生重大影响。各级公安机关、检察机关要充分认识新修改的公司法和全国人大常委会立法解释的重要意义，深刻领会其精神实质，力争在案件办理工作中准确适用，并及时了解掌握本地区虚报注册资本和虚假出资、抽逃出资案件新情况、新问题以及其他相关犯罪态势，进一步提高办理虚报注册资本和虚假出资、抽逃出资刑事案件的能力和水平。

二、严格把握罪与非罪的界限。根据新修改的公司法和全国人大常委会立法解释，自2014年3月1日起，除依法实行注册资本实缴登记制的公司（参见《国务院关于印发注册资本登记制度改革方案的通知》（国发〔2014〕7号））以外，对申请公司登记的单位和个人不得以虚报注册资本罪追究刑事责任；对公司股东、发起人不得以虚假出资、抽逃出资罪追究刑事责任。对依法实行注册资本实缴登记制的公司涉嫌虚报注册资本和虚假出资、抽逃出资犯罪的，各级公安机关、检察机关依照刑法和《立案追诉标准（二）》的相关规定追究刑事责任时，应当认真研究行为性质和危害后果，确保执法办案的法律效果和社会效果。

三、依法妥善处理跨时限案件。各级公安机关、检察机关对发生在2014年3月1日以前尚未处理或者正在处理的虚报注册资本和虚假出资、抽逃出资刑事案件，应当按照刑法第十二条规定的精神处理：除依法实行注册资本实缴登记制的公司以外，依照新修改的公司法不再符合犯罪构成要件的案件，公安机关已经立案侦查的，应当撤销案件；检察机关已经批准逮捕的，应当撤销批准逮捕决定，并监督公安机关撤销案件；检察机关审查起诉的，应当作出不起诉决定；检察机关已经起诉的，应当撤回起诉并作出不起诉决定；检察机关已经抗诉的，应当撤回抗诉。

四、进一步加强工作联系和沟通。各级公安机关、检察机关应当加强工作联系，对重大、疑难、复杂案件，主动征求意见，共同研究案件定性和法律适用等问题；应当加强与人民法院、工商行政管理等部门的工作联系，建立健全案件移送制度和有关工作协作制度，全面掌握公司注册资本制度改革后面临的经济犯罪态势；上级公安机关、检察机关应当加强对下级公安机关、检察机关的指导，确保虚报注册资本和虚假出资、抽逃出资案件得到依法妥善处理。

各地在执行中遇到的问题，请及时报告最高人民检察院和公安部。

第十三章 附 则

第二百一十六条 【本法相关用语的含义】 本法下列用语的含义：

（一）高级管理人员，是指公司的经理、副经理、财务负责人，上市公司董事会秘书和公司章程规定的其他人员。

（二）控股股东，是指其出资额占有限责任公司资本总额百分之五十以上或者其持有的股份占股份有限公司股本总额百分之五十以上的股东；出资额或者持有股份的比例虽然不足百分之五十，但依其出资额或者持有的股份所享有的表决权已足以对股东会、股东大会的决议产生重大影响的股东。

（三）实际控制人，是指虽不是公司的股东，但通过投资关系、协议或者其他安排，能够实际支配公司行为的人。

（四）关联关系，是指公司控股股东、实际控制人、董事、监事、高级管理人员与其直接或者间接控制的企业之间的关系，以及可能导致公司利益转移的其他关系。但是，国家控股的企业之间不仅因为同受国家控股而具有关联关系。

相关案例

【实际控制人有权代表公司签订协议】

上海新长征国际贸易有限公司、宁波保税区明正国际贸易有限公司确认合同无效纠纷再审民事判决书［最高人民法院（2018）最高法民再361号民事判决书］，《公司法》第二百一十六条第（三）项规定："实际控制人，是指虽不是公司的股东，但通过投资关系、协议或者其他安排，能够实际支配公司行为的人"。根据本案已经查明的事实，创世公司持有沈师桥大酒店60%的股权，为沈师桥大酒店的控制股东，朱某是创世公司的法定代表人，由此可以认定，朱某通过投资关系，能够实际支配沈师桥大酒店的行为，系沈师桥大酒店的实际控制人。关于朱某与明正公司的关系问题，在上海市第二中级人民法院审理的新长征公司与创世公司、沈师桥大酒店、明正公司买卖合同纠纷一案中，创世公司、明正公司、沈师桥大酒店在该案中自认该三家公司是同一实际控制人控制的关联公司，但并未明确指明该实际控制人的身份。本院责成明正公司和沈师桥大酒店向本院如实说明朱某是否系明正公司和沈师桥大酒店的实际控制人,被申请人明正公司和沈师桥大酒店虽然称两公司的实际控制人另有其人,但并未提供相应的证据加以证明。基于朱某是创世公司的控制股东及其通过投资关系实际控制沈师桥大酒店的事实,本院认定,朱某系通过协议或其他安排能够实际支配明正公司行为的实际控制人。由于朱某系明正公司、沈师桥大酒店的实际控制人,其能够实际支配该两家公司的行为,故朱某代表明正公司、沈师桥大酒店签订案涉《协议书》的行为,系有权代表行为。明正公司、沈师桥大酒店关于朱某仅是股权代持的介绍人,无权代表其签订协议的诉讼理由,显然与朱某在关联公司中的地位、与朱某在关联公司与新长征公司贸易模式中的作用不符。特别是在安排兰生公司股权过程中,决定由明正公司代持股权,在关联公司之间完成股权转让款以循环形式支付,最后取得明正公司、沈师桥大酒店印章签署本案协议,显然不是介绍人所能实施与完成的。故本院对其诉讼理由,不予采纳。原审判决关于朱某的行为系无权代理的认定,并不符合本案的实际情况,本院予以纠正。

【出资为认定公司实际控制人的必要但不充分条件】

东莞市新泉丰贸易有限公司诉广东虎门大桥有限公司等财产损失赔偿案[广东省东莞市中级人民法院 2005 年 11 月 29 日民事判决书],公司法基本理论认为,是否为公司控制股东或实际控制人应当从出资份额、资产混同、经营管理、财务账目以及控制程度等诸多方面进行综合判断,即使上诉人有充分证据证明汇鸿公司的大部分甚至全部资本由被上诉人虎门大桥公司出资,也不能就此认定虎门大桥公司为汇鸿公司的实际控制股东,出资为认定公司实际控制人的必要但不充分条件。

第二百一十七条 【外资公司的法律适用】 外商投资的有限责任公司和股份有限公司适用本法;有关外商投资的法律另有规定的,适用其规定。

一、相关法律条文

《中华人民共和国外商投资法》(自 2020 年 1 月 1 日起施行),对于外商投资,规定如下:

第一章 总 则

第一条 为了进一步扩大对外开放,积极促进外商投资,保护外商投资合法权益,规范外商投资管理,推动形成全面开放新格局,促进社会主义市场经济健康发展,根据宪法,制定本法。

第二条 在中华人民共和国境内(以下简称中国境内)的外商投资,适用本法。

本法所称外商投资,是指外国的自然人、企业或者其他组织(以下称外国投资者)直接或者间接在中国境内进行的投资活动,包括下列情形:

(一)外国投资者单独或者与其他投资者共同在中国境内设立外商投资企业;

(二)外国投资者取得中国境内企业的股份、股权、财产份额或者其他类似权益;

(三)外国投资者单独或者与其他投资者共同在中国境内投资新建项目;

(四)法律、行政法规或者国务院规定的其他方式的投资。

本法所称外商投资企业,是指全部或者部分由外国投资者投资,依照中国法律在中国境内经登记注册设立的企业。

第三条 国家坚持对外开放的基本国策,鼓励外国投资者依法在中国境内投资。

国家实行高水平投资自由化便利化政策,建立和完善外商投资促进机制,营造稳定、透明、可预期和公平竞争的市场环境。

第四条 国家对外商投资实行准入前国民待遇加负面清单管理制度。

前款所称准入前国民待遇,是指在投资准入阶段给予外国投资者及其投资不低于本国投资者及其投资的待遇;所称负面清单,是指国家规定在特定领域对外商投资实施的准入特别管理措施。国家对负面清单之外的外商投资,给予国民待遇。

负面清单由国务院发布或者批准发布。

中华人民共和国缔结或者参加的国际条约、协定对外国投资者准入待遇有更优惠规定的，可以按照相关规定执行。

第五条 国家依法保护外国投资者在中国境内的投资、收益和其他合法权益。

第六条 在中国境内进行投资活动的外国投资者、外商投资企业，应当遵守中国法律法规，不得危害中国国家安全、损害社会公共利益。

第七条 国务院商务主管部门、投资主管部门按照职责分工，开展外商投资促进、保护和管理工作；国务院其他有关部门在各自职责范围内，负责外商投资促进、保护和管理的相关工作。

县级以上地方人民政府有关部门依照法律法规和本级人民政府确定的职责分工，开展外商投资促进、保护和管理工作。

第八条 外商投资企业职工依法建立工会组织，开展工会活动，维护职工的合法权益。外商投资企业应当为本企业工会提供必要的活动条件。

第二章 投资促进

第九条 外商投资企业依法平等适用国家支持企业发展的各项政策。

第十条 制定与外商投资有关的法律、法规、规章，应当采取适当方式征求外商投资企业的意见和建议。

与外商投资有关的规范性文件、裁判文书等，应当依法及时公布。

第十一条 国家建立健全外商投资服务体系，为外国投资者和外商投资企业提供法律法规、政策措施、投资项目信息等方面的咨询和服务。

第十二条 国家与其他国家和地区、国际组织建立多边、双边投资促进合作机制，加强投资领域的国际交流与合作。

第十三条 国家根据需要，设立特殊经济区域，或者在部分地区实行外商投资试验性政策措施，促进外商投资，扩大对外开放。

第十四条 国家根据国民经济和社会发展需要，鼓励和引导外国投资者在特定行业、领域、地区投资。外国投资者、外商投资企业可以依照法律、行政法规或者国务院的规定享受优惠待遇。

第十五条 国家保障外商投资企业依法平等参与标准制定工作，强化标准制定的信息公开和社会监督。

国家制定的强制性标准平等适用于外商投资企业。

第十六条 国家保障外商投资企业依法通过公平竞争参与政府采购活动。政府采购依法对外商投资企业在中国境内生产的产品、提供的服务平等对待。

第十七条 外商投资企业可以依法通过公开发行股票、公司债券等证券和其他方式进行融资。

第十八条 县级以上地方人民政府可以根据法律、行政法规、地方性法规的规定，在法定权限内制定外商投资促进和便利化政策措施。

第十九条 各级人民政府及其有关部门应当按照便利、高效、透明的原则，简化办事程序，提高办事效率，优化政务服务，进一步提高外商投资服务水平。

有关主管部门应当编制和公布外商投资指引，为外国投资者和外商投资企业提供服务和便利。

第三章 投资保护

第二十条 国家对外国投资者的投资不实行征收。

在特殊情况下，国家为了公共利益的需要，可以依照法律规定对外国投资者的投资实行征收或者征用。征收、征用应当依照法定程序进行，并及时给予公平、合理的补偿。

第二十一条 外国投资者在中国境内的出资、利润、资本收益、资产处置所得、知识产权许可使用费、依法获得的补偿或者赔偿、清算所得等，可以依法以人民币或者外汇自由汇入、汇出。

第二十二条 国家保护外国投资者和外商投资企业的知识产权，保护知识产权权利人和相关权利人的合法权益；对知识产权侵权行为，严格依法追究法律责任。

国家鼓励在外商投资过程中基于自愿原则和商业规则开展技术合作。技术合作的条件由投资各方遵循公平原则平等协商确定。行政机关及其工作人员不得利用行政手段强制转让技术。

第二十三条 行政机关及其工作人员对于履行职责过程中知悉的外国投资者、外商投资企业的商业秘密，应当依法予以保密，不得泄露或者非法向他人提供。

第二十四条 各级人民政府及其有关部门制定涉及外商投资的规范性文件，应当符合法律法规的规定；没有法律、行政法规依据的，不得减损外商投资企业的合法权益或者增加其义务，不得设置市场准入和退出条件，不得干预外商投资企业的正常生产经营活动。

第二十五条 地方各级人民政府及其有关部门应当履行向外国投资者、外商投资企业依法作出的政策承诺以及依法订立的各类合同。

因国家利益、社会公共利益需要改变政策承诺、合同约定的，应当依照法定权限和程序进行，并依法对外国投资者、外商投资企业因此受到的损失予以补偿。

第二十六条 国家建立外商投资企业投诉工作机制，及时处理外商投资企业或者其投资者反映的问题，协调完善相关政策措施。

外商投资企业或者其投资者认为行政机关及其工作人员的行政行为侵犯其合法权益的，可以通过外商投资企业投诉工作机制申请协调解决。

外商投资企业或者其投资者认为行政机关及其工作人员的行政行为侵犯其合法权益的，除依照前款规定通过外商投资企业投诉工作机制申请协调解决外，还可以依法申请行政复议、提起行政诉讼。

第二十七条 外商投资企业可以依法成立和自愿参加商会、协会。商会、协会依照法律法规和章程的规定开展相关活动，维护会员的合法权益。

第四章 投资管理

第二十八条 外商投资准入负面清单规定禁止投资的领域，外国投资者不得投资。

外商投资准入负面清单规定限制投资的领域，外国投资者进行投资应当符合负面清单规定的条件。

外商投资准入负面清单以外的领域，按照内外资一致的原则实施管理。

第二十九条 外商投资需要办理投资项目核准、备案的，按照国家有关规定执行。

第三十条 外国投资者在依法需要取得许可的行业、领域进行投资的，应当依法办理相关许可手续。

有关主管部门应当按照与内资一致的条件和程序，审核外国投资者的许可申请，法律、行政法规另有规定的除外。

第三十一条 外商投资企业的组织形式、组织机构及其活动准则，适用《中华人民共和国公司法》、《中华人民共和国合伙企业法》等法律的规定。

第三十二条 外商投资企业开展生产经营活动，应当遵守法律、行政法规有关劳动保护、社会保险的规定，依照法律、行政法规和国家有关规定办理税收、会计、外汇等事宜，并接受相关主管部门依法实施的监督检查。

第三十三条 外国投资者并购中国境内企业或者以其他方式参与经营者集中的，应当依照《中华人民共和国反垄断法》的规定接受经营者集中审查。

第三十四条 国家建立外商投资信息报告制度。外国投资者或者外商投资企业应当通过企业登记系统以及企业信用信息公示系统向商务主管部门报送投资信息。

外商投资信息报告的内容和范围按照确有必要的原则确定；通过部门信息共享能够获得的投资信息，不得再行要求报送。

第三十五条 国家建立外商投资安全审查制度，对影响或者可能影响国家安全的外商投资进行安全审查。

依法作出的安全审查决定为最终决定。

第五章 法律责任

第三十六条 外国投资者投资外商投资准入负面清单规定禁止投资的领域的，由有关主管部门责令停止投资活动，限期处分股份、资产或者采取其他必要措施，恢复到实施投资前的状态；有违法所得的，没收违法所得。

外国投资者的投资活动违反外商投资准入负面清单规定的限制性准入特别管理措施的，由有关主管部门责令限期改正，采取必要措施满足准入特别管理措施的要求；逾期不改正的，依照前款规定处理。

外国投资者的投资活动违反外商投资准入负面清单规定的，除依照前两款规定处理外，还应当依法承担相应的法律责任。

第三十七条 外国投资者、外商投资企业违反本法规定，未按照外商投资信息报告制度的要求报送投资信息的，由商务主管部门责令限期改正；逾期不改正的，处十万元以上五十万元以下的罚款。

第三十八条 对外国投资者、外商投资企业违反法律、法规的行为，由有关部门依法查处，并按照国家有关规定纳入信用信息系统。

第三十九条 行政机关工作人员在外商投资促进、保护和管理工作中滥用职权、玩忽职守、徇私舞弊的，或者泄露、非法向他人提供履行职责过程中知悉的商业秘密的，依法给予处分；构成犯罪的，依法追究刑事责任。

第六章 附 则

第四十条 任何国家或者地区在投资方面对中华人民共和国采取歧视性的禁止、限制或者其他类似措施的，中华人民共和国可以根据实际情况对该国家或者该地区采取相应的措施。

第四十一条 对外国投资者在中国境内投资银行业、证券业、保险业等金融行业，或者在证券市场、外汇市场等金融市场进行投资的管理，国家另有规定的，依照其规定。

第四十二条 本法自2020年1月1日起施行。《中华人民共和国中外合资经营企业法》、《中华人民共和国外资企业法》、《中华人民共和国中外合作经营企业法》同时废止。

本法施行前依照《中华人民共和国中外合资经营企业法》、《中华人民共和国外资企业法》、《中华人民共和国中外合作经营企业法》设立的外商投资企业，在本法施行后五年内可以继续保留原企业组织形式等。具体实施办法由国务院规定。

二、相关司法解释及两高工作文件

《最高人民法院关于适用〈中华人民共和国外商投资法〉若干问题的解释》（法释〔2019〕20号），为正确适用《中华人民共和国外商投资法》，依法平等保护中外投资者合法权益，营造稳定、公平、透明的法治化营商环境，结合审判实践，就人民法院审理平等主体之间的投资合同纠纷案件适用法律问题作出如下解释。

第一条 本解释所称投资合同，是指外国投资者即外国的自然人、企业或者其他组织因直接或者间接在中国境内进行投资而形成的相关协议，包括设立外商投资企业合同、股份转让合同、股权转让合同、财产份额或者其他类似权益转让合同、新建项目合同等协议。

外国投资者因赠与、财产分割、企业合并、企业分立等方式取得相应权益所产生的合同纠纷，适用本解释。

第二条 对外商投资法第四条所指的外商投资准入负面清单之外的领域形成的投资合同，当事人以合同未经有关行政主管部门批准、登记为由主张合同无效或者未生效的，人民法院不予支持。

前款规定的投资合同签订于外商投资法施行前，但人民法院在外商投资法施行时尚未作出生效裁判的，适用前款规定认定合同的效力。

第三条 外国投资者投资外商投资准入负面清单规定禁止投资的领域，当事人主张投资合同无效的，人民法院应予支持。

第四条 外国投资者投资外商投资准入负面清单规定限制投资的领域，当事人以违反限制性准入特别管理措施为由，主张投资合同无效的，人民法院应予支持。

人民法院作出生效裁判前，当事人采取必要措施满足准入特别管理措施的要求，当事人主张前款规定的投资合同有效的，应予支持。

第五条 在生效裁判作出前，因外商投资准入负面清单调整，外国投资者投资不再属于禁止或者限制投资的领域，当事人主张投资合同有效的，人民法院应予支持。

第六条 人民法院审理香港特别行政区、澳门特别行政区投资者、定居在国外的中国公民在内地、台湾地区投资者在大陆投资产生的相关纠纷案件，可以参照适用本解释。

第七条 本解释自2020年1月1日起施行。

本解释施行前本院作出的有关司法解释与本解释不一致的，以本解释为准。

《最高人民法院关于审理外商投资企业纠纷案件若干问题的规定（一）》（法释〔2010〕9号），规定如下：

第一条 当事人在外商投资企业设立、变更等过程中订立的合同，依法律、行政法规的规定应当经外商投资企业审批机关批准后才生效的，自批准之日起生效；未经批准的，人民法院应当认定该合同未生效。当事人请求确认该合同无效的，人民法院不予支持。

前款所述合同因未经批准而被认定未生效的，不影响合同中当事人履行报批义务条款及因该报批义务而设定的相关条款的效力。

第二条 当事人就外商投资企业相关事项达成的补充协议对已获批准的合同不构成重大或实质性变更的，人民法院不应以未经外商投资企业审批机关批准为由认定该补充协议未生效。

前款规定的重大或实质性变更包括注册资本、公司类型、经营范围、营业期限、股东认缴的出资额、出资方式的变更以及公司合并、公司分立、股权转让等。

第三条 人民法院在审理案件中，发现经外商投资企业审批机关批准的外商投资企业合同具有法律、行政法规规定的无效情形的，应当认定合同无效；该合同具有法律、行政法规规定的可撤销情形，当事人请求撤销的，人民法院应予支持。

第四条 外商投资企业合同约定一方当事人以需要办理权属变更登记的标的物出资或者提供合作条件，标的物已交付外商投资企业实际使用，且负有办理权属变更登记义务的一方当事人在人民法院指定的合理期限内完成了登记的，人民法院应当认定该方当事人履行了出资或者提供合作条件的义务。外商投资企业或其股东以该方当事人未履行出资义务为由主张该方当事人不享有股东权益的，人民法院不予支持。

外商投资企业或其股东举证证明该方当事人因迟延办理权属变更登记给外商投资企业造成损失并请求赔偿的，人民法院应予支持。

第五条 外商投资企业股权转让合同成立后，转让方和外商投资企业不履行报批义务，经受让方催告后在合理的期限内仍未履行，受让方请求解除合同并由转让方返还其已支付的转让款、赔偿因未履行报批义务而造成的实际损失的，人民法院应予支持。

第六条 外商投资企业股权转让合同成立后，转让方和外商投资企业不履行报批义务，受让方以转让方为被告、以外商投资企业为第三人提起诉讼，请求转让方与外商投资企业在一定期限内共同履行报批义务的，人民法院应予支持。受让方同时请求在转让方和外商投资企业于生效判决确定的期限内不履行报批义务时自行报批的，人民法院应予支持。

转让方和外商投资企业拒不根据人民法院生效判决确定的期限履行报批义务，受让方另行起诉，请求解除合同并赔偿损失的，人民法院应予支持。赔偿损失的范围可以包括股权的差价损失、股权收益及其他合理损失。

第七条 转让方、外商投资企业或者受让方根据本规定第六条第一款的规定就外商投资企业股权转让合同报批，未获外商投资企业审批机关批准，受让方另行起诉，请求转让方返还其已支付的转让款的，人民法院应予支持。受让方请求转让方赔偿因此造成的损失的，人民法院应根据转让方是否存在过错以及过错大小认定其是否承担赔偿责任及具体赔偿数额。

第八条 外商投资企业股权转让合同约定受让方支付转让款后转让方才办理报批手续，受让方未支付股权转让款，经转让方催告后在合理的期限内仍未履行，转让方请求解除合同并赔偿因迟延履行而造成的实际损失的，人民法院应予支持。

第九条 外商投资企业股权转让合同成立后，受让方未支付股权转让款，转让方和外商投资企业亦未履行报批义务，转让方请求受让方支付股权转让款的，人民法院应当中止审理，指令转让方在一定期限内办理报批手续。该股权转让合同获得外商投资企业审批机关批准的，对转让方关于支付转让款的诉讼请求，人民法院应予支持。

第十条 外商投资企业股权转让合同成立后，受让方已实际参与外商投资企业的经营管理并获取收益，但合同未获外商投资企业审批机关批准，转让方请求受让方退出外商投资企业的经营管理并将受让方因实际参与经营管理而获得的收益在扣除相关成本费用后支付给转让方的，人民法院应予支持。

第十一条 外商投资企业一方股东将股权全部或部分转让给股东之外的第三人，应当经其他股东一致同意，其他股东以未征得其同意为由请求撤销股权转让合同的，人民法院应予支持。具有以下情形之一的除外：

（一）有证据证明其他股东已经同意；

（二）转让方已就股权转让事项书面通知，其他股东自接到书面通知之日满三十日未予答复；

（三）其他股东不同意转让，又不购买该转让的股权。

第十二条 外商投资企业一方股东将股权全部或部分转让给股东之外的第三人，其他股东以该股权转让侵害了其优先购买权为由请求撤销股权转让合同的，人民法院应予支持。其他股东在知道或者应当知道股权转让合同签订之日起一年内未主张优先购买权的除外。

前款规定的转让方、受让方以侵害其他股东优先购买权为由请求认定股权转让合同无效的，人民法院不予支持。

第十三条 外商投资企业股东与债权人订立的股权质押合同，除法律、行政法规另有规定或者合同另有约定外，自成立时生效。未办理质权登记的，不影响股权质押合同的效力。

当事人仅以股权质押合同未经外商投资企业审批机关批准为由主张合同无效或未生效的，人民法院不予支持。

股权质押合同依照物权法的相关规定办理了出质登记的，股权质权自登记时设立。

第十四条 当事人之间约定一方实际投资、另一方作为外商投资企业名义股东，实际投资者请求确认其在外商投资企业中的股东身份或者请求变更外商投资企业股东的，人民法院不予支持。同时具备以下条件的除外：

（一）实际投资者已经实际投资；

（二）名义股东以外的其他股东认可实际投资者的股东身份；

（三）人民法院或当事人在诉讼期间就将实际投资者变更为股东征得了外商投资企业审批机关的同意。

第十五条 合同约定一方实际投资、另一方作为外商投资企业名义股东，不具有法律、行政法规规定的无效情形的，人民法院应认定该合同有效。一方当事人仅以未经外商投资企业审批机关批准为由主张该合同无效或者未生效的，人民法院不予支持。

实际投资者请求外商投资企业名义股东依据双方约定履行相应义务的，人民法院应予支持。

双方未约定利益分配，实际投资者请求外商投资企业名义股东向其交付从外商投资企业获得的收益的，人民法院应予支持。外商投资企业名义股东向实际投资者请求支付必要报酬的，人民法院应酌情予以支持。

第十六条 外商投资企业名义股东不履行与实际投资者之间的合同，致使实际投资者不能实现合同目的，实际投资者请求解除合同并由外商投资企业名义股东承担违约责任的，人民法院应予支持。

第十七条 实际投资者根据其与外商投资企业名义股东的约定，直接向外商投资企业请求分配利润或者行使其他股东权利的，人民法院不予支持。

第十八条 实际投资者与外商投资企业名义股东之间的合同被认定无效，名义股东持有的股权价值高于实际投资额，实际投资者请求名义股东向其返还投资款并根据其实际投资情况以及名义股东参与外商投资企业经营管理的情况对股权收益在双方之间进行合理分配的，人民法院应予支持。

外商投资企业名义股东明确表示放弃股权或者拒绝继续持有股权的，人民法院可以判令以拍卖、变卖名义股东持有的外商投资企业股权所得向实际投资者返还投资款，其余款项根据实际投资者的实际投资情况、名义股东参与外商投资企业经营管理的情况在双方之间进行合理分配。

第十九条 实际投资者与外商投资企业名义股东之间的合同被认定无效，名义股东持有的股权价值低于实际投资额，实际投资者请求名义股东向其返还现有股权的等值价款的，人民法院应予支持；外商投资企业名义股东明确表示放弃股权或者拒绝继续持有股权的，人民法院可以判令以拍卖、变卖名义股东持有的外商投资企业股权所得向实际投资者返还投资款。

实际投资者请求名义股东赔偿损失的，人民法院应当根据名义股东对合同无效是否存在过错及过错大小认定其是否承担赔偿责任及具体赔偿数额。

第二十条 实际投资者与外商投资企业名义股东之间的合同因恶意串通，损害国家、集体或者第三人利益，被认定无效的，人民法院应当将因此取得的财产收归国家所有或者返还集体、第三人。

第二十一条 外商投资企业一方股东或者外商投资企业以提供虚假材料等欺诈或者其他不正当手段向外商投资企业审批机关申请变更外商投资企业批准证书所载股东，导致外商投资企业他方股东丧失股东身份或原有股权份额，他方股东请求确认股东身份或原有股权份额的，人民法院应予支持。第三人已经善意取得该股权的除外。

他方股东请求侵权股东或者外商投资企业赔偿损失的，人民法院应予支持。

第二十二条 人民法院审理香港特别行政区、澳门特别行政区、台湾地区的投资者、定居在国外的中国公民在内地投资设立企业产生的相关纠纷案件，参照适用本规定。

第二十三条 本规定施行后，案件尚在一审或者二审阶段的，适用本规定；本规定施行前已经终审的案件，人民法院进行再审时，不适用本规定。

第二十四条 本规定施行前本院作出的有关司法解释与本规定相抵触的，以本规定为准。

最高人民法院对《商务部关于请确认〈关于审理与企业改制相关的民事纠纷案件若干问题的规定〉是否适用于外商投资的函》的复函（[2003]民二外复第13号），答复如下：

中国企业与外国企业合资、合作的行为，以及外资企业在中国的投资行为，虽然涉及到企业主体、企业资产及股东的变化，但他们不属于国有企业改制范畴，且有专门的法律、法规调整，因此，外商投资行为不受上述司法解释的调整。

三、相关文件规定

《中华人民共和国外商投资法实施条例》（国务院令第723号），规定如下：

第一章 总则

第一条 根据《中华人民共和国外商投资法》（以下简称外商投资法），制定本条例。

第二条 国家鼓励和促进外商投资，保护外商投资合法权益，规范外商投资管理，持续优化外商投资环境，推进更高水平对外开放。

第三条 外商投资法第二条第二款第一项、第三项所称其他投资者，包括中国的自然人在内。

第四条 外商投资准入负面清单(以下简称负面清单)由国务院投资主管部门会同国务院商务主管部门等有关部门提出,报国务院发布或者报国务院批准后由国务院投资主管部门、商务主管部门发布。

国家根据进一步扩大对外开放和经济社会发展需要,适时调整负面清单。调整负面清单的程序,适用前款规定。

第五条 国务院商务主管部门、投资主管部门以及其他有关部门按照职责分工,密切配合、相互协作,共同做好外商投资促进、保护和管理工作。

县级以上地方人民政府应当加强对外商投资促进、保护和管理工作的组织领导,支持、督促有关部门依照法律法规和职责分工开展外商投资促进、保护和管理工作,及时协调、解决外商投资促进、保护和管理工作中的重大问题。

第二章 投资促进

第六条 政府及其有关部门在政府资金安排、土地供应、税费减免、资质许可、标准制定、项目申报、人力资源政策等方面,应当依法平等对待外商投资企业和内资企业。

政府及其有关部门制定的支持企业发展的政策应当依法公开;对政策实施中需要由企业申请办理的事项,政府及其有关部门应当公开申请办理的条件、流程、时限等,并在审核中依法平等对待外商投资企业和内资企业。

第七条 制定与外商投资有关的行政法规、规章、规范性文件,或者政府及其有关部门起草与外商投资有关的法律、地方性法规,应当根据实际情况,采取书面征求意见以及召开座谈会、论证会、听证会等多种形式,听取外商投资企业和有关商会、协会等方面的意见和建议;对反映集中或者涉及外商投资企业重大权利义务问题的意见和建议,应当通过适当方式反馈采纳的情况。

与外商投资有关的规范性文件应当依法及时公布,未经公布的不得作为行政管理依据。与外商投资企业生产经营活动密切相关的规范性文件,应当结合实际,合理确定公布到施行之间的时间。

第八条 各级人民政府应当按照政府主导、多方参与的原则,建立健全外商投资服务体系,不断提升外商投资服务能力和水平。

第九条 政府及其有关部门应当通过政府网站、全国一体化在线政务服务平台集中列明有关外商投资的法律、法规、规章、规范性文件、政策措施和投资项目信息,并通过多种途径和方式加强宣传、解读,为外国投资者和外商投资企业提供咨询、指导等服务。

第十条 外商投资法第十三条所称特殊经济区域,是指经国家批准设立、实行更大力度的对外开放政策措施的特定区域。

国家在部分地区实行的外商投资试验性政策措施,经实践证明可行的,根据实际情况在其他地区或者全国范围内推广。

第十一条 国家根据国民经济和社会发展需要,制定鼓励外商投资产业目录,列明鼓励和引导外国投资者投资的特定行业、领域、地区。鼓励外商投资产业目录由国务院投资主管部门会同国务院商务主管部门等有关部门拟订,报国务院批准后由国务院投资主管部门、商务主管部门发布。

第十二条 外国投资者、外商投资企业可以依照法律、行政法规或者国务院的规定,享受财政、税收、金融、用地等方面的优惠待遇。

外国投资者以其在中国境内的投资收益在中国境内扩大投资的,依法享受相应的优惠待遇。

第十三条 外商投资企业依法和内资企业平等参与国家标准、行业标准、地方标准和团体标准的制定、修订工作。外商投资企业可以根据需要自行制定或者与其他企业联合制定企业标准。

外商投资企业可以向标准化行政主管部门和有关行政主管部门提出标准的立项建议,

在标准立项、起草、技术审查以及标准实施信息反馈、评估等过程中提出意见和建议，并按照规定承担标准起草、技术审查的相关工作以及标准的外文翻译工作。

标准化行政主管部门和有关行政主管部门应当建立健全相关工作机制，提高标准制定、修订的透明度，推进标准制定、修订全过程信息公开。

第十四条 国家制定的强制性标准对外商投资企业和内资企业平等适用，不得专门针对外商投资企业适用高于强制性标准的技术要求。

第十五条 政府及其有关部门不得阻挠和限制外商投资企业自由进入本地区和本行业的政府采购市场。

政府采购的采购人、采购代理机构不得在政府采购信息发布、供应商条件确定和资格审查、评标标准等方面，对外商投资企业实行差别待遇或者歧视待遇，不得以所有制形式、组织形式、股权结构、投资者国别、产品或者服务品牌以及其他不合理的条件对供应商予以限定，不得对外商投资企业在中国境内生产的产品、提供的服务和内资企业区别对待。

第十六条 外商投资企业可以依照《中华人民共和国政府采购法》(以下简称政府采购法)及其实施条例的规定，就政府采购活动事项向采购人、采购代理机构提出询问、质疑，向政府采购监督管理部门投诉。采购人、采购代理机构、政府采购监督管理部门应当在规定的时限内作出答复或者处理决定。

第十七条 政府采购监督管理部门和其他有关部门应当加强对政府采购活动的监督检查，依法纠正和查处对外商投资企业实行差别待遇或者歧视待遇等违法违规行为。

第十八条 外商投资企业可以依法在中国境内或者境外通过公开发行股票、公司债券等证券，以及公开或者非公开发行其他融资工具、借用外债等方式进行融资。

第十九条 县级以上地方人民政府可以根据法律、行政法规、地方性法规的规定，在法定权限内制定费用减免、用地指标保障、公共服务提供等方面的外商投资促进和便利化政策措施。

县级以上地方人民政府制定外商投资促进和便利化政策措施，应当以推动高质量发展为导向，有利于提高经济效益、社会效益、生态效益，有利于持续优化外商投资环境。

第二十条 有关主管部门应当编制和公布外商投资指引，为外国投资者和外商投资企业提供服务和便利。外商投资指引应当包括投资环境介绍、外商投资办事指南、投资项目信息以及相关数据信息等内容，并及时更新。

第三章 投资保护

第二十一条 国家对外国投资者的投资不实行征收。

在特殊情况下，国家为了公共利益的需要依照法律规定对外国投资者的投资实行征收的，应当依照法定程序、以非歧视性的方式进行，并按照被征收投资的市场价值及时给予补偿。

外国投资者对征收决定不服的，可以依法申请行政复议或者提起行政诉讼。

第二十二条 外国投资者在中国境内的出资、利润、资本收益、资产处置所得、取得的知识产权许可使用费、依法获得的补偿或者赔偿、清算所得等，可以依法以人民币或者外汇自由汇入、汇出，任何单位和个人不得违法对币种、数额以及汇入、汇出的频次等进行限制。

外商投资企业的外籍职工和香港、澳门、台湾职工的工资收入和其他合法收入，可以依法自由汇出。

第二十三条 国家加大对知识产权侵权行为的惩处力度，持续强化知识产权执法，推动建立知识产权快速协同保护机制，健全知识产权纠纷多元化解决机制，平等保护外国投资者和外商投资企业的知识产权。

标准制定中涉及外国投资者和外商投资企业专利的，应当按照标准涉及专利的有关管理规定办理。

第二十四条 行政机关(包括法律、法规授权的具有管理公共事务职能的组织，下同)及其工作人员不得利用实施行政许可、行政检查、行政处罚、行政强制以及其他行政手段，强制或者变相强制外国投资者、外商投资企业转让技术。

第二十五条 行政机关依法履行职责，确需外国投资者、外商投资企业提供涉及商业秘密的材料、信息的，应当限定在履行职责所必需的范围内，并严格控制知悉范围，与履行职责无关的人员不得接触有关材料、信息。

行政机关应当建立健全内部管理制度，采取有效措施保护履行职责过程中知悉的外国投资者、外商投资企业的商业秘密；依法需要与其他行政机关共享信息的，应当对信息中含有的商业秘密进行保密处理，防止泄露。

第二十六条 政府及其有关部门制定涉及外商投资的规范性文件，应当按照国务院的规定进行合法性审核。

外国投资者、外商投资企业认为行政行为所依据的国务院部门和地方人民政府及其部门制定的规范性文件不合法，在依法对行政行为申请行政复议或者提起行政诉讼时，可以一并请求对该规范性文件进行审查。

第二十七条 外商投资法第二十五条所称政策承诺，是指地方各级人民政府及其有关部门在法定权限内，就外国投资者、外商投资企业在本地区投资所适用的支持政策、享受的优惠待遇和便利条件等作出的书面承诺。政策承诺的内容应当符合法律、法规规定。

第二十八条 地方各级人民政府及其有关部门应当履行向外国投资者、外商投资企业依法作出的政策承诺以及依法订立的各类合同，不得以行政区划调整、政府换届、机构或者职能调整以及相关责任人更替等为由违约毁约。因国家利益、社会公共利益需要改变政策承诺、合同约定的，应当依照法定权限和程序进行，并依法对外国投资者、外商投资企业因此受到的损失及时予以公平、合理的补偿。

第二十九条 县级以上人民政府及其有关部门应当按照公开透明、高效便利的原则，建立健全外商投资企业投诉工作机制，及时处理外商投资企业或者其投资者反映的问题，协调完善相关政策措施。

国务院商务主管部门会同国务院有关部门建立外商投资企业投诉工作部际联席会议制度，协调、推动中央层面的外商投资企业投诉工作，对地方的外商投资企业投诉工作进行指导和监督。县级以上地方人民政府应当指定部门或者机构负责受理本地区外商投资企业或者其投资者的投诉。

国务院商务主管部门、县级以上地方人民政府指定的部门或者机构应当完善投诉工作规则、健全投诉方式、明确投诉处理时限。投诉工作规则、投诉方式、投诉处理时限应当对外公布。

第三十条 外商投资企业或者其投资者认为行政机关及其工作人员的行政行为侵犯其合法权益，通过外商投资企业投诉工作机制申请协调解决的，有关方面进行协调时可以向被申请的行政机关及其工作人员了解情况，被申请的行政机关及其工作人员应当予以配合。协调结果应当以书面形式及时告知申请人。

外商投资企业或者其投资者依照前款规定申请协调解决有关问题的，不影响其依法申请行政复议、提起行政诉讼。

第三十一条 对外商投资企业或者其投资者通过外商投资企业投诉工作机制反映或者申请协调解决问题，任何单位和个人不得压制或者打击报复。

除外商投资企业投诉工作机制外，外商投资企业或者其投资者还可以通过其他合法途径向政府及其有关部门反映问题。

第三十二条 外商投资企业可以依法成立商会、协会。除法律、法规另有规定外，外商投资企业有权自主决定参加或者退出商会、协会，任何单位和个人不得干预。

商会、协会应当依照法律法规和章程的规定，加强行业自律，及时反映行业诉求，为会员提供信息咨询、宣传培训、市场拓展、经贸交流、权益保护、纠纷处理等方面的服务。

国家支持商会、协会依照法律法规和章程的规定开展相关活动。

第四章 投资管理

第三十三条 负面清单规定禁止投资的领域,外国投资者不得投资。负面清单规定限制投资的领域,外国投资者进行投资应当符合负面清单规定的股权要求、高级管理人员要求等限制性准入特别管理措施。

第三十四条 有关主管部门在依法履行职责过程中,对外国投资者拟投资负面清单内领域,但不符合负面清单规定的,不予办理许可、企业登记注册等相关事项;涉及固定资产投资项目核准的,不予办理相关核准事项。

有关主管部门应当对负面清单规定执行情况加强监督检查,发现外国投资者投资负面清单规定禁止投资的领域,或者外国投资者的投资活动违反负面清单规定的限制性准入特别管理措施的,依照外商投资法第三十六条的规定予以处理。

第三十五条 外国投资者在依法需要取得许可的行业、领域进行投资的,除法律、行政法规另有规定外,负责实施许可的有关主管部门应当按照与内资一致的条件和程序,审核外国投资者的许可申请,不得在许可条件、申请材料、审核环节、审核时限等方面对外国投资者设置歧视性要求。

负责实施许可的有关主管部门应当通过多种方式,优化审批服务,提高审批效率。对符合相关条件和要求的许可事项,可以按照有关规定采取告知承诺的方式办理。

第三十六条 外商投资需要办理投资项目核准、备案的,按照国家有关规定执行。

第三十七条 外商投资企业的登记注册,由国务院市场监督管理部门或者其授权的地方人民政府市场监督管理部门依法办理。国务院市场监督管理部门应当公布其授权的市场监督管理部门名单。

外商投资企业的注册资本可以用人民币表示,也可以用可自由兑换货币表示。

第三十八条 外国投资者或者外商投资企业应当通过企业登记系统以及企业信用信息公示系统向商务主管部门报送投资信息。国务院商务主管部门、市场监督管理部门应当做好相关业务系统的对接和工作衔接,并为外国投资者或者外商投资企业报送投资信息提供指导。

第三十九条 外商投资信息报告的内容、范围、频次和具体流程,由国务院商务主管部门会同国务院市场监督管理部门等有关部门按照确有必要、高效便利的原则确定并公布。商务主管部门、其他有关部门应当加强信息共享,通过部门信息共享能够获得的投资信息,不得再行要求外国投资者或者外商投资企业报送。

外国投资者或者外商投资企业报送的投资信息应当真实、准确、完整。

第四十条 国家建立外商投资安全审查制度,对影响或者可能影响国家安全的外商投资进行安全审查。

第五章 法律责任

第四十一条 政府和有关部门及其工作人员有下列情形之一的,依法依规追究责任:

(一)制定或者实施有关政策不依法平等对待外商投资企业和内资企业;

(二)违法限制外商投资企业平等参与标准制定、修订工作,或者专门针对外商投资企业适用高于强制性标准的技术要求;

(三)违法限制外国投资者汇入、汇出资金;

(四)不履行向外国投资者、外商投资企业依法作出的政策承诺以及依法订立的各类合同,超出法定权限作出政策承诺,或者政策承诺的内容不符合法律、法规规定。

第四十二条 政府采购的采购人、采购代理机构以不合理的条件对外商投资企业实行差别待遇或者歧视待遇的,依照政府采购法及其实施条例的规定追究其法律责任;影响或者可能影响中标、成交结果的,依照政府采购法及其实施条例的规定处理。

政府采购监督管理部门对外商投资企业的投诉逾期未作处理的,对直接负责的主管人员和其他直接责任人员依法给予处分。

第四十三条 行政机关及其工作人员利用行政手段强制或者变相强制外国投资者、外商投资企业转让技术的，对直接负责的主管人员和其他直接责任人员依法给予处分。

第六章 附则

第四十四条 外商投资法施行前依照《中华人民共和国中外合资经营企业法》、《中华人民共和国外资企业法》、《中华人民共和国中外合作经营企业法》设立的外商投资企业（以下称现有外商投资企业），在外商投资法施行后5年内，可以依照《中华人民共和国公司法》、《中华人民共和国合伙企业法》等法律的规定调整其组织形式、组织机构等，并依法办理变更登记，也可以继续保留原企业组织形式、组织机构等。

自2025年1月1日起，对未依法调整组织形式、组织机构等并办理变更登记的现有外商投资企业，市场监督管理部门不予办理其申请的其他登记事项，并将相关情形予以公示。

第四十五条 现有外商投资企业办理组织形式、组织机构等变更登记的具体事宜，由国务院市场监督管理部门规定并公布。国务院市场监督管理部门应当加强对变更登记工作的指导，负责办理变更登记的市场监督管理部门应当通过多种方式优化服务，为企业办理变更登记提供便利。

第四十六条 现有外商投资企业的组织形式、组织机构等依法调整后，原合营、合作各方在合同中约定的股权或者权益转让办法、收益分配办法、剩余财产分配办法等，可以继续按照约定办理。

第四十七条 外商投资企业在中国境内投资，适用外商投资法和本条例的有关规定。

第四十八条 香港特别行政区、澳门特别行政区投资者在内地投资，参照外商投资法和本条例执行；法律、行政法规或者国务院另有规定的，从其规定。

台湾地区投资者在大陆投资，适用《中华人民共和国台湾同胞投资保护法》（以下简称台湾同胞投资保护法）及其实施细则的规定；台湾同胞投资保护法及其实施细则未规定的事项，参照外商投资法和本条例执行。

定居在国外的中国公民在中国境内投资，参照外商投资法和本条例执行；法律、行政法规或者国务院另有规定的，从其规定。

第四十九条 本条例自2020年1月1日起施行。《中华人民共和国中外合资经营企业法实施条例》、《中外合资经营企业合营期限暂行规定》、《中华人民共和国外资企业法实施细则》、《中华人民共和国中外合作经营企业法实施细则》同时废止。

2020年1月1日前制定的有关外商投资的规定与外商投资法和本条例不一致的，以外商投资法和本条例的规定为准。

第二百一十八条 【施行日期】 本法自2006年1月1日起施行。

附录一

《公司法》案例整合

第三条 【公司界定及股东责任】

【第三人明知债权债务关系存在，违法损害债权人合法权益的，应承担补充赔偿责任】

吉林市中小企业信用担保集团有限公司诉中国长城资产管理股份有限公司吉林省分公司等公司债权人利益责任纠纷案：最高人民法院（2017）最高法民终181号民事判决书（《最高人民法院公报》2019年第3期（总第269期））

【股权转让方与其他股东之间的在先约定，非经股权受让方明确意思表示，不得约束股权受让方】

甘洛县建筑建材开发公司诉重庆中环建设有限公司等合同纠纷案：四川省高级人民法院（2015）川民终字第401号民事判决书

【执行程序中公司股东的法律责任】

温积喜与王先有、桐柏县广兴隆水泥有限公司执行异议案：河南省南阳市中级人民法院（2012）南中执复字第20号民事裁定书

【当公司与他人之间因债权债务纠纷发生诉讼时，可以准许公司股东以第三人的身份参加诉讼】

宁夏瀛海建材集团有限公司与宁夏瀛海银川建材有限公司、第三人中国石油宁夏化工厂债权纠纷案：最高人民法院（2010）民二终字第19号民事判决书（《最高人民法院公报》2011年第7期（总第177期））

【经村委会同意，集体经济组织成员以借款形式筹集资金，使得原停办企业恢复生产经营的，该企业的性质没有发生变化】

胡文楷、韦济龙、韦美元、胡文仲与韦美清、中国人民解放军重庆市南川区人民武装部等经营合同纠纷案：重庆市高级人民法院（2007）渝高法民再字第34号民事判决书

【股东出资后，对公司的具体财产不享有所有权】

深圳市华新股份有限公司诉新加坡欧力士船务有限公司等船舶权益案：广东省高级人民法院（2005）粤高法立民终字第530号民事裁定书

【投资者向企业法人投资成立内设部门，该内设部门的财产属于法人财产】

李显志诉长春建工集团界定产权、返还财产纠纷案：最高人民法院（2004）民二终字第190号民事判决书（《最高人民法院公报》2005年第10期（总第108期））

【股东出资后，无权占有公司的公章及财务账册】

宜兴市贝峰新型建材有限公司诉胡钟霆返还公司财产案：江苏省无锡市中级人民法院（2004）

锡民二终字第255号民事判决书

【合伙型联营变更为有限公司后，原联营各方关于联营体对外债务负连带责任的约定，在变更后有限公司股东之间并不必然具有约束力】

广州市花都区田美村发展公司诉广州机电厂联营合同案：广州市中级人民法院二(2004)穗中法民二终字第1139号民事判决书

【股东承担有限责任】

中国烟草总公司海南省公司、中国土产畜产进出口总公司与中国建设银行洋浦分行、洋浦金岛粮油实业有限公司、远东(泰国)集团实业有限公司、海南省粮油集团公司借款担保合同纠纷上诉案：海南省洋浦经济开发区中级人民法院(2001)浦中经终字第7号民事判决书

黄建国、何云妹、上海物资贸易中心股份有限公司与上海建国度假村有限公司股权转让协议赔偿纠纷上诉案：上海市高级人民法院(2001)沪高经终字第11号民事判决书

【公司是否实行承包经营，完全应由该公司的权力机构自主决定】

荣成市友谊化妆品有限公司与王爱芹企业承包合同纠纷上诉案：山东省威海市中级人民法院(2000)威经终字第104号民事判决书

【公司被吊销营业执照不意味着该公司终止，当其认为合法权益受到侵害时，有权以公司名义提起诉讼】

烟台龙睛建设开发公司与山东省烟台市土地管理局行政纠纷案：最高人民法院(2000)行终字第3号行政裁定书

【公司及其工会和职工持股会，针对法定代表人未经股东会及董事会研究决定以该公司的名义与他人签订收购协议的行为，可以对该法定代表人提起赔偿诉讼，而不能直接主张公司对外签订的协议无效】

瓦房店轴承集团有限责任公司等与瓦房店轴承集团特钢有限责任公司等收购破产企业纠纷案：最高人民法院(1999)民终字第6号民事裁定书

【公司性质判断标准】

申银万国证券股份有限公司与武汉长江证券俱乐部有限公司等企业确权、返还股金纠纷案：最高人民法院(1998)经终字第285号民事判决书

【国有企业改制过程中，股权受让方不应对公司的债务承担民事责任】

中国长城资产管理公司哈尔滨办事处与哈尔滨电表仪器有限责任公司等借款合同纠纷上诉案：最高人民法院民事判决书

第四条 【股东权利】

【股东基于其身份和地位而享有从公司获取经济利益和参与公司经营管理的权利】

福建省平潭县福鑫围垦开发有限公司、刘常爱与福建省平潭县福鑫围垦开发有限公司、刘常爱等申请再审案：最高人民法院(2015)民申字第1035号民事裁定书

【对股东权利的限制，属于公司自治的范围】

万森公司诉林万平与公司有关纠纷案：福建省厦门市中级人民法院（2013）厦民终字第 2480 号民事判决书

【公司内部治理纠纷不属人民法院民事审判的受案范围】

成都中欧经济发展建设有限公司诉成都泰达中欧建设有限公司公司证照返还案：成都市中级人民法院（2012）成民终字第 3608 号民事裁定书

【如果公司权利受到侵害，不能因股东起诉是为其自身的利益而非公司的利益而否定该股东所享有的诉权】

吕永群诉刘明宏等其他股东权纠纷案：江苏省南京市中级人民法院（2005）宁民五初字第 4 号民事判决书

【分红权即为股利分配请求权，作为股东自益权的一种，是股东行使资产受益权的重要形式】

容记企业公司与广西 容大兽药制品有限公司、广西农大新技术总公司、容记企业有限公司股东股利分配请求权纠纷案：广西壮族自治区南宁市中级人民法院民事判决书

第五条 【公司业务】

【商事交易中诚实信用原则对公司权益的保护】

北京万方源房地产开发有限公司与中国长城资产管理公司沈阳办事处债权置换股份协议纠纷案：最高人民法院（2015）民二终字第 366 号民事判决书（2016 年 10 月 31 日《最高人民法院第二巡回法庭发布关于公正审理跨省重大民商事和行政案件十件典型案例》案例九）

【公司社会责任条款之裁判性适用】

李秀针与青岛杰盛置业有限公司、薛晓明公司解散纠纷案：山东省高级人民法院（2015）鲁民再字第 5 号民事判决书

【网店名誉权的民事主体资格】

舒某诉海南天涯在线网络科技有限公司侵害名誉权纠纷案：上海市黄浦区人民法院（2010）黄民一（民）初字第 3802 号民事判决书（《人民司法·案例》2012 年第 12 期）

第六条 【公司登记】

【法院对注册地在境外、实际经营地在境内的公司应积极行使管辖权】

尚德电力控股有限公司诉尚德电力投资有限公司企业借贷纠纷管辖权异议案：上海市高级人民法院（2015）沪高民二（商）终字第 S7 号

【对工商登记的确认是否属民事诉讼受案范围】

王佳城诉厦门市思明区民政社会事务中心等股东资格确认纠纷案：福建省厦门市思明区人民法院（2015）思民初字第 13171 号民事判决书

【合资相对方有权提出管辖权异议】

香港百孚公司诉苏州天华置业公司等涉合资公司股权及经营权归属争议管辖纠纷案：江苏省高级人民法院(2014)苏商外终字第0009号民事裁定书

【公司变更登记与设立登记时提供的相关材料不一致时，登记机关应当不予变更登记】

南通市中北房地产开发有限公司诉南通工商行政管理局工商行政登记案：江苏省南通市中级人民法院(2012)通中行终字第0119号行政判决书

【当事人不能因公司无法履约使其债权受损为由对登记机关设立登记行为提起行政诉讼】

上海超慧实业有限公司不服镇江市工商行政管理局京口分局工商行政登记案：江苏省镇江市中级人民法院(2011)镇行终字第1号行政裁定书

【非公司企业法人按《公司法》规定改制为公司，在申请改制变更登记时，签署改制变更登记申请书的法定代表人宜作宽泛理解】

姬光明诉山西省工商行政管理局工商行政登记案：陕西省高级人民法院(2010)晋行终字第107号行政判决书

【法院可通过民事诉讼程序对内资公司登记行政行为作出变更】

方先跃诉李桂宏等股权确认纠纷案：江苏省无锡市中级人民法院(2008)锡民二初字第049号民事判决书(《人民司法·案例》2010年第4期)

【对他人以虚假材料骗取登记机关办理变更登记行为的处罚】

黄春荣不服宜春市袁州区工商行政管理局行政处罚案：江西省宜春市中级人民法院(2008)宜中行终字第10号行政判决书

【工商行政机关依相对人的申请对举报公司异地经营的违法事实进行调查时，以无法找到被举报公司因而无法按照现行法规对其予以行政制裁为由答复行政相对人的，构成行政不作为】

张龙生等诉北京市工商局朝阳分局不履行监管职责案：北京市第二中级人民法院(2008)二中行终字第96号行政判决书

【公司申请其法定代表人变更登记，登记机关以其章程中缺少公司董事长变更的办法，不能提供效力确定的董事长决议、股东会决议为由，不予受理的，该行政行为合法】

张巧良、朱家勇、马晶、刘龙驹不服苏州市工商行政管理局工商行政登记案：江苏省苏州市沧浪区人民法院(2007)沧行初字第13号行政判决书

【公司的经营范围，属于行政许可的范畴】

北京月球村新能源科技有限公司不服北京市工商行政管理局朝阳分局登记驳回通知案：北京市第二中级人民法院(2007)二中行终字第233号行政判决书

【公司登记主管部门对通过虚假材料骗取公司变更登记的相对人作出责令改正决定的，原变更登记并不必然无效】

秦飞诉南通市启东工商行政管理局工商登记案：江苏省启东市人民法院(2004)启行初字第0037号行政判决书

【有限责任公司的股东之间、股东与公司之间因有关事项发生争议后，如何通过正确的救济途径来要求行政机关履行法定职责，关键是行政机关要适格】

上海翌威科技有限公司要求上海市工商行政管理局普陀分局履行法定职责案：上海市第二中级人民法院（2003）沪二中行终字第220号行政判决书

葛晨诉南京市工商行政管理局不履行撤销股东、法定代表人登记职责案：江苏省南京市白下区人民法院（2002）白行初字第22号民事判决书

孟铁军与天津市工商行政管理局不予颁发工商营业执照上诉案：天津市高级人民法院（2000）高行终字第1号行政判决书

【撤销公司登记与罚款处罚可以并处】

广州市越秀区世通通讯设备公司不服广州市人民政府行政复议决定上诉案：广东省高级人民法院（1999）粤高法行终字第33号行政判决书

第七条 【营业执照】

【法律规范冲突下的超越职权之违法认定】

中国电信股份有限公司长乐分公司诉长乐市工商行政管理局工商行政处罚案：福建省福州市中级人民法院（2015）榕行终字第255号行政判决书

【同一行政许可区域内设立生产基地不属无证经营】

常州市国振机械有限公司与常州市武进工商行政管理局行政查封纠纷上诉案：江苏省常州市中级人民法院（2014）常行终字第89号行政判决书（《人民司法·案例》2015年第4期）

【应当取得而未依法取得许可证或者其他批准文件和营业执照，擅自从事经营活动的无照经营行为，由工商行政管理部门依法予以查处】

吴志刚不服常州市武进区工商行政管理局工商行政处罚案：江苏省常州市中级人民法院（2010）常行终字第119号行政判决书

【对于无照经营的行为，工商行政管理部门不能提供相对人无照经营行为规模较大、社会危害严重的相关证据而作出罚款的，法院可以直接判决将罚款数额变更】

王家忠不服玉溪市工商行政管理局工商行政处罚案：云南省玉溪市中级人民法院（2009）玉中行终字第10号行政判决书

【企业法人新建分厂，在未进行法人变更登记的情况下，即投入生产经营，不构成无照经营】

新疆兵团农三师棉麻公司诉新疆喀什地区工商行政管理局行政处罚案：新疆维吾尔自治区高级人民法院（2006）新行终字第3号行政判决书

【房地产中介服务机构无照经营的，应由县级以上工商行政管理部门作出处罚】

漳平市房地产交易管理所不服龙岩市工商行政管理局行政处罚案：福建省龙岩市中级人民法院（2006）岩行终字第17号行政判决书

【工商部门对无照经营者作出的责令停业通知，不是行政处罚】

苏恒生诉泰州市兴化工商行政管理局责令停止无照经营案：江苏省兴化市人民法院（2003）

兴行初字第18号行政判决书

第八条 【公司名称】

【诚实信用原则在涉老字号侵权案中的适用】

西双版纳同庆号茶业股份有限公司与云南易武同庆号茶业有限公司等擅自使用他人企业名称、姓名纠纷上诉案:云南省高级人民法院(2016)云民终534号民事判决书(《人民司法·案例》2017年第8期)

【注册商标专用权与企业名称权权利冲突引发的行政诉讼】

“中粮”企业名称争议处理决定行政纠纷案:(2016)津0101行初0265号行政判决书(天津法院2016年知识产权十二大典型案件之十二)

【与他人企业名称、注册商标双重近似时的侵权认定规则】

北京首都国际机场宾馆与北京空港豪雅商务酒店有限公司首都机场国际酒店侵害商标权纠纷上诉案:北京知识产权法院(2015)京知民终字第544号民事判决书(《人民司法·案例》2016年第26期)

【对不具区分功能的企业字号不应作为企业名称保护】

重庆市磁器口陈麻花食品有限公司与重庆市沙坪坝区互旺食品有限公司侵害商标权纠纷上诉案:重庆市第一中级人民法院(2015)渝一中法民终字第01977号民事判决书(《人民司法·案例》2016年第8期)

【企业名称的“国际”字样,无法体现市场主体的识别功能】

陕西中大国际有限公司与西安中大国际旅行社有限公司侵害企业名称权纠纷案:陕西省西安市中级人民法院(2015)西中民四初字第00272号民事判决书(西安中院发布2015年知识产权十大典型案例之五)

【企业名称简称的保护】

南京同仁堂药业有限责任公司诉苏州众想药店有限公司擅自使用他人企业名称纠纷案:江苏省苏州市吴江区人民法院(2015)吴江知民初字第126号民事判决书

【双方企业名称部分要素上的相同并不必然构成两企业间产品或服务的混淆】

深圳市胜捷消防器材工程有限公司诉广东胜捷消防设备有限公司侵犯企业名称权纠纷上诉案:广州知识产权法院民事判决书(广州知识产权法院2015年度十大知识产权典型案例之四)

【在同一登记主管机关辖区内设立的公司,与在先注册的公司经营范围一致,且企业名称近似,容易造成相关公众的混淆,应停止使用其企业名称】

秦皇岛兰德热能设备有限公司与秦皇岛兰德机械设备有限公司侵害企业名称权纠纷案:河北省高级人民法院(2015)冀民三终字第29号民事判决书(河北法院2015年度知识产权司法保护典型案例之六)

【经营者擅自将他人的企业名称或简称作为互联网竞价排名关键词，使公众产生混淆误认，利用他人的知名度和商誉，达到宣传推广自己的目的的，属于不正当竞争行为】

天津中国青年旅行社诉天津国青国际旅行社擅自使用他人企业名称纠纷案（2014年6月26日《最高人民法院关于发布第七批指导性案例的通知》指导案例29号）（《最高人民法院公报》2014年第12期（总第218期））

【附加区别性标识的适用】

上海汇丽多彩装潢总汇与上海汇丽集团有限公司诉擅自使用他人企业名称纠纷上诉案：上海市第一中级人民法院（2014）沪一中民五（知）终字第213号民事判决书

【商标与字号权利冲突纠纷的解决】

威德福（中国）诉盐城威德福侵害企业名称权纠纷案：江苏省高级人民法院（2013）苏知民终字第0033号民事判决书

【将知名企业外文商标的中文称呼注册为企业名称，构成不正当竞争】

利莱森玛公司、利莱森玛电机科技（福州）有限公司诉利莱森玛（福建）电机有限公司侵害商标权、擅自使用他人企业名称纠纷案：福建省高级人民法院（2012）闽民终字第436号民事判决书（最高人民法院公布2012年中国法院知识产权司法保护十大创新性案件之八）

【在民间艺术尚未确定代表性传承人的情况下，当事人使用"传人"称谓介绍并宣传自己的，是否构成虚假宣传】

天津市泥人张世家绘塑老作坊、张宇与陈毅谦、宁夏雅观收藏文化研究所、北京天盈九州网络技术有限公司擅自使用他人企业名称及虚假宣传纠纷上诉案：天津市高级人民法院（2012）津高民三终字第0016号民事判决书（最高人民法院公布2012年中国法院知识产权司法保护50件典型案例之三十六）

【擅自使用他人企业简称构成不正当竞争】

大连第一互感器有限责任公司与大连大一互感器有限公司擅自使用他人企业名称纠纷上诉案：辽宁省大连市中级人民法院（2012）大民四终字第14号民事判决书（《人民司法·案例》2015年第20期）

【企业的特定简称视为企业名称，受到《反不正当竞争法》的保护】

原告上海某科学仪器有限公司诉被告上海某某科学仪器有限公司、成都某仪器成套有限公司擅自使用他人企业名称纠纷案：上海市第一中级人民法院2011年12月23日民事判决书

【当事人可以以其企业字号受到侵犯而提起不正当竞争之诉】

苏州小羚羊电动车有限公司诉天津捷安达车业有限公司、高启萍侵犯企业名称权纠纷上诉案：江苏省高级人民法院（2010）苏知民终字第0161号民事判决书（最高人民法院公布2010年中国法院知识产权司法保护50件典型案例之四十三）

【字号相同行业交叉时企业名称的侵权认定】

湖北中正型钢贸易有限公司与湖北中正钢结构工程有限公司侵犯企业名称权纠纷上诉案：湖

北省高级人民法院(2010)鄂民立上字第61号民事裁定书(《人民司法·案例》2012年第4期)

【字号知名度的认定及非知名字号的法律保护】

上海鲜迪调味品有限公司与上海家家乐工贸有限公司侵害企业名称(商号)权纠纷上诉案:上海市第二中级人民法院(2010)沪二中民五(知)终字第6号民事判决书(《人民司法·案例》2011年第24期)

【外文企业名称中文译名中字号的法律保护】

上海五合国际建筑设计咨询有限公司等与WOODHEAD IN—TERNATIONAL PTY.LTD.(五合国际建筑设计集团)侵害企业名称(商号)权纠纷上诉案:上海市第二中级人民法院(2010)沪二中民五(知)终字第5号民事调解书(《人民司法·案例》2011年第12期)

【行为人在明知权利人名称知名度的情况下,将其作为商业标识使用,又不能提供充分证据证明其使用的合法合理依据,构成不正当竞争】

申请再审人张錩、张宏岳、北京泥人张艺术开发有限责任公司与被申请人张铁成、北京泥人张博古陶艺厂、北京泥人张艺术品有限公司不正当竞争纠纷案:最高人民法院(2010)民提字第113号民事判决书

【企业名称的主要部分系知名高校的校名的,高校有权要求企业在其名称中停止使用该校名】

浙江大学科慧软件有限公司与浙江大学侵犯名称权纠纷上诉案:浙江省杭州市中级人民法院(2010)浙杭知终字第111号民事判决书

【经营者擅自使用他人已经登记且具有一定知名度的企业名称,开展同业经营,构成不正当竞争】

人才网(集团)有限公司诉创汇信息科技有限公司擅自使用他人企业名称案:上海市第一中级人民法院(2010)沪一中民五(知)终字第226号民事判决书

【经营者擅自将他人作为企业名称使用,并且在行业内具有一定知名度的通用名称作为网站名称使用,构成不正当竞争】

上海某科技公司与上海某集团公司擅自使用他人企业名称纠纷上诉案:上海市第一中级人民法院(2010)沪一中民五(知)终字第226号民事判决书

【未经权利人许可,经营者擅自使用他人的企业名称进行产品宣传,足以造成消费者误认的,应当承担法律责任】

大连瑞特建材有限公司、大连中德珍珠岩厂诉刘嘉旺不正当竞争纠纷案:辽宁省大连市中级人民法院(2009)大民四初字第237号(《最高人民法院公报》2010年第6期(总第164期))

【他人擅自使用具有一定市场知名度、为相关公众所熟知并已实际具有商号作用的企业名称的简称的,构成不正当竞争】

山东起重机厂有限公司与山东山起重工有限公司侵犯企业名称权纠纷案:最高人民法院(2008)民申字第758号民事裁定书(《最高人民法院公报》2010年第3期(总第161期))

【境外注册登记名称与知名企业字号相同或相近的企业授权其境内控制企业适用该字号行为的判定】

上海罗芙仙妮化妆品有限公司诉上海市工商行政管理局金山分局工商行政处罚决定案:上海

市第一中级人民法院 2008 年 12 月 19 日民事判决书(《最高人民法院公报》2009 年第 11 期(总第 157 期))

【企业名称冲突的司法救济】

上海梅兰日兰电器(集团)有限公司与施耐德电气(中国)投资有限公司等企业名称权纠纷上诉案：上海市高级人民法院(2008)沪高民三(知)终字第 82 号民事判决书(《人民司法·案例》2009 年第 22 期)

【行为人未经许可，擅自使用与具有一定知名度的企业相近似的企业字号，误导相关消费者的，构成不正当竞争】

金湖世纪华联超市连锁有限公司与华联超市股份有限公司擅自使用他人企业名称及其他不正当竞争纠纷上诉案：上海市高级人民法院(2008)沪高民三(知)终字第 111 号民事判决书

【企业名称或其字号在相关公众中已经具有一定的知名度，未经许可擅自使用其字号，构成不正当竞争】

四川苏富比拍卖有限公司与(英国)苏富比拍卖行(SOTHEBY' S)擅自使用他人企业名称和虚假宣传纠纷上诉案：北京市高级人民法院(2008)高民终字第 324 号民事判决书

【公司名称侵犯他人商标权】

河北三河福成养牛集团总公司诉哈尔滨福成饮食有限公司昆明分公司侵犯注册商标专用权及不正当竞争纠纷案：云南省高级人民法院 2007 年 4 月 5 日民事判决书(《最高人民法院公报》2008 年第 6 期(总第 140 期))

【侵犯企业字号权的司法认定】

江西省兴国县超达薇薇新娘文化娱乐有限公司诉吴天蓓侵犯字号权纠纷案：江西省兴国县人民法院(2007)兴民一初字第 342 号民事判决书(《人民司法·案例》2008 年第 18 期)，企业的字号不等同于企业的名称，未注册成商标的企业字号，其所有人也不具有字号中单个词语的专有使用权。将他人字号中的几个字使用于同行业的商业宣传而不使用于企业名称，并不构成侵犯他人字号权。

【对专有名称商业使用时的事实性描述的侵权认定】

中国人民解放军警卫第一师仪仗大队与深圳市信禾工艺品有限公司名称权、肖像权、名誉权侵权纠纷上诉案：北京市第一中级人民法院(2006)一中民终字第 3240 号民事判决书(《人民司法·案例》2007 年第 4 期)

【个体工商户将企业名称登记为字号的行为合法】

深圳市舞鹤实业有限公司诉朱国标等侵犯商标权案：广东省东莞市中级人民法院(2005)东中法民四知初字第 15 号民事判决书

【确认之诉中的确认具有独立的法律意义，而在给付之诉中，确认当事人之间是否存在某种民事法律关系，只是法院作出裁判的前提和基础，不具有独立的法律意义】

上海贝拉维拉制衣有限公司诉杨晓红计算机网络域名侵犯商标专用权、企业名称权纠纷案：江苏省高级人民法院(2004)苏民三终字第 091 号民事判决书

【冒用其他公司合法取得的商品条形码的，构成不正当竞争】

宁波华能国际经济贸易有限公司诉福建天龙电机有限公司擅自使用他人企业名称纠纷案：福建省高级人民法院(2004)闽民终字第283号民事判决书

【工商局对公司作出的告知变更企业名称的通知，对公司的权利义务并未产生实际影响】

泸州正大饲料有限公司不服四川省工商局、泸州市工商局责令变更企业名称案：四川省泸州市中级人民法院(2003)泸民终字第32号民事裁定书

【综合类别企业的企业名称专用权应在其经营范围的行业领域内得到保护】

上海爱建股份有限公司不服上海市工商行政管理局核准企业名称行为案：上海市徐汇区人民法院(2000)徐行初字第67号行政判决书

【村名属于公共资源，公司虽先将村名作为其企业名称中的字号登记注册，但对该村名并不享有专有权，不能排斥同处该村的其他企业使用村名】

申请再审人福建省白沙消防工贸有限公司与被申请人南安市白沙消防设备有限公司侵犯企业名称(商号)权及不正当竞争纠纷案：最高人民法院民事裁定书

【"恒源彩羊"与"恒源祥""彩羊"竞争遭败诉】

杨某、恒派彩羊(上海)服饰有限公司等与恒源祥(集团)有限公司等擅自使用他人企业名称、虚假宣传纠纷上诉案：上海知识产权法院民事判决书(上海知识产权法院司法保障营商环境建设典型案例之六)

【在被告的原产地证书中，未经原告许可使用了原告的企业名称，具有明显的使让人将被告产品误认为是原告产品的主观故意，侵犯了原告的企业名称权】

原告烟台鹏华生化制品有限公司与被告上海某生物科技有限公司、烟台某生化制品有限公司仿冒企业名称不正当竞争纠纷案：山东省高级人民法院民事判决书(青岛市中级人民法院公布知识产权十大典型案例之二)

【擅自使用他人的企业名称或者姓名，引人误认为是他人的商品的经营行为的，构成不正当竞争行为】

原告SZ心灵花园心理咨询有限公司诉被告SH心灵花园心理咨询中心侵犯企业名称(商号)权纠纷案：上海市第一中级人民法院民事判决书

【校名经核准登记注册，学校有权在经营活动中正常使用该校名以及校名中的字号】

戴尔有限公司与北京市海淀区戴尔培训学校等侵犯注册商标专用权、企业名称权、虚假宣传纠纷上诉案

第十一条 【公司章程】

【三分之二以上表决权的股东在章程上签字的行为是对行使表决权的确认】

朱昭明与无锡市联众出租汽车有限公司公司章程撤销纠纷上诉案：江苏省无锡市中级人民法院(2011)锡商终字第0463号民事判决书

【公司章程如果规定向股东配售股份应当遵守法律、行政法规和规章，从其规定】

福州华辰房地产有限公司诉福建海峡银行股份有限公司新增资本认购资格案：福建省福州市中级人民法院（2011）榕民初字第287号民事判决书

【法定代表人违反章程规定作出的承诺无效】

上海江夏血液技术有限公司诉周庆文劳动合同纠纷案：上海市浦东新区人民法院（2011）浦民一（民）初字第29226号民事判决书

【公司章程的处罚性规定在不违法的前提下应属有效】

南京安盛财务顾问有限公司诉祝鹃股东会决议罚款纠纷案：江苏省南京市鼓楼区人民法院2010年7月6日民事判决书（《最高人民法院公报》2012年第10期（总第192期））

【公司章程是公司组织及活动的基本准则】

上海大成资产评估有限公司诉楼建华等其他与公司有关的纠纷案：上海市第二中级人民法院2010年2月26日民事判决书（《最高人民法院公报》2012年第5期（总第187期））

【行政机关未尽到法定的审查义务而准予变更登记的行政行为，应予撤销】

朱小铜不服北京市工商行政管理局昌平分局工商变更登记案：北京市第一中级人民法院（2008）一中行终字第21号民事判决书

【制定公司章程应符合公司法的有关规定】

重庆大众糖果糕点有限责任公司与郑祥英等确认公司章程、股东会决议、董事会议案无效纠纷上诉案：重庆市第一中级人民法院（2005）渝一中民终字第1084号民事判决书

【初始章程对股权转让的限制是有效的】

宋文军诉西安市大华餐饮有限公司股东资格确认纠纷案（2018年6月20日《最高人民法院关于发布第18批指导性案例的通知》（指导案例96号））

【剥夺股东知情权的章程条款修改无效】

上海斯必克钢球有限公司诉陈平峰与公司有关的纠纷案：上海市第一中级人民法院（2018）沪01民终1316号民事判决书

【公司章程规定公司强制收购与公司不存在劳动关系的股东的股权是否具有法律效力】

章文萍诉天长市中天实业有限责任公司股东资格确认案：安徽省滁州市中级人民法院（2016）皖11民终2596号民事判决书

【公司员工与章程的关系】

陶发龙与有利华建材（惠州）有限公司劳动争议纠纷上诉案：广东省惠州市中级人民法院（2016）粤13民终2311.2315号民事判决书

魏强华与冯德源等确认合同无效纠纷上诉案：上海市第一中级人民法院（2014）沪一中民四（商）终字第957号民事判决书

【确认公司章程无效案件适格被告之判定】

北京市八大处农工商总公司与北京治政工贸发展有限公司确认公司章程无效纠纷上诉案：北

京市第一中级人民法院(2013)一中民终字第2695号民事裁定书(《人民司法·案例》2013年第12期)

【公司的章程是经公司出资人即全体股东集体研讨形成的决议,是对全体出资人的权利和义务保障和约束的制度体现,该章程对公司的全体股东或出资人具有普遍约束力】

四川省安泰建设有限责任公司诉王天雄等侵害企业出资人权利纠纷案:四川省盐亭县人民法院(2013)盐民初字第1042号民事判决书(四川高院首次发布商事审判典型案例之五)

【章程内容涉及侵犯股东利益而未取得其同意,也未经过股东会表决通过,该章程无效】

高武、罗宁与李健东、重庆益中科技开发有限责任公司股东出资纠纷案:重庆市九龙坡区人民法院(2012)九法民初字第05070号民事判决书

【股东会决议或公司章程对股东设立的非法定义务的效力】

四川省成都普迅达印务有限公司与陈盛红与公司有关的纠纷上诉案:四川省成都市中级人民法院(2010)成民终字第2921号民事判决书(《人民司法·案例》2011年第24期)

【公司章程关于"股东之间转让股权引发的公司章程修改仍须经股东会决议和全体股东签名"的规定,因违反《公司法》而不具备法律效力】

徐力生不服宿迁市工商行政管理局开发区分局工商变更登记案:江苏省宿迁市中级人民法院(2010)宿中行终字第0023号民事判决书

【章程的条款无效不属于民事行为无效或合同无效的法定情形之一】

吕贤卿与浙江新昌同兴食品实业有限公司确认章程条款无效纠纷上诉案:浙江省绍兴市中级人民法院(2009)浙绍商终字第36号民事判决书

【没有在工商局备案该章程不产生法律效力】

李兴坤与北京金兴会计师事务所有限责任公司公司章程撤销纠纷上诉案:北京市第二中级人民法院(2009)二中民终字第00313号民事判决书

【股东请求法院审查公司章程的效力】

宋聚国与山东龙兴化工机械集团有限公司股东资格确认纠纷上诉案:山东省烟台市中级人民法院(2008)烟商二终字第15号民事判决书(《人民司法·案例》2010年第6期)

【章程条款有效的前提是新章程经过合法的修订程序,章程效力确认之诉不受时效限制】

广州化学试剂厂与陆文华等确认企业章程效力纠纷上诉案:广东省广州市中级人民法院(2008)穗中法民二终字第571号民事判决书

【违反法律强制性规定的特别决议表决程序的条款当属无效】

宗芳等诉李国军公司之间章程条款效力纠纷案:北京市第二中级人民法院(2008)二中民终字第19385号民事判决书

【与公司法强制性规范冲突的公司章程条款无效】

童丽芳等13人诉上海康达化工有限公司确认决议无效纠纷上诉案:上海市第一中级人民法院(2007)沪一中民三(商)终字第172号民事判决书(《人民司法·案例》2008年第8期)

【有限责任公司章程关于股东因解除劳动关系而退出股权且丧失股东资格的规定是合法有效的】

刘某贤诉山东齐鲁石化工程有限公司盈余分配纠纷案：山东省淄博市中级人民法院（2011）淄民三终字第326号民事判决书

第十二条 【经营范围】

【市场经营主体可以通过诉讼，要求市场管理部门办理变更登记经营范围】

丹阳市珥陵镇鸿润超市诉丹阳市市场监督管理局不予变更经营范围登记案：江苏省丹阳市人民法院2015年7月1日民事判决书（《最高人民法院公报》2018年第6期（总第260期））

【承运人未取得经营资质从事水路运输的法律后果】

辽宁省营口锦达物流有限公司与河北省唐山市茂威船务有限公司水路货物运输合同纠纷上诉案：天津市高级人民法院（2015）津高民四终字第6号民事判决书（《人民司法·案例》2015年第24期）

【超出经营范围的“创新”典当行为的效力认定】

上诉人庆阳市鼎惠典当有限责任公司为与被上诉人王丽娜、贺涌翃民间借贷纠纷：甘肃省庆阳地区中级人民法院（2014）庆中民终字第692号民事判决书

庆阳市遍地红典当有限公司与单显春、李治稼民间借贷纠纷案：甘肃省庆阳地区中级人民法院（2014）庆中民初字第33号民事判决书

【银行负责人以职务行为签订借款合同，法律后果由银行承担】

中信银行长沙晚报大厦支行与李某某借款合同纠纷案：最高人民法院（2013）民提字第21号民事判决书

【典当行的金融“创新”行为若超越特许经营范围，该行为无效】

艾明路诉上海联合典当行有限公司典当合同纠纷案：上海市第一中级人民法院（2011）沪一中民六（商）终字第115号民事判决书

【民间票据贴现行为因违反法律行政法规强制性规定而无效】

福州优加机械有限公司诉被告泉州匹克鞋业有限公司、厦门红井兴纺织有限公司等票据追索权纠纷案：福建省厦门市中级人民法院（2013）厦民终字第286号民事判决书

【投资咨询机构超越经营范围的合同应属无效】

程巍与融汇智达投资管理（北京）有限公司委托理财合同纠纷案：北京市朝阳区人民法院（2011）朝民初字第33590号民事判决书

【个体工商户的经营范围不包括诉讼代理业务】

仇天和不服工商行政对其个体户诉讼代理业务不予登记案：江苏省扬州市中级人民法院（2011）扬行终字第0001号行政判决书

【如何认定行为人属于从事机票销售代理业务】

黄金假日诉携程机票预订不正当竞争案：最高人民法院（2007）民三终字第2号民事判决书

【超越经营范围的合同并不当然无效】

忠县电信局诉中国联合通信有限公司重庆忠县分公司电信合同违约案：重庆市忠县人民法院(2003)忠民初字第1135号民事判决书

海南宏达经济发展总公司诉海南大山农业有限公司联营合同纠纷案：海南省三亚市中级人民法院(2002)三亚经终字第7号民事判决书

光顿公司与张某竞业限制纠纷上诉案(上海一中院竞业限制纠纷典型案例之二)

【证券委托理财协议中，不能仅仅以受托人超越经营范围而认定协议无效】

上海海欣资产管理有限公司诉上海海欣企业发展有限公司等委托理财合同纠纷案：上海市第二中级人民法院(2002)沪二中民三(商)初字第6号民事判决书

【特种行业承包合同的效力认定及责任承担】

张晓明诉上海南市综合贸易公司其他合同纠纷案：上海市第二中级人民法院(2001)沪二中经初字第75号民事判决书

【证券营业部的经营范围受到严格限制，没有授权不得从事经营范围外的活动】

交通银行桂林分行与湖北省国际信托投资公司欠款纠纷案：最高人民法院(2001)民二终字第107民事判决书

【商品房再行转让时，不需要具备预售的主体资格，不存在超越经营范围的问题】

赖恰蓬与汕头经济特区启华厂房开发有限公司购房合同纠纷案：最高人民法院(2000)民抗字第3号民事判决书

【超越经营范围向社会公众代理转让非上市股份有限公司的股权，可能构成犯罪】

陈宗纬、王文泽、郑淳中非法经营案：浙江省高级人民法院刑事裁定书

第十三条 【法定代表人】

【银行法定代表人以银行名义并加盖其私刻银行印章从事的民事行为应当由银行担责】

郭某亮诉交通银行股份有限公司镇江扬中支行、扬中绿洲环境科技实业有限公司金融借款合同纠纷再审案：最高人民法院(2018)最高法民再302号民事判决书

【公司对其法定代表人对外担保行为之责任】

林文章与林聪明等民间借贷纠纷上诉案：福建省漳州市中级人民法院(2017)闽06民终1485号民事判决书(《人民司法·案例》2017年第35期)

【委托合同关系与民事代表关系的区分】

肖先仲诉重庆和坊商贸有限公司委托合同纠纷案：重庆市第一中级人民法院(2017)渝01民终7164号民事判决书(《人民司法·案例》2019年第14期)

【未经公司有效决议是否有权申请变更法定代表人】

何桂英与深圳市华盛佳威工艺礼品有限公司请求变更公司登记纠纷上诉案：广东省深圳市中级人民法院(2015)深中法商终字第2644号民事判决书

【公司内部的法定代表人任免争议应以股东会决议判定】

大拇指环保科技集团（福建）有限公司与中华环保科技集团有限公司股东出资纠纷案：最高人民法院（2014）民四终字第20号民事裁定书（《最高人民法院公报》2014年第8期（总第214期））（2015年7月7日《最高人民法院为"一带一路"建设提供司法服务和保障的典型案例》案例1）

【通过受让取得公司的全部股权，并作为公司新的法定代表人依法进行工商登记的，有权代表公司对外签订协议】

刘聿等与金守红等确认合同无效纠纷上诉案：最高人民法院（2013）民二终字第8号民事判决书

【处理公司意志代表权争议应注意区分公司内外部纠纷】

北京贝瑞德生物科技有限公司诉吕伸公司证照返还纠纷案：北京市第二中级人民法院（2013）二中民终字第17025号民事判决书

【在特殊情形下，法定代表人应与公司对外承担连带责任】

阿鲁克集团公司、阿鲁克幕墙门窗系统（上海）有限公司与浙江阿鲁克幕墙门窗有限公司、夏某不正当竞争纠纷案：浙江省嘉兴市中级人民法院（2015）浙嘉知初字第269号民事判决书（2016年度浙江法院十大知识产权案件之七）

【用人单位法定代表人或股东变更不影响用工责任的承担】

李某与某新型材料公司工伤保险待遇纠纷案（江苏省高院公布2013年劳动争议十大典型案例之十）

【法定代表人发生变更，但未办理工商变更登记的，该法定代表人以公司名义对外签订的合同有效】

北京公达房地产有限责任公司诉北京市祥和三峡房地产开发公司房地产开发合同纠纷案：最高人民法院（2009）民提字第76号民事判决书（《最高人民法院公报》2010年第11期（总第169期））

【民商事诉讼中涉及刑事犯罪的法律后果及处理】

北京然自中医药科技发展中心与广东黄河实业集团有限公司股权转让合同纠纷上诉案：最高人民法院（2008）民二终字第62号民事判决书（《最高人民法院公报》2009年第1期（总第147期））（《人民司法·案例》2009年第8期）

【公司在法定代表人发生变更的情况下，未到工商局办理相关变更登记的，其法定代表人可依法要求公司履行变更登记义务】

何同玺诉移动怡通信息科技（北京）有限公司要求办理法定代表人变更登记：北京市第一中级人民法院2006年7月28日民事判决书

【除相对人知道或者应当知道的外，法定代表人超越权限订立的合同有效】

高明学诉即时科研集团有限公司（Thiz Technology Group Limited）居间合同纠纷案：北京市第一中级人民法院（2004）一中民初字第1236号民事判决书

【执业股东代表企业对外签订合同的效力】

广州市花都珠江商贸发展公司诉花都市振达公司买卖合同案：广州市中级人民法院（2004）穗中法民二终字第00030号民事判决书

【法定代表人虽已免职但尚未办理变更登记，如不违反公司利益，仍可对外行使相应职权】

香港新建业有限公司等诉上海新建业有限公司等欠款担保纠纷案：最高人民法院（2001）民四终字第13号民事判决书（《最高人民法院公报》2004年第1期（总第87期））

【违反章程产生的董事会，不能选举和罢免该企业的法定代表人】

北京市东城区东亚骨病研究所与北京市工商行政管理局延庆分局等变更企业法定代表人登记案：北京市第一中级人民法院（2001）一中行终字第83号行政判决书

【集体企业的主管部门，有权招聘或解聘该企业的法定代表人】

徐明诉南宁市工商局变更法定代表人案：广西壮族自治区高级人民法院1999年12月30日行政判决书

【原法定代表人未按决议办理证件、资料的移交手续，侵犯了公司的合法权利】

上海唐衡电子有限公司诉唐森铼证件、资料纠纷案：上海市金山区人民法院（1999）金民初字第1948号民事判决书

【工商行政部门未依法进行实质性审查，即核准同意变更，是不合法的行政行为，判决撤销变更登记，由该工商行政部门重新作出具体行政行为】

浙江中航高新房地产开发有限公司不服萧山市工商局变更法定代表人登记案：浙江省杭州市中级人民法院1993年12月23日行政判决书

【被执行人法定代表人拖欠73名公司职工14万余元工资后逃匿，被依法追究拒不支付劳动报酬罪，庭审期间自觉履行了法定义务】

陈联会拒不支付劳动报酬案（最高人民法院公布五起打击拒不执行涉民生案件典型案例之一）

【用人单位法定代表人或股东变更不影响用工责任的承担】

李某与某新型材料公司工伤保险待遇纠纷案（江苏省高院公布2013年劳动争议十大典型案例之十）

第十四条 【分公司与子公司】

【分公司与公司之间的内部约定，不足以对抗第三人】

李建国与孟凡生、长春圣祥建筑工程有限公司等案外人执行异议之诉案：最高人民法院（2016）最高法民再149号民事判决书（《最高人民法院公报》2017年第2期（总第244期））

【分支机构虽不独立承担民事责任，但仍需承担一定的因侵权产生的损害后果】

三九企业集团兰考葡萄酒业有限公司蛋白食品分公司与江西江中食疗科技有限公司侵害外观设计专利权纠纷申请案：最高人民法院（2016）最高法民申2540号民事裁定书

【分公司负责人将其个人债务转移给公司的，该行为并不构成双方代理而致无效】

宣进军诉浙江省东阳市中南建筑装饰有限公司民间借贷纠纷案：浙江省绍兴市中级人民法院

(2011)浙绍商终字第543号民事判决书

【法人分支机构可以作为诉讼当事人】

陕西益康乐工贸有限公司与宁夏新华百货夏进乳业集团股份有限公司陕西分公司买卖合同纠纷管辖权异议纠纷上诉案：最高人民法院(2007)民立他字第11号民事裁定书(《人民司法·案例》2008年第4期)

【证券公司营业部具有民事诉讼主体资格，不一定说明营业部就应承担责任】

中国电子科技集团公司第二十四研究所诉华龙证券有限责任公司等委托合同纠纷案：重庆市第一中级人民法院(2005)渝一中民初字第130号民事判决书

【分支机构是否注销，不影响公司对该分支机构民事义务的承担】

泛华工程有限公司西南公司与中国人寿保险(集团)公司商品房预售合同纠纷案：最高人民法院(2005)民一终字第85号民事判决书(《最高人民法院公报》2008年第2期(总第136期))

【股东和公司之间，彼此独立】

新疆宝亨房地产开发有限公司与中国人民解放军新疆军区联勤部等委托贷款纠纷案：最高人民法院(2001)民二终字第43号民事判决书

【分支机构撤销后，应由其所在的企业承担民事责任】

中国农业银行云南省分行营业部诉深圳国际信托公司等证券回购纠纷案：最高人民法院(2000)经终字第87号民事判决书(《最高人民法院公报》2004年第5期(总第91期))

第十六条 【公司担保】

1.《公司法》第16条第2款为管理性强制性规范

【内部决议的程序瑕疵及董事签名真实与否，不影响公司对外作出担保行为的法律效力】

上诉人马鞍山小南山矿业有限公司与被上诉人交通银行股份有限公司武汉青山支行、原审被告武汉伟思科工贸有限公司、刘革等金融借款合同纠纷案：最高人民法院(2017)最高法民终310号民事判决书(最高人民法院第四巡回法庭当庭宣判十大案例(2017年度)之五)

【担保行为未损害担保人利益的，不应以缺乏担保人董事会或者股东会、股东大会决议，认定担保行为无效】

中国工商银行股份有限公司鹰潭分行诉中新房南方集团有限公司原审被告鹰潭市太平洋奥特莱斯商贸有限公司、鹰潭市华森房地产开发有限公司、胡某辉、洪某、傅某、原审第三人中山证券有限责任公司委托贷款合同纠纷上诉案：最高人民法院第三巡回法庭(2017)最高法民终369号民事判决书

【《公司法》第16条为管理性强制性规定，未经股东会决议的公司为股东或者实际控制人提供的担保有效】

中国农业银行股份有限公司无锡锡山支行诉海安远东新材料有限公司等金融借款合同案：江苏省无锡市中级人民法院(2016)苏02民终字第3037号民事判决书

【原股东为公司对外债务提供担保，不受《公司法》第16条的调整】

黑龙江宇辉新型建筑材料有限公司、嘉盈投资担保集团有限公司、辽宁宇辉新型建筑材料有限公司、陈则全、孙小玲案：辽宁省沈阳市中级人民法院(2016)辽01民终6153号民事判决书

【未经董事会或股东会同意，不影响公司对外担保的效力】

广东银达融资担保投资集团有限公司与朱启来、朱月云等追偿权纠纷案：广东省广州市中级人民法院(2016)粤01民终5093号民事判决书

浙江省台州电力资源开发有限公司与应伟强等民间借贷纠纷上诉案：浙江省台州市中级人民法院(2011)浙台商终字第36号民事判决书

【《公司法》第16条并非效力性强制性规定，未经股东会决议的公司对外担保有效】

成都市誉容融资担保有限公司诉任双蓉等追偿权纠纷案：四川省成都市锦江区人民法院(2015)锦江民初字第2602号民事判决书

【《公司法》第16条是内部控制程序，不能以此约束交易相对人】

叶舒娇等诉台州恩都酒店有限公司等股权转让纠纷案：浙江省台州市中级人民法院(2015)浙台商终字第744号民事判决书

【未经过股东大会决议的同意，上市公司的对外担保应属无效】

青海贤成矿业股份有限公司等诉张励等民间借贷纠纷案：广东省广州市中级人民法院(2014)穗中法金民终字第1714号民事判决书

【《公司法》第16条第2款是关于公司内部控制管理的规定，不应以此作为评价合同效力的依据】

招商银行股份有限公司大连东港支行与大连振邦氟涂料股份有限公司、大连振邦集团有限公司借款合同纠纷案：最高人民法院(2012)民提字第156号民事判决书(《最高人民法院公报》2015年第2期(总第220期))

【章程对担保没有规定时，公司对外担保无须再经董事会或股东会的决议】

金引国诉丰隆置业(湖州)有限公司、励伟臻民间借贷纠纷案：浙江省高级人民法院(2011)浙商外终字第63号民事判决书

【违反《公司法》第16条第2款，不能简单认定合同无效】

中建材集团进出口公司诉北京大地恒通经贸有限公司、北京天元盛唐投资有限公司、天宝盛世科技发展(北京)有限公司、江苏银大科技有限公司、四川宜宾俄欧工程发展有限公司进出口代理合同纠纷案：北京市高级人民法院2009年9月22日民事判决书(《最高人民法院公报》2011年第2期(总第172期))

2. 公司对外担保构成表见代理

【私刻公司印章而无股东会决议或执行董事授权对外担保不构成表见代理】

江西宏安房地产开发有限责任公司诉南昌县兆丰小额贷款股份有限公司等借款合同纠纷再审案：最高人民法院(2017)最高法民再209号民事判决书

【使用公司废弃印章为借款提供担保，构成表见代理】

扬州中润生态工程有限公司诉周步芳等公司民间借贷纠纷案：江苏省扬州市中级人民法院(2017)苏10民终1742号民事判决书

【不构成表见代理的情形】

广州凯得小额贷款有限公司诉惠州市南线客运站有限公司等民间借贷纠纷案：广东省广州市中级人民法院(2017)粤01民终1544号民事判决书

3. 公司对外担保构成法定代表人越权代表或越权代理

【法定代表人以公司名义签署担保合同，公司以公章非登记章拒认担保】

吴坤威诉黄志炎、柳州市鼎盛房地产开发有限公司借款合同案：广西壮族自治区柳州市中级人民法院(2015)柳市民二终字第418号民事判决书

【谁来证明超越权限】

杭州萧山临浦镇资产经营公司诉浙江加兰节能科技股份有限公司等企业借贷案：浙江省杭州市中级人民法院(2015)浙杭商终字第1084号民事判决书

【《公司法》第16条是对公司代表人或代理人对外提供担保的法定限制；违反该条而签订的担保合同，应当认定为未获得公司权力机构对外担保的授权，该担保合同为效力待定合同；除非公司予以追认，否则该合同对公司不生效】

交通银行股份有限公司泰州分行与江苏省云腾燃料有限公司、陈国平等金融借款合同纠纷案：江苏省泰州市中级人民法院(2015)泰中商初字第0092号民事判决书

【公司对外担保系其真实意思表示的认定】

许尔兵诉金烁置业公司、汪陆军等公司为其股东提供担保效力认定纠纷案：江苏省高级人民法院(2014)苏商终字第00472号民事判决书

【法定代表人越权对外提供担保如认定为有效，需以相对人善意为要件】

原告香港唯一投资有限公司为与被告昌井有限公司、李建中、李建林、绍兴建业纺织服装有限公司股权转让纠纷案：浙江省绍兴市中级人民法院(2014)浙绍商外初字第30号民事判决书

4. 债权人的形式审查义务

【公司对外担保合同中相对人负有形式审查义务】

周保民诉宿迁市宿城区民盛农村小额贷款有限公司等民间借贷及保证合同纠纷案：江苏省宿迁市中级人民法院(2016)苏13民终35143541号民事判决书

【相对人对股东会决议没有实质审查义务】

湖北银行股份有限公司武汉临空港开发区支行诉武汉九鼎盛科技有限公司等金融借款合同纠纷案：湖北省武汉市中级人民法院(2015)鄂武汉中民商初字第00688号民事判决书

吴文俊与泰州市天利投资发展有限公司等借款合同纠纷再审申请案：最高人民法院(2014)民申字第1876号民事裁定书(《人民司法·案例》2017年第35期)

【合同公章与预留印鉴是否一致，超越了善意第三人应合理注意的范围】

杨后再诉上海龙潭实业股份有限公司、赖雄伟、海南军海建设有限公司、上海龙越经济发展有限公司、苏州裕达维他食品科技有限公司民间借贷纠纷案：浙江省宁波市中级人民法院（2011）浙甬商终字第880号民事判决书

【加盖公章，或者加盖公章并有签字，即已尽到注意义务】

浙江华宝斋文化传播有限公司与张明等民间借贷纠纷上诉案：浙江省杭州市中级人民法院（2010）浙杭商终字第795号民事判决书

【公司已加盖公章且法定代表人已签字，合同符合成立与生效要件；债权人不可能参与公司内部决策过程，也不具备审查决议实质真伪的能力，所以应当认定债权人对决议形式真实性已作审查】

上海农村商业银行股份有限公司吴淞支行诉上海创宏建筑材料有限公司等公司对外担保案：上海市第二中级人民法院（2008）沪二中民三（商）终字第182号民事判决书

【对于董事会决议，债权人仅负有形式审查的义务，即只要审查董事会决议的形式要件是否符合法律规定，债权人即尽到了合理的注意义务】

中国光大银行深圳分行与创智信息科技股份有限公司、深圳智信投资有限公司、湖南创智集团有限公司借款保证合同纠纷上诉案：最高人民法院民事判决书

5. 担保合同无效的民事责任承担

【担保合同无效，公司不承担责任】

蒋炜与金坛市钢材物流城有限公司、王华等民间借贷纠纷案：江苏省高级人民法院（2015）苏民终字第00606号民事判决书

王如强与菏泽市海港房地产开发有限公司、刘振国等民间借贷纠纷案：山东省高级人民法院（2015）鲁民一终字第399号民事判决书

太湖县新屹汽车城有限责任公司诉赵炜等民间借贷纠纷案：浙江省湖州市中级人民法院（2015）浙湖商终字第283号民事判决书

宁波绣丰彩印实业有限公司与浙江杭州湾汽配机电市场经营服务有限公司等合同纠纷再审案：最高人民法院（2012）民提字第208号民事判决书

【担保合同无效，公司承担不超过债务人不能清偿部分二分之一的赔偿责任】

谭超诉宜昌鑫昌大市场有限责任公司等借款合同纠纷案：湖北省宜昌市中级人民法院（2014）鄂宜昌中民二初字第00033号民事判决书

深圳市国野股份有限公司与黄飞林、深圳市中联环投资有限公司股权转让纠纷案：广东省高级人民法院（2013）粤高法民二终字第34号民事判决书

中国信达资产管理股份有限公司深圳市分公司诉深圳市赛臣软件科技有限公司、江西省翠林山庄有限公司等借款合同纠纷案：广东省高级人民法院（2012）粤高法民二终字第19号民事判决书

温州信托公司清算组诉幸福实业公司等债权债务转让合同纠纷案：最高人民法院（2002）民

二终字第 67 号民事判决书（《最高人民法院公报》2004 年第 2 期（总第 88 期））

【担保合同无效，公司承担连带赔偿责任】

林爱武与朱斌、贵州省心缘置业有限公司民间借贷纠纷案：贵州省毕节市七星关区人民法院（2016）黔 0502 民初 2321 号民事判决书

6. 其他法律问题

【挂靠经营者无权以挂靠单位名义为他人担保】

江西宏安房地产开发有限责任公司与南昌县兆丰小额贷款股份有限公司等借款合同纠纷再审案：最高人民法院（2017）最高法民再 209 号民事判决书

【通过公司为股权转让提供担保，股东以公司资产清偿其债务，构成实质上的返还投资】

玉门市勤峰铁业有限公司、汪高峰、应跃吾与李海平、王克刚、董建股权转让纠纷案：最高人民法院（2012）民二终字第 39 号民事判决书

【外商独资企业未经登记对外担保的效力】

香港上海汇丰银行有限公司上海分行与景轩大酒店（深圳）有限公司、万轩置业有限公司金融借款合同纠纷案：最高人民法院（2010）民四终字第 12 号民事判决书（《最高人民法院公报》2014 年第 6 期（总第 212 期））

【一人公司为股东担保的效力】

常州柯尼马电动车有限公司与卜邦干担保责任纠纷上诉案：江苏省常州市中级人民法院（2009）常民二终字第 0451 号民事判决书（《人民司法 · 案例》2010 年第 4 期）

【公司对外担保法律效力的司法认定】

上海创宏建筑材料有限公司与上海农村商业银行股份有限公司吴淞支行保证合同纠纷上诉案：上海市第二中级人民法院（2008）沪二中民三（商）终字第 182 号民事判决书（《人民司法 · 案例》2009 年第 14 期）

【金融机构为保证人提供虚假资金证明的责任承担】

深圳市商业银行宝安支行与湖南长炼兴长集团有限责任公司、深圳民鑫实业有限公司、广东金汇源投资担保有限责任公司、西北亚奥信息技术股份有限公司、吴忠仪表集团有限公司、深圳国安会计师事务所有限公司返还资金保证合同纠纷案：最高人民法院（2007）民二终字第 26 号民事判决书（《最高人民法院公报》2007 年第 9 期（总第 131 期））

【公司高管以公司资产为本公司股东提供担保的效力认定】

中国进出口银行与光彩事业投资集团有限公司、四通集团公司借款担保合同纠纷案：最高人民法院（2006）民二终字第 49 号民事判决书（《最高人民法院公报》2006 年第 7 期（总第 117 期））

第十八条 【工会】

【职代会代表或工会无权代表公司起诉】

裴公平等 21 名原侯马发电厂劳动服务总公司职代会代表与山西省电力公司侯马发电厂侵权

纠纷案:最高人民法院(2001)民二监字第266号驳回再审申请通知书

【工会应当对其下属职工持股会所负的民事义务承担清偿责任】

王建威诉上海古北(集团)有限公司职工持股会、上海古北(集团)有限公司工会委员会退还股金纠纷上诉案:上海市第一中级人民法院(2000)沪一中经终字第791号民事判决书

第二十条 【股东禁止行为】

(一)滥用股东权利损害公司或其他股东的利益

【大股东主导表决通过增资决议可能构成滥用股东权利】

董力诉上海致达建设发展有限公司等滥用股东权侵权赔偿纠纷案:上海市第二中级人民法院(2008)沪二中民三(商)字第238号民事调解书

【双方当事人解除联营协议后,联营企业变更为一方独资公司,另一方当事人以对方处置财产侵犯其股东权益为由提起诉讼,不予支持】

中国(深圳)物资工贸集团有限公司与大庆石油管理局侵犯股东权益纠纷案:最高人民法院(2006)民二终字第144号民事判决书

(二)滥用公司法人独立地位和股东有限责任损害债权人的利益

1. 一般规定

【控股股东低价转让股权对公司债务责任的判定】

亿达信煤焦化能源有限公司与四平现代钢铁有限公司等买卖合同纠纷上诉案:最高人民法院(2017)最高法民终87号民事判决书(《人民司法·案例》2017年第26期)

【股东将公司作为侵权工具的,应作为侵权主体承担连带责任】

西门子股份公司与新昌县西门子生活电器有限公司、绍兴市邦代电器有限公司、吴某某侵害商标权及不正当竞争纠纷案:浙江省高级人民法院(2016)浙民终699号民事判决书(2016年度浙江法院十大知识产权案件之六)

【实际控制人利用公司逃避债务由新设立公司对原公司债务承担连带责任】

宁波银行股份有限公司江北支行诉宁波东平齿轮制造有限公司、宁波金刚机器人有限公司等金融借款合同纠纷案:浙江省宁波市中级人民法院(2016)浙02民终322号民事判决书

【公司股东不应与全资子公司承担连带责任】

邻水县中信建筑工程有限公司诉纳雍博骜房地产开发有限公司、四川博骜地产集团有限公司股东损害公司债权人利益责任案:四川省邻水县人民法院(2016)川1623民初字第2157号民事判决书

【以侵权为目的成立公司的,股东应被认定为共同侵权人】

樱花卫厨(中国)股份有限公司等与苏州樱花科技发展有限公司中山分公司等侵害商标权及不正当竞争纠纷上诉案:江苏省高级人民法院(2015)苏知民终字第00179号民事判决书(江苏法院2016年度十大典型案例之七)

【公司法人人格否定的审慎适用】

侯卫国诉郝夫印、刘艳玲等股东损害公司债权人利益责任纠纷案：山东省菏泽地区（市）中级人民法院（2013）菏商初字第29号民事判决书

【控制股东恶意向关联公司输送利益逃避债务，损害其债权人合法权益的，可以适用公司人格否认】

山东中创钢构有限公司诉黑龙江恒信投资担保有限公司、山东宝力通信科技有限公司承揽合同纠纷案：山东省东营市中级人民法院（2011）东商终字第34号民事调解书

【公司注销后股东未履行清算义务的责任承担】

邳州市天合板材批发中心与上海浦西建筑工程有限公司清算责任纠纷上诉案：上海市第二中级人民法院（2009）沪二中民三（商）终字第400号民事判决书（《人民司法·案例》2010年第12期）

【不能仅依据出资不足而否定公司法人人格】

丁建行与德清县莫干山天然泉矿物饮料有限公司等无效民间借贷纠纷上诉案：浙江省湖州市中级人民法院（2009）浙湖商终字第133号民事判决书

【公司股东不能请求否认公司法人人格】

刘丽丽与田媛媛股权转让纠纷上诉案：江苏省南京市中级人民法院（2009）宁民二终字第39号民事判决书

庄细莲与钱建辉公司清算责任纠纷上诉案：福建省泉州市中级人民法院（2008）泉民终字第748号民事判决书（《人民司法·案例》2010年第2期）

【股东改变公司管理模式的行为，不构成对债权人利益的侵害】

内蒙古电力（集团）有限责任公司与中国银行股份有限公司乌兰浩特分行借款担保合同纠纷上诉案：最高人民法院（2008）民二终字第68号民事判决书

【法人人格否认理论的实际应用】

海南省日发实业发展总公司与海南圣泰嘉园实业有限公司借款合同纠纷再审案：最高人民法院（2007）民二抗字第6号民事判决书（《人民司法·案例》2008年第16期）

【被控股公司设立存在瑕疵时，可以适用法人人格否定制度从而要求控股公司承担连带责任】

美国矿产金属有限公司与厦门联合发展（集团）有限公司债务纠纷案：最高人民法院（2004）民四终字第4号民事判决书（《最高人民法院公报》2005年第12期（总第110期））

【企业开办的其他企业投入资金不实，开办企业应在差额内承担责任】

南方航空旅游公司诉玉龙旅行社等代销合同纠纷案：海南省海口市中级人民法院1998年11月20日民事判决书（《最高人民法院公报》2000年第2期（总第64期））

2. 人格混同

【认定公司滥用法人人格和有限责任的法律责任，应综合多种因素作出判断】

邵萍与云南通海昆通工贸有限公司、通海兴通达工贸有限公司民间借贷纠纷案：最高人民法

院(2015)民一终字第260号民事判决书(《最高人民法院公报》2017年第3期(总第245期))

【业务混同的表现】

济宁正大通用钢管有限公司等诉唐山市丰南区增洲钢管有限公司等买卖合同纠纷案:河北省唐山市中级人民法院(2015)唐民四终字第529号民事判决书

【人格混同与法人独立地位之否认】

中山市迪高彩印有限公司诉中山市美译光电科技有限公司、中山市美怿光电科技有限公司买卖合同案:广东省中山市第二人民法院(2015)中二法民二初字第453号民事判决书

【法人是否构成人格混同的判断】

来宾市昌平食品包装有限公司诉广西丰浩糖业巴马制糖有限公司等买卖合同案:广西壮族自治区巴马瑶族自治县人民法院(2015)巴民初字第219号民事判决书

【关联公司人格混同需对外承担连带责任】

徐工集团工程机械股份有限公司诉成都川交工贸有限责任公司等买卖合同纠纷案(2013年1月31日《最高人民法院关于发布第四批指导性案例的通知》指导案例15号)

【两公司董事长为同一人并不导致两公司的人格合一】

海南海钢集团有限公司与中国冶金矿业总公司损害股东利益责任纠纷上诉案:最高人民法院(2013)民二终字第43号民事判决书

【证券公司出资设立多家公司,并与证券公司在管理和资产上严重混同,后证券公司资产明显不足以清偿到期债务的,无法对各公司分别清算,应当证券公司与其出资的多家公司一并破产,合并清算】

闽发证券有限责任公司与北京辰达科技投资有限公司、上海元盛投资管理有限公司、上海全盛投资发展有限公司、深圳市天纪和源实业发展有限公司合并破产清算案:福建省福州市中级人民法院2012年12月13日民事裁定书(《最高人民法院公报》2013年第11期(总第205期))

【股东滥用法人独立地位逃避债务,应对公司债务承担连带责任】

原告中国农业银行股份有限公司三峡夷陵支行诉被告宜昌市万佳百货公司等借款合同纠纷案:最高人民法院(2012)民申字第531号民事裁定书

【公司与关联公司在人格特征上混同时,应认定其丧失了作为法人的独立性】

冯义俊以公司人格混同为由诉淮安盛港公司、淮安淮港公司委托合同纠纷案:江苏省淮安市中级人民法院(2012)淮中商终字第0038号判决书

【法人混同经营的司法认定与责任承担】

广东省东莞市西伦电器实业有限公司等与浙江昌盛玻璃有限公司债务纠纷上诉案:浙江省湖州市中级人民法院(2011)浙湖商终字第377号民事判决书(《人民司法·案例》2013年第2期)

【分别受理、集中清偿模式下的实质合并】

无锡市奥特钢管有限公司、无锡市沪通焊管有限公司合并破产清算案:江苏省无锡市中级人民法院(2010)锡破字第3.4-1号民事裁定书

【关联公司的同一法定代表人滥用控制权，无视各公司独立人格，构成人格混同】

中国信达资产管理公司成都办事处与四川泰来装饰工程有限公司、四川泰来房屋开发有限公司、四川泰来娱乐有限责任公司借款担保合同纠纷案：最高人民法院（2008）民二终字第55号民事判决书（《最高人民法院公报》2008年第10期（总第144期））

【混同在不良债权转让中的法律适用】

重庆风行汽车运输有限公司与重庆市万盛融盛商业公司债权纠纷再审案：重庆市第一中级人民法院（2008）渝五中民再终字第53号民事判决书（《人民司法·案例》2009年第12期）

【借款人身份混同，构成共同债务人，应当承担连带清偿责任】

中国东方资产管理公司大连办事处诉辽宁华曦集团公司等借款担保纠纷上诉案：最高人民法院（2003）民二终字第93号判决书（《最高人民法院公报》2003年第6期）

3. 执行程序与揭开面纱

【执行程序中可直接适用揭开公司面纱制度】

恒生公司与橡缆公司借款合同纠纷执行案：山东省阳谷县人民法院（2015）阳恢执字第393号民事裁定书（《人民司法·案例》2016年第5期）

【被执行人与其关联公司损害申请执行人合法债权的，执行法院可以追加该关联公司为被执行人】

江苏海德投资集团有限公司因关联公司关联交易被追加为被执行人提出执行异议被驳回案：江苏省高级人民法院（2013）苏执异字第0002号民事裁定书

【揭开公司面纱规则在民事执行程序中的适用】

宁夏回族自治区海原县兴达建筑有限责任公司与宁夏回族自治区海原县中鑫硅镁合金有限责任公司股东损害公司债权人利益责任纠纷执行案：宁夏回族自治区高级人民法院（2010）宁执复字第6号民事裁定书（《人民司法·案例》2011年第12期）

【作为被执行人的公司仅有两名股东且为夫妻关系，申请执行人不能以该公司滥用法人独立地位为由要求追加股东为被执行人】

刘敬平与北京中视京诚科技开发有限公司假冒专利及侵犯实用新型专利权纠纷执行异议案

【公司股东兼法定代表人利用其特殊地位，以公司名义从事经济活动，使个人与公司经营行为构成混同，造成公司负债时，又以独立法人地位规避债务的，行为人应对公司的民事责任承担连带责任】

北京金石永顺建材商贸中心诉北京中海腾达贸易有限公司等买卖合同案：北京市门头沟区人民法院（2006）门民初字第180号民事判决书

【股东将注册资金用于偿还个人债务，构成人格混同】

中国东方航空股份有限公司厦门营业部诉厦门市人山航空票务代理有限公司等机票销售代理协议欠款案：福建省厦门市中级人民法院（2001）厦经终字第228号二审判决书

4. 反向揭开面纱 / 自我揭开面纱

【反向刺破公司面纱：公司法人格否认规则的扩张适用】

沈阳惠天热电股份有限公司与沈阳市第二市政建设工程有限公司建筑工程施工合同纠纷上诉案：辽宁省沈阳市中级人民法院（2010）沈民二终字第264号民事判决书（《人民司法·案例》2010年第14期）

【自我揭开公司面纱不得违反诚实信用原则和公平原则】

股东日本月亮人会社因公司欠付买卖合同货款诉南通日出公司给付货款公司要求否定法人人格由全体股东作共同被告案：江苏省南通市中级人民法院2001年11月14日民事判决书

【反向揭开面纱是个错误的概念：企业投资入股后，对于出资企业的债务，不能要求新设公司与出资企业承担连带责任】

中国工商银行股份有限公司抚顺分行与抚顺铝业有限公司、抚顺铝厂、抚顺新抚钢有限责任公司借款合同纠纷上诉案：最高人民法院民事判决书

第二十一条 【禁止关联交易】

【损害公司利益的关联交易无效】

无锡中欧教育咨询有限公司诉无锡鱼果文化传媒有限公司、郭云损害公司利益责任案：江苏省无锡市中级人民法院（2016）苏02民终1863号民事判决书

【关联关系中的亲属关系与认定】

上海欧宝生物科技有限公司诉辽宁特莱维置业发展有限公司企业借贷纠纷案：最高人民法院（2015）民二终字第324号民事判决书（2016年9月19日《最高人民法院关于发布第14批指导性案例的通知》指导案例68号）

【关联关系的认定】

嘉吉国际公司与福建金石制油有限公司等买卖合同纠纷案：最高人民法院（2012）民四终字第1号民事判决书（《最高人民法院公报》2014年第3期（总第209期））

【股东利用关联关系签订含免租期租赁合同不一定损害公司利益】

高炜与刘跃龙损害股东利益责任纠纷上诉案：四川省成都市中级人民法院（2013）成民终字第4283号民事判决书（《人民司法·案例》2014年第20期）

【关联交易非正当性及监事诉讼主体资格的司法认定】

上海安连信息技术有限公司诉上海安聚投资管理有限公司与公司有关的纠纷案：上海市长宁区人民法院（2010）长民二（商）初字第1742号民事判决书（《人民司法·案例》2013年第22期）

【不得利用关联关系损害公司利益】

上诉人郑振欣、漳州紫金建材有限公司与被上诉人龙岩恒发电业有限公司、原审被告刘晓萍公司高级管理人员损害公司利益赔偿纠纷案：最高人民法院（2012）民二终字第66-1号民事判决书

【关联交易效力的司法认定】

上海知信实业有限公司与上海碧信广告有限公司关联交易纠纷上诉案：上海市第一中级人民

法院（2008）沪一中民四（商）终字第1228号民事裁定书（《人民司法·案例》2010年第2期）

【关联公司之间签订的损害一方合法权益的交易合同，因违反禁止性规定而无效】

王惠菊以关联交易诉无锡锡海花园酒店有限公司、无锡紫勋酒店管理有限公司损害公司权益案：江苏省无锡市中级人民法院（2007）锡民二终字第304号民事判决书

【控股股东以低值高估的房产向公司抵债，其行为构成对公司及其他非控股股东权利的侵害】

小股东无锡市南长区房地产经营公司等诉恒通公司利用控股优势地位以低值高估的房产向公司抵债属关联交易要求确认其侵权并赔偿公司损失案：江苏省高级人民法院2000年11月20日民事裁定书

第二十二条 【公司决议纠纷】

1. 公司决议无效

【股东会设定股东义务的效力审查】

江西省全南县青松小额贷款股份有限公司与温志京公司决议效力确认纠纷上诉案：江西省赣州地区（市）中级人民法院（2018）赣07民终935号民事判决书（《人民司法·案例》2019年第11期）

【确认公司决议无效的原告资格与董事会决议的规范内涵】

许明宏诉泉州南明置业有限公司、林树哲与公司有关的纠纷案：最高人民法院（2017）最高法民终18号民事裁定书（《最高人民法院公报》2019年第7期（总第273期））

【公司股东可提起确认股东会决议有效之诉】

张珩与上海东银投资有限公司等公司决议效力确认纠纷上诉案：上海市第一中级人民法院（2016）沪01民终5482号民事判决书

沈乃三等与美表新公司公司决议效力确认纠纷上诉案：上海市第一中级人民法院（2012）沪一中民四（商）终字第2059号民事判决书（《人民司法·案例》2014年第22期）

【股东会决议通过的弥补亏损方案要求公司股东借款给公司以偿还公司债务，该决议内容因违反法律而无效】

吴玉婷诉上海歆珏文化传播有限公司公司决议撤销纠纷案：上海市青浦区人民法院（2016）沪0118民初4406号民事判决书

【股东签名不全的股东会决议不当然无效】

赵小菊与孙小芬等公司决议效力确认纠纷上诉案：广东省广州市中级人民法院（2015）穗中法民二终字第138号民事判决书

【公司决议无效的认定】

李至强等与厦门永福贵公司等公司决议效力确认纠纷上诉案：福建省厦门市中级人民法院（2015）厦民终字第1536号民事判决书

【股东除名决议的效力】

辜将与北京宜科英泰工程咨询有限公司确认股东会决议效力纠纷上诉案：北京市第三中级人

民法院(2015)三中民(商)终字第10163号民事判决书

【同一公司两份章程如何确定股东表决权】

朱树美等六股东诉南宁市红木棉运输有限责任公司、第三人南宁市东宇运输有限公司等公司决议撤销纠纷案:广西壮族自治区南宁市中级人民法院(2014)南市民二终字第339号民事判决书

【未通知全体股东的股东会之决议效力】

浙江省嘉兴市聚力源典当有限责任公司与何建华股东会决议效力纠纷再审案:浙江省高级人民法院(2013)浙民再字第18号民事调解书(《人民司法·案例》2014年第8期)

【有瑕疵的股东会决议也可以有效】

林照森与广州市锦桂房地产开发有限公司公司决议效力确认纠纷上诉案:广东省广州市中级人民法院(2013)穗中法民二终字第1400号民事判决书(《人民司法·案例》2015年第12期)

【代股东签名的股东会决议并非当然无效】

张建军诉中西多元教育咨询中心公司决议效力确认纠纷案:北京市第二中级人民法院(2013)二中民终字第04357号民事判决书

【瑕疵股东会决议并非当然无效】

北京二中院判决谷成满诉康弘公司公司决议效力确认纠纷案:北京市第二中级人民法院(2013)二中民终字第05629号民事判决书

【未进行表决或表决人数未达到法定多数形成的决议无效】

吴国璋诉厦门市同安区捷强市政工程有限公司决议效力确认纠纷案:福建省厦门市中级人民法院(2013)厦民终字第668号民事判决书

【章程规定修改公司章程须经全体股东通过,多数股东通过应属表决方式违反章程规定】

上海米蓝贸易有限公司等与孙某等公司决议撤销纠纷上诉案:上海市第二中级人民法院(2012)沪二中民四(商)终字第896号民事判决书

【公司决议免除法定义务内容的效力认定】

傅东明、朱毅军诉无锡新中润国际集团有限公司公司决议效力确认纠纷案:江苏省无锡市崇安区人民法院(2012)崇商初字第0182号民事判决书

【股东会部分决议并非股东的真实意思表示,该部分决议无效,决议中其他部分仍有效】

黄玉钦、何文博诉江苏众联纺织发展有限公司股东会决议效力确认案:江苏省盐城市中级人民法院(2012)盐商终字第0467号民事判决书

【临时股东会决议内容不违反法律、行政法规,也对其他股东尽到合理通知义务,决议有效】

艾斯皮·伯纳塑料集团有限公司诉思博维森塑料(广州)有限公司请求变更公司登记案:广东省广州市中级人民法院(2012)穗中法民四终字第39号民事判决书

【在未实际召开股东会的情况下,部分股东通过伪造其他股东签名、盖章形成的股东会决议无效】

文静诉北京郭氏富侨洗浴有限公司等股东会决议效力案:北京市第二中级人民法院(2011)

二中民终字第12114号民事判决书

【假冒股东签名,并在形式上通过股东会的《股权转让协议》是否有效】

曾文泉、曾建华诉厦门市信诺立电子有限公司、李淑英、曾庆荣等股权转让纠纷案:福建省厦门市中级人民法院(2008)厦民终字第3726号民事判决书

【有限责任公司的股东会超越《公司法》规定的权限作出的决议,股东可以要求确认无效】

赵中原等诉上虞市兴粮房地产开发有限公司要求确认公司决议条款无效案:浙江省上虞市人民法院2006年10月16日民事判决书

【股东关于解除董事长职务的决议,可以认定有效】

南京金陵轧钢联合公司等诉王锡根董事会、股东会决议履行案:江苏省南京市中级人民法院(2003)宁民二终字第17号民事判决书

【侵犯股东合法权益的股东大会决议无效】

四川普瑞药业有限责任公司与四川普瑞高新技术产业公司侵权纠纷案:最高人民法院(2000)经终字第121号民事判决书

【公司董事会作出的增补董事的决议是否有效】

张鸿诉上海申华实业股份有限公司违法增补董事侵权案民事判决书

2. 公司决议撤销

【决议撤销之诉中程序轻微瑕疵的认定】

北京中洺发置业发展有限公司等与郭碧新公司决议撤销纠纷二审民事判决书:北京市第一中级人民法院(2019)京01民终5422号民事判决书

广州市盛泓投资有限公司、广东国叶投资有限公司公司决议撤销纠纷二审民事判决书:广东省广州市中级人民法院(2019)粤01民终3759号民事判决书

浙X X夏物业管理有限公司、郭力前公司决议撤销纠纷再审民事裁定书:浙江省高级人民法院(2019)浙民再50号民事裁定书

南京正华通捷电子系统工程有限公司与南京笔墨建筑科技有限公司公司决议撤销纠纷二审民事判决书:江苏省南京市中级人民法院(2018)苏01民终10492号民事判决书

真功夫餐饮管理有限公司、潘宇海公司决议撤销纠纷二审民事判决书:广东省广州市中级人民法院(2017)粤01民终9139号民事判决书

徐惠英与南通大刘渔业有限公司等公司决议撤销纠纷上诉案:江苏省南通市中级人民法院(2017)苏06民终3928号民事判决书

呼和浩特市骏泽建材有限责任公司与内蒙古扎鲁特旗鲁安矿业有限公司公司决议撤销纠纷二审民事判决书:内蒙古自治区通辽市中级人民法院(2017)内05民终1714号民事判决书

【董事会会议通知与实际表决事项不符的,决议应否被撤销】

周建珍诉江苏建协工程咨询有限公司公司决议撤销案:江苏省无锡市中级人民法院(2016)苏02民终2856号民事判决书

【原请求确认公司决议无效，后变更为撤销，是否超过60日除斥期间】

隋小丽诉北京凯必盛自动门技术有限公司公司决议撤销案：北京市第一中级人民法院（2016）京01民终343号民事判决书

【实际出资人有权提起公司决议撤销之诉】

孙士高与江苏景天置业有限公司等公司决议撤销纠纷上诉案：江苏省宿迁市中级人民法院（2015）宿中商终字第00368号民事裁定书

【公司决议撤销纠纷的审查范围】

崔龙诉江苏盛大世贸商城发展有限公司股东会决议撤销案：江苏省睢宁县人民法院（2015）睢商初字第622号民事判决书

【如股东并未收到会议召开通知或不知道决议内容，撤销公司决议不受除斥期间的限制】

风雅投资有限公司与三亚扑朔房地产投资开发有限公司等公司决议撤销纠纷上诉案：海南省高级人民法院（2015）琼民二终字第18号民事判决书

华城地产集团有限公司诉宁波开元华城置业有限公司等公司决议撤销案：浙江省宁波市中级人民法院（2014）浙甬商终字第1130号民事判决书

【股东会决议和董事会决议的表决方式均违反公司章程，股东可请求法院予以撤销】

上海联合汽车大道开发建设有限公司等与上海联合汽车（集团）有限公司决议撤销纠纷上诉案：上海市第二中级人民法院（2013）沪二中民四（商）终字第733号民事判决书

【伪造股东签名对股东会决议效力的影响】

李刚毅诉北京慈铭生物医药技术有限公司公司决议效力确认纠纷案：北京市第二中级人民法院（2012）二中民终字17626号民事判决书

【公司认为股东撤销权诉讼导致公司财产受损并要求股东赔偿的，必须证明滥用以及因果关系】

江苏中淮建设集团有限公司诉陈顺林行使股东撤销权致其公司财产损失要求赔偿被驳回案：江苏省淮安市中级人民法院（2012）淮中民终字第1445号民事判决书

【公司决议撤销之诉的审查范围】

李建军诉上海佳动力环保科技有限公司公司决议撤销纠纷案：上海市第二中级人民法院（2010）沪二中民四（商）终字第436号民事判决书（2012年9月18日《最高人民法院关于发布第三批指导性案例的通知》指导案例10号）（《最高人民法院公报》2013年第2期）

【对于公司通过召开临时股东会所作出的决议，股东可以以其未收到召开通知且未参加为由，请求法院予以撤销】

上海中源科扬节能技术有限公司诉上海中兴科扬节能环保有限公司公司决议撤销案：上海市徐汇区人民法院（2010）徐民二（商）初字第2132号民事判决书

【伪造公司决议的效力认定】

崔学侠与淮安市禾力机械制造有限公司等确认公司决议无效纠纷上诉案：江苏省淮安市中级人民法院（原江苏省淮阴市中级人民法院）（2009）淮中民一终字第15号民事判决书（《人民司

法·案例》2010年第6期）

【有瑕疵的公司决议撤销之诉不能调解】

江西瑞丰木业有限公司与叶笃胜等承包合同纠纷上诉案：江西省宜春市中级人民法院（2009）宜中民二终字第54号民事调解书（《人民司法·案例》2009年第20期）

【董事会聘任的公司高级管理人员不具有股东身份，无权申请法院撤销董事会决议】

柳州汇银物流管理有限公司诉公司高级管理人员张萍损害公司利益案：广西壮族自治区柳州市中级人民法院（2009）柳市民二终字第200号民事判决书

【公司监事自行召集临时股东会会议并担任主持人的，违反强制性规定，形成的决议应予以撤销】

刘英诉科普诺（北京）科技发展有限公司撤销股东会决议案：北京市第一中级人民法院（2009）一中民终字第929号民事判决书

【公司决议效力确认纠纷的形式及原告资格】

金仁子诉漳州三成农产品加工有限公司等公司决议效力确认纠纷案：（2009）漳民初字第93号民事裁定书（《人民司法·案例》2010年第16期）

【法院对公司股东大会决议效力进行审查的因素】

朱平与中国石化中原油气高新股份有限公司股东权益纠纷上诉案：河南省郑州市中级人民法院（2008）郑民一终字第22号民事判决书

【股东未在法定期间内向法院申请撤销股东会决议而后又提起诉讼的，法院不予受理】

徐永华等诉东方建设集团有限公司股东权案：浙江省高级人民法院（2007）浙民二终字第287号民事判决书

【虚构的股东会议决议撤销之诉的诉讼时效】

张艳娟诉江苏万华工贸发展有限公司、万华、吴亮亮、毛建伟股东权纠纷案：江苏省南京市玄武区人民法院（《最高人民法院公报》2007年第9期（总第131期））

【股东会召集程序瑕疵并不必然导致决议被撤销】

陈献新与上海国电实业有限公司与公司有关的纠纷上诉案：上海市第二中级人民法院（2007）沪二中民三（商）终字第443号民事判决书（《人民司法·案例》2008年第12期）

【董事会决议在召集程序、表决方式等方面存在瑕疵，不能体现公司的团体意志，应予撤销】

淄博市临淄区公有资产经营公司诉山东齐鲁乙烯化工股份有限公司等股东请求撤销董事会决议案：山东省淄博市中级人民法院（2007）淄民四终字第33号民事判决书

【当事人不能以董事会决议违反《上市公司章程指引》为由，请求法院确认无效或撤销决议】

鲁建明诉上海轻工机械股份有限公司要求撤销董事会决议案：上海市第二中级人民法院2006年12月26日民事判决书

【公司根据违反章程的股东会决议已办理变更登记的，股东可以要求撤销】

高忠林诉兴化市大营自来水公司等要求撤销股东会议议案：江苏省泰州市中级人民法院2006年12月11日民事判决书

【冒用相关股东的名义签署股东会决议，相关股东可申请撤销该决议】

周海军诉北京世纪星碟文化传播有限公司确认股东会决议效力案：北京市第二中级人民法院(2005)二中民终字第3262号民事判决书

【在法人股东未提出异议的前提下，法人董事会召集程序有瑕疵，董事会决议是否有效】

某装饰公司等诉某房地产公司等确认董事会决议效力案：北京市第二中级人民法院(2005)二中民终字第1127号民事判决书

【超越董事会职权范围的董事会决议，是无效的】

四川艺精技术开发总公司诉四川鼎天微电有限公司股权确认案：四川省高级人民法院(2000)川经终字第203号民事判决书

【董事会决议效力的司法审查】

渝发公司诉红光公司董事会决议撤销纠纷案(四川高院首次发布商事审判典型案例之六)

3. 公司决议不成立

【股东会决议上签字和盖章不真实，且未经追认，故该决议不成立】

刘驰、黑龙江省美达消防设施安装有限公司、刘梦薇、黑龙江省美达实业有限责任公司、刘玫玫公司决议不成立纠纷案：黑龙江省哈尔滨市中级人民法院(2017)黑01民终4245号民事判决书

【导致决议不成立的"其他情形"】

华某诉S公司公司决议纠纷案(上海一中院、上海浦东法院联合发布自贸区司法保障十大典型案例之三)

【控股股东不召开股东会即签署的股东会决议不成立】

王某与甲公司等公司解散纠纷案(江苏法院公司审判十大案例之六)

第二十七条 【出资方式】

【将技术"应用于"公司的表述，是合作方式的约定，不是对出资义务的约定】

山东碳为石墨烯科技有限公司与北京碳世纪科技有限公司股东出资纠纷案：北京市第二中级人民法院(2018)京02民终7803号民事判决书

【划拨土地使用权出资纠纷的处理】

海南三亚国家级珊瑚礁自然保护区管理处与周春梅等股东出资纠纷再审案：最高人民法院(2016)最高法民再87号民事判决书

【外商将在大陆赚取的利润直接追加投资不能自然形成股东出资】

黄经邦与海南鼎立农业开发有限公司等股东资格确认纠纷上诉案：海南省高级人民法院(2015)琼民三终字第4号判决书(《人民司法·案例》2015年第18期)

【对专有技术出资的认定】

上海新友水性聚氨酯有限公司诉段某某等股东出资纠纷案：上海市第一中级人民法院(2015)沪一中民四(商)终字第1759号民事判决书

【商品经销权不能作为股东向公司的出资】

重庆必扬企业（集团）有限公司诉李亚琼股东出资纠纷案：重庆市渝中区人民法院（2015）中区法民初字第06740号民事判决书

【股东已就未出资部分对公司债务对外承担补充赔偿责任的，视为出资履行到位，另案债权人不能再提出相同请求，要求该股东承担出资不到位的赔偿责任】

丹阳市华昌钻石工具制造公司诉丹阳市对外贸易公司等买卖合同纠纷案：江苏省镇江市中级人民法院（2011）镇商终字第0073号民事判决书

【教育资源不能成为股东出资方式】

深圳市启迪信息技术有限公司与郑州国华投资有限公司股东资格确认纠纷上诉案：河南省高级人民法院（2009）豫法民二终字第20号民事判决书（《人民司法·案例》2010年第16期）

【知识产权出资的若干问题】

海信科龙电器股份有限公司与武汉市万欣机械有限公司承揽合同纠纷上诉案：湖北省武汉市中级人民法院（2009）武民商终字第1355号民事调解书（《人民司法·案例》2010年第8期）

【土地使用权的价值在投资年限内已凝结为公司财产】

鞍山市人民政府与大连大锻锻造有限公司加工承揽合同欠款纠纷上诉案：辽宁省高级人民法院（2006）辽民二终字第314号民事判决书

【政策性债权转出资的问题，属于行政主管机关行使行政职权的内容】

耀县水泥厂与中国建材集团公司、陕西省建材总公司债权转出资纠纷案：最高人民法院（2005）民二终字第203号民事裁定书（《最高人民法院公报》2006年第10期（总第120期））

【"拨改贷"批准之日，债权人或其出资代表人获得股东资格】

中国高新投资集团公司诉南通市苏中纺织有限公司债权转股权案：江苏省南通市中级人民法院（2003）通中民二初字第139号民事判决书

【股东以房产作价出资但未办理产权过户，应认定为虚假出资】

贾某要求解除执行查封案外人异议案

第二十八条 【出资义务】

1.【无注资验资工商登记的股东出资认定】

胡纪红与上海申态建设工程有限公司等执行异议纠纷案：上海市宝山区人民法院（2018）沪0113民初11236号判决书（《人民司法·案例》2019年第5期）

【国家资本金不当然构成股权出资】

中国节能减排有限公司与浙江正泰中自企业管理有限公司股东资格确认纠纷案：浙江省杭州市中级人民法院（2018）浙01民终10146号民事判决书（《人民司法·案例》2019年第17期）

【有限公司股东的出资义务不因股权转让而免除】

谢晖与西安庆南贸易有限公司股东出资纠纷再审申请案：陕西省高级人民法院（2017）陕民

申591号民事裁定书(《人民司法·案例》2017年第32期)

【规范国有企业依法履行出资义务】

沈阳重型冶矿机械制造公司四厂与沈阳北重冶矿电站设备研制有限公司等股东出资纠纷案(2016年4月8日《最高人民法院发布十起依法平等保护非公有制经济典型案例》案例七)

【抽逃出资股权转让的司法规制】

江苏省南通润通置业有限公司与仲翔等追收抽逃出资纠纷上诉案:江苏省南通市中级人民法院(2016)苏06民终42668号二审裁定书(《人民司法·案例》2018年第35期)

【民办学校出资人和出资份额的确认】

沈懿与冯昌虎出资人身份确认纠纷上诉案:安徽省高级人民法院(2016)皖民终829号民事判决书(《人民司法·案例》2017年第23期)

【有限责任公司股东除名法定以外事由的认定】

张胜才与北京世纪天鼎商品交易市场有限公司公司决议纠纷案:北京市第二中级人民法院(2016)京02民终3357号民事判决书

【未依法履行出资义务的股东对公司债权人承担何种责任】

联光投资有限公司诉中国煤炭开发有限责任公司股东出资案:北京市高级人民法院(2016)京民终字第139号民事判决书

【抽逃出资后能否以其他股东未出资为由拒绝履行出资义务】

北京盛世华凯物流有限公司诉李文广股东出资案:北京市第二中级人民法院(2016)京02民终10189号民事判决书

【股东身份的认定】

杨玲、徐玉芳、王凯诉朱涛股东出资案:广东省惠州市中级人民法院(2016)粤13民终字第2291.2292.2293号民事判决书

【出资不实股东不应进行同等顺位受偿】

沙港公司诉开天公司执行分配方案异议案[2015年4月1日《最高人民法院发布的四起典型案例(2015)》案例一]

【认缴资本制下股东出资义务应以实际约定为准】

丁某、南京同仁堂公司诉沈某、钱某股东出资纠纷案:江苏省南京市秦淮区人民法院(2015)秦商初字第2140号民事判决书

【对未出资股东除名决议的表决权排除规则适用】

宋余祥与上海万禹国际贸易有限公司股东出资纠纷上诉案:上海市第二中级人民法院(2014)沪二中民四(商)终字第1261号民事判决书(《人民司法·案例》2015年第12期)

【以房产出资,未及时办理过户手续但最终被政府作为公司资产收购的,不构成虚假出资】

甘肃太一工贸有限公司与甘肃居立门业有限责任公司及庆阳市太一热力有限公司股东出资纠纷案:甘肃省庆阳地区中级人民法院(2013)庆中民初字第8号民事判决书

【股东在股权转让后抽回全部出资，违反法律规定，侵犯公司财产权】

上海钰钢钢铁有限公司诉张顺法、叶宇轩等股东出资案：上海市第二中级人民法院（2012）沪二中民四（商）终字第25号民事判决书

【足额出资义务不因股权转让而消灭】

溧水县房产经营公司因未依法缴纳股东出资被追加为被执行人执行异议案：江苏省高级人民法院（2011）宁执异字第31号民事裁定书

【股东瑕疵出资责任承担要件的认定】

苏燕芬诉李明星股东出资纠纷案：福建省厦门市中级人民法院（2011）厦民再终字第40号民事判决书

【出资不到位的股东行使股东权利，应当受到相应限制】

睢宁县希望公交有限责任公司诉胡会林股东会决议效力确认纠纷案：江苏省徐州市中级人民法院（2010）徐民终字第1505号民事裁定书

【以商标权出资的，应将商标权转移至公司名下】

张哲生与洛阳牡丹宴酒业有限公司股东出资（商标权）纠纷上诉案：河南省高级人民法院（2009）豫法民三终字第34号民事判决书

【股东不得以超过诉讼时效为由拒绝履行出资义务】

常静与北京隆华时代文化发展有限公司股东出资纠纷上诉案：北京市第二中级人民法院（2009）二中民终字第18235号民事判决书

【明知受让股权存在瑕疵而仍接受转让的受让人，推定其愿意承受相应的民事责任】

贵州益佰制药股份有限公司诉北京双鹤药业股份有限公司、湖北恒康双鹤医药股份有限公司、湖北省医药有限公司买卖合同货款纠纷抗诉案：最高人民法院（2008）民抗字第59号民事判决书

【股东之间签订配送干股协议的效力认定】

何晓与芦新正股东出资纠纷上诉案：河南省高级人民法院（2008）豫法民二终字第8号判决书（《人民司法·案例》2008年第24期）

【股东出资不足但公司仍然具备法人资格时，股东对公司债务的承担】

中国长城资产管理公司乌鲁木齐办事处与新疆华电工贸有限责任公司、新疆华电红雁池发电有限责任公司、新疆华电苇湖梁发电有限责任公司等借款合同纠纷案：最高人民法院（2008）民二终字第79号民事判决书（《最高人民法院公报》2009年第2期（总第148期））

【瑕疵股权转让中的民事责任承担】

安达新世纪·巨鹰投资发展有限公司与北京首都国际投资管理有限责任公司、协和健康医药产业发展有限公司股东权确权赔偿纠纷案：最高人民法院（2007）民二终字第93号民事判决书

【行政单位开办的公司，在注册资金不到位的情况下，该行政单位对公司的债务应当承担的责任】

江苏天泽资产管理有限公司诉无锡市锡山区东港镇人民政府等借款合同案：江苏省高级人民

法院(2007)苏民二终字第0127号二审判决

【不能仅以未履行出资义务而否定股东身份】

陕西锐达房地产开发有限公司、王志峰与胡耀辉、朱强、王荧、西安达成物业管理有限责任公司股权确认纠纷案:陕西省高级人民法院(2007)陕民二终字第68号民事判决书

【以公司名义产生的债务,先用公司的资产清偿,不足的部分股东负有清偿的连带责任】

青岛啤酒股份有限公司诉青岛宏隆商贸有限公司、李龙、崔红购销合同抗诉案:山东省高级人民法院(2006)鲁民再终字第21号民事判决书(《最高人民检察院公报》2008年第5号(总第106号))

【瑕疵出资的股东在瑕疵出资范围内对公司债务承担补充责任】

通联资本控股有限公司与中国银行泰州高港支行、钇利沣光电科技(泰州)公司、上海钇利沣公司借款合同纠纷案:江苏省高级人民法院(2006)苏民二终字第0201号民事判决书

【瑕疵出资股份转让合同的效力认定及责任承担】

江苏省苏州兰顿苹果服饰有限公司与江苏省苏州百怡商贸有限公司买卖合同纠纷上诉案:江苏省苏州市中级人民法院(2006)苏中民二终字第0526号判决书(《人民司法·案例》2008年第18期)

【股东以其土地使用权出资,但未办理产权转移手续,行政机关可以以虚假出资为由对其进行处罚】

何佰灿不服新昌县工商行政管理局行政处罚案:浙江省新昌县人民法院(2006)新行初字第2号行政判决书

【不能以国有企业划拨土地使用权作为出资的情况下,出资股东对公司只承担法定的价格补充责任】

南京富力精细化工有限公司诉南京四力化工有限公司出资纠纷案:江苏省高级人民法院(2005)苏民二终字第034号民事判决书

【没有缴纳出资的,不享有股权】

刚毅(集团)公司转让并无实际出资的股权请求受让人新疆宏景有限责任公司、香港耀冠集团有限公司支付股权转让金被驳回案:新疆维吾尔自治区高级人民法院(2005)新民三终字第24号民事判决书

【公司股东认为其他股东出资不足的,应承担出资不足的举证责任】

君信创业公司诉绿谷伟业公司等出资合同纠纷案:最高人民法院(2004)民二终字第260号民事判决书(《最高人民法院公报》2005年第6期(总第104期))

【有限责任公司因股东出资不足被吊销营业执照,该股东被政府接管后,在其基础上成立了新法人的,新法人应对原有限责任公司的债务承担清偿责任】

郭忠连诉青岛市卫生局、青岛市东部医院借款合同纠纷案:山东省青岛市中级人民法院2003年3月10日民事判决书(《最高人民法院公报》2003年第5期(总第85期))

【债权出资】

叶建民等诉胡德族股权纠纷案：广东省惠州市中级人民法院（2002）惠中法经终字第91号民事判决书

【股东以虚假发票作为增资证据的，应认定为虚假出资】

陈汉滨诉鸿双辉公司、蔡禧福、洪顺利、永大会计公司因虚假出资、虚假验资应支付买卖合同货款案：福建省厦门市中级人民法院2002年12月25日民事判决书

【持股会会员并不当然就是公司的股东，即使有出资行为，也不能认定其股东资格】

喻勇敏与绍兴越盛集团有限公司股东权纠纷上诉案：浙江省高级人民法院（2002）浙经一终字第14号民事判决书

【用无真实交易关系的虚假发票验资的，应认定为虚假出资】

高雷诉思晨公司股东盈余分配权案：江苏省南京市中级人民法院2002年10月22日民事判决书

【出资人应在其出资不实的范围内对公司的债务承担清偿责任】

常熟泛亚建筑陶瓷工业有限公司上海分公司诉上海申涛建材有限公司购销合同案：上海市第二中级人民法院（2001）沪二中经终字第713号民事判决书

【出资人以股权出资的，应履行关于股权转让的法定手续并办理变更登记】

浙江诸暨盾安三尚机械有限公司诉杭州金松空调有限公司、杭州金松集团有限公司、杭州市手工业合作社联合社承揽合同纠纷案：浙江省绍兴市中级人民法院（2000）绍中法经初字第133号民事判决书

【公司设立不同于公司成立，设立阶段中的出资人只是公司的设立人，股份身份的确立不是始于公司设立，而是始于公司成立，仅凭划款凭证不能证明出资行为】

深圳市城市建设开发（集团）公司与国家旅游局侵权纠纷上诉案：北京市高级人民法院（2001）高经终字第270号二审民事判决书

【股东协商一致将实物投资作为抵押物，不存在不履行出资义务的问题】

中闽国贸发展有限公司诉东闽电机有限责任公司不履行对合资公司出资义务案：福建省福州市中级人民法院（2000）榕经初字第038号民事判决书

【以土地使用权出资，应办理权属变更手续】

少数股股东上海市自来水公司等诉多数股股东辉煌公司投资不到位和挪用成立的上海海上国际赛艇俱乐部有限公司资金侵权案：上海市第一中级人民法院1999年11月4日民事判决书

【公司注册资金来源不合法，其后的转款行为不能认定为抽逃或挪用】

石德毅与中国欧美进出口公司、湖北益丰贸易公司、上海君合贸易公司代理进口合同纠纷案

【有限责任公司的股东未按合同约定按时缴纳所认缴的出资，应承担违约责任】

海南州海汇投资公司诉青海湖旅游公司出资纠纷案

【股东向公司借款，无实际资金交付，以该借款作为注册资金投入公司，为虚假出资】

中艺进出口实业公司与北京周氏贸易有限公司代理协议纠纷执行案

【股权转让时，原股东的补足出资义务不因股东身份丧失而免除】

甲公司与赵某股东出资纠纷案(江苏法院公司审判十大案例之二)

2. 认缴制及股东出资义务的加速到期

【抽逃出资的认定】

乌苏福升工程建筑有限公司与杨宇股东出资纠纷案：新疆维吾尔自治区乌鲁木齐市中级人民法院(2018)新01民初296号民事判决书

【股东瑕疵减资的责任承担】

曹某与实友公司等公司减资纠纷上诉案：北京市第三中级人民法院(2017)京03民终13422号民事判决书(《人民司法·案例》2018年第20期)

【非破产情形下有限公司股东出资义务不应加速到期】

庞辽玉、杜昕洋民间借贷纠纷案：河南省南阳市中级人民法院(2019)豫13民终1263号民事判决书

中国电信股份有限公司泰州分公司与薛扬、泰州国通网络科技有限公司承揽合同纠纷案：江苏省泰州市中级人民法院(2018)苏12民终2791号民事判决书

梁良与顾金华股东损害公司债权人利益责任纠纷案：江苏省南通市中级人民法院(2018)苏06民终2588号民事判决书

杭州汉洋友创投资合伙企业、梁亦赠股东损害公司债权人利益责任纠纷案：浙江省杭州市中级人民法院(2018)浙01民终2682号民事判决书

于琦等诉姜彩霞民间借贷纠纷案：山东省烟台市中级人民法院(2017)鲁06民终1382号民事判决书

马海洋等诉中山苏旺木业有限公司等买卖合同纠纷案：广东省中山市中级人民法院(2016)粤20民终5128号民事判决书

江苏泰州高新区法院判决吴红兵诉冠星公司等委托合同纠纷案：江苏省泰州市中级人民法院(2016)苏12民终2111号民事判决书

【非破产情形下允许加速到期之理由】

安徽省红业医药有限公司与河北浩大医药有限公司等买卖合同纠纷上诉案：安徽省合肥市中级人民法院(2017)皖01民终6212号民事判决书

陈昌旭等与钟璐股权转让纠纷上诉案：四川省绵阳市中级人民法院(2017)川07民终949号民事判决书

成都市中油石油钻采物资有限公司与邛崃市龙茶庄园旅游开发有限公司等房屋租赁合同纠纷上诉案：四川省成都市中级人民法院(2017)川01民终1754号民事判决书

刘峰等与谭四等提供劳务者受害责任纠纷上诉案：安徽省阜阳市中级人民法院(2018)皖12民终471号民事判决书

南京贝荣投资有限公司等诉江苏东恒律师事务所等合同纠纷案：江苏省南京市中级人民法院(2016)苏01民终7556号民事判决书

钟永强诉谢剑彪等装饰装修合同纠纷案：广东省珠海市中级人民法院(2016)粤04民终2599号民事判决书

【合伙企业出资人的出资义务是否可以加速到期】

黄某诉H投资、Y旅社等合伙协议纠纷案（上海一中院、上海浦东法院联合发布自贸区司法保障十大典型案例之四）

3. 执行程序与股东出资义务

【执行程序中认缴出资加速到期的处理】

厦门瑞杰兴浩投资有限责任公司与刘寿清等申请追加被执行人案：福建省厦门市中级人民法院(2019)闽02执异56号民事裁定书(《人民司法·案例》2019年第20期)

【执行程序不适用股东出资义务加速到期】

中国金谷国际信托有限责任公司与浙江优选中小企业投资管理有限公司营业信托纠纷执行案：北京市高级人民法院(2016)京执复106号、(2016)京执复107号民事裁定书(《人民司法·案例》2017年第29期)

【能否追加未届认缴出资期限即转让股权的股东为被执行人】

河南焦作山阳法院判决郭某诉某轮胎公司等执行异议之诉案：河南省焦作市山阳区人民法院(2018)豫0811民初963号民事判决书

【不能追加出资期限尚未到来的股东为被执行人并要求其承担连带责任】

俞嘉、金晖等与香港承美瑞电子商务有限公司案外人执行异议之诉案：浙江省杭州市中级人民法院(2018)浙01民初3055号民事判决书

佛山市华信能液化石油气有限公司、葛继军案外人执行异议之诉案：广东省佛山市中级人民法院(2018)粤06民终5398号民事判决书

第三十条 【出资不足的补充】

【出资不足时，公司设立时的其他股东承担连带责任，不适用于货币出资的情形】

联光投资有限公司(United Glory Investment Limited)诉中国煤炭开发有限责任公司股东出资纠纷案：最高人民法院(2017)最高法民申1841号民事裁定书

第三十二条 【股东资格确认】

(一)实际出资人/名义股东

1. 股东资格确认/股权确认

【有限公司股东资格认定】

宜宾惠康医院服务有限责任公司与张某华股东资格确认纠纷上诉案：四川省宜宾市中级人民

法院(2018)川民终2014号民事判决书(《人民司法·案例》2019年第20期)

【股东资格应依法律关系不同区别确认】

詹某江等诉某爆竹公司股东资格确认纠纷案:贵州省安顺地区(市)中级人民法院(2018)黔04民初37号民事判决书(《人民司法·案例》2019年第11期)

【对股东知情权纠纷中否定股东资格的司法审查】

李双河与北京西化达商贸有限公司股东知情权纠纷上诉案:北京市第一中级人民法院(2017)京01民终9358号民事判决书(《人民司法·案例》2018第17期)

【未在公司设立登记材料上签字能否确认非公司股东】

符培忠诉海口市金惠典当行股东资格确认案:海南省海口市龙华区人民法院(2016)琼0106民初字第2617号民事判决书

【不能仅凭工商登记非本人签字否认股东资格】

黄家辉、王君瑞诉北京引领世纪科技有限公司股东资格确认案:北京市第三中级人民法院(2016)京03民终4154号民事判决书

【实际出资却未享有股东权利股东资格认定】

谢志辉诉张建华、华粤公司股东出资纠纷案:广东省梅州市中级人民法院(2016)粤14民终83号民事判决书

【外商将在大陆赚取的利润直接追加投资不能自然形成股东出资】

黄经邦与海南鼎立农业开发有限公司等股东资格确认纠纷上诉案:海南省高级人民法院(2015)琼民三终字第4号民事判决书(《人民司法·案例》2015年第18期)

【被注销的有限责任公司的原股东能否承继该公司在其他公司的股东资格】

吴俊柏诉石河子协和医院有限责任公司股东资格确认案:新疆生产建设兵团第(农)八师中级人民法院(2015)兵八民二终字第387号民事判决书

【股权收购前出资是否可以认定为实际出资人】

新疆乌鲁木齐中院判决廖铁华诉新地园公司股东资格确认纠纷案:新疆维吾尔自治区乌鲁木齐市中级人民法院(2015)乌中民二终字第171号民事判决书

【实际出资人的股东资格认定】

彭红娜诉彭伟泉股东资格确认纠纷案:广东省广州市黄埔区人民法院(2015)穗黄法民二初字第69号民事判决书

【股东资格的实质性标准】

刘爱科诉北京励志立信商贸有限公司公司盈余分配纠纷案:北京市海淀区人民法院(2015)海民(商)初字第25985号民事裁定书

【当事人无法证明向公司实际缴纳出资的,不能主张该公司的股东资格】

胡占海与庆阳市腾祥房地产开发有限责任公司及张檄、宁培艳、张雪梅股东资格确认纠纷案:甘肃省庆阳地区中级人民法院2014年11月28日民事判决书

【论选择法律适用规范阶段的识别对象】

潘世强诉张华、南雄韶赣汽车城有限公司股东资格确认纠纷案：广东省高级人民法院（2014）粤高法民四终字第48号民事判决书

【“实际出资人”的资格认定】

刘五瑞与黄玉平、第三人厦门贝克士纤维制品有限公司等股权转让纠纷案：福建省厦门市中级人民法院（2014）厦民终字第1367号民事判决书

【因夫妻财产分割取得股份能否确认股东资格】

温州市瓯海某加油站与姚某股东资格确认纠纷上诉案：浙江省温州市瓯海区人民法院（2014）温瓯商初字第247号民事判决书

【法院生效裁判可直接产生股权变动效力】

龙元建设集团股份有限公司与上海联华合纤股份有限公司与公司有关的纠纷上诉案

【出资未登记情形下股东资格的认定】

陈锦洪诉张家口市东亚建材家具装饰有限公司股权确认纠纷案：河北省张家口市中级人民法院（2012）张商终字第281号民事判决书

【姓名被记载在公司章程上而未签署章程未出资的自然人的股东资格认定】

尹国明诉驻马店市统领墙体新型材有限公司及第三人刘成桥、崔凯等公司决议撤销、股东资格确认纠纷案：河南省驻马店市中级人民法院2012年8月10日民事裁定书

【股东资格确认纠纷中当事人诉讼地位的确定】

穆昕诉张鸿等股东资格确认纠纷案：广东省高级人民法院（2012）粤高法民二终字第5号民事裁定书

【公司股东资格否认之诉不宜贸然支持】

重庆江北法院判决李汶泽诉金盾公司股东资格确认纠纷案：重庆市江北区人民法院（2012）江法民初字第3987号民事判决书

【仅向公司投入资金，未达成入股公司合意、未实际行使股东权利且所投资金未转化为公司资本的投资人，不应被确认为公司股东】

王文剑等诉上海知音琴行有限公司股东资格确认纠纷案：上海市长宁区人民法院（2012）长民二（商）初字第4号民事判决书

【不能仅以工商登记文件中非本人签名为由否认自身股东资格】

勾淑英与北京融金期汇投资顾问有限公司股东资格确认纠纷上诉案：北京市第二中级人民法院（2011）二中民终字第02493号民事判决书（《人民司法·案例》2012年第18期）

【如何审理外商投资企业隐名股东股权确认纠纷】

某股份有限公司诉柏某、李某、上海某服饰有限公司股权确认纠纷案：上海市高级人民法院（2011）沪高民二（商）终字第14号民事判决书

【村民集资入股者可以参与分红，但不是集体企业的股东】

王钧等与山西省朔州市平鲁区陶村乡人民政府等股权确认纠纷上诉案：最高人民法院（2011）

民二终字第79号民事判决书

【股东资格确认纠纷中变造证据之效力认定】

金业茂与江苏省仪征市飞亚辊件有限公司股东资格确认纠纷上诉案：江苏省扬州市中级人民法院（2011）扬商终字第0031号民事判决书（《人民司法·案例》2012年第14期）

【股权转让中，受让人能否以其已支付股权转让款并实际经营管理股权为由，主张该股权的权属已发生转移，其已经获得股东资格】

郭苏焕与杨晓宇、杨晓岚、陈道宜、陈汉湘、深圳市恒运泰投资发展集团有限公司股权转让合同纠纷案：最高人民法院（2011）民二终字第62号民事判决书

【外商投资企业实际出资人的股东资格，经各方确认后可受支持】

株式会社津田商会诉王国正等股东资格确认案：上海市虹口区人民法院（2011）虹民二（商）初字第5344号民事判决书

【受让有限责任公司的股权后并不当然取得股东资格】

上海天迪科技投资发展有限公司与西部信托有限公司等股东资格确认纠纷上诉案：陕西省高级人民法院（2010）陕民二终字第09号民事判决书（《人民司法·案例》2010年第18期）

【如何认定隐名外商投资人委托出资成立内资公司的股东资格】

香港宏丰运输有限公司诉珠海市宏洋基业运输有限公司、梁华坤、林文光等股权确认案：广东省珠海市中级人民法院（2010）珠中法民四终字第13号民事判决书

【有限公司章程对股权转让的设限规定有效，在岗职工辞职申请批准后，即丧失股东资格】

廖天亮诉石河子建筑规划设计研究院股权确认案：新疆生产建设兵团第（农）八师中级人民法院（2010）兵八民二终字第138号民事判决书

【外商投资企业的隐名股东请求确认其在该企业中的股东身份时，需要具备哪些条件】

合泰商业有限公司等诉中山市好又多百货商业有限公司等股权确认案：广东省广州市荔湾区人民法院（2010）荔法民二涉初字第11号民事判决书

【内部股东资格确认的依据】

王岩英等六人诉温州市金昌利钢结构有限公司股权确认纠纷案：浙江省温州市龙湾区人民法院（2010）温龙商初字第241号民事判决书

【股东资格一般采用出资兼公司确认的原则】

朱海峰等与李信宏等股权转让纠纷上诉案：北京市高级人民法院（2010）高民终字第539号民事判决书

【商法公示主义、外观主义在股东身份确认案件中的应用】

方建华与杭州新亚达商贸有限公司与公司有关的纠纷再审案：浙江省高级人民法院（2009）浙民再字第73号民事判决书（《人民司法·案例》2011年第6期）

【隐名股东的身份认定】

原告何奇攀与被告马允利、第三人付江、张立壮、翁锦洪、侣化鹏股权确认纠纷案：广西壮族

自治区南宁市西秀区人民法院（2009）青民二初字第593号民事判决书

【挪用资金构成犯罪，该出资行为无效，该出资人不具有股东资格】

山东省昌邑市华星矿业有限责任公司诉姜光先股东资格确认和公司赢余分配权纠纷抗诉案：山东省高级人民法院（2009）鲁民再字第4号民事判决书（《最高人民检察院公报》2010年第3号（总第116号））

【审理法人股确权案件的价值取向】

申银万国证券股份有限公司与上海银行股份有限公司福民支行法人股确权纠纷上诉案：上海市高级人民法院（2008）沪高民二（商）终字第106号民事判决书（《人民司法·案例》2010年第2期）

何晓与芦新正股东出资纠纷上诉案：河南省高级人民法院（2008）豫法民二终字第8号民事判决书（《人民司法·案例》2008年第24期）

【公司内部股东资格争议，应当根据当事人的约定及其行为探究真实意思】

丁仲诉陈庆良、深圳市金地电子有限公司股权确认案：广东省深圳市宝安区人民法院（2008）深宝法民二初字第4021号民事判决书

【公司成立时，股东并未履行出资义务，不能以此否定其股东身份】

陕西锐达房地产开发有限公司、王志峰与胡耀辉、朱强、王荧、西安达成物业管理有限责任公司股权确认纠纷案：陕西省高级人民法院（2007）陕民二终字第68号民事判决书

【职工通过持股会持有股权，公司在改制过程不能强制将职工的股份转为企业负债】

王万虎等诉宿迁市银龙棉麻有限公司要求确认股东身份案：江苏省宿迁市宿城区人民法院2007年1月15日民事判决书

【虚拟股东资格的司法确认】

北京中复电讯设备有限责任公司与郎武淳等股东资格确认纠纷上诉案：北京市第二中级人民法院（2007）二中民终字12080号民事判决书（《人民司法·案例》2009年第8期）

【借用他人姓名登记的股东资格认定】

卢标与黄萍等股东资格认定纠纷上诉案：（2007）盐民二终字第0042号民事判决书（《人民司法·案例》2007年第16期）

【有限公司股东资格的确认，应当根据出资、章程、股东名册、工商登记等多种因素，并结合当事人真实意思，综合加以审查确定】

江苏省范群干燥设备厂诉汤凤珍等股东资格纠纷案：江苏省常州市中级人民法院2007年3月16日民事判决书

【隐名出资人股东资格的认定】

北京市丰台区南苑农工商联合公司与祁文杰等股东权纠纷上诉案：北京市第二中级人民法院（2006）二中民终字第09118号民事判决书

【工商登记文件记载的股东与股东名册记载的股东不一致时，应如何确认股东资格】

李杰诉李之会股权转让合同纠纷案：北京市第二中级人民法院2006年12月20日民事判决书

【人民法院对于隐名股东起诉显名股东要求确认股权的，法院应如何处理】

魏某某与某投资有限公司股权确认纠纷再审案：陕西省西安市中级人民法院（2006）西民一初字第25号民事判决书

【通过转让股份的方式，可以丧失股东资格】

李佳诉绍兴县通驰汽车销售服务有限公司等要求确认股东资格案：浙江省绍兴市中级人民法院2006年3月31日民事判决书

【内部约定与工商登记不一致时的股权份额认定】

王德与吕红等股权确认纠纷上诉案：上海市高级人民法院（2006）沪高民二（商）终字第20号民事判决书（《人民司法·案例》2007年第10期）

【股东认缴资金的来源，不影响其在公司的股东资格或身份的认定，该资金来源与股东资格认定不属同一法律关系】

徐惠梅、刘纪展诉衢州三成照明电器有限公司、刘成功、刘成立股东权纠纷案：浙江省高级人民法院（2006）浙民二终字第54号民事判决书

【企业改制中职工集资"入股金"的性质认定】

吴坚、余尚勇等66人诉卢位才、武宁县鲁溪水泥有限公司侵害股东权纠纷案：江西省武宁县人民法院（2004）武民二初字第77号民事判决书

【履行了出资义务、实际参与经营且享受了分红，其股东身份应予以确认】

过振球诉尤菊林等股东确权案：江苏省无锡市中级人民法院（2003）锡民二终字第408号民事判决书

【持股会会员并不当然是公司股东】

喻勇敏与绍兴越盛集团有限公司股东权纠纷上诉案：浙江省高级人民法院（2002）浙经一终字第14号民事判决书

【企业改制中，员工的集资款因债权转为股权合法有效，该员工取得股东资格】

叶建民等诉胡德族股权纠纷案：广东省惠州市中级人民法院（2002）惠中法经终字第91号民事判决书

【股东身份的取得，不是始于公司设立，而是始于公司成立】

深圳市城市建设开发（集团）公司与国家旅游局侵权纠纷上诉案：北京市高级人民法院（2001）高经终字第270号民事判决书

【股东的合法地位不得剥夺】

杨柳松诉骆龙坤等确认投资、股东案：广西壮族自治区柳州市鱼峰区人民法院（2000）鱼经初字第82号民事判决书

【虽然向公司缴纳过出资，且签署了公司章程，但是没有依法办理股权转让手续和工商变更登记手续，故原告不具有股东资格】

戴海斌等五人诉上海广平信息系统工程有限公司股东权益案：上海市卢湾区人民法院（1999）卢经初字第555号民事判决书

【有限责任公司股东资格的反向判断规则】

许某与德金公司，第三人华某、许某标股东资格确认纠纷案

【有限责任公司隐名出资关系中的实际出资人不经法定程序无法获得股东资格】

张某与甲公司股东资格确认纠纷案（江苏法院公司审判十大案例之三）

【隐名股东资格确认的实质条件】

新华人寿保险股份有限公司与西部信用担保有限公司、北京紫金世纪置业有限公司股东权纠纷案：北京市第一中级人民法院民事判决书

【未被登记为股东且未能参与公司经营及行使股东权利的实际出资人是否属隐名股东】

李维与南宁市雨石阁饮食有限责任公司、李雨秋公司设立纠纷案

2. 实际出资人和名义股东的权利义务

【“隐名股东”能否行使股东权利】

广州晋宝贸易有限公司与罗定市顺强投资发展有限公司等股东资格确认纠纷上诉案：广东省云浮市中级人民法院（2015）云中法民二终字第393号民事判决书

【隐名股东伪造显名股东签章订立的股权转让合同经追认可有效】

东方贸易株式会社与韩锦途等股权转让合同纠纷上诉案

【隐名股东不能提起公司解散之诉】

沈某芬等诉深圳某五金塑胶有限公司公司解散纠纷案

【公司特定股东以他人行为侵犯公司其余股东利益的，其能否作为原告提起诉讼】

胡晓琳与杨长志、洛阳市泰益德房地产开发有限公司股权确认纠纷案

【实际出资人与名义股东之间的股权转让符合公司法规定的，名义股东应当依照约定为实际出资人办理股权变更登记手续】

张建中诉杨照春股权确认纠纷案：上海市静安区人民法院2010年1月18日民事判决书（《最高人民法院公报》2011年第5期（总第175期））

【股份代持合法有效，受托人应当按照委托人指示，及时办理股份变更手续】

北京国府餐饮有限公司等与道纪忠华公共管理咨询（北京）有限公司股权确认纠纷上诉案：北京市第二中级人民法院（2009）二中民终字第02130号民事判决书

【委托投资人成为直接股东后，有权要求企业及时办理变更登记手续】

忻佩芬诉上海华侨商务总汇有限公司股东权案：上海市高级人民法院（2007）沪高民四（商）终字第46号民事判决书

【投资人认缴出资后，未将其予以登记的，可要求返还出资款】

余波诉海瀛公司在其签署了公司章程认缴了出资情况下未将其登记于工商登记的股东名册要求返还出资款案：北京市第二中级人民法院2001年12月5日民事判决书

【投资人交付了认股款，但是未将该款项进行验资，该投资人有权要求退还认股款】

湖南省华储公司等诉海南五指山股份有限公司等返还购股款纠纷一案：海南省高级人民法院

(2000)琼经终字第50号民事判决书

【未履行变更登记义务导致投资人不能作为公司的合法股东身份得到公示，该投资人可以要求解除投资入股协议】

项谢银诉北京护苗快餐有限责任公司投资入股合同案：北京市海淀区人民法院(2000)海经初字第666号民事判决书

3. 实际出资人要求显名

【公司以股权激励名义引进的特定投资人的权利界限】

彭万铁诉S公司、X公司、J公司股东资格确认纠纷案：福建省福州市中级人民法院(2018)闽01民终5284号民事判决书(福州法院2018年度商事审判十大案例之十)

【实际出资人显名登记的性质】

黄某与重庆翰廷投资有限公司合同纠纷案：重庆市高级人民法院(2016)渝民终546号民事判决书(《人民司法·案例》2019年第17期)

【公司不正当地阻却隐名股东显名应承担赔偿责任】

江苏春晖国际贸易有限公司与新沂市凤凰时装厂等股权转让合同纠纷上诉案：江苏省高级人民法院(2014)苏商终字第419号判决书(《人民司法·案例》2015年第16期)

【实际出资人要求显名，必须经其他股东半数以上同意】

甘肃庆阳锦华实业有限责任公司与喻明君等股东资格确认纠纷上诉案：甘肃省庆阳市中级人民法院(2013)庆中民终字第73号民事判决书

赵某诉ZL科技公司、第三人赵金某、第三人杨某股东资格确认纠纷案(上海二中院股权代持纠纷典型案例之一)

黄某、罗某诉S纸塑公司股东资格确认纠纷案(上海二中院股权代持纠纷典型案例之四)

【隐名投资人转为显名股东须具备法定条件】

陆琴妹诉浙江省湖州市石化石油有限公司股东资格确认纠纷案：浙江省湖州市吴兴区人民法院(2011)湖吴商初字第509号民事裁定书(《人民司法·案例》2012年第16期)

【职工出资入股成立有限责任公司后，能否以其实际出资为由要求登记为实名股东】

黄和生诉上海通承实业有限公司等股东资格确认案：上海市第二中级人民法院2011年8月17日民事判决书

4. 冒名登记/注册

【被冒名登记为公司股东的人所享权利之认定】

李植国与厦门顺鑫盛机械有限公司等股东资格确认纠纷上诉案：福建省厦门市中级人民法院(2011)厦民终字第2928号民事判决书(《人民司法·案例》2012年第18期)

【被冒名登记的“股东”有权要求撤销公司注册登记】

周雪兴等诉南昌市工商局公司注册登记不当案：江西省南昌市西湖区人民法院2002年5月23日民事判决书

【未经同意的冒名登记，构成对被冒名者的侵权行为】

黄有土诉其女儿黄兰未经同意将其姓名登记在公司登记的股东栏目中一直延用侵犯姓名权赔偿案：福建省厦门市思明区人民法院 2000 年 4 月 10 日民事判决书

5. 其他法律问题

【挂名股东公司犯罪的性质】

孟凡太等非法经营案：江苏省淮安市淮阴区（县）人民法院（2012）淮刑初字第 0699 号刑事判决书（《人民司法·案例》2013 年第 18 期）

【股权质押时，股东名册瑕疵有可能导致银行无法行使质权】

甲银行诉 A 县国资委等金融借款合同纠纷案：上海市高级人民法院（2012）沪高民五（商）终字第 13 号民事判决书（2012 年度上海法院金融审判系列白皮书和金融审判十大案例之一）

【具有给付内容的确认判决符合执行案件受理条件】

云浮市广信粤西房地产有限公司等与广州新时代房地产开发有限公司股东出资纠纷执行异议案：广东省高级人民法院（2011）粤高法执复字第 82 号民事判决书（《人民司法·案例》2012 年第 24 期）

【股东变更事项应向公司登记机关提交相关材料】

呼和浩特市圣坤矿业有限责任公司与朱向阳、内蒙古乾坤金银精炼股份有限公司、北京德润逸生珠宝首饰有限公司、刘海英、刘思岩股权转让纠纷案：最高人民法院（2011）民二终字第 122 号民事判决书

【股权转让未经工商登记，不能对抗善意第三人】

北京恒亿盛世葡萄酒有限公司与李伟革等股权转让纠纷案：北京市高级人民法院（2009）高民终字第 516 号民事判决书

【“拨改贷”资金转为国家资本金获批后，债权债务关系转变为投资关系，原债权人成为公司股东】

中国高新投资集团公司诉南通市苏中纺织有限公司债权转股权案：江苏省南通市中级人民法院（2003）通中民二初字第 139 号民事判决书

【隐名投资协议的效力，仅限于协议当事人之间，不能对抗第三人】

上海百乐门经营服务总公司诉上海市宝城商业房产公司等股权确认纠纷案：上海市第二中级人民法院（2000）沪二中经终字第 350 号民事判决书

【当事人之间签订的公司股份协议既未公开，又与工商登记的股权材料不一致的，该协议的当事人能否以此对抗善意第三人】

原告张甲与被告九州金科公司、第三人周某等股权确认纠纷案

【股东变更登记不具有行政许可法规定的行政许可行为的法律属性】

北京市工商行政管理局朝阳分局与北京世纪星碟文化传播有限公司行政登记纠纷上诉案行政判决书

（二）股权代持纠纷

1. 股权代持法律关系的认定

【增资款对应的股权归属实际出资人】

郭忠河、张长天股东资格确认纠纷再审审查与审判监督案：最高人民法院（2019）最高法民申1764号民事裁定书

【授权某人向公司主张股东资格确认并不等同于授权其实际持有股权】

曹刚修、衡阳市承龙置业有限公司股东资格确认纠纷再审审查与审判监督民事裁定书：最高人民法院（2019）最高法民申623号民事裁定书

【名义股东对公司投入资金不影响其履行代持义务】

张长天与厦门中天海物流有限公司股东资格确认纠纷案：福建省高级人民法院（2018）闽民终932号民事判决书（《人民司法·案例》2019年第17期）

【代持情况下的股权归属】

陆某与白帽汇公司股东资格确认纠纷案：北京市第三中级人民法院（2018）京03民终5246号民事判决书（《人民司法·案例》2019年第17期）

【股权归属关系不同于委托投资关系】

银信润泰资产管理有限公司、信泰人寿保险股份有限公司股东资格确认纠纷案：浙江省高级人民法院（2018）浙民终88号民事判决书

博智资本基金公司（primus pacific partners ltd）诉鸿元控股集团有限公司等合同纠纷案：最高人民法院（2015）民申字第136号民事裁定书

【显名条件是否具备】

北京金源新盛置业有限公司、北京杰宝房地产开发有限责任公司股权转让纠纷再审审查与审判监督民事裁定书：最高人民法院（2018）最高法民申4156号民事裁定书

【股权代持关系的认定】

陈志明等诉陈伟伟公司债权人撤销权纠纷案：最高人民法院（2016）最高法民终310号民事判决书

王云诉青海珠峰虫草药业有限公司等股东资格确认纠纷案：最高人民法院（2015）民申字第692号民事裁定书

刘婧与王昊股东资格确认纠纷上诉案：最高人民法院（2015）民二终字第96号民事判决书

【对股权代持行为的审查认定】

周某与某节能材料股份有限公司侵权纠纷案：最高人民法院（2015）民申字第2889号民事裁定书（《人民司法·案例》2019年第17期）

【股权代持协议可以解除】

张孝贤与周伟丽委托合同纠纷申请案：最高人民法院（2014）民申字第236号民事裁定书

【股权代持要区分对内关系和对外关系】

成都广诚贸易有限公司与福州飞越集团有限公司股权确认纠纷再审案：最高人民法院民事裁定书（2013）民申字第758号

2. 股权代持协议的效力

【上市公司发行人的股权代持协议因违反公序良俗而无效；股权代持产生的投资收益应根据公平原则，考虑对投资收益的贡献程度以及对投资风险的承受程度等进行合理分配】

杉浦立身与龚茵股权转让纠纷案：上海金融法院（2018）沪 74 民初 585 号民事判决书

【上市公司股权代持协议应认定为无效】

杨某国诉林某坤、常州亚玛顿股份有限公司股权转让纠纷再审案：最高人民法院（2017）最高法民申 2454 号民事裁定书

【违反《保险公司股权管理办法》第八条代持保险公司股权的协议无效】

福州天策实业有限公司诉福建伟杰投资有限公司、君康人寿保险股份有限公司营业信托纠纷上诉案：最高人民法院（2017）最高法民终 529 号民事裁定书

【保险公司股权代持的效力与履行应当区别对待】

上海保培投资有限公司等诉雨润控股集团有限公司股权纠纷案：江苏省高级人民法院（2017）苏民终 66 号民事判决书

【农村合作银行发行的法人股可以代持】

广西全州农村合作银行与蒋正军等确认合同效力纠纷上诉案：广西壮族自治区桂林市中级人民法院（2017）桂 03 民终 2898 号民事判决书

【股权代持协议的效力认定】

成都兴川文投投资管理公司诉达州联信技术检测有限公司等股东资格确认纠纷案：四川省达州市达川区人民法院（2016）川 1703 民初 2659 号民事判决书

3. 实际出资人与名义股东债权人之间的关系

【代持股协议不能对抗破产债权人】

王文华诉宜兴申利化工有限公司股东资格确认纠纷案：江苏省无锡市中级人民法院（2017）苏 02 民终 3235 号民事判决书（《人民司法·案例》2019 年第 5 期）

【实际出资人不能排除法院的强制执行】

青海百通高纯材料开发有限公司、交通银行股份有限公司青海省分行二审民事判决书：最高人民法院（2017）最高法民终 100 号民事判决书

滨州市众成融资担保有限公司、邹平县正鑫小额贷款有限公司再审审查与审判监督民事裁定书：最高人民法院（2017）最高法民申 110 号民事裁定书

王仁岐与刘爱苹等案外人执行异议之诉再审案：最高人民法院（2016）最高法民申 3132 号民事裁定书

中信银行股份有限公司济南分行、海航集团有限公司执行异议之诉再审民事判决书：最高人民法院（2016）最高法民再 360 号民事判决书

【隐名股东是否为实际出资人，不影响显名股东的债权人要求对股权进行强制执行】

哈尔滨国家粮食交易中心与哈尔滨银行股份有限公司科技支行等执行异议纠纷上诉案：最高

人民法院(2013)民二终字第111号民事判决书

【执行异议之诉中外观主义应如何适用】

中国银行股份有限公司西安南郊支行诉上海华冠投资有限公司、西安成城经贸有限公司申请执行人执行异议之诉案:陕西省高级人民法院(2013)陕民二终字第00077号民事判决书

第三十三条 【股东知情权】

1. 行使的主体

【未履行出资义务的股东仍享有知情权】

夏海军诉佳宏公司股东知情权纠纷案:江苏省宿迁市中级人民法院(2017)苏13民终671号民事判决书

【营利性民办学校举办者的知情权,可以类推适用公司法相关规定】

上海佳华企业发展有限公司诉上海佳华教育进修学院股东知情权纠纷案:上海市第一中级人民法院(2016)沪01民终4642号民事判决书(《最高人民法院公报》2019年第2期)

【委托注册会计师行使股东知情权的可行性】

白涛勇诉北京恒屹维通科技发展有限公司股东知情权案:北京市第一中级人民法院(2016)京01民终2856号民事判决书

【股东可以委托专业会计师事务所代为行使查阅权】

郭红梅诉富居网络科技(上海)有限公司股东知情权纠纷案:上海市第二中级人民法院(2016)沪02民终3392号民事判决书

【会计账簿被查封,是否影响股东知情权】

杨霞诉北京富伦德酒店管理有限公司股东知情权案:北京市第一中级人民法院(2016)京01民终4151号民事判决书

【股份合作集体所有制企业股东知情权可以参照适用《公司法》】

王海峰诉北京四环建华标牌厂股东知情权案:北京市通州区人民法院(2016)京0112民初37170号民事判决书

【股东可委托专业人员行使知情权】

滁州凯凯建筑节能有限公司与邱志平股东知情权纠纷上诉案:安徽省滁州市中级人民法院(2015)滁民二终字第00042号民事判决书

汪加兴诉常州市武进暖通设备有限公司股东委托财会人员协助行使知情权纠纷案:江苏省常州市中级人民法院(2012)常商终字第216号民事判决书

王某与甲公司股东知情权纠纷案(江苏法院公司审判十大案例之五)

【隐名股东"股东"知情权的司法判断】

杨洪耀等诉福建省永定县西茅岐煤矿有限公司、第三人巫运平等股东知情权纠纷案:福建省龙岩市中级人民法院(2015)岩民终字第12650号民事判决书

【能否越过职工持股会直接行使权利】

邱祖锦等与南京栖塘水泥有限公司股东知情权纠纷上诉案：江苏省南京市中级人民法院(2015)宁商终字第1415号民事判决书

【后续股东有权查阅其成为公司股东之前的资料】

徐风与浙江省宁波南苑鞋城有限公司股东知情权纠纷上诉案：浙江省宁波市中级人民法院(2012)浙甬商终字第1026号民事判决书(《人民司法·案例》2014年第14期)

【股东可委托他人代为行使查阅权】

北京某科技有限公司与王某股东查阅权纠纷执行案：(2012)一中执复字第783号民事执行案(《人民司法·案例》2013年第10期)

【股东知情权的司法保护】

攀枝花四季花城房地产开发有限责任公司与徐璐璐股东知情权纠纷上诉案：四川省攀枝花市中级人民法院(2008)攀民终字第30号民事判决书(《人民司法·案例》2009年第4期)

【享有股东知情权的前提是具有股东资格】

汉唐集成股份有限公司与北京台群科技有限公司清算委员会股东知情权纠纷上诉案：北京市高级人民法院(2007)高民终字第247号民事裁定书

【原股东要求行使任股东期间知情权的认定与处理】

江苏天衡会计师事务所有限公司与藏丽股东知情权纠纷再审案：江苏省高级人民法院(2007)苏民再终字第0017号民事判决书(《人民司法·案例》2009年第10期)

【办理了股东变更登基后，股东即丧失了股东身份，不再享有知情权】

聂世龙诉扬州市东风汽车车身厂股东知情权案：江苏省扬州市邗江区(县)人民法院2007年3月20日民事判决书

【瑕疵出资的股东是否享有知情权】

林阿勇与江苏省徐州瑞丰食品工业有限公司知情权纠纷上诉案：江苏省徐州市中级人民法院(2006)徐民二终字第10号民事判决书(《人民司法·案例》2008年第2期)

【股东是否出资与其能否行使知情权之间没有必然联系】

宋连仇诉南通海宏纺织有限公司股东知情权案：江苏省南通市中级人民法院(2006)通中民二终字第0170号民事判决书

【股东脱离公司后，尽管股权转让手续尚未办理完结，但是不应再享有知情权】

黄旭诉北京博驰自动化机械有限公司知情权案：北京市第二中级人民法院2006年10月30日民事判决书

【股东丧失股东资格后，无权要求行使知情权】

陕西电缆厂诉陕西瑞达电线有限责任公司等股东知情权案：陕西省西安市中级人民法院2006年3月22日民事裁定书

【丧失股东资格的人对其丧失股东资格前公司的经营状况与经营信息仍然享有知情权】

无锡梁溪冷轧薄板有限公司诉无锡太平洋镀锌薄板有限公司等股东知情权纠纷案：江苏省无锡市中级人民法院（2006）锡民再终字第0028号民事判决书

【个人不能代表职工持股会提起诉讼】

汉斯啤酒公司职工持股会诉汉斯啤酒公司知情权案：广西壮族自治区柳州市柳北区人民法院2006年6月15日民事裁定书

【股东会不能作出决议，禁止股东在特定时间外行使知情权】

余洪钢诉广西贺州市俊翊水电开发有限责任公司股东知情权案：广西壮族自治区贺州市（地区）中级人民法院2006年12月20日民事判决书

【股东请求公司向其公开财务报告的请求应予支持】

蔺季淳等诉盐城市纺织原料物资有限公司股东会召集权和股东知情权案：江苏省盐城市城区人民法院（2002）城民二初字第30号民事判决书

【公司内部文件对查阅资料的时间和范围的严格限制，损害了股东的知情权】

星裕投资有限公司（Star Rich Investments Limited）诉脱普日用化学品（中国）有限公司股东知情权、公司盈余分配请求权纠纷案：江苏省高级人民法院（2002）苏民三初字第004号民事判决书

【如章程无规定，公司股东无权要求对公司财务状况进行审计】

刘敏章、李学东等诉致远会计师事务所有限责任公司股东知情权纠纷案

【查账权书面申请可由法定代表人替代公司接收】

北京华美奇纺织品有限责任公司与乔某某股东知情权纠纷上诉案

【公司不能以公司财务尚未理清为由拒绝股东查阅公司财务状况】

李萍诉金坛市苏安建材有限公司要求确认股东资格案：江苏省金坛市人民法院民事判决书

【原股东丧失股东身份后无权行使其任股东期间的知情权】

上海宜昶实业发展有限公司诉上海宝山亚东小额贷款股份有限公司股东知情权纠纷案

【职工持股会怠于行使股东权利时，会员有权起诉要求职工持股会行使股东知情权】

郑某桥与普陀华兴商业有限公司工会委员会股东知情权纠纷上诉案

【新股东有权查阅其加入公司之前的相关文件】

金某与某有限公司股东知情权纠纷上诉案

【股东知情权与公司商业秘密的平衡保护】

倪瑞英诉福建省福清市东门百货有限公司股东知情权纠纷案：福建省福州市中级人民法院（2018）闽01民终7296号民事判决书（福州法院2018年度商事审判十大案例之七）

【有限责任公司股东知情权的行使边界及限制】

深圳市美赛达科技股份有限公司与北京车联天下科技有限公司股东知情权纠纷上诉案：北京市第三中级人民法院（2016）京03民终3220号民事判决书

【股东知情权的范围】

郭锦周诉厦门泰吉运动器材有限公司股东知情权纠纷案：福建省厦门市海沧区人民法院(2015)海民初字第927号民事判决书

【股东有权委托专业人员查阅公司会计凭证】

江苏南通中院判决崔世荣诉恒诚公司股东知情权纠纷案：江苏省南通市中级人民法院(2014)通中商终字第0105号民事判决书

CROWN CANOPY HOLDINGS SRL诉上海和丰中林林业股份有限公司股东知情权纠纷案：上海市第二中级人民法院(2013)沪二中民四(商)终字第51264号民事判决书

【股东查阅权的范围及其代理人行使方式】

重庆会山置业发展有限公司与汪建国股东查阅权纠纷上诉案：重庆市第一中级人民法院(2012)渝一中法民终字第05206号民事判决书(《人民司法·案例》2014年第2期)

【股东查阅原始凭证和销售发票属于知情权范畴】

马谓健等诉玉林市红岭工业有限责任公司股东知情权案：广西壮族自治区玉林市中级人民法院(2011)玉中民二终字第85号民事判决书

【没有会计账簿不实的证据，股东查阅公司原始凭证的主张超出知情权范围】

李金喜诉成都春北实业有限公司股东知情权案：四川省成都市中级人民法院(2006)成民终字第2232号民事判决书

【股东不能要求对公司的所有经营资料进行查阅】

珠光(香港)有限公司诉珠海经济特区珠光新城房产开发有限公司等股东权纠纷案：广东省高级人民法院(2004)珠中法民四初字第199号民事判决书

【股东知情权的行使受到妨碍】

詹德威诉南京南连光华液化气有限公司股东知情权案：江苏省高级人民法院(2003)苏民三终字第029号民事判决书

【纠纷发生后的司法鉴定不能剥夺股东依法行使知情权】

大柴旦西海化工有限责任公司等诉青海昆仑矿业有限责任公司股东知情权、盈余分配权案：青海省高级人民法院(2005)青民二终字第19号民事判决书

【股东不能要求查阅并不存在的会议记录】

许宝忠与德清县凯悦电子有限公司知情权纠纷案：浙江省德清县人民法院(2002)德民初字第352号民事判决书

【股东知情权的行使因对象不同而范围不同】

张某等与甲公司股东知情权纠纷案(江苏法院公司审判十大案例之四)

【合同不在知情权范围之内，但是会计账簿及原始凭证，可以查阅】

龚某某诉上海千思装潢建材超市有限公司股东知情权纠纷案

【股东能否查阅公司记账凭证、原始凭证和交易合同】

安徽六安中院判决张某诉苏润置业公司股东知情权纠纷案：安徽省六安市中级人民法院民事判决书

2. 行使的方式：不正当目的抗辩

【股东行使知情权的范围及限制】

黄某诉上海弘光储运有限公司股东知情权纠纷案：上海市第一中级人民法院（2018））沪01民终8044号民事判决书（《人民司法·案例》2019年第5期）

【以不正当目的拒绝股东知情权行使应严格限制】

赵玉红诉西安市五星商贸有限公司股东知情权纠纷案：陕西省高级人民法院（2017）陕民申286号民事裁定书

【股东查阅会计账簿正当目的认定与举证责任分配】

杨洪利等诉重庆万水源水产品销售有限公司股东知情权纠纷案：重庆市江北区人民法院（2016）渝0105民初15477号民事判决书（《人民司法·案例》2017年第32期）

【查阅公司会计账簿的不正当目的的认定】

北京鼎泰亨通有限公司与张希娟股东知情权纠纷上诉案：北京市第三中级人民法院（2015）三中民（商）终字第13365号民事判决书

【经营相同业务的后续股东查阅会计账簿的范围应受目的正当性限制】

万宜公司诉宏大公司股东知情权纠纷案（《人民司法·案例》2015年第2期）

【股东行使会计账簿查阅权的范围限于正当目的】

刘越与苏州华瑞腾航空设备有限公司股东知情权纠纷上诉案：江苏省苏州市中级人民法院（2013）苏中商外终字第0007号民事判决书（《人民司法·案例》2014年第24期）

张同禄诉北京禄颖兰釉艺工艺品有限公司股东知情权案：北京市第一中级人民法院（2012）一中民终字第2247号民事判决书（《人民司法·案例》2014年第24期）

【股东要求查阅其加入公司之前的公司会计账簿，只要符合正当目的，应予允许】

王彦峰诉常州市三利精机有限公司要求查阅具备股东身份之前的公司财会资料股东知情权纠纷案：江苏省常州市钟楼区人民法院（2012）钟商初字第555号民事判决书

【股东知情权的行使界限】

北京大学附属中学、北京北大依林公司诉北京北大附中教育投资有限公司股东知情权纠纷案：北京市第一中级人民法院（2012）一中民终字第5887号民事判决书

【公司要求股东查账必须委托会计师事务所，实质上限制了股东知情权】

邹元春诉四川金本广告传媒有限公司股东知情权案：四川省成都市中级人民法院（2012）成民终字第21号民事判决书

【如何认定股东查阅权的正确行使】

石秀丽、聂菊荣诉珠海市建安建筑装饰工程有限公司股东知情权纠纷案：广东省珠海市中级人民法院（2011）珠中法民二终字第66号民事判决书

【股东知情权前置程序存在的瑕疵不能通过诉讼程序救济】

徐尚忠诉北京永盛联机电产品有限公司股东知情权纠纷案：北京市西城区人民法院（2010）西民初字第02954号民事判决书（《人民司法·案例》2011年第6期）

【股东查阅公司会计账簿的正当目的及实现方式】

上海联华新新超市有限责任公司与上海新吴淞商贸总公司股东知情权纠纷上诉案：上海市第二中级人民法院（2010）沪二中民四（商）终字第321号民事判决书（《人民司法·案例》2011年第6期）

【公司怀疑股东查阅会计账簿的目的是为公司涉及的其他案件的对方当事人收集证据，不属于不正当目的】

李淑君、吴湘、孙杰、王国兴诉江苏佳德置业发展有限公司股东知情权纠纷案：江苏省宿迁市中级人民法院2010年1月6日民事判决书（《最高人民法院公报》2011年第8期（总第178期））

【如何认定股东查阅公司会计账簿目的的正当性】

张章生诉宁波中缝公司股东知情权纠纷案：浙江省宁波市中级人民法院（2009）浙甬商终字第1254号民事判决书

王全福诉天津人立骨科器械有限公司确认股东资格及知情权纠纷案：天津市河东区人民法院（2008）东经初字第416号民事判决书

【股东是否违反竞业禁止，不能剥夺其作为公司股东的知情权】

梁好臣诉北京全圣时代数字技术有限公司股东知情权案：北京市第一中级人民法院（2007）一中民终13461号民事判决书

【股东会计账簿查阅权如何行使】

宁丁诉北京远大会计师事务所有限公司股东知情权案：北京市海淀区人民法院（2006）海民初字第7426号民事判决书

【如何判定股东行使知情权具有不正当目的】

广州保税区智友工贸有限公司与潘明股东知情权纠纷上诉案：广东省广州市中级人民法院（2006）穗中法民二终字第1860号民事判决书

【行使股东知情权查阅会计账簿的主客观要件】

姚建国诉北京市朝阳京华纺织服装有限公司侵犯有限责任公司股东的会计账簿查阅权纠纷案：北京市第二中级人民法院（2006）朝民初字第20161号民事判决书

【股东知情权行使之“不正当目的”的审查与认定】

吕策控制系统（上海）有限公司与复利得利吕策国际有限责任公司股东知情权纠纷上诉案

第三十四条 【分红权】

1. 分红权/利润或股利分配请求权

【股东会形成利润分配决议后股东才有权要求分配利润】

王桂英诉菏泽招商国际投资开发有限公司、申玉华公司盈余分配案：山东省菏泽市经济开发

区人民法院(2016)鲁 1791 民初 1225 号民事判决书

【股东之间的协议能否认定公司存在盈余】

乔宗华诉廖书华等公司盈余分配案:江苏省建湖县人民法院(2016)苏 0925 民初 3657 号民事判决书

【公司盈余分配的前提条件】

北京自由空间酒店管理有限公司公司与华荣青盈余分配纠纷上诉案:北京市第一中级人民法院(2015)一中民(商)终字第 437 号民事判决书

【不按出资分取红利应经全体股东同意】

李黎诉成都金河景园环境制作有限责任公司公司盈余分配纠纷案:四川省成都市锦江区人民法院(2015)锦江民初字第 501 号民事判决书

【公司股东均没有实际出资时按认缴的出资额比例享有公司权益】

中国教育服务中心有限公司与名流投资集团有限公司股东出资纠纷上诉案:江苏省南京市秦淮区人民法院(2015)秦商初字第 2140 号民事判决书

【公司盈余分配的司法救济】

顾云秀诉无锡峰华氟塑防腐科技有限公司公司盈余分配纠纷案:江苏省无锡市惠山区人民法院(2014)惠商初字第 00730 号民事判决书

【公司可限制延迟出资股东的资产收益权】

戴志元与上海捷仁建设有限公司股东出资纠纷上诉案:上海市第二中级人民法院(2013)沪二中民四(商)终字第 1009 号民事判决书(《人民司法·案例》2015 年第 2 期)

【对被执行人在其入股公司的未分配利润可强制执行】

中国农业银行股份有限公司扬州润扬支行与扬州隆耀光电科技发展有限公司等金融借款合同纠纷执行案:江苏省扬州市中级人民法院(2013)杨执异字第 6 号裁定书(《人民司法·案例》2013 年第 16 期)

【股权转让合同解除后,受让方主张要求返还公司在合同履行期间资产增值的收益,不予支持】

根据深圳市朗钜实业集团有限公司与甘肃天昱置业有限公司股东出资及公司盈余分配纠纷案:最高人民法院(2012)民二终字第 28 号民事判决书

【股东转让股权后不能要求分配转让之前的利润】

沈海球诉重庆同力混凝土有限公司利润分配纠纷案:重庆市第四中级人民法院(2012)渝四中法民初字第 39 号(《人民司法·案例》2013 年第 8 期)

【公司盈余分配,属于股东会的职权范围】

华铁军与勉县小松矿业有限公司公司盈余分配纠纷案:陕西省高级人民法院(2012)陕民二终字第 00053 号民事裁定书

【公司设立不成功,发起人在公司设立阶段从事生产经营行为所得的利润,有权按照出资比例分配】

王军诉李成军、尤明军等 12 人公司设立纠纷案:陕西省高级人民法院(2012)陕民再字第

00010 号民事判决书

【公司章程约定了股东股份与出资额不同的比例，股东不能请求确认按照出资额享有股权比例】

深圳市启迪信息技术有限公司与郑州国华投资有限公司、开封市豫信企业管理咨询有限公司、珠海科美教育投资有限公司股权确认纠纷案：最高人民法院（2011）民提字第 6 号民事判决书（《最高人民法院公报》2012 年第 1 期（总第 183 期））

【司法不应干涉公司的股利分配自治权】

白金章等与福建省兴泰建筑工程有限公司股利分配纠纷上诉案：福建省泉州市中级人民法院（2011）泉民终字第 1987 号民事裁定书（《人民司法·案例》2012 年第 12 期）

【公司无可供分配利润而通过决议以借款形式分配利润的，决议无效】

郑国凤诉淮安第一钢结构有限公司公司盈余分配纠纷案：江苏省淮安市中级人民法院（2011）淮中商终字第 2 号判决书

【经股东会决议，可将已计提 5 年以上结存的职业风险基金转作当年可供分配的利润进行分配】

上海大成资产评估有限公司诉楼建华等其他与公司有关的纠纷案：上海市第二中级人民法院 2010 年 2 月 26 日民事判决书（《最高人民法院公报》2012 年第 5 期（总第 187 期））

【股权转让不影响转让前的利润分配决议】

戴海林诉四川威远三益商业广场开发有限公司、成都市双流县双远商贸部等债权纠纷案：四川省成都市中级人民法院（2010）成民再终字第 32 号民事判决书

【公司做出利润分配方案后以不予分配等非法手段侵犯股东权利的，股东可以诉请强制分配】

王子峥诉厦门市市政工程设计院有限公司公司盈余分配案：福建省厦门市思明区人民法院（2009）思民初字第 15 号民事判决书

【实际出资人可以根据合同约定获得股份分红】

华夏银行股份有限公司与润华集团股份有限公司、联大集团有限公司股权确认纠纷案：最高人民法院（2006）民二终字第 6 号民事判决书

【未提交载明分配方案的决议，不得直接诉请公司分配利润】

河南思维自动化设备有限公司与胡克公司盈余分配纠纷案：最高人民法院（2006）民二终字第 110 号民事判决书

【在盈余分配权纠纷中，法院如何把握对商业干预的程度】

周慧君与嘉兴市大都市置业有限公司等盈余分配权纠纷上诉案：浙江省高级人民法院（2005）浙民二终字第 288 号民事判决书

【公司未产生分配方案的决议，法院不得径行判决公司分配利润】

大柴旦西海化工有限责任公司等诉青海昆仑矿业有限责任公司股东知情权、盈余分配权案：青海省高级人民法院（2005）青民二终字第 19 号

【公司不得利用应分配利润弥补亏损】

南辉实业公司诉尼康电子有限公司盈余分配权案：安徽省合肥市中级人民法院（2004）民四

终字第02号民事判决书

【未提交载明分配方案的决议，即起诉要求公司分配利润，人民法院不予受理】

金福平诉济源裕恒工贸有限公司请求分配公司盈余因未依据股东会决议被驳回起诉案：河南省济源市中级人民法院[2004]济中民一终字第359号

【违反法律、超越章程权限作出的奖金分配方案无效】

陈文华等157名股东诉徐爱国等8名董事侵犯股东权益案：浙江省武义县人民法院（2001）武民二初字第90号民事判决书

【以债权为出资而享有股权利益，必须要以债权的实际存在为条件】

高雷诉思晨公司股东盈余分配权案：江苏省南京市中级人民法院判决书

【以村集体财产出资，并为村民配发股权证，村民不是公司股东，不能直接起诉请求分配利润】

刘某某与北京紫金恒投资有限公司公司盈余分配纠纷上诉案

【公司内部赠股是公司对内部员工的一种激励机制，本质上是股东之间对分红的特别约定】

张甲与李小乙增股继承纠纷上诉案民事判决书

2. 优先认购权

【股东间对新增资本优先认缴权的约定，应当尊重意思自治，适用合同法的相关规定】

许长安、杨凤兰等诉曹桐勇公司增资纠纷案：最高人民法院（2015）民二终字第313号民事判决书

【优先认缴权应有合理期限限定】

绵阳市红日实业有限公司、蒋洋诉绵阳高新区科创实业有限公司股东会决议效力及公司增资纠纷案：最高人民法院（2010）民提字第48号民事判决书（《最高人民法院公报》2011年第3期（总第173期））

【股东对公司新增出资份额不享有优先认购权】

贵州捷安投资有限公司与贵阳黔峰生物制品有限责任公司等新增资本认购纠纷申请再审案：贵州省高级人民法院（2010）民申字第1275号民事裁定书（《人民司法·案例》2011年第12期）

【股东会决议决定增加注册资本，未经股东同意即由他人认缴出资的条款应认定为无效】

徐永华等诉东方建设集团有限公司股东权案：浙江省高级人民法院（2007）浙民二终字第287号民事判决书

【有限责任公司增资时，对于其他股东不能按照持股比例认缴的部分，原股东享有优先认缴权】

聂梅英诉天津信息港电子商务有限公司等公司决议侵害股东权案：天津市高级人民法院（2006）津高民二终字第0076号民事判决书

【股东会决议涉及的增资优先认购权以及增值资本分配权，因属私法范畴，权利人有放弃的自由】

厦门金龙联合汽车工业有限公司诉金龙联合汽车工业（苏州）有限公司等股东会议表决权纠纷案：江苏省高级人民法院（2002）苏民二终字第239号民事判决书

第三十五条 【不得抽逃出资】/第九十一条 【不得抽回股本】

【抽逃出资行为的认定】

戴明高、武汉度邦新材料有限公司执行异议之诉案：湖北省武汉市中级人民法院（2018）鄂01民终542号民事判决书

【投资人抽逃出资产生的法律后果】

毛海兰与河南天工建设集团有限公司执行异议案：河南省南阳市中级人民法院（2012）南中执复字第07号民事裁定书

【公司可通过股东会议解除长期抽逃出资股东的股东资格】

爱立许德昌机械（江阴）有限公司诉江阴市德昌铸冶环保机械有限公司股东除名案：江苏省无锡市中级人民法院（2012）锡商终字第0440号民事裁定书

【通过虚构债权债务关系将出资转出的，应认定为抽逃出资】

某公司股东抽逃注册资金行政处罚案（辽宁省2012年行政执法指导案例之二）

【股东抽逃出资的民事法律后果】

胡元中与汤敏股权纠纷上诉案：河南省高级人民法院（2011）豫法民二终字第199号二审判决书（《人民司法·案例》2013年第2期）

【“股转债”决议因违反资本维持原则而属无效】

王伟俊诉上海金力达机械科技有限公司其他与公司有关的纠纷案：上海市普陀区人民法院（2011）普民二（商）初字第1185号民事判决书

【股东抽逃出资，不因股权已被转让而免责】

源润控股集团股份有限公司与上海浦东发展银行股份有限公司天津分行、天津港保税区国臣国际贸易有限公司、天津国信集团有限公司、天津市通泰实业发展有限公司、天津国臣投资集团有限公司、孙建国借款合同纠纷案：最高人民法院（2011）民提字第86号民事判决书

【抽逃出资股东的表决权应受限制】

重庆鑫荣建筑工程有限公司等与重庆中川建设有限公司股东表决权纠纷上诉案：重庆市第五中级人民法院（2011）渝五中法民终字第1989号民事判决书（《人民司法·案例》2012年第10期）

【名为减资，实为抽逃出资】

安徽新集煤电（集团）有限公司与如东县农村信用合作联社、上海恒德置地有限公司借款合同纠纷案：最高人民法院（2010）民提字第79号民事判决书

【重复承担抽逃出资责任对抗执行的识别】

江阴舒卡纤维有限公司与张家港保税区天妃国际贸易有限公司买卖合同纠纷执行案：江苏省无锡市中级人民法院（2008）锡执异复字第22号民事裁定书（《人民司法·案例》2011年第22期）

【股东通过换股方式取得转让款，不属于抽逃出资】

中国信达资产管理公司深圳办事处与大鹏创业投资有限责任公司、湖南湘能电力股份有限公司等借款合同纠纷上诉案：最高人民法院（2009）民二终字第55号民事判决书

【公司注册登记的主管机关可依法对抽逃出资行为进行处罚】

福建省力源电力(集团)有限公司不服漳平市工商行政管理局工商行政处罚案:福建省龙岩市中级人民法院(2009)龙行终字第18号行政判决书

【股东与公司间的基础交易关系有凭证证明的,不应认定为抽逃出资】

厦门海斯达医院投资管理有限公司诉陈红莲股东出资案:福建省厦门市中级人民法院(2009)厦民终字第1694号民事判决书

【债权人在债务人破产清算期间从其抽逃出资股东处获偿的效力】

江苏省方强农场服装厂与美嘉利服饰有限公司破产撤销权纠纷案:江苏省南通市港闸区人民法院(2008)港民破字第0001号裁定书(《人民司法·案例》2012年第6期)

【公司经合法有效决议收购股东所持股权,不是抽逃出资】

叶宇文诉沛县舜天房地产开发有限公司股权转让案:江苏省高级人民法院(2008)苏民二终字第0048号民事判决书

【以收回公司债权为名收回出资,属于抽逃出资】

上诉人长春市商业银行北国支行与被上诉人新产业投资股份有限公司、吉林省商务厅以及原审被告吉林新产业投资有限责任公司借款合同纠纷案:最高人民法院(2007)民二终字第215号判决书

【不得随意确认他人为公司的股东后,以公司为受让人,让他人或股东抽回出资】

蔡节约诉福建省南安市银象日化有限公司出资案:福建省泉州市中级人民法院(2003)泉经终字第359号民事判决书

【公司控股股东抽逃出资的,其他股东可以直接向法院提起诉讼】

顺德市国信实业有限公司诉顺德市贸促信息有限公司损害公司权益案:广东省佛山市中级人民法院(2003)佛中法民二终字第0169号民事判决书

【股东以领取工资和差旅费为名提取注册资金,系抽逃出资】

厦门厦华显示系统有限公司与烟台市东辰科技有限公司等买卖合同案:厦门市湖里区人民法院(2003)湖民二初字第838号判决书

【债转股协议中若债权已转化为股权,仍然清偿债务违反了不得抽回股本的强制性规定,应为无效】

信达公司诉银河公司对已按债转股转化的原有债务仍应按债务予以清偿案:河南省高级人民法院2001年4月26日民事判决书

【第三人代垫出资并协助抽逃出资的仍应承担赔偿责任】

乙担保公司与甲建筑公司等追偿权纠纷案(江苏法院公司审判十大案例之一)

【以允许出资人抽逃出资为内容的调解书是无效的】

东营市河口区义和镇劳务工程公司与东营市河口区义和镇人民政府拖欠工程款纠纷再审案:最高人民法院民事裁定书

第三十六条 【有限公司的股东会】

【股东对股东会形成决议提起诉讼，无法定情形不予支持】

钱碧芳、华宁公司与祝长春、华宇公司、祝明安及汪贤琛股东权纠纷案：最高人民法院 2006 年 4 月 13 日民事判决书（《最高人民法院公报》2006 年第 7 期（总第 117 期））

【未召开形式上的股东大会，但全体股东同意的，可认定行为之有效性】

冯继明等诉南通市观音山供销社有限公司要求确认股东权案：江苏省南通市中级人民法院（2005）通中民二终字第 021 号民事判决书

【股东大会对外不具有独立的民事主体资格】

云南华一投资集团有限公司诉云南云生实业股份有限公司股东权益纠纷案：云南省高级人民法院（2000）云高经终字第 357 号民事裁定书

第三十七条 【有限公司的股东会】

【有限公司的执行董事在任期届满之前，其职务可由股东会合法解除】

金国权诉上海乙烽金属制品有限公司股东会或者股东大会、董事会决议效力纠纷案：上海市浦东新区人民法院（2009）浦民二（商）初字第 7985 号民事判决书

【选举和更换董事，是股东会的职权】

殷林诉江苏省淮安工商行政管理局工商行政登记再审案：江苏省高级人民法院（2005）苏行再终字第 004 号行政裁定书

【公司增资相关决策决定权在股东会】

上海德力西实业发展有限公司与胡志兴、乐清市上德断路器有限公司出资纠纷案：浙江省温州市中级人民法院（2001）温经初字第 292 号民事判决书

【利润分配方案批准权在股东会】

上海市粮食储运公司诉上海南方啤酒原料有限公司公司盈余分配权案：上海市第一中级人民法院（2000）沪一中经终字第 610 号民事判决书

第四十条 【股东会会议的召集和主持】

【工商机关对股东会召集、主持程序的审查义务】

山东泰山华艺纸业有限公司与焦进等工商行政登记纠纷上诉案：山东省泰安市中级人民法院（2013）泰行终字第 24 号民事裁定书

【股东召集和主持股东会会议的效力认定】

叶思源诉厦门华龙兴业房地产开发有限公司公司盈余分配权纠纷案：福建省厦门市中级人民法院（2007）厦民终字第 2330 号民事判决书

【对股东亲属在股东会通知送达回执上签字的效力认定】

韦作湖诉河池利达石油运输有限公司及覃美林等 23 人撤销临时股东会决议案：广西壮族自

治区河池市（地区）中级人民法院（2007）河市民二终字第16号民事判决书

【董事会滥用会议议程安排权时，应当赋予股东股东会会议议程安排权】

梅亚兵诉泰兴市液压元件厂股东会召集权纠纷案：江苏省泰州市中级人民法院（2005）泰民二终字第216号民事判决书

第四十一条 【股东会会议的通知和记录】

【参加股东会的通知应为实质意义通知】

刘庆兰等与新沂市恒大机械有限公司与公司有关的纠纷上诉案：江苏省徐州市中级人民法院（2007）徐民二终字第504号民事判决书（《人民司法·案例》2008年第24期）

【股东会会议召开前15天通知，应理解为通知到达】

俞小琦等诉上海长信会计师事务所有限公司等要求确认股东会决议效力案：上海市第一中级人民法院2006年12月22日民事判决书

第四十二条 【股东的表决权】

【公司章程可自行约定股东会决议的表决方式】

云南昙华商业有限公司、唐坚诉宋高荣股东会议表决权案：云南省昆明市中级人民法院（2001）昆法经初字第0197号民事判决书

第四十三条 【股东会的议事方式和表决程序】

【"股随岗变"类纠纷及资本多数决原则的适用】

中科专利商标代理有限责任公司诉齐晓寰股东资格确认案：北京市第一中级人民法院（2016）京01民终2094号民事判决书

【是否可以判决修改公司章程】

淮北市腾屹商贸有限责任公司、淮北国安电力有限公司诉安徽三利新能源科技有限公司与公司有关的纠纷案：安徽省淮北市烈山区人民法院（2015）烈民二初字第00231号民事判决书

第四十四条 【董事会的组成】

【依据法律与公司章程产生的董事长，在因客观情况无法使用新公章时，仍代表公司行使诉讼权利】

上海奇乐照相总店诉苏燕萍损害公司权益纠纷案：上海市浦东新区人民法院（2007）浦民二（商）初字第3066号民事判决书

【董事长的设立与变更】

董兵诉北京全向科技有限公司履行董事会决议案：北京市第一中级人民法院（2004）一中民终字第10677号民事判决书

第四十五条 【董事任期】

【起诉时已经不具有董事资格的人因没有直接利害关系，不能提起确认公司决议无效之诉】

许明宏诉泉州南明置业有限公司、林树哲与公司有关的纠纷案：最高人民法院（2017）最高法民终18号民事裁定书

【董事会任期届满后不改选董事和董事长，构成对股东权利的侵犯】

广元市天然气公司与四川省广元燃气有限责任公司等侵犯控股股东权利纠纷案：四川省广元市中级人民法院（2000）广经终字第1号民事判决书

第四十六条 【董事会职权】

【董事会有权对公司的日常管理制度作出决议】

杨国清诉马百祥等要求确认董事会决议无效案：北京市第二中级人民法院（2007）二中民终字第2687号民事判决书

第四十七条 【董事会会议的召集和主持】

【临时董事会的召集程序、决议方式应符合公司章程规定】

北京金冠汽车服务有限公司与东联科技有限公司董事会决议撤销纠纷上诉案：北京市高级人民法院（2009）高民终字第1147号民事判决书

【以电话或口头通知，或者没有提前通知，使得董事缺乏足够时间去充分表达其真实意志，损害董事的合法权益】

张廷波等五人诉郑星辉侵犯股东权案：福建省厦门市集美区人民法院（2001）厦集民初字第566号民事判决书

第四十八条 【董事会的议事方式和表决程序】

【决议事项的紧急性或决议结果合理性的理由不能作为衡量董事会决议通过方式合法性的依据】

北京金冠汽车服务有限公司与东联科技有限公司董事会决议撤销纠纷上诉案：北京市高级人民法院（2009）高民终字第1147号民事判决书

第五十条 【执行董事】

【执行董事无权处分公司股东名下的股份】

任帅与马成、藏梅股权转让侵权纠纷案：最高人民法院（2011）民提字第225号民事判决书

第五十一条 【监事会的设立与组成】

【职工代表监事的产生方式，应符合法律规定的程序和比例】

上海保翔冷藏有限公司诉上海长翔冷藏物流有限公司公司决议效力确认纠纷案（《最高人民

法院公报》2019年第11期(总第277期))

第五十三条 【监事的职权】

【监事检查公司的财务和经营情况,可能损害公司利益】

胡光书与北京中产连管理技术有限公司监事请求权纠纷上诉案:北京市第二中级人民法院(2009)二中民终字第12717号民事判决书

【监事代表诉讼】

上海唐城实业有限公司诉周某、徐某、周黎某损害公司利益责任纠纷案:上海市黄浦区人民法院(2014)黄浦民二(商)初字第1166号民事判决书

第五十四条 【监事的职权】

【监事任期届满,但在公司股东大会选举出新的监事之前,发现公司经营异常的,仍然有权行使对公司的调查权】

金广福诉扬州同创塑胶制品有限公司要求在监事任期届满新监事未产生前继续履行监事检查权纠纷案:江苏省扬州市中级人民法院(2013)扬商终字第0009号民事判决书

第五十六条 【监事费用的承担】

【监事报酬应属于公司法调整范畴而非劳动争议事项】

陈小海诉上海葡萄城电子科技发展有限公司追索劳动报酬纠纷案:上海市浦东新区人民法院(2013)浦民二(商)初字第3412号民事判决书(《人民司法·案例》2016年第2期)

第六十三条 【一人公司—债务承担】

【一人有限责任公司名义股东对公司债务承担连带责任的认定】

章敏诉张春海股东损害公司债权人利益责任纠纷案:北京市怀柔区人民法院(2016)京0116民初1533号民事判决书

【个人公司财产混同时职务侵占罪的认定】

陶海弟等职务侵占案:浙江省义乌市人民法院(2015)金义刑初字第1281号民事判决书(《人民司法·案例》2018年第14期)

【利用长期租赁规避执行的行为无效】

交通银行股份有限公司扬州分行与吴玉福借款合同纠纷执行案:江苏省扬州市中级人民法院(2015)扬执异字第00003号民事裁定书(《人民司法·案例》2015年第20期)

【一人公司股权变更后的债务承担】

江苏洛维化工有限公司诉宿迁市虹源涂料有限公司、朱良述、赵燕舞买卖合同案:江苏省扬州市中级人民法院(2015)扬商终字第00163号民事判决书

【一人公司的股东不能证明公司财产独立于股东自己的财产的，应当对公司债务承担连带责任】

郎咸平与上海馨源文化传播有限公司等买卖合同纠纷上诉案：上海市第二中级人民法院(2015)沪二中民一(民)终字第1347号判决书

【一人公司人格否认的举证分配及财产混同的判断依据】

应高峰诉嘉美德(上海)商贸有限公司、陈惠美其他合同纠纷案：上海市第一中级人民法院(2014)二审判决书(《最高人民法院公报》2016年第10期)

【一人公司并不必然导致公司人格否认滥用】

东兴市京华实业有限公司与梅县光明垃圾发电有限公司等买卖合同纠纷上诉案：广东省高级人民法院(2008)粤高法民二终字第158号二审判决书

【个人独资企业的人格否认】

厦门永昌荣食品有限公司与厦门市电力投资发展总公司等买卖合同纠纷上诉案：福建省高级人民法院(2004)闽民终字第615号民事判决书

【一人公司的法定代表人代表公司对外借款，其作为股东无法证明公司财产独立于自己的财产应承担连带责任】

庆阳市鑫鑫果业储运有限公司诉琚永华等民间借贷纠纷案：甘肃省庆阳地区中级人民法院(2014)庆中民终字第181号民事判决书

【一人有限公司的股东不能证明公司财产独立于个人财产的，应当对公司债务承担连带责任】

王太山等诉刘延安等股权转让纠纷案：最高人民法院(2013)民二终字第120号民事判决书

【一人公司股权转让不免除原股东对公司债务的责任】

广东东莞中院判决龙华公司诉杰美讯公司等买卖合同纠纷案：广东省东莞市中级人民法院(2013)东中法民四终字第79号民事判决书

【财产、人格、人员以及具体业务等方面的高度混同，是一人公司人格否定的依据】

北京运河旅行社有限公司诉北京京城水系旅游开发有限公司等其他合同案：北京市海淀区人民法院(2012)海民初字第22048号民事判决书

【自然人独资公司转让其独资子公司全部股权的效力判定】

赵双瑞与世纪华中(北京)科技有限公司股权转让纠纷上诉案：天津市高级人民法院(2011)津高民二终字第49号民事判决书(《人民司法·案例》2012年第12期)

【一人公司中的法人格否认之适用】

东兴市京华实业有限公司与梅县光明垃圾发电有限公司等买卖合同纠纷上诉案：广东省高级人民法院(2008)粤高法民二终字第158号民事判决书(《人民司法·案例》2010年第4期)

【挪用公款给一人公司使用的司法认定】

杨荣昌等贪污、徇私舞弊低价出售国有资产、挪用公款案：上海市第二中级人民法院(2008)

沪二中刑终字第207号刑事判决书(《人民司法·案例》2009年第2期)

【一人公司与个人独立企业的不同】

上海外海进出口有限公司诉绍兴市金海时新针织服饰厂、王海龙买卖合同案:浙江省绍兴市中级人民法院(2007)绍中民二终字第421号民事判决书

刘敬平与北京中视京诚科技开发有限公司假冒专利及侵犯实用新型专利权纠纷执行异议案

第六十四条 【国有独资公司】

【以明显不当的低价转让或受让未经过资产评估的国有资产的行为效力判定】

东风汽车贸易公司、内蒙古汽车修造厂与内蒙古环成汽车技术有限公司、内蒙古物资集团有限责任公司、赫连佳新、梁秋玲及第三人内蒙古东风汽车销售技术服务联合公司侵权纠纷案:最高人民法院(2008)民申字第461号民事裁定书(《最高人民法院公报》2009年第2期(总第148期))

第六十九条 【国有独资公司高层人员的兼职禁止】

【国有独资公司的董高任职限制】

饶希安诉涂筱萍等侵权纠纷案:海南省海口市中级人民法院(2000)海中法民初字第80号民事裁定书

第七十一条 【股权转让】

1. 股权转让合同的订立/性质

【以担保债权实现为目的的股权转让,其性质为股权让与担保。债务人未能清偿到期债权的,债权人不得径行取得股权、而应清算】

修水县巨通投资控股有限公司诉福建省稀有稀土(集团)有限公司等合同纠纷案:最高人民法院(2018)最高法民终119号民事判决书

【涉外股权转让合同的性质界定】

山东华立投资有限公司与新加坡LAURITZ KNUDSEN ELECTRIC CO.PTE.LTD.股权转让合同纠纷上诉案(2017年5月15日《最高人民法院发布的第二批涉"一带一路"建设典型案例》案例7)

【股权转让人意思表示的认定】

左明诉北京鑫丰汇川投资顾问有限公司、宁强泛珠泉实业发展有限公司股权转让纠纷案:北京市第三中级人民法院(2017)京03民终14093号民事判决书(《人民司法·案例》2019年第14期)

【矿山企业股权转让与矿业权转让的区别】

李经春、陈培良等诉浙江钱塘控股集团有限公司、安徽钱塘矿业有限公司股权转让纠纷案:浙江省高级人民法院(2017)浙民终70号民事判决书(《人民司法·案例》2017年第32期)

【股权转让合同变更为增资入股合同的判定】

孙宝荣与杨焕香、廊坊愉景房地产开发有限公司公司增资纠纷案：最高人民法院 2016 年 12 月 19 日民事判决书（《最高人民法院公报》2017 年第 8 期（总第 250 期））

【股权让与担保合同应认定有效】

张秀文诉陈林生股权让与担保纠纷案：江苏省高级人民法院（2016）苏民申 1430 号民事裁定书

朱延凯诉韩先进股权让与、担保合同纠纷案：江苏省淮安市淮阴区人民法院（2013）淮商初字第 0295 号民事判决书（《人民司法·案例》2014 年第 16 期）

【阴阳股权转让协议究竟以何为准】

叶金和诉黄鑫股权转让案：江苏省盐城市中级人民法院（2016）苏 09 民终 3412 号民事判决书

【仅转让公司股权而不导致矿业权主体的变更，不属于矿业权转让】

大宗集团有限公司、宗锡晋与淮北圣火矿业有限公司、淮北圣火房地产开发有限责任公司、涡阳圣火房地产开发有限公司股权转让纠纷案：最高人民法院（2015）民二终字第 236 号民事判决书（《最高人民法院公报》2016 年第 6 期（总第 236 期））

【商事合同中约定的不得起诉条款无效】

王飞诉皮军英等股权转让协议纠纷案：江苏省泗洪县人民法院（2015）洪民初字第 00753 号民事判决书（《人民司法·案例》2017 年第 11 期）

【从法律关系被告不能对主法律关系当事人提出反诉】

尊贵控股有限公司诉张秀华等股权转让案：陕西省高级人民法院（2015）民二终字第 291 号民事裁定书

【名为转让实为股权让与担保的行为】

顾宝良诉陈章瑜、单县弘润新能源科技有限公司股权转让案：江苏省无锡市中级人民法院（2015）锡商终字第 01094 号民事判决书

【违反章程对股权转让所作限制无效】

中山市庆华电子制造有限公司等与丁毅股权转让纠纷上诉案：广东省中山市中级人民法院（2015）中中法民四终字第 22 号民事判决书

【协议的签订是否具有权利转让的意思表示】

殷某与刘甲人股权转让纠纷上诉案：云南省丽江市中级人民法院（2015）丽中民二终字第 107 号民事判决书

【矿山企业的股权转让，不宜当然地认定为变相的矿业权转让，径行判令无效】

薛梦懿等四人与西藏国能矿业发展有限公司、西藏龙辉矿业有限公司股权转让合同纠纷案：最高人民法院（2014）民二终字第 205 号民事判决书（2016 年 7 月 12 日《最高人民法院发布十起审理矿业权民事纠纷案件典型案例》案例七）

【公司整体转让协议的性质，应认定为股权转让合同】

陈益良、徐卸文诉应天平等股权转让纠纷案：安徽省高级人民法院（2014）皖民二终字第

00414 号民事判决书

【股权转让系为融资提供让与担保的，转让方的股东权益不因此丧失】

周某与陶某、甲公司等股权转让纠纷案：最高人民法院（2014）民二终字第 259 号民事判决书

【未提供证据证明双方存在股权转让合同的事实和内容，法院不能据此认定股权转让关系存在】

刘五瑞与黄玉平、第三人厦门贝克士纤维制品有限公司等股权转让纠纷案：福建省厦门市中级人民法院（2014）厦民终字第 1367 号

【股权转让意思表示的解释】

游颖娟诉叶勇生等股权转让纠纷案：福建省厦门市思明区人民法院（2014）思民初字第 10787 号民事判决书

【并非所有在磋商过程中达成的意向性协议都构成预约】

郑森如诉徐德渊等股权转让预约合同纠纷案：江苏省无锡市中级人民法院（2013）锡商终字第 0166 号民事判决书

【股权转让不同于采矿权等资产转让】

青海汇吉实业集团有限责任公司、周卫军与杜红亚、李占云、高冠生、徐良庆、袁建明、周健股权转让纠纷案：最高人民法院（2012）民二终字第 86 号民事判决书

【股权转让法律关系的认定】

燕子堂等与陈秀光等股权转让合同纠纷上诉案：最高人民法院（2012）民二终字第 64 号民事判决书

【合作开放房地产合同抑或股权转让合同的判定】

黄填元等与漳州市毅达卓越房地产有限公司股权转让合同纠纷上诉案：最高人民法院（2012）民二终字第 47 号民事判决书

【公司股权转让，不会发生公司矿业权转让的效力，矿业权的主体仍然为公司】

申峻山、曹志杰与林锡聪、周泽辉、林柏清、周成金、张寿薪、李国光、项学元、王建新、卢福星、项洪元、陈朱华股权转让纠纷案：最高人民法院（2011）民二终字第 106 号民事判决书

【公司资产和经营权的移交方及公司的实际控制人，符合原告主体资格】

徐峥嵘等六人与五矿邯邢矿业有限公司、王银陵股权转让纠纷案：最高人民法院（2011）民二终字第 37 号民事判决书

【在确定公司资产整体转让是否包括股权转让时，应根据协议的内容、履行以及转让对价的合理性等内容对协议性质进行综合判定】

余保生因整体转让公司资产诉张家港市志翔贸易有限公司、朱平股权转让纠纷案：江苏省苏州市中级人民法院（2011）苏中商终字第 0607 号民事判决书

【股权转让意向书的性质不是股权转让协议】

海南嘉博投资开发有限公司与张小侠、海口南川实业有限公司、海南南国有限公司股权转让合同纠纷案：最高人民法院（2011）民二终字第 10 号民事判决书

【产权转让公告中的受让条件，一经发布不得擅自变更】

周益民诉上海联合产权交易所、华融国际信托有限责任公司股权转让纠纷案：上海市第二中级人民法院2010年10月21日民事判决书（《最高人民法院公报》2011年第6期（总第176期））

【有限责任公司股东退股行为的法律性质及效力】

周荣庆与重庆红岩墨水有限责任公司退股纠纷上诉案：重庆市第一中级人民法院（2010）渝一中法民终字第3206号民事判决书（《人民司法·案例》2011年第6期）

【股权转让与公司资产转让的区别】

李秀兰诉童国清、厦门鑫辉橡胶制品有限公司股权转让纠纷案：福建省厦门市同安区人民法院（2010）同民初字第3103号民事判决书

【公司章程对股权转让的特别约定的法律效力认定】

徐力生不服宿迁市工商行政管理局开发区分局工商变更登记案：江苏省宿迁市中级人民法院（2010）宿中行终字第0023号行政判决书

【股权转让中股东身份的司法认定】

鹤壁市淇河家具有限公司与张进喜股权转让纠纷上诉案：河南省鹤壁市中级人民法院（2009）鹤民一终字第107号民事判决书（《人民司法·案例》2009年第22期）

【股权转让价格的确定及股权转让协议的成立】

北京恒拓远博高科技发展有限公司与薛辉股权转让纠纷上诉案：北京市第一中级人民法院（2007）一中民终字第7430号民事判决书（《人民司法·案例》2008年第20期）

【股权收购合同和资产收购合同的区别】

梁国春等诉北京阳光禾田商贸有限公司股权转让合同纠纷案：北京市门头沟区人民法院2006年4月14日民事判决书

【股权转让协议的效力适用合同法】

梁景甜与潘培辉等股权转让协议纠纷上诉案：广东省广州市中级人民法院（2009）穗中法民二终字第1133号民事判决书

【股权转让合同的标的物是股权，当事人在股权转让合同中处分公司实物、知识产权及债权债务归属的约定因违反公司法的强制性规范而无效】

罗绍远与富华公司股权确认纠纷上诉案：广东省高级人民法院（2005）粤高法民三终字第251号民事判决书（《人民司法·案例》2007年第14期）

【公司资产转让与公司整体转让的区别】

杨万军诉墨园居委会作为公司股东之一却以公司名义转让公司无效案：湖南省张家界市中级人民法院二审民事裁定书

【公司章程无特殊约定情况下，股权转让遵循股东自愿原则】

张朴诉亨得利公司等要求购买岗位风险股纠纷案：四川省成都市锦江区人民法院民事判决书

【股权转让与股权继承分属两个不同的法律关系】

郑某诉刘乙股权转让纠纷案

【外商投资企业的公司章程规定股权转让必须经董事会通过，该规定无效】

张某某诉大川馨涂料贸易（上海）有限公司等股权转让纠纷案

【合同义务不能成为附条件合同中的条件】

再审申请人乔连生与被申请人蚌埠日报社股权转让合同纠纷案：安徽省高级人民法院民事判决书

【一方当事人提出对方当事人不承认双方之间存在股权转让的协议，诉请法院予以确认，但另一方当事人并未以积极行为否定双方之间的股权转让协议无效，法院应如何判定】

杨小理等与李洪亮股权转让纠纷上诉案：浙江省高级人民法院民事裁定书

【股权转让协议、股权置换协议之辨】

许尚龙等与何健等股权转让纠纷上诉案：最高人民法院民事判决书

【矿业权人股权转让与矿业权转让性质不同】

山西京海公司等诉莱芜钢铁集团莱芜矿业有限公司股权转让纠纷案：最高人民法院民事判决书（最高人民法院发布十起人民法院服务保障新时代生态文明建设典型案例之六）

2. 股权转让合同的效力

【股权转让后受让方以无经营许可证为由主张转让方欺诈的应负举证责任】

重庆三中院裁定杨某、吴某诉黄某、先某股权转让纠纷案：重庆市第三中级人民法院（2018）渝 03 民终 86 号民事判决书

【股东配偶提起确认股权转让效力之诉的诉讼主体资格认定】

杨巧莉诉刘建忠、福建省万锦投资有限公司、福建红星美凯龙置业有限公司确认合同效力纠纷案：福建省高级人民法院（2018）闽民终 1383 号民事裁定书（福州法院 2018 年度商事审判十大案例之九）

【股权转让中的欺诈行为认定】

李荣玉诉张广信股权转让纠纷案：北京市第二中级人民法院（2017）京 02 民终 10153 号民事判决书

【公司为股权唯一受让方支付股权转让款提供保证应确认无效】

福建惠安法院判决王某青等诉庄某思等股权转让纠纷案：福建省惠安县人民法院（2017）闽 0521 民初 9673 号民事判决书

【在股权转让行为中，不应因涉及取得目标公司的土地使用权而即认定为无效】

周盈岐、营口恒岐房地产开发有限公司与付学玲、沙沫迪、王凤琴、营口经济技术开发区明虹房地产开发有限公司股权转让纠纷案：最高人民法院第二巡回法庭（2016）最高法民终 222 号民事判决书（最高人民法院第二巡回法庭发布关于公正审理跨省重大民商事和行政案件十件典型案例之八）

【承担报批义务方不履行报批义务的，应当承担缔约过失责任】

深圳市标榜投资发展有限公司与鞍山市财政局股权转让纠纷案：最高人民法院（2016）最高法民终802号民事判决书（《最高人民法院公报》2017年第12期（总第254期））

【外商投资企业股权转让预约合同无须经审批即生效】

内蒙古嘉泰投资集团有限公司与中国宝安集团股份有限公司等股权转让纠纷再审案：最高人民法院（2015）民提字第21号民事判决书（《人民司法·案例》2016年第17期）

【伪造签章订立的股权转让合同经追认可有效】

东方贸易株式会社与韩锦途等股权转让合同纠纷上诉案：江苏省高级人民法院（2015）苏商外终字第00026号民事判决书（《人民司法·案例》2016年第20期）

【阴阳股权转让合同的效力】

海口恒天晟公司与葛洲坝房地产公司股权转让纠纷上诉案：海南省高级人民法院（2015）琼民二终字第8号民事判决书

【股权转让协议签订后转让方又参与公司经营管理行为的认定】

朱志扬诉赵玉峰、曹胜令股权转让纠纷案：山东省济宁市中级人民法院（2015）济商终字第274号民事判决书

【婚姻关系存续期间股权转让的效力】

艾某等与刘某股权转让纠纷上诉案：最高人民法院（2014）民二终字第48号民事判决书（《人民司法·案例》2017年第35期）

【股权转让合同所附竞业禁止条款的效力】

刘凡清与杨明等竞业限制纠纷上诉案：上海市第二中级人民法院（2014）沪二中民四（商）终字第567号民事判决书（《人民司法·案例》2015年第22期）

【合同是否构成显失公平，应以“订立合同时”为判断时点】

上海星聚投资管理有限公司诉南京钢铁联合有限公司股权转让纠纷案：江苏省高级人民法院（2014）苏商初字第0016号民事判决书

【股东未出资所持有的股权可依法转让】

刘智英诉郝玉仲股权转让纠纷案：北京市第三中级人民法院（2014）三中民终字第10966号民事判决书

【股权转让系为融资提供让与担保的，转让方的股东权益不因此丧失】

周某与陶某、甲公司等股权转让纠纷案：最高人民法院（2014）民二终字第259号民事判决书

【公司章程“强制离职股东转让股权”的效力】

蒋小莉诉四川杰特机器有限公司股东资格确认纠纷案：四川省资阳市中级人民法院（2014）资民终字第335号民事判决书

【积极履行了办理相关法律手续义务的当事人，对于合同因不可预见原因而未生效的，不构成缔约过失责任】

陈发树与云南红塔集团有限公司股权转让纠纷上诉案：最高人民法院（2013）民二终字第42号民事判决书

【构成虚伪表示的股权转让，因缺乏真实意思表示而无效】

石艳春等与新疆盈科投资集团有限公司等股权转让纠纷上诉案：最高人民法院（2013）民二终字第40号民事判决书

【股权转让的有效须股东的真实意思表示抑或授权代理人及表见代理人为之】

田文栋与李江海、曾祥辉、雷建辉、雷世明、李渝生、潘拥军、宋秀英股权转让纠纷案：最高人民法院（2013）民提字第85号民事判决书

【未履行外商投资相关审批手续的中外合资相关协议中的回购条款无效】

国华实业有限公司与西安向阳航天工业总公司股权转让纠纷上诉案：江苏省高级人民法院（2013）苏商外终字第0034号民事判决书

【夫妻关系存续期间，一方单独将其名下股权进行转让的行为无效】

张书华诉武海天、武锡文股权转让纠纷案：北京市朝阳区人民法院（2013）朝民初字第03916号民事判决书

【股权转让合同关于转让方不需要提供任何形式的发票的约定无效，但是股权转让合同并不因此完全无效】

简阳三岔湖旅游快速通道投资有限公司、刘贵良与成都山鼎阳光房地产投资有限公司股权转让纠纷案：最高人民法院（2012）民二终字第22号民事判决书

【依法请求撤销的转让协议，法院无权直接处分涉案股权】

王玉生、鹿崇评与胡东涛股权转让纠纷抗诉案：北京市高级人民法院（2012）高民抗提字第2788号民事判决书

【工商登记并非股权转让协议成立生效的要件】

陈晓峰与王海波股权转让纠纷抗诉案：上海市高级人民法院（2012）沪高民二（商）再提字第6号民事判决书

【高管违反公司章程，未经董事会决议即以公司名义与其关联公司签订的股权转让协议无效】

上诉人郑振欣、漳州紫金建材有限公司与被上诉人龙岩恒发电业有限公司、原审被告刘晓萍公司高级管理人员损害公司利益赔偿纠纷案：最高人民法院（2012）民二终字第66-1号民事判决书

【诉讼时效制度在请求确认合同无效案件中的适用】

李月华诉张雪、北京金永鑫铸造有限公司股权转让纠纷案：北京市第一中级人民法院（2011）一中民终字第3423号民事判决书（《人民司法·案例》2012年第24期）

【自然人独资公司转让其独资子公司全部股权的效力判定】

赵双瑞与世纪华中（北京）科技有限公司股权转让纠纷上诉案：天津市高级人民法院（2011）

津高民二终字第49号民事判决书(《人民司法·案例》2012年第12期)

【执行董事未经股东同意擅自转让该股东名下的股份的处理】

任帅与马成、藏梅股权转让侵权纠纷案：最高人民法院(2011)民提字第225号民事判决书

【即使约定转让的股权系合同外的第三人所有，也不能以无权处分为由认定该股权转让合同无效】

广东达宝物业管理有限公司与广东中岱企业集团有限公司、广东中岱电讯产业有限公司、广州市中珊实业有限公司股权转让合作纠纷案：最高人民法院(2010)民提字第153号民事判决书(《最高人民法院公报》2012年第5期(总第187期))

【改制企业职工退股应认定为股权转让】

雷飞平与重庆市璧山县百货有限责任公司股权转让纠纷上诉案：重庆市第一中级人民法院(原四川省重庆市中级人民法院)(2010)渝一中法民终字第2496号民事判决书(《人民司法·案例》2011年第2期)

【登记在夫妻一方名下的股权视为夫妻共同财产，未经协商一致即作处理，构成擅自处分，一般应确认无效，除非构成善意取得】

季洁诉俞明景等股权转让案：上海市第二中级人民法院(2010)沪二中民四(商)终字第1283号民事裁定书

【不知道股权受让人系股权信托合同受托人不构成重大误解】

杨晓桐诉中国对外经济贸易信托有限公司股权转让纠纷案：北京市西城区人民法院(2010)西民初字第86号民事判决书

【国有产权的转让，应当遵循相关的法律法规的规定】

巴菲特投资有限公司诉上海自来水投资建设有限公司股权转让纠纷案：上海市高级人民法院2009年5月18日民事判决书(《最高人民法院公报》2010年第4期(总第162期))

【股权转让协议中欺诈和显失公平的认定】

温广仁等与张鸿股权转让协议纠纷上诉案：北京市第二中级人民法院(2009)二中民终字第19598号民事判决书(《人民司法·案例》2011年第14期)

【场外取得的非上市股份公司的股权不受法律保护】

陈敏刚与上海卓越纳米新材料股份有限公司股权转让纠纷上诉案：上海市第一中级人民法院(2009)沪一中民三(商)终字第57号民事判决书(《人民司法·案例》2009年第18期)

【审查批准机关批准的证书被撤销后，股权转让协议并不当然有效】

苏州工业园区广程通信技术有限公司与中国北方工业公司股权转让合同纠纷案：最高人民法院(2009)民二终字第15号民事判决书

【若对合同的生效要件当事人有约定或法律有规定，则应当从其约定或规定】

黄婉凤诉绍兴中兴商城发展有限公司等股权转让合同案：浙江省高级人民法院(2009)浙商外终字第65号民事判决书

【消极欺诈及其举证责任】

闻开华、夏贤达诉马海荣、廉建勇股权转让合同纠纷案:北京市第二中级人民法院(2009)二中民终字第10856号民事判决书

【有两份协议的情况下,哪一份协议真实有效,应综合协议订立的目的、具体内容、相关辅助性证据、社会常理来考察】

吴忠健诉费祯东等股权转让案:江苏省南京市栖霞区人民法院(2009)栖民二初字第350号民事判决书

【股权转让的受让方尽到了合理谨慎注意义务,在无其他证据时应优先认定为善意受让人】

李国蓉诉成都达润置业有限公司等股权转让案:四川省成都市中级人民法院(2009)成民终字第240号民事判决书

【股权转让与股权变更是两个不同的法律关系】

河南省申发饮食有限责任公司诉河南大学生创业投资有限公司股权转让纠纷案:河南省郑州市高新技术产业开发区人民法院(2008)开民初字第134号民事判决书

上海物资贸易中心股份有限公司诉黄建国、何云姝等股权转让协议返还转让款案:上海市高级人民法院(2001)沪高经终字第10号民事判决书

深圳市齐德丰实业发展有限公司诉薛晓光、北京安可尔通讯技术有限公司股份转让合同纠纷案:北京市海淀区人民法院(2000)海经初字第3658号民事判决书

【夫妻一方向第三人转让夫妻公司全部股权的效力认定】

蔡月红与李炳等股权转让纠纷申请再审案:最高人民法院(2008)民申字第677号民事裁定书(《人民司法·案例》2011年第22期)

【股权变动登记程序存在瑕疵的不影响股权转让合同的效力】

徐锋等与路小生等股权转让合同纠纷上诉案:浙江省湖州市中级人民法院(2008)湖民二终字第251号民事判决书(《人民司法·案例》2009年第20期)

【导致一人公司的股权转让协议之法律效力及股权归宿】

曹晓琴与宜昌中交船业有限公司股权转让协议纠纷上诉案:湖北省宜昌市中级人民法院(2008)宜中民二终字第173号民事判决书(《人民司法·案例》2009年第14期)

【职工持股会管理的职工股转让的效力认定】

徐宗华诉董绪开等确认股权转让合同无效案:江苏省徐州市中级人民法院(2008)徐民二终字第0474号民事判决书

【假冒股东签名,并在形式上通过股东会的股权转让协议,应认定为无效】

曾文泉、曾建华诉厦门市信诺立电子有限公司、李淑英、曾庆荣等股权转让纠纷案:福建省厦门市中级人民法院(2008)厦民终字第3726号民事判决书

【涉外股权转让居间合同效力认定】

宁波嘉成拍卖有限公司诉李瑞堂等股权转让合同纠纷案:浙江省宁波市中级人民法院(2007)

甬民四初字第53号民事判决书（《人民司法·案例》2009年第24期）

【股权转让协议关于竞业禁止的约定，可为有效】

沈伟国诉贺璞股权转让合同案：常州市中级人民法院（2006）常民二终字第375号判决书

【附条件的合同，条件未实现，未能满足合同的生效条件，故合同不生效】

陕西伟易达贸易发展有限公司与陕西华安企业集团有限责任公司股权转让协议纠纷上诉案：最高人民法院（2006）民二终字第40号民事判决书

【中外合资企业的一方未经过审批机构批准向第三方转让其部分股权，股权转让协议应认定为无效】

甘肃省信托投资有限责任公司与甘肃省飞天工贸总公司、飞天大酒店有限公司股权转让侵权纠纷案：最高人民法院（2006）民二终字第115号民事判决书

【双方当事人将各自持有的确定由对方经营管理的公司股份在彼此间进行转让的，一方当事人不能以二公司间存在财产争议为由，主张股权转让协议无效】

贾洪波诉崔宝刚股权转让合同纠纷案：北京市海淀区人民法院2006年3月9日民事判决书

【外资企业股权转让，其他非登记股东有异议时应当提起行政诉讼】

杨永聪诉蒋利群等损害公司利益案：江苏省无锡市中级人民法院2006年12月18日一审民事裁定书

【有限公司的股东冒充其他股东名义转让其股权的，该股权转让合同无效】

简智刚诉张华岳等要求确认股权转让合同无效案：广东省佛山市高明区人民法院2006年5月23日民事判决书

【是否允许股份有限公司以章程限制股份转让属于立法政策问题，除非立法明文许可，否则司法不宜肯定】

常州百货大楼股份有限公司诉常州市信和信息咨询有限公司等股权转让纠纷案：江苏省高级人民法院（2005）苏民二终字第198号民事判决书

【原告将未实际注资的公司的股权转让的，该股权转让合同无效】

刚毅（集团）公司转让并无实际出资的股权请求受让人新疆宏景有限责任公司、香港耀冠集团有限公司支付股权转让金被驳回案：新疆维吾尔自治区高级人民法院（2005）新民三终字第24号

【买卖合同的一方当事人以其所拥有的股份公司的股权抵债，双方签订股权抵债协议时该股份公司成立尚未满三年，但双方约定在该股份公司成立满三年后开始办理股权交割过户的正式手续的，该协议有效】

南通江山农药化工股份有限公司诉南通建设港口物资有限公司等股权转让合同案（股权抵债）：江苏省南通市中级人民法院（2005）通中民二初字第0090号民事判决书

【中外合资经营企业的股权转让合同，应当报经审批机关审查批准，未经审批的，应认定合同未生效】

李玉生诉杨柳青股权转让纠纷案：安徽省合肥高新技术产业开发区人民法院（2004）合高新民三初字第011号民事判决书

【董事会违背股东个人意志，擅自将股权转让给他人，构成侵权】

庞玉伦诉泰兴市液压元件厂股权转让纠纷案：江苏省泰州市中级人民法院(2003)泰民二终字第171号民事判决书

【股份转让协议因无对价约定，无法履行而未成立】

魏凤娇与吴笑月等股份转让纠纷上诉案：最高人民法院(2002)民二终字第2号民事判决书

【对合营企业股权变更的审批行为不能提起民事诉讼】

香港绿谷投资公司诉加拿大绿谷(国际)投资公司等股权纠纷案：最高人民法院(2002)民四终字第14号民事裁定书

卢堡中国有限公司等与卢堡中国投资有限公司等确权、确认股份转让合同效力纠纷案：最高人民法院(1999)经终字第355号民事判决书

【不能以股权转让后导致一人公司为由，否定股权转让行为的效力】

李元友诉葛伏龙股权转让案：安徽省黄山市中级人民法院(2002)黄民二终字第36号民事判决书

高国庆诉林霭融等股权转让纠纷案：上海市第二中级人民法院(2001)沪二中经终字第530号民事判决书

【股权转让协议自成立时生效，未办理股东变更登记，不影响对股权转让各方的法律效力】

上海物资贸易中心股份有限公司诉黄建国、何云姝股权转让协议返还转让款纠纷案：上海市高级人民法院(2001)沪高经终字第10号民事判决书

【国有股权的转让，必须经过评估，否则该股权转让协议应认定为无效】

淮阴市信托投资公司等诉殷林股权转让案：江苏省高级人民法院(2001)苏民二终字第175号民事判决书

【鉴于实际情况，股权转让资产未经资产评估不应影响股权转让的有效性】

重庆钢铁(集团)有限责任公司与深圳市比特利投资开发有限公司等股东权益纠纷案：最高人民法院(1999)经终字第262号民事判决书

【双方为其他目的签订股权转让协议，并未投入资金，股权转让无效】

上海锦艺实业有限公司诉上海银光贸易有限公司股权转让合同案：上海市第二中级人民法院(1999)沪二中经终字第1198号民事裁定书

【假冒他人名义签署的股权转让合同中的担保条款，对不知情的第三人无效，但不影响合同其他部分的效力】

辽宁省辽阳刘二堡经济特区证达实业股份有限公司诉广东省珠海经济特区发展公司进出口(集团)公司、珠海经济特区发展公司股份转让纠纷抗诉案：辽宁省辽阳市中级人民法院1998年4月2日民事判决书(《最高人民检察院公报》2000年第4号(总第57号))

【以公司资产支付股权转让款的约定无效】

沈某与周某股权转让纠纷案(江苏法院公司审判十大案例之七)

【在企业改制过程中，股东是否有权提起对其他股东的侵权诉讼】

吴文华诉上海相丛投资(集团)有限公司股权转让纠纷案

【公司为股东之间的股权转让提供担保的行为，可能导致公司回购本公司股份，因此为无效】

南通轻工机械厂诉江苏黄河公司、江苏苏辰公司股东之间股权转让及公司为股东担保纠纷案

【有限责任公司股东之间关于股权赎回权的约定，应认定为有效】

河北某创业投资有限公司与王某某、陈某、胡某某、天津某投资合伙企业(有限合伙)股权转让纠纷案(天津法院服务保障京津冀协同发展典型案例之五)

【以公司资产支付股权转让款的约定无效】

沈某与周某股权转让纠纷案(江苏法院公司审判十大案例之七)

【电信业务经营企业的股权转让协议，其效力及是否存在非法目的的认定】

北京中润互联信息技术有限公司诉广东广像网络资讯有限公司等股权转让合同案

3. 股权转让合同的履行

【瑕疵股权补正后可变更股权转让价格】

姚安骏与黄龙股权转让纠纷上诉案：江苏省苏州市中级人民法院(2018)苏05民终第6234号民事判决书(《人民司法·案例》2019年第20期)

【不确定履行期限的合理期限的确定，可以通常商业人士的合理预期为标准】

吴某媚、李某生与梁某业、宋某之等股权转让纠纷案：最高人民法院(2016)最高法民终51号民事判决书

【能否依公司资产直接确定股权转让价格】

左阿华诉青岛天丰造纸有限公司、安郁滋股权转让案：山东省青岛市中级人民法院(2016)鲁02民终7510号民事判决书

【股权重复转让应当向谁履行】

陈昌信与马罗喜股权转让纠纷上诉案：江苏省盐城市中级人民法院(2015)盐商终字第00438号民事判决书

【股权转让款给付与否的认定】

许智勇与牛德明股权转让纠纷上诉案：新疆生产建设兵团第八师中级人民法院(2015)兵八民二终字第48号民事判决书

【股权质押因出质人原因未有效设立出质人应承担赔偿责任】

长城(宁夏)资产经营有限公司与北京金桥国盛投资有限公司等借款合同、股权转让纠纷上诉案：最高人民法院(2015)民二终字第70号民事判决书

【非标的公司股东对就标的公司股权与外国主体签订的股权转让协议仍应依约履行】

安吉乐公司(Angelo Morano)与远海集团有限公司(Oceanus Group Inc.)股权转让纠纷上诉案：上海市第二中级人民法院(2015)沪二中民四(商)终字第449号民事判决书

【股权转让方迟延履行股权变更手续的，转让方已接受并占有的股权转让款的利息不应作为受让方因此而遭受的损失】

姜杰诉栾银川等迟延办理股权转让手续违约赔偿纠纷案：江苏省泰州市中级人民法院（2015）泰中商终字第001号民事判决书

【落实股随岗变原则可设强制退出机制】

江苏省南京市规划设计研究院有限责任公司与彭琛股权转让纠纷上诉案：江苏省南京市中级人民法院（2013）宁商终字第1337号民事判决书（《人民司法·案例》2014年第22期）

【股权转让关系的双方均为与公司存在密切关系的关联方，如无相反证据，应推定双方对公司的财产状况均充分知晓】

林东、陆春莉诉江斌、凌力公司股权转让纠纷案：福建省福州市中级人民法院（2013）榕民终字第3163号民事判决书

【股权转让款的内部分配】

赵志林、窦桂芬、樊丽丽、唐山市丰润区金洋商贸有限公司与广州市万正投资有限公司、广州市太行投资有限公司股权转让纠纷案：最高人民法院（2012）民二终字第38号民事判决书

【收购方自身未履行注意义务，怠于行使权利，致使未能及时参与企业收购，转让方并不存在过错】

北京康正恒信担保有限公司与河北天人化工股份有限公司、北京华夏建龙矿业科技有限公司、河北省矾山磷矿有限公司股权转让合同纠纷案：最高人民法院（2012）民二终字第44号民事判决书

【分期缴纳出资股权转让中的几个问题】

上海帝仓企业管理有限公司等与刘寅股权转让纠纷上诉案：上海市第一中级人民法院（2011）沪一中民四（商）终字第363号民事裁定书（《人民司法·案例》2011年第16期）

【股权转让合同发生违约的情况下，如何判断违约金是否过高】

上海明太投资发展有限公司诉黄某等股权转让纠纷案：上海市第二中级人民法院（2011）沪二中民四（商）初字第6号民事判决书

【股权转让之对价的认定】

上海明嘉泰程医疗器械有限公司诉戴建庆股权转让纠纷案：北京市海淀区人民法院（2011）海民初字第10329号民事判决书

【股权的概括转让原则的法律适用】

杨建议诉黄宝琦股权转让纠纷案：福建省厦门市中级人民法院（2011）厦民终字第2498号民事判决书

【有限公司股东资格的取得应当经过主管机关批准的，批准后才有股东资格】

上海天迪科技投资发展有限公司与西部信托有限公司等股东资格确认纠纷上诉案：陕西省高

级人民法院(2010)陕民二终字第09号民事判决书(《人民司法·案例》2010年第18期)

【外商投资企业股权转让对价的变更不属于重大或实质性变更】

天津市顺通化工机械贸易有限公司与天津市津热供热集团有限公司股权转让合同纠纷上诉案：天津市高级人民法院(2010)津高民二终字第33号民事判决书(《人民司法·案例》2012年第4期)

【对于股权转让后发生的债权，债权人没有依据要求原股东承担连带责任】

DAC中国特别机遇(巴巴多斯)有限公司诉龙海市城镇综合开发总公司等股东出资案：福建省高级人民法院(2010)闽民终字第290号民事判决书

【股权变更与股权变更登记是两个不同的法定程序】

北京宝利达投资管理有限责任公司与上海浦之威投资有限公司等股权转让纠纷案：北京市高级人民法院(2009)高民终字第1824号民事判决书

【股权转让天价违约之诉的利益衡量】

罗云泉诉成坚等股权转让纠纷案：广东省梅州市中级人民法院(2007)梅中法民二初字第12号民事判决书(《人民司法·案例》2008年第18期)

【存在两份股权转让协议的情况下，如何判断股权转让价格】

陕西精典投资有限公司、西安西北实业(集团)有限公司返还股权转让款债务纠纷案：最高人民法院(2006)民二终字第121号民事判决书

【已办理股权变更登记手续，不足以证明受让人已支付股权转让价款的事实】

吴泓诉高静股权转让合同纠纷案：贵州省贵阳市中级人民法院2006年5月12日民事判决书

【股东将其股权转让给其他股东，双方之间形成合法的债权债务关系】

刘家斐诉叶开春股权转让合同纠纷案：江苏省高邮市人民法院2006年12月18日民事判决书

【未足额缴纳股权转让的出资义务承担】

山川秀美生态环境工程有限公司诉陆仲平股权转让纠纷案：安徽省芜湖市中级人民法院2006年10月9日民事判决书

【异议股东要求回购股权，法院不得直接判决其他股东承接该股东股权】

朱均勇等诉刘群忠等收回股权案：广东省梅州市中级人民法院(2005)梅中法民二终字第65号民事判决书

【其他股东在后高价收购股权并未造成对在先股东的侵权】

开县市场物业开发有限公司、李中勇、李义、唐绍宏诉陈元科股权转让侵权案：重庆市第二中级人民法院(2004)渝二中法民终字第356民事判决书

【抛股借款协议中的股份受让人可被认定取得股东身份】

万岩标等诉北京城南诚商贸有限公司确认股东资格案：北京市第二中级人民法院(2004)二中民终字第06770号民事判决书

【公司全体股东在股东大会上一致同意将全部股份转让给受让人，其实质为受让人收购公司】

樊荣华诉王喜云、张连元股权转让侵权案：北京市第二中级人民法院(2004)二中民终字第

04002号民事判决书

【合作企业及股权受让人怠于办理审批手续应承担责任】

谢民视诉张瑞昌、金刚公司股权纠纷案：上海市第二中级人民法院2002年3月31日民事判决书(《最高人民法院公报》2003年第1期(总第81期))

【既可以用人民币也可以用美元来支付股权转让价款】

鲁信有限公司(SITICAMERICAINC.)诉凯伦实业有限公司(KUNLUNPROPERTIES, INC.)股权转让协议纠纷案：山东省高级人民法院(2002)鲁民四初字第1号民事判决书

【以合作期间存在亏损拒付股权转让金，不予支持】

赵国献诉王国达股权转让合同纠纷案：上海市第一中级人民法院(1999)沪一中经终字第1852号

【股权转让完成的要件】

泰安市第一工艺美术工业总公司诉臧伯玮股权转让合同案：北京市海淀区人民法院(1999)海经初字第1251号民事判决书

【一股二卖，已不具有股东身份的原转让人股东，无权再次转让公司股份】

陈某海诉深圳市鸿海江实业发展有限公司、陈某股权转让合同纠纷案：广东省深圳市罗湖区人民法院民事判决书

【股权转让合同中，股权移转登记的股东属于名义股东并未实际持有公司股权，如何认定各方责任】

张永清等诉北京博泰森科贸集团股权转让合同纠纷案

【在一方转让股权后，另一方因此转让行为获益并承诺将无条件补偿，事后另一方并未实际补偿，并主张承诺为赠与，该行为不合法】

张春光与贾林股权转让纠纷上诉案

【有限公司股东会同意将公司所有股权整体对外转让，使得全部股权集中于一人的行为是否有效】

印小民、鞠真诉上海文龙农贸市场经营管理有限公司等股权转让纠纷上诉案

【利息损失能否与违约金一并适用】

西藏唐蕃投资有限公司等与西藏林芝嘉龙建筑房地产开发有限公司股权转让合同纠纷上诉案：最高人民法院民事判决书

【在公司股权置换过程中，一方主张以公司净资产为基准确定股权价格，一方主张以实缴出资比例分取红利，应当从交易公平原则出发，以双方协议商定的计价方案为基础，予以合理的调整】

上海裕都投资(集团)有限公司等诉上海新长征(集团)有限公司、第三人上海兴力达商业广场有限公司股权转让合同变更价格条款案

4. 股权转让合同的解除

【对于期限较长的持续性合同，如果遇到履行障碍和风险，当事人不能为了转嫁、减少自身商业经营风险而单方解除合同】

上诉人金鹰国际商贸集团（中国）有限公司与被上诉人安徽古井集团有限公司、安徽瑞景商旅（集团）有限责任公司股权转让合同纠纷案：最高人民法院（2017）最高法民终315号民事裁定书（最高人民法院第四巡回法庭当庭宣判十大案例（2017年度）之六）

【非上市金融机构职工内部原始股转让的效力及损失计算问题】

徐水友诉叶徐峰股权转让纠纷案：浙江省绍兴市中级人民法院（2017）浙06民终449号民事判决书

【公司处于亏损，无法认定受让人通过公司利润分配偿付股权转让款，且合同目的亦未落空，所以解除股权转让协议不予支持】

沈阳朗勤置业有限公司诉李建斌等股权转让案：北京市第一中级人民法院（2016）京01民终823号民事判决书

【有限责任公司的股权分期支付出现违约时不适用合同法中关于分期付款买卖中未付到期价款达到全部欠款五分之一即可解除合同的规定】

汤长龙诉周士海股权转让纠纷案：最高人民法院（2015）民申字第2532号民事裁定书（2016年9月19日最高人民法院发布的第十四批指导性案例（指导案例67号））

【股权转让协议的解除】

尹文民等与黄洁非等股权转让纠纷上诉案：安徽省高级人民法院（2015）皖民二终字第01074号民事判决书

【受让人未支付股权转让款即将该股权再次转让给第三人，且办理了股权变更登记手续，转让人要求解除合同、恢复股权登记已经不具现实可能性】

张檄与宁培艳股权转让纠纷案：甘肃省庆阳地区中级人民法院（2014）庆中民初字第51号民事判决书

【条件未成就，解除通知不产生解除合同的法律效果】

叶依光与吕磊股权转让纠纷上诉案：最高人民法院（2013）民二终字第74号民事判决书

【附解除条件的股权转让协议解除后，当事人在异议期满后提出异议，应认定合同已被解除】

中静四海实业有限公司与合肥市高科技风险投资有限公司股权转让合同纠纷上诉案：最高人民法院（2012）民二终字第45号民事判决书

【合作目的无法实现时，一方请求解除合作协议书并返还股权，其实质是请求对双方之间的合作关系进行清算】

山西金业煤焦化集团有限公司与沁和投资有限公司、沁和能源集团有限公司、吕中楼、裘晓红、山西金海能源有限公司、谢江股权转让纠纷案：最高人民法院（2011）民二终字第76号民事判决书

【合同解除权不宜滥用】

山东海汇生物工程股份有限公司与谢宜豪股权转让合同纠纷上诉案：山东省青岛市中级人民法院（2010）青民二商终字第562号民事判决书（《人民司法·案例》2011年第12期）

【仅以转让价格过低主张解除股权转让协议，法院不予支持】

江苏南大高科技风险投资有限公司与太平洋机电（集团）有限公司股权转让纠纷案：最高人民法院（2009）民提字第51号民事判决书

【股权转让合同解除权的行使】

北京宝利达投资管理有限责任公司与上海浦之威投资有限公司等股权转让纠纷案：北京市高级人民法院（2009）高民终字第1824号民事判决书

【采取股权托管方式以规避股权转让审批程序的，对在此期间股权价值贬损，双方负有同等过错】

上诉人邯郸丛台酒业股份有限公司与被上诉人中国广顺房地产开发唐山有限公司、原审第三人中晟华融投资有限公司股权转让合同纠纷案：最高人民法院（2008）民二终字第53号民事判决书

【股权转让协议因已完全履行而不能被解除】

董明树与朱宪军、李文科股权转让合同纠纷上诉案：最高人民法院民事判决书

5. 股权转让中的优先购买权

【混合所有制企业中的民营企业优先购买权保护】

中静实业（集团）有限公司与上海电力实业有限公司、中国水利电力物资有限公司、上海新能源环保工程有限公司、上海联合产权交易所股权转让纠纷案（2016年4月8日《最高人民法院发布十起依法平等保护非公有制经济典型案例》案例8）

【股权转让未登记的法律后果】

冯东岳诉王翀股权转让案：湖北省宜昌市中级人民法院（2016）鄂05民终388号民事判决书

【公司股东代非股东收购公司股权行为的效力认定】

陈玉真与韩荣等股权转让纠纷上诉案：云南省曲靖市中级人民法院（2016）云03民终字第366号民事判决书

【首次转让抬高价格，第二次完成剩余股权转让，转让人与受让人串通损害其他股东的优先购买权，两次股权转让协议均为无效】

吴嵚崎等诉吴汉民确认合同无效纠纷再审案：江苏省高级人民法院（2015）苏商再提字第00068号民事判决书

【违反《公司法》股东优先购买权的股权转让行为的效力认定】

林舜珊诉林键忠、林苑菁、宏憬公司与公司有关的纠纷案：广州市中级人民法院（2013）穗中法民二终字第488号

【有限责任公司股东应在“同等条件”成就的前提下行使股权优先购买权】

邢丽萍诉肖铭等股权转让纠纷案：四川省成都市高新技术产业开发区人民法院（2013）高新

民初字第2213号民事判决书

【公司章程规定股权转让需经“股东会过半数以上股权同意”，与公司法的规定不一致，应以公司法的规定为准】

东莞市恒锋实业有限公司与东莞市华源集团有限公司等委托收购股权合同赔偿纠纷上诉案：最高人民法院（2012）民二终字第13号民事判决书

【如果转让股东未如实通报股权转让的真实条件，并故意隐瞒合同中约定的转让事项，采取内外有别的方式提高股权转让条件，增加其他股东的合同义务和责任，不仅违背了诚实信用原则，而且不符合优先购买权的规定】

楼国君与方樟荣、毛协财、王忠明、陈溪强、王芳满、张铨兴、徐玉梅、吴广灯股权转让与优先购买权纠纷案：最高人民法院（2011）民提字第113号民事判决书

【受让方未确定时，股东行使优先购买权的前提尚未成就】

丁祥明等与瞿斐建优先购买权纠纷抗诉案：最高人民法院（2012）民抗字第31号

【侵害其他股东知情权和优先购买权的股权转让协议，应为可撤销协议】

朱国兴诉王立英、刘博股权转让案：北京市第一中级人民法院（2012）一中民终字第10244号民事判决书

【侵害股东优先购买权的股权转让协议无效】

覃世松原持有田东县桂松酒精有限公司与林山股权转让协议纠纷上诉案：广西壮族自治区百色地区（市）中级人民法院（2012）百中民二终字第39号民事判决书（《人民司法·案例》2014年第24期）

镇江汇江房地产开发有限公司诉仪征化纤房地产开发公司和袁海平股权转让案：江苏省高级人民法院（2002）苏民二字第212号民事判决书

苏州市金三角家具商场诉苏州工业园区清源环保运营工程有限公司、张杏弟股权转让案：江苏省苏州市中级人民法院（2002）苏中民二终字第348号民事判决书

高玉冲诉陆明生、田正辉股权转让侵权案：江苏省南通市中级人民法院（2002）通中民一终字第1478号民事判决书

【侵犯股东同意权及优先购买权的股权转让协议的效力】

李朗悦与吴景锋股权转让协议纠纷上诉案：重庆市第五中级人民法院（2010）渝五中法民终字第4034号民事判决书（《人民司法·案例》2011年第14期）

【夫妻离婚协议分割财产受让股权的，其他股东可以在同等条件下行使优先购买权】

陈家明诉玉林市银厦房地产开发有限公司股东权案：广西壮族自治区玉林市中级人民法院（2006）玉中民二终字第23号民事判决书

【合作经营企业的优先购买权必须符合法定要件】

盘志雄与中国信达资产管理公司广州办事处股东优先购买权纠纷上诉案：广东省高级人民法院（2006）粤高法民四终字第167号民事判决书（《人民司法·案例》2008年第4期）

【全体股东将全部股权转让给他人，股东不能行使优先购买权】

凌书照等与上海汇浦置业有限公司股权转让合同纠纷上诉案：上海市高级人民法院（2006）沪高民二（商）终字第76号民事判决书

【委托人将股权提交交易中心拍卖之前，应给予权利人空间决定是否行使股东优先购买权】

雷蕴奇诉厦门产权交易中心等拍卖股权行为无效案：福建省厦门市中级人民法院（2006）厦民终字第2151号民事判决书

【因公司其他股东行使优先购买权而终止履行所造成的损失，如何在转让方和受让方之间分配】

北京新奥特公司诉华融公司股权转让合同纠纷案：最高人民法院（2003）民二终字第143号民事判决书（《最高人民法院公报》2005年第2期（总第100期））

【未召开股东会即转让股权，员工持股会怠于行使诉权的情况下，职工有权提起诉讼】

贾永明等286人不服一审不予受理裁定上诉案：浙江省高级人民法院（2000）浙法告申民告上字第7号民事裁定书

【国有股权对外转让过程中其他股东优先购买权的行使与保护】

西安银行股份有限公司等与袁庆等司股权转让纠纷上诉案：陕西省高级人民法院民事判决书

【公司其他股东不同意股权对外转让，又不出资购买该股权，应视为同意转让】

深圳市平泰投资发展有限公司诉深圳经济特区发展（集团）公司、江苏省电子工业技术经济开发公司、苏州电子工业总公司股权转让纠纷案：广东省深圳市罗湖区人民法院民事判决书

【优先购买权相应的对象应系不具有股东身份的第三人，股权对内转让时其他股东不具有法定的同等购买权利】

李胜荣诉王洪、李光股权转让纠纷上诉案

【股东在离婚协议中处理公司股权的约定，因侵犯其他股东优先购买权而无效】

李某某诉詹某某、韩某某股权转让纠纷案

6. 股权转让中的善意取得

【股权的善意取得】

黄卫荣诉厦门达然强进出口有限公司、黄茹菲、刘闹花股东资格确认案：福建省厦门市中级人民法院（2014）厦民终字第2882号民事裁定书

【股权转让中善意取得制度的适用】

四川京龙建设集团有限公司等与深圳市合众万家房地产投资顾问有限公司等股权确认纠纷上诉案：最高人民法院（2013）民二终字第29号民事判决书

【股权善意取得制度的适用主体限于与名义股东存在股权交易的第三人】

中国银行股份有限公司西安南郊支行诉上海华冠投资有限公司、西安成城经贸有限公司申请执行人执行异议之诉案：陕西省高级人民法院（2013）陕民二终字第00077号民事判决书

【股权转让未经工商登记能否对抗善意第三人】

北京恒亿盛世葡萄酒有限公司与李伟革等股权转让纠纷案：北京市高级人民法院（2009）高民终字第516号民事判决书

【夫妻一方在对方不知情的情况下签订了股权转让合同，是否可对抗善意第三人】

彭丽静与梁喜平、王保山、河北金海岸房地产开发有限公司股权转让侵权纠纷案：最高人民法院（2007）民二终字第219号民事判决书（《最高人民法院公报》2009年第5期（总第151期））

【股权转让中的无权代理、无权处分与善意取得】

再审申请人钱广许与被申请人钱集龙、张江涛、宋彦军，一审第三人威海鑫通科龙电子有限公司股权转让合同纠纷案：最高人民法院民事裁定书

【股权代持中的显名股东擅自处分股权，对第三人应按照善意取得原理处理】

上海二中院股权代持纠纷典型案例之二：宋某诉王某、李某请求确认股权转让合同无效纠纷案：上海市第二中级人民法院民事判决书

第七十二条 【强制执行的股权转让】

【仅向工商登记机关送达冻结裁定不构成对股权的有效冻结】

中国对外经济贸易信托有限公司与山西路鑫能源集团有限公司等申请执行异议案：北京市高级人民法院（2018）京执复134号民事裁定书（《人民司法·案例》2019年第14期）

【执行异议之诉中商业银行股权转让效力的认定】

湖北省宜昌永富物流有限公司与依宁执行异议之诉纠纷上诉案：湖北省高级人民法院（2016）鄂民终字278号民事判决书（《人民司法·案例》2017年第32期）

【调解书确立的债务人实体权利受侵害可提起执行异议之诉】

许某诉吕某股权转让纠纷案（《人民司法·案例》2014年第24期）

【对案外人异议可进行有限的实体审查】

中国中旅（集团）公司与华证资产管理有限公司股权转让纠纷执行案：北京市第二中级人民法院（2014）二中执异字第00107号民事裁定书（《人民司法·案例》2014年第20期）

【执行程序中对瑕疵股权转让的处理】

江苏法尔胜新型管业有限公司与河南龙光建设工程有限公司买卖合同纠纷案：江苏省江阴市人民法院（2010）澄执字第1235号民事裁定书（《人民司法·案例》2011年第8期）

第七十三条 【股权转让的变更登记】

【工商变更登记是否影响受让人对股权的取得】

邹风泉、李兵华诉长沙市工商行政管理局雨花分局、第三人湖南鑫湘林牧业发展有限公司、陈维熙等工商行政登记案：湖南省长沙市雨花区人民法院（2015）雨行初字第00032号民事判决书

【工商行政机关股东变更登记审慎审查义务的确定】

赵国良与崇仁县工商行政管理局股权变更登记纠纷上诉案:江西省抚州市中级人民法院(2011)抚行终字第42号民事判决书(《人民司法·案例》2013年第6期)

【股权登记不影响已取得股权的认定】

广东深圳中院判决西子英诉汪公股权转让合同纠纷案:广东省深圳市中级人民法院(2012)深中法商终字第563号民事判决书

第七十四条 【异议股东股权回购请求权】

1.异议股东股权回购请求权诉讼

【公司与股东签订《股权回购协议》的效力】

广州市双诚信息技术有限公司诉吕桂新股权转让协议纠纷案:广东省广州市越秀区人民法院(2015)穗越法民二初字第612号民事判决书

【非因自身过错未能参加股东会的股东,虽未投反对票,但对转让主要财产明确提出反对意见,可以请求公司回购其股权】

袁朝晖与长江置业(湖南)发展有限公司请求公司收购股份纠纷案:最高人民法院(2014)民申字第2154号民事裁定书(《最高人民法院公报》2016年第1期(总第231期))

【公司从其股东手中收购股权后,又转由其他股东受让,按照意思自治原则,该股权收购有效】

苏社平与庆阳市威龙房地产开发有限责任公司等股权转让纠纷上诉案:甘肃省庆阳地区中级人民法院(2013)庆中民终字第311号民事判决书

【对公司转让财产行为性质的判断】

薛峰诉京卫医药科技集团有限公司案:北京市第二中级人民法院(2012)二中民终字第2333号民事判决书

郭新华诉北京华商置业有限公司股权回购请求权案:北京市第一中级人民法院(2008)一中民初字第2959号民事判决书

【有限责任公司回购本公司股份应坚决禁止】

南通轻工机械厂诉江苏黄河公司、江苏苏辰公司股东之间股权转让及公司为股东担保纠纷案(《江苏省高级人民法院公报》2011年第6辑)

【公司回购股权条件成就的认定】

上海建维工贸有限公司诉上海尊蓝山餐饮有限公司股份收购请求权纠纷案:上海市第二中级人民法院(2010)沪二中民四(商)终字第1406号民事裁定书

唐秋泉诉苏州工业园区宝利时电力成套设备有限公司回购股权案:江苏省苏州市工业园区人民法院2006年7月12日民事判决书

【有限责任公司股份回购中的几个法律问题】

叶述友与重庆市良晨商贸有限公司撤销股东会决议纠纷上诉案:重庆市第一中级人民法院

(2007)渝一中法民终字第1454号民事判决书(《人民司法·案例》2010年第20期)

【公司职工退回职工股的效力认定】

陈燕影与江苏省南京正大经济开发有限公司股东知情权纠纷上诉案：江苏省南京市中级人民法院(2006)宁民二终字第699号民事判决书(《人民司法·案例》2007年第24期)

2. 对赌协议纠纷

【股东和公司之间的对赌有效，但是要看合同是否具备事实上和法律上的履行可能】

江苏华工创业投资有限公司与扬州锻压机床股份有限公司、潘云虎等请求公司收购股份纠纷再审案：江苏省高级人民法院(2019)苏民再62号民事判决书

【对赌协议不是劳动合同】

厦门艾伯特宝贝家居设备有限公司、庄瑷玮劳动争议案：福建省厦门市中级人民法院(2018)闽02民终1747号民事判决书

【公司为股东之间对赌协议提供的担保无效，公司应承担过错赔偿责任】

通联资本管理有限公司与成都新方向科技发展有限公司等与公司有关的纠纷再审案：最高人民法院(2017)最高法民再258号民事判决书

【股东间"对赌协议"的效力认定】

王美金诉陈晓龙股权转让纠纷案：福建省高级人民法院(2017)闽民申2492号民事裁定书

【公司为股东之间对赌协议提供的担保有效】

【被投资公司为股东和投资人的对赌协议承担连带保证责任的约定有效】

强静延与曹务波等股权转让纠纷再审案：最高人民法院(2016)最高法民再128号民事判决书

【公司对股东对赌回购义务提供担保的效力】

北京中厚财富投资中心(有限合伙)诉王政昌、北京立高防水工程有限公司股权转让案：北京市第三中级人民法院(2016)京03民初24号民事判决书

【股权增资对赌协议中损失条款的认定】

上海华铭智能终端设备股份有限公司、高勤诉北雁明翔有限公司等股权转让案：上海市浦东新区人民法院(2016)沪0115民初44731号民事判决书

【股权增资对赌协议中损失条款的认定】

上海华铭智能终端设备股份有限公司、高勤诉北雁明翔有限公司等股权转让案：上海市浦东新区人民法院(2016)沪0115民初44731号民事判决书

【投资人与被投公司股东约定的由被投公司股东承担回购义务的对赌条款应被认定为有效】

无锡江南大学国家大学科技园有限公司诉魏钢股权转让案：江苏省无锡市中级人民法院(2016)苏02民终265号民事判决书

【公司回购股权、股东提供担保的效力认定】

蔡继续诉厦门欧迈家居有限公司等股权转让纠纷案：福建省厦门市同安区人民法院(2015)

同民初字第 859 号民事判决书

【一方股东担保另一方股东之权益的合同有效】

孙兆国、唐守余合同纠纷再审审查与审判监督案：最高人民法院（2018）最高法民申 4899 号民事裁定书

【对赌协议纠纷的法律规制及裁判规则】

苏州工业园区海富投资有限公司与甘肃世恒有色资源再利用有限公司等补偿款纠纷再审案：最高人民法院（2012）民提字第 11 号民事判决书（《人民司法·案例》2014 年第 10 期）

【私募股权投资中股东承诺投资保底收益的效力】

浙江省宁波正业控股集团有限公司与上海嘉悦投资发展有限公司与公司有关的纠纷上诉案：上海市第一中级人民法院（2013）沪一中民四（商）终字第 574 号民事判决书（《人民司法·案例》2014 年第 10 期）

【对赌不等于赌博】

深圳市英格利家具有限公司诉李学刚服务合同纠纷案：广东省高级人民法院（2014）粤高法民申字第 1663 号民事裁定书

【对赌协议中股东承诺回购股份的法律规制】

蓝泽桥、宜都天峡特种渔业有限公司、湖北天峡鲟业有限公司为与苏州周原九鼎投资中心（有限合伙）投资合同纠纷上诉案：最高人民法院民事判决书

第七十五条 【股东资格的继承】

【继承人何时取得有限责任公司股东资格】

田玉萍诉东莞市泰丰美耐皿制品有限公司股东知情权案：广东省东莞市第三人民法院（2016）粤 1973 民初 8760 号民事判决书

【出资瑕疵股东死亡后，唯一继承人未成年股东资格能否继承】

许某诉石河子市时空房地产开发有限公司股东资格确认案：新疆生产建设兵团第（农）八师中级人民法院（2016）兵 08 民终 744 号民事判决书

【外籍华人继承内资公司股权时，不改变该公司的内资性质】

金军、金杰妮诉上海维克德钢材有限公司、薛小钧股权确认纠纷上诉案：上海市第一中级人民法院（2009）沪一中民五（商）终字第 7 号民事判决书（《人民司法·案例》2010 年第 4 期）

【股东继承人在章程无特殊约定情况下可以在股东死后继承其股东资格】

常州化工设备有限公司与丁琴梅股东资格继承纠纷上诉案：江苏省常州市中级人民法院（2007）常民二终字第 1 号民事判决书

【公司的股权继承和收益分割】

张明娣等与郑松菊等继承纠纷上诉案：上海市高级人民法院（2006）沪高民一民终字第 62 号民事裁定书（《人民司法·案例》2007 年第 18 期）

【“在职在股，退职退股”约定有效，股东家属不能要求继承其股份】

郭二妹等诉东莞市德峰电气安装有限公司要求继承股东资格案：广东省东莞市中级人民法院民事判决书

第九十四条 【发起人的责任】

【关于股份有限公司发起人责任的规定，扩张适用于有限责任公司】

联光投资有限公司（United Glory Investment Limited）诉中国煤炭开发有限责任公司股东出资纠纷案：最高人民法院（2017）最高法民申1841号民事裁定书

【代垫注册资本的他人无权排除法院对公司财产的强制执行】

乔某某等与陆某等合同纠纷再审案：江苏省高级人民法院（2017）苏民再156号民事判决书（《人民司法·案例》2018年第11期）

【如何确定公司在设立阶段所签订合同的民事责任主体】

顾恺诉安庆市天盛装饰工程有限公司申请撤销仲裁裁决案：安徽省安庆市中级人民法院（2016）皖08民特20号民事裁定书

【发起人为适格被告的认定】

北京毛世恒源厨房设备有限公司诉戴龙飞加工合同纠纷案：北京市第三中级人民法院（2015）三中民（商）终字第14436号民事裁定书

【公司筹建费用及其损失之认定与分摊】

大连工美企业有限责任公司与弘仁（大连）集团有限公司发起人责任纠纷上诉案：最高人民法院（2015）民二终字第90号民事判决书

【债权人享有向发起人或公司主张权利的选择权】

焦作盛弘建筑设备租赁中心与李坚建筑设备租赁合同纠纷上诉案：河南省焦作市中级人民法院（2014）焦民一终字第124号民事判决书（《人民司法·案例》2014年第22期）

【发起人在公司设立前以个人名义签订合同时的责任承担】

徐福国、德宇浩实业集团有限公司与庆阳骊山科元商贸公司买卖合同纠纷上诉案：甘肃省庆阳地区中级人民法院（2014）庆中民终字第394号民事判决书

【单位设立不成功后的劳动责任承担主体】

涂远贞与魏晶莹劳动合同纠纷上诉案：北京市第一中级人民法院（2012）一中民终字第2749号民事判决书（《人民司法·案例》2012年第20期）

【作为被执行人的发起人，在公司成立之前向公司专用账户存入一笔资金，法院可以将该资金作为欠款扣划给申请执行人】

建湖隆昌纺织有限公司对法院扣划被执行人张启宏在该公司设立中投资的异议案：江苏省盐城市中级人民法院（2006）盐执监字第27号民事裁定书

第一百条 【临时股东大会】

【单独或合计持股 10% 以上的股东，有权要求召开临时股东大会】

上海奇乐照相总店诉苏燕萍损害公司权益纠纷案：上海市浦东新区人民法院（2007）浦民二（商）初字第 3066 号民事判决书

第一百零一条 【股东大会会议的召集与主持】

【股东大会的召集和通知程序】

邓崇云不服陕西省人民政府行政复议决定案：陕西省高级人民法院（2004）陕行终字第 47 号行政判决书

【股东大会的召集和主持】

马强等诉阜康市商贸有限责任公司等未按公司章程按时召开股东会议请求判令召集案：新疆维吾尔自治区昌吉回族自治州中级人民法院 2003 年 5 月 12 日民事判决书

第一百三十七条 【股份转让的概念】

【股权转让协议与股权挂靠或代持行为的判定】

申银万国证券股份有限公司诉上海国宏置业有限公司财产权属纠纷案：上海市高级人民法院 2009 年 8 月 7 日民事判决书（《最高人民法院公报》2010 年第 3 期（总第 161 期））

【非上市公司未经批准向不特定公众转让股权的性质判定】

上海市浦东新区人民检察院诉上海安基生物科技股份有限公司、郑戈擅自发行股票案：上海市浦东新区人民法院 2009 年 9 月 24 日刑事判决书（《最高人民法院公报》2010 年第 9 期（总第 167 期））

【放弃股票认购权，不是股票转让行为】

孙吉金诉刘精兵股票确权案：湖南省岳阳市中级人民法院（1998）岳中民再终字第 65 号民事判决书

第一百四十一条 【特定持有人的股份转让】

【发起人可以在股份禁售期内签订协议，将股权委托给未来的受让方行使】

张桂平诉王华股份转让合同案：江苏省高级人民法院 2005 年 12 月 6 日民事判决书（《最高人民法院公报》2007 年第 5 期（总第 127 期））

第一百四十二条 【股份回购】

【回购公司股份决议无法通过时的处理】

强制收购广东恒通集团股份有限公司持有的股份以抵顶其债务执行案：江苏省无锡市中级人民法院 2001 年 4 月 28 日民事裁定书（《最高人民法院公报》2001 年第 6 期（总第 74 期））

第一百四十七条 【董监高的义务】

1. 忠实义务的判定及其他

【高级管理人员在任职期间投资成立了与所任职公司同类业务的公司的行为，违反了对公司的忠实义务和勤勉义务】

图尔克（天津）传感器有限公司诉马利祥等损害公司利益责任纠纷案：天津市高级人民法院（2014）津高民二终字第0043号民事判决书

【公司高管任职期间负有保管公司证照的法定义务】

中青投资咨询（无锡）有限公司诉成之德等公司证照返还纠纷案：江苏省高级人民法院（2013）苏商外终字第0035号民事判决书

【企业行政经理诉请未签订劳动合同双倍工资补偿的应否支持】

丁涛诉浙江明星包装印刷有限公司劳动合同纠纷案：浙江省余姚市人民法院（2011）甬余民初字第2927号民事判决书

【公司法定代表人以公司名义向他人借款并以公司资产偿还的，未给该公司及股东造成损害】

孙永瑞诉范四新、靳群牛、青海省华侨装饰设计有限公司损害股东权益纠纷抗诉案：青海省高级人民法院（2010）青民再字第49号民事判决书

【公司高管人员履职行为损害公司权益的认定标准】

科科地光公司清算组与刘胜与公司有关的纠纷上诉案：湖北省高级人民法院（2007）鄂民一终字第68号民事调解书（《人民司法·案例》2008年第20期）

【董事应当履行股东会决议，向公司返还证照和印鉴等物品】

南京实华建设工程监理有限公司诉晏毓诚董事损害公司利益案：南京市中级人民法院（2002）宁经终字第100号民事判决书

2. 勤勉义务的标准

【勤勉义务是否包括识别网络诈骗，需综合多方面情况进行考虑】

北京东方网信科技股份有限公司诉何咏泽损害公司利益责任案：北京市第一中级人民法院（2016）京01民终5551号民事判决书

【公司高级管理人员放任超标排放，致使公司受到行政处罚，公司可以要求其赔偿】

北京卓越华盛供热投资管理有限公司诉张彦涛损害公司利益赔偿案：北京市第一中级人民法院（2011）一中民终字第14843号民事判决书

【损失是由商业风险或外界因素所致的，不能认为高管违反勤勉义务】

北京妙鼎矿泉水有限公司诉王东春损害公司利益案：北京市门头沟区人民法院（2009）门民初字第4号民事判决书

【公司监事兼任高管的法律后果及其勤勉义务】

上海川流机电专用设备有限公司与李鑫华与公司有关的纠纷上诉案：上海市第一中级人民法院（2009）沪一中民三（商）终字第969号民事判决书（《人民司法·案例》2011年第2期）

【对董事违反勤勉义务的举证】

慈溪富盛化纤有限公司等诉施盛平损害股东利益责任纠纷案：浙江省慈溪市人民法院（2007）慈民二初字第519号民事判决书（《人民司法·案例》2009年第14期）

【违反勤勉义务的认定】

陈勇与北京联众保险代理有限公司技术委托开发合同纠纷上诉案

3. 商业判断规则的适用

【考量董事的责任，应当参照商业判断规则】

宫波等与孙超等公司利益责任纠纷上诉案：安徽省合肥市中级人民法院（2017）皖01民终7360号民事判决书

【董事会在其权限范围内，有权对公司对外投资进行考量及决策】

李尧奔与北京京西文化旅游股份有限公司公司决议效力确认纠纷上诉案：北京市第三中级人民法院（2017）京03民终7216号民事判决书

【董事合理的商业决策，须得到法院的尊重】

湖北恩施铁连物资贸易有限公司诉张杰等损害公司利益责任纠纷案：湖北省恩施土家族苗族自治州中级人民法院（2015）鄂恩施中民终字第00457号民事判决书

【董事基于公司经营状况作出商业决策的权利，受到法律的保护，无须承担责任】

衡阳市南东有色金属有限公司与湖南安化渣滓溪矿业有限公司、溆浦县华能矿业有限公司侵害股东利益责任纠纷案：湖南省高级人民法院（2014）湘高法民二终字第73号民事判决书

【属于商业判断的各类情形】

江苏中恒纺织有限责任公司等诉三星贸易（上海）有限公司买卖合同纠纷案：上海市第一中级人民法院（2017）沪01民终13081号民事判决书

徐晓龙与新疆亚投联合社会经济咨询有限公司公司盈余分配纠纷案：新疆维吾尔自治区乌鲁木齐市天山区人民法院（2017）新0102民初8693号民事判决书

原告戴伍来与被告南京朗科化工有限公司公司盈余分配纠纷案：江苏省南京市鼓楼区人民法院（2015）鼓商初字第2252号民事判决书

第一百四十八条 【忠实义务的违反】

1. 竞业禁止义务

【董事、高管无权协议免除自身的竞业禁止义务】

梁某与蔡某等竞业限制纠纷再审案：上海市高级人民法院（2016）沪02民再26号民事判决书（《人民司法·案例》2017年第11期）

【董事高管违反忠实义务的"收入"认定】

鑫波食品（上海）有限公司诉宋海某损害公司利益责任纠纷案：上海市第二中级人民法院（2015）沪二中民四（商）终字第793号民事判决书

【公司法上股东、高级管理人员的竞业禁止之认定及处理】

泉州鲤城飞捷无线电有限公司与苏明杰等损害公司利益责任纠纷上诉案：福建省泉州市中级人民法院（2015）泉民终字第1817号民事判决书

【股份合作制企业的董事在离任后从事同类经营活动，原企业对该行为无内部规定，也无证据证明该董事利用原职务侵占其利益，要求该董事承担赔偿责任，不予支持】

李世江与荣成市铸钢厂权益纠纷申请案：最高人民法院（2013）民提字第129号民事判决书

【竞业禁止义务的认定及其责任承担】

北京法博洋国际科技发展有限公司诉陈锡联损害公司利益责任纠纷案：北京市第一中级人民法院（2013）一中民初字第13957号民事判决书

【慎用规章制度规定竞业限制条款】

江阴市新昶虹继电有限公司与方春红竞业限制纠纷上诉案：江苏省无锡市中级人民法院（2012）锡民终字第0723号民事判决书（《人民司法·案例》2013年第14期）

【公司高级管理人员离职后竞业禁止的认定】

上海水生环境工程有限公司诉谢平损害公司利益赔偿案：上海市第二中级人民法院（2011）沪二中民四（商）终字第1341号民事调解书

【公司实际控制人在经营管理公司期间经营与公司同类业务并与公司进行交易，损害公司利益的，构成侵权】

西宁喜丰农业科技服务有限责任公司诉张镇华等损害公司利益案：青海省西宁市中级人民法院（2009）宁民二初字第81号民事判决书

【公司董事的竞业禁止义务】

福建亚通公司等诉刘道敏等与公司有关的纠纷案：辽宁省沈阳市中级人民法院（2006）沈中民四权初字第1号民事判决书（《人民司法·案例》2007年第10期）

【公司高级管理人员经公司盖章认可自行设立与会司经营范围基本相同的其他公司，并利用职务便利使公司与该其他公司签订买卖合同，该合同应认定无效】

无锡微研有限公司诉徐乃洪等买卖合同纠纷案：江苏省无锡市滨湖区人民法院（2006）锡滨民二初字第0810号民事判决书

【经理在任职期间，与他人共同出资设立与任职公司营业相同的公司，且又对新设立公司具有经营管理权的，违反了竞业禁止义务】

北京某房地产开发有限公司诉苏某某损害公司利益案：北京市第一中级人民法院（2005）一中民终字第12260号民事判决书

【如何理解离职以后竞业禁止的限制】

上海申茂电磁线厂诉王龙宝、上海胜茂线材有限公司等损害公司利益案：上海市第一中级人民法院（2003）沪一中民三（商）终字第399号民事裁定书

【自然人先后成立了经营范围相同的有限公司，应当依据在先成立的法人章程规定的其作为高管竞业禁止的内容而承担赔偿责任】

秦皇岛爱迪电力技术有限责任公司诉高俊华等损害公司权益案：河北省秦皇岛经济技术开发区人民法院(2003)秦开经初字第588号民事判决书

【法定代表人的行为已经董事会讨论决定，属于公司集体行为，不是个人行为，不能要求其承担赔偿责任】

叶建民诉惠州市新世纪建化有限公司财产损害赔偿纠纷案：广东省惠州市中级人民法院(2002)惠中法民一终字第322号民事判决书

【公司的董事投资兴办其他公司，经营与任职公司相同的业务，违反了竞业禁止的规定】

上海凯普登工业气体设备有限公司诉许才林侵权赔偿纠纷案：上海市浦东新区人民法院(1999)浦经初字第4879号民事判决书

【监事离开原公司后开设与原公司经营范围相同的新公司，没有违反竞业禁止义务】

上海晶人玻璃机械有限公司诉姚某某公司高级管理人员损害公司利益赔偿纠纷案

2. 禁止自我交易等其他忠实义务

【公司高级管理人员违反忠实义务损害公司利益的认定】

客贝利(厦门)休闲用品有限公司诉夏涛等损害公司利益责任纠纷案：福建省厦门市中级人民法院(2014)厦民终字第2136号民事判决书

【公司总经理违背忠实义务侵犯公司的商业机会的，应当赔偿损失】

中冶全泰(北京)工程科技有限公司诉丛爱民等公司高级管理人员损害公司利益赔偿案：北京市第一中级人民法院(2010)一中民终字第10249号民事判决书

【谋取属于公司的商业机会的认定】

浙江省宁波市科技园区新华信息技术有限公司诉徐利建等与公司有关的纠纷案：浙江省宁波市鄞州区人民法院(2007)甬鄞民二初字第2号民事判决书(《人民司法·案例》2008年第8期)

【两家公司转让商标时，第三人同时是两家公司的股东和法定代表人，此时转让商标的行为，不是转让人公司的真实意思表示，损害了该公司的正当利益】

北京世都百货有限责任公司诉北京世都同盟商业管理有限公司商标转让合同纠纷案：北京市第一中级人民法院(2000)一中知初字第14号民事判决书

第一百四十九条 【董监高的损害赔偿责任】

【损害公司利益赔偿范围的认定】

李建军诉夏敏损害公司利益赔偿案：北京市第二中级人民法院(2016)京02民终2813号民事判决书

【公司法定代表人违反公司章程的管理行为应认定为违反了公司高管的忠诚、勤勉义务】

四川省安泰建设有限责任公司诉王天雄等侵害企业出资人权利纠纷案：四川省盐亭县人民法

院（2013）盐民初字第1042号民事判决书（四川高院首次发布商事审判典型案例之五）

【公司高级管理人员违反勤勉义务的司法认定】

重庆东亚防水建材有限公司与杨桂泽劳动合同纠纷上诉案：重庆市第一中级人民法院（2012）渝一中法民终字第4533号民事判决书（《人民司法·案例》2013年第6期）

【公司不按规定披露的，该公司及其直接责任人员可构成违规不披露重要信息罪】

于在青隐瞒上市公司为他人提供担保的重要信息构成违规不披露重要信息罪案：江苏省扬州市邗江区人民法院（2012）扬邗刑初字第0005号刑事判决书

【高管操控下公司间债务转移协议效力的认定标准】

智途公司与帝红能公司债务转移纠纷上诉案：上海市第一中级人民法院（2011）沪一中民四（商）终字第1949号民事调解书（《人民司法·案例》2012年第14期）

【勤勉义务规则的司法适用】

北京怡和百生科贸有限公司诉刘秋曼损害公司利益责任纠纷案：北京市东城区人民法院（2011）东民初字第00883号民事判决书（《人民司法·案例》2012年第2期）

【违反忠实义务，可构成背信损害上市公司利益罪】

王忠信背信损害上市公司利益案：陕西省高级人民法院（2010）陕刑二终字第20号刑事裁定书

【公司总经理消极不作为的侵权】

薛雯与北京国际艺苑有限公司损害公司利益纠纷上诉案：北京市第二中级人民法院（2008）二中民终字第03331号民事判决书（《人民司法·案例》2010年第2期）

【有限公司因经营决策失误而导致亏损，随后公司以高级管理人员存在不负责任行为损害了公司利益为由要求其承担损失赔偿责任的，不予支持】

云南鑫和泰药业有限公司诉周志飞公司经理损害公司利益案：云南省昆明市盘龙区人民法院（2007）盘法民三初字第541号民事判决书

【公司董事以发奖金的名义将公司违法所得私分，公司监事明确表示不予起诉的，其他股东可以提起股东代表诉讼】

李孝忠等诉金荣中等公司董事、监事、高管人员损害公司利益赔偿纠纷返还公司财物案：重庆市南川区（市）人民法院2006年9月18日民事判决书

【公司聘用的高级管理人员或财务人员在被解聘以后，如何举证证明其在履行职务期间是否实际控制了公司的印章、证照及财务资料等，且被解聘后还实际占有了上述公司财物没有交还】

南京埃玛克化学有限公司诉李笃祥等侵害公司权益案：南京市江宁区人民法院（2005）江宁民二初字第511号民事判决书

【投资公司的董事不能对其投资成立的公司的高级管理人员提起诉讼】

詹德懿等诉陈蔡春咏等董事损害公司利益、公司知情权、公司盈余分配权案：广东省汕头市中级人民法院（2004）汕中法民四初字第66号民事判决书

【对总经理任职期间多提奖金的不当行为的认定】

秦皇岛新谊工程有限公司诉章伟云损害公司利益案：河北省高级人民法院（2002）民二终字第130号民事判决书

【总经理没有撤销公司商标注册申请的职权】

淮安市好人缘酒业有限公司诉郑兆国董事、监事、经理损害公司利益案：江苏省淮安市中级人民法院（2002）淮经终字第35号民事判决书

第一百五十一条　【股东代表诉讼】

【股东提起股东代表诉讼应满足诉讼前置程序】

海南盛鼎实业有限公司诉徐州市国盛投资控股有限公司、赵某等损害公司利益责任纠纷上诉案：最高人民法院（2017）最高法民终417号民事裁定书

【股东代表诉讼和股权质押合同】

张建芳诉杨振武、云南物流产业集团投资控股有限公司损害股东利益案：云南省昆明市中级人民法院（2016）云01民终2034号民事判决书

【股东代表诉讼的起诉条件】

韦柱正等与欧丽华等损害公司利益责任纠纷上诉案：广东省广州市中级人民法院（2016）粤01民终2265号民事判决书

【第三人针对仲裁裁决存在法定情形时的救济途径】

董永康等与张丽娟损害公司利益责任纠纷上诉案：江苏省高级人民法院（2015）苏商终字第00511号民事判决书

【股东派生诉讼中的责任承担形式不应限于损害赔偿】

健康解决方案（国际）有限公司与程胜求返还原物纠纷上诉案：上海市第二中级人民法院（2014）沪二中民四（商）终字第S543号民事判决书（《人民司法·案例》2015年第4期）

【股东代表诉讼属于公司诉讼，由公司住所地法院管辖】

孙景运与洪华损害公司利益责任纠纷管辖权异议案：北京市第二中级人民法院（2014）二中民终字第5499号民事裁定书

【公司法和侵权责任法的适用关系，以及股东派生诉讼的要件】

华城地产集团有限公司与杭州开元房地产集团有限公司、开元旅业集团有限公司等损害公司利益责任纠纷案（浙江法院2013年涉企案件审判十大典型案例之三）

【符合条件的公司股东可以依法提起股东代表诉讼】

香港帕拉沃工业有限公司（BRAVEWARD INDUSTRIAL COMPANY LIMITED）与北京昆泰房地产开发集团有限公司股东代表诉讼纠纷上诉案：最高人民法院（2013）民四终字第46号民事裁定书

【股东代表诉讼的法律后果由公司承担，利益归于公司】

胡敬华诉郭虹均等损害公司利益责任纠纷案：福建省厦门市中级人民法院（2013）厦民终字

第785号民事判决书

【股东代表诉讼中对获取商业机会正当性的判断】

林承恩与李江山等损害公司利益纠纷案：最高人民法院（2012）民四终字第15号民事判决书（《最高人民法院公报》2014年第11期（总第217期））

【有限责任公司股东代表诉讼的相关法律问题】

陈世华等与韦跃公司纠纷再审案：重庆市高级人民法院（2012）渝高法民提字第00091号民事判决书（《人民司法·案例》2013年第8期）

【股东不能同案提起股东派生诉讼和股东直接诉讼】

重庆利豪实业发展有限公司与郭军等侵害股东权益纠纷上诉案：重庆市第五中级人民法院（2011）渝五中法民终字第3948号民事裁定书（《人民司法·案例》2012年第10期）

【股东代表诉讼制度在执行程序中的适用】

郑红星等与邱贵森损害股东利益责任纠纷执行案：广东省高级人民法院（2012）粤高法执复字第8号民事裁定书（《人民司法·案例》2012年第8期）

【股东在行政审判中可依法提起股东代表诉讼】

郭某海、郭某龙诉儋州市人民政府土地行政登记案：海南省第二中级人民法院（2012）海南二中行终字第13号民事裁定书

【监事会可以以自己名义，依法对董事和高管提起诉讼】

北京艺进娱辉科技投资股份有限公司监事会诉王莘等损害公司利益责任案：北京市第一中级人民法院（2012）一中民终字第1751号民事裁定书

【股东派生诉讼中的案由并不局限于损害赔偿纠纷】

周洪梅等与林万平等损害股东利益责任纠纷上诉案：福建省厦门市中级人民法院（2010）厦民终字第452号民事裁定书（《人民司法·案例》2011年第18期）

【公司监事同时又是股东，当其提起派生诉讼时，亦应适用前置程序】

蔡创华与陈景良股东派生诉讼纠纷上诉案：广东省广州市中级人民法院（2010）穗中法民二终字第2152号民事裁定书

【股东代表诉讼的提起应先履行前置程序或提供紧急情况的依据】

汇丰控股有限公司与朱栋山（CHEE T SUN）股东代表诉讼纠纷上诉案：江苏省高级人民法院（2010）苏商外终字第0046号民事裁定书

【公司股东纠纷中的仲裁条款效力仅限于公司股东之间，而公司的股东与高级管理人员、董事、监事之间则不受该仲裁条款约束】

北京华联集团投资控股有限公司诉福慧网络科技（上海）有限公司等损害公司利益赔偿管辖权异议案：北京市第二中级人民法院（2009）二中民初字第04906号民事裁定书

【股东代表诉讼调解协议的效力确认】

浙江和信电力开发有限公司、金华市大兴物资有限公司与通和置业投资有限公司、广厦控股

创业投资有限公司、上海富沃企业发展有限公司、第三人通和投资控股有限公司损害公司权益纠纷案：最高人民法院（2008）民二终字第123号民事调解书（《最高人民法院公报》2009年第6期（总第152期））

【公司股东分别在何种情况下可以提起直接诉讼或派生诉讼】

邵斐月诉宁波市镇海利天投资咨询有限公司、何中寸股权转让纠纷案：浙江省宁波市中级人民法院（2008）甬民三终字第648号民事判决书

【股东直接诉讼与股东代表诉讼的差异】

超力国际贸易控股公司（Supreme Trade Holdings Limited）与丘济平等与公司有关的纠纷上诉案：广东省高级人民法院（2007）粤高法民四终字第319号民事判决书（《人民司法·案例》2008年第20期）

【股东即使有证据证明其他股东侵犯了公司的合法权益，也无权要求该侵权股东直接向其承担赔偿责任】

山西省贸易行业管理办公室与山西同至人物贸集团有限公司企业股份合作合同纠纷案：最高人民法院（2007）民二终字第133号民事判决书

【高管人员违反义务侵害公司利益时，股东的救济途径】

吴林祥、陈华南诉翟晓明专利权纠纷案：江苏省高级人民法院2006年10月17日民事判决书（《最高人民法院公报》2008年第1期（总第135期））（《人民司法·案例》2009年第18期）

【股东代表诉讼的提起，应先履行前置程序】

汉唐集成股份有限公司诉陈石虎等损害公司利益案：北京市第二中级人民法院2006年12月18日民事裁定书

【股东直接诉讼与代表诉讼之区分】

中国科学院软件研究所与湖南湘投控股集团有限公司、中科软件集团有限公司损害公司利益纠纷案：最高人民法院（2006）民二终字第227号民事裁定书

【股东代表诉讼中，公司应当作为第三人的身份参加诉讼】

大连天河百盛购物中心有限公司与大连天河大厦有限公司财产损害赔偿纠纷案：最高人民法院（2005）民二终字第149号民事裁定书

【法定代表人私自拿走公司证照和财务单据，股东有权代表公司起诉，要求其返还】

张宝荣诉于刚等股东代表诉讼案：北京市朝阳区人民法院（2004）朝民初字第15966号民事判决书

【控股股东侵害公司利益，其他股东可以以自己名义提起诉讼】

沈关通等169名股东诉绍兴县物资总公司资产清算小组等股东不履行对公司义务案：浙江省绍兴市中级人民法院（2003）绍中民二初字第253号民事判决书

【公司控股股东抽逃出资的，其他股东可以直接向法院提起诉讼】

顺德市国信实业有限公司诉顺德市贸促信息有限公司损害公司权益案：广东省佛山市中级人

民法院(2003)佛中法民二终字第0169号民事判决书

【有权提起股东代表诉讼的原告，只能是公司的股东，不包括公司股东的股东或其他人】

陈荣达等诉吴大朝侵犯公司经营管理权案：福建省厦门市中级人民法院(2002)厦经终字第445号民事裁定书

【股东拖欠公司款项，而公司怠于行使诉权的，其他股东可以依法行使代位诉权】

大连盛道集团有限公司诉珠海市华丰集团食品工业(集团)有限公司股东代表诉讼案：广东省珠海市香洲区人民法院(2000)珠香经初字第1506号民事判决书

【小股东维护公司权益有权诉大股东】

上海市自来水公司等诉上海辉煌实业总公司等侵权案：上海市第一中级人民法院(1999)沪一中经初字第492号民事判决书

【股东为维护公司利益而提起的诉讼，其诉讼目的与本人不具有直接的利害关系，属于股东代表诉讼】

谭甲与黎乙、胡丙、黎丁、张戊、叶已及庚家居城有限公司侵权纠纷上诉案：最高人民法院民事裁定书

【股东提起股东代表诉讼而发生的合理费用，有权要求公司予以补偿】

陆某某等诉上海新誉化工有限公司损害公司利益责任案

【实际控制人的行为导致公司不履行股东会决议时，权利受损股东有权提起代表诉讼】

陈某等与华宇亚公司等确认并履行股东会决议纠纷上诉案

第一百五十二条 【股东直接诉讼】

【董事明知或应知协议并非公司真实意思表示，却在协议及董事会决议上签字，损害了股东利益，应当承担责任】

吉丰投资有限公司、浙江神鹰集团有限公司、诸暨丽悦度假村有限公司等损害股东利益责任纠纷案：浙江省绍兴市中级人民法院(2018)浙06民终554号民事判决书

【侵害股东利益的认定】

陈晓炜诉苏艺损害股东利益责任案：福建省厦门市中级人民法院(2015)厦民终字第3267号民事判决书

【股东直接诉讼只有股东利益直接受到侵害的情况下才可以提起】

TAT Co., ltd(韩国TAT公司)与陆致成损害公司利益责任纠纷上诉案：北京市高级人民法院(2010)高民终字第534号民事判决书

【股东直接诉讼中的法律问题】

陕西省西安市建筑工程总公司房地产开发公司与周钱浩与公司有关的纠纷上诉案：陕西省西安市中级人民法院(2006)西民四终字第288号民事裁定书(《人民司法·案例》2007年第24期)

第一百六十六条 【公积金】

【资本公积金属于公司资产，无正当理由转出后，应认定属于抽逃出资，理应予以返还】

银基烯碳新材料集团股份有限公司与连云港市丽港稀土实业有限公司、李某沛、李某、狄某廷公司增资纠纷上诉案：最高人民法院(2018)最高法民终393号民事判决书

【股东之间的协议不能认定公司存在盈余】

乔宗华诉廖书华等公司盈余分配案：江苏省建湖县人民法院(2016)苏0925民初3657号民事判决书

【变相分配公司资产的股东会决议无效】

谢安等与安徽兴达化工有限责任公司损害股东利益责任纠纷上诉案：安徽省合肥市中级人民法院(2014)合民二终字第00036号民事判决书(《人民司法·案例》2015年第22期)

【未提取法定公积金即分配利润，构成损害公司利益】

董万东诉蔡建锋等损害公司利益纠纷案：北京市门头沟区人民法院(2014)门民初字第433号民事判决书

【股东实际出资大于其应缴注册资本的部分，应认定为资本溢价，属于企业资本公积金的范畴】

江门市江建建筑有限公司与江门市金华物业投资管理有限公司等执行异议之诉申请案：最高人民法院(2013)民提字第226号民事判决书

【公司税后利润分配方案之与股东会决议效力的影响】

唐山世博大厦有限公司诉北京科技园置业股份有限公司等公司决议效力确认纠纷案：北京市第一中级人民法院(2011)一中民终字第14680号民事判决书

【公司无可供分配利润而通过决议把分配给股东的利润份额以借据的形式载明，盈余分配关系并非当然地转化为债权债务关系】

郑国凤诉淮安第一钢结构有限公司公司盈余分配纠纷案：江苏省淮安市中级人民法院(原江苏省淮阴市中级人民法院)(2011)淮中商终字第2号民事判决书

【股东未经股东会决议而要求分配公司盈余的起诉，不属于人民法院受理范围】

金福平诉济源裕恒工贸有限公司请求分配公司盈余因未依据股东会决议被驳回起诉案：河南省济源市中级人民法院(2004)济中民一终字第359号民事裁定书

【因合营公司仅对其中一个股东分配利润，拒绝向另一股东分配，公司存在侵权，故股东能够行使股利分配请求权】

南辉实业公司诉尼康电子有限公司盈余分配权案：安徽省合肥市中级人民法院(2004)民四终字第02号民事判决书

【公司经股东会决议将剩余利润用于发展再生产，与法律不相违背】

郭朝绪与上海赛洋纺织科技有限公司等股东利润分配纠纷上诉案：上海市第二中级人民法院(2000)沪二中经终字第280号民事判决书

第一百六十七条 【股份有限公司的资本公积金】

【公司因接受赠与而增加的资本公积金，属于公司所有，是公司的资产】

兰州神骏物流有限公司与兰州民百（集团）股份有限公司侵权纠纷案：最高人民法院（2009）民二终字第75号民事判决书（《最高人民法院公报》2010年第2期（总第160期））

第一百七十二条 【公司的合并】

【被兼并的主体未被注销，不影响兼并协议的效力】

中国信达资产管理公司太原办事处与华懋中发企业投资发展有限公司、中国中小企业投资有限公司、太原鑫龙人造革厂企业兼并合同纠纷案：最高人民法院（2006）民二终字第108号民事判决书

【因双方过错致使合同目的不能实现的，可以解除合同】

中国远大集团有限责任公司与天津市一轻集团（控股）有限公司、天津远大感光材料公司、中国东方资产管理公司天津办事处、中国工商银行天津市分行广厦支行公司合并纠纷案：最高人民法院（2005）民二终字第38号民事判决书

【侵害国家利益的兼并协议是无效的】

新疆维吾尔自治区民政厅诉乌鲁木齐市阳光投资集团有限公司兼并合同案：新疆维吾尔自治区高级人民法院（2002）新民二终字第21号民事判决书

【合营企业收购协议的主体及效力判定】

大安实业有限责任公司诉海天水产公司、海康达生物技术开发公司、宝通建业有限公司企业收购合同纠纷案：北京市高级人民法院2001年民事判决书（《最高人民法院公报》2002年第2期（总第76期））

【合并事实的认定】

贵州醇酒厂与兴义市民族商品厂合并纠纷案：最高人民法院（2001）民二终字第171号民事判决书

【并购人以承担债务的方式兼并第三人，并为此与第三人的债权人签订了《还款协议》，承诺第三人原欠债权人的债务由并购人承担，该承诺为真实意思表示，并购人应依其承诺向债权人偿付此项债务】

海国投工业开发股份有限公司诉联大集团有限公司债务纠纷案：海南省海口市中级人民法院（2001）海中法经初字第15号民事判决书

【兼并协议解除后，应返还被兼并企业】

儋州市国有资产管理局诉海南省洋浦农贸开发总公司企业兼并合同纠纷案：海南省海南中级人民法院（2000）海南经初字第21号民事判决书

济南市市中区人民政府经七路街道办事处与山东比昂实业有限公司解除兼并协议纠纷案：山东省济南市市中区人民法院（1999）市经初字第2063号民事判决书

【守约方有权要求违约方继续履行兼并协议】

韶关市医药管理局诉南海市黄岐企业集团公司企业兼并合同纠纷案：广东省韶关市北江区人民法院(2000)韶北法经初字第157号民事判决书

【形式瑕疵不足以否定兼并协议的效力】

莫方德等与德阳劳动防护用品实业公司企业兼并合同纠纷案：最高人民法院(1999)经终字第234号民事判决书

【承担债务式兼并的含义】

上海液压气动总公司诉上海华联超市公司企业兼并纠纷案：上海市第一中级人民法院(1997)沪一中经终字第1021号民事判决书

第一百七十四条 【公司合并债权债务的继受】

【企业改制后，债权人对债务人变更的认可】

中国农业银行哈尔滨市太平支行与哈尔滨松花江奶牛有限责任公司、哈尔滨工大集团股份有限公司、哈尔滨中隆会计师事务所有限公司借款合同纠纷案：最高人民法院(2007)民二终字第178号民事判决书(《最高人民法院公报》2008年第9期(总第143期))

【原企业债务的承担问题应尊重当事人的约定，债务人通知债权人并同债权人达成协议确定债务主体的应依当事人的约定，否则债权人有权向组建的新公司主张权利】

中国科技证券有限责任公司与张家港市农村商业银行股份有限公司、中国科技国际信托投资有限责任公司特种金融债券兑付纠纷上诉案：最高人民法院(2004)民二终字第198号民事判决书

【承担保证责任的企业以整体资产划拨方式成为接收企业的附属企业，接收企业在未取得债权人同意的情况下，以经营性资产为出资设立新公司的，应当在接收资产范围内对保证债务承担连带清偿责任】

信达公司合肥办事处诉中国医药集团总公司等借款担保合同纠纷案：最高人民法院(2004)民二终字第54号民事判决书(《最高人民法院公报》2004年第12期(总第98期))

【未转移债务的债权人，有权要求改制企业和接收改制企业财产的新公司承担偿还责任】

工商银行山东分行诉信诚公司等借款合同纠纷案：最高人民法院(2003)民二终字第106号民事判决书(《最高人民法院公报》2004年第11期(总第97期))

【公司合并时债权债务的承继，是法律的要求，并非由当事人安排】

西藏赛亚经贸服务公司诉中国银行西藏自治区分行借款合同纠纷案：西藏自治区高级人民法院(2003)藏民二终字第03号民事裁定书

【先合并、然后直接破产的公司终止方式违反公司合并制度立法目的】

乙公司与甲公司股东损害公司债权人利益责任纠纷案(江苏法院公司审判十大案例之八)

第一百七十五条 【公司的分立】

【公司分立时财产评估时点的确定】

河南中光学集团有限公司与南阳市卧龙光学有限公司公司分立纠纷上诉案：河南省南阳市中级人民法院（2014）南民二终字第01157号民事判决书

【没有按照法律规定的事项履行相应的程序，不具备公司分立的实质要件和形式要件】

洛阳明鉴资产评估事务所有限公司诉洛阳明鉴会计师事务所有限公司公司分立纠纷案：河南省高级人民法院（2013）豫法立二民申字第02282号民事裁定书

【公司以保留独立法人身份为前提，将全部生产经营要素投入新公司，属于公司分立的行为】

成都龙泉瑞丰包装有限责任公司诉成都敖天雪食品有限公司、成都新敖天雪食品有限公司买卖合同纠纷案：四川省成都市武侯区人民法院（2012）武侯民初字第4808号民事判决书

【承租人对通过公司分立转移的房产不享有优先购买权】

宁波博仑渔港大酒店有限公司诉宁波经济技术开发区北仑电力实业有限责任公司等租赁合同纠纷案：浙江省宁波市北仑区人民法院（2009）甬仑民初字第1892号民事判决书（《人民司法·案例》2010年第8期）

【公司分立和转投资的区别与认定】

江苏省南京市县郊化工公司与朝阳减水剂厂与公司有关的纠纷上诉案：江苏省南京市中级人民法院（2007）宁民二终字第152号民事判决书

【公司派生分立中违约之诉的当事人资格】

黄建平等与刘韬等与公司有关的纠纷上诉案：广东省珠海市中级人民法院（2006）珠中法民二终字第121号民事裁定书（《人民司法·案例》2007年第24期）

【公司分立协议有效，但是有关债权债务处理及财产分割等条款，因违反法律关于公司解散应当成立清算组清算的规定，应认定无效】

阳泉煤业（集团）有限责任公司等诉山东省招远市水泥厂等企业分立合同案：海南省高级人民法院（2002）琼民二终字第40号民事判决书

第一百七十六条 【公司分立前的债务承担】

【公司分立前的债务，应当由分立后的公司承担】

中国汽车贸易总公司诉海南黄金海岸集团有限公司等房屋确权纠纷案：海南省海口市中级人民法院（2001）海中法民初字第23号民事判决书

第一百七十七条 【公司减资】

【未通知债权人的减资实质上构成了瑕疵减资，得以抽逃出资类推股东瑕疵减资的法律责任】

怀文斌曾三雄等民间借贷纠纷案：湖北省武汉市中级人民法院（2018）鄂01民终134号民事判决书（《人民司法·案例》2018年第26期）

【不同比减资应以全体股东一致决为原则】

江阴联通实业有限公司与陈玉和公司决议效力确认纠纷上诉案：江苏省无锡市中级人民法院（2017）苏02民终1313号民事判决书（《人民司法·案例》2018年第35期）

【股东瑕疵减资的责任承担】

曹某与实友公司等公司减资纠纷上诉案：北京市第三中级人民法院（2017）京03民终13422号民事判决书（《人民司法·案例》2018年第20期）

【符合破产条件时的违规减资对减资前债权人无效】

浙江省慈溪市工业品批发市场经营服务有限公司诉浙江省宁波越溪置业股份有限公司公司决议效力确认纠纷案：浙江省慈溪市人民法院（2017）浙0282民初8159号民事判决书（《人民司法·案例》2018年第14期）

【公司未依法定程序减资股东应对公司债权人承担补充赔偿责任】

盛通公司诉河北联合公司等承揽合同纠纷案：北京市第二中级人民法院（2016）京02民终9424号民事判决书

【公司减资时应通知债权人，未依法通知的，公司股东应对债权人承担补充赔偿责任】

上海德力西集团有限公司诉江苏博恩世通高科有限公司、冯军、上海博恩世通光电股份有限公司买卖合同纠纷案：上海市第二中级人民法院（2016）沪02民终10330号民事判决书（《最高人民法院公报》2017年第11期（总第253期））

【认缴出资期限届满前，公司作出减资决议而未依法通知债权人的，股东在减资范围内对公司债务承担补充赔偿责任】

江苏万丰光伏有限公司诉上海广力投资管理有限公司、丁烜焜等买卖合同纠纷案：江苏省高级人民法院（2015）苏商终字第00140号民事判决书（《最高人民法院公报》2018年第12期（总第266期））

【公司股东无权直接起诉公司要求进行减资并分配减资款】

许宏茂诉苏州炭黑厂有限公司公司减资纠纷案：江苏省苏州市平江区人民法院（2011）平商初字第0066号民事判决书

【有限责任公司减资违反通知义务与股东责任承担】

冀书春与五矿钢铁有限责任公司公司减资纠纷上诉案：北京市第一中级人民法院（2011）一中民终字第6388号民事判决（《人民司法·案例》2011年第16期）

【有限责任公司违法减资时股东对公司债权人的民事责任】

刘春辉诉白华榕等公司减资纠纷案：北京市第一中级人民法院（2011）一中民终字第10849号民事判决书

第一百七十八条 【公司增资】

【公司纠纷中目标公司基于第三人利益合同享有独立请求权】

青岛艺华绣品有限公司与利敦新港（青岛）家纺有限公司等增资纠纷上诉案：山东省高级人

民法院(2014)鲁民四终字第60号民事裁定书

【虚拟增资降低公司股东持股比例的增资行为无效，股东持股比例不变】

黄伟忠诉陈强庆等股东资格确认案：上海市第二中级人民法院2013年4月11日民事判决书(《最高人民法院公报》2015年第5期(总第223期))

【以合法形式掩盖非法目的的增资协议，应认定无效】

余盛与贵州泰邦生物制品有限责任公司等股权确认、盈余分配纠纷上诉案：最高人民法院(2013)民二终字第19号民事判决书

【民间融资投资活动的估值调整机制要遵守公司法和合同法的规定】

厦门金泰九鼎股权投资合伙企业(有限合伙)与被告骆鸿、江西旭阳雷迪高科技股份有限公司公司增资纠纷案(福建法院2015年度十大典型案件发布之六)

【增资协议已实际履行，投资人不能以公司及原股东的承诺否认增资的效力】

宁夏广播电视网络有限公司与宁夏鸿雪隆房地产开发有限公司、徐红学、王静、何勇合同纠纷案：最高人民法院(2011)民二终字第54号民事判决书

【虚假出资的新增股东对公司旧债应否承担责任】

中国信达资产管理公司广州办事处与西宁国新投资控股有限公司借款合同纠纷上诉案：广东省高级人民法院(2006)粤高法民二终字第169号民事判决书(《人民司法·案例》2007年第18期)

第一百八十条 【公司解散原因】

【公司被吊销营业执照属于行政机关强制解散，公司无权再提起司法解散之诉】

大庆中马嘉友生物科技有限公司与大庆市大同医药有限责任公司公司解散纠纷上诉案：黑龙江省高院(2014)黑涉港商终字第5号民事裁定书

【公司解散诉讼的受理条件】

王祥桦诉鹤山市亚富奇摩科技有限公司解散公司纠纷案：江门市中级人民法院(2008)江中法立民终字第197号民事裁定书

【章程规定的解散事由出现时，公司即可解散】

陈德勇诉南京轻研机电发展有限公司解散公司案：南京市白下区人民法院(2006)白民二初字第328号民事判决书

【集体企业性质的公司解散后而未进行清算的情况下，债务如何承担】

黄金南诉无为县姚沟建筑安装工程有限公司、无为县姚沟镇人民政府公司解散责任承担纠纷案：安徽省巢湖市中级人民法院(2008)巢民三终字第152号民事判决书

【仲裁机构裁决解散公司没有法律依据，属于无权仲裁】

中海石油化学股份有限公司与山西华鹿阳坡泉煤矿有限公司等公司解散纠纷再审申请案：最高人民法院(2016)最高法民再202号裁定书

第一百八十二条 【司法解散】

【公司解散的目的是维护小股东的合法权益】

吉林荟冠投资有限公司及第三人东证融成资本管理有限公司与长春东北亚物流有限公司、第三人董占琴公司解散纠纷案：最高人民法院(2017)最高法民申2148号民事裁定书(《最高人民法院公报》2018年第7期(总第261期))

【股东均无继续经营管理公司的意愿与行为时，可以认定为“经营管理发生其他严重困难”】

天津大洋物流有限公司等诉怡海(天津)投资有限公司公司解散纠纷案：天津市第二中级人民法院(2017)津02民终5716号民事判决书(《天津市高级人民法院公报》2018年第1辑(总第18辑))

【公司解散诉讼中“经营管理困难”的司法认定】

王保平诉天津澳利矿产有限公司公司解散纠纷案：天津市第二中级人民法院(2016)津02民终2669号民事判决书(《天津市高级人民法院公报》2017年第1辑(总第16辑))

【公司解散纠纷中股东利益的保护】

沈启祥诉海门市苏兴化工贸易有限公司公司解散案：江苏省南通市中级人民法院(2016)苏06民终2613号民事判决书

【股东认可冲突不可调和是否属于经营管理发生其他严重困难情形】

郭仕启诉北京优尼凯尔科技有限公司公司解散案：北京市朝阳区人民法院(2016)京0105民初字第59084号民事判决书

【公司经营管理发生严重困难的司法判断】

江苏省苏州弘健生物技术有限公司与浙江省台州弘正投资有限公司等公司解散纠纷上诉案：江苏省高级人民法院(2015)苏商终字第00161号民事判决书(《人民司法·案例》2017年第32期)

【隐名股东不能提起公司解散之诉】

沈某芬等诉深圳某五金塑胶有限公司公司解散纠纷案：广东省深圳市前海合作区人民法院(2015)深前法涉外民初字第73号民事裁定书(《人民司法·案例》2016年第5期)

【股东请求解散公司之诉中的条件审查】

列海权与广东省清远市利源环保科技有限公司股权转让纠纷上诉案广东省高级人民法院(2015)粤高法民二终字第1040号民事判决书(《人民司法·案例》2016年第23期)

【中外合资经营公司解散的条件】

马塞尔·若尼·欧斯特维与宁波北仑宇创机械工业有限公司公司解散纠纷上诉案：浙江省宁波市中级人民法院(2015)甬仑商外终字第45号民事判决书(《人民司法·案例》2016年第5期)

【运用法律原则裁判公司僵局】

豪迈尔(北京)能源科技开发有限公司与中石油昆仑天然气利用有限公司等股东资格确认纠纷上诉案：山东省菏泽地区(市)中级人民法院(2015)菏商终字第277号民事判决书(《人民司

法·案例》2015年第22期）

【合伙企业解散的司法认定】

渠文姗诉支点事务所等合伙企业解散纠纷案：江苏省徐州市中级人民法院（2015）徐商终字第0807号民事判决书

【公司司法解散条件的认定】

上海高企电器有限公司与扬州中电制氢设备有限公司公司解散纠纷上诉案：江苏省扬州市中级人民法院（2015）扬商终字第00365号民事判决书

邓坤耀与中山市显利机械制造有限公司公司解散纠纷上诉案：广东省中山市人民法院（2015）中中法民二终字第694号民事判决书

赵峰诉北京卡迪斯医疗科技有限公司公司解散纠纷案：北京市西城区人民法院（2015）西民（商）初字655号民事判决书

陈锡联与北京法博洋国际科技发展有限公司等公司解散纠纷上诉案：北京市高级人民法院（2014）高民终字第1129号民事判决书

励佩燕诉宁波市华盈投资有限公司、第三人沈宏辉、李宇凡公司解散纠纷案：宁波市中级人民法院（2012）浙甬商终字第155号民事判决书

向阳清等诉五峰源升水电发展有限公司公司解散纠纷案：宜昌市中级人民法院（2011）宜中民二终字第00114号民事判决书

幸功飞与西安晖泰电子科技有限公司及许继英公司解散纠纷案：陕西省高级人民法院（2011）陕民二终字第00020号民事判决书

许承斌等诉广西香江资产经营管理有限公司解散公司案：广西壮族自治区高级人民法院（2009）桂民二终字第84号民事判决书

重庆正浩实业（集团）有限公司与重庆国能投资有限公司、重庆正浩机电工业有限公司股东知情权及公司解散纠纷案：最高人民法院（2007）民二终字第31号民事判决书

杭州大地农药有限公司与陈佩庄等解散公司纠纷上诉案：杭州市中级人民法院（2007）杭民二终字第198号民事判决书

王维国诉董小蕙股东内部不履行对公司义务、侵权赔偿、解散案：江西省萍乡市芦溪县（区）人民法院（2007）芦民二初字第5号民事判决书

厦门市美奂工贸有限公司诉欲望都市（厦门）餐饮有限公司等解散公司案：厦门市中级人民法院（2006）厦民终字第2288号民事判决书

【联营企业的司法解散问题可类推适用《公司法》相关规定】

天津市禽蛋服务公司等诉天津市何庄子肉类禽蛋水产批发交易市场企业解散纠纷案：天津市第二中级人民法院（2015）二中民三终字第30号民事裁定书

【经营管理“重大困难”的认定】

钱琴娣与常熟市二十一世纪经贸有限公司公司解散纠纷上诉案：江苏省苏州市中级人民法院

(2015)苏中商终字第00866号民事判决书

【另案判决和执行结果可能导致原告丧失提起公司解散之诉的条件，并不必然导致本案诉讼中止】

翁绳法诉武夷山市红梅竹木制品有限公司及第三人梁琪、施红梅公司解散纠纷案：福建省武夷山市人民法院(2014)武民初字第517号民事判决书

【项目公司因特许经营协议纠纷经营管理严重困难应予解散】

北京紫光投资管理有限公司与大同市达子沟煤矿矿井水回用工程项目部、大同市浦达水业有限公司解散纠纷案：陕西省高级人民法院(2014)晋商终字第15号民事判决书

【股东权益受损能否主张公司解散】

广州集草缘化妆品有限公司与林海新公司解散纠纷上诉案：广东省广州市中级人民法院(2014)穗中法民二终字第2045号民事判决书

【司法解散纠纷与合同纠纷的区别】

窑街煤电集团甘肃金能工贸有限责任公司与庆阳市陇原农机制造有限责任公司公司解散纠纷上诉案：肃省庆阳地区中级人民法院(2014)庆中民终字第673号民事判决书

【以优势股东行为损害小股东利益为由诉请解散公司，应认为不符合“通过其他途径不能解决”】

杨静诉北京华油力普科技有限公司、周苏湘公司解散纠纷案：北京市第三中级人民法院(2013)三中民终字第01705号民事判决书

【股东请求解散公司的诉讼管辖】

美国大陆管理有限公司诉陕西济生制药有限公司公司解散纠纷管辖异议案：陕西省宝鸡市中级人民法院(2013)宝市中法民三初字第00001号民事裁定书

【两股东各占公司50%的出资，只要双方意见存有分歧、互不配合，就无法形成有效表决，应认定为公司僵局】

广利恒小额贷款股份有限公司解散纠纷案：浙江省高级人民法院民事判决书(浙江法院2013年涉企案件审判十大典型案例之六)

【公司经营管理是否发生严重困难，应从公司组织机构的运行状态进行综合分析】

林方清诉常熟市凯莱实业有限公司、戴小明公司解散纠纷案(2012年4月9日《最高人民法院关于发布第二批指导性案例的通知》指导案例8号)

【公司虽处于盈利状态，但如股东会机制长期失灵，符合公司司法解散的法定条件，应予解散】

何金慧与勐海县宏福公司解散纠纷抗诉案：云南省高院(2012)云高民再终字第121号民事判决书

【公司僵局如有其他途径维持公司存续，不应轻易判决解散】

仕丰科技有限公司与富钧新型复合材料(太仓)有限公司、第三人永利集团有限公司解散纠

纷案：最高人民法院（2011）民四终字第 29 号民事判决书（《最高人民法院公报》2014 年第 2 期（总第 208 期））

【股东压迫情形下解散公司的司法认定】

马美华等诉无锡禾润泰服装有限公司公司解散案：无锡市中级人民法院（2011）锡商终字第 626 号民事判决书

【公司股东在产生矛盾的情况下，不能直接以公司陷入僵局为由申请解散公司】

潘灼焕等诉广西横县童乐周进水牛乳业有限公司公司解散案：南宁市中级人民法院（2011）南市民二终字第 330 号民事判决书

【即使没有召开股东会责任在原告，也不影响其提起解散的资格】

王丽荣诉秦皇岛中科钢结构紧固件检测有限公司公司解散案：秦皇岛市中级人民法院（2010）秦民四终字第 311 号民事判决书

【某一股东持股占绝对多数，一般无法达成股东会运行失效的情形而司法解散】

陈文胜诉福建省连江发利林果开发有限公司等公司解散案：福州市中级人民法院（2010）榕民终字第 2056 号民事判决书

【股东（大）会僵局构成公司解散要件的分析与认定】

裴益川等诉上海精彩文化传媒有限公司公司解散纠纷案：上海市黄浦区人民法院（2009）黄民二（商）初字第 5217 号（《人民司法·案例》2012 年第 2 期）

【司法解散中的原告拒绝协商出让股权，表明其未穷尽救济途径】

中国石油化工股份有限公司安徽石油分公司诉合肥桥庆石化有限公司公司解散纠纷案：安徽省合肥市中级人民法院（2009）合民二初字第 10 号民事判决书

【股东不得以财务管理不规范等非法定理由提出解散公司】

云南省烟草公司红河州公司诉云南红河神泉葡萄酒有限责任公司等公司解散案：云南省红河哈尼族彝族自治州中级人民法院（2009）红中民三终字第 426 号民事判决书

【经营管理是否发生严重问题的判断方法】

姚承发诉西宁金田商贸有限公司解散公司案：青海省西宁市中级人民法院（2009）宁民二初字第 80 号民事判决书

【解散公司诉讼的法律适用】

广沢美穗与日本国土防灾技术株式会社公司解散纠纷上诉案：广东省高级人民法院（2008）粤高法民四终字第 53 号民事判决书（《人民司法·案例》2009 年第 22 期）

【董事长期冲突导致的公司僵局判断】

上海中星集团振城不动产经营有限公司诉上海德城房地产有限公司解散公司案：上海市浦东新区人民法院（2008）浦民二（商）初字第 2869 号民事判决书

【法定代表人空缺导致公司“空转”，损害股东利益，可判决解散公司】

长城宽带公司诉长城光环公司解散公司案：北京市第一中级人民法院（2007）一中民终字第

2870号民事判决书

【公司陷入僵局后，虽各方就转让股权达成合意，但对转让价格始终协商不成，可认为已穷尽救济途径，判决解散】

上海市教育科学研究院诉北京华电日生能源设备有限公司强制解散公司案：上海市第二中级人民法院（2007）沪二中民三（商）终字第497号民事判决书

【经营管理发生严重困难与公司是否盈余无直接因果关系】

邢晓宁诉姚金泉等公司解散请求权案：南通市中级人民法院（2007）通中民二终字第0184号民事判决书

【公司被吊销营业执照后不能再提起公司解散之诉】

王会云等54人诉陕西千里税务师事务（所）有限责任公司公司解散及清算纠纷案：陕西省高级人民法院（2006）陕民二终字第41号民事裁定书

【公司尚未达到经营管理发生严重困难程度，对股东的解散请求不予支持】

徐爱琴诉赵静巍、河南宏泰置业发展有限公司解散公司案：郑州市中级人民法院（2006）郑民三初字第1号民事判决书

【公司不存在经营管理严重困难等情形不应判决解散，股东可通过公司法规定的其他退出机制进行解决争议】

蔡迎迎诉泉州明恒纺织有限公司、何文安解散公司纠纷案：泉州市中级人民法院（2006）泉民初字第294号民事判决书

【公司陷入僵局的解散之诉应如何适用】

孙建以公司陷入僵局起诉张前虎要求解散公司案：无锡市南长区人民法院（2006）南民二初字第89号民事判决书

【公司达到怎样的僵局情形，持有法律规定一定比例股权的股东可以请求人民法院解散公司】

简榕桂诉郑宁等解散公司案：佛山市禅城区人民法院（2006）佛禅法民二初字第330号民事判决书

【公司不存在经营管理严重困难情形不宜判决解散】

北京福瑞星原科技有限公司诉徐州全顺江铃汽车销售服务有限公司等要求解散公司案：江苏省徐州市云龙区人民法院2006年11月15日民事判决书

【公司虽处于亏损状态，但经营管理未陷入僵局，不宜判决解散】

杨丽芝等诉曹承杰等解散公司案：上海市徐汇区人民法院2006年4月30日民事判决书

【有限公司股东在达成公司分立协议后，可以提起诉讼要求强制解散公司】

魏建良诉龚胜贤等要求解散公司案：江苏省无锡市惠山区人民法院2006年5月8日民事判决书

【合资企业的一方股东请求解散公司的，该请求的对方是另一方股东而不是公司】

大连天河百盛购物中心有限公司与大连天河大厦有限公司财产损害赔偿纠纷案：最高人民法

院(2005)民二终字第149号民事裁定书

【人民法院审理涉及有限责任公司股东重大分歧案件时，应当注重调解，避免公司解散】

霍某某、梁某与天津市某食品有限公司、第三人海航资产管理集团有限公司公司解散纠纷案(天津法院服务保障民营企业发展典型案例之五)

【公司经营发生严重问题，股东会等公司内部运行机制失灵，可审慎作出解散判决】

沈某诉K公司、唐某等公司解散纠纷案(上海一中院、上海浦东法院联合发布自贸区司法保障十大典型案例之一)

【股东间的重大矛盾无法调和，无法做出有效决议，致使公司停产，但停产前经营正常、效益良好的，股东一方有权诉请解散公司】

杨虎诉李玉德、天津腾德化工有限公司解散公司案：天津市高级人民法院民事判决书

【双方未能调解解决争议并不排除通过其他途径解决纠纷的可能，不宜直接判决解散】

许玉方诉沈兴武等申请公司解散纠纷案

【公司是否具备解散条件的认定】

B公司诉A公司、第三人C公司公司解散纠纷案

第一百八十三条 【清算组的成立与组成/清算义务人】

1. 清算组的成立与组成

【未参加清算组的股东的权益保护方式】

周仁清与上海新汇工程项目管理有限公司清算其他与公司有关的民事纠纷上诉案：上海市第二中级人民法院(2015)沪二中民四(商)终字第569号民事判决书(《人民司法·案例》2016年第20期)

【公司股东作为清算义务人需要承担相应的赔偿责任时，该赔偿责任的范围，以依法清算下债权人应得金额为限】

陆旭晔诉曹静、曹数强公司股东未依法清算损害债权人利益纠纷案：江苏省泰州市中级人民法院(2015)泰中民终字第01282号民事判决书(《江苏省高级人民法院公报》2017年第5辑)

【外商投资企业的股东能否申请强制清算】

北京华阳房地产发展有限责任公司申请北京宏京房地产有限公司强制清算案：北京市高级人民法院(2010)高法特清预终字第2616号民事判决书

【公司强制清算中的法律问题处理】

山东省即墨市城市建设开发有限公司诉青岛德馨温泉度假村有限公司公司清算纠纷案：山东省即墨市人民法院(2009)即商初字第2191号民事判决书(《人民司法·案例》2011年第18期)

【公司作出合并解散决议的，不属于股东申请强制清算的法定情形】

李智勇等四股东请求兴海有限责任公司强制清算案：内蒙古自治区高级人民法院(2009)内民二终字第45号民事判决书

【证券公司被责令关闭、进行行政清理后，由指定的行政清算组相应取得证券公司对保证客户交易结算资金完整的权利和义务】

天同证券有限责任公司清算组与恒丰银行股份有限公司、恒丰银行股份有限公司济南分行、恒丰银行股份有限公司烟台青年路支行返还扣划结算资金纠纷案：最高人民法院（2007）民二终字第147号民事判决书（《最高人民法院公报》2008年第7期）

【股东应享有请求清算公司之权利】

宁波大学与同人华塑股份有限公司有公司有关的纠纷上诉案：浙江省高级人民法院（2007）浙民二终字第86号民事裁定书（《人民司法·案例》2007年第22期）

【股东要求对公司进行清算的权利不受诉讼时效限制】

管作武诉张军等股东权案：北京市第一中级人民法院（2007）一中民终字第09787号民事判决书

【股东等其他公司利害关系人也可以申请法院指定成立清算组】

刘丽萍诉潘小泽公司清算纠纷案：浙江省宁海县人民法院（2007）宁民二初字第121号民事判决书

【未经清算而以变更登记形式成立的新公司应承接原公司债权债务】

土畜产公司因原中外合作上海隆邦公司未经清算变更为内资公司，诉现有内资公司上海隆邦公司承担原公司债务，并由出具承诺函的现有内资公司的股东承担连带清偿责任案：福建省高级人民法院（2005）闽民终字第188号民事判决书

【清算程序的启动需具有特定事由】

九江电信器材厂等与常州捷达通信设备有限公司买卖合同纠纷案：江西省九江市中级人民法院（2004）九中民二终字第02号民事判决书

【清算时出资补足义务】

山东省陶瓷公司与华光陶瓷集团有限公司等追偿担保款纠纷上诉案：山东省高级人民法院（2003）鲁民四终字第14号民事判决书

【合伙企业清算人的指定】

合伙人吕信铁在合伙企业解散后因未进行清算申请对合伙企业指定清算人案：福建省泉州市丰泽区人民法院2002年11月12日民事裁定书

【吊销营业执照后的公司清算义务】

中国人民保险公司乌鲁木齐市分公司诉李会同、徐新等120名购房户等还本售房合同纠纷案：最高人民法院（2001）民一终字第329号民事判决书

【股东双方的真实意图为解散公司，故公司股东应当成立清算组，一方股东要求另一方股东返还股本金的请求，不能支持】

临沂市对外贸易工艺品总公司与山东工艺品进出口（集团）股份有限公司抽回股份投资纠纷上诉案：山东省高级人民法院（1999）鲁经终字第719号民事判决书

【未依法解散的公司股东应当承继公司债务】

四川省眉山县黔眉能源公司与四川省洪雅城东电力有限公司等、第三人成都九龙电业股份有限公司购销合同贷款纠纷案：四川省眉山市中级人民法院（1999）眉中经初字第30号民事判决书

【公司未经清算工商登记机关无权注销】

深圳市工商行政管理局等与泰国贤成两合公司等行政纠纷上诉案：最高人民法院（1997）行终字第18号行政判决书

【非公司股东可以成为清算组成员】

赵焕明与北京第五波养生文化有限公司股东会决议纠纷上诉案

【有限责任公司被解散后，其应当成立清算组对公司债权债务进行清算】

兰州百汇百货有限公司诉兰州市商业银行、兰州道丰新技术发展有限责任公司、海南爱德文股份有限公司借款合同纠纷抗诉案

2. 清算义务人及其责任

【股东怠于履行清算义务应对债权人担责】

柯晓燕与衷汉春等清算责任纠纷案：福建省武夷山市人民法院（2018）闽0782民初987号民事判决书（《人民司法·案例》2019年第2期）

【公司股东怠于履行清算义务时的责任认定】

张明高诉魏由禹、丁祥惠等清算责任纠纷案：福建省福州市中级人民法院（2018）闽01民终703号民事判决书（福州法院2018年度商事审判十大案例之六）

【股东怠于履行清算义务所负之债不属于夫妻共同债务】

白洪渠与林欢等股东损害公司债权人利益责任纠纷再审案：浙江省瑞安市人民法院（2017）浙0381民再6号民事判决书（《人民司法·案例》2018第17期）

【清算义务人拒不移交财产和印章等资料的，债权人可追究其相关责任】

南京华浦高科建材有限公司与江苏卓典建筑技术开发有限公司申请破产清算纠纷案：江苏省南京市中级人民法院（2016）苏01司惩1号民事裁定书（《人民司法·案例》2018年第26期）

【股东违法清算的责任】

北京广利商贸有限公司诉李沛显等清算责任案：北京市第一中级人民法院（2016）京01民终2659号民事判决书

【股东损害公司债权人利益的责任认定】

阮正华诉阮文兵等股东损害公司债权人利益责任案：浙江省台州市椒江区人民法院（2016）浙1002民初4693号民事判决书

【公司无法清算时股东应否对公司债务承担责任的审查】

张某诉顾某等清算责任纠纷案：宁波市海曙区人民法院（2015）甬浙商终字第943号一审民事判决书（《人民司法·案例》2016年第11期）

【股东未经依法清算对公司债权人承担的责任，不以侵权人即股东实际获利为要件】

北京顺东混凝土有限公司与北京市彩兴木器福利厂等股东损害公司债权人利益责任纠纷上诉案：北京市第三中级人民法院(2015)三中民终字第3573号民事判决书

【股东怠于履行清算义务的责任】

中科实业集团(控股)有限公司与上海文盛投资管理有限公司清算责任纠纷上诉案：北京市第一中级人民法院(2015)一中民(商)终字第2997号民事判决书

【怠于清算导致公司资产流失应否承担赔偿责任】

杨光民诉陆贻潮等股东损害公司债权人利益责任纠纷案：广西壮族自治区南宁市江南区人民法院(2015)江民二初字第334号民事判决书

【债权人主张股东就怠于清算承担连带责任应适用诉讼时效】

上海银行浦东分行与上海鹤嘉实业有限公司等清算责任纠纷再审案：上海市第二中级人民法院(2014)沪二中民四(商)再提字第1号民事判决书(《人民司法·案例》2014年第18期)

【股东在未依法清算所得利益范围内向公司债权人承担赔偿责任】

北京聚鸿基投资有限公司诉陈红、陈忠全清算责任纠纷案(四川省高级人民法院2014年度十大典型案例之九)

【用人单位恶意清算注销公司难逃工伤责任】

王某诉陈某某、何某某清算责任案(合肥市中级人民法院劳动者权益保护十大典型案件(2014)之一)

【自然债务因债务人承诺可转化为法定债务】

广东融通投资有限公司与何伯昌等清算责任纠纷上诉案：广州市中级人民法院(2013)穗中法民二终字第395号民事判决书(《人民司法·案例》2014年第20期)

【怠于清算股东清偿责任之诉中消极事实主张的查明】

上海芳业建材租赁有限公司诉上海宁石贸易有限公司等公司清算责任纠纷案：上海市闵行区人民法院(2013)松民二(商)初字第89号民事判决书(《人民司法·案例》2013年第20期)

【公司被吊销营业执照后，唯一股东无法提交公司的全部账册和重要文件，应当向公司债权人清偿到期债务】

北京北鹰吉成科技有限公司诉王倩清算责任纠纷案：北京市第一中级人民法院(2013)一中民终字第6082号民事判决书

【有限公司股东未及时履行清算义务但并未导致无法清算的，不对公司债务承担连带责任】

福建东快传媒有限公司诉福州日报社等股东损害公司债权人利益纠纷案：福建省福州市中级人民法院(2013)榕民终字第2600号民事判决书

【公司的董事和控股股东清算义务】

上海存亮贸易有限公司诉蒋志东、王卫明等买卖合同纠纷案(2012年9月18日《最高人民法院关于发布第三批指导性案例的通知》指导案例9号)

【股东代为主张已注销公司遗漏债权的依据】

罗舜环等与广东明珠集团股份有限公司买卖合同纠纷上诉案：广东省梅州市中级人民法院(2012)梅中法民二终字第94号(《人民司法·案例》2013年第12期)

【公司破产无法清算导致破产程序终结，债权人可另行起诉要求清算义务人对公司债务承担清偿责任】

陆建平诉成郁文等股东损害债权人利益责任案：北京市第一中级人民法院(2012)一中民终字第14962号民事判决书

【清算义务人怠于履行清算义务，有权要求其赔偿的投资人，应当先举证证明该财产为集体企业所有，否则其主张不能获得支持】

叶曙光诉北京市兰龙实业总公司清算财产案：北京市第一中级人民法院(2011)民上字第10801号民事判决书

【公司的债权人申请对有限公司进行强制清算，但公司股东拒不提供公司的账册等有关资料导致无法进行清算，公司债权人有权要求公司股东对公司债务承担连带责任】

游立新等诉浙江通正铜制品有限公司等民间借贷纠纷案：浙江省台州市中级人民法院(2011)浙台商终字第192号民事判决书

【营业执照被吊销后股东怠于履行清算义务的责任承担】

王波与广东省深圳市建信房地产有限公司等清算责任纠纷上诉案：深圳市中级人民法院(2010)深中法民二终字第1498号民事判决书(《人民司法·案例》2011年第20期)

【营业执照被吊销后股东未及时进行清算的责任承担】

浙江省义乌市黑白矿山机械有限公司诉胡荣法等清算责任纠纷案：金华市婺城区人民法院民事判决书(《人民司法·案例》2011年第20期)

【公司注销后股东未履行清算义务的责任承担】

邳州市天合板材批发中心与上海浦西建筑工程有限公司清算责任纠纷上诉案：上海市第二中级人民法院(2009)沪二中民三(商)终字第400号民事判决书(《人民司法·案例》2010年第12期)

【虚假清算注销公司股东应对公司债务承担清偿责任】

武夷山市江山假日旅行社有限公司诉阎惠敏等旅游合同纠纷案：福建省武夷山市人民法院(2009)武民初字第297号民事判决书(《人民司法·案例》2010年第12期)

【法人未经依法清算，股东以虚假的清算报告办理法人注销登记，应对公司债务承担赔偿责任】

周健等与TAYKENGSOON(郑景顺)等民间借贷纠纷上诉案：浙江省高级人民法院(2009)浙商外终字第14号民事判决书

【股东在明知公司存在未结清债务的情况下，未通知债权人，直接办理公司清算并注销登记的，应对该债务承担清偿责任】

深圳市华运国际物流有限公司与黄艳等多式联运合同纠纷一案：广州海事法院(2009)广海

法初字第143号民事判决书

【公司被吊销营业执照时，股东已部分丧失行为能力，对公司没有依法清算没有过错，不应承担清算责任】

麦克赛尔（上海）贸易有限公司诉余靖蓉等公司清算赔偿案：北京市第一中级人民法院（2009）一中民终字第7765号民事判决书

【主管部门负有管理责任，应承担下属公司缺少账目导致无法审计的责任】

聂淑兰诉北京振兴新业劳务服务有限公司清算责任案：北京市东城区人民法院（2009）东民初字第2989号民事判决书

【公司注销中清算赔偿责任的司法审查】

庄细莲与钱建辉公司清算责任纠纷上诉案：福建省泉州市中级人民法院（2008）泉民终字第748号民事判决书（《人民司法·案例》2010年第2期）

【有限责任公司股东怠于履行清算义务的法律后果与责任性质】

武汉澳华装饰设计工程有限公司诉武汉北新我的家居营销管理有限公司等借款保证合同纠纷案：湖北省武汉市江汉区人民法院（2008）汉民二初字第458号民事判决书（《人民司法·案例》2009年第4期）

【清算义务人怠于履行清算义务时的法律责任】

厦门特贸有限公司诉苏山良公司清算纠纷案：福建省厦门市思明区人民法院（2008）思民初字第6153号民事判决书

【公司被吊销营业执照后，股东不履行清算义务，而且私自处分公司财产，股东应在处分公司财产的范围内对公司的债权人承担侵权的赔偿责任】

株洲市祥瑞置业发展有限公司诉谭升明等四被告股东侵权纠纷案：湖南省高级人民法院（2006）湘高法民一终字第141号民事判决书

【公司股东在公司被吊销营业执照后未及时履行清算义务，导致公司债权人利益受到损害的，股东不能以有限责任作为抗辩拒绝对公司债权人承担赔偿责任】

中丝深圳进出口公司与深圳市雷地科技实业公司清算赔偿纠纷一案：深圳市中级人民法院（2006）深中法民二终字第165号民事判决书

【公司决定解散后应进行清算而不进行清算，可以推定原公司财产已由股东接收，股东应在接收公司财产的范围内承担返还责任或赔偿责任】

凤凰公司诉郑郁青、陶修明设立的夫妻两人有限责任公司未清算即注销股东对公司债务应承担清偿责任案：江苏省徐州市中级人民法院2000年7月5日民事判决书

【股东怠于履行清算义务担责公司债务】

原告苏州某商贸有限公司诉被告许某某、李某某股东损害公司债权人利益责任纠纷案（上海市崇明区人民法院优化营商环境典型案例之七）

【账簿灭失情况下的债务人清偿责任】

南通志豪家纺有限公司、南通市通州区志惠服饰品有限公司破产清算案（江苏法院通报企业

破产审判十大案例之七）

【清算义务人为多人时，多个清算义务人之间应当承担连带责任】

金某某、徐某某与嵊州市某塑胶有限公司股东损害债权人利益纠纷案：绍兴市中级人民法院民事判决书（浙江法院2013年涉企案件审判十大典型案例之五）

【股东均不能以其他人员所负义务为由豁免自身的清算义务】

华夏银行股份有限公司北京公主坟支行诉刘甲、樊乙、刘丙股东损害公司债权人利益责任纠纷案

【清算义务人怠于履行义务致无法清算的连带责任承担】

吴某某等与上海文汇出版社读者服务部与破产有关纠纷上诉案

【清算义务人应对欺诈注销的行为承担侵权赔偿责任】

乙公司与曹某等股东损害公司债权人利益责任纠纷案（江苏法院公司审判十大案例之十）

3. 清算程序中的执行及其他问题

【以终止所有参与合并的公司为目的的公司合并，规避了公司终止应当依法清算的规定，构成对公司债权人的侵权，作出该合并决定的股东应当承担赔偿责任】

中国第十三冶金建设有限公司诉上海致达科技集团有限公司股东损害公司债权人利益责任纠纷案：江苏省高级人民法院（2016）苏民终187号民事判决书（《江苏省高级人民法院公报》2017年第5辑（总第53辑））

【公司未经依法清算即被注销的被执行人变更与追加】

李燕与天津市方臣商贸有限责任公司劳动人事争议执行案：天津市河西区人民法院（2015）西执字第623号民事裁定书（《人民司法·案例》2016年第17期）

【用非传统执行方式破解规避执行行为】

巩飞跃与北京闽龙轩商贸有限公司劳动合同纠纷执行案：北京市朝阳区人民法院（2013）朝执字第01747号（《人民司法·案例》2016年第5期）

【企业清算注销过程中被执行主体的变更和追加】

蚌埠市建桥物资供应站与焦作煤业（集团）有限责任公司等电缆合同纠纷执行异议案：最高人民法院（2011）执监字第76号（《人民司法·案例》2012年第18期）

第一百八十四条 【清算组的职权】

【公司清算中法定代表人行为的效力】

上海大庆能源有限公司与上海泰瑞物业有限公司申请破产清算纠纷再审案：上海市第一中级人民法院（2014）沪一中民四（商）申字第21号民事裁定书（《人民司法·案例》2015年第16期）

【进入实质清算期间的公司，不能再以自己名义参加诉讼活动】

甘肃陇渤煤机修造股份有限公司与庆阳市陇原农机制造有限责任公司排除妨害纠纷上诉案：甘肃省庆阳地区中级人民法院（2014）庆中民终字第672号民事裁定书

【破产清算组可收回职工居住的非住宅公房】

重庆磷肥厂清算组与李永玲租赁合同纠纷上诉案：重庆市第五中级人民法院（2013）渝五中法民终字第02817号民事判决书（《人民司法·案例》2015年第20期）

【公司注销前，在清算期间的民事诉讼主体资格依然存在】

宁波永德资产评估有限公司诉虞静民间借贷纠纷案：浙江省宁波市中级人民法院（2011）浙甬商终字第842号民事判决书

【公司清算期间无需继续履行与普通员工之间与清算业务无关的劳动合同】

刘赟诉英特尔产品（上海）有限公司清算组劳动合同案：上海市浦东新区人民法院（2010）浦民一（民）初字第15408号民事判决书

【破产管理人合同解除权的法理分析】

桐柏县五交化公司破产清算组与吴刚等解除房屋租赁合同纠纷案：河南省桐柏县人民法院（2006）桐民商破字01-8号民事裁定书（《人民司法·案例》2010年第12期）

第一百八十五条 【债权人申报债权】

【非公司股东作为公司清算组成员未依法清算，是否应当对债权人承担赔偿责任】

无锡宏继伟业金属公司诉胡锡明等清算组成员未依法清算对债权人承担赔偿责任纠纷案：江苏省常州市中级人民法院（2016）苏04民终87号民事判决书

【清算主体未履行通知义务对债权人的赔偿责任】

江苏牡丹酒业股份有限公司诉刘鉴良等清算责任案：江苏省无锡市锡山区人民法院（2014）锡法商初字第0465号民事判决书

【案件受理审查时如何正确认定“重复诉讼”】

无锡市洋利特钢管有限公司诉李世岐等清算责任纠纷案：河北省沧州市中级人民法院（2013）沧立民终字191号民事裁定书

【债务人公司明知对担保权人由保证债务，但在清算时未依法履行通知义务，公司股东在接收财产范围内对担保权人的损失承担连带赔偿责任】

沈聪明诉沈锡雷、陈成章、顾汉明清算责任纠纷案：浙江省宁波市中级人民法院（2012）浙甬商终字第973号民事判决书

【未依法履行通知和公告义务导致债权人未及时申报债权而未获清偿的，全体清算组成员而不仅仅是清算义务人，都应当承担赔偿责任】

云南理想装饰设计工程有限公司诉詹尚清、詹兵等清算责任案：昆明市中级人民法院（2011）昆民五终字第38号民事判决书

【公司清算组成员在明知存在债权人的情况下未履行通知义务，导致债权人无法受偿的，应当承担赔偿责任】

覃建新诉蔡平国等清算组成员责任案：柳州市柳北区人民法院（2010）北民二初字第220号

民事判决书

【清算主体未尽通知义务的赔偿责任】

尹光能诉吴宜莲等债务清偿纠纷案：重庆市大渡口区人民法院（2009）渡法民初字第1698号民事判决书（《人民司法·案例》2010年第20期）

【公司清算组作出清算公告但未通知债权人造成债权人损失的，应当承担赔偿责任】

无锡清碧水处理有限公司诉征志明等买卖合同案：江苏省无锡市惠山区人民法院（2010）惠商初字第0419号民事判决书

【清算组未严格履行通知义务的情况下，债权人债权的实现方式】

北京市昌平牧工商总公司诉石玉慧、陈晶晶企业出售案：北京市海淀区人民法院（2004）海民初字第4468号民事判决书

第一百八十六条　【清算程序】

【清算组故意未按规定履行通知公告义务应当承担赔偿责任】

杭叉集团股份有限公司诉范喜英、徐忠故意隐瞒清算信息侵犯债权纠纷案：江苏省苏州市中级人民法院（2011）苏中商终字第0630号民事裁定书

北京市昌平牧工商总公司诉石玉慧、陈晶晶企业出售案：北京市海淀区人民法院（2004）海民初字第4468号民事判决书

【企业进行破产清算时，职工集资款能否作为第一顺序清偿】

江山市纺织有限公司破产清算案：浙江省江山市人民法院（2010）衢江商清（算）字第1号民事判决书

【与清算无关的经营活动的责任承担】

王北与上海德赛堡建筑材料有限公司北京分公司股东侵犯债权人利益纠纷上诉案：北京市第二中级人民法院（2009）二中民终字第05506号民事判决书

【清算组未依照法定清算顺序支付社会保险费的处理】

陈舜伟诉西安空间无线电技术研究所等未依照法定清算顺序支付社会保险费纠纷案：上海市静安区人民法院（2007）静民一（民）初字第4181号民事判决书

【由集体企业改制的有限责任公司，其剩余财产仍然按照出资比例分配】

王乃本等诉曲庆翠等公司剩余财产分配案：山东省淄博市博山区人民法院（2006）博民初字第977号民事判决书

【清算期间，公司开展新的经营活动的效力认定】

上海晴云贸易发展有限责任公司清算组诉上海大中科技发展实业公司委托理财合同纠纷案：上海市第一中级人民法院（2004）沪一中民三（商）初字第381号民事判决书

【清算时的财产继承和受赠】

西安市商业银行股份有限公司雁塔支行诉张莉等行政不作为案：广东省惠州市中级人民法院

(2003)惠中法行终字第15号行政判决书

【依无效的清算组决议取得的财产,应当返还】

袁洪兴等诉江苏常州天刚律师事务所等损害公司权益案:江苏省高级人民法院(2002)苏民二终字第232号民事判决书

【清算后公司不得从事清算外经营义务】

海口港集团公司诉海南张一有限公司港口作业纠纷案:海口海事法院(2002)海商初字第181号民事判决书,公司自被吊销《企业法人营业执照》之日起,其经营资格终止,即丧失了开展新的经营活动的民事权利能力和民事行为能力,其只能组织清算组对公司进行清算,停止清算范围外的民事活动

【股东只可分配公司清算后的剩余财产】

中国银行上海市分行诉上海莘晃电器设备有限公司清算委员会贷款合同案:上海市第二中级人民法院(1995)沪二中经初字第200号民事判决书

【有限公司股东在对公司进行清算时,未优先支付劳动者的社会保险费用,而将公司财产进行分配的,股东对劳动者应当承担连带责任】

陈某某诉西安空间无线电技术研究所等社会保险纠纷案

第一百八十七条 【破产程序】

【关联企业破产实体合并的司法实践】

上海美浩电器有限公司与上海特毅通用动力机械有限公司等申请破产清算纠纷案:上海市金山区人民法院(2008)金民二(商)破字第1号(2008)金民二(商)破字第2号(2008)金民二(商)破字第3号民事裁定书(《人民司法·案例》2010年第16期)

【破产申请受理前银行按约定抵扣还贷的效力判定】

浙江麦高鞋业有限公司与瑞安市新亚汽配有限公司申请破产清算纠纷上诉案:浙江省温州市中级人民法院(2015)浙温商终字第1588号民事判决书

【资不抵债不是破产清算的必要条件】

中信银行股份有限公司无锡分行诉安信达(无锡)金属制品有限公司申请破产清算纠纷案:江苏省无锡市中级人民法院(2009)锡破字第9号民事裁定书(《人民司法·案例》2011年第2期)

第一百八十八条 【公司注销】

【当事人在诉讼中被注销后的处理】

浙江省舟山市定海新开元灯饰经营部与浙江省舟山市定海天下名都娱乐有限公司买卖合同纠纷上诉案:浙江省舟山市中级人民法院(2017)浙09民终22号民事判决书(《人民司法·案例》2018年第35期)

【公司注销后,由其原股东承受公司的权利义务】

雷春旺诉丰镇市丰宇铁合金有限责任公司转让合同纠纷案:内蒙古自治区丰镇市人民法院

(2017)内0981民初649号民事判决书

【公司在诉讼过程中依法注销登记的，法院裁定终结诉讼】

广州森润贸易有限公司诉广州市正信实业有限公司等合作开发房地产合同纠纷案：广州市中级人民法院(2012)穗中法民五重字第1号民事裁定书

【公司受让经终审判决确认的债权后，其注销后，受让其债权的股东具有申请再审人的主体资格】

王磊与民生投资管理股份有限公司借款纠纷申诉案：最高人民法院(2011)民提字第127号民事裁定书，公司是享有民事财产权的企业法人

【公司性质变更引发的是变更登记而非注销登记】

高新平诉龙岩三德兴水泥企业有限公司等股份转让合同案：福建省高级人民法院(2006)闽民终字第187号民事判决书

【企业法人资格存续与否，应当以工商行政管理机关是否注销其法人资格为标准】

重庆台华房地产开发有限公司与重庆晨光实业发展（集团）有限责任公司、重庆晨光百货有限责任公司、重庆晨光大酒店有限责任公司房屋搬迁纠纷案：最高人民法院(2005)民一终字第57号民事判决书(《最高人民法院公报》2006年第10期（总第120期）)

【法人被吊销营业执照后的诉讼主体资格】

广西北生集团有限责任公司与北海市威豪房地产开发公司、广西壮族自治区畜产进出口北海公司土地使用权转让合同纠纷案：最高人民法院(2005)民一终字第104号民事判决书(《最高人民法院公报》2006年第9期（总第119期）)

【法人人格终止的要件】

北京万通实业股份有限公司、北京星辰投资咨询公司与北京正合坊企划有限责任公司中介合同纠纷执行案：北京市高级人民法院民事执行案

【股东对公司注销后债权债务兜底性承诺的效力】

北京市昌平牧工商总公司诉石玉慧等买卖合同纠纷案民事判决书

第一百八十九条 【清算组成员的义务和责任】

【有限公司自行清算中的股东外清算组成员，应否承担赔偿责任】

姜庆元诉成瑛、刘杏凤、程敏清算组成员责任案：江苏省无锡市中级人民法院(2014)锡商终字第821号民事判决书

【清算组成立后未对公司财产进行清算，也未制作清算报告，直接申请注销公司，给股东造成损失的，应当承担赔偿责任】

汪巍诉黄建军等未出具清算报告注销公司登记清算组成员责任纠纷案：苏州市中级人民法院(2010)苏中商终字第0633号民事判决书

【股东的不作为导致债权人的权益受损，构成对债权人的侵权，其赔偿范围应以造成的损害范围为限，且举证责任适用倒置原则】

厦门特贸有限公司诉厦门中信房地产有限公司、泉州市土产畜产进出口公司股东不履行清算义务承担侵权赔偿责任案：福建省厦门市思明区人民法院（2004）思民初字第2457号民事判决书

【公司出资人作为清算责任人，对公司财产的清算应持积极勤勉的态度，以维护公司债权人利益】

上海钟表进出口有限公司诉赵雄等清算责任赔偿案：上海市第二中级人民法院（2002）沪二中民三（商）终字第327号民事判决书

【清算组成员是否尽到职责的认定】

袁洪兴等诉江苏常州天刚律师事务所等损害公司权益案：江苏省高级人民法院（2002）苏民二终字第232号民事判决书

【清算组成员的行为构成故意逃债行为，应对公司债务承担赔偿责任】

上海富田空调冷冻设备有限公司杭州分公司诉王小平等案：浙江省绍兴市中级人民法院（2000）绍中法经终字第618号民事判决书

第一百九十八条 【虚报注册资本的法律责任】

【虚报注册资本罪的适用范围】

眉山市天姿娇服饰有限公司及张建清、袁红军、刘雪云虚报注册资本无罪案：四川省眉山市中级人民法院（2014）眉刑终字第17号刑事判决书

【使用虚假证明文件以不实货币置换无形资产出资的事实存在，但行为情节显著轻微危害不大的，不认为是犯罪】

顾雏军虚报注册资本、违规披露、不披露重要信息、挪用资金案：最高人民法院2019年4月10日民事判决书（最高人民法院发布依法平等保护民营企业家人身财产安全十大典型案例之三）

【实行注册资本认缴登记制的公司及相关人员刑事责任的认定】

眉山市天姿娇服饰有限公司及张建清、袁红军、刘雪云虚报注册资本无罪案：四川省眉山市中级人民法院（2014）眉刑终字第17号刑事判决书

【抽逃出资、虚假出资与虚报注册资本的区别及认定】

胡建国票据诈骗、虚假出资、非法吸收公众存款案：浙江省绍兴市中级人民法院（2010）浙绍刑终字第24号刑事判决书（《人民司法·案例》2010年第16期）

【将抵押借款列入公司账目，属于公司内部管理问题，不构成虚假出资罪】

陈孝荣虚假出资、抽逃出资、职务侵占案：海南省高级人民法院（2000）琼刑终字第31号刑事判决书

【虚报注册资本罪的认定】

杨斌虚假出资、非法占用农用地、合同诈骗、单位行贿、对单位行贿、伪造金融票证案：辽

宁省高级人民法院2003年9月7日刑事裁定书(《最高人民检察院公报》2004年第4号(总第81号))

周小平虚报注册资本、合同诈骗、挪用资金案：上海市高级人民法院(2003)沪高刑终字第114号刑事判决书

【虚报注册资本成立公司，公司成立后，帐户上的往来资金已超过注册资本，仍构成虚报注册资本罪】

管桦虚报注册资本案：新疆维吾尔自治区高级人民法院1999年12月13日刑事裁定书(《最高人民法院公报》2000年第4期(总第66期))

第一百九十九条 【虚假出资的法律责任】

【注册资本由其他公司垫付后被抽回之行为辨析】

上海协安建筑安装工程有限公司等虚假出资案：上海市第二中级人民法院(2012)沪二中刑终字第124号刑事裁定书(《人民司法·案例》2012年第8期)

【虚假出资罪的认定】

杜光东被控虚假出资、职务侵占、挪用资金宣告无罪案：广西壮族自治区高级人民法院(2007)桂刑再字第12号刑事判决书

【虚假出资的新增股东对公司旧债应否承担责任】

中国信达资产管理公司广州办事处与西宁国新投资控股有限公司借款合同纠纷上诉案：广东省高级人民法院(2006)粤高法民二终字第169号民事判决书(《人民司法·案例》2007年第18期)

【注册资金不实的责任承担】

新乡市农副产品综合开发公司诉新乡市新华综合服务公司等借款纠纷案：河南省高级人民法院(2002)豫法民二终字第132号民事判决书

第二百条 【抽逃出资的法律责任】

【抽逃出资的刑事责任】

浙江杭州某公司等逃出资案(公安部披露洗钱犯罪活动6种手法和8大典型案例之二)

第二百零二条 【提供虚假财会报告的法律责任】

【提供虚假财会报告罪】

董博、李有强、丁功民、阎金岱、刘加荣、徐林文提供虚假财会报告、出具证明文件重大失实案：宁夏回族自治区银川市中级人民法院2003年9月3日刑事判决书(《最高人民检察院公报》2004年第5号(总第81号))

隋元柏、高峰、方跃提供虚假财会报告案：山东省烟台市中级人民法院2002年12月10日刑事判决书(《最高人民检察院公报》2003年第6号(总第77号))

吴乌、陈少熙提供虚假财会报告案：福建省厦门市思明区人民法院2002年12月9日刑事判决书

第二百零四条 【公司未按照规定清算时的责任】

【先合并、然后直接破产的公司终止方式违反公司合并制度立法目的】

乙公司与甲公司股东损害公司债权人利益责任纠纷案(江苏法院公司审判十大案例之八)

第二百零七条 【资产评估、验资或者验证机构违法的法律责任】

【执行中对资产评估报告异议的审查】

向上(苏州)房地产开发有限公司与江苏华新建设工程有限公司执行异议纠纷案:江苏省苏州市中级人民法院(2017)苏05执异5号民事裁定书(《人民司法·案例》2019年第8期)

【行政诉讼中对资产评估报告的审查及处理】

辽宁省新民市人民政府与魏淑英等征地行政强制纠纷申请再审案:最高人民法院(2015)行监字第1921号行政裁定书(《人民司法·案例》2016年第8期)

【债权人不能证明验资报告有虚假记载、误导性陈述或者重大遗漏的,要求会计师事务所承担责任的主张,不予支持】

中国农业银行哈尔滨市太平支行与哈尔滨松花江奶牛有限责任公司、哈尔滨工大集团股份有限公司、哈尔滨中隆会计师事务所有限公司借款合同纠纷案:最高人民法院(2007)民二终字第178号民事判决书

【会计师事务所出具了不具有证明效力的验资证明,但法院另案认定受害人的损失与会计师事务所的行为没有因果关系的,会计师事务所无需向受害人承担侵权损害赔偿责任】

美国蓉美企业公司诉四川捷信会计师事务所有限责任公司确认验资报告不具有证明效力及损失赔偿案:四川省高级人民法院(2005)川民终字第319号民事判决书

【银行出具的虚假资金证明如果与债权损害之间没有因果关系,那么债权人请求该银行承担民事赔偿责任没有法律依据】

冯君忠诉中国建设银行股份有限公司合浦支行等出具虚假资金证明赔偿纠纷案:广西壮族自治区北海市中级人民法院(2005)北民一初字第23号民事判决书

【资金来源问题不属验资机构审查范围,验资机构对之也无追究审查义务】

上海业启装潢工程有限公司诉上海台华酒家等虚假出资、验资赔偿案:上海市第二中级人民法院(2004)沪二中民三(商)终字第326号民事判决书

【债权人有抵押物担保,并非完全信赖公司变更后的注册资本,因此虚假验资的会计师事务所在出具虚假证明金额的一定比例范围内,承担补充清偿责任】

中国南湾农行珠海市南湾支行诉珠海市扬富科技有限公司等借款合同案:(2004)粤高法民二终字第102号

【会计公司虚假验资,主观上负有过错,且虚假验资与妨碍债权实现之间有因果关系,应当在虚假验资范围内承担补充赔偿责任】

陈汉滨诉鸿双辉公司、蔡禧福、洪顺利、永大会计公司因虚假出资、虚假验资应支付买卖合同

货款案：福建省厦门市中级人民法院 2002 年 12 月 25 日民事判决书

【当事人主张公司股东投资是否到位或抽逃出资案件中，常因各方当事人举证不足而使案件的事实难以辨明，此时法院应当正确适用证据规则，明确各方当事人的举证责任】

福建兴业银行上海分行虹口支行诉上海道盛实业发展有限公司等借款合同案：上海市高级人民法院（2002）沪高民二（商）终字第 110 号民事判决书

【债权人放弃全部实体债权情况下，不能追索验资单位补充性质的民事责任】

中国农业银行宁波经济技术开发区支行与宁波经济技术开发区恒安贸易有限公司、宁波市财政局验资赔偿纠纷上诉案：浙江省宁波市中级人民法院（2001）甬经终字第 70 号民事判决书

【会计师事务所接受验资委托后进行验资时，虽然未采用虚假验资凭证，但是未审查公司的其他资金投入凭证，仅凭转资情况说明作出验资报告，构成虚假验资】

成都三泰屋业有限公司诉四川戴维设计装饰有限公司、四川宏信会计师事务所追偿债务损害赔偿纠纷案：四川省成都市武侯区人民法院（2001）武侯经初字第 223 号民事判决书

【会计师事务所如果尽到审慎的验资义务，则无需承担验资不实的赔偿责任】

东营市禄达经济发展有限公司与滨州东慧有限责任会计师事物所、滨州地区重工业局、滨州机械设备进出口公司、中国工商银行滨州地区中心支行合作协议泡花碱购销合同纠纷上诉案：山东省高级人民法院（2000）鲁经终字第 129 号民事判决书

【验资报告被用于不正当目的时，出具验资报告的会计师事务所不具有侵权行为】

杨淑霞诉新疆公正会计师事务所侵权赔偿案：新疆维吾尔自治区高级人民法院（2000）新民再字第 39 号民事判决书

【会计事务所在未有其他出资凭证的证据下，仅凭出资证明传真件作出经贸公司注册资金到位的验资报告，属虚假验资，应承担虚假验资的法律责任】

北京森特国际贸易公司诉郭庆、浙江足佳经贸总公司、浙江足佳集团公司、中国银行桐乡支行、桐乡会计师事务所代理进口合同纠纷上诉案：浙江省高级人民法院（2000）浙经终字第 300 号民事判决书

【股东出资义务与中介结构的验资、评估行为没有直接因果关系】

江苏省水利建设工程总公司诉江苏省审计事务所出具验资证明后其表示不作发起人应确认验资无效审计赔偿案：江苏省南京市中级人民法院 1999 年 11 月 13 日民事判决书

【金融机构、会计师事务所为企业出具不实的验资报告、虚假的资金证明，该验资单位应当对企业债务在验资报告不实部分或者虚假资金证明金额以内，承担民事赔偿责任】

南方航空旅游公司诉玉龙旅行社等代销合同纠纷案：海南省海口市中级人民法院 1998 年 11 月 20 日民事判决书（《最高人民法院公报》2000 年第 2 期（总第 64 期））

【会计师事务所明知投入资金不实，却仅凭公司报表即轻率出具虚假验资报告，应依法承担赔偿责任】

常熟市建筑工程公司诉上海恒宏置业发展有限公司等非法借贷纠纷案：上海市第二中级人民

法院(1997)沪二中经终字第1326号民事判决书

【银行为公司出具虚假资信证明的,应在虚假证明的资金范围内承担赔偿责任】

中国新兴建设开发总公司与中国农业银行股份有限公司上海川沙支行等建筑工程承包合同中途停建纠纷再审案:最高人民法院民事判决书

【资产评估机构对他人未经其同意、擅自使用评估结果所造成的损失不应承担民事赔偿责任】

白银大峡电力有限责任公司与许永锋、甘肃琪生会计师事务所有限责任公司及甘肃金太阳淀粉有限责任公司出资协议和资产评估纠纷案:最高人民法院民判决书

【帮助他人设立注册资金虚假的公司的民事责任】

上海砖桥贸易城有限公司与上海凤舞汽车经营公司买卖合同纠纷上诉案

【债权已经实现时出具虚假验资报告的单位不再进行赔偿】

高翔皮件厂与华龙会计师事务所侵权赔偿纠纷案:北京市朝阳区人民法院民事判决书

附录二

部分法律及规范性文件

1. 个人独资企业

中华人民共和国个人独资企业法

（1999年8月30日第九届全国人民代表大会常务委员会第十一次会议通过）

第一章 总 则

第一条 为了规范个人独资企业的行为，保护个人独资企业投资人和债权人的合法权益，维护社会经济秩序，促进社会主义市场经济的发展，根据宪法，制定本法。

第二条 本法所称个人独资企业，是指依照本法在中国境内设立，由一个自然人投资，财产为投资人个人所有，投资人以其个人财产对企业债务承担无限责任的经营实体。

第三条 个人独资企业以其主要办事机构所在地为住所。

第四条 个人独资企业从事经营活动必须遵守法律、行政法规，遵守诚实信用原则，不得损害社会公共利益。

个人独资企业应当依法履行纳税义务。

第五条 国家依法保护个人独资企业的财产和其他合法权益。

第六条 个人独资企业应当依法招用职工。职工的合法权益受法律保护。

个人独资企业职工依法建立工会，工会依法开展活动。

第七条 在个人独资企业中的中国共产党党员依照中国共产党章程进行活动。

第二章 个人独资企业的设立

第八条 设立个人独资企业应当具备下列条件：

（一）投资人为一个自然人；

（二）有合法的企业名称；

（三）有投资人申报的出资；

（四）有固定的生产经营场所和必要的生产经营条件；

（五）有必要的从业人员。

第九条 申请设立个人独资企业，应当由投资人或者其委托的代理人向个人独资企业所在地的登记机关提交设立申请书、投资人身份证明、生产经营场所使用证明等文件。委托代理人申请设立登记时，应当出具投资人的委托书和代理人的合法证明。

个人独资企业不得从事法律、行政法规禁止经营的业务；从事法律、行政法规规定须报经有关部门审批的业务，应当在申请设立登记时提交有关部门的批准文件。

第十条 个人独资企业设立申请书应当载明下列事项：

(一)企业的名称和住所；

(二)投资人的姓名和居所；

(三)投资人的出资额和出资方式；

(四)经营范围。

第十一条 个人独资企业的名称应当与其责任形式及从事的营业相符合。

第十二条 登记机关应当在收到设立申请文件之日起十五日内，对符合本法规定条件的，予以登记，发给营业执照；对不符合本法规定条件的，不予登记，并应当给予书面答复，说明理由。

第十三条 个人独资企业的营业执照的签发日期，为个人独资企业成立日期。

在领取个人独资企业营业执照前，投资人不得以个人独资企业名义从事经营活动。

第十四条 个人独资企业设立分支机构，应当由投资人或者其委托的代理人向分支机构所在地的登记机关申请登记，领取营业执照。

分支机构经核准登记后，应将登记情况报该分支机构隶属的个人独资企业的登记机关备案。

分支机构的民事责任由设立该分支机构的个人独资企业承担。

第十五条 个人独资企业存续期间登记事项发生变更的，应当在作出变更决定之日起的十五日内依法向登记机关申请办理变更登记。

第三章 个人独资企业的投资人及事务管理

第十六条 法律、行政法规禁止从事营利性活动的人，不得作为投资人申请设立个人独资企业。

第十七条 个人独资企业投资人对本企业的财产依法享有所有权，其有关权利可以依法进行转让或继承。

第十八条 个人独资企业投资人在申请企业设立登记时明确以其家庭共有财产作为个人出资的，应当依法以家庭共有财产对企业债务承担无限责任。

第十九条 个人独资企业投资人可以自行管理企业事务，也可以委托或者聘用其他具有民事行为能力的人负责企业的事务管理。

投资人委托或者聘用他人管理个人独资企业事务，应当与受托人或者被聘用的人签订书面合同，明确委托的具体内容和授予的权利范围。

受托人或者被聘用的人员应当履行诚信、勤勉义务，按照与投资人签订的合同负责个人独资企业的事务管理。

投资人对受托人或者被聘用的人员职权的限制，不得对抗善意第三人。

第二十条 投资人委托或者聘用的管理个人独资企业事务的人员不得有下列行为：

(一)利用职务上的便利，索取或者收受贿赂；

(二)利用职务或者工作上的便利侵占企业财产；

（三）挪用企业的资金归个人使用或者借贷给他人；

（四）擅自将企业资金以个人名义或者以他人名义开立帐户储存；

（五）擅自以企业财产提供担保；

（六）未经投资人同意，从事与本企业相竞争的业务；

（七）未经投资人同意，同本企业订立合同或者进行交易；

（八）未经投资人同意，擅自将企业商标或者其他知识产权转让给他人使用；

（九）泄露本企业的商业秘密；

（十）法律、行政法规禁止的其他行为。

第二十一条 个人独资企业应当依法设置会计帐簿，进行会计核算。

第二十二条 个人独资企业招用职工的，应当依法与职工签订劳动合同，保障职工的劳动安全，按时、足额发放职工工资。

第二十三条 个人独资企业应当按照国家规定参加社会保险，为职工缴纳社会保险费。

第二十四条 个人独资企业可以依法申请贷款、取得土地使用权，并享有法律、行政法规规定的其他权利。

第二十五条 任何单位和个人不得违反法律、行政法规的规定，以任何方式强制个人独资企业提供财力、物力、人力；对于违法强制提供财力、物力、人力的行为，个人独资企业有权拒绝。

第四章 个人独资企业的解散和清算

第二十六条 个人独资企业有下列情形之一时，应当解散：

（一）投资人决定解散；

（二）投资人死亡或者被宣告死亡，无继承人或者继承人决定放弃继承；

（三）被依法吊销营业执照；

（四）法律、行政法规规定的其他情形。

第二十七条 个人独资企业解散，由投资人自行清算或者由债权人申请人民法院指定清算人进行清算。

投资人自行清算的，应当在清算前十五日内书面通知债权人，无法通知的，应当予以公告。债权人应当在接到通知之日起三十日内，未接到通知的应当在公告之日起六十日内，向投资人申报其债权。

第二十八条 个人独资企业解散后，原投资人对个人独资企业存续期间的债务仍应承担偿还责任，但债权人在五年内未向债务人提出偿债请求的，该责任消灭。

第二十九条 个人独资企业解散的，财产应当按照下列顺序清偿：

（一）所欠职工工资和社会保险费用；

（二）所欠税款；

（三）其他债务。

第三十条 清算期间，个人独资企业不得开展与清算目的无关的经营活动。在按前条规定清偿债务前，投资人不得转移、隐匿财产。

第三十一条 个人独资企业财产不足以清偿债务的，投资人应当以其个人的其他财产予以清偿。

第三十二条 个人独资企业清算结束后，投资人或者人民法院指定的清算人应当编制清算报告，并于十五日内到登记机关办理注销登记。

第五章 法律责任

第三十三条 违反本法规定，提交虚假文件或采取其他欺骗手段，取得企业登记的，责令改正，处以五千元以下的罚款；情节严重的，并处吊销营业执照。

第三十四条 违反本法规定，个人独资企业使用的名称与其在登记机关登记的名称不相符合的，责令限期改正，处以二千元以下的罚款。

第三十五条 涂改、出租、转让营业执照的，责令改正，没收违法所得，处以三千元以下的罚款；情节严重的，吊销营业执照。

伪造营业执照的，责令停业，没收违法所得，处以五千元以下的罚款。构成犯罪的，依法追究刑事责任。

第三十六条 个人独资企业成立后无正当理由超过六个月未开业的，或者开业后自行停业连续六个月以上的，吊销营业执照。

第三十七条 违反本法规定，未领取营业执照，以个人独资企业名义从事经营活动的，责令停止经营活动，处以三千元以下的罚款。

个人独资企业登记事项发生变更时，未按本法规定办理有关变更登记的，责令限期办理变更登记；逾期不办理的，处以二千元以下的罚款。

第三十八条 投资人委托或者聘用的人员管理个人独资企业事务时违反双方订立的合同，给投资人造成损害的，承担民事赔偿责任。

第三十九条 个人独资企业违反本法规定，侵犯职工合法权益，未保障职工劳动安全，不缴纳社会保险费用的，按照有关法律、行政法规予以处罚，并追究有关责任人员的责任。

第四十条 投资人委托或者聘用的人员违反本法第二十条规定，侵犯个人独资企业财产权益的，责令退还侵占的财产；给企业造成损失的，依法承担赔偿责任；有违法所得的，没收违法所得；构成犯罪的，依法追究刑事责任。

第四十一条 违反法律、行政法规的规定强制个人独资企业提供财力、物力、人力的，按照有关法律、行政法规予以处罚，并追究有关责任人员的责任。

第四十二条 个人独资企业及其投资人在清算前或清算期间隐匿或转移财产，逃避债务的，依法追回其财产，并按照有关规定予以处罚；构成犯罪的，依法追究刑事责任。

第四十三条 投资人违反本法规定，应当承担民事赔偿责任和缴纳罚款、罚金，其财产不足以支付的，或者被判处没收财产的，应当先承担民事赔偿责任。

第四十四条 登记机关对不符合本法规定条件的个人独资企业予以登记，或者对符合本法规定条件的企业不予登记的，对直接责任人员依法给予行政处分；构成犯罪的，依法追究刑事责任。

第四十五条 登记机关的上级部门的有关主管人员强令登记机关对不符合本法规定条件的企业予以登记，或者对符合本法规定条件的企业不予登记的，或者对登记机关的违法登记行为进行包庇的，对直接责任人员依法给予行政处分；构成犯罪的，依法追究刑事责任。

第四十六条 登记机关对符合法定条件的申请不予登记或者超过法定时限不予答复的，当事人可依法申请行政复议或提起行政诉讼。

第六章 附 则

第四十七条 外商独资企业不适用本法。

第四十八条 本法自2000年1月1日起施行。

个人独资企业登记管理办法

（2000年1月13日国家工商行政管理局令第94号公布 根据2014年2月20日国家工商行政管理总局令第63号公布的《国家工商行政管理总局关于修改〈中华人民共和国企业法人登记管理条例施行细则〉、〈外商投资合伙企业登记管理规定〉、〈个人独资企业登记管理办法〉、〈个体工商户登记管理办法〉等规章的决定》第一次修订 根据2019年8月8日国家市场监督管理总局令第14号公布的《市场监管总局关于修改〈中华人民共和国企业法人登记管理条例施行细则〉等四部规章的决定》第二次修订）

第一章 总 则

第一条 为了确认个人独资企业的经营资格，规范个人独资企业登记行为，依据《中华人民共和国个人独资企业法》（以下简称《个人独资企业法》），制定本办法。

第二条 个人独资企业的设立、变更、注销，应当依照《个人独资企业法》和本办法的规定办理企业登记。

第三条 个人独资企业经登记机关依法核准登记，领取营业执照后，方可从事经营活动。

个人独资企业应当在登记机关核准的登记事项内依法从事经营活动。

第四条 市场监督管理部门是个人独资企业的登记机关。

国家市场监督管理总局主管全国个人独资企业的登记工作。

省、自治区、直辖市市场监督管理部门负责本地区个人独资企业的登记工作。

市、县（区）市场监督管理部门负责本辖区内的个人独资企业登记。

第二章 设立登记

第五条 设立个人独资企业应当具备《个人独资企业法》第八条规定的条件。

第六条 个人独资企业的名称应当符合名称登记管理有关规定，并与其责任形式及从事的营业相符合。

个人独资企业的名称中不得使用“有限”、“有限责任”或者“公司”字样。

第七条 设立个人独资企业，应当由投资人或者其委托的代理人向个人独资企业所在地登记机关申请设立登记。

第八条 个人独资企业的登记事项应当包括：企业名称、企业住所、投资人姓名和居所、出资额和出资方式、经营范围。

第九条 投资人申请设立登记，应当向登记机关提交下列文件：

（一）投资人签署的个人独资企业设立申请书；

（二）投资人身份证明；

（三）企业住所证明；

（四）国家市场监督管理总局规定提交的其他文件。

从事法律、行政法规规定须报经有关部门审批的业务的，应当提交有关部门的批准文件。

委托代理人申请设立登记的，应当提交投资人的委托书和代理人的身份证明或者资格证明。

第十条 个人独资企业设立申请书应当载明下列事项：

（一）企业的名称和住所；

（二）投资人的姓名和居所；

（三）投资人的出资额和出资方式；

（四）经营范围。

个人独资企业投资人以个人财产出资或者以其家庭共有财产作为个人出资的，应当在设立申请书中予以明确。

第十一条 登记机关应当在收到本办法第九条规定的全部文件之日起15日内，作出核准登记或者不予登记的决定。予以核准的发给营业执照；不予核准的，发给企业登记驳回通知书。

第十二条 个人独资企业营业执照的签发日期为个人独资企业成立日期。

第三章 变更登记

第十三条 个人独资企业变更企业名称、企业住所、经营范围，应当在作出变更决定之日起15日内向原登记机关申请变更登记。

个人独资企业变更投资人姓名和居所、出资额和出资方式，应当在变更事由发生之日起15日内向原登记机关申请变更登记。

第十四条 个人独资企业申请变更登记，应当向登记机关提交下列文件：

（一）投资人签署的变更登记申请书；

（二）国家市场监督管理总局规定提交的其他文件。

从事法律、行政法规规定须报经有关部门审批的业务的，应当提交有关部门的批准文件。

委托代理人申请变更登记的，应当提交投资人的委托书和代理人的身份证明或者资格证明。

第十五条 登记机关应当在收到本办法第十四条规定的全部文件之日起15日内，作出核准登记或者不予登记的决定。予以核准的，换发营业执照或者发给变更登记通知书；不予核准的，发给企业登记驳回通知书。

第十六条 个人独资企业变更住所跨登记机关辖区的，应当向迁入地登记机关申请变更登记。迁入地登记机关受理的，由原登记机关将企业档案移送迁入地登记机关。

第十七条 个人独资企业因转让或者继承致使投资人变化的，个人独资企业可向原登记机关提交转让协议书或者法定继承文件，申请变更登记。

个人独资企业改变出资方式致使个人财产与家庭共有财产变换的，个人独资企业可向原登记机关提交改变出资方式文件，申请变更登记。

第四章 注销登记

第十八条 个人独资企业依照《个人独资企业法》第二十六条规定解散的，应当由投资人或者清算人于清算结束之日起 15 日内向原登记机关申请注销登记。

第十九条 个人独资企业申请注销登记，应当向登记机关提交下列文件：

（一）投资人或者清算人签署的注销登记申请书；

（二）投资人或者清算人签署的清算报告；

（三）国家市场监督管理总局规定提交的其他文件。

个人独资企业办理注销登记时，应当缴回营业执照。

第二十条 登记机关应当在收到本办法第十九条规定的全部文件之日起 15 日内，作出核准登记或者不予登记的决定。予以核准的，发给核准通知书；不予核准的，发给企业登记驳回通知书。

第二十一条 经登记机关注销登记，个人独资企业终止。

第五章 分支机构登记

第二十二条 个人独资企业设立分支机构，应当由投资人或者其委托的代理人向分支机构所在地的登记机关申请设立登记。

第二十三条 分支机构的登记事项应当包括：分支机构的名称、经营场所、负责人姓名和居所、经营范围。

第二十四条 个人独资企业申请设立分支机构，应当向登记机关提交下列文件：

（一）分支机构设立登记申请书；

（二）登记机关加盖印章的个人独资企业营业执照复印件；

（三）经营场所证明；

（四）国家市场监督管理总局规定提交的其他文件。

分支机构从事法律、行政法规规定须报经有关部门审批的业务的，还应当提交有关部门的批准文件。

个人独资企业投资人委派分支机构负责人的，应当提交投资人委派分支机构负责人的委托书及其身份证明。

委托代理人申请分支机构设立登记的，应当提交投资人的委托书和代理人的身份证明或者资格证明。

第二十五条 登记机关应当在收到本办法第二十四条规定的全部文件之日起15日内，作出核准登记或者不予登记的决定。核准登记的，发给营业执照；不予登记的，发给登记驳回通知书。

第二十六条 个人独资企业分支机构申请变更登记、注销登记，比照本办法关于个人独资企业申请变更登记、注销登记的有关规定办理。

第六章 公示和证照管理

第二十七条 登记机关应当将个人独资企业登记、备案信息通过企业信用信息公示系统向社会公示。

第二十八条 个人独资企业应当于每年1月1日至6月30日，通过企业信用信息公示系统向登记机关报送上一年度年度报告，并向社会公示。

年度报告公示的内容和监督检查按照国务院的规定执行。

第二十九条 个人独资企业营业执照分为正本和副本，正本和副本具有同等法律效力。

个人独资企业根据业务需要，可以向登记机关申请核发若干营业执照副本。

营业执照遗失或者毁损的，应当在国家企业信用信息公示系统上声明作废，并向企业登记机关申请补领或者更换。

第三十条 个人独资企业应当将营业执照正本置放在企业住所的醒目位置。

第三十一条 任何单位和个人不得伪造、涂改、出租、转让营业执照。

任何单位和个人不得承租、受让营业执照。

第三十二条 个人独资企业的营业执照正本和副本样式，由国家市场监督管理总局制定。

第七章 法律责任

第三十三条 未经登记机关依法核准登记并领取营业执照，以个人独资企业名义从事经营活动的，由登记机关责令停止经营活动，处以3000元以下的罚款。

第三十四条 个人独资企业办理登记时，提交虚假文件或者采取其他欺骗手段，取得企业登记的，由登记机关责令改正，处以5000元以下的罚款；情节严重的，并处吊销营业执照。

第三十五条 个人独资企业使用的名称与其在登记机关登记的名称不相符合的，责令限期改正，处以2000元以下的罚款。

第三十六条 个人独资企业登记事项发生变更，未依照本办法规定办理变更登记的，由登记机关责令限期改正；逾期不办理的，处以2000元以下的罚款。

第三十七条 个人独资企业未将营业执照正本置放在企业住所醒目位置的，由登记机关责令限期改正；逾期不改正的，处以500元以下的罚款。

第三十八条 个人独资企业涂改、出租、转让营业执照的，由登记机关责令改正，没收违法所得，处以3000元以下的罚款；情节严重的，吊销营业执照。

承租、受让营业执照从事经营活动的，由登记机关收缴营业执照，责令停止经营活动，处以5000元以下的罚款。

第三十九条 伪造营业执照的，由登记机关责令停业，没收违法所得，处以5000元以下的罚款；构成犯罪的，依法追究刑事责任。

第四十条 个人独资企业成立后，无正当理由超过6个月未开业，或者开业后自行停业连续6个月的，吊销营业执照。

第四十一条 登记机关对不符合法律规定条件的个人独资企业予以登记，或者对符合法律规定条件的个人独资企业不予登记的，对直接责任人员依法予以行政处分；构成犯罪的，依法追究刑事责任。

第四十二条 登记机关的上级部门有关主管人员强令登记机关对不符合法律规定条件的个人独资企业予以登记，或者对符合法律规定条件的个人独资企业不予登记，或者对登记机关的违法登记行为进行包庇的，对直接责任人员依法予以行政处分；构成犯罪的，依法追究刑事责任。

第八章 附 则

第四十三条 本办法施行前依据《中华人民共和国私营企业暂行条例》登记成立的私营独资企业，符合《个人独资企业法》规定的条件的，依据《个人独资企业法》和本办法登记为个人独资企业。

第四十四条 本办法自公布之日起施行。

2. 合伙企业

中华人民共和国合伙企业法

（1997年2月23日第八届全国人民代表大会常务委员会第二十四次会议通过
2006年8月27日第十届全国人民代表大会常务委员会第二十三次会议修订）

第一章 总 则

第一条 为了规范合伙企业的行为，保护合伙企业及其合伙人、债权人的合法权益，维护社会经济秩序，促进社会主义市场经济的发展，制定本法。

第二条 本法所称合伙企业，是指自然人、法人和其他组织依照本法在中国境内设立的普通合伙企业和有限合伙企业。

普通合伙企业由普通合伙人组成，合伙人对合伙企业债务承担无限连带责任。本法对普通合伙人承担责任的形式有特别规定的，从其规定。

有限合伙企业由普通合伙人和有限合伙人组成，普通合伙人对合伙企业债务承担无限连带责任，有限合伙人以其认缴的出资额为限对合伙企业债务承担责任。

第三条 国有独资公司、国有企业、上市公司以及公益性的事业单位、社会团体不得成为普通合伙人。

第四条 合伙协议依法由全体合伙人协商一致、以书面形式订立。

第五条 订立合伙协议、设立合伙企业，应当遵循自愿、平等、公平、诚实信用原则。

第六条 合伙企业的生产经营所得和其他所得，按照国家有关税收规定，由合伙人分别缴纳所得税。

第七条 合伙企业及其合伙人必须遵守法律、行政法规，遵守社会公德、商业道德，承担社会责任。

第八条 合伙企业及其合伙人的合法财产及其权益受法律保护。

第九条 申请设立合伙企业，应当向企业登记机关提交登记申请书、合伙协议书、合伙人身份证明等文件。

合伙企业的经营范围中有属于法律、行政法规规定在登记前须经批准的项目的，该项经营业务应当依法经过批准，并在登记时提交批准文件。

第十条 申请人提交的登记申请材料齐全、符合法定形式，企业登记机关能够当场登记的，应予当场登记，发给营业执照。

除前款规定情形外，企业登记机关应当自受理申请之日起二十日内，作出是否登记的决定。予以登记的，发给营业执照；不予登记的，应当给予书面答复，并说明理由。

第十一条 合伙企业的营业执照签发日期，为合伙企业成立日期。

合伙企业领取营业执照前，合伙人不得以合伙企业名义从事合伙业务。

第十二条 合伙企业设立分支机构，应当向分支机构所在地的企业登记机关申请登记，领取营业执照。

第十三条 合伙企业登记事项发生变更的，执行合伙事务的合伙人应当自作出变更决定或者发生变更事由之日起十五日内，向企业登记机关申请办理变更登记。

第二章 普通合伙企业

第一节 合伙企业设立

第十四条 设立合伙企业，应当具备下列条件：

（一）有二个以上合伙人。合伙人为自然人的，应当具有完全民事行为能力；

（二）有书面合伙协议；

（三）有合伙人认缴或者实际缴付的出资；

（四）有合伙企业的名称和生产经营场所；

（五）法律、行政法规规定的其他条件。

第十五条 合伙企业名称中应当标明“普通合伙”字样。

第十六条 合伙人可以用货币、实物、知识产权、土地使用权或者其他财产权利出资，也可以用劳务出资。

合伙人以实物、知识产权、土地使用权或者其他财产权利出资，需要评估作价的，可以由全体合伙人协商确定，也可以由全体合伙人委托法定评估机构评估。

合伙人以劳务出资的，其评估办法由全体合伙人协商确定，并在合伙协议中载明。

第十七条 合伙人应当按照合伙协议约定的出资方式、数额和缴付期限，履行出资义务。

以非货币财产出资的，依照法律、行政法规的规定，需要办理财产权转移手续的，应当依法办理。

第十八条 合伙协议应当载明下列事项：

（一）合伙企业的名称和主要经营场所的地点；

（二）合伙目的和合伙经营范围；

（三）合伙人的姓名或者名称、住所；

（四）合伙人的出资方式、数额和缴付期限；

（五）利润分配、亏损分担方式；

（六）合伙事务的执行；

（七）入伙与退伙；

（八）争议解决办法；

（九）合伙企业的解散与清算；

（十）违约责任。

第十九条 合伙协议经全体合伙人签名、盖章后生效。合伙人按照合伙协议享有权利，履行义务。

修改或者补充合伙协议，应当经全体合伙人一致同意；但是，合伙协议另有约定的除外。

合伙协议未约定或者约定不明确的事项，由合伙人协商决定；协商不成的，依照本法和其他有关法律、行政法规的规定处理。

第二节 合伙企业财产

第二十条 合伙人的出资、以合伙企业名义取得的收益和依法取得的其他财产，均为合伙企业的财产。

第二十一条 合伙人在合伙企业清算前，不得请求分割合伙企业的财产；但是，本法另有规定的除外。

合伙人在合伙企业清算前私自转移或者处分合伙企业财产的，合伙企业不得以此对抗善意第三人。

第二十二条 除合伙协议另有约定外，合伙人向合伙人以外的人转让其在合伙企业中的全部或者部分财产份额时，须经其他合伙人一致同意。

合伙人之间转让在合伙企业中的全部或者部分财产份额时，应当通知其他合伙人。

第二十三条 合伙人向合伙人以外的人转让其在合伙企业中的财产份额的，在同等条件下，其他合伙人有优先购买权；但是，合伙协议另有约定的除外。

第二十四条 合伙人以外的人依法受让合伙人在合伙企业中的财产份额的，经修改合伙协议即成为合伙企业的合伙人，依照本法和修改后的合伙协议享有权利，履行义务。

第二十五条 合伙人以其在合伙企业中的财产份额出质的，须经其他合伙人一致同意；未经其他合伙人一致同意，其行为无效，由此给善意第三人造成损失的，由行为人依法承担赔偿责任。

第三节 合伙事务执行

第二十六条 合伙人对执行合伙事务享有同等的权利。

按照合伙协议的约定或者经全体合伙人决定，可以委托一个或者数个合伙人对外代表合伙企业，执行合伙事务。

作为合伙人的法人、其他组织执行合伙事务的，由其委派的代表执行。

第二十七条 依照本法第二十六条第二款规定委托一个或者数个合伙人执行合伙事务的，其他合伙人不再执行合伙事务。

不执行合伙事务的合伙人有权监督执行事务合伙人执行合伙事务的情况。

第二十八条 由一个或者数个合伙人执行合伙事务的，执行事务合伙人应当定期向其他合伙人报告事务执行情况以及合伙企业的经营和财务状况，其执行合伙事务所产生的收益归合伙企业，所产生的费用和亏损由合伙企业承担。

合伙人为了解合伙企业的经营状况和财务状况，有权查阅合伙企业会计账簿等财务资料。

第二十九条 合伙人分别执行合伙事务的，执行事务合伙人可以对其他合伙人执行的事务提出异议。提出异议时，应当暂停该项事务的执行。如果发生争议，依照本法第三十条规定作出决定。

受委托执行合伙事务的合伙人不按照合伙协议或者全体合伙人的决定执行事务的，其他合伙人可以决定撤销该委托。

第三十条 合伙人对合伙企业有关事项作出决议，按照合伙协议约定的表决办法办理。合伙协议未约定或者约定不明确的，实行合伙人一人一票并经全体合伙人过半数通过的表决办法。

本法对合伙企业的表决办法另有规定的，从其规定。

第三十一条 除合伙协议另有约定外，合伙企业的下列事项应当经全体合伙人一致同意：

（一）改变合伙企业的名称；

（二）改变合伙企业的经营范围、主要经营场所的地点；

（三）处分合伙企业的不动产；

（四）转让或者处分合伙企业的知识产权和其他财产权利；

（五）以合伙企业名义为他人提供担保；

（六）聘任合伙人以外的人担任合伙企业的经营管理人员。

第三十二条 合伙人不得自营或者同他人合作经营与本合伙企业相竞争的业务。

除合伙协议另有约定或者经全体合伙人一致同意外，合伙人不得同本合伙企业进行交易。

合伙人不得从事损害本合伙企业利益的活动。

第三十三条 合伙企业的利润分配、亏损分担，按照合伙协议的约定办理；合伙协议未约定或者约定不明确的，由合伙人协商决定；协商不成的，由合伙人按照实缴出资比例分配、分担；无法确定出资比例的，由合伙人平均分配、分担。

合伙协议不得约定将全部利润分配给部分合伙人或者由部分合伙人承担全部亏损。

第三十四条 合伙人按照合伙协议的约定或者经全体合伙人决定，可以增加或者减少对合伙企业的出资。

第三十五条 被聘任的合伙企业的经营管理人员应当在合伙企业授权范围内履行职务。

被聘任的合伙企业的经营管理人员，超越合伙企业授权范围履行职务，或者在履行职务过程中因故意或者重大过失给合伙企业造成损失的，依法承担赔偿责任。

第三十六条 合伙企业应当依照法律、行政法规的规定建立企业财务、会计制度。

第四节 合伙企业与第三人关系

第三十七条 合伙企业对合伙人执行合伙事务以及对外代表合伙企业权利的限制，不得对抗善意第三人。

第三十八条 合伙企业对其债务，应先以其全部财产进行清偿。

第三十九条 合伙企业不能清偿到期债务的，合伙人承担无限连带责任。

第四十条 合伙人由于承担无限连带责任，清偿数额超过本法第三十三条第一款规定的其亏损分担比例的，有权向其他合伙人追偿。

第四十一条 合伙人发生与合伙企业无关的债务，相关债权人不得以其债权抵销其对合伙企业的债务；也不得代位行使合伙人在合伙企业中的权利。

第四十二条 合伙人的自有财产不足清偿其与合伙企业无关的债务的，该合伙人可以以其从合伙企业中分取的收益用于清偿；债权人也可以依法请求人民法院强制执行该合伙人在合伙企业中的财产份额用于清偿。

人民法院强制执行合伙人的财产份额时，应当通知全体合伙人，其他合伙人有优先购买权；其他合伙人未购买，又不同意将该财产份额转让给他人的，依照本法第五十一条的规定为该合伙人办理退伙结算，或者办理削减该合伙人相应财产份额的结算。

第五节 入伙、退伙

第四十三条 新合伙人入伙，除合伙协议另有约定外，应当经全体合伙人一致同意，并依法订立书面入伙协议。

订立入伙协议时，原合伙人应当向新合伙人如实告知原合伙企业的经营状况和财务状况。

第四十四条 入伙的新合伙人与原合伙人享有同等权利，承担同等责任。入伙协议另有约定的，从其约定。

新合伙人对入伙前合伙企业的债务承担无限连带责任。

第四十五条 合伙协议约定合伙期限的，在合伙企业存续期间，有下列情形之一的，合伙人可以退伙：

（一）合伙协议约定的退伙事由出现；

（二）经全体合伙人一致同意；

（三）发生合伙人难以继续参加合伙的事由；

（四）其他合伙人严重违反合伙协议约定的义务。

第四十六条 合伙协议未约定合伙期限的，合伙人在不给合伙企业事务执行造成不利影响的情况下，可以退伙，但应当提前三十日通知其他合伙人。

第四十七条 合伙人违反本法第四十五条、第四十六条的规定退伙的，应当赔偿由此给合伙企业造成的损失。

第四十八条 合伙人有下列情形之一的，当然退伙：

（一）作为合伙人的自然人死亡或者被依法宣告死亡；

（二）个人丧失偿债能力；

（三）作为合伙人的法人或者其他组织依法被吊销营业执照、责令关闭、撤销，或者被宣告破产；

（四）法律规定或者合伙协议约定合伙人必须具有相关资格而丧失该资格；

（五）合伙人在合伙企业中的全部财产份额被人民法院强制执行。

合伙人被依法认定为无民事行为能力人或者限制民事行为能力人的，经其他合伙人一致同意，可以依法转为有限合伙人，普通合伙企业依法转为有限合伙企业。其他合伙人未能一致同意的，该无民事行为能力或者限制民事行为能力的合伙人退伙。

退伙事由实际发生之日为退伙生效日。

第四十九条 合伙人有下列情形之一的，经其他合伙人一致同意，可以决议将其除名：

（一）未履行出资义务；

（二）因故意或者重大过失给合伙企业造成损失；

（三）执行合伙事务时有不正当行为；

（四）发生合伙协议约定的事由。

对合伙人的除名决议应当书面通知被除名人。被除名人接到除名通知之日，除名生效，被除名人退伙。

被除名人对除名决议有异议的，可以自接到除名通知之日起三十日内，向人民法院起诉。

第五十条 合伙人死亡或者被依法宣告死亡的，对该合伙人在合伙企业中的财产份额享有合法继承权的继承人，按照合伙协议的约定或者经全体合伙人一致同意，从继承开始之日起，取得该合伙企业的合伙人资格。

有下列情形之一的，合伙企业应当向合伙人的继承人退还被继承合伙人的财产份额：

（一）继承人不愿意成为合伙人；

（二）法律规定或者合伙协议约定合伙人必须具有相关资格，而该继承人未取得该资格；

（三）合伙协议约定不能成为合伙人的其他情形。

合伙人的继承人为无民事行为能力人或者限制民事行为能力人的，经全体合伙人一致同意，可以依法成为有限合伙人，普通合伙企业依法转为有限合伙企业。全体合伙人未能一致同意的，合伙企业应当将被继承合伙人的财产份额退还该继承人。

第五十一条 合伙人退伙，其他合伙人应当与该退伙人按照退伙时的合伙企业财产状况进行结算，退还退伙人的财产份额。退伙人对给合伙企业造成的损失负有赔偿责任的，相应扣减其应当赔偿的数额。

退伙时有未了结的合伙企业事务的，待该事务了结后进行结算。

第五十二条 退伙人在合伙企业中财产份额的退还办法，由合伙协议约定或者由全体合伙人决定，可以退还货币，也可以退还实物。

第五十三条 退伙人对基于其退伙前的原因发生的合伙企业债务，承担无限连带责任。

第五十四条 合伙人退伙时，合伙企业财产少于合伙企业债务的，退伙人应当依照本法第三十三条第一款的规定分担亏损。

第六节 特殊的普通合伙企业

第五十五条 以专业知识和专门技能为客户提供有偿服务的专业服务机构，可以设立为特殊的普通合伙企业。

特殊的普通合伙企业是指合伙人依照本法第五十七条的规定承担责任的普通合伙企业。

特殊的普通合伙企业适用本节规定；本节未作规定的，适用本章第一节至第五节的规定。

第五十六条 特殊的普通合伙企业名称中应当标明“特殊普通合伙”字样。

第五十七条 一个合伙人或者数个合伙人在执业活动中因故意或者重大过失造成合伙企业债务的，应当承担无限责任或者无限连带责任，其他合伙人以其在合伙企业中的财产份额为限承担责任。

合伙人在执业活动中非因故意或者重大过失造成的合伙企业债务以及合伙企业的其他债务，由全体合伙人承担无限连带责任。

第五十八条 合伙人执业活动中因故意或者重大过失造成的合伙企业债务，以合伙企业财产对外承担责任后，该合伙人应当按照合伙协议的约定对给合伙企业造成的损失承担赔偿责任。

第五十九条 特殊的普通合伙企业应当建立执业风险基金、办理职业保险。

执业风险基金用于偿付合伙人执业活动造成的债务。执业风险基金应当单独立户管理。具体管理办法由国务院规定。

第三章 有限合伙企业

第六十条 有限合伙企业及其合伙人适用本章规定；本章未作规定的，适用本法第二章第一节至第五节关于普通合伙企业及其合伙人的规定。

第六十一条 有限合伙企业由二个以上五十个以下合伙人设立；但是，法律另有规定的除外。

有限合伙企业至少应当有一个普通合伙人。

第六十二条 有限合伙企业名称中应当标明“有限合伙”字样。

第六十三条 合伙协议除符合本法第十八条的规定外，还应当载明下列事项：

（一）普通合伙人和有限合伙人的姓名或者名称、住所；

（二）执行事务合伙人应具备的条件和选择程序；

（三）执行事务合伙人权限与违约处理办法；

（四）执行事务合伙人的除名条件和更换程序；

（五）有限合伙人入伙、退伙的条件、程序以及相关责任；

（六）有限合伙人和普通合伙人相互转变程序。

第六十四条 有限合伙人可以用货币、实物、知识产权、土地使用权或者其他财产权利作价出资。

有限合伙人不得以劳务出资。

第六十五条 有限合伙人应当按照合伙协议的约定按期足额缴纳出资；未按期足额缴纳的，应当承担补缴义务，并对其他合伙人承担违约责任。

第六十六条 有限合伙企业登记事项中应当载明有限合伙人的姓名或者名称及认缴的出资数额。

第六十七条 有限合伙企业由普通合伙人执行合伙事务。执行事务合伙人可以要求在合伙协议中确定执行事务的报酬及报酬提取方式。

第六十八条 有限合伙人不执行合伙事务，不得对外代表有限合伙企业。

有限合伙人的下列行为，不视为执行合伙事务：

（一）参与决定普通合伙人入伙、退伙；

（二）对企业的经营管理提出建议；

（三）参与选择承办有限合伙企业审计业务的会计师事务所；

（四）获取经审计的有限合伙企业财务会计报告；

（五）对涉及自身利益的情况，查阅有限合伙企业财务会计账簿等财务资料；

（六）在有限合伙企业中的利益受到侵害时，向有责任的合伙人主张权利或者提起诉讼；

（七）执行事务合伙人怠于行使权利时，督促其行使权利或者为了本企业的利益以自己的名义提起诉讼；

（八）依法为本企业提供担保。

第六十九条 有限合伙企业不得将全部利润分配给部分合伙人；但是，合伙协议另有约定的除外。

第七十条 有限合伙人可以同本有限合伙企业进行交易；但是，合伙协议另有约定的除外。

第七十一条 有限合伙人可以自营或者同他人合作经营与本有限合伙企业相竞争的业务；但是，合伙协议另有约定的除外。

第七十二条 有限合伙人可以将其在有限合伙企业中的财产份额出质；但是，合伙协议另有约定的除外。

第七十三条 有限合伙人可以按照合伙协议的约定向合伙人以外的人转让其在有限合伙企业中的财产份额，但应当提前三十日通知其他合伙人。

第七十四条 有限合伙人的自有财产不足清偿其与合伙企业无关的债务的，该合伙人可以以其从有限合伙企业中分取的收益用于清偿；债权人也可以依法请求人民法院强制执行该合伙人在有限合伙企业中的财产份额用于清偿。

人民法院强制执行有限合伙人的财产份额时，应当通知全体合伙人。在同等条件下，其他合伙人有优先购买权。

第七十五条 有限合伙企业仅剩有限合伙人的，应当解散；有限合伙企业仅剩普通合伙人的，转为普通合伙企业。

第七十六条 第三人有理由相信有限合伙人为普通合伙人并与其交易的，该有限合伙人对该笔交易承担与普通合伙人同样的责任。

有限合伙人未经授权以有限合伙企业名义与他人进行交易，给有限合伙企业或者其他合伙人造成损失的，该有限合伙人应当承担赔偿责任。

第七十七条 新入伙的有限合伙人对入伙前有限合伙企业的债务，以其认缴的出资额为限承担责任。

第七十八条 有限合伙人有本法第四十八条第一款第一项、第三项至第五项所列情形之一的，当然退伙。

第七十九条 作为有限合伙人的自然人在有限合伙企业存续期间丧失民事行为能力的，其他合伙人不得因此要求其退伙。

第八十条 作为有限合伙人的自然人死亡、被依法宣告死亡或者作为有限合伙人的法人及其他组织终止时，其继承人或者权利承受人可以依法取得该有限合伙人在有限合伙企业中的资格。

第八十一条 有限合伙人退伙后，对基于其退伙前的原因发生的有限合伙企业债务，以其退伙时从有限合伙企业中取回的财产承担责任。

第八十二条 除合伙协议另有约定外，普通合伙人转变为有限合伙人，或者有限合伙人转变为普通合伙人，应当经全体合伙人一致同意。

第八十三条 有限合伙人转变为普通合伙人的，对其作为有限合伙人期间有限合伙企业发生的债务承担无限连带责任。

第八十四条 普通合伙人转变为有限合伙人的，对其作为普通合伙人期间合伙企业发生的债务承担无限连带责任。

第四章 合伙企业解散、清算

第八十五条 合伙企业有下列情形之一的，应当解散：

（一）合伙期限届满，合伙人决定不再经营；

（二）合伙协议约定的解散事由出现；

（三）全体合伙人决定解散；

（四）合伙人已不具备法定人数满三十天；

（五）合伙协议约定的合伙目的已经实现或者无法实现；

（六）依法被吊销营业执照、责令关闭或者被撤销；

（七）法律、行政法规规定的其他原因。

第八十六条 合伙企业解散，应当由清算人进行清算。

清算人由全体合伙人担任；经全体合伙人过半数同意，可以自合伙企业解散事由出现后十五日内指定一个或者数个合伙人，或者委托第三人，担任清算人。

自合伙企业解散事由出现之日起十五日内未确定清算人的，合伙人或者其他利害关系人可以申请人民法院指定清算人。

第八十七条 清算人在清算期间执行下列事务：

（一）清理合伙企业财产，分别编制资产负债表和财产清单；

（二）处理与清算有关的合伙企业未了结事务；

（三）清缴所欠税款；

（四）清理债权、债务；

（五）处理合伙企业清偿债务后的剩余财产；

（六）代表合伙企业参加诉讼或者仲裁活动。

第八十八条 清算人自被确定之日起十日内将合伙企业解散事项通知债权人，并于六十日内在报纸上公告。债权人应当自接到通知书之日起三十日内，未接到通知书的自公告之日起四十五日内，向清算人申报债权。

债权人申报债权，应当说明债权的有关事项，并提供证明材料。清算人应当对债权进行登记。

清算期间，合伙企业存续，但不得开展与清算无关的经营活动。

第八十九条 合伙企业财产在支付清算费用和职工工资、社会保险费用、法定补偿金以及缴纳所欠税款、清偿债务后的剩余财产，依照本法第三十三条第一款的规定进行分配。

第九十条 清算结束，清算人应当编制清算报告，经全体合伙人签名、盖章后，在十五日内向企业登记机关报送清算报告，申请办理合伙企业注销登记。

第九十一条 合伙企业注销后，原普通合伙人对合伙企业存续期间的债务仍应承担无限连带责任。

第九十二条 合伙企业不能清偿到期债务的，债权人可以依法向人民法院提出破产清算申请，也可以要求普通合伙人清偿。

合伙企业依法被宣告破产的，普通合伙人对合伙企业债务仍应承担无限连带责任。

第五章 法律责任

第九十三条 违反本法规定，提交虚假文件或者采取其他欺骗手段，取得合伙企业登记的，由企业登记机关责令改正，处以五千元以上五万元以下的罚款；情节严重的，撤销企业登记，并处以五万元以上二十万元以下的罚款。

第九十四条 违反本法规定，合伙企业未在其名称中标明“普通合伙”、“特殊普通合伙”或者“有限合伙”字样的，由企业登记机关责令限期改正，处以二千元以上一万元以下的罚款。

第九十五条 违反本法规定，未领取营业执照，而以合伙企业或者合伙企业分支机构名义从事合伙业务的，由企业登记机关责令停止，处以五千元以上五万元以下的罚款。

合伙企业登记事项发生变更时，未依照本法规定办理变更登记的，由企业登记机关责令限期登记；逾期不登记的，处以二千元以上二万元以下的罚款。

合伙企业登记事项发生变更，执行合伙事务的合伙人未按期申请办理变更登记的，应当赔偿由此给合伙企业、其他合伙人或者善意第三人造成的损失。

第九十六条 合伙人执行合伙事务，或者合伙企业从业人员利用职务上的便利，将应当归合伙企业的利益据为己有的，或者采取其他手段侵占合伙企业财产的，应当将该利益和财产退还合伙企业；给合伙企业或者其他合伙人造成损失的，依法承担赔偿责任。

第九十七条 合伙人对本法规定或者合伙协议约定必须经全体合伙人一致同意始得执行的事务擅自处理，给合伙企业或者其他合伙人造成损失的，依法承担赔偿责任。

第九十八条 不具有事务执行权的合伙人擅自执行合伙事务，给合伙企业或者其他合伙人造成损失的，依法承担赔偿责任。

第九十九条 合伙人违反本法规定或者合伙协议的约定，从事与本合伙企业相竞争的业务或者与本合伙企业进行交易的，该收益归合伙企业所有；给合伙企业或者其他合伙人造成损失的，依法承担赔偿责任。

第一百条 清算人未依照本法规定向企业登记机关报送清算报告，或者报送清算报告隐瞒重要事实，或者有重大遗漏的，由企业登记机关责令改正。由此产生的费用和损失，由清算人承担和赔偿。

第一百零一条 清算人执行清算事务，牟取非法收入或者侵占合伙企业财产的，应当将该收入和侵占的财产退还合伙企业；给合伙企业或者其他合伙人造成损失的，依法承担赔偿责任。

第一百零二条 清算人违反本法规定，隐匿、转移合伙企业财产，对资产负债表或者财产清单作虚假记载，或者在未清偿债务前分配财产，损害债权人利益的，依法承担赔偿责任。

第一百零三条 合伙人违反合伙协议的，应当依法承担违约责任。

合伙人履行合伙协议发生争议的，合伙人可以通过协商或者调解解决。不愿通过协商、调解解决或者协商、调解不成的，可以按照合伙协议约定的仲裁条款或者事后达成的书面仲裁协议，向仲裁机构申请仲裁。合伙协议中未订立仲裁条款，事后又没有达成书面仲裁协议的，可以向人民法院起诉。

第一百零四条 有关行政管理机关的工作人员违反本法规定，滥用职权、徇私舞弊、收受贿赂、侵害合伙企业合法权益的，依法给予行政处分。

第一百零五条 违反本法规定，构成犯罪的，依法追究刑事责任。

第一百零六条 违反本法规定，应当承担民事赔偿责任和缴纳罚款、罚金，其财产不足以同时支付的，先承担民事赔偿责任。

第六章 附　　则

第一百零七条 非企业专业服务机构依据有关法律采取合伙制的，其合伙人承担责任的形式可以适用本法关于特殊的普通合伙企业合伙人承担责任的规定。

第一百零八条 外国企业或者个人在中国境内设立合伙企业的管理办法由国务院规定。

第一百零九条 本法自2007年6月1日起施行。

中华人民共和国合伙企业登记管理办法

（1997年11月19日中华人民共和国国务院令第236号发布 根据2007年5月9日《国务院关于修改〈中华人民共和国合伙企业登记管理办法〉的决定》第一次修订 根据2014年2月19日《国务院关于废止和修改部分行政法规的决定》第二次修订 根据2019年3月2日《国务院关于修改部分行政法规的决定》修正）

第一章 总 则

第一条 为了确认合伙企业的经营资格，规范合伙企业登记行为，依据《中华人民共和国合伙企业法》(以下简称合伙企业法)，制定本办法。

第二条 合伙企业的设立、变更、注销，应当依照合伙企业法和本办法的规定办理企业登记。

申请办理合伙企业登记，申请人应当对申请材料的真实性负责。

第三条 合伙企业经依法登记，领取合伙企业营业执照后，方可从事经营活动。

第四条 工商行政管理部门是合伙企业登记机关(以下简称企业登记机关)。

国务院工商行政管理部门负责全国的合伙企业登记管理工作。

市、县工商行政管理部门负责本辖区内的合伙企业登记。

国务院工商行政管理部门对特殊的普通合伙企业和有限合伙企业的登记管辖可以作出特别规定。

法律、行政法规对合伙企业登记管辖另有规定的，从其规定。

第二章 设立登记

第五条 设立合伙企业，应当具备合伙企业法规定的条件。

第六条 合伙企业的登记事项应当包括：

(一)名称；

(二)主要经营场所；

(三)执行事务合伙人；

(四)经营范围；

(五)合伙企业类型；

(六)合伙人姓名或者名称及住所、承担责任方式、认缴或者实际缴付的出资数额、缴付期限、出资方式和评估方式。

合伙协议约定合伙期限的，登记事项还应当包括合伙期限。

执行事务合伙人是法人或者其他组织的，登记事项还应当包括法人或者其他组织委派的代表(以下简称委派代表)。

第七条 合伙企业名称中的组织形式后应当标明“普通合伙”、“特殊普通合伙”或者“有限合伙”字样，并符合国家有关企业名称登记管理的规定。

第八条 经企业登记机关登记的合伙企业主要经营场所只能有一个，并且应当在其企业登记机关登记管辖区域内。

第九条 合伙协议未约定或者全体合伙人未决定委托执行事务合伙人的，全体合伙人均为执行事务合伙人。

有限合伙人不得成为执行事务合伙人。

第十条 合伙企业类型包括普通合伙企业（含特殊的普通合伙企业）和有限合伙企业。

第十一条 设立合伙企业，应当由全体合伙人指定的代表或者共同委托的代理人向企业登记机关申请设立登记。

申请设立合伙企业，应当向企业登记机关提交下列文件：

（一）全体合伙人签署的设立登记申请书；

（二）全体合伙人的身份证明；

（三）全体合伙人指定代表或者共同委托代理人的委托书；

（四）合伙协议；

（五）全体合伙人对各合伙人认缴或者实际缴付出资的确认书；

（六）主要经营场所证明；

（七）国务院工商行政管理部门规定提交的其他文件。

法律、行政法规或者国务院规定设立合伙企业须经批准的，还应当提交有关批准文件。

第十二条 合伙企业的经营范围中有属于法律、行政法规或者国务院规定在登记前须经批准的项目的，应当向企业登记机关提交批准文件。

第十三条 全体合伙人决定委托执行事务合伙人的，应当向企业登记机关提交全体合伙人的委托书。执行事务合伙人是法人或者其他组织的，还应当提交其委派代表的委托书和身份证明。

第十四条 以实物、知识产权、土地使用权或者其他财产权利出资，由全体合伙人协商作价的，应当向企业登记机关提交全体合伙人签署的协商作价确认书；由全体合伙人委托法定评估机构评估作价的，应当向企业登记机关提交法定评估机构出具的评估作价证明。

第十五条 法律、行政法规规定设立特殊的普通合伙企业，需要提交合伙人的职业资格证明的，应当向企业登记机关提交有关证明。

第十六条 申请人提交的登记申请材料齐全、符合法定形式，企业登记机关能够当场登记的，应予当场登记，发给合伙企业营业执照。

除前款规定情形外，企业登记机关应当自受理申请之日起20日内，作出是否登记的决定。予以登记的，发给合伙企业营业执照；不予登记的，应当给予书面答复，并说明理由。

第十七条 合伙企业营业执照的签发之日，为合伙企业的成立日期。

第三章 变更登记

第十八条 合伙企业登记事项发生变更的，执行合伙事务的合伙人应当自作出变更决定或者发生变更事由之日起15日内，向原企业登记机关申请变更登记。

第十九条 合伙企业申请变更登记，应当向原企业登记机关提交下列文件：

（一）执行事务合伙人或者委派代表签署的变更登记申请书；

（二）全体合伙人签署的变更决定书，或者合伙协议约定的人员签署的变更决定书；

（三）国务院工商行政管理部门规定提交的其他文件。

法律、行政法规或者国务院规定变更事项须经批准的，还应当提交有关批准文件。

第二十条 申请人提交的申请材料齐全、符合法定形式，企业登记机关能够当场变更登记的，应予当场变更登记。

除前款规定情形外，企业登记机关应当自受理申请之日起20日内，作出是否变更登记的决定。予以变更登记的，应当进行变更登记；不予变更登记的，应当给予书面答复，并说明理由。

合伙企业变更登记事项涉及营业执照变更的，企业登记机关应当换发营业执照。

第四章 注销登记

第二十一条 合伙企业解散，依法由清算人进行清算。清算人应当自被确定之日起10日内，将清算人成员名单向企业登记机关备案。

第二十二条 合伙企业依照合伙企业法的规定解散的，清算人应当自清算结束之日起15日内，向原企业登记机关办理注销登记。

第二十三条 合伙企业办理注销登记，应当提交下列文件：

（一）清算人签署的注销登记申请书；

（二）人民法院的破产裁定，合伙企业依照合伙企业法作出的决定，行政机关责令关闭、合伙企业依法被吊销营业执照或者被撤销的文件；

（三）全体合伙人签名、盖章的清算报告；

（四）国务院工商行政管理部门规定提交的其他文件。

合伙企业办理注销登记时，应当缴回营业执照。

第二十四条 经企业登记机关注销登记，合伙企业终止。

第五章 分支机构登记

第二十五条 合伙企业设立分支机构，应当向分支机构所在地的企业登记机关申请设立登记。

第二十六条 分支机构的登记事项包括：分支机构的名称、经营场所、经营范围、分支机构负责人的姓名及住所。

分支机构的经营范围不得超出合伙企业的经营范围。

合伙企业有合伙期限的，分支机构的登记事项还应当包括经营期限。分支机构的经营期限不得超过合伙企业的合伙期限。

第二十七条 合伙企业设立分支机构，应当向分支机构所在地的企业登记机关提交下列文件：

（一）分支机构设立登记申请书；

（二）全体合伙人签署的设立分支机构的决定书；

（三）加盖合伙企业印章的合伙企业营业执照复印件；

（四）全体合伙人委派执行分支机构事务负责人的委托书及其身份证明；

（五）经营场所证明；

（六）国务院工商行政管理部门规定提交的其他文件。

法律、行政法规或者国务院规定设立合伙企业分支机构须经批准的，还应当提交有关批准文件。

第二十八条 分支机构的经营范围中有属于法律、行政法规或者国务院规定在登记前须经批准的项目的，应当向分支机构所在地的企业登记机关提交批准文件。

第二十九条 申请人提交的登记申请材料齐全、符合法定形式，企业登记机关能够当场登记的，应予当场登记，发给营业执照。

除前款规定情形外，企业登记机关应当自受理申请之日起20日内，作出是否登记的决定。予以登记的，发给营业执照；不予登记的，应当给予书面答复，并说明理由。

第三十条 合伙企业申请分支机构变更登记或者注销登记，比照本办法关于合伙企业变更登记、注销登记的规定办理。

第六章 公示和证照管理

第三十一条 企业登记机关应当将合伙企业登记、备案信息通过企业信用信息公示系统向社会公示。

第三十二条 合伙企业应当于每年1月1日至6月30日，通过企业信用信息公示系统向企业登记机关报送上一年度年度报告，并向社会公示。

年度报告公示的内容以及监督检查办法由国务院制定。

第三十三条 合伙企业的营业执照分为正本和副本，正本和副本具有同等法律效力。

国家推行电子营业执照。电子营业执照与纸质营业执照具有同等法律效力。

合伙企业根据业务需要，可以向企业登记机关申请核发若干营业执照副本。

合伙企业应当将营业执照正本置放在经营场所的醒目位置。

第三十四条 任何单位和个人不得伪造、涂改、出售、出租、出借或者以其他方式转让营业执照。

合伙企业营业执照遗失或者毁损的，应当在国家企业信用信息公示系统声明作废，并向企业登记机关申请补领或者更换。

第三十五条 合伙企业及其分支机构营业执照的正本和副本样式，由国务院工商行政管理部门制定。

第三十六条 企业登记机关吊销合伙企业营业执照的，应当发布公告，并不得收取任何费用。

第七章 法律责任

第三十七条 未领取营业执照，而以合伙企业或者合伙企业分支机构名义从事合伙业务的，由企业登记机关责令停止，处5000元以上5万元以下的罚款。

第三十八条 提交虚假文件或者采取其他欺骗手段，取得合伙企业登记的，由企业登记机关责令改正，处5000元以上5万元以下的罚款；情节严重的，撤销企业登记，并处5万元以上20万元以下的罚款。

第三十九条 合伙企业登记事项发生变更，未依照本办法规定办理变更登记的，由企业登记机关责令限期登记；逾期不登记的，处2000元以上2万元以下的罚款。

第四十条 合伙企业未依照本办法规定在其名称中标明“普通合伙”、“特殊普通合伙”或者“有限合伙”字样的，由企业登记机关责令限期改正，处2000元以上1万元以下的罚款。

第四十一条 合伙企业未依照本办法规定办理清算人成员名单备案的，由企业登记机关责令限期办理；逾期未办理的，处2000元以下的罚款。

第四十二条 合伙企业的清算人未向企业登记机关报送清算报告，或者报送的清算报告隐瞒重要事实，或者有重大遗漏的，由企业登记机关责令改正。由此产生的费用和损失，由清算人承担和赔偿。

第四十三条 合伙企业未将其营业执照正本置放在经营场所醒目位置的，由企业登记机关责令改正；拒不改正的，处1000元以上5000元以下的罚款。

第四十四条 合伙企业涂改、出售、出租、出借或者以其他方式转让营业执照的，由企业登记机关责令改正，处2000元以上1万元以下的罚款；情节严重的，吊销营业执照。

第四十五条 企业登记机关的工作人员滥用职权、徇私舞弊、收受贿赂、侵害合伙企业合法权益的，依法给予处分。

第四十六条 违反本办法规定，构成犯罪的，依法追究刑事责任。

第八章 附 则

第四十七条 合伙企业登记收费项目按照国务院财政部门、价格主管部门的有关规定执行，合伙企业登记收费标准按照国务院价格主管部门、财政部门的有关规定执行。

第四十八条 本办法自发布之日起施行。

外商投资合伙企业登记管理规定

（2010年1月29日国家工商行政管理总局令第47号公布 根据2014年2月20日国家工商行政管理总局令第63号公布的《国家工商行政管理总局关于修改〈中华人民共和国企业法人登记管理条例施行细则〉、〈外商投资合伙企业登记管理规定〉、〈个人独资企业登记管理办法〉、〈个体工商户登记管理办法〉等规章的决定》第一次修订 根据2019年8月8日国家市场监督管理总局令第14号公布的《市场监管总局关于修改〈中华人民共和国企业法人登记管理条例施行细则〉等四部规章的决定》第二次修订）

第一章 总 则

第一条 为了规范外国企业或者个人在中国境内设立合伙企业的行为，便于外国企业或者个人以设立合伙企业的方式在中国境内投资，扩大对外经济合作和技术交流，依据《中华人民共和国合伙企业法》（以下简称《合伙企业法》）、《外国企业或者个人在中国境内设立合伙企业管理办法》和《中华人民共和国合伙企业登记管理办法》（以下简称《合伙企业登记管理办法》），制定本规定。

第二条 本规定所称外商投资合伙企业是指2个以上外国企业或者个人在中国境内设立的合伙企业，以及外国企业或者个人与中国的自然人、法人和其他组织在中国境内设立的合伙企业。

外商投资合伙企业的设立、变更、注销登记适用本规定。

申请办理外商投资合伙企业登记，申请人应当对申请材料的真实性负责。

第三条 外商投资合伙企业应当遵守《合伙企业法》以及其他有关法律、行政法规、规章的规定，应当符合外商投资的产业政策。

国家鼓励具有先进技术和管理经验的外国企业或者个人在中国境内设立合伙企业，促进现代服务业等产业的发展。

《外商投资产业指导目录》禁止类和标注“限于合资”、“限于合作”、“限于合资、合作”、“中方控股”、“中方相对控股”和有外资比例要求的项目，不得设立外商投资合伙企业。

第四条 外商投资合伙企业经依法登记，领取《外商投资合伙企业营业执照》后，方可从事经营活动。

第五条 国家市场监督管理总局主管全国的外商投资合伙企业登记管理工作。

国家市场监督管理总局授予外商投资企业核准登记权的地方市场监督管理部门（以下称企业登记机关）负责本辖区内的外商投资合伙企业登记管理。

省、自治区、直辖市及计划单列市、副省级市市场监督管理部门负责以投资为主要业务的外商投资合伙企业的登记管理。

第二章 设立登记

第六条 设立外商投资合伙企业，应当具备《合伙企业法》和《外国企业或者个人在中国境内设立合伙企业管理办法》规定的条件。

国有独资公司、国有企业、上市公司以及公益性的事业单位、社会团体不得成为普通合伙人。

第七条 外商投资合伙企业的登记事项包括：

（一）名称；

（二）主要经营场所；

（三）执行事务合伙人；

（四）经营范围；

（五）合伙企业类型；

（六）合伙人姓名或者名称、国家（地区）及住所、承担责任方式、认缴或者实际缴付的出资数额、缴付期限、出资方式和评估方式。

合伙协议约定合伙期限的，登记事项还应当包括合伙期限。

执行事务合伙人是外国企业、中国法人或者其他组织的，登记事项还应当包括外国企业、中国法人或者其他组织委派的代表(以下简称委派代表)。

第八条 外商投资合伙企业的名称应当符合国家有关企业名称登记管理的规定。

第九条 外商投资合伙企业主要经营场所只能有一个，并且应当在其企业登记机关登记管辖区域内。

第十条 合伙协议未约定或者全体普通合伙人未决定委托执行事务合伙人的，全体普通合伙人均为执行事务合伙人。

有限合伙人不得成为执行事务合伙人。

第十一条 外商投资合伙企业类型包括外商投资普通合伙企业(含特殊的普通合伙企业)和外商投资有限合伙企业。

第十二条 设立外商投资合伙企业，应当由全体合伙人指定的代表或者共同委托的代理人向企业登记机关申请设立登记。

申请设立外商投资合伙企业，应当向企业登记机关提交下列文件：

(一)全体合伙人签署的设立登记申请书；

(二)全体合伙人签署的合伙协议；

(三)全体合伙人的主体资格证明或者自然人身份证明；

(四)主要经营场所证明；

(五)全体合伙人指定代表或者共同委托代理人的委托书；

(六)全体合伙人对各合伙人认缴或者实际缴付出资的确认书；

(七)全体合伙人签署的符合外商投资产业政策的说明；

(八)与外国合伙人有业务往来的金融机构出具的资信证明；

(九)外国合伙人与境内法律文件送达接受人签署的《法律文件送达授权委托书》；

(十)本规定规定的其他相关文件。

法律、行政法规或者国务院规定设立外商投资合伙企业须经批准的，还应当提交有关批准文件。

外国合伙人的主体资格证明或者自然人身份证明和境外住所证明应当经其所在国家主管机构公证认证并经我国驻该国使(领)馆认证。香港特别行政区、澳门特别行政区和台湾地区合伙人的主体资格证明或者自然人身份证明和境外住所证明应当依照现行相关规定办理。

《法律文件送达授权委托书》应当明确授权境内被授权人代为接受法律文件送达，并载明被授权人姓名或者名称、地址及联系方式。被授权人可以是外国合伙人在中国境内设立的企业、拟设立的外商投资合伙企业(被授权人为拟设立的外商投资合伙企业的，外商投资合伙企业设立后委托生效)或者境内其他有关单位或者个人。

第十三条 外商投资合伙企业的经营范围中有属于法律、行政法规或者国务院规定在登记前须经批准的行业的，应当向企业登记机关提交批准文件。

第十四条 外国合伙人用其从中国境内依法获得的人民币出资的，应当提交外汇管理部门出具的境内人民币利润或者其他人民币合法收益再投资的资本项目外汇业务核准件等相关证明文件。

第十五条 以实物、知识产权、土地使用权或者其他财产权利出资，由全体合伙人协商作价的，应当向企业登记机关提交全体合伙人签署的协商作价确认书；由全体合伙人委托法定评估机构评估作价的，应当向企业登记机关提交中国境内法定评估机构出具的评估作价证明。

外国普通合伙人以劳务出资的，应当向企业登记机关提交外国人就业许可文件，具体程序依照国家有关规定执行。

第十六条 法律、行政法规规定设立特殊的普通合伙企业，需要提交合伙人的职业资格证明的，应当依照相关法律、行政法规规定，向企业登记机关提交有关证明。

第十七条 外商投资合伙企业营业执照的签发日期，为外商投资合伙企业成立日期。

第三章 变更登记

第十八条 外商投资合伙企业登记事项发生变更的，该合伙企业应当自作出变更决定或者发生变更事由之日起 15 日内，向原企业登记机关申请变更登记。

第十九条 外商投资合伙企业申请变更登记，应当向原企业登记机关提交下列文件：

（一）执行事务合伙人或者委派代表签署的变更登记申请书；

（二）全体普通合伙人签署的变更决定书或者合伙协议约定的人员签署的变更决定书；

（三）本规定规定的其他相关文件。

法律、行政法规或者国务院规定变更事项须经批准的，还应当提交有关批准文件。

变更执行事务合伙人、合伙企业类型、合伙人姓名或者名称、承担责任方式、认缴或者实际缴付的出资数额、缴付期限、出资方式和评估方式等登记事项的，有关申请文书的签名应当经过中国法定公证机构的公证。

第二十条 外商投资合伙企业变更主要经营场所的，应当申请变更登记，并提交新的主要经营场所使用证明。

外商投资合伙企业变更主要经营场所在原企业登记机关辖区外的，应当向迁入地企业登记机关申请办理变更登记；迁入地企业登记机关受理的，由原企业登记机关将企业登记档案移送迁入地企业登记机关。

第二十一条 外商投资合伙企业执行事务合伙人变更的，应当提交全体合伙人签署的修改后的合伙协议。

新任执行事务合伙人是外国企业、中国法人或者其他组织的，还应当提交其委派代表的委托书和自然人身份证明。

执行事务合伙人委派代表变更的，应当提交继任代表的委托书和自然人身份证明。

第二十二条 外商投资合伙企业变更经营范围的，应当提交符合外商投资产业政策的说明。

变更后的经营范围有属于法律、行政法规或者国务院规定在登记前须经批准的行业的，合伙企业应当自有关部门批准之日起30日内，向原企业登记机关申请变更登记。

外商投资合伙企业的经营范围中属于法律、行政法规或者国务院规定须经批准的项目被吊销、撤销许可证或者其他批准文件，或者许可证、其他批准文件有效期届满的，合伙企业应当自吊销、撤销许可证、其他批准文件或者许可证、其他批准文件有效期届满之日起30日内，向原企业登记机关申请变更登记或者注销登记。

第二十三条 外商投资合伙企业变更合伙企业类型的，应当按照拟变更企业类型的设立条件，在规定的期限内向企业登记机关申请变更登记，并依法提交有关文件。

第二十四条 外商投资合伙企业合伙人变更姓名（名称）或者住所的，应当提交姓名（名称）或者住所变更的证明文件。

外国合伙人的姓名（名称）、国家（地区）或者境外住所变更证明文件应当经其所在国家主管机构公证认证并经我国驻该国使（领）馆认证。香港特别行政区、澳门特别行政区和台湾地区合伙人的姓名（名称）、地区或者境外住所变更证明文件应当依照现行相关规定办理。

第二十五条 合伙人增加或者减少对外商投资合伙企业出资的，应当向原企业登记机关提交全体合伙人签署的或者合伙协议约定的人员签署的对该合伙人认缴或者实际缴付出资的确认书。

第二十六条 新合伙人入伙的，外商投资合伙企业应当向原登记机关申请变更登记，提交的文件参照本规定第二章的有关规定。

新合伙人通过受让原合伙人在外商投资合伙企业中的部分或者全部财产份额入伙的，应当提交财产份额转让协议。

第二十七条 外商投资合伙企业的外国合伙人全部退伙，该合伙企业继续存续的，应当依照《合伙企业登记管理办法》规定的程序申请变更登记。

第二十八条 合伙协议修改未涉及登记事项的，外商投资合伙企业应当将修改后的合伙协议或者修改合伙协议的决议送原企业登记机关备案。

第二十九条 外国合伙人变更境内法律文件送达接受人的，应当重新签署《法律文件送达授权委托书》，并向原企业登记机关备案。

第三十条 外商投资合伙企业变更登记事项涉及营业执照变更的，企业登记机关应当换发营业执照。

第四章 注销登记

第三十一条 外商投资合伙企业解散，应当依照《合伙企业法》的规定由清算人进行清算。清算人应当自被确定之日起10日内，将清算人成员名单向企业登记机关备案。

第三十二条 外商投资合伙企业解散的，清算人应当自清算结束之日起15日内，向原企业登记机关办理注销登记。

第三十三条 外商投资合伙企业办理注销登记，应当提交下列文件：

（一）清算人签署的注销登记申请书；

（二）人民法院的破产裁定、外商投资合伙企业依照《合伙企业法》作出的决定、行政机关责令关闭、外商投资合伙企业依法被吊销营业执照或者被撤销的文件；

（三）全体合伙人签名、盖章的清算报告（清算报告中应当载明已经办理完结税务、海关纳税手续的说明）。

有分支机构的外商投资合伙企业申请注销登记，还应当提交分支机构的注销登记证明。

外商投资合伙企业办理注销登记时，应当缴回营业执照。

第三十四条 经企业登记机关注销登记，外商投资合伙企业终止。

第五章 分支机构登记

第三十五条 外商投资合伙企业设立分支机构，应当向分支机构所在地的企业登记机关申请设立登记。

第三十六条 分支机构的登记事项包括：分支机构的名称、经营场所、经营范围、分支机构负责人的姓名及住所。

分支机构的经营范围不得超出外商投资合伙企业的经营范围。

外商投资合伙企业有合伙期限的，分支机构的登记事项还应当包括经营期限。分支机构的经营期限不得超过外商投资合伙企业的合伙期限。

第三十七条 外商投资合伙企业设立分支机构，应当向分支机构所在地的企业登记机关提交下列文件：

（一）分支机构设立登记申请书；

（二）全体合伙人签署的设立分支机构的决定书；

（三）加盖合伙企业印章的合伙企业营业执照复印件；

（四）全体合伙人委派执行分支机构事务负责人的委托书及其身份证明；

（五）经营场所证明；

（六）本规定规定的其他相关文件。

第三十八条 分支机构的经营范围中有属于法律、行政法规或者国务院规定在登记前须经批准的行业的，应当向分支机构所在地的企业登记机关提交批准文件。

第三十九条 外商投资合伙企业申请分支机构变更登记或者注销登记，比照本规定关于外商投资合伙企业变更登记、注销登记的规定办理。

第四十条 分支机构营业执照的签发日期，为外商投资合伙企业分支机构的成立日期。

第六章 登记程序

第四十一条 申请人提交的登记申请材料齐全、符合法定形式，企业登记机关能够当场登记的，应予当场登记，发给（换发）营业执照。

除前款规定情形外，企业登记机关应当自受理申请之日起20日内，作出是否登记的决定。予以登记的，发给(换发)营业执照；不予登记的，应当给予书面答复，并说明理由。

对于《外商投资产业指导目录》中没有法定前置审批的限制类项目或者涉及有关部门职责的其他项目，企业登记机关应当自受理申请之日起5日内书面征求有关部门的意见。企业登记机关应当在接到有关部门书面意见之日起5日内，作出是否登记的决定。予以登记的，发给(换发)营业执照；不予登记的，应当给予书面答复，并说明理由。

第四十二条 外商投资合伙企业涉及须经政府核准的投资项目的，依照国家有关规定办理投资项目核准手续。

第四十三条 外商投资合伙企业设立、变更、注销的，企业登记机关应当同时将企业设立、变更或者注销登记信息向同级商务主管部门通报。

第四十四条 企业登记机关应当将登记的外商投资合伙企业登记事项记载于外商投资合伙企业登记簿上，供社会公众查阅、复制。

第四十五条 企业登记机关吊销外商投资合伙企业营业执照的，应当发布公告。

第七章 年度报告公示和证照管理

第四十六条 外商投资合伙企业应当于每年1月1日至6月30日，通过企业信用信息公示系统向企业登记机关报送上一年度年度报告，并向社会公示。

第四十七条 营业执照分为正本和副本，正本和副本具有同等法律效力。

外商投资合伙企业及其分支机构根据业务需要，可以向企业登记机关申请核发若干营业执照副本。

营业执照正本应当置放在经营场所的醒目位置。

第四十八条 任何单位和个人不得涂改、出售、出租、出借或者以其他方式转让营业执照。

营业执照遗失或者毁损的，应当在国家企业信用信息公示系统上声明作废，并向企业登记机关申请补领或者更换。

第四十九条 外商投资合伙企业及其分支机构的登记文书格式和营业执照的正本、副本样式，由国家市场监督管理总局制定。

第八章 法律责任

第五十条 未领取营业执照，而以外商投资合伙企业名义从事合伙业务的，由企业登记机关依照《合伙企业登记管理办法》第三十六条规定处罚。

从事《外商投资产业指导目录》禁止类项目的，或者未经登记从事限制类项目的，由企业登记机关和其他主管机关依照《无照经营查处取缔办法》规定处罚。法律、行政法规或者国务院另有规定的，从其规定。

第五十一条 提交虚假文件或者采取其他欺骗手段，取得外商投资合伙企业登记的，由企业登记机关依照《合伙企业登记管理办法》第三十七条规定处罚。

第五十二条 外商投资合伙企业登记事项发生变更，未依照本规定规定办理变更登记的，由企业登记机关依照《合伙企业登记管理办法》第三十八条规定处罚。

第五十三条 外商投资合伙企业在使用名称中未按照企业登记机关核准的名称标明“普通合伙”、“特殊普通合伙”或者“有限合伙”字样的，由企业登记机关依照《合伙企业登记管理办法》第三十九条规定处罚。

第五十四条 外商投资合伙企业未依照本规定办理不涉及登记事项的协议修改及清算人成员名单备案的，由企业登记机关依照《合伙企业登记管理办法》第四十条规定处罚。

外商投资合伙企业未依照本规定办理外国合伙人《法律文件送达授权委托书》备案的，由企业登记机关责令改正；逾期未办理的，处2000元以下的罚款。

第五十五条 外商投资合伙企业的清算人未向企业登记机关报送清算报告，或者报送的清算报告隐瞒重要事实，或者有重大遗漏的，由企业登记机关依照《合伙企业登记管理办法》第四十一条规定处罚。

第五十六条 外商投资合伙企业未将其营业执照正本置放在经营场所醒目位置的，由企业登记机关依照《合伙企业登记管理办法》第四十四条规定处罚。

第五十七条 外商投资合伙企业涂改、出售、出租、出借或者以其他方式转让营业执照的，由企业登记机关依照《合伙企业登记管理办法》第四十五条规定处罚。

第五十八条 外商投资合伙企业的分支机构有本章规定的违法行为的，适用本章有关规定。

第五十九条 企业登记机关违反产业政策，对于不应当登记的予以登记，或者应当登记的不予登记的，依法追究其直接责任人或者主要负责人的行政责任。

企业登记机关的工作人员滥用职权、徇私舞弊、收受贿赂、侵害外商投资合伙企业合法权益的，依法给予处分。

第九章 附 则

第六十条 中国的自然人、法人和其他组织在中国境内设立的合伙企业，外国企业或者个人入伙的，应当符合本规定，并依法向企业登记机关申请变更登记。

第六十一条 以投资为主要业务的外商投资合伙企业境内投资的，应当依照国家有关外商投资的法律、行政法规、规章办理。

第六十二条 外商投资的投资性公司、外商投资的创业投资企业在中国境内设立合伙企业或者加入中国自然人、法人和其他组织已经设立的合伙企业的，参照本规定。

第六十三条 外商投资合伙企业依照本规定办理相关登记手续后，应当依法办理外汇、税务、海关等手续。

第六十四条 香港特别行政区、澳门特别行政区、台湾地区的企业或者个人在内地设立合伙企业或者加入内地自然人、法人和其他组织已经设立的合伙企业的，参照本规定。

第六十五条 本规定自2010年3月1日起施行。

3. 股份有限公司 / 上市公司

上市公司重大资产重组管理办法

（2014 年 7 月 7 日中国证券监督管理委员会第 52 次主席办公会议审议通过　根据 2016 年 9 月 8 日中国证券监督管理委员会《关于修改〈上市公司重大资产重组管理办法〉的决定》修正　根据 2019 年 10 月 18 日中国证券监督管理委员会《关于修改〈上市公司重大资产重组管理办法〉的决定》修正）

第一章　总　　则

第一条　为了规范上市公司重大资产重组行为，保护上市公司和投资者的合法权益，促进上市公司质量不断提高，维护证券市场秩序和社会公共利益，根据《公司法》《证券法》等法律、行政法规的规定，制定本办法。

第二条　本办法适用于上市公司及其控股或者控制的公司在日常经营活动之外购买、出售资产或者通过其他方式进行资产交易达到规定的比例，导致上市公司的主营业务、资产、收入发生重大变化的资产交易行为（以下简称重大资产重组）。

上市公司发行股份购买资产应当符合本办法的规定。

上市公司按照经中国证券监督管理委员会（以下简称中国证监会）核准的发行证券文件披露的募集资金用途，使用募集资金购买资产、对外投资的行为，不适用本办法。

第三条　任何单位和个人不得利用重大资产重组损害上市公司及其股东的合法权益。

第四条　上市公司实施重大资产重组，有关各方必须及时、公平地披露或者提供信息，保证所披露或者提供信息的真实、准确、完整，不得有虚假记载、误导性陈述或者重大遗漏。

第五条　上市公司的董事、监事和高级管理人员在重大资产重组活动中，应当诚实守信、勤勉尽责，维护公司资产的安全，保护公司和全体股东的合法权益。

第六条　为重大资产重组提供服务的证券服务机构和人员，应当遵守法律、行政法规和中国证监会的有关规定，遵循本行业公认的业务标准和道德规范，严格履行职责，对其所制作、出具文件的真实性、准确性和完整性承担责任。

前款规定的证券服务机构和人员，不得教唆、协助或者伙同委托人编制或者披露存在虚假记载、误导性陈述或者重大遗漏的报告、公告文件，不得从事不正当竞争，不得利用上市公司重大资产重组谋取不正当利益。

第七条　任何单位和个人对所知悉的重大资产重组信息在依法披露前负有保密义务。

禁止任何单位和个人利用重大资产重组信息从事内幕交易、操纵证券市场等违法活动。

第八条　中国证监会依法对上市公司重大资产重组行为进行监督管理。

中国证监会审核上市公司重大资产重组或者发行股份购买资产的申请，可以根据上市公司的规范运作和诚信状况、财务顾问的执业能力和执业质量，结合国家产业政策和重组交易类型，作出差异化的、公开透明的监管制度安排，有条件地减少审核内容和环节。

第九条　鼓励依法设立的并购基金、股权投资基金、创业投资基金、产业投资基金等投资机构参与上市公司并购重组。

第十条 中国证监会在发行审核委员会中设立上市公司并购重组审核委员会(以下简称并购重组委),并购重组委以投票方式对提交其审议的重大资产重组或者发行股份购买资产申请进行表决,提出审核意见。

第二章 重大资产重组的原则和标准

第十一条 上市公司实施重大资产重组,应当就本次交易符合下列要求作出充分说明,并予以披露:

(一)符合国家产业政策和有关环境保护、土地管理、反垄断等法律和行政法规的规定;

(二)不会导致上市公司不符合股票上市条件;

(三)重大资产重组所涉及的资产定价公允,不存在损害上市公司和股东合法权益的情形;

(四)重大资产重组所涉及的资产权属清晰,资产过户或者转移不存在法律障碍,相关债权债务处理合法;

(五)有利于上市公司增强持续经营能力,不存在可能导致上市公司重组后主要资产为现金或者无具体经营业务的情形;

(六)有利于上市公司在业务、资产、财务、人员、机构等方面与实际控制人及其关联人保持独立,符合中国证监会关于上市公司独立性的相关规定;

(七)有利于上市公司形成或者保持健全有效的法人治理结构。

第十二条 上市公司及其控股或者控制的公司购买、出售资产,达到下列标准之一的,构成重大资产重组:

(一)购买、出售的资产总额占上市公司最近一个会计年度经审计的合并财务会计报告期末资产总额的比例达到50%以上;

(二)购买、出售的资产在最近一个会计年度所产生的营业收入占上市公司同期经审计的合并财务会计报告营业收入的比例达到50%以上;

(三)购买、出售的资产净额占上市公司最近一个会计年度经审计的合并财务会计报告期末净资产额的比例达到50%以上,且超过5000万元人民币。

购买、出售资产未达到前款规定标准,但中国证监会发现存在可能损害上市公司或者投资者合法权益的重大问题的,可以根据审慎监管原则,责令上市公司按照本办法的规定补充披露相关信息、暂停交易、聘请独立财务顾问或者其他证券服务机构补充核查并披露专业意见。

第十三条 上市公司自控制权发生变更之日起36个月内,向收购人及其关联人购买资产,导致上市公司发生以下根本变化情形之一的,构成重大资产重组,应当按照本办法的规定报经中国证监会核准:

(一)购买的资产总额占上市公司控制权发生变更的前一个会计年度经审计的合并财务会计报告期末资产总额的比例达到100%以上;

(二)购买的资产在最近一个会计年度所产生的营业收入占上市公司控制权发生变更的前一

个会计年度经审计的合并财务会计报告营业收入的比例达到 100% 以上；

（三）购买的资产净额占上市公司控制权发生变更的前一个会计年度经审计的合并财务会计报告期末净资产额的比例达到 100% 以上；

（四）为购买资产发行的股份占上市公司首次向收购人及其关联人购买资产的董事会决议前一个交易日的股份的比例达到 100% 以上；

（五）上市公司向收购人及其关联人购买资产虽未达到本款第（一）至第（四）项标准，但可能导致上市公司主营业务发生根本变化；

（六）中国证监会认定的可能导致上市公司发生根本变化的其他情形。

上市公司实施前款规定的重大资产重组，应当符合下列规定：

（一）符合本办法第十一条、第四十三条规定的要求；

（二）上市公司购买的资产对应的经营实体应当是股份有限公司或者有限责任公司，且符合《首次公开发行股票并上市管理办法》规定的其他发行条件；

（三）上市公司及其最近 3 年内的控股股东、实际控制人不存在因涉嫌犯罪正被司法机关立案侦查或涉嫌违法违规正被中国证监会立案调查的情形，但是，涉嫌犯罪或违法违规的行为已经终止满 3 年，交易方案能够消除该行为可能造成的不良后果，且不影响对相关行为人追究责任的除外；

（四）上市公司及其控股股东、实际控制人最近 12 个月内未受到证券交易所公开谴责，不存在其他重大失信行为；

（五）本次重大资产重组不存在中国证监会认定的可能损害投资者合法权益，或者违背公开、公平、公正原则的其他情形。

上市公司通过发行股份购买资产进行重大资产重组的，适用《证券法》和中国证监会的相关规定。

本条第一款所称控制权，按照《上市公司收购管理办法》第八十四条的规定进行认定。上市公司股权分散，董事、高级管理人员可以支配公司重大的财务和经营决策的，视为具有上市公司控制权。

创业板上市公司自控制权发生变更之日起，向收购人及其关联人购买符合国家战略的高新技术产业和战略性新兴产业资产，导致本条第一款规定任一情形的，所购买资产对应的经营实体应当是股份有限公司或者有限责任公司，且符合《首次公开发行股票并在创业板上市管理办法》规定的其他发行条件。

上市公司自控制权发生变更之日起，向收购人及其关联人购买的资产属于金融、创业投资等特定行业的，由中国证监会另行规定。

第十四条 计算本办法第十二条、第十三条规定的比例时，应当遵守下列规定：

（一）购买的资产为股权的，其资产总额以被投资企业的资产总额与该项投资所占股权比例的乘积和成交金额二者中的较高者为准，营业收入以被投资企业的营业收入与该项投资所占股权比例的乘积为准，资产净额以被投资企业的净资产额与该项投资所占股权比例的乘积和成交金额二者中的较高者为准；出售的资产为股权的，其资产总额、营业收入以及资产净额分别以被投资企业的资产总额、营业收入以及净资产额与该项投资所占股权比例的乘积为准。

购买股权导致上市公司取得被投资企业控股权的，其资产总额以被投资企业的资产总额和成交金额二者中的较高者为准，营业收入以被投资企业的营业收入为准，资产净额以被投资企业的净资产额和成交金额二者中的较高者为准；出售股权导致上市公司丧失被投资企业控股权的，其资产总额、营业收入以及资产净额分别以被投资企业的资产总额、营业收入以及净资产额为准。

（二）购买的资产为非股权资产的，其资产总额以该资产的账面值和成交金额二者中的较高者为准，资产净额以相关资产与负债的账面值差额和成交金额二者中的较高者为准；出售的资产为非股权资产的，其资产总额、资产净额分别以该资产的账面值、相关资产与负债账面值的差额为准；该非股权资产不涉及负债的，不适用第十二条第一款第（三）项规定的资产净额标准。

（三）上市公司同时购买、出售资产的，应当分别计算购买、出售资产的相关比例，并以二者中比例较高者为准。

（四）上市公司在12个月内连续对同一或者相关资产进行购买、出售的，以其累计数分别计算相应数额。已按照本办法的规定编制并披露重大资产重组报告书的资产交易行为，无须纳入累计计算的范围。中国证监会对本办法第十三条第一款规定的重大资产重组的累计期限和范围另有规定的，从其规定。交易标的资产属于同一交易方所有或者控制，或者属于相同或者相近的业务范围，或者中国证监会认定的其他情形下，可以认定为同一或者相关资产。

第十五条 本办法第二条所称通过其他方式进行资产交易，包括：

（一）与他人新设企业、对已设立的企业增资或者减资；

（二）受托经营、租赁其他企业资产或者将经营性资产委托他人经营、租赁；

（三）接受附义务的资产赠与或者对外捐赠资产；

（四）中国证监会根据审慎监管原则认定的其他情形。

上述资产交易实质上构成购买、出售资产，且按照本办法规定的标准计算的相关比例达到50%以上的，应当按照本办法的规定履行相关义务和程序。

第三章 重大资产重组的程序

第十六条 上市公司与交易对方就重大资产重组事宜进行初步磋商时，应当立即采取必要且充分的保密措施，制定严格有效的保密制度，限定相关敏感信息的知悉范围。上市公司及交易对方聘请证券服务机构的，应当立即与所聘请的证券服务机构签署保密协议。

上市公司关于重大资产重组的董事会决议公告前，相关信息已在媒体上传播或者公司股票交易出现异常波动的，上市公司应当立即将有关计划、方案或者相关事项的现状以及相关进展情况和风险因素等予以公告，并按照有关信息披露规则办理其他相关事宜。

第十七条 上市公司应当聘请独立财务顾问、律师事务所以及具有相关证券业务资格的会计师事务所等证券服务机构就重大资产重组出具意见。

独立财务顾问和律师事务所应当审慎核查重大资产重组是否构成关联交易，并依据核查确认的相关事实发表明确意见。重大资产重组涉及关联交易的，独立财务顾问应当就本次重组对上市公司非关联股东的影响发表明确意见。

资产交易定价以资产评估结果为依据的，上市公司应当聘请具有相关证券业务资格的资产评估机构出具资产评估报告。

证券服务机构在其出具的意见中采用其他证券服务机构或者人员的专业意见的，仍然应当进行尽职调查，审慎核查其采用的专业意见的内容，并对利用其他证券服务机构或者人员的专业意见所形成的结论负责。

第十八条 上市公司及交易对方与证券服务机构签订聘用合同后，非因正当事由不得更换证券服务机构。确有正当事由需要更换证券服务机构的，应当披露更换的具体原因以及证券服务机构的陈述意见。

第十九条 上市公司应当在重大资产重组报告书的管理层讨论与分析部分，就本次交易对上市公司的持续经营能力、未来发展前景、当年每股收益等财务指标和非财务指标的影响进行详细分析。

第二十条 重大资产重组中相关资产以资产评估结果作为定价依据的，资产评估机构应当按照资产评估相关准则和规范开展执业活动；上市公司董事会应当对评估机构的独立性、评估假设前提的合理性、评估方法与评估目的的相关性以及评估定价的公允性发表明确意见。

相关资产不以资产评估结果作为定价依据的，上市公司应当在重大资产重组报告书中详细分析说明相关资产的估值方法、参数及其他影响估值结果的指标和因素。上市公司董事会应当对估值机构的独立性、估值假设前提的合理性、估值方法与估值目的的相关性发表明确意见，并结合相关资产的市场可比交易价格、同行业上市公司的市盈率或者市净率等通行指标，在重大资产重组报告书中详细分析本次交易定价的公允性。

前二款情形中，评估机构、估值机构原则上应当采取两种以上的方法进行评估或者估值；上市公司独立董事应当出席董事会会议，对评估机构或者估值机构的独立性、评估或者估值假设前提的合理性和交易定价的公允性发表独立意见，并单独予以披露。

第二十一条 上市公司进行重大资产重组，应当由董事会依法作出决议，并提交股东大会批准。

上市公司董事会应当就重大资产重组是否构成关联交易作出明确判断，并作为董事会决议事项予以披露。

上市公司独立董事应当在充分了解相关信息的基础上，就重大资产重组发表独立意见。重大资产重组构成关联交易的，独立董事可以另行聘请独立财务顾问就本次交易对上市公司非关联股东的影响发表意见。上市公司应当积极配合独立董事调阅相关材料，并通过安排实地调查、组织证券服务机构汇报等方式，为独立董事履行职责提供必要的支持和便利。

第二十二条 上市公司应当在董事会作出重大资产重组决议后的次一工作日至少披露下列文件：

（一）董事会决议及独立董事的意见；

（二）上市公司重大资产重组预案。

本次重组的重大资产重组报告书、独立财务顾问报告、法律意见书以及重组涉及的审计报告、资产评估报告或者估值报告至迟应当与召开股东大会的通知同时公告。上市公司自愿披露盈利预测报告的，该报告应当经具有相关证券业务资格的会计师事务所审核，与重大资产重组报告书同时公告。

本条第一款第（二）项及第二款规定的信息披露文件的内容与格式另行规定。

上市公司只需选择一种中国证监会指定的报刊公告董事会决议、独立董事的意见，并应当在证券交易所网站全文披露重大资产重组报告书及其摘要、相关证券服务机构的报告或者意见。

第二十三条 上市公司股东大会就重大资产重组作出的决议，至少应当包括下列事项：

（一）本次重大资产重组的方式、交易标的和交易对方；

（二）交易价格或者价格区间；

（三）定价方式或者定价依据；

（四）相关资产自定价基准日至交割日期间损益的归属；

（五）相关资产办理权属转移的合同义务和违约责任；

（六）决议的有效期；

（七）对董事会办理本次重大资产重组事宜的具体授权；

（八）其他需要明确的事项。

第二十四条 上市公司股东大会就重大资产重组事项作出决议，必须经出席会议的股东所持表决权的2/3以上通过。

上市公司重大资产重组事宜与本公司股东或者其关联人存在关联关系的，股东大会就重大资产重组事项进行表决时，关联股东应当回避表决。

交易对方已经与上市公司控股股东就受让上市公司股权或者向上市公司推荐董事达成协议或者默契，可能导致上市公司的实际控制权发生变化的，上市公司控股股东及其关联人应当回避表决。

上市公司就重大资产重组事宜召开股东大会，应当以现场会议形式召开，并应当提供网络投票和其他合法方式为股东参加股东大会提供便利。除上市公司的董事、监事、高级管理人员、单独或者合计持有上市公司5%以上股份的股东以外，其他股东的投票情况应当单独统计并予以披露。

第二十五条 上市公司应当在股东大会作出重大资产重组决议后的次一工作日公告该决议，以及律师事务所对本次会议的召集程序、召集人和出席人员的资格、表决程序以及表决结果等事项出具的法律意见书。

属于本办法第十三条规定的交易情形的，上市公司还应当按照中国证监会的规定委托独立财务顾问在作出决议后3个工作日内向中国证监会提出申请。

第二十六条 上市公司全体董事、监事、高级管理人员应当公开承诺，保证重大资产重组的信息披露和申请文件不存在虚假记载、误导性陈述或者重大遗漏。

重大资产重组的交易对方应当公开承诺，将及时向上市公司提供本次重组相关信息，并保证所提供的信息真实、准确、完整，如因提供的信息存在虚假记载、误导性陈述或者重大遗漏，给上市公司或者投资者造成损失的，将依法承担赔偿责任。

前二款规定的单位和个人还应当公开承诺，如本次交易因涉嫌所提供或者披露的信息存在虚假记载、误导性陈述或者重大遗漏，被司法机关立案侦查或者被中国证监会立案调查的，在案件调查结论明确之前，将暂停转让其在该上市公司拥有权益的股份。

第二十七条 中国证监会依照法定条件和程序，对上市公司属于本办法第十三条规定情形的交易申请作出予以核准或者不予核准的决定。

中国证监会在审核期间提出反馈意见要求上市公司作出书面解释、说明的，上市公司应当自收到反馈意见之日起30日内提供书面回复意见，独立财务顾问应当配合上市公司提供书面回复意见。逾期未提供的，上市公司应当在到期日的次日就本次交易的进展情况及未能及时提供回复意见的具体原因等予以公告。

第二十八条 股东大会作出重大资产重组的决议后，上市公司拟对交易对象、交易标的、交易价格等作出变更，构成对原交易方案重大调整的，应当在董事会表决通过后重新提交股东大会审议，并及时公告相关文件。

中国证监会审核期间，上市公司按照前款规定对原交易方案作出重大调整的，还应当按照本办法的规定向中国证监会重新提出申请，同时公告相关文件。

中国证监会审核期间，上市公司董事会决议撤回申请的，应当说明原因，予以公告；上市公司董事会决议终止本次交易的，还应当按照公司章程的规定提交股东大会审议。

第二十九条 上市公司重大资产重组属于本办法第十三条规定的交易情形的，应当提交并购重组委审核。

第三十条 上市公司在收到中国证监会关于召开并购重组委工作会议审核其申请的通知后，应当立即予以公告，并申请办理并购重组委工作会议期间直至其表决结果披露前的停牌事宜。

上市公司收到并购重组委关于其申请的表决结果的通知后，应当在次一工作日公告表决结果并申请复牌。公告应当说明，公司在收到中国证监会作出的予以核准或者不予核准的决定后将再行公告。

第三十一条 上市公司收到中国证监会就其申请作出的予以核准或者不予核准的决定后，应当在次一工作日予以公告。

中国证监会予以核准的，上市公司应当在公告核准决定的同时，按照相关信息披露准则的规定补充披露相关文件。

第三十二条 上市公司重大资产重组完成相关批准程序后，应当及时实施重组方案，并于实施完毕之日起3个工作日内编制实施情况报告书，向证券交易所提交书面报告，并予以公告。

上市公司聘请的独立财务顾问和律师事务所应当对重大资产重组的实施过程、资产过户事宜和相关后续事项的合规性及风险进行核查，发表明确的结论性意见。独立财务顾问和律师事务所出具的意见应当与实施情况报告书同时报告、公告。

第三十三条 自完成相关批准程序之日起60日内，本次重大资产重组未实施完毕的，上市公司应当于期满后次一工作日将实施进展情况报告，并予以公告；此后每30日应当公告一次，直至实施完毕。属于本办法第十三条、第四十四条规定的交易情形的，自收到中国证监会核准文件之日起超过12个月未实施完毕的，核准文件失效。

第三十四条 上市公司在实施重大资产重组的过程中，发生法律、法规要求披露的重大事项的，应当及时作出公告；该事项导致本次交易发生实质性变动的，须重新提交股东大会审议，属于本办法第十三条规定的交易情形的，还须重新报经中国证监会核准。

第三十五条 采取收益现值法、假设开发法等基于未来收益预期的方法对拟购买资产进行评估或者估值并作为定价参考依据的，上市公司应当在重大资产重组实施完毕后3年内的年度报告中单独披露相关资产的实际盈利数与利润预测数的差异情况，并由会计师事务所对此出具专项审核意见；交易对方应当与上市公司就相关资产实际盈利数不足利润预测数的情况签订明确可行的补偿协议。

预计本次重大资产重组将摊薄上市公司当年每股收益的，上市公司应当提出填补每股收益的具体措施，并将相关议案提交董事会和股东大会进行表决。负责落实该等具体措施的相关责任主体应当公开承诺，保证切实履行其义务和责任。

上市公司向控股股东、实际控制人或者其控制的关联人之外的特定对象购买资产且未导致控制权发生变更的，不适用本条前二款规定，上市公司与交易对方可以根据市场化原则，自主协商是否采取业绩补偿和每股收益填补措施及相关具体安排。

第三十六条 上市公司重大资产重组发生下列情形的，独立财务顾问应当及时出具核查意见，并予以公告：

（一）上市公司完成相关批准程序前，对交易对象、交易标的、交易价格等作出变更，构成对原重组方案重大调整，或者因发生重大事项导致原重组方案发生实质性变动的；

（二）上市公司完成相关批准程序后，在实施重组过程中发生重大事项，导致原重组方案发生实质性变动的。

第三十七条 独立财务顾问应当按照中国证监会的相关规定，对实施重大资产重组的上市公司履行持续督导职责。持续督导的期限自本次重大资产重组实施完毕之日起，应当不少于一个会计年度。实施本办法第十三条规定的重大资产重组，持续督导的期限自中国证监会核准本次重大资产重组之日起，应当不少于3个会计年度。

第三十八条 独立财务顾问应当结合上市公司重大资产重组当年和实施完毕后的第一个会计年度的年报，自年报披露之日起15日内，对重大资产重组实施的下列事项出具持续督导意见，并予以公告：

（一）交易资产的交付或者过户情况；

（二）交易各方当事人承诺的履行情况；

(三)已公告的盈利预测或者利润预测的实现情况;

(四)管理层讨论与分析部分提及的各项业务的发展现状;

(五)公司治理结构与运行情况;

(六)与已公布的重组方案存在差异的其他事项。

独立财务顾问还应当结合本办法第十三条规定的重大资产重组实施完毕后的第二、三个会计年度的年报,自年报披露之日起15日内,对前款第(二)至(六)项事项出具持续督导意见,并予以公告。

第四章 重大资产重组的信息管理

第三十九条 上市公司筹划、实施重大资产重组,相关信息披露义务人应当公平地向所有投资者披露可能对上市公司股票交易价格产生较大影响的相关信息(以下简称股价敏感信息),不得有选择性地向特定对象提前泄露。

第四十条 上市公司的股东、实际控制人以及参与重大资产重组筹划、论证、决策等环节的其他相关机构和人员,应当及时、准确地向上市公司通报有关信息,并配合上市公司及时、准确、完整地进行披露。上市公司获悉股价敏感信息的,应当及时向证券交易所申请停牌并披露。

第四十一条 上市公司及其董事、监事、高级管理人员,重大资产重组的交易对方及其关联方,交易对方及其关联方的董事、监事、高级管理人员或者主要负责人,交易各方聘请的证券服务机构及其从业人员,参与重大资产重组筹划、论证、决策、审批等环节的相关机构和人员,以及因直系亲属关系、提供服务和业务往来等知悉或者可能知悉股价敏感信息的其他相关机构和人员,在重大资产重组的股价敏感信息依法披露前负有保密义务,禁止利用该信息进行内幕交易。

第四十二条 上市公司筹划重大资产重组事项,应当详细记载筹划过程中每一具体环节的进展情况,包括商议相关方案、形成相关意向、签署相关协议或者意向书的具体时间、地点、参与机构和人员、商议和决议内容等,制作书面的交易进程备忘录并予以妥当保存。参与每一具体环节的所有人员应当即时在备忘录上签名确认。

上市公司预计筹划中的重大资产重组事项难以保密或者已经泄露的,应当及时向证券交易所申请停牌,直至真实、准确、完整地披露相关信息。停牌期间,上市公司应当至少每周发布一次事件进展情况公告。

上市公司股票交易价格因重大资产重组的市场传闻发生异常波动时,上市公司应当及时向证券交易所申请停牌,核实有无影响上市公司股票交易价格的重组事项并予以澄清,不得以相关事项存在不确定性为由不履行信息披露义务。

第五章 发行股份购买资产

第四十三条 上市公司发行股份购买资产,应当符合下列规定:

(一)充分说明并披露本次交易有利于提高上市公司资产质量、改善财务状况和增强持续盈利能力,有利于上市公司减少关联交易、避免同业竞争、增强独立性;

(二)上市公司最近一年及一期财务会计报告被注册会计师出具无保留意见审计报告;被出具

保留意见、否定意见或者无法表示意见的审计报告的，须经注册会计师专项核查确认，该保留意见、否定意见或者无法表示意见所涉及事项的重大影响已经消除或者将通过本次交易予以消除；

（三）上市公司及其现任董事、高级管理人员不存在因涉嫌犯罪正被司法机关立案侦查或涉嫌违法违规正被中国证监会立案调查的情形，但是，涉嫌犯罪或违法违规的行为已经终止满3年，交易方案有助于消除该行为可能造成的不良后果，且不影响对相关行为人追究责任的除外；

（四）充分说明并披露上市公司发行股份所购买的资产为权属清晰的经营性资产，并能在约定期限内办理完毕权属转移手续；

（五）中国证监会规定的其他条件。

上市公司为促进行业的整合、转型升级，在其控制权不发生变更的情况下，可以向控股股东、实际控制人或者其控制的关联人之外的特定对象发行股份购买资产。所购买资产与现有主营业务没有显著协同效应的，应当充分说明并披露本次交易后的经营发展战略和业务管理模式，以及业务转型升级可能面临的风险和应对措施。

特定对象以现金或者资产认购上市公司非公开发行的股份后，上市公司用同一次非公开发行所募集的资金向该特定对象购买资产的，视同上市公司发行股份购买资产。

第四十四条 上市公司发行股份购买资产的，可以同时募集部分配套资金，其定价方式按照现行相关规定办理。

上市公司发行股份购买资产应当遵守本办法关于重大资产重组的规定，编制发行股份购买资产预案、发行股份购买资产报告书，并向中国证监会提出申请。

第四十五条 上市公司发行股份的价格不得低于市场参考价的90%。市场参考价为本次发行股份购买资产的董事会决议公告日前20个交易日、60个交易日或者120个交易日的公司股票交易均价之一。本次发行股份购买资产的董事会决议应当说明市场参考价的选择依据。

前款所称交易均价的计算公式为：董事会决议公告日前若干个交易日公司股票交易均价＝决议公告日前若干个交易日公司股票交易总额／决议公告日前若干个交易日公司股票交易总量。

本次发行股份购买资产的董事会决议可以明确，在中国证监会核准前，上市公司的股票价格相比最初确定的发行价格发生重大变化的，董事会可以按照已经设定的调整方案对发行价格进行一次调整。

前款规定的发行价格调整方案应当明确、具体、可操作，详细说明是否相应调整拟购买资产的定价、发行股份数量及其理由，在首次董事会决议公告时充分披露，并按照规定提交股东大会审议。股东大会作出决议后，董事会按照已经设定的方案调整发行价格的，上市公司无需按照本办法第二十八条的规定向中国证监会重新提出申请。

第四十六条 特定对象以资产认购而取得的上市公司股份，自股份发行结束之日起12个月内不得转让；属于下列情形之一的，36个月内不得转让：

（一）特定对象为上市公司控股股东、实际控制人或者其控制的关联人；

（二）特定对象通过认购本次发行的股份取得上市公司的实际控制权；

（三）特定对象取得本次发行的股份时，对其用于认购股份的资产持续拥有权益的时间不足12个月。

属于本办法第十三条第一款规定的交易情形的，上市公司原控股股东、原实际控制人及其控制的关联人，以及在交易过程中从该等主体直接或间接受让该上市公司股份的特定对象应当公开承诺，在本次交易完成后36个月内不转让其在该上市公司中拥有权益的股份；除收购人及其关联人以外的特定对象应当公开承诺，其以资产认购而取得的上市公司股份自股份发行结束之日起24个月内不得转让。

第四十七条 上市公司申请发行股份购买资产，应当提交并购重组委审核。

第四十八条 上市公司发行股份购买资产导致特定对象持有或者控制的股份达到法定比例的，应当按照《上市公司收购管理办法》（证监会令第108号）的规定履行相关义务。

上市公司向控股股东、实际控制人或者其控制的关联人发行股份购买资产，或者发行股份购买资产将导致上市公司实际控制权发生变更的，认购股份的特定对象应当在发行股份购买资产报告书中公开承诺：本次交易完成后6个月内如上市公司股票连续20个交易日的收盘价低于发行价，或者交易完成后6个月期末收盘价低于发行价的，其持有公司股票的锁定期自动延长至少6个月。

前款规定的特定对象还应当在发行股份购买资产报告书中公开承诺：如本次交易因涉嫌所提供或披露的信息存在虚假记载、误导性陈述或者重大遗漏，被司法机关立案侦查或者被中国证监会立案调查的，在案件调查结论明确以前，不转让其在该上市公司拥有权益的股份。

第四十九条 中国证监会核准上市公司发行股份购买资产的申请后，上市公司应当及时实施。向特定对象购买的相关资产过户至上市公司后，上市公司聘请的独立财务顾问和律师事务所应当对资产过户事宜和相关后续事项的合规性及风险进行核查，并发表明确意见。上市公司应当在相关资产过户完成后3个工作日内就过户情况作出公告，公告中应当包括独立财务顾问和律师事务所的结论性意见。

上市公司完成前款规定的公告、报告后，可以到证券交易所、证券登记结算公司为认购股份的特定对象申请办理证券登记手续。

第五十条 换股吸收合并涉及上市公司的，上市公司的股份定价及发行按照本章规定执行。

上市公司发行优先股用于购买资产或者与其他公司合并，中国证监会另有规定的，从其规定。

上市公司可以向特定对象发行可转换为股票的公司债券、定向权证用于购买资产或者与其他公司合并。

第六章 重大资产重组后申请发行新股或者公司债券

第五十一条 经中国证监会审核后获得核准的重大资产重组实施完毕后，上市公司申请公开发行新股或者公司债券，同时符合下列条件的，本次重大资产重组前的业绩在审核时可以模拟计算：

（一）进入上市公司的资产是完整经营实体；

（二）本次重大资产重组实施完毕后，重组方的承诺事项已经如期履行，上市公司经营稳定、运行良好；

（三）本次重大资产重组实施完毕后，上市公司和相关资产实现的利润达到盈利预测水平。

上市公司在本次重大资产重组前不符合中国证监会规定的公开发行证券条件，或者本次重组导致上市公司实际控制人发生变化的，上市公司申请公开发行新股或者公司债券，距本次重组交易完成的时间应当不少于一个完整会计年度。

第五十二条 本办法所称完整经营实体，应当符合下列条件：

（一）经营业务和经营资产独立、完整，且在最近两年未发生重大变化；

（二）在进入上市公司前已在同一实际控制人之下持续经营两年以上；

（三）在进入上市公司之前实行独立核算，或者虽未独立核算，但与其经营业务相关的收入、费用在会计核算上能够清晰划分；

（四）上市公司与该经营实体的主要高级管理人员签订聘用合同或者采取其他方式，就该经营实体在交易完成后的持续经营和管理作出恰当安排。

第七章 监督管理和法律责任

第五十三条 未依照本办法的规定履行相关义务或者程序，擅自实施重大资产重组的，由中国证监会责令改正，并可以采取监管谈话、出具警示函等监管措施；情节严重的，可以责令暂停或者终止重组活动，处以警告、罚款，并可以对有关责任人员采取市场禁入的措施。

未经中国证监会核准擅自实施本办法第十三条第一款规定的重大资产重组，交易尚未完成的，中国证监会责令上市公司补充披露相关信息、暂停交易并按照本办法第十三条的规定报送申请文件；交易已经完成的，可以处以警告、罚款，并对有关责任人员采取市场禁入的措施。构成犯罪的，依法移送司法机关。

上市公司重大资产重组因定价显失公允、不正当利益输送等问题损害上市公司、投资者合法权益的，由中国证监会责令改正，并可以采取监管谈话、出具警示函等监管措施；情节严重的，可以责令暂停或者终止重组活动，处以警告、罚款，并可以对有关责任人员采取市场禁入的措施。

第五十四条 上市公司或者其他信息披露义务人未按照本办法规定报送重大资产重组有关报告，或者报送的报告有虚假记载、误导性陈述或者重大遗漏的，由中国证监会责令改正，依照《证券法》第一百九十三条予以处罚；情节严重的，可以责令暂停或者终止重组活动，并可以对有关责任人员采取市场禁入的措施；涉嫌犯罪的，依法移送司法机关追究刑事责任。

第五十五条 上市公司或者其他信息披露义务人未按照规定披露重大资产重组信息，或者所披露的信息存在虚假记载、误导性陈述或者重大遗漏的，由中国证监会责令改正，依照《证券法》第一百九十三条规定予以处罚；情节严重的，可以责令暂停或者终止重组活动，并可以对有关责任人员采取市场禁入的措施；涉嫌犯罪的，依法移送司法机关追究刑事责任。

重大资产重组或者发行股份购买资产的交易对方未及时向上市公司或者其他信息披露义务

人提供信息，或者提供的信息有虚假记载、误导性陈述或者重大遗漏的，按照前款规定执行。

第五十六条 重大资产重组涉嫌本办法第五十三条、第五十四条、第五十五条规定情形的，中国证监会可以责令上市公司作出公开说明、聘请独立财务顾问或者其他证券服务机构补充核查并披露专业意见，在公开说明、披露专业意见之前，上市公司应当暂停重组；上市公司涉嫌前述情形被司法机关立案侦查或者被中国证监会立案调查的，在案件调查结论明确之前应当暂停重组。

涉嫌本办法第五十四条、第五十五条规定情形，被司法机关立案侦查或者被中国证监会立案调查的，有关单位和个人应当严格遵守其所作的公开承诺，在案件调查结论明确之前，不得转让其在该上市公司拥有权益的股份。

第五十七条 上市公司董事、监事和高级管理人员未履行诚实守信、勤勉尽责义务，或者上市公司的股东、实际控制人及其有关负责人员未按照本办法的规定履行相关义务，导致重组方案损害上市公司利益的，由中国证监会责令改正，并可以采取监管谈话、出具警示函等监管措施；情节严重的，处以警告、罚款，并可以对有关人员采取认定为不适当人选、市场禁入的措施；涉嫌犯罪的，依法移送司法机关追究刑事责任。

第五十八条 为重大资产重组出具财务顾问报告、审计报告、法律意见、资产评估报告、估值报告及其他专业文件的证券服务机构及其从业人员未履行诚实守信、勤勉尽责义务，违反行业规范、业务规则，或者未依法履行报告和公告义务、持续督导义务的，由中国证监会责令改正，并可以采取监管谈话、出具警示函、责令公开说明、责令参加培训、责令定期报告、认定为不适当人选等监管措施；情节严重的，依照《证券法》第二百二十六条予以处罚。

前款规定的证券服务机构及其从业人员所制作、出具的文件存在虚假记载、误导性陈述或者重大遗漏的，由中国证监会责令改正，依照《证券法》第二百二十三条予以处罚；情节严重的，可以采取市场禁入的措施；涉嫌犯罪的，依法移送司法机关追究刑事责任。

存在前二款规定情形的，在按照中国证监会的要求完成整改之前，不得接受新的上市公司并购重组业务。

第五十九条 重大资产重组实施完毕后，凡因不属于上市公司管理层事前无法获知且事后无法控制的原因，上市公司所购买资产实现的利润未达到资产评估报告或者估值报告预测金额的80%，或者实际运营情况与重大资产重组报告书中管理层讨论与分析部分存在较大差距的，上市公司的董事长、总经理以及对此承担相应责任的会计师事务所、财务顾问、资产评估机构、估值机构及其从业人员应当在上市公司披露年度报告的同时，在同一报刊上作出解释，并向投资者公开道歉；实现利润未达到预测金额50%的，中国证监会可以对上市公司、相关机构及其责任人员采取监管谈话、出具警示函、责令定期报告等监管措施。

交易对方超期未履行或者违反业绩补偿协议、承诺的，由中国证监会责令改正，并可以采取监管谈话、出具警示函、责令公开说明、认定为不适当人选等监管措施，将相关情况记入诚信档案。

第六十条 任何知悉重大资产重组信息的人员在相关信息依法公开前，泄露该信息、买卖或者建议他人买卖相关上市公司证券、利用重大资产重组散布虚假信息、操纵证券市场或者进行欺诈活动的，中国证监会依照《证券法》第二百零二条、第二百零三条、第二百零七条予以处罚；涉嫌犯罪的，依法移送司法机关追究刑事责任。

第八章 附 则

第六十一条 中国证监会对科创板上市公司重大资产重组另有规定的，从其规定。

第六十二条 本办法自2014年11月23日起施行。2008年4月16日发布并于2011年8月1日修改的《上市公司重大资产重组管理办法》（证监会令第73号）、2008年11月11日发布的《关于破产重整上市公司重大资产重组股份发行定价的补充规定》（证监会公告〔2008〕44号）同时废止。

上市公司收购管理办法

（2006年5月17日中国证券监督管理委员会第180次主席办公会议审议通过 根据2008年8月27日中国证券监督管理委员会《关于修改〈上市公司收购管理办法〉第六十三条的决定》、2012年2月14日中国证券监督管理委员会《关于修改〈上市公司收购管理办法〉第六十二条及第六十三条的决定》、2014年10月23日中国证券监督管理委员会令第108号中国证券监督管理委员会《关于修改〈上市公司收购管理办法〉的决定》修订）

第一章 总 则

第一条 为了规范上市公司的收购及相关股份权益变动活动，保护上市公司和投资者的合法权益，维护证券市场秩序和社会公共利益，促进证券市场资源的优化配置，根据《证券法》、《公司法》及其他相关法律、行政法规，制定本办法。

第二条 上市公司的收购及相关股份权益变动活动，必须遵守法律、行政法规及中国证券监督管理委员会（以下简称中国证监会）的规定。当事人应当诚实守信，遵守社会公德、商业道德，自觉维护证券市场秩序，接受政府、社会公众的监督。

第三条 上市公司的收购及相关股份权益变动活动，必须遵循公开、公平、公正的原则。

上市公司的收购及相关股份权益变动活动中的信息披露义务人，应当充分披露其在上市公司中的权益及变动情况，依法严格履行报告、公告和其他法定义务。在相关信息披露前，负有保密义务。

信息披露义务人报告、公告的信息必须真实、准确、完整，不得有虚假记载、误导性陈述或者重大遗漏。

第四条 上市公司的收购及相关股份权益变动活动不得危害国家安全和社会公共利益。

上市公司的收购及相关股份权益变动活动涉及国家产业政策、行业准入、国有股份转让等事项，需要取得国家相关部门批准的，应当在取得批准后进行。

外国投资者进行上市公司的收购及相关股份权益变动活动的，应当取得国家相关部门的批准，适用中国法律，服从中国的司法、仲裁管辖。

第五条 收购人可以通过取得股份的方式成为一个上市公司的控股股东，可以通过投资关系、协议、其他安排的途径成为一个上市公司的实际控制人，也可以同时采取上述方式和途径取得上市公司控制权。

收购人包括投资者及与其一致行动的他人。

第六条 任何人不得利用上市公司的收购损害被收购公司及其股东的合法权益。

有下列情形之一的，不得收购上市公司：

（一）收购人负有数额较大债务，到期未清偿，且处于持续状态；

（二）收购人最近3年有重大违法行为或者涉嫌有重大违法行为；

（三）收购人最近3年有严重的证券市场失信行为；

（四）收购人为自然人的，存在《公司法》第一百四十六条规定情形；

（五）法律、行政法规规定以及中国证监会认定的不得收购上市公司的其他情形。

第七条 被收购公司的控股股东或者实际控制人不得滥用股东权利损害被收购公司或者其他股东的合法权益。

被收购公司的控股股东、实际控制人及其关联方有损害被收购公司及其他股东合法权益的，上述控股股东、实际控制人在转让被收购公司控制权之前，应当主动消除损害；未能消除损害的，应当就其出让相关股份所得收入用于消除全部损害做出安排，对不足以消除损害的部分应当提供充分有效的履约担保或安排，并依照公司章程取得被收购公司股东大会的批准。

第八条 被收购公司的董事、监事、高级管理人员对公司负有忠实义务和勤勉义务，应当公平对待收购本公司的所有收购人。

被收购公司董事会针对收购所做出的决策及采取的措施，应当有利于维护公司及其股东的利益，不得滥用职权对收购设置不适当的障碍，不得利用公司资源向收购人提供任何形式的财务资助，不得损害公司及其股东的合法权益。

第九条 收购人进行上市公司的收购，应当聘请在中国注册的具有从事财务顾问业务资格的专业机构担任财务顾问。收购人未按照本办法规定聘请财务顾问的，不得收购上市公司。

财务顾问应当勤勉尽责，遵守行业规范和职业道德，保持独立性，保证其所制作、出具文件的真实性、准确性和完整性。

财务顾问认为收购人利用上市公司的收购损害被收购公司及其股东合法权益的，应当拒绝为收购人提供财务顾问服务。

财务顾问不得教唆、协助或者伙同委托人编制或披露存在虚假记载、误导性陈述或者重大遗漏的报告、公告文件，不得从事不正当竞争，不得利用上市公司的收购谋取不正当利益。

第十条 中国证监会依法对上市公司的收购及相关股份权益变动活动进行监督管理。

中国证监会设立由专业人员和有关专家组成的专门委员会。专门委员会可以根据中国证监会职能部门的请求，就是否构成上市公司的收购、是否有不得收购上市公司的情形以及其他相关事宜提供咨询意见。中国证监会依法做出决定。

第十一条 证券交易所依法制定业务规则，为上市公司的收购及相关股份权益变动活动组织交易和提供服务，对相关证券交易活动进行实时监控，监督上市公司的收购及相关股份权益变动活动的信息披露义务人切实履行信息披露义务。

证券登记结算机构依法制定业务规则，为上市公司的收购及相关股份权益变动活动所涉及的证券登记、存管、结算等事宜提供服务。

第二章 权益披露

第十二条 投资者在一个上市公司中拥有的权益，包括登记在其名下的股份和虽未登记在其名下但该投资者可以实际支配表决权的股份。投资者及其一致行动人在一个上市公司中拥有的权益应当合并计算。

第十三条 通过证券交易所的证券交易，投资者及其一致行动人拥有权益的股份达到一个上市公司已发行股份的5%时，应当在该事实发生之日起3日内编制权益变动报告书，向中国证监会、证券交易所提交书面报告，通知该上市公司，并予公告；在上述期限内，不得再行买卖该上市公司的股票。

前述投资者及其一致行动人拥有权益的股份达到一个上市公司已发行股份的5%后，通过证券交易所的证券交易，其拥有权益的股份占该上市公司已发行股份的比例每增加或者减少5%，应当依照前款规定进行报告和公告。在报告期限内和作出报告、公告后2日内，不得再行买卖该上市公司的股票。

第十四条 通过协议转让方式，投资者及其一致行动人在一个上市公司中拥有权益的股份拟达到或者超过一个上市公司已发行股份的5%时，应当在该事实发生之日起3日内编制权益变动报告书，向中国证监会、证券交易所提交书面报告，通知该上市公司，并予公告。

投资者及其一致行动人拥有权益的股份达到一个上市公司已发行股份的5%后，其拥有权益的股份占该上市公司已发行股份的比例每增加或者减少达到或者超过5%的，应当依照前款规定履行报告、公告义务。

前两款规定的投资者及其一致行动人在作出报告、公告前，不得再行买卖该上市公司的股票。相关股份转让及过户登记手续按照本办法第四章及证券交易所、证券登记结算机构的规定办理。

第十五条 投资者及其一致行动人通过行政划转或者变更、执行法院裁定、继承、赠与等方式拥有权益的股份变动达到前条规定比例的，应当按照前条规定履行报告、公告义务，并参照前条规定办理股份过户登记手续。

第十六条 投资者及其一致行动人不是上市公司的第一大股东或者实际控制人，其拥有权益的股份达到或者超过该公司已发行股份的5%，但未达到20%的，应当编制包括下列内容的简式权益变动报告书：

（一）投资者及其一致行动人的姓名、住所；投资者及其一致行动人为法人的，其名称、注册地及法定代表人；

（二）持股目的，是否有意在未来 12 个月内继续增加其在上市公司中拥有的权益；

（三）上市公司的名称、股票的种类、数量、比例；

（四）在上市公司中拥有权益的股份达到或者超过上市公司已发行股份的 5% 或者拥有权益的股份增减变化达到 5% 的时间及方式；

（五）权益变动事实发生之日前 6 个月内通过证券交易所的证券交易买卖该公司股票的简要情况；

（六）中国证监会、证券交易所要求披露的其他内容。

前述投资者及其一致行动人为上市公司第一大股东或者实际控制人，其拥有权益的股份达到或者超过一个上市公司已发行股份的 5%，但未达到 20% 的，还应当披露本办法第十七条第一款规定的内容。

第十七条　投资者及其一致行动人拥有权益的股份达到或者超过一个上市公司已发行股份的 20% 但未超过 30% 的，应当编制详式权益变动报告书，除须披露前条规定的信息外，还应当披露以下内容：

（一）投资者及其一致行动人的控股股东、实际控制人及其股权控制关系结构图；

（二）取得相关股份的价格、所需资金额、资金来源，或者其他支付安排；

（三）投资者、一致行动人及其控股股东、实际控制人所从事的业务与上市公司的业务是否存在同业竞争或者潜在的同业竞争，是否存在持续关联交易；存在同业竞争或者持续关联交易的，是否已做出相应的安排，确保投资者、一致行动人及其关联方与上市公司之间避免同业竞争以及保持上市公司的独立性；

（四）未来 12 个月内对上市公司资产、业务、人员、组织结构、公司章程等进行调整的后续计划；

（五）前 24 个月内投资者及其一致行动人与上市公司之间的重大交易；

（六）不存在本办法第六条规定的情形；

（七）能够按照本办法第五十条的规定提供相关文件。

前述投资者及其一致行动人为上市公司第一大股东或者实际控制人的，还应当聘请财务顾问对上述权益变动报告书所披露的内容出具核查意见，但国有股行政划转或者变更、股份转让在同一实际控制人控制的不同主体之间进行、因继承取得股份的除外。投资者及其一致行动人承诺至少 3 年放弃行使相关股份表决权的，可免于聘请财务顾问和提供前款第（七）项规定的文件。

第十八条　已披露权益变动报告书的投资者及其一致行动人在披露之日起 6 个月内，因拥有权益的股份变动需要再次报告、公告权益变动报告书的，可以仅就与前次报告书不同的部分作出报告、公告；自前次披露之日起超过 6 个月的，投资者及其一致行动人应当按照本章的规定编制权益变动报告书，履行报告、公告义务。

第十九条　因上市公司减少股本导致投资者及其一致行动人拥有权益的股份变动出现本办法第十四条规定情形的，投资者及其一致行动人免于履行报告和公告义务。上市公司应当自完成减少股本的变更登记之日起2个工作日内，就因此导致的公司股东拥有权益的股份变动情况作出公告；因公司减少股本可能导致投资者及其一致行动人成为公司第一大股东或者实际控制人的，该投资者及其一致行动人应当自公司董事会公告有关减少公司股本决议之日起3个工作日内，按照本办法第十七条第一款的规定履行报告、公告义务。

第二十条 上市公司的收购及相关股份权益变动活动中的信息披露义务人依法披露前，相关信息已在媒体上传播或者公司股票交易出现异常的，上市公司应当立即向当事人进行查询，当事人应当及时予以书面答复，上市公司应当及时作出公告。

第二十一条 上市公司的收购及相关股份权益变动活动中的信息披露义务人应当在至少一家中国证监会指定媒体上依法披露信息；在其他媒体上进行披露的，披露内容应当一致，披露时间不得早于指定媒体的披露时间。

第二十二条 上市公司的收购及相关股份权益变动活动中的信息披露义务人采取一致行动的，可以以书面形式约定由其中一人作为指定代表负责统一编制信息披露文件，并同意授权指定代表在信息披露文件上签字、盖章。

各信息披露义务人应当对信息披露文件中涉及其自身的信息承担责任；对信息披露文件中涉及的与多个信息披露义务人相关的信息，各信息披露义务人对相关部分承担连带责任。

第三章 要约收购

第二十三条 投资者自愿选择以要约方式收购上市公司股份的，可以向被收购公司所有股东发出收购其所持有的全部股份的要约（以下简称全面要约），也可以向被收购公司所有股东发出收购其所持有的部分股份的要约（以下简称部分要约）。

第二十四条 通过证券交易所的证券交易，收购人持有一个上市公司的股份达到该公司已发行股份的30%时，继续增持股份的，应当采取要约方式进行，发出全面要约或者部分要约。

第二十五条 收购人依照本办法第二十三条、第二十四条、第四十七条、第五十六条的规定，以要约方式收购一个上市公司股份的，其预定收购的股份比例均不得低于该上市公司已发行股份的5%。

第二十六条 以要约方式进行上市公司收购的，收购人应当公平对待被收购公司的所有股东。持有同一种类股份的股东应当得到同等对待。

第二十七条 收购人为终止上市公司的上市地位而发出全面要约的，或者向中国证监会提出申请但未取得豁免而发出全面要约的，应当以现金支付收购价款；以依法可以转让的证券（以下简称证券）支付收购价款的，应当同时提供现金方式供被收购公司股东选择。

第二十八条 以要约方式收购上市公司股份的，收购人应当编制要约收购报告书，聘请财务顾问，通知被收购公司，同时对要约收购报告书摘要作出提示性公告。

本次收购依法应当取得相关部门批准的，收购人应当在要约收购报告书摘要中作出特别提示，并在取得批准后公告要约收购报告书。

第二十九条 前条规定的要约收购报告书，应当载明下列事项：

（一）收购人的姓名、住所；收购人为法人的，其名称、注册地及法定代表人，与其控股股东、实际控制人之间的股权控制关系结构图；

（二）收购人关于收购的决定及收购目的，是否拟在未来12个月内继续增持；

（三）上市公司的名称、收购股份的种类；

（四）预定收购股份的数量和比例；

（五）收购价格；

（六）收购所需资金额、资金来源及资金保证，或者其他支付安排；

（七）收购要约约定的条件；

（八）收购期限；

（九）公告收购报告书时持有被收购公司的股份数量、比例；

（十）本次收购对上市公司的影响分析，包括收购人及其关联方所从事的业务与上市公司的业务是否存在同业竞争或者潜在的同业竞争，是否存在持续关联交易；存在同业竞争或者持续关联交易的，收购人是否已作出相应的安排，确保收购人及其关联方与上市公司之间避免同业竞争以及保持上市公司的独立性；

（十一）未来12个月内对上市公司资产、业务、人员、组织结构、公司章程等进行调整的后续计划；

（十二）前24个月内收购人及其关联方与上市公司之间的重大交易；

（十三）前6个月内通过证券交易所的证券交易买卖被收购公司股票的情况；

（十四）中国证监会要求披露的其他内容。

收购人发出全面要约的，应当在要约收购报告书中充分披露终止上市的风险、终止上市后收购行为完成的时间及仍持有上市公司股份的剩余股东出售其股票的其他后续安排；收购人发出以终止公司上市地位为目的的全面要约，无须披露前款第（十）项规定的内容。

第三十条 收购人按照本办法第四十七条拟收购上市公司股份超过30%，须改以要约方式进行收购的，收购人应当在达成收购协议或者做出类似安排后的3日内对要约收购报告书摘要作出提示性公告，并按照本办法第二十八条、第二十九条的规定履行公告义务，同时免于编制、公告上市公司收购报告书；依法应当取得批准的，应当在公告中特别提示本次要约须取得相关批准方可进行。

未取得批准的，收购人应当在收到通知之日起2个工作日内，公告取消收购计划，并通知被收购公司。

第三十一条 收购人自作出要约收购提示性公告起60日内，未公告要约收购报告书的，收购人应当在期满后次一个工作日通知被收购公司，并予公告；此后每30日应当公告一次，直至公告要约收购报告书。

收购人作出要约收购提示性公告后，在公告要约收购报告书之前，拟自行取消收购计划的，应当公告原因；自公告之日起12个月内，该收购人不得再次对同一上市公司进行收购。

第三十二条 被收购公司董事会应当对收购人的主体资格、资信情况及收购意图进行调查，对要约条件进行分析，对股东是否接受要约提出建议，并聘请独立财务顾问提出专业意见。在收购人公告要约收购报告书后20日内，被收购公司董事会应当公告被收购公司董事会报告书与独立财务顾问的专业意见。

收购人对收购要约条件做出重大变更的，被收购公司董事会应当在3个工作日内公告董事会及独立财务顾问就要约条件的变更情况所出具的补充意见。

第三十三条 收购人作出提示性公告后至要约收购完成前，被收购公司除继续从事正常的经营活动或者执行股东大会已经作出的决议外，未经股东大会批准，被收购公司董事会不得通过处置公司资产、对外投资、调整公司主要业务、担保、贷款等方式，对公司的资产、负债、权益或者经营成果造成重大影响。

第三十四条 在要约收购期间，被收购公司董事不得辞职。

第三十五条 收购人按照本办法规定进行要约收购的，对同一种类股票的要约价格，不得低于要约收购提示性公告日前6个月内收购人取得该种股票所支付的最高价格。

要约价格低于提示性公告日前30个交易日该种股票的每日加权平均价格的算术平均值的，收购人聘请的财务顾问应当就该种股票前6个月的交易情况进行分析，说明是否存在股价被操纵、收购人是否有未披露的一致行动人、收购人前6个月取得公司股份是否存在其他支付安排、要约价格的合理性等。

第三十六条 收购人可以采用现金、证券、现金与证券相结合等合法方式支付收购上市公司的价款。收购人以证券支付收购价款的，应当提供该证券的发行人最近3年经审计的财务会计报告、证券估值报告，并配合被收购公司聘请的独立财务顾问的尽职调查工作。收购人以在证券交易所上市的债券支付收购价款的，该债券的可上市交易时间应当不少于一个月。收购人以未在证券交易所上市交易的证券支付收购价款的，必须同时提供现金方式供被收购公司的股东选择，并详细披露相关证券的保管、送达被收购公司股东的方式和程序安排。

收购人聘请的财务顾问应当对收购人支付收购价款的能力和资金来源进行充分的尽职调查，详细披露核查的过程和依据，说明收购人是否具备要约收购的能力。收购人应当在作出要约收购提示性公告的同时，提供以下至少一项安排保证其具备履约能力：

（一）以现金支付收购价款的，将不少于收购价款总额的20%作为履约保证金存入证券登记结算机构指定的银行；收购人以在证券交易所上市交易的证券支付收购价款的，将用于支付的全部证券交由证券登记结算机构保管，但上市公司发行新股的除外；

（二）银行对要约收购所需价款出具保函；

（三）财务顾问出具承担连带保证责任的书面承诺，明确如要约期满收购人不支付收购价款，财务顾问进行支付。

第三十七条 收购要约约定的收购期限不得少于30日，并不得超过60日；但是出现竞争要约的除外。

在收购要约约定的承诺期限内，收购人不得撤销其收购要约。

第三十八条 采取要约收购方式的，收购人作出公告后至收购期限届满前，不得卖出被收购公司的股票，也不得采取要约规定以外的形式和超出要约的条件买入被收购公司的股票。

第三十九条 收购要约提出的各项收购条件，适用于被收购公司的所有股东。

收购人需要变更收购要约的，必须及时公告，载明具体变更事项，并通知被收购公司。

第四十条 收购要约期限届满前15日内，收购人不得变更收购要约；但是出现竞争要约的除外。

出现竞争要约时，发出初始要约的收购人变更收购要约距初始要约收购期限届满不足15日的，应当延长收购期限，延长后的要约期应当不少于15日，不得超过最后一个竞争要约的期满日，并按规定追加履约保证。

发出竞争要约的收购人最迟不得晚于初始要约收购期限届满前15日发出要约收购的提示性公告，并应当根据本办法第二十八条和第二十九条的规定履行公告义务。

第四十一条 要约收购报告书所披露的基本事实发生重大变化的，收购人应当在该重大变化发生之日起2个工作日内作出公告，并通知被收购公司。

第四十二条 同意接受收购要约的股东（以下简称预受股东），应当委托证券公司办理预受要约的相关手续。收购人应当委托证券公司向证券登记结算机构申请办理预受要约股票的临时保管。证券登记结算机构临时保管的预受要约的股票，在要约收购期间不得转让。

前款所称预受，是指被收购公司股东同意接受要约的初步意思表示，在要约收购期限内不可撤回之前不构成承诺。在要约收购期限届满3个交易日前，预受股东可以委托证券公司办理撤回预受要约的手续，证券登记结算机构根据预受要约股东的撤回申请解除对预受要约股票的临时保管。在要约收购期限届满前3个交易日内，预受股东不得撤回其对要约的接受。在要约收购期限内，收购人应当每日在证券交易所网站上公告已预受收购要约的股份数量。

出现竞争要约时，接受初始要约的预受股东撤回全部或者部分预受的股份，并将撤回的股份售予竞争要约人的，应当委托证券公司办理撤回预受初始要约的手续和预受竞争要约的相关手续。

第四十三条 收购期限届满，发出部分要约的收购人应当按照收购要约约定的条件购买被收购公司股东预受的股份，预受要约股份的数量超过预定收购数量时，收购人应当按照同等比例收购预受要约的股份；以终止被收购公司上市地位为目的的，收购人应当按照收购要约约定的条件购买被收购公司股东预受的全部股份；未取得中国证监会豁免而发出全面要约的收购人应当购买被收购公司股东预受的全部股份。

收购期限届满后3个交易日内，接受委托的证券公司应当向证券登记结算机构申请办理股份转让结算、过户登记手续，解除对超过预定收购比例的股票的临时保管；收购人应当公告本次要约收购的结果。

第四十四条 收购期限届满，被收购公司股权分布不符合上市条件，该上市公司的股票由证券交易所依法终止上市交易。在收购行为完成前，其余仍持有被收购公司股票的股东，有权在收购报告书规定的合理期限内向收购人以收购要约的同等条件出售其股票，收购人应当收购。

第四十五条 收购期限届满后15日内，收购人应当向证券交易所提交关于收购情况的书面报告，并予以公告。

第四十六条 除要约方式外，投资者不得在证券交易所外公开求购上市公司的股份。

第四章 协议收购

第四十七条 收购人通过协议方式在一个上市公司中拥有权益的股份达到或者超过该公司已发行股份的5%，但未超过30%的，按照本办法第二章的规定办理。

收购人拥有权益的股份达到该公司已发行股份的30%时，继续进行收购的，应当依法向该上市公司的股东发出全面要约或者部分要约。符合本办法第六章规定情形的，收购人可以向中国证监会申请免除发出要约。

收购人拟通过协议方式收购一个上市公司的股份超过30%的，超过30%的部分，应当改以要约方式进行；但符合本办法第六章规定情形的，收购人可以向中国证监会申请免除发出要约。收购人在取得中国证监会豁免后，履行其收购协议；未取得中国证监会豁免且拟继续履行其收购协议的，或者不申请豁免的，在履行其收购协议前，应当发出全面要约。

第四十八条 以协议方式收购上市公司股份超过30%，收购人拟依据本办法第六章的规定申请豁免的，应当在与上市公司股东达成收购协议之日起3日内编制上市公司收购报告书，提交豁免申请，委托财务顾问向中国证监会、证券交易所提交书面报告，通知被收购公司，并公告上市公司收购报告书摘要。

收购人自取得中国证监会的豁免之日起3日内公告其收购报告书、财务顾问专业意见和律师出具的法律意见书；收购人未取得豁免的，应当自收到中国证监会的决定之日起3日内予以公告，并按照本办法第六十一条第二款的规定办理。

第四十九条 依据前条规定所作的上市公司收购报告书，须披露本办法第二十九条第（一）项至第（六）项和第（九）项至第（十四）项规定的内容及收购协议的生效条件和付款安排。

已披露收购报告书的收购人在披露之日起6个月内，因权益变动需要再次报告、公告的，可以仅就与前次报告书不同的部分作出报告、公告；超过6个月的，应当按照本办法第二章的规定履行报告、公告义务。

第五十条 收购人公告上市公司收购报告书时，应当提交以下备查文件：

（一）中国公民的身份证明，或者在中国境内登记注册的法人、其他组织的证明文件；

（二）基于收购人的实力和从业经验对上市公司后续发展计划可行性的说明，收购人拟修改公司章程、改选公司董事会、改变或者调整公司主营业务的，还应当补充其具备规范运作上市公司的管理能力的说明；

（三）收购人及其关联方与被收购公司存在同业竞争、关联交易的，应提供避免同业竞争等利益冲突、保持被收购公司经营独立性的说明；

(四)收购人为法人或者其他组织的,其控股股东、实际控制人最近2年未变更的说明;

(五)收购人及其控股股东或实际控制人的核心企业和核心业务、关联企业及主营业务的说明;收购人或其实际控制人为两个或两个以上的上市公司控股股东或实际控制人的,还应当提供其持股5%以上的上市公司以及银行、信托公司、证券公司、保险公司等其他金融机构的情况说明;

(六)财务顾问关于收购人最近3年的诚信记录、收购资金来源合法性、收购人具备履行相关承诺的能力以及相关信息披露内容真实性、准确性、完整性的核查意见;收购人成立未满3年的,财务顾问还应当提供其控股股东或者实际控制人最近3年诚信记录的核查意见。

境外法人或者境外其他组织进行上市公司收购的,除应当提交第一款第(二)项至第(六)项规定的文件外,还应当提交以下文件:

(一)财务顾问出具的收购人符合对上市公司进行战略投资的条件、具有收购上市公司的能力的核查意见;

(二)收购人接受中国司法、仲裁管辖的声明。

第五十一条 上市公司董事、监事、高级管理人员、员工或者其所控制或者委托的法人或者其他组织,拟对本公司进行收购或者通过本办法第五章规定的方式取得本公司控制权(以下简称管理层收购)的,该上市公司应当具备健全且运行良好的组织机构以及有效的内部控制制度,公司董事会成员中独立董事的比例应当达到或者超过1/2。公司应当聘请具有证券、期货从业资格的资产评估机构提供公司资产评估报告,本次收购应当经董事会非关联董事作出决议,且取得2/3以上的独立董事同意后,提交公司股东大会审议,经出席股东大会的非关联股东所持表决权过半数通过。独立董事发表意见前,应当聘请独立财务顾问就本次收购出具专业意见,独立董事及独立财务顾问的意见应当一并予以公告。

上市公司董事、监事、高级管理人员存在《公司法》第一百四十八条规定情形,或者最近3年有证券市场不良诚信记录的,不得收购本公司。

第五十二条 以协议方式进行上市公司收购的,自签订收购协议起至相关股份完成过户的期间为上市公司收购过渡期(以下简称过渡期)。在过渡期内,收购人不得通过控股股东提议改选上市公司董事会,确有充分理由改选董事会的,来自收购人的董事不得超过董事会成员的1/3;被收购公司不得为收购人及其关联方提供担保;被收购公司不得公开发行股份募集资金,不得进行重大购买、出售资产及重大投资行为或者与收购人及其关联方进行其他关联交易,但收购人为挽救陷入危机或者面临严重财务困难的上市公司的情形除外。

第五十三条 上市公司控股股东向收购人协议转让其所持有的上市公司股份的,应当对收购人的主体资格、诚信情况及收购意图进行调查,并在其权益变动报告书中披露有关调查情况。

控股股东及其关联方未清偿其对公司的负债,未解除公司为其负债提供的担保,或者存在损害公司利益的其他情形的,被收购公司董事会应当对前述情形及时予以披露,并采取有效措施维护公司利益。

第五十四条 协议收购的相关当事人应当向证券登记结算机构申请办理拟转让股份的临时保管手续，并可以将用于支付的现金存放于证券登记结算机构指定的银行。

第五十五条 收购报告书公告后，相关当事人应当按照证券交易所和证券登记结算机构的业务规则，在证券交易所就本次股份转让予以确认后，凭全部转让款项存放于双方认可的银行账户的证明，向证券登记结算机构申请解除拟协议转让股票的临时保管，并办理过户登记手续。

收购人未按规定履行报告、公告义务，或者未按规定提出申请的，证券交易所和证券登记结算机构不予办理股份转让和过户登记手续。

收购人在收购报告书公告后30日内仍未完成相关股份过户手续的，应当立即作出公告，说明理由；在未完成相关股份过户期间，应当每隔30日公告相关股份过户办理进展情况。

第五章 间接收购

第五十六条 收购人虽不是上市公司的股东，但通过投资关系、协议、其他安排导致其拥有权益的股份达到或者超过一个上市公司已发行股份的5%未超过30%的，应当按照本办法第二章的规定办理。

收购人拥有权益的股份超过该公司已发行股份的30%的，应当向该公司所有股东发出全面要约；收购人预计无法在事实发生之日起30日内发出全面要约的，应当在前述30日内促使其控制的股东将所持有的上市公司股份减持至30%或者30%以下，并自减持之日起2个工作日内予以公告；其后收购人或者其控制的股东拟继续增持的，应当采取要约方式；拟依据本办法第六章的规定申请豁免的，应当按照本办法第四十八条的规定办理。

第五十七条 投资者虽不是上市公司的股东，但通过投资关系取得对上市公司股东的控制权，而受其支配的上市公司股东所持股份达到前条规定比例、且对该股东的资产和利润构成重大影响的，应当按照前条规定履行报告、公告义务。

第五十八条 上市公司实际控制人及受其支配的股东，负有配合上市公司真实、准确、完整披露有关实际控制人发生变化的信息的义务；实际控制人及受其支配的股东拒不履行上述配合义务，导致上市公司无法履行法定信息披露义务而承担民事、行政责任的，上市公司有权对其提起诉讼。实际控制人、控股股东指使上市公司及其有关人员不依法履行信息披露义务的，中国证监会依法进行查处。

第五十九条 上市公司实际控制人及受其支配的股东未履行报告、公告义务的，上市公司应当自知悉之日起立即作出报告和公告。上市公司就实际控制人发生变化的情况予以公告后，实际控制人仍未披露的，上市公司董事会应当向实际控制人和受其支配的股东查询，必要时可以聘请财务顾问进行查询，并将查询情况向中国证监会、上市公司所在地的中国证监会派出机构（以下简称派出机构）和证券交易所报告；中国证监会依法对拒不履行报告、公告义务的实际控制人进行查处。

上市公司知悉实际控制人发生较大变化而未能将有关实际控制人的变化情况及时予以报告和公告的，中国证监会责令改正，情节严重的，认定上市公司负有责任的董事为不适当人选。

第六十条 上市公司实际控制人及受其支配的股东未履行报告、公告义务，拒不履行第五十八条规定的配合义务，或者实际控制人存在不得收购上市公司情形的，上市公司董事会应当拒绝接受受实际控制人支配的股东向董事会提交的提案或者临时议案，并向中国证监会、派出机构和证券交易所报告。中国证监会责令实际控制人改正，可以认定实际控制人通过受其支配的股东所提名的董事为不适当人选；改正前，受实际控制人支配的股东不得行使其持有股份的表决权。上市公司董事会未拒绝接受实际控制人及受其支配的股东所提出的提案的，中国证监会可以认定负有责任的董事为不适当人选。

第六章 豁免申请

第六十一条 符合本办法第六十二条、第六十三条规定情形的，投资者及其一致行动人可以向中国证监会申请下列豁免事项：

（一）免于以要约收购方式增持股份；

（二）存在主体资格、股份种类限制或者法律、行政法规、中国证监会规定的特殊情形的，可以申请免于向被收购公司的所有股东发出收购要约。

未取得豁免的，投资者及其一致行动人应当在收到中国证监会通知之日起30日内将其或者其控制的股东所持有的被收购公司股份减持到30%或者30%以下；拟以要约以外的方式继续增持股份的，应当发出全面要约。

第六十二条 有下列情形之一的，收购人可以向中国证监会提出免于以要约方式增持股份的申请：

（一）收购人与出让人能够证明本次股份转让是在同一实际控制人控制的不同主体之间进行，未导致上市公司的实际控制人发生变化；

（二）上市公司面临严重财务困难，收购人提出的挽救公司的重组方案取得该公司股东大会批准，且收购人承诺3年内不转让其在该公司中所拥有的权益；

（三）中国证监会为适应证券市场发展变化和保护投资者合法权益的需要而认定的其他情形。

收购人报送的豁免申请文件符合规定，并且已经按照本办法的规定履行报告、公告义务的，中国证监会予以受理；不符合规定或者未履行报告、公告义务的，中国证监会不予受理。中国证监会在受理豁免申请后20个工作日内，就收购人所申请的具体事项做出是否予以豁免的决定；取得豁免的，收购人可以完成本次增持行为。

第六十三条 有下列情形之一的，投资者可以向中国证监会提出免于发出要约的申请，中国证监会自收到符合规定的申请文件之日起10个工作日内未提出异议的，相关投资者可以向证券交易所和证券登记结算机构申请办理股份转让和过户登记手续；中国证监会不同意其申请的，相关投资者应当按照本办法第六十一条的规定办理：

（一）经政府或者国有资产管理部门批准进行国有资产无偿划转、变更、合并，导致投资者在一个上市公司中拥有权益的股份占该公司已发行股份的比例超过30%；

（二）因上市公司按照股东大会批准的确定价格向特定股东回购股份而减少股本，导致投资者在该公司中拥有权益的股份超过该公司已发行股份的30%；

（三）中国证监会为适应证券市场发展变化和保护投资者合法权益的需要而认定的其他情形。

有下列情形之一的，相关投资者可以免于按照前款规定提交豁免申请，直接向证券交易所和证券登记结算机构申请办理股份转让和过户登记手续：

（一）经上市公司股东大会非关联股东批准，投资者取得上市公司向其发行的新股，导致其在该公司拥有权益的股份超过该公司已发行股份的30%，投资者承诺3年内不转让本次向其发行的新股，且公司股东大会同意投资者免于发出要约；

（二）在一个上市公司中拥有权益的股份达到或者超过该公司已发行股份的30%的，自上述事实发生之日起一年后，每12个月内增持不超过该公司已发行的2%的股份；

（三）在一个上市公司中拥有权益的股份达到或者超过该公司已发行股份的50%的，继续增加其在该公司拥有的权益不影响该公司的上市地位；

（四）证券公司、银行等金融机构在其经营范围内依法从事承销、贷款等业务导致其持有一个上市公司已发行股份超过30%，没有实际控制该公司的行为或者意图，并且提出在合理期限内向非关联方转让相关股份的解决方案；

（五）因继承导致在一个上市公司中拥有权益的股份超过该公司已发行股份的30%；

（六）因履行约定购回式证券交易协议购回上市公司股份导致投资者在一个上市公司中拥有权益的股份超过该公司已发行股份的30%，并且能够证明标的股份的表决权在协议期间未发生转移；

（七）因所持优先股表决权依法恢复导致投资者在一个上市公司中拥有权益的股份超过该公司已发行股份的30%。

相关投资者应在前款规定的权益变动行为完成后3日内就股份增持情况做出公告，律师应就相关投资者权益变动行为发表符合规定的专项核查意见并由上市公司予以披露。相关投资者按照前款第（二）项、第（三）项规定采用集中竞价方式增持股份，每累计增持股份比例达到该公司已发行股份的1%的，应当在事实发生之日通知上市公司，由上市公司在次一交易日发布相关股东增持公司股份的进展公告。相关投资者按照前款第（三）项规定采用集中竞价方式增持股份的，每累计增持股份比例达到上市公司已发行股份的2%的，在事实发生当日和上市公司发布相关股东增持公司股份进展公告的当日不得再行增持股份。前款第（二）项规定的增持不超过2%的股份锁定期为增持行为完成之日起6个月。

第六十四条 收购人提出豁免申请的，应当聘请律师事务所等专业机构出具专业意见。

第七章 财务顾问

第六十五条 收购人聘请的财务顾问应当履行以下职责：

（一）对收购人的相关情况进行尽职调查；

（二）应收购人的要求向收购人提供专业化服务，全面评估被收购公司的财务和经营状况，帮助收购人分析收购所涉及的法律、财务、经营风险，就收购方案所涉及的收购价格、收购方式、支付安排等事项提出对策建议，并指导收购人按照规定的内容与格式制作申报文件；

（三）对收购人进行证券市场规范化运作的辅导，使收购人的董事、监事和高级管理人员熟悉有关法律、行政法规和中国证监会的规定，充分了解其应当承担的义务和责任，督促其依法履行报告、公告和其他法定义务；

（四）对收购人是否符合本办法的规定及申报文件内容的真实性、准确性、完整性进行充分核查和验证，对收购事项客观、公正地发表专业意见；

（五）接受收购人委托，向中国证监会报送申报材料，根据中国证监会的审核意见，组织、协调收购人及其他专业机构予以答复；

（六）与收购人签订协议，在收购完成后 12 个月内，持续督导收购人遵守法律、行政法规、中国证监会的规定、证券交易所规则、上市公司章程，依法行使股东权利，切实履行承诺或者相关约定。

第六十六条 收购人聘请的财务顾问就本次收购出具的财务顾问报告，应当对以下事项进行说明和分析，并逐项发表明确意见：

（一）收购人编制的上市公司收购报告书或者要约收购报告书所披露的内容是否真实、准确、完整；

（二）本次收购的目的；

（三）收购人是否提供所有必备证明文件，根据对收购人及其控股股东、实际控制人的实力、从事的主要业务、持续经营状况、财务状况和诚信情况的核查，说明收购人是否具备主体资格，是否具备收购的经济实力，是否具备规范运作上市公司的管理能力，是否需要承担其他附加义务及是否具备履行相关义务的能力，是否存在不良诚信记录；

（四）对收购人进行证券市场规范化运作辅导的情况，其董事、监事和高级管理人员是否已经熟悉有关法律、行政法规和中国证监会的规定，充分了解应承担的义务和责任，督促其依法履行报告、公告和其他法定义务的情况；

（五）收购人的股权控制结构及其控股股东、实际控制人支配收购人的方式；

（六）收购人的收购资金来源及其合法性，是否存在利用本次收购的股份向银行等金融机构质押取得融资的情形；

（七）涉及收购人以证券支付收购价款的，应当说明有关该证券发行人的信息披露是否真实、准确、完整以及该证券交易的便捷性等情况；

（八）收购人是否已经履行了必要的授权和批准程序；

（九）是否已对收购过渡期间保持上市公司稳定经营作出安排，该安排是否符合有关规定；

（十）对收购人提出的后续计划进行分析，收购人所从事的业务与上市公司从事的业务存在同业竞争、关联交易的，对收购人解决与上市公司同业竞争等利益冲突及保持上市公司经营独立性的方案进行分析，说明本次收购对上市公司经营独立性和持续发展可能产生的影响；

（十一）在收购标的上是否设定其他权利，是否在收购价款之外还作出其他补偿安排；

（十二）收购人及其关联方与被收购公司之间是否存在业务往来，收购人与被收购公司的董事、监事、高级管理人员是否就其未来任职安排达成某种协议或者默契；

（十三）上市公司原控股股东、实际控制人及其关联方是否存在未清偿对公司的负债、未解除公司为其负债提供的担保或者损害公司利益的其他情形；存在该等情形的，是否已提出切实可行的解决方案；

（十四）涉及收购人拟提出豁免申请的，应当说明本次收购是否属于可以得到豁免的情形，收购人是否作出承诺及是否具备履行相关承诺的实力。

第六十七条 上市公司董事会或者独立董事聘请的独立财务顾问，不得同时担任收购人的财务顾问或者与收购人的财务顾问存在关联关系。独立财务顾问应当根据委托进行尽职调查，对本次收购的公正性和合法性发表专业意见。独立财务顾问报告应当对以下问题进行说明和分析，发表明确意见：

（一）收购人是否具备主体资格；

（二）收购人的实力及本次收购对被收购公司经营独立性和持续发展可能产生的影响分析；

（三）收购人是否存在利用被收购公司的资产或者由被收购公司为本次收购提供财务资助的情形；

（四）涉及要约收购的，分析被收购公司的财务状况，说明收购价格是否充分反映被收购公司价值，收购要约是否公平、合理，对被收购公司社会公众股股东接受要约提出的建议；

（五）涉及收购人以证券支付收购价款的，还应当根据该证券发行人的资产、业务和盈利预测，对相关证券进行估值分析，就收购条件对被收购公司的社会公众股股东是否公平合理、是否接受收购人提出的收购条件提出专业意见；

（六）涉及管理层收购的，应当对上市公司进行估值分析，就本次收购的定价依据、支付方式、收购资金来源、融资安排、还款计划及其可行性、上市公司内部控制制度的执行情况及其有效性、上述人员及其直系亲属在最近24个月内与上市公司业务往来情况以及收购报告书披露的其他内容等进行全面核查，发表明确意见。

第六十八条 财务顾问应当在财务顾问报告中作出以下承诺：

（一）已按照规定履行尽职调查义务，有充分理由确信所发表的专业意见与收购人公告文件的内容不存在实质性差异；

（二）已对收购人公告文件进行核查，确信公告文件的内容与格式符合规定；

（三）有充分理由确信本次收购符合法律、行政法规和中国证监会的规定，有充分理由确信收购人披露的信息真实、准确、完整，不存在虚假记载、误导性陈述和重大遗漏；

（四）就本次收购所出具的专业意见已提交其内核机构审查，并获得通过；

（五）在担任财务顾问期间，已采取严格的保密措施，严格执行内部防火墙制度；

（六）与收购人已订立持续督导协议。

第六十九条 财务顾问在收购过程中和持续督导期间，应当关注被收购公司是否存在为收购人及其关联方提供担保或者借款等损害上市公司利益的情形，发现有违法或者不当行为的，应当及时向中国证监会、派出机构和证券交易所报告。

第七十条　财务顾问为履行职责，可以聘请其他专业机构协助其对收购人进行核查，但应当对收购人提供的资料和披露的信息进行独立判断。

第七十一条　自收购人公告上市公司收购报告书至收购完成后12个月内，财务顾问应当通过日常沟通、定期回访等方式，关注上市公司的经营情况，结合被收购公司定期报告和临时公告的披露事宜，对收购人及被收购公司履行持续督导职责：

（一）督促收购人及时办理股权过户手续，并依法履行报告和公告义务；

（二）督促和检查收购人及被收购公司依法规范运作；

（三）督促和检查收购人履行公开承诺的情况；

（四）结合被收购公司定期报告，核查收购人落实后续计划的情况，是否达到预期目标，实施效果是否与此前的披露内容存在较大差异，是否实现相关盈利预测或者管理层预计达到的目标；

（五）涉及管理层收购的，核查被收购公司定期报告中披露的相关还款计划的落实情况与事实是否一致；

（六）督促和检查履行收购中约定的其他义务的情况。

在持续督导期间，财务顾问应当结合上市公司披露的季度报告、半年度报告和年度报告出具持续督导意见，并在前述定期报告披露后的15日内向派出机构报告。

在此期间，财务顾问发现收购人在上市公司收购报告书中披露的信息与事实不符的，应当督促收购人如实披露相关信息，并及时向中国证监会、派出机构、证券交易所报告。财务顾问解除委托合同的，应当及时向中国证监会、派出机构作出书面报告，说明无法继续履行持续督导职责的理由，并予公告。

第八章　持续监管

第七十二条　在上市公司收购行为完成后12个月内，收购人聘请的财务顾问应当在每季度前3日内就上一季度对上市公司影响较大的投资、购买或者出售资产、关联交易、主营业务调整以及董事、监事、高级管理人员的更换、职工安置、收购人履行承诺等情况向派出机构报告。

收购人注册地与上市公司注册地不同的，还应当将前述情况的报告同时抄报收购人所在地的派出机构。

第七十三条　派出机构根据审慎监管原则，通过与承办上市公司审计业务的会计师事务所谈话、检查财务顾问持续督导责任的落实、定期或者不定期的现场检查等方式，在收购完成后对收购人和上市公司进行监督检查。

派出机构发现实际情况与收购人披露的内容存在重大差异的，对收购人及上市公司予以重点关注，可以责令收购人延长财务顾问的持续督导期，并依法进行查处。

在持续督导期间，财务顾问与收购人解除合同的，收购人应当另行聘请其他财务顾问机构履行持续督导职责。

第七十四条 在上市公司收购中，收购人持有的被收购公司的股份，在收购完成后 12 个月内不得转让。

收购人在被收购公司中拥有权益的股份在同一实际控制人控制的不同主体之间进行转让不受前述 12 个月的限制，但应当遵守本办法第六章的规定。

第九章 监管措施与法律责任

第七十五条 上市公司的收购及相关股份权益变动活动中的信息披露义务人，未按照本办法的规定履行报告、公告以及其他相关义务的，中国证监会责令改正，采取监管谈话、出具警示函、责令暂停或者停止收购等监管措施。在改正前，相关信息披露义务人不得对其持有或者实际支配的股份行使表决权。

第七十六条 上市公司的收购及相关股份权益变动活动中的信息披露义务人在报告、公告等文件中有虚假记载、误导性陈述或者重大遗漏的，中国证监会责令改正，采取监管谈话、出具警示函、责令暂停或者停止收购等监管措施。在改正前，收购人对其持有或者实际支配的股份不得行使表决权。

第七十七条 投资者及其一致行动人取得上市公司控制权而未按照本办法的规定聘请财务顾问，规避法定程序和义务，变相进行上市公司的收购，或者外国投资者规避管辖的，中国证监会责令改正，采取出具警示函、责令暂停或者停止收购等监管措施。在改正前，收购人不得对其持有或者实际支配的股份行使表决权。

第七十八条 收购人未依照本办法的规定履行相关义务或者相应程序擅自实施要约收购的，中国证监会责令改正，采取监管谈话、出具警示函、责令暂停或者停止收购等监管措施；在改正前，收购人不得对其持有或者支配的股份行使表决权。

发出收购要约的收购人在收购要约期限届满，不按照约定支付收购价款或者购买预受股份的，自该事实发生之日起 3 年内不得收购上市公司，中国证监会不受理收购人及其关联方提交的申报文件。

存在前二款规定情形，收购人涉嫌虚假披露、操纵证券市场的，中国证监会对收购人进行立案稽查，依法追究其法律责任；收购人聘请的财务顾问没有充分证据表明其勤勉尽责的，自收购人违规事实发生之日起 1 年内，中国证监会不受理该财务顾问提交的上市公司并购重组申报文件，情节严重的，依法追究法律责任。

第七十九条 上市公司控股股东和实际控制人在转让其对公司的控制权时，未清偿其对公司的负债，未解除公司为其提供的担保，或者未对其损害公司利益的其他情形作出纠正的，中国证监会责令改正、责令暂停或者停止收购活动。

被收购公司董事会未能依法采取有效措施促使公司控股股东、实际控制人予以纠正，或者在收购完成后未能促使收购人履行承诺、安排或者保证的，中国证监会可以认定相关董事为不适当人选。

第八十条 上市公司董事未履行忠实义务和勤勉义务，利用收购谋取不当利益的，中国证监会采取监管谈话、出具警示函等监管措施，可以认定为不适当人选。

上市公司章程中涉及公司控制权的条款违反法律、行政法规和本办法规定的，中国证监会责令改正。

第八十一条 为上市公司收购出具资产评估报告、审计报告、法律意见书和财务顾问报告的证券服务机构或者证券公司及其专业人员，未依法履行职责的，中国证监会责令改正，采取监管谈话、出具警示函等监管措施。

前款规定的证券服务机构及其从业人员被责令改正的，在改正前，不得接受新的上市公司并购重组业务。

第八十二条 中国证监会将上市公司的收购及相关股份权益变动活动中的当事人的违法行为和整改情况记入诚信档案。

违反本办法的规定构成证券违法行为的，依法追究法律责任。

第十章 附 则

第八十三条 本办法所称一致行动，是指投资者通过协议、其他安排，与其他投资者共同扩大其所能够支配的一个上市公司股份表决权数量的行为或者事实。

在上市公司的收购及相关股份权益变动活动中有一致行动情形的投资者，互为一致行动人。如无相反证据，投资者有下列情形之一的，为一致行动人：

（一）投资者之间有股权控制关系；

（二）投资者受同一主体控制；

（三）投资者的董事、监事或者高级管理人员中的主要成员，同时在另一个投资者担任董事、监事或者高级管理人员；

（四）投资者参股另一投资者，可以对参股公司的重大决策产生重大影响；

（五）银行以外的其他法人、其他组织和自然人为投资者取得相关股份提供融资安排；

（六）投资者之间存在合伙、合作、联营等其他经济利益关系；

（七）持有投资者 30% 以上股份的自然人，与投资者持有同一上市公司股份；

（八）在投资者任职的董事、监事及高级管理人员，与投资者持有同一上市公司股份；

（九）持有投资者 30% 以上股份的自然人和在投资者任职的董事、监事及高级管理人员，其父母、配偶、子女及其配偶、配偶的父母、兄弟姐妹及其配偶、配偶的兄弟姐妹及其配偶等亲属，与投资者持有同一上市公司股份；

（十）在上市公司任职的董事、监事、高级管理人员及其前项所述亲属同时持有本公司股份的，或者与其自己或者其前项所述亲属直接或者间接控制的企业同时持有本公司股份；

（十一）上市公司董事、监事、高级管理人员和员工与其所控制或者委托的法人或者其他组织持有本公司股份；

（十二）投资者之间具有其他关联关系。

一致行动人应当合并计算其所持有的股份。投资者计算其所持有的股份，应当包括登记在其名下的股份，也包括登记在其一致行动人名下的股份。

投资者认为其与他人不应被视为一致行动人的，可以向中国证监会提供相反证据。

第八十四条 有下列情形之一的，为拥有上市公司控制权：

（一）投资者为上市公司持股50%以上的控股股东；

（二）投资者可以实际支配上市公司股份表决权超过30%；

（三）投资者通过实际支配上市公司股份表决权能够决定公司董事会半数以上成员选任；

（四）投资者依其可实际支配的上市公司股份表决权足以对公司股东大会的决议产生重大影响；

（五）中国证监会认定的其他情形。

第八十五条 信息披露义务人涉及计算其拥有权益比例的，应当将其所持有的上市公司已发行的可转换为公司股票的证券中有权转换部分与其所持有的同一上市公司的股份合并计算，并将其持股比例与合并计算非股权类证券转为股份后的比例相比，以二者中的较高者为准；行权期限届满未行权的，或者行权条件不再具备的，无需合并计算。

前款所述二者中的较高者，应当按下列公式计算：

（一）投资者持有的股份数量/上市公司已发行股份总数

（二）（投资者持有的股份数量＋投资者持有的可转换为公司股票的非股权类证券所对应的股份数量）/（上市公司已发行股份总数＋上市公司发行的可转换为公司股票的非股权类证券所对应的股份总数）

前款所称“投资者持有的股份数量”包括投资者拥有的普通股数量和优先股恢复的表决权数量，“上市公司已发行股份总数”包括上市公司已发行的普通股总数和优先股恢复的表决权总数。

第八十六条 投资者因行政划转、执行法院裁决、继承、赠与等方式取得上市公司控制权的，应当按照本办法第四章的规定履行报告、公告义务。

第八十七条 权益变动报告书、收购报告书、要约收购报告书、被收购公司董事会报告书、要约收购豁免申请文件等文件的内容与格式，由中国证监会另行制定。

第八十八条 被收购公司在境内、境外同时上市的，收购人除应当遵守本办法及中国证监会的相关规定外，还应当遵守境外上市地的相关规定。

第八十九条 外国投资者收购上市公司及在上市公司中拥有的权益发生变动的，除应当遵守本办法的规定外，还应当遵守外国投资者投资上市公司的相关规定。

第九十条 本办法自2006年9月1日起施行。中国证监会发布的《上市公司收购管理办法》（证监会令第10号）、《上市公司股东持股变动信息披露管理办法》（证监会令第11号）、《关于要约收购涉及的被收购公司股票上市交易条件有关问题的通知》（证监公司字〔2003〕16号）和《关于规范上市公司实际控制权转移行为有关问题的通知》（证监公司字〔2004〕1号）同时废止。

上市公司信息披露管理办法

（2007年1月30日中国证券监督管理委员会令第40号）

第一章 总 则

第一条 为了规范发行人、上市公司及其他信息披露义务人的信息披露行为，加强信息披露事务管理，保护投资者合法权益，根据《公司法》、《证券法》等法律、行政法规，制定本办法。

第二条 信息披露义务人应当真实、准确、完整、及时地披露信息，不得有虚假记载、误导性陈述或者重大遗漏。

信息披露义务人应当同时向所有投资者公开披露信息。

在境内、外市场发行证券及其衍生品种并上市的公司在境外市场披露的信息，应当同时在境内市场披露。

第三条 发行人、上市公司的董事、监事、高级管理人员应当忠实、勤勉地履行职责，保证披露信息的真实、准确、完整、及时、公平。

第四条 在内幕信息依法披露前，任何知情人不得公开或者泄露该信息，不得利用该信息进行内幕交易。

第五条 信息披露文件主要包括招股说明书、募集说明书、上市公告书、定期报告和临时报告等。

第六条 上市公司及其他信息披露义务人依法披露信息，应当将公告文稿和相关备查文件报送证券交易所登记，并在中国证券监督管理委员会（以下简称中国证监会）指定的媒体发布。

信息披露义务人在公司网站及其他媒体发布信息的时间不得先于指定媒体，不得以新闻发布或者答记者问等任何形式代替应当履行的报告、公告义务，不得以定期报告形式代替应当履行的临时报告义务。

第七条 信息披露义务人应当将信息披露公告文稿和相关备查文件报送上市公司注册地证监局，并置备于公司住所供社会公众查阅。

第八条 信息披露文件应当采用中文文本。同时采用外文文本的，信息披露义务人应当保证两种文本的内容一致。两种文本发生歧义时，以中文文本为准。

第九条 中国证监会依法对信息披露文件及公告的情况、信息披露事务管理活动进行监督，对上市公司控股股东、实际控制人和信息披露义务人的行为进行监督。

证券交易所应当对上市公司及其他信息披露义务人披露信息进行监督，督促其依法及时、准确地披露信息，对证券及其衍生品种交易实行实时监控。证券交易所制订的上市规则和其他信息披露规则应当报中国证监会批准。

第十条 中国证监会可以对金融、房地产等特殊行业上市公司的信息披露作出特别规定。

第二章 招股说明书、募集说明书与上市公告书

第十一条 发行人编制招股说明书应当符合中国证监会的相关规定。凡是对投资者作出投资决策有重大影响的信息，均应当在招股说明书中披露。

公开发行证券的申请经中国证监会核准后，发行人应当在证券发行前公告招股说明书。

第十二条 发行人的董事、监事、高级管理人员，应当对招股说明书签署书面确认意见，保证所披露的信息真实、准确、完整。

招股说明书应当加盖发行人公章。

第十三条 发行人申请首次公开发行股票的，中国证监会受理申请文件后，发行审核委员会审核前，发行人应当将招股说明书申报稿在中国证监会网站预先披露。

预先披露的招股说明书申报稿不是发行人发行股票的正式文件，不能含有价格信息，发行人不得据此发行股票。

第十四条 证券发行申请经中国证监会核准后至发行结束前，发生重要事项的，发行人应当向中国证监会书面说明，并经中国证监会同意后，修改招股说明书或者作相应的补充公告。

第十五条 申请证券上市交易，应当按照证券交易所的规定编制上市公告书，并经证券交易所审核同意后公告。

发行人的董事、监事、高级管理人员，应当对上市公告书签署书面确认意见，保证所披露的信息真实、准确、完整。

上市公告书应当加盖发行人公章。

第十六条 招股说明书、上市公告书引用保荐人、证券服务机构的专业意见或者报告的，相关内容应当与保荐人、证券服务机构出具的文件内容一致，确保引用保荐人、证券服务机构的意见不会产生误导。

第十七条 本办法第十一条至第十六条有关招股说明书的规定，适用于公司债券募集说明书。

第十八条 上市公司在非公开发行新股后，应当依法披露发行情况报告书。

第三章 定期报告

第十九条 上市公司应当披露的定期报告包括年度报告、中期报告和季度报告。凡是对投资者作出投资决策有重大影响的信息，均应当披露。

年度报告中的财务会计报告应当经具有证券、期货相关业务资格的会计师事务所审计。

第二十条 年度报告应当在每个会计年度结束之日起4个月内，中期报告应当在每个会计年度的上半年结束之日起2个月内，季度报告应当在每个会计年度第3个月、第9个月结束后的1个月内编制完成并披露。

第一季度季度报告的披露时间不得早于上一年度年度报告的披露时间。

第二十一条 年度报告应当记载以下内容：

（一）公司基本情况；

（二）主要会计数据和财务指标；

（三）公司股票、债券发行及变动情况，报告期末股票、债券总额、股东总数，公司前10大股东持股情况；

（四）持股5%以上股东、控股股东及实际控制人情况；

（五）董事、监事、高级管理人员的任职情况、持股变动情况、年度报酬情况；

（六）董事会报告；

（七）管理层讨论与分析；

（八）报告期内重大事件及对公司的影响；

（九）财务会计报告和审计报告全文；

（十）中国证监会规定的其他事项。

第二十二条　中期报告应当记载以下内容：

（一）公司基本情况；

（二）主要会计数据和财务指标；

（三）公司股票、债券发行及变动情况、股东总数、公司前10大股东持股情况，控股股东及实际控制人发生变化的情况；

（四）管理层讨论与分析；

（五）报告期内重大诉讼、仲裁等重大事件及对公司的影响；

（六）财务会计报告；

（七）中国证监会规定的其他事项。

第二十三条　季度报告应当记载以下内容：

（一）公司基本情况；

（二）主要会计数据和财务指标；

（三）中国证监会规定的其他事项。

第二十四条　公司董事、高级管理人员应当对定期报告签署书面确认意见，监事会应当提出书面审核意见，说明董事会的编制和审核程序是否符合法律、行政法规和中国证监会的规定，报告的内容是否能够真实、准确、完整地反映上市公司的实际情况。

董事、监事、高级管理人员对定期报告内容的真实性、准确性、完整性无法保证或者存在异议的，应当陈述理由和发表意见，并予以披露。

第二十五条　上市公司预计经营业绩发生亏损或者发生大幅变动的，应当及时进行业绩预告。

第二十六条　定期报告披露前出现业绩泄露，或者出现业绩传闻且公司证券及其衍生品种交易出现异常波动的，上市公司应当及时披露本报告期相关财务数据。

第二十七条　定期报告中财务会计报告被出具非标准审计报告的，上市公司董事会应当针对该审计意见涉及事项作出专项说明。

定期报告中财务会计报告被出具非标准审计意见，证券交易所认为涉嫌违法的，应当提请中国证监会立案调查。

第二十八条　上市公司未在规定期限内披露年度报告和中期报告的，中国证监会应当立即立案稽查，证券交易所应当按照股票上市规则予以处理。

第二十九条 年度报告、中期报告和季度报告的格式及编制规则，由中国证监会另行制定。

第四章 临时报告

第三十条 发生可能对上市公司证券及其衍生品种交易价格产生较大影响的重大事件，投资者尚未得知时，上市公司应当立即披露，说明事件的起因、目前的状态和可能产生的影响。

前款所称重大事件包括：

（一）公司的经营方针和经营范围的重大变化；

（二）公司的重大投资行为和重大的购置财产的决定；

（三）公司订立重要合同，可能对公司的资产、负债、权益和经营成果产生重要影响；

（四）公司发生重大债务和未能清偿到期重大债务的违约情况，或者发生大额赔偿责任；

（五）公司发生重大亏损或者重大损失；

（六）公司生产经营的外部条件发生的重大变化；

（七）公司的董事、1/3 以上监事或者经理发生变动；董事长或者经理无法履行职责；

（八）持有公司 5% 以上股份的股东或者实际控制人，其持有股份或者控制公司的情况发生较大变化；

（九）公司减资、合并、分立、解散及申请破产的决定；或者依法进入破产程序、被责令关闭；

（十）涉及公司的重大诉讼、仲裁，股东大会、董事会决议被依法撤销或者宣告无效；

（十一）公司涉嫌违法违规被有权机关调查，或者受到刑事处罚、重大行政处罚；公司董事、监事、高级管理人员涉嫌违法违纪被有权机关调查或者采取强制措施；

（十二）新公布的法律、法规、规章、行业政策可能对公司产生重大影响；

（十三）董事会就发行新股或者其他再融资方案、股权激励方案形成相关决议；

（十四）法院裁决禁止控股股东转让其所持股份；任一股东所持公司 5% 以上股份被质押、冻结、司法拍卖、托管、设定信托或者被依法限制表决权；

（十五）主要资产被查封、扣押、冻结或者被抵押、质押；

（十六）主要或者全部业务陷入停顿；

（十七）对外提供重大担保；

（十八）获得大额政府补贴等可能对公司资产、负债、权益或者经营成果产生重大影响的额外收益；

（十九）变更会计政策、会计估计；

（二十）因前期已披露的信息存在差错、未按规定披露或者虚假记载，被有关机关责令改正或者经董事会决定进行更正；

（二十一）中国证监会规定的其他情形。

第三十一条 上市公司应当在最先发生的以下任一时点，及时履行重大事件的信息披露义务：

（一）董事会或者监事会就该重大事件形成决议时；

（二）有关各方就该重大事件签署意向书或者协议时；

（三）董事、监事或者高级管理人员知悉该重大事件发生并报告时。

在前款规定的时点之前出现下列情形之一的，上市公司应当及时披露相关事项的现状、可能影响事件进展的风险因素：

（一）该重大事件难以保密；

（二）该重大事件已经泄露或者市场出现传闻；

（三）公司证券及其衍生品种出现异常交易情况。

第三十二条 上市公司披露重大事件后，已披露的重大事件出现可能对上市公司证券及其衍生品种交易价格产生较大影响的进展或者变化的，应当及时披露进展或者变化情况、可能产生的影响。

第三十三条 上市公司控股子公司发生本办法第三十条规定的重大事件，可能对上市公司证券及其衍生品种交易价格产生较大影响的，上市公司应当履行信息披露义务。

上市公司参股公司发生可能对上市公司证券及其衍生品种交易价格产生较大影响的事件的，上市公司应当履行信息披露义务。

第三十四条 涉及上市公司的收购、合并、分立、发行股份、回购股份等行为导致上市公司股本总额、股东、实际控制人等发生重大变化的，信息披露义务人应当依法履行报告、公告义务，披露权益变动情况。

第三十五条 上市公司应当关注本公司证券及其衍生品种的异常交易情况及媒体关于本公司的报道。

证券及其衍生品种发生异常交易或者在媒体中出现的消息可能对公司证券及其衍生品种的交易产生重大影响时，上市公司应当及时向相关各方了解真实情况，必要时应当以书面方式问询。

上市公司控股股东、实际控制人及其一致行动人应当及时、准确地告知上市公司是否存在拟发生的股权转让、资产重组或者其他重大事件，并配合上市公司做好信息披露工作。

第三十六条 公司证券及其衍生品种交易被中国证监会或者证券交易所认定为异常交易的，上市公司应当及时了解造成证券及其衍生品种交易异常波动的影响因素，并及时披露。

第五章 信息披露事务管理

第三十七条 上市公司应当制定信息披露事务管理制度。信息披露事务管理制度应当包括：

（一）明确上市公司应当披露的信息，确定披露标准；

（二）未公开信息的传递、审核、披露流程；

（三）信息披露事务管理部门及其负责人在信息披露中的职责；

（四）董事和董事会、监事和监事会、高级管理人员等的报告、审议和披露的职责；

（五）董事、监事、高级管理人员履行职责的记录和保管制度；

（六）未公开信息的保密措施，内幕信息知情人的范围和保密责任；

（七）财务管理和会计核算的内部控制及监督机制；

（八）对外发布信息的申请、审核、发布流程；与投资者、证券服务机构、媒体等的信息沟通与制度；

（九）信息披露相关文件、资料的档案管理；

（十）涉及子公司的信息披露事务管理和报告制度；

（十一）未按规定披露信息的责任追究机制，对违反规定人员的处理措施。

上市公司信息披露事务管理制度应当经公司董事会审议通过，报注册地证监局和证券交易所备案。

第三十八条 上市公司董事、监事、高级管理人员应当勤勉尽责，关注信息披露文件的编制情况，保证定期报告、临时报告在规定期限内披露，配合上市公司及其他信息披露义务人履行信息披露义务。

第三十九条 上市公司应当制定定期报告的编制、审议、披露程序。经理、财务负责人、董事会秘书等高级管理人员应当及时编制定期报告草案，提请董事会审议；董事会秘书负责送达董事审阅；董事长负责召集和主持董事会会议审议定期报告；监事会负责审核董事会编制的定期报告；董事会秘书负责组织定期报告的披露工作。

第四十条 上市公司应当制定重大事件的报告、传递、审核、披露程序。董事、监事、高级管理人员知悉重大事件发生时，应当按照公司规定立即履行报告义务；董事长在接到报告后，应当立即向董事会报告，并敦促董事会秘书组织临时报告的披露工作。

第四十一条 上市公司通过业绩说明会、分析师会议、路演、接受投资者调研等形式就公司的经营情况、财务状况及其他事件与任何机构和个人进行沟通的，不得提供内幕信息。

第四十二条 董事应当了解并持续关注公司生产经营情况、财务状况和公司已经发生的或者可能发生的重大事件及其影响，主动调查、获取决策所需要的资料。

第四十三条 监事应当对公司董事、高级管理人员履行信息披露职责的行为进行监督；关注公司信息披露情况，发现信息披露存在违法违规问题的，应当进行调查并提出处理建议。

监事会对定期报告出具的书面审核意见，应当说明编制和审核的程序是否符合法律、行政法规、中国证监会的规定，报告的内容是否能够真实、准确、完整地反映上市公司的实际情况。

第四十四条 高级管理人员应当及时向董事会报告有关公司经营或者财务方面出现的重大事件、已披露的事件的进展或者变化情况及其他相关信息。

第四十五条 董事会秘书负责组织和协调公司信息披露事务，汇集上市公司应予披露的信息并报告董事会，持续关注媒体对公司的报道并主动求证报道的真实情况。董事会秘书有权参加股东大会、董事会会议、监事会会议和高级管理人员相关会议，有权了解公司的财务和经营情况，查阅涉及信息披露事宜的所有文件。

董事会秘书负责办理上市公司信息对外公布等相关事宜。除监事会公告外，上市公司披露的信息应当以董事会公告的形式发布。董事、监事、高级管理人员非经董事会书面授权，不得对外发布上市公司未披露信息。

上市公司应当为董事会秘书履行职责提供便利条件，财务负责人应当配合董事会秘书在财务信息披露方面的相关工作。

第四十六条 上市公司的股东、实际控制人发生以下事件时，应当主动告知上市公司董事会，并配合上市公司履行信息披露义务。

（一）持有公司5%以上股份的股东或者实际控制人，其持有股份或者控制公司的情况发生较大变化；

（二）法院裁决禁止控股股东转让其所持股份，任一股东所持公司5%以上股份被质押、冻结、司法拍卖、托管、设定信托或者被依法限制表决权；

（三）拟对上市公司进行重大资产或者业务重组；

（四）中国证监会规定的其他情形。

应当披露的信息依法披露前，相关信息已在媒体上传播或者公司证券及其衍生品种出现交易异常情况的，股东或者实际控制人应当及时、准确地向上市公司作出书面报告，并配合上市公司及时、准确地公告。

上市公司的股东、实际控制人不得滥用其股东权利、支配地位，不得要求上市公司向其提供内幕信息。

第四十七条 上市公司非公开发行股票时，其控股股东、实际控制人和发行对象应当及时向上市公司提供相关信息，配合上市公司履行信息披露义务。

第四十八条 上市公司董事、监事、高级管理人员、持股5%以上的股东及其一致行动人、实际控制人应当及时向上市公司董事会报送上市公司关联人名单及关联关系的说明。上市公司应当履行关联交易的审议程序，并严格执行关联交易回避表决制度。交易各方不得通过隐瞒关联关系或者采取其他手段，规避上市公司的关联交易审议程序和信息披露义务。

第四十九条 通过接受委托或者信托等方式持有上市公司5%以上股份的股东或者实际控制人，应当及时将委托人情况告知上市公司，配合上市公司履行信息披露义务。

第五十条 信息披露义务人应当向其聘用的保荐人、证券服务机构提供与执业相关的所有资料，并确保资料的真实、准确、完整，不得拒绝、隐匿、谎报。

保荐人、证券服务机构在为信息披露出具专项文件时，发现上市公司及其他信息披露义务人提供的材料有虚假记载、误导性陈述、重大遗漏或者其他重大违法行为的，应当要求其补充、纠正。信息披露义务人不予补充、纠正的，保荐人、证券服务机构应当及时向公司注册地证监局和证券交易所报告。

第五十一条 上市公司解聘会计师事务所的，应当在董事会决议后及时通知会计师事务所，公司股东大会就解聘会计师事务所进行表决时，应当允许会计师事务所陈述意见。股东大会作出解聘、更换会计师事务所决议的，上市公司应当在披露时说明更换的具体原因和会计师事务所的陈述意见。

第五十二条 为信息披露义务人履行信息披露义务出具专项文件的保荐人、证券服务机构，应当勤勉尽责、诚实守信，按照依法制定的业务规则、行业执业规范和道德准则发表专业意见，保证所出具文件的真实性、准确性和完整性。

第五十三条 注册会计师应当秉承风险导向审计理念，严格执行注册会计师执业准则及相关规定，完善鉴证程序，科学选用鉴证方法和技术，充分了解被鉴证单位及其环境，审慎关注重大错报风险，获取充分、适当的证据，合理发表鉴证结论。

第五十四条 资产评估机构应当恪守职业道德，严格遵守评估准则或者其他评估规范，恰当选择评估方法，评估中提出的假设条件应当符合实际情况，对评估对象所涉及交易、收入、支出、投资等业务的合法性、未来预测的可靠性取得充分证据，充分考虑未来各种可能性发生的概率及其影响，形成合理的评估结论。

第五十五条 任何机构和个人不得非法获取、提供、传播上市公司的内幕信息，不得利用所获取的内幕信息买卖或者建议他人买卖公司证券及其衍生品种，不得在投资价值分析报告、研究报告等文件中使用内幕信息。

第五十六条 媒体应当客观、真实地报道涉及上市公司的情况，发挥舆论监督作用。

任何机构和个人不得提供、传播虚假或者误导投资者的上市公司信息。

违反前两款规定，给投资者造成损失的，依法承担赔偿责任。

第六章 监督管理与法律责任

第五十七条 中国证监会可以要求上市公司及其他信息披露义务人或者其董事、监事、高级管理人员对有关信息披露问题作出解释、说明或者提供相关资料，并要求上市公司提供保荐人或者证券服务机构的专业意见。

中国证监会对保荐人和证券服务机构出具的文件的真实性、准确性、完整性有疑义的，可以要求相关机构作出解释、补充，并调阅其工作底稿。

上市公司及其他信息披露义务人、保荐人和证券服务机构应当及时作出回复，并配合中国证监会的检查、调查。

第五十八条 上市公司董事、监事、高级管理人员应当对公司信息披露的真实性、准确性、完整性、及时性、公平性负责，但有充分证据表明其已经履行勤勉尽责义务的除外。

上市公司董事长、经理、董事会秘书，应当对公司临时报告信息披露的真实性、准确性、完整性、及时性、公平性承担主要责任。

上市公司董事长、经理、财务负责人应对公司财务报告的真实性、准确性、完整性、及时性、公平性承担主要责任。

第五十九条 信息披露义务人及其董事、监事、高级管理人员，上市公司的股东、实际控制人、收购人及其董事、监事、高级管理人员违反本办法的，中国证监会可以采取以下监管措施：

（一）责令改正；

（二）监管谈话；

(三)出具警示函;

(四)将其违法违规、不履行公开承诺等情况记入诚信档案并公布;

(五)认定为不适当人选;

(六)依法可以采取的其他监管措施。

第六十条 上市公司未按本办法规定制定上市公司信息披露事务管理制度的,中国证监会责令改正。拒不改正的,中国证监会给予警告、罚款。

第六十一条 信息披露义务人未在规定期限内履行信息披露义务,或者所披露的信息有虚假记载、误导性陈述或者重大遗漏的,中国证监会按照《证券法》第一百九十三条处罚。

第六十二条 信息披露义务人未在规定期限内报送有关报告,或者报送的报告有虚假记载、误导性陈述或者重大遗漏的,中国证监会按照《证券法》第一百九十三条处罚。

第六十三条 上市公司通过隐瞒关联关系或者采取其他手段,规避信息披露、报告义务的,中国证监会按照《证券法》第一百九十三条处罚。

第六十四条 上市公司股东、实际控制人未依法配合上市公司履行信息披露义务的,或者非法要求上市公司提供内幕信息的,中国证监会责令改正,给予警告、罚款。

第六十五条 为信息披露义务人履行信息披露义务出具专项文件的保荐人、证券服务机构及其人员,违反《证券法》、行政法规和中国证监会的规定,由中国证监会依法采取责令改正、监管谈话、出具警示函、记入诚信档案等监管措施;应当给予行政处罚的,中国证监会依法处罚。

第六十六条 任何机构和个人泄露上市公司内幕信息,或者利用内幕信息买卖证券及其衍生品种,中国证监会按照《证券法》第二百零一条、第二百零二条处罚。

第六十七条 任何机构和个人编制、传播虚假信息扰乱证券市场;媒体传播上市公司信息不真实、不客观的,中国证监会按照《证券法》第二百零六条处罚。

在证券及其衍生品种交易活动中作出虚假陈述或者信息误导的,中国证监会按照《证券法》第二百零七条处罚。

第六十八条 涉嫌利用新闻报道以及其他传播方式对上市公司进行敲诈勒索的,中国证监会责令改正,向有关部门发出监管建议函,由有关部门依法追究法律责任。

第六十九条 上市公司及其他信息披露义务人违反本办法的规定,情节严重的,中国证监会可以对有关责任人员采取证券市场禁入的措施。

第七十条 违反本办法,涉嫌犯罪的,依法移送司法机关,追究刑事责任。

第七章 附 则

第七十一条 本办法下列用语的含义:

(一)为信息披露义务人履行信息披露义务出具专项文件的保荐人、证券服务机构,是指为证券发行、上市、交易等证券业务活动制作、出具保荐书、审计报告、资产评估报告、法律意见书、财务顾问报告、资信评级报告等文件的保荐人、会计师事务所、资产评估机构、律师事务所、财务顾问机构、资信评级机构。

（二）及时，是指自起算日起或者触及披露时点的两个交易日内。

（三）上市公司的关联交易，是指上市公司或者其控股子公司与上市公司关联人之间发生的转移资源或者义务的事项。

关联人包括关联法人和关联自然人。

具有以下情形之一的法人，为上市公司的关联法人：

1.直接或者间接地控制上市公司的法人；

2.由前项所述法人直接或者间接控制的除上市公司及其控股子公司以外的法人；

3.关联自然人直接或者间接控制的、或者担任董事、高级管理人员的，除上市公司及其控股子公司以外的法人；

4.持有上市公司5%以上股份的法人或者一致行动人；

5.在过去12个月内或者根据相关协议安排在未来12月内，存在上述情形之一的；

6.中国证监会、证券交易所或者上市公司根据实质重于形式的原则认定的其他与上市公司有特殊关系，可能或者已经造成上市公司对其利益倾斜的法人。

具有以下情形之一的自然人，为上市公司的关联自然人：

1.直接或者间接持有上市公司5%以上股份的自然人；

2.上市公司董事、监事及高级管理人员；

3.直接或者间接地控制上市公司的法人的董事、监事及高级管理人员；

4.上述第1、2项所述人士的关系密切的家庭成员，包括配偶、父母、年满18周岁的子女及其配偶、兄弟姐妹及其配偶，配偶的父母、兄弟姐妹，子女配偶的父母；

5.在过去12个月内或者根据相关协议安排在未来12个月内，存在上述情形之一的；

6.中国证监会、证券交易所或者上市公司根据实质重于形式的原则认定的其他与上市公司有特殊关系，可能或者已经造成上市公司对其利益倾斜的自然人。

（四）指定媒体，是指中国证监会指定的报刊和网站。

第七十二条 本办法自公布之日起施行。《公开发行股票公司信息披露实施细则》（试行）（证监上字［1993］43号）、《关于股票公开发行与上市公司信息披露有关事项的通知》（证监研字［1993］19号）、《关于加强对上市公司临时报告审查的通知》（证监上字［1996］26号）、《关于上市公司发布澄清公告若干问题的通知》（证监上字［1996］28号）、《上市公司披露信息电子存档事宜的通知》（证监信字［1998］50号）、《关于进一步加强ST、PT公司信息披露监管工作的通知》（证监公司字［2000］63号）、《关于拟发行新股的上市公司中期报告有关问题的通知》（证监公司字［2001］69号）、《关于上市公司临时公告及相关附件报送中国证监会派出机构备案的通知》（证监公司字［2003］7号）同时废止。

附录三

法律法规及其他规范性文件目录

【法律】

2019 年 12 月 28 日中华人民共和国证券法(2019 年修正)

2019 年 3 月 15 日中华人民共和国外商投资法

2018 年 10 月 26 日中华人民共和国公司法(2018 年修正)

2017 年 11 月 5 日中华人民共和国会计法(2017 年修正)

2017 年 11 月 4 日中华人民共和国刑法(2017 年修正)

2017 年 9 月 1 日中华人民共和国中小企业促进法

2017 年 6 月 27 日中华人民共和国民事诉讼法(2017 年修正)

2017 年 3 月 15 日中华人民共和国民法总则

2017 年 2 月 24 日中华人民共和国企业所得税法(2017 年修正)

2014 年 8 月 31 日中华人民共和国安全生产法(2014 年修正)

2012 年 12 月 28 日中华人民共和国劳动合同法(2012 年修正)

2010 年 10 月 28 日中华人民共和国社会保险法

2008 年 10 月 28 日中华人民共和国企业国有资产法

2006 年 8 月 27 日中华人民共和国企业破产法

2001 年 10 月 27 日中华人民共和国工会法(2001 年修正)

1999 年 3 月 15 日中华人民共和国合同法

1996 年 5 月 15 日中华人民共和国职业教育法

1995 年 6 月 30 日中华人民共和国担保法

【行政法规及国务院规范性文件】

2019 年 10 月 17 日国务院关于调整适用在境外上市公司召开股东大会通知期限等事项规定的批复

2018 年 9 月 18 日外国企业常驻代表机构登记管理条例(2018 年修订)

2017 年 8 月 6 日无证无照经营查处办法

2016 年 2 月 6 日中华人民共和国公司登记管理条例(2016 年修订)

2014 年 8 月 7 日企业信息公示暂行条例

2014年3月7日国务院关于进一步优化企业兼并重组市场环境的意见

2014年2月7日国务院关于印发注册资本登记制度改革方案的通知

2013年12月13日国务院关于全国中小企业股份转让系统有关问题的决定

2013年11月30日国务院关于开展优先股试点的指导意见

2012年11月9日企业名称登记管理规定(2012年修订)

2011年2月3日国务院办公厅关于建立外国投资者并购境内企业安全审查制度的通知

2010年8月28日国务院关于促进企业兼并重组的意见

2010年1月2日国务院关于试行社会保险基金预算的意见

2008年9月18日中华人民共和国劳动合同法实施条例

2000年6月21日企业财务会计报告条例

2000年3月15日国有企业监事会暂行条例

1999年1月22日社会保险费征缴暂行条例

1995年5月29日国务院办公厅关于公司名称冠以“中国”等字样问题的通知

【司法解释及“两高”工作文件】

2019年4月28日最高人民法院关于适用《中华人民共和国公司法》若干问题的规定(五)

2019年3月27日最高人民法院关于适用《中华人民共和国企业破产法》若干问题的规定(三)

2018年6月20日最高人民法院关于发布第18批指导性案例的通知(指导案例96号)

2017年8月25日最高人民法院关于适用《中华人民共和国公司法》若干问题的规定(四)

2017年5月15日最高人民法院发布的第二批涉“一带一路”建设典型案例

2017年2月20日最高人民法院关于适用《中华人民共和国婚姻法》若干问题的解释(二)

2016年10月31日最高人民法院第二巡回法庭关于公正审理跨省重大民商事和行政案件典型案例

2016年9月19日最高人民法院关于发布第14批指导性案例的通知(指导案例68号)

2016年7月12日最高人民法院发布十起审理矿业权民事纠纷案件典型案例

2016年4月8日最高人民法院发布十起依法平等保护非公有制经济典型案例

2015年12月24日最高人民法院关于当前商事审判工作中的若干具体问题

2015年7月7日最高人民法院为“一带一路”建设提供司法服务和保障的典型案例

2015年4月1日最高人民法院发布的四起典型案例(2015)

2015年2月4日最高人民法院关于适用《中华人民共和国民事诉讼法》的解释

2014年6月3日最高人民法院关于人民法院为企业兼并重组提供司法保障的指导意见

2014年5月20日最高人民检察院、公安部关于严格依法办理虚报注册资本和虚假出资抽逃出资刑事案件的通知

2013年9月5日最高人民法院关于适用《中华人民共和国企业破产法》若干问题的规定(二)

2013年1月31日最高人民法院关于发布第四批指导性案例的通知(指导案例15号)

2012年12月11日最高人民法院关于审理中央级财政资金转为部分中央企业国家资本金有关纠纷案件的通知

2012年9月18日最高人民法院关于发布第三批指导性案例的通知(指导案例9号和10号)

2012年4月9日最高人民法院关于发布第二批指导性案例的通知(指导案例8号)

2012年3月7日最高人民法院办公厅关于印发《关于审理公司登记行政案件若干问题的座谈会纪要》的通知

2011年9月9日最高人民法院关于适用《中华人民共和国企业破产法》若干问题的规定(一)

2010年12月6日最高人民法院关于适用《中华人民共和国公司法》若干问题的规定(三)(2014年修正)

2010年7月1日最高人民法院关于审理金融资产管理公司利用外资处置不良债权案件涉及对外担保合同效力问题的通知

2010年6月23日最高人民法院关于《国土资源部办公厅关于征求为公司债券持有人办理国有土地使用权抵押登记意见函》的答复

2010年3月2日国家工商行政管理总局关于规范自然人投资一人有限责任公司登记管理工作的通知

2009年7月29日最高人民法院民二庭关于“股东以土地使用权的部分年限对应价值作价出资,期满后收回土地是否构成抽逃出资”的答复

2009年2月26日最高人民法院关于厦门鑫杰兴工贸有限公司、佘文彬与厦门丰瑞特工贸发展有限公司确认股权转让协议仲裁条款效力的请示的复函

2008年12月16日最高人民法院关于向外国公司送达司法文书能否向其驻华代表机构送达并适用留置送达问题的批复

2008年11月18日最高人民法院关于广州市迪泰通讯有限公司、海南经济特区产权交易中心、海南证华非上市公司股权登记服务有限公司、翟希亚与因特模式信息技术(深圳)有限公司、INTERMOSTCORPORATION股权转让合同纠纷管辖权异议案中仲裁条款效力问题的请示的答复

2008年11月17日财政部、国家税务总局关于自然人与其个人独资企业或一人有限责任公司之间土地房屋权属划转有关契税问题的通知

2008年5月15日最高人民法院关于企业主管单位变更后,新主管单位应否在原主管部门出资不实的范围内对被主管企业的债务承担民事责任的复函

2008年5月5日最高人民法院关于适用《中华人民共和国公司法》若干问题的规定(二)(2014年修正)

2008年2月18日最高人民法院关于审理注册商标、企业名称与在先权利冲突的民事纠纷案件若干问题的规定

2008年1月7日最高人民法院关于天津市和平区经济贸易委员会与天津狗不理包子速冻食品有限公司、香港浩平发展有限公司申请解散公司纠纷一案仲裁条款效力问题的请示的复函

2007年6月11日最高人民法院关于审理涉及会计师事务所在审计业务活动中民事侵权赔偿案件的若干规定

2007年5月16日最高人民法院民事审判第二庭关于对云南高院《关于股份转让合同的履行期限跨越新旧公司法如何适用法律的请示》的答复

2007年4月12日最高人民法院关于审理企业破产案件指定管理人的规定

2007年4月12日最高人民法院关于审理企业破产案件确定管理人报酬的规定

2006年11月27日最高人民法院行政审判庭关于工商行政管理部门审查颁发个体工商户营业执照是否以环保评价许可为前置条件问题的答复

2006年11月13日最高人民法院关于上诉人练志伟与被上诉人陈如明及原审被告林惠贞、郑秀英及原审第三人福州市常青实业有限公司股权转让一案的请示的复函

2006年5月25日最高人民法院关于西安嘉侨电力有限公司与百营物业(中国)有限公司、百营物业(武汉)有限公司、施展望股权转让纠纷执行一案的请示的复函

2006年3月27日最高人民法院关于适用《中华人民共和国公司法》若干问题的规定(一)(2014年修正)

2005年11月22日最高人民法院关于强制执行中不应将企业党组织的党费作为企业财产予以冻结或划拨的通知

2004年12月20日最高人民法院关于合营企业起诉股东承担不履行出资义务的违约责任是否得当及合资经营合同仲裁条款是否约束合营企业的请示的复函

2004年7月27日最高人民法院关于德宝(远东)有限公司与天锋国际有限公司出资纠纷上诉一案合作协议效力问题的请示的复函

2004年4月15日最高人民法院执行工作办公室关于上市公司发起人股份质押合同及红利抵债协议效力问题请示案的复函

2003年12月11日最高人民法院执行工作办公室关于股东因公司设立后的增资瑕疵应否对公司债权人承担责任问题的复函

2003年10月20日最高人民法院对《商务部关于请确认〈关于审理与企业改制相关的民事纠纷案件若干问题的规定〉是否适用于外商投资的函》的复函

2003年10月15日最高人民法院研究室关于外国公司、企业、事业单位在我国领域内犯罪如何适用法律问题的答复

2003年7月30日最高人民法院执行工作办公室关于股份有限公司转让其正在被执行的独资开办的企业能否追加该股份有限公司为被执行人问题的复函

2003年6月25日最高人民法院关于在民事审判工作中适用《中华人民共和国工会法》若干问题的解释

2003年6月9日最高人民法院执行工作办公室关于攀枝花市国债服务部与重庆市涪陵财政国债服务部证券回购纠纷执行请示案的复函

2003年6月5日最高人民法院执行工作办公室关于恢复执行北京正合坊企划有限公司诉北京万通股份有限公司、北京星辰投资咨询公司房产中介合同的报告

2003年5月15日最高人民法院关于胡克诉王卫平、李立、李欣股东权纠纷一案的答复

2002年11月21日最高人民法院关于周正义状告浦东发展银行要求撤销增发新股议案等一类纠纷的投诉应否受理问题的复函

2002年11月15日最高人民法院对江苏省高级人民法院关于中国电子进出口公司江苏公司与江苏省信息产业厅等股权纠纷一案请示的答复

2002年7月30日最高人民法院关于审理企业破产案件若干问题的规定

2002年7月9日最高人民检察院关于涉嫌犯罪单位被撤销、注销、吊销营业执照或者宣告破产的应如何进行追诉问题的批复

2002年2月9日最高人民法院关于金融机构为企业出具不实或者虚假验资报告资金证明如何承担民事责任问题的通知

2001年9月13日最高人民法院关于对帮助他人设立注册资金虚假的公司应当如何承担民事责任的请示的答复

2001年7月17日最高人民法院关于上海水仙电器股份有限公司股票终止上市后引发的诉讼应否受理等问题的复函

2001年4月18日最高人民法院关于饶天禄与西安市莲湖区环城西路生产、生活服务公司侵权赔偿再审一案的复函

2001年4月13日最高人民法院执行工作办公室关于中国重型汽车集团公司股权执行案的复函

2000年12月13日最高人民法院关于适用《中华人民共和国担保法》若干问题的解释

2000年1月29日最高人民法院关于企业法人营业执照被吊销后，其民事诉讼地位如何确定的复函

2000年1月29日最高人民法院经济审判庭关于人民法院不宜以一方当事人公司营业执照被吊销，已丧失民事诉讼主体资格为由，裁定驳回起诉问题的复函

2000年1月10日最高人民法院执行办公室关于执行股份有限公司发起人股份问题的复函

1999年12月29日最高人民法院关于适用《中华人民共和国合同法》若干问题的解释(一)

1999年3月17日最高人民法院关于中国农业银行汝州市支行与中国建设银行汝州市支行债券兑付纠纷案的复函

1999年1月19日最高人民法院行政审判庭对吉林省高院"关于个体诊所是否应向工商行政部门办理营业执照的请示"的答复

1998年10月28日最高人民法院行政审判庭关于对在案件审理期间法定代表人被更换，新

的法定代表人提出撤诉申请，法院是否准予撤诉问题的电话答复

1998 年 6 月 26 日最高人民法院关于会计师事务所为企业出具虚假验资证明应如何承担责任问题的批复

1997 年 12 月 31 日最高人民法院关于验资单位对多个案件债权人损失应如何承担责任的批复

1997 年 8 月 22 日最高人民法院关于领取营业执照的证券公司营业部是否具有民事诉讼主体资格的复函

1996 年 3 月 27 日最高人民法院关于金融机构为行政机关批准开办的公司提供注册资金验资报告不实应当承担责任问题的批复

1995 年 12 月 7 日最高人民法院关于武汉证券公司与大连连通公司债券兑付纠纷一案如何确定管辖权问题的复函

1995 年 5 月 3 日最高人民法院关于河南省高级人民法院请示中国深圳对外贸易（集团）公司与河南孟津县甲萘胺厂加工合同纠纷一案诉讼主体及责任承担问题的复函

1994 年 6 月 27 日最高人民法院关于当事人对行政机关作出的全民所有制工业企业分立的决定不服提起诉讼人民法院应作为何种行政案件受理的复函

1994 年 4 月 29 日最高人民法院经济审判庭关于代理发行企业债券的金融机构应否承担企业债券发行人债务责任问题的复函

1994 年 3 月 30 日最高人民法院关于企业开办的其他企业被撤销或者歇业后民事责任承担问题的批复

1993 年 3 月 19 日最高人民法院经济审判庭关于对国营新疆五五农工商联合企业公司驻兰州办事处执行问题的函

1993 年 3 月 19 日最高人民法院经济审判庭关于河南省伊川县电业局不服郴州地区中级人民法院（1992）经上字第 72 号民事判决提出申诉有关问题的复函

1992 年 11 月 12 日最高人民法院经济审判庭关于中国地质宝石矿物公司新疆经营部注册资金不实责任承担问题的复函

1992 年 3 月 17 日最高人民法院关于聊城市柳园供销公司法人资格认定问题的复函

1991 年 12 月 9 日最高人民法院关于金光股份有限公司的主管部门是否应承担清偿责任问题的复函

1991 年 10 月 10 日最高人民法院经济审判庭关于济南市历城区人武部是否应为其开办的木制品厂承担责任问题的电话答复

1991 年 6 月 17 日最高人民法院经济审判庭关于信用合作社责任财产范围问题的答复

1991 年 3 月 18 日最高人民法院关于南京摩托车总公司是否具备法人条件问题的复函

1991 年 1 月 23 日最高人民法院经济审判庭关于青海人民剧院开办的分支企业停办后是否对分支企业的债务承担责任问题的复函

1991 年 1 月 4 日最高人民法院经济审判庭关于行政单位开办的公司已无资产偿付应由谁承担民事责任问题的电话答复

1990 年 9 月 10 日最高人民法院经济审判庭关于如何认定企业是否超越经营范围问题的复函

1989 年 10 月 17 日最高人民法院经济审判庭关于华丰供销公司的债务应由谁偿还问题的电话答复

1988 年 11 月 8 日最高人民法院经济审判庭关于企业设置的办事机构对外所签订的购销合同是否一律认定为无效合同问题的电话答复

1988 年 4 月 12 日最高人民法院经济审判庭关于企业开办的公司被撤销后企业是否应对公司的债务承担连带责任问题的电话答复

【部门规章及部门规范性文件】

2019 年 8 月 25 日中国银保监会关于印发保险公司关联交易管理办法的通知

2019 年 4 月 17 日上市公司章程指引(2019 年修订)

2018 年 9 月 30 日上市公司治理准则(2018 年修订)

2017 年 12 月 7 日中国证券监督管理委员会、国务院国有资产监督管理委员会关于规范上市公司与关联方资金往来及上市公司对外担保若干问题的通知(2017 年修订)

2017 年 7 月 31 日国家工商总局关于印发《企业名称禁限用规则》《企业名称相同相近比对规则》的通知

2017 年 4 月 24 日国务院办公厅关于进一步完善国有企业法人治理结构的指导意见

2016 年 12 月 26 日国家工商总局关于全面推进企业简易注销登记改革的指导意见

2016 年 9 月 30 日上市公司股东大会规则(2016 年修订)

2016 年 1 月 29 日科学技术部、财政部、国家税务总局关于修订印发《高新技术企业认定管理办法》的通知

2015 年 12 月 30 日严重违法失信企业名单管理暂行办法

2015 年 12 月 29 日关于国有企业功能界定与分类的指导意见

2015 年 8 月 27 日企业经营范围登记管理规定

2015 年 1 月 15 日公司债券发行与交易管理办法

2014 年 9 月 12 日上市公司独立董事履职指引

2014 年 7 月 23 日企业会计准则——基本准则(2014 年修订)

2014 年 6 月 11 日公开发行证券的公司信息披露内容与格式准则第 28 号——创业板公司招股说明书(2014 年修订)

2014 年 5 月 20 日最高人民检察院、公安部关于严格依法办理虚报注册资本和虚假出资抽逃出资刑事案件的通知

2014 年 3 月 21 日优先股试点管理办法

2014 年 2 月 20 日公司注册资本登记管理规定

2014 年 1 月 23 日保险公司董事、监事和高级管理人员任职资格管理规定(2014 年修改)

2013 年 11 月 18 日银行业金融机构董事(理事)和高级管理人员任职资格管理办法

2013 年 11 月 16 日财政部关于国有金融企业发行可转换公司债券有关事宜的通知

2013 年 8 月 20 日国务院国有资产监督管理委员会、中国证券监督管理委员会关于印发《关于推动国有股东与所控股上市公司解决同业竞争规范关联交易的指导意见》的通知

2012 年 10 月 19 日证券公司董事、监事和高级管理人员任职资格监管办法(2012 年修订)

2012 年 5 月 15 日中国保险监督管理委员会关于上市保险公司发行次级可转换债券有关事项的通知

2011 年 11 月 28 日国家工商行政管理总局关于做好公司合并分立登记支持企业兼并重组的意见

2011 年 9 月 30 日国家统计局、国家工商行政管理总局关于划分企业登记注册类型的规定调整的通知

2010 年 9 月 27 日融资性担保公司董事、监事、高级管理人员任职资格管理暂行办法

2010 年 4 月 15 日国家工商行政管理总局关于进一步做好企业法人法定代表人任职限制规定执行工作的通知

2010 年 3 月 2 日国家工商行政管理总局关于规范自然人投资一人有限责任公司登记管理工作的通知

2009 年 7 月 9 日中国证券监督管理委员会公告[2009]16 号——《上市公司证券发行管理办法》第三十九条“违规对外提供担保且尚未解除”的理解和适用——证券期货法律适用意见第 5 号

2009 年 4 月 1 日国务院国有资产监督管理委员会关于印发《董事会试点中央企业高级管理人员薪酬管理指导意见》的通知

2009 年 3 月 30 日财政部、国家工商行政管理总局关于加强以非货币财产出资的评估管理若干问题的通知

2008 年 11 月 17 日国家工商行政管理总局关于禁止在企业名称中使用“八一”等涉及军队和武警部队字样的通知

2008 年 9 月 16 日国务院国有资产监督管理委员会关于整体上市中央企业董事及高管人员薪酬管理的意见

2008 年 7 月 8 日中国保险监督管理委员会关于印发《保险公司董事会运作指引》的通知

2008 年 2 月 4 日国家工商行政管理总局关于合伙企业名称登记有关问题的答复

2007 年 12 月 29 日国务院国有资产监督管理委员会关于印发《关于中央企业履行社会责任的指导意见》的通知

2007 年 7 月 4 日期货公司董事、监事和高级管理人员任职资格管理办法

2007年4月5日中国证券监督管理委员会关于发布《上市公司董事、监事和高级管理人员所持本公司股份及其变动管理规则》的通知

2006年12月8日中国证券监督管理委员会关于发布《公开发行证券的公司信息披露编报规则第3号——保险公司招股说明书内容与格式特别规定》的通知(2006年修订)

2006年12月4日企业财务通则(2006年修订)

2006年10月25日财政部、国土资源部关于印发《以折股方式缴纳探矿权采矿权价款管理办法(试行)》的通知

2006年6月13日中国人民银行关于公司债券转让过户业务规则事宜的批复

2006年5月18日中国证券监督管理委员会关于发布《公开发行证券的公司信息披露内容与格式准则第1号——招股说明书》的通知(2006年修订)

2006年3月3日国务院国有资产监督管理委员会关于印发《国有独资公司董事会试点企业职工董事管理办法(试行)》的通知

2005年11月14日中国证券监督管理委员会、中国银行业监督管理委员会关于规范上市公司对外担保行为的通知

2005年9月5日中国银行业监督管理委员会关于印发《股份制商业银行董事会尽职指引(试行)》的通知

2005年6月6日中国证券监督管理委员会关于集中解决上市公司资金被占用和违规担保问题的通知

2005年1月18日会计师事务所审批和监督暂行办法

2004年6月14日企业名称登记管理实施办法(2014年修订)

2004年6月10日企业登记程序规定

2004年6月7日国务院国有资产监督管理委员会关于国有独资公司董事会建设的指导意见(试行)

2004年6月7日国务院国有资产监督管理委员会关于中央企业建立和完善国有独资公司董事会试点工作的通知

2004年4月2日商业银行与内部人和股东关联交易管理办法

2003年9月3日财政部关于印发《企业资产损失财务处理暂行办法》的通知

2003年5月23日国家工商行政管理总局关于规范外国公司分支机构名称的通知

2002年6月17日国家工商行政管理总局关于协助人民法院执行冻结股权有关问题的答复

2002年6月7日国家工商行政管理总局关于企业法定代表人是否负有个人责任问题的答复

2002年2月7日国家工商行政管理总局关于对企业名称许可使用有关问题的答复

2002年1月14日国家工商行政管理总局关于企业名称使用有关问题的答复

2001年9月12日国家工商行政管理总局关于纠正使用“万利达”等不适宜的企业名称的通知

2001年8月16日中国证券监督管理委员会关于发布《关于在上市公司建立独立董事制度的指导意见》的通知

2001年7月16日国家工商行政管理总局关于企业名称核准权限有关问题的答复

2000年6月13日国家工商行政管理局关于公众聚集的经营场所办理工商登记是否需要公安消防前置审批问题的答复

1999年11月29日国家工商行政管理局企业注册局关于企业被吊销营业执照前主体资格是否存续等有关问题的答复

1999年6月23日企业法人法定代表人登记管理规定(1999年修订)

1999年4月8日境外上市公司董事会秘书工作指引

1999年1月1日财政部关于资不抵债公司合并报表问题请示的复函

1998年9月5日国家工商行政管理局关于实施《企业集团登记管理暂行规定》有关问题的通知

1998年4月6日国家工商行政管理局关于印发《企业集团登记管理暂行规定》的通知

1995年7月3日司法部公证司关于可否办理同为一个法定代表人的两个企业之间担保公证的复函

1995年1月1日对外贸易经济合作部(已变更)关于印发《关于加强母公司对子公司财务管理的规定》的通知

1994年8月27日到境外上市公司章程必备条款

1990年10月22日中外合资经营企业合营期限暂行规定

1989年2月19日国家体改委、国家计委、财政部、国家国有资产管理局关于企业兼并的暂行办法

1989年1月6日中共中央组织部、财政部关于企业党组织活动经费问题的通知

1987年3月11日国家工商行政管理局商标局关于注册商标使用企业名称的复函

图书在版编目（CIP）数据

案例公司法 / 葛伟军编著 . -- 2 版 . -- 北京：法律出版社，2020
ISBN 978-7-5197-4371-0

Ⅰ . ①案… Ⅱ . ①葛… Ⅲ . ①公司法—案例—中国
Ⅳ . ① D922.291.915

中国版本图书馆 CIP 数据核字 (2020) 第 053759 号

案例公司法（第二版）
ANLI GONGSIFA（DI-ER BAN）

葛伟军 编著

策划编辑 刘文科
责任编辑 刘文科
装帧设计 汪奇峰

出版 法律出版社
总发行 中国法律图书有限公司
经销 新华书店
印刷 天津嘉恒印务有限公司
责任校对 马 丽
责任印制 张建伟

编辑统筹 法研工作室
开本 850 毫米 × 1168 毫米 1/32
印张 31.5
字数 1828 千
版本 2020 年 4 月第 2 版
印次 2020 年 4 月第 1 次印刷

法律出版社 / 北京市丰台区莲花池西里 7 号（100073）
网址 / www.lawpress.com.cn
投稿邮箱 / info@lawpress.com.cn
举报维权邮箱 / jbwq@lawpress.com.cn
销售热线 / 400-660-8393
咨询电话 / 010-63939796

中国法律图书有限公司 / 北京市丰台区莲花池西里 7 号（100073）
全国各地中法图分、子公司销售电话：
统一销售客服 / 400-660-8393/6393
第一法律书店 / 010-83938432/8433 西安分公司 / 029-85330678 重庆分公司 / 023-67453036
上海分公司 / 021-62071639/1636 深圳分公司 / 0755-83072995

书号：ISBN 978-7-5197-4371-0 **定价**：98.00 元